Processamento em tempo discreto de sinais

3ª edição

Oppenheim · Schafer

Processamento em tempo discreto de sinais

3ª edição

Alan V. Oppenheim
Massachusetts Institute of Technology

Ronald W. Schafer
Hewlett-Packard Laboratories

Tradução:
Daniel Vieira

Revisão técnica:
Dr. Marcio Eisencraft
Professor adjunto do Centro de Engenharia, Modelagem e Ciências Sociais Aplicadas da Universidade Federal do ABC (UFABC)
Doutor em Engenharia Elétrica pela Escola Politécnica da Universidade de São Paulo
Dra. Maria D. Miranda
Professora adjunta do Departamento de Telecomunicações e Controle da Escola Politécnica da Universidade de São Paulo
Doutora em Engenharia Elétrica pela Escola Politécnica da Universidade de São Paulo

Pearson

abdr
ASSOCIAÇÃO BRASILEIRA DE DIREITOS REPROGRÁFICOS
Respeite o direito autoral

©2013 by Pearson Education do Brasil Ltda.
© 2010, 1999, 1989 by Pearson Higher Education, Inc.,

Todos os direitos reservados. Nenhuma parte desta publicação poderá ser reproduzida ou transmitida de qualquer modo ou por qualquer outro meio, eletrônico ou mecânico, incluindo fotocópia, gravação ou qualquer outro tipo de sistema de armazenamento e transmissão de informação, sem prévia autorização por escrito e transmissão de informação, da Pearson Education do Brasil.

DIRETOR EDITORIAL E DE CONTEÚDO	Roger Trimer
GERENTE EDITORIAL	Kelly Tavares
SUPERVISORA DE PRODUÇÃO EDITORIAL	Silvana Afonso
COORDENADORA DE PRODUÇÃO GRÁFICA	Tatiane Romano
COORDENADOR DE PRODUÇÃO EDITORIAL	Sérgio Nascimento
EDITOR DE AQUISIÇÕES	Vinícius Souza
EDITORA DE TEXTO	Sabrina Levensteinas
EDITOR ASSISTENTE	Marcos Guimarães
PREPARAÇÃO	Beatriz Garcia
REVISÃO	Adriane Schirmer e Norma Gusukuma
CAPA	Sidnei Moura e Solange Rennó
PROJETO GRÁFICO	Globaltec Editorial & Marketing
DIAGRAMAÇÃO	Casa de Ideias

Dados Internacionais de Catalogação na Publicação (CIP)
(Câmara Brasileira do Livro, SP, Brasil)

Oppenheim, Alan V.
    Processamento em tempo discreto de sinais / Alan V. Oppenheim, Ronald W. Schafer; tradução Daniel Vieira; revisão técnica Marcio Eisencraft e Maria D. Miranda. – 3. ed. – São Paulo: Pearson Education do Brasil, 2012.

    Título original: Discrete-time signal processing.
    Bibliografia.
    ISBN 978-85-8143-102-4

    1. Análise de sistemas 2. Teoria de sinais (Telecomunicação) I. Título.

12-13205   CDD-621.38223

Índice para catálogo sistemático:
1. Sinais e sistemas : Tecnologia 621.38223

Direitos exclusivos cedidos à
Pearson Education do Brasil Ltda.
Uma empresa do grupo Pearson Education
Av. Francisco Matarazzo, 1400
7º andar, Edifício Milano
CEP 05033-070 - São Paulo - SP - Brasil
Fone: 19 3743-2155
pearsonuniversidades@pearson.com

Distribuição
Grupo A Educação
www.grupoa.com.br
Fone: 0800 703 3444

Para Phyllis, Justine e Jason
Para Dorothy, Bill, Tricia, Ken e Kate
e em memória de John

Sumário

Prefácio XV

1 Introdução 1
    1.0   Introdução 1
    1.1   Perspectiva histórica 4
    1.2   Promessas futuras 6

2 Sinais e sistemas de tempo discreto 7
    2.0   Introdução 7
    2.1   Sinais de tempo discreto 8
    2.2   Sistemas de tempo discreto 11
        2.2.1   Sistemas sem memória 12
        2.2.2   Sistemas lineares 13
        2.2.3   Sistemas invariantes no tempo 14
        2.2.4   Causalidade 14
        2.2.5   Estabilidade 15
    2.3   Sistemas LIT 15
    2.4   Propriedades dos sistemas lineares invariantes no tempo 20
    2.5   Equações de diferenças lineares com coeficientes constantes 23
    2.6   Representação no domínio da frequência de sinais e sistemas de tempo discreto ... 26
        2.6.1   Autofunções para sistemas lineares invariantes no tempo 26
        2.6.2   Entradas exponenciais complexas abruptamente aplicadas 28
    2.7   Representação de sequências por transformadas de Fourier 30
    2.8   Propriedades de simetria da transformada de Fourier 34
    2.9   Teoremas da transformada de Fourier 36
        2.9.1   Linearidade da transformada de Fourier 36
        2.9.2   Teorema do deslocamento no tempo e do deslocamento na frequência ... 36
        2.9.3   Teorema da reflexão no tempo 37
        2.9.4   Teorema da diferenciação na frequência 37
        2.9.5   Teorema de Parseval 37
        2.9.6   Teorema da convolução 37
        2.9.7   Teorema da modulação ou do janelamento 38
    2.10 Sinais aleatórios de tempo discreto 40
    2.11 Resumo 43
        Problemas 44

3 A transformada z 61
    3.0   Introdução 61
    3.1   Transformada z 61

3.2	Propriedades da RDC para a transformada z		67
3.3	A transformada z inversa		71
	3.3.1	Método da inspeção	71
	3.3.2	Expansão em frações parciais	71
	3.3.3	Expansão em série de potências	74
3.4	Propriedades da transformada z		75
	3.4.1	Linearidade	75
	3.4.2	Deslocamento no tempo	76
	3.4.3	Multiplicação por uma sequência exponencial	76
	3.4.4	Diferenciação de $X(z)$	77
	3.4.5	Conjugação de uma sequência complexa	78
	3.4.6	Reflexão no tempo	78
	3.4.7	Convolução de sequências	78
	3.4.8	Resumo de algumas propriedades da transformada z	79
3.5	Transformadas z e sistemas LIT		79
3.6	A transformada z unilateral		81
3.7	Resumo		83
	Problemas		83

4 Amostragem de sinais de tempo contínuo 91

4.0	Introdução		91
4.1	Amostragem periódica		91
4.2	Representação da amostragem no domínio da frequência		93
4.3	Reconstrução de um sinal de banda limitada a partir de suas amostras		97
4.4	Processamento em tempo discreto de sinais de tempo contínuo		99
	4.4.1	Processamento LIT em tempo discreto de sinais de tempo contínuo	100
	4.4.2	Invariância ao impulso	102
4.5	Processamento em tempo contínuo de sinais de tempo discreto		104
4.6	Mudança da taxa de amostragem usando o processamento em tempo discreto		107
	4.6.1	Redução da taxa de amostragem por um fator inteiro	107
	4.6.2	Aumento da taxa de amostragem por um fator inteiro	109
	4.6.3	Filtros de interpolação simples e práticos	111
	4.6.4	Mudança da taxa de amostragem por um fator não inteiro	115
4.7	Processamento multitaxa de sinais		116
	4.7.1	Comutação da filtragem com compressor/expansor	117
	4.7.2	Dizimação e interpolação em estágios múltiplos	118
	4.7.3	Decomposições polifásicas	119
	4.7.4	Implementação polifásica de filtros de dizimação	120
	4.7.5	Implementação polifásica de filtros de interpolação	121
	4.7.6	Bancos de filtros multitaxas	122
4.8	Processamento digital de sinais analógicos		124
	4.8.1	Pré-filtragem para evitar *aliasing*	124
	4.8.2	Conversão A/D	126
	4.8.3	Análise de erros de digitalização	130
	4.8.4	Conversão D/A	135
4.9	Sobreamostragem e formatação do ruído nas conversões A/D e D/A		137
	4.9.1	Conversão A/D sobreamostrada com digitalização direta	137
	4.9.2	Conversão A/D sobreamostrada com formatação do ruído	140

		4.9.3	Sobreamostragem e formatação do ruído na conversão D/A 143
	4.10	Resumo 144	
		Problemas. 146	

5 Análise no domínio transformado de sistemas lineares invariantes no tempo 166
 5.0 Introdução 166
 5.1 A resposta em frequência de sistemas LIT 166
  5.1.1 Fase e atraso de grupo da resposta em frequência 166
  5.1.2 Exemplo dos efeitos do atraso de grupo e da atenuação 168
 5.2 Sistemas caracterizados por equações de diferenças com coeficientes constantes 172
  5.2.1 Estabilidade e causalidade 173
  5.2.2 Sistemas inversos 173
  5.2.3 Resposta ao impulso para funções de sistema racionais 175
 5.3 Resposta em frequência para funções de sistema racionais 176
  5.3.1 Resposta em frequência de sistemas de primeira ordem 176
  5.3.2 Exemplos com múltiplos polos e zeros 179
 5.4 Relação entre magnitude e fase 181
 5.5 Sistemas passa-tudo 183
 5.6 Sistemas de fase mínima 186
  5.6.1 Decomposição fase mínima e passa-tudo 186
  5.6.2 Compensação da resposta em frequência de sistemas de fase não mínima 187
  5.6.3 Propriedades dos sistemas de fase mínima 190
 5.7 Sistemas lineares com fase linear generalizada 191
  5.7.1 Sistemas com fase linear 192
  5.7.2 Fase linear generalizada 194
  5.7.3 Sistemas causais de fase linear generalizada 195
  5.7.4 Relação entre sistemas FIR com fase linear e sistemas de fase mínima 200
 5.8 Resumo 201
  Problemas. 202

6 Estruturas para sistemas de tempo discreto 222
 6.0 Introdução 222
 6.1 Representação em diagrama de blocos de equações de diferenças lineares com coeficientes constantes 223
 6.2 Representação em diagrama de fluxo de sinais de equações de diferenças lineares com coeficientes constantes 227
 6.3 Estruturas básicas para sistemas IIR 230
  6.3.1 Formas diretas 230
  6.3.2 Forma em cascata 231
  6.3.3 Forma paralela 233
  6.3.4 Realimentação em sistemas IIR 234
 6.4 Formas transpostas 235
 6.5 Estruturas básicas de rede para sistemas FIR. 238
  6.5.1 Forma direta 238
  6.5.2 Forma em cascata 238
  6.5.3 Estruturas para sistemas FIR de fase linear 239
 6.6 Filtros em treliça 240
  6.6.1 Filtros FIR em treliça 241
  6.6.2 Estrutura em treliça só-polos 245

	6.6.3	Generalização dos sistemas em treliça	246
6.7	Visão geral sobre os efeitos numéricos da precisão finita	247
	6.7.1	Representações numéricas	247
	6.7.2	Digitalização na implementação de sistemas	248
6.8	Efeitos da digitalização dos coeficientes	251
	6.8.1	Efeitos da digitalização dos coeficientes em sistemas IIR	251
	6.8.2	Exemplo da digitalização dos coeficientes em filtro elíptico	252
	6.8.3	Polos de seções de segunda ordem digitalizadas	256
	6.8.4	Efeitos da digitalização dos coeficientes em sistemas FIR	257
	6.8.5	Exemplo de digitalização de um filtro FIR ótimo	258
	6.8.6	Preservando a fase linear	260
6.9	Efeitos do ruído de arredondamento nos filtros digitais	261
	6.9.1	Análise das estruturas IIR na forma direta	261
	6.9.2	Fator de escala nas implementações em ponto fixo de sistemas IIR	266
	6.9.3	Exemplo de análise de uma estrutura IIR em cascata	268
	6.9.4	Análise de sistemas FIR na forma direta	271
	6.9.5	Realizações em ponto flutuante de sistemas de tempo discreto	274
6.10	Ciclos limite de entrada nula em realizações de filtros digitais IIR em ponto fixo	275
	6.10.1	Ciclos limite devido ao arredondamento e truncamento	275
	6.10.2	Ciclos limite devido ao transbordamento	277
	6.10.3	Evitando ciclos limite	277
6.11	Resumo	278
	Problemas	278

7 Técnicas de projeto de filtros **294**

7.0	Introdução	294
7.1	Especificações do filtro	295
7.2	Projeto de filtros IIR de tempo discreto a partir de filtros de tempo contínuo	296
	7.2.1	Projeto de filtro por invariância ao impulso	296
	7.2.2	Transformação bilinear	300
7.3	Filtros Butterworth, Chebyshev e elípticos de tempo discreto	302
	7.3.1	Exemplos de projetos de filtros IIR	303
7.4	Transformações de frequência de filtros IIR passa-baixas	311
7.5	Projeto de filtros FIR por janelamento	315
	7.5.1	Propriedades de janelas comumente utilizadas	317
	7.5.2	Incorporação da fase linear generalizada	318
	7.5.3	Método do projeto de filtro utilizando a janela de Kaiser	320
7.6	Exemplos de projetos de filtro FIR pelo método da janela de Kaiser	322
	7.6.1	Filtro passa-baixas	322
	7.6.2	Filtro passa-altas	323
	7.6.3	Diferenciadores de tempo discreto	325
7.7	Aproximações ótimas de filtros FIR	327
	7.7.1	Filtros passa-baixas de Tipo I ótimos	330
	7.7.2	Filtros passa-baixas de Tipo II ótimos	333
	7.7.3	Algoritmo de Parks–McClellan	334
	7.7.4	Características dos filtros FIR ótimos	336
7.8	Exemplos da aproximação *equiripple* FIR	337
	7.8.1	Filtro passa-baixas	337

		7.8.2 Compensação para a retenção de ordem zero	339
		7.8.3 Filtro passa-faixa	340
	7.9	Comentários sobre filtros de tempo discreto IIR e FIR	341
	7.10	Projeto de um filtro para sobreamostragem	341
	7.11	Resumo	344
		Problemas	344

8 A transformada de Fourier discreta ... 368

8.0	Introdução	368
8.1	Representação de sequências periódicas: a série de Fourier discreta	368
8.2	Propriedades da SFD	371
	8.2.1 Linearidade	371
	8.2.2 Deslocamento de uma sequência	371
	8.2.3 Dualidade	371
	8.2.4 Propriedades de simetria	372
	8.2.5 Convolução periódica	372
	8.2.6 Resumo das propriedades de representação por SFD de sequências periódicas	373
8.3	Transformada de Fourier de sinais periódicos	373
8.4	Amostragem da transformada de Fourier	376
8.5	Representação de Fourier de sequências de duração finita: a TFD	379
8.6	Propriedades da TFD	381
	8.6.1 Linearidade	382
	8.6.2 Deslocamento circular de uma sequência	382
	8.6.3 Dualidade	384
	8.6.4 Propriedades de simetria	384
	8.6.5 Convolução circular	386
	8.6.6 Resumo das propriedades da TFD	388
8.7	Cálculo da convolução linear a partir da TFD	388
	8.7.1 Convolução linear de duas sequências de comprimento finito	389
	8.7.2 Convolução circular como convolução linear com *aliasing*	389
	8.7.3 Implementação de sistemas lineares invariantes no tempo usando a TFD	394
8.8	Transformada de cosseno discreta (TCD)	396
	8.8.1 Definições da TCD	398
	8.8.2 Definição da TCD-1 e da TCD-2	399
	8.8.3 Relação entre a TFD e a TCD-1	400
	8.8.4 Relação entre a TFD e a TCD-2	401
	8.8.5 Propriedade da compactação de energia da TCD-2	401
	8.8.6 Aplicações da TCD	404
8.9	Resumo	404
	Problemas	404

9 Cálculo numérico da transformada de Fourier discreta ... 422

9.0	Introdução	422
9.1	Cálculo direto da transformada de Fourier discreta	423
	9.1.1 Cálculo direto pela definição da TFD	423
	9.1.2 Algoritmo de Goertzel	424
	9.1.3 Explorando tanto a simetria quanto a periodicidade	426
9.2	Algoritmos de FFT com dizimação no tempo	426
	9.2.1 Generalização e programação da FFT	430

　　　　9.2.2　Cálculos realizados localmente 431
　　　　9.2.3　Formas alternativas 433
　9.3　Algoritmos de FFT com dizimação na frequência. 434
　　　　9.3.1　Cálculos realizados localmente 436
　　　　9.3.2　Formas alternativas 437
　9.4　Considerações práticas 437
　　　　9.4.1　Indexação 438
　　　　9.4.2　Coeficientes. 439
　9.5　Algoritmos de FFT mais genéricos. 439
　　　　9.5.1　Algoritmos para valores compostos de N 439
　　　　9.5.2　Algoritmos de FFT otimizados. 441
　9.6　Implementação da TFD usando convolução 441
　　　　9.6.1　Visão geral do algoritmo de Winograd para a transformada de Fourier. 441
　　　　9.6.2　Algoritmo da transformada *chirp* 442
　9.7　Efeitos do comprimento finito do registrador 445
　9.8　Resumo 450
　　　　Problemas. 450

10 Análise de Fourier de sinais usando a transformada de Fourier discreta 467
　10.0　Introdução. 467
　10.1　Análise de Fourier de sinais usando a TFD 467
　10.2　Análise por TFD de sinais senoidais. 470
　　　　10.2.1　Efeito do janelamento. 470
　　　　10.2.2　Propriedades das janelas. 471
　　　　10.2.3　Efeito da amostragem espectral. 472
　10.3　Transformada de Fourier dependente do tempo 477
　　　　10.3.1　Invertibilidade de $X[n,\lambda]$. 481
　　　　10.3.2　Interpretação por banco de filtros de $X[n,\lambda]$ 481
　　　　10.3.3　Efeito da janela 481
　　　　10.3.4　Amostragem no tempo e na frequência 482
　　　　10.3.5　Método de reconstrução por sobreposição e soma 485
　　　　10.3.6　Processamento de sinais baseado na transformada de Fourier dependente do tempo... 487
　　　　10.3.7　Interpretação da transformada de Fourier dependente do tempo como banco de filtros 488
　10.4　Exemplos de análise de Fourier de sinais não estacionários 489
　　　　10.4.1　Análise de Fourier dependente do tempo de sinais de voz 490
　　　　10.4.2　Análise de Fourier dependente do tempo de sinais de radar. 492
　10.5　Análise de Fourier de sinais aleatórios estacionários: o periodograma 494
　　　　10.5.1　Periodograma 495
　　　　10.5.2　Propriedades do periodograma 496
　　　　10.5.3　Média dos periodogramas. 498
　　　　10.5.4　Cálculo de periodogramas médios usando a TFD 500
　　　　10.5.5　Exemplo de análise por periodograma 500
　10.6　Análise de espectro de sinais aleatórios usando estimativas de sequência de autocorrelação 502
　　　　10.6.1　Cálculo de estimativas da correlação e do espectro de potência usando a TFD 504
　　　　10.6.2　Estimação do espectro de potência do ruído de digitalização 506
　　　　10.6.3　Estimação do espectro de potência da voz. 509
　10.7　Resumo 511
　　　　Problemas. 513

11 Modelagem paramétrica de sinais **529**
    11.0   Introdução... 529
    11.1   Modelagem só-polos de sinais... 529
            11.1.1   Aproximação por mínimos quadrados 530
            11.1.2   Modelo inverso por mínimos quadrados................................ 530
            11.1.3   Formulação por predição linear da modelagem só-polos 532
    11.2   Modelos de sinais determinísticos e aleatórios... 532
            11.2.1   Modelagem só-polos dos sinais determinísticos com energia finita..... 532
            11.2.2   Modelagem de sinais aleatórios 533
            11.2.3   Erro quadrático médio mínimo 533
            11.2.4   Propriedade do casamento da autocorrelação 533
            11.2.5   Determinação do parâmetro de ganho G 534
    11.3   Estimação das funções de correlação.. 535
            11.3.1   Método da autocorrelação 535
            11.3.2   Método da covariância 537
            11.3.3   Comparação dos métodos.. 538
    11.4   Ordem do modelo 538
    11.5   Análise de espectro só-polos 539
            11.5.1   Análise só-polos de sinais de voz.. 540
            11.5.2   Localização dos polos 542
            11.5.3   Modelagem só-polos dos sinais senoidais.............................. 544
    11.6   Solução das equações normais da autocorrelação.. 545
            11.6.1   Recursão de Levinson–Durbin... 546
            11.6.2   Dedução do algoritmo de Levinson–Durbin 547
    11.7   Filtros em treliça... 548
            11.7.1   Rede em treliça do erro de predição 549
            11.7.2   Rede em treliça do modelo só-polos 550
            11.7.3   Cálculo direto dos parâmetros k 551
    11.8   Resumo 552
            Problemas... 552

12 Transformadas de Hilbert discretas **562**
    12.0   Introdução... 562
    12.1   Suficiência das partes real e imaginária da transformada de Fourier para sequências causais 563
    12.2   Teoremas de suficiência para sequências de comprimento finito 566
    12.3   Relações entre magnitude e fase... 569
    12.4   Relações da transformada de Hilbert para sequências complexas............................. 570
            12.4.1   Projeto de transformadores de Hilbert 572
            12.4.2   Representação de sinais passa-banda 574
            12.4.3   Amostragem passa-banda 576
    12.5   Resumo 578
            Problemas... 578

13 Análise cepstral e desconvolução homomórfica **584**
    13.0   Introdução... 584
    13.1   Definição do cepstrum 584
    13.2   Definição do cepstrum complexo... 585
    13.3   Propriedades do logaritmo complexo 587
    13.4   Expressões alternativas para o cepstrum complexo 587

13.5 Cepstrum complexo para sequências exponenciais, de fase mínima e de fase máxima 588
    13.5.1 Sequências exponenciais 588
    13.5.2 Sequências de fase mínima e fase máxima 589
    13.5.3 Relação entre o cepstrum real e o cepstrum complexo 590

13.6 Cálculo numérico do cepstrum complexo 591
    13.6.1 Desfazendo as voltas da fase 591
    13.6.2 Cálculo numérico do cepstrum complexo usando a derivada logarítmica 594
    13.6.3 Realizações de fase mínima para sequências de fase mínima 594
    13.6.4 Cálculo recursivo do cepstrum complexo para sequências de fase mínima e de fase máxima 595
    13.6.5 Uso da ponderação exponencial 595

13.7 Cálculo numérico do cepstrum complexo a partir de raízes de polinômios 596

13.8 Desconvolução usando o cepstrum complexo 597
    13.8.1 Desconvolução homomórfica fase mínima/passa-tudo 597
    13.8.2 Desconvolução homomórfica fase mínima/fase máxima 598

13.9 Cepstrum complexo para um modelo multipercurso simples 599
    13.9.1 Cálculo do cepstrum complexo por análise com a transformada z 601
    13.9.2 Cálculo do cepstrum usando a TFD 602
    13.9.3 Desconvolução homomórfica para o modelo multipercurso 604
    13.9.4 Decomposição de fase mínima 606
    13.9.5 Generalizações 608

13.10 Aplicações para processamento de voz 609
    13.10.1 Modelo de sinal de voz 609
    13.10.2 Exemplo de desconvolução homomórfica de voz 611
    13.10.3 Estimando os parâmetros do modelo de voz 613
    13.10.4 Aplicações 614

13.11 Resumo 614

Problemas 615

A Sinais aleatórios **621**

B Filtros de tempo contínuo **629**

C Respostas dos problemas básicos selecionados **632**

Referências 640

Índice remissivo 647

Prefácio

Esta terceira edição de *Processamento em Tempo Discreto de Sinais* provém de nosso livro-texto original *Digital Signal Processing*, publicado em 1975. Esse texto muito bem-sucedido apareceu em um período em que a área era nova e apenas começava a se desenvolver rapidamente. Nessa época, o assunto era ensinado apenas em nível de pós-graduação e em algumas poucas faculdades. Nosso texto de 1975 foi elaborado para esses cursos. Ele ainda é impresso e bem-sucedido em diversas faculdades nos Estados Unidos e outros países.

Na década de 1980, o ritmo da pesquisa, da tecnologia de aplicações e da implementação do processamento de sinais deixou claro que o processamento digital de sinais (PDS) alcançaria e superaria o potencial que ficara evidente na década de 1970. A importância explosiva do PDS justificou nitidamente a revisão e a atualização do texto original. Ao organizar essa revisão, ficou claro que ocorreram tantas mudanças, tanto na área de atuação quanto no nível e no estilo com que o tópico era ensinado, que foi mais apropriado desenvolver um novo livro-texto, baseado fortemente em nosso texto original, embora tenhamos mantido a publicação do texto original. Chamamos o novo livro, publicado em 1989 nos EUA, de *Processamento em Tempo Discreto de Sinais*, para enfatizar que a maior parte da teoria e das técnicas de projeto do PDS discutidas no texto se aplica a sistemas de tempo discreto em geral, sejam analógicos ou digitais.

No desenvolvimento de *Processamento em Tempo Discreto de Sinais*, reconhecemos que os princípios básicos do PDS estavam sendo comumente ensinados em nível de graduação, muitas vezes até mesmo como parte de um primeiro curso em sistemas lineares de tempo discreto, porém, com mais frequência, em um nível mais avançado em matérias de terceiro ano, quarto ano ou início da pós-graduação. Portanto, foi apropriado expandir consideravelmente o tratamento de tópicos como sistemas lineares, amostragem, processamento multitaxa de sinais, aplicações e análise espectral. Além disso, mais exemplos foram incluídos para enfatizar e ilustrar conceitos importantes. Em conformidade com a importância que colocamos em exemplos bem construídos e atividades extraclasse, esse novo texto incluiu mais de 400 problemas.

Enquanto a área continuava a avançar em teoria e em aplicações, grande parte dos fundamentos básicos permanecia igual, embora aperfeiçoada em ênfase, interpretação e pedagogia. Consequentemente, a segunda edição de *Processamento em Tempo Discreto de Sinais* foi publicada em 1999 nos EUA. Essa nova edição foi uma revisão importante, que teve a intenção de tornar o assunto de processamento em tempo discreto de sinais ainda mais acessível a alunos e engenheiros em exercício, sem comprometimento na cobertura do que consideramos ser os conceitos essenciais que definem a área.

Esta terceira edição de *Processamento em Tempo Discreto de Sinais* é uma revisão importante de nossa segunda edição. A nova edição responde a mudanças no modo como o assunto é ensinado e a mudanças no escopo dos cursos típicos em nível de graduação e primeiro ano de pós-graduação. Ela dá continuidade à tradição de enfatizar a acessibilidade dos tópicos aos alunos e engenheiros em exercício, realçando os princípios fundamentais com ampla aplicabilidade. Uma característica importante da nova edição é a incorporação e a expansão de alguns dos tópicos mais avançados, cuja compreensão agora é essencial para o trabalho de forma eficaz na área. Cada capítulo da segunda edição passou por uma revisão e mudanças significativas, um capítulo totalmente novo foi acrescentado e um capítulo foi restaurado e atualizado significativamente a partir da primeira edição.

À medida que continuávamos a ensinar o assunto no decorrer dos dez anos desde a segunda edição, constantemente criávamos novos problemas para atividades extraclasse e provas. Coerentemente com a importância que sempre demos a exemplos e atividades extraclasse bem construídos, selecionamos mais de 130 dos melhores deles para ser incluídos na terceira edição, que agora contém mais de 700 problemas extraclasse.

Como em edições anteriores deste texto, consideramos que o leitor tenha uma base avançada em cálculo, bem como um bom conhecimento de elementos de números complexos e variáveis complexas. Uma base em teoria de sistemas lineares para sinais de tempo contínuo, incluindo transformadas de Laplace e Fourier, conforme ensinado na maioria dos currículos de engenharia elétrica e mecânica em nível de graduação, continua sendo um pré-requisito básico. Agora também é comum, na maioria dos currículos de graduação, incluir uma exposição inicial a sinais e sistemas de tempo discreto, transformadas de Fourier de tempo discreto e processamento em tempo discreto dos sinais de tempo contínuo.

Nossa experiência no ensino de processamento em tempo discreto de sinais no nível avançado de graduação e no nível de pós-graduação confirma que é essencial começar com uma revisão cuidadosa desses tópicos, para que os alunos prossigam para os tópicos mais avançados a partir de uma base de conhecimento sólida e uma familiaridade com uma estrutura de notação consistente, usada ao longo de todo o curso e que acompanha o livro-texto. Tipicamente, em uma primeira exposição ao processamento em tempo discreto de sinais no início dos cursos de graduação, os alunos aprendem a realizar manipulações matemáticas, mas é revendo os tópicos que eles aprendem a manipular com mais desenvoltura os conceitos fundamentais. Portanto, nesta edição, retemos a cobertura desses fundamentos nos cinco primeiros capítulos, melhorados com novos exemplos e uma discussão expandida. Em seções posteriores de alguns capítulos são incluídos tópicos adicionais, como ruído de digitalização, que pressupõe conhecimento básico em sinais aleatórios. Uma rápida revisão do fundamento essencial para essas seções foi incluída no Capítulo 2 e no Apêndice A.

Uma mudança importante no ensino de PDS, que ocorreu por volta da última década, é um amplo uso de sofisticados pacotes de *software*, como MATLAB, LabVIEW e Mathematica, que fornecem uma experiência interativa e prática para os alunos. A acessibilidade e a facilidade de uso desses pacotes de *software* fornecem a oportunidade de associar os conceitos e a matemática, que são a base para o processamento em tempo discreto de sinais, a aplicações envolvendo sinais reais e sistemas em tempo real. Esses pacotes de *software* são bem documentados, possuem excelente suporte técnico e excelentes interfaces com o usuário, fato que os torna facilmente acessíveis aos alunos sem tirar a atenção do principal objetivo: o desenvolvimento de ideias e a intuição sobre os fundamentos. Em muitos cursos de processamento de sinais, agora é comum que sejam incluídos projetos e exercícios a ser resolvidos com o uso de um ou vários dos pacotes de *software* disponíveis. Certamente, isso precisa ser feito com cautela, a fim de maximizar o benefício ao aprendizado do aluno, enfatizando a experimentação dos conceitos, parâmetros e assim por diante, em vez de fornecer simplesmente exercícios que podem ser resolvidos com uma "receita". É particularmente empolgante que, com um desses poderosos pacotes de *software* instalado, o computador portátil de cada aluno se torne um laboratório de última geração para a experimentação de conceitos de processamento em tempo discreto de sinais e de sistemas.

Como professores, procuramos consistentemente a melhor maneira de usar os recursos do computador para melhorar o ambiente de aprendizado de nossos alunos. Continuamos a acreditar que os livros-texto são a melhor maneira de apresentar o conhecimento de forma conveniente e estável. Os livros-texto necessariamente evoluem em uma escala de tempo relativamente lenta. Isso assegura uma certa estabilidade e fornece tempo para a análise dos desenvolvimentos na área e para avaliar maneiras de apresentação de novas ideias aos alunos. Por outro lado, as mudanças na tecnologia de *software* e *hardware* de computadores ocorrem em uma escala de tempo muito mais rápida. As revisões de *software* muitas vezes ocorrem semestralmente, e as velocidades de *hardware* continuam a aumentar anualmente. Isso, juntamente com a disponibilidade da *world-wide-web*, proporciona a oportunidade de atualização mais frequente dos componentes interativos e experimentais do ambiente de aprendizado. Por esses motivos, proporcionar ambientes separados para a matemática básica e os conceitos básicos na forma de livro-texto, e para a experiência interativa e prática, principalmente por meio da *world-wide-web*, parece ser um caminho natural.

Com isso em mente, criamos esta terceira edição de *Processamento em Tempo Discreto de Sinais*, incorporando o que acreditamos ser a matemática e os conceitos fundamentais do processamento em tempo discreto de sinais.

O material neste livro está organizado de modo a fornecer uma flexibilidade considerável em seu uso nos níveis de graduação e pós-graduação. Uma matéria eletiva típica de um semestre em nível de graduação poderia abranger em profundidade o Capítulo 2, seções 2.0-2.9; o Capítulo 3; o Capítulo 4, seções 4.0-4.6; o Capítulo 5, seções 5.0-5.3; o Capítulo 6, seções 6.0-6.5; e o Capítulo 7, seções 7.0-7.3; e uma breve passada pelas seções 7.4-7.6. Se os alunos tiverem estudado sinais e sistemas de tempo discreto em um curso anterior sobre sinais e sistemas, será possível passar mais rapidamente pelo material dos capítulos 2, 3 e 4, fazendo com que haja mais tempo para abordar o Capítulo 8. No primeiro ano do curso de pós-graduação ou um curso de especialização poderiam ser incorporados aos tópicos anteriores os tópicos restantes do Capítulo 5, uma discussão de processamento multitaxa de sinais (Seção 4.7), uma exposição a algumas das questões de digitalização apresentadas na Seção 4.8 e talvez uma introdução à formatação do ruído em conversores A/D e D/A, conforme discutido na Seção 4.9. No primeiro ano do curso de pós-graduação também devem-se incluir a exposição a algumas das questões de digitalização tratadas nas seções 6.6-6.9, uma discussão dos filtros FIR ideais, conforme incorporados nas seções 7.7-7.9, e um tratamento completo da transformada de Fourier discreta (Capítulo 8) e seu cálculo usando a FFT (Capítulo 9). A discussão da TFD pode ser efetivamente reforçada com muitos dos exemplos no Capítulo 10. Em um curso de pós-graduação de dois semestres, todo o texto, incluindo os novos capítulos sobre modelagem paramétrica de sinais (Capítulo 11) e o cepstrum (Capítulo 13), pode ser abordado juntamente com uma série de tópicos avançados adicionais. Em todos os casos, os problemas extraclasse ao final de cada capítulo podem ser trabalhados com ou sem o auxílio de um computador, e podem ser usados para fortalecer a relação entre a teoria e a implementação por computador dos sistemas de processamento de sinais.

Concluímos este prefácio com um resumo do conteúdo de cada capítulo, destacando as mudanças significativas na terceira edição.

No Capítulo 2, apresentamos a aula básica dos sinais e sistemas de tempo discreto e definimos as propriedades básicas do sistema, como linearidade, invariância no tempo, estabilidade e causalidade. O foco principal do livro está nos sistemas lineares invariantes no tempo, devido ao rico conjunto de ferramentas disponíveis para projetar e analisar essa classe de sistemas. No Capítulo 2, em particular, desenvolvemos a representação no domínio do tempo dos sistemas lineares invariantes no tempo através da soma de convolução e abordamos a classe de sistemas lineares e invariantes no tempo representados por equações de diferenças lineares com coeficientes constantes. No Capítulo 6, abordamos essa classe de sistemas em mais detalhes. Também no Capítulo 2, abordamos a representação no domínio da frequência dos sinais e sistemas de tempo discreto por meio da transformada de Fourier de tempo discreto. O foco principal do Capítulo 2 está na representação das sequências em termos da transformada de Fourier de tempo discreto, ou seja, como uma combinação linear de exponenciais complexas, e o desenvolvimento das propriedades básicas da transformada de Fourier de tempo discreto.

No Capítulo 3, desenvolvemos a transformada z como uma generalização da transformada de Fourier. Esse capítulo foca o desenvolvimento dos teoremas e das propriedades básicas da transformada z e o desenvolvimento do método da expansão em frações parciais para a operação de transformada inversa. Uma nova seção sobre a transformada z unilateral foi acrescentada nesta edição. No Capítulo 5, os resultados desenvolvidos nos capítulos 2 e 3 são usados extensivamente em uma discussão detalhada da representação e análise de sistemas lineares invariantes no tempo. Embora o material nos capítulos 2 e 3 possa ser uma revisão para muitos alunos, a maior parte dos cursos introdutórios sobre sinais e sistemas não terá a profundidade ou a abrangência desses capítulos. Além disso, esses capítulos estabelecem a notação que será usada ao longo de todo o texto. Assim, recomendamos que os capítulos 2 e 3 sejam estudados tão cuidadosamente quanto necessário para que os alunos se sintam confiantes em seu domínio dos fundamentos dos sinais e sistemas de tempo discreto.

No Capítulo 4 é feita uma discussão detalhada da relação entre os sinais de tempo contínuo e de tempo discreto quando os sinais de tempo discreto são obtidos com amostragem periódica dos sinais de tempo contínuo. Isso inclui um desenvolvimento do teorema da amostragem de Nyquist. Além disso, discutimos a superamostragem e a subamostragem dos sinais de tempo discreto conforme usadas, por exemplo, nos sistemas de processamento multitaxas de sinais e na conversão da taxa de amostragem. O capítulo conclui com uma discussão de algumas das questões práticas encontradas na conversão de tempo contínuo para tempo discreto, incluindo a pré-filtragem para evitar *aliasing*, a modelagem dos efeitos da digitalização de amplitude quando os sinais de tempo discreto são representados digitalmente e o uso da sobreamostragem na simplificação dos processos de conversão A/D e D/A. Esta terceira edição inclui novos exemplos de simulações de ruído de digitalização, uma nova discussão dos filtros de interpolação obtidos das *splines* e novas discussões da interpolação de múltiplos estágios e bancos de filtros multitaxas em dois canais.

No Capítulo 5, aplicamos os conceitos desenvolvidos nos capítulos anteriores a um estudo detalhado das propriedades dos sistemas lineares invariantes no tempo. Definimos a classe de filtros ideais seletivos em frequência e desenvolvemos a função de sistema e representação de polos e zeros para os sistemas descritos por equações de diferenças lineares com coeficientes constantes, uma classe de sistemas cuja implementação é considerada em detalhes no Capítulo 6. Também no Capítulo 5, definimos e discutimos o atraso de grupo, a resposta de fase e a distorção de fase, além das relações entre a resposta de magnitude e a resposta de fase dos sistemas, incluindo uma discussão sobre os sistemas de fase linear de fase mínima, passa-tudo e sistemas de fase linear generalizada. As mudanças da terceira edição incluem um novo exemplo dos efeitos do atraso de grupo e atenuação.

No Capítulo 6, focamos especificamente os sistemas descritos por equações de diferenças lineares com coeficientes constantes, e desenvolvemos sua representação em termos de diagrama de blocos e diagrama de fluxo de sinais lineares. Grande parte do capítulo trata do desenvolvimento de uma variedade de importantes estruturas de sistema e da comparação de algumas de suas propriedades. A importância dessa discussão e a variedade de estruturas de filtro se relacionam ao fato de que, em uma implementação prática de um sistema de tempo discreto, os efeitos das imprecisões dos coeficientes e erros da aritmética podem depender muito da estrutura específica utilizada. Embora essas questões básicas sejam similares em implementações digitais e analógicas em tempo discreto, elas serão ilustradas neste capítulo no contexto de uma implementação digital, com uma discussão dos efeitos da digitalização dos coeficientes e da aritmética do ruído de arredondamento para filtros digitais. Uma nova seção fornece uma discussão detalhada dos filtros em treliça FIR e IIR para a implementação de equações de diferenças lineares com coeficientes constantes. Conforme discutido no Capítulo 6 e mais adiante no Capítulo 11, essa classe de estruturas de filtro se tornou extremamente importante em muitas aplicações devido a suas propriedades desejáveis. Nas discussões sobre filtros em treliça, em muitos textos e artigos, é comum associar sua importância à análise de predição linear e de modelagem de sinais. Entretanto, a importância do uso de implementações em treliça dos filtros FIR e IIR é independente de como a equação de diferenças a ser implementada é obtida. Por exemplo, a equação de diferenças pode ser resultado do uso de técnicas de projeto de filtro, conforme abordagem do Capítulo 7, do uso da modelagem paramétrica de sinais, conforme abordagem do Capítulo 11, ou resultado de qualquer uma das diversas outras formas em que a equação de diferenças a ser implementada aparece.

Enquanto o Capítulo 6 trata da representação e implementação de equações de diferenças lineares com coeficientes constantes, o Capítulo 7 trata dos procedimentos para a obtenção dos coeficientes dessa classe de equações de diferenças para aproximar uma desejada resposta de sistema. As técnicas de projeto são separadas naquelas usadas em filtros com resposta ao impulso de duração infinita (IIR, do inglês *Infinite Impulse Response*) e naquelas usadas em filtros com resposta ao impulso de duração finita (FIR, do inglês *Finite Impulse Response*). Novos exemplos de projeto de filtro IIR fornecem noções adicionais sobre as propriedades dos diferentes métodos de aproximação. Um novo exemplo sobre projeto de filtro para interpolação fornece uma estrutura de comparação entre os filtros IIR e FIR em uma configuração prática.

Na teoria de sistema linear de tempo contínuo, a transformada de Fourier é principalmente uma ferramenta analítica para representar sinais e sistemas. Ao contrário, no caso do tempo discreto, muitos sistemas e algoritmos de processamento de sinais envolvem o cálculo explícito da transformada de Fourier. Embora a própria transformada de Fourier não possa ser calculada, uma versão amostrada dela, a transformada de Fourier discreta (TFD), pode ser calculada, e para sinais de duração finita, a TFD é uma representação de Fourier completa do sinal. No Capítulo 8, a TFD é apresentada, e suas propriedades e relações com a transformada de Fourier de tempo discreto (TFTD) são desenvolvidas em detalhes. Neste capítulo, também fornecemos uma introdução à transformada de cosseno discreto (TCD), que desempenha um papel muito importante em aplicações como compactação de áudio e vídeo.

No Capítulo 9, a rica e importante variedade de algoritmos para calcular ou gerar a TFD é introduzida e discutida, incluindo o algoritmo de Goertzel, os algoritmos da transformada de Fourier rápida (FFT, do inglês *Fast Fourier Transform*) e a transformada *chirp*. Nesta terceira edição, as operações básicas de superamostragem e subamostragem, discutidas no Capítulo 4, são usadas para oferecer noções adicionais para a dedução dos algoritmos de FFT. Conforme também é discutido nesse capítulo, a evolução da tecnologia alterou consideravelmente as métricas importantes na avaliação da eficiência dos algoritmos de processamento de sinais. Na época da publicação de nosso primeiro livro, na década de 1970, tanto a memória quanto o custo computacional (multiplicações e também adições de ponto flutuante) eram dispendiosos, e a eficiência dos algoritmos muitas vezes era julgada por quanto era exigido desses recursos. Atualmente, é comum empregar memória adicional para aumentar a velocidade e reduzir os requisitos de potência na implementação de algoritmos de processamento de sinais. De uma maneira similar, as plataformas *multi-core*, em alguns contextos, têm resultado no favorecimento da implementação paralela de algoritmos, mesmo aumentando o custo computacional. Muitas vezes, o número de ciclos de troca de dados, comunicação em um *chip* e requisitos de potência agora são as principais medidas na escolha da estrutura para implementação de um algoritmo. Conforme discutimos no Capítulo 9, embora a FFT seja mais eficiente em termos das multiplicações exigidas do que o algoritmo de Goertzel ou da implementação direta da TFD, ela é menos eficiente do que ambos se a métrica dominante for ciclos de comunicação, pois a implementação direta da TFD ou o algoritmo de Goertzel permitem um paralelismo de implementação muito maior do que a FFT.

Com a base desenvolvida nos capítulos anteriores e particularmente nos capítulos 2, 3, 5 e 8, no Capítulo 10 focamos a análise de Fourier dos sinais usando a TFD. Sem uma compreensão detalhada das questões envolvidas e da relação entre a transformada de Fourier de tempo contínuo, a TFTD e a TFD, o uso da TFD na análise prática de sinais muitas vezes pode causar confusão e má interpretação. Abordamos uma série dessas questões no Capítulo 10. Também consideramos com alguns detalhes a análise de Fourier dos sinais com características variantes no tempo, por meio da transformada de Fourier dependente do tempo. A novidade nesta terceira edição é a abordagem com mais detalhes da análise de banco de filtros, incluindo um exemplo de banco de filtros MPEG. Também foram incluídos novos exemplos de análise de Fourier dependente do tempo dos sinais *chirp* ilustrando o efeito do comprimento da janela e simulações mais detalhadas da análise do ruído de digitalização.

O Capítulo 11, sobre a modelagem paramétrica de sinais, é um capítulo totalmente novo. Começando com o conceito básico da representação de um sinal como a saída de um sistema LIT, o Capítulo 11 mostra como os parâmetros do modelo do sinal podem ser encontrados pela solução de um conjunto de equações lineares. Os detalhes dos cálculos envolvidos na preparação e na solução das equações são discutidos e ilustrados por meio de exemplos. Uma ênfase particular está na solução com o algoritmo de Levinson–Durbin e nas muitas propriedades da solução que são facilmente obtidas a partir dos detalhes do algoritmo, como a interpretação do filtro em treliça.

O Capítulo 12 trata da transformada de Hilbert discreta. Essa transformada surge em diversas aplicações práticas, incluindo filtragem inversa, representações complexas de sinais reais passa-banda, técnicas de modulação em banda lateral única e muitas outras. Com o advento do aumento da sofisticação dos sistemas de comunicações e da crescente riqueza de métodos para amostragem eficiente de sinais de tempo contínuo em banda larga e multibanda, o entendimento básico das transformadas de Hilbert tem se tornado cada vez mais importante. A transformada de Hilbert também desempenha um papel importante na discussão do cepstrum do Capítulo 13.

Nosso primeiro livro, em 1975, e a primeira edição deste livro, em 1989, incluíam um tratamento detalhado da classe de técnicas não lineares conhecidas como análise cepstral e desconvolução homomórfica. Essas técnicas têm se tornado cada vez mais importantes, e agora são de uso generalizado em aplicações como codificação de voz, reconhecimento de voz e locução, análise de dados de imagens geofísicas e médicas, e em muitas outras aplicações em que a desconvolução é um tema importante. Consequentemente, nesta edição, introduzimos esses tópicos com discussão e exemplos expandidos. O capítulo contém uma discussão detalhada da definição e das propriedades do cepstrum e da variedade de formas de calculá-lo, incluindo novos resultados sobre o uso de raízes de polinômios como base para o cálculo do cepstrum. Uma exposição ao material do Capítulo 13 também fornece ao leitor a oportunidade de desenvolver novas abordagens sobre os fundamentos apresentados nos capítulos iniciais, no contexto de um conjunto de técnicas não lineares de análise de sinal, com importância crescente e que servem para o mesmo tipo de análise rica apreciada pelas técnicas lineares. O capítulo também inclui novos exemplos que ilustram o uso da filtragem homomórfica na desconvolução.

Aguardamos ansiosamente o uso desta nova edição como material de ensino, e esperamos que nossos colegas e alunos se beneficiem com as muitas melhorias em comparação às edições anteriores. O processamento de sinais em geral e o processamento em tempo discreto de sinais em particular são de uma imensa riqueza em todas as suas dimensões, e prometem desenvolvimentos ainda mais interessantes no futuro.

Alan V. Oppenheim
Ronald W. Schafer

Agradecimentos

Esta terceira edição de *Processamento em tempo discreto de sinais* evoluiu a partir das duas primeiras edições (1989, 1999) que se originaram do nosso primeiro livro *Digital Signal Processing* (1975). A influência e o impacto dos muitos colegas, alunos e amigos que auxiliaram, apoiaram e contribuíram para esses primeiros trabalhos permanecem evidentes nesta nova edição, e gostaríamos de expressar novamente nossa profunda apreciação a todos e mais explicitamente aos que agradecemos nas edições anteriores.

No decorrer de nossas carreiras, ambos tivemos a sorte de ter mentores extraordinários. Cada um de nós gostaria de agradecer a vários indivíduos que provocaram um impacto tão importante em nossas vidas e carreiras.

Al Oppenheim foi profundamente orientado e influenciado como aluno de graduação e por toda a sua carreira pelo professor Amar Bose, pelo professor Thomas Stockham e pelo Dr. Ben Gold. Como assistente de ensino por vários anos e como aluno de doutorado supervisionado pelo professor Bose, Al foi significativamente influenciado pelo ensino inspirador, estilo de pesquisa criativo e padrões extraordinários que são característicos do professor Bose em tudo o que ele faz. No início de sua carreira, Al Oppenheim também teve a grande sorte de desenvolver colaboração e amizade com o Dr. Ben Gold e o professor Thomas Stockham. O incrível encorajamento e modelo de vida fornecidos por Ben foram significativos na formação do estilo de orientação e pesquisa de Al Oppenheim. Tom Stockham também forneceu aconselhamento, suporte e encorajamento significativos, além de amizade contínua e modelo de vida maravilhoso. A influência desses mentores extraordinários flui por todo este livro.

Mais notáveis entre os muitos professores e mentores que influenciaram Ron Schafer são o professor Levi T. Wilson, o professor Thomas Stockham e o Dr. James L. Flanagan. O professor Wilson apresentou um menino ingênuo de cidade pequena às maravilhas da matemática e da ciência, de um modo que foi memorável e que mudou sua vida. Sua dedicação ao ensino foi uma inspiração muito forte para resistir. O professor Stockham foi um ótimo professor, um amigo em tempos difíceis, um colega valioso e um engenheiro maravilhosamente criativo. Jim Flanagan é um gigante na área de ciência e engenharia de voz, e uma inspiração para todos os que têm a sorte de ter trabalhado com ele. Nem todos os ótimos professores levam o título de "Mestre". Ele ensinou a Ron e a muitos outros o valor do pensamento cuidadoso, o valor da dedicação a uma área de aprendizado e o valor da escrita e expressão claras e lúcidas. Ron Schafer admite livremente se apropriar de muitos hábitos de pensamento e expressão desses grandes mentores, e faz isso com a certeza de que eles não se importam nem um pouco.

No decorrer de nossas carreiras acadêmicas, no MIT e na *Georgia Tech* nos forneceram um ambiente estimulante para pesquisa e ensino, e nos deram encorajamento e suporte para esse projeto em evolução. Desde 1977, Al Oppenheim passou vários sabáticos e quase todos os verões na *Woods Hole Oceanographic Institution* (WHOI), e está profundamente grato por essa oportunidade e sociedade especial. Foi durante esses períodos e no maravilhoso ambiente da WHOI que grande parte da redação das várias edições deste livro foi realizada.

No MIT e na *Georgia Tech*, ambos recebemos um bom suporte financeiro de diversas origens. Al Oppenheim é extremamente grato pelo apoio de Mr. Ray Stata e da *Analog Devices Inc.*, a *Bose Foundation* e a *Ford Foundation* pelo patrocínio da pesquisa e ensino no MIT de várias formas. Também tivemos o apoio da *Texas Instruments Inc.* por nossas atividades de ensino e pesquisa. Em particular, Gene Frantz da TI tem sido um defensor dedicado de nosso trabalho e educação em PDS em geral, em ambas as instituições acadêmicas. Ron Schafer também agradece pelo suporte generoso da *John and Mary Franklin Foundation*, que patrocinou a presidência de John e Marilu McCarty na *Georgia Tech*. Demetrius Paris, durante muito tempo diretor da Escola de ECE na *Georgia Tech*, e W. Kelly Mosley e Marilu McCarty, da *Franklin Foundation*, merecem agradecimentos especiais por sua amizade e suporte por mais de 30 anos. Ron Schafer gostaria de exprimir seu apreço pela oportunidade de fazer parte da equipe de pesquisa na *Hewlett-Packard Laboratories*, primeiro por meio do apoio de pesquisa na *Georgia Tech* por muitos anos e, desde 2004, como *HP Fellow*. A terceira edição não poderia ter sido concluída sem o encorajamento e o apoio dos gerentes da *HP Labs*, Fred Kitson, Susie Wee e John Apostolopoulos.

Nossa associação com a *Prentice Hall Inc.* começou há várias décadas com nosso primeiro livro, publicado em 1975, e continuou pelas três edições desta obra, bem como em outras. Tivemos a extrema sorte de termos trabalhado com a *Prentice Hall*. O encorajamento e apoio oferecidos por Marcia Horton e Tom Robbins, por meio deste e de muitos outros projetos de escrita, e por Michael McDonald, Andrew Gilfillan, Scott Disanno e Clare Romeo, com esta edição, melhoraram significativamente o prazer de escrever e completar este projeto.

Assim como nas edições anteriores, na produção desta terceira edição, tivemos a sorte de receber a ajuda de muitos colegas, alunos e amigos. Somos bastante gratos por sua generosidade no tempo dedicado a nos ajudar com este projeto. Em particular, expressamos nosso agradecimento e apreciação a:

Professor John Buck, por sua atuação significativa na preparação da segunda edição e seu tempo e esforço contínuos durante a vida daquela edição,

Professores Vivek Goyal, Jae Lim, Gregory Wornell, Victor Zue, e doutores Babak Ayazifar, Soosan Beheshti e Charles Rohrs, que lecionaram no MIT usando várias edições e fizeram muitos comentários e sugestões úteis,

Professores Tom Barnwell, Russ Mersereau e Jim McClellan, durante muito tempo amigos e colegas de Ron Schafer, que lecionaram constantemente a partir de várias edições e influenciaram muitos aspectos do livro,

Professor Bruce Black, do *Rose-Hulman Institute of Technology*, por organizar cuidadosamente dez anos de novos problemas, selecionando os melhores, atualizando-os e integrando-os aos capítulos,

Professor Mark Yoder e Professor Wayne Padgett, por desenvolverem materiais adicionais,

Ballard Blair, por seu auxílio na atualização da bibliografia,

Eric Strattman, Darla Secor, Diane Wheeler, Stacy Schultz, Kay Gilstrap e Charlotte Doughty, por seu auxílio administrativo na preparação desta revisão e apoio contínuo de nossas atividades de ensino,

Tom Baran, por sua ajuda em muitas das questões de computação associadas ao gerenciamento de arquivos para esta edição e por sua ajuda significativa com os exemplos em diversos capítulos,

Shay Maymon, que leu meticulosamente a maior parte dos capítulos, reformulou muitos dos problemas nos capítulos mais avançados, fez correções e deu sugestões importantes,

A todos os que ajudaram na revisão cuidadosa do manuscrito e provas diagramadas: Berkin Bilgic, Albert Chang, Myung Jin Choi, Majid Fozunbal, Reeve Ingle, Jeremy Leow, Ying Liu, Paul Ryu, Sanquan Song, Dennis Wei e Zahi Karam.

E aos muitos assistentes de ensino que influenciaram esta edição, direta ou indiretamente, enquanto trabalhavam conosco no ensino do assunto no MIT e na *Georgia Tech*.

Site de apoio do livro

No Site de Apoio deste livro (<www.grupoa.com.br>), professores e estudantes podem acessar os seguintes materiais adicionais

- Manual de soluções (em inglês);
- Exercícios extras com soluções (em inglês);
- Apresentações em PowerPoint.

Esse material é de uso exclusivo para professores e está protegido por senha. Para ter acesso a ele, os professores que adotam o livro devem entrar em contato através do e-mail para divulgacao@grupoa.com.br.

Capítulo 1 Introdução

1.0 Introdução

A rica história e o futuro promissor do processamento de sinais decorrem de uma forte sinergia entre aplicações cada vez mais sofisticadas, novos desenvolvimentos teóricos e novas arquiteturas e plataformas de *hardware* que surgem constantemente. As aplicações do processamento de sinais abrangem um imenso conjunto de áreas, que incluem entretenimento, comunicações, exploração do espaço, medicina, arqueologia e geofísica, apenas para citar algumas. Algoritmos e *hardwares* de processamento de sinais são prevalentes em uma grande variedade de sistemas, desde sistemas militares altamente especializados e aplicações industriais até sistemas eletrônicos de baixo custo e alto volume de produção voltados ao consumidor. Embora rotineiramente nem se questione o extraordinário desempenho de sistemas multimídia, como vídeo de alta definição, áudio de alta fidelidade e jogos interativos, esses sistemas sempre foram fortemente baseados no estado da arte do processamento de sinais. Sofisticados processadores digitais de sinais estão no núcleo de todos os telefones celulares modernos. Os padrões de compactação de áudio e vídeo MPEG e de dados de imagem JPEG[1] baseiam-se fortemente em muitos dos princípios e das técnicas de processamento de sinais discutidos neste livro. Dispositivos de armazenamento de dados de alta densidade e novas memórias de estado sólido contam cada vez mais com o uso de processamento de sinais para fornecer consistência e robustez a tecnologias que de outra forma seriam frágeis. Ao olharmos para o futuro, fica claro que o papel do processamento de sinais está se expandindo, impulsionado em parte pela convergência de comunicações, computadores e processamento de sinais, tanto na área do consumidor quanto em aplicações industriais e governamentais avançadas.

A quantidade cada vez maior de aplicações e a demanda por algoritmos cada vez mais sofisticados andam lado a lado com o rápido desenvolvimento da tecnologia de dispositivos para implementar sistemas de processamento de sinais. De acordo com algumas estimativas, mesmo com as limitações iminentes da Lei de Moore, a capacidade de processamento de microprocessadores dedicados a processamento de sinais e de computadores pessoais provavelmente aumentará em várias ordens de grandeza nos próximos dez anos. Evidentemente, a importância e o papel do processamento de sinais continuarão a se expandir em um ritmo acelerado no futuro.

O processamento de sinais lida com a representação, a transformação e a manipulação de sinais e da informação que os sinais contêm. Por exemplo, podemos querer separar dois ou mais sinais que foram combinados por alguma operação, como adição, multiplicação ou convolução, ou então amplificar algum componente do sinal ou estimar algum parâmetro de um modelo de sinal. Nos sistemas de comunicação, geralmente é necessário realizar um pré-processamento como modulação, condicionamento do sinal e compressão antes da transmissão por um canal de comunicações, e depois executar pós-processamento no receptor, para recuperar uma cópia semelhante ao sinal original. Antes da década de 1960, a tecnologia para esse processamento de sinais era quase exclusivamente analógica e de tempo contínuo.[2] Uma mudança continuada e relevante para tecnologias digitais foi resultado da rápida evolução de computadores e microprocessadores digitais e dos *chips* de baixo custo para a conversão analógico-digital (A/D) e digital-analógico (D/A). Essas evoluções na tecnologia foram reforçadas por muitos desenvolvimentos teóricos importantes, como o algoritmo da transformada de

---

[1] Os acrônimos MPEG e JPEG são os termos usados informalmente para se referir aos padrões desenvolvidos pelo Moving Picture Expert Group (MPEG) e pelo Joint Photographic Expert Group (JPEG) da International Organization for Standardization (ISO).

[2] Em um contexto geral, vamos nos referir à variável independente como "tempo", embora, em contextos específicos, a variável independente possa assumir uma grande variedade de significados possíveis. Consequentemente, tempo contínuo e tempo discreto devem ser entendidos como termos genéricos que se referem a uma variável independente contínua e uma variável independente discreta, respectivamente.

Fourier rápida (FFT, do inglês *fast Fourier transform*), modelagem paramétrica de sinal, técnicas multitaxas, implementação de filtros polifásicos e novas formas de representar sinais, como expansões em *wavelets*. Apenas como um exemplo dessa mudança, os sistemas de comunicação por rádio analógicos estão evoluindo para os "*software rádios*" reconfiguráveis, que são implementados quase exclusivamente com computação digital.

O processamento em tempo discreto de sinais é baseado no processamento de sequências numéricas indexadas sobre as variáveis inteiras, em vez de funções de uma variável independente contínua. Em processamento digital de sinais (PDS), os sinais são representados por sequências de números com precisão finita, e o processamento é implementado usando computação digital. O termo mais geral *processamento em tempo discreto de sinais* inclui o processamento digital de sinais como um caso especial, mas também inclui a possibilidade de que sequências de amostras (dados amostrados) possam ser processadas com outras tecnologias de tempo discreto. Frequentemente, a distinção entre os termos processamento em tempo discreto de sinais e processamento digital de sinais tem importância menor, pois ambos tratam de sinais de tempo discreto. Isso é particularmente verdadeiro quando se emprega computação de alta precisão. Embora existam muitos exemplos em que os sinais a serem processados são inerentemente sequências de tempo discreto, a maior parte das aplicações envolve o uso da tecnologia de tempo discreto para processar sinais que se originam como sinais de tempo contínuo. Nesse caso, um sinal de tempo contínuo tipicamente é convertido em uma sequência de amostras, ou seja, um sinal de tempo discreto. De fato, um dos mais importantes estímulos à aplicação generalizada do processamento digital de sinais foi o desenvolvimento de *chips* de conversão A/D e D/A de baixo custo, com base em digitalização diferencial com formatação de ruído. Após o processamento em tempo discreto, a sequência de saída é convertida de volta em um sinal de tempo contínuo. Nesses sistemas, a operação em tempo real frequentemente é exigida ou desejável. À medida que as velocidades dos computadores aumentaram, o processamento em tempo discreto de sinais de tempo contínuo em tempo real tornou-se comum em sistemas de comunicação, radar e sonar, codificação e aprimoramento de voz e vídeo, engenharia biomédica e muitas outras áreas de aplicação. Aplicações que não necessitam de processamento em tempo real também são comuns. O CD *player* e o MP3 *player* são exemplos de sistemas assimétricos em que um sinal de entrada é processado apenas uma vez. O processamento inicial pode ocorrer em tempo real, mais lento que em tempo real ou até mais rápido do que em tempo real. A forma processada da entrada é armazenada (no CD ou em uma memória de estado sólido) e o processamento final para reconstruir o sinal de áudio é executado em tempo real quando a saída é reproduzida para escuta. Os sistemas de gravação e reprodução de CD e MP3 baseiam-se em muitos dos conceitos de processamento de sinais abordados neste livro.

A engenharia financeira representa outro campo que está emergindo rapidamente e que incorpora muitos conceitos e técnicas de processamento de sinais. A modelagem, a previsão e a filtragem eficazes de dados econômicos podem resultar em ganhos significativos no desempenho e na estabilidade econômica. Os gerentes de investimentos de carteira de títulos, por exemplo, baseiam-se cada vez mais no uso do processamento sofisticado de sinais, pois mesmo um aumento muito pequeno na previsibilidade de um sinal ou na relação sinal-ruído (SNR, do inglês *signal-to-noise ratio*) pode resultar em um ganho significativo no desempenho.

Outra área importante do processamento de sinais é a *interpretação de sinais*. Nesses contextos, o objetivo do processamento é obter uma caracterização do sinal de entrada. Por exemplo, em um sistema de reconhecimento ou compreensão de voz, o objetivo é interpretar o sinal de entrada ou extrair informações dele. Tipicamente, tal sistema aplica um pré-processamento digital (filtragem, estimação de parâmetros e assim por diante) seguido por um sistema de reconhecimento de padrões para produzir uma representação simbólica, como uma transcrição fonética da voz. Essa saída simbólica pode, por sua vez, ser a entrada de um sistema de processamento simbólico, como um sistema especialista baseado em regras, para fornecer a interpretação final do sinal.

Ainda outra categoria relativamente nova de processamento de sinais envolve a manipulação simbólica de expressões em processamento de sinais. Esse tipo de processamento é potencialmente útil em estações de trabalho para processamento de sinais e no projeto de sistemas de processamento de sinais auxiliado por computador. Nessa classe de processamento, sinais e sistemas são representados e manipulados como objetos de dados abstratos. As linguagens de programação orientadas a objeto fornecem um ambiente conveniente para a manipulação de sinais, sistemas e expressões de processamento de sinais sem utilizar explicitamente sequências numéricas de dados. A sofisticação dos sistemas projetados para realizar o processamento simbólico de sinais é diretamente influenciada pela incorporação de conceitos, teoremas e propriedades fundamentais de processamento de sinais, como aqueles que formam a base deste livro. Por exemplo, um ambiente de processamento de sinais que incorpora a propriedade de que a convolução no domínio do tempo corresponde à multiplicação no domínio da frequência pode explorar uma série de rearranjos das estruturas de filtragem, incluindo aquelas que envolvem o uso direto da transformada de Fourier discreta (TFD) e o algoritmo de FFT. De modo similar, os ambientes que incorporam a relação entre taxa de amostragem e *aliasing* podem fazer uso eficaz de estratégias de dizimação e interpolação para a implementação de filtros. Ideias semelhantes estão sendo atualmente exploradas para implementar o processamento de sinais em ambientes de rede. Nesse tipo de ambiente, os dados podem, potencialmente, ser marcados com uma descrição em alto nível do processamento a ser feito, e os detalhes da implementação podem ser baseados dinamicamente nos recursos disponíveis na rede.

Muitos dos conceitos e das técnicas de projeto discutidos neste texto agora são incorporados na estrutura de sistemas de *software* sofisticados, como MATLAB, Simulink, Mathematica e LabVIEW. Em muitos casos em que os sinais de tempo discreto são adquiridos e armazenados em computadores, essas ferramentas permitem que operações de processamento de sinais extremamente sofisticadas sejam executadas a partir das funções básicas. Nesses casos, geralmente não é necessário conhecer os detalhes do algoritmo que implementa o cálculo de uma operação como a FFT, mas ainda assim é essencial entender o que é calculado e como deve ser interpretado. Em outras palavras, um bom conhecimento dos conceitos considerados neste texto é essencial para o uso adequado das ferramentas de *software* de processamento de sinais que agora estão amplamente disponíveis.

Naturalmente, os problemas de processamento de sinais não se limitam aos sinais unidimensionais. Embora existam algumas diferenças fundamentais nas teorias para processamento de sinais unidimensionais e multidimensionais, grande parte do material que discutimos aqui tem um correspondente direto nos sistemas multidimensionais. A teoria do processamento digital de sinais multidimensionais é apresentada com detalhes em diversas referências, incluindo Dudgeon e Mersereau (1984), Lim (1989) e Bracewell (1994).[3] Muitas aplicações de processamento de imagens requerem o uso de técnicas de processamento de sinais bidimensionais. Este é o caso de áreas como codificação de vídeo, imagens médicas, aprimoramento e análise de fotografias aéreas, análise de fotos meteorológicas de satélites e aprimoramento de transmissões de vídeo de sondas lunares e de espaço profundo. Aplicações do processamento digital de sinais multidimensionais ao processamento de imagens são discutidas, por exemplo, em Macovski (1983), Castleman (1996), Jain (1989), Bovic (ed.) (2005), Woods (2006), Gonzalez e Woods (2007) e Pratt (2007). A análise de dados sísmicos, necessária na exploração de petróleo, medições relacionadas a terremotos e monitoramento de testes nucleares, também utiliza técnicas de processamento de sinais multidimensionais. Aplicações sísmicas são discutidas, por exemplo, em Robinson e Treitel (1980) e Robinson e Durrani (1985).

O processamento de sinais multidimensionais é apenas um dos muitos tópicos avançados e específicos que se baseiam nos fundamentos abordados neste texto. A análise espectral, baseada no uso da TFD e no uso de modelos de sinais, é outro aspecto particularmente rico e importante do processamento de sinais. Discutimos muitas facetas desse assunto nos capítulos 10 e 11, que focam os conceitos e técnicas básicas relacionadas ao uso da TFD e da modelagem paramétrica de sinais. No Capítulo 11, também discutimos com detalhes métodos de análise espectral de alta resolução, com base na representação do sinal a ser analisado como a resposta de um filtro linear invariante no tempo (LIT, ou do inglês LTI — *linear time-invariant*) de tempo discreto a um impulso ou a ruído branco. A análise espectral é obtida por meio da estimação dos parâmetros (por exemplo, os coeficientes da equação de diferenças) do sistema seguida pelo cálculo do quadrado da magnitude da resposta em frequência do filtro modelado. Discussões detalhadas sobre análise espectral podem ser encontradas nos textos de Kay (1988), Marple (1987), Therrien (1992), Hayes (1996) e Stoica e Moses (2005).

A modelagem de sinais também desempenha um papel importante na compressão e codificação de dados, e, mais uma vez, os fundamentos de equações de diferenças fornecem a base para a compreensão de muitas dessas técnicas. Por exemplo, uma classe de técnicas de codificação de sinais, conhecida como codificação preditiva linear (LPC, do inglês *linear predictive coding*), explora a ideia de que, se um sinal é a resposta de uma certa classe de filtros de tempo discreto, o valor do sinal em qualquer índice de tempo é uma função linear (e, portanto, linearmente predizível) de valores anteriores. Consequentemente, representações eficientes do sinal podem ser obtidas pela estimativa desses parâmetros de predição e usando-os juntamente com o erro de predição para representar o sinal. O sinal pode, então, ser recuperado quando necessário a partir dos parâmetros do modelo. Essa classe de técnicas de codificação de sinal tem sido particularmente eficaz na codificação de voz e é descrita de forma aprofundada em Jayant e Noll (1984), Markel e Gray (1976), Rabiner e Schafer (1978) e Quatieri (2002), e também é discutida com algum detalhe no Capítulo 11.

---

[3] Nomes de autores e datas são usados ao longo do texto para se referir a livros e artigos listados nas Referências, ao final do livro.

Outro tópico avançado de importância considerável é o processamento adaptativo de sinais. Os sistemas adaptativos representam uma classe particular de sistemas variantes no tempo, e, em certo sentido, não lineares, com ampla aplicação e com técnicas estabelecidas e eficazes para seu projeto e análise. Novamente, muitas dessas técnicas se baseiam nos fundamentos de processamento em tempo discreto de sinais abordados neste texto. Descrições mais aprofundadas sobre processamento adaptativo podem ser vistas em Widrow e Stearns (1985), Haykin (2002) e Sayed (2008).

Esses representam apenas alguns dos muitos tópicos avançados que se estendem a partir do conteúdo abordado no texto. Outros incluem técnicas avançadas e específicas de projetos de filtros, uma variedade de algoritmos especializados para o cálculo da transformada de Fourier, estruturas específicas de filtros e diversas técnicas avançadas de processamento multitaxa de sinais, incluindo transformadas *wavelet*. [Veja introduções a esses assuntos em Burrus, Gopinath e Guo (1997), Vaidyanathan (1993) e Vetterli e Kovačević (1995).]

Constantemente se diz que o propósito de um livro-texto fundamental deve ser descobrir, em vez de cobrir, um assunto. Na escolha dos tópicos e da profundidade de abrangência, fomos guiados por essa filosofia. Essa breve discussão e as Referências ao final do livro deixam claro que existe uma grande variedade de teorias desafiadoras e aplicações atraentes a serem reveladas por aqueles que diligentemente se preparam com um estudo dos fundamentos de PDS.

1.1 Perspectiva histórica

O processamento em tempo discreto de sinais avançou em passos irregulares no decorrer dos anos. Observar o desenvolvimento da área de processamento em tempo discreto de sinais provê uma perspectiva valiosa sobre os fundamentos que permanecerão no centro dessa área por muito tempo. Desde a invenção do cálculo no século XVII, cientistas e engenheiros têm desenvolvido modelos para representar fenômenos físicos em termos de funções de variáveis contínuas e equações diferenciais. Porém, técnicas numéricas têm sido usadas para resolver essas equações quando soluções analíticas não são possíveis. De fato, Newton usou métodos de diferenças finitas que são casos especiais de alguns dos sistemas de tempo discreto que apresentamos neste texto. Matemáticos do século XVIII, como Euler, Bernoulli e Lagrange, desenvolveram métodos para integração numérica e interpolação de funções de uma variável contínua. Uma pesquisa histórica interessante de Heideman, Johnson e Burrus (1984) mostrou que Gauss descobriu o princípio fundamental da FFT (discutida no Capítulo 9) em 1805 — antes mesmo da publicação do tratado de Fourier sobre a representação de funções em séries harmônicas.

Até o início da década de 1950, o processamento de sinais como definimos era tipicamente executado com sistemas analógicos implementados com circuitos eletrônicos ou ainda com dispositivos mecânicos. Embora os computadores digitais estivessem aparecendo em ambientes de negócios e em laboratórios científicos, eles eram caros e tinham capacidade relativamente limitada. Nessa mesma época, a necessidade de processamento mais sofisticado de sinais em algumas áreas de aplicação levou a um interesse considerável no processamento em tempo discreto de sinais. Um dos primeiros usos dos computadores digitais em PDS foi na exploração geofísica, em que sinais sísmicos de frequência relativamente baixa podiam ser digitalizados e gravados em fita magnética para processamento posterior. Esse tipo de processamento de sinais geralmente não podia ser feito em tempo real; minutos ou mesmo horas de tempo de processamento eram necessários para processar apenas segundos de dados. Ainda assim, a flexibilidade do computador digital e os benefícios em potencial tornaram essa alternativa extremamente atraente.

Também na década de 1950, o uso de computadores digitais em processamento de sinais emergiu de uma forma diferente. Graças à flexibilidade dos computadores digitais, frequentemente era útil simular um sistema de processamento de sinais em um computador digital antes de implementá-lo no *hardware* analógico. Desse modo, um novo algoritmo ou sistema de processamento de sinais poderia ser estudado em um ambiente experimental flexível antes de comprometer recursos econômicos e de engenharia para sua construção. Exemplos típicos dessas simulações foram as simulações do vocoder, realizadas no *Lincoln Laboratory* do *Massachusetts Institute of Technology* (MIT) e no *Bell Telephone Laboratories*. Na implementação de um vocoder de canal analógico, por exemplo, as características de filtro afetavam a qualidade percebida do sinal de voz codificado de maneiras difíceis de quantificar de modo objetivo. Por meio de simulações computacionais, essas características de filtro podiam ser ajustadas, e a qualidade percebida de um sistema de codificação de voz podia ser avaliada antes da construção do equipamento analógico.

Em todos esses exemplos de processamento de sinais usando computadores digitais, o computador oferecia vantagens significativas em flexibilidade. Porém, o processamento não podia ser feito em tempo real. Consequentemente, a atitude prevalente até o fim da década de 1960 era a de usar o computador digital para *aproximar*, ou *simular*, um sistema de processamento analógico de sinais. Seguindo essa tendência, os primeiros trabalhos em filtragem digital concentravam-se em maneiras como um filtro poderia ser programado em um computador digital de modo que, com a conversão A/D do sinal, seguida pela filtragem digital, seguida pela conversão D/A, o sistema global se aproximasse de um bom filtro analógico. A ideia de que os sistemas digitais poderiam de fato ser práticos para a implementação em tempo real efetiva do processamento de sinais na comunicação de voz, processamento de radar ou qualquer uma de várias outras aplicações parecia ser altamente especulativa, mesmo em casos mais otimistas. Velocidade, custo e tamanho, naturalmente, foram três dos fatores importantes em favor do uso de componentes analógicos.

À medida que os sinais passaram a ser processados em computadores digitais, os pesquisadores tiveram uma tendência natural de experimentar algoritmos de processamento de sinais cada vez mais sofisticados. Alguns desses algoritmos foram concebidos usando a flexibilidade do computador digital, e não tinham uma implementação prática aparente em equipamento analógico. Assim, muitos desses algoritmos foram tratados como ideias interessantes, mas de certa forma impraticáveis. Porém, o desenvolvimento desses algoritmos de processamento de sinais tornou a ideia da implementação totalmente digital dos sistemas de processamento de sinais ainda mais atraente. Começou-se a trabalhar ativamente na investigação de vocoders digitais, analisadores de espectro digitais e outros sistemas totalmente digitais, na esperança de que eventualmente esses sistemas se tornassem práticos.

A evolução de um novo ponto de vista para o processamento em tempo discreto de sinais foi acelerada ainda mais pela divulgação, por Cooley e Tukey (1965), de uma classe eficiente de algoritmos para cálculo de transformadas de Fourier, conhecida coletivamente como FFT. A FFT foi importante por vários motivos. Muitos algoritmos de processamento de sinais que tinham sido desenvolvidos nos computadores digitais exigiam tempos de processamento várias ordens de grandeza maiores do que o tempo real. Frequentemente, isso acontecia porque a análise espectral era um componente importante do processamento de sinais e não havia um meio eficiente para implementá-la. A FFT reduziu o tempo de cálculo da transformada de Fourier em ordens de grandeza, permitindo a implementação de algoritmos de processamento de sinais cada vez mais sofisticados, com tempos de processamento que permitiam a experimentação interativa com o sistema. Além disso, com a percepção de que os algoritmos de FFT poderiam, realmente, ser implementáveis em *hardware* digital dedicado, muitos algoritmos de processamento de sinais que anteriormente pareciam ser impraticáveis começaram a parecer viáveis.

Outra implicação importante da FFT foi que era um conceito inerentemente de tempo discreto. Ela foi deduzida para o cálculo da transformada de Fourier de um sinal de tempo discreto ou sequência e envolvia um conjunto de propriedades e matemática que eram exatas no domínio de tempo discreto — não era simplesmente uma aproximação para uma transformada de Fourier de tempo contínuo. Esse fato teve o efeito de estimular uma reformulação de muitos conceitos e algoritmos de processamento de sinais em termos de matemática de tempo discreto, e essas técnicas então formaram um conjunto exato de relações no domínio de tempo discreto. Após essa mudança do paradigma de que o processamento de sinais em um computador digital era simplesmente uma aproximação para as técnicas de processamento analógico de sinais, emergiu a visão atual de que o processamento em tempo discreto de sinais é uma área de pesquisa importante por si só.

Outro desenvolvimento importante na história do processamento em tempo discreto de sinais aconteceu na área da microeletrônica. A invenção, e subsequente proliferação, do microprocessador preparou o caminho para as implementações de baixo custo dos sistemas de processamento em tempo discreto de sinais. Embora os primeiros microprocessadores fossem muito lentos para implantar a maioria dos sistemas em tempo discreto em tempo real, exceto em taxas de amostragem muito baixas, em meados da década de 1980, a tecnologia de circuito integrado avançou para um nível que permitiu a implementação de microcomputadores de ponto fixo e ponto flutuante muito velozes, com arquiteturas especialmente projetadas para desenvolver algoritmos de processamento em tempo discreto de sinais. Com essa tecnologia surgiu, pela primeira vez, a possibilidade da aplicação generalizada das técnicas de processamento em tempo discreto de sinais. O ritmo rápido de desenvolvimento na microeletrônica também afetou significativamente o desenvolvimento de algoritmos de processamento de sinais em outras formas. Por exemplo, nos primeiros dispositivos de processamento digital de sinais em tempo real, a memória era relativamente cara, e uma das métricas importantes no desenvolvimento de algoritmos de processamento de sinais era o uso eficiente da memória. Hoje em dia, a memória digital é tão barata que muitos algoritmos incorporam intencionalmente mais memória do que é absolutamente necessário, de modo que os requisitos de potência do processador sejam reduzidos. Outra área em que as limitações na tecnologia impuseram uma barreira significativa para o desenvolvimento generalizado do PDS foi na conversão de sinais analógicos em sinais de tempo discreto (digitais). Os primeiros conversores A/D e D/A amplamente disponíveis eram dispositivos únicos, que custavam milhares de dólares. Combinando a teoria do processamento digital de sinais com a tecnologia da microeletrônica, conversores A/D e D/A com sobreamostragem e custando poucos dólares ou menos possibilitaram uma miríade de aplicações em tempo real.

De modo similar, reduzir o número de operações aritméticas, como multiplicações ou adições em ponto flutuante, agora é menos essencial, pois os processadores com múltiplos núcleos frequentemente possuem vários multiplicadores disponíveis e torna-se cada vez mais importante reduzir a comunicação entre os núcleos, mesmo que isso exija mais multiplicações. Em um ambiente com múltiplos núcleos, por exemplo, o cálculo direto da TFD (ou o uso do algoritmo de Goertzel) é mais "eficiente" do que o uso de um algoritmo de FFT, pois, embora muito mais multiplicações sejam necessárias, os requisitos de comunicação são significativamente reduzidos, pois o processamento pode ser distribuído de modo mais eficiente entre os vários processadores ou núcleos. De um modo geral, a reestruturação de algoritmos e o desenvolvimento de outros novos para explorar oportunidades de processamento paralelo e distribuído estão se tornando uma nova tendência significativa no desenvolvimento de algoritmos de processamento de sinais.

1.2 Promessas futuras

Engenheiros microeletrônicos continuam a buscar por aumentos na densidade e produção de circuitos; como resultado, a complexidade e a sofisticação dos sistemas microeletrônicos crescem continuamente. A complexidade, a velocidade e a capacidade dos *chips* de PDS têm crescido exponencialmente desde o início da década de 1980, e não mostram sinais de desaceleração. Quando uma técnica de integração em escala de lâmina torna-se altamente desenvolvida, sistemas muito complexos de processamento em tempo discreto de sinais são implementados com baixo custo, tamanho reduzido e baixo consumo de energia. Além disso, as tecnologias como sistemas mecânicos microeletrônicos (MEMS, do inglês *microelectronic mechanical systems*) prometem produzir muitos tipos de sensores muito pequenos, cujas saídas deverão ser processadas usando-se técnicas de PDS que operam sobre redes distribuídas de sensores de entradas. Consequentemente, a importância do processamento em tempo discreto de sinais continuará a aumentar, e o desenvolvimento futuro na área promete ser ainda mais impactante do que o curso do desenvolvimento que acabamos de descrever.

Técnicas de processamento em tempo discreto de sinais já promoveram avanços revolucionários em algumas áreas de aplicação. Um exemplo notável ocorre na área de telecomunicações, em que as técnicas de processamento em tempo discreto de sinais, a tecnologia microeletrônica e a transmissão por fibra ótica combinaram-se para mudar a natureza dos sistemas de comunicação de formas realmente revolucionárias. Pode-se esperar um impacto similar em muitas outras áreas. De fato, o processamento de sinais sempre foi e sempre será uma área que prospera com novas aplicações. As necessidades de uma nova área de aplicação às vezes podem ser preenchidas pelo conhecimento adaptado de outras aplicações, porém, constantemente, novas necessidades de aplicação estimulam a criação de novos algoritmos e novos sistemas de *hardware* para implementar esses algoritmos. Inicialmente, aplicações em sismologia, radar e comunicações proveram o contexto para o desenvolvimento de muitas das técnicas centrais de processamento de sinais que discutimos neste livro. Certamente, o processamento de sinais continuará no centro das aplicações de defesa nacional, entretenimento, comunicação, tratamento médico e diagnóstico. Recentemente, vimos aplicações de técnicas de processamento de sinais em novas áreas, tão distantes quanto finanças e análise de sequências de DNA.

Embora seja difícil prever onde outras novas aplicações surgirão, não há dúvida de que elas serão evidentes para aqueles que estiverem preparados para reconhecê-las. A chave para estar pronto para resolver novos problemas de processamento de sinais é, e sempre foi, um profundo conhecimento da matemática fundamental dos sinais e sistemas e dos projetos e algoritmos de processamento associados. Embora o processamento em tempo discreto de sinais seja uma área dinâmica e de crescimento continuado, seus fundamentos são bem formulados, e é extremamente valioso aprendê-los bem. Nosso objetivo neste livro é abordar os fundamentos da área, fornecendo um tratamento coerente da teoria dos sistemas lineares em tempo discreto, filtragem, amostragem, análise de Fourier de tempo discreto e modelagem de sinais. Este texto deve fornecer ao leitor o conhecimento necessário para uma apreciação do amplo escopo de aplicações do processamento em tempo discreto de sinais e uma base para que ele possa contribuir para desenvolvimentos futuros nessa área tão excitante.

Capítulo 2 — Sinais e sistemas de tempo discreto

2.0 Introdução

O termo *sinal* geralmente é aplicado a algo que transmite informação. Os sinais podem, por exemplo, transmitir informações sobre o estado ou o comportamento de um sistema físico. Como outra classe de exemplos, os sinais podem ser sintetizados com a finalidade de transmitir informações entre humanos ou entre humanos e máquinas. Embora os sinais possam ser representados de várias formas, em todos os casos a informação está contida em variações de algum padrão. Os sinais são representados matematicamente como funções de uma ou mais variáveis independentes. Por exemplo, um sinal de voz é representado matematicamente como uma função do tempo, e uma imagem fotográfica é representada como uma luminosidade em função de duas variáveis espaciais. Uma convenção comum — e aquela que usualmente será seguida neste livro — é referir-se à variável independente da representação matemática de um sinal como tempo, embora, em exemplos específicos, a variável independente possa não corresponder de fato ao tempo.

A variável independente na representação matemática de um sinal pode ser contínua ou discreta. Os *sinais de tempo contínuo* são definidos em um continuum de tempo, e assim são representados por uma variável independente contínua. Os sinais de tempo contínuo frequentemente são chamados de *sinais analógicos*. Os *sinais de tempo discreto* são definidos em instantes discretos, e assim, a variável independente assume valores discretos; ou seja, os sinais de tempo discreto são representados como sequências de números. Sinais como voz ou imagens podem ter uma representação contínua ou discreta, e, se certas condições forem válidas, essas representações serão completamente equivalentes. Além de as variáveis independentes serem contínuas ou discretas, a amplitude do sinal pode ser contínua ou discreta. *Sinais digitais* são aqueles para os quais tanto o tempo quanto a amplitude são discretos.

Sistemas de processamento de sinais podem ser classificados seguindo as mesmas linhas do que foi feito com os sinais. Ou seja, os sistemas de tempo contínuo são sistemas para os quais a entrada e a saída são sinais de tempo contínuo, e os sistemas de tempo discreto são aqueles para os quais a entrada e a saída são sinais de tempo discreto. De modo similar, um sistema digital é um sistema para o qual tanto a entrada quanto a saída são sinais digitais. O processamento digital de sinais, então, lida com a transformação de sinais que são discretos tanto na amplitude quanto no tempo. O foco principal deste livro está nos sinais e sistemas de tempo discreto — e não nos digitais. Porém, a teoria de sinais e sistemas de tempo discreto também é extremamente útil para sinais e sistemas digitais, particularmente se as amplitudes do sinal são digitalizadas com precisão. Os efeitos da digitalização da amplitude de um sinal são considerados nas seções 4.8, 6.8-6.10 e 9.7.

Neste capítulo, apresentamos as definições básicas, estabelecemos a notação e desenvolvemos e revisamos os conceitos básicos associados com sinais e sistemas de tempo discreto. A apresentação desse material considera que o leitor teve exposição anterior a parte desse material, talvez com ênfase e notação diferentes. Assim, este capítulo tem como objetivo principal fornecer uma base comum para o material incluído nos próximos capítulos.

Na Seção 2.1, discutiremos a representação dos sinais de tempo discreto como sequências e descreveremos as sequências básicas como o impulso unitário, o degrau unitário e as exponenciais complexas, que desempenham um papel central na caracterização dos sistemas de tempo discreto e a partir das quais podem se construir sequências mais gerais. Na Seção 2.2, a representação, as propriedades básicas e exemplos simples de sistemas de tempo discreto serão apresentados. As seções 2.3 e 2.4 focarão a importante classe dos sistemas lineares invariantes no tempo (LIT) e sua representação no domínio do tempo por meio da soma de convolução, com a Seção 2.5 considerando a classe específica de sistemas LIT representados por equações de diferenças lineares com coeficientes constantes. Na Seção 2.6 será desenvolvida a representação no domínio de frequência de sistemas de tempo discreto por meio do conceito de exponenciais complexas como autofunções, e nas seções 2.7, 2.8 e 2.9 será formulada e explorada a representação da transformada de Fourier dos sinais de tempo discreto como uma combinação linear de exponenciais complexas. Na Seção 2.10 será feita uma rápida introdução aos sinais aleatórios de tempo discreto.

2.1 Sinais de tempo discreto

Os sinais de tempo discreto são representados matematicamente como sequências de números. Uma sequência de números x, em que o n-ésimo número na sequência é indicado por $x[n]$,[1] é escrita formalmente como

$$x = \{x[n]\}, \quad -\infty < n < \infty, \quad (2.1)$$

sendo n um inteiro. Na prática, tais sequências surgem frequentemente da amostragem periódica de um sinal analógico (ou seja, de tempo contínuo) $x_a(t)$. Nesse caso, o valor numérico do n-ésimo número na sequência é igual ao valor do sinal analógico, $x_a(t)$ no instante nT, isto é,

$$x[n] = x_a(nT), \quad -\infty < n < \infty. \quad (2.2)$$

A grandeza T é o *período de amostragem*, e seu inverso é a *frequência de amostragem*. Embora as sequências nem sempre surjam da amostragem de formas de onda analógicas, é conveniente se referir a $x[n]$ como a "n-ésima amostra" da sequência. Além disso, embora, estritamente falando, $x[n]$ indique o n-ésimo número na sequência, a notação da Equação 2.1 é com frequência desnecessariamente confusa, e é conveniente e sem ambiguidade referir-se à "sequência $x[n]$" quando queremos denotar a sequência inteira, assim como nos referimos ao "sinal analógico $x_a(t)$". Representamos graficamente os sinais de tempo discreto (ou seja, sequências) como mostrado na Figura 2.1. Embora a abscissa seja representada como uma linha contínua, é importante reconhecer que $x[n]$ é definido somente para valores inteiros de n. Não é correto pensar que $x[n]$ é nulo quando n não é um inteiro; $x[n]$ é simplesmente indefinido para valores não inteiros de n.

Como exemplo de sequência obtida por amostragem, na Figura 2.2(a) é mostrado um segmento de um sinal de voz correspondente à variação de pressão acústica em função do tempo, e na Figura 2.2(b) é apresentada uma sequência de amostras do sinal de voz. Embora o sinal de voz original esteja definido em todos os instantes de tempo t, a sequência contém informações sobre o sinal apenas em instantes discretos. O teorema da amostragem, discutido no Capítulo 4, garante que o sinal original pode ser reconstruído de forma tão precisa quanto se queira a partir de uma sequência corres-

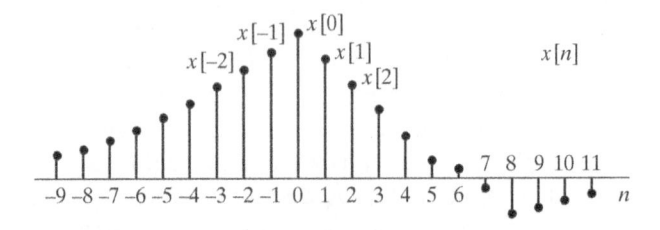

Figura 2.1 Representação gráfica de um sinal de tempo discreto.

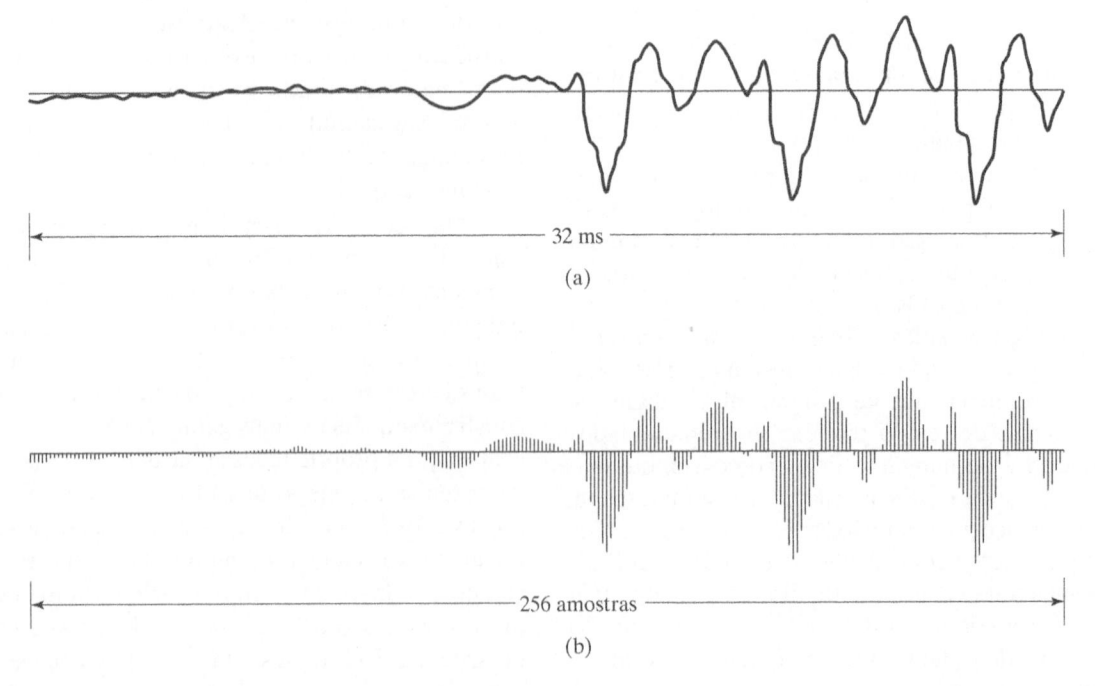

Figura 2.2 (a) Segmento de um sinal de voz em tempo contínuo $x_a(t)$. (b) Sequência de amostras $x[n] = x_a(nT)$ obtida a partir do sinal na parte (a) com $T = 125\ \mu$s.

---

[1] Observe que usamos [ ] para delimitar a variável independente das funções de variável discreta, e usamos ( ) para delimitar a variável independente das funções de variável contínua.

pondente de amostras, se as amostras são tomadas com frequência suficiente.

Na discussão da teoria dos sinais e sistemas de tempo discreto, diversas sequências básicas são de particular importância. Elas são mostradas na Figura 2.3 e serão discutidas a seguir.

A *sequência amostra unitária* [Figura 2.3(a)] é definida como a sequência

$$\delta[n] = \begin{cases} 0, & n \neq 0, \\ 1, & n = 0. \end{cases} \quad (2.3)$$

A sequência amostra unitária desempenha para sinais e sistemas de tempo discreto o mesmo papel que a função impulso unitário (função delta de Dirac) desempenha para sinais e sistemas de tempo contínuo. Por conveniência, frequentemente nos referimos à sequência amostra unitária como um impulso de tempo discreto ou simplesmente como um impulso. É importante observar que um impulso de tempo discreto não sofre das mesmas complicações matemáticas que o impulso de tempo contínuo; sua definição na Equação 2.3 é simples e precisa.

Um dos aspectos importantes da sequência impulso é que uma sequência arbitrária pode ser representada como uma soma de impulsos devidamente ponderados e atrasados. Por exemplo, a sequência $p[n]$ na Figura 2.4 pode ser expressa como

$$p[n] = a_{-3}\delta[n+3] + a_1\delta[n-1] + a_2\delta[n-2] + a_7\delta[n-7]. \quad (2.4)$$

De modo geral, qualquer sequência pode ser expressa como

$$x[n] = \sum_{k=-\infty}^{\infty} x[k]\delta[n-k]. \quad (2.5)$$

Faremos uso específico da Equação 2.5 ao discutir a representação de sistemas lineares de tempo discreto.

A sequência degrau unitário [Figura 2.3(b)] é definida como

$$u[n] = \begin{cases} 1, & n \geq 0, \\ 0, & n < 0. \end{cases} \quad (2.6)$$

O degrau unitário está relacionado ao impulso unitário por

$$u[n] = \sum_{k=-\infty}^{n} \delta[k]; \quad (2.7)$$

ou seja, o valor da sequência degrau unitário no índice (de tempo) n é igual à soma acumulada do valor da sequência impulso no índice n e de todos os seus valores anteriores. Uma representação alternativa do degrau unitário em termos do impulso é obtida interpretando-se o degrau unitário na Figura 2.3(b) como uma soma de impulsos atrasados, como na Equação 2.5. Nesse caso, os valores não nulos são todos unitários, de modo que

$$u[n] = \delta[n] + \delta[n-1] + \delta[n-2] + \cdots \quad (2.8a)$$

ou

$$u[n] = \sum_{k=0}^{\infty} \delta[n-k]. \quad (2.8b)$$

Como outra alternativa, a sequência impulso pode ser expressa como a primeira diferença regressiva da sequência degrau unitário, ou seja,

$$\delta[n] = u[n] - u[n-1]. \quad (2.9)$$

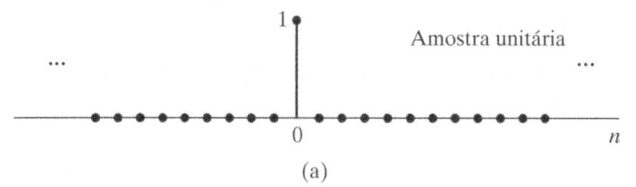

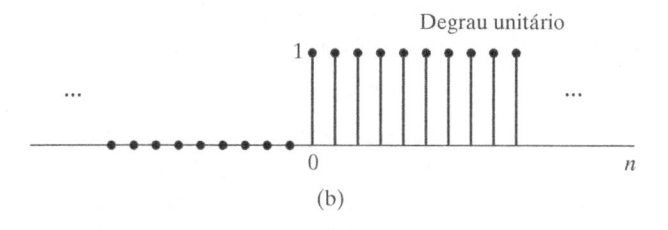

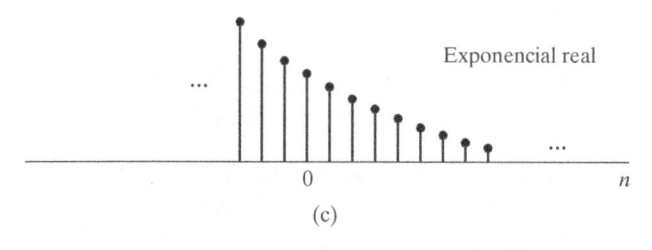

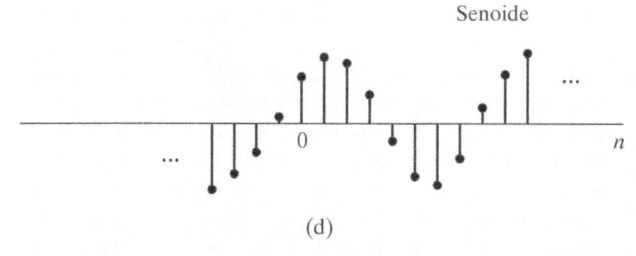

Figura 2.3 Algumas sequências básicas. As sequências mostradas desempenham papéis importantes na análise e representação dos sinais e sistemas de tempo discreto.

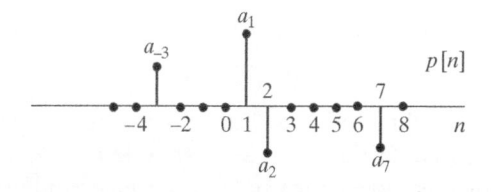

Figura 2.4 Exemplo de uma sequência a ser representada como uma soma de impulsos ponderados e atrasados.

Sequências exponenciais são outra classe importante de sinais básicos. A forma geral de uma sequência exponencial é

$$x[n] = A\,\alpha^n. \qquad (2.10)$$

Se A e α são números reais, então a sequência é real. Se $0 < \alpha < 1$ e A é positivo, então os valores de sequência são positivos e decrescem com n crescente, como na Figura 2.3(c). Para $-1 < \alpha < 0$, os valores de sequência alternam de sinal, mas novamente decrescem em magnitude para n crescente. Se $|\alpha| > 1$, então a sequência cresce em magnitude quando n aumenta.

A sequência exponencial $A\,\alpha^n$ com α complexo tem partes real e imaginária que são senoides exponencialmente ponderadas. Especificamente, se $\alpha = |\alpha|e^{j\omega_0}$ e $A = |A|e^{j\phi}$, a sequência $A\,\alpha^n$ pode ser expressa em qualquer uma das seguintes maneiras:

$$\begin{aligned} x[n] = A\,\alpha^n &= |A|e^{j\phi}|\alpha|^n e^{j\omega_0 n} \\ &= |A||\alpha|^n e^{j(\omega_0 n + \phi)} \\ &= |A||\alpha|^n \cos(\omega_0 n + \phi) \\ &\quad + j|A||\alpha|^n \operatorname{sen}(\omega_0 n + \phi). \end{aligned} \qquad (2.11)$$

A sequência oscila com uma envoltória exponencialmente crescente se $|\alpha| > 1$ ou com uma envoltória exponencialmente decrescente se $|\alpha| < 1$. (Como um exemplo simples, considere o caso $\omega_0 = \pi$.)

Quando $|\alpha| = 1$, a sequência tem a forma

$$\begin{aligned} x[n] &= |A|e^{j(\omega_0 n + \phi)} \\ &= |A|\cos(\omega_0 n + \phi) + j|A|\operatorname{sen}(\omega_0 n + \phi); \end{aligned} \qquad (2.12)$$

ou seja, as partes real e imaginária de $e^{j\omega_0 n}$ variam senoidalmente com n. Por analogia com o caso de tempo contínuo, a quantidade ω_0 é chamada de *frequência* da senoide complexa ou exponencial complexa, e ϕ é chamado de *fase*. Porém, como n é um inteiro adimensional, a dimensão de ω_0 é radianos. Se quisermos manter uma analogia mais próxima com o caso de tempo contínuo, podemos especificar a unidade de ω_0 como radianos por amostra e a unidade de n como amostras.

O fato de que n é sempre inteiro na Equação 2.12 leva a algumas diferenças importantes entre as propriedades das sequências exponenciais complexas e senoidais de tempo discreto e tempo contínuo. Considere, por exemplo, uma frequência $(\omega_0 + 2\pi)$. Nesse caso,

$$\begin{aligned} x[n] &= A\,e^{j(\omega_0 + 2\pi)n} \\ &= A\,e^{j\omega_0 n}e^{j2\pi n} = A\,e^{j\omega_0 n}. \end{aligned} \qquad (2.13)$$

De modo geral, sequências exponenciais complexas com frequências $(\omega_0 + 2\pi r)$, em que r é um inteiro, são indistinguíveis entre si. Uma afirmação idêntica é válida para sequências senoidais. Especificamente, verifica-se facilmente que

$$\begin{aligned} x[n] &= A\cos[(\omega_0 + 2\pi r)n + \phi] \\ &= A\cos(\omega_0 n + \phi). \end{aligned} \qquad (2.14)$$

As implicações dessa propriedade para as sequências obtidas pela amostragem de senoides e outros sinais serão discutidas no Capítulo 4. Por enquanto, concluímos que, ao estudar sinais exponenciais complexos na forma $x[n] = A\,e^{j\omega_0 n}$ ou sinais senoidais reais na forma $x[n] = A\cos(\omega_0 n + \phi)$, precisamos apenas considerar frequências em um intervalo de comprimento 2π. Tipicamente, escolheremos $-\pi < \omega_0 \leq \pi$ ou $0 \leq \omega_0 < 2\pi$.

Outra diferença importante entre exponenciais complexas e senoides de tempo contínuo e tempo discreto diz respeito à sua periodicidade em n. No caso de tempo contínuo, um sinal senoidal e um sinal exponencial complexo são ambos periódicos no tempo, com o período igual a 2π dividido pela frequência. No caso de tempo discreto, uma sequência periódica é uma sequência para a qual

$$x[n] = x[n+N],\ \text{para todo }n, \qquad (2.15)$$

sendo o período N necessariamente um inteiro. Se essa condição para periodicidade for testada para a senoide de tempo discreto, então

$$A\cos(\omega_0 n + \phi) = A\cos(\omega_0 n + \omega_0 N + \phi), \qquad (2.16)$$

o que requer que

$$\omega_0 N = 2\pi k, \qquad (2.17)$$

em que k é um inteiro. Uma afirmação semelhante vale para a sequência exponencial complexa $Ce^{j\omega_0 n}$; ou seja, a periodicidade com período N requer que

$$e^{j\omega_0(n+N)} = e^{j\omega_0 n}, \qquad (2.18)$$

o que é verdadeiro somente para $\omega_0 N = 2\pi k$, como na Equação 2.17. Consequentemente, sequências exponenciais complexas e senoidais não são necessariamente periódicas em n com período $(2\pi/\omega_0)$ e, dependendo do valor de ω_0, podem nem sequer ser periódicas.

Exemplo 2.1 Senoides de tempo discreto periódicas e aperiódicas

Considere o sinal $x_1[n] = \cos(\pi n/4)$. Esse sinal tem um período $N = 8$. Para mostrar isso, note que $x_1[n+8] = \cos(\pi(n+8)/4) = \cos(\pi n/4 + 2\pi) = \cos(\pi n/4) = x[n]$, satisfazendo a definição de um sinal periódico de tempo discreto. Ao contrário do que ocorre com as senoides de tempo contínuo, aumentar o valor de ω_0 para uma senoide de tempo discreto não necessariamente diminui o período do sinal. Considere a senoide de tempo discreto $x_2[n] = \cos(3\pi n/8)$, que tem uma frequência maior do que $x_1[n]$. Porém, $x_2[n]$ não é periódica com período 8, pois $x_2[n+8] = \cos(3\pi(n+8)/8) = \cos(3\pi n/8 + 3\pi) = -x_2[n]$. Usando um argumento semelhante àquele para $x_1[n]$, podemos mostrar que $x_2[n]$ tem período $N = 16$. Assim, aumentar o valor de $\omega_0 = 2\pi/8$ para $\omega_0 = 3\pi/8$ também aumenta o período do sinal. Isso ocorre porque os sinais de tempo discreto estão definidos apenas em índices n inteiros.

A restrição de que n deve ser inteiro resulta no fato de que alguns sinais senoidais não são periódicos. Por exemplo, não existe um inteiro N tal que o sinal $x_3[n] = \cos(n)$ satisfaça a condição $x_3[n+N] = x_3[n]$ para todo n. Essas e outras propriedades das senoides de tempo discreto que se opõem às de suas correspondentes em tempo contínuo são devidas à limitação do índice de tempo n aos inteiros para sinais e sistemas de tempo discreto.

Quando combinamos a condição da Equação 2.17 com nossa observação anterior de que ω_0 e $(\omega_0 + 2\pi r)$ são frequências indistinguíveis, fica claro que existem N frequências distinguíveis para as quais as sequências correspondentes são periódicas com período N. Um conjunto de tais frequências é $\omega_k = 2\pi k/N, k = 0, 1, ..., N-1$. Essas propriedades das sequências exponenciais complexas e senoidais são básicas tanto para a teoria quanto para o projeto de algoritmos computacionais para análise de Fourier de tempo discreto, e elas serão discutidas com mais detalhes nos capítulos 8 e 9.

Relacionado à discussão anterior está o fato de que a interpretação de frequências altas e baixas é um tanto diferente para sinais exponenciais complexos e senoidais de tempo contínuo e tempo discreto. Para um sinal senoidal de tempo contínuo $x(t) = A\cos(\Omega_0 t + \phi)$, à medida que Ω_0 aumenta, $x(t)$ oscila progressivamente mais rápido. Para o sinal senoidal de tempo discreto $x[n] = A\cos(\omega_0 n + \phi)$, quando ω_0 aumenta de $\omega_0 = 0$ até $\omega_0 = \pi$, $x[n]$ oscila progressivamente mais rápido. Porém, quando ω_0 aumenta de $\omega_0 = \pi$ até $\omega_0 = 2\pi$, as oscilações se tornam mais lentas. Isso é ilustrado na Figura 2.5. De fato, graças à periodicidade em ω_0 das sequências senoidais e exponenciais complexas, $\omega_0 = 2\pi$ é indistinguível de $\omega_0 = 0$, e, de modo mais geral, as frequências em torno de $\omega_0 = 2\pi$ são indistinguíveis das frequências em torno de $\omega_0 = 0$. Como consequência, para sinais senoidais e exponenciais complexas, os valores de ω_0 nas proximidades de $\omega_0 = 2\pi k$ para qualquer valor inteiro de k são tipicamente chamados de frequências baixas (oscilações relativamente lentas), enquanto os valores de ω_0 nas proximidades de $\omega_0 = (\pi + 2\pi k)$ para qualquer inteiro k são tipicamente chamados de frequências altas (oscilações relativamente rápidas).

2.2 Sistemas de tempo discreto

Um sistema de tempo discreto é definido matematicamente como uma transformação ou um operador que mapeia uma sequência de entrada com valores $x[n]$ em uma sequência de saída com valores $y[n]$. Isso pode ser indicado como

$$y[n] = T\{x[n]\} \quad (2.19)$$

e é indicado de modo esquemático na Figura 2.6. A Equação 2.19 representa uma regra ou fórmula para calcular os valores da sequência de saída a partir dos valores da sequência de entrada. Deve-se enfatizar que o valor da sequência de saída em cada valor do índice n pode depender de amostras da entrada $x[n]$ para todos os valores de n, ou seja, y no instante n pode depender de toda ou de parte da sequência x inteira. Nos exemplos a seguir são mostrados alguns sistemas simples e úteis.

Exemplo 2.2 Sistema atraso ideal

O sistema atraso ideal é definido pela equação

$$y[n] = x[n - n_d], \quad -\infty < n < \infty, \quad (2.20)$$

em que n_d é um inteiro positivo fixo que representa o atraso do sistema. Em outras palavras, o sistema atraso ideal desloca a sequência de entrada para a direita de n_d amostras para formar a saída. Se, na Equação 2.20, n_d fosse um inteiro negativo fixo, então o sistema deslocaria a entrada para a esquerda de $|n_d|$ amostras, o que corresponderia a um avanço de tempo.

No sistema do Exemplo 2.2, somente uma amostra da sequência de entrada é envolvida na determinação de uma dada amostra da saída. Este não é o caso no exemplo a seguir.

Exemplo 2.3 Sistema média móvel

O sistema média móvel geral é definido pela equação

$$\begin{aligned} y[n] &= \frac{1}{M_1 + M_2 + 1} \sum_{k=-M_1}^{M_2} x[n-k] \\ &= \frac{1}{M_1 + M_2 + 1} \{x[n + M_1] \\ &\quad + x[n + M_1 - 1] + \cdots + x[n] \\ &\quad + x[n-1] + \cdots + x[n - M_2]\}. \end{aligned} \quad (2.21)$$

Esse sistema calcula a n-ésima amostra da sequência de saída como a média de $(M_1 + M_2 + 1)$ amostras da sequência de entrada em torno da n-ésima amostra. Na Figura 2.7 é mostrado um gráfico de uma sequência de entrada em função de um índice auxiliar k e as amostras (pontos sólidos) envolvidas no cálculo da amostra de saída $y[n]$ para $n = 7$, $M_1 = 0$ e $M_2 = 5$. A amostra da saída $y[7]$ é igual a um sexto da soma de todas as amostras entre as linhas tracejadas verticais. Para se calcular $y[8]$, as duas linhas tracejadas são deslocadas uma amostra para a direita.

Classes de sistemas são definidas pela imposição de restrições sobre as propriedades da transformação $T\{\cdot\}$. Isso frequentemente leva a representações matemáticas muito genéricas, conforme veremos. De importância particular são as restrições e propriedades do sistema, discutidas nas seções 2.2.1-2.2.5.

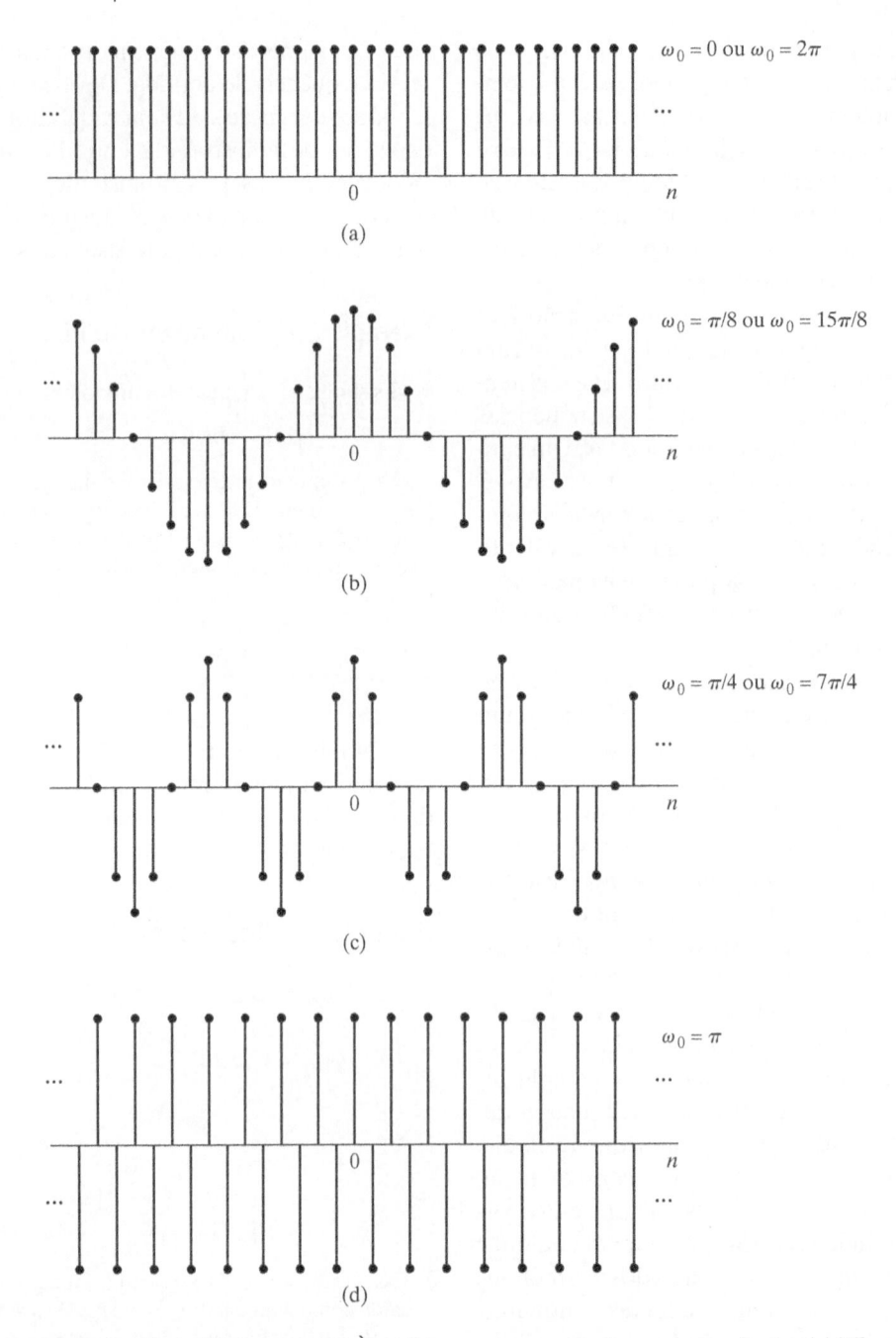

Figura 2.5 $\cos\omega_0 n$ para diversos valores diferentes de ω_0. À medida que ω_0 aumenta de zero para π [partes (a)-(d)], a sequência oscila mais rapidamente. À medida que ω_0 aumenta de π para 2π [partes (d)-(a)], as oscilações se tornam mais lentas.

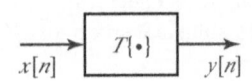

Figura 2.6 Representação de um sistema de tempo discreto, isto é, uma transformação que mapeia uma sequência de entrada $x[n]$ em uma única sequência de saída $y[n]$.

2.2.1 Sistemas sem memória

Um sistema é denominado sem memória se a saída $y[n]$ para cada valor de n depender somente da entrada $x[n]$ no mesmo valor de n.

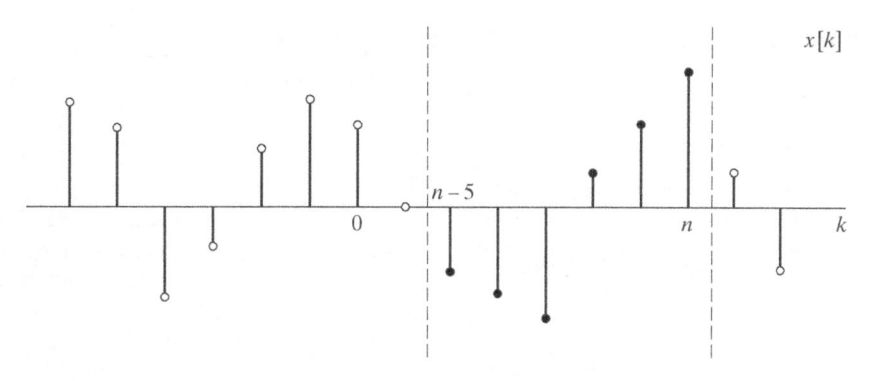

Figura 2.7 Valores de sequência envolvidos no cálculo da média móvel com $M_1 = 0$ e $M_2 = 5$.

Exemplo 2.4 Um sistema sem memória

Um exemplo de sistema sem memória é um sistema para o qual $x[n]$ e $y[n]$ estão relacionados por

$$y[n] = (x[n])^2, \text{ para cada valor de } n. \quad (2.22)$$

O sistema no Exemplo 2.2 não é sem memória, a menos que $n_d = 0$; em particular, esse sistema é referenciado como tendo "memória", seja n_d positivo (um atraso no tempo) ou negativo (um avanço no tempo). O sistema de média móvel no Exemplo 2.3 não é sem memória, a menos que $M_1 = M_2 = 0$.

2.2.2 Sistemas lineares

A classe dos sistemas lineares é definida pelo princípio da superposição. Se $y_1[n]$ e $y_2[n]$ são as respostas de um sistema quando $x_1[n]$ e $x_2[n]$ são as respectivas entradas, então o sistema é linear se e somente se

$$T\{x_1[n] + x_2[n]\} = T\{x_1[n]\} + T\{x_2[n]\}$$
$$= y_1[n] + y_2[n] \quad (2.23a)$$

e

$$T\{ax[n]\} = aT\{x[n]\} = ay[n], \quad (2.23b)$$

em que a é uma constante arbitrária. A primeira propriedade é a *propriedade da aditividade*, e a segunda, a *propriedade da homogeneidade* ou *da mudança de escala*. Essas duas propriedades juntas compreendem o princípio da superposição, formulado como

$$T\{ax_1[n] + bx_2[n]\} = aT\{x_1[n]\} + bT\{x_2[n]\} \quad (2.24)$$

para constantes arbitrárias a e b. Essa equação pode ser generalizada para a superposição de várias entradas. Especificamente, se

$$x[n] = \sum_k a_k x_k[n], \quad (2.25a)$$

então a saída de um sistema linear será

$$y[n] = \sum_k a_k y_k[n], \quad (2.25b)$$

em que $y_k[n]$ é a resposta do sistema para a entrada $x_k[n]$.

Usando a definição do princípio da superposição, pode-se mostrar facilmente que os sistemas dos exemplos 2.2 e 2.3 são lineares. (Veja o Problema 2.39.) Um exemplo de um sistema não linear é o sistema do Exemplo 2.4.

Exemplo 2.5 Sistema acumulador

O sistema definido pela equação de entrada-saída

$$y[n] = \sum_{k=-\infty}^{n} x[k] \quad (2.26)$$

é chamado de sistema acumulador, pois a saída no instante n é o acúmulo ou soma da amostra presente e todas as amostras de entrada anteriores. O sistema acumulador é um sistema linear. Como esse fato pode não ser intuitivamente claro, é um exercício útil passar por todos os passos e mostrar esse resultado mais formalmente. Começamos definindo duas entradas quaisquer $x_1[n]$ e $x_2[n]$ e suas saídas correspondentes.

$$y_1[n] = \sum_{k=-\infty}^{n} x_1[k], \quad (2.27)$$

$$y_2[n] = \sum_{k=-\infty}^{n} x_2[k]. \quad (2.28)$$

Quando a entrada é $x_3[n] = ax_1[n] + bx_2[n]$, o princípio da superposição requer que a saída seja $y_3[n] = ay_1[n] + by_2[n]$ para todas as escolhas possíveis de a e b. Podemos mostrar isso a partir da Equação 2.26:

$$y_3[n] = \sum_{k=-\infty}^{n} x_3[k], \quad (2.29)$$

$$= \sum_{k=-\infty}^{n} (ax_1[k] + bx_2[k]), \quad (2.30)$$

$$= a \sum_{k=-\infty}^{n} x_1[k] + b \sum_{k=-\infty}^{n} x_2[k], \quad (2.31)$$

$$= ay_1[n] + by_2[n]. \quad (2.32)$$

Assim, o sistema acumulador da Equação 2.26 satisfaz o princípio da superposição para todas as entradas e, portanto, é linear.

Exemplo 2.6 Sistema não linear

Considere o sistema definido por

$$w[n] = \log_{10}(|x[n]|). \quad (2.33)$$

Esse sistema é não linear. Para provar isso, precisamos apenas encontrar um contraexemplo — ou seja, um conjunto de entradas e saídas que demonstre que o sistema viola o princípio da superposição da Equação 2.24. As entradas $x_1[n] = 1$ e $x_2[n] = 10$ são um contraexemplo. A saída para $x_1[n] + x_2[n] = 11$ é

$$\log_{10}(1+10) = \log_{10}(11) \neq \log_{10}(1) + \log_{10}(10) = 1.$$

Além disso, a saída para o primeiro sinal é $w_1[n] = 0$, enquanto para o segundo é $w_2[n] = 1$. Como $x_2[n] = 10x_1[n]$, a propriedade da mudança de escala dos sistemas lineares requer que, se o sistema for linear, seja verdadeiro que $w_2[n] = 10w_1[n]$. Como isso não é verdade para a Equação 2.33 para esse conjunto de entradas e saídas, o sistema *não* é linear.

2.2.3 Sistemas invariantes no tempo

Um sistema invariante no tempo (algumas vezes chamado, equivalentemente, de sistema invariante a deslocamento) é um sistema para o qual um deslocamento ou atraso no tempo da sequência de entrada causa um deslocamento correspondente na sequência de saída. Especificamente, suponha que um sistema transforme a sequência de entrada com valores $x[n]$ na sequência de saída com valores $y[n]$. Então, o sistema é dito invariante no tempo se, para todo n_0, a sequência de entrada com valores $x_1[n] = x[n-n_0]$ produz a sequência de saída com valores $y_1[n] = y[n-n_0]$.

Como no caso da linearidade, provar que um sistema é invariante no tempo exige uma prova geral em que não sejam feitas suposições específicas sobre os sinais de entrada. Por outro lado, provar a não invariância no tempo exige somente um contraexemplo para a invariância no tempo. Todos os sistemas nos exemplos 2.2-2.6 são invariantes no tempo. O estilo de prova para invariância no tempo é ilustrado nos exemplos 2.7 e 2.8.

Exemplo 2.7 O acumulador como sistema invariante no tempo

Considere o acumulador do Exemplo 2.5. Definimos $x_1[n] = x[n-n_0]$. Para mostrar a invariância no tempo, encontramos $y[n-n_0]$ e $y_1[n]$ e comparamos os resultados para ver se são iguais. Primeiro,

$$y[n-n_0] = \sum_{k=-\infty}^{n-n_0} x[k]. \quad (2.34)$$

Em seguida, encontramos que

$$y_1[n] = \sum_{k=-\infty}^{n} x_1[k] \quad (2.35)$$

$$= \sum_{k=-\infty}^{n} x[k-n_0]. \quad (2.36)$$

Substituindo a mudança de variáveis $k_1 = k - n_0$ no somatório, obtém-se

$$y_1[n] = \sum_{k_1=-\infty}^{n-n_0} x[k_1]. \quad (2.37)$$

Como o índice k na Equação 2.34 e o índice k_1 na Equação 2.37 são índices auxiliares nos somatórios e podem ser representados por qualquer símbolo, as equações 2.34 e 2.37 são iguais, e, portanto, $y_1[n] = y[n-n_0]$. O acumulador é um sistema invariante no tempo.

No exemplo a seguir ilustra-se um sistema que não é invariante no tempo.

Exemplo 2.8 Sistema compressor

O sistema definido pela relação

$$y[n] = x[Mn], \quad -\infty < n < \infty, \quad (2.38)$$

com M um inteiro positivo, é chamado de compressor. Especificamente, ele descarta $(M-1)$ amostras a cada M; isto é, ele gera a sequência de saída selecionando cada M-ésima amostra. Esse sistema não é invariante no tempo. Podemos mostrar esse fato considerando a resposta $y_1[n]$ à entrada $x_1[n] = x[n-n_0]$. Para o sistema ser invariante no tempo, a saída do sistema quando a entrada é $x_1[n]$ deve ser igual a $y[n-n_0]$. A saída $y_1[n]$ que resulta da entrada $x_1[n]$ pode ser calculada diretamente pela Equação 2.38 como

$$y_1[n] = x_1[Mn] = x[Mn - n_0]. \quad (2.39)$$

Atrasar a saída $y[n]$ de n_0 amostras resulta

$$y[n-n_0] = x[M(n-n_0)]. \quad (2.40)$$

Comparando essas duas saídas, vemos que $y[n-n_0]$ não é igual a $y_1[n]$ para todo M e n_0, e, portanto, o sistema não é invariante no tempo.

Também é possível provar que um sistema não é invariante no tempo encontrando apenas um contraexemplo que viole a propriedade de invariância no tempo. Por exemplo, um contraexemplo para o compressor é o caso em que $M = 2$, $x[n] = \delta[n]$ e $x_1[n] = \delta[n-1]$. Para essa escolha de entradas e M, $y[n] = \delta[n]$, mas $y_1[n] = 0$; assim, fica claro que $y_1[n] \neq y[n-1]$ para esse sistema.

2.2.4 Causalidade

Um sistema é causal se, para cada escolha de n_0, o valor da sequência de saída no índice $n = n_0$ depender somente dos valores da sequência de entrada para $n \leq n_0$. Isso implica que, se $x_1[n] = x_2[n]$ para $n \leq n_0$, então $y_1[n] = y_2[n]$ para $n \leq n_0$. Ou seja, o sistema é *não antecipatório*. O sistema do Exemplo 2.2 é causal para $n_d \geq 0$ e é não causal para $n_d < 0$. O sistema do Exemplo 2.3 é causal se $-M_1 \geq 0$ e $M_2 \geq 0$; caso contrário, ele é não causal. O sistema do Exemplo 2.4 é causal, assim como o acumulador do Exemplo 2.5 e o sistema não linear no

Exemplo 2.6. Porém, o sistema do Exemplo 2.8 é não causal se $M > 1$, pois $y[1] = x[M]$. Outro sistema não causal é dado no exemplo a seguir.

Exemplo 2.9 Sistemas de diferenças progressivas e regressivas

> O sistema definido pela relação
>
> $$y[n] = x[n+1] - x[n] \qquad (2.41)$$
>
> é chamado de *sistema de diferenças progressivas*. Esse sistema é não causal, pois o valor atual da saída depende de um valor futuro da entrada. A violação da causalidade pode ser demonstrada considerando as duas entradas $x_1[n] = \delta[n-1]$ e $x_2[n] = 0$ e suas saídas correspondentes $y_1[n] = \delta[n] - \delta[n-1]$ e $y_2[n] = 0$ para todo n. Note que $x_1[n] = x_2[n]$ para $n \leq 0$, de modo que a definição da causalidade requer que $y_1[n] = y_2[n]$ para $n \leq 0$, que claramente não é o caso para $n = 0$. Assim, por esse contraexemplo, mostramos que o sistema é não causal.
> O *sistema de diferenças regressivas*, definido como
>
> $$y[n] = x[n] - x[n-1], \qquad (2.42)$$
>
> tem uma saída que depende somente dos valores presente e passado da entrada. Como $y[n_0]$ depende somente de $x[n_0]$ e $x[n_0 - 1]$, o sistema é causal por definição.

2.2.5 Estabilidade

Várias definições de certa forma diferentes são comumente usadas para a estabilidade de um sistema. Neste texto, usamos especificamente a estabilidade entrada limitada saída limitada.

Um sistema é estável no sentido entrada limitada saída limitada (BIBO, do inglês *bounded-input, bounded-output*) se, e somente se, toda sequência limitada de entrada produzir uma sequência limitada de saída. A entrada $x[n]$ é limitada se houver um valor fixo positivo e finito B_x tal que

$$|x[n]| \leq B_x < \infty, \quad \text{para todo } n. \qquad (2.43)$$

A estabilidade requer que, para toda entrada limitada, exista um valor fixo positivo e finito B_y tal que

$$|y[n]| \leq B_y < \infty, \quad \text{para todo } n. \qquad (2.44)$$

É importante enfatizar que as propriedades que definimos nesta seção são propriedades de *sistemas*, e não das entradas de um sistema. Ou seja, podemos ser capazes de encontrar entradas para as quais as propriedades são verdadeiras, mas a existência da propriedade para algumas entradas não significa que o sistema tenha a propriedade. Para o sistema ter a propriedade, ela precisa ser verdadeira para *todas* as entradas. Por exemplo, um sistema instável pode ter algumas entradas limitadas para as quais a saída é limitada, mas para o sistema ter a propriedade da estabilidade, é preciso que, para *todas* as entradas limitadas, a saída seja limitada. Se pudermos encontrar apenas uma entrada para a qual a propriedade do sistema não seja válida, então teremos mostrado que o sistema *não* tem essa propriedade. No exemplo a seguir ilustra-se a forma de se testar a estabilidade para vários dos sistemas que definimos.

Exemplo 2.10 Testando a estabilidade ou instabilidade

> O sistema do Exemplo 2.4 é estável. Para ver isso, suponha que a entrada $x[n]$ seja limitada de modo que $|x[n]| \leq B_x$ para todo n. Então, $|y[n]| = |x[n]|^2 \leq B_x^2$. Assim, podemos escolher $B_y = B_x^2$ e provamos que $y[n]$ é limitado.
> De modo semelhante, podemos ver que o sistema definido no Exemplo 2.6 é instável, pois $y[n] = \log_{10}(|x[n]|) = -\infty$ para quaisquer valores do índice de tempo n em que $x[n] = 0$, embora a saída seja limitada para quaisquer amostras de entrada que não sejam nulas.
> O acumulador, como definido no Exemplo 2.5 pela Equação 2.26, também não é estável. Por exemplo, considere o caso em que $x[n] = u[n]$, que claramente é limitada por $B_x = 1$. Para essa entrada, a saída do acumulador é
>
> $$y[n] = \sum_{k=-\infty}^{n} u[k] \qquad (2.45)$$
>
> $$= \begin{cases} 0, & n < 0, \\ (n+1), & n \geq 0. \end{cases} \qquad (2.46)$$
>
> Não há escolha finita para B_y tal que $(n+1) \leq B_y < \infty$ para todo n; assim, o sistema é instável.
> Usando argumentos similares, pode-se mostrar que os sistemas nos exemplos 2.2, 2.3, 2.8 e 2.9 são todos estáveis.

2.3 Sistemas LIT

Como em tempo contínuo, uma classe particularmente importante de sistemas de tempo discreto consiste naqueles que são lineares e invariantes no tempo. Essas duas propriedades combinadas levam a representações especialmente convenientes para tais sistemas. Ainda mais importante é que essa classe de sistemas tem aplicações significativas em processamento de sinais. A classe de sistemas lineares é definida pelo princípio da superposição da Equação 2.24. Se a propriedade da linearidade for combinada com a representação de uma sequência qualquer como uma combinação linear de impulsos atrasados, como na Equação 2.5, conclui-se que um sistema linear pode ser completamente caracterizado por sua resposta ao impulso. Especificamente, seja $h_k[n]$ a resposta do sistema à entrada $\delta[n-k]$, um impulso que ocorre em $n = k$. Então, usando a Equação 2.5 para representar a entrada, segue-se que

$$y[n] = T\left\{\sum_{k=-\infty}^{\infty} x[k]\delta[n-k]\right\}, \qquad (2.47)$$

e pelo princípio da superposição da Equação 2.24, podemos escrever

$$y[n] = \sum_{k=-\infty}^{\infty} x[k]T\{\delta[n-k]\} = \sum_{k=-\infty}^{\infty} x[k]h_k[n]. \quad (2.48)$$

De acordo com a Equação 2.48, a resposta do sistema a qualquer entrada pode ser expressa em termos das respostas do sistema às sequências $\delta[n-k]$. Se apenas a linearidade for imposta, então $h_k[n]$ dependerá tanto de n quanto de k, caso em que a utilidade computacional da Equação 2.48 é um tanto limitada. Obteremos um resultado mais útil se impusermos a restrição adicional de invariância de tempo.

A propriedade de invariância de tempo implica que, se $h[n]$ é a resposta a $\delta[n]$, então a resposta a $\delta[n-k]$ é $h[n-k]$. Com essa restrição adicional, a Equação 2.48 se torna

$$y[n] = \sum_{k=-\infty}^{\infty} x[k]h[n-k], \qquad \text{para todo } n. \quad (2.49)$$

Uma consequência da Equação 2.49 é que um sistema LIT é completamente caracterizado por sua resposta ao impulso $h[n]$ no sentido de que, dadas as sequências $x[n]$ e $h[n]$ para todo n, é possível usar a Equação 2.49 para calcular cada amostra da sequência de saída $y[n]$.

A Equação 2.49 é chamada de *soma de convolução*, e é representada pela notação operacional

$$y[n] = x[n] * h[n]. \quad (2.50)$$

A operação convolução de tempo discreto toma duas sequências $x[n]$ e $h[n]$ e produz uma terceira sequência $y[n]$. A Equação 2.49 expressa cada amostra da sequência de saída em termos de todas as amostras das sequências de entrada e de resposta ao impulso.

A notação da Equação 2.50 para a operação de convolução como uma abreviação para a Equação 2.49 é conveniente e compacta, mas precisa ser usada com cautela. A definição básica da convolução de duas sequências é dada pela Equação 2.49, e qualquer uso da forma abreviada da Equação 2.50 deve ser sempre referenciada à Equação 2.49. Por exemplo, considere $y[n - n_0]$. A partir da Equação 2.49, vemos que

$$y[n - n_0] = \sum_{k=-\infty}^{\infty} x[k]h[n - n_0 - k] \quad (2.51)$$

ou, em notação abreviada,

$$y[n - n_0] = x[n] * h[n - n_0]. \quad (2.52)$$

Substituir n por $(n - n_0)$ na Equação 2.49 leva ao resultado e à conclusão corretos, mas tentar cegamente a mesma substituição na Equação 2.50, não. De fato, $x[n - n_0] * h[n - n_0]$ resulta em $y[n - 2n_0]$.

A dedução da Equação 2.49 sugere a interpretação de que a amostra da entrada em $n = k$, representada como $x[k]\delta[n-k]$, é transformada pelo sistema em uma sequência de saída $x[k]h[n-k]$ para $-\infty < n < \infty$, e que, para cada k, essas sequências são superpostas (somadas) para formar a sequência de saída total. Essa interpretação é ilustrada na Figura 2.8, que mostra uma resposta ao impulso, uma sequência de entrada simples que possui três amostras não nulas, as saídas individuais devidas a cada amostra e a saída composta devida a todas as amostras na sequência de entrada. Especificamente, $x[n]$ pode ser decomposto como a soma das três sequências $x[-2]\delta[n+2]$, $x[0]\delta[n]$ e $x[3]\delta[n-3]$ que representam os três valores não nulos na sequência $x[n]$. As sequências $x[-2]h[n+2]$, $x[0]h[n]$ e $x[3]h[n-3]$ são as respostas do sistema para $x[-2]\delta[n+2]$, $x[0]\delta[n]$ e $x[3]\delta[n-3]$, respectivamente. A resposta para $x[n]$ é então a soma dessas três respostas individuais.

Embora a expressão da soma de convolução seja semelhante à integral de convolução da teoria dos sistemas lineares de tempo contínuo, a soma da convolução não deve ser considerada como uma aproximação da integral de convolução. A integral de convolução é principalmente uma ferramenta de análise matemática na teoria dos sistemas lineares de tempo contínuo; veremos que a soma de convolução, além de sua importância analítica, muitas vezes serve como uma realização explícita de um sistema linear de tempo discreto. Assim, é importante ganhar alguma experiência com as propriedades da soma de convolução em cálculos práticos.

A interpretação anterior da Equação 2.49 enfatiza que a soma de convolução é um resultado direto da linearidade e da invariância no tempo. Porém, um modo ligeiramente diferente de ver a Equação 2.49 leva a uma interpretação computacional particularmente útil. Quando vista como uma fórmula para calcular um único valor da sequência de saída, a Equação 2.49 informa que $y[n]$ (isto é, o n-ésimo valor da saída) é obtido pela multiplicação da sequência de entrada (expressa como uma função de k) pela sequência cujos valores são $h[n-k]$, $-\infty < k < \infty$ para qualquer valor fixo de n, seguida pela soma de todos os valores dos produtos $x[k]h[n-k]$, com k sendo o índice de contagem no processo de soma. Portanto, a operação de convoluir duas sequências envolve fazer o cálculo especificado da Equação 2.49 para cada valor de n, gerando-se assim a sequência de saída completa $y[n]$, $-\infty < n < \infty$. A chave para executar os cálculos da Equação 2.49 para se obter $y[n]$ é entender como formar a sequência $h[n-k]$, $-\infty < k < \infty$, para todos os valores de n que sejam de interesse. Para isso, é útil observar que

$$h[n-k] = h[-(k-n)]. \quad (2.53)$$

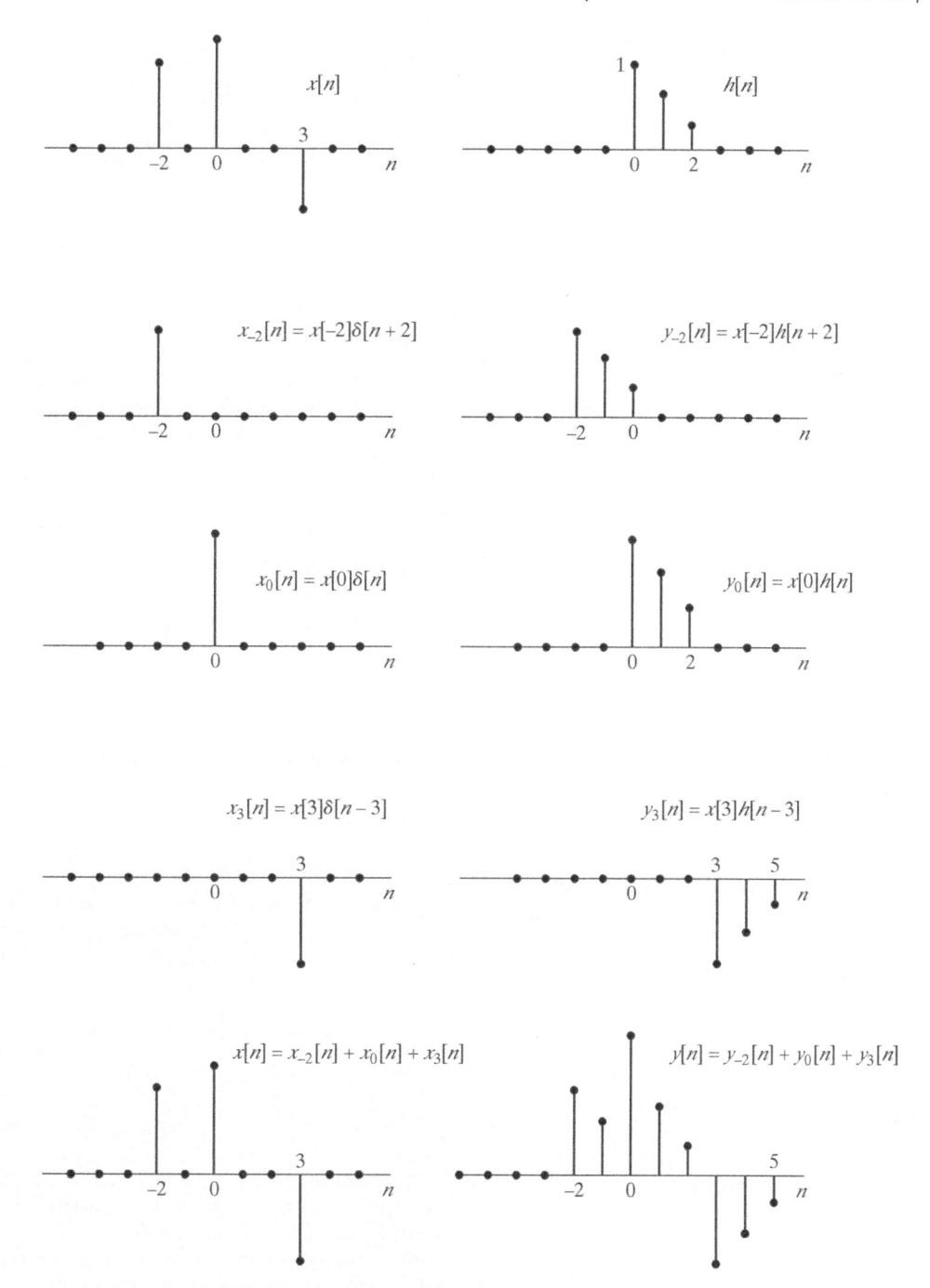

Figura 2.8 Representação da saída de um sistema LIT como a superposição de respostas a amostras individuais da entrada.

Para ilustrar a interpretação da Equação 2.53, suponha que $h[k]$ seja a sequência mostrada na Figura 2.9(a) e que queiramos obter $h[n - k] = h[-(k - n)]$. Defina $h_1[k]$ como $h[-k]$, conforme mostrado na Figura 2.9(b). Em seguida, defina $h_2[k]$ como $h_1[k]$, atrasado, de n amostras no eixo k, ou seja, $h_2[k] = h_1[k - n]$. Na Figura 2.9(c) mostra-se a sequência que resulta do atraso de n amostras da sequência na Figura 2.9(b). Usando a relação entre $h_1[k]$ e $h[k]$, podemos mostrar que $h_2[k] = h_1[k - n] = h[-(k - n)] = h[n - k]$, e, assim, na figura inferior está o sinal desejado. Resumindo, para obter $h[n - k]$ a partir de $h[k]$, primeiro refletimos $h[k]$ no tempo em relação a $k = 0$ e depois atrasamos por n amostras o sinal refletido no tempo.

Para implementar a convolução em tempo discreto, as duas sequências $x[k]$ e $h[n - k]$ são multiplicadas amostra a amostra para $-\infty < k < \infty$, e os produtos são somados para se calcular a amostra de saída $y[n]$. Para obter outra amostra de saída, a origem da sequência $h[-k]$ é deslocada para a posição da nova amostra e o processo é repetido. Esse procedimento computacional se aplica tanto se os cálculos forem executados numericamente sobre dados amostrados quanto analiticamente

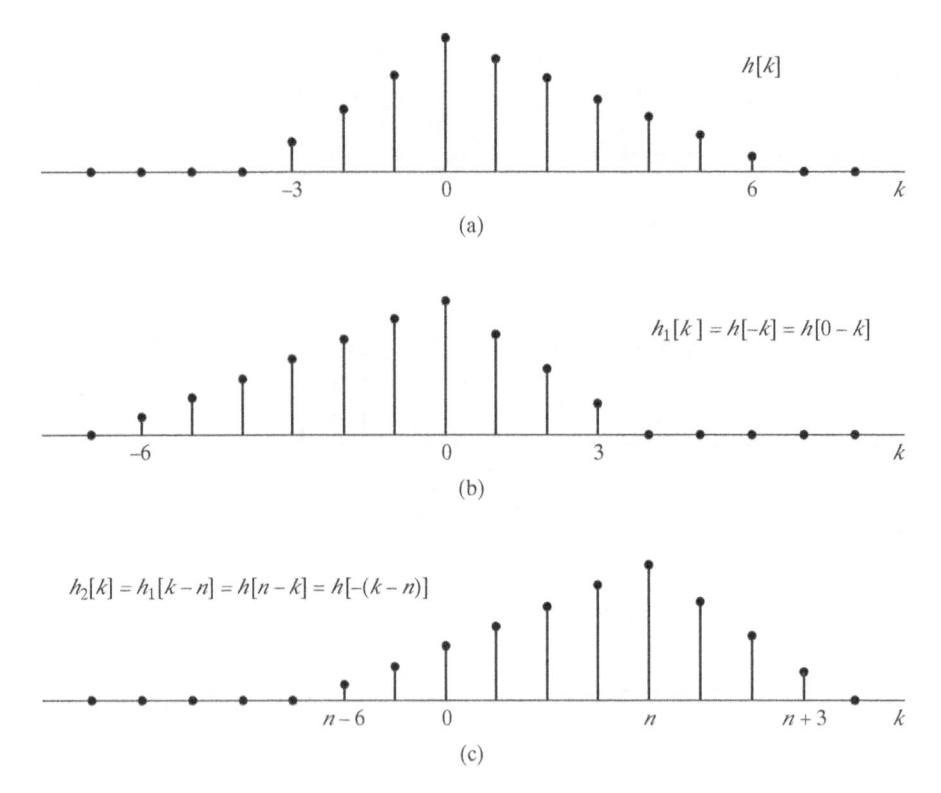

Figura 2.9 Formando a sequência $h[n-k]$. (a) A sequência $h[k]$ em função de k. (b) A sequência $h[-k]$ em função de k. (c) A sequência $h[n-k] = h[-(k-n)]$ em função de k para $n = 4$.

com sequências para as quais os valores da amostra possuem fórmulas simples. No exemplo seguinte ilustra-se a convolução em tempo discreto para o segundo caso.

Exemplo 2.11 Cálculo analítico da soma de convolução

Considere um sistema com resposta ao impulso

$$h[n] = u[n] - u[n-N]$$
$$= \begin{cases} 1, & 0 \leq n \leq N-1, \\ 0, & \text{caso contrário.} \end{cases}$$

A entrada é

$$x[n] = \begin{cases} a^n, & n \geq 0, \\ 0, & n < 0, \end{cases}$$

ou, de modo equivalente,

$$x[n] = a^n u[n].$$

Para encontrar a saída em um índice particular n, temos de formar as somas para todo k do produto $x[k]h[n-k]$. Nesse caso, podemos encontrar fórmulas para $y[n]$ para diferentes conjuntos de valores de n. Para isso, é útil esboçar as sequências $x[k]$ e $h[n-k]$ em função de k para diferentes valores representativos de n. Por exemplo, na Figura 2.10(a) são mostrados gráficos das sequências $x[k]$ e $h[n-k]$, para n inteiro negativo. Nitidamente, todos os valores negativos de n levam a uma situação semelhante; ou seja, as partes não nulas das sequências $x[k]$ e $h[n-k]$ não se superpõem, e, portanto,

$$y[n] = 0, \quad n < 0.$$

Na Figura 2.10(b) ilustram-se as duas sequências quando $0 \leq n$ e $n - N + 1 \leq 0$. Essas duas condições podem ser combinadas na única condição $0 \leq n \leq N - 1$. Considerando a Figura 2.10(b), vemos que como

$$x[k]h[n-k] = a^k, \quad \text{para } 0 \leq k \leq n$$

quando $0 \leq n \leq N-1$, segue-se que

$$y[n] = \sum_{k=0}^{n} a^k, \quad \text{para } 0 \leq n \leq N-1. \quad (2.54)$$

Os limites do somatório podem ser vistos diretamente a partir da Figura 2.10(b). Pela Equação 2.54 vemos que $y[n]$ é a soma de $n+1$ termos de uma série geométrica em que a razão dos termos é a. Essa soma pode ser expressa de forma fechada usando a fórmula geral

$$\sum_{k=N_1}^{N_2} \alpha^k = \frac{\alpha^{N_1} - \alpha^{N_2+1}}{1 - \alpha}, \quad N_2 \geq N_1. \quad (2.55)$$

Aplicando essa fórmula à Equação 2.54, obtemos

$$y[n] = \frac{1 - a^{n+1}}{1 - a}, \quad 0 \leq n \leq N-1. \quad (2.56)$$

Finalmente, na Figura 2.10(c) mostram-se as duas sequências quando $0 < n - N + 1$ ou $N - 1 < n$. Como anteriormente,

$$x[k]h[n-k] = a^k, \quad n - N + 1 \leq k \leq n,$$

mas agora o limite inferior da soma é $n - N + 1$, como vemos na Figura 2.10(c). Assim,

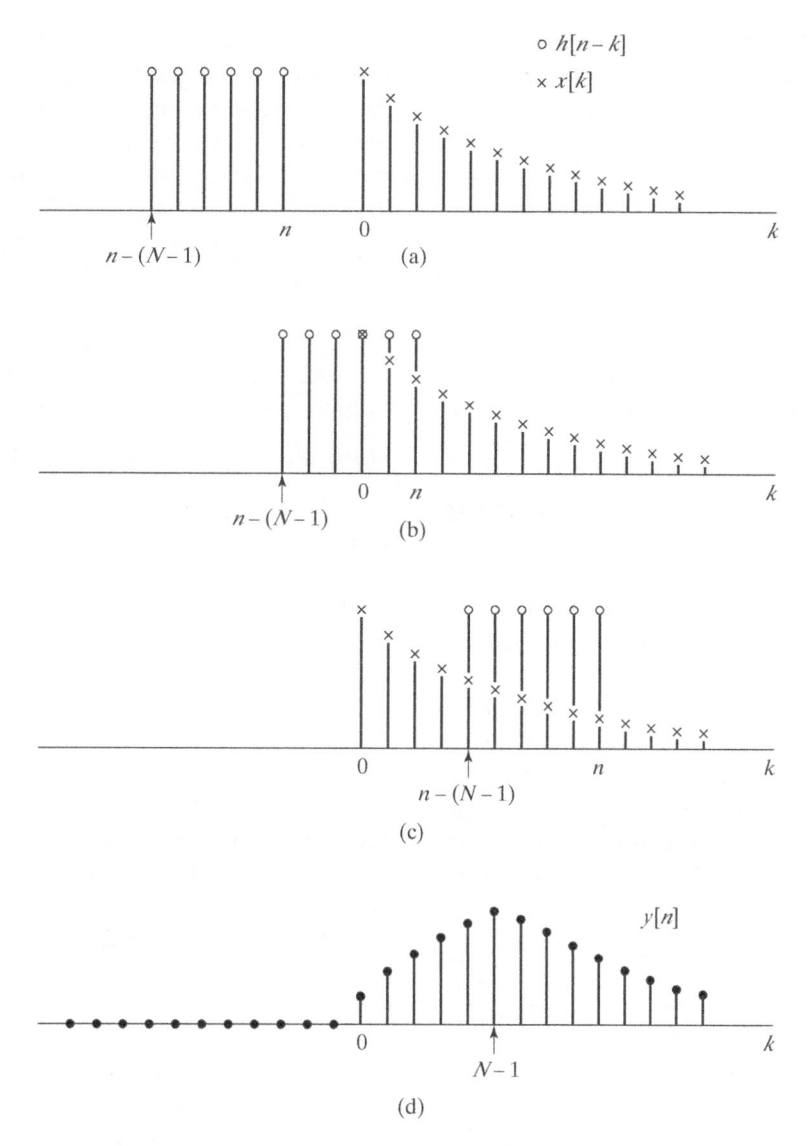

Figura 2.10 Sequência envolvida no cálculo de uma convolução discreta. (a)-(c) As sequências x[k] e h[n−k] em função de k para diferentes valores de n. (Somente amostras não nulas são mostradas.) (d) Sequência de saída correspondente em função de n.

$$y[n] = \sum_{k=n-N+1}^{n} a^k, \quad \text{para } N - 1 < n. \quad (2.57)$$

Usando a Equação 2.55, obtemos

$$y[n] = \frac{a^{n-N+1} - a^{n+1}}{1 - a},$$

ou

$$y[n] = a^{n-N+1}\left(\frac{1 - a^N}{1 - a}\right). \quad (2.58)$$

Assim, por causa da natureza exponencial por partes tanto da entrada quanto da resposta à amostra unitária, podemos obter a seguinte expressão na forma fechada para $y[n]$ em função do índice n:

$$y[n] = \begin{cases} 0, & n < 0, \\ \dfrac{1 - a^{n+1}}{1 - a}, & 0 \leq n \leq N - 1, \\ a^{n-N+1}\left(\dfrac{1 - a^N}{1 - a}\right), & N - 1 < n. \end{cases} \quad (2.59)$$

Essa sequência é mostrada na Figura 2.10(d).

No Exemplo 2.11 ilustra-se como a soma de convolução pode ser calculada analiticamente quando a entrada e a resposta ao impulso são dadas por fórmulas simples. Nesses casos, as somas podem ter uma forma compacta que pode ser deduzida pelo uso da fórmula da soma de uma série geométrica ou outras fórmulas "fechadas".[2] Quando nenhuma forma simples está disponível, a soma de convolução ainda pode ser calculada numericamente por meio da técnica ilustrada no Exemplo 2.11 sempre que as somas forem finitas, o que será o caso se a sequência de entrada ou a resposta ao impulso tiver comprimento finito, isto é, tiver um número finito de amostras não nulas.

2.4 Propriedades dos sistemas lineares invariantes no tempo

Como todos os sistemas LIT são descritos pela soma de convolução da Equação 2.49, as propriedades dessa classe de sistemas são definidas pelas propriedades da convolução de tempo discreto. Portanto, a resposta ao impulso é uma caracterização completa das propriedades de um sistema LIT específico.

Algumas propriedades gerais da classe dos sistemas LIT podem ser encontradas considerando-se propriedades da operação de convolução.[3] Por exemplo, a operação de convolução é comutativa:

$$x[n] * h[n] = h[n] * x[n]. \quad (2.60)$$

Essa propriedade pode ser mostrada aplicando-se uma substituição de variáveis ao índice do somatório na Equação 2.49. Especificamente, com $m = n - k$,

$$y[n] = \sum_{m=\infty}^{-\infty} x[n-m]h[m]$$
$$= \sum_{m=-\infty}^{\infty} h[m]x[n-m] = h[n] * x[n], \quad (2.61)$$

de modo que os papéis de $x[n]$ e $h[n]$ no somatório podem ser trocados. Ou seja, a ordem das sequências em um operador de convolução não é importante; logo, a saída do sistema é a mesma se os papéis da entrada e da resposta ao impulso forem trocados. Consequentemente, um sistema LIT com entrada $x[n]$ e resposta ao impulso $h[n]$ terá a mesma saída de um sistema LIT com entrada $h[n]$ e resposta ao impulso $x[n]$. A operação de convolução também é distributiva com relação à adição; isto é,

$$x[n] * (h_1[n] + h_2[n]) = x[n] * h_1[n] + x[n] * h_2[n]. \quad (2.62)$$

Essa propriedade segue imediatamente da Equação 2.49, e é um resultado direto da linearidade e da comutatividade da convolução. A Equação 2.62 é representada esquematicamente na Figura 2.11, em que a Figura 2.11(a) representa o membro direito da Equação 2.62 e a Figura 2.11(b) o membro esquerdo.

A operação de convolução também satisfaz a propriedade associativa, ou seja,

$$y[n] = (x[n] * h_1[n]) * h_2[n] = x[n] * (h_1[n] * h_2[n]). \quad (2.63)$$

Além disso, como a operação de convolução é comutativa, a Equação 2.63 é equivalente a

$$y[n] = x[n] * (h_2[n] * h_1[n]) = (x[n] * h_2[n]) * h_1[n]. \quad (2.64)$$

Essas equivalências são representadas esquematicamente na Figura 2.12. Além disso, as equações 2.63 e 2.64 claramente implicam que, se dois sistemas LIT com respostas ao impulso $h_1[n]$ e $h_2[n]$ são colocados em cascata em qualquer ordem, a resposta ao impulso total equivalente $h[n]$ é

$$h[n] = h_1[n] * h_2[n] = h_2[n] * h_1[n]. \quad (2.65)$$

Em uma conexão paralela, os sistemas têm a mesma entrada, e suas saídas são somadas para produzir uma saída total. Segue da propriedade distributiva da convolução que a conexão de dois sistemas LIT em paralelo é equivalente a um único sistema cuja resposta ao impulso é a soma das respostas ao impulso individuais; isto é,

$$h[n] = h_1[n] + h_2[n]. \quad (2.66)$$

As restrições de linearidade e invariância no tempo definem uma classe de sistemas com propriedades muito especiais. Estabilidade e causalidade representam propriedades adicionais, e muitas vezes é importante saber se um sistema LIT é estável e se ele é causal.

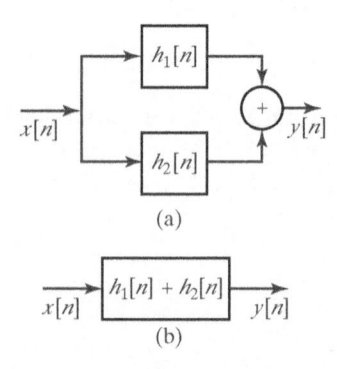

Figura 2.11 (a) Associação paralela de sistemas LIT. (b) Um sistema equivalente.

---

[2] Esses resultados são discutidos, por exemplo, em Grossman (1992) e Jolley (2004).

[3] Em nossa discussão a seguir e ao longo de todo o texto, usaremos a notação abreviada da Equação 2.50 para a operação de convolução, mas novamente enfatizamos que as propriedades da convolução são deduzidas a partir da definição da Equação 2.49.

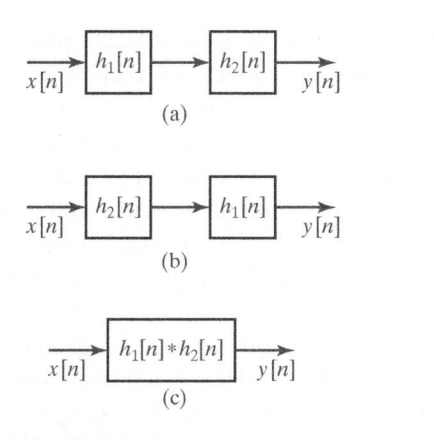

Figura 2.12 (a) Associação em cascata de dois sistemas LIT. (b) Cascata equivalente. (c) Sistema único equivalente.

Lembre-se da Seção 2.2.5 que um sistema estável é um sistema para o qual cada entrada limitada produz uma saída limitada. Sistemas LIT são estáveis se, e somente se, a resposta ao impulso for somável em valor absoluto, isto é, se

$$B_h = \sum_{k=-\infty}^{\infty} |h[k]| < \infty. \qquad (2.67)$$

Pode-se mostrar essa propriedade da seguinte forma. A partir da Equação 2.61,

$$|y[n]| = \left| \sum_{k=-\infty}^{\infty} h[k]x[n-k] \right| \leq \sum_{k=-\infty}^{\infty} |h[k]||x[n-k]|. \qquad (2.68)$$

Se $x[n]$ é limitado, de modo que

$$|x[n]| \leq B_x,$$

então a substituição de $|x[n-k]|$ por B_x pode apenas ampliar a desigualdade. Logo,

$$|y[n]| \leq B_x B_h. \qquad (2.69)$$

Assim, $y[n]$ é limitado se a Equação 2.67 for verdadeira; em outras palavras, a Equação 2.67 é uma condição suficiente para a estabilidade. Para mostrar que ela também é uma condição necessária, devemos mostrar que se $B_h = \infty$, então é possível encontrar uma entrada limitada, que causará uma saída ilimitada. Essa entrada é a sequência com valores

$$x[n] = \begin{cases} \dfrac{h^*[-n]}{|h[-n]|}, & h[n] \neq 0, \\ 0, & h[n] = 0, \end{cases} \qquad (2.70)$$

em que $h^*[n]$ é o complexo conjugado de $h[n]$. A sequência $x[n]$ é nitidamente limitada em uma unidade. Porém, o valor da saída em $n = 0$ é

$$y[0] = \sum_{k=-\infty}^{\infty} x[-k]h[k] = \sum_{k=-\infty}^{\infty} \frac{|h[k]|^2}{|h[k]|} = B_h. \qquad (2.71)$$

Portanto, se $B_h = \infty$, é possível que uma sequência de entrada limitada produza uma sequência de saída ilimitada.

A classe dos sistemas causais foi definida na Seção 2.2.4 como aquela que compreende os sistemas para os quais a saída $y[n_0]$ depende apenas das amostras da entrada $x[n]$, para $n \leq n_0$. Segue a partir da Equação 2.49 ou da Equação 2.61 que essa definição implica a condição

$$h[n] = 0, \quad n < 0, \qquad (2.72)$$

para a causalidade dos sistemas LIT. (Veja o Problema 2.69.) Por esse motivo, às vezes é conveniente referir-se a uma sequência que é nula para $n < 0$ como uma *sequência causal*, o que significa que ela poderia ser a resposta ao impulso de um sistema causal.

Para ilustrar como as propriedades dos sistemas LIT são representadas na resposta ao impulso, consideraremos novamente alguns dos sistemas definidos nos exemplos 2.2-2.9. Primeiro, note que apenas os sistemas dos exemplos 2.2, 2.3, 2.5 e 2.9 são lineares e invariantes no tempo. Embora a resposta ao impulso dos sistemas não lineares ou variantes no tempo possa ser encontrada simplesmente usando uma entrada impulso, geralmente ela é de interesse limitado, pois a fórmula da soma de convolução e as equações 2.67 e 2.72, que expressam estabilidade e causalidade, não se aplicam a tais sistemas.

Primeiro, determinaremos as respostas ao impulso dos sistemas nos exemplos 2.2, 2.3, 2.5 e 2.9. Podemos fazê-lo pelo simples cálculo da resposta de cada sistema a $\delta[n]$, usando a relação que define o sistema. As respostas ao impulso resultantes são as seguintes:

Atraso ideal (Exemplo 2.2)

$$h[n] = \delta[n - n_d], \text{ sendo } n_d \text{ um inteiro positivo fixo.} \qquad (2.73)$$

Média móvel (Exemplo 2.3)

$$h[n] = \frac{1}{M_1 + M_2 + 1} \sum_{k=-M_1}^{M_2} \delta[n-k]$$

$$= \begin{cases} \dfrac{1}{M_1 + M_2 + 1}, & -M_1 \leq n \leq M_2, \\ 0, & \text{caso contrário.} \end{cases} \qquad (2.74)$$

Acumulador (Exemplo 2.5)

$$h[n] = \sum_{k=-\infty}^{n} \delta[k] = \begin{cases} 1, & n \geq 0, \\ 0, & n < 0, \end{cases} = u[n]. \qquad (2.75)$$

Diferenças progressivas (Exemplo 2.9)

$$h[n] = \delta[n+1] - \delta[n]. \qquad (2.76)$$

Diferenças regressivas (Exemplo 2.9)

$$h[n] = \delta[n] - \delta[n-1]. \qquad (2.77)$$

Dadas as respostas ao impulso desses sistemas básicos (equações 2.73-2.77), podemos testar a estabilidade de cada uma calculando a soma

$$B_h = \sum_{n=-\infty}^{\infty} |h[n]|.$$

Para os exemplos do atraso ideal, média móvel, diferenças progressivas e diferenças regressivas, fica claro que $B_h < \infty$, pois a resposta ao impulso tem apenas um número finito de amostras não nulas. Em geral, um sistema com uma resposta ao impulso de duração finita [daqui em diante chamado de sistema FIR (do inglês *finite-duration impulse response*)] sempre será estável, desde que cada um dos valores de resposta ao impulso seja finito em magnitude. O acumulador, porém, é instável porque

$$B_h = \sum_{n=0}^{\infty} u[n] = \infty.$$

Na Seção 2.2.5, também demonstramos a instabilidade do acumulador dando um exemplo de entrada limitada (o degrau unitário) para a qual a saída é ilimitada.

A resposta ao impulso do acumulador tem duração infinita. Esse é um exemplo da classe de sistemas conhecida como sistemas de *resposta ao impulso de duração infinita* (IIR, do inglês *infinite-duration impulse response*). Um exemplo de sistema IIR que é estável é um sistema cuja resposta ao impulso é $h[n] = a^n u[n]$ com $|a| < 1$. Nesse caso,

$$B_h = \sum_{n=0}^{\infty} |a|^n. \quad (2.78)$$

Se $|a| < 1$, a fórmula da soma dos termos de uma série geométrica infinita fornece

$$B_h = \frac{1}{1 - |a|} < \infty. \quad (2.79)$$

Se, por outro lado, $|a| \geq 1$, então a soma é infinita e o sistema é instável.

Para testar a causalidade dos sistemas LIT dos exemplos 2.2, 2.3, 2.5 e 2.9, podemos verificar se $h[n] = 0$ para $n < 0$. Como discutido na Seção 2.2.4, o atraso ideal ($n_d \geq 0$ na Equação 2.20) é causal. Se $n_d < 0$, então o sistema é não causal. Para a média móvel, a causalidade requer que $-M_1 \geq 0$ e $M_2 \geq 0$. Os sistemas acumulador e de diferenças regressivas são causais, e o sistema de diferenças progressivas é não causal.

O conceito de convolução como uma operação entre duas sequências leva à simplificação de muitos problemas que envolvem sistemas. Um resultado particularmente útil pode ser enunciado para o sistema atraso ideal. Como a saída do sistema atraso é $y[n] = x[n - n_d]$, e como o sistema atraso tem resposta ao impulso $h[n] = \delta[n - n_d]$, segue-se que

$$x[n] * \delta[n - n_d] = \delta[n - n_d] * x[n] = x[n - n_d]. \quad (2.80)$$

Ou seja, a convolução de uma sequência impulso deslocado com qualquer sinal $x[n]$ é facilmente obtida simplesmente deslocando $x[n]$ do atraso do impulso.

Como o atraso é uma operação fundamental na implementação de sistemas lineares, o resultado anterior muitas vezes é útil na análise e simplificação de associações de sistemas LIT. Como exemplo, considere o sistema da Figura 2.13(a), que consiste em um sistema de diferenças progressivas em cascata com um atraso ideal de uma amostra. De acordo com a propriedade comutativa da convolução, a ordem em que os sistemas são associados não importa, desde que eles sejam lineares e invariantes no tempo. Portanto, obtemos o mesmo resultado, tanto quando calculamos as diferenças progressivas de uma sequência e atrasamos o resultado [Figura 2.13(a)], quanto quando atrasamos a sequência primeiro e depois calculamos as diferenças progressivas [Figura 2.13(b)]. Além disso, como indicado na Equação 2.65 e na Figura 2.12, a resposta ao impulso total de um sistema em cascata é a convolução das respostas ao impulso individuais. Consequentemente,

$$\begin{aligned} h[n] &= (\delta[n+1] - \delta[n]) * \delta[n-1] \\ &= \delta[n-1] * (\delta[n+1] - \delta[n]) \quad (2.81) \\ &= \delta[n] - \delta[n-1]. \end{aligned}$$

Assim, $h[n]$ é idêntica à resposta ao impulso do sistema de diferenças regressivas; ou seja, os sistemas em cascata das figuras 2.13(a) e 2.13(b) podem ser substituídos por um sistema de diferenças regressivas, como mostrado na Figura 2.13(c).

Note que os sistemas não causais de diferenças progressivas das figuras 2.13(a) e (b) foram convertidos em sistemas causais pela sua associação em cascata com um atraso. Em geral, qualquer sistema FIR não causal pode tornar-se causal se associado em cascata com um atraso suficientemente longo.

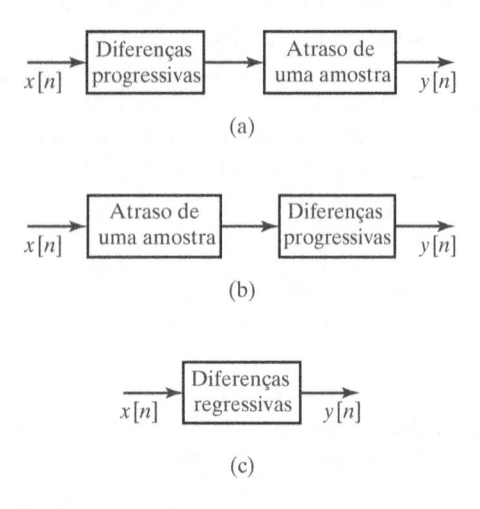

Figura 2.13 Sistemas equivalentes encontrados usando a propriedade comutativa da convolução.

Outro exemplo de sistemas em cascata introduz o conceito de um *sistema inverso*. Considere a cascata de sistemas da Figura 2.14. A resposta ao impulso do sistema em cascata é

$$h[n] = u[n] * (\delta[n] - \delta[n-1])$$
$$= u[n] - u[n-1] \quad (2.82)$$
$$= \delta[n].$$

Ou seja, a associação em cascata de um acumulador, seguida por um sistema de diferenças regressivas (ou vice-versa), resulta em um sistema cuja resposta ao impulso total é um impulso. Assim, a saída da associação em cascata sempre será igual à entrada, pois $x[n] * \delta[n] = x[n]$. Nesse caso, o sistema de diferenças regressivas compensa exatamente (ou inverte) o efeito do acumulador; ou seja, o sistema de diferenças regressivas é o *sistema inverso* do acumulador. Pela propriedade comutativa da convolução, o acumulador é similar ao sistema inverso para o sistema de diferenças regressivas. Note que esse exemplo fornece uma interpretação de sistema para as equações 2.7 e 2.9. Em geral, se um sistema LIT tem resposta ao impulso $h[n]$, então seu sistema inverso, se existir, tem resposta ao impulso $h_i[n]$ definido pela relação

$$h[n] * h_i[n] = h_i[n] * h[n] = \delta[n]. \quad (2.83)$$

Os sistemas inversos são úteis em muitas situações em que é necessário compensar os efeitos de um sistema. Em geral, é difícil resolver a Equação 2.83 diretamente para $h_i[n]$, dado $h[n]$. Porém, no Capítulo 3, veremos que a transformada z fornece um método imediato para encontrar o inverso de um sistema LIT.

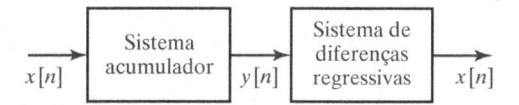

Figura 2.14 Um acumulador em cascata com um sistema de diferenças regressivas. Como o sistema de diferenças regressivas é o sistema inverso do acumulador, a associação em cascata é equivalente ao sistema identidade.

2.5 Equações de diferenças lineares com coeficientes constantes

Uma classe importante de sistemas LIT consiste naqueles sistemas para os quais a entrada $x[n]$ e a saída $y[n]$ satisfazem uma equação de diferenças linear de N-ésima ordem com coeficientes constantes na forma

$$\sum_{k=0}^{N} a_k y[n-k] = \sum_{m=0}^{M} b_m x[n-m]. \quad (2.84)$$

As propriedades discutidas na Seção 2.4 e algumas das técnicas de análise nela apresentadas podem ser usadas para obter representações por equação de diferenças para alguns dos sistemas LIT que definimos.

Exemplo 2.12 Representação do acumulador com equação de diferenças

O sistema acumulador é definido por

$$y[n] = \sum_{k=-\infty}^{n} x[k]. \quad (2.85)$$

Para mostrar que a entrada e a saída satisfazem uma equação de diferenças na forma da Equação 2.84, reescrevemos a Equação 2.85 como

$$y[n] = x[n] + \sum_{k=-\infty}^{n-1} x[k]. \quad (2.86)$$

Além disso, da Equação 2.85,

$$y[n-1] = \sum_{k=-\infty}^{n-1} x[k]. \quad (2.87)$$

Substituindo a Equação 2.87 na Equação 2.86, obtém-se

$$y[n] = x[n] + y[n-1], \quad (2.88)$$

e, de modo equivalente,

$$y[n] - y[n-1] = x[n]. \quad (2.89)$$

Assim, além de satisfazer a relação de definição da Equação 2.85, a entrada e a saída de um acumulador satisfazem uma equação de diferenças linear com coeficientes constantes na forma da Equação 2.84, com $N = 1$, $a_0 = 1$, $a_1 = -1$, $M = 0$ e $b_0 = 1$.

A equação de diferenças na forma da Equação 2.88 sugere uma implementação simples do sistema acumulador. De acordo com a Equação 2.88, para cada valor de n, somamos o valor da entrada atual $x[n]$ à soma previamente acumulada $y[n-1]$. Essa interpretação do acumulador é representada em diagrama de blocos na Figura 2.15.

A Equação 2.88 e o diagrama de blocos na Figura 2.15 são chamados de representação recursiva do siste-

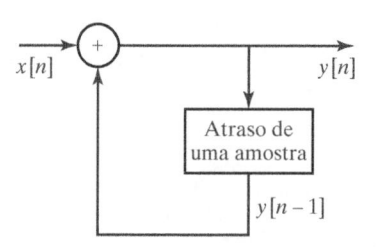

Figura 2.15 Diagrama de blocos de uma equação de diferenças recursiva representando um acumulador.

ma, pois cada valor é calculado usando valores previamente calculados. Essa noção geral será explorada com mais detalhes posteriormente nesta seção.

Exemplo 2.13 Representação do sistema média móvel por equação de diferenças

Considere o sistema média móvel do Exemplo 2.3, com $M_1 = 0$, de modo que o sistema é causal. Nesse caso, pela Equação 2.74, a resposta ao impulso é

$$h[n] = \frac{1}{(M_2 + 1)}(u[n] - u[n - M_2 - 1]), \quad (2.90)$$

da qual segue que

$$y[n] = \frac{1}{(M_2 + 1)} \sum_{k=0}^{M_2} x[n - k], \quad (2.91)$$

que é um caso especial da Equação 2.84, com $N = 0$, $a_0 = 1$, $M = M_2$ e $b_k = 1/(M_2 + 1)$ para $0 \le k \le M_2$.

Além disso, a resposta ao impulso pode ser expressa como

$$h[n] = \frac{1}{(M_2 + 1)}(\delta[n] - \delta[n - M_2 - 1]) * u[n], \quad (2.92)$$

que sugere que o sistema média móvel causal pode ser representado como o sistema em cascata da Figura 2.16. Podemos obter uma equação de diferenças para esse diagrama de blocos observando primeiro que

$$x_1[n] = \frac{1}{(M_2 + 1)}(x[n] - x[n - M_2 - 1]). \quad (2.93)$$

Da Equação 2.89 do Exemplo 2.12, a saída do acumulador satisfaz a equação de diferenças

$$y[n] - y[n - 1] = x_1[n],$$

de modo que

$$y[n] - y[n - 1] = \frac{1}{(M_2 + 1)}(x[n] - x[n - M_2 - 1]). \quad (2.94)$$

Novamente, temos uma equação de diferenças na forma da Equação 2.84, mas dessa vez $N = 1$, $a_0 = 1$, $a_1 = -1$, $M = M_2 + 1$ e $b_0 = -b_{M_2+1} = 1/(M_2 + 1)$ e $b_k = 0$, caso contrário.

No Exemplo 2.13, mostramos duas representações diferentes da equação de diferenças para o sistema média móvel. No Capítulo 6, veremos que muitas equações de diferenças distintas podem ser usadas para representar uma dada relação entrada-saída LIT.

Assim como no caso das equações diferenciais lineares com coeficientes constantes para sistemas de tempo contínuo, sem restrições adicionais ou outras informações, uma equação de diferenças linear com coeficientes constantes para sistemas de tempo discreto não fornece uma especificação única da saída para uma dada entrada. Especificamente, suponha que, para uma dada entrada $x_p[n]$, determinamos por algum meio uma sequência de saída $y_p[n]$, de modo que uma equação na forma da Equação 2.84 é satisfeita. Então, a mesma equação com a mesma entrada é satisfeita por qualquer saída na forma

$$y[n] = y_p[n] + y_h[n], \quad (2.95)$$

sendo $y_h[n]$ uma solução qualquer da Equação 2.84 com $x[n] = 0$, isto é, uma solução para a equação

$$\sum_{k=0}^{N} a_k y_h[n - k] = 0. \quad (2.96)$$

A Equação 2.96 é chamada de *equação de diferenças homogênea* e $y_h[n]$, a solução homogênea. A sequência $y_h[n]$ é, de fato, um membro de uma família de soluções na forma

$$y_h[n] = \sum_{m=1}^{N} A_m z_m^n, \quad (2.97)$$

em que os coeficientes A_m podem ser escolhidos de modo a satisfazer um conjunto de condições auxiliares sobre $y[n]$. A substituição da Equação 2.97 na Equação 2.96 mostra que os números complexos z_m devem ser raízes do polinômio

$$A(z) = \sum_{k=0}^{N} a_k z^{-k}, \quad (2.98)$$

isto é, $A(z_m) = 0$ para $m = 1, 2, ..., N$. A Equação 2.97 assume que todas as N raízes do polinômio da Equação 2.98 são distintas. A forma dos termos associados às raízes múltiplas é ligeiramente diferente, mas sempre existem N coeficientes indeterminados. Um exemplo da solução homogênea com raízes múltiplas é considerado no Problema 2.50.

Como $y_h[n]$ tem N coeficientes indeterminados, um conjunto de N condições auxiliares é exigido para a especificação única de $y[n]$ para um dado $x[n]$. Essas condições auxiliares podem consistir na especificação de valores fixos de $y[n]$ em valores específicos de n, como $y[-1], y[-2], ..., y[-N]$, e depois na solução de um conjunto de N equações lineares para os N coeficientes indeterminados.

Alternativamente, se as condições auxiliares forem um conjunto de valores auxiliares de $y[n]$, os ou-

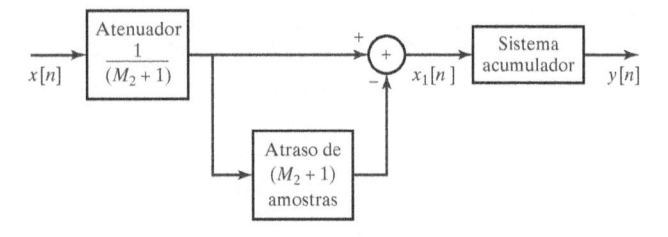

Figura 2.16 Diagrama de blocos da forma recursiva de um sistema média móvel.

tros valores de $y[n]$ podem ser gerados reescrevendo-se a Equação 2.84 como uma fórmula de recorrência, ou seja, na forma

$$y[n] = -\sum_{k=1}^{N} \frac{a_k}{a_0} y[n-k] + \sum_{k=0}^{M} \frac{b_k}{a_0} x[n-k]. \quad (2.99)$$

Se a entrada $x[n]$ para todo n, juntamente com um conjunto de valores auxiliares, digamos, $y[-1]$, $y[-2]$, ..., $y[-N]$, é especificada, então $y[0]$ pode ser determinado pela Equação 2.99. Com $y[0]$, $y[-1]$, ..., $y[-N+1]$ agora disponíveis, $y[1]$ pode então ser calculado, e assim por diante. Quando esse procedimento é usado, diz-se que $y[n]$ é calculado *recursivamente*; ou seja, o cálculo da saída envolve não apenas a sequência de entrada, mas também valores anteriores da sequência de saída.

Para gerar valores de $y[n]$ para $n < -N$ (novamente supondo que os valores $y[-1]$, $y[-2]$, ..., $y[-N]$ sejam dados como condições auxiliares), podemos rearranjar a Equação 2.84 na forma

$$y[n-N] = -\sum_{k=0}^{N-1} \frac{a_k}{a_N} y[n-k] + \sum_{k=0}^{M} \frac{b_k}{a_N} x[n-k], \quad (2.100)$$

a partir da qual $y[-N-1]$, $y[-N-2]$, ... podem ser calculados recursivamente de forma regressiva.

Nosso interesse principal neste livro está nos sistemas que são lineares e invariantes no tempo, caso em que as condições auxiliares precisam ser consistentes com esses requisitos adicionais. No Capítulo 3, quando discutirmos a solução de equações de diferenças usando a transformada z, incorporamos implicitamente condições de linearidade e invariância no tempo. Como veremos nessa discussão, mesmo com as restrições adicionais de linearidade e invariância de tempo, a solução para uma equação de diferenças, e, portanto, para o sistema, não é especificada de forma única. Em particular, existem em geral sistemas LIT causais e não causais, consistentes com uma dada equação de diferenças.

Se um sistema for caracterizado por uma equação de diferenças linear com coeficientes constantes e for especificado ainda como linear, invariante no tempo e causal, então a solução é única. Nesse caso, as condições auxiliares frequentemente são enunciadas como *condições de repouso inicial*. Em outras palavras, a informação auxiliar é que, se a entrada $x[n]$ for nula para n menor do que algum instante n_0, então a saída $y[n]$ é obrigatoriamente nula para n menor do que n_0. Essa restrição fornece então condições iniciais suficientes para obter $y[n]$ para $n \geq n_0$ usando recursivamente a Equação 2.99.

Em resumo, em um sistema para o qual a entrada e a saída satisfazem uma equação de diferenças linear com coeficientes constantes:

- A saída para uma dada entrada não é unicamente especificada. São necessárias informações ou condições auxiliares.
- Se a informação auxiliar estiver em forma de N valores sequenciais da saída, os valores subsequentes poderão ser obtidos rearranjando-se a equação de diferenças como uma relação recursiva progressiva em n, e valores anteriores poderão ser obtidos rearranjando-se a equação de diferenças como uma relação recursiva regressiva em n.
- A linearidade, a invariância no tempo e a causalidade do sistema dependerão das condições auxiliares. Se uma condição adicional for que o sistema esteja inicialmente em repouso, então o sistema será linear, invariante no tempo e causal.

A discussão anterior considera que $N \geq 1$ na Equação 2.84. Se, em vez disso, $N = 0$, nenhuma recursão é exigida para se usar a equação de diferenças para calcular a saída e, portanto, nenhuma condição auxiliar é exigida. Ou seja,

$$y[n] = \sum_{k=0}^{M} \left(\frac{b_k}{a_0}\right) x[n-k]. \quad (2.101)$$

A Equação 2.101 está na forma de uma convolução, e fazendo $x[n] = \delta[n]$, vemos que a resposta ao impulso correspondente é

$$h[n] = \sum_{k=0}^{M} \left(\frac{b_k}{a_0}\right) \delta[n-k],$$

ou

$$h[n] = \begin{cases} \left(\dfrac{b_n}{a_0}\right), & 0 \leq n \leq M, \\ 0, & \text{caso contrário.} \end{cases} \quad (2.102)$$

A resposta ao impulso, claramente, tem duração finita. De fato, a saída de qualquer sistema FIR pode ser calculada não recursivamente sendo que os coeficientes são os valores da sequência resposta ao impulso. O sistema média móvel do Exemplo 2.13 com $M_1 = 0$ é um exemplo de um sistema FIR causal. Uma característica interessante desse sistema foi que também encontramos uma equação recursiva para a saída. No Capítulo 6, mostraremos que existem muitas formas possíveis de implementar uma transformação de sinal desejada. As vantagens de um método em relação a outro dependem de considerações práticas, como precisão numérica, armazenamento de dados e o número de multiplicações e adições exigidas para calcular cada amostra da saída.

2.6 Representação no domínio da frequência de sinais e sistemas de tempo discreto

Nas seções anteriores, resumimos alguns dos conceitos fundamentais da teoria dos sinais e sistemas de tempo discreto. Para sistemas LIT, vimos que uma representação da sequência de entrada como uma soma ponderada de impulsos atrasados leva a uma representação da saída como uma soma ponderada das respostas ao impulso atrasadas. Assim como ocorre com os sinais de tempo contínuo, os sinais de tempo discreto podem ser representados de diferentes formas. Por exemplo, as sequências exponenciais complexas e senoidais desempenham um papel particularmente importante na representação dos sinais de tempo discreto. Isso ocorre porque as sequências exponenciais complexas são autofunções de sistemas LIT, e a resposta a uma entrada senoidal é senoidal com a mesma frequência da entrada e com amplitude e fase determinadas pelo sistema. Essas propriedades fundamentais dos sistemas LIT fazem com que representações dos sinais em termos de senoides ou exponenciais complexas (isto é, representações de Fourier) sejam muito úteis na teoria dos sistemas lineares.

2.6.1 Autofunções para sistemas lineares invariantes no tempo

A propriedade de autofunção das exponenciais complexas para sistemas de tempo discreto vem diretamente de substituição na Equação 2.61. Especificamente, com entrada $x[n] = e^{j\omega n}$ para $-\infty < n < \infty$, pode-se mostrar facilmente que a saída correspondente de um sistema LIT com resposta ao impulso $h[n]$ é

$$y[n] = H(e^{j\omega})e^{j\omega n}, \quad (2.103)$$

em que

$$H(e^{j\omega}) = \sum_{k=-\infty}^{\infty} h[k]e^{-j\omega k}. \quad (2.104)$$

Consequentemente, $e^{j\omega n}$ é uma autofunção do sistema, e o autovalor associado é $H(e^{j\omega})$. Da Equação 2.103, vemos que $H(e^{j\omega})$ descreve a mudança na amplitude complexa de um sinal de entrada exponencial complexo em função da frequência ω. O autovalor $H(e^{j\omega})$ é a *resposta em frequência* do sistema. Em geral, $H(e^{j\omega})$ é complexo e pode ser expresso em termos de suas partes real e imaginária como

$$H(e^{j\omega}) = H_R(e^{j\omega}) + jH_I(e^{j\omega}) \quad (2.105)$$

ou, em termos de magnitude e fase, como

$$H(e^{j\omega}) = |H(e^{j\omega})|e^{j\angle H(e^{j\omega})}. \quad (2.106)$$

Exemplo 2.14 Resposta em frequência do sistema atraso ideal

Como um exemplo simples e importante, considere o sistema atraso ideal definido por

$$y[n] = x[n - n_d], \quad (2.107)$$

sendo n_d um inteiro fixo. Com a entrada $x[n] = e^{j\omega n}$ da Equação 2.107, temos

$$y[n] = e^{j\omega(n-n_d)} = e^{-j\omega n_d}e^{j\omega n}.$$

A resposta em frequência do atraso ideal é, portanto,

$$H(e^{j\omega}) = e^{-j\omega n_d}. \quad (2.108)$$

Como um método alternativo para obter a resposta em frequência, lembre-se de que a resposta ao impulso para o sistema atraso ideal é $h[n] = \delta[n - n_d]$. Usando a Equação 2.104, obtemos

$$H(e^{j\omega}) = \sum_{n=-\infty}^{\infty} \delta[n - n_d]e^{-j\omega n} = e^{-j\omega n_d}.$$

As partes real e imaginária da resposta em frequência são

$$H_R(e^{j\omega}) = \cos(\omega n_d), \quad (2.109a)$$
$$H_I(e^{j\omega}) = -\operatorname{sen}(\omega n_d). \quad (2.109b)$$

A magnitude e a fase são

$$|H(e^{j\omega})| = 1, \quad (2.110a)$$
$$\angle H(e^{j\omega}) = -\omega n_d. \quad (2.110b)$$

Na Seção 2.7, mostraremos que uma ampla classe de sinais pode ser representada como uma combinação linear de exponenciais complexas na forma

$$x[n] = \sum_k \alpha_k e^{j\omega_k n}. \quad (2.111)$$

Pelo princípio da superposição e da Equação 2.103, a saída correspondente de um sistema LIT é

$$y[n] = \sum_k \alpha_k H(e^{j\omega_k}) e^{j\omega_k n}. \quad (2.112)$$

Assim, se pudermos encontrar uma representação de $x[n]$ como uma superposição de sequências exponenciais complexas, como na Equação 2.111, poderemos então encontrar a saída usando a Equação 2.112 se soubermos a resposta em frequência do sistema em todas as frequências ω_k. O exemplo simples a seguir ilustra essa propriedade fundamental dos sistemas LIT.

Exemplo 2.15 Resposta senoidal de sistemas LIT

Consideremos uma entrada senoidal

$$x[n] = A\cos(\omega_0 n + \phi)$$
$$= \frac{A}{2}e^{j\phi}e^{j\omega_0 n} + \frac{A}{2}e^{-j\phi}e^{-j\omega_0 n}. \quad (2.113)$$

Da Equação 2.103, a resposta a $x_1[n] = (A/2)e^{j\phi} e^{j\omega_0 n}$ é

$$y_1[n] = H(e^{j\omega_0})\frac{A}{2}e^{j\phi} e^{j\omega_0 n}. \quad (2.114a)$$

A resposta a $x_2[n] = (A/2)e^{-j\phi}e^{-j\omega_0 n}$ é

$$y_2[n] = H(e^{-j\omega_0})\frac{A}{2}e^{-j\phi} e^{-j\omega_0 n}. \quad (2.114b)$$

Assim, a resposta total é

$$y[n] = \frac{A}{2}[H(e^{j\omega_0})e^{j\phi} e^{j\omega_0 n} + H(e^{-j\omega_0})e^{-j\phi} e^{-j\omega_0 n}]. \quad (2.115)$$

Se $h[n]$ for real, pode-se mostrar (veja o Problema 2.78) que $H(e^{-j\omega_0}) = H^*(e^{j\omega_0})$. Consequentemente,

$$y[n] = A |H(e^{j\omega_0})|\cos(\omega_0 n + \phi + \theta), \quad (2.116)$$

em que $\theta = \angle H(e^{j\omega_0})$ é a fase da função de sistema na frequência ω_0.

Para o exemplo simples do atraso ideal, $|H(e^{j\omega_0})| = 1$ e $\theta = -\omega_0 n_d$, como determinamos no Exemplo 2.14. Portanto,

$$\begin{aligned} y[n] &= A\cos(\omega_0 n + \phi - \omega_0 n_d) \\ &= A\cos[\omega_0(n - n_d) + \phi], \quad (2.117) \end{aligned}$$

que é idêntico ao que teríamos obtido diretamente usando a definição do sistema atraso ideal.

O conceito da resposta em frequência dos sistemas LIT é essencialmente o mesmo para sistemas de tempo contínuo e tempo discreto. Porém, surge uma distinção importante, porque a resposta em frequência dos sistemas LIT de tempo discreto é sempre uma função periódica da variável de frequência ω com período 2π. Para mostrar esse fato, substituímos $\omega + 2\pi$ na Equação 2.104 para obter

$$H(e^{j(\omega+2\pi)}) = \sum_{n=-\infty}^{\infty} h[n]e^{-j(\omega+2\pi)n}. \quad (2.118)$$

Usando o fato de que $e^{\pm j2\pi n} = 1$ para n inteiro, temos

$$e^{-j(\omega+2\pi)n} = e^{-j\omega n}e^{-j2\pi n} = e^{-j\omega n}.$$

Portanto,

$$H(e^{j(\omega+2\pi)}) = H(e^{j\omega}), \quad \text{para todo } \omega, \quad (2.119)$$

e, de modo mais geral,

$$H(e^{j(\omega+2\pi r)}) = H(e^{j\omega}), \quad \text{para } r \text{ inteiro.} \quad (2.120)$$

Ou seja, $H(e^{j\omega})$ é periódico com período 2π. Note que isso é claramente verdadeiro para o sistema atraso ideal, pois $e^{-j(\omega+2\pi)n_d} = e^{-j\omega n_d}$ quando n_d é um inteiro.

O motivo para essa periodicidade está relacionado diretamente com nossa observação anterior de que a sequência

$$\{e^{j\omega n}\}, \quad -\infty < n < \infty,$$

é indistinguível da sequência

$$\{e^{j(\omega+2\pi)n}\}, \quad -\infty < n < \infty.$$

Como essas duas sequências possuem valores idênticos para todo n, o sistema precisa responder de forma idêntica a essas duas sequências de entrada. Essa condição requer que a Equação 2.119 seja válida.

Como $H(e^{j\omega})$ é periódico com período 2π, e como as frequências ω e $\omega+2\pi$ são indistinguíveis, segue-se que precisamos apenas especificar $H(e^{j\omega})$ em um intervalo de comprimento 2π, por exemplo, $0 < \omega \leq 2\pi$ ou $-\pi < \omega \leq \pi$. A periodicidade inerente define a resposta em frequência em todos os pontos fora do intervalo escolhido. Por simplicidade e por consistência com o caso de tempo contínuo, geralmente é conveniente especificar $H(e^{j\omega})$ no intervalo $-\pi < \omega \leq \pi$. Com relação a esse intervalo, as "frequências baixas" são as frequências próximas de zero, enquanto as "frequências altas" são as frequências próximas de $\pm\pi$. Relembrando que as frequências que diferem por um múltiplo inteiro de 2π são indistinguíveis, podemos generalizar a afirmação anterior da seguinte forma: As "frequências baixas" são aquelas que estão próximas de um múltiplo par de π, enquanto as "frequências altas" são aquelas que estão próximas de um múltiplo ímpar de π, o que é consistente com nossa discussão anterior na Seção 2.1.

Uma classe importante de sistemas LIT inclui aqueles sistemas para os quais a resposta em frequência é unitária em uma certa faixa de frequências e é nula nas frequências restantes, correspondendo aos filtros ideais seletivos em frequência. A resposta em frequência de um filtro passa-baixas ideal é mostrada na Figura 2.17(a). Graças à periodicidade inerente da resposta em frequência de tempo discreto, ela tem a aparência de um filtro com múltiplas bandas, pois as frequências em torno de $\omega = 2\pi$ são indistinguíveis das frequências em

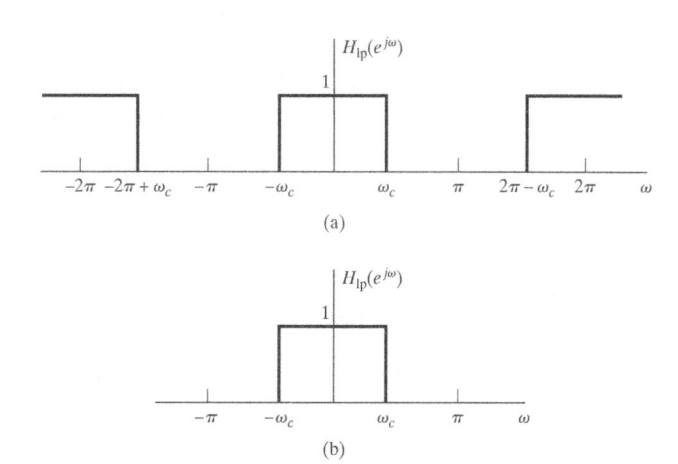

Figura 2.17 Filtro passa-baixas ideal mostrando (a) periodicidade da resposta em frequência e (b) um período da resposta em frequência periódica.

torno de $\omega = 0$. Porém, de fato, a resposta em frequência passa somente frequências baixas e rejeita frequências altas. Como a resposta em frequência é completamente especificada por seu comportamento no intervalo $-\pi < \omega \leq \pi$, a resposta em frequência do filtro passa-baixas ideal tipicamente é mostrada apenas no intervalo $-\pi < \omega \leq \pi$, como na Figura 2.17(b). Fica subentendido que a resposta em frequência repete-se periodicamente com período 2π fora do intervalo representado. Com essa suposição implícita, as respostas em frequência para filtros passa-altas, rejeita-faixa e passa-banda ideais são como mostradas nas figuras 2.18(a), (b) e (c), respectivamente.

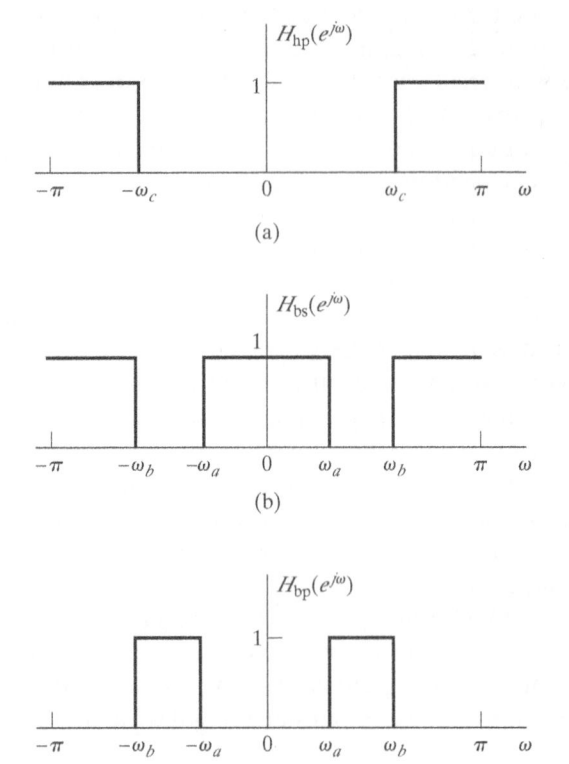

Figura 2.18 Filtros seletivos em frequência ideais. (a) Filtro passa-altas. (b) Filtro rejeita-faixa. (c) Filtro passa-banda. Em cada caso, a resposta em frequência é periódica com período 2π. Somente um período é mostrado.

Exemplo 2.16 Resposta em frequência do sistema média móvel

A resposta ao impulso do sistema média móvel do Exemplo 2.3 é

$$h[n] = \begin{cases} \dfrac{1}{M_1 + M_2 + 1}, & -M_1 \leq n \leq M_2, \\ 0, & \text{caso contrário.} \end{cases}$$

Portanto, a resposta em frequência é

$$H(e^{j\omega}) = \frac{1}{M_1 + M_2 + 1} \sum_{n=-M_1}^{M_2} e^{-j\omega n}. \quad (2.121)$$

Para o sistema média móvel causal, $M_1 = 0$ e a Equação 2.121 pode ser expressa como

$$H(e^{j\omega}) = \frac{1}{M_2 + 1} \sum_{n=0}^{M_2} e^{-j\omega n}. \quad (2.122)$$

Usando a Equação 2.55, a Equação 2.122 torna-se

$$\begin{aligned} H(e^{j\omega}) &= \frac{1}{M_2 + 1} \left(\frac{1 - e^{-j\omega(M_2+1)}}{1 - e^{-j\omega}} \right) \\ &= \frac{1}{M_2 + 1} \frac{(e^{j\omega(M_2+1)/2} - e^{-j\omega(M_2+1)/2})e^{-j\omega(M_2+1)/2}}{(e^{j\omega/2} - e^{-j\omega/2})e^{-j\omega/2}} \\ &= \frac{1}{M_2 + 1} \frac{\operatorname{sen}[\omega(M_2+1)/2]}{\operatorname{sen}\omega/2} e^{-j\omega M_2/2}. \quad (2.123) \end{aligned}$$

A magnitude e a fase de $H(e^{j\omega})$ nesse caso, com $M_2 = 4$, são mostradas na Figura 2.19.

Se o filtro média móvel for simétrico, ou seja, se $M_1 = M_2$, então a Equação 2.123 é substituída por

$$H(e^{j\omega}) = \frac{1}{2M_2 + 1} \frac{\operatorname{sen}[\omega(2M_2+1)/2]}{\operatorname{sen}(\omega/2)}. \quad (2.124)$$

Note que, em ambos os casos, $H(e^{j\omega})$ é periódico, conforme é exigido da resposta em frequência de um sistema de tempo discreto. Note também que $|H(e^{j\omega})|$ cai nas "altas frequências" e que $\angle H(e^{j\omega})$, isto é, a fase de $H(e^{j\omega})$, varia linearmente com ω. Essa atenuação das altas frequências sugere que o sistema suavizará variações rápidas na sequência de entrada; em outras palavras, o sistema é uma aproximação grosseira de um filtro passa-baixas. Isso é consistente com o que esperaríamos intuitivamente do comportamento do sistema média móvel.

2.6.2 Entradas exponenciais complexas abruptamente aplicadas

Vimos que entradas exponenciais complexas na forma $e^{j\omega n}$ para $-\infty < n < \infty$ produzem saídas na forma $H(e^{j\omega})e^{j\omega n}$ para sistemas LIT. Modelos desse tipo são importantes na representação matemática de uma larga gama de sinais, mesmo aqueles que existem apenas em um domínio finito. Também podemos ganhar conhecimento adicional sobre os sistemas LIT considerando entradas da forma

$$x[n] = e^{j\omega n} u[n], \quad (2.125)$$

isto é, exponenciais complexas que são abruptamente aplicadas em um instante arbitrário e que por conveniência aqui escolhemos como $n = 0$. Usando a soma de convolução na Equação 2.61, a saída correspondente de um sistema LIT causal com resposta a impulso $h[n]$ é

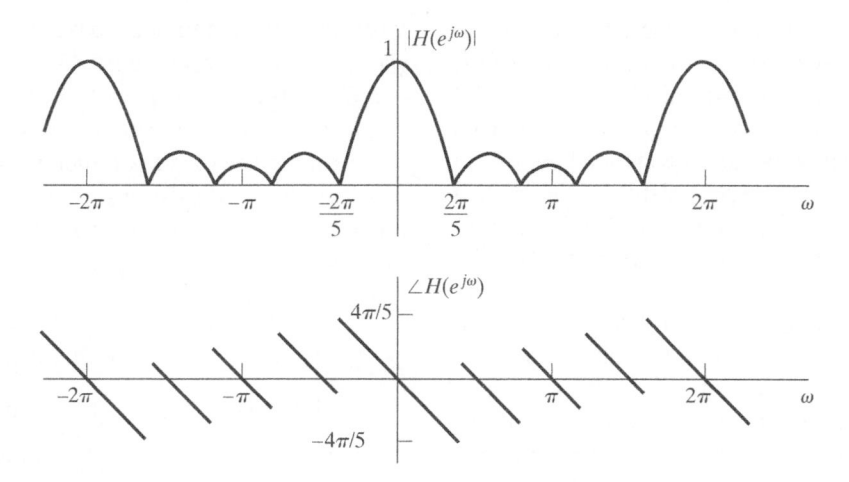

Figura 2.19 (a) Magnitude e (b) fase da resposta em frequência do sistema média móvel para o caso $M_1 = 0$ e $M_2 = 4$.

$$y[n] = \begin{cases} 0, & n < 0, \\ \left(\sum_{k=0}^{n} h[k]e^{-j\omega k}\right) e^{j\omega n}, & n \geq 0. \end{cases}$$

Se considerarmos a saída para $n \geq 0$, podemos escrever

$$y[n] = \left(\sum_{k=0}^{\infty} h[k]e^{-j\omega k}\right) e^{j\omega n}$$

$$- \left(\sum_{k=n+1}^{\infty} h[k]e^{-j\omega k}\right) e^{j\omega n} \quad (2.126)$$

$$= H(e^{j\omega})e^{j\omega n} - \left(\sum_{k=n+1}^{\infty} h[k]e^{-j\omega k}\right) e^{j\omega n}. \quad (2.127)$$

Da Equação 2.127, vemos que a saída consiste na soma de duas parcelas, isto é, $y[n] = y_{ss}[n] + y_t[n]$. A primeira parcela,

$$y_{ss}[n] = H(e^{j\omega})e^{j\omega n},$$

é a resposta em regime permanente. Ela é idêntica à resposta do sistema quando a entrada é $e^{j\omega n}$ para todo n. De certa forma, a segunda parcela,

$$y_t[n] = -\sum_{k=n+1}^{\infty} h[k]e^{-j\omega k} e^{j\omega n},$$

é a quantidade pela qual a saída difere do resultado da autofunção. Essa parte corresponde à resposta transitória, pois é claro que, em alguns casos, ela pode tender a zero. Para ver as condições para as quais isso é verdadeiro, consideremos a dimensão do segundo termo. Sua magnitude é limitada da seguinte forma:

$$|y_t[n]| = \left|\sum_{k=n+1}^{\infty} h[k]e^{-j\omega k} e^{j\omega n}\right| \leq \sum_{k=n+1}^{\infty} |h[k]|. \quad (2.128)$$

A partir da Equação 2.128, deve ficar claro que, se a resposta ao impulso tiver comprimento finito, de modo que $h[n] = 0$ exceto para $0 \leq n \leq M$, então o termo $y_t[n] = 0$ para $n + 1 > M$, ou $n > M - 1$. Nesse caso,

$$y[n] = y_{ss}[n] = H(e^{j\omega})e^{j\omega n}, \quad \text{para } n > M - 1.$$

Quando a resposta ao impulso tem duração infinita, a resposta transitória não desaparece bruscamente, mas se as amostras da resposta ao impulso se aproximam de zero com n crescente, então $y_t[n]$ se aproximará de zero. Observe que a Equação 2.128 pode ser escrita como

$$|y_t[n]| = \left|\sum_{k=n+1}^{\infty} h[k]e^{-j\omega k} e^{j\omega n}\right|$$

$$\leq \sum_{k=n+1}^{\infty} |h[k]| \leq \sum_{k=0}^{\infty} |h[k]|. \quad (2.129)$$

Ou seja, a resposta transitória é limitada pela soma dos valores absolutos de *todas* as amostras da resposta ao impulso. Se o membro direito da Equação 2.129 for limitado, isto é, se

$$\sum_{k=0}^{\infty} |h[k]| < \infty,$$

então o sistema é estável. A partir da Equação 2.129, segue-se que, para sistemas estáveis, a resposta transitória deve tornar-se cada vez menor à medida que $n \to \infty$. Assim, uma condição suficiente para a resposta transitória decair assintoticamente é que o sistema seja estável.

Na Figura 2.20 é mostrada a parte real de um sinal exponencial complexo com frequência $\omega = 2\pi/10$. Os pontos sólidos indicam as amostras $x[k]$ da exponencial complexa abruptamente aplicada, enquanto os círculos abertos indicam as amostras da exponencial complexa que estão "faltando", isto é, que seriam não nulas se a entrada fosse da forma $e^{j\omega n}$ para todo n. Os pontos sombreados indicam as amostras da resposta ao impulso $h[n - k]$ em função de k para $n = 8$. No caso de comprimento finito mostrado na Figura 2.20(a), fica claro que a saída consiste apenas do componente em regime permanente para $n \geq 8$, enquanto no caso de comprimento infinito, fica claro que as amostras que "faltam" têm cada vez menos efeito à medida que n aumenta, devido à natureza decrescente da resposta ao impulso.

A condição de estabilidade também é uma condição suficiente para a existência da função resposta em frequência. Para ver isso, note que, em geral,

$$|H(e^{j\omega})| = \left| \sum_{k=-\infty}^{\infty} h[k]e^{-j\omega k} \right| \leq \sum_{k=-\infty}^{\infty} |h[k]e^{-j\omega k}|$$
$$\leq \sum_{k=-\infty}^{\infty} |h[k]|,$$

de modo que a condição geral

$$\sum_{k=-\infty}^{\infty} |h[k]| < \infty$$

garante que $H(e^{j\omega})$ existe. Não é surpresa que a condição para a existência da resposta em frequência seja a mesma que a condição para o predomínio da solução em regime permanente. De fato, uma exponencial complexa que existe para todo n pode ser entendida como uma que é aplicada em $n = -\infty$. A propriedade de autofunção das exponenciais complexas depende da estabilidade do sistema, pois, em um n finito, a resposta transitória precisa ter se tornado nula, de modo que apenas vemos a resposta em regime permanente $H(e^{j\omega})e^{j\omega n}$ para todo n finito.

2.7 Representação de sequências por transformadas de Fourier

Uma das vantagens da representação pela resposta em frequência de um sistema LIT é que as interpretações do comportamento do sistema, como aquela que fizemos no Exemplo 2.16, muitas vezes surgem facilmente. Elaboraremos esse ponto com consideravelmente mais detalhes no Capítulo 5. Neste ponto, porém, retornemos à questão de como podemos encontrar representações na forma da Equação 2.111 para uma sequência de entrada arbitrária.

Muitas sequências podem ser representadas por uma integral de Fourier na forma

$$x[n] = \frac{1}{2\pi} \int_{-\pi}^{\pi} X(e^{j\omega})e^{j\omega n} d\omega, \quad (2.130)$$

em que

$$X(e^{j\omega}) = \sum_{n=-\infty}^{\infty} x[n]e^{-j\omega n}. \quad (2.131)$$

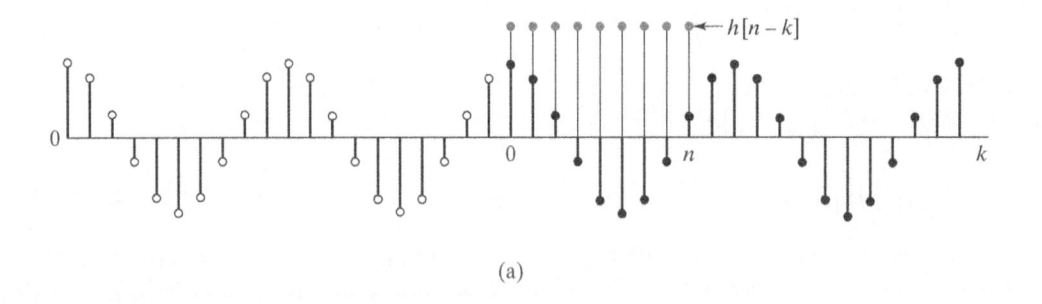

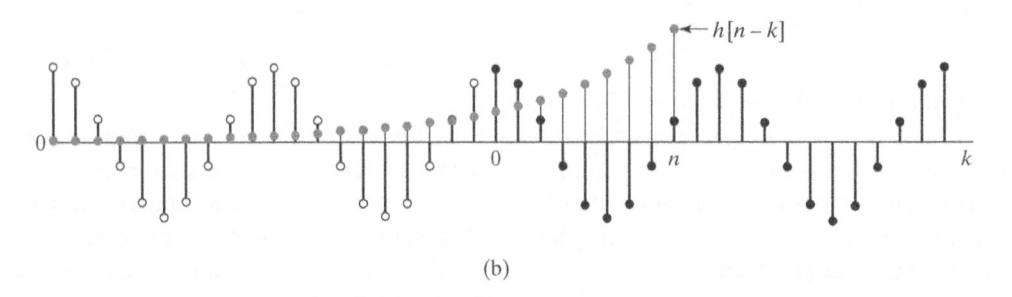

Figura 2.20 Exemplo de uma parte real da entrada exponencial complexa abruptamente aplicada com (a) FIR e (b) IIR.

As equações 2.130 e 2.131, juntas, formam uma representação de Fourier para a sequência. A Equação 2.130, a *transformada de Fourier inversa*, é uma fórmula de síntese. Ou seja, ela representa $x[n]$ como uma superposição de senoides complexas infinitesimalmente pequenas na forma

$$\frac{1}{2\pi} X(e^{j\omega}) e^{j\omega n} \, d\omega,$$

com ω variando em um intervalo de comprimento 2π e com $X(e^{j\omega})$ determinando a importância relativa de cada componente senoidal complexo. Embora escrevendo-se a Equação 2.130 tenhamos escolhido um intervalo de valores para ω entre $-\pi$ e $+\pi$, qualquer intervalo de comprimento 2π pode ser usado. A Equação 2.131, a *transformada de Fourier*,[4] é uma expressão para calcular $X(e^{j\omega})$ a partir da sequência $x[n]$, isto é, para analisar a sequência $x[n]$ e determinar o quanto de cada componente em frequência é necessário para sintetizar $x[n]$ usando-se a Equação 2.130.

Em geral, a transformada de Fourier é uma função de ω e de valores complexos. Assim como ocorre com a resposta em frequência, podemos expressar $X(e^{j\omega})$ na forma retangular, como

$$X(e^{j\omega}) = X_R(e^{j\omega}) + jX_I(e^{j\omega}), \qquad (2.132a)$$

ou na forma polar, como

$$X(e^{j\omega}) = |X(e^{j\omega})| e^{j \angle X(e^{j\omega})}, \qquad (2.132b)$$

com $|X(e^{j\omega})|$ representando a magnitude e $\angle X(e^{j\omega})$, a fase.

A fase $\angle X(e^{j\omega})$ não é especificada de forma única pela Equação 2.132(b), já que qualquer múltiplo inteiro de 2π pode ser acrescentado a $\angle X(e^{j\omega})$ em qualquer valor de ω sem afetar o resultado da exponenciação complexa. Quando queremos especificamente nos referir ao valor principal, ou seja, $\angle X(e^{j\omega})$ restrito ao intervalo de valores entre $-\pi$ e $+\pi$, denotamos isso como $\text{ARG}[X(e^{j\omega})]$. Se quisermos nos referir a uma função de fase que seja uma função contínua de ω para $0 < \omega < \pi$, isto é, não calculada com mod 2π, usamos a notação $\arg[X(e^{j\omega})]$.

Como fica claro pela comparação das equações 2.104 e 2.131, a resposta em frequência de um sistema LIT é a transformada de Fourier da resposta ao impulso. A resposta ao impulso pode ser obtida a partir da resposta em frequência aplicando a integral da transformada de Fourier inversa; isto é,

$$h[n] = \frac{1}{2\pi} \int_{-\pi}^{\pi} H(e^{j\omega}) e^{j\omega n} \, d\omega. \qquad (2.133)$$

Como discutido anteriormente, a resposta em frequência é uma função periódica de ω. De modo similar, a transformada de Fourier é periódica em ω com período 2π. Uma série de Fourier é comumente usada para representar sinais periódicos, e vale a pena notar que, de fato, a Equação 2.131 tem a forma de uma série de Fourier para a função periódica $X(e^{j\omega})$. A Equação 2.130, que expressa os valores de sequência $x[n]$ em termos da função periódica $X(e^{j\omega})$, tem a forma da integral que seria usada para obter os coeficientes na série de Fourier. Nosso uso das equações 2.130 e 2.131 é focado na representação da sequência $x[n]$. Apesar disso, é útil ter ciência da equivalência entre a representação por série de Fourier das funções periódicas de variável contínua e a representação por transformada de Fourier dos sinais de tempo discreto, pois todas as propriedades familiares da série de Fourier podem ser aplicadas, com a interpretação apropriada das variáveis, à representação por transformada de Fourier de uma sequência. [Oppenheim e Willsky (1997), McClellan, Schafer e Yoder (2003).]

Determinar a classe de sinais que pode ser representada pela Equação 2.130 é equivalente a considerar a convergência da soma infinita na Equação 2.131. Ou seja, estamos preocupados com as condições que devem ser satisfeitas pelos termos na soma na Equação 2.131, de tal forma que

$$|X(e^{j\omega})| < \infty \quad \text{para todo } \omega,$$

sendo $X(e^{j\omega})$ o limite quando $M \to \infty$ da soma finita

$$X_M(e^{j\omega}) = \sum_{n=-M}^{M} x[n] e^{-j\omega n}. \qquad (2.134)$$

Uma condição suficiente para a convergência pode ser encontrada como se segue:

$$\begin{aligned} |X(e^{j\omega})| &= \left| \sum_{n=-\infty}^{\infty} x[n] e^{-j\omega n} \right| \\ &\leq \sum_{n=-\infty}^{\infty} |x[n]| \, |e^{-j\omega n}| \\ &\leq \sum_{n=-\infty}^{\infty} |x[n]| < \infty. \end{aligned}$$

Assim, se $x[n]$ for *somável em valor absoluto*, então $X(e^{j\omega})$ existe. Além disso, nesse caso, pode-se mostrar que a série converge uniformemente para uma função contínua de ω [Körner (1988), Kammler (2000)]. Como uma sequência estável é, por definição, somável

---

[4] A Equação 2.131 é algumas vezes chamada mais explicitamente de transformada de Fourier de tempo discreto, ou TFTD, particularmente quando é importante distingui-la da transformada de Fourier de tempo contínuo.

em valor absoluto, todas as sequências estáveis têm transformadas de Fourier. Segue-se também que qualquer *sistema* estável, ou seja, que tenha uma resposta ao impulso somável em valor absoluto, terá uma resposta em frequência finita e contínua.

A somabilidade em valor absoluto é uma condição suficiente para a existência de uma representação por transformada de Fourier. Nos exemplos 2.14 e 2.16, calculamos as transformadas de Fourier da resposta ao impulso do sistema atraso e do sistema média móvel. As respostas ao impulso são somáveis em valor absoluto, pois têm comprimento finito. Nitidamente, qualquer sequência de comprimento finito é somável em valor absoluto, e, assim, terá uma representação por transformada de Fourier. No contexto dos sistemas LIT, qualquer sistema FIR será estável e, portanto, terá uma resposta em frequência contínua e finita. Porém, quando uma sequência tem comprimento infinito, temos de nos preocupar com a convergência da soma infinita. O exemplo a seguir ilustra esse caso.

Exemplo 2.17 Somabilidade em valor absoluto para uma exponencial abruptamente aplicada

Considere $x[n] = a^n u[n]$. A transformada de Fourier dessa sequência é

$$X(e^{j\omega}) = \sum_{n=0}^{\infty} a^n e^{-j\omega n} = \sum_{n=0}^{\infty} (ae^{-j\omega})^n$$

$$= \frac{1}{1 - ae^{-j\omega}} \quad \text{se } |ae^{-j\omega}| < 1 \text{ ou } |a| < 1.$$

Claramente, a condição $|a| < 1$ é a condição para a somabilidade em valor absoluto de $x[n]$; isto é,

$$\sum_{n=0}^{\infty} |a|^n = \frac{1}{1 - |a|} < \infty \quad \text{se } |a| < 1. \quad (2.135)$$

A somabilidade em valor absoluto é uma condição *suficiente* para a existência de uma representação por transformada de Fourier, e também garante a convergência uniforme. Algumas sequências não são somáveis em valor absoluto, mas são quadraticamente somáveis, ou seja,

$$\sum_{n=-\infty}^{\infty} |x[n]|^2 < \infty. \quad (2.136)$$

Essas sequências podem ser representadas por uma transformada de Fourier se aceitarmos relaxar a condição de convergência uniforme da soma infinita que define $X(e^{j\omega})$. Especificamente, nesse caso, temos a convergência em média quadrática; ou seja, com

$$X(e^{j\omega}) = \sum_{n=-\infty}^{\infty} x[n] e^{-j\omega n} \quad (2.137a)$$

e

$$X_M(e^{j\omega}) = \sum_{n=-M}^{M} x[n] e^{-j\omega n}, \quad (2.137b)$$

segue-se que

$$\lim_{M \to \infty} \int_{-\pi}^{\pi} |X(e^{j\omega}) - X_M(e^{j\omega})|^2 d\omega = 0. \quad (2.138)$$

Em outras palavras, o erro $|X(e^{j\omega}) - X_M(e^{j\omega})|$ pode não tender a zero para cada valor de ω quando $M \to \infty$, mas a "energia" total do erro, sim. O Exemplo 2.18 ilustra esse caso.

Exemplo 2.18 Somabilidade quadrática para o filtro passa-baixas ideal

Neste exemplo, determinamos a resposta ao impulso do filtro passa-baixas ideal discutido na Seção 2.6. A resposta em frequência é

$$H_{lp}(e^{j\omega}) = \begin{cases} 1, & |\omega| < \omega_c, \\ 0, & \omega_c < |\omega| \leq \pi, \end{cases} \quad (2.139)$$

com periodicidade 2π também subentendida. A resposta ao impulso $h_{lp}[n]$ pode ser encontrada usando a equação de síntese da transformada de Fourier (2.130):

$$h_{lp}[n] = \frac{1}{2\pi} \int_{-\omega_c}^{\omega_c} e^{j\omega n} d\omega$$

$$= \frac{1}{2\pi j n} \left[e^{j\omega n} \right]_{-\omega_c}^{\omega_c} = \frac{1}{2\pi j n} (e^{j\omega_c n} - e^{-j\omega_c n})$$

$$= \frac{\operatorname{sen} \omega_c n}{\pi n}, \quad -\infty < n < \infty. \quad (2.140)$$

Notamos que, como $h_{lp}[n]$ é não nulo para $n < 0$, o filtro passa-baixas ideal é não causal. Além disso, $h_{lp}[n]$ não é somável em valor absoluto. Os valores da sequência se aproximam de zero quando $n \to \infty$, mas somente com $1/n$. Isso ocorre porque $H_{lp}(e^{j\omega})$ é descontínua em $\omega = \omega_c$. Como $h_{lp}[n]$ não é somável em valor absoluto, a soma infinita

$$\sum_{n=-\infty}^{\infty} \frac{\operatorname{sen} \omega_c n}{\pi n} e^{-j\omega n}$$

não converge uniformemente para todos os valores de ω. Para se ter uma percepção intuitiva desse fato, consideremos $H_M(e^{j\omega})$ como a soma de um número finito de parcelas:

$$H_M(e^{j\omega}) = \sum_{n=-M}^{M} \frac{\operatorname{sen} \omega_c n}{\pi n} e^{-j\omega n}. \quad (2.141)$$

A função $H_M(e^{j\omega})$ é mostrada na Figura 2.21 para diversos valores de M. Note que, quando M aumenta, o comportamento oscilatório em $\omega = \omega_c$ (muitas vezes chamado de fenômeno de Gibbs) é mais rápido, mas a amplitude das oscilações não diminui. De fato, pode-se mostrar que, enquanto $M \to \infty$, a amplitude máxima das oscilações não se aproxima de zero, mas as oscilações convergem localmente para os pontos $\omega = \pm\omega_c$. Assim, a soma infinita não converge uniformemente para a função descontínua $H_{lp}(e^{j\omega})$ da Equação 2.139. Porém, $h_{lp}[n]$, dada na Equação 2.140, é quadraticamente somável e, de modo correspondente, $H_M(e^{j\omega})$ converge no sentido da média quadrática para $H_{lp}(e^{j\omega})$; isto é,

$$\lim_{M\to\infty} \int_{-\pi}^{\pi} |H_{lp}(e^{j\omega}) - H_M(e^{j\omega})|^2 d\omega = 0.$$

Embora o erro entre $H_M(e^{j\omega})$ e $H_{lp}(e^{j\omega})$ quando $M \to \infty$ possa não parecer importante porque as duas funções diferem apenas em $\omega = \omega_c$, veremos no Capítulo 7 que o comportamento das somas finitas, como a Equação 2.141, tem implicações importantes no projeto de sistemas de tempo discreto para filtragem.

Algumas vezes, é útil ter uma representação por transformada de Fourier para certas sequências que não são nem somáveis em valor absoluto nem quadraticamente somáveis. Ilustramos diversas delas nos exemplos a seguir.

Exemplo 2.19 Transformada de Fourier de uma constante

Considere a sequência $x[n] = 1$ para todo n. Essa sequência não é nem somável em valor absoluto nem quadraticamente somável, e a Equação 2.131 não converge nem no sentido uniforme nem na média quadrática nesse caso. Porém, é possível e útil definir a transformada de Fourier da sequência $x[n]$ como o trem de impulso periódico

$$X(e^{j\omega}) = \sum_{r=-\infty}^{\infty} 2\pi\delta(\omega + 2\pi r). \quad (2.142)$$

Os impulsos, nesse caso, são funções de uma variável contínua e, portanto, são de "altura infinita, largura zero e área unitária", o que é consistente com o fato de que a Equação 2.131 não converge em qualquer sentido usual. [Veja Oppenheim e Willsky (1997) para uma discussão sobre a definição e as propriedades da função impulso.] O uso da Equação 2.142 como uma representação de Fourier da sequência $x[n] = 1$ é justificado principalmente porque a substituição formal da Equação 2.142 na Equação 2.130 leva ao resultado correto. O Exemplo 2.20 representa uma generalização deste exemplo.

Exemplo 2.20 Transformadas de Fourier de sequências exponenciais complexas

Considere uma sequência $x[n]$ cuja transformada de Fourier seja o trem de impulso periódico

$$X(e^{j\omega}) = \sum_{r=-\infty}^{\infty} 2\pi\delta(\omega - \omega_0 + 2\pi r). \quad (2.143)$$

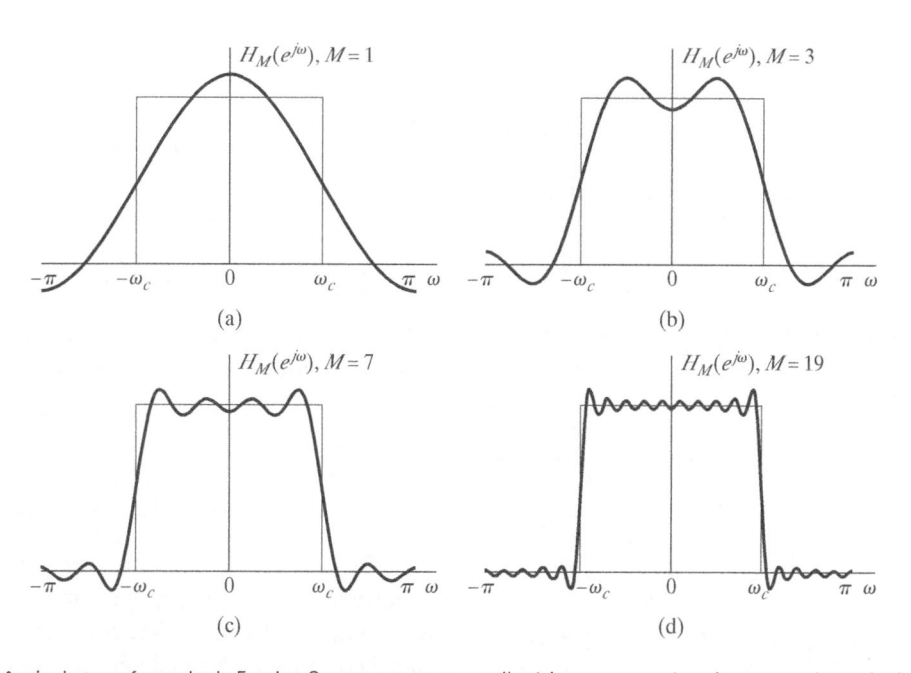

Figura 2.21 Convergência da transformada de Fourier. O comportamento oscilatório em $\omega = \omega_c$ é muitas vezes chamado de fenômeno de Gibbs.

> Mostramos, neste exemplo, que $x[n]$ é a sequência exponencial complexa $e^{j\omega_0 n}$, com $-\pi < \omega_0 \leq \pi$.
> Podemos determinar $x[n]$ substituindo $X(e^{j\omega})$ na integral da transformada de Fourier inversa da Equação 2.130. Como a integração de $X(e^{j\omega})$ estende-se apenas por um período, de $-\pi < \omega < \pi$, precisamos incluir apenas a parcela $r = 0$ da Equação 2.143. Consequentemente, podemos escrever
>
> $$x[n] = \frac{1}{2\pi} \int_{-\pi}^{\pi} 2\pi \delta(\omega - \omega_0) e^{j\omega n}\, d\omega. \quad (2.144)$$
>
> Pela definição da função impulso, segue-se que
>
> $$x[n] = e^{j\omega_0 n} \text{ para qualquer } n.$$
>
> Para $\omega_0 = 0$, essa sequência reduz-se à considerada no Exemplo 2.19.

Claramente, $x[n]$ no Exemplo 2.20 não é nem somável em valor absoluto nem quadraticamente somável, e $|X(e^{j\omega})|$ não é finito para todo ω. Assim, o enunciado matemático

$$\sum_{n=-\infty}^{\infty} e^{j\omega_0 n} e^{-j\omega n} = \sum_{r=-\infty}^{\infty} 2\pi \delta(\omega - \omega_0 + 2\pi r) \quad (2.145)$$

deve ser interpretado no contexto das funções generalizadas (Lighthill, 1958). Usando essa teoria, o conceito de uma representação por transformada de Fourier pode ser estendido para a classe de sequências que podem ser expressas como uma soma de componentes em frequência discretos, como

$$x[n] = \sum_k a_k e^{j\omega_k n}, \quad -\infty < n < \infty. \quad (2.146)$$

Pelo resultado do Exemplo 2.20, segue-se que

$$X(e^{j\omega}) = \sum_{r=-\infty}^{\infty} \sum_k 2\pi a_k \delta(\omega - \omega_k + 2\pi r) \quad (2.147)$$

é uma representação consistente da transformada de Fourier de $x[n]$ na da Equação 2.146.

Outra sequência que não é nem somável em valor absoluto nem quadraticamente somável é a sequência degrau unitário $u[n]$. Embora não seja completamente imediato mostrar, essa sequência pode ser representada pela seguinte transformada de Fourier:

$$U(e^{j\omega}) = \frac{1}{1 - e^{-j\omega}} + \sum_{r=-\infty}^{\infty} \pi \delta(\omega + 2\pi r). \quad (2.148)$$

2.8 Propriedades de simetria da transformada de Fourier

Ao usar as transformadas de Fourier, é útil que se tenha um conhecimento detalhado do modo como as propriedades da sequência se manifestam na transformada de Fourier e vice-versa. Nesta seção e na Seção 2.9, discutimos e resumimos uma série dessas propriedades.

As propriedades de simetria da transformada de Fourier frequentemente são muito úteis para simplificar a solução de problemas. A discussão a seguir apresenta essas propriedades. As provas são consideradas nos problemas 2.79 e 2.80. Porém, antes de apresentar as propriedades, começaremos com algumas definições.

Uma *sequência simétrica conjugada* $x_e[n]$ é definida como uma sequência para a qual $x_e[n] = x_e^*[-n]$, e uma *sequência antissimétrica conjugada* $x_o[n]$ é definida como uma sequência para a qual $x_o[n] = -x_o^*[-n]$, em que * indica conjugação complexa. Qualquer sequência $x[n]$ pode ser expressa como a soma de uma sequência simétrica conjugada e de uma sequência antissimétrica conjugada. Especificamente,

$$x[n] = x_e[n] + x_o[n], \quad (2.149a)$$

sendo

$$x_e[n] = \tfrac{1}{2}(x[n] + x^*[-n]) = x_e^*[-n] \quad (2.149b)$$

e

$$x_o[n] = \tfrac{1}{2}(x[n] - x^*[-n]) = -x_o^*[-n]. \quad (2.149c)$$

Somando-se as equações 2.149(b) e 2.149(c) confirma-se que a Equação 2.149(a) é válida. Uma sequência real que é simétrica conjugada de tal forma que $x_e[n] = x_e[-n]$ é chamada de *sequência par*, e uma sequência real que é antissimétrica conjugada de tal forma que $x_o[n] = -x_o[-n]$ é chamada de *sequência ímpar*.

Uma transformada de Fourier $X(e^{j\omega})$ pode ser decomposta em uma soma de uma função simétrica conjugada e uma função antissimétrica conjugada como

$$X(e^{j\omega}) = X_e(e^{j\omega}) + X_o(e^{j\omega}), \quad (2.150a)$$

em que

$$X_e(e^{j\omega}) = \tfrac{1}{2}[X(e^{j\omega}) + X^*(e^{-j\omega})] \quad (2.150b)$$

e

$$X_o(e^{j\omega}) = \tfrac{1}{2}[X(e^{j\omega}) - X^*(e^{-j\omega})]. \quad (2.150c)$$

Substituindo $-\omega$ por ω nas equações 2.150(b) e 2.150(c), segue que $X_e(e^{j\omega})$ é simétrica conjugada e $X_o(e^{j\omega})$ é antissimétrica conjugada; ou seja,

$$X_e(e^{j\omega}) = X_e^*(e^{-j\omega}) \quad (2.151a)$$

em que

$$X_o(e^{j\omega}) = -X_o^*(e^{-j\omega}). \quad (2.151b)$$

Se uma função real de uma variável contínua for simétrica conjugada, ela é chamada de *função par*, e uma função antissimétrica conjugada real de uma variável contínua é chamada de *função ímpar*.

As propriedades de simetria da transformada de Fourier são resumidas na Tabela 2.1. As seis primeiras propriedades aplicam-se a uma sequência complexa

Tabela 2.1 Propriedades de simetria da transformada de Fourier.

Sequência $x[n]$	Transformada de Fourier $X(e^{j\omega})$
1. $x^*[n]$	$X^*(e^{-j\omega})$
2. $x^*[-n]$	$X^*(e^{j\omega})$
3. $\mathcal{R}e\{x[n]\}$	$X_e(e^{j\omega})$ (componente simétrica conjugada de $X(e^{j\omega})$)
4. $j\mathcal{I}m\{x[n]\}$	$X_o(e^{j\omega})$ (componente antissimétrica conjugada de $X(e^{j\omega})$)
5. $x_e[n]$ (componente simétrica conjugada de $x[n]$)	$X_R(e^{j\omega}) = \mathcal{R}e\{X(e^{j\omega})\}$
6. $x_o[n]$ (componente antissimétrica conjugada de $x[n]$)	$jX_I(e^{j\omega}) = j\mathcal{I}m\{X(e^{j\omega})\}$
As propriedades a seguir se aplicam somente quando $x[n]$ é real:	
7. Qualquer $x[n]$ real	$X(e^{j\omega}) = X^*(e^{-j\omega})$ (a transformada de Fourier é simétrica conjugada)
8. Qualquer $x[n]$ real	$X_R(e^{j\omega}) = X_R(e^{-j\omega})$ (a parte real é par)
9. Qualquer $x[n]$ real	$X_I(e^{j\omega}) = -X_I(e^{-j\omega})$ (a parte imaginária é ímpar)
10. Qualquer $x[n]$ real	$|X(e^{j\omega})| = |X(e^{-j\omega})|$ (a magnitude é par)
11. Qualquer $x[n]$ real	$\angle X(e^{j\omega}) = -\angle X(e^{-j\omega})$ (a fase é ímpar)
12. $x_e[n]$ (componente par de $x[n]$)	$X_R(e^{j\omega})$
13. $x_o[n]$ (componente ímpar de $x[n]$)	$jX_I(e^{j\omega})$

genérica $x[n]$ com transformada de Fourier $X(e^{j\omega})$. As propriedades 1 e 2 são consideradas no Problema 2.79. A propriedade 3 segue das propriedades 1 e 2, além do fato de que a transformada de Fourier da soma de duas sequências é a soma de suas transformadas de Fourier. Especificamente, a transformada de Fourier de $\mathcal{R}e\{x[n]\}$ = ½$(x[n] + x^*[n])$ é a componente simétrica conjugada de $X(e^{j\omega})$, ou $X_e(e^{j\omega})$. Similarmente, $j\mathcal{I}m\{x[n]\}$ = ½ $(x[n] - x^*[n])$, ou, de forma equivalente, $j\mathcal{I}m\{x[n]\}$ tem uma transformada de Fourier que é o componente antissimétrico conjugado $X_o(e^{j\omega})$, correspondente à propriedade 4. Considerando a transformada de Fourier de $x_e[n]$ e $x_o[n]$, os componentes simétrico conjugado e antissimétrico conjugado de $x[n]$, respectivamente, pode-se mostrar que as propriedades 5 e 6 são válidas.

Se $x[n]$ é uma sequência real, essas propriedades de simetria se tornam particularmente imediatas e úteis. Especificamente, para uma sequência real, a transformada de Fourier é simétrica conjugada; isto é, $X(e^{j\omega}) = X^*(e^{-j\omega})$ (propriedade 7). Expressando $X(e^{j\omega})$ em termos de suas partes real e imaginária como

$$X(e^{j\omega}) = X_R(e^{j\omega}) + jX_I(e^{j\omega}), \quad (2.152)$$

podemos deduzir as propriedades 8 e 9 — especificamente,

$$X_R(e^{j\omega}) = X_R(e^{-j\omega}) \quad (2.153a)$$

e

$$X_I(e^{j\omega}) = -X_I(e^{-j\omega}). \quad (2.153b)$$

Em outras palavras, a parte real da transformada de Fourier é uma função par, e a parte imaginária é uma função ímpar, se a sequência for real. De modo similar, expressando $X(e^{j\omega})$ na forma polar como

$$X(e^{j\omega}) = |X(e^{j\omega})|e^{j\angle X(e^{j\omega})}, \quad (2.154)$$

podemos mostrar que, para uma sequência real $x[n]$, a magnitude da transformada de Fourier, $|X(e^{j\omega})|$, é uma função par de ω, e a fase, $\angle X(e^{j\omega})$, pode ser escolhida de forma a ser uma função ímpar de ω (propriedades 10 e 11). Além disso, para uma sequência real, a componente par de $x[n]$ transforma-se em $X_R(e^{j\omega})$, e a componente ímpar de $x[n]$ transforma-se em $jX_I(e^{j\omega})$ (propriedades 12 e 13).

Exemplo 2.21 Uso das propriedades de simetria

Retornemos à sequência do Exemplo 2.17, no qual mostramos que a transformada de Fourier da sequência real $x[n] = a^n u[n]$ é

$$X(e^{j\omega}) = \frac{1}{1 - ae^{-j\omega}} \quad \text{se } |a| < 1. \quad (2.155)$$

Então, das propriedades dos números complexos, segue que

$$X(e^{j\omega}) = \frac{1}{1 - ae^{-j\omega}} = X^*(e^{-j\omega})$$

(propriedade 7),

$$X_R(e^{j\omega}) = \frac{1 - a\cos\omega}{1 + a^2 - 2a\cos\omega} = X_R(e^{-j\omega})$$

(propriedade 8),

$$X_I(e^{j\omega}) = \frac{-a\,\text{sen}\,\omega}{1 + a^2 - 2a\cos\omega} = -X_I(e^{-j\omega})$$

(propriedade 9),

$$|X(e^{j\omega})| = \frac{1}{(1 + a^2 - 2a\cos\omega)^{1/2}} = |X(e^{-j\omega})|$$

(propriedade 10).

$$\angle X(e^{j\omega}) = \operatorname{tg}^{-1}\left(\frac{-a\operatorname{sen}\omega}{1 - a\cos\omega}\right) = -\angle X(e^{-j\omega})$$

(propriedade 11).

Gráficos dessas funções são mostrados na Figura 2.22 para $a > 0$, especificamente, $a = 0{,}75$ (curva sólida) e $a = 0{,}5$ (curva tracejada). No Problema 2.32, consideramos os gráficos correspondentes para $a < 0$.

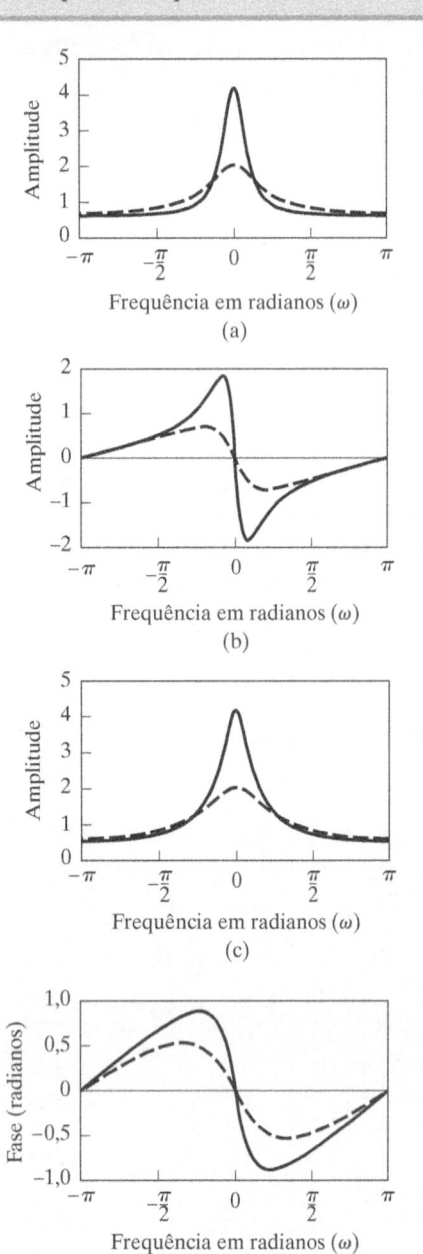

Figura 2.22 Resposta em frequência para um sistema com resposta ao impulso $h[n] = a^n u[n]$. (a) Componente real. $a > 0$; $a = 0{,}75$ (curva sólida) e $a = 0{,}5$ (curva tracejada). (b) Componente imaginária. (c) Magnitude. $a > 0$; $a = 0{,}75$ (curva sólida) e $a = 0{,}5$ (curva tracejada). (d) Fase.

2.9 Teoremas da transformada de Fourier

Além das propriedades de simetria, diversos teoremas (apresentados nas seções 2.9.1-2.9.7) relacionam operações sobre a sequência a operações sobre a sua transformada de Fourier. Veremos que esses teoremas são muito similares, na maioria dos casos, aos teoremas correspondentes para sinais de tempo contínuo e suas transformadas de Fourier. Para facilitar o enunciado dos teoremas, introduzimos a seguinte notação operacional:

$$X(e^{j\omega}) = \mathcal{F}\{x[n]\},$$
$$x[n] = \mathcal{F}^{-1}\{X(e^{j\omega})\},$$
$$x[n] \xleftrightarrow{\mathcal{F}} X(e^{j\omega}).$$

Ou seja, $\mathcal{F}$ indica a operação de "tomar a transformada de Fourier de $x[n]$", e $\mathcal{F}^{-1}$ é o inverso dessa operação. A maior parte dos teoremas será enunciada sem prova. As provas, que são deixadas como exercícios (Problema 2.81), geralmente envolvem apenas manipulações simples de variáveis do somatório ou integração. Os teoremas nesta seção estão resumidos na Tabela 2.2.

2.9.1 Linearidade da transformada de Fourier

Se

$$x_1[n] \xleftrightarrow{\mathcal{F}} X_1(e^{j\omega})$$

e

$$x_2[n] \xleftrightarrow{\mathcal{F}} X_2(e^{j\omega}),$$

então segue, por substituição na definição da TFTD, que

$$ax_1[n] + bx_2[n] \xleftrightarrow{\mathcal{F}} aX_1(e^{j\omega}) + bX_2(e^{j\omega}). \quad (2.156)$$

2.9.2 Teorema do deslocamento no tempo e do deslocamento na frequência

Se

$$x[n] \xleftrightarrow{\mathcal{F}} X(e^{j\omega}),$$

então, para a sequência deslocada no tempo $x[n - n_d]$, uma transformação simples do índice do somatório na TFTD resulta

$$x[n - n_d] \xleftrightarrow{\mathcal{F}} e^{-j\omega n_d} X(e^{j\omega}). \quad (2.157)$$

A substituição direta prova o seguinte resultado para a transformada de Fourier deslocada na frequência:

$$e^{j\omega_0 n} x[n] \xleftrightarrow{\mathcal{F}} X(e^{j(\omega - \omega_0)}). \quad (2.158)$$

Tabela 2.2 Teoremas da transformada de Fourier.

Sequência $x[n]$ $y[n]$	Transformada de Fourier $X(e^{j\omega})$ $Y(e^{j\omega})$
1. $ax[n] + by[n]$	$aX(e^{j\omega}) + bY(e^{j\omega})$
2. $x[n - n_d]$ (n_d um inteiro)	$e^{-j\omega n_d} X(e^{j\omega})$
3. $e^{j\omega_0 n} x[n]$	$X(e^{j(\omega - \omega_0)})$
4. $x[-n]$	$X(e^{-j\omega})$ $X^*(e^{j\omega})$ se $x[n]$ real.
5. $nx[n]$	$j\dfrac{dX(e^{j\omega})}{d\omega}$
6. $x[n] * y[n]$	$X(e^{j\omega})Y(e^{j\omega})$
7. $x[n]y[n]$	$\dfrac{1}{2\pi}\displaystyle\int_{-\pi}^{\pi} X(e^{j\theta})Y(e^{j(\omega-\theta)})d\theta$

Teorema de Parseval:

8. $\displaystyle\sum_{n=-\infty}^{\infty} |x[n]|^2 = \dfrac{1}{2\pi}\int_{-\pi}^{\pi} |X(e^{j\omega})|^2 d\omega$

9. $\displaystyle\sum_{n=-\infty}^{\infty} x[n]y^*[n] = \dfrac{1}{2\pi}\int_{-\pi}^{\pi} X(e^{j\omega})Y^*(e^{j\omega})d\omega$

2.9.3 Teorema da reflexão no tempo

Se

$$x[n] \xleftrightarrow{\mathcal{F}} X(e^{j\omega}),$$

então, se a sequência for refletida no tempo,

$$x[-n] \xleftrightarrow{\mathcal{F}} X(e^{-j\omega}). \quad (2.159)$$

Se $x[n]$ é real, esse teorema se torna

$$x[-n] \xleftrightarrow{\mathcal{F}} X^*(e^{j\omega}). \quad (2.160)$$

2.9.4 Teorema da diferenciação na frequência

Se

$$x[n] \xleftrightarrow{\mathcal{F}} X(e^{j\omega}),$$

então, diferenciando a TFTD, pode-se ver que

$$nx[n] \xleftrightarrow{\mathcal{F}} j\dfrac{dX(e^{j\omega})}{d\omega}. \quad (2.161)$$

2.9.5 Teorema de Parseval

Se

$$x[n] \xleftrightarrow{\mathcal{F}} X(e^{j\omega}),$$

então

$$E = \sum_{n=-\infty}^{\infty} |x[n]|^2 = \dfrac{1}{2\pi}\int_{-\pi}^{\pi} |X(e^{j\omega})|^2 d\omega. \quad (2.162)$$

A função $|X(e^{j\omega})|^2$ é chamada de *densidade espectral de energia*, pois determina como a energia é distribuída no domínio da frequência. Necessariamente, a densidade espectral de energia é definida somente para sinais de energia finita. Uma forma mais geral do teorema de Parseval é mostrada no Problema 2.84.

2.9.6 Teorema da convolução

Se

$$x[n] \xleftrightarrow{\mathcal{F}} X(e^{j\omega})$$

e

$$h[n] \xleftrightarrow{\mathcal{F}} H(e^{j\omega}),$$

e se

$$y[n] = \sum_{k=-\infty}^{\infty} x[k]h[n-k] = x[n] * h[n], \quad (2.163)$$

então

$$Y(e^{j\omega}) = X(e^{j\omega})H(e^{j\omega}). \quad (2.164)$$

Assim, a convolução de sequências implica a multiplicação das transformadas de Fourier correspondentes. Note que a propriedade do deslocamento no tempo é um caso especial da propriedade de convolução, pois

$$\delta[n - n_d] \stackrel{\mathcal{F}}{\longleftrightarrow} e^{-j\omega n_d} \quad (2.165)$$

e se $h[n] = \delta[n - n_d]$, então $y[n] = x[n] * \delta[n - n_d] = x[n - n_d]$. Portanto,

$$H(e^{j\omega}) = e^{-j\omega n_d} \quad \text{e} \quad Y(e^{j\omega}) = e^{-j\omega n_d} X(e^{j\omega}).$$

Uma dedução formal do teorema da convolução é facilmente obtida aplicando-se a definição da transformada de Fourier a $y[n]$, como expresso na Equação 2.163. Esse teorema também pode ser interpretado como uma consequência direta da propriedade de autofunção das exponenciais complexas para sistemas LIT. Lembre-se de que $H(e^{j\omega})$ é a resposta em frequência do sistema LIT cuja resposta ao impulso é $h[n]$. Além disso, se

$$x[n] = e^{j\omega n},$$

então

$$y[n] = H(e^{j\omega})e^{j\omega n}.$$

Ou seja, exponenciais complexas são *autofunções* de sistemas LIT, sendo $H(e^{j\omega})$, a transformada de Fourier de $h[n]$, o autovalor. Da definição da integração, a equação de síntese da transformada de Fourier corresponde à representação de uma sequência $x[n]$ como uma superposição de exponenciais complexas de dimensão infinitesimal; ou seja,

$$x[n] = \frac{1}{2\pi} \int_{-\pi}^{\pi} X(e^{j\omega})e^{j\omega n} d\omega$$

$$= \lim_{\Delta\omega \to 0} \frac{1}{2\pi} \sum_{k} X(e^{jk\Delta\omega})e^{jk\Delta\omega n} \Delta\omega.$$

Pela propriedade de autofunção dos sistemas lineares e pelo princípio da superposição, a saída correspondente será

$$y[n] = \lim_{\Delta\omega \to 0} \frac{1}{2\pi} \sum_{k} H(e^{jk\Delta\omega}) X(e^{jk\Delta\omega})e^{jk\Delta\omega n} \Delta\omega$$

$$= \frac{1}{2\pi} \int_{-\pi}^{\pi} H(e^{j\omega}) X(e^{j\omega})e^{j\omega n} d\omega.$$

Assim, concluímos que

$$Y(e^{j\omega}) = H(e^{j\omega}) X(e^{j\omega}),$$

como na Equação 2.164.

2.9.7 Teorema da modulação ou do janelamento

Se

$$x[n] \stackrel{\mathcal{F}}{\longleftrightarrow} X(e^{j\omega})$$

e

$$w[n] \stackrel{\mathcal{F}}{\longleftrightarrow} W(e^{j\omega}),$$

e se

$$y[n] = x[n]w[n], \quad (2.166)$$

então

$$Y(e^{j\omega}) = \frac{1}{2\pi} \int_{-\pi}^{\pi} X(e^{j\theta}) W(e^{j(\omega-\theta)}) d\theta. \,(2.167)$$

A Equação 2.167 é uma convolução periódica, isto é, uma convolução de duas funções periódicas com limites de integração que se estendem por apenas um período. A dualidade inerente na maioria dos teoremas de transformada de Fourier é evidente quando comparamos os teoremas da convolução e modulação. Porém, diferentemente do caso de tempo contínuo, onde essa dualidade é completa, no caso do tempo discreto aparecem diferenças fundamentais, porque a transformada de Fourier é uma soma, enquanto a transformada inversa é uma integral com um integrando periódico. Embora para tempo contínuo possamos enunciar que a convolução no domínio do tempo é representada pela multiplicação no domínio da frequência e vice-versa, em tempo discreto esse enunciado precisa ser um pouco modificado. Especificamente, a convolução em tempo discreto de sequências (a soma de convolução) é equivalente à multiplicação de transformadas de Fourier periódicas correspondentes, e a multiplicação de sequências é equivalente à convolução *periódica* das transformadas de Fourier correspondentes.

Os teoremas desta seção e uma série de pares transformados de Fourier estão resumidos nas tabelas 2.2 e 2.3, respectivamente. Uma das formas em que o conhecimento dos teoremas e propriedades da transformada de Fourier é útil é na determinação das transformadas de Fourier ou das transformadas inversas. Muitas vezes, usando os teoremas e pares transformados conhecidos, é possível representar uma sequência em termos de operações sobre outras sequências para as quais a transformada é conhecida, simplificando assim um problema de outra forma difícil ou tedioso. Os exemplos 2.22-2.25 ilustram essa abordagem.

Tabela 2.3 Pares transformados de Fourier.

Sequência	Transformada de Fourier
1. $\delta[n]$	1
2. $\delta[n-n_0]$	$e^{-j\omega n_0}$
3. $1 \quad (-\infty < n < \infty)$	$\sum_{k=-\infty}^{\infty} 2\pi\delta(\omega+2\pi k)$
4. $a^n u[n] \quad (\|a\|<1)$	$\dfrac{1}{1-ae^{-j\omega}}$
5. $u[n]$	$\dfrac{1}{1-e^{-j\omega}} + \sum_{k=-\infty}^{\infty} \pi\delta(\omega+2\pi k)$
6. $(n+1)a^n u[n] \quad (\|a\|<1)$	$\dfrac{1}{(1-ae^{-j\omega})^2}$
7. $\dfrac{r^n \operatorname{sen}\omega_p(n+1)}{\operatorname{sen}\omega_p} u[n] \quad (\|r\|<1)$	$\dfrac{1}{1-2r\cos\omega_p e^{-j\omega} + r^2 e^{-j2\omega}}$
8. $\dfrac{\operatorname{sen}\omega_c n}{\pi n}$	$X(e^{j\omega}) = \begin{cases} 1, & \|\omega\| < \omega_c \\ 0, & \omega_c < \|\omega\| \le \pi \end{cases}$
9. $x[n] = \begin{cases} 1, & 0 \le n \le M \\ 0, & \text{caso contrário} \end{cases}$	$\dfrac{\operatorname{sen}[\omega(M+1)/2]}{\operatorname{sen}(\omega/2)} e^{-j\omega M/2}$
10. $e^{j\omega_0 n}$	$\sum_{k=-\infty}^{\infty} 2\pi\delta(\omega-\omega_0+2\pi k)$
11. $\cos(\omega_0 n + \phi)$	$\sum_{k=-\infty}^{\infty} [\pi e^{j\phi}\delta(\omega-\omega_0+2\pi k) + \pi e^{-j\phi}\delta(\omega+\omega_0+2\pi k)]$

Exemplo 2.22 Determinando uma transformada de Fourier usando as tabelas 2.2 e 2.3

Suponha que queiramos encontrar a transformada de Fourier da sequência $x[n] = a^n u[n-5]$. Essa transformada pode ser calculada explorando-se os teoremas 1 e 2 da Tabela 2.2 e o par transformado 4 da Tabela 2.3. Seja $x_1[n] = a^n u[n]$. Começamos com esse sinal porque ele é o sinal da Tabela 2.3 mais semelhante a $x[n]$. A tabela enuncia que

$$X_1(e^{j\omega}) = \frac{1}{1-ae^{-j\omega}}. \quad (2.168)$$

Para obter $x[n]$ a partir de $x_1[n]$, primeiro atrasamos $x_1[n]$ de cinco amostras, ou seja, $x_2[n] = x_1[n-5]$. O Teorema 2 da Tabela 2.2 fornece a relação correspondente no domínio da frequência, $X_2(e^{j\omega}) = e^{-j5\omega} X_1(e^{j\omega})$, de modo que

$$X_2(e^{j\omega}) = \frac{e^{-j5\omega}}{1-ae^{-j\omega}}. \quad (2.169)$$

Para passar de $x_2[n]$ para o $x[n]$ desejado, temos apenas de multiplicá-lo pela constante a^5, isto é, $x[n] = a^5 x_2[n]$. A propriedade de linearidade da transformada de Fourier, Teorema 1 da Tabela 2.2, então fornece a transformada de Fourier desejada,

$$X(e^{j\omega}) = \frac{a^5 e^{-j5\omega}}{1-ae^{-j\omega}}. \quad (2.170)$$

Exemplo 2.23 Determinando uma transformada de Fourier inversa usando as tabelas 2.2 e 2.3

Suponha que

$$X(e^{j\omega}) = \frac{1}{(1-ae^{-j\omega})(1-be^{-j\omega})}. \quad (2.171)$$

A substituição direta de $X(e^{j\omega})$ na Equação 2.130 leva a uma integral que é difícil de calcular por técnicas comuns de integração real. Porém, usando a técnica de expansão em frações parciais, que discutimos com detalhes no Capítulo 3, podemos expandir $X(e^{j\omega})$ na forma

$$X(e^{j\omega}) = \frac{a/(a-b)}{1-ae^{-j\omega}} - \frac{b/(a-b)}{1-be^{-j\omega}}. \quad (2.172)$$

Do Teorema 1 da Tabela 2.2 e pelo par transformado 4 da Tabela 2.3, segue que

$$x[n] = \left(\frac{a}{a-b}\right) a^n u[n] - \left(\frac{b}{a-b}\right) b^n u[n]. \quad (2.173)$$

Exemplo 2.24 Determinando a resposta ao impulso a partir da resposta em frequência

A resposta em frequência de um filtro passa-altas com fase linear é

$$H(e^{j\omega}) = \begin{cases} e^{-j\omega n_d}, & \omega_c < |\omega| < \pi, \\ 0, & |\omega| < \omega_c, \end{cases} \quad (2.174)$$

em que um período de 2π é subentendido. Essa resposta em frequência pode ser expressa como

$$H(e^{j\omega}) = e^{-j\omega n_d}(1 - H_{\mathrm{lp}}(e^{j\omega})) = e^{-j\omega n_d} - e^{-j\omega n_d}H_{\mathrm{lp}}(e^{j\omega}),$$

em que $H_{\mathrm{lp}}(e^{j\omega})$ é periódico com período 2π e

$$H_{\mathrm{lp}}(e^{j\omega}) = \begin{cases} 1, & |\omega| < \omega_c, \\ 0, & \omega_c < |\omega| < \pi. \end{cases}$$

Usando o resultado do Exemplo 2.18 para obter a transformada inversa de $H_{\mathrm{lp}}(e^{j\omega})$, juntamente com as propriedades 1 e 2 da Tabela 2.2, temos

$$h[n] = \delta[n - n_d] - h_{\mathrm{lp}}[n - n_d]$$
$$= \delta[n - n_d] - \frac{\operatorname{sen}\omega_c(n - n_d)}{\pi(n - n_d)}.$$

Exemplo 2.25 Determinando a resposta ao impulso para uma equação de diferenças

Neste exemplo, determinamos a resposta ao impulso para um sistema LIT estável para o qual a entrada $x[n]$ e a saída $y[n]$ satisfazem a equação de diferenças linear com coeficientes constantes

$$y[n] - \tfrac{1}{2}y[n-1] = x[n] - \tfrac{1}{4}x[n-1]. \quad (2.175)$$

No Capítulo 3, veremos que a transformada z é mais útil do que a transformada de Fourier para lidar com equações de diferenças. Porém, este exemplo fornece uma pista sobre a utilidade dos métodos transformados na análise de sistemas lineares. Para encontrar a resposta ao impulso, fazemos $x[n] = \delta[n]$; com $h[n]$ denotando a resposta ao impulso, a Equação 2.175 torna-se

$$h[n] - \tfrac{1}{2}h[n-1] = \delta[n] - \tfrac{1}{4}\delta[n-1]. \quad (2.176)$$

Aplicando a transformada de Fourier em ambos os lados da Equação 2.176 e usando as propriedades 1 e 2 da Tabela 2.2, obtemos

$$H(e^{j\omega}) - \tfrac{1}{2}e^{-j\omega}H(e^{j\omega}) = 1 - \tfrac{1}{4}e^{-j\omega}, \quad (2.177)$$

ou

$$H(e^{j\omega}) = \frac{1 - \tfrac{1}{4}e^{-j\omega}}{1 - \tfrac{1}{2}e^{-j\omega}}. \quad (2.178)$$

Para obter $h[n]$, queremos determinar a transformada de Fourier inversa de $H(e^{j\omega})$. Para esse fim, reescrevemos a Equação 2.178 como

$$H(e^{j\omega}) = \frac{1}{1 - \tfrac{1}{2}e^{-j\omega}} - \frac{\tfrac{1}{4}e^{-j\omega}}{1 - \tfrac{1}{2}e^{-j\omega}}. \quad (2.179)$$

Pela transformada 4 da Tabela 2.3,

$$\left(\tfrac{1}{2}\right)^n u[n] \overset{\mathcal{F}}{\longleftrightarrow} \frac{1}{1 - \tfrac{1}{2}e^{-j\omega}}.$$

Combinando essa transformada com a propriedade 2 da Tabela 2.2, obtemos

$$-\left(\tfrac{1}{4}\right)\left(\tfrac{1}{2}\right)^{n-1} u[n-1] \overset{\mathcal{F}}{\longleftrightarrow} -\frac{\tfrac{1}{4}e^{-j\omega}}{1 - \tfrac{1}{2}e^{-j\omega}}. \quad (2.180)$$

Com base na propriedade 1 da Tabela 2.2, então,

$$h[n] = \left(\tfrac{1}{2}\right)^n u[n] - \left(\tfrac{1}{4}\right)\left(\tfrac{1}{2}\right)^{n-1} u[n-1]. \quad (2.181)$$

2.10 Sinais aleatórios de tempo discreto

As seções anteriores concentraram-se nas representações matemáticas dos sinais e sistemas de tempo discreto e as consequências interessantes que decorrem de tais representações matemáticas. Sinais e sistemas de tempo discreto possuem representações no domínio de tempo e no domínio de frequência, cada uma com um lugar importante na teoria e no projeto dos sistemas de processamento em tempo discreto de sinais. Até agora, consideramos que os sinais são determinísticos, ou seja, que cada valor de uma sequência é unicamente determinado por uma expressão matemática, uma tabela de dados ou uma regra de algum tipo.

Em muitas situações, os processos que geram sinais são tão complexos que tornam a descrição exata de um sinal extremamente difícil ou indesejável, se não impossível. Nesses casos, a modelagem do sinal como um processo aleatório é analiticamente útil.[5] Como um exemplo, veremos no Capítulo 6 que muitos dos efeitos encontrados na implementação de algoritmos de processamento digital de sinais com comprimento de registro finito podem ser representados por ruído aditivo, isto é, uma sequência aleatória. Muitos sistemas mecânicos geram sinais acústicos ou vibratórios que podem ser processados para diagnosticar falhas em potencial; novamente, os sinais desse tipo são muitas vezes mais bem modelados em termos de sinais aleatórios. Os sinais de voz a serem processados para reconhecimento automático ou compressão da largura de banda e os sinais musicais a serem processados com o objetivo de aprimorar a sua qualidade são mais dois de muitos exemplos.

---

[5] É comum, na literatura de processamento de sinais, usar os termos "aleatório" e "estocástico" com o mesmo significado. Neste livro, nós nos referimos preferencialmente a essa classe de sinais como sinais aleatórios ou processos aleatórios.

Um sinal aleatório é considerado como um membro de um conjunto de sinais de tempo discreto que é caracterizado por um conjunto de funções densidade de probabilidade. Mais especificamente, para um sinal em particular em um instante em particular, assume-se que a amplitude da amostra do sinal nesse instante seja determinada por um esquema subjacente de probabilidades. Ou seja, assume-se que cada amostra individual $x[n]$ de um sinal particular é o resultado de uma variável aleatória subjacente x_n. O sinal completo é representado por uma coleção dessas variáveis aleatórias, uma para cada instante de amostra, $-\infty < n < \infty$. Essa coleção de variáveis aleatórias é chamada de *processo aleatório*, e assumimos que uma sequência particular de amostras $x[n]$ para $-\infty < n < \infty$ foi gerada pelo processo aleatório que está por trás do sinal. Para descrever completamente o processo aleatório, precisamos especificar as distribuições de probabilidade individual e conjunta de todas as variáveis aleatórias.

A chave para a obtenção dos resultados úteis a partir desses modelos de sinais está em sua descrição em termos de médias, que podem ser calculadas a partir de leis de probabilidade assumidas ou estimadas a partir de sinais específicos. Embora os sinais aleatórios não sejam somáveis em valor absoluto ou quadraticamente somáveis e, como consequência, não tenham transformadas de Fourier diretamente, muitas (mas não todas) das propriedades desses sinais podem ser resumidas em termos de médias como as sequências de autocorrelação ou autocovariância, para as quais a transformada de Fourier frequentemente existe. Como discutiremos nesta seção, a transformada de Fourier da sequência de autocorrelação tem uma interpretação útil em termos da distribuição em frequência da potência no sinal. O uso da sequência de autocorrelação e sua transformada tem outra vantagem importante: o efeito de processar sinais aleatórios com um sistema linear de tempo discreto pode ser convenientemente descrito em termos do efeito do sistema sobre a sequência de autocorrelação.

Na discussão a seguir, assumimos que o leitor está familiarizado com os conceitos básicos de processos aleatórios, como médias, funções de correlação e covariância, e o espectro de potência. Uma breve revisão e um resumo da notação e dos conceitos são fornecidos no Apêndice A. Uma apresentação mais detalhada da teoria dos sinais aleatórios pode ser encontrada em diversos textos excelentes, como Davenport (1970) e Papoulis (2002), Gray e Davidson (2004), Kay (2006) e Bertsekas e Tsitsiklis (2008).

Nosso objetivo principal nesta seção é apresentar um conjunto específico de resultados que serão úteis nos capítulos seguintes. Desta forma, concentramo-nos nos sinais aleatórios estacionários em sentido amplo e em sua representação no contexto do processamento com sistemas LIT. Embora, por simplicidade, consideremos que $x[n]$ e $h[n]$ sejam reais, os resultados podem ser generalizados para o caso complexo.

Considere um sistema LIT estável com resposta ao impulso real $h[n]$. Seja $x[n]$ uma sequência real que é uma sequência amostra de um processo aleatório de tempo discreto estacionário no sentido amplo. Então, a saída do sistema linear também é uma sequência amostra de um processo aleatório de tempo discreto relacionado ao processo de entrada pela transformação linear

$$y[n] = \sum_{k=-\infty}^{\infty} h[n-k]x[k] = \sum_{k=-\infty}^{\infty} h[k]x[n-k].$$

Como mostramos, já que o sistema é estável, $y[n]$ será limitado se $x[n]$ for limitado. Veremos em breve que, se a entrada for estacionária,[6] então a saída também será. O sinal de entrada pode ser caracterizado por sua média m_x e sua função de autocorrelação $\phi_{xx}[m]$, ou também podemos ter informações adicionais sobre as distribuições de probabilidade de primeira ou mesmo de segunda ordem. Na caracterização do processo aleatório de saída $y[n]$, desejamos informações similares. Para muitas aplicações, é suficiente caracterizar a entrada e a saída em termos de médias estatísticas simples, como média, variância e autocorrelação. Portanto, deduziremos as relações entre entrada e saída para essas quantidades.

As médias dos processos de entrada e saída são, respectivamente,

$$m_{x_n} = \mathcal{E}\{x_n\}, \quad m_{y_n} = \mathcal{E}\{y_n\}, \quad (2.182)$$

em que $\mathcal{E}\{\cdot\}$ denota o valor esperado de uma variável aleatória. Na maior parte de nossa discussão, não será necessário distinguir cuidadosamente entre as variáveis aleatórias x_n e y_n e seus valores específicos $x[n]$ e $y[n]$. Isso simplificará significativamente a notação matemática. Por exemplo, a Equação 2.182 será escrita de forma alternativa como

$$m_x[n] = \mathcal{E}\{x[n]\}, \quad m_y[n] = \mathcal{E}\{y[n]\}. \quad (2.183)$$

Se $x[n]$ for estacionário, então $m_x[n]$ é independente de n e será escrito como m_x, com notação similar para $m_y[n]$ se $y[n]$ for estacionário.

A média do processo de saída é

$$m_y[n] = \mathcal{E}\{y[n]\} = \sum_{k=-\infty}^{\infty} h[k]\mathcal{E}\{x[n-k]\},$$

em que usamos o fato de que o valor esperado de uma soma é a soma dos valores esperados. Como a entrada é estacionária, $m_x[n-k] = m_x$ e, consequentemente,

---

[6] No restante do texto, usaremos o termo *estacionário* com o significado de "estacionário no sentido amplo", isto é, de que $E\{x[n_1]x[n_2]\}$ para todo n_1, n_2 depende somente da diferença $(n_1 - n_2)$. De modo equivalente, a autocorrelação é apenas uma função da diferença de tempo $(n_1 - n_2)$.

$$m_y[n] = m_x \sum_{k=-\infty}^{\infty} h[k]. \qquad (2.184)$$

Da Equação 2.184, vemos que a média da saída também é constante. Uma expressão equivalente à Equação 2.184 em termos da resposta em frequência é

$$m_y = H(e^{j0})m_x. \qquad (2.185)$$

Assumimos temporariamente que a saída seja não estacionária, a função de autocorrelação do processo de saída para uma entrada real é

$$\phi_{yy}[n, n+m] = \mathcal{E}\{y[n]y[n+m]\}$$

$$= \mathcal{E}\left\{\sum_{k=-\infty}^{\infty} \sum_{r=-\infty}^{\infty} h[k]h[r]x[n-k]x[n+m-r]\right\}$$

$$= \sum_{k=-\infty}^{\infty} h[k] \sum_{r=-\infty}^{\infty} h[r]\mathcal{E}\{x[n-k]x[n+m-r]\}.$$

Como considera-se $x[n]$ estacionário, $\mathcal{E}\{x[n-k]x[n+m-r]\}$ depende apenas da diferença temporal $m + k - r$. Portanto,

$$\phi_{yy}[n, n+m] = \sum_{k=-\infty}^{\infty} h[k] \sum_{r=-\infty}^{\infty} h[r]\phi_{xx}[m+k-r]$$

$$= \phi_{yy}[m]. \qquad (2.186)$$

Ou seja, a sequência de autocorrelação de saída também depende apenas da diferença temporal m. Assim, para um sistema LIT tendo uma entrada estacionária no sentido amplo, a saída também é estacionária no sentido amplo.

Fazendo a substituição $\ell = r - k$, podemos expressar a Equação 2.186 como

$$\phi_{yy}[m] = \sum_{\ell=-\infty}^{\infty} \phi_{xx}[m-\ell] \sum_{k=-\infty}^{\infty} h[k]h[\ell+k]$$

$$= \sum_{\ell=-\infty}^{\infty} \phi_{xx}[m-\ell]c_{hh}[\ell], \qquad (2.187)$$

em que definimos

$$c_{hh}[\ell] = \sum_{k=-\infty}^{\infty} h[k]h[\ell+k]. \qquad (2.188)$$

A sequência $c_{hh}[\ell]$ é chamada de *sequência de autocorrelação determinística* ou, simplesmente, *sequência de autocorrelação de $h[n]$*. Deve ser enfatizado que $c_{hh}[\ell]$ é a autocorrelação de uma sequência aperiódica — isto é, de energia finita —, e não deve ser confundida com a autocorrelação de uma sequência aleatória de energia infinita. De fato, pode-se ver que $c_{hh}[\ell]$ é simplesmente a convolução discreta de $h[n]$ com $h[-n]$. A Equação 2.187, então, pode ser interpretada para indicar que a autocorrelação da saída de um sistema linear é a convolução da autocorrelação da entrada com a autocorrelação aperiódica da resposta ao impulso do sistema.

A Equação 2.187 sugere que as transformadas de Fourier podem ser úteis na caracterização da resposta de um sistema LIT a uma entrada aleatória. Assuma, por conveniência, que $m_x = 0$; isto é, as sequências de autocorrelação e autocovariância são idênticas. Então, com $\Phi_{xx}(e^{j\omega})$, $\Phi_{yy}(e^{j\omega})$ e $C_{hh}(e^{j\omega})$ indicando as transformadas de Fourier de $\phi_{xx}[m]$, $\phi_{yy}[m]$ e $c_{hh}[\ell]$, respectivamente, da Equação 2.187,

$$\Phi_{yy}(e^{j\omega}) = C_{hh}(e^{j\omega})\Phi_{xx}(e^{j\omega}). \qquad (2.189)$$

Além disso, da Equação 2.188,

$$C_{hh}(e^{j\omega}) = H(e^{j\omega})H^*(e^{j\omega})$$
$$= |H(e^{j\omega})|^2,$$

de modo que

$$\Phi_{yy}(e^{j\omega}) = |H(e^{j\omega})|^2 \Phi_{xx}(e^{j\omega}). \qquad (2.190)$$

A Equação 2.190 fornece a motivação para o termo *densidade espectral de potência*. Especificamente,

$$\mathcal{E}\{y^2[n]\} = \phi_{yy}[0] = \frac{1}{2\pi} \int_{-\pi}^{\pi} \Phi_{yy}(e^{j\omega}) d\omega \qquad (2.191)$$

= potência média total na saída.

Substituindo a Equação 2.190 na Equação 2.191, temos

$$\mathcal{E}\{y^2[n]\} = \phi_{yy}[0]$$

$$= \frac{1}{2\pi} \int_{-\pi}^{\pi} |H(e^{j\omega})|^2 \Phi_{xx}(e^{j\omega}) d\omega. \qquad (2.192)$$

Suponha que $H(e^{j\omega})$ seja um filtro passa-bandas ideal, como mostrado na Figura 2.18(c). Como $\phi_{xx}[m]$ é uma sequência real e par, sua transformada de Fourier também é real e par, isto é,

$$\Phi_{xx}(e^{j\omega}) = \Phi_{xx}(e^{-j\omega}).$$

De modo similar, $|H(e^{j\omega})|^2$ é uma função par de ω. Portanto, podemos escrever

$\phi_{yy}[0]$ = potência média na saída

$$= \frac{1}{2\pi} \int_{\omega_a}^{\omega_b} \Phi_{xx}(e^{j\omega}) d\omega + \frac{1}{2\pi} \int_{-\omega_b}^{-\omega_a} \Phi_{xx}(e^{j\omega}) d\omega. \quad (2.193)$$

Assim, a área sob $\Phi_{xx}(e^{j\omega})$ para $\omega_a \leq |\omega| \leq \omega_b$ pode ser tomada como representativa do valor médio quadrático da entrada nessa faixa de frequências. Observamos que a potência de saída precisa permanecer não negativa, de modo que

$$\lim_{(\omega_b - \omega_a) \to 0} \phi_{yy}[0] \geq 0.$$

Esse resultado, juntamente com a Equação 2.193 e o fato de que a banda $\omega_a \leq \omega \leq \omega_b$ pode ser arbitrariamente pequena, implica que

$$\Phi_{xx}(e^{j\omega}) \geq 0 \quad \text{para todo } \omega. \quad (2.194)$$

Logo, notamos que a função densidade de potência de um sinal real é real, par e não negativa.

Exemplo 2.26 Ruído branco

O conceito de ruído branco é extremamente útil em uma grande variedade de contextos no projeto e análise de processamento de sinais e sistemas de comunicação. Um sinal ruído branco é um sinal para o qual $\phi_{xx}[m] = \sigma_x^2 \delta[m]$. Assumimos, neste exemplo, que o sinal tem média nula. O espectro de potência de um sinal ruído branco é uma constante, isto é,

$$\Phi_{xx}(e^{j\omega}) = \sigma_x^2 \text{ para todo } \omega.$$

A potência média de um sinal ruído branco é, portanto,

$$\phi_{xx}[0] = \frac{1}{2\pi}\int_{-\pi}^{\pi}\Phi_{xx}(e^{j\omega})\,d\omega = \frac{1}{2\pi}\int_{-\pi}^{\pi}\sigma_x^2\,d\omega = \sigma_x^2.$$

O conceito de ruído branco também é útil na representação de sinais aleatórios cujos espectros de potência não são constantes com a frequência. Por exemplo, um sinal aleatório $y[n]$ com espectro de potência $\Phi_{yy}(e^{j\omega})$ pode ser considerado como a saída de um sistema LIT com uma entrada ruído branco. Ou seja, usamos a Equação 2.190 para definir um sistema com resposta em frequência $H(e^{j\omega})$ que satisfaça a equação

$$\Phi_{yy}(e^{j\omega}) = |H(e^{j\omega})|^2 \sigma_x^2,$$

sendo σ_x^2 a potência média do sinal de entrada assumindo ruído branco. Ajustamos a potência média desse sinal de entrada para fornecer a potência média correta para $y[n]$. Por exemplo, suponha que $h[n] = a^n u[n]$. Então,

$$H(e^{j\omega}) = \frac{1}{1 - ae^{-j\omega}},$$

e podemos representar todos os sinais aleatórios cujos espectros de potência têm a forma

$$\Phi_{yy}(e^{j\omega}) = \left|\frac{1}{1 - ae^{-j\omega}}\right|^2 \sigma_x^2 = \frac{\sigma_x^2}{1 + a^2 - 2a\cos\omega}.$$

Outro resultado importante diz respeito à correlação cruzada entre a entrada e a saída de um sistema LIT:

$$\phi_{yx}[m] = \mathcal{E}\{x[n]y[n+m]\}$$

$$= \mathcal{E}\left\{x[n]\sum_{k=-\infty}^{\infty}h[k]x[n+m-k]\right\}$$

$$= \sum_{k=-\infty}^{\infty}h[k]\phi_{xx}[m-k]. \quad (2.195)$$

Nesse caso, notamos que a correlação cruzada entre entrada e saída é a convolução da resposta ao impulso com a sequência de autocorrelação de entrada.

A transformada de Fourier da Equação 2.195 é

$$\Phi_{yx}(e^{j\omega}) = H(e^{j\omega})\Phi_{xx}(e^{j\omega}). \quad (2.196)$$

Esse resultado tem uma aplicação útil quando a entrada é ruído branco, isto é, quando $\phi_{xx}[m] = \sigma_x^2\delta[m]$. Fazendo a substituição na Equação 2.195, notamos que

$$\phi_{yx}[m] = \sigma_x^2 h[m]. \quad (2.197)$$

Isto é, para uma entrada ruído branco com média nula, a correlação cruzada entre entrada e saída de um sistema linear é proporcional à resposta ao impulso do sistema. De modo similar, o espectro de potência de uma entrada ruído branco é

$$\Phi_{xx}(e^{j\omega}) = \sigma_x^2, \quad -\pi \leq \omega \leq \pi. \quad (2.198)$$

Assim, da Equação 2.196,

$$\Phi_{yx}(e^{j\omega}) = \sigma_x^2 H(e^{j\omega}). \quad (2.199)$$

Em outras palavras, o espectro de potência cruzado é, neste caso, proporcional à resposta em frequência do sistema. As equações 2.197 e 2.199 podem servir de base para estimar a resposta ao impulso ou a resposta em frequência de um sistema LIT se for possível observar a saída do sistema em resposta a uma entrada ruído branco. Um exemplo da aplicação é a medição da resposta ao impulso acústico de um teatro ou sala de concertos.

2.11 Resumo

Neste capítulo, revimos e discutimos uma série de definições básicas relacionadas aos sinais e sistemas de tempo discreto. Consideramos a definição de um conjunto de sequências básicas, a definição e a representação de sistemas LIT em termos da soma de convolução e algumas implicações da estabilidade e da causalidade. Mostrou-se que a classe de sistemas para os quais a entrada e a saída satisfazem uma equação de diferenças linear com coeficientes constantes com condições de repouso inicial é uma importante subclasse dos sistemas LIT. A solução recursiva dessas equações de diferenças foi discutida, e as classes de sistemas FIR e IIR, definidas.

Um meio importante para a análise e representação de sistemas LIT está em sua representação no domínio da frequência. A resposta de um sistema a uma entrada exponencial complexa foi considerada, levando à definição da resposta em frequência. A relação entre resposta ao impulso e resposta em frequência foi então interpretada como um par transformado de Fourier.

Chamamos a atenção para muitas propriedades das representações por transformada de Fourier e discutimos uma série de pares transformados de Fourier úteis. As tabelas 2.1 e 2.2 resumem as propriedades e os teoremas, e a Tabela 2.3 contém alguns pares transformados de Fourier úteis.

O capítulo foi concluído com uma introdução aos sinais aleatórios de tempo discreto. Essas ideias e resultados básicos serão mais desenvolvidos e utilizados em capítulos posteriores.

Problemas

Problemas básicos com respostas

2.1. Para cada um dos sistemas a seguir, determine se ele é (1) estável, (2) causal, (3) linear, (4) invariante no tempo e (5) sem memória:
  (a) $T(x[n]) = g[n]x[n]$ com $g[n]$ dado
  (b) $T(x[n]) = \sum_{k=n_0}^{n} x[k]$, $n \neq 0$
  (c) $T(x[n]) = \sum_{k=n-n_0}^{n+n_0} x[k]$
  (d) $T(x[n]) = x[n - n_0]$
  (e) $T(x[n]) = e^{x[n]}$
  (f) $T(x[n]) = ax[n] + b$
  (g) $T(x[n]) = x[-n]$
  (h) $T(x[n]) = x[n] + 3u[n + 1]$

2.2. (a) Sabe-se que a resposta ao impulso $h[n]$ de um sistema LIT é nula, exceto no intervalo $N_0 \leq n \leq N_1$. Sabe-se que a entrada $x[n]$ é nula, exceto no intervalo $N_2 \leq n \leq N_3$. Como resultado, a saída é obrigatoriamente nula, exceto em um intervalo $N_4 \leq n \leq N_5$. Determine N_4 e N_5 em termos de N_0, N_1, N_2 e N_3.
  (b) Se $x[n]$ é nulo, exceto em N pontos consecutivos, e $h[n]$ é nulo, exceto em M pontos consecutivos, qual é o número máximo de pontos consecutivos para os quais $y[n]$ pode ser não nulo?

2.3. Pelo cálculo direto da soma de convolução, determine a resposta ao degrau unitário ($x[n] = u[n]$) de um sistema LIT cuja resposta ao impulso é

$$h[n] = a^{-n}u[-n], \quad 0 < a < 1.$$

2.4. Considere a equação de diferenças linear com coeficientes constantes

$$y[n] - \tfrac{3}{4}y[n-1] + \tfrac{1}{8}y[n-2] = 2x[n-1].$$

Determine $y[n]$ para $n \geq 0$ quando $x[n] = \delta[n]$ e $y[n] = 0$, $n < 0$.

2.5. Um sistema LIT causal é descrito pela equação de diferenças

$$y[n] - 5y[n-1] + 6y[n-2] = 2x[n-1].$$

  (a) Determine a resposta homogênea do sistema, isto é, as possíveis saídas se $x[n] = 0$ para todo n.
  (b) Determine a resposta ao impulso do sistema.
  (c) Determine a resposta ao degrau do sistema.

2.6. (a) Determine a resposta em frequência $H(e^{j\omega})$ do sistema LIT cuja entrada e saída satisfazem a equação de diferenças

$$y[n] - \tfrac{1}{2}y[n-1] = x[n] + 2x[n-1] + x[n-2].$$

  (b) Escreva uma equação de diferenças que caracterize um sistema cuja resposta em frequência seja

$$H(e^{j\omega}) = \frac{1 - \tfrac{1}{2}e^{-j\omega} + e^{-j3\omega}}{1 + \tfrac{1}{2}e^{-j\omega} + \tfrac{3}{4}e^{-j2\omega}}.$$

2.7. Determine se cada um dos sinais a seguir é periódico. Se o sinal for periódico, informe seu período.
  (a) $x[n] = e^{j(\pi n/6)}$
  (b) $x[n] = e^{j(3\pi n/4)}$
  (c) $x[n] = [\operatorname{sen}(\pi n/5)]/(\pi n)$
  (d) $x[n] = e^{j\pi n/\sqrt{2}}$.

2.8. Um sistema LIT tem resposta ao impulso $h[n] = 5(-1/2)^n u[n]$. Use a transformada de Fourier para encontrar a saída desse sistema quando a entrada for $x[n] = (1/3)^n u[n]$.

2.9. Considere a equação de diferenças

$$y[n] - \tfrac{5}{6}y[n-1] + \tfrac{1}{6}y[n-2] = \tfrac{1}{3}x[n-1].$$

  (a) Quais são as respostas ao impulso, em frequência e ao degrau para um sistema LIT causal que satisfaça essa equação de diferenças?
  (b) Qual é a forma geral da solução homogênea dessa equação de diferenças?
  (c) Considere um sistema diferente que satisfaça a equação de diferenças, que não seja causal nem LIT, mas que tenha $y[0] = y[1] = 1$. Encontre a resposta desse sistema para $x[n] = \delta[n]$.

2.10. Determine a saída de um sistema LIT se a resposta ao impulso $h[n]$ e a entrada $x[n]$ forem as seguintes:
  (a) $x[n] = u[n]$ e $h[n] = a^n u[-n-1]$, com $a > 1$.
  (b) $x[n] = u[n-4]$ e $h[n] = 2^n u[-n-1]$.
  (c) $x[n] = u[n]$ e $h[n] = (0,5)2^n u[-n]$.
  (d) $h[n] = 2^n u[-n-1]$ e $x[n] = u[n] - u[n-10]$.

Use seu conhecimento de linearidade e invariância no tempo para minimizar o trabalho nos itens (b)-(d).

2.11. Considere um sistema LIT com resposta em frequência

$$H(e^{j\omega}) = \frac{1 - e^{-j2\omega}}{1 + \tfrac{1}{2}e^{-j4\omega}}, \quad -\pi < \omega \leq \pi.$$

Determine a saída $y[n]$ para todo n se a entrada $x[n]$ para todo n for

$$x[n] = \operatorname{sen}\left(\frac{\pi n}{4}\right).$$

2.12. Considere um sistema com entrada $x[n]$ e saída $y[n]$ que satisfaça a equação de diferenças

$$y[n] = ny[n-1] + x[n].$$

O sistema é causal e satisfaz as condições de repouso inicial; isto é, se $x[n] = 0$ para $n < n_0$, então $y[n] = 0$ para $n < n_0$.

(a) Se $x[n] = \delta[n]$, determine $y[n]$ para todo n.
(b) O sistema é linear? Justifique sua resposta.
(c) O sistema é invariante no tempo? Justifique sua resposta.

2.13. Indique quais dos seguintes sinais de tempo discreto são autofunções de sistemas de tempo discreto LIT estáveis:
(a) $e^{j2\pi n/3}$
(b) 3^n
(c) $2^n u[-n-1]$
(d) $\cos(\omega_0 n)$
(e) $(1/4)^n$
(f) $(1/4)^n u[n] + 4^n u[-n-1]$.

2.14. Uma única relação entrada-saída é dada para cada um dos três sistemas a seguir:
(a) Sistema A: $x[n] = (1/3)^n$, $y[n] = 2(1/3)^n$.
(b) Sistema B: $x[n] = (1/2)^n$, $y[n] = (1/4)^n$.
(c) Sistema C: $x[n] = (2/3)^n u[n]$, $y[n] = 4(2/3)^n u[n] - 3(1/2)^n u[n]$.

Com base nessa informação, escolha a conclusão mais forte possível a que você pode chegar sobre cada sistema a partir da seguinte lista de afirmações:
(i) Não é possível que o sistema seja LIT.
(ii) O sistema deve ser LIT.
(iii) O sistema pode ser LIT, e há somente um sistema LIT que satisfaz essa restrição de entrada-saída.
(iv) O sistema pode ser LIT, mas não pode ser unicamente determinado a partir da informação de entrada-saída fornecida.

Se você escolheu a opção (iii) dessa lista, especifique ou a resposta ao impulso $h[n]$ ou a resposta em frequência $H(e^{j\omega})$ para o sistema LIT.

2.15. Considere o sistema ilustrado na Figura P2.15. A saída de um sistema LIT com uma resposta ao impulso $h[n] = \left(\frac{1}{4}\right)^n u[n+10]$ é multiplicada por uma função de degrau unitário $u[n]$ para gerar a saída total do sistema. Responda a cada uma das seguintes perguntas, com uma breve justificativa de suas respostas:

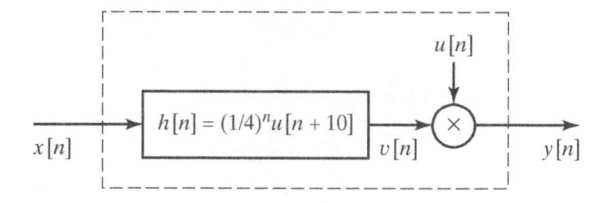

Figura P2.15

(a) O sistema total é LIT?
(b) O sistema total é causal?
(c) O sistema total é estável no sentido BIBO?

2.16. Considere a seguinte equação de diferenças:

$$y[n] - \frac{1}{4}y[n-1] - \frac{1}{8}y[n-2] = 3x[n].$$

(a) Determine a forma geral da solução homogênea dessa equação de diferenças.
(b) Um sistema LIT causal e um sistema LIT anticausal são caracterizados por essa equação de diferenças. Encontre as respostas ao impulso dos dois sistemas.
(c) Mostre que o sistema LIT causal é estável e que o sistema LIT anticausal é instável.
(d) Encontre uma solução particular para a equação de diferenças quando $x[n] = (1/2)^n u[n]$.

2.17. (a) Determine a transformada de Fourier da sequência

$$r[n] = \begin{cases} 1, & 0 \le n \le M, \\ 0, & \text{caso contrário}. \end{cases}$$

(b) Considere a sequência

$$w[n] = \begin{cases} \frac{1}{2}\left[1 - \cos\left(\frac{2\pi n}{M}\right)\right], & 0 \le n \le M, \\ 0, & \text{caso contrário}. \end{cases}$$

Esboce $w[n]$ e expresse $W(e^{j\omega})$, a transformada de Fourier de $w[n]$, em termos de $R(e^{j\omega})$, a transformada de Fourier de $r[n]$. (*Dica*: Primeiro, expresse $w[n]$ em termos de $r[n]$ e das exponenciais complexas $e^{j(2\pi n/M)}$ e $e^{-j(2\pi n/M)}$.)

(c) Esboce a magnitude de $R(e^{j\omega})$ e $W(e^{j\omega})$ para o caso em que $M = 4$.

2.18. Para cada uma das seguintes respostas ao impulso de sistemas LIT, indique se o sistema é ou não causal:
(a) $h[n] = (1/2)^n u[n]$
(b) $h[n] = (1/2)^n u[n-1]$
(c) $h[n] = (1/2)^{|n|}$
(d) $h[n] = u[n+2] - u[n-2]$
(e) $h[n] = (1/3)^n u[n] + 3^n u[-n-1]$.

2.19. Para cada uma das seguintes respostas ao impulso de sistemas LIT, indique se o sistema é estável ou não:
(a) $h[n] = 4^n u[n]$
(b) $h[n] = u[n] - u[n-10]$
(c) $h[n] = 3^n u[-n-1]$
(d) $h[n] = \text{sen}(\pi n/3) u[n]$
(e) $h[n] = (3/4)^{|n|} \cos(\pi n/4 + \pi/4)$
(f) $h[n] = 2u[n+5] - u[n] - u[n-5]$.

2.20. Considere a equação de diferenças que representa um sistema LIT causal:

$$y[n] + (1/a)y[n-1] = x[n-1].$$

(a) Encontre a resposta ao impulso do sistema, $h[n]$, em função da constante a.
(b) Para que faixa de valores de a o sistema será estável?

Problemas básicos

2.21. Um sinal de tempo discreto $x[n]$ é mostrado na Figura P2.21.

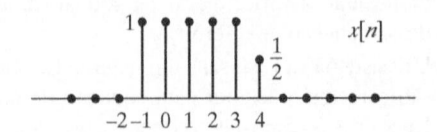

Figura P2.21

Esboce e coloque a escala cuidadosamente para cada um dos seguintes sinais:
(a) $x[n-2]$
(b) $x[4-n]$
(c) $x[2n]$
(d) $x[n]u[2-n]$
(e) $x[n-1]\delta[n-3]$.

2.22. Considere um sistema LIT de tempo discreto com resposta ao impulso $h[n]$. Se a entrada $x[n]$ é uma sequência periódica com período N (isto é, se $x[n] = x[n+N]$), mostre que a saída $y[n]$ também é uma sequência periódica com período N.

2.23. Para cada um dos seguintes sistemas, determine se o sistema é (1) estável, (2) causal, (3) linear e (4) invariante no tempo.
(a) $T(x[n]) = (\cos \pi n)x[n]$
(b) $T(x[n]) = x[n^2]$
(c) $T(x[n]) = x[n]\sum_{k=0}^{\infty}\delta[n-k]$
(d) $T(x[n]) = \sum_{k=n-1}^{\infty} x[k]$.

2.24. Considere um sistema linear arbitrário com entrada $x[n]$ e saída $y[n]$. Mostre que, se $x[n] = 0$ para todo n, então $y[n]$ também deverá ser zero para todo n.

2.25. Considere um sistema para o qual a entrada $x[n]$ e a saída $y[n]$ satisfazem a relação a seguir.

$$8y[n] + 2y[n-1] - 3y[n-2] = x[n] \quad \text{(P2.25-1)}$$

(a) Para $x[n] = \delta[n]$, mostre que uma sequência *particular* que satisfaz a equação de diferenças é
$$y_p[n] = \tfrac{3}{40}\left(-\tfrac{3}{4}\right)^n u[n] + \tfrac{1}{20}\left(\tfrac{1}{2}\right)^n u[n].$$

(b) Determine a(s) solução(ões) homogênea(s) para a equação de diferenças especificada na Equação P2.25-1.

(c) Determine $y[n]$ para $-2 \leq n \leq 2$ quando $x[n]$ é igual a $\delta[n]$ na Equação P2.25-1 e a *condição de repouso inicial* é assumida na solução da equação de diferenças. Note que a condição de repouso inicial implica que o sistema descrito pela Equação P2.25-1 é causal.

2.26. Para cada um dos sistemas na Figura P2.26, escolha a conclusão válida mais forte a que você possa chegar sobre cada sistema, a partir da seguinte lista de afirmações:
(i) O sistema deve ser LIT, e é unicamente especificado pela informação dada.
(ii) O sistema deve ser LIT, mas não pode ser unicamente determinado pela informação dada.
(iii) O sistema poderia ser LIT e, se for, a informação dada especifica unicamente o sistema.
(iv) O sistema poderia ser LIT, mas não pode ser unicamente determinado pela informação dada.
(v) O sistema não pode de forma alguma ser LIT.

Para cada sistema para o qual você escolheu a opção (i) ou (iii), dê a resposta ao impulso $h[n]$ para o sistema LIT unicamente especificado. Um exemplo de uma entrada e sua saída correspondente é mostrado para cada sistema na Figura P2.26.

Sistema A:
$$\left(\tfrac{1}{2}\right)^n \longrightarrow \boxed{\text{Sistema A}} \longrightarrow \left(\tfrac{1}{4}\right)^n$$

Sistema B:
$$\cos\left(\tfrac{\pi}{3}n\right) \longrightarrow \boxed{\text{Sistema B}} \longrightarrow 3j\,\text{sen}\left(\tfrac{\pi}{3}n\right)$$

Sistema C:
$$\tfrac{1}{5}\left(\tfrac{1}{2}\right)^n u[n] \longrightarrow \boxed{\text{Sistema C}} \longrightarrow -6\left(\tfrac{1}{2}\right)^n u[-n-1] - 6\left(\tfrac{1}{3}\right)^n u[n]$$

Figura P2.26

2.27. Para cada um dos sistemas na Figura P2.27, escolha a conclusão válida mais forte a que você possa chegar sobre cada sistema, a partir da seguinte lista de afirmações:
  (i) O sistema deve ser LIT, e é unicamente especificado pela informação dada.
  (ii) O sistema deve ser LIT, mas não pode ser unicamente determinado pela informação dada.
  (iii) O sistema poderia ser LIT e, se for, a informação dada especifica unicamente o sistema.
  (iv) O sistema poderia ser LIT, mas não pode ser unicamente determinado pela informação dada.
  (v) O sistema não pode de forma alguma ser LIT.

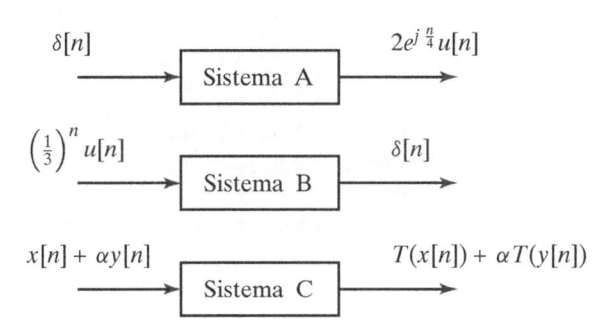

$\delta[n] \to$ Sistema A $\to 2e^{j\frac{n}{4}}u[n]$

$\left(\frac{1}{3}\right)^n u[n] \to$ Sistema B $\to \delta[n]$

$x[n] + \alpha y[n] \to$ Sistema C $\to T(x[n]) + \alpha T(y[n])$

Para todas as escolhas de $x[n]$, $y[n]$ e a constante α

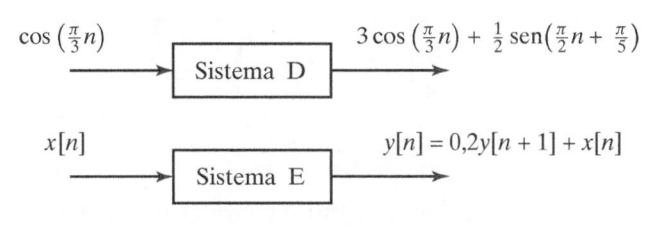

$\cos\left(\frac{\pi}{3}n\right) \to$ Sistema D $\to 3\cos\left(\frac{\pi}{3}n\right) + \frac{1}{2}\text{sen}\left(\frac{\pi}{2}n + \frac{\pi}{5}\right)$

$x[n] \to$ Sistema E $\to y[n] = 0{,}2y[n+1] + x[n]$

Figura P2.27

2.28. Quatro pares de entrada-saída de um sistema S em particular são especificados na Figura P2.28-1:

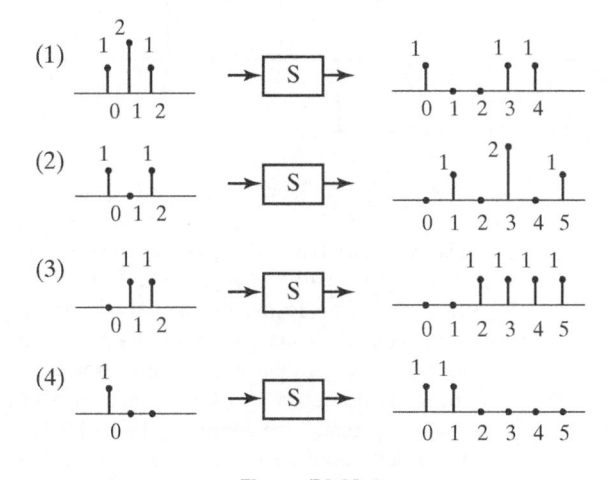

Figura P2.28-1

(a) O sistema S pode ser invariante no tempo? Explique.
(b) O sistema S pode ser linear? Explique.
(c) Suponha que (2) e (3) sejam pares de entrada-saída de um sistema S_2 em particular e que saibamos que o sistema é LIT. Qual é $h[n]$, a resposta ao impulso do sistema?
(d) Suponha que (1) seja o par entrada-saída de um sistema LIT S_3. Qual é a saída desse sistema para a entrada na Figura P2.28-2?

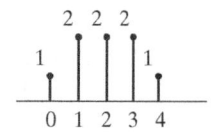

Figura P2.28-2

2.29. Um sistema LIT tem resposta ao impulso definida por

$$h[n] = \begin{cases} 0 & n < 0 \\ 1 & n = 0, 1, 2, 3 \\ -2 & n = 4, 5 \\ 0 & n > 5 \end{cases}$$

Determine e faça um gráfico da saída $y[n]$ quando a entrada $x[n]$ é:
(a) $u[n]$
(b) $u[n-4]$
(c) $u[n] - u[n-4]$.

2.30. Considere uma associação em cascata de dois sistemas LIT na Figura P2.30:
(a) Determine e esboce $w[n]$ se $x[n] = (-1)^n u[n]$. Determine também a saída total $y[n]$.
(b) Determine e esboce a resposta ao impulso total do sistema em cascata; isto é, faça um gráfico da saída $y[n] = h[n]$ quando $x[n] = \delta[n]$.
(c) Agora, considere a entrada $x[n] = 2\delta[n] + 4\delta[n-4] - 2\delta[n-12]$. Esboce $w[n]$.
(d) Para a entrada do item (c), escreva uma expressão para a saída $y[n]$ em termos da resposta ao impulso total $h[n]$ como definida no item (b). Faça um esboço cuidadoso de sua resposta e coloque escala.

2.31. Se a entrada e a saída de um sistema LIT causal satisfizerem a equação de diferenças

$$y[n] = ay[n-1] + x[n],$$

então a resposta ao impulso do sistema deverá ser $h[n] = a^n u[n]$.
(a) Para quais valores de a esse sistema é estável?
(b) Considere um sistema LIT causal para o qual a entrada e a saída sejam relacionadas pela equação de diferenças

$$y[n] = ay[n-1] + x[n] - a^N x[n-N],$$

sendo N um inteiro positivo. Determine e esboce a resposta ao impulso desse sistema. *Dica:* Use a linearidade e a invariância no tempo para simplificar a solução.
(c) O sistema no item (b) é um sistema FIR ou IIR? Explique.
(d) Para que valores de a o sistema no item (b) é estável? Explique.

2.32. Para $X(e^{j\omega}) = 1/(1 - ae^{-j\omega})$, com $-1 < a < 0$, determine e esboce os itens a seguir em função de ω:
(a) $\mathcal{R}e\{X(e^{j\omega})\}$
(b) $\mathcal{I}m\{X(e^{j\omega})\}$

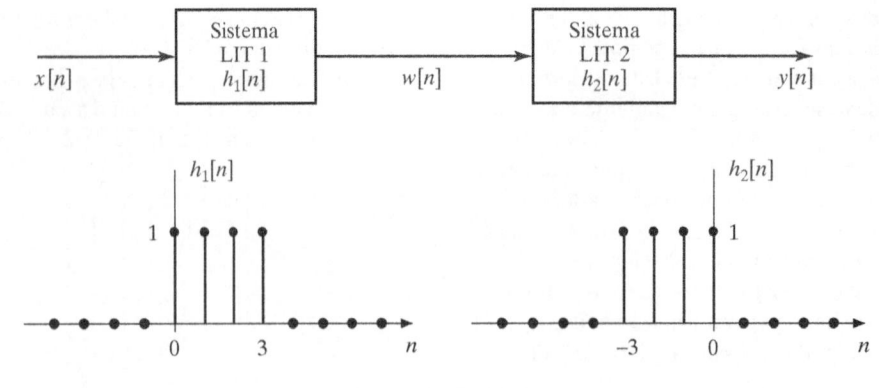

Figura P2.30

(c) $|X(e^{j\omega})|$
(d) $\angle X(e^{j\omega})$.

2.33. Considere um sistema LIT definido pela equação de diferenças

$$y[n] = -2x[n] + 4x[n-1] - 2x[n-2].$$

(a) Determine a resposta ao impulso desse sistema.
(b) Determine a resposta em frequência desse sistema. Expresse sua resposta na forma

$$H(e^{j\omega}) = A(e^{j\omega})e^{-j\omega n_d},$$

sendo $A(e^{j\omega})$ uma função real de ω. Especifique explicitamente $A(e^{j\omega})$ e o atraso n_d desse sistema.
(c) Esboce um gráfico da magnitude $|H(e^{j\omega})|$ e um gráfico da fase $\angle H(e^{j\omega})$.
(d) Suponha que a entrada do sistema seja

$$x_1[n] = 1 + e^{j0,5\pi n} \quad -\infty < n < \infty.$$

Use a função resposta em frequência para determinar a saída correspondente $y_1[n]$.
(e) Agora suponha que a entrada do sistema seja

$$x_2[n] = (1 + e^{j0,5\pi n})u[n] \quad -\infty < n < \infty.$$

Use a equação de diferenças da definição ou a convolução discreta para determinar a saída correspondente $y_2[n]$ para $-\infty < n < \infty$. Compare $y_1[n]$ e $y_2[n]$. Elas deveriam ser iguais para certos valores de n. Sobre qual intervalo de valores de n elas são iguais?

2.34. Um sistema LIT tem a resposta em frequência

$$H(e^{j\omega}) = \frac{1 - 1{,}25e^{-j\omega}}{1 - 0{,}8e^{-j\omega}} = 1 - \frac{0{,}45e^{-j\omega}}{1 - 0{,}8e^{-j\omega}}.$$

(a) Especifique a equação de diferenças que é satisfeita pela entrada $x[n]$ e pela saída $y[n]$.
(b) Use uma das formas acima da resposta em frequência para determinar a resposta ao impulso $h[n]$.
(c) Mostre que $|H(e^{j\omega})|^2 = G^2$, sendo G uma constante. Determine a constante G. (Este é um exemplo de *filtro passa-tudo* a ser discutido com detalhes no Capítulo 5.)
(d) Se a entrada do sistema acima for $x[n] = \cos(0{,}2\pi n)$, a saída deverá ter a forma $y[n] = A\cos(0{,}2\pi n + \theta)$. Quais os valores de A e θ?

2.35. Um sistema LIT tem a resposta ao impulso dada pelo seguinte gráfico:

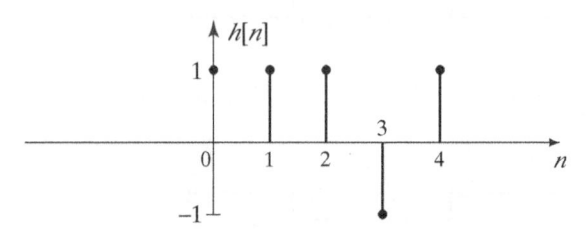

Figura P2.35-1

A entrada do sistema, $x[n]$, é representada a seguir em função de n.

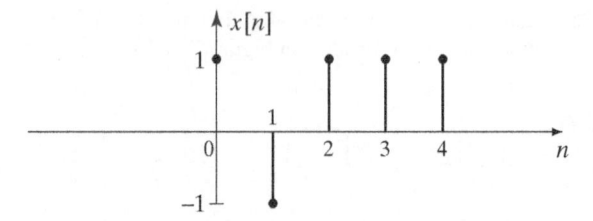

Figura P2.35-2

(a) Use a convolução discreta para determinar a saída do sistema $y[n] = x[n] * h[n]$ para a entrada acima. Dê sua resposta na forma de um esboço de $y[n]$ com a escala cuidadosamente colocada por um intervalo suficiente para defini-la completamente.
(b) A autocorrelação determinística de um sinal $x[n]$ é definida na Equação 2.188 como $c_{xx}[n] = x[n] * x[-n]$. O sistema definido pela Figura P2.35-1 é um *filtro casado* para a entrada na Figura P2.35-2. Observe que $h[n] = x[-(n-4)]$ e expresse a saída do item (a) em termos de $c_{xx}[n]$.
(c) Determine a saída do sistema cuja resposta ao impulso é $h[n]$ quando a entrada for $x[n] = u[n+2]$. Esboce sua resposta.

2.36. Um sistema de tempo discreto LIT tem resposta em frequência dada por

$$H(e^{j\omega}) = \frac{(1-je^{-j\omega})(1+je^{-j\omega})}{1-0{,}8e^{-j\omega}} = \frac{1+e^{-j2\omega}}{1-0{,}8e^{-j\omega}}$$

$$= \frac{1}{1-0{,}8e^{-j\omega}} + \frac{e^{-j2\omega}}{1-0{,}8e^{-j\omega}}.$$

(a) Use uma das formas da resposta em frequência acima para obter uma equação para a resposta ao impulso $h[n]$ do sistema.

(b) A partir da resposta em frequência, determine a equação de diferenças que é satisfeita pela entrada $x[n]$ e pela saída $y[n]$ do sistema.

(c) Se a entrada desse sistema for

$$x[n] = 4 + 2\cos(\omega_0 n) \quad \text{para } -\infty < n < \infty,$$

para que valor de ω_0 a saída será da forma

$$y[n] = A = \text{constante}$$

para $-\infty < n < \infty$? Qual o valor da constante A?

2.37. Considere a cascata de sistemas de tempo discreto LIT mostrada na Figura P2.37.

O primeiro sistema é descrito pela resposta em frequência

$$H_1(e^{j\omega}) = e^{-j\omega} \begin{cases} 0 & |\omega| \leq 0{,}25\pi \\ 1 & 0{,}25\pi < |\omega| \leq \pi \end{cases}$$

e o segundo sistema é descrito por

$$h_2[n] = 2\frac{\text{sen}(0{,}5\pi n)}{\pi n}$$

(a) Determine uma equação que defina a resposta em frequência, $H(e^{j\omega})$, do sistema total no intervalo $-\pi \leq \omega \leq \pi$.

(b) Esboce a magnitude, $|H(e^{j\omega})|$, e a fase, $\angle H(e^{j\omega})$, da resposta em frequência total no intervalo $-\pi \leq \omega \leq \pi$.

(c) Use qualquer meio conveniente para determinar a resposta ao impulso $h[n]$ do sistema em cascata total.

2.38. Considere a cascata de dois sistemas LIT mostrada na Figura P2.38.

As respostas ao impulso dos dois sistemas são:

$$h_1[n] = u[n-5] \quad \text{e} \quad h_2[n] = \begin{cases} 1 & 0 \leq n \leq 4 \\ 0 & \text{caso contrário.} \end{cases}$$

(a) Faça um esboço mostrando tanto $h_2[k]$ quanto $h_1[n-k]$ (para algum $n<0$ qualquer arbitrário) em função de k.

(b) Determine $h[n] = h_1[n] * h_2[n]$, a resposta ao impulso do sistema total. Dê sua resposta como uma equação (ou conjunto de equações) que defina $h[n]$ para $-\infty < n < \infty$ ou como um gráfico de $h[n]$ com as escalas colocadas cuidadosamente, em um intervalo suficiente para defini-la completamente.

2.39. Usando a definição de linearidade [equações 2.23(a)-2.23(b)], mostre que o sistema atraso ideal (Exemplo 2.2) e o sistema média móvel (Exemplo 2.3) são ambos sistemas lineares.

2.40. Determine qual dos seguintes sinais é periódico. Se um sinal for periódico, determine seu período.

(a) $x[n] = e^{j(2\pi n/5)}$
(b) $x[n] = \text{sen}(\pi n/19)$
(c) $x[n] = ne^{j\pi n}$
(d) $x[n] = e^{jn}$.

2.41. Considere um sistema LIT com $|H(e^{j\omega})| = 1$, e seja $\arg[H(e^{j\omega})]$ como mostrado na Figura P2.41. Se a entrada é

$$x[n] = \cos\left(\frac{3\pi}{2}n + \frac{\pi}{4}\right),$$

determine a saída $y[n]$.

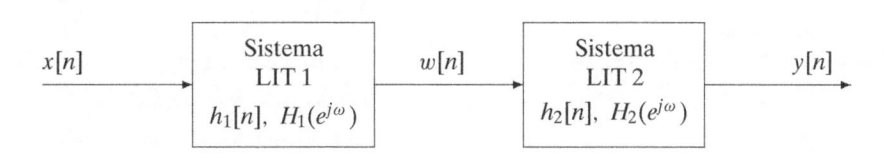

Figura P2.37

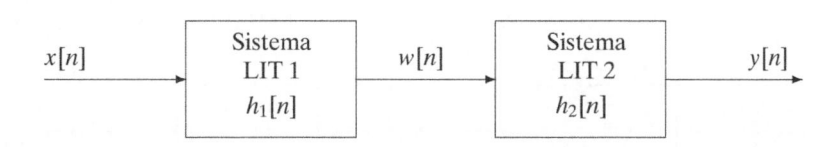

Figura P2.38

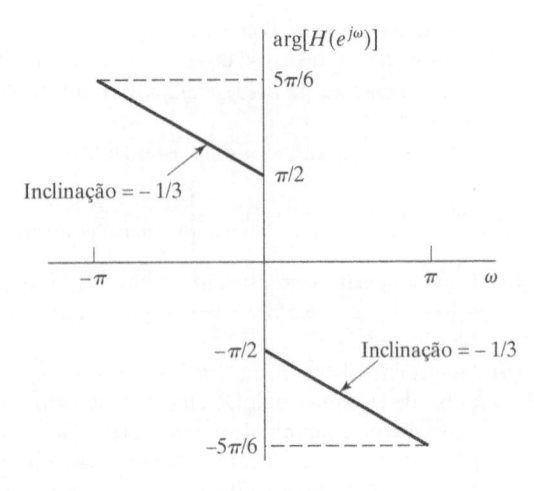

Figura P2.41

2.42. As sequências $s[n]$, $x[n]$ e $w[n]$ são sequências amostras de processos aleatórios estacionários no sentido amplo, sendo

$$s[n] = x[n]w[n].$$

As sequências $x[n]$ e $w[n]$ são de média nula e estatisticamente independentes. A função de autocorrelação de $w[n]$ é

$$E\{w[n]w[n+m]\} = \sigma_w^2 \delta[m],$$

e a variância de $x[n]$ é σ_x^2.
Mostre que $s[n]$ é branco com variância $\sigma_x^2 \sigma_w^2$.

Problemas avançados

2.43. O operador T representa um sistema LIT. Como mostrado nas figuras a seguir, se a entrada do sistema T é $\left(\frac{1}{3}\right)^n u[n]$, a saída do sistema é $g[n]$. Se a entrada é $x[n]$, a saída é $y[n]$.

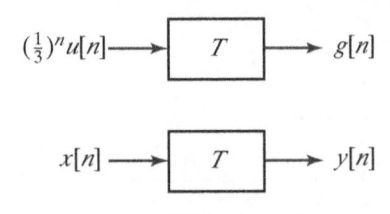

Figura P2.43

Expresse $y[n]$ em termos de $g[n]$ e $x[n]$.

2.44. $X(e^{j\omega})$ denota a transformada de Fourier do sinal complexo $x[n]$, para o qual as partes real e imaginária são dadas na Figura P2.44. (*Nota:* A sequência é nula fora do intervalo mostrado.)

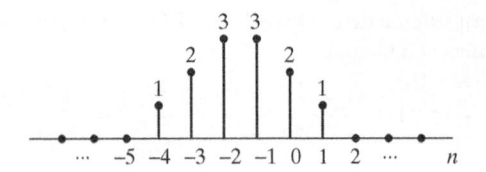

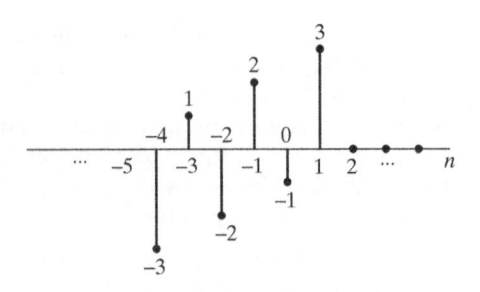

Figura P2.44

Faça os seguintes cálculos sem determinar $X(e^{j\omega})$ explicitamente.
(a) Calcule $X(e^{j\omega})|_{\omega=0}$.
(b) Calcule $X(e^{j\omega})|_{\omega=\pi}$.
(c) Calcule $\int_{-\pi}^{\pi} X(e^{j\omega})\,d\omega$.
(d) Determine e esboce o sinal (no domínio de tempo) cuja transformada de Fourier é $X(e^{-j\omega})$.
(e) Determine e esboce o sinal (no domínio de tempo) cuja transformada de Fourier é $j\,\text{Im}\{X(e^{j\omega})\}$.

2.45. Considere a cascata de sistemas de tempo discreto LIT mostrada na Figura P2.45.
O Sistema 1 é descrito pela equação de diferenças

$$w[n] = x[n] - x[n-1],$$

e o Sistema 2 é descrito por

$$h_2[n] = \frac{\text{sen}(0{,}5\pi n)}{\pi n} \Longleftrightarrow H_2(e^{j\omega}) = \begin{cases} 1 & |\omega| < 0{,}5\pi \\ 0 & 0{,}5\pi < |\omega| < \pi. \end{cases}$$

A entrada $x[n]$ é

$$x[n] = \cos(0{,}4\pi n) + \text{sen}(0{,}6\pi n) + 5\delta[n-2] + 2u[n].$$

Determine a saída total $y[n]$.
(*Raciocinando de forma cuidadosa, você será capaz de usar as propriedades dos sistemas LIT para escrever a resposta por inspeção.*)

2.46. O par TFTD

$$a^n u[n] \Longleftrightarrow \frac{1}{1 - ae^{-j\omega}} \qquad |a| < 1 \qquad \text{(P2.46-1)}$$

é dado.

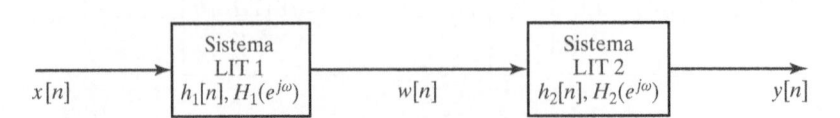

Figura P2.45

(a) Usando a Equação P2.46-1, determine a TFTD, $X(e^{j\omega})$, da sequência

$$x[n] = -b^n u[-n-1] = \begin{cases} -b^n & n \leq -1 \\ 0 & n \geq 0. \end{cases}$$

Que restrição sobre b é necessária para que a TFTD de $x[n]$ exista?

(b) Determine a sequência $y[n]$ cuja TFTD é

$$Y(e^{j\omega}) = \frac{2e^{-j\omega}}{1+2e^{-j\omega}}.$$

2.47. Considere o "sinal cosseno janelado"

$$x[n] = w[n]\cos(\omega_0 n).$$

(a) Determine uma expressão para $X(e^{j\omega})$ em termos de $W(e^{j\omega})$.

(b) Suponha que a sequência $w[n]$ seja a sequência de comprimento finito

$$w[n] = \begin{cases} 1 & -L \leq n \leq L \\ 0 & \text{caso contrário.} \end{cases}$$

Determine a TFTD $W(e^{j\omega})$. *Dica:* Use as tabelas 2.2 e 2.3 para obter uma solução em "forma fechada". Você deverá verificar que $W(e^{j\omega})$ é uma função real de ω.

(c) Esboce a TFTD $X(e^{j\omega})$ para a janela em (b). Para um dado ω_0, como L deverá ser escolhido de modo que seu esboço mostre dois picos distintos?

2.48. Sabe-se que o sistema T na Figura P2.48 é *invariante no tempo*. Quando as entradas do sistema são $x_1[n]$, $x_2[n]$ e $x_3[n]$, as respostas do sistema são $y_1[n]$, $y_2[n]$ e $y_3[n]$, como mostrado.

(a) Determine se o sistema T poderia ser linear.

(b) Se a entrada $x[n]$ do sistema T for $\delta[n]$, qual é a resposta $y[n]$ do sistema?

(c) Quais são as entradas possíveis $x[n]$ para as quais a resposta do sistema T pode ser determinada somente a partir das informações dadas?

2.49. Sabe-se que o sistema L na Figura P2.49 é *linear*. São mostrados três sinais de saída $y_1[n]$, $y_2[n]$ e $y_3[n]$ em resposta aos sinais de entrada $x_1[n]$, $x_2[n]$ e $x_3[n]$, respectivamente.

(a) Determine se o sistema L poderia ser invariante no tempo.

(b) Se a entrada $x[n]$ do sistema L é $\delta[n]$, qual é a resposta $y[n]$ do sistema?

2.50. Na Seção 2.5, enunciamos que a solução para a equação de diferenças homogênea

$$\sum_{k=0}^{N} a_k y_h[n-k] = 0$$

é da forma

$$y_h[n] = \sum_{m=1}^{N} A_m z_m^n \qquad (P2.50\text{-}1)$$

sendo os A_m arbitrários e os z_m as N raízes do polinômio

$$A(z) = \sum_{k=0}^{N} a_k z^{-k}; \qquad (P2.50\text{-}2)$$

isto é,

$$A(z) = \sum_{k=0}^{N} a_k z^{-k} = \prod_{m=1}^{N}(1 - z_m z^{-1}).$$

(a) Determine a forma geral da solução homogênea para a equação de diferenças

$$y[n] - \tfrac{3}{4}y[n-1] + \tfrac{1}{8}y[n-2] = 2x[n-1].$$

(b) Determine os coeficientes A_m na solução homogênea se $y[-1] = 1$ e $y[0] = 0$.

(c) Agora, considere a equação de diferenças

$$y[n] - y[n-1] + \tfrac{1}{4}y[n-2] = 2x[n-1]. \qquad (P2.50\text{-}3)$$

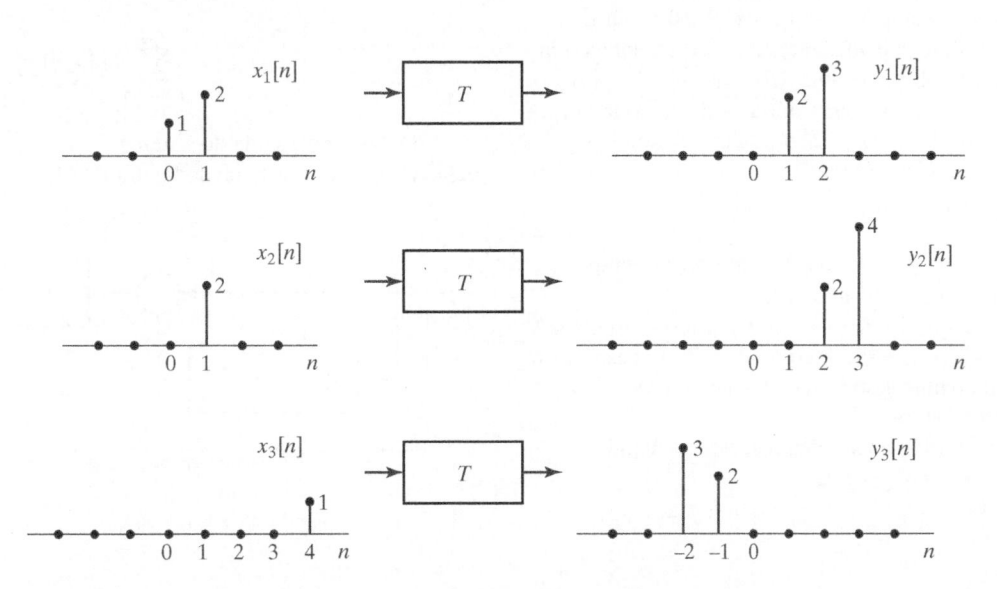

Figura P2.48

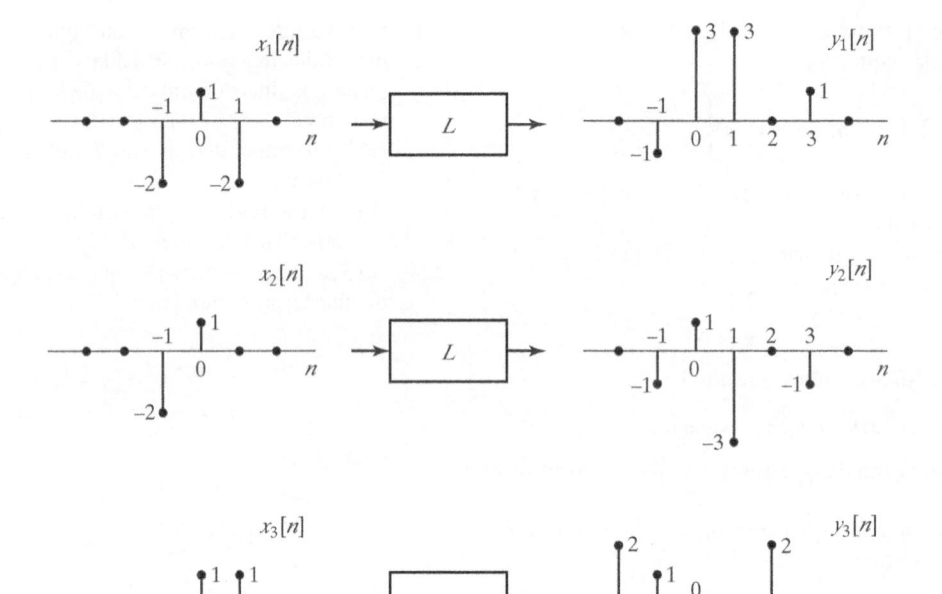

Figura P2.49

Se a solução homogênea contém apenas termos na forma da Equação P2.50-1, mostre que as condições iniciais $y[-1] = 1$ e $y[0] = 0$ não podem ser satisfeitas.

(d) Se a Equação P2.50-2 tem duas raízes que são idênticas, então, no lugar da Equação P2.50-1, $y_h[n]$ tomará a forma

$$y_h[n] = \sum_{m=1}^{N-1} A_m z_m^n + n B_1 z_1^n, \quad \text{(P2.50-4)}$$

em que consideramos que a raiz dupla é z_1. Usando a Equação P2.50-4, determine a forma geral de $y_h[n]$ para a Equação P2.50-3. Verifique explicitamente que a sua resposta satisfaz a Equação P2.50-3 com $x[n] = 0$.

(e) Determine os coeficientes A_1 e B_1 na solução homogênea obtida no item (d) se $y[-1] = 1$ e $y[0] = 0$.

2.51. Considere um sistema com entrada $x[n]$ e saída $y[n]$. A relação entrada-saída para o sistema é definida pelas duas propriedades a seguir:

1. $y[n] - ay[n-1] = x[n]$,
2. $y[0] = 1$.

(a) Determine se o sistema é invariante no tempo.
(b) Determine se o sistema é linear.
(c) Assuma que a equação de diferenças (propriedade 1) permaneça a mesma, mas o valor $y[0]$ seja especificado como nulo. Isso mudaria as suas respostas para os itens (a) ou (b)?

2.52. Considere o sistema LIT com resposta ao impulso

$$h[n] = \left(\frac{j}{2}\right)^n u[n], \quad \text{sendo } j = \sqrt{-1}.$$

Determine a resposta em regime permanente, isto é, a resposta para um n grande, à excitação

$$x[n] = \cos(\pi n) u[n].$$

2.53. Um sistema LIT tem resposta em frequência

$$H(e^{j\omega}) = \begin{cases} e^{-j\omega 3}, & |\omega| < \frac{2\pi}{16}\left(\frac{3}{2}\right), \\ 0, & \frac{2\pi}{16}\left(\frac{3}{2}\right) \leq |\omega| \leq \pi. \end{cases}$$

A entrada do sistema é um trem periódico de impulsos unitários com período $N = 16$; isto é,

$$x[n] = \sum_{k=-\infty}^{\infty} \delta[n + 16k].$$

Determine a saída do sistema.

2.54. Considere o sistema da Figura P2.54.

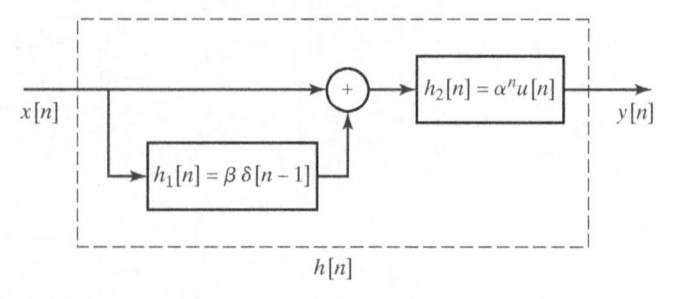

Figura P2.54

(a) Determine a resposta ao impulso $h[n]$ do sistema total.
(b) Determine a resposta em frequência do sistema total.
(c) Especifique uma equação de diferenças que relacione a saída $y[n]$ à entrada $x[n]$.
(d) Esse sistema é causal? Sob que condição o sistema seria estável?

2.55. Seja $X(e^{j\omega})$ a transformada de Fourier do sinal $x[n]$ mostrado na Figura P2.55. Faça os seguintes cálculos sem determinar $X(e^{j\omega})$ explicitamente:
(a) Calcule $X(e^{j\omega})|_{\omega=0}$.
(b) Calcule $X(e^{j\omega})|_{\omega=\pi}$.
(c) Encontre $\angle X(e^{j\omega})$.
(d) Calcule $\int_{-\pi}^{\pi} X(e^{j\omega})\, d\omega$.
(e) Determine e esboce o sinal cuja transformada de Fourier é $X(e^{-j\omega})$.
(f) Determine e esboce o sinal cuja transformada de Fourier é $\mathcal{R}e\{X(e^{j\omega})\}$.

2.56. Para o sistema da Figura P2.56, determine a saída $y[n]$ quando a entrada $x[n]$ for $\delta[n]$ e $H(e^{j\omega})$ for um filtro passa-baixas ideal, como indicado, isto é,

$$H(e^{j\omega}) = \begin{cases} 1, & |\omega| < \pi/2, \\ 0, & \pi/2 < |\omega| \le \pi. \end{cases}$$

2.57. Uma sequência tem a TFTD

$$X(e^{j\omega}) = \frac{1-a^2}{(1-ae^{-j\omega})(1-ae^{j\omega})}, \qquad |a| < 1.$$

(a) Encontre a sequência $x[n]$.
(b) Calcule $1/2\pi \int_{-\pi}^{\pi} X(e^{j\omega})\cos(\omega)\,d\omega$.

2.58. Um sistema LIT é descrito pela relação entrada-saída

$$y[n] = x[n] + 2x[n-1] + x[n-2].$$

(a) Determine $h[n]$, a resposta ao impulso do sistema.
(b) Esse é um sistema estável?
(c) Determine $H(e^{j\omega})$, a resposta em frequência do sistema. Use identidades trigonométricas para obter uma expressão simples para $H(e^{j\omega})$.
(d) Esboce a magnitude e a fase da resposta em frequência.
(e) Agora, considere um novo sistema cuja resposta em frequência seja $H_1(e^{j\omega}) = H(e^{j(\omega+\pi)})$. Determine $h_1[n]$, a resposta ao impulso do novo sistema.

2.59. Considere que o sinal de tempo discreto real $x[n]$ com transformada de Fourier $X(e^{j\omega})$ seja a entrada de um sistema com a saída definida por

$$y[n] = \begin{cases} x[n], & \text{se } n \text{ for par}, \\ 0, & \text{caso contrário}. \end{cases}$$

(a) Esboce o sinal de tempo discreto $s[n] = 1 + \cos(\pi n)$ e sua transformada de Fourier (generalizada) $S(e^{j\omega})$.
(b) Expresse $Y(e^{j\omega})$, a transformada de Fourier da saída, em função de $X(e^{j\omega})$ e $S(e^{j\omega})$.
(c) Suponha que seja de interesse aproximar $x[n]$ pelo sinal interpolado $w[n] = y[n] + (1/2)(y[n+1] + y[n-1])$. Determine a transformada de Fourier $W(e^{j\omega})$ em função de $Y(e^{j\omega})$.
(d) Esboce $X(e^{j\omega})$, $Y(e^{j\omega})$ e $W(e^{j\omega})$ para o caso em que $x[n] = \text{sen}(\pi n/a)/(\pi n/a)$ e $a > 1$. Sob que condições o sinal interpolado proposto $w[n]$ é uma boa aproximação para o $x[n]$ original?

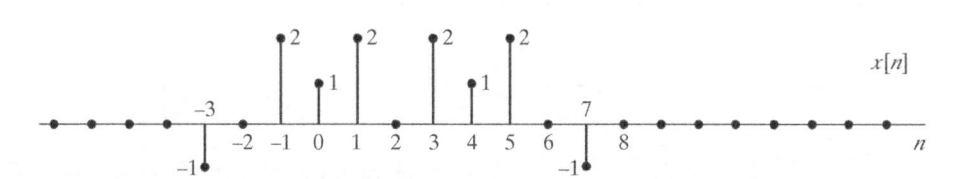

Figura P2.55

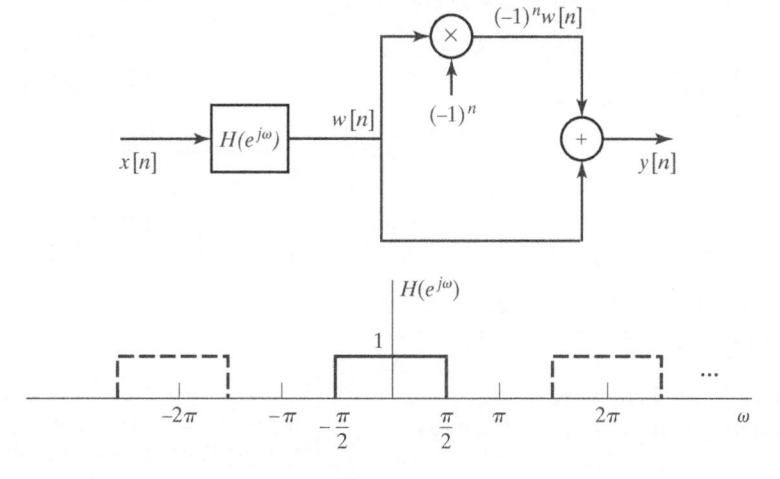

Figura P2.56

2.60. Considere um sistema LIT de tempo discreto com resposta em frequência $H(e^{j\omega})$ e resposta ao impulso correspondente $h[n]$.

(a) Primeiro, são dadas as três informações a seguir sobre o sistema:
 (i) O sistema é causal.
 (ii) $H(e^{j\omega}) = H^*(e^{-j\omega})$.
 (iii) A TFTD da sequência $h[n+1]$ é real.

Usando essas três informações, mostre que o sistema tem uma resposta ao impulso de duração finita.

(b) Além dessas três informações, agora recebemos mais duas informações:
 (iv) $\frac{1}{2\pi}\int_{-\pi}^{\pi} H(e^{j\omega})d\omega = 2.$
 (v) $H(e^{j\pi}) = 0.$

Existe informação suficiente para identificar unicamente o sistema? Se houver, determine a resposta ao impulso $h[n]$. Se não, especifique o máximo que você puder sobre a sequência $h[n]$.

2.61. Considere as três sequências

$$v[n] = u[n] - u[n-6],$$
$$w[n] = \delta[n] + 2\delta[n-2] + \delta[n-4],$$
$$q[n] = v[n] * w[n].$$

(a) Encontre e esboce a sequência $q[n]$.
(b) Encontre e esboce a sequência $r[n]$ tal que

$$r[n] * v[n] = \sum_{k=-\infty}^{n-1} q[k].$$

(c) É verdadeiro que $q[-n] = v[-n] * w[-n]$? Justifique sua resposta.

2.62. Considere um sistema LIT com resposta em frequência

$$H(e^{j\omega}) = e^{-j[(\omega/2) + (\pi/4)]}, \quad -\pi < \omega \le \pi.$$

Determine $y[n]$, a saída desse sistema, se a entrada for

$$x[n] = \cos\left(\frac{15\pi n}{4} - \frac{\pi}{3}\right)$$

para todo n.

2.63. Considere um sistema S com entrada $x[n]$ e saída $y[n]$ relacionadas de acordo com o diagrama de blocos da Figura P2.63-1.

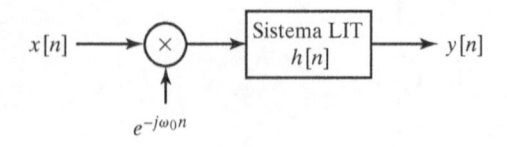

Figura P2.63-1

A entrada $x[n]$ é multiplicada por $e^{-j\omega_0 n}$, e o produto passa por um sistema LIT estável com resposta ao impulso $h[n]$.

(a) O sistema S é linear? Justifique sua resposta.
(b) O sistema S é invariante no tempo? Justifique sua resposta.
(c) O sistema S é estável? Justifique sua resposta.
(d) Especifique um sistema C tal que o diagrama de blocos na Figura P2.63-2 represente um modo alternativo de expressar a relação entrada-saída do sistema S. (*Nota:* O sistema C não precisa ser um sistema LIT.)

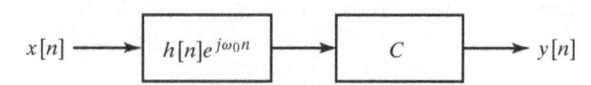

Figura P2.63-2

2.64. Considere um filtro passa-baixas ideal com resposta ao impulso $h_{lp}[n]$ e resposta em frequência

$$H_{lp}(e^{j\omega}) = \begin{cases} 1, & |\omega| < 0{,}2\pi, \\ 0, & 0{,}2\pi \le |\omega| \le \pi. \end{cases}$$

(a) Um novo filtro é definido pela equação $h_1[n] = (-1)^n h_{lp}[n] = e^{j\pi n}h_{lp}[n]$. Determine uma equação para a resposta em frequência de $H_1(e^{j\omega})$ e faça um gráfico dessa equação para $|\omega| < \pi$. Que tipo de filtro é esse?

(b) Um segundo filtro é definido pela equação $h_2[n] = 2h_{lp}[n]\cos(0{,}5\pi n)$. Determine a equação para a resposta em frequência $H_2(e^{j\omega})$ e esboce essa equação para $|\omega| < \pi$. Que tipo de filtro é esse?

(c) Um terceiro filtro é definido pela equação

$$h_3[n] = \frac{\text{sen}(0{,}1\pi n)}{\pi n}h_{lp}[n].$$

Determine a equação para a resposta em frequência $H_3(e^{j\omega})$ e esboce a equação para $|\omega| < \pi$. Que tipo de filtro é esse?

2.65. O sistema LIT

$$H(e^{j\omega}) = \begin{cases} -j, & 0 < \omega < \pi, \\ j, & -\pi < \omega < 0, \end{cases}$$

é chamado de deslocador de fase 90° e é usado para gerar o que é conhecido como um sinal analítico $w[n]$, como mostrado na Figura P2.65-1. Especificamente, um sinal analítico $w[n]$ é um sinal complexo para o qual

$$\mathcal{R}e\{w[n]\} = x[n],$$
$$\mathcal{I}m\{w[n]\} = y[n].$$

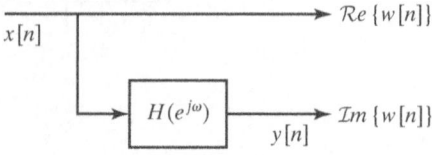

Figura P2.65-1

Se $\mathcal{R}e\{X(e^{j\omega})\}$ é como mostrado na Figura P2.65-2 e $\mathcal{I}m\{X(e^{j\omega})\} = 0$, determine e esboce $W(e^{j\omega})$, a transformada de Fourier do sinal analítico $w[n] = x[n] + jy[n]$.

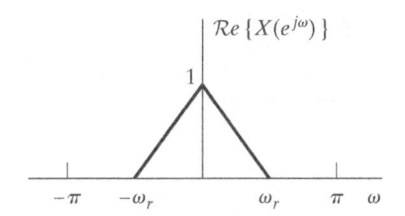

Figura P2.65-2

2.66. A sequência de autocorrelação de um sinal $x[n]$ é definida como

$$R_x[n] = \sum_{k=-\infty}^{\infty} x^*[k]x[n+k].$$

(a) Mostre que, para uma escolha apropriada do sinal $g[n]$, $R_x[n] = x[n] * g[n]$, e identifique a escolha apropriada para $g[n]$.

(b) Mostre que a transformada de Fourier de $R_x[n]$ é igual a $|X(e^{j\omega})|^2$.

2.67. Os sinais $x[n]$ e $y[n]$ mostrados na Figura P2.67-1 são a entrada e a saída correspondente para um sistema LIT.

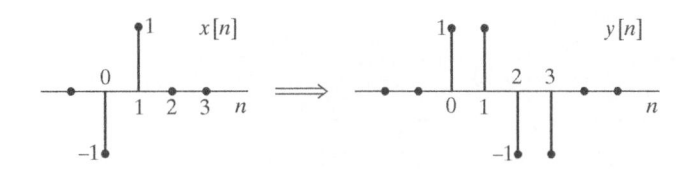

Figura P2.67-1

(a) Encontre a resposta do sistema para a sequência $x_2[n]$ na Figura P2.67-2.

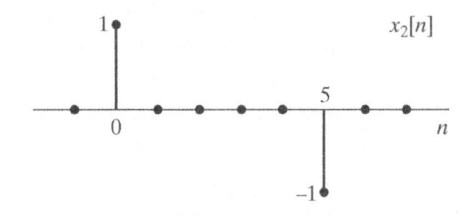

Figura P2.67-2

(b) Encontre a resposta ao impulso $h[n]$ para esse sistema LIT.

2.68. Considere um sistema para o qual a entrada $x[n]$ e a saída $y[n]$ satisfaçam a equação de diferenças

$$y[n] - \frac{1}{2}y[n-1] = x[n]$$

e para o qual restringe-se $y[-1]$ a ser nulo para toda entrada. Determine se o sistema é estável ou não. Se você concluir que o sistema é estável, mostre seu raciocínio. Se você concluir que o sistema não é estável, dê um exemplo de uma entrada limitada que resulte em uma saída não limitada.

Problemas de extensão

2.69. A causalidade de um sistema foi definida na Seção 2.2.4. Por essa definição, mostre que, para um sistema LIT, a causalidade implica que a resposta ao impulso $h[n]$ é nula para $n < 0$. Uma abordagem é mostrar que, se $h[n]$ não for nula para $n < 0$, então o sistema não pode ser causal. Mostre também que, se a resposta ao impulso for nula para $n < 0$, então o sistema será necessariamente causal.

2.70. Considere um sistema de tempo discreto com entrada $x[n]$ e saída $y[n]$. Quando a entrada é

$$x[n] = \left(\frac{1}{4}\right)^n u[n],$$

a saída é

$$y[n] = \left(\frac{1}{2}\right)^n \text{ para todo } n.$$

Determine qual das seguintes afirmações é correta:
- O sistema deve ser LIT.
- O sistema pode ser LIT.
- O sistema não pode ser LIT.

Se a sua resposta for que o sistema deve ser ou pode ser LIT, dê uma possível resposta ao impulso. Se a sua resposta é que o sistema não pode ser LIT, explique claramente por que não.

2.71. Considere um sistema LIT cuja resposta em frequência é

$$H(e^{j\omega}) = e^{-j\omega/2}, \quad |\omega| < \pi.$$

Determine se o sistema é causal ou não. Mostre seu raciocínio.

2.72. Na Figura P2.72, duas sequências $x_1[n]$ e $x_2[n]$ são mostradas. As duas sequências são nulas para todo n fora das regiões mostradas. As transformadas de Fourier dessas sequências são $X_1(e^{j\omega})$ e $X_2(e^{j\omega})$, que, em geral, espera-se que sejam complexas e que podem ser escritas na forma

$$X_1(e^{j\omega}) = A_1(\omega)e^{j\theta_1(\omega)},$$
$$X_2(e^{j\omega}) = A_2(\omega)e^{j\theta_2(\omega)},$$

sendo $A_1(\omega)$, $\theta_1(\omega)$, $A_2(\omega)$ e $\theta_2(\omega)$ funções reais escolhidas de modo que tanto $A_1(\omega)$ quanto $A_2(\omega)$ sejam não negativas em $\omega = 0$, mas que fora isso podem assumir valores positivos e negativos. Determine escolhas apropriadas para $\theta_1(\omega)$ e $\theta_2(\omega)$ e esboce essas duas funções de fases no intervalo $0 < \omega < 2\pi$.

2.73. Considere a cascata de sistemas de tempo discreto na Figura P2.73. Os sistemas de reflexão no tempo são definidos pelas equações $f[n] = e[-n]$ e $y[n] = g[-n]$. Suponha para este problema que $x[n]$ e $h_1[n]$ sejam sequências reais.

(a) Expresse $E(e^{j\omega})$, $F(e^{j\omega})$, $G(e^{j\omega})$ e $Y(e^{j\omega})$ em termos de $X(e^{j\omega})$ e $H_1(e^{j\omega})$.

(b) O resultado do item (a) deveria convencê-lo de que o sistema total é LIT. Encontre a resposta em frequência $H(e^{j\omega})$ do sistema total.

(c) Determine uma expressão para a resposta ao impulso $h[n]$ do sistema total em termos de $h_1[n]$.

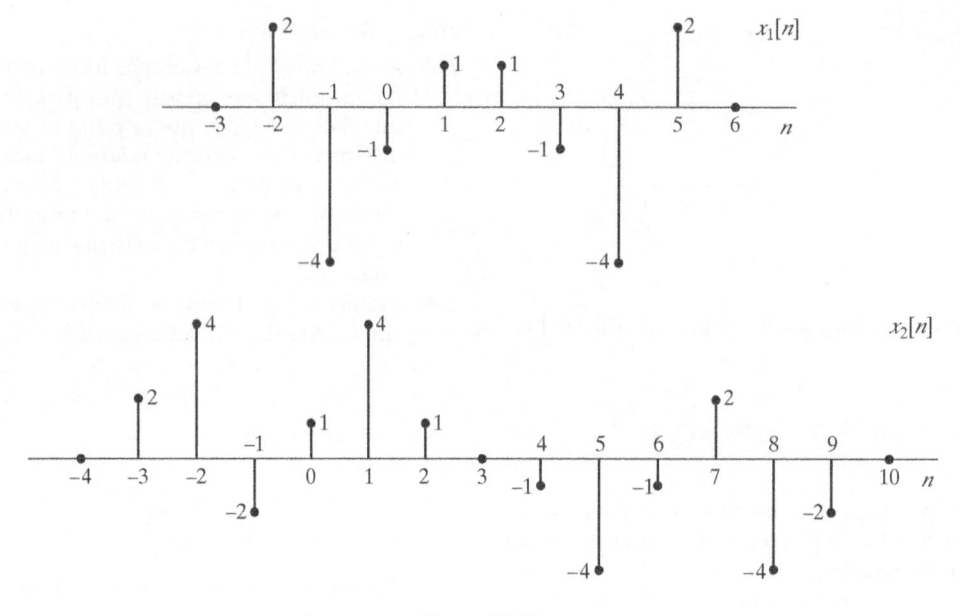

Figura P2.72

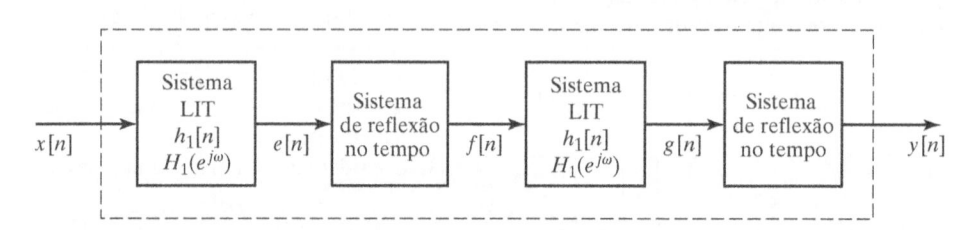

Figura P2.73

2.74. Pode-se mostrar que o sistema total na caixa tracejada na Figura P2.74 é linear e invariante no tempo.
   (a) Determine uma expressão para $H(e^{j\omega})$, a resposta em frequência do sistema total da entrada $x[n]$ até a saída $y[n]$, em termos de $H_1(e^{j\omega})$, a resposta em frequência do sistema LIT interno. Lembre-se de que $(-1)^n = e^{j\pi n}$.
   (b) Faça um gráfico de $H(e^{j\omega})$ para o caso em que a resposta em frequência do sistema LIT interno seja

$$H_1(e^{j\omega}) = \begin{cases} 1, & |\omega| < \omega_c, \\ 0, & \omega_c < |\omega| \leq \pi. \end{cases}$$

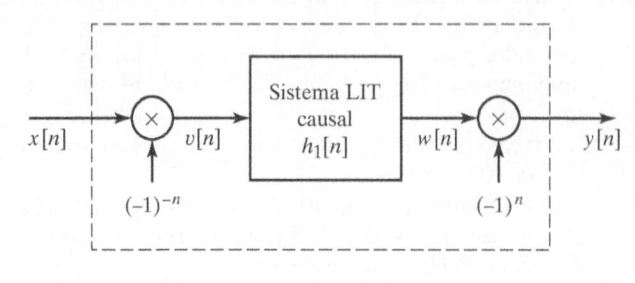

Figura P2.74

2.75. Na Figura P2.75-1 são mostradas as relações entrada-saída dos sistemas A e B, enquanto a Figura P2.75-2 contém duas possíveis associações em cascata desses sistemas.

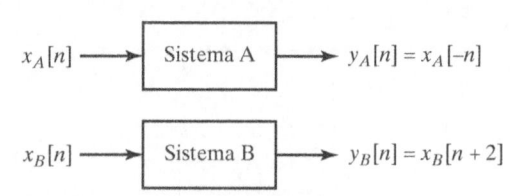

$x_A[n] \rightarrow$ Sistema A $\rightarrow y_A[n] = x_A[-n]$

$x_B[n] \rightarrow$ Sistema B $\rightarrow y_B[n] = x_B[n+2]$

Figura P2.75-1

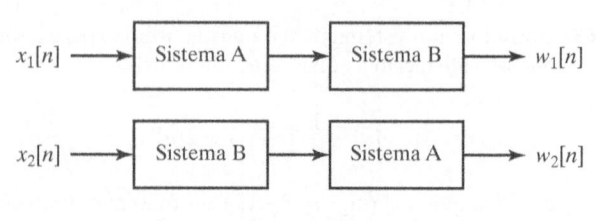

Figura P2.75-2

Se $x_1[n] = x_2[n]$, $w_1[n]$ e $w_2[n]$ serão necessariamente iguais? Se a sua resposta for *sim*, explique clara e concisamente por que e demonstre com um exemplo. Se a sua resposta for *não necessariamente*, demonstre com um contraexemplo.

2.76. Considere o sistema da Figura P2.76, em que os subsistemas S_1 e S_2 são LIT.

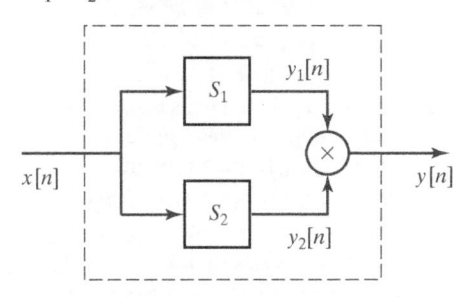

Figura P2.76

(a) O sistema total delimitado pela caixa tracejada, com entrada $x[n]$ e saída $y[n]$ igual ao produto de $y_1[n]$ e $y_2[n]$, é garantidamente um sistema LIT? Em caso positivo, explique seu raciocínio. Se não, forneça um contraexemplo.

(b) Suponha que S_1 e S_2 tenham respostas em frequência $H_1(e^{j\omega})$ e $H_2(e^{j\omega})$ que sabe-se serem nulas em certas regiões. Sejam

$$H_1(e^{j\omega}) = \begin{cases} 0, & |\omega| \leq 0{,}2\pi, \\ \text{não especificado}, & 0{,}2\pi < |\omega| \leq \pi, \end{cases}$$

$$H_2(e^{j\omega}) = \begin{cases} \text{não especificado}, & |\omega| \leq 0{,}4\pi, \\ 0, & 0{,}4\pi < |\omega| \leq \pi. \end{cases}$$

Suponha também que saibamos que a entrada $x[n]$ é limitada em banda a $0{,}3\pi$, isto é,

$$X(e^{j\omega}) = \begin{cases} \text{não especificado}, & |\omega| < 0{,}3\pi, \\ 0, & 0{,}3\pi \leq |\omega| \leq \pi. \end{cases}$$

Sobre qual região de $-\pi \leq \omega < \pi$, $Y(e^{j\omega})$, a TFTD de $y[n]$, é nula?

2.77. Uma operação numérica comumente usada, chamada de primeira diferença regressiva, é definida como

$$y[n] = \nabla(x[n]) = x[n] - x[n-1],$$

sendo $x[n]$ a entrada e $y[n]$ a saída do sistema de primeira diferença regressiva.

(a) Mostre que esse sistema é linear e invariante no tempo.

(b) Encontre a resposta ao impulso do sistema.

(c) Encontre e esboce a resposta em frequência (magnitude e fase).

(d) Mostre que, se

$$x[n] = f[n] * g[n],$$

então

$$\nabla(x[n]) = \nabla(f[n]) * g[n] = f[n] * \nabla(g[n]).$$

(e) Encontre a resposta ao impulso de um sistema que poderia ser colocado em cascata com o sistema de primeira diferença para recuperar a entrada; isto é, encontre $h_i[n]$, tal que

$$h_i[n] * \nabla(x[n]) = x[n].$$

2.78. Considere que $H(e^{j\omega})$ denote a resposta em frequência de um sistema LIT com resposta ao impulso $h[n]$, sendo $h[n]$, em geral, complexa.

(a) Usando a Equação 2.104, mostre que $H^*(e^{-j\omega})$ é a resposta em frequência de um sistema com resposta ao impulso $h^*[n]$.

(b) Mostre que, se $h[n]$ é real, a resposta em frequência é simétrica conjugada, isto é, $H(e^{-j\omega}) = H^*(e^{j\omega})$.

2.79. Considere que $X(e^{j\omega})$ denote a transformada de Fourier de $x[n]$. Usando as equações de síntese ou análise da transformada de Fourier (equações 2.130 e 2.131), mostre que

(a) a transformada de Fourier de $x^*[n]$ é $X^*(e^{-j\omega})$,

(b) a transformada de Fourier de $x^*[-n]$ é $X^*(e^{j\omega})$.

2.80. Mostre que, para $x[n]$ real, a propriedade 7 na Tabela 2.1 segue da propriedade 1 e que as propriedades 8-11 seguem da propriedade 7.

2.81. Na Seção 2.9, enunciamos uma série de teoremas da transformada de Fourier sem prova. Usando as equações de síntese ou análise de Fourier (equações 2.130 e 2.131), demonstre a validade dos teoremas 1-5 na Tabela 2.2.

2.82. Na Seção 2.9.6, argumentou-se intuitivamente que

$$Y(e^{j\omega}) = H(e^{j\omega})X(e^{j\omega}), \qquad \text{(P2.82-1)}$$

quando $Y(e^{j\omega})$, $H(e^{j\omega})$ e $X(e^{j\omega})$ são, respectivamente, as transformadas de Fourier da saída $y[n]$, da resposta ao impulso $h[n]$ e da entrada $x[n]$ de um sistema LIT; isto é,

$$y[n] = \sum_{k=-\infty}^{\infty} x[k]h[n-k]. \qquad \text{(P2.82-2)}$$

Verifique a Equação P2.82-1 aplicando a transformada de Fourier à soma de convolução dada na Equação P2.82-2.

2.83. Aplicando a equação da síntese de Fourier (Equação 2.130 à Equação 2.167) e usando o Teorema 3 da Tabela 2.2, demonstre a validade do teorema da modulação (Teorema 7, Tabela 2.2).

2.84. Considere que $x[n]$ e $y[n]$ denotem sequências complexas e $X(e^{j\omega})$ e $Y(e^{j\omega})$, suas respectivas transformadas de Fourier.

(a) Usando o teorema da convolução (Teorema 6 na Tabela 2.2) e propriedades apropriadas da Tabela 2.2, determine, em termos de $x[n]$ e $y[n]$, a sequência cuja transformada de Fourier é $X(e^{j\omega})Y^*(e^{j\omega})$.

(b) Usando o resultado do item (a), mostre que

$$\sum_{n=-\infty}^{\infty} x[n]y^*[n] = \frac{1}{2\pi}\int_{-\pi}^{\pi} X(e^{j\omega})Y^*(e^{j\omega})d\omega. \text{ (P2.84-1)}$$

A Equação P2.84-1 é uma forma mais geral do teorema de Parseval, como dado na Seção 2.9.5.

(c) Usando a Equação P2.84-1, determine o valor numérico da soma

$$\sum_{n=-\infty}^{\infty} \frac{\text{sen}(\pi n/4)}{2\pi n} \frac{\text{sen}(\pi n/6)}{5\pi n}.$$

2.85. Sejam $x[n]$ e $X(e^{j\omega})$ uma sequência e sua transformada de Fourier, respectivamente. Determine, em termos de

$X(e^{j\omega})$, as transformadas de $y_s[n]$, $y_d[n]$ e $y_e[n]$ definidas a seguir. Em cada caso, esboce a correspondente transformada de Fourier da saída $Y_s(e^{j\omega})$, $Y_d(e^{j\omega})$ e $Y_e(e^{j\omega})$, respectivamente para $X(e^{j\omega})$ como mostrado na Figura P2.85.

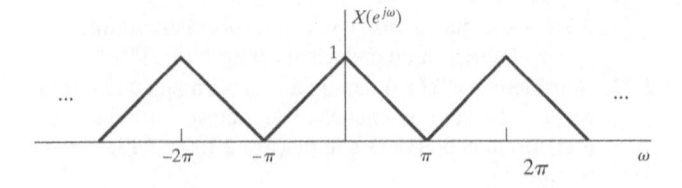

Figura P2.85

(a) Amostrador:
$$y_s[n] = \begin{cases} x[n], & n \text{ par,} \\ 0, & n \text{ ímpar.} \end{cases}$$

Note que $y_s[n] = \frac{1}{2}\{x[n] + (-1)^n x[n]\}$ e $-1 = e^{j\pi}$.

(b) Compressor:
$$y_d[n] = x[2n].$$

(c) Expansor:
$$y_e[n] = \begin{cases} x[n/2], & n \text{ par,} \\ 0, & n \text{ ímpar.} \end{cases}$$

2.86. A função de correlação de duas frequências $\Phi_x(N, \omega)$ é muitas vezes usada em radares e sonares para calcular a resolução da frequência e do tempo de viagem de um sinal. Para sinais de tempo discreto, definimos

$$\Phi_x(N, \omega) = \sum_{n=-\infty}^{\infty} x[n+N]x^*[n-N]e^{-j\omega n}.$$

(a) Mostre que
$$\Phi_x(-N, -\omega) = \Phi_x^*(N, \omega).$$

(b) Se
$$x[n] = A\, a^n u[n], \quad 0 < a < 1,$$
encontre $\Phi_x(N, \omega)$. (Assuma que $N \geq 0$.)

(c) A função $\Phi_x(N, \omega)$ tem um dual no domínio da frequência. Mostre que

$$\Phi_x(N, \omega) = \frac{1}{2\pi}\int_{-\pi}^{\pi} X(e^{j[\nu+(\omega/2)]})X^*(e^{j[\nu-(\omega/2)]})e^{j2\nu N}d\nu.$$

2.87. Considere que $x[n]$ e $y[n]$ sejam sinais aleatórios estacionários, não correlacionados. Mostre que, se

$$w[n] = x[n] + y[n],$$

então

$$m_w = m_x + m_y \quad \text{e} \quad \sigma_w^2 = \sigma_x^2 + \sigma_y^2.$$

2.88. Seja $e[n]$ uma sequência ruído branco, e seja $s[n]$ uma sequência que é não correlacionada com $e[n]$. Mostre que a sequência

$$y[n] = s[n]e[n]$$

é branca, isto é, que

$$E\{y[n]y[n+m]\} = A\,\delta[m],$$

sendo A uma constante.

2.89. Considere um sinal aleatório $x[n] = s[n] + e[n]$, em que tanto $s[n]$ quanto $e[n]$ são sinais aleatórios estacionários de média nula independentes com funções de autocorrelação $\phi_{ss}[m]$ e $\phi_{ee}[m]$, respectivamente.
(a) Determine expressões para $\phi_{xx}[m]$ e $\Phi_{xx}(e^{j\omega})$.
(b) Determine expressões para $\phi_{xe}[m]$ e $\Phi_{xe}(e^{j\omega})$.
(c) Determine expressões para $\phi_{xs}[m]$ e $\Phi_{xs}(e^{j\omega})$.

2.90. Considere um sistema LIT com resposta ao impulso $h[n] = a^n u[n]$ com $|a| < 1$.
(a) Calcule a função de autocorrelação determinística $\phi_{hh}[m]$ para essa resposta ao impulso.
(b) Determine a função de magnitude ao quadrado $|H(e^{j\omega})|^2$ para o sistema.
(c) Use o teorema de Parseval para calcular a integral

$$\frac{1}{2\pi}\int_{-\pi}^{\pi}|H(e^{j\omega})|^2 d\omega$$

para o sistema.

2.91. A entrada para o sistema de primeira diferença regressiva (Exemplo 2.9) é um sinal ruído branco de média nula, cuja função de autocorrelação é $\phi_{xx}[m] = \sigma_x^2 \delta[m]$.
(a) Determine e faça um gráfico da função de autocorrelação e do espectro de potência da correspondente saída do sistema.
(b) Qual é a potência média da saída do sistema?
(c) O que este problema lhe diz sobre a primeira diferença regressiva de um sinal ruído?

2.92. Seja $x[n]$ um processo ruído branco real, estacionário, com média nula e variância σ_x^2. Seja $y[n]$ a saída correspondente quando $x[n]$ é a entrada de um sistema LIT com resposta ao impulso $h[n]$. Mostre que
(a) $E\{x[n]y[n]\} = h[0]\sigma_x^2$,
(b) $\sigma_y^2 = \sigma_x^2 \sum_{n=-\infty}^{\infty} h^2[n]$.

2.93. Seja $x[n]$ uma sequência ruído branco real estacionária, com média nula e variância σ_x^2. Seja $x[n]$ a entrada para a cascata de dois sistemas de tempo discreto LIT causais, como mostrado na Figura P2.93.

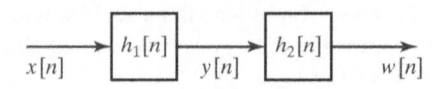

Figura P2.93

(a) É verdadeiro que $\sigma_y^2 = \sigma_x^2 \sum_{k=0}^{\infty} h_1^2[k]$?
(b) É verdadeiro que $\sigma_w^2 = \sigma_y^2 \sum_{k=0}^{\infty} h_2^2[k]$?
(c) Seja $h_1[n] = a^n u[n]$ e $h_2[n] = b^n u[n]$. Determine a resposta ao impulso do sistema total na Figura P2.93 e, a partir dela, determine σ_w^2. Suas respostas para os itens (b) e (c) são consistentes?

2.94. Às vezes, estamos interessados no comportamento estatístico de um sistema LIT quando a entrada é um sinal aleatório aplicado abruptamente. Essa situação é representada na Figura P2.94.

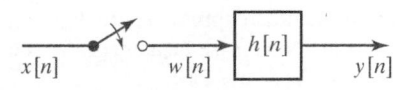

Figura P2.94 (chave fechada em $n = 0$)

Seja $x[n]$ um processo ruído branco estacionário. A entrada do sistema, $w[n]$, dada por

$$w[n] = \begin{cases} x[n], & n \geq 0, \\ 0, & n < 0, \end{cases}$$

é um processo não estacionário, como a saída $y[n]$.
(a) Deduza uma expressão para a média da saída em termos da média da entrada.
(b) Deduza uma expressão para a sequência de autocorrelação $\phi_{yy}[n_1, n_2]$ da saída.
(c) Mostre que, para n grande, as fórmulas deduzidas nos itens (a) e (b) aproximam-se dos resultados para as entradas estacionárias.
(d) Assuma que $h[n] = a^n u[n]$. Encontre a média e o valor médio quadrático da saída em termos da média e do valor médio quadrático da entrada. Esboce esses parâmetros em função de n.

2.95. Sejam $x[n]$ e $y[n]$, respectivamente, a entrada e a saída de um sistema. A relação entrada-saída de um sistema algumas vezes usado para fins de redução de ruído em imagens é dada por

$$y[n] = \frac{\sigma_s^2[n]}{\sigma_x^2[n]}(x[n] - m_x[n]) + m_x[n],$$

em que

$$\sigma_x^2[n] = \frac{1}{3}\sum_{k=n-1}^{n+1}(x[k] - m_x[n])^2,$$

$$m_x[n] = \frac{1}{3}\sum_{k=n-1}^{n+1} x[k],$$

$$\sigma_s^2[n] = \begin{cases} \sigma_x^2[n] - \sigma_w^2, & \sigma_x^2[n] \geq \sigma_w^2, \\ 0, & \text{caso contrário,} \end{cases}$$

e σ_w^2 é uma constante conhecida proporcional à potência do ruído.
(a) O sistema é linear?
(b) O sistema é invariante a deslocamento?
(c) O sistema é estável?
(d) O sistema é causal?
(e) Para um $x[n]$ fixo, determine $y[n]$ quando σ_w^2 tem um valor muito alto (alta potência de ruído) e quando σ_w^2 tem valor muito baixo (baixa potência de ruído). Os resultados $y[n]$ fazem sentido para esses casos extremos?

2.96. Considere um processo aleatório $x[n]$ que seja a resposta do sistema LIT mostrado na Figura P2.96. Na figura, $w[n]$ representa um processo ruído branco estacionário com média nula e com $E\{w^2[n]\} = \sigma_w^2$.

$$H(e^{j\omega}) = \frac{1}{1 - 0{,}5\,e^{-j\omega}}$$

Figura P2.96

(a) Expresse $\mathcal{E}\{x^2[n]\}$ em termos de $\phi_{xx}[n]$ ou $\Phi_{xx}(e^{j\omega})$.
(b) Determine $\Phi_{xx}(e^{j\omega})$, a densidade espectral de potência de $x[n]$.
(c) Determine $\phi_{xx}[n]$, a função de correlação de $x[n]$.

2.97. Considere um sistema LIT cuja resposta ao impulso seja real e dada por $h[n]$. Suponha que as respostas do sistema às duas entradas $x[n]$ e $v[n]$ sejam, respectivamente, $y[n]$ e $z[n]$, como mostrado na Figura P2.97.

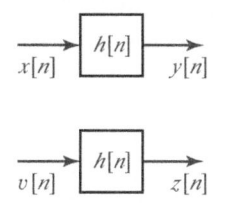

Figura P2.97

As entradas $x[n]$ e $v[n]$ na figura representam processos aleatórios estacionários de média nula com funções de autocorrelação $\phi_{xx}[n]$ e $\phi_{vv}[n]$, função de correlação cruzada $\phi_{xv}[n]$, espectros de potência $\Phi_{xx}(e^{j\omega})$ e $\Phi_{vv}(e^{j\omega})$ e espectro de potência cruzada $\Phi_{xv}(e^{j\omega})$.
(a) Dados $\phi_{xx}[n]$, $\phi_{vv}[n]$, $\phi_{xv}[n]$, $\Phi_{xx}(e^{j\omega})$, $\Phi_{vv}(e^{j\omega})$ e $\Phi_{xv}(e^{j\omega})$, determine $\Phi_{yz}(e^{j\omega})$, o espectro de potência cruzada de $y[n]$ e $z[n]$, sendo $\Phi_{yz}(e^{j\omega})$ definido por

$$\phi_{yz}[n] \stackrel{\mathcal{F}}{\longleftrightarrow} \Phi_{yz}(e^{j\omega}),$$

com $\phi_{yz}[n] = E\{y[k]z[k-n]\}$.
(b) O espectro de potência cruzada $\Phi_{xv}(e^{j\omega})$ é sempre não negativo; isto é, $\Phi_{xv}(e^{j\omega}) \geq 0$ para todo ω? Justifique sua resposta.

2.98. Considere o sistema LIT mostrado na Figura P2.98. A entrada desse sistema, $e[n]$, é um sinal ruído branco de média nula estacionário com potência média σ_e^2. O primeiro sistema é um sistema de diferenças regressivas definido por $f[n] = e[n] - e[n-1]$. O segundo sistema é um filtro passa-baixas ideal com resposta em frequência

$$H_2(e^{j\omega}) = \begin{cases} 1, & |\omega| < \omega_c, \\ 0, & \omega_c < |\omega| \leq \pi. \end{cases}$$

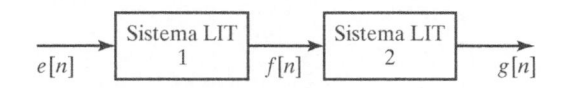

Figura P2.98

(a) Determine uma expressão para $\Phi_{ff}(e^{j\omega})$, o espectro de potência de $f[n]$, e faça um gráfico dessa expressão para $-2\pi < \omega < 2\pi$.

(b) Determine uma expressão para $\phi_{ff}[m]$, a função de autocorrelação de $f[n]$.

(c) Determine uma expressão para $\Phi_{gg}(e^{j\omega})$, o espectro de potência de $g[n]$, e faça um gráfico dessa expressão para $-2\pi < \omega < 2\pi$.

(d) Determine uma expressão para σ_g^2, a potência média da saída.

Capítulo 3
A transformada z

3.0 Introdução

Neste capítulo, desenvolvemos a representação por transformada z de uma sequência e estudamos como as propriedades de uma sequência estão relacionadas às propriedades de sua transformada z. A transformada z para sinais de tempo discreto é o correspondente da transformada de Laplace para sinais de tempo contínuo, e cada uma delas tem uma relação similar com a transformada de Fourier correspondente. Uma motivação para a introdução dessa generalização é que a transformada de Fourier não converge para todas as sequências, e é útil ter uma generalização da transformada de Fourier que abranja uma classe mais ampla de sinais. Uma segunda vantagem é que, em problemas analíticos, a notação da transformada z é muitas vezes mais conveniente do que a notação da transformada de Fourier.

3.1 Transformada z

A transformada de Fourier de uma sequência $x[n]$ foi definida no Capítulo 2 como

$$X(e^{j\omega}) = \sum_{n=-\infty}^{\infty} x[n]e^{-j\omega n}. \qquad (3.1)$$

A transformada z de uma sequência $x[n]$ é definida como

$$X(z) = \sum_{n=-\infty}^{\infty} x[n]z^{-n}. \qquad (3.2)$$

Essa equação é, em geral, uma soma infinita, ou uma série de potências infinita, sendo z considerada uma variável complexa. Às vezes, é útil considerar a Equação 3.2 como um operador que transforma uma sequência em uma função. Ou seja, o *operador da transformada z* $\mathcal{Z}\{\cdot\}$, definido como

$$\mathcal{Z}\{x[n]\} = \sum_{n=-\infty}^{\infty} x[n]z^{-n} = X(z), \qquad (3.3)$$

transforma a sequência $x[n]$ em uma função $X(z)$, sendo z uma variável complexa contínua. A correspondência única entre uma sequência e sua transformada z será indicada pela notação

$$x[n] \overset{\mathcal{Z}}{\longleftrightarrow} X(z). \qquad (3.4)$$

A transformada z, conforme a definimos na Equação 3.2, é muitas vezes chamada de transformada z de *dois lados* ou *bilateral*, ao contrário da transformada z de *um lado* ou *unilateral*, que é definida como

$$\mathcal{X}(z) = \sum_{n=0}^{\infty} x[n]z^{-n}. \qquad (3.5)$$

Claramente, as transformadas bilaterais e unilaterais são idênticas se $x[n] = 0$ para $n < 0$, mas, caso contrário, são diferentes. Damos uma breve introdução às propriedades da transformada z unilateral na Seção 3.6.

Comparando as equações 3.1 e 3.2 fica evidente que existe uma relação próxima entre a transformada de Fourier e a transformada z. Em particular, se substituirmos a variável complexa z na Equação 3.2 pela quantidade complexa $e^{j\omega}$, então a transformada z se reduz à transformada de Fourier. Essa é a motivação para a notação $X(e^{j\omega})$ para a transformada de Fourier. Quando existe, a transformada de Fourier é simplesmente $X(z)$ com $z = e^{j\omega}$. Isso corresponde a restringir z a ter magnitude unitária; isto é, para $|z| = 1$, a transformada z corresponde à transformada de Fourier. De modo geral, podemos expressar a variável complexa z em forma polar, como

$$z = re^{j\omega}.$$

Com z expressa dessa forma, a Equação 3.2 torna-se

$$X(re^{j\omega}) = \sum_{n=-\infty}^{\infty} x[n](re^{j\omega})^{-n},$$

ou

$$X(re^{j\omega}) = \sum_{n=-\infty}^{\infty} (x[n]r^{-n})e^{-j\omega n}. \qquad (3.6)$$

A Equação 3.6 pode ser interpretada como a transformada de Fourier do produto da sequência original $x[n]$ e da sequência exponencial r^{-n}. Para $r = 1$, a Equação 3.6 se reduz à transformada de Fourier de $x[n]$.

Como a transformada z é uma função de uma variável complexa, é conveniente descrevê-la e interpretá-la usando o plano z complexo. No plano z, o contorno correspondente a $|z| = 1$ é uma circunferência de raio unitário, como ilustrado na Figura 3.1. Esse contorno, chamado de *circunferência unitária*, é o conjunto de pontos $z = e^{j\omega}$ para $0 \leq \omega < 2\pi$. A transformada z calculada sobre a circunferência unitária corresponde à transformada de Fourier. Note que ω é o ângulo entre o vetor da origem até um ponto z na circunferência unitária e o eixo real do plano z complexo. Se calculamos $X(z)$ em pontos da circunferência unitária no plano z, começando em $z = 1$ (isto é, $\omega = 0$), passando por $z = j$ (isto é, $\omega = \pi/2$) até $z = -1$ (isto é, $\omega = \pi$), obtemos a transformada de Fourier para $0 \leq \omega \leq \pi$. Continuar em torno da circunferência unitária corresponderia a obter a transformada de Fourier de $\omega = \pi$ até $\omega = 2\pi$, ou, de modo equivalente, de $\omega = -\pi$ a $\omega = 0$. No Capítulo 2, a transformada de Fourier é mostrada em um eixo linear de frequências. A interpretação da transformada de Fourier como a transformada z na circunferência unitária no plano z corresponde conceitualmente a enrolar o eixo linear de frequências em torno da circunferência unitária com $\omega = 0$ em $z = 1$ e $\omega = \pi$ em $z = -1$. Com essa interpretação, a periodicidade na frequência inerente da transformada de Fourier é naturalmente capturada, pois uma mudança de ângulo de 2π radianos no plano z corresponde a percorrer a circunferência unitária uma vez retornando exatamente ao mesmo ponto.

Como discutimos no Capítulo 2, a série de potências que representa a transformada de Fourier não converge para todas as sequências; isto é, a soma infinita pode não ser sempre finita. De modo similar, a transformada z não converge para todas as sequências ou para todos os valores de z. Para qualquer sequência dada, o conjunto de valores de z para os quais a série de potências da transformada z converge é chamado de *região de convergência* (RDC) da transformada z. Como enunciamos na Seção 2.7, se a sequência for somável em valor absoluto, a transformada de Fourier converge para uma função contínua de ω. Aplicar esse critério à Equação 3.6 leva à condição

$$|X(re^{j\omega})| \leq \sum_{n=-\infty}^{\infty} |x[n]r^{-n}| < \infty \qquad (3.7)$$

para a convergência da transformada z. A partir da Equação 3.7, segue-se que, graças à multiplicação da sequência pela exponencial real r^{-n}, é possível que a transformada z convirja mesmo que a transformada de Fourier ($r = 1$) não convirja. Por exemplo, a sequência $x[n] = u[n]$ não é somável em valor absoluto e, portanto, a série de potências da transformada de Fourier não converge em valor absoluto. Porém, $r^{-n}u[n]$ é somável em valor absoluto se $r > 1$. Isso significa que a transformada z para o degrau unitário existe com uma RDC $r = |z| > 1$.

A convergência da série de potências da Equação 3.2 para determinada sequência depende somente de $|z|$, pois $|X(z)| < \infty$ se

$$\sum_{n=-\infty}^{\infty} |x[n]||z|^{-n} < \infty, \qquad (3.8)$$

isto é, a RDC da série de potências na Equação 3.2 consiste em todos os valores de z tal que a desigualdade na Equação 3.8 seja válida. Assim, se algum valor de z, digamos, $z = z_1$, estiver na RDC, então todos os valores de z na circunferência definida por $|z| = |z_1|$ também estarão na RDC. Como consequência disso, a RDC consistirá em um anel no plano z centrado na origem. Seu limite externo será uma circunferência (ou a RDC pode se estender para fora em direção ao infinito), e seu limite interno será uma circunferência (ou ela pode se estender para dentro e incluir a origem). Isso é ilustrado na Figura 3.2. Se a RDC inclui a circunferência unitária, então isso naturalmente implica convergência da transformada z para $|z| = 1$, ou, de modo equivalente,

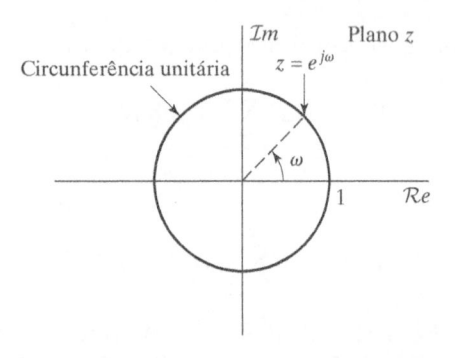

Figura 3.1 Circunferência unitária no plano z complexo.

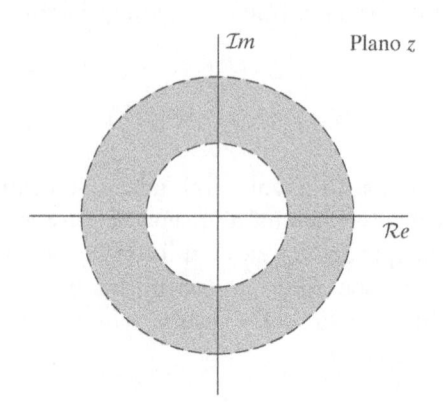

Figura 3.2 A RDC como um anel no plano z. Para casos específicos, o limite interno pode se estender para dentro até a origem, e a RDC se transforma em um disco. Em outros casos, o limite externo pode se estender para fora, até o infinito.

a transformada de Fourier da sequência converge. Por outro lado, se a RDC não inclui a circunferência unitária, a transformada de Fourier não converge em valor absoluto.

Uma série de potências na forma da Equação 3.2 é uma série de Laurent. Portanto, diversos teoremas elegantes e poderosos da teoria das funções de uma variável complexa podem ser empregados no estudo da transformada z. [Veja Brown e Churchill (2007).] Por exemplo, uma série de Laurent, e portanto a transformada z, representa uma função analítica em cada ponto no interior da RDC; portanto, a transformada z e todas as suas derivadas precisam ser funções contínuas de z no interior da RDC. Isso implica que, se a RDC inclui a circunferência unitária, então a transformada de Fourier e todas as suas derivadas com relação a ω devem ser funções contínuas de ω. Além disso, pela discussão na Seção 2.7, a sequência deverá ser somável em valor absoluto, ou seja, uma sequência estável.

A convergência uniforme da transformada z requer somabilidade em valor absoluto da sequência ponderada exponencialmente, como enunciado na Equação 3.7. Nenhuma das sequências

$$x_1[n] = \frac{\operatorname{sen}\omega_c n}{\pi n}, \quad -\infty < n < \infty, \quad (3.9)$$

e

$$x_2[n] = \cos\omega_0 n, \quad -\infty < n < \infty, \quad (3.10)$$

é somável em valor absoluto. Além disso, nenhuma dessas sequências multiplicada por r^{-n} seria somável em valor absoluto para nenhum valor de r. Assim, nenhuma dessas sequências tem uma transformada z que converge absolutamente para algum z. Porém, mostramos na Seção 2.7 que, embora uma sequência como $x_1[n]$ na Equação 3.9 não seja somável em valor absoluto, ela possui energia finita (isto é, ela é quadraticamente somável), e a transformada de Fourier converge no sentido da média quadrática para uma função periódica descontínua. De modo similar, a sequência $x_2[n]$ da Equação 3.10 não é somável nem em valor absoluto nem quadraticamente, mas uma transformada de Fourier útil para $x_2[n]$ pode ser definida usando-se as funções impulso (ou seja, funções generalizadas ou funções delta de Dirac). Em ambos os casos, as transformadas de Fourier não são funções contínuas, infinitamente diferenciáveis, de modo que não podem resultar do cálculo de uma transformada z sobre a circunferência unitária. Assim, nesses casos, não é estritamente correto pensar na transformada de Fourier como a transformada z calculada sobre a circunferência unitária, embora continuemos a usar a notação $X(e^{j\omega})$ sempre para denotar a transformada de Fourier de tempo discreto.

A transformada z é útil sobretudo quando a soma infinita pode ser expressa em forma fechada, isto é, quando pode ser "somada" e expressa como uma fórmula matemática simples. Entre as transformadas z mais importantes e úteis estão aquelas para as quais $X(z)$ é igual a uma função racional dentro da RDC, isto é,

$$X(z) = \frac{P(z)}{Q(z)}, \quad (3.11)$$

sendo $P(z)$ e $Q(z)$ polinômios em z. De modo geral, os valores de z para os quais $X(z) = 0$ são os zeros de $X(z)$, e os valores de z para os quais $X(z)$ é infinito, são os polos de $X(z)$. No caso de uma função racional como a da Equação 3.11, os zeros são as raízes do polinômio no numerador, e os polos (para valores finitos de z) são as raízes do polinômio no denominador. Para transformadas z racionais, existe uma série de relações importantes entre a localização dos polos de $X(z)$ e a RDC da transformada z. Discutimos essas relações mais especificamente na Seção 3.2. Porém, primeiro ilustramos a transformada z por meio de vários exemplos.

Exemplo 3.1 Sequência exponencial lateral direita

Considere o sinal $x[n] = a^n u[n]$, em que a denota um número real ou complexo. Por ser não nula somente para $n \geq 0$, este é um exemplo da classe de sequências *laterais direitas*, que são sequências que começam em algum instante N_1 e possuem valores não nulos somente para $N_1 \leq n < \infty$; ou seja, elas ocupam o lado direito de um gráfico da sequência. Da Equação 3.2,

$$X(z) = \sum_{n=-\infty}^{\infty} a^n u[n] z^{-n} = \sum_{n=0}^{\infty} (az^{-1})^n.$$

Para a convergência de $X(z)$, exigimos que

$$\sum_{n=0}^{\infty} |az^{-1}|^n < \infty.$$

Assim, a RDC é a faixa de valores de z para os quais $|az^{-1}| < 1$ ou, de modo equivalente, $|z| > |a|$. No interior da RDC, a série infinita converge para

$$X(z) = \sum_{n=0}^{\infty} (az^{-1})^n = \frac{1}{1 - az^{-1}} = \frac{z}{z - a}, \quad |z| > |a|. \quad (3.12)$$

Para obter essa expressão em forma fechada, usamos a familiar fórmula para a soma de termos de uma série geométrica (ver Jolley, 1961). A transformada z da sequência $x[n] = a^n u[n]$ tem uma RDC para qualquer valor finito de $|a|$. Para $a = 1$, $x[n]$ é a sequência degrau unitário com a transformada z

$$X(z) = \frac{1}{1 - z^{-1}}, \quad |z| > 1. \quad (3.13)$$

Se $|a| < 1$, a transformada de Fourier de $x[n] = a^n u[n]$ converge para

$$X(e^{j\omega}) = \frac{1}{1 - ae^{-j\omega}}. \qquad (3.14)$$

Porém, se $a \geq 1$, a transformada de Fourier da sequência exponencial lateral direita não converge.

No Exemplo 3.1, a soma infinita é igual a uma função racional de z no interior da RDC. Para muitos propósitos, essa função racional é uma representação muito mais conveniente do que a soma infinita. Veremos que qualquer sequência que pode ser representada como uma soma de exponenciais pode, de forma equivalente, ser representada por uma transformada z racional. Essa transformada z é determinada por seus zeros e polos a menos de uma constante multiplicadora. Para esse exemplo, existe um zero, em $z = 0$, e um polo, em $z = a$. O diagrama de polos e zeros e a RDC para o Exemplo 3.1 são mostrados na Figura 3.3, em que o símbolo "∘" denota o zero e o símbolo "×", o polo. Para $|a| \geq 1$, a RDC não inclui a circunferência unitária, o que é consistente com o fato de que, para esses valores de a, a transformada de Fourier da sequência exponencialmente crescente $a^n u[n]$ não converge.

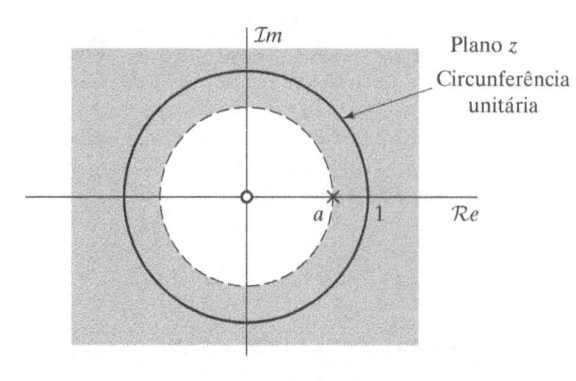

Figura 3.3 Diagrama de polos e zeros e RDC para o Exemplo 3.1.

Exemplo 3.2 Sequência exponencial lateral esquerda

Agora, considere

$$x[n] = -a^n u[-n-1] = \begin{cases} -a^n & n \leq -1 \\ 0 & n > -1. \end{cases}$$

Como a sequência é não nula somente para $n \leq -1$, essa é uma sequência *lateral esquerda*. A transformada z nesse caso é

$$X(z) = -\sum_{n=-\infty}^{\infty} a^n u[-n-1] z^{-n} = -\sum_{n=-\infty}^{-1} a^n z^{-n}$$

$$= -\sum_{n=1}^{\infty} a^{-n} z^n = 1 - \sum_{n=0}^{\infty} (a^{-1} z)^n. \qquad (3.15)$$

Se $|a^{-1}z| < 1$ ou, de forma equivalente, $|z| < |a|$, a última soma na Equação 3.15 converge e, usando novamente a fórmula para a soma de termos em uma série geométrica,

$$X(z) = 1 - \frac{1}{1 - a^{-1}z} = \frac{1}{1 - az^{-1}} =$$

$$= \frac{z}{z-a}, \qquad |z| < |a|. \qquad (3.16)$$

O diagrama de polos e zeros e a RDC para este exemplo são mostrados na Figura 3.4.

Note que para $|a| < 1$, a sequência $-a^n u[-n-1]$ cresce exponencialmente quando $n \to -\infty$, e assim, a transformada de Fourier não existe. Porém, se $|a| > 1$, a transformada de Fourier é

$$X(e^{j\omega}) = \frac{1}{1 - ae^{-j\omega}}, \qquad (3.17)$$

que é idêntica em forma à Equação 3.14. À primeira vista, isso parece violar a unicidade da transformada de Fourier. Porém, essa ambiguidade é resolvida se lembrarmos que a Equação 3.14 é a transformada de Fourier de $a^n u[n]$ se $|a| < 1$, enquanto a Equação 3.17 é a transformada de Fourier de $-a^n u[-n-1]$ quando $|a| > 1$.

Comparando as equações 3.12 e 3.16 e as figuras 3.3 e 3.4, vemos que as sequências e, portanto, as somas infinitas são diferentes; porém, as expressões algébricas para $X(z)$ e os diagramas de polos e zeros correspondentes são idênticos nos exemplos 3.1 e 3.2. As transformadas z diferem apenas na RDC. Isso enfatiza a necessidade de especificar tanto a expressão algébrica quanto a RDC para uma transformada z bilateral de uma dada sequência. Além disso, em ambos os exemplos, as sequências são exponenciais e as transformadas z resultantes são racionais. De fato, como é sugerido ainda no próximo exemplo, $X(z)$ é racional sempre que $x[n]$ for uma combinação linear de exponenciais reais ou complexas.

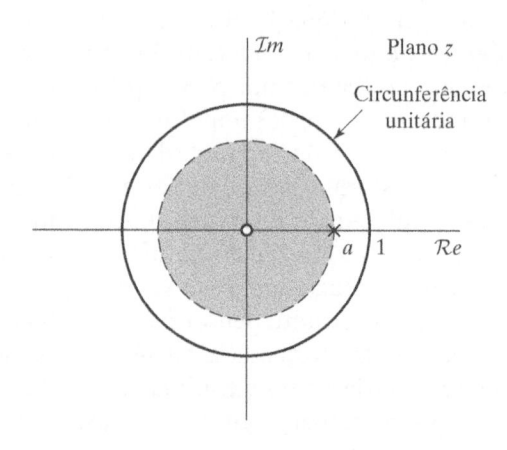

Figura 3.4 Diagrama de polos e zeros e RDC para o Exemplo 3.2.

Exemplo 3.3 Soma de duas sequências exponenciais

Considere um sinal que é a soma de duas exponenciais reais:

$$x[n] = \left(\frac{1}{2}\right)^n u[n] + \left(-\frac{1}{3}\right)^n u[n]. \quad (3.18)$$

A transformada z é

$$X(z) = \sum_{n=-\infty}^{\infty} \left\{\left(\frac{1}{2}\right)^n u[n] + \left(-\frac{1}{3}\right)^n u[n]\right\} z^{-n}$$

$$= \sum_{n=-\infty}^{\infty} \left(\frac{1}{2}\right)^n u[n]z^{-n} + \sum_{n=-\infty}^{\infty} \left(-\frac{1}{3}\right)^n u[n]z^{-n} \quad (3.19)$$

$$= \sum_{n=0}^{\infty} \left(\frac{1}{2}z^{-1}\right)^n + \sum_{n=0}^{\infty} \left(-\frac{1}{3}z^{-1}\right)^n$$

$$= \frac{1}{1-\frac{1}{2}z^{-1}} + \frac{1}{1+\frac{1}{3}z^{-1}} = \frac{2\left(1-\frac{1}{12}z^{-1}\right)}{\left(1-\frac{1}{2}z^{-1}\right)\left(1+\frac{1}{3}z^{-1}\right)}$$

$$= \frac{2z\left(z-\frac{1}{12}\right)}{\left(z-\frac{1}{2}\right)\left(z+\frac{1}{3}\right)}. \quad (3.20)$$

Para a convergência de $X(z)$, ambas as somas na Equação 3.19 devem convergir, o que requer que tanto $\left|\frac{1}{2}z^{-1}\right|<1$ quanto $\left|\left(-\frac{1}{3}\right)z^{-1}\right|<1$, ou, de modo equivalente, $|z|>\frac{1}{2}$ e $|z|>\frac{1}{3}$. Assim, a RDC é a região de superposição, $|z|>\frac{1}{2}$. O diagrama de polos e zeros e a RDC para a transformada z de cada uma das parcelas individuais e para o sinal combinado são mostrados na Figura 3.5.

Em cada um dos exemplos anteriores, começamos com a definição da sequência e manipulamos cada uma das somas infinitas em uma forma cuja soma poderia ser reconhecida. Quando a sequência é reconhecida como uma soma de sequências exponenciais da forma dos exemplos 3.1 e 3.2, a transformada z pode ser obtida de forma muito mais simples usando o fato de que o operador transformada z é linear. Especificamente, da definição da transformada z na Equação 3.2, se $x[n]$ é a soma de duas parcelas, então $X(z)$ será a soma das transformadas z correspondentes das parcelas individuais. A RDC será a interseção das RDCs individuais,

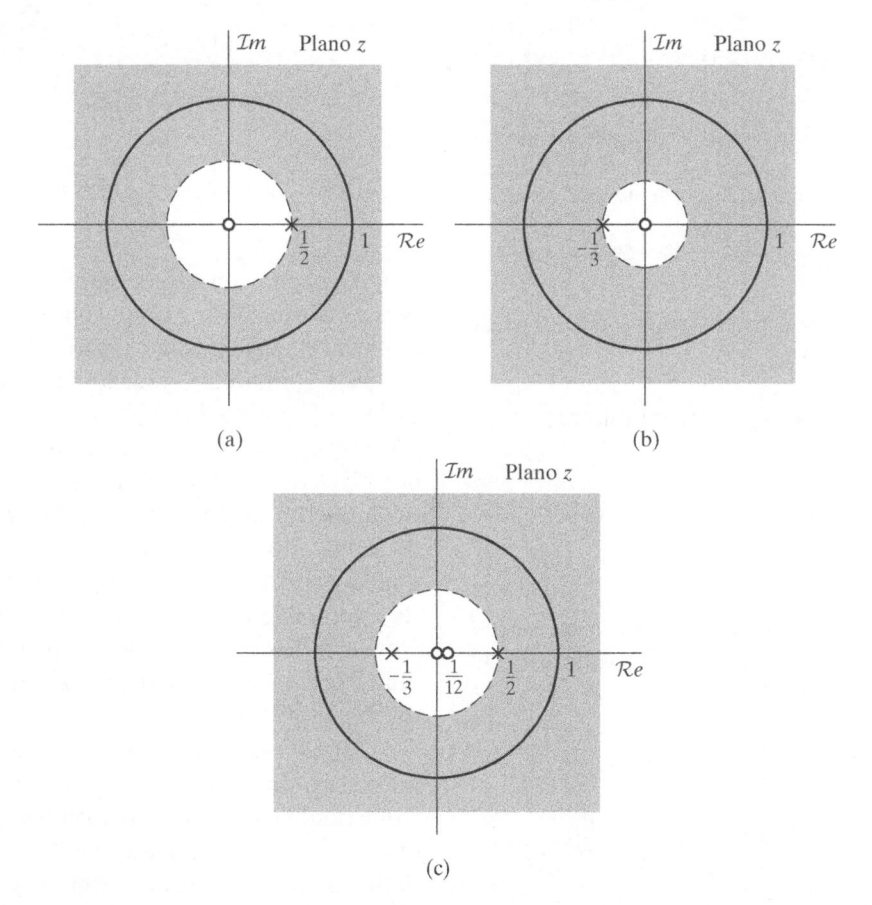

Figura 3.5 Diagrama de polos e zeros e RDC para as parcelas individuais e para a soma das parcelas nos exemplos 3.3 e 3.4. (a) $1/(1-\frac{1}{2}z^{-1})$, $|z|>\frac{1}{2}$. (b) $1/(1+\frac{1}{3}z^{-1})$, $|z|>\frac{1}{3}$. (c) $1/(1-\frac{1}{2}z^{-1})+1/(1+\frac{1}{3}z^{-1})$, $|z|>\frac{1}{2}$.

isto é, os valores de z para os quais ambas as somas individuais convergem. Já demonstramos a propriedade da linearidade ao obter a Equação 3.19 no Exemplo 3.3. No Exemplo 3.4 mostra-se como a transformada z do Exemplo 3.3 pode ser obtida de uma maneira muito mais direta, expressando-se $x[n]$ como a soma de duas sequências.

Exemplo 3.4 Soma de duas exponenciais (novamente)

Novamente, seja $x[n]$ dado pela Equação 3.18. Então, usando o resultado geral do Exemplo 3.1 com $a = \frac{1}{2}$ e $a = -\frac{1}{3}$, pode-se ver facilmente que as transformadas z das duas parcelas individuais são

$$\left(\frac{1}{2}\right)^n u[n] \overset{\mathcal{Z}}{\longleftrightarrow} \frac{1}{1 - \frac{1}{2}z^{-1}}, \qquad |z| > \frac{1}{2}, \quad (3.21)$$

$$\left(-\frac{1}{3}\right)^n u[n] \overset{\mathcal{Z}}{\longleftrightarrow} \frac{1}{1 + \frac{1}{3}z^{-1}}, \qquad |z| > \frac{1}{3}, \quad (3.22)$$

e, consequentemente,

$$\left(\frac{1}{2}\right)^n u[n] + \left(-\frac{1}{3}\right)^n u[n] \overset{\mathcal{Z}}{\longleftrightarrow} \frac{1}{1 - \frac{1}{2}z^{-1}} +$$
$$+ \frac{1}{1 + \frac{1}{3}z^{-1}}, \qquad |z| > \frac{1}{2}, \quad (3.23)$$

como determinado no Exemplo 3.3. O diagrama de polos e zeros e a RDC para a transformada z de cada uma das parcelas individuais e para o sinal combinado são mostrados na Figura 3.5.

Os principais pontos nos exemplos 3.1-3.4 estão resumidos no Exemplo 3.5.

Exemplo 3.5 Sequência exponencial bilateral

Considere a sequência

$$x[n] = \left(-\frac{1}{3}\right)^n u[n] - \left(\frac{1}{2}\right)^n u[-n-1]. \quad (3.24)$$

Note que essa sequência cresce exponencialmente para $n \to -\infty$. Usando o resultado geral do Exemplo 3.1 com $a = -\frac{1}{3}$, obtemos

$$\left(-\frac{1}{3}\right)^n u[n] \overset{\mathcal{Z}}{\longleftrightarrow} \frac{1}{1 + \frac{1}{3}z^{-1}}, \qquad |z| > \frac{1}{3},$$

e o uso do resultado do Exemplo 3.2 com $a = \frac{1}{2}$ fornece

$$-\left(\frac{1}{2}\right)^n u[-n-1] \overset{\mathcal{Z}}{\longleftrightarrow} \frac{1}{1 - \frac{1}{2}z^{-1}}, \qquad |z| < \frac{1}{2}.$$

Assim, pela linearidade da transformada z,

$$X(z) = \frac{1}{1 + \frac{1}{3}z^{-1}} + \frac{1}{1 - \frac{1}{2}z^{-1}}, \quad \frac{1}{3} < |z| \text{ e } |z| < \frac{1}{2},$$

$$= \frac{2\left(1 - \frac{1}{12}z^{-1}\right)}{\left(1 + \frac{1}{3}z^{-1}\right)\left(1 - \frac{1}{2}z^{-1}\right)} = \frac{2z\left(z - \frac{1}{12}\right)}{\left(z + \frac{1}{3}\right)\left(z - \frac{1}{2}\right)}. \quad (3.25)$$

Nesse caso, a RDC é a região anular $\frac{1}{3} < |z| < \frac{1}{2}$. Note que a função racional neste exemplo é idêntica à função racional do Exemplo 3.4, mas a RDC é diferente neste caso. O diagrama de polos e zeros e a RDC para este exemplo são mostrados na Figura 3.6.

Como a RDC não contém a circunferência unitária, a sequência na Equação 3.24 não tem uma transformada de Fourier.

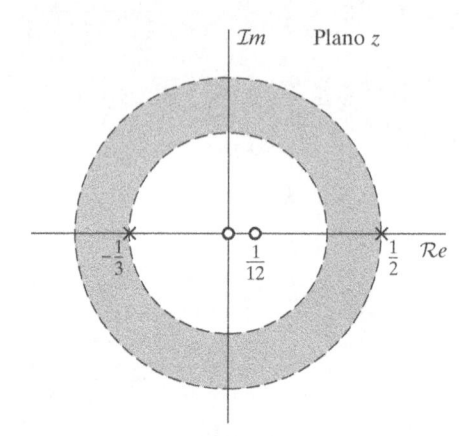

Figura 3.6 Diagrama de polos e zeros e RDC para o Exemplo 3.5.

Em cada um dos exemplos anteriores, expressamos a transformada z tanto como uma razão de polinômios em z quanto como uma razão de polinômios em z^{-1}. Pela forma da definição da transformada z como dada na Equação 3.2, vemos que, para sequências que são nulas para $n < 0$, $X(z)$ envolve apenas potências negativas de z. Assim, para essa classe de sinais, é particularmente conveniente expressar $X(z)$ em termos de polinômios em z^{-1} em vez de em z; porém, mesmo quando $x[n]$ é não nulo para $n < 0$, $X(z)$ ainda pode ser expresso em termos de fatores na forma $(1 - az^{-1})$. Devemos lembrar que esse fator introduz um polo e um zero, como ilustrado pelas expressões algébricas nos exemplos anteriores.

Esses exemplos mostram que sequências exponenciais infinitamente longas possuem transformadas z que podem ser expressas como funções racionais de z ou de z^{-1}. O caso em que a sequência tem comprimento finito também tem uma forma bastante simples. Se a sequência for não nula apenas no intervalo $N_1 \leq n \leq N_2$, a transformada z

$$X(z) = \sum_{n=N_1}^{N_2} x[n]z^{-n} \quad (3.26)$$

não tem problemas de convergência, desde que cada um dos termos $|x[n]z^{-n}|$ seja finito. Em geral, pode não ser possível expressar a soma de um conjunto finito de parcelas em uma forma fechada, mas nesses casos isso pode ser desnecessário. Por exemplo, se $x[n] = \delta[n] + \delta[n-5]$, então $X(z) = 1 + z^{-5}$, que é finito para $|z| > 0$. Um exemplo de um caso em que um número finito de termos pode ser somado para produzir uma representação mais compacta da transformada z é dado no Exemplo 3.6.

Exemplo 3.6 Sequência exponencial truncada de comprimento finito

Considere o sinal

$$x[n] = \begin{cases} a^n, & 0 \leq n \leq N-1, \\ 0, & \text{caso contrário.} \end{cases}$$

Então,

$$X(z) = \sum_{n=0}^{N-1} a^n z^{-n} = \sum_{n=0}^{N-1} (az^{-1})^n =$$
$$= \frac{1 - (az^{-1})^N}{1 - az^{-1}} = \frac{1}{z^{N-1}} \frac{z^N - a^N}{z - a}, \quad (3.27)$$

em que usamos a fórmula geral da Equação 2.55 para obter uma expressão em forma fechada para a soma da série finita. A RDC é determinada pelo conjunto de valores de z para os quais

$$\sum_{n=0}^{N-1} |az^{-1}|^n < \infty.$$

Como existe somente um número finito de termos não nulos, a soma será finita desde que az^{-1} seja finito, o que por sua vez requer somente que $|a| < \infty$ e $z \neq 0$. Assim, assumindo que $|a|$ seja finito, a RDC inclui o plano z inteiro, com a exceção da origem ($z = 0$). O diagrama de polos e zeros para este exemplo, com $N = 16$ e a real e entre zero e um, é mostrado na Figura 3.7. Especificamente, as N raízes do polinômio do numerador estão localizadas no plano z em

$$z_k = ae^{j(2\pi k/N)}, \quad k = 0, 1, \ldots, N-1. \quad (3.28)$$

(Note que esses valores satisfazem a equação $z^N = a^N$, e quando $a = 1$, esses valores complexos são as N-ésimas raízes da unidade.) O zero correspondente a $k = 0$ cancela o polo em $z = a$. Consequentemente, não existem polos além dos $N-1$ polos na origem. Os zeros restantes estão localizados no plano z em

$$z_k = ae^{j(2\pi k/N)}, \quad k = 1, \ldots, N-1. \quad (3.29)$$

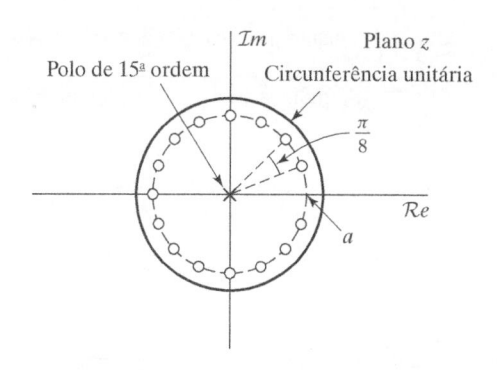

Figura 3.7 Diagrama de polos e zeros para o Exemplo 3.6 com $N = 16$ e a real tal que $0 < a < 1$. A RDC nesse exemplo consiste em todos os valores de z, exceto $z = 0$.

Os pares transformados correspondentes a alguns dos exemplos anteriores, bem como uma série de outros pares de transformadas z comumente encontrados, estão listados na Tabela 3.1. Veremos que esses pares transformados básicos são muito úteis para determinar transformadas z dada uma sequência ou, ao contrário, para determinar a sequência correspondente a uma determinada transformada z.

3.2 Propriedades da RDC para a transformada z

Os exemplos da seção anterior sugerem que as propriedades da RDC dependem da natureza do sinal. Essas propriedades são resumidas nesta seção com alguma discussão e justificativa intuitiva. Assumimos especificamente que a expressão algébrica para a transformada z é uma função racional e que $x[n]$ tem amplitude finita, exceto, possivelmente, em $n = \infty$ ou $n = -\infty$.

Propriedade 1: A RDC terá ou a forma $0 \leq r_R < |z|$, ou $|z| < r_L \leq \infty$, ou, em geral, o anel, $0 \leq r_R < |z| < r_L \leq \infty$.

Propriedade 2: A transformada de Fourier de $x[n]$ converge em valor absoluto se, e somente se, a RDC da transformada z de $x[n]$ incluir a circunferência unitária.

Propriedade 3: A RDC não pode conter quaisquer polos.

Propriedade 4: Se $x[n]$ é uma *sequência de duração finita*, isto é, uma sequência que é nula exceto em um intervalo finito $-\infty < N_1 \leq n \leq N_2 < \infty$, então a RDC é todo o plano z, exceto possivelmente $z = 0$ ou $z = \infty$.

Propriedade 5: Se $x[n]$ é uma *sequência lateral direita*, isto é, uma sequência que é nula para $n < N_1 < \infty$, a RDC se estende para o exterior a partir do polo finito *mais externo* (isto é, de maior magnitude) de $X(z)$ até (e possivelmente incluindo) $z = \infty$.

Tabela 3.1 Alguns pares comuns de transformada z.

Sequência	Transformada	RDC
1. $\delta[n]$	1	Todo z
2. $u[n]$	$\dfrac{1}{1-z^{-1}}$	$\|z\| > 1$
3. $-u[-n-1]$	$\dfrac{1}{1-z^{-1}}$	$\|z\| < 1$
4. $\delta[n-m]$	z^{-m}	Todo z exceto 0 (se $m>0$) ou ∞ (se $m<0$)
5. $a^n u[n]$	$\dfrac{1}{1-az^{-1}}$	$\|z\| > \|a\|$
6. $-a^n u[-n-1]$	$\dfrac{1}{1-az^{-1}}$	$\|z\| < \|a\|$
7. $na^n u[n]$	$\dfrac{az^{-1}}{(1-az^{-1})^2}$	$\|z\| > \|a\|$
8. $-na^n u[-n-1]$	$\dfrac{az^{-1}}{(1-az^{-1})^2}$	$\|z\| < \|a\|$
9. $\cos(\omega_0 n)u[n]$	$\dfrac{1-\cos(\omega_0)z^{-1}}{1-2\cos(\omega_0)z^{-1}+z^{-2}}$	$\|z\| > 1$
10. $\operatorname{sen}(\omega_0 n)u[n]$	$\dfrac{\operatorname{sen}(\omega_0)z^{-1}}{1-2\cos(\omega_0)z^{-1}+z^{-2}}$	$\|z\| > 1$
11. $r^n \cos(\omega_0 n)u[n]$	$\dfrac{1-r\cos(\omega_0)z^{-1}}{1-2r\cos(\omega_0)z^{-1}+r^2 z^{-2}}$	$\|z\| > r$
12. $r^n \operatorname{sen}(\omega_0 n)u[n]$	$\dfrac{r\operatorname{sen}(\omega_0)z^{-1}}{1-2r\cos(\omega_0)z^{-1}+r^2 z^{-2}}$	$\|z\| > r$
13. $\begin{cases} a^n, & 0 \le n \le N-1, \\ 0, & \text{caso contrário} \end{cases}$	$\dfrac{1-a^N z^{-N}}{1-az^{-1}}$	$\|z\| > 0$

Propriedade 6: Se $x[n]$ é uma *sequência lateral esquerda*, isto é, uma sequência que é nula para $n > N_2 > -\infty$, a RDC se estende para o interior a partir do polo não nulo *mais interno* (menor magnitude) de $X(z)$ até (e possivelmente incluindo) $z = 0$.

Propriedade 7: Uma *sequência bilateral* é uma sequência de duração infinita que não é nem lateral direita nem lateral esquerda. Se $x[n]$ é uma sequência bilateral, a RDC consistirá em um anel no plano z, limitado interior e exteriormente por um polo e, de forma consistente com a Propriedade 3, não contendo quaisquer polos.

Propriedade 8: A RDC precisa ser uma região conectada.

A Propriedade 1 resume a forma geral da RDC. Como discutido na Seção 3.1, ela resulta do fato de que a condição para convergência da Equação 3.2 é dada pela Equação 3.7, repetida aqui como

$$\sum_{n=-\infty}^{\infty} |x[n]|r^{-n} < \infty \qquad (3.30)$$

em que $r = |z|$. A Equação 3.30 mostra que, para um dado $x[n]$, a convergência depende somente de $r = |z|$ (isto é, não depende do ângulo de z). Note que, se a transformada z converge para $|z| = r_0$, então podemos decrescer r até que a transformada z não convirja. Esse é o valor $|z| = r_R$ tal que $|x[n]|r^{-n}$ cresce tão rapidamente (ou decai tão lentamente) quando $n \to \infty$, de modo que a série não é mais somável em valor absoluto. Isso define r_R. A transformada z não pode convergir para $r \le r_R$, pois r^{-n} crescerá ainda mais rápido. De modo similar, o limite externo r_L pode ser encontrado aumentando r a partir de r_0 e considerando o que acontece quando $n \to -\infty$.

A Propriedade 2 é uma consequência do fato de que a Equação 3.2 se reduz à transformada de Fourier quando $|z| = 1$. A Propriedade 3 segue reconhecendo-se que $X(z)$ é infinito em um polo e, portanto, por definição, não converge.

A Propriedade 4 segue do fato de que a transformada z de uma sequência de comprimento finito é uma soma finita de potências finitas de z, isto é,

$$X(z) = \sum_{n=N_1}^{N_2} x[n]z^{-n}.$$

Portanto, $|X(z)| < \infty$ para todo z, exceto $z = 0$, quando $N_2 > 0$ e/ou $z = \infty$ quando $N_1 < 0$.

As propriedades 5 e 6 são casos especiais da Propriedade 1. Para interpretar a Propriedade 5 para transformadas z racionais, note que uma sequência na forma

$$x[n] = \sum_{k=1}^{N} A_k (d_k)^n u[n] \quad (3.31)$$

é um exemplo de uma sequência lateral direita composta de sequências exponenciais com amplitudes A_k e fatores exponenciais d_k. Embora esta não seja a sequência lateral direita mais geral, ela será suficiente para ilustrar a Propriedade 5. Sequências laterais direitas mais gerais podem ser formadas adicionando-se sequências de comprimento finito ou deslocando-se sequências exponenciais de quantidades finitas; porém, essas modificações na Equação 3.31 não mudariam nossas conclusões. Recorrendo à propriedade da linearidade, a transformada z do $x[n]$ da Equação 3.31 é

$$X(z) = \sum_{k=1}^{N} \underbrace{\frac{A_k}{1 - d_k z^{-1}}}_{|z| > |d_k|}. \quad (3.32)$$

Note que, para valores de z que se encontram em todas as RDCs individuais, $|z| > |d_k|$, as parcelas podem ser combinadas em uma função racional com denominador comum

$$\prod_{k=1}^{N}(1 - d_k z^{-1});$$

isto é, os polos de $X(z)$ estão localizados em $z = d_1, ..., d_N$. Assuma, por conveniência, que os polos sejam ordenados de modo que d_1 tenha a menor magnitude, correspondendo ao polo mais interno, e d_N tenha a maior magnitude, correspondendo ao polo mais externo. O crescimento menos rápido dessas exponenciais, quando n cresce, é aquele correspondente ao polo mais interno, isto é, d_1, e o decaimento mais lento (ou o crescimento mais rápido) é aquele correspondente ao polo mais externo, isto é, d_N. Não surpreendentemente, d_N determina o limite interno da RDC que é a interseção das regiões $|z| > |d_k|$. Ou seja, a RDC da transformada z de uma soma de sequências exponenciais laterais direitas é

$$|z| > |d_N| = \max_{k} |d_k| = r_R, \quad (3.33)$$

isto é, a RDC é externa ao polo mais externo, estendendo-se até o infinito. Se uma sequência lateral direita começar em $n = N_1 < 0$, então a RDC não incluirá $|z| = \infty$.

Outro modo de chegar à Propriedade 5 é aplicar a Equação 3.30 à Equação 3.31, obtendo-se

$$\sum_{n=0}^{\infty} \left| \sum_{k=1}^{N} A_k (d_k)^n \right| r^{-n} \leq \sum_{k=1}^{N} |A_k| \left(\sum_{n=0}^{\infty} |d_k/r|^n \right) < \infty, \quad (3.34)$$

que mostra que a convergência é garantida se todas as sequências $|d_k/r|^n$ forem somáveis em valor absoluto. Mais uma vez, como $|d_N|$ é a maior magnitude de polo, escolhemos $|d_N/r| < 1$, ou $r > |d_N|$.

Para a Propriedade 6, que trata das sequências laterais esquerdas, um argumento exatamente paralelo pode ser usado para uma soma das sequências exponenciais laterais esquerdas para mostrar que a RDC será definida pelo polo com a menor magnitude. Com a mesma suposição sobre a ordenação dos polos, a RDC será

$$|z| < |d_1| = \min_{k} |d_k| = r_L, \quad (3.35)$$

isto é, a RDC está para dentro do polo mais interno. Se a sequência lateral esquerda tiver valores não nulos para valores positivos de n, então a RDC não incluirá a origem, $z = 0$. Como $x[n]$ agora se estende até $-\infty$ ao longo do eixo n negativo, r deve ser restringido, de modo que, para cada d_k, a sequência exponencial $(d_k r^{-1})^n$ decaia a zero enquanto n decresce até $-\infty$.

Para sequências laterais direitas, a RDC é ditada pela ponderação exponencial r^{-n} requerida para que todos os termos exponenciais decaiam a zero para um n crescente; para sequências laterais esquerdas, a ponderação exponencial precisa ser tal que todos os termos exponenciais decaiam a zero para n decrescente. A Propriedade 7 segue do fato de que, para sequências bilaterais, a ponderação exponencial precisa ser equilibrada, uma vez que se decair muito rapidamente para n crescente, pode crescer muito rapidamente para n decrescente e vice-versa. Mais especificamente, para sequências bilaterais, alguns dos polos contribuem somente para $n > 0$, e o restante somente para $n < 0$. A RDC está limitada interiormente pelo polo com a maior magnitude que contribui para $n > 0$ e exteriormente pelo polo com a menor magnitude que contribui para $n < 0$.

A Propriedade 8 é sugerida intuitivamente por nossa discussão sobre as propriedades 4 a 7. Qualquer sequência bilateral infinita pode ser representada como uma soma de uma componente lateral direita (digamos, para $n \geq 0$) e uma componente lateral esquerda que inclua tudo que não está incluído na componente lateral direita. A componente lateral direita terá uma RDC dada pela Equação 3.33, enquanto a RDC da componente lateral esquerda será dada pela Equação 3.35. A RDC da sequência bilateral inteira deverá ser a interseção dessas duas regiões. Assim, se tal interseção existir, ela sempre será uma região anular simplesmente conectada da forma

$$r_R < |z| < r_L.$$

Existe uma possibilidade de não haver nenhuma superposição entre as RDCs das componentes laterais direita e esquerda; isto é, $r_L < r_R$. Nesses casos, a transformada z da sequência simplesmente não existe.

Exemplo 3.7 Regiões de convergência não superpostas

Um exemplo é a sequência

$$x[n] = \left(\frac{1}{2}\right)^n u[n] - \left(-\frac{1}{3}\right)^n u[-n-1].$$

Aplicar as entradas correspondentes da Tabela 3.1 separadamente a cada parte leva a

$$X(z) = \underbrace{\frac{1}{1 - \frac{1}{2}z^{-1}}}_{|z| > \frac{1}{2}} + \underbrace{\frac{1}{1 + \frac{1}{3}z^{-1}}}_{|z| < \frac{1}{3}}.$$

Como não existe superposição entre $|z| > \frac{1}{2}$ e $|z| < \frac{1}{3}$, concluímos que $x[n]$ não tem representação por transformada z (nem por transformada de Fourier).

Como indicamos na comparação entre os exemplos 3.1 e 3.2, a expressão algébrica ou o padrão de polos e zeros não especifica completamente a transformada z de uma sequência; isto é, a RDC também precisa ser especificada. As propriedades consideradas nesta seção limitam as RDCs possíveis que possam estar associadas a determinado padrão de polos e zeros. Para ilustrar, considere o padrão de polos e zeros mostrado na Figura 3.8(a). Das propriedades 1, 3 e 8, existem apenas quatro escolhas possíveis para a RDC. Estas são indicadas nas figuras 3.8(b), (c), (d) e (e), sendo cada uma delas associada a uma sequência diferente. Especificamente, a Figura 3.8(b) corresponde a uma sequência lateral direita, a Figura 3.8(c) a uma sequência lateral esquerda e as figuras 3.8(d) e 3.8(e) a duas sequências bilaterais diferentes. Se assumirmos, como indicado na Figura 3.8(a), que a circunferência unitária se encontra entre o polo em $z = b$ e o polo em $z = c$, então o único dos quatro casos para o qual a transformada de Fourier converge é aquele mostrado na Figura 3.8(e).

Na representação de uma sequência por sua transformada z, às vezes é conveniente especificar a RDC implicitamente por uma propriedade apropriada da sequência no domínio do tempo. Isso é ilustrado no Exemplo 3.8.

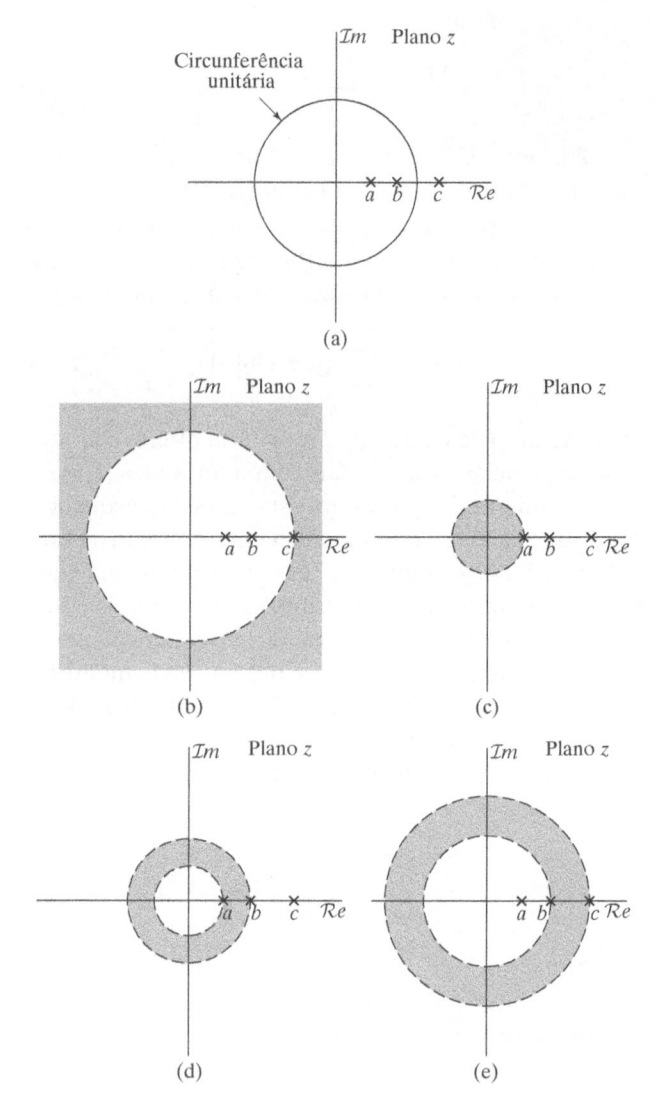

Figura 3.8 Exemplos de quatro transformadas z com a mesma localização de polos e zeros, ilustrando as diferentes possibilidades para a RDC, cada uma correspondendo a uma sequência diferente: (b) a uma sequência lateral direita, (c) a uma sequência lateral esquerda, (d) a uma sequência bilateral e (e) a uma sequência bilateral.

Exemplo 3.8 Estabilidade, causalidade e a RDC

Considere um sistema LIT com resposta ao impulso $h[n]$. Conforme discutiremos com mais detalhes na Seção 3.5, a transformada z de $h[n]$ é chamada de *função de sistema* do sistema LIT. Suponha que $H(z)$ tenha o diagrama de polos e zeros mostrado na Figura 3.9. Existem três RDCs possíveis consistentes com as propriedades 1-8 que podem ser associadas a esse diagrama de polos e zeros; isto é, $|z| < \frac{1}{2}$, $\frac{1}{2} < |z| < 2$ e $|z| > 2$. Porém, se enunciamos adicionalmente que o sistema é estável (ou, de modo equivalente, que $h[n]$ é somável em valor absoluto e, portanto, tem uma transformada de Fourier), então a RDC precisa incluir a circunferência unitária. Assim, a estabilidade do sistema e as propriedades 1-8 implicam que a RDC é a região $\frac{1}{2} < |z| < 2$. Note que, como consequência, $h[n]$ é bilateral; portanto, o sistema é não causal.

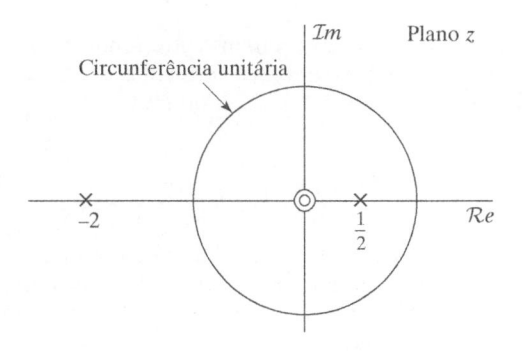

Figura 3.9 Diagrama de polos e zeros para a função de sistema do Exemplo 3.8.

> Se enunciarmos, por outro lado, que o sistema é causal e, portanto, que $h[n]$ é lateral direita, a Propriedade 5 requer que a RDC seja a região $|z| > 2$. Sob essa condição, o sistema não seria estável; isto é, para esse diagrama de polos e zeros específico, não há uma RDC que implica que o sistema é estável e causal.

3.3 A transformada z inversa

Ao usarmos a transformada z na análise dos sinais e sistemas de tempo discreto, devemos ser capazes de ir e voltar entre as representações no domínio de tempo e no domínio z. Muitas vezes, essa análise envolve encontrar a transformada z de sequências e, após alguma manipulação das expressões algébricas, encontrar a transformada z inversa. A transformada z inversa é a seguinte integral de contorno complexa:

$$x[n] = \frac{1}{2\pi j} \oint_C X(z) z^{n-1} dz, \qquad (3.36)$$

em que C representa um contorno fechado dentro da RDC da transformada z. Essa expressão integral pode ser deduzida usando o teorema da integral de Cauchy da teoria das variáveis complexas. (Veja Brown e Churchill, 2007, para uma discussão dos tópicos da série de Laurent e teoremas de integração complexa, todos relevantes para um estudo aprofundado das bases matemáticas fundamentais da transformada z.) Porém, para os casos típicos de sequências e transformadas z que encontraremos na análise de sistemas LIT discretos, procedimentos menos formais são suficientes e preferíveis às técnicas baseadas no cálculo da Equação 3.36. Nas seções 3.3.1-3.3.3, consideramos alguns desses procedimentos, especificamente o método da inspeção, a expansão em frações parciais e a expansão em série de potências.

3.3.1 Método da inspeção

O método da inspeção consiste simplesmente em familiarizar-se com, ou reconhecer "por inspeção", certos pares transformados. Por exemplo, na Seção 3.1, calculamos a transformada z para sequências da forma $x[n] = a^n u[n]$, sendo a real ou complexo. Sequências nessa forma surgem frequentemente e, em consequência, é particularmente útil fazer uso direto do par transformado

$$a^n u[n] \xleftrightarrow{\mathcal{Z}} \frac{1}{1 - az^{-1}}, \qquad |z| > |a|. \qquad (3.37)$$

Se precisarmos determinar a transformada z inversa de

$$X(z) = \left(\frac{1}{1 - \frac{1}{2}z^{-1}} \right), \qquad |z| > \frac{1}{2}, \qquad (3.38)$$

e lembrarmos do par de transformada z da Equação 3.37, reconheceríamos "por inspeção" a sequência associada como $x[n] = \left(\frac{1}{2}\right)^n u[n]$. Se a RDC associada a $X(z)$ na Equação 3.38 tivesse sido $|z| < \frac{1}{2}$, poderíamos lembrar do par transformado 6 na Tabela 3.1 para encontrar, por inspeção, que $x[n] = -\left(\frac{1}{2}\right)^n u[-n-1]$.

Tabelas de transformadas z, como a Tabela 3.1, são valiosas na aplicação do método da inspeção. Se a tabela for extensa, pode ser possível expressar uma dada transformada z como uma soma de parcelas, cujo inverso de cada uma é dado na tabela. Nesse caso, a transformada inversa (isto é, a sequência correspondente) pode ser escrita a partir da tabela.

3.3.2 Expansão em frações parciais

Como já descrevemos, as transformadas z inversas podem ser encontradas por inspeção se a expressão da transformada z for reconhecida ou tabulada. Às vezes, $X(z)$ pode não ser dada explicitamente em uma tabela disponível, mas pode ser possível obter uma expressão alternativa para $X(z)$ como uma soma de parcelas mais simples, sendo cada uma delas tabulada. Esse é o caso para qualquer função racional, pois podemos obter uma expansão em frações parciais e identificar facilmente as sequências correspondentes às parcelas individuais.

Para saber como obter uma expansão em frações parciais, assuma que $X(z)$ seja expressa como uma razão de polinômios em z^{-1}; isto é,

$$X(z) = \frac{\sum_{k=0}^{M} b_k z^{-k}}{\sum_{k=0}^{N} a_k z^{-k}}. \qquad (3.39)$$

Essas transformadas z surgem com frequência no estudo de sistemas LIT. Uma expressão equivalente é

$$X(z) = \frac{z^N \sum_{k=0}^{M} b_k z^{M-k}}{z^M \sum_{k=0}^{N} a_k z^{N-k}}. \qquad (3.40)$$

A Equação 3.40 mostra explicitamente que, para tais funções, haverá M zeros e N polos não nulos no plano z finito, assumindo que a_0, b_0, a_N e b_M sejam não nulos. Além disso, haverá $M - N$ polos em $z = 0$ se $M > N$ ou $N - M$ zeros em $z = 0$ se $N > M$. Em outras palavras, transformadas z da forma da Equação 3.39 sempre têm o mesmo número de polos e zeros no plano z finito, e não ocorrem polos ou zeros em $z = \infty$. Para obter a expansão em frações parciais de $X(z)$ na Equação 3.39, é mais conveniente notar que $X(z)$ poderia ser expresso na forma

$$X(z) = \frac{b_0}{a_0} \frac{\prod_{k=1}^{M}(1 - c_k z^{-1})}{\prod_{k=1}^{N}(1 - d_k z^{-1})}, \quad (3.41)$$

em que os c_ks são os zeros não nulos de $X(z)$ e os d_ks são os polos não nulos de $X(z)$. Se $M < N$ e os polos forem todos de primeira ordem, então $X(z)$ pode ser expresso como

$$X(z) = \sum_{k=1}^{N} \frac{A_k}{1 - d_k z^{-1}}. \quad (3.42)$$

Claramente, o denominador comum das frações na Equação 3.42 é o mesmo denominador presente na Equação 3.41. Multiplicar ambos os membros da Equação 3.42 por $(1 - d_k z^{-1})$ e calculá-los para $z = d_k$ mostra que os coeficientes, A_k, podem ser encontrados a partir de

$$A_k = (1 - d_k z^{-1}) X(z) \big|_{z=d_k}. \quad (3.43)$$

Exemplo 3.9 Transformada z de um sistema de segunda ordem

Considere uma sequência $x[n]$ com a transformada z

$$X(z) = \frac{1}{\left(1 - \frac{1}{4}z^{-1}\right)\left(1 - \frac{1}{2}z^{-1}\right)}, \quad |z| > \frac{1}{2}. \quad (3.44)$$

O diagrama de polos e zeros para $X(z)$ é mostrado na Figura 3.10. A partir da RDC e da Propriedade 5, Seção 3.2, vemos que $x[n]$ é uma sequência lateral direita. Como os polos são ambos de primeira ordem, $X(z)$ pode ser expresso na forma da Equação 3.42; isto é,

$$X(z) = \frac{A_1}{\left(1 - \frac{1}{4}z^{-1}\right)} + \frac{A_2}{\left(1 - \frac{1}{2}z^{-1}\right)}.$$

Da Equação 3.43,

$$A_1 = \left(1 - \frac{1}{4}z^{-1}\right) X(z)\bigg|_{z=1/4} = \frac{(1 - \frac{1}{4}z^{-1})}{(1 - \frac{1}{4}z^{-1})(1 - \frac{1}{2}z^{-1})}\bigg|_{z=1/4} = -1,$$

$$A_2 = \left(1 - \frac{1}{2}z^{-1}\right) X(z)\bigg|_{z=1/2} = \frac{(1 - \frac{1}{2}z^{-1})}{(1 - \frac{1}{4}z^{-1})(1 - \frac{1}{2}z^{-1})}\bigg|_{z=1/2} = 2.$$

(Observe que os fatores comuns entre o numerador e o denominador devem ser cancelados antes do cálculo das expressões acima para A_1 e A_2.) Portanto,

$$X(z) = \frac{-1}{\left(1 - \frac{1}{4}z^{-1}\right)} + \frac{2}{\left(1 - \frac{1}{2}z^{-1}\right)}.$$

Como $x[n]$ é lateral direita, a RDC para cada parcela se estende para o exterior a partir do polo mais externo. A partir da Tabela 3.1 e da linearidade da transformada z, conclui-se então que

$$x[n] = 2\left(\frac{1}{2}\right)^n u[n] - \left(\frac{1}{4}\right)^n u[n].$$

Claramente, o numerador que resultaria da adição das parcelas na Equação 3.42 seria no máximo de grau $(N - 1)$ na variável z^{-1}. Se $M \geq N$, então um polinômio de ordem $(M - N)$ deve ser adicionado ao membro direito da Equação 3.42. Assim, para $M \geq N$, a expansão em frações parciais completa tem a forma

$$X(z) = \sum_{r=0}^{M-N} B_r z^{-r} + \sum_{k=1}^{N} \frac{A_k}{1 - d_k z^{-1}}. \quad (3.45)$$

Se recebemos uma função racional na forma da Equação 3.39, com $M \geq N$, os B_rs podem ser obtidos pela divisão longa do numerador pelo denominador, com o processo de divisão terminando quando o resto for de grau menor do que o denominador. Os A_ks ainda podem ser obtidos com a Equação 3.43.

Se $X(z)$ tiver polos múltiplos e $M \geq N$, a Equação 3.45 deverá sofrer mais modificações. Em particular, se $X(z)$ tiver um polo de ordem s em $z = d_i$ e todos os outros polos forem de primeira ordem, então a Equação 3.45 torna-se

$$X(z) = \sum_{r=0}^{M-N} B_r z^{-r} + \sum_{k=1, k \neq i}^{N} \frac{A_k}{1 - d_k z^{-1}} + \sum_{m=1}^{s} \frac{C_m}{(1 - d_i z^{-1})^m}. \quad (3.46)$$

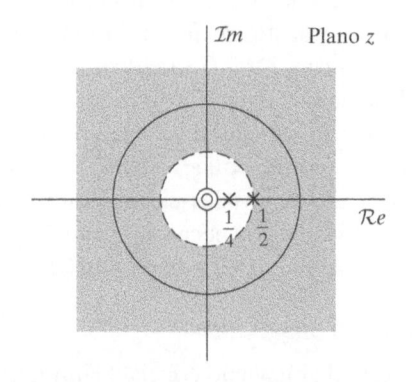

Figura 3.10 Diagrama de polos e zeros e RDC para o Exemplo 3.9.

Os coeficientes A_k e B_r são obtidos como antes. Os coeficientes C_m são obtidos a partir da equação

$$C_m = \frac{1}{(s-m)!(-d_i)^{s-m}} \left\{ \frac{d^{s-m}}{dw^{s-m}}[(1-d_i w)^s X(w^{-1})] \right\}_{w=d_i^{-1}}. \quad (3.47)$$

A Equação 3.46 dá a forma mais geral para a expansão em frações parciais de uma transformada z racional expressa em função de z^{-1} para o caso $M \geq N$ e para d_i um polo de ordem s. Se houver vários polos múltiplos, então haverá uma parcela como a terceira soma na Equação 3.46 para cada polo múltiplo. Se não houver polos múltiplos, a Equação 3.46 se reduz à Equação 3.45. Se a ordem do numerador for menor do que a ordem do denominador ($M < N$), então a parcela polinomial desaparece das equações 3.45 e 3.46, o que leva à Equação 3.42.

Deve-se notar que poderíamos ter chegado aos mesmos resultados supondo que a transformada z racional foi expressa em função de z em vez de z^{-1}. Ou seja, em lugar de fatores na forma $(1 - az^{-1})$, poderíamos ter considerado fatores na forma $(z - a)$. Isso levaria a um conjunto de equações similares em forma às equações 3.41-3.47, o que seria conveniente para uso com uma tabela de transformadas z expressas em termos de z. Como achamos mais conveniente expressar a Tabela 3.1 em termos de z^{-1}, o desenvolvimento que seguimos é mais útil.

Para ver como encontrar a sequência correspondente a uma dada transformada z racional, vamos supor que $X(z)$ tenha apenas polos de primeira ordem, de modo que a Equação 3.45 seja a forma mais geral da expansão em frações parciais. Para encontrar $x[n]$, primeiro notamos que a operação de transformada z é linear, de modo que a transformada inversa das parcelas individuais pode ser encontrada e depois adicionada para formar $x[n]$.

As parcelas $B_r z^{-r}$ correspondem a sequências impulso deslocadas e multiplicadas por escalar, isto é, parcelas na forma $B_r \delta[n-r]$. As parcelas fracionárias correspondem a sequências exponenciais. Para decidir se um termo

$$\frac{A_k}{1 - d_k z^{-1}}$$

corresponde a $(d_k)^n u[n]$ ou $-(d_k)^n u[-n-1]$, precisamos usar as propriedades da RDC que foram discutidas na Seção 3.2. A partir dessa discussão, segue-se que, se $X(z)$ tiver apenas polos simples e a RDC tiver a forma $r_R < |z| < r_L$, então um dado polo d_k corresponderá a uma exponencial lateral direita $(d_k)^n u[n]$ se $|d_k| \leq r_R$ e corresponderá a uma exponencial lateral esquerda se $|d_k| \geq r_L$. Assim, a RDC pode ser usada para classificar os polos, com todos os polos no interior do limite interno r_R correspondendo a sequências laterais direitas e todos os polos no exterior do limite externo correspondendo a sequências laterais esquerdas. Polos de ordem múltipla também, da mesma maneira, são divididos em contribuições laterais esquerdas e direitas. O uso da RDC para encontrar transformadas z inversas a partir da expansão em frações parciais é ilustrado pelos exemplos a seguir.

Exemplo 3.10 Inversão por frações parciais

Para ilustrar o caso em que a expansão em frações parciais tem a forma da Equação 3.45, considere uma sequência $x[n]$ com transformada z

$$X(z) = \frac{1 + 2z^{-1} + z^{-2}}{1 - \frac{3}{2}z^{-1} + \frac{1}{2}z^{-2}} =$$

$$= \frac{(1+z^{-1})^2}{\left(1 - \frac{1}{2}z^{-1}\right)(1 - z^{-1})}, \quad |z| > 1. \quad (3.48)$$

O diagrama de polos e zeros para $X(z)$ é mostrado na Figura 3.11. A partir da RDC e da Propriedade 5, Seção 3.2, fica claro que $x[n]$ é uma sequência lateral direita. Como $M = N = 2$ e os polos são todos de primeira ordem, $X(z)$ pode ser representada como

$$X(z) = B_0 + \frac{A_1}{1 - \frac{1}{2}z^{-1}} + \frac{A_2}{1 - z^{-1}}.$$

A constante B_0 pode ser calculada pela divisão longa:

$$\begin{array}{r} 2 \\ \frac{1}{2}z^{-2} - \frac{3}{2}z^{-1} + 1 \overline{\smash{)}z^{-2} + 2z^{-1} + 1} \\ \underline{z^{-2} - 3z^{-1} + 2} \\ 5z^{-1} - 1 \end{array}$$

Como o resto após um passo da divisão longa é de grau 1 na variável z^{-1}, não é necessário continuar a dividir. Assim, $X(z)$ pode ser expressa como

$$X(z) = 2 + \frac{-1 + 5z^{-1}}{\left(1 - \frac{1}{2}z^{-1}\right)(1 - z^{-1})}. \quad (3.49)$$

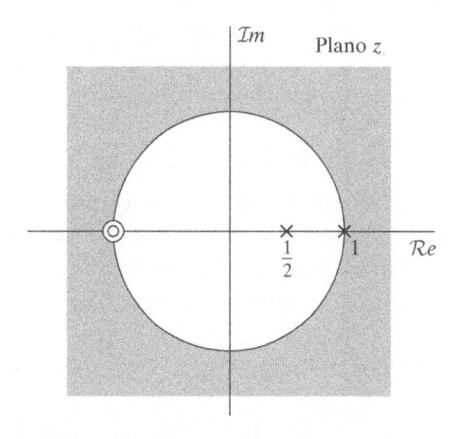

Figura 3.11 Diagrama de polos e zeros para a transformada z do Exemplo 3.10.

Agora, os coeficientes A_1 e A_2 podem ser encontrados aplicando-se a Equação 3.43 à Equação 3.48 ou, de modo equivalente, à Equação 3.49. Usando a Equação 3.49, obtemos

$$A_1 = \left[\left(2 + \frac{-1+5z^{-1}}{\left(1-\frac{1}{2}z^{-1}\right)(1-z^{-1})}\right)\left(1-\frac{1}{2}z^{-1}\right)\right]_{z=1/2} = -9,$$

$$A_2 = \left[\left(2 + \frac{-1+5z^{-1}}{\left(1-\frac{1}{2}z^{-1}\right)(1-z^{-1})}\right)(1-z^{-1})\right]_{z=1} = 8.$$

Portanto,

$$X(z) = 2 - \frac{9}{1-\frac{1}{2}z^{-1}} + \frac{8}{1-z^{-1}}. \quad (3.50)$$

Da Tabela 3.1, vemos que, como a RDC é $|z| > 1$,

$$2 \stackrel{\mathcal{Z}}{\longleftrightarrow} 2\delta[n],$$

$$\frac{1}{1-\frac{1}{2}z^{-1}} \stackrel{\mathcal{Z}}{\longleftrightarrow} \left(\frac{1}{2}\right)^n u[n],$$

$$\frac{1}{1-z^{-1}} \stackrel{\mathcal{Z}}{\longleftrightarrow} u[n].$$

Assim, a partir da linearidade da transformada z,

$$x[n] = 2\delta[n] - 9\left(\frac{1}{2}\right)^n u[n] + 8u[n].$$

Na Seção 3.4, discutiremos e ilustraremos uma série de propriedades da transformada z que, em combinação com a expansão em frações parciais, proveem um meio para determinar a transformada z inversa a partir de uma expressão algébrica racional dada e da RDC associada, mesmo quando $X(z)$ não está exatamente na forma da Equação 3.41. Os exemplos desta seção foram simples o suficiente para que o cálculo da expansão em frações parciais não fosse difícil. Porém, quando $X(z)$ é uma função racional com polinômios de alto grau no numerador e no denominador, os cálculos para fatorar o denominador e calcular os coeficientes se tornam muito mais difíceis. Nesses casos, ferramentas de *software* como o MATLAB podem implementar os cálculos com facilidade.

3.3.3 Expansão em série de potências

A expressão de definição para a transformada z é uma série de Laurent em que os valores da sequência $x[n]$ são os coeficientes de z^{-n}. Assim, se a transformada z for dada como uma série de potências na forma

$$\begin{aligned}X(z) &= \sum_{n=-\infty}^{\infty} x[n]z^{-n} \\ &= \cdots + x[-2]z^2 + x[-1]z + x[0] + \\ &\quad + x[1]z^{-1} + x[2]z^{-2} + \cdots,\end{aligned} \quad (3.51)$$

podemos determinar qualquer valor particular da sequência encontrando o coeficiente da potência apropriada de z^{-1}. Já usamos esse método para encontrar a transformada inversa da parte polinomial da expansão em frações parciais quando $M \geq N$. Essa abordagem também é muito útil para sequências de comprimento finito em que $X(z)$ pode não ter uma forma mais simples do que um polinômio em z^{-1}.

Exemplo 3.11 Sequência de comprimento finito

Suponha que $X(z)$ seja dada na forma

$$X(z) = z^2\left(1 - \frac{1}{2}z^{-1}\right)(1+z^{-1})(1-z^{-1}). \quad (3.52)$$

Embora $X(z)$ seja obviamente uma função racional de z, ela não é realmente uma função racional na forma da Equação 3.39. Seus únicos polos estão em $z = 0$, de modo que uma expansão em frações parciais de acordo com as técnicas da Seção 3.3.2 não é apropriada. Porém, multiplicando os fatores da Equação 3.52, podemos expressar $X(z)$ como

$$X(z) = z^2 - \frac{1}{2}z - 1 + \frac{1}{2}z^{-1}.$$

Portanto, por inspeção, pode-se ver que $x[n]$ é

$$x[n] = \begin{cases} 1, & n = -2, \\ -\frac{1}{2}, & n = -1, \\ -1, & n = 0, \\ \frac{1}{2}, & n = 1, \\ 0, & \text{caso contrário.} \end{cases}$$

De forma equivalente,

$$x[n] = \delta[n+2] - \frac{1}{2}\delta[n+1] - \delta[n] + \frac{1}{2}\delta[n-1].$$

Para encontrar transformadas z de uma sequência, geralmente buscamos somar a série de potências da Equação 3.51 para obter uma expressão matemática mais simples, por exemplo, uma função racional. Se quisermos usar a série de potências para encontrar a sequência correspondente a uma dada $X(z)$ expressa em forma fechada, temos de expandir $X(z)$ de volta em uma série de potências. Muitas séries de potências foram tabuladas para funções transcendentais como log, sen, senh etc. Em alguns casos, essas séries de potências podem ter uma interpretação útil como transformadas z, como ilustramos no Exemplo 3.12. Para transformadas z racionais, a expansão em série de potências pode ser obtida por divisão longa, como ilustrado no Exemplo 3.13.

Exemplo 3.12 Transformada inversa por expansão em série de potências

Considere a transformada z

$$X(z) = \log(1 + az^{-1}), \qquad |z| > |a|. \qquad (3.53)$$

Usando a expansão em série de Taylor para $\log(1+x)$ com $|x| < 1$, obtemos

$$X(z) = \sum_{n=1}^{\infty} \frac{(-1)^{n+1} a^n z^{-n}}{n}.$$

Portanto,

$$x[n] = \begin{cases} (-1)^{n+1} \dfrac{a^n}{n}, & n \geq 1, \\ 0, & n \leq 0. \end{cases} \qquad (3.54)$$

Quando $X(z)$ é a razão de polinômios, às vezes é útil obter uma série de potências pela divisão longa dos polinômios.

Exemplo 3.13 Expansão em série de potências por divisão longa

Considere a transformada z

$$X(z) = \frac{1}{1 - az^{-1}}, \qquad |z| > |a|. \qquad (3.55)$$

Uma vez que a RDC é o exterior de um círculo, a sequência é lateral direita. Além disso, como $X(z)$ tende a uma constante finita quando z tende a infinito, a sequência é causal. Assim, dividimos, de modo a obter uma série de potências em z^{-1}. Fazendo a divisão longa, obtemos

$$\begin{array}{r}
1 + az^{-1} + a^2 z^{-2} + \cdots \\
1 - az^{-1} \overline{\big) 1 } \\
\underline{1 - az^{-1}} \\
az^{-1} \\
\underline{az^{-1} - a^2 z^{-2}} \\
a^2 z^{-2} \cdots
\end{array}$$

ou

$$\frac{1}{1 - az^{-1}} = 1 + az^{-1} + a^2 z^{-2} + \cdots.$$

Logo, $x[n] = a^n u[n]$.

Ao dividirmos a potência mais alta de z^{-1} no denominador pela potência mais alta no numerador no Exemplo 3.13, obtivemos uma série em z^{-1}. Uma alternativa é expressar a função racional como uma razão de polinômios em z e então dividir. Isso leva a uma série de potências em z a partir da qual a sequência lateral esquerda correspondente pode ser determinada.

3.4 Propriedades da transformada z

Muitas das propriedades matemáticas da transformada z são particularmente úteis no estudo de sinais e sistemas de tempo discreto. Por exemplo, essas propriedades são usadas muitas vezes em conjunto com as técnicas de transformada z inversa discutidas na Seção 3.3 para obter a transformada z inversa de expressões mais complicadas. Na Seção 3.5 e no Capítulo 5, veremos que as propriedades também formam a base para a transformação de equações de diferenças lineares com coeficientes constantes em equações algébricas em termos da variável transformada z, e a solução pode então ser obtida usando a transformada z inversa. Nesta seção, consideramos algumas das propriedades utilizadas mais frequentemente. Na discussão a seguir, $X(z)$ denota a transformada z de $x[n]$, e a RDC de $X(z)$ é indicada por R_x; isto é,

$$x[n] \xleftrightarrow{\mathcal{Z}} X(z), \qquad \text{RDC} = R_x.$$

Como vimos, R_x representa um conjunto de valores de z tal que $r_R < |z| < r_L$. Para propriedades que envolvem duas sequências e transformadas z associadas, os pares transformados serão denotados como

$$x_1[n] \xleftrightarrow{\mathcal{Z}} X_1(z), \qquad \text{RDC} = R_{x_1},$$
$$x_2[n] \xleftrightarrow{\mathcal{Z}} X_2(z), \qquad \text{RDC} = R_{x_2}.$$

3.4.1 Linearidade

A propriedade da linearidade estabelece que

$$ax_1[n] + bx_2[n] \xleftrightarrow{\mathcal{Z}} aX_1(z) + bX_2(z),$$
$$\text{RDC contém } R_{x_1} \cap R_{x_2},$$

e segue diretamente da definição da transformada z, Equação 3.2; isto é,

$$\sum_{n=-\infty}^{\infty} (ax_1[n] + bx_2[n])z^{-n} =$$

$$= a \underbrace{\sum_{n=-\infty}^{\infty} x_1[n] z^{-n}}_{|z| \in R_{x_1}} + b \underbrace{\sum_{n=-\infty}^{\infty} x_2[n] z^{-n}}_{|z| \in R_{x_2}}.$$

Como indicado, para se dividir a transformada z de uma soma na soma das transformadas z correspondentes, z precisa estar em ambas as RDCs. Portanto, a RDC é pelo menos a interseção das RDCs individuais. Para sequências com transformadas z racionais, se os polos de $aX_1(z) + bX_2(z)$ consistirem em todos os polos de $X_1(z)$ e $X_2(z)$ (isto é, se não houver cancelamento de polos e zeros), então a RDC será exatamente igual à superposição das RDCs individuais. Se a combinação linear for tal que alguns zeros introduzidos cancelam polos, então a RDC pode ser maior. Um exemplo simples disso ocorre quando $x_1[n]$ e $x_2[n]$ são de duração infinita, mas a combinação linear tem duração finita. Nesse caso, a RDC da combinação linear é o plano z inteiro, com a possível exceção de $z = 0$ ou $z = \infty$. Um exemplo foi dado no Exemplo 3.6, em que $x[n]$ pode ser expressa como

$$x[n] = a^n (u[n] - u[n - N]) = a^n u[n] - a^n u[n - N].$$

Tanto $a^n u[n]$ quanto $a^n u[n - N]$ são sequências laterais direitas de extensão infinita, e suas transformadas z têm um polo em $z = a$. Portanto, suas RDCs individuais seriam ambas $|z| > |a|$. Porém, como mostrado no Exemplo 3.6, o polo em $z = a$ é cancelado por um zero em $z = a$, e, portanto, a RDC se estende pelo plano z inteiro, com exceção de $z = 0$.

Já exploramos a propriedade da linearidade em nossa discussão anterior sobre o uso da expansão em frações parciais no cálculo da transformada z inversa. Com esse procedimento, $X(z)$ é expandido em uma soma de parcelas mais simples e, pela linearidade, a transformada z inversa é a soma das transformadas inversas de cada uma dessas parcelas.

3.4.2 Deslocamento no tempo

A propriedade de deslocamento no tempo é

$$x[n - n_0] \stackrel{\mathcal{Z}}{\longleftrightarrow} z^{-n_0} X(z),$$
$$\text{RDC} = R_x (\text{exceto pela possível adição ou exclusão de } z = 0 \text{ ou } z = \infty).$$

A quantidade n_0 é um inteiro. Se n_0 for positivo, a sequência original $x[n]$ é deslocada para a direita, e se n_0 for negativo, $x[n]$ é deslocada para a esquerda. Assim como no caso da linearidade, a RDC pode ser modificada, pois o fator z^{-n_0} pode alterar o número de polos em $z = 0$ ou $z = \infty$.

A dedução dessa propriedade segue diretamente da expressão da transformada z na Equação 3.2. Especificamente, se $y[n] = x[n - n_0]$, a transformada z correspondente é

$$Y(z) = \sum_{n=-\infty}^{\infty} x[n - n_0] z^{-n}.$$

Com a substituição de variáveis $m = n - n_0$,

$$Y(z) = \sum_{m=-\infty}^{\infty} x[m] z^{-(m+n_0)}$$
$$= z^{-n_0} \sum_{m=-\infty}^{\infty} x[m] z^{-m},$$

ou

$$Y(z) = z^{-n_0} X(z).$$

A propriedade de deslocamento no tempo normalmente é útil em conjunto com outras propriedades e procedimentos, na obtenção da transformada z inversa. Ilustraremos isso com um exemplo.

Exemplo 3.14 Sequência exponencial deslocada

Considere a transformada z

$$X(z) = \frac{1}{z - \frac{1}{4}}, \qquad |z| > \frac{1}{4}.$$

A partir da RDC, identificamos que ela corresponde a uma sequência lateral direita. Primeiro, podemos reescrever $X(z)$ na forma

$$X(z) = \frac{z^{-1}}{1 - \frac{1}{4} z^{-1}}, \qquad |z| > \frac{1}{4}. \qquad (3.56)$$

Essa transformada z tem a forma da Equação 3.41 com $M = N = 1$, e sua expansão na forma da Equação 3.45 é

$$X(z) = -4 + \frac{4}{1 - \frac{1}{4} z^{-1}}. \qquad (3.57)$$

Da Equação 3.57, segue que $x[n]$ pode ser expressa como

$$x[n] = -4\delta[n] + 4 \left(\frac{1}{4}\right)^n u[n]. \qquad (3.58)$$

Uma expressão para $x[n]$ pode ser obtida mais diretamente aplicando a propriedade do deslocamento no tempo. Primeiro, $X(z)$ pode ser escrito como

$$X(z) = z^{-1} \left(\frac{1}{1 - \frac{1}{4} z^{-1}} \right), \qquad |z| > \frac{1}{4}. \qquad (3.59)$$

Da propriedade do deslocamento no tempo, reconhecemos que o fator z^{-1} na Equação 3.59 está associado a um deslocamento no tempo de uma amostra para a direita da sequência $\left(\frac{1}{4}\right)^n u[n]$; isto é,

$$x[n] = \left(\frac{1}{4}\right)^{n-1} u[n - 1]. \qquad (3.60)$$

É fácil verificar que as equações 3.58 e 3.60 são as mesmas para todos os valores de n; isto é, elas representam a mesma sequência.

3.4.3 Multiplicação por uma sequência exponencial

A propriedade de multiplicação exponencial é

$$z_0^n x[n] \stackrel{\mathcal{Z}}{\longleftrightarrow} X(z/z_0), \qquad \text{RDC} = |z_0| R_x.$$

A notação RDC = $|z_0|R_x$ significa que a RDC é R_x multiplicada escalarmente pelo número $|z_0|$; isto é, se R_x é o conjunto de valores de z tal que $r_R < |z| < r_L$, então $|z_0|R_x$ é o conjunto de valores de z tal que $|z_0|r_R < |z| < |z_0|r_L$.

Essa propriedade é facilmente demonstrada com a simples substituição de $z_0^n x[n]$ na Equação 3.2. Como uma consequência da propriedade de multiplicação exponencial, todas as localizações de polos e zeros são multiplicadas escalarmente por um fator z_0, pois, se $X(z)$ tem um polo (ou zero) em $z = z_1$, então $X(z/z_0)$ terá um polo (ou zero) em $z = z_0 z_1$. Se z_0 for um número real positivo, a multiplicação por escalar pode ser interpretada como uma compressão ou expansão do plano z; isto é, as localizações de polos e zeros mudam ao longo de linhas radiais no plano z. Se z_0 é complexo com magnitude unitária, de modo que $z_0 = e^{j\omega_0}$, a multiplicação por escalar corresponde a uma rotação no plano z de um ângulo ω_0; isto é, as localizações de polos e zeros mudam de posição ao longo de circunferências centradas na origem. Isso, por sua vez, pode ser interpretado como um deslocamento em frequência ou translação da transformada de Fourier de tempo discreto, que é associada no domínio do tempo à modulação pela sequência exponencial complexa $e^{j\omega_0 n}$. Ou seja, se a transformada de Fourier existe, essa propriedade tem a forma

$$e^{j\omega_0 n} x[n] \overset{\mathcal{F}}{\longleftrightarrow} X(e^{j(\omega - \omega_0)}).$$

Exemplo 3.15 Multiplicação exponencial

Começando com o par transformado

$$u[n] \overset{\mathcal{Z}}{\longleftrightarrow} \frac{1}{1 - z^{-1}}, \qquad |z| > 1, \qquad (3.61)$$

podemos usar a propriedade de multiplicação exponencial para determinar a transformada z de

$$x[n] = r^n \cos(\omega_0 n) u[n], \qquad r > 0. \qquad (3.62)$$

Primeiro, $x[n]$ é expressa como

$$x[n] = \frac{1}{2}(re^{j\omega_0})^n u[n] + \frac{1}{2}(re^{-j\omega_0})^n u[n].$$

Então, usando a Equação 3.61 e a propriedade da multiplicação exponencial, vemos que

$$\frac{1}{2}(re^{j\omega_0})^n u[n] \overset{\mathcal{Z}}{\longleftrightarrow} \frac{\frac{1}{2}}{1 - re^{j\omega_0} z^{-1}}, \qquad |z| > r,$$

$$\frac{1}{2}(re^{-j\omega_0})^n u[n] \overset{\mathcal{Z}}{\longleftrightarrow} \frac{\frac{1}{2}}{1 - re^{-j\omega_0} z^{-1}}, \qquad |z| > r.$$

Da propriedade da linearidade, segue que

$$X(z) = \frac{\frac{1}{2}}{1 - re^{j\omega_0} z^{-1}} + \frac{\frac{1}{2}}{1 - re^{-j\omega_0} z^{-1}}, \qquad |z| > r$$

$$= \frac{1 - r\cos(\omega_0) z^{-1}}{1 - 2r\cos(\omega_0) z^{-1} + r^2 z^{-2}}, \qquad |z| > r. \qquad (3.63)$$

3.4.4 Diferenciação de $X(z)$

A propriedade da diferenciação estabelece que

$$nx[n] \overset{\mathcal{Z}}{\longleftrightarrow} -z\frac{dX(z)}{dz}, \qquad \text{RDC} = R_x.$$

Essa propriedade é verificada pela diferenciação da expressão da transformada z da Equação 3.2; isto é, para

$$X(z) = \sum_{n=-\infty}^{\infty} x[n] z^{-n},$$

obtemos

$$-z\frac{dX(z)}{dz} = -z \sum_{n=-\infty}^{\infty} (-n) x[n] z^{-n-1}$$

$$= \sum_{n=-\infty}^{\infty} n x[n] z^{-n} = \mathcal{Z}\{nx[n]\}.$$

Ilustraremos o uso da propriedade da diferenciação com dois exemplos.

Exemplo 3.16 Inversão de transformada z não racional

Neste exemplo, usamos a propriedade da diferenciação juntamente com a propriedade de deslocamento no tempo para determinar a transformada z inversa considerada no Exemplo 3.12. Com

$$X(z) = \log(1 + az^{-1}), \qquad |z| > |a|,$$

primeiro diferenciamos para obter uma expressão racional:

$$\frac{dX(z)}{dz} = \frac{-az^{-2}}{1 + az^{-1}}.$$

A partir da propriedade da diferenciação,

$$nx[n] \overset{\mathcal{Z}}{\longleftrightarrow} -z\frac{dX(z)}{dz} = \frac{az^{-1}}{1 + az^{-1}}, \qquad |z| > |a|. \quad (3.64)$$

A transformada inversa da Equação 3.64 pode ser obtida pelo uso conjunto do par de transformada z do Exemplo 3.1, da propriedade da linearidade e da propriedade do deslocamento no tempo. Especificamente, podemos expressar $nx[n]$ como

$$nx[n] = a(-a)^{n-1} u[n-1].$$

Portanto,

$$x[n] = (-1)^{n+1} \frac{a^n}{n} u[n-1] \overset{\mathcal{Z}}{\longleftrightarrow} \log(1 + az^{-1}), \qquad |z| > |a|.$$

O resultado do Exemplo 3.16 será útil em nossa discussão de cepstrum, no Capítulo 13.

Exemplo 3.17 Polo de segunda ordem

Como outro exemplo do uso da propriedade da diferenciação, determinaremos a transformada z da sequência

$$x[n] = na^n u[n] = n(a^n u[n]).$$

Do par de transformada z do Exemplo 3.1 e da propriedade da diferenciação, segue-se que

$$X(z) = -z\frac{d}{dz}\left(\frac{1}{1-az^{-1}}\right), \qquad |z| > |a|$$

$$= \frac{az^{-1}}{(1-az^{-1})^2}, \qquad |z| > |a|.$$

Portanto,

$$na^n u[n] \xleftrightarrow{\mathcal{Z}} \frac{az^{-1}}{(1-az^{-1})^2}, \qquad |z| > |a|.$$

3.4.5 Conjugação de uma sequência complexa

A propriedade de conjugação é expressa como

$$x^*[n] \xleftrightarrow{\mathcal{Z}} X^*(z^*), \qquad \text{RDC} = R_x.$$

Essa propriedade segue de maneira direta da definição da transformada z. Os detalhes da demonstração são deixados como exercício (Problema 3.54).

3.4.6 Reflexão no tempo

A propriedade de reflexão no tempo é dada por

$$x^*[-n] \xleftrightarrow{\mathcal{Z}} X^*(1/z^*), \qquad \text{RDC} = \frac{1}{R_x}.$$

A notação RDC = $1/R_x$ implica que R_x é invertida; isto é, se R_x é o conjunto de valores de z tal que $r_R < |z| < r_L$, então a RDC para $X^*(1/z^*)$ é o conjunto de valores de z tal que $1/r_L < |z| < 1/r_R$. Assim, se z_0 estiver na RDC de $x[n]$, então $1/z_0^*$ está na RDC para a transformada z de $x^*[-n]$. Se a sequência $x[n]$ for real ou se não conjugarmos uma sequência complexa, o resultado torna-se

$$x[-n] \xleftrightarrow{\mathcal{Z}} X(1/z), \qquad \text{RDC} = \frac{1}{R_x}.$$

Assim como a propriedade da conjugação, a propriedade da reflexão no tempo segue facilmente da definição da transformada z, e os detalhes são deixados como um exercício (Problema 3.54).

Note que, se z_0 for um polo (ou zero) de $X(z)$, então $1/z_0$ será um polo (ou zero) de $X(1/z)$. A magnitude de $1/z_0$ é simplesmente o recíproco da magnitude de z_0. Porém, o ângulo de $1/z_0$ é o negativo do ângulo de z_0. Quando os polos e zeros de $X(z)$ são todos reais ou estão em pares complexos conjugados, como devem estar quando $x[n]$ é real, esse emparelhamento de conjugado complexo é mantido.

Exemplo 3.18 Sequência exponencial refletida no tempo

Como um exemplo do uso da propriedade de reflexão no tempo, considere a sequência

$$x[n] = a^{-n}u[-n],$$

que é uma versão refletida no tempo de $a^n u[n]$. Da propriedade de reflexão no tempo, segue-se que

$$X(z) = \frac{1}{1-az} = \frac{-a^{-1}z^{-1}}{1-a^{-1}z^{-1}}, \qquad |z| < |a^{-1}|.$$

Note que a transformada z de $a^n u[n]$ tem um polo em $z = a$, enquanto $X(z)$ tem um polo em $1/a$.

3.4.7 Convolução de sequências

De acordo com a propriedade da convolução,

$$x_1[n] * x_2[n] \xleftrightarrow{\mathcal{Z}} X_1(z)X_2(z), \qquad \text{RDC contém } R_{x_1} \cap R_{x_2}.$$

Para demonstrar essa propriedade formalmente, consideramos

$$y[n] = \sum_{k=-\infty}^{\infty} x_1[k]x_2[n-k],$$

de modo que

$$Y(z) = \sum_{n=-\infty}^{\infty} y[n]z^{-n}$$

$$= \sum_{n=-\infty}^{\infty} \left\{\sum_{k=-\infty}^{\infty} x_1[k]x_2[n-k]\right\} z^{-n}.$$

Se trocarmos a ordem do somatório (o que é permitido para z na RDC),

$$Y(z) = \sum_{k=-\infty}^{\infty} x_1[k] \sum_{n=-\infty}^{\infty} x_2[n-k]z^{-n}.$$

Mudando o índice do somatório na segunda soma de n para $m = n - k$, obtemos

$$Y(z) = \sum_{k=-\infty}^{\infty} x_1[k] \left\{\sum_{m=-\infty}^{\infty} x_2[m]z^{-m}\right\} z^{-k}$$

$$= \sum_{k=-\infty}^{\infty} x_1[k] \underbrace{X_2(z)}_{|z| \in R_{x_2}} z^{-k} = \left(\sum_{k=-\infty}^{\infty} x_1[k]z^{-k}\right) X_2(z).$$

Assim, para valores de z dentro das RDCs de $X_1(z)$ e $X_2(z)$, podemos escrever

$$Y(z) = X_1(z)X_2(z),$$

sendo que a RDC inclui a interseção das RDCs de $X_1(z)$ e $X_2(z)$. Se um polo que está na borda da RDC de uma das transformadas z for cancelado por um zero da outra, então a RDC de $Y(z)$ pode ser maior.

O uso da transformada z no cálculo de convoluções é ilustrado pelo exemplo a seguir.

Exemplo 3.19 Convolução de sequências de comprimento finito

Suponha que

$$x_1[n] = \delta[n] + 2\delta[n-1] + \delta[n-2]$$

seja uma sequência de comprimento finito a ser convoluída com a sequência $x_2[n] = \delta[n] - \delta[n-1]$. As transformadas z correspondentes são

$$X_1(z) = 1 + 2z^{-1} + z^{-2}$$

e $X_2(z) = 1 - z^{-1}$. A convolução $y[n] = x_1[n] * x_2[n]$ tem transformada z

$$Y(z) = X_1(z)X_2(z) = (1 + 2z^{-1} + z^{-2})(1 - z^{-1})$$
$$= 1 + z^{-1} - z^{-2} - z^{-3}.$$

Como essas sequências têm comprimento finito, as RDCs são ambas $|z| > 0$, e, portanto, o mesmo ocorre com a RDC de $Y(z)$. De $Y(z)$, concluímos por inspeção dos coeficientes do polinômio que

$$y[n] = \delta[n] + \delta[n-1] - \delta[n-2] - \delta[n-3].$$

O ponto importante deste exemplo é que a convolução de sequências de comprimento finito é equivalente à multiplicação polinomial. Reciprocamente, os coeficientes do produto de dois polinômios são obtidos pela convolução discreta dos coeficientes polinomiais.

A propriedade de convolução desempenha um papel particularmente importante na análise de sistemas LIT, como discutiremos com mais detalhes na Seção 3.5 e no Capítulo 5. Um exemplo do uso da transformada z para calcular a convolução de duas sequências de comprimento infinito é dado na Seção 3.5.

3.4.8 Resumo de algumas propriedades da transformada z

Apresentamos e discutimos uma série de teoremas e propriedades das transformadas z, muitos dos quais são úteis na manipulação de transformadas z na análise de sistemas de tempo discreto. Essas propriedades e diversas outras são resumidas para referência conveniente na Tabela 3.2.

3.5 Transformadas z e sistemas LIT

As propriedades discutidas na Seção 3.4 fazem a transformada z uma ferramenta muito útil na análise de sistemas de tempo discreto. Como devemos contar extensamente com a transformada z no Capítulo 5 e em capítulos posteriores, vale a pena agora ilustrar como a transformada z pode ser usada na representação e análise dos sistemas LIT.

Lembre-se da Seção 2.3 que um sistema LIT pode ser representado como a convolução $y[n] = x[n] * h[n]$ da entrada $x[n]$ com $h[n]$, sendo $h[n]$ a resposta do sistema à sequência impulso unitário $\delta[n]$. Da propriedade da convolução da Seção 3.4.7, segue-se que a transformada z de $y[n]$ é

$$Y(z) = H(z)X(z), \qquad (3.65)$$

sendo $H(z)$ e $X(z)$ as transformadas z de $h[n]$ e $x[n]$, respectivamente. Nesse contexto, a transformada z $H(z)$ é chamada de *função de sistema* do sistema LIT, cuja resposta ao impulso é $h[n]$.

O cálculo da saída de um sistema LIT usando a transformada z é ilustrado pelo exemplo a seguir.

Exemplo 3.20 Convolução de sequências de comprimento infinito

Sejam $h[n] = a^n u[n]$ e $x[n] = Au[n]$. Para usar a transformada z no cálculo da convolução $y[n] = x[n] * h[n]$, começamos encontrando as transformadas z correspondentes como

$$H(z) = \sum_{n=0}^{\infty} a^n z^{-n} = \frac{1}{1 - az^{-1}}, \qquad |z| > |a|,$$

e

$$X(z) = \sum_{n=0}^{\infty} A z^{-n} = \frac{A}{1 - z^{-1}}, \qquad |z| > 1.$$

A transformada z da convolução $y[n] = x[n] * h[n]$ é, portanto,

$$Y(z) = \frac{A}{(1 - az^{-1})(1 - z^{-1})} = \frac{Az^2}{(z-a)(z-1)}, \qquad |z| > 1,$$

em que assumimos que $|a| < 1$, de modo que a superposição das RDCs é $|z| > 1$.

Os polos e zeros de $Y(z)$ são traçados na Figura 3.12, e a RDC é observada como a região de superposição. A sequência $y[n]$ pode ser obtida determinando-se a transformada z inversa. A expansão em frações parciais de $Y(z)$ é

$$Y(z) = \frac{A}{1-a}\left(\frac{1}{1-z^{-1}} - \frac{a}{1-az^{-1}}\right) \qquad |z| > 1.$$

Portanto, tomando-se a transformada z inversa de cada termo, resulta

$$y[n] = \frac{A}{1-a}(1 - a^{n+1})u[n].$$

Tabela 3.2 Algumas propriedades da transformada z.

Propriedade Número	Seção de referência	Sequência	Transformada	RDC
		$x[n]$	$X(z)$	R_x
		$x_1[n]$	$X_1(z)$	R_{x_1}
		$x_2[n]$	$X_2(z)$	R_{x_2}
1	3.4.1	$ax_1[n] + bx_2[n]$	$aX_1(z) + bX_2(z)$	Contém $R_{x_1} \cap R_{x_2}$
2	3.4.2	$x[n - n_0]$	$z^{-n_0} X(z)$	R_x, exceto pela possível adição ou exclusão da origem ou ∞
3	3.4.3	$z_0^n x[n]$	$X(z/z_0)$	$|z_0| R_x$
4	3.4.4	$n x[n]$	$-z \dfrac{dX(z)}{dz}$	R_x
5	3.4.5	$x^*[n]$	$X^*(z^*)$	R_x
6		$\mathcal{R}e\{x[n]\}$	$\dfrac{1}{2}[X(z) + X^*(z^*)]$	Contém R_x
7		$\mathcal{I}m\{x[n]\}$	$\dfrac{1}{2j}[X(z) - X^*(z^*)]$	Contém R_x
8	3.4.6	$x^*[-n]$	$X^*(1/z^*)$	$1/R_x$
9	3.4.7	$x_1[n] * x_2[n]$	$X_1(z) X_2(z)$	Contém $R_{x_1} \cap R_{x_2}$

A transformada z é particularmente útil na análise de sistemas LIT descritos pelas equações de diferenças. Lembre-se de que na Seção 2.5 mostramos que as equações de diferenças na forma

$$y[n] = -\sum_{k=1}^{N} \left(\frac{a_k}{a_0}\right) y[n-k] + \sum_{k=0}^{M} \left(\frac{b_k}{a_0}\right) x[n-k] \quad (3.66)$$

comportam-se como sistemas LIT causais quando a entrada é nula antes de $n = 0$ e as condições de repouso inicial são impostas antes do momento em que a entrada se torna não nula; isto é, supõe-se que

$$y[-N], y[-N+1], \ldots, y[-1]$$

sejam todos nulos. A equação de diferenças com dadas condições de repouso inicial define o sistema LIT, mas também é de interesse conhecer a função de sistema. Se aplicamos a propriedade da linearidade (Seção 3.4.1) e a propriedade do deslocamento no tempo (Seção 3.4.2) à Equação 3.66, obtemos

$$Y(z) = -\sum_{k=1}^{N} \left(\frac{a_k}{a_0}\right) z^{-k} Y(z) + \sum_{k=0}^{M} \left(\frac{b_k}{a_0}\right) z^{-k} X(z). \quad (3.67)$$

Resolvendo para $Y(z)$ em termos de $X(z)$ e dos parâmetros da equação de diferenças, resulta

$$Y(z) = \left(\frac{\sum_{k=0}^{M} b_k z^{-k}}{\sum_{k=0}^{N} a_k z^{-k}} \right) X(z), \quad (3.68)$$

e por uma comparação das equações 3.65 e 3.68, conclui-se que, para o sistema LIT descrito pela Equação 3.66, a função de sistema é

$$H(z) = \frac{\sum_{k=0}^{M} b_k z^{-k}}{\sum_{k=0}^{N} a_k z^{-k}}. \quad (3.69)$$

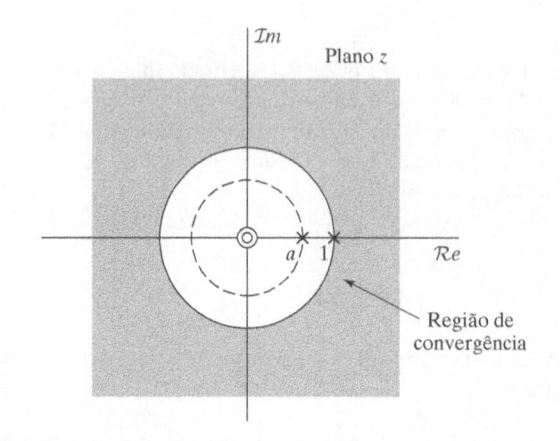

Figura 3.12 Diagrama de polos e zeros para a transformada z da convolução das sequências $u[n]$ e $a^n u[n]$ (assumindo $|a| < 1$).

Como o sistema definido pela equação de diferenças da Equação 3.66 é um sistema causal, a discussão na

Seção 3.2 nos leva à conclusão de que $H(z)$ na Equação 3.69 deverá ter uma RDC na forma $|z| > r_R$, e como a RDC não pode conter polos, r_R deverá ser igual à magnitude do polo de $H(z)$ que está mais distante da origem. Além disso, a discussão na Seção 3.2 também confirma que, se $r_R < 1$, isto é, se todos os polos estão dentro da circunferência unitária, então o sistema é estável e a resposta em frequência do sistema é obtida fazendo $z = e^{j\omega}$ na Equação 3.69.

Note que se a Equação 3.66 for expressa na forma equivalente

$$\sum_{k=0}^{N} a_k y[n-k] = \sum_{k=0}^{M} b_k x[n-k], \quad (3.70)$$

então a Equação 3.69, que dá a função de sistema (e a resposta em frequência para sistemas estáveis) como uma razão de polinômios na variável z^{-1}, pode ser escrita diretamente observando-se que o numerador é a representação por transformada z dos coeficientes e dos termos de atraso que envolvem a entrada, enquanto o denominador representa os coeficientes e termos de atraso que envolvem a saída. Similarmente, dada a função de sistema como uma razão de polinômios em z^{-1}, como na Equação 3.69, é simples escrever a equação de diferenças na forma da Equação 3.70 e depois escrevê-la no formato da Equação 3.66 para implementação recursiva.

Exemplo 3.21 Sistema de primeira ordem

> Suponha que um sistema LIT causal seja descrito pela equação de diferenças
>
> $$y[n] = ay[n-1] + x[n]. \quad (3.71)$$
>
> Por inspeção, segue que a função de sistema para esse sistema é
>
> $$H(z) = \frac{1}{1 - az^{-1}}, \quad (3.72)$$
>
> com RDC $|z| > |a|$, a partir do qual segue, da linha 5 da Tabela 3.1, que a resposta ao impulso do sistema é
>
> $$h[n] = a^n u[n]. \quad (3.73)$$
>
> Finalmente, se $x[n]$ é uma sequência com uma transformada z racional, como $x[n] = Au[n]$, podemos encontrar a saída do sistema de três formas distintas. (1) Podemos iterar a equação de diferenças na Equação 3.71. Em geral, essa abordagem poderia ser usada com qualquer entrada e, geralmente, seria usada para implementar o sistema, mas não levaria diretamente a uma solução de forma fechada válida para todo n, mesmo que tal expressão existisse. (2) Poderíamos calcular a convolução de $x[n]$ e $h[n]$ explicitamente usando as técnicas ilustradas na Seção 2.3. (3) Como as transformadas z tanto de $x[n]$ quanto de $h[n]$ são funções racionais de z, podemos usar o método de frações parciais da Seção 3.3.2 para determinar uma expressão em forma fechada para a saída válida para todo n. De fato, isso foi feito no Exemplo 3.20.

Teremos muito mais usos para a transformada z no Capítulo 5 e nos capítulos subsequentes. Por exemplo, na Seção 5.2.3, devemos obter expressões gerais para a resposta ao impulso de um sistema LIT com função do sistema racional, e mostraremos como a resposta em frequência do sistema está relacionada à localização dos polos e zeros de $H(z)$.

3.6 A transformada z unilateral

A transformada z, como definida pela Equação 3.2, e como considerada até aqui neste capítulo, é chamada mais explicitamente de transformada z bilateral ou transformada z de dois lados. Por outro lado, a transformada z *unilateral*, ou transformada z *de um lado*, é definida como

$$\mathcal{X}(z) = \sum_{n=0}^{\infty} x[n] z^{-n}. \quad (3.74)$$

A transformada z unilateral difere da transformada z bilateral no fato de que o limite inferior da soma é sempre fixado em zero, independentemente dos valores de $x[n]$ para $n < 0$. Se $x[n] = 0$ para $n < 0$, as transformadas z unilateral e bilateral são idênticas, ao passo que se $x[n]$ não for nulo para todo $n < 0$, elas serão diferentes. Um simples exemplo ilustra esse fato.

Exemplo 3.22 Transformada unilateral de um impulso

> Suponha que $x_1[n] = \delta[n]$. Então, fica claro pela Equação 3.74 que $\mathcal{X}_1(z) = 1$, o que é idêntico à transformada z bilateral do impulso. Porém, considere $x_2[n] = \delta[n+1] = x_1[n+1]$. Dessa vez, usando a Equação 3.74, encontramos que $\mathcal{X}_2(z) = 0$, enquanto a transformada z bilateral fornece $X_2(z) = zX_1(z) = z$.

Como a transformada unilateral de fato ignora qualquer componente lateral esquerda, as propriedades da RDC da transformada z unilateral serão as mesmas que aquelas da transformada bilateral de uma sequência lateral direita obtidas, considerando que os valores da sequência são nulos para $n < 0$. Isto é, a RDC para todas as transformadas z unilaterais terão a forma $|z| > r_R$, e para transformadas z unilaterais racionais, o limite da RDC será definido pelo polo que está mais afastado da origem do plano z.

Em aplicações de processamento digital de sinais, as equações de diferenças da forma da Equação 3.66 são geralmente empregadas com condições de repouso inicial. Porém, em algumas situações, podem ocorrer condições que não sejam de repouso inicial. Nesses casos, as propriedades de linearidade e deslocamento no tempo da transformada z unilateral são ferramentas particularmente úteis. A propriedade da linearidade é idêntica àquela da transformada z bilateral (Propriedade 1 na Tabela 3.2). A propriedade do deslocamento no tempo é diferente no caso unilateral, pois o limite inferior na definição da transformada unilateral é fixado em zero. Para ilustrar como chegar a essa propriedade, considere uma sequência $x[n]$ com transformada z unilateral $\mathcal{X}(z)$ e considere $y[n] = x[n - 1]$. Então, por definição,

$$\mathcal{Y}(z) = \sum_{n=0}^{\infty} x[n-1]z^{-n}.$$

Com a substituição do índice do somatório $m = n - 1$, podemos escrever $\mathcal{Y}(z)$ como

$$\mathcal{Y}(z) = \sum_{m=-1}^{\infty} x[m]z^{-(m+1)} = x[-1] + z^{-1}\sum_{m=0}^{\infty} x[m]z^{-m},$$

de modo que

$$\mathcal{Y}(z) = x[-1] + z^{-1}\mathcal{X}(z). \quad (3.75)$$

Assim, para determinar a transformada z unilateral de uma sequência atrasada, temos de fornecer valores da sequência que sejam ignorados no cálculo de $\mathcal{X}(z)$. Por uma análise similar, pode-se mostrar que, se $y[n] = x[n - k]$, com $k > 0$, então

$$\mathcal{Y}(z) = x[-k] + x[-k+1]z^{-1} + \ldots$$
$$+ x[-1]z^{-k+1} + z^{-k}\mathcal{X}(z)$$
$$= \sum_{m=1}^{k} x[m-k-1]z^{-m+1} + z^{-k}\mathcal{X}(z). \quad (3.76)$$

O uso da transformada z unilateral para resolver a saída de uma equação de diferenças com condições iniciais não nulas é ilustrado pelo exemplo a seguir.

Exemplo 3.23 Efeito das condições iniciais não nulas

Considere um sistema descrito pela equação de diferenças linear com coeficientes constantes

$$y[n] - ay[n-1] = x[n], \quad (3.77)$$

que é o mesmo sistema dos exemplos 3.20 e 3.21. Suponha que $x[n] = 0$ para $n < 0$ e que a condição inicial em $n = -1$ seja denotada como $y[-1]$. Aplicando a transformada z unilateral à Equação 3.77 e usando a propriedade de linearidade, bem como a propriedade de deslocamento no tempo da Equação 3.75, temos

$$\mathcal{Y}(z) - ay[-1] - az^{-1}\mathcal{Y}(z) = \mathcal{X}(z).$$

Resolvendo para $\mathcal{Y}(z)$, obtemos

$$\mathcal{Y}(z) = \frac{ay[-1]}{1 - az^{-1}} + \frac{1}{1 - az^{-1}}\mathcal{X}(z). \quad (3.78)$$

Note que, se $y[-1] = 0$, a primeira parcela desaparece, e ficamos com $\mathcal{Y}(z) = H(z)\mathcal{X}(z)$, em que

$$H(z) = \frac{1}{1 - az^{-1}}, \qquad |z| > |a|$$

é a função de sistema do sistema LIT correspondente à equação de diferenças da Equação 3.77 quando iterada com condições de repouso inicial. Isso confirma que as condições de repouso inicial são necessárias para que a equação de diferenças iterada se comporte como um sistema LIT. Além disso, note que, se $x[n] = 0$ para todo n, a saída será igual a

$$y[n] = y[-1]a^{n+1} \qquad n \geq -1.$$

Isso mostra que, se $y[-1] \neq 0$, o sistema não se comporta linearmente, pois a propriedade de mudança de escala para sistemas lineares [Equação 2.23(b)] requer que, quando a entrada for nula para todo n, a saída deverá ser igualmente nula para todo n.

Para ser mais específico, suponha que $x[n] = Au[n]$, como no Exemplo 3.20. Podemos determinar uma equação para $y[n]$ para $n \geq -1$, notando que a transformada z unilateral de $x[n] = Au[n]$ é

$$\mathcal{X}(z) = \frac{A}{1 - z^{-1}}, \qquad |z| > 1$$

de modo que a Equação 3.78 torna-se

$$\mathcal{Y}(z) = \frac{ay[-1]}{1 - az^{-1}} + \frac{A}{(1 - az^{-1})(1 - z^{-1})}. \quad (3.79)$$

Aplicando a técnica de expansão em frações parciais à Equação 3.79, obtém-se

$$\mathcal{Y}(z) = \frac{ay[-1]}{1 - az^{-1}} + \frac{\frac{A}{1-a}}{1 - z^{-1}} + \frac{-\frac{aA}{1-a}}{1 - az^{-1}},$$

de onde segue que a solução completa é

$$y[n] = \begin{cases} y[-1] & n = -1 \\ \underbrace{y[-1]a^{n+1}}_{\text{REN}} + \underbrace{\frac{A}{1-a}\left(1 - a^{n+1}\right)}_{\text{RCIN}} & n \geq 0 \end{cases} \quad (3.80)$$

A Equação 3.80 mostra que a resposta do sistema é composta de duas partes. A resposta à entrada nula (REN) é a resposta quando a entrada é nula (nesse caso, quando $A = 0$). A resposta a condições iniciais nulas (RCIN) é a componente que é diretamente proporcional à entrada (conforme requerido pela linearidade). Essa componente permanece quando $y[-1] = 0$. No Problema 3.49, mostra-se que essa decomposição em componentes REN e RCIN é válida para qualquer equação de diferenças na forma da Equação 3.66.

3.7 Resumo

Neste capítulo, definimos a transformada z de uma sequência e mostramos que ela é uma generalização da transformada de Fourier. A discussão concentrou-se nas propriedades da transformada z e nas técnicas para a obtenção da transformada z de uma sequência e vice-versa. Especificamente, mostramos que a série de potências que definem a transformada z pode convergir quando a transformada de Fourier não converge. Exploramos em detalhes a dependência da RDC com as propriedades da sequência. Uma compreensão plena das propriedades da RDC é essencial para o uso bem-sucedido da transformada z. Isso é particularmente verdadeiro no desenvolvimento de técnicas para determinar a sequência que corresponde a uma dada transformada z, isto é, para determinar transformadas z inversas. Grande parte da discussão concentrou-se nas transformadas z que são funções racionais e em sua região de convergência. Para tais funções, descrevemos uma técnica de transformação inversa baseada na expansão em frações parciais de $X(z)$. Também discutimos outras técnicas para a transformação inversa, como o uso das expansões em série de potências tabuladas e divisão longa.

Uma parte importante do capítulo foi a discussão de algumas das muitas propriedades da transformada z que a tornam útil na análise de sinais e sistemas de tempo discreto. Diversos exemplos demonstraram como essas propriedades podem ser usadas para encontrar transformadas z diretas e inversas.

Problemas

Problemas básicos com respostas

3.1. Determine a transformada z, incluindo a RDC, para cada uma das seguintes sequências:

(a) $\left(\frac{1}{2}\right)^n u[n]$
(b) $-\left(\frac{1}{2}\right)^n u[-n-1]$
(c) $\left(\frac{1}{2}\right)^n u[-n]$
(d) $\delta[n]$
(e) $\delta[n-1]$
(f) $\delta[n+1]$
(g) $\left(\frac{1}{2}\right)^n (u[n] - u[n-10])$

3.2. Determine a transformada z da sequência

$$x[n] = \begin{cases} n, & 0 \le n \le N-1, \\ N, & N \le n. \end{cases}$$

3.3. Determine a transformada z de cada uma das sequências a seguir. Inclua com sua resposta a RDC no plano z e um esboço do diagrama de polos e zeros. Expresse todas as somas em forma fechada; α pode ser complexo.

(a) $x_a[n] = \alpha^{|n|}, \quad 0 < |\alpha| < 1$.
(b) $x_b[n] = \begin{cases} 1, & 0 \le n \le N-1, \\ 0, & \text{caso contrário.} \end{cases}$
(c) $x_c[n] = \begin{cases} n+1, & 0 \le n \le N-1, \\ 2N-1-n, & N \le n \le 2(N-1), \\ 0, & \text{caso contrário.} \end{cases}$

Dica: Note que $x_b[n]$ é uma sequência retangular e $x_c[n]$ é uma sequência triangular. Primeiro, expresse $x_c[n]$ em termos de $x_b[n]$.

3.4. Considere a transformada z $X(z)$, cujo diagrama de polos e zeros é como mostrado na Figura P3.4.

(a) Determine a RDC de $X(z)$ se sabemos que a transformada de Fourier existe. Para esse caso, determine se a sequência $x[n]$ correspondente é lateral direita, lateral esquerda ou bilateral.
(b) Quantas possíveis sequências bilaterais tem o diagrama de polos e zeros mostrado na Figura P3.4?
(c) É possível que o diagrama de polos e zeros na Figura P3.4 seja associado com uma sequência que é tanto estável quanto causal? Nesse caso, dê a RDC apropriada.

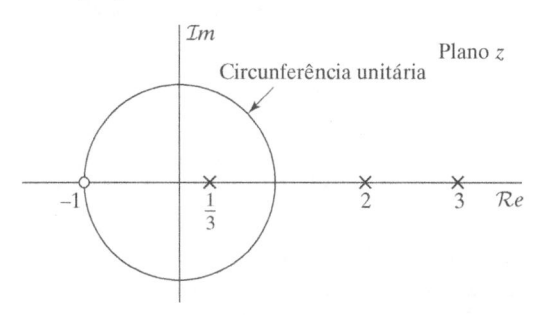

Figura P3.4

3.5. Determine a sequência $x[n]$ com transformada z

$$X(z) = (1 + 2z)(1 + 3z^{-1})(1 - z^{-1}).$$

3.6. A seguir, há várias transformadas z. Para cada uma, determine a transformada z inversa usando ambos os métodos — expansão em frações parciais e expansão em série de potências — discutidos na Seção 3.3. Além disso, indique em cada caso se a transformada de Fourier existe.

(a) $X(z) = \dfrac{1}{1 + \frac{1}{2}z^{-1}}, \quad |z| > \dfrac{1}{2}$

(b) $X(z) = \dfrac{1}{1 + \frac{1}{2}z^{-1}}, \quad |z| < \dfrac{1}{2}$

(c) $X(z) = \dfrac{1 - \frac{1}{2}z^{-1}}{1 + \frac{3}{4}z^{-1} + \frac{1}{8}z^{-2}}, \quad |z| > \dfrac{1}{2}$

(d) $X(z) = \dfrac{1 - \frac{1}{2}z^{-1}}{1 - \frac{1}{4}z^{-2}}, \quad |z| > \dfrac{1}{2}$

(e) $X(z) = \dfrac{1 - az^{-1}}{z^{-1} - a}, \quad |z| > |1/a|$

3.7. A entrada de um sistema LIT causal é

$$x[n] = u[-n-1] + \left(\frac{1}{2}\right)^n u[n].$$

A transformada z da saída desse sistema é

$$Y(z) = \frac{-\frac{1}{2}z^{-1}}{\left(1 - \frac{1}{2}z^{-1}\right)\left(1 + z^{-1}\right)}.$$

(a) Determine $H(z)$, a transformada z da resposta ao impulso do sistema. Não se esqueça de especificar a RDC.
(b) Qual é a RDC para $Y(z)$?
(c) Determine $y[n]$.

3.8. A função de sistema de um sistema LIT causal é

$$H(z) = \frac{1 - z^{-1}}{1 + \frac{3}{4}z^{-1}}.$$

A entrada desse sistema é

$$x[n] = \left(\frac{1}{3}\right)^n u[n] + u[-n-1].$$

(a) Encontre a resposta ao impulso do sistema, $h[n]$.
(b) Encontre a saída $y[n]$.
(c) O sistema é estável? Isto é, $h[n]$ é somável em valor absoluto?

3.9. Um sistema LIT causal tem resposta ao impulso $h[n]$, para a qual a transformada z é

$$H(z) = \frac{1 + z^{-1}}{\left(1 - \frac{1}{2}z^{-1}\right)\left(1 + \frac{1}{4}z^{-1}\right)}.$$

(a) Qual é a RDC de $H(z)$?
(b) O sistema é estável? Explique.
(c) Determine a transformada z $X(z)$ de uma entrada $x[n]$ que produzirá a saída

$$y[n] = -\frac{1}{3}\left(-\frac{1}{4}\right)^n u[n] - \frac{4}{3}(2)^n u[-n-1].$$

(d) Encontre a resposta ao impulso $h[n]$ do sistema.

3.10. Sem obter explicitamente $X(z)$, forneça a RDC da transformada z de cada uma das sequências a seguir e determine se a transformada de Fourier converge:

(a) $x[n] = \left[\left(\frac{1}{2}\right)^n + \left(\frac{3}{4}\right)^n\right]u[n-10]$
(b) $x[n] = \begin{cases} 1, & -10 \leq n \leq 10, \\ 0, & \text{caso contrário,} \end{cases}$
(c) $x[n] = 2^n u[-n]$
(d) $x[n] = \left[\left(\frac{1}{4}\right)^{n+4} - (e^{j\pi/3})^n\right]u[n-1]$
(e) $x[n] = u[n+10] - u[n+5]$
(f) $x[n] = \left(\frac{1}{2}\right)^{n-1} u[n] + (2 + 3j)^{n-2} u[-n-1].$

3.11. A seguir, há quatro transformadas z. Determine quais *poderiam* ser a transformada z de uma sequência *causal*. Não calcule a transformada inversa. Você deve dar a resposta por inspeção. Indique claramente seu raciocínio em cada caso.

(a) $\dfrac{(1 - z^{-1})^2}{\left(1 - \frac{1}{2}z^{-1}\right)}$

(b) $\dfrac{(z - 1)^2}{\left(z - \frac{1}{2}\right)}$

(c) $\dfrac{\left(z - \frac{1}{4}\right)^5}{\left(z - \frac{1}{2}\right)^6}$

(d) $\dfrac{\left(z - \frac{1}{4}\right)^6}{\left(z - \frac{1}{2}\right)^5}$

3.12. Esboce o diagrama de polos e zeros para cada uma das seguintes transformadas z e sombreie a RDC:

(a) $X_1(z) = \dfrac{1 - \frac{1}{2}z^{-1}}{1 + 2z^{-1}}$, RDC: $|z| < 2$

(b) $X_2(z) = \dfrac{1 - \frac{1}{3}z^{-1}}{\left(1 + \frac{1}{2}z^{-1}\right)\left(1 - \frac{2}{3}z^{-1}\right)}$, $x_2[n]$ causal

(c) $X_3(z) = \dfrac{1 + z^{-1} - 2z^{-2}}{1 - \frac{13}{6}z^{-1} + z^{-2}}$, $x_3[n]$ somável em valor absoluto.

3.13. Uma sequência causal $g[n]$ tem a transformada z

$$G(z) = \text{sen}(z^{-1})(1 + 3z^{-2} + 2z^{-4}).$$

Encontre $g[11]$.

3.14. Se $H(z) = \dfrac{1}{1 - \frac{1}{4}z^{-2}}$ e $h[n] = A_1\alpha_1^n u[n] + A_2\alpha_2^n u[n]$, determine os valores de A_1, A_2, α_1 e α_2.

3.15. Se $H(z) = \dfrac{1 - \frac{1}{1024}z^{-10}}{1 - \frac{1}{2}z^{-1}}$ para $|z| > 0$, o sistema LIT correspondente é causal? Justifique sua resposta.

3.16. Quando a entrada de um sistema LIT é

$$x[n] = \left(\frac{1}{3}\right)^n u[n] + (2)^n u[-n-1],$$

a saída correspondente é

$$y[n] = 5\left(\frac{1}{3}\right)^n u[n] - 5\left(\frac{2}{3}\right)^n u[n].$$

(a) Encontre a função de sistema $H(z)$ do sistema. Faça um diagrama de polo(s) e zero(s) de $H(z)$ e indique a RDC.
(b) Encontre a resposta ao impulso $h[n]$ do sistema.
(c) Escreva uma equação de diferenças que seja satisfeita pela entrada e pela saída dadas.
(d) O sistema é estável? Ele é causal?

3.17. Considere um sistema LIT com entrada $x[n]$ e saída $y[n]$ que satisfaça a equação de diferenças

$$y[n] - \frac{5}{2}y[n-1] + y[n-2] = x[n] - x[n-1].$$

Determine todos os valores possíveis para a resposta ao impulso do sistema $h[n]$ em $n = 0$.

3.18. Um sistema LIT causal tem a função de sistema

$$H(z) = \frac{1 + 2z^{-1} + z^{-2}}{\left(1 + \frac{1}{2}z^{-1}\right)(1 - z^{-1})}.$$

(a) Encontre a resposta ao impulso do sistema, $h[n]$.
(b) Encontre a saída desse sistema, $y[n]$, para a entrada

$$x[n] = 2^n.$$

3.19. Para cada um dos seguintes pares de transformada z da entrada $X(z)$ e função de sistema $H(z)$, determine a RDC da transformada z da saída $Y(z)$:

(a) $X(z) = \dfrac{1}{1 + \frac{1}{2}z^{-1}}$, $\quad |z| > \dfrac{1}{2}$

$H(z) = \dfrac{1}{1 - \frac{1}{4}z^{-1}}$, $\quad |z| > \dfrac{1}{4}$

(b) $X(z) = \dfrac{1}{1 - 2z^{-1}}$, $\quad |z| < 2$

$H(z) = \dfrac{1}{1 - \frac{1}{3}z^{-1}}$, $\quad |z| > \dfrac{1}{3}$

(c) $X(z) = \dfrac{1}{\left(1 - \frac{1}{5}z^{-1}\right)(1 + 3z^{-1})}$, $\quad \dfrac{1}{5} < |z| < 3$

$H(z) = \dfrac{1 + 3z^{-1}}{1 + \frac{1}{3}z^{-1}}$, $\quad |z| > \dfrac{1}{3}$

3.20. Para cada um dos seguintes pares de transformadas z da entrada e da saída $X(z)$ e $Y(z)$, determine a RDC para a função de sistema $H(z)$:

(a) $X(z) = \dfrac{1}{1 - \frac{3}{4}z^{-1}}$, $\quad |z| > \dfrac{3}{4}$

$Y(z) = \dfrac{1}{1 + \frac{2}{3}z^{-1}}$, $\quad |z| > \dfrac{2}{3}$

(b) $X(z) = \dfrac{1}{1 + \frac{1}{3}z^{-1}}$, $\quad |z| < \dfrac{1}{3}$

$Y(z) = \dfrac{1}{\left(1 - \frac{1}{6}z^{-1}\right)\left(1 + \frac{1}{3}z^{-1}\right)}$, $\quad \dfrac{1}{6} < |z| < \dfrac{1}{3}$

Problemas básicos

3.21. Um sistema LIT causal tem a seguinte função de sistema:

$$H(z) = \frac{4 + 0{,}25z^{-1} - 0{,}5z^{-2}}{(1 - 0{,}25z^{-1})(1 + 0{,}5z^{-1})}$$

(a) Qual é a RDC para $H(z)$?
(b) Determine se o sistema é estável ou não.
(c) Determine a equação de diferenças que é satisfeita pela entrada $x[n]$ e pela saída $y[n]$.

(d) Use a expansão em frações parciais para determinar a resposta ao impulso $h[n]$.
(e) Encontre $Y(z)$, a transformada z da saída, quando a entrada é $x[n] = u[-n - 1]$. Especificar a RDC para $Y(z)$.
(f) Encontre a sequência de saída $y[n]$ quando a entrada é $x[n] = u[-n - 1]$.

3.22. Um sistema LIT causal tem função de sistema

$$H(z) = \frac{1 - 4z^{-2}}{1 + 0{,}5z^{-1}}.$$

A entrada desse sistema é

$$x[n] = u[n] + 2\cos\left(\frac{\pi}{2}n\right) \quad -\infty < n < \infty,$$

Determine a saída $y[n]$ para um n grande e positivo; isto é, encontre uma expressão para $y[n]$ que seja assintoticamente correta quando n se torna grande. (*Naturalmente, uma abordagem é encontrar uma expressão para $y[n]$ que seja válida para todo n, mas você deverá ver um modo mais fácil.*)

3.23. Considere um sistema LIT com resposta ao impulso

$$h[n] = \begin{cases} a^n, & n \geq 0, \\ 0, & n < 0, \end{cases}$$

e entrada

$$x[n] = \begin{cases} 1, & 0 \leq n \leq (N - 1), \\ 0, & \text{caso contrário}. \end{cases}$$

(a) Determine a saída $y[n]$ calculando explicitamente a convolução discreta de $x[n]$ e $h[n]$.
(b) Determine a saída $y[n]$ calculando a transformada z inversa do produto das transformadas z de $x[n]$ e $h[n]$.

3.24. Considere um sistema LIT que seja estável e para o qual $H(z)$, a transformada z da resposta ao impulso, seja dada por

$$H(z) = \frac{3}{1 + \frac{1}{3}z^{-1}}.$$

Suponha que $x[n]$, a entrada do sistema, seja uma sequência degrau unitário.

(a) Determine a saída $y[n]$ calculando a convolução discreta de $x[n]$ e $h[n]$.
(b) Determine a saída $y[n]$ calculando a transformada z inversa de $Y(z)$.

3.25. Esboce cada uma das seguintes sequências e determine suas transformadas z, incluindo a RDC:

(a) $\displaystyle\sum_{k=-\infty}^{\infty} \delta[n - 4k]$

(b) $\dfrac{1}{2}\left[e^{j\pi n} + \cos\left(\dfrac{\pi}{2}n\right) + \text{sen}\left(\dfrac{\pi}{2} + 2\pi n\right)\right] u[n]$

3.26. Considere uma sequência lateral direita $x[n]$ com transformada z

$$X(z) = \frac{1}{(1 - az^{-1})(1 - bz^{-1})} = \frac{z^2}{(z - a)(z - b)}.$$

Na Seção 3.3, consideramos a determinação de $x[n]$ fazendo uma expansão em frações parciais, com $X(z)$ considerada como uma razão de polinômios em z^{-1}. Faça uma expansão em frações parciais de $X(z)$, considerada como uma razão de polinômios em z, e determine $x[n]$ a partir dessa expansão.

3.27. Determine a transformada z unilateral, incluindo a RDC, para cada uma das seguintes sequências:

(a) $\delta[n]$
(b) $\delta[n-1]$
(c) $\delta[n+1]$
(d) $\left(\frac{1}{2}\right)^n u[n]$
(e) $-\left(\frac{1}{2}\right)^n u[-n-1]$
(f) $\left(\frac{1}{2}\right)^n u[-n]$
(g) $\{\left(\frac{1}{2}\right)^n + \left(\frac{1}{4}\right)^n\}u[n]$
(h) $\left(\frac{1}{2}\right)^{n-1} u[n-1]$

3.28. Se $\mathcal{X}(z)$ denota a transformada z unilateral de $x[n]$, determine, em termos de $\mathcal{X}(z)$, a transformada z unilateral de:

(a) $x[n-2]$
(b) $x[n+1]$
(c) $\sum_{m=-\infty}^{n} x[m]$

3.29. Para cada uma das seguintes equações de diferenças e entradas e condições iniciais associadas, determine a resposta $y[n]$ para $n \geq 0$ usando a transformada z unilateral.

(a) $y[n] + 3y[n-1] = x[n]$
$x[n] = \left(\frac{1}{2}\right)^n u[n]$
$y[-1] = 1$

(b) $y[n] - \frac{1}{2}y[n-1] = x[n] - \frac{1}{2}x[n-1]$
$x[n] = u[n]$
$y[-1] = 0$

(c) $y[n] - \frac{1}{2}y[n-1] = x[n] - \frac{1}{2}x[n-1]$
$x[n] = \left(\frac{1}{2}\right)^n u[n]$
$y[-1] = 1$

Problemas avançados

3.30. Um sistema LIT causal tem função de sistema

$$H(z) = \frac{1 - z^{-1}}{1 - 0,25z^{-2}} = \frac{1 - z^{-1}}{(1 - 0,5z^{-1})(1 + 0,5z^{-1})}.$$

(a) Determine a saída do sistema quando a entrada é $x[n] = u[n]$.
(b) Determine a entrada $x[n]$, de modo que a saída correspondente do sistema anterior seja $y[n] = \delta[n] - \delta[n-1]$.
(c) Determine a saída $y[n]$ quando a entrada é $x[n] = \cos(0,5\pi n)$ para $-\infty < n < \infty$. Você pode deixar sua resposta em qualquer formato conveniente.

3.31. Determine a transformada z inversa de cada um dos itens a seguir. Nos itens (a)-(c), use os métodos especificados. (No item (d), use o método que preferir.)

(a) Divisão longa:
$$X(z) = \frac{1 - \frac{1}{3}z^{-1}}{1 + \frac{1}{3}z^{-1}}, \quad x[n] \text{ uma sequência lateral direita}$$

(b) Frações parciais:
$$X(z) = \frac{3}{z - \frac{1}{4} - \frac{1}{8}z^{-1}}, \quad x[n] \text{ estável}$$

(c) Série de potências:
$$X(z) = \ln(1 - 4z), \quad |z| < \frac{1}{4}$$

(d) $X(z) = \dfrac{1}{1 - \frac{1}{3}z^{-3}}, \quad |z| > (3)^{-1/3}$

3.32. Usando qualquer método, determine a transformada z inversa para cada um dos itens a seguir:

(a) $X(z) = \dfrac{1}{\left(1 + \frac{1}{2}z^{-1}\right)^2 (1 - 2z^{-1})(1 - 3z^{-1})}$,

($x[n]$ é uma sequência estável)

(b) $X(z) = e^{z^{-1}}$

(c) $X(z) = \dfrac{z^3 - 2z}{z - 2}$,

($x[n]$ é uma sequência lateral esquerda)

3.33. Determine a transformada z inversa de cada um dos itens a seguir. Você pode achar úteis as propriedades da transformada z da Seção 3.4.

(a) $X(z) = \dfrac{3z^{-3}}{\left(1 - \frac{1}{4}z^{-1}\right)^2}$, $x[n]$ lateral esquerda

(b) $X(z) = \text{sen}(z)$, RDC inclui $|z| = 1$

(c) $X(z) = \dfrac{z^7 - 2}{1 - z^{-7}}$, $|z| > 1$

3.34. Determine uma sequência $x[n]$ cuja transformada z seja $X(z) = e^z + e^{1/z}$, $z \neq 0$.

3.35. Determine a transformada z inversa de

$$X(z) = \log(1 - 2z), \quad |z| < \frac{1}{2},$$

(a) usando a série de potências

$$\log(1 - x) = -\sum_{m=1}^{\infty} \frac{x^m}{m}, \quad |x| < 1;$$

(b) primeiro diferenciando $X(z)$ e depois usando a derivada para obter $x[n]$.

3.36. Para cada uma das sequências a seguir, determine a transformada z e a RDC e esboce o diagrama de polos e zeros:

(a) $x[n] = a^n u[n] + b^n u[n] + c^n u[-n-1], \quad |a| < |b| < |c|$
(b) $x[n] = n^2 a^n u[n]$
(c) $x[n] = e^{n^4}\left[\cos\left(\frac{\pi}{12}n\right)\right]u[n] - e^{n^4}\left[\cos\left(\frac{\pi}{12}n\right)\right]u[n-1]$

3.37. O diagrama de polos e zeros na Figura P3.37 corresponde à transformada z $X(z)$ de uma sequência causal $x[n]$.

Esboce o diagrama de polos e zeros de $Y(z)$, em que $y[n] = x[-n+3]$. Além disso, especifique a RDC para $Y(z)$.

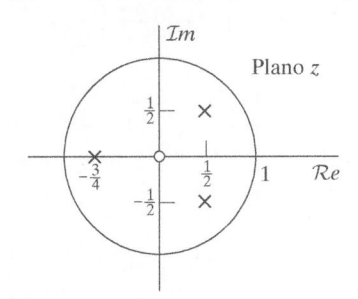

Figura P3.37

3.38. Seja $x[n]$ a sequência com o diagrama de polos e zeros mostrado na Figura P3.38. Esboce o diagrama de polos e zeros para:

(a) $y[n] = \left(\frac{1}{2}\right)^n x[n]$

(b) $w[n] = \cos\left(\frac{\pi n}{2}\right) x[n]$

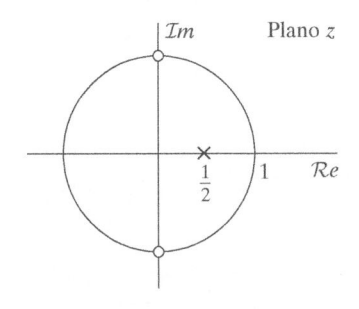

Figura P3.38

3.39. Determine a resposta ao degrau unitário do sistema causal para o qual a transformada z da resposta ao impulso é

$$H(z) = \frac{1-z^3}{1-z^4}.$$

3.40. Se a entrada $x[n]$ de um sistema LIT for $x[n] = u[n]$, a saída é

$$y[n] = \left(\frac{1}{2}\right)^{n-1} u[n+1].$$

(a) Encontre $H(z)$, a transformada z da resposta ao impulso do sistema, e esboce seu diagrama de polos e zeros.
(b) Encontre a resposta ao impulso $h[n]$.
(c) O sistema é estável?
(d) O sistema é causal?

3.41. Considere uma sequência $x[n]$ para a qual a transformada z é

$$X(z) = \frac{\frac{1}{3}}{1 - \frac{1}{2}z^{-1}} + \frac{\frac{1}{4}}{1 - 2z^{-1}}$$

e para a qual a RDC inclui a circunferência unitária. Determine $x[0]$ usando o teorema do valor inicial (veja o Problema 3.57).

3.42. Na Figura P3.42, $H(z)$ é a função de sistema de um sistema LIT causal.

(a) Usando transformadas z dos sinais mostrados na figura, obtenha uma expressão para $W(z)$ na forma

$$W(z) = H_1(z)X(z) + H_2(z)E(z),$$

sendo tanto $H_1(z)$ quanto $H_2(z)$ expressos em termos de $H(z)$.

(b) Para o caso particular $H(z) = z^{-1}/(1-z^{-1})$, determine $H_1(z)$ e $H_2(z)$.

(c) O sistema $H(z)$ é estável? Os sistemas $H_1(z)$ e $H_2(z)$ são estáveis?

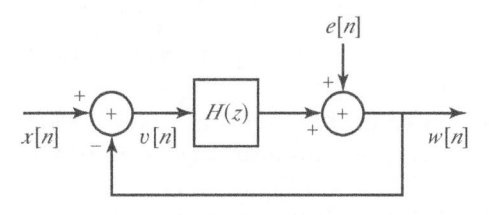

Figura P3.42

3.43. Na Figura P3.43, $h[n]$ é a resposta ao impulso do sistema LIT representado no interior do tracejado. A entrada do sistema $h[n]$ é $v[n]$, e a saída é $w[n]$. A transformada z de $h[n]$, $H(z)$, existe na seguinte RDC:

$$0 < r_{\text{mín}} < |z| < r_{\text{máx}} < \infty.$$

(a) O sistema LIT com resposta ao impulso $h[n]$ pode ter estabilidade entrada-limitada, saída-limitada? Em caso positivo, determine as restrições na forma de desigualdades para $r_{\text{mín}}$ e $r_{\text{máx}}$ de modo que ele seja estável. Em caso negativo, explique sucintamente o motivo.

(b) O sistema total (dentro do tracejado, com entrada $x[n]$ e saída $y[n]$) é LIT? Em caso positivo, determine sua resposta ao impulso $g[n]$. Em caso negativo, explique sucintamente o motivo.

(c) O sistema total pode ser BIBO estável? Em caso positivo, determine restrições na forma de desigualdade relacionando α, $r_{\text{mín}}$ e $r_{\text{máx}}$ para que ele seja estável. Em caso negativo, explique sucintamente o motivo.

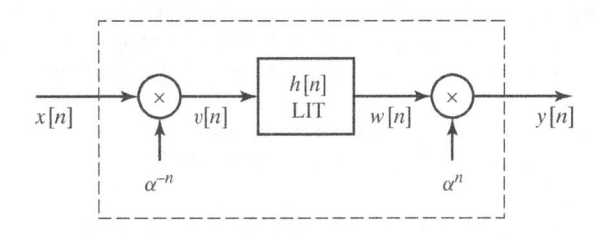

Figura P3.43

3.44. Um sistema LIT causal e estável S tem entrada $x[n]$ e saída $y[n]$ relacionadas pela equação de diferenças linear com coeficientes constantes

$$y[n] + \sum_{k=1}^{10} \alpha_k y[n-k] = x[n] + \beta x[n-1].$$

Seja a sequência $h[n]$ a resposta ao impulso de $\mathcal{S}$.
(a) Mostre que $h[0]$ deve ser não nulo.
(b) Mostre que α_1 pode ser determinado conhecendo-se $\beta, h[0]$ e $h[1]$.
(c) Se $h[n] = (0{,}9)^n \cos(\pi n/4)$ para $0 \leq n \leq 10$, esboce o diagrama de polos e zeros para a função de sistema de $\mathcal{S}$ e indique a RDC.

3.45. Quando a entrada de um sistema LIT é

$$x[n] = \left(\frac{1}{2}\right)^n u[n] + 2^n u[-n-1],$$

a saída é

$$y[n] = 6\left(\frac{1}{2}\right)^n u[n] - 6\left(\frac{3}{4}\right)^n u[n].$$

(a) Encontre a função de sistema $H(z)$ do sistema. Faça o diagrama dos polos e zeros de $H(z)$ e indique a RDC.
(b) Encontre a resposta ao impulso $h[n]$ do sistema.
(c) Escreva a equação de diferenças que caracteriza o sistema.
(d) O sistema é estável? É causal?

3.46. Sobre um sistema LIT, sabe-se que:
(i) O sistema é causal.
(ii) Quando a entrada é

$$x[n] = -\frac{1}{3}\left(\frac{1}{2}\right)^n u[n] - \frac{4}{3}(2)^n u[-n-1],$$

a transformada z da saída é

$$Y(z) = \frac{1 - z^{-2}}{(1 - \frac{1}{2}z^{-1})(1 - 2z^{-1})}.$$

(a) Encontre a transformada z de $x[n]$.
(b) Quais são as possíveis escolhas para a RDC de $Y(z)$?
(c) Quais são as possíveis escolhas para uma equação de diferenças linear com coeficientes constantes usada para descrever o sistema?
(d) Quais são as possíveis escolhas para a resposta ao impulso do sistema?

3.47. Seja $x[n]$ um sinal de tempo discreto com $x[n] = 0$ para $n \leq 0$ e transformada z $X(z)$. Além do mais, dado $x[n]$, considere o sinal de tempo discreto $y[n]$ definido por

$$y[n] = \begin{cases} \frac{1}{n}x[n], & n > 0, \\ 0, & \text{caso contrário.} \end{cases}$$

(a) Calcule $Y(z)$ em termos de $X(z)$.
(b) Usando o resultado do item (a), calcule a transformada z de

$$w[n] = \frac{1}{n + \delta[n]} u[n-1].$$

3.48. O sinal $y[n]$ é a saída de um sistema LIT com resposta ao impulso $h[n]$ para uma dada entrada $x[n]$. Para este problema, assuma que $y[n]$ seja estável e tenha uma transformada z $Y(z)$ com o diagrama de polos e zeros mostrado na Figura P3.48-1. O sinal $x[n]$ é estável e tem o diagrama de polos e zeros mostrado na Figura P3.48-2.

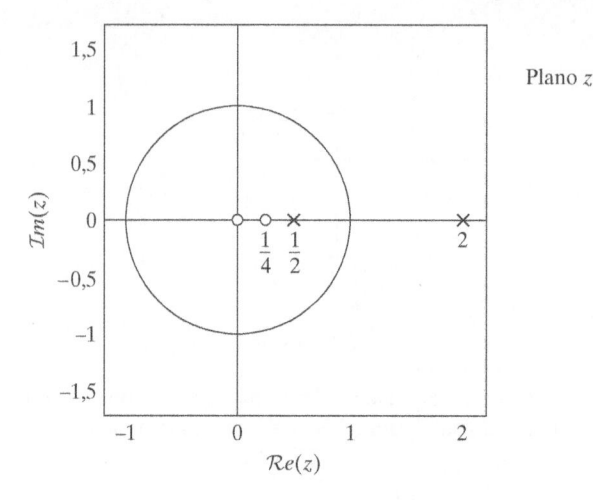

Figura P3.48-1

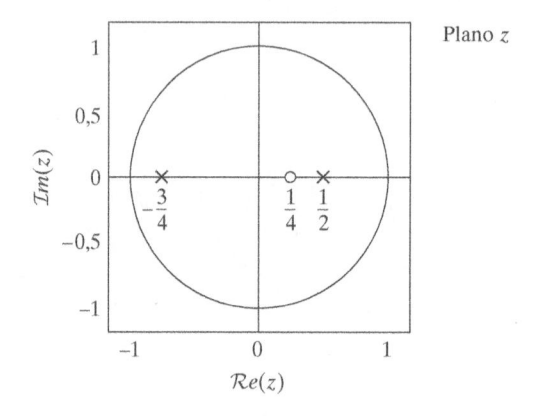

Figura P3.48-2

(a) Qual é a RDC de $Y(z)$?
(b) $y[n]$ é lateral esquerdo, lateral direito ou bilateral?
(c) Qual é a RDC de $X(z)$?
(d) $x[n]$ é uma sequência causal? Ou seja, $x[n]=0$ para $n<0$?
(e) Qual o valor de $x[0]$?
(f) Desenhe o diagrama de polos e zeros de $H(z)$ e especifique sua RDC.
(g) $h[n]$ é anticausal? Ou seja, $h[n] = 0$ para $n > 0$?

3.49. Considere a equação de diferenças da Equação 3.66.
(a) Mostre que, para condições iniciais não nulas, a transformada z unilateral da saída da equação de diferenças é

$$\mathcal{Y}(z) = -\frac{\sum_{k=1}^{N} a_k \left(\sum_{m=1}^{k} y[m-k-1]z^{-m+1} \right)}{\sum_{k=0}^{N} a_k z^{-k}} + \frac{\sum_{k=0}^{M} b_k z^{-k}}{\sum_{k=0}^{N} a_k z^{-k}} \mathcal{X}(z).$$

(b) Use o resultado de (a) para mostrar que a saída tem a forma

$$y[n] = y_{\text{REN}}[n] + y_{\text{RCIN}}[n]$$

em que $y_{REN}[n]$ é a saída quando a entrada é nula para todo n e $y_{RCIN}[n]$ é a saída quando todas as condições iniciais são nulas.

(c) Mostre que, quando todas as condições iniciais são nulas, o resultado se reduz ao que é obtido com a transformada z bilateral.

Problemas de extensão

3.50. Seja $x[n]$ uma sequência causal; isto é, $x[n] = 0$, $n < 0$. Além disso, assuma que $x[0] \neq 0$ e que a transformada z seja uma função racional.

(a) Mostre que não existem polos ou zeros de $X(z)$ em $z = \infty$, isto é, que $\lim_{z \to \infty} X(z)$ é não nulo e finito.

(b) Mostre que o número de polos no plano z finito é igual ao número de zeros no plano z finito. (O plano z finito exclui $z = \infty$.)

3.51. Considere uma sequência com transformada z $X(z) = P(z)/Q(z)$, sendo $P(z)$ e $Q(z)$ polinômios em z. Se a sequência for somável em valor absoluto e se todas as raízes de $Q(z)$ estiverem dentro da circunferência unitária, a sequência é necessariamente causal? Se a sua resposta for afirmativa, explique claramente. Se a sua resposta for negativa, dê um contraexemplo.

3.52. Seja $x[n]$ uma sequência estável causal com transformada z $X(z)$. O *cepstrum complexo* $\hat{x}[n]$ é definido como a transformada inversa do logaritmo de $X(z)$; isto é,

$$\hat{X}(z) = \log X(z) \xleftrightarrow{\mathcal{Z}} \hat{x}[n],$$

em que a RDC de $\hat{X}(z)$ inclui a circunferência unitária. (Estritamente falando, tomar o logaritmo de um número complexo exige algumas considerações cuidadosas. Além disso, o logaritmo de uma transformada z válida pode não ser uma transformada z válida. Por enquanto, assumiremos que essa operação é válida.)

Determine o cepstrum complexo para a sequência

$$x[n] = \delta[n] + a\delta[n - N], \quad \text{sendo } |a| < 1.$$

3.53. Assuma que $x[n]$ seja real e par; isto é, $x[n] = x[-n]$. Além disso, assuma que z_0 é um zero de $X(z)$; isto é, $X(z_0) = 0$.

(a) Mostre que $1/z_0$ também é um zero de $X(z)$.

(b) A informação dada implica a existência de outros zeros de $X(z)$?

3.54. Usando a definição da transformada z da Equação 3.2, mostre que, se $X(z)$ é a transformada z de $x[n] = x_R[n] + jx_I[n]$, então

(a) $x^*[n] \xleftrightarrow{\mathcal{Z}} X^*(z^*)$

(b) $x[-n] \xleftrightarrow{\mathcal{Z}} X(1/z)$

(c) $x_R[n] \xleftrightarrow{\mathcal{Z}} \frac{1}{2}[X(z) + X^*(z^*)]$

(d) $x_I[n] \xleftrightarrow{\mathcal{Z}} \frac{1}{2j}[X(z) - X^*(z^*)]$.

3.55. Considere uma sequência *real* $x[n]$ que tenha todos os polos e zeros de sua transformada z no interior do círculo unitário. Determine, em termos de $x[n]$, uma sequência *real* $x_1[n]$ diferente de $x[n]$, mas para a qual $x_1[0] = x[0]$, $|x_1[n]| = |x[n]|$, e de forma que a transformada z de $x_1[n]$ tenha todos os seus polos e zeros dentro do círculo unitário.

3.56. Uma sequência real de duração finita cuja transformada z não tem zeros que formam pares recíprocos conjugados nem zeros sobre a circunferência unitária é unicamente especificada a menos de um fator de escala positivo pela fase de sua transformada de Fourier (Hayes et al., 1980).

Um exemplo de zeros em par recíproco conjugado é $z = a$ e $(a^*)^{-1}$. Embora possamos gerar sequências que não satisfazem o conjunto de condições anterior, quase todas as sequências de interesse prático satisfazem as condições e, portanto, são unicamente especificadas a menos de um fator de escala positivo pela fase de sua transformada de Fourier.

Considere uma sequência $x[n]$ que seja real, que seja nula fora do intervalo $0 \leq n \leq N - 1$, e cuja transformada z não tenha zeros em posições de pares recíprocos conjugados e nenhum zero sobre a circunferência unitária. Queremos desenvolver um algoritmo que reconstrua $cx[n]$ a partir de $\angle X(e^{j\omega})$, a fase da transformada de Fourier de $x[n]$, sendo c um fator de escala positivo.

(a) Especifique um conjunto de $(N - 1)$ equações lineares, cuja solução fornecerá a recuperação de $x[n]$ a menos de um fator de escala positivo ou negativo a partir de tg$\{\angle X(e^{j\omega})\}$. Não é preciso provar que o conjunto de $(N - 1)$ equações lineares tem uma solução única. Além disso, mostre que, se conhecemos $\angle X(e^{j\omega})$ em vez de apenas tg$\{\angle X(e^{j\omega})\}$, o sinal do fator de escala também pode ser determinado.

(b) Suponha que

$$x[n] = \begin{cases} 0, & n < 0, \\ 1, & n = 0, \\ 2, & n = 1, \\ 3, & n = 2, \\ 0, & n \geq 3. \end{cases}$$

Usando a abordagem desenvolvida no item (a), demonstre que $cx[n]$ pode ser determinado a partir de $\angle X(e^{j\omega})$, sendo c um fator de escala positivo.

3.57. Para uma sequência $x[n]$ que é nula para $n < 0$, use a Equação 3.2 para mostrar que

$$\lim_{z \to \infty} X(z) = x[0].$$

Esse resultado é chamado de *teorema do valor inicial*. Qual é o teorema correspondente se a sequência zero é nula para $n > 0$?

3.58. A função de autocorrelação aperiódica para uma sequência estável a valores reais $x[n]$ é definida como

$$c_{xx}[n] = \sum_{k=-\infty}^{\infty} x[k]x[n+k].$$

(a) Mostre que a transformada z de $c_{xx}[n]$ é

$$C_{xx}(z) = X(z)X(z^{-1}).$$

Determine a RDC para $C_{xx}(z)$.

(b) Suponha que $x[n] = a^n u[n]$. Esboce o diagrama de polos e zeros para $C_{xx}(z)$, incluindo a RDC. Além disso, encontre $c_{xx}[n]$ por meio do cálculo da transformada z inversa de $C_{xx}(z)$.

(c) Especifique outra sequência, $x_1[n]$, que não seja igual a $x[n]$ do item (b), mas que tenha a mesma função de autocorrelação, $c_{xx}[n]$, como $x[n]$ do item (b).

(d) Especifique uma terceira sequência, $x_2[n]$, que não seja igual a $x[n]$ ou $x_1[n]$, mas que tenha a mesma função de autocorrelação que $x[n]$ do item (b).

3.59. Determine se a função $X(z) = z^*$ pode ou não corresponder à transformada z de uma sequência. Explique seu raciocínio com clareza.

3.60. Seja $X(z)$ uma razão de polinômios em z; isto é,

$$X(z) = \frac{B(z)}{A(z)}.$$

Mostre que, se $X(z)$ tem um polo de primeira ordem em $z = z_0$, então o resíduo de $X(z)$ em $z = z_0$ é igual a

$$\frac{B(z_0)}{A'(z_0)},$$

em que $A'(z_0)$ denota a derivada de $A(z)$ calculada em $z = z_0$.

Capítulo 4
Amostragem de sinais de tempo contínuo

4.0 Introdução

Os sinais de tempo discreto surgem de diferentes formas, mas ocorrem mais comumente como representação da amostragem de sinais de tempo contínuo. Embora a amostragem, sem dúvida, seja familiar a muitos leitores, reexaminaremos alguns aspectos básicos, como o fenômeno do *aliasing* e o fato importante de que o processamento em tempo contínuo de sinais pode ser realizado por meio de um processo de amostragem, de um processamento em tempo discreto e da reconstrução de um sinal de tempo contínuo. Após ampla abordagem sobre essas questões básicas, abordaremos o processamento multitaxa de sinais, a conversão A/D e o uso da sobreamostragem (*oversampling*) na conversão A/D.

4.1 Amostragem periódica

As representações discretas dos sinais podem tomar muitas formas, incluindo expansões básicas de diversos tipos, modelos paramétricos para modelagem de sinais (Capítulo 11) e amostragem não uniforme [veja, por exemplo, Yen (1956), Yao e Thomas (1967) e Eldar e Oppenheim (2000)]. Essas representações muitas vezes estão baseadas no conhecimento prévio de propriedades do sinal que podem ser exploradas para obter representações mais eficientes. Porém, até mesmo essas representações alternativas geralmente decorrem da representação em tempo discreto de um sinal de tempo contínuo, obtida por meio da amostragem periódica; isto é, uma sequência de amostras, $x[n]$, é obtida a partir de um sinal de tempo contínuo $x_c(t)$, de acordo com a relação

$$x[n] = x_c(nT), \quad -\infty < n < \infty. \quad (4.1)$$

Na Equação 4.1, T é o *período de amostragem*, e seu inverso, $f_s = 1/T$, é a *frequência de amostragem*, em amostras por segundo. Também expressamos a frequência de amostragem como $\Omega_s = 2\pi/T$ para representar frequências em radianos por segundo. Como as representações por amostragem necessitam apenas da hipótese de uma transformada de Fourier de banda limitada, elas são aplicáveis a uma grande classe de sinais que surgem em diversas aplicações práticas.

Referimo-nos a um sistema que implementa a operação da Equação 4.1 como um *conversor de tempo contínuo para tempo discreto (C/D) ideal*, e o representamos na forma de diagrama de blocos, como indicado na Figura 4.1. Como um exemplo da relação entre $x_c(t)$ e $x[n]$, na Figura 2.2 ilustramos uma forma de onda de voz em tempo contínuo e a sequência de amostras correspondente.

Em uma situação prática, a operação de amostragem é realizada por um conversor analógico-digital (A/D). Esses sistemas podem ser vistos como aproximações do conversor C/D ideal. Além da taxa de amostragem, que deve ser suficiente para implementar o conversor C/D ideal, considerações importantes na implementação ou na escolha de um conversor A/D incluem a digitalização das amostras de saída, a linearidade dos passos de digitalização, a necessidade de incluir circuitos de *sample-and-hold* (amostragem e retenção) e limitações na taxa de amostragem. Os efeitos da digitalização são abordados nas seções 4.8.2 e 4.8.3. As questões práticas da conversão A/D relacionadas com os circuitos eletrônicos estão fora do escopo deste livro.

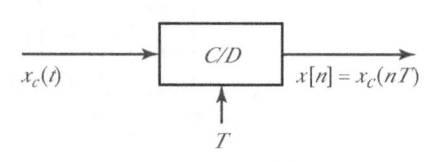

Figura 4.1 Representação em diagrama de blocos de um conversor de tempo contínuo para tempo discreto (C/D) ideal.

De modo geral, a operação de amostragem não é reversível, isto é, não é possível reconstruir a entrada $x_c(t)$ do amostrador a partir das amostras $x[n]$ da sua saída, uma vez que diferentes sinais de tempo contínuo podem reproduzir a mesma sequência de amostras. A ambiguidade inerente na amostragem é uma questão fundamental no processamento de sinais. Porém, é possível remover a ambiguidade ao restringir o conteúdo em frequência dos sinais que passam pelo amostrador.

É conveniente representar matematicamente o processo de amostragem nos dois estágios ilustrados na Figura 4.2(a). Os estágios consistem no modulador do trem de impulsos, seguido pela conversão do trem de impulsos ponderados em uma sequência de tempo discreto. O trem de impulsos periódico é

$$s(t) = \sum_{n=-\infty}^{\infty} \delta(t-nT), \quad (4.2)$$

sendo $\delta(t)$ a função impulso unitário, ou função delta de Dirac. O produto de $s(t)$ e $x_c(t)$ é, portanto,

$$x_s(t) = x_c(t)s(t)$$
$$= x_c(t) \sum_{n=-\infty}^{\infty} \delta(t-nT) = \sum_{n=-\infty}^{\infty} x_c(t)\delta(t-nT). \quad (4.3)$$

Usando a propriedade da função impulso de tempo contínuo, $x(t)\delta(t) = x(0)\delta(t)$, também chamada de "propriedade de peneiramento" da função impulso (veja, por exemplo, Oppenheim e Willsky, 1997), $x_s(t)$ pode ser expressa como

$$x_s(t) = \sum_{n=-\infty}^{\infty} x_c(nT)\delta(t-nT), \quad (4.4)$$

isto é, a dimensão (área) do impulso na amostra nT é igual ao valor do sinal de tempo contínuo nesse instante. Nesse contexto, a modulação do trem de impulsos da Equação 4.3 é uma representação matemática da amostragem.

Na Figura 4.2(b) é mostrado um sinal de tempo contínuo $x_c(t)$ e os resultados da sua amostragem com trem de impulsos para duas taxas de amostragem diferentes.

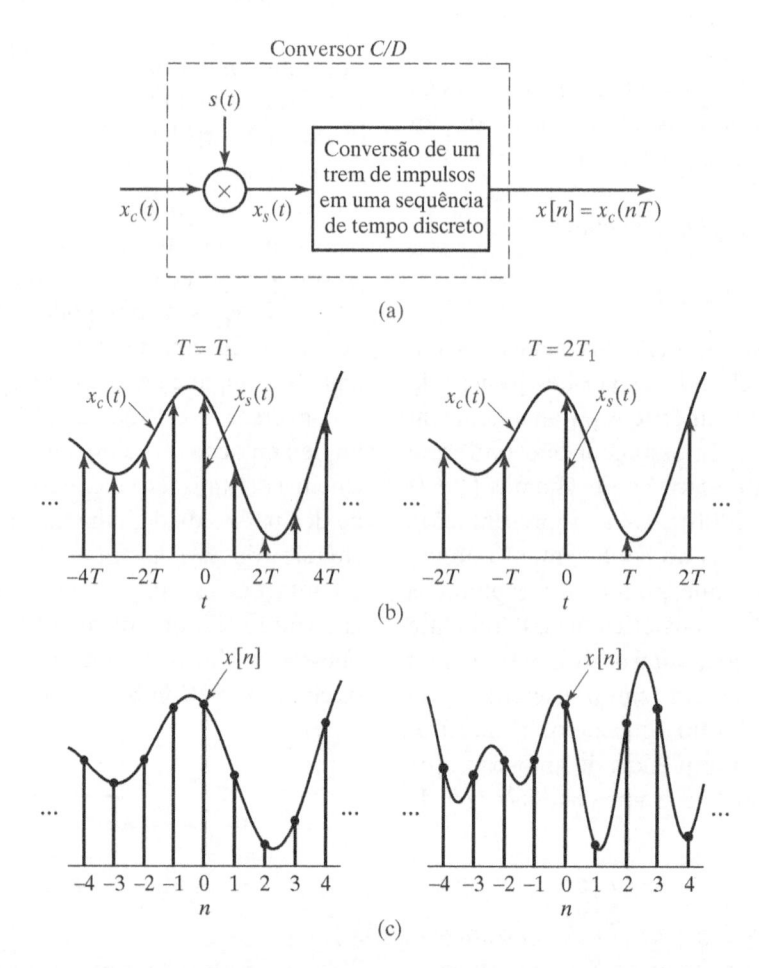

Figura 4.2 Amostragem com um trem de impulsos periódico, seguida da conversão em uma sequência de tempo discreto. (a) Sistema total. (b) $x_s(t)$ para duas taxas de amostragem. (c) A sequência de saída para as duas taxas de amostragem diferentes.

Note que os impulsos $x_c(nT)\delta(t - nT)$ são representados por setas com comprimento proporcional a sua área. Na Figura 4.2(c) são representadas as sequências de saída correspondentes. A diferença essencial entre $x_s(t)$ e $x[n]$ é que $x_s(t)$ é, de certa forma, um sinal de tempo contínuo (especificamente, um trem de impulsos) que é nulo, exceto nos múltiplos inteiros de T. A sequência $x[n]$, por outro lado, é indexada na variável inteira n, que, com efeito, introduz uma normalização no tempo; isto é, a sequência de números $x[n]$ não contém informações explícitas sobre o período de amostragem T. Além disso, as amostras de $x_c(t)$ são representadas por números finitos em $x[n]$ em vez de áreas dos impulsos, como acontece com $x_s(t)$.

É importante enfatizar que a Figura 4.2(a) é estritamente uma representação matemática conveniente para possibilitar o entendimento da amostragem tanto no domínio de tempo como no domínio de frequência. Ela não é uma representação aproximada de circuitos ou sistemas físicos projetados para realizar a operação de amostragem. Nesse aspecto, a possibilidade de construir ou não um dispositivo que seja uma aproximação do diagrama de blocos da Figura 4.2(a) é uma questão secundária. Introduzimos essa representação da operação de amostragem porque possibilita de modo simples a obtenção de um resultado fundamental, e também porque a abordagem permite obter uma série de noções importantes que não são evidentes com uma dedução formal baseada na manipulação das equações da transformada de Fourier.

4.2 Representação da amostragem no domínio da frequência

Para obter a relação no domínio da frequência entre a entrada e a saída de um conversor C/D ideal, considere a transformada de Fourier de $x_s(t)$. Da Equação 4.3, $x_s(t)$ é o produto de $x_c(t)$ e $s(t)$, então a transformada de Fourier de $x_s(t)$ é a convolução das transformadas de Fourier $X_c(j\Omega)$ e $S(j\Omega)$ multiplicadas escalarmente por $\frac{1}{2\pi}$. A transformada de Fourier do trem de impulsos periódico $s(t)$ é o trem de impulsos periódico

$$S(j\Omega) = \frac{2\pi}{T} \sum_{k=-\infty}^{\infty} \delta(\Omega - k\Omega_s), \quad (4.5)$$

sendo $\Omega_s = 2\pi/T$ a frequência de amostragem em radianos/s (veja Oppenheim e Willsky, 1997, ou McClellan, Schafer e Yoder, 2003). Como

$$X_s(j\Omega) = \frac{1}{2\pi} X_c(j\Omega) * S(j\Omega),$$

em que $*$ indica a operação de convolução de variável contínua, segue-se que

$$X_s(j\Omega) = \frac{1}{T} \sum_{k=-\infty}^{\infty} X_c(j(\Omega - k\Omega_s)). \quad (4.6)$$

A Equação 4.6 é a relação desejada entre as transformadas de Fourier da entrada e da saída do modulador de trem de impulsos da Figura 4.2(a). A Equação 4.6 revela que a transformada de Fourier de $x_s(t)$ consiste de réplicas repetidas periodicamente da transformada de Fourier de $x_c(t)$, isto é, $X_c(j\Omega)$. Essas réplicas são deslocadas por múltiplos inteiros da frequência de amostragem e depois sobrepostas para representar a transformada periódica de Fourier do trem de impulsos das amostras. Na Figura 4.3 é mostrada a representação no domínio da frequência da amostragem com trem de impulsos. Na Figura 4.3(a) mostra-se uma transformada de Fourier com a propriedade de banda limitada em que $X_c(j\Omega) = 0$ para $|\Omega| \geq \Omega_N$. Na Figura 4.3(b) mostra-se o trem de impulsos periódico $S(j\Omega)$, e na Figura 4.3(c) mostra-se $X_s(j\Omega)$, o resultado da convolução de $X_c(j\Omega)$ com $S(j\Omega)$ ponderado por $\frac{1}{2\pi}$. É evidente que, quando

$$\Omega_s - \Omega_N \geq \Omega_N, \quad \text{ou} \quad \Omega_s \geq 2\Omega_N, \quad (4.7)$$

como ocorre na Figura 4.3(c), as réplicas de $X_c(j\Omega)$ não se sobrepõem e, portanto, quando elas são sequencialmente somadas na Equação 4.6, permanecem réplicas de $X_c(j\Omega)$ a menos de um fator de escala de $1/T$ em cada múltiplo inteiro de Ω_s. Consequentemente, $x_c(t)$ pode ser recuperado a partir de $x_s(t)$ com um filtro passa-baixas ideal. Isso é indicado na Figura 4.4(a), que mostra o modulador de trem de impulsos seguido por um sistema LIT com resposta em frequência $H_r(j\Omega)$. Para um $X_c(j\Omega)$, como o da Figura 4.4(b), o $X_s(j\Omega)$ é como o da Figura 4.4(c), em que considera-se que $\Omega_s > 2\Omega_N$. Como

$$X_r(j\Omega) = H_r(j\Omega)X_s(j\Omega), \quad (4.8)$$

segue-se que, se $H_r(j\Omega)$ é um filtro passa-baixas ideal com ganho T e frequência de corte Ω_c, tal que

$$\Omega_N \leq \Omega_c \leq (\Omega_s - \Omega_N), \quad (4.9)$$

então

$$X_r(j\Omega) = X_c(j\Omega), \quad (4.10)$$

conforme mostrado na Figura 4.4(e) e, portanto, $x_r(t) = x_c(t)$.

Se a desigualdade na Equação 4.7 não for mantida, isto é, se $\Omega_s < 2\Omega_N$, as réplicas de $X_c(j\Omega)$ se sobrepõem, de modo que, quando são sequencialmente somadas, $X_c(j\Omega)$ não é mais recuperável pela filtragem passa-baixas. Isso é ilustrado na Figura 4.3(d). Nesse caso, a saída reconstruída $x_r(t)$ na Figura 4.4(a) está relacionada à entrada de tempo contínuo original por meio de uma distorção chamada de *distorção de aliasing* ou, apenas, *aliasing*. Na Figura 4.5 ilustra-se o *aliasing* no domínio da frequência para o caso simples de um sinal cosseno da forma

$$x_c(t) = \cos \Omega_0 t, \quad (4.11a)$$

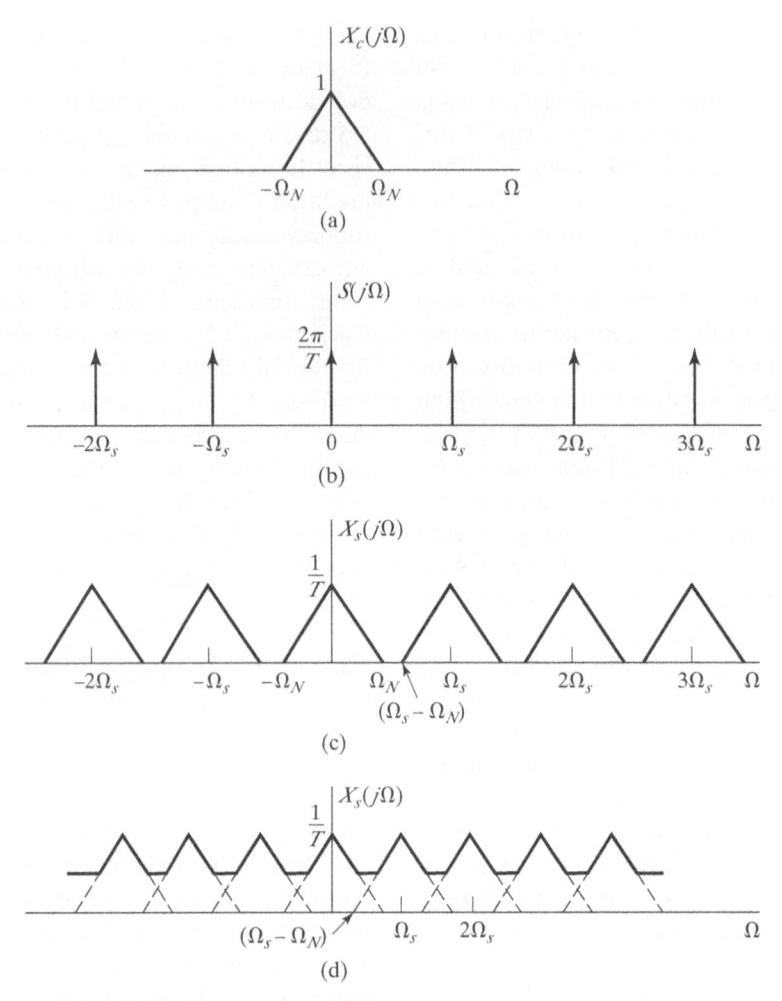

Figura 4.3 Representação, no domínio da frequência, da amostragem no domínio do tempo. (a) Espectro do sinal original. (b) Transformada de Fourier da função de amostragem. (c) Transformada de Fourier do sinal amostrado com $\Omega_s > 2\Omega_N$. (d) Transformada de Fourier do sinal amostrado com $\Omega_s < 2\Omega_N$.

cuja transformada de Fourier é

$$X_c(j\Omega) = \pi\delta(\Omega - \Omega_0) + \pi\delta(\Omega + \Omega_0), \quad (4.11b)$$

como mostrado na Figura 4.5(a). Note que o impulso em $-\Omega_0$ é tracejado. Será útil observar seu efeito nos gráficos subsequentes. Na Figura 4.5(b) mostra-se a transformada de Fourier de $x_s(t)$ com $\Omega_0 < \Omega_s/2$, e na Figura 4.5(c) mostra-se a transformada de Fourier de $x_s(t)$ com $\frac{\Omega_s}{2} < \Omega_0 < \Omega_s$. As figuras 4.5(d) e (e) correspondem à transformada de Fourier da saída do filtro passa-baixas para $\Omega_0 < \Omega_s/2 = \pi/T$ e $\Omega_s/2 < \Omega_0 < \Omega_s$, respectivamente, com $\Omega_c = \Omega_s/2$. As figuras 4.5(c) e (e) correspondem ao caso do *aliasing*. Sem *aliasing* [figuras 4.5(b) e (d)], a saída reconstruída é

$$x_r(t) = \cos\Omega_0 t. \quad (4.12)$$

Com *aliasing*, a saída reconstruída é

$$x_r(t) = \cos(\Omega_s - \Omega_0)t; \quad (4.13)$$

isto é, como uma consequência da amostragem e da reconstrução, o sinal de alta frequência original $\cos\Omega_0 t$ assumiu a identidade (*alias*) do sinal de frequência mais baixa $\cos(\Omega_s - \Omega_0)t$. Essa discussão é a base para o teorema da amostragem de Nyquist (Nyquist, 1928; Shannon, 1949), enunciado a seguir.

Teorema da amostragem de Nyquist-Shannon: Seja $x_c(t)$ um sinal de banda limitada com

$$X_c(j\Omega) = 0 \quad \text{para } |\Omega| \geq \Omega_N. \quad (4.14a)$$

Então, $x_c(t)$ é determinado unicamente por suas amostras $x[n] = x_c(nT), n = 0, \pm 1, \pm 2, ..., $ se

$$\Omega_s = \frac{2\pi}{T} \geq 2\Omega_N. \quad (4.14b)$$

A frequência Ω_N é comumente chamada de *frequência de Nyquist*, e a frequência $2\Omega_N$, de *taxa de Nyquist*.

Até aqui, consideramos apenas o modulador de trem de impulsos da Figura 4.2(a). Nosso objetivo é

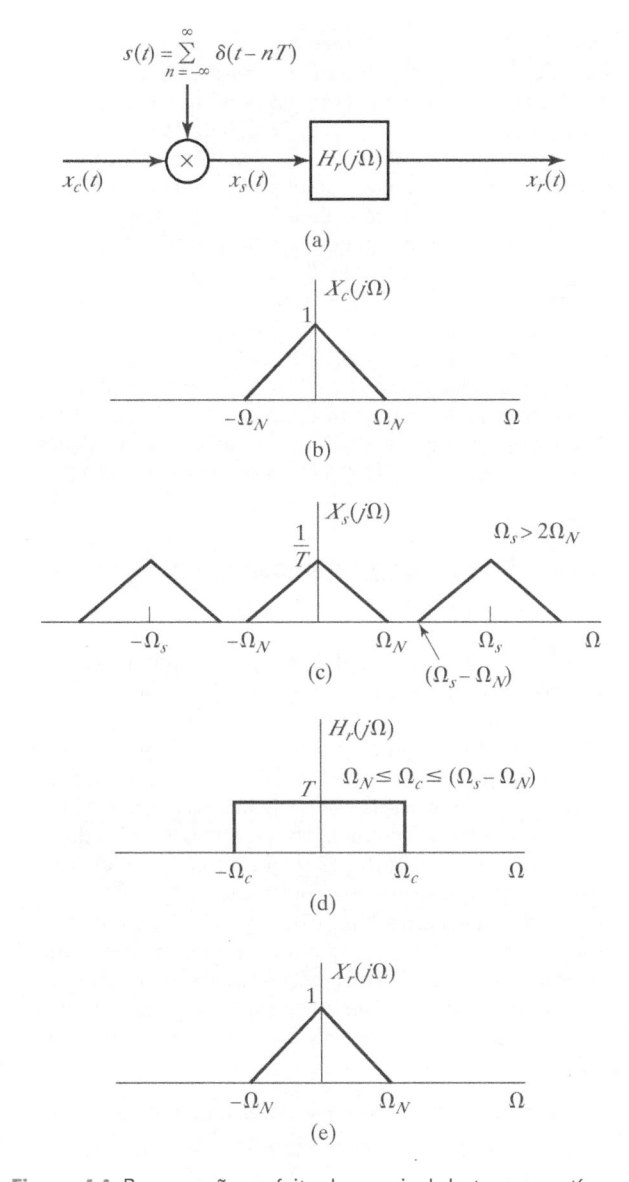

Figura 4.4 Recuperação perfeita de um sinal de tempo contínuo a partir de suas amostras usando um filtro passa-baixas ideal.

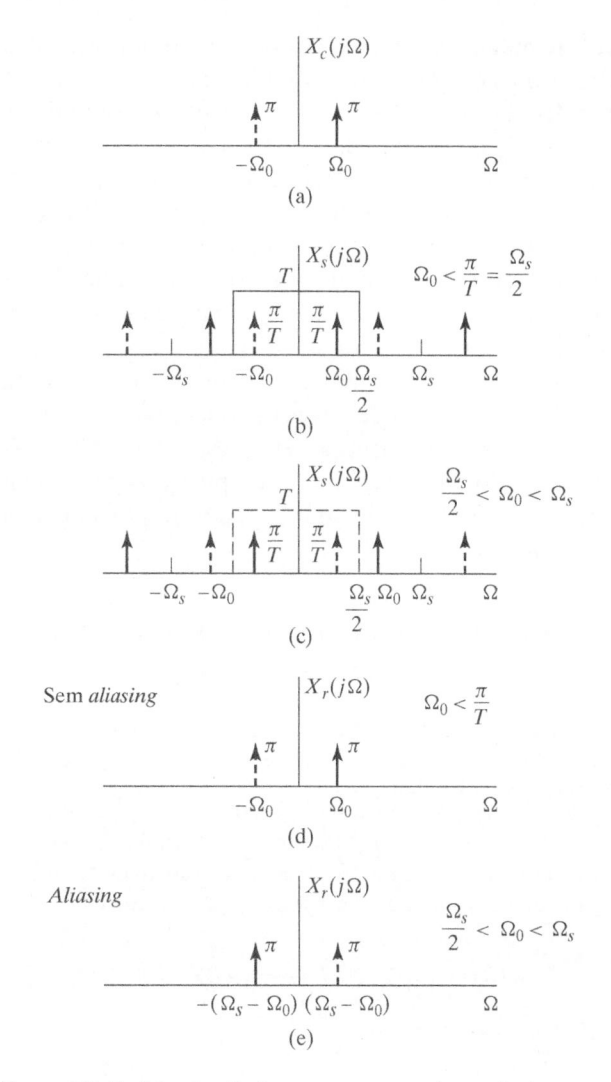

Figura 4.5 O efeito do *aliasing* na amostragem de um sinal cosseno.

eventualmente expressar $X(e^{j\omega})$, a transformada de Fourier de tempo discreto (TFTD) da sequência $x[n]$, em termos de $X_s(j\Omega)$ e $X_c(j\Omega)$. Para isso, consideraremos uma expressão alternativa para $X_s(j\Omega)$. Aplicando a transformada de Fourier de tempo contínuo à Equação 4.4, obtemos

$$X_s(j\Omega) = \sum_{n=-\infty}^{\infty} x_c(nT) e^{-j\Omega T n}. \quad (4.15)$$

Como

$$x[n] = x_c(nT) \quad (4.16)$$

e

$$X(e^{j\omega}) = \sum_{n=-\infty}^{\infty} x[n] e^{-j\omega n}, \quad (4.17)$$

decorre a relação

$$X_s(j\Omega) = X(e^{j\omega})|_{\omega=\Omega T} = X(e^{j\Omega T}). \quad (4.18)$$

Consequentemente, das equações 4.6 e 4.18,

$$X(e^{j\Omega T}) = \frac{1}{T} \sum_{k=-\infty}^{\infty} X_c(j(\Omega - k\Omega_s)), \quad (4.19)$$

ou, de modo equivalente,

$$X(e^{j\omega}) = \frac{1}{T} \sum_{k=-\infty}^{\infty} X_c\left[j\left(\frac{\omega}{T} - \frac{2\pi k}{T}\right)\right]. \quad (4.20)$$

Das equações 4.18-4.20, notamos que $X(e^{j\omega})$ é uma versão de $X_s(j\Omega)$ com mudança de escala na frequência, com fator de escala especificado por $\omega = \Omega T$. Essa mudança de escala pode alternativamente ser interpretada como uma normalização do eixo da frequência, de modo que a frequência $\Omega = \Omega_s$ em $X_s(j\Omega)$ é normalizada para $\omega = 2\pi$ em $X(e^{j\omega})$. A mudança de escala de frequência ou a normalização na transformação de $X_s(j\Omega)$ para $X(e^{j\omega})$ é um resultado direto da normalização do tempo na transformação de $x_s(t)$ para $x[n]$. Especificamente, como notamos na Figura 4.2, $x_s(t)$ mantém um espaçamento entre amostras igual ao período de amostragem T. Comparando, o "espaçamento" dos valores da sequência $x[n]$ é sempre unitário; isto é, o eixo do tempo é normalizado por um fator T. De modo correspondente, no domínio de frequência, o eixo de frequência é normalizado por $f_s = 1/T$.

Para um sinal senoidal na forma $x_c(t) = \cos(\Omega_0 t)$, a maior frequência (e única) é Ω_0. Como o sinal é descrito por uma equação simples, é fácil obter as amostras do sinal. Os dois exemplos a seguir usam sinais senoidais para ilustrar aspectos importantes da amostragem.

Exemplo 4.1 Amostragem e reconstrução de um sinal senoidal

Se amostrarmos o sinal de tempo contínuo $x_c(t) = \cos(4000\pi t)$ com período de amostragem $T = 1/6000$, obtemos $x[n] = x_c(nT) = \cos(4000\pi T n) = \cos(\omega_0 n)$, sendo $\omega_0 = 4000\pi T = 2\pi/3$. Nesse caso, $\Omega_s = 2\pi/T = 12000\pi$, e a maior frequência do sinal é $\Omega_0 = 4000\pi$, de modo que as condições do teorema da amostragem de Nyquist são satisfeitas e não ocorre *aliasing*. A transformada de Fourier de $x_c(t)$ é

$$X_C(j\Omega) = \pi\delta(\Omega - 4000\pi) + \pi\delta(\Omega + 4000\pi).$$

Na Figura 4.6(a) mostra-se

$$X_S(j\Omega) = \frac{1}{T}\sum_{k=-\infty}^{\infty} X_C[j(\Omega - k\Omega_s)] \quad (4.21)$$

para $\Omega_s = 12000\pi$. Note que $X_c(j\Omega)$ é um par de impulsos em $\Omega = \pm 4000\pi$, e vemos cópias deslocadas dessa transformada de Fourier centralizadas em $\pm\Omega_s$, $\pm 2\Omega_s$ etc. Esboçar $X(e^{j\omega}) = X_s(j\omega/T)$ em função da frequência normalizada $\omega = \Omega T$ resulta na Figura 4.6(b), em que usamos o fato de que a mudança de escala da variável independente do impulso também altera a área do impulso, isto é, $\delta(\omega/T) = T\delta(\omega)$ (Oppenheim e Willsky, 1997). Note que a frequência original $\Omega_0 = 4000\pi$ corresponde à frequência normalizada $\omega_0 = 4000\pi T = 2\pi/3$, que satisfaz a desigualdade $\omega_0 < \pi$, correspondente ao fato de que $\Omega_0 = 4000\pi < \pi/T = 6000\pi$. Na Figura 4.6(a) também mostra-se a resposta em frequência de um filtro de reconstrução ideal $H_r(j\Omega)$ para a taxa de amostragem dada de $\Omega_s = 12000\pi$. Nessa figura mostra-se que o sinal reconstruído possui frequência $\Omega_0 = 4000\pi$, que é a frequência do sinal original $x_c(t)$.

Exemplo 4.2 *Aliasing* na amostragem de um sinal senoidal

Agora, suponha que o sinal de tempo contínuo seja $x_c(t) = \cos(16000\pi t)$, que o período de amostragem seja $T = 1/6000$, como no Exemplo 4.1. Esse período de amostragem não satisfaz o critério de Nyquist, pois $\Omega_s = 2\pi/T = 12000\pi < 2\Omega_0 = 32000\pi$. Consequentemente, esperamos observar *aliasing*. A transformada de Fourier $X_s(j\Omega)$ para esse caso é idêntica à da Figura 4.6(a). Porém, agora o impulso localizado em $\Omega = -4000\pi$ é de $X_c[j(\Omega - \Omega_s)]$ na Equação 4.21, e não de $X_c(j\Omega)$, e o impulso em $\Omega = 4000\pi$ é de $X_c[j(\Omega + \Omega_s)]$. Ou seja, as frequências $\pm 4000\pi$ são frequências *alias*. Esboçar $X(e^{j\omega}) = X_s(j\omega/T)$ em função de ω gera o mesmo gráfico mostrado na Figura 4.6(b), pois normalizamos a frequência pelo mesmo período de amostragem. O motivo fundamental para isso é que a sequência de amostras é a mesma para ambos os casos; isto é,

$$\cos(16000\pi n/6000) = \cos(2\pi n + 4000\pi n/6000) = \cos(2\pi n/3).$$

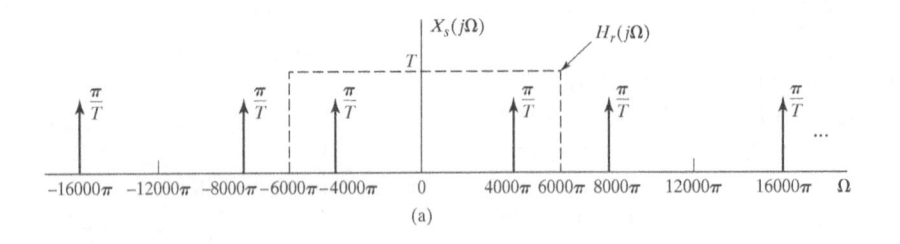

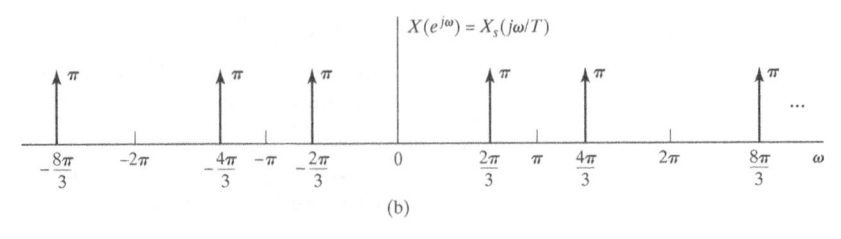

Figura 4.6 Transformadas de Fourier (a) de tempo contínuo e (b) de tempo discreto para o sinal amostrado com frequência $\Omega_0 = 4000\pi$ e período de amostragem $T = 1/6000$.

> (Lembre-se de que podemos somar qualquer múltiplo inteiro de 2π ao argumento do cosseno sem mudar seu valor.) Assim, obtivemos a mesma sequência de amostras, $x[n] = \cos(2\pi n/3)$, ao amostrar dois sinais de tempo contínuo diferentes com a mesma frequência de amostragem. Em um caso, a frequência de amostragem satisfez o critério de Nyquist e, no outro caso, não. Como visto anteriormente, na Figura 4.6(a) mostra-se a resposta em frequência de um filtro de reconstrução ideal $H_r(j\Omega)$ para a taxa de amostragem dada $\Omega_s = 12000\pi$. Por essa figura fica claro que o sinal reconstruído tem a frequência $\Omega_0 = 4000\pi$, que é a frequência *alias* da frequência original 16000π com relação à frequência de amostragem $\Omega_s = 12000\pi$.

Nos exemplos 4.1 e 4.2 usamos sinais senoidais para ilustrar algumas das ambiguidades que são inerentes na operação de amostragem. No Exemplo 4.1 verifica-se que, se as condições do teorema da amostragem forem válidas, o sinal original pode ser reconstruído a partir das amostras. No Exemplo 4.2 ilustra-se que, se a frequência de amostragem viola o teorema da amostragem, não podemos reconstruir o sinal original usando um filtro de reconstrução ideal passa-baixas com frequência de corte igual à metade da frequência de amostragem. O sinal que é reconstruído é uma das frequências *alias* do sinal original com relação à taxa de amostragem usada na amostragem do sinal de tempo contínuo original. Em ambos os exemplos, a sequência de amostras é $x[n] = \cos(2\pi n/3)$, mas o sinal de tempo contínuo é diferente. Conforme sugerido por esses dois exemplos, existe um número ilimitado de formas de se obter esse mesmo conjunto de amostras por meio da amostragem periódica de uma senoide de tempo contínuo. Porém, a ambiguidade é removida se escolhermos $\Omega_s > 2\Omega_0$.

4.3 Reconstrução de um sinal de banda limitada a partir de suas amostras

De acordo com o teorema da amostragem, as amostras de um sinal de tempo contínuo com banda limitada tomadas a uma frequência adequada são suficientes para representar o sinal com exatidão, no sentido de que o sinal pode ser recuperado a partir das amostras conhecendo-se o período de amostragem. A modulação do trem de impulsos provê um meio conveniente para entendermos o processo de reconstrução do sinal de tempo contínuo com banda limitada a partir de suas amostras.

Na Seção 4.2, constatamos que, se as condições do teorema da amostragem forem atendidas e se o trem de impulsos modulado for filtrado por um filtro passa-baixas apropriado, então a transformada de Fourier de saída do filtro será idêntica à transformada de Fourier de sinal de tempo contínuo original $x_c(t)$ e, assim, a saída do filtro será $x_c(t)$. Dada uma sequência de amostras, $x[n]$, podemos formar um trem de impulsos $x_s(t)$, no qual atribui-se a impulsos sucessivos uma área igual a valores sucessivos da sequência, isto é,

$$x_s(t) = \sum_{n=-\infty}^{\infty} x[n]\delta(t - nT). \quad (4.22)$$

A n-ésima amostra está associada ao impulso em $t = nT$, sendo T o período de amostragem associado à sequência $x[n]$. Se esse trem de impulsos for a entrada de um filtro de tempo contínuo passa-baixas ideal com resposta em frequência $H_r(j\Omega)$ e resposta ao impulso $h_r(t)$, então a saída do filtro será

$$x_r(t) = \sum_{n=-\infty}^{\infty} x[n]h_r(t - nT). \quad (4.23)$$

Uma representação por diagrama de blocos desse processo de reconstrução de sinal é mostrada na Figura 4.7(a). Lembre-se de que o filtro de reconstrução ideal

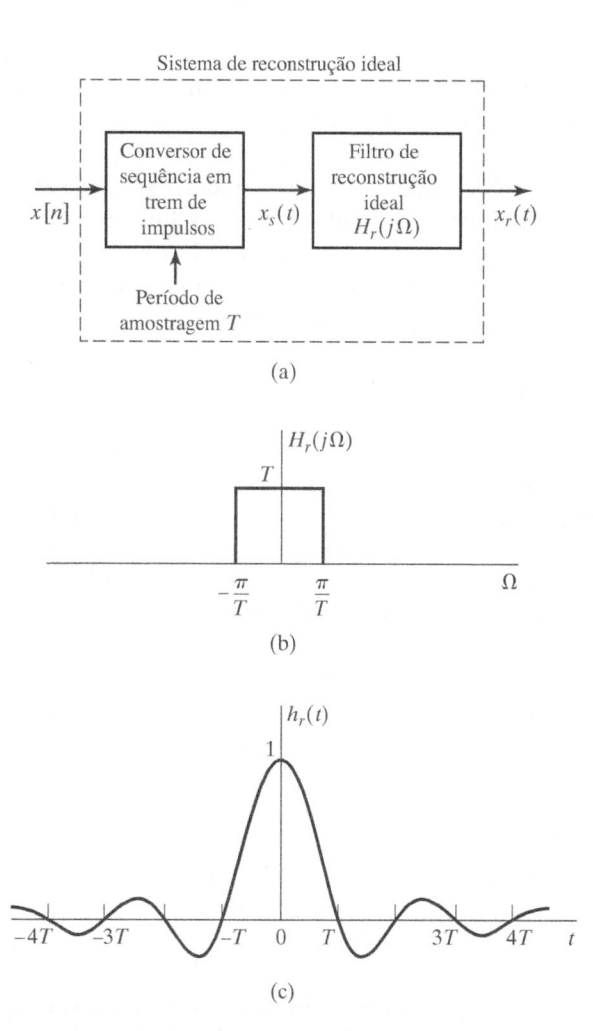

Figura 4.7 (a) Diagrama de blocos de um sistema de reconstrução ideal de sinal com banda limitada. (b) Resposta em frequência de um filtro de reconstrução ideal. (c) Resposta ao impulso de um filtro de reconstrução ideal.

tem um ganho de T (para compensar o fator $1/T$ na Equação 4.19 ou na Equação 4.20) e uma frequência de corte Ω_c entre Ω_N e $\Omega_s - \Omega_N$. Uma escolha da frequência de corte conveniente e muito utilizada é $\Omega_c = \Omega_s/2 = \pi/T$. Essa escolha é apropriada para qualquer relação entre Ω_s e Ω_N que evite *aliasing* (isto é, desde que $\Omega_s \geq 2\Omega_N$). Na Figura 4.7(b) mostra-se a resposta em frequência do filtro de reconstrução ideal. A resposta ao impulso correspondente, $h_r(t)$, é a transformada de Fourier inversa de $H_r(j\Omega)$ e para a frequência de corte π/T é dada por

$$h_r(t) = \frac{\text{sen}(\pi t/T)}{\pi t/T}. \quad (4.24)$$

Essa resposta ao impulso é mostrada na Figura 4.7(c). Substituindo a Equação 4.24 na Equação 4.23, obtemos

$$x_r(t) = \sum_{n=-\infty}^{\infty} x[n] \frac{\text{sen}[\pi(t-nT)/T]}{\pi(t-nT)/T}. \quad (4.25)$$

As equações 4.23 e 4.25 expressam o sinal de tempo contínuo em termos de uma combinação linear de funções de base $h_r(t - nT)$ com as amostras $x[n]$ atuando como coeficientes. Outras escolhas das funções de base e de coeficientes correspondentes podem ser usadas para representar outras classes de funções de tempo contínuo [veja, por exemplo, Unser (2000)]. Porém, a Equação 4.24 e as amostras $x[n]$ são as funções de base e coeficientes naturais para representar sinais de tempo contínuo com banda limitada.

A partir do argumento dado no domínio da frequência na Seção 4.2, observamos que, se $x[n] = x_c(nT)$, sendo $X_c(j\Omega) = 0$ para $|\Omega| \geq \pi/T$, então $x_r(t)$ é igual a $x_c(t)$. Considerando apenas a Equação 4.25, não fica imediatamente óbvio que isso seja verdadeiro. Porém, alcançamos uma compreensão prática ao examinarmos atentamente essa equação. Primeiro, consideremos a função $h_r(t)$ dada pela Equação 4.24. Notamos que

$$h_r(0) = 1. \quad (4.26a)$$

Isso decorre da regra de l'Hôpital ou da aproximação para ângulos pequenos para a função seno. Além disso,

$$h_r(nT) = 0 \quad \text{para } n = \pm 1, \pm 2, \ldots. \quad (4.26b)$$

Segue-se, das equações 4.26(a) e (b) e da Equação 4.23, que, se $x[n] = x_c(nT)$, então

$$x_r(mT) = x_c(mT) \quad (4.27)$$

para todos os valores inteiros de m. Ou seja, o sinal que é reconstruído com a Equação 4.25 tem os mesmos valores nos instantes de amostragem que o sinal de tempo contínuo original, independentemente do período de amostragem T.

Na Figura 4.8, mostram-se um sinal de tempo contínuo $x_c(t)$ e o trem de impulsos modulado correspondente. Na Figura 4.8(c) mostram-se várias das parcelas

$$x[n] \frac{\text{sen}[\pi(t-nT)/T]}{\pi(t-nT)/T}$$

e o sinal reconstruído resultante $x_r(t)$. Conforme sugerido por essa figura, o filtro passa-baixas ideal *interpola* entre os impulsos de $x_s(t)$ para construir um sinal de tempo contínuo $x_r(t)$. Da Equação 4.27, o sinal resultante é uma reconstrução exata de $x_c(t)$ nos instantes de amostragem. Portanto, se não existe *aliasing*, o filtro passa-baixas interpola a reconstrução correta entre as amostras, o que segue da nossa análise no domínio de frequência do processo de amostragem e reconstrução.

É útil formalizar a discussão anterior definindo um sistema ideal para reconstruir um sinal de banda limitada a partir de uma sequência de amostras. Chamaremos esse sistema de *conversor de tempo discreto para tempo contínuo ideal* (D/C). O sistema desejado é representado na Figura 4.9. Como notamos, o processo de reconstrução ideal pode ser representado como a conversão da sequência em um trem de impulsos, como na Equação 4.22, seguido pela filtragem com um filtro passa-baixas ideal, resultando na saída dada pela

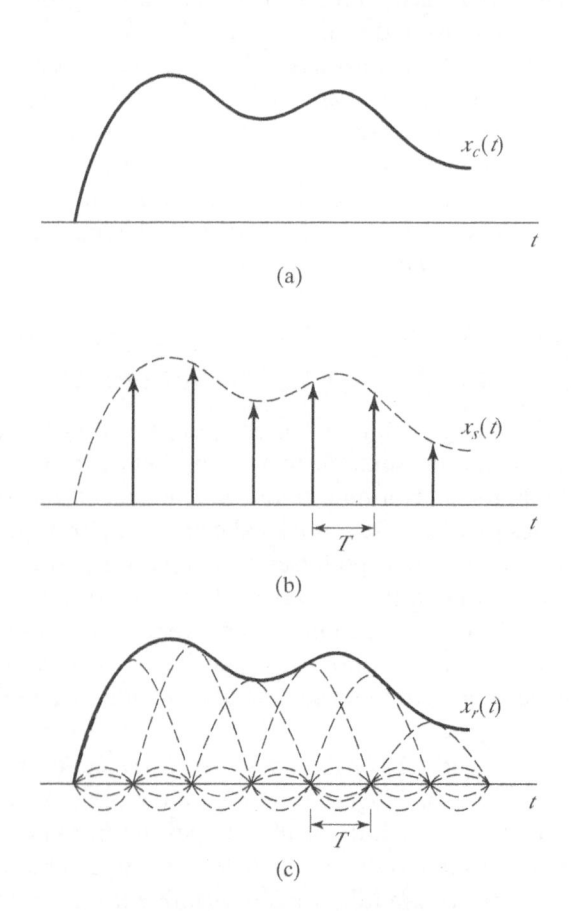

Figura 4.8 Interpolação com banda limitada ideal.

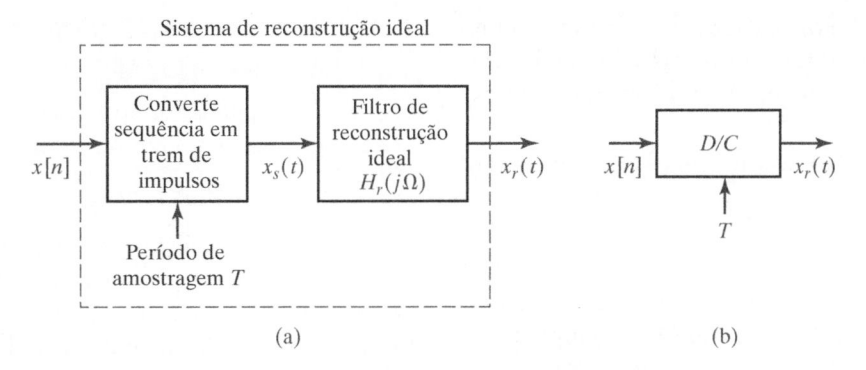

Figura 4.9 (a) Reconstrução ideal do sinal de banda limitada. (b) Representação equivalente como um conversor D/C ideal.

Equação 4.25. O passo intermediário da conversão em um trem de impulsos é uma conveniência matemática para a dedução da Equação 4.25 e para o entendimento do processo de reconstrução do sinal. Porém, uma vez familiarizado com esse processo, será útil definir uma representação mais compacta, como mostrado na Figura 4.9(b), em que a entrada é a sequência $x[n]$ e a saída é o sinal de tempo contínuo $x_r(t)$ dado pela Equação 4.25.

As propriedades do conversor D/C ideal são vistas mais facilmente no domínio da frequência. Para deduzir uma relação de entrada/saída nesse domínio, considere a transformada de Fourier da Equação 4.23 ou da Equação 4.25, ou seja,

$$X_r(j\Omega) = \sum_{n=-\infty}^{\infty} x[n] H_r(j\Omega) e^{-j\Omega T n}.$$

Como $H_r(j\Omega)$ é comum a todos as parcelas na soma, podemos escrever

$$X_r(j\Omega) = H_r(j\Omega) X(e^{j\Omega T}). \quad (4.28)$$

A Equação 4.28 fornece uma descrição do conversor D/C ideal no domínio da frequência. De acordo com a Equação 4.28, em $X(e^{j\omega})$ faz-se uma mudança na escala da frequência (de fato, a passagem da sequência para o trem de impulsos faz com que ω seja substituído por ΩT). Então, o filtro passa-baixas ideal $H_r(j\Omega)$ seleciona o período de base da transformada de Fourier periódica resultante $X(e^{j\Omega T})$ e compensa o fator $1/T$ inerente à amostragem. Assim, se a sequência $x[n]$ foi obtida pela amostragem na taxa de Nyquist, ou maior, de um sinal com banda limitada, o sinal reconstruído $x_r(t)$ será igual ao sinal com banda limitada original. De qualquer forma, também fica claro, pela Equação 4.28, que a saída do conversor D/C ideal sempre é de banda limitada a no máximo a frequência de corte do filtro passa-baixas, que tipicamente é considerada como metade da frequência de amostragem.

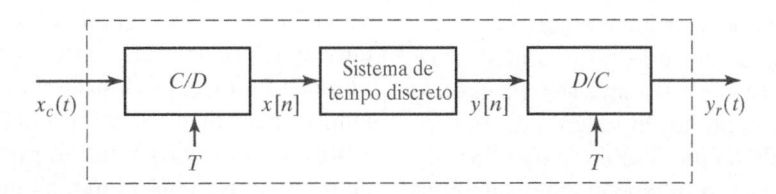

4.4 Processamento em tempo discreto de sinais de tempo contínuo

Uma das principais aplicações dos sistemas de tempo discreto ocorre no processamento de sinais de tempo contínuo. Isso é feito por um sistema representado de modo geral na Figura 4.10. O sistema é uma cascata de um conversor C/D, seguido por um sistema de tempo discreto e por um conversor D/C. Observe que o sistema geral é equivalente a um sistema de tempo contínuo, pois transforma o sinal de entrada de tempo contínuo $x_c(t)$ no sinal de saída de tempo contínuo $y_r(t)$. As propriedades do sistema global são dependentes da escolha do sistema de tempo discreto e da taxa de amostragem. Na Figura 4.10, assumimos que os conversores C/D e D/C têm a mesma taxa de amostragem. Isso não é essencial, e seções posteriores e alguns dos problemas ao final deste capítulo consideram sistemas em que as taxas de amostragem de entrada e saída não são iguais.

As seções anteriores do capítulo foram dedicadas a compreender as operações de conversão C/D e

Figura 4.10 Processamento em tempo discreto de sinais de tempo contínuo.

D/C da Figura 4.10. Por conveniência, e como o primeiro passo para compreender o sistema global da Figura 4.10, resumimos as representações matemáticas dessas operações.

O conversor C/D fornece um sinal de tempo discreto

$$x[n] = x_c(nT), \qquad (4.29)$$

isto é, uma sequência de amostras do sinal de entrada de tempo contínuo $x_c(t)$. A TFTD dessa sequência está relacionada à transformada de Fourier de tempo contínuo do sinal de entrada de tempo contínuo por

$$X(e^{j\omega}) = \frac{1}{T} \sum_{k=-\infty}^{\infty} X_c\left[j\left(\frac{\omega}{T} - \frac{2\pi k}{T}\right)\right]. \quad (4.30)$$

O conversor D/C fornece um sinal de saída de tempo contínuo na forma

$$y_r(t) = \sum_{n=-\infty}^{\infty} y[n] \frac{\operatorname{sen}[\pi(t-nT)/T]}{\pi(t-nT)/T}, \quad (4.31)$$

em que a sequência $y[n]$ é a saída do sistema de tempo discreto quando a entrada do sistema é $x[n]$. A partir da Equação 4.28, $Y_r(j\Omega)$, a transformada de Fourier de tempo contínuo de $y_r(t)$, e $Y(e^{j\omega})$, a TFTD de $y[n]$, são relacionadas por

$$Y_r(j\Omega) = H_r(j\Omega)Y(e^{j\Omega T}) =$$
$$= \begin{cases} T\,Y(e^{j\Omega T}), & |\Omega| < \pi/T, \\ 0, & \text{caso contrário.} \end{cases} \quad (4.32)$$

Em seguida, relacionemos a sequência de saída $y[n]$ à sequência de entrada $x[n]$, ou, de modo equivalente, $Y(e^{j\omega})$ a $X(e^{j\omega})$. Um exemplo simples é o sistema identidade, isto é, $y[n] = x[n]$. Esse é, de fato, o caso que estudamos com detalhes até aqui. Sabemos que, se $x_c(t)$ tem uma transformada de Fourier de banda limitada, tal que $X_c(j\Omega) = 0$ para $|\Omega| \geq \pi/T$, e se o sistema de tempo discreto na Figura 4.10 é o sistema identidade, tal que $y[n] = x[n] = x_c(nT)$, então a saída será $y_r(t) = x_c(t)$. Lembre-se de que, na prova desse resultado, utilizamos as representações no domínio da frequência dos sinais de tempo contínuo e de tempo discreto, pois a essência do conceito de *aliasing* é entendida mais facilmente no domínio da frequência. De modo similar, quando lidamos com sistemas mais complicados do que o sistema identidade, geralmente executamos a análise no domínio de frequência. Se o sistema de tempo discreto é não linear ou variante no tempo, usualmente não é evidente obter uma relação geral entre as transformadas de Fourier da entrada e da saída do sistema. (No Problema 4.51, consideramos um exemplo do sistema da Figura 4.10 em que o sistema de tempo discreto é não linear.) Porém, o caso LIT leva a um resultado um tanto simples e geralmente útil.

4.4.1 Processamento LIT em tempo discreto de sinais de tempo contínuo

Se o sistema de tempo discreto na Figura 4.10 for linear e invariante no tempo, teremos

$$Y(e^{j\omega}) = H(e^{j\omega})X(e^{j\omega}), \qquad (4.33)$$

sendo $H(e^{j\omega})$ a resposta em frequência do sistema ou, de modo equivalente, a transformada de Fourier da resposta à amostra unitária, e $X(e^{j\omega})$ e $Y(e^{j\omega})$ são as transformadas de Fourier da entrada e da saída, respectivamente. Combinando as equações 4.32 e 4.33, obtemos

$$Y_r(j\Omega) = H_r(j\Omega)H(e^{j\Omega T})X(e^{j\Omega T}). \qquad (4.34)$$

Em seguida, usando a Equação 4.30 com $\omega = \Omega T$, temos

$$Y_r(j\Omega) = H_r(j\Omega)H(e^{j\Omega T})\frac{1}{T}\sum_{k=-\infty}^{\infty} X_c\left[j\left(\Omega - \frac{2\pi k}{T}\right)\right]. \qquad (4.35)$$

Se $X_c(j\Omega) = 0$ para $|\Omega| \geq \pi/T$, então o filtro de reconstrução passa-baixas ideal $H_r(j\Omega)$ cancela o fator $1/T$ e seleciona apenas a parcela na Equação 4.35 para $k = 0$; isto é,

$$Y_r(j\Omega) = \begin{cases} H(e^{j\Omega T})X_c(j\Omega), & |\Omega| < \pi/T, \\ 0, & |\Omega| \geq \pi/T. \end{cases} \quad (4.36)$$

Assim, se $X_c(j\Omega)$ é de banda limitada e a taxa de amostragem é igual ou maior à taxa de Nyquist, a saída está relacionada à entrada por uma equação na forma

$$Y_r(j\Omega) = H_{\text{ef}}(j\Omega)X_c(j\Omega), \qquad (4.37)$$

em que

$$H_{\text{ef}}(j\Omega) = \begin{cases} H(e^{j\Omega T}), & |\Omega| < \pi/T, \\ 0, & |\Omega| \geq \pi/T. \end{cases} \quad (4.38)$$

Portanto, o sistema de tempo contínuo global é equivalente a um sistema LIT cuja resposta em frequência efetiva é dada pela Equação 4.38.

É importante enfatizar que o comportamento linear e invariante no tempo do sistema da Figura 4.10 depende de dois fatores. Primeiro, o sistema de tempo discreto deve ser linear e invariante no tempo. Segundo, o sinal de entrada deve ser de banda limitada, e a taxa de amostragem alta o suficiente para que quaisquer componentes com *aliasing* sejam removidos pelo sistema de tempo discreto. Como um exemplo simples de violação dessa segunda condição, considere o caso em que $x_c(t)$ é um pulso único com amplitude unitária e duração finita, cuja duração é menor que o período de amostragem. Se o pulso for unitário em $t = 0$, então $x[n] = \delta[n]$. Porém, certamente é possível deslocar o pulso de modo que ele não fique alinhado com qualquer um dos instantes de amostragem, isto é, $x[n] = 0$ para todos os valores de *n*. Esse pulso, sendo limitado no tempo, não é limitado em banda, e as condições do teorema da amostragem não são válidas. Mesmo que o sistema de tempo discreto seja o sistema identidade, tal que $y[n] = x[n]$, o sistema global não será invariante no tempo se o *aliasing* ocorrer na amostragem da entrada. Em geral, se o sistema de tempo discreto na Figura 4.10 for linear e invariante no tempo, e se a frequência de amostragem for maior ou igual à taxa de Nyquist, associada à largura de banda da entrada $x_c(t)$, então o sistema global será equivalente a um sistema de tempo contínuo LIT com uma resposta em frequência equivalente dada pela Equação 4.38. Além disso, a Equação 4.38 é válida mesmo que ocorra algum *aliasing* no conversor C/D, desde que $H(e^{j\omega})$ não permita a passagem dos componentes com *aliasing*. O Exemplo 4.3 é uma ilustração simples do caso.

Exemplo 4.3 Filtragem passa-baixas ideal de tempo contínuo usando um filtro passa-baixas de tempo discreto

Considere a Figura 4.10, sendo a resposta em frequência do sistema de tempo discreto LIT

$$H(e^{j\omega}) = \begin{cases} 1, & |\omega| < \omega_c, \\ 0, & \omega_c < |\omega| \le \pi. \end{cases} \quad (4.39)$$

Essa resposta em frequência é periódica com período 2π, como mostrado na Figura 4.11(a). Para entradas com banda limitada amostradas a uma taxa maior ou igual à de Nyquist, conclui-se pela Equação 4.38 que o sistema global da Figura 4.10 se comportará como um sistema de tempo contínuo LIT com resposta em frequência

$$H_{\text{ef}}(j\Omega) = \begin{cases} 1, & |\Omega T| < \omega_c \text{ ou } |\Omega| < \omega_c/T, \\ 0, & |\Omega T| \ge \omega_c \text{ ou } |\Omega| \ge \omega_c/T. \end{cases} \quad (4.40)$$

Como vemos na Figura 4.11(b), essa resposta em frequência efetiva é a de um filtro passa-baixas ideal com frequência de corte $\Omega_c = \omega_c/T$.

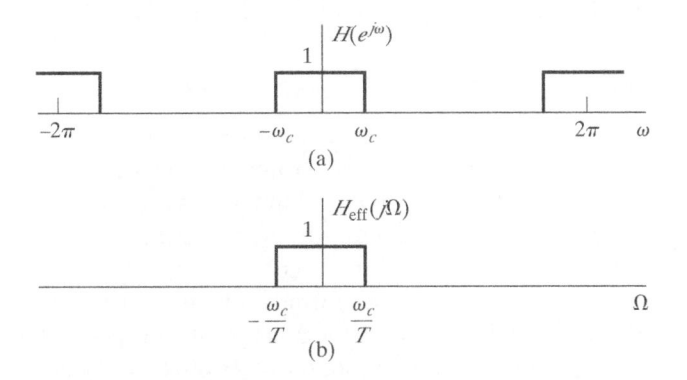

Figura 4.11 (a) Resposta em frequência do sistema de tempo discreto na Figura 4.10. (b) Resposta em frequência de tempo contínuo efetiva correspondente para entradas com banda limitada.

O exemplo gráfico na Figura 4.12 fornece uma interpretação de como essa resposta equivalente é alcançada. Na Figura 4.12(a) é representada a transformada de Fourier de um sinal de banda limitada. Na Figura 4.12(b) mostra-se a transformada de Fourier do trem de impulsos modulado intermediário, que é idêntico a $X(e^{j\Omega T})$, a TFTD da sequência de amostras calculada em $\omega = \Omega T$. Na Figura 4.12(c), a TFTD da sequência de amostras e a resposta em frequência do sistema de tempo discreto são representadas em função da frequência normalizada ω relacionada ao tempo discreto. Na Figura 4.12(d) mostra-se $Y(e^{j\omega}) = H(e^{j\omega})X(e^{j\omega})$, a transformada de Fourier da saída do sistema de tempo discreto. Na Figura 4.12(e) ilustra-se a transformada de Fourier da saída do sistema de tempo discreto em função da frequência Ω relacionada ao tempo contínuo, juntamente com a resposta em frequência do filtro de reconstrução ideal $H_r(j\Omega)$ do conversor D/C. Finalmente, na Figura 4.12(f) mostra-se a transformada de Fourier resultante da saída do conversor D/C. Comparando as figuras 4.12(a) e 4.12(f), notamos que o sistema se comporta como um sistema LIT com a resposta em frequência dada pela Equação 4.40 e esboçada na Figura 4.11(b).

Vários pontos importantes estão ilustrados no Exemplo 4.3. Primeiro, observe que o filtro de tempo discreto passa-baixas ideal com frequência de corte ω_c tem o efeito de um filtro passa-baixas ideal com frequência de corte $\Omega_c = \omega_c/T$ quando usado na configuração da Figura 4.10. Essa frequência de corte depende de ω_c e de *T*. Em particular, usando um filtro passa-baixas de tempo discreto fixo, mas variando o período de amostragem *T*, um filtro passa-baixas de tempo contínuo equivalente com uma frequência de corte variável pode ser implementado. Por exemplo, se *T* for escolhido, de modo que $\Omega_N T < \omega_c$, então a saída do sistema da Figura 4.10 será $y_r(t) = x_c(t)$. Além disso, conforme ilustrado no Problema 4.31, a Equação 4.40 é válida mesmo que algum *aliasing* esteja presente nas figuras 4.12(b) e (c), desde que esses componentes distorcidos (com *aliasing*) sejam eliminados pelo filtro $H(e^{j\omega})$. Em particular, da Figura 4.12(c), notamos que, para que nenhum *aliasing* esteja presente na saída, devemos assegurar que

$$(2\pi - \Omega_N T) \ge \omega_c, \quad (4.41)$$

enquanto o requisito de Nyquist é

$$(2\pi - \Omega_N T) \ge \Omega_N T. \quad (4.42)$$

Como outro exemplo do processamento de tempo contínuo usando um sistema de tempo discreto, consideremos a implementação de um diferenciador ideal para sinais de banda limitada.

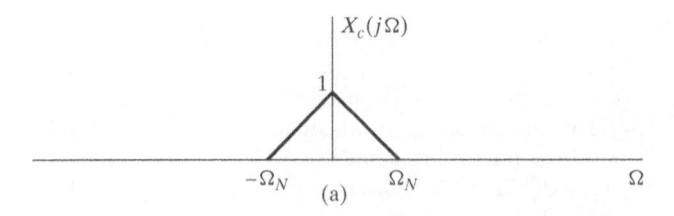

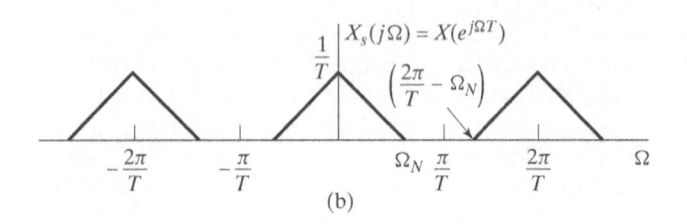

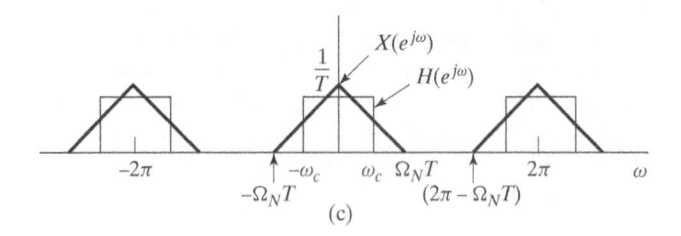

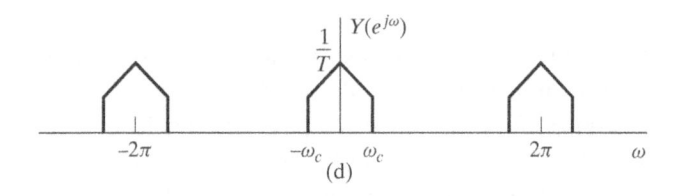

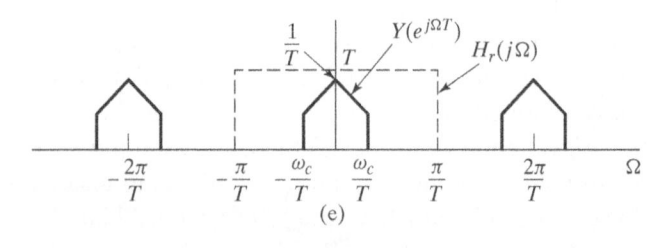

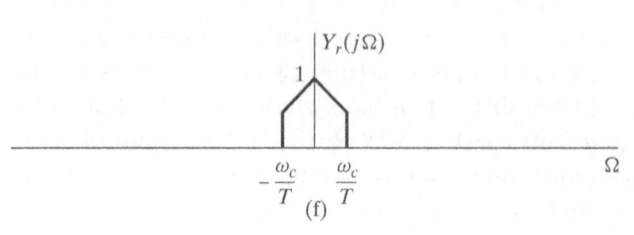

Figura 4.12 (a) Transformada de Fourier de um sinal de entrada com banda limitada. (b) Transformada de Fourier da entrada amostrada em função da frequência Ω relacionada ao tempo contínuo. (c) Transformada de Fourier $X(e^{j\omega})$ da sequência de amostras e resposta em frequência $H(e^{j\omega})$ do sistema de tempo discreto em função de ω. (d) Transformada de Fourier da saída do sistema de tempo discreto. (e) Transformada de Fourier da saída do sistema de tempo discreto e resposta em frequência do filtro de reconstrução ideal em função de Ω. (f) Transformada de Fourier da saída.

Exemplo 4.4 Implementação em tempo discreto de um diferenciador de tempo contínuo de banda limitada

O sistema diferenciador de tempo contínuo ideal é definido por

$$y_c(t) = \frac{d}{dt}[x_c(t)], \quad (4.43)$$

com a correspondente resposta em frequência

$$H_c(j\Omega) = j\Omega. \quad (4.44)$$

Como consideramos uma realização na forma da Figura 4.10, as entradas são restritas a ser limitadas em banda. Para o processamento de sinais de banda limitada, é suficiente que

$$H_{\text{eff}}(j\Omega) = \begin{cases} j\Omega, & |\Omega| < \pi/T, \\ 0, & |\Omega| \geq \pi/T, \end{cases} \quad (4.45)$$

como mostra a Figura 4.13(a). O sistema de tempo discreto correspondente tem resposta em frequência

$$H(e^{j\omega}) = \frac{j\omega}{T}, \quad |\omega| < \pi, \quad (4.46)$$

periódica com período 2π. Essa resposta em frequência é esboçada na Figura 4.13(b). Pode-se mostrar que a resposta ao impulso correspondente é

$$h[n] = \frac{1}{2\pi} \int_{-\pi}^{\pi} \left(\frac{j\omega}{T}\right) e^{j\omega n} d\omega$$
$$= \frac{\pi n \cos \pi n - \operatorname{sen} \pi n}{\pi n^2 T}, \quad -\infty < n < \infty,$$

ou, de modo equivalente,

$$h[n] = \begin{cases} 0, & n = 0, \\ \dfrac{\cos \pi n}{nT}, & n \neq 0. \end{cases} \quad (4.47)$$

Assim, se um sistema de tempo discreto com essa resposta ao impulso for usado na configuração da Figura 4.10, a saída para qualquer entrada devidamente limitada em banda será a derivada da entrada. O Problema 4.22 refere-se à verificação desta questão para o caso em que a entrada é um sinal senoidal.

4.4.2 Invariância ao impulso

Mostramos que o sistema em cascata da Figura 4.10 pode ser equivalente a um sistema LIT para sinais de entrada com banda limitada. Agora, vamos assumir que, conforme a representação na Figura 4.14, é dado um sistema de tempo contínuo desejado que queremos implementar na forma da Figura 4.10. Com $H_c(j\Omega)$ limitado em banda, a Equação 4.38 especifica como escolher $H(e^{j\omega})$ de modo que $H_{\text{eff}}(j\Omega) = H_c(j\Omega)$. Especificamente,

$$H(e^{j\omega}) = H_c(j\omega/T), \quad |\omega| < \pi, \quad (4.48)$$

com o requisito adicional de que T seja escolhido, de modo que

$$H_c(j\Omega) = 0, \quad |\Omega| \geq \pi/T. \quad (4.49)$$

Sob as restrições das equações 4.48 e 4.49, há também uma relação direta e útil entre a resposta ao impulso de tempo contínuo $h_c(t)$ e a resposta ao impulso de tempo discreto $h[n]$. Em particular, como verificaremos em breve,

$$h[n] = T\,h_c(nT); \quad (4.50)$$

isto é, a resposta ao impulso do sistema de tempo discreto é uma versão amostrada de $h_c(t)$ com um fator de escala. Quando $h[n]$ e $h_c(t)$ relacionam-se por meio da Equação 4.50, o sistema de tempo discreto é considerado uma versão *invariante ao impulso* do sistema de tempo contínuo.

A Equação 4.50 é uma consequência direta da abordagem na Seção 4.2. Especificamente, com $x[n]$ e $x_c(t)$ respectivamente substituídos por $h[n]$ e $h_c(t)$ na Equação 4.16, isto é,

$$h[n] = h_c(nT), \quad (4.51)$$

a Equação 4.20 torna-se

$$H(e^{j\omega}) = \frac{1}{T}\sum_{k=-\infty}^{\infty} H_c\left(j\left(\frac{\omega}{T} - \frac{2\pi k}{T}\right)\right), \quad (4.52)$$

ou, se a Equação 4.49 for satisfeita,

$$H(e^{j\omega}) = \frac{1}{T}H_c\left(j\frac{\omega}{T}\right), \quad |\omega| < \pi. \quad (4.53)$$

Modificando as equações 4.51 e 4.53 para justificar o fator de escala T na Equação 4.50, temos

$$h[n] = T\,h_c(nT), \quad (4.54)$$

$$H(e^{j\omega}) = H_c\left(j\frac{\omega}{T}\right), \quad |\omega| < \pi. \quad (4.55)$$

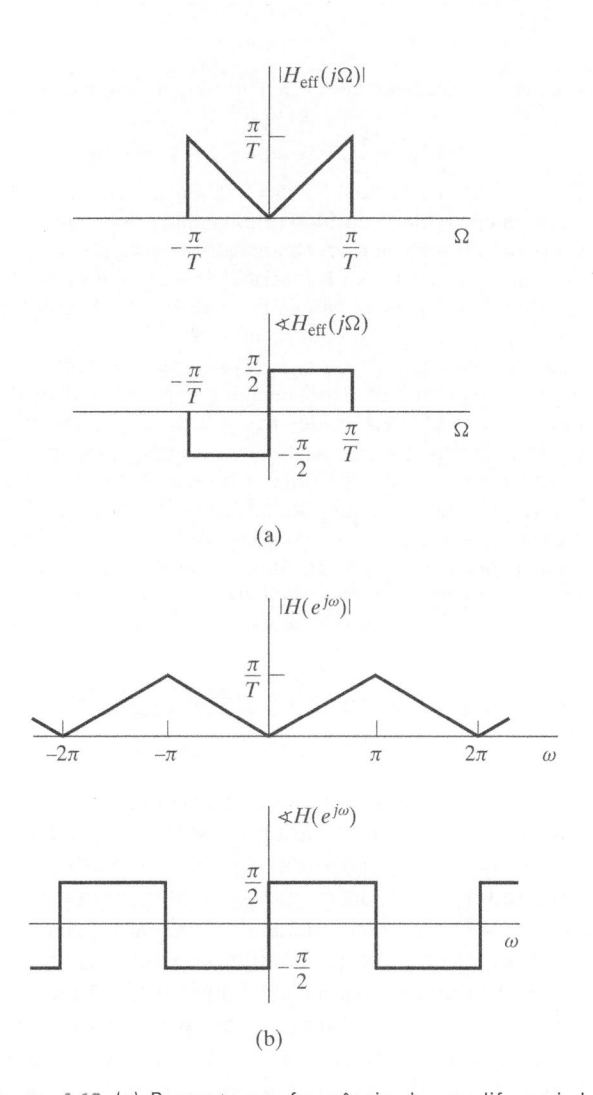

Figura 4.13 (a) Resposta em frequência de um diferenciador ideal de tempo contínuo limitado em banda $H_c(j\Omega) = j\Omega$, $|\Omega| < \pi/T$. (b) Resposta em frequência de um filtro de tempo discreto para implementar um diferenciador de tempo contínuo limitado em banda.

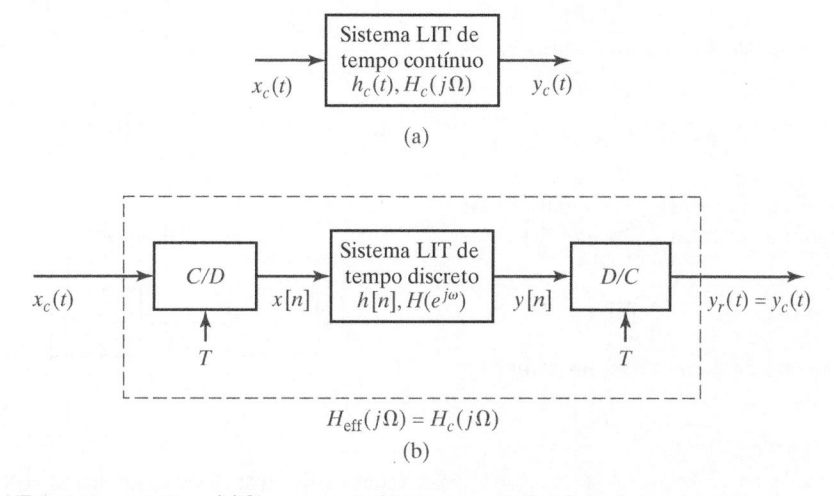

Figura 4.14 (a) Sistema LIT de tempo contínuo. (b) Sistema equivalente para entradas limitadas em banda.

Exemplo 4.5 Filtro passa-baixas de tempo discreto obtido por invariância ao impulso

Suponha que queiramos obter um filtro passa-baixas ideal de tempo discreto com frequência de corte $\omega_c < \pi$. Podemos fazer isso amostrando um filtro passa-baixas ideal de tempo contínuo com frequência de corte $\Omega_c = \omega_c/T < \pi/T$ definido por

$$H_c(j\Omega) = \begin{cases} 1, & |\Omega| < \Omega_c, \\ 0, & |\Omega| \geq \Omega_c. \end{cases}$$

A resposta ao impulso desse sistema de tempo contínuo é

$$h_c(t) = \frac{\text{sen}(\Omega_c t)}{\pi t},$$

de modo que definimos a resposta ao impulso do sistema de tempo discreto como

$$h[n] = T h_c(nT) = T \frac{\text{sen}(\Omega_c nT)}{\pi nT} = \frac{\text{sen}(\omega_c n)}{\pi n},$$

sendo $\omega_c = \Omega_c T$. Já mostramos que essa sequência corresponde à TFTD

$$H(e^{j\omega}) = \begin{cases} 1, & |\omega| < \omega_c, \\ 0, & \omega_c \leq |\omega| \leq \pi, \end{cases}$$

que é idêntica a $H_c(j\omega/T)$, conforme previsto pela Equação 4.55.

Exemplo 4.6 Invariância ao impulso aplicada a sistemas de tempo contínuo com funções de sistema racionais

Muitos sistemas de tempo contínuo possuem respostas ao impulso compostas de uma soma de sinais exponenciais na forma

$$h_c(t) = A e^{s_0 t} u(t).$$

Essas funções do tempo possuem transformadas de Laplace

$$H_c(s) = \frac{A}{s - s_0} \quad \mathcal{R}e(s) > \mathcal{R}e(s_0).$$

Se aplicarmos o conceito de invariância ao impulso a tal sistema de tempo contínuo, obteremos a resposta ao impulso

$$h[n] = T h_c(nT) = A T e^{s_0 T n} u[n],$$

que tem a função de sistema em termos de transformada z

$$H(z) = \frac{A T}{1 - e^{s_0 T} z^{-1}} \quad |z| > |e^{s_0 T}|$$

e, assumindo que $\mathcal{R}e(s_0) < 0$, a resposta em frequência

$$H(e^{j\omega}) = \frac{A T}{1 - e^{s_0 T} e^{-j\omega}}.$$

Nesse caso, a Equação 4.55 não é válida exatamente, pois o sistema de tempo contínuo original não possui uma resposta em frequência com banda estritamente limitada, e, portanto, a resposta em frequência de tempo discreto resultante é uma versão com *aliasing* de $H_c(j\Omega)$. Embora o *aliasing* ocorra em um caso como esse, o efeito pode ser pequeno. Sistemas de ordem elevada cujas respostas ao impulso são somas de exponenciais complexas podem, de fato, ter respostas em frequência que caem rapidamente em frequências altas, de modo que o *aliasing* é mínimo se a taxa de amostragem for alta o suficiente. Assim, uma das abordagens para a simulação em tempo discreto de sistemas de tempo contínuo e também para o projeto de filtros digitais envolve a amostragem da resposta ao impulso de um filtro analógico correspondente.

4.5 Processamento em tempo contínuo de sinais de tempo discreto

Na Seção 4.4, abordamos e analisamos o uso de sistemas de tempo discreto para processar sinais de tempo contínuo na configuração da Figura 4.10. Nesta seção, consideramos a situação complementar representada na Figura 4.15, que é chamada, de modo apropriado, de processamento em tempo contínuo de sinais de tempo discreto. Embora o sistema da Figura 4.15 não seja tipicamente usado para implementar sistemas de tempo discreto, ele fornece uma interpretação útil de certos sistemas de tempo discreto que não possuem interpretação simples no domínio discreto.

A partir da definição do conversor D/C ideal, $X_c(j\Omega)$ e, portanto, também $Y_c(j\Omega)$ necessariamente serão nulos para $|\Omega| \geq \pi/T$. Assim, o conversor C/D amostra $y_c(t)$ sem *aliasing*, e podemos expressar $x_c(t)$ e $y_c(t)$ respectivamente como

$$x_c(t) = \sum_{n=-\infty}^{\infty} x[n] \frac{\text{sen}[\pi(t - nT)/T]}{\pi(t - nT)/T} \quad (4.56)$$

e

$$y_c(t) = \sum_{n=-\infty}^{\infty} y[n] \frac{\text{sen}[\pi(t - nT)/T]}{\pi(t - nT)/T}, \quad (4.57)$$

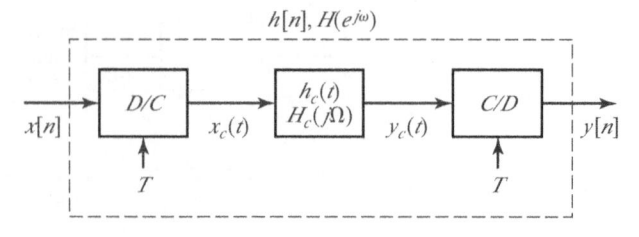

Figura 4.15 Processamento em tempo contínuo de sinais de tempo discreto.

sendo $x[n] = x_c(nT)$ e $y[n] = y_c(nT)$. As relações no domínio de frequência para a Figura 4.15 são

$$X_c(j\Omega) = T\, X(e^{j\Omega T}), \qquad |\Omega| < \pi/T, \qquad (4.58\text{a})$$

$$Y_c(j\Omega) = H_c(j\Omega) X_c(j\Omega), \qquad (4.58\text{b})$$

$$Y(e^{j\omega}) = \frac{1}{T} Y_c\left(j\frac{\omega}{T}\right), \qquad |\omega| < \pi. \quad (4.58\text{c})$$

Portanto, substituindo as equações 4.58(a) e (b) na Equação 4.58(c), segue-se que o sistema total se comporta como um sistema de tempo discreto cuja resposta em frequência é

$$H(e^{j\omega}) = H_c\left(j\frac{\omega}{T}\right), \qquad |\omega| < \pi, \quad (4.59)$$

ou, de modo equivalente, a resposta em frequência global do sistema na Figura 4.15 será igual a um dado $H(e^{j\omega})$ se a resposta em frequência do sistema de tempo contínuo for

$$H_c(j\Omega) = H(e^{j\Omega T}), \qquad |\Omega| < \pi/T. \quad (4.60)$$

Como $X_c(j\Omega) = 0$ para $|\Omega| \geq \pi/T$, $H_c(j\Omega)$ pode ser escolhido arbitrariamente acima de π/T. Uma escolha conveniente — porém arbitrária — é $H_c(j\Omega) = 0$ para $|\Omega| \geq \pi/T$.

Com essa representação de um sistema de tempo discreto, podemos focar o efeito equivalente do sistema de tempo contínuo sobre o sinal de tempo contínuo de banda limitada $x_c(t)$. Isso é ilustrado nos exemplos 4.7 e 4.8.

Exemplo 4.7 Atraso não inteiro

Consideremos um sistema de tempo discreto com resposta em frequência

$$H(e^{j\omega}) = e^{-j\omega\Delta}, \qquad |\omega| < \pi. \quad (4.61)$$

Quando Δ é um inteiro, esse sistema tem uma interpretação direta como um atraso de Δ, isto é,

$$y[n] = x[n - \Delta]. \quad (4.62)$$

Quando Δ não é um inteiro, a Equação 4.62 não tem significado formal, pois não podemos deslocar a sequência $x[n]$ por um valor não inteiro. Porém, com o sistema da Figura 4.15, uma interpretação útil no domínio do tempo pode ser aplicada ao sistema especificado pela Equação 4.61. Seja $H_c(j\Omega)$ na Figura 4.15 escolhido como

$$H_c(j\Omega) = H(e^{j\Omega T}) = e^{-j\Omega T\Delta}. \quad (4.63)$$

Então, pela Equação 4.59, o sistema de tempo discreto global na Figura 4.15 terá a resposta em frequência dada pela Equação 4.61, sendo Δ um inteiro ou não. Para interpretar o sistema da Equação 4.61, observamos que a Equação 4.63 representa um atraso no tempo de $T\Delta$ segundos. Portanto,

$$y_c(t) = x_c(t - T\Delta). \quad (4.64)$$

Além disso, $x_c(t)$ é a interpolação de banda limitada de $x[n]$, e $y[n]$ é obtido pela amostragem de $y_c(t)$. Por exemplo, se $\Delta = \frac{1}{2}$, $y[n]$ seria os valores da interpolação de banda limitada na metade da distância entre os valores da sequência de entrada. Isso é ilustrado na Figura 4.16. Também podemos obter uma representação de convolução direta para o sistema definido pela Equação 4.61. Das equações 4.64 e 4.56, obtemos

$$\begin{aligned} y[n] &= y_c(nT) = x_c(nT - T\Delta) \\ &= \sum_{k=-\infty}^{\infty} x[k] \left.\frac{\operatorname{sen}[\pi(t - T\Delta - kT)/T]}{\pi(t - T\Delta - kT)/T}\right|_{t=nT} \quad (4.65) \\ &= \sum_{k=-\infty}^{\infty} x[k] \frac{\operatorname{sen}\pi(n - k - \Delta)}{\pi(n - k - \Delta)}, \end{aligned}$$

que é, por definição, a convolução de $x[n]$ com

$$h[n] = \frac{\operatorname{sen}\pi(n - \Delta)}{\pi(n - \Delta)}, \qquad -\infty < n < \infty.$$

Quando Δ não é um inteiro, $h[n]$ tem extensão infinita. Porém, quando $\Delta = n_0$ é um inteiro, pode-se demonstrar facilmente que $h[n] = \delta[n - n_0]$, que é a resposta ao impulso do sistema ideal de atraso inteiro.

O atraso não inteiro representado pela Equação 4.65 tem significado prático considerável, pois tal fator usualmente surge na representação dos sistemas no domínio de frequência. Quando esse tipo de termo é encontrado na resposta em frequência de um sistema de tempo discreto causal, ele pode ser interpretado à luz desse exemplo. Essa interpretação é ilustrada no Exemplo 4.8.

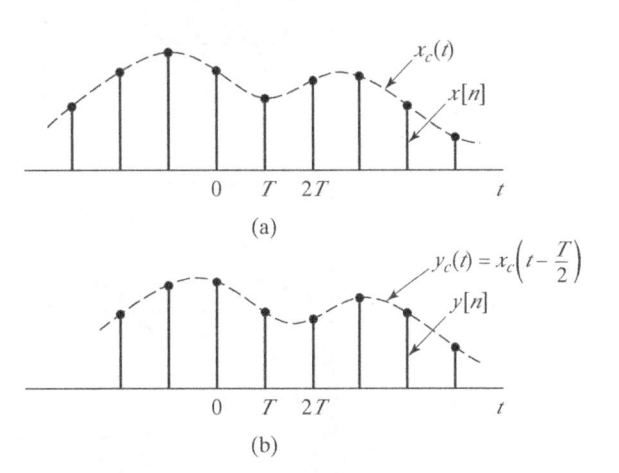

Figura 4.16 (a) O processamento em tempo contínuo da sequência de tempo discreto (b) pode produzir uma nova sequência com um atraso de "meia amostra".

Exemplo 4.8 Sistema média móvel com atraso não inteiro

No Exemplo 2.16, consideramos o sistema média móvel geral e obtivemos sua resposta em frequência. Para o caso do sistema de média móvel causal com $(M+1)$ pontos, $M_1 = 0$ e $M_2 = M$, a resposta em frequência é

$$H(e^{j\omega}) = \frac{1}{(M+1)} \frac{\text{sen}[\omega(M+1)/2]}{\text{sen}(\omega/2)} e^{-j\omega M/2}, |\omega| < \pi. \quad (4.66)$$

Essa representação da resposta em frequência sugere a interpretação do sistema de média móvel com $(M+1)$ pontos como a cascata de dois sistemas, como indica a Figura 4.17. O primeiro sistema impõe uma ponderação de amplitude no domínio da frequência. O segundo sistema representa o termo de fase linear na Equação 4.66. Se M é um inteiro par (ou seja, a média móvel de um número ímpar de amostras), então o termo de fase linear corresponde a um atraso inteiro, isto é,

$$y[n] = w[n - M/2]. \quad (4.67)$$

Porém, se M é ímpar, o termo de fase linear corresponde a um atraso não inteiro, especificamente, a um intervalo de uma amostra inteira mais meia. Esse atraso não inteiro pode ser interpretado em termos da discussão do Exemplo 4.7; isto é, $y[n]$ é equivalente à interpolação de banda limitada de $w[n]$, seguida por um atraso de tempo contínuo de $MT/2$ (sendo T o período de amostragem assumido, porém arbitrário, associado à interpolação D/C de $w[n]$), seguido pela conversão C/D novamente com período de amostragem T. Esse atraso fracionário é ilustrado na Figura 4.18. Na Figura 4.18(a) mostra-se uma sequência de tempo discreto $x[n] = \cos(0{,}25\pi n)$. Essa sequência é a entrada de um filtro média móvel de seis pontos ($M = 5$). Neste exemplo, a entrada inicia-se em um instante longínquo o suficiente no passado, de forma que a saída consista apenas na resposta em regime permanente para o intervalo de tempo mostrado. Na Figura 4.18(b) mostra-se a sequência de saída correspondente, que é dada por

$$y[n] = H(e^{j0{,}25\pi}) \frac{1}{2} e^{j0{,}25\pi n} + H(e^{-j0{,}25\pi}) \frac{1}{2} e^{-j0{,}25\pi n}$$

$$= \frac{1}{2} \frac{\text{sen}[3(0{,}25\pi)]}{6 \text{sen}(0{,}125\pi)} e^{-j(0{,}25\pi)5/2} e^{j0{,}25\pi n}$$

$$+ \frac{1}{2} \frac{\text{sen}[3(-0{,}25\pi)]}{6 \text{sen}(-0{,}125\pi)} e^{j(0{,}25\pi)5/2} e^{-j0{,}25\pi n}$$

$$= 0{,}308 \cos[0{,}25\pi(n - 2{,}5)].$$

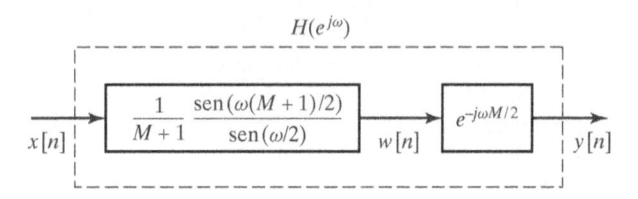

Figura 4.17 Sistema média móvel representado como uma cascata de dois sistemas.

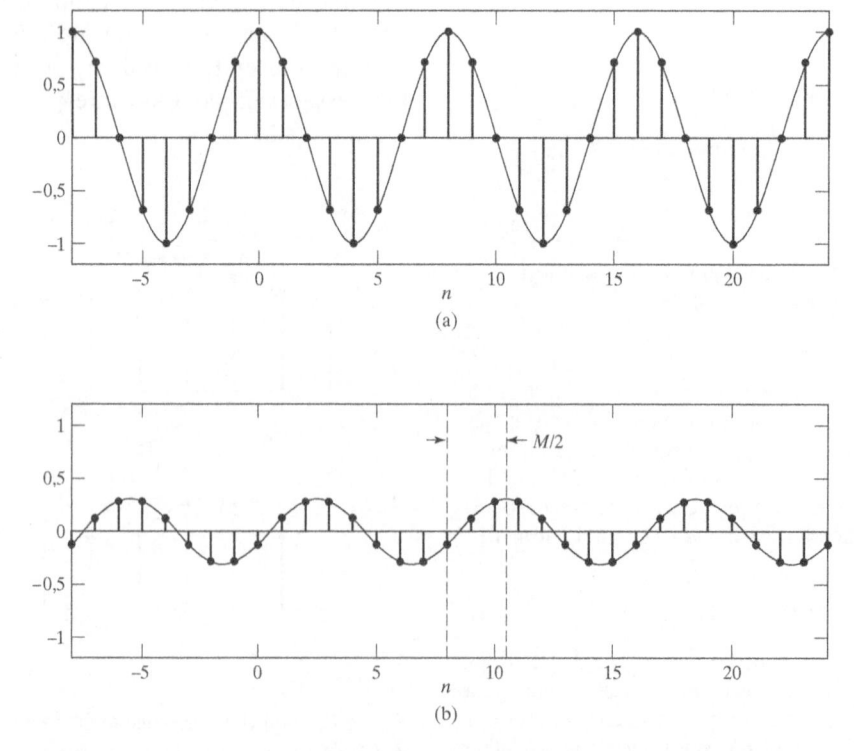

Figura 4.18 Exemplo da filtragem média móvel. (a) Sinal de entrada $x[n] = \cos(0{,}25\pi n)$. (b) Saída correspondente do filtro média móvel de seis pontos.

> Assim, o filtro média móvel de seis pontos reduz a amplitude do sinal do cosseno e introduz um deslocamento de fase que corresponde a 2,5 amostras de atraso. Isso é aparente na Figura 4.18, em que esboçamos os cossenos de tempo contínuo que são interpolados pelo conversor D/C ideal para as sequências de entrada e de saída. Note, na Figura 4.18(b), que a filtragem média móvel com seis pontos fornece um sinal cosseno amostrado, tal que os pontos da amostra são deslocados por 2,5 amostras em relação aos pontos de amostra da entrada. Isso pode ser observado na Figura 4.18, comparando o pico positivo em 8 no cosseno interpolado para a entrada com o pico positivo em 10,5 no cosseno interpolado para a saída. Assim, o filtro de média móvel com seis pontos é visto como tendo um atraso de 5/2 = 2,5 amostras.

4.6 Mudança da taxa de amostragem usando o processamento em tempo discreto

Vimos que um sinal de tempo contínuo $x_c(t)$ pode ser representado por um sinal de tempo discreto que consiste da sequência de amostras

$$x[n] = x_c(nT). \qquad (4.68)$$

Além disso, a discussão anterior mostrou que mesmo que $x[n]$ não tenha sido obtido originalmente por amostragem, sempre podemos usar a fórmula de interpolação de banda limitada da Equação 4.25 para reconstruir um sinal de tempo contínuo de banda limitada $x_r(t)$ cujas amostras são $x[n] = x_r(nT) = x_c(nT)$, isto é, as amostras de $x_c(t)$ e $x_r(t)$ são idênticas nos instantes de amostragem mesmo quando $x_r(t) \neq x_c(t)$.

Eventualmente é necessário mudar a taxa de amostragem de um sinal de tempo discreto, isto é, obter uma nova representação de tempo discreto do sinal de tempo contínuo subjacente na forma

$$x_1[n] = x_c(nT_1), \qquad (4.69)$$

sendo $T_1 \neq T$. Essa operação usualmente é chamada de *reamostragem* (ou *resampling*). Conceitualmente, $x_1[n]$ pode ser obtida de $x[n]$ por meio da reconstrução de $x_c(t)$ a partir de $x[n]$ usando a Equação 4.25, seguido da reamostragem de $x_c(t)$ com período T_1 para obter $x_1[n]$. Porém, em geral, essa não é uma abordagem prática, devido ao filtro de reconstrução analógico, ao conversor D/A e ao conversor A/D usados em uma implementação prática não serem ideais. Assim, é de interesse considerar métodos para a mudança da taxa de amostragem que envolvam apenas operações de tempo discreto.

4.6.1 Redução da taxa de amostragem por um fator inteiro

A taxa de amostragem de uma sequência pode ser reduzida amostrando-a, isto é, pela definição de uma nova sequência

$$x_d[n] = x[nM] = x_c(nMT). \qquad (4.70)$$

A Equação 4.70 define o sistema representado na Figura 4.19, que é chamado de *compressor de taxa de amostragem* (veja Crochiere e Rabiner, 1983, e Vaidyanathan, 1993) ou, simplesmente, de *compressor*. Da Equação 4.70, segue-se que $x_d[n]$ é idêntica à sequência que seria obtida de $x_c(t)$ pela amostragem com período $T_d = MT$. Além disso, se $X_c(j\Omega) = 0$ para $|\Omega| \geq \Omega_N$, então $x_d[n]$ é uma representação exata de $x_c(t)$ se $\pi/T_d = \pi/(MT) \geq \Omega_N$. Ou seja, a taxa de amostragem pode ser reduzida para π/M sem *aliasing* se a taxa de amostragem original for pelo menos M vezes a taxa de Nyquist ou se a largura de banda da sequência for primeiro reduzida por um fator de M pela filtragem de tempo discreto. Em geral, a operação de reduzir a taxa de amostragem (incluindo qualquer pré-filtragem) é chamada de *subamostragem* (ou *downsampling*).

Como no caso da amostragem de um sinal de tempo contínuo, é útil obter uma relação no domínio da frequência entre a entrada e a saída do compressor. Dessa vez, porém, será uma relação entre TFTDs. Embora vários métodos possam ser usados para obter o resultado desejado, basearemos a dedução nos resultados já obtidos para amostragem de sinais de tempo contínuo. Primeiro, lembre-se de que a TFTD de $x[n] = x_c(nT)$ é

$$X(e^{j\omega}) = \frac{1}{T}\sum_{k=-\infty}^{\infty} X_c\left[j\left(\frac{\omega}{T} - \frac{2\pi k}{T}\right)\right]. \qquad (4.71)$$

Similarmente, a TFTD de $x_d[n] = x[nM] = x_c(nT_d)$ com $T_d = MT$ é

$$X_d(e^{j\omega}) = \frac{1}{T_d}\sum_{r=-\infty}^{\infty} X_c\left[j\left(\frac{\omega}{T_d} - \frac{2\pi r}{T_d}\right)\right]. \qquad (4.72)$$

Agora, como $T_d = MT$, podemos escrever a Equação 4.72 como

$$X_d(e^{j\omega}) = \frac{1}{MT}\sum_{r=-\infty}^{\infty} X_c\left[j\left(\frac{\omega}{MT} - \frac{2\pi r}{MT}\right)\right]. \qquad (4.73)$$

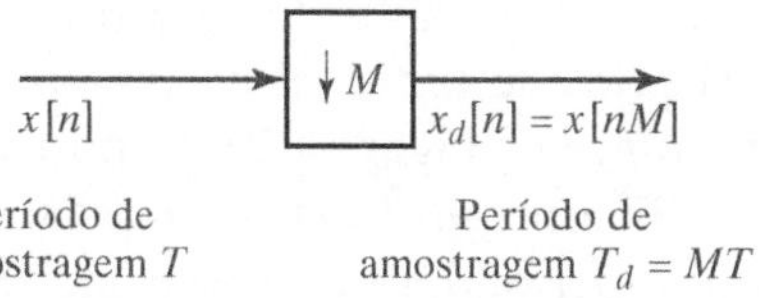

$x[n]$ → [↓M] → $x_d[n] = x[nM]$

Período de amostragem T — Período de amostragem $T_d = MT$

Figura 4.19 Representação de um compressor ou amostrador de tempo discreto.

Para evidenciar a relação entre as equações 4.73 e 4.71, note que o índice r no somatório da Equação 4.73 pode ser expresso como

$$r = i + kM, \qquad (4.74)$$

sendo k e i inteiros, tais que $-\infty < k < \infty$ e $0 \leq i \leq M - 1$. Evidentemente, r ainda é um inteiro na faixa de $-\infty$ a ∞, mas agora a Equação 4.73 pode ser expressa como

$$X_d(e^{j\omega}) = \frac{1}{M} \sum_{i=0}^{M-1} \left\{ \frac{1}{T} \sum_{k=-\infty}^{\infty} X_c\left[j\left(\frac{\omega}{MT} - \frac{2\pi k}{T} - \frac{2\pi i}{MT} \right) \right] \right\}. \qquad (4.75)$$

O termo entre chaves na Equação 4.75 comparado com a Equação 4.71 é reconhecido como

$$X(e^{j(\omega - 2\pi i)/M}) = \frac{1}{T} \sum_{k=-\infty}^{\infty} X_c\left[j\left(\frac{\omega - 2\pi i}{MT} - \frac{2\pi k}{T} \right) \right]. \qquad (4.76)$$

Assim, podemos expressar a Equação 4.75 como

$$X_d(e^{j\omega}) = \frac{1}{M} \sum_{i=0}^{M-1} X(e^{j(\omega/M - 2\pi i/M)}). \qquad (4.77)$$

Há uma analogia direta entre as equações 4.71 e 4.77: a Equação 4.71 expressa a transformada de Fourier da sequência de amostras, $x[n]$ (com período T), em termos da transformada de Fourier do sinal de tempo contínuo $x_c(t)$; a Equação 4.77 expressa a transformada de Fourier da sequência de tempo discreto amostrada $x_d[n]$ (com período de amostragem M) em termos da transformada de Fourier da sequência $x[n]$. Comparando as equações 4.72 e 4.77, notamos que $X_d(e^{j\omega})$ pode ser considerada como a soma de um conjunto infinito de réplicas de $X_c(j\Omega)$, ponderadas na amplitude e com uma mudança de escala na frequência em que $\omega = \Omega T_d$ e deslocadas por múltiplos inteiros de 2π (Equação 4.72), ou réplicas da transformada de Fourier periódica $X(e^{j\omega})$ com mudança de escala na amplitude com fator M, com mudança de escala na frequência com fator M e deslocadas por múltiplos inteiros de 2π (Equação 4.77). Ambas as interpretações evidenciam que $X_d(e^{j\omega})$ é periódica com período 2π (como todas as TFTDs) e que seja o *aliasing* pode ser evitado garantindo-se que $X(e^{j\omega})$ seja limitado em banda, isto é,

$$X(e^{j\omega}) = 0, \quad \omega_N \leq |\omega| \leq \pi, \qquad (4.78)$$

e $2\pi/M \geq 2\omega_N$.

A subamostragem está ilustrada na Figura 4.20 para $M = 2$. Na Figura 4.20(a) mostra-se a transformada de Fourier de um sinal de tempo contínuo de banda limitada, e na Figura 4.20(b) mostra-se a transformada de Fourier do trem de impulsos das amostras quando o período de amostragem é T. Na Figura 4.20(c) mostra-se $X(e^{j\omega})$, e está relacionada com a Figura 4.20(b) por meio da Equação 4.18. Como já notamos, as figuras 4.20(b) e (c) diferem apenas em um fator de escala da variável de frequência. A Figura 4.20(d) mostra a TFTD da sequência subamostrada quando $M = 2$. Esboçamos essa transformada de Fourier como uma função da frequência normalizada $\omega = \Omega T_d$. Finalmente, na Figura 4.20(e) esboça-se a TFTD da sequência subamostrada em função da variável de frequência de tempo contínuo Ω. A Figura 4.20(e) é idêntica à Figura 4.20(d), exceto pela mudança de escala do eixo de frequência com a relação $\Omega = \omega/T_d$.

Nesse exemplo, $2\pi/T = 4\Omega_N$; isto é, a taxa de amostragem original é exatamente o dobro da taxa mínima para evitar o *aliasing*. Assim, quando a sequência amostrada original é subamostrada por um fator de $M = 2$, nenhum *aliasing* é gerado. Se o fator de subamostragem for maior que 2 nesse caso, haverá *aliasing*, como mostrado na Figura 4.21.

Na Figura 4.21(a) mostra-se a transformada de Fourier de tempo contínuo de $x_c(t)$, e na Figura 4.21(b) mostra-se a TFTD da sequência $x[n] = x_c(nT)$, quando $2\pi/T = 4\Omega_N$. Assim, $\omega_N = \Omega_N T = \pi/2$. Agora, se o fator de subamostragem é $M = 3$, obtemos a sequência $x_d[n] = x[3n] = x_c(n3T)$, cuja TFTD é mostrada na Figura 4.21(c) com frequência normalizada $\omega = \Omega T_d$. Note que, como $M\omega_N = 3\pi/2$, que é maior do que π, ocorre *aliasing*. Em geral, para evitar o *aliasing* na subamostragem por um fator M, é necessário que

$$\omega_N M \leq \pi \quad \text{ou} \quad \omega_N \leq \pi/M. \qquad (4.79)$$

Se essa condição não for válida, haverá *aliasing*, mas isso pode ser tolerável em algumas aplicações. Em outros casos, a subamostragem pode ser feita sem *aliasing* se estivermos dispostos a reduzir a largura de banda do sinal $x[n]$ antes da subamostragem. Assim, se $x[n]$ for filtrado por um filtro passa-baixas ideal com frequência de corte π/M, então a saída $\tilde{x}[n]$ pode ser subamostrada sem *aliasing*, conforme mostram as figuras 4.21(d), (e) e (f). Note que a sequência $\tilde{x}_d[n] = \tilde{x}[nM]$ não representa mais o sinal de tempo contínuo original $x_c(t)$. Em vez disso, $\tilde{x}_d[n] = \tilde{x}_c(nT_d)$, sendo $T_d = MT$, e $\tilde{x}_c(t)$ é obtido a partir de $x_c(t)$ por filtragem passa-baixas com frequência de corte $\Omega_c = \pi/T_d = \pi/(MT)$.

Pela discussão anterior, representamos o sistema genérico para a subamostragem por um fator M como o mostrado na Figura 4.22. Esse sistema é chamado de *dizimador*, e a subamostragem pela filtragem passa-baixas seguida pela compressão é chamada de *dizimação* (Crochiere e Rabiner, 1983, e Vaidyanathan, 1993).

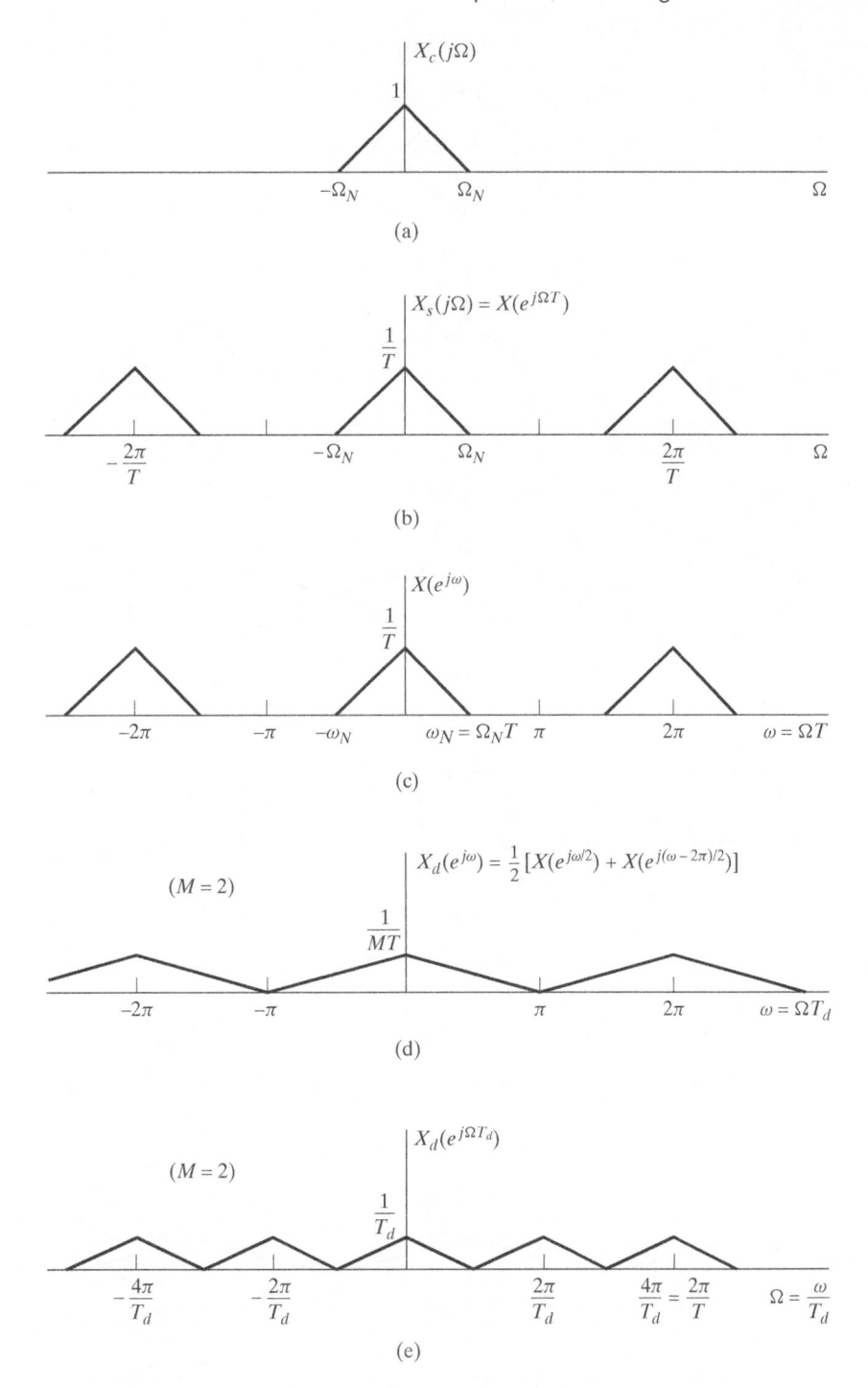

Figura 4.20 Exemplo da subamostragem (*downsampling*) no domínio da frequência.

4.6.2 Aumento da taxa de amostragem por um fator inteiro

Vimos que a redução da taxa de amostragem de um sinal de tempo discreto por um fator inteiro envolve a amostragem da sequência de uma maneira semelhante à amostragem de um sinal de tempo contínuo. Não é surpresa que o aumento da taxa de amostragem envolva operações análogas à conversão D/C. Para ver isso, considere um sinal $x[n]$ cuja taxa de amostragem queiramos aumentar por um fator L. Se considerarmos o sinal de tempo contínuo subjacente $x_c(t)$, o objetivo é obter amostras

$$x_i[n] = x_c(nT_i), \qquad (4.80)$$

sendo $T_i = T/L$, a partir da sequência de amostras

$$x[n] = x_c(nT). \qquad (4.81)$$

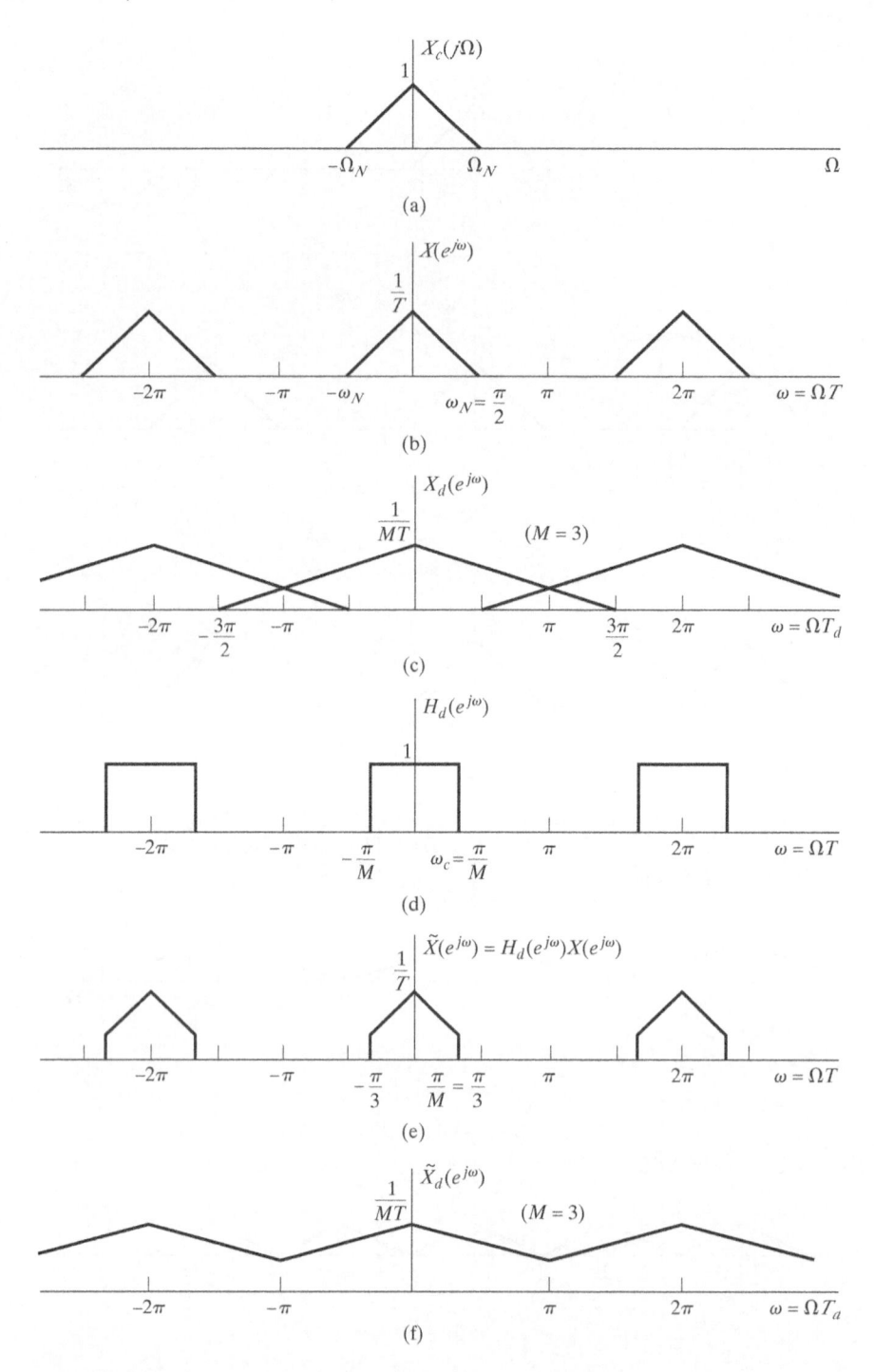

Figura 4.21 (a)-(c) Subamostragem com *aliasing*. (d)-(f) Subamostragem com pré-filtragem para evitar o *aliasing*.

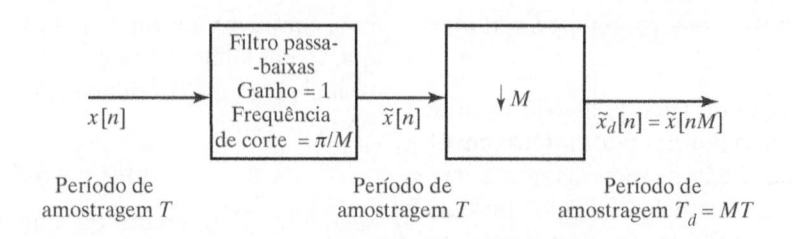

Figura 4.22 Sistema genérico para redução da taxa de amostragem por *M*.

Vamos nos referir à operação de aumentar a taxa de amostragem como *superamostragem* (ou *upsampling*).

Das equações 4.80 e 4.81, segue-se que

$$x_i[n] = x[n/L] = x_c(nT/L), \quad n = 0, \pm L, \pm 2L, \ldots . \quad (4.82)$$

Na Figura 4.23 mostra-se um sistema para obter $x_i[n]$ a partir de $x[n]$ usando apenas processamento em tempo discreto. O sistema da esquerda é chamado de *expansor da taxa de amostragem* (veja Crochiere e Rabiner, 1983, e Vaidyanathan, 1993), ou simplesmente *expansor*. Sua saída é

$$x_e[n] = \begin{cases} x[n/L], & n = 0, \pm L, \pm 2L, \ldots, \\ 0, & \text{caso contrário,} \end{cases} \quad (4.83)$$

ou, de forma equivalente,

$$x_e[n] = \sum_{k=-\infty}^{\infty} x[k]\delta[n - kL]. \quad (4.84)$$

O sistema da direita é um filtro passa-baixas de tempo discreto com frequência de corte π/L e ganho L. Esse sistema tem um papel semelhante ao conversor D/C ideal na Figura 4.9(b). Primeiro, criamos um trem de impulsos de tempo discreto $x_e[n]$ e depois usamos um filtro passa-baixas para reconstruir a sequência.

A operação do sistema na Figura 4.23 é mais facilmente compreendida no domínio da frequência. A transformada de Fourier de $x_e[n]$ pode ser expressa como

$$\begin{aligned} X_e(e^{j\omega}) &= \sum_{n=-\infty}^{\infty} \left(\sum_{k=-\infty}^{\infty} x[k]\delta[n - kL] \right) e^{-j\omega n} \\ &= \sum_{k=-\infty}^{\infty} x[k] e^{-j\omega L k} = X(e^{j\omega L}). \end{aligned} \quad (4.85)$$

Assim, a transformada de Fourier da saída do expansor é uma versão com mudança de escala em frequência da transformada de Fourier da entrada; isto é, ω é substituído por ωL, de modo que ω agora é normalizado por

$$\omega = \Omega T_i. \quad (4.86)$$

Esse efeito é ilustrado na Figura 4.24. Na Figura 4.24(a) mostra-se uma transformada de Fourier de tempo contínuo de banda limitada, e na Figura 4.24(b) mostra-se a TFTD da sequência $x[n] = x_c(nT)$, sendo $\pi/T = \Omega_N$. Na Figura 4.24(c) mostra-se $X_e(e^{j\omega})$ de acordo com a Equação 4.85, com $L = 2$, e na Figura 4.24(e) mostra-se a transformada de Fourier do sinal desejado $x_i[n]$. Notamos que $X_i(e^{j\omega})$ pode ser obtido a partir de $X_e(e^{j\omega})$, corrigindo a escala de amplitude de $1/T$ para $1/T_i$ e removendo todas as imagens com mudança de escala em frequência de $X_c(j\Omega)$, exceto em múltiplos inteiros de 2π. Para o caso representado na Figura 4.24, isso requer um filtro passa-baixas com um ganho 2 e frequência de corte $\pi/2$, como mostrado na Figura 4.24(d). Em geral, o ganho exigido é L, pois $L(1/T) = [1/(T/L)] = 1/T_i$, e a frequência de corte é π/L.

Esse exemplo mostra que o sistema da Figura 4.23 de fato gera uma saída que satisfaça a Equação 4.80 caso a sequência de entrada $x[n] = x_c(nT)$ seja obtida pela amostragem sem *aliasing*. Portanto, esse sistema é chamado de *interpolador*, pois recupera as amostras que faltam, e a operação de superamostragem é, consequentemente, considerada um sinônimo de *interpolação*.

Como no caso do conversor D/C, é possível obter uma fórmula de interpolação para $x_i[n]$ em termos de $x[n]$. Primeiro, observe que a resposta ao impulso do filtro passa-baixas na Figura 4.23 é

$$h_i[n] = \frac{\text{sen}(\pi n/L)}{\pi n/L}. \quad (4.87)$$

Usando a Equação 4.84, obtemos

$$x_i[n] = \sum_{k=-\infty}^{\infty} x[k] \frac{\text{sen}[\pi(n - kL)/L]}{\pi(n - kL)/L}. \quad (4.88)$$

A resposta ao impulso $h_i[n]$ tem as propriedades

$$h_i[0] = 1,$$
$$h_i[n] = 0, \quad n = \pm L, \pm 2L, \ldots . \quad (4.89)$$

Assim, para o filtro de interpolação passa-baixas ideal, temos

$$x_i[n] = x[n/L] = x_c(nT/L) = x_c(nT_i),$$
$$n = 0, \pm L, \pm 2L, \ldots, \quad (4.90)$$

conforme desejado. O fato de que $x_i[n] = x_c(nT_i)$ para todo n vem de nosso argumento do domínio da frequência.

4.6.3 Filtros de interpolação simples e práticos

Embora os filtros passa-baixas ideais para interpolação não possam ser implementados com exatidão, aproximações muito boas podem ser realizadas usando técnicas abordadas no Capítulo 7. Porém, em alguns casos, procedimentos de interpolação muito simples são adequados ou nos são impostos por limi-

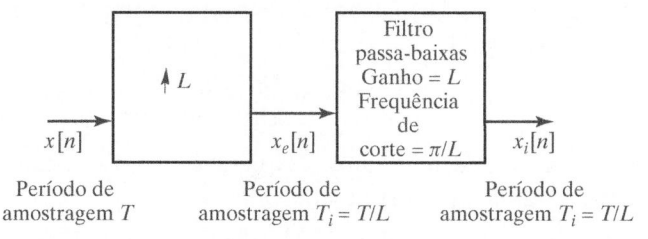

Figura 4.23 Sistema genérico para aumento da taxa de amostragem por L.

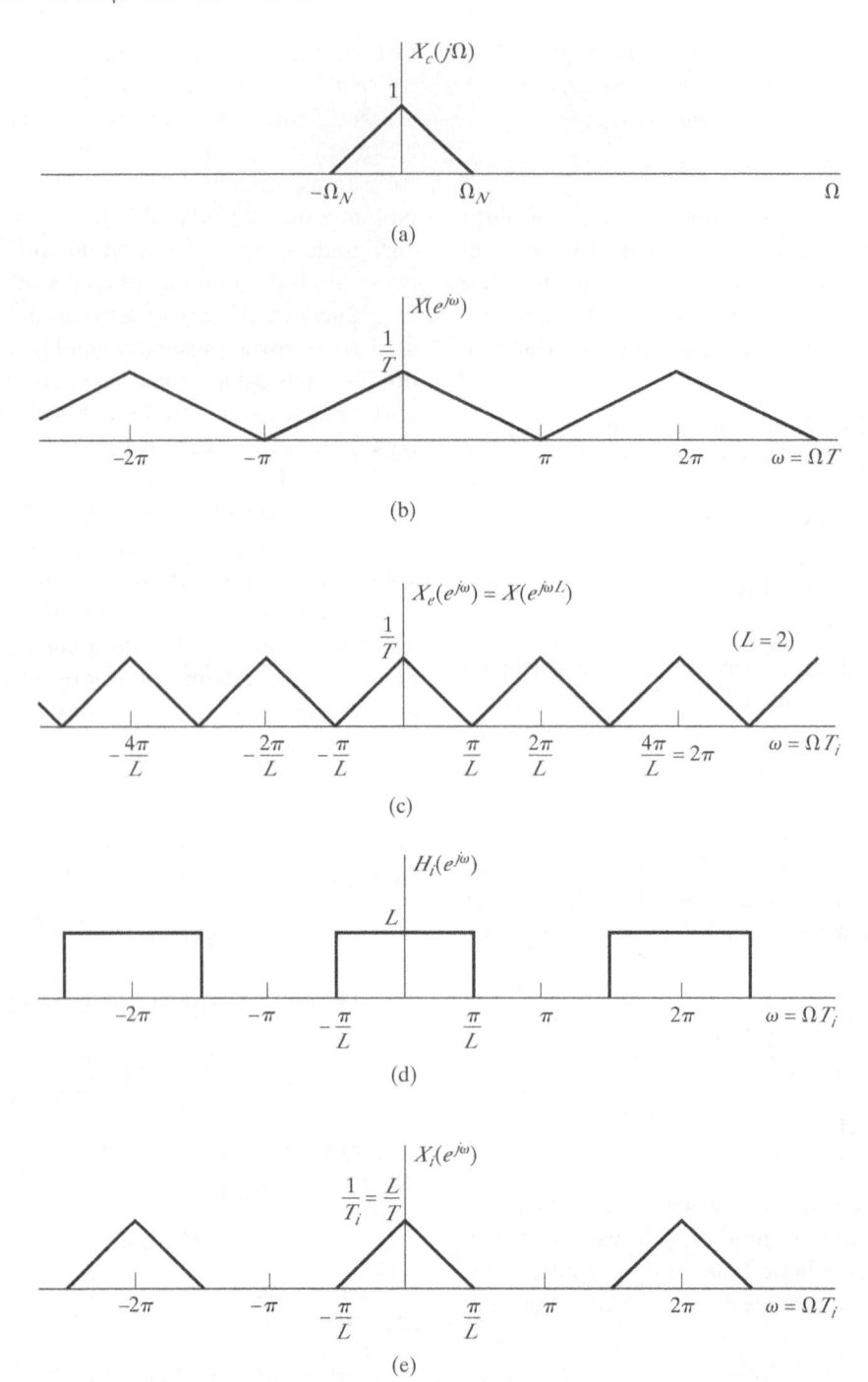

Figura 4.24 Exemplo da interpolação no domínio da frequência.

tações computacionais. Como a interpolação linear é frequentemente empregada (embora muitas vezes não seja muito precisa), vale a pena examinar esse processo no contexto que acabamos de abordar.

A interpolação linear consiste em interpolar amostras entre duas amostras originais, sendo que os valores das amostras interpoladas estão em uma reta que passa pelas duas amostras originais. A interpolação linear pode ser realizada com o sistema da Figura 4.23, com o filtro tendo a resposta ao impulso de forma triangular

$$h_{\text{lin}}[n] = \begin{cases} 1 - |n|/L, & |n| \leq L, \\ 0, & \text{caso contrário}, \end{cases} \quad (4.91)$$

como mostrado na Figura 4.25 para $L = 5$. Com esse filtro, a saída interpolada será

$$x_{\text{lin}}[n] = \sum_{k=n-L+1}^{n+L-1} x_e[k] h_{\text{lin}}[n-k]. \quad (4.92)$$

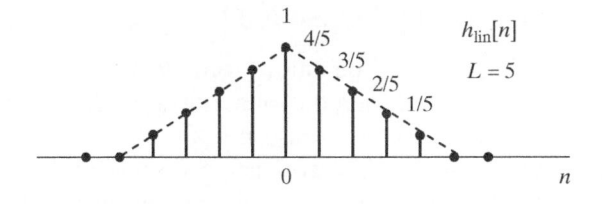

Figura 4.25 Resposta ao impulso para a interpolação linear.

Na Figura 4.26(a) esboçam-se $x_e[k]$ (com a envoltória de $h_{\text{lin}}[n-k]$ representada com uma linha tracejada para um valor particular $n = 18$) e a saída correspondente $x_{\text{lin}}[n]$ para $L = 5$. Nesse caso, $x_{\text{lin}}[n]$ para $n = 18$ depende apenas das amostras originais $x[3]$ e $x[4]$. Por essa figura, notamos que $x_{\text{lin}}[n]$ é idêntico à sequência obtida conectando-se as duas amostras originais de ambos os lados de n por uma linha reta e então reamostrando nos $L - 1$ pontos intermediários desejados. Além disso, note que os valores das amostras originais são preservados, pois $h_{\text{lin}}[0] = 1$ e $h_{\text{lin}}[n] = 0$ para $|n| \geq L$.

A natureza da distorção nas amostras intermediárias pode ser mais bem compreendida pela comparação da resposta em frequência do interpolador linear com a do interpolador passa-baixas ideal para um fator de interpolação L. Pode-se mostrar (veja o Problema 4.56) que

$$H_{\text{lin}}(e^{j\omega}) = \frac{1}{L}\left[\frac{\text{sen}(\omega L/2)}{\text{sen}(\omega/2)}\right]^2. \qquad (4.93)$$

Essa função é esboçada na Figura 4.26(b) para $L = 5$ juntamente com o filtro de interpolação passa-baixas ideal. Pela figura, notamos que, se o sinal original for amostrado exatamente na taxa de Nyquist, isto é, sem sobreamostragem, a interpolação linear não será muito precisa, pois a saída do filtro terá energia considerável na faixa $\pi/L < |\omega| \leq \pi$ por causa das imagens com mudança de escala de frequência de $X_c(j\Omega)$ em múltiplos de $2\pi/L$ que não são removidas pelo filtro de interpolação linear. Porém, se a taxa de amostragem original for muito maior do que a taxa de Nyquist, então o interpolador linear será mais bem-sucedido na remoção dessas imagens, pois $H_{\text{lin}}(e^{j\omega})$ é pequeno em uma região estreita em torno dessas frequências normalizadas, e em taxas de amostragem mais altas o aumento do fator de mudança de escala de frequência faz com que as cópias deslocadas de $X_c(j\Omega)$ sejam localizadas em múltiplos de $2\pi/L$. Isso também é intuitivamente razoável a partir de uma perspectiva no domínio do tempo, pois, se a taxa de amostragem original exceder muito a taxa de Nyquist, o sinal não variará significativamente entre as amostras, e, assim, a interpolação linear deverá ser mais precisa para sinais sobreamostrados.

Graças à sua resposta ao impulso bilateral de comprimento infinito, o interpolador de banda limitada ideal envolve *todas* as amostras originais no cálculo de cada amostra interpolada. Diferentemente, a interpolação linear envolve apenas *duas* das amostras originais

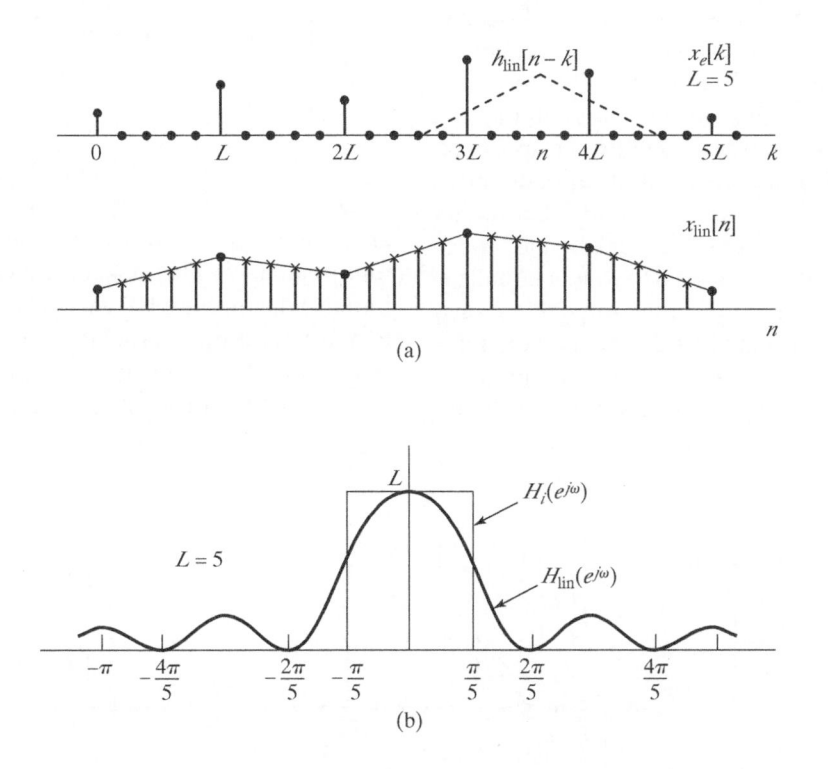

Figura 4.26 (a) Exemplo de interpolação linear por filtragem. (b) Resposta em frequência do interpolador linear comparada com a do filtro de interpolação passa-baixas ideal.

no cálculo de cada amostra interpolada. Para aproximar melhor a interpolação de banda limitada ideal, é necessário usar filtros com respostas ao impulso mais longas. Para essa finalidade, os filtros FIR têm muitas vantagens. A resposta ao impulso $\tilde{h}_i[n]$ de um filtro FIR para interpolação por um fator L usualmente é projetada para ter as seguintes propriedades:

$$\tilde{h}_i[n] = 0 \qquad |n| \geq KL \qquad (4.94\text{a})$$

$$\tilde{h}_i[n] = \tilde{h}_i[-n] \qquad |n| \leq KL \qquad (4.94\text{b})$$

$$\tilde{h}_i[0] = 1 \qquad n = 0 \qquad (4.94\text{c})$$

$$\tilde{h}_i[n] = 0 \qquad n = \pm L, \pm 2L, \ldots, \pm KL. \quad (4.94\text{d})$$

A saída interpolada será, portanto,

$$\tilde{x}_i[n] = \sum_{k=n-KL+1}^{n+KL-1} x_e[k]\tilde{h}_i[n-k]. \qquad (4.95)$$

Note que a resposta ao impulso para interpolação linear satisfaz as equações 4.94(a)–(d) com $K = 1$.

É importante entender a motivação para as restrições nas equações 4.94(a)–(d). A Equação 4.94(a) estabelece que o comprimento do filtro FIR é $2K L - 1$ amostras. Além disso, essa restrição garante que somente $2K$ amostras originais são envolvidas no cálculo de cada amostra de $\tilde{x}_i[n]$. Isso ocorre porque, embora $\tilde{h}_i[n]$ tenha $2 K L - 1$ amostras não nulas, a entrada $x_e[k]$ tem apenas $2K$ amostras não nulas dentro do suporte de $\tilde{h}_i[n - k]$ para qualquer n entre duas das amostras originais. A Equação 4.94(b) garante que o filtro não introduzirá qualquer deslocamento de fase nas amostras interpoladas, pois a resposta em frequência correspondente é uma função real de ω. O sistema poderia se tornar causal com a introdução de um atraso de pelo menos $K L - 1$ amostras. De fato, a resposta ao impulso $\tilde{h}_i[n - KL]$ gera uma saída interpolada atrasada de $K L$ amostras, que corresponde a um atraso de K amostras na taxa de amostragem original. Podemos querer inserir outros atrasos de modo a equalizar o atraso das partes de um sistema maior, que envolva subsistemas que operam em taxas de amostragem diferentes. Finalmente, as equações 4.94(c) e (d) garantem que as amostras originais do sinal serão preservadas na saída, isto é,

$$\tilde{x}_i[n] = x[n/L] \quad \text{em} \quad n = 0, \pm L, \pm 2L, \ldots. \quad (4.96)$$

Assim, se a taxa de amostragem de $\tilde{x}_i[n]$ for subsequentemente reduzida de volta à taxa original (sem atraso intermediário ou atraso por um múltiplo de L amostras), então $\tilde{x}_i[nL] = x[n]$; isto é, o sinal original é recuperado exatamente. Se essa consistência não for necessária, as condições das equações 4.94(c) e (d) podem ser relaxadas no projeto de $\tilde{h}_i[n]$.

Na Figura 4.27 mostram-se $x_e[k]$ e $\tilde{h}_i[n - k]$ com $K = 2$. Na figura mostra-se que cada valor interpolado depende de $2K = 4$ amostras do sinal de entrada original. Note também que o cálculo de cada amostra interpolada requer apenas $2K$ multiplicações e $2K - 1$ adições, pois sempre existem $L - 1$ amostras nulas em $x_e[k]$ entre cada uma das amostras originais.

A interpolação é um dos problemas mais estudados em análise numérica. Grande parte do avanço nesse campo é baseada em fórmulas de interpolação que interpolam com exatidão polinômios de um determinado grau. Por exemplo, o interpolador linear fornece resultados exatos para um sinal constante e para sinais cujas amostras variam ao longo de uma linha reta. Assim como no caso da interpolação linear, as fórmulas de interpolação de Lagrange de ordem mais alta (Schafer e Rabiner, 1973) e as fórmulas de interpolação *spline* cúbica (Keys, 1981, e Unser, 2000) podem ser usadas no nosso contexto de filtragem linear para obter filtros mais longos para interpolação. Por exemplo, a equação

$$\tilde{h}_i[n] = \begin{cases} (a+2)|n/L|^3 - (a+3)|n/L|^2 + 1 & 0 \leq n \leq L \\ a|n/L|^3 - 5|n/L|^2 + 8a|n/L| - 4a & L \leq n \leq 2L \\ 0 & \text{caso contrário} \end{cases} \quad (4.97)$$

define uma família conveniente de respostas ao impulso de filtro de interpolação que envolvem quatro amostras originais ($K = 2$) no cálculo de cada amostra interpolada. Na Figura 4.28(a) mostra-se a resposta ao impulso de um filtro cúbico com $a = -0{,}5$ e $L = 5$ e também o filtro para interpolação linear ($K = 1$) (triângulo tracejado). As respostas em frequência correspondentes estão na Figura 4.28(b) em uma escala de amplitude logarítmica (dB). Note que o filtro cúbico tem regiões

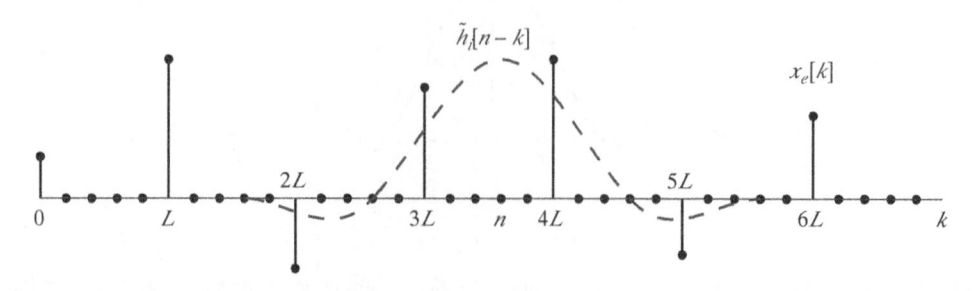

Figura 4.27 Exemplo da interpolação com $2K = 4$ amostras com $L = 5$.

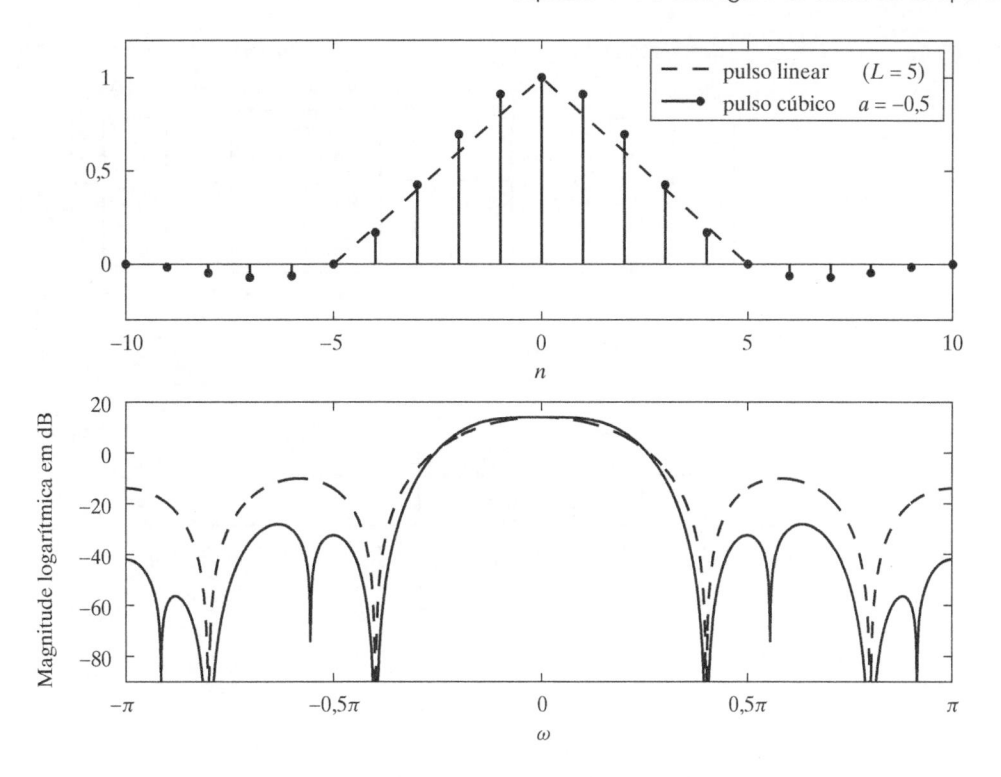

Figura 4.28 Respostas ao impulso e respostas em frequência para interpolação linear e cúbica.

muito mais largas em torno das frequências $2\pi/L$ e $4\pi/L$ (0,4π e 0,8π, nesse caso), mas possui lóbulos laterais menores do que o interpolador linear, que é mostrado em linha tracejada.

4.6.4 Mudança da taxa de amostragem por um fator não inteiro

Mostramos como aumentar ou diminuir a taxa de amostragem de uma sequência por um fator inteiro. Combinando a dizimação e a interpolação, é possível mudar a taxa de amostragem por um fator não inteiro. Especificamente, considere a Figura 4.29(a), em que mostra-se um interpolador que diminui o período de amostragem de T para T/L, seguido por um dizimador que aumenta o período de amostragem de M, produzindo uma sequência de saída $\tilde{x}_d[n]$ com o período de amostragem efetivo de $(T\,M/L)$. Ao escolher L e M de modo apropriado, podemos obter aproximações arbitrariamente próximas de qualquer relação desejada dos períodos de amostragem. Por exemplo, se $L = 100$ e $M = 101$, então o período de amostragem equivalente é $1,01T$.

Se $M > L$, existe um aumento líquido no período de amostragem (uma diminuição na taxa de amostragem), e se $M < L$, ocorre o oposto. Como os filtros de interpolação e dizimação na Figura 4.29(a) estão em cascata, eles podem ser agrupados como mostra a Figura 4.29(b) em um filtro passa-baixas com ganho L e frequência de corte igual ao mínimo entre π/L e π/M. Se $M > L$, então π/M é a frequência de corte dominante, e existe uma redução líquida na taxa de amostragem. Como mostramos na Seção 4.6.1, se $x[n]$ foi obtido por amostragem na taxa de Nyquist, a sequência $\tilde{x}_d[n]$ corresponderá a uma versão filtrada passa-baixas do sinal de banda limitada original se desejarmos evitar *aliasing*. Por outro lado, se $M < L$, então π/L é a frequência de corte dominante, e não será preciso limitar ainda mais a largura de banda do sinal abaixo da frequência de Nyquist original.

Exemplo 4.9 Conversão de taxa de amostragem por um fator racional não inteiro

Na Figura 4.30 ilustra-se a conversão da taxa de amostragem por um fator racional. Suponha que um sinal de banda limitada com $X_c(j\Omega)$, como mostrado na Figura 4.30(a), seja amostrado na taxa de Nyquist; isto é, $2\pi/T = 2\Omega_N$. A TFTD resultante

$$X(e^{j\omega}) = \frac{1}{T}\sum_{k=-\infty}^{\infty} X_c\left(j\left(\frac{\omega}{T} - \frac{2\pi k}{T}\right)\right)$$

é esboçada na Figura 4.30(b). Uma abordagem eficaz de mudar o período de amostragem para $(3/2)T$ envolve primeiro interpolar por um fator $L = 2$ e depois dizimar por um

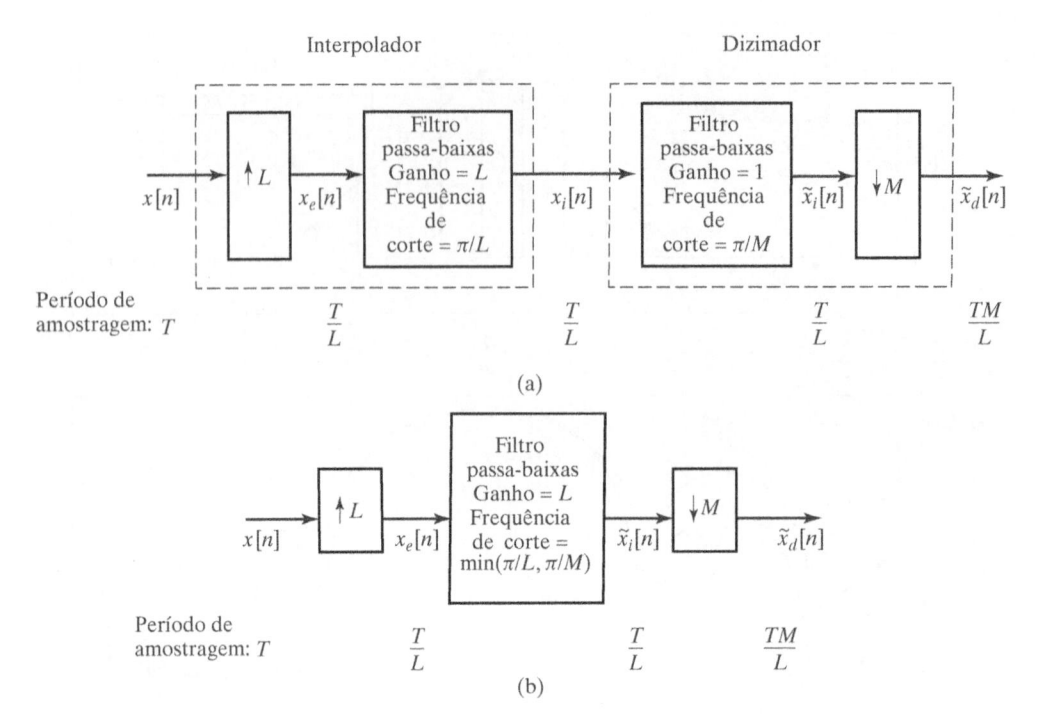

Figura 4.29 (a) Sistema para mudar a taxa de amostragem por um fator não inteiro. (b) Sistema simplificado em que os filtros de dizimação e interpolação são agrupados.

fator de $M = 3$. Como isso implica uma diminuição líquida na taxa de amostragem, e o sinal original foi amostrado na taxa de Nyquist, temos de incorporar limitação de banda adicional para evitar *aliasing*.

Na Figura 4.30(c) mostra-se a TFTD da saída do superamostrador (*upsampler*) com $L = 2$. Se estivéssemos interessados apenas na interpolação por um fator 2, poderíamos escolher o filtro passa-baixas com uma frequência de corte de $\omega_c = \pi/2$ e um ganho de $L = 2$. Porém, como a saída do filtro será dizimada por $M = 3$, devemos usar uma frequência de corte de $\omega_c = \pi/3$, mas o ganho do filtro ainda deverá ser 2, como na Figura 4.30(d). A transformada de Fourier $\tilde{X}_i(e^{j\omega})$ da saída do filtro passa-baixas é mostrada na Figura 4.30(e). As regiões sombreadas indicam a parte do espectro de sinal que é removida devido à frequência de corte inferior do filtro de interpolação. Finalmente, a Figura 4.30(f) mostra a TFTD da saída do subamostrador com $M = 3$. Note que as regiões sombreadas mostram a ocorrência de *aliasing* se a frequência de corte do filtro passa-baixas de interpolação for $\pi/2$ em vez de $\pi/3$.

4.7 Processamento multitaxa de sinais

Como vimos, é possível mudar a taxa de amostragem de um sinal de tempo discreto por uma combinação de interpolação e dizimação. Por exemplo, se quisermos um novo período de amostragem de $1,01T$, podemos primeiro interpolar por $L = 100$ usando um filtro passa-baixas que corta em $\omega_c = \pi/101$ e depois dizimar por $M = 101$. Essas grandes mudanças intermediárias na taxa de amostragem exigem grande quantidade de cálculo para cada amostra de saída se implementamos a filtragem de uma maneira direta na alta taxa de amostragem intermediária que é necessária. Felizmente, é possível reduzir significativamente a quantidade de cálculo exigida se tirarmos proveito de algumas técnicas básicas amplamente conhecidas como *processamento multitaxa de sinais*. Essas técnicas multitaxa, em geral, referem-se à utilização da superamostragem, da subamostragem, compressores e expansores de diversas maneiras para aumentar a eficiência dos sistemas de processamento de sinais. Além de seu uso na conversão da taxa de amostragem, eles são muitíssimo úteis nos sistemas A/D e D/A que exploram a sobreamostragem e a formatação do ruído. Outra classe importante de algoritmos de processamento de sinais que conta com técnicas multitaxa são os bancos de filtros para a análise e/ou processamento de sinais.

Por causa de sua ampla aplicabilidade, existe uma grande quantidade de resultados referentes a técnicas de processamento multitaxa de sinais. Nesta seção, concentraremo-nos em dois resultados básicos e mostraremos como uma combinação desses resultados pode melhorar significativamente a eficiência da conversão da taxa de amostragem. O primeiro resultado refere-se à comutação da filtragem e operações de subamostragem e superamostragem. O segundo é a decomposição polifásica. Também daremos dois exemplos de como as técnicas multitaxa são utilizadas.

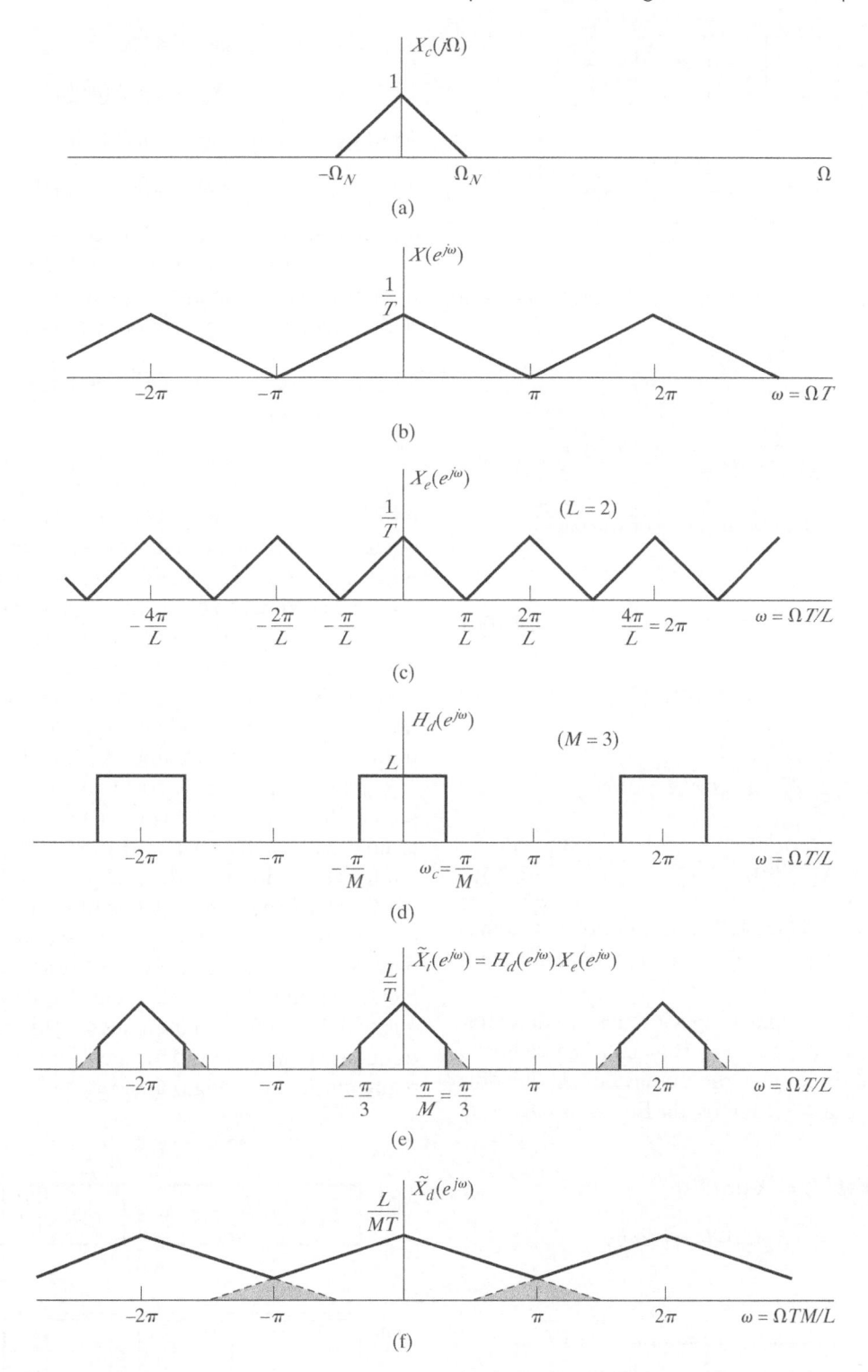

Figura 4.30 Exemplo da mudança da taxa de amostragem por um fator não inteiro.

4.7.1 Comutação da filtragem com compressor/expansor

Primeiro, deduziremos duas identidades que auxiliam na manipulação e na compreensão da operação de sistemas multitaxa. É simples mostrar que os dois sistemas da Figura 4.31 são equivalentes. Para mostrar a equivalência, note que, na Figura 4.31(b),

$$X_b(e^{j\omega}) = H(e^{j\omega M})X(e^{j\omega}), \qquad (4.98)$$

e pela Equação 4.77,

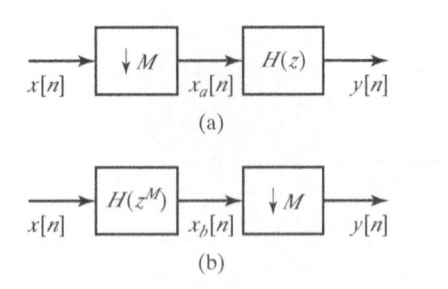

[Figura 4.31 diagram (a): x[n] → ↓M → x_a[n] → H(z) → y[n]; (b): x[n] → H(z^M) → x_b[n] → ↓M → y[n]]

Figura 4.31 Dois sistemas equivalentes baseados em identidades da subamostragem.

$$Y(e^{j\omega}) = \frac{1}{M}\sum_{i=0}^{M-1} X_b(e^{j(\omega/M - 2\pi i/M)}). \quad (4.99)$$

Substituindo a Equação 4.98 na Equação 4.99, obtemos

$$Y(e^{j\omega}) = \frac{1}{M}\sum_{i=0}^{M-1} X(e^{j(\omega/M - 2\pi i/M)}) H(e^{j(\omega - 2\pi i)}). \quad (4.100)$$

Como $H(e^{j(\omega - 2\pi i)}) = H(e^{j\omega})$, a Equação 4.100 se reduz a

$$Y(e^{j\omega}) = H(e^{j\omega})\frac{1}{M}\sum_{i=0}^{M-1} X(e^{j(\omega/M - 2\pi i/M)})$$

$$= H(e^{j\omega})X_a(e^{j\omega}), \quad (4.101)$$

que corresponde à Figura 4.31(a). Portanto, os sistemas nas figuras 4.31(a) e 4.31(b) são completamente equivalentes.

Uma identidade similar aplica-se à sobreamostragem. Especificamente, usando a Equação 4.85 da Seção 4.6.2, também é direto mostrar a equivalência dos dois sistemas na Figura 4.32. Temos, da Equação 4.85 e da Figura 4.32(a),

$$Y(e^{j\omega}) = X_a(e^{j\omega L})$$

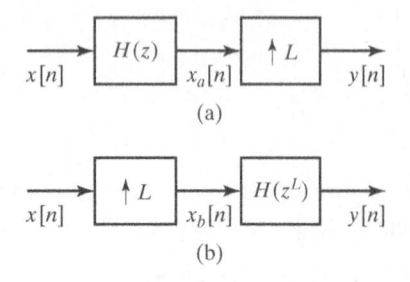

$$= X(e^{j\omega L})H(e^{j\omega L}). \quad (4.102)$$

[Figura 4.32 diagram (a): x[n] → H(z) → x_a[n] → ↑L → y[n]; (b): x[n] → ↑L → x_b[n] → H(z^L) → y[n]]

Figura 4.32 Dois sistemas equivalentes baseados em identidades de sobreamostragem.

Como, da Equação 4.85,

$$X_b(e^{j\omega}) = X(e^{j\omega L}),$$

segue-se que a Equação 4.102 é, de modo equivalente,

$$Y(e^{j\omega}) = H(e^{j\omega L})X_b(e^{j\omega}),$$

que corresponde à Figura 4.32(b).

Em resumo, mostramos que as operações de filtragem linear e subamostragem ou sobreamostragem podem ser comutadas se modificarmos o filtro linear.

4.7.2 Dizimação e interpolação em estágios múltiplos

Quando as razões de dizimação ou interpolação são grandes, é necessário usar filtros com respostas ao impulso muito longas para conseguir aproximações adequadas aos filtros passa-baixas exigidos. Nesses casos, pode haver redução significativa no cálculo por meio do uso da dizimação ou interpolação em estágios múltiplos. A Figura 4.33(a) mostra um sistema de dizimação em dois estágios, em que a razão de dizimação total é $M = M_1 M_2$. Nesse caso, dois filtros passa-baixas são necessários; $H_1(z)$ corresponde a um filtro passa-baixas com frequência de corte nominal π/M_1 e, de modo similar, $H_2(z)$ tem frequência de corte nominal π/M_2. Note que, para a dizimação em estágio único, a frequência de corte nominal exigida seria $\pi/M = \pi/(M_1 M_2)$, a qual seria muito menor do que a de qualquer um dos dois filtros. No Capítulo 7, veremos que os filtros de banda estreita geralmente exigem funções de sistema de alta ordem para obter as aproximações de corte abrupto que caracterizam um filtro seletivo em frequência. Em consequência desse efeito, a implementação em dois estágios frequentemente é muito mais eficiente do que uma implementação em estágio único.

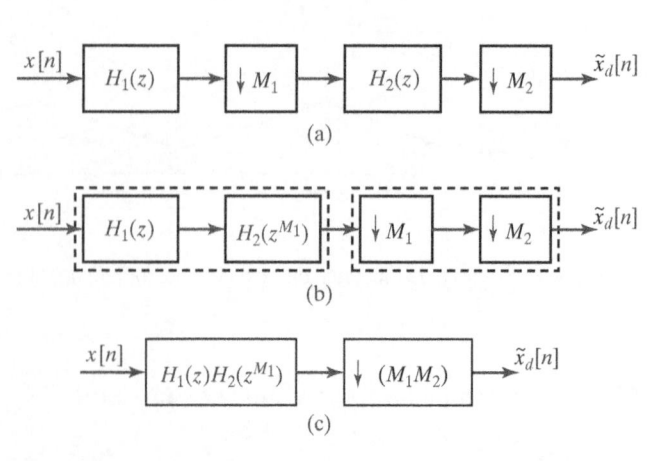

[Figura 4.33 diagrams: (a) x[n] → H_1(z) → ↓M_1 → H_2(z) → ↓M_2 → x̃_d[n]; (b) x[n] → H_1(z) → H_2(z^{M_1}) → ↓M_1 → ↓M_2 → x̃_d[n]; (c) x[n] → H_1(z)H_2(z^{M_1}) → ↓(M_1 M_2) → x̃_d[n]]

Figura 4.33 Dizimação em estágios múltiplos: (a) Sistema de dizimação em dois estágios. (b) Modificação de (a) com a identidade da subamostragem da Figura 4.31. (c) Dizimação equivalente em um estágio.

O sistema de estágio único equivalente ao da Figura 4.33(a) pode ser deduzido com a identidade da subamostragem da Figura 4.31. Na Figura 4.33(b) mostra-se o resultado da substituição do sistema $H_2(z)$ e seu subamostrador antecessor (por M_1) pelo sistema $H_2(z^{M_1})$, seguido pelo subamostrador por M_1. Na Figura 4.33(c) mostra-se o resultado da combinação dos sistemas lineares em cascata com os subamostradores em cascata correspondentes a um sistema de estágio único. A partir disso, notamos que a função de sistema do filtro passa-baixas de estágio único equivalente é o produto

$$H(z) = H_1(z)H_2(z^{M_1}). \quad (4.103)$$

Essa equação, que pode ser generalizada para qualquer número de estágios se M tiver muitos fatores, é uma representação útil da resposta em frequência efetiva global do dizimador de dois estágios. Como ela mostra explicitamente os efeitos dos dois filtros, pode ser usada como um auxílio no projeto de dizimadores efetivos em múltiplos estágios, que minimizam os cálculos. (Veja Crochiere e Rabiner, 1983, Vaidyanathan, 1993, e Bellanger, 2000.) A fatoração na Equação 4.103 também tem sido usada diretamente para projetar filtros passa-baixas (Neuvo et al., 1984). Nesse contexto, o filtro com função de sistema representado pela Equação 4.103 é chamado de *filtro FIR interpolado*. Isso porque a resposta ao impulso correspondente pode ser vista como a convolução de $h_1[n]$, com a segunda resposta ao impulso expandida por M_1; isto é,

$$h[n] = h_1[n] * \sum_{k=-\infty}^{\infty} h_2[k]\delta[n - kM_1]. \quad (4.104)$$

Os mesmos princípios em múltiplos estágios podem ser aplicados à interpolação. Nesse caso, a identidade da sobreamostragem da Figura 4.32 é usada para relacionar o interpolador de dois estágios a um sistema equivalente em um estágio. Isso é representado na Figura 4.34.

4.7.3 Decomposições polifásicas

A decomposição polifásica de uma sequência é obtida pela sua representação como uma sobreposição de M subsequências, em que cada sequência consiste de todo M-ésimo valor de versões sucessivamente atrasadas da sequência. Quando essa decomposição é aplicada a uma resposta ao impulso de filtro, pode levar a estruturas de implementação eficientes para filtros lineares em vários contextos. Especificamente, considere uma resposta ao impulso $h[n]$ decomposta em M subsequências $h_k[n]$ com $k = 0, 1, \ldots, M - 1$ da seguinte forma:

$$h_k[n] = \begin{cases} h[n+k], & n = \text{inteiro múltiplo de } M, \\ 0, & \text{caso contrário.} \end{cases} \quad (4.105)$$

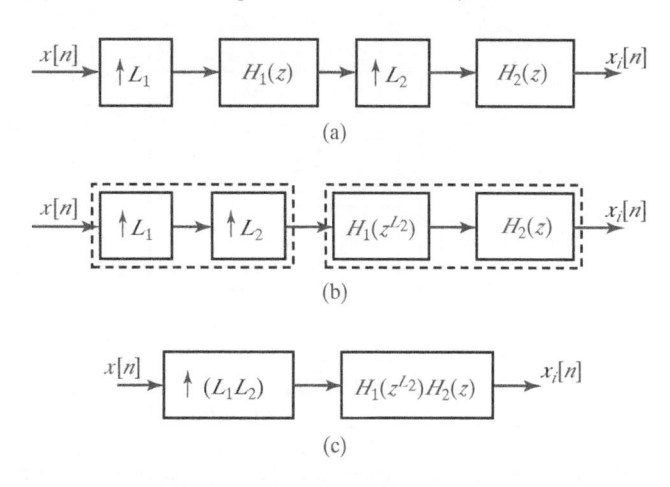

Figura 4.34 Interpolação em estágios múltiplos: (a) Sistema de interpolação em dois estágios. (b) Modificação de (a) com a identidade da sobreamostragem da Figura 4.32. (c) Interpolação equivalente em um estágio.

Ao atrasarmos essas subsequências sucessivamente, podemos reconstruir a resposta ao impulso original $h[n]$; isto é,

$$h[n] = \sum_{k=0}^{M-1} h_k[n - k]. \quad (4.106)$$

Essa decomposição pode ser representada com o diagrama de blocos da Figura 4.35. Se criarmos uma cadeia de elementos de avanço na entrada e uma cadeia de elementos de atraso na saída, o diagrama de blocos na Figura 4.36 será equivalente ao da Figura 4.35. Na decomposição nas figuras 4.35 e 4.36, as sequências $e_k[n]$ são

$$e_k[n] = h[nM + k] = h_k[nM] \quad (4.107)$$

e são chamadas, em geral, de componentes polifásicos de $h[n]$. Existem várias outras maneiras de obter os componentes polifásicos, e existem outras formas de indexá-los por conveniência de notação (Bellanger, 2000, e Vaidyanathan, 1993), mas a definição adequada para nossa finalidade nesta seção é aquela que usamos na Equação 4.107.

As figuras 4.35 e 4.36 não são realizações do filtro, mas mostram como o filtro pode ser decomposto em M filtros paralelos. Notamos isso ao notar que as figuras 4.35 e 4.36 mostram que no domínio da frequência ou da transformada z, a representação polifásica corresponde a expressar $H(z)$ como

$$H(z) = \sum_{k=0}^{M-1} E_k(z^M) z^{-k}. \quad (4.108)$$

A Equação 4.108 expressa a função de sistema $H(z)$ como uma soma dos filtros componentes polifási-

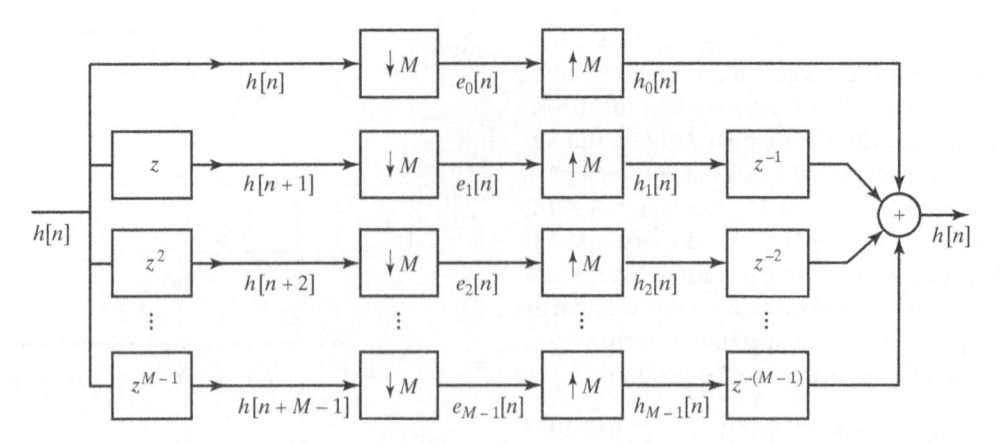

Figura 4.35 Decomposição polifásica do filtro $h[n]$ usando componentes $e_k[n]$.

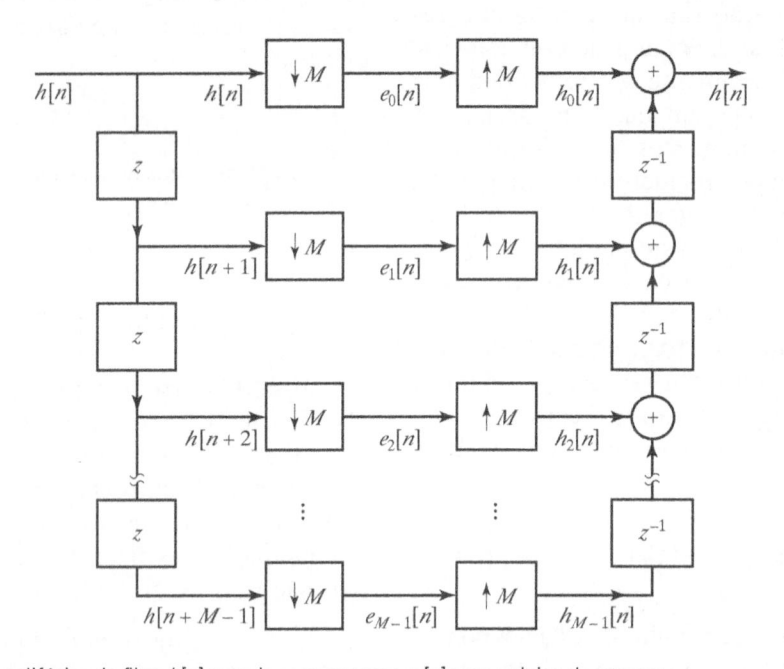

Figura 4.36 Decomposição polifásica do filtro $h[n]$ usando componentes $e_k[n]$ com cadeias de atrasos.

cos atrasados. Por exemplo, da Equação 4.108, obtemos a estrutura de filtro mostrada na Figura 4.37.

4.7.4 Implementação polifásica de filtros de dizimação

Uma das aplicações importantes da decomposição polifásica ocorre na implementação de filtros cuja saída seja subamostrada como indica a Figura 4.38.

Na implementação mais direta da Figura 4.38, o filtro calcula uma amostra de saída a cada valor de n, mas apenas uma de cada M amostras de saída é retida. Intuitivamente, podemos esperar que seja possível obter uma implementação mais eficiente, que não calcula as amostras que são descartadas.

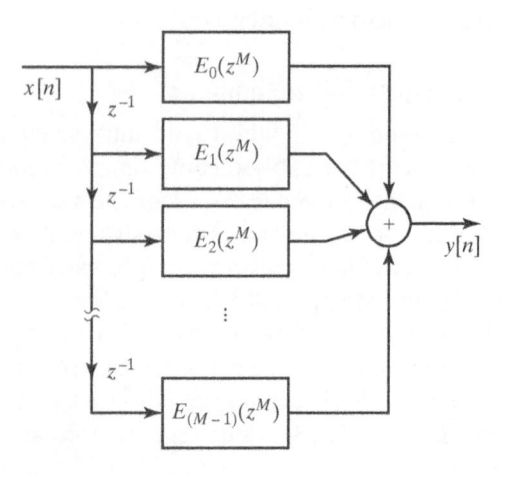

Figura 4.37 Estrutura de realização baseada na decomposição polifásica de $h[n]$.

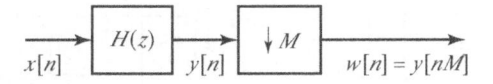

Figura 4.38 Sistema de dizimação.

Para obter uma implementação mais eficiente, podemos explorar uma decomposição polifásica do filtro. Especificamente, suponha que expressemos $h[n]$ na forma polifásica com componentes polifásicos

$$e_k[n] = h[nM + k]. \tag{4.109}$$

Da Equação 4.108,

$$H(z) = \sum_{k=0}^{M-1} E_k(z^M) z^{-k}. \tag{4.110}$$

Com essa decomposição e o fato de que a subamostragem comuta com a adição, a Figura 4.38 pode ser redesenhada como mostrada na Figura 4.39. Aplicando a identidade da Figura 4.31 ao sistema da Figura 4.39, notamos que a última, então, se torna o sistema da Figura 4.40.

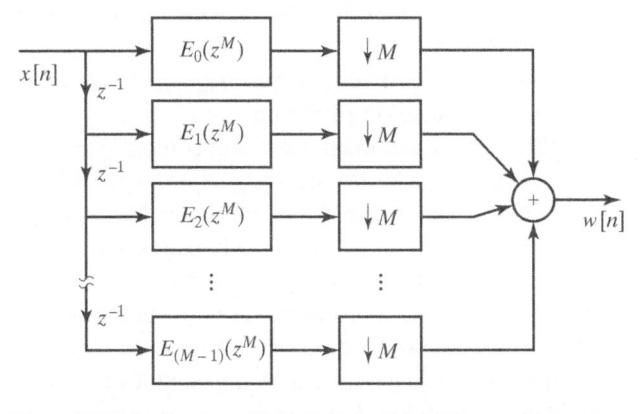

Figura 4.39 Implementação do filtro de dizimação usando decomposição polifásica.

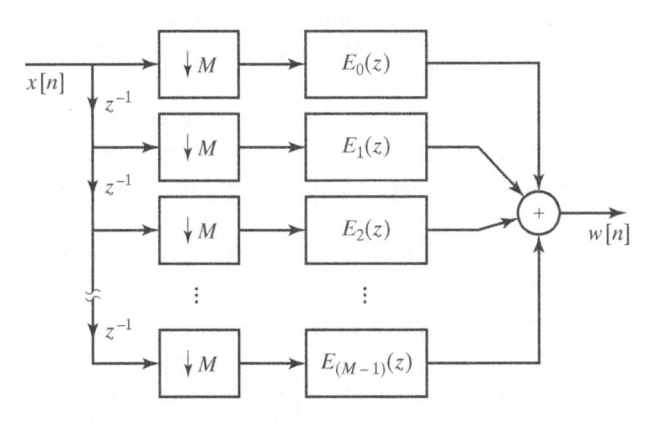

Figura 4.40 Implementação do filtro de dizimação após a aplicação da identidade de subamostragem à decomposição polifásica.

Para ilustrar a vantagem da Figura 4.40 em comparação com a Figura 4.38, suponha que a entrada $x[n]$ tenha um *clock* a uma taxa de uma amostra por unidade de tempo e que $H(z)$ seja um filtro FIR de N pontos. Na implementação direta da Figura 4.38, são necessárias N multiplicações e $(N-1)$ adições por unidade de tempo. No sistema da Figura 4.40, cada um dos filtros $E_k(z)$ tem comprimento N/M, e suas entradas têm um *clock* com uma taxa de 1 por M unidades de tempo. Consequentemente, cada filtro requer $\frac{1}{M}\left(\frac{N}{M}\right)$ multiplicações por unidade de tempo e de $\frac{1}{M}\left(\frac{N}{M}-1\right)$ adições por unidade de tempo. Como existem M componentes polifásicos, o sistema inteiro requer de (N/M) multiplicações e $\left(\frac{N}{M}-1\right)+\frac{1}{M}(M-1)$ adições por unidade de tempo. Assim, podemos alcançar uma economia significativa para alguns valores de M e N.

4.7.5 Implementação polifásica de filtros de interpolação

Uma economia similar àquela recém-discutida para dizimação pode ser alcançada com a aplicação da decomposição polifásica a sistemas em que um filtro é precedido por um sobreamostrador, como indicado na Figura 4.41. Como apenas cada L-ésima amostra de $w[n]$ é não nula, a implementação mais direta da Figura 4.41 envolveria multiplicar coeficientes de filtro por valores de sequência que sabe-se serem nulos. Intuitivamente, mais uma vez esperaríamos que uma implementação mais eficiente fosse possível.

Para implementar o sistema da Figura 4.41 de forma mais eficiente, novamente utilizamos a decomposição polifásica de $H(z)$. Por exemplo, podemos expressar $H(z)$ na forma da Equação 4.110 e representar a Figura 4.41 como mostrado na Figura 4.42. Aplicando a identidade da Figura 4.32, podemos reordenar a Figura 4.42 como mostra a Figura 4.43.

Para ilustrar a vantagem da Figura 4.43 em comparação com a Figura 4.41, observamos que, na Figura 4.41, se $x[n]$ tiver um *clock* na taxa de uma amostra por unidade de tempo, então $w[n]$ tem um *clock* em uma taxa de L amostras por unidade de tempo. Se $H(z)$ é um filtro FIR de comprimento N, então precisamos de NL multiplicações e $(NL-1)$ adições por unidade de tempo. A Figura 4.43, por outro lado, requer $L(N/L)$ multiplicações e $L\left(\frac{N}{L}-1\right)$ adições por unidade de tempo para o conjunto de filtros polifásicos, mais $(L-1)$ adições, para obter $y[n]$. Assim, novamente temos a possibilidade de economias significativas no cálculo para alguns valores de L e N.

Tanto para a dizimação quanto para a interpolação, os ganhos de eficiência computacional resultam da reordenação das operações de modo que a filtragem

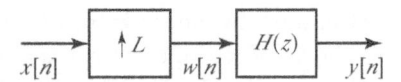

Figura 4.41 Sistema de interpolação.

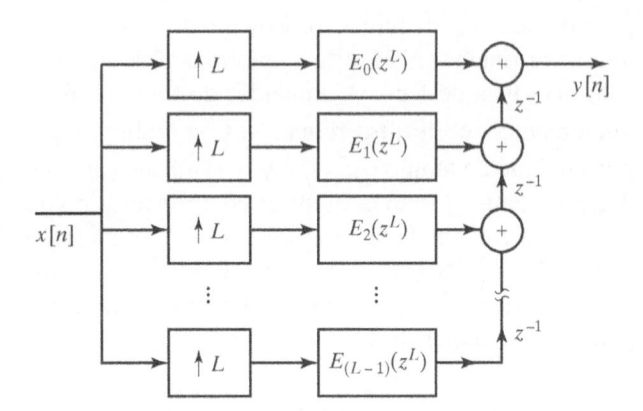

Figura 4.42 Implementação do filtro de interpolação usando a decomposição polifásica.

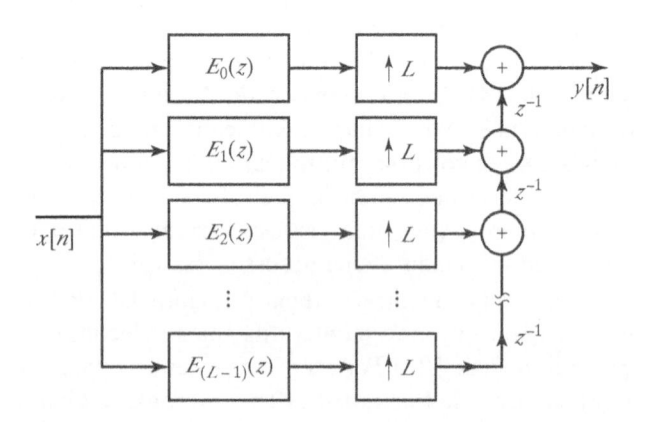

Figura 4.43 Implementação do filtro de interpolação após a aplicação da identidade de sobreamostragem à decomposição polifásica.

seja feita na taxa baixa de amostragem. As combinações dos sistemas de interpolação e dizimação para mudanças de taxa não inteira levam a economias significativas quando altas taxas intermediárias são necessárias.

4.7.6 Bancos de filtros multitaxas

Estruturas polifásicas para dizimação e interpolação são muito usadas em bancos de filtros para análise e síntese de sinais de áudio e voz. Por exemplo, na Figura 4.44 mostra-se o diagrama de blocos de um banco de filtros de análise e síntese em dois canais, usado em aplicações de codificação de voz. A finalidade da parte de análise do sistema é dividir o espectro de frequência da

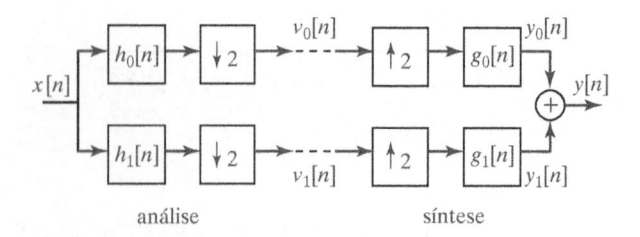

Figura 4.44 Banco de filtros para análise e síntese em dois canais.

entrada $x[n]$ em uma banda passa-baixas, representada pelo sinal subamostrado $v_0[n]$, e uma banda passa-altas, representada por $v_1[n]$. Nas aplicações de codificação de voz e áudio, os sinais do canal são digitalizados para transmissão e/ou armazenagem. Como a banda original é dividida nominalmente em duas partes iguais com largura de $\pi/2$ radianos, as taxas de amostragem das saídas do filtro podem ser 1/2 daquelas da entrada, de modo que o número total de amostras por segundo continue sendo o mesmo.[1] Note que a subamostragem da saída do filtro passa-baixas expande a banda de baixa frequência para toda a faixa $|\omega| < \pi$. Por outro lado, a subamostragem da saída do filtro passa-altas desloca para baixo a banda de alta frequência e a expande para a faixa completa $|\omega| < \pi$.

A decomposição requer que $h_0[n]$ e $h_1[n]$ sejam respostas ao impulso de filtros passa-baixas e passa-altas, respectivamente. Uma abordagem comum é obter o filtro passa-altas a partir do filtro passa-baixas por $h_1[n] = e^{j\pi n}h_0[n]$. Isso implica que $H_1(e^{j\omega}) = H_0(e^{j(\omega-\pi)})$, de modo que, se $H_0(e^{j\omega})$ é um filtro passa-baixas com banda de passagem nominal $0 \le |\omega| \le \pi/2$, então $H_1(e^{j\omega})$ será um filtro passa-altas com banda de passagem nominal $\pi/2 < |\omega| \le \pi$. A finalidade da parte da direita (síntese) da Figura 4.44 é reconstituir uma aproximação de $x[n]$ a partir dos sinais dos dois canais $v_0[n]$ e $v_1[n]$. Isso é obtido sobreamostrando dois sinais e passando-os por um filtro passa-baixas $g_0[n]$ e um filtro passa-altas $g_1[n]$, respectivamente. Os sinais interpolados resultantes são somados para produzir o sinal de saída de banda completa $y[n]$ amostrado na taxa de amostragem da entrada.

A aplicação dos resultados no domínio da frequência para subamostragem e sobreamostragem ao sistema da Figura 4.44 leva ao seguinte resultado:

$$Y(e^{j\omega}) = \frac{1}{2}\Big[G_0(e^{j\omega})H_0(e^{j\omega}) + G_1(e^{j\omega})H_1(e^{j\omega})\Big]X(e^{j\omega}) \quad (4.111a)$$

$$+ \frac{1}{2}\Big[G_0(e^{j\omega})H_0(e^{j(\omega-\pi)}) + G_1(e^{j\omega})H_1(e^{j(\omega-\pi)})\Big]X(e^{j(\omega-\pi)}). \quad (4.111b)$$

---

[1] Bancos de filtros que conservam o número total de amostras por segundo são chamados de bancos de filtros *maximamente dizimados*.

Se os filtros de análise e síntese forem ideais, de modo que dividam exatamente a banda $0 \leq |\omega| \leq \pi$ em dois segmentos iguais sem sobreposição, então é fácil verificar que $Y(e^{j\omega}) = X(e^{j\omega})$; isto é, o banco de filtros de síntese reconstrói o sinal de entrada com exatidão. Porém, a reconstrução perfeita ou quase perfeita também pode ser alcançada com filtros não ideais para os quais haverá ocorrência de *aliasing* nas operações de subamostragem do banco de filtros de análise. Para observar isso, note que a segunda parcela na expressão para $Y(e^{j\omega})$ [linha indicada como Equação 4.111(b)], que representa a distorção potencial de *aliasing* da operação de subamostragem, pode ser eliminada por meio da escolha de filtros, de modo que

$$G_0(e^{j\omega})H_0(e^{j(\omega-\pi)}) + G_1(e^{j\omega})H_1(e^{j(\omega-\pi)}) = 0. \quad (4.112)$$

Essa condição é chamada de *condição de cancelamento de alias*. Um conjunto de condições que satisfaçam a Equação 4.112 é

$$h_1[n] = e^{j\pi n}h_0[n] \Longleftrightarrow H_1(e^{j\omega}) = H_0(e^{j(\omega-\pi)}) \quad (4.113a)$$

$$g_0[n] = 2h_0[n] \Longleftrightarrow G_0(e^{j\omega}) = 2H_0(e^{j\omega}) \quad (4.113b)$$

$$g_1[n] = -2h_1[n] \Longleftrightarrow G_1(e^{j\omega}) = -2H_0(e^{j(\omega-\pi)}). \quad (4.113c)$$

Os filtros $h_0[n]$ e $h_1[n]$ são chamados de *filtros espelhados em quadratura*, pois a Equação 4.113(a) impõe simetria reflexiva em torno de $\omega = \pi/2$. Substituindo essas relações na Equação 4.111(a), chegamos à relação

$$Y(e^{j\omega}) = \left[H_0^2(e^{j\omega}) - H_0^2(e^{j(\omega-\pi)})\right]X(e^{j\omega}), \quad (4.114)$$

da qual segue-se que a reconstrução perfeita (com possível atraso de M amostras) requer

$$H_0^2(e^{j\omega}) - H_0^2(e^{j(\omega-\pi)}) = e^{-j\omega M}. \quad (4.115)$$

Pode-se mostrar (Vaidyanathan, 1993) que os únicos filtros computacionalmente realizáveis e que satisfazem a Equação 4.115 com exatidão são sistemas com respostas ao impulso na forma $h_0[n] = c_0\delta[n - 2n_0] + c_1\delta[n - 2n_1 - 1]$, sendo n_0 e n_1 inteiros escolhidos arbitrariamente e $c_0c_1 = \frac{1}{4}$. Esses sistemas não podem fornecer as abruptas propriedades seletivas em frequência necessárias nas aplicações de codificação de voz e áudio, mas, para ilustrar que tais sistemas podem alcançar a reconstrução exata, considere o filtro passa-baixas média móvel com dois pontos

$$h_0[n] = \frac{1}{2}(\delta[n] + \delta[n-1]), \quad (4.116a)$$

que tem resposta em frequência

$$H_0(e^{j\omega}) = \cos(\omega/2)e^{-j\omega/2}. \quad (4.116b)$$

Para esse filtro, $Y(e^{j\omega}) = e^{-j\omega}X(e^{j\omega})$, como pode ser verificado pela substituição da Equação 4.116(b) na Equação 4.114.

Tanto filtros FIR quanto filtros IIR podem ser usados no sistema de análise/síntese da Figura 4.44 juntamente com os filtros relacionados, como nas equações 4.113(a)–(c), para fornecer reconstrução quase perfeita. O projeto desses filtros é baseado em obter um projeto para $H_0(e^{j\omega})$ que seja uma aproximação de filtro passa-baixas aceitável enquanto satisfaz a Equação 4.115 com um erro de aproximação aceitável. Um conjunto desses filtros e um algoritmo para seu projeto foram propostos por Johnston (1980). Smith e Barnwell (1984) e Mintzer (1985) mostraram que a reconstrução perfeita é possível com o banco de filtros de dois canais da Figura 4.44 se os filtros tiverem uma relação um com o outro diferente do que é especificado pelas equações 4.113(a)–(c). A relação diferente leva a filtros chamados de filtros em quadratura conjugados (CQF, do inglês *conjugate quadrature filters*).

Técnicas polifásicas podem ser empregadas para economizar cálculos na implementação do sistema de análise/síntese da Figura 4.44. A aplicação do resultado da subamostragem polifásica representada na Figura 4.40 aos dois canais resulta no diagrama de blocos da Figura 4.45(a), em que

$$e_{00}[n] = h_0[2n] \quad (4.117a)$$

$$e_{01}[n] = h_0[2n+1] \quad (4.117b)$$

$$e_{10}[n] = h_1[2n] = e^{j2\pi n}h_0[2n] = e_{00}[n] \quad (4.117c)$$

$$e_{11}[n] = h_1[2n+1] = e^{j2\pi n}e^{j\pi}h_0[2n+1] = -e_{01}[n]. \quad (4.117d)$$

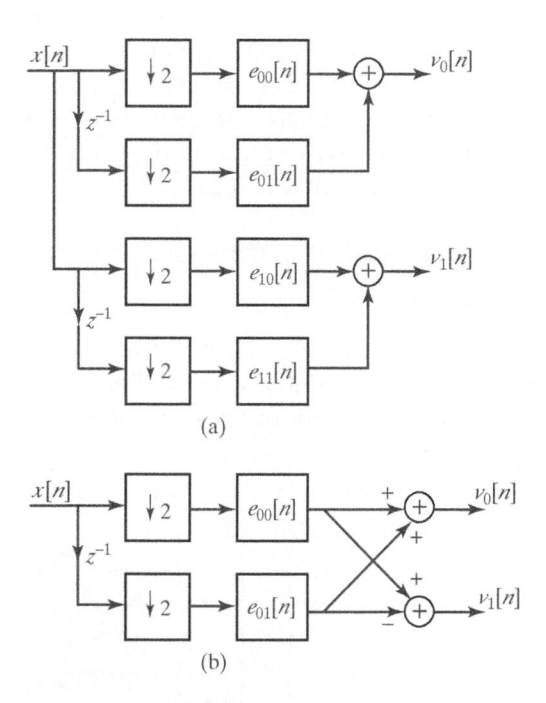

Figura 4.45 Representação polifásica do banco de filtros de análise de dois canais da Figura 4.44.

As equações 4.117(c) e (d) mostram que os filtros polifásicos para $h_1[n]$ são os mesmos (exceto pelo sinal) daqueles para $h_0[n]$. Portanto, somente um conjunto, $e_{00}[n]$ e $e_{01}[n]$, precisa ser implementado. Na Figura 4.45(b) mostra-se como $v_0[n]$ e $v_1[n]$ podem ser formados a partir das saídas dos dois filtros polifásicos. Essa estrutura equivalente, que requer apenas metade do cálculo da Figura 4.45(a), deve-se, naturalmente, à relação simples entre os dois filtros.

A técnica polifásica pode, de modo similar, ser aplicada ao banco de filtros de síntese, reconhecendo que os dois interpoladores podem ser substituídos por suas implementações polifásicas e que, depois, as estruturas polifásicas podem ser combinadas, pois $g_1[n] = -e^{j\pi n}g_0[n] = -e^{j\pi n}2h_0[n]$. O sistema de síntese polifásica resultante pode ser representado em termos dos filtros polifásicos $f_{00}[n] = 2e_{00}[n]$ e $f_{01}[n] = 2e_{01}[n]$, como vemos na Figura 4.46. Assim como no caso do banco de filtros de análise, os filtros polifásicos de síntese podem ser compartilhados entre os dois canais, reduzindo, assim, o cálculo pela metade.

Esse sistema de análise/síntese de duas bandas pode ser generalizado para N canais com a mesma largura para que seja obtida uma decomposição mais detalhada do espectro. Esses sistemas são usados na codificação de áudio, onde facilitam a exploração das características da percepção auditiva humana na compressão da taxa de informação digital. (Veja o padrão de codificação de áudio MPEG e Spanias, Painter e Atti, 2007.) Além disso, o sistema de duas bandas pode ser incorporado em uma estrutura de árvore na obtenção de um sistema de análise/síntese com canais espaçados uniformemente ou não. Quando os filtros CQF de Smith e Barnwell e de Mintzer são usados, a reconstrução exata é possível, e o sistema de síntese/análise resultante é basicamente a transformada *wavelet* discreta. (Veja Vaidyanathan, 1993, e Burrus, Gopinath e Guo, 1997.)

4.8 Processamento digital de sinais analógicos

Até aqui, as discussões da representação de sinais de tempo contínuo por sinais de tempo discreto concentraram-se nos modelos idealizados de amostragem periódica e interpolação de banda limitada. Formalizamos essas discussões em termos de um sistema de amostragem idealizado que chamamos de *conversor de tempo contínuo para discreto* (C/D) *ideal* e um sistema interpolador idealizado de banda limitada chamado de *conversor de tempo discreto para contínuo* (D/C) *ideal*. Esses sistemas de conversão idealizados permitem que nos concentremos nos detalhes matemáticos da relação entre um sinal de banda limitada e suas amostras. Por exemplo, na Seção 4.4, usamos os sistemas de conversão C/D e D/C idealizados para mostrar que os sistemas de tempo discreto LIT podem ser usados na configuração da Figura 4.47(a) para implementar sistemas de tempo contínuo LIT se a entrada tiver banda limitada e a taxa de amostragem for igual ou superior à taxa de Nyquist. Em uma configuração prática, sinais de tempo contínuo não são exatamente limitados em banda, os filtros ideais não podem ser realizados e os conversores C/D e D/C ideais podem ser aproximados apenas por dispositivos chamados conversores analógico-digitais (A/D) e digital-analógicos (D/A), respectivamente. O diagrama de blocos da Figura 4.47(b) mostra um modelo mais realista para o processamento digital de sinais de tempo contínuo (analógicos). Nesta seção, examinaremos algumas das considerações introduzidas por cada um dos componentes do sistema na Figura 4.47(b).

4.8.1 Pré-filtragem para evitar *aliasing*

No processamento de sinais analógicos que usam sistemas de tempo discreto, geralmente é desejável minimizar a taxa de amostragem. Isso porque a quantidade de processamento aritmético exigida para implementar o sistema é proporcional ao número de amostras a serem processadas. Se a entrada não tiver banda limitada ou se a frequência de Nyquist da entrada for muito alta, a pré-filtragem pode ser necessária. Um exemplo dessa situação ocorre no processamento de sinais de voz, no qual usualmente apenas a banda de baixa frequência de até 3 kHz a 4 kHz é requerida para inteligibilidade, embora o sinal de voz possa ter conteúdo de frequência significativo na faixa de 4 kHz a 20 kHz. Além disso, mesmo que o sinal seja naturalmente limitado em banda, o ruído aditivo de banda larga pode preencher a faixa de frequência mais alta, e como resultado da amos-

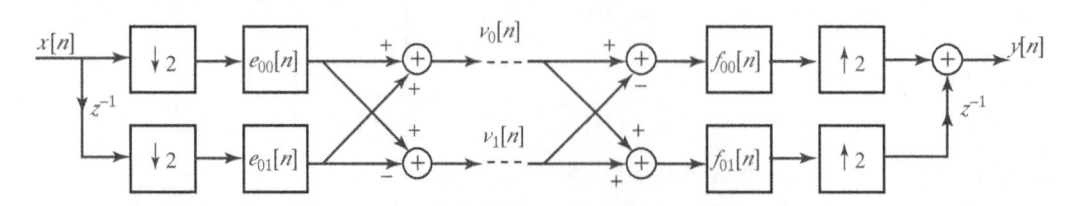

Figura 4.46 Representação polifásica do banco de filtros de análise e síntese em dois canais da Figura 4.44.

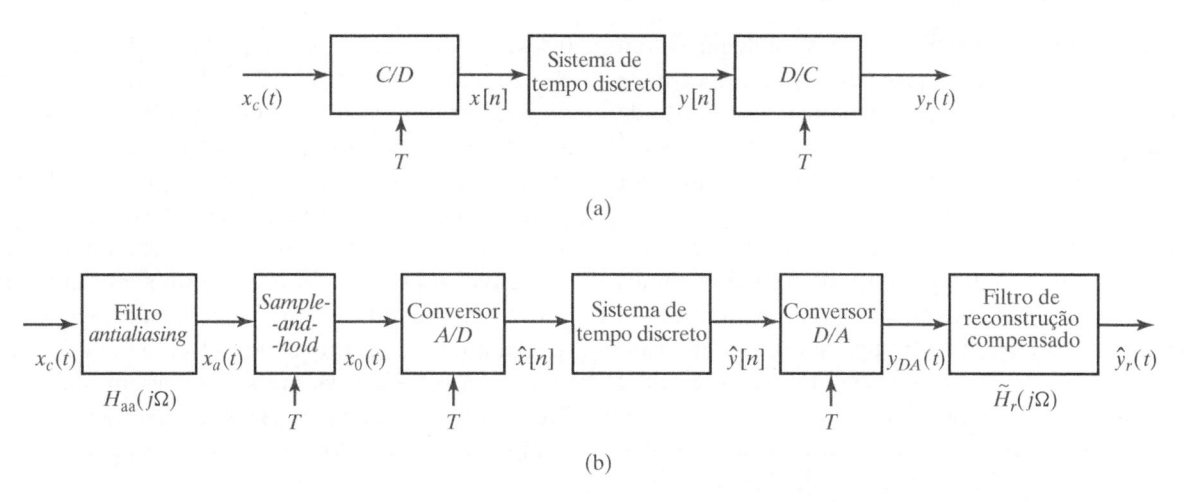

Figura 4.47 (a) Filtragem em tempo discreto de sinais de tempo contínuo. (b) Processamento digital de sinais analógicos.

tragem, esses componentes de ruído teriam *aliasing* na banda de baixa frequência. Se quisermos evitar *aliasing*, o sinal de entrada precisa ser forçadamente de banda limitada em frequências que estejam abaixo da metade da taxa de amostragem desejada. Isso pode ser feito pela filtragem passa-baixas do sinal de tempo contínuo antes da conversão C/D, como mostra a Figura 4.48. Nesse contexto, o filtro passa-baixas que precede o conversor C/D é chamado de *filtro antialiasing*. O ideal é que a resposta em frequência do filtro *antialiasing* seja

$$H_{aa}(j\Omega) = \begin{cases} 1, & |\Omega| < \Omega_c \leq \pi/T, \\ 0, & |\Omega| \geq \Omega_c. \end{cases} \quad (4.118)$$

Da discussão da Seção 4.4.1, segue-se que o sistema global, da saída do filtro *antialiasing* $x_a(t)$ até a saída $y_r(t)$, sempre se comportará como um sistema LIT, pois a entrada do conversor C/D, $x_a(t)$, é forçada pelo filtro *antialiasing* a ser de banda limitada em frequências abaixo de π/T radianos/s. Assim, a resposta em frequência efetiva da Figura 4.48 será o produto de $H_{aa}(j\Omega)$ pela resposta em frequência efetiva de $x_a(t)$ a $y_r(t)$. Combinando as equações 4.118 e 4.38, obtemos

$$H_{eff}(j\Omega) = \begin{cases} H(e^{j\Omega T}), & |\Omega| < \Omega_c, \\ 0, & |\Omega| \geq \Omega_c. \end{cases} \quad (4.119)$$

Assim, para um filtro *antialiasing* passa-baixas ideal, o sistema da Figura 4.48 se comporta como um sistema LIT com resposta em frequência dada pela Equação 4.119, mesmo quando $X_c(j\Omega)$ não é de banda limitada. Na prática, a resposta em frequência $H_{aa}(j\Omega)$ não pode ser idealmente de banda limitada, mas $H_{aa}(j\Omega)$ pode se tornar pequeno para $|\Omega| > \pi/T$, de modo que o *aliasing* é minimizado. Nesse caso, a resposta em frequência geral do sistema na Figura 4.48 deveria ser aproximadamente

$$H_{eff}(j\Omega) \approx H_{aa}(j\Omega)H(e^{j\Omega T}). \quad (4.120)$$

Para obter uma resposta em frequência significantemente pequena acima de π/T, seria necessário que $H_{aa}(j\Omega)$ começasse a "decair", isto é, começasse a introduzir atenuação em frequências abaixo de π/T. A Equação 4.120 sugere que o decaimento do filtro *antialiasing* (e outras distorções LIT a serem discutidas mais adiante) poderia ser pelo menos parcialmente compensado se for levado em conta no projeto do sistema de tempo discreto. Isso é ilustrado no Problema 4.62.

A discussão anterior requer filtros *antialiasing* com corte abrupto. Esses filtros analógicos de corte abrupto podem ser realizados por meio de redes ativas e circuitos integrados. Porém, em aplicações que envolvem processadores digitais com bom desempenho, mas pouco dispendiosos, esses filtros de tempo contínuo podem ser responsáveis por uma grande parte do custo de um sistema para processamento em tempo discreto de sinais analógicos. Filtros de corte abrupto são difíceis e caros de implementar e, se o sistema tiver de operar com uma taxa de amostragem variável, filtros ajustáveis

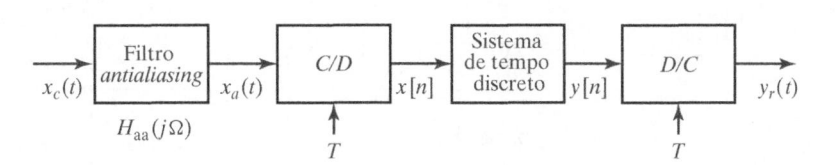

Figura 4.48 Uso de pré-filtragem para evitar *aliasing*.

seriam requeridos. Além disso, filtros analógicos com corte abrupto geralmente possuem uma resposta de fase altamente não linear, principalmente na borda da banda de passagem. Assim, por vários motivos, é desejável eliminar os filtros de tempo contínuo ou simplificar os requisitos referentes a eles.

Uma abordagem é representada na Figura 4.49. Com Ω_N indicando o componente de frequência mais alto a ser eventualmente retido após a conclusão da filtragem *antialiasing*, primeiro aplicamos um filtro *antialiasing* muito simples, que possui um corte gradual com atenuação significativa em $M\Omega_N$. Em seguida, implementamos a conversão C/D em uma taxa de amostragem muito mais alta do que $2\Omega_N$, por exemplo, em $2M\Omega_N$. Depois disso, a redução da taxa de amostragem por um fator de M que inclua filtragem *antialiasing* com corte abrupto é implementada no domínio de tempo discreto. O processamento de tempo discreto subsequente pode então ser feito à taxa de amostragem baixa, para reduzir os cálculos.

Esse uso da sobreamostragem seguida pela conversão da taxa de amostragem é ilustrado na Figura 4.50. Na Figura 4.50(a) mostra-se a transformada de Fourier de um sinal que ocupa a banda $|\Omega| < \Omega_N$, mais a transformada de Fourier do que poderia corresponder ao "ruído" de alta frequência ou componentes indesejados que eventualmente gostaríamos de eliminar usando o filtro *antialiasing*. Também é mostrada (linha tracejada) a resposta em frequência de um filtro *antialiasing* que não corta abruptamente, mas cai gradualmente para zero em frequências acima da frequência Ω_N. Na Figura 4.50(b) mostra-se a transformada de Fourier da saída desse filtro. Se o sinal $x_a(t)$ é amostrado com período T, tal que $(2\pi/T - \Omega_c) \geq \Omega_N$, então a TFTD da sequência $\hat{x}[n]$ será como mostrado na Figura 4.50(c). Note que o "ruído" terá *aliasing*, mas isso não afetará a banda de sinal $|\omega| < \omega_N = \Omega_N T$. Agora, se T e T_d forem escolhidos de modo que $T_d = MT$ e $\pi/T_d = \Omega_N$, então $\hat{x}[n]$ pode ser filtrado por um filtro de tempo discreto com corte abrupto [mostrado de forma idealizada na Figura 4.50(c)] com ganho unitário e frequência de corte π/M. A saída do filtro de tempo discreto pode ser subamostrada por M para a obtenção da sequência amostrada $x_d[n]$, cuja transformada de Fourier é mostrada na Figura 4.50(d). Assim, toda a filtragem com corte abrupto foi feita por um sistema de tempo discreto, e apenas filtragem de tempo contínuo nominal é requerida. Como os filtros FIR de tempo discreto podem ter uma fase exatamente linear, é possível usar essa abordagem de superamostragem para implementar a filtragem *antialiasing* praticamente sem qualquer distorção em fase. Essa pode ser uma vantagem significativa em situações em que é crítico preservar não apenas o espectro de frequência, mas também a forma de onda.

4.8.2 Conversão A/D

Um conversor C/D ideal converte um sinal de tempo contínuo em um sinal de tempo discreto, em que cada amostra é conhecida com precisão infinita. Como uma aproximação para o processamento digital de sinais, o sistema da Figura 4.51 converte um sinal de tempo contínuo (analógico) em um sinal digital, isto é, em uma sequência de amostras de precisão finita ou digitalizadas. Os dois sistemas na Figura 4.51 estão disponíveis como dispositivos físicos. O conversor A/D é um dispositivo físico que converte uma amplitude de tensão ou corrente em sua entrada em um código binário que representa um valor de amplitude digitalizado mais próximo da amplitude da entrada. Sob o controle de um *clock* externo, o conversor A/D pode ser preparado para iniciar e concluir uma conversão A/D a cada T segundos. Porém, a conversão não é instantânea, e, por esse motivo, um sistema A/D de alto desempenho tipicamente inclui um *sample-and-hold* (amostrador-retentor), como na Figura 4.51. O sistema *sample-and-hold* ideal é o sistema cuja saída é

$$x_0(t) = \sum_{n=-\infty}^{\infty} x[n]h_0(t - nT), \quad (4.121)$$

sendo $x[n] = x_a(nT)$ as amostras ideais de $x_a(t)$ e $h_0(t)$ a resposta ao impulso do sistema de retenção de ordem zero (*zero-order-hold*), isto é,

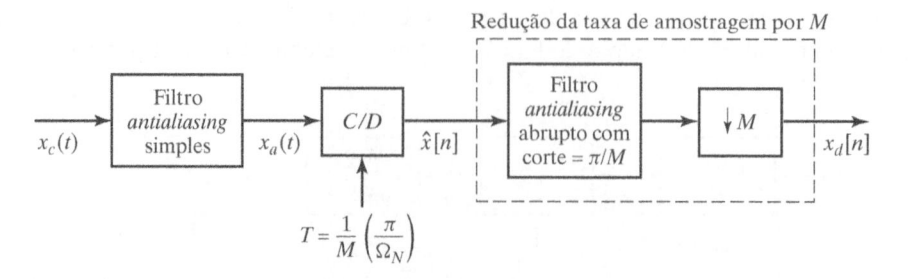

Figura 4.49 Uso da conversão A/D com sobreamostragem para simplificar o filtro *antialiasing* de tempo contínuo.

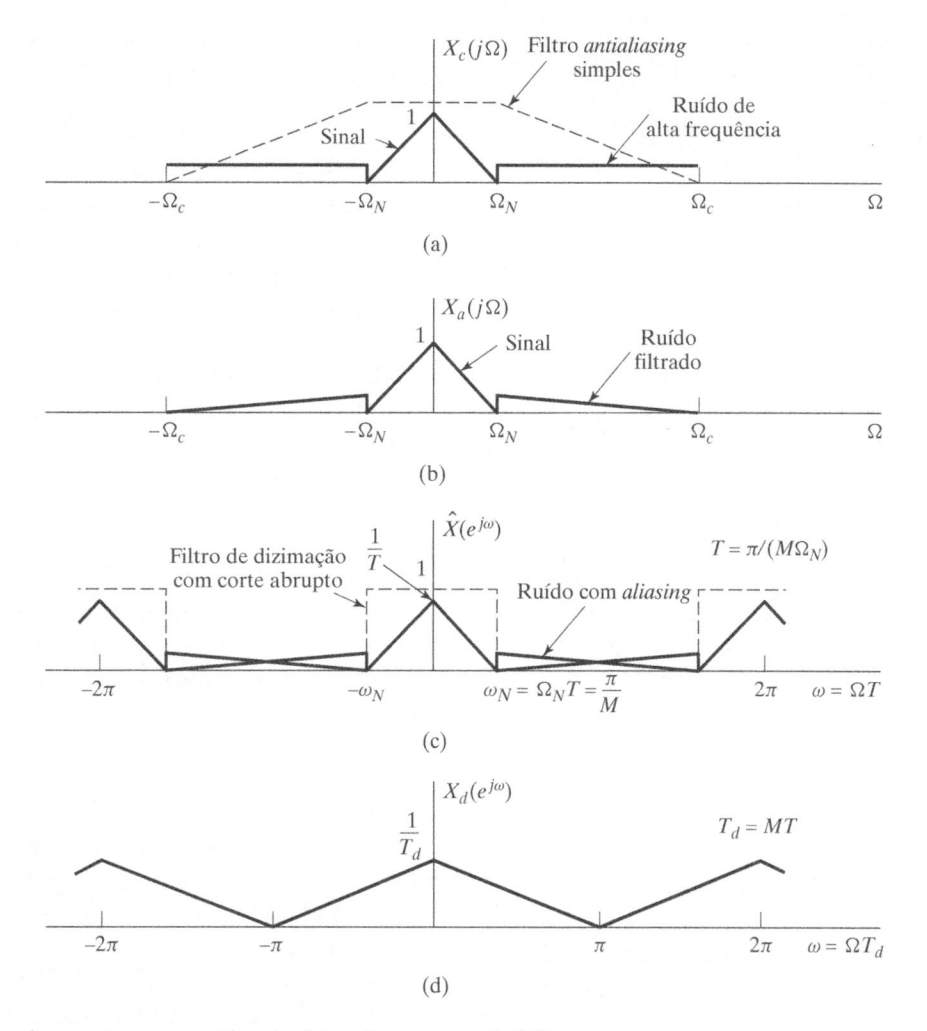

Figura 4.50 Uso da sobreamostragem seguida pela dizimação na conversão C/D.

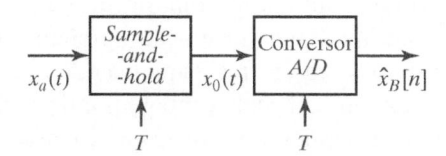

Figura 4.51 Configuração física para a conversão A/D.

$$h_0(t) = \begin{cases} 1, & 0 < t < T, \\ 0, & \text{caso contrário.} \end{cases} \quad (4.122)$$

Se notarmos que a Equação 4.121 tem a forma equivalente

$$x_0(t) = h_0(t) * \sum_{n=-\infty}^{\infty} x_a(nT)\delta(t - nT), \quad (4.123)$$

notamos que o sistema *sample-and-hold* ideal é equivalente à modulação do trem de impulsos seguida pela filtragem linear com o sistema de retenção de ordem zero, como representado na Figura 4.52(a). A relação entre a transformada de Fourier de $x_0(t)$ e a transformada de Fourier de $x_a(t)$ pode ser obtida seguindo o estilo de análise da Seção 4.2, e faremos uma análise similar quando discutirmos o conversor D/A. Porém, a análise é desnecessária nesse ponto, pois tudo o que precisamos saber sobre o comportamento do sistema pode ser observado na expressão no domínio do tempo. Especificamente, a saída do retentor de ordem zero é uma forma de onda em degraus em que os valores da amostra são mantidos constantes durante o período de amostragem de T segundos. Isso é ilustrado na Figura 4.52(b). Os circuitos físicos do *sample-and-hold* são projetados para amostrar $x_a(t)$ da forma mais instantânea possível e reter o valor da amostra o mais constante possível até que a próxima amostra seja tomada. O propósito disso é fornecer a tensão (ou corrente) de entrada constante exigida pelo conversor A/D. Os detalhes da grande variedade de processos de conversão A/D e os detalhes das implementações de circuitos de *sample-and-hold* e A/D estão além do escopo deste livro. Muitos problemas práticos surgem na obtenção de um *sample-and-hold* que amostre rapidamente e retenha o valor da amostra constante sem decaimento ou sinais espúrios. De modo similar,

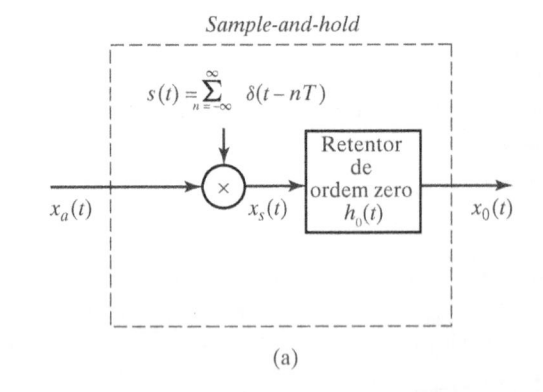

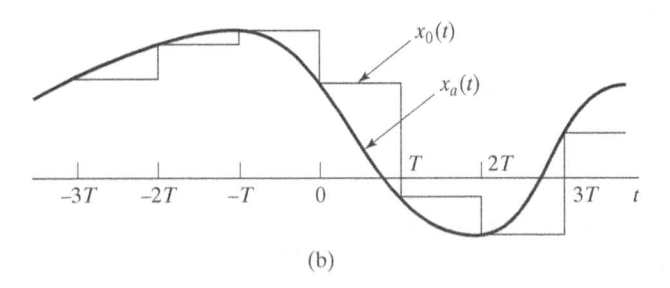

Figura 4.52 (a) Representação de um *sample-and-hold* ideal. (b) Sinais de entrada e saída representativos para o *sample-and-hold*.

muitas questões práticas ditam a velocidade e a precisão da conversão dos circuitos de conversor A/D. Essas questões são consideradas em Hnatek (1988) e Schmid (1976), e os detalhes do desempenho de produtos específicos estão disponíveis nas especificações e nos manuais dos fabricantes. Nossa preocupação nesta seção é a análise dos efeitos de digitalização na conversão A/D.

Como a finalidade do sistema *sample-and-hold* na Figura 4.51 é realizar a amostragem ideal e reter o valor da amostra para a digitalização pelo conversor A/D, podemos representar o sistema da Figura 4.51 pelo sistema da Figura 4.53, em que o conversor C/D ideal representa a amostragem realizada pelo sistema *sample-and-hold* e, conforme descreveremos mais adiante, o digitalizador e o codificador juntos representam a operação do conversor A/D.

O digitalizador é um sistema não linear cuja finalidade é transformar a amostra de entrada $x[n]$ em um conjunto finito de valores predeterminados. Representamos essa operação como

$$\hat{x}[n] = Q(x[n]) \qquad (4.124)$$

e nos referimos a $\hat{x}[n]$ como a amostra digitalizada. Os digitalizadores podem ser definidos com níveis de digitalização espaçados uniformemente ou não; porém, quando cálculos numéricos são feitos usando as amostras, as etapas de digitalização usualmente são uniformes. Na Figura 4.54 é mostrada uma característica de digitalizador uniforme típica,[2] em que os valores da amostra são *arredondados* para o nível mais próximo de digitalização.

Várias características da Figura 4.54 podem ser enfatizadas. Primeiro, note que esse digitalizador seria apropriado para um sinal cujas amostras são positivas e negativas (bipolares). Se as amostras de entrada são sempre positivas (ou negativas), então uma distribuição diferente dos níveis de digitalização seria apropriada. Em seguida, observe que o digitalizador da Figura 4.54 tem um número par de níveis de digitalização. Com um número par de níveis, não é possível ter um nível de digitalização com amplitude zero e também ter um número igual de níveis de digitalização positivos e negativos. Em geral, o número de níveis de digitalização será uma potência de dois, mas o número será muito maior que oito, de modo que essa diferença usualmente não tem consequência.

A Figura 4.54 também representa a codificação dos níveis de digitalização. Como existem oito níveis de digitalização, podemos rotulá-los por um código binário de 3 bits. [Em geral, 2^{B+1} níveis podem ser codificados com um código binário de $(B + 1)$ bits.] Em princípio, qualquer atribuição de símbolos pode ser usada, e existem muitos esquemas de codificação binários, cada um com suas vantagens e desvantagens, dependendo da aplicação. Por exemplo, a coluna de números binários à direita na Figura 4.54 ilustra o esquema de codificação *binário deslocado* (*offset binary*), em que os símbolos binários são atribuídos em ordem numérica, começando pelo nível de digitalização mais negativo. Porém, no processamento digital de sinais, geralmente queremos usar um código binário que nos permita realizar a aritmética diretamente com as palavras de código como representações em escala das amostras digitalizadas.

A coluna da esquerda na Figura 4.54 mostra uma atribuição de acordo com o sistema de numeração binário em complemento de dois. Esse sistema para representar números com sinal é usado na maioria dos computadores e microprocessadores; assim, talvez esta seja a codificação mais conveniente dos níveis de digitalização.

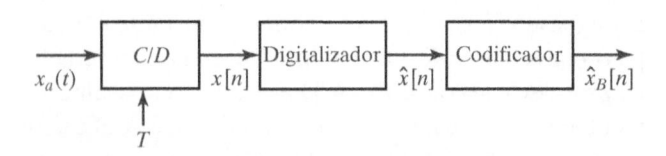

Figura 4.53 Representação conceitual do sistema na Figura 4.51.

---

[2] Esses digitalizadores também são chamados de digitalizadores *lineares*, em virtude da progressão linear dos níveis de digitalização.

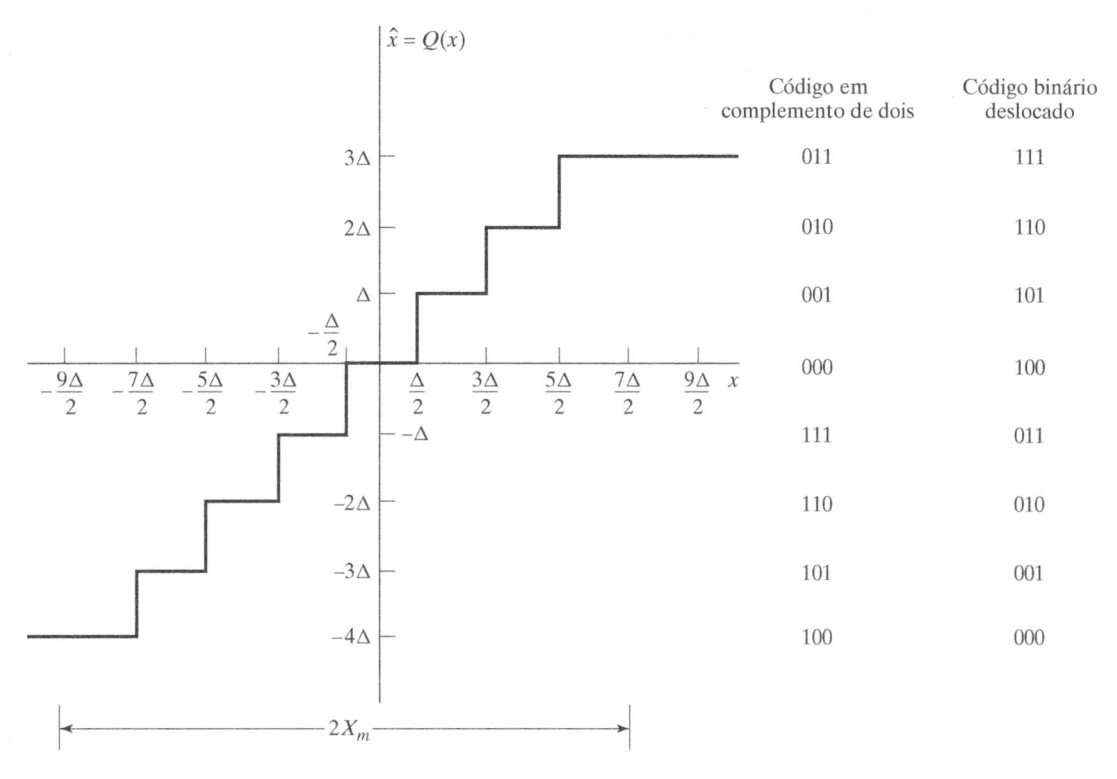

Figura 4.54 Digitalizador típico para conversão A/D.

Note, a propósito, que o código binário deslocado pode ser convertido para código em complemento de dois pela simples complementação do bit mais significativo.

No sistema de complemento de dois, o bit mais à esquerda, ou mais significativo, é considerado como o bit de sinal, e tomamos os bits restantes como representação de binários inteiros ou frações. Assumiremos o último caso, isto é, assumimos um ponto fracionário binário entre os dois bits mais significativos. Então, para a interpretação em complemento de dois, os símbolos binários têm o seguinte significado para $B = 2$:

Símbolo binário	Valor numérico, $\hat{x}_B$
0◊11	3/4
0◊10	1/2
0◊01	1/4
0◊00	0
1◊11	−1/4
1◊10	−1/2
1◊01	−3/4
1◊00	−1

Em geral, se tivermos uma fração em complemento de dois com $(B + 1)$ bits na forma

$$a_0 \diamond a_1 a_2 \ldots a_B,$$

então o seu valor será

$$-a_0 2^0 + a_1 2^{-1} + a_2 2^{-2} + \cdots + a_B 2^{-B}.$$

Note que o símbolo ◊ indica o "ponto binário" do número. A relação entre as palavras de código e os níveis do sinal digitalizado depende do parâmetro X_m na Figura 4.54. Esse parâmetro determina o nível de fundo de escala do conversor A/D. Pela Figura 4.54, vemos que o comprimento do passo do digitalizador em geral seria

$$\Delta = \frac{2X_m}{2^{B+1}} = \frac{X_m}{2^B}. \quad (4.125)$$

Os menores níveis de digitalização ($\pm\Delta$) correspondem ao bit menos significativo da palavra de código binária. Além disso, a relação numérica entre as palavras de código e as amostras digitalizadas é

$$\hat{x}[n] = X_m \hat{x}_B[n], \quad (4.126)$$

pois consideramos que $\hat{x}_B[n]$ é um número binário tal que $-1 \leq \hat{x}_B[n] < 1$ (para complemento de dois). Nesse esquema, as amostras binárias codificadas $\hat{x}_B[n]$ são diretamente proporcionais às amostras digitalizadas (em binário complemento de dois); portanto, elas podem ser usadas como uma representação numérica da amplitude das amostras. De fato, geralmente é apropriado assumir que o sinal de entrada esteja normalizado, de modo que os valores numéricos de $\hat{x}[n]$ e $\hat{x}_B[n]$ sejam idênticos, e não é necessário distinguir entre as amostras digitalizadas e as amostras em código binário.

Na Figura 4.55 é mostrado um exemplo simples de digitalização e codificação das amostras de um sinal

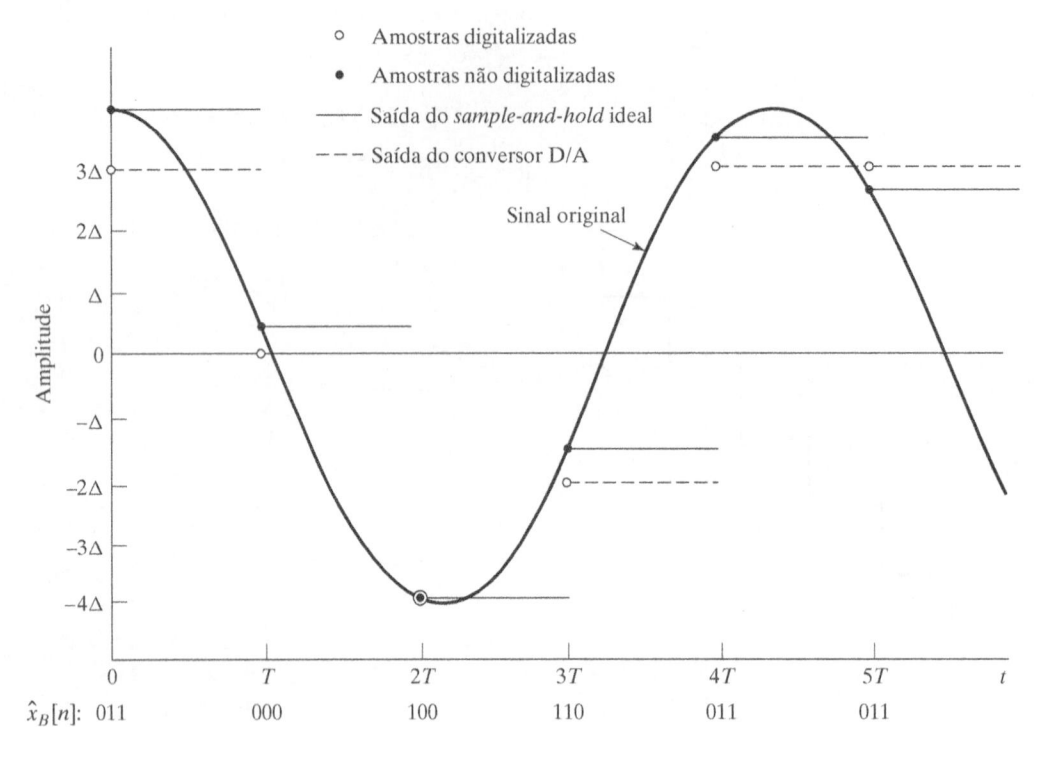

Figura 4.55 Amostragem, digitalização, codificação e conversão D/A com um digitalizador de 3 bits.

senoidal usando um digitalizador de 3 bits. As amostras não digitalizadas $x[n]$ são ilustradas com pontos sólidos, e as amostras digitalizadas $\hat{x}[n]$, com círculos abertos. A saída de um sistema *sample-and-hold* ideal também é mostrada. As linhas tracejadas indicadas como "saída do conversor D/A" serão discutidas mais adiante. Na Figura 4.55 são mostradas, além disso, as palavras de código de 3 bits que representam cada amostra. Note que, como a entrada analógica $x_a(t)$ excede o valor de fundo de escala do digitalizador, algumas das amostras positivas são "grampeadas".

Embora grande parte da discussão anterior pertença à codificação em complemento de dois dos níveis de digitalização, os princípios básicos da digitalização e da codificação na conversão A/D são os mesmos, independentemente do código binário usado para representar as amostras. Uma discussão mais detalhada dos sistemas de aritmética binária usados na computação digital pode ser encontrada em textos sobre aritmética computacional. (Veja, por exemplo, Knuth, 1998.) A seguir abordaremos uma análise dos efeitos da digitalização. Como essa análise não depende da atribuição de palavras de código binário, ela levará a conclusões um tanto genéricas.

4.8.3 Análise de erros de digitalização

Pelas figuras 4.54 e 4.55, notamos que a amostra digitalizada $\hat{x}[n]$ geralmente é diferente do valor da amostra verdadeira $x[n]$. A diferença entre elas é o *erro de digitalização*, definido como

$$e[n] = \hat{x}[n] - x[n]. \quad (4.127)$$

Por exemplo, para o digitalizador de 3 bits da Figura 4.54, se $\Delta/2 < x[n] \leq 3\Delta/2$, então $\hat{x}[n] = \Delta$, e segue-se que

$$-\Delta/2 \leq e[n] < \Delta/2. \quad (4.128)$$

No caso da Figura 4.54, a Equação 4.128 é válida sempre que

$$-9\Delta/2 < x[n] \leq 7\Delta/2. \quad (4.129)$$

No caso geral de um digitalizador de $(B + 1)$ bits com Δ dado pela Equação 4.125, o erro de digitalização satisfaz a Equação 4.128 sempre que

$$(-X_m - \Delta/2) < x[n] \leq (X_m - \Delta/2). \quad (4.130)$$

Se $x[n]$ estiver fora desse intervalo, como está para a amostra em $t = 0$ na Figura 4.55, então o erro de digitalização pode ser maior do que $\Delta/2$ em magnitude, e essas amostras são ditas *grampeadas* e o digitalizador é considerado *saturado*.

Um modelo simplificado, porém útil, do digitalizador é representado na Figura 4.56. Nesse modelo, as amostras de erro de digitalização são consideradas um sinal de ruído aditivo. O modelo é exatamente equivalente ao digitalizador se conhecermos $e[n]$. Na maior parte dos casos, porém, $e[n]$ não é conhecido, e um mo-

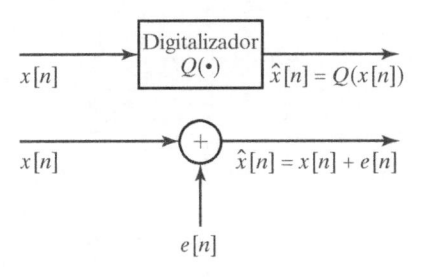

Figura 4.56 Modelo de ruído aditivo para o digitalizador.

delo estatístico baseado na Figura 4.56 é então muitas vezes útil na representação dos efeitos da digitalização. Também usaremos esse modelo nos capítulos 6 e 9 para descrever os efeitos da digitalização nos algoritmos de processamento de sinais. A representação estatística dos erros de digitalização é baseada nas seguintes hipóteses:

1. A sequência de erro $e[n]$ é uma sequência de amostras de um processo aleatório estacionário.
2. A sequência de erro não está correlacionada à sequência $x[n]$.[3]
3. As variáveis aleatórias do processo de erro são não correlacionadas; isto é, o erro é um processo ruído branco.
4. A distribuição de probabilidade do processo de erro é uniforme na faixa de erro de digitalização.

Como veremos, as hipóteses anteriores levam a uma análise um tanto simples, porém eficiente, dos efeitos da digitalização que podem gerar predições úteis do desempenho do sistema. É fácil encontrar situações nas quais essas hipóteses não são válidas. Por exemplo, se $x_a(t)$ é a função degrau, as hipóteses não são justificadas. Porém, quando o sinal é um sinal complicado, como voz ou música, em que ocorrem variações rápidas de maneira um tanto imprevisível, as hipóteses são mais realistas. Medições experimentais e análises teóricas para sinais aleatórios de entrada têm mostrado que, quando o comprimento do passo de digitalização (e, portanto, o erro) é pequeno e quando o sinal varia de maneira complicada, a correlação medida entre o sinal e o erro de digitalização diminui, e as amostras de erro também se tornam descorrelacionadas. (Veja Bennett, 1948; Widrow, 1956, 1961; Sripad e Snyder, 1977; e Widrow e Kollár, 2008.) Em um sentido heurístico, as hipóteses do modelo estatístico parecem ser válidas quando o digitalizador não é saturado e quando o sinal é suficientemente complexo, e os passos de digitalização são suficientemente pequenos, de modo que a amplitude do sinal tem grande probabilidade de atravessar vários passos de digitalização de uma amostra para outra.

Exemplo 4.10 Erro de digitalização para um sinal senoidal

Como exemplo, na Figura 4.57(a) é mostrada a sequência de amostras não digitalizadas do sinal cossenoidal $x[n] = 0{,}99 \cos(n/10)$. Na Figura 4.57(b) mostra-se a sequência de amostras digitalizadas $\hat{x}[n] = Q\{x[n]\}$ para um digitalizador de 3 bits ($B + 1 = 3$), assumindo que $X_m = 1$. As linhas tracejadas nessa figura mostram os oito níveis de digitalização possíveis. Nas figuras 4.57(c) e (d) são mostrados os erros de digitalização $e[n] = \hat{x}[n] - x[n]$ para a digitalização de 3 e 8 bits, respectivamente. Em cada caso, a escala do erro de digitalização é ajustada, de modo que o intervalo $\pm\Delta/2$ está indicado pelas linhas tracejadas. Note que, no caso de 3 bits, o sinal do erro está altamente correlacionado ao sinal não digitalizado. Por exemplo, em torno dos picos positivo e negativo do cosseno, o sinal digitalizado permanece constante por muitas amostras consecutivas, de modo que o erro tem a forma da sequência de entrada durante esses intervalos. Além disso, observe que, durante os intervalos em torno dos picos positivos, o erro é maior em magnitude do que $\Delta/2$, pois o nível do sinal é muito grande para esse ajuste dos parâmetros do digitalizador. Por outro lado, o erro de digitalização para a digitalização de 8 bits não tem padrões aparentes.[4] A inspeção visual dessas figuras dá suporte às afirmações anteriores sobre as propriedades do ruído de digitalização no caso digitalizado de forma fina (8 bits); isto é, as amostras de erro parecem variar aleatoriamente, sem qualquer correlação aparente com o sinal não digitalizado, e elas variam entre $-\Delta/2$ e $+\Delta/2$.

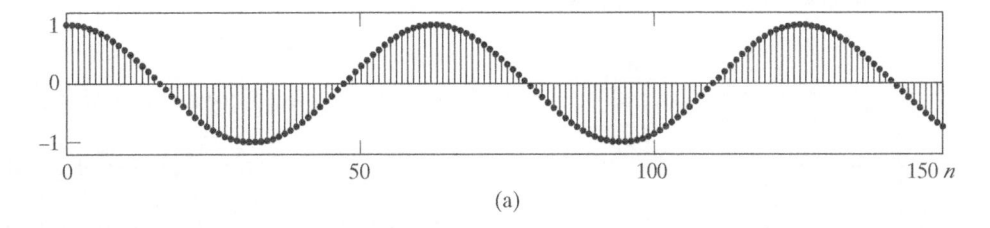

Figura 4.57 Exemplo de ruído de digitalização. (a) Amostras não digitalizadas do sinal $x[n] = 0{,}99 \cos(n/10)$. (*continua*)

---

[3] Evidentemente, isso não implica independência estatística, pois o erro é determinado diretamente pelo sinal de entrada.

[4] Para sinais cossenos periódicos, o erro de digitalização, evidentemente, seria periódico também; e, portanto, seu espectro de potência estaria concentrado em múltiplos da frequência do sinal de entrada. Usamos a frequência $\omega_0 = 1/10$ para evitar esse caso no exemplo.

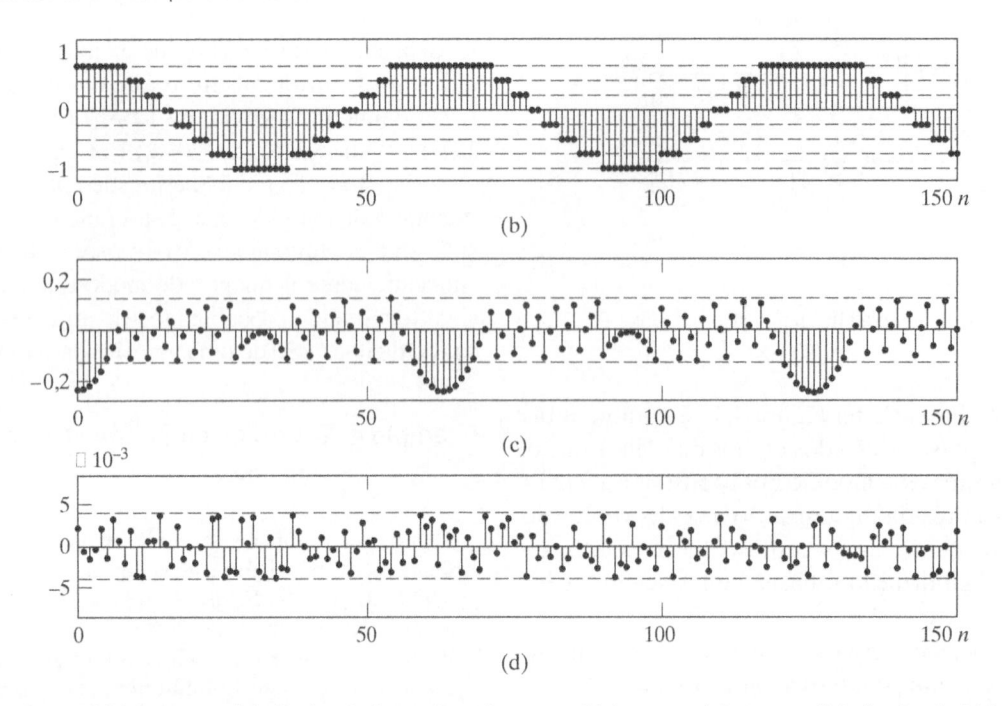

Figura 4.57 (*continuação*) (b) Amostras digitalizadas da forma de onda cossenoidal na parte (a) com um digitalizador de 3 bits. (c) Sequência de erro de digitalização para a digitalização com 3 bits do sinal em (a). (d) Sequência de erro de digitalização para a digitalização com 8 bits do sinal em (a).

Para digitalizadores que arredondam o valor da amostra para o nível de digitalização mais próximo, como mostrado na Figura 4.54, a amplitude do ruído de digitalização está no intervalo

$$-\Delta/2 \leq e[n] < \Delta/2. \quad (4.131)$$

Para um Δ pequeno, é razoável assumir que $e[n]$ é uma variável aleatória uniformemente distribuída no intervalo $-\Delta/2$ a $\Delta/2$. Portanto, a densidade de probabilidade de primeira ordem assumida para o ruído de digitalização é conforme mostrado na Figura 4.58. (Se o truncamento for usado em lugar do arredondamento na implementação da digitalização, então o erro seria sempre negativo, e teríamos assumido uma densidade de probabilidade uniforme no intervalo $-\Delta$ a 0.) Para completar o modelo estatístico para o ruído de digitalização, assumimos que as amostras de ruído sucessivas são não correlacionadas umas às outras e que $e[n]$ não é correlacionado a $x[n]$. Assim, assume-se que $e[n]$ é uma sequência ruído branco distribuída uniformemente. O valor médio de $e[n]$ é nulo, e sua variância é

$$\sigma_e^2 = \int_{-\Delta/2}^{\Delta/2} e^2 \frac{1}{\Delta} de = \frac{\Delta^2}{12}. \quad (4.132)$$

Para um digitalizador de $(B + 1)$ bits com valor X_m de fundo de escala, a variância do ruído, ou potência, é

$$\sigma_e^2 = \frac{2^{-2B} X_m^2}{12}. \quad (4.133)$$

A Equação 4.133 completa o modelo de ruído branco do ruído de digitalização, já que a função de autocorrelação seria $\phi_{ee}[m] = \sigma_e^2 \delta[m]$, e o espectro de densidade de potência correspondente seria

$$P_{ee}(e^{j\omega}) = \sigma_e^2 = \frac{2^{-2B} X_m^2}{12} \quad |\omega| \leq \pi. \quad (4.134)$$

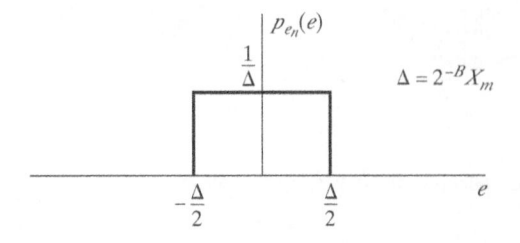

Figura 4.58 Função densidade de probabilidade do erro de digitalização para um digitalizador com arredondamento como o da Figura 4.54.

Exemplo 4.11 Medições do ruído de digitalização

Para confirmar e exemplificar a validade do modelo para o ruído de digitalização, considere novamente a digitalização do sinal $x[n] = 0{,}99 \cos(n/10)$, que pode ser calculado com precisão de 64 bits em ponto flutuante (para fins práticos, não digitalizado) e depois digitalizado em $B + 1$ bits. A sequência do ruído de digitalização também pode ser calculada, pois conhecemos tanto a entrada quanto a saída do digitalizador. Um histograma de amplitude, que fornece o número de amostras que está em cada um de um conjunto de intervalo de valores de amplitude contíguos ou células, em intervalos justapostos de valores", frequentemente é usado como uma estimativa da distribuição de probabilidade de um sinal aleatório. A Figura 4.59 mostra histogramas do ruído de digitalização para a digitalização com 16 e com 8 bits para $X_m = 1$. Como o número total de amostras era 101000, e o número células era 101, deveríamos esperar aproximadamente 1000 amostras em cada célula se o ruído é distribuído uniformemente. Além disso, o intervalo total de amostras deveria ser $\pm 1/2^{16} = 1{,}53 \times 10^{-5}$ para a digitalização com 16 bits e $\pm 1/2^8 = 3{,}9 \times 10^{-3}$ para a digitalização com 8 bits. Os histogramas da Figura 4.59 são consistentes com esses valores, embora o caso de 8 bits mostre um desvio evidente da distribuição uniforme.

No Capítulo 10, mostramos como calcular estimativas do espectro de densidade de potência. A Figura 4.60 mostra tais estimativas de espectro para sinais de ruído de digitalização, sendo $B + 1 = 16, 12, 8$ e 4 bits. Observe que, nesse exemplo, quando o número de bits é 8 ou maior, o espectro é quase plano por toda a faixa de frequências $0 \leq \omega \leq \pi$, e o nível do espectro (em dB) é muito próximo do valor

$$10\log_{10}(P_{ee}(e^{j\omega})) = 10\log_{10}\left(\frac{1}{12(2^{2B})}\right) = -(10{,}79 + 6{,}02B),$$

que é predito pelo modelo de distribuição uniforme do ruído branco. Note que as curvas para $B = 7, 11$ e 15 diferem em todas as frequências de cerca de 24 dB. Observe, porém, que quando $B + 1 = 4$, o modelo falha em predizer a forma do espectro de potência do ruído.

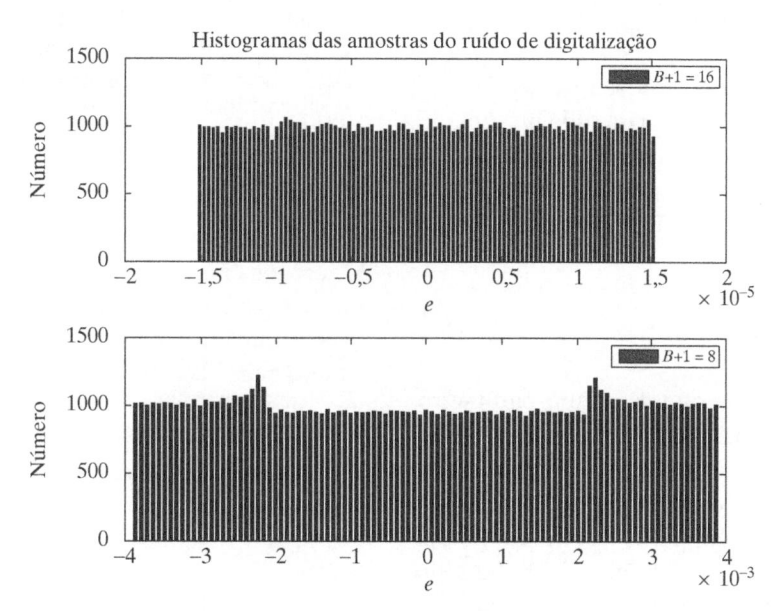

Figura 4.59 Histogramas do ruído de digitalização para (a) $B + 1 = 16$ e (b) $B + 1 = 8$.

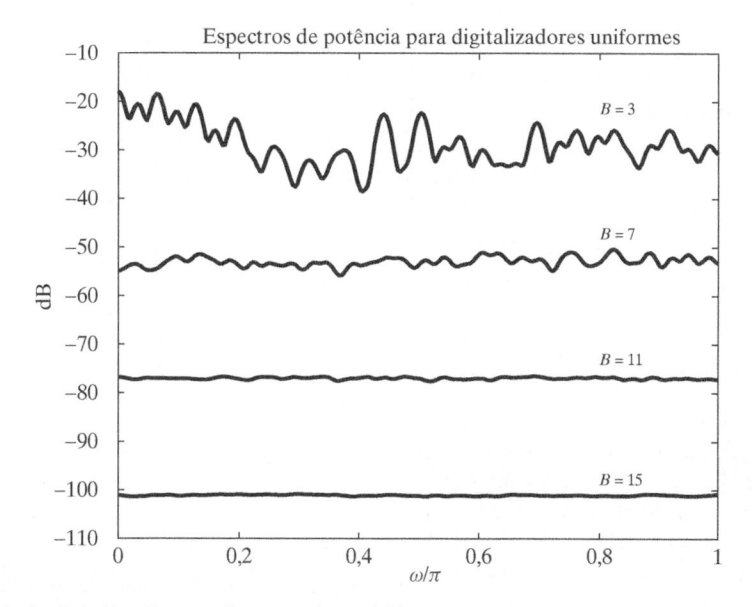

Figura 4.60 Espectros de ruído de digitalização para diversos valores de B.

Esse exemplo demonstra que o modelo assumido para o ruído de digitalização é útil na predição do desempenho de digitalizadores uniformes. Uma medida comum da quantidade de degradação de um sinal por ruído aditivo em geral e por ruído de digitalização em particular é a relação sinal-ruído (SNR, do inglês *signal-to-noise ratio*), definida como a razão entre a variância do sinal (potência) e a variância do ruído. Expressa em dB, a relação entre sinal e ruído de digitalização de um digitalizador uniforme de $(B+1)$ bits é

$$\text{SNR}_Q = 10\log_{10}\left(\frac{\sigma_x^2}{\sigma_e^2}\right) = 10\log_{10}\left(\frac{12 \cdot 2^{2B}\sigma_x^2}{X_m^2}\right) \quad (4.135)$$

$$= 6{,}02B + 10{,}8 - 20\log_{10}\left(\frac{X_m}{\sigma_x}\right).$$

Pela Equação 4.135, observamos que a SNR aumenta aproximadamente em 6 dB para cada bit somado ao comprimento de palavra das amostras digitalizadas, isto é, para cada vez que o número de níveis de digitalização é duplicado. Na Equação 4.135 é importante considerar a parcela

$$-20\log_{10}\left(\frac{X_m}{\sigma_x}\right). \quad (4.136)$$

Primeiro, lembre-se de que X_m é um parâmetro do digitalizador, sendo usualmente fixo em um sistema prático. A quantidade σ_x é o valor rms da amplitude do sinal, sendo necessariamente menor do que a amplitude de pico do sinal. Por exemplo, se $x_a(t)$ é uma onda senoidal com valor de pico X_p, então $\sigma_x = X_p/\sqrt{2}$. Se σ_x for excessivamente grande, a amplitude de pico do sinal excederá a amplitude de fundo de escala X_m do conversor A/D. Nesse caso, a Equação 4.135 não é mais válida, e ocorrem distorções severas. Por outro lado, se σ_x for muito pequeno, então a parcela na Equação 4.136 se tornará grande e negativa, diminuindo assim a SNR na Equação 4.135. De fato, podemos perceber facilmente que, quando σ_x é reduzido à metade, a SNR diminui em 6 dB. Assim, é muito importante que a amplitude do sinal seja cuidadosamente ajustada à amplitude de fundo de escala do conversor A/D.

Exemplo 4.12 SNR para sinal senoidal

Usando o sinal $x[n] = A\cos(n/10)$, podemos calcular o erro de digitalização para diferentes valores de $B+1$ com $X_m = 1$ e A variável. Na Figura 4.61 são mostradas estimativas de SNR como uma função de X_m/σ_x obtidas calculando-se a potência média utilizando muitas amostras do sinal e dividindo-se pela estimativa correspondente da potência média do ruído; isto é,

$$\text{SNR}_Q = 10\log_{10}\left(\frac{\frac{1}{N}\sum_{n=0}^{N-1}(x[n])^2}{\frac{1}{N}\sum_{n=0}^{N-1}(e[n])^2}\right),$$

em que, no caso da Figura 4.61, $N = 101000$.

Observe que as curvas na Figura 4.61 seguem de forma muito próxima a Equação 4.135 em uma ampla faixa de valores de B. Em particular, as curvas são retas em função de $\log(X_m/\sigma_x)$, e são deslocadas uma da outra de 12 dB, pois os valores de B diferem por 2. A SNR aumenta à medida que X_m/σ_x diminui, pois aumentar σ_x com X_m fixo significa que o sinal usa melhor os níveis de digitalização disponíveis. Porém, note uma queda súbita das curvas à medida que $X_m/\sigma_x \to 1$. Como $\sigma_x = 0{,}707A$ para uma onda senoidal, significa que a amplitude A se torna maior que $X_m = 1$, e ocorre um grampeamento severo. Assim, a SNR decresce rapidamente depois que a amplitude excede X_m.

Para sinais analógicos como voz ou música, a distribuição de amplitudes tende a se concentrar em torno de zero e a cair rapidamente com o aumento da amplitude. Nesses casos, a probabilidade de que a magnitude de uma amostra exceda três ou quatro vezes o valor rms é muito baixa. Por exemplo, se a amplitude do sinal tem uma distribuição gaussiana, somente 0,064 por cento das amostras possuem uma amplitude maior que $4\sigma_x$. Assim, para evitar o grampeamento dos picos do sinal (como assumimos em nosso modelo estatístico), podemos definir o ganho dos filtros e amplificadores antes

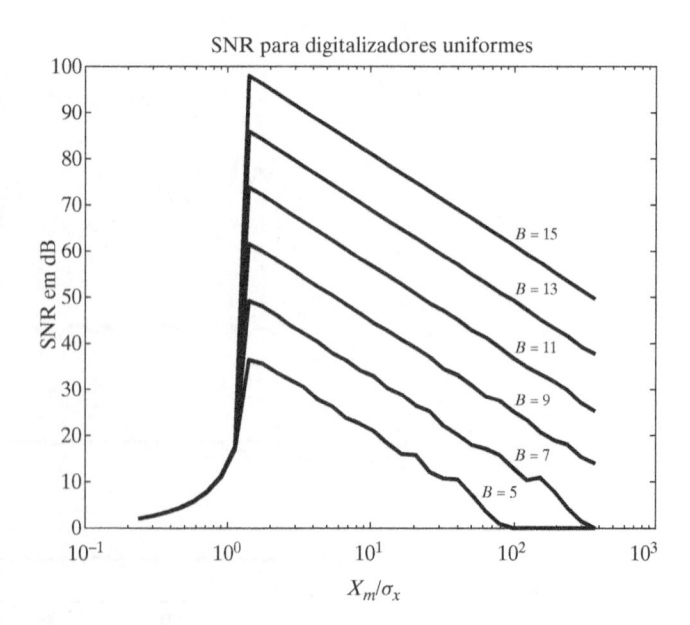

Figura 4.61 Relação sinal-ruído de digitalização em função de X_m/σ_x para diversos valores de B.

do conversor A/D, de modo que $\sigma_x = X_m/4$. Usando esse valor de σ_x na Equação 4.135, obtemos

$$\text{SNR}_Q \approx 6B - 1{,}25 \text{ dB}. \qquad (4.137)$$

Por exemplo, para obter uma SNR de cerca de 90-96 dB para uso na gravação e reprodução musical de alta qualidade, é necessário a digitalização com 16 bits, mas devemos lembrar que esse desempenho é obtido somente se o sinal de entrada for cuidadosamente ajustado com a faixa de fundo de escala do conversor A/D.

O compromisso entre amplitude de pico do sinal e o valor absoluto do ruído de digitalização é fundamental para qualquer processo de digitalização. Veremos sua importância novamente no Capítulo 6, quando discutiremos o ruído de arredondamento na implementação de sistemas lineares de tempo discreto.

4.8.4 Conversão D/A

Na Seção 4.3, discutimos como um sinal de banda limitada pode ser reconstruído a partir de uma sequência de amostras usando a filtragem passa-baixas ideal. Em termos de transformadas de Fourier, a reconstrução é representada como

$$X_r(j\Omega) = X(e^{j\Omega T})H_r(j\Omega), \qquad (4.138)$$

sendo $X(e^{j\omega})$ a TFTD da sequência de amostras e $X_r(j\Omega)$ a transformada de Fourier do sinal de tempo contínuo reconstruído. O filtro de reconstrução ideal é

$$H_r(j\Omega) = \begin{cases} T, & |\Omega| < \pi/T, \\ 0, & |\Omega| \geq \pi/T. \end{cases} \qquad (4.139)$$

Para essa escolha de $H_r(j\Omega)$, a relação correspondente entre $x_r(t)$ e $x[n]$ é

$$x_r(t) = \sum_{n=-\infty}^{\infty} x[n] \frac{\text{sen}[\pi(t-nT)/T]}{\pi(t-nT)/T}. \qquad (4.140)$$

O sistema que toma a sequência $x[n]$ como entrada e produz $x_r(t)$ como saída é chamado de *conversor D/C ideal*. Uma contraparte fisicamente realizável do conversor D/C ideal é um *conversor digital-analógico* (conversor D/A) seguido por um filtro passa-baixas analógico. Como mostrado na Figura 4.62, um conversor D/A toma uma sequência de palavras de código binárias $\hat{x}_B[n]$ como entrada e produz uma saída de tempo contínuo na forma

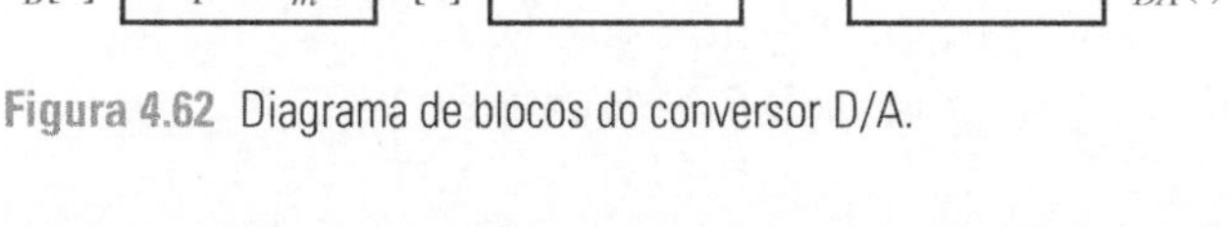

$$\begin{aligned} x_{DA}(t) &= \sum_{n=-\infty}^{\infty} X_m \hat{x}_B[n] h_0(t-nT) \\ &= \sum_{n=-\infty}^{\infty} \hat{x}[n] h_0(t-nT), \end{aligned} \qquad (4.141)$$

sendo $h_0(t)$ a resposta ao impulso do sistema de retenção de ordem zero dado pela Equação 4.122. As linhas tracejadas na Figura 4.55 mostram a saída de um conversor D/A para os exemplos de digitalização da onda senoidal. Note que o conversor D/A retém a amostra digitalizada por um período de amostragem da mesma maneira que o *sample-and-hold* retém a amostra da entrada não digitalizada. Se usarmos o modelo de ruído aditivo para representar os efeitos da digitalização, a Equação 4.141 pode ser expressa como

$$\begin{aligned} x_{DA}(t) = \\ \sum_{n=-\infty}^{\infty} x[n] h_0(t-nT) + \sum_{n=-\infty}^{\infty} e[n] h_0(t-nT). \end{aligned} \qquad (4.142)$$

Para simplificar nossa discussão, definimos

$$x_0(t) = \sum_{n=-\infty}^{\infty} x[n] h_0(t-nT), \qquad (4.143)$$

$$e_0(t) = \sum_{n=-\infty}^{\infty} e[n] h_0(t-nT), \qquad (4.144)$$

de modo que a Equação 4.142 pode ser escrita como

$$x_{DA}(t) = x_0(t) + e_0(t). \qquad (4.145)$$

O componente de sinal $x_0(t)$ está relacionado ao sinal de entrada $x_a(t)$, pois $x[n] = x_a(nT)$. O sinal de ruído $e_0(t)$ depende das amostras de ruído de digitalização $e[n]$ da mesma maneira que $x_0(t)$ depende das amostras de sinal não digitalizadas. A transformada de Fourier da Equação 4.143 é

$$\begin{aligned} X_0(j\Omega) &= \sum_{n=-\infty}^{\infty} x[n] H_0(j\Omega) e^{-j\Omega nT} \\ &= \left(\sum_{n=-\infty}^{\infty} x[n] e^{-j\Omega T n} \right) H_0(j\Omega) \\ &= X(e^{j\Omega T}) H_0(j\Omega). \end{aligned} \qquad (4.146)$$

Agora, uma vez que

$$X(e^{j\Omega T}) = \frac{1}{T} \sum_{k=-\infty}^{\infty} X_a\left(j\left(\Omega - \frac{2\pi k}{T}\right)\right), \qquad (4.147)$$

segue-se que

$$X_0(j\Omega) = \left[\frac{1}{T} \sum_{k=-\infty}^{\infty} X_a\left(j\left(\Omega - \frac{2\pi k}{T}\right)\right) \right] H_0(j\Omega). \qquad (4.148)$$

$\hat{x}_B[n] \rightarrow \boxed{\text{Multiplica escalarmente por } X_m} \rightarrow \hat{x}[n] \rightarrow \boxed{\text{Converte para impulsos}} \rightarrow \boxed{\text{Retenção de ordem zero}} \rightarrow x_{DA}(t)$

Figura 4.62 Diagrama de blocos do conversor D/A.

Se $X_a(j\Omega)$ tem banda limitada a frequências abaixo de π/T, as réplicas deslocadas de $X_a(j\Omega)$ não se sobrepõem na Equação 4.148, e se definimos o filtro de reconstrução compensado como

$$\tilde{H}_r(j\Omega) = \frac{H_r(j\Omega)}{H_0(j\Omega)}, \qquad (4.149)$$

então, se a entrada é $x_0(t)$, a saída do filtro será $x_a(t)$. Podemos mostrar facilmente que a resposta em frequência do filtro de retenção de ordem zero é

$$H_0(j\Omega) = \frac{2\,\text{sen}(\Omega T/2)}{\Omega} e^{-j\Omega T/2}. \qquad (4.150)$$

Portanto, o filtro de reconstrução compensado é

$$\tilde{H}_r(j\Omega) = \begin{cases} \dfrac{\Omega T/2}{\text{sen}(\Omega T/2)} e^{j\Omega T/2}, & |\Omega| < \pi/T, \\ 0, & |\Omega| \geq \pi/T. \end{cases} \qquad (4.151)$$

Na Figura 4.63(a) é mostrado $|H_0(j\Omega)|$ dado pela Equação 4.150 em comparação com a magnitude do filtro de interpolação ideal $|H_r(j\Omega)|$ dado pela Equação 4.139. Ambos os filtros têm um ganho de T em $\Omega = 0$, mas a retenção de ordem zero, embora passa-baixas por natureza, não corta abruptamente em $\Omega = \pi/T$. Na Figura 4.63(b) é mostrada a magnitude da resposta em frequência do filtro de reconstrução compensada ideal a ser usado após um sistema de reconstrução de retenção de ordem zero, como um conversor D/A. A resposta em fase corresponde, de forma ideal, a um avanço no tempo de $T/2$ segundos para compensar o atraso desse valor introduzido pela retenção de ordem zero. Como esse avanço no tempo não pode ser implementado em aproximações práticas em tempo real para o filtro de reconstrução compensado ideal, somente a resposta em magnitude pode ser normalmente compensada, e frequentemente até mesmo essa compensação é desprezada, pois o ganho da retenção de ordem zero cai somente para $2/\pi$ (ou -4 dB) em $\Omega = \pi/T$.

Na Figura 4.64 é mostrado um conversor D/A em cascata com um filtro de reconstrução ideal. Como podemos ver pela discussão anterior, com o filtro de reconstrução compensada ideal em cascata com conversor D/A, o sinal de saída reconstruído é

$$\begin{aligned}
\hat{x}_r(t) &= \sum_{n=-\infty}^{\infty} \hat{x}[n] \frac{\text{sen}\,[\pi(t-nT)/T]}{\pi(t-nT)/T} \\
&= \sum_{n=-\infty}^{\infty} x[n] \frac{\text{sen}\,[\pi(t-nT)/T]}{\pi(t-nT)/T} + \qquad (4.152) \\
&\quad + \sum_{n=-\infty}^{\infty} e[n] \frac{\text{sen}\,[\pi(t-nT)/T]}{\pi(t-nT)/T}.
\end{aligned}$$

Em outras palavras, neste caso, a saída é

$$\hat{x}_r(t) = x_a(t) + e_a(t), \qquad (4.153)$$

sendo $e_a(t)$ um sinal ruído branco de banda limitada.

Voltando a considerar a Figura 4.47(b), agora podemos compreender o comportamento dos sistemas para processamento digital de sinais analógicos. Assumindo que a saída do filtro *antialiasing* é de banda limitada em frequências abaixo de π/T, que $\tilde{H}_r(j\Omega)$ é limitado em banda de forma similar e que o sistema de tempo discreto é linear e invariante no tempo, então a saída do sistema total toma a forma

$$\hat{y}_r(t) = y_a(t) + e_a(t), \qquad (4.154)$$

sendo

$$Y_a(j\Omega) = \tilde{H}_r(j\Omega)H_0(j\Omega)H(e^{j\Omega T})H_{aa}(j\Omega)X_c(j\Omega), \quad (4.155)$$

em que $H_{aa}(j\Omega)$, $H_0(j\Omega)$ e $H_r(j\Omega)$ são as respostas em frequência do filtro *antialiasing*, do retentor de ordem zero do conversor D/A e do filtro passa-baixas de re-

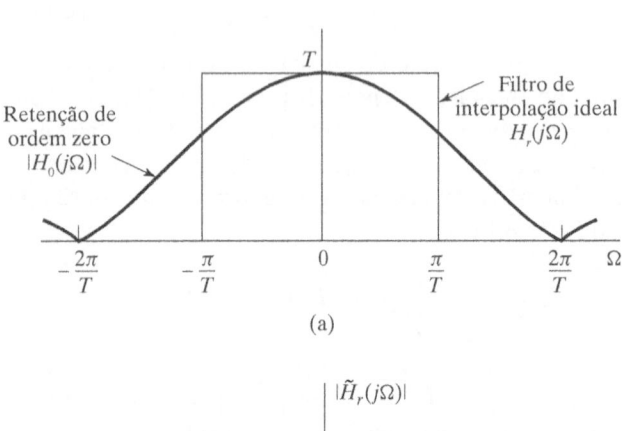

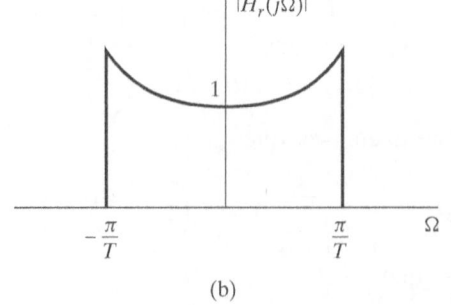

Figura 4.63 (a) Resposta em frequência da retenção de ordem zero em comparação com o filtro de interpolação ideal. (b) Filtro de reconstrução compensada ideal para uso com uma saída com retenção de ordem zero.

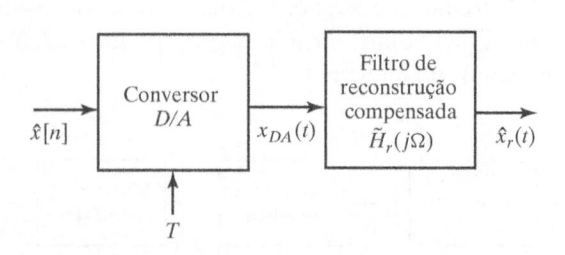

Figura 4.64 Configuração física da conversão D/A.

construção, respectivamente. $H(e^{j\Omega T})$ é a resposta em frequência do sistema de tempo discreto. De modo similar, supondo que o ruído de digitalização introduzido pelo conversor A/D seja ruído branco com variância $\sigma_e^2 = \Delta^2/12$, podemos mostrar que o espectro de potência do ruído de saída é

$$\Phi_{e_a e_a}(j\Omega) = |\tilde{H}_r(j\Omega)H_0(j\Omega)H(e^{j\Omega T})|^2 \sigma_e^2, \quad (4.156)$$

isto é, o ruído de digitalização de entrada é alterado pelos estágios sucessivos de filtragem de tempo discreto e contínuo. Pela Equação 4.155, segue que, com o modelo para o erro de digitalização e a hipótese de *aliasing* desprezível, a resposta em frequência efetiva global de $x_c(t)$ a $\hat{y}_r(t)$ é

$$H_{\text{eff}}(j\Omega) = \tilde{H}_r(j\Omega)H_0(j\Omega)H(e^{j\Omega T})H_{aa}(j\Omega). \quad (4.157)$$

Se o filtro *antialiasing* for ideal, como na Equação 4.118, e se a compensação do filtro de reconstrução for ideal, como na Equação 4.151, então a resposta em frequência efetiva é como mostra a Equação 4.119. Caso contrário, a Equação 4.157 fornece um modelo razoável para a resposta efetiva. Note que a Equação 4.157 sugere que a compensação por imperfeições em qualquer um dos quatro termos pode, em princípio, ser incluída em qualquer um dos outros termos; por exemplo, o sistema de tempo discreto pode incluir uma compensação apropriada para o filtro *antialiasing*, para a retenção de ordem zero, para o filtro de reconstrução ou para todos eles.

Além da filtragem fornecida pela Equação 4.157, a Equação 4.154 nos lembra que a saída também pode ser contaminada pelo ruído de digitalização filtrado. No Capítulo 6, veremos que o ruído pode ser introduzido também na implementação do sistema linear de tempo discreto. Esse ruído interno, em geral, será filtrado por partes da implementação do sistema de tempo discreto, pela retenção de ordem zero do conversor D/A e pelo filtro de reconstrução.

4.9 Sobreamostragem e formatação do ruído nas conversões A/D e D/A

Na Seção 4.8.1, mostramos que a sobreamostragem pode permitir a implementação da filtragem *antialiasing* de corte abrupto ao incorporar a filtragem digital e a dizimação. Conforme discutimos na Seção 4.9.1, a sobreamostragem e a filtragem de tempo discreto subsequente e a subamostragem também permitem um aumento no passo do degrau Δ do digitalizador ou, de modo equivalente, uma redução no número de bits exigidos na conversão A/D. Na Seção 4.9.2, mostramos como o passo do degrau pode ser reduzido ainda mais usando a sobreamostragem juntamente com a realimentação do ruído de digitalização, e na Seção 4.9.3 mostramos como o princípio da sobreamostragem pode ser aplicado na conversão D/A.

4.9.1 Conversão A/D sobreamostrada com digitalização direta

Para explorar a relação entre sobreamostragem e o passo do degrau de digitalização, consideramos o sistema da Figura 4.65. Para analisar o efeito da sobreamostragem nesse sistema, consideramos $x_a(t)$ como um processo aleatório com média nula, estacionário no sentido amplo, com densidade espectral de potência indicada por $\Phi_{x_a x_a}(j\Omega)$ e função de autocorrelação indicada por $\Phi_{x_a x_a}(\tau)$. Para simplificar nossa discussão, consideramos inicialmente que $x_a(t)$ já esteja limitado em banda a Ω_N, isto é,

$$\Phi_{x_a x_a}(j\Omega) = 0, \quad |\Omega| \geq \Omega_N, \quad (4.158)$$

e assumimos que $2\pi/T = 2M\Omega_N$. A constante M, considerada um inteiro, é chamada de *razão de sobreamostragem*. Usando o modelo de ruído aditivo discutido com detalhes na Seção 4.8.3, podemos substituir a Figura 4.65 pela Figura 4.66. O filtro de dizimação na Figura 4.66 é um filtro passa-baixas ideal com ganho unitário e frequência de corte $\omega_c = \pi/M$. Como o sistema inteiro da Figura 4.66 é linear, sua saída $x_d[n]$ tem dois componentes, um devido ao sinal de entrada $x_a(t)$ e um graças à entrada do ruído de digitalização $e[n]$. Indicamos esses componentes com $x_{da}[n]$ e $x_{de}[n]$, respectivamente.

Nosso objetivo é determinar a razão entre a potência do sinal $\mathcal{E}\{x_{da}^2[n]\}$ e a potência do ruído de digitalização $\mathcal{E}\{x_{de}^2[n]\}$ na saída $x_d[n]$ como uma função do passo do degrau do digitalizador Δ e da razão de sobreamostragem M. Como o sistema da Figura 4.66 é

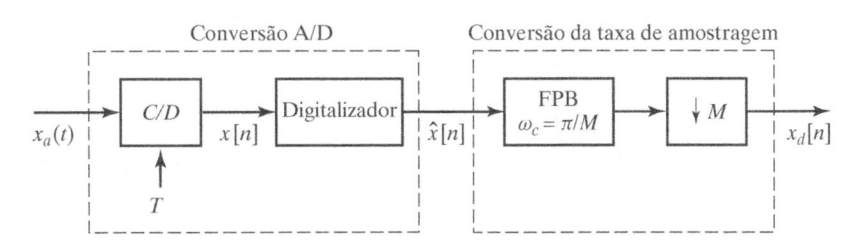

Figura 4.65 Conversão A/D sobreamostrada com digitalização simples e subamostragem.

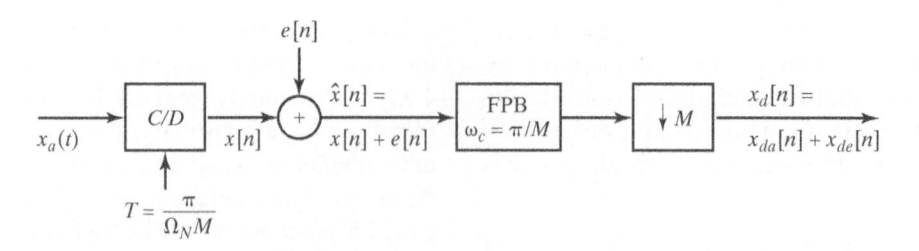

Figura 4.66 Sistema da Figura 4.65 com digitalizador substituído pelo modelo de ruído linear.

linear, e como assume-se que o ruído seja não correlacionado ao sinal, podemos tratar as duas fontes separadamente no cálculo das respectivas potências dos componentes de sinal e ruído na saída.

Primeiro, consideraremos o componente de sinal da saída. Começamos por relacionar a densidade espectral de potência, a função de autocorrelação e a potência do sinal amostrado $x[n]$ às funções correspondentes para o sinal analógico de tempo contínuo $x_a(t)$.

Sejam $\phi_{xx}[m]$ e $\Phi_{xx}(e^{j\omega})$, respectivamente, a autocorrelação e a densidade espectral de potência de $x[n]$. Então, por definição, $\phi_{xx}[m] = \mathcal{E}\{x[n+m]x[n]\}$, e como $x[n] = x_a(nT)$ e $x[n+m] = x_a(nT + mT)$,

$$\mathcal{E}\{x[n+m]x[n]\} = \mathcal{E}\{x_a((n+m)T)x_a(nT)\}. \quad (4.159)$$

Portanto,

$$\phi_{xx}[m] = \phi_{x_a x_a}(mT); \quad (4.160)$$

isto é, a função de autocorrelação da sequência de amostras é uma versão amostrada da função de autocorrelação do sinal de tempo contínuo correspondente. Em particular, a hipótese estacionária no sentido amplo implica que $\mathcal{E}\{x_a^2(t)\}$ é uma constante independente de t. Então, segue a expressão

$$\mathcal{E}\{x^2[n]\} = \mathcal{E}\{x_a^2(nT)\} = \mathcal{E}\{x_a^2(t)\} \text{ para todo } n \text{ ou } t. \quad (4.161)$$

Como as densidades espectrais de potência são as transformadas de Fourier das funções de autocorrelação, então, como consequência da Equação 4.160,

$$\Phi_{xx}(e^{j\Omega T}) = \frac{1}{T} \sum_{k=-\infty}^{\infty} \Phi_{x_a x_a}\left[j\left(\Omega - \frac{2\pi k}{T}\right)\right]. \quad (4.162)$$

Assumindo que a entrada é de banda limitada, como na Equação 4.158, e assumindo uma sobreamostragem por um fator M, de modo que $2\pi/T = 2M\Omega_N$, obtemos, substituindo $\Omega = \omega/T$ na Equação 4.162,

$$\Phi_{xx}(e^{j\omega}) = \begin{cases} \dfrac{1}{T}\Phi_{x_a x_a}\left(j\dfrac{\omega}{T}\right), & |\omega| < \pi/M, \\ 0, & \pi/M < \omega \le \pi. \end{cases} \quad (4.163)$$

Por exemplo, se $\Phi_{x_a x_a}(j\Omega)$ é como esboçado na Figura 4.67(a), e se escolhermos a taxa de amostragem $2\pi/T = 2M\Omega_N$, então $\Phi_{xx}(e^{j\omega})$ será como mostra a Figura 4.67(b).

É instrutivo demonstrar que a Equação 4.161 é verdadeira utilizando o espectro de potência. A potência total do sinal analógico original é dada por

$$\mathcal{E}\{x_a^2(t)\} = \frac{1}{2\pi} \int_{-\Omega_N}^{\Omega_N} \Phi_{x_a x_a}(j\Omega) d\Omega.$$

Pela Equação 4.163, a potência total do sinal amostrado é

$$\mathcal{E}\{x^2[n]\} = \frac{1}{2\pi} \int_{-\pi}^{\pi} \Phi_{xx}(e^{j\omega}) d\omega \quad (4.164)$$

$$= \frac{1}{2\pi} \int_{-\pi/M}^{\pi/M} \frac{1}{T} \Phi_{x_a x_a}\left(j\frac{\omega}{T}\right) d\omega. \quad (4.165)$$

Usando o fato de que $\Omega_N T = \pi/M$ e fazendo a substituição $\Omega = \omega/T$ na Equação 4.165, temos

$$\mathcal{E}\{x^2[n]\} = \frac{1}{2\pi} \int_{-\Omega_N}^{\Omega_N} \Phi_{x_a x_a}(j\Omega) d\Omega = \mathcal{E}\{x_a^2(t)\}.$$

Assim, a potência total do sinal amostrado e a potência total do sinal analógico original são exatamente

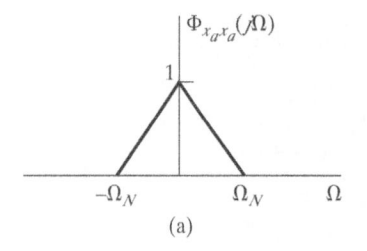

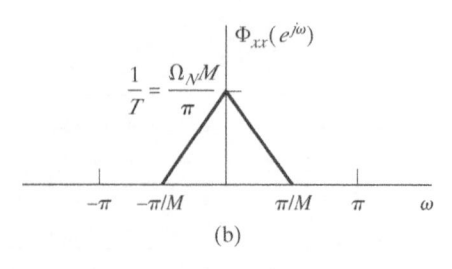

Figura 4.67 Exemplo da mudança de escala de frequência e de amplitude entre $\Phi_{x_a x_a}(j\Omega)$ e $\Phi_{xx}(e^{j\omega})$.

as mesmas que observamos na Equação 4.161. Como o filtro de dizimação é um filtro passa-baixas ideal com frequência de corte $\omega_c = \pi/M$, o sinal $x[n]$ passa inalterado pelo filtro. Portanto, o componente de sinal subamostrado na saída, $x_{da}[n] = x[nM] = x_a(nMT)$, também tem a mesma potência total. Isso pode ser visto pelo espectro de potência ao notarmos que, como $\Phi_{xx}(e^{j\omega})$ é limitado em banda a $|\omega| < \pi/M$,

$$\Phi_{x_{da}x_{da}}(e^{j\omega}) = \frac{1}{M} \sum_{k=0}^{M-1} \Phi_{xx}(e^{j(\omega - 2\pi k)/M})$$

$$= \frac{1}{M}\Phi_{xx}(e^{j\omega/M}) \qquad |\omega| < \pi. \qquad (4.166)$$

Usando a Equação 4.166, obtemos

$$\mathcal{E}\{x_{da}^2[n]\} = \frac{1}{2\pi} \int_{-\pi}^{\pi} \Phi_{x_{da}x_{da}}(e^{j\omega}) d\omega$$

$$= \frac{1}{2\pi} \int_{-\pi}^{\pi} \frac{1}{M} \Phi_{xx}(e^{j\omega/M}) d\omega$$

$$= \frac{1}{2\pi} \int_{-\pi/M}^{\pi/M} \Phi_{xx}(e^{j\omega}) d\omega = \mathcal{E}\{x^2[n]\},$$

que mostra que a potência do componente de sinal permanece a mesma ao passar pelo sistema total desde a entrada $x_a(t)$ até o componente de saída correspondente $x_{da}[n]$. Em termos do espectro de potência, isso ocorre porque, para cada mudança de escala do eixo de frequência que resulta da amostragem, temos uma compensação de mudança inversa de escala da amplitude, de modo que a área sob o espectro de potência permanece igual enquanto partimos de $\Phi_{x_a x_a}(j\Omega)$ para $\Phi_{xx}(e^{j\omega})$, e daí para $\Phi_{x_{da}x_{da}}(e^{j\omega})$ por amostragem.

Agora, consideremos o componente de ruído gerado por digitalização. Conforme o modelo na Seção 4.8.3, assumimos que $e[n]$ é um processo ruído branco estacionário no sentido amplo, com média nula e variância[5]

$$\sigma_e^2 = \frac{\Delta^2}{12}.$$

Consequentemente, a função de autocorrelação e o espectro de densidade de potência para $e[n]$ são, respectivamente,

$$\phi_{ee}[m] = \sigma_e^2 \delta[m] \qquad (4.167)$$

e

$$\Phi_{ee}(e^{j\omega}) = \sigma_e^2 \qquad |\omega| < \pi. \qquad (4.168)$$

Na Figura 4.68, mostramos o espectro da densidade de potência de $e[n]$ e de $x[n]$. O espectro da densidade de potência do sinal digitalizado $\hat{x}[n]$ é a soma de ambos, pois considera-se que o sinal e as amostras de ruído de digitalização são não correlacionados em nosso modelo.

Embora tenhamos mostrado que a potência tanto em $x[n]$ quanto em $e[n]$ não depende de M, notamos que, à medida que a razão de sobreamostragem M aumenta, menos do espectro do ruído de digitalização se sobrepõe ao espectro de sinal. É esse efeito da sobreamostragem que nos permite melhorar a relação sinal-ruído de digitalização com a redução da taxa de amostragem. Especificamente, o filtro passa-baixas ideal remove o ruído de digitalização na banda $\pi/M < |\omega| \leq \pi$, enquanto deixa o componente do sinal inalterado. A potência do ruído na saída do filtro passa-baixas ideal é

$$\mathcal{E}\{e^2[n]\} = \frac{1}{2\pi}\int_{-\pi/M}^{\pi/M}\sigma_e^2 d\omega = \frac{\sigma_e^2}{M}.$$

Em seguida, o sinal filtrado passa-baixas é subamostrado, e, como vimos, a potência do sinal na saída subamostrada permanece a mesma. Na Figura 4.69, mostramos o espectro de densidade de potência resultante de $x_{da}[n]$ e $x_{de}[n]$. Comparando as figuras 4.68 e 4.69, podemos notar que a área sob o espectro de densidade de potência para o sinal não mudou, pois as mudanças de escalas entre o eixo de frequência e o eixo de amplitude foram os inversos um do outro. Por outro lado, a potência do ruído na saída dizimada é a mesma que aquela na saída do filtro passa-baixas; isto é,

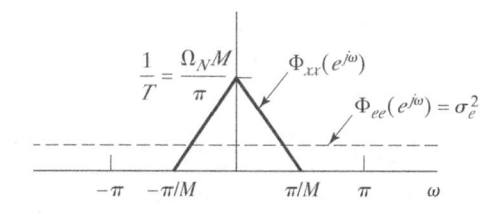

Figura 4.68 Densidade espectral de potência do sinal e do ruído de digitalização com um fator de sobreamostragem M.

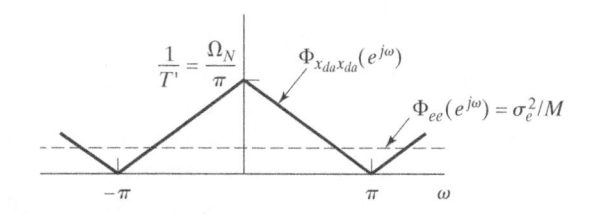

Figura 4.69 Densidade espectral de potência do sinal e do ruído de digitalização após a subamostragem.

---

[5] Como o processo aleatório tem média zero, a potência média e a variância são as mesmas.

$$\mathcal{E}\{x_{de}^2[n]\} = \frac{1}{2\pi}\int_{-\pi}^{\pi}\frac{\sigma_e^2}{M}d\omega = \frac{\sigma_e^2}{M} = \frac{\Delta^2}{12M}. \quad (4.169)$$

Assim, a potência do ruído de digitalização $\mathcal{E}\{x_{de}^2[n]\}$ foi reduzida por um fator de M por meio da filtragem e da subamostragem, embora a potência do sinal tenha permanecido a mesma.

A Equação 4.169 mostra que, para determinada potência de ruído de digitalização, há um compromisso direto entre o fator de sobreamostragem M e o passo Δ do degrau do digitalizador. A Equação 4.125 indica que, para um digitalizador com $(B + 1)$ bits e um nível máximo do sinal de entrada entre mais e menos X_m, o passo do degrau é

$$\Delta = X_m/2^B,$$

e, portanto,

$$\mathcal{E}\{x_{de}^2[n]\} = \frac{1}{12M}\left(\frac{X_m}{2^B}\right)^2. \quad (4.170)$$

A Equação 4.170 mostra que, para um digitalizador fixo, a potência do ruído pode ser diminuída com o aumento da razão de sobreamostragem M. Como a potência do sinal é independente de M, aumentar M também aumentará a relação sinal-ruído de digitalização. Como alternativa, para uma potência fixa do ruído de digitalização $P_{de} = \mathcal{E}\{x_{de}^2[n]\}$, o valor exigido para B é

$$B = -\frac{1}{2}\log_2 M - \frac{1}{2}\log_2 12 - \frac{1}{2}\log_2 P_{de} + \log_2 X_m. \quad (4.171)$$

A Equação 4.171 mostra que, para cada duplicação da razão de sobreamostragem M, precisamos de 1/2 bit a menos para alcançar determinada relação sinal-ruído de digitalização ou, em outras palavras, se sobreamostrarmos por um fator $M = 4$, precisaremos de um bit a menos para alcançar a precisão desejada na representação do sinal.

4.9.2 Conversão A/D sobreamostrada com formatação do ruído

Na seção anterior, mostramos que a sobreamostragem e a dizimação podem melhorar a relação sinal-ruído de digitalização. Esse parece ser um resultado um tanto surpreendente. Implica que podemos, em princípio, usar uma digitalização muito pobre na amostragem inicial do sinal e, se a razão de sobreamostragem for alta o suficiente, ainda podemos obter uma representação precisa das amostras originais realizando operações numéricas sobre as amostras ruidosas. O problema com o que vimos até aqui é que, para reduzir significativamente o número necessário de bits, precisamos de razões de sobreamostragem muito elevadas. Por exemplo, para reduzir o número de bits de 16 para 12, é necessário $M = 4^4 = 256$. Esse parece ser um custo muito alto.

Porém, o princípio básico da sobreamostragem pode ocasionar ganhos muito mais altos se o combinarmos com o conceito de formatação do espectro do ruído por realimentação.

Como indica a Figura 4.68, com a digitalização direta, o espectro da densidade de potência do ruído de digitalização é constante em toda a faixa de frequências. O conceito básico da formatação do ruído é modificar o procedimento de conversão A/D de modo que o espectro da densidade de potência do ruído de digitalização não seja mais uniforme, mas, sim, modelado de modo que a maior parte da potência do ruído esteja fora da banda $|\omega| < \pi/M$. Desse modo, a filtragem e a subamostragem subsequentes removem uma maior quantidade da potência do ruído de digitalização.

O digitalizador com formatação do ruído, geralmente chamado de modulador Delta-Sigma de dados amostrados, é representado na Figura 4.70. (Veja Candy e Temes, 1992, e Schreier e Temes, 2005.) Na Figura 4.70(a) é mostrado um diagrama de blocos de como o sistema é implementado com circuitos integrados. O integrador é de tempo discreto com capacitor chaveado. O conversor A/D pode ser implementado de várias maneiras, mas, geralmente, ele é um digitalizador de 1 bit simples ou comparador. O conversor D/A converte a saída digital de volta a um pulso analógico que é subtraído do sinal de entrada na entrada do integrador. Esse sistema pode ser representado pelo sistema equivalente em tempo discreto mostrado na Figura 4.70(b). O integrador com capacitor chaveado é representado por um sistema acumulador, e o atraso no caminho da realimentação representa o atraso introduzido pelo conversor D/A.

Anteriormente, modelamos o erro de digitalização como uma fonte de ruído aditivo, de modo que o sistema na Figura 4.70 pode ser substituído pelo modelo linear na Figura 4.71. Nesse sistema, a saída $y[n]$ é a soma de dois componentes: $y_x[n]$, graças à entrada $x[n]$ isolada, e $\hat{e}[n]$, por causa do ruído $e[n]$ isolado.

Indicamos a função de transferência de $x[n]$ para $y[n]$ como $H_x(z)$, e de $e[n]$ para $y[n]$ como $H_e(z)$. Essas duas funções de transferência podem ser calculadas de forma direta e são

$$H_x(z) = 1, \quad (4.172a)$$

$$H_e(z) = (1 - z^{-1}). \quad (4.172b)$$

Consequentemente,

$$y_x[n] = x[n] \quad (4.173a)$$

e

$$\hat{e}[n] = e[n] - e[n-1]. \quad (4.173b)$$

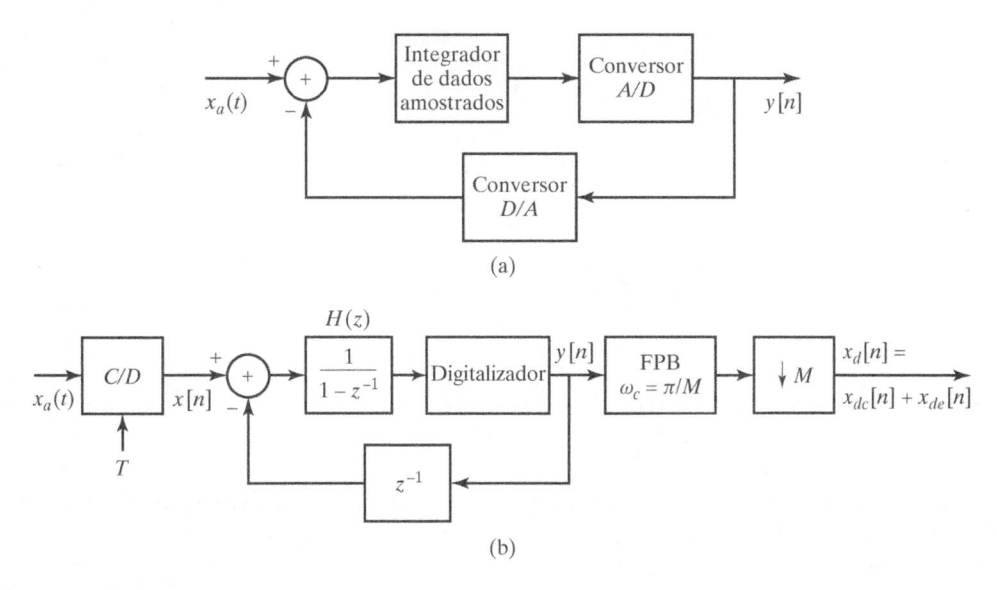

Figura 4.70 Digitalizador sobreamostrado com formatação do ruído.

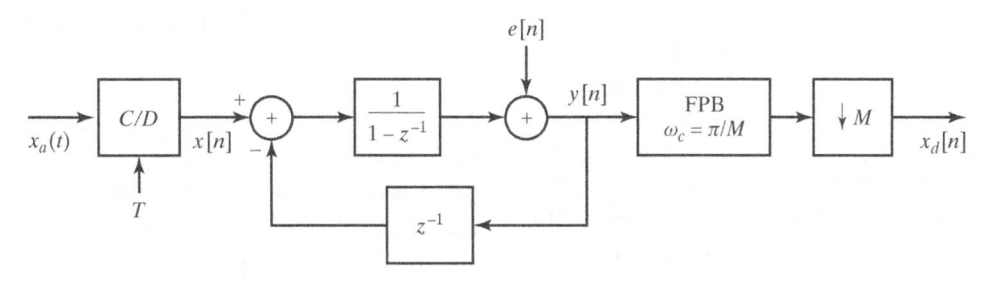

Figura 4.71 Sistema da Figura 4.70 de $x_a(t)$ para $x_d[n]$ com o digitalizador substituído por um modelo de ruído linear.

Portanto, a saída $y[n]$ pode ser representada de forma equivalente como $y[n] = x[n] + \hat{e}[n]$, em que $x[n]$ aparece sem modificação na saída, e o ruído de digitalização $e[n]$ é modificado pelo operador da primeira diferença $H_e(z)$. Isso é representado no diagrama de blocos da Figura 4.72. Com o espectro da densidade de potência para $e[n]$ dado pela Equação 4.168, o espectro da densidade de potência do ruído de digitalização $\hat{e}[n]$ presente em $y[n]$ é

$$\Phi_{\hat{e}\hat{e}}(e^{j\omega}) = \sigma_e^2 |H_e(e^{j\omega})|^2$$
$$= \sigma_e^2 [2\,\text{sen}(\omega/2)]^2. \quad (4.174)$$

Na Figura 4.73, mostramos o espectro da densidade de potência de $\hat{e}[n]$, o espectro de potência de $e[n]$, e o mesmo espectro de potência de sinal que foi mostrado na Figura 4.67(b) e na Figura 4.68. É interessante observar que a potência de ruído *total* é aumentada de $\mathcal{E}\{e^2[n]\} = \sigma_e^2$ no digitalizador para $\mathcal{E}\{\hat{e}^2[n]\} = 2\sigma_e^2$ na saí-

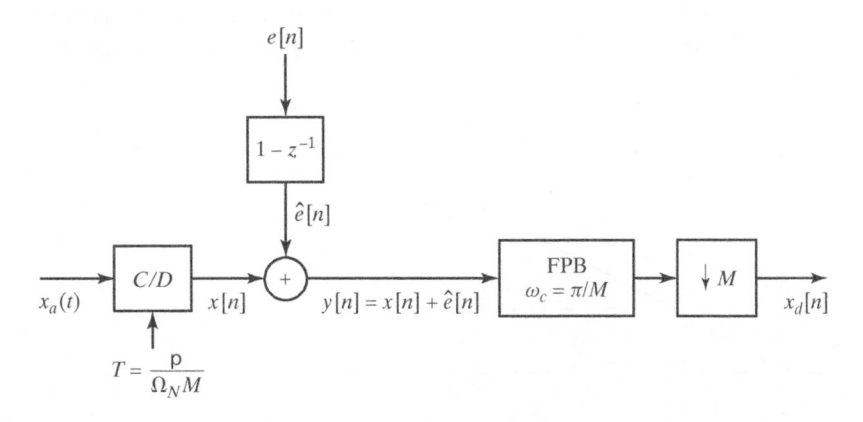

Figura 4.72 Representação equivalente da Figura 4.71.

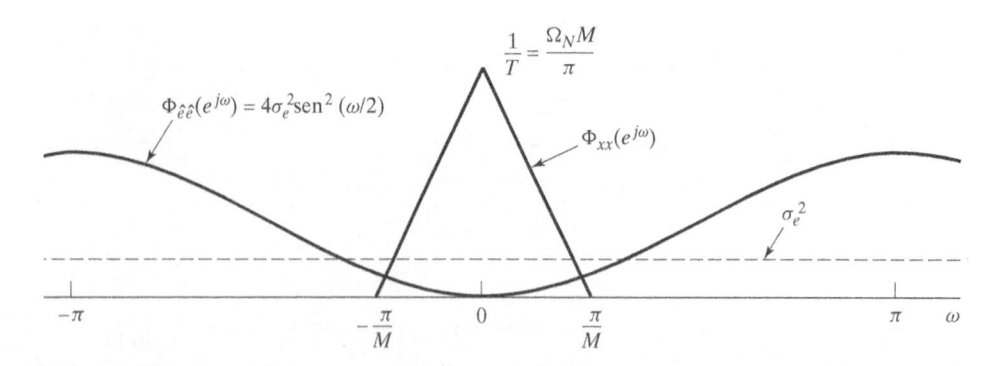

Figura 4.73 Densidade espectral de potência do ruído de digitalização e do sinal.

da do sistema de formatação do ruído. Porém, note que, em comparação com a Figura 4.68, o ruído de digitalização foi formatado de modo que uma quantidade maior da potência do ruído fica fora da banda de sinal $|\omega| < \pi/M$ do que no caso sobreamostrado direto, em que o espectro de ruído é plano.

No sistema da Figura 4.70, a potência de ruído fora da banda é removida pelo filtro passa-baixas. Especificamente, na Figura 4.74, mostramos o espectro da densidade de potência de $\Phi_{x_{da}x_{dq}}(e^{j\omega})$ sobreposto ao espectro da densidade de potência de $\Phi_{x_{de}x_{de}}(e^{j\omega})$. Como o subamostrador (*downsampler*) não remove qualquer potência do sinal, a potência do sinal em $x_{da}[n]$ é

$$P_{da} = \mathcal{E}\{x_{da}^2[n]\} = \mathcal{E}\{x^2[n]\} = \mathcal{E}\{x_a^2(t)\}.$$

A potência do ruído de digitalização na saída final é

$$P_{de} = \frac{1}{2\pi}\int_{-\pi}^{\pi}\Phi_{x_{de}x_{de}}(e^{j\omega})d\omega$$
$$= \frac{1}{2\pi}\frac{\Delta^2}{12M}\int_{-\pi}^{\pi}\left(2\,\text{sen}\left(\frac{\omega}{2M}\right)\right)^2 d\omega. \quad (4.175)$$

Para comparar aproximadamente com os resultados na Seção 4.9.1, suponha que M seja suficientemente grande, de modo que

$$\text{sen}\left(\frac{\omega}{2M}\right) \approx \frac{\omega}{2M}.$$

Com essa aproximação, a Equação 4.175 é facilmente calculada para se obter

$$P_{de} = \frac{1}{36}\frac{\Delta^2\pi^2}{M^3}. \quad (4.176)$$

Pela Equação 4.176, vemos novamente um compromisso entre a razão de sobreamostragem M e o passo Δ do degrau do digitalizador. Para um digitalizador de $(B + 1)$ bits e nível de sinal de entrada máximo entre mais e menos X_m, o passo do degrau é $\Delta = X_m/2^B$. Portanto, para obter uma potência de ruído de digitalização dada P_{de}, devemos ter

$$B = -\frac{3}{2}\log_2 M + \log_2(\pi/6)$$
$$\quad -\frac{1}{2}\log_2 P_{de} + \log_2 X_m. \quad (4.177)$$

Comparando a Equação 4.177 com a Equação 4.171, notamos que, enquanto com a digitalização direta uma duplicação da razão de sobreamostragem M ganhou 1/2 bit na digitalização, com o uso da formatação do ruído há um ganho de 1,5 bit.

A Tabela 4.1 mostra as economias equivalentes nos bits do digitalizador na digitalização direta sem sobreamostragem ($M = 1$) para (a) digitalização direta com sobreamostragem, conforme discutimos na Seção 4.9.1, e (b) sobreamostragem com formatação do ruído, conforme examinamos nesta seção.

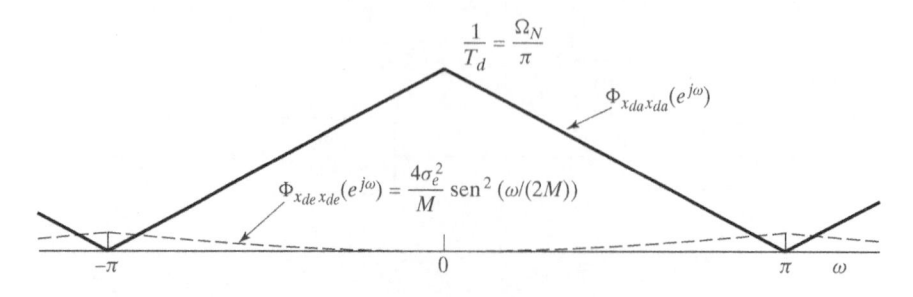

Figura 4.74 Densidade espectral de potência do sinal e ruído de digitalização após subamostragem.

Tabela 4.1 Economias equivalentes nos bits do digitalizador relativas a $M = 1$ para digitalização direta e formatação do ruído de primeira ordem.

M	Digitalização direta	Formatação do ruído
4	1	2,2
8	1,5	3,7
16	2	5,1
32	2,5	6,6
64	3	8,1

Tabela 4.2 Redução nos bits do digitalizador em função da formatação do ruído com ordem p.

Ordem do digitalizador p	Fator de sobreamostragem M				
	4	8	16	32	64
0	1,0	1,5	2,0	2,5	3,0
1	2,2	3,7	5,1	6,6	8,1
2	2,9	5,4	7,9	10,4	12,9
3	3,5	7,0	10,5	14,0	17,5
4	4,1	8,5	13,0	17,5	22,0
5	4,6	10,0	15,5	21,0	26,5

A estratégia de formatação do ruído na Figura 4.70 pode ser estendida incorporando um segundo estágio de acumulação, como mostra a Figura 4.75. Nesse caso, com o digitalizador novamente modelado como uma fonte de ruído aditivo $e[n]$, pode-se mostrar que

$$y[n] = x[n] + \hat{e}[n]$$

sendo, no caso dos dois estágios, $\hat{e}[n]$ o resultado do processamento do ruído de digitalização $e[n]$ por meio da função de transferência

$$H_e(z) = (1 - z^{-1})^2. \quad (4.178)$$

O espectro da densidade de potência correspondente do ruído de digitalização agora presente em $y[n]$ é

$$\Phi_{\hat{e}\hat{e}}(e^{j\omega}) = \sigma_e^2 [2\,\text{sen}(\omega/2)]^4, \quad (4.179)$$

de modo que, embora a potência de ruído total na saída do sistema de formatação do ruído em dois estágios seja maior do que para o caso de um estágio, ainda mais do ruído fica fora da banda de sinal. De modo geral, p estágios de acumulação e realimentação podem ser usados, com a formatação do ruído correspondente dada por

$$\Phi_{\hat{e}\hat{e}}(e^{j\omega}) = \sigma_e^2 [2\,\text{sen}(\omega/2)]^{2p}. \quad (4.180)$$

Na Tabela 4.2, mostramos a redução equivalente nos bits do digitalizador em função da ordem p da formatação do ruído e da razão de sobreamostragem M. Note que, com $p = 2$ e $M = 64$, obtemos quase 13 bits de aumento na precisão, sugerindo que um digitalizador de 1 bit poderia conseguir em torno de 14 bits de precisão na saída do dizimador.

Embora múltiplos percursos de realimentação, como os mostrados na Figura 4.75, prometam aumentar a redução de ruído, eles também geram problemas. Especificamente, para altos valores de p, existe um aumento potencial de ocorrências de instabilidade e oscilações. Uma estrutura alternativa, conhecida como formatação em múltiplos estágios do ruído (MASH, do inglês *multistage noise shapping*) é considerada no Problema 4.68.

4.9.3 Sobreamostragem e formatação do ruído na conversão D/A

Nas seções 4.9.1 e 4.9.2, discutimos o uso da sobreamostragem na simplificação do processo de conversão A/D. Como mencionamos, o sinal é inicialmente sobreamostrado para simplificar a filtragem *antialias* e melhorar a precisão, mas a saída final $x_d[n]$ do conversor A/D é amostrada na taxa de Nyquist para $x_a(t)$. A taxa de amostragem mínima é, naturalmente, bastante desejável para processamento digital ou simplesmente para representar o sinal analógico na forma digital, como no sistema de gravação de áudio em CD. É natural que sejam aplicados os mesmos princípios no sentido inverso para obter melhorias no processo de conversão D/A.

O sistema básico, que é o correspondente à Figura 4.65, é mostrado na Figura 4.76. A sequência $y_d[n]$, que deve ser convertida em um sinal de tempo contínuo, é primeiro superamostrada para produzir a sequência $\hat{y}[n]$, a qual é então redigitalizada antes de ser enviada a um conversor D/A que aceita amostras binárias com o número de bits produzidos pelo processo de redigitalização. Podemos usar um conversor D/A simples com

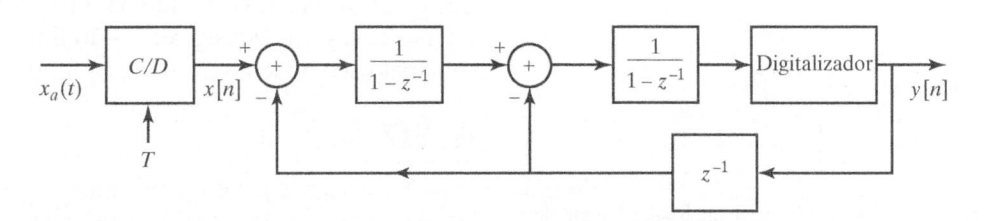

Figura 4.75 Digitalizador sobreamostrado com formatação de segunda ordem do ruído.

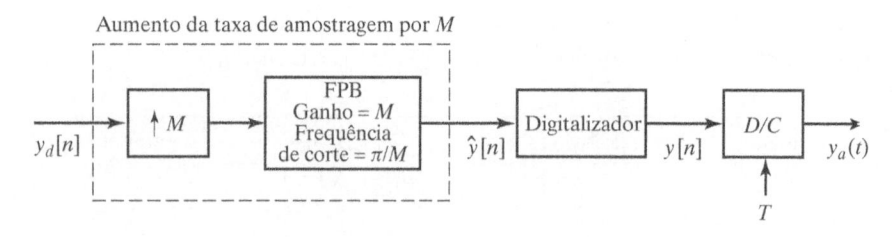

Figura 4.76 Conversão D/A sobreamostrada.

poucos bits se pudermos ter certeza de que o ruído de digitalização não ocupa a banda do sinal. Depois, o ruído pode ser removido por filtragem analógica pouco dispendiosa.

Na Figura 4.77, mostramos uma estrutura para o digitalizador que formata o ruído de digitalização de maneira similar à formatação do ruído de primeira ordem fornecida pelo sistema na Figura 4.70. Em nossa análise, supomos que $y_d[n]$ seja efetivamente não digitalizado ou tão minuciosamente digitalizado em relação a $y[n]$ que a principal fonte de erro do digitalizador seja o digitalizador da Figura 4.76. Para analisar o sistema nas figuras 4.76 e 4.77, substituímos o digitalizador na Figura 4.77 por uma fonte de ruído branco aditiva $e[n]$, de modo que a Figura 4.77 seja substituída pela Figura 4.78. A função de transferência de $\hat{y}[n]$ para $y[n]$ é unitária, isto é, o sinal sobreamostrado $\hat{y}[n]$ aparece inalterado na saída. A função de transferência $H_e(z)$ de $e[n]$ para $y[n]$ é

$$H_e(z) = 1 - z^{-1}.$$

Portanto, o componente do ruído de digitalização $\hat{e}[n]$ que aparece na saída do sistema de formatação do ruído na Figura 4.78 tem o espectro de densidade de potência

$$\Phi_{\hat{e}\hat{e}}(e^{j\omega}) = \sigma_e^2 (2 \operatorname{sen} \omega/2)^2, \qquad (4.181)$$

em que, novamente, $\sigma_e^2 = \Delta^2/12$.

Um exemplo dessa técnica para a conversão D/A é dado na Figura 4.79. A Figura 4.79(a) mostra o espectro de potência $\Phi_{y_d y_d}(e^{j\omega})$ da entrada $y_d[n]$ na Figura 4.76. Note que consideramos que o sinal $y_d[n]$ é amostrado à taxa de Nyquist. A Figura 4.79(b) mostra o espectro de potência correspondente na saída superamostrada (por M), e na Figura 4.79(c) é mostrado o espectro do ruído de digitalização na saída do sistema de digitalização–formatação de ruído. Finalmente, na Figura 4.79(d) é mostrado o espectro de potência do componente de sinal sobreposto ao espectro de potência do componente de ruído na saída analógica do conversor D/C da Figura 4.76. Nesse caso, supomos que o conversor D/C tenha um filtro de reconstrução passa-baixas ideal com frequência de corte $\pi/(MT)$, que removerá o máximo possível do ruído de digitalização.

Na prática, gostaríamos de evitar os filtros de reconstrução analógicos de corte abrupto. Pela Figura 4.79(d), fica claro que, se pudermos tolerar um pouco mais de ruído de digitalização, então o filtro de reconstrução D/C não precisará de um decaimento tão abrupto. Além disso, se usarmos técnicas de múltiplos estágios na formatação do ruído, obtemos um espectro de ruído de saída na forma

$$\Phi_{\hat{e}\hat{e}}(e^{j\omega}) = \sigma_e^2 (2 \operatorname{sen} \omega/2)^{2p},$$

que empurraria mais do ruído para frequências mais altas. Nesse caso, as especificações do filtro de reconstrução analógico podem ser relaxadas ainda mais.

4.10 Resumo

Neste capítulo, desenvolvemos e exploramos a relação entre sinais de tempo contínuo e as sequências de tempo discreto obtidas pela amostragem periódica. O

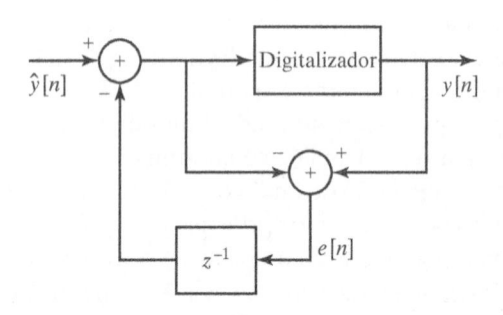

Figura 4.77 Sistema de formatação do ruído de primeira ordem para digitalização D/A sobreamostrada.

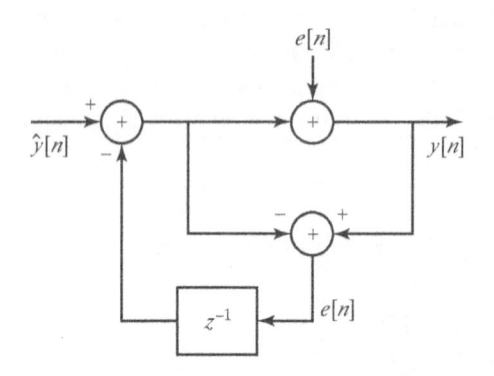

Figura 4.78 Sistema da Figura 4.77 com digitalizador substituído pelo modelo de ruído linear.

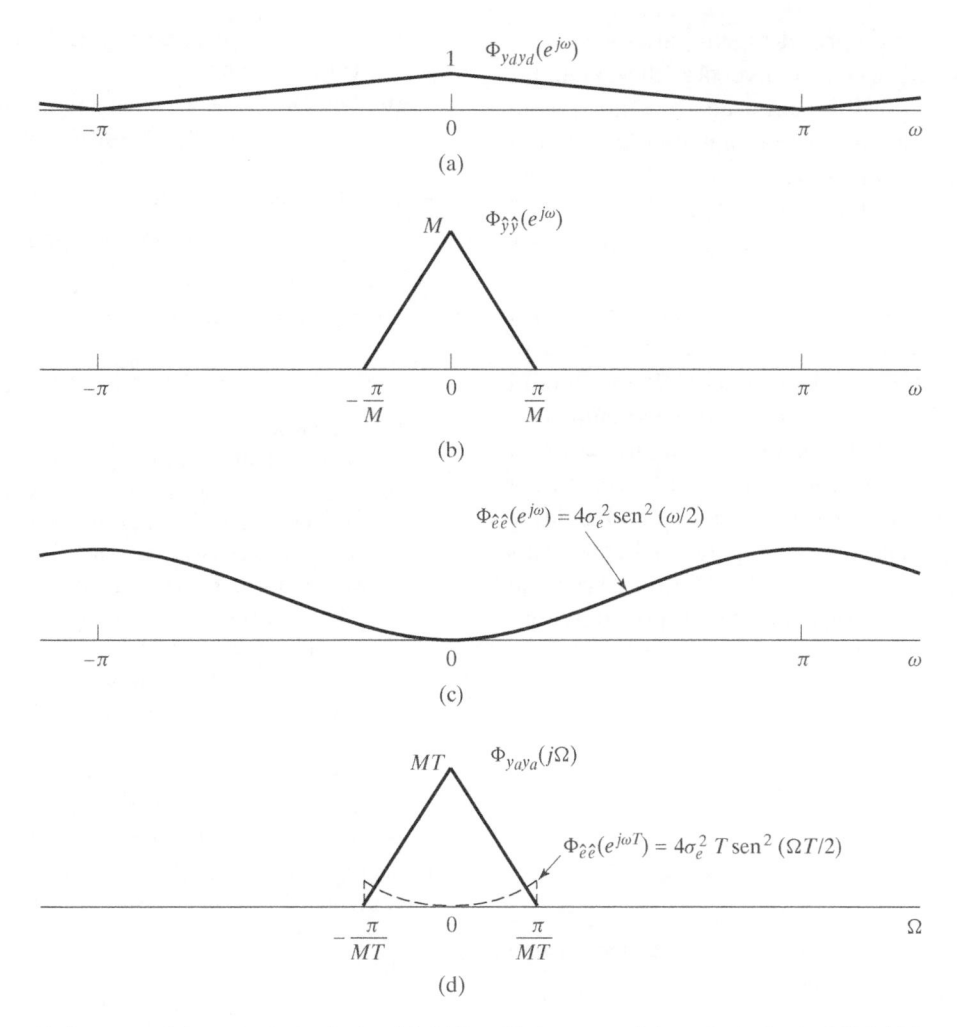

Figura 4.79 (a) Densidade espectral de potência do sinal $y_d[n]$. (b) Densidade espectral de potência do sinal $\hat{y}[n]$. (c) Densidade espectral de potência do ruído de digitalização. (d) Densidade espectral de potência do sinal de tempo contínuo e ruído de digitalização.

teorema fundamental que permite que o sinal de tempo contínuo seja representado por uma sequência de amostras é o teorema de Nyquist-Shannon, o qual estabelece que, para um sinal de banda limitada, amostras periódicas são uma representação suficiente, desde que a taxa de amostragem seja suficientemente alta em relação à frequência mais alta no sinal de tempo contínuo. Sob essa condição, o sinal de tempo contínuo pode ser reconstruído pela filtragem passa-baixas conhecendo-se apenas a largura de banda original, a taxa de amostragem e as amostras. Isso corresponde à interpolação de banda limitada. Se a taxa de amostragem for muito baixa em relação à largura de banda do sinal, então haverá distorção de *aliasing* e o sinal original não poderá ser reconstruído pela interpolação de banda limitada.

A capacidade de representar sinais por amostragem permite o processamento em tempo discreto de sinais de tempo contínuo. Isso é feito primeiro amostrando o sinal e, depois, aplicando o processamento em tempo discreto, e, finalmente, reconstruindo o sinal de tempo contínuo a partir do resultado. Os exemplos dados foram filtragem passa-baixas e diferenciação.

Mudanças na taxa de amostragem são uma classe importante de operações de processamento digital de sinais. A subamostragem de um sinal de tempo discreto corresponde, no domínio de frequência, a uma replicação em escala de amplitude do espectro de tempo discreto e a uma mudança de escala no eixo da frequência, o que pode exigir uma limitação de banda adicional para evitar *aliasing*. A sobreamostragem corresponde ao aumento efetivo da taxa de amostragem, e também é representada no domínio de frequência por uma mudança de escala no eixo da frequência. Ao combinar sobreamostragem e subamostragem com razões inteiras, pode-se obter a conversão da taxa de amostragem com razões não inteiras. Também mostramos como isso pode ser feito de modo eficiente usando técnicas multitaxas.

Nas últimas seções do capítulo, exploramos uma série de considerações práticas associadas ao processamento em tempo discreto de sinais de tempo contínuo, incluindo o uso da pré-filtragem para evitar *aliasing*, erro de digitalização na conversão A/D e algumas questões associadas à filtragem usada na amostragem e na reconstrução dos sinais de tempo contínuo. Finalmente, mostramos como a dizimação e a interpolação em tempo discreto e a formatação do ruído podem ser usadas para simplificar o lado análogo das conversões A/D e D/A.

O foco deste capítulo foi a amostragem periódica como um processo para a obtenção de uma representação discreta de um sinal de tempo contínuo. Embora essas representações sejam de longe as mais comuns e a base para quase todos os tópicos a serem discutidos no restante deste livro, existem outras abordagens para a obtenção de representações discretas, que podem levar a representações mais compactas para sinais, nas quais outras informações sobre o sinal (além da largura de banda) são conhecidas. Alguns exemplos podem ser encontrados em Unser (2000).

Problemas

Problemas básicos com respostas

4.1. O sinal
$$x_c(t) = \operatorname{sen}(2\pi(100)t)$$
foi amostrado com período de amostragem $T = 1/400$ segundos para a obtenção de um sinal de tempo discreto $x[n]$. Qual é a sequência $x[n]$ resultante?

4.2. A sequência
$$x[n] = \cos\left(\frac{\pi}{4}n\right), \quad -\infty < n < \infty,$$
foi obtida pela amostragem do sinal de tempo contínuo
$$x_c(t) = \cos(\Omega_0 t), \quad -\infty < t < \infty,$$
em uma taxa de amostragem de 1000 amostras/s. Quais são os dois valores positivos possíveis de Ω_0 que poderiam ter resultado na sequência $x[n]$?

4.3. O sinal de tempo contínuo
$$x_c(t) = \cos(4000\pi t)$$
é amostrado com um período de amostragem T para obtermos o sinal de tempo discreto
$$x[n] = \cos\left(\frac{\pi n}{3}\right).$$

(a) Determine uma escolha para T que seja consistente com essa informação.

(b) Sua escolha para T no item (a) é única? Se for, explique por quê. Se não, especifique outra escolha de T que seja consistente com a informação dada.

4.4. O sinal de tempo contínuo
$$x_c(t) = \operatorname{sen}(20\pi t) + \cos(40\pi t)$$
é amostrado com um período de amostragem T para a obtenção do sinal de tempo discreto
$$x[n] = \operatorname{sen}\left(\frac{\pi n}{5}\right) + \cos\left(\frac{2\pi n}{5}\right).$$

(a) Determine uma escolha para T que seja consistente com essa informação.

(b) Sua escolha para T no item (a) é única? Se for, explique por quê. Se não, especifique outra escolha de T que seja consistente com a informação dada.

4.5. Considere o sistema da Figura 4.10, sendo o sistema de tempo discreto um filtro passa-baixas ideal com frequência de corte $\pi/8$ radianos/s.

(a) Se $x_c(t)$ é limitado em banda a 5 kHz, qual é o valor máximo de T que evitará *aliasing* no conversor C/D?

(b) Se $1/T = 10$ kHz, qual é a frequência de corte do filtro de tempo contínuo equivalente?

(c) Repita o item (b) para $1/T = 20$ kHz.

4.6. Seja $h_c(t)$ a resposta ao impulso de um filtro de tempo contínuo LIT, e $h_d[n]$, a resposta ao impulso de um filtro de tempo discreto LIT.

(a) Se
$$h_c(t) = \begin{cases} e^{-at}, & t \geq 0, \\ 0, & t < 0, \end{cases}$$
sendo a uma constante real positiva, determine a resposta em frequência do filtro de tempo contínuo e esboce sua magnitude.

(b) Se $h_d[n] = T h_c(nT)$ com $h_c(t)$ como no item (a), determine a resposta em frequência do filtro de tempo discreto e esboce a sua magnitude.

(c) Para um valor dado de a, determine, em função de T, a magnitude mínima da resposta em frequência do filtro de tempo discreto.

4.7. Um modelo simples de canal de comunicação multipercurso é indicado na Figura P4.7-1. Suponha que $s_c(t)$ seja de banda limitada, de modo que $S_c(j\Omega) = 0$ para $|\Omega| \geq \pi/T$ e que $x_c(t)$ seja amostrado com um período de amostragem T para se obter a sequência
$$x[n] = x_c(nT).$$

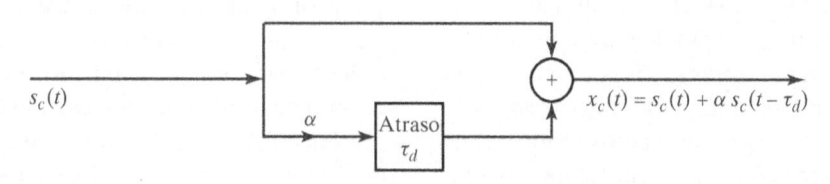

Figura P4.7-1

(a) Determine a transformada de Fourier de $x_c(t)$ e a transformada de Fourier de $x[n]$ em termos de $S_c(j\Omega)$.

(b) Queremos simular o sistema multipercurso com um sistema de tempo discreto escolhendo $H(e^{j\omega})$ na Figura P4.7-2, de modo que a saída seja $r[n] = x_c(nT)$ quando a entrada é $s[n] = s_c(nT)$. Determine $H(e^{j\omega})$ em termos de T e τ_d.

(c) Determine a resposta ao impulso $h[n]$ na Figura P4.7 quando (i) $\tau_d = T$ e (ii) $\tau_d = T/2$.

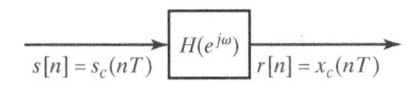

Figura P4.7-2

4.8. Considere o sistema na Figura P4.8 com as seguintes relações:

$$X_c(j\Omega) = 0, \quad |\Omega| \geq 2\pi \times 10^4,$$

$$x[n] = x_c(nT),$$

$$y[n] = T \sum_{k=-\infty}^{n} x[k].$$

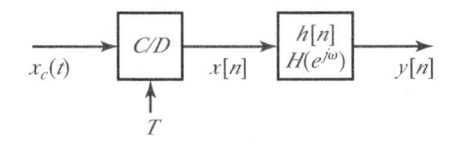

Figura P4.8

(a) Para esse sistema, qual é o valor máximo permitido de T se houver necessidade de evitar *aliasing*, isto é, de modo que $x_c(t)$ possa ser recuperado a partir de $x[n]$?

(b) Determine $h[n]$.

(c) Em termos de $X(e^{j\omega})$, qual é o valor de $y[n]$ para $n \to \infty$?

(d) Determine se existe algum valor de T para o qual

$$y[n]\Big|_{n=\infty} = \int_{-\infty}^{\infty} x_c(t)dt. \quad \text{(P4.8-1)}$$

Se houver tal valor para T, determine o valor máximo. Se não houver, explique e especifique como T deve ser escolhido, de modo que a igualdade na Equação P4.8-1 seja uma melhor aproximação.

4.9. Considere um sinal de tempo discreto estável $x[n]$ cuja transformada de Fourier de tempo discreto $X(e^{j\omega})$ satisfaça a equação

$$X(e^{j\omega}) = X(e^{j(\omega-\pi)})$$

e tenha simetria par, isto é, $x[n] = x[-n]$.

(a) Mostre que $X(e^{j\omega})$ é periódica com um período π.

(b) Encontre o valor de $x[3]$. (*Dica*: Encontre valores para todos os pontos com índices ímpares.)

(c) Seja $y[n]$ a versão dizimada de $x[n]$, isto é, $y[n] = x[2n]$. Você pode reconstruir $x[n]$ a partir de $y[n]$ para todo n. Se sim, como? Se não, justifique sua resposta.

4.10. Cada um dos seguintes sinais de tempo contínuo é usado como entrada $x_c(t)$ para um conversor C/D ideal, como mostrado na Figura 4.1 com o período de amostragem T especificado. Em cada caso, encontre o sinal de tempo discreto $x[n]$ resultante.

(a) $x_c(t) = \cos(2\pi(1000)t)$, $T = (1/3000)$ s

(b) $x_c(t) = \text{sen}(2\pi(1000)t)$, $T = (1/1500)$ s

(c) $x_c(t) = \text{sen}(2\pi(1000)t)/(\pi t)$, $T = (1/5000)$ s

4.11. Os sinais de entrada de tempo contínuo $x_c(t)$ a seguir e os sinais de saída de tempo discreto $x[n]$ correspondentes são aqueles de um C/D ideal, como mostra a Figura 4.1. Especifique uma escolha para o período de amostragem T que seja coerente com cada par de $x_c(t)$ e $x[n]$. Além disso, indique se sua escolha de T é única. Se não, especifique uma segunda escolha possível de T, consistente com a informação dada.

(a) $x_c(t) = \text{sen}(10\pi t)$, $x[n] = \text{sen}(\pi n/4)$

(b) $x_c(t) = \text{sen}(10\pi t)/(10\pi t)$, $x[n] = \text{sen}(\pi n/2)/(\pi n/2)$.

4.12. No sistema da Figura 4.10, suponha que

$$H(e^{j\omega}) = j\omega/T, \quad -\pi \leq \omega < \pi,$$

e $T = 1/10$ s.

(a) Para cada uma das seguintes entradas $x_c(t)$, encontre a saída correspondente $y_c(t)$.

(i) $x_c(t) = \cos(6\pi t)$.

(ii) $x_c(t) = \cos(14\pi t)$.

(b) As saídas $y_c(t)$ são aquelas que você esperaria de um diferenciador?

4.13. No sistema mostrado na Figura 4.15, $h_c(t) = \delta(t - T/2)$.

(a) Suponha que a entrada $x[n] = \text{sen}(\pi n/2)$ e $T = 10$. Encontre $y[n]$.

(b) Suponha que você use o mesmo $x[n]$ do item (a), mas que T seja a metade, 5. Encontre o $y[n]$ resultante.

(c) Em geral, como o sistema LIT de tempo contínuo $h_c(t)$ limita o intervalo do período de amostragem T que pode ser usado sem alterar $y[n]$?

4.14. Quais dos seguintes sinais podem ser subamostrados por um fator de 2 usando o sistema da Figura 4.19 sem qualquer perda de informação?

(a) $x[n] = \delta[n - n_0]$, para n_0 sendo um inteiro desconhecido

(b) $x[n] = \cos(\pi n/4)$

(c) $x[n] = \cos(\pi n/4) + \cos(3\pi n/4)$

(d) $x[n] = \text{sen}(\pi n/3)/(\pi n/3)$

(e) $x[n] = (-1)^n \text{sen}(\pi n/3)/(\pi n/3)$.

4.15. Considere o sistema mostrado na Figura P4.15. Para cada um dos seguintes sinais de entrada $x[n]$, indique se a saída é $x_r[n] = x[n]$.

(a) $x[n] = \cos(\pi n/4)$

(b) $x[n] = \cos(\pi n/2)$

(c)

$$x[n] = \left[\frac{\text{sen}(\pi n/8)}{\pi n}\right]^2$$

Dica: Use a propriedade de modulação da transformada de Fourier para encontrar $X(e^{j\omega})$.

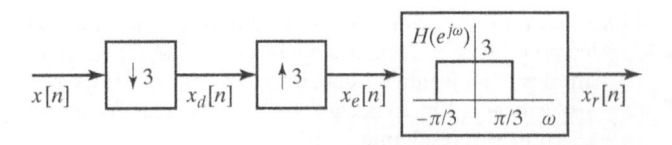

Figura P4.15

4.16. Considere o sistema na Figura 4.29. A entrada $x[n]$ e a saída correspondente $\tilde{x}_d[n]$ são dadas para uma escolha específica de M/L em cada um dos itens a seguir. Determine uma escolha para M/L com base na informação dada e especifique se a sua escolha é única.
 (a) $x[n] = \text{sen}(\pi n/3)/(\pi n/3)$, $\tilde{x}_d[n] = \text{sen}(5\pi n/6)/(5\pi n/6)$
 (b) $x[n] = \cos(3\pi n/4)$, $\tilde{x}_d[n] = \cos(\pi n/2)$

4.17. Cada um dos itens a seguir lista um sinal de entrada $x[n]$ e as taxas de sobreamostragem e subamostragem L e M para o sistema na Figura 4.29. Determine a saída correspondente $\tilde{x}_d[n]$.
 (a) $x[n] = \text{sen}(2\pi n/3)/\pi n$, $L = 4$, $M = 3$
 (b) $x[n] = \text{sen}(3\pi n/4)$, $L = 6$, $M = 7$

4.18. Para o sistema mostrado na Figura 4.29, $X(e^{j\omega})$, a transformada de Fourier do sinal de entrada $x[n]$, é mostrada na Figura P4.18. Para cada uma das seguintes escolhas de L e M, especifique o valor máximo possível de ω_0, tal que $\tilde{X}_d(e^{j\omega}) = aX(e^{jM\omega/L})$ para uma constante a.

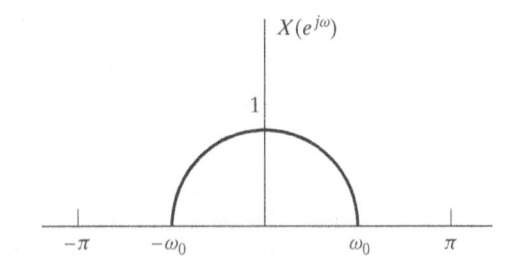

Figura P4.18

 (a) $M = 3$, $L = 2$
 (b) $M = 5$, $L = 3$
 (c) $M = 2$, $L = 3$

4.19. O sinal de tempo contínuo $x_c(t)$ com a transformada de Fourier $X_c(j\Omega)$ mostrada na Figura P4.19-1 passa pelo sistema mostrado na Figura P4.19-2. Determine o intervalo de valores de T para o qual $x_r(t) = x_c(t)$.

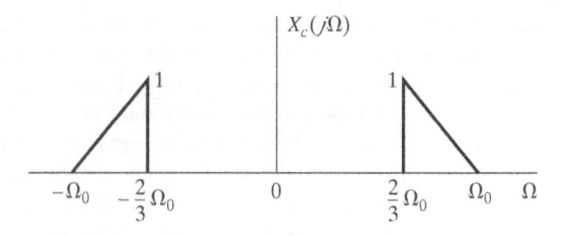

Figura P4.19-1

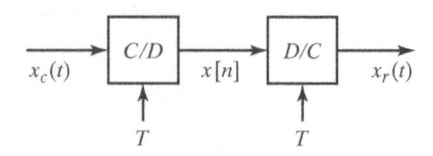

Figura P4.19-2

4.20. Considere o sistema na Figura 4.10. O sinal de entrada $x_c(t)$ tem a transformada de Fourier mostrada na Figura P4.20 com $\Omega_0 = 2\pi(1000)$ radianos/segundo. O sistema de tempo discreto é um filtro passa-baixas ideal com resposta em frequência

$$H(e^{j\omega}) = \begin{cases} 1, & |\omega| < \omega_c, \\ 0, & \text{caso contrário}. \end{cases}$$

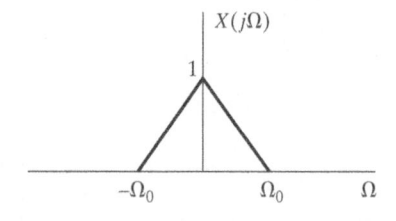

Figura P4.20

 (a) Qual é a taxa de amostragem mínima $F_s = 1/T$, tal que não ocorra *aliasing* na amostragem da entrada?
 (b) Se $\omega_c = \pi/2$, qual é a taxa de amostragem mínima, tal que $y_r(t) = x_c(t)$?

Problemas básicos

4.21. Considere um sinal de tempo contínuo $x_c(t)$ com transformada de Fourier $X_c(j\Omega)$ mostrada na Figura P4.21-1.

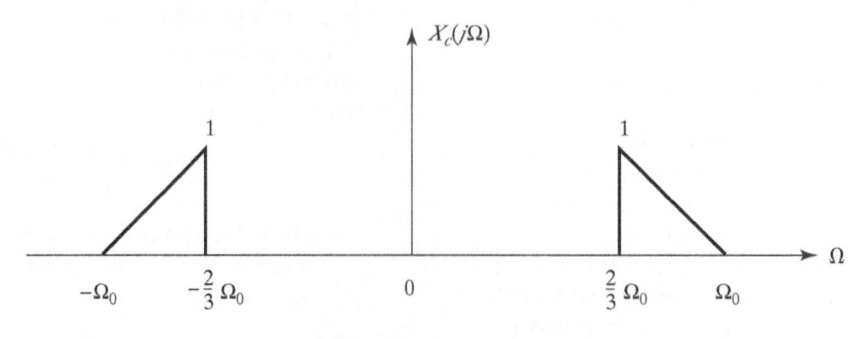

Figura P4.21-1 Transformada de Fourier $X_c(j\Omega)$.

(a) Um sinal de tempo contínuo $x_r(t)$ é obtido por meio do processo mostrado na Figura P4.21-2. Primeiro, $x_c(t)$ é multiplicado por um trem de impulsos de período T_1 para produzir a forma de onda $x_s(t)$, isto é,

$$x_s(t) = \sum_{n=-\infty}^{+\infty} x[n]\delta(t - nT_1).$$

Em seguida, $x_s(t)$ passa por um filtro passa-baixas com resposta em frequência $H_r(j\Omega)$. $H_r(j\Omega)$ é mostrado na Figura P4.21-3.

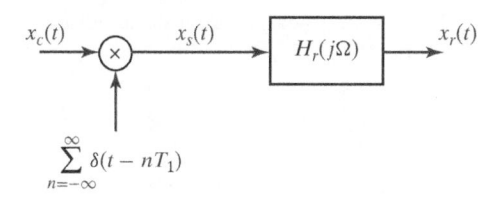

Figura P4.21-2 Sistema de conversão para o item (a).

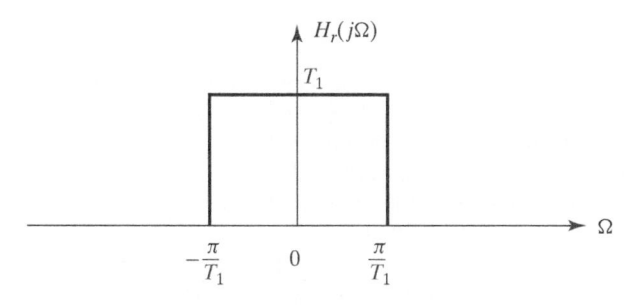

Figura P4.21-3 Resposta em frequência $H_r(j\Omega)$.

Determine o intervalo de valores para T_1 para o qual $x_r(t) = x_c(t)$.

(b) Considere o sistema na Figura P4.21-4. O sistema nesse caso é o mesmo que aquele no item (a), exceto que o período de amostragem agora é T_2. O sistema $H_s(j\Omega)$ é um filtro LIT de tempo contínuo ideal. Queremos que $x_o(t)$ seja igual a $x_c(t)$ para todo t, isto é, $x_o(t) = x_c(t)$ para alguma escolha de $H_s(j\Omega)$. Encontre todos os valores de T_2 para os quais $x_o(t) = x_c(t)$ é possível. Para o maior T_2 que você determinou que ainda permita a recuperação de $x_c(t)$, escolha $H_s(j\Omega)$, de modo que $x_o(t) = x_c(t)$; esboce $H_s(j\Omega)$.

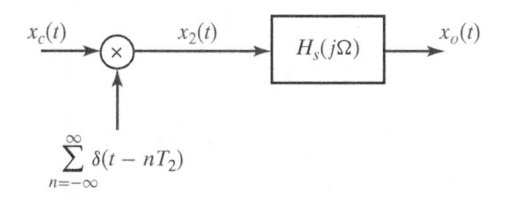

Figura P4.21-4 Sistema de conversão para o item (b).

4.22. Suponha que o diferenciador de banda limitada do Exemplo 4.4 tenha entrada $x_c(t) = \cos(\Omega_0 t)$ com $\Omega_0 < \pi/T$. Neste problema, queremos verificar se o sinal de tempo contínuo reconstruído a partir da saída do diferenciador de banda limitada é realmente a derivada de $x_c(t)$.

(a) A entrada amostrada é $x[n] = \cos(\omega_0 n)$, em que $\omega_0 = \Omega_0 T < \pi$. Determine uma expressão para $X(e^{j\omega})$ que seja válida para $|\omega| \le \pi$.

(b) Agora, use a Equação 4.46 para determinar a TFTD de $Y(e^{j\omega})$, a saída do sistema de tempo discreto.

(c) Pela Equação 4.32, determine $Y_r(j\Omega)$, a transformada de Fourier de tempo contínuo da saída do conversor D/C.

(d) Use o resultado de (c) para mostrar que

$$y_r(t) = -\Omega_0 \operatorname{sen}(\Omega_0 t) = \frac{d}{dt}[x_c(t)].$$

4.23. Na Figura P4.23-1 é mostrado um filtro de tempo contínuo que é implementado usando-se um filtro passa-baixas ideal de tempo discreto LIT com resposta em frequência sobre $-\pi \le \omega \le \pi$ como

$$H(e^{j\omega}) = \begin{cases} 1 & |\omega| < \omega_c \\ 0 & \omega_c < |\omega| \le \pi. \end{cases}$$

(a) Se a transformada de Fourier de tempo contínuo de $x_c(t)$, a saber, $X_c(j\Omega)$, é como mostra a Figura P4.23-2 e $\omega_c = \frac{\pi}{5}$, esboce e especifique $X(e^{j\omega})$, $Y(e^{j\omega})$ e $Y_c(j\Omega)$ para cada um dos seguintes casos:
  (i) $1/T_1 = 1/T_2 = 2 \times 10^4$
  (ii) $1/T_1 = 4 \times 10^4$, $1/T_2 = 10^4$
  (iii) $1/T_1 = 10^4$, $1/T_2 = 3 \times 10^4$

(b) Para $1/T_1 = 1/T_2 = 6 \times 10^3$, e para sinais de entrada $x_c(t)$ cujos espectros são de banda limitada a $|\Omega| < 2\pi \times 5 \times 10^3$ (mas sem outra restrição), qual é a escolha máxima da frequência de corte ω_c do filtro $H(e^{j\omega})$ para o qual o sistema global é LIT? Para essa escolha máxima de ω_c, especifique $H_c(j\Omega)$.

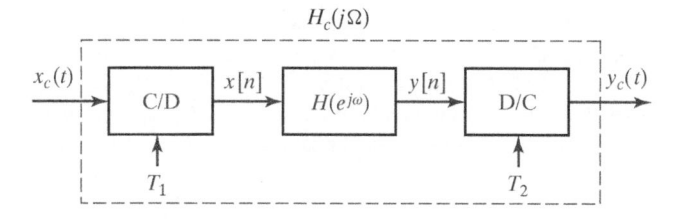

Figura P4.23-1

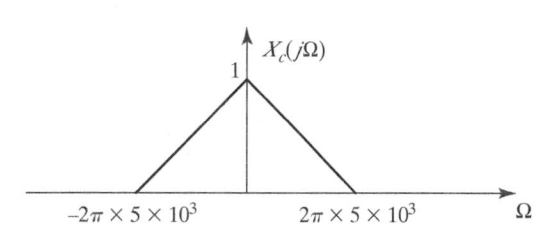

Figura P4.23-2

4.24. Considere o sistema mostrado na Figura P4.24-1. O filtro *antialiasing* é um filtro de tempo contínuo com a resposta em frequência $L(j\Omega)$ mostrada na Figura P4.24-2.

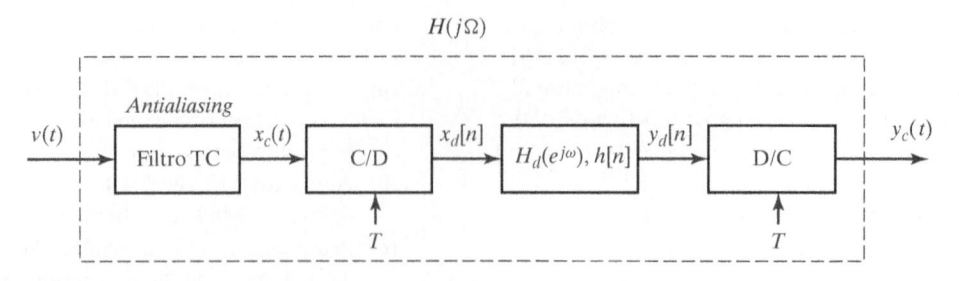

Figura P4.24-1

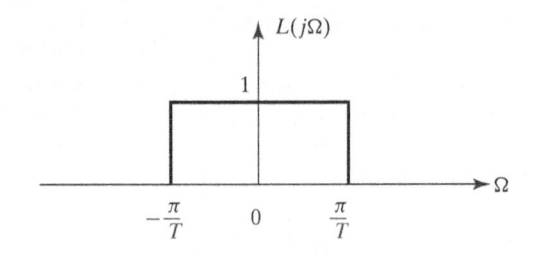

Figura P4.24-2

A resposta em frequência do sistema de tempo discreto LIT entre os conversores é dada por:

$$H_d(e^{j\omega}) = e^{-j\frac{\omega}{3}}, \quad |\omega| < \pi$$

(a) Qual é a resposta em frequência de tempo contínuo efetiva do sistema global, $H(j\Omega)$?

(b) Escolha a afirmação mais precisa:
  (i) $y_c(t) = \frac{d}{dt}x_c(3t)$
  (ii) $y_c(t) = x_c(t - \frac{T}{3})$
  (iii) $y_c(t) = \frac{d}{dt}x_c(t - 3T)$
  (iv) $y_c(t) = x_c(t - \frac{1}{3})$

(c) Expresse $y_d[n]$ em termos de $y_c(t)$.

(d) Determine a resposta ao impulso $h[n]$ do sistema LIT de tempo discreto.

4.25. Dois sinais de banda limitada, $x_1(t)$ e $x_2(t)$, são multiplicados, produzindo o sinal produto $w(t) = x_1(t)x_2(t)$. Esse sinal é amostrado por um trem de impulsos periódico que gera o sinal

$$w_p(t) = w(t)\sum_{n=-\infty}^{\infty}\delta(t-nT) = \sum_{n=-\infty}^{\infty}w(nT)\delta(t-nT).$$

Suponha que $x_1(t)$ seja de banda limitada a Ω_1 e que $x_2(t)$ seja de banda limitada a Ω_2; isto é,

$$X_1(j\Omega) = 0, \quad |\Omega| \geq \Omega_1$$

$$X_2(j\Omega) = 0, \quad |\Omega| \geq \Omega_2.$$

Determine o intervalo de amostragem *máximo T*, tal que $w(t)$ seja recuperável a partir de $w_p(t)$ por meio do uso de um filtro passa-baixas ideal.

4.26. O sistema da Figura P4.26 deve ser usado para filtrar sinais de música em tempo contínuo usando uma taxa de amostragem de 16 kHz.

$H(e^{j\omega})$ é um filtro passa-baixas ideal com um corte de $\pi/2$. Se a entrada for limitada em banda de modo que $X_c(j\Omega) = 0$ para $|\Omega| > \Omega_c$, como Ω_c deve ser escolhido de modo que o sistema global na Figura P4.26 seja LIT?

4.27. O sistema mostrado na Figura P4.27 tem como finalidade aproximar um diferenciador para formas de onda de entrada de tempo contínuo de banda limitada.

- O sinal de entrada de tempo contínuo $x_c(t)$ tem banda limitada a $|\Omega| < \Omega_M$.
- O conversor C/D tem taxa de amostragem $T = \dfrac{\pi}{\Omega_M}$ e produz o sinal $x_d[n] = x_c(nT)$.

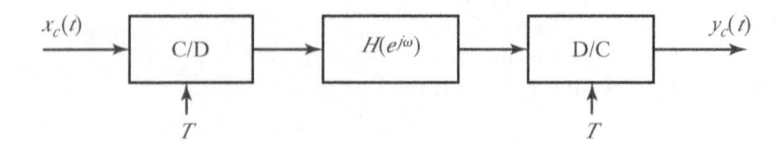

Figura P4.26

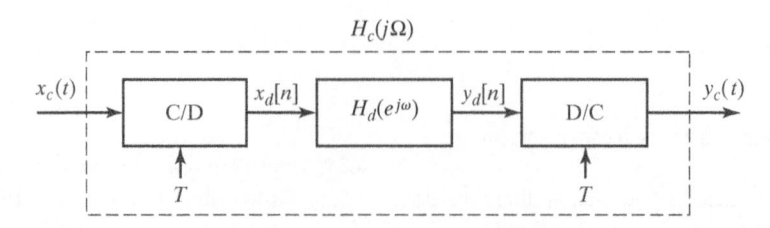

Figura P4.27

- O filtro de tempo discreto tem resposta em frequência

$$H_d(e^{j\omega}) = \frac{e^{j\omega/2} - e^{-j\omega/2}}{T}, \quad |\omega| \leq \pi.$$

- O conversor D/C ideal é tal que $y_d[n] = y_c(nT)$.

(a) Encontre a resposta em frequência de tempo contínuo $H_c(j\Omega)$ do sistema de ponta a ponta.
(b) Encontre $x_d[n]$, $y_c(t)$ e $y_d[n]$, quando o sinal de entrada é

$$x_c(t) = \frac{\text{sen}(\Omega_M t)}{\Omega_M t}.$$

4.28. Considere a representação do processo de amostragem seguido pela reconstrução mostrada na Figura P4.28.

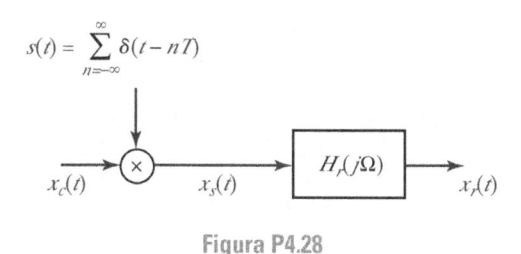

Figura P4.28

Assuma que o sinal de entrada seja

$$x_c(t) = 2\cos(100\pi t - \pi/4) + \cos(300\pi t + \pi/3) \quad -\infty < t < \infty$$

A resposta em frequência do filtro de reconstrução é

$$H_r(j\Omega) = \begin{cases} T & |\Omega| \leq \pi/T \\ 0 & |\Omega| > \pi/T \end{cases}$$

(a) Determine a transformada de Fourier de tempo contínuo $X_c(j\Omega)$ e a esboce como uma função de Ω.
(b) Suponha que $f_s = 1/T = 500$ amostras/s e esboce a transformada de Fourier $X_s(j\Omega)$ em função de Ω para $-2\pi/T \leq \Omega \leq 2\pi/T$. Qual é a saída $x_r(t)$ nesse caso? (Você deverá ser capaz de dar uma expressão exata para $x_r(t)$.)
(c) Agora, suponha que $f_s = 1/T = 250$ amostras/s. Repita o item (b) para essa condição.
(d) É possível escolher a taxa de amostragem, de modo que

$$x_r(t) = A + 2\cos(100\pi t - \pi/4),$$

sendo A uma constante? Nesse caso, qual é a taxa de amostragem $f_s = 1/T$, e qual é o valor numérico de A?

4.29. Na Figura P4.29, suponha que $X_c(j\Omega) = 0$, $|\Omega| \geq \pi/T_1$. Para o caso geral em que $T_1 \neq T_2$ no sistema, expresse $y_c(t)$ em termos de $x_c(t)$. A relação básica é diferente para $T_1 > T_2$ e $T_1 < T_2$?

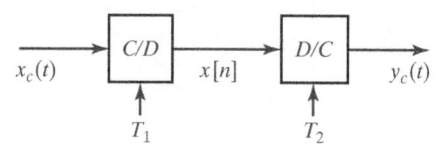

Figura P4.29

4.30. No sistema da Figura P4.30, $X_c(j\Omega)$ e $H(e^{j\omega})$ são como mostrados. Esboce e especifique a transformada de Fourier de $y_c(t)$ para cada um dos seguintes casos:
(a) $1/T_1 = 1/T_2 = 10^4$
(b) $1/T_1 = 1/T_2 = 2 \times 10^4$
(c) $1/T_1 = 2 \times 10^4, \ 1/T_2 = 10^4$
(d) $1/T_1 = 10^4, \ 1/T_2 = 2 \times 10^4$.

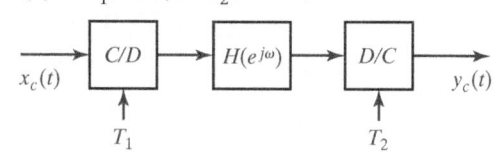

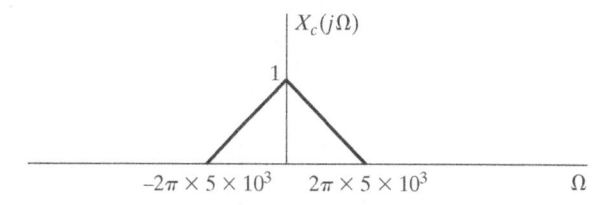

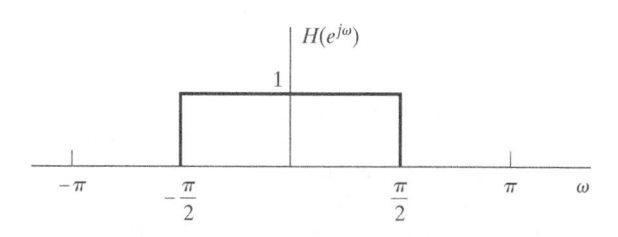

Figura P4.30

4.31. Na Figura P4.31-1 é mostrado o sistema global para filtragem de um sinal de tempo contínuo que usa um filtro de tempo discreto. As respostas em frequência do filtro de reconstrução $H_r(j\Omega)$ e do filtro de tempo discreto $H(e^{j\omega})$ são mostradas na Figura P4.31-2.

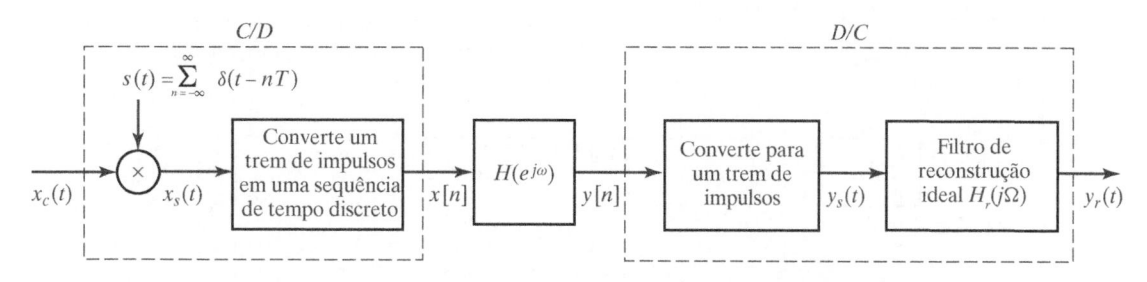

Figura P4.31-1

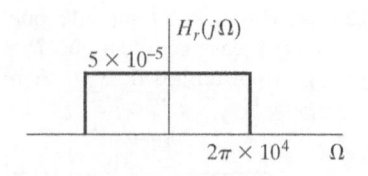

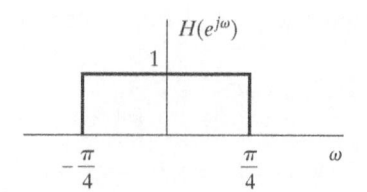

Figura P4.31-2

(a) Para $X_c(j\Omega)$, como mostra a Figura P4.31-3, e $1/T = 20$ kHz, esboce $X_s(j\Omega)$ e $X(e^{j\omega})$.

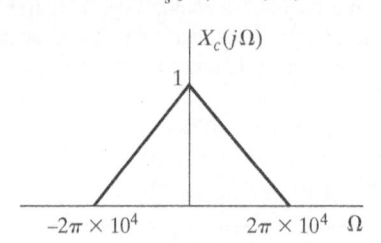

Figura P4.31-3

Para um certo intervalo de valores de T, o sistema global, com entrada $x_c(t)$ e saída $y_c(t)$, é equivalente a um filtro passa-baixas de tempo contínuo com resposta em frequência $H_{\text{ef}}(j\Omega)$ esboçada na Figura P4.31-4.

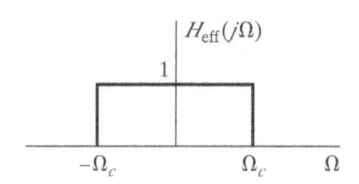

Figura P4.31-4

(b) Determine o intervalo de valores de T para o qual a informação apresentada em (a) é verdadeira quando $X_c(j\Omega)$ é limitado em banda a $|\Omega| \leq 2\pi \times 10^4$, como mostra a Figura P4.31-3.
(c) Para o intervalo de valores determinado em (b), esboce Ω_c como uma função de $1/T$.

Nota: Essa é uma forma de implementar um filtro de tempo contínuo com frequência de corte variável usando filtros de tempo contínuo e de tempo discreto fixos e uma taxa de amostragem variável.

4.32. Considere o sistema de tempo discreto mostrado na Figura P4.32-1.

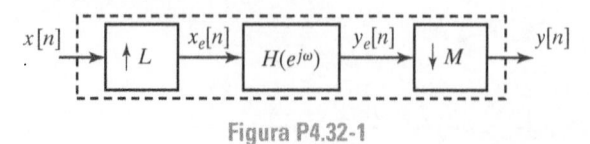

Figura P4.32-1

sendo
(i) L e M inteiros positivos.
(ii) $x_e[n] = \begin{cases} x[n/L] & n = kL, \quad k \text{ inteiro qualquer} \\ 0 & \text{caso contrário.} \end{cases}$
(iii) $y[n] = y_e[nM]$.
(iv) $H(e^{j\omega}) = \begin{cases} M & |\omega| \leq \frac{\pi}{4} \\ 0 & \frac{\pi}{4} < |\omega| \leq \pi \end{cases}$

(a) Suponha que $L = 2$ e $M = 4$ e que $X(e^{j\omega})$, a TFTD de $x[n]$, seja real e como mostrada na Figura P4.32-2. Faça um esboço devidamente especificado de $X_e(e^{j\omega})$, $Y_e(e^{j\omega})$ e $Y(e^{j\omega})$, as TFTDs de $x_e[n]$, $y_e[n]$ e $y[n]$, respectivamente. Não se esqueça de especificar claramente as amplitudes e frequências importantes.

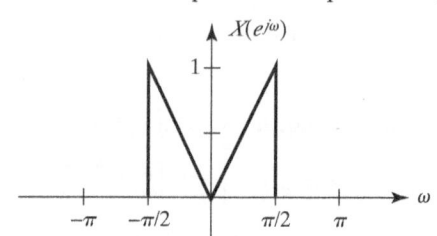

Figura P4.32-2

(b) Agora suponha que $L = 2$ e $M = 8$. Determine $y[n]$ nesse caso.

Dica: Veja quais gráficos em sua resposta ao item (a) mudam.

4.33. Para o sistema mostrado na Figura P4.33, encontre uma expressão para $y[n]$ em termos de $x[n]$. Simplifique a expressão ao máximo.

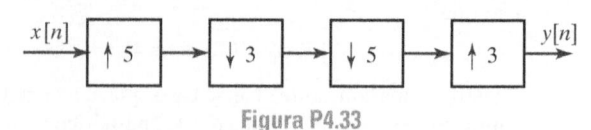

Figura P4.33

Problemas avançados

4.34. No sistema mostrado na Figura P4.34, os blocos individuais são definidos como indicado.

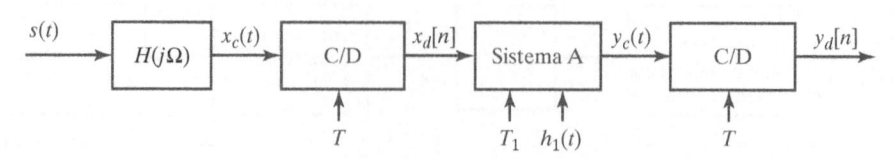

Figura P4.34

$$H(j\Omega): \quad H(j\Omega) = \begin{cases} 1, & |\Omega| < \pi \cdot 10^{-3} \text{ rad/s} \\ 0, & |\Omega| > \pi \cdot 10^{-3} \text{ rad/s} \end{cases}$$

Sistema A: $\quad y_c(t) = \sum_{k=-\infty}^{\infty} x_d[k] h_1(t - kT_1)$

Segundo C/D: $\quad y_d[n] = y_c(nT)$

(a) Especifique uma escolha para T, T_1 e $h_1(t)$, de modo que $y_c(t)$ e $x_c(t)$ sejam garantidamente iguais para qualquer escolha de $s(t)$.

(b) Indique se a sua escolha em (a) é única ou se existem outras escolhas para T, T_1 e $h_1(t)$ que garantam $y_c(t)$ e $x_c(t)$ iguais. Como sempre, mostre seu raciocínio com clareza.

(c) Para este item, estamos interessados no que frequentemente é chamado de *reamostragem consistente*. Especificamente, o sistema A constrói um sinal de tempo contínuo $y_c(t)$ a partir de $x_d[n]$, a sequência de amostras de $x_c(t)$, e é então reamostrado para obter $y_d[n]$. A reamostragem é considerada consistente se $y_d[n] = x_d[n]$. Determine as condições mais gerais que você conseguir sobre T, T_1 e $h_1(t)$ de modo que $y_d[n] = x_d[n]$.

4.35. Considere o sistema mostrado na Figura P4.35-1.

Para os itens (a) e (b) apenas, $X_c(j\Omega) = 0$ para $|\Omega| > 2\pi \times 10^3$, e $H(e^{j\omega})$ é como mostra a Figura P4.35-2 (e, naturalmente, se repete periodicamente).

(a) Determine a condição mais geral sobre T, se houver, de modo que o sistema de tempo contínuo global de $x_c(t)$ a $y_c(t)$ seja LIT.

(b) Esboce e especifique claramente a resposta em frequência global de tempo contínuo equivalente $H_{\text{eff}}(j\Omega)$, resultante quando a condição determinada em (a) é válida.

(c) **Para este item apenas**, considere que $X_c(j\Omega)$ na Figura P4.35-1 tenha banda limitada para evitar *aliasing*, isto é, $X_c(j\Omega) = 0$ para $|\Omega| \geq \frac{\pi}{T}$. Para um período de amostragem geral T, gostaríamos de escolher o sistema $H(e^{j\omega})$ na Figura P4.35-1 de modo que o sistema de tempo contínuo global de $x_c(t)$ a $y_c(t)$ seja LIT para qualquer entrada $x_c(t)$ limitada em banda, como descrito. Determine as condições mais gerais sobre $H(e^{j\omega})$, se houver, de modo que o sistema TC total seja LIT. Supondo que essas condições sejam válidas, especifique também em termos de $H(e^{j\omega})$ a resposta em frequência global de tempo contínuo equivalente $H_{\text{eff}}(j\Omega)$.

Figura P4.35-2

4.36. Temos um sinal de tempo discreto, $x[n]$, que chega de uma fonte a uma taxa de $\frac{1}{T_1}$ amostras por segundo. Queremos reamostrá-lo digitalmente para criar um sinal $y[n]$ que tenha $\frac{1}{T_2}$ amostras por segundo, sendo $T_2 = \frac{3}{5}T_1$.

(a) Desenhe um diagrama de blocos de um sistema de tempo discreto para realizar a reamostragem. Especifique a relação entrada/saída para todos os blocos no domínio de Fourier.

(b) Para um sinal de entrada
$$x[n] = \delta[n] = \begin{cases} 1, & n = 0 \\ 0, & \text{caso contrário,} \end{cases} \quad \text{determine } y[n].$$

4.37. Considere a estrutura do filtro de dizimação mostrado na Figura P4.37-1:

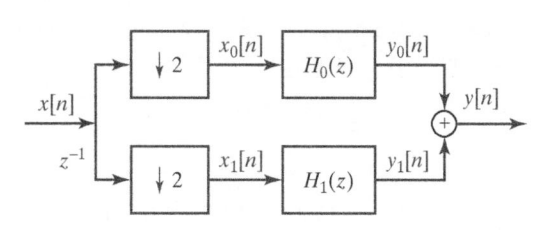

Figura P4.37-1

sendo $y_0[n]$ e $y_1[n]$ gerados de acordo com as seguintes equações de diferença:

$$y_0[n] = \frac{1}{4}y_0[n-1] - \frac{1}{3}x_0[n] + \frac{1}{8}x_0[n-1]$$

$$y_1[n] = \frac{1}{4}y_1[n-1] + \frac{1}{12}x_1[n]$$

(a) Quantas multiplicações por amostra de saída a implementação da estrutura de filtro exige? Considere que uma divisão seja equivalente a uma multiplicação.

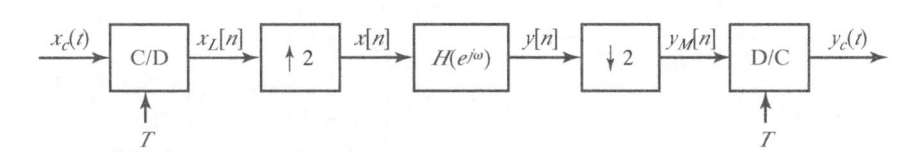

Figura P4.35-1

O filtro de dizimação também pode ser implementado como mostrado na Figura P4.37-2,

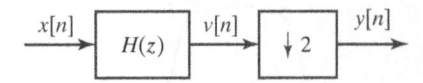

Figura P4.37-2

sendo $v[n] = av[n-1] + bx[n] + cx[n-1]$.

(b) Determine a, b e c.
(c) Quantas multiplicações por amostra de saída essa segunda implementação requer?

4.38. Considere os dois sistemas da Figura P4.38.
(a) Para $M = 2$, $L = 3$ e $x[n]$ arbitrário qualquer, $y_A[n] = y_B[n]$? Se a sua resposta for sim, justifique. Se for não, explique com clareza ou dê um contra-exemplo.
(b) Como M e L devem estar relacionados para garantir $y_A[n] = y_B[n]$ para um $x[n]$ arbitrário?

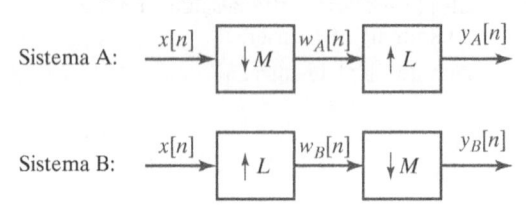

Sistema A: $x[n] \to \downarrow M \to w_A[n] \to \uparrow L \to y_A[n]$

Sistema B: $x[n] \to \uparrow L \to w_B[n] \to \downarrow M \to y_B[n]$

Figura P4.38

4.39. No sistema A, um sinal de tempo contínuo $x_c(t)$ é processado como indicado na Figura P4.39-1.

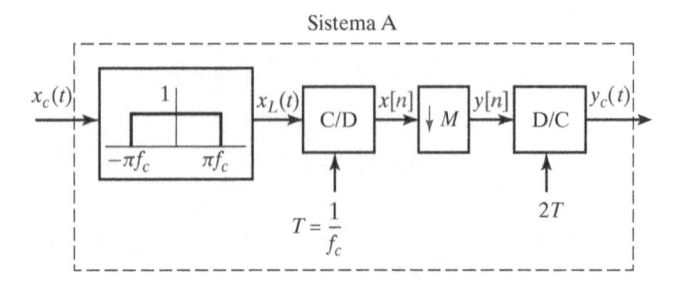

Figura P4.39-1

(a) Se $M = 2$ e $x_c(t)$ tem a transformada de Fourier mostrada na Figura P4.39-2, determine $y[n]$. Mostre claramente seu trabalho neste item.

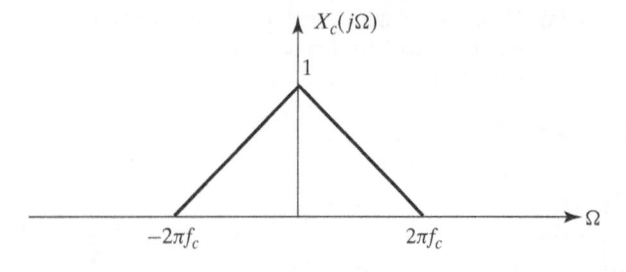

Figura P4.39-2

Gostaríamos agora de modificar o sistema A colocando adequadamente módulos de processamento adicionais na cadeia em cascata do sistema A (isto é, blocos podem ser acrescentados em qualquer ponto na cadeia em cascata — no início, no fim ou mesmo entre os blocos existentes). Todos os blocos atuais no sistema A devem ser mantidos. Gostaríamos que o sistema modificado fosse um filtro passa-baixas LIT ideal, como indicado na Figura P4.39-3.

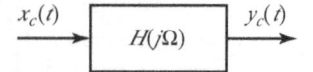

Figura P4.39-3

$$H(j\Omega) = \begin{cases} 1 & |\Omega| < \frac{2\pi f_c}{5} \\ 0 & \text{caso contrário} \end{cases}$$

Temos à disposição um número ilimitado dos seis módulos especificados na tabela dada na Figura P4.39-4. O custo por unidade de cada módulo é indicado, e gostaríamos que o custo final fosse o mais baixo possível. **Note que o conversor D/C funciona a uma taxa de "$2T$".**

(b) Projete o sistema modificado com menor custo se $M = 2$ no Sistema A. Especifique os parâmetros para todos os módulos usados.
(c) Projete o sistema modificado com menor custo se $M = 4$ no Sistema A. Especifique os parâmetros para todos os módulos utilizados.

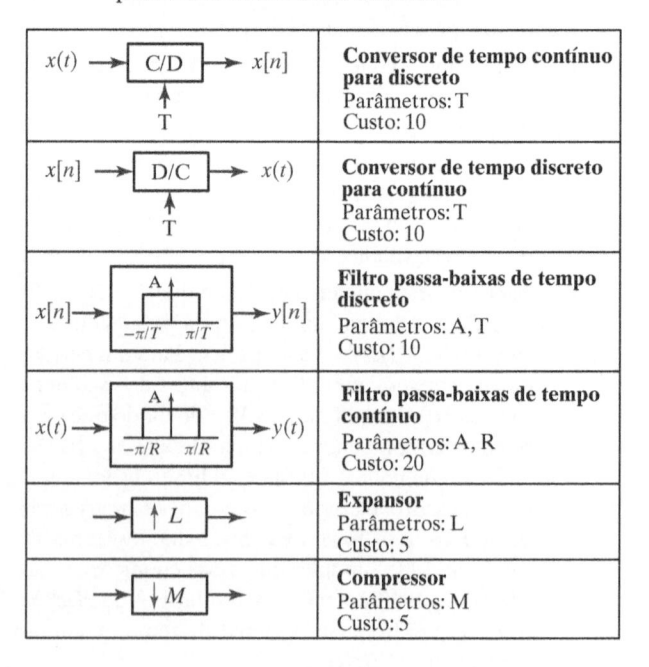

Módulo	Descrição
$x(t) \to$ C/D $\to x[n]$, taxa T	Conversor de tempo contínuo para discreto. Parâmetros: T. Custo: 10
$x[n] \to$ D/C $\to x(t)$, taxa T	Conversor de tempo discreto para contínuo. Parâmetros: T. Custo: 10
$x[n] \to$ filtro $[-\pi/T, \pi/T]$, amplitude A $\to y[n]$	Filtro passa-baixas de tempo discreto. Parâmetros: A, T. Custo: 10
$x(t) \to$ filtro $[-\pi/R, \pi/R]$, amplitude A $\to y(t)$	Filtro passa-baixas de tempo contínuo. Parâmetros: A, R. Custo: 20
$\uparrow L$	Expansor. Parâmetros: L. Custo: 5
$\downarrow M$	Compressor. Parâmetros: M. Custo: 5

Figura P.39-4

4.40. Considere o sistema de tempo discreto mostrado na Figura P4.40-1.

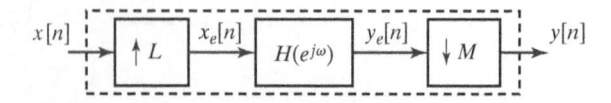

$x[n] \to \uparrow L \to x_e[n] \to H(e^{j\omega}) \to y_e[n] \to \downarrow M \to y[n]$

Figura P4.40-1

sendo

(i) M um inteiro.

(ii) $x_e[n] = \begin{cases} x[n/M] & n = kM, \quad k \text{ inteiro qualquer} \\ 0 & \text{caso contrário.} \end{cases}$

(iii) $y[n] = y_e[nM]$.

(iv) $H(e^{j\omega}) = \begin{cases} M & |\omega| \leq \frac{\pi}{4} \\ 0 & \frac{\pi}{4} < |\omega| \leq \pi. \end{cases}$

(a) Suponha que $M = 2$ e que $X(e^{j\omega})$, a TFTD de $x[n]$, seja real e como mostrada na Figura P4.40-2. Faça um esboço devidamente especificado de $X_e(e^{j\omega})$, $Y_e(e^{j\omega})$ e $Y(e^{j\omega})$, as TFTDs de $x_e[n]$, $y_e[n]$ e $y[n]$, respectivamente. Não se esqueça de especificar claramente as amplitudes e frequências importantes.

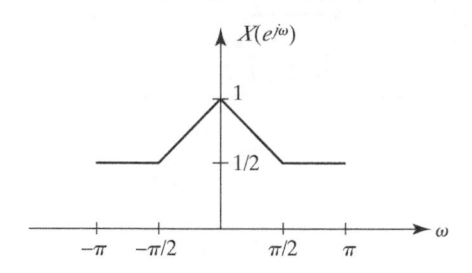

Figura P4.40-2

(b) Para $M = 2$ e $X(e^{j\omega})$, como dado na Figura P4.40-2, calcule o valor de

$$\varepsilon = \sum_{n=-\infty}^{\infty} |x[n] - y[n]|^2.$$

(c) Para $M = 2$, o sistema global é LIT. Determine e esboce a magnitude da resposta em frequência do sistema total $|H_{\text{ef}}(e^{j\omega})|$.

(d) Para $M = 6$, o sistema global *ainda* é LIT. Determine e esboce a magnitude da resposta em frequência do sistema global, $|H_{\text{ef}}(e^{j\omega})|$.

4.41. (a) Considere o sistema na Figura P4.41-1, em que um filtro $H(z)$ é seguido por um compressor. Suponha que $H(z)$ tenha uma resposta ao impulso dada por:

$$h[n] = \begin{cases} (\frac{1}{2})^n, & 0 \leq n \leq 11 \\ 0, & \text{caso contrário.} \end{cases} \quad (P4.41\text{-}1)$$

Figura P4.41-1

A eficiência desse sistema pode ser melhorada com a implementação do filtro $H(z)$ e do compressor usando uma decomposição polifásica. Esboce uma estrutura polifásica eficiente para esse sistema com dois componentes polifásicos. Especifique os filtros que serão utilizados.

(b) Agora, considere o sistema da Figura P4.41-2, em que um filtro $H(z)$ é precedido por um expansor. Suponha que $H(z)$ tenha a resposta ao impulso conforme dada na Equação P4.41-1.

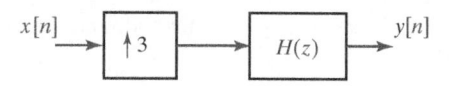

Figura P4.41-2

A eficiência desse sistema pode ser melhorada implementando o expansor e filtro $H(z)$ usando uma decomposição polifásica. Esboce uma estrutura polifásica eficiente para esse sistema com três componentes polifásicos. Especifique os filtros que serão utilizados.

4.42. Para os sistemas mostrados nas figuras P4.42-1 e P4.42-2, determine se é possível ou não especificar uma escolha para $H_2(z)$ no Sistema 2, de modo que $y_2[n] = y_1[n]$ quando $x_2[n] = x_1[n]$ e $H_1(z)$ é como especificado. Se possível, especifique $H_2(z)$. Se não for possível, explique com clareza por que não.

Sistema 1:

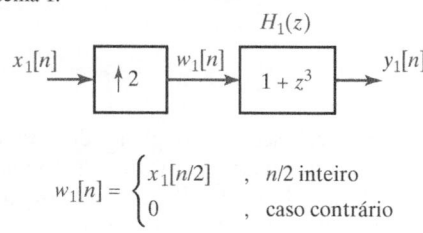

$$w_1[n] = \begin{cases} x_1[n/2] & , \quad n/2 \text{ inteiro} \\ 0 & , \quad \text{caso contrário} \end{cases}$$

Figura P4.42-1

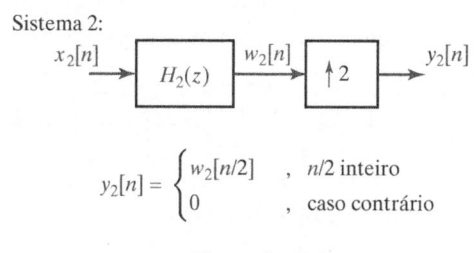

Sistema 2:

$$y_2[n] = \begin{cases} w_2[n/2] & , \quad n/2 \text{ inteiro} \\ 0 & , \quad \text{caso contrário} \end{cases}$$

Figura P4.42-2

4.43. O diagrama de blocos na Figura P4.43 representa um sistema que gostaríamos de implementar. Determine um diagrama de blocos de um sistema equivalente que consista em uma cascata de sistemas LIT, blocos compressores e blocos expansores e que resulte no número mínimo de multiplicações por amostra de saída.

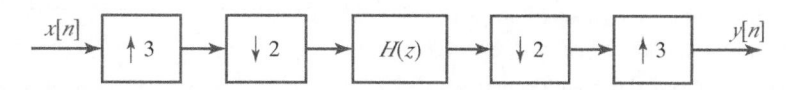

Figura P4.43

Nota: Com "sistema equivalente", queremos dizer que ele produz a mesma sequência de saída para determinada sequência de entrada.

$$H(z) = \frac{z^{-6}}{7 + z^{-6} - 2z^{-12}}$$

4.44. Considere os dois sistemas mostrados na Figura P4.44.

Sistema A:

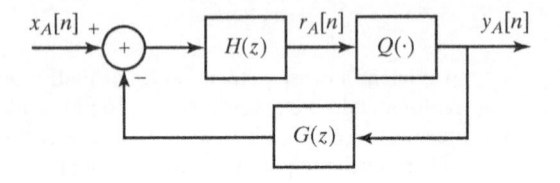

Sistema B:

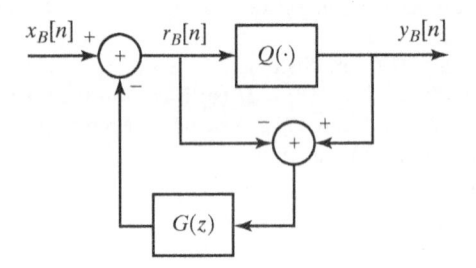

Figura P4.44

em que $Q(\cdot)$ representa um digitalizador em ambos os sistemas. Para qualquer $G(z)$ dado, $H(z)$ sempre pode ser especificado de modo que os dois sistemas sejam equivalentes (isto é, $y_A[n] = y_B[n]$ quando $x_A[n] = x_B[n]$) para qualquer digitalizador $Q(\cdot)$? Nesse caso, especifique $H(z)$. Se não, explique seu raciocínio com clareza.

4.45. O digitalizador $Q(\cdot)$ no sistema S_1 (Figura P4.45-1) pode ser modelado com um ruído aditivo. A Figura P4.45-2 mostra o sistema S_2, que é um modelo para o sistema S_1.

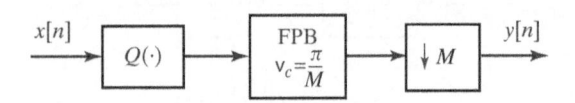

Figura P4.45-1 Sistema S_1.

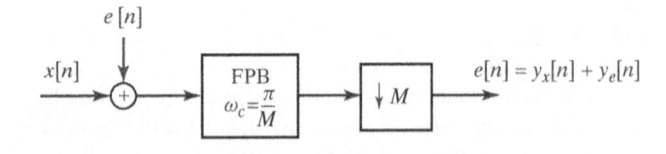

Figura P4.45-2 Sistema S_2.

A entrada $x[n]$ é um processo aleatório estacionário no sentido amplo de média nula, com densidade espectral de potência $\Phi_{xx}(e^{j\omega})$ com banda limitada a π/M, e temos $E\left[x^2[n]\right] = 1$. O ruído aditivo $e[n]$ é ruído branco estacionário no sentido amplo com média nula e variância σ_e^2. Entrada e ruído aditivo são não correlacionados. A resposta em frequência do filtro passa-baixas em todos os diagramas tem um ganho unitário.

(a) Para o sistema S_2, encontre a relação sinal-ruído: $SNR = 10 \log \frac{E[y_x^2[n]]}{E[y_e^2[n]]}$. Note que $y_x[n]$ é a saída em virtude de $x[n]$ somente e $y_e[n]$ é a saída em virtude de $e[n]$ somente.

(b) Para melhorar a SNR resultante da digitalização, o sistema da Figura P4.45-3 é proposto:

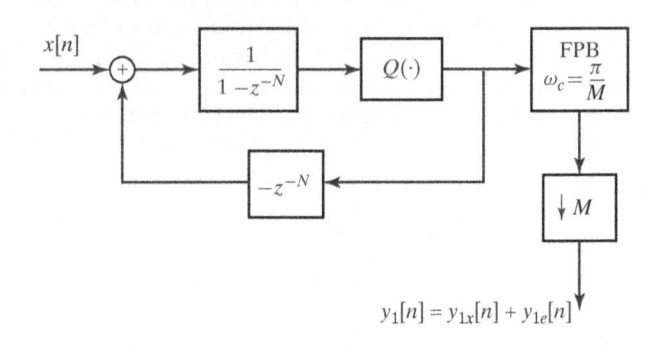

Figura P4.45-3

sendo $N > 0$ um inteiro, tal que $\pi N \ll M$. Substitua o digitalizador pelo modelo aditivo, como na Figura P4.45-4. Expresse $y_{1x}[n]$ em termos de $x[n]$ e $y_{1e}[n]$ em termos de $e[n]$.

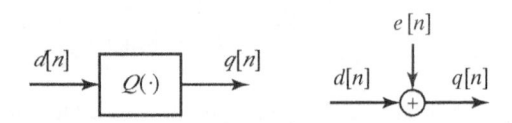

Figura P4.45-4

(c) Suponha que $e[n]$ seja ruído branco estacionário no sentido amplo com média nula e não correlacionado com a entrada $x[n]$. $y_{1e}[n]$ é um sinal estacionário no sentido amplo? E quanto a $y_1[n]$? Explique.

(d) O método proposto no item (b) melhora a SNR? Para que valor de N a SNR do sistema no item (b) é maximizada?

4.46. A seguir estão três identidades propostas que envolvem compressores e expansores. Para cada uma, indique se a identidade proposta é válida ou não. Se a sua resposta for que ela é válida, mostre claramente por quê. Se não, dê um contraexemplo simples e claro.

(a) Identidade proposta (a):

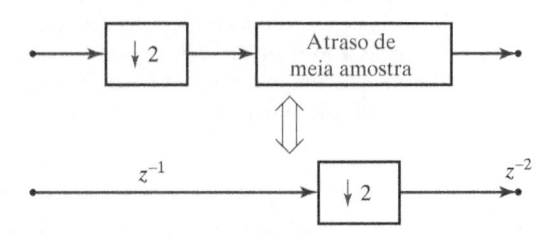

Figura P4.46-1

(b) Identidade proposta (b):

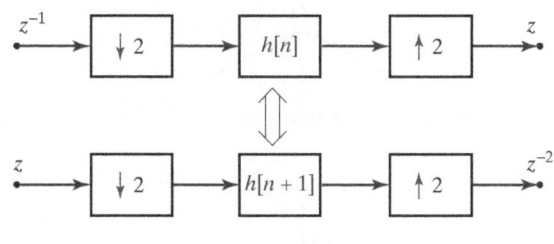

z^{-1} → [↓2] → [h[n]] → [↑2] → z

⇕

z → [↓2] → [h[n+1]] → [↑2] → z^{-2}

Figura P4.46-2

(c) Identidade proposta (c):

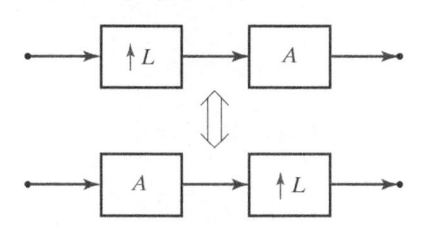

→ [↑L] → [A] →

⇕

→ [A] → [↑L] →

Figura P4.46-3

sendo L um inteiro positivo e A definido em termos de $X(e^{j\omega})$ e $Y(e^{j\omega})$ (as respectivas TFTDs da entrada e saída de A) como:

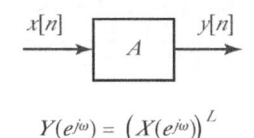

$x[n]$ → [A] → $y[n]$

$Y(e^{j\omega}) = \left(X(e^{j\omega})\right)^L$

Figura P4.46-4

4.47. Considere o sistema mostrado na Figura P4.47-1 para o processamento em tempo discreto do sinal de entrada em tempo contínuo $g_c(t)$.

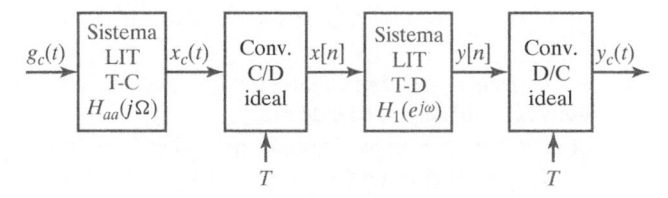

$g_c(t)$ → [Sistema LIT T-C $H_{aa}(j\Omega)$] $x_c(t)$ → [Conv. C/D ideal] $x[n]$ → [Sistema LIT T-D $H_1(e^{j\omega})$] $y[n]$ → [Conv. D/C ideal] $y_c(t)$

↑T ↑T

Figura P4.47-1

O sinal de entrada em tempo contínuo para o sistema global tem a forma $g_c(t) = f_c(t) + e_c(t)$, sendo $f_c(t)$ considerado o componente de "sinal" e $e_c(t)$ considerado um componente de "ruído aditivo". As transformadas de Fourier de $f_c(t)$ e de $e_c(t)$ são como mostra a Figura P4.47-2.

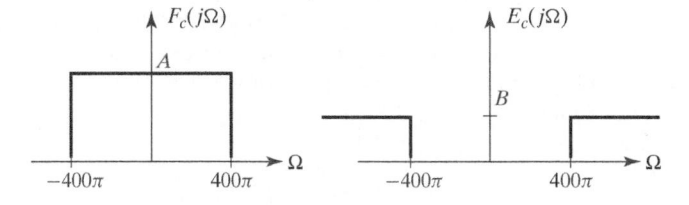

$F_c(j\Omega)$: amplitude A entre -400π e 400π.

$E_c(j\Omega)$: amplitude B fora de $\pm 400\pi$.

Figura P4.47-2

Como o sinal de entrada total $g_c(t)$ não tem uma transformada de Fourier de banda limitada, um filtro *antialiasing* de tempo contínuo com fase zero é usado para combater a distorção por *aliasing*. Sua resposta em frequência é dada na Figura P4.47-3.

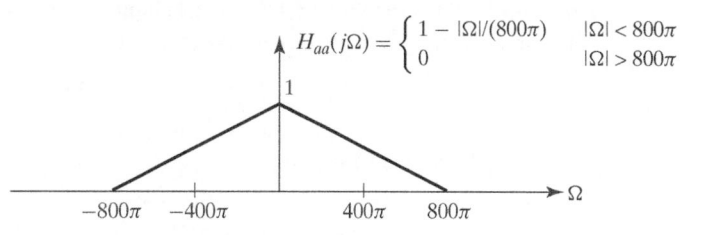

$$H_{aa}(j\Omega) = \begin{cases} 1 - |\Omega|/(800\pi) & |\Omega| < 800\pi \\ 0 & |\Omega| > 800\pi \end{cases}$$

Figura P4.47-3

(a) Se, na Figura P4.47-1, a taxa de amostragem for $2\pi/T = 1600\pi$, e o sistema de tempo discreto tiver resposta em frequência

$$H_1(e^{j\omega}) = \begin{cases} 1 & |\omega| < \pi/2 \\ 0 & \pi/2 < |\omega| \leq \pi \end{cases}$$

esboce a transformada de Fourier do sinal de saída em tempo contínuo para a entrada cuja transformada de Fourier é definida na Figura P4.47-2.

(b) Se a taxa de amostragem é $2\pi/T = 1600\pi$, determine a magnitude e a fase de $H_1(e^{j\omega})$ (a resposta em frequência do sistema de tempo discreto), de modo que a saída do sistema na Figura P4.47-1 seja $y_c(t) = f_c(t - 0,1)$. Você pode usar qualquer combinação de equações ou gráficos cuidadosamente especificados para expressar sua resposta.

(c) Acontece que, como estamos interessados apenas em obter $f_c(t)$ na saída, podemos usar uma taxa de amostragem mais baixa do que $2\pi/T = 1600\pi$ enquanto ainda usamos o filtro *antialiasing* na Figura P4.47-3. Determine a taxa de amostragem mínima que evitará a distorção por *aliasing* de $F_c(j\Omega)$ e determine a resposta em frequência do filtro $H_1(e^{j\omega})$ que pode ser usado de modo que $y_c(t) = f_c(t)$ na saída do sistema na Figura P4.47-1.

(d) Agora, considere o sistema mostrado na Figura P4.47-4, sendo $2\pi/T = 1600\pi$, o sinal de entrada definido na Figura P4.47-2 e o filtro *antialiasing* como mostrado na Figura P4.47-3,

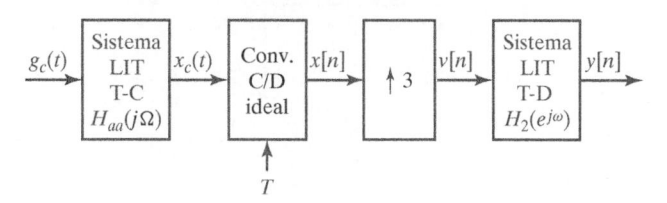

$g_c(t)$ → [Sistema LIT T-C $H_{aa}(j\Omega)$] $x_c(t)$ → [Conv. C/D ideal] $x[n]$ → [↑3] $v[n]$ → [Sistema LIT T-D $H_2(e^{j\omega})$] $y[n]$

↑T

Figura P4.47-4 Diagrama de blocos de outro sistema.

sendo

$$v[n] = \begin{cases} x[n/3] & n = 0, \pm 3, \pm 6, \ldots \\ 0 & \text{caso contrário} \end{cases}$$

Qual deve ser $H_2(e^{j\omega})$ se for desejado que $y[n] = f_c(nT/3)$?

4.48. **(a)** Uma sequência finita $b[n]$ é tal que:

$$B(z) + B(-z) = 2c, \quad c \neq 0.$$

Explique a estrutura de $b[n]$. Existe alguma restrição sobre o comprimento de $b[n]$?

(b) É possível ter $B(z) = H(z)H(z^{-1})$? Explique.

(c) Um filtro $H(z)$ de comprimento N é tal que

$$H(z)H(z^{-1}) + H(-z)H(-z^{-1}) = c. \quad \text{(P4.48-1)}$$

Calcule $G_0(z)$ e $G_1(z)$ tal que o filtro mostrado na Figura P4.48 seja LIT:

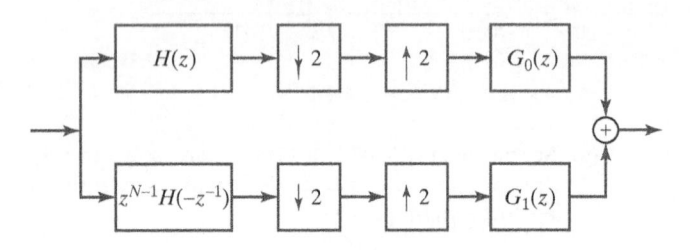

Figura P4.48

(d) Para $G_0(z)$ e $G_1(z)$ dados no item (c), o sistema geral reconstrói a entrada perfeitamente? Explique.

4.49. Considere o sistema multitaxa mostrado na Figura P4.49-1, com entrada $x[n]$ e saída $y[n]$:

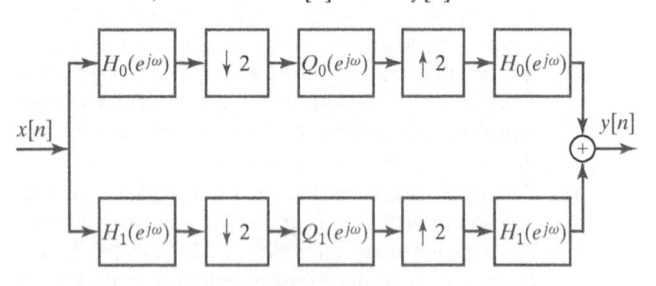

Figura P4.49-1

sendo $Q_0(e^{j\omega})$ e $Q_1(e^{j\omega})$ as respostas em frequência de dois sistemas LIT. $H_0(e^{j\omega})$ e $H_1(e^{j\omega})$ são filtros passa-baixas e passa-altas ideais, respectivamente, com frequência de corte em $\pi/2$, como mostrado na Figura P4.49-2:

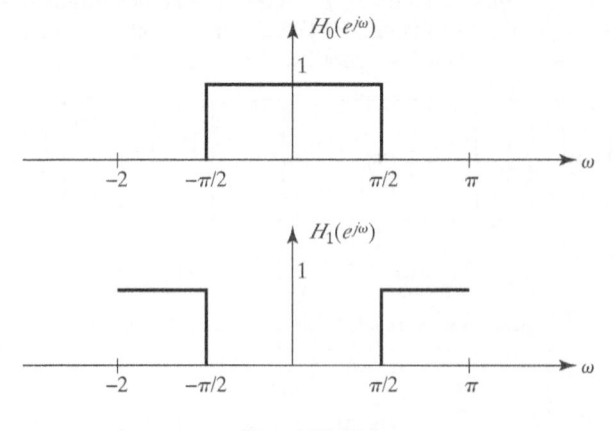

Figura P4.49-2

O sistema total é LIT se $Q_0(e^{j\omega})$ e $Q_1(e^{j\omega})$ forem como mostrados na Figura P4.49-3:

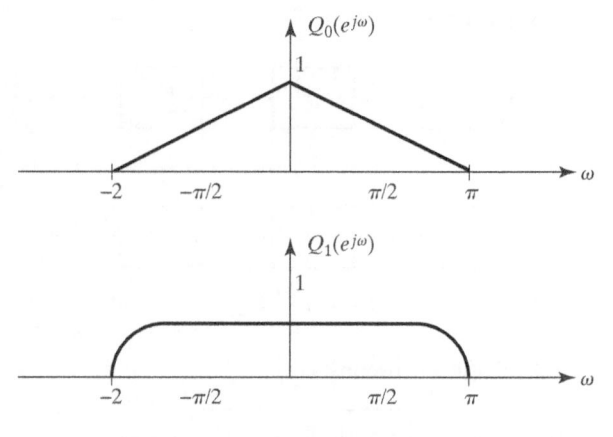

Figura P4.49-3

Para essas escolhas de $Q_0(e^{j\omega})$ e $Q_1(e^{j\omega})$, esboce a resposta em frequência

$$G(e^{j\omega}) = \frac{Y(e^{j\omega})}{X(e^{j\omega})}$$

do sistema global.

4.50. Considere o banco de filtros QMF mostrado na Figura P4.50:

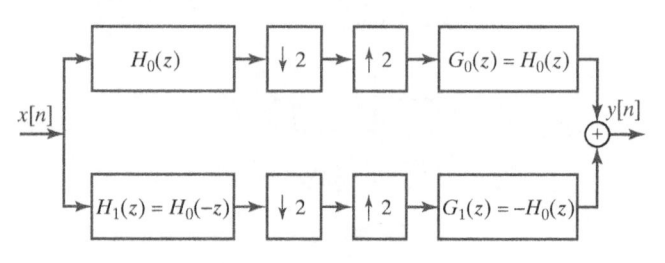

Figura P4.50

A relação entrada-saída é $Y(z) = T(z)X(z)$, sendo

$$T(z) = \frac{1}{2}(H_0^2(z) - H_0^2(-z)) = 2z^{-1}E_0(z^2)E_1(z^2)$$

e $E_0(z^2), E_1(z^2)$ os componentes polifásicos de $H_0(z)$.

Itens (a) e (b) são independentes.

(a) Explique se as duas afirmações a seguir estão corretas:

(a1) Se $H_0(z)$ é de fase linear, então $T(z)$ é de fase linear.

(a2) Se $E_0(z)$ e $E_1(z)$ são de fase linear, então $T(z)$ é de fase linear.

(b) O filtro protótipo é conhecido, $h_0[n] = \delta[n] + \delta[n-1] + \frac{1}{4}\delta[n-2]$:

(b1) Quem são $h_1[n], g_0[n]$ e $g_1[n]$?

(b2) Quem são $e_0[n]$ e $e_1[n]$?

(b3) Quem são $T(z)$ e $t[n]$?

4.51. Considere o sistema na Figura 4.10 com $X_c(j\Omega) = 0$ para $|\Omega| \geq 2\pi(1000)$ e o sistema de tempo discreto que eleva ao quadrado, isto é, $y[n] = x^2[n]$. Qual é o maior valor de T tal que $y_c(t) = x_c^2(t)$?

4.52. No sistema da Figura P4.52,

$$X_c(j\Omega) = 0, \quad |\Omega| \geq \pi/T,$$

e

$$H(e^{j\omega}) = \begin{cases} e^{-j\omega}, & |\omega| < \pi/L, \\ 0, & \pi/L < |\omega| \leq \pi. \end{cases}$$

Como $y[n]$ está relacionado ao sinal de entrada $x_c(t)$?

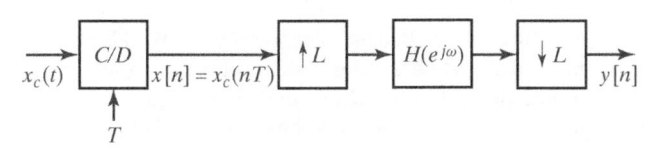

Figura P4.52

Problemas de extensão

4.53. Em muitas aplicações, os sinais aleatórios de tempo discreto surgem por meio da amostragem periódica de sinais aleatórios de tempo contínuo. Estamos interessados neste problema em uma dedução do teorema da amostragem para sinais aleatórios. Considere um processo aleatório de tempo contínuo, estacionário, definido pelas variáveis aleatórias $\{x_a(t)\}$, sendo t uma variável contínua. A função de autocorrelação é definida como

$$\phi_{x_c x_c}(\tau) = \mathcal{E}\{x(t)x^*(t+\tau)\},$$

e o espectro de densidade de potência é

$$P_{x_c x_c}(\Omega) = \int_{-\infty}^{\infty} \phi_{x_c x_c}(\tau) e^{-j\Omega \tau} d\tau.$$

Um processo aleatório de tempo discreto obtido pela amostragem periódica é definido pelo conjunto de variáveis aleatórias $\{x[n]\}$, sendo $x[n] = x_a(nT)$ e T o período de amostragem.

(a) Qual é a relação entre $\phi_{xx}[n]$ e $\phi_{x_c x_c}(\tau)$?
(b) Expresse o espectro de densidade de potência do processo de tempo discreto em termos do espectro de densidade de potência do processo de tempo contínuo.
(c) Sob que condição o espectro de densidade de potência de tempo discreto é uma representação fiel do espectro de densidade de potência de tempo contínuo?

4.54. Considere um processo aleatório de tempo contínuo $x_c(t)$ com um espectro de densidade de potência de banda limitada $P_{x_c x_c}(\Omega)$ como representado na Figura P4.54-1. Suponha que amostremos $x_c(t)$ para obter o processo aleatório de tempo discreto $x[n] = x_c(nT)$.

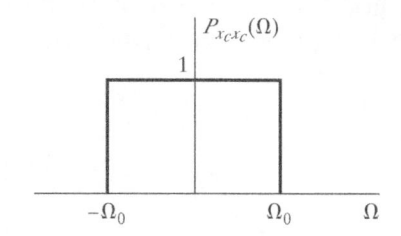

Figura P4.54-1

(a) Qual é a sequência de autocorrelação do processo aleatório de tempo discreto?
(b) Para o espectro de densidade de potência de tempo contínuo na Figura P4.54-1, como T deve ser escolhido de modo que o processo de tempo discreto seja branco, isto é, de modo que o espectro de potência seja constante para todo ω?
(c) Se o espectro de densidade de potência de tempo contínuo for como mostrado na Figura P4.54-2, como T deve ser escolhido de modo que o processo de tempo discreto seja branco?

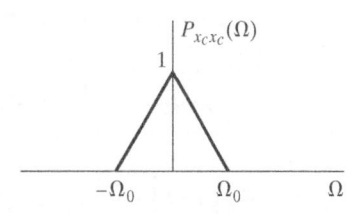

Figura P4.54-2

(d) Qual é o requisito geral sobre o processo de tempo contínuo e o período de amostragem de modo que o processo de tempo discreto seja branco?

4.55. Este problema explora o efeito da troca da ordem de duas operações sobre um sinal, a amostragem e a realização de uma operação não linear sem memória.

(a) Considere os dois sistemas de processamento de sinais da Figura P4.55-1, sendo os conversores C/D e D/C ideais. O mapeamento $g[x] = x^2$ representa um dispositivo não linear sem memória. Para os dois sistemas na figura, esboce os espectros dos sinais

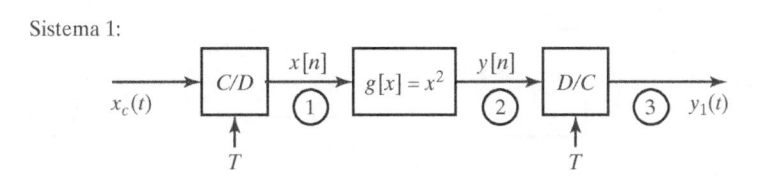

Figura P4.55-1

nos pontos 1, 2 e 3 quando a taxa de amostragem é selecionada como $1/T = 2f_m$ Hz e $x_c(t)$ tem a transformada de Fourier mostrada na Figura P4.55-2. $y_1(t) = y_2(t)$? Se não, por quê? $y_1(t) = x^2(t)$? Explique sua resposta.

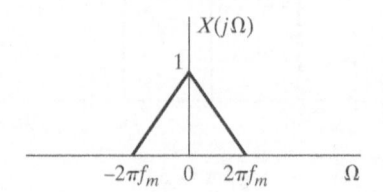

Figura P4.55-2

(b) Considere o Sistema 1 e seja $x(t) = A \cos(30\pi t)$. Considere que a taxa de amostragem seja $1/T = 40$ Hz. $y_1(t) = x_c^2(t)$? Justifique sua resposta.

(c) Considere o sistema de processamento de sinais mostrado na Figura P4.55-3, sendo $g[x] = x^3$ e $g^{-1}[v]$ o inverso (único), isto é, $g^{-1}[g(x)] = x$. Considere $x(t) = A \cos(30\pi t)$ e $1/T = 40$ Hz. Expresse $v[n]$ em termos de $x[n]$. Existe *aliasing* espectral? Expresse $y[n]$ em termos de $x[n]$. A que conclusão você pode chegar por esse exemplo? Você poderá achar útil a seguinte identidade:

$$\cos^3 \Omega_0 t = \tfrac{3}{4} \cos \Omega_0 t + \tfrac{1}{4} \cos 3\Omega_0 t.$$

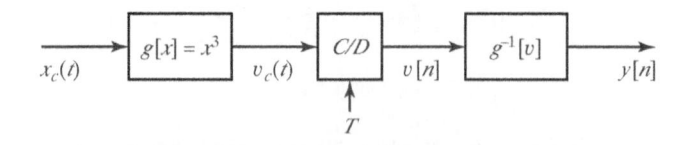

Figura P4.55-3

(d) Um problema prático é aquele de digitalizar um sinal que tem uma grande faixa dinâmica. Suponha que comprimamos a faixa dinâmica ao passar o sinal por um dispositivo não linear sem memória antes da conversão A/D e depois o expandamos de volta, após a conversão A/D. Qual será o impacto da operação não linear antes do conversor A/D em nossa escolha da taxa de amostragem?

4.56. A Figura 4.23 representa um sistema para interpolar um sinal por um fator L, sendo

$$x_e[n] = \begin{cases} x[n/L], & n = 0, \pm L, \pm 2L \text{ etc} \ldots, \\ 0, & \text{caso contrário,} \end{cases}$$

e o filtro passa-baixas interpola entre os valores não nulos de $x_e[n]$ para gerar o sinal sobreamostrado ou interpolado $x_i[n]$. Quando o filtro passa-baixas é ideal, a interpolação é chamada de interpolação de banda limitada. Como indica a Seção 4.6.3, procedimentos de interpolação simples são adequados em muitas aplicações. Dois procedimentos simples frequentemente usados são a retenção de ordem zero e a interpolação linear. Para a interpolação por retenção de ordem zero, cada valor de $x[n]$ é simplesmente repetido L vezes; isto é,

$$x_i[n] = \begin{cases} x_e[0], & n = 0, 1, \ldots, L-1, \\ x_e[L], & n = L, L+1, \ldots, 2L-1, \\ x_e[2L], & n = 2L, 2L+1, \ldots, \\ \vdots \end{cases}$$

A interpolação linear é descrita na Seção 4.6.2.

(a) Determine uma escolha apropriada para a resposta ao impulso do filtro passa-baixas na Figura 4.23 para implementar a interpolação por retenção de ordem zero. Além disso, determine a resposta em frequência correspondente.

(b) A Equação 4.91 especifica a resposta ao impulso para interpolação linear. Determine a resposta em frequência correspondente. (Você poderá achar útil usar o fato de que $h_{\text{lin}}[n]$ é triangular e, consequentemente, corresponde à convolução de duas sequências retangulares.)

(c) Esboce a magnitude da resposta em frequência do filtro para a retenção de ordem zero e a interpolação linear. Qual é uma melhor aproximação para a interpolação de banda limitada ideal?

4.57. Queremos calcular a função de autocorrelação de um sinal sobreamostrado, conforme indicado na Figura P4.57-1. Sugere-se que isso pode ser realizado de modo equivalente com o sistema da Figura P4.57-2. $H_2(e^{j\omega})$ pode ser escolhido de modo que $\phi_3[m] = \phi_1[m]$? Se não, por quê? Se sim, especifique $H_2(e^{j\omega})$.

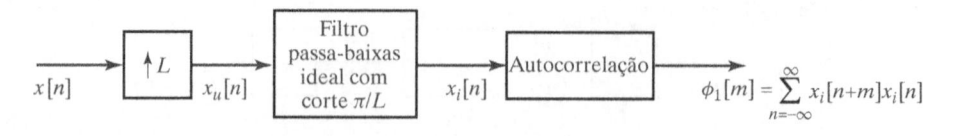

Figura P4.57-1

$$\phi_1[m] = \sum_{n=-\infty}^{\infty} x_i[n+m] x_i[n]$$

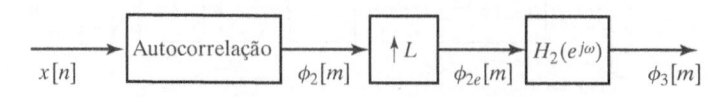

Figura P4.57-2

4.58. Estamos interessados na sobreamostragem de uma sequência por um fator 2, usando um sistema na forma da Figura 4.23. Porém, o filtro passa-baixas nessa figura deve ser aproximado por um filtro de cinco amostras com resposta ao impulso $h[n]$ indicada na Figura P4.58-1. Nesse sistema, a saída $y_1[n]$ é obtida pela convolução direta de $h[n]$ com $w[n]$.

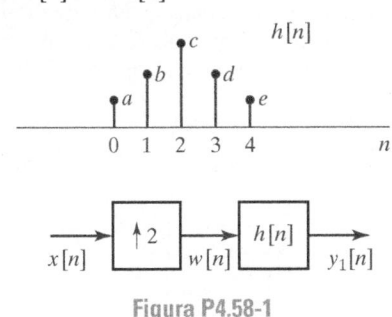

Figura P4.58-1

(a) Uma implementação proposta do sistema com a escolha anterior de $h[n]$ está na Figura P4.58-2. As três respostas ao impulso $h_1[n]$, $h_2[n]$ e $h_3[n]$ são todas restritas a serem zero fora do intervalo $0 \leq n \leq 2$. Determine e justifique claramente uma escolha para $h_1[n]$, $h_2[n]$ e $h_3[n]$, de modo que $y_1[n] = y_2[n]$ para qualquer $x[n]$, isto é, de modo que os dois sistemas sejam idênticos.

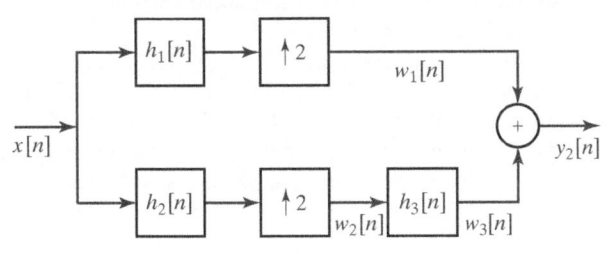

Figura P4.58-2

(b) Determine o número de multiplicações por amostra de saída exigido no sistema da Figura P4.58-1 e no sistema da Figura P4.58-2. Você deverá encontrar que o sistema da Figura P4.58-2 é mais eficiente.

4.59. Considere o sistema de análise-síntese mostrado na Figura P4.59-1. O filtro passa-baixas $h_0[n]$ é idêntico no analisador e no sintetizador, e o filtro passa-altas $h_1[n]$ é idêntico no analisador e no sintetizador. As transformadas de Fourier de $h_0[n]$ e $h_1[n]$ são relacionadas por

$$H_1(e^{j\omega}) = H_0(e^{j(\omega+\pi)}).$$

(a) Se $X(e^{j\omega})$ e $H_0(e^{j\omega})$ forem como mostrados na Figura P4.59-2, esboce (a menos de um fator de escala) $X_0(e^{j\omega})$, $G_0(e^{j\omega})$ e $Y_0(e^{j\omega})$.

(b) Escreva uma expressão geral para $G_0(e^{j\omega})$ em termos de $X(e^{j\omega})$ e $H_0(e^{j\omega})$. *Não* assuma que $X(e^{j\omega})$ e $H_0(e^{j\omega})$ sejam como mostrados na Figura P4.59-2.

(c) Determine um conjunto de condições sobre $H_0(e^{j\omega})$ que seja o mais geral possível e que garanta que $|Y(e^{j\omega})|$ seja proporcional a $|X(e^{j\omega})|$ para qualquer entrada estável $x[n]$.

Nota: Bancos de filtros analisador-sintetizador na forma desenvolvida neste problema são muito semelhantes a bancos de filtro espelhados em quadratura. (Para leitura adicional, veja Crochiere e Rabiner (1983), p. 378–392.)

4.60. Considere uma sequência de valor real $x[n]$ para a qual

$$X(e^{j\omega}) = 0, \qquad \frac{\pi}{3} \leq |\omega| \leq \pi.$$

Um valor de $x[n]$ foi corrompido, e gostaríamos de recuperá-lo aproximada ou exatamente. Com $\hat{x}[n]$ indicando o sinal corrompido,

$$\hat{x}[n] = x[n] \text{ para } n \neq n_0,$$

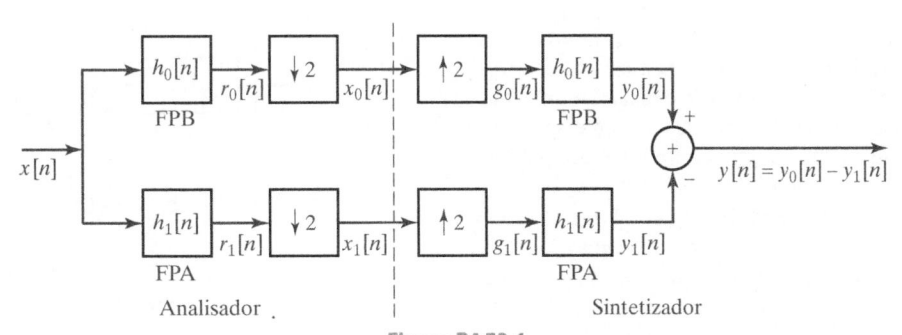

Figura P4.59-1

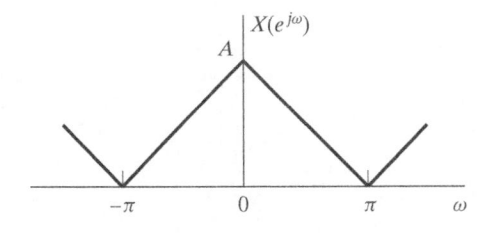

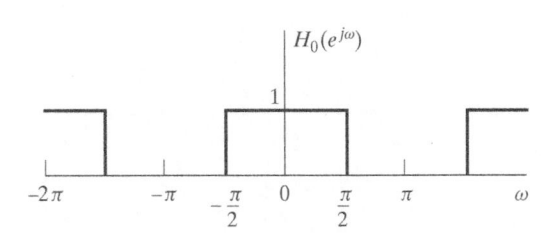

Figura P4.59-2

e $\hat{x}[n_0]$ é real, mas não está relacionado a $x[n_0]$. Em cada um dos três casos a seguir, especifique um algoritmo prático para recuperar exata ou aproximadamente $x[n]$ a partir de $\hat{x}[n]$:

(a) O valor de n_0 é conhecido.

(b) O valor exato de n_0 não é conhecido, mas sabemos que n_0 é um número par.

(c) Nada sobre n_0 é conhecido.

4.61. Os sistemas de comunicação muitas vezes exigem conversão de multiplexação por divisão de tempo (TDM, do inglês *time-division multiplexing*) para multiplexação por divisão de frequência (FDM, do inglês *frequency-division multiplexing*). Neste problema, examinamos um exemplo simples desse sistema. O diagrama de blocos do sistema a ser estudado é mostrado na Figura P4.61-1. Assume-se que a entrada da TDM é a sequência de amostras intercaladas

$$w[n] = \begin{cases} x_1[n/2] & \text{para } n \text{ inteiro par,} \\ x_2[(n-1)/2] & \text{para } n \text{ inteiro ímpar.} \end{cases}$$

Suponha que as sequências $x_1[n] = x_{c1}(nT)$ e $x_2[n] = x_{c2}(nT)$ tenham sido obtidas amostrando os sinais de tempo contínuo $x_{c1}(t)$ e $x_{c2}(t)$, respectivamente, sem *aliasing*.

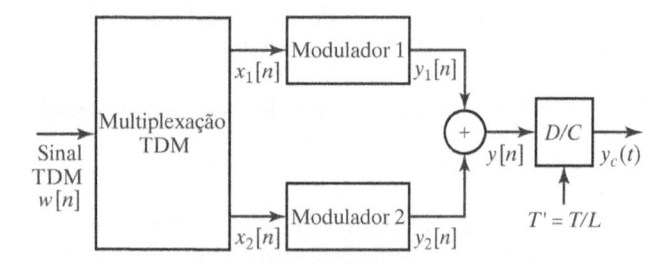

Figura P4.61-1

Assuma também que esses dois sinais tenham a mesma frequência mais alta, Ω_N, e que o período de amostragem seja $T = \pi/\Omega_N$.

(a) Desenhe um diagrama de blocos de um sistema que produza $x_1[n]$ e $x_2[n]$ como saídas; isto é, obtenha um sistema para desmultiplexação de um sinal TDM usando operações simples. Indique se o seu sistema é ou não linear, invariante no tempo, causal e estável.

O k-ésimo sistema modulador ($k = 1$ ou 2) é definido pelo diagrama de blocos da Figura P4.61-2. O filtro passa-baixas $H_i(e^{j\omega})$, que é o mesmo para os dois canais, tem ganho L e frequência de corte π/L, e os filtros passa-altas $H_k(e^{j\omega})$ possuem ganho unitário e frequência de corte ω_k. As frequências moduladoras são tais que

$$\omega_2 = \omega_1 + \pi/L \quad \text{e} \quad \omega_2 + \pi/L \leq \pi \quad (\text{considere } \omega_1 > \pi/2).$$

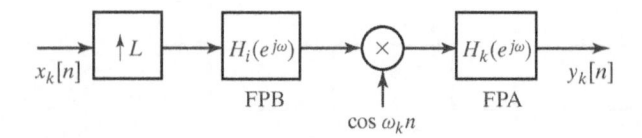

Figura P4.61-2

(b) Assuma que $\Omega_N = 2\pi \times 5 \times 10^3$. Encontre ω_1 e L de modo que, após a conversão D/C ideal com período de amostragem T'/L, a transformada de Fourier de $y_c(t)$ seja nula, exceto na faixa de frequências

$$2\pi \times 10^5 \leq |\omega| \leq 2\pi \times 10^5 + 2\Omega_N.$$

(c) Assuma que as transformadas de Fourier de tempo contínuo dos dois sinais de entrada originais sejam como mostra a Figura P4.61-3. Esboce as transformadas de Fourier em cada ponto no sistema.

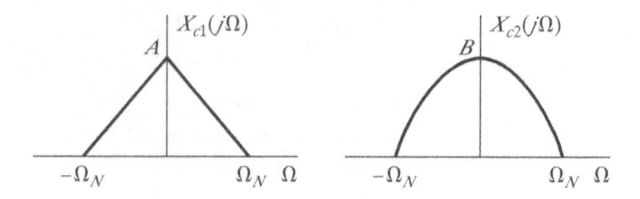

Figura P4.61-3

(d) Com base em sua solução para os itens (a)-(c), discuta como o sistema poderia ser generalizado para lidar com M canais com a mesma largura de banda.

4.62. Na Seção 4.8.1, consideramos o uso da pré-filtragem para evitar o *aliasing*. Na prática, o filtro *antialiasing* não pode ser ideal. Porém, as características não ideais podem ser pelo menos parcialmente compensadas com um sistema de tempo discreto aplicado à sequência $x[n]$ que é a saída do conversor C/D.

Considere os dois sistemas da Figura P4.62-1. Os filtros *antialiasing* $H_{\text{ideal}}(j\Omega)$ e $H_{aa}(j\Omega)$ são mostrados na Figura P4.62-2. $H(e^{j\omega})$ na Figura P4.62-1 deve ser especificado para compensar as características não ideais de $H_{aa}(j\Omega)$. Esboce $H(e^{j\omega})$ de modo que as duas sequências $x[n]$ e $w[n]$ sejam idênticas.

Figura P4.62-1

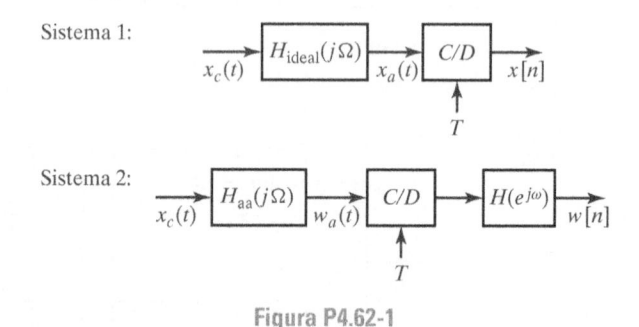

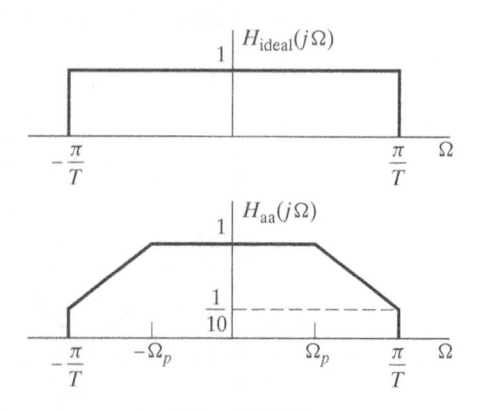

Figura P4.62-2

4.63. Conforme discutimos na Seção 4.8.2, para processar sequências em um computador digital, temos de digitalizar a amplitude da sequência em um conjunto de níveis discretos. Essa digitalização pode ser expressa em termos da passagem da sequência de entrada $x[n]$ por um digitalizador $Q(x)$ que tenha uma relação entrada-saída como mostrada na Figura 4.54.

Conforme discutimos na Seção 4.8.3, se o intervalo de digitalização Δ for pequeno em comparação com as mudanças no nível da sequência de entrada, podemos considerar que a saída do digitalizador tem a forma

$$y[n] = x[n] + e[n],$$

sendo $e[n] = Q(x[n]) - x[n]$ e $e[n]$ um processo aleatório estacionário com uma densidade de probabilidade de primeira ordem uniforme entre $-\Delta/2$ e $\Delta/2$, não correlacionado de uma amostra para outra e não correlacionado a $x[n]$, de modo que $\mathcal{E}\{e[n]x[m]\} = 0$ para todo m e n. Seja $x[n]$ um processo ruído branco estacionário com média nula e variância σ_x^2.

(a) Encontre a média, a variância e a sequência de autocorrelação de $e[n]$.

(b) Qual é a relação sinal-ruído de digitalização σ_x^2/σ_e^2?

(c) O sinal digitalizado $y[n]$ deve ser filtrado por um filtro digital com resposta ao impulso $h[n] = \frac{1}{2}[a^n + (-a)^n]u[n]$. Determine a variância do ruído produzida na saída por causa do ruído de digitalização de entrada e determine a SNR na saída.

Em alguns casos, podemos querer usar passos de digitalização não lineares, por exemplo, passos de digitalização espaçados logaritmicamente. Isso pode ser feito ao aplicarmos passos de digitalização uniforme ao logaritmo da entrada, conforme representado na Figura P4.63, sendo $Q[\cdot]$ um digitalizador uniforme, como especificado na Figura 4.54. Nesse caso, se considerarmos que Δ é pequeno em comparação com as mudanças na sequência $\ln(x[n])$, então poderemos assumir que a saída do digitalizador é

$$\ln(y[n]) = \ln(x[n]) + e[n].$$

Assim,

$$y[n] = x[n] \cdot \exp(e[n]).$$

Para um e pequeno, podemos aproximar $\exp(e[n])$ por $(1 + e[n])$, de modo que

$$y[n] \approx x[n](1 + e[n]) = x[n] + f[n]. \quad \text{(P4.63-1)}$$

Essa equação será usada para descrever o efeito da digitalização logarítmica. Consideramos que $e[n]$ seja um processo aleatório estacionário, não correlacionado de uma amostra para outra, independente do sinal $x[n]$, e com densidade de probabilidade de primeira ordem uniforme entre $\pm\Delta/2$.

(d) Determine a média, a variância e a sequência de autocorrelação do ruído *aditivo* $f[n]$ definido na Equação 4.63-1.

(e) Qual é a relação sinal-ruído de digitalização σ_x^2/σ_f^2? Note que, neste caso, σ_x^2/σ_f^2 é independente de σ_x^2. Portanto, dentro dos limites de nossa hipótese, a relação sinal-ruído de digitalização é independente do nível do sinal, enquanto, para a digitalização linear, a razão σ_x^2/σ_e^2 depende diretamente de σ_x^2.

(f) O sinal digitalizado $y[n]$ deve ser filtrado por meio de um filtro digital com resposta ao impulso $h[n] = \frac{1}{2}[a^n + (-a)^n]u[n]$. Determine a variância do ruído produzido na saída por causa do ruído de digitalização da entrada, e determine a SNR na saída.

4.64. Na Figura P4.64-1 é mostrado um sistema em que dois sinais de tempo contínuo são multiplicados e um sinal de tempo discreto é então obtido a partir da amostragem do produto na taxa de Nyquist; isto é, $y_1[n]$ são amostras de $y_c(t)$ tomadas na taxa de Nyquist. O sinal $x_1(t)$ é limitado em banda a 25 kHz ($X_1(j\Omega) = 0$ para $|\Omega| \geq 5\pi \times 10^4$), e $x_2(t)$ é limitado a 2,5 kHz ($X_2(j\Omega) = 0$ para $|\Omega| \geq (\pi/2) \times 10^4$).

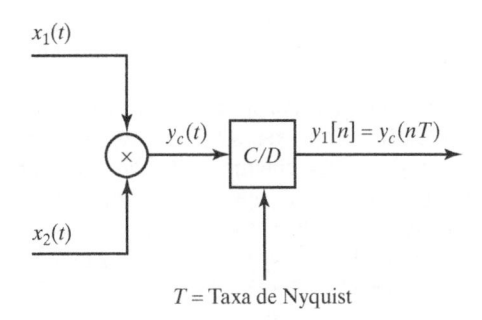

T = Taxa de Nyquist

Figura P4.64-1

Em algumas situações (transmissão digital, por exemplo), os sinais de tempo contínuo já foram amostrados em suas taxas de Nyquist individuais, e a multiplicação deve ser executada no domínio de tempo discreto, talvez com algum processamento adicional antes e depois da multiplicação, como indica a Figura P4.64-2. Cada um dos sistemas A, B e C é identidade, ou pode ser implementado usando um ou mais dos módulos mostrados na Figura P4.64-3.

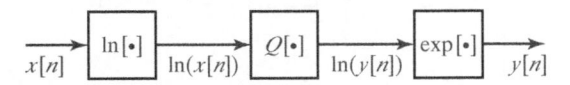

Figura P4.63

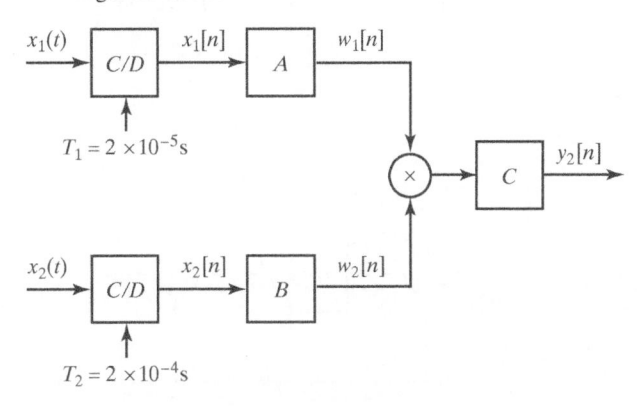

Figura P4.64-2

Módulo I

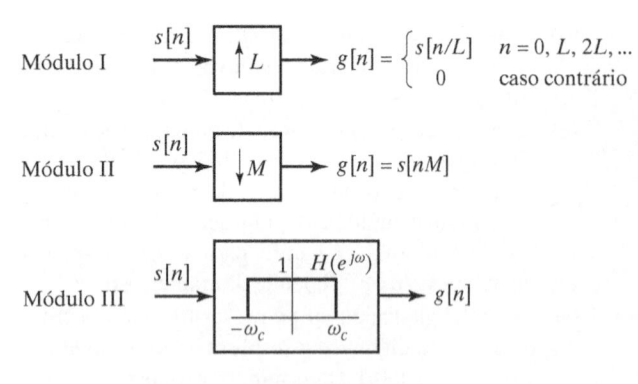

$s[n] \rightarrow \boxed{\uparrow L} \rightarrow g[n] = \begin{cases} s[n/L] & n = 0, L, 2L, \ldots \\ 0 & \text{caso contrário} \end{cases}$

Módulo II

$s[n] \rightarrow \boxed{\downarrow M} \rightarrow g[n] = s[nM]$

Módulo III

$s[n] \rightarrow \boxed{H(e^{j\omega})} \rightarrow g[n]$ (passa-baixas ideal com ganho 1, corte $\pm\omega_c$)

Figura P4.64-3

Para cada um dos três sistemas A, B e C, especifique se ele é um sistema identidade, ou especifique uma interconexão apropriada de um ou mais dos módulos mostrados na Figura P4.64-3. Além disso, especifique todos os parâmetros relevantes L, M e ω_c. Os sistemas A, B e C devem ser construídos de modo que $y_2[n]$ seja proporcional a $y_1[n]$, isto é,

$$y_2[n] = ky_1[n] = ky_c(nT) = kx_1(nT) \times x_2(nT),$$

e essas amostras estão na taxa de Nyquist, ou seja, $y_2[n]$ não representa sobreamostragem ou subamostragem de $y_c(t)$.

4.65. Suponha que $s_c(t)$ seja um sinal de voz com a transformada de Fourier de tempo contínuo $S_c(j\Omega)$ mostrada na Figura P4.65-1. Obtemos uma sequência de tempo discreto $s_r[n]$ pelo sistema mostrado na Figura P4.65-2, sendo $H(e^{j\omega})$ um filtro passas-baixas de tempo discreto ideal com frequência de corte ω_c e um ganho L na banda de passagem, como mostra a Figura 4.29(b). O sinal $s_r[n]$ será usado como uma entrada para um codificador de voz que opera corretamente somente em amostras de tempo discreto que representam a voz amostrada a uma taxa de 8 kHz. Escolha valores de L, M e ω_c que produzam o sinal de entrada correto $s_r[n]$ para o codificador de voz.

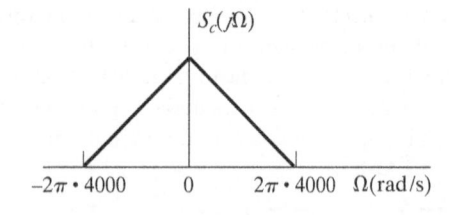

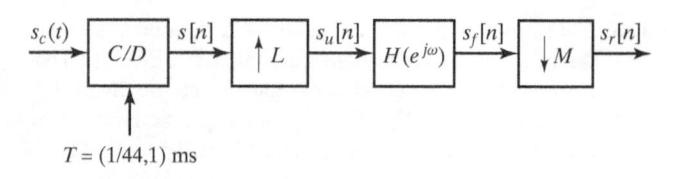

Figura P4.65-1: $S_c(j\Omega)$ triangular, suporte em $[-2\pi \cdot 4000,\; 2\pi \cdot 4000]$ Ω (rad/s)

Figura P4.65-2: $s_c(t) \rightarrow C/D \rightarrow s[n] \rightarrow \uparrow L \rightarrow s_u[n] \rightarrow H(e^{j\omega}) \rightarrow s_f[n] \rightarrow \downarrow M \rightarrow s_r[n]$, com $T = (1/44{,}1)$ ms

4.66. Em muitas aplicações de áudio, é necessário amostrar um sinal de tempo contínuo $x_c(t)$ em uma taxa de amostragem $1/T = 44$ kHz. Na Figura P4.66-1 é mostrado um sistema simples, incluindo um filtro *antialias* de tempo contínuo $H_{a0}(j\Omega)$, para adquirir as amostras desejadas. Em muitas aplicações, o sistema de "sobreamostragem 4x" mostrado na Figura P4.66-2 é usado no lugar do sistema convencional, mostrado na Figura P4.66-1. No sistema da Figura P4.66-2,

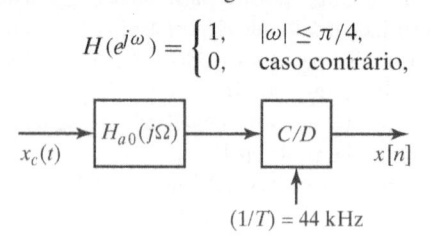

$$H(e^{j\omega}) = \begin{cases} 1, & |\omega| \leq \pi/4, \\ 0, & \text{caso contrário}, \end{cases}$$

Figura P4.66-1: $x_c(t) \rightarrow H_{a0}(j\Omega) \rightarrow C/D \rightarrow x[n]$, $(1/T) = 44$ kHz

é um sistema passa-baixas ideal, e

$$H_{a1}(j\Omega) = \begin{cases} 1, & |\Omega| \leq \Omega_p, \\ 0, & |\Omega| > \Omega_s, \end{cases}$$

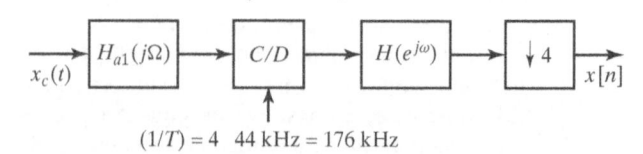

para algum $0 \leq \Omega_p \leq \Omega_s \leq \infty$.

Figura P4.66-2: $x_c(t) \rightarrow H_{a1}(j\Omega) \rightarrow C/D \rightarrow H(e^{j\omega}) \rightarrow \downarrow 4 \rightarrow x[n]$, $(1/T) = 4 \cdot 44$ kHz $= 176$ kHz

Considerando que $H(e^{j\omega})$ é ideal, encontre o conjunto mínimo de especificações do filtro *antialias* $H_{a1}(j\Omega)$, isto é, o menor Ω_p e o maior Ω_s, tal que o sistema global da Figura P4.66-2 seja equivalente ao sistema na Figura P4.66-1.

4.67. Neste problema, consideraremos o sistema de "dupla integração" para digitalização com formatação do ruído mostrada na Figura P4.67. Nesse sistema,

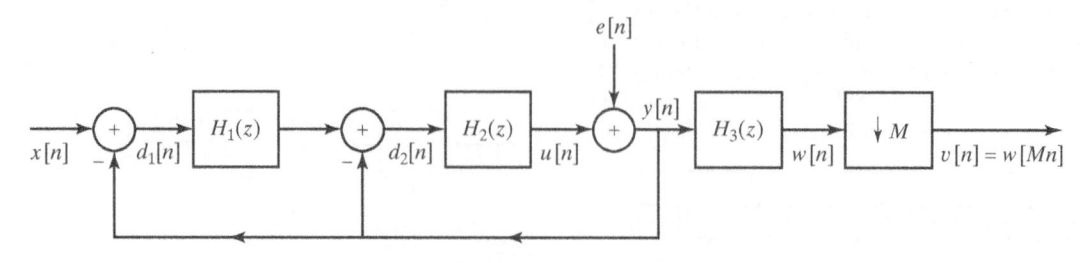

Figura P4.67: $x[n] \rightarrow (+) \rightarrow d_1[n] \rightarrow H_1(z) \rightarrow (+) \rightarrow d_2[n] \rightarrow H_2(z) \rightarrow u[n] \rightarrow (+) \rightarrow y[n] \rightarrow H_3(z) \rightarrow w[n] \rightarrow \downarrow M \rightarrow v[n] = w[Mn]$, com $e[n]$ somado antes de $y[n]$, e realimentações negativas de $y[n]$ para os dois somadores de entrada.

$$H_1(z) = \frac{1}{1-z^{-1}} \quad \text{e} \quad H_2(z) = \frac{z^{-1}}{1-z^{-1}},$$

e a resposta em frequência do filtro de dizimação é

$$H_3(e^{j\omega}) = \begin{cases} 1, & |\omega| < \pi/M, \\ 0, & \pi/M \le |\omega| \le \pi. \end{cases}$$

A fonte de ruído $e[n]$, que representa um digitalizador, é considerada um sinal ruído branco de média nula (espectro de potência constante) distribuído uniformemente em amplitude, com potência de ruído $\sigma_e^2 = \Delta^2/12$.

(a) Determine uma equação para $Y(z)$ em termos de $X(z)$ e $E(z)$. Suponha, para este item, que $E(z)$ exista. Pela relação da transformada z, mostre que $y[n]$ pode ser expresso na forma $y[n] = x[n-1] + f[n]$, sendo $f[n]$ a saída devida à fonte de ruído $e[n]$. Qual é a relação no domínio de tempo entre $f[n]$ e $e[n]$?

(b) Agora suponha que $e[n]$ seja um sinal ruído branco, como descrito antes do item (a). Use o resultado do item (a) para mostrar que o espectro de potência do ruído $f[n]$ é

$$P_{ff}(e^{j\omega}) = 16\sigma_e^2 \operatorname{sen}^4(\omega/2).$$

Qual é a potência de ruído *total* (σ_f^2) no componente de ruído do sinal $y[n]$? No mesmo conjunto de eixos, esboce os espectros de potência $P_{ee}(e^{j\omega})$ e $P_{ff}(e^{j\omega})$ para $0 \le \omega \le \pi$.

(c) Agora suponha que $X(e^{j\omega}) = 0$ para $\pi/M < \omega \le \pi$. Comprove que a saída de $H_3(z)$ é $w[n] = x[n-1] + g[n]$. Explique o que é $g[n]$.

(d) Determine uma expressão para a potência de ruído σ_g^2 na saída do filtro dizimador. Assuma que $\pi/M \ll \pi$, isto é, que M é grande, de modo que você possa usar uma aproximação em ângulo pequeno para simplificar a avaliação da integral.

(e) Após o dizimador, a saída é $v[n] = w[Mn] = x[Mn-1] + q[n]$, sendo $q[n] = g[Mn]$. Agora suponha que $x[n] = x_c(nT)$ (isto é, $x[n]$ foi obtido por amostragem de um sinal de tempo contínuo). Que condição deverá ser satisfeita por $X_c(j\Omega)$ de modo que $x[n-1]$ passe pelo filtro inalterado? Expresse o "componente de sinal" da saída $v[n]$ em termos de $x_c(t)$. Qual é a potência total σ_q^2 do ruído na saída? Dê uma expressão para o espectro de potência do ruído na saída e, no mesmo conjunto de eixos, esboce os espectros de potência $P_{ee}(e^{j\omega})$ e $P_{qq}(e^{j\omega})$ para $0 \le \omega \le \pi$.

4.68. Para os conversores A/D sobreamostrados sigma-delta com percursos de realimentações de alta ordem, a estabilidade se torna uma consideração significativa. Um método alternativo conhecido como formatação do ruído em múltiplos estágios (MASH) alcança uma formatação do ruído de ordem mais alta apenas com a realimentação de primeira ordem. A estrutura para a formatação do ruído MASH de segunda ordem aparece na Figura P4.68-2 e é analisada neste problema.
A Figura P4.68-1 é um sistema de formatação do ruído sigma-delta ($\Sigma - \Delta$) de primeira ordem em que o efeito do digitalizador é representado pelo sinal de ruído aditivo $e[n]$. O ruído $e[n]$ é mostrado explicitamente no diagrama como uma segunda saída do sistema. Suponha que a entrada $x[n]$ seja um processo aleatório estacionário no sentido amplo com média nula. Suponha também que $e[n]$ seja estacionário no sentido amplo, branco e com média nula e que tenha variância σ_e^2. Assuma que $e[n]$ não está correlacionado a $x[n]$.

(a) Para o sistema na Figura P4.68-1, a saída $y[n]$ tem um componente $y_x[n]$ devido apenas a $x[n]$ e um componente $y_e[n]$ devido apenas a $e[n]$, isto é, $y[n] = y_x[n] + y_e[n]$.
  (i) Determine $y_x[n]$ em termos de $x[n]$.
  (ii) Determine $P_{y_e}(\omega)$, a densidade espectral de potência de $y_e[n]$.

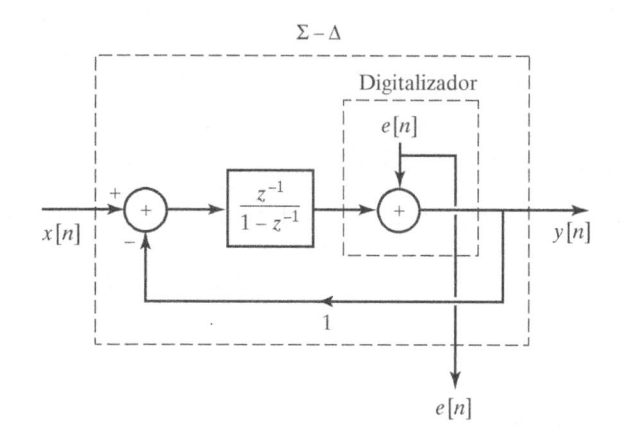

Figura P4.68-1

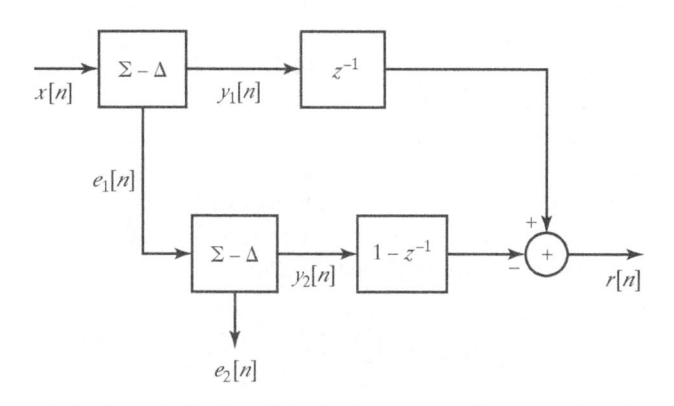

Figura P4.68-2

(b) O sistema da Figura P4.68 agora está conectado na configuração mostrada na Figura P4.68, que mostra a estrutura do sistema MASH. Observe que $e_1[n]$ e $e_2[n]$ são os sinais de ruído resultantes dos digitalizadores nos sistemas de formatação do ruído sigma-delta. A saída do sistema $r[n]$ tem um componente $r_x[n]$ devido apenas a $x[n]$ e um componente $r_e[n]$ devido apenas ao ruído de digitalização, isto é, $r[n] = r_x[n] + r_e[n]$. Suponha que $e_1[n]$ e $e_2[n]$ sejam estacionários no sentido amplo, brancos, com média nula e com variância σ_e^2. Suponha também que $e_1[n]$ não esteja correlacionado a $e_2[n]$.
  (i) Determine $r_x[n]$ em termos de $x[n]$.
  (ii) Determine $P_{r_e}(\omega)$, a densidade espectral de potência de $r_e[n]$.

Capítulo 5
Análise no domínio transformado de sistemas lineares invariantes no tempo

5.0 Introdução

No Capítulo 2, desenvolvemos a representação por transformada de Fourier de sinais e sistemas de tempo discreto e, no Capítulo 3, estendemos essa representação para a transformada z. Em ambos os capítulos, a ênfase foi nas transformadas e suas propriedades, passando apenas brevemente pelos detalhes de seu uso na análise de sistemas lineares invariantes no tempo (LIT). Neste capítulo, desenvolvemos com mais detalhes a representação e a análise dos sistemas LIT usando as transformadas de Fourier e z. O material é a base essencial para nossa discussão, no Capítulo 6, da implementação de sistemas LIT e, no Capítulo 7, do projeto desses sistemas.

Como discutido no Capítulo 2, um sistema LIT pode ser completamente caracterizado no domínio de tempo por sua resposta ao impulso $h[n]$, com a saída $y[n]$ devido a uma determinada entrada $x[n]$ especificada por meio da soma de convolução

$$y[n] = \sum_{k=-\infty}^{\infty} x[k]h[n-k]. \qquad (5.1)$$

Alternativamente, como a resposta em frequência e a resposta ao impulso estão diretamente relacionadas por meio da transformada de Fourier, a resposta em frequência, assumindo que ela exista (isto é, que $H(z)$ tem uma RDC que inclui $z = e^{j\omega}$), fornece uma caracterização igualmente completa dos sistemas LIT. No Capítulo 3, desenvolvemos a transformada z como uma generalização da transformada de Fourier. A transformada z da saída de um sistema LIT está relacionada à transformada z da entrada e à transformada z da resposta ao impulso do sistema por

$$Y(z) = H(z)X(z), \qquad (5.2)$$

sendo que $Y(z)$, $X(z)$ e $H(z)$ denotam as transformadas z de $y[n]$, $x[n]$ e $h[n]$, respectivamente, e têm regiões de convergência apropriadas. $H(z)$ tipicamente é chamada de *função de sistema*. Como uma sequência e sua transformada z formam um par único, segue-se que qualquer sistema LIT é completamente caracterizado por sua função de sistema, novamente assumindo convergência.

Tanto a resposta em frequência, que corresponde à função de sistema calculada na circunferência unitária, quanto a função de sistema, considerada de forma mais geral como uma função da variável complexa z, são extremamente úteis na análise e na representação de sistemas LIT, pois podemos prontamente inferir muitas propriedades da resposta do sistema a partir delas.

5.1 A resposta em frequência de sistemas LIT

A resposta em frequência $H(e^{j\omega})$ de um sistema LIT foi definida na Seção 2.6 como o ganho complexo (autovalor) que o sistema aplica a uma entrada exponencial complexa (autofunção) $e^{j\omega n}$. Além disso, como discutido na Seção 2.9.6, como a transformada de Fourier de uma sequência representa uma decomposição em uma combinação linear de exponenciais complexas, as transformadas de Fourier de entrada e saída do sistema são relacionadas por

$$Y(e^{j\omega}) = H(e^{j\omega})X(e^{j\omega}), \qquad (5.3)$$

sendo $X(e^{j\omega})$ e $Y(e^{j\omega})$ as transformadas de Fourier de entrada e saída do sistema, respectivamente.

5.1.1 Fase e atraso de grupo da resposta em frequência

A resposta em frequência, em geral, é um número complexo para cada frequência. Com a resposta em frequência expressa em forma polar, a magnitude e a fase das transformadas de Fourier de entrada e saída do sistema são relacionadas por

$$|Y(e^{j\omega})| = |H(e^{j\omega})| \cdot |X(e^{j\omega})|, \qquad (5.4a)$$

$$\angle Y(e^{j\omega}) = \angle H(e^{j\omega}) + \angle X(e^{j\omega}), \qquad (5.4b)$$

sendo que $|H(e^{j\omega})|$ representa a *resposta em magnitude* ou o *ganho* do sistema, e $\angle H(e^{j\omega})$, a *resposta em fase* ou *deslocamento em fase* do sistema.

Os efeitos na magnitude e fase representados pelas equações 5.4(a) e (b) podem ser desejáveis, se o sinal de entrada for modificado de modo útil, ou indesejáveis, se o sinal de entrada for mudado de maneira prejudicial. Nesse último caso, frequentemente nos referimos aos efeitos de um sistema LIT sobre um sinal, conforme representados pelas equações 5.4(a) e (b), como *distorções de magnitude* e *fase*, respectivamente.

O ângulo de fase de qualquer número complexo não é unicamente definido, pois qualquer múltiplo inteiro de 2π pode ser somado a ele sem que o número complexo seja afetado. Quando a fase é numericamente calculada com o uso de uma sub-rotina de arco tangente, o valor principal tipicamente é obtido. Vamos denotar o valor principal da fase de $H(e^{j\omega})$ como $\text{ARG}[H(e^{j\omega})]$, sendo

$$-\pi < \text{ARG}[H(e^{j\omega})] \le \pi. \quad (5.5)$$

Qualquer outro ângulo que forneça o valor complexo correto da função $H(e^{j\omega})$ pode ser representado em termos do valor principal como

$$\angle H(e^{j\omega}) = \text{ARG}[H(e^{j\omega})] + 2\pi r(\omega), \quad (5.6)$$

sendo $r(\omega)$ um inteiro positivo ou negativo que pode ser diferente a cada valor de ω. Em geral, usaremos a notação de ângulo no membro esquerdo da Equação 5.6 para indicar a fase ambígua, pois $r(\omega)$ é arbitrário.

Em muitos casos, o valor principal exibirá descontinuidades de 2π radianos quando visto como uma função de ω. Isso é ilustrado na Figura 5.1, em que são mostrados gráficos de uma função de fase contínua $\arg[H(e^{j\omega})]$ e de seu valor principal $\text{ARG}[H(e^{j\omega})]$ no intervalo $0 \le \omega \le \pi$. O gráfico da função de fase mostrado na Figura 5.1(a) excede o intervalo $-\pi$ a $+\pi$. O valor principal, mostrado na Figura 5.1(b), tem saltos de 2π, decorrentes dos múltiplos inteiros de 2π que devem ser subtraídos em certas regiões para trazer a curva de fase para dentro do intervalo do valor principal. A Figura 5.1(c) mostra o valor correspondente de $r(\omega)$ na Equação 5.6.

Ao longo deste texto, em nossa discussão de fase, nos referiremos a $\text{ARG}[H(e^{j\omega})]$ como a fase "enrolada" ("*wrapped*"), pois o fator 2π pode ser interpretado como o efeito de "enrolar" a fase em uma circunferência. Em uma representação em amplitude e fase (em que a amplitude tem valor real, mas pode ser positiva ou negativa), $\text{ARG}[H(e^{j\omega})]$ pode ser "desenrolada" ("*unwrapped*") em uma curva de fase que é contínua em ω. A curva de fase contínua (desenrolada) é denotada por $\arg[H(e^{j\omega})]$. Outra representação particular-

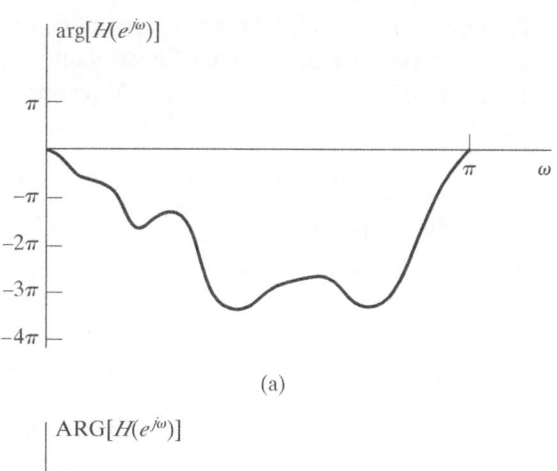

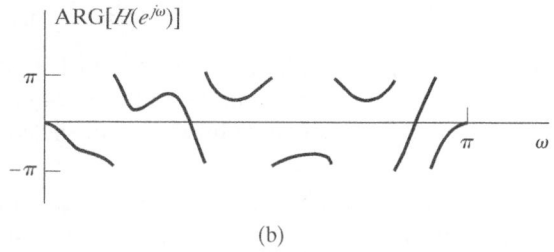

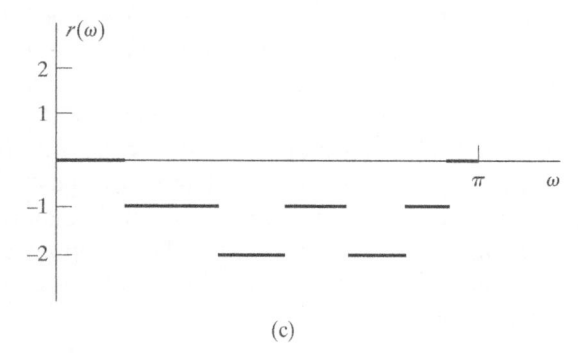

Figura 5.1 (a) Curva de fase contínua para uma função de sistema calculada sobre a circunferência unitária. (b) Valor principal da curva de fase da parte (a). (c) Múltiplos inteiros de 2π a serem somados a ARG[H($e^{j\omega}$)] para se obter arg[H($e^{j\omega}$)].

mente útil da fase é a que usa o atraso de grupo $\tau(\omega)$, definido como

$$\tau(\omega) = \text{grd}[H(e^{j\omega})] = -\frac{d}{d\omega}\{\arg[H(e^{j\omega})]\}. \quad (5.7)$$

Vale a pena notar que, como as derivadas de $\arg[H(e^{j\omega})]$ e $\text{ARG}[H(e^{j\omega})]$ serão idênticas, exceto pela presença de impulsos na derivada de $\text{ARG}[H(e^{j\omega})]$ nas descontinuidades, o atraso de grupo pode ser obtido a partir da derivada do valor principal, exceto nas descontinuidades. Similarmente, podemos expressar o atraso de grupo em termos da fase ambígua $\angle H(e^{j\omega})$ como

$$\text{grd}[H(e^{j\omega})] = -\frac{d}{d\omega}\{\angle H(e^{j\omega})\}, \quad (5.8)$$

com a interpretação de que os impulsos causados por descontinuidades de dimensão 2π em $\angle H(e^{j\omega})$ são ignorados.

Para entender o efeito da fase e, especificamente, do atraso de grupo de um sistema linear, vamos considerar primeiro o sistema atraso ideal. A resposta ao impulso é

$$h_{\text{id}}[n] = \delta[n - n_d], \quad (5.9)$$

e a resposta em frequência é

$$H_{\text{id}}(e^{j\omega}) = e^{-j\omega n_d}, \quad (5.10)$$

ou

$$|H_{\text{id}}(e^{j\omega})| = 1, \quad (5.11a)$$

$$\angle H_{\text{id}}(e^{j\omega}) = -\omega n_d, \quad |\omega| < \pi, \quad (5.11b)$$

assumindo-se a periodicidade 2π em ω. Da Equação 5.11(b), notamos que o atraso no tempo (ou avanço, se $n_d < 0$) está associado com uma fase que é linear com a frequência.

Em muitas aplicações, a distorção por atraso poderia ser considerada uma forma branda de distorção de fase, pois seu efeito é apenas deslocar a sequência no tempo. Frequentemente, isso seria inconsequente, ou poderia facilmente ser compensado pela introdução do atraso em outras partes de um sistema maior. Assim, no projeto de aproximações para filtros ideais e outros sistemas LIT, frequentemente estaremos dispostos a aceitar uma resposta de fase linear em vez de uma resposta de fase zero como nosso ideal. Por exemplo, um filtro passa-baixas ideal com fase linear teria resposta em frequência

$$H_{\text{lp}}(e^{j\omega}) = \begin{cases} e^{-j\omega n_d}, & |\omega| < \omega_c, \\ 0, & \omega_c < |\omega| \leq \pi. \end{cases} \quad (5.12)$$

A resposta ao impulso correspondente é

$$h_{\text{lp}}[n] = \frac{\text{sen}\,\omega_c(n - n_d)}{\pi(n - n_d)}, \quad -\infty < n < \infty. \quad (5.13)$$

O atraso de grupo representa uma medida conveniente da linearidade da fase. Especificamente, considere a saída de um sistema com resposta em frequência $H(e^{j\omega})$ para uma entrada de banda estreita na forma $x[n] = s[n]\cos(\omega_0 n)$. Como assume-se que $X(e^{j\omega})$ é não nulo somente em torno de $\omega = \omega_0$, o efeito da fase do sistema pode ser aproximado em uma banda estreita em torno de $\omega = \omega_0$ com a aproximação linear

$$\arg[H(e^{j\omega})] \simeq -\phi_0 - \omega n_d, \quad (5.14)$$

em que n_d agora representa o atraso de grupo. Com essa aproximação, pode-se mostrar (veja o Problema 5.63) que a resposta $y[n]$ para $x[n] = s[n]\cos(\omega_0 n)$ é aproximadamente $y[n] = |H(e^{j\omega_0})|s[n - n_d]\cos(\omega_0 n - \phi_0 - \omega_0 n_d)$. Consequentemente, o atraso no tempo da envoltória $s[n]$ do sinal de banda estreita $x[n]$ com transformada de Fourier centrada em ω_0 é dado pelo negativo da inclinação da fase em ω_0. Em geral, podemos pensar em um sinal de banda larga como uma sobreposição de sinais de banda estreita com diferentes frequências centrais. Se o atraso de grupo for constante com a frequência, então cada componente de banda estreita passará por um atraso idêntico. Se o atraso de grupo não for constante, haverá diferentes atrasos aplicados a diferentes grupos de frequências, resultando em uma dispersão no tempo da energia do sinal de saída. Assim, a não linearidade da fase ou, de modo equivalente o atraso de grupo não constante resulta em dispersão no tempo.

5.1.2 Exemplo dos efeitos do atraso de grupo e da atenuação

Como um exemplo dos efeitos da fase, do atraso de grupo e da atenuação, considere o sistema específico tendo função de sistema

$$H(z) = \underbrace{\left(\frac{(1 - 0{,}98e^{j0{,}8\pi}z^{-1})(1 - 0{,}98e^{-j0{,}8\pi}z^{-1})}{(1 - 0{,}8e^{j0{,}4\pi}z^{-1})(1 - 0{,}8e^{-j0{,}4\pi}z^{-1})}\right)}_{H_1(z)}$$

$$\underbrace{\prod_{k=1}^{4}\left(\frac{(c_k^* - z^{-1})(c_k - z^{-1})}{(1 - c_k z^{-1})(1 - c_k^* z^{-1})}\right)^2}_{H_2(z)} \quad (5.15)$$

com $c_k = 0{,}95e^{j(0{,}15\pi + 0{,}02\pi k)}$ para $k = 1, 2, 3, 4$ e $H_1(z)$ e $H_2(z)$ definidos como indicado. O diagrama de polos e zeros para a função de sistema total $H(z)$ é mostrado na Figura 5.2, sendo que o fator $H_1(z)$ na Equação 5.15 contribui com o par de polos complexos conjugados em $z = 0{,}8e^{\pm j0{,}4\pi}$, bem como o par de zeros próximos da circunferência unitária em $z = 0{,}98e^{\pm j0{,}8\pi}$. O fator $H_2(z)$ na Equação 5.15 contribui com os grupos de polos de

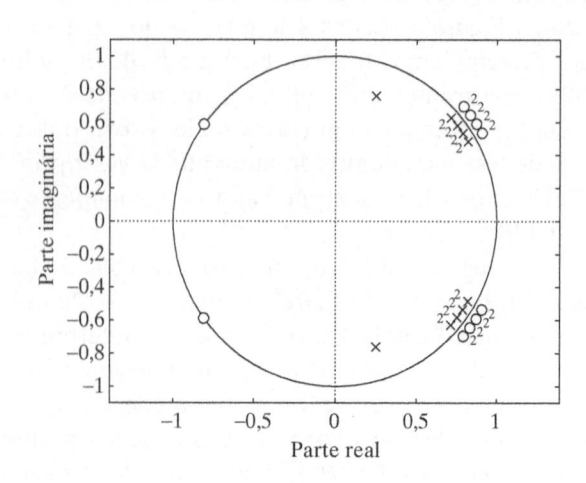

Figura 5.2 Diagrama de polos e zeros para o filtro do exemplo da Seção 5.1.2. (O número 2 indica polos e zeros de multiplicidade 2.)

multiplicidade 2 em $z = c_k = 0{,}95 e^{\pm j(0{,}15\pi + 0{,}02\pi k)}$ e zeros de multiplicidade 2 em $z = 1/c_k = 1/0{,}95 e^{\mp j(0{,}15\pi + 0{,}02\pi k)}$ para $k = 1, 2, 3, 4$. Por si só, $H_2(z)$ representa um sistema passa-tudo (veja a Seção 5.5), isto é, $|H_2(e^{j\omega})| = 1$ para todo ω. Como veremos, $H_2(z)$ introduz uma grande quantidade de atraso de grupo sobre uma banda estreita de frequências.

As funções de resposta em frequência para o sistema total são mostradas nas figuras 5.3 e 5.4. Essas figuras ilustram vários pontos importantes. Primeiro, observe na Figura 5.3(a) que o valor principal da resposta de fase exibe múltiplas descontinuidades de dimensão 2π. Elas se devem aos múltiplos inteiros de 2π da fase. Na Figura 5.3(b) é mostrada a curva de fase desenrolada (contínua) obtida removendo-se apropriadamente dos saltos de dimensão 2π.

Na Figura 5.4 mostram-se o atraso de grupo e a resposta em magnitude do sistema total. Observe que, como a fase desenrolada diminui monotonicamente, exceto em torno de $\omega = \pm 0{,}8\pi$, o atraso de grupo é positivo para todo ω, exceto nessa região. Além disso, o atraso de grupo tem um grande pico positivo nas faixas de frequência $0{,}17\pi < |\omega| < 0{,}23\pi$, em que a fase contínua tem máxima inclinação negativa. Essa faixa de frequência corresponde à localização angular do grupo de polos e zeros recíprocos da Figura 5.2. Note também a depressão negativa em torno de $\omega = \pm 0{,}8\pi$, em que a fase tem inclinação positiva. Como $H_2(z)$ representa um filtro passa-tudo, a resposta em magnitude do filtro total é inteiramente definida pelos polos e zeros de $H_1(z)$. Assim, como a resposta em frequência é $H(z)$ calculada em $z = e^{j\omega}$, os zeros em $z = 0{,}98 e^{\pm j0{,}8\pi}$ fazem com que a resposta em frequência total seja muito pequena em uma faixa em torno das frequências $\omega = \pm 0{,}8\pi$.

Na Figura 5.5(a), mostramos um sinal de entrada $x[n]$ consistindo de três pulsos de banda estreita separados no tempo. Na Figura 5.5(b) mostra-se a magnitude da TFTD correspondente $|X(e^{j\omega})|$. Os pulsos são dados por

$$x_1[n] = w[n] \cos(0{,}2\pi n), \quad (5.16a)$$

$$x_2[n] = w[n] \cos(0{,}4\pi n - \pi/2), \quad (5.16b)$$

$$x_3[n] = w[n] \cos(0{,}8\pi n + \pi/5), \quad (5.16c)$$

sendo cada senoide formatada em um pulso de duração finita pela sequência envoltória com 61 pontos

$$w[n] = \begin{cases} 0{,}54 - 0{,}46 \cos(2\pi n/M), & 0 \leq n \leq M, \\ 0, & \text{caso contrário} \end{cases} \quad (5.17)$$

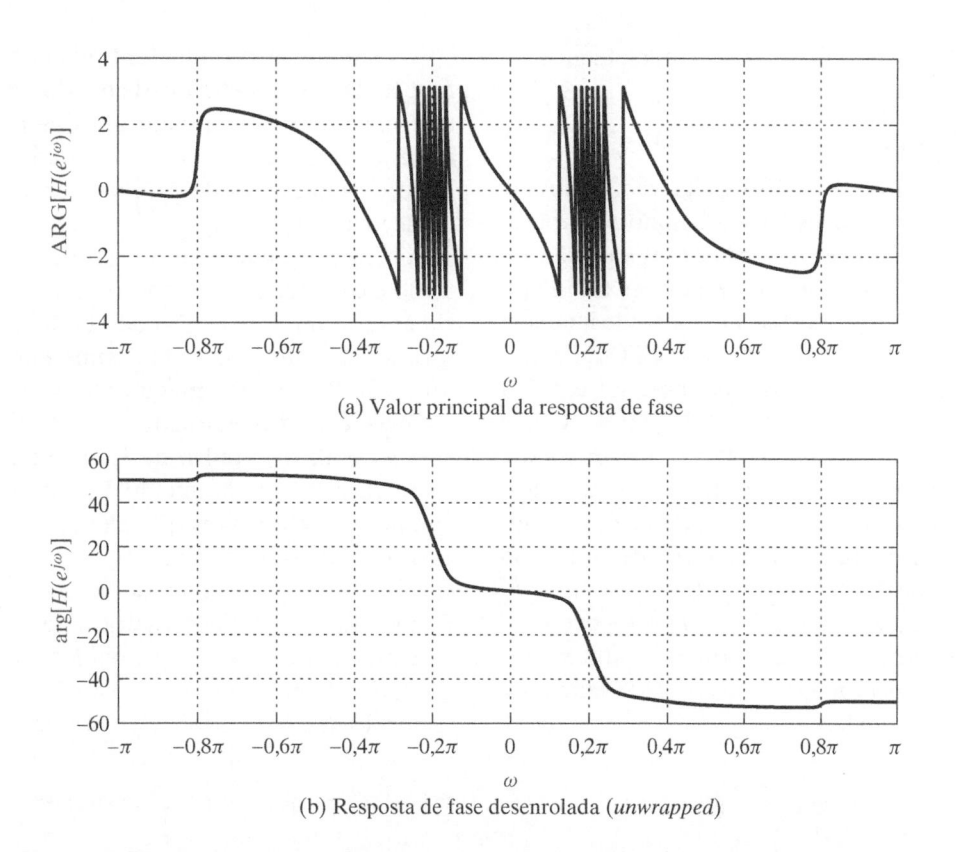

Figura 5.3 Funções de resposta de fase para o sistema do exemplo da Seção 5.1.2. (a) Valor principal da fase, ARG[$H(e^{j\omega})$], (b) fase contínua arg[$H(e^{j\omega})$].

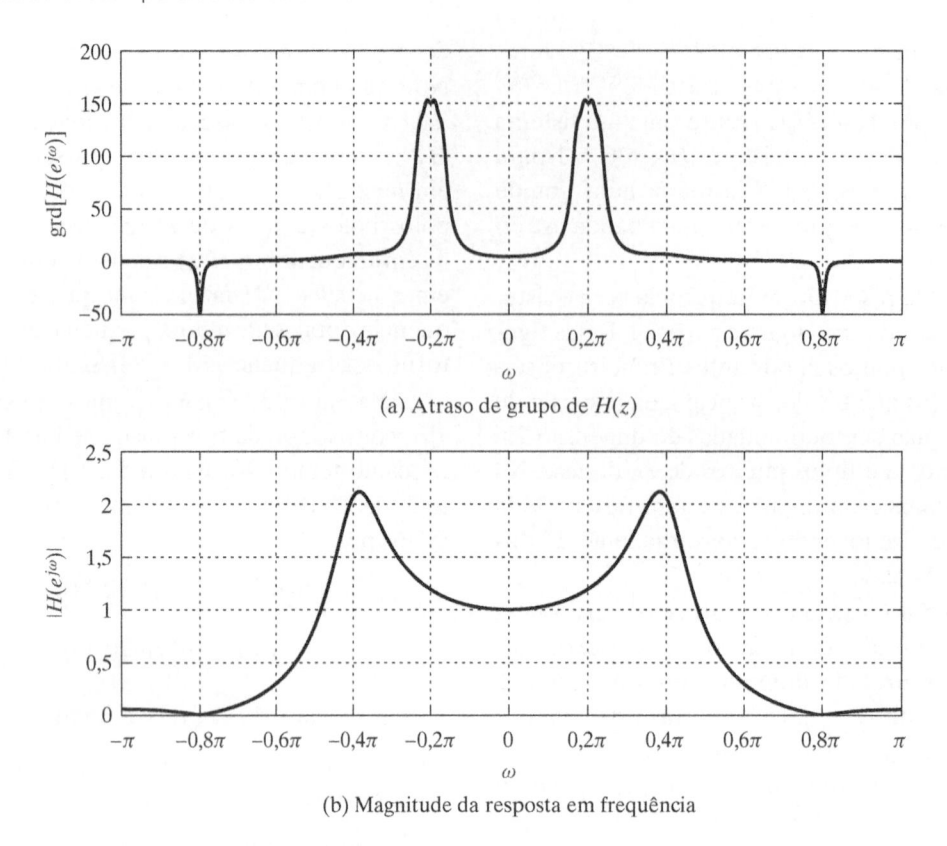

Figura 5.4 Resposta em frequência do sistema no exemplo da Seção 5.1.2. (a) Função de atraso de grupo, grd[$H(e^{j\omega})$], (b) magnitude de resposta em frequência, $|H(e^{j\omega})|$.

com $M = 60$.[1] A sequência de entrada completa mostrada na Figura 5.5(a) é

$$x[n] = x_3[n] + x_1[n - M - 1] + x_2[n - 2M - 2], \quad (5.18)$$

isto é, o pulso de frequência mais alta vem primeiro, depois o de frequência mais baixa, seguido pelo pulso de frequência média. Pelo teorema da modulação ou janelamento para transformadas de Fourier de tempo discreto (Seção 2.9.7), a TFTD de uma senoide janelada (truncada no tempo) é a convolução da TFTD da senoide de duração infinita (composta de impulsos em ± a frequência da senoide) com a TFTD da janela. As três frequências senoidais são $\omega_1 = 0{,}2\pi$, $\omega_2 = 0{,}4\pi$ e $\omega_3 = 0{,}8\pi$. Correspondentemente, na magnitude da transformada de Fourier da Figura 5.5(b), vemos energia significativa centrada e concentrada em torno de cada uma das três frequências. Cada pulso contribui (no domínio da frequência) com uma banda de frequências centrada na frequência da senoide e com formato e largura correspondentes à transformada de Fourier da janela de tempo aplicada à senoide.[2]

Quando usado como entrada para o sistema com função de sistema $H(z)$, cada um dos conjuntos de frequência associados a cada um dos pulsos de banda estreita será afetado pela magnitude da resposta do filtro e pelo atraso de grupo na faixa de frequência desse grupo. Pela magnitude da resposta em frequência do filtro, vemos que o grupo de frequências centrado e concentrado em torno de $\omega = \omega_1 = 0{,}2\pi$ experimentará um leve ganho de amplitude, e aquele em torno de $\omega = \omega_2 = 0{,}4\pi$ experimentará um ganho em torno de 2. Como a magnitude da resposta em frequência é muito pequena em torno da frequência $\omega = \omega_3 = 0{,}8\pi$, o pulso de frequência mais alta será significativamente atenuado. Ele não será totalmente eliminado, é claro, pois o conteúdo de frequência desse grupo estende-se abaixo e acima da frequência $\omega = \omega_3 = 0{,}8\pi$ em virtude do janelamento da senoide. Examinando o gráfico do atraso de grupo do sistema na Figura 5.4(a), vemos que o atraso de grupo em torno da frequência $\omega = \omega_1 = 0{,}2\pi$ é significativamente maior do que para $\omega = \omega_2 = 0{,}4\pi$ ou $\omega = \omega_3 = 0{,}8\pi$, e

---

[1] Nos capítulos 7 e 10, veremos que essa sequência envoltória é chamada de janela de Hamming quando usada no projeto de filtro e análise de espectro, respectivamente.

[2] Como veremos nos capítulos 7 e 10, a largura das faixas de frequência é, aproximadamente, inversamente proporcional ao comprimento da janela $M + 1$.

(a) Forma de onda do sinal x[n]

(b) Magnitude da TFTD de x[n]

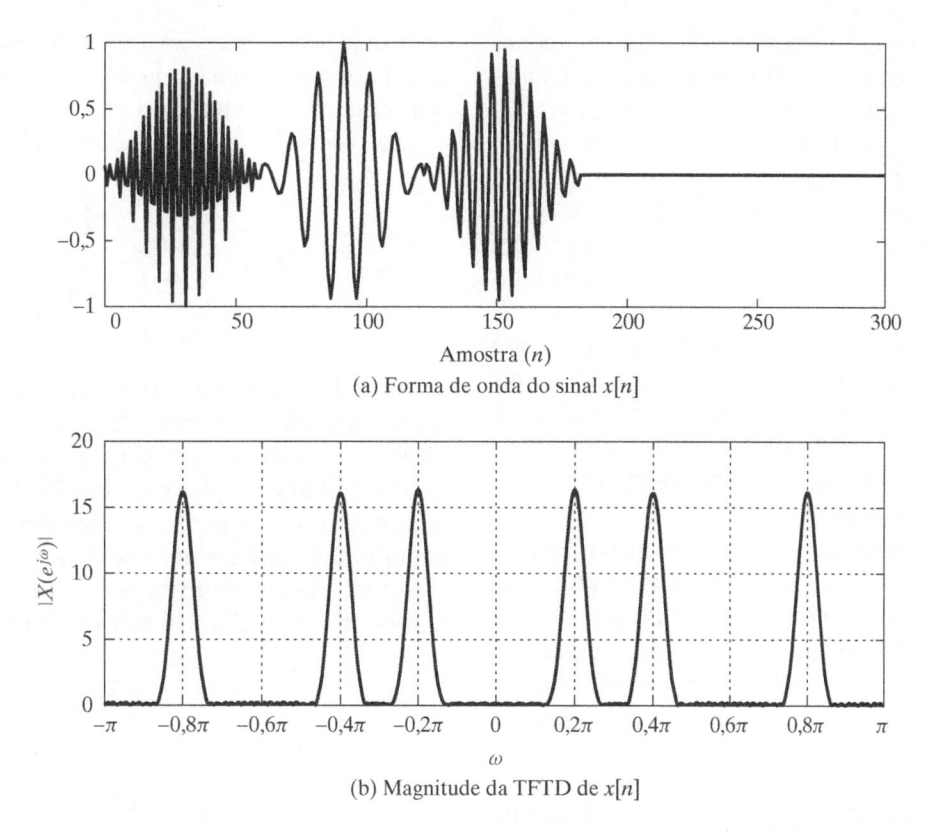

Figura 5.5 Sinal de entrada para o exemplo da Seção 5.1.2. (a) Sinal de entrada x[n], (b) magnitude da TFTD correspondente $|X(e^{j\omega})|$.

consequentemente o pulso com frequência mais baixa experimentará o maior atraso devido ao sistema.

A saída do sistema é mostrada na Figura 5.6. O pulso na frequência $\omega = \omega_3 = 0{,}8\pi$ foi essencialmente eliminado, o que é coerente com os valores baixos da magnitude da resposta em frequência em torno dessa frequência. Os outros dois pulsos foram aumentados em amplitude e atrasados; o pulso em $\omega = 0{,}2\pi$ é levemente maior e é atrasado em cerca de 150 amostras, e o pulso em $\omega = 0{,}4\pi$ tem cerca do dobro da amplitude e é atrasado em cerca de 10 amostras. Isso é coerente com a resposta em magnitude e com o atraso de grupo nessas frequências. De fato, como o pulso de baixa frequência é atrasado em 140 amostras a mais do que o pulso de frequência média, e os pulsos possuem cada um 61 amostras de extensão, esses dois pulsos têm a ordem temporal trocada na saída.

O exemplo que apresentamos nesta subseção tem o propósito de ilustrar como os sistemas LIT podem modificar sinais por meio dos efeitos combinados de mudança de escala de amplitude e deslocamento de fase. Para o sinal específico que escolhemos, que consiste em uma soma de componentes de banda estreita, foi possível traçar os efeitos dos pulsos individuais. Isso porque as funções de

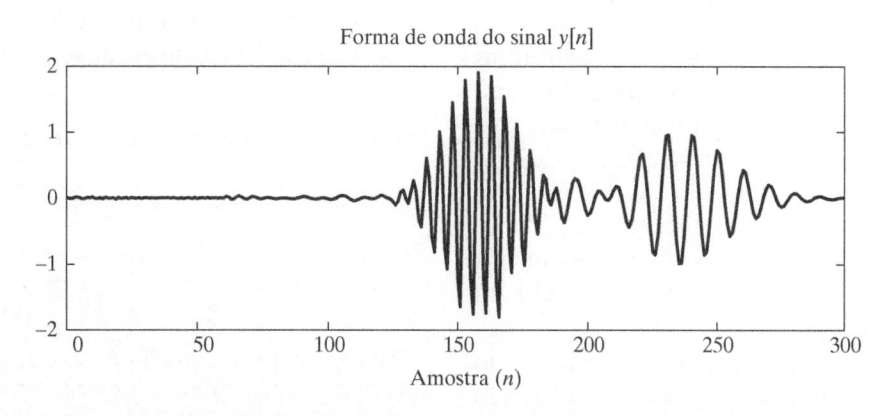

Forma de onda do sinal y[n]

Figura 5.6 Sinal de saída para o exemplo da Seção 5.1.2.

resposta em frequência eram suaves e variaram apenas levemente nas faixas de frequência estreitas ocupadas pelos componentes individuais. Portanto, todas as frequências correspondentes a determinado pulso estavam sujeitas a aproximadamente o mesmo ganho e foram atrasadas aproximadamente do mesmo valor, resultando na saída na replicação da forma do pulso, apenas com mudança de escala e atraso. Para sinais de banda larga, isso geralmente não seria o caso, pois diversas partes do espectro seriam modificadas diferentemente pelo sistema. Nesses casos, características reconhecíveis do sinal de entrada, como a forma do pulso, geralmente não são óbvias no sinal de saída, e pulsos individuais separados no tempo na entrada podem gerar contribuições sobrepostas na saída.

Esse exemplo ilustrou diversos conceitos importantes que serão elaborados de forma mais aprofundada neste e nos próximos capítulos. Depois de concluir um estudo completo deste capítulo, vale a pena estudar o exemplo desta subseção novamente, com cuidado, para entender melhor suas nuances. Para apreciar totalmente esse exemplo, também seria útil implementá-lo com parâmetros variáveis em um sistema de programação conveniente, como o MATLAB. Antes de testar a rotina de simulação, o leitor deverá tentar prever o que acontece, por exemplo, se o comprimento da janela for aumentado ou diminuído ou se as frequências das senoides forem modificadas.

5.2 Sistemas caracterizados por equações de diferenças com coeficientes constantes

Embora os filtros ideais sejam úteis conceitualmente, os filtros de tempo discreto tipicamente são realizados por meio da implementação de uma equação de diferenças linear com coeficientes constantes na forma da Equação 5.19,

$$\sum_{k=0}^{N} a_k y[n-k] = \sum_{k=0}^{M} b_k x[n-k]. \quad (5.19)$$

No Capítulo 6, discutimos diversas estruturas computacionais para realizar tais sistemas e, no Capítulo 7, abordamos vários procedimentos para obter os parâmetros da equação de diferenças para aproximar uma resposta em frequência desejada. Nesta seção, com o auxílio da transformada z, examinamos as propriedades e características dos sistemas LIT representados pela Equação 5.19. Os resultados e conceitos terão um papel importante em capítulos posteriores.

Como vimos na Seção 3.5, aplicando a transformada z em ambos os membros da Equação 5.19 e usando a propriedade da linearidade (Seção 3.4.1) e a propriedade do deslocamento no tempo (Seção 3.4.2), segue-se que, para um sistema cuja entrada e saída satisfazem uma equação de diferenças na forma da Equação 5.19, a função de sistema tem a forma algébrica

$$H(z) = \frac{Y(z)}{X(z)} = \frac{\sum_{k=0}^{M} b_k z^{-k}}{\sum_{k=0}^{N} a_k z^{-k}}. \quad (5.20)$$

Na Equação 5.20, $H(z)$ toma a forma de uma razão de polinômios em z^{-1}, porque a Equação 5.19 consiste de duas combinações lineares de termos com atraso. Embora a Equação 5.20 possa, naturalmente, ser reescrita de modo que os polinômios sejam expressos como potências de z em vez de z^{-1}, a prática comum é não fazê-lo. Além disso, muitas vezes é conveniente expressar a Equação 5.20 na forma fatorada, como

$$H(z) = \left(\frac{b_0}{a_0}\right) \frac{\prod_{k=1}^{M}(1 - c_k z^{-1})}{\prod_{k=1}^{N}(1 - d_k z^{-1})}. \quad (5.21)$$

Cada um dos fatores $(1 - c_k z^{-1})$ no numerador contribui com um zero em $z = c_k$ e um polo em $z = 0$. Similarmente, cada um dos fatores $(1 - d_k z^{-1})$ no denominador contribui com um zero em $z = 0$ e um polo em $z = d_k$.

Existe uma relação direta entre a equação de diferenças e a expressão algébrica correspondente para a função de sistema. Especificamente, o polinômio do numerador da Equação 5.20 tem os mesmos coeficientes e estrutura algébrica do membro direito da Equação 5.19 (os termos na forma $b_k z^{-k}$ correspondem a $b_k x[n-k]$), enquanto o polinômio do denominador da Equação 5.20 tem os mesmos coeficientes e estrutura algébrica do membro esquerdo da Equação 5.19 (os termos na forma $a_k z^{-k}$ correspondem a $a_k y[n-k]$). Assim, dada a função de sistema na forma da Equação 5.20 ou a equação de diferenças na forma da Equação 5.19, é imediato obter a outra. Isso é ilustrado no exemplo a seguir.

Exemplo 5.1 Sistema de segunda ordem

Suponha que a função de sistema de um sistema LIT seja

$$H(z) = \frac{(1 + z^{-1})^2}{\left(1 - \frac{1}{2}z^{-1}\right)\left(1 + \frac{3}{4}z^{-1}\right)}. \quad (5.22)$$

Para encontrar a equação de diferenças que é satisfeita pela entrada e pela saída desse sistema, expressamos $H(z)$ na forma da Equação 5.20 multiplicando os fatores no numerador e no denominador para obter a razão dos polinômios

$$H(z) = \frac{1 + 2z^{-1} + z^{-2}}{1 + \frac{1}{4}z^{-1} - \frac{3}{8}z^{-2}} = \frac{Y(z)}{X(z)}. \quad (5.23)$$

Assim,

$$\left(1 + \frac{1}{4}z^{-1} - \frac{3}{8}z^{-2}\right) Y(z) = (1 + 2z^{-1} + z^{-2})X(z),$$

e a equação de diferenças é

$$y[n] + \frac{1}{4}y[n-1] - \frac{3}{8}y[n-2] = x[n] + \\ + 2x[n-1] + x[n-2]. \quad (5.24)$$

5.2.1 Estabilidade e causalidade

Para obter a Equação 5.20 a partir da Equação 5.19, assumimos que o sistema seja linear e invariante no tempo, de modo que a Equação 5.2 seja válida, mas não fazemos outra suposição sobre estabilidade ou causalidade. De modo correspondente, pela equação de diferenças, podemos obter a expressão algébrica para a função de sistema, mas não a região de convergência (RDC). Especificamente, a RDC de $H(z)$ não é determinada pela dedução que leva à Equação 5.20, pois tudo o que é necessário para que a Equação 5.20 seja válida é que $X(z)$ e $Y(z)$ tenham RDCs sobrepostas. Isso é consistente com o fato de que, como vimos no Capítulo 2, a equação de diferenças não especifica de forma única a resposta ao impulso de um sistema LIT. Para a função de sistema das equações 5.20 ou 5.21, existem diversas escolhas para a RDC. Para uma dada razão de polinômios, cada escolha possível para a RDC levará a uma resposta ao impulso diferente, mas todas elas corresponderão à mesma equação de diferenças. Porém, se assumimos que o sistema é causal, segue que $h[n]$ deve ser uma sequência lateral direita, e, portanto, a RDC de $H(z)$ deve estar para fora do polo mais externo. Alternativamente, se assumimos que o sistema é estável, então, da discussão na Seção 2.4, a resposta ao impulso deve ser somável em valor absoluto, isto é,

$$\sum_{n=-\infty}^{\infty} |h[n]| < \infty. \quad (5.25)$$

Como a Equação 5.25 é idêntica à condição de que

$$\sum_{n=-\infty}^{\infty} |h[n]z^{-n}| < \infty \quad (5.26)$$

para $|z| = 1$, a condição para estabilidade é equivalente à condição de que a RDC de $H(z)$ inclua a circunferência unitária. A determinação da RDC associada a uma função de sistema obtida a partir de uma equação de diferenças é ilustrada no exemplo seguinte.

Exemplo 5.2 Determinando a RDC

Considere o sistema LIT com entrada e saída relacionadas por meio da equação de diferenças

$$y[n] - \frac{5}{2}y[n-1] + y[n-2] = x[n]. \quad (5.27)$$

Pelas discussões anteriores, a expressão algébrica para $H(z)$ é dada por

$$H(z) = \frac{1}{1 - \frac{5}{2}z^{-1} + z^{-2}} = \frac{1}{\left(1 - \frac{1}{2}z^{-1}\right)(1 - 2z^{-1})}. \quad (5.28)$$

O diagrama de polos e zeros correspondente para $H(z)$ é indicado na Figura 5.7. Existem três escolhas possíveis para a RDC. Se assume-se que o sistema é causal, então a RDC é exterior ao polo mais externo, isto é, $|z| > 2$. Nesse caso, o sistema não será estável, pois a RDC não inclui a circunferência unitária. Se assumimos que o sistema é estável, então a RDC será $\frac{1}{2} < |z| < 2$, e $h[n]$ será uma sequência bilateral. Para a terceira escolha possível de RDC, $|z| < \frac{1}{2}$, o sistema não será nem estável nem causal.

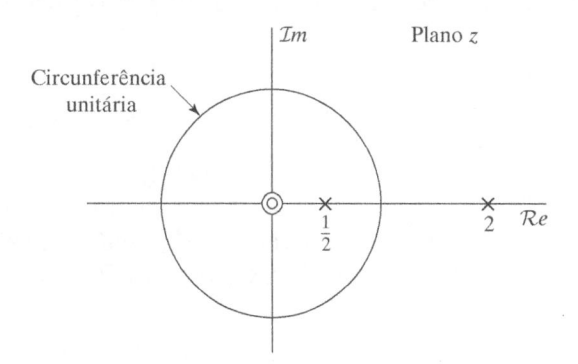

Figura 5.7 Diagrama de polos e zeros para o Exemplo 5.2.

Como o Exemplo 5.2 sugere, causalidade e estabilidade não são requisitos necessariamente compatíveis. Para que um sistema LIT cuja entrada e saída satisfazem a uma equação de diferenças na forma da Equação 5.19 seja causal e estável, a RDC da função de sistema correspondente precisa ser exterior ao polo mais externo e incluir a circunferência unitária. Nitidamente, isso requer que todos os polos da função de sistema estejam dentro da circunferência unitária.

5.2.2 Sistemas inversos

Para um dado sistema LIT com função de sistema $H(z)$, o sistema inverso correspondente é definido como o sistema com função de sistema $H_i(z)$ tal que, se ela for colocada em cascata com $H(z)$, a função de sistema efetiva total é unitária, isto é,

$$G(z) = H(z)H_i(z) = 1. \quad (5.29)$$

Isso implica que

$$H_i(z) = \frac{1}{H(z)}. \quad (5.30)$$

A condição no domínio do tempo equivalente à Equação 5.29 é

$$g[n] = h[n] * h_i[n] = \delta[n]. \quad (5.31)$$

Da Equação 5.30, a resposta em frequência do sistema inverso, se existir, é

$$H_i(e^{j\omega}) = \frac{1}{H(e^{j\omega})}; \quad (5.32)$$

isto é, $H_i(e^{j\omega})$ é o recíproco de $H(e^{j\omega})$. De modo equivalente, a magnitude logarítmica, a fase e o atraso de grupo do sistema inverso são o negativo das funções correspondentes para o sistema original. Nem todos os sistemas têm um inverso. Por exemplo, o filtro passa-baixas ideal não tem. Não existe um modo de recuperar os componentes de frequência acima da frequência de corte que são fixados em zero por tal filtro.

Muitos sistemas possuem inversos, e a classe de sistemas com funções de sistema racionais fornece um exemplo muito útil e interessante. Especificamente, considere

$$H(z) = \left(\frac{b_0}{a_0}\right) \frac{\prod_{k=1}^{M}(1 - c_k z^{-1})}{\prod_{k=1}^{N}(1 - d_k z^{-1})}, \quad (5.33)$$

com zeros em $z = c_k$ e polos em $z = d_k$, além dos possíveis zeros e/ou polos em $z = 0$ e $z = \infty$. Então,

$$H_i(z) = \left(\frac{a_0}{b_0}\right) \frac{\prod_{k=1}^{N}(1 - d_k z^{-1})}{\prod_{k=1}^{M}(1 - c_k z^{-1})}; \quad (5.34)$$

isto é, os polos de $H_i(z)$ são os zeros de $H(z)$ e vice-versa. A questão que surge é qual RDC deve ser associada a $H_i(z)$. A resposta é fornecida pelo teorema da convolução, expresso nesse caso pela Equação 5.31. Para a Equação 5.31 ser válida, as RDCs de $H(z)$ e $H_i(z)$ devem se sobrepor. Se $H(z)$ é causal, sua RDC é

$$|z| > \max_k |d_k|. \quad (5.35)$$

Assim, qualquer RDC apropriada para $H_i(z)$ que se sobreponha à região especificada pela Equação 5.35 é uma RDC válida para $H_i(z)$. Os exemplos 5.3 e 5.4 ilustrarão algumas das possibilidades.

Exemplo 5.3 Sistema inverso para um sistema de primeira ordem

Seja $H(z)$

$$H(z) = \frac{1 - 0{,}5z^{-1}}{1 - 0{,}9z^{-1}}$$

com RDC $|z| > 0{,}9$. Então, $H_i(z)$ é

$$H_i(z) = \frac{1 - 0{,}9z^{-1}}{1 - 0{,}5z^{-1}}.$$

Como $H_i(z)$ tem apenas um polo, existem apenas duas possibilidades para sua RDC, e a única escolha para a RDC de $H_i(z)$ que se sobrepõe com $|z| > 0{,}9$ é $|z| > 0{,}5$. Portanto, a resposta ao impulso do sistema inverso é

$$h_i[n] = (0{,}5)^n u[n] - 0{,}9(0{,}5)^{n-1} u[n-1].$$

Nesse caso, o sistema inverso é tanto causal quanto estável.

Exemplo 5.4 Inverso para sistema com um zero na RDC

Suponha que $H(z)$ seja

$$H(z) = \frac{z^{-1} - 0{,}5}{1 - 0{,}9z^{-1}}, \quad |z| > 0{,}9.$$

A função inversa de sistema é

$$H_i(z) = \frac{1 - 0{,}9z^{-1}}{z^{-1} - 0{,}5} = \frac{-2 + 1{,}8z^{-1}}{1 - 2z^{-1}}.$$

Como antes, existem duas RDCs possíveis que poderiam ser associadas a essa expressão algébrica para $H_i(z)$: $|z| < 2$ e $|z| > 2$. Nesse caso, porém, as duas regiões se sobrepõem com $|z| > 0{,}9$, de modo que ambas são sistemas inversos válidos. A resposta ao impulso correspondente para uma RDC $|z| < 2$ é

$$h_{i1}[n] = 2(2)^n u[-n-1] - 1{,}8(2)^{n-1} u[-n]$$

e, para uma RDC $|z| > 2$, é

$$h_{i2}[n] = -2(2)^n u[n] + 1{,}8(2)^{n-1} u[n-1].$$

Vemos que $h_{i1}[n]$ é estável e não causal, enquanto $h_{i2}[n]$ é instável e causal. Teoricamente, qualquer dos dois sistemas em cascata com $H(z)$ resultará no sistema identidade.

Uma generalização dos exemplos 5.3 e 5.4 é que, se $H(z)$ é um sistema causal com zeros em $c_k, k = 1, \ldots, M$, então seu sistema inverso será causal se, e somente se, associamos a RDC,

$$|z| > \max_k |c_k|,$$

com $H_i(z)$. Se também requeremos que o sistema inverso seja estável, então a RDC de $H_i(z)$ deverá incluir a circunferência unitária, caso em que

$$\max_k |c_k| < 1;$$

isto é, todos os zeros de $H(z)$ deverão estar no interior da circunferência unitária. Assim, um sistema LIT é estável e causal e também tem um inverso estável e causal se, e somente se, tanto os polos quanto os zeros de $H(z)$ estiverem no interior da circunferência unitária. Esses sistemas são chamados de sistemas de *fase mínima* e serão discutidos com mais detalhes na Seção 5.6.

5.2.3 Resposta ao impulso para funções de sistema racionais

A discussão da técnica de expansão em frações parciais para encontrar transformadas z inversas (Seção 3.3.2) pode ser aplicada à função de sistema $H(z)$ para se obter uma expressão geral para a resposta ao impulso de um sistema que tenha uma função de sistema racional como na Equação 5.21. Lembre-se de que qualquer função racional de z^{-1} apenas com polos simples pode ser expressa na forma

$$H(z) = \sum_{r=0}^{M-N} B_r z^{-r} + \sum_{k=1}^{N} \frac{A_k}{1 - d_k z^{-1}}, \quad (5.36)$$

em que as parcelas no primeiro somatório são obtidas pela divisão longa do numerador pelo denominador e estão presentes somente se $M \geq N$. Os coeficientes A_k no segundo conjunto de parcelas são obtidos pelo uso da Equação 3.43. Se $H(z)$ tem um polo de ordem múltipla, sua expansão em frações parciais tem a forma da Equação 3.46. Se for considerado que o sistema é causal, então a RDC será externa a todos os polos na Equação 5.36, e conclui-se que

$$h[n] = \sum_{r=0}^{M-N} B_r \delta[n-r] + \sum_{k=1}^{N} A_k d_k^n u[n], \quad (5.37)$$

em que o primeiro somatório é incluído somente se $M \geq N$.

Na discussão de sistemas LIT, é útil identificar duas classes. Na primeira classe, pelo menos um polo não nulo de $H(z)$ não é cancelado por um zero. Nesse caso, $h[n]$ terá pelo menos um termo na forma $A_k(d_k)^n u[n]$, e $h[n]$ não terá comprimento finito, isto é, não será nula fora de um intervalo finito. Consequentemente, os sistemas dessa classe são sistemas com resposta ao impulso infinita (IIR, do inglês *infinite impulse response*).

Para a segunda classe de sistemas, $H(z)$ não tem polos exceto em $z = 0$; isto é, $N = 0$ nas equações 5.19 e 5.20. Assim, uma expansão em frações parciais não é possível, e $H(z)$ é simplesmente um polinômio em z^{-1} da forma

$$H(z) = \sum_{k=0}^{M} b_k z^{-k}. \quad (5.38)$$

(Assumimos, sem perda de generalidade, que $a_0 = 1$.) Nesse caso, $H(z)$ é determinado por seus zeros a menos de uma constante multiplicadora. Da Equação 5.38, pode-se ver por inspeção que $h[n]$ é

$$h[n] = \sum_{k=0}^{M} b_k \delta[n-k] = \begin{cases} b_n, & 0 \leq n \leq M, \\ 0, & \text{caso contrário.} \end{cases} \quad (5.39)$$

Nesse caso, a resposta ao impulso é finita em comprimento; isto é, ela é zero fora de um intervalo finito. Consequentemente, esses sistemas são sistemas com resposta ao impulso finita (FIR, do inglês *finite impulse response*). Note que, para sistemas FIR, a equação de diferenças da Equação 5.19 é idêntica à soma de convolução, isto é,

$$y[n] = \sum_{k=0}^{M} b_k x[n-k]. \quad (5.40)$$

O Exemplo 5.5 dá um exemplo simples de um sistema FIR.

Exemplo 5.5 Um sistema FIR simples

Considere uma resposta ao impulso que seja um truncamento da resposta ao impulso de um sistema IIR com função de sistema

$$G(z) = \frac{1}{1 - az^{-1}}, \quad |z| > |a|,$$

isto é,

$$h[n] = \begin{cases} a^n, & 0 \leq n \leq M, \\ 0 & \text{caso contrário.} \end{cases}$$

Então, a função do sistema é

$$H(z) = \sum_{n=0}^{M} a^n z^{-n} = \frac{1 - a^{M+1} z^{-M-1}}{1 - az^{-1}}. \quad (5.41)$$

Como os zeros do numerador estão localizados no plano z em

$$z_k = ae^{j2\pi k/(M+1)}, \quad k = 0, 1, \ldots, M, \quad (5.42)$$

em que se assume que a é real e positivo, o polo em $z = a$ é cancelado pelo zero denotado por z_0. O diagrama de polos e zeros para o caso $M = 7$ é mostrado na Figura 5.8. A equação de diferenças satisfeita pela entrada e pela saída do sistema LIT é a convolução discreta

$$y[n] = \sum_{k=0}^{M} a^k x[n-k]. \quad (5.43)$$

Porém, a Equação 5.41 sugere que a entrada e a saída também satisfazem a equação de diferenças

$$y[n] - ay[n-1] = x[n] - a^{M+1} x[n - M - 1]. \quad (5.44)$$

Essas duas equações de diferenças equivalentes resultam das duas formas equivalentes de $H(z)$ na Equação 5.41.

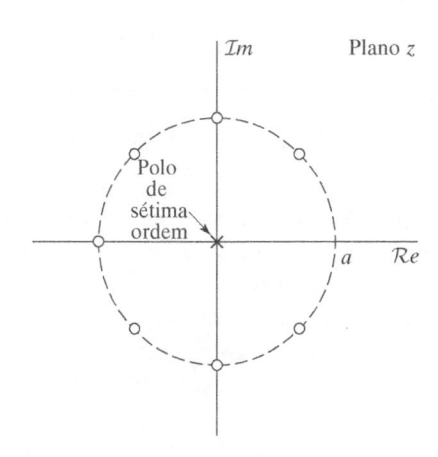

Figura 5.8 Diagrama de polos e zeros para o Exemplo 5.5.

5.3 Resposta em frequência para funções de sistema racionais

Se um sistema LIT estável tem uma função de sistema racional, isto é, se sua entrada e saída satisfazem uma equação de diferenças na forma da Equação 5.19, então sua resposta em frequência (a função de sistema da Equação 5.20 calculada sobre a circunferência unitária) tem a forma

$$H(e^{j\omega}) = \frac{\sum_{k=0}^{M} b_k e^{-j\omega k}}{\sum_{k=0}^{N} a_k e^{-j\omega k}}. \quad (5.45)$$

Isto é, $H(e^{j\omega})$ é uma razão de polinômios na variável $e^{-j\omega}$. Para determinar a magnitude, a fase e o atraso de grupo associados com a resposta em frequência desses sistemas, é útil expressar $H(e^{j\omega})$ em termos dos polos e zeros de $H(z)$. Essa expressão resulta da substituição $z = e^{j\omega}$ na Equação 5.21 obtendo-se

$$H(e^{j\omega}) = \left(\frac{b_0}{a_0}\right) \frac{\prod_{k=1}^{M}(1 - c_k e^{-j\omega})}{\prod_{k=1}^{N}(1 - d_k e^{-j\omega})}. \quad (5.46)$$

Da Equação 5.46, segue que

$$|H(e^{j\omega})| = \left|\frac{b_0}{a_0}\right| \frac{\prod_{k=1}^{M}|1 - c_k e^{-j\omega}|}{\prod_{k=1}^{N}|1 - d_k e^{-j\omega}|}. \quad (5.47)$$

De modo correspondente, a função de magnitude ao quadrado é

$$|H(e^{j\omega})|^2 = H(e^{j\omega})H^*(e^{j\omega})$$

$$= \left(\frac{b_0}{a_0}\right)^2 \frac{\prod_{k=1}^{M}(1 - c_k e^{-j\omega})(1 - c_k^* e^{j\omega})}{\prod_{k=1}^{N}(1 - d_k e^{-j\omega})(1 - d_k^* e^{j\omega})}. \quad (5.48)$$

Da Equação 5.47, notamos que $|H(e^{j\omega})|$ é o produto das magnitudes de todos os fatores associados aos zeros de $H(z)$ calculados sobre a circunferência unitária, dividido pelo produto das magnitudes de todos os fatores associados aos polos calculados sobre a circunferência unitária. Expresso em decibéis (dB), o ganho é definido como

$$\text{Ganho em dB} = 20 \log_{10} |H(e^{j\omega})| \quad (5.49)$$

$$\begin{aligned}\text{Ganho}\\ \text{em dB}\end{aligned} = 20 \log_{10}\left|\frac{b_0}{a_0}\right| + \sum_{k=1}^{M} 20 \log_{10} |1 - c_k e^{-j\omega}|$$
$$- \sum_{k=1}^{N} 20 \log_{10} |1 - d_k e^{-j\omega}|. \quad (5.50)$$

A resposta de fase para uma função de sistema racional tem a forma

$$\arg\left[H(e^{j\omega})\right] = \arg\left[\frac{b_0}{a_0}\right] + \sum_{k=1}^{M} \arg\left[1 - c_k e^{-j\omega}\right]$$
$$- \sum_{k=1}^{N} \arg\left[1 - d_k e^{-j\omega}\right], \quad (5.51)$$

em que arg[ ] representa a fase contínua (desenrolada).

O atraso de grupo correspondente para uma função de sistema racional é

$$\text{grd}[H(e^{j\omega})] = \sum_{k=1}^{N} \frac{d}{d\omega}(\arg[1 - d_k e^{-j\omega}])$$
$$- \sum_{k=1}^{M} \frac{d}{d\omega}(\arg[1 - c_k e^{-j\omega}]). \quad (5.52)$$

Uma expressão equivalente é

$$\text{grd}[H(e^{j\omega})] = \sum_{k=1}^{N} \frac{|d_k|^2 - \mathcal{R}e\{d_k e^{-j\omega}\}}{1 + |d_k|^2 - 2\mathcal{R}e\{d_k e^{-j\omega}\}}$$
$$- \sum_{k=1}^{M} \frac{|c_k|^2 - \mathcal{R}e\{c_k e^{-j\omega}\}}{1 + |c_k|^2 - 2\mathcal{R}e\{c_k e^{-j\omega}\}}. \quad (5.53)$$

Na Equação 5.51, como escrita, a fase de cada uma das parcelas é ambígua; isto é, qualquer múltiplo inteiro de 2π pode ser somado a cada parcela a cada valor de ω sem alterar o valor do número complexo. A expressão para o atraso de grupo, por outro lado, é definida em termos da derivada da fase desenrolada.

As equações 5.50, 5.51 e 5.53 representam a magnitude em dB, a fase e o atraso de grupo, respectivamente, como uma soma das contribuições de cada um dos polos e zeros da função de sistema. Consequentemente, para compreender como a localização dos polos e zeros de sistemas estáveis de ordem superior afeta a resposta em frequência, é útil considerar com detalhes a resposta em frequência dos sistemas de primeira e segunda ordens em relação à localização de seus polos e zeros.

5.3.1 Resposta em frequência de sistemas de primeira ordem

Nesta seção, examinamos as propriedades de um único fator da forma $(1 - re^{j\theta} e^{-j\omega})$, sendo r o raio e θ o ângulo do polo ou do zero no plano z. Esse fator é típico ou de um polo ou de um zero em um raio r e em um ângulo θ no plano z.

O quadrado da magnitude de um fator desse tipo é

$$|1 - re^{j\theta} e^{-j\omega}|^2 = (1 - re^{j\theta} e^{-j\omega})(1 - re^{-j\theta} e^{j\omega})$$
$$= 1 + r^2 - 2r\cos(\omega - \theta). \quad (5.54)$$

O ganho em dB associado a esse fator é

$$(+/-)20\log_{10}|1 - re^{j\theta} e^{-j\omega}| =$$
$$(+/-)10\log_{10}[1 + r^2 - 2r\cos(\omega - \theta)], \quad (5.55)$$

com um sinal positivo se o fator representa um zero e um sinal negativo se o fator representa um polo.

A contribuição para o valor principal da fase para esse fator é

$$(+/-)\text{ARG}[1 - re^{j\theta} e^{-j\omega}] =$$
$$(+/-)\arctg\left[\frac{r\,\text{sen}(\omega - \theta)}{1 - r\cos(\omega - \theta)}\right]. \quad (5.56)$$

Derivar o membro direito da Equação 5.56 (exceto nas descontinuidades) dá a contribuição para o atraso de grupo do fator

$$(+/-)\text{grd}[1 - re^{j\theta} e^{-j\omega}] = (+/-)\frac{r^2 - r\cos(\omega - \theta)}{1 + r^2 - 2r\cos(\omega - \theta)}$$
$$= (+/-)\frac{r^2 - r\cos(\omega - \theta)}{|1 - re^{j\theta} e^{-j\omega}|^2}, \quad (5.57)$$

novamente, com o sinal positivo para um zero e o sinal negativo para um polo. As funções nas equações 5.54--5.57 são, naturalmente, periódicas em ω com período 2π. Na Figura 5.9(a) é mostrado um gráfico da Equação 5.55 em função de ω em um período ($0 \le \omega < 2\pi$) para diversos valores de θ com $r = 0{,}9$.

Na Figura 5.9(b) mostra-se a função de fase da Equação 5.56 em função de ω para $r = 0{,}9$ e diversos valores de θ. Note que a fase é nula em $\omega = \theta$ e que, para um r fixo, a função simplesmente se desloca com θ. Na Figura 5.9(c) mostra-se a função de atraso de grupo da Equação 5.57 para as mesmas condições de r e θ. Note que a alta inclinação positiva da fase em torno de $\omega = \theta$ corresponde a um grande pico negativo na função de atraso de grupo em $\omega = \theta$.

Para inferir características da resposta em frequência a partir de diagramas de polos e zeros tanto dos sistemas de tempo contínuo quanto de tempo discreto, os diagramas vetoriais no plano complexo associados tipicamente são úteis. Nessa construção, cada fator associado a um polo ou zero pode ser representado por um vetor no plano z a partir do polo ou zero até um ponto na circunferência unitária. Para uma função de sistema de primeira ordem da forma

$$H(z) = (1 - re^{j\theta} z^{-1}) = \frac{(z - re^{j\theta})}{z}, \quad r < 1, \quad (5.58)$$

o padrão de polos e zeros é ilustrado na Figura 5.10. Também estão indicados nessa figura os vetores v_1, v_2 e

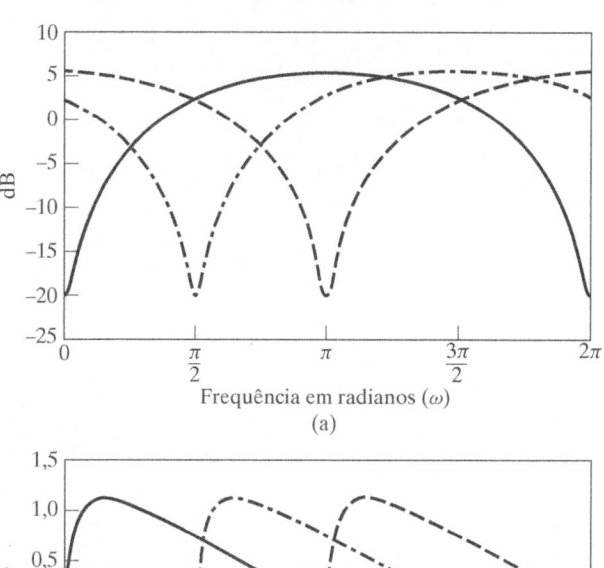

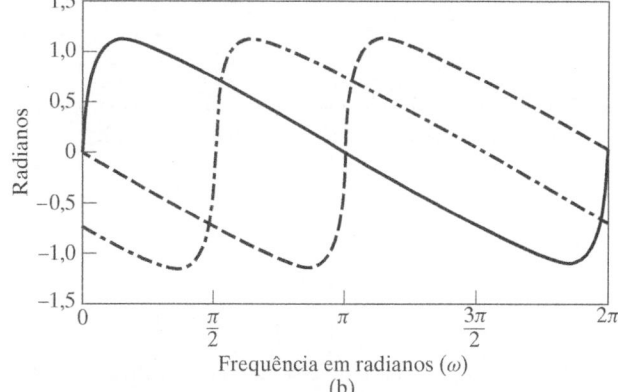

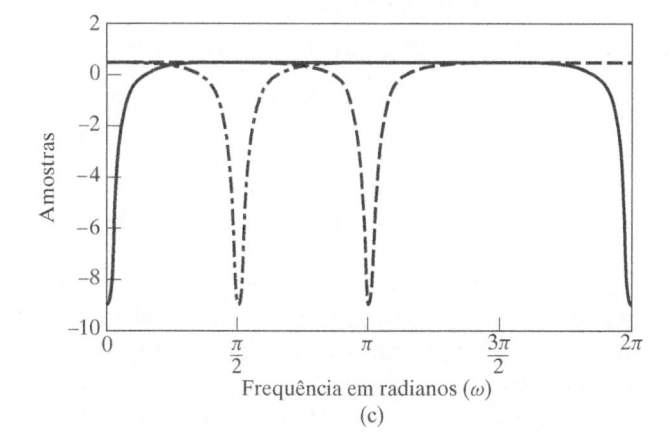

Figura 5.9 Resposta em frequência para um zero simples, com $r = 0{,}9$ e os três valores de θ mostrados. (a) Magnitude logarítmica. (b) Fase. (c) Atraso de grupo.

$v_3 = v_1 - v_2$, representando os números complexos $e^{j\omega}$, $re^{j\theta}$ e $(e^{j\omega} - re^{j\theta})$, respectivamente. Em termos desses vetores, a magnitude do número complexo

$$\frac{e^{j\omega} - re^{j\theta}}{e^{j\omega}}$$

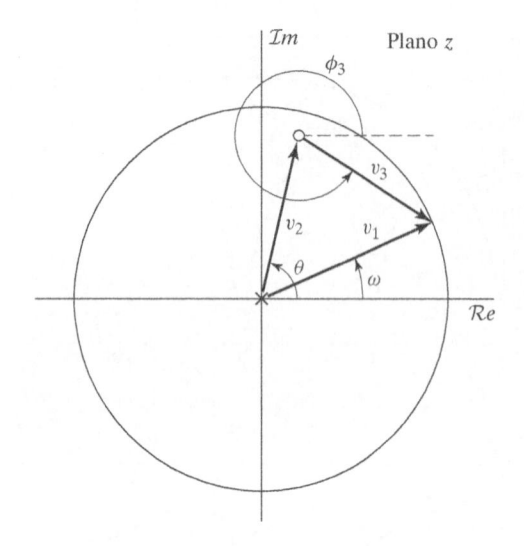

Figura 5.10 Vetores no plano z para uma função de sistema de primeira ordem calculada na circunferência unitária, com r < 1.

é a razão das magnitudes dos vetores v_3 e v_1, isto é,

$$|1 - re^{j\theta} e^{-j\omega}| = \left|\frac{e^{j\omega} - re^{j\theta}}{e^{j\omega}}\right| = \frac{|v_3|}{|v_1|}, \quad (5.59)$$

ou, como $|v_1| = 1$, a Equação 5.59 é simplesmente igual a $|v_3|$. A fase correspondente é

$$\angle(1 - re^{j\theta} e^{-j\omega}) = \angle(e^{j\omega} - re^{j\theta}) - \angle(e^{j\omega})$$
$$= \angle(v_3) - \angle(v_1) = \phi_3 - \phi_1$$
$$= \phi_3 - \omega. \quad (5.60)$$

Assim, a contribuição de um único fator $(1 - re^{j\theta} z^{-1})$ para a função de magnitude na frequência ω é o comprimento do vetor v_3 do zero até o ponto $z = e^{j\omega}$ na circunferência unitária. O vetor tem comprimento mínimo quando $\omega = \theta$. Isso explica a depressão abrupta na função de magnitude em $\omega = \theta$ na Figura 5.9(a). O vetor v_1 do polo em $z = 0$ até $z = e^{j\omega}$ sempre tem comprimento unitário. Assim, ele não tem nenhum efeito sobre a resposta de magnitude. A Equação 5.60 enuncia que a função de fase é igual à diferença entre o ângulo do vetor a partir do zero em $re^{j\theta}$ até o ponto $z = e^{j\omega}$ e o ângulo do vetor desde o polo em $z = 0$ até o ponto $z = e^{j\omega}$.

A dependência das contribuições da resposta em frequência de um único fator $(1 - re^{j\theta} e^{-j\omega})$ com o raio r é mostrada na Figura 5.11 para $\theta = \pi$ e diversos valores de r. Note que o gráfico da função de magnitude logarítmica da Figura 5.11(a) decai mais abruptamente conforme r se aproxima de 1; de fato, a magnitude em dB se aproxima de $-\infty$ em $\omega = \theta$ quando r se aproxima de 1. O gráfico da função de fase na Figura 5.11(b) tem inclinação positiva em torno de $\omega = \theta$, que se torna infinita quando r se aproxima de 1. Assim, para $r = 1$, a função de fase é descontínua, com um salto de π radianos em $\omega = \theta$. Longe de $\omega = \theta$, a inclinação da função de

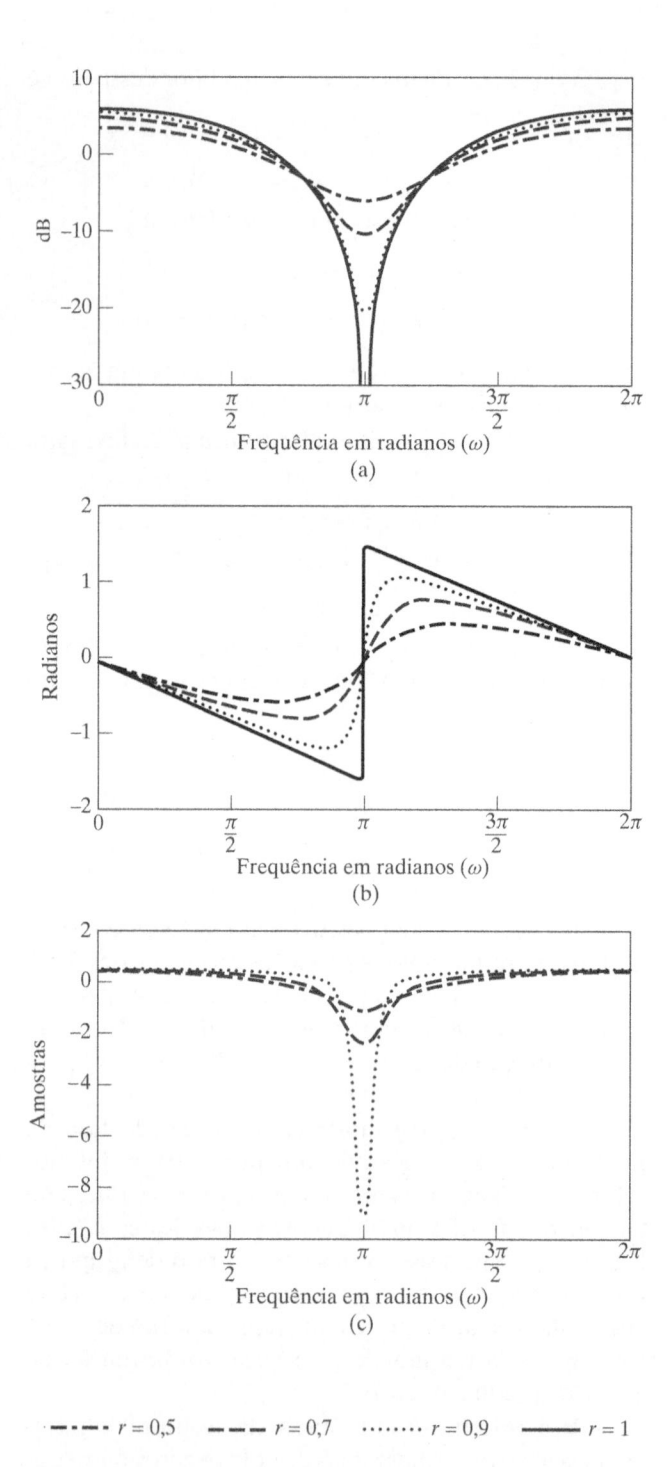

Figura 5.11 Resposta em frequência para um zero simples, com $\theta = \pi$, $r = 1$, 0,9, 0,7 e 0,5. (a) Magnitude logarítmica. (b) Fase. (c) Atraso de grupo para $r = 0,9$, 0,7 e 0,5.

fase é negativa. Como o atraso de grupo é o negativo da inclinação da curva de fase, o atraso de grupo é negativo em torno de $\omega = \theta$, e decai abruptamente quando r se aproxima de 1, tornando-se um impulso (não mostrado) quando $r = 1$. Na Figura 5.11(c) mostra-se que, quando nos afastamos de $\omega = \theta$, o atraso de grupo se torna positivo e relativamente plano.

5.3.2 Exemplos com múltiplos polos e zeros

Nesta seção, utilizamos e expandimos a discussão da Seção 5.3.1 para determinar a resposta em frequência de sistemas com funções de sistema racionais.

> modifica-se apenas levemente quando ω varia em torno de $\omega = \theta$. Assim, o polo no ângulo θ domina a resposta em frequência em torno de $\omega = \theta$, como fica evidente na Figura 5.13. Pela simetria, o polo no ângulo $-\theta$ domina a resposta em frequência em torno de $\omega = -\theta$.

Exemplo 5.6 Sistema IIR de segunda ordem

Considere o sistema de segunda ordem

$$H(z) = \frac{1}{(1 - re^{j\theta}z^{-1})(1 - re^{-j\theta}z^{-1})} \quad (5.61)$$
$$= \frac{1}{1 - 2r\cos\theta z^{-1} + r^2 z^{-2}}.$$

A equação de diferenças satisfeita pela entrada e pela saída do sistema é

$$y[n] - 2r\cos\theta\, y[n-1] + r^2 y[n-2] = x[n].$$

Usando a técnica de expansão em frações parciais, podemos mostrar que a resposta ao impulso de um sistema causal com essa função de sistema é

$$h[n] = \frac{r^n \operatorname{sen}[\theta(n+1)]}{\operatorname{sen}\theta} u[n]. \quad (5.62)$$

A função de sistema na Equação 5.61 tem um polo em $z = re^{j\theta}$ e na localização conjugada, $z = re^{-j\theta}$, e dois zeros em $z = 0$. O diagrama de polos e zeros é mostrado na Figura 5.12.

Pela nossa discussão na Seção 5.3.1,

$$20\log_{10}|H(e^{j\omega})| = -10\log_{10}[1 + r^2 - 2r\cos(\omega - \theta)] \\ -10\log_{10}[1 + r^2 - 2r\cos(\omega + \theta)], \quad (5.63a)$$

$$\angle H(e^{j\omega}) = -\arctg\left[\frac{r\operatorname{sen}(\omega - \theta)}{1 - r\cos(\omega - \theta)}\right] \\ -\arctg\left[\frac{r\operatorname{sen}(\omega + \theta)}{1 - r\cos(\omega + \theta)}\right], \quad (5.63b)$$

e

$$\operatorname{grd}[H(e^{j\omega})] = -\frac{r^2 - r\cos(\omega - \theta)}{1 + r^2 - 2r\cos(\omega - \theta)} \\ -\frac{r^2 - r\cos(\omega + \theta)}{1 + r^2 - 2r\cos(\omega + \theta)}. \quad (5.63c)$$

Gráficos dessas funções são mostrados na Figura 5.13 para $r = 0{,}9$ e $\theta = \pi/4$.

Na Figura 5.12 mostram-se os vetores de polos e zeros v_1, v_2 e v_3. A resposta em magnitude é o produto dos comprimentos dos vetores de zeros (que nesse caso são sempre unitários), dividido pelo produto dos comprimentos dos vetores de polos. Isto é,

$$|H(e^{j\omega})| = \frac{|v_3|^2}{|v_1|\cdot|v_2|} = \frac{1}{|v_1|\cdot|v_2|}. \quad (5.64)$$

Quando $\omega \approx \theta$, o comprimento do vetor $v_1 = e^{j\omega} - re^{j\theta}$ diminui e modifica-se significativamente quando ω varia em torno de θ, enquanto o comprimento do vetor $v_2 = e^{j\omega} - re^{-j\theta}$

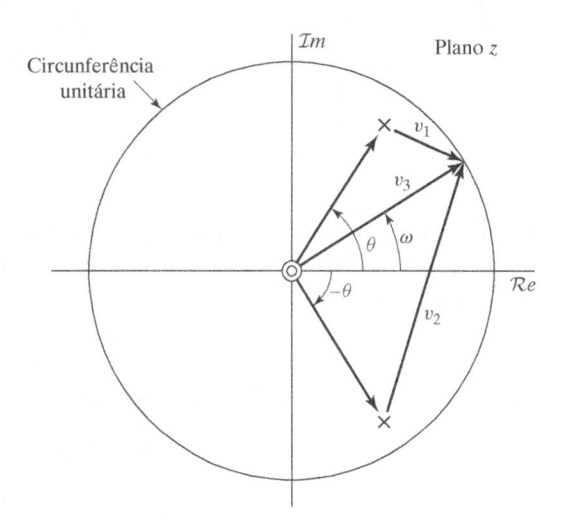

Figura 5.12 Diagrama de polos e zeros para o Exemplo 5.6.

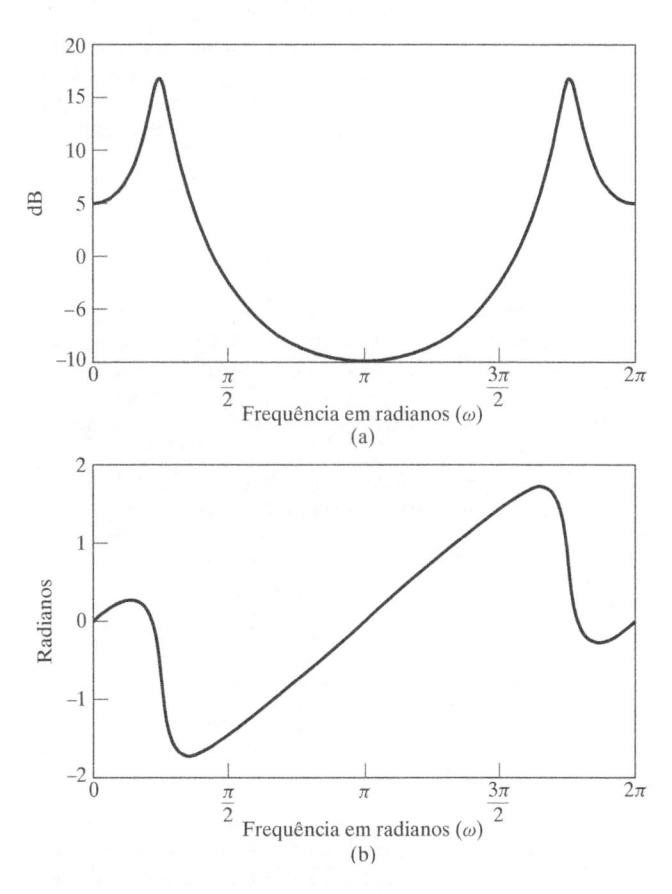

Figura 5.13 Resposta em frequência para um par de polos complexos conjugados, como no Exemplo 5.6, com $r = 0{,}9$, $\theta = \pi/4$. (a) Magnitude logarítmica. (b) Fase. (*continua*)

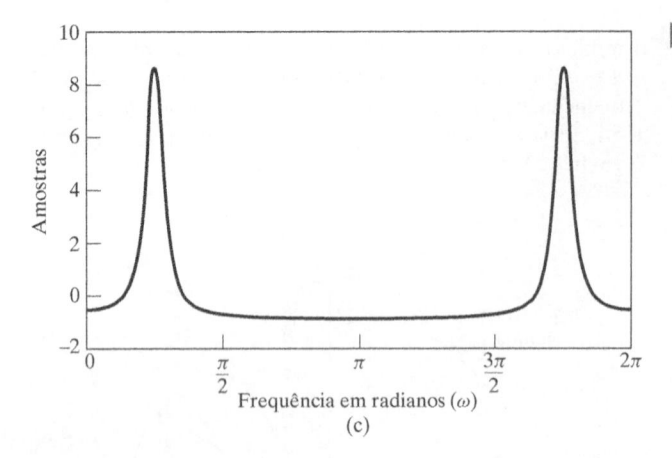

Figura 5.13 (*continuação*) Resposta em frequência para um par de polos complexos conjugados, como no Exemplo 5.6, com $r = 0,9$, $\theta = \pi/4$. (c) Atraso de grupo.

Exemplo 5.7 Sistema FIR de segunda ordem

Neste exemplo, consideramos um sistema FIR cuja resposta ao impulso é

$$h[n] = \delta[n] - 2r \cos \theta \, \delta[n-1] + r^2 \delta[n-2]. \quad (5.65)$$

A função de sistema correspondente é

$$H(z) = 1 - 2r \cos \theta z^{-1} + r^2 z^{-2}, \quad (5.66)$$

que é o inverso da função de sistema do Exemplo 5.6. Portanto, os gráficos de resposta em frequência para esse sistema FIR são simplesmente o negativo dos gráficos na Figura 5.13. Note que localizações de polos e zeros são trocadas no sistema inverso.

Exemplo 5.8 Sistema IIR de terceira ordem

Neste exemplo, consideramos um filtro passa-baixas projetado usando um dos métodos de aproximação a serem descritos no Capítulo 7. A função de sistema a ser considerada é

$$H(z) = \frac{0,05634(1+z^{-1})(1-1,0166z^{-1}+z^{-2})}{(1-0,683z^{-1})(1-1,4461z^{-1}+0,7957z^{-2})}, \quad (5.67)$$

e o sistema é especificado como estável. Os zeros dessa função de sistema estão nas seguintes localizações:

Raio	Ângulo
1	π rad
1	$\pm 1,0376$ rad (59,45°)

Os polos estão nas seguintes localizações:

Raio	Ângulo
0,683	0
0,892	$\pm 0,6257$ rad (35,85°)

O diagrama de polos e zeros para esse sistema é mostrado na Figura 5.14. Na Figura 5.15 mostram-se a magnitude logarítmica, a fase e o atraso de grupo do sistema. O efeito dos zeros que estão na circunferência unitária em $\omega = \pm 1,0376$ e π é claramente evidente. Porém, os polos estão

colocados de modo que, em vez de definir o pico para as frequências próximo aos seus ângulos, a magnitude logarítmica total permanece perto de 0 dB por uma faixa de $\omega = 0$ a $\omega = 0,2\pi$ (e, por simetria, de $\omega = 1,8\pi$ a $\omega = 2\pi$), e depois decai abruptamente e permanece abaixo de -25 dB desde cerca de $\omega = 0,3\pi$ até $1,7\pi$. Como sugerido por esse exemplo, aproximações úteis para respostas de filtros seletivos em frequência podem ser obtidas usando-se polos para incrementar a resposta em magnitude e zeros para suprimi-la.

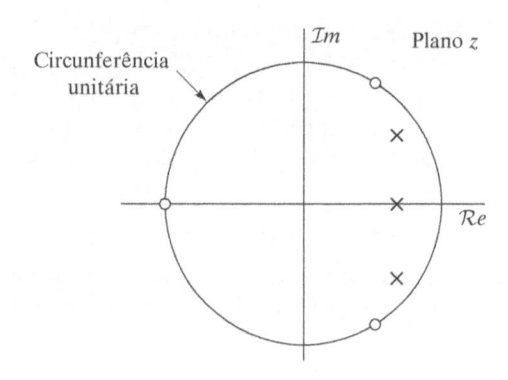

Figura 5.14 Diagrama de polos e zeros para o filtro passa-baixas do Exemplo 5.8.

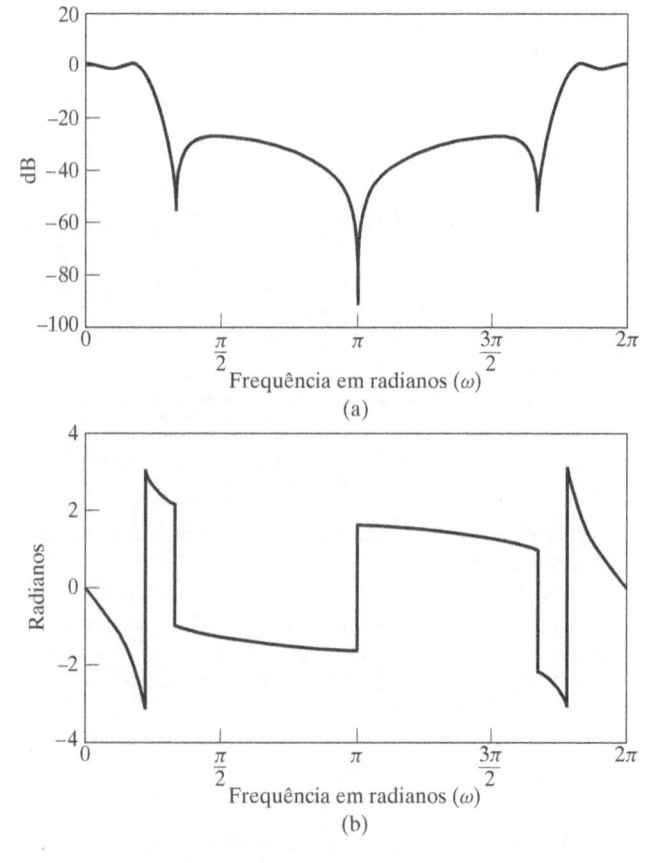

Figura 5.15 Resposta em frequência para o filtro passa-baixas do Exemplo 5.8. (a) Magnitude logarítmica. (b) Fase. (*continua*)

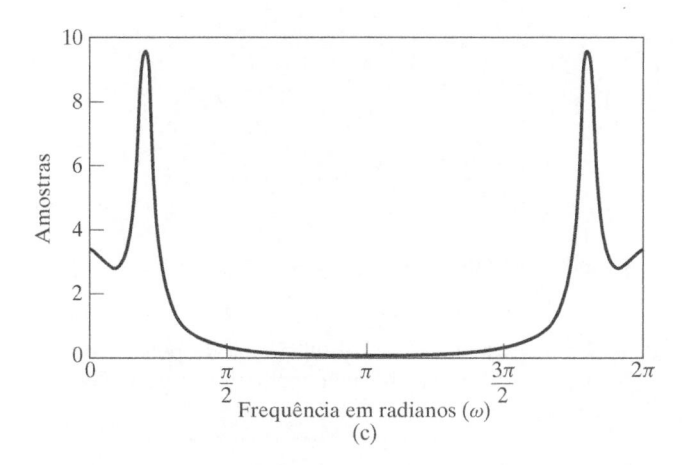

Figura 5.15 *(continuação)* Resposta em frequência para o filtro passa-baixas do Exemplo 5.8. (c) Atraso de grupo.

Nesse exemplo, vemos ambos os tipos de descontinuidades na curva de fase representada. Em $\omega \approx 0{,}22\pi$, existe uma descontinuidade de 2π devido ao uso do valor principal no gráfico. Em $\omega = \pm 1{,}0376$ e $\omega = \pi$, as descontinuidades de π devem-se aos zeros sobre a circunferência unitária.

5.4 Relação entre magnitude e fase

Em geral, o conhecimento sobre a magnitude da resposta em frequência de um sistema LIT não fornece informações sobre a fase, e vice-versa. Porém, para sistemas descritos por equações de diferenças lineares com coeficientes constantes, isto é, funções de sistema racionais, existem algumas restrições entre magnitude e fase. Em particular, como discutimos nesta seção, se a magnitude da resposta em frequência e o número de polos e zeros são conhecidos, então existe apenas um número finito de escolhas para a fase associada. Similarmente, se o número de polos e zeros e a fase são conhecidos, então, a menos de um fator de escala, existe apenas um número finito de escolhas para a magnitude. Além disso, sob uma restrição chamada de fase mínima, a magnitude da resposta em frequência especifica unicamente a fase, e a fase da resposta em frequência especifica a magnitude a menos de um fator de escala.

Para explorar as possíveis escolhas de funções de sistema, dado o quadrado da magnitude da resposta em frequência do sistema, consideramos $|H(e^{j\omega})|^2$ expresso como

$$|H(e^{j\omega})|^2 = H(e^{j\omega})H^*(e^{j\omega})$$
$$= H(z)H^*(1/z^*)|_{z=e^{j\omega}}. \quad (5.68)$$

Restringindo a função de sistema $H(z)$ a ser racional na forma da Equação 5.21, isto é,

$$H(z) = \left(\frac{b_0}{a_0}\right) \frac{\prod_{k=1}^{M}(1 - c_k z^{-1})}{\prod_{k=1}^{N}(1 - d_k z^{-1})}, \quad (5.69)$$

vemos que $H^*(1/z^*)$ na Equação 5.68 é

$$H^*\left(\frac{1}{z^*}\right) = \left(\frac{b_0}{a_0}\right) \frac{\prod_{k=1}^{M}(1 - c_k^* z)}{\prod_{k=1}^{N}(1 - d_k^* z)}, \quad (5.70)$$

em que assumimos que a_0 e b_0 são reais. Portanto, a Equação 5.68 enuncia que o quadrado da magnitude da resposta em frequência é o cálculo sobre a circunferência unitária da transformada z

$$C(z) = H(z)H^*(1/z^*) \quad (5.71)$$

$$= \left(\frac{b_0}{a_0}\right)^2 \frac{\prod_{k=1}^{M}(1 - c_k z^{-1})(1 - c_k^* z)}{\prod_{k=1}^{N}(1 - d_k z^{-1})(1 - d_k^* z)}. \quad (5.72)$$

Se conhecemos $|H(e^{j\omega})|^2$ expresso como uma função de $e^{j\omega}$, então, substituindo $e^{j\omega}$ por z, podemos construir $C(z)$. A partir de $C(z)$, gostaríamos de inferir o máximo possível sobre $H(z)$. Notamos primeiro que para cada polo d_k de $H(z)$ existe um polo de $C(z)$ em d_k e $(d_k^*)^{-1}$. Similarmente, para cada zero c_k de $H(z)$, existe um zero de $C(z)$ em c_k e $(c_k^*)^{-1}$. Consequentemente, os polos e os zeros de $C(z)$ ocorrem em pares recíprocos conjugados, com um elemento de cada par associado a $H(z)$ e um elemento de cada par associado a $H^*(1/z^*)$. Além disso, se um elemento de cada par estiver na região interior à circunferência unitária, então o outro (isto é, o recíproco conjugado) estará na região exterior à circunferência unitária. A única outra alternativa existente é que ambos estejam sobre a circunferência unitária na mesma localização.

Se supusermos que $H(z)$ corresponde a um sistema causal, estável, então todos os seus polos precisam estar na região interior à circunferência unitária. Com essa restrição, os polos de $H(z)$ podem ser identificados a partir dos polos de $C(z)$. Porém, com essa restrição apenas, os zeros de $H(z)$ não podem ser unicamente identificados a partir dos zeros de $C(z)$. Isso pode ser visto a partir do exemplo a seguir.

Exemplo 5.9 Sistemas diferentes com o mesmo C(z)

Considere dois sistemas estáveis diferentes com funções de sistema

$$H_1(z) = \frac{2(1-z^{-1})(1+0{,}5z^{-1})}{(1-0{,}8e^{j\pi/4}z^{-1})(1-0{,}8e^{-j\pi/4}z^{-1})} \quad (5.73)$$

e

$$H_2(z) = \frac{(1-z^{-1})(1+2z^{-1})}{(1-0{,}8e^{j\pi/4}z^{-1})(1-0{,}8e^{-j\pi/4}z^{-1})}. \quad (5.74)$$

Os diagramas de polos e zeros para esses sistemas são mostrados nas figuras 5.16(a) e (b), respectivamente. A localização dos polos dos dois sistemas é idêntica e ambos têm um zero em $z = 1$, mas diferem na localização do segundo zero.

Agora,

$$C_1(z) = H_1(z)H_1^*(1/z^*)$$
$$= \frac{2(1-z^{-1})(1+0{,}5z^{-1})2(1-z)(1+0{,}5z)}{(1-0{,}8e^{j\pi/4}z^{-1})(1-0{,}8e^{-j\pi/4}z^{-1})(1-0{,}8e^{-j\pi/4}z)(1-0{,}8e^{j\pi/4}z)}$$

(5.75)

e

$$C_2(z) = H_2(z)H_2^*(1/z^*)$$
$$= \frac{(1-z^{-1})(1+2z^{-1})(1-z)(1+2z)}{(1-0{,}8e^{j\pi/4}z^{-1})(1-0{,}8e^{-j\pi/4}z^{-1})(1-0{,}8e^{-j\pi/4}z)(1-0{,}8e^{j\pi/4}z)}.$$

(5.76)

Usando o fato de que

$$4(1+0{,}5z^{-1})(1+0{,}5z) = (1+2z^{-1})(1+2z), \quad (5.77)$$

vemos que $C_1(z) = C_2(z)$. O diagrama de polos e zeros para $C_1(z)$ e $C_2(z)$, que são idênticos, é mostrado na Figura 5.16(c).

As funções de sistema $H_1(z)$ e $H_2(z)$ no Exemplo 5.9 diferem apenas na localização de um dos zeros. No exemplo, o fator $2(1+0{,}5z^{-1}) = (z^{-1}+2)$ contribui da mesma forma para o quadrado da magnitude da resposta em frequência que o fator $(1+2z^{-1})$, e, consequentemente, $|H_1(e^{j\omega})|$ e $|H_2(e^{j\omega})|$ são iguais. Porém, as funções de fase para essas duas respostas em frequência são diferentes.

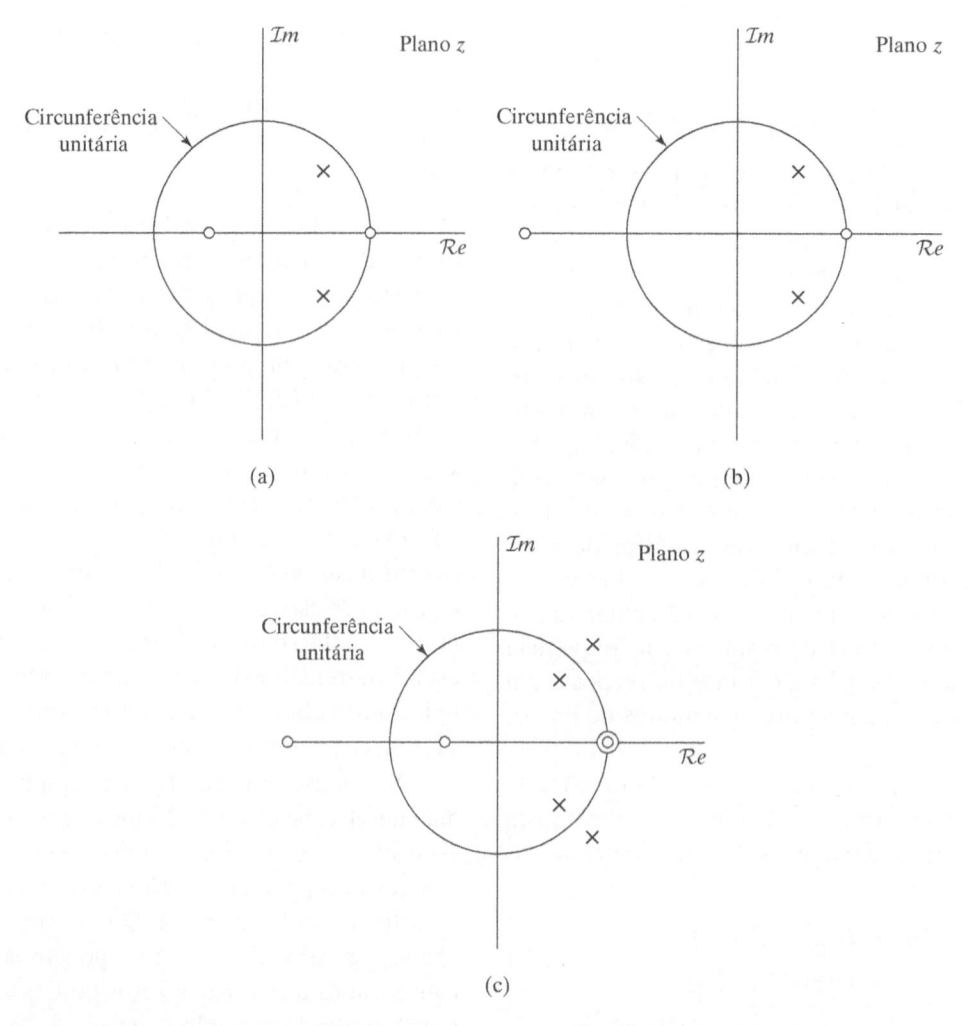

Figura 5.16 Diagramas de polos e zeros para duas funções de sistema e suas funções de magnitude ao quadrado comuns. (a) $H_1(z)$. (b) $H_2(z)$. (c) $C_1(z)$, $C_2(z)$.

Exemplo 5.10 Determinação de H(z) a partir de C(z)

Suponha que nos seja dado o diagrama de polos e zeros para $C(z)$ da Figura 5.17 e queiramos determinar os polos e zeros associados a $H(z)$. Os pares de polos e zeros recíprocos conjugados para os quais um elemento de cada está associado a $H(z)$ e o outro a $H^*(1/z^*)$ são os seguintes:

Par de polos 1: (p_1, p_4)
Par de polos 2: (p_2, p_5)
Par de polos 3: (p_3, p_6)
Par de zeros 1: (z_1, z_4)
Par de zeros 2: (z_2, z_5)
Par de zeros 3: (z_3, z_6)

Sabendo que $H(z)$ corresponde a um sistema estável e causal, temos de escolher os polos de cada par que estão dentro da circunferência unitária, isto é, p_1, p_2 e p_3. Nenhuma restrição desse tipo é imposta aos zeros. Porém, se assumimos que os coeficientes a_k e b_k são reais nas equações 5.19 e 5.20, os zeros (e os polos) ou são reais ou ocorrem em pares complexos conjugados. Consequentemente, os zeros a serem associados com $H(z)$ são

$$z_3 \text{ ou } z_6$$

e

$$(z_1, z_2) \text{ ou } (z_4, z_5).$$

Portanto, existe um total de quatro sistemas estáveis e causais diferentes com três polos e três zeros para os quais o diagrama de polos e zeros de $C(z)$ é aquele mostrado na Figura 5.17 e, equivalentemente, para os quais a magnitude da resposta em frequência é a mesma. Se não tivéssemos considerado os coeficientes a_k e b_k reais, o número de escolhas seria maior. Além disso, se o número de polos e zeros de $H(z)$ não fosse restrito, o número de escolhas para $H(z)$ seria ilimitado. Para ver isso, suponha que $H(z)$ tenha um fator da forma

$$\frac{z^{-1} - a^*}{1 - az^{-1}},$$

isto é,

$$H(z) = H_1(z) \frac{z^{-1} - a^*}{1 - az^{-1}}. \quad (5.78)$$

Fatores dessa forma representam *fatores passa-tudo*, pois eles têm magnitude unitária na circunferência unitária; eles serão discutidos com mais detalhes na Seção 5.5. Pode ser facilmente verificado que, para $H(z)$ na Equação 5.78,

$$C(z) = H(z)H^*(1/z^*) = H_1(z)H_1^*(1/z^*) \quad (5.79)$$

isto é, os fatores passa-tudo se cancelam em $C(z)$ e, portanto, não seriam identificáveis a partir do diagrama de polos e zeros de $C(z)$. Consequentemente, se o número de polos e zeros de $H(z)$ não for especificado, então, dado $C(z)$, qualquer escolha de $H(z)$ pode ser colocada em cascata com um número arbitrário de fatores passa-tudo com polos dentro da circunferência unitária (isto é, $|a| < 1$).

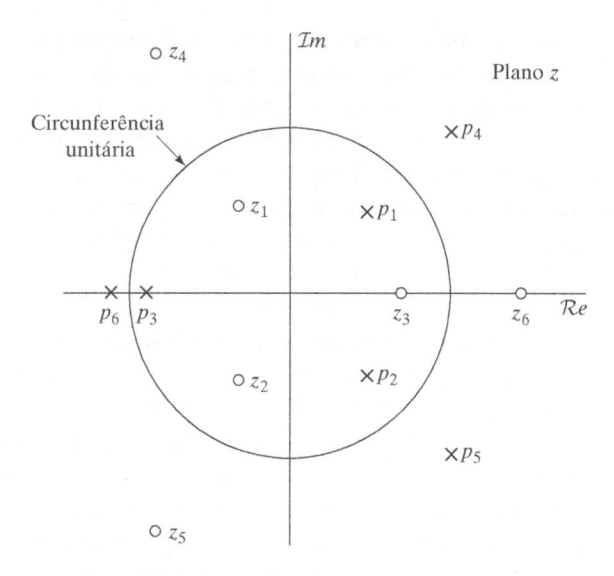

Figura 5.17 Diagrama de polos e zeros para a função de magnitude ao quadrado do Exemplo 5.10.

5.5 Sistemas passa-tudo

Como indicado na discussão do Exemplo 5.10, uma função de sistema estável na forma

$$H_{\text{ap}}(z) = \frac{z^{-1} - a^*}{1 - az^{-1}} \quad (5.80)$$

tem uma magnitude da resposta em frequência que é independente de ω. Isso pode ser visto escrevendo-se $H_{\text{ap}}(e^{j\omega})$ na forma

$$H_{\text{ap}}(e^{j\omega}) = \frac{e^{-j\omega} - a^*}{1 - ae^{-j\omega}}$$

$$= e^{-j\omega} \frac{1 - a^* e^{j\omega}}{1 - ae^{-j\omega}}. \quad (5.81)$$

Na Equação 5.81, o termo $e^{-j\omega}$ tem magnitude unitária, e os fatores restantes do numerador e do denominador são complexos conjugados um do outro e, portanto, têm a mesma magnitude. Consequentemente, $|H_{\text{ap}}(e^{j\omega})| = 1$. Um sistema para o qual a magnitude da resposta em frequência é uma constante, chamado de sistema passa-tudo, passa todos os componentes em frequência de sua entrada com ganho ou atenuação constante.[3]

A forma mais geral para a função de sistema de um sistema passa-tudo com resposta ao impulso real é um produto de fatores como o da Equação 5.80, com polos complexos sendo emparelhados com seus conjugados; isto é,

$$H_{\text{ap}}(z) = A \prod_{k=1}^{M_r} \frac{z^{-1} - d_k}{1 - d_k z^{-1}} \prod_{k=1}^{M_c} \frac{(z^{-1} - e_k^*)(z^{-1} - e_k)}{(1 - e_k z^{-1})(1 - e_k^* z^{-1})}, \quad (5.82)$$

---

[3] Em algumas discussões, um sistema passa-tudo é definido como tendo ganho unitário. Neste texto, usamos o termo sistema passa-tudo para se referir a um sistema que passa todas as frequências com um ganho constante A que não é necessariamente unitário.

em que A é uma constante positiva e os d_ks são os polos reais, e os e_ks, os polos complexos de $H_{ap}(z)$. Para sistemas passa-tudo causais e estáveis, $|d_k| < 1$ e $|e_k| < 1$. Em termos de nossa notação geral para funções de sistema, os sistemas passa-tudo têm $M = N = 2M_c + M_r$ polos e zeros. Na Figura 5.18 é mostrado um diagrama típico de polos e zeros para um sistema passa-tudo. Neste caso, $M_r = 2$ e $M_c = 1$. Note que cada polo de $H_{ap}(z)$ é pareado com um zero recíproco conjugado.

A resposta em frequência para um sistema passa-tudo genérico pode ser expressa em termos das respostas em frequência dos sistemas passa-tudo de primeira ordem, como aquele especificado na Equação 5.80. Para um sistema passa-tudo causal, cada um desses termos consiste em um único polo dentro da circunferência unitária e um zero na localização recíproca conjugada. A resposta em magnitude para tal termo é unitária, como mostramos. Assim, a magnitude logarítmica em dB é nula. Com a expresso na forma polar como $a = re^{j\theta}$, a função de fase para a Equação 5.80 é

$$\angle \left[\frac{e^{-j\omega} - re^{-j\theta}}{1 - re^{j\theta} e^{-j\omega}} \right] = \\ -\omega - 2 \arctan\left[\frac{r \operatorname{sen}(\omega - \theta)}{1 - r \cos(\omega - \theta)} \right]. \quad (5.83)$$

De forma similar, a fase de um sistema passa-tudo de segunda ordem com polos em $z = re^{j\theta}$ e $z = re^{-j\theta}$ é

$$\angle \left[\frac{(e^{-j\omega} - re^{-j\theta})(e^{-j\omega} - re^{j\theta})}{(1 - re^{j\theta} e^{-j\omega})(1 - re^{-j\theta} e^{-j\omega})} \right] = \\ -2\omega - 2 \arctan\left[\frac{r \operatorname{sen}(\omega - \theta)}{1 - r \cos(\omega - \theta)} \right] \\ -2 \arctan\left[\frac{r \operatorname{sen}(\omega + \theta)}{1 - r \cos(\omega + \theta)} \right]. \quad (5.84)$$

Exemplo 5.11 Sistemas passa-tudo de primeira e segunda ordem

Na Figura 5.19 são mostrados gráficos da magnitude logarítmica, fase e atraso de grupo para dois sistemas passa-tudo de primeira ordem, um com um polo em $z = 0{,}9$ ($\theta = 0$, $r = 0{,}9$) e outro com um polo em $z = -0{,}9$ ($\theta = \pi$, $r = 0{,}9$). Para ambos os sistemas, os raios dos polos são $r = 0{,}9$. Da mesma forma, a Figura 5.20 mostra as mesmas funções para um sistema passa-tudo de segunda ordem com polos em $z = 0{,}9e^{j\pi/4}$ e $z = 0{,}9e^{-j\pi/4}$.

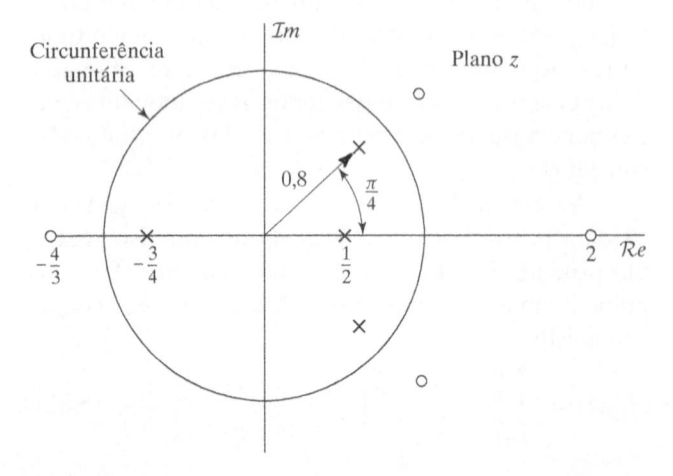

Figura 5.18 Diagrama de polos e zeros típico para um sistema passa-tudo.

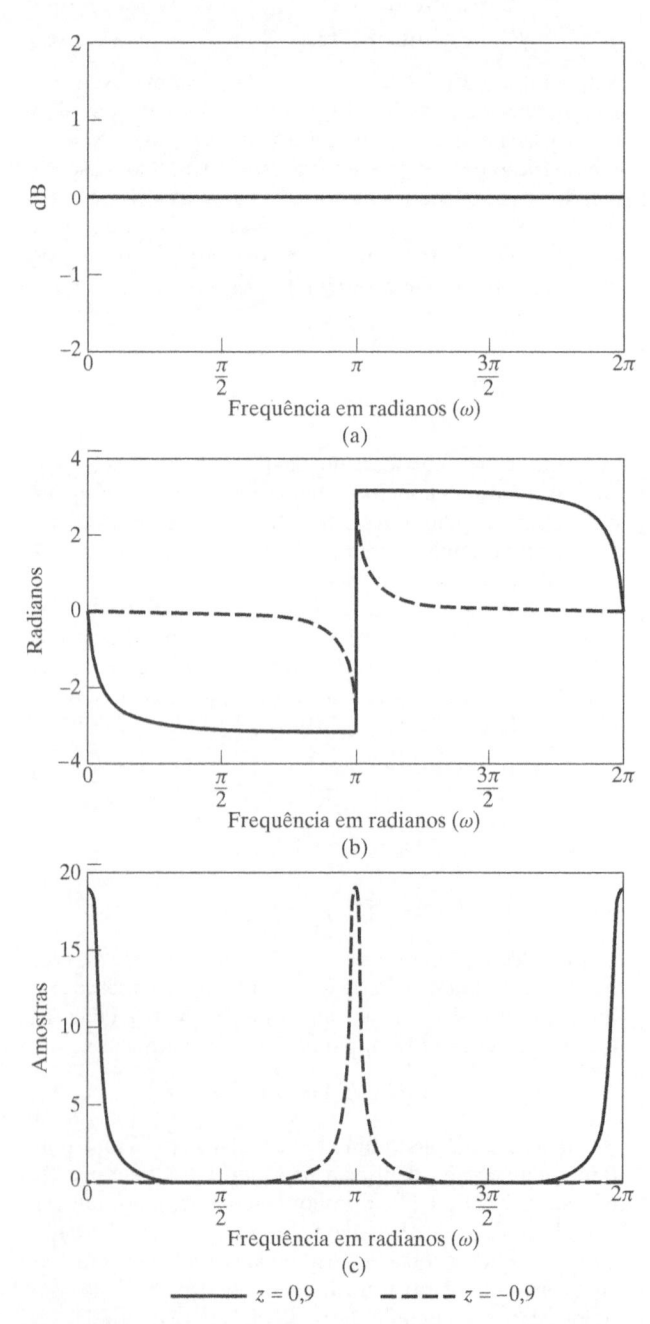

Figura 5.19 A resposta em frequência para filtros passa-tudo com polos reais em $z = 0{,}9$ (linha sólida) e $z = -0{,}9$ (linha tracejada). (a) Magnitude logarítmica. (b) Fase (valor principal). (c) Atraso de grupo.

fase (desenrolada), arg[$H_{ap}(e^{j\omega})$], de um sistema passa-tudo causal é sempre não positiva para $0 < \omega < \pi$. Isso pode não parecer verdadeiro se for feito o gráfico do valor principal, como ilustrado na Figura 5.21, em que são mostrados a magnitude logarítmica, a fase e o atraso de grupo para um sistema passa-tudo com polos e zeros, como na Figura 5.18. Porém, podemos demonstrar esse resultado considerando primeiro o atraso de grupo.

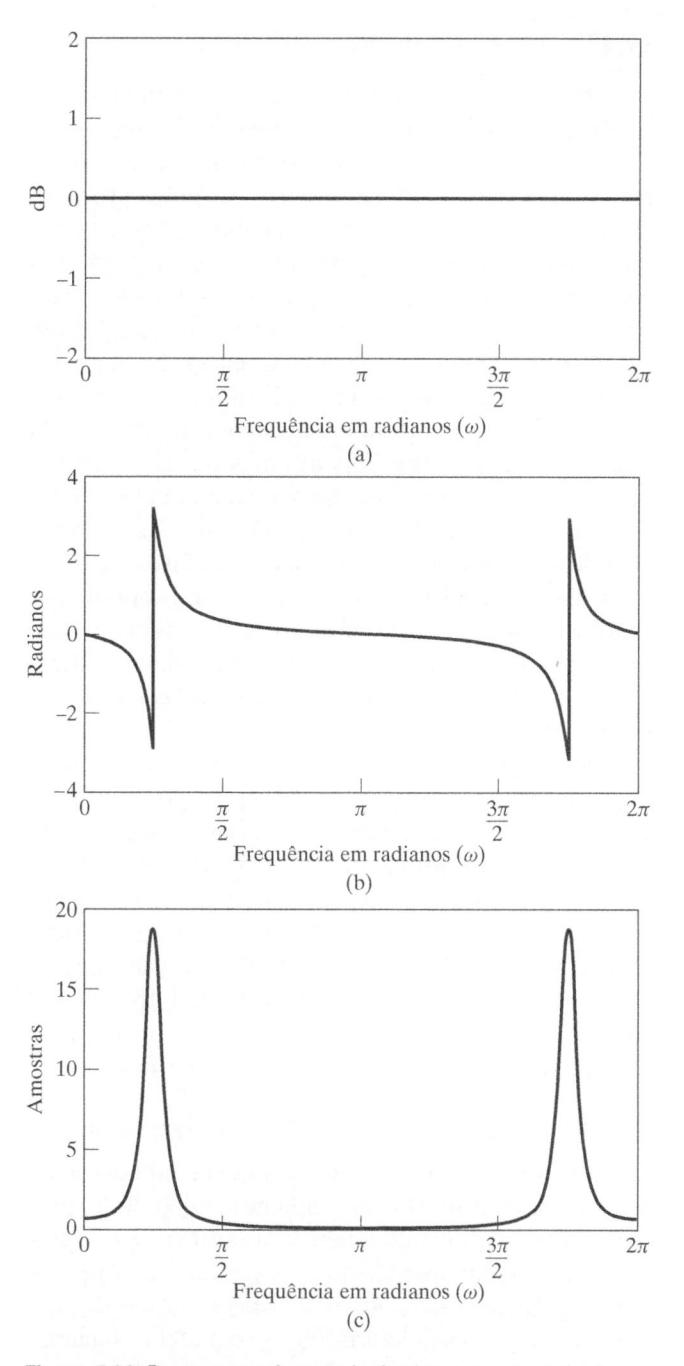

Figura 5.20 Resposta em frequência do sistema passa-tudo de segunda ordem com polos em $z = 0{,}9e^{\pm j\pi/4}$. (a) Magnitude logarítmica. (b) Fase (valor principal). (c) Atraso de grupo.

No Exemplo 5.11 é ilustrada uma propriedade geral dos sistemas passa-tudo causais. Na Figura 5.19(b), vemos que a fase é não positiva para $0 < \omega < \pi$. Similarmente, na Figura 5.20(b), se a descontinuidade de 2π resultante do cálculo do valor principal for removida, a curva de fase contínua resultante é não positiva para $0 < \omega < \pi$. Como o sistema passa-tudo mais geral dado pela Equação 5.82 é um produto apenas de tais fatores de primeira e segunda ordem, podemos concluir que a

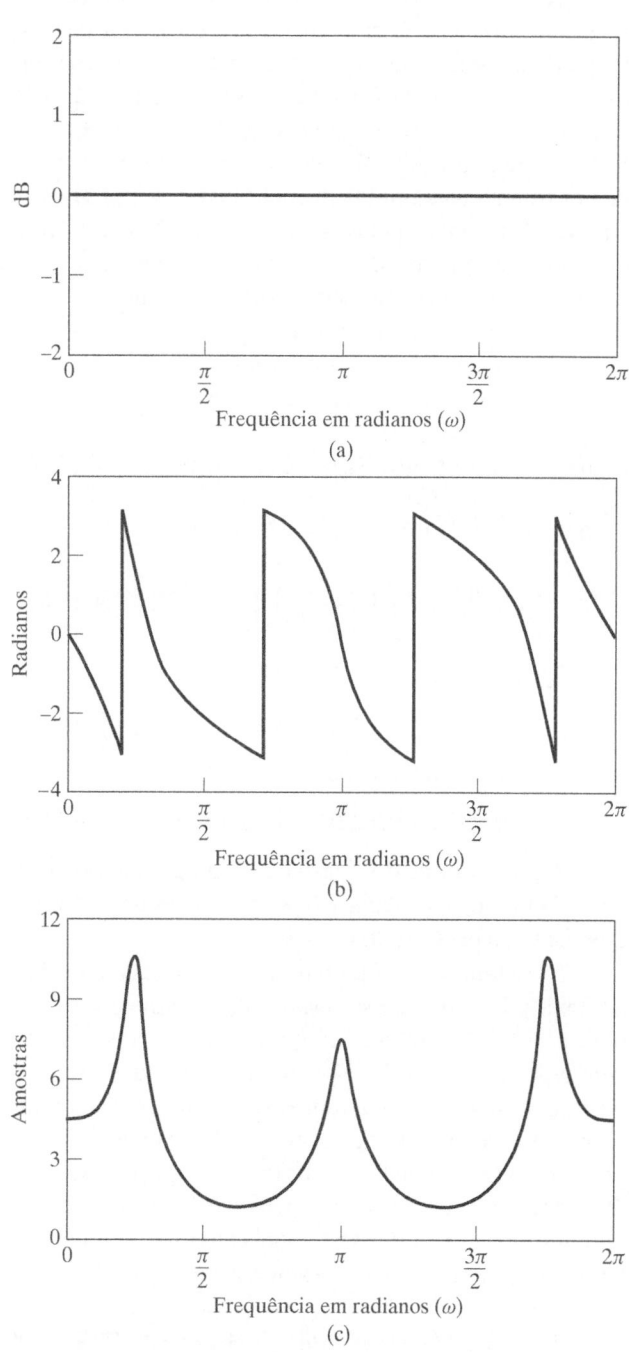

Figura 5.21 Resposta em frequência para um sistema passa-tudo com o diagrama de polos e zeros da Figura 5.18. (a) Magnitude logarítmica. (b) Fase (valor principal). (c) Atraso de grupo.

O atraso de grupo do sistema passa-tudo simples de um polo da Equação 5.80 é o negativo da derivada da fase dada pela Equação 5.83. Com um pouco de álgebra, pode-se mostrar que

$$\mathrm{grd}\left[\frac{e^{-j\omega} - re^{-j\theta}}{1 - re^{j\theta}e^{-j\omega}}\right] = \frac{1 - r^2}{1 + r^2 - 2r\cos(\omega - \theta)}$$

$$= \frac{1 - r^2}{|1 - re^{j\theta}e^{-j\omega}|^2}. \quad (5.85)$$

Como $r < 1$ para um sistema passa-tudo estável e causal, da Equação 5.85, a contribuição para o atraso de grupo de um único fator passa-tudo causal é sempre positiva. Como o atraso de grupo de um sistema passa-tudo de ordem mais alta será uma soma de parcelas positivas, como na Equação 5.85, em geral é verdade que o atraso de grupo de um sistema passa-tudo racional causal é sempre positivo. Isso é confirmado pelas figuras 5.19(c), 5.20(c) e 5.21(c), que mostram o atraso de grupo para sistemas passa-tudo de primeira, segunda e terceira ordem, respectivamente.

A positividade do atraso de grupo de um sistema passa-tudo causal é a base para uma prova simples da negatividade da fase de tal sistema. Primeiro, note que

$$\arg[H_{\mathrm{ap}}(e^{j\omega})] = -\int_0^\omega \mathrm{grd}[H_{\mathrm{ap}}(e^{j\phi})]d\phi + \arg[H_{\mathrm{ap}}(e^{j0})] \quad (5.86)$$

para $0 \leq \omega \leq \pi$. Da Equação 5.82, segue que

$$H_{\mathrm{ap}}(e^{j0}) = A\prod_{k=1}^{M_r}\frac{1 - d_k}{1 - d_k}\prod_{k=1}^{M_c}\frac{|1 - e_k|^2}{|1 - e_k|^2} = A. \quad (5.87)$$

Portanto, $\arg[H_{\mathrm{ap}}(e^{j0})] = 0$, e como

$$\mathrm{grd}[H_{\mathrm{ap}}(e^{j\omega})] \geq 0, \quad (5.88)$$

segue da Equação 5.86 que

$$\arg[H_{\mathrm{ap}}(e^{j\omega})] \leq 0 \quad \text{para } 0 \leq \omega < \pi. \quad (5.89)$$

A positividade do atraso de grupo e a não positividade da fase desenrolada são propriedades importantes dos sistemas passa-tudo causais.

Os sistemas passa-tudo têm importância em muitos contextos. Eles podem ser usados como compensadores para a distorção de fase (ou de atraso de grupo), como veremos no Capítulo 7, e são úteis na teoria dos sistemas de fase mínima, como veremos na Seção 5.6. Eles também são úteis na transformação de filtros passa-baixas seletivos em frequência em outras formas seletivas em frequência e na obtenção de filtros seletivos em frequência com corte variável. Essas aplicações são discutidas no Capítulo 7 e aplicadas nos problemas deste capítulo.

5.6 Sistemas de fase mínima

Na Seção 5.4, mostramos que a magnitude da resposta em frequência para um sistema LIT com função de sistema racional não caracteriza unicamente o sistema. Se o sistema é estável e causal, os polos precisam estar no interior da circunferência unitária, mas a estabilidade e a causalidade não impõem essa restrição aos zeros. Para certos tipos de problemas, é útil impor a restrição adicional de que o sistema inverso (aquele com função de sistema $1/H(z)$) também seja estável e causal. Como discutimos na Seção 5.2.2, isso então restringe os zeros, bem como os polos, a estarem no interior da circunferência unitária, pois os polos de $1/H(z)$ são os zeros de $H(z)$. Esses sistemas são comumente chamados de sistemas de *fase mínima*. O nome fase mínima vem de uma propriedade da resposta de fase, que não é óbvia da definição anterior. Essa e outras propriedades fundamentais que discutimos são exclusivas dessa classe de sistemas e, portanto, qualquer uma delas poderia ser considerada como a definição da classe. Essas propriedades serão investigadas na Seção 5.6.3.

Se nos é dada uma função de magnitude ao quadrado na forma da Equação 5.72 e sabemos que tanto o sistema quanto seu inverso são causais e estáveis (isto é, trata-se de um sistema de fase mínima), então $H(z)$ é unicamente determinado e consistirá em todos os polos e zeros de $C(z) = H(z)H^*(1/z^*)$ que se encontram no interior da circunferência unitária.[4] Essa abordagem frequentemente é seguida no projeto de filtro quando somente a resposta de magnitude é determinada pelo método de projeto utilizado. (Veja o Capítulo 7.)

5.6.1 Decomposição fase mínima e passa-tudo

Na Seção 5.4, vimos que, apenas pelo quadrado da magnitude da resposta em frequência, não poderíamos determinar unicamente a função de sistema $H(z)$, pois qualquer escolha que tivesse a magnitude da resposta em frequência dada poderia ser colocada em cascata com fatores passa-tudo arbitrários sem afetar a magnitude. Uma observação relacionada é que qualquer função de sistema racional[5] pode ser expressa como

$$H(z) = H_{\mathrm{mín}}(z)H_{\mathrm{ap}}(z), \quad (5.90)$$

sendo $H_{\mathrm{mín}}(z)$ um sistema de fase mínima e $H_{\mathrm{ap}}(z)$ um sistema passa-tudo.

Para mostrar isso, suponha que $H(z)$ tenha um zero no exterior da circunferência unitária em $z = 1/c^*$, sendo $|c| < 1$, e que os polos e zeros restantes estejam

---

[4] Assumimos que $C(z)$ não tem polos ou zeros sobre a circunferência unitária. Estritamente falando, os sistemas com polos sobre a circunferência unitária são instáveis e geralmente devem ser evitados na prática. Os zeros sobre a circunferência unitária, porém, frequentemente ocorrem em projetos práticos de filtros. Pela nossa definição, esses sistemas são de fase não mínima, mas muitas das propriedades dos sistemas de fase mínima são válidas mesmo nesse caso.

[5] Por conveniência, restringiremos a discussão a sistemas estáveis e causais, embora a observação se aplique de forma mais geral.

no interior da circunferência unitária. Então, $H(z)$ pode ser expresso como

$$H(z) = H_1(z)(z^{-1} - c^*), \quad (5.91)$$

em que, por definição, $H_1(z)$ é de fase mínima. Uma expressão equivalente para $H(z)$ é

$$H(z) = H_1(z)(1 - cz^{-1})\frac{z^{-1} - c^*}{1 - cz^{-1}}. \quad (5.92)$$

Como $|c| < 1$, o fator $H_1(z)(1 - cz^{-1})$ também é de fase mínima e difere de $H(z)$ somente porque o zero de $H(z)$ que estava fora da circunferência unitária em $z = 1/c^*$ é refletido dentro da circunferência unitária para a localização recíproca conjugada $z = c$. O termo $(z^{-1} - c^*)/(1 - cz^{-1})$ é passa-tudo. Este exemplo pode ser generalizado de forma imediata de modo a incluir mais zeros fora da circunferência unitária, mostrando assim que, em geral, qualquer função de sistema pode ser expressa como

$$H(z) = H_{\text{mín}}(z)H_{\text{ap}}(z), \quad (5.93)$$

em que $H_{\text{mín}}(z)$ contém todos os polos e zeros de $H(z)$ que estão no interior da circunferência unitária, juntamente com zeros que são os recíprocos conjugados dos zeros de $H(z)$ que se encontram fora da circunferência unitária. A função de sistema $H_{\text{ap}}(z)$ é composta de todos os zeros de $H(z)$ que estão fora da circunferência unitária, juntamente com os polos para cancelar os zeros recíprocos conjugados em $H_{\text{mín}}(z)$.

Usando a Equação 5.93, podemos formar um sistema de fase não mínima a partir do sistema de fase mínima refletindo um ou mais zeros que se encontrem dentro da circunferência unitária às suas localizações recíprocas conjugadas fora da circunferência unitária ou, de modo contrário, podemos formar um sistema de fase mínima a partir de um sistema de fase não mínima refletindo todos os zeros que se encontram fora da circunferência unitária nas suas localizações recíprocas conjugadas no interior. Em ambos os casos, os sistemas de fase mínima e de fase não mínima terão a mesma resposta em frequência em magnitude.

Exemplo 5.12 Decomposição de fase mínima/passa-tudo

Para ilustrar a decomposição de um sistema estável e causal na cascata de um sistema de fase mínima e um passa-tudo, considere os dois sistemas estáveis e causais especificados pelas funções de sistema

$$H_1(z) = \frac{(1 + 3z^{-1})}{1 + \frac{1}{2}z^{-1}}$$

e

$$H_2(z) = \frac{\left(1 + \frac{3}{2}e^{+j\pi/4}z^{-1}\right)\left(1 + \frac{3}{2}e^{-j\pi/4}z^{-1}\right)}{\left(1 - \frac{1}{3}z^{-1}\right)}.$$

A primeira função de sistema, $H_1(z)$, tem um polo no interior da circunferência unitária, em $z = -\frac{1}{2}$, e um zero no exterior, em $z = -3$. Precisaremos escolher o sistema passa-tudo apropriado para refletir esse zero para dentro da circunferência unitária. Pela Equação 5.91, temos $c = -\frac{1}{3}$. Portanto, das equações 5.92 e 5.93, o componente passa-tudo será

$$H_{\text{ap}}(z) = \frac{z^{-1} + \frac{1}{3}}{1 + \frac{1}{3}z^{-1}},$$

e o componente de fase mínima será

$$H_{\text{mín}}(z) = 3\frac{1 + \frac{1}{3}z^{-1}}{1 + \frac{1}{2}z^{-1}};$$

isto é

$$H_1(z) = \left(3\frac{1 + \frac{1}{3}z^{-1}}{1 + \frac{1}{2}z^{-1}}\right)\left(\frac{z^{-1} + \frac{1}{3}}{1 + \frac{1}{3}z^{-1}}\right).$$

A segunda função de sistema, $H_2(z)$, tem dois zeros complexos no exterior da circunferência unitária e um polo real no interior. Podemos expressar $H_2(z)$ na forma da Equação 5.91 colocando em evidência $\frac{3}{2}e^{j\pi/4}$ e $\frac{3}{2}e^{-j\pi/4}$ nos termos do numerador para obter

$$H_2(z) = \frac{9}{4}\frac{\left(z^{-1} + \frac{2}{3}e^{-j\pi/4}\right)\left(z^{-1} + \frac{2}{3}e^{j\pi/4}\right)}{1 - \frac{1}{3}z^{-1}}.$$

Fatorando como na Equação 5.92 resulta

$$H_2(z) = \left[\frac{9}{4}\frac{\left(1 + \frac{2}{3}e^{-j\pi/4}z^{-1}\right)\left(1 + \frac{2}{3}e^{j\pi/4}z^{-1}\right)}{1 - \frac{1}{3}z^{-1}}\right]$$

$$\times \left[\frac{\left(z^{-1} + \frac{2}{3}e^{-j\pi/4}\right)\left(z^{-1} + \frac{2}{3}e^{j\pi/4}\right)}{\left(1 + \frac{2}{3}e^{j\pi/4}z^{-1}\right)\left(1 + \frac{2}{3}e^{-j\pi/4}z^{-1}\right)}\right].$$

O primeiro termo entre colchetes é um sistema de fase mínima, enquanto o segundo termo é um sistema passa-tudo.

5.6.2 Compensação da resposta em frequência de sistemas de fase não mínima

Em muitos contextos de processamento de sinais, um sinal foi distorcido por um sistema LIT com uma resposta em frequência indesejável. Pode então ser de interesse processar o sinal distorcido usando um sistema compensador, como indicado na Figura 5.22. Essa situação pode surgir, por exemplo, na transmissão de sinais por um canal de comunicação. Se a compensação perfeita for alcançada, então $s_c[n] = s[n]$, isto é, $H_c(z)$ é o inverso de $H_d(z)$. No entanto, se assumimos que o sistema distorcedor é estável e causal e exigimos que o sistema compensador seja estável e causal, então a compensação perfeita é possível somente se $H_d(z)$ é um sistema de fase mínima, de modo que ele tenha um inverso estável e causal.

Com base nas discussões anteriores, assumindo que $H_d(z)$ é conhecido ou aproximado como uma fun-

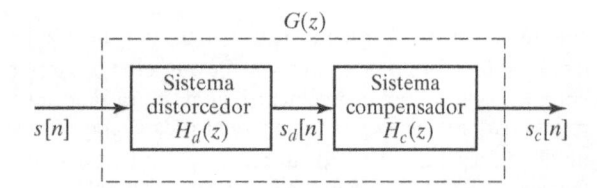

Figura 5.22 Exemplo da compensação da distorção por filtragem linear.

ção de sistema racional, podemos formar um sistema de fase mínima $H_{d\,\text{mín}}(z)$ refletindo todos os zeros de $H_d(z)$ que estejam no exterior da circunferência unitária em suas localizações recíprocas conjugadas no interior da circunferência unitária. $H_d(z)$ e $H_{d\,\text{mín}}(z)$ têm a mesma magnitude da resposta em frequência e estão relacionados por um sistema passa-tudo $H_{\text{ap}}(z)$, isto é,

$$H_d(z) = H_{d\,\text{mín}}(z) H_{\text{ap}}(z). \tag{5.94}$$

Escolhendo o filtro compensador como

$$H_c(z) = \frac{1}{H_{d\,\text{mín}}(z)}, \tag{5.95}$$

encontramos que a função de sistema total relacionando $s[n]$ e $s_c[n]$ é

$$G(z) = H_d(z) H_c(z) = H_{\text{ap}}(z); \tag{5.96}$$

isto é, $G(z)$ corresponde a um sistema passa-tudo. Consequentemente, a magnitude da resposta em frequência é exatamente compensada, enquanto a resposta em fase é modificada para $\angle H_{\text{ap}}(e^{j\omega})$.

No exemplo a seguir, é ilustrada a compensação da magnitude da resposta em frequência quando o sistema a ser compensado é um sistema FIR de fase não mínima.

Exemplo 5.13 Compensação de um sistema FIR

Considere que a função de sistema do distorcedor seja

$$H_d(z) = (1 - 0{,}9e^{j0{,}6\pi}z^{-1})(1 - 0{,}9e^{-j0{,}6\pi}z^{-1}) \\ \times (1 - 1{,}25e^{j0{,}8\pi}z^{-1})(1 - 1{,}25e^{-j0{,}8\pi}z^{-1}). \tag{5.97}$$

O diagrama de polos e zeros é mostrado na Figura 5.23. Como $H_d(z)$ tem apenas zeros (todos os polos estão em $z = 0$), segue-se que o sistema tem resposta ao impulso de duração finita. Portanto, o sistema é estável; e como $H_d(z)$ é um polinômio com apenas potências negativas de z, o sistema é causal. Porém, como dois dos zeros estão fora da circunferência unitária, o sistema é de fase não mínima. Na Figura 5.24 mostram-se a magnitude logarítmica, a fase e o atraso de grupo para $H_d(e^{j\omega})$.

O sistema de fase mínima correspondente é obtido refletindo-se os zeros que ocorrem em $z = 1{,}25e^{\pm j0{,}8\pi}$ em suas localizações recíprocas conjugadas no interior da circunferência unitária. Se expressarmos $H_d(z)$ como

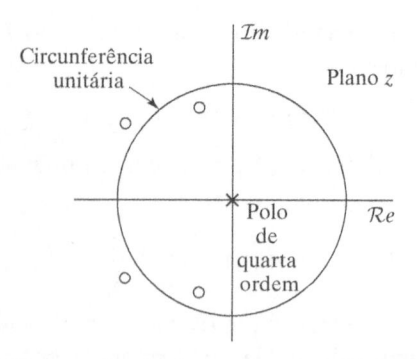

Figura 5.23 Diagrama de polos e zeros do sistema FIR do Exemplo 5.13.

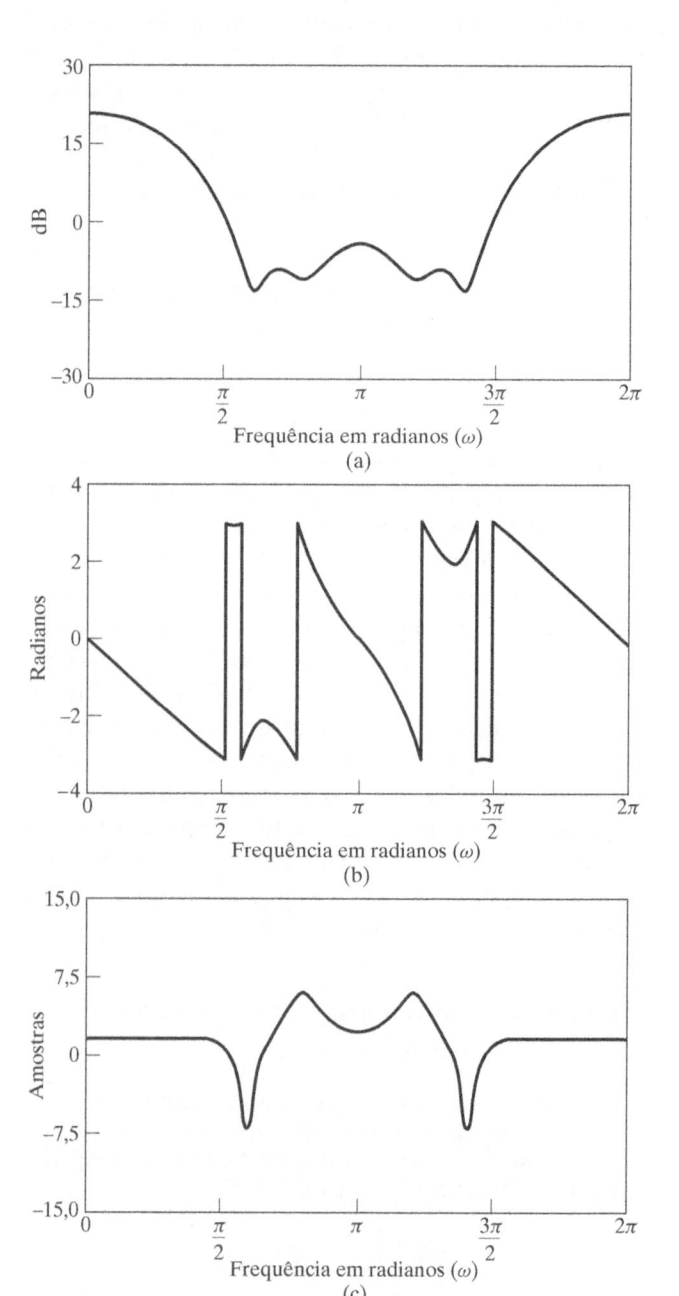

Figura 5.24 Resposta em frequência para o sistema FIR com o diagrama de polos e zeros da Figura 5.23. (a) Magnitude logarítmica. (b) Fase (valor principal). (c) Atraso de grupo.

$$H_d(z) = (1 - 0{,}9e^{j0{,}6\pi}z^{-1})(1 - 0{,}9e^{-j0{,}6\pi}z^{-1})(1{,}25)^2 \qquad (5.98)$$
$$\times (z^{-1} - 0{,}8e^{-j0{,}8\pi})(z^{-1} - 0{,}8e^{j0{,}8\pi}),$$
então
$$H_{\text{mín}}(z) = (1{,}25)^2(1 - 0{,}9e^{j0{,}6\pi}z^{-1})(1 - 0{,}9e^{-j0{,}6\pi}z^{-1}) \qquad (5.99)$$
$$\times (1 - 0{,}8e^{-j0{,}8\pi}z^{-1})(1 - 0{,}8e^{j0{,}8\pi}z^{-1}),$$

e o sistema passa-tudo que relaciona $H_{\text{mín}}(z)$ e $H_d(z)$ é

$$H_{\text{ap}}(z) = \frac{(z^{-1} - 0{,}8e^{-j0{,}8\pi})(z^{-1} - 0{,}8e^{j0{,}8\pi})}{(1 - 0{,}8e^{j0{,}8\pi}z^{-1})(1 - 0{,}8e^{-j0{,}8\pi}z^{-1})}. \qquad (5.100)$$

A magnitude logarítmica, a fase e o atraso de grupo de $H_{\text{mín}}(e^{j\omega})$ são mostrados na Figura 5.25. As figuras 5.24(a) e 5.25(a) são idênticas, naturalmente. Os gráficos da magnitude logarítmica, da fase e do atraso de grupo para $H_{\text{ap}}(e^{j\omega})$ são mostrados na Figura 5.26.

Note que o sistema inverso para $H_d(z)$ teria polos em $z = 1{,}25e^{\pm j\,0{,}8\pi}$ e em $z = 0{,}9e^{\pm j\,0{,}6\pi}$ e, assim, o inverso causal seria instável. O inverso de fase mínima seria o inverso de $H_{\text{mín}}(z)$, dado pela Equação 5.99, e, se esse inverso fosse usado no sistema em cascata da Figura 5.22, a função de sistema efetiva total seria $H_{\text{ap}}(z)$, como dada na Equação 5.100.

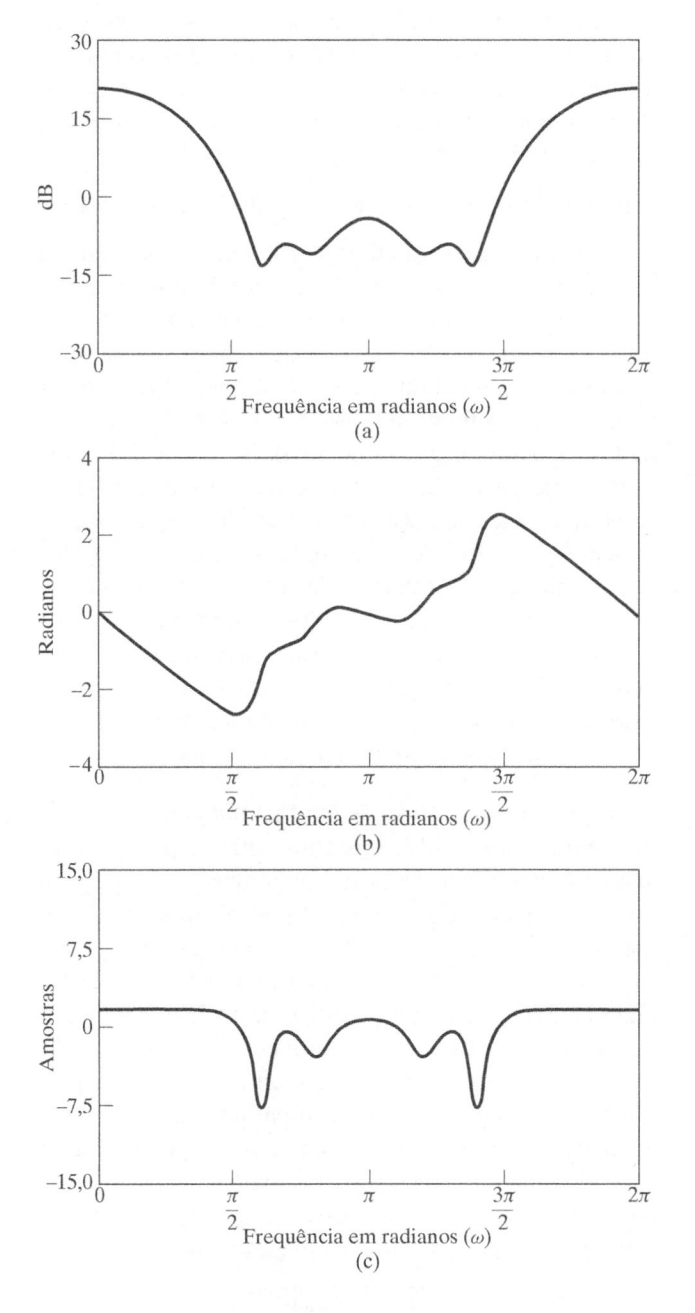

Figura 5.25 Resposta em frequência para o sistema de fase mínima no Exemplo 5.13. (a) Magnitude logarítmica. (b) Fase. (c) Atraso de grupo.

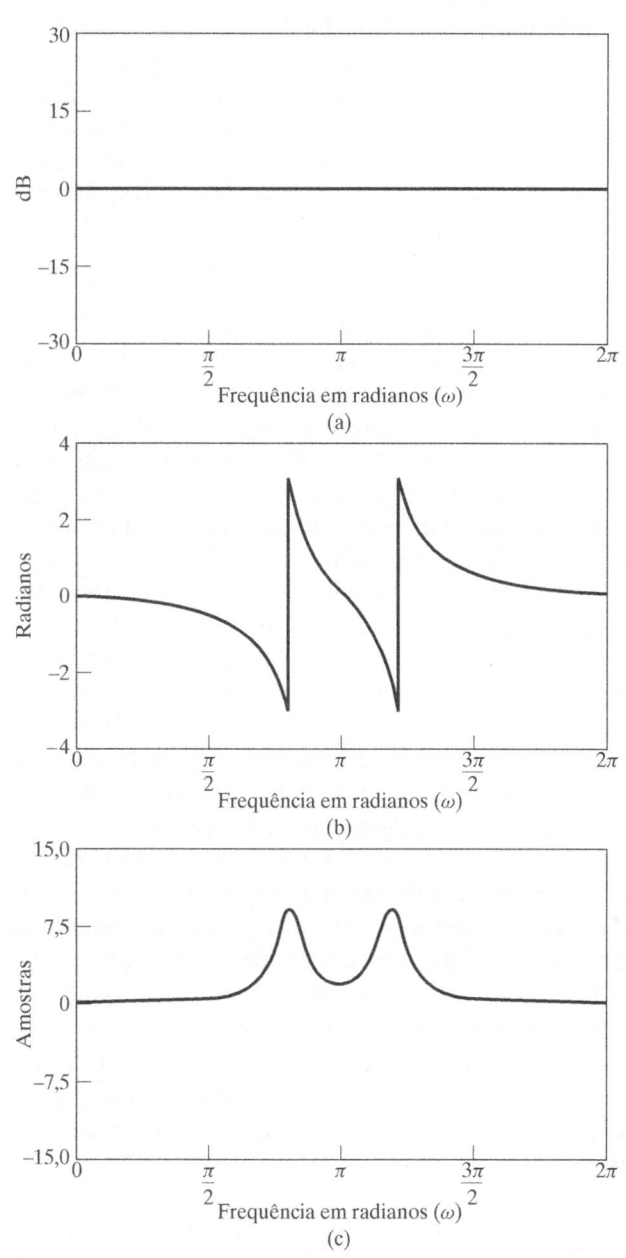

Figura 5.26 Resposta em frequência do sistema passa-tudo do Exemplo 5.13. (A soma das curvas correspondentes nas figuras 5.25 e 5.26 é igual à curva correspondente na Figura 5.24 com a soma das curvas de fase tomadas módulo 2π.) (a) Magnitude logarítmica. (b) Fase (valor principal). (c) Atraso de grupo.

5.6.3 Propriedades dos sistemas de fase mínima

Temos usado o termo "fase mínima" para nos referir a sistemas que são causais e estáveis e que possuem um inverso causal e estável. Essa escolha de nome é motivada por uma propriedade da função de fase que, embora não seja óbvia, segue da nossa escolha de definição. Nesta seção, investigamos uma série de propriedades interessantes e importantes dos sistemas de fase mínima em relação a todos os outros sistemas que têm a mesma magnitude de resposta em frequência.

A propriedade do atraso de fase mínimo

O uso da terminologia "fase mínima" como um nome descritivo para um sistema que possui todos os seus polos e zeros no interior da circunferência unitária é sugerido pelo Exemplo 5.13. Lembre-se de que, como uma consequência da Equação 5.90, a fase desenrolada, isto é, arg$[H(e^{j\omega})]$, de qualquer sistema de fase não mínima pode ser expressa como

$$\arg[H(e^{j\omega})] = \arg[H_{mín}(e^{j\omega})] + \arg[H_{ap}(e^{j\omega})]. \quad (5.101)$$

Portanto, a fase contínua que corresponderia à fase de valor principal da Figura 5.24(b) é a soma da fase desenrolada associada com a função de fase mínima da Figura 5.25(b) e da fase desenrolada do sistema passa-tudo associado à fase de valor principal mostrada na Figura 5.26(b). Como foi mostrado na Seção 5.5 e como indicado pelas curvas de fase de valor principal das figuras 5.19(b), 5.20(b), 5.21(b) e 5.26(b), a curva de fase desenrolada de um sistema passa-tudo é negativa para $0 \le \omega \le \pi$. Assim, a reflexão dos zeros de $H_{mín}(z)$ do interior da circunferência unitária para localizações recíprocas conjugadas no seu exterior sempre diminui a fase (desenrolada) ou aumenta o negativo dessa fase, que é chamado de função de *atraso de fase*. Logo, o sistema causal e estável que tem $|H_{mín}(e^{j\omega})|$ como resposta de magnitude e também tem todos os seus zeros (e, naturalmente, polos) no interior da circunferência unitária tem a mínima função de atraso de fase (para $0 \le \omega < \pi$) de todos os sistemas que possuem essa mesma resposta de magnitude. Portanto, uma terminologia mais precisa é sistema de *atraso de fase mínimo*, mas *fase mínima* é historicamente a terminologia estabelecida.

Para tornar a interpretação dos sistemas de atraso de fase mínimo mais precisa, é necessário impor a restrição adicional de que $H(e^{j\omega})$ seja positivo em $\omega = 0$, isto é,

$$H(e^{j0}) = \sum_{n=-\infty}^{\infty} h[n] > 0. \quad (5.102)$$

Note que $H(e^{j0})$ será real se colocarmos a restrição de $h[n]$ como real. A condição da Equação 5.102 é necessária porque um sistema com resposta ao impulso $-h[n]$ tem os mesmos polos e zeros para sua função de sistema que um sistema com resposta ao impulso $h[n]$. Porém, multiplicar por −1 alteraria a fase por π radianos. Assim, para remover essa ambiguidade, impomos a condição da Equação 5.102 para garantir que um sistema com todos os seus polos e zeros no interior da circunferência unitária também tenha a propriedade de atraso de fase mínimo. Porém, essa restrição frequentemente tem pouco significado, e nossa definição no início da Seção 5.6, que não a inclui, é a definição geralmente aceita para a classe de sistemas de fase mínima.

A propriedade do atraso de grupo mínimo

No Exemplo 5.13 é ilustrada outra propriedade dos sistemas cujos polos e zeros estão todos no interior da circunferência unitária. Primeiro, note que o atraso de grupo para os sistemas que têm a mesma resposta em magnitude é

$$\mathrm{grd}[H(e^{j\omega})] = \mathrm{grd}[H_{mín}(e^{j\omega})] + \mathrm{grd}[H_{ap}(e^{j\omega})]. \quad (5.103)$$

O atraso de grupo para o sistema de fase mínima mostrado na Figura 5.25(c) é sempre menor do que o atraso de grupo para o sistema de fase não mínima mostrado na Figura 5.24(c). Isso porque, como mostrado na Figura 5.26(c), o sistema passa-tudo que converte o sistema de fase mínima no sistema de fase não mínima tem um atraso de grupo positivo. Na Seção 5.5, mostramos que essa é uma propriedade geral dos sistemas passa-tudo; eles sempre têm atraso de grupo positivo para todo ω. Assim, se novamente considerarmos todos os sistemas que têm uma dada resposta de magnitude $|H_{mín}(e^{j\omega})|$, aquele que tem todos os seus polos e zeros dentro da circunferência unitária tem o atraso de grupo mínimo. Um nome igualmente apropriado para esses sistemas seria, portanto, sistemas com *atraso de grupo mínimo*, mas essa terminologia não é usada em geral.

A propriedade do atraso de energia mínimo

No Exemplo 5.13, existe um total de quatro sistemas FIR causais com respostas ao impulso reais que têm a mesma magnitude de resposta em frequência que o sistema da Equação 5.97. Os diagramas de polos e zeros associados são mostrados na Figura 5.27, em que a Figura 5.27(d) corresponde à Equação 5.97, e a Figura 5.27(a), ao sistema de fase mínima da Equação 5.99. As respostas ao impulso para esses quatro casos são representadas na Figura 5.28. Se comparamos as quatro sequências nessa figura, observamos que a sequência de fase mínima parece ter amostras maiores em sua ponta esquerda do que todas as outras sequências. De fato, é verdade para esse exemplo e em geral que

$$|h[0]| \le |h_{mín}[0]| \quad (5.104)$$

para qualquer sequência causal e estável $h[n]$ para a qual

$$|H(e^{j\omega})| = |H_{mín}(e^{j\omega})|. \quad (5.105)$$

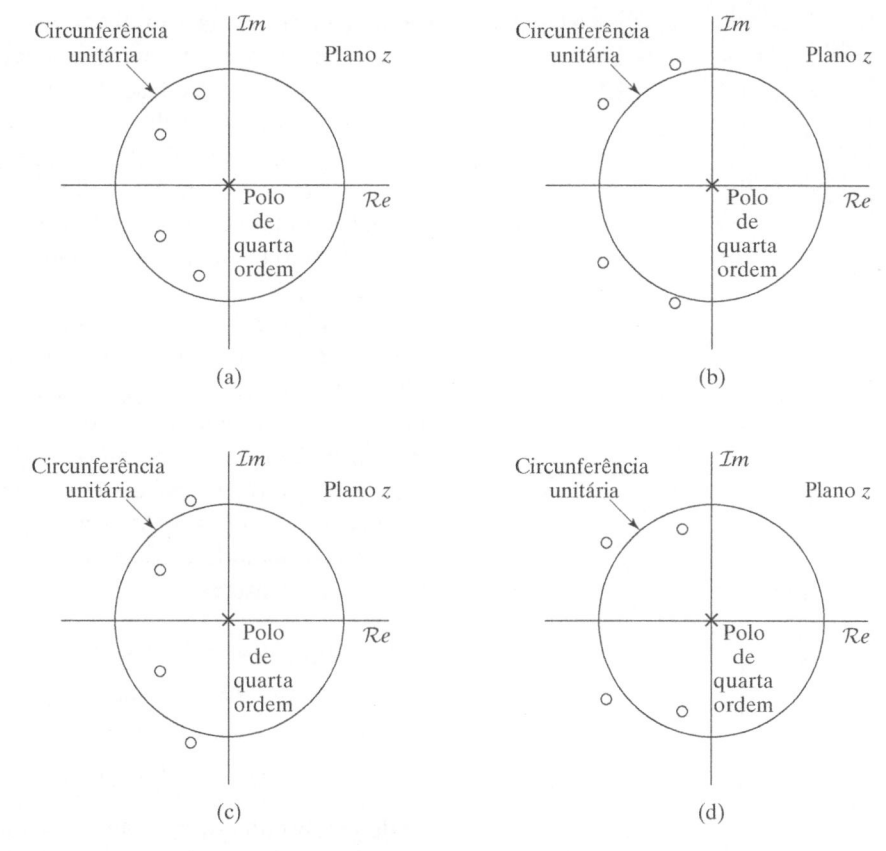

Figura 5.27 Quatro sistemas, todos com a mesma magnitude de resposta em frequência. Os zeros estão em todas as combinações de pares de zeros conjugados complexos $0{,}9e^{\pm j0{,}6\pi}$ e $0{,}8e^{\pm j0{,}8\pi}$ e seus recíprocos.

Uma prova dessa propriedade é sugerida no Problema 5.71.

Todas as respostas ao impulso cuja magnitude da resposta em frequência é igual a $|H_{\text{mín}}(e^{j\omega})|$ têm a mesma energia total que $h_{\text{mín}}[n]$, já que, pelo teorema de Parseval,

$$\sum_{n=0}^{\infty} |h[n]|^2 = \frac{1}{2\pi} \int_{-\pi}^{\pi} |H(e^{j\omega})|^2 d\omega$$
$$= \frac{1}{2\pi} \int_{-\pi}^{\pi} |H_{\text{mín}}(e^{j\omega})|^2 d\omega \quad (5.106)$$
$$= \sum_{n=0}^{\infty} |h_{\text{mín}}[n]|^2.$$

Se definirmos a *energia parcial* da resposta ao impulso como

$$E[n] = \sum_{m=0}^{n} |h[m]|^2, \quad (5.107)$$

então pode-se mostrar que (veja o Problema 5.72)

$$\sum_{m=0}^{n} |h[m]|^2 \leq \sum_{m=0}^{n} |h_{\text{mín}}[m]|^2 \quad (5.108)$$

para todas as respostas ao impulso $h[n]$ pertencentes à família de sistemas que têm resposta de magnitude dada pela Equação 5.105. De acordo com a Equação 5.108, a energia parcial do sistema de fase mínima está mais concentrada em torno de $n = 0$; isto é, a energia do sistema de fase mínima é a menos atrasada entre todos os sistemas que possuem a mesma função de resposta em magnitude. Por esse motivo, os sistemas de (atraso de) fase mínima também são chamados de *sistemas de atraso de energia mínimo* ou, simplesmente, de *sistemas de atraso mínimo*. Essa propriedade de atraso é ilustrada pela Figura 5.29, em que são mostrados gráficos da energia parcial para as quatro sequências na Figura 5.28. Notamos nesse exemplo — e é verdade em geral — que o atraso de energia mínimo ocorre para o sistema que tem todos os seus zeros no interior da circunferência unitária (isto é, o sistema de fase mínima) e o atraso de energia máximo ocorre para o sistema que tem todos os seus zeros fora da circunferência unitária. Os sistemas com atraso de energia máximo também são frequentemente chamados de *sistemas de fase máxima*.

5.7 Sistemas lineares com fase linear generalizada

No projeto de filtros e outros sistemas de processamento de sinais que passam uma parte da banda de frequência de forma não distorcida, é desejável que a magnitude da resposta em frequência seja aproximadamente constante e a fase, nula nessa banda. Para sistemas causais, a fase nula não é possível; consequentemente, alguma distorção de fase precisa ser permitida. Como vimos na Seção 5.1, o efeito da fase linear com inclinação inteira é um simples deslocamento no tempo. Uma fase não linear, por outro lado, pode ter um efeito significativo sobre a forma de um sinal, mesmo quando a magnitude da resposta em frequência é constante. Assim, em muitas situações, é particularmente desejável projetar sistemas para que tenham fase exatamente ou aproximadamente linear. Nesta seção, consideramos uma formalização e generalização das noções de fase linear e atraso de tempo ideal, considerando a classe de sistemas que têm atraso de grupo constante. Começamos reconsiderando o conceito de atraso em um sistema de tempo discreto.

5.7.1 Sistemas com fase linear

Considere um sistema LIT cuja resposta em frequência sobre um período seja

$$H_{id}(e^{j\omega}) = e^{-j\omega\alpha}, \quad |\omega| < \pi, \quad (5.109)$$

sendo α um número real, não necessariamente inteiro. Esse sistema é um sistema "atraso ideal", sendo α o atraso introduzido pelo sistema. Note que esse sistema tem resposta em magnitude constante, fase linear e atraso de grupo constante; isto é,

$$|H_{id}(e^{j\omega})| = 1, \quad (5.110a)$$

$$\angle H_{id}(e^{j\omega}) = -\omega\alpha, \quad (5.110b)$$

$$\mathrm{grd}[H_{id}(e^{j\omega})] = \alpha. \quad (5.110c)$$

A transformada de Fourier inversa de $H_{id}(e^{j\omega})$ é a resposta ao impulso

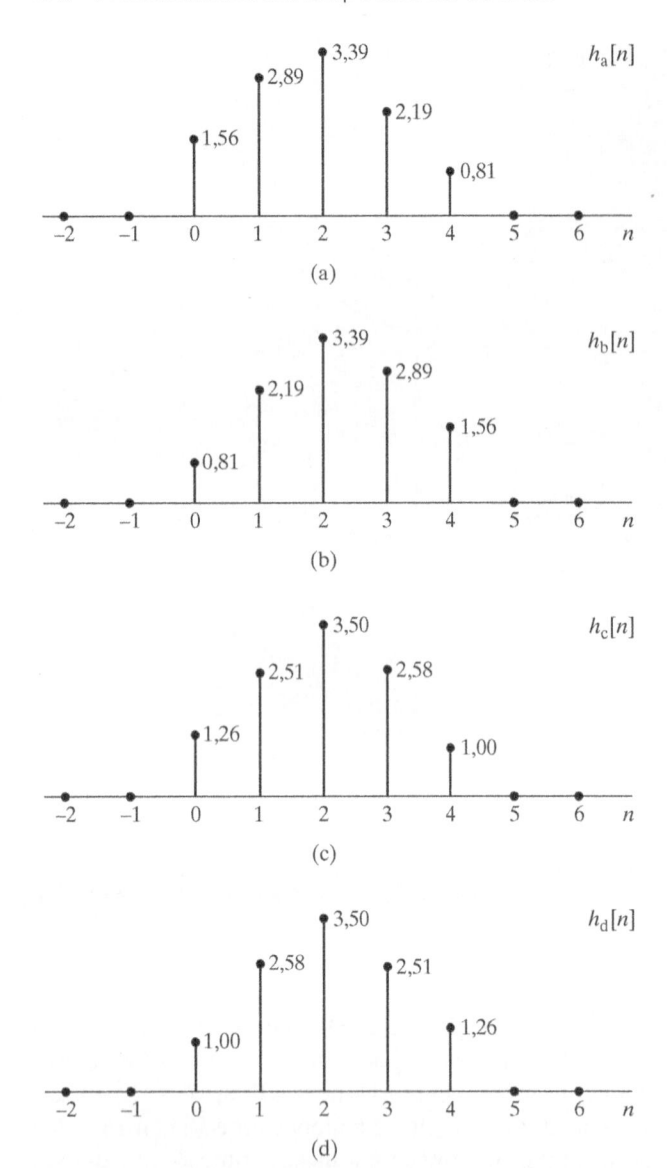

Figura 5.28 Sequências correspondentes aos diagramas de polos e zeros da Figura 5.27.

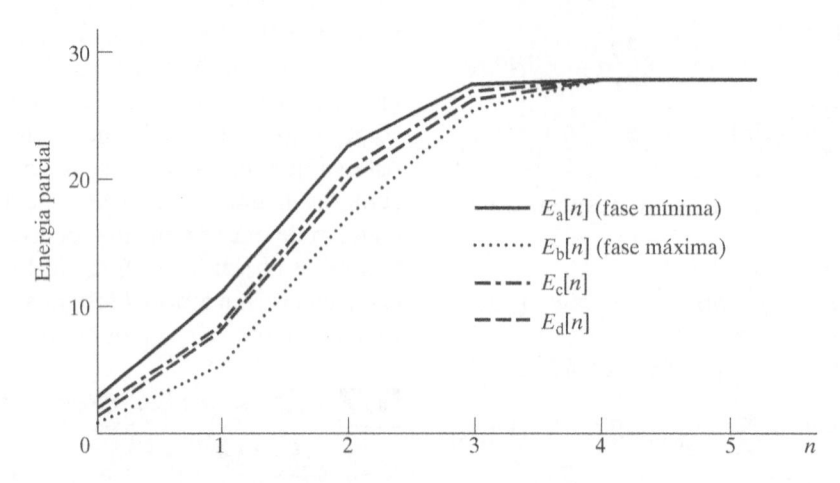

Figura 5.29 Energias parciais para as quatro sequências da Figura 5.28. (Note que $E_a[n]$ é relativa à sequência de fase mínima $h_a[n]$ e que $E_b[n]$ é relativa à sequência de fase máxima $h_b[n]$.)

$$h_{id}[n] = \frac{\operatorname{sen} \pi(n-\alpha)}{\pi(n-\alpha)}, \quad -\infty < n < \infty. \quad (5.111)$$

A saída desse sistema para uma entrada $x[n]$ é

$$y[n] = x[n] * \frac{\operatorname{sen} \pi(n-\alpha)}{\pi(n-\alpha)} = \sum_{k=-\infty}^{\infty} x[k] \frac{\operatorname{sen} \pi(n-k-\alpha)}{\pi(n-k-\alpha)}. \quad (5.112)$$

Se $\alpha = n_d$, em que n_d é um inteiro, então, como mencionado na Seção 5.1,

$$h_{id}[n] = \delta[n - n_d] \quad (5.113)$$

e

$$y[n] = x[n] * \delta[n - n_d] = x[n - n_d]. \quad (5.114)$$

Isto é, se $\alpha = n_d$ é um inteiro, o sistema com fase linear e ganho unitário da Equação 5.109 simplesmente desloca a sequência de entrada de n_d amostras. Se α não é um inteiro, a interpretação mais imediata é aquela investigada no Exemplo 4.7 no Capítulo 4.

Especificamente, uma representação do sistema da Equação 5.109 é aquela mostrada na Figura 5.30, com $h_c(t) = \delta(t - \alpha T)$ e $H_c(j\Omega) = e^{-j\Omega\alpha T}$, de modo que

$$H(e^{j\omega}) = e^{-j\omega\alpha}, \quad |\omega| < \pi. \quad (5.115)$$

Nessa representação, a escolha de T é irrelevante e ele poderia simplesmente ser normalizado para a unidade. É importante enfatizar novamente que a representação é válida, seja $x[n]$ obtido originalmente pela amostragem de um sinal de tempo contínuo ou não. De acordo com a representação na Figura 5.30, $y[n]$ é a sequência de amostras da interpolação deslocada no tempo e limitada em banda, da sequência de entrada $x[n]$; isto é, $y[n] = x_c(nT - \alpha T)$. Diz-se que o sistema da Equação 5.109 possui um deslocamento no tempo de α amostras, mesmo que α não seja um inteiro. Se o atraso de grupo α é positivo, o deslocamento no tempo é um atraso no tempo. Se α é negativo, o deslocamento no tempo é um avanço no tempo.

Essa discussão também prové uma interpretação útil de fase linear quando é associada a uma resposta em magnitude não constante. Por exemplo, considere uma resposta em frequência mais geral com fase linear, isto é,

$$H(e^{j\omega}) = |H(e^{j\omega})|e^{-j\omega\alpha}, \quad |\omega| < \pi. \quad (5.116)$$

A Equação 5.116 sugere a interpretação da Figura 5.31. O sinal $x[n]$ é filtrado pela resposta em frequência de fase zero $|H(e^{j\omega})|$, e a saída filtrada é então "deslocada no tempo" da quantidade (inteira ou não) α. Suponha, por exemplo, que $H(e^{j\omega})$ seja o filtro passa-baixas ideal de fase linear

$$H_{lp}(e^{j\omega}) = \begin{cases} e^{-j\omega\alpha}, & |\omega| < \omega_c, \\ 0, & \omega_c < |\omega| \leq \pi. \end{cases} \quad (5.117)$$

A resposta ao impulso correspondente é

$$h_{lp}[n] = \frac{\operatorname{sen} \omega_c(n-\alpha)}{\pi(n-\alpha)}. \quad (5.118)$$

Note que a Equação 5.111 é obtida se $\omega_c = \pi$.

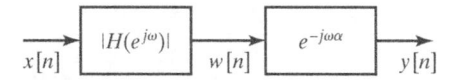

Figura 5.31 Representação de um sistema LIT de fase linear como uma cascata de um filtro magnitude e um deslocamento no tempo.

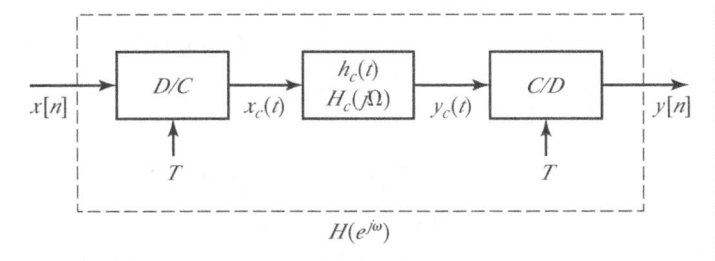

Figura 5.30 Interpretação do atraso não inteiro em sistemas de tempo discreto.

Exemplo 5.14 Filtro passa-baixas ideal com fase linear

Algumas propriedades interessantes dos sistemas de fase linear são ilustradas pela resposta ao impulso do filtro passa-baixas ideal. Na Figura 5.32(a) é mostrado $h_{lp}[n]$ para $\omega_c = 0{,}4\pi$ e $\alpha = n_d = 5$. Note que, quando α é um inteiro, a resposta ao impulso é simétrica em torno de $n = n_d$; isto é,

$$h_{lp}[2n_d - n] = \frac{\operatorname{sen} \omega_c(2n_d - n - n_d)}{\pi(2n_d - n - n_d)}$$

$$= \frac{\operatorname{sen} \omega_c(n_d - n)}{\pi(n_d - n)} \quad (5.119)$$

$$= h_{lp}[n].$$

Nesse caso, poderíamos definir um *sistema de fase zero*

$$\hat{H}_{lp}(e^{j\omega}) = H_{lp}(e^{j\omega})e^{j\omega n_d} = |H_{lp}(e^{j\omega})|, \quad (5.120)$$

em que a resposta ao impulso é deslocada para a esquerda de n_d amostras, gerando uma sequência par

$$\hat{h}_{lp}[n] = \frac{\operatorname{sen} \omega_c n}{\pi n} = \hat{h}_{lp}[-n]. \quad (5.121)$$

A Figura 5.32(b) mostra $h_{lp}[n]$ para $\omega_c = 0{,}4\pi$ e $\alpha = 4{,}5$. Esse é o típico caso em que a fase linear corresponde a um inteiro mais meio. Como no caso do atraso inteiro, pode-se mostrar facilmente que, se α é um inteiro mais meio (ou 2α é um inteiro), então

$$h_{lp}[2\alpha - n] = h_{lp}[n]. \quad (5.122)$$

Nesse caso, o ponto de simetria é α, que não é um inteiro. Portanto, como a simetria não ocorre em torno de um ponto da sequência, não é possível deslocar a sequência para se obter uma sequência par que tenha fase zero. Esse caso é similar ao do Exemplo 4.8 com M ímpar.

A Figura 5.32(c) representa um terceiro caso, em que não existe simetria alguma. Nesse caso, $\omega_c = 0{,}4\pi$ e $\alpha = 4{,}3$.

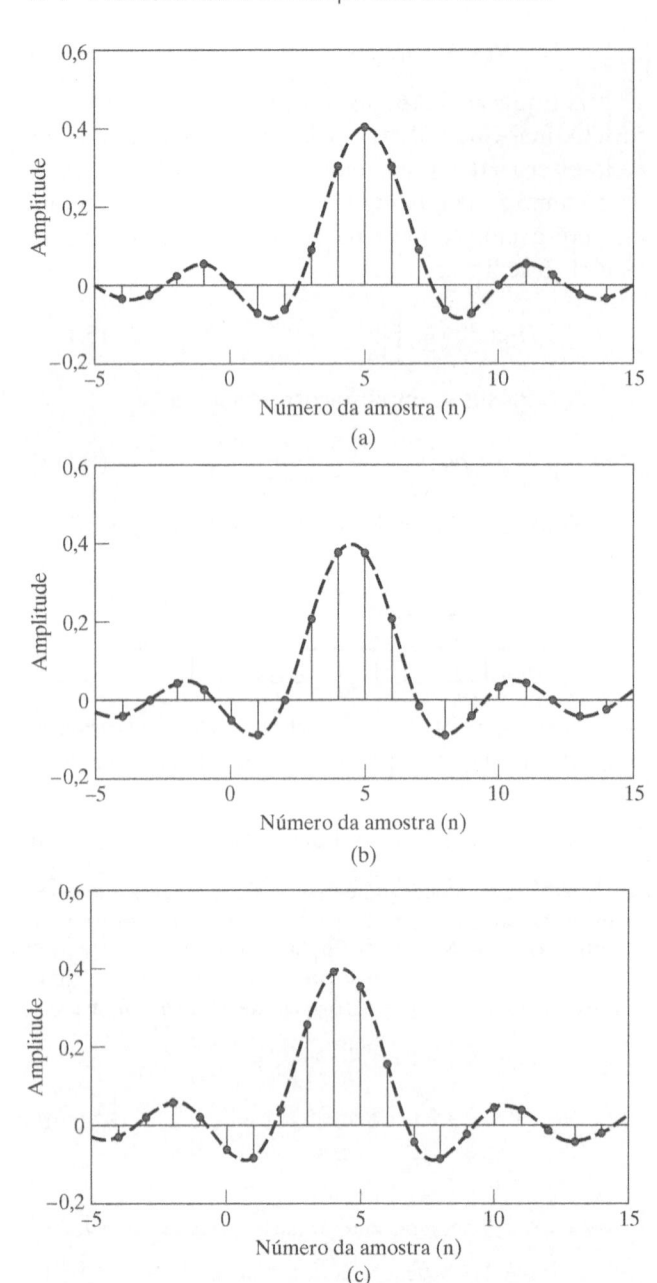

Figura 5.32 Respostas ao impulso do filtro passa-baixas ideal, com $\omega_c = 0{,}4\pi$. (a) Atraso $= \alpha = 5$. (b) Atraso $= \alpha = 4{,}5$. (c) Atraso $= \alpha = 4{,}3$.

Em geral, um sistema de fase linear tem resposta em frequência

$$H(e^{j\omega}) = |H(e^{j\omega})|e^{-j\omega\alpha}. \quad (5.123)$$

Como ilustrado no Exemplo 5.14, se 2α é um inteiro (isto é, se α é um inteiro ou um inteiro mais meio), a resposta ao impulso correspondente tem simetria par em torno de α; isto é,

$$h[2\alpha - n] = h[n]. \quad (5.124)$$

Se 2α não é um inteiro, então a resposta ao impulso não terá simetria. Isso é ilustrado na Figura 5.32(c), em que se mostra uma resposta ao impulso que não é simétrica, mas que tem fase linear ou, equivalentemente, atraso de grupo constante.

5.7.2 Fase linear generalizada

Na discussão da Seção 5.7.1, consideramos uma classe de sistemas cuja resposta em frequência é da forma da Equação 5.116, isto é, uma função de ω real não negativa multiplicada por um termo de fase linear $e^{-j\omega\alpha}$. Para uma resposta em frequência dessa forma, a fase de $H(e^{j\omega})$ é inteiramente associada ao fator de fase linear $e^{-j\omega\alpha}$, isto é, $\arg[H(e^{j\omega})] = -\omega\alpha$, e, consequentemente, sistemas dessa classe são chamados de sistemas de fase linear. Na média móvel do Exemplo 4.8, a resposta em frequência da Equação 4.66 é uma função real de ω multiplicada por um termo de fase linear, mas o sistema não é, estritamente falando, um sistema de fase linear, pois nas frequências para as quais o fator

$$\frac{1}{M+1} \frac{\operatorname{sen}[\omega(M+1)/2]}{\operatorname{sen}(\omega/2)}$$

é negativo, esse termo contribui com uma fase adicional de π radianos para a fase total.

Muitas das vantagens dos sistemas de fase linear também se aplicam aos sistemas com resposta em frequência com a forma da Equação 4.66 e, consequentemente, é útil generalizar um pouco a definição e o conceito de fase linear. Especificamente, um sistema é denominado *sistema de fase linear generalizada* se sua resposta em frequência puder ser expressa na forma

$$H(e^{j\omega}) = A(e^{j\omega})e^{-j\alpha\omega+j\beta}, \quad (5.125)$$

sendo α e β constantes e $A(e^{j\omega})$ uma função real (possivelmente bipolar) de ω. Para o sistema de fase linear da Equação 5.117 e o filtro de média móvel do Exemplo 4.8, $\alpha = -M/2$ e $\beta = 0$. Vemos, porém, que o diferenciador de banda limitada do Exemplo 4.4 tem a forma da Equação 5.125 com $\alpha = 0$, $\beta = \pi/2$ e $A(e^{j\omega}) = \omega/T$.

Um sistema cuja resposta em frequência tem a forma da Equação 5.125 é chamado de sistema de fase linear generalizada, pois a fase de um sistema desse tipo consiste em termos constantes somados à função linear $-\omega\alpha$; isto é, $-\omega\alpha + \beta$ é a equação de uma linha reta. Porém, se ignoramos quaisquer descontinuidades que resultam da adição de fase constante sobre toda ou parte da faixa $|\omega| < \pi$, então esse sistema pode ser caracterizado por um atraso de grupo constante. Isto é, a classe dos sistemas tais que

$$\tau(\omega) = \operatorname{grd}[H(e^{j\omega})] = -\frac{d}{d\omega}\{\arg[H(e^{j\omega})]\} = \alpha \quad (5.126)$$

possui fase linear da forma mais geral

$$\arg[H(e^{j\omega})] = \beta - \omega\alpha, \quad 0 < \omega < \pi, \quad (5.127)$$

em que β e α são ambos constantes reais.

Lembre-se de que mostramos, na Seção 5.7.1, que as respostas ao impulso dos sistemas de fase linear podem ter simetria em torno de α se 2α for um inteiro. Para entender a implicação disso para sistemas de fase linear generalizada, é útil deduzir uma equação que precise ser satisfeita por $h[n]$, α e β para sistemas com atraso de grupo constante. Essa equação é deduzida notando-se que, para tais sistemas, a resposta em frequência pode ser expressa como

$$H(e^{j\omega}) = A(e^{j\omega})e^{j(\beta - \alpha\omega)}$$
$$= A(e^{j\omega})\cos(\beta - \omega\alpha) + jA(e^{j\omega})\sen(\beta - \omega\alpha), \quad (5.128)$$

ou, equivalentemente, como

$$H(e^{j\omega}) = \sum_{n=-\infty}^{\infty} h[n]e^{-j\omega n}$$
$$= \sum_{n=-\infty}^{\infty} h[n]\cos\omega n - j\sum_{n=-\infty}^{\infty} h[n]\sen \omega n, \quad (5.129)$$

em que assumimos que $h[n]$ é real. A tangente do ângulo de fase de $H(e^{j\omega})$ pode ser expressa como

$$\tg(\beta - \omega\alpha) = \frac{\sen(\beta - \omega\alpha)}{\cos(\beta - \omega\alpha)} = \frac{-\sum_{n=-\infty}^{\infty} h[n]\sen \omega n}{\sum_{n=-\infty}^{\infty} h[n]\cos \omega n}.$$

Realizar a multiplicação cruzada e combinar termos com uma identidade trigonométrica leva à equação

$$\sum_{n=-\infty}^{\infty} h[n]\sen[\omega(n - \alpha) + \beta] = 0 \quad \text{para todo } \omega. \quad (5.130)$$

Essa equação é uma condição necessária sobre $h[n]$, α e β para que o sistema tenha atraso de grupo constante. Porém, ela não é uma condição suficiente e, em virtude de sua natureza implícita, não nos diz como encontrar um sistema de fase linear.

Uma classe de exemplos de sistemas de fase linear generalizada é aquela para a qual

$$\beta = 0 \text{ ou } \pi, \quad (5.131a)$$

$$2\alpha = M = \text{um inteiro}, \quad (5.131b)$$

$$h[2\alpha - n] = h[n]. \quad (5.131c)$$

Com $\beta = 0$ ou π, a Equação 5.130 torna-se

$$\sum_{n=-\infty}^{\infty} h[n]\sen[\omega(n - \alpha)] = 0, \quad (5.132)$$

a partir da qual pode-se mostrar que, se 2α é um inteiro, as parcelas na Equação 5.132 podem ser pareadas de modo que cada par de parcelas seja identicamente nulo para todo ω. Essas condições, por sua vez, implicam que a resposta em frequência correspondente tem a forma da Equação 5.125 com $\beta = 0$ ou π e $A(e^{j\omega})$ uma função par (e, naturalmente, real) de ω.

Outra classe de exemplos de sistemas de fase linear generalizada é aquela para o qual

$$\beta = \pi/2 \text{ ou } 3\pi/2, \quad (5.133a)$$

$$2\alpha = M = \text{um inteiro} \quad (5.133b)$$

e

$$h[2\alpha - n] = -h[n] \quad (5.133c)$$

As Equações 5.133 implicam que a resposta em frequência tem a forma da Equação 5.125 com $\beta = \pi/2$ e $A(e^{j\omega})$ uma função ímpar de ω. Para esses casos, a Equação 5.130 torna-se

$$\sum_{n=-\infty}^{\infty} h[n]\cos[\omega(n - \alpha)] = 0 \quad (5.134)$$

e é satisfeita para todo ω.

Note que as equações 5.131 e 5.133 fornecem dois conjuntos de condições suficientes que garantem a fase linear generalizada ou atraso de grupo constante, mas, como já vimos na Figura 5.32(c), existem outros sistemas que satisfazem a Equação 5.125 sem essas condições de simetria.

5.7.3 Sistemas causais de fase linear generalizada

Se o sistema é causal, então a Equação 5.130 torna-se

$$\sum_{n=0}^{\infty} h[n]\sen[\omega(n - \alpha) + \beta] = 0 \quad \text{para todo } \omega. \quad (5.135)$$

A causalidade e as condições nas equações 5.131 e 5.133 implicam que

$$h[n] = 0, \quad n < 0 \quad \text{e} \quad n > M;$$

isto é, sistemas FIR causais têm fase linear generalizada se eles tiverem resposta ao impulso de comprimento $(M + 1)$ e satisfizerem a Equação 5.131(c) ou a Equação 5.133(c). Especificamente, pode-se mostrar que, se

$$h[n] = \begin{cases} h[M - n], & 0 \le n \le M, \\ 0, & \text{caso contrário,} \end{cases} \quad (5.136a)$$

então,

$$H(e^{j\omega}) = A_e(e^{j\omega})e^{-j\omega M/2}, \quad (5.136b)$$

em que $A_e(e^{j\omega})$ é uma função real, par e periódica de ω. Similarmente, se

$$h[n] = \begin{cases} -h[M - n], & 0 \le n \le M, \\ 0, & \text{caso contrário,} \end{cases} \quad (5.137a)$$

então segue que

$$H(e^{j\omega}) = jA_o(e^{j\omega})e^{-j\omega M/2} = A_o(e^{j\omega})e^{-j\omega M/2 + j\pi/2}, \quad (5.137b)$$

em que $A_o(e^{j\omega})$ é uma função real, ímpar e periódica de ω. Note que nos dois casos o comprimento da resposta ao impulso é $(M+1)$ amostras.

As condições nas equações 5.136(a) e 5.137(a) são suficientes para garantir um sistema causal com fase linear generalizada. Porém, elas não são condições necessárias. Clements e Pease (1989) mostraram que respostas ao impulso com duração infinita e causais também podem ter transformadas de Fourier com fase linear generalizada. As funções de sistema correspondentes, porém, não são racionais e, portanto, os sistemas não podem ser implementados como equações de diferenças.

Expressões para a resposta em frequência de sistemas FIR com fase linear são úteis no projeto de filtros e no entendimento de algumas das propriedades desses sistemas. Na dedução dessas expressões, resultam expressões significativamente diferentes, dependendo do tipo de simetria e de M ser um inteiro par ou ímpar. Por esse motivo, geralmente é útil definir quatro tipos de sistemas FIR de fase linear generalizada.

Sistemas de fase linear FIR do tipo I

Um sistema do tipo I é definido como um sistema que tem uma resposta ao impulso simétrica

$$h[n] = h[M-n], \qquad 0 \leq n \leq M, \quad (5.138)$$

sendo M um inteiro par. O atraso $M/2$ é um inteiro. A resposta em frequência é

$$H(e^{j\omega}) = \sum_{n=0}^{M} h[n]e^{-j\omega n}. \qquad (5.139)$$

Aplicando-se a condição de simetria, Equação 5.138, a soma na Equação 5.139 pode ser reescrita na forma

$$H(e^{j\omega}) = e^{-j\omega M/2}\left(\sum_{k=0}^{M/2} a[k]\cos\omega k\right), \quad (5.140a)$$

em que

$$a[0] = h[M/2], \qquad (5.140b)$$

$$a[k] = 2h[(M/2)-k], \quad k=1,2,\ldots,M/2. \quad (5.140c)$$

Assim, da Equação 5.140(a), vemos que $H(e^{j\omega})$ tem a forma da Equação 5.136(b) e, em particular, β na Equação 5.125 é 0 ou π.

Sistemas de fase linear FIR do tipo II

Um sistema do tipo II tem uma resposta ao impulso simétrica como na Equação 5.138, sendo M um inteiro ímpar. $H(e^{j\omega})$, nesse caso, pode ser expressa como

$$H(e^{j\omega}) = e^{-j\omega M/2}\left\{\sum_{k=1}^{(M+1)/2} b[k]\cos\left[\omega\left(k-\tfrac{1}{2}\right)\right]\right\}, \quad (5.141a)$$

em que

$$b[k] = 2h[(M+1)/2 - k], \quad k=1,2,\ldots,(M+1)/2. \quad (5.141b)$$

Novamente, $H(e^{j\omega})$ tem a forma da Equação 5.136(b) com um atraso no tempo de $M/2$, que nesse caso é um inteiro mais metade, e β, na Equação 5.125, é 0 ou π.

Sistemas de fase linear FIR do tipo III

Se o sistema tem uma resposta ao impulso antissimétrica

$$h[n] = -h[M-n], \qquad 0 \leq n \leq M, \quad (5.142)$$

sendo M um inteiro par, então $H(e^{j\omega})$ tem a forma

$$H(e^{j\omega}) = je^{-j\omega M/2}\left[\sum_{k=1}^{M/2} c[k]\operatorname{sen}\omega k\right], \quad (5.143a)$$

em que

$$c[k] = 2h[(M/2) - k], \quad k = 1, 2, \ldots, M/2. \quad (5.143b)$$

Nesse caso, $H(e^{j\omega})$ tem a forma da Equação 5.137(b) com um atraso de $M/2$, que é um inteiro, e β na Equação 5.125 é igual a $\pi/2$ ou $3\pi/2$.

Sistemas de fase linear FIR do tipo IV

Se a resposta ao impulso for antissimétrica como na Equação 5.142 e M for ímpar, então

$$H(e^{j\omega}) = je^{-j\omega M/2}\left[\sum_{k=1}^{(M+1)/2} d[k]\operatorname{sen}\left[\omega\left(k-\tfrac{1}{2}\right)\right]\right], \quad (5.144a)$$

em que

$$d[k] = 2h[(M+1)/2 - k], \quad k=1,2,\ldots,(M+1)/2. \quad (5.144b)$$

Como no caso dos sistemas do tipo III, $H(e^{j\omega})$ tem a forma da Equação 5.137(b) com atraso $M/2$, que é um inteiro mais a metade, e β na Equação 5.125 é igual a $\pi/2$ ou $3\pi/2$.

Exemplos de sistemas FIR de fase linear

Na Figura 5.33 é mostrado um exemplo de cada um dos quatro tipos de respostas ao impulso FIR de fase linear. As respostas em frequência associadas são dadas nos exemplos 5.15-5.18.

Exemplo 5.15 Sistema de fase linear do tipo I

Se a resposta ao impulso for

$$h[n] = \begin{cases} 1, & 0 \leq n \leq 4, \\ 0, & \text{caso contrário}, \end{cases} \quad (5.145)$$

como mostrado na Figura 5.33(a), o sistema satisfaz a condição da Equação 5.138. A resposta em frequência é

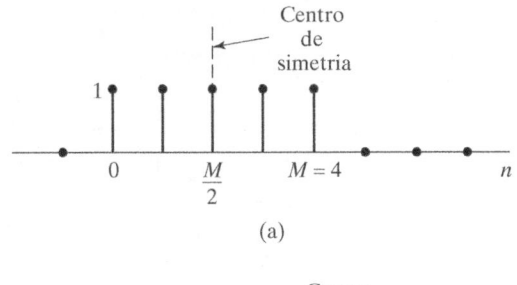

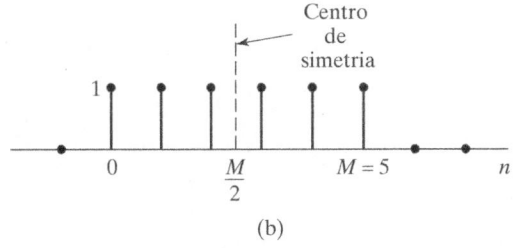

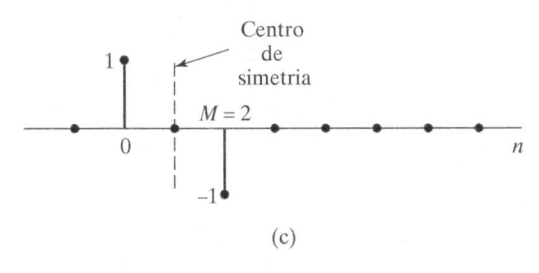

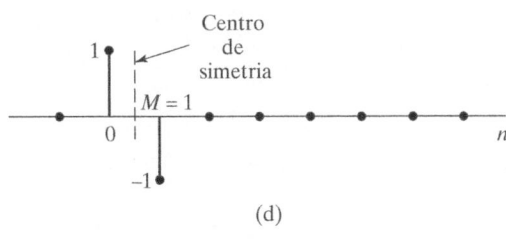

Figura 5.33 Exemplos de sistemas FIR de fase linear. (a) Tipo I, M par, $h[n] = h[M-n]$. (b) Tipo II, M ímpar, $h[n] = h[M-n]$. (c) Tipo III, M par, $h[n] = -h[M-n]$. (d) Tipo IV, M ímpar, $h[n] = -h[M-n]$.

$$H(e^{j\omega}) = \sum_{n=0}^{4} e^{-j\omega n} = \frac{1-e^{-j\omega 5}}{1-e^{-j\omega}} = e^{-j\omega 2}\frac{\text{sen}(5\omega/2)}{\text{sen}(\omega/2)}. \quad (5.146)$$

A magnitude, a fase e o atraso de grupo do sistema são mostrados na Figura 5.34. Como $M = 4$ é par, o atraso de grupo é um inteiro, isto é, $\alpha = 2$.

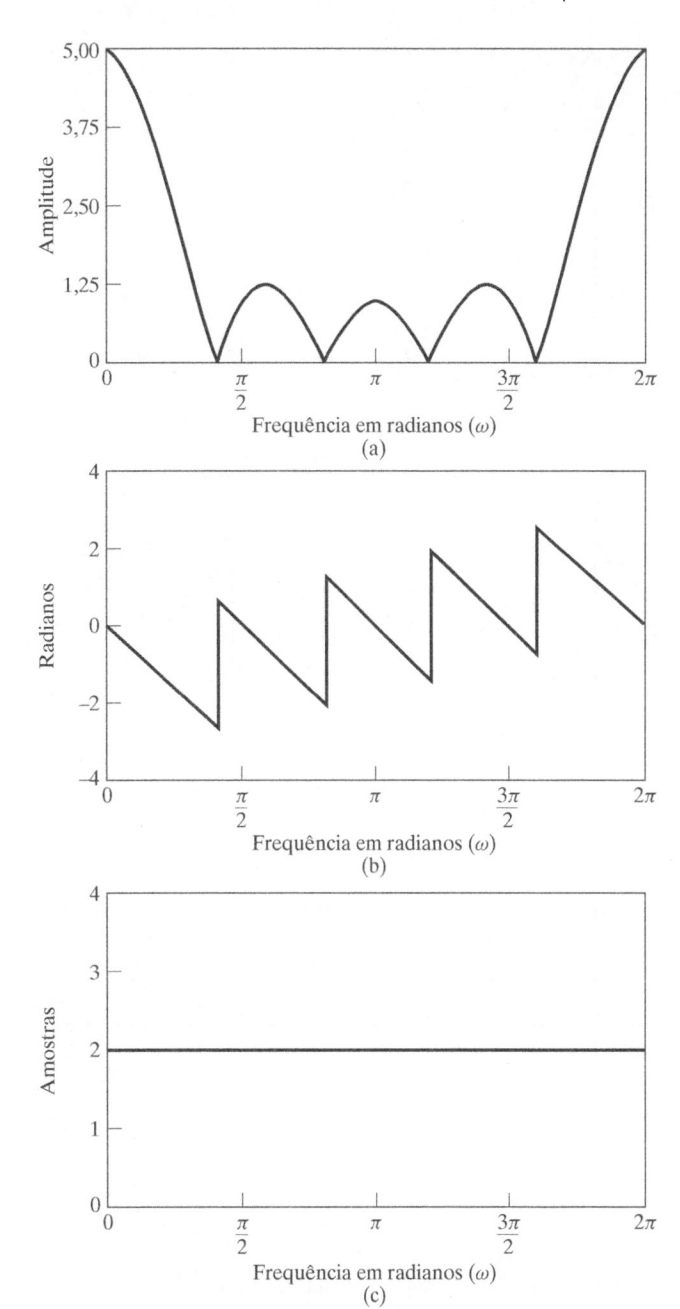

Figura 5.34 Resposta em frequência do sistema do tipo I do Exemplo 5.15. (a) Magnitude. (b) Fase. (c) Atraso de grupo.

Exemplo 5.16 Sistema de fase linear do tipo II

Se o comprimento da resposta ao impulso do exemplo anterior é estendido em uma amostra, obtemos a resposta ao impulso da Figura 5.33(b), que tem resposta em frequência

$$H(e^{j\omega}) = e^{-j\omega 5/2}\frac{\text{sen}(3\omega)}{\text{sen}(\omega/2)}. \quad (5.147)$$

As funções de resposta em frequência para esse sistema são mostradas na Figura 5.35. Note que o atraso de grupo nesse caso é constante com $\alpha = 5/2$.

Exemplo 5.17 Sistema de fase linear do tipo III

Se a resposta ao impulso é

$$h[n] = \delta[n] - \delta[n-2], \quad (5.148)$$

como na Figura 5.33(c), então

$$H(e^{j\omega}) = 1 - e^{-j2\omega} = j[2\,\text{sen}(\omega)]e^{-j\omega}. \quad (5.149)$$

Os gráficos da resposta em frequência para este exemplo são dados na Figura 5.36. Note que o atraso de grupo nesse caso é constante com $\alpha = 1$.

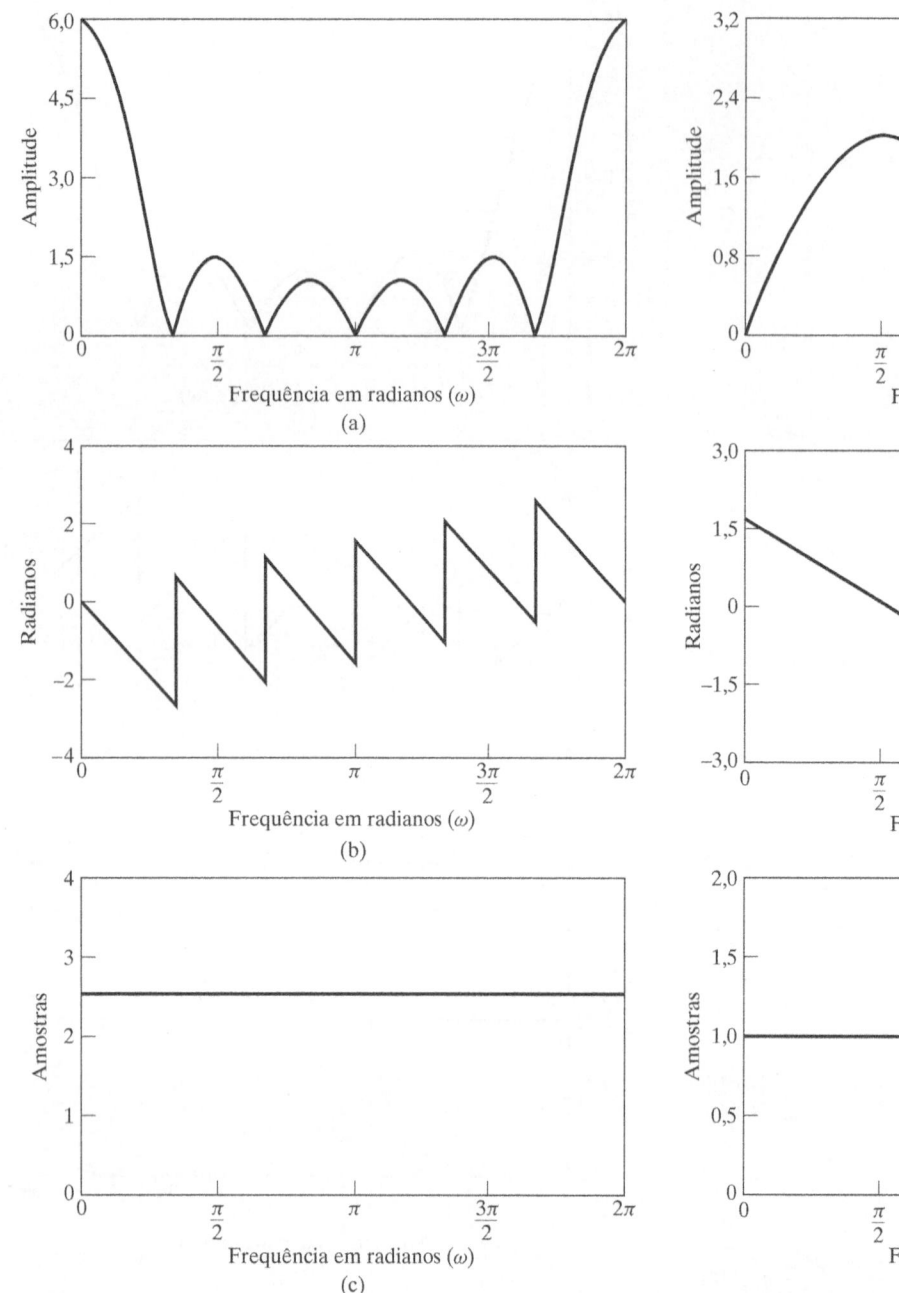

Figura 5.35 Resposta em frequência do sistema do tipo II do Exemplo 5.16. (a) Magnitude. (b) Fase. (c) Atraso de grupo.

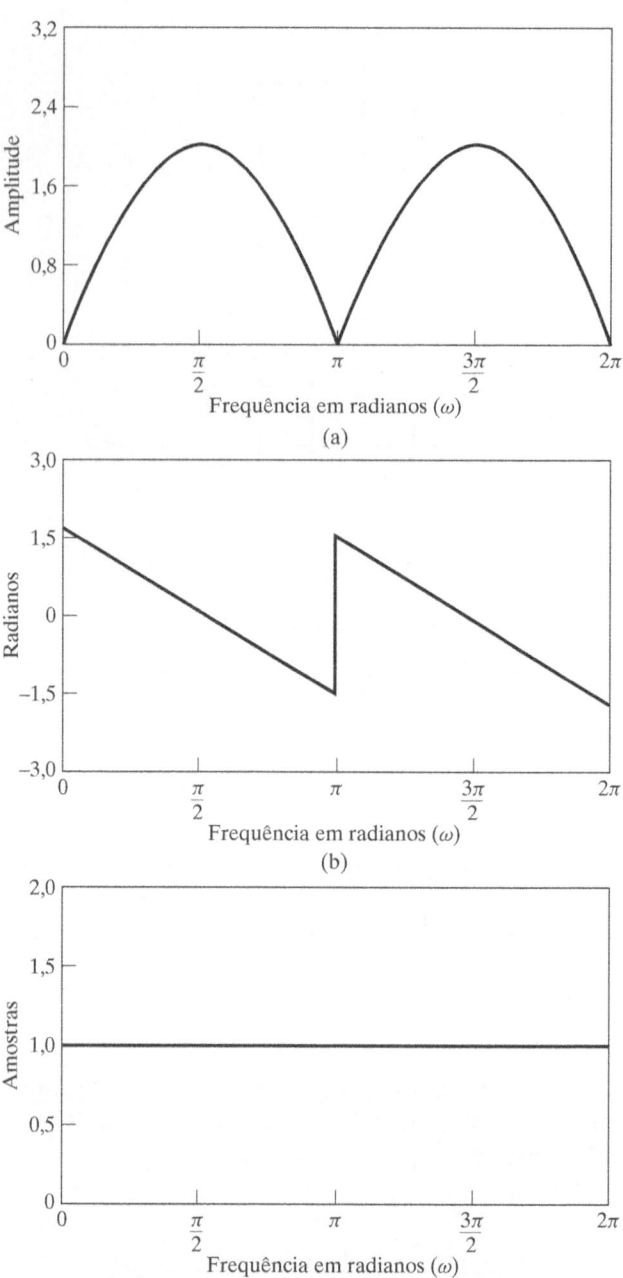

Figura 5.36 Resposta em frequência do sistema do tipo III do Exemplo 5.17. (a) Magnitude. (b) Fase. (c) Atraso de grupo.

Exemplo 5.18 Sistema de fase linear do tipo IV

Nesse caso [Figura 5.33(d)], a resposta ao impulso é

$$h[n] = \delta[n] - \delta[n-1], \quad (5.150)$$

para a qual a resposta em frequência é

$$H(e^{j\omega}) = 1 - e^{-j\omega}$$

$$= j[2\,\text{sen}\,(\omega/2)]e^{-j\omega/2}. \quad (5.151)$$

A resposta em frequência para esse sistema é mostrada na Figura 5.37. Note que o atraso de grupo é igual a $\tfrac{1}{2}$ para todo ω.

Localização dos zeros para sistemas FIR de fase linear

Nos exemplos anteriores as propriedades da resposta ao impulso e da resposta em frequência são ilustradas para os quatro tipos de sistemas FIR de fase linear. Também é instrutivo considerar a localização dos zeros da função de sistema para sistemas FIR de fase linear. A função de sistema é

$$H(z) = \sum_{n=0}^{M} h[n] z^{-n}. \quad (5.152)$$

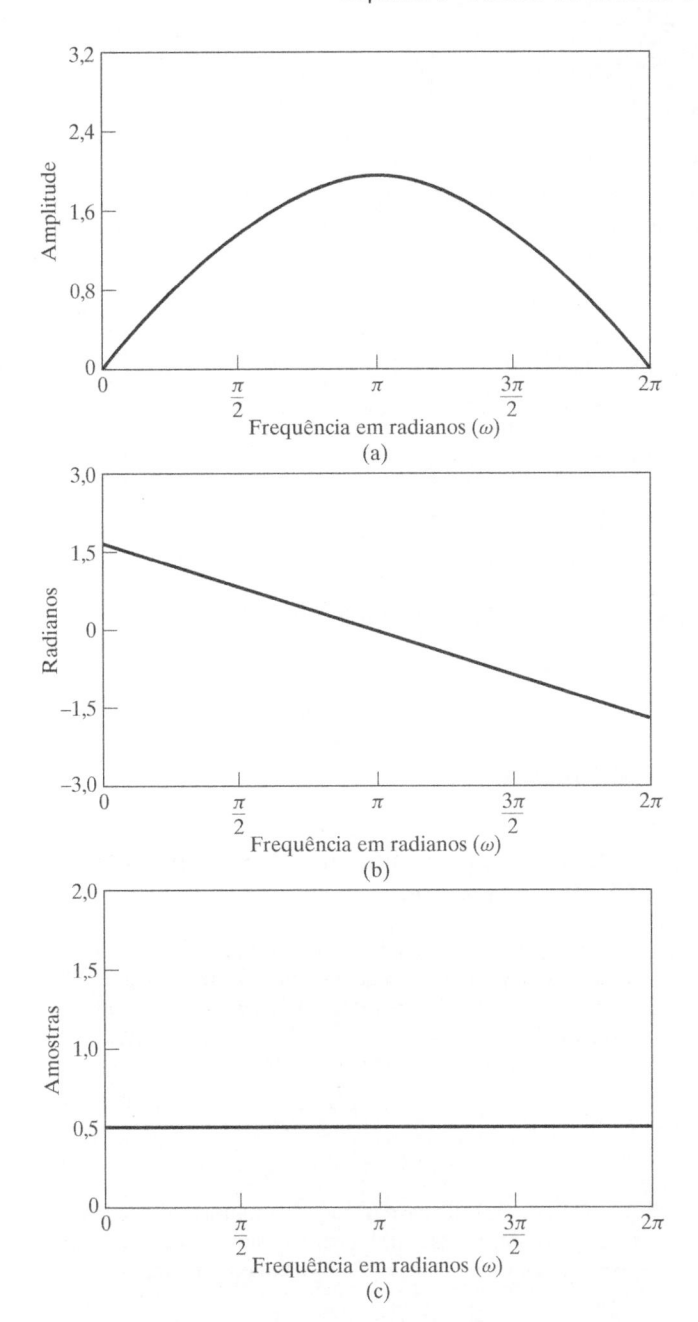

Figura 5.37 Resposta em frequência do sistema do tipo IV do Exemplo 5.18. (a) Magnitude. (b) Fase. (c) Atraso de grupo.

Nos casos simétricos (tipos I e II), podemos usar a Equação 5.138 para expressar $H(z)$ como

$$H(z) = \sum_{n=0}^{M} h[M-n]z^{-n} = \sum_{k=M}^{0} h[k]z^k z^{-M} \quad (5.153)$$

$$= z^{-M} H(z^{-1}).$$

Da Equação 5.153, concluímos que se z_0 é um zero de $H(z)$, então

$$H(z_0) = z_0^{-M} H(z_0^{-1}) = 0. \quad (5.154)$$

Isso implica que se $z_0 = re^{j\theta}$ é um zero de $H(z)$, então $z_0^{-1} = r^{-1}e^{-j\theta}$ também é um zero de $H(z)$. Quando $h[n]$ é real e z_0 é um zero de $H(z)$, $z_0^* = re^{-j\theta}$ será um zero de $H(z)$ e, pelo argumento anterior, $(z_0^*)^{-1} = r^{-1}e^{j\theta}$ também será. Portanto, quando $h[n]$ é real, cada zero complexo que não estiver sobre a circunferência unitária será parte de um conjunto de quatro zeros recíprocos conjugados da forma

$$(1 - re^{j\theta}z^{-1})(1 - re^{-j\theta}z^{-1})(1 - r^{-1}e^{j\theta}z^{-1})(1 - r^{-1}e^{-j\theta}z^{-1}).$$

Se um zero de $H(z)$ estiver sobre a circunferência unitária, isto é, $z_0 = e^{j\theta}$, então $z_0^{-1} = e^{-j\theta} = z_0^*$, de modo que os zeros na circunferência unitária vêm em pares da forma

$$(1 - e^{j\theta}z^{-1})(1 - e^{-j\theta}z^{-1}).$$

Se um zero de $H(z)$ for real e não estiver sobre a circunferência unitária, seu recíproco também será um zero de $H(z)$, e $H(z)$ terá fatores na forma

$$(1 \pm rz^{-1})(1 \pm r^{-1}z^{-1}).$$

Finalmente, um zero de $H(z)$ em $z = \pm 1$ pode aparecer isoladamente, pois ± 1 é seu próprio recíproco e seu próprio conjugado. Assim, também podemos ter fatores de $H(z)$ da forma

$$(1 \pm z^{-1}).$$

O caso de um zero em $z = -1$ é particularmente importante. Da Equação 5.153,

$$H(-1) = (-1)^M H(-1).$$

Se M é par, temos uma identidade simples, mas se M é ímpar, $H(-1) = -H(-1)$, de modo que $H(-1)$ deverá ser zero. Assim, para respostas ao impulso simétricas com M ímpar, a função de sistema *deverá* ter um zero em $z = -1$. Nas figuras 5.38(a) e 5.38(b) mostram-se localizações típicas de zeros para sistemas do tipo I (M par) e do tipo II (M ímpar), respectivamente.

Se a resposta ao impulso for antissimétrica (tipos III e IV), então, seguindo a abordagem usada para se obter a Equação 5.153, podemos mostrar que

$$H(z) = -z^{-M} H(z^{-1}). \quad (5.155)$$

Essa equação pode ser usada para mostrar que os zeros de $H(z)$ para o caso antissimétrico sofrem restrições da mesma maneira que os zeros para o caso simétrico. Porém, no caso antissimétrico, tanto $z = 1$ quanto $z = -1$ são de interesse especial. Se $z = 1$, a Equação 5.155 torna-se

$$H(1) = -H(1). \quad (5.156)$$

Assim, $H(z)$ *precisa* ter um zero em $z = 1$ tanto para M par quanto para M ímpar. Se $z = -1$, a Equação 5.155 fornece

$$H(-1) = (-1)^{-M+1} H(-1). \quad (5.157)$$

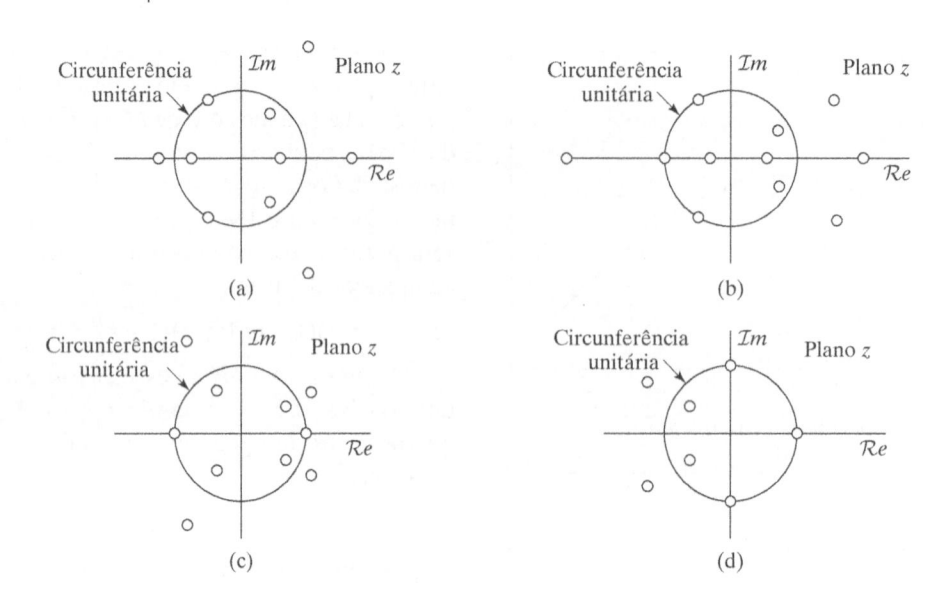

Figura 5.38 Diagramas típicos de zeros para sistemas de fase linear. (a) Tipo I. (b) Tipo II. (c) Tipo III. (d) Tipo IV.

Nesse caso, se $(M-1)$ é ímpar (isto é, se M é par), $H(-1) = -H(-1)$, de modo que $z = -1$ *deve* ser um zero de $H(z)$ se M for par. Nas figuras 5.38(c) e (d) mostram-se localizações típicas de zeros para sistemas dos tipos III e IV, respectivamente.

Essas restrições sobre os zeros são importantes no projeto de sistemas FIR de fase linear, pois elas impõem limitações nos tipos de respostas em frequência que podem ser obtidos. Por exemplo, notamos que, ao aproximarmos um filtro passa-altas usando uma resposta ao impulso simétrica, M não poderá ser ímpar, pois a resposta em frequência tem a restrição de ser nula em $\omega = \pi$ ($z = -1$).

5.7.4 Relação entre sistemas FIR com fase linear e sistemas de fase mínima

A discussão anterior mostra que todos os sistemas FIR de fase linear com resposta ao impulso real possuem zeros ou na circunferência unitária ou em localizações recíprocas conjugadas. Assim, é fácil mostrar que a função do sistema de qualquer sistema FIR de fase linear pode ser fatorada em um termo de fase mínima $H_{mín}(z)$, um termo de fase máxima $H_{máx}(z)$ e um termo $H_{uc}(z)$ contendo apenas zeros sobre a circunferência unitária; isto é,

$$H(z) = H_{mín}(z)H_{uc}(z)H_{máx}(z), \quad (5.158a)$$

em que

$$H_{máx}(z) = H_{mín}(z^{-1})z^{-M_i} \quad (5.158b)$$

e M_i é o número de zeros de $H_{mín}(z)$. Na Equação 5.158(a), $H_{mín}(z)$ tem todos os seus M_i zeros *no interior* da circunferência unitária, e $H_{uc}(z)$ tem todos os seus M_o zeros *sobre* a circunferência unitária. $H_{máx}(z)$ tem todos os seus M_i zeros *fora* da circunferência unitária,

e, da Equação 5.158(b), seus zeros são os recíprocos dos M_i zeros de $H_{mín}(z)$. A ordem da função de sistema $H(z)$ é, portanto, $M = 2M_i + M_o$.

Exemplo 5.19 Decomposição de um sistema de fase linear

Como um exemplo simples do uso das equações 5.158, considere a função de sistema de fase mínima da Equação 5.99, para a qual o gráfico da resposta em frequência é mostrado na Figura 5.25. O sistema obtido pela aplicação da Equação 5.158(b) para $H_{mín}(z)$ na Equação 5.99 é

$$H_{máx}(z) = (0,9)^2(1 - 1{,}1111e^{j0{,}6\pi}z^{-1})(1 - 1{,}1111e^{-j0{,}6\pi}z^{-1})$$

$$\times (1 - 1{,}25e^{-j0{,}8\pi}z^{-1})(1 - 1{,}25e^{j0{,}8\pi}z^{-1}).$$

$H_{máx}(z)$ tem a resposta em frequência mostrada na Figura 5.39. Agora, se esses dois sistemas forem colocados em cascata, segue da Equação 5.158(b) que o sistema total

$$H(z) = H_{mín}(z)H_{máx}(z)$$

tem fase linear. A resposta em frequência do sistema composto seria obtida somando-se as respectivas funções de magnitude logarítmica, fase e atraso de grupo. Portanto,

$$20\log_{10}|H(e^{j\omega})| = 20\log_{10}|H_{mín}(e^{j\omega})| + 20\log_{10}|H_{máx}(e^{j\omega})|$$

$$= 40\log_{10}|H_{mín}(e^{j\omega})|. \quad (5.159)$$

Similarmente,

$$\angle H(e^{j\omega}) = \angle H_{mín}(e^{j\omega}) + \angle H_{máx}(e^{j\omega}). \quad (5.160)$$

Da Equação 5.158(b), segue que

$$\angle H_{máx}(e^{j\omega}) = -\omega M_i - \angle H_{mín}(e^{j\omega}), \quad (5.161)$$

e, portanto,

$$\angle H(e^{j\omega}) = -\omega M_i,$$

sendo $M_i = 4$ o número de zeros de $H_{mín}(z)$. De modo similar, as funções de atraso de grupo de $H_{mín}(e^{j\omega})$ e $H_{máx}(e^{j\omega})$ se combinam para fornecer

$$\text{grd}[H(e^{j\omega})] = M_i = 4.$$

Os gráficos da resposta em frequência para o sistema composto são dados na Figura 5.40. Note que as curvas são somas das funções correspondentes nas figuras 5.25 e 5.39.

5.8 Resumo

Neste capítulo, desenvolvemos e exploramos a representação e a análise de sistemas LIT usando a transformada de Fourier e a transformada z. A importância da análise no domínio transformado para sistemas LIT vem diretamente do fato de que as exponenciais complexas são autofunções desses sistemas e os autovalores

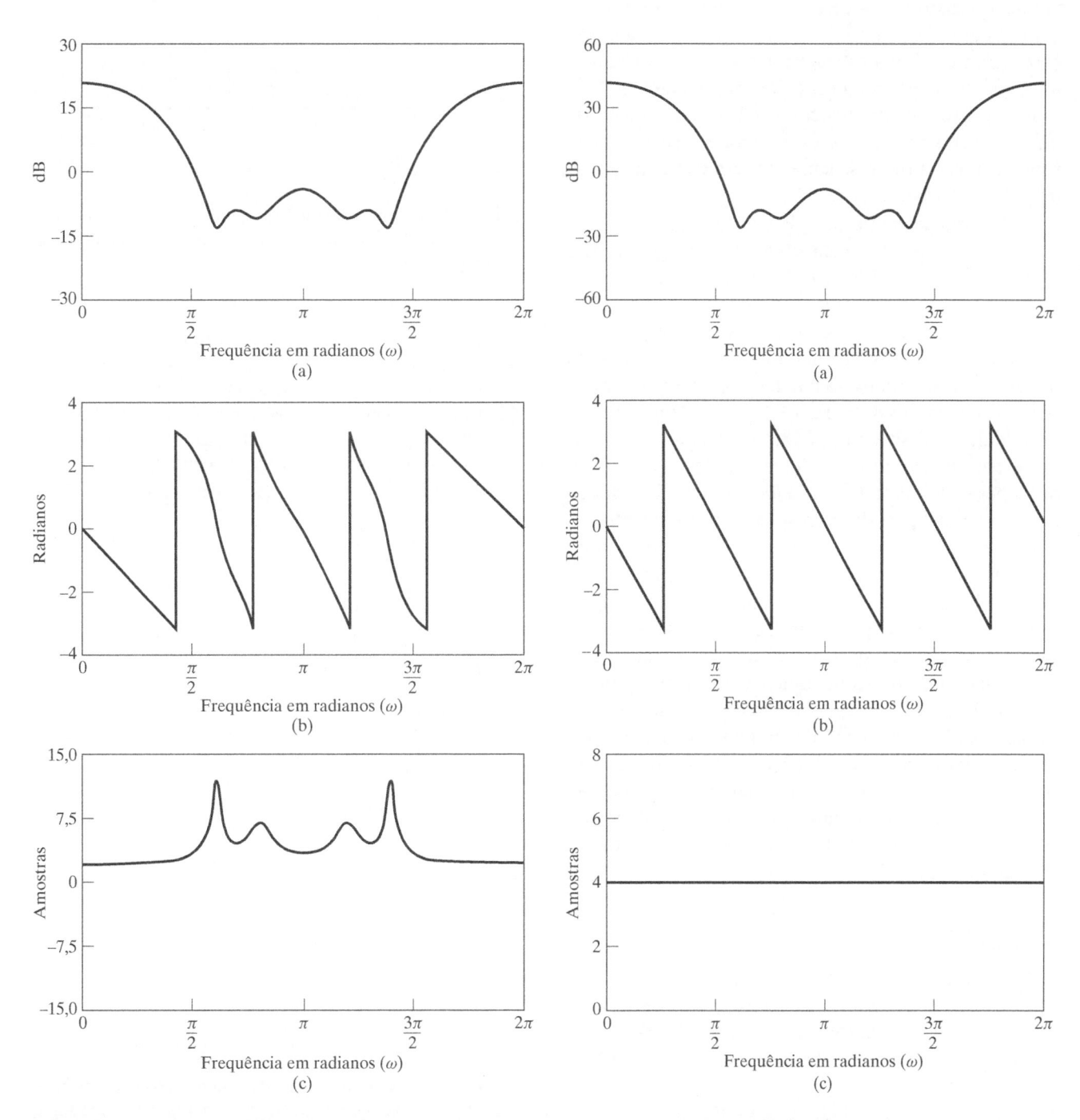

Figura 5.39 Resposta em frequência do sistema de fase máxima que possui a mesma magnitude do sistema na Figura 5.25. (a) Magnitude logarítmica. (b) Fase (valor principal). (c) Atraso de grupo.

Figura 5.40 Resposta em frequência da cascata de sistemas de fase máxima e de fase mínima, levando a um sistema de fase linear. (a) Magnitude logarítmica. (b) Fase (valor principal). (c) Atraso de grupo.

associados correspondem à função de sistema ou à resposta em frequência.

Uma classe particularmente importante de sistemas LIT é aquela caracterizada por equações de diferenças lineares com coeficientes constantes. Os sistemas caracterizados por equações de diferenças podem ter uma resposta ao impulso que tem duração infinita (IIR) ou finita (FIR). A análise no domínio transformado é particularmente útil na análise desses sistemas, já que a transformada de Fourier ou a transformada z convertem uma equação de diferenças em uma equação algébrica. Em particular, a função de sistema é uma razão de polinômios, cujos coeficientes correspondem diretamente aos coeficientes da equação de diferenças. As raízes desses polinômios fornecem uma representação útil do sistema em termos do diagrama de polos e zeros.

A resposta em frequência dos sistemas LIT é frequentemente caracterizada em termos de magnitude e fase ou atraso de grupo, que é o negativo da derivada da fase. A fase linear muitas vezes é uma característica desejável da resposta em frequência de um sistema, pois é uma forma relativamente branda de distorção de fase, correspondendo a um deslocamento no tempo. A importância dos sistemas FIR se deve, em parte, ao fato de que tais sistemas podem ser facilmente projetados para terem uma fase linear (ou fase generalizada), apesar de que para um dado conjunto de especificações de magnitude da resposta em frequência, os sistemas IIR são mais eficientes. Estes e outros dilemas serão discutidos em detalhes no Capítulo 7.

Embora, em geral, para sistemas LIT, a magnitude e a fase da resposta em frequência sejam independentes, para sistemas de fase mínima, a magnitude especifica a fase de forma única, e a fase especifica a magnitude de forma única a menos de um fator de escala. Sistemas de fase não mínima podem ser representados como a combinação em cascata de um sistema de fase mínima e um sistema passa-tudo. As relações entre a magnitude e a fase da transformada de Fourier serão discutidas com muito mais detalhes no Capítulo 12.

Problemas

Problemas básicos com respostas

5.1. No sistema mostrado na Figura P5.1-1, $H(e^{j\omega})$ é um filtro passa-baixas ideal. Determine se, para alguma escolha da entrada $x[n]$ e da frequência de corte ω_c, a saída pode ser o pulso

$$y[n] = \begin{cases} 1, & 0 \le n \le 10, \\ 0, & \text{caso contrário,} \end{cases}$$

mostrado na Figura P5.1-2.

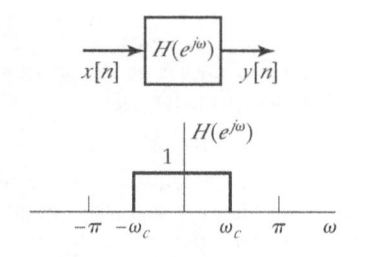

Figura P5.1-1

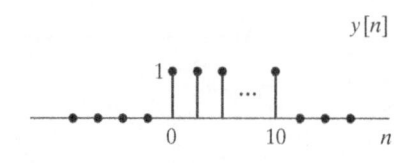

Figura P5.1-2

5.2. Considere um sistema LIT estável com entrada $x[n]$ e saída $y[n]$. A entrada e a saída satisfazem a equação de diferenças

$$y[n-1] - \tfrac{10}{3}y[n] + y[n+1] = x[n].$$

(a) Esboce os polos e zeros da função de sistema no plano z.

(b) Determine a resposta ao impulso $h[n]$.

5.3. Considere um sistema de tempo discreto LIT para o qual a entrada $x[n]$ e a saída $y[n]$ sejam relacionadas pela equação de diferenças de segunda ordem

$$y[n-1] + \tfrac{1}{3}y[n-2] = x[n].$$

Da lista a seguir, escolha *duas* respostas ao impulso possíveis para o sistema:

(a) $\left(-\tfrac{1}{3}\right)^{n+1} u[n+1]$

(b) $3^{n+1}\, u[n+1]$

(c) $3(-3)^{n+2} u[-n-2]$

(d) $\tfrac{1}{3}\left(-\tfrac{1}{3}\right)^{n} u[-n-2]$

(e) $\left(-\tfrac{1}{3}\right)^{n+1} u[-n-2]$

(f) $\left(\tfrac{1}{3}\right)^{n+1} u[n+1]$

(g) $(-3)^{n+1} u[n]$

(h) $n^{1/3} u[n]$.

5.4. Quando a entrada de um sistema LIT é

$$x[n] = \left(\tfrac{1}{2}\right)^n u[n] + (2)^n u[-n-1],$$

a saída é

$$y[n] = 6\left(\tfrac{1}{2}\right)^n u[n] - 6\left(\tfrac{3}{4}\right)^n u[n].$$

(a) Determine a função de sistema $H(z)$ do sistema. Faça o diagrama de polos e zeros de $H(z)$ e indique a RDC.

(b) Determine a resposta ao impulso $h[n]$ do sistema para todos os valores de n.

(c) Escreva a equação de diferenças que caracteriza o sistema.

(d) O sistema é estável? Ele é causal?

5.5. Considere um sistema descrito por uma equação de diferenças linear com coeficientes constantes, com condições de repouso inicial. A resposta ao degrau do sistema é dada por

$$y[n] = \left(\frac{1}{3}\right)^n u[n] + \left(\frac{1}{4}\right)^n u[n] + u[n].$$

(a) Determine a equação de diferenças.

(b) Determine a resposta ao impulso do sistema.

(c) Determine se o sistema é estável ou não.

5.6. As seguintes informações sobre um sistema LIT são conhecidas:

(1) O sistema é causal.

(2) Quando a entrada é

$$x[n] = -\frac{1}{3}\left(\frac{1}{2}\right)^n u[n] - \frac{4}{3}(2)^n u[-n-1],$$

a transformada z da saída é

$$Y(z) = \frac{1 - z^{-2}}{\left(1 - \frac{1}{2}z^{-1}\right)(1 - 2z^{-1})}.$$

(a) Determine a transformada z de $x[n]$.

(b) Quais são as possíveis escolhas para a RDC de $Y(z)$?

(c) Quais são as possíveis escolhas para a resposta ao impulso do sistema?

5.7. Quando a entrada para um sistema LIT é

$$x[n] = 5u[n],$$

a saída é

$$y[n] = \left[2\left(\frac{1}{2}\right)^n + 3\left(-\frac{3}{4}\right)^n\right] u[n].$$

(a) Determine a função de sistema $H(z)$ do sistema. Faça o diagrama de polos e zeros de $H(z)$ e indique a RDC.

(b) Determine a resposta ao impulso do sistema para todos os valores de n.

(c) Escreva a equação de diferenças que caracteriza o sistema.

5.8. Um sistema LIT causal é descrito pela equação de diferenças

$$y[n] = \frac{3}{2}y[n-1] + y[n-2] + x[n-1].$$

(a) Determine a função de sistema $H(z) = Y(z)/X(z)$ para esse sistema. Faça o diagrama de polos e zeros de $H(z)$ e indique a RDC.

(b) Determine a resposta ao impulso do sistema.

(c) Você deve ter encontrado que o sistema é instável. Determine uma resposta ao impulso estável (não causal) que satisfaça a equação de diferenças.

5.9. Considere um sistema LIT com entrada $x[n]$ e saída $y[n]$ para o qual

$$y[n-1] - \frac{5}{2}y[n] + y[n+1] = x[n].$$

O sistema pode ou não ser estável ou causal. Considerando o padrão de polos e zeros associado a essa equação de diferenças, determine três escolhas possíveis para a resposta ao impulso do sistema. Mostre que cada escolha satisfaz a equação de diferenças. Indique qual escolha corresponde a um sistema estável e qual escolha corresponde a um sistema causal.

5.10. Se a função do sistema $H(z)$ de um sistema LIT tem um diagrama de polos e zeros como mostrado na Figura P5.10 e o sistema é causal, pode o sistema inverso $H_i(z)$, com $H(z)H_i(z) = 1$, ser ao mesmo tempo causal e estável? Justifique sua resposta com clareza.

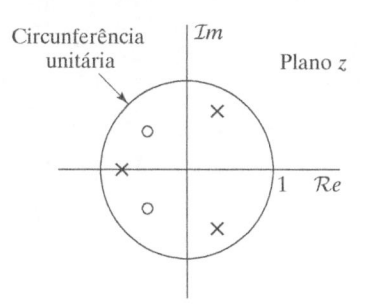

Figura P5.10

5.11. A função de sistema de um sistema LIT tem o diagrama de polos e zeros mostrado na Figura P5.11. Especifique se cada uma das afirmações a seguir é verdadeira, falsa ou não pode ser determinada a partir da informação dada.

(a) O sistema é estável.

(b) O sistema é causal.

(c) Se o sistema for causal, então ele deve ser estável.

(d) Se o sistema for estável, então ele deve ter uma resposta ao impulso bilateral.

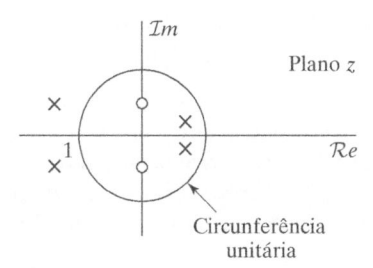

Figura P5.11

5.12. Um sistema LIT causal de tempo discreto tem a função de sistema

$$H(z) = \frac{(1 + 0{,}2z^{-1})(1 - 9z^{-2})}{(1 + 0{,}81z^{-2})}.$$

(a) O sistema é estável?

(b) Determine expressões para um sistema de fase mínima $H_1(z)$ e um sistema passa-tudo $H_{ap}(z)$, tais que

$$H(z) = H_1(z)H_{ap}(z).$$

5.13. Na Figura P5.13 mostram-se os diagramas de polos e zeros para quatro sistemas LIT diferentes. Com base nesses diagramas, estabeleça se cada sistema é ou não um sistema passa-tudo.

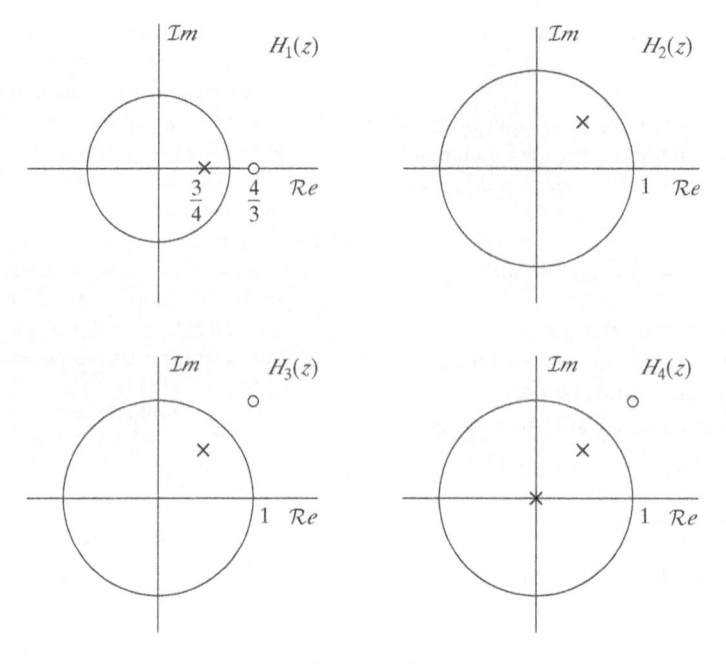

Figura P5.13

5.14. Determine o atraso de grupo para $0 < \omega < \pi$ para cada uma das seguintes sequências:

(a)
$$x_1[n] = \begin{cases} n-1, & 1 \leq n \leq 5, \\ 9-n, & 5 < n \leq 9, \\ 0, & \text{caso contrário.} \end{cases}$$

(b)
$$x_2[n] = \left(\frac{1}{2}\right)^{|n-1|} + \left(\frac{1}{2}\right)^{|n|}.$$

5.15. Considere a classe de filtros de tempo discreto cuja resposta em frequência tem a forma

$$H(e^{j\omega}) = |H(e^{j\omega})|e^{-j\alpha\omega},$$

em que $|H(e^{j\omega})|$ é uma função real e não negativa de ω e α é uma constante real. Como discutido na Seção 5.7.1, essa classe de filtros é chamada de filtros de *fase linear*.

Considere também a classe de filtros de tempo discreto cuja resposta em frequência tem a forma

$$H(e^{j\omega}) = A(e^{j\omega})e^{-j\alpha\omega+j\beta},$$

sendo $A(e^{j\omega})$ uma função real de ω, α uma constante real, e β uma constante real. Como discutido na Seção 5.7.2, filtros nessa classe são chamados de filtros de *fase linear generalizada*.

Para cada um dos filtros na Figura P5.15, determine se é um filtro de fase linear generalizada. Em caso afirmativo, encontre $A(e^{j\omega})$, α e β. Além disso, para cada filtro que você determinou como de fase linear generalizada, indique se ele também atende ao critério mais estrito para ser de fase linear.

5.16. Na Figura P5.16 é mostrado um gráfico da fase contínua $\arg[H(e^{j\omega})]$ para a resposta em frequência de um sistema LIT específico, tal que

$$\arg[H(e^{j\omega})] = -\alpha\omega$$

para $|\omega| < \pi$ e α é um inteiro positivo.

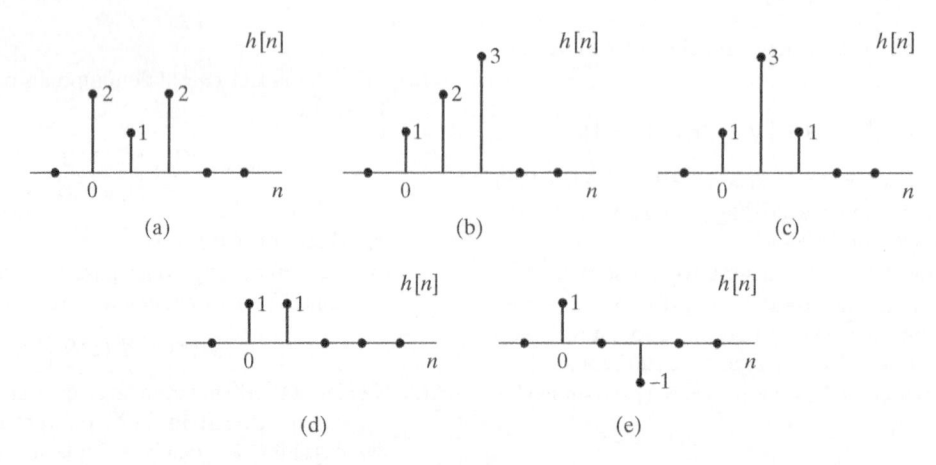

Figura P5.15

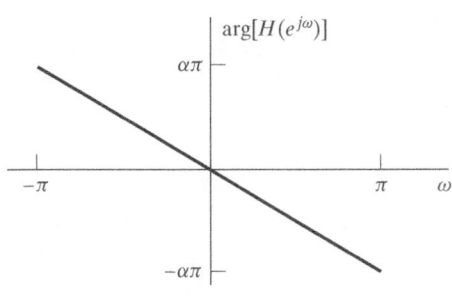

Capítulo 5 Análise no domínio transformado de sistemas lineares invariantes no tempo   205

Figura P5.16

A resposta ao impulso $h[n]$ desse sistema é uma sequência causal? Se o sistema é definitivamente causal ou definitivamente não causal, forneça uma prova. Se a causalidade do sistema não puder ser determinada a partir da Figura P5.16, dê exemplos de uma sequência não causal e de uma sequência causal que tenham ambas a resposta de fase precedente $\arg[H(e^{j\omega})]$.

5.17. Para cada uma das seguintes funções de sistema, estabeleça se corresponde a um sistema de fase mínima ou não. Justifique suas respostas:

$$H_1(z) = \frac{(1 - 2z^{-1})\left(1 + \frac{1}{2}z^{-1}\right)}{\left(1 - \frac{1}{3}z^{-1}\right)\left(1 + \frac{1}{3}z^{-1}\right)},$$

$$H_2(z) = \frac{\left(1 + \frac{1}{4}z^{-1}\right)\left(1 - \frac{1}{4}z^{-1}\right)}{\left(1 - \frac{2}{3}z^{-1}\right)\left(1 + \frac{2}{3}z^{-1}\right)},$$

$$H_3(z) = \frac{1 - \frac{1}{3}z^{-1}}{\left(1 - \frac{j}{2}z^{-1}\right)\left(1 + \frac{j}{2}z^{-1}\right)},$$

$$H_4(z) = \frac{z^{-1}\left(1 - \frac{1}{3}z^{-1}\right)}{\left(1 - \frac{j}{2}z^{-1}\right)\left(1 + \frac{j}{2}z^{-1}\right)}.$$

5.18. Para cada uma das seguintes funções do sistema $H_k(z)$, especifique uma função de sistema de fase mínima $H_{mín}(z)$ tal que as magnitudes da resposta em frequência dos dois sistemas sejam iguais, isto é, $|H_k(e^{j\omega})| = |H_{mín}(e^{j\omega})|$.

(a)
$$H_1(z) = \frac{1 - 2z^{-1}}{1 + \frac{1}{3}z^{-1}}$$

(b)
$$H_2(z) = \frac{(1 + 3z^{-1})\left(1 - \frac{1}{2}z^{-1}\right)}{z^{-1}\left(1 + \frac{1}{3}z^{-1}\right)}$$

(c)
$$H_3(z) = \frac{(1 - 3z^{-1})\left(1 - \frac{1}{4}z^{-1}\right)}{\left(1 - \frac{3}{4}z^{-1}\right)\left(1 - \frac{4}{3}z^{-1}\right)}.$$

5.19. A Figura P5.19 mostra as respostas ao impulso para diversos sistemas LIT diferentes. Determine o atraso de grupo associado a cada sistema.

5.20. Na Figura P5.20 mostra-se apenas a localização dos zeros para diversas funções de sistema diferentes. Para cada diagrama, responda se a função do sistema poderia ser um sistema de fase linear generalizada implementado por uma equação de diferenças com coeficientes constantes, com coeficientes reais.

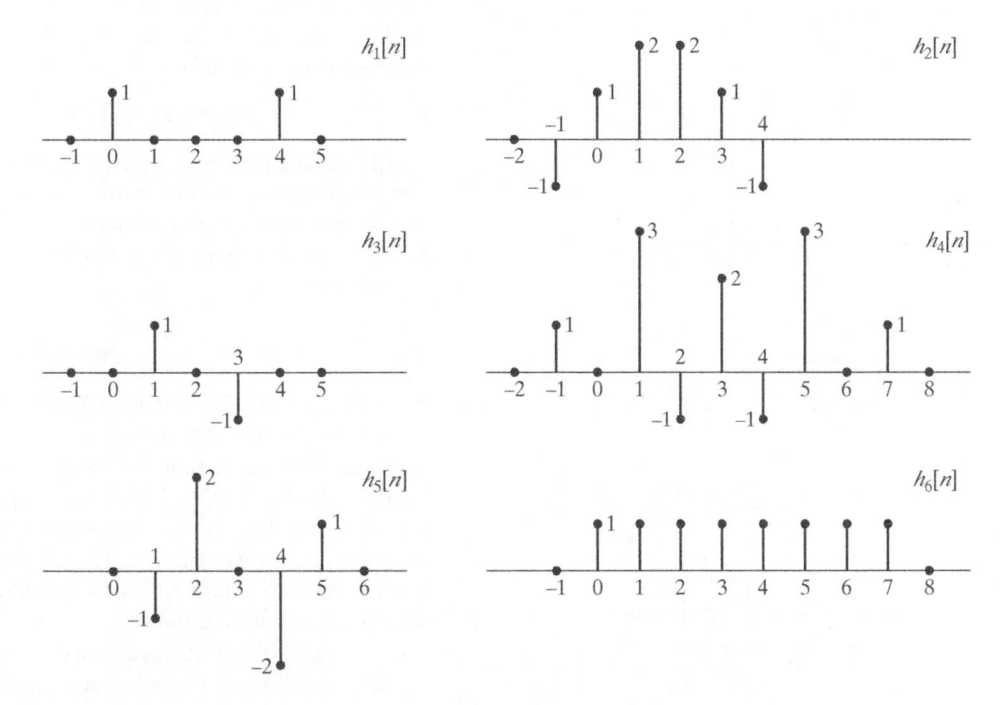

Figura P5.19

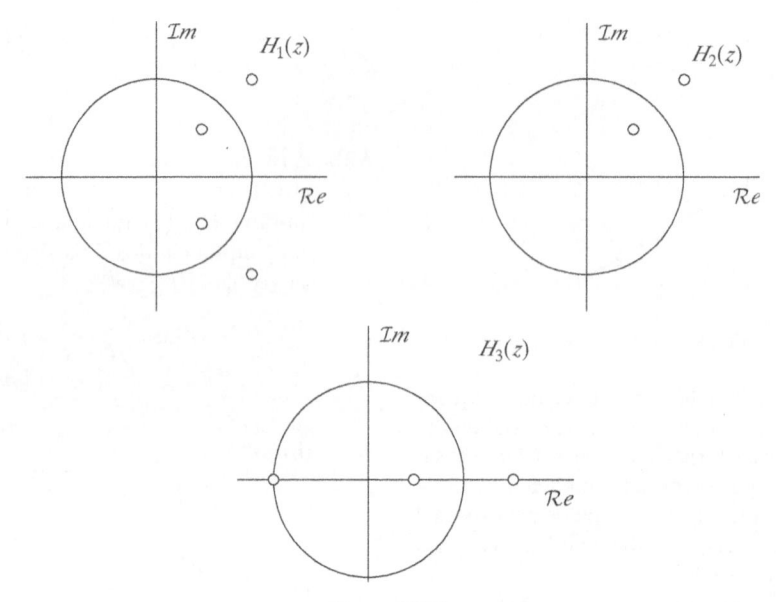

Figura P5.20

Problemas básicos

5.21. Seja $h_{lp}[n]$ a resposta ao impulso de um filtro passa-baixas ideal com ganho unitário na faixa de passagem e frequência de corte $\omega_c = \pi/4$. Na Figura P5.21 mostram-se cinco sistemas, cada um equivalente a um filtro LIT seletivo em frequência ideal. Para cada sistema mostrado, esboce a resposta em frequência equivalente, indicando explicitamente as frequências de borda em termos de ω_c. Em cada caso, especifique se o sistema é um filtro passa-baixas, passa-altas, passa-faixas, rejeita-faixas ou multibandas.

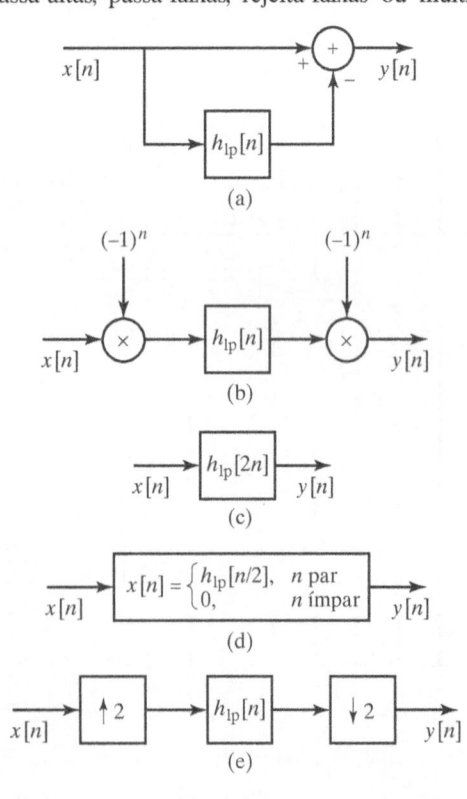

Figura P5.21

5.22. Muitas propriedades de uma sequência de tempo discreto $h[n]$ ou de um sistema LIT com resposta ao impulso $h[n]$ podem ser discernidas a partir de um diagrama de polos e zeros de $H(z)$. Neste problema, estamos interessados apenas em sistemas causais. Descreva com clareza a característica do plano z que corresponde a cada uma das propriedades a seguir:
   (a) Resposta ao impulso real.
   (b) Resposta ao impulso finita.
   (c) $h[n] = h[2\alpha - n]$, em que 2α é um inteiro.
   (d) Fase mínima.
   (e) Passa-tudo.

5.23. Para todos os itens deste problema, $H(e^{j\omega})$ é a resposta em frequência de um filtro de tempo discreto e pode ser expressa em coordenadas polares como

$$H(e^{j\omega}) = A(\omega)e^{j\theta(\omega)}$$

em que $A(\omega)$ é par e real, e $\theta(\omega)$ é uma função contínua e ímpar de ω para $-\pi < \omega < \pi$, isto é, $\theta(\omega)$ é o que chamamos de *fase desenrolada*. Lembre-se:

• O *atraso de grupo* $\tau(\omega)$ associado ao filtro é definido como

$$\tau(\omega) = -\frac{d\theta(\omega)}{d\omega} \quad \text{para } |\omega| < \pi.$$

• Um filtro LIT é chamado de *fase mínima* se for estável e causal e tiver um inverso estável e causal.

Para cada uma das seguintes afirmações, estabeleça se é VERDADEIRA ou FALSA. Se você responder que ela é VERDADEIRA, dê uma justificativa clara e concisa. Se disser que é FALSA, dê um contraexemplo simples e uma explicação clara e concisa do motivo pelo qual escolheu esse contraexemplo.

   (a) "Se o filtro é causal, seu atraso de grupo deverá ser não negativo em todas as frequências no intervalo $|\omega| < \pi$."

(b) "Se o atraso de grupo do filtro é uma constante inteira positiva para $|\omega| < \pi$, o filtro deve ser um simples atraso inteiro."

(c) "Se o filtro é de fase mínima e todos os polos e zeros estão no eixo real, então $\int_0^\pi \tau(\omega)d\omega = 0$."

5.24. Um sistema estável com função de sistema $H(z)$ tem o diagrama de polos e zeros mostrado na Figura P5.24. Ele pode ser representado como a cascata de um sistema de fase mínima estável $H_{mín}(z)$ e um sistema passa-tudo estável $H_{ap}(z)$.

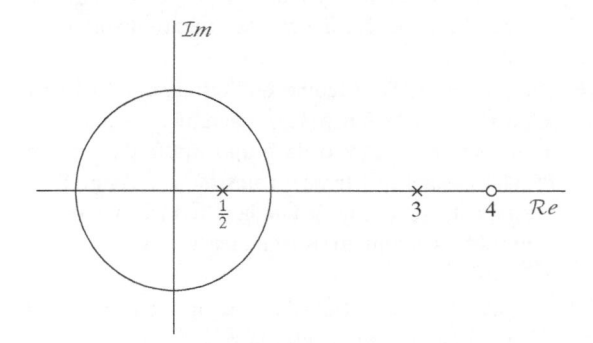

Figura P5.24 Diagrama de polos e zeros para $H(z)$.

Determine uma escolha para $H_{mín}(z)$ e $H_{ap}(z)$ (a menos de um fator de escala) e esboce seus diagramas de polos e zeros correspondentes. Indique se a sua decomposição é única a menos de um fator de escala.

5.25. **(a)** Um filtro passa-baixas ideal com resposta ao impulso $h[n]$ é projetado com fase zero, uma frequência de corte $\omega_c = \pi/4$, um ganho na faixa de passagem de 1 e um ganho na faixa de rejeição de 0. Esboce a transformada de Fourier de tempo discreto de $(-1)^n h[n]$.

(b) Um filtro com valores complexos com resposta ao impulso $g[n]$ tem o diagrama de polos e zeros mostrado na Figura P5.25. Esboce o diagrama de polos e zeros para $(-1)^n g[n]$. Caso não haja informações suficientes, explique o motivo.

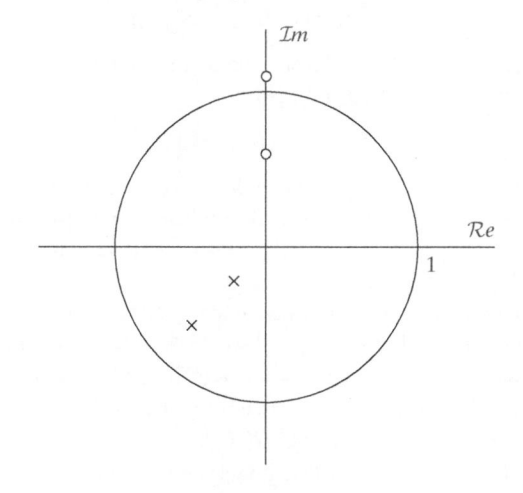

Figura P5.25

5.26. Considere um sistema LIT de tempo discreto para o qual a resposta em frequência $H(e^{j\omega})$ seja descrita por:

$$H(e^{j\omega}) = -j, \quad 0 < \omega < \pi$$

$$H(e^{j\omega}) = j, \quad -\pi < \omega < 0$$

(a) A resposta ao impulso do sistema $h[n]$ é real (isto é, $h[n] = h^*[n]$ para todo n)?

(b) Calcule a expressão:

$$\sum_{n=-\infty}^{\infty} |h[n]|^2$$

(c) Determine a resposta do sistema à entrada $x[n] = s[n]\cos(\omega_c n)$, em que $0 < \omega_c < \pi/2$ e $S(e^{j\omega}) = 0$ para $\omega_c/3 \leq |\omega| \leq \pi$.

5.27. Processamos o sinal $x[n] = \cos(0{,}3\pi n)$ com um sistema LIT passa-tudo com ganho unitário, com resposta em frequência $\omega = H(e^{j\omega})$ e um atraso de grupo de 4 amostras na frequência $\omega = 0{,}3\pi$, para determinar a saída $y[n]$. Também sabemos que $\angle H(e^{j0{,}3\pi}) = \theta$ e $\angle H(e^{-j0{,}3\pi}) = -\theta$. Escolha a afirmação mais exata:

(a) $y[n] = \cos(0{,}3\pi n + \theta)$
(b) $y[n] = \cos(0{,}3\pi(n-4) + \theta)$
(c) $y[n] = \cos(0{,}3\pi(n-4-\theta))$
(d) $y[n] = \cos(0{,}3\pi(n-4))$
(e) $y[n] = \cos(0{,}3\pi(n-4+\theta))$.

5.28. Um sistema LIT causal tem a função de sistema

$$H(z) = \frac{(1-e^{j\pi/3}z^{-1})(1-e^{-j\pi/3}z^{-1})(1+1{,}1765z^{-1})}{(1-0{,}9e^{j\pi/3}z^{-1})(1-0{,}9e^{-j\pi/3}z^{-1})(1+0{,}85z^{-1})}.$$

(a) Escreva a equação de diferenças que é satisfeita pela entrada $x[n]$ e pela saída $y[n]$ desse sistema.

(b) Faça um gráfico do diagrama de polos e zeros e indique a RDC para a função do sistema.

(c) Faça um esboço de $|H(e^{j\omega})|$ com a escala cuidadosamente colocada. Use a localização dos polos e zeros para explicar a aparência da resposta em frequência.

(d) Estabeleça se as afirmações sobre o sistema a seguir são verdadeiras ou falsas:

(i) O sistema é estável.
(ii) A resposta ao impulso se aproxima de uma constante não nula para n grande.
(iii) Como a função de sistema tem um polo no ângulo $\pi/3$, a magnitude da resposta em frequência tem um pico em aproximadamente $\omega = \pi/3$.
(iv) O sistema é um sistema de fase mínima.
(v) O sistema tem um inverso causal e estável.

5.29. Considere a cascata de um sistema LIT com seu sistema inverso mostrado na Figura P5.29.

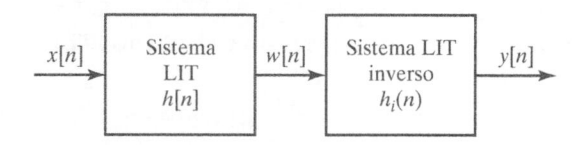

Figura P5.29

A resposta ao impulso do primeiro sistema é $h[n] = \delta[n] + 2\delta[n-1]$.

(a) Determine a resposta ao impulso $h_i[n]$ de um sistema inverso estável para $h[n]$. O sistema inverso é causal?

(b) Agora, considere o caso mais geral, em que $h[n] = \delta[n] + \alpha\delta[n-1]$. Sob quais condições sobre α haverá um sistema inverso que seja tanto estável quanto causal?

5.30. Responda se as afirmações a seguir são sempre VERDADEIRAS ou sempre FALSAS. Justifique cada uma de suas respostas.

(a) "Um sistema LIT de tempo discreto consistindo da conexão em cascata de dois sistemas de fase mínima também é de fase mínima."

(b) "Um sistema LIT de tempo discreto que consiste na conexão paralela de dois sistemas de fase mínima também é de fase mínima."

5.31. Considere a função do sistema

$$H(z) = \frac{rz^{-1}}{1 - (2r\cos\omega_0)z^{-1} + r^2 z^{-2}}, \quad |z| > r.$$

Suponha primeiro que $\omega_0 \neq 0$.

(a) Faça um gráfico com escalas do diagrama de polos e zeros e determine $h[n]$.

(b) Repita o item (a) quando $\omega_0 = 0$. Esse sistema é conhecido como sistema criticamente amortecido.

Problemas avançados

5.32. Suponha que um sistema LIT causal tenha uma resposta ao impulso de comprimento 6 como mostrado na Figura P5.32, em que c é uma constante de valor real (positivo ou negativo).

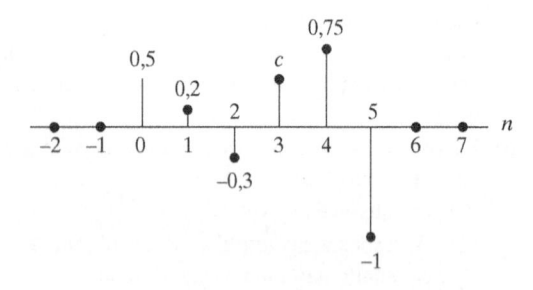

Figura P5.32

Qual das seguintes afirmações é verdadeira?

(a) Esse sistema deve ser de fase mínima.
(b) Esse sistema não pode ser de fase mínima.
(c) Esse sistema pode ou não ser de fase mínima, dependendo do valor de c.

Justifique sua resposta.

5.33. $H(z)$ é a função de sistema para um sistema LIT estável e é dada por:

$$H(z) = \frac{(1 - 2z^{-1})(1 - 0{,}75z^{-1})}{z^{-1}(1 - 0{,}5z^{-1})}.$$

(a) $H(z)$ pode ser representado como uma cascata de um sistema de fase mínima $H_{\text{mín}1}(z)$ e um sistema passa-tudo de ganho unitário $H_{\text{ap}}(z)$, isto é,

$$H(z) = H_{\text{mín}1}(z)H_{\text{ap}}(z).$$

Determine uma escolha para $H_{\text{mín}1}(z)$ e $H_{\text{ap}}(z)$ e especifique se eles são ou não únicos a menos de um fator de escala.

(b) $H(z)$ pode ser expresso como uma cascata de um sistema de fase mínima $H_{\text{mín}2}(z)$ e um sistema FIR de fase linear generalizada $H_{\text{lp}}(z)$:

$$H(z) = H_{\text{mín}2}(z)H_{\text{lp}}(z).$$

Determine uma escolha para $H_{\text{mín}2}(z)$ e $H_{\text{lp}}(z)$ e especifique se eles são únicos a menos de um fator de escala.

5.34. Um sistema LIT de tempo discreto com entrada $x[n]$ e saída $y[n]$ tem as funções de magnitude da resposta em frequência e do atraso de grupo mostradas na Figura P5.34-1. O sinal $x[n]$, também mostrado na Figura P5.34-1, é a soma de três pulsos de banda estreita. Em particular, a Figura P5.34-1 contém os seguintes gráficos:

• $x[n]$
• $|X(e^{j\omega})|$, a magnitude da transformada de Fourier de uma determinada entrada $x[n]$.
• Gráfico da magnitude da resposta em frequência para o sistema.
• Gráfico do atraso de grupo para o sistema.

Na Figura P5.34-2, são dados quatro sinais de saída possíveis, $y_i[n]$ $i = 1, 2, \ldots, 4$. Determine qual dos sinais de saída possíveis é a saída do sistema quando a entrada é $x[n]$. Forneça uma justificativa para a sua escolha.

5.35. Suponha que um filtro de tempo discreto tenha atraso de grupo $\tau(\omega)$. A condição $\tau(\omega) > 0$ para $-\pi < \omega \leq \pi$ sugere que o filtro é necessariamente causal? Explique seu raciocínio com clareza.

5.36. Considere o sistema LIT estável com função de sistema

$$H(z) = \frac{1 + 4z^{-2}}{1 - \frac{1}{4}z^{-1} - \frac{3}{8}z^{-2}}.$$

A função de sistema $H(z)$ pode ser fatorada, de modo que

$$H(z) = H_{\text{mín}}(z)H_{\text{ap}}(z),$$

em que $H_{\text{mín}}(z)$ é um sistema de fase mínima e $H_{\text{ap}}(z)$ é um sistema passa-tudo, isto é,

$$|H_{\text{ap}}(e^{j\omega})| = 1.$$

Esboce o diagrama de polos e zeros para $H_{\text{mín}}(z)$ e $H_{\text{ap}}(z)$. Não se esqueça de indicar as posições de todos os polos e zeros. Além disso, indique a RDC para $H_{\text{mín}}(z)$ e $H_{\text{ap}}(z)$.

5.37. Um sistema LIT tem fase linear generalizada e função de sistema $H(z) = a + bz^{-1} + cz^{-2}$. A resposta ao impulso tem energia unitária, $a \geq 0$, e $H(e^{j\pi}) = H(e^{j0}) = 0$.

(a) Determine a resposta ao impulso $h[n]$.
(b) Faça um gráfico de $|H(e^{j\omega})|$.

5.38. $H(z)$ é a função do sistema para um sistema LIT estável e é dada por:

$$H(z) = \frac{(1 - 9z^{-2})(1 + \frac{1}{3}z^{-1})}{1 - \frac{1}{3}z^{-1}}.$$

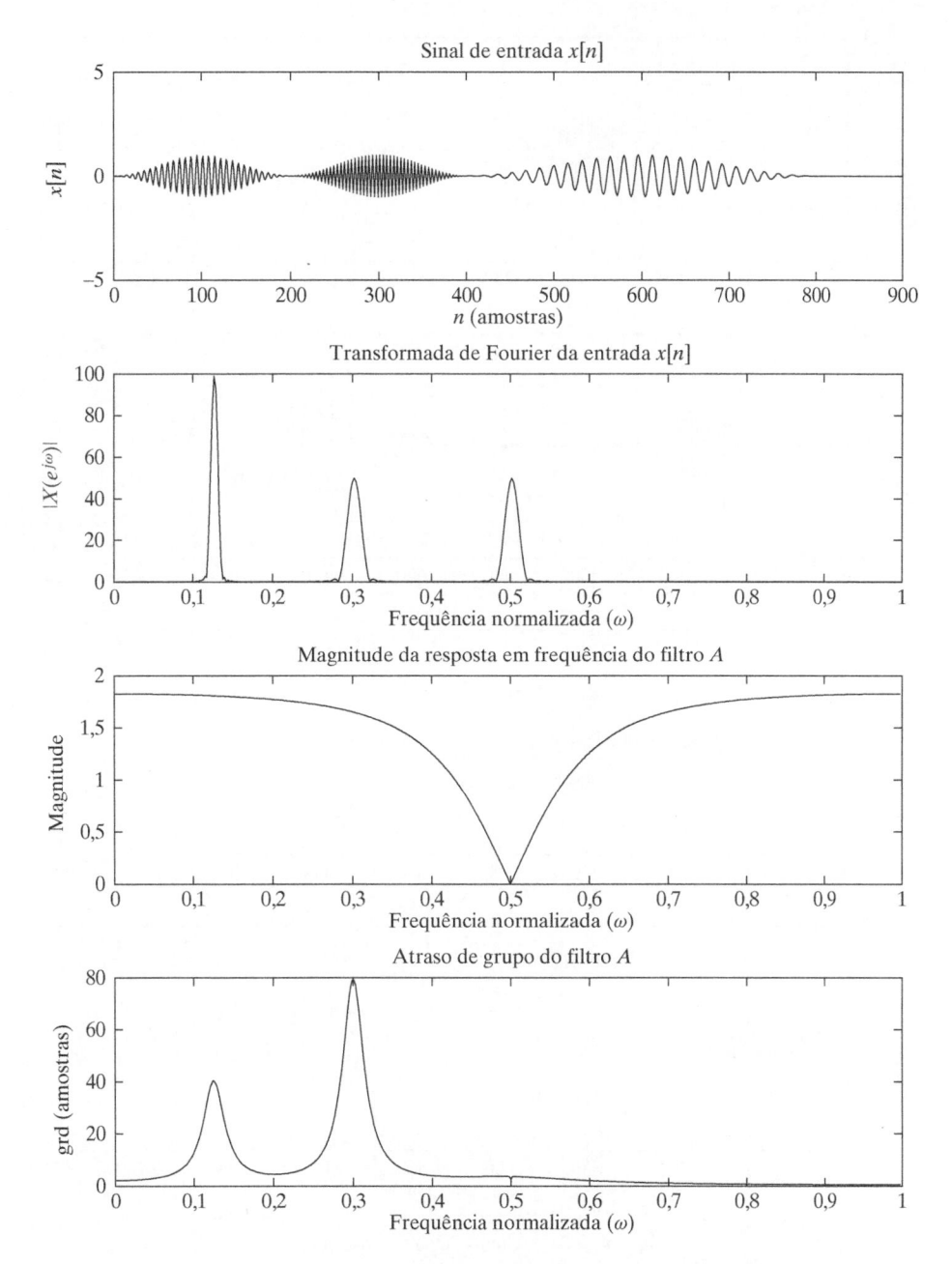

Figura P5.34-1 O sinal de entrada e a resposta em frequência do filtro.

(a) $H(z)$ pode ser representado como uma cascata de um sistema de fase mínima $H_{mín}(z)$ e um sistema passa-tudo de ganho unitário $H_{ap}(z)$. Determine uma escolha para $H_{mín}(z)$ e $H_{ap}(z)$ e especifique se eles são ou não únicos a menos de um fator de escala.

(b) O sistema de fase mínima, $H_{mín}(z)$, é um sistema FIR? Explique.

(c) O sistema de fase mínima, $H_{mín}(z)$, é um sistema de fase linear generalizada? Se não, $H(z)$ pode ser representado como uma cascata de um sistema de fase linear generalizada $H_{lin}(z)$ e um sistema passa-tudo $H_{ap2}(z)$? Se a sua resposta for sim, determine $H_{lin}(z)$ e $H_{ap2}(z)$. Se for não, explique por que essa representação não existe.

5.39. $H(z)$ é a função de transferência de um sistema LIT estável e é dada por:

$$H(z) = \frac{z-2}{z(z-1/3)}.$$

(a) O sistema é causal? Justifique sua resposta com clareza.

(b) $H(z)$ também pode ser expressa como $H(z) = H_{mín}(z)H_{lin}(z)$, em que $H_{mín}(z)$ é um sistema de fase mínima e $H_{lin}(z)$ é um sistema de fase linear generalizada. Determine uma escolha para $H_{mín}(z)$ e $H_{lin}(z)$.

5.40. O sistema S_1 tem uma resposta ao impulso real $h_1[n]$ e uma resposta em frequência real $H_1(e^{j\omega})$.

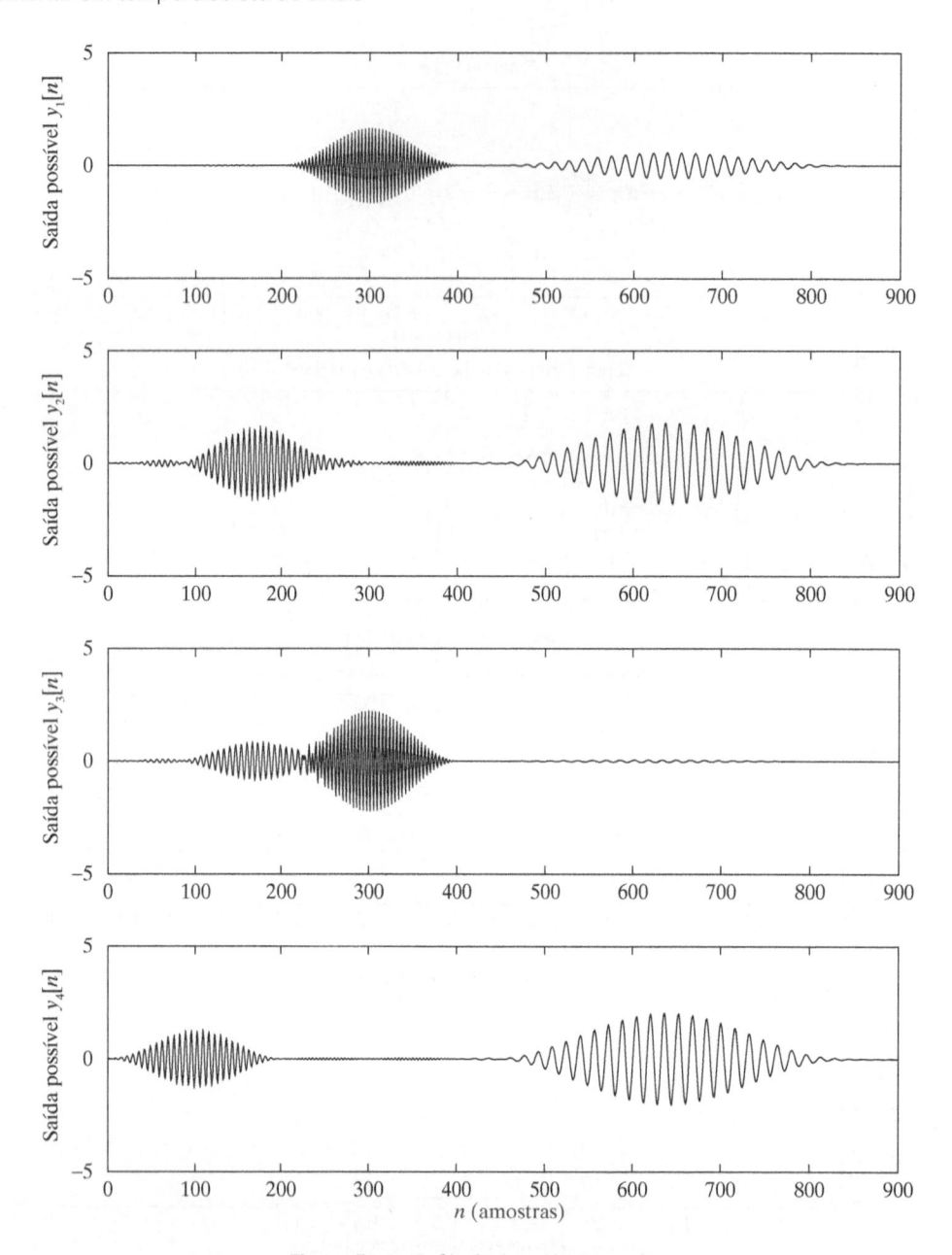

Figura P5.34-2 Sinais de saída possíveis.

(a) A resposta ao impulso $h_1[n]$ tem alguma simetria? Explique.

(b) O sistema S_2 é um sistema de fase linear com a mesma resposta de magnitude do sistema S_1. Qual é a relação entre $h_2[n]$, a resposta ao impulso do sistema S_2 e $h_1[n]$?

(c) Um filtro IIR causal pode ter uma fase linear? Explique. Se a sua resposta for sim, forneça um exemplo.

5.41. Considere um filtro LIT de tempo discreto cuja resposta ao impulso $h[n]$ seja não nula apenas em cinco amostras de tempo consecutivas; a resposta em frequência do filtro é $H(e^{j\omega})$. Sejam os sinais $x[n]$ e $y[n]$ a entrada e a saída do filtro, respectivamente.

Além disso, você recebeu as seguintes informações sobre o filtro:

(i) $\int_{-\pi}^{\pi} H(e^{j\omega})\, d\omega = 4\pi$.

(ii) Existe um sinal $a[n]$ que tem uma TFTD real e par $A(e^{j\omega})$ dado por

$$A(e^{j\omega}) = H(e^{j\omega})\, e^{j2\omega}.$$

(iii) $A(e^{j0}) = 8$ e $A(e^{j\pi}) = 12$.

Especifique completamente a resposta ao impulso $h[n]$, isto é, especifique a resposta ao impulso em cada instante de tempo em que ela assume um valor não nulo. Faça um gráfico de $h[n]$, indicando com cuidado e precisão suas características mais importantes.

5.42. Um sistema LIT de tempo discreto estável com entrada e saída limitadas tem resposta ao impulso $h[n]$ correspondente a uma função de sistema racional $H(z)$ com o diagrama de polos e zeros mostrado na Figura P5.42.

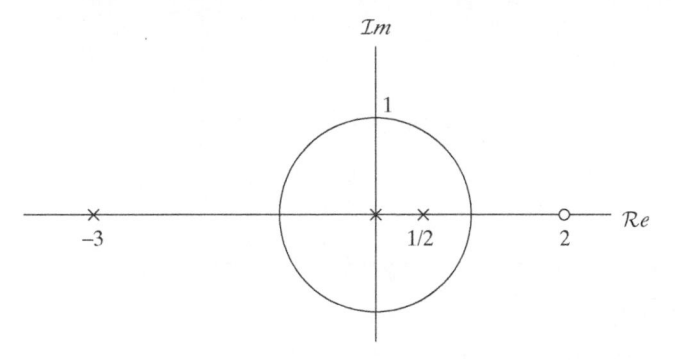

Figura P5.42

Além disso, sabemos que $\sum_{n=-\infty}^{\infty} (-1)^n h[n] = -1$.

(a) Determine $H(z)$ e sua RDC.
(b) Considere um novo sistema com uma resposta ao impulso $g[n] = h[n + n_0]$ em que n_0 é um inteiro. Dado que $G(z)|_{z=0} = 0$ e $\lim_{z\to\infty} G(z) < \infty$, determine os valores de n_0 e $g[0]$.
(c) Um novo sistema tem uma resposta ao impulso $f[n] = h[n] * h[-n]$. Determine $F(z)$ e sua RDC.
(d) Existe um sinal lateral direito $e[n]$, tal que $e[n] * h[n] = u[n]$, sendo $u[n]$ a sequência degrau unitário? Em caso positivo, $e[n]$ é causal?

5.43. Considere um sistema LIT com função de sistema:

$$H(z) = \frac{z^{-2}(1 - 2z^{-1})}{2(1 - \frac{1}{2}z^{-1})}, \quad |z| > \frac{1}{2}.$$

(a) $H(z)$ é um sistema passa-tudo? Explique.
(b) O sistema deve ser implementado como a cascata de três sistemas $H_{mín}(z), H_{máx}(z)$ e $H_d(z)$, indicando fase mínima, fase máxima e deslocamento de tempo inteiro, respectivamente. Determine as respostas ao impulso $h_{mín}[n], h_{máx}[n]$ e $h_d[n]$, correspondentes a cada um dos sistemas.

5.44. As respostas ao impulso de quatro filtros FIR de fase linear $h_1[n], h_2[n], h_3[n]$ e $h_4[n]$ são dadas a seguir. Além disso, quatro gráficos de resposta de magnitude, A, B, C e D, que potencialmente correspondem a essas respostas ao impulso, são mostrados na Figura P5.44. Para cada resposta ao impulso $h_i[n], i = 1, ..., 4$, especifique se um dos quatro gráficos de resposta de magnitude corresponde a ela e qual. Se nenhum dos gráficos de resposta de magnitude corresponder a determinado $h_i[n]$, então especifique "nenhum" como resposta para esse $h_i[n]$.

$h_1[n] = 0{,}5\delta[n] + 0{,}7\delta[n-1] + 0{,}5\delta[n-2]$
$h_2[n] = 1{,}5\delta[n] + \delta[n-1] + \delta[n-2] + 1{,}5\delta[n-3]$
$h_3[n] = -0{,}5\delta[n] - \delta[n-1] + \delta[n-3] + 0{,}5\delta[n-4]$
$h_4[n] = -\delta[n] + 0{,}5\delta[n-1] - 0{,}5\delta[n-2] + \delta[n-3]$

5.45. Os diagramas de polos e zeros na Figura P5.45 descrevem seis sistemas LIT causais diferentes.

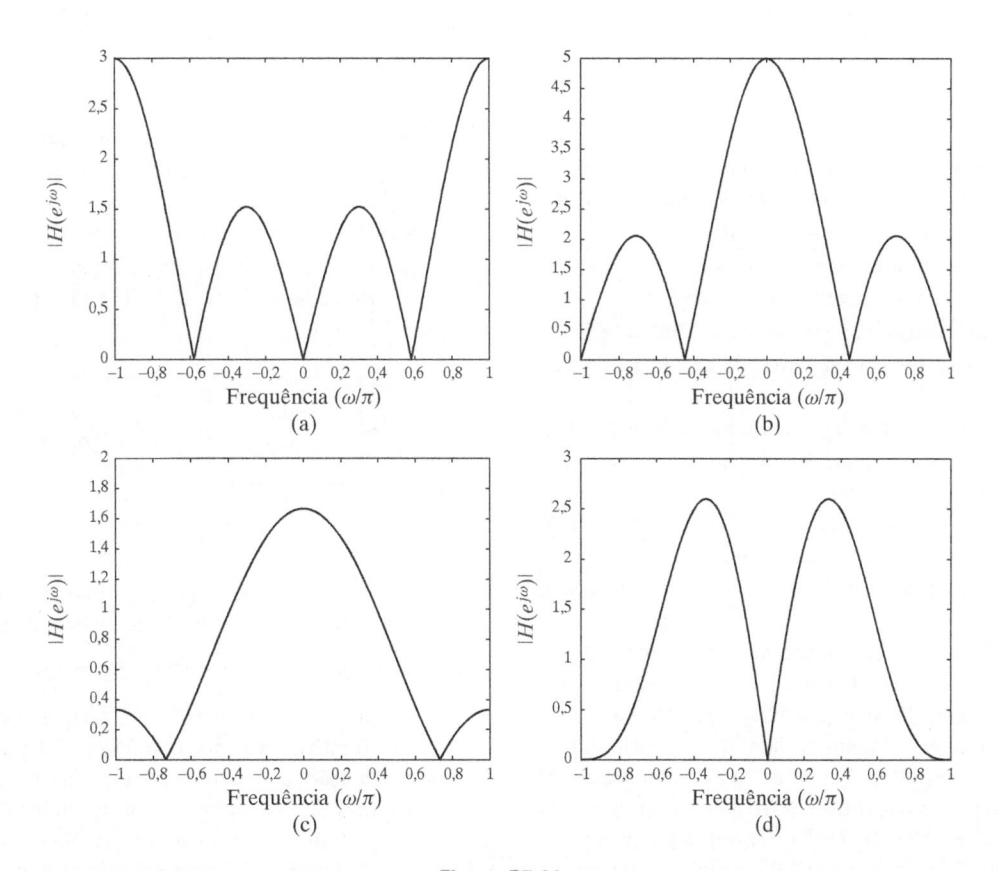

Figura P5.44

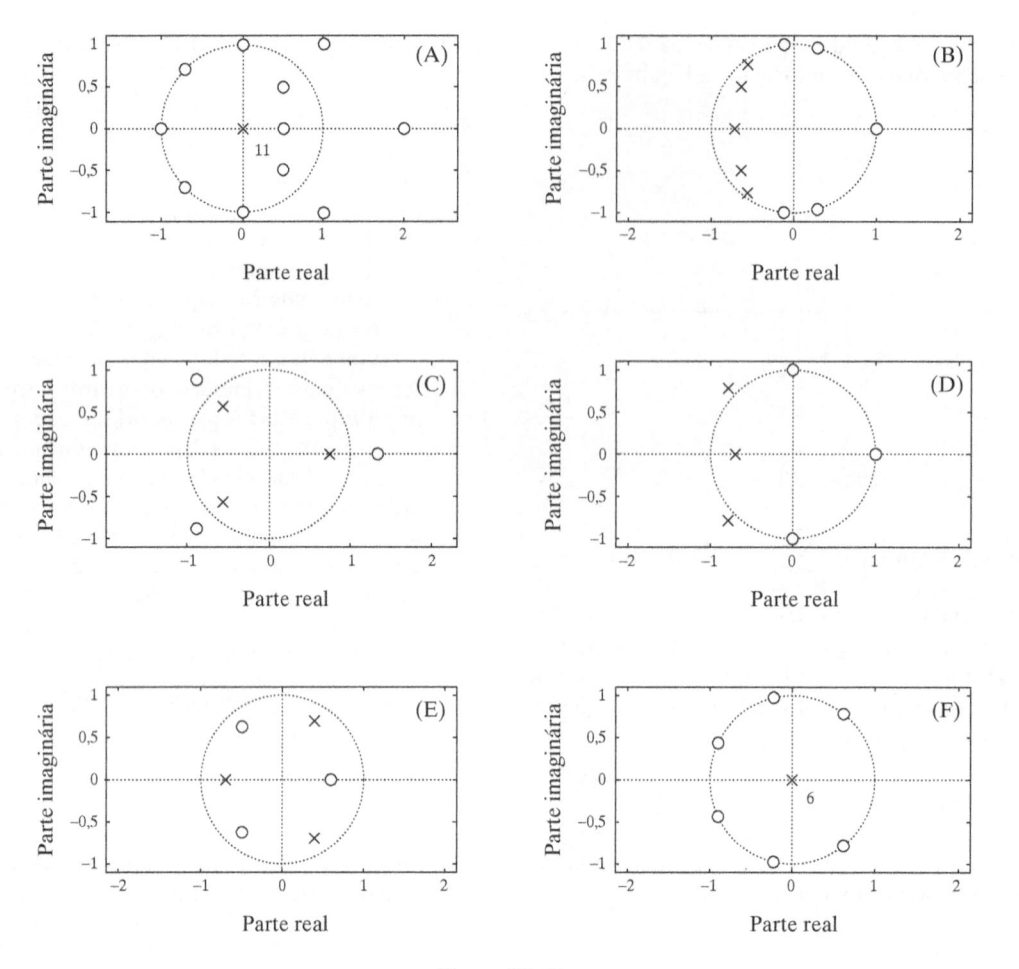

Figura P5.45

Responda às perguntas a seguir sobre os sistemas tendo os diagramas de polos e zeros anteriores. Em cada caso, uma resposta aceitável poderia ser *nenhum* ou *todos*.
(a) Quais sistemas são sistemas IIR?
(b) Quais sistemas são sistemas FIR?
(c) Quais sistemas são sistemas estáveis?
(d) Quais sistemas são sistemas de fase mínima?
(e) Quais sistemas são sistemas de fase linear generalizada?
(f) Quais sistemas têm $|H(e^{j\omega})|$ = constante para todo ω?
(g) Quais sistemas têm sistemas inversos correspondentes estáveis e causais?
(h) Qual sistema tem a resposta ao impulso mais curta (menor número de amostras nulas)?
(i) Quais sistemas têm resposta em frequência passa-baixas?
(j) Quais sistemas têm atraso de grupo mínimo?

5.46. Assuma que os dois sistemas lineares na cascata mostrada na Figura P5.46 sejam filtros FIR de fase linear. Suponha que $H_1(z)$ tenha ordem M_1 (comprimento da resposta ao impulso $M_1 + 1$) e $H_2(z)$ tenha ordem M_2. Suponha que as respostas em frequência tenham a forma $H_1(e^{j\omega}) = A_1(e^{j\omega})e^{-j\omega M_1/2}$ e $H_2(e^{j\omega}) = jA_2(e^{j\omega})e^{-j\omega M_2/2}$, em que M_1 é um inteiro par e M_2 é um inteiro ímpar.

(a) Determine a resposta em frequência total $H(e^{j\omega})$.
(b) Determine o comprimento da resposta ao impulso do sistema total.
(c) Determine o atraso de grupo do sistema total.
(d) O sistema total é um sistema de fase linear generalizada do Tipo I, do Tipo II, do Tipo III ou do Tipo IV?

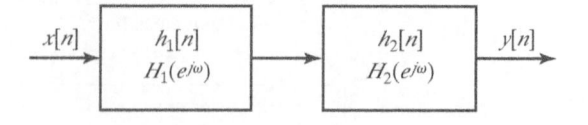

Figura P5.46

5.47. Um sistema FIR de fase linear tem uma resposta ao impulso $h[n]$ cuja transformada z tem a forma

$$H(z) = (1 - az^{-1})(1 - e^{j\pi/2}z^{-1})(1 - bz^{-1})(1 - 0{,}5z^{-1})(1 - cz^{-1})$$

em que a, b e c são zeros de $H(z)$ que você deve encontrar. Também sabemos que $H(e^{j\omega}) = 0$ para $\omega = 0$. Essa informação e o conhecimento das propriedades dos sistemas de fase linear são suficientes para determinar completamente a função de sistema (e, portanto, a resposta ao impulso) e responder às seguintes perguntas:

(a) Determine o comprimento da resposta ao impulso (isto é, o número de amostras não nulas).
(b) Esse é um sistema do Tipo I, do Tipo II, do Tipo III ou do Tipo IV?
(c) Determine o atraso de grupo do sistema em amostras.
(d) Determine os zeros desconhecidos a, b e c. (Os símbolos são arbitrários, mas existem três zeros a serem encontrados.)
(e) Determine os valores da resposta ao impulso e a esboce.

5.48. A função de sistema $H(z)$ de um sistema LIT causal tem a configuração de polos e zeros mostrada na Figura P5.48. Sabe-se também que $H(z) = 6$ quando $z = 1$.

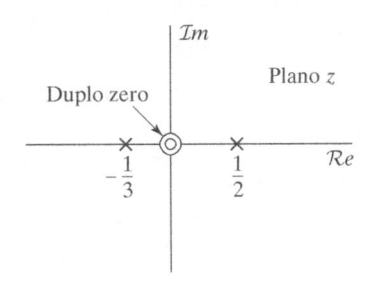

Figura P5.48

(a) Determine $H(z)$.
(b) Determine a resposta ao impulso $h[n]$ do sistema.
(c) Determine a resposta do sistema aos seguintes sinais de entrada:
   (i) $x[n] = u[n] - \frac{1}{2}u[n-1]$
   (ii) A sequência $x[n]$ obtida pela amostragem do sinal de tempo contínuo
   $$x(t) = 50 + 10\cos 20\pi t + 30\cos 40\pi t$$
   com uma frequência de amostragem $\Omega_s = 2\pi(40)$ rad/s.

5.49. A função de sistema de um sistema LIT é dada por
$$H(z) = \frac{21}{\left(1 - \frac{1}{2}z^{-1}\right)(1 - 2z^{-1})(1 - 4z^{-1})}.$$

Sabe-se que o sistema não é estável e que a resposta ao impulso é bilateral.
(a) Determine a resposta ao impulso $h[n]$ do sistema.
(b) A resposta ao impulso encontrada no item (a) pode ser expressa como a soma de uma resposta ao impulso causal $h_1[n]$ e uma resposta ao impulso anticausal $h_2[n]$. Determine as funções do sistema $H_1(z)$ e $H_2(z)$ correspondentes.

5.50. A transformada de Fourier de um sistema LIT estável é puramente real e é mostrada na Figura P5.50. Determine se esse sistema tem um sistema inverso estável.

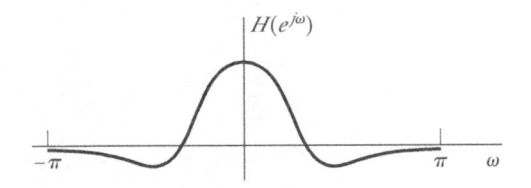

Figura P5.50

5.51. Um sistema LIT causal tem a função de sistema
$$H(z) = \frac{(1 - 1{,}5z^{-1} - z^{-2})(1 + 0{,}9z^{-1})}{(1 - z^{-1})(1 + 0{,}7jz^{-1})(1 - 0{,}7jz^{-1})}.$$

(a) Escreva a equação de diferenças que é satisfeita pela entrada e pela saída do sistema.
(b) Esboce o diagrama de polos e zeros e indique a RDC para a função de sistema.
(c) Esboce $|H(e^{j\omega})|$.
(d) Indique se as afirmações a seguir sobre o sistema são verdadeiras ou falsas:
   (i) O sistema é estável.
   (ii) A resposta ao impulso se aproxima de uma constante para n grande.
   (iii) A magnitude da resposta em frequência tem um pico em aproximadamente $\omega = \pm \pi/4$.
   (iv) O sistema tem um inverso estável e causal.

5.52. Considere uma sequência causal $x[n]$ com a transformada z
$$X(z) = \frac{\left(1 - \frac{1}{2}z^{-1}\right)\left(1 - \frac{1}{4}z^{-1}\right)\left(1 - \frac{1}{5}z\right)}{\left(1 - \frac{1}{6}z\right)}.$$

Para quais valores de α, $\alpha^n x[n]$ é uma sequência real de fase mínima?

5.53. Considere o sistema LIT cuja função de sistema seja
$$H(z) = (1 - 0{,}9e^{j0{,}6\pi} z^{-1})(1 - 0{,}9e^{-j0{,}6\pi} z^{-1})$$
$$(1 - 1{,}25e^{j0{,}8\pi} z^{-1})(1 - 1{,}25e^{-j0{,}8\pi} z^{-1}).$$

(a) Determine todas as funções de sistema causais que resultam na mesma magnitude da resposta em frequência de $H(z)$ e para as quais as respostas ao impulso são reais e de mesmo comprimento da resposta ao impulso associada a $H(z)$. (Existem quatro dessas funções de sistema diferentes.) Identifique qual função de sistema é de fase mínima e qual, a menos de um deslocamento no tempo, tem fase máxima.
(b) Determine as respostas ao impulso para as funções de sistema no item (a).
(c) Para cada uma das sequências no item (b), calcule e esboce a quantidade
$$E[n] = \sum_{m=0}^{n} (h[m])^2$$
para $0 \le n \le 5$. Indique explicitamente qual gráfico corresponde ao sistema de fase mínima.

5.54. Na Figura P5.54 são mostradas oito sequências diferentes de duração finita. Cada sequência tem quatro pontos de comprimento. A magnitude da transformada de Fourier é a mesma para todas as sequências. Qual das sequências tem todos os zeros de sua transformada z no *interior* da circunferência unitária?

5.55. Cada um dos diagramas de polos e zeros na Figura P5.55, juntamente com a especificação da RDC, descreve um

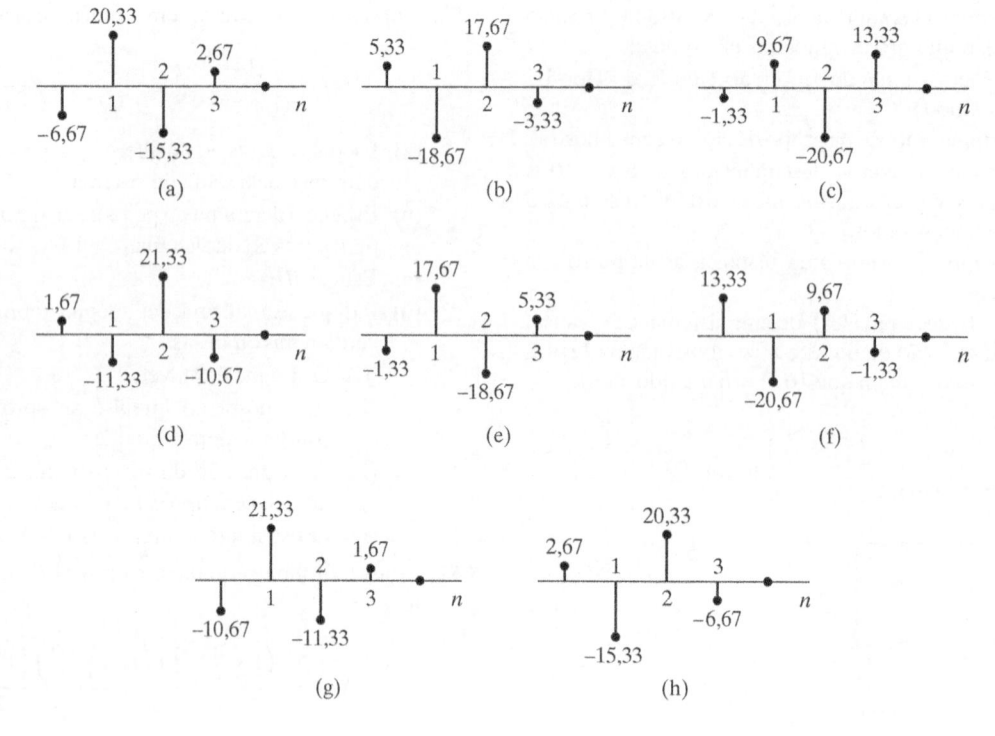

Figura P5.54

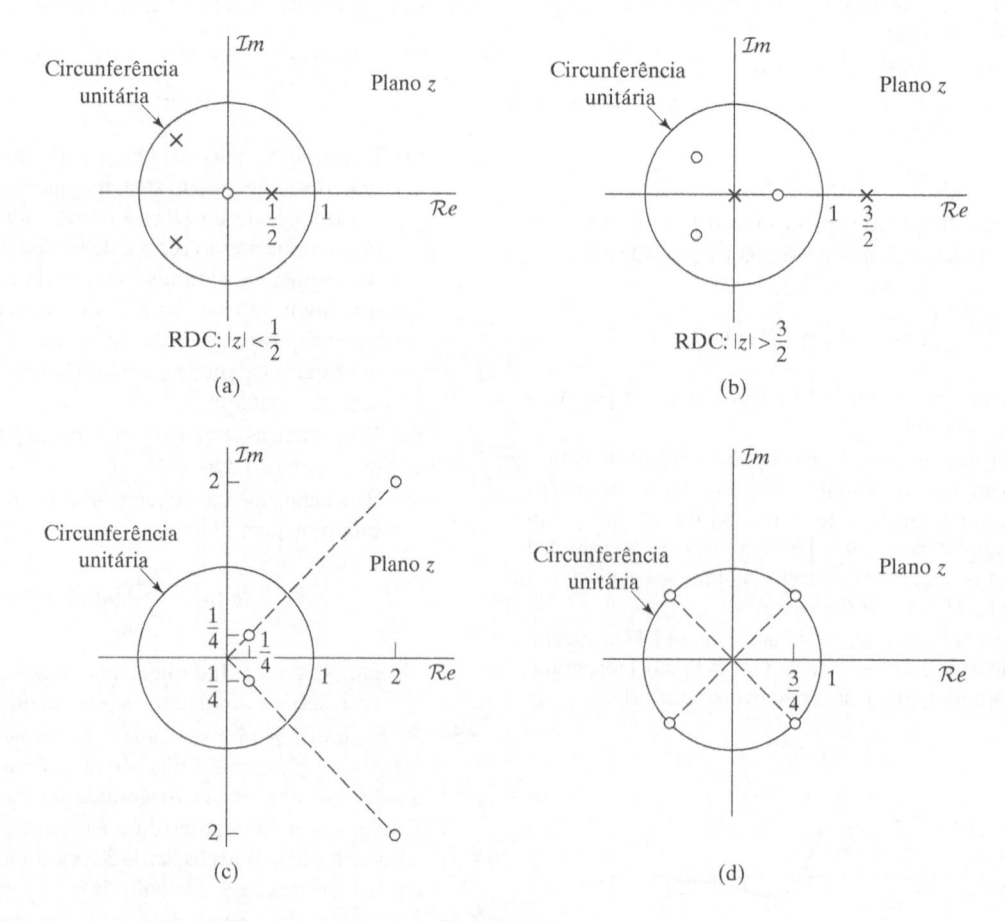

Figura P5.55

sistema LIT com função de sistema $H(z)$. Em cada caso, determine se alguma das afirmações a seguir é verdadeira. Justifique sua resposta com uma breve explicação ou um contraexemplo.

(a) O sistema é um sistema de fase nula ou de fase linear generalizada.

(b) O sistema tem um inverso $H_i(z)$ estável.

5.56. Assumindo conversores D/C e C/D ideais, o sistema total da Figura P5.56 é um sistema LIT de tempo discreto com resposta em frequência $H(e^{j\omega})$ e resposta ao impulso $h[n]$.

Tipo	Simetria	$(M+1)$	Forma de $A(e^{j\omega})$	α	β
I	Simétrico	Ímpar	$\sum_{n=0}^{M/2} a[n]\cos\omega n$		
II	Simétrico	Par	$\sum_{n=1}^{(M+1)/2} b[n]\cos\omega(n-1/2)$		
III	Antissimétrico	Ímpar	$\sum_{n=1}^{M/2} c[n]\,\text{sen}\,\omega n$		
IV	Antissimétrico	Par	$\sum_{n=1}^{(M+1)/2} d[n]\,\text{sen}\,\omega(n-1/2)$		

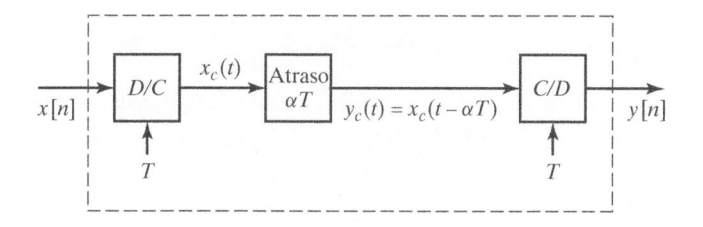

Figura P5.56

(a) $H(e^{j\omega})$ pode ser expressa na forma

$$H(e^{j\omega}) = A(e^{j\omega})e^{j\phi(\omega)},$$

com $A(e^{j\omega})$ real. Determine e esboce $A(e^{j\omega})$ e $\phi(\omega)$ para $|\omega|<\pi$.

(b) Esboce $h[n]$ para:
  (i) $\alpha = 3$
  (ii) $\alpha = 3\frac{1}{2}$
  (iii) $\alpha = 3\frac{1}{4}$.

(c) Considere um sistema LIT de tempo discreto para o qual

$$H(e^{j\omega}) = A(e^{j\omega})e^{j\alpha\omega}, \quad |\omega|<\pi,$$

com $A(e^{j\omega})$ real. O que pode ser dito sobre a simetria de $h[n]$ para
  (i) $\alpha =$ inteiro?
  (ii) $\alpha = M/2$, sendo M um inteiro ímpar?
  (iii) α genérico?

5.57. Considere a classe de filtros FIR que têm $h[n]$ real, $h[n] = 0$ para $n < 0$ e $n > M$, e uma das seguintes propriedades de simetria:

Simétrico: $h[n] = h[M-n]$

Antissimétrico: $h[n] = -h[M-n]$

Todos os filtros nessa classe possuem fase linear generalizada, isto é, têm resposta em frequência na forma

$$H(e^{j\omega}) = A(e^{j\omega})e^{-j\alpha\omega + j\beta},$$

em que $A(e^{j\omega})$ é uma função real de ω, α é uma constante real e β é uma constante real.

Para a tabela a seguir, mostre que $A(e^{j\omega})$ tem a forma indicada e encontre os valores de α e β.

Seguem várias sugestões úteis.

- Para os filtros do tipo I, primeiro mostre que $H(e^{j\omega})$ pode ser escrita na forma

$$H(e^{j\omega}) = \sum_{n=0}^{(M-2)/2} h[n]e^{-j\omega n} + \sum_{n=0}^{(M-2)/2} h[M-n]e^{-j\omega[M-n]} + h[M/2]e^{-j\omega(M/2)}.$$

- A análise para os filtros do tipo III é muito similar àquela para os de tipo I, com exceção de uma mudança de sinal e da remoção de uma das parcelas precedentes.

- Para filtros de tipo II, primeiro escreva $H(e^{j\omega})$ na forma

$$H(e^{j\omega}) = \sum_{n=0}^{(M-1)/2} h[n]e^{-j\omega n} + \sum_{n=0}^{(M-1)/2} h[M-n]e^{-j\omega[M-n]},$$

e depois coloque em evidência um fator comum $e^{-j\omega(M/2)}$ nos dois somatórios.

- A análise para os filtros do tipo IV é muito similar àquela para os filtros do tipo II.

5.58. Considere que $h_{\text{lp}}[n]$ indica a resposta ao impulso de um filtro FIR passa-baixas de fase linear generalizada. A resposta ao impulso $h_{\text{hp}}[n]$ de um filtro FIR passa-altas de fase linear generalizada pode ser obtida pela transformação

$$h_{\text{hp}}[n] = (-1)^n h_{\text{lp}}[n].$$

Se decidirmos projetar um filtro passa-altas usando essa transformação e quisermos que o filtro passa-altas resultante seja simétrico, qual dos quatro tipos de filtros FIR de fase linear generalizada podemos usar para o projeto do filtro passa-baixas? Sua resposta deverá considerar *todos* os tipos possíveis.

5.59. (a) Um sistema de fase mínima específico tem função de sistema $H_{\text{mín}}(z)$, tal que

$$H_{\text{mín}}(z)H_{\text{ap}}(z) = H_{\text{lin}}(z),$$

em que $H_{\text{ap}}(z)$ é uma função de sistema passa-tudo e $H_{\text{lin}}(z)$ é um sistema de fase linear generalizada causal. O que essa informação diz a respeito dos polos e zeros de $H_{\text{mín}}(z)$?

(b) Um sistema FIR de fase linear generalizada tem uma resposta ao impulso com valores reais e $h[n] = 0$ para $n < 0$ e para $n \geq 8$, e $h[n] = -h[7-n]$. A função de sistema desse sistema tem um zero em $z = 0{,}8e^{j\pi/4}$ e outro zero em $z = -2$. Determine $H(z)$.

5.60. Este problema trata de um filtro de tempo discreto com uma resposta ao impulso real $h[n]$. Determine se a afirmação a seguir é verdadeira ou falsa:

Afirmação: Se o atraso de grupo do filtro é uma constante para $0 < \omega < \pi$, então a resposta ao impulso precisa ter a propriedade

$$h[n] = h[M-n]$$

ou

$$h[n] = -h[M-n],$$

em que M é um inteiro.

Se a afirmação for verdadeira, justifique. Se ela for falsa, forneça um contraexemplo.

5.61. A função do sistema $H_{II}(z)$ representa um sistema FIR de fase linear generalizada do tipo II com resposta ao impulso $h_{II}[n]$. Esse sistema é colocado em cascata com um sistema LIT, cuja função do sistema é $(1 - z^{-1})$, para produzir um terceiro sistema com função do sistema $H(z)$ e resposta ao impulso $h[n]$. Prove que o sistema total é um sistema de fase linear generalizada e determine que tipo de sistema de fase linear ele é.

5.62. Seja S_1 um sistema LIT causal e estável com resposta ao impulso $h_1[n]$ e resposta em frequência $H_1(e^{j\omega})$. A entrada $x[n]$ e saída $y[n]$ de S_1 são relacionadas pela equação de diferenças

$$y[n] - y[n-1] + \tfrac{1}{4}y[n-2] = x[n].$$

(a) Se um sistema LIT S_2 tem uma resposta em frequência dada por $H_2(e^{j\omega}) = H_1(-e^{j\omega})$, você caracterizaria S_2 como um filtro passa-baixas, um filtro passa-faixas ou um filtro passa-altas? Justifique sua resposta.

(b) Seja S_3 um sistema LIT causal cuja resposta em frequência $H_3(e^{j\omega})$ tem a propriedade a seguir:

$$H_3(e^{j\omega})H_1(e^{j\omega}) = 1.$$

S_3 é um filtro de fase mínima? S_3 poderia ser classificado como um dos quatro tipos de filtros FIR com fase linear generalizada? Justifique suas respostas.

(c) Seja S_4 um sistema LIT estável e não causal, cuja resposta em frequência é $H_4(e^{j\omega})$ e cuja entrada $x[n]$ e saída $y[n]$ estejam relacionadas pela equação de diferenças:

$$y[n] + \alpha_1 y[n-1] + \alpha_2 y[n-2] = \beta_0 x[n],$$

sendo α_1, α_2 e β_0 constantes reais e não nulas. Especifique um valor para α_1, um valor para α_2 e um valor para β_0, tal que $|H_4(e^{j\omega})| = |H_1(e^{j\omega})|$.

(d) Seja S_5 um filtro FIR cuja resposta ao impulso é $h_5[n]$ e cuja resposta em frequência, $H_5(e^{j\omega})$, tem a propriedade $H_5(e^{j\omega}) = |A(e^{j\omega})|^2$ para alguma TFTD $A(e^{j\omega})$ (isto é, S_5 é um filtro de fase nula). Determine $h_5[n]$, tal que $h_5[n] * h_1[n]$ seja a resposta ao impulso de um filtro FIR não causal.

Problemas de extensão

5.63. No sistema mostrado na Figura P5.63-1, assuma que a entrada possa ser expressa na forma

$$x[n] = s[n]\cos(\omega_0 n).$$

Assuma também que $s[n]$ seja passa-baixas e de banda relativamente estreita; isto é, $S(e^{j\omega}) = 0$ para $|\omega| > \Delta$, com Δ muito pequeno e $\Delta \ll \omega_0$, de modo que $X(e^{j\omega})$ seja de banda estreita em torno de $\omega = \pm \omega_0$.

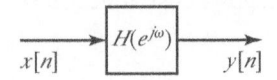

Figura P5.63-1

(a) Se $|H(e^{j\omega})| = 1$ e $\angle H(e^{j\omega})$ é como ilustrada na Figura P5.63-2, mostre que $y[n] = s[n]\cos(\omega_0 n - \phi_0)$.

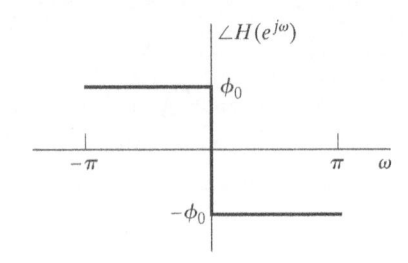

Figura P5.63-2

(b) Se $|H(e^{j\omega})| = 1$ e $\angle H(e^{j\omega})$ é como ilustrado na Figura P5.63-3, mostre que $y[n]$ pode ser expresso na forma

$$y[n] = s[n - n_d]\cos(\omega_0 n - \phi_0 - \omega_0 n_d).$$

Mostre também que $y[n]$ pode ser expresso de forma equivalente como

$$y[n] = s[n - n_d]\cos(\omega_0 n - \phi_1),$$

em que $-\phi_1$ é a fase de $H(e^{j\omega})$ em $\omega = \omega_0$.

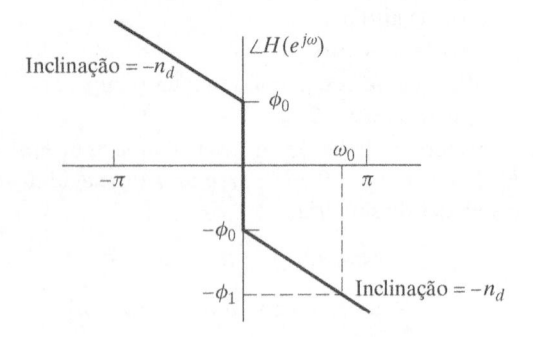

Figura P5.63-3

(c) O atraso de grupo associado com $H(e^{j\omega})$ é definido como

$$\tau_{\text{gr}}(\omega) = -\frac{d}{d\omega}\arg[H(e^{j\omega})],$$

e o atraso de fase é definido como $\tau_{\text{ph}}(\omega) = -(1/\omega)\angle H(e^{j\omega})$. Assuma que $|H(e^{j\omega})|$ seja unitário sobre a largura de banda de $x[n]$. Com base em seus resultados nos itens (a) e (b) e na suposição de que $x[n]$ é de banda estreita, mostre que, se $\tau_{gr}(\omega_0)$ e $\tau_{ph}(\omega_0)$ forem ambos inteiros, então

$$y[n] = s[n - \tau_{gr}(\omega_0)] \cos\{\omega_0[n - \tau_{ph}(\omega_0)]\}.$$

Essa equação mostra que, para um sinal de banda estreita $x[n]$, $\angle H(e^{j\omega})$ efetivamente aplica um atraso de $\tau_{gr}(\omega_0)$ à envoltória $s[n]$ de $x[n]$ e um atraso de $\tau_{ph}(\omega_0)$ à portadora $\cos\omega_0 n$.

(d) Com relação à discussão na Seção 4.5, associada com atrasos não inteiros de uma sequência, como você interpretaria o efeito do atraso de grupo e do atraso de fase se $\tau_{gr}(\omega_0)$ ou $\tau_{ph}(\omega_0)$ (ou ambos) não são inteiros?

5.64. O sinal $y[n]$ é a saída de um sistema LIT com entrada $x[n]$, que é ruído branco com média zero. O sistema é descrito pela equação de diferenças

$$y[n] = \sum_{k=1}^{N} a_k y[n-k] + \sum_{k=0}^{M} b_k x[n-k], \qquad b_0 = 1.$$

(a) Qual é a transformada z, $\Phi_{yy}(z)$, da função de autocorrelação $\phi_{yy}[n]$?

Às vezes, é interessante processar $y[n]$ com um filtro linear tal que o espectro de potência da saída do filtro linear será plano quando a entrada do filtro linear for $y[n]$. Esse procedimento é conhecido como "branquear" $y[n]$, e o filtro linear que realiza a tarefa é considerado como "filtro branqueador" para o sinal $y[n]$. Suponha que sabemos a função de autocorrelação $\phi_{yy}[n]$ e sua transformada z, $\Phi_{yy}(z)$, mas não os valores dos coeficientes a_k e b_k.

(b) Descreva um procedimento para encontrar uma função do sistema $H_w(z)$ do filtro branqueador.

(c) O filtro branqueador é único?

5.65. Em muitas situações práticas, confrontamo-nos com o problema de recuperar um sinal que foi "borrado" por um processo de convolução. Podemos modelar esse processo de borrar como uma operação de filtragem linear, como representado na Figura P5.65-1, em que a resposta ao impulso é como mostrada na Figura P5.65-2. Este problema considerará modos de recuperar $x[n]$ a partir de $y[n]$.

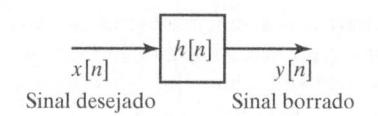

Figura P5.65-1

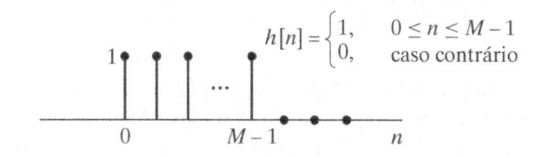

Figura P5.65-2

(a) Uma abordagem para recuperar $x[n]$ a partir de $y[n]$ é usar um filtro inverso; isto é, $y[n]$ é filtrado por um sistema cuja resposta em frequência é

$$H_i(e^{j\omega}) = \frac{1}{H(e^{j\omega})},$$

em que $H(e^{j\omega})$ é a transformada de Fourier de $h[n]$. Para a resposta ao impulso $h[n]$ mostrada na Figura P5.65-2, discuta os problemas práticos envolvidos na implementação da abordagem de filtragem inversa. Seja completo, mas também seja conciso e direto ao ponto.

(b) Por causa das dificuldades envolvidas na filtragem inversa, a seguinte técnica é sugerida para recuperar $x[n]$ a partir de $y[n]$: O sinal borrado $y[n]$ é processado pelo sistema mostrado na Figura P5.65-3, que produz uma saída $w[n]$ a partir da qual podemos extrair uma réplica melhorada de $x[n]$. As respostas ao impulso $h_1[n]$ e $h_2[n]$ são mostradas na Figura P.65-4. Explique em detalhes o funcionamento desse sistema. Em particular, indique precisamente as condições sob as quais podemos recuperar $x[n]$ exatamente a partir de $w[n]$. *Dica:* Considere a resposta ao impulso do sistema total de $x[n]$ até $w[n]$.

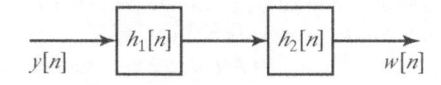

Figura P5.65-3

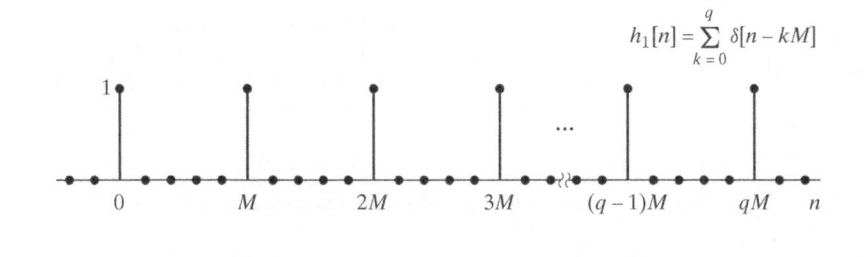

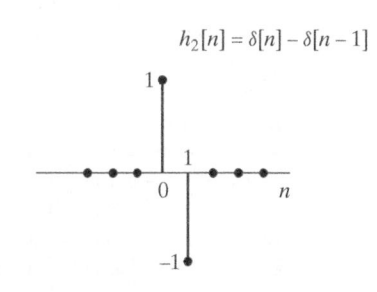

Figura P5.65-4

(c) Vamos agora tentar generalizar essa abordagem para respostas ao impulso borradoras arbitrárias de comprimento finito $h[n]$; isto é, assuma apenas que $h[n] = 0$ para $n < 0$ ou $n \geq M$. Além disso, assuma que $h_1[n]$ é a mesma da Figura P5.65-4. Como $H_2(z)$ e $H(z)$ devem estar relacionados para que o sistema funcione como no item (b)? Que condição $H(z)$ deve satisfazer a fim de que seja possível implementar $H_2(z)$ como um sistema causal?

5.66. Neste problema, demonstramos que, para uma transformada z racional, um fator na forma $(z - z_0)$ e um fator na forma $z/(z - 1/z_0^*)$ contribuem com a mesma fase.

(a) Seja $H(z) = z - 1/a$, sendo a real e $0 < a < 1$. Esboce os polos e zeros do sistema, incluindo uma indicação daqueles em $z = \infty$. Determine $\angle H(e^{j\omega})$, a fase do sistema.

(b) Seja $G(z)$ especificado de modo que ele tenha polos nas localizações recíprocas conjugadas dos zeros de $H(z)$ e zeros nas localizações recíprocas conjugadas dos polos de $H(z)$, incluindo aqueles em zero e ∞. Esboce o diagrama de polos e zeros de $G(z)$. Determine $\angle G(e^{j\omega})$, a fase do sistema, e mostre que ela é idêntica a $\angle H(e^{j\omega})$.

5.67. Prove a validade das duas afirmações a seguir:

(a) A convolução de duas sequências de fase mínima também é uma sequência de fase mínima.

(b) A soma de duas sequências de fase mínima não é necessariamente uma sequência de fase mínima. Especificamente, dê um exemplo de uma sequência de fase mínima e um exemplo de uma sequência de fase não mínima que possam ser formadas como a soma de duas sequências de fase mínima.

5.68. Uma sequência é definida pela relação

$$r[n] = \sum_{m=-\infty}^{\infty} h[m]h[n+m] = h[n] * h[-n],$$

em que $h[n]$ é uma sequência de fase mínima e

$$r[n] = \tfrac{4}{3}\left(\tfrac{1}{2}\right)^n u[n] + \tfrac{4}{3} 2^n u[-n-1].$$

(a) Determine $R(z)$ e esboce o diagrama de polos e zeros.

(b) Determine a sequência de fase mínima $h[n]$ a menos de um fator de escala de ± 1. Além disso, determine a transformada z, $H(z)$, de $h[n]$.

5.69. Uma sequência de *fase máxima* é uma sequência estável cuja transformada z tem todos os polos e zeros *fora* da circunferência unitária.

(a) Mostre que as sequências de fase máxima são necessariamente anticausais, isto é, são nulas para $n > 0$.

Sequências de fase máxima FIR podem se tornar causais incluindo-se uma quantidade finita de atraso. Uma sequência de fase máxima causal de duração finita que possui uma transformada de Fourier de uma dada magnitude pode ser obtida refletindo-se todos os zeros da transformada z de uma sequência de fase mínima para posições recíprocas conjugadas fora da circunferência unitária. Isto é, podemos expressar a transformada z de uma sequência de duração finita causal de fase máxima como

$$H_{máx}(z) = H_{mín}(z) H_{ap}(z).$$

Claramente, esse processo assegura que $|H_{máx}(e^{j\omega})| = |H_{mín}(e^{j\omega})|$. Agora, a transformada z de uma sequência de fase mínima de duração finita pode ser expressa como

$$H_{mín}(z) = h_{mín}[0] \prod_{k=1}^{M}(1 - c_k z^{-1}), \qquad |c_k| < 1.$$

(b) Obtenha uma expressão para a função de sistema passa-tudo requerida para refletir todos os zeros de $H_{mín}(z)$ para posições fora da circunferência unitária.

(c) Mostre que $H_{máx}(z)$ pode ser expressa como

$$H_{máx}(z) = z^{-M} H_{mín}(z^{-1}).$$

(d) Usando o resultado do item (c), expresse a sequência de fase máxima $h_{máx}[n]$ em termos de $h_{mín}[n]$.

5.70. Não é possível obter um sistema inverso causal e estável (um compensador perfeito) para um sistema de fase não mínima. Neste problema, estudamos uma abordagem para compensar apenas a magnitude da resposta em frequência de um sistema de fase não mínima.

Suponha que um sistema de tempo discreto LIT com fase não mínima estável com uma função de sistema racional $H(z)$ seja colocado em cascata com um sistema de compensação $H_c(z)$ como mostrado na Figura P5.70.

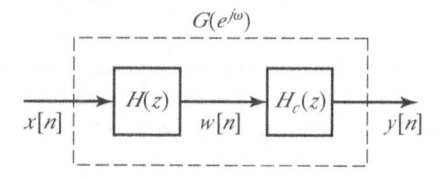

Figura P5.70

(a) Como $H_c(z)$ deveria ser escolhido de modo que seja estável e causal e tal que a magnitude da resposta em frequência efetiva total seja unitária? (Lembre-se de que $H(z)$ sempre pode ser representada como $H(z) = H_{ap}(z)H_{mín}(z)$.)

(b) Quais são as funções de sistema correspondentes $H_c(z)$ e $G(z)$?

(c) Suponha que

$$H(z) = (1 - 0{,}8e^{j0{,}3\pi} z^{-1})(1 - 0{,}8e^{-j0{,}3\pi} z^{-1})$$
$$(1 - 1{,}2e^{j0{,}7\pi} z^{-1})(1 - 1{,}2e^{-j0{,}7\pi} z^{-1}).$$

Determine $H_{mín}(z)$, $H_{ap}(z)$, $H_c(z)$ e $G(z)$ para esse caso e construa os diagramas de polos e zeros para cada função de sistema.

5.71. Seja $h_{mín}[n]$ uma sequência de fase mínima com transformada z, $H_{mín}(z)$. Se $h[n]$ é uma sequência de fase não mínima causal cuja magnitude da transformada de Fourier é igual a $|H_{mín}(e^{j\omega})|$, mostre que

$$|h[0]| < |h_{mín}[0]|.$$

(Use o teorema do valor inicial juntamente com a Equação 5.93.)

5.72. Uma das propriedades interessantes e importantes das sequências de fase mínima é a propriedade de atraso mínimo de energia; isto é, de todas as sequências causais que possuem a mesma função de magnitude da transformada de Fourier $|H(e^{j\omega})|$, a quantidade

$$E[n] = \sum_{m=0}^{n} |h[m]|^2$$

é máxima para todo $n \geq 0$ quando $h[n]$ é a sequência de fase mínima. Esse resultado é provado como segue: Seja $h_{\text{mín}}[n]$ uma sequência de fase mínima com transformada z, $H_{\text{mín}}(z)$. Além disso, seja z_k um zero de $H_{\text{mín}}(z)$ de modo que podemos expressar $H_{\text{mín}}(z)$ como

$$H_{\text{mín}}(z) = Q(z)(1 - z_k z^{-1}), \quad |z_k| < 1,$$

em que $Q(z)$ é novamente de fase mínima. Agora considere outra sequência $h[n]$ com transformada z, $H(z)$, tal que

$$|H(e^{j\omega})| = |H_{\text{mín}}(e^{j\omega})|$$

e tal que $H(z)$ tenha um zero em $z = 1/z_k^*$ em vez de em z_k.

(a) Expresse $H(z)$ em termos de $Q(z)$.
(b) Expresse $h[n]$ e $h_{\text{mín}}[n]$ em termos da sequência de fase mínima $q[n]$ que tem transformada z, $Q(z)$.
(c) Para comparar a distribuição de energia das duas sequências, mostre que

$$\varepsilon = \sum_{m=0}^{n} |h_{\text{mín}}[m]|^2 - \sum_{m=0}^{n} |h[m]|^2 = (1 - |z_k|^2)|q[n]|^2.$$

(d) Usando o resultado do item (c), argumente que

$$\sum_{m=0}^{n} |h[m]|^2 \leq \sum_{m=0}^{n} |h_{\text{mín}}[m]|^2 \quad \text{para todo } n.$$

5.73. Um sistema passa-tudo causal $H_{\text{ap}}(z)$ tem entrada $x[n]$ e saída $y[n]$.
(a) Se $x[n]$ é uma sequência de fase mínima real (o que também implica que $x[n] = 0$ para $n < 0$), usando a Equação 5.108, mostre que

$$\sum_{k=0}^{n} |x[k]|^2 \geq \sum_{k=0}^{n} |y[k]|^2. \qquad \text{(P5.73-1)}$$

(b) Mostre que a Equação P5.73-1 é válida mesmo se $x[n]$ não for de fase mínima, mas for zero para $n < 0$.

5.74. No projeto de filtros de tempo contínuo ou de tempo discreto, muitas vezes aproximamos uma característica de magnitude especificada sem considerar particularmente a fase. Por exemplo, técnicas de projeto padrão para filtros passa-baixas e passa-faixas são deduzidas a partir de uma consideração das características de magnitude apenas.

Em muitos problemas de filtragem, preferiríamos que as características de fase fossem nulas ou lineares. Para filtros causais, é impossível que a fase seja nula. Porém, para muitas aplicações de filtragem, não é necessário que a resposta ao impulso do filtro seja nula para $n < 0$ se o processamento não tiver de ser executado em tempo real.

Uma técnica comumente usada na filtragem de tempo discreto quando os dados a serem filtrados forem de duração finita e forem armazenados, por exemplo, na memória do computador é processar os dados progressivamente e depois regressivamente pelo mesmo filtro.

Seja $h[n]$ a resposta ao impulso de um filtro causal com uma característica de fase arbitrária. Suponha que $h[n]$ seja real e denote sua transformada de Fourier por $H(e^{j\omega})$. Sejam $x[n]$ os dados que queremos filtrar.

(a) *Método A*: A operação de filtragem é realizada como mostrado na Figura P5.74-1.

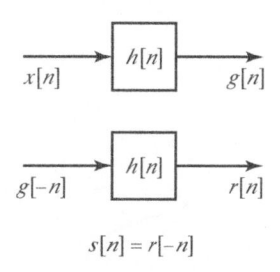

$$x[n] \rightarrow \boxed{h[n]} \rightarrow g[n]$$

$$g[-n] \rightarrow \boxed{h[n]} \rightarrow r[n]$$

$$s[n] = r[-n]$$

Figura P5.74-1

1. Determine a resposta ao impulso total $h_1[n]$ que relaciona $x[n]$ a $s[n]$ e mostre que ela tem uma característica de fase nula.
2. Determine $|H_1(e^{j\omega})|$ e expresse-o em termos de $|H(e^{j\omega})|$ e $\angle H(e^{j\omega})$.

(b) *Método B:* Como indicado na Figura P5.74-2, processe $x[n]$ pelo filtro $h[n]$ para obter $g[n]$. Além disso, processe $x[n]$ regressivamente por $h[n]$ para obter $r[n]$. A saída $y[n]$ é então tomada como a soma de $g[n]$ e $r[-n]$. Esse conjunto composto de operações pode ser representado por um filtro com entrada $x[n]$, saída $y[n]$ e resposta ao impulso $h_2[n]$.

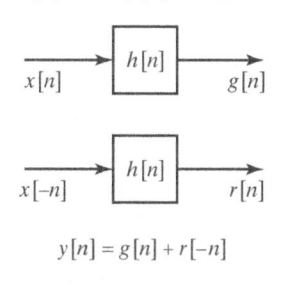

$$x[n] \rightarrow \boxed{h[n]} \rightarrow g[n]$$

$$x[-n] \rightarrow \boxed{h[n]} \rightarrow r[n]$$

$$y[n] = g[n] + r[-n]$$

Figura P5.74-2

1. Mostre que o filtro composto $h_2[n]$ tem característica de fase nula.
2. Determine $|H_2(e^{j\omega})|$ e expresse-o em termos de $|H(e^{j\omega})|$ e $\angle H(e^{j\omega})$.

(c) Suponha que seja dada uma sequência de duração finita sobre a qual gostaríamos de aplicar uma operação de filtragem de fase nula passa-faixas. Além disso, assuma que seja dado o filtro passa-faixas $h[n]$, com resposta em frequência como especificada na Figura P5.74-3, que tem a característica de magnitude que desejamos, mas que tem fase linear. Para obter fase nula, poderíamos usar tanto o método A como o método B. Determine e esboce $|H_1(e^{j\omega})|$ e $|H_2(e^{j\omega})|$. A partir desses resultados, qual método você usaria para conseguir a operação de filtragem passa-faixa desejada? Explique por quê.

De forma mais geral, se $h[n]$ tem a magnitude desejada, mas uma característica de fase não linear, qual método é preferível para conseguir uma característica de fase nula?

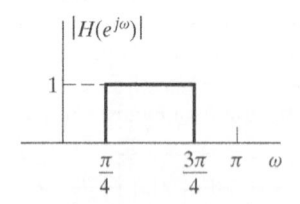

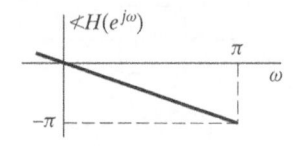

Figura P5.74-3

5.75. Determine se a afirmação a seguir é verdadeira ou falsa. Se for verdadeira, indique concisamente seu raciocínio. Se for falsa, dê um contraexemplo.

Afirmação: Se a função de sistema $H(z)$ tem polos em qualquer lugar diferente da origem ou do infinito, então o sistema não pode ser um sistema de fase nula ou de fase linear generalizada.

5.76. A Figura P5.76 mostra os zeros da função de sistema $H(z)$ para um filtro FIR de fase linear causal e real. Todos os zeros indicados representam fatores na forma $(1 - az^{-1})$. Os polos correspondentes em $z = 0$ para esses fatores não são mostrados na figura. O filtro tem aproximadamente ganho unitário em sua banda de passagem.

(a) Um dos zeros tem magnitude 0,5 e ângulo 153°. Determine a localização exata de quantos outros zeros você puder a partir dessa informação.

(b) A função de sistema $H(z)$ é usada no sistema para o processamento em tempo discreto de sinais de tempo contínuo mostrado na Figura 4.10, com o período de amostragem $T = 0,5$ ms. Suponha que a entrada de tempo contínuo $X_c(j\Omega)$ seja de banda limitada e que a taxa de amostragem seja alta o suficiente para evitar *aliasing*. Qual é o atraso de tempo (em ms) no sistema inteiro, assumindo que as conversões C/D e D/C requeiram quantidades de tempo insignificantes?

(c) Para o sistema do item (b), esboce a resposta em frequência de tempo contínuo efetiva $20 \log_{10} |H_{\text{eff}}(j\Omega)|$ para $0 \le \Omega \le \pi/T$ com o máximo de precisão possível usando as informações dadas. Pela informação na Figura P5.76, estime as frequências em que $H_{\text{eff}}(j\Omega) = 0$ e marque-as em seu gráfico.

5.77. Um sinal $x[n]$ é processado por um sistema LIT $H(z)$ e depois subamostrado por um fator 2 gerando $y[n]$ como indicado na Figura P5.77. Além disso, como mostrado na mesma figura, $x[n]$ é primeiro subamostrado e depois processado por um sistema LIT $G(z)$ para se obter $r[n]$.

(a) Especifique uma escolha para $H(z)$ (que não seja uma constante) e uma para $G(z)$, de modo que $r[n] = y[n]$ para um $x[n]$ arbitrário.

(b) Especifique uma escolha para $H(z)$ de modo que não haja escolha para $G(z)$ que resulte em $r[n] = y[n]$ para um $x[n]$ arbitrário.

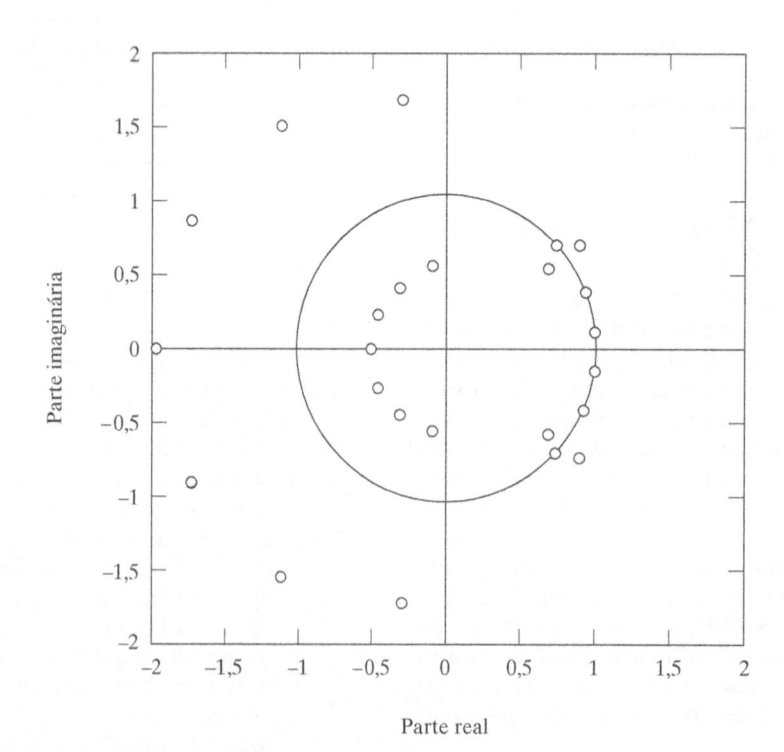

Figura P5.76

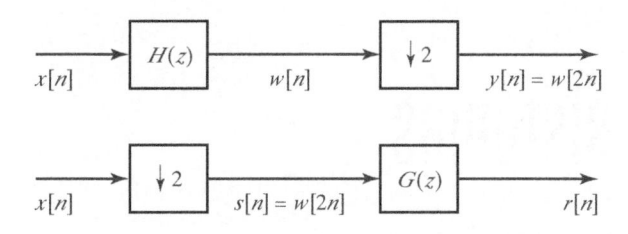

Figura P5.77

(c) Determine o conjunto de condições mais genérico que você puder para $H(z)$, tal que $G(z)$ possa ser escolhido de modo que $r[n] = y[n]$ para um $x[n]$ arbitrário. As condições não devem depender de $x[n]$. Se você primeiro desenvolver as condições em termos de $h[n]$, reformule-as em termos de $H(z)$.

(d) Para as condições determinadas no item (c), determine $g[n]$ em termos de $h[n]$, de modo que $r[n] = y[n]$.

5.78. Considere um sistema LIT de tempo discreto com uma resposta ao impulso real $h[n]$. Queremos encontrar $h[n]$ ou, equivalentemente, a função de sistema $H(z)$, a partir da autocorrelação $c_{hh}[\ell]$ da resposta ao impulso. A definição da autocorrelação é

$$c_{hh}[\ell] = \sum_{k=-\infty}^{\infty} h[k]h[k+\ell].$$

(a) Se o sistema $h[n]$ é causal e estável, é possível recuperar $h[n]$ exclusivamente a partir de $c_{hh}[\ell]$? Justifique sua resposta.

(b) Suponha que $h[n]$ seja causal e estável e que, além disso, você saiba que a função de sistema tem a forma

$$H(z) = \frac{1}{1 - \sum_{k=1}^{N} a_k z^{-k}}$$

para a_k finitos. Pode-se recuperar $h[n]$ exclusivamente a partir de $c_{hh}[\ell]$? Justifique sua resposta com clareza.

5.79. Considere que $h[n]$ e $H(z)$ indiquem a resposta ao impulso e a função de sistema de um sistema LIT passa-tudo estável. Seja $h_i[n]$ a resposta ao impulso do sistema inverso LIT (estável). Suponha que $h[n]$ seja real. Mostre que $h_i[n] = h[-n]$.

5.80. Considere uma sequência real $x[n]$ para a qual $X(e^{j\omega}) = 0$ para $\frac{\pi}{4} \leq |\omega| \leq \pi$. Um valor de sequência de $x[n]$ pode ter sido corrompido, e gostaríamos de recuperá-lo aproximada ou exatamente. Com $g[n]$ representando o sinal corrompido,

$$g[n] = x[n] \quad \text{para } n \neq n_0,$$

e $g[n_0]$ é real, mas não relacionado a $x[n_0]$. Em cada um dos dois casos a seguir, especifique um algoritmo prático para recuperar $x[n]$ a partir de $g[n]$, exata ou aproximadamente.

(a) O valor exato de n_0 não é conhecido, mas sabemos que n_0 é um número ímpar.

(b) Não sabemos nada a respeito de n_0.

5.81. Mostre que, se $h[n]$ é um filtro FIR de $(M+1)$ pontos, tal que $h[n] = h[M-n]$ e $H(z_0) = 0$, então $H(1/z_0) = 0$. Isso mostra que até mesmo filtros FIR de fase linear simétricos pares têm zeros que são imagens recíprocas. (Se $h[n]$ é real, os zeros também serão reais ou ocorrerão em pares conjugados complexos.)

Capítulo 6
Estruturas para sistemas de tempo discreto

6.0 Introdução

Como abordado no Capítulo 5, um sistema LIT com uma função de sistema racional tem a propriedade de as sequências de entrada e saída satisfazerem uma equação de diferenças linear com coeficientes constantes. Como a função de sistema é a transformada z da resposta ao impulso e a equação de diferenças satisfeita pela entrada e pela saída pode ser determinada por inspeção da função de sistema, segue-se que a equação de diferenças, a resposta ao impulso e a função de sistema são descrições equivalentes da relação entrada-saída de um sistema LIT de tempo discreto. Quando esses sistemas são implementados em *hardware* analógico ou digital em tempo discreto, a representação da equação de diferenças ou da função de sistema deve ser convertida em um algoritmo ou em uma estrutura que possa ser realizada na tecnologia desejada. Como veremos neste capítulo, os sistemas descritos por equações de diferenças lineares com coeficientes constantes podem ser representados por estruturas que consistem em uma interconexão de operações elementares de adição, multiplicação por uma constante e atraso, cuja implementação exata é determinada pela tecnologia a ser usada.

Como um exemplo do cálculo associado a uma equação de diferenças, considere o sistema descrito pela função de sistema

$$H(z) = \frac{b_0 + b_1 z^{-1}}{1 - a z^{-1}}, \qquad |z| > |a|. \qquad (6.1)$$

A resposta ao impulso desse sistema é

$$h[n] = b_0 a^n u[n] + b_1 a^{n-1} u[n-1], \qquad (6.2)$$

e a equação de diferenças de primeira ordem que é satisfeita pelas sequências de entrada e saída é

$$y[n] - a y[n-1] = b_0 x[n] + b_1 x[n-1]. \qquad (6.3)$$

A Equação 6.2 fornece uma expressão para a resposta ao impulso para esse sistema. Porém, como a resposta ao impulso do sistema tem duração infinita, mesmo que desejássemos apenas o cálculo da saída em um intervalo finito isso não seria eficiente por meio da convolução discreta, pois a quantidade de operações exigidas para obter $y[n]$ cresceria com n. Porém, reescrever a Equação 6.3 na forma

$$y[n] = a y[n-1] + b_0 x[n] + b_1 x[n-1] \qquad (6.4)$$

fornece a base de um algoritmo para cálculo recursivo da saída em qualquer instante n em termos da saída anterior $y[n-1]$, da amostra de entrada atual $x[n]$ e da amostra de entrada anterior $x[n-1]$. Conforme discutido na Seção 2.5, supondo as condições de repouso inicial (isto é, se $x[n] = 0$ para $n < 0$, então $y[n] = 0$ para $n < 0$), e usando a Equação 6.4 como uma fórmula de recorrência para calcular a saída atual a partir dos seus valores passados e dos valores atual e passados da entrada, o sistema será linear e invariante no tempo. Um procedimento similar pode ser aplicado ao caso mais geral de uma equação de diferenças de ordem N. Contudo, o algoritmo sugerido pela Equação 6.4 e sua generalização para as equações de diferenças de ordem mais alta não é o único algoritmo computacional para implementar um sistema em particular, e usualmente não é a melhor escolha. Como veremos, uma variedade ilimitada de estruturas computacionais resulta na mesma relação entre a sequência de entrada $x[n]$ e a sequência de saída $y[n]$.

No restante deste capítulo, consideramos questões importantes sobre implementação de sistemas LIT de tempo discreto. Primeiro, apresentamos as descrições em diagrama de blocos e em diagrama de fluxo de sinais de estruturas computacionais para equações de diferenças lineares com coeficientes constantes representando sistemas LIT causais.[1] Associando

---
[1] Os diagramas de fluxo também são chamados de "redes" em analogia aos diagramas de circuito elétrico. Usaremos os termos diagrama de fluxo, estrutura e rede indistintamente em relação às representações gráficas das equações de diferenças.

manipulações algébricas e manipulações das representações em diagrama de blocos, deduzimos uma série de estruturas equivalentes básicas para implementar um sistema LIT causal que inclui estruturas em treliça (*lattice*). Embora duas estruturas possam ser equivalentes em relação às suas características entrada-saída quando os seus coeficientes e variáveis estão representados em precisão infinita, elas podem ter comportamentos significativamente diferentes quando a precisão numérica das representações é limitada. Esse é o principal motivo pelo qual é de interesse estudar diferentes estruturas de implementação. Os efeitos da representação em precisão finita dos coeficientes do sistema e os efeitos do truncamento ou do arredondamento de cálculos intermediários são considerados nas seções finais do capítulo.

6.1 Representação em diagrama de blocos de equações de diferenças lineares com coeficientes constantes

A implementação de um sistema LIT de tempo discreto com o cálculo iterativo de uma expressão de recorrência obtida a partir de uma equação de diferenças requer que os valores atrasados da saída, entrada e sequências intermediárias estejam disponíveis. O atraso de valores da sequência implica a necessidade de armazenar valores passados da sequência. Além disso, devemos fornecer meios para a multiplicação dos valores atrasados da sequência pelos coeficientes, além de meios para a adição dos produtos resultantes. Portanto, os elementos básicos necessários para a implementação de um sistema LIT de tempo discreto são somadores, multiplicadores e memória para armazenar os valores atrasados de sequência e os coeficientes. A interconexão desses elementos básicos é convenientemente representada por diagramas de blocos compostos dos símbolos gráficos básicos mostrados na Figura 6.1. Na Figura 6.1(a) é representada a adição de duas sequências. Em geral, na notação em diagrama de blocos, um somador pode ter qualquer número de entradas. Porém, em quase todas as implementações práticas, os somadores têm apenas duas entradas. Em todos os diagramas deste capítulo, indicamos isso explicitamente ao limitar o número de entradas como na Figura 6.1(a). Na Figura 6.1(b) é representada a multiplicação de uma sequência por uma constante, e na Figura 6.1(c) é representado o atraso da sequência em uma amostra. Em implementações digitais, a operação de atraso pode ser implementada com o uso de um registrador de armazenamento para cada atraso unitário desejado. Por esse motivo, às vezes nos referimos ao operador da Figura 6.1(c) como um *registrador de atraso*. Em implementações de tempo discreto analógicas, tais como a dos filtros a capacitor

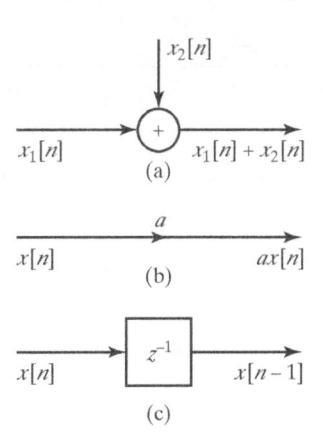

Figura 6.1 Símbolos do diagrama de blocos. (a) Adição de duas sequências. (b) Multiplicação de uma sequência por uma constante. (c) Atraso unitário.

chaveado, os atrasos são implementados por dispositivos de armazenamento de carga. O sistema de atraso unitário é representado na Figura 6.1(c) por sua função de sistema, z^{-1}. Os atrasos de mais de uma amostra podem ser indicados como mostrado na Figura 6.1(c), com uma função de sistema z^{-M}, sendo M o número de amostras de atraso; porém, a implementação prática do atraso de M amostras geralmente é realizada com M atrasos de uma amostra em cascata. Em uma implementação em circuito integrado, esses atrasos unitários podem formar um registrador de deslocamento com o *clock* atuando na mesma taxa da amostragem do sinal de entrada. Em uma implementação em *software*, M atrasos unitários em cascata são implementados como M registradores de memória consecutivos.

Exemplo 6.1 Representação em diagrama de blocos de uma equação de diferenças

Como exemplo da representação de uma equação de diferenças com os elementos da Figura 6.1, considere a equação de diferenças de segunda ordem

$$y[n] = a_1 y[n-1] + a_2 y[n-2] + b_0 x[n]. \quad (6.5)$$

A função de sistema correspondente é

$$H(z) = \frac{b_0}{1 - a_1 z^{-1} - a_2 z^{-2}}. \quad (6.6)$$

A representação em diagrama de blocos da realização do sistema baseada na Equação 6.5 é mostrada na Figura 6.2. Esses diagramas dão uma representação gráfica de um algoritmo computacional para a implementação do sistema. Quando o sistema é implementado em um computador de propósito geral ou em um microprocessador especializado (*chip*) de processamento digital de sinais (PDS), estruturas de rede como aquela mostrada na Figura 6.2 servem como base para um programa que implementa o sistema. Se o sistema for implementado com componentes discretos ou como um sistema fechado com tecnologia de

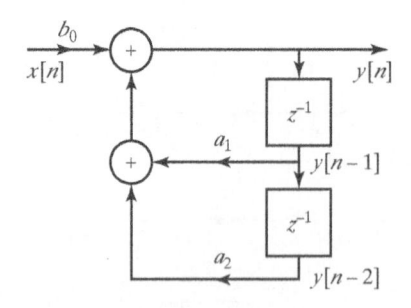

Figura 6.2 Exemplo de uma representação em diagrama de blocos de uma equação de diferenças.

integração em altíssima escala (VLSI, do inglês *very large-scale integration*), o diagrama de blocos é a base para determinar uma arquitetura de *hardware* para o sistema. Em ambos os casos, diagramas como o da Figura 6.2 mostram explicitamente que devemos prover o armazenamento para as variáveis atrasadas (nesse caso, $y[n-1]$ e $y[n-2]$) e também para os coeficientes da equação de diferenças (nesse caso, a_1, a_2 e b_0). Além disso, também notamos pela Figura 6.2 que, para obter um valor de sequência de saída $y[n]$, inicialmente efetuam-se os produtos $a_1 y[n-1]$ e $a_2 y[n-2]$, depois estes são somados e, por último, esse resultado é somado a $b_0 x[n]$. Assim, com o diagrama da Figura 6.2 descrevem-se convenientemente a complexidade do algoritmo computacional associado, as etapas do algoritmo e a quantidade de *hardware* necessária para implementar o sistema.

O Exemplo 6.1 pode ser generalizado para equações de diferenças de ordem mais alta na forma[2]

$$y[n] - \sum_{k=1}^{N} a_k y[n-k] = \sum_{k=0}^{M} b_k x[n-k], \quad (6.7)$$

com a função de sistema correspondente

$$H(z) = \frac{\sum_{k=0}^{M} b_k z^{-k}}{1 - \sum_{k=1}^{N} a_k z^{-k}}. \quad (6.8)$$

Reescrever a Equação 6.7 como uma fórmula de recorrência para $y[n]$ em termos de uma combinação linear de valores passados da sequência de saída e valores atuais e passados da sequência de entrada leva à relação

$$y[n] = \sum_{k=1}^{N} a_k y[n-k] + \sum_{k=0}^{M} b_k x[n-k]. \quad (6.9)$$

O diagrama de blocos da Figura 6.3 é uma descrição gráfica explícita da Equação 6.9. Mais especificamente, ele representa o par de equações de diferenças

$$v[n] = \sum_{k=0}^{M} b_k x[n-k], \quad (6.10a)$$

$$y[n] = \sum_{k=1}^{N} a_k y[n-k] + v[n]. \quad (6.10b)$$

A suposição de um somador de duas entradas implica que as adições são feitas em uma ordem especificada. Isto é, como mostrado na Figura 6.3, os produtos $a_N y[n-N]$ e $a_{N-1} y[n-N+1]$ devem ser calculados, depois somados, o resultado somado a $a_{N-2} y[n-N+2]$, e assim por diante. Depois do cálculo de $y[n]$, as variáveis de atraso devem ser atualizadas, movendo $y[n-N+1]$ para a posição do registrador de $y[n-N]$, e assim por diante, com o $y[n]$ recém-calculado tornando-se $y[n-1]$ na próxima iteração.

Um diagrama de blocos pode ser reorganizado ou modificado de diversas maneiras sem que se mude a função global do sistema. Cada reorganização apropriada representa um algoritmo computacional *diferente* para implementar o *mesmo* sistema. Por exemplo, o diagrama de blocos da Figura 6.3 pode ser visto como uma cascata de dois sistemas, o primeiro representando o cálculo de $v[n]$ a partir de $x[n]$ e o segundo representando o cálculo de $y[n]$ a partir de $v[n]$. Como cada um dos subsistemas é um sistema LIT (supondo que os regis-

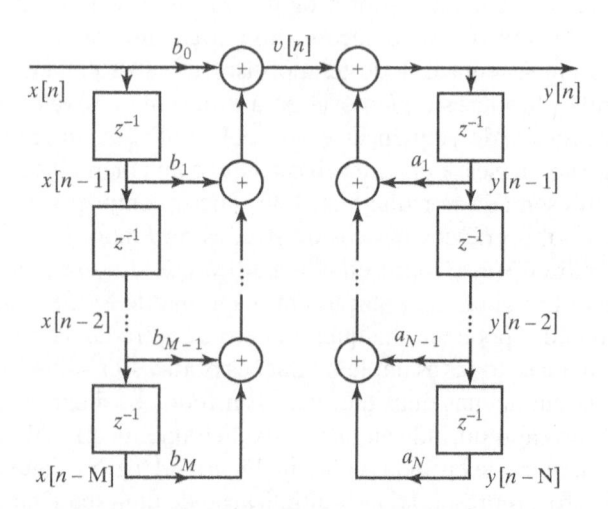

Figura 6.3 Representação por diagrama de blocos para uma equação de diferenças geral de ordem *N*.

---

[2] A forma usada nos capítulos anteriores para uma equação de diferenças geral de ordem *N* foi

$$\sum_{k=0}^{N} a_k y[n-k] = \sum_{k=0}^{M} b_k x[n-k].$$

No restante do livro, será mais conveniente usar a forma da Equação 6.7, em que o coeficiente de $y[n]$ é normalizado em um e os coeficientes associados à saída atrasada aparecem com um sinal positivo depois de terem sido passados para o lado direito da equação. (Veja a Equação 6.9.)

tradores de atraso estejam em condições de repouso inicial), a ordem em que os dois subsistemas são colocados em cascata pode ser trocada, como mostrado na Figura 6.4, sem afetar a função global do sistema. Na Figura 6.4, por conveniência, assumimos que $M = N$. Evidentemente, não há perda de generalidade, pois se $M \neq N$, alguns dos coeficientes a_k ou b_k na figura seriam nulos, e o diagrama poderia ser simplificado de modo adequado.

Em termos da função de sistema $H(z)$ da Equação 6.8, a Figura 6.3 pode ser vista como uma implementação de $H(z)$ por meio da decomposição

$$H(z) = H_2(z)H_1(z) = \left(\frac{1}{1 - \sum_{k=1}^{N} a_k z^{-k}}\right)\left(\sum_{k=0}^{M} b_k z^{-k}\right) \quad (6.11)$$

ou, de modo equivalente, pelo par de equações

$$V(z) = H_1(z)X(z) = \left(\sum_{k=0}^{M} b_k z^{-k}\right) X(z), \quad (6.12a)$$

$$Y(z) = H_2(z)V(z) = \left(\frac{1}{1 - \sum_{k=1}^{N} a_k z^{-k}}\right) V(z). \quad (6.12b)$$

A Figura 6.4, por outro lado, representa $H(z)$ como

$$H(z) = H_1(z)H_2(z) = \left(\sum_{k=0}^{M} b_k z^{-k}\right)\left(\frac{1}{1 - \sum_{k=1}^{N} a_k z^{-k}}\right) \quad (6.13)$$

ou, de modo equivalente, por meio das equações

$$W(z) = H_2(z)X(z) = \left(\frac{1}{1 - \sum_{k=1}^{N} a_k z^{-k}}\right) X(z), \quad (6.14a)$$

$$Y(z) = H_1(z)W(z) = \left(\sum_{k=0}^{M} b_k z^{-k}\right) W(z). \quad (6.14b)$$

No domínio do tempo, a Figura 6.4 e, de modo equivalente, as equações 6.14(a) e (b) podem ser representadas pelo par de equações de diferenças

$$w[n] = \sum_{k=1}^{N} a_k w[n-k] + x[n], \quad (6.15a)$$

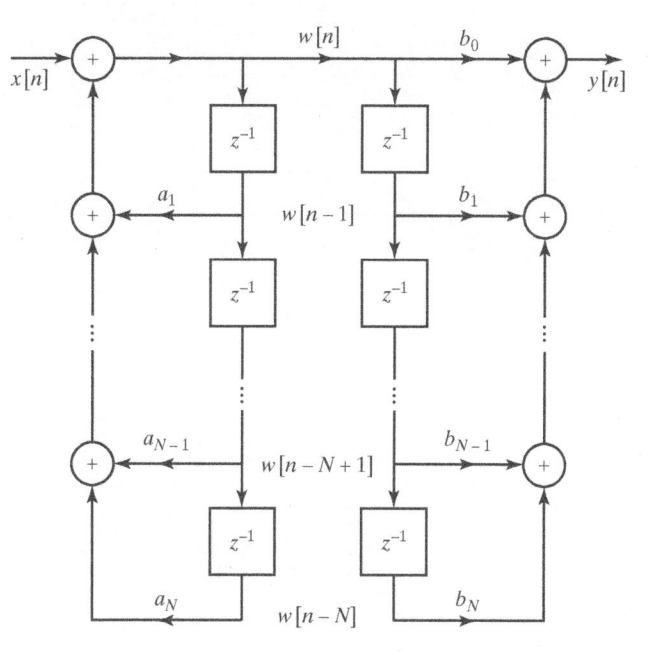

Figura 6.4 Reorganização do diagrama de blocos da Figura 6.3. Assumimos, por conveniência, que $N = M$. Se $N \neq M$, alguns dos coeficientes serão nulos.

$$y[n] = \sum_{k=0}^{M} b_k w[n-k]. \quad (6.15b)$$

Os diagramas de blocos das figuras 6.3 e 6.4 têm algumas diferenças importantes. Na Figura 6.3, os zeros de $H(z)$, representados em $H_1(z)$, são implementados primeiro, seguidos pelos polos, representados em $H_2(z)$. Na Figura 6.4, os polos são implementados primeiro, seguidos pelos zeros. Teoricamente, a ordem da implementação não afeta a função global do sistema. Porém, como veremos, quando uma equação de diferenças é implementada com aritmética de precisão finita, pode haver uma diferença significativa entre dois sistemas, que são equivalentes no caso em que se supõe aritmética de precisão infinita no sistema dos números reais. Outro aspecto importante diz respeito ao número de elementos de atraso nos dois sistemas. Conforme representados, os sistemas nas figuras 6.3 e 6.4 têm um total de $(N + M)$ elementos de atraso cada um. Porém, o diagrama de blocos da Figura 6.4 pode ser reordenado notando-se que exatamente o mesmo sinal, $w[n]$, é armazenado nas duas cascatas de elementos de atraso na figura. Consequentemente, as duas podem ser reduzidas a apenas uma cascata de atrasos, como indicado na Figura 6.5.

O número total de elementos de atraso na Figura 6.5 é menor ou igual ao número requerido tanto na Figura 6.3 como na Figura 6.4, e realmente esse é o número mínimo necessário para a implementação de um sistema

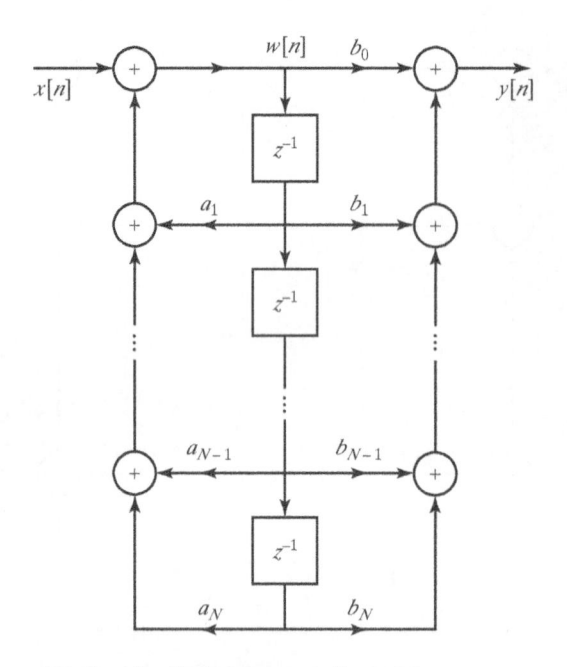

Figura 6.5 Combinação dos atrasos da Figura 6.4.

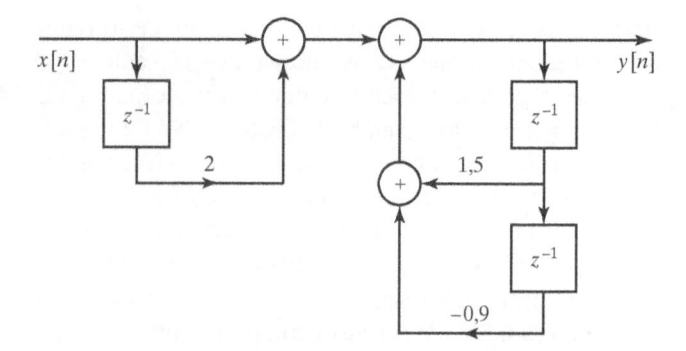

Figura 6.6 Implementação da Equação 6.16 na forma direta I.

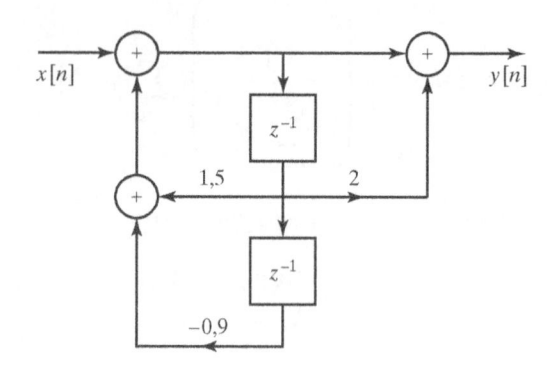

Figura 6.7 Implementação da Equação 6.16 na forma direta II.

com função de sistema dada pela Equação 6.8. Especificamente, o número mínimo de elementos de atraso necessários é, em geral, máx(N, M). Uma implementação com o número mínimo de elementos de atraso comumente é chamada de implementação na *forma canônica*. O diagrama de blocos não canônico na Figura 6.3 é chamado de implementação na *forma direta I* do sistema global de ordem N, pois é uma realização direta da equação de diferenças satisfeita pela entrada $x[n]$ e pela saída $y[n]$, que por sua vez pode ser escrita diretamente por inspeção da função de sistema. A Figura 6.5 frequentemente é chamada de implementação na *forma direta II* ou *forma direta canônica*. Sabendo que a Figura 6.5 é uma estrutura de realização apropriada para $H(z)$ dada pela Equação 6.8, podemos passar diretamente da função de sistema para o diagrama de blocos (ou a equação de diferenças equivalente) e vice-versa.

Exemplo 6.2 Implementação na forma direta I e na forma direta II de um sistema LIT

Considere o sistema LIT com função de sistema

$$H(z) = \frac{1 + 2z^{-1}}{1 - 1{,}5z^{-1} + 0{,}9z^{-2}}. \qquad (6.16)$$

Ao comparar essa função de sistema com a Equação 6.8, obtemos $b_0 = 1$, $b_1 = 2$, $a_1 = +1{,}5$ e $a_2 = -0{,}9$; segue portanto, da Figura 6.3, que podemos implementar o sistema em um diagrama de blocos na forma direta I, como mostrado na Figura 6.6. Com relação à Figura 6.5, também podemos implementar a função de sistema na forma direta II, como mostrado na Figura 6.7. Nos dois casos, note que os coeficientes nos ramos de realimentação no diagrama de blocos têm sinais trocados dos coeficientes correspondentes de z^{-1} e z^{-2} na Equação 6.16. Embora essa troca de sinal possa parecer confusa, é essencial lembrar que os coeficientes de realimentação $\{a_k\}$ sempre têm o sinal trocado na equação de diferenças em relação ao seu sinal na função de sistema. Note também que a forma direta II requer apenas dois elementos de atraso para implementar $H(z)$, um a menos que a implementação na forma direta I.

Na discussão anterior, obtivemos dois diagramas de blocos equivalentes para implementar um sistema LIT com função de sistema dada pela Equação 6.8. Esses diagramas de blocos, que representam diferentes algoritmos computacionais para a implementação do sistema, foram obtidos por manipulações baseadas na linearidade do sistema e nas propriedades algébricas da função de sistema. De fato, como as equações de diferenças básicas que representam um sistema LIT são lineares, conjuntos equivalentes de equações de diferenças podem ser obtidos simplesmente por transformações lineares das variáveis das equações de diferenças. Assim, existe um número ilimitado de realizações equivalentes de qualquer sistema dado. Na Seção 6.3, com uma abordagem similar à usada nesta seção, obteremos uma série de outras estruturas equivalentes importantes e úteis para a implementação de um sistema com uma função de sistema como a da Equação 6.8. Antes de discutir essas outras formas, porém, é conveniente introduzir os diagramas de fluxo de sinais como uma alternativa aos diagramas de blocos para representar equações de diferenças.

6.2 Representação em diagrama de fluxo de sinais de equações de diferenças lineares com coeficientes constantes

Uma representação em diagrama de fluxo de sinais de uma equação de diferenças é essencialmente equivalente à representação em diagrama de blocos, exceto por algumas diferenças de notação. Formalmente, um diagrama de fluxo de sinais é uma rede de ramos orientados que se conectam em nós. Associado a cada nó, há uma variável ou o valor do nó. A variável associada ao nó k pode ser indicada como w_k, ou, como as variáveis de nó para filtros digitais geralmente são sequências, é usual indicá-las explicitamente com a notação $w_k[n]$. O ramo (j, k) indica um ramo que começa no nó j e termina no nó k, sendo a direção do fluxo de j para k indicada no ramo com uma flecha. Isso é mostrado na Figura 6.8. Cada ramo tem um sinal de entrada e um sinal de saída. O sinal de entrada do nó j para o ramo (j, k) é o valor do nó $w_j[n]$. Em um diagrama de fluxo de sinais linear, que é a única classe que consideraremos, a saída do ramo é uma transformação linear da entrada do ramo. O exemplo mais simples é o do ganho constante, isto é, quando a saída do ramo é simplesmente um múltiplo constante da entrada do ramo. A operação linear representada pelo ramo é usualmente indicada perto da flecha que mostra a direção do fluxo no ramo. Para o caso da multiplicação por uma constante, apenas a constante é mostrada perto da flecha. Quando a indicação explícita da operação do ramo é omitida, significa uma passagem inalterada do sinal no ramo, ou a transformação identidade. Por definição, o valor de cada nó em um diagrama é a soma das saídas de todos os ramos que entram naquele nó.

Para completar a definição da notação do diagrama de fluxo de sinais, definimos dois tipos especiais de nós. *Nós de fonte* são aqueles que não possuem ramos de entrada, e são usados para representar a injeção de entradas externas ou fontes de sinal em um diagrama.

Nós de saída são aqueles que possuem apenas ramos de entrada, e são usados para extrair saídas de um diagrama. Nós de fonte, nós de saída e ramos de ganho simples são ilustrados no diagrama de fluxo de sinais da Figura 6.9. As equações lineares representadas pela figura são as seguintes:

$$w_1[n] = x[n] + aw_2[n] + bw_2[n],$$
$$w_2[n] = cw_1[n], \quad (6.17)$$
$$y[n] = dx[n] + ew_2[n].$$

Adição, multiplicação por uma constante e atraso são as operações básicas exigidas na implementação de uma equação de diferenças linear com coeficientes constantes. Como todas são operações lineares, é possível usar a notação de diagrama de fluxo de sinais para representar algoritmos na implementação de sistemas LIT de tempo discreto. Como exemplo de que os conceitos do diagrama de fluxo discutidos podem ser aplicados à representação de uma equação de diferenças, considere o diagrama de blocos na Figura 6.10(a), que é a realização na forma direta II do sistema cuja função de sistema é dada pela Equação 6.1. Um diagrama de fluxo de sinais correspondente a esse sistema é mostrado na Figura 6.10(b). Na representação em diagrama de fluxo de sinais das equações de diferenças, as variáveis

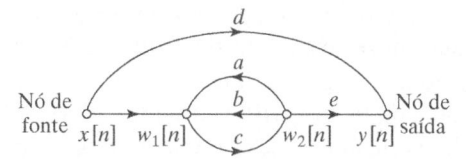

Figura 6.9 Exemplo de um diagrama de fluxo de sinais que exibe nós de fonte e de saída.

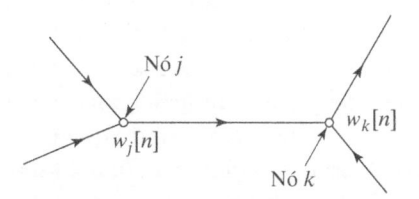

Figura 6.8 Exemplo de nós e ramos em um diagrama de fluxo de sinais.

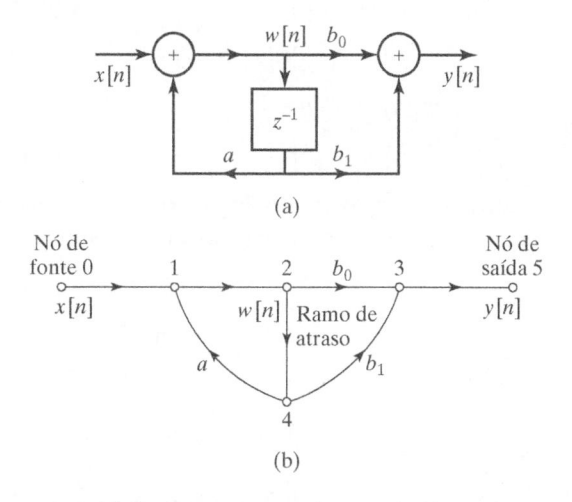

Figura 6.10 (a) Representação do diagrama de blocos de um filtro digital de primeira ordem. (b) Estrutura do diagrama de fluxo de sinais correspondente ao diagrama de blocos de (a).

do nó são sequências. Na Figura 6.10(b), o nó 0 é um nó de fonte cujo valor é determinado pela sequência de entrada $x[n]$, e o nó 5 é um nó de saída cujo valor é indicado por $y[n]$. Observe que os nós de fonte e saída estão conectados ao restante do diagrama com ramos de ganho unitário para indicar claramente a entrada e a saída do sistema. Obviamente, os nós 3 e 5 possuem valores idênticos. O ramo extra com ganho unitário é simplesmente usado para destacar o fato de que o nó 3 é a saída do sistema. Na Figura 6.10(b), todos os ramos, exceto um (o ramo de atraso (2, 4)), podem ser representados por um ramo de ganho simples; isto é, o sinal de saída é o sinal de entrada do ramo multiplicado por uma constante. Um atraso não pode ser representado no domínio de tempo como um ramo de ganho. Porém, a representação da transformada z de um atraso unitário é a multiplicação pelo fator z^{-1}. Se representamos as equações de diferenças por suas equações correspondentes da transformada z, todos os ramos ficam caracterizados por suas funções de sistema. Nesse caso, o ganho de cada ramo é uma função de z; por exemplo, um ramo de atraso unitário possui um ganho de z^{-1}. Por convenção, representamos as variáveis em um diagrama de fluxo de sinais como sequências em vez das transformadas z das sequências. Porém, para simplificar a notação, normalmente indicamos um ramo de atraso representando o ganho do ramo como z^{-1}, mas entendemos que a sequência de saída desse ramo é a sequência de entrada do ramo atrasada de uma amostra. Isto é, o uso de z^{-1} em um diagrama de fluxo de sinais representa um operador que produz um atraso de uma amostra. O diagrama da Figura 6.10(b) usando essa convenção é mostrado na Figura 6.11. As equações representadas na Figura 6.11 são as seguintes:

$$w_1[n] = aw_4[n] + x[n], \qquad (6.18a)$$

$$w_2[n] = w_1[n], \qquad (6.18b)$$

$$w_3[n] = b_0 w_2[n] + b_1 w_4[n], \qquad (6.18c)$$

$$w_4[n] = w_2[n-1], \qquad (6.18d)$$

$$y[n] = w_3[n]. \qquad (6.18e)$$

Uma comparação entre a Figura 6.10(a) e a Figura 6.11 mostra que existe uma correspondência direta entre os ramos no diagrama de blocos e os ramos no diagrama de fluxo. De fato, a principal diferença entre os dois é que os nós no diagrama de fluxo representam tanto pontos de ramificações quanto somadores, enquanto no diagrama de blocos um símbolo especial é usado para os somadores. Um ponto de ramificação no diagrama de blocos é representado no diagrama de fluxo por um nó que tem apenas um ramo de entrada e um ou mais ramos de saída. Um somador no diagrama de blocos é representado no diagrama de fluxo de sinais por um nó com dois (ou mais) ramos de entrada. Em geral, representamos diagramas de fluxo com no máximo duas entradas para cada nó, pois a maioria das implementações de *hardware* de adição tem apenas duas entradas. Diagramas de fluxo de sinais, portanto, são totalmente equivalentes a diagramas de blocos como descrições gráficas das equações de diferenças, mas eles são mais simples de representar. Como os diagramas de blocos, eles podem ser manipulados graficamente para realçar propriedades de um determinado sistema. Existem muitas teorias sobre diagrama de fluxo que podem ser aplicadas diretamente aos sistemas de tempo discreto quando são representados dessa forma. (Veja Mason e Zimmermann, 1960; Chow e Cassignol, 1962; e Phillips e Nagle, 1995.) Embora usemos diagramas de fluxo principalmente por seu valor gráfico, usaremos alguns teoremas relacionados a diagramas de fluxo de sinais na análise de estruturas alternativas para implementar sistemas lineares.

As equações 6.18(a)-(e) definem um algoritmo de múltiplos passos para calcular a saída do sistema LIT a partir da sequência de entrada $x[n]$. Esse exemplo ilustra o tipo de relações de precedência de dados que geralmente surgem na implementação de sistemas IIR. As equações 6.18(a)-(e) não podem ser calculadas em uma ordem arbitrária. As equações 6.18(a) e (c) requerem multiplicações e adições, mas as equações 6.18(b) e (e) simplesmente renomeiam variáveis. A Equação 6.18(d) representa a "atualização" da memória do sistema. Ela é implementada pela simples substituição do conteúdo do registrador de memória que representa $w_4[n]$ pelo valor de $w_2[n]$, mas isso deve ser feito consistentemente ou *antes* ou *depois* do cálculo de todas as outras equações. Condições de repouso inicial podem ser impostas nesse caso pela definição de $w_2[-1] = 0$ ou $w_4[0] = 0$. Evidentemente, as equações 6.18(a)-(e) devem ser calculadas na ordem dada, exceto que as duas últimas poderiam ser trocadas ou a Equação 6.18(d) poderia ser calculada primeiramente de forma consistente.

O diagrama de fluxo representa um conjunto de equações de diferenças, com uma equação sendo escrita para cada nó da rede. No caso do diagrama de fluxo da Figura 6.11, podemos eliminar algumas das variáveis com facilidade para obtermos o par de equações

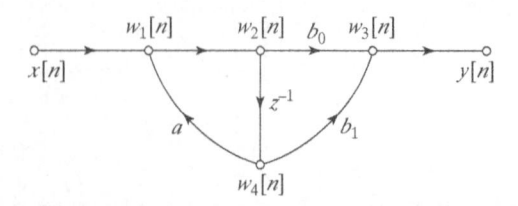

Figura 6.11 Diagrama de fluxo de sinais da Figura 6.10(b) com o ramo de atraso indicado por z^{-1}.

$$w_2[n] = aw_2[n-1] + x[n], \quad (6.19a)$$
$$y[n] = b_0 w_2[n] + b_1 w_2[n-1], \quad (6.19b)$$

que estão na forma das equações 6.15(a) e (b); isto é, na forma direta II. Frequentemente, a manipulação das equações de diferenças de um diagrama de fluxo é difícil quando temos de lidar com as variáveis no domínio do tempo, devido à realimentação das variáveis atrasadas. Nesses casos, sempre é possível trabalhar com a representação da transformada z, em que todos os ramos são ganhos simples, já que o atraso é representado em transformada z com a multiplicação por z^{-1}. Os problemas 6.1-6.28 ilustram a utilidade da análise da transformada z nos diagramas de fluxo para a obtenção de conjuntos equivalentes de equações de diferenças.

Exemplo 6.3 Determinação da função de sistema a partir de um diagrama de fluxo

Para ilustrar o uso da transformada z na determinação da função de sistema a partir de um diagrama de fluxo, considere a Figura 6.12. O diagrama de fluxo nessa figura não está na forma direta. Portanto, a função de sistema não pode ser escrita pela inspeção do diagrama. Porém, o conjunto de equações de diferenças representadas no diagrama pode ser escrito pela expressão de uma equação para cada variável de nó em termos das outras variáveis de nó. As cinco equações são

$$w_1[n] = w_4[n] - x[n], \quad (6.20a)$$
$$w_2[n] = \alpha w_1[n], \quad (6.20b)$$
$$w_3[n] = w_2[n] + x[n], \quad (6.20c)$$
$$w_4[n] = w_3[n-1], \quad (6.20d)$$
$$y[n] = w_2[n] + w_4[n]. \quad (6.20e)$$

Essas são as equações que seriam usadas para implementar o sistema na forma descrita pelo diagrama de fluxo. As equações 6.20(a)-(e) podem ser representadas com as equações da transformada z

$$W_1(z) = W_4(z) - X(z), \quad (6.21a)$$
$$W_2(z) = \alpha W_1(z), \quad (6.21b)$$
$$W_3(z) = W_2(z) + X(z), \quad (6.21c)$$
$$W_4(z) = z^{-1} W_3(z), \quad (6.21d)$$
$$Y(z) = W_2(z) + W_4(z). \quad (6.21e)$$

Podemos eliminar $W_1(z)$ e $W_3(z)$ desse conjunto de equações substituindo a Equação 6.21(a) na Equação 6.21(b), e a Equação 6.21(c) na Equação 6.21(d), obtendo

$$W_2(z) = \alpha(W_4(z) - X(z)), \quad (6.22a)$$
$$W_4(z) = z^{-1}(W_2(z) + X(z)), \quad (6.22b)$$
$$Y(z) = W_2(z) + W_4(z). \quad (6.22c)$$

As equações 6.22(a) e (b) podem ser resolvidas para $W_2(z)$ e $W_4(z)$, resultando em

$$W_2(z) = \frac{\alpha(z^{-1} - 1)}{1 - \alpha z^{-1}} X(z), \quad (6.23a)$$

$$W_4(z) = \frac{z^{-1}(1 - \alpha)}{1 - \alpha z^{-1}} X(z), \quad (6.23b)$$

e substituindo-se as equações 6.23(a) e (b) na Equação 6.22(c) chega-se a

$$Y(z) = \left(\frac{\alpha(z^{-1} - 1) + z^{-1}(1 - \alpha)}{1 - \alpha z^{-1}} \right) X(z) =$$
$$= \left(\frac{z^{-1} - \alpha}{1 - \alpha z^{-1}} \right) X(z). \quad (6.24)$$

Portanto, a função de sistema do diagrama de fluxo da Figura 6.12 é

$$H(z) = \frac{z^{-1} - \alpha}{1 - \alpha z^{-1}}, \quad (6.25)$$

pela qual concluímos que a resposta ao impulso do sistema é

$$h[n] = \alpha^{n-1} u[n-1] - \alpha^{n+1} u[n]$$

e o diagrama de fluxo na forma direta I é como mostrado na Figura 6.13.

O Exemplo 6.3 mostra como a transformada z converte expressões no domínio do tempo, que envolvem realimentação e, portanto, são difíceis de resolver, em equações lineares que podem ser resolvidas por técnicas algébricas. O exemplo também ilustra que diferentes representações de diagrama de fluxo definem algoritmos computacionais que requerem diferentes quantidades de recursos computacionais. Comparando as figuras 6.12 e 6.13, notamos que a implementação original requer apenas uma multiplicação e um elemento de atraso (memória), enquanto a implementação na forma direta I requer duas multiplicações e dois elementos de atraso. A implementação na forma direta II requer um atraso a menos, porém ainda requer duas multiplicações.

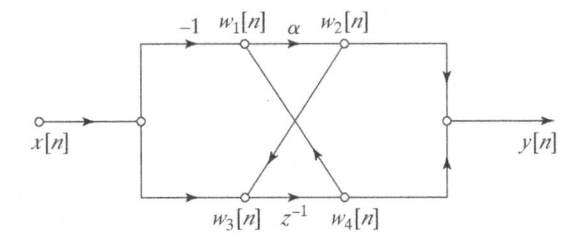

Figura 6.12 Diagrama de fluxo que não está na forma direta padrão.

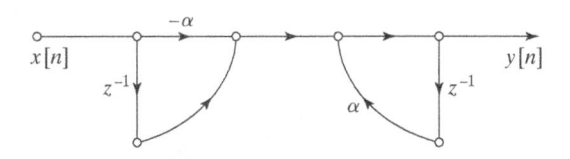

Figura 6.13 Equivalente na forma direta I da Figura 6.12.

6.3 Estruturas básicas para sistemas IIR

Na Seção 6.1, introduzimos duas estruturas alternativas para a implementação de um sistema LIT com função de sistema como a da Equação 6.8. Nesta seção, apresentamos as descrições em diagrama de fluxo de sinais desses sistemas e também desenvolvemos diversas outras estruturas de rede de diagrama de fluxo equivalente, comumente utilizadas. Nossa abordagem deixará claro que, para qualquer função de sistema racional dada, há uma grande variedade de conjuntos equivalentes de equações de diferenças ou estruturas de rede. Uma consideração na escolha entre essas diferentes estruturas é a complexidade computacional. Por exemplo, em algumas implementações digitais, as estruturas com menos multiplicadores por constantes e menos ramos de atraso são frequentemente mais desejáveis. Isso porque a multiplicação geralmente é uma operação que consome tempo e custo em *hardware* digital e porque cada elemento de atraso corresponde a um registrador da memória. Consequentemente, uma redução no número de multiplicadores por constantes significa um aumento na velocidade, e uma redução no número de elementos de atraso significa uma redução nos requisitos de memória.

Outros dilemas específicos surgem nas implementações em VLSI, em que a área de um *chip* é frequentemente uma medida de eficiência importante. A modularidade e a simplicidade na transferência de dados no *chip* também são constantemente muito desejáveis em tais implementações. Nas implementações com múltiplos processadores, as principais considerações estão muitas vezes relacionadas ao particionamento do algoritmo e a requisitos de comunicação entre os processadores. Outras considerações importantes são os efeitos do comprimento finito do registrador e da aritmética de precisão finita. Esses efeitos dependem do modo em que os cálculos são organizados, isto é, da estrutura do diagrama de fluxo de sinais. Ocasionalmente pode ser desejável usar uma estrutura que não possua o número mínimo de multiplicadores e elementos de atraso se essa estrutura for menos sensível aos efeitos do comprimento finito do registrador.

Nesta seção, apresentamos várias das formas mais frequentemente usadas para implementar um sistema LIT IIR e obtemos suas representações em diagrama de fluxo.

6.3.1 Formas diretas

Na Seção 6.1, obtivemos representações em diagrama de blocos na forma direta I (Figura 6.3) e na forma direta II, ou forma direta canônica (Figura 6.5) para um sistema LIT cujas entrada e saída satisfazem uma equação de diferenças na forma

$$y[n] - \sum_{k=1}^{N} a_k y[n-k] = \sum_{k=0}^{M} b_k x[n-k], \quad (6.26)$$

com a função de sistema racional correspondente

$$H(z) = \frac{\sum_{k=0}^{M} b_k z^{-k}}{1 - \sum_{k=1}^{N} a_k z^{-k}}. \quad (6.27)$$

Na Figura 6.14, a estrutura na forma direta I da Figura 6.3 é mostrada usando as convenções do diagrama de fluxo de sinais, e a Figura 6.15 mostra a representação em diagrama de fluxo de sinais da estrutura na forma direta II da Figura 6.5. Mais uma vez, consideramos por conveniência $N = M$. Observe que desenhamos o diagrama de fluxo de modo que cada nó não tenha mais que duas entradas. Um nó em um diagrama de fluxo de sinais pode ter qualquer quantidade de entradas, mas, como indicado anteriormente, essa convenção de duas

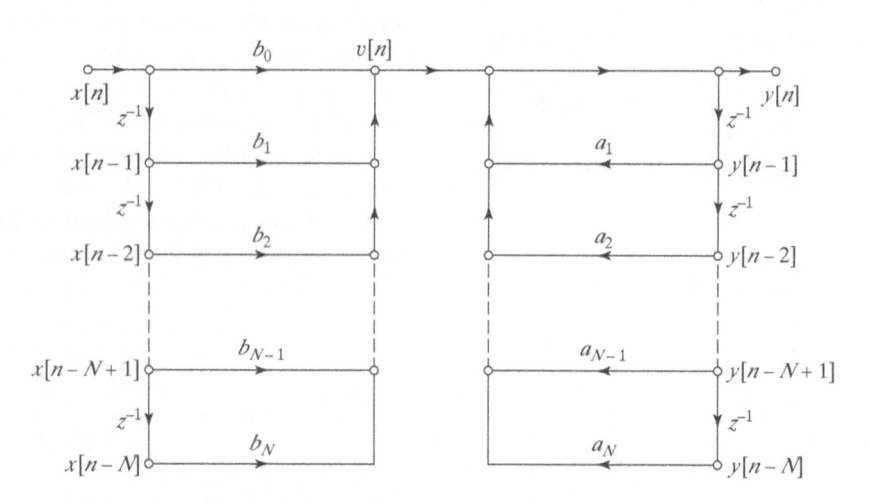

Figura 6.14 Diagrama de fluxo de sinais da estrutura na forma direta I para um sistema de ordem *N*.

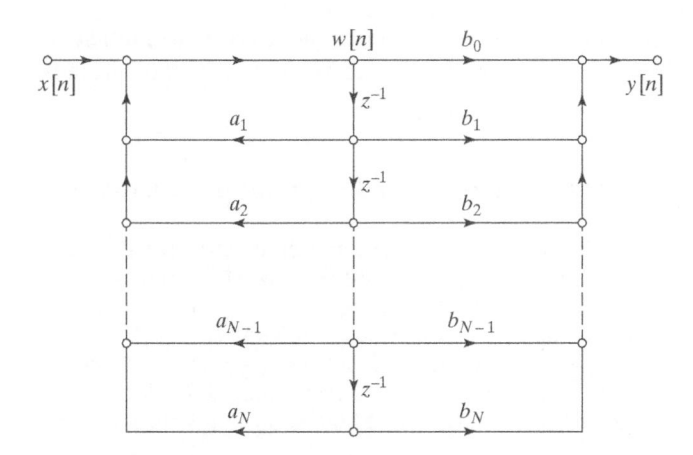

Figura 6.15 Diagrama de fluxo de sinais da estrutura na forma direta II para um sistema de ordem N.

entradas resulta em um diagrama que está mais próximo dos programas e arquiteturas para implementar as equações de diferenças representadas pelo diagrama.

Exemplo 6.4 Exemplos de estruturas na forma direta I e na forma direta II

Considere a função de sistema

$$H(z) = \frac{1 + 2z^{-1} + z^{-2}}{1 - 0{,}75z^{-1} + 0{,}125z^{-2}}. \quad (6.28)$$

Como os coeficientes nas estruturas na forma direta correspondem diretamente aos coeficientes dos polinômios do numerador e denominador (levando em conta a troca do sinal no denominador da Equação 6.27), podemos esboçar essas estruturas por inspeção das figuras 6.14 e 6.15. As estruturas na forma direta I e forma direta II para este exemplo são mostradas nas figuras 6.16 e 6.17, respectivamente.

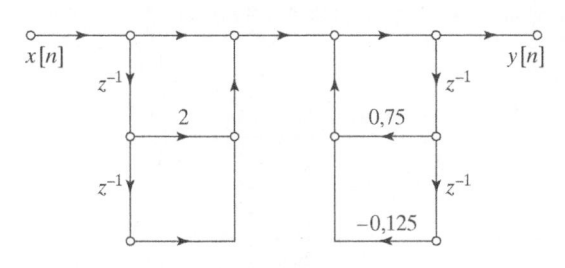

Figura 6.16 Estrutura na forma direta I para o Exemplo 6.4.

6.3.2 Forma em cascata

As estruturas na forma direta são obtidas diretamente a partir da função de sistema $H(z)$, escrita como uma razão de polinômios em z^{-1} como na Equação 6.27. Fatorando-se os polinômios do numerador e do denominador, podemos expressar $H(z)$ na forma

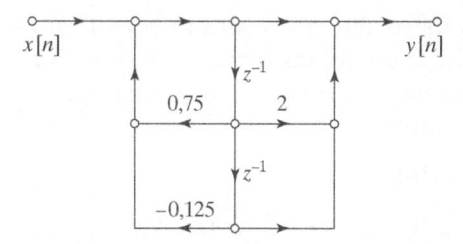

Figura 6.17 Estrutura na forma direta II para o Exemplo 6.4.

$$H(z) = A \frac{\prod_{k=1}^{M_1}(1 - f_k z^{-1})\prod_{k=1}^{M_2}(1 - g_k z^{-1})(1 - g_k^* z^{-1})}{\prod_{k=1}^{N_1}(1 - c_k z^{-1})\prod_{k=1}^{N_2}(1 - d_k z^{-1})(1 - d_k^* z^{-1})}, \quad (6.29)$$

sendo $M = M_1 + 2M_2$ e $N = N_1 + 2N_2$. Nessa expressão, os fatores de primeira ordem representam os zeros reais f_k e os polos reais c_k, e os fatores de segunda ordem representam pares complexos conjugados de zeros g_k e g_k^* e os pares complexos conjugados de polos d_k e d_k^*. Isto representa a fatoração mais geral de polos e zeros quando todos os coeficientes na Equação 6.27 são reais. A Equação 6.29 sugere uma classe de estruturas constituídas por cascatas de sistemas de primeira e segunda ordens. Há uma liberdade considerável na escolha da composição dos subsistemas e na ordem em que os subsistemas são colocados em cascata. Na prática, porém, muitas vezes é desejável implementar a realização em cascata usando um mínimo de armazenamento e cálculo. Uma estrutura modular vantajosa para muitos tipos de implementações é obtida por meio da combinação de pares de fatores reais e pares complexos conjugados em fatores de segunda ordem, de modo que a Equação 6.29 pode ser expressa como

$$H(z) = \prod_{k=1}^{N_s} \frac{b_{0k} + b_{1k}z^{-1} + b_{2k}z^{-2}}{1 - a_{1k}z^{-1} - a_{2k}z^{-2}}, \quad (6.30)$$

em que $N_s = \lfloor (N+1)/2 \rfloor$ é o maior inteiro contido em $(N+1)/2$. Expressando $H(z)$ dessa forma, assumimos que $M \leq N$ e que os polos e os zeros reais foram combinados em pares. Se houver um número ímpar de zeros reais, um dos coeficientes b_{2k} será nulo. Do mesmo modo, se houver um número ímpar de polos reais, um dos coeficientes a_{2k} será nulo. As seções de segunda ordem individuais podem ser implementadas usando uma das estruturas na forma direta; porém, a abordagem anterior mostra que podemos implementar uma estrutura em cascata com um número mínimo de multiplicações e um número mínimo de elementos de atraso usando a estrutura na forma direta II para cada seção de segunda ordem. Uma estrutura em cascata para um sistema de sexta ordem com três seções de segunda ordem na forma direta II é mostrada na Figura 6.18. As equações de diferenças representadas por uma cascata de seções de segunda ordem na forma direta II genérica têm a forma

$$y_0[n] = x[n], \quad (6.31a)$$

$$w_k[n] = a_{1k}w_k[n-1] + a_{2k}w_k[n-2] + y_{k-1}[n],$$
$$k = 1, 2, ..., N_s, \quad (6.31b)$$

$$y_k[n] = b_{0k}w_k[n] + b_{1k}w_k[n-1] + b_{2k}w_k[n-2],$$
$$k = 1, 2, ..., N_s, \quad (6.31c)$$

$$y[n] = y_{N_s}[n]. \quad (6.31d)$$

É evidente que uma variedade de sistemas teoricamente equivalentes pode ser obtida pelo simples emparelhamento de polos e zeros de diferentes maneiras e ordenando as seções de segunda ordem de modos distintos. De fato, se existirem N_s seções de segunda ordem, existem $N_s!$ (N_s fatorial) emparelhamentos dos polos e zeros e $N_s!$ ordenações de seções de segunda ordem resultantes, ou um global de $(N_s!)^2$ emparelhamentos e ordenações diferentes. Embora todos eles tenham a mesma função de sistema global e relação de entrada-saída correspondente, quando a aritmética de precisão infinita é usada, seu comportamento com aritmética de precisão finita pode ser muito diferente, como veremos nas seções 6.8-6.10.

Exemplo 6.5 Exemplos de estruturas em cascata

Consideremos novamente a função de sistema da Equação 6.28. Como esse é um sistema de segunda ordem, uma estrutura em cascata com seções de segunda ordem na forma direta II se reduz à estrutura da Figura 6.17. Como alternativa, para ilustrar a estrutura em cascata, podemos usar sistemas de primeira ordem expressando $H(z)$ como um produto de fatores de primeira ordem, como em

$$H(z) = \frac{1 + 2z^{-1} + z^{-2}}{1 - 0{,}75z^{-1} + 1{,}125z^{-2}}$$

$$= \frac{(1 + z^{-1})(1 + z^{-1})}{(1 - 0{,}5z^{-1})(1 - 0{,}25z^{-1})} \quad (6.32)$$

Como todos os polos e zeros são reais, uma estrutura em cascata com seções de primeira ordem tem coeficientes reais. Se os polos e/ou zeros fossem complexos, somente uma seção de segunda ordem teria coeficientes reais. Na Figura 6.19 são mostradas duas estruturas em cascata equivalentes, sendo que ambas possuem a função de sistema da Equação 6.32. As equações de diferenças representadas pelos diagramas de fluxo na figura podem ser escritas com facilidade. O Problema 6.22 propõe encontrar outras configurações do sistema equivalentes.

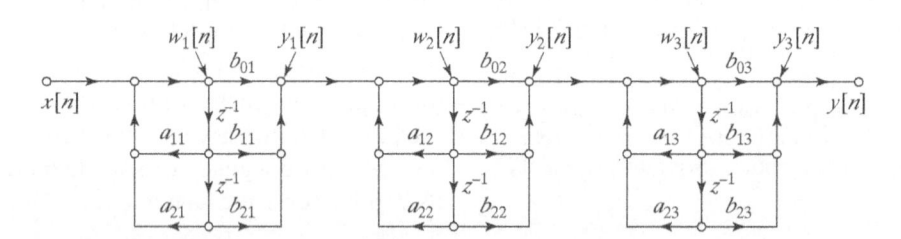

Figura 6.18 Estrutura na forma em cascata para um sistema de sexta ordem com uma realização na forma direta II de subsistemas de segunda ordem.

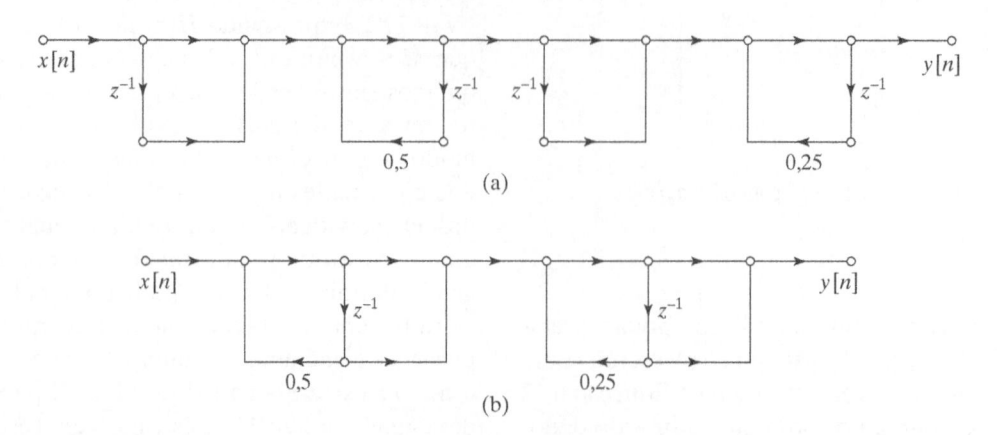

Figura 6.19 Estruturas em cascata para o Exemplo 6.5. (a) Subseções na forma direta I. (b) Subseções na forma direta II.

Um comentário final sobre nossa definição da função de sistema na forma em cascata deve ser feito. Como definido na Equação 6.30, cada seção de segunda ordem tem cinco multiplicadores por constantes. Para comparação, vamos assumir que $M = N$ em $H(z)$, como dado na Equação 6.27, e, além disso, vamos assumir que N seja um inteiro par, de modo que $N_s = N/2$. Então, as estruturas nas formas diretas I e II têm $2N + 1$ multiplicadores por constantes, enquanto a estrutura na forma em cascata sugerida pela Equação 6.30 tem $5N/2$ multiplicadores por constantes. Para o sistema de sexta ordem da Figura 6.18, é necessário um total de 15 multiplicadores, enquanto para as formas diretas equivalentes é necessário um total de 13 multiplicadores. Outra definição da forma em cascata é

$$H(z) = b_0 \prod_{k=1}^{N_s} \frac{1 + \tilde{b}_{1k}z^{-1} + \tilde{b}_{2k}z^{-2}}{1 - a_{1k}z^{-1} - a_{2k}z^{-2}}, \quad (6.33)$$

sendo b_0 o primeiro coeficiente no polinômio do numerador da Equação 6.27 e $\tilde{b}_{ik} = b_{ik}/b_{0k}$ para $i = 1, 2$ e $k = 1, 2, ..., N_s$. Essa forma para $H(z)$ sugere uma cascata de seções de segunda ordem com quatro multiplicadores, com uma única constante de ganho global b_0. Essa forma em cascata tem o mesmo número de multiplicadores constantes que as estruturas na forma direta. Como discutimos na Seção 6.9, as seções de segunda ordem com cinco multiplicadores são comumente usadas quando implementadas com aritmética de ponto fixo, pois elas tornam possível a distribuição do ganho global do sistema e, com isso, o controle da amplitude dos sinais em diversos pontos críticos no sistema. Quando a aritmética de ponto flutuante é usada e a faixa dinâmica não é um problema, as seções de segunda ordem com quatro multiplicadores podem ser usadas para diminuir a quantidade de operações. Outra simplificação resulta de zeros na circunferência unitária. Nesse caso, $\tilde{b}_{2k} = 1$, sendo necessário apenas três multiplicadores por seção de segunda ordem.

6.3.3 Forma paralela

Como uma alternativa à fatoração dos polinômios do numerador e do denominador de $H(z)$, podemos expressar uma função de sistema racional conforme dada pelas equações 6.27 ou 6.29 como uma expansão em frações parciais na forma

$$H(z) = \frac{1 + 2z^{-1} + z^{-2}}{1 - 0{,}75z^{-1} + 1{,}125z^{-2}}$$

$$= \frac{(1 + z^{-1})(1 + z^{-1})}{(1 - 0{,}5z^{-1})(1 - 0{,}25z^{-1})} \quad (6.34)$$

sendo $N = N_1 + 2N_2$. Se $M \geq N$, então $N_p = M - N$; caso contrário, o primeiro somatório na Equação 6.34 não é incluído. Se os coeficientes a_k e b_k forem todos reais na Equação 6.27, então as constantes A_k, B_k, C_k, c_k e e_k são todas reais. Dessa forma, a função de sistema pode ser interpretada como uma associação paralela de sistemas IIR de primeira e segunda ordens, possivelmente com N_p percursos de atraso simples. Como alternativa, podemos agrupar os polos reais em pares, de modo que $H(z)$ possa ser expresso como

$$H(z) = \sum_{k=0}^{N_p} C_k z^{-k} + \sum_{k=1}^{N_s} \frac{e_{0k} + e_{1k}z^{-1}}{1 - a_{1k}z^{-1} - a_{2k}z^{-2}}, \quad (6.35)$$

em que, como na forma em cascata, $N_s = \lfloor (N+1)/2 \rfloor$ é o maior inteiro contido em $(N+1)/2$ e, se $N_p = M - N$ for negativo, a primeira soma não estará presente. Um exemplo típico para $N = M = 6$ é mostrado na Figura 6.20. As equações de diferenças gerais para a forma paralela com seções de segunda ordem na forma direta II são

$$w_k[n] = a_{1k}w_k[n-1] + a_{2k}w_k[n-2] + x[n],$$

$$k = 1, 2, ..., N_s, \quad (6.36a)$$

$$y_k[n] = e_{0k}w_k[n] + e_{1k}w_k[n-1],$$

$$k = 1, 2, ..., N_s, (6.36b)$$

$$y[n] = \sum_{k=0}^{N_p} C_k x[n-k] + \sum_{k=1}^{N_s} y_k[n]. \quad (6.36c)$$

Se $M < N$, então o primeiro somatório na Equação 6.36(c) não é incluído.

Exemplo 6.6 Exemplos de estruturas na forma paralela

Considere novamente a função de sistema usada nos exemplos 6.4 e 6.5. Para a forma paralela, temos de expressar $H(z)$ na forma ou da Equação 6.34 ou da Equação 6.35. Se usarmos seções de segunda ordem,

$$H(z) = \frac{1 + 2z^{-1} + z^{-2}}{1 - 0{,}75z^{-1} + 0{,}125z^{-2}} =$$

$$= 8 + \frac{-7 + 8z^{-1}}{1 - 0{,}75z^{-1} + 0{,}125z^{-2}}. \quad (6.37)$$

A realização na forma paralela para este exemplo com uma seção de segunda ordem é mostrada na Figura 6.21. Como todos os polos são reais, podemos obter uma realização alternativa na forma paralela expandindo $H(z)$ como

$$H(z) = 8 + \frac{18}{1 - 0{,}5z^{-1}} - \frac{25}{1 - 0{,}25z^{-1}}. \quad (6.38)$$

A forma paralela resultante com seções de primeira ordem é mostrada na Figura 6.22. Como no caso geral, as equações de diferenças representadas nas figuras 6.21 e 6.22 podem ser escritas por inspeção.

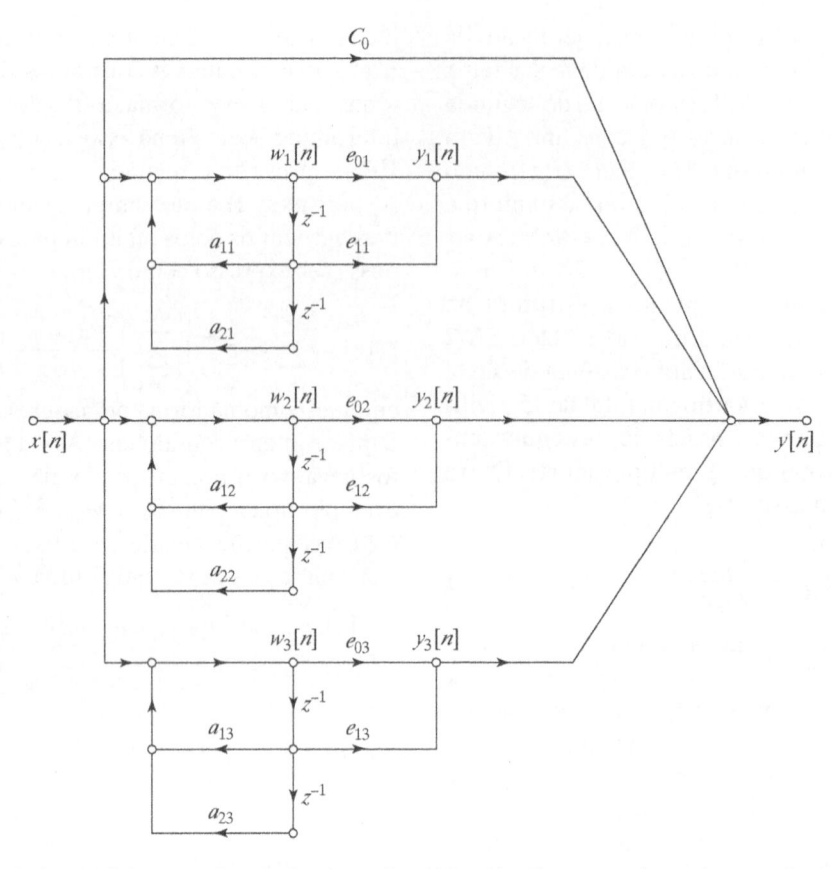

Figura 6.20 Estrutura na forma paralela para o sistema de sexta ordem ($M = N = 6$) com os polos reais e complexos agrupados em pares.

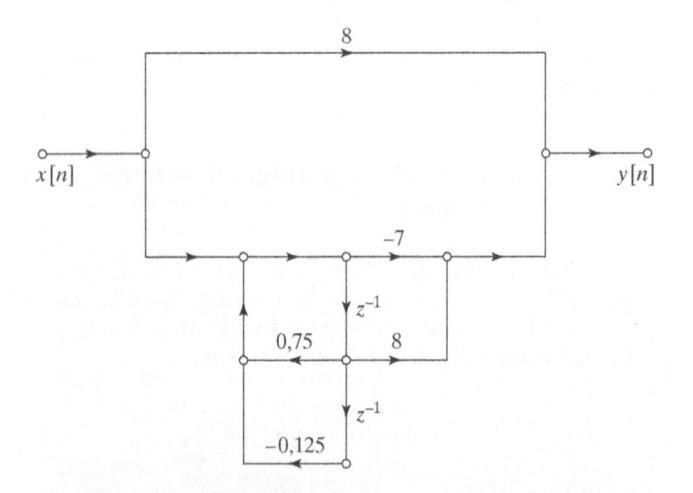

Figura 6.21 Estrutura na forma paralela para o Exemplo 6.6 usando um sistema de segunda ordem.

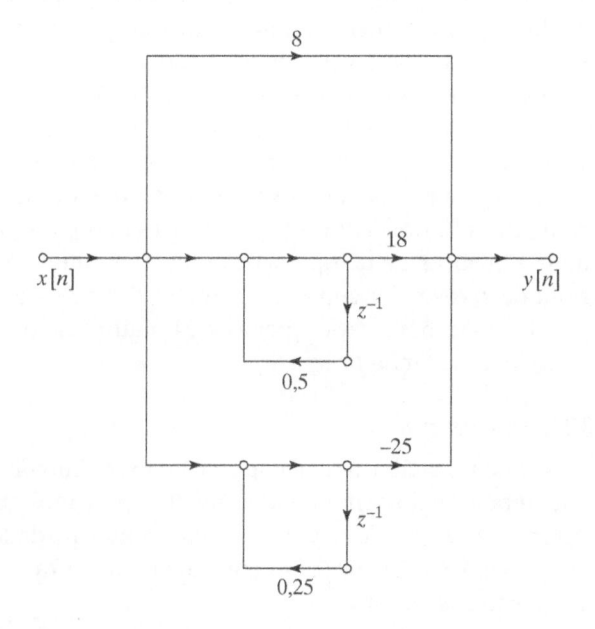

Figura 6.22 Estrutura na forma paralela para o Exemplo 6.6 usando sistemas de primeira ordem.

6.3.4 Realimentação em sistemas IIR

Todos os diagramas de fluxo desta seção possuem laços de realimentação; isto é, eles têm caminhos fechados que começam em um nó e retornam a esse nó percorrendo ramos somente na direção de suas flechas. Essa estrutura no diagrama de fluxo implica que uma variável de nó em um laço depende direta ou indiretamente de si mesma. Um exemplo simples é mostrado na Figura 6.23(a), que representa a equação de diferenças

$$y[n] = ay[n-1] + x[n]. \tag{6.39}$$

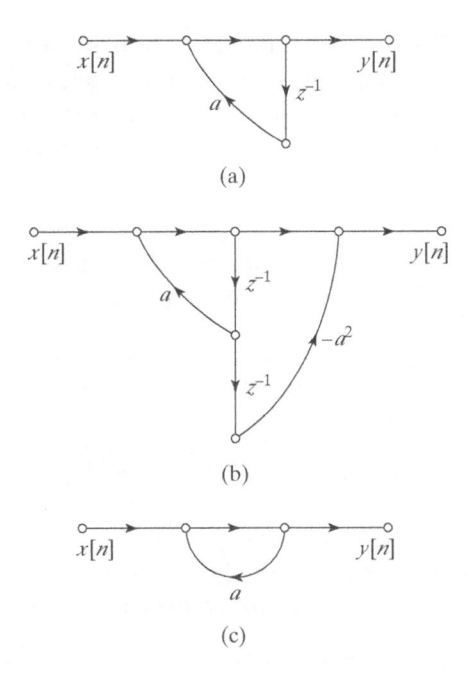

Figura 6.23 (a) Sistema com laço de realimentação. (b) Sistema FIR com laço de realimentação. (c) Sistema não computável.

Esses laços são necessários (mas não suficientes) para gerar respostas ao impulso infinitamente longas. Isso pode ser visto se considerarmos uma rede sem laços de realimentação. Nesse caso, qualquer caminho da entrada para a saída pode passar pelos elementos de atraso apenas uma vez. Portanto, o maior atraso entre a entrada e a saída ocorreria em um caminho que passa por todos os elementos de atraso na rede. Assim, para uma rede sem laços, a resposta ao impulso não é mais longa do que o número total de elementos de atraso da rede. Portanto, concluímos que, se uma rede não tiver laços, então a função de sistema tem apenas zeros (exceto para polos em $z = 0$), e o número de zeros não pode ser maior do que o número de elementos de atraso da rede.

Retomando o exemplo simples da Figura 6.23(a), notamos que, quando a entrada é a sequência impulso $\delta[n]$, a única amostra de entrada percorre continuamente o laço de realimentação com amplitude crescente (se $|a| > 1$) ou decrescente (se $|a| < 1$) devido à multiplicação pela constante a, de modo que a resposta ao impulso é $h[n] = a^n u[n]$. Isso ilustra como a realimentação pode criar uma resposta ao impulso infinitamente longa.

Se uma função de sistema tem polos, um diagrama de blocos ou um diagrama de fluxo de sinais correspondentes terão laços de realimentação. Por outro lado, nem os polos na função de sistema nem os laços na rede são suficientes para tornar a resposta ao impulso infinitamente longa. Na Figura 6.23(b) é mostrada uma rede com laço de realimentação, mas com uma resposta ao impulso de comprimento finito. Isso porque o polo da função de sistema cancela com um zero; isto é, para a Figura 6.23(b),

$$H(z) = \frac{1-a^2 z^{-2}}{1-az^{-1}} = \frac{(1-az^{-1})(1+az^{-1})}{1-az^{-1}} = 1+az^{-1}. \quad (6.40)$$

A resposta ao impulso do sistema é $h[n] = \delta[n] + a\delta[n-1]$. O sistema é um exemplo simples de uma classe geral de sistemas FIR, chamados de *sistemas de amostragem de frequência*. Essa classe de sistemas é considerada com mais detalhes nos problemas 6.39 e 6.51.

Os laços em uma rede impõem problemas especiais à implementação das operações implicadas pela rede. Como discutimos, é possível calcular as variáveis do nó em uma rede quando todos os valores necessários estão disponíveis. Em alguns casos, não existe uma maneira de ordenar os cálculos de modo que as variáveis dos nós de um diagrama de fluxo possam ser calculadas em sequência. Essa rede é chamada de *não computável* (veja Crochiere e Oppenheim, 1975). Uma rede não computável simples é mostrada na Figura 6.23(c). A equação de diferenças para essa rede é

$$y[n] = ay[n] + x[n]. \quad (6.41)$$

Nessa forma, não podemos calcular $y[n]$ porque o membro direito da equação envolve a quantidade que queremos calcular. O fato de um diagrama de fluxo ser não computável *não* significa que as equações representadas pelo diagrama de fluxo não possam ser resolvidas; na verdade, a solução da Equação 6.41 é $y[n] = x[n]/(1-a)$. Significa simplesmente que o diagrama de fluxo não representa um conjunto de equações de diferenças que podem ser resolvidas sucessivamente para as variáveis dos nós. A chave para a computabilidade de um diagrama de fluxo é que todos os laços devem conter pelo menos um elemento de atraso unitário. Assim, na manipulação de diagramas de fluxo que representam implementações de sistemas LIT, devemos ter cuidado para não gerar laços sem atraso. O Problema 6.37 lida com um sistema que possui um laço sem atraso. O Problema 7.51 mostra como um laço sem atraso pode ser introduzido.

6.4 Formas transpostas

A teoria dos diagramas de fluxo de sinais lineares fornece uma série de procedimentos para transformar esses diagramas de diferentes formas mantendo inalterada a função de sistema global entre entrada e saída. Um desses procedimentos, chamado de *diagrama de fluxo reverso* ou *transposição*, leva a um conjunto de estruturas de sistema transpostas que fornecem algumas alternativas úteis às estruturas discutidas na seção anterior.

A transposição de um diagrama de fluxo é realizada pela reversão dos sentidos de todos os ramos na rede enquanto mantemos os ganhos dos ramos e trocamos os papéis da entrada e da saída, de modo que nós de fonte se tornam nós de saída e vice-versa. Para sistemas de entrada única e saída única, o diagrama de fluxo resultante tem a mesma função de sistema do diagrama original se os nós de fonte e saída são trocados entre si. Embora não provemos formalmente esse resultado,[3] demonstramos sua validade com dois exemplos.

Exemplo 6.7 Forma transposta para um sistema de primeira ordem sem zeros

O sistema de primeira ordem correspondente ao diagrama de fluxo da Figura 6.24(a) tem função de sistema

$$H(z) = \frac{1}{1 - az^{-1}}. \qquad (6.42)$$

Para obtermos a forma transposta para esse sistema, trocamos as direções de todas as flechas dos ramos, tomamos como saída o ponto onde estava a entrada e aplicamos a entrada no ponto onde estava a saída. O resultado é mostrado na Figura 6.24(b). Geralmente, é conveniente desenhar a rede transposta com a entrada à esquerda e a saída à direita, como mostrado na Figura 6.24(c). Comparando as figuras 6.24(a) e (c), notamos a única diferença entre elas; na Figura 6.24(a), multiplicamos a sequência de saída *atrasada* $y[n-1]$ pelo coeficiente a, enquanto na Figura 6.24(c) multiplicamos a saída $y[n]$ pelo coeficiente a e depois atrasamos o produto resultante. Como as duas operações podem ser trocadas entre si, podemos concluir por inspeção que o sistema original da Figura 6.24(a) e o sistema transposto correspondente da Figura 6.24(c) têm a mesma função de sistema.

No Exemplo 6.7, é simples notar que o sistema original e sua transposição têm a mesma função de sistema. Porém, para diagramas mais complexos, o resultado não é frequentemente tão óbvio. Isso é ilustrado no próximo exemplo.

Exemplo 6.8 Forma transposta de uma seção de segunda ordem básica

Considere a seção de segunda ordem básica representada na Figura 6.25. As equações de diferenças correspondentes para esse sistema são

$$w[n] = a_1 w[n-1] + a_2 w[n-2] + x[n], \qquad (6.43a)$$

$$y[n] = b_0 w[n] + b_1 w[n-1] + b_2 w[n-2]. \qquad (6.43b)$$

O diagrama de fluxo transposto é mostrado na Figura 6.26; suas equações de diferenças correspondentes são

$$v_0[n] = b_0 x[n] + v_1[n-1], \qquad (6.44a)$$

$$y[n] = v_0[n], \qquad (6.44b)$$

$$v_1[n] = a_1 y[n] + b_1 x[n] + v_2[n-1], \qquad (6.44c)$$

$$v_2[n] = a_2 y[n] + b_2 x[n]. \qquad (6.44d)$$

As equações 6.43(a)-(b) e as equações 6.44(a)-(d) são formas diferentes de organizar o cálculo das amostras de saída $y[n]$ a partir das amostras de entrada $x[n]$, e não fica imediatamente evidente que os dois conjuntos de equações de diferenças são equivalentes. Um modo de mostrar essa equivalência é usar as representações da transformada z dos dois conjuntos de equações, resolver para a relação $Y(z)/X(z) = H(z)$ nos dois casos e comparar os resultados. Outra forma é substituir a Equação 6.44(d) na Equação 6.44(c), substituir o resultado na Equação 6.44(a) e, finalmente, substituir esse resultado na Equação 6.44(b). O resultado final é

$$y[n] = a_1 y[n-1] + a_2 y[n-2] +$$
$$+ b_0 x[n] + b_1 x[n-1] + b_2 x[n-2]. \qquad (6.45)$$

Como a rede da Figura 6.25 é uma estrutura na forma direta II, podemos notar facilmente que a entrada e a saída do sistema na Figura 6.25 também satisfazem a equação de diferenças 6.45. Portanto, para condições de repouso inicial, os sistemas das figuras 6.25 e 6.26 são equivalentes.

O teorema da transposição pode ser aplicado a qualquer uma das estruturas discutidas. Por exemplo, o resultado da aplicação do teorema à estrutura na forma direta I da Figura 6.14 é mostrado na Figura 6.27 e, de modo similar, a estrutura obtida da transposição da estrutura na forma direta II da Figura 6.15 é mostrada na Figura 6.28. Se uma configuração de dia-

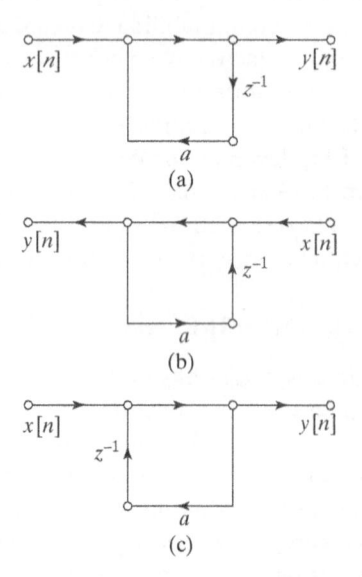

Figura 6.24 (a) Diagrama de fluxo de um sistema de primeira ordem simples. (b) Forma transposta de (a). (c) Estrutura de (b) reordenada com entrada à esquerda.

---
[3] O teorema é uma consequência direta da fórmula de ganho de Mason da teoria de diagrama de fluxo de sinais. (Veja Mason e Zimmermann, 1960; Chow e Cassignol, 1962; ou Phillips e Nagle, 1995.)

Figura 6.25 Estrutura na forma direta II para o Exemplo 6.8.

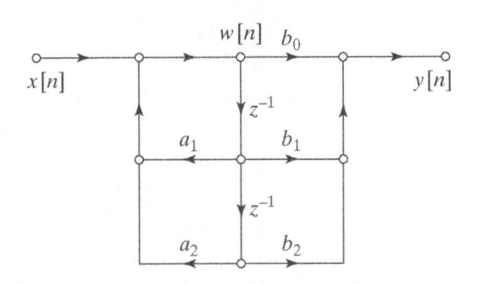

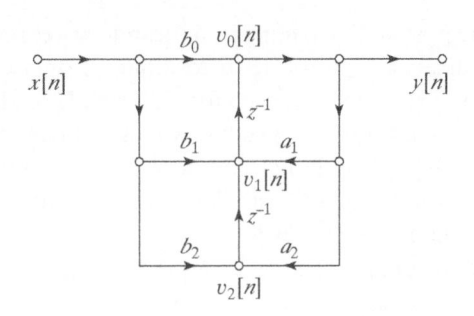

Figura 6.26 Estrutura na forma direta II transposta para o Exemplo 6.8.

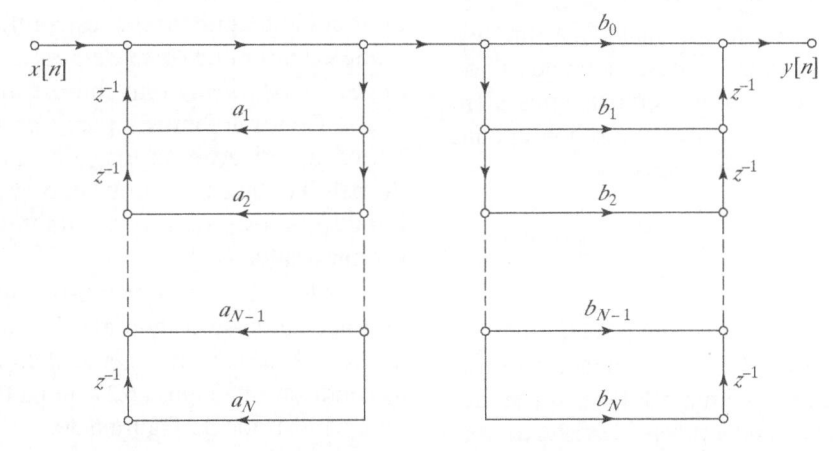

Figura 6.27 Diagrama de fluxo genérico resultante da aplicação do teorema da transposição à estrutura na forma direta I da Figura 6.14.

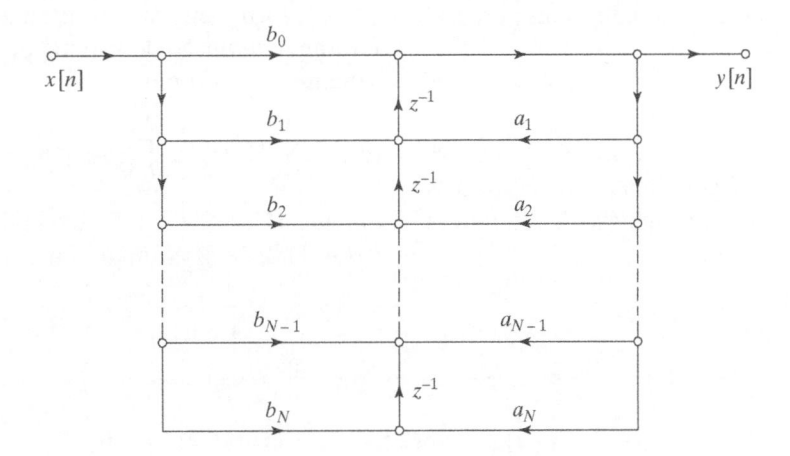

Figura 6.28 Diagrama de fluxo genérico resultante da aplicação do teorema da transposição à estrutura na forma direta II da Figura 6.15.

grama de fluxo de sinais for transposta, o número de ramos de atraso e o número de coeficientes permanecem os mesmos. Assim, a estrutura na forma direta II transposta também é uma estrutura canônica. As estruturas transpostas obtidas a partir das formas diretas também são "diretas" no sentido de que podem ser obtidas por inspeção do numerador e do denominador da função de sistema.

Um ponto importante se torna evidente pela comparação das figuras 6.15 e 6.28. Embora a estrutura na forma direta II implemente os polos primeiro e depois os zeros, a estrutura na forma direta II transposta implementa os zeros primeiro e depois os polos. Essas diferenças podem se tornar importantes na presença da digitalização nas implementações digitais de precisão finita ou na presença de ruído nas implementações analógicas de tempo discreto.

Quando o teorema da transposição é aplicado a estruturas em cascata ou paralelas, os sistemas de segunda ordem individuais são substituídos por estruturas transpostas. Por exemplo, aplicando o teorema da transposição à Figura 6.18, o resultado é uma cascata de três seções transpostas na forma direta II (cada uma como a do Exemplo 6.8) com os mesmos coeficientes como na Figura 6.18, mas com a ordem de cascata revertida. Uma afirmação similar pode ser feita sobre a transposição da Figura 6.20.

O teorema da transposição enfatiza ainda mais a existência de uma variedade infinita de estruturas de implementação para qualquer função de sistema racional dada. O teorema da transposição fornece um procedimento simples para gerar novas estruturas. Os problemas de implementação de sistemas usando a aritmética de precisão finita motivaram o desenvolvimento de muitas outras classes de estruturas equivalentes além das discutidas aqui. Porém, concentramo-nos apenas nas estruturas mais comumente usadas.

6.5 Estruturas básicas de rede para sistemas FIR

As estruturas na forma direta, em cascata e em paralelo discutidas nas seções 6.3 e 6.4 são as estruturas básicas mais comuns para sistemas IIR. Elas foram deduzidas sob a hipótese de que a função de sistema possui polos e zeros. Embora as formas direta e em cascata para sistemas IIR incluam sistemas FIR como um caso especial, existem formas específicas adicionais para sistemas FIR.

6.5.1 Forma direta

Para sistemas FIR causais, a função de sistema tem apenas zeros (exceto para os polos em $z=0$), e como os coeficientes a_k são todos nulos, a equação de diferenças da Equação 6.9 se reduz a

$$y[n] = \sum_{k=0}^{M} b_k x[n-k]. \qquad (6.46)$$

Essa expressão pode ser reconhecida como a convolução discreta de $x[n]$ com a resposta ao impulso

$$h[n] = \begin{cases} b_n & n = 0, 1, \ldots, M, \\ 0 & \text{caso contrário.} \end{cases} \qquad (6.47)$$

Nesse caso, as estruturas na forma direta I e na forma direta II nas figuras 6.14 e 6.15 se reduzem à estrutura FIR na forma direta como redesenhado na Figura 6.29. Devido à cadeia de elementos de atraso no topo do diagrama, essa estrutura também é chamada de estrutura de *linha de atraso com derivações* (do inglês, *tapped delay line*) ou estrutura de *filtro transversal*. Como notamos a partir da Figura 6.29, o sinal em cada derivação ao longo dessa cadeia é ponderado pelo coeficiente apropriado (valor da resposta ao impulso), e os produtos resultantes são somados para formar a saída $y[n]$.

A forma direta transposta para o caso FIR é obtida aplicando-se o teorema da transposição à Figura 6.29, ou, de modo equivalente, definindo os coeficientes a_k como zero na Figura 6.27 ou na Figura 6.28. O resultado é mostrado na Figura 6.30.

6.5.2 Forma em cascata

A forma em cascata para sistemas FIR é obtida fatorando a função de sistema polinomial. Isto é, representamos $H(z)$ como

$$H(z) = \sum_{n=0}^{M} h[n] z^{-n} = \prod_{k=1}^{M_s} (b_{0k} + b_{1k} z^{-1} + b_{2k} z^{-2}), \qquad (6.48)$$

em que $M_s = \lfloor (M+1)/2 \rfloor$ é o maior inteiro contido em $(M+1)/2$. Se M é ímpar, um dos coeficientes b_{2k} será

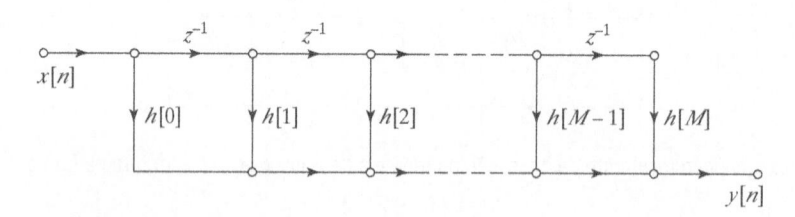

Figura 6.29 Realização de um sistema FIR na forma direta.

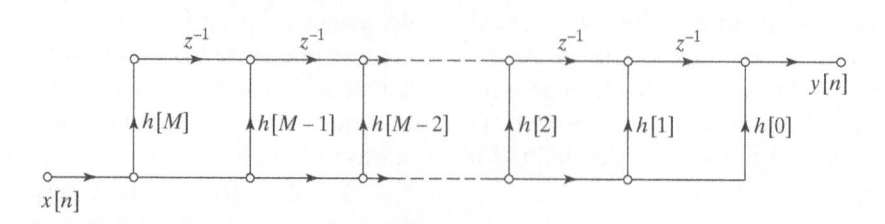

Figura 6.30 Transposição de rede da Figura 6.29.

nulo, pois $H(z)$, nesse caso, possui um número ímpar de zeros reais. O diagrama de fluxo que representa a Equação 6.48 é mostrado na Figura 6.31 e é idêntico em forma ao da Figura 6.18, com todos os coeficientes a_{1k} e a_{2k} iguais a zero. Cada uma das seções de segunda ordem na Figura 6.31 utiliza a forma direta mostrada na Figura 6.29. Outra alternativa é usar as seções de segunda ordem na forma direta transposta ou, de modo equivalente, aplicar o teorema da transposição à Figura 6.31.

6.5.3 Estruturas para sistemas FIR de fase linear

No Capítulo 5, mostramos que os sistemas FIR causais têm fase linear generalizada se a resposta ao impulso satisfizer a condição de simetria

$$h[M-n] = h[n] \quad n = 0, 1, \ldots, M \quad (6.49a)$$

ou

$$h[M-n] = -h[n] \quad n = 0, 1, \ldots, M. \quad (6.49b)$$

Com uma dessas condições, o número de multiplicadores por coeficientes pode ser essencialmente reduzido à metade. Para verificar, considere as seguintes manipulações na equação de convolução discreta, assumindo que M seja um inteiro par correspondente aos sistemas de tipo I ou de tipo III:

$$y[n] = \sum_{k=0}^{M} h[k]x[n-k]$$

$$= \sum_{k=0}^{M/2-1} h[k]x[n-k] + h[M/2]x[n-M/2]$$

$$+ \sum_{k=M/2+1}^{M} h[k]x[n-k] =$$

$$= \sum_{k=0}^{M/2-1} h[k]x[n-k] + h[M/2]x[n-M/2]$$

$$+ \sum_{k=0}^{M/2-1} h[M-k]x[n-M+k].$$

Para sistemas de tipo I, usamos a Equação 6.49(a) para obter

$$y[n] = \sum_{k=0}^{M/2-1} h[k](x[n-k] + x[n-M+k]) \quad (6.50)$$
$$+ h[M/2]x[n-M/2].$$

Para sistemas de tipo III, usamos a Equação 6.49(b) para obter

$$y[n] = \sum_{k=0}^{M/2-1} h[k](x[n-k] - x[n-M+k]). \quad (6.51)$$

No caso em que M é um inteiro ímpar, as equações correspondentes são, para sistemas de tipo II,

$$y[n] = \sum_{k=0}^{(M-1)/2} h[k](x[n-k] + x[n-M+k]) \quad (6.52)$$

e, para sistemas de tipo IV,

$$y[n] = \sum_{k=0}^{(M-1)/2} h[k](x[n-k] - x[n-M+k]). \quad (6.53)$$

As equações 6.50-6.53 implicam estruturas com $M/2 + 1$, $M/2$ ou $(M + 1)/2$ multiplicadores de coeficiente, em vez de M multiplicadores de coeficiente da estrutura na forma direta genérica da Figura 6.29. Na Figura 6.32 é mostrada a estrutura implicada pela Equação 6.50, e na Figura 6.33 é mostrada a estrutura implicada pela Equação 6.52.

Em nossa discussão dos sistemas de fase linear na Seção 5.7.3, mostramos que as condições de simetria das equações 6.49(a) e (b) fazem com que os zeros de $H(z)$ ocorram em pares de imagem refletida. Isto é, se z_0 for um zero de $H(z)$, então $1/z_0$ também é um zero de $H(z)$. Além disso, se $h[n]$ é real, então os zeros de $H(z)$ ocorrem em pares complexos conjugados. Como consequência, os zeros reais que não estão na circunferência unitária ocorrem em pares recíprocos. Zeros complexos que não estão na circunferência unitária ocorrem em grupos de quatro, correspondendo aos complexos conjugados e os recíprocos. Se um zero está na circunferência unitária, seu recíproco é também seu conjugado. Consequente-

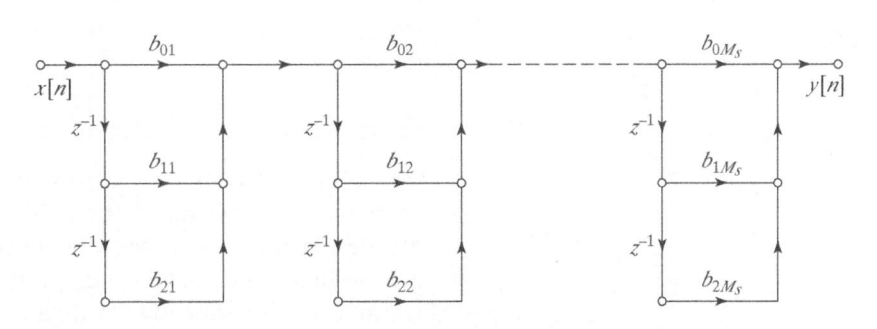

Figura 6.31 Realização de um sistema FIR na forma em cascata.

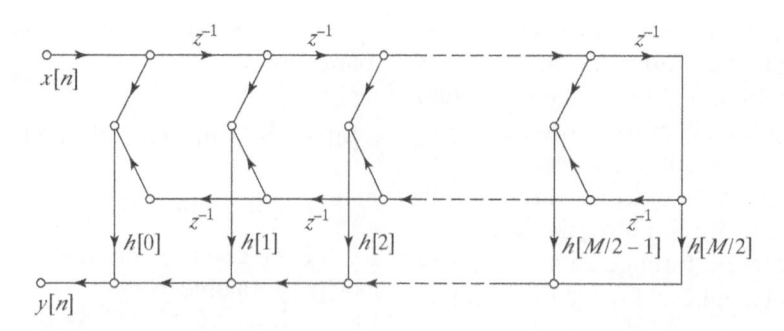

Figura 6.32 Estrutura na forma direta para um sistema FIR de fase linear quando M é um inteiro par.

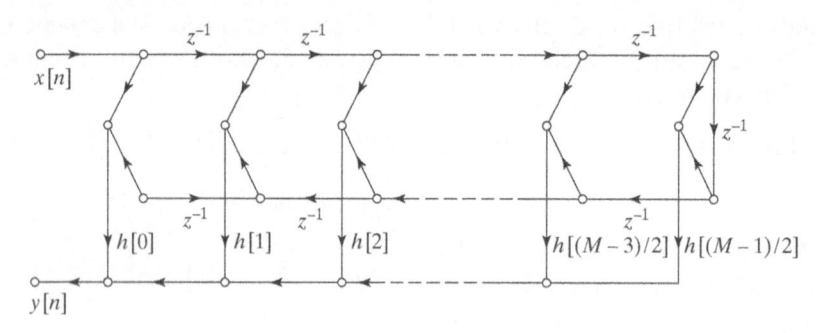

Figura 6.33 Estrutura na forma direta para um sistema FIR de fase linear quando M é um inteiro ímpar.

mente, zeros complexos na circunferência unitária são convenientemente agrupados em pares. Os zeros em $z = \pm 1$ são seus próprios recíprocos e complexos conjugados. Os quatro casos estão resumidos na Figura 6.34, sendo os zeros em $z_1, z_1^*, 1/z_1$ e $1/z_1^*$ considerados como um grupo de quatro. Os zeros em z_2 e $1/z_2$ são considerados como um grupo de dois, assim como os zeros em z_3 e z_3^*. O zero em z_4 é considerado isoladamente. Se $H(z)$ tiver os zeros mostrados na Figura 6.34, ela pode ser fatorada em um produto de fatores de primeira, segunda e quarta ordem. Cada um desses fatores é um polinômio cujos coeficientes têm a mesma simetria dos coeficientes de $H(z)$; isto é, cada fator é um polinômio de fase linear em z^{-1}. Portanto, o sistema pode ser implementado como uma cascata de sistemas de primeira, segunda e quarta ordem. Por exemplo, a função de sistema correspondente aos zeros da Figura 6.34 pode ser expressa como

$$H(z) = h[0](1+z^{-1})(1+az^{-1}+z^{-2})(1+bz^{-1}+z^{-2})$$
$$\times (1+cz^{-1}+dz^{-2}+cz^{-3}+z^{-4}), \quad (6.54)$$

sendo

$$a = (z_2 + 1/z_2), \qquad b = 2\mathcal{R}e\{z_3\},$$
$$c = -2\mathcal{R}e\{z_1 + 1/z_1\}, \qquad d = 2 + |z_1 + 1/z_1|^2.$$

Essa representação sugere uma estrutura em cascata que consiste em elementos de fase linear. Notamos que a ordem do polinômio da função de sistema é $M = 9$ e que o número de multiplicadores de coeficientes diferentes é cinco. Esse é o mesmo número $((M+1)/2 = 5)$ de multiplicadores constantes necessários para a implementação do sistema de fase linear na forma direta da Figura 6.32. Assim, sem multiplicações adicionais, obtemos uma estrutura modular em termos de uma cascata de sistemas elementares FIR de fase linear.

6.6 Filtros em treliça

Nas seções 6.3.2 e 6.5.2, discutimos as formas em cascata para os sistemas IIR e FIR obtidas pela fatoração de suas funções de sistema em seções de primeira e de segunda ordem. Outra estrutura em cascata interessante e útil é baseada em uma conexão em cascata (saída para entrada) da estrutura básica mostrada na

Figura 6.34 Simetria dos zeros para um filtro FIR de fase linear.

Figura 6.35(a). No caso da Figura 6.35(a), o bloco elementar de construção do sistema possui duas entradas e duas saídas, e é chamado de diagrama de fluxo de um quadripolo. Na Figura 6.35(b) é mostrada a representação equivalente em diagrama de fluxo. Na Figura 6.36 é mostrada uma cascata de M desses blocos elementares com uma terminação em cada extremidade da cascata, de modo que o sistema global é um sistema de entrada única e saída única, sendo que a entrada $x[n]$ alimenta as duas entradas do bloco elementar quadripolo (1) e a saída $y[n]$ é definida como $a^{(M)}[n]$, a saída superior do último bloco elementar quadripolo M. (A saída inferior do M-ésimo estágio geralmente é ignorada.) Embora essa estrutura possa ter muitas formas diferentes, dependendo da definição do bloco elementar, limitaremos nossa atenção à escolha em particular da Figura 6.35(b), que leva a uma classe amplamente usada de estruturas de filtro FIR e IIR, conhecida como *filtros em treliça*.

6.6.1 Filtros FIR em treliça

Se o bloco elementar quadripolo na forma de borboleta na Figura 6.35(b) for usado na cascata da Figura 6.36, obtemos um diagrama de fluxo como o mostrado na Figura 6.37, cuja forma em treliça justifica o nome *filtro em treliça*. Os coeficientes $k_1, k_2, \ldots, k_M$ são chamados geralmente de parâmetros k da estrutura em treliça. No Capítulo 11, veremos que os parâmetros k têm um significado especial no contexto do modelo só-polos de sinais, e o filtro em treliça da Figura 6.37 é uma estrutura de implementação para uma predição linear de amostras de sinal. Neste capítulo, o foco é apenas o uso dos filtros em treliça para implementar funções de transferência FIR e IIR só-polos.

As variáveis de nó $a^{(i)}[n]$ e $b^{(i)}[n]$ na Figura 6.37 são sequências intermediárias que dependem da entrada $x[n]$ por meio do conjunto de equações de diferenças

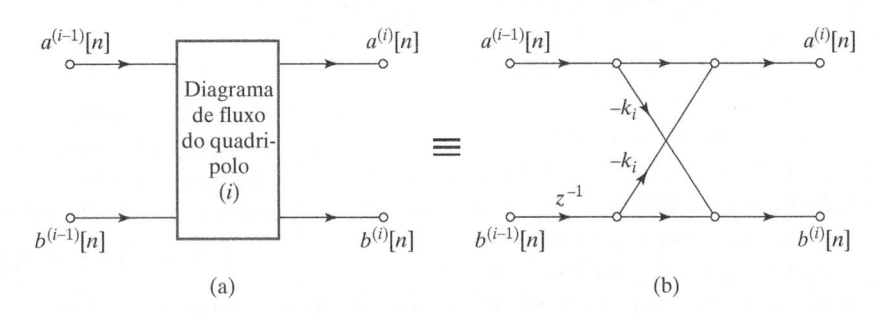

Figura 6.35 Uma seção da estrutura em treliça para os filtros FIR em treliça. (a) Representação em diagrama de blocos de um bloco elementar do quadripolo. (b) Diagrama de fluxo equivalente.

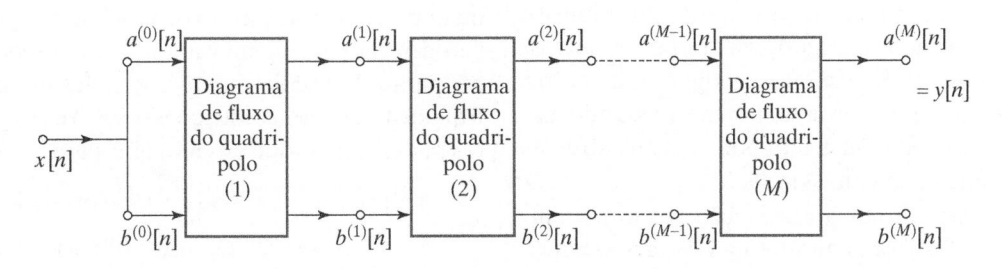

Figura 6.36 Conexão em cascata de M seções de blocos elementares.

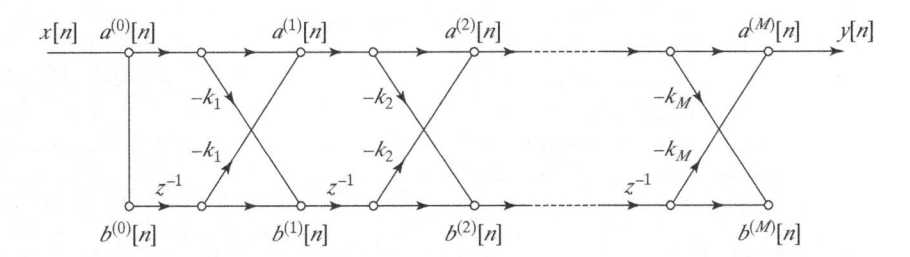

Figura 6.37 Diagrama de fluxo em treliça para um sistema FIR baseado na cascata de M blocos elementares de quadripolo da Figura 6.35(b).

$$a^{(0)}[n] = b^{(0)}[n] = x[n] \qquad (6.55a)$$

$$a^{(i)}[n] = a^{(i-1)}[n] - k_i b^{(i-1)}[n-1] \quad i=1,2,\ldots,M \qquad (6.55b)$$

$$b^{(i)}[n] = b^{(i-1)}[n-1] - k_i a^{(i-1)}[n] \quad i=1,2,\ldots,M \qquad (6.55c)$$

$$y[n] = a^{(M)}[n]. \qquad (6.55d)$$

Como podemos notar, os parâmetros k são coeficientes nesse conjunto de M equações de diferenças acopladas representadas pela Figura 6.37 e pelas equações 6.55(a)-(d). Deve ficar claro que essas equações precisam ser calculadas na ordem mostrada ($i = 0, 1, \ldots, M$), pois a saída do estágio ($i-1$) é necessária como entrada para o estágio (i), e assim por diante.

A estrutura em treliça na Figura 6.37 é evidentemente um sistema LIT, pois é um diagrama de fluxo de sinais linear com apenas atrasos e coeficientes de ramo constantes. Além disso, observe que não existem laços de realimentação, o que significa que o sistema tem uma resposta ao impulso com duração finita. De fato, um argumento simples é suficiente para mostrar que a resposta ao impulso da entrada para qualquer nó interno possui comprimento finito. Especificamente, considere a resposta ao impulso a partir de $x[n]$ até a variável de nó $a^{(i)}[n]$, isto é, da entrada para o i-ésimo nó superior. Evidentemente, se $x[n] = \delta[n]$, então $a^{(i)}[0] = 1$ para todo i, pois o impulso se propaga sem atraso no ramo superior de todos os estágios. Todos os outros caminhos para qualquer variável de nó $a^{(i)}[n]$ ou $b^{(i)}[n]$ passam por pelo menos um atraso, sendo que o maior atraso ocorre percorrendo-se o caminho inferior e depois subindo para a variável de nó $a^{(i)}[n]$ através do coeficiente $-k_i$. Esse é o último impulso que chega em $a^{(i)}[n]$, de modo que a resposta ao impulso terá comprimento de $i+1$ amostras. Todos os outros caminhos para um nó interno fazem ziguezague entre as partes superior e inferior do diagrama, passando assim por pelo menos um, mas não por todos os atrasos que ocorrem antes das saídas da seção (i).

Observe que, em nossa introdução aos filtros em treliça, $a^{(i)}[n]$ e $b^{(i)}[n]$ foram usados na Figura 6.37 e nas equações 6.55(a)-(d) para indicar as variáveis de nó do bloco elementar (i) para *qualquer* entrada $x[n]$. Porém, para o restante de nossa discussão, é conveniente considerar especificamente que $x[n] = \delta[n]$, de modo que $a^{(i)}[n]$ e $b^{(i)}[n]$ são as respostas ao impulso resultantes nos nós associados, e que as transformadas z correspondentes $A^{(i)}(z)$ e $B^{(i)}(z)$ são as funções de transferência entre o nó de entrada e o i-ésimo nó. Consequentemente, a função de transferência entre a entrada e o i-ésimo nó superior é

$$A^{(i)}(z) = \sum_{n=0}^{i} a^{(i)}[n] z^{-n} = 1 - \sum_{m=1}^{i} \alpha_m^{(i)} z^{-m}, \qquad (6.56)$$

sendo que na segunda forma, os coeficientes $\alpha_m^{(i)}$ para $m \le i$ são compostos de somas de produtos dos coeficientes k_j para $j \le m$. Como mostramos, o coeficiente de maior atraso da entrada para o nó superior i é $\alpha_i^{(i)} = k_i$. Nessa notação, a resposta ao impulso de $x[n]$ para a variável de nó $a^{(i)}[n]$ é

$$a^{(i)}[n] = \begin{cases} 1 & n = 0 \\ -\alpha_n^{(i)} & 1 \le n \le i \\ 0 & \text{caso contrário} \end{cases} \qquad (6.57)$$

De modo similar, a função de transferência da entrada para o nó inferior i é denotada como $B^{(i)}(z)$. Portanto, a partir da Figura 6.35(b) ou das equações 6.55(b) e (c), notamos que

$$A^{(i)}(z) = A^{(i-1)}(z) - k_i z^{-1} B^{(i-1)}(z) \qquad (6.58a)$$

$$B^{(i)}(z) = -k_i A^{(i-1)}(z) + z^{-1} B^{(i-1)}(z). \qquad (6.58b)$$

Além disso, notamos que na extremidade de entrada ($i = 0$)

$$A_0(z) = B_0(z) = 1. \qquad (6.59)$$

Usando as equações 6.58(a) e (b) e iniciando com a Equação 6.59, podemos calcular $A^{(i)}(z)$ e $B^{(i)}(z)$ recursivamente até qualquer valor de i. Se continuarmos, o padrão que emerge na relação entre $B^{(i)}(z)$ e $A^{(i)}(z)$

$$B^{(i)}(z) = z^{-i} A^{(i)}(1/z) \qquad (6.60a)$$

ou, substituindo z por $1/z$ na Equação 6.60(a), temos a relação equivalente

$$A^{(i)}(z) = z^{-i} B^{(i)}(1/z). \qquad (6.60b)$$

Podemos verificar essas relações equivalentes formalmente por indução, isto é, verificando que, se elas são verdadeiras para algum valor $i-1$, então serão verdadeiras para i. Especificamente, é simples notar a partir da Equação 6.59 que as equações 6.60(a) e (b) são verdadeiras para $i = 0$. Agora, observe que, para $i = 1$,

$$A^{(1)}(z) = A^{(0)}(z) - k_1 z^{-1} B^{(0)}(z) = 1 - k_1 z^{-1}$$
$$B^{(1)}(z) = -k_1 A^{(0)}(z) + z^{-1} B^{(0)}(z) = -k_1 + z^{-1}$$
$$= z^{-1}(1 - k_1 z)$$
$$= z^{-1} A^{(1)}(1/z)$$

e, para $i = 2$,

$$A^{(2)}(z) = A^{(1)}(z) - k_2 z^{-1} B^{(1)}(z)$$
$$= 1 - k_1 z^{-1} - k_2 z^{-2}(1 - k_1 z)$$
$$= 1 - k_1(1 - k_2) z^{-1} - k_2 z^{-2}$$
$$B^{(2)}(z) = -k_2 A^{(1)}(z) + z^{-1} B^{(1)}(z)$$
$$= -k_2(1 - k_1 z^{-1}) + z^{-2}(1 - k_1 z)$$
$$= z^{-2}(1 - k_1(1 - k_2) z - k_2 z^2)$$
$$= z^{-2} A^{(2)}(1/z).$$

Podemos provar o resultado geral assumindo que a Equação 6.60(a) e a Equação 6.60(b) são verdadeiras para $i-1$ e depois substituindo na Equação 6.58(b) para obtermos

$$B^{(i)}(z) = -k_i z^{-(i-1)} B^{(i-1)}(1/z) + z^{-1} z^{-(i-1)} A^{(i-1)}(1/z)$$

$$= z^{-i} \left[A^{(i-1)}(1/z) - k_i z B^{(i-1)}(1/z) \right].$$

A partir da Equação 6.58(a), concluímos que o termo entre colchetes é $A^{(i)}(1/z)$, de modo que

$$B^{(i)}(z) = z^{-i} A^{(i)}(1/z),$$

como na Equação 6.60(a). Assim, mostramos que as equações 6.60(a) e (b) são verdadeiras para qualquer $i \geq 0$.

Como indicado anteriormente, as funções de transferência $A^{(i)}(z)$ e $B^{(i)}(z)$ podem ser calculadas recursivamente usando as equações 6.58(a) e (b). Essas funções de transferência são representadas por polinômios de ordem i e são particularmente úteis para obter uma relação direta entre os coeficientes dos polinômios. Assim, o membro direito da Equação 6.57 define os coeficientes de $A^{(i)}(z)$ como $-\alpha_m^{(i)}$, para $m = 1, 2, \ldots, i$ com o coeficiente inicial igual a um; isto é, como na Equação 6.56,

$$A^{(i)}(z) = 1 - \sum_{m=1}^{i} \alpha_m^{(i)} z^{-m}, \qquad (6.61)$$

e, de modo similar,

$$A^{(i-1)}(z) = 1 - \sum_{m=1}^{i-1} \alpha_m^{(i-1)} z^{-m}. \qquad (6.62)$$

Para obter uma relação recursiva direta para os coeficientes $\alpha_m^{(i)}$ em termos de $\alpha_m^{(i-1)}$ e k_i, combinamos as equações 6.60(a) e 6.62, de onde conclui-se que

$$B^{(i-1)}(z) = z^{-(i-1)} A^{(i-1)}(1/z)$$

$$= z^{-(i-1)} \left[1 - \sum_{m=1}^{i-1} \alpha_m^{(i-1)} z^{+m} \right]. \qquad (6.63)$$

Substituindo as equações 6.62 e 6.63 na Equação 6.58(a), $A^{(i)}(z)$ também pode ser expresso como

$$A^{(i)}(z) = \left(1 - \sum_{m=1}^{i-1} \alpha_m^{(i-1)} z^{-m} \right)$$

$$- k_i z^{-1} \left(z^{-(i-1)} \left[1 - \sum_{m=1}^{i-1} \alpha_m^{(i-1)} z^{+m} \right] \right). \qquad (6.64)$$

Reindexando o segundo somatório invertendo a ordem dos termos (isto é, substituindo m por $i-m$) e, combinando os termos na Equação 6.64, obtemos

$$A^{(i)}(z) = 1 - \sum_{m=1}^{i-1} \left[\alpha_m^{(i-1)} - k_i \alpha_{i-m}^{(i-1)} \right] z^{-m} - k_i z^{-i}, \qquad (6.65)$$

em que, como indicado anteriormente, o coeficiente de z^{-i} é $-k_i$. A comparação das equações 6.65 e 6.61 mostra que

$$\alpha_m^{(i)} = \left[\alpha_m^{(i-1)} - k_i \alpha_{i-m}^{(i-1)} \right] \quad m = 1, \ldots, i-1 \qquad (6.66a)$$

$$\alpha_i^{(i)} = k_i. \qquad (6.66b)$$

As equações 6.66 são a recursão direta desejada entre os coeficientes de $A^{(i)}(z)$ e os coeficientes de $A^{(i-1)}(z)$. Essas equações, juntamente com a Equação 6.60(a), também determinam a função de transferência $B^{(i)}(z)$.

A recursão das equações 6.66 também pode ser expressa de modo compacto na forma matricial. Representamos por $\boldsymbol{\alpha}_{i-1}$ o vetor de coeficientes da função de transferência para $A^{(i-1)}(z)$ e por $\boldsymbol{\check{\alpha}}_{i-1}$ como o vetor com esses coeficientes na ordem contrária, isto é,

$$\boldsymbol{\alpha}_{i-1} = \begin{bmatrix} \alpha_1^{(i-1)} & \alpha_2^{(i-1)} & \cdots & \alpha_{i-1}^{(i-1)} \end{bmatrix}^T$$

e

$$\boldsymbol{\check{\alpha}}_{i-1} = \begin{bmatrix} \alpha_{i-1}^{(i-1)} & \alpha_{i-2}^{(i-1)} & \cdots & \alpha_1^{(i-1)} \end{bmatrix}^T.$$

Então, as equações 6.66 podem ser expressas como a equação matricial

$$\boldsymbol{\alpha}_i = \begin{bmatrix} \boldsymbol{\alpha}_{i-1} \\ \cdots \\ 0 \end{bmatrix} - k_i \begin{bmatrix} \boldsymbol{\check{\alpha}}_{i-1} \\ \cdots \\ -1 \end{bmatrix}. \qquad (6.67)$$

A recursão nas equações 6.66 ou nas equações 6.67 é a base para um algoritmo para analisar a estrutura em treliça FIR para obter sua função de transferência. Começamos com o diagrama de fluxo especificado como na Figura 6.37 com conjunto de parâmetros k $\{k_1, k_2, \ldots, k_M\}$. Então, podemos usar as equações 6.66 recursivamente para calcular as funções de transferência de filtros FIR de ordens sucessivamente altas, até chegar ao final da cascata, obtendo

$$A(z) = 1 - \sum_{m=1}^{M} \alpha_m z^{-m} = \frac{Y(z)}{X(z)}, \qquad (6.68a)$$

sendo

$$\alpha_m = \alpha_m^{(M)} \quad m = 1, 2, \ldots, M. \qquad (6.68b)$$

As etapas desse algoritmo estão representadas na Figura 6.38.

Também é interessante obter os parâmetros k da estrutura em treliça FIR que realiza determinada função de transferência desejada da entrada $x[n]$ para a saída $y[n] = a^{(M)}[n]$; isto é, queremos ir de $A(z)$ especificado como um polinômio pelas equações 6.68(a) e (b)

Algoritmo para conversão de parâmetros k em coeficientes

Dados $k_1, k_2, \ldots, k_M$
para $i = 1, 2, \ldots, M$
$\quad \alpha_i^{(i)} = k_i \qquad$ Equação 6.66(b)
$\quad$ se $i > 1$, então para $j = 1, 2, \ldots, i-1$
$\quad\quad \alpha_j^{(i)} = \alpha_j^{(i-1)} - k_i \alpha_{i-j}^{(i-1)} \qquad$ Equação 6.66(a)
$\quad$ fim
fim
$\alpha_j = \alpha_j^{(M)} \quad j = 1, 2, \ldots, M \qquad$ Equação 6.68(b)

Figura 6.38 Algoritmo para a conversão de parâmetros k em coeficientes do filtro FIR.

para o conjunto de parâmetros k da estrutura em treliça da Figura 6.37. Isso pode ser feito mudando a ordem da recursão das equações 6.66 ou 6.67 para obter sucessivamente a função de transferência $A^{(i-1)}(z)$ em termos de $A^{(i)}(z)$ para $i = M, M-1, \ldots, 2$. Os parâmetros k são obtidos como um subproduto dessa recursão.

Especificamente, assumimos que os coeficientes $\alpha_m^{(M)} = \alpha_m$ para $m = 1, \ldots, M$ são especificados, e queremos obter os parâmetros k $k_1, \ldots, k_M$ para realizar essa função de transferência na forma em treliça. Começamos com o último estágio da treliça FIR, isto é, com $i = M$. A partir da Equação 6.66(b), temos

$$k_M = \alpha_M^{(M)} = \alpha_M \qquad (6.69)$$

com $A^{(M)}(z)$ definido em termos dos coeficientes especificados como

$$A^{(M)}(z) = 1 - \sum_{m=1}^{M} \alpha_m^{(M)} z^{-m} = 1 - \sum_{m=1}^{M} \alpha_m z^{-m}. \qquad (6.70)$$

A inversão das equações 6.66 ou, de forma equivalente, a Equação 6.67, com $i = M$ e $k_M = \alpha_M^{(M)}$, então determina $\boldsymbol{\alpha}_{M-1}$, o vetor de coeficientes de transformação do penúltimo estágio $i = M - 1$. Esse processo é repetido até alcançar $A^{(1)}(z)$.

Para obter uma fórmula de recursão geral para $\alpha_m^{(i-1)}$ em termos de $\alpha_m^{(i)}$ a partir da Equação 6.66(a), observe que $\alpha_{i-m}^{(i-1)}$ deve ser eliminado. Para isso, substitua m por $i-m$ na Equação 6.66(a) e multiplique ambos os membros da equação resultante por k_i, obtendo assim

$$k_i \alpha_{i-m}^{(i)} = k_i \alpha_{i-m}^{(i-1)} - k_i^2 \alpha_m^{(i-1)}.$$

Somar essa equação à Equação 6.66(a) resulta em

$$\alpha_m^{(i)} + k_i \alpha_{i-m}^{(i)} = \alpha_m^{(i-1)} - k_i^2 \alpha_m^{(i-1)}$$

da qual concluímos que

$$\alpha_m^{(i-1)} = \frac{\alpha_m^{(i)} + k_i \alpha_{i-m}^{(i)}}{1 - k_i^2} \quad m = 1, 2, \ldots, i-1. \qquad (6.71a)$$

Com $\alpha_m^{(i-1)}$ calculado para $m = 1, 2, \ldots, i-1$, notamos a partir da Equação 6.66(b) que

$$k_{i-1} = \alpha_{i-1}^{(i-1)}. \qquad (6.71b)$$

Assim, começando com $\alpha_m^{(M)} = \alpha_m, m = 1, 2, \ldots M$, podemos usar as equações 6.71(a) e (b) para calcular $\alpha_m^{(M-1)}$, para $m = 1, 2, \ldots, M-1$ e k_{M-1}, e então repetir esse processo recursivamente para obter todas as funções de transferência $A^{(i)}(z)$ e, como um subproduto, todos os parâmetros k necessários para a estrutura em treliça. O algoritmo está representado na Figura 6.39.

Algoritmo para conversão de coeficientes em parâmetros k

Dado $\alpha_j^{(M)} = \alpha_j \quad j = 1, 2, \ldots, M$
$k_M = \alpha_M^{(M)} \qquad$ Equação 6.69
para $i = M, M-1, \ldots, 2$
$\quad$ para $j = 1, 2, \ldots, i-1$
$\quad\quad \alpha_j^{(i-1)} = \dfrac{\alpha_j^{(i)} + k_i \alpha_{i-j}^{(i)}}{1 - k_i^2} \qquad$ Equação 6.71(a)
$\quad$ fim
$\quad k_{i-1} = \alpha_{i-1}^{(i-1)} \qquad$ Equação 6.71(b)
fim

Figura 6.39 Algoritmo para a conversão de coeficientes do filtro FIR em parâmetros k.

Exemplo 6.9 Parâmetros k para um sistema FIR de terceira ordem

Considere o sistema FIR mostrado na Figura 6.40(a), cuja função de sistema é

$$A(z) = 1 - 0{,}9z^{-1} + 0{,}64z^{-2} - 0{,}576z^{-3}.$$

Consequentemente, $M = 3$ e os coeficientes $\alpha_k^{(3)}$ na Equação 6.70 são

$$\alpha_1^{(3)} = 0{,}9 \quad \alpha_2^{(3)} = 0{,}64 \quad \alpha_3^{(3)} = 0{,}576.$$

Começamos observando que $k_3 = \alpha_3^{(3)} = 0{,}576$.
Em seguida, queremos calcular os coeficientes para a função de transferência $A^{(2)}(z)$ usando a Equação 6.71(a). Especificamente, aplicando a Equação 6.71(a), obtemos (arredondado para três casas decimais):

$$\alpha_1^{(2)} = \frac{\alpha_1^{(3)} + k_3 \alpha_2^{(3)}}{1 - k_3^2} = 0{,}795$$

$$\alpha_2^{(2)} = \frac{\alpha_2^{(3)} + k_3 \alpha_1^{(3)}}{1 - k_3^2} = -0{,}182$$

A partir da Equação 6.71(b), identificamos então $k_2 = \alpha_2^{(2)} = -0{,}182$

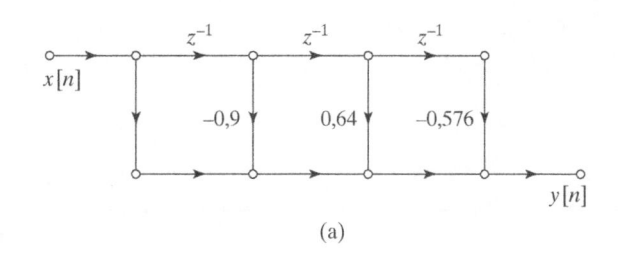

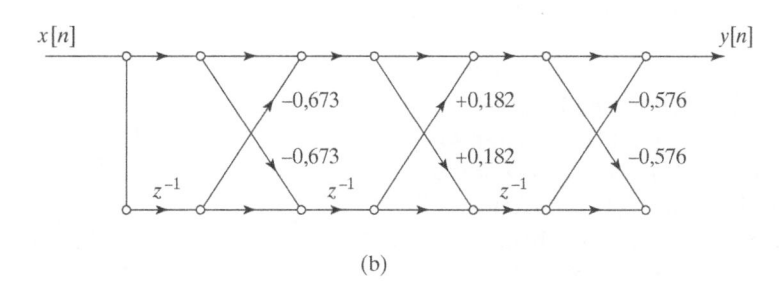

Figura 6.40 Diagramas de fluxo para o exemplo. (a) Forma direta. (b) Forma em treliça (coeficientes arredondados).

> Para obter $A^{(1)}(z)$, novamente aplicamos a Equação 6.71(a), o que resulta em
>
> $$\alpha_1^{(1)} = \frac{\alpha_1^{(2)} + k_2 \alpha_1^{(2)}}{1 - k_2^2} = 0{,}673.$$
>
> Em seguida, identificamos $k_1 = \alpha_1^{(1)} = 0{,}673$. A estrutura em treliça resultante é mostrada na Figura 6.40(b).

6.6.2 Estrutura em treliça só-polos

Uma estrutura em treliça para implementar a função de sistema só-polos $H(z) = 1/A(z)$ pode ser desenvolvida a partir da treliça FIR da seção anterior, reconhecendo que $H(z)$ é o filtro inverso para a função de sistema FIR $A(z)$. Para deduzir a estrutura em treliça só-polos, suponha que seja dado $y[n] = a^{(M)}[n]$ e que desejamos calcular a entrada $a^{(0)}[n] = x[n]$. Isso pode ser feito manipulando da direita para a esquerda para inverter a sequência dos cálculos da Figura 6.37. Mais especificamente, resolvendo a Equação 6.58(a) para $A^{(i-1)}(z)$ em termos de $A^{(i)}(z)$ e $B^{(i-1)}(z)$ e deixando a Equação 6.58(b) como está, obtemos o par de equações

$$A^{(i-1)}(z) = A^{(i)}(z) + k_i z^{-1} B^{(i-1)}(z) \quad (6.72a)$$

$$B^{(i)}(z) = -k_i A^{(i-1)}(z) + z^{-1} B^{(i-1)}(z), \quad (6.72b)$$

que têm a representação em diagrama de fluxo mostrada na Figura 6.41. Observe que, nesse caso, o fluxo de sinal é de i para $i-1$ no ramo superior do diagrama e de $i-1$ para i no ramo inferior. Conexões sucessivas de M estágios da Figura 6.41 com o k_i apropriado em cada

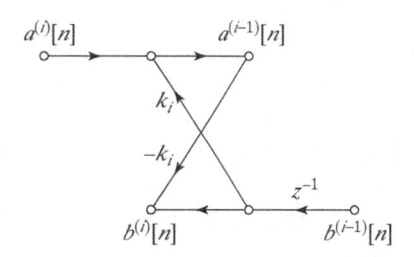

Figura 6.41 Um estágio de cálculo para um sistema em treliça só-polos.

seção levam a entrada $a^{(M)}[n]$ à saída $a^{(0)}[n]$ como mostrado no diagrama de fluxo da Figura 6.42. Finalmente, a condição $x[n] = a^{(0)}[n] = b^{(0)}[n]$ nos terminais do último estágio da Figura 6.42 provoca uma realimentação que fornece as sequências $b^{(i)}[n]$ que se propagam em direção contrária. Essa realimentação, evidentemente, é necessária para um sistema IIR.

O conjunto de equações de diferenças representado pela Figura 6.42 é[4]

$$a^{(M)}[n] = y[n] \quad (6.73a)$$

$$a^{(i-1)}[n] = a^{(i)}[n] + k_i b^{(i-1)}[n-1]$$
$$i = M, M-1, \dots, 1 \quad (6.73b)$$

$$b^{(i)}[n] = b^{(i-1)}[n-1] - k_i a^{(i-1)}[n]$$
$$i = M, M-1, \dots, 1 \quad (6.73c)$$

$$x[n] = a^{(0)}[n] = b^{(0)}[n]. \quad (6.73d)$$

---

[4] Observe que, baseando nossa dedução da treliça só-polos na treliça FIR da Figura 6.37, em oposição à nossa convenção usual, ficamos com a entrada indicada com $y[n]$ e a saída com $x[n]$. Essa notação, evidentemente, é arbitrária, uma vez que a dedução tenha sido concluída.

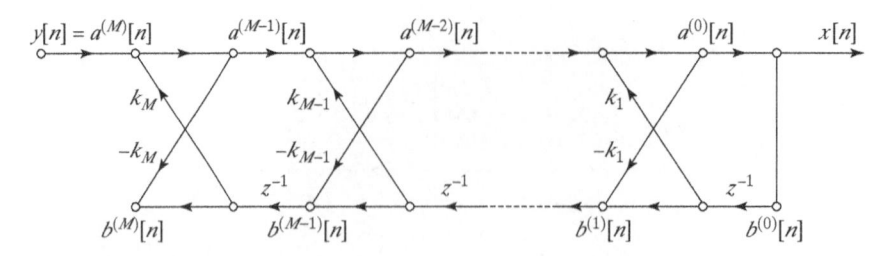

Figura 6.42 Sistema em treliça só-polos.

Devido à realimentação inerente na Figura 6.42 e as equações correspondentes, as condições iniciais devem ser especificadas para todas as variáveis de nó associadas com atrasos. Tipicamente, especificamos $b^{(i)}[-1] = 0$ para condições de repouso inicial. Então, se a Equação 6.73(b) for calculada primeiro, $a^{(i-1)}[n]$ estará disponível nos instantes $n \geq 0$ para o cálculo da Equação 6.73(c), com os valores de $b^{(i-1)}[n-1]$ fornecidos pela iteração anterior.

Agora, podemos afirmar que toda a análise da Seção 6.6.1 se aplica ao sistema em treliça só-polos da Figura 6.42. Se desejarmos obter uma implementação em treliça de um sistema só-polos com função de sistema $H(z) = 1/A(z)$, podemos simplesmente usar os algoritmos das figuras 6.39 e 6.38 para obter os parâmetros k a partir dos coeficientes do polinômio do denominador ou vice-versa.

Exemplo 6.10 Implementação em treliça de um sistema IIR

Como exemplo de um sistema IIR, considere a função de sistema

$$H(z) = \frac{1}{1 - 0{,}9z^{-1} + 0{,}64z^{-2} - 0{,}576z^{-3}} \quad (6.74a)$$

$$= \frac{1}{(1 - 0{,}8jz^{-1})(1 + 0{,}8jz^{-1})(1 - 0{,}9z^{-1})} \quad (6.74b)$$

que é o sistema inverso para o sistema do Exemplo 6.9. Na Figura 6.43(a) é mostrada a realização na forma direta desse sistema, enquanto na Figura 6.43(b) é apresentado o sistema em treliça IIR equivalente usando os parâmetros k calculados como no Exemplo 6.9. Note que a estrutura em treliça tem o mesmo número de atrasos (registradores de memória) da estrutura na forma direta. Porém, o número de multiplicadores é o dobro do número na forma direta. Isso obviamente é verdadeiro para qualquer ordem M.

Como a estrutura em treliça da Figura 6.42 é um sistema IIR, temos de nos preocupar com sua estabilidade. Veremos, no Capítulo 13, que uma condição necessária e suficiente para que todos os zeros de um polinômio $A(z)$ estejam no interior do círculo unitário é $|k_i| < 1$, $i = 1, 2, \ldots, M$ (veja Markel e Gray, 1976). O

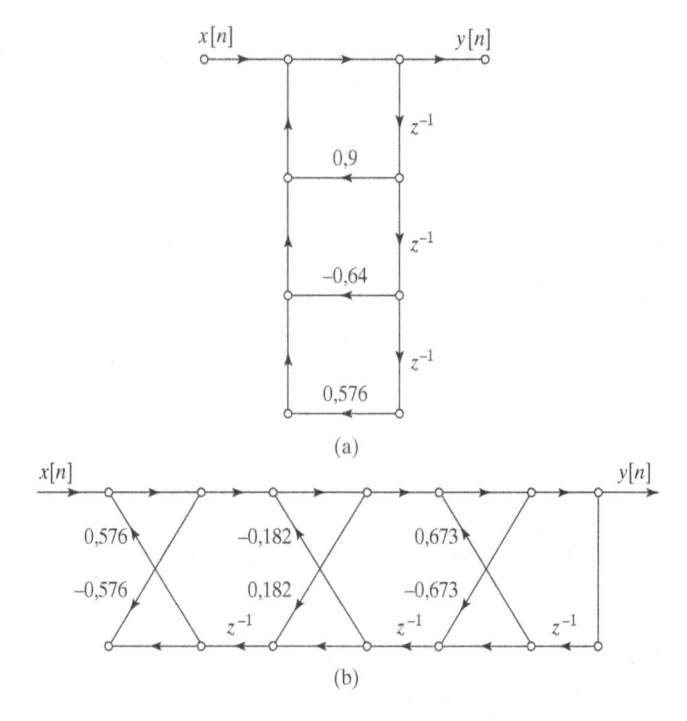

Figura 6.43 Diagrama de fluxo de sinais do filtro IIR; (a) forma direta, (b) forma em treliça.

Exemplo 6.10 confirma esse fato, pois, como mostra a Equação 6.74(b), os polos de $H(z)$ (zeros de $A(z)$) estão localizados no interior do círculo unitário no plano z e todos os parâmetros k têm magnitude menor do que um. Para sistemas IIR, a garantia de estabilidade inerente na condição $|k_i| < 1$ é particularmente importante. Embora a estrutura em treliça exija o dobro do número de multiplicações por amostra de saída que a forma direta, ela é insensível à digitalização dos parâmetros k. Essa propriedade é responsável pela popularidade dos filtros em treliça nas aplicações de síntese de voz. (Veja Quatieri, 2002, e Rabiner e Schafer, 1978.)

6.6.3 Generalização dos sistemas em treliça

Mostramos que os sistemas FIR e os sistemas IIR só-polos têm uma representação de estrutura em treliça. Quando a função de sistema possui polos e zeros, ainda é possível encontrar uma estrutura em treliça com base em uma modificação da estrutura só-polos da Figura 6.42. A dedução não será fornecida aqui (veja Gray e Markel, 1973, 1976), mas é tratada no Problema 11.27.

6.7 Visão geral sobre os efeitos numéricos da precisão finita

Vimos que um sistema de tempo discreto LIT em particular pode ser implementado por uma série de estruturas computacionais. Uma motivação para considerar alternativas às estruturas simples na forma direta é que estruturas diferentes, que são equivalentes em aritmética de precisão infinita, podem se comportar de modos diferentes quando implementadas com precisão numérica finita. Nesta seção, introduzimos brevemente os principais problemas numéricos que surgem na implementação de sistemas de tempo discreto. Uma análise mais detalhada dos efeitos do comprimento de palavra finito é fornecida nas seções 6.8-6.10.

6.7.1 Representações numéricas

Em análises teóricas de sistemas de tempo discreto, geralmente assumimos que os valores de sinal e os coeficientes do sistema são representados no conjunto dos números reais. Porém, no caso de sistemas de tempo discreto analógicos, a precisão limitada dos componentes de um circuito torna difícil a realização de coeficientes de modo exato. De modo similar, ao implementar sistemas de processamento de sinais digitais, temos de representar sinais e coeficientes em algum sistema numérico digital, que sempre possui precisão finita.

O problema da precisão numérica finita já foi discutido na Seção 4.8.2 no contexto da conversão A/D. Mostramos que as amostras de saída de um conversor A/D são digitalizadas e, assim, podem ser representadas por números binários de ponto fixo. Para compactar e simplificar a implementação da aritmética, assume-se que um dos bits do número binário indica o sinal algébrico do número. Representações em *sinal-magnitude*, *complemento de um* e *complemento de dois* são possíveis, mas o complemento de dois é o mais comum.[5] Um número real pode ser representado com precisão infinita na forma de complemento de dois como

$$x = X_m\left(-b_0 + \sum_{i=1}^{\infty} b_i 2^{-i}\right), \quad (6.75)$$

sendo X_m um fator de escala arbitrário e os b_is, 0 ou 1. A quantidade b_0 é chamada de *bit de sinal*. Se $b_0 = 0$, então $0 \le x \le X_m$ e, se $b_0 = 1$, então $-X_m \le x < 0$. Assim,

qualquer número real com magnitude menor ou igual a X_m pode ser representado pela Equação 6.75. Um número real arbitrário x requer um número infinito de bits para sua representação binária exata. Como vimos no caso da conversão A/D, se usarmos apenas um número finito de bits $(B + 1)$, então a representação da Equação 6.75 deve ser modificada para

$$\hat{x} = Q_B[x] = X_m\left(-b_0 + \sum_{i=1}^{B} b_i 2^{-i}\right) = X_m \hat{x}_B. \quad (6.76)$$

A representação binária resultante é digitalizada, de modo que a menor diferença entre os números é

$$\Delta = X_m 2^{-B}. \quad (6.77)$$

Nesse caso, os números digitalizados estão no intervalo $-X_m \le \hat{x} < X_m$. A parte fracionária de $\hat{x}$ pode ser representada com a notação posicional

$$\hat{x}_B = b_0 \diamond b_1 b_2 b_3 \ldots b_B, \quad (6.78)$$

em que ◊ representa o ponto binário.

A operação de digitalização de um número para $(B + 1)$ bits pode ser implementada por arredondamento ou truncamento, mas, em ambos os casos, a digitalização é uma operação sem memória não linear. As figuras 6.44(a) e (b) mostram as relações de entrada-saída para arredondamento e truncamento em complemento de dois, respectivamente, para o caso $B = 2$. Para avaliar os efeitos da digitalização, frequentemente definimos o *erro de digitalização* como

$$e = Q_B[x] - x. \quad (6.79)$$

Para o caso do arredondamento em complemento de dois, $-\Delta/2 < e \le \Delta/2$, e para o truncamento em complemento de dois, $-\Delta < e \le 0$.[6]

Se um número é maior do que X_m (situação chamada de transbordamento — do inglês *overflow*), devemos implementar algum método para determinar o resultado digitalizado. No sistema aritmético do complemento de dois, essa necessidade surge quando somamos dois números cuja soma é maior do que X_m. Por exemplo, considere o número com 4 bits em complemento de dois 0111, que em forma decimal é 7. Se somarmos o número 0001, o "vai um" se propaga em todos os bits da direita para a esquerda até o bit de sinal, de modo que o resultado é 1000, que em forma decimal é –8. Assim, o erro resultante pode ser muito grande quando ocorre o transbordamento. A Figura 6.45(a) mostra o digitalizador em complemento de dois com arredondamento, incluindo o efeito do trans-

---

[5] Uma descrição detalhada dos sistemas numéricos binários e a aritmética correspondente são dadas por Knuth (1997).

[6] Note que a Equação 6.76 também representa o resultado do arredondamento ou truncamento de qualquer representação binária de $(B_1 + 1)$ bits, sendo $B_1 > B$. Nesse caso, Δ seria substituído por $(\Delta - X_m 2^{-B_1})$ nos limites do passo do erro de digitalização.

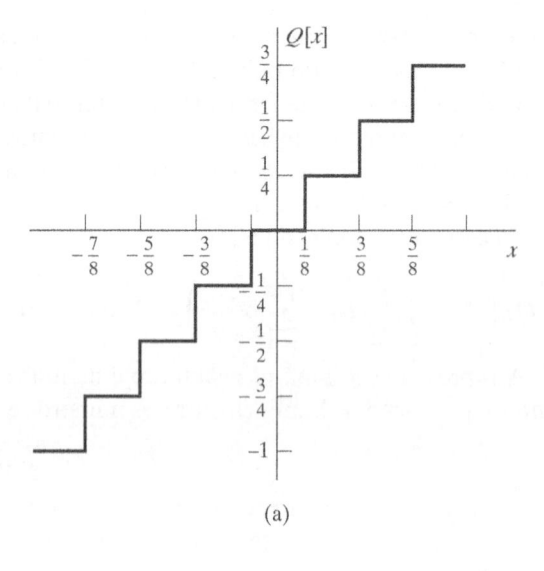

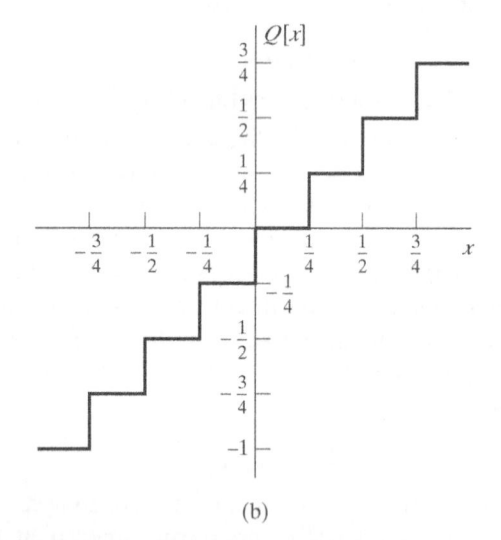

Figura 6.44 Relações não lineares representando (a) arredondamento e (b) truncamento em complemento de dois para $B = 2$.

bordamento na aritmética usual em complemento de dois. Uma alternativa, que é chamada de *transbordamento de saturação* ou *clipping*, é mostrada na Figura 6.45(b). Esse método de tratar o transbordamento geralmente é implementado na conversão A/D e algumas vezes é implementado em microprocessadores DSPs (do inglês *Digital Signal Processors*) especializados para a adição de números em complemento de dois. Com o transbordamento de saturação, o comprimento do erro não aumenta abruptamente quando ocorre o transbordamento; porém, uma desvantagem do método é que ele anula a seguinte propriedade interessante e útil da aritmética em complemento de dois: Se vários números em complemento de dois cuja soma não transborda são somados, então o resultado do somatório em complemento de dois desses números é correto, embora as somas intermediárias possam transbordar.

Tanto a digitalização quanto o transbordamento introduzem erros nas representações digitais dos números. Infelizmente, para minimizar o transbordamento enquanto o número de bits é mantido o mesmo, temos de aumentar X_m e, desse modo, aumentar proporcionalmente a amplitude dos erros de digitalização. Logo, para conseguir simultaneamente uma ampla faixa dinâmica e um baixo erro de digitalização, precisamos aumentar o número de bits na representação binária.

Até agora, simplesmente afirmamos que a quantidade X_m é um fator de escala arbitrário; porém, esse fator possui diversas interpretações úteis. Na conversão A/D, consideramos X_m como a amplitude de fundo de escala do conversor A/D. Nesse caso, X_m possivelmente representaria uma tensão ou corrente na parte analógica do sistema. Assim, X_m funciona como uma constante de calibração para relacionar números binários no intervalo $-1 \leq \hat{x}_B < 1$ às amplitudes do sinal analógico.

Nas implementações de processamento digital de sinais, é comum assumir que todas as variáveis de sinal e todos os coeficientes são frações binárias. Assim, se multiplicarmos uma amostra do sinal com $(B + 1)$ bits por um coeficiente com $(B + 1)$ bits, o resultado é uma fração de $(2B + 1)$ bits que pode ser convenientemente reduzida a $(B + 1)$ bits arredondando ou truncando os bits menos significativos. Com essa convenção, a quantidade X_m pode ser entendida como um fator de escala que permite a representação de números que sejam maiores do que a unidade em magnitude. Por exemplo, nos cálculos em ponto fixo, é comum considerarmos que cada número binário tem um fator de escala na forma $X_m = 2^c$. Assim, um valor $c = 2$ implica que o ponto binário está de fato localizado entre b_2 e b_3 na palavra binária da Equação 6.78. Muitas vezes, esse fator de escala não é representado explicitamente; em vez disso, ele está implícito no programa de implementação ou na arquitetura do *hardware*.

Outra forma de interpretar o fator de escala X_m leva às *representações em ponto flutuante*, em que o expoente c do fator de escala é chamado de *característica* e a parte fracionária $\hat{x}_B$ é chamada de *mantissa*. A característica e a mantissa são representadas explicitamente como números binários nos sistemas aritméticos de ponto flutuante. As representações de ponto flutuante fornecem um meio conveniente para manter simultaneamente uma ampla faixa dinâmica e um pequeno ruído de digitalização; porém, o erro de digitalização se manifesta de modo um tanto diferente.

6.7.2 Digitalização na implementação de sistemas

A digitalização numérica afeta a implementação dos sistemas de tempo discreto LIT de várias formas.

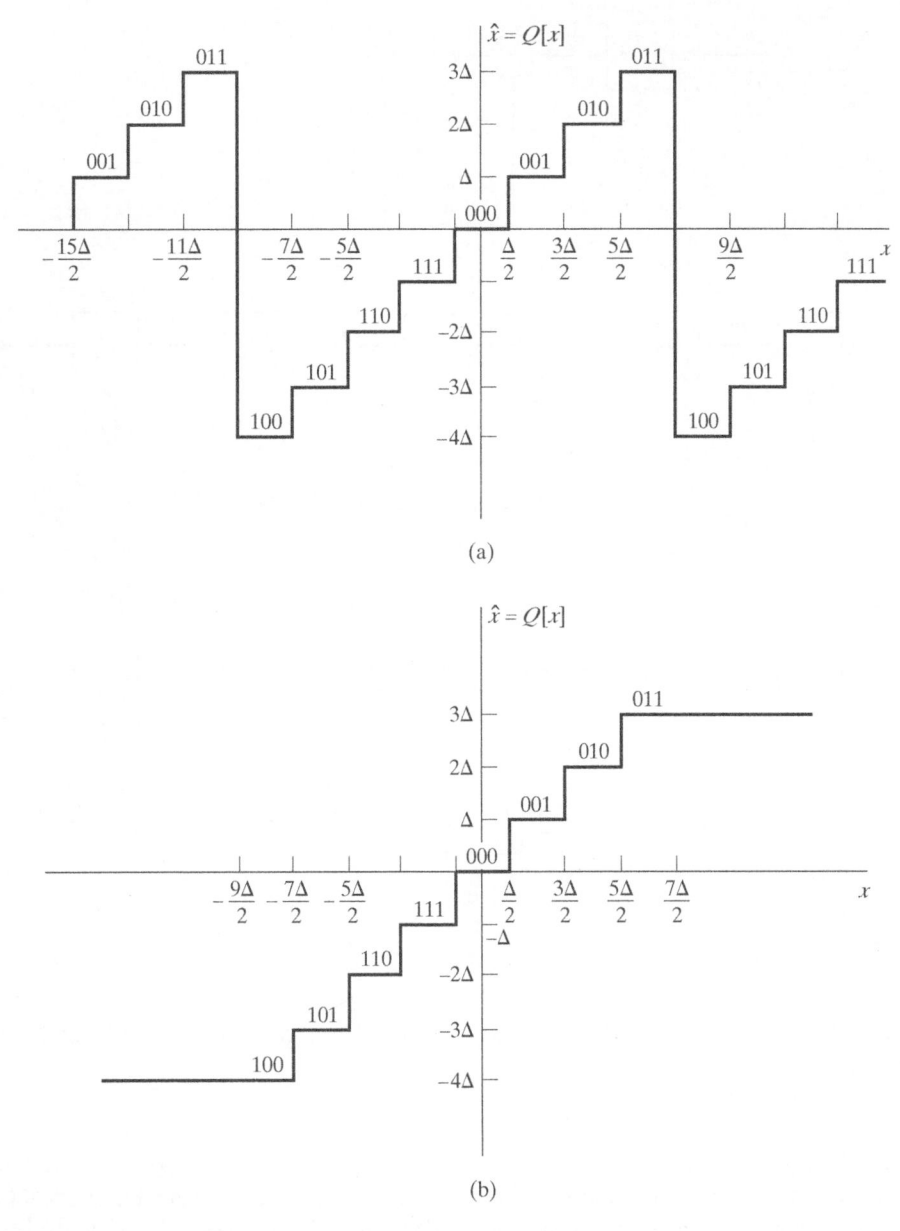

Figura 6.45 Arredondamento em complemento de dois. (a) Transbordamento natural. (b) Saturação.

Como um exemplo simples, considere a Figura 6.46(a), que mostra um diagrama de blocos para um sistema em que um sinal de tempo contínuo de banda limitada $x_c(t)$ é amostrado para a obtenção da sequência $x[n]$, que é a entrada de um sistema LIT cuja função de sistema é

$$H(z) = \frac{1}{1 - az^{-1}}. \quad (6.80)$$

A saída desse sistema, $y[n]$, é convertida por interpolação de banda limitada ideal no sinal de banda limitada $y_c(t)$.

Um modelo mais realista é mostrado na Figura 6.46(b). Em uma implementação prática, a amostragem seria feita com um conversor A/D com precisão finita de $(B_i + 1)$ bits. O sistema seria implementado com aritmética binária de $(B + 1)$ bits de precisão. O coeficiente a na Figura 6.46(a) seria representado por $(B + 1)$ bits de precisão. Além disso, a variável atrasada $\hat{v}[n-1]$ seria armazenada em um registrador de $(B + 1)$ bits, e quando o número de $(B + 1)$ bits $\hat{v}[n-1]$ é multiplicado pelo número $\hat{a}$ de $(B + 1)$ bits, o produto resultante teria $(2B + 1)$ bits de comprimento. Supondo que um somador de $(B + 1)$ bits é usado, o produto $\hat{a}\hat{v}[n-1]$ precisa ser digitalizado (isto é, arredondado ou truncado) para $(B + 1)$ bits antes que possa ser somado à amostra de entrada $\hat{x}[n]$ representada com $(B_i + 1)$ bits. Quando $B_i < B$, os $(B_i + 1)$ bits das amostras de entrada podem ser colocados em qualquer posição na palavra binária de $(B + 1)$ bits com extensão apropriada do sinal. Escolhas diferentes correspondem a diferentes fatores de es-

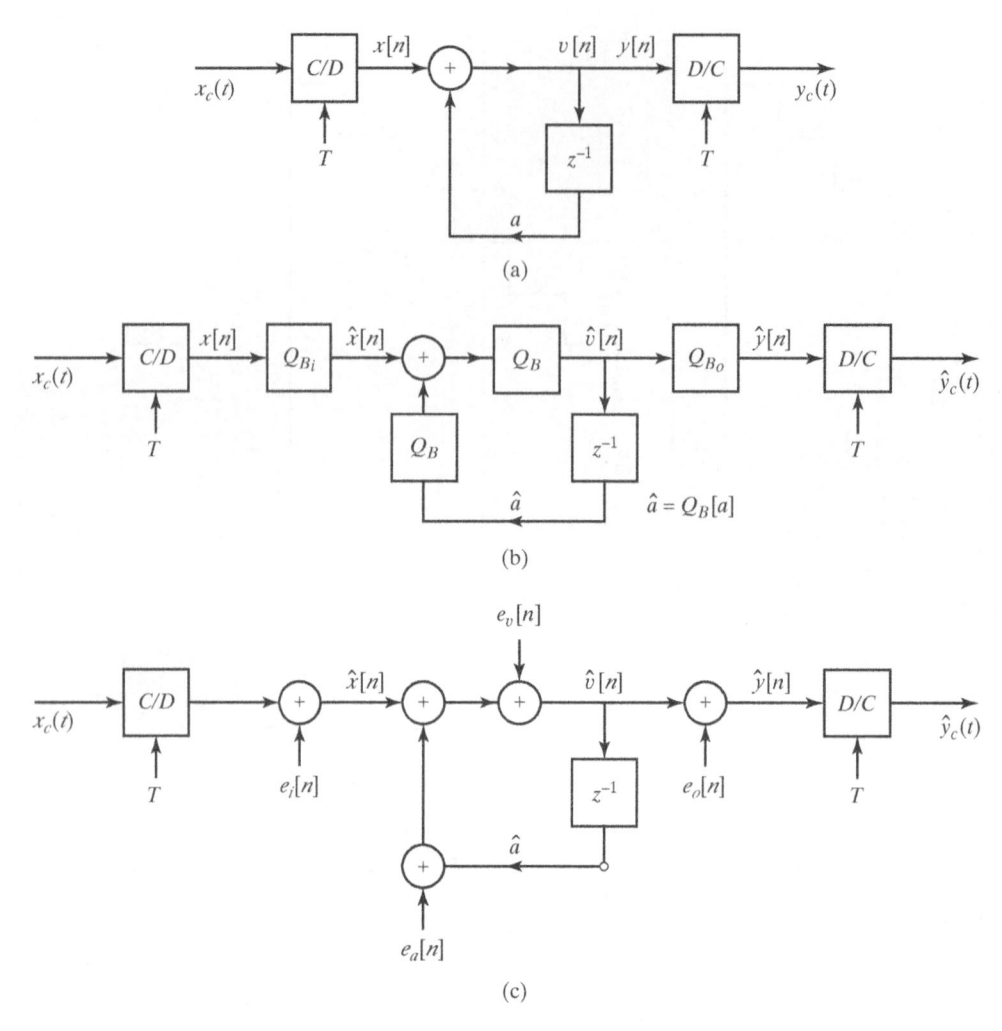

Figura 6.46 Implementação da filtragem de tempo discreto de um sinal analógico. (a) Sistema ideal. (b) Modelo não linear. (c) Modelo linearizado.

cala para a entrada. O coeficiente *a* foi digitalizado, de modo que, deixando de lado os erros de digitalização, a resposta do sistema em geral não pode ser a mesma que obtivemos no caso da Figura 6.46(a). Finalmente, as amostras de $\hat{v}[n]$ com $(B+1)$ bits, calculadas com iterações da equação de diferenças representada pelo diagrama de blocos, seriam convertidas em um sinal analógico por um conversor D/A de $(B_o + 1)$ bits. Quando $B_o < B$, as amostras de saída devem ser digitalizadas antes da conversão D/A.

Embora o modelo da Figura 6.46(b) possa ser uma representação precisa de um sistema real, ele seria difícil de analisar. O sistema é não linear devido aos digitalizadores e à possibilidade de transbordamento no somador. Além disso, erros de digitalização são introduzidos em vários pontos no sistema. Os efeitos desses erros são impossíveis de analisar com precisão, pois dependem do sinal de entrada, que geralmente é desconhecido. Assim, somos forçados a adotar várias abordagens de aproximação diferentes para simplificar a análise desses sistemas.

O efeito de digitalizar os parâmetros do sistema, como o coeficiente *a* na Figura 6.46(a), geralmente é determinado separadamente do efeito da digitalização na conversão de dados ou na implementação das equações de diferenças. Isto é, os coeficientes ideais de uma função de sistema são substituídos por seus valores digitalizados, e as funções de sistema resultantes são testadas para verificar se, na ausência de outra digitalização na aritmética, a digitalização dos coeficientes de filtro degradou o desempenho do sistema a níveis inaceitáveis. No exemplo da Figura 6.46, se o número real *a* é digitalizado com $(B+1)$ bits, temos de considerar se o sistema resultante com função de sistema

$$\hat{H}(z) = \frac{1}{1 - \hat{a}z^{-1}} \qquad (6.81)$$

está próximo o suficiente da função de sistema desejada $H(z)$, dada pela Equação 6.80. Como existem apenas 2^{B+1} números binários diferentes com $(B+1)$ bits, o polo de $H(z)$ só pode ocorrer em 2^{B+1} localizações no eixo real do plano z, e, embora seja possível que $\hat{a} = a$, na maioria dos casos há algum desvio da resposta ideal. Esse tipo de análise é discutido em termos mais gerais na Seção 6.8.

A não linearidade do sistema da Figura 6.46(b) causa um comportamento que não pode ocorrer em um sistema linear. Especificamente, sistemas como esses podem exibir ciclos limite com entrada nula, de modo que a saída oscila periodicamente quando a entrada se torna nula posteriormente à ocorrência de valores não nulos. Os ciclos limite são causados tanto por digitalização quanto por transbordamento. Embora a análise desses fenômenos seja difícil, alguns resultados aproximados úteis já foram obtidos. Os ciclos limite são discutidos brevemente na Seção 6.10.

Se o projeto de uma implementação digital for cuidadoso, podemos assegurar que o transbordamento ocorre muito raramente e que os erros de digitalização são pequenos. Sob essas condições, o sistema da Figura 6.46(b) se comporta de modo muito similar a um sistema linear (com coeficientes digitalizados) em que os erros de digitalização são aplicados na entrada e na saída e em pontos internos da estrutura nos quais ocorre o arredondamento ou o truncamento. Portanto, podemos substituir o modelo da Figura 6.46(b) pelo modelo linearizado da Figura 6.46(c), em que os digitalizadores são substituídos por fontes de ruído aditivo (veja Gold e Rader, 1969; Jackson, 1970a, 1970b). A Figura 6.46(c) é equivalente à Figura 6.46(b) se conhecermos precisamente cada uma das fontes de ruído. Porém, como discutido na Seção 4.8.3, resultados úteis são obtidos supondo um modelo de ruído aleatório para o ruído de digitalização na conversão A/D. Essa mesma abordagem pode ser usada na análise dos efeitos da digitalização aritmética nas implementações digitais de sistemas lineares. Como notamos na Figura 6.46(c), cada fonte de ruído fornece um sinal aleatório que é processado por uma parte diferente do sistema, mas, como supomos que todas as partes do sistema são lineares, podemos calcular o efeito global por sobreposição. Na Seção 6.9, exemplificamos essa forma de análise para vários sistemas importantes.

No exemplo simples da Figura 6.46, há pouca flexibilidade na escolha da estrutura. Porém, para sistemas de ordem mais alta, notamos que há uma grande variedade de escolhas. Algumas das estruturas são menos sensíveis à digitalização de coeficientes do que outras. De modo similar, como diferentes estruturas têm diferentes fontes de ruído de digitalização e como essas fontes de ruído são filtradas de diferentes maneiras pelo sistema, encontraremos que as estruturas que são teoricamente equivalentes algumas vezes têm um desempenho significativamente diferente quando aritmética de precisão finita é usada para implementá-las.

6.8 Efeitos da digitalização dos coeficientes

Sistemas LIT de tempo discreto geralmente são usados para realizar uma operação de filtragem. Os métodos para o projeto de filtros FIR e IIR, que são discutidos no Capítulo 7, normalmente presumem uma forma particular para a função de sistema. O resultado do processo do projeto de filtro é uma função de sistema para a qual devemos escolher uma estrutura de implementação (um conjunto de equações de diferenças) a partir de um número ilimitado de implementações teoricamente equivalentes. Embora estejamos quase sempre interessados nas implementações que exigem a menor complexidade de *hardware* ou *software*, nem sempre é possível basear a escolha da estrutura de implementação apenas nesse critério. Conforme veremos na Seção 6.9, a estrutura de implementação determina o ruído de digitalização gerado internamente no sistema. Além disso, algumas estruturas são mais sensíveis do que outras a perturbações dos coeficientes. Como indicamos na Seção 6.7, a abordagem padrão para o estudo da digitalização dos coeficientes e do ruído de arredondamento consiste em tratá-los independentemente. Nesta seção, consideramos os efeitos da digitalização dos parâmetros do sistema.

6.8.1 Efeitos da digitalização dos coeficientes em sistemas IIR

Quando os parâmetros de uma função de sistema racional ou da equação de diferenças correspondente são digitalizados, os polos e os zeros da função de sistema se movem para novas posições no plano z. De modo equivalente, a resposta em frequência sofre uma perturbação em relação ao seu valor original. Se a estrutura de implementação do sistema for altamente sensível a perturbações dos coeficientes, o sistema resultante pode não mais atender às especificações de projeto originais, ou um sistema IIR pode até tornar-se instável.

Uma análise de sensibilidade detalhada para o caso geral é complicada e geralmente tem valor limitado em casos específicos de implementação de filtro digital. Usando ferramentas adequadas de simulação, costuma ser fácil simplesmente digitalizar os coeficientes das equações de diferenças empregadas na implementação do sistema, em seguida calcular a resposta em frequência correspondente e compará-la com a função de resposta em frequência desejada. Embora a simulação do sistema geralmente seja necessária em casos específicos, muitas vezes ainda vale a pena levar em conta o modo como a função de sistema é afetada pela digitalização dos coeficientes das equações de diferenças. Por exemplo, a representação da função de sistema correspondente às duas formas diretas (e suas versões transpostas correspondentes) é a razão de polinômios

$$H(z) = \frac{\sum_{k=0}^{M} b_k z^{-k}}{1 - \sum_{k=1}^{N} a_k z^{-k}}. \qquad (6.82)$$

Os conjuntos de coeficientes $\{a_k\}$ e $\{b_k\}$ são os coeficientes ideais em precisão infinita em ambas as estruturas de implementação em forma direta (e estruturas transpostas correspondentes). Se digitalizarmos esses coeficientes, obtemos a função de sistema

$$\hat{H}(z) = \frac{\sum_{k=0}^{M} \hat{b}_k z^{-k}}{1 - \sum_{k=1}^{N} \hat{a}_k z^{-k}}, \qquad (6.83)$$

sendo $\hat{a}_k = a_k + \Delta a_k$ e $\hat{b}_k = b_k + \Delta b_k$ os coeficientes digitalizados que diferem dos coeficientes originais pelos erros de digitalização Δa_k e Δb_k.

Agora, considere como as raízes dos polinômios do denominador e do numerador (polos e zeros de $H(z)$) são afetadas pelos erros dos coeficientes. Cada uma das raízes dos polinômios é afetada por *todos* os erros dos coeficientes do polinômio, pois cada raiz é uma função de todos os coeficientes do polinômio. Assim, cada polo e cada zero serão afetados por todos os erros de digitalização dos polinômios do denominador e do numerador, respectivamente. Mais especificamente, Kaiser (1966) mostrou que, se os polos (ou zeros) estão bem agrupados, é possível que pequenos erros nos coeficientes do denominador (numerador) possam causar grandes deslocamentos dos polos (zeros) para as estruturas na forma direta. Assim, se os polos (zeros) estão bem agrupados, correspondendo a um filtro passa-banda com largura de banda estreita ou a um filtro passa-baixas com largura de banda estreita, então podemos esperar que os polos da estrutura na forma direta sejam bastante sensíveis aos erros de digitalização dos coeficientes. Além disso, a análise de Kaiser mostrou que, quanto maior o número de polos (zeros) próximos, maior a sensibilidade.

As funções de sistema na forma em cascata ou paralela, que são dadas pelas equações 6.30 e 6.35, respectivamente, consistem em combinações de sistemas de segunda ordem na forma direta. Porém, em ambos os casos, cada par de polos conjugados complexos é realizado independentemente de todos os outros polos. Assim, o erro de um determinado par de polos é independente da sua distância em relação aos demais polos da função de sistema. Para a forma em cascata, o mesmo argumento é mantido para os zeros, pois eles são realizados como fatores de segunda ordem independentes. Assim, a forma em cascata geralmente é muito menos sensível à digitalização de coeficientes do que a realização equivalente na forma direta.

Como observado na Equação 6.35, os zeros da função de sistema na forma paralela são realizados implicitamente, agrupando as seções digitalizadas de segunda ordem para obter um denominador comum. Assim, um zero em particular é afetado por erros de digitalização nos coeficientes do numerador e do denominador de *todas* as seções de segunda ordem. Porém, para a maioria dos projetos de filtro práticos, a forma paralela também é muito menos sensível à digitalização de coeficientes do que as formas diretas equivalentes, pois os subsistemas de segunda ordem não são extremamente sensíveis à digitalização. Em muitos filtros práticos, os zeros muitas vezes são amplamente distribuídos em torno da circunferência unitária, ou, em alguns casos, todos eles podem estar localizados em $z = \pm 1$. Neste último caso, os zeros fornecem principalmente uma atenuação muito maior em torno das frequências $\omega = 0$ e $\omega = \pi$ do que especificado e, assim, o afastamento dos zeros em relação a $z = \pm 1$ não degrada significativamente o desempenho do sistema.

6.8.2 Exemplo da digitalização dos coeficientes em filtro elíptico

Como exemplo do efeito da digitalização de coeficientes, considere um filtro elíptico IIR passa-banda projetado com técnicas de aproximação a serem discutidas no Capítulo 7. O filtro foi projetado para atender às seguintes especificações:

$0,99 \leq |H(e^{j\omega})| \leq 1,01, \qquad 0,3\pi \leq |\omega| \leq 0,4\pi,$

$|H(e^{j\omega})| \leq 0,01 (\text{isto é}, -40\,\text{dB}), \qquad |\omega| \leq 0,29\pi,$

$|H(e^{j\omega})| \leq 0,01 (\text{isto é}, -40\,\text{dB}), \qquad 0,41\pi \leq |\omega| \leq \pi.$

Isto é, o filtro deverá se aproximar do ganho unitário na banda de passagem, $0,3\pi \leq |\omega| \leq 0,4\pi$, e de zero fora desta faixa no intervalo $0 \leq |\omega| \leq \pi$. De modo a permitir a realização computacional, uma região de transição (*do not care*) de $0,01\pi$ é permitida em ambos os lados da banda de passagem. No Capítulo 7, constataremos que as especificações para algoritmos de projeto de filtros seletivos em frequência normalmente são representadas dessa forma. A função do MATLAB para o projeto de filtro elíptico produz os coeficientes de uma representação na forma direta de 12ª ordem da função de sistema na forma da Equação 6.82, sendo os coeficientes a_k e b_k calculados com aritmética de ponto flutuante com 64 bits e mostrados na Tabela 6.1 com precisão decimal de 15 dígitos total. Vamos considerar essa representação do filtro como "não digitalizada".

Tabela 6.1 Coeficientes na forma direta não digitalizados para um filtro elíptico de 12ª ordem.

k	b_k	a_k
0	0,01075998066934	1,000000000000000
1	−0,05308642937079	−5,22581881365349
2	0,16220359377307	16,78472670299535
3	−0,34568964826145	−36,88325765883139
4	0,57751602647909	62,39704677556246
5	−0,77113336470234	−82,65403268814103
6	0,85093484466974	88,67462886449437
7	−0,77113336470234	−76,47294840588104
8	0,57751602647909	53,41004513122380
9	−0,34568964826145	−29,20227549870331
10	0,16220359377307	12,29074563512827
11	−0,05308642937079	−3,53766014466313
12	0,01075998066934	0,62628586102551

A resposta em frequência $20 \log_{10} |H(e^{j\omega})|$ do filtro não digitalizado é mostrada na Figura 6.47(a), evidenciando que o filtro atende às especificações nas bandas de rejeição (pelo menos 40 dB de atenuação). Além disso, a linha sólida na Figura 6.47(b), que é uma ampliação da região da banda de passagem $0,3\pi \leq |\omega| \leq 0,4\pi$ para o filtro não digitalizado, mostra que o filtro também atende às especificações na banda de passagem.

Fatorando-se os polinômios do numerador e do denominador da Equação 6.82, com os coeficientes correspondentes indicados na Tabela 6.1, obtém-se uma representação

$$H(z) = \prod_{k=1}^{12} \frac{b_0(1 - c_k z^{-1})}{(1 - d_k z^{-1})}, \quad (6.84)$$

em termos dos zeros e polos, indicados na Tabela 6.2.

Os polos e zeros não digitalizados do filtro que se encontram na metade superior do plano z estão esboçados na Figura 6.48(a). Observe que os zeros estão sobre a circunferência unitária, com suas posições angulares correspondentes aos nulos profundos na Figura 6.47. Os zeros são estrategicamente posicionados pelo método de projeto de filtro em ambos os lados da banda de passagem para fornecer a atenuação desejada na banda de rejeição e o corte abrupto. Observe também que os polos são agrupados na banda passante estreita, com dois dos pares de polos complexos conjugados com raios maiores que 0,99. Esse arranjo finamente ajustado de zeros e polos é necessário para produzir a resposta

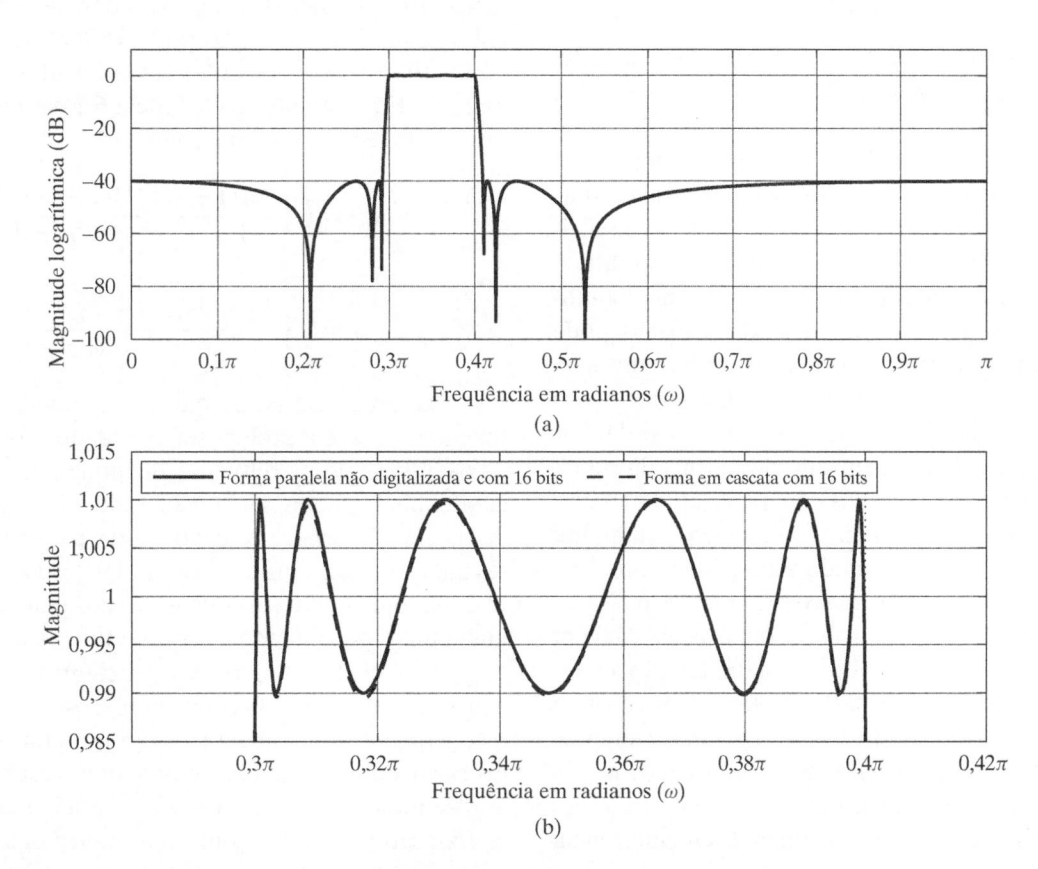

Figura 6.47 Exemplo de digitalização de coeficiente IIR. (a) Magnitude logarítmica do filtro passa-banda elíptico não digitalizado. (b) Magnitude na banda de passagem não digitalizada (linha sólida) e digitalizada com 16 bits (linha tracejada) na forma em cascata.

Tabela 6.2 Zeros e polos do filtro elíptico de ordem 12 não digitalizado.

k	$\|c_k\|$	$\angle c_k$	$\|d_k\|$	$\angle d_{1k}$
1	1,0	± 1,65799617112574	0,92299356261936	± 1,15956955465354
2	1,0	± 0,65411612347125	0,92795010695052	± 1,02603244134180
3	1,0	± 1,33272553462313	0,96600955362927	± 1,23886921536789
4	1,0	± 0,87998582176421	0,97053510266510	± 0,95722682653782
5	1,0	± 1,28973944928129	0,99214245914242	± 1,26048962626170
6	1,0	± 0,91475122405407	0,99333628602629	± 0,93918174153968

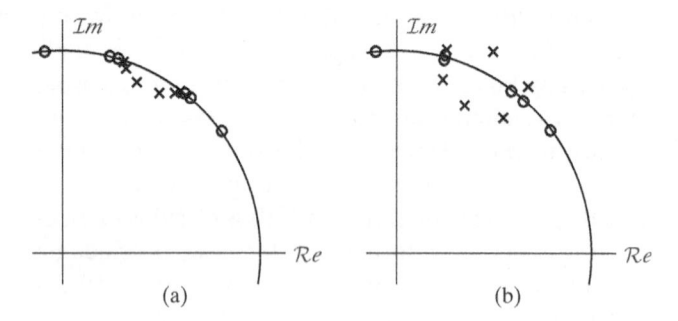

Figura 6.48 Exemplo de digitalização de coeficientes IIR. (a) Polos e zeros de $H(z)$ com coeficientes não digitalizados. (b) Polos e zeros com digitalização de 16 bits dos coeficientes na forma direta.

em frequência do filtro passa-banda com faixa estreita e corte abrupto mostrada na Figura 6.47(a).

Uma rápida inspeção nos coeficientes da Tabela 6.1 sugere que a digitalização na forma direta pode apresentar problemas significativos. Lembre-se de que, com um digitalizador fixo, a amplitude do erro de digitalização é o mesmo, independentemente da amplitude do número que é digitalizado; isto é, o erro de digitalização para o coeficiente $a_{12} = 0{,}62628586102551$ pode ser tão grande quanto o erro para o coeficiente $a_6 = 88{,}67462886449437$ se usarmos para ambos os casos o mesmo número de bits e o mesmo fator de escala. Por esse motivo, quando os coeficientes da forma direta da Tabela 6.1 foram digitalizados com precisão de 16 bits, cada coeficiente foi digitalizado independentemente dos outros coeficientes, de modo a aumentar a precisão para cada um deles; isto é, cada coeficiente de 16 bits requer seu próprio fator de escala.[7] Com essa abordagem conservadora, os polos e zeros resultantes são como representados na Figura 6.48(b). Note que os zeros se deslocaram de forma visível, mas não drasticamente. Em particular, o par de zeros pouco espaçados próximo ao topo da circunferência permaneceu praticamente com mesmo ângulo, mas se afastaram da circunferência unitária, formando um grupo de quatro zeros recíprocos complexos conjugados, enquanto os outros zeros são deslocados de forma angular, mas permanecem na circunferência unitária. Esse movimento restrito é resultado da simetria dos coeficientes do polinômio do numerador, que é preservada na digitalização. Porém, os polos bem agrupados, não tendo restrições de simetria, moveram-se para posições bem distintas, e, como podemos facilmente observar, alguns dos polos moveram-se para o exterior do círculo unitário. Portanto, o sistema na forma direta não pode ser implementado com coeficientes de 16 bits, pois tornaria-se instável.

Por outro lado, a forma em cascata é muito menos sensível à digitalização dos coeficientes. A forma em cascata deste exemplo pode ser obtida pelo agrupamento dos pares complexos conjugados de polos e zeros na Equação 6.84 e na Tabela 6.2 para formar seis fatores de segunda ordem, como em

$$H(z) = \prod_{k=1}^{6} \frac{b_{0k}(1 - c_k z^{-1})(1 - c_k^* z^{-1})}{(1 - d_k z^{-1})(1 - d_k^* z^{-1})}$$
$$= \prod_{k=1}^{6} \frac{b_{0k} + b_{1k} z^{-1} + b_{2k} z^{-2}}{1 - a_{1k} z^{-1} - a_{2k} z^{-2}}.$$

(6.85)

Os zeros c_k, os polos d_k e os coeficientes b_{ik} e a_{ik} na forma em cascata podem ser calculados com precisão de 64 bits em ponto flutuante, de modo que esses coeficientes ainda podem ser considerados não digitalizados. A Tabela 6.3 fornece os coeficientes das seis seções de segunda ordem, conforme definidos na Equação 6.85. O emparelhamento e a ordenação dos polos e zeros seguem um procedimento a ser discutido na Seção 6.9.3.

Para ilustrar como os coeficientes são digitalizados e representados como números em ponto fixo, os coeficientes na Tabela 6.3 foram digitalizados com precisão de 16 bits. Os coeficientes resultantes são apresentados na Tabela 6.4. Os coeficientes em ponto fixo são mostrados como um inteiro decimal vezes

---

[7] Para simplificar a implementação, seria desejável, porém muito menos preciso, que todos os coeficientes tivessem o mesmo fator de escala.

Tabela 6.3 Coeficientes não digitalizados na forma em cascata para um filtro elíptico de ordem 12.

k	a_{1k}	a_{2k}	b_{0k}	b_{1k}	b_{2k}
1	0,737904	−0,851917	0,137493	0,023948	0,137493
2	0,961757	−0,861091	0,281558	−0,446881	0,281558
3	0,629578	−0,933174	0,545323	−0,257205	0,545323
4	1,117648	−0,941938	0,706400	−0,900183	0,706400
5	0,605903	−0,984347	0,769509	−0,426879	0,769509
6	1,173028	−0,986717	0,937657	−1,143918	0,937657

Tabela 6.4 Coeficientes digitalizados com 16 bits na forma em cascata para um filtro elíptico de ordem 12.

k	a_{1k}	a_{2k}	b_{0k}	b_{1k}	b_{2k}
1	24196×2^{-15}	-27880×2^{-15}	17805×2^{-17}	3443×2^{-17}	17805×2^{-17}
2	31470×2^{-15}	-28180×2^{-15}	18278×2^{-16}	-29131×2^{-16}	18278×2^{-16}
3	20626×2^{-15}	-30522×2^{-15}	17556×2^{-15}	-8167×2^{-15}	17556×2^{-15}
4	18292×2^{-14}	-30816×2^{-15}	22854×2^{-15}	-29214×2^{-15}	22854×2^{-15}
5	19831×2^{-15}	-32234×2^{-15}	25333×2^{-15}	-13957×2^{-15}	25333×2^{-15}
6	19220×2^{-14}	-32315×2^{-15}	15039×2^{-14}	-18387×2^{-14}	15039×2^{-14}

um fator de escala com potência de 2. A representação binária seria obtida com a conversão do inteiro decimal em um número binário. Em uma implementação em ponto fixo, o fator de escala é representado apenas implicitamente nos deslocamentos de dados necessários para alinhar os pontos binários de produtos antes de sua adição a outros produtos. Observe que os pontos binários dos coeficientes não estão todos na mesma posição. Por exemplo, todos os coeficientes com fator de escala 2^{-15} têm seus pontos binários entre o bit de sinal, b_0, e o bit fracionário mais alto, b_1, como mostra a Equação 6.78. Porém, os números cujas magnitudes não excedem 0,5, como o coeficiente b_{02}, podem ser deslocados para a esquerda em uma ou mais posições de bit.[8] Assim, o ponto binário para b_{02} está, efetivamente, à esquerda do bit de sinal como se o comprimento da palavra fosse estendido para 17 bits. Por outro lado, números com magnitudes superiores a 1, porém menores do que 2, como a_{16}, devem ter seus pontos binários movidos uma posição para a direita, isto é, entre b_1 e b_2 na Equação 6.78.

A linha tracejada na Figura 6.47(b) representa a resposta de magnitude na banda de passagem para a implementação na forma em cascata digitalizada. A resposta em frequência é apenas ligeiramente degradada na região da banda de passagem e insignificantemente na banda de rejeição.

Para obter outras estruturas equivalentes, a função de sistema na forma em cascata deve ser reordenada de maneira diferente. Por exemplo, se uma estrutura na forma paralela for determinada (pela expansão em frações parciais da função de sistema não digitalizada) e os coeficientes resultantes forem digitalizados com 16 bits como anteriormente, a resposta em frequência na banda de passagem será tão próxima da resposta em frequência não digitalizada que a diferença não será observável na Figura 6.47(a) e dificilmente observável na Figura 6.47(b).

O exemplo que acabamos de discutir ilustra a robustez das formas em cascata e em paralelo em relação aos efeitos da digitalização de coeficientes, e também ilustra a alta sensibilidade das formas diretas para os filtros de ordem elevada. Devido a essa sensibilidade, as formas diretas raramente são usadas para implementar algo além dos sistemas de segunda ordem.[9] Como as formas em cascata e paralelas podem ser configuradas

---

[8] O uso de posições de ponto binário diferentes assegura maior precisão nos coeficientes, mas complica a programação ou a arquitetura do sistema.

[9] Uma exceção está na síntese de voz, em que sistemas de décima ordem ou mais altos são rotineiramente implementados usando a forma direta. Isso é possível porque, na síntese de voz, os polos da função de sistema estão amplamente separados (veja Rabiner e Schafer, 1978).

para usar a mesma quantidade de memória e o mesmo ou um pouco mais de cálculo do que a forma direta canônica, essas estruturas modulares são as mais utilizadas. Estruturas mais complexas, como estruturas em treliça, podem ser mais robustas a palavras de comprimentos muito curtos, mas exigem relativamente muito mais cálculos para sistemas de mesma ordem.

6.8.3 Polos de seções de segunda ordem digitalizadas

Mesmo em sistemas de segunda ordem que são usados para implementar as formas em cascata e em paralelo, ainda resta alguma flexibilidade para melhorar a robustez em relação à digitalização dos coeficientes. Considere um par de polos complexos conjugados que tenha sido implementado usando a forma direta, como na Figura 6.49. Com coeficientes em precisão infinita, esse diagrama de fluxo tem polos em $z = re^{j\theta}$ e $z = re^{-j\theta}$. Porém, se os coeficientes $2r\cos\theta$ e $-r^2$ forem digitalizados, somente um número finito de diferentes localizações para os polos será possível. Os polos deverão estar em uma grade no plano z definida pela interseção de circunferências concêntricas (correspondendo à digitalização de r^2) e linhas verticais (correspondendo à digitalização de $2r\cos\theta$). Essa grade é ilustrada na Figura 6.50(a) para a digitalização com 4 bits (3 bits mais 1 bit para o sinal); isto é, r^2 é restrito a sete valores positivos e zero, enquanto $2r\cos\theta$ é restrito a sete valores positivos, oito valores negativos e zero. A Figura 6.50(b) mostra uma grade mais densa obtida com a digitalização com 7 bits (6 bits mais 1 bit para o sinal). Os diagramas da Figura 6.50, evidentemente, são simetricamente refletidos em cada um dos outros quadrantes do plano z. Observe que, para a forma direta, a grade é um tanto esparsa em torno do eixo real. Assim, os polos localizados em torno de $\theta = 0$ ou de $\theta = \pi$ podem ser mais deslocados do que aqueles em torno de $\theta = \pi/2$. Evidentemente, existe a possibilidade de a posição do polo de precisão infinita estar muito próxima de uma das posições dos polos digitalizados. Nesse caso, a digitalização não causa problema algum, mas, em geral, podemos esperar que a digitalização degrade o desempenho.

Uma estrutura alternativa de segunda ordem para realização de polos em $z = re^{j\theta}$ e $z = re^{-j\theta}$ é mostrada na Figura 6.51. Essa estrutura é chamada de *forma acoplada* para sistema de segunda ordem (veja Rader e Gold, 1967). Podemos facilmente verificar que os sistemas das figuras 6.49 e 6.51 têm os mesmos polos para coeficientes em precisão infinita. Para implementar o sistema da Figura 6.51, devemos digitalizar $r\cos\theta$ e $r\sin\theta$. Como esses valores representam as partes real e imaginária, respectivamente, da localização do polo, as localizações dos polos digitalizados estão nas interseções de linhas horizontais e verticais uniformemente espaçadas no plano z. Nas figuras 6.52(a) e (b) são mostradas as lo-

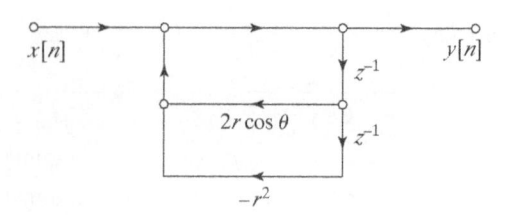

Figura 6.49 Implementação na forma direta de um par de polos complexos conjugados.

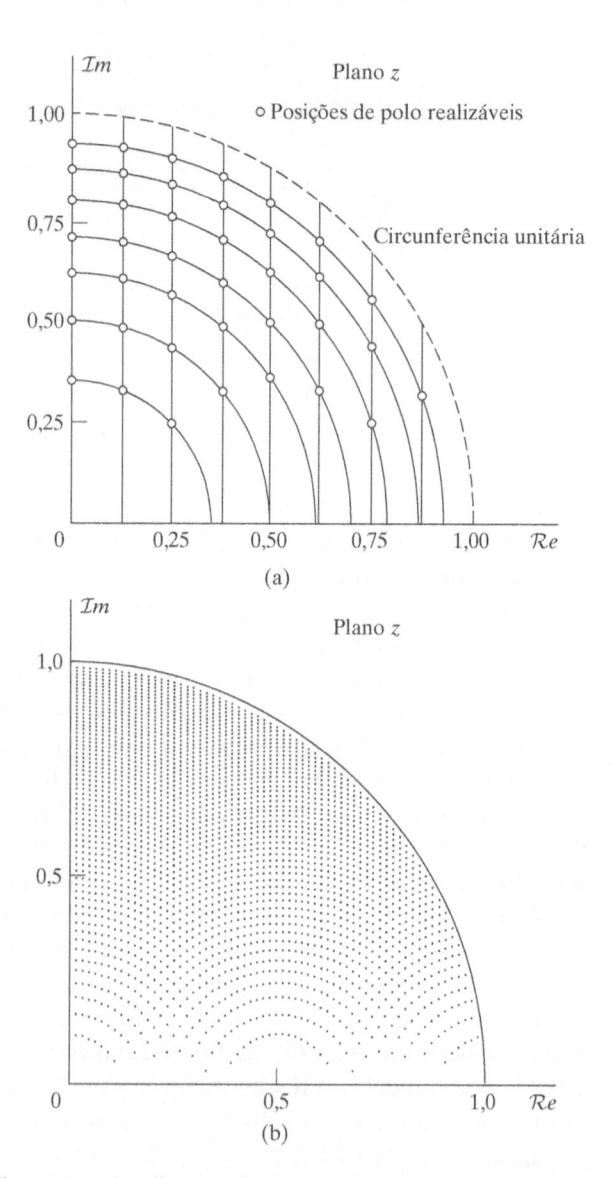

Figura 6.50 Localizações de polo para o sistema IIR de segunda ordem na forma direta da Figura 6.49. (a) Digitalização de coeficientes com 4 bits. (b) Digitalização com 7 bits.

calizações possíveis dos polos para a digitalização com 4 e 7 bits, respectivamente. Nesse caso, a densidade da localização dos polos é uniforme por todo o interior do círculo unitário. O dobro de multiplicadores por cons-

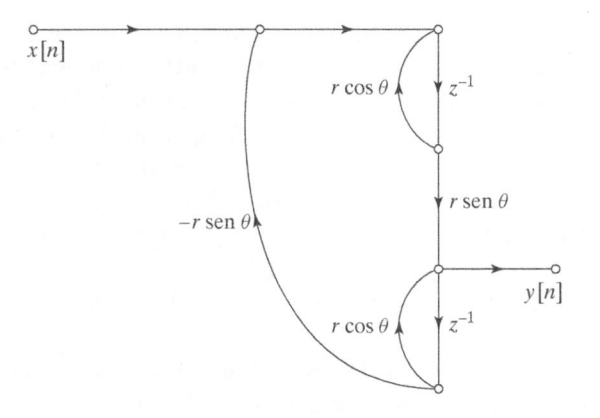

Figura 6.51 Implementação na forma acoplada de um par de polos com complexo conjugado.

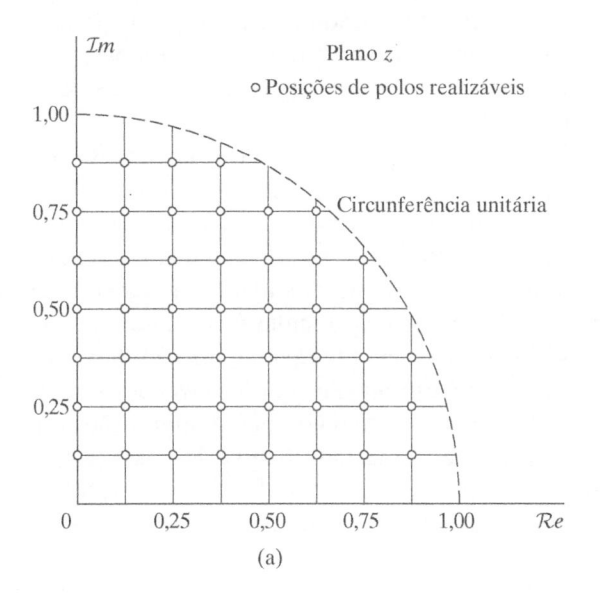

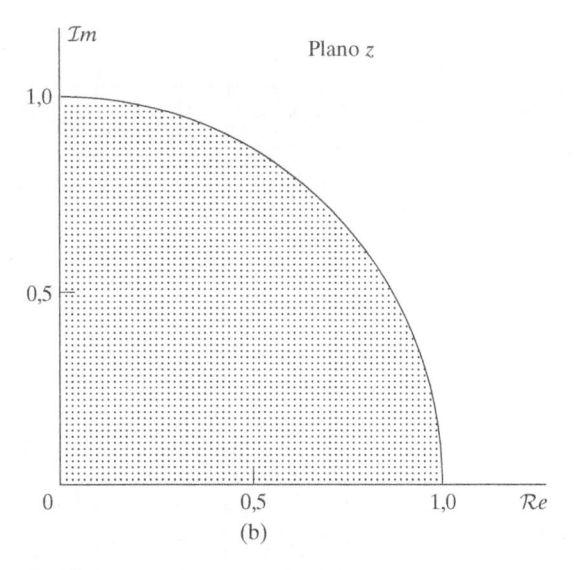

Figura 6.52 Localização de polos para o sistema IIR de segunda ordem na forma acoplada da Figura 6.51. (a) Digitalização dos coeficientes com quatro bits. (b) Digitalização com sete bits.

tantes é necessário para alcançar essa densidade mais uniforme. Em algumas situações, o cálculo extra pode ser justificado para alcançar uma localização de polo mais precisa com um comprimento de palavra reduzido.

6.8.4 Efeitos da digitalização dos coeficientes em sistemas FIR

Em sistemas FIR, precisamos apenas nos preocupar com as localizações dos zeros da função de sistema, pois, em sistemas FIR causais, todos os polos estão em $z = 0$. Embora tenhamos visto que a estrutura na forma direta deva ser evitada em sistemas IIR de alta ordem, a estrutura na forma direta é comumente utilizada em sistemas FIR. Para entender por que isso ocorre, expressamos a função de sistema de um sistema FIR na forma direta como

$$H(z) = \sum_{n=0}^{M} h[n] z^{-n}. \qquad (6.86)$$

Agora, suponha que os coeficientes $\{h[n]\}$ são digitalizados, resultando em um novo conjunto de coeficientes $\{\hat{h}[n] = h[n] + \Delta h[n]\}$. A função de sistema para o sistema digitalizado é, então,

$$\hat{H}(z) = \sum_{n=0}^{M} \hat{h}[n] z^{-n} = H(z) + \Delta H(z), \qquad (6.87)$$

sendo

$$\Delta H(z) = \sum_{n=0}^{M} \Delta h[n] z^{-n}. \qquad (6.88)$$

Assim, a função de sistema (e, portanto, também a resposta em frequência) do sistema digitalizado está linearmente relacionada aos erros de digitalização dos coeficientes da resposta ao impulso. Por esse motivo, o sistema digitalizado pode ser representado como na Figura 6.53, em que é mostrado o sistema não digitalizado em paralelo com um sistema de erro cuja resposta ao impulso é a sequência de amostras de erro de digitalização $\{\Delta h[n]\}$ e cuja função de sistema é a transformada z correspondente $\Delta H(z)$.

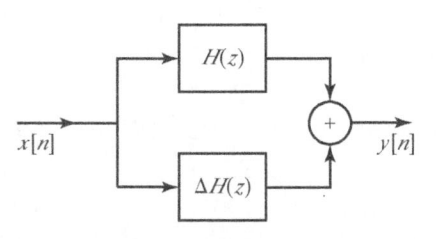

Figura 6.53 Representação da digitalização de coeficientes em sistemas FIR.

Outra abordagem para estudar a sensibilidade da estrutura FIR na forma direta é examinar a sensibilidade dos zeros aos erros de digitalização nos coeficientes da resposta ao impulso, que são, evidentemente, os coeficientes do polinômio $H(z)$. Se os zeros de $H(z)$ forem bem agrupados, então suas localizações serão altamente sensíveis a erros de digitalização dos coeficientes da resposta ao impulso. O motivo pelo qual o sistema FIR na forma direta é amplamente usado é que, para a maioria dos filtros FIR de fase linear, os zeros são espalhados mais ou menos uniformemente no plano z. Demonstramos isso com o exemplo a seguir.

6.8.5 Exemplo de digitalização de um filtro FIR ótimo

Como um exemplo do efeito da digitalização dos coeficientes no caso FIR, considere um filtro passa-baixas de fase linear projetado para atender às seguintes especificações:

$$0{,}99 \leq |H(e^{j\omega})| \leq 1{,}01, \qquad 0 \leq |\omega| \leq 0{,}4\pi$$

$$|H(e^{j\omega})| \leq 0{,}001 (\text{isto é, } -60\,\text{dB}), \quad 0{,}6\pi \leq |\omega| \leq \pi.$$

Esse filtro foi projetado usando a técnica de projeto de Parks-McClellan, que será discutida na Seção 7.7.3. Os detalhes do projeto para este exemplo são considerados na Seção 7.8.1.

A Tabela 6.5 mostra os coeficientes da resposta ao impulso não digitalizados para o sistema juntamente com os coeficientes digitalizados com digitalização de 16, 14, 13 e 8 bits. A Figura 6.54 mostra uma comparação das respostas em frequência dos diversos sistemas. A Figura 6.54(a) mostra a magnitude logarítmica em dB da resposta em frequência para coeficientes não digitalizados. Nas figuras 6.54(b), (c), (d), (e) e (f) são mostrados os erros de aproximação na banda de passagem e na banda de rejeição (erros na aproximação da unidade na banda de passagem e de zero na banda de rejeição) para os casos não digitalizados e digitalizados com 16, 14, 13 e 8 bits, respectivamente. A partir da Figura 6.54, notamos que o sistema atende às especificações para o caso não digitalizado e para os casos digitalizados com 16 e 14 bits. Porém, com a digitalização de 13 bits, o erro de aproximação na banda de rejeição se torna maior do que 0,001 e, com a digitalização de 8 bits, o erro de aproximação na banda de rejeição é mais do que 10 vezes maior que o especificado. Assim, notamos que coeficientes com pelo menos 14 bits são necessários para uma implementação do sistema na forma direta. Porém, essa não é uma limitação séria, pois 16 ou 14 bits para representação de coeficientes são bem compatíveis com muitas das tecnologias que podem ser usadas para implementar tal filtro.

O efeito de digitalização dos coeficientes do filtro na localização dos zeros do filtro é mostrado na Figura 6.55. Note que, no caso não digitalizado, mostrado na Figura 6.55(a), os zeros espalham-se pelo plano z, embora haja algum agrupamento na circunferência unitária. Os zeros na circunferência unitária são responsáveis principalmente pela atenuação da banda de rejeição, enquanto aqueles em localizações recíprocas conjugadas fora da circunferência unitária são responsáveis principalmente pela banda de passagem. Note que pouca diferença é observada na Figura 6.55(b) para digitalização com 16 bits, mas como mostrado na Figura

Tabela 6.5 Coeficientes não digitalizados e digitalizados para um filtro FIR passa-baixas ideal ($M = 27$).

Coeficiente	Não digitalizado	16 bits	14 bits	13 bits	8 bits
$h[0] = h[27]$	$1{,}359657 \times 10^{-3}$	45×2^{-15}	11×2^{-13}	6×2^{-12}	0×2^{-7}
$h[1] = h[26]$	$-1{,}616993 \times 10^{-3}$	-53×2^{-15}	-13×2^{-13}	-7×2^{-12}	0×2^{-7}
$h[2] = h[25]$	$-7{,}738032 \times 10^{-3}$	-254×2^{-15}	-63×2^{-13}	-32×2^{-12}	-1×2^{-7}
$h[3] = h[24]$	$-2{,}686841 \times 10^{-3}$	-88×2^{-15}	-22×2^{-13}	-11×2^{-12}	0×2^{-7}
$h[4] = h[23]$	$1{,}255246 \times 10^{-2}$	411×2^{-15}	103×2^{-13}	51×2^{-12}	2×2^{-7}
$h[5] = h[22]$	$6{,}591530 \times 10^{-3}$	216×2^{-15}	54×2^{-13}	27×2^{-12}	1×2^{-7}
$h[6] = h[21]$	$-2{,}217952 \times 10^{-2}$	-727×2^{-15}	-182×2^{-13}	-91×2^{-12}	-3×2^{-7}
$h[7] = h[20]$	$-1{,}524663 \times 10^{-2}$	-500×2^{-15}	-125×2^{-13}	-62×2^{-12}	-2×2^{-7}
$h[8] = h[19]$	$3{,}720668 \times 10^{-2}$	1219×2^{-15}	305×2^{-13}	152×2^{-12}	5×2^{-7}
$h[9] = h[18]$	$3{,}233332 \times 10^{-2}$	1059×2^{-15}	265×2^{-13}	132×2^{-12}	4×2^{-7}
$h[10] = h[17]$	$-6{,}537057 \times 10^{-2}$	-2142×2^{-15}	-536×2^{-13}	-268×2^{-12}	-8×2^{-7}
$h[11] = h[16]$	$-7{,}528754 \times 10^{-2}$	-2467×2^{-15}	-617×2^{-13}	-308×2^{-12}	-10×2^{-7}
$h[12] = h[15]$	$1{,}560970 \times 10^{-1}$	5115×2^{-15}	1279×2^{-13}	639×2^{-12}	20×2^{-7}
$h[13] = h[14]$	$4{,}394094 \times 10^{-1}$	14399×2^{-15}	3600×2^{-13}	1800×2^{-12}	56×2^{-7}

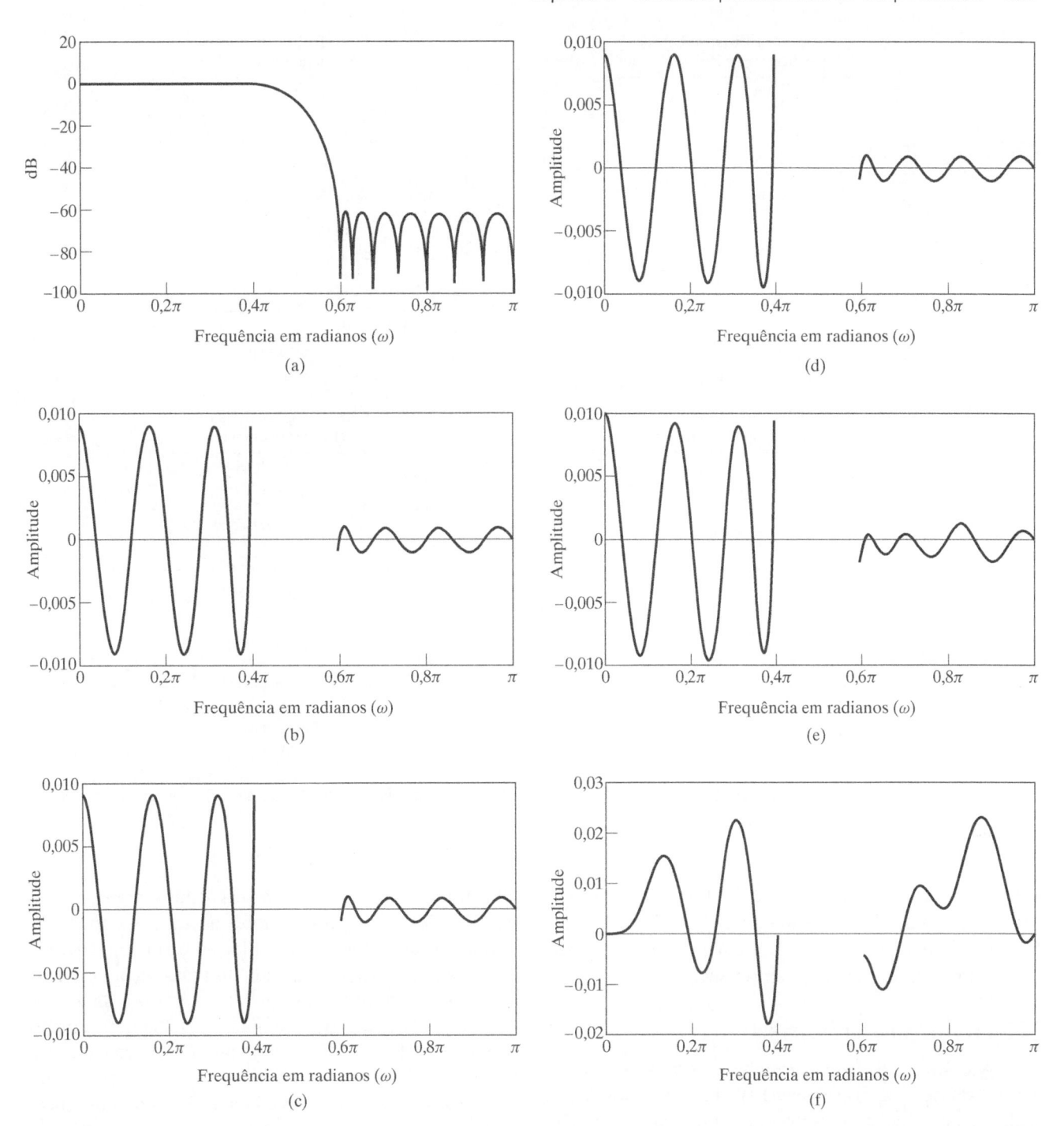

Figura 6.54 Exemplo de digitalização FIR. (a) Magnitude logarítmica para o caso não digitalizado. (b) Erro de aproximação para o caso não digitalizado. (Erro não definido na banda de transição.) (c) Erro de aproximação para a digitalização com 16 bits. (d) Erro de aproximação para a digitalização com 14 bits. (e) Erro de aproximação para a digitalização com 13 bits. (f) Erro de aproximação para a digitalização com 8 bits.

6.55(c), para digitalização com 13 bits, os zeros na circunferência unitária se moveram significativamente. Finalmente, na Figura 6.55(d), notamos que a digitalização com 8 bits faz com que vários zeros na circunferência unitária fiquem emparelhados em pares e movam-se para fora da circunferência para localizações recíprocas conjugadas. Esse comportamento dos zeros explica o comportamento da resposta em frequência mostrada na Figura 6.54.

Um último ponto sobre esse exemplo merece ser mencionado. Todos os coeficientes não digitalizados têm magnitudes menores do que 0,5. Consequentemente, se todos os coeficientes (e, portanto, a resposta ao impulso) forem duplicados antes da digitalização, o re-

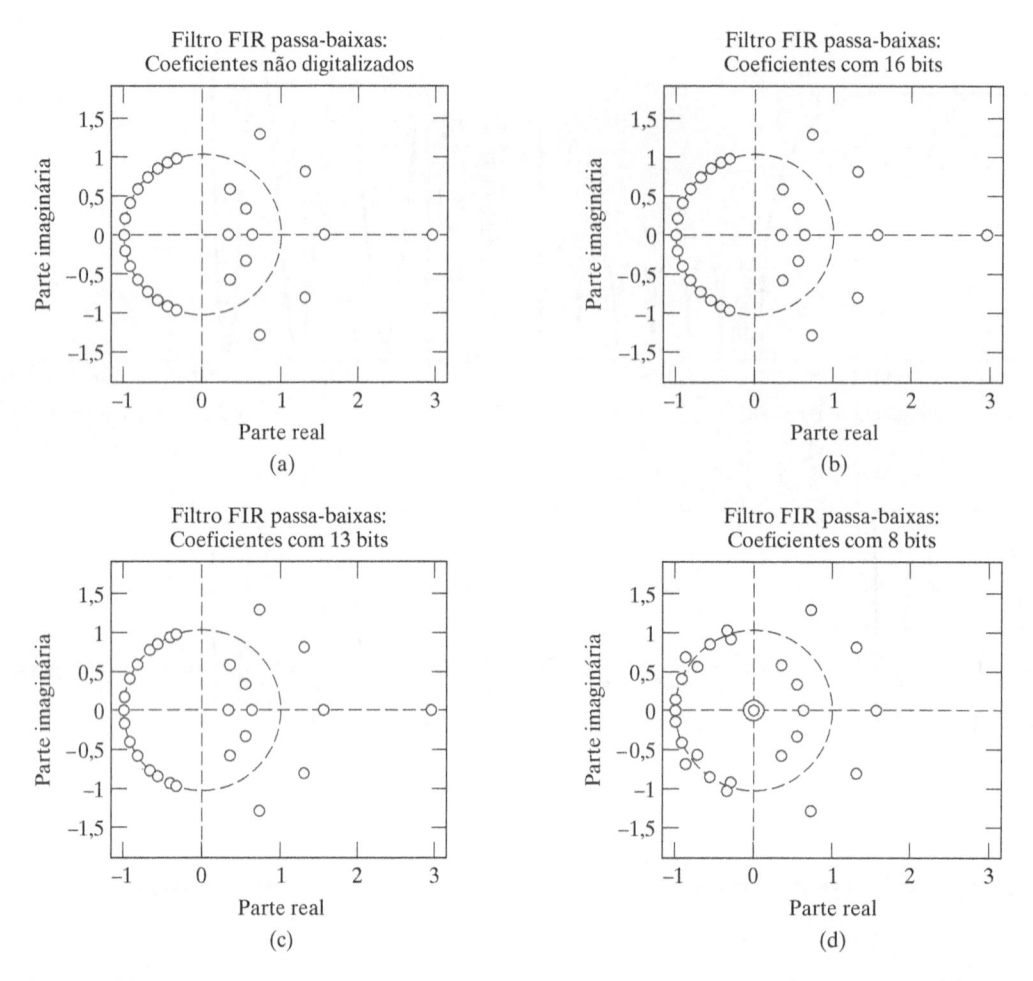

Figura 6.55 Efeito da digitalização da resposta ao impulso sobre os zeros de $H(z)$. (a) Não digitalizado. (b) Digitalização com 16 bits. (c) Digitalização com 13 bits. (d) Digitalização com 8 bits.

sultado será o uso mais eficiente dos bits disponíveis, o que corresponde, de fato, a aumentar B em 1. Na Tabela 6.5 e na Figura 6.54, não levamos em consideração essa possibilidade para aumentar a precisão.

6.8.6 Preservando a fase linear

Até aqui, não fizemos nenhuma suposição sobre a resposta de fase do sistema FIR. Porém, a possibilidade de fase linear generalizada é uma das principais vantagens de um sistema FIR. Lembre-se de que um sistema FIR de fase linear tem uma resposta ao impulso simétrica ($h[M - n] = h[n]$) ou antissimétrica ($h[M - n] = -h[n]$). Essas condições de fase linear são facilmente preservadas para o sistema digitalizado na forma direta. Assim, todos os sistemas discutidos no exemplo da subseção anterior têm fase exatamente linear, independentemente da qualidade da digitalização. Isso pode ser visto no modo como as localizações recíprocas conjugadas são preservadas na Figura 6.55.

A Figura 6.55(d) sugere que, em situações em que a digitalização é muito grosseira, ou para sistemas de alta ordem com zeros pouco espaçados, pode valer a pena realizar conjuntos menores de zeros independentemente usando um sistema FIR na forma em cascata. Para manter a fase linear, cada uma das seções em cascata também deve ter fase linear. Lembre-se de que os zeros de um sistema de fase linear devem ocorrer como mostrado na Figura 6.34. Por exemplo, se usarmos seções de segunda ordem na forma $(1 + az^{-1} + z^{-2})$ para cada par de zeros complexos conjugados na circunferência unitária, o zero pode se deslocar apenas na circunferência unitária quando o coeficiente a for digitalizado. Isso impede que os zeros se afastem da circunferência unitária, reduzindo assim o efeito de atenuação. De modo similar, zeros reais no interior do círculo unitário e na localização recíproca externa ao círculo unitário permanecem reais. Além disso, os zeros em $z = \pm 1$ podem ser realizados exatamente com sistemas de primeira ordem. Se um par de zeros complexos conjugados no interior do círculo unitário for realizado por um sistema de segunda ordem em vez de por um sistema de quarta ordem, então devemos garantir que, para cada zero complexo no interior do círculo unitário, exista um zero recíproco conjugado no exterior do círculo unitário. Isso pode ser feito expressando o fator de quarta ordem correspondente aos zeros em $z = re^{j\theta}$ e $z = r^{-1}e^{-j\theta}$ como

$$1+cz^{-1}+dz^{-2}+cz^{-3}+z^{-4}$$
$$=(1-2r\cos\theta z^{-1}+r^2 z^{-2})\frac{1}{r^2}(r^2-2r\cos\theta z^{-1}+z^{-2}). \quad (6.89)$$

Essa condição corresponde ao subsistema mostrado na Figura 6.56. Esse sistema usa os mesmos coeficientes, $-2r\cos\theta$ e r^2, para realizar tanto os zeros no interior do círculo unitário como os zeros recíprocos conjugados fora do círculo unitário. Assim, a condição de fase linear é preservada sob a digitalização. Observe que o fator $(1-2r\cos\theta z^{-1}+r^2 z^{-2})$ é idêntico ao denominador do sistema IIR de segunda ordem na forma direta da Figura 6.49. Portanto, o conjunto de zeros digitalizados é como representado na Figura 6.50. Mais detalhes sobre realizações em cascata de sistemas FIR são dados em Herrmann e Schüssler (1970b).

6.9 Efeitos do ruído de arredondamento nos filtros digitais

Equações de diferenças realizadas com aritmética de precisão finita são sistemas não lineares. Embora seja importante, em geral, entender como essa não linearidade afeta o desempenho de sistemas de tempo discreto, a análise precisa dos efeitos da digitalização aritmética geralmente não é necessária em aplicações práticas, em que muitas vezes estamos apenas interessados no desempenho de um sistema específico. De fato, assim como na digitalização dos coeficientes, frequentemente o método mais eficiente é simular o sistema e mensurar o seu desempenho. Por exemplo, um objetivo comum na análise de erro de digitalização é escolher o comprimento da palavra digital de modo que o sistema digital seja uma realização suficientemente precisa do sistema linear desejado e, ao mesmo tempo, exija um mínimo de complexidade do *hardware* ou do *software*. O comprimento da palavra digital, evidentemente, pode ser mudado apenas em passos de 1 bit e, como já vimos na Seção 4.8.2, a adição de 1 bit ao comprimento da palavra reduz a amplitude dos erros de digitalização por um fator de 2. Assim, a escolha do comprimento da palavra é indiferente a imprecisões da análise de erro de digitalização; uma análise que está correta com margem de 30 a 40 por cento muitas vezes é adequada. Por esse motivo, muitos dos efeitos importantes da digitalização podem ser estudados usando aproximações lineares de ruído aditivo linear. Desenvolvemos essas aproximações nesta seção e ilustramos seu uso com vários exemplos. Uma exceção é o fenômeno dos ciclos limite de entrada nula, que é estritamente um fenômeno não linear. Restringimos nosso estudo de modelos não lineares para filtros digitais a uma breve introdução aos ciclos limite de entrada nula na Seção 6.10.

6.9.1 Análise das estruturas IIR na forma direta

Para introduzir os conceitos básicos, consideremos a estrutura na forma direta para um sistema LIT de tempo discreto. O diagrama de fluxo de um sistema de segunda ordem na forma direta I é mostrado na Figura 6.57(a). A equação geral de diferenças de N-ésima ordem para a estrutura de forma direta I é

$$y[n] = \sum_{k=1}^{N} a_k y[n-k] + \sum_{k=0}^{M} b_k x[n-k], \quad (6.90)$$

e a função de sistema é

$$H(z) = \frac{\sum_{k=0}^{M} b_k z^{-k}}{1 - \sum_{k=1}^{N} a_k z^{-k}} = \frac{B(z)}{A(z)}. \quad (6.91)$$

Vamos supor que todos os valores de sinal e dos coeficientes sejam representados por números binários em ponto fixo com $(B+1)$ bits. Então, na implementação da Equação 6.90 com um somador de $(B+1)$ bits, seria necessário reduzir o comprimento dos produtos de $(2B+1)$ bits resultantes da multiplicação de dois números com $(B+1)$ bits de volta para $(B+1)$ bits. Como todos os números são tratados como frações, descartaríamos os B bits menos significativos por arredondamento ou truncamento. Isso é representado substituindo em cada ramo o multiplicador por constante na

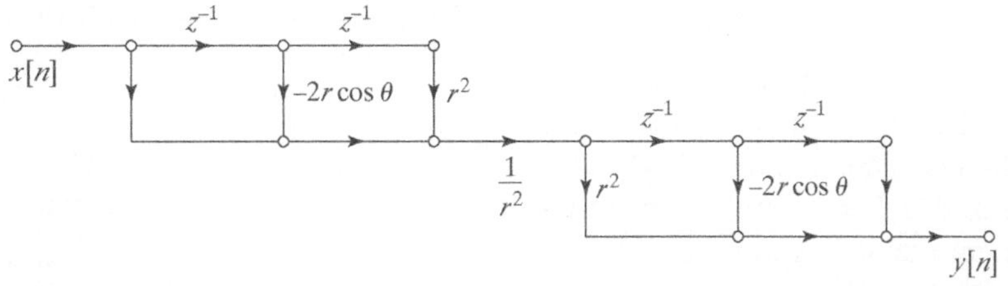

Figura 6.56 Subsistema de implementação de fatores de quarta ordem em um sistema FIR de fase linear, tal que a linearidade da fase é mantida independentemente da digitalização dos parâmetros.

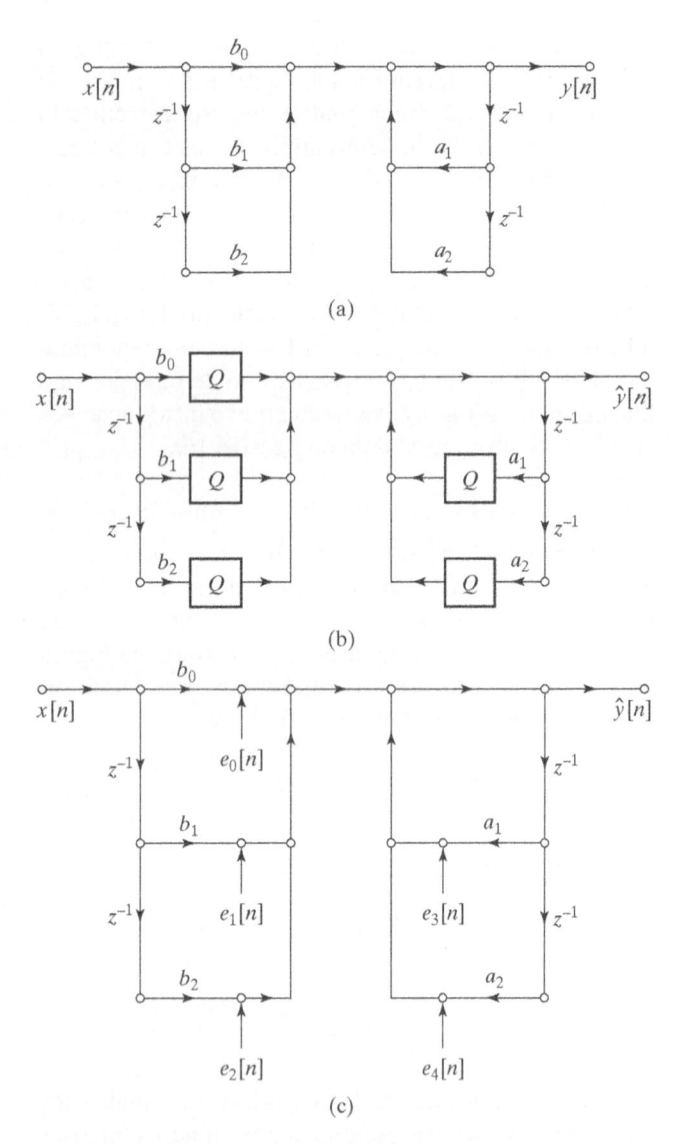

Figura 6.57 Modelos para o sistema na forma direta I. (a) Modelo de precisão infinita. (b) Modelo digitalizado não linear. (c) Modelo de ruído linear.

Figura 6.57(a) por um multiplicador por constante seguido de um digitalizador, como no modelo não linear da Figura 6.57(b). A equação de diferenças correspondente à Figura 6.57(b) é a equação não linear

$$\hat{y}[n] = \sum_{k=1}^{N} Q[a_k \hat{y}[n-k]] + \sum_{k=0}^{M} Q[b_k x[n-k]]. \quad (6.92)$$

A Figura 6.57(c) mostra uma representação alternativa em que os digitalizadores são substituídos por fontes de ruído que são iguais ao erro de digitalização na saída de cada digitalizador. Por exemplo, o arredondamento ou o truncamento de um produto $bx[n]$ é representado por uma fonte de ruído na forma

$$e[n] = Q[bx[n]] - bx[n]. \quad (6.93)$$

Se as fontes de ruído são conhecidas exatamente, então a Figura 6.57(c) é exatamente equivalente à Figura 6.57(b). Porém, a Figura 6.57(c) é a mais útil quando assumimos que cada fonte de ruído de digitalização tem as seguintes propriedades:

1. Cada fonte de ruído de digitalização $e[n]$ é um processo ruído branco estacionário no sentido amplo.
2. Cada fonte de ruído de digitalização tem uma distribuição uniforme de amplitudes sobre todo o intervalo de digitalização.
3. Cada fonte de ruído de digitalização é *não correlacionada* com a entrada do digitalizador correspondente, com todas as outras fontes de ruído de digitalização e com a entrada do sistema.

Essas hipóteses são idênticas àquelas feitas na análise da conversão A/D, na Seção 4.8. Estritamente falando, nossas hipóteses aqui não podem ser válidas, pois o erro de digitalização depende diretamente da entrada do digitalizador. Isso é nitidamente aparente para sinais constantes e senoidais. Contudo, análises experimentais e teóricas têm mostrado (veja Bennett, 1948; Widrow, 1956, 1961; Widrow e Kollár, 2008) que, em muitas situações, a aproximação que descrevemos leva a predições precisas de medidas estatísticas, como a média, a variância e a função de correlação. Isso é verdade quando o sinal de entrada é um sinal de banda larga complicado, como a voz, em que o sinal flutua rapidamente entre todos os níveis de digitalização e atravessa muitos desses níveis ao passar de uma amostra para outra (veja Gold e Rader, 1969). A aproximação de ruído linear simples, apresentada aqui, permite caracterizar o ruído gerado no sistema por medidas como a média e a variância e determinar como essas medidas são modificadas pelo sistema.

Para a digitalização de $(B + 1)$ bits, mostramos na Seção 6.7.1 que, para o arredondamento,

$$-\frac{1}{2}2^{-B} < e[n] \leq \frac{1}{2}2^{-B}, \quad (6.94a)$$

e para o truncamento em complemento de dois,

$$-2^{-B} < e[n] \leq 0. \quad (6.94b)$$

Assim, de acordo com nossa segunda hipótese, as funções de densidade de probabilidade para as variáveis aleatórias que representam o erro de digitalização são as densidades uniformes mostradas na Figura 6.58(a) para o arredondamento e na Figura 6.58(b) para o truncamento. A média e a variância para o arredondamento são, respectivamente,

$$m_e = 0, \quad (6.95a)$$

$$\sigma_e^2 = \frac{2^{-2B}}{12}. \quad (6.95b)$$

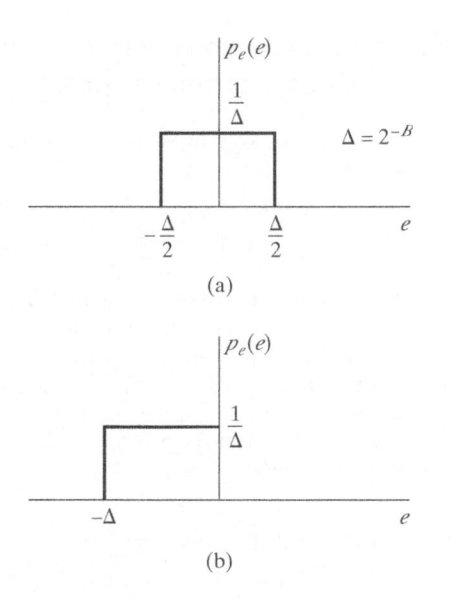

Figura 6.58 Função de densidade de probabilidade para erros de digitalização. (a) Arredondamento. (b) Truncamento.

Para o truncamento em complemento de dois, a média e a variância são

$$m_e = -\frac{2^{-B}}{2}, \quad (6.96a)$$

$$\sigma_e^2 = \frac{2^{-2B}}{12}. \quad (6.96b)$$

Em geral, a sequência em autocorrelação de uma fonte de ruído de digitalização é, de acordo com a primeira hipótese,

$$\phi_{ee}[n] = \sigma_e^2 \delta[n] + m_e^2. \quad (6.97)$$

No caso do arredondamento, que suporemos por conveniência daqui para a frente, $m_e = 0$, de modo que a função de autocorrelação é $\phi_{ee}[n] = \sigma_e^2 \delta[n]$, e o espectro de potência é $\Phi_{ee}(e^{j\omega}) = \sigma_e^2$ para $|\omega| \leq \pi$. Nesse caso, a variância e a potência média são idênticas. No caso do truncamento, a média não é nula, de modo que os resultados da potência média obtidos para o arredondamento devem ser corrigidos pelo cálculo da média do sinal e pela soma de seu quadrado aos resultados da potência média para arredondamento.

Com esse modelo para cada uma das fontes de ruído na Figura 6.57(c), poderemos prosseguir para determinar o efeito do ruído de digitalização na saída do sistema. Para isso, é útil observar que todas as fontes de ruído nessa figura são efetivamente aplicadas entre a parte do sistema que implementa os zeros e a parte que implementa os polos. Assim, a Figura 6.59 é equivalente à Figura 6.57(c) se $e[n]$ na Figura 6.59 for

$$e[n] = e_0[n] + e_1[n] + e_2[n] + e_3[n] + e_4[n]. \quad (6.98)$$

Como supomos que todas as fontes de ruído são independentes da entrada e independentes uma da outra, a variância das fontes de ruído combinadas para o caso de segunda ordem na forma direta I é

$$\sigma_e^2 = \sigma_{e_0}^2 + \sigma_{e_1}^2 + \sigma_{e_2}^2 + \sigma_{e_3}^2 + \sigma_{e_4}^2 = 5 \cdot \frac{2^{-2B}}{12}, \quad (6.99)$$

e, para o caso geral na forma direta I, ela é

$$\sigma_e^2 = (M + 1 + N)\frac{2^{-2B}}{12}. \quad (6.100)$$

Para obter uma expressão para o ruído de saída, notamos a partir da Figura 6.59 que o sistema tem duas entradas, $x[n]$ e $e[n]$, e como agora é considerado linear, a saída pode ser representada como $\hat{y}[n] = y[n] + f[n]$, sendo $y[n]$ a resposta do sistema ideal não digitalizado à sequência de entrada $x[n]$, e $f[n]$ a resposta do sistema à entrada $e[n]$. A saída $y[n]$ é dada pela equação de diferenças 6.90, mas como $e[n]$ é aplicado após os zeros e antes dos polos, o ruído de saída satisfaz a equação de diferenças

$$f[n] = \sum_{k=1}^{N} a_k f[n-k] + e[n]; \quad (6.101)$$

isto é, as propriedades do ruído de saída na implementação na forma direta I dependem apenas dos polos do sistema.

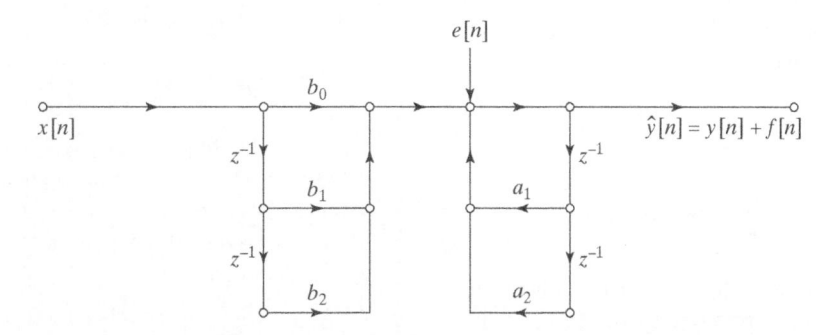

Figura 6.59 Modelo de ruído linear para forma direta I com fontes de ruído combinadas.

Para determinar a média e a variância da sequência do ruído de saída, podemos usar alguns resultados da Seção 2.10. Considere um sistema linear com função de sistema $H_{ef}(z)$ com uma entrada ruído branco $e[n]$ e a saída correspondente $f[n]$. Então, a partir das equações 2.184 e 2.185, a média da saída é

$$m_f = m_e \sum_{n=-\infty}^{\infty} h_{ef}[n] = m_e H_{ef}(e^{j0}). \quad (6.102)$$

Como $m_e = 0$ para o arredondamento, a média da saída será nula, de modo que não precisamos nos preocupar com o valor médio do ruído se considerarmos o arredondamento. A partir das equações 6.97 e 2.190, concluímos que, como para o arredondamento $e[n]$ é uma sequência ruído branco com média nula, o espectro da densidade de potência do ruído de saída é simplesmente

$$P_{ff}(\omega) = \Phi_{ff}(e^{j\omega}) = \sigma_e^2 |H_{ef}(e^{j\omega})|^2. \quad (6.103)$$

A partir da Equação 2.192, pode-se mostrar que a variância do ruído de saída é

$$\sigma_f^2 = \frac{1}{2\pi}\int_{-\pi}^{\pi} P_{ff}(\omega)d\omega = \sigma_e^2 \frac{1}{2\pi}\int_{-\pi}^{\pi} |H_{ef}(e^{j\omega})|^2 d\omega. \quad (6.104)$$

Usando o teorema de Parseval na forma da Equação 2.162, também podemos expressar σ_f^2 como

$$\sigma_f^2 = \sigma_e^2 \sum_{n=-\infty}^{\infty} |h_{ef}[n]|^2. \quad (6.105)$$

Quando a função de sistema correspondente a $h_{ef}[n]$ é uma função racional, como sempre será no caso das equações de diferenças do tipo considerado neste capítulo, podemos usar a Equação A.66 do Apêndice A para calcular o somatório infinito de quadrados na forma da Equação 6.105.

Usaremos os resultados resumidos nas equações 6.102-6.105 muitas vezes em nossa análise do ruído de digitalização em sistemas lineares. Por exemplo, para o sistema na forma direta I da Figura 6.59, $H_{ef}(z) = 1/A(z)$; isto é, a função de sistema do ponto em que todas as fontes de ruído são aplicadas até a saída consiste apenas nos polos da função de sistema $H(z)$ da Equação 6.91. Assim, concluímos que, em geral, a variância de saída total devido ao arredondamento ou ao truncamento das variáveis internas é

$$\sigma_f^2 = (M + 1 + N)\frac{2^{-2B}}{12}\frac{1}{2\pi}\int_{-\pi}^{\pi}\frac{d\omega}{|A(e^{j\omega})|^2}$$
$$= (M + 1 + N)\frac{2^{-2B}}{12}\sum_{n=-\infty}^{\infty}|h_{ef}[n]|^2, \quad (6.106)$$

sendo $h_{ef}[n]$ a resposta ao impulso correspondente a $H_{ef}(z) = 1/A(z)$. O uso dos resultados anteriores é ilustrado com os exemplos a seguir.

Exemplo 6.11 Ruído de arredondamento em um sistema de primeira ordem

Suponha que queremos implementar um sistema estável tendo a função de sistema

$$H(z) = \frac{b}{1 - az^{-1}}, \quad |a| < 1. \quad (6.107)$$

Na Figura 6.60 é mostrado o diagrama de fluxo do modelo de ruído linear para a implementação em que os produtos são digitalizados antes da adição. Cada fonte de ruído é filtrada pelo sistema de $e[n]$ até a saída, para a qual a resposta ao impulso é $h_{ef}[n] = a^n u[n]$. Como $M = 0$ e $N = 1$ neste exemplo, a partir da Equação 6.103 o espectro de potência do ruído de saída é

$$P_{ff}(\omega) = 2\frac{2^{-2B}}{12}\left(\frac{1}{1 + a^2 - 2a\cos\omega}\right), \quad (6.108)$$

e a variância do ruído total na saída é

$$\sigma_f^2 = 2\frac{2^{-2B}}{12}\sum_{n=0}^{\infty}|a|^{2n} = 2\frac{2^{-2B}}{12}\left(\frac{1}{1 - |a|^2}\right). \quad (6.109)$$

A partir da Equação 6.109, notamos que a variância do ruído de saída aumenta à medida que os polos em $z = a$ se aproximam da circunferência unitária. Assim, para manter a variância do ruído abaixo de um nível especificado à medida que $|a|$ se aproxima da unidade, temos de usar comprimentos de palavra maiores. O exemplo a seguir também ilustra esse ponto.

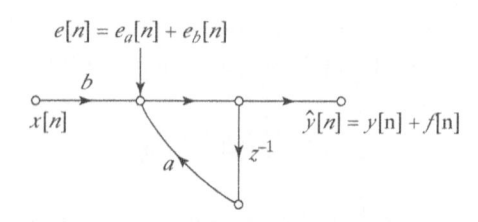

Figura 6.60 Modelo de ruído linear de primeira ordem.

Exemplo 6.12 Ruído de arredondamento em um sistema de segunda ordem

Considere um sistema de segunda ordem na forma direta I estável com função de sistema

$$H(z) = \frac{b_0 + b_1 z^{-1} + b_2 z^{-2}}{(1 - re^{j\theta}z^{-1})(1 - re^{-j\theta}z^{-1})}. \quad (6.110)$$

O modelo de ruído linear para esse sistema é mostrado na Figura 6.57(c) ou, de modo equivalente, na Figura 6.59, com $a_1 = 2r\cos\theta$ e $a_2 = -r^2$. Nesse caso, a potência total do ruído de saída pode ser expressa na forma

$$\sigma_f^2 = 5\frac{2^{-2B}}{12}\frac{1}{2\pi}\int_{-\pi}^{\pi}\frac{d\omega}{|(1-re^{j\theta}e^{-j\omega})(1-re^{-j\theta}e^{-j\omega})|^2}. \quad (6.111)$$

> Usando a Equação A.66 do Apêndice A, encontramos que a potência do ruído de saída é
>
> $$\sigma_f^2 = 5\frac{2^{-2B}}{12}\left(\frac{1+r^2}{1-r^2}\right)\frac{1}{r^4+1-2r^2\cos 2\theta}. \quad (6.112)$$
>
> Como no Exemplo 6.11, notamos que, quando os polos complexos conjugados se aproximam da circunferência unitária ($r \to 1$), a variância total do ruído de saída aumenta, o que requer comprimentos de palavra maiores para que se mantenha a variância abaixo de um nível especificado.

As técnicas de análise desenvolvidas até aqui para a estrutura na forma direta I também podem ser aplicadas à estrutura na forma direta II. As equações de diferenças não lineares para a estrutura na forma direta II têm as formas

$$\hat{w}[n] = \sum_{k=1}^{N} Q[a_k \hat{w}[n-k]] + x[n], \quad (6.113a)$$

$$\hat{y}[n] = \sum_{k=0}^{M} Q[b_k \hat{w}[n-k]]. \quad (6.113b)$$

A Figura 6.61(a) mostra o modelo de ruído linear para um sistema de segunda ordem na forma direta II. Uma fonte de ruído foi introduzida após cada multiplicação, indicando que os produtos são digitalizados para $(B+1)$ bits antes da adição. A Figura 6.61(b) mostra um modelo linear equivalente, no qual movemos as fontes de ruído resultantes da implementação dos polos e os combinamos em uma única fonte de ruído $e_a[n] = e_3[n] + e_4[n]$ na entrada. De modo similar, as fontes de ruído devido à implementação dos zeros são combinadas na única fonte de ruído $e_b[n] = e_0[n] + e_1[n] + e_2[n]$ que é adicionada diretamente à saída. Por esse modelo equivalente, concluímos que, para M zeros e N polos e arredondamento ($m_e = 0$), o espectro de potência do ruído de saída é

$$P_{ff}(\omega) = N\frac{2^{-2B}}{12}|H(e^{j\omega})|^2 + (M+1)\frac{2^{-2B}}{12}, \quad (6.114)$$

e a variância do ruído de saída é

$$\sigma_f^2 = N\frac{2^{-2B}}{12}\frac{1}{2\pi}\int_{-\pi}^{\pi}|H(e^{j\omega})|^2 d\omega + (M+1)\frac{2^{-2B}}{12}$$
$$= N\frac{2^{-2B}}{12}\sum_{n=-\infty}^{\infty}|h[n]|^2 + (M+1)\frac{2^{-2B}}{12}. \quad (6.115)$$

Isto é, o ruído branco produzido na implementação dos polos é filtrado pelo sistema inteiro, enquanto o ruído branco produzido na implementação dos zeros é adicionado diretamente à saída do sistema. Ao escrever a Equação 6.115, consideramos que as N fontes de ruído na entrada são independentes, de modo que sua soma tem N vezes a variância de uma única fonte de

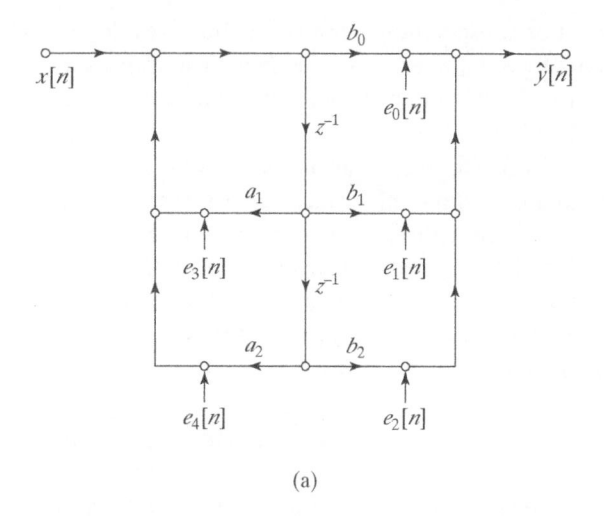

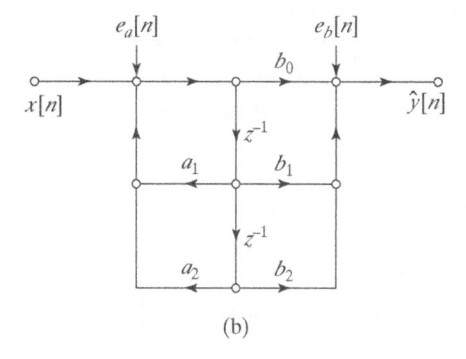

Figura 6.61 Modelos de ruído linear para a forma direta II. (a) Digitalização de produtos individuais. (b) Com fontes de ruído agrupadas.

ruído de digitalização. A mesma hipótese foi feita sobre as $(M+1)$ fontes de ruído na saída. Esses resultados são facilmente modificados para o truncamento em complemento de dois. Lembre-se de que as equações 6.95(a)-(b) e as equações 6.96(a)-(b) mostraram que a variância de uma fonte de ruído por truncamento é a mesma que aquela de uma fonte de ruído por arredondamento, mas a média de uma fonte de ruído por truncamento não é nula. Consequentemente, as fórmulas nas equações 6.106 e 6.115 para a variância total do ruído de saída também valem para o truncamento. Porém, o ruído de saída terá um valor médio não nulo que pode ser calculado usando a Equação 6.102.

Uma comparação da Equação 6.106 com a Equação 6.115 revela que as estruturas na forma direta I e na forma direta II são afetadas de maneiras diferentes pela digitalização dos produtos na implementação das equações de diferenças correspondentes. Em geral, outras estruturas equivalentes, como as formas em cascata, paralela e transposta, terão uma variância total do ruído de saída diferente daquela das estruturas na forma direta. Porém, embora as equações 6.106 e 6.115 sejam diferentes, não podemos dizer qual sistema terá a menor variância no ruído de saída a menos que saibamos os valores específicos para os coeficientes do sistema. Em outras palavras, não é possível afirmar que uma forma estrutural em particular sempre produzirá o menor ruído na saída.

É possível melhorar o desempenho em termos de ruído dos sistemas na forma direta (e, portanto, também as formas em cascata e em paralelo) usando um somador de $(2B+1)$ bits para acumular a soma de produtos exigida nos dois sistemas de forma direta. Por exemplo, para a implementação na forma direta I, podemos usar uma equação de diferenças na forma

$$\hat{y}[n] = Q\left[\sum_{k=1}^{N} a_k \hat{y}[n-k] + \sum_{k=0}^{M} b_k x[n-k]\right]; \quad (6.116)$$

isto é, as somas de produtos são acumuladas com precisão de $(2B+1)$ ou $(2B+2)$ bits, e o resultado é digitalizado para $(B+1)$ bits para saída e armazenamento na memória de atraso. No caso da forma direta I, isso significa que o ruído de digitalização ainda é filtrado pelos polos, mas o fator $(M+1+N)$ na Equação 6.106 é substituído pela unidade. De modo similar, para a realização na forma direta II, as equações de diferenças 6.113(a)--(b) podem ser substituídas respectivamente por

$$\hat{w}[n] = Q\left[\sum_{k=1}^{N} a_k \hat{w}[n-k] + x[n]\right] \quad (6.117a)$$

e

$$\hat{y}[n] = Q\left[\sum_{k=0}^{M} b_k \hat{w}[n-k]\right]. \quad (6.117b)$$

Isso implica uma fonte de ruído única tanto para a entrada como para a saída, de modo que os fatores N e $(M+1)$ na Equação 6.115 são ambos substituídos pela unidade. Assim, o acumulador de comprimento duplo disponível na maioria dos *chips* de DSPs pode ser usado para reduzir significativamente o ruído de digitalização nos sistemas em forma direta.

6.9.2 Fator de escala nas implementações em ponto fixo de sistemas IIR

A possibilidade de transbordamento é outra consideração importante na implementação de sistemas IIR que usam aritmética de ponto fixo. Se seguirmos a convenção de que cada número de ponto fixo representa uma fração (possivelmente multiplicada por um fator de escala conhecido), cada nó na estrutura deve ser forçado a ter uma magnitude menor que a unidade para evitar o transbordamento. Se $w_k[n]$ indicar o valor da k-ésima variável de nó, e $h_k[n]$ indicar a resposta ao impulso da entrada $x[n]$ até a variável de nó $w_k[n]$, então

$$|w_k[n]| = \left|\sum_{m=-\infty}^{\infty} x[n-m]h_k[m]\right|. \quad (6.118)$$

O limite

$$|w_k[n]| \le x_{\text{máx}} \sum_{m=-\infty}^{\infty} |h_k[m]| \quad (6.119)$$

é obtido substituindo $x[n-m]$ por seu valor máximo $x_{\text{máx}}$ e usando o fato de que a magnitude de uma soma é menor ou igual à soma das magnitudes de cada parcela. Portanto, a condição suficiente para $|w_k[n]| < 1$ é

$$x_{\text{máx}} < \frac{1}{\displaystyle\sum_{m=-\infty}^{\infty} |h_k[m]|} \quad (6.120)$$

para todos os nós no diagrama de fluxo. Se $x_{\text{máx}}$ não satisfizer a Equação 6.120, então podemos multiplicar $x[n]$ por um fator multiplicador de escala s na entrada do sistema, de modo que $sx_{\text{máx}}$ satisfaz a Equação 6.120 para todos os nós no diagrama de fluxo; isto é,

$$sx_{\text{máx}} < \frac{1}{\displaystyle\max_{k}\left[\sum_{m=-\infty}^{\infty} |h_k[m]|\right]}. \quad (6.121)$$

Ajustar o fator de escala na entrada desse modo garante que o transbordamento nunca ocorrerá em nenhum dos nós no diagrama de fluxo. A Equação 6.120 é necessária e também suficiente, pois sempre existe uma entrada que satisfaz a Equação 6.119 com a igualdade. (Veja a Equação 2.70 na discussão de estabilidade da Seção 2.4.) Porém, a Equação 6.120 leva a um fator de escala da entrada muito conservador para a maioria dos sinais.

Outra abordagem para o fator de escala assume que a entrada é um sinal de banda estreita, modelado como $x[n] = x_{\text{máx}} \cos \omega_0 n$. Nesse caso, as variáveis de nó terão a forma

$$w_k[n] = |H_k(e^{j\omega_0})|x_{\text{máx}} \cos(\omega_0 n + \angle H_k(e^{j\omega_0})). \quad (6.122)$$

Portanto, o transbordamento é evitado para *todos* os sinais senoidais se

$$\max_{k,|\omega|\le\pi} |H_k(e^{j\omega})|x_{\text{máx}} < 1 \quad (6.123)$$

ou se a entrada for multiplicada pelo fator de escala s tal que

$$sx_{\text{máx}} < \frac{1}{\displaystyle\max_{k,|\omega|\le\pi} |H_k(e^{j\omega})|}. \quad (6.124)$$

Ainda outra abordagem para o fator de escala é baseada na energia $E = \sum_n |x[n]|^2$ do sinal de entrada. Podemos obter o fator de escala nesse caso aplicando a desigualdade de Schwarz (veja Bartle, 2000) para obter a seguinte desigualdade relacionando o quadrado do sinal do nó às energias do sinal de entrada e à resposta ao impulso do nó:

$$|w_k[n]|^2 = \left| \frac{1}{2\pi} \int_{-\pi}^{\pi} H_k(e^{j\omega}) X(e^{j\omega}) e^{j\omega n} d\omega \right|^2$$
$$\leq \left(\frac{1}{2\pi} \int_{-\pi}^{\pi} |H_k(e^{j\omega})|^2 d\omega \right) \left(\frac{1}{2\pi} \int_{-\pi}^{\pi} |X(e^{j\omega})|^2 d\omega \right).$$
(6.125)

Portanto, se ajustarmos o fator de escala dos valores da sequência de entrada por s e aplicarmos o teorema de Parseval, temos $|w_k[n]|^2 < 1$ para todos os nós k se

$$s^2 \left(\sum_{n=-\infty}^{\infty} |x[n]|^2 \right) = s^2 E < \frac{1}{\max_k \left[\sum_{n=-\infty}^{\infty} |h_k[n]|^2 \right]}. \quad (6.126)$$

Como pode ser demonstrado que, para o k-ésimo nó,

$$\left\{ \sum_{n=-\infty}^{\infty} |h_k[n]|^2 \right\}^{1/2} \leq \max_\omega |H_k(e^{j\omega})| \leq \sum_{n=-\infty}^{\infty} |h_k[n]|, \quad (6.127)$$

concluímos que (para a maioria dos sinais de entrada) as equações 6.121, 6.124 e 6.126 dão três formas conservadoras em ordem decrescente de ajustar o fator de escala da entrada para um filtro digital (de forma equivalente diminuindo o ganho do filtro). Das três, a Equação 6.126 geralmente é a mais fácil de calcular analiticamente, porque o método de frações parciais do Apêndice A pode ser usado; porém, o uso da Equação 6.126 requer uma hipótese sobre o valor quadrático médio do sinal, E. Por outro lado, a Equação 6.121 é difícil de ser calculada analiticamente, exceto para os sistemas mais simples. Evidentemente, se os coeficientes de filtro forem números fixos, os fatores de escala podem ser estimados calculando numericamente a resposta ao impulso ou a resposta em frequência.

Se a escala da entrada tiver de ser reduzida ($s < 1$), a relação sinal-ruído (SNR, do inglês *signal-to-noise ratio*) na saída do sistema será reduzida, pois a potência do sinal é reduzida, mas a potência do ruído depende somente da operação de arredondamento. Na Figura 6.62 são mostrados sistemas de segunda ordem nas formas direta I e II, com multiplicadores de escala na entrada. Para determinar o fator multiplicador de escala para esses sistemas, não é necessário examinar cada nó no diagrama de fluxo. Alguns nós não representam adição e, por isso, não podem transbordar. Outros nós representam somas parciais. Se usamos a aritmética de complemento de dois sem saturação, permite-se que esses nós transbordem se certos nós estratégicos não transbordarem. Por exemplo,

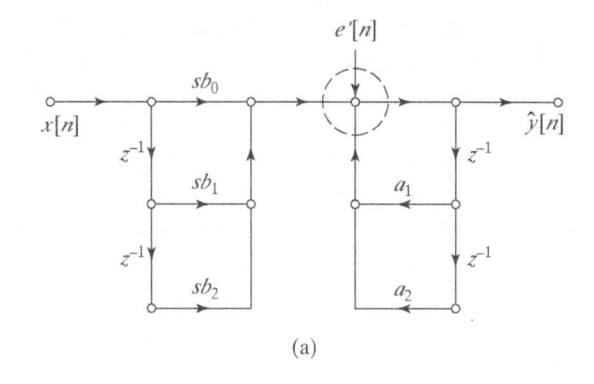

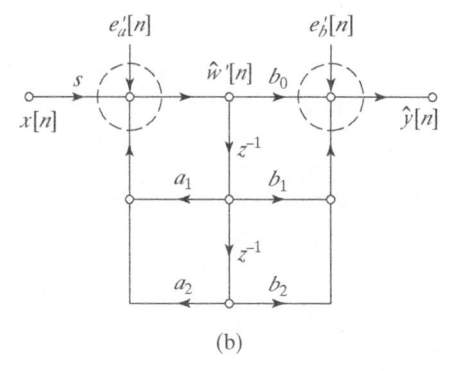

Figura 6.62 Ajuste de escala nos sistemas na forma direta: (a) Forma direta I. (b) Forma direta II.

na Figura 6.62(a), podemos focar o nó delimitado pelo círculo tracejado. Na figura, o fator multiplicador de escala é mostrado combinado com os b_ks, de modo que a fonte de ruído é a mesma do caso da Figura 6.59; isto é, ela tem cinco vezes a potência de uma única fonte de ruído de digitalização.[10] Como a fonte de ruído é novamente filtrada apenas pelos polos, a potência do ruído de saída é a mesma nas figuras 6.59 e 6.62(a). Porém, a função de sistema global na Figura 6.62(a) é $sH(z)$ em vez de $H(z)$, de modo que o componente não digitalizado da saída $\hat{y}[n]$ é $sy[n]$ em vez de $y[n]$. Como o ruído é aplicado após o ajuste de escala, a razão entre potência de sinal e potência de ruído no sistema com ajuste de escala é s^2 vezes a SNR no caso da Figura 6.59. Como $s < 1$ se o ajuste de escala é necessário para evitar o transbordamento, a SNR é reduzida devido ao ajuste da escala.

O mesmo acontece com o sistema na forma direta II da Figura 6.62(b). Nesse caso, temos de determinar o fator multiplicador de escala para evitar transbordamento nos dois nós indicados. Novamente, o ganho global do sistema é s vezes o ganho do sistema na Figura 6.61(b), mas pode ser necessário implementar o fator multiplicador de escala explicitamente nesse caso para evitar transbordamento no nó à esquerda. Esse

---

[10] Isso elimina um fator de ajuste de escala e uma fonte de ruído de digitalização separados. Porém, o ajuste de escala (e a digitalização) dos b_ks pode mudar a resposta em frequência do sistema. Se um fator de ajuste de escala de entrada separado preceder a implementação dos zeros na Figura 6.62(a), então uma fonte de ruído de digitalização adicional contribuirá para o ruído de saída depois de percorrer todo o sistema $H(z)$.

fator multiplicador de escala acrescenta um componente de ruído adicional a $e_a[n]$, de modo que a potência do ruído na entrada seja, em geral, $(N+1)2^{-2B}/12$. Caso contrário, as fontes de ruído são filtradas pelo sistema exatamente da mesma forma, tanto na Figura 6.61(b) quanto na Figura 6.62(b). Portanto, a potência do sinal é multiplicada por s^2, e a potência do ruído na saída é novamente dada pela Equação 6.115, com N substituído por $(N+1)$. A SNR é novamente reduzida se o fator de escala for necessário para evitar o transbordamento.

Exemplo 6.13 Interação entre ajuste de escala e ruído de arredondamento

Para ilustrar a interação entre o ajuste de escala e ruído de arredondamento, considere o sistema do Exemplo 6.11 com função de sistema dada pela Equação 6.107. Se o multiplicador de escala for associado com o coeficiente b, obtemos o diagrama de fluxo da Figura 6.63 para o sistema com ajuste de escala. Suponha que a entrada seja ruído branco com amplitudes distribuídas uniformemente entre -1 e $+1$. Então, a variância total do sinal é $\sigma_x^2 = 1/3$. Para garantir que não haja transbordamento no cálculo de $\hat{y}[n]$, usamos a Equação 6.121 para calcular o fator de escala

$$s = \frac{1}{\sum_{n=0}^{\infty} |b||a|^n} = \frac{1-|a|}{|b|}. \quad (6.128)$$

A variância do ruído de saída foi determinada no Exemplo 6.11 como

$$\sigma_f^2 = 2\frac{2^{-2B}}{12}\frac{1}{1-a^2} \quad (6.129)$$

e como novamente temos duas operações de arredondamento de $(B+1)$ bits, a potência do ruído na saída é a mesma, isto é, $\sigma_{f'}^2 = \sigma_f^2$. A variância da saída $y'[n]$ em decorrência da entrada com mudança de escala $sx[n]$ é

$$\sigma_{y'}^2 = \left(\frac{1}{3}\right)\frac{s^2 b^2}{1-a^2} = s^2 \sigma_y^2. \quad (6.130)$$

Portanto, a SNR na saída é

$$\frac{\sigma_{y'}^2}{\sigma_{f'}^2} = s^2 \frac{\sigma_y^2}{\sigma_f^2} = \left(\frac{1-|a|}{|b|}\right)^2 \frac{\sigma_y^2}{\sigma_f^2}. \quad (6.131)$$

À medida que o polo do sistema se aproxima da circunferência unitária, a SNR diminui, pois o ruído de digitalização é amplificado pelo sistema e o alto ganho do sistema força a entrada a ter um fator de escala reduzido para evitar transbordamento. Novamente, notamos que o transbordamento e o ruído de digitalização trabalham em sentido contrário para reduzir o desempenho do sistema.

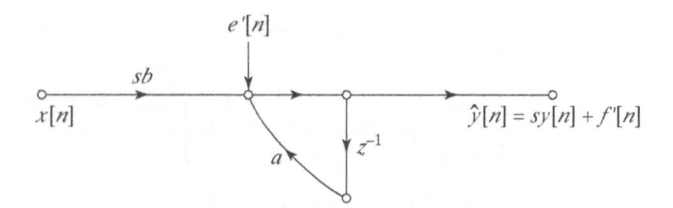

Figura 6.63 Sistema de primeira ordem com ajuste de escala.

6.9.3 Exemplo de análise de uma estrutura IIR em cascata

Os resultados anteriores desta seção podem ser aplicados diretamente à análise de estruturas paralelas ou em cascata, compostas de subsistemas de segunda ordem na forma direta. A interação entre ajuste de escala e digitalização é particularmente interessante na forma em cascata. Nossos comentários gerais sobre sistemas em cascata serão interligados com um exemplo específico.

Um filtro passa-baixas elíptico foi projetado para atender às seguintes especificações:

$$0{,}99 \leq |H(e^{j\omega})| \leq 1{,}01, \qquad |\omega| \leq 0{,}5\pi,$$
$$|H(e^{j\omega})| \leq 0{,}01, \qquad 0{,}56\pi \leq |\omega| \leq \pi.$$

A função de sistema do sistema resultante é

$$H(z) = 0{,}079459 \prod_{k=1}^{3} \left(\frac{1 + b_{1k}z^{-1} + z^{-2}}{1 - a_{1k}z^{-1} - a_{2k}z^{-2}}\right)$$
$$= 0{,}079459 \prod_{k=1}^{3} H_k(z), \quad (6.132)$$

sendo os coeficientes dados na Tabela 6.6. Note que todos os zeros de $H(z)$ estão na circunferência unitária; entretanto, em geral, isso não precisa acontecer.

Na Figura 6.64(a) é mostrado um diagrama de fluxo de uma implementação possível desse sistema como uma cascata de subsistemas de segunda ordem na forma direta II transposta. A constante de ganho, 0,079459, é tal que o ganho global do sistema é aproximadamente unitário na banda de passagem, e presume-se que isso garante que não ocorre transbordamento na saída do

Tabela 6.6 Coeficientes para filtro passa-baixas elíptico na forma em cascata.

K	a_{1k}	a_{2k}	b_{1k}
1	0,478882	−0,172150	1,719454
2	0,137787	−0,610077	0,781109
3	−0,054779	−0,902374	0,411452

sistema. A Figura 6.64(a) mostra a constante de ganho posicionada na entrada do sistema. Essa abordagem reduz a amplitude do sinal imediatamente, como consequência as seções subsequentes do filtro devem ter alto ganho para resultar um ganho global unitário. Como as fontes de ruído de digitalização são introduzidas após o ganho de 0,079459, mas da mesma forma são amplificadas pelo restante do sistema, essa não é uma boa abordagem. O ideal é que a constante de ganho global, sendo menor do que a unidade, seja colocada bem no final da cascata, de modo que o sinal e o ruído sejam atenuados pelo mesmo fator. Porém, isso cria a possibilidade de transbordamento ao longo da cascata. Portanto, uma melhor abordagem é distribuir o ganho entre os três estágios do sistema, de modo que o transbordamento seja evitado em cada estágio da cascata. Essa distribuição é representada por

$$H(z) = s_1 H_1(z) s_2 H_2(z) s_3 H_3(z), \quad (6.133)$$

sendo $s_1 s_2 s_3 = 0{,}079459$. Os fatores multiplicadores de escala podem ser incorporados nos coeficientes dos numeradores das funções de sistema individuais $H'_k(z) = s_k H_k(z)$, como em

$$H(z) = \prod_{k=1}^{3} \left(\frac{b'_{0k} + b'_{1k} z^{-1} + b'_{2k} z^{-2}}{1 - a_{1k} z^{-1} - a_{2k} z^{-2}} \right) = \prod_{k=1}^{3} H'_k(z), \quad (6.134)$$

sendo $b'_{0k} = b'_{2k} = s_k$ e $b'_{1k} = s_k b_{1k}$. O sistema com ajuste de escala resultante é representado na Figura 6.64(b).

A Figura 6.64(b) também mostra as fontes de ruído de digitalização que representam a digitalização dos produtos antes das adições. A Figura 6.64(c) mostra um modelo de ruído equivalente, para o qual reconhece-se que todas as fontes de ruído em uma seção em particular são filtradas apenas pelos polos dessa seção (e pelos

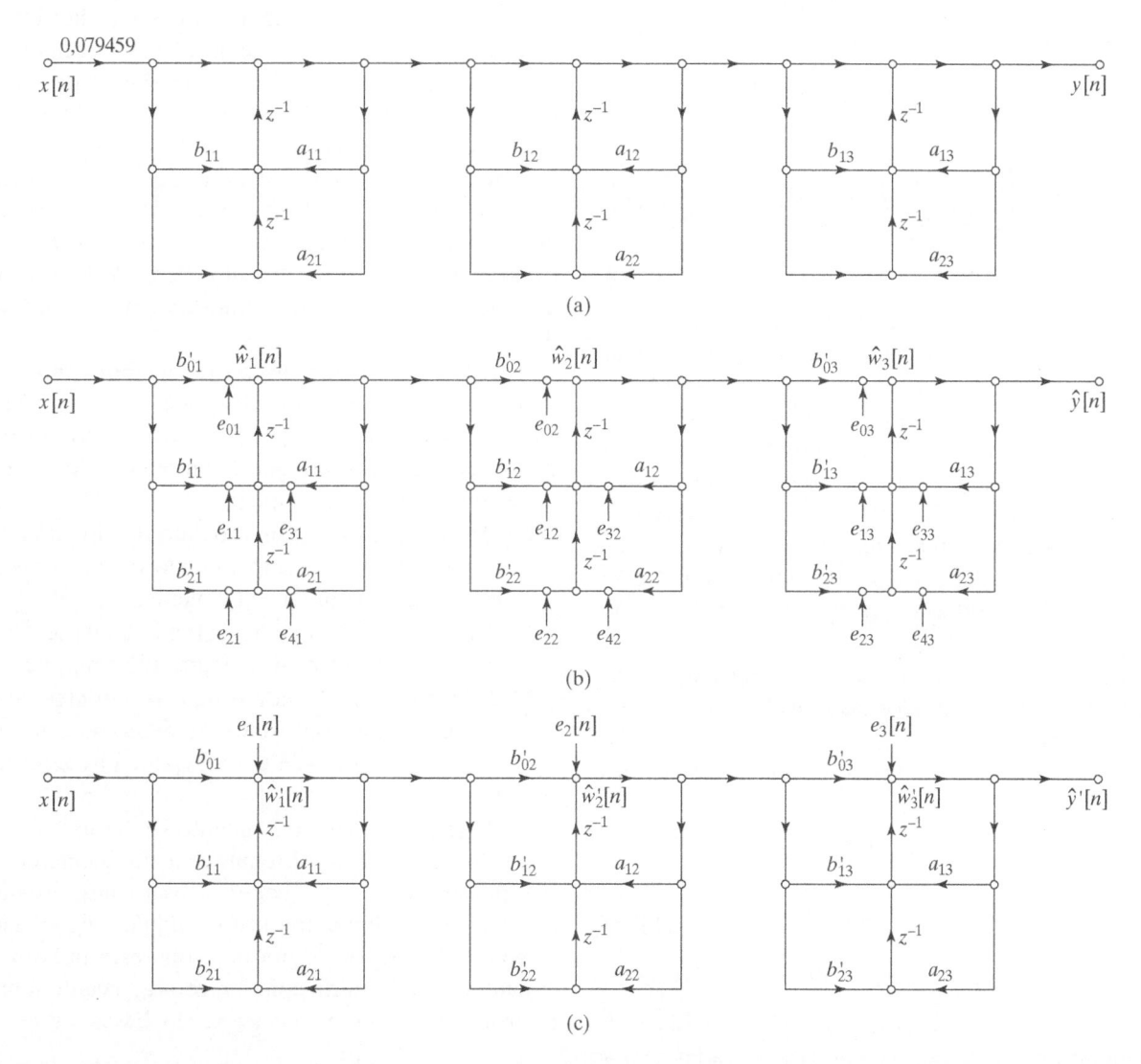

Figura 6.64 Modelos para o sistema de sexta ordem em cascata com subsistemas na forma direta II transposta. (a) Modelo em precisão infinita. (b) Modelo de ruído linear para sistema com ajuste de escala, mostrando digitalização de multiplicações individuais. (c) Modelo de ruído linear com fontes de ruído combinadas.

subsistemas subsequentes). Na Figura 6.64(c) também é usado o fato de que fontes de ruído branco atrasadas ainda são ruído branco e são independentes de todas as outras fontes de ruído, de modo que as cinco fontes em uma subseção podem ser combinadas em uma única fonte de ruído com variância igual a cinco vezes a variância de uma única fonte de ruído de digitalização.[11] Como as fontes de ruído são consideradas independentes, a variância do ruído de saída é a soma das variâncias devido às três fontes de ruído na Figura 6.64(c). Portanto, para o arredondamento, o espectro de potência do ruído de saída é

$$P_{f'f'}(\omega) = 5\frac{2^{-2B}}{12}\left[\frac{s_2^2|H_2(e^{j\omega})|^2 s_3^2|H_3(e^{j\omega})|^2}{|A_1(e^{j\omega})|^2} + \right.$$
$$\left. + \frac{s_3^2|H_3(e^{j\omega})|^2}{|A_2(e^{j\omega})|^2} + \frac{1}{|A_3(e^{j\omega})|^2}\right], \quad (6.135)$$

e a variância total do ruído de saída é

$$\sigma_{f'}^2 = 5\frac{2^{-2B}}{12}\left[\frac{1}{2\pi}\int_{-\pi}^{\pi}\frac{s_2^2|H_2(e^{j\omega})|^2 s_3^2|H_3(e^{j\omega})|^2}{|A_1(e^{j\omega})|^2}d\omega \right.$$
$$\left. + \frac{1}{2\pi}\int_{-\pi}^{\pi}\frac{s_3^2|H_3(e^{j\omega})|^2}{|A_2(e^{j\omega})|^2}d\omega + \frac{1}{2\pi}\int_{-\pi}^{\pi}\frac{1}{|A_3(e^{j\omega})|^2}d\omega\right].$$
$$(6.136)$$

Se um acumulador de comprimento duplo estiver disponível, será necessário digitalizar apenas as somas que são as entradas dos elementos de atraso na Figura 6.64(b). Nesse caso, o fator 5 nas equações 6.135 e 6.136 seria mudado para 3. Além disso, se um registrador de comprimento duplo fosse usado para implementar os elementos de atraso, somente as variáveis $\hat{v}_k[n]$ teriam de ser digitalizadas, e haveria apenas uma fonte de ruído de digitalização por subsistema. Nesse caso, o fator 5 nas equações 6.135 e 6.136 seria alterado para a unidade.

Os fatores de escala s_k são escolhidos para evitar transbordamento nos pontos ao longo do sistema em cascata. Usaremos a convenção de escala da Equação 6.124. Portanto, as constantes de escala são escolhidas para satisfazer

$$s_1 \max_{|\omega|\leq\pi} |H_1(e^{j\omega})| < 1, \quad (6.137a)$$

$$s_1 s_2 \max_{|\omega|\leq\pi} |H_1(e^{j\omega})H_2(e^{j\omega})| < 1, \quad (6.137b)$$

$$s_1 s_2 s_3 = 0{,}079459. \quad (6.137c)$$

A última condição garante que não haverá transbordamento na saída do sistema para entradas senoidais de amplitude unitária, pois o ganho total máximo dos filtros é unitário. Para os coeficientes da Tabela 6.6, os fatores de escala resultantes são $s_1 = 0{,}186447$, $s_2 = 0{,}529236$ e $s_3 = 0{,}805267$.

As equações 6.135 e 6.136 mostram que a forma do espectro de potência do ruído de saída e a variância do ruído de saída total dependem do modo como os zeros e os polos são emparelhados para formar as seções de segunda ordem e da ordem das seções de segunda ordem na realização na forma em cascata. De fato, podemos notar facilmente que, para N seções, existem $(N!)$ maneiras de emparelhar polos e zeros, e existem igualmente $(N!)$ maneiras de ordenar as seções de segunda ordem resultantes, portanto, um total de $(N!)^2$ sistemas diferentes. Além disso, podemos escolher ou a forma direta I ou a forma direta II (ou suas transposições) para a implementação das seções de segunda ordem. Em nosso exemplo, isso implica a existência de 144 sistemas em cascata diferentes a considerar se quisermos encontrar um sistema com a menor variância de ruído de saída. Para cinco seções em cascata, existem 57600 sistemas diferentes. Evidentemente, a análise completa de sistemas de baixa ordem par é uma tarefa tediosa, pois uma expressão como a Equação 6.136 deve ser calculada para cada emparelhamento e ordenação. Hwang (1974) usou programação dinâmica, e Liu e Peled (1975) usaram uma abordagem heurística para reduzir a quantidade de cálculos.

Embora a determinação do melhor emparelhamento e da melhor ordenação possa exigir otimização computacional, Jackson (1970a, 1970b, 1996) observou que bons resultados são quase sempre obtidos aplicando as seguintes regras simples:

1. O polo que está mais próximo da circunferência unitária deve ser emparelhado com o zero que está mais próximo dele no plano z.
2. A regra 1 deve ser aplicada repetidamente até que todos os polos e zeros tenham sido emparelhados.
3. As seções de segunda ordem resultantes devem ser ordenadas conforme o aumento ou a diminuição da proximidade em relação à circunferência unitária.

As regras de emparelhamento são baseadas na observação de que os subsistemas com alto ganho de pico são indesejáveis porque podem causar transbordamento e porque podem amplificar o ruído de digitalização. O emparelhamento de um polo que está próximo da circunferência unitária com um zero adjacente tende a reduzir o ganho de pico dessa seção. Essas regras heu-

---

[11] Essa discussão pode ser generalizada para mostrar que os sistemas na forma direta II transposta e na forma direta I têm o mesmo comportamento de ruído.

rísticas são implementadas em ferramentas de projeto e análise como a função zp2sos do MATLAB.

Uma motivação para a regra 3 é sugerida pela Equação 6.135. Notamos que as respostas em frequência de alguns dos subsistemas aparecem mais de uma vez na equação do espectro de potência do ruído de saída. Se não quisermos que o espectro da variância do ruído de saída tenha um pico elevado em torno de um polo que está próximo da circunferência unitária, então é vantajoso que o componente da resposta em frequência que é devido a esse polo não apareça repetidamente na Equação 6.135. Isso sugere mover esses polos com "alto Q" para o início da cascata. Por outro lado, a resposta em frequência da entrada para um nó em particular no diagrama de fluxo envolverá um produto das respostas em frequência dos subsistemas que antecedem o nó. Assim, para evitar redução excessiva do nível de sinal nos estágios iniciais da cascata, devemos colocar os polos que estão próximos da circunferência unitária nos estágios finais. Nitidamente, então, a questão da ordenação depende de uma série de considerações, incluindo a variância do ruído de saída total e a forma do espectro do ruído de saída. Jackson (1970a, 1970b) usou normas L_p para quantificar a análise do problema de emparelhamento e ordenação e propôs um conjunto muito mais detalhado de "regras práticas" para a obtenção de bons resultados sem a necessidade de avaliar todas as possibilidades.

O diagrama de polos e zeros para o sistema do exemplo é mostrado na Figura 6.65. Os polos e zeros emparelhados estão indicados. Nesse caso, escolhemos ordenar as seções dos menores para os maiores picos da resposta em frequência. Na Figura 6.66 ilustra-se como as respostas em frequência das seções individuais contribuem para formar a resposta em frequência global. Nas figuras 6.66(a)–(c) são mostradas as respostas em frequência dos subsistemas sem ajuste individual de escala. As figuras 6.66(d)–(f) revelam a resposta em frequência global construída. Observe que as figuras 6.66(d)–(f) demonstram que o ajuste de escala das equações 6.137(a)–(c) garante que o ganho máximo da entrada para a saída de cada subsistema é menor do que um. Na curva sólida da Figura 6.67 é mostrado o espectro de potência do ruído de saída para a ordenação 123 (menor pico para maior pico). Consideramos para o gráfico que $B + 1 = 16$. Observe que o espectro tem seu pico nas vizinhanças do polo que está mais próximo da circunferência unitária. A curva tracejada indica o espectro de potência do ruído de saída quando a ordem das seções é invertida (isto é, 321). Como a Seção 1 tem alto ganho em baixas frequências, o espectro de ruído é consideravelmente maior em frequências baixas e ligeiramente menor em torno do pico. O polo com alto Q ainda filtra as fontes de ruído da primeira seção da cascata, de modo que ainda

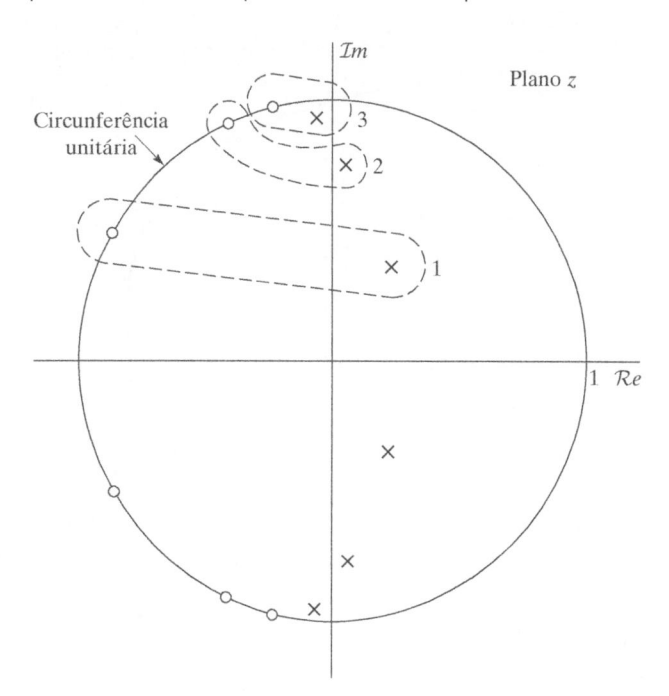

Figura 6.65 Diagrama de polos e zeros do sistema de sexta ordem da Figura 6.64 com a indicação do emparelhamento dos polos e zeros.

tende a dominar o espectro. Neste caso, as duas ordenações resultam praticamente na mesma potência de ruído total.

O exemplo que acabamos de apresentar mostra a complexidade das questões que surgem nas implementações em ponto fixo dos sistemas IIR em cascata. A forma paralela é um tanto mais simples, porque a questão do emparelhamento e da ordenação não aparece. Porém, o ajuste de escala ainda é necessário para evitar o transbordamento nos subsistemas de segunda ordem individuais e quando as saídas dos subsistemas são somadas para fornecer a saída global. As técnicas que desenvolvemos, portanto, também devem ser aplicadas à forma paralela. Jackson (1996) discute a análise da forma paralela em detalhes e conclui que a potência de ruído de saída total tipicamente é comparável àquela dos melhores emparelhamentos e ordenações de forma em cascata. Mesmo assim, a forma em cascata é mais comum porque, para filtros IIR amplamente utilizados, tais como aqueles com os zeros da função de sistema na circunferência unitária, pode ser implementada com menos multiplicadores e com mais controle sobre as posições dos zeros.

6.9.4 Análise de sistemas FIR na forma direta

Como os sistemas IIR na forma direta I e na forma direta II incluem o sistema FIR na forma direta como um caso especial (isto é, o caso em que todos os coeficientes a_k nas figuras 6.14 e 6.15 são nulos), os resultados e as técnicas de análise nas seções 6.9.1 e 6.9.2 se

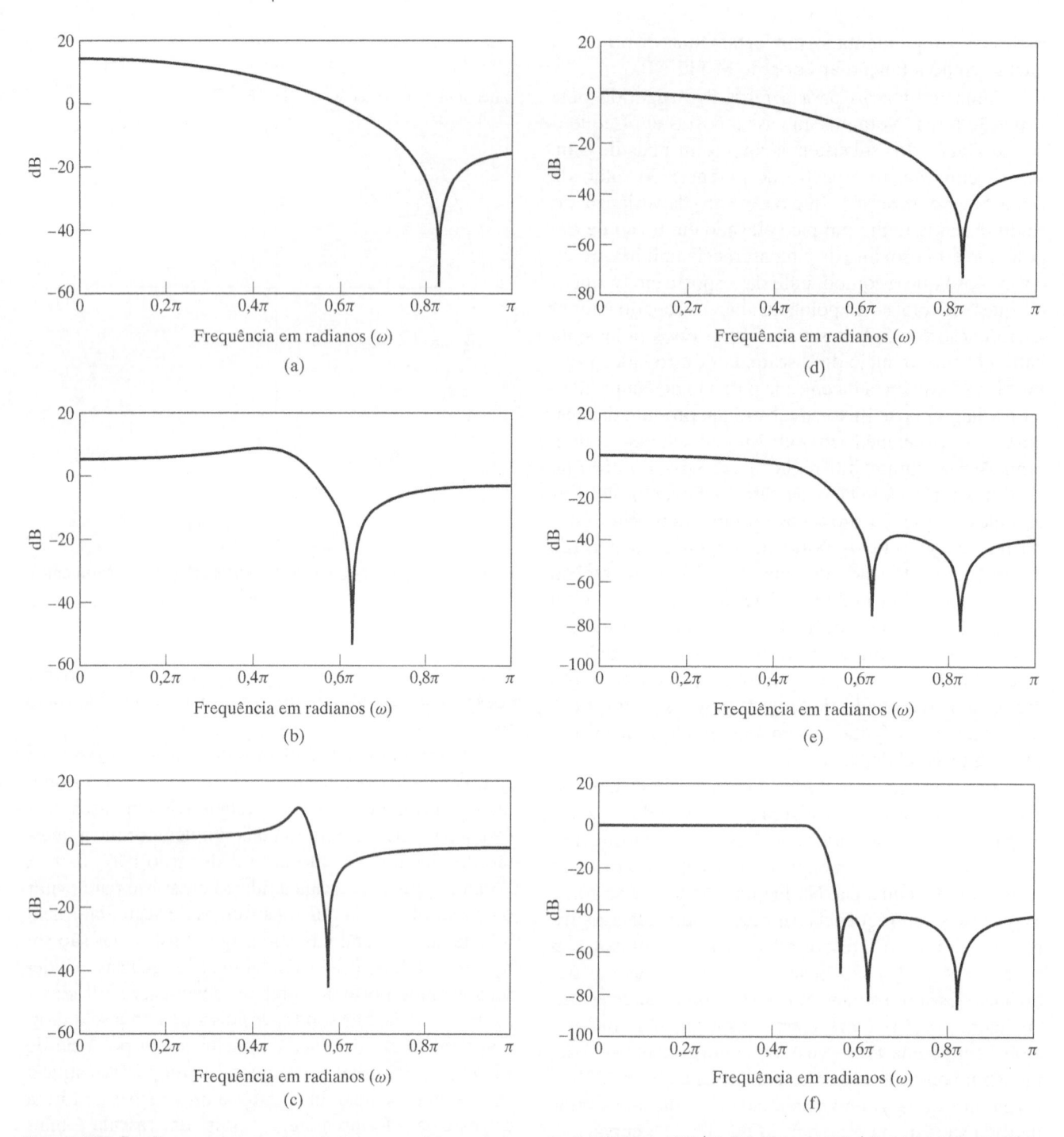

Figura 6.66 Funções resposta em frequência para o sistema do exemplo. (a) $20 \log_{10} |H_1(e^{j\omega})|$. (b) $20 \log_{10} |H_2(e^{j\omega})|$. (c) $20 \log_{10} |H_3(e^{j\omega})|$. (d) $20 \log_{10} |H'_1(e^{j\omega})|$. (e) $20 \log_{10} |H'_1(e^{j\omega}) H'_2(e^{j\omega})|$. (f) $20 \log_{10} |H'_1(e^{j\omega}) H'_2(e^{j\omega}) H'_3(e^{j\omega})| = 20 \log_{10} |H'(e^{j\omega})|$.

aplicam aos sistemas FIR se eliminarmos todas as referências aos polos da função de sistema e eliminarmos os percursos de realimentação em todos os diagramas de fluxo de sinal.

O sistema FIR na forma direta é simplesmente a convolução discreta

$$y[n] = \sum_{k=0}^{M} h[k]x[n-k]. \qquad (6.138)$$

Na Figura 6.68(a) é mostrado o sistema FIR na forma direta não digitalizado ideal, e na Figura 6.68(b) é mostrado o modelo de ruído linear para o sistema, supondo que todos os produtos sejam digitalizados antes de as adições serem realizadas. O efeito é aplicar $(M + 1)$ fontes de ruído branco diretamente na saída do sistema, de modo que a variância total do ruído de saída seja

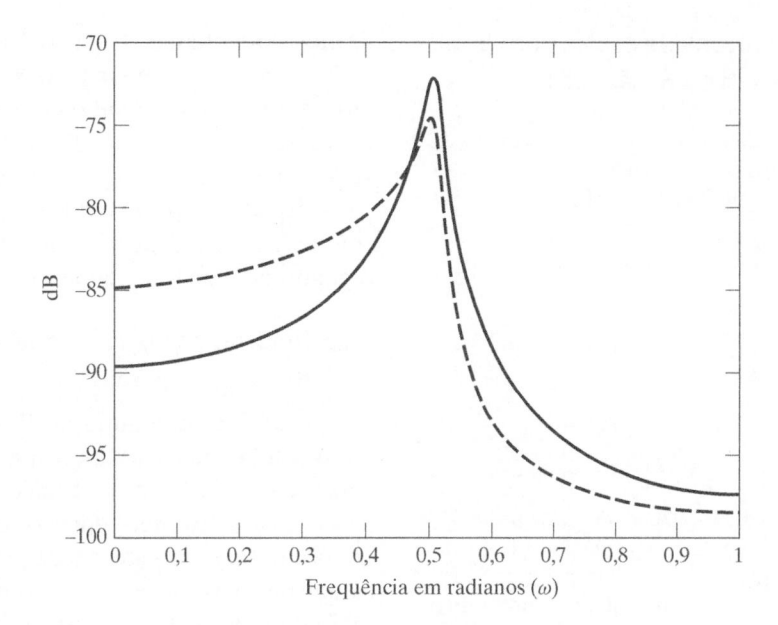

Figura 6.67 Espectro de potência do ruído de saída para a ordenação 123 (linha sólida) e a ordenação 321 (linha tracejada) das seções de segunda ordem.

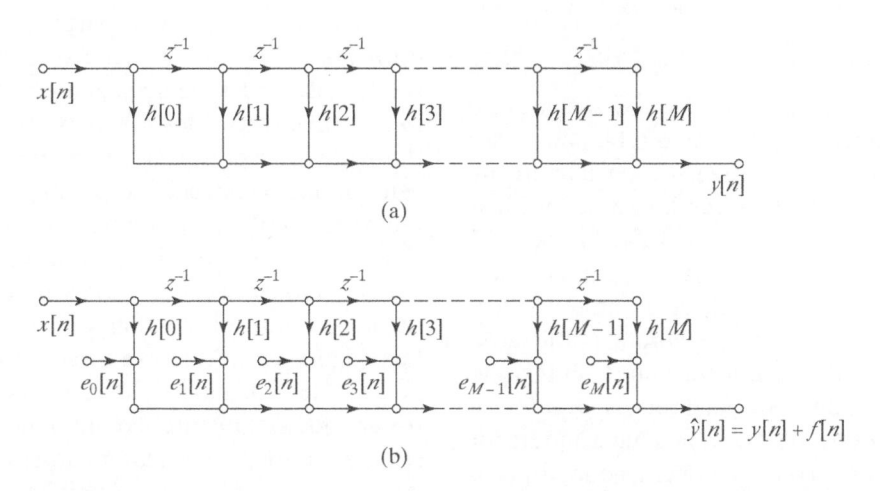

Figura 6.68 Realização na forma direta de um sistema FIR. (a) Modelo de precisão infinita. (b) Modelo de ruído linear.

$$\sigma_f^2 = (M+1)\frac{2^{-2B}}{12}. \qquad (6.139)$$

Esse é exatamente o resultado que obteríamos fazendo $N = 0$ e $h_{ef}[n] = \delta[n]$ nas equações 6.106 e 6.115. Quando um acumulador de comprimento duplo está disponível, precisamos digitalizar somente a saída. Portanto, o fator $(M + 1)$ na Equação 6.139 seria substituído pela unidade. Isso torna o acumulador de comprimento duplo um recurso de *hardware* muito atrativo na implementação de sistemas FIR.

O transbordamento também é um problema para as realizações em ponto fixo dos sistemas FIR na forma direta. Para a aritmética em complemento de dois, precisamos nos preocupar apenas com a amplitude da saída, pois todas as outras somas na Figura 6.68(b) são parciais. Assim, os coeficientes da resposta ao impulso podem sofrer ajuste de escala para reduzir a possibilidade de transbordamento. Multiplicadores de escala podem ser determinados usando qualquer uma das alternativas discutidas na Seção 6.9.2. Evidentemente, ajustar a escala da resposta ao impulso reduz o ganho do sistema e, portanto, a SNR na saída é reduzida como discutimos nesta seção.

Exemplo 6.14 Considerações de escala para o sistema FIR da Seção 6.8.5

Os coeficientes de resposta ao impulso para o sistema da Seção 6.8.5 são fornecidos na Tabela 6.5. Cálculos simples mostram, e vemos a partir da Figura 6.54(b), que

$$\sum_{n=0}^{27} |h[n]| = 1{,}751352,$$

$$\left(\sum_{n=0}^{27} |h[n]|^2\right)^{1/2} = 0{,}679442,$$

$$\max_{|\omega| \leq \pi} |H(e^{j\omega})| \approx 1{,}009.$$

Esses números satisfazem a relação de ordenação da Equação 6.127. Assim, o sistema, conforme dado, é ajustado em escala de modo que o transbordamento seja teoricamente possível para um sinal senoidal cuja amplitude é maior que $1/1{,}009 = 0{,}9911$, mas, mesmo assim, o transbordamento é improvável para a maioria dos sinais. De fato, como o filtro tem uma fase linear, podemos argumentar que, para sinais de banda larga, como o ganho na banda de passagem é aproximadamente unitário e o ganho nas outras frequências é menor que um, o sinal de saída deverá ser menor que o sinal de entrada.

Na Seção 6.5.3, mostramos que os sistemas de fase linear, como aquele do Exemplo 6.14, podem ser implementados com cerca de metade do número de multiplicações do sistema FIR geral. Isso fica evidente pelos diagramas de fluxo de sinal das figuras 6.32 e 6.33. Nesses casos, deve ficar claro que a variância no ruído de saída seria a metade se os produtos fossem digitalizados antes da adição. Porém, a utilização dessas estruturas envolve um algoritmo de indexação mais complicado do que na forma direta. A arquitetura da maioria dos *chips* de DSP combina um acumulador de comprimento duplo com uma operação multiplica-acumula paralelizada e eficiente e controle de laço simples a fim de otimizar para o caso do sistema FIR de forma direta. Por esse motivo, as implementações FIR de forma direta muitas vezes são mais atrativas, até mesmo em comparação com os filtros IIR que atendem às especificações de resposta em frequência com menos multiplicações, pois as estruturas em cascata ou paralela não permitem longas sequências de operações multiplica-acumula.

Na Seção 6.5.3, discutimos as realizações em cascata dos sistemas FIR. Os resultados e as técnicas de análise da Seção 6.9.3 se aplicam a essas realizações; mas, para sistemas FIR sem polos, o problema de emparelhamento e ordenação se reduz a apenas um problema de ordenação. Como no caso dos sistemas IIR em cascata, a análise de todas as ordenações possíveis pode ser muito difícil se o sistema for composto de muitos subsistemas. Chan e Rabiner (1973a, 1973b) estudaram esse problema e observaram experimentalmente que o desempenho com relação ao ruído é relativamente indiferente à ordenação. Seus resultados sugerem que uma boa ordenação é uma ordenação para a qual a resposta em frequência de cada fonte de ruído até a saída seja relativamente plana e para a qual o ganho de pico seja pequeno.

6.9.5 Realizações em ponto flutuante de sistemas de tempo discreto

Pela discussão anterior, fica claro que a faixa dinâmica limitada da aritmética de ponto fixo torna necessário um ajuste de escala cuidadoso na entrada e nos níveis dos sinais intermediários das realizações digitais em ponto fixo dos sistemas de tempo discreto. A necessidade dessa escala pode ser basicamente eliminada por meio de representações numéricas em ponto flutuante e aritmética de ponto flutuante.

Nas representações em ponto flutuante, um número real x é representado pelo número binário $2^c \hat{x}_M$, em que o expoente c do fator de escala é chamado de *característica* e $\hat{x}_M$ é uma parte fracionária chamada de *mantissa*. Tanto a característica quanto a mantissa são representadas explicitamente como números binários de ponto fixo nos sistemas aritméticos em ponto flutuante. As representações em ponto flutuante fornecem um meio conveniente de manter tanto uma faixa dinâmica ampla quanto um baixo ruído de digitalização; porém, o erro de digitalização se manifesta de uma maneira um tanto diferente. A aritmética em ponto flutuante geralmente mantém sua alta precisão e ampla faixa dinâmica ajustando a característica e normalizando a mantissa de modo que $0{,}5 \leq \hat{x}_M < 1$. Quando números em ponto flutuante são multiplicados, suas características são somadas e suas mantissas são multiplicadas. Assim, a mantissa precisa ser digitalizada. Quando dois números em ponto flutuante são somados, suas características precisam ser ajustadas para que sejam iguais pelo deslocamento do ponto binário da mantissa do menor número. Logo, a adição também resulta em digitalização. Se considerarmos que o intervalo da característica é suficiente para que nenhum número se torne maior do que 2^c, então a digitalização afeta apenas a mantissa, mas o erro na mantissa também é ajustado em escala por 2^c. Assim, um número em ponto flutuante digitalizado é convenientemente representado como

$$\hat{x} = x(1 + \varepsilon) = x + \varepsilon x. \qquad (6.140)$$

Pela representação do erro de digitalização como uma fração ε de x, automaticamente mostramos o fato de que o erro de digitalização é ajustado em escala para cima e para baixo com o nível do sinal.

As propriedades da aritmética de ponto flutuante que acabamos de mencionar complicam a análise de erro de digitalização das implementações em ponto flutuante dos sistemas de tempo discreto. Primeiro, as fontes de ruído devem ser inseridas após cada multiplicação e após cada adição. Uma consequência importante é que, ao contrário da aritmética de ponto fixo, a *ordem* em que as multiplicações e adições são realizadas às vezes pode fazer uma grande diferença. Ainda importante para a análise é que não podemos mais justificar a hipótese de que as fontes de ruído de digitalização são ruído branco e independentes do sinal. De fato, na Equação 6.140, o ruído é expresso explicitamente em termos do sinal. Portanto, não podemos mais analisar o ruído sem fazer suposições sobre a natureza do sinal de entrada. Se a entrada for considerada conhecida (por exemplo, ruído branco), uma hipótese razoável é que o erro relativo ε é independente de x e é ruído branco distribuído uniformemente.

Com esses tipos de suposições, resultados úteis foram obtidos por Sandberg (1967), Liu e Kaneko (1969), Weinstein e Oppenheim (1969) e Kan e Aggarwal (1971). Em particular, Weinstein e Oppenheim, ao compararem realizações em ponto flutuante e em ponto fixo dos sistemas IIR de primeira e segunda ordem, mostraram que, se o número de bits que representa a mantissa em ponto flutuante for igual ao comprimento da palavra em ponto fixo, então a aritmética de ponto flutuante leva a uma SNR mais alta na saída. Não surpreende que a diferença tenha sido maior para os polos próximos à circunferência unitária. Porém, bits adicionais são necessários para representar a característica e, quanto maior a faixa dinâmica desejada, mais bits serão necessários para a característica. Além disso, o *hardware* para implementar a aritmética de ponto flutuante é muito mais complexo que o *hardware* para implementar aritmética de ponto fixo. Portanto, o uso da aritmética de ponto flutuante implica um aumento do comprimento da palavra e mais complexidade na unidade aritmética. A principal vantagem da aritmética de ponto flutuante é que essencialmente elimina o problema de transbordamento e, se uma mantissa suficientemente longa for usada, a digitalização também se tornará um problema muito menor. Isso se traduz em mais simplicidade no projeto e na implementação do sistema.

Atualmente, a filtragem digital de sinais multimídia frequentemente é implementada em computadores pessoais ou em estações de trabalho que têm representações numéricas em ponto flutuante muito precisas e unidades aritméticas de alta velocidade. Nesses casos, os problemas de digitalização discutidos nas seções 6.7--6.9 geralmente causam pouca ou nenhuma preocupação. Porém, em sistemas produzidos em grandes quantidades, a aritmética de ponto fixo em geral é requerida para que se alcance um baixo custo.

6.10 Ciclos limite de entrada nula em realizações de filtros digitais IIR em ponto fixo

Para sistemas IIR de tempo discreto estáveis, implementados com aritmética de precisão infinita, se a excitação se tornar zero e permanecer zero para n maior que um valor n_0, a saída para $n > n_0$ decairá assintoticamente para zero. Para o mesmo sistema, implementado com aritmética de comprimento de registrador finito, a saída pode continuar a oscilar indefinidamente com um padrão periódico enquanto a entrada permanece igual a zero. Esse efeito usualmente é chamado de *comportamento do ciclo limite de entrada nula*, e é uma consequência dos digitalizadores não lineares no laço de realimentação do sistema ou do transbordamento nas adições. O comportamento do ciclo limite de um filtro digital é complexo e difícil de analisar, e não tentaremos tratar do assunto de modo geral. No entanto, para ilustrar o ponto, daremos dois exemplos simples que mostrarão como esses ciclos limite podem surgir.

6.10.1 Ciclos limite devido ao arredondamento e truncamento

O arredondamento ou truncamento sucessivo de produtos em uma equação de diferenças iterada pode criar padrões repetitivos. Isso é ilustrado no exemplo a seguir.

Exemplo 6.15 Comportamento de ciclo limite em um sistema de primeira ordem

Considere o sistema de primeira ordem caracterizado pela equação de diferenças

$$y[n] = ay[n-1] + x[n], \qquad |a| < 1. \qquad (6.141)$$

O diagrama de fluxo de sinais desse sistema é mostrado na Figura 6.69(a). Suponhamos que o comprimento do registrador para armazenar o coeficiente a, a entrada $x[n]$ e a variável de nó do filtro $y[n-1]$ seja de 4 bits (isto é, um bit de sinal à esquerda do ponto binário e 3 bits à direita do ponto binário). Devido aos registradores de comprimento finito, o produto $ay[n-1]$ deve ser arredondado ou truncado para 4 bits antes de ser somado a $x[n]$. O diagrama de fluxo que representa a realização real baseada na Equação 6.141 é mostrado na Figura 6.69(b). Supondo que haja arredondamento do produto, a saída $\hat{y}[n]$ satisfaz a equação de diferenças não linear

$$\hat{y}[n] = Q[a\hat{y}[n-1]] + x[n], \qquad (6.142)$$

em que $Q[\cdot]$ representa a operação de arredondamento. Suponhamos que $a = 1/2 = 0\diamond100$ e que a entrada seja $x[n] = (7/8)\delta[n] = (0\diamond111)\delta[n]$. Usando a Equação 6.142,

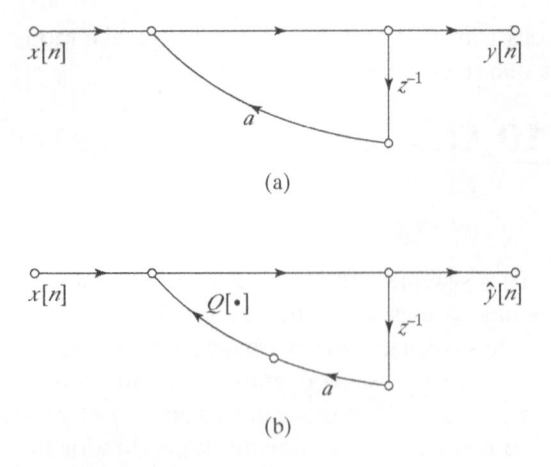

Figura 6.69 Sistema IIR de primeira ordem. (a) Sistema linear com precisão infinita. (b) Sistema não linear devido à digitalização.

notamos que, para $n = 0$, $\hat{y}[0] = 7/8 = 0_{\diamond}111$. Para obter $\hat{y}[1]$, multiplicamos $\hat{y}[0]$ por a, obtendo o resultado $a\hat{y}[0] = 0_{\diamond}011100$, um número de 7 bits que deve ser arredondado para 4 bits. Esse número, 7/16, fica exatamente no meio dos níveis de digitalização com 4 bits 4/8 e 3/8. Se escolhermos sempre arredondar para cima, nesse caso, então $0_{\diamond}011100$ arredondado para 4 bits é $0_{\diamond}100 = 1/2$. Como $x[1] = 0$, conclui-se que $\hat{y}[1] = 0_{\diamond}100 = 1/2$. Continuando as iterações da equação de diferenças $\hat{y}[2] = Q[a\hat{y}[1]] = 0_{\diamond}010 = 1/4$ e $\hat{y}[3] = 0_{\diamond}001 = 1/8$. Em ambos os casos, nenhum arredondamento é necessário. Porém, para obter $\hat{y}[4]$, temos de arredondar o número com 7 bits $a\hat{y}[3] = 0_{\diamond}000100$ para $0_{\diamond}001$. O mesmo resultado é obtido para todos os valores de $n \geq 3$. A sequência de saída para este exemplo é mostrada na Figura 6.70(a). Se $a = -1/2$, podemos repetir o procedimento anterior de cálculo para demonstrar que a saída é como mostrado na Figura 6.70(b). Assim, devido ao arredondamento do produto $a\hat{y}[n-1]$, a saída atinge um valor constante de 1/8, quando $a = 1/2$, e uma oscilação em regime permanente periódica entre $+1/8$ e $-1/8$ quando $a = -1/2$. Essas são saídas periódicas similares àquelas que seriam obtidas com um polo de primeira ordem em $z = \pm 1$ em vez de em $z = \pm 1/2$. Quando $a = +1/2$, o período da oscilação é 1, e quando $a = -1/2$, o período da oscilação é 2. Essas saídas periódicas em regime permanente são chamadas de *ciclos limite*, e sua existência foi observada inicialmente por Blackman (1965), que se referiu aos intervalos de amplitude aos quais esses ciclos limite são confinados como *zonas mortas*. Nesse caso, a zona morta é $-2^{-B} \leq \hat{y}[n] \leq +2^{-B}$, sendo $B = 3$.

O exemplo anterior ilustrou que um ciclo limite de entrada nula pode resultar do arredondamento em um sistema IIR de primeira ordem. Resultados similares podem ser demonstrados para o truncamento. Sistemas de segunda ordem também podem exibir comportamento de ciclo limite. No caso de realizações paralelas de sistemas de ordem mais alta, as saídas dos sistemas de segunda ordem individuais são independentes quando a entrada é nula. Nesse caso, uma ou mais seções de se-

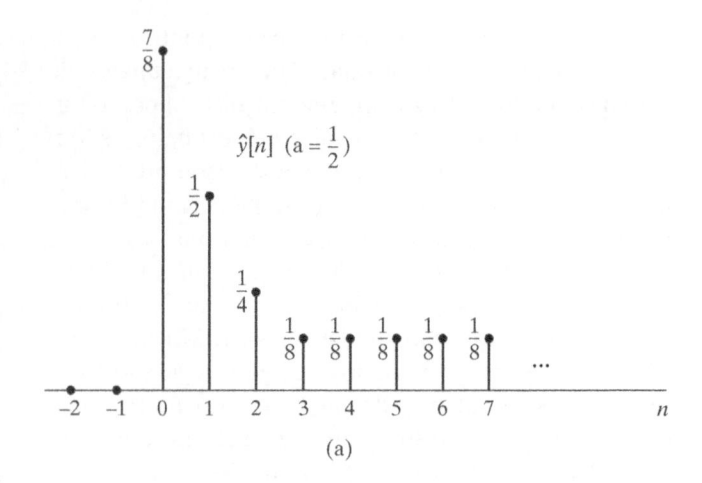

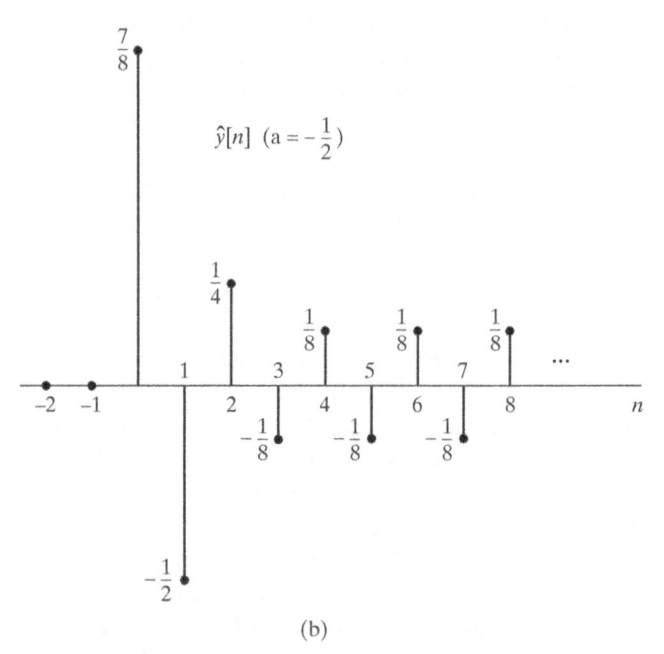

Figura 6.70 Resposta do sistema de primeira ordem da Figura 6.69 a um impulso. (a) $a = \frac{1}{2}$. (b) $a = -\frac{1}{2}$.

gunda ordem podem contribuir com um ciclo limite para a soma na saída. No caso de realizações em cascata, apenas a primeira seção tem entrada nula; as seções seguintes podem exibir seu próprio comportamento de ciclo limite característico, ou então podem aparentar que simplesmente filtram a saída do ciclo limite de uma seção anterior. Para os sistemas de ordem mais alta, realizados por outras estruturas de filtro, o comportamento do ciclo limite se torna mais complexo, assim como sua análise.

Além de fornecer uma noção sobre os efeitos do ciclo limite nos filtros digitais, os resultados anteriores são úteis quando a resposta de ciclo limite de entrada nula de um sistema é a saída desejada. Esse é o caso, por exemplo, quando se desejam osciladores de onda senoidal digital para a geração de sinais ou para a geração de coeficientes para o cálculo da transformada de Fourier discreta.

6.10.2 Ciclos limite devido ao transbordamento

Além das classes de ciclos limite discutidas na seção anterior, um tipo mais severo de ciclo limite pode ocorrer devido ao transbordamento. O efeito do transbordamento é a inclusão de um erro significativo na saída e, em alguns casos, a saída do filtro, depois disso, oscila entre limites de grande amplitude. Esses ciclos limite são chamados de *oscilação por transbordamento*. O problema das oscilações causadas por transbordamento é discutido em detalhes por Ebert et al. (1969). As oscilações por transbordamento são ilustradas com o exemplo a seguir.

Exemplo 6.16 Oscilações por transbordamento em um sistema de segunda ordem

Considere um sistema de segunda ordem realizado com a equação de diferenças

$$\hat{y}[n] = x[n] + Q[a_1\hat{y}[n-1]] + Q[a_2\hat{y}[n-2]], \quad (6.143)$$

em que $Q[\cdot]$ representa o arredondamento em complemento de dois com um comprimento de palavra com 3 bits mais 1 bit para o sinal. O transbordamento pode ocorrer com a adição em complemento de dois dos produtos arredondados. Suponha que $a_1 = 3/4 = 0{\diamond}110$ e $a_2 = -3/4 = 1{\diamond}010$ e que $x[n]$ permaneça igual a zero para $n \geq 0$. Além disso, suponha que $\hat{y}[-1] = 3/4 = 0{\diamond}110$ e $\hat{y}[-2] = -3/4 = 1{\diamond}010$. Agora, a saída na amostra $n = 0$ é

$$\hat{y}[0] = 0{\diamond}110 \times 0{\diamond}110 + 1{\diamond}010 \times 1{\diamond}010.$$

Se calcularmos os produtos usando a aritmética em complemento de dois, obtemos

$$\hat{y}[0] = 0{\diamond}100100 + 0{\diamond}100100,$$

e se escolhermos arredondar para cima quando um número estiver na metade entre dois níveis de digitalização, o resultado da adição em complemento de dois é

$$\hat{y}[0] = 0{\diamond}101 + 0{\diamond}101 = 1{\diamond}010 = -\tfrac{3}{4}.$$

Nesse caso, o "vai-um" binário transborda para o bit de sinal, mudando assim a soma positiva para um número negativo. Repetindo o processo, obtemos

$$\hat{y}[1] = 1{\diamond}011 + 1{\diamond}011 = 0{\diamond}110 = \tfrac{3}{4}.$$

O "vai-um" binário resultante da soma dos bits de sinal é perdido, e a soma negativa é mapeada em um número positivo. Claramente, $\hat{y}[n]$ continuará a oscilar entre $+3/4$ e $-3/4$ até que uma entrada seja aplicada. Assim, $\hat{y}[n]$ entrou em um ciclo limite periódico com um período igual a 2 e uma amplitude semelhante à amplitude de fundo de escala da implementação.

O exemplo anterior ilustra como ocorrem as oscilações de transbordamento. Um comportamento muito mais complexo pode ser exibido por sistemas de ordem mais alta, e outras frequências podem ocorrer. Alguns resultados estão disponíveis para prever quando as oscilações por transbordamento podem ser admitidas por uma equação de diferenças (veja Ebert et al., 1969). As oscilações por transbordamento podem ser evitadas usando a característica de transbordamento por saturação da Figura 6.45(b) (veja Ebert et al., 1969).

6.10.3 Evitando ciclos limite

A possível existência de um ciclo limite de entrada nula é importante em aplicações nas quais um filtro digital atua em operação contínua, pois geralmente é desejado que a saída se aproxime de zero quando a entrada é nula. Por exemplo, suponha que um sinal de voz seja amostrado, filtrado por um filtro digital e depois convertido de volta em um sinal acústico por meio de um conversor D/A. Nessa situação, seria muito indesejável que o filtro entrasse em ciclo limite periódico sempre que a entrada fosse nula, pois o ciclo limite produziria um tom audível.

Uma abordagem para o problema geral de ciclos limite consiste em buscar estruturas que não admitem oscilações de ciclo limite. Algumas dessas estruturas foram obtidas usando representações de espaço de estados (veja Barnes e Fam, 1977; Mills, Mullis e Roberts, 1978) e conceitos análogos ao de passividade em sistemas analógicos (veja Rao e Kailath, 1984; Fettweis, 1986). Porém, essas estruturas geralmente exigem mais cálculos do que uma implementação equivalente na forma em cascata ou paralela. Ao acrescentarmos mais bits ao comprimento da palavra computacional, geralmente podemos evitar transbordamento. De modo similar, como os ciclos limite de arredondamento muitas vezes são limitados aos bits menos significativos da palavra binária, bits adicionais podem ser usados para reduzir a amplitude efetiva do ciclo limite. Além disso, Claasen et al. (1973) mostraram que, se um acumulador de comprimento duplo for usado de modo que a digitalização ocorra após o acúmulo de produtos, então é muito menos provável que os ciclos limite decorrentes do arredondamento ocorram nos sistemas de segunda ordem. Assim, o compromisso entre comprimento da palavra e complexidade computacional do algoritmo surge para ciclos limite assim como para digitalização dos coeficientes e ruído de arredondamento.

Finalmente, é importante reforçar que os ciclos limite de entrada nula decorrentes do transbordamento e ao arredondamento são um fenômeno exclusivo dos sistemas IIR: sistemas FIR não admitem ciclos limite de entrada nula, pois eles não têm percursos de realimentação. A saída de um sistema FIR será nula no decorrer de pelo menos $(M + 1)$ amostras posteriores à entrada nula ser aplicada e permanecer nula. Essa é uma vantagem importante dos sistemas FIR em aplicações nas quais as oscilações de ciclo limite não possam ser toleradas.

6.11 Resumo

Neste capítulo, consideramos muitos aspectos do problema de implementação de um sistema de tempo discreto LIT. A primeira metade do capítulo foi dedicada a estruturas de implementação básicas. Depois de introduzir o diagrama de blocos e o diagrama de fluxo de sinais como representações gráficas das equações de diferenças, discutimos uma série de estruturas básicas para sistemas de tempo discreto IIR e FIR. Estas incluíram a forma direta I, a forma direta II, a forma em cascata, a forma paralela, a forma em treliça e a versão transposta de todas as formas básicas. Mostramos que essas formas são todas equivalentes quando implementadas com aritmética de precisão infinita. Porém, as diferentes estruturas são mais significativas no contexto das implementações com precisão finita. Portanto, o restante do capítulo tratou de problemas associados à precisão finita ou à digitalização em implementações digitais de ponto fixo das estruturas básicas.

Iniciamos a discussão dos efeitos da precisão finita com uma breve revisão da representação de números digitais e uma visão geral mostrando que os efeitos da digitalização que são importantes na amostragem (discutida no Capítulo 4) também o são na representação dos coeficientes de um sistema de tempo discreto e na implementação de sistemas que usam aritmética de precisão finita. Ilustramos o efeito da digitalização dos coeficientes de uma equação de diferenças por meio de vários exemplos. Essa questão foi tratada independentemente dos efeitos da aritmética de precisão finita, que mostramos que introduz não linearidade ao sistema. Demonstramos que, em alguns casos, essa não linearidade foi responsável por ciclos limite que podem persistir depois que a entrada de um sistema tiver se tornado nula. Também mostramos que os efeitos da digitalização podem ser modelados em termos de fontes de ruído branco aleatórias independentes, que são aplicadas internamente no diagrama de fluxo. Esses modelos de ruído linear foram desenvolvidos para as estruturas em forma direta e para a estrutura em cascata. Em toda a nossa discussão dos efeitos da digitalização, o tema subjacente foi o compromisso entre o anseio por digitalização fina e a necessidade de manter uma ampla faixa dinâmica nas amplitudes de sinal. Vimos que, nas implementações em ponto fixo, uma pode ser melhorada à custa da outra, mas, para melhorar uma enquanto a outra permanece não afetada, é preciso aumentar o número de bits usados para representar coeficientes e amplitudes de sinal. Isso pode ser feito com o aumento do comprimento da palavra em ponto fixo ou pela adoção de uma representação em ponto flutuante.

Nossa discussão dos efeitos da digitalização tem duas finalidades. Primeiro, desenvolvemos vários resultados que podem ser úteis para guiar o projeto de implementações práticas. Observamos que os efeitos da digitalização dependem muito da estrutura usada e dos parâmetros específicos do sistema a ser implementado e, embora a simulação do sistema geralmente seja necessária para avaliar seu desempenho, muitos dos resultados discutidos são úteis na tomada de decisões adequadas no processo de projeto. Uma segunda finalidade dessa parte do capítulo, igualmente importante, foi ilustrar um estilo de análise que pode ser aplicado no estudo dos efeitos da digitalização em diversos algoritmos de processamento digital de sinais. Os exemplos do capítulo indicam os tipos de hipóteses e aproximações que usualmente são feitas no estudo dos efeitos da digitalização. No Capítulo 9, aplicaremos as técnicas de análise desenvolvidas aqui ao estudo da digitalização no cálculo da transformada discreta de Fourier.

Problemas

Problemas básicos com respostas

6.1. Determine a função de sistema dos dois diagramas de fluxo na Figura P6.1 e mostre que eles têm os mesmos polos.

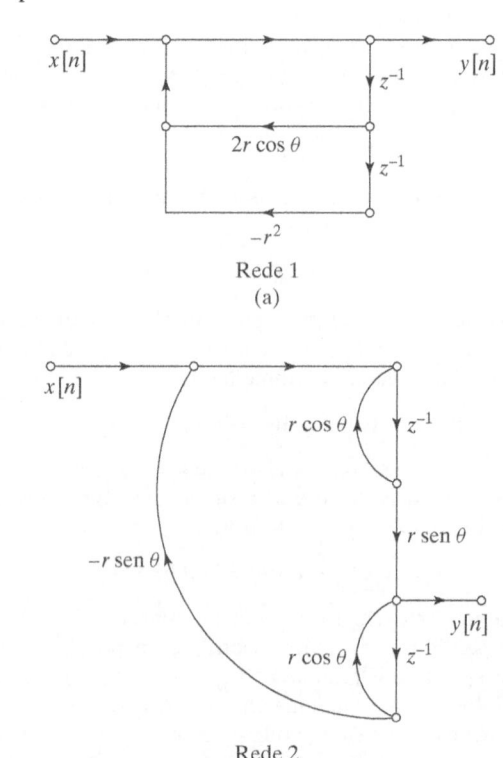

Rede 1
(a)

Rede 2
(b)

Figura P6.1

6.2. O diagrama de fluxo de sinais da Figura P6.2 representa uma equação de diferenças linear com coeficientes constantes. Determine a equação de diferenças que relaciona a saída $y[n]$ à entrada $x[n]$.

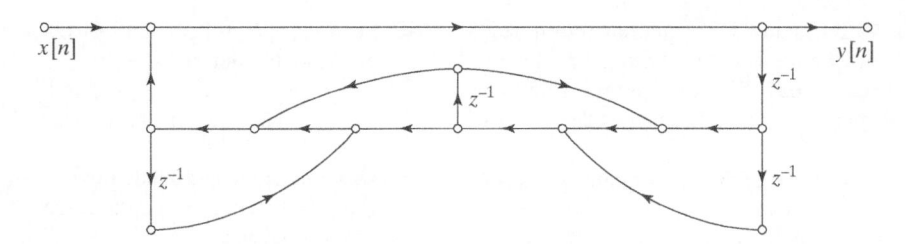

Figura P6.2

6.3. Na Figura P6.3 são mostrados seis sistemas. Determine qual dos últimos cinco, (b)-(f), tem a mesma função de sistema de (a). Você deverá ser capaz de eliminar algumas das possibilidades por inspeção.

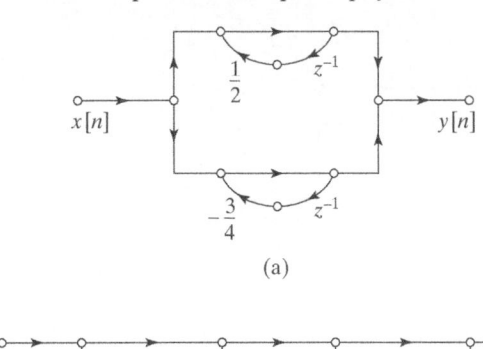

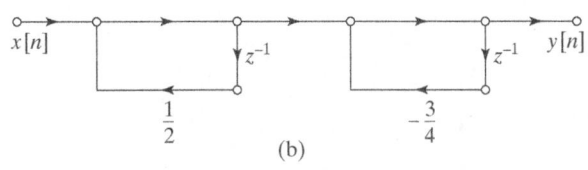

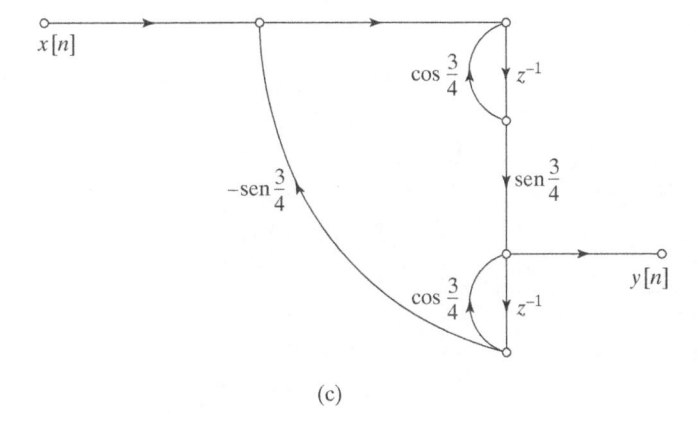

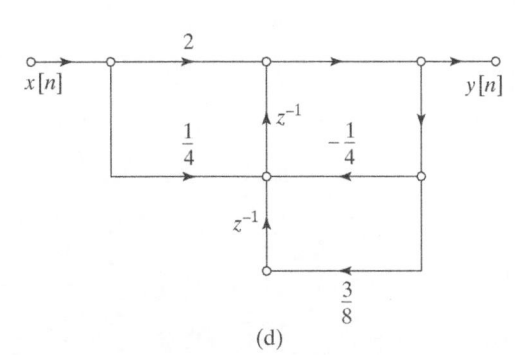

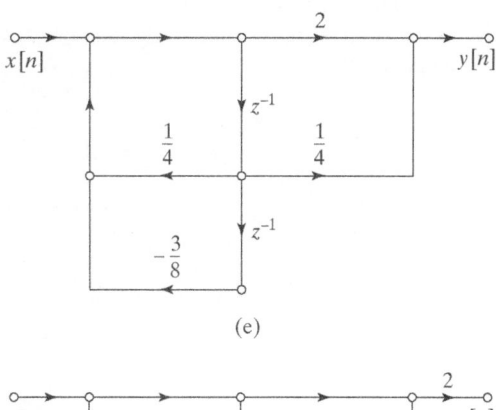

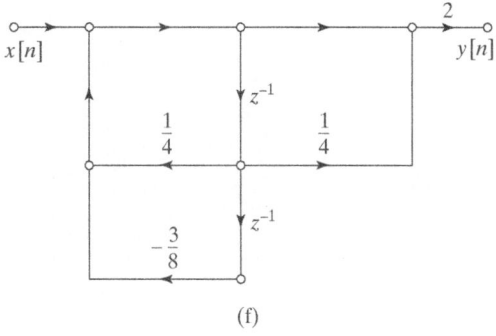

Figura P6.3

Figura P6.3 (continuação)

6.4. Considere o sistema mostrado na Figura P6.3(d).
  (a) Determine a função de sistema relacionando as transformadas z de entrada e saída.
  (b) Escreva a equação de diferenças que é satisfeita pela sequência de entrada $x[n]$ e pela sequência de saída $y[n]$.

6.5. Um sistema LIT é realizado pelo diagrama de fluxo mostrado na Figura P6.5.

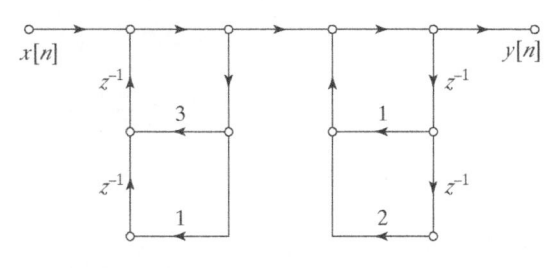

Figura P6.5

  (a) Escreva a equação de diferenças relacionando $x[n]$ e $y[n]$ para esse diagrama de fluxo.
  (b) Qual é a função de sistema desse sistema?

(c) Na realização da Figura P6.5, quantas multiplicações reais e adições reais são exigidas para calcular cada amostra da saída? (Suponha que $x[n]$ seja real e que a multiplicação por 1 não seja levada em conta no total.)

(d) A realização da Figura P6.5 requer quatro registradores de armazenamento (elementos de atraso). É possível reduzir o número de registradores de armazenamento usando uma estrutura diferente? Se for, desenhe o diagrama de fluxo; se não, explique por que o número de registradores de armazenamento não pode ser reduzido.

6.6. Determine a resposta ao impulso de cada um dos sistemas na Figura P6.6.

6.7. Sejam $x[n]$ e $y[n]$ sequências relacionadas pela seguinte equação de diferenças:

$$y[n] - \frac{1}{4}y[n-2] = x[n-2] - \frac{1}{4}x[n].$$

Desenhe um diagrama de fluxo de sinais na forma direta II para o sistema LIT causal correspondente a essa equação de diferenças.

6.8. O diagrama de fluxo de sinais na Figura P6.8 representa um sistema LIT. Determine uma equação de diferenças que forneça uma relação entre a entrada $x[n]$ e a saída $y[n]$ desse sistema. Como é usual, todos os ramos do diagrama de fluxo de sinais têm ganho unitário, a menos que seja especificamente indicado o contrário.

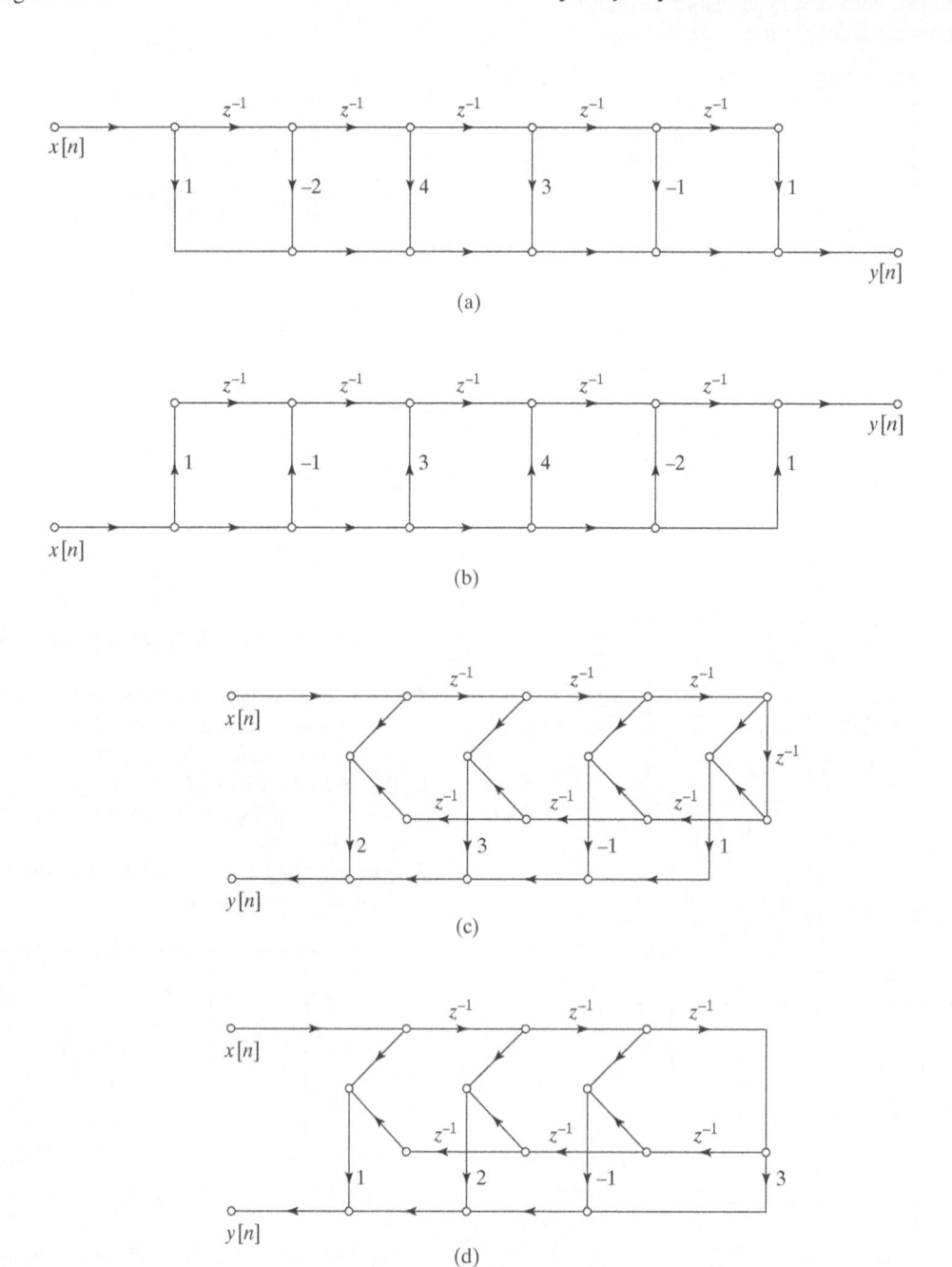

Figura P6.6

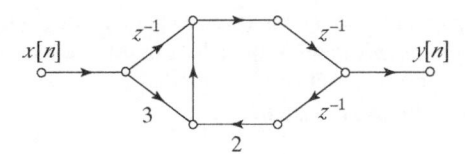

Figura P6.8

6.9. Na Figura P6.9 é mostrado o diagrama de fluxo de sinais para um sistema LIT de tempo discreto causal. Os ramos sem ganhos indicados explicitamente têm um ganho unitário.
 (a) Traçando o caminho de um impulso pelo diagrama de fluxo, determine $h[1]$, a resposta ao impulso em $n=1$.
 (b) Determine a equação de diferenças relacionando $x[n]$ e $y[n]$.

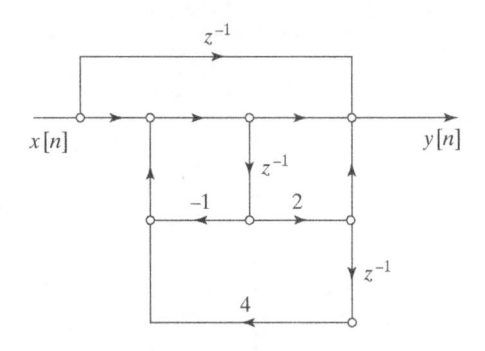

Figura P6.9

6.10. Considere o diagrama de fluxo de sinais mostrado na Figura P6.10.
 (a) Usando as variáveis de nó indicadas, escreva o conjunto de equações de diferenças representado por esse diagrama de fluxo.
 (b) Desenhe o diagrama de fluxo de um sistema equivalente que seja a cascata de dois sistemas de primeira ordem.
 (c) O sistema é estável? Explique.

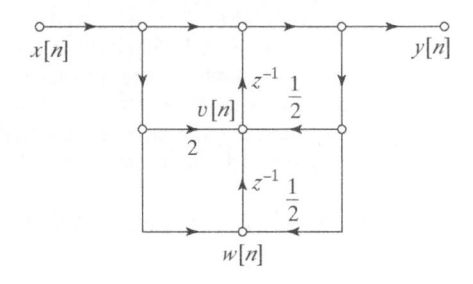

Figura P6.10

6.11. Considere um sistema LIT causal com resposta ao impulso $h[n]$ e função de sistema

$$H(z) = \frac{(1-2z^{-1})(1-4z^{-1})}{z\left(1-\frac{1}{2}z^{-1}\right)}$$

 (a) Desenhe um diagrama de fluxo na forma direta II para o sistema.

 (b) Desenhe a forma transposta do diagrama de fluxo do item (a).

6.12. Para o sistema LIT descrito pelo diagrama de fluxo na Figura P6.12, determine a equação de diferenças relacionando a entrada $x[n]$ à saída $y[n]$.

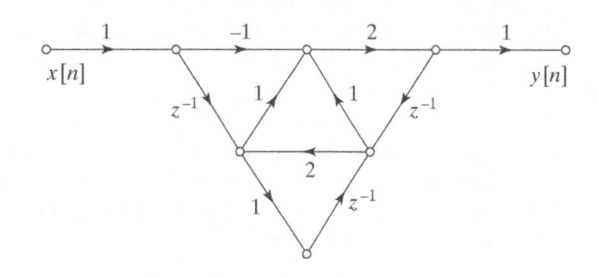

Figura P6.12

6.13. Desenhe o diagrama de fluxo de sinais para a implementação na forma direta I do sistema LIT com função de sistema

$$H(z) = \frac{1 - \frac{1}{2}z^{-2}}{1 - \frac{1}{4}z^{-1} - \frac{1}{8}z^{-2}}.$$

6.14. Desenhe o diagrama de fluxo de sinais para a implementação na forma direta II do sistema LIT com função de sistema

$$H(z) = \frac{1 + \frac{5}{6}z^{-1} + \frac{1}{6}z^{-2}}{1 - \frac{1}{2}z^{-1} - \frac{1}{2}z^{-2}}.$$

6.15. Desenhe o diagrama de fluxo de sinais para a implementação na forma direta II transposta do sistema LIT com função de sistema

$$H(z) = \frac{1 - \frac{7}{6}z^{-1} + \frac{1}{6}z^{-2}}{1 + z^{-1} + \frac{1}{2}z^{-2}}.$$

6.16. Considere o diagrama de fluxo de sinais mostrado na Figura P6.16.
 (a) Desenhe o diagrama de fluxo de sinais que resulta da aplicação do teorema da transposição a esse diagrama de fluxo de sinais.
 (b) Confirme que o diagrama de fluxo de sinais transposto que você encontrou em (a) tem a mesma função de sistema $H(z)$ do sistema original na figura.

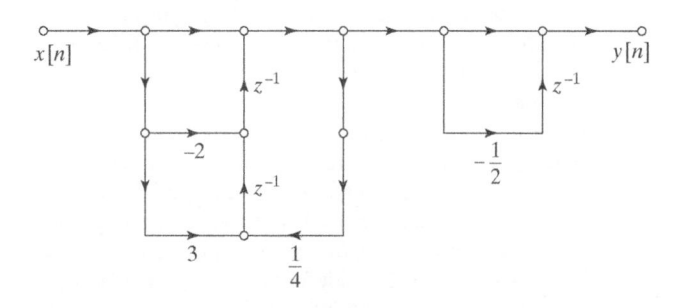

Figura P6.16

6.17. Considere o sistema LIT causal com função de sistema

$$H(z) = 1 - \frac{1}{3}z^{-1} + \frac{1}{6}z^{-2} + z^{-3}.$$

(a) Desenhe o diagrama de fluxo de sinais para a implementação na forma direta desse sistema.
(b) Desenhe o diagrama de fluxo de sinais para a implementação na forma direta transposta do sistema.

6.18. Para algumas escolhas não nulas do parâmetro a, o diagrama de fluxo de sinais na Figura P6.18 pode ser substituído por um diagrama de fluxo de sinais de segunda ordem na forma direta II, implementando a mesma função de sistema. Dê uma escolha desse tipo para a e a função de sistema $H(z)$ resultante.

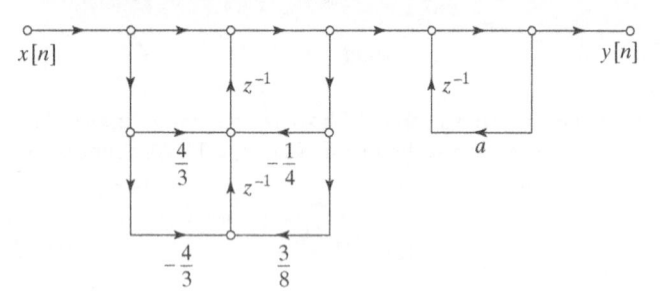

Figura P6.18

6.19. Considere o sistema LIT causal com a função de sistema

$$H(z) = \frac{2 - \frac{8}{3}z^{-1} - 2z^{-2}}{\left(1 - \frac{1}{3}z^{-1}\right)\left(1 + \frac{2}{3}z^{-1}\right)}.$$

Desenhe um diagrama de fluxo de sinais que implemente esse sistema como uma combinação paralela de seções na forma direta II transposta de primeira ordem.

6.20. Desenhe um diagrama de fluxo de sinais implementando a função de sistema

$$H(z) = \frac{(1 + (1 - j/2)z^{-1})(1 + (1 + j/2)z^{-1})}{(1 + (j/2)z^{-1})(1 - (j/2)z^{-1})(1 - (1/2)z^{-1})(1 - 2z^{-1})}$$

como uma cascata de seções na forma direta II transposta de segunda ordem com coeficientes reais.

Problemas básicos

6.21. Para muitas aplicações, é útil ter um sistema que gera uma sequência senoidal. Um modo possível de fazer isso é usar um sistema cuja resposta ao impulso seja $h[n] = e^{j\omega_0 n}u[n]$. As partes real e imaginária de $h[n]$ são, portanto, $h_r[n] = (\cos \omega_0 n)u[n]$ e $h_i[n] = (\text{sen } \omega_0 n)u[n]$, respectivamente.
Na implementação de um sistema com uma resposta ao impulso complexa, as partes real e imaginária são representadas como saídas separadas. Escreva inicialmente a equação de diferenças complexa necessária para produzir a resposta ao impulso desejada. Depois separe as suas partes real e imaginária e desenhe um diagrama de fluxo que implemente esse sistema. O diagrama de fluxo que você desenha deverá ter apenas coeficientes reais. Essa implementação muitas vezes é chamada de *oscilador de forma acoplada*, pois, quando a entrada é excitada por um impulso, as saídas são senoidais.

6.22. Para a função de sistema

$$H(z) = \frac{1 + 2z^{-1} + z^{-2}}{1 - 0{,}75z^{-1} + 0{,}125z^{-2}},$$

desenhe os diagramas de fluxo de todas as realizações possíveis para esse sistema como cascatas de sistemas de primeira ordem.

6.23. Queremos implementar um sistema causal $H(z)$ com o diagrama de polos e zeros mostrado na Figura P6.23. Para todas as partes deste problema, z_1, z_2, p_1 e p_2 são reais, e uma constante de ganho independente da frequência pode ser incorporada em um coeficiente de ganho no ramo de saída de cada diagrama de fluxo.

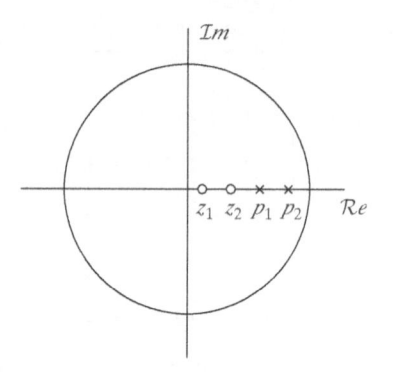

Figura P6.23

(a) Desenhe o diagrama de fluxo da implementação na forma direta II. Determine uma expressão para cada um dos ganhos de ramo em termos das variáveis z_1, z_2, p_1 e p_2.
(b) Desenhe o diagrama de fluxo de uma implementação como uma cascata de seções na forma direta II de segunda ordem. Determine uma expressão para cada um dos ganhos de ramo em função das variáveis z_1, z_2, p_1 e p_2.
(c) Desenhe o diagrama de fluxo de uma implementação na forma paralela com seções na forma direta II de primeira ordem. Especifique um sistema de equações lineares que possa ser resolvido para expressar os ganhos de ramo em termos das variáveis z_1, z_2, p_1 e p_2.

6.24. Considere um sistema LIT causal cuja função de sistema seja

$$H(z) = \frac{1 - \frac{3}{10}z^{-1} + \frac{1}{3}z^{-2}}{\left(1 - \frac{4}{5}z^{-1} + \frac{2}{3}z^{-2}\right)\left(1 + \frac{1}{5}z^{-1}\right)}$$

$$= \frac{\frac{1}{2}}{1 - \frac{4}{5}z^{-1} + \frac{2}{3}z^{-2}} + \frac{\frac{1}{2}}{1 + \frac{1}{5}z^{-1}}$$

(a) Desenhe os diagramas de fluxo de sinais para implementações do sistema em cada uma das seguintes formas:

(i) Forma direta I.
(ii) Forma direta II.
(iii) Forma em cascata usando seções na forma direta II de primeira e segunda ordens.
(iv) Forma paralela usando as seções na forma direta I de primeira e segunda ordens.
(v) Forma direta II transposta.

(b) Escreva as equações de diferenças para o diagrama de fluxo da parte (v) em (a) e mostre que esse sistema tem a função de sistema correta.

6.25. Um sistema LIT causal é definido pelo diagrama de fluxo de sinais mostrado na Figura P6.25, que representa o sistema como uma cascata de um sistema de segunda ordem com um sistema de primeira ordem.

(a) Qual é a função de sistema do sistema em cascata global?
(b) O sistema global é estável? Explique resumidamente.
(c) O sistema global é um sistema de fase mínima? Explique resumidamente.
(d) Desenhe o diagrama de fluxo de sinais de uma implementação na forma direta II transposta desse sistema.

6.26. Um sistema LIT causal tem a função de sistema dada pela seguinte expressão:

$$H(z) = \frac{1}{1-z^{-1}} + \frac{1-z^{-1}}{1-z^{-1}+0{,}8z^{-2}}.$$

(a) Esse sistema é estável? Explique resumidamente.
(b) Desenhe o diagrama de fluxo de sinais de uma implementação na forma paralela desse sistema.
(c) Desenhe o diagrama de fluxo de sinais de uma implementação na forma em cascata desse sistema como uma cascata de um sistema de primeira ordem e um sistema de segunda ordem. Use uma implementação na forma direta II transposta para o sistema de primeira ordem.

6.27. Um sistema LIT com função de sistema

$$H(z) = \frac{0{,}2(1+z^{-1})^6}{\left(1-2z^{-1}+\frac{7}{8}z^{-2}\right)\left(1+z^{-1}+\frac{1}{2}z^{-2}\right)\left(1-\frac{1}{2}z^{-1}+z^{-2}\right)}$$

deve ser implementado usando um diagrama de fluxo na forma mostrada na Figura P6.27.

(a) Preencha todos os coeficientes no diagrama da Figura P6.27. Sua solução é única?
(b) Defina variáveis de nó apropriadas na Figura P6.27 e escreva o conjunto de equações de diferenças que é representado pelo diagrama de fluxo.

6.28. (a) Determine a função de sistema, $H(z)$, de $x[n]$ para $y[n]$, para o diagrama de fluxo mostrado na Figura P6.28-1 (note que o local onde as linhas diagonais se cruzam não é um nó isolado).

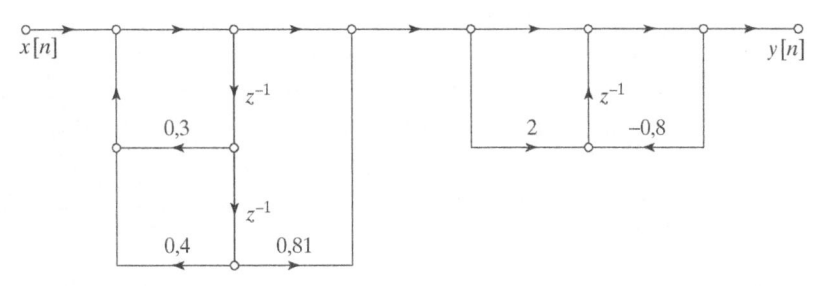

Figura P6.25

Figura P6.27

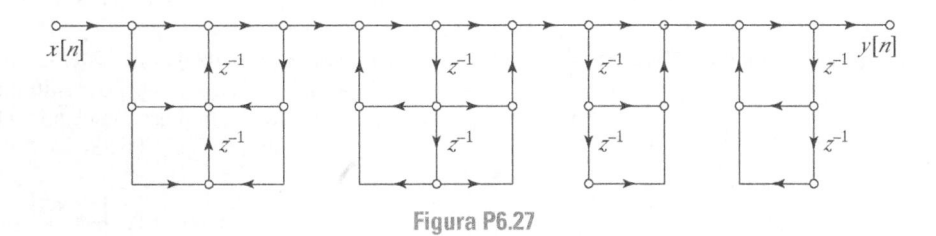

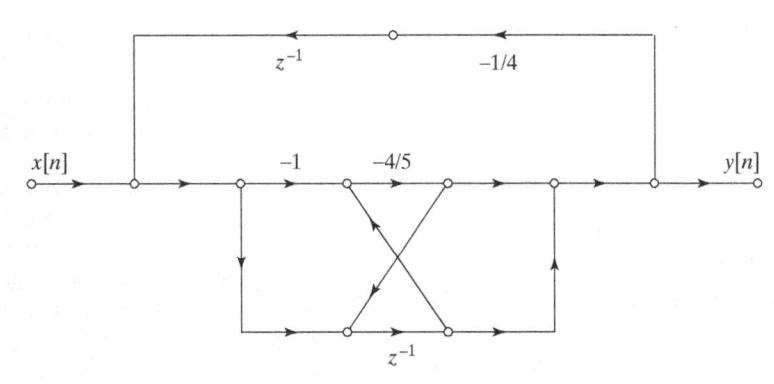

Figura P6.28-1

(b) Desenhe o diagrama de fluxo na forma direta (I e II) dos sistemas tendo a função de sistema $H(z)$.

(c) Projete $H_1(z)$ tal que $H_2(z)$ na Figura P6.28-2 tenha um inverso estável causal e $|H_2(e^{j\omega})| = |H(e^{j\omega})|$. *Observação*: O cancelamento de zeros e polos é permitido.

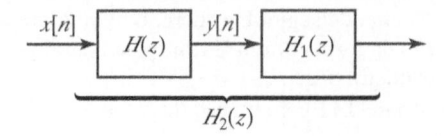

Figura P6.28-2

(d) Desenhe o diagrama de fluxo na forma direta II transposta para $H_2(z)$.

6.29. **(a)** Determine a função de sistema $H(z)$ relacionando a entrada $x[n]$ à saída $y[n]$ para o filtro FIR em treliça representado na Figura P6.29.

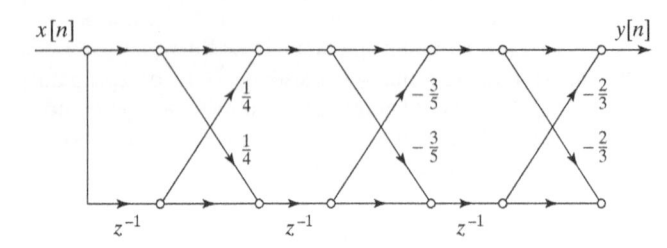

Figura P6.29

(b) Desenhe a estrutura do filtro em treliça para o filtro só-polos $1/H(z)$.

6.30. Determine e desenhe a implementação do filtro em treliça da seguinte função de sistema causal só-polos:

$$H(z) = \frac{1}{1 + \frac{3}{2}z^{-1} - z^{-2} + \frac{3}{4}z^{-3} + 2z^{-4}}$$

O sistema é estável?

6.31. Na Figura P6.31 é mostrado um filtro IIR em treliça.

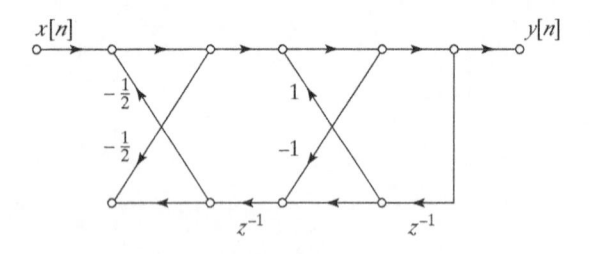

Figura P6.31

(a) Traçando o caminho de um impulso pelo diagrama de fluxo, determine $y[1]$ para a entrada $x[n] = \delta[n]$.

(b) Determine o diagrama de fluxo para o filtro inverso correspondente.

(c) Determine a função de transferência para o filtro IIR da Figura P6.31.

6.32. O diagrama de fluxo mostrado na Figura P6.32 é uma implementação de um sistema LIT causal.

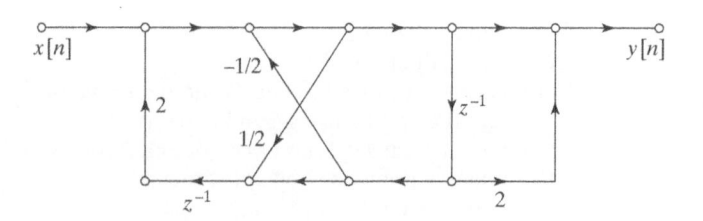

Figura P6.32

(a) Desenhe o transposto do diagrama de fluxo de sinais.

(b) Para o sistema original ou seu transposto, determine a equação de diferenças relacionando a entrada $x[n]$ à saída $y[n]$. (*Observação:* As equações de diferenças serão as mesmas para as duas estruturas.)

(c) O sistema BIBO é estável?

(d) Determine $y[2]$ se $x[n] = (1/2)^n u[n]$.

Problemas avançados

6.33. Considere o sistema LIT representado pela estrutura em treliça FIR da Figura P6.33-1.

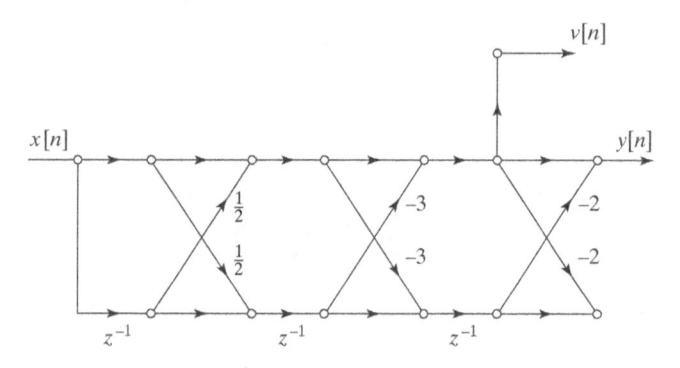

Figura P6.33-1

(a) Determine a função de sistema da entrada $x[n]$ para a saída $v[n]$ (e NÃO $y[n]$).

(b) Seja $H(z)$ a função de sistema da entrada $x[n]$ até a saída $y[n]$ e seja $g[n]$ o resultado da expansão da resposta ao impulso associada $h[n]$ por 2, como mostrado na Figura P6.33-2.

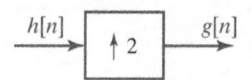

Figura P6.33-2

A resposta ao impulso $g[n]$ define um novo sistema com a função de sistema $G(z)$. Gostaríamos de implementar $G(z)$ usando uma estrutura em treliça FIR. Determine os parâmetros k necessários para uma implementação em treliça FIR de $G(z)$. *Observação:* Você deverá pensar cuidadosamente antes de se aprofundar em um cálculo longo.

6.34. Na Figura P6.34-1 é mostrada uma resposta ao impulso $h[n]$, especificada como

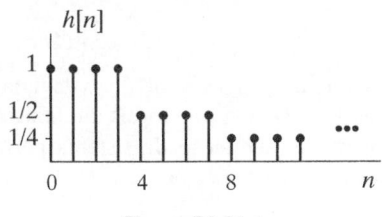

$$h[n] = \begin{cases} \left(\frac{1}{2}\right)^{n/4} u[n], & \text{quando } n \text{ é um múltiplo inteiro de 4} \\ \text{constante no intervalo, conforme indicado} \end{cases}$$

Figura P6.34-1

(a) Determine uma escolha para $h_1[n]$ e $h_2[n]$, de modo que

$$h[n] = h_1[n] * h_2[n],$$

sendo $h_1[n]$ um filtro FIR e $h_2[n] = 0$ para $n/4$ não inteiro. $h_2[n]$ é um filtro FIR ou IIR?

(b) A resposta ao impulso $h[n]$ deve ser usada em um sistema de subamostragem como indicado na Figura P6.34-2.

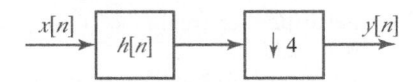

Figura P6.34-2

Desenhe uma implementação em diagrama de fluxo do sistema na Figura P6.34-2 que exija o número mínimo de multiplicadores por coeficientes não nulos e não unitários. Você pode usar os elementos de atraso unitário, multiplicadores por coeficientes, somadores e compressores. (Multiplicação por zero ou por um não requer um multiplicador.)

(c) Para o seu sistema, indique quantas multiplicações por amostra de entrada e por amostra de saída são necessárias, justificando a sua resposta.

6.35. Considere o sistema mostrado na Figura P6.35-1.

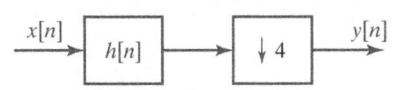

Figura P6.35-1

Queremos implementar esse sistema usando a estrutura polifásica mostrada na Figura P6.35-2.

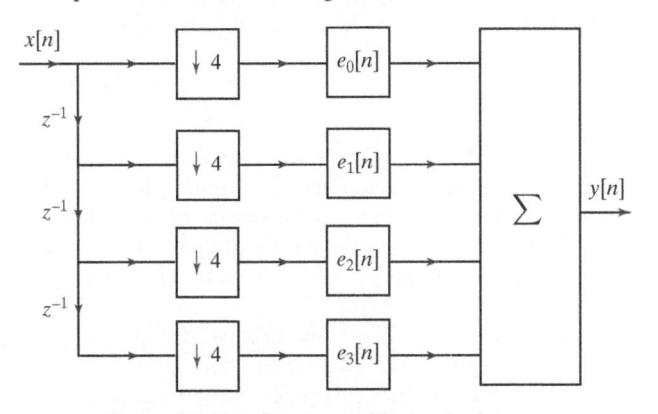

Figura P6.35-2 Estrutura polifásica do sistema.

Somente para os itens (a) e (b), suponha que $h[n]$ seja definida como na Figura P6.35-3.

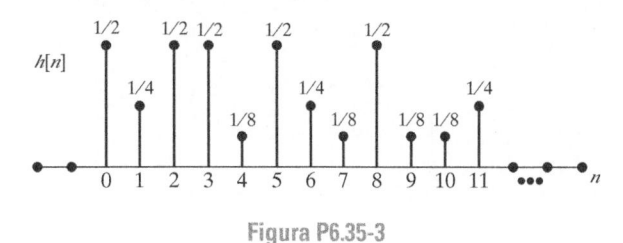

Figura P6.35-3

($h[n] = 0$ para todo $n < 0$ e $n \geq 12$).

(a) Forneça as sequências $e_0[n]$, $e_1[n]$, $e_2[n]$ e $e_3[n]$ que resultam em uma implementação correta.

(b) Queremos minimizar o número total de multiplicadores por amostra de saída para a implementação da estrutura na Figura P6.35-2. Usando a escolha apropriada de $e_0[n]$, $e_1[n]$, $e_2[n]$ e $e_3[n]$ do item (a), determine o número mínimo de multiplicadores por amostra de saída para o sistema global. Além disso, determine o número mínimo de multiplicadores por amostra de entrada para o sistema global. Explique.

(c) Em vez de usar as sequências $e_0[n]$, $e_1[n]$, $e_2[n]$ e $e_3[n]$ identificadas no item (a), agora suponha que $E_0(e^{j\omega})$ e $E_2(e^{j\omega})$, as TFTDs de $e_0[n]$ e $e_2[n]$, respectivamente, sejam como mostrado na Figura P6.35-4 e $E_1(e^{j\omega}) = E_3(e^{j\omega}) = 0$.

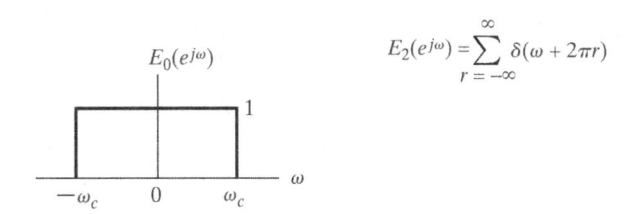

$$E_2(e^{j\omega}) = \sum_{r=-\infty}^{\infty} \delta(\omega + 2\pi r)$$

Figura P6.35-4

Esboce e indique $H(e^{j\omega})$ no intervalo de $(-\pi, \pi)$.

6.36. Considere um diagrama de fluxo genérico (chamado de Rede A) que consiste em multiplicadores por coeficientes e elementos de atraso, como mostrado na Figura P6.36-1. Se o sistema estiver inicialmente em repouso, seu comportamento será completamente especificado por sua resposta ao impulso $h[n]$. Queremos modificar o sistema para criar um novo diagrama de fluxo (chamado de Rede A_1) com resposta ao impulso $h_1[n] = (-1)^n h[n]$.

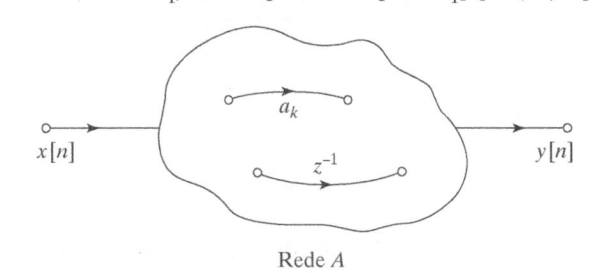

Rede A

Figura P6.36-1

(a) Se $H(e^{j\omega})$ é como mostrado na Figura P6.36-2, esboce $H_1(e^{j\omega})$.

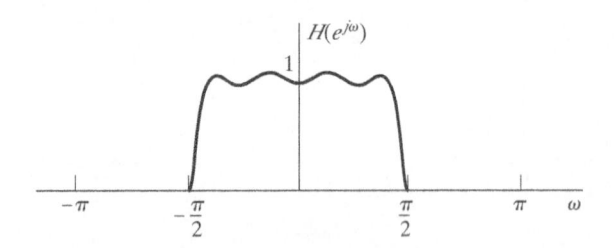

Figura P6.36-2

(b) Explique como modificar a Rede A por meio de alterações simples de seus multiplicadores por coeficientes e/ou ramos de atraso para formar a nova Rede A_1, cuja resposta ao impulso é $h_1[n]$.

(c) Se a Rede A for como mostrado na Figura P6.36-3, mostre como modificá-la por meio de alterações simples *apenas nos multiplicadores por coeficientes*, de modo que a Rede A_1 resultante tenha resposta ao impulso $h_1[n]$.

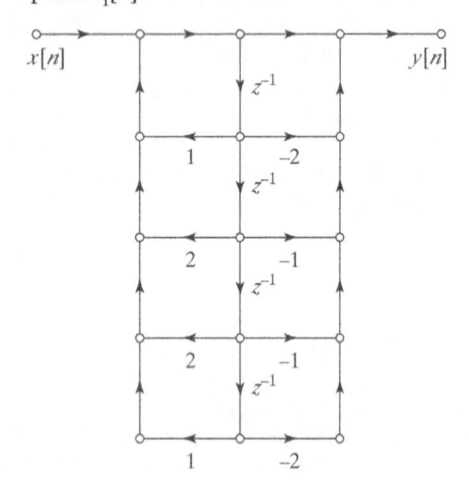

Figura P6.36-3

6.37. O diagrama de fluxo mostrado na Figura P6.37 é não computável; isto é, não é possível calcular a saída usando as equações de diferenças representadas pelo diagrama de fluxo, pois ela contém um laço fechado sem elementos de atraso.

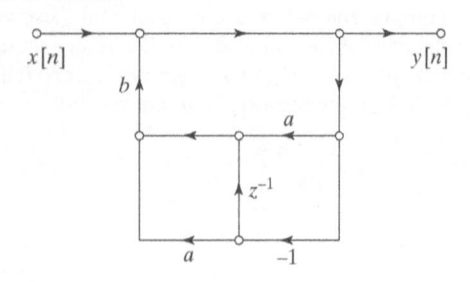

Figura P6.37

(a) Escreva as equações de diferenças para o sistema da Figura P6.37 e, a partir delas, encontre a função de sistema do diagrama de fluxo.

(b) A partir da função de sistema, obtenha um diagrama de fluxo que seja computável.

6.38. A resposta ao impulso de um sistema LIT é

$$h[n] = \begin{cases} a^n, & 0 \le n \le 7, \\ 0, & \text{caso contrário.} \end{cases}$$

(a) Desenhe um diagrama de fluxo de uma implementação não recursiva na forma direta do sistema.

(b) Mostre que a função de sistema correspondente pode ser expressa como

$$H(z) = \frac{1 - a^8 z^{-8}}{1 - az^{-1}}, \quad |z| > |a|.$$

(c) Desenhe o diagrama de fluxo de uma implementação de $H(z)$, como expressa no item (b), correspondente a uma cascata de um sistema FIR (numerador) com um sistema IIR (denominador).

(d) A implementação no item (c) é recursiva ou não recursiva? O sistema global é FIR ou IIR?

(e) Qual implementação do sistema exige
 (i) mais armazenamento (elementos de atraso)?
 (ii) mais aritmética (multiplicações e adições por amostra de saída)?

6.39. Considere um sistema FIR cuja resposta ao impulso seja

$$h[n] = \begin{cases} \frac{1}{15}(1 + \cos[(2\pi/15)(n - n_0)]), & 0 \le n \le 14, \\ 0, & \text{caso contrário.} \end{cases}$$

Esse sistema é um exemplo de uma classe de filtros conhecidos como filtros de amostragem de frequência. O Problema 6.51 discute esses filtros com detalhes. Neste problema, consideramos apenas um caso específico.

(a) Esboce a resposta ao impulso do sistema para os casos $n_0 = 0$ e $n_0 = 15/2$.

(b) Mostre que a função de sistema para esse sistema pode ser expressa como

$$H(z) = (1 - z^{-15}) \cdot \frac{1}{15}\left[\frac{1}{1 - z^{-1}} + \frac{\frac{1}{2}e^{-j2\pi n_0/15}}{1 - e^{j2\pi/15}z^{-1}} + \frac{\frac{1}{2}e^{j2\pi n_0/15}}{1 - e^{-j2\pi/15}z^{-1}}\right].$$

(c) Mostre que, se $n_0 = 15/2$, a resposta em frequência do sistema pode ser expressa como

$$H(e^{j\omega}) = \frac{1}{15}e^{-j\omega 7}\left\{\frac{\text{sen}(\omega 15/2)}{\text{sen}(\omega/2)} + \frac{1}{2}\frac{\text{sen}[(\omega - 2\pi/15)15/2]}{\text{sen}[(\omega - 2\pi/15)/2]} \right.$$
$$\left. + \frac{1}{2}\frac{\text{sen}[(\omega + 2\pi/15)15/2]}{\text{sen}[(\omega + 2\pi/15)/2]}\right\}.$$

Use essa expressão para esboçar a magnitude da resposta em frequência do sistema para $n_0 = 15/2$. Obtenha uma expressão similar para $n_0 = 0$. Esboce a resposta de magnitude para $n_0 = 0$. Para quais escolhas de n_0 o sistema tem fase linear generalizada?

(d) Desenhe um diagrama de fluxo de sinais de uma implementação do sistema como uma cascata de um sistema FIR cuja função de sistema seja $1 - z^{-15}$ e uma combinação paralela de um sistema IIR de primeira e segunda ordens.

6.40. Considere o sistema de tempo discreto representado na Figura P6.40-1.

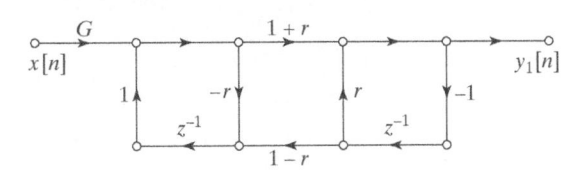

Figura P6.40-1

(a) Escreva o conjunto de equações de diferenças representado pelo diagrama de fluxo da Figura P6.40-1.
(b) Determine a função de sistema $H_1(z) = Y_1(z)/X(z)$ do sistema na Figura P6.40-1 e determine as magnitudes e ângulos dos polos de $H_1(z)$ em função de r para $-1 < r < 1$.
(c) A Figura P6.40-2 mostra um diagrama de fluxo diferente, obtido a partir do diagrama de fluxo da Figura P6.40-1 pelo deslocamento dos elementos de atraso para o ramo superior oposto. Como a função de sistema $H_2(z) = Y_2(z)/X(z)$ está relacionada a $H_1(z)$?

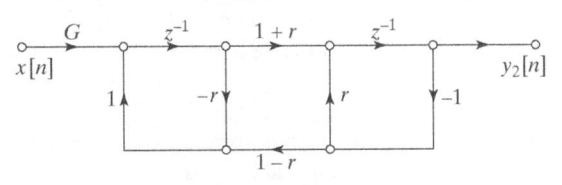

Figura P6.40-2

6.41. Os três diagramas de fluxo na Figura P6.41 são implementações equivalentes do mesmo sistema LIT de duas entradas e duas saídas.

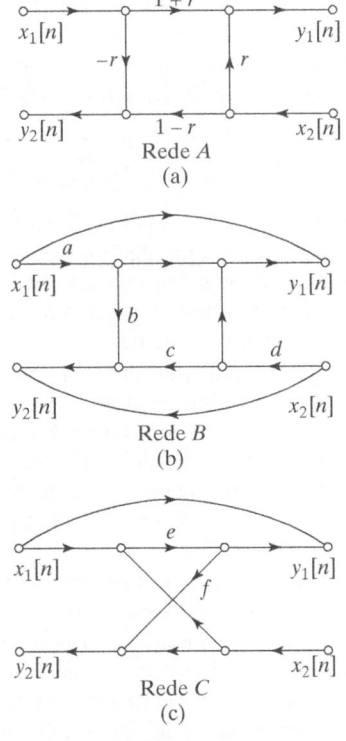

Rede A
(a)

Rede B
(b)

Rede C
(c)

Figura P6.41

(a) Escreva as equações de diferenças para a Rede A.
(b) Determine os valores de a, b, c e d para a Rede B em termos de r na Rede A de modo que os dois sistemas sejam equivalentes.
(c) Determine valores de e e f para a Rede C em termos de r na Rede A de modo que os dois sistemas sejam equivalentes.
(d) Por que as redes B ou C poderiam ser escolhidas em vez da Rede A? Que possível vantagem a Rede A poderia ter sobre as redes B ou C?

6.42. Considere um sistema passa-tudo com função de sistema

$$H(z) = -0{,}54 \frac{1 - (1/0{,}54)z^{-1}}{1 - 0{,}54 z^{-1}}.$$

Um diagrama de fluxo para uma implementação desse sistema é mostrado na Figura P6.42.

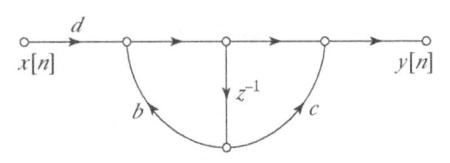

Figura P6.42

(a) Determine os coeficientes b, c e d de modo que o diagrama de fluxo na Figura P6.42 seja uma realização direta de $H(z)$.
(b) Em uma implementação prática da rede da Figura P6.42, os coeficientes b, c e d poderiam ser digitalizados pelo arredondamento do valor exato para o décimo mais próximo (por exemplo, 0,54 é arredondado para 0,5 e $1/0{,}54 = 1{,}8518...$ é arredondado para 1,9). O sistema resultante ainda seria um sistema passa-tudo?
(c) Mostre que a equação de diferenças relacionando a entrada e a saída do sistema passa-tudo com função de sistema $H(z)$ pode ser expressa como

$$y[n] = 0{,}54(y[n-1] - x[n]) + x[n-1].$$

Desenhe o diagrama de fluxo de uma rede que implementa essa equação de diferenças com dois elementos de atraso, mas somente uma multiplicação por uma constante diferente de ± 1.
(d) Com coeficientes digitalizados, o diagrama de fluxo do item (c) seria um sistema passa-tudo?

A principal desvantagem da implementação no item (c) em comparação com a implementação no item (a) é que ela requer dois elementos de atraso. Porém, para sistemas de ordem mais alta, é necessário implementar uma cascata de sistemas passa-tudo. Para N seções passa-tudo em cascata, é possível usar seções passa-tudo na forma determinada no item (c) o que requer apenas $(N+1)$ elementos de atraso. Isso é feito pelo compartilhamento de um elemento de atraso entre seções.

(e) Considere o sistema passa-tudo com função de sistema

$$H(z) = \left(\frac{z^{-1} - a}{1 - az^{-1}} \right) \left(\frac{z^{-1} - b}{1 - bz^{-1}} \right).$$

Desenhe o diagrama de fluxo de uma realização em "cascata" composta de duas seções na forma obtida no item (c) com um elemento de atraso compartilhado entre as seções. O diagrama de fluxo resultante deverá ter apenas três elementos de atraso.

(f) Com coeficientes digitalizados a e b, o diagrama de fluxo no item (e) seria um sistema passa-tudo?

6.43. Todos os ramos dos diagramas de fluxo de sinais neste problema têm ganho unitário, a menos que haja indicações que especifiquem o contrário.

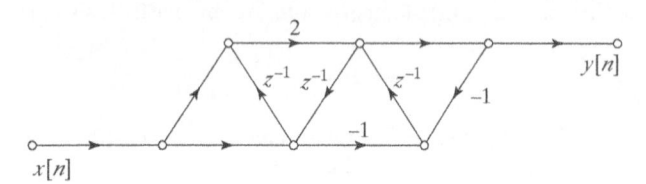

Figura P6.43-1

(a) O diagrama de fluxo de sinais do Sistema A, mostrado na Figura P6.43-1, representa um sistema LIT causal. É possível implementar a mesma relação entrada-saída usando um número menor de atrasos? Se for possível, qual é o número mínimo de atrasos requeridos para implementar um sistema equivalente? Se não for possível, justifique sua resposta.

(b) O Sistema B mostrado na Figura P6.43-2 representa a mesma relação de entrada-saída do Sistema A na Figura P6.43-1? Explique com clareza.

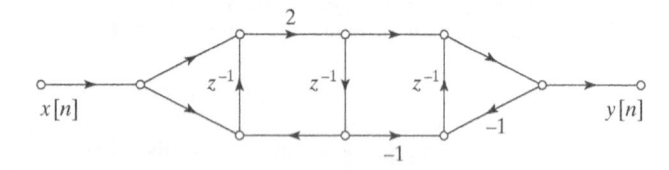

Figura P6.43-2

6.44. Considere um sistema passa-tudo cuja função de sistema seja

$$H(z) = \frac{z^{-1} - \frac{1}{3}}{1 - \frac{1}{3}z^{-1}}.$$

(a) Desenhe o diagrama de fluxo de sinais na forma direta I para o sistema. De quantos atrasos e multiplicadores você precisa? (Não leve em conta a multiplicação por ± 1.)

(b) Desenhe um diagrama de fluxo de sinais que use um multiplicador. Minimize o número de atrasos.

(c) Agora, considere outro sistema passa-tudo cuja função de sistema seja

$$H(z) = \frac{(z^{-1} - \frac{1}{3})(z^{-1} - 2)}{(1 - \frac{1}{3}z^{-1})(1 - 2z^{-1})}.$$

Determine e desenhe um diagrama de fluxo de sinais para o sistema com dois multiplicadores e três atrasos.

6.45. Com a aritmética de precisão infinita, os diagramas de fluxo mostrados na Figura P6.45 têm a mesma função de sistema, mas com aritmética de ponto fixo digitalizada eles se comportam de forma diferente. Suponha que a e b sejam números reais e $0 < a < 1$.

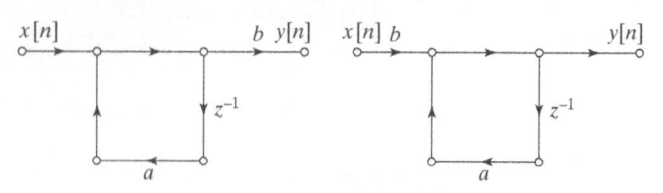

Figura P6.45

(a) Determine $x_{máx}$, a amplitude máxima das amostras de entrada de modo que o valor máximo da saída $y[n]$ dos dois sistemas seja certamente menor do que a unidade.

(b) Suponha que os sistemas anteriores sejam implementados com aritmética em ponto fixo com complemento de dois, e que nos dois casos todos os produtos sejam imediatamente arredondados a $B + 1$ bits (*antes* que quaisquer adições sejam feitas). Insira fontes de ruído de arredondamento em localizações apropriadas nos diagramas anteriores para modelar o erro de arredondamento. Suponha que cada uma das fontes de ruído inseridas tenha potência média igual a $\sigma_B^2 = 2^{-2B}/12$.

(c) Se os produtos forem arredondados como descrito no item (b), as saídas dos dois sistemas serão diferentes; isto é, a saída do primeiro sistema será $y_1[n] = y[n] + f_1[n]$ e a saída do segundo sistema será $y_2[n] = y[n] + f_2[n]$, sendo $f_1[n]$ e $f_2[n]$ as saídas geradas pelas fontes de ruído. Determine os espectros de densidade de potência $\Phi_{f_1 f_1}(e^{j\omega})$ e $\Phi_{f_2 f_2}(e^{j\omega})$ do ruído de saída para os dois sistemas.

(d) Determine as potências de ruído totais $\sigma_{f_1}^2$ e $\sigma_{f_2}^2$ na saída para os dois sistemas.

6.46. Um sistema passa-tudo deve ser implementado com aritmética de ponto fixo. Sua função de sistema é

$$H(z) = \frac{(z^{-1} - a^*)(z^{-1} - a)}{(1 - az^{-1})(1 - a^*z^{-1})}$$

sendo $a = re^{j\theta}$.

(a) Desenhe os diagramas de fluxo de sinais para as implementações na forma direta I e na forma direta II desse sistema como um sistema de segunda ordem usando apenas coeficientes reais.

(b) Supondo que cada produto seja arredondado *antes* de as adições serem realizadas, insira fontes de ruído apropriadas nas redes desenhadas no item (a), combinando as fontes de ruído onde for possível e indicando a potência de cada fonte de ruído em termos de σ_B^2, a potência de uma única fonte de ruído de arredondamento.

(c) Indique os nós em seus diagramas de rede em que o transbordamento pode ocorrer.

(d) Especifique se a potência de ruído de saída do sistema na forma direta II é ou não independente de r, enquanto a potência de ruído de saída na forma direta I aumenta quando $r \to 1$. Dê um argumento convincente que apoie a sua resposta. Tente responder à pergunta *sem* calcular a potência do ruído de saída de qualquer um dos sistemas. Evidentemente, esse cálculo responderia à pergunta, mas você deverá ser capaz de deduzir a resposta sem calcular a potência do ruído.

(e) Agora, determine a potência do ruído de saída para ambos os sistemas.

6.47. Suponha que *a* nos diagramas de fluxo mostrados na Figura P6.47 seja um número real e que $0 < a < 1$. Note que, em aritmética de precisão infinita, os dois sistemas são equivalentes.

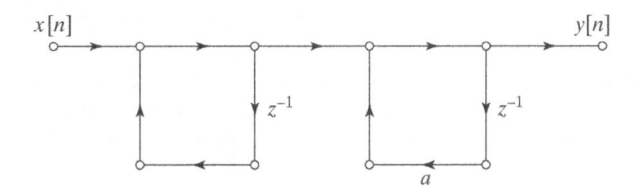

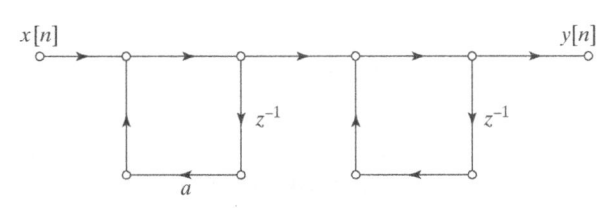

Diagrama de fluxo #1

Diagrama de fluxo #2

Figura P6.47

(a) Suponha que os dois sistemas sejam implementados em aritmética de ponto fixo em complemento de dois e que nos dois casos todos os produtos sejam imediatamente arredondados (*antes* que quaisquer adições sejam feitas). Insira fontes de ruído de arredondamento em locais apropriados nos dois diagramas de fluxo para modelar o erro de arredondamento (multiplicações pela unidade não introduzem ruído). Suponha que cada uma das fontes de ruído inseridas tenha potência média igual a $\sigma_B^2 = 2^{-2B}/12$.

(b) Se os produtos forem arredondados como descrito no item (a), as saídas dos dois sistemas serão diferentes; isto é, a saída do primeiro sistema será $y_1[n] = y[n] + f_1[n]$, e a saída do segundo sistema será $y_2[n] = y[n] + f_2[n]$, sendo $y[n]$ a saída em decorrência de a entrada $x[n]$ atuar sozinha, e $f_1[n]$ e $f_2[n]$ as saídas devido às fontes de ruído. Determine o espectro da densidade de potência do ruído de saída $\Phi_{f_1 f_1}(e^{j\omega})$. Determine também a potência do ruído total da saída do diagrama de fluxo #1; isto é, determine $\sigma_{f_1}^2$.

(c) Sem realmente calcular a potência do ruído de saída para o diagrama de fluxo #2, você deverá ser capaz de determinar qual sistema tem a maior potência de ruído total na saída. Justifique brevemente a sua resposta.

6.48. Considere o diagrama de fluxo na forma paralela mostrado na Figura P6.48.

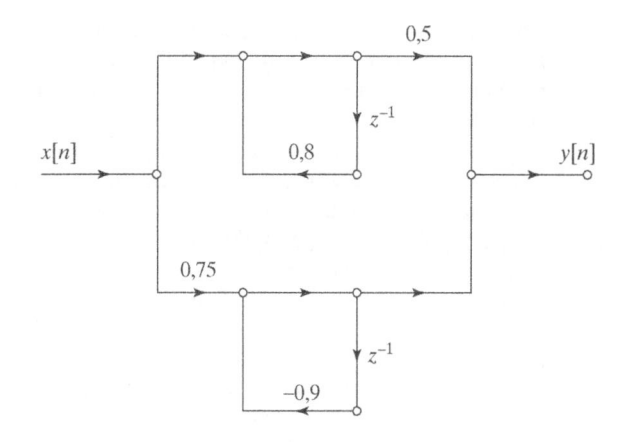

Figura P6.48

(a) Suponha que o sistema seja implementado com aritmética de ponto fixo em complemento de dois e que todos os produtos (multiplicações por 1 não introduzem ruído) sejam imediatamente arredondados (*antes* que quaisquer adições sejam feitas). Insira fontes de ruído de arredondamento nas localizações apropriadas no diagrama de fluxo para modelar o erro de arredondamento. Indique o tamanho (potência média) de cada fonte de ruído em termos de σ_B^2, a potência média de uma operação de arredondamento de $(B + 1)$ bits.

(b) Se os produtos forem arredondados como descreve o item (a), a saída pode ser representada como $\hat{y}[n] = y[n] + f[n]$, sendo $y[n]$ a saída em decorrência de a entrada $x[n]$ atuar sozinha, e $f[n]$ a saída total devido a todas as fontes de ruído que atuam independentemente. Determine o espectro da densidade de potência do ruído de saída $\Phi_{ff}(e^{j\omega})$.

(c) Determine também a potência total do ruído σ_f^2 do componente de ruído da saída.

6.49. Considere o sistema mostrado na Figura P6.49, que consiste em um conversor A/D de 16 bits cuja saída é a entrada de um filtro digital FIR que é implementado com aritmética de ponto fixo de 16 bits.

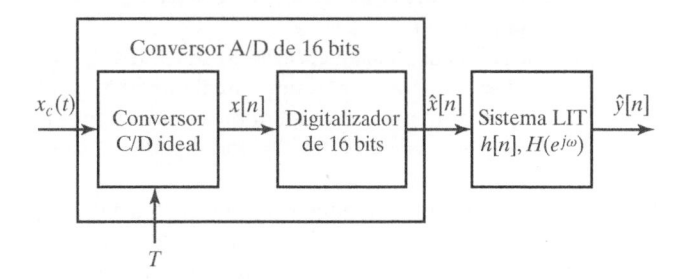

Figura P6.49

A resposta ao impulso do filtro digital é

$$h[n] = -0{,}375\delta[n] + 0{,}75\delta[n-1] - 0{,}375\delta[n-2].$$

Esse sistema é implementado com aritmética em complemento de dois em 16 bits. Os produtos são arredondados para 16 bits *antes* de serem acumulados para produzir a saída. Em antecipação ao uso do modelo de ruído linear para analisar esse sistema, definimos $\hat{x}[n] = x[n] + e[n]$ e $\hat{y}[n] = y[n] + f[n]$, sendo $e[n]$ o erro de digitalização introduzido pelo conversor A/D e $f[n]$ o ruído de digitalização *total* na saída do filtro.

(a) Determine a magnitude máxima de $\hat{x}[n]$ tal que nenhum transbordamento possa possivelmente ocorrer na implementação do filtro digital; isto é, determine $x_{máx}$ tal que $\hat{y}[n] < 1$ para todo $-\infty < n < \infty$ quando $\hat{x}[n] < x_{máx}$ para todo $-\infty < n < \infty$.

(b) Desenhe o modelo de ruído linear para o sistema completo (incluindo o modelo de ruído linear do A/D). Inclua um diagrama de fluxo detalhado para o filtro digital, incluindo todas as fontes de ruído decorrentes da digitalização.

(c) Determine a potência de ruído total na saída. Indique isso como σ_f^2.

(d) Determine o espectro de potência do ruído na saída do filtro; isto é, determine $\Phi_{ff}(e^{j\omega})$. Faça um gráfico do seu resultado.

Problemas de extensão

6.50. Neste problema, consideramos a implementação de um filtro causal com função de sistema

$$H(z) = \frac{1}{(1 - 0{,}63z^{-1})(1 - 0{,}83z^{-1})}$$

$$= \frac{1}{1 - 1{,}46z^{-1} + 0{,}5229z^{-2}}$$

Esse sistema deve ser implementado com aritmética de arredondamento em complemento de dois com $(B + 1)$ bits, com produtos arredondados antes que as adições sejam realizadas. A entrada do sistema é um processo aleatório estacionário em sentido amplo, branco, com média nula, com valores distribuídos uniformemente entre $-x_{máx}$ e $+x_{máx}$.

(a) Desenhe a implementação do diagrama de fluxo na forma direta para o filtro, com todos os multiplicadores por coeficiente arredondados para o décimo mais próximo.

(b) Desenhe uma implementação do diagrama de fluxo desse sistema como uma cascata de dois sistemas de primeira ordem, com todos os multiplicadores por coeficiente arredondados para o décimo mais próximo.

(c) Somente uma das implementações dos itens (a) e (b) anteriores é usável. Qual delas? Explique.

(d) Para evitar o transbordamento no nó de saída, temos de escolher cuidadosamente o parâmetro $x_{máx}$. Para a implementação selecionada no item (c), determine um valor para $x_{máx}$ que garanta que a saída permanecerá entre -1 e 1. (Ignore qualquer transbordamento em potencial nos nós diferentes da saída.)

(e) Redesenhe o diagrama de fluxo selecionado no item (c), e dessa vez inclua modelos de ruído linearizados que representem o erro de arredondamento de digitalização.

(f) Se você escolhe a forma direta ou a implementação em cascata para o item (c), ainda existe pelo menos mais uma alternativa de projeto:
  (i) Se você escolhesse a forma direta, também poderia usar uma forma direta transposta.
  (ii) Se você escolhesse a forma em cascata, poderia implementar primeiro o polo menor ou primeiro o polo maior.

Para o sistema escolhido no item (c), qual alternativa (se houver) tem menor potência de ruído de digitalização na saída? Note que você não precisa calcular explicitamente a potência do ruído de digitalização de saída total, mas você precisa justificar sua resposta com alguma análise.

6.51. Neste problema, desenvolveremos algumas das propriedades de uma classe dos sistemas de tempo discreto chamadas de filtros de amostragem de frequência. Essa classe de filtros tem funções de sistema na forma

$$H(z) = (1 - z^{-N}) \cdot \sum_{k=0}^{N-1} \frac{\tilde{H}[k]/N}{1 - z_k z^{-1}},$$

em que $z_k = e^{j(2\pi/N)k}$ para $k = 0, 1, ..., N-1$.

(a) As funções de sistema como $H(z)$ podem ser implementadas como uma cascata de um sistema FIR cuja função de sistema é $(1-z^{-N})$ com uma combinação paralela de sistemas IIR de primeira ordem. Desenhe o diagrama de fluxo de sinais dessa implementação.

(b) Mostre que $H(z)$ é um polinômio de grau $(N - 1)$ em z^{-1}. Para fazer isso, é preciso mostrar que $H(z)$ não tem polos além de $z = 0$ e que ela não tem potências de z^{-1} maiores do que $(N - 1)$. O que essas condições implicam sobre o comprimento da resposta ao impulso do sistema?

(c) Mostre que a resposta ao impulso é dada pela expressão

$$h[n] = \left(\frac{1}{N} \sum_{k=0}^{N-1} \tilde{H}[k] e^{j(2\pi/N)kn} \right) (u[n] - u[n - N]).$$

Dica: Determine as respostas ao impulso das partes FIR e IIR do sistema e reúna-as para determinar a resposta ao impulso global.

(d) Use a regra de l'Hôpital para mostrar que

$$H(z_m) = H(e^{j(2\pi/N)m}) = \tilde{H}[m], \quad m = 0, 1, \ldots, N-1;$$

isto é, mostre que as constantes $\tilde{H}[m]$ são amostras da resposta em frequência do sistema, $H(e^{j\omega})$, em frequências igualmente espaçadas $\omega_m = (2\pi/N)m$ para $m = 0, 1, ..., N - 1$. É essa propriedade que justifica o nome dessa classe de sistemas FIR.

(e) Em geral, tanto os polos z_k da parte IIR quanto as amostras da resposta em frequência $\tilde{H}[k]$ serão complexos. Porém, se $h[n]$ for real, podemos obter uma implementação que envolva apenas quantidades reais. Especificamente, mostre que, se $h[n]$ é real e N é um inteiro par, então $H(z)$ pode ser expresso como

$$H(z) = (1 - z^{-N}) \left\{ \frac{H(1)/N}{1 - z^{-1}} + \frac{H(-1)/N}{1 + z^{-1}} \right.$$

$$+ \sum_{k=1}^{(N/2)-1} \frac{2|H(e^{j(2\pi/N)k})|}{N} \cdot$$

$$\left. \frac{\cos[\theta(2\pi k/N)] - z^{-1}\cos[\theta(2\pi k/N) - 2\pi k/N]}{1 - 2\cos(2\pi k/N)z^{-1} + z^{-2}} \right\},$$

sendo $H(e^{j\omega}) = |H(e^{j\omega})|e^{j\theta(\omega)}$. Desenhe a representação por diagrama de fluxo de sinais de tal sistema quando $N = 16$ e $H(e^{j\omega k}) = 0$ para $k = 3, 4, \ldots, 14$.

6.52. No Capítulo 4, mostramos que, em geral, a taxa de amostragem de um sinal de tempo discreto pode ser reduzida por uma combinação de filtragem linear e compressão no tempo. A Figura P6.52 mostra um diagrama de blocos de um dizimador M-para-1 que pode ser usado para reduzir a taxa de amostragem por um fator inteiro M. De acordo com o modelo, o filtro linear opera na taxa de amostragem alta. Porém, se M for grande, a maior parte das amostras de saída do filtro será descartada pelo compressor. Em alguns casos, implementações mais eficientes são possíveis.

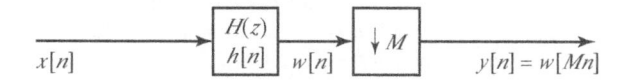

Figura P6.52

(a) Suponha que o filtro seja um sistema FIR com resposta ao impulso tal que $h[n] = 0$ para $n < 0$ e para $n > 10$. Desenhe o sistema na Figura P6.52, mas substitua o filtro $h[n]$ por um diagrama de fluxo de sinais equivalente, com base na informação dada. Note que não é possível implementar o compressor M-para-1 usando um diagrama de fluxo de sinais, de modo que você precisa deixá-lo como um bloco, como mostrado na Figura P6.52.

(b) Note que algumas das operações dos ramos podem ser comutadas com a operação de compressão. Usando esse fato, desenhe o diagrama de fluxo de uma realização mais eficiente do sistema do item (a). Por que fator o número total de operações requeridas na obtenção da saída $y[n]$ foi diminuído?

(c) Agora, suponha que o filtro na Figura P6.52 tenha a função de sistema

$$H(z) = \frac{1}{1 - \frac{1}{2}z^{-1}}, \qquad |z| > \tfrac{1}{2}.$$

Desenhe o diagrama de fluxo da realização na forma direta do sistema completo na figura. Com esse sistema para o filtro linear, o número de operações total por amostra de saída pode ser reduzido? Se puder, por que fator?

(d) Finalmente, suponha que o filtro na Figura P6.52 tenha a função de sistema

$$H(z) = \frac{1 + \frac{7}{8}z^{-1}}{1 - \frac{1}{2}z^{-1}}, \qquad |z| > \tfrac{1}{2}.$$

Desenhe o diagrama de fluxo para o sistema completo da figura, usando cada uma das formas a seguir para o filtro linear:
(i) forma direta I
(ii) forma direta II
(iii) forma direta I transposta
(iv) forma direta II transposta.

Para qual das quatro formas o sistema da Figura P6.52 pode ser implementado de forma mais eficiente comutando operações com o compressor?

6.53. A produção de voz pode ser modelada por um sistema linear que represente a cavidade vocal, que é estimulada por sopros de ar liberados através das cordas vocais vibrando. Uma abordagem para sintetizar a voz envolve representar a cavidade vocal como uma conexão de tubos acústicos cilíndricos de mesmo comprimento, mas com variações nas áreas transversais, como mostrado na Figura P6.53. Suponhamos que queremos simular esse sistema em termos da velocidade do volume representando o fluxo de ar. A entrada é acoplada ao trato vocal por meio de um pequeno estreitamento, as cordas vocais. Suporemos que a entrada seja representada por uma mudança na velocidade do volume na extremidade esquerda, mas que a condição de contorno para as ondas viajantes na extremidade esquerda seja que a velocidade do volume líquida deva ser nula. Isso é análogo a uma linha de transmissão elétrica alimentada por uma fonte de corrente em uma extremidade e com um circuito aberto na outra. A corrente na linha de transmissão é então análoga à velocidade do volume no tubo acústico, enquanto a tensão é análoga à pressão acústica. A saída do tubo acústico é a velocidade de volume na extremidade da direita. Supomos que cada seção seja uma linha de transmissão acústica sem perdas.

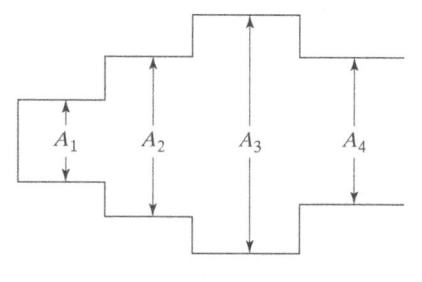

Figura P6.53

Em cada interface entre as seções, uma onda viajante progressiva f^+ é transmitida para a próxima seção com um coeficiente e refletida como uma onda viajante regressiva f^- com um coeficiente diferente. De modo similar, uma onda viajante regressiva f^- chegando em uma interface é transmitida com um coeficiente e refletida com um coeficiente diferente. Especificamente, se considerarmos uma onda viajante progressiva f^+ em um tubo com área de seção transversal A_1 chegando na interface com um tubo de área de seção transversal A_2, então a onda viajante progressiva transmitida é $(1 + r)f^+$ e a onda refletida é rf^+, sendo

$$r = \frac{A_2 - A_1}{A_2 + A_1}.$$

Considere que o comprimento de cada seção seja 3,4 cm, com a velocidade do som no ar igual a 34.000 cm/s. Desenhe um diagrama de fluxo que implemente o modelo de quatro seções na Figura P6.53, com a saída amostrada 20.000 amostras/s.

Apesar da introdução extensa, este é um problema razoavelmente simples. Se você encontrar dificuldades em pensar em termos de tubos acústicos, pense em termos de seções da linha de transmissão com diferentes impedâncias características. Assim como nas linhas de transmissão, é difícil expressar a resposta ao impulso de forma fechada. Portanto, desenhe o diagrama de fluxo diretamente pelas considerações físicas, em termos de pulsos viajantes progressivos e regressivos em cada seção.

6.54. Na modelagem dos efeitos de arredondamento e truncamento nas implementações de filtro digital, as variáveis digitalizadas são representadas como

$$\hat{x}[n] = Q[x[n]] = x[n] + e[n],$$

em que $Q[\cdot]$ indica ou arredondamento ou truncamento para $(B + 1)$ bits e $e[n]$, o *erro de digitalização*. Supomos que a sequência de ruído de digitalização seja uma sequência ruído branco estacionária tal que

$$\mathcal{E}\{(e[n] - m_e)(e[n + m] - m_e)\} = \sigma_e^2 \, \delta[m]$$

e que as amplitudes dos valores da sequência de ruído são distribuídas uniformemente pelo passo de digitalização $\Delta = 2^{-B}$. As densidades de probabilidade de primeira ordem para arredondamento e truncamento são mostradas nas figuras P6.54(a) e (b), respectivamente.

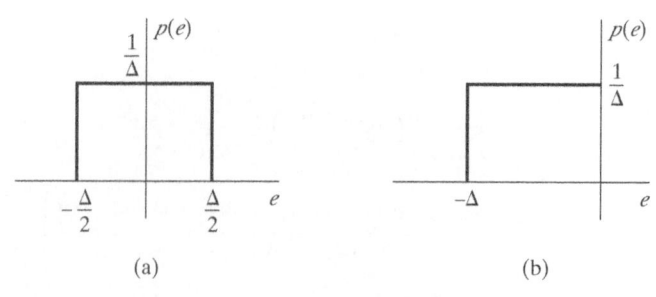

Figura P6.54

(a) Determine a média m_e e a variância σ_e^2 para o ruído decorrente do arredondamento.

(b) Determine a média m_e e a variância σ_e^2 para o ruído decorrente do truncamento.

6.55. Considere um sistema LIT com duas entradas, como mostrado na Figura P6.55. Sejam $h_1[n]$ e $h_2[n]$ as respostas ao impulso dos nós 1 e 2, respectivamente, à saída, o nó 3. Mostre que, se $x_1[n]$ e $x_2[n]$ são não correlacionados, então suas saídas correspondentes $y_1[n]$ e $y_2[n]$ também são não correlacionadas.

6.56. Os diagramas de fluxo na Figura P6.56 têm todos a mesma função de sistema. Suponha que os sistemas na figura sejam implementados usando aritmética de ponto fixo de $(B + 1)$ bits em todos os cálculos. Suponha também que todos os produtos sejam arredondados para $(B + 1)$ bits *antes* que as adições sejam realizadas.

(a) Desenhe modelos de ruído linear para cada um dos sistemas da Figura P6.56.

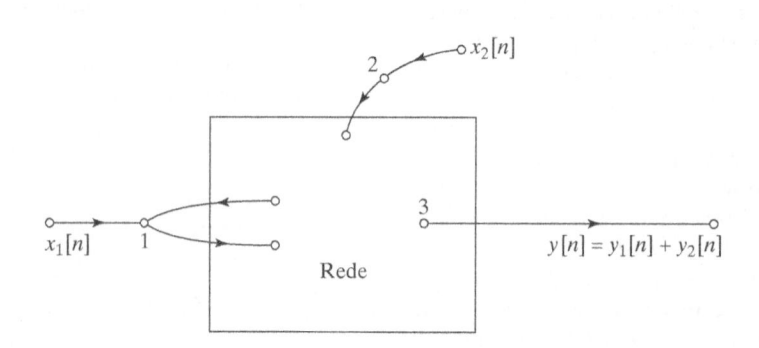

Figura P6.55

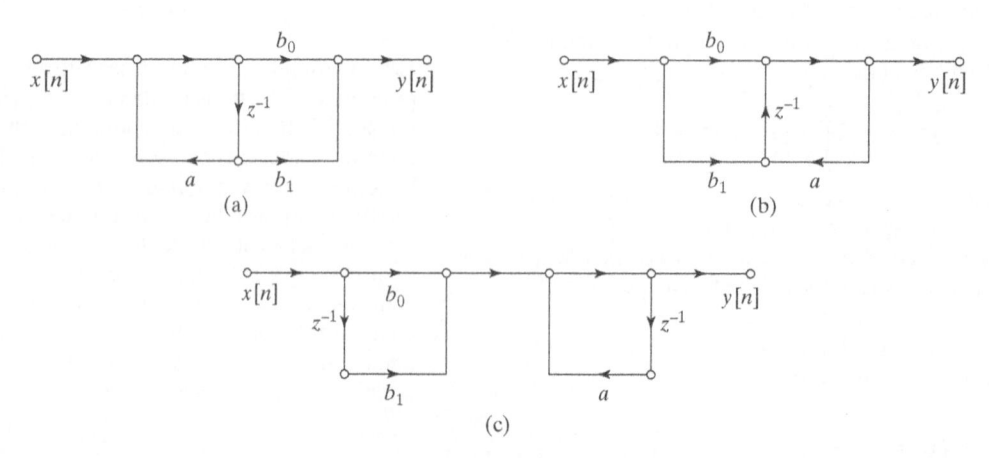

Figura P6.56

(b) Dois dos diagramas de fluxo na Figura P6.56 têm a *mesma* potência de ruído de saída total devido ao arredondamento aritmético. Sem calcular explicitamente a potência do ruído de saída, determine quais são os dois que possuem a mesma potência de ruído de saída.

(c) Determine a potência do ruído de saída para cada um dos diagramas de fluxo na Figura P6.56. Expresse sua resposta em termos de σ_B^2, a potência de uma única fonte de ruído de arredondamento.

6.57. O diagrama de fluxo de um sistema de primeira ordem é mostrado na Figura P6.57-1.

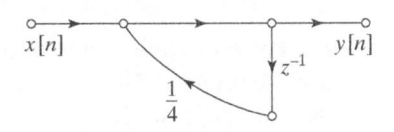

Figura P6.57-1

(a) Considerando a aritmética de precisão infinita, determine a resposta do sistema para a entrada

$$x[n] = \begin{cases} \frac{1}{2}, & n \geq 0, \\ 0, & n < 0. \end{cases}$$

Qual é a resposta do sistema para um n grande?

Agora suponha que o sistema seja implementado com aritmética de ponto fixo. O coeficiente e todas as variáveis no diagrama de fluxo são representados na notação de sinal e magnitude com registradores de 5 bits. Isto é, todos os números devem ser considerados frações com sinal representadas como

$$b_0 b_1 b_2 b_3 b_4,$$

em que b_0, b_1, b_2, b_3 e b_4 são 0 ou 1, e

$$|\text{Valor do registrador}| = b_1 2^{-1} + b_2 2^{-2} + b_3 2^{-3} + b_4 2^{-4}.$$

Se $b_0 = 0$, a fração é positiva, e se $b_0 = 1$, a fração é negativa. O resultado de uma multiplicação de um valor de sequência por um coeficiente é truncado antes que ocorram adições; isto é, apenas o bit de sinal e os quatro bits mais significativos são retidos.

(b) Calcule a resposta do sistema digitalizado à entrada no item (a) e esboce as respostas dos sistemas digitalizado e não digitalizado para $0 \leq n \leq 5$. Como as respostas se comparam a um n grande?

(c) Agora, considere o sistema representado na Figura P6.57-2, sendo

$$x[n] = \begin{cases} \frac{1}{2}(-1)^n, & n \geq 0, \\ 0, & n < 0. \end{cases}$$

Repita os itens (a) e (b) para esse sistema e essa entrada.

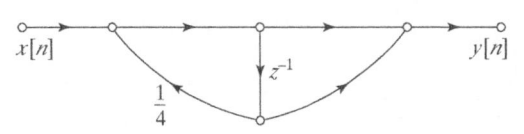

Figura P6.57-2

6.58. Um sistema LIT causal tem uma função de sistema

$$H(z) = \frac{1}{1 - 1{,}04 z^{-1} + 0{,}98 z^{-2}}.$$

(a) Esse sistema é estável?
(b) Se os coeficientes forem arredondados para o décimo mais próximo, o sistema resultante é estável?

6.59. Quando implementados com aritmética de precisão infinita, os diagramas de fluxo na Figura P6.59 têm a mesma função de sistema.

(a) Mostre que os dois sistemas têm a mesma função de sistema global da entrada $x[n]$ até a saída $y[n]$.

(b) Suponha que os sistemas anteriores sejam implementados com aritmética de ponto fixo em complemento de dois e que os produtos sejam arredondados *antes* que as adições sejam realizadas. Desenhe diagramas de fluxo de sinais que inserem fontes de ruído de arredondamento em locais apropriados nos diagramas de fluxo de sinais da Figura P6.59.

(c) Indique os nós em seu diagrama do item (b) em que o transbordamento pode ocorrer.

(d) Determine a amplitude máxima das amostras de entrada tal que o transbordamento não possa ocorrer em nenhum dos dois sistemas.

(e) Suponha que $|a| < 1$. Determine a potência total de ruído na saída de cada sistema e determine o valor máximo de $|a|$ tal que a Rede 1 tenha menor potência de ruído de saída do que a Rede 2.

Rede 1

Rede 2

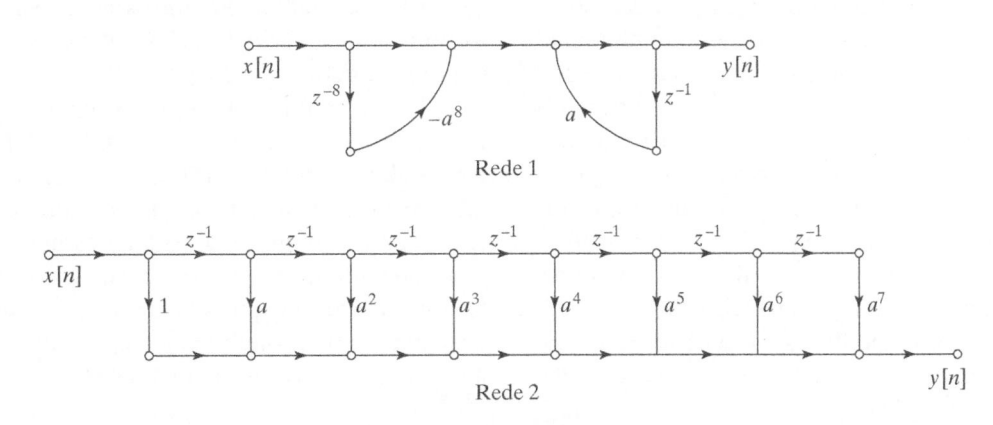

Figura P6.59

Capítulo 7 — Técnicas de projeto de filtros

7.0 Introdução

Filtros são uma classe particularmente importante de sistemas LIT. Estritamente falando, o termo *filtro seletivo em frequência* sugere um sistema que passa certos componentes de frequência de um sinal de entrada e rejeita totalmente todos os outros, mas, em um contexto mais amplo, qualquer sistema que modifica certas frequências em relação a outras é também chamado de filtro. Embora a ênfase principal neste capítulo esteja no projeto de filtros seletivos em frequência, algumas das técnicas se aplicam de forma mais geral. Concentramo-nos no projeto de filtros causais, embora, em muitos contextos, os filtros não precisem estar restritos a projetos causais. Frequentemente, filtros não causais são projetados e implementados modificando projetos causais.

O projeto de filtros de tempo discreto corresponde à determinação dos parâmetros de uma função de transferência ou de uma equação de diferenças que aproxima uma resposta ao impulso ou uma resposta em frequência dentro de tolerâncias especificadas. Como discutido no Capítulo 2, os sistemas de tempo discreto implementados com equações de diferenças caem em duas categorias básicas: sistemas com resposta ao impulso infinita (IIR, do inglês *infinite impulse response*) e sistemas com resposta ao impulso finita (FIR, do inglês *finite impulse response*). O projeto de filtros IIR implica a obtenção de uma função de transferência aproximada que seja uma função racional de z, enquanto o projeto de filtros FIR leva a uma aproximação polinomial. As técnicas de projeto comumente utilizadas para essas duas classes tomam formas diferentes. Quando os filtros de tempo discreto começaram a ser comumente usados, seus projetos eram baseados no mapeamento de projetos de filtro de tempo contínuo, bem formulados e bem entendidos, em projetos de tempo discreto por meio de técnicas como a invariância ao impulso e a transformação bilinear, como discutiremos nas seções 7.2.1 e 7.2.2. Estas sempre resultam em filtros IIR e permanecem no núcleo do projeto dos filtros IIR de tempo discreto seletivos de frequência. Por outro lado, como não existe um conjunto de técnicas de projeto FIR em tempo contínuo que possa ser adaptado ao caso de tempo discreto, as técnicas de projeto para essa classe de filtros emergiram apenas depois que eles se tornaram importantes em sistemas práticos. As abordagens mais comuns no projeto de filtros FIR são o uso de janelamento, como discutiremos na Seção 7.5, e a classe de algoritmos iterativos, discutida na Seção 7.7, chamados coletivamente de algoritmo de Parks–McClellan.

O projeto de filtros envolve os seguintes estágios: a especificação das propriedades desejadas do sistema, a aproximação das especificações usando um sistema de tempo discreto causal e a realização do sistema. Embora essas três etapas certamente não sejam independentes, focalizamos nossa atenção principalmente na segunda etapa, sendo a primeira altamente dependente da aplicação e a terceira dependente da tecnologia a ser usada para a implementação. Em um ambiente prático, o filtro desejado geralmente é implementado com *hardware* digital e é frequentemente usado para filtrar um sinal que é obtido de um sinal de tempo contínuo por meio de amostragem periódica seguida pela conversão A/D. Por esse motivo, tornou-se comum chamar os filtros de tempo discreto de *filtros digitais*, embora as técnicas de projeto subjacentes mais frequentemente se relacionem apenas à natureza de tempo discreto dos sinais e sistemas. Os problemas associados à digitalização dos coeficientes dos filtros e dos sinais inerentes às representações digitais são tratados separadamente, como já discutimos no Capítulo 6.

Neste capítulo, discutiremos uma ampla gama de métodos para projetos tanto de filtros IIR como FIR. Em qualquer contexto prático, existe uma variedade de dilemas entre essas duas classes de filtros, e muitos fatores que precisam ser considerados na escolha de um procedimento de projeto ou classe de filtro específicos. O objetivo deste capítulo é discutir e ilustrar algumas das técnicas de projeto mais amplamente usadas e sugerir alguns dos compromissos envolvidos.

7.1 Especificações do filtro

Em nossa discussão de técnicas de projeto de filtro, focaremos principalmente os filtros passa-baixas seletivos em frequência, embora muitas das técnicas e exemplos se generalizem para outros tipos de filtros. Além disso, como discutido na Seção 7.4, os projetos de filtro passa-baixas são facilmente transformados em outros tipos de filtros seletivos em frequência.

Na Figura 7.1 é mostrada uma representação típica dos limites de tolerância associados à aproximação de um filtro passa-baixas de tempo discreto que idealmente tem ganho unitário na faixa de passagem e ganho nulo na faixa de rejeição. Chamamos um gráfico como o da Figura 7.1 de "diagrama de tolerâncias".

Como a aproximação não pode ter uma transição abrupta da faixa de passagem para a faixa de rejeição, uma região de transição da frequência da extremidade da faixa de passagem ω_p até o início da faixa de rejeição em ω_s é permitida, na qual o ganho do filtro não é especificado.

Dependente de certa forma da aplicação e do alicerce histórico da técnica de projeto, os limites de tolerância da faixa de passagem podem variar simetricamente em torno do ganho unitário, caso em que $\delta_{p1} = \delta_{p2}$, ou então pode-se restringir a faixa de passagem de modo a ter ganho máximo unitário, caso em que $\delta_{p1} = 0$.

Muitos dos filtros usados na prática são especificados por um diagrama de tolerância similar àquele apresentado a seguir no Exemplo 7.1, sem restrições sobre a resposta de fase além daquelas impostas implicitamente pelos requisitos de estabilidade e causalidade. Por exemplo, os polos da função de sistema para um filtro IIR causal e estável devem estar no interior do círculo unitário. No projeto de filtros FIR, frequentemente impomos a restrição de fase linear. Isso remove a fase do sinal do processo de projeto.

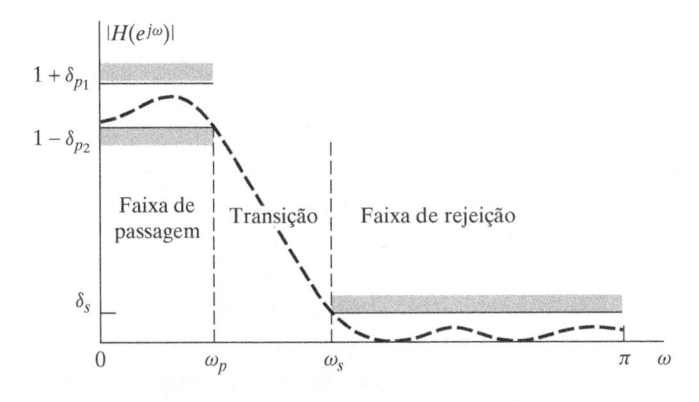

Figura 7.1 Diagrama de tolerâncias de um filtro passa-baixas.

Exemplo 7.1 Determinando especificações para um filtro de tempo discreto

Considere um filtro passa-baixas de tempo discreto que é usado para filtrar um sinal de tempo contínuo usando a configuração básica da Figura 7.2. Como mostrado na Seção 4.4, se um sistema de tempo discreto LIT for usado como na Figura 7.2, e se a entrada for de banda limitada e a frequência de amostragem for alta o suficiente para evitar *aliasing*, então o sistema total se comporta como um sistema LIT de tempo contínuo com resposta em frequência

$$H_{\text{eff}}(j\Omega) = \begin{cases} H(e^{j\Omega T}), & |\Omega| < \pi/T, \\ 0, & |\Omega| \geq \pi/T. \end{cases} \quad (7.1a)$$

Nesses casos, é direto converter especificações do filtro de tempo contínuo efetivo em especificações do filtro de tempo discreto por meio da relação $\omega = \Omega T$. Isto é, $H(e^{j\omega})$ é especificado sobre um período pela equação

$$H(e^{j\omega}) = H_{\text{eff}}\left(j\frac{\omega}{T}\right), \quad |\omega| < \pi. \quad (7.1b)$$

Para este exemplo, o sistema total da Figura 7.2 deve ter as seguintes propriedades quando a taxa de amostragem é de 10^4 amostras/s ($T = 10^{-4}$ s):

1. O ganho $|H_{\text{eff}}(j\Omega)|$ deve estar a uma distância máxima de $\pm 0{,}01$ da unidade na faixa de frequências $0 \leq \Omega \leq 2\pi(2000)$.
2. O ganho não deve ser maior do que $0{,}001$ na faixa de frequências $2\pi(3000) \leq \Omega$.

Como a Equação 7.1(a) faz um mapeamento entre as frequências de tempo contínuo e tempo discreto, ela afeta somente as frequências dos extremos das faixas de passagem e de rejeição, e não os limites de tolerância da magnitude da resposta em frequência. Para este exemplo específico, os parâmetros são

$$\delta_{p1} = \delta_{p2} = 0{,}01$$
$$\delta_s = 0{,}001$$
$$\omega_p = 0{,}4\pi \text{ radianos}$$
$$\omega_s = 0{,}6\pi \text{ radianos}$$

Portanto, nesse caso, a magnitude ideal na faixa de passagem é unitária e pode variar entre $(1 + \delta_{p1})$ e $(1 - \delta_{p2})$, e a magnitude na faixa de rejeição pode variar entre 0 e δ_s. Expressando em unidades de decibéis,

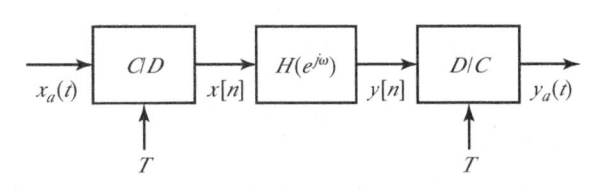

Figura 7.2 Sistema básico para filtragem em tempo discreto de sinais de tempo contínuo.

ganho ideal na faixa de passagem em decibéis	$= 20 \log 10(1)$	$= 0$ dB
ganho máximo na faixa de passagem em decibéis	$= 20 \log_{10}(1,01)$	$= 0,0864$ dB
ganho mínimo na faixa de passagem em sua extremidade em decibéis	$= 20 \log_{10}(0,99)$	$= -0,873$ dB
ganho máximo na faixa de rejeição em decibéis	$= 20 \log_{10}(0,001)$	$= -60$ dB

O Exemplo 7.1 foi formulado no contexto do uso de um filtro de tempo discreto para processar um sinal de tempo contínuo após a amostragem periódica. Há muitas aplicações em que um sinal de tempo discreto a ser filtrado não é obtido de um sinal de tempo contínuo, e existem diversos meios além da amostragem periódica para representar sinais de tempo contínuo em termos de sequências. Além disso, na maior parte das técnicas de projeto que discutimos, o período de amostragem não desempenha nenhum papel no procedimento de aproximação. Por esses motivos, assumimos o ponto de vista de que o problema de projeto de filtro começa com um conjunto de especificações desejadas em termos da variável de frequência de tempo discreto ω. Dependendo da aplicação ou do contexto específico, essas especificações podem ou não ser obtidas por uma consideração da filtragem no contexto da Figura 7.2.

7.2 Projeto de filtros IIR de tempo discreto a partir de filtros de tempo contínuo

Historicamente, à medida que a área de processamento digital de sinais emergia, técnicas para o projeto de filtros IIR de tempo discreto baseavam-se na transformação de um filtro de tempo contínuo em um filtro de tempo discreto que atendia a especificações prescritas. Essa foi e ainda é uma abordagem razoável por vários motivos:

* A arte do projeto de filtro IIR de tempo contínuo está altamente avançada e, como resultados úteis podem ser alcançados, é vantajoso usar os procedimentos de projeto já desenvolvidos para filtros de tempo contínuo.
* Muitos métodos úteis de projeto IIR de tempo contínuo possuem fórmulas fechadas de projeto relativamente simples. Portanto, os métodos de projeto de filtro IIR de tempo discreto baseados nessas fórmulas padrão de projeto de tempo contínuo são simples de aplicar.
* Os métodos de aproximação padrão que funcionam bem para filtros IIR de tempo contínuo não levam a fórmulas de projeto fechadas simples quando esses métodos são aplicados diretamente ao caso IIR de tempo discreto, pois a resposta em frequência de um filtro de tempo discreto é periódica, e a de um filtro de tempo contínuo, não.

O fato de que os projetos de filtro de tempo contínuo podem ser mapeados para projetos de filtro de tempo discreto é totalmente não relacionado e independente de o filtro de tempo discreto ser ou não usado na configuração da Figura 7.2 para o processamento de sinais de tempo contínuo. Enfatizamos novamente que o procedimento de projeto para o sistema de tempo discreto começa a partir de um conjunto de especificações de tempo discreto. Daqui em diante, assumimos que essas especificações tenham sido devidamente determinadas. Usaremos métodos de aproximação de filtro de tempo contínuo somente como uma conveniência na determinação do filtro de tempo discreto que atenda às especificações desejadas. De fato, o filtro de tempo contínuo em que a aproximação é baseada pode ter uma resposta em frequência completamente diferente da resposta em frequência efetiva quando o filtro de tempo discreto é usado na configuração da Figura 7.2.

Ao projetar um filtro de tempo discreto pela transformação de um filtro de tempo contínuo prototípico, as especificações para o filtro de tempo contínuo são obtidas por uma transformação das especificações para o filtro de tempo discreto desejado. A função de sistema $H_c(s)$ ou a resposta ao impulso $h_c(t)$ do filtro de tempo contínuo são então obtidas por meio de um dos métodos de aproximação estabelecidos, usados para o projeto de filtro de tempo contínuo, como aqueles que são discutidos no Apêndice B. Em seguida, a função de sistema $H(z)$ ou a resposta ao impulso $h[n]$ para o filtro de tempo discreto é obtida aplicando-se a $H_c(s)$ ou $h_c(t)$ uma transformação do tipo discutido nesta seção.

Nessas transformações, geralmente requereremos que as propriedades essenciais da resposta em frequência de tempo contínuo sejam preservadas na resposta em frequência do filtro de tempo discreto resultante. Especificamente, isso implica que queremos que o eixo imaginário do plano s seja mapeado na circunferência unitária do plano z. Uma segunda condição é que um filtro de tempo contínuo estável deve ser transformado em um filtro de tempo discreto estável. Isso significa que, se o sistema de tempo contínuo tiver polos somente no semiplano esquerdo do plano s, então o filtro de tempo discreto deverá ter polos somente no interior do círculo unitário no plano z. Essas restrições são básicas a todas as técnicas discutidas nesta seção.

7.2.1 Projeto de filtro por invariância ao impulso

Na Seção 4.4.2, discutimos o conceito de *invariância ao impulso*, em que um sistema de tempo discreto é definido pela amostragem da resposta ao impulso de um sistema de tempo contínuo. Mostramos que a invariância ao impulso fornece um meio direto de calcular amostras da saída de um sistema de tempo contínuo de banda limitada para sinais de entrada de banda limitada. Em alguns contextos, é particularmente apropriado e conveniente projetar um filtro de tempo discreto pela amostragem da resposta ao impulso de um filtro de tempo contínuo. Por exemplo, se o objetivo global é simular um sistema de tempo contínuo em uma configuração de tempo discreto, poderíamos tipicamente executar a simulação na configuração da Figura 7.2, com o projeto do sistema de tempo discreto de modo que sua resposta ao impulso corresponda a amostras do filtro de tempo contínuo a ser simulado. Em outros contextos, pode ser desejável manter, em uma configuração de tempo discreto, certas características do domínio do tempo de filtros de tempo contínuo bem desenvolvidos, como o sobressinal no domínio de tempo desejável, compactação da energia, ondulação controlada no domínio de tempo, e assim por diante. Como alternativa, no contexto de projeto de filtro, podemos pensar na invariância ao impulso como um método para obtermos um sistema de tempo discreto cuja resposta em frequência é determinada pela resposta em frequência de um sistema de tempo contínuo.

No procedimento de projeto por invariância ao impulso para transformar filtros de tempo contínuo em filtros de tempo discreto, a resposta ao impulso do filtro de tempo discreto é escolhida proporcional a amostras igualmente espaçadas da resposta ao impulso do filtro de tempo contínuo; ou seja,

$$h[n] = T_d h_c(nT_d), \qquad (7.2)$$

em que T_d representa um intervalo de amostragem. Conforme veremos mais adiante, como começamos o problema de projeto com as especificações do filtro de tempo discreto, o parâmetro T_d na Equação 7.2 de fato não tem papel algum no processo de projeto ou no filtro de tempo discreto resultante. Porém, como é comum especificar esse parâmetro na definição do procedimento, nós o incluímos na discussão a seguir. Mesmo que o filtro seja usado na configuração básica da Figura 7.2, o período de amostragem T_d do projeto não precisa ser o mesmo período de amostragem T associado às conversões C/D e D/C.

Quando a invariância ao impulso é usada como um meio para projetar um filtro de tempo discreto com uma resposta em frequência especificada, estamos especialmente interessados na relação entre as respostas em frequência dos filtros de tempo discreto e de tempo contínuo. Como consequência da discussão sobre amostragem no Capítulo 4, segue que a resposta em frequência do filtro de tempo discreto obtido pela Equação 7.2 está relacionada com a resposta em frequência do filtro de tempo contínuo por

$$H(e^{j\omega}) = \sum_{k=-\infty}^{\infty} H_c\left(j\frac{\omega}{T_d} + j\frac{2\pi}{T_d}k\right). \qquad (7.3)$$

Se o filtro de tempo contínuo for limitado em banda, de modo que

$$H_c(j\Omega) = 0, \qquad |\Omega| \geq \pi/T_d, \qquad (7.4)$$

então

$$H(e^{j\omega}) = H_c\left(j\frac{\omega}{T_d}\right), \qquad |\omega| \leq \pi; \qquad (7.5)$$

isto é, as respostas em frequência de tempo discreto e tempo contínuo estão relacionadas por uma mudança de escala linear do eixo de frequências, a saber, $\omega = \Omega T_d$ para $|\omega| < \pi$. Infelizmente, nenhum filtro de tempo contínuo prático pode ser de banda limitada e, consequentemente, ocorre interferência entre termos sucessivos na Equação 7.3, causando *aliasing*, como ilustrado na Figura 7.3. Porém, se a resposta em frequência do filtro de tempo contínuo se aproxima de zero nas altas frequências, o *aliasing* pode ser insignificantemente pequeno, e um filtro de tempo discreto útil pode resultar da amostragem da resposta ao impulso de um filtro de tempo contínuo.

Quando o procedimento de projeto pela invariância ao impulso é usado para utilizar procedimentos de projeto de filtro de tempo contínuo para o projeto de

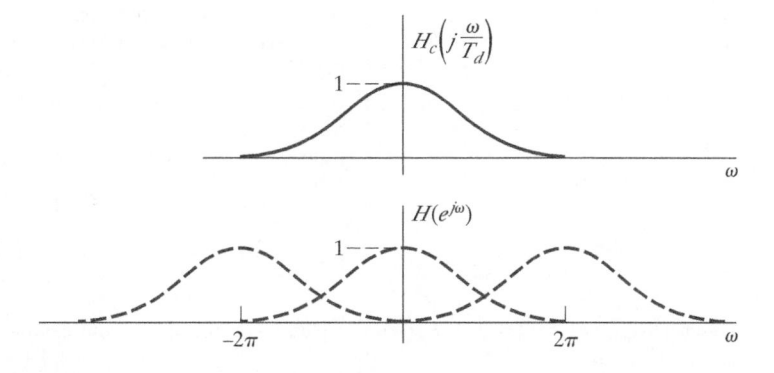

Figura 7.3 Exemplo do *aliasing* na técnica de projeto por invariância ao impulso.

um filtro de tempo discreto com especificações de resposta em frequência dadas, as especificações de filtro de tempo discreto são transformadas primeiro em especificações de filtro de tempo contínuo por meio da Equação 7.5. Supondo que o *aliasing* envolvido na transformação de $H_c(j\Omega)$ em $H(e^{j\omega})$ é desprezível, obtemos as especificações de $H_c(j\Omega)$ aplicando a relação

$$\Omega = \omega/T_d \qquad (7.6)$$

para obter as especificações do filtro de tempo contínuo a partir das especificações de $H(e^{j\omega})$. Depois de obter um filtro de tempo contínuo que atende a essas especificações, o filtro de tempo contínuo com função de sistema $H_c(s)$ é transformado no filtro de tempo discreto desejado com função de sistema $H(z)$. Desenvolvemos os detalhes algébricos da transformação de $H_c(s)$ em $H(z)$ a seguir. Antes, note, porém, que na transformação de volta para a frequência de tempo discreto, $H(e^{j\omega})$ estará relacionada a $H_c(j\Omega)$ pela Equação 7.3, que novamente aplica a transformação da Equação 7.6 ao eixo das frequências. Como consequência, o parâmetro de "amostragem" T_d não pode ser usado para controlar o *aliasing*. Como as especificações básicas estão em termos da frequência de tempo discreto, se a taxa de amostragem for aumentada (ou seja, se T_d for tomado menor), então a frequência de corte do filtro de tempo contínuo precisa aumentar proporcionalmente. Na prática, para compensar o *aliasing* que pode ocorrer na transformação de $H_c(j\Omega)$ em $H(e^{j\omega})$, o filtro de tempo contínuo pode ser de alguma forma superdimensionado, isto é, projetado para exceder as especificações, particularmente na faixa de rejeição.

Embora a transformação da invariância ao impulso de tempo contínuo para tempo discreto seja definida em termos da amostragem no domínio do tempo, é fácil implementá-la como uma transformação da função de sistema. Para deduzir essa transformação, consideramos a função de sistema de um filtro de tempo contínuo causal expresso em termos de uma expansão em frações parciais, de modo que[1]

$$H_c(s) = \sum_{k=1}^{N} \frac{A_k}{s - s_k}. \qquad (7.7)$$

A resposta ao impulso correspondente é

$$h_c(t) = \begin{cases} \displaystyle\sum_{k=1}^{N} A_k e^{s_k t}, & t \geq 0, \\ 0, & t < 0. \end{cases} \qquad (7.8)$$

A resposta ao impulso do filtro de tempo discreto causal obtido pela amostragem de $T_d h_c(t)$ é

$$h[n] = T_d h_c(nT_d) = \sum_{k=1}^{N} T_d A_k e^{s_k n T_d} u[n]$$
$$= \sum_{k=1}^{N} T_d A_k (e^{s_k T_d})^n u[n]. \qquad (7.9)$$

A função de sistema do filtro de tempo discreto causal é, portanto, dada por

$$H(z) = \sum_{k=1}^{N} \frac{T_d A_k}{1 - e^{s_k T_d} z^{-1}}. \qquad (7.10)$$

Comparando-se as equações 7.7 e 7.10, observamos que um polo em $s = s_k$ no plano s se transforma em um polo em $z = e^{s_k T_d}$ no plano z e os coeficientes nas expansões em frações parciais de $H_c(s)$ e $H(z)$ são iguais, exceto por um fator escalar T_d. Se o filtro causal de tempo contínuo for estável, o que corresponde à parte real de s_k ser menor do que zero, então a magnitude de $e^{s_k T_d}$ será menor do que a unidade, de modo que o polo correspondente no filtro de tempo discreto estará no interior do círculo unitário. Portanto, o filtro de tempo discreto causal também é estável. Embora os polos no plano s sejam mapeados em polos no plano z de acordo com a relação $z_k = e^{s_k T_d}$, é importante reconhecer que o procedimento de projeto pela invariância ao impulso não corresponde a um mapeamento simples do plano s no plano z por essa relação. Em particular, os zeros na função de sistema de tempo discreto são uma função dos polos $e^{s_k T_d}$ e dos coeficientes $T_d A_k$ na expansão em frações parciais e, em geral, eles não serão mapeados da mesma forma que os polos. Ilustramos o procedimento de projeto pela invariância ao impulso de um filtro passa-baixas com o exemplo a seguir.

Exemplo 7.2 Invariância ao impulso com um filtro Butterworth

Neste exemplo, consideramos o projeto de um filtro de tempo discreto passa-baixas aplicando a invariância ao impulso a um filtro de tempo contínuo apropriado. A classe de filtros que escolhemos para este exemplo é chamada de filtros Butterworth, que discutiremos com mais detalhes na Seção 7.3 e no Apêndice B.[2] As especificações para o filtro de tempo discreto correspondem ao ganho na faixa de passagem entre 0 dB e −1 dB e atenuação na faixa de rejeição de pelo menos −15 dB, isto é,

$$0{,}89125 \leq |H(e^{j\omega})| \leq 1, \quad 0 \leq |\omega| \leq 0{,}2\pi, \qquad (7.11a)$$
$$|H(e^{j\omega})| \leq 0{,}17783, \quad 0{,}3\pi \leq |\omega| \leq \pi. \qquad (7.11b)$$

---

[1] Por simplicidade, assumimos na discussão que todos os polos de $H(s)$ são simples. No Problema 7.41, consideramos as modificações requeridas para polos múltiplos.

[2] Os filtros Butterworth e Chebyshev de tempo contínuo são discutidos no Apêndice B.

Como o parâmetro T_d se cancela no procedimento de invariância ao impulso, podemos simplesmente escolher $T_d = 1$, de modo que $\omega = \Omega$. No Problema 7.2, este mesmo exemplo é considerado, mas com o parâmetro T_d incluído explicitamente para ilustrar como e onde ele se cancela.

No projeto de filtro aplicando a invariância ao impulso a um filtro Butterworth de tempo contínuo, primeiro temos de transformar as especificações de tempo discreto em especificações do filtro de tempo contínuo. Para este exemplo, consideraremos desprezível o efeito do *aliasing* na Equação 7.3. Depois que o projeto estiver concluído, poderemos verificar se a resposta em frequência resultante atende às especificações nas equações 7.11(a) e (b).

Com as considerações anteriores, queremos projetar um filtro Butterworth de tempo contínuo com função de magnitude $|H_c(j\Omega)|$ para a qual

$$0{,}89125 \leq |H_c(j\Omega)| \leq 1, \quad 0 \leq |\Omega| \leq 0{,}2\pi, \quad (7.12a)$$

$$|H_c(j\Omega)| \leq 0{,}17783, \quad 0{,}3\pi \leq |\Omega| \leq \pi. \quad (7.12b)$$

Como a resposta em magnitude de um filtro Butterworth analógico é uma função monotônica da frequência, as equações 7.12(a) e 7.12(b) serão satisfeitas se $H_c(j\,0) = 1$,

$$|H_c(j\,0{,}2\pi)| \geq 0{,}89125 \quad (7.13a)$$

e

$$|H_c(j\,0{,}3\pi)| \leq 0{,}17783. \quad (7.13b)$$

A função de magnitude ao quadrado de um filtro Butterworth tem a forma

$$|H_c(j\Omega)|^2 = \frac{1}{1 + (\Omega/\Omega_c)^{2N}}, \quad (7.14)$$

de modo que o processo de projeto de filtro consiste em determinar os parâmetros N e Ω_c para atender às especificações desejadas. Usar a Equação 7.14 nas equações 7.13 com igualdades leva às equações

$$1 + \left(\frac{0{,}2\pi}{\Omega_c}\right)^{2N} = \left(\frac{1}{0{,}89125}\right)^2 \quad (7.15a)$$

e

$$1 + \left(\frac{0{,}3\pi}{\Omega_c}\right)^{2N} = \left(\frac{1}{0{,}17783}\right)^2. \quad (7.15b)$$

A solução simultânea dessas duas equações é $N = 5{,}8858$ e $\Omega_c = 0{,}70474$. O parâmetro N, porém, precisa ser um inteiro. Para que as especificações sejam atendidas ou excedidas, temos de arredondar N para o inteiro acima mais próximo, $N = 6$, caso em que o filtro não satisfará exatamente as equações 7.15(a) e (b) simultaneamente. Com $N = 6$, o parâmetro de filtro Ω_c pode ser escolhido de forma a exceder os requisitos especificados (isto é, ter um erro de aproximação inferior) ou na faixa de passagem, ou na faixa de rejeição ou em ambas. Especificamente, quando o valor de Ω_c varia, existe um compromisso entre o quanto as especificações da faixa de rejeição e da faixa de passagem são excedidas. Se substituirmos $N = 6$ na Equação 7.15(a), obtemos ($\Omega_c = 0{,}7032$). Com esse valor, as especificações da faixa de passagem (do filtro de tempo contínuo) serão atendidas exatamente, e as especificações da faixa de rejeição (do filtro de tempo contínuo)

serão excedidas. Isso permite uma margem para o *aliasing* no filtro de tempo discreto. Com ($\Omega_c = 0{,}7032$) e com $N = 6$, os 12 polos da função de magnitude ao quadrado $H_c(s)H_c(-s) = 1/[1+(s/j\Omega_c)^{2N}]$ são distribuídos uniformemente em ângulo em uma circunferência de raio ($\Omega_c = 0{,}7032$), como indicado na Figura 7.4. Consequentemente, os polos de $H_c(s)$ são os três pares de polos no semiplano esquerdo do plano s com as seguintes coordenadas:

Par de polos 1: $-0{,}182 \pm j\,(0{,}679)$,
Par de polos 2: $-0{,}497 \pm j\,(0{,}497)$,
Par de polos 3: $-0{,}679 \pm j\,(0{,}182)$.

Portanto,

$$H_c(s) = \frac{0{,}12093}{(s^2 + 0{,}3640s + 0{,}4945)(s^2 + 0{,}9945s + 0{,}4945)(s^2 + 1{,}3585s + 0{,}4945)}$$

(7.16)

Se expressarmos $H_c(s)$ como uma expansão em frações parciais, realizarmos a transformação da Equação 7.10 e depois combinarmos os termos complexos conjugados, a função de sistema resultante do filtro de tempo discreto será

$$H(z) = \frac{0{,}2871 - 0{,}4466z^{-1}}{1 - 1{,}2971z^{-1} + 0{,}6949z^{-2}} +$$
$$+ \frac{-2{,}1428 + 1{,}1455z^{-1}}{1 - 1{,}0691z^{-1} + 0{,}3699z^{-2}} + \quad (7.17)$$
$$+ \frac{1{,}8557 - 0{,}6303z^{-1}}{1 - 0{,}9972z^{-1} + 0{,}2570z^{-2}}.$$

Como é evidente pela Equação 7.17, a função de sistema resultante do procedimento de projeto pela invariância ao impulso pode ser realizada diretamente na forma paralela. Se a forma em cascata ou a direta for desejada, os termos de segunda ordem separados são primeiro combinados de maneira apropriada.

As funções resposta em frequência do sistema de tempo discreto são mostradas na Figura 7.5. O filtro de tempo contínuo prototípico foi projetado para atender exatamente às especificações na extremidade da faixa de passagem e exceder as especificações na extremidade da faixa de

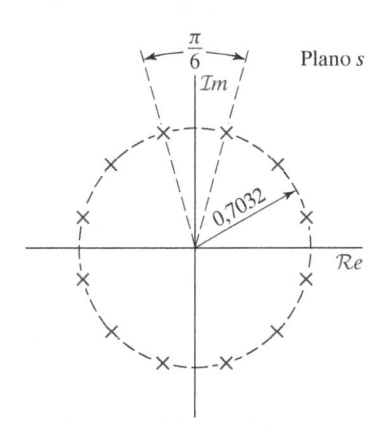

Figura 7.4 Localizações no plano s dos polos de $H_c(s)H_c(-s)$ para o filtro Butterworth de ordem 6 do Exemplo 7.2.

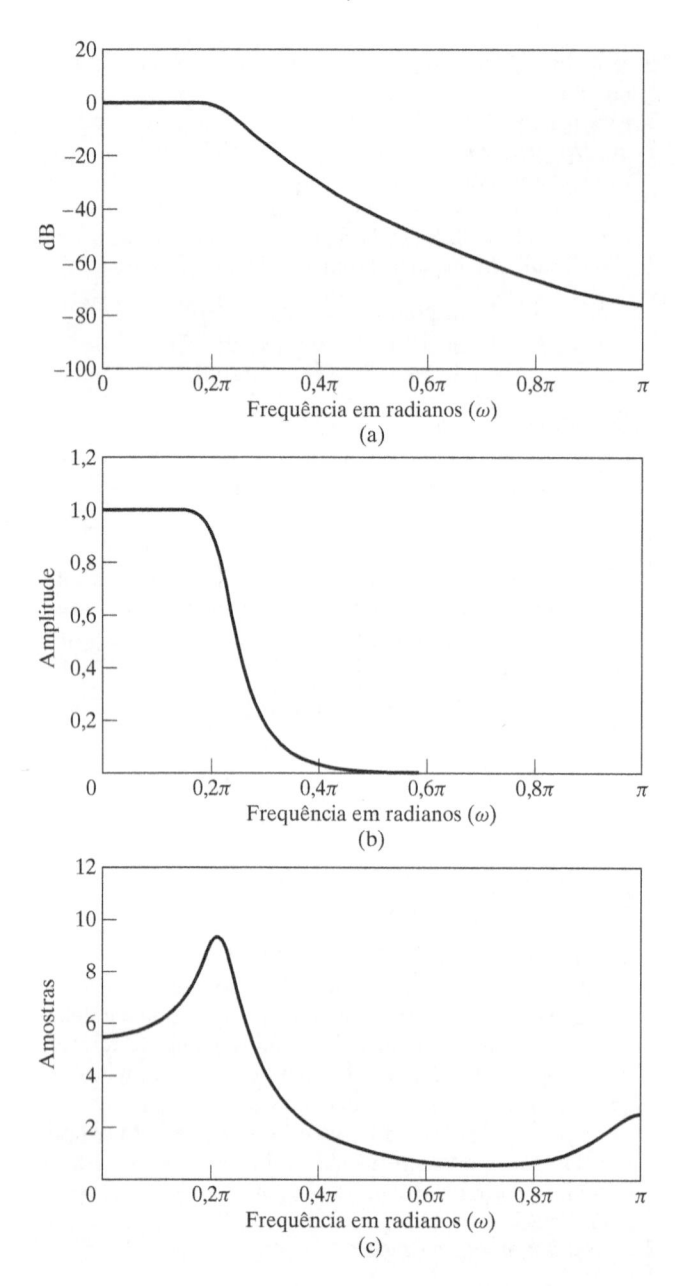

Figura 7.5 Resposta em frequência do filtro Butterworth de ordem 6 transformado pela invariância ao impulso. (a) Magnitude logarítmica em dB. (b) Magnitude. (c) Atraso de grupo.

▶ rejeição, e isso mostra-se verdadeiro para o filtro de tempo discreto resultante. Essa é uma indicação de que o filtro de tempo contínuo era suficientemente limitado em banda, de modo que o *aliasing* não representou problema. De fato, a diferença entre $20\log_{10}|H(e^{j\omega})|$ e $20\log_{10}|H_c(j\Omega)|$ não seria visível nessa escala gráfica, exceto por um leve desvio em torno de $\omega = \pi$. (Lembre-se de que $T_d = 1$, de modo que $\Omega = \omega$.) Às vezes, o *aliasing* é um problema muito maior. Se o filtro de tempo discreto resultante deixa de atender às especificações devido ao *aliasing*, não existe outra alternativa com a invariância ao impulso além de tentar novamente com um filtro de ordem mais alta ou com diferentes parâmetros do filtro, mantendo a ordem fixada.

O fundamento para a invariância ao impulso é escolher uma resposta ao impulso para o filtro de tempo discreto que seja similar em algum sentido à resposta ao impulso do filtro de tempo contínuo. O uso desse procedimento pode ser motivado por um desejo de manter a forma da resposta ao impulso ou pelo conhecimento de que, se o filtro de tempo contínuo for limitado em banda, consequentemente a resposta em frequência do filtro de tempo discreto se aproximará bastante da resposta em frequência em tempo contínuo. Quando o objetivo principal é controlar algum aspecto da resposta no tempo, como a resposta ao impulso ou a resposta ao degrau, uma abordagem natural pode ser projetar o filtro de tempo discreto por invariância ao impulso ou por invariância ao degrau. Nesse último caso, a resposta do filtro a uma função degrau unitário amostrada é definida como a sequência obtida pela amostragem da resposta ao degrau em tempo contínuo. Se o filtro de tempo contínuo tiver boas características de resposta ao degrau, como um tempo de subida curto e baixo pico de sobressinal, essas características serão preservadas no filtro de tempo discreto. Claramente, esse conceito de invariância à forma de onda pode ser estendido à preservação da forma de onda de saída para uma variedade de entradas, como ilustrado no Problema 7.1. No problema é apontado o fato de que transformar o mesmo filtro de tempo contínuo por invariância ao impulso e também pela invariância ao degrau (ou algum outro critério de invariância à forma de onda) não leva ao mesmo filtro de tempo discreto nos dois casos.

No procedimento de projeto pela invariância ao impulso, a relação entre frequência de tempo contínuo e tempo discreto é linear; consequentemente, exceto pelo *aliasing*, a forma da resposta em frequência é preservada. Isso contrasta com o procedimento a ser discutido a seguir, que é baseado em uma transformação algébrica. Concluindo esta subseção, repetimos que a técnica da invariância ao impulso é apropriada somente para filtros de banda limitada; filtros de tempo contínuo passa-altas ou rejeita-faixas, por exemplo, exigiriam limitação em banda adicional para evitar severa distorção devido ao *aliasing* se o projeto por invariância ao impulso for usado.

7.2.2 Transformação bilinear

A técnica discutida nesta subseção usa a transformação bilinear, uma transformação algébrica entre as variáveis s e z, que mapeia todo o eixo $j\Omega$ no plano s em uma volta na circunferência unitária no plano z. Como com essa técnica, $-\infty \leq \Omega \leq \infty$ é mapeado em $-\pi \leq \omega \leq \pi$, a transformação entre as variáveis de frequência de tempo contínuo e tempo discreto é necessariamente não linear. Portanto, o uso dessa técnica é restrito a situações em que a deformação não linear correspondente do eixo das frequências é aceitável.

Com $H_c(s)$ denotando a função de sistema de tempo contínuo e $H(z)$, a função de sistema de tempo discreto, a transformação bilinear corresponde a substituir s por

$$s = \frac{2}{T_d}\left(\frac{1-z^{-1}}{1+z^{-1}}\right); \qquad (7.18)$$

ou seja,

$$H(z) = H_c\left(\frac{2}{T_d}\left(\frac{1-z^{-1}}{1+z^{-1}}\right)\right). \qquad (7.19)$$

Como na invariância ao impulso, um parâmetro de "amostragem" T_d normalmente é incluído na definição da transformação bilinear. Historicamente, esse parâmetro tem sido incluído, pois a equação de diferenças correspondente a $H(z)$ pode ser obtida pela aplicação da regra de integração trapezoidal à equação diferencial correspondente a $H_c(s)$, com T_d representando o tamanho do passo da integração numérica. (Veja Kaiser, 1966, e o Problema 7.49.) Porém, no projeto do filtro, nosso uso da transformação bilinear é firmado nas propriedades da transformação algébrica dada na Equação 7.18. Assim como na invariância ao impulso, o parâmetro T_d não tem consequência no procedimento do projeto, já que consideramos que o problema de projeto sempre começa com especificações do filtro de tempo discreto $H(e^{j\omega})$. Quando essas especificações são mapeadas em especificações de tempo contínuo, e o filtro de tempo contínuo é então mapeado de volta em um filtro de tempo discreto, o efeito de T_d é cancelado. Manteremos o parâmetro T_d em nossa discussão por motivos históricos; em problemas e exemplos específicos, qualquer valor conveniente pode ser escolhido.

Para deduzir as propriedades da transformação algébrica especificada na Equação 7.18, isolamos z para obter

$$z = \frac{1+(T_d/2)s}{1-(T_d/2)s}, \qquad (7.20)$$

e, substituindo $s = \sigma + j\Omega$ na Equação 7.20, obtemos

$$z = \frac{1+\sigma T_d/2 + j\Omega T_d/2}{1-\sigma T_d/2 - j\Omega T_d/2}. \qquad (7.21)$$

Se $\sigma < 0$, então, pela Equação 7.21, concluímos que $|z| < 1$ para qualquer valor de Ω. Similarmente, se $\sigma > 0$, então $|z| > 1$ para todo Ω. Isto é, se um polo de $H_c(s)$ está no semiplano esquerdo do plano s, sua imagem no plano z estará no interior do círculo unitário. Portanto, os filtros de tempo contínuo estáveis e causais são mapeados em filtros de tempo discreto estáveis e causais.

Em seguida, para mostrar que o eixo $j\Omega$ do plano s é mapeado na circunferência unitária, substituímos $s = j\Omega$ na Equação 7.20, obtendo

$$z = \frac{1+j\Omega T_d/2}{1-j\Omega T_d/2}. \qquad (7.22)$$

Pela Equação 7.22, fica claro que $|z| = 1$ para todos os valores de s sobre o eixo $j\Omega$. Ou seja, o eixo $j\Omega$ é mapeado na circunferência unitária, de modo que a Equação 7.22 toma a forma

$$e^{j\omega} = \frac{1+j\Omega T_d/2}{1-j\Omega T_d/2}. \qquad (7.23)$$

Para deduzir uma relação entre as variáveis ω e Ω, é útil retornar à Equação 7.18 e substituir $z = e^{j\omega}$. Obtemos

$$s = \frac{2}{T_d}\left(\frac{1-e^{-j\omega}}{1+e^{-j\omega}}\right), \qquad (7.24)$$

ou, de modo equivalente,

$$s = \sigma + j\Omega = \frac{2}{T_d}\left[\frac{2e^{-j\omega/2}(j\,\text{sen}\,\omega/2)}{2e^{-j\omega/2}(\cos\omega/2)}\right] = \frac{2j}{T_d}\text{tg}(\omega/2). \quad (7.25)$$

Igualar as partes real e imaginária nos dois membros da Equação 7.25 leva às relações $\sigma = 0$ e

$$\Omega = \frac{2}{T_d}\text{tg}(\omega/2), \qquad (7.26)$$

ou

$$\omega = 2\,\text{arctg}(\Omega T_d/2). \qquad (7.27)$$

Essas propriedades da transformação bilinear como um mapeamento entre o plano s e o plano z estão resumidas nas figuras 7.6 e 7.7. Pela Equação 7.27 e pela Figura 7.7, vemos que o intervalo de frequências $0 \leq \Omega \leq \infty$ é mapeado em $0 \leq \omega \leq \pi$, enquanto o intervalo $-\infty \leq \Omega \leq 0$ é mapeado em $-\pi \leq \omega \leq 0$. A transformação bilinear evita o problema de *aliasing* encontrado com o uso da invariância ao impulso, pois mapeia o eixo imaginário inteiro do plano s na circunferência unitária no plano z. O preço pago por isso, porém, é a compressão não linear do eixo das frequências, como representado na Figura 7.7. Consequentemente, o projeto de filtros de tempo discreto que usa a transformação bilinear é útil somente quando essa compressão pode ser tolerada ou compensada, como no caso de filtros que aproximam características de uma resposta em magnitude constante por partes ideal. Isso é ilustrado na Figura 7.8, na qual mostramos como uma resposta em frequência e um diagrama de tolerâncias em tempo contínuo são mapeados em uma resposta em frequência e um diagrama de tolerâncias em tempo discreto correspondentes por meio da deformação da frequência das equações 7.26 e 7.27. Se as frequências críticas (como as frequências das extremidades das faixas de passagem e de rejeição) do filtro de tempo contínuo forem previamente distorcidas de acordo com a Equação 7.26, então, quando o filtro de tempo contínuo for transformado em filtro de tempo

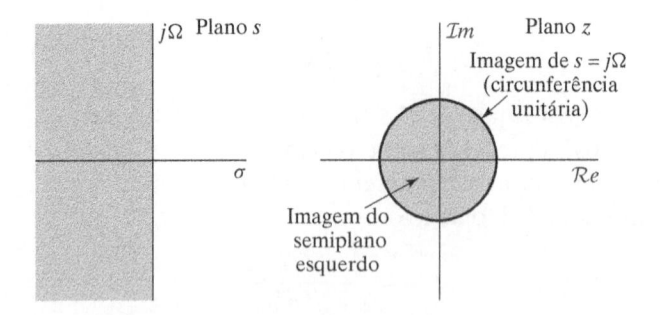

Figura 7.6 Mapeamento do plano *s* no plano *z* usando a transformação bilinear.

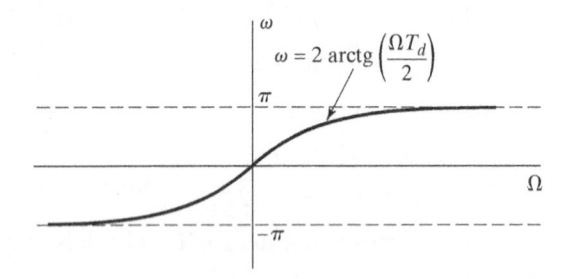

Figura 7.7 Mapeamento do eixo das frequências de tempo contínuo no eixo das frequências de tempo discreto pela transformação linear.

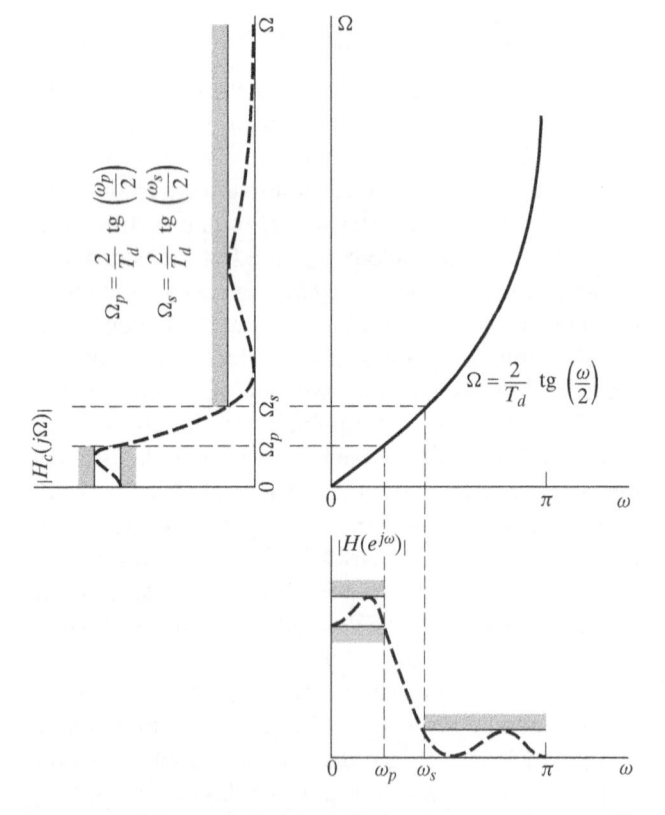

Figura 7.8 Deformação da frequência inerente à transformação bilinear de um filtro passa-baixas de tempo contínuo em um filtro passa-baixas de tempo discreto. Para obter as frequências de corte de tempo discreto desejadas, as frequências de corte de tempo contínuo devem ser previamente deformadas como indicado.

discreto usando a Equação 7.19, o filtro de tempo discreto atenderá às especificações desejadas.

Embora a transformação bilinear possa ser usada efetivamente no mapeamento de uma característica de resposta em magnitude constante por partes do plano *s* para o plano *z*, a deformação no eixo de frequência também se manifesta como uma deformação da resposta de fase do filtro. Por exemplo, na Figura 7.9 é mostrado o resultado da aplicação da transformação bilinear em um fator de fase linear ideal $e^{-s\alpha}$. Se substituirmos *s* pela Equação 7.18 e calcularmos o resultado sobre a circunferência unitária, o ângulo da fase será $-(2\alpha/T_d)\,\text{tg}(\omega/2)$. Na Figura 7.9, a curva sólida mostra a função $-(2\alpha/T_d)\,\text{tg}(\omega/2)$, e a curva tracejada é a função de fase linear periódica $-(\omega\alpha/T_d)$, que é obtida pelo uso da aproximação para ângulos pequenos $\omega/2 \approx \text{tg}(\omega/2)$. Por isso, deve ficar evidente que, se desejarmos um filtro passa-baixas de tempo discreto com uma característica de fase linear, não podemos obter tal filtro pela aplicação da transformação bilinear a um filtro passa-baixas de tempo contínuo com uma característica de fase linear.

Como mencionado anteriormente, devido à deformação da frequência, a transformação bilinear é mais útil no projeto de aproximações para filtros com características de magnitude em frequência constante por partes, como filtros passa-altas, passa-baixas e passa-faixas. Como demonstrado no Exemplo 7.2, a invariância ao impulso também pode ser usada para projetar filtros passa-baixas. Porém, a invariância ao impulso não pode ser usada para mapear projetos passa-altas de tempo contínuo em projetos passa-altas de tempo discreto, pois os filtros passa-altas de tempo contínuo não têm banda limitada.

No Exemplo 4.4, discutimos uma classe de filtros normalmente chamada de diferenciadores de tempo contínuo. Uma característica significativa da resposta em frequência dessa classe de filtros é que ela é linear com a frequência. A deformação não linear do eixo da frequência introduzida pela transformação bilinear não preservará essa propriedade. Consequentemente, a transformação bilinear aplicada a um diferenciador de tempo contínuo não resultará em um diferenciador de tempo discreto. Porém, a invariância ao impulso aplicada a um diferenciador de tempo contínuo devidamente limitado em banda resultará em um diferenciador de tempo discreto.

7.3 Filtros Butterworth, Chebyshev e elípticos de tempo discreto

Historicamente, as classes mais amplamente usadas de filtros de tempo contínuo seletivos em frequência são aquelas denominadas projetos de filtro Butterworth, Chebyshev e elíptico. No Apêndice B, re-

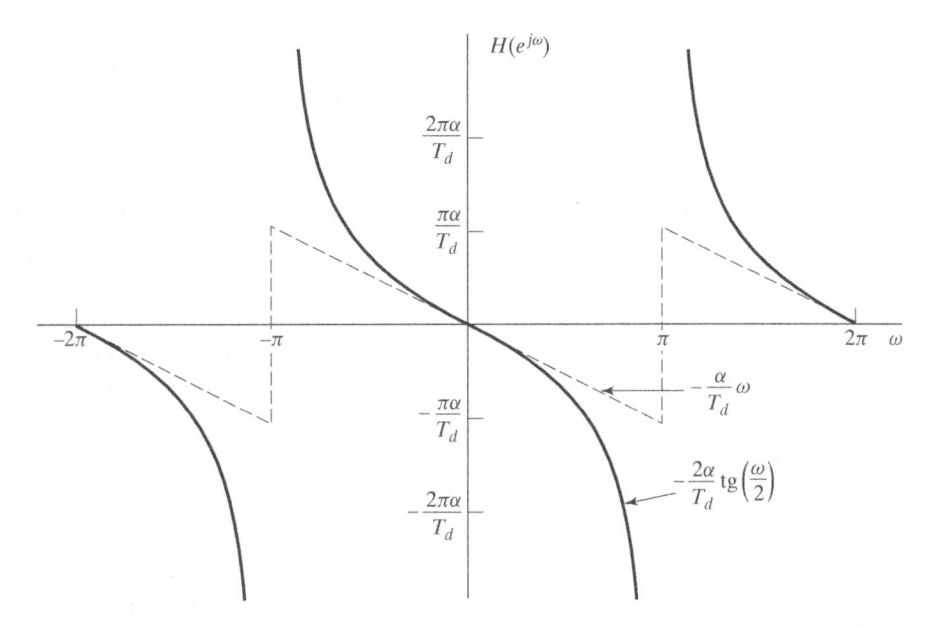

Figura 7.9 Exemplo do efeito da transformação bilinear em uma característica de fase linear. (A linha tracejada é a fase linear, e a linha sólida é a fase resultante da transformação bilinear.)

sumimos brevemente as características dessas três classes de filtros de tempo contínuo. As fórmulas fechadas de projeto associadas tornam o procedimento de projeto relativamente direto. Como discutimos no Apêndice B, a magnitude da resposta em frequência de um filtro de tempo contínuo Butterworth é monotônica nas faixas de passagem e de rejeição. Um filtro Chebyshev de Tipo I tem uma resposta em frequência com ondulações simétricas (*equiripple*) na faixa de passagem e varia monotonicamente na faixa de rejeição. Um filtro Chebyshev de Tipo II é monotônico na faixa de passagem e *equiripple* na faixa de rejeição. Um filtro elíptico é *equiripple* na faixa de passagem e na de rejeição. Claramente, essas propriedades serão preservadas quando o filtro for mapeado em um filtro digital com a transformação bilinear. Isso é ilustrado pela aproximação tracejada mostrada na Figura 7.8. Os filtros resultantes da aplicação da transformação bilinear a essas classes de filtros de tempo contínuo, conhecidas respectivamente como filtros Butterworth, Chebyshev e elíptico de tempo discreto, tornaram-se, de modo similar, muito usados como filtros de tempo discreto seletivos em frequência.

Como um primeiro passo no procedimento de projeto para qualquer uma dessas classes de filtros, as frequências críticas, ou seja, as frequências das extremidades das faixas, devem ser previamente deformadas para as frequências de tempo contínuo usando a Equação 7.26, de modo que a distorção de frequência inerente à transformação bilinear mapeará as frequências de tempo contínuo de volta para as frequências de tempo discreto corretas. Essa deformação prévia será ilustrada em mais detalhes no Exemplo 7.3. As tolerâncias permitidas nas faixas de passagem e de rejeição serão as mesmas para os filtros de tempo discreto e tempo contínuo, pois o mapeamento bilinear distorce apenas o eixo da frequência, e não a escala da amplitude. No uso de um pacote de projeto de filtro de tempo discreto como aqueles encontrados no MATLAB e no LabVIEW, as entradas típicas seriam as tolerâncias desejadas e as frequências críticas de tempo discreto. O programa de projeto trata implícita ou explicitamente de quaisquer deformações prévias necessárias nas frequências.

Antes de ilustrar essas classes de filtros com vários exemplos, vale a pena comentar algumas características gerais que podem ser esperadas. Notamos anteriormente que esperamos que as respostas em frequência dos filtros Butterworth, Chebyshev e elíptico retenham as características de monotonicidade e ondulações dos filtros de tempo contínuo correspondentes. O filtro Butterworth passa-baixas de tempo contínuo de ordem N possui N zeros em $\Omega = \infty$. Como a transformação bilinear mapeia $s = \infty$ em $z = -1$, esperaríamos que qualquer projeto Butterworth utilizando a transformação bilinear resultasse em N zeros em $z = -1$. O mesmo também se aplica ao filtro passa-baixas Chebyshev de Tipo I.

7.3.1 Exemplos de projetos de filtros IIR

Na discussão a seguir, apresentamos uma série de exemplos para ilustrar o projeto de filtros IIR. A finalidade do Exemplo 7.3 é ilustrar as etapas no projeto de um filtro Butterworth usando a transformação bilinear, em comparação com o uso da invariância ao impulso. No Exemplo 7.4 é apresentado um conjunto de exemplos comparando os projetos de filtros Butterworth,

Chebyshev I, Chebyshev II e elíptico. No Exemplo 7.5 ilustra-se, com um conjunto de especificações diferentes, os projetos de filtros Butterworth, Chebyshev I, Chebyshev II e elíptico. Esses projetos serão comparados na Seção 7.8.1 com os projetos FIR. Para os exemplos 7.4 e 7.5, o pacote de projeto de filtro no *toolbox* de processamento de sinais do MATLAB foi utilizado.

Exemplo 7.3 Transformação bilinear de um filtro Butterworth

Considere as especificações do filtro de tempo discreto do Exemplo 7.2, em que ilustramos a técnica de invariância ao impulso para o projeto de um filtro de tempo discreto. As especificações para o filtro de tempo discreto são

$$0{,}89125 \leq |H(e^{j\omega})| \leq 1, \quad 0 \leq \omega \leq 0{,}2\pi, \quad (7.28a)$$

$$|H(e^{j\omega})| \leq 0{,}17783, \quad 0{,}3\pi \leq \omega \leq \pi. \quad (7.28b)$$

Na execução do projeto que utiliza a transformação bilinear aplicada a um projeto de tempo contínuo, as frequências críticas do filtro de tempo discreto são primeiro pré-deformadas nas frequências de tempo contínuo correspondentes com a Equação 7.26, de modo que a distorção de frequência inerente na transformação bilinear mapeará as frequências de tempo contínuo de volta para as frequências críticas de tempo discreto corretas. Para esse filtro específico, com $|H_c(j\Omega)|$ representando a função de resposta em magnitude do filtro de tempo contínuo, requeremos que

$$0{,}89125 \leq |H_c(j\Omega)| \leq 1, \quad 0 \leq \Omega \leq \frac{2}{T_d}\mathrm{tg}\left(\frac{0{,}2\pi}{2}\right), \quad (7.29a)$$

$$|H_c(j\Omega)| \leq 0{,}17783, \quad \frac{2}{T_d}\mathrm{tg}\left(\frac{0{,}3\pi}{2}\right) \leq \Omega \leq \infty. \quad (7.29b)$$

Por conveniência, escolhemos $T_d = 1$. Além disso, como no Exemplo 7.2, já que um filtro Butterworth de tempo contínuo tem uma resposta em magnitude monotônica, podemos requerer de forma equivalente que

$$|H_c(j2\,\mathrm{tg}(0{,}1\pi))| \geq 0{,}89125 \quad (7.30a)$$

e

$$|H_c(j2\,\mathrm{tg}(0{,}15\pi))| \leq 0{,}17783. \quad (7.30b)$$

A forma da função de magnitude ao quadrado para o filtro Butterworth é

$$|H_c(j\Omega)|^2 = \frac{1}{1 + (\Omega/\Omega_c)^{2N}}. \quad (7.31)$$

Calculando N e Ω_c com o sinal de igualdade nas equações 7.30(a) e (b), obtemos

$$1 + \left(\frac{2\,\mathrm{tg}(0{,}1\pi)}{\Omega_c}\right)^{2N} = \left(\frac{1}{0{,}89}\right)^2 \quad (7.32a)$$

e

$$1 + \left(\frac{2\,\mathrm{tg}(0{,}15\pi)}{\Omega_c}\right)^{2N} = \left(\frac{1}{0{,}178}\right)^2, \quad (7.32b)$$

e resolvendo para N nas equações 7.32(a) e (b), obtém-se

$$N = \frac{\log\left[\left(\left(\frac{1}{0{,}178}\right)^2 - 1\right) \Big/ \left(\left(\frac{1}{0{,}89}\right)^2 - 1\right)\right]}{2\log[\mathrm{tg}(0{,}15\pi)/\mathrm{tg}(0{,}1\pi)]} \quad (7.33)$$

$$= 5{,}305.$$

Como é preciso que N seja um inteiro, escolhemos $N = 6$. Substituindo $N = 6$ na Equação 7.32(b), obtemos $\Omega_c = 0{,}766$. Para esse valor de Ω_c, as especificações da faixa de passagem são excedidas e as especificações na faixa de rejeição são atendidas exatamente. Isso é razoável no caso da transformação bilinear, pois não temos de nos preocupar com o *aliasing*. Ou seja, com a pré-deformação apropriada, podemos estar certos de que o filtro de tempo discreto resultante atenderá às especificações exatamente na extremidade da faixa de rejeição desejada.

No plano s, os 12 polos da função de magnitude ao quadrado estão uniformemente distribuídos em ângulo em uma circunferência de raio 0,766, como mostrado na Figura 7.10. A função de sistema do filtro de tempo contínuo causal obtida pela seleção dos polos no semiplano esquerdo é

$$H_c(s) = \frac{0{,}20238}{(s^2+0{,}3996s+0{,}5871)(s^2+1{,}0836s+0{,}5871)(s^2+1{,}4802s+0{,}5871)}.$$

$$(7.34)$$

A função de sistema para o filtro de tempo discreto é então obtida pela aplicação da transformação bilinear a $H_c(s)$ com $T_d = 1$. O resultado é

$$H(z) = \frac{0{,}0007378(1+z^{-1})^6}{(1-1{,}2686z^{-1}+0{,}7051z^{-2})(1-1{,}0106z^{-1}+0{,}3583z^{-2})}$$

$$\times \frac{1}{(1 - 0{,}9044z^{-1} + 0{,}2155z^{-2})}. \quad (7.35)$$

A magnitude, a magnitude logarítmica e o atraso de grupo da resposta em frequência do filtro de tempo discreto são mostrados na Figura 7.11. Em $\omega = 0{,}2\pi$, a magnitude logarítmica é $-0{,}56$ dB e, em $\omega = 0{,}3\pi$, a magnitude logarítmica é exatamente -15 dB.

Como a transformação bilinear mapeia todo o eixo $j\Omega$ do plano s na circunferência unitária no plano z, a resposta em magnitude do filtro de tempo discreto cai muito mais rapidamente do que a do filtro de tempo contínuo ou do filtro de tempo discreto Butterworth projetado pela invariância ao impulso. Em particular, o comportamento de $H(e^{j\omega})$ em $\omega = \pi$ corresponde ao comportamento de $H_c(j\Omega)$ em $\Omega = \infty$. Portanto, como o filtro Butterworth de tempo contínuo tem um zero de ordem 6 em $s = \infty$, o filtro de tempo discreto resultante tem um zero de ordem 6 em $z = -1$.

Como a forma geral da magnitude ao quadrado do filtro Butterworth de tempo contínuo de ordem N é como dada na Equação 7.31, e como ω e Ω estão relacionados pela Equação 7.26, concluímos que o filtro Butterworth de tempo discreto de ordem N tem a função de magnitude ao quadrado

$$|H(e^{j\omega})|^2 = \frac{1}{1 + \left(\dfrac{\mathrm{tg}(\omega/2)}{\mathrm{tg}(\omega_c/2)}\right)^{2N}}, \quad (7.36)$$

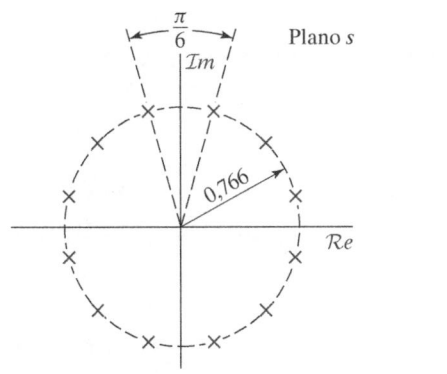

Figura 7.10 Localizações no plano s para os polos de $H_c(s)H_c(-s)$ para o filtro Butterworth de ordem 6 no Exemplo 7.3.

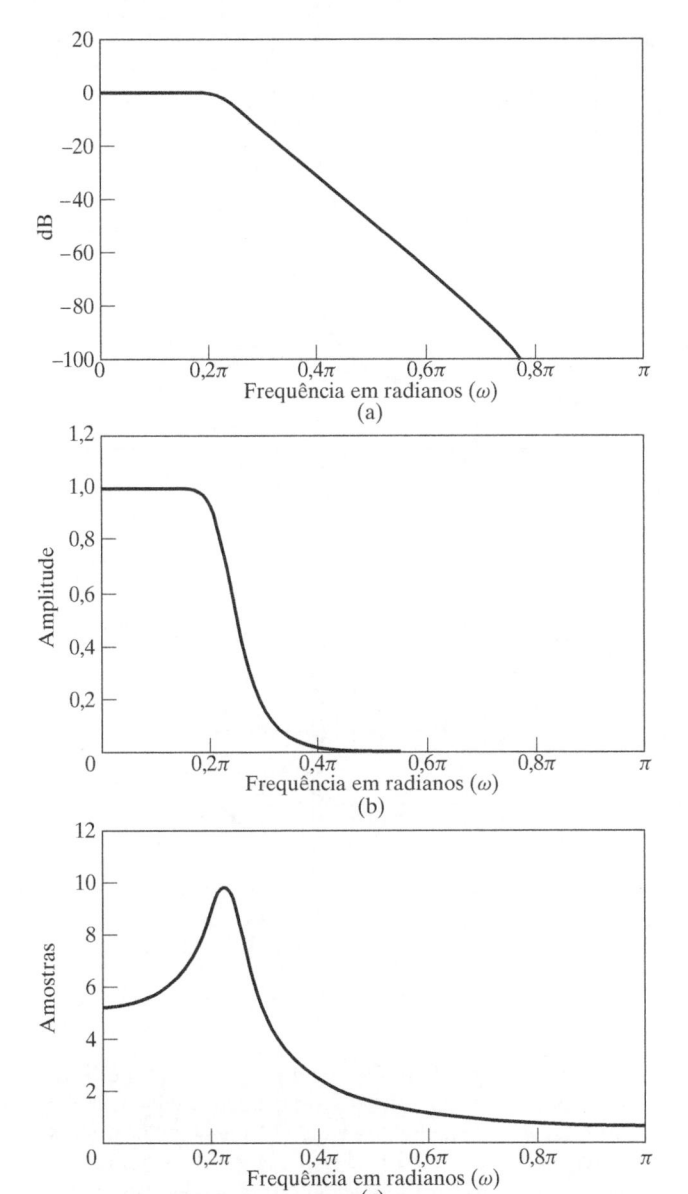

Figura 7.11 Resposta em frequência do filtro Butterworth de ordem 6 transformado pela transformação bilinear. (a) Magnitude logarítmica em dB. (b) Magnitude. (c) Atraso de grupo.

sendo $\mathrm{tg}(\omega_c/2) = \Omega_c T_d/2$. A função de resposta em frequência da Equação 7.36 tem as mesmas propriedades da resposta Butterworth de tempo contínuo; isto é, ela é maximamente plana,[3] e $|H(e^{j\omega_c})|^2 = 0{,}5$. Porém, a função na Equação 7.36 é periódica com período 2π e decai mais abruptamente do que a resposta Butterworth de tempo contínuo.

Filtros Butterworth de tempo discreto normalmente não são projetados diretamente começando com a Equação 7.36, pois não é tão simples determinar as localizações no plano z dos polos (todos os zeros estão em $z = -1$) associados à função de magnitude ao quadrado da Equação 7.36. É necessário determinar os polos de modo a fatorar a função de magnitude ao quadrado em $H(z)H(z^{-1})$, e assim determinar $H(z)$. É muito mais fácil fatorar a função do sistema de tempo contínuo e depois transformar os polos do semiplano esquerdo pela transformação bilinear, como fizemos no Exemplo 7.3.

Equações na forma da Equação 7.36 também podem ser obtidas para os filtros Chebyshev e elíptico de tempo discreto. Porém, os detalhes dos cálculos de projeto para essas classes de filtros comumente usadas são mais bem executados por programas de computador que incorporam as equações de projeto em forma fechada apropriadas.

No próximo exemplo, comparamos o projeto de um filtro passa-baixas baseado nos projetos de filtros Butterworth, Chebyshev I, Chebyshev II e elíptico. Existem algumas características específicas da magnitude da resposta em frequência e dos padrões de polos e zeros para cada um desses quatro tipos de filtro passa-baixas de tempo discreto, e essas características ficarão evidentes nos projetos dos exemplos 7.4 e 7.5 a seguir.

Para um filtro passa-baixas Butterworth, a magnitude da resposta em frequência diminui monotonicamente tanto na faixa de passagem quanto na de rejeição, e todos os zeros da função de transferência estão em $z = -1$. Para um filtro passa-baixas Chebyshev de Tipo I, a magnitude da resposta em frequência sempre será *equiripple* na faixa de passagem, isto é, oscilará com erro máximo igual para os dois lados do ganho desejado e será monotônica na faixa de rejeição. Todos os zeros da função de transferência correspondente estarão em $z = -1$. Para um filtro passa-baixas Chebyshev de Tipo II, a magnitude da resposta em frequência será monotônica na faixa de passagem e *equiripple* na faixa de rejeição, isto é, ela oscila em torno do ganho zero. Devido a esse comportamento *equiripple* na faixa de rejeição, os zeros da função de transferência serão distribuídos de modo correspondente na circunferência unitária.

Nos dois casos da aproximação de Chebyshev, o comportamento monotônico ou na faixa de rejeição ou

---
[3] As primeiras $(2N-1)$ derivadas de $|H(e^{j\omega})|^2$ são nulas em $\omega = 0$.

na faixa de passagem sugere que talvez um sistema de ordem mais baixa possa ser obtido se uma aproximação *equiripple* for usada tanto na faixa de passagem quanto na faixa de rejeição. De fato, pode-se mostrar (veja Papoulis, 1957) que, para valores fixos de $\delta_{p1}, \delta_{p2}, \delta_s, \omega_p$ e ω_s, no diagrama de tolerâncias da Figura 7.1, o filtro de ordem mais baixa é obtido quando o erro de aproximação apresenta ondulações iguais entre os extremos das duas faixas de aproximação. Esse comportamento *equiripple* é alcançado com a classe de filtros conhecida como filtros elípticos. Os filtros elípticos, como o filtro Chebyshev de Tipo II, têm seus zeros dispostos na região da faixa de rejeição da circunferência unitária. Essas propriedades dos filtros Butterworth, Chebyshev e elípticos são ilustradas pelo exemplo a seguir.

Exemplo 7.4 Comparações de projetos

Para os quatro projetos de filtro a seguir, foi usado o *toolbox* de processamento de sinais do MATLAB. Esse e outros programas de projeto típicos para o projeto de filtro passa-baixas IIR assumem especificações de tolerância como indicado na Figura 7.1 com $\delta_{p1} = 0$. Embora os projetos resultantes correspondam ao que resultaria da aplicação da transformação bilinear aos projetos de tempo contínuo apropriados, todas as pré-deformações de frequências requeridas e a incorporação da transformação bilinear são internas a esses programas de projeto e transparentes ao usuário. Consequentemente, as especificações são dadas ao programa de projeto diretamente em termos dos parâmetros de tempo discreto. Para este exemplo, o filtro foi projetado para atender ou exceder às seguintes especificações:

frequência da extremidade da faixa de passagem ω_p	$= 0{,}5\pi$
frequência da extremidade da faixa de rejeição ω_s	$= 0{,}6\pi$
ganho máximo na faixa de passagem	$= 0$ dB
ganho mínimo na faixa de passagem	$= -0{,}3$ dB
ganho máximo na faixa de rejeição	$= -30$ dB

Com relação à Figura 7.1, os limites de tolerância correspondentes das faixas de passagem e de rejeição são

$20 \log_{10}(1 + \delta_{p1}) = 0$ ou, de modo equivalente, $\delta_{p_1} = 0$

$20 \log_{10}(1 - \delta_{p2}) = -0{,}3$ ou, de modo equivalente, $\delta_{p_2} = 0{,}0339$

$20 \log_{10}(\delta_s) = -30$ ou, de modo equivalente, $\delta_s = 0{,}0316$.

Note que as especificações são apenas das magnitudes das respostas em frequência. A fase é implicitamente determinada pela natureza das funções de aproximação.

Usando o programa de projeto de filtro, determina-se que, para um projeto Butterworth, a ordem do filtro mínima (inteira) que atende ou excede às especificações dadas é 15. A magnitude da resposta em frequência, o atraso de grupo e o diagrama de polos e zeros resultantes são mostrados na Figura 7.12. Como esperado, todos os zeros do filtro Butterworth estão em $z = -1$.

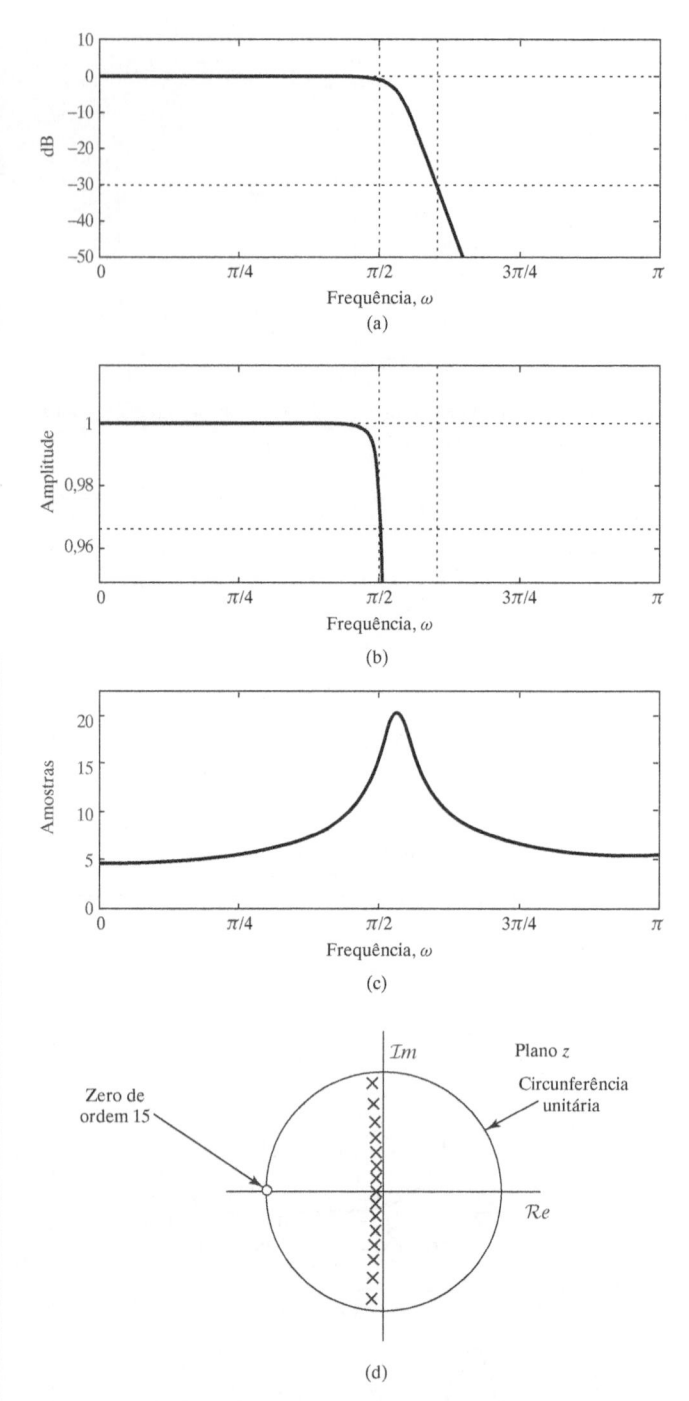

Figura 7.12 Filtro Butterworth de ordem 15.

Para um projeto Chebyshev de Tipo I, a ordem de filtro mínima é 7. A magnitude da resposta em frequência e o atraso de grupo resultantes, e o diagrama de polos e zeros correspondente são mostrados na Figura 7.13. Como esperado, todos os zeros da função de transferência estão em $z = -1$, e a magnitude da resposta em frequência é *equiripple* na faixa de passagem e monotônica na faixa de rejeição.

Para um projeto Chebyshev de Tipo II, a ordem de filtro mínima é novamente 7. A magnitude da resposta em frequência, o atraso de grupo e o diagrama de polos e zeros

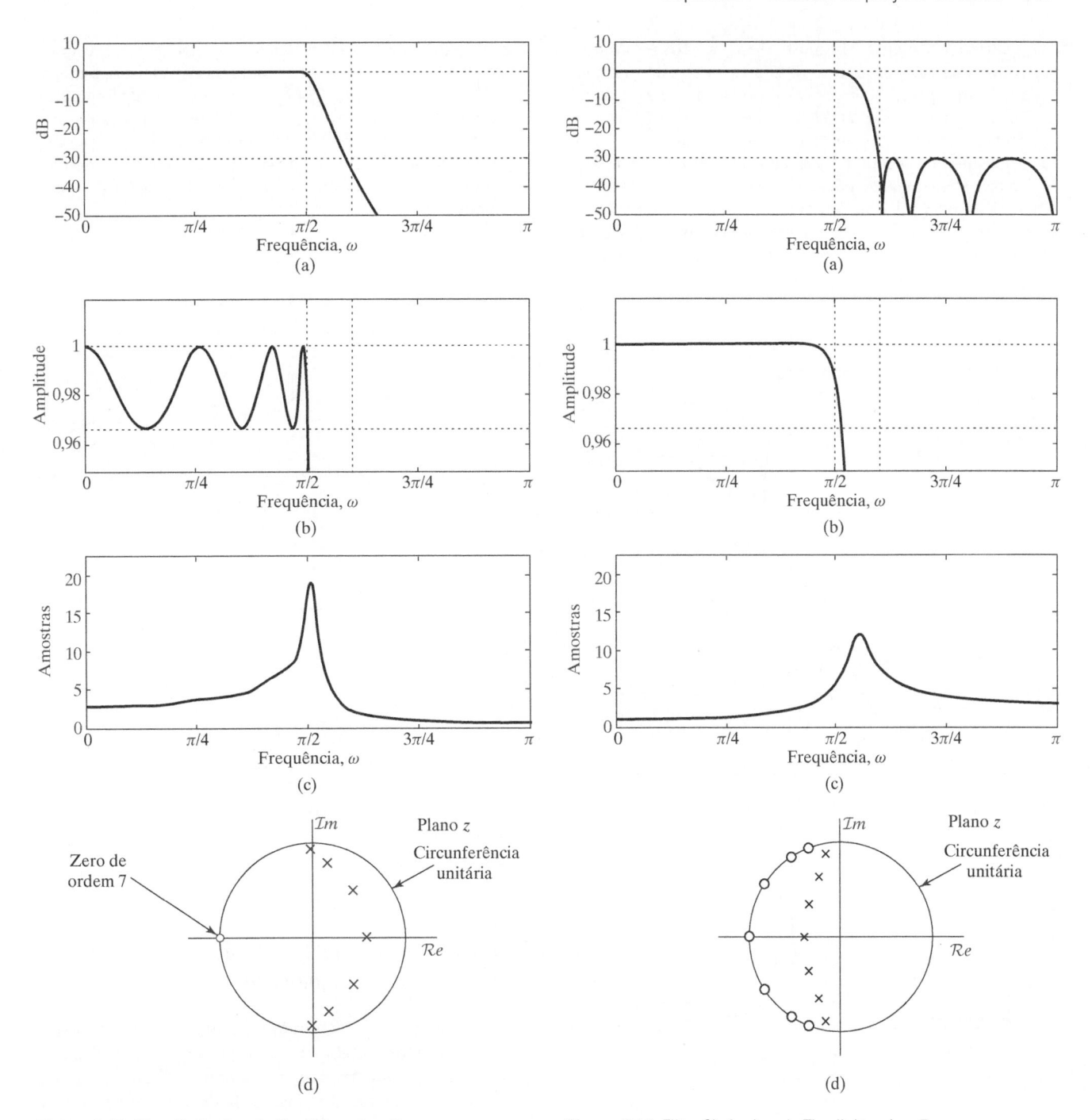

Figura 7.13 Filtro Chebyshev de Tipo I de ordem 7.

Figura 7.14 Filtro Chebyshev de Tipo II de ordem 7.

▶ resultantes são mostrados na Figura 7.14. Novamente, como esperado, a magnitude da resposta em frequência é monotônica na faixa de passagem e *equiripple* na faixa de rejeição. Os zeros da função de transferência ficam dispostos na circunferência unitária na faixa de rejeição.

Na comparação dos projetos Chebyshev I e Chebyshev II, é relevante notar que, para ambos, a ordem do polinômio do denominador na função de transferência correspondente aos polos é 7, e a ordem do polinômio no numerador também é 7. Na implementação da equação de diferenças tanto para o projeto Chebyshev I quanto para ▶

▶ o projeto Butterworth, uma vantagem significativa pode ser tirada do fato de que todos os zeros ocorrem em $z = -1$. Isso não acontece com o filtro Chebyshev II. Consequentemente, em uma implementação do filtro, o projeto Chebyshev II exigirá mais multiplicações do que o projeto Chebyshev I. Para o projeto Butterworth, embora seja possível tirar vantagem dos zeros agrupados em $z = -1$, a ordem do filtro é mais do que o dobro dos projetos Chebyshev e, consequentemente, exige mais multiplicações.

Para que o projeto de um filtro elíptico atenda às especificações dadas, um filtro da ordem de pelo menos 5 é ▶

requerido. Na Figura 7.15 mostra-se o projeto resultante. Assim como nos exemplos anteriores, no projeto de um filtro com especificações dadas, é provável que as especificações mínimas sejam excedidas, pois a ordem do filtro é necessariamente um inteiro. Dependendo da aplicação, o projetista pode escolher quais das especificações atendem exatamente e quais excedem. Por exemplo, no caso do projeto de filtro elíptico, podemos escolher atender exatamente às frequências das extremidades das faixas de passagem e de rejeição e a variação na faixa de passagem, e minimi-

zar o ganho na faixa de rejeição. O filtro resultante, que alcança 43 dB de atenuação na faixa de rejeição, é mostrado na Figura 7.16. Como alternativa, a flexibilidade adicional pode ser usada para estreitar a faixa de transição ou reduzir o desvio do ganho de 0 dB na faixa de passagem. Novamente como esperado, a resposta em frequência do filtro elíptico é *equiripple* nas faixas de passagem e de rejeição.

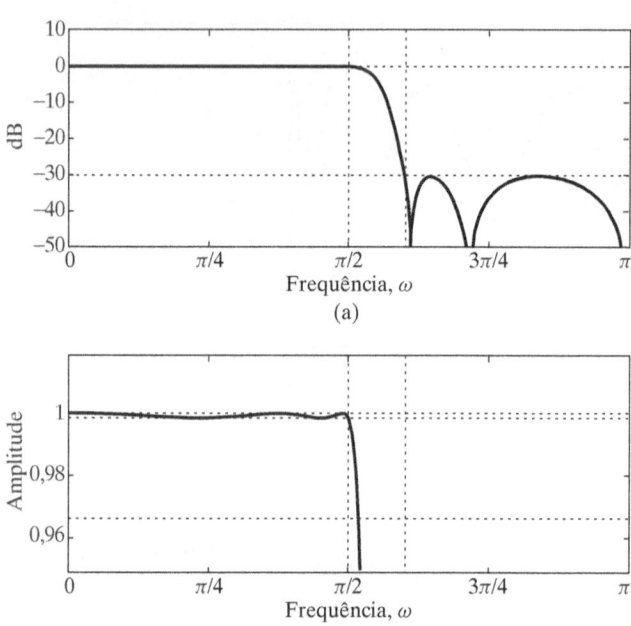

Figura 7.16 Filtro elíptico de ordem 5 que minimiza as ondulações da faixa de passagem.

Exemplo 7.5 Exemplo de projeto para comparação com projetos FIR

Neste exemplo, retornamos às especificações do Exemplo 7.1 e ilustramos a realização da especificação desse filtro com projetos Butterworth, Chebyshev I, Chebyshev II e elíptico. Os projetos são novamente executados usando o programa de projeto de filtro do *toolbox* de processamento de sinais do MATLAB. Na Seção 7.8.1, compararemos esses projetos IIR com projetos FIR que possuem as mesmas especificações. Os programas de projeto típicos para filtros FIR exigem que os limites de tolerâncias da faixa de passagem na Figura 7.1 sejam especificados com $\delta_{p1} = \delta_{p2}$, enquanto para os filtros IIR tipicamente supõe-se que $\delta_{p1} = 0$. Consequentemente, para executar uma comparação entre projetos IIR e FIR, pode ser necessária a execução de uma renormalização das especificações das faixas de passagem e de rejeição (veja, por exemplo, o Problema 7.3), como será feito no Exemplo 7.5.

As especificações do filtro passa-baixas de tempo discreto conforme usadas neste exemplo são:

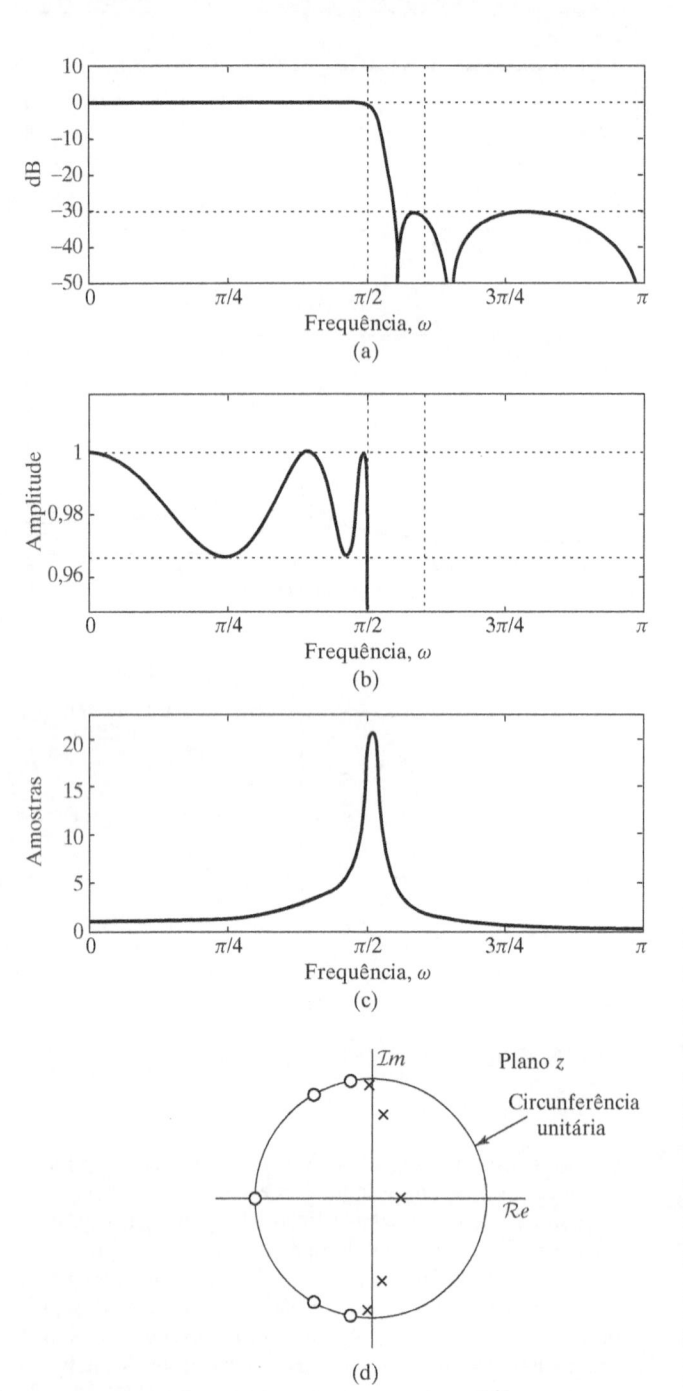

Figura 7.15 Filtro elíptico de ordem 5 que excede as especificações de projeto.

$$0{,}99 \le |H(e^{j\omega})| \le 1{,}01, \quad |\omega| \le 0{,}4\pi, \qquad (7.37a)$$

e

$$|H(e^{j\omega})| \le 0{,}001, \quad 0{,}6\pi \le |\omega| \le \pi. \qquad (7.37b)$$

Em termos do diagrama de tolerâncias da Figura 7.1, $\delta_{p1} = \delta_{p2} = 0{,}01$, $\delta_s = 0{,}001$, $\omega_p = 0{,}4\pi$ e $\omega_s = 0{,}6\pi$. Mudar a escala dessas especificações, de modo que $\delta_{p1} = 0$, corresponde a multiplicar escalarmente o filtro por $1/(1 + \delta_{p1})$ obtendo-se: $\delta_{p1} = 0$, $\delta_{p2} = 0{,}0198$ e $\delta_s = 0{,}00099$.

Os filtros primeiro são projetados com o programa de projeto de filtro com essas especificações, e os projetos de filtro retornados pelo programa de projeto de filtro são então multiplicados escalarmente por um fator de 1,01 para satisfazer as especificações nas equações 7.37(a) e (b).

Para as especificações neste exemplo, o método de aproximação Butterworth requer um sistema de ordem 14. A resposta em frequência do filtro de tempo discreto que resulta da transformação bilinear do filtro Butterworth previamente deformado apropriado é mostrada na Figura 7.17. Na Figura 7.17(a) é indicada a magnitude logarítmica em dB, na Figura 7.17(b) é apontada a magnitude de $H(e^{j\omega})$ apenas na faixa de passagem, e na Figura 7.17(c) é verificado o atraso de grupo do filtro. Por esses gráficos, vemos que, como esperado, a resposta em frequência Butterworth decresce monotonicamente com a frequência, e o ganho do filtro torna-se muito pequeno acima de cerca de $\omega = 0{,}7\pi$.

Ambos os projetos Chebyshev I e II levam à mesma ordem para um determinado conjunto de especificações. Para nossas especificações, a ordem requerida é 8 em vez de 14, como requerido pela aproximação de Butterworth. A Figura 7.18 mostra a magnitude logarítmica, a magnitude na faixa de passagem e o atraso de grupo para a aproximação de Tipo I para as especificações das equações 7.37(a) e (b). Note que, como esperado, a resposta em frequência oscila com o mesmo erro máximo em ambos os lados do ganho unitário desejado na faixa de passagem.

Na Figura 7.19 são mostradas as funções da resposta em frequência para a aproximação de Chebyshev de Tipo II. Nesse caso, o comportamento de aproximação *equiripple* está na faixa de rejeição. Os diagramas de polos e zeros para os filtros Chebyshev são mostrados na Figura 7.20. Note que o filtro Chebyshev de Tipo I é similar ao filtro Butterworth porque tem os seus oito zeros em $z = -1$. Por outro lado, o filtro de Tipo II tem seus zeros dispostos na circunferência unitária. Esses zeros são naturalmente posicionados pelas equações de projeto, de modo a alcançar o comportamento *equiripple* na faixa de rejeição.

As especificações das equações 7.37(a) e (b) são atendidas por um filtro elíptico de ordem seis. Essa é a aproximação por função racional de menor ordem para as especificações. Na Figura 7.21 mostra-se claramente o comportamento *equiripple* nas duas bandas de aproximação. Na Figura 7.22 demonstra-se que o filtro elíptico, assim como o Chebyshev de Tipo II, tem seus zeros dispostos na região da faixa de rejeição da circunferência unitária.

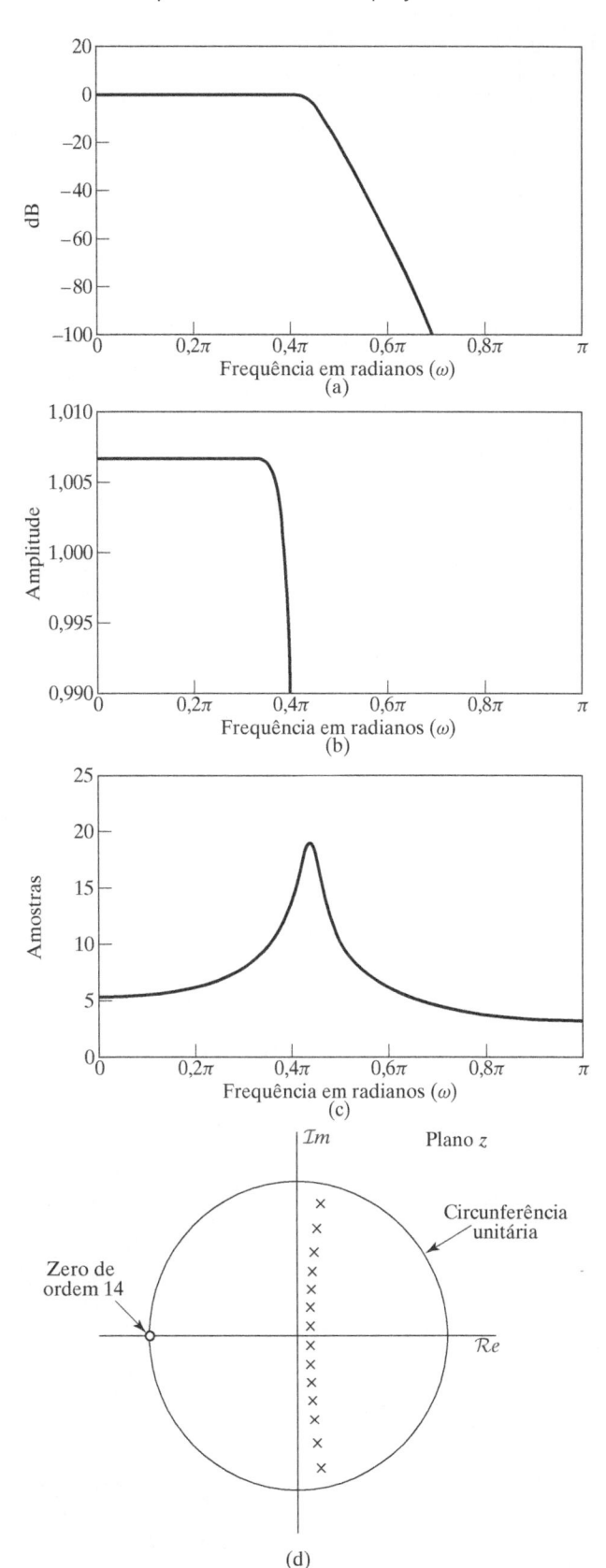

Figura 7.17 Resposta em frequência do filtro Butterworth de ordem 14 do Exemplo 7.5. (a) Magnitude logarítmica em dB. (b) Gráfico ampliado da magnitude na faixa de passagem. (c) Atraso de grupo. (d) Diagrama de polos e zeros do filtro Butterworth de ordem 14 do Exemplo 7.5.

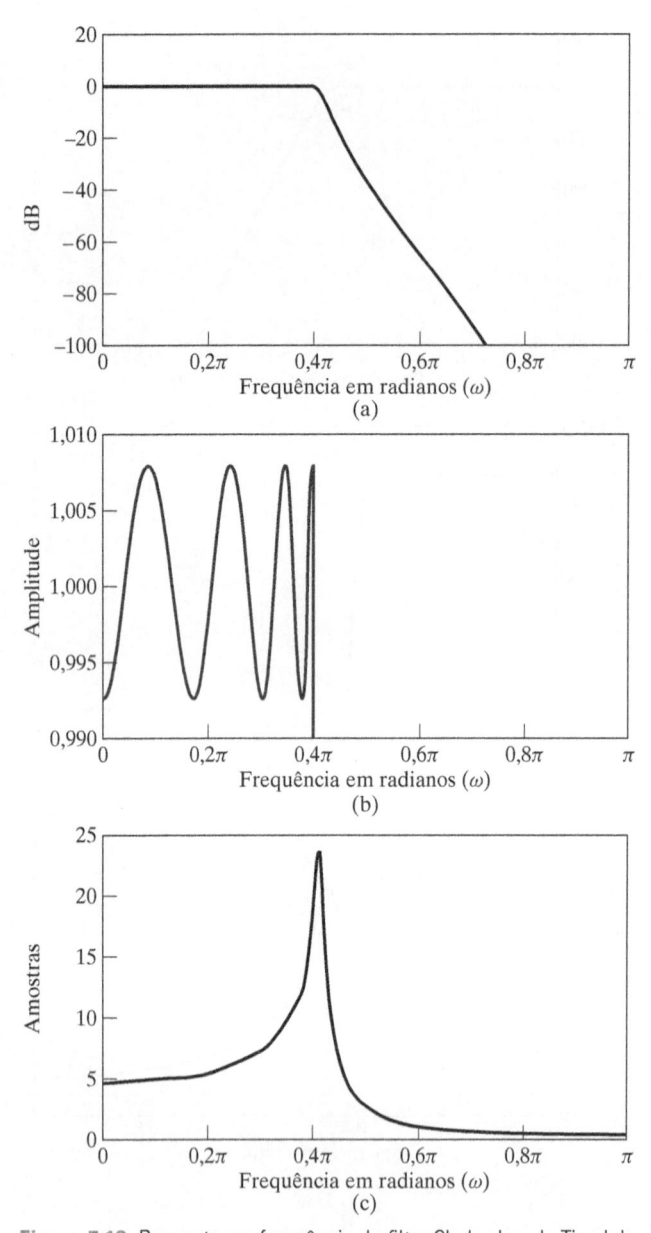

Figura 7.18 Resposta em frequência do filtro Chebyshev de Tipo I de ordem 8 do Exemplo 7.5. (a) Magnitude logarítmica em dB. (b) Gráfico ampliado da magnitude na faixa de passagem. (c) Atraso de grupo.

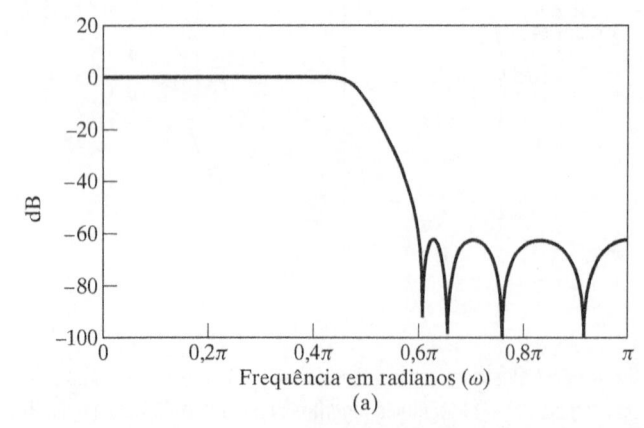

Figura 7.19 Resposta em frequência do filtro Chebyshev de Tipo II de ordem 8 do Exemplo 7.5. (a) Magnitude logarítmica em dB.

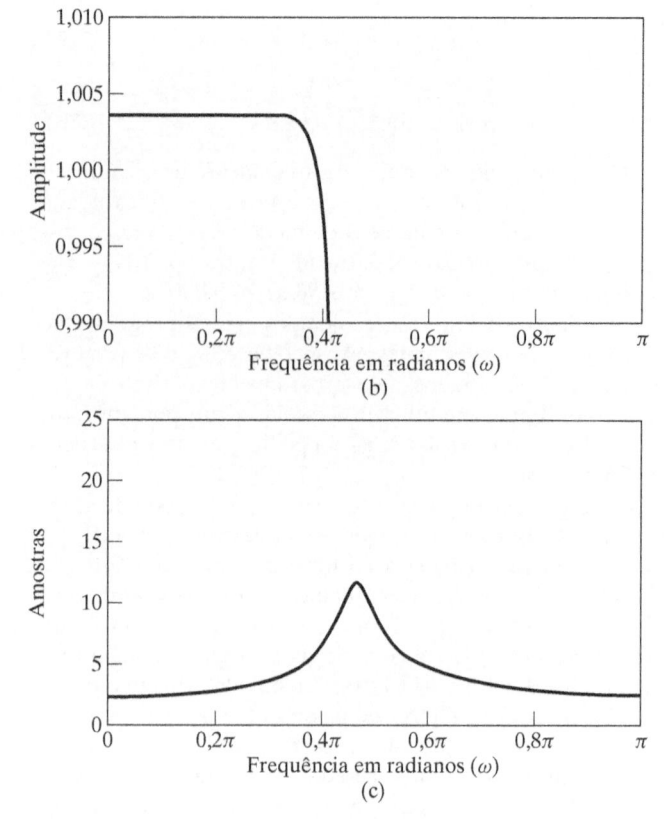

Figura 7.19 (*continuação*) (b) Gráfico ampliado da magnitude na faixa de passagem. (c) Atraso de grupo.

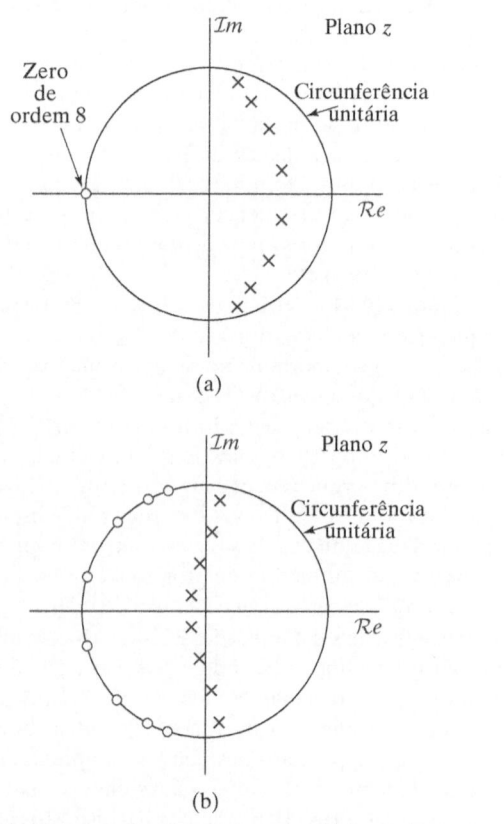

Figura 7.20 Diagrama de polos e zeros dos filtros Chebyshev de ordem 8 do Exemplo 7.5. (a) Tipo I. (b) Tipo II.

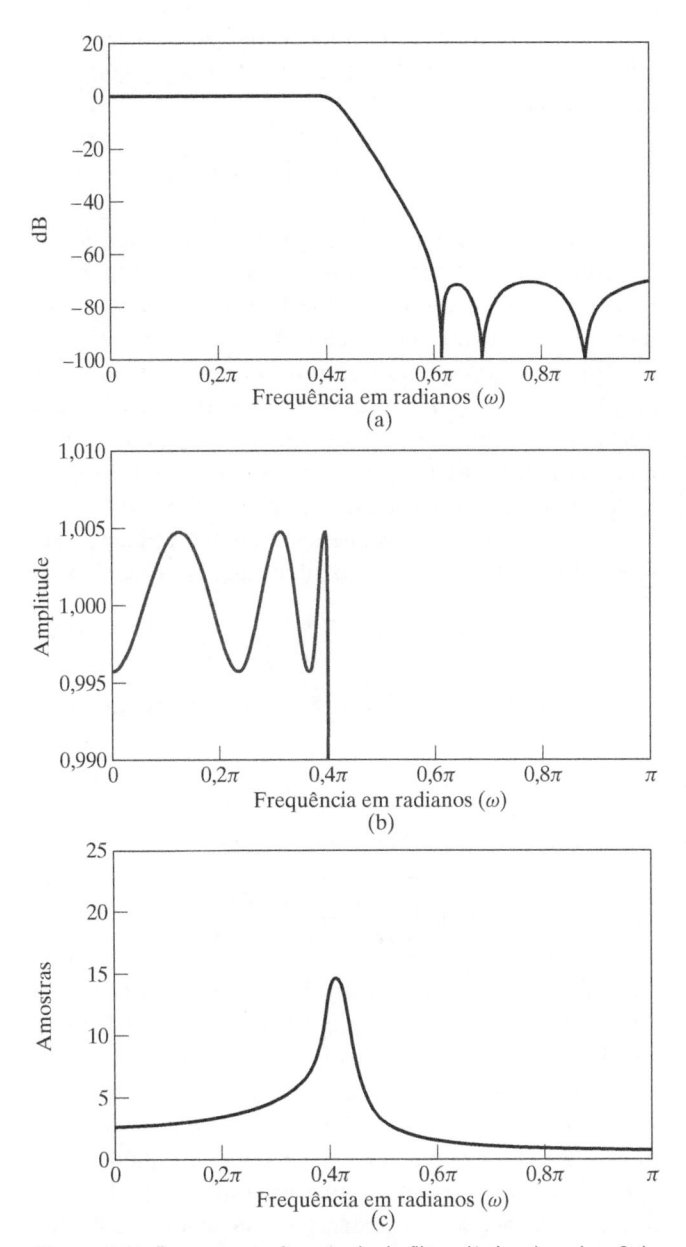

Figura 7.21 Resposta em frequência do filtro elíptico de ordem 6 do Exemplo 7.5. (a) Magnitude logarítmica em dB. (b) Gráfico ampliado da magnitude na faixa de passagem. (c) Atraso de grupo.

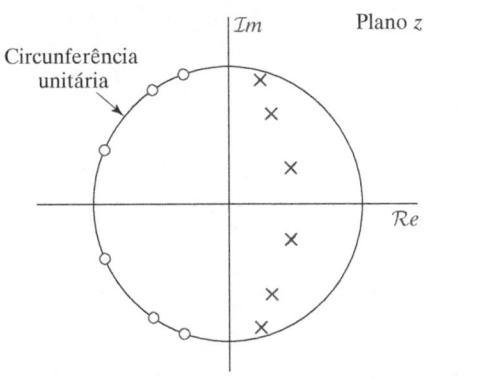

Figura 7.22 Diagrama de polos e zeros do filtro elíptico de ordem 6 do Exemplo 7.5.

7.4 Transformações de frequência de filtros IIR passa-baixas

Nossa discussão e exemplos de projeto de filtro IIR concentraram-se no projeto de filtros passa-baixas seletivos em frequência. Outros tipos de filtros seletivos em frequência, como filtros passa-altas, passa-faixa, rejeita-faixa e multibandas, são igualmente importantes. Assim como os filtros passa-baixas, essas outras classes são caracterizadas por uma ou várias faixas de passagem e de rejeição, cada uma especificada pelas frequências das extremidades das faixas de passagem e de rejeição. Geralmente, o ganho de filtro desejado é unitário nas faixas de passagem e zero nas faixas de rejeição, mas, assim como com os filtros passa-baixas, as especificações de projeto de filtro incluem limites de tolerâncias que os ganhos ou atenuações ideais nas faixas de passagem e rejeição podem ser excedidos. Um diagrama de tolerâncias típico para um filtro multibandas com duas faixas de passagem e uma faixa de rejeição é mostrado na Figura 7.23.

O método tradicional de projeto de muitos filtros seletivos em frequência em tempo contínuo consiste em primeiro projetar um filtro passa-baixas prototípico normalizado em frequência e depois, usando uma transformação algébrica, deduzir o filtro desejado a partir do filtro passa-baixas prototípico (veja Guillemin, 1957, e Daniels, 1974). No caso dos filtros de tempo discreto seletivos em frequência, poderíamos projetar um filtro de tempo contínuo seletivo em frequência do tipo desejado e depois transformá-lo em um filtro de tempo discreto. Esse procedimento seria aceitável com a transformação bilinear, mas está claro que a invariância ao impulso não poderia ser usada para transformar filtros de tempo contínuo passa-altas e rejeita-faixa em filtros de tempo discreto correspondentes, devido ao *aliasing* resultante da amostragem. Um procedimento alternativo que funciona com a transformação bilinear ou com a invariância ao impulso consiste em projetar um filtro passa-baixas prototípico em tempo discreto e depois realizar uma transformação algébrica sobre ele para obter o filtro de tempo discreto seletivo em frequência desejado.

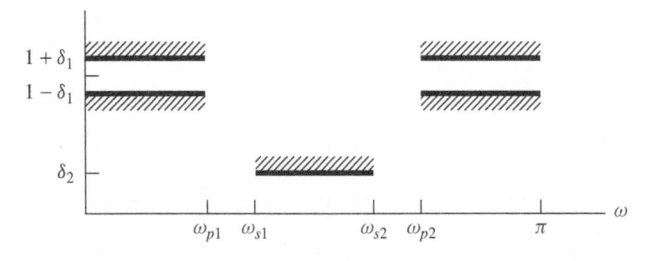

Figura 7.23 Diagrama de tolerâncias para um filtro multibandas.

Os filtros seletivos em frequência dos tipos passa-baixas, passa-altas, passa-faixa e rejeita-faixa podem ser obtidos a partir de um filtro de tempo discreto passa-baixas pelo uso de transformações muito similares à transformação bilinear usada para transformar funções de sistema de tempo contínuo em funções de sistema de tempo discreto. Para entender como isso é feito, suponha que seja dada uma função de sistema passa-baixas $H_{lp}(Z)$ que queiramos transformar em uma nova função de sistema $H(z)$, que tem características passa-baixas, ou passa-altas, ou passa-faixa ou rejeita-faixa quando calculada sobre a circunferência unitária. Note que associamos a variável complexa Z com o filtro passa-baixas prototípico e a variável complexa z com o filtro transformado. Depois, definimos um mapeamento do plano Z para o plano z na forma

$$Z^{-1} = G(z^{-1}) \qquad (7.38)$$

tal que

$$H(z) = H_{lp}(Z)\big|_{Z^{-1}=G(z^{-1})} \qquad (7.39)$$

Em vez de expressar Z como uma função de z, consideramos na Equação 7.38 que Z^{-1} é expresso como uma função de z^{-1}. Assim, de acordo com a Equação 7.39, para obter $H(z)$ a partir de $H_{lp}(z)$, substituímos Z^{-1} em todo $H_{lp}(Z)$ pela função $G(z^{-1})$. Essa é uma representação conveniente, pois $H_{lp}(Z)$ normalmente é expressa como uma função racional de Z^{-1}.

Se $H_{lp}(Z)$ é a função de sistema racional de um sistema causal e estável, naturalmente exigimos que a função de sistema transformada $H(z)$ seja uma função racional de z^{-1} e que o sistema também seja causal e estável. Isso coloca as seguintes restrições sobre a transformação $Z^{-1} = G(z^{-1})$:

1. $G(z^{-1})$ deve ser uma função racional de z^{-1}.
2. O interior do círculo unitário no plano Z deverá ser mapeado para o interior do círculo unitário no plano z.
3. A circunferência unitária do plano Z deverá ser mapeada na circunferência unitária do plano z.

Sejam θ e ω as variáveis de frequência (ângulos) no plano Z e no plano z, respectivamente, isto é, nas respectivas circunferências unitárias $Z = e^{j\theta}$ e $z = e^{j\omega}$. Então, para que a condição 3 seja válida, deve ser verdadeiro que

$$e^{-j\theta} = |G(e^{-j\omega})|e^{j\angle G(e^{-j\omega})}, \qquad (7.40)$$

e, assim,

$$|G(e^{-j\omega})| = 1. \qquad (7.41)$$

Portanto, a relação entre as variáveis de frequência é

$$-\theta = \angle G(e^{-j\omega}). \qquad (7.42)$$

Constantinides (1970) mostrou que a forma mais geral da função $G(z^{-1})$ que satisfaz todos os requisitos anteriores é

$$Z^{-1} = G(z^{-1}) = \pm \prod_{k=1}^{N} \frac{z^{-1} - \alpha_k}{1 - \alpha_k z^{-1}}. \qquad (7.43)$$

Pela nossa discussão sobre sistemas passa-tudo no Capítulo 5, deve ficar claro que $G(z^{-1})$ conforme dada na Equação 7.43 satisfaz a Equação 7.41, e pode ser facilmente mostrado que a Equação 7.43 mapeia o interior do círculo unitário do plano Z no interior do círculo unitário do plano z se, e somente se, $|\alpha_k| < 1$. Ao escolher valores apropriados para N e para as constantes α_k, uma variedade de mapeamentos pode ser obtida. O mais simples é aquele que transforma um filtro passa-baixas em outro filtro passa-baixas com frequências das extremidades das faixas de passagem e rejeição diferentes. Para esse caso,

$$Z^{-1} = G(z^{-1}) = \frac{z^{-1} - \alpha}{1 - \alpha z^{-1}}. \qquad (7.44)$$

Se substituirmos $Z = e^{j\theta}$ e $z = e^{j\omega}$, obteremos

$$e^{-j\theta} = \frac{e^{-j\omega} - \alpha}{1 - \alpha e^{-j\omega}}, \qquad (7.45)$$

de onde concluímos que

$$\omega = \text{arctg}\left[\frac{(1-\alpha^2)\,\text{sen}\,\theta}{2\alpha + (1+\alpha^2)\cos\theta}\right]. \qquad (7.46)$$

Um gráfico dessa relação é mostrado na Figura 7.24 para diferentes valores de α. Embora uma deformação da escala de frequências seja evidente na Figura 7.24 (exceto no caso $\alpha = 0$, que corresponde a $Z^{-1} = z^{-1}$), se o sistema original tiver uma resposta em frequência passa-baixas constante por partes com frequência de corte θ_p, então o sistema transformado provavelmente terá uma resposta passa-baixas similar com frequência

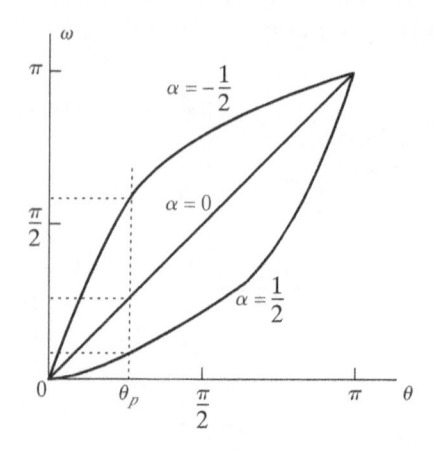

Figura 7.24 Deformação da escala de frequências na transformação de passa-baixas para passa-baixas.

de corte ω_p determinada pela escolha de α. Resolvendo para α em termos de θ_p e ω_p, obtemos

$$\alpha = \frac{\text{sen}\,[(\theta_p - \omega_p)/2]}{\text{sen}\,[(\theta_p + \omega_p)/2]}. \quad (7.47)$$

Assim, para usar esses resultados a fim de obter um filtro passa-baixas $H(z)$ com frequência de corte ω_p a partir de um filtro passa-baixas $H_{lp}(Z)$ já disponível com frequência de corte θ_p, usaríamos a Equação 7.47 para determinar α na expressão

$$H(z) = H_{lp}(Z)\big|_{Z^{-1}=(z^{-1}-\alpha)/(1-\alpha z^{-1})}. \quad (7.48)$$

(O Problema 7.51 explora como a transformação passa-baixas/passa-baixas pode ser usada na obtenção de uma estrutura em rede para um filtro com frequência de corte variável para o qual a frequência de corte é determinada por um único parâmetro α.)

As transformações de um filtro passa-baixas para filtros passa-altas, passa-faixa e rejeita-faixa podem ser deduzidas de maneira similar. Essas transformações estão resumidas na Tabela 7.1. Nas fórmulas de projeto, assume-se que todas as frequências de corte estejam entre zero e π radianos. No exemplo a seguir ilustra-se o uso dessas transformações.

Exemplo 7.6 Transformação de um filtro passa--baixas em um filtro passa-altas

Considere um filtro passa-baixas Chebyshev de Tipo I com função de sistema

$$H_{lp}(Z) = \frac{0{,}001836(1 + Z^{-1})^4}{(1 - 1{,}5548Z^{-1} + 0{,}6493Z^{-2})(1 - 1{,}4996Z^{-1} + 0{,}8482Z^{-2})}. \quad (7.49)$$

Esse sistema de ordem 4 foi projetado para atender às especificações

$$0{,}89125 \leq |H_{lp}(e^{j\theta})| \leq 1, \quad 0 \leq \theta \leq 0{,}2\pi, \quad (7.50a)$$

$$|H_{lp}(e^{j\theta})| \leq 0{,}17783, \quad 0{,}3\pi \leq \theta \leq \pi. \quad (7.50b)$$

A resposta em frequência desse filtro é mostrada na Figura 7.25.

Para transformar esse filtro em um filtro passa-altas com frequência de corte da faixa de passagem $\omega_p = 0{,}6\pi$, obtemos da Tabela 7.1

$$\alpha = -\frac{\cos\,[(0{,}2\pi + 0{,}6\pi)/2]}{\cos\,[(0{,}2\pi - 0{,}6\pi)/2]} = -0{,}38197. \quad (7.51)$$

Assim, usando a transformação passa-baixa–passa-altas indicada na Tabela 7.1, obtemos

---

Tabela 7.1 Transformações a partir de um protótipo filtro digital passa-baixas de frequência de corte θ_p para filtros passa-altas, passa-faixa e rejeita-faixa.

Tipo de filtro	Transformações	Fórmulas de projeto associadas
Passa-baixas	$Z^{-1} = \dfrac{z^{-1} - \alpha}{1 - \alpha z^{-1}}$	$\alpha = \dfrac{\text{sen}\left(\frac{\theta_p - \omega_p}{2}\right)}{\text{sen}\left(\frac{\theta_p + \omega_p}{2}\right)}$ ω_p = frequência de corte desejada
Passa-altas	$Z^{-1} = -\dfrac{z^{-1} + \alpha}{1 + \alpha z^{-1}}$	$\alpha = -\dfrac{\cos\left(\frac{\theta_p + \omega_p}{2}\right)}{\cos\left(\frac{\theta_p - \omega_p}{2}\right)}$ ω_p = frequência de corte desejada
Passa-faixa	$Z^{-1} = -\dfrac{z^{-2} - \frac{2\alpha k}{k+1}z^{-1} + \frac{k-1}{k+1}}{\frac{k-1}{k+1}z^{-2} - \frac{2\alpha k}{k+1}z^{-1} + 1}$	$\alpha = \dfrac{\cos\left(\frac{\omega_{p2} + \omega_{p1}}{2}\right)}{\cos\left(\frac{\omega_{p2} - \omega_{p1}}{2}\right)}$ $k = \text{cotg}\left(\dfrac{\omega_{p2} - \omega_{p1}}{2}\right)\text{tg}\left(\dfrac{\theta_p}{2}\right)$ ω_{p1} = frequência de corte inferior desejada ω_{p2} = frequência de corte superior desejada
Rejeita-faixa	$Z^{-1} = \dfrac{z^{-2} - \frac{2\alpha}{1+k}z^{-1} + \frac{1-k}{1+k}}{\frac{1-k}{1+k}z^{-2} - \frac{2\alpha}{1+k}z^{-1} + 1}$	$\alpha = \dfrac{\cos\left(\frac{\omega_{p2} + \omega_{p1}}{2}\right)}{\cos\left(\frac{\omega_{p2} - \omega_{p1}}{2}\right)}$ $k = \text{tg}\left(\dfrac{\omega_{p2} - \omega_{p1}}{2}\right)\text{tg}\left(\dfrac{\theta_p}{2}\right)$ ω_{p1} = frequência de corte inferior desejada ω_{p2} = frequência de corte superior desejada

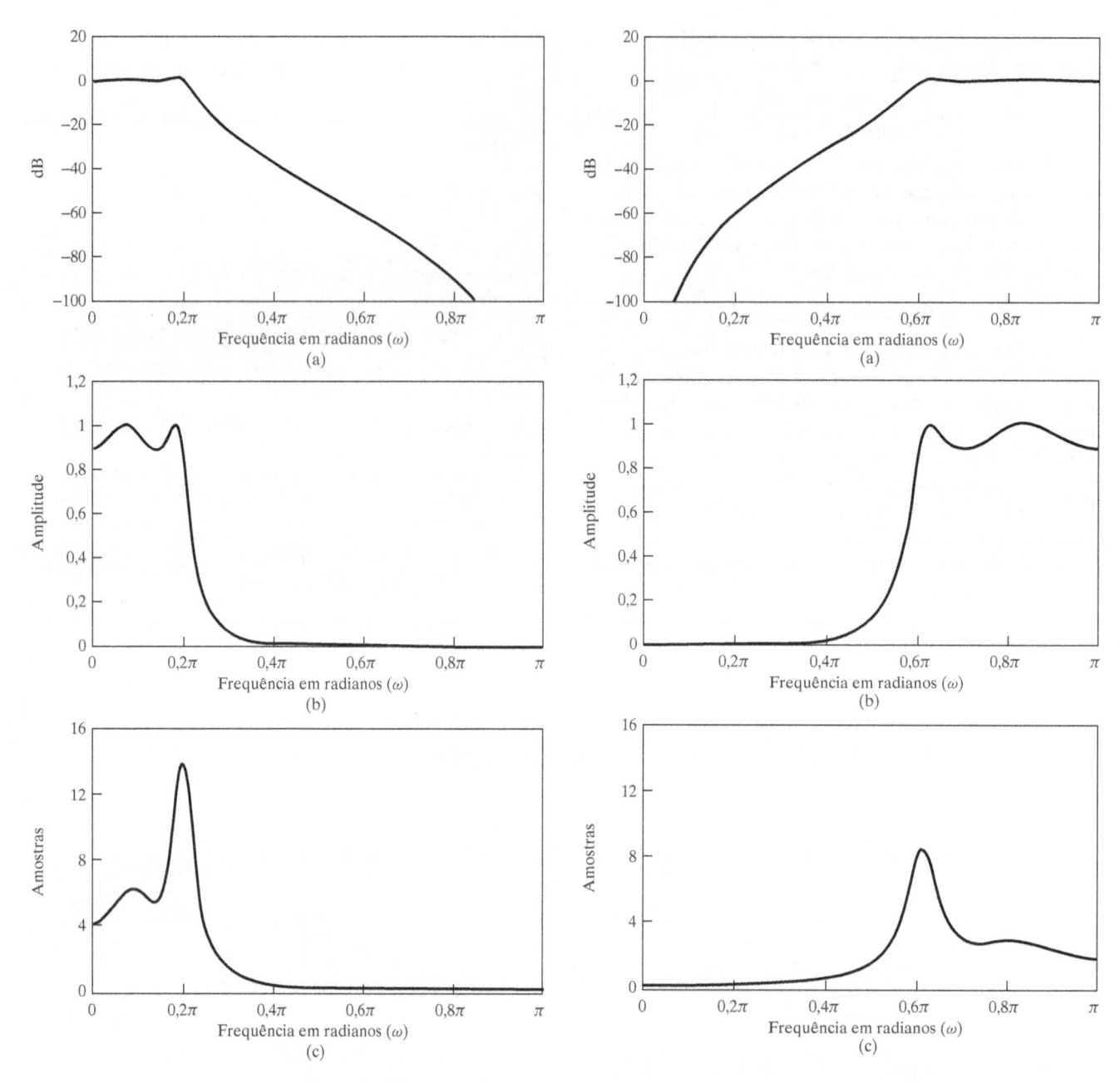

Figura 7.25 Resposta em frequência do filtro passa-baixas Chebyshev de ordem 4. (a) Magnitude logarítmica em dB. (b) Magnitude. (c) Atraso de grupo.

Figura 7.26 Resposta em frequência do filtro passa-altas Chebyshev de ordem 4 obtido pela transformação de frequência. (a) Magnitude logarítmica em dB. (b) Magnitude. (c) Atraso de grupo.

$$H(z) = H_{\text{lp}}(Z)\Big|_{Z^{-1}=-[(z^{-1}-0,38197)/(1-0,38197z^{-1})]}$$

$$= \frac{0,02426(1-z^{-1})^4}{(1+1,0416z^{-1}+0,4019z^{-2})(1+0,5661z^{-1}+0,7657z^{-2})}.$$

(7.52)

A resposta em frequência desse sistema é mostrada na Figura 7.26. Note que, exceto por uma distorção da escala de frequência, a resposta em frequência passa-altas fica muito parecida com a resposta em frequência passa-baixas deslocada em frequência por π. Note também que o zero de ordem 4 em $Z = -1$ para o filtro passa-baixas agora aparece em $z = 1$ para o filtro passa-altas. Por este exemplo também verifica-se que o comportamento *equiripple* na faixa de passagem e de rejeição é preservado pelas transformações de frequência desse tipo. Note ainda que o atraso de grupo na Figura 7.26(c) não é simplesmente uma versão distendida e deslocada da Figura 7.25(c). Isso porque as variações de fase são distendidas e deslocadas, de modo que a derivada da fase é menor para o filtro passa-altas.

7.5 Projeto de filtros FIR por janelamento

Como discutido na Seção 7.2, técnicas comumente utilizadas no projeto de filtros IIR evoluíram da aplicação de transformações de sistemas IIR de tempo contínuo para sistemas IIR de tempo discreto. Por outro lado, as técnicas de projeto para filtros FIR são baseadas na aproximação direta da resposta em frequência ou da resposta ao impulso desejada do sistema de tempo discreto.

O método mais simples de projeto de filtro FIR é chamado de *método do janelamento*. Esse método geralmente começa com uma resposta em frequência desejada ideal, que pode ser representada como

$$H_d(e^{j\omega}) = \sum_{n=-\infty}^{\infty} h_d[n]e^{-j\omega n}, \quad (7.53)$$

em que $h_d[n]$ é a sequência de resposta ao impulso correspondente, que pode ser expressa em termos de $H_d(e^{j\omega})$ como

$$h_d[n] = \frac{1}{2\pi}\int_{-\pi}^{\pi} H_d(e^{j\omega})e^{j\omega n}\,d\omega. \quad (7.54)$$

Muitos sistemas idealizados são definidos por respostas em frequência constantes por partes ou suaves por partes com descontinuidades nas extremidades entre as faixas. Como resultado, esses sistemas têm respostas ao impulso que são não causais e infinitamente longas. O método mais direto para obter uma aproximação FIR para tais sistemas consiste em truncar a resposta ao impulso ideal por meio do processo conhecido como janelamento. A Equação 7.53 pode ser entendida como uma representação por série de Fourier da resposta em frequência periódica $H_d(e^{j\omega})$, com a sequência $h_d[n]$ desempenhando o papel de coeficientes de Fourier. Assim, a aproximação de um filtro ideal pelo truncamento da resposta ao impulso ideal é idêntica ao problema da convergência da série de Fourier, um assunto que tem sido muito estudado. Um conceito particularmente importante dessa teoria é o fenômeno de Gibbs, que foi discutido no Exemplo 2.18. Na discussão a seguir, veremos como esse efeito da convergência não uniforme se manifesta no projeto de filtros FIR.

Um modo particularmente simples de obter um filtro FIR causal a partir de $h_d[n]$ consiste em truncar $h_d[n]$, isto é, definir um novo sistema com resposta ao impulso $h[n]$ dada por[4]

$$h[n] = \begin{cases} h_d[n], & 0 \le n \le M, \\ 0, & \text{caso contrário}. \end{cases} \quad (7.55)$$

Geralmente, podemos representar $h[n]$ como o produto da resposta ao impulso desejada por uma "janela" de duração finita $w[n]$; ou seja,

$$h[n] = h_d[n]w[n], \quad (7.56)$$

em que, para o truncamento simples, como na Equação 7.55, a janela é a *janela retangular*

$$w[n] = \begin{cases} 1, & 0 \le n \le M, \\ 0, & \text{caso contrário}. \end{cases} \quad (7.57)$$

Concluímos pelo teorema da modulação, ou pelo janelamento (Seção 2.9.7), que

$$H(e^{j\omega}) = \frac{1}{2\pi}\int_{-\pi}^{\pi} H_d(e^{j\theta})W(e^{j(\omega-\theta)})d\theta. \quad (7.58)$$

Isto é, $H(e^{j\omega})$ é a convolução periódica da resposta em frequência ideal desejada com a transformada de Fourier da janela. Assim, a resposta em frequência $H(e^{j\omega})$ será uma versão "espalhada" da resposta desejada $H_d(e^{j\omega})$. Na Figura 7.27(a) mostram-se funções típicas $H_d(e^{j\theta})$ e $W(e^{j(\omega-\theta)})$ em função de θ, como requerido na Equação 7.58.

Se $w[n] = 1$ para todo n (isto é, se não há qualquer truncamento), $W(e^{j\omega})$ é um trem de impulsos periódico com período 2π e, portanto, $H(e^{j\omega}) = H_d(e^{j\omega})$. Essa interpretação sugere que se $w[n]$ for escolhido de modo que $W(e^{j\omega})$ esteja concentrado em uma faixa de frequências estreita em torno de $\omega = 0$, isto é, ele se aproximar de um impulso, então $H(e^{j\omega})$ se "parecerá" com $H_d(e^{j\omega})$, exceto nos lugares em que $H_d(e^{j\omega})$ muda muito abruptamente. Consequentemente, a escolha da janela é governada pelo desejo de ter $w[n]$ o mais curto possível em duração, de modo a minimizar os cálculos na implementação do filtro, ao mesmo tempo em que $W(e^{j\omega})$ se aproxima de um impulso; ou seja, queremos que $W(e^{j\omega})$ seja altamente concentrado em frequência, de modo que a convolução da Equação 7.58 reproduza fielmente a resposta em frequência desejada. Esses são requisitos incompatíveis, como pode ser visto no caso da janela retangular da Equação 7.57, para a qual

$$W(e^{j\omega}) = \sum_{n=0}^{M} e^{-j\omega n} = \frac{1-e^{-j\omega(M+1)}}{1-e^{-j\omega}} =$$
$$= e^{-j\omega M/2}\frac{\operatorname{sen}[\omega(M+1)/2]}{\operatorname{sen}(\omega/2)}. \quad (7.59)$$

---

[4] A notação para sistemas FIR foi estabelecida no Capítulo 5. Ou seja, M é a ordem do polinômio da função de sistema. Assim, $(M+1)$ é o comprimento, ou duração, da resposta ao impulso. Muitas vezes na literatura, N é usado para o comprimento da resposta ao impulso de um filtro FIR; porém, usamos N para denotar a ordem do polinômio do denominador na função de sistema de um filtro IIR. Assim, para evitar confusão e manter a consistência ao longo do livro, consideraremos o comprimento da resposta ao impulso de um filtro FIR como $(M+1)$.

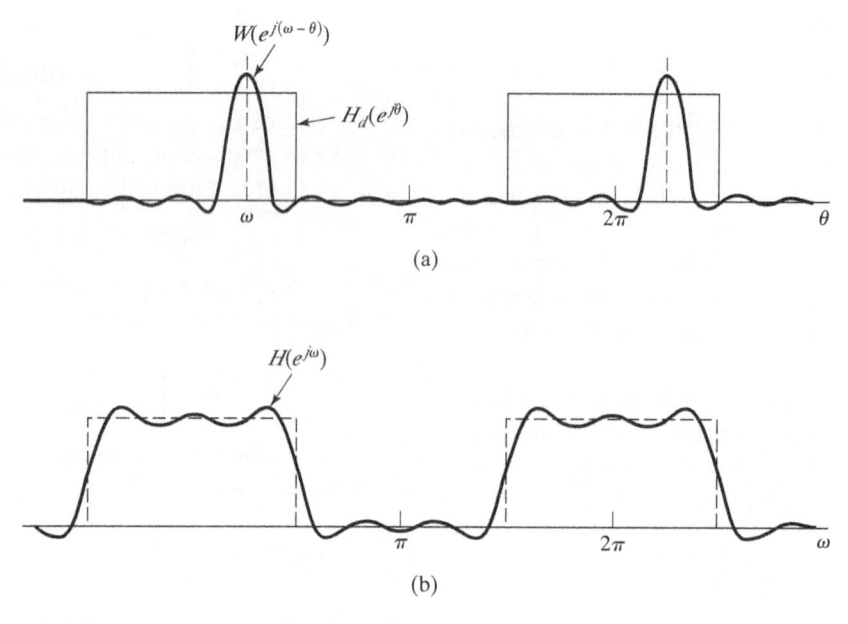

Figura 7.27 (a) Processo de convolução decorrente do truncamento da resposta ao impulso ideal. (b) Aproximação típica resultante do janelamento da resposta ao impulso ideal.

Um gráfico da magnitude da função sen[$\omega(M+1)/2$]/sen($\omega/2$) é mostrado na Figura 7.28 para o caso $M = 7$. Note que $W(e^{j\omega})$ para a janela retangular tem fase linear generalizada. À medida que M aumenta, a largura do "lóbulo principal" diminui. O lóbulo principal geralmente é definido como a região entre os primeiros cruzamentos por zero de ambos os lados da origem. Para a janela retangular, a largura do lóbulo principal é $\Delta\omega_m = 4\pi/(M+1)$. Porém, para a janela retangular, os lóbulos laterais são grandes e, de fato, quando M aumenta, as amplitudes de pico do lóbulo principal e dos lóbulos laterais aumentam de forma que a área sob cada lóbulo é uma constante, enquanto a largura de cada lóbulo diminui com M. Consequentemente, quando $W(e^{j(\omega-\theta)})$ "desliza" por uma descontinuidade de $H_d(e^{j\theta})$ à medida que ω varia, a integral de $W(e^{j(\omega-\theta)}) H_d(e^{j\theta})$ oscilará à medida que cada lóbulo de $W(e^{j(\omega-\theta)})$ passa pela descontinuidade. Esse resultado é mostrado na Figura 7.27(b). Como a área sob cada lóbulo permanece constante com o aumento de M, as oscilações ocorrerão mais rapidamente, mas não diminuem em amplitude quando M aumenta.

Na teoria da série de Fourier, é bem conhecido que essa convergência não uniforme, o *fenômeno de Gibbs*, pode ser mitigada por meio do uso de um truncamento menos abrupto da série de Fourier. Decrescendo-se a janela suavemente para zero em cada extremidade, a altura dos lóbulos laterais pode ser diminuída; porém, isso é obtido à custa de um lóbulo principal mais largo e, assim, de uma transição mais larga na descontinuidade.

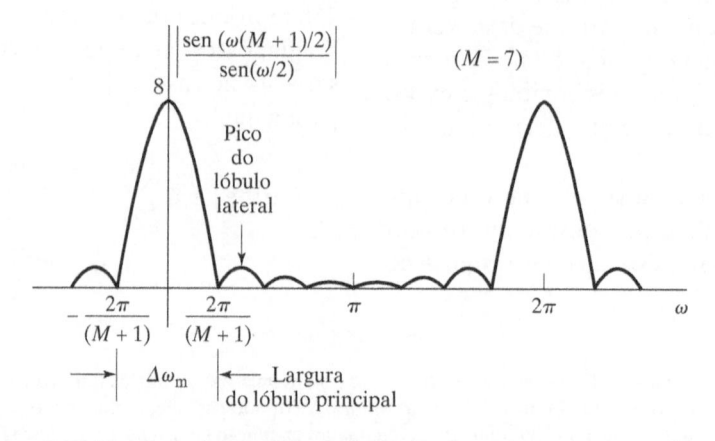

Figura 7.28 Magnitude da transformada de Fourier de uma janela retangular ($M=7$).

7.5.1 Propriedades de janelas comumente utilizadas

Algumas janelas comumente utilizadas são mostradas na Figura 7.29. Essas janelas são definidas pelas seguintes equações:

Retangular

$$w[n] = \begin{cases} 1, & 0 \leq n \leq M, \\ 0, & \text{caso contrário} \end{cases} \quad (7.60\text{a})$$

Bartlett (triangular)

$$w[n] = \begin{cases} 2n/M, & 0 \leq n \leq M/2, \ M \text{ par} \\ 2 - 2n/M, & M/2 < n \leq M, \\ 0, & \text{caso contrário} \end{cases} \quad (7.60\text{b})$$

Hann

$$w[n] = \begin{cases} 0{,}5 - 0{,}5\cos(2\pi n/M), & 0 \leq n \leq M, \\ 0, & \text{caso contrário} \end{cases} \quad (7.60\text{c})$$

Hamming

$$w[n] = \begin{cases} 0{,}54 - 0{,}46\cos(2\pi n/M), & 0 \leq n \leq M, \\ 0, & \text{caso contrário} \end{cases} \quad (7.60\text{d})$$

Blackman

$$w[n] = \begin{cases} 0{,}42 - 0{,}5\cos(2\pi n/M) + 0{,}08\cos(4\pi n/M), \\ \qquad\qquad\qquad\qquad 0 \leq n \leq M, \\ 0, \qquad\qquad\qquad\quad \text{caso contrário} \end{cases} \quad (7.60\text{e})$$

(Por conveniência, na Figura 7.29 mostram-se gráficos dessas janelas como funções de uma variável contínua; porém, como especificado na Equação 7.60, a sequência da janela é definida apenas para valores inteiros de n.)

As janelas Bartlett, Hann, Hamming e Blackman receberam os nomes de seus criadores. A janela Hann está associada a Julius von Hann, meteorologista austríaco. O termo "hanning" foi usado por Blackman e Tukey (1958) para descrever a operação de aplicação dessa janela a um sinal e, desde então, tornou-se o nome mais usado para a janela, com escolhas variando entre "Hanning" e "hanning". Existe uma pequena variação na definição das janelas Bartlett e Hann. Como as definimos, $w[0] = w[M] = 0$, de modo que seria razoável afirmar que, com essa definição, o comprimento da janela é na realidade apenas $M - 1$ amostras. Outras definições das janelas Bartlett e Hann estão relacionadas às nossas definições por um deslocamento de uma amostra e redefinição do comprimento da janela.

Como será discutido no Capítulo 10, as janelas definidas na Equação 7.60 são comumente utilizadas em análise espectral, bem como para o projeto de filtros FIR. Elas têm a propriedade desejável de que suas transformadas de Fourier se concentram em torno de $\omega = 0$ e possuem uma forma funcional simples que permite que sejam calculadas com facilidade. A transformada de Fourier da janela Bartlett pode ser expressa como um produto de transformadas de Fourier das janelas retangulares, e as transformadas de Fourier das outras janelas podem ser expressas como somas de transformadas de Fourier da janela retangular da Equação 7.59 deslocadas em frequência (Veja o Problema 7.43.).

Um gráfico da função $20\log_{10}|W(e^{j\omega})|$ é mostrado na Figura 7.30 para cada uma dessas janelas com $M = 50$. A janela retangular claramente tem o lóbulo principal mais estreito e, portanto, para um dado comprimento, deverá gerar as transições mais abruptas de $H(e^{j\omega})$ em uma descontinuidade de $H_d(e^{j\omega})$. Porém, o primeiro

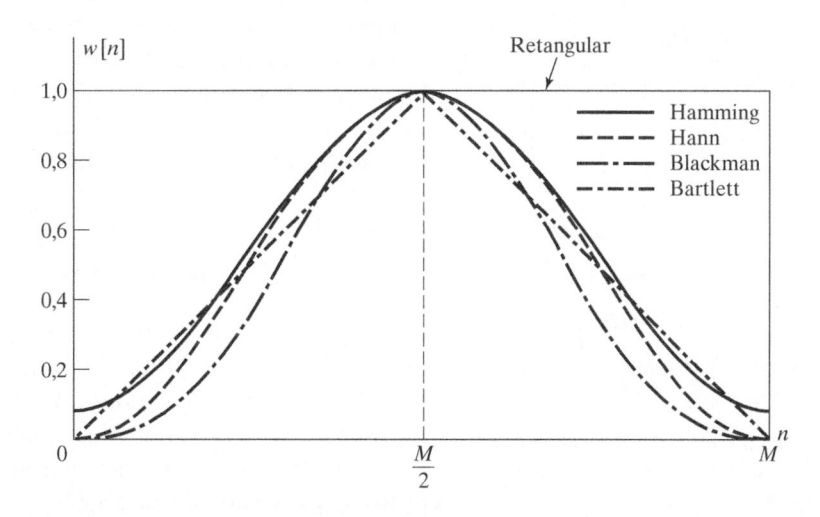

Figura 7.29 Janelas comumente utilizadas.

lóbulo lateral está apenas cerca de 13 dB abaixo do pico principal, o que resulta em oscilações de $H(e^{j\omega})$ de tamanho considerável em torno das descontinuidades de $H_d(e^{j\omega})$. Na Tabela 7.2, que compara as janelas da Equação 7.60, mostra-se que, decrescendo-se a janela suavemente para zero, como nas janelas Bartlett, Hamming, Hann e Blackman, os lóbulos laterais (segunda coluna) são bastante reduzidos em amplitude; porém, o preço pago é um lóbulo principal muito mais largo (terceira coluna) e, assim, transições mais largas nas descontinuidades de $H_d(e^{j\omega})$. As outras colunas da Tabela 7.2 serão discutidas posteriormente.

7.5.2 Incorporação da fase linear generalizada

No projeto de muitos tipos de filtros FIR, é desejável obter sistemas causais com uma resposta de fase linear generalizada. Todas as janelas da Equação 7.60 foram definidas em antecipação a essa necessidade. Especificamente, note que todas as janelas têm a propriedade de que

$$w[n] = \begin{cases} w[M-n], & 0 \le n \le M, \\ 0, & \text{caso contrário;} \end{cases} \quad (7.61)$$

isto é, elas são simétricas em torno do ponto $M/2$. Como resultado, suas transformadas de Fourier têm a forma

$$W(e^{j\omega}) = W_e(e^{j\omega})e^{-j\omega M/2}, \quad (7.62)$$

sendo $W_e(e^{j\omega})$ uma função real e par de ω. Isso é ilustrado pela Equação 7.59. A convenção da Equação 7.61 leva a filtros causais em geral e, se a resposta ao impulso desejada também for simétrica em relação a $M/2$, isto é, se $h_d[M-n] = h_d[n]$, então a resposta ao impulso janelada também terá essa simetria, e a resposta em frequência resultante terá uma fase linear generalizada; isto é,

$$H(e^{j\omega}) = A_e(e^{j\omega})e^{-j\omega M/2}, \quad (7.63)$$

em que $A_e(e^{j\omega})$ é real e é uma função par de ω. Similarmente, se a resposta ao impulso desejada for antissimétrica em torno de $M/2$, isto é, se $h_d[M-n] = -h_d[n]$, então a resposta ao impulso janelada também será antissimétrica em torno de $M/2$ e a resposta em frequência resultante terá uma fase linear generalizada com um deslocamento de fase constante de noventa graus; isto é,

$$H(e^{j\omega}) = jA_o(e^{j\omega})e^{-j\omega M/2}, \quad (7.64)$$

em que $A_o(e^{j\omega})$ é real e é uma função ímpar de ω.

Embora as afirmações anteriores sejam diretas se considerarmos o produto da janela simétrica com a resposta ao impulso desejada simétrica (ou antissimétrica), é útil considerar a representação no domínio da frequência. Suponha que $h_d[M-n] = h_d[n]$. Então,

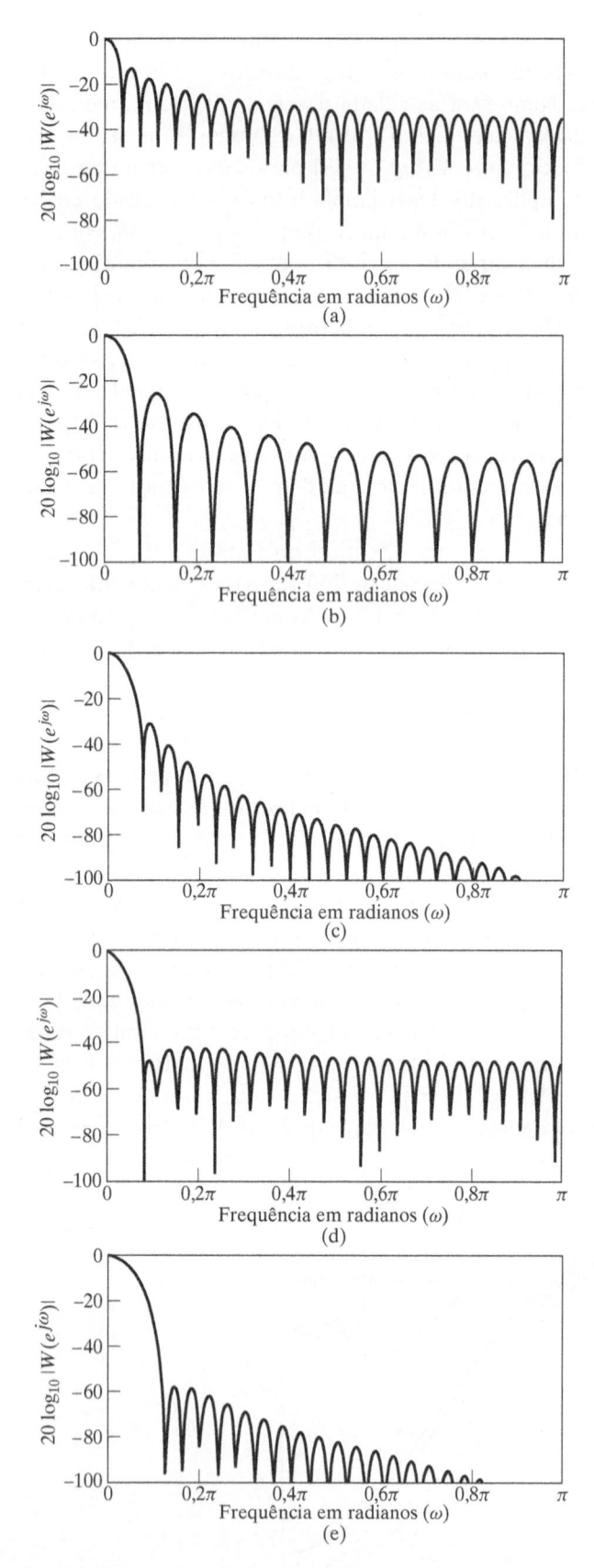

Figura 7.30 Transformadas de Fourier (magnitude logarítmica) das janelas da Figura 7.29 com $M = 50$. (a) Retangular. (b) Bartlett. (c) Hann. (d) Hamming. (e) Blackman.

Tabela 7.2 Comparação de janelas comumente utilizadas.

Tipo de janela	Amplitude do pico do lóbulo lateral (relativa)	Largura aproximada do lóbulo principal	Pico do erro de aproximação, $20 \log_{10} \delta$ (dB)	Janela de Kaiser equivalente, β	Largura de transição da janela de Kaiser equivalente
Retangular	−13	$4\pi/(M+1)$	−21	0	$1,81\pi/M$
Bartlett	−25	$8\pi/M$	−25	1,33	$2,37\pi/M$
Hann	−31	$8\pi/M$	−44	3,86	$5,01\pi/M$
Hamming	−41	$8\pi/M$	−53	4,86	$6,27\pi/M$
Blackman	−57	$12\pi/M$	−74	7,04	$9,19\pi/M$

$$H_d(e^{j\omega}) = H_e(e^{j\omega})e^{-j\omega M/2}, \quad (7.65)$$

em que $H_e(e^{j\omega})$ é real e par.

Se a janela é simétrica, podemos substituir as equações 7.62 e 7.65 na Equação 7.58 para obter

$$H(e^{j\omega}) = \frac{1}{2\pi}\int_{-\pi}^{\pi} H_e(e^{j\theta})e^{-j\theta M/2}W_e(e^{j(\omega-\theta)})e^{-j(\omega-\theta)M/2}d\theta.$$

(7.66)

Uma manipulação simples dos fatores de fase leva a

$$H(e^{j\omega}) = A_e(e^{j\omega})e^{-j\omega M/2}, \quad (7.67)$$

em que

$$A_e(e^{j\omega}) = \frac{1}{2\pi}\int_{-\pi}^{\pi} H_e(e^{j\theta})W_e(e^{j(\omega-\theta)})d\theta. \quad (7.68)$$

Assim, vemos que o sistema resultante tem fase linear generalizada e, além disso, a função real $A_e(e^{j\omega})$ é o resultado da convolução periódica das funções reais $H_e(e^{j\omega})$ e $W_e(e^{j\omega})$.

O comportamento detalhado da convolução da Equação 7.68 determina a resposta em magnitude do filtro que resulta do janelamento. O exemplo a seguir ilustra esse fato para um filtro passa-baixas de fase linear.

Exemplo 7.7 Filtro passa-baixas de fase linear

A resposta em frequência desejada é definida como

$$H_{lp}(e^{j\omega}) = \begin{cases} e^{-j\omega M/2}, & |\omega| < \omega_c, \\ 0, & \omega_c < |\omega| \leq \pi, \end{cases} \quad (7.69)$$

em que o fator de fase linear generalizada foi incorporado na definição do filtro passa-baixas ideal. A resposta ao impulso ideal correspondente é

$$h_{lp}[n] = \frac{1}{2\pi}\int_{-\omega_c}^{\omega_c} e^{-j\omega M/2}e^{j\omega n}d\omega = \frac{\text{sen}[\omega_c(n-M/2)]}{\pi(n-M/2)} \quad (7.70)$$

para $-\infty < n < \infty$. É fácil mostrar que $h_{lp}[M-n] = h_{lp}[n]$, de modo que, se usarmos uma janela simétrica na equação

$$h[n] = \frac{\text{sen}[\omega_c(n-M/2)]}{\pi(n-M/2)}w[n], \quad (7.71)$$

então resultará um sistema de fase linear.

Na parte superior da Figura 7.31 estão representadas as características da resposta em amplitude que resultaria para todas as janelas da Equação 7.60, exceto a janela Bartlett, que raramente é usada para o projeto de filtro. (Para M par, a janela Bartlett produziria uma função $A_e(e^{j\omega})$ monotônica, pois $W_e(e^{j\omega})$ é uma função positiva.) Na figura mostram-se as propriedades importantes das aproximações pelo método das janelas para as respostas em frequência desejadas que possuem descontinuidades de degrau. Ela se aplica precisamente quando ω_c não está próximo de zero ou de π e quando a largura do lóbulo principal é menor que $2\omega_c$. Na parte inferior da figura é mostrada uma transformada de Fourier típica para uma janela simétrica (exceto pela fase linear). Essa função

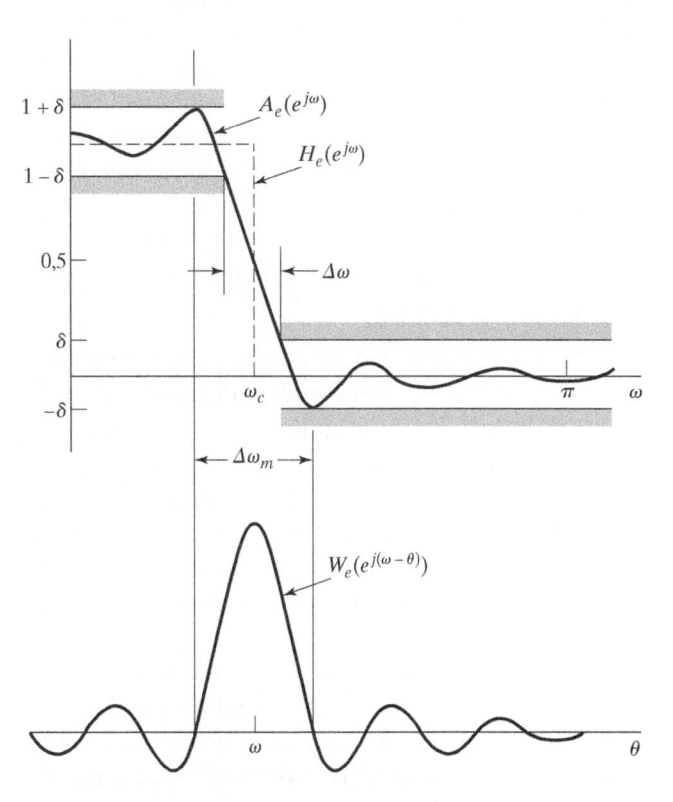

Figura 7.31 Exemplo do tipo de aproximação obtido em uma descontinuidade da resposta em frequência ideal.

deveria ser visualizada em posições diferentes como um auxílio para entender a forma da aproximação $A_e(e^{j\omega})$ na vizinhança de ω_c.

Quando $\omega = \omega_c$, a função simétrica $W_e(e^{j(\omega-\theta)})$ está centralizada na descontinuidade e cerca de metade de sua área contribui para $A_e(e^{j\omega})$. Similarmente, podemos ver que o pico de sobressinal ocorre quando $W_e(e^{j(\omega-\theta)})$ é deslocado de modo que o primeiro lóbulo lateral negativo à direita está logo à direita de ω_c. Similarmente, o pico de sobressinal negativo ocorre quando o primeiro lóbulo lateral negativo à esquerda está logo à esquerda de ω_c. Isso significa que a distância entre o pico das oscilações nos dois lados da descontinuidade é aproximadamente a largura do lóbulo principal $\Delta\omega_m$, como mostrado na Figura 7.31. A largura da transição $\Delta\omega$ como definida na figura é, portanto, um pouco menor do que a largura do lóbulo principal. Finalmente, devido à simetria de $W_e(e^{j(\omega-\theta)})$, a aproximação tende a ser simétrica em torno de ω_c; isto é, o sobressinal da aproximação é de δ na faixa de passagem e de mesmo valor na faixa de rejeição.

A quarta coluna da Tabela 7.2 mostra o pico do erro de aproximação em uma descontinuidade (em dB) para as janelas da Equação 7.60. Nitidamente, as janelas com os menores lóbulos laterais fornecem melhores aproximações da resposta ideal em uma descontinuidade. Além disso, a terceira coluna, que mostra a largura do lóbulo principal, sugere que regiões de transição mais estreitas podem ser alcançadas aumentando-se M. Assim, pela escolha da forma e da duração da janela, podemos controlar as propriedades do filtro FIR resultante. Porém, testar diferentes janelas e ajustar comprimentos por tentativa e erro não é um modo muito satisfatório de projetar filtros. Felizmente, uma formalização simples do método de janelas foi desenvolvida por Kaiser (1974).

7.5.3 Método do projeto de filtro utilizando a janela de Kaiser

O compromisso entre a largura do lóbulo principal e a área do lóbulo lateral pode ser quantificado pela busca da função de janelamento que é maximamente concentrada em torno de $\omega = 0$ no domínio da frequência. O problema foi considerado em profundidade em uma série de artigos clássicos por Slepian et al. (1961). A solução encontrada neste trabalho envolve funções de onda esferoidais alongadas (*prolate spheroidal wave functions*), que são difíceis de calcular e, portanto, não atraentes para o projeto de filtros. Porém, Kaiser (1966, 1974) descobriu que uma janela próxima da ótima poderia ser formada usando a função de Bessel modificada de primeira espécie de ordem zero, uma função que é muito mais fácil de calcular. A janela de Kaiser é definida como

$$w[n] = \begin{cases} \dfrac{I_0[\beta(1-[(n-\alpha)/\alpha]^2)^{1/2}]}{I_0(\beta)}, & 0 \le n \le M, \\ 0, & \text{caso contrário,} \end{cases} \quad (7.72)$$

sendo $\alpha = M/2$, e $I_0(\cdot)$ representa a função de Bessel modificada de primeira espécie de ordem zero. Ao contrário das outras janelas nas Equações 7.60, a janela de Kaiser tem dois parâmetros: o comprimento $(M+1)$ e o parâmetro de forma β. Variando-se $(M+1)$ e β, o comprimento da janela e sua forma podem ser ajustados para trocar amplitude do lóbulo lateral por largura do lóbulo principal. Na Figura 7.32(a) apontam-se envoltórias contínuas das janelas de Kaiser de comprimento $M+1 = 21$ para $\beta = 0, 3$ e 6. Note, pela Equação 7.72, que o caso $\beta = 0$ se reduz à janela retangular. Na Figura 7.32(b) mostram-se as transformadas de Fourier correspondentes das janelas de Kaiser na Figura 7.32(a). A Figura 7.32(c) indica as transformadas de Fourier das janelas de Kaiser com $\beta = 6$ e $M = 10, 20$ e 40. Os gráficos nas figuras 7.32(b) e (c) demonstram claramente que o dilema desejado pode ser alcançado. Se a janela decair mais rapidamente, os lóbulos laterais da transformada de Fourier se tornam menores, mas o lóbulo principal se torna mais largo. Na Figura 7.32(c) mostra-se que aumentar M mantendo-se β constante faz com que o lóbulo principal diminua de largura, mas não afeta a amplitude de pico dos lóbulos laterais. De fato, por meio de uma extensa experimentação numérica, Kaiser obteve um par de fórmulas que permite que o projetista de filtro preveja antecipadamente os valores de M e β necessários para atender a uma determinada especificação de filtro seletivo em frequência. O gráfico superior da Figura 7.31 também é típico de aproximações obtidas por meio da janela de Kaiser, e Kaiser (1974) encontrou que, em um largo intervalo de condições úteis, o pico do erro de aproximação (δ na Figura 7.31) é determinado pela escolha de β. Dado que δ é fixo, a frequência de corte da faixa de passagem ω_p do filtro passa-baixas é definida como a frequência mais alta, tal que $|H(e^{j\omega})| \ge 1 - \delta$. A frequência de corte da faixa de rejeição ω_s é definida como a frequência mais baixa, tal que $|H(e^{j\omega})| \le \delta$. Portanto, a região de transição tem largura

$$\Delta\omega = \omega_s - \omega_p \quad (7.73)$$

para a aproximação do filtro passa-baixas. Definindo

$$A = -20\log_{10}\delta, \quad (7.74)$$

Kaiser determinou empiricamente que o valor de β necessário para alcançar um valor especificado de A é dado por

$$\beta = \begin{cases} 0{,}1102(A - 8{,}7), & A > 50, \\ 0{,}5842(A - 21)^{0,4} + 0{,}07886(A - 21), & 21 \le A \le 50, \\ 0{,}0, & A < 21. \end{cases} \quad (7.75)$$

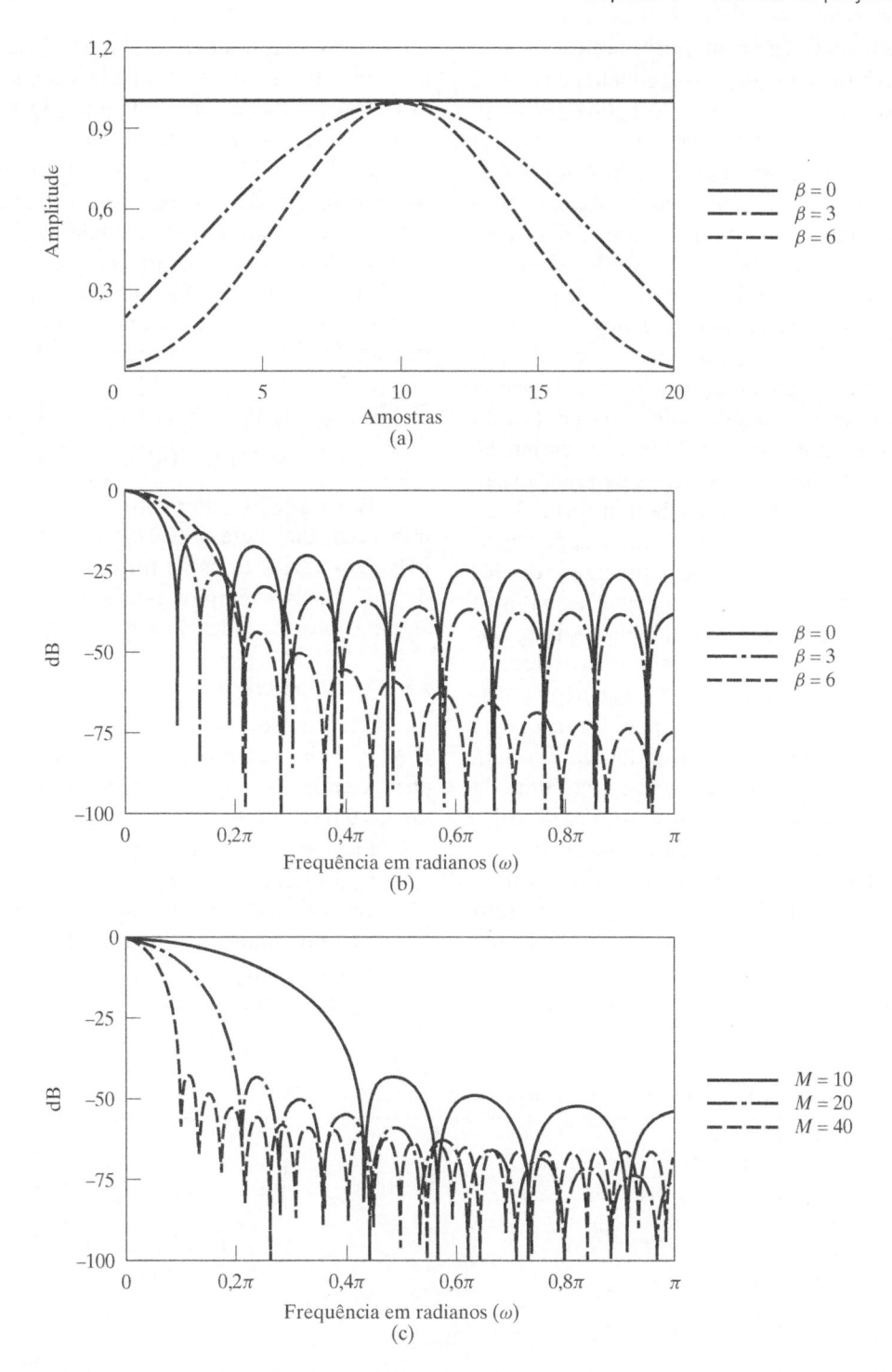

Figura 7.32 (a) Janelas de Kaiser para $\beta = 0$, 3 e 6 e $M = 20$. (b) Transformadas de Fourier correspondentes às janelas em (a). (c) Transformadas de Fourier das janelas de Kaiser com $\beta = 6$ e $M = 10$, 20 e 40.

(Lembre-se de que o caso $\beta = 0$ é a janela retangular para a qual $A = 21$.) Além disso, Kaiser descobriu que, para alcançar os valores prescritos de A e $\Delta\omega$, M precisa satisfazer

$$M = \frac{A - 8}{2{,}285\Delta\omega}. \tag{7.76}$$

A Equação 7.76 prevê M com um erro ± 2 para um grande intervalo de valores de $\Delta\omega$ e A. Assim, com essas fórmulas, o método de projeto da janela de Kaiser requer quase nenhuma iteração ou tentativa e erro. Os exemplos na Seção 7.6 esboçam e ilustram o procedimento.

Relação da janela de Kaiser com outras janelas

O princípio básico do método de projeto de janela é truncar a resposta ao impulso ideal com uma janela de comprimento finito, como uma daquelas já discutidas nesta seção. O efeito correspondente no domínio de frequência é que a resposta em frequência ideal é convoluída com a transformada de Fourier da janela. Se o filtro ideal for um filtro passa-baixas, a descontinuidade em sua resposta em frequência é espalhada à medida que o lóbulo principal da transformada de Fourier da janela se move pela descontinuidade no processo de convolução. Em uma primeira aproximação, a largura da banda de transição resultante é determinada pela largura do lóbulo principal da transformada de Fourier da janela, e as oscilações nas faixas de passagem e de rejeição são determinadas pelos lóbulos laterais da transformada de Fourier da janela. Como as oscilações da faixa de passagem e de rejeição são produzidas pela integração dos lóbulos laterais da janela simétrica, as oscilações na faixa de passagem e de rejeição são aproximadamente iguais. Além disso, em uma aproximação muito boa, os desvios máximos na faixa de passagem e de rejeição não dependem de M e podem ser modificados apenas trocando-se a forma da janela usada. Isso é ilustrado pela fórmula de Kaiser, Equação 7.75, para o parâmetro da forma da janela, que é independente de M. As duas últimas colunas da Tabela 7.2 comparam a janela de Kaiser com as janelas das Equações 7.60. A quinta coluna dá o parâmetro de forma (β) da janela de Kaiser que gera o mesmo pico do erro de aproximação (δ) que a janela indicada na primeira coluna. A sexta coluna mostra a largura de transição correspondente (da Equação 7.76) para filtros projetados com a janela de Kaiser. Essa fórmula seria um indicador muito melhor da largura de transição para as outras janelas do que a largura do lóbulo principal dada na terceira coluna da tabela.

Na Figura 7.33, é feita uma comparação do máximo erro de aproximação pela largura da transição para as várias janelas fixas e para a janela de Kaiser para diferentes valores de β. A linha tracejada obtida da Equação 7.76 mostra que a fórmula de Kaiser é uma representação precisa do erro de aproximação em função da largura de transição para a janela de Kaiser.

7.6 Exemplos de projetos de filtro FIR pelo método da janela de Kaiser

Nesta seção, daremos vários exemplos que ilustram o uso da janela de Kaiser para obter aproximações FIR para vários tipos de filtro, incluindo filtros passa-baixas. Esses exemplos também servem para indicar algumas propriedades importantes dos sistemas FIR.

7.6.1 Filtro passa-baixas

Com o uso das fórmulas de projeto na janela de Kaiser, é simples projetar um filtro passa-baixas FIR para atender às especificações prescritas. O procedimento é o seguinte:

1. Primeiro, as especificações precisam ser definidas. Isso significa selecionar ω_p e ω_s desejados e o máximo erro de aproximação tolerável. Para o projeto por janela, o filtro resultante terá o mesmo erro de pico δ na faixa de passagem e na faixa de rejeição. Para este exemplo, usamos as mesmas es-

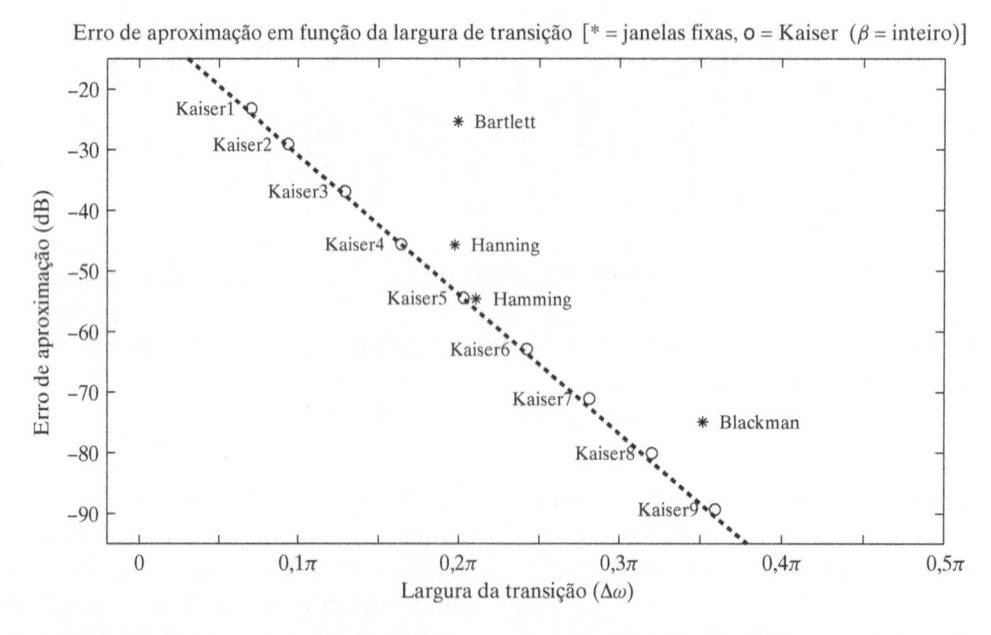

Figura 7.33 Comparação das janelas fixas com as janelas de Kaiser em uma aplicação de projeto de filtro passa-baixas ($M = 32$ e $\omega_c = \pi/2$). (Observe que a designação "Kaiser 6" significa uma janela de Kaiser com $\beta = 6$ etc.)

pecificações do Exemplo 7.5, $\omega_p = 0{,}4\pi$, $\omega_s = 0{,}6\pi$, $\delta_1 = 0{,}01$ e $\delta_2 = 0{,}001$. Como os filtros projetados pelo método de janelamento têm inerentemente $\delta_1 = \delta_2$, precisamos definir $\delta = 0{,}001$.

2. A frequência de corte do filtro passa-baixas ideal de base precisa ser encontrada. Devido à simetria da aproximação na descontinuidade de $H_d(e^{j\omega})$, definimos

$$\omega_c = \frac{\omega_p + \omega_s}{2} = 0{,}5\pi.$$

3. Para determinar os parâmetros da janela de Kaiser, primeiro calculamos

$$\Delta\omega = \omega_s - \omega_p = 0{,}2\pi, \quad A = -20\log_{10}\delta = 60.$$

Substituímos essas duas quantidades nas equações 7.75 e 7.76 para obter os valores requeridos de β e M. Para este exemplo, as fórmulas preveem

$$\beta = 5{,}653, \quad M = 37.$$

4. A resposta ao impulso do filtro é calculada usando as equações 7.71 e 7.72. Obtemos

$$h[n] = \begin{cases} \dfrac{\operatorname{sen}\omega_c(n-\alpha)}{\pi(n-\alpha)} \cdot \dfrac{I_0[\beta(1-[(n-\alpha)/\alpha]^2)^{1/2}]}{I_0(\beta)}, & 0 \le n \le M, \\ 0, & \text{caso contrário,} \end{cases}$$

com $\alpha = M/2 = 37/2 = 18{,}5$. Como $M = 37$ é um inteiro ímpar, o sistema de fase linear resultante seria de Tipo II. (Veja na Seção 5.7.3 as definições dos quatro tipos de sistemas FIR com fase linear generalizada.) As características da resposta do filtro aparecem na Figura 7.34. A Figura 7.34(a), em que se mostra a resposta ao impulso, apresenta a simetria característica de um sistema de Tipo II.

A Figura 7.34(b), em que se mostra a resposta em magnitude logarítmica em dB, indica que $H(e^{j\omega})$ é zero em $\omega = \pi$ ou, de modo equivalente, que $H(z)$ tem um zero em $z = -1$, como requerido para um sistema FIR de Tipo II. Na Figura 7.34(c) mostra-se o erro de aproximação nas faixas de passagem e rejeição. Essa função de erro é definida como

$$E_A(\omega) = \begin{cases} 1 - A_e(e^{j\omega}), & 0 \le \omega \le \omega_p, \\ 0 - A_e(e^{j\omega}), & \omega_s \le \omega \le \pi. \end{cases} \quad (7.77)$$

(O erro não é definido na região de transição, $0{,}4\pi < \omega < 0{,}6\pi$.) Note a ligeira assimetria do erro de aproximação, e também que o pico do erro de aproximação é $\delta = 0{,}00113$ em vez do valor desejado de 0,001. Nesse caso, é necessário aumentar M para 40 a fim de atender às especificações.

5. Finalmente, observe que não é necessário fazer o gráfico da fase ou do atraso de grupo, já que sabemos que a fase é exatamente linear e o atraso é de $M/2 = 18{,}5$ amostras.

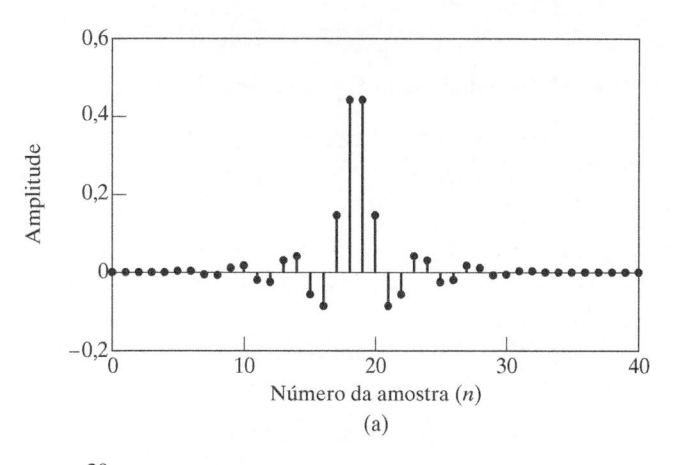

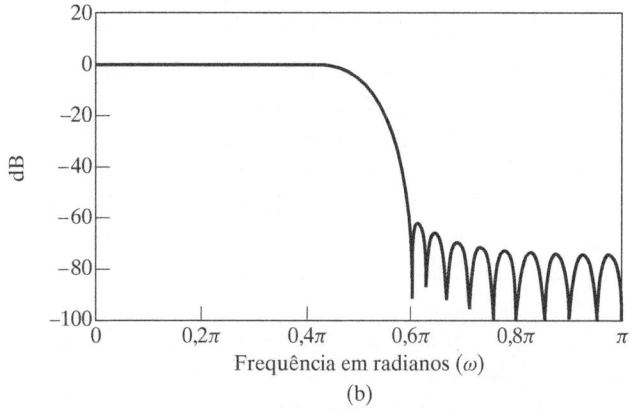

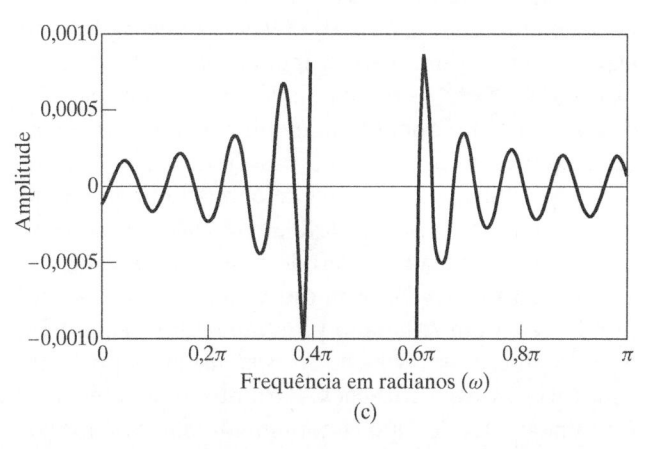

Figura 7.34 Funções de resposta para o filtro passa-baixas projetado com uma janela de Kaiser. (a) Resposta ao impulso ($M = 37$). (b) Magnitude logarítmica. (c) Erro de aproximação para $A_e(e^{j\omega})$.

7.6.2 Filtro passa-altas

O filtro passa-altas ideal com fase linear generalizada tem a resposta em frequência

$$H_{\text{hp}}(e^{j\omega}) = \begin{cases} 0, & |\omega| < \omega_c, \\ e^{-j\omega M/2}, & \omega_c < |\omega| \le \pi. \end{cases} \quad (7.78)$$

A resposta ao impulso correspondente pode ser encontrada calculando-se a transformada inversa de $H_{\text{hp}}(e^{j\omega})$, ou podemos observar que

$$H_{hp}(e^{j\omega}) = e^{-j\omega M/2} - H_{lp}(e^{j\omega}), \qquad (7.79)$$

sendo $H_{lp}(e^{j\omega})$ dada pela Equação 7.69. Assim, $h_{hp}[n]$ é

$$h_{hp}[n] = \frac{\operatorname{sen}\pi(n-M/2)}{\pi(n-M/2)} - \frac{\operatorname{sen}\omega_c(n-M/2)}{\pi(n-M/2)}, \quad -\infty < n < \infty. \qquad (7.80)$$

Para projetar uma aproximação FIR para o filtro passa-altas, podemos proceder de maneira similar àquela da Seção 7.6.1.

Suponha que queiramos projetar um filtro para atender às especificações passa-altas

$$|H(e^{j\omega})| \le \delta_2, \quad |\omega| \le \omega_s$$
$$1 - \delta_1 \le |H(e^{j\omega})| \le 1 + \delta_1, \quad \omega_p \le |\omega| \le \pi$$

em que $\omega_s = 0{,}35\pi$, $\omega_p = 0{,}5\pi$ e $\delta_1 = \delta_2 = \delta = 0{,}02$. Como a resposta ideal também tem uma descontinuidade, podemos aplicar as fórmulas de Kaiser das equações 7.75 e 7.76 com $A = 33{,}98$ e $\Delta\omega = 0{,}15\pi$ para estimar os valores requeridos de $\beta = 2{,}65$ e $M = 24$. A Figura 7.35 mostra as características de resposta que resultam quando uma janela de Kaiser com esses parâmetros é aplicada a $h_{hp}[n]$ com $\omega_c = (0{,}35\pi + 0{,}5\pi)/2$. Note que, como M é um inteiro par, o filtro é um sistema FIR de Tipo I com fase linear, e o atraso é exatamente $M/2 = 12$ amostras. Nesse caso, o pico do erro de aproximação real é $\delta = 0{,}0209$ em vez de 0,02, como especificado. Como o erro é menor que 0,02 em todos os pontos exceto na extremidade da faixa de rejeição, é tentador simplesmente aumentar M para 25, mantendo o mesmo β, estreitando assim a região de transição. Esse filtro de Tipo II, que é mostrado na Figura 7.36, é altamente insatisfatório devido ao zero de $H(z)$ que é forçado pela restrição de fase linear a estar em $z = -1$, isto é, $\omega = \pi$. Embora o aumento da ordem por 1 leve a um resultado pior, aumentar M para 26, logicamente, resultaria em um sistema de Tipo I que excederia as especificações. Portanto, os sistemas de fase linear FIR de Tipo II geralmente não são aproximações apropriadas nem para filtros passa-altas nem para filtros rejeita-faixa.

A discussão anterior sobre projeto de filtro passa-altas pode ser generalizada para o caso de múltiplas faixas de passagem e faixas de rejeição. Na Figura 7.37 mostra-se uma resposta em frequência seletiva em frequência multibanda ideal. Esse filtro multibanda generalizado inclui filtros passa-baixas, passa-altas, passa-faixa e rejeita-faixa como casos especiais. Se uma tal função de magnitude for multiplicada por um fator de fase linear $e^{-j\omega M/2}$, a resposta ao impulso ideal correspondente é

$$h_{mb}[n] = \sum_{k=1}^{N_{mb}} (G_k - G_{k+1}) \frac{\operatorname{sen}\omega_k(n-M/2)}{\pi(n-M/2)}, \quad (7.81)$$

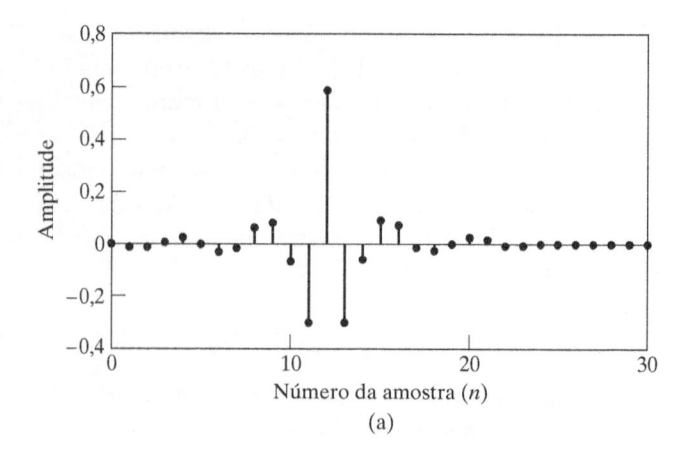

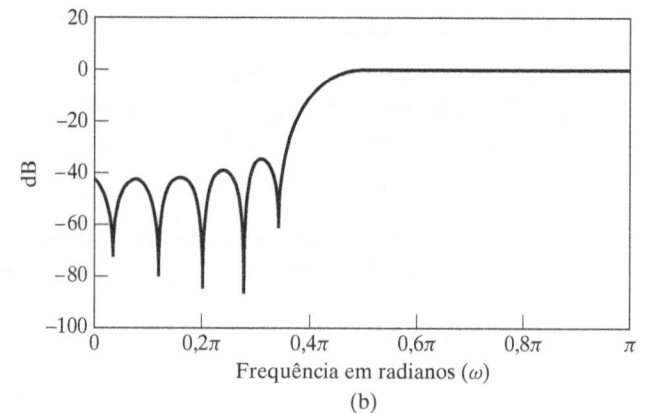

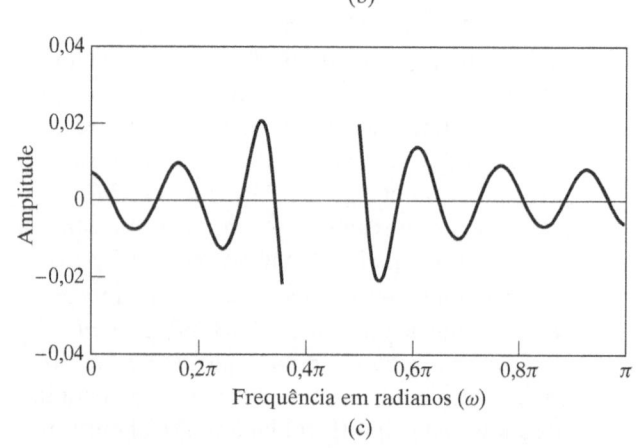

Figura 7.35 Funções de resposta para filtro passa-altas FIR de Tipo I. (a) Resposta ao impulso ($M = 24$). (b) Magnitude logarítmica. (c) Erro de aproximação para $A_e(e^{j\omega})$.

sendo N_{mb} o número de faixas e $G_{N_{mb}+1} = 0$. Se $h_{mb}[n]$ for multiplicado por uma janela de Kaiser, o tipo de aproximações que temos observado na única descontinuidade dos sistemas passa-baixas e passa-altas ocorrerá em *cada uma* das descontinuidades. O comportamento será o mesmo em cada descontinuidade, desde que as descontinuidades estejam afastadas o suficiente. Assim, as fórmulas de Kaiser para os parâmetros de janela podem ser aplicadas a esse caso para prever erros de aproximação e larguras de transição. Note que os erros de aproximação serão multiplicados escalarmente pela largura do salto que os produz. Ou seja, se uma descontinuidade unitária produzir um pico de erro de δ, então uma descontinuidade de 0,5 terá um pico de erro de $\delta/2$.

7.6.3 Diferenciadores de tempo discreto

Como ilustrado no Exemplo 4.4, muitas vezes é de interesse obter amostras da derivada de um sinal de banda limitada a partir das amostras do próprio sinal. Como a transformada de Fourier da derivada de um sinal de tempo contínuo é $j\Omega$ vezes a transformada de Fourier do sinal, concluímos que, para sinais de banda limitada, um sistema de tempo discreto com resposta em frequência $(j\omega/T)$ para $-\pi < \omega < \pi$ (e que seja periódico, com período 2π) gerará amostras de saída iguais às amostras da derivada do sinal de tempo contínuo. Um sistema com essa propriedade é chamado de diferenciador de tempo discreto.

Para um diferenciador de tempo discreto ideal com fase linear, a resposta em frequência apropriada é

$$H_{\text{diff}}(e^{j\omega}) = (j\omega)e^{-j\omega M/2}, \qquad -\pi < \omega < \pi. \quad (7.82)$$

(Omitimos o fator $1/T$.) A resposta ao impulso ideal correspondente é

$$h_{\text{diff}}[n] = \frac{\cos \pi(n-M/2)}{(n-M/2)} - \frac{\operatorname{sen} \pi(n-M/2)}{\pi(n-M/2)^2}, \quad -\infty < n < \infty. \quad (7.83)$$

Se $h_{\text{diff}}[n]$ for multiplicado por uma janela simétrica de comprimento $(M+1)$, então podemos mostrar facilmente que $h[n] = -h[M-n]$. Assim, o sistema resultante é um sistema de fase linear generalizada de Tipo III ou de Tipo IV.

Como as fórmulas de Kaiser foram desenvolvidas para respostas em frequência com descontinuidades simples de magnitude, não é fácil aplicá-las aos diferenciadores, em que a descontinuidade na resposta em frequência ideal é introduzida pela fase. Apesar disso, como mostramos no próximo exemplo, o método de janelamento é muito eficaz no projeto de tais sistemas.

Projeto por janela de Kaiser de um diferenciador

Para ilustrar o projeto por janelamento de um diferenciador, suponha que $M = 10$ e $\beta = 2,4$. As características de resposta resultantes são identificadas na Figura 7.38. Na Figura 7.38(a) mostra-se a resposta ao impulso antissimétrica. Como M é par, o sistema é um sistema de fase linear de Tipo III, o que implica que $H(z)$ tem zeros tanto em $z = +1$ ($\omega = 0$) quanto em $z = -1$ ($\omega = \pi$). Isso é claramente exibido na resposta em magnitude indicada na Figura 7.38(b). A fase é exata, pois os sistemas de Tipo III têm um deslocamento de fase constante de $\pi/2$ radianos mais uma fase linear correspondente, nesse

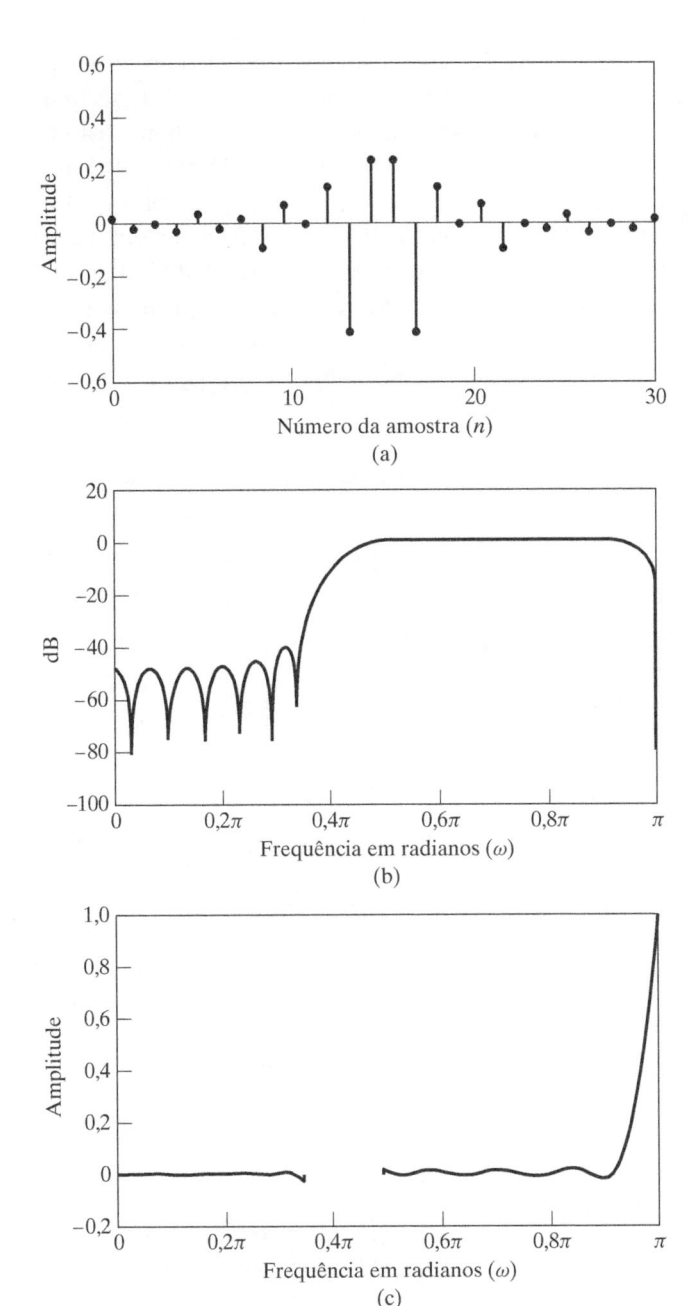

Figura 7.36 Funções de resposta para filtro passa-altas FIR de Tipo II. (a) Resposta ao impulso ($M = 25$). (b) Magnitude logarítmica da transformada de Fourier. (c) Erro de aproximação para $A_e(e^{j\omega})$.

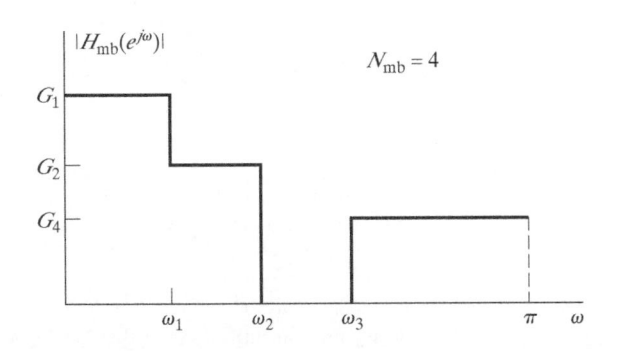

Figura 7.37 Resposta em frequência ideal para um filtro multibandas.

Sistemas de fase linear de Tipo IV não impõem a restrição de $H(z)$ ter um zero em $z = -1$. Esse tipo de sistema leva a aproximações muito melhores para a função de amplitude, como mostra a Figura 7.39, para $M = 5$ e $\beta = 2,4$. Nesse caso, o erro de aproximação de amplitude é muito pequeno até $\omega = 0,8\pi$, e além desse valor. A fase para esse sistema é novamente um deslocamento de fase constante de $\pi/2$ radianos mais uma fase linear correspondente a um atraso de $M/2 = 2,5$ amostras. Esse atraso não inteiro é o preço pago pela

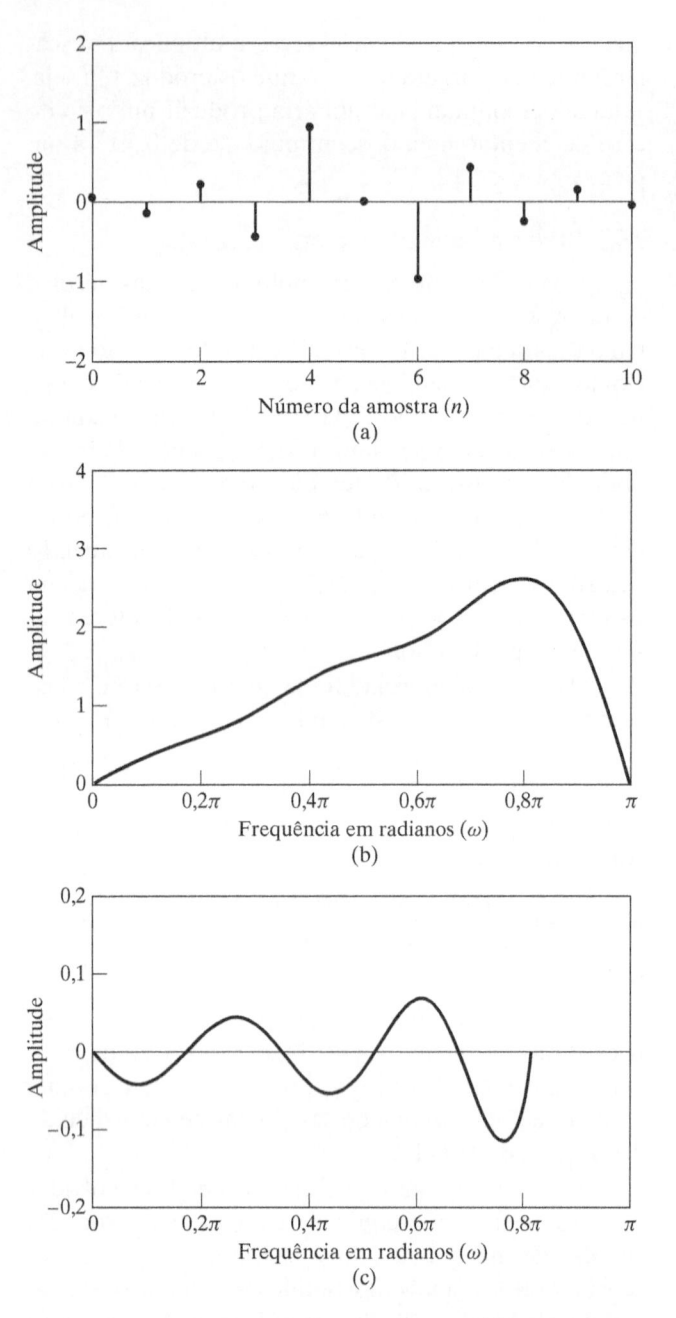

Figura 7.38 Funções de resposta para diferenciador de tempo discreto FIR de Tipo III. (a) Resposta ao impulso ($M = 10$). (b) Magnitude. (c) Erro de aproximação para $A_0(e^{j\omega})$.

caso, a $M/2 = 5$ amostras de atraso. Na Figura 7.38(c) mostra-se o erro de aproximação de amplitude

$$E_{\text{diff}}(\omega) = \omega - A_o(e^{j\omega}), 0 \leq \omega \leq 0,8\pi, \quad (7.84)$$

em que $A_o(e^{j\omega})$ é a amplitude da aproximação. (Note que o erro é grande em torno de $\omega = \pi$ e não é mostrado no gráfico para frequências acima de $\omega = 0,8\pi$.) Claramente, o aumento linear da magnitude não é alcançado em toda a faixa e, obviamente, o erro relativo (isto é, $E_{\text{diff}}(\omega)/\omega$) é muito grande para frequências baixas ou frequências altas (em torno de $\omega = \pi$).

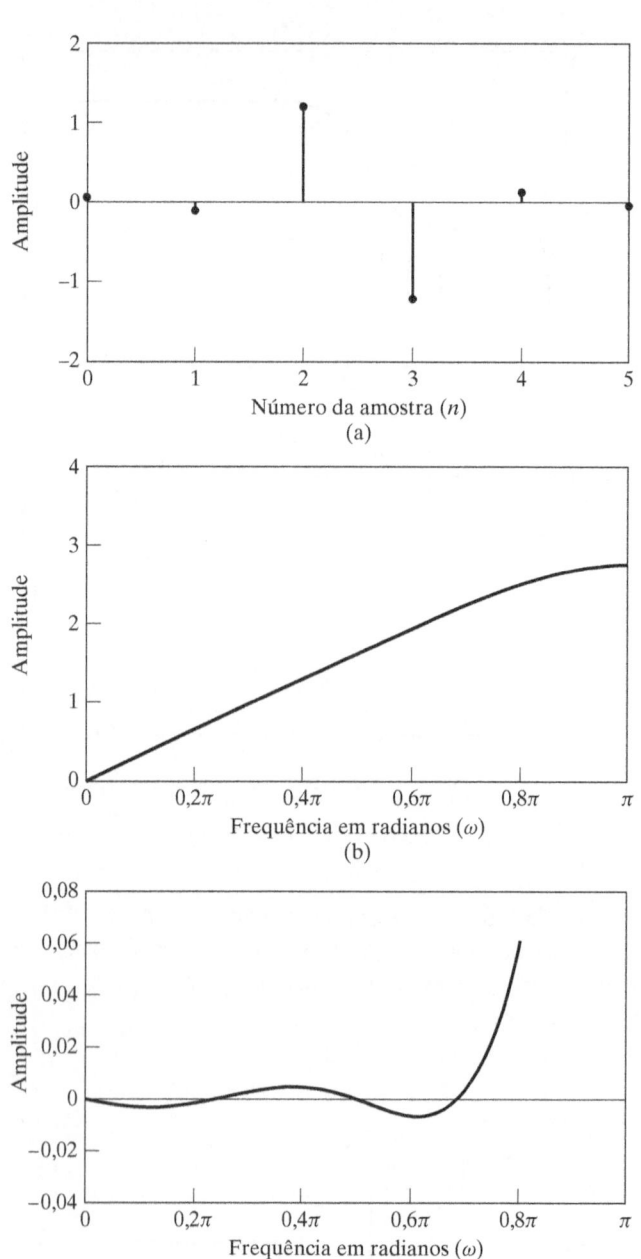

Figura 7.39 Funções de resposta para diferenciador de tempo discreto FIR de Tipo IV. (a) Resposta ao impulso ($M = 5$). (b) Magnitude. (c) Erro de aproximação para $A_0(e^{j\omega})$.

aproximação de amplitude extremamente boa. Em vez de obter amostras da derivada do sinal de tempo contínuo nos instantes de amostragem originais $t = nT$, obtemos amostras da derivada nos instantes $t = (n - 2{,}5)T$. Porém, em muitas aplicações, esse atraso não inteiro pode não causar problemas, ou poderia ser compensado por outros atrasos não inteiros em um sistema mais complexo que envolvesse outros filtros de fase linear.

7.7 Aproximações ótimas de filtros FIR

O projeto de filtros FIR pelo janelamento é simples e bastante geral, embora tenha diversas limitações, como discutido a seguir. Porém, muitas vezes queremos projetar um filtro que seja o "melhor" que pode ser obtido para determinado valor de M. Não tem sentido discutir essa questão na ausência de um critério de aproximação. Por exemplo, no caso do método do projeto pelo janelamento, concluímos, pela teoria das séries de Fourier, que a janela retangular fornece a melhor aproximação do erro quadrático médio para uma resposta em frequência desejada para determinado valor de M. Isto é,

$$h[n] = \begin{cases} h_d[n], & 0 \le n \le M, \\ 0, & \text{caso contrário}, \end{cases} \quad (7.85)$$

minimiza a expressão

$$\varepsilon^2 = \frac{1}{2\pi} \int_{-\pi}^{\pi} |H_d(e^{j\omega}) - H(e^{j\omega})|^2 d\omega. \quad (7.86)$$

(Veja o Problema 7.25.) Porém, como vimos, esse critério de aproximação leva a um comportamento adverso nas descontinuidades de $H_d(e^{j\omega})$. Além disso, o método do janelamento não permite o controle individual sobre os erros de aproximação em diferentes faixas. Para muitas aplicações, filtros melhores resultam de uma estratégia minimax (minimização dos erros máximos) ou de um critério de erro ponderado na frequência. Esses projetos podem ser obtidos por meio de técnicas algorítmicas.

Como mostram os exemplos anteriores, os filtros seletivos em frequência projetados pelo janelamento muitas vezes apresentam a propriedade de que o erro é maior em ambos os lados de uma descontinuidade da resposta em frequência ideal, e que se torna menor para frequências distantes da descontinuidade. Além disso, como sugerido na Figura 7.31, esses filtros tipicamente resultam em erros aproximadamente iguais na faixa de passagem e na faixa de rejeição. (Veja as figuras 7.34(c) e 7.35(c), por exemplo.) Já vimos que, para filtros IIR, se o erro de aproximação for espalhado uniformemente na frequência e se as oscilações na faixa de passagem e na faixa de rejeição forem ajustadas separadamente, uma determinada especificação de projeto pode ser atendida com um filtro de ordem mais baixa do que se a aproximação simplesmente atender à especificação em uma frequência e a exceder demais em outras. Essa noção intuitiva é confirmada para sistemas FIR por um teorema a ser discutido mais adiante na seção.

Na discussão a seguir, consideramos um procedimento algorítmico particularmente eficiente e amplamente utilizado em projetos de filtros FIR com fase linear generalizada. Embora consideremos em detalhes apenas os filtros de Tipo I, indicamos onde é apropriado, como os resultados se aplicam a filtros de fase linear generalizada de tipos II, III e IV.

No projeto de um filtro FIR de fase linear de Tipo I causal, é conveniente considerar primeiro o projeto de um filtro de fase zero, isto é, um para o qual

$$h_e[n] = h_e[-n], \quad (7.87)$$

e depois inserir um atraso suficiente para torná-lo causal. Consequentemente, consideramos que $h_e[n]$ satisfaz a condição da Equação 7.87. A resposta em frequência correspondente é dada por

$$A_e(e^{j\omega}) = \sum_{n=-L}^{L} h_e[n]e^{-j\omega n}, \quad (7.88)$$

sendo $L = M/2$ um inteiro, ou, devido à Equação 7.87,

$$A_e(e^{j\omega}) = h_e[0] + \sum_{n=1}^{L} 2h_e[n]\cos(\omega n). \quad (7.89)$$

Note que $A_e(e^{j\omega})$ é uma função real, par e periódica de ω. Um sistema causal pode ser obtido a partir de $h_e[n]$ por um atraso de $L = M/2$ amostras. O sistema resultante tem resposta ao impulso

$$h[n] = h_e[n - M/2] = h[M - n] \quad (7.90)$$

e resposta em frequência

$$H(e^{j\omega}) = A_e(e^{j\omega})e^{-j\omega M/2}. \quad (7.91)$$

Na Figura 7.40 mostra-se um diagrama de tolerâncias para uma aproximação de um filtro passa-baixas com uma função real como $A_e(e^{j\omega})$. A unidade deve ser aproximada na faixa $0 \le |\omega| \le \omega_p$ com

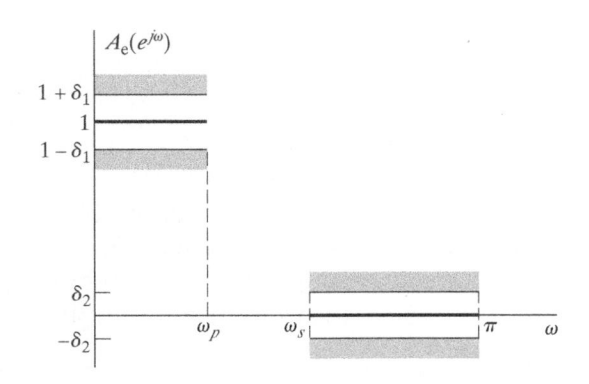

Figura 7.40 Diagrama de tolerâncias e resposta ideal para filtros passa-baixas.

erro absoluto máximo δ_1, e zero deve ser aproximado na faixa $\omega_s \leq |\omega| \leq \pi$ com erro absoluto máximo δ_2. Uma técnica algorítmica para projetar um filtro que atenda a essas especificações deve variar sistematicamente os $(L + 1)$ valores da resposta ao impulso $h_e[n]$ sem restrições, com $0 \leq n \leq L$. Algoritmos de projeto têm sido desenvolvidos, nos quais alguns dos parâmetros L, δ_1, δ_2, ω_p e ω_s são fixos e um procedimento iterativo é usado para obter ajustes ótimos dos parâmetros restantes. Duas abordagens distintas têm sido desenvolvidas. Herrmann (1970), Herrmann e Schüssler (1970a) e Hofstetter, Oppenheim e Siegel (1971) desenvolveram procedimentos em que L, δ_1 e δ_2 são fixos e ω_p e ω_s são variáveis. Parks e McClellan (1972a, 1972b), McClellan e Parks (1973) e Rabiner (1972a, 1972b) desenvolveram procedimentos em que L, ω_p, ω_s e a razão δ_1/δ_2 são fixos e δ_1 (ou δ_2) é variável. Desde a época em que essas diferentes técnicas foram desenvolvidas, o algoritmo de Parks–McClellan tem se tornado o método dominante no projeto ótimo de filtros FIR. Isso porque ele é o mais flexível e computacionalmente o mais eficiente. Assim, discutiremos apenas esse algoritmo aqui.

O algoritmo de Parks–McClellan é baseado na reformulação do problema de projeto de filtro como um problema em aproximação polinomial. Especificamente, os termos $\cos(\omega n)$ na Equação 7.89 podem ser expressos como uma soma de potências de $\cos \omega$ na forma

$$\cos(\omega n) = T_n(\cos \omega), \qquad (7.92)$$

sendo $T_n(x)$ um polinômio de ordem n.[5] Consequentemente, a Equação 7.89 pode ser reescrita como um polinômio de ordem L em $\cos \omega$,

$$A_e(e^{j\omega}) = \sum_{k=0}^{L} a_k (\cos \omega)^k, \qquad (7.93)$$

em que os a_ks são constantes que estão relacionadas a $h_e[n]$, os valores da resposta ao impulso. Com a substituição de $x = \cos \omega$, podemos expressar a Equação 7.93 como

$$A_e(e^{j\omega}) = P(x)|_{x=\cos \omega}, \qquad (7.94)$$

na qual $P(x)$ é o polinômio de ordem L

$$P(x) = \sum_{k=0}^{L} a_k x^k. \qquad (7.95)$$

Veremos que não é necessário conhecer a relação entre os a_ks e $h_e[n]$ (embora uma fórmula possa ser obtida); é suficiente saber que $A_e(e^{j\omega})$ pode ser expresso como o polinômio trigonométrico de ordem L da Equação 7.93.

A chave para se ganhar o controle sobre ω_p e ω_s é fixá-los em seus valores desejados e permitir que δ_1 e δ_2 variem. Parks e McClellan (1972a, 1972b) mostraram que, com L, ω_p e ω_s fixos, o problema do projeto de filtro seletivo em frequência torna-se um problema de aproximação de Chebyshev sobre conjuntos disjuntos, um problema importante na teoria da aproximação e para o qual vários teoremas e procedimentos úteis foram desenvolvidos. (Veja Cheney, 1982.) Para formalizar o problema da aproximação nesse caso, vamos definir uma função de erro de aproximação

$$E(\omega) = W(\omega)[H_d(e^{j\omega}) - A_e(e^{j\omega})], \qquad (7.96)$$

em que a função de ponderação $W(\omega)$ incorpora os parâmetros de erro de aproximação no processo de projeto. Nesse método de projeto, a função de erro $E(\omega)$, a função de ponderação $W(\omega)$ e a resposta em frequência desejada $H_d(e^{j\omega})$ são definidas apenas em subintervalos fechados de $0 \leq \omega \leq \pi$. Por exemplo, para aproximar um filtro passa-baixas, essas funções são definidas para $0 \leq \omega \leq \omega_p$ e $\omega_s \leq \omega \leq \pi$. A função de aproximação $A_e(e^{j\omega})$ não é restrita na(s) região(ões) de transição (por exemplo, $\omega_p < \omega < \omega_s$) e pode tomar qualquer forma necessária para alcançar a resposta desejada nos outros subintervalos.

Por exemplo, suponha que queiramos obter uma aproximação como a que vemos na Figura 7.40, na qual L, ω_p e ω_s são parâmetros de projeto fixos. Nesse caso,

$$H_d(e^{j\omega}) = \begin{cases} 1, & 0 \leq \omega \leq \omega_p, \\ 0, & \omega_s \leq \omega \leq \pi. \end{cases} \qquad (7.97)$$

A função de ponderação $W(\omega)$ nos permite ponderar os erros de aproximação de modo diverso nos diferentes intervalos de aproximação. Para o problema de aproximação do filtro passa-baixas, a função de ponderação é

$$W(\omega) = \begin{cases} \dfrac{1}{K}, & 0 \leq \omega \leq \omega_p, \\ 1, & \omega_s \leq \omega \leq \pi, \end{cases} \qquad (7.98)$$

com $K = \delta_1/\delta_2$. Se $A_e(e^{j\omega})$ é como mostrado na Figura 7.41, o erro de aproximação ponderado, $E(\omega)$ na Equação 7.96, seria como indicado na Figura 7.42. Note que, com essa ponderação, o erro de aproximação absoluto ponderado máximo é $\delta = \delta_2$ em ambas as bandas.

O critério específico usado nesse procedimento de projeto é chamado de critério minimax ou de Chebyshev, em que, dentro dos intervalos de frequência de interesse (a faixa de passagem e de rejeição para um filtro passa-baixas), buscamos uma resposta em frequência $A_e(e^{j\omega})$ que *minimize* o erro de aproximação ponderado

---

[5] Mais especificamente, $T_n(x)$ é o polinômio de Chebyshev de ordem n, definido como $T_n(x) = \cos(n \cos^{-1} x)$.

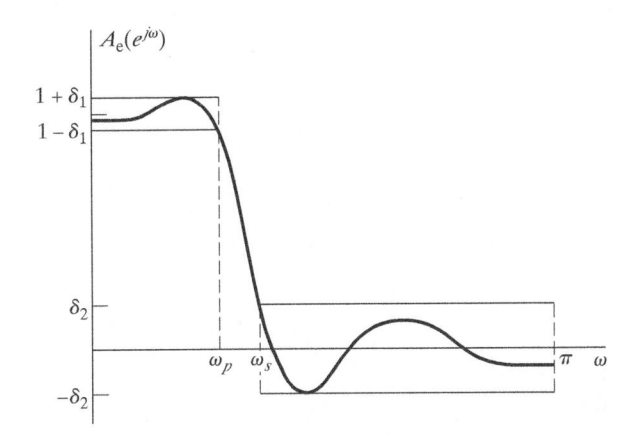

Figura 7.41 Resposta em frequência típica que atende às especificações da Figura 7.40.

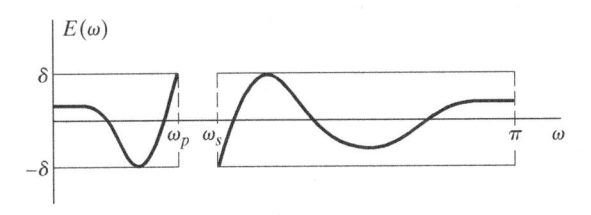

Figura 7.42 Erro ponderado para a aproximação da Figura 7.41.

máximo da Equação 7.96. Expressando mais concisamente, a melhor aproximação deve ser encontrada no sentido de

$$\min_{\{h_e[n]:0\leq n\leq L\}} \left(\max_{\omega\in F} |E(\omega)| \right),$$

em que F é o subconjunto fechado de $0 \leq \omega \leq \pi$, tal que $0 \leq \omega \leq \omega_p$ ou $\omega_s \leq \omega \leq \pi$. Assim, buscamos um conjunto de valores da resposta ao impulso que minimiza δ na Figura 7.42.

Parks e McClellan (1972a, 1972b) aplicaram o seguinte teorema da teoria da aproximação a esse problema de projeto de filtro:

Teorema da alternância: Considere que F_P denote o subconjunto fechado que consiste na união disjunta de subconjuntos fechados do eixo real x. Além disso,

$$P(x) = \sum_{k=0}^{r} a_k x^k$$

é um polinômio de ordem r, e $D_P(x)$ denota uma determinada função desejada de x que é contínua em F_P; $W_P(x)$ é uma função positiva, contínua em F_P, e

$$E_P(x) = W_P(x)[D_P(x) - P(x)]$$

é o erro ponderado. O erro máximo é definido como

$$\|E\| = \max_{x\in F_P} |E_P(x)|.$$

Uma condição necessária e suficiente para que $P(x)$ seja o único polinômio de ordem r que minimiza $\|E\|$ é que $E_P(x)$ apresente *pelo menos* $(r + 2)$ alternâncias; isto é, deve haver pelo menos $(r + 2)$ valores x_i em F_p tais que $x_1 < x_2 < ... < x_{r+2}$ e tais que $E_p(x_i) = -E_p(x_{i+1}) = \pm \|E\|$ para $i = 1, 2, ..., (r + 1)$.

À primeira vista, pode parecer difícil relacionar esse teorema formal ao problema de projeto de filtro. Porém, na discussão a seguir, todos os elementos do teorema serão mostrados como importantes no desenvolvimento do algoritmo de projeto. Para auxiliar a compreensão do teorema da alternância, na Seção 7.7.1 iremos interpretá-lo especificamente para o projeto de um filtro passa-baixas de Tipo I. Antes de prosseguir na aplicação do teorema da alternância ao projeto de filtro, porém, ilustraremos no Exemplo 7.8 como o teorema é aplicado aos polinômios.

Exemplo 7.8 Teorema da alternância e polinômios

O teorema da alternância fornece uma condição necessária e suficiente que um polinômio de uma dada ordem deve satisfazer para que ele minimize o erro ponderado máximo. Para ilustrar como o teorema é aplicado, suponha que queiramos examinar polinômios $P(x)$ que aproximem a unidade para $-1 \leq x \leq -0,1$ e zero para $0,1 \leq x \leq 1$. Considere três desses polinômios, como mostra a Figura 7.43. Cada um desses polinômios é de ordem cinco, e gostaríamos de determinar qual, se houver algum, satisfaz o teorema da alternância. Os subconjuntos fechados do eixo real x referidos no teorema são as regiões $-1 \leq x \leq -0,1$ e $0,1 \leq x \leq 1$. Ponderaremos erros de maneira idêntica em ambas as regiões, ou seja, $W_p(x) = 1$. Para começar, será útil para o leitor construir cuidadosamente esboços da função de erro de aproximação para cada polinômio na Figura 7.43.

De acordo com o teorema da alternância, o polinômio de ordem cinco ótimo precisa exibir *pelo menos* sete alternâncias do erro nas regiões correspondentes ao subconjunto fechado F_p. $P_1(x)$ tem apenas cinco alternâncias — três na região $-1 \leq x \leq -0,1$ e duas na região $0,1 \leq x \leq 1$. Os pontos x em que o polinômio alcança o erro de aproximação máximo $\|E\|$ dentro do conjunto F_p são chamados de pontos extremantes (ou simplesmente extremantes). Todas as alternâncias ocorrem nos extremantes, mas nem todos os pontos extremantes são alternâncias, como veremos. Por exemplo, o ponto com inclinação zero próximo de $x = 1$ que não toca na linha tracejada é um máximo local, mas não é uma alternância, pois a função de erro correspondente não alcança o valor extremante negativo.[6] O teorema da alternância especifica que as alternâncias adjacentes devem alternar o sinal, de modo que o valor extremante em $x = 1$ também não

---

[6] Nessa discussão, referimo-nos aos extremantes positivos e negativos da função de erro. Como o polinômio é subtraído de uma constante para formar o erro, os pontos extremantes são facilmente localizados nas curvas polinomiais da Figura 7.43, mas o sinal é o oposto da variação acima e abaixo dos valores constantes desejados.

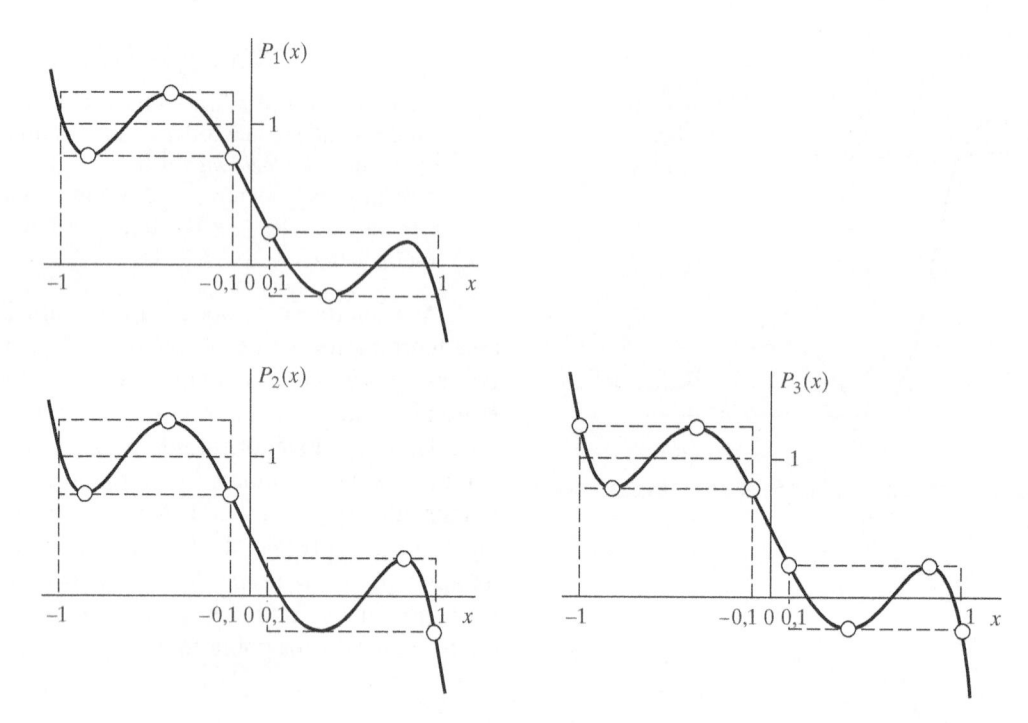

Figura 7.43 Polinômios de ordem 5 para o Exemplo 7.8. Pontos de alternância são indicados por ○.

pode ser uma alternância, pois a alternância anterior era um valor extremante positivo no primeiro ponto com inclinação zero em $0,1 \leq x \leq 1$. As localizações das alternâncias são indicadas pelo símbolo ○ nos polinômios da Figura 7.43. $P_2(x)$ também tem apenas cinco alternâncias e, assim, não é ótimo. Especificamente, $P_2(x)$ tem três alternâncias em $-1 \leq x \leq -0,1$, mas, novamente, apenas duas alternâncias em $0,1 \leq x \leq 1$. A dificuldade ocorre porque $x = 0,1$ não é um valor extremante negativo. A alternância anterior em $x = -0,1$ é um valor extremante positivo, de modo que precisamos de um valor extremante negativo para a próxima alternância. O primeiro ponto com inclinação nula dentro de $0,1 \leq x \leq 1$ também não pode ser contado, pois é um valor extremo positivo, como $x = -0,1$, e não alterna o sinal. Podemos contar o segundo ponto com inclinação zero nessa região e $x = 1$, dando duas alternâncias em $0,1 \leq x \leq 1$ e um total de cinco. $P_3(x)$ tem oito alternâncias; todos os pontos de inclinação zero, $x = -1, x = -0,1, x = 0,1$ e $x = 1$. Como oito alternâncias satisfazem o teorema da alternância, que especificam um mínimo de sete, $P_3(x)$ é a única aproximação polinomial de ordem 5 ótima para essa região.

7.7.1 Filtros passa-baixas de Tipo I ótimos

Para os filtros de Tipo I, o polinômio $P(x)$ é o polinômio de cossenos $A_e(e^{j\omega})$ da Equação 7.95, com a transformação da variável $x = \cos \omega$ e $r = L$:

$$P(\cos \omega) = \sum_{k=0}^{L} a_k (\cos \omega)^k. \quad (7.99)$$

$D_P(x)$ é a resposta em frequência do filtro passa-baixas desejado da Equação 7.97, com $x = \cos \omega$:

$$D_P(\cos \omega) = \begin{cases} 1, & \cos \omega_p \leq \cos \omega \leq 1, \\ 0, & -1 \leq \cos \omega \leq \cos \omega_s. \end{cases} \quad (7.100)$$

$W_P(\cos \omega)$ é dada pela Equação 7.98, reformulada em termos de $\cos \omega$:

$$W_P(\cos \omega) = \begin{cases} \dfrac{1}{K}, & \cos \omega_p \leq \cos \omega \leq 1, \\ 1, & -1 \leq \cos \omega \leq \cos \omega_s. \end{cases} \quad (7.101)$$

Assim, o erro de aproximação ponderado é

$$E_P(\cos \omega) = W_P(\cos \omega)[D_P(\cos \omega) - P(\cos \omega)]. \quad (7.102)$$

O subconjunto fechado F_P é composto da união dos intervalos $0 \leq \omega \leq \omega_p$ e $\omega_s \leq \omega \leq \pi$, ou, em termos de $\cos \omega$, dos intervalos correspondentes $\cos \omega_p \leq \cos \omega \leq 1$ e $-1 \leq \cos \omega \leq \cos \omega_s$. O teorema da alternância então estabelece que um conjunto de coeficientes a_k na Equação 7.99 corresponderá ao filtro que representa a única melhor aproximação do filtro passa-baixas ideal, com razão δ_1/δ_2 fixada em K e com as extremidades das faixas de passagem e rejeição ω_p e ω_s, se e somente se $E_P(\cos \omega)$ exibir pelo menos $(L+2)$ alternâncias em F_P, isto é, se e somente se $E_P(\cos \omega)$ alternadamente igualar mais e menos seu valor máximo pelo menos $(L+2)$ vezes. Vimos anteriormente essas *aproximações equiripple* no caso dos filtros IIR elípticos.

Na Figura 7.44 mostra-se uma resposta em frequência do filtro que é ótimo de acordo com o teorema da alternância para $L = 7$. Nessa figura, é mostrado um gráfico de $A_e(e^{j\omega})$ em função de ω. Para testar formalmente o teorema da alternância, primeiro devemos redesenhar

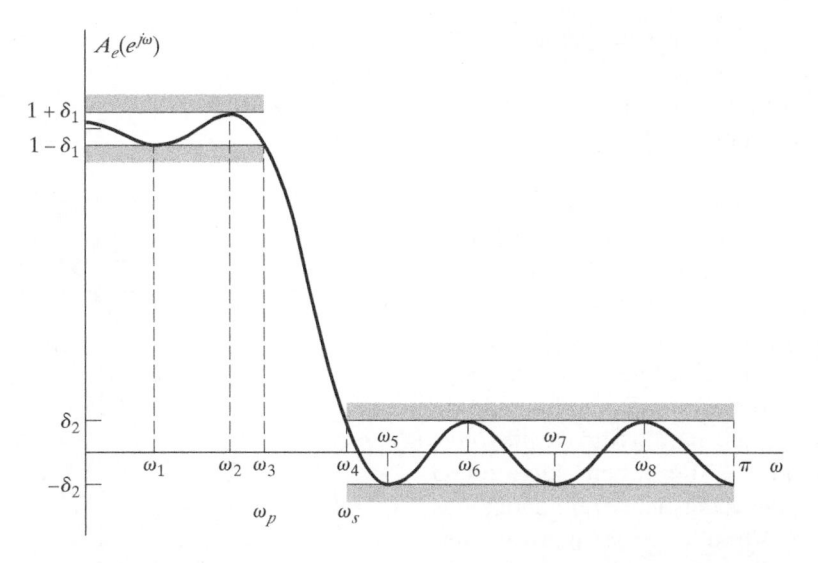

Figura 7.44 Exemplo típico de uma aproximação de filtro passa-baixas que é ótima de acordo com o teorema da alternância para $L = 7$.

$A_e(e^{j\omega})$ em função de $x = \cos\omega$. Além disso, queremos examinar explicitamente as alternâncias de $E_P(x)$. Consequentemente, nas figuras 7.45(a), (b) e (c), mostramos $P(x)$, $W_P(x)$ e $E_P(x)$, respectivamente, em função de $x = \cos\omega$. Nesse exemplo, em que $L = 7$, vemos que existem nove alternâncias do erro. Consequentemente, o teorema da alternância é satisfeito. Um ponto importante é que, na contagem das alternâncias, incluímos os pontos $\cos\omega_p$ e $\cos\omega_s$, pois, de acordo com o teorema da alternância, os subconjuntos (ou subintervalos) incluídos em F_P são fechados, isto é, as extremidades dos intervalos são contadas. Embora isso possa parecer um detalhe, é de fato muito significativo, como veremos.

A comparação das figuras 7.44 e 7.45 sugere que, quando o filtro desejado é um filtro passa-baixas (ou qualquer filtro constante por partes), podemos facilmente contar as alternâncias por inspeção direta da resposta em frequência, lembrando que o erro máximo é

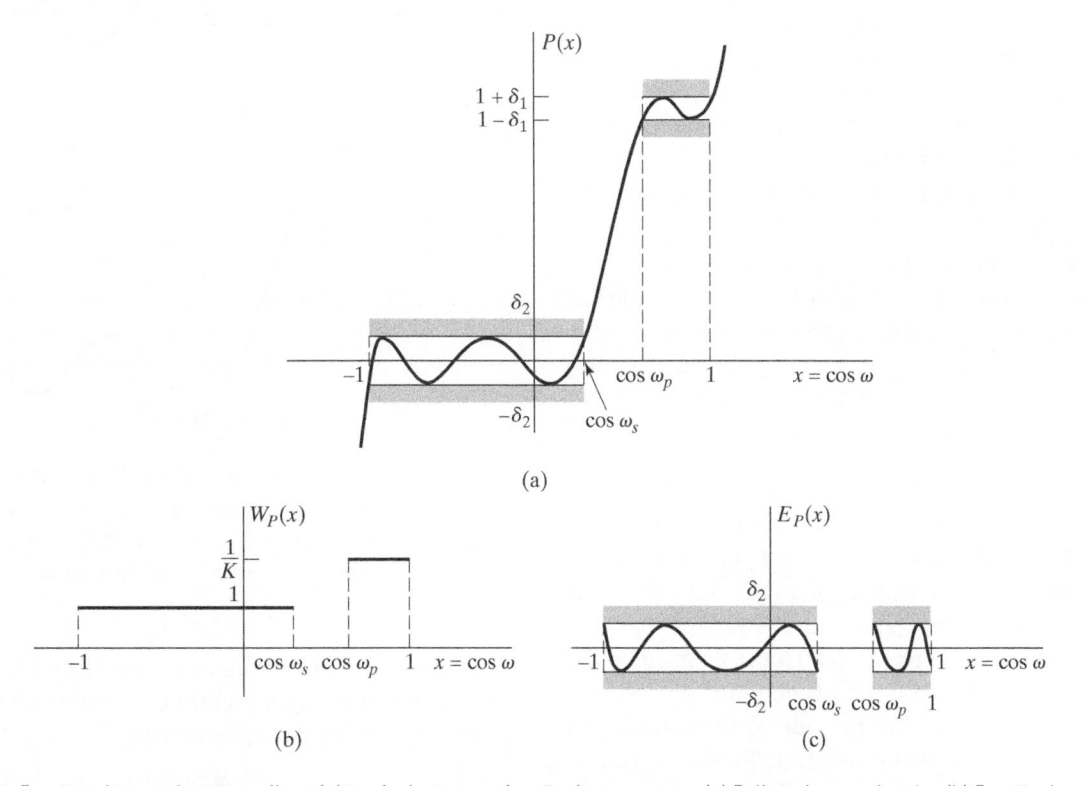

Figura 7.45 Funções de aproximação polinomial equivalentes em função de $x = \cos\omega$. (a) Polinômio aproximador. (b) Função de ponderação. (c) Erro de aproximação.

diferente (na razão $K = \delta_1/\delta_2$) na faixa de passagem e na faixa de rejeição.

O teorema da alternância enuncia que o filtro ótimo precisa ter um mínimo de $(L + 2)$ alternâncias, mas ele não exclui a possibilidade de mais de $(L + 2)$ alternâncias. De fato, mostraremos que, para um filtro passa-baixas, o número máximo possível de alternâncias é $(L + 3)$. Primeiro, porém, ilustramos isso na Figura 7.46 para $L = 7$. A Figura 7.46(a) tem $L + 3 = 10$ alternâncias, enquanto as figuras 7.46(b), (c) e (d) possuem cada uma $L + 2 = 9$ alternâncias. O caso de $L + 3$ alternâncias [Figura 7.46(a)] muitas vezes é chamado de *caso extraripple*. Observe que, para o filtro *extraripple*, existem alternâncias em $\omega = 0$ e π, bem como em $\omega = \omega_p$ e $\omega = \omega_s$, isto é, em todas as extremidades das faixas. Para as figuras 7.46(b) e (c), existem novamente alternâncias em ω_p e ω_s, mas não simultaneamente em $\omega = 0$ e $\omega = \pi$. Na Figura 7.46(d), existem alternâncias em $0, \pi, \omega_p$ e ω_s, mas existe um ponto a menos de inclinação nula dentro da faixa de rejeição. Também observamos que todos esses casos são *equiripple* dentro da faixa de passagem e da faixa de rejeição; isto é, todos os pontos de inclinação nula dentro do intervalo $0 < \omega < \pi$ são frequências em que a magnitude do erro ponderado é máxima. Finalmente, como todos os filtros na Figura 7.46 satisfazem o teorema da alternância para $L = 7$ e para o mesmo valor de $K = \delta_1/\delta_2$, concluímos que ω_p e/ou ω_s devem ser diferentes para cada um, pois o teorema da alternância enuncia que o filtro ótimo sob as condições do teorema é único.

As propriedades referidas no parágrafo anterior para os filtros da Figura 7.46 resultam do teorema da alternância. Especificamente, mostraremos que, para os filtros passa-baixas de Tipo I:

- O número máximo possível de alternâncias do erro é $(L + 3)$.
- Sempre ocorrerão alternâncias em ω_p e ω_s.
- Todos os pontos com inclinação nula dentro da faixa de passagem e todos os pontos com inclinação nula dentro da faixa de rejeição (para $0 < \omega < \omega_p$ e $\omega_s < \omega < \pi$) corresponderão a alternâncias; isto é, o filtro será *equiripple*, exceto possivelmente em $\omega = 0$ e $\omega = \pi$.

O número máximo possível de alternâncias é $(L + 3)$

A referência à Figura 7.44 ou à Figura 7.46 sugere que o número máximo possível de locais para alternâncias são as quatro extremidades de faixa ($\omega = 0, \pi, \omega_p, \omega_s$) e as frequências em que $A_e(e^{j\omega})$ tem inclinação nula. Como um polinômio de ordem L pode ter no máximo $(L - 1)$ pontos com inclinação nula em um intervalo aberto, o número máximo possível de locais para alternâncias são os $(L - 1)$ máximos ou mínimos do polinômio mais as quatro extremidades de faixa, um total de

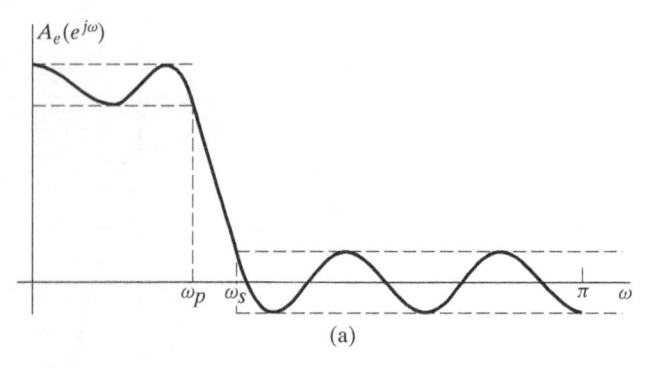

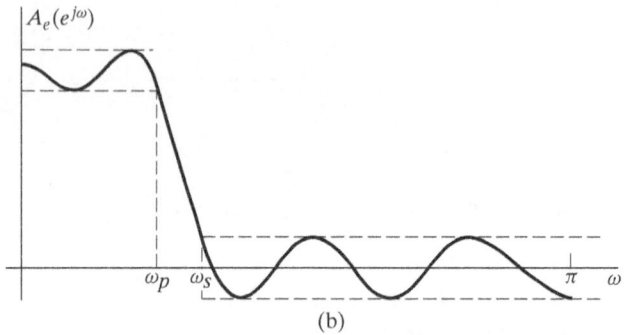

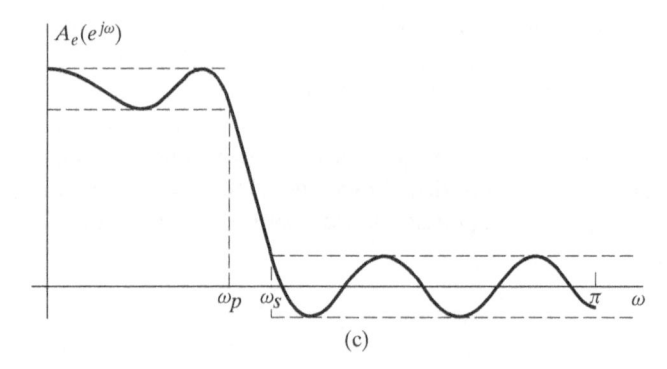

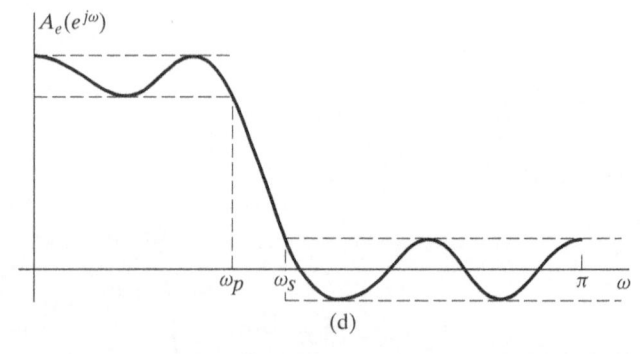

Figura 7.46 Possíveis aproximações ótimas de filtro passa-baixas para $L = 7$. (a) $L + 3$ alternâncias (caso *extraripple*). (b) $L + 2$ alternâncias (ponto extremante em $\omega = \pi$). (c) $L + 2$ alternâncias (ponto extremante em $\omega = 0$). (d) $L + 2$ alternâncias (pontos extremantes em $\omega = 0$ e $\omega = \pi$).

$(L + 3)$. Ao considerar os pontos com inclinação nula para polinômios trigonométricos, é importante observar que o polinômio trigonométrico

$$P(\cos \omega) = \sum_{k=0}^{L} a_k (\cos \omega)^k, \quad (7.103)$$

quando considerado como uma função de ω, sempre terá inclinação nula em $\omega = 0$ e $\omega = \pi$, embora $P(x)$, considerada como uma função de x, possa não ter inclinação nula nos pontos correspondentes $x = 1$ e $x = -1$. Isso ocorre porque

$$\frac{dP(\cos\omega)}{d\omega} = -\operatorname{sen}\omega \left(\sum_{k=0}^{L} k a_k (\cos\omega)^{k-1}\right)$$
$$= -\operatorname{sen}\omega \left(\sum_{k=0}^{L-1} (k+1) a_{k+1} (\cos\omega)^k\right), \quad (7.104)$$

que é sempre nula em $\omega = 0$ e $\omega = \pi$, bem como nas $(L-1)$ raízes do polinômio de ordem $(L-1)$ representado pelo somatório. Esse comportamento em $\omega = 0$ e $\omega = \pi$ fica evidente na Figura 7.46. Na Figura 7.46(d), ocorre que o polinômio $P(x)$ também tem inclinação nula em $x = -1 = \cos\pi$.

Alternâncias sempre ocorrem em ω_p e ω_s

Para todas as respostas em frequência na Figura 7.46, $A_e(e^{j\omega})$ é exatamente igual a $1 - \delta_1$ na extremidade da faixa de passagem ω_p e exatamente igual a $+\delta_2$ na extremidade da faixa de rejeição ω_s. Para sugerir por que isso sempre deverá acontecer, consideremos se o filtro na Figura 7.46(a) também poderia ser ótimo se redefinirmos ω_p como indicado na Figura 7.47, deixando o polinômio inalterado. As frequências em que as magnitudes do máximo erro ponderado são iguais são as frequências $\omega = 0, \omega_1, \omega_2, \omega_s, \omega_3, \omega_4, \omega_5, \omega_6$ e $\omega = \pi$, para um total de $(L + 2) = 9$. Porém, nem todas as frequências são alternâncias, pois, para serem contadas no teorema da alternância, o erro deverá *alternar* entre $\delta = \pm\|E\|$ nessas frequências. Portanto, como o erro é negativo em ω_2 e em ω_s, as frequências contadas no teorema da alternância são $\omega = 0, \omega_1, \omega_2, \omega_3, \omega_4, \omega_5, \omega_6$ e π, para um total de 8. Como $(L + 2) = 9$, as condições do teorema da alternância não são satisfeitas, e a resposta em frequência da Figura 7.47 não é ótima com ω_p e ω_s como indicado. Em outras palavras, a remoção de ω_p como uma frequência de alternância remove duas alternâncias. Como o número máximo é $(L + 3)$, isso deixa no máximo $(L + 1)$, que não é um número suficiente. Um argumento similar seria válido se ω_s fosse removido como uma frequência de alternância. Um argumento similar pode ser construído no caso de filtros passa-altas, mas esse não é necessariamente o caso para filtros passa-faixa ou multibandas. (Veja o Problema 7.63.)

O filtro será *equiripple*, exceto possivelmente em $\omega = 0$ ou $\omega = \pi$

O argumento aqui é muito similar àquele usado para mostrar que tanto ω_p quanto ω_s devem ser alternâncias. Suponha, por exemplo, que o filtro na Figura 7.46(a) fosse modificado como indicado na Figura 7.48, de modo que um ponto com inclinação nula não alcance o erro máximo. Embora o erro máximo ocorra em nove frequências, somente oito delas podem ser contadas como alternâncias. Consequentemente, a eliminação de uma oscilação como um ponto de erro máximo reduz o número de alternâncias em dois, o que faz de $(L + 1)$ o número máximo possível.

Essas representam apenas algumas das muitas propriedades que podem ser inferidas a partir do teorema da alternância. Várias outras são discutidas em Rabiner e Gold (1975). Além disso, consideramos apenas os filtros passa-baixas de Tipo I. Embora uma discussão muito mais ampla e detalhada sobre os filtros de tipos II, III e IV ou sobre os filtros com respostas em frequência desejadas mais genéricas esteja fora do escopo deste livro, consideramos brevemente os filtros passa-baixas de Tipo II para enfatizar diversos aspectos do teorema da alternância.

7.7.2 Filtros passa-baixas de Tipo II ótimos

Um filtro causal de Tipo II é um filtro para o qual $h[n] = 0$ fora do intervalo $0 \leq n \leq M$, com o comprimento do filtro $(M + 1)$ par, isto é, M ímpar, e com a propriedade de simetria

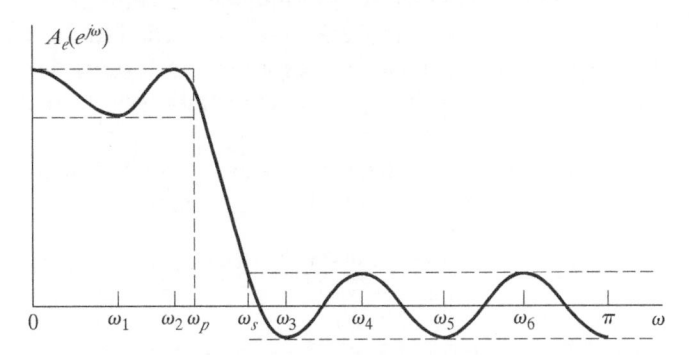

Figura 7.47 Exemplo de que a extremidade da faixa de passagem ω_p deve ser uma frequência de alternância.

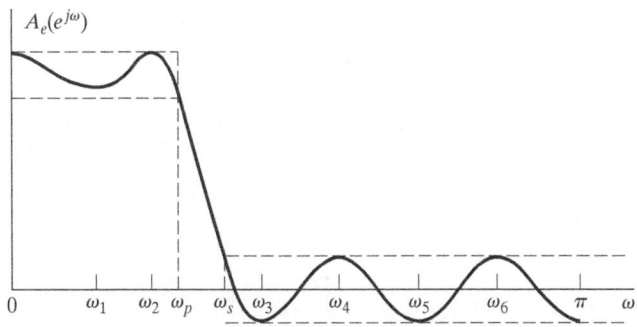

Figura 7.48 Exemplo de que a resposta em frequência deve ser *equiripple* nas faixas de aproximação.

$$h[n] = h[M - n]. \quad (7.105)$$

Consequentemente, a resposta em frequência $H(e^{j\omega})$ pode ser expressa na forma

$$H(e^{j\omega}) = e^{-j\omega M/2} \sum_{n=0}^{(M-1)/2} 2h[n] \cos\left[\omega\left(\frac{M}{2} - n\right)\right]. \quad (7.106)$$

Sendo $b[n] = 2h[(M + 1)/2 - n]$, $n = 1, 2, \ldots$, $(M + 1)/2$, podemos reescrever a Equação 7.106 como

$$H(e^{j\omega}) = e^{-j\omega M/2} \left\{ \sum_{n=1}^{(M+1)/2} b[n] \cos\left[\omega\left(n - \frac{1}{2}\right)\right] \right\}. \quad (7.107)$$

Para aplicar o teorema da alternância ao projeto de filtros de Tipo II, devemos ser capazes de identificar um problema de aproximação polinomial. Para conseguir isso, expressamos o somatório na Equação 7.107 na forma

$$\sum_{n=1}^{(M+1)/2} b[n] \cos\left[\omega\left(n - \frac{1}{2}\right)\right] = \cos(\omega/2) \left[\sum_{n=0}^{(M-1)/2} \tilde{b}[n] \cos(\omega n) \right]. \quad (7.108)$$

(Veja o Problema 7.58.) O somatório no membro direito da Equação 7.108 pode agora ser representado como um polinômio trigonométrico $P(\cos \omega)$, de modo que

$$H(e^{j\omega}) = e^{-j\omega M/2} \cos(\omega/2) P(\cos \omega), \quad (7.109a)$$

sendo

$$P(\cos \omega) = \sum_{k=0}^{L} a_k (\cos \omega)^k \quad (7.109b)$$

e $L = (M - 1)/2$. Os coeficientes a_k na Equação 7.109(b) estão relacionados aos coeficientes $\tilde{b}[n]$ na Equação 7.108, que por sua vez estão relacionados aos coeficientes $b[n] = 2h[(M + 1)/2 - n]$ na Equação 7.107. Assim como no caso de Tipo I, não é necessário obter uma relação explícita entre a resposta ao impulso e os a_ks. Agora podemos aplicar o teorema da alternância ao erro ponderado entre $P(\cos \omega)$ e a resposta em frequência desejada. Para um filtro passa-baixas de Tipo I com uma razão especificada K entre a oscilação na faixa de passagem e na faixa de rejeição, a função desejada é dada pela Equação 7.97, e a função de ponderação para o erro é dada pela Equação 7.98. Para os filtros passa-baixas de Tipo II, devido à presença do fator $\cos(\omega/2)$ na Equação 7.109(a), a função a ser aproximada pelo polinômio $P(\cos \omega)$ é definida como

$$H_d(e^{j\omega}) = D_P(\cos \omega) = \begin{cases} \dfrac{1}{\cos(\omega/2)}, & 0 \leq \omega \leq \omega_p, \\ 0, & \omega_s \leq \omega \leq \pi, \end{cases} \quad (7.110)$$

e a função de ponderação a ser aplicada ao erro é

$$W(\omega) = W_P(\cos \omega) = \begin{cases} \dfrac{\cos(\omega/2)}{K}, & 0 \leq \omega \leq \omega_p, \\ \cos(\omega/2), & \omega_s \leq \omega \leq \pi. \end{cases} \quad (7.111)$$

Consequentemente, o projeto de filtro de Tipo II é um problema de aproximação polinomial diferente do projeto de filtro de Tipo I.

Nesta seção, apenas esboçamos o projeto de filtros de tipo II, principalmente para destacar o requisito de que o problema de projeto deve ser primeiro formulado como um problema de aproximação polinomial. Um conjunto de considerações similares surge no projeto de filtros FIR de fase linear de tipos III e IV. Especificamente, essas classes também podem ser formuladas como problemas de aproximação polinomial, mas, em cada classe, a função de ponderação aplicada ao erro tem uma forma trigonométrica, assim como acontece com os filtros de Tipo II. (Veja o Problema 7.58.) Uma discussão detalhada do projeto e das propriedades dessas classes de filtros pode ser encontrada em Rabiner e Gold (1975).

Os detalhes da formulação do problema para sistemas de fase linear de tipos I e II foram ilustrados no caso do filtro passa-baixas. Porém, a discussão dos sistemas de Tipo II em particular deve sugerir que existe grande flexibilidade na escolha da função de resposta desejada $H_d(e^{j\omega})$ e da função de ponderação $W(\omega)$. Por exemplo, a função de ponderação pode ser definida em termos da função desejada de modo a gerar uma aproximação de erro porcentual *equiripple*. Esse método é valioso no projeto de sistemas diferenciadores de tipos III e IV.

7.7.3 Algoritmo de Parks–McClellan

O teorema da alternância fornece condições necessárias e suficientes sobre o erro para a idealização no sentido de Chebyshev ou minimax. Embora o teorema não indique explicitamente como determinar o filtro ótimo, as condições apresentadas servem como base para um algoritmo eficiente para encontrá-lo. Embora nossa discussão seja expressa em termos de filtros passa-baixas de Tipo I, o algoritmo pode facilmente ser generalizado.

Pelo teorema da alternância, sabemos que o filtro ótimo $A_e(e^{j\omega})$ satisfaz o conjunto de equações

$$W(\omega_i)[H_d(e^{j\omega_i}) - A_e(e^{j\omega_i})] = (-1)^{i+1}\delta, \quad i = 1, 2, \ldots, (L + 2), \quad (7.112)$$

em que δ é o erro ótimo e $A_e(e^{j\omega})$ é dado ou pela Equação 7.89 ou pela Equação 7.93. Usando a Equação 7.93 para $A_e(e^{j\omega})$, podemos escrever essas equações como

$$\begin{bmatrix} 1 & x_1 & x_1^2 & \cdots & x_1^L & \dfrac{1}{W(\omega_1)} \\ 1 & x_2 & x_2^2 & \cdots & x_2^L & \dfrac{-1}{W(\omega_2)} \\ \vdots & \vdots & \vdots & & \vdots & \vdots \\ 1 & x_{L+2} & x_{L+2}^2 & \cdots & x_{L+2}^L & \dfrac{(-1)^{L+1}}{W(\omega_{L+2})} \end{bmatrix} \begin{bmatrix} a_0 \\ a_1 \\ \vdots \\ \delta \end{bmatrix} =$$

$$= \begin{bmatrix} H_d(e^{j\omega_1}) \\ H_d(e^{j\omega_2}) \\ \vdots \\ H_d(e^{j\omega_{L+2}}) \end{bmatrix}, \qquad (7.113)$$

em que $x_i = \cos \omega_i$. Esse conjunto de equações serve como base para um algoritmo iterativo encontrar a $A_e(e^{j\omega})$ ótima. O procedimento começa pela escolha de um conjunto de frequências de alternância ω_i para $i = 1, 2, \ldots, (L + 2)$. Note que ω_p e ω_s são fixos e, com base em nossa discussão na Seção 7.7.1, são necessariamente elementos do conjunto de frequências de alternância. Especificamente, se $\omega_\ell = \omega_p$, então $\omega_{\ell+1} = \omega_s$. O conjunto de equações 7.113 pode ser resolvido para o conjunto de coeficientes a_k e δ. Porém, uma alternativa mais eficiente é usar interpolação polinomial. Em particular, Parks e McClellan (1972a, 1972b) encontraram que, para o conjunto dado de frequências extremantes,

$$\delta = \dfrac{\sum\limits_{k=1}^{L+2} b_k H_d(e^{j\omega_k})}{\sum\limits_{k=1}^{L+2} \dfrac{b_k(-1)^{k+1}}{W(\omega_k)}}, \qquad (7.114)$$

sendo

$$b_k = \prod_{\substack{i=1 \\ i \neq k}}^{L+2} \dfrac{1}{(x_k - x_i)} \qquad (7.115)$$

e, como antes, $x_i = \cos \omega_i$. Isto é, se $A_e(e^{j\omega})$ é determinado pelo conjunto de coeficientes a_k que satisfazem a Equação 7.113, com δ dado pela Equação 7.114, então a função de erro passa por $\pm\delta$ nas $(L + 2)$ frequências ω_i, ou, de modo equivalente, $A_e(e^{j\omega})$ tem valores $1 \pm K\delta$ se $0 \leq \omega_i \leq \omega_p$ e $\pm\delta$ se $\omega_s \leq \omega_i \leq \pi$. Agora, como se sabe que $A_e(e^{j\omega})$ é um polinômio trigonométrico de ordem L, podemos interpolar um polinômio trigonométrico através de $(L+1)$ dos $(L+2)$ valores conhecidos $E(\omega_i)$ (ou, de modo equivalente, $A_e(e^{j\omega_i})$). Parks e McClellan usaram a fórmula de interpolação de Lagrange para obter

$$A_e(e^{j\omega}) = P(\cos \omega) = \dfrac{\sum\limits_{k=1}^{L+1} [d_k/(x - x_k)] C_k}{\sum\limits_{k=1}^{L+1} [d_k/(x - x_k)]}, \qquad (7.116a)$$

em que $x = \cos \omega, x_i = \cos \omega_i$,

$$C_k = H_d(e^{j\omega_k}) - \dfrac{(-1)^{k+1}\delta}{W(\omega_k)} \qquad (7.116b)$$

e

$$d_k = \prod_{\substack{i=1 \\ i \neq k}}^{L+1} \dfrac{1}{(x_k - x_i)} = b_k(x_k - x_{L+2}). \qquad (7.116c)$$

Embora somente as frequências $\omega_1, \omega_2, \ldots, \omega_{L+1}$ sejam usadas no ajuste do polinômio de ordem L, podemos ter certeza de que o polinômio também assume o valor correto em ω_{L+2}, porque as equações 7.113 são satisfeitas pelo $A_e(e^{j\omega})$ resultante.

Agora, $A_e(e^{j\omega})$ está disponível em qualquer frequência desejada, sem a necessidade de resolver o conjunto de equações 7.113 para os coeficientes a_k. O polinômio da Equação 7.116(a) pode ser usado para calcular $A_e(e^{j\omega})$ e também $E(\omega)$ em um conjunto denso de frequências nas faixas de passagem e de rejeição. Se $|E(\omega)| \leq \delta$ para todo ω nas faixas de passagem e de rejeição, então a aproximação ótima foi encontrada. Caso contrário, temos de encontrar um novo conjunto de frequências extremantes.

A Figura 7.49 mostra um exemplo típico para um filtro passa-baixas de Tipo I antes que o ótimo tenha sido encontrado. Claramente, o conjunto de frequências ω_i usado para encontrar δ (como representado pelos círculos abertos na figura) foi tal que δ era muito pequeno. Adotando a filosofia do método da troca de Remez (veja Cheney, 2000), as frequências extremantes são trocadas por um conjunto completamente novo definido pelos $(L + 2)$ maiores picos da curva de erro. Os pontos marcados com × representam o novo conjunto de frequências para o exemplo mostrado na figura. Como

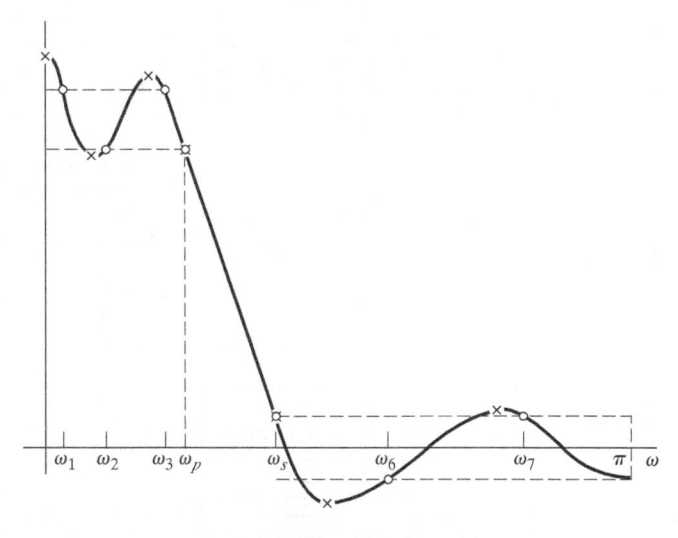

Figura 7.49 Exemplo do algoritmo de Parks–McClellan para aproximação *equiripple*.

visto, ω_p e ω_s devem ser selecionadas como frequências extremantes. Lembre-se de que existem no máximo ($L-1$) mínimos e máximos locais nos intervalos abertos $0 < \omega < \omega_p$ e $\omega_s < \omega < \pi$. A frequência extremante restante pode estar em $\omega = 0$ ou em $\omega = \pi$. Se existe um máximo da função de erro em 0 e π, então a frequência em que o maior erro ocorre é tomada como a nova estimativa da frequência extremante restante. O ciclo — calculando o valor de δ, ajustando um polinômio pelos picos de erro considerados e depois localizando os picos de erro obtidos — é repetido até que δ não mude de seu valor atual em relação ao anterior dentro de uma pequena tolerância prescrita. Esse valor de δ é então o erro de aproximação ponderado mínimo máximo desejado.

Um fluxograma para o algoritmo de Parks–McClellan é mostrado na Figura 7.50. Nesse algoritmo, todos os valores da resposta ao impulso $h_e[n]$ são implicitamente variados a cada iteração para obter a aproximação ótima desejada, mas os valores de $h_e[n]$ nunca são calculados explicitamente. Após o algoritmo ter convergido, a resposta ao impulso pode ser calculada a partir de amostras da representação polinomial usando a transformada de Fourier discreta, como será discutido no Capítulo 8.

7.7.4 Características dos filtros FIR ótimos

Filtros FIR passa-baixas ótimos têm o menor erro de aproximação ponderado máximo δ para as frequências das extremidades das faixas de passagem e de rejeição ω_p e ω_s prescritas. Para a função de ponderação da Equação 7.98, o erro máximo de aproximação na faixa de rejeição resultante é $\delta_2 = \delta$, e o erro máximo de aproximação na faixa de passagem é $\delta_1 = K\delta$. Na Figura 7.51, ilustramos como δ varia com a ordem do filtro e a frequência de corte da faixa de passagem. Para esse exemplo, $K = 1$ e a largura de transição é fixada em $(\omega_s - \omega_p) = 0{,}2\pi$. As curvas mostram que, quando ω_p aumenta, o erro δ alcança mínimos locais. Esses mínimos nas curvas correspondem aos filtros *extraripple* ($L + 3$ extremantes). Todos os pontos entre os mínimos correspondem aos filtros que são ótimos de acordo com o teorema da alternância. Os filtros para $M = 8$ e $M = 10$ são filtros de Tipo I, enquanto $M = 9$ e $M = 11$ correspondem a filtros de Tipo II. É interessante notar que, para algumas escolhas de parâmetros, um filtro mais curto ($M = 9$) pode ser melhor (isto é, produzir um erro menor) do que um filtro mais longo ($M = 10$). Inicialmente, isso pode parecer surpreendente e até mesmo contraditório. Porém, os casos $M = 9$ e $M = 10$ representam tipos fundamentalmente diferentes de filtros. Interpretando de outra forma, os filtros para $M = 9$ não podem ser considerados como casos especiais de $M = 10$ com um ponto definido como zero, pois isso violaria o requisito de simetria da fase linear. Por outro lado, $M = 8$ sempre pode ser considerado como um caso especial de $M = 10$ com a primeira e última amostras definidas como zero. Por essa razão, um filtro ideal para $M = 8$ não pode ser melhor do que um para $M = 10$. Essa restrição pode ser vista na Figura 7.51, em que a curva para $M = 8$ está sempre acima ou no mesmo nível daquela para $M = 10$. Os pontos em que as duas curvas se tocam correspondem a respostas ao impulso idênticas, sendo o primeiro e último pontos do filtro $M = 10$ iguais a zero.

Herrmann et al. (1973) realizaram um amplo estudo numérico das relações entre os parâmetros M, δ_1, δ_2, ω_p e ω_s para aproximações passa-baixas *equiripple*, e posteriormente foi obtido por Kaiser (1974) a fórmula simplificada

$$M = \frac{-10\log_{10}(\delta_1\delta_2) - 13}{2{,}324\Delta\omega}, \quad (7.117)$$

em que $\Delta\omega = \omega_s - \omega_p$, como um ajuste aos seus dados. Ao compararmos a Equação 7.117 com a fórmula de projeto da Equação 7.76 para o método da janela de Kaiser, podemos ver que, para o caso comparável ($\delta_1 = \delta_2 = \delta$), as aproximações ótimas fornecem um erro de aproximação cerca de 5 dB melhor para um dado valor de M. Outra vantagem importante dos filtros *equiripple* é que δ_1 e δ_2 não precisam ser iguais, como é o caso para o método de janelamento.

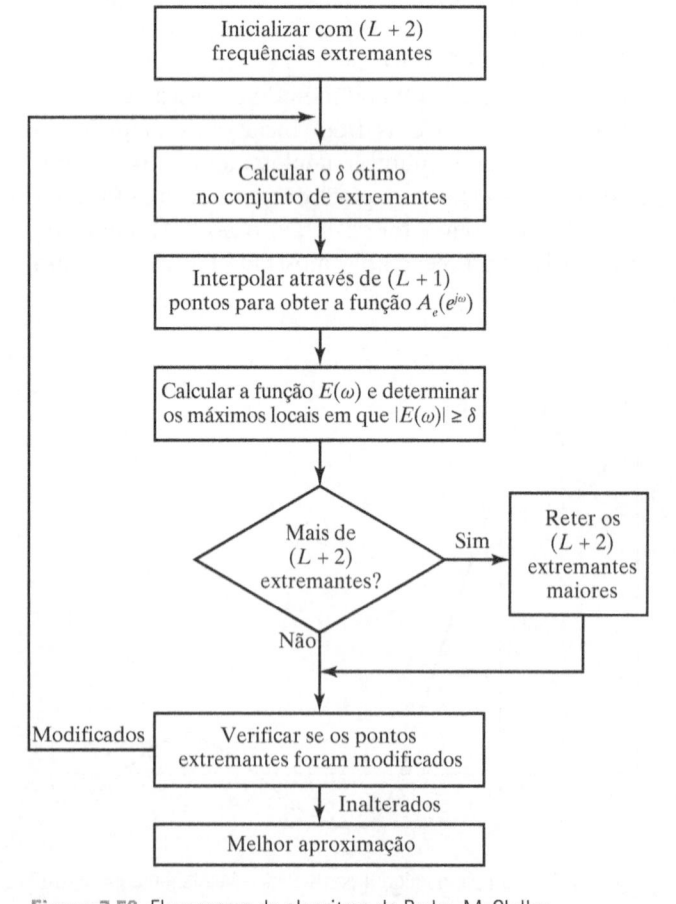

Figura 7.50 Fluxograma do algoritmo de Parks–McClellan.

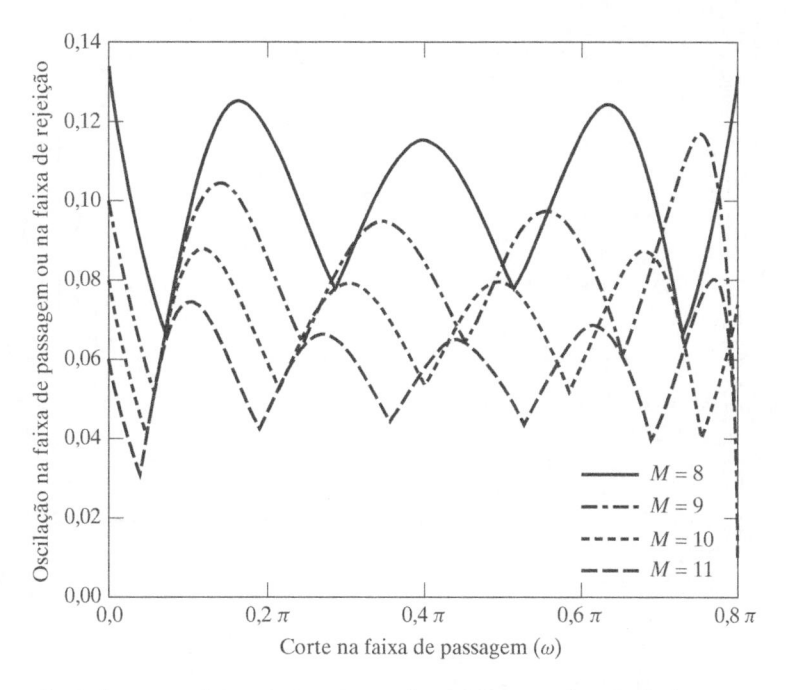

Figura 7.51 Exemplo da dependência do erro nas faixas de passagem e de rejeição com a frequência de corte para aproximações ótimas de um filtro passa-baixas. Nesse exemplo, $K = 1$ e $(\omega_s - \omega_p) = 0{,}2\pi$. (*Fonte*: Herrmann, Rabiner e Chan, 1973.)

7.8 Exemplos da aproximação *equiripple* FIR

O algoritmo de Parks–McClellan para a aproximação *equiripple* ótima dos filtros FIR pode ser usado para projetar uma ampla variedade desses filtros. Nesta seção, damos vários exemplos que ilustram algumas das propriedades da aproximação ótima e sugerem a grande flexibilidade que é permitida pelo método de projeto.

7.8.1 Filtro passa-baixas

Para o caso do filtro passa-baixas, novamente aproximamos o conjunto de especificações usado no Exemplo 7.5 e na Seção 7.6.1, de modo que possamos comparar todos os principais métodos de projeto para as mesmas especificações de filtro passa-baixas. Essas especificações são $\omega_p = 0{,}4\pi$, $\omega_s = 0{,}6\pi$, $\delta_1 = 0{,}01$ e $\delta_2 = 0{,}001$. Diferentemente do método de janelamento, o algoritmo de Parks–McClellan pode acomodar os diferentes erros de aproximação na faixa de passagem e na faixa de rejeição fixando o parâmetro da função de ponderação em $K = \delta_1/\delta_2 = 10$.

Substituindo as especificações anteriores na Equação 7.117 e arredondando para cima, obtém-se a estimativa $M = 26$ para o valor de M que é necessário para alcançar as especificações. Nas figuras 7.52(a), (b) e (c) são mostrados a resposta ao impulso, a magnitude logarítmica e o erro de aproximação, respectivamente, para o filtro ótimo com $M = 26$, $\omega_p = 0{,}4\pi$ e $\omega_s = 0{,}6\pi$. Na Figura 7.52(c) é mostrado o erro de aproximação *não ponderado*

$$E_A(\omega) = \frac{E(\omega)}{W(\omega)} = \begin{cases} 1 - A_e(e^{j\omega}), & 0 \leq \omega \leq \omega_p, \\ 0 - A_e(e^{j\omega}), & \omega_s \leq \omega \leq \pi, \end{cases} \quad (7.118)$$

no lugar do erro ponderado usado na formulação do algoritmo de projeto. O erro ponderado é quase idêntico ao da Figura 7.52(c), exceto que ele é dividido por 10 na faixa de passagem.[7] As alternâncias do erro de aproximação estão claramente em evidência na Figura 7.52(c). Existem sete alternâncias na faixa de passagem e oito na faixa de rejeição, em um total de quinze alternâncias. Como $L = M/2$ para sistemas de Tipo I (M par), e $M = 26$, o número mínimo de alternâncias é $(L + 2) = (26/2 + 2) = 15$. Assim, o filtro da Figura 7.52 é o filtro ótimo para $M = 26$, $\omega_p = 0{,}4\pi$ e $\omega_s = 0{,}6\pi$. Porém, na Figura 7.52(c) mostra-se que o filtro deixa de atender às especificações originais sobre o erro nas faixas de passagem e de rejeição. (Os erros máximos nas faixas de passagem e de rejeição são 0,0116 e 0,00116, respectivamente.) Para atender ou ultrapassar as especificações, devemos aumentar M.

As funções de resposta do filtro para o caso $M = 27$ são mostradas na Figura 7.53. Agora, os erros de aproximação nas faixas de passagem e de rejeição são

---

[7] Para os filtros seletivos em frequência, o erro de aproximação não ponderado também mostra convenientemente o comportamento nas faixas de passagem e de rejeição, pois $A_e(e^{j\omega}) = 1 - E(\omega)$ na faixa de passagem e $A_e(e^{j\omega}) = -E(\omega)$ na faixa de rejeição.

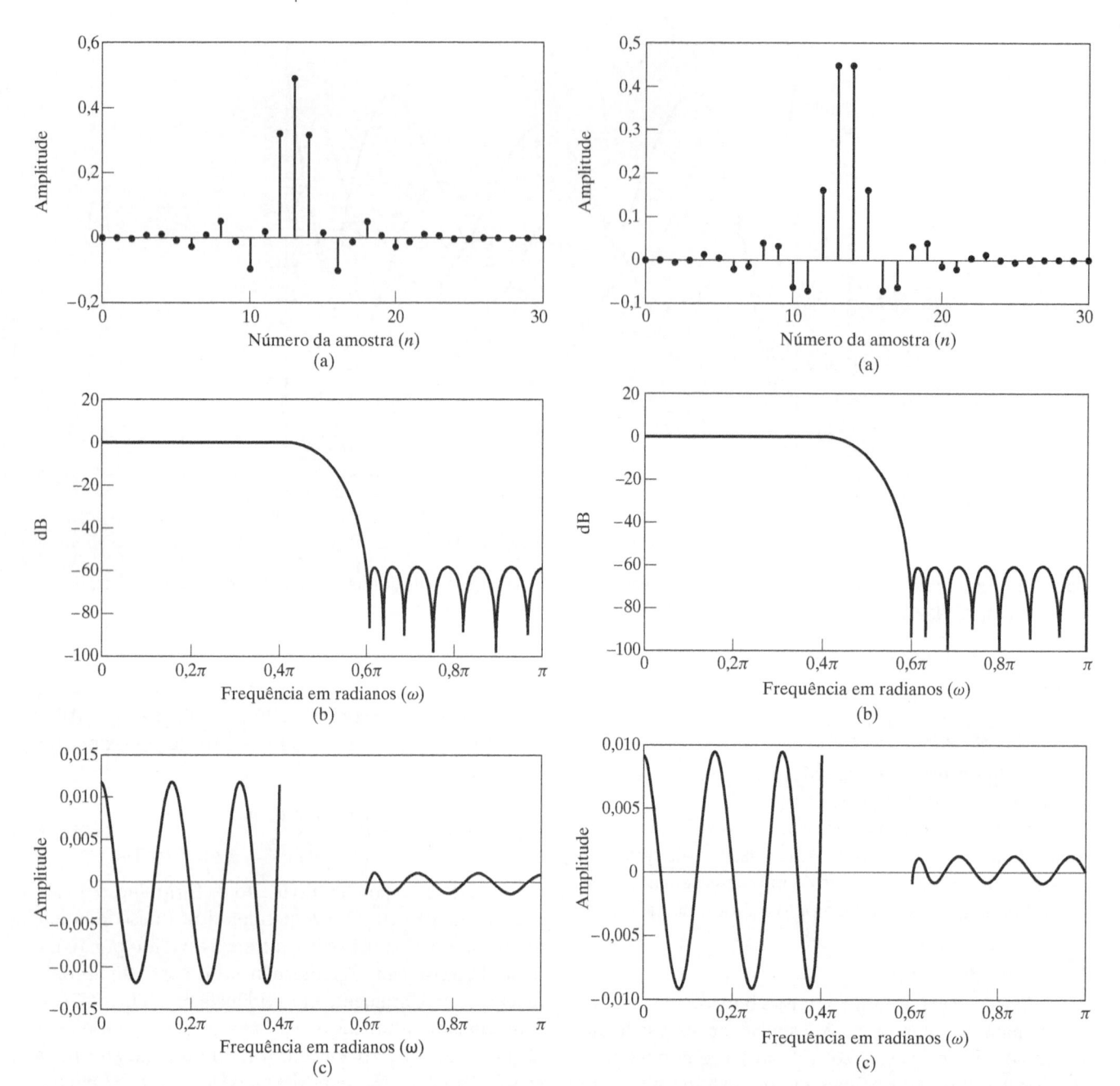

Figura 7.52 Filtro passa-baixas FIR de Tipo I ótimo para $\omega_p = 0{,}4\pi$, $\omega_s = 0{,}6\pi$, $K = 10$ e $M = 26$. (a) Resposta ao impulso. (b) Magnitude logarítmica da resposta em frequência. (c) Erro de aproximação (não ponderado).

Figura 7.53 Filtro ótimo passa-baixas FIR de Tipo II para $\omega_p = 0{,}4\pi$, $\omega_s = 0{,}6\pi$, $K = 10$ e $M = 27$. (a) Resposta ao impulso. (b) Magnitude logarítmica da resposta em frequência. (c) Erro de aproximação (não ponderado).

ligeiramente menores do que os valores especificados. (Os erros máximos na faixa de passagem e na faixa de rejeição são 0,0092 e 0,00092, respectivamente.) Nesse caso, novamente existem sete alternâncias na faixa de passagem e oito alternâncias na faixa de rejeição, em um total de quinze. Note que, como $M = 27$, esse é um sistema de Tipo II, e para esses sistemas, a ordem do polinômio de aproximação implícito é $L = (M-1)/2 = (27-1)/2 = 13$. Assim, o número mínimo de alternân-

cias ainda é 15. Note também que, no caso de Tipo II, o sistema está restrito a ter um zero de sua função de sistema em $z = -1$ ou em $\omega = \pi$. Isso é mostrado claramente nas figuras 7.53(b) e (c).

Ao comparar os resultados desse exemplo com os resultados da Seção 7.6.1, encontramos que o método da janela de Kaiser requer um valor $M = 40$ para atender ou exceder as especificações, enquanto o método de Parks–McClellan requer $M = 27$. Essa disparidade é acentuada porque o método de janelamento produz erros máximos aproximadamente iguais nas faixas de passagem e de rejeição, enquanto o método de Parks–McClellan pode ponderar os erros de modo diferente.

7.8.2 Compensação para a retenção de ordem zero

Em muitos casos, um filtro de tempo discreto é projetado para ser usado em um sistema como aquele representado na Figura 7.54; isto é, o filtro é usado para processar uma sequência de amostras $x[n]$ para obter uma sequência $y[n]$, que é então a entrada para um conversor D/A e um filtro passa-baixas de tempo contínuo (como uma aproximação para o conversor D/C ideal) usado para a reconstrução de um sinal de tempo contínuo $y_c(t)$. Esse tipo de sistema surge como parte de um sistema para filtragem em tempo discreto resultante de um sinal de tempo contínuo, como discutimos na Seção 4.8. Se o conversor D/A mantiver sua saída constante durante todo o período de amostragem T, a transformada de Fourier da saída $y_c(t)$ será

$$Y_c(j\Omega) = \tilde{H}_r(j\Omega)H_o(j\Omega)H(e^{j\Omega T})X(e^{j\Omega T}), \quad (7.119)$$

sendo $\tilde{H}_r(j\Omega)$ a resposta em frequência de um filtro de reconstrução passa-baixas apropriado, e

$$H_o(j\Omega) = \frac{\text{sen}(\Omega T/2)}{\Omega/2} e^{-j\Omega T/2} \quad (7.120)$$

a resposta em frequência da retenção de ordem zero do conversor D/A. Na Seção 4.8.4, sugerimos que a compensação para $H_o(j\Omega)$ pode ser incorporada no filtro de reconstrução de tempo contínuo; isto é, $\tilde{H}_r(j\Omega)$ pode ser escolhido como

$$\tilde{H}_r(j\Omega) = \begin{cases} \dfrac{\Omega T/2}{\text{sen}(\Omega T/2)} & |\Omega| < \dfrac{\pi}{T} \\ 0 & \text{caso contrário} \end{cases} \quad (7.121)$$

de modo que o efeito do filtro de tempo discreto $H(e^{j\Omega T})$ não seria distorcido pela retenção de ordem zero. Outra abordagem consiste em construir a compensação no filtro de tempo discreto projetando um filtro $\tilde{H}(e^{j\Omega T})$ tal que

$$\tilde{H}(e^{j\Omega T}) = \frac{\Omega T/2}{\text{sen}(\Omega T/2)} H(e^{j\Omega T}). \quad (7.122)$$

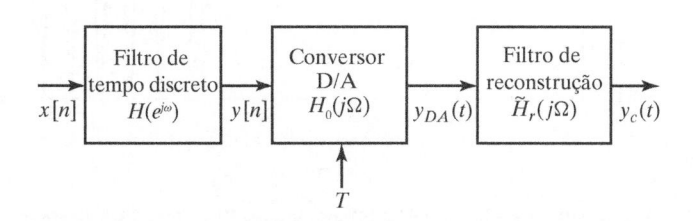

Figura 7.54 Pré-compensação de um filtro de tempo discreto para os efeitos de um conversor D/A.

Um filtro passa-baixas com compensação D/A pode ser prontamente projetado pelo algoritmo de Parks–McClellan se simplesmente definirmos a resposta desejada como

$$\tilde{H}_d(e^{j\omega}) = \begin{cases} \dfrac{\omega/2}{\text{sen}(\omega/2)}, & 0 \leq \omega \leq \omega_p, \\ 0, & \omega_s \leq \omega \leq \pi. \end{cases} \quad (7.123)$$

Na Figura 7.55 são mostradas as funções de resposta para tal filtro, para o qual as especificações são

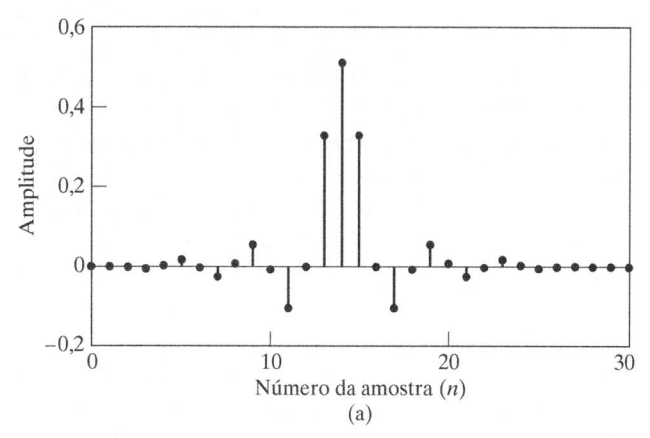

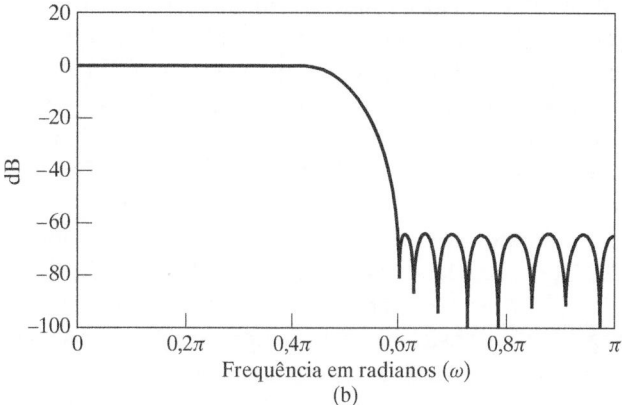

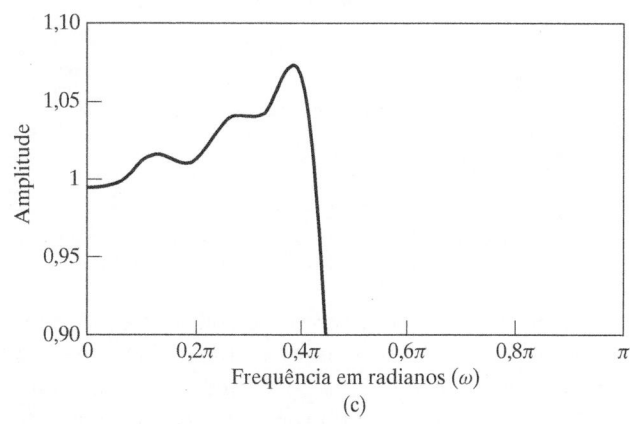

Figura 7.55 Filtro passa-baixas com compensação D/A ótimo com $\omega_p = 0{,}4\pi$, $\omega_s = 0{,}6\pi$, $K = 10$ e $M = 28$. (a) Resposta ao impulso. (b) Magnitude logarítmica da resposta em frequência. (c) Resposta em magnitude na faixa de passagem.

novamente $\omega_p = 0{,}4\pi$, $\omega_s = 0{,}6\pi$, $\delta_1 = 0{,}01$ e $\delta_2 = 0{,}001$. Nesse caso, as especificações são atendidas com $M = 28$ em vez de $M = 27$, como no caso de ganho constante anterior. Assim, com praticamente nenhuma penalidade, incorporamos a compensação para o conversor D/A no filtro de tempo discreto, de modo que a faixa de passagem efetiva do filtro será plana. (Para enfatizar a natureza inclinada da faixa de passagem, a Figura 7.55(c) mostra a resposta em magnitude na faixa de passagem em vez do erro de aproximação, como nos gráficos de resposta em frequência para os outros exemplos FIR.)

7.8.3 Filtro passa-faixa

A Seção 7.7 concentrou-se totalmente no FIR ótimo passa-baixas, para o qual existem apenas duas faixas de aproximação. Porém, filtros passa-faixa e rejeita-faixa requerem três faixas de aproximação. Para projetar tais filtros, é necessário generalizar a discussão da Seção 7.7 para o caso multibandas. Isso requer que exploremos as implicações do teorema da alternância e as propriedades da aproximação de polinômios em um contexto mais geral. Primeiro, lembre-se de que, como enunciado, o teorema da alternância não considera nenhum limite no número de intervalos de aproximação disjuntos. Portanto, o número *mínimo* de alternâncias para a aproximação ótima ainda é $(L + 2)$. Porém, filtros multibandas podem ter mais do que $(L + 3)$ alternâncias, pois existem mais extremidades de faixas. (O Problema 7.63 explora essa questão.) Isso significa que algumas das afirmações provadas na Seção 7.7.1 não são verdadeiras no caso multibandas. Por exemplo, *não* é necessário que todos os máximos ou mínimos locais de $A_e(e^{j\omega})$ se encontrem dentro dos intervalos de aproximação. Assim, extremantes locais podem ocorrer nas regiões de transição, e a aproximação não precisa ser *equiripple* nas regiões de aproximação.

Para ilustrar isso, considere a resposta desejada

$$H_d(e^{j\omega}) = \begin{cases} 0, & 0 \leq \omega \leq 0{,}3\pi, \\ 1, & 0{,}35\pi \leq \omega \leq 0{,}6\pi, \\ 0, & 0{,}7\pi \leq \omega \leq \pi, \end{cases} \quad (7.124)$$

e a função de ponderação do erro

$$W(\omega) = \begin{cases} 1, & 0 \leq \omega \leq 0{,}3\pi, \\ 1, & 0{,}35\pi \leq \omega \leq 0{,}6\pi, \\ 0{,}2, & 0{,}7\pi \leq \omega \leq \pi. \end{cases} \quad (7.125)$$

Um valor de $M + 1 = 75$ foi escolhido para o comprimento da resposta ao impulso do filtro. Na Figura 7.56 mostram-se as funções de resposta para o filtro resultante. Note que a região de transição da segunda faixa de aproximação para a terceira não é mais monotônica. Porém, o uso de dois extremantes locais nessa região sem restrições não viola o teorema da alternância. Como $M = 74$, o filtro é um sistema de Tipo I, e a ordem do polinômio de aproximação implícito é $L = M/2 = 74/2 = 37$. Assim, o teorema da alternância exige pelo menos $L + 2 = 39$ alternâncias. Podemos ver diretamente na Figura 7.56(c), em que se mostra o erro de aproximação não ponderado, que existem 13 alternâncias em cada banda, em um total de 39.

Essas aproximações, como mostrado na Figura 7.56, são ótimas no sentido do teorema da alternância, mas provavelmente seriam inaceitáveis em uma aplicação de filtragem. Em geral, não existe garantia de que as regiões de transição de um filtro multibandas serão

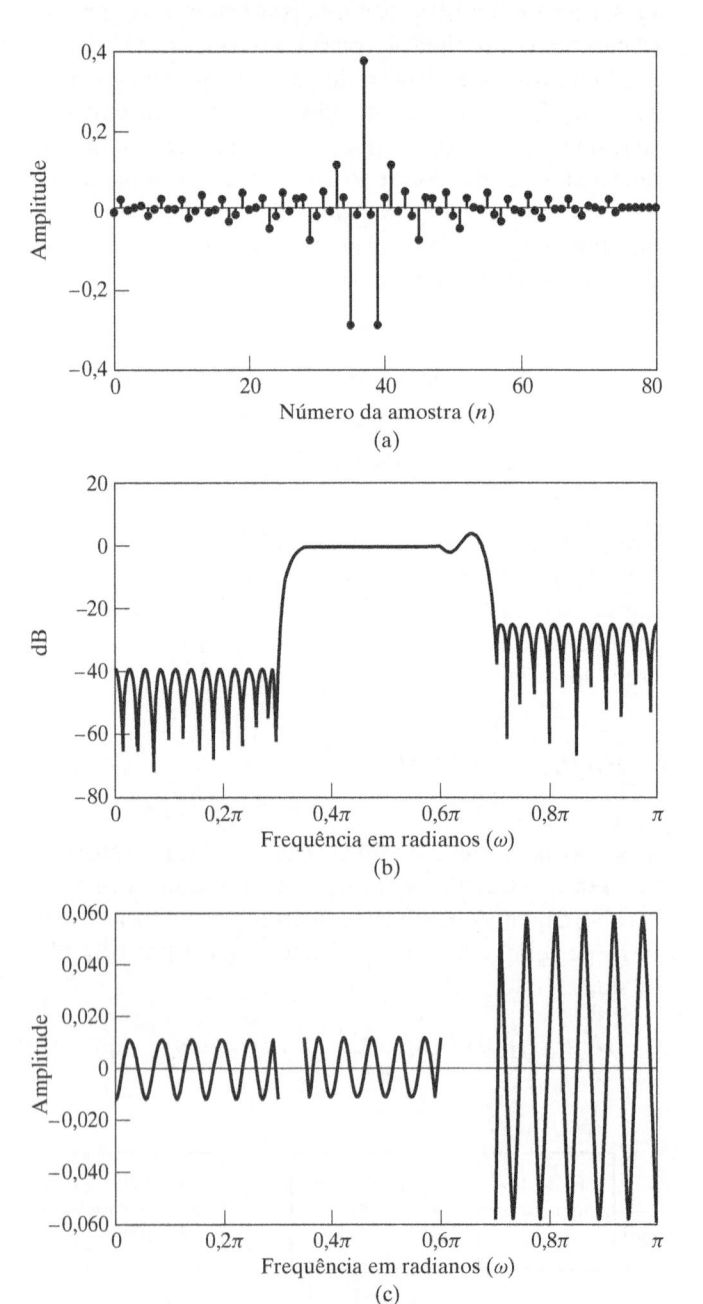

Figura 7.56 Filtro passa-faixa FIR ótimo para $M = 74$. (a) Resposta ao impulso. (b) Magnitude logarítmica da resposta em frequência. (c) Erro de aproximação (não ponderado).

monotônicas, pois o algoritmo de Parks–McClellan deixa essas regiões completamente sem restrições. Quando esse tipo de resposta é o resultado de uma escolha em particular dos parâmetros do filtro, regiões de transição aceitáveis podem usualmente ser obtidas pela alteração sistemática de uma ou mais das faixas de frequências, do comprimento da resposta ao impulso ou da função de ponderação de erro e o reprojeto do filtro.

7.9 Comentários sobre filtros de tempo discreto IIR e FIR

Este capítulo trata dos métodos de projeto para sistemas de tempo discreto LIT. Discutimos uma ampla série de métodos de projeto de filtros de resposta ao impulso com duração infinita e duração finita.

A escolha entre um filtro FIR e um filtro IIR depende da importância para o problema de projeto das vantagens de cada tipo. Filtros IIR, por exemplo, têm a vantagem de que uma série de filtros seletivos em frequência pode ser projetada usando fórmulas fechadas de projeto. Ou seja, uma vez que o problema tenha sido especificado em termos apropriados para um determinado método de aproximação (por exemplo, Butterworth, Chebyshev ou elíptico), então a ordem do filtro que atenderá às especificações pode ser calculada, e os coeficientes (ou polos e zeros) do filtro de tempo discreto podem ser obtidos por substituição direta em um conjunto de equações de projeto. Esse tipo de simplicidade do procedimento de projeto torna viável projetar filtros IIR pelo cálculo manual, se necessário, e leva a programas de computador diretos e não iterativos para o projeto de filtros IIR. Esses métodos são limitados a filtros seletivos em frequência e permitem que apenas a resposta em magnitude seja especificada. Se outras formas de magnitude forem desejadas, ou se for necessário aproximar uma resposta de fase ou de atraso de grupo prescrita, um procedimento algorítmico será requerido.

Por outro lado, filtros FIR podem ter uma fase linear (generalizada) precisa. Porém, não existem equações de projeto fechadas para filtros FIR. Embora o método de janelamento seja simples de aplicar, alguma iteração pode ser necessária para atender a uma especificação prescrita. O algoritmo de Parks–McClellan leva a filtros de ordem mais baixa do que o método de janelamento, e programas de projeto de filtro são facilmente encontrados para os dois métodos. Além disso, o método de janelamento e a maioria dos métodos algorítmicos oferecem a possibilidade de aproximar características de resposta em frequência bastante arbitrárias com apenas um pouco mais de dificuldade do que no projeto de filtros passa-baixas. Além disso, o problema de projeto para filtros FIR está muito mais sob controle do que o problema de projeto de IIR devido à existência de um teorema de otimização para filtros FIR que tem significado para uma ampla gama de situações práticas. As técnicas de projeto para filtros FIR sem fase linear foram propostas por Chen e Parks (1987), Parks e Burrus (1987), Schüssler e Steffen (1988) e Karam e McClellan (1995).

Questões de economia também surgem na implementação de um filtro de tempo discreto. Questões econômicas normalmente são medidas em termos de complexidade de *hardware*, área de *chip* ou velocidade computacional. Esses fatores são mais ou menos diretamente relacionados com a ordem do filtro requerida para atender a determinada especificação. Em aplicações em que as eficiências das implementações polifásicas não podem ser exploradas, geralmente é verdade que determinada especificação de resposta em magnitude pode ser atendida de forma mais eficiente com um filtro IIR. Porém, em muitos casos, a fase linear disponível com um filtro FIR pode compensar o custo extra.

Em qualquer ambiente prático específico, a escolha da classe de filtros e do método de projeto será altamente dependente do contexto, das restrições, das especificações e da plataforma de implementação. Na próxima seção, concluímos o capítulo com um exemplo específico para ilustrar alguns dos dilemas e problemas que podem surgir. Porém, esse é apenas um de muitos cenários, e cada um pode resultar em diferentes escolhas e conclusões.

7.10 Projeto de um filtro para sobreamostragem

Concluímos este capítulo com uma comparação, no contexto da sobreamostragem, dos projetos de filtro IIR e FIR. Como discutimos no Capítulo 4, seções 4.6.2 e 4.9.3, a sobreamostragem por um fator inteiro e a conversão D/A sobreamostrada empregam um expansor por L seguido por um filtro passa-baixas de tempo discreto. Como a taxa de amostragem na saída do expansor é L vezes a taxa na entrada, o filtro passa-baixas opera em uma taxa que é L vezes a taxa da entrada do superamostrador ou conversor D/A. Como ilustramos nesse exemplo, a ordem do filtro passa-baixas é muito dependente do filtro ser projetado como um filtro IIR ou FIR e, também, dentro dessas classes, do método de projeto de filtro escolhido. Embora a ordem do filtro IIR resultante possa ser significativamente menor do que a ordem do filtro FIR, o filtro FIR pode explorar as eficiências de uma implementação polifásica. Para os projetos IIR, a implementação polifásica pode ser explorada para a implementação dos zeros da função de transferência, mas não para os polos.

O sistema a ser implementado é um sobreamostrador por quatro, ou seja, $L = 4$. Como discutido no Capítulo 4, o filtro ideal para a interpolação 1:4 é um filtro passa-baixas ideal com ganho de 4 e frequência de corte $\pi/4$. Para aproximar esse filtro, definimos as especificações da seguinte forma:[8]

frequência da extremidade da faixa de passagem $\omega_p = 0{,}22\pi$
frequência da extremidade da faixa de rejeição $\omega_s\ \ = 0{,}29\pi$
ganho máximo na faixa de passagem $= 0$ dB
ganho mínimo na faixa de passagem $= -1$ dB
ganho máximo na faixa de rejeição $= -40$ dB

Seis filtros diferentes foram projetados para atender a essas especificações: quatro projetos de filtro IIR discutidos na Seção 7.3 (Butterworth, Chebyshev I, Chebyshev II, elíptico) e dois projetos de filtro FIR (um projeto de janela de Kaiser e um filtro ótimo projetado usando o algoritmo de Parks–McClellan). Os projetos foram feitos usando o *toolbox* de processamento de sinais do MATLAB. Como o programa de projeto FIR usado requer limites de tolerâncias na faixa de passagem que sejam simétricos em torno da unidade, as especificações citadas foram primeiro devidamente mudadas em escala para os projetos FIR, e o filtro FIR resultante foi então novamente mudado em escala para um máximo de 0 dB de ganho na faixa de passagem. (Veja o Problema 7.3.)

As ordens dos filtros resultantes para os seis filtros são mostradas na Tabela 7.3, e os diagramas de polos e zeros correspondentes são mostrados nas figuras 7.57(a)-(f). Para os dois projetos FIR, somente as localizações dos zeros são mostradas na Figura 7.57. Se esses filtros forem implementados como filtros causais, haverá um polo de ordem múltipla na origem para combinar com o número total de zeros da função de transferência.

Sem explorar as eficiências disponíveis, como o uso de uma implementação polifásica, os dois projetos FIR exigem significativamente mais multiplicações por amostra de saída do que qualquer um dos projetos IIR.

Tabela 7.3 Ordens dos filtros projetados.

Projeto de filtro	Ordem
Butterworth	18
Chebyshev I	8
Chebyshev II	8
Elíptico	5
Kaiser	63
Parks–McClellan	44

Nos projetos IIR, o número de multiplicações por amostra de saída dependerá especificamente de como os zeros são implementados. Uma discussão de como implementar eficientemente cada um dos seis projetos é feita a seguir com um resumo na Tabela 7.4 que compara o número requerido de multiplicações por amostra de saída. Os quatro projetos IIR podem ser considerados como uma cascata de um filtro FIR (implementando os zeros da função de transferência) e um filtro IIR (implementando os polos). Primeiro, discutimos os dois projetos FIR, pois as eficiências que podem ser exploradas para eles também podem ser utilizadas com o componente FIR dos filtros IIR.

Projetos Parks–McClellan e de janelas de Kaiser: Sem explorar a simetria da resposta ao impulso ou uma implementação polifásica, o número requerido de multiplicações por amostra de *saída* é igual ao comprimento do filtro. Se uma implementação polifásica for usada, como discutido na Seção 4.7.5, então o número de multiplicações por amostra de *entrada* é igual ao comprimento do filtro. Alternativamente, como os dois filtros são simétricos, a estrutura discutida na Seção 6.5.3 (figuras 6.32 e 6.33) pode ser usada para reduzir o número de multiplicações na taxa de entrada por aproximadamente um fator de 2.[9]

Projeto Butterworth: Como é característico dos filtros Butterworth de tempo discreto, todos os zeros ocorrem em $z = -1$, e os polos, naturalmente, estão em pares conjugados complexos. Ao implementarmos os zeros como uma cascata de 18 termos de primeira ordem na forma $(1 + z^{-1})$, nenhuma multiplicação é exigida na implementação dos zeros. Os 18 polos requerem um total de 18 multiplicações por amostra de saída.

Projeto Chebyshev I: O filtro Chebyshev I tem ordem 8 com os zeros em $z = -1$ e, consequentemente, os zeros podem ser implementados sem multiplicações. Os 8 polos exigem 8 multiplicações por amostra de saída.

Projeto Chebyshev II: Nesse projeto, a ordem do filtro é novamente 8. Como os zeros agora são distribuídos ao longo da circunferência unitária, sua implementação requer algumas multiplicações. Porém, como todos os zeros estão na circunferência unitária, a resposta ao impulso FIR associada é simétrica, e a dobragem e/ou as eficiências polifásicas podem ser exploradas para a implementação dos zeros.

---

[8] O ganho foi normalizado para a unidade na faixa de passagem. Em todos os casos, os filtros podem ser multiplicados escalarmente por 4 para uso na interpolação.

[9] É possível combinar as eficiências polifásicas e de simetria na implementação de filtros FIR simétricos (veja Baran e Oppenheim, 2007). O número de multiplicações resultantes é aproximadamente metade do comprimento do filtro e na taxa das amostras de entrada em vez de na taxa das amostras de saída. Porém, a estrutura resultante é significativamente mais complexa.

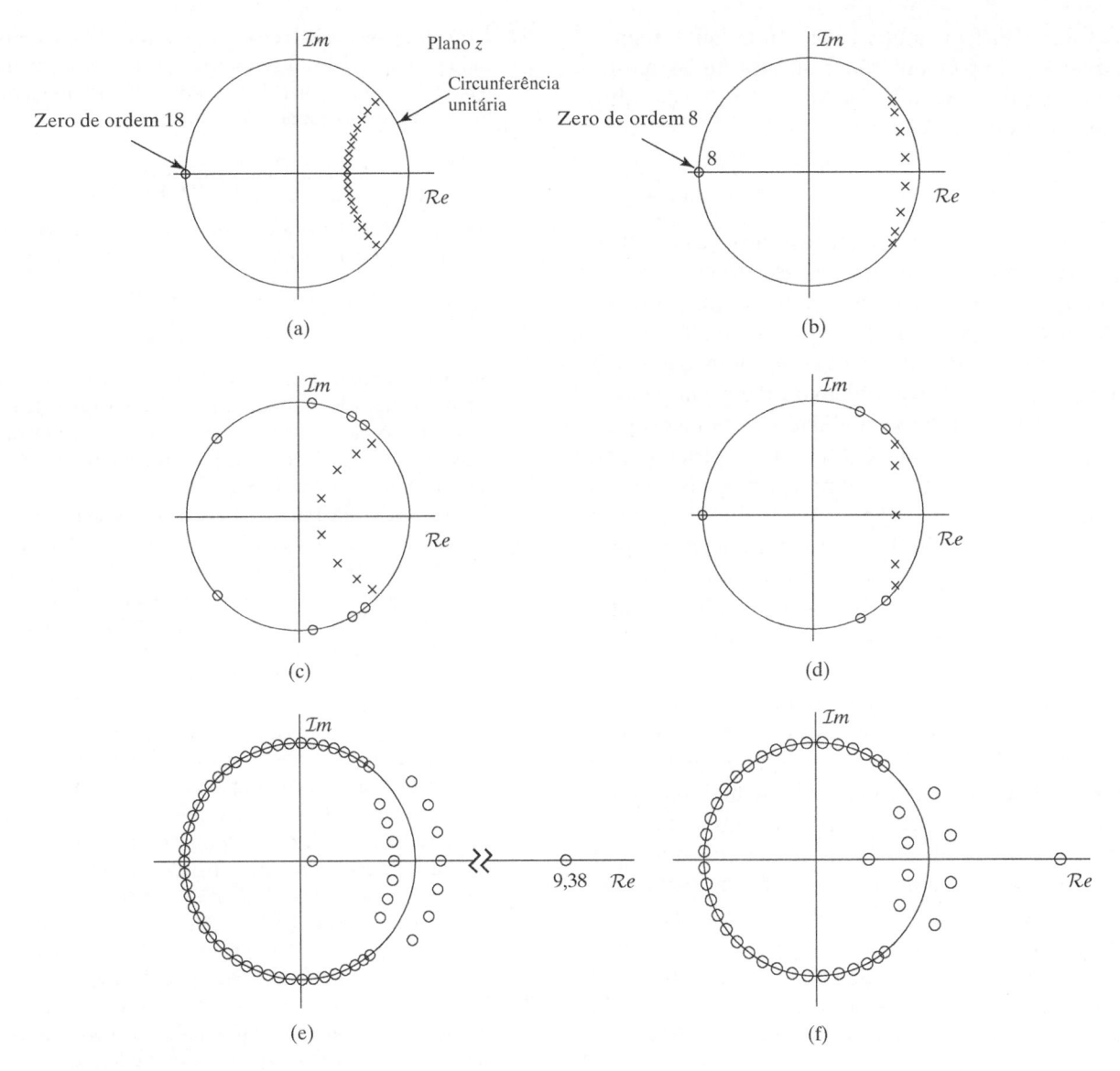

Figura 7.57 Diagramas de polos e zeros para os seis projetos. (a) Filtro Butterworth. (b) Filtro Chebyshev I. (c) Filtro Chebyshev II. (d) Filtro elíptico. (e) Filtro Kaiser. (f) Filtro Parks–McClellan.

Projeto de filtro elíptico: O filtro elíptico tem a menor ordem (ordem 5) dos quatro projetos IIR. A partir do diagrama de polos e zeros, notamos que ele tem todos os seus zeros na circunferência unitária. Consequentemente, os zeros podem ser implementados de modo eficiente explorando a simetria, bem como a implementação polifásica.

A Tabela 7.4 resume o número de multiplicações requeridas por amostra de saída para cada um dos seis projetos com diversas estruturas de implementação diferentes. A implementação na forma direta considera que tanto os polos quanto os zeros são implementados na forma direta, isto é, ela não tira proveito da possibilidade de implementação em cascata de múltiplos zeros em $z = -1$. Explorando uma implementação polifásica,

Tabela 7.4 Número médio de multiplicações requeridas por amostra de saída para cada um dos filtros projetados.

Projeto de filtro	Forma direta	Simétrica	Polifásica
Butterworth	37	18	18
Chebyshev I	17	8	8
Chebyshev II	17	13	10,25
Elíptico	11	8	6,5
Kaiser	64	32	16
Parks–McClellan	45	23	11,25

mas não a simetria da resposta ao impulso, os projetos FIR são ligeiramente menos eficientes do que os projetos IIR mais eficientes, embora eles também sejam os únicos que têm fase linear. Explorando tanto a simetria quanto a implementação polifásica juntas na implementação do projeto Parks–McClellan, ele e o filtro elíptico são os mais eficientes.

7.11 Resumo

Neste capítulo, consideramos diversas técnicas de projeto para filtros de tempo discreto com resposta ao impulso de duração tanto infinita quanto finita. Enfatizamos a especificação no domínio da frequência das características de filtro desejadas, pois isso é o mais comum na prática. Nosso objetivo foi dar um panorama da ampla gama de possibilidades disponíveis para o projeto de filtros de tempo discreto, ao mesmo tempo dando detalhes suficientes sobre algumas das técnicas para que elas possam ser aplicadas diretamente, sem a necessidade de consulta à extensa literatura sobre projeto de filtro de tempo discreto. No caso FIR, detalhes consideráveis foram apresentados tanto sobre o método de janelamento quanto sobre o método algorítmico de Parks–McClellan de projeto de filtros.

O capítulo foi concluído com algumas notas sobre a escolha entre as duas classes de filtros digitais. O ponto principal dessa discussão foi que a escolha nem sempre é tão clara e pode depender de múltiplos fatores que muitas vezes são difíceis de quantificar ou discutir em termos gerais. Porém, deve estar claro a partir deste capítulo e do Capítulo 6 que os filtros digitais são caracterizados por grande flexibilidade no projeto e na implementação. Essa flexibilidade torna possível implementar esquemas de processamento de sinais bastante sofisticados, que em muitos casos seriam difíceis, se não impossíveis, de implementar por meios analógicos.

Problemas

Problemas básicos com respostas

7.1. Considere um sistema de tempo contínuo causal com resposta ao impulso $h_c(t)$ e função de sistema

$$H_C(s) = \frac{s+a}{(s+a)^2 + b^2}.$$

(a) Use a invariância ao impulso para determinar $H_1(z)$ para um sistema de tempo discreto tal que $h_1[n] = h_c(nT)$.

(b) Use a invariância de degrau para determinar $H_2(z)$ para um sistema de tempo discreto tal que $s_2[n] = s_c(nT)$, em que

$$s_2[n] = \sum_{k=-\infty}^{n} h_2[k] \quad \text{e} \quad s_c(t) = \int_{-\infty}^{t} h_c(\tau)d\tau.$$

(c) Determine a resposta ao degrau $s_1[n]$ do sistema 1 e a resposta ao impulso $h_2[n]$ do sistema 2. É verdade que $h_2[n] = h_1[n] = h_c(nT)$? É verdade que $s_1[n] = s_2[n] = s_c(nT)$?

7.2. Um filtro passa-baixas de tempo discreto deve ser projetado pela aplicação do método da invariância ao impulso a um filtro Butterworth de tempo contínuo tendo função de magnitude ao quadrado

$$|H_c(j\Omega)|^2 = \frac{1}{1 + (\Omega/\Omega_c)^{2N}}.$$

As especificações para o sistema de tempo discreto são aquelas do Exemplo 7.2, isto é,

$$0{,}89125 \leq |H(e^{j\omega})| \leq 1, \quad 0 \leq |\omega| \leq 0{,}2\pi,$$
$$|H(e^{j\omega})| \leq 0{,}17783, \quad 0{,}3\pi \leq |\omega| \leq \pi.$$

Suponha, como naquele exemplo, que o *aliasing* não seja um problema; isto é, projete o filtro Butterworth de tempo contínuo para atender às especificações da faixa de passagem e da faixa de rejeição como determinado pelo filtro de tempo discreto desejado.

(a) Esboce o diagrama de tolerâncias na magnitude da resposta em frequência, $|H_c(j\Omega)|$, do filtro Butterworth de tempo contínuo tal que, após a aplicação do método da invariância ao impulso (isto é, $h[n] = T_d h_c(nT_d)$), o filtro de tempo discreto resultante satisfaça as especificações de projeto dadas. Não considere que $T_d = 1$, como no Exemplo 7.2.

(b) Determine a ordem inteira N e a quantidade $T_d\Omega_c$ tal que o filtro Butterworth de tempo contínuo atenda exatamente às especificações determinadas no item (a) na extremidade da faixa de passagem.

(c) Note que, se $T_d = 1$, sua resposta no item (b) deverá resultar nos valores de N e Ω_c obtidos no Exemplo 7.2. Use essa observação para determinar a função de sistema $H_c(s)$ para $T_d \neq 1$ e para argumentar que a função de sistema $H(z)$ que resulta do projeto por invariância ao impulso com $T_d \neq 1$ é a mesma que o resultado para $T_d = 1$ dado pela Equação 7.17.

7.3. Queremos usar a invariância ao impulso ou a transformação bilinear para projetar um filtro de tempo discreto que atenda a especificações da seguinte forma:

$$1 - \delta_1 \leq |H(e^{j\omega})| \leq 1 + \delta_1, \quad 0 \leq |\omega| \leq \omega_p,$$
$$|H(e^{j\omega})| \leq \delta_2, \quad \omega_s \leq |\omega| \leq \pi. \quad \text{(P7.3-1)}$$

Por razões históricas, a maior parte das fórmulas de projeto, tabelas ou diagramas para filtros de tempo contínuo normalmente é especificada com um ganho de pico unitário na faixa de passagem; isto é,

$$1 - \hat{\delta}_1 \leq |H_c(j\Omega)| \leq 1, \quad 0 \leq |\Omega| \leq \Omega_p,$$
$$|H_c(\Omega)| \leq \hat{\delta}_2, \quad \Omega_s \leq |\Omega|. \quad \text{(P7.3-2)}$$

Diagramas de projeto úteis para filtros de tempo contínuo especificados dessa forma foram dados por Rabiner, Kaiser, Herrmann e Dolan (1974).

(a) Para usar tais tabelas e diagramas para projetar sistemas de tempo discreto com um ganho de pico de $(1+\delta_1)$, é necessário converter as especificações de tempo discreto em especificações na forma da Equação P7.3-2. Isso pode ser feito dividindo-se as especificações de tempo discreto por $(1+\delta_1)$. Use essa abordagem para obter uma expressão para $\hat{\delta}_1$ e $\hat{\delta}_2$ em termos de δ_1 e δ_2.

(b) No Exemplo 7.2, projetamos um filtro de tempo discreto com um ganho de faixa de passagem máximo igual à unidade. Esse filtro pode ser convertido em um filtro satisfazendo um conjunto de especificações como aquelas na Equação P7.3-1 pela multiplicação por uma constante na forma $(1+\delta_1)$. Encontre o valor requerido de δ_1 e o valor correspondente de δ_2 para esse exemplo, e use a Equação 7.17 para determinar os coeficientes da função de sistema do novo filtro.

(c) Repita o item (b) para o filtro no Exemplo 7.3.

7.4. A função de sistema de um sistema de tempo discreto é

$$H(z) = \frac{2}{1 - e^{-0.2}z^{-1}} - \frac{1}{1 - e^{-0.4}z^{-1}}.$$

(a) Suponha que esse filtro de tempo discreto foi projetado pelo método da invariância ao impulso com $T_d = 2$; isto é, $h[n] = 2h_c(2n)$, em que $h_c(t)$ é real. Encontre a função de sistema $H_c(s)$ de um filtro de tempo contínuo que poderia ter sido a base para o projeto. Sua resposta é única? Se não, determine outra função de sistema $H_c(s)$.

(b) Suponha que $H(z)$ foi obtido pelo método da transformação bilinear com $T_d = 2$. Encontre a função de sistema $H_c(s)$ que poderia ter sido a base para o projeto. Sua resposta é única? Se não, determine outro $H_c(s)$.

7.5. Queremos usar o método de janela de Kaiser para projetar um filtro de tempo discreto com fase linear generalizada que atenda às especificações da seguinte forma:

$$|H(e^{j\omega})| \leq 0{,}01, \qquad 0 \leq |\omega| \leq 0{,}25\pi,$$
$$0{,}95 \leq |H(e^{j\omega})| \leq 1{,}05, \qquad 0{,}35\pi \leq |\omega| \leq 0{,}6\pi,$$
$$|H(e^{j\omega})| \leq 0{,}01, \qquad 0{,}65\pi \leq |\omega| \leq \pi.$$

(a) Determine o comprimento mínimo $(M+1)$ da resposta ao impulso e o valor do parâmetro da janela de Kaiser β para um filtro que atenda às especificações dadas.

(b) Qual é o atraso do filtro?

(c) Determine a resposta ao impulso ideal $h_d[n]$ à qual a janela de Kaiser deve ser aplicada.

7.6. Queremos usar o método das janelas de Kaiser para projetar um filtro FIR simétrico real com fase zero que atenda às seguintes especificações:

$$0{,}9 < H(e^{j\omega}) < 1{,}1, \qquad 0 \leq |\omega| \leq 0{,}2\pi,$$
$$-0{,}06 < H(e^{j\omega}) < 0{,}06, \qquad 0{,}3\pi \leq |\omega| \leq 0{,}475\pi,$$
$$1{,}9 < H(e^{j\omega}) < 2{,}1, \qquad 0{,}525\pi \leq |\omega| \leq \pi.$$

Essa especificação deve ser atendida pela aplicação da janela de Kaiser à resposta ao impulso ideal real associada à resposta em frequência ideal $H_d(e^{j\omega})$ dada por

$$H(e^{j\omega}) = \begin{cases} 1, & 0 \leq |\omega| \leq 0{,}25\pi, \\ 0, & 0{,}25\pi \leq |\omega| \leq 0{,}5\pi, \\ 2, & 0{,}5\pi \leq |\omega| \leq \pi. \end{cases}$$

(a) Qual é o valor máximo de δ que pode ser usado para atender a essa especificação? Qual é o valor correspondente de β? Explique seu raciocínio de forma clara.

(b) Qual é o valor máximo de $\Delta\omega$ que pode ser usado para atender à especificação? Qual é o valor correspondente de $M + 1$, o comprimento da resposta ao impulso? Explique claramente seu raciocínio.

7.7. Estamos interessados em implementar um filtro passa-baixas LIT de tempo contínuo $H(j\Omega)$ usando o sistema mostrado na Figura 4.10 quando o sistema de tempo discreto tem resposta em frequência $H_d(e^{j\omega})$. O período de amostragem é $T = 10^{-4}$ segundos, e o sinal de entrada $x_c(t)$ é apropriadamente limitado em banda com $X_c(j\Omega) = 0$ para $|\Omega| \geq 2\pi(5000)$.

Sejam as especificações sobre $|H(j\Omega)|$

$$0{,}99 \leq |H(j\Omega)| \leq 1{,}01, \qquad |\Omega| \leq 2\pi(1000),$$
$$|H(j\Omega)| \leq 0{,}01, \qquad |\Omega| \geq 2\pi(1100).$$

Determine as especificações correspondentes da resposta em frequência de tempo discreto $H_d(e^{j\omega})$.

7.8. Queremos projetar um filtro passa-baixas FIR de Tipo I de fase zero ótimo (Parks–McClellan) com frequência da faixa de passagem $\omega_p = 0{,}3\pi$ e frequência da faixa de rejeição $\omega_s = 0{,}6\pi$ com ponderações de erro iguais nas faixas de passagem e rejeição. A resposta ao impulso do filtro desejado tem comprimento 11; isto é, $h[n] = 0$ para $n < -5$ ou $n > 5$. Na Figura P7.8 mostra-se a resposta em frequência $H(e^{j\omega})$ para dois filtros diferentes. Para cada filtro, especifique quantas alternâncias o filtro tem e afirme se ele satisfaz o teorema da alternância como o filtro ótimo no sentido minimax, atendendo às especificações dadas.

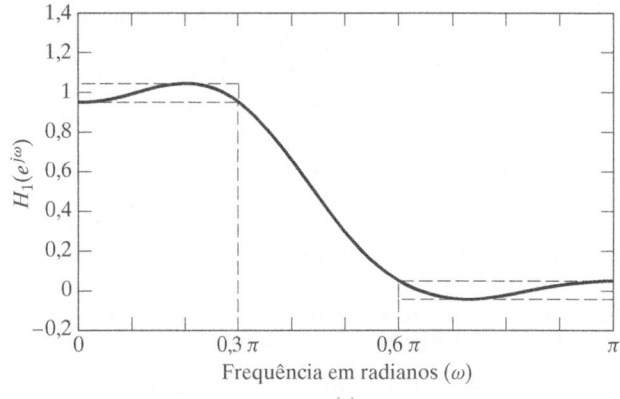

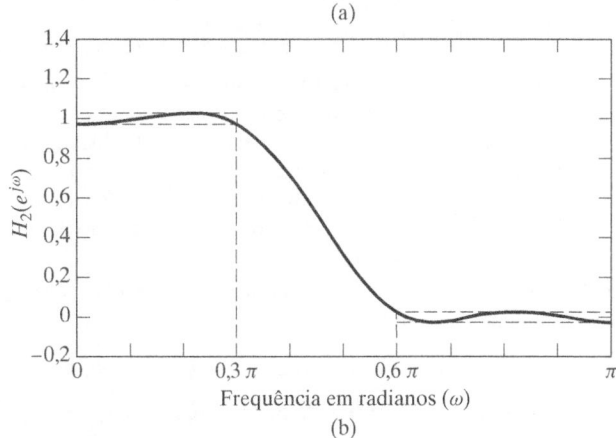

Figura P7.8

7.9. Suponha que projetemos um filtro de tempo discreto usando a técnica de invariância ao impulso com um filtro passa-baixas de tempo contínuo ideal como um protótipo. O filtro prototípico tem uma frequência de corte de $\Omega_c = 2\pi(1000)$ rad/s, e a transformação por invariância ao impulso usa $T = 0{,}2$ ms. Qual é a frequência de corte ω_c para o filtro de tempo discreto resultante?

7.10. Queremos projetar um filtro passa-baixas de tempo discreto usando a transformação bilinear sobre um filtro passa-baixas ideal de tempo contínuo. Suponha que o filtro prototípico de tempo contínuo tenha frequência de corte $\Omega_c = 2\pi(2000)$ rad/s, e escolhamos o parâmetro de transformação bilinear $T = 0{,}4$ ms. Qual é a frequência de corte ω_c para o filtro de tempo discreto resultante?

7.11. Suponha que tenhamos um filtro passa-baixas de tempo discreto ideal com frequência de corte $\omega_c = \pi/4$. Além disso, somos informados de que esse filtro resultou da aplicação da invariância ao impulso a um filtro passa-baixas prototípico de tempo contínuo usando $T = 0{,}1$ ms. Qual era a frequência de corte Ω_c do filtro de tempo contínuo prototípico?

7.12. Um filtro passa-altas de tempo discreto ideal com frequência de corte $\omega_c = \pi/2$ foi projetado usando a transformação bilinear com $T = 1$ ms. Qual era a frequência de corte Ω_c do filtro passa-altas ideal de tempo contínuo prototípico?

7.13. Um filtro passa-baixas de tempo discreto ideal com frequência de corte $\omega_c = 2\pi/5$ foi projetado usando invariância ao impulso a partir de um filtro passa-baixas de tempo contínuo ideal com frequência de corte $\Omega_c = 2\pi(4000)$ rad/s. Qual era o valor de T? Esse valor é único? Se não, encontre outro valor de T que seja consistente com a informação dada.

7.14. A transformação bilinear é usada para projetar um filtro passa-baixas de tempo discreto ideal com frequência de corte $\omega_c = 3\pi/5$ a partir de um filtro passa-baixas de tempo contínuo ideal com frequência de corte $\Omega_c = 2\pi(300)$ rad/s. Dê uma escolha para o parâmetro T que seja consistente com essa informação. Essa escolha é única? Se não, dê outra escolha que seja consistente com a informação.

7.15. Queremos projetar um filtro passa-baixas FIR que satisfaça as especificações

$$0{,}95 < H(e^{j\omega}) < 1{,}05, \qquad 0 \leq |\omega| \leq 0{,}25\pi,$$
$$-0{,}1 < H(e^{j\omega}) < 0{,}1, \qquad 0{,}35\pi \leq |\omega| \leq \pi,$$

aplicando uma janela $\omega[n]$ à resposta ao impulso $h_d[n]$ do filtro passa-baixas de tempo discreto ideal com frequência de corte $\omega_c = 0{,}3\pi$. Quais das janelas listadas na Seção 7.5.1 podem ser usadas para atender a essa especificação? Para cada janela que você afirmar que vai satisfazer a especificação, dê o comprimento mínimo $M + 1$ requerido para o filtro.

7.16. Queremos projetar um filtro passa-baixas FIR satisfazendo as especificações

$$0{,}98 < H(e^{j\omega}) < 1{,}02, \qquad 0 \leq |\omega| \leq 0{,}63\pi,$$
$$-0{,}15 < H(e^{j\omega}) < 0{,}15, \qquad 0{,}65\pi \leq |\omega| \leq \pi,$$

aplicando uma janela de Kaiser à resposta ao impulso $h_d[n]$ do filtro passa-baixas de tempo discreto ideal com frequência de corte $\omega_c = 0{,}64\pi$. Encontre os valores de β e M requeridos para satisfazer essa especificação.

7.17. Suponha que queiramos projetar um filtro passa-faixa que satisfaça a seguinte especificação:

$$-0{,}02 < |H(e^{j\omega})| < 0{,}02, \qquad 0 \leq |\omega| \leq 0{,}2\pi,$$
$$0{,}95 < |H(e^{j\omega})| < 1{,}05, \qquad 0{,}3\pi \leq |\omega| \leq 0{,}7\pi,$$
$$-0{,}001 < |H(e^{j\omega})| < 0{,}001, \qquad 0{,}75\pi \leq |\omega| \leq \pi.$$

O filtro será projetado com a aplicação da invariância ao impulso com $T = 5$ ms a um filtro de tempo contínuo prototípico. Enuncie as especificações que deverão ser usadas para projetar o filtro de tempo contínuo prototípico.

7.18. Suponha que queiramos projetar um filtro passa-altas satisfazendo a seguinte especificação:

$$-0{,}04 < |H(e^{j\omega})| < 0{,}04, \qquad 0 \leq |\omega| \leq 0{,}2\pi,$$
$$0{,}995 < |H(e^{j\omega})| < 1{,}005, \qquad 0{,}3\pi \leq |\omega| \leq \pi.$$

O filtro será projetado usando a transformação bilinear e $T = 2$ ms com um filtro de tempo contínuo prototípico. Indique as especificações que deverão ser usadas para projetar o filtro de tempo contínuo prototípico a fim de garantir que as especificações para o filtro de tempo discreto sejam atendidas.

7.19. Queremos projetar um filtro passa-faixa ideal de tempo discreto que tenha uma faixa de passagem $\pi/4 \leq \omega \leq \pi/2$ pela aplicação da invariância ao impulso a um filtro passa-faixa de tempo contínuo ideal com faixa de passagem $2\pi(300) \leq \Omega \leq 2\pi(600)$. Especifique uma escolha para T que irá produzir o filtro desejado. Sua escolha de T é única?

7.20. Especifique se a afirmação a seguir é verdadeira ou falsa. Justifique sua resposta.

> Afirmação: Se a transformação bilinear for usada para transformar um sistema passa-tudo de tempo contínuo em um sistema de tempo discreto, o sistema de tempo discreto resultante também será um sistema passa-tudo.

Problemas básicos

7.21. Um engenheiro deve avaliar o sistema de processamento de sinais mostrado na Figura P7.21-1 e melhorá-lo se for necessário. A entrada $x[n]$ é obtida amostrando-se um sinal de tempo contínuo a uma taxa de amostragem de $1/T = 100$ Hz.

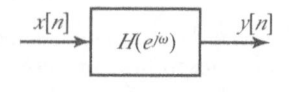

$$x[n] \longrightarrow \boxed{H(e^{j\omega})} \longrightarrow y[n]$$

Figura P7.21-1

O objetivo é que $H(e^{j\omega})$ seja um filtro FIR de fase linear, e idealmente ele deveria ter a seguinte resposta de amplitude (de modo que possa funcionar como um diferenciador de banda limitada):

$$\text{amplitude de } H_{id}(e^{j\omega}) = \begin{cases} -\omega/T & \omega < 0 \\ \omega/T & \omega \geq 0 \end{cases}$$

(a) Para uma implementação de $H(e^{j\omega})$, chamada de $H_1(e^{j\omega})$, o projetista, motivado pela definição

$$\frac{d(x(t))}{dt} = \lim_{\Delta t \to 0} \frac{x(t) - x(t - \Delta t)}{\Delta t},$$

escolhe a resposta ao impulso do sistema $h_1[n]$, de modo que a relação entrada-saída é

$$y[n] = \frac{x[n] - x[n-1]}{T}$$

Esboce a resposta em amplitude de $H_1(e^{j\omega})$ e discuta quão bem ela corresponde à resposta ideal. Você poderá achar úteis as seguintes expansões:

$$\text{sen}(\theta) = \theta - \frac{1}{3!}\theta^3 + \frac{1}{5!}\theta^5 - \frac{1}{7!}\theta^7 + \cdots$$

$$\cos(\theta) = 1 - \frac{1}{2!}\theta^2 + \frac{1}{4!}\theta^4 - \frac{1}{6!}\theta^6 + \cdots$$

(b) Queremos colocar $H_1(e^{j\omega})$ em cascata com outro filtro FIR de *fase linear* $G(e^{j\omega})$ para garantir que, na combinação dos dois filtros, o atraso de grupo seja um número inteiro de amostras. O comprimento da resposta ao impulso $g[n]$ deve ser um inteiro par ou ímpar? Explique.

(c) Outro método para projetar o filtro H de tempo discreto é o método da invariância ao impulso. Nesse método, a resposta ao impulso de tempo contínuo de banda limitada ideal, como dada na Equação P7.21-1, é amostrada.

$$h(t) = \frac{\Omega_c \pi t \cos(\Omega_c t) - \pi \,\text{sen}(\Omega_c t)}{\pi^2 t^2} \quad \text{(P7.21-1)}$$

(Em uma aplicação típica, Ω_c poderia ser ligeiramente menor do que π/T, tornando $h(t)$ a resposta ao impulso de um diferenciador que é limitado em banda a $|\Omega| < \pi/T$.) Com base nessa resposta ao impulso, teríamos de criar um novo filtro H_2 que também é FIR e de fase linear. Portanto, a resposta ao impulso, $h_2[n]$, deverá preservar a simetria ímpar de $h(t)$ em torno de $t = 0$. Usando o gráfico na Figura P7.21-2, indique a localização das amostras que resultam se a resposta ao impulso for amostrada a 100 Hz e se uma resposta ao impulso de comprimento 9 é obtida usando uma janela retangular.

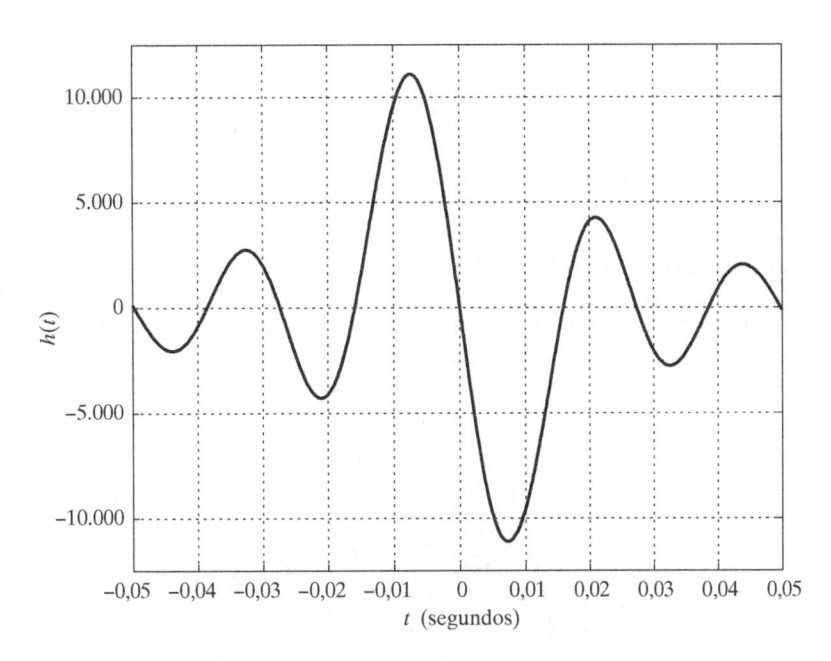

Figura P7.21-2

(d) Novamente usando o gráfico na Figura P7.21-2, indique a localização das amostras se a resposta ao impulso $h_2[n]$ for projetada para ter comprimento 8, novamente preservando a simetria ímpar de $h(t)$ em torno de $t = 0$.

(e) Como a magnitude da resposta desejada de $H(e^{j\omega})$ é grande próximo de $\omega = \pi$, você não quer que H_2 tenha um zero em $\omega = \pi$. Você usaria uma resposta ao impulso com um número par ou ímpar de amostras? Explique.

7.22. No sistema mostrado na Figura P7.22, o sistema de tempo discreto é um filtro passa-baixas FIR de fase linear, projetado pelo algoritmo de Parks–McClellan com $\delta_1 = 0{,}01$, $\delta_2 = 0{,}001$, $\omega_p = 0{,}4\pi$ e $\omega_s = 0{,}6\pi$. O comprimento da resposta ao impulso é 28 amostras. A taxa de amostragem para os conversores C/D e D/C ideais é $1/T = 10000$ amostras/s.

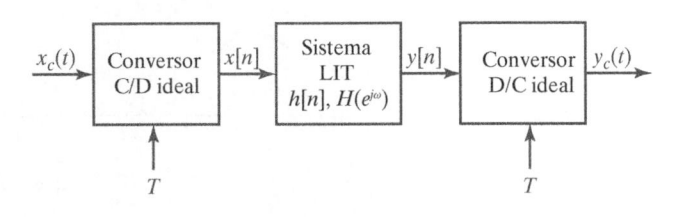

Figura P7.22

(a) Qual propriedade o sinal de entrada deverá ter para que o sistema total se comporte como um sistema LIT com $Y_c(j\Omega) = H_{eff}(j\Omega)X_c(j\Omega)$?

(b) Para as condições encontradas em (a), determine as especificações do erro de aproximação satisfeitas por $|H_{eff}(j\Omega)|$. Dê suas respostas como uma equação ou como um gráfico em função de Ω.

(c) Qual é o atraso total da entrada de tempo contínuo até a saída de tempo contínuo (em segundos) do sistema na Figura P7.22?

7.23. Considere um sistema de tempo contínuo com função de sistema

$$H_c(s) = \frac{1}{s}.$$

Esse sistema é chamado de *integrador*, pois a saída $y_c(t)$ está relacionada à entrada $x_c(t)$ por

$$y_c(t) = \int_{-\infty}^{t} x_c(\tau)d\tau.$$

Suponha que um sistema de tempo discreto seja obtido aplicando-se a transformação bilinear a $H_c(s)$.

(a) Qual é a função de sistema $H(z)$ do sistema de tempo discreto resultante? Qual é a resposta ao impulso $h[n]$?

(b) Se $x[n]$ é a entrada e $y[n]$ é a saída do sistema de tempo discreto resultante, escreva a equação de diferenças que é satisfeita pela entrada e pela saída. Quais problemas você antecipa na implementação do sistema de tempo discreto usando essa equação de diferenças?

(c) Obtenha uma expressão para a resposta em frequência $H(e^{j\omega})$ do sistema. Esboce a magnitude e fase do sistema de tempo discreto para $0 \le |\omega| \le \pi$. Compare-os com a magnitude e a fase da resposta em frequência $H_c(j\Omega)$ do integrador de tempo contínuo. Sob quais condições o "integrador" de tempo discreto poderia ser considerado uma boa aproximação para o integrador de tempo contínuo?

Agora, considere um sistema de tempo contínuo com função de sistema

$$G_c(s) = s.$$

Esse sistema é um *diferenciador*; isto é, a saída é a derivada da entrada. Suponha que um sistema de tempo discreto seja obtido pela aplicação da transformação bilinear a $G_c(s)$.

(d) Qual é a função de sistema $G(z)$ do sistema de tempo discreto resultante? Qual é a resposta ao impulso $g[n]$?

(e) Obtenha uma expressão para a resposta em frequência $G(e^{j\omega})$ do sistema. Esboce a magnitude e a fase do sistema de tempo discreto para $0 \le |\omega| \le \pi$. Compare-as com a magnitude e a fase da resposta em frequência $G_c(j\Omega)$ do diferenciador de tempo contínuo. Sob quais condições o "diferenciador" de tempo discreto poderia ser considerado uma boa aproximação para o diferenciador de tempo contínuo?

(f) O integrador e o diferenciador de tempo contínuo são inversos exatos um do outro. O mesmo é verdade em relação às aproximações de tempo discreto obtidas pelo uso da transformação bilinear?

7.24. Suponha que tenhamos um filtro FIR em que $h[n]$ possui simetria par e comprimento $2L + 1$, isto é,

$$h[n] = 0 \text{ para } |n| > L,$$
$$h[n] = h[-n].$$

Um gráfico da resposta em frequência $H(e^{j\omega})$, isto é, a TFTD de $h[n]$, é mostrado no intervalo $-\pi \le \omega \le \pi$ na Figura P7.24.

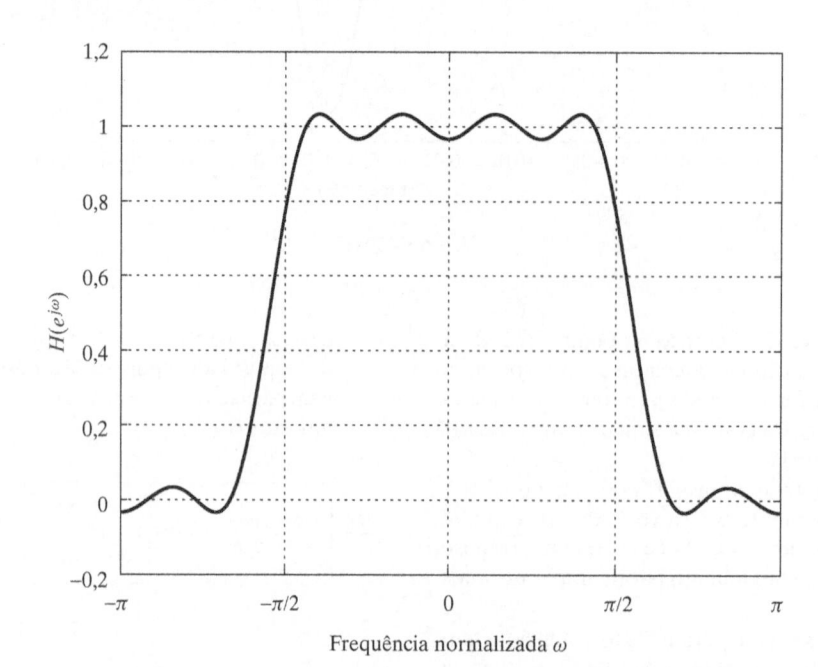

Figura P7.24

O que pode ser inferido da Figura P7.24 a respeito da faixa de valores possíveis de L? Explique com clareza a(s) razão(ões) para a sua resposta. Não faça nenhuma suposição a respeito do procedimento de projeto que poderia ter sido usado para obter $h[n]$.

7.25. Seja $h_d[n]$ a resposta ao impulso de um sistema desejado ideal com resposta em frequência correspondente $H_d(e^{j\omega})$, e sejam $h[n]$ e $H(e^{j\omega})$ a resposta ao impulso e a resposta em frequência, respectivamente, de uma aproximação FIR para o sistema ideal. Suponha que $h[n] = 0$ para $n < 0$ e $n > M$. Queremos escolher as $(M+1)$ amostras da resposta ao impulso de modo a minimizar o erro médio quadrático da resposta em frequência definido como

$$\varepsilon^2 = \frac{1}{2\pi}\int_{-\pi}^{\pi}|H_d(e^{j\omega}) - H(e^{j\omega})|^2 d\omega.$$

(a) Use a relação de Parseval para expressar a função de erro em termos das sequências $h_d[n]$ e $h[n]$.

(b) Usando o resultado do item (a), determine os valores de $h[n]$ para $0 \le n \le M$ que minimizam ε^2.

(c) O filtro FIR determinado no item (b) poderia ter sido obtido por uma operação de janelamento. Isto é, $h[n]$ poderia ter sido obtido pela multiplicação da sequência de comprimento infinito desejada $h_d[n]$ por uma certa sequência de comprimento finito $w[n]$. Determine a janela $w[n]$ necessária para que a resposta ao impulso ótima seja $h[n] = w[n]h_d[n]$.

Problemas avançados

7.26. A *invariância ao impulso* e a *transformação bilinear* são dois métodos para projetar filtros de tempo discreto. Ambos os métodos transformam uma função de sistema de tempo contínuo $H_c(s)$ em uma função de sistema de tempo discreto $H(z)$. Responda às seguintes perguntas indicando qual(is) método(s) leva(m) ao resultado desejado:

(a) Um sistema de tempo contínuo de fase mínima tem todos os seus polos e zeros no semiplano s esquerdo. Se um sistema de tempo contínuo de fase mínima for transformado em um sistema de tempo discreto, qual(is) método(s) resultará(ão) em um sistema de tempo discreto de fase mínima?

(b) Se o sistema de tempo contínuo for um sistema passa-tudo, seus polos estarão em localizações s_k no semiplano s esquerdo, e seus zeros estarão nas localizações correspondentes $-s_k$ no semiplano s direito. Qual(is) método(s) de projeto resultará(ão) em um sistema de tempo discreto passa-tudo?

(c) Qual(is) método(s) de projeto garantirá(ão) que

$$H(e^{j\omega})|_{\omega=0} = H_c(j\Omega)|_{\Omega=0}?$$

(d) Se o sistema de tempo contínuo for um filtro rejeita-faixa, qual(is) método(s) resultará(ão) em um filtro rejeita-faixa de tempo discreto?

(e) Suponha que $H_1(z)$, $H_2(z)$ e $H(z)$ sejam versões transformadas de $H_{c1}(s)$, $H_{c2}(s)$ e $H_c(s)$, respectivamente. Qual(is) método(s) de projeto garantirá(ão) que $H(z) = H_1(z)H_2(z)$ sempre que $H_c(s) = H_{c1}(s)H_{c2}(s)$?

(f) Suponha que $H_1(z)$, $H_2(z)$ e $H(z)$ sejam versões transformadas de $H_{c1}(s)$, $H_{c2}(s)$ e $H_c(s)$, respectivamente. Qual(is) método(s) de projeto garantirá(ão) que $H(z) = H_1(z)+H_2(z)$ sempre que $H_c(s) = H_{c1}(s) + H_{c2}(s)$?

(g) Suponha que duas funções de sistema de tempo contínuo satisfaçam a condição

$$\frac{H_{c1}(j\Omega)}{H_{c2}(j\Omega)} = \begin{cases} e^{-j\pi/2}, & \Omega > 0, \\ e^{j\pi/2}, & \Omega < 0. \end{cases}$$

Se $H_1(z)$ e $H_2(z)$ são versões transformadas de $H_{c1}(s)$ e $H_{c2}(s)$, respectivamente, qual(is) método(s) de projeto resultará(ão) em sistemas de tempo discreto tais que

$$\frac{H_1(e^{j\omega})}{H_2(e^{j\omega})} = \begin{cases} e^{-j\pi/2}, & 0 < \omega < \pi, \\ e^{j\pi/2}, & -\pi < \omega < 0? \end{cases}$$

(Tais sistemas são chamados de "*phase splitters* de 90°".)

7.27. Suponha que seja dado um filtro de tempo discreto passa-baixas ideal com resposta em frequência

$$H(e^{j\omega}) = \begin{cases} 1, & |\omega| < \pi/4, \\ 0, & \pi/4 < |\omega| \le \pi. \end{cases}$$

Queremos deduzir novos filtros a partir desse protótipo por manipulações da resposta ao impulso $h[n]$.

(a) Faça um gráfico da resposta em frequência $H_1(e^{j\omega})$ para o sistema cuja resposta ao impulso seja $h_1[n] = h[2n]$.

(b) Faça um gráfico da resposta em frequência $H_2(e^{j\omega})$ para o sistema cuja resposta ao impulso seja

$$h_2[n] = \begin{cases} h[n/2], & n = 0, \pm 2, \pm 4, \ldots, \\ 0, & \text{caso contrário}. \end{cases}$$

(c) Faça um gráfico da resposta em frequência $H_3(e^{j\omega})$ para o sistema cuja resposta ao impulso seja $h_3[n] = e^{j\pi n}h[n] = (-1)^n h[n]$.

7.28. Considere um filtro passa-baixas de tempo contínuo $H_c(s)$ com especificações para as faixas de passagem e de rejeição

$$1 - \delta_1 \le |H_c(j\Omega)| \le 1 + \delta_1, \quad |\Omega| \le \Omega_p,$$
$$|H_c(j\Omega)| \le \delta_2, \quad \Omega_s \le |\Omega|.$$

Esse filtro é transformado em um filtro de tempo discreto passa-baixas $H_1(z)$ pela transformação

$$H_1(z) = H_c(s)|_{s=(1-z^{-1})/(1+z^{-1})},$$

e o mesmo filtro de tempo contínuo é transformado em um filtro de tempo discreto passa-altas pela transformação

$$H_2(z) = H_c(s)|_{s=(1+z^{-1})/(1-z^{-1})}.$$

(a) Determine uma relação entre a frequência de corte da faixa de passagem Ω_p do filtro passa-baixas de tempo contínuo e a frequência de corte da faixa de passagem ω_{p1} do filtro passa-baixas de tempo discreto.

(b) Determine uma relação entre a frequência de corte da faixa de passagem Ω_p do filtro passa-baixas de tempo contínuo e a frequência de corte ω_{p2} da faixa de passagem do filtro passa-altas de tempo discreto.

(c) Determine uma relação entre a frequência de corte da faixa de passagem ω_{p1} do filtro passa-baixas de tempo discreto e a frequência de corte da faixa de passagem ω_{p2} do filtro passa-altas de tempo discreto.

(d) A rede na Figura P7.28 representa uma implementação do filtro passa-baixas de tempo discreto com função de sistema $H_1(z)$. Os coeficientes A, B, C e D são reais. Como esses coeficientes deverão ser modificados para se obter uma rede que implemente o filtro passa-altas de tempo discreto com função de sistema $H_2(z)$?

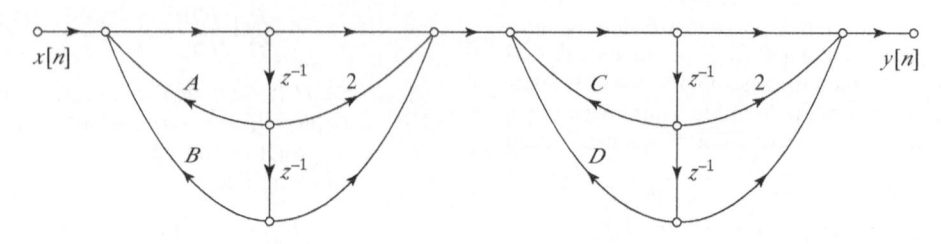

Figura P7.28

7.29. Um sistema de tempo discreto com função de sistema $H(Z)$ e resposta ao impulso $h[n]$ tem resposta em frequência

$$H(e^{j\theta}) = \begin{cases} A, & |\theta| < \theta_c, \\ 0, & \theta_c < |\theta| \le \pi, \end{cases}$$

em que $0 < \theta_c < \pi$. Esse filtro é transformado em um novo filtro pela transformação $Z = -z^2$; isto é,

$$H_1(z) = H(Z)|_{Z=-z^2} = H(-z^2).$$

(a) Obtenha uma relação entre a variável de frequência θ para o sistema passa-baixas original $H(Z)$ e a variável de frequência ω para o novo sistema $H_1(z)$.

(b) Esboce e indique cuidadosamente a resposta em frequência $H_1(e^{j\omega})$ para o novo filtro.

(c) Obtenha uma relação expressando $h_1[n]$ em termos de $h[n]$.

(d) Suponha que $H(Z)$ possa ser realizado pelo conjunto de equações de diferenças

$$g[n] = x[n] - a_1 g[n-1] - b_1 f[n-2],$$
$$f[n] = a_2 g[n-1] + b_2 f[n-1],$$
$$y[n] = c_1 f[n] - c_2 g[n-1],$$

em que $x[n]$ é a entrada e $y[n]$ é a saída do sistema. Determine um conjunto de equações de diferenças que realizará o sistema transformado $H_1(z) = H(-z^2)$.

7.30. Considere o projeto de um filtro de tempo discreto com função de sistema $H(z)$ a partir de um filtro de tempo contínuo com função de sistema racional $H_c(s)$ pela transformação

$$H(z) = H_c(s)|_{s=\beta[(1-z^{-\alpha})/(1+z^{-\alpha})]},$$

sendo α um inteiro diferente de zero e β real.

(a) Se $\alpha > 0$, para que valores de β um filtro de tempo contínuo estável e causal com $H_c(s)$ racional sempre leva a um filtro de tempo discreto estável e causal, com $H(z)$ racional?

(b) Se $\alpha < 0$, para que valores de β um filtro de tempo contínuo estável e causal, com $H_c(s)$ racional, sempre levará a um filtro de tempo discreto estável e causal com $H(z)$ racional?

(c) Para $\alpha = 2$ e $\beta = 1$, determine que contorno no plano z o eixo $j\Omega$ do plano s mapeia.

(d) Suponha que o filtro de tempo contínuo seja um filtro passa-baixas estável com resposta em frequência na faixa de passagem tal que

$$1 - \delta_1 \le |H_c(j\Omega)| \le 1 + \delta_1 \quad \text{para } |\Omega| \le 1.$$

Se o sistema de tempo discreto $H(z)$ for obtido pela transformação exposta no início deste problema, com $\alpha = 2$ e $\beta = 1$, determine os valores de ω no intervalo $|\omega| \le \pi$ para os quais

$$1 - \delta_1 \le |H(e^{j\omega})| \le 1 + \delta_1.$$

7.31. Suponha que usamos o algoritmo de Parks–McClellan para projetar um filtro passa-baixas de fase linear FIR causal. A função de sistema desse sistema é denotada por $H(z)$. O *comprimento* da resposta ao impulso é 25 amostras, isto é, $h[n] = 0$ para $n < 0$ e para $n > 24$, e $h[0] \ne 0$. A resposta desejada e a função de ponderação utilizadas foram

$$H_d(e^{j\omega}) = \begin{cases} 1 & |\omega| \le 0{,}3\pi \\ 0 & 0{,}4\pi \le |\omega| \le \pi \end{cases}$$

$$W(e^{j\omega}) = \begin{cases} 1 & |\omega| \le 0{,}3\pi \\ 2 & 0{,}4\pi \le |\omega| \le \pi. \end{cases}$$

Em cada um dos casos a seguir, determine se a afirmação é verdadeira ou falsa ou se não foram dadas informações suficientes. Justifique suas conclusões.

(a) $h[n + 12] = h[12 - n]$ ou $h[n + 12] = -h[12 - n]$ para $-\infty < n < \infty$.

(b) O sistema tem um inverso estável e causal.

(c) Sabemos que $H(-1) = 0$.

(d) O máximo erro de aproximação ponderado é o mesmo em todas as faixas de aproximação.

(e) Se z_0 for um zero de $H(z)$, então $1/z_0$ é um polo de $H(z)$.

(f) O sistema pode ser implementado por uma rede (diagrama de fluxo) que não possui percursos de realimentação.

(g) O atraso de grupo é igual a 24 para $0 < \omega < \pi$.

(h) Se os coeficientes da função de sistema forem digitalizados com 10 bits cada, o sistema ainda será ótimo no sentido Chebyshev para a resposta desejada e para a função de ponderação originais.

(i) Se os coeficientes da função de sistema são digitalizados com 10 bits cada, ainda garante-se que o sistema é um filtro de fase linear.

(j) Se os coeficientes da função de sistema são digitalizados com 10 bits cada, o sistema pode se tornar instável.

7.32. Projete um filtro FIR, $h[n]$, com as seguintes especificações de magnitude:
- Extremidade da faixa de passagem: $\omega_p = \pi/100$.
- Extremidade da faixa de rejeição: $\omega_s = \pi/50$.
- Ganho máximo na faixa de rejeição: $\delta_s \leq -60$ dB em relação à faixa de passagem.

O uso de uma janela de Kaiser é sugerido. As regras de projeto por janela de Kaiser para o parâmetro de forma β e comprimento do filtro M são descritas na Seção 7.5.3.

(a) Que valores de β e M são necessários para atender às especificações requeridas?

Você mostra o filtro resultante ao seu chefe, e ele está insatisfeito. Ele pede que você reduza as operações exigidas pelo filtro. Você conversa com um consultor, que sugere que você projete o filtro como uma cascata de dois estágios: $h'[n] = p[n] * q[n]$. Para projetar $p[n]$, ele sugere primeiro projetar um filtro, $g[n]$, com extremidade da faixa de passagem $\omega'_p = 10\omega_p$, extremidade da faixa de rejeição $\omega'_s = 10\omega_s$ e ganho da faixa de rejeição $\delta'_s = \delta_s$. O filtro $p[n]$ é então obtido expandindo-se $g[n]$ por um fator 10:

$$p[n] = \begin{cases} g[n/10], & \text{quando } n/10 \text{ é um inteiro,} \\ 0, & \text{caso contrário.} \end{cases}$$

(b) Que valores de β' e M' são necessários para atender às especificações exigidas para $g[n]$?

(c) Esboce $P(e^{j\omega})$ de $\omega = 0$ até $\omega = \pi/4$. Você não precisa esboçar a forma exata da resposta em frequência; em vez disso, você deverá mostrar quais regiões da resposta em frequência estão próximas de 0 dB e quais regiões estão em –60 dB ou abaixo disso. Indique todas as extremidades de faixas em seu esboço.

(d) Que especificações deveriam ser usadas no projeto de $q[n]$ para garantir que $h'[n] = p[n] * q[n]$ atenda ou exceda os requisitos originais? Especifique a extremidade da faixa de passagem, ω''_p, a extremidade da faixa de rejeição, ω''_s, e a atenuação da faixa de rejeição, δ''_s, exigidas para $q[n]$.

(e) Que valores de β'' e M'' são necessários para atender às especificações exigidas para $q[n]$? Quantas amostras não nulas $h'[n] = q[n] * p[n]$ terá?

(f) O filtro $h'[n]$ dos itens (b)-(e) é implementado primeiro convoluindo-se diretamente a entrada com $q[n]$ e depois convoluindo diretamente os resultados com $p[n]$. O filtro $h[n]$ do item (a) é implementado convoluindo-se diretamente a entrada com $h[n]$. Qual dessas duas implementações exige menos multiplicações? Explique. Nota: você não deverá considerar as multiplicações por 0 como operações.

7.33. Considere um sinal real, de banda limitada, $x_a(t)$ cuja transformada de Fourier $X_a(j\Omega)$ tenha a seguinte propriedade:

$$X_a(j\Omega) = 0 \quad \text{para} \quad |\Omega| > 2\pi \cdot 10000.$$

Ou seja, o sinal é limitado em banda a 10 kHz.

Queremos processar $x_a(t)$ com um filtro analógico passa-altas cuja resposta em magnitude satisfaça as especificações a seguir (veja a Figura P7.33):

$$\begin{cases} 0 \leq |H_a(j\Omega)| \leq 0{,}1 & \text{para } 0 \leq |\Omega| \leq 2\pi \cdot 4000 = \Omega_s \\ 0{,}9 \leq |H_a(j\Omega)| \leq 1 & \text{para } \Omega_p = 2\pi \cdot 8000 \leq |\Omega|, \end{cases}$$

em que Ω_s e Ω_p denotam as frequências das faixas de rejeição e de passagem, respectivamente.

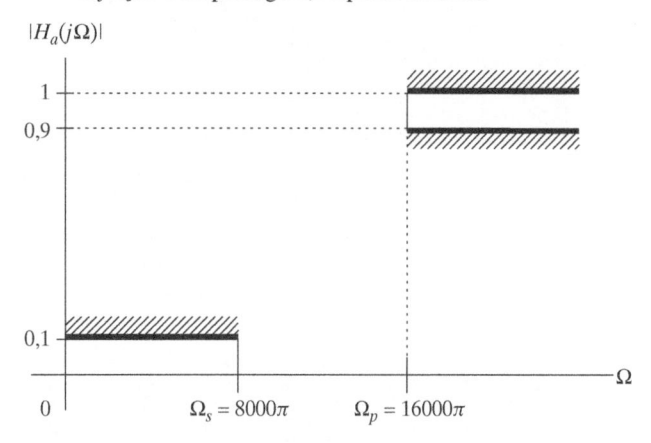

Figura P7.33

(a) Suponha que o filtro analógico $H_a(j\Omega)$ seja implementado por processamento em tempo discreto, de acordo com o diagrama mostrado na Figura 7.2. A frequência de amostragem $f_S = \dfrac{1}{T}$ é de 24 kHz para ambos os conversores C/D e D/C ideais. Determine a especificação de filtro apropriada para a resposta em magnitude do filtro digital $|H(e^{j\omega})|$.

(b) Usando a transformação bilinear $s = \dfrac{1-z^{-1}}{1+z^{-1}}$, queremos projetar um filtro digital cujas especificações de resposta em magnitude foram encontradas no item (a). Encontre as especificações para $|G_{HP}(j\Omega_1)|$, a resposta em magnitude do filtro analógico passa-altas que está relacionado ao filtro digital por meio da transformação bilinear. Novamente, forneça um esboço totalmente indicado das especificações sobre a resposta em magnitude de $|G_{HP}(j\Omega_1)|$.

(c) Usando a transformação de frequência $s_1 = \dfrac{1}{s_2}$, (isto é, substituindo a variável da transformada de Laplace s por sua recíproca), projete o filtro analógico passa-altas $G_{HP}(j\Omega_1)$ a partir do filtro Butterworth de ordem mais baixa, cuja resposta em frequência da magnitude ao quadrado é dada a seguir:

$$|G(j\Omega_2)|^2 = \dfrac{1}{1 + (\Omega_2/\Omega_c)^{2N}}.$$

Em particular, determine a ordem N de filtro mais baixa e sua frequência de corte Ω_c correspondente, tal que a especificação da faixa de passagem do filtro original ($|H_a(j\Omega_p)| = 0{,}9$) seja atendida *exatamente*. Em um diagrama, rotule as características de destaque da resposta em magnitude do filtro Butterworth que você projetou.

(d) Desenhe o diagrama de polos e zeros do filtro (passa-baixas) Butterworth $G(s_2)$ e determine uma expressão para a sua função de transferência.

7.34. Um filtro FIR de fase zero $h[n]$ tem a TFTD associada $H(e^{j\omega})$, mostrada na Figura P7.34.

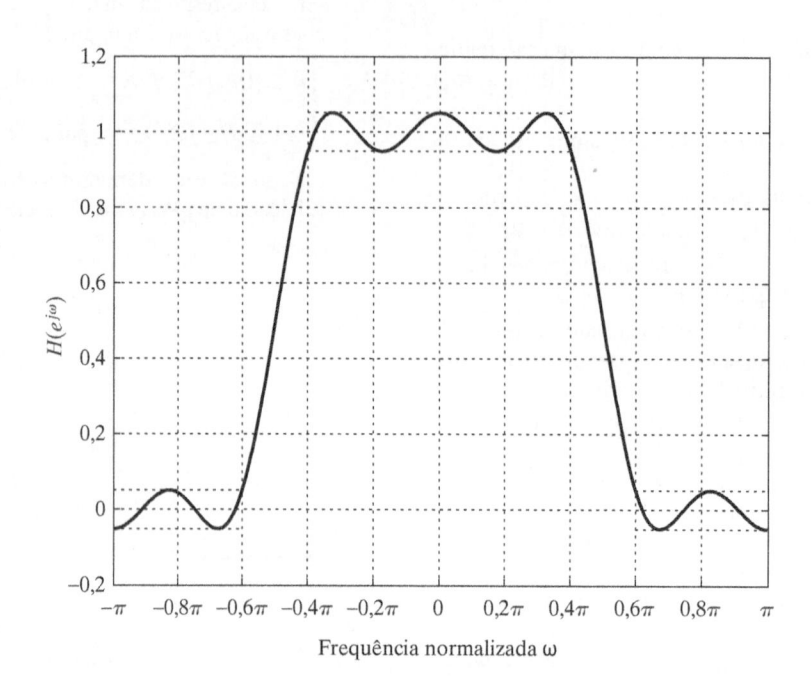

Figura P7.34

Sabe-se que o filtro foi projetado com o algoritmo de Parks–McClellan (PM) e que os parâmetros de entrada para o algoritmo PM foram:

- Extremidade da faixa de passagem: $\omega_p = 0{,}4\pi$
- Extremidade da faixa de rejeição: $\omega_s = 0{,}6\pi$
- Ganho ideal na faixa de passagem: $G_p = 1$
- Ganho ideal na faixa de rejeição: $G_s = 0$
- Função de ponderação de erro $W(\omega) = 1$

O comprimento da resposta ao impulso $h[n]$ é $M + 1 = 2L + 1$ e

$$h[n] = 0 \text{ para } |n| > L.$$

O valor de L não é conhecido.

Afirma-se que existem dois filtros, cada um com uma resposta em frequência idêntica àquela mostrada na Figura P7.34, e sendo cada um deles projetado pelo algoritmo de Parks–McClellan com *diferentes* valores para o parâmetro de entrada L.

- **Filtro 1:** $L = L_1$
- **Filtro 2:** $L = L_2 > L_1$.

Ambos os filtros foram projetados usando exatamente o mesmo algoritmo de Parks–McClellan e parâmetros de entrada, *exceto* para o valor de L.

(a) Quais são os valores possíveis para L_1?
(b) Quais são os valores possíveis para $L_2 > L_1$?
(c) As respostas ao impulso $h_1[n]$ e $h_2[n]$ dos dois filtros são idênticas?

(d) O teorema da alternância garante "*unicidade*" do polinômio de ordem r". Se a sua resposta para (c) for sim, explique por que o teorema da alternância não é violado. Se a sua resposta for não, mostre como os dois filtros, $h_1[n]$ e $h_2[n]$, estão relacionados.

7.35. É dado um filtro passa-banda FIR $h[n]$ de fase zero, isto é, $h[n] = h[-n]$. Sua TFTD associada $H(e^{j\omega})$ é mostrada na Figura P7.35.

Sabe-se que o filtro foi projetado com o algoritmo de Parks–McClellan. Sabe-se que os parâmetros de entrada do algoritmo de Parks–McClellan foram:

- Extremidade inferior da faixa de rejeição: $\omega_1 = 0{,}2\pi$
- Extremidade inferior da faixa de passagem: $\omega_2 = 0{,}3\pi$
- Extremidade superior da faixa de passagem: $\omega_3 = 0{,}7\pi$
- Extremidade superior da faixa de rejeição: $\omega_4 = 0{,}8\pi$
- Ganho ideal na faixa de passagem: $G_p = 1$
- Ganho ideal na faixa de rejeição: $G_s = 0$
- Função de ponderação de erro $W(\omega) = 1$

O valor do parâmetro de entrada $M + 1$, que representa o número máximo de valores não nulos da resposta ao impulso (de modo equivalente, o comprimento do filtro), não é conhecido.

Afirma-se que existem dois filtros, cada um com uma resposta em frequência idêntica àquela mostrada na Figura P7.35, mas com *diferentes* comprimentos da resposta ao impulso $M + 1 = 2L + 1$.

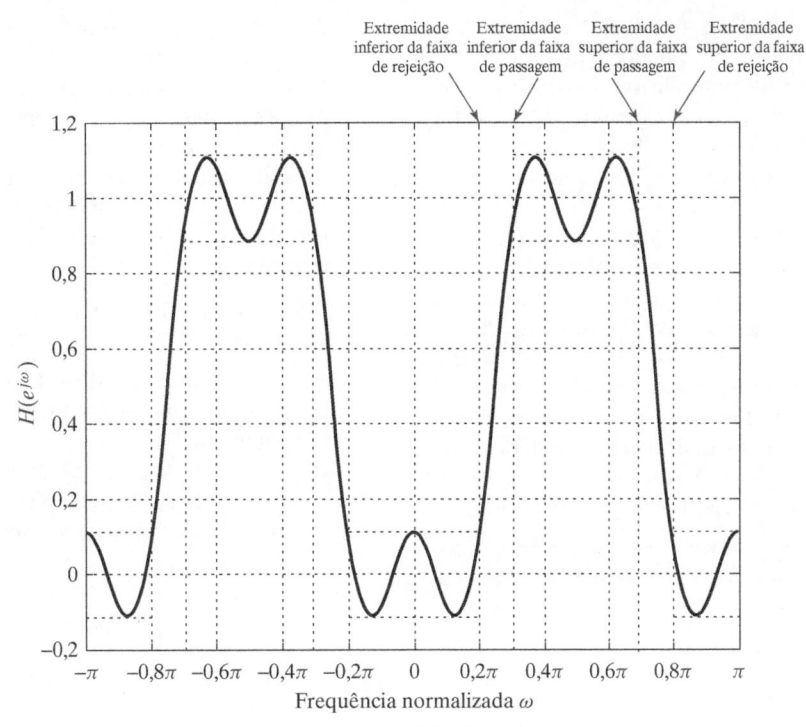

Figura P7.35

- **Filtro 1:** $M = M_1 = 14$
- **Filtro 2:** $M = M_2 \neq M_1$

Ambos os filtros foram projetados usando exatamente o mesmo algoritmo de Parks–McClellan e os mesmos parâmetros de entrada, *exceto* para o valor de M.

(a) Quais são os valores possíveis para M_2?

(b) O teorema da alternância garante "*unicidade* do polinômio de ordem r". Explique por que o teorema da alternância não é violado.

7.36. Os gráficos na Figura P7.36 representam quatro diagramas de magnitude da resposta em frequência de filtros FIR de fase linear, chamados de $|A_e^i(e^{j\omega})|$, $i = 1, 2, 3, 4$. Um ou mais desses gráficos podem pertencer a filtros FIR de fase linear *equiripple* projetados pelo algoritmo de Parks–McClellan. Os erros de aproximação máximos na faixa de passagem e na faixa de rejeição, bem como as frequências de corte desejadas dessas faixas, também são mostrados nos diagramas. Note que as especificações do erro de aproximação e do comprimento do filtro podem ter sido escolhidas de formas diferentes para garantir que as frequências de corte sejam as mesmas em cada projeto.

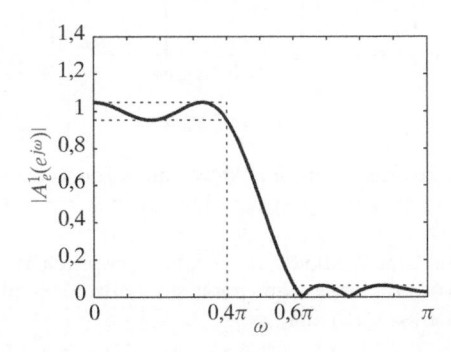

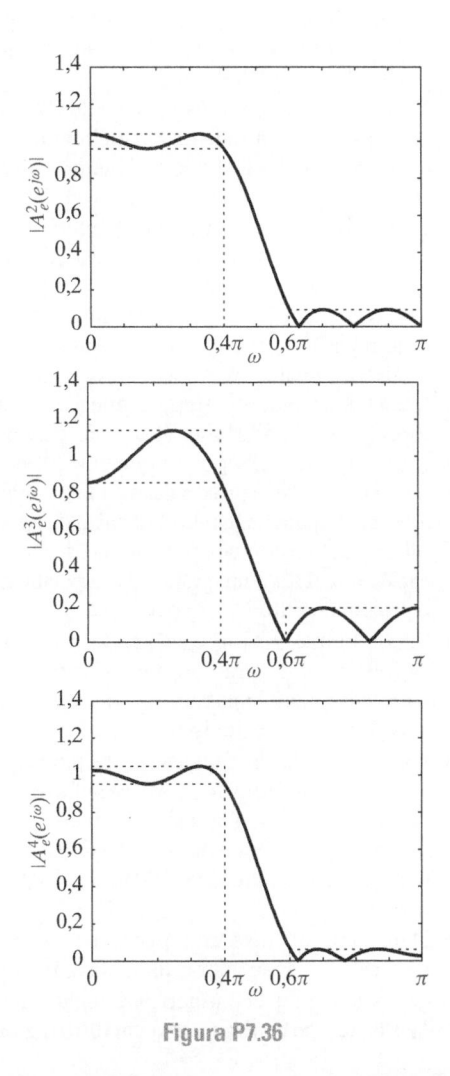

Figura P7.36

(a) Qual(is) tipo(s) (I, II, III, IV) de filtros FIR de fase linear $|A_e^i(e^{j\omega})|$ pode corresponder, para $i = 1, 2, 3, 4$? Note que pode haver mais de um tipo de filtro FIR de fase linear correspondente a cada $|A_e^i(e^{j\omega})|$. Se for esse o caso, liste todas as escolhas possíveis.

(b) Quantas alternâncias cada $|A_e^i(e^{j\omega})|$ apresenta, para $i = 1, 2, 3, 4$?

(c) Para cada i, $i = 1, 2, 3, 4$, $|A_e^i(e^{j\omega})|$ pode pertencer a uma saída do algoritmo de Parks–McClellan?

(d) Se você afirmou que determinado $|A_e^i(e^{j\omega})|$ poderia corresponder a uma saída do algoritmo de Parks–McClellan e que ele poderia ser de Tipo I, qual é o comprimento da resposta ao impulso de $|A_e^i(e^{j\omega})|$?

7.37. Considere o sistema de dois estágios mostrado na Figura P7.37 para interpolar uma sequência $x[n] = x_c(nT)$ a uma taxa de amostragem que é 15 vezes a taxa de amostragem da entrada; isto é, desejamos $y[n] = x_c(nT/15)$.

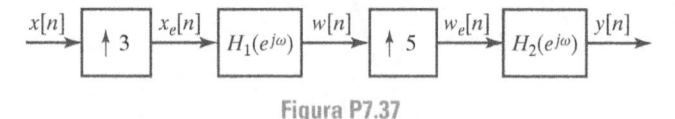

Figura P7.37

Suponha que a sequência de entrada $x[n] = x_c(nT)$ tenha sido obtida pela amostragem de um sinal de tempo contínuo de banda limitada cuja transformada de Fourier satisfaz a seguinte condição: $|X_c(j\Omega)| = 0$ para $|\Omega| \geq 2\pi(3600)$. Suponha que o período de amostragem original tenha sido $T = 1/8000$.

(a) Faça um esboço da transformada de Fourier $X_c(j\Omega)$ de um sinal de entrada de banda limitada "típico" e as transformadas de Fourier de tempo discreto correspondentes $X(e^{j\omega})$ e $X_e(e^{j\omega})$.

(b) Para implementar o sistema de interpolação, naturalmente, precisamos usar filtros não ideais. Use seu gráfico de $X_e(e^{j\omega})$ obtido no item (a) para determinar as frequências de corte das faixas de passagem e de rejeição (ω_{p1} e ω_{s1}) requeridas para preservar a faixa original de frequências essencialmente inalterada e, ao mesmo tempo, atenuar as imagens do espectro de banda-base. (Ou seja, desejamos que $\omega[n] \approx x_c(nT/3)$.) Supondo que isso possa ser obtido com o erro de aproximação na faixa de passagem $\delta_1 = 0,005$ (para um ganho 1 na faixa de passagem do filtro) e com o erro de aproximação de faixa de rejeição $\delta_2 = 0,01$, faça um gráfico das especificações para o projeto do filtro $H_1(e^{j\omega})$ para $-\pi \leq \omega \leq \pi$.

(c) Supondo que $\omega[n] = x_c(nT/3)$, faça um esboço de $W_e(e^{j\omega})$ e use-o para determinar as frequências de corte das faixas de passagem e de rejeição ω_{p2} e ω_{s2} exigidas para o segundo filtro.

(d) Use a fórmula da Equação 7.117 para determinar as ordens dos filtros M_1 e M_2 para filtros de Parks–McClellan que tenham as frequências de corte nas faixas de passagem e de rejeição determinadas nos itens (b) e (c) com $\delta_1 = 0,005$ e $\delta_2 = 0,01$ para os dois filtros.

(e) Determine quantas multiplicações são requeridas para calcular 15 amostras da saída para esse caso.

7.38. O sistema da Figura 7.2 é usado para realizar a filtragem de sinais de tempo contínuo com um filtro digital. A taxa de amostragem dos conversores C/D e D/C é $f_s = 1/T = 10.000$ amostras/s.

Uma janela de Kaiser $w_K[n]$ de comprimento $M + 1 = 23$ e $\beta = 3,395$ é usada para projetar um filtro passa-baixas de fase linear com resposta em frequência $H_{lp}(e^{j\omega})$. Quando usado no sistema da Figura 7.1, de modo que $H(e^{j\omega}) = H_{lp}(e^{j\omega})$, a resposta em frequência efetiva total (da entrada $x_a(t)$ para a saída $y_a(t)$) atende às seguintes especificações:

$0,99 \leq |H_{eff}(j\Omega)| \leq 1,01$, $\quad 0 \leq |\Omega| \leq 2\pi(2000)$
$|H_{eff}(j\Omega)| \leq 0,01$ $\quad 2\pi(3000) \leq |\Omega| \leq 2\pi(5000)$.

(a) A fase linear do filtro FIR introduz um atraso t_d. Encontre o atraso através do sistema (em milissegundos).

(b) Agora um filtro passa-altas é projetado com a *mesma* janela de Kaiser, aplicando-a à resposta ao impulso ideal $h_d[n]$, cuja resposta em frequência correspondente é

$$H_d(e^{j\omega}) = \begin{cases} 0 & |\omega| < 0,25\pi \\ 2e^{-j\omega n_d} & 0,25\pi < |\omega| \leq \pi \end{cases}$$

Ou seja, um filtro passa-altas FIR de fase linear com resposta ao impulso $h_{hp}[n] = w_K[n]h_d[n]$ e resposta em frequência $H_{hp}(e^{j\omega})$ foi obtido pela multiplicação de $h_d[n]$ pela mesma janela de Kaiser $\omega_K[n]$ que foi usada para projetar o primeiro filtro passa-baixas mencionado. O filtro FIR de tempo discreto passa-altas resultante atende a um conjunto de especificações da seguinte forma:

$|H_{hp}(e^{j\omega})| \leq \delta_1 \quad 0 \leq |\omega| \leq \omega_1$
$G - \delta_2 \leq |H_{hp}(e^{j\omega})| \leq G + \delta_2 \quad \omega_2 \leq |\omega| \leq \pi$

Use a informação das especificações do filtro passa-baixas para determinar os valores de $\omega_1, \omega_2, \delta_1, \delta_2$ e G.

7.39 Na Figura P7.39 é mostrada a amplitude da resposta em frequência ideal desejada para um filtro passa-faixa a ser projetado como um filtro FIR de Tipo I $h[n]$, com TFTD $H(e^{j\omega})$ que aproxima $H_d(e^{j\omega})$ e que atende às seguintes restrições:

$-\delta_1 \leq H(e^{j\omega}) \leq \delta_1, \quad 0 \leq |\omega| \leq \omega_1$
$1 - \delta_2 \leq H(e^{j\omega}) \leq 1 + \delta_2, \quad \omega_2 \leq |\omega| \leq \omega_3$
$-\delta_3 \leq H(e^{j\omega}) \leq \delta_3, \quad \omega_4 \leq |\omega| \leq \pi$

Figura P7.39

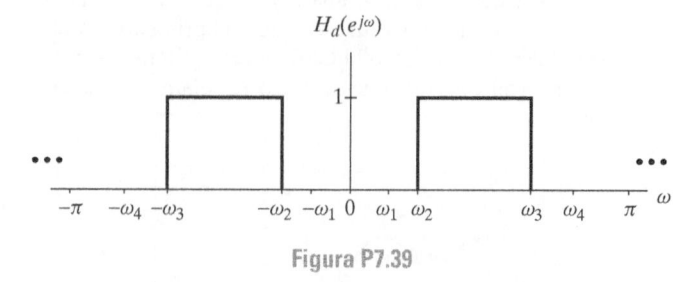

O filtro resultante $h[n]$ deve minimizar o erro ponderado máximo e, portanto, deve satisfazer o teorema da alternância.

Determine e esboce uma escolha apropriada para a função de ponderação que possa ser usada com o algoritmo de Parks–McClellan.

7.40. **(a)** Na Figura P7.40-1 é mostrada a resposta em frequência $A_e(e^{j\omega})$ de um filtro de Parks–McClellan de Tipo I passa-baixas baseado nas especificações a seguir. Consequentemente, ele satisfaz o teorema da alternância.

Extremidade da faixa de passagem: $\omega_p = 0{,}45\pi$
Extremidade da faixa de rejeição: $\omega_s = 0{,}50\pi$

Magnitude desejada na faixa de passagem: 1
Magnitude desejada na faixa de rejeição: 0

A função de ponderação usada tanto na faixa de passagem quanto na de rejeição é $W(\omega) = 1$.

O que você pode concluir a respeito do número máximo possível de valores não nulos da resposta ao impulso do filtro?

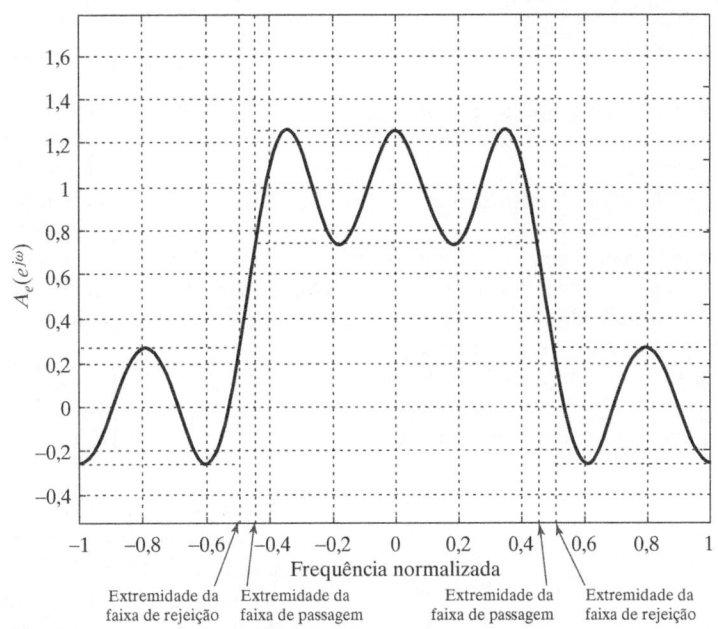

Figura P7.40-1

(b) Na Figura P7.40-2 é mostrada outra resposta em frequência $B_e(e^{j\omega})$ para um filtro FIR de Tipo I. $B_e(e^{j\omega})$ é obtido de $A_e(e^{j\omega})$ no item (a) da seguinte forma:

$$B_e(e^{j\omega}) = k_1 \left(A_e(e^{j\omega})\right)^2 + k_2,$$

em que k_1 e k_2 são constantes. Observe que $B_e(e^{j\omega})$ apresenta comportamento *equiripple*, com erro máximo diferente nas faixas de passagem e de rejeição.

O filtro satisfaz o teorema da alternância com as frequências das extremidades das faixas de passagem e de rejeição indicadas e com as ondulações nas faixas de passagem e de rejeição indicadas pelas linhas tracejadas?

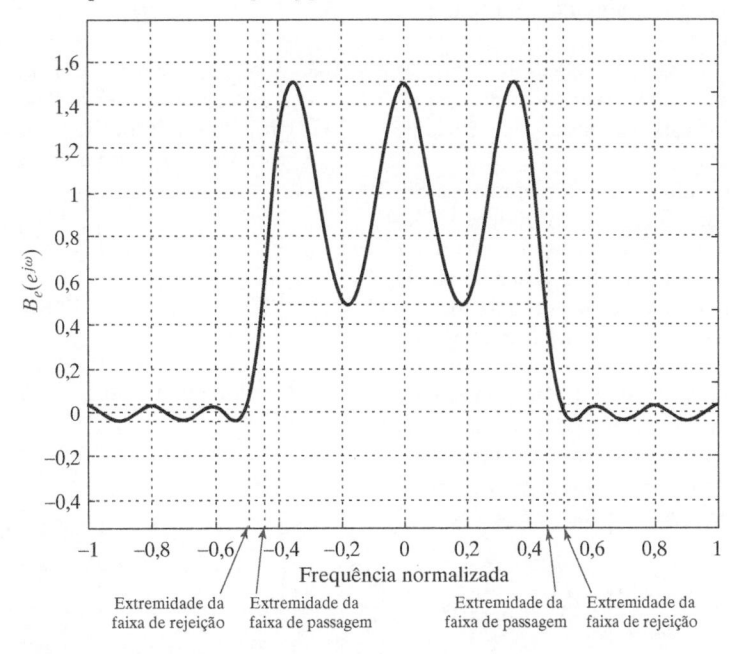

Figura P7.40-2

7.41. Suponha que $H_c(s)$ tenha um polo de ordem r em $s = s_0$, de modo que $H_c(s)$ possa ser expressa como

$$H_c(s) = \sum_{k=1}^{r} \frac{A_k}{(s-s_0)^k} + G_c(s),$$

em que $G_c(s)$ tem apenas polos de primeira ordem. Suponha que $H_c(s)$ seja causal.

(a) Dê uma fórmula para determinar as constantes A_k a partir de $H_c(s)$.

(b) Obtenha uma expressão para a resposta ao impulso $h_c(t)$ em termos de s_0 e $g_c(t)$, a transformada de Laplace inversa de $G_c(s)$.

7.42. Como discutimos no Capítulo 12, um *transformador de Hilbert de tempo discreto ideal* é um sistema que introduz $-90°$ ($-\pi/2$ radianos) de deslocamento de fase para $0 < \omega < \pi$ e $+90°$ ($+\pi/2$ radianos) de deslocamento de fase para $-\pi < \omega < 0$. A magnitude da resposta em frequência é constante (unitária) para $0 < \omega < \pi$ e para $-\pi < \omega < 0$. Tais sistemas também são chamados de *deslocadores de fase de 90° ideais*.

(a) Dê uma equação para a resposta em frequência desejada ideal $H_d(e^{j\omega})$ de um transformador de Hilbert de tempo discreto ideal que também inclua atraso de grupo constante (não nulo). Faça um gráfico da resposta de fase desse sistema para $-\pi < \omega < \pi$.

(b) Que tipo(s) de sistemas de fase linear FIR (I, II, III ou IV) pode(m) ser usado(s) para aproximar o transformador de Hilbert ideal do item (a)?

(c) Suponha que queiramos usar o método de janelamento para projetar uma aproximação de fase linear para o transformador de Hilbert ideal. Use $H_d(e^{j\omega})$ dado no item (a) para determinar a resposta ao impulso ideal $h_d[n]$ se o sistema FIR tiver de ser tal que $h[n] = 0$ para $n < 0$ e $n > M$.

(d) Qual é o atraso do sistema se $M = 21$? Esboce a magnitude da resposta em frequência da aproximação FIR para esse caso, supondo a existência de uma janela retangular.

(e) Qual é o atraso do sistema se $M = 20$? Esboce a magnitude da resposta em frequência da aproximação FIR para esse caso, supondo a existência de uma janela retangular.

7.43. As janelas comumente utilizadas, apresentadas na Seção 7.5.1, podem ser todas expressas em termos de janelas retangulares. Esse fato pode ser usado para obter expressões para as transformadas de Fourier da janela de Bartlett e para a família de janelas de tipo cosseno elevado, que inclui as janelas Hanning, de Hamming e de Blackman.

(a) Mostre que a janela de Bartlett de $(M+1)$ pontos, definida pela Equação 7.60(b), pode ser expressa como a convolução de duas janelas retangulares menores. Use esse fato para mostrar que a transformada de Fourier da janela de Bartlett de $(M+1)$ pontos é

$$W_B(e^{j\omega}) = e^{-j\omega M/2}(2/M)\left(\frac{\text{sen}(\omega M/4)}{\text{sen}(\omega/2)}\right)^2 \quad \text{para } M \text{ par}$$

ou

$$W_B(e^{j\omega}) = e^{-j\omega M/2}(2/M)\left(\frac{\text{sen}[\omega(M+1)/4]}{\text{sen}(\omega/2)}\right)\left(\frac{\text{sen}[\omega(M-1)/4]}{\text{sen}(\omega/2)}\right)$$

para M ímpar.

(b) Pode-se ver facilmente que as janelas de tipo cosseno elevado de $(M+1)$ pontos definidas pelas equações 7.60(c)-(e) podem ser todas expressas na forma

$$w[n] = [A + B\cos(2\pi n/M) + C\cos(4\pi n/M)]w_R[n],$$

sendo $w_R[n]$ uma janela retangular de $(M+1)$ pontos. Use essa relação para encontrar a transformada de Fourier da janela tipo cosseno elevado genérica.

(c) Usando escolhas apropriadas para A, B e C e o resultado determinado no item (b), esboce a magnitude da transformada de Fourier da janela Hanning.

7.44. Considere a seguinte resposta em frequência ideal para um filtro multibanda:

$$H_d(e^{j\omega}) = \begin{cases} e^{-j\omega M/2}, & 0 \le |\omega| < 0{,}3\pi, \\ 0, & 0{,}3\pi < |\omega| < 0{,}6\pi, \\ 0{,}5e^{-j\omega M/2}, & 0{,}6\pi < |\omega| \le \pi. \end{cases}$$

A resposta ao impulso $h_d[n]$ é multiplicada por uma janela de Kaiser com $M = 48$ e $\beta = 3{,}68$, resultando em um sistema FIR de fase linear com resposta ao impulso $h[n]$.

(a) Qual é o atraso do filtro?

(b) Determine a resposta ao impulso desejada ideal $h_d[n]$.

(c) Determine o conjunto de especificações do erro de aproximação que é satisfeito pelo filtro FIR; isto é, determine os parâmetros δ_1, δ_2, δ_3, B, C, ω_{p1}, ω_{s1}, ω_{s2} e ω_{p2} em

$$B - \delta_1 \le |H(e^{j\omega})| \le B + \delta_1, \quad 0 \le \omega \le \omega_{p1},$$
$$|H(e^{j\omega})| \le \delta_2, \quad \omega_{s1} \le \omega \le \omega_{s2},$$
$$C - \delta_3 \le |H(e^{j\omega})| \le C + \delta_3, \quad \omega_{p2} \le \omega \le \pi.$$

7.45. A resposta em frequência de um filtro desejado $h_d[n]$ é mostrada na Figura P7.45. Neste problema, queremos projetar um filtro FIR de fase linear causal com $(M+1)$ pontos $h[n]$ que minimize o erro quadrático integrado

$$\epsilon_d^2 = \frac{1}{2\pi}\int_{-\pi}^{\pi} |A(e^{j\omega}) - H_d(e^{j\omega})|^2 d\omega,$$

sendo a resposta em frequência $h[n]$ do filtro

$$H(e^{j\omega}) = A(e^{j\omega})e^{-j\omega M/2}$$

e M um inteiro par.

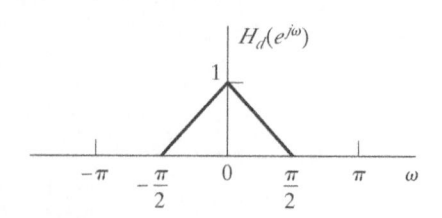

Figura P7.45

(a) Determine $h_d[n]$.
(b) Qual simetria $h[n]$ deverá ter no intervalo $0 \le n \le M$? Explique seu raciocínio de forma sucinta.
(c) Determine $h[n]$ no intervalo $0 \le n \le M$.
(d) Determine uma expressão para o erro quadrático integrado ϵ^2 mínimo em função de $h_d[n]$ e M.

7.46. Considere um filtro passa-baixas FIR de fase linear de Tipo I com resposta ao impulso $h_{LP}[n]$ de comprimento $(M+1)$ e resposta em frequência

$$H_{LP}(e^{j\omega}) = A_e(e^{j\omega})e^{-j\omega M/2}.$$

O sistema tem a função de amplitude $A_e(e^{j\omega})$ mostrada na Figura P7.46.

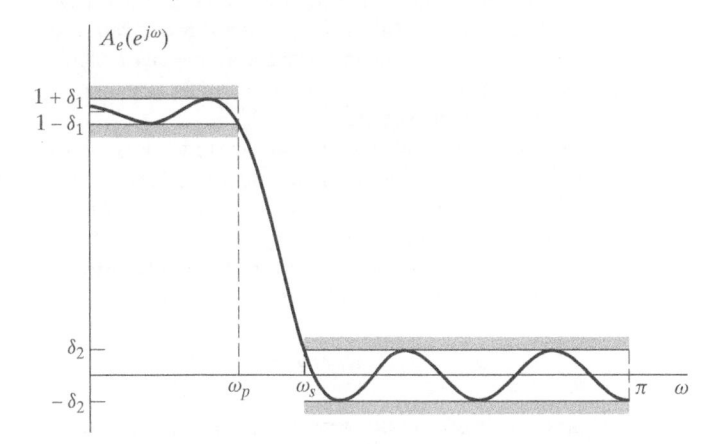

Figura P7.46

Essa função de amplitude é a aproximação ótima (no sentido de Parks–McClellan) da unidade na faixa $0 \le \omega \le \omega_p$, sendo $\omega_p = 0{,}27\pi$, e a aproximação ótima de zero na faixa $\omega_s \le \omega \le \pi$, com $\omega_s = 0{,}4\pi$.

(a) Qual é o valor de M?

Suponha agora que um filtro passa-altas seja deduzido desse filtro passa-baixas definindo-se

$$h_{HP}[n] = (-1)^{n+1}h_{LP}[n] = -e^{j\pi n}h_{LP}[n].$$

(b) Mostre que a resposta em frequência resultante é da forma $H_{HP}(e^{j\omega}) = B_e(e^{j\omega})e^{-j\omega M/2}$.
(c) Esboce $B_e(e^{j\omega})$ para $0 \le \omega \le \pi$.
(d) Afirma-se que, para o dado valor de M (encontrado no item (a)), o filtro passa-altas resultante é a aproximação ótima de zero na faixa $0 \le \omega \le 0{,}6\pi$ e da unidade na faixa $0{,}73\pi \le \omega \le \pi$. Essa afirmação é correta? Justifique sua resposta.

7.47. Projete um filtro passa-baixas causal ótimo (no sentido minimax) de três pontos, com $\omega_s = \pi/2$, $\omega_p = \pi/3$ e $K = 1$. Especifique a resposta ao impulso $h[n]$ do filtro que você projetou. *Observação*: $\cos(\pi/2) = 0$ e $\cos(\pi/3) = 0{,}5$.

Problemas de extensão

7.48. Se um sistema LIT de tempo contínuo tem uma função de sistema racional, então sua entrada e saída satisfazem uma equação diferencial linear ordinária com coeficientes constantes. Um procedimento padrão na simulação desses sistemas é usar aproximações de diferença finita para as derivadas nas equações diferenciais. Em particular, visto que, para funções diferenciáveis contínuas $y_c(t)$,

$$\frac{dy_c(t)}{dt} = \lim_{T \to 0}\left[\frac{y_c(t) - y_c(t-T)}{T}\right],$$

parece plausível que, se T for "pequeno o suficiente", devamos obter uma boa aproximação se substituirmos $dy_c(t)/dt$ por $[y_c(t) - y_c(t-T)]/T$.

Embora essa abordagem simples possa ser útil para a simulação de sistemas de tempo contínuo, ela geralmente *não* é um método útil para o projeto de sistemas de tempo discreto para aplicações de filtragem. Para entender o efeito de aproximar equações diferenciais por equações de diferenças, é útil considerar um exemplo específico. Suponha que a função de sistema de um sistema de tempo contínuo seja

$$H_c(s) = \frac{A}{s+c},$$

em que A e c são constantes.

(a) Mostre que a entrada $x_c(t)$ e a saída $y_c(t)$ do sistema satisfazem a equação diferencial

$$\frac{dy_c(t)}{dt} + cy_c(t) = Ax_c(t).$$

(b) Calcule a equação diferencial em $t = nT$ e substitua

$$\left.\frac{dy_c(t)}{dt}\right|_{t=nT} \approx \frac{y_c(nT) - y_c(nT-T)}{T},$$

isto é, substitua a primeira derivada pela *primeira diferença regressiva*.

(c) Defina $x[n] = x_c(nT)$ e $y[n] = y_c(nT)$. Com essa notação e o resultado do item (b), obtenha uma equação de diferenças relacionando $x[n]$ e $y[n]$ e determine a função de sistema $H(z) = Y(z)/X(z)$ do sistema de tempo discreto resultante.

(d) Mostre que, para este exemplo,

$$H(z) = H_c(s)|_{s=(1-z^{-1})/T};$$

isto é, mostre que $H(z)$ pode ser obtido diretamente de $H_c(s)$ pelo mapeamento

$$s = \frac{1-z^{-1}}{T}.$$

(Pode-se demonstrar que, se derivadas de ordem mais alta forem aproximadas pela aplicação repetida da primeira diferença regressiva, então o resultado do item (d) também é válido para os sistemas de ordem mais alta.)

(e) Para o mapeamento do item (d), determine o contorno no plano z que é mapeado pelo eixo $j\Omega$ do plano s. Além disso, determine a região do plano z que corresponde ao semiplano esquerdo do plano s. Se o sistema de tempo contínuo com função de sistema $H_c(s)$ for estável, o sistema de tempo discreto obtido pela aproximação da primeira diferença regressiva também será estável? A resposta em frequência do sistema de tempo discreto será uma reprodução fiel da resposta em frequência do sistema de tempo contínuo? Como a estabilidade e a resposta em frequência serão afetadas pela escolha de T?

(f) Suponha que a primeira derivada seja aproximada pela *primeira diferença progressiva*; isto é,

$$\left.\frac{dy_c(t)}{dt}\right|_{t=nT} \approx \frac{y_c(nT+T) - y_c(nT)}{T}.$$

Determine o mapeamento correspondente do plano s para o plano z e repita o item (e) para esse mapeamento.

7.49. Considere um sistema de tempo contínuo LIT com função de sistema racional $H_c(s)$. A entrada $x_c(t)$ e a saída $y_c(t)$ satisfazem uma equação diferencial linear ordinária com coeficientes constantes. Uma abordagem para simular esses sistemas consiste em usar técnicas numéricas para integrar a equação diferencial. Neste problema, demonstramos que, se a fórmula de integração trapezoidal for usada, essa técnica equivale a transformar a função de sistema de tempo contínuo $H_c(s)$ em uma função de sistema de tempo discreto $H(z)$ usando a transformação bilinear.

Para demonstrar essa afirmação, considere a função de sistema de tempo contínuo

$$H_C(s) = \frac{A}{s+c},$$

em que A e c são constantes. A equação diferencial correspondente é

$$\dot{y}_c(t) + cy_c(t) = Ax_c(t),$$

em que

$$\dot{y}_c(t) = \frac{dy_c(t)}{dt}.$$

(a) Mostre que $y_c(nT)$ pode ser expresso em termos de $\dot{y}_c(t)$ como

$$y_c(nT) = \int_{(nT-T)}^{nT} \dot{y}_c(\tau)d\tau + y_c(nT-T).$$

A integral definida nessa equação representa a área sob a função $\dot{y}_c(t)$ no intervalo de $(nT-T)$ a nT. Na Figura P7.49 é mostrada uma função $\dot{y}_c(t)$ e uma região em forma de trapézio cuja área se aproxima da área sob a curva. Essa aproximação para a integral é conhecida como *aproximação trapezoidal*. Claramente, quando T tende a zero, a aproximação melhora. Use a aproximação trapezoidal para obter uma expressão para $y_c(nT)$ em termos de $y_c(nT-T)$, $\dot{y}_c(nT)$ e $\dot{y}_c(nT-T)$.

(b) Use a equação diferencial para obter uma expressão para $\dot{y}_c(nT)$ e substitua essa expressão na expressão obtida no item (a).

(c) Defina $x[n] = x_c(nT)$ e $y[n] = y_c(nT)$. Com essa notação e o resultado do item (b), obtenha uma equação de diferenças relacionando $x[n]$ e $y[n]$ e determine a função de sistema $H(z) = Y(z)/X(z)$ do sistema de tempo discreto resultante.

(d) Mostre que, para este exemplo,

$$H(z) = H_C(s)\big|_{s=(2/T)[(1-z^{-1})/(1+z^{-1})]};$$

isto é, mostre que $H(z)$ pode ser obtido diretamente de $H_c(s)$ pela transformação bilinear. (Para equações diferenciais de ordem elevada, a integração trapezoidal aplicada repetidamente à derivada de maior ordem da saída resultará na mesma conclusão para um sistema de tempo contínuo genérico com função de sistema racional.)

7.50. Neste problema, consideramos um método de projeto de filtro que poderia ser chamado de *invariância da autocorrelação*. Considere um sistema de tempo contínuo estável com resposta ao impulso $h_c(t)$ e função de sistema $H_c(s)$. A função de autocorrelação da resposta ao impulso do sistema é definida como

$$\phi_c(\tau) = \int_{-\infty}^{\infty} h_c(t)h_c(t+\tau)d\tau,$$

e, para uma resposta ao impulso real, pode-se mostrar facilmente que a transformada de Laplace de $\phi_c(\tau)$ é $\Phi_c(s) = H_c(s)H_c(-s)$. Similarmente, considere um sistema de tempo discreto com resposta ao impulso $h[n]$ e função de sistema $H(z)$. A função de autocorrelação da resposta ao impulso de um sistema de tempo discreto é definida como

$$\phi[m] = \sum_{n=-\infty}^{\infty} h[n]h[n+m],$$

e para uma resposta ao impulso real, $\Phi(z) = H(z)H(z^{-1})$. A *invariância da autocorrelação* implica a definição de um filtro de tempo discreto igualando-se a função de autocorrelação do sistema de tempo discreto com a função de autocorrelação de um sistema de tempo contínuo amostrada; isto é,

$$\phi[m] = T_d\phi_c(mT_d), \quad -\infty < m < \infty.$$

O procedimento de projeto seguinte é proposto para a invariância da autocorrelação quando $H_c(s)$ é uma função racional tendo N polos de primeira ordem em s_k, $k = 1, 2, \ldots, N$, e $M < N$ zeros:

1. Obtenha uma expansão em frações parciais de $\Phi_c(s)$ na forma

$$\Phi_c(s) = \sum_{k=1}^{N} \left(\frac{A_k}{s-s_k} + \frac{B_k}{s+s_k} \right).$$

2. Forme a transformada z

$$\Phi(z) = \sum_{k=1}^{N} \left(\frac{T_d A_k}{1 - e^{s_k T_d}z^{-1}} + \frac{T_d B_k}{1 - e^{-s_k T_d}z^{-1}} \right).$$

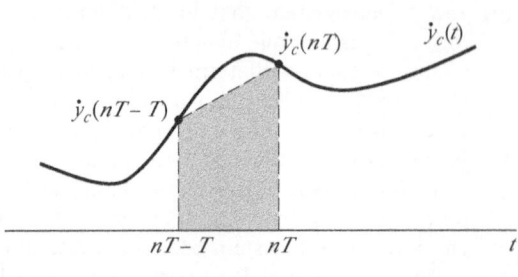

Figura P7.49

3. Encontre os polos e zeros de $\Phi(z)$ e forme uma função de sistema de fase mínima $H(z)$ a partir dos polos e zeros de $\Phi(z)$ que estão *no interior* do círculo unitário.

(a) Justifique cada etapa no procedimento de projeto proposto; isto é, mostre que a função de autocorrelação do sistema de tempo discreto resultante é uma versão amostrada da função de autocorrelação do sistema de tempo contínuo. Para verificar o procedimento, pode ser útil testá-lo no sistema de primeira ordem com resposta ao impulso

$$h_c(t) = e^{-\alpha t} u(t)$$

e função de sistema correspondente

$$H_c(s) = \frac{1}{s+\alpha}.$$

(b) Qual é a relação entre $|H(e^{j\omega})|^2$ e $|H_c(j\Omega)|^2$? Que tipos de funções de resposta em frequência seriam apropriados para o projeto por invariância de autocorrelação?

(c) A função de sistema obtida no Passo 3 é única? Se não, descreva como obter sistemas de tempo discreto invariantes à autocorrelação adicionais.

7.51. Seja $H_{lp}(Z)$ a função de sistema para um filtro passa-baixas de tempo discreto. As implementações desse sistema podem ser representadas por gráficos de fluxo de sinal lineares consistindo de somadores, ganhos e elementos de atraso unitário, como na Figura P7.51-1. Queremos implementar um filtro passa-baixas para o qual a frequência de corte possa ser variada alterando-se um único parâmetro. A estratégia proposta é substituir cada elemento de atraso unitário em um diagrama de fluxo que representa $H_{lp}(Z)$ pela rede mostrada na Figura P7.51-2, em que α é real e $|\alpha| < 1$.

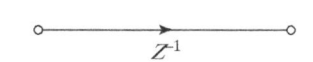

Figura P7.51-1

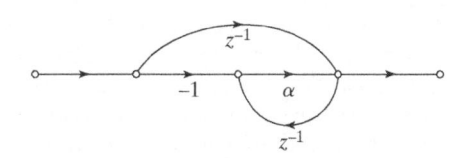

Figura P7.51-2

(a) Seja $H(z)$ a função de sistema para o filtro que resulta quando a rede da Figura P7.51-2 é substituída em cada ramo de atraso unitário na rede que implementa $H_{lp}(Z)$. Mostre que $H(z)$ e $H_{lp}(Z)$ estão relacionados por um mapeamento do plano Z no plano z.

(b) Se $H(e^{j\omega})$ e $H_{lp}(e^{j\theta})$ são as respostas em frequência dos dois sistemas, determine a relação entre as variáveis de frequência ω e θ. Esboce ω em função de θ para $\alpha = 0,5$ e $-0,5$ e mostre que $H(e^{j\omega})$ é um filtro passa-baixas. Além disso, se θ_p é a frequência de corte da faixa de passagem para o filtro passa-baixas original $H_{lp}(Z)$, obtenha uma equação para ω_p, a frequência de corte do novo filtro $H(z)$, em função de α e θ_p.

(c) Suponha que o filtro passa-baixas original tenha a função de sistema

$$H_{lp}(Z) = \frac{1}{1 - 0,9Z^{-1}}.$$

Desenhe o diagrama de fluxo de uma implementação de $H_{lp}(Z)$ e também desenhe o diagrama de fluxo da implementação de $H(z)$ obtida substituindo-se os elementos de atraso unitário no primeiro diagrama de fluxo pela rede da Figura P7.51-2. A rede resultante corresponde a uma equação de diferenças computável?

(d) Se $H_{lp}(Z)$ corresponde a um sistema FIR implementado na forma direta, a manipulação do diagrama de fluxo leva a uma equação de diferenças computável? Se o sistema FIR $H_{lp}(Z)$ fosse um sistema de fase linear, o sistema resultante $H(z)$ também seria um sistema de fase linear? Se o sistema FIR tiver uma resposta ao impulso de comprimento $M+1$ amostras, qual seria o comprimento da resposta ao impulso do sistema transformado?

(e) Para evitar as dificuldades que surgiram no item (c), é sugerido que a rede da Figura P7.51-2 seja colocada em cascata com um elemento de atraso unitário, conforme representado na Figura P7.51-3. Repita a análise do item (a) quando a rede da Figura P7.51-3 é substituída em cada elemento de atraso unitário. Determine uma equação que expresse θ em função de ω e mostre que, se $H_{lp}(e^{j\theta})$ é um filtro passa-baixas, então $H(e^{j\omega})$ não é um filtro passa-baixas.

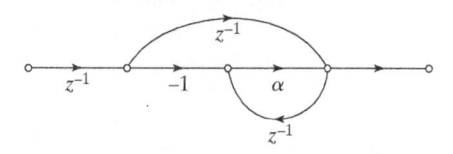

Figura P7.51-3

7.52. Se é dado um módulo de filtro básico (um *hardware* ou sub-rotina de computador), às vezes é possível usá-lo repetidamente para implementar um novo filtro com características de resposta em frequência mais abruptas. Uma técnica consiste em colocar o filtro em cascata consigo mesmo duas ou mais vezes, mas podemos mostrar facilmente que, embora os erros na faixa de rejeição sejam elevados ao quadrado (sendo, dessa forma, reduzidos se forem menores que 1), essa abordagem aumentará o erro de aproximação na faixa de passagem. Outra técnica, sugerida por Tukey (1977), é mostrada no diagrama de blocos da Figura P7.52-1. Tukey chamou esse método de "*twicing*".

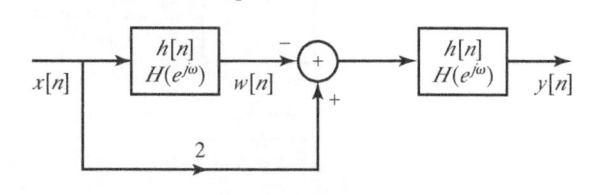

Figura P7.52-1

(a) Suponha que o sistema básico tenha uma resposta ao impulso de duração finita simétrica; isto é,

$$h[n] = \begin{cases} h[-n], & -L \leq n \leq L, \\ 0 & \text{caso contrário.} \end{cases}$$

Determine se a resposta ao impulso total $g[n]$ é (i) FIR e (ii) simétrica.

(b) Suponha que $H(e^{j\omega})$ satisfaça as seguintes especificações do erro de aproximação:

$$(1 - \delta_1) \leq H(e^{j\omega}) \leq (1 + \delta_1), \quad 0 \leq \omega \leq \omega_p,$$
$$-\delta_2 \leq H(e^{j\omega}) \leq \delta_2, \quad \omega_s \leq \omega \leq \pi.$$

Pode-se mostrar que, se o sistema básico tiver essas especificações, a resposta em frequência total $G(e^{j\omega})$ (de $x[n]$ para $y[n]$) satisfaz especificações na forma

$$A \leq G(e^{j\omega}) \leq B, \quad 0 \leq \omega \leq \omega_p,$$
$$C \leq G(e^{j\omega}) \leq D, \quad \omega_s \leq \omega \leq \pi.$$

Determine A, B, C e D em termos de δ_1 e δ_2. Se $\delta_1 \ll 1$ e $\delta_2 \ll 1$, quais são aproximadamente os erros máximos de aproximação nas faixas de passagem e de rejeição para $G(e^{j\omega})$?

(c) Como determinado no item (b), o método *twicing* de Tukey melhora o erro de aproximação na faixa de passagem, mas aumenta o erro na faixa de rejeição. Kaiser e Hamming (1977) generalizaram o método *twicing* de modo a melhorar *tanto* a faixa de passagem *quanto* a faixa de rejeição. Eles chamaram seu método de "*sharpening*". O sistema de *sharpening* mais simples, que melhora ambas as faixas de passagem e rejeição, é mostrado na Figura P7.52-2. Suponha novamente que a resposta ao impulso do sistema básico seja como dada no item (a). Repita o item (b) para o sistema da Figura P7.52-2.

(d) O sistema básico foi considerado como não causal. Se a resposta ao impulso do sistema básico for um sistema FIR causal de fase linear tal que

$$h[n] = \begin{cases} h[M-n], & 0 \leq n \leq M, \\ 0, & \text{caso contrário,} \end{cases}$$

como os sistemas das figuras P7.52-1 e P7.52-2 deveriam ser modificados? Que tipo(s) (I, II, III ou IV) de sistema(s) FIR de fase linear causal(is) pode(m) ser usado(s)? Quais são os comprimentos das respostas ao impulso $g[n]$ para os sistemas nas figuras P7.52-1 e P7.52-2 (em termos de L)?

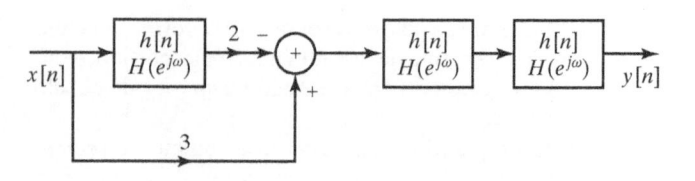

Figura P7.52-2

7.53. Considere o projeto de um filtro FIR de fase linear passa-baixas por meio do algoritmo de Parks–McClellan. Use o teorema da alternância para argumentar que a aproximação deve diminuir monotonicamente na faixa de transição ("*don't care*") entre os intervalos de aproximação da faixa de passagem e de rejeição. *Dica:* Mostre que todos os máximos e mínimos locais do polinômio trigonométrico devem estar na faixa de passagem ou na faixa de rejeição para satisfazer o teorema da alternância.

7.54. Na Figura P7.54 é mostrada a resposta em frequência $A_e(e^{j\omega})$ de um sistema FIR de tempo discreto para o qual a resposta ao impulso é

$$h_e[n] = \begin{cases} h_e[-n], & -L \leq n \leq L, \\ 0, & \text{caso contrário.} \end{cases}$$

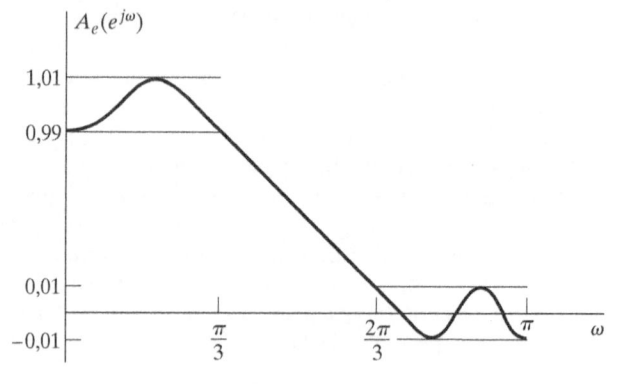

Figura P7.54

(a) Mostre que $A_e(e^{j\omega})$ não pode corresponder a um filtro FIR gerado pelo algoritmo de Parks–McClellan com uma frequência de extremidade da faixa de passagem de $\pi/3$, uma frequência de extremidade da faixa de rejeição de $2\pi/3$ e uma função de ponderação de erro unitária nas faixas de passagem e de rejeição. Explique seu raciocínio com clareza. *Dica:* O teorema da alternância afirma que a melhor aproximação é única.

(b) Com base na Figura P7.54 e na afirmação de que $A_e(e^{j\omega})$ não pode corresponder a um filtro ótimo, o que se pode concluir sobre o valor de L?

7.55. Considere o sistema na Figura P7.55.

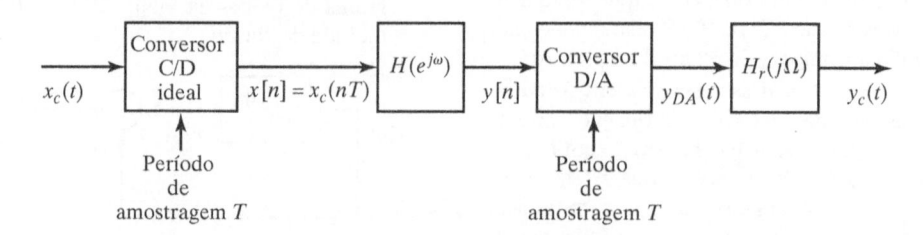

Figura P7.55

1. Suponha que $X_c(j\Omega) = 0$ para $|\Omega| \geq \pi/T$ e que

$$H_r(j\Omega) = \begin{cases} 1, & |\Omega| < \pi/T, \\ 0, & |\Omega| > \pi/T, \end{cases}$$

   denota um filtro de reconstrução passa-baixas ideal.
2. O conversor D/A tem um circuito de retenção de ordem zero embutido, de modo que

$$Y_{DA}(t) = \sum_{n=-\infty}^{\infty} y[n]h_0(t-nT),$$

   sendo

$$h_0(t) = \begin{cases} 1, & 0 \leq t < T, \\ 0, & \text{caso contrário}. \end{cases}$$

   (Desconsideramos a digitalização no conversor D/A.)
3. O segundo sistema na Figura P7.55 é um sistema de tempo discreto FIR de fase linear com resposta em frequência $H(e^{j\omega})$.

Queremos projetar o sistema FIR usando o algoritmo de Parks–McClellan para compensar os efeitos do sistema de retenção de ordem zero.

(a) A transformada de Fourier da saída é $Y_c(j\Omega) = H_{\text{ef}}(j\Omega)X_c(j\Omega)$. Determine uma expressão para $H_{\text{ef}}(j\Omega)$ em termos de $H(e^{j\Omega T})$ e T.

(b) Se o sistema FIR de fase linear for tal que $h[n] = 0$ para $n < 0$ e $n > 51$, e $T = 10^{-4}$ s, qual é o atraso total (em ms) entre $x_c(t)$ e $y_c(t)$?

(c) Suponha que quando $T = 10^{-4}$ s, queiramos que a resposta em frequência efetiva seja *equiripple* (tanto na faixa de passagem quanto na de rejeição) dentro das seguintes tolerâncias:

$0{,}99 \leq |H_{\text{ef}}(j\Omega)| \leq 1{,}01, \quad |\Omega| \leq 2\pi(1000),$

$|H_{\text{ef}}(j\Omega)| \leq 0{,}01, \quad 2\pi(2000) \leq |\Omega| \leq 2\pi(5000).$

Queremos alcançar isso projetando um filtro de fase linear ótimo (usando o algoritmo de Parks–McClellan) que inclua a compensação para a retenção de ordem zero. Dê uma equação para a resposta ideal $H_d(e^{j\omega})$ que deverá ser usada. Determine e esboce a função de ponderação $W(\omega)$ que deverá ser usada. Esboce uma resposta em frequência "típica" $H(e^{j\omega})$ que poderia ser obtida.

(d) Como você modificaria seus resultados no item (c) para incluir compensação de magnitude para um filtro de reconstrução $H_r(j\Omega)$ com ganho zero acima de $\Omega = 2\pi(5000)$, mas com faixa de passagem inclinada?

7.56. Depois que um sinal de tempo discreto for filtrado em passa-baixas, ele é muitas vezes subamostrado ou dizimado como mostrado na Figura P7.56-1. Filtros FIR de fase linear são frequentemente desejáveis nessas aplicações, mas, se o filtro passa-baixas na figura tiver uma faixa de transição estreita, um sistema FIR terá uma resposta ao impulso longa, e assim exigirá um grande número de multiplicações e adições por amostra de saída.

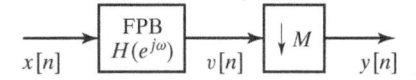

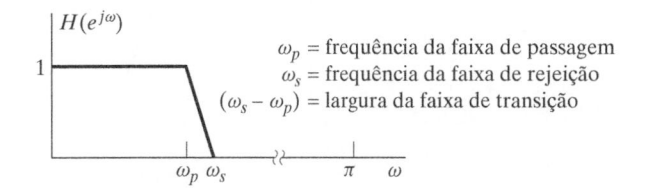

Figura P7.56-1

Neste problema, estudaremos os méritos de uma implementação multiestágios do sistema na Figura P7.56-1. Tais implementações são particularmente úteis quando ω_s é pequeno e o fator de dizimação M é grande. Uma implementação multiestágios genérica é representada na Figura P7.56-2. A estratégia é usar uma faixa de transição mais larga nos filtros passa-baixas dos primeiros estágios, reduzindo assim o comprimento das respostas ao impulso de filtro requeridas nesses estágios. À medida que ocorre a dizimação, o número de amostras do sinal é reduzido, e podemos diminuir progressivamente as larguras das faixas de transição dos filtros que operam sobre o sinal dizimado. Dessa maneira, o número total de cálculos exigidos para implementar o dizimador pode ser reduzido.

(a) Se nenhum *aliasing* ocorrer como resultado da dizimação na Figura P7.56-1, qual é o fator de dizimação M máximo permitido em termos de ω_s?

(b) Sejam $M = 100$, $\omega_s = \pi/100$ e $\omega_p = 0{,}9\pi/100$ no sistema da Figura P7.56-2. Se $x[n] = \delta[n]$, esboce $V(e^{j\omega})$ e $Y(e^{j\omega})$.

Agora, considere uma implementação de dois estágios do dizimador para $M = 100$, como representado na Figura P7.56-3, em que $M_1 = 50$, $M_2 = 2$, $\omega_{p1} = 0{,}9\pi/100$, $\omega_{p2} = 0{,}9\pi/2$ e $\omega_{s2} = \pi/2$. Precisamos escolher ω_{s1} ou, de modo equivalente, a faixa de transição de FPB_1, $(\omega_{s1} - \omega_{p1})$, tal que a implementação em dois estágios gere as mesmas frequências de faixa de passagem e de rejeição equivalentes que o dizimador em estágio único. (Não nos preocupamos com a forma detalhada da resposta em frequência na faixa de transição, exceto que os dois sistemas deverão ter uma resposta monotonicamente decrescente na faixa de transição.)

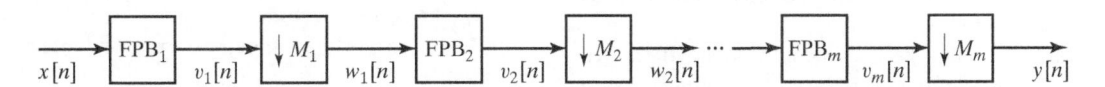

Figura P7.56-2

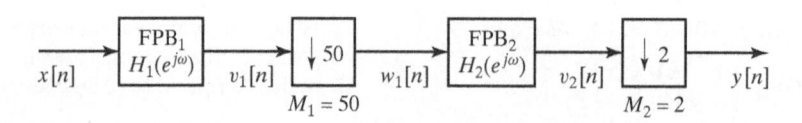

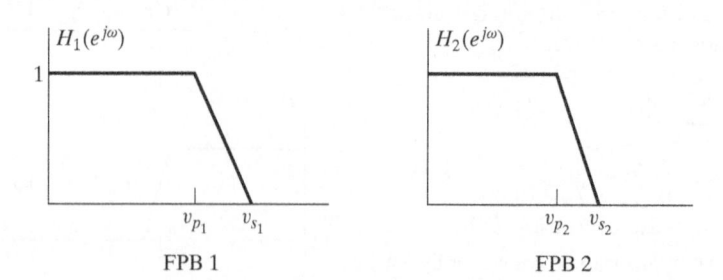

Figura P7.56-3

(c) Para um ω_{s1} arbitrário e a entrada $x[n] = \delta[n]$, esboce $V_1(e^{j\omega})$, $W_1(e^{j\omega})$, $V_2(e^{j\omega})$ e $Y(e^{j\omega})$ para o dizimador de dois estágios da Figura P7.56-3.

(d) Determine o *maior* valor de ω_{s1} tal que o dizimador de dois estágios resulte nas mesmas frequências de corte nas faixas de passagem e de rejeição equivalentes que o sistema em estágio único do item (b).

Além de possuir uma largura de faixa de transição não nula, os filtros passa-baixas diferem dos erros de aproximação ideais nas faixas de passagem e de rejeição de δ_p e δ_s, respectivamente. Suponha que aproximações FIR *equiripple* de fase linear sejam utilizadas. Concluímos pela Equação 7.117 que, para filtros passa-baixas ótimos,

$$N \approx \frac{-10\log_{10}(\delta_p\delta_s) - 13}{2{,}324\Delta\omega} + 1, \qquad \text{(P7.56-1)}$$

sendo N o comprimento da resposta ao impulso e $\Delta\omega = \omega_s - \omega_p$ a faixa de transição do filtro passa-baixas. A Equação P7.56-1 fornece a base para comparar as duas implementações do dizimador. A Equação 7.76 poderia ser usada no lugar da Equação P7.56-1 para estimar o comprimento da resposta ao impulso se os filtros forem projetados pelo método da janela de Kaiser.

(e) Suponha que $\delta_p = 0{,}01$ e $\delta_s = 0{,}001$ para o filtro passa-baixas na implementação em estágio único. Calcule o comprimento N da resposta ao impulso do filtro passa-baixas e determine o número de multiplicações requeridas para calcular cada amostra da saída. Tire proveito da simetria da resposta ao impulso do sistema FIR de fase linear. (Note que, nessa aplicação de dizimação, apenas cada M-ésima amostra da saída precisa ser calculada; isto é, o compressor comuta com as multiplicações do sistema FIR.)

(f) Usando o valor de ω_{s1} encontrado no item (d), calcule os comprimentos N_1 e N_2 das respostas ao impulso de FPB$_1$ e FPB$_2$, respectivamente, no dizimador em dois estágios da Figura P7.56-3. Determine o número total de multiplicações requeridas para calcular cada amostra da saída no dizimador de dois estágios.

(g) Se as especificações do erro de aproximação $\delta_p = 0{,}01$ e $\delta_s = 0{,}001$ forem usadas para ambos os filtros do dizimador de dois estágios, a oscilação na faixa de passagem total pode ser maior do que 0,01, pois as oscilações na faixa de passagem dos dois estágios podem reforçar um ao outro; por exemplo, $(1 + \delta_p)(1 + \delta_p) > (1 + \delta_p)$. Para compensar isso, cada um dos filtros da implementação de dois estágios pode ser projetado para ter apenas metade da oscilação na faixa de passagem da implementação em estágio único. Portanto, suponha que $\delta_p = 0{,}005$ e $\delta_s = 0{,}001$ para cada filtro no dizimador de dois estágios. Calcule os comprimentos N_1 e N_2 das respostas ao impulso de FPB$_1$ e FPB$_2$, respectivamente, e determine o número total de multiplicações requeridas para calcular cada amostra da saída.

(h) Devemos também reduzir as especificações sobre o erro de aproximação na faixa de rejeição para os filtros no dizimador de dois estágios?

(i) *Opcional*. A combinação de $M_1 = 50$ e $M_2 = 2$ pode não produzir o menor número total de multiplicações por amostra de saída. Outras escolhas inteiras para M_1 e M_2 são possíveis, de modo que $M_1 M_2 = 100$. Determine os valores de M_1 e M_2 que minimizam o número de multiplicações por amostra de saída.

7.57. Neste problema, desenvolvemos uma técnica para projetar filtros de tempo discreto com fase mínima. Esses filtros têm todos os seus polos e zeros no interior (ou na fronteira) do círculo unitário. (Permitiremos zeros na circunferência unitária.) Primeiro, consideremos o problema de converter um filtro passa-baixas *equiripple* FIR de fase linear de Tipo I em um sistema de fase mínima. Se $H(e^{j\omega})$ é a resposta em frequência de um filtro de fase linear de Tipo I, então

1. A resposta ao impulso correspondente

$$h[n] = \begin{cases} h[M-n], & 0 \leq n \leq M, \\ 0, & \text{caso contrário,} \end{cases}$$

é real e M é um inteiro par.

2. Concluímos pela parte 1 que $H(e^{j\omega}) = A_e(e^{j\omega})e^{-j\omega n_0}$, sendo $A_e(e^{j\omega})$ real e $n_0 = M/2$ inteiro.
3. A oscilação na faixa de passagem é δ_1; isto é, na faixa de passagem, $A_e(e^{j\omega})$ oscila entre $(1 + \delta_1)$ e $(1 - \delta_1)$. (Veja a Figura P7.57-1.)

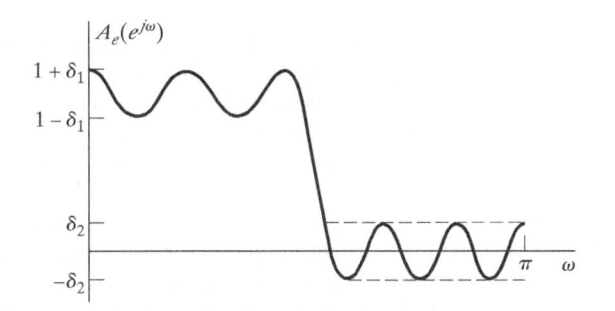

Figura P7.57-1

4. A oscilação na faixa de rejeição é δ_2; isto é, na faixa de rejeição, $-\delta_2 \leq A_e(e^{j\omega}) \leq \delta_2$, e $A_e(e^{j\omega})$ oscila entre $-\delta_2$ e $+\delta_2$. (Veja a Figura P7.57-1.)

A técnica a seguir foi proposta por Herrmann e Schüssler (1970a) para converter esse sistema de fase linear em um sistema de fase mínima que tem uma função de sistema $H_{mín}(z)$ e resposta à amostra unitária $h_{mín}[n]$ (neste problema, consideramos que os sistemas de fase mínima podem ter zeros *sobre a* circunferência unitária):

Passo 1. Crie uma nova sequência
$$h_1[n] = \begin{cases} h[n], & n \neq n_0, \\ h[n_0] + \delta_2, & n = n_0. \end{cases}$$

Passo 2. Reconheça que $H_1(z)$ pode ser expresso na forma
$$H_1(z) = z^{-n_0} H_2(z)H_2(1/z) = z^{-n_0} H_3(z)$$
para algum $H_2(z)$, sendo que $H_2(z)$ tem todos os seus polos e zeros no interior ou na fronteira do círculo unitário e $h_2[n]$ é real.

Passo 3. Defina
$$H_{mín}(z) = \frac{H_2(z)}{a}.$$

A constante do denominador sendo $a = (\sqrt{1 - \delta_1 + \delta_2} + \sqrt{1 + \delta_1 + \delta_2})/2$ normaliza a faixa de passagem de modo que a resposta em frequência resultante $H_{mín}(e^{j\omega})$ oscilará em torno de um valor unitário.

(a) Mostre que, se $h_1[n]$ for escolhido como no Passo 1, então $H_1(e^{j\omega})$ pode ser escrito como
$$H_1(e^{j\omega}) = e^{-j\omega n_0} H_3(e^{j\omega}),$$
sendo $H_3(e^{j\omega})$ real e não negativo para todos os valores de ω.

(b) Se $H_3(e^{j\omega}) \geq 0$, como foi mostrado no item (a), mostre que existe um $H_2(z)$ tal que
$$H_3(z) = H_2(z)H_2(1/z),$$
sendo $H_2(z)$ uma função de sistema de fase mínima e $h_2[n]$ real (isto é, justifique o Passo 2).

(c) Demonstre que o novo filtro $H_{mín}(e^{j\omega})$ é um filtro passa-baixas *equiripple* (isto é, sua característica de magnitude tem a forma mostrada na Figura P7.57-2) por meio do cálculo de δ_1' e δ_2'. Qual é o comprimento da nova resposta ao impulso $h_{mín}[n]$?

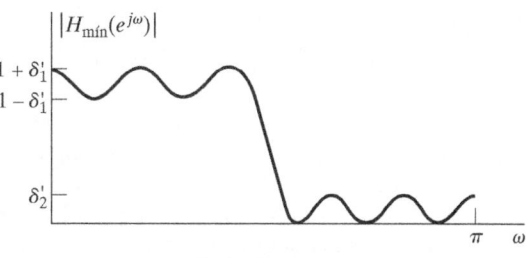

Figura P7.57-2

(d) Nos itens (a), (b) e (c), consideramos que começamos com um filtro de fase linear FIR de Tipo I. Essa técnica funcionará se removermos a restrição de fase linear? Ela funcionará se usarmos um sistema FIR de fase linear de Tipo II?

7.58. Suponha que tenhamos um programa que encontre o conjunto de coeficientes $a[n], n = 0, 1, ..., L$, que minimiza
$$\max_{\omega \in F} \left\{ \left| W(\omega) \left[H_d(e^{j\omega}) - \sum_{n=0}^{L} a[n]\cos\omega n \right] \right| \right\},$$
dados L, F, $W(\omega)$ e $H_d(e^{j\omega})$. Mostramos que a solução para este problema de otimização implica um sistema de fase zero FIR não causal com resposta ao impulso que satisfaz $h_e[n] = h_e[-n]$. Atrasando-se $h_e[n]$ de L amostras, obtemos um sistema de fase linear FIR de Tipo I causal com resposta em frequência
$$H(e^{j\omega}) = e^{-j\omega M/2} \sum_{n=0}^{L} a[n]\cos\omega n = \sum_{n=0}^{2L} h[n]e^{-j\omega n},$$
sendo que a resposta ao impulso está relacionada aos coeficientes $a[n]$ por
$$a[n] = \begin{cases} 2h[M/2 - n] & \text{para } 1 \leq n \leq L, \\ h[M/2] & \text{para } n = 0, \end{cases}$$
e $M = 2L$ é a ordem do polinômio da função de sistema. (O comprimento da resposta ao impulso é $M + 1$.)

Os outros três tipos (II, III e IV) de filtros FIR de fase linear podem ser projetados pelo programa disponível se fizermos modificações adequadas na função de ponderação $W(\omega)$ e na resposta em frequência desejada $H_d(e^{j\omega})$. Para ver como fazer isso, é necessário manipular as expressões para a resposta em frequência para a forma padrão assumida pelo programa.

(a) Suponha que queiramos projetar um sistema de fase linear FIR de Tipo II causal de modo que $h[n] = h[M - n]$ para $n = 0, 1, ..., M$, sendo M um inteiro ímpar. Mostre que a resposta em frequência desse tipo de sistema pode ser expressa como
$$H(e^{j\omega}) = e^{-j\omega M/2} \sum_{n=1}^{(M+1)/2} b[n]\cos\omega\left(n - \frac{1}{2}\right),$$
e determine a relação entre os coeficientes $b[n]$ e $h[n]$.

(b) Mostre que o somatório

$$\sum_{n=1}^{(M+1)/2} b[n]\cos\omega\left(n-\tfrac{1}{2}\right)$$

pode ser escrito como

$$\cos(\omega/2)\sum_{n=0}^{(M-1)/2}\tilde{b}[n]\cos\omega n$$

pela obtenção de uma expressão para $b[n]$ para $n = 1, 2,..., (M + 1)/2$ em termos de $\tilde{b}[n]$ para $n = 0, 1,..., (M − 1)/2$. *Dica*: Note cuidadosamente que $b[n]$ deve ser expresso em termos de $\tilde{b}[n]$. Além disso, use a identidade trigonométrica $\cos\alpha\cos\beta = \tfrac{1}{2}\cos(\alpha + \beta) + \tfrac{1}{2}\cos(\alpha - \beta)$.

(c) Se quisermos usar o programa dado para projetar sistemas de Tipo II (M ímpar) para determinado F, $W(\omega)$ e $H_d(e^{j\omega})$, mostre como obter $\tilde{L}$, $\tilde{F}$, $\tilde{W}(\omega)$ e $\tilde{H}_d(e^{j\omega})$ em termos de M, F, $W(\omega)$ e $H_d(e^{j\omega})$, de modo que, se executarmos o programa usando $\tilde{L}$, $\tilde{F}$, $\tilde{W}(\omega)$ e $\tilde{H}_d(e^{j\omega})$, poderemos usar o conjunto de coeficientes resultante para determinar a resposta ao impulso do sistema de Tipo II desejado.

(d) Os itens (a)-(c) podem ser repetidos para os sistemas FIR de fase linear causais de tipos III e IV, em que $h[n] = -h[M - n]$. Para esses casos, você precisa mostrar que, para os sistemas de Tipo III (M par), a resposta em frequência pode ser expressa como

$$H(e^{j\omega}) = e^{-j\omega M/2}\sum_{n=1}^{M/2} c[n]\,\text{sen}\,\omega n$$

$$= e^{-j\omega M/2}\,\text{sen}\,\omega\sum_{n=0}^{(M-2)/2}\tilde{c}[n]\cos\omega n,$$

e para os sistemas de Tipo IV (M ímpar),

$$H(e^{j\omega}) = e^{-j\omega M/2}\sum_{n=1}^{(M+1)/2} d[n]\,\text{sen}\,\omega\left(n - \tfrac{1}{2}\right)$$

$$= e^{-j\omega M/2}\,\text{sen}(\omega/2)\sum_{n=0}^{(M-1)/2}\tilde{d}[n]\cos\omega n.$$

Como no item (b), é necessário expressar $c[n]$ em termos de $\tilde{c}[n]$ e $d[n]$ em termos de $\tilde{d}[n]$ usando a identidade trigonométrica $\text{sen}\,\alpha\cos\beta = \tfrac{1}{2}\text{sen}(\alpha + \beta) + \tfrac{1}{2}\text{sen}(\alpha - \beta)$. McClellan e Parks (1973) e Rabiner e Gold (1975) dão mais detalhes sobre as questões levantadas neste problema.

7.59. Neste problema, consideramos um método para obter uma implementação de um filtro de fase linear com corte variável. Suponha que seja dado um filtro de fase zero projetado pelo método de Parks–McClellan. A resposta em frequência desse filtro pode ser representada como

$$A_e(e^{j\theta}) = \sum_{k=0}^{L} a_k(\cos\theta)^k,$$

e sua função de sistema pode, portanto, ser representada como

$$A_e(Z) = \sum_{k=0}^{L} a_k\left(\frac{Z + Z^{-1}}{2}\right)^k,$$

com $e^{j\theta} = Z$. (Usamos Z para o sistema original e z para o sistema a ser obtido pela transformação do sistema original.)

(a) Usando a expressão anterior para a função de sistema, esboce um diagrama de blocos ou um diagrama de fluxo de uma implementação do sistema que utilize multiplicações pelos coeficientes a_k, adições e sistemas elementares com função de sistema $(Z + Z^{-1})/2$.

(b) Qual é o comprimento da resposta ao impulso do sistema? O sistema total pode se tornar um sistema causal pela inclusão do sistema em cascata com um atraso de L amostras. Distribua esse atraso como atrasos unitários, de modo que todas as partes da rede sejam causais.

(c) Suponha que obtenhamos uma nova função de sistema a partir de $A_e(Z)$ pela substituição

$$B_e(z) = A_e(Z)\big|_{(Z+Z^{-1})/2=\alpha_0+\alpha_1[(z+z^{-1})/2]}.$$

Usando o diagrama de fluxo obtido no item (a), esboce o diagrama de fluxo de um sistema que implemente a função de sistema $B_e(z)$. Qual é o comprimento da resposta ao impulso desse sistema? Modifique a rede como no item (b) para tornar o sistema total e todas as partes da rede causais.

(d) Se $A_e(e^{j\theta})$ é a resposta em frequência do filtro original e $B_e(e^{j\omega})$ é a resposta em frequência do filtro transformado, determine a relação entre θ e ω.

(e) A resposta em frequência do filtro ótimo original é mostrada na Figura P7.59. Para o caso $\alpha_1 = 1 - \alpha_0$ e $0 \le \alpha_0 < 1$, descreva como a resposta em frequência $B_e(e^{j\omega})$ muda à medida que α_0 varia. *Dica*: Faça gráficos de $A_e(e^{j\theta})$ e $B_e(e^{j\omega})$ em função de $\cos\theta$ e $\cos\omega$. Os filtros transformados resultantes também são ótimos no sentido de terem mínimos erros de aproximação ponderados máximos nas faixas de passagem e de rejeição transformadas?

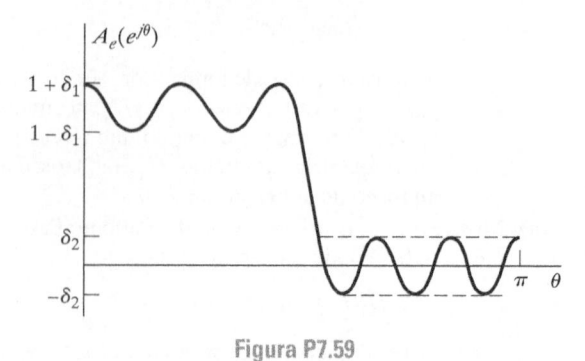

Figura P7.59

(f) *Opcional*. Repita o item (e) para o caso $\alpha_1 = 1 + \alpha_0$ e $-1 < \alpha_0 \le 0$.

7.60. Neste problema, consideramos o efeito do mapeamento de filtros de tempo contínuo em filtros de tempo discreto substituindo-se as derivadas na equação diferencial de um filtro de tempo contínuo por diferenças centrais para obtermos uma equação de diferenças. A primeira diferença central de uma sequência $x[n]$ é definida como

$$\Delta^{(1)}\{x[n]\} = x[n+1] - x[n-1],$$

e a k-ésima diferença central é definida recursivamente como

$$\Delta^{(k)}\{x[n]\} = \Delta^{(1)}\{\Delta^{(k-1)}\{x[n]\}\}.$$

Por consistência, a zero-ésima diferença central é definida como

$$\Delta^{(0)}\{x[n]\} = x[n].$$

(a) Se $X(z)$ é a transformada z de $x[n]$, determine a transformada z de $\Delta^{(k)}\{x[n]\}$.

O mapeamento entre um filtro de tempo contínuo LIT e um filtro de tempo discreto LIT é o seguinte: Seja o filtro de tempo contínuo com entrada $x(t)$ e saída $y(t)$ especificado por uma equação diferencial na forma

$$\sum_{k=0}^{N} a_k \frac{d^k y(t)}{dt^k} = \sum_{r=0}^{M} b_r \frac{d^r x(t)}{dt^r}.$$

Então, o filtro de tempo discreto correspondente com entrada $x[n]$ e saída $y[n]$ é especificado pela equação de diferenças

$$\sum_{k=0}^{N} a_k \Delta^{(k)}\{y[n]\} = \sum_{r=0}^{M} b_r \Delta^{(r)}\{x[n]\}.$$

(b) Se $H_c(s)$ é uma função de sistema de tempo contínuo racional e $H_d(z)$ é a função de sistema de tempo discreto obtida pelo mapeamento da equação diferencial em uma equação de diferenças como indicado no item (a), então

$$H_d(z) = H_c(s)\big|_{s=m(z)}.$$

Determine $m(z)$.

(c) Suponha que $H_c(s)$ aproxime um filtro passa-baixas de tempo contínuo com uma frequência de corte $\Omega = 1$; isto é,

$$H(j\Omega) \approx \begin{cases} 1, & |\Omega| < 1, \\ 0, & \text{caso contrário}. \end{cases}$$

Esse filtro é mapeado em um filtro de tempo discreto usando diferenças centrais, como discutimos no item (a). Esboce a resposta em frequência aproximada que você esperaria para o filtro de tempo discreto, supondo que ele seja estável.

7.61. Seja $h[n]$ o filtro passa-baixas *equiripple* de Tipo I ótimo mostrado na Figura P7.61, projetado com função de ponderação $W(e^{j\omega})$ e resposta em frequência desejada $H_d(e^{j\omega})$. Para simplificar, suponha que o filtro seja de fase zero (isto é, não causal). Usaremos $h[n]$ para projetar cinco filtros FIR diferentes da seguinte forma:

$$h_1[n] = h[-n],$$

$$h_2[n] = (-1)^n h[n],$$

$$h_3[n] = h[n] * h[n],$$

$$h_4[n] = h[n] - K\delta[n], \text{ sendo } K \text{ uma constante},$$

$$h_5[n] = \begin{cases} h[n/2] & \text{para } n \text{ par}, \\ 0 & \text{caso contrário}. \end{cases}$$

Para cada filtro $h_i[n]$, determine se $h_i[n]$ é ótimo no sentido minimax. Ou seja, determine se

$$h_i[n] = \min_{h_i[n]} \max_{\omega \in F} \left(W(e^{j\omega}) | H_d(e^{j\omega}) - H_i(e^{j\omega}) | \right)$$

para alguma escolha de uma $H_d(e^{j\omega})$ constante por partes e de uma $W(e^{j\omega})$ constante por partes, sendo F uma união de intervalos fechados disjuntos em $0 \leq \omega \leq \pi$. Se $h_i[n]$ for ótimo, determine $H_d(e^{j\omega})$ e $W(e^{j\omega})$ correspondentes. Se $h_i[n]$ não for ótimo, explique o porquê.

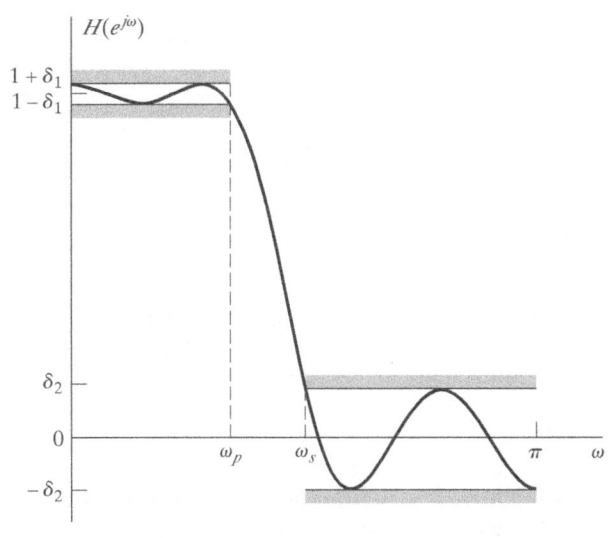

Figura P7.61

7.62. Suponha que você tenha usado o algoritmo de Parks–McClellan para projetar um sistema de fase linear FIR. A função de sistema desse sistema é indicada por $H(z)$. O comprimento da resposta ao impulso é de 25 amostras, $h[n] = 0$ para $n < 0$ e para $n > 24$, e $h[0] \neq 0$. Para cada uma das seguintes questões, responda com "verdadeiro", "falso" ou "foram dadas informações insuficientes":

(a) $h[n+12] = h[12-n]$ ou $h[n+12] = -h[12-n]$ para $-\infty < n < \infty$.

(b) O sistema tem um inverso estável e causal.

(c) Sabemos que $H(-1) = 0$.

(d) O erro de aproximação ponderado máximo é o mesmo em todas as faixas de aproximação.

(e) O sistema pode ser implementado por um diagrama de fluxo de sinal que não possui percursos de realimentação.

(f) O atraso de grupo é positivo para $0 < \omega < \pi$.

7.63. Considere o projeto de um filtro FIR de fase linear passa-faixa de Tipo I usando o algoritmo de Parks–McClellan. O comprimento da resposta ao impulso é $M+1 = 2L+1$. Lembre-se de que, para sistemas de Tipo I, a resposta em frequência tem a forma $H(e^{j\omega}) = A_e(e^{j\omega})e^{-j\omega M/2}$, e o algoritmo de Parks–McClellan encontra a função $A_e(e^{j\omega})$ que minimiza o valor máximo da função de erro

$$E(\omega) = W(\omega)[H_d(e^{j\omega}) - A_e(e^{j\omega})], \quad \omega \in F,$$

em que F é um subconjunto fechado do intervalo $0 \leq \omega \leq \pi$, $W(\omega)$ é uma função de ponderação e $H_d(e^{j\omega})$ define a resposta em frequência desejada nos intervalos de aproximação F. O diagrama de tolerâncias para um filtro passa-faixa é mostrado na Figura P7.63.

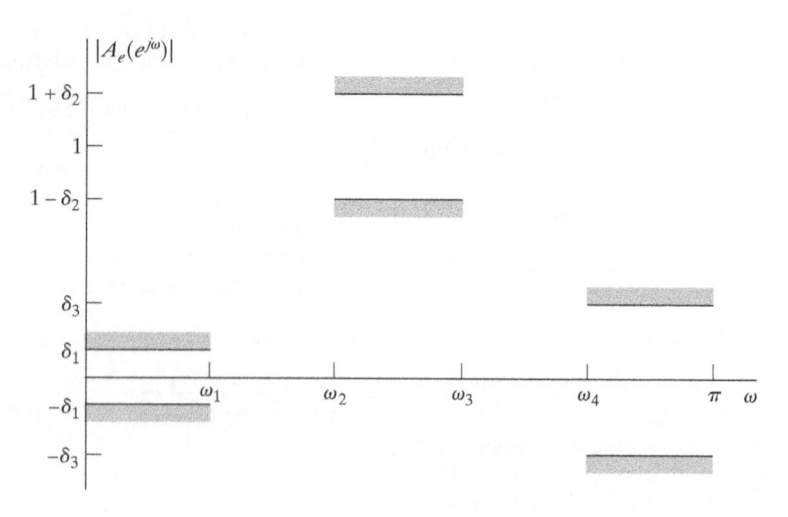

[Figura P7.63: diagrama de tolerâncias com eixo ω mostrando os níveis $1+\delta_2$, 1, $1-\delta_2$, δ_3, δ_1, $-\delta_1$, $-\delta_3$ e as frequências $\omega_1, \omega_2, \omega_3, \omega_4, \pi$.]

Figura P7.63

(a) Dê a equação para a resposta desejada $H_d(e^{j\omega})$ para o diagrama de tolerâncias na Figura P7.63.

(b) Dê a equação para a função de ponderação $W(\omega)$ para o diagrama de tolerâncias na Figura P7.63.

(c) Qual é o número *mínimo* de alternâncias da função de erro para o filtro ótimo?

(d) Qual é o número *máximo* de alternâncias da função de erro para o filtro ótimo?

(e) Esboce uma função de erro ponderada "típica" $E(\omega)$ que poderia ser a função de erro para um filtro passa-banda ótimo se $M = 14$. Considere o número *máximo* de alternâncias.

(f) Agora, suponha que $M, \omega_1, \omega_2, \omega_3$, a função de ponderação e a função desejada sejam mantidas iguais, mas ω_4 seja *aumentado*, de modo que a faixa de transição $(\omega_4 - \omega_3)$ seja aumentada. O filtro ótimo para essas novas especificações terá *necessariamente* um valor *menor* do erro de aproximação máximo do que o filtro ótimo associado às especificações originais? Justifique sua resposta com clareza.

(g) No caso do filtro passa-baixas, todos os mínimos e máximos locais de $A_e(e^{j\omega})$ devem ocorrer nas faixas de aproximação $\omega \in F$; eles *não podem* ocorrer nas faixas de transição ("*don't care*"). Além disso, no caso passa-baixas, os mínimos e máximos locais que ocorrem nas faixas de aproximação precisam ser alternâncias do erro. Mostre que isso não é necessariamente verdadeiro no caso do filtro passa-faixa. Especificamente, use o teorema da alternância para mostrar (i) que os máximos e mínimos locais de $A_e(e^{j\omega})$ não estão restritos às faixas de aproximação e (ii) que os máximos e mínimos locais nas faixas de aproximação não precisam ser alternâncias.

7.64. Muitas vezes é desejável transformar um filtro passa-baixas de tempo discreto prototípico em outro tipo de filtro seletivo em frequência de tempo discreto. Em particular, o método da invariância ao impulso não pode ser usado para converter filtros passa-altas ou passa-faixas de tempo contínuo em filtros passa-altas ou passa-faixas de tempo discreto. Consequentemente, a abordagem tradicional tem sido projetar um filtro de tempo discreto passa-baixas prototípico usando ou a invariância ao impulso ou a transformação bilinear e depois usar uma transformação algébrica para converter o filtro passa-baixas de tempo discreto no filtro seletivo em frequência desejado.

Para entender como isso é feito, suponha que seja dada uma função de sistema passa-baixas $H_{lp}(Z)$ que queiramos transformar em uma nova função de sistema $H(z)$, que tenha características passa-baixas, passa-altas, passa-faixa ou rejeita-faixa quando é calculada sobre a circunferência unitária. Note que associamos a variável complexa Z com o filtro passa-baixas prototípico e a variável complexa z com o filtro transformado. Então, definimos um mapeamento entre o plano Z e o plano z na forma

$$Z^{-1} = G(z^{-1}) \qquad (\text{P7.64-1})$$

de modo que

$$H(z) = H_{lp}(Z)\big|_{Z^{-1}=G(z^{-1})}. \qquad (\text{P7.64-2})$$

Em vez de expressar Z em função de z, consideramos na Equação P7.64-1 que Z^{-1} é expresso em função de z^{-1}. Assim, de acordo com a Equação P7.64-2, na obtenção de $H(z)$ a partir de $H_{lp}(Z)$, simplesmente substituímos Z^{-1} em $H_{lb}(Z)$ pela função $G(z^{-1})$. Essa é uma representação conveniente, pois $H_{lp}(Z)$ normalmente é expressa como uma função racional de Z^{-1}.

Se $H_{lp}(Z)$ é a função de sistema racional de um sistema causal e estável, naturalmente requeremos que a função de sistema transformada $H(z)$ seja uma função racional de z^{-1} e que o sistema também seja causal e estável. Isso impõe as seguintes restrições na transformação $Z^{-1} = G(z^{-1})$:

1. $G(z^{-1})$ deve ser uma função racional de z^{-1}.
2. O interior do círculo unitário do plano Z precisa mapear o interior do círculo unitário do plano z.
3. A circunferência unitária do plano Z precisa ser mapeada na circunferência unitária do plano z.

Neste problema, você deduzirá e caracterizará as transformações algébricas necessárias para converter um filtro passa-baixas de tempo discreto em outro filtro passa-baixas com uma frequência de corte diferente ou em um filtro passa-altas de tempo discreto.

(a) Sejam θ e ω variáveis de frequência (ângulos) no plano Z e no plano z, respectivamente, isto é, nas respectivas circunferências unitárias $Z = e^{j\theta}$ e $z = e^{j\omega}$. Mostre que, para que a Condição 3 seja válida, $G(z^{-1})$ precisa ser um sistema passa-tudo, isto é,

$$|G(e^{-j\omega})| = 1. \qquad (P7.64\text{-}3)$$

(b) É possível mostrar que a forma mais geral de $G(z^{-1})$ que satisfaz as três condições anteriores é

$$Z^{-1} = G(z^{-1}) = \pm \prod_{k=1}^{N} \frac{z^{-1} - \alpha_k}{1 - \alpha_k z^{-1}}. \qquad (P7.64\text{-}4)$$

Pela nossa discussão sobre os sistemas passa-tudo no Capítulo 5, deve ficar claro que $G(z^{-1})$, como dada na Equação P7.64-4, satisfaz a Equação P7.64-3, isto é, é um sistema passa-tudo, e assim satisfaz a Condição 3. A Equação P7.64-4 também atende claramente à Condição 1. Demonstre que a Condição 2 é satisfeita se e somente se $|\alpha_k| < 1$.

(c) Uma simples $G(z^{-1})$ de primeira ordem pode ser usada para mapear um filtro passa-baixas prototípico $H_{lp}(Z)$ com corte θ_p em um novo filtro $H(z)$ com corte ω_p. Demonstre que

$$G(z^{-1}) = \frac{z^{-1} - \alpha}{1 - \alpha z^{-1}}$$

produzirá o mapeamento desejado para algum valor de α. Calcule α em função de θ_p e ω_p. O Problema 7.51 usa essa técnica para projetar filtros passa-baixas com frequências de corte ajustáveis.

(d) Considere o caso de um filtro passa-baixas prototípico com $\theta_p = \pi/2$. Para cada uma das seguintes escolhas de α, especifique a frequência de corte resultante ω_p para o filtro transformado:
  (i) $\alpha = -0{,}2679$.
  (ii) $\alpha = 0$.
  (iii) $\alpha = 0{,}4142$.

(e) Também é possível encontrar um sistema passa-tudo de primeira ordem para $G(z^{-1})$ tal que o filtro passa-baixas prototípico seja transformado em um filtro passa-altas de tempo discreto com corte ω_p. Note que essa transformação precisa mapear $Z^{-1} = e^{j\theta_p} \to z^{-1} = e^{j\omega_p}$ e também mapear $Z^{-1} = 1 \to z^{-1} = -1$; isto é, $\theta = 0$ é mapeado em $\omega = \pi$. Encontre $G(z^{-1})$ para essa transformação e determine também uma expressão para α em termos de θ_p e ω_p.

(f) Usando o mesmo filtro prototípico e os valores de α do item (d), esboce as respostas em frequência para os filtros passa-altas resultantes da transformação especificada por você no item (e).

Transformações similares, porém mais complicadas, podem ser usadas para converter o filtro passa-baixas prototípico $H_{lp}(Z)$ em filtros passa-faixa e rejeita-faixa. Constantinides (1970) descreve essas transformações em mais detalhes.

Capítulo 8 — A transformada de Fourier discreta

8.0 Introdução

Nos capítulos 2 e 3, discutimos a representação de sequências e sistemas LIT em termos da transformada de Fourier de tempo discreto e da transformada z, respectivamente. Para sequências de duração finita, existe uma representação de Fourier em tempo discreto alternativa, chamada de *transformada de Fourier discreta* (TFD). A TFD é uma sequência, em vez de uma função de variável contínua, e corresponde a amostras em frequência, igualmente espaçadas, da TFTD do sinal. Além de sua importância teórica como uma representação de Fourier de sequências, a TFD desempenha um importante papel na implementação de uma variedade de algoritmos de processamento digital de sinais. Isso porque existem algoritmos eficientes para o cálculo da TFD. Esses algoritmos serão discutidos com detalhes no Capítulo 9. A aplicação da TFD para a análise espectral será descrita no Capítulo 10.

Embora vários pontos de vista possam ser usados na obtenção e na interpretação da representação por TFD de uma sequência de duração finita, escolhemos fundamentar nossa apresentação na relação entre sequências periódicas e sequências de comprimento finito. Começamos considerando a representação por série de Fourier de sequências periódicas. Embora essa representação seja importante por si só, estamos na maioria das vezes interessados na aplicação dos resultados de série de Fourier à representação de sequências de comprimento finito. Conseguimos isso construindo uma sequência periódica em que cada período é idêntico à sequência de comprimento finito. A representação por série de Fourier da sequência periódica corresponde então à TFD da sequência de comprimento finito. Assim, nossa abordagem consiste em definir a representação da série de Fourier para sequências periódicas e estudar as propriedades dessas representações. Assim, repetimos essencialmente as mesmas deduções, considerando que a sequência a ser representada é uma sequência de comprimento finito. Essa abordagem para a TFD enfatiza a periodicidade inerente da representação da TFD e garante que essa periodicidade não seja esquecida nas aplicações da TFD.

8.1 Representação de sequências periódicas: a série de Fourier discreta

Considere uma sequência $\tilde{x}[n]$ periódica[1] com período N, de modo que $\tilde{x}[n] = \tilde{x}[n + rN]$ para quaisquer valores inteiros de n e r. Assim como os sinais periódicos de tempo contínuo, tal sequência pode ser representada por uma série de Fourier correspondente a uma soma de sequências exponenciais complexas harmonicamente relacionadas, isto é, exponenciais complexas com frequências que são múltiplos inteiros da frequência fundamental $(2\pi/N)$ associada à sequência periódica $\tilde{x}[n]$. Essas exponenciais complexas periódicas são da forma

$$e_k[n] = e^{j(2\pi/N)kn} = e_k[n + rN], \qquad (8.1)$$

sendo k um inteiro qualquer, e então a representação por série de Fourier tem a forma[2]

$$\tilde{x}[n] = \frac{1}{N}\sum_k \tilde{X}[k] e^{j(2\pi/N)kn}. \qquad (8.2)$$

A representação por série de Fourier de um sinal periódico de tempo contínuo em geral requer infinitas exponenciais complexas harmonicamente relacionadas, enquanto a série de Fourier para qualquer sinal de tempo discreto com período N requer apenas N exponenciais complexas harmonicamente relacionadas. Para verificar isso, note que as exponenciais complexas harmonicamente relacionadas $e_k[n]$ na Equação 8.1 são idênticas para valores de k separados por N; isto é, $e_0[n] = e_N[n]$, $e_1[n] = e_{N+1}[n]$ e, em geral,

$$\begin{aligned} e_{k+\ell N}[n] &= e^{j(2\pi/N)(k+\ell N)n} = \\ &= e^{j(2\pi/N)kn} e^{j2\pi\ell n} = e^{j(2\pi/N)kn} = e_k[n], \end{aligned} \qquad (8.3)$$

---

[1] Daqui em diante, usaremos o til (˜) para indicar sequências periódicas sempre que for importante distinguir com clareza as sequências periódicas das aperiódicas.

[2] A constante multiplicativa $1/N$ é incluída na Equação 8.2 por conveniência. Ela também poderia ser incorporada na definição de $\tilde{X}[k]$.

sendo ℓ um inteiro qualquer. Consequentemente, o conjunto de N exponenciais complexas periódicas $e_0[n]$, $e_1[n], ..., e_{N-1}[n]$ define todas as exponenciais complexas periódicas distintas com frequências que são múltiplos inteiros de $(2\pi/N)$. Assim, a representação por série de Fourier de uma sequência periódica $\tilde{x}[n]$ precisa apenas conter N dessas exponenciais complexas. Por conveniência de notação, escolhemos k no intervalo de 0 a $N-1$; portanto, a Equação 8.2 assume a forma

$$\tilde{x}[n] = \frac{1}{N} \sum_{k=0}^{N-1} \tilde{X}[k] e^{j(2\pi/N)kn}. \quad (8.4)$$

Porém, escolher k variando sobre qualquer período completo de $\tilde{X}[k]$ seria igualmente válido.

Para obter a sequência dos coeficientes da série de Fourier $\tilde{X}[k]$ a partir da sequência periódica $\tilde{x}[n]$, exploramos a ortogonalidade do conjunto das sequências exponenciais complexas. Depois de multiplicar os dois lados da Equação 8.4 por $e^{-j(2\pi/N)rn}$ e somar de $n = 0$ a $n = N - 1$, obtemos

$$\sum_{n=0}^{N-1} \tilde{x}[n] e^{-j(2\pi/N)rn} = \sum_{n=0}^{N-1} \frac{1}{N} \sum_{k=0}^{N-1} \tilde{X}[k] e^{j(2\pi/N)(k-r)n}. \quad (8.5)$$

Mudando a ordem dos somatórios no membro direito, a Equação 8.5 torna-se

$$\sum_{n=0}^{N-1} \tilde{x}[n] e^{-j(2\pi/N)rn} = \sum_{k=0}^{N-1} \tilde{X}[k] \left[\frac{1}{N} \sum_{n=0}^{N-1} e^{j(2\pi/N)(k-r)n} \right]. \quad (8.6)$$

A identidade seguinte expressa a ortogonalidade das exponenciais complexas:

$$\frac{1}{N} \sum_{n=0}^{N-1} e^{j(2\pi/N)(k-r)n} = \begin{cases} 1, & k-r = mN, \ m \text{ um inteiro}, \\ 0, & \text{caso contrário}. \end{cases} \quad (8.7)$$

Essa identidade pode ser facilmente demonstrada (veja o Problema 8.54) e, quando é aplicada ao somatório entre colchetes na Equação 8.6, resulta

$$\sum_{n=0}^{N-1} \tilde{x}[n] e^{-j(2\pi/N)rn} = \tilde{X}[r]. \quad (8.8)$$

Assim, os coeficientes da série de Fourier $\tilde{X}[k]$ da Equação 8.4 são obtidos de $\tilde{x}[n]$ pela relação

$$\tilde{X}[k] = \sum_{n=0}^{N-1} \tilde{x}[n] e^{-j(2\pi/N)kn}. \quad (8.9)$$

Note que a sequência $\tilde{X}[k]$ definida na Equação 8.9 também é periódica com período N se a Equação 8.9 for calculada fora do intervalo $0 \leq k \leq N-1$; isto é, $\tilde{X}[0] = \tilde{X}[N]$, $\tilde{X}[1] = \tilde{X}[N+1]$ e, de modo mais geral,

$$\tilde{X}[k+N] = \sum_{n=0}^{N-1} \tilde{x}[n] e^{-j(2\pi/N)(k+N)n}$$

$$= \left(\sum_{n=0}^{N-1} \tilde{x}[n] e^{-j(2\pi/N)kn} \right) e^{-j2\pi n} = \tilde{X}[k],$$

para qualquer inteiro k.

Os coeficientes da série de Fourier podem ser interpretados como uma sequência de comprimento finito, dada pela Equação 8.9 para $k = 0, ..., (N-1)$, e zero caso contrário, ou como uma sequência periódica definida para todo k na Equação 8.9. Evidentemente, ambas as interpretações são aceitáveis, pois na Equação 8.4 usamos apenas os valores de $\tilde{X}[k]$ para $0 \leq k \leq (N-1)$. Uma vantagem da interpretação dos coeficientes da série de Fourier $\tilde{X}[k]$ como uma sequência periódica é que existe então uma dualidade entre os domínios de tempo e frequência para a representação por série de Fourier de sequências periódicas. As equações 8.9 e 8.4, juntas, formam um par transformado análise-síntese e serão chamadas de representação por *série de Fourier discreta* (SFD) de uma sequência periódica.

Por conveniência de notação, essas equações muitas vezes são escritas em termos da quantidade complexa

$$W_N = e^{-j(2\pi/N)}. \quad (8.10)$$

Com essa notação, o par análise-síntese da SFD é representado da seguinte forma:

Equação de análise: $\tilde{X}[k] = \sum_{n=0}^{N-1} \tilde{x}[n] W_N^{kn}. \quad (8.11)$

Equação de síntese: $\tilde{x}[n] = \frac{1}{N} \sum_{k=0}^{N-1} \tilde{X}[k] W_N^{-kn}. \quad (8.12)$

Em ambas as equações, $\tilde{X}[k]$ e $\tilde{x}[n]$ são sequências periódicas. Algumas vezes, será conveniente usar a notação

$$\tilde{x}[n] \stackrel{\mathcal{SFD}}{\longleftrightarrow} \tilde{X}[k] \quad (8.13)$$

para indicar as relações das equações 8.11 e 8.12. Os exemplos a seguir ilustram o uso dessas equações.

Exemplo 8.1 SFD de um trem de impulsos periódico

Considere o trem de impulsos periódico

$$\tilde{x}[n] = \sum_{r=-\infty}^{\infty} \delta[n-rN] = \begin{cases} 1, & n = rN, \ r \text{ inteiro qualquer} \\ 0, & \text{caso contrário}. \end{cases}$$
$$(8.14)$$

Como $\tilde{x}[n] = \delta[n]$ para $0 \leq n \leq N-1$, os coeficientes da SFD, obtidos usando a Equação 8.11, são

$$\tilde{X}[k] = \sum_{n=0}^{N-1} \delta[n]W_N^{kn} = W_N^0 = 1. \quad (8.15)$$

Nesse caso, $\tilde{X}[k] = 1$ para todo k. Assim, substituir a Equação 8.15 na Equação 8.12 resulta na representação

$$\tilde{x}[n] = \sum_{r=-\infty}^{\infty} \delta[n-rN] = \frac{1}{N}\sum_{k=0}^{N-1} W_N^{-kn} = \frac{1}{N}\sum_{k=0}^{N-1} e^{j(2\pi/N)kn}. \quad (8.16)$$

O Exemplo 8.1 forneceu uma representação útil de um trem de impulsos periódico em termos de uma soma de exponenciais complexas, na qual todas as exponenciais complexas têm a mesma magnitude e fase e cuja soma é unitária em múltiplos inteiros de N e é nula para todos os demais inteiros. Se examinarmos com cuidado as equações 8.11 e 8.12, notamos que as duas equações são muito similares, diferindo apenas em uma constante multiplicativa e no sinal dos expoentes. Essa dualidade da sequência periódica $\tilde{x}[n]$ e de seus coeficientes da SFD $\tilde{X}[k]$ é ilustrada no exemplo a seguir.

Exemplo 8.2 Dualidade na SFD

Neste exemplo, os coeficientes da SFD são um trem de impulsos periódico:

$$\tilde{Y}[k] = \sum_{r=-\infty}^{\infty} N\delta[k-rN].$$

Substituindo $\tilde{Y}[k]$ na Equação 8.12, obtemos

$$\tilde{y}[n] = \frac{1}{N}\sum_{k=0}^{N-1} N\delta[k]W_N^{-kn} = W_N^{-0} = 1.$$

Nesse caso, $\tilde{y}[n] = 1$ para todo n. Comparando esse resultado com os resultados para $\tilde{x}[n]$ e $\tilde{X}[k]$ do Exemplo 8.1, notamos que $\tilde{Y}[k] = N\tilde{x}[k]$ e $\tilde{y}[n] = \tilde{X}[n]$. Na Seção 8.2.3, mostraremos que este exemplo é um caso especial de uma propriedade de dualidade mais geral.

Se a sequência $\tilde{x}[n]$ é igual a unidade somente em parte de um período, também podemos obter uma expressão em forma fechada para os coeficientes da SFD. Isso é ilustrado pelo exemplo a seguir.

Exemplo 8.3 A SFD de um trem de pulsos retangulares periódico

Para este exemplo, $\tilde{x}[n]$ é a sequência mostrada na Figura 8.1, cujo período é $N = 10$. A partir da Equação 8.11,

$$\tilde{X}[k] = \sum_{n=0}^{4} W_{10}^{kn} = \sum_{n=0}^{4} e^{-j(2\pi/10)kn}. \quad (8.17)$$

Essa soma finita tem a forma fechada

$$\tilde{X}[k] = \frac{1-W_{10}^{5k}}{1-W_{10}^{k}} = e^{-j(4\pi k/10)}\frac{\text{sen}(\pi k/2)}{\text{sen}(\pi k/10)}. \quad (8.18)$$

A magnitude e a fase da sequência periódica $\tilde{X}[k]$ são mostradas na Figura 8.2.

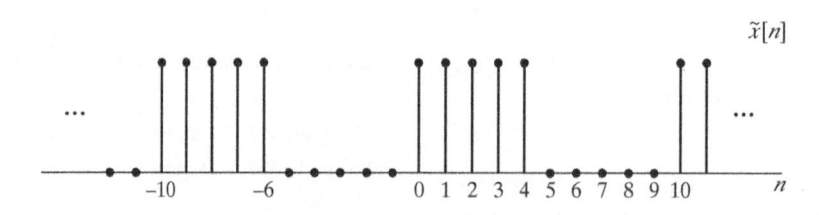

Figura 8.1 Sequência periódica com período $N = 10$ para a qual a representação da série de Fourier deve ser calculada.

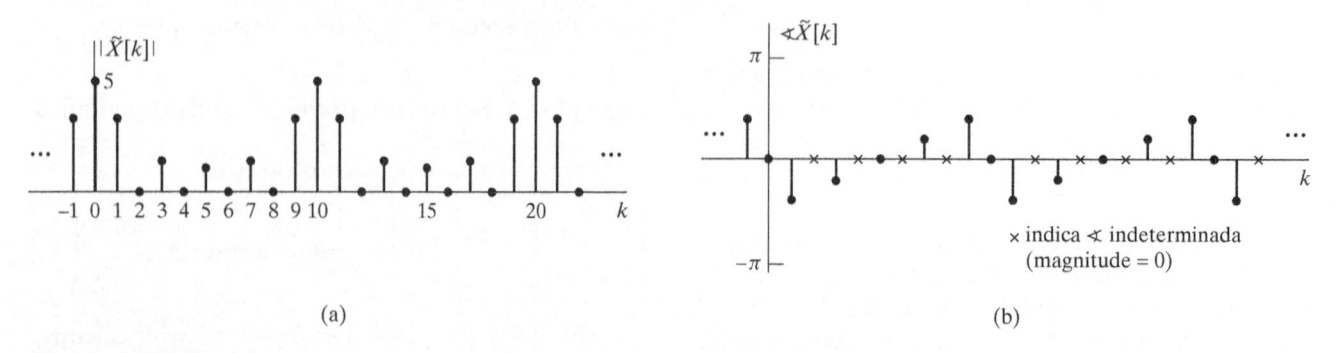

Figura 8.2 Magnitude e fase dos coeficientes da série de Fourier para a sequência da Figura 8.1.

Mostramos que qualquer sequência periódica pode ser representada como uma soma de sequências exponenciais complexas. Os principais resultados são resumidos nas equações 8.11 e 8.12. Como veremos, essas relações são a base para a TFD, que concentra sequências de comprimento finito. Antes de discutirmos a TFD, porém, consideraremos algumas das propriedades básicas da representação por SFD das sequências periódicas na Seção 8.2 e, depois, na Seção 8.3, mostraremos como podemos usar a representação por SFD na obtenção de uma representação por TFTD de sinais periódicos.

8.2 Propriedades da SFD

Assim como com a série de Fourier e as transformadas de Fourier e Laplace para sinais de tempo contínuo, e com as transformadas de Fourier de tempo discreto e z para sequências não periódicas, algumas propriedades da SFD são de importância fundamental para seu uso bem-sucedido nos problemas de processamento de sinais. Nesta seção, resumimos essas propriedades importantes. Não surpreende que muitas das propriedades básicas sejam análogas às propriedades da transformada z e às da TFTD. Porém, teremos o cuidado de salientar onde a periodicidade de $\tilde{x}[n]$ e $\tilde{X}[k]$ resulta em algumas distinções importantes. Além disso, existe uma dualidade exata entre os domínios de tempo e frequência na representação por SFD que não existe nas representações de sequências por TFTD e por transformada z.

8.2.1 Linearidade

Considere duas sequências periódicas $\tilde{x}_1[n]$ e $\tilde{x}_2[n]$, ambas com período N, tais que

$$\tilde{x}_1[n] \stackrel{SFD}{\longleftrightarrow} \tilde{X}_1[k] \quad (8.19a)$$

e

$$\tilde{x}_2[n] \stackrel{SFD}{\longleftrightarrow} \tilde{X}_2[k]. \quad (8.19b)$$

Então,

$$a\tilde{x}_1[n] + b\tilde{x}_2[n] \stackrel{SFD}{\longleftrightarrow} a\tilde{X}_1[k] + b\tilde{X}_2[k]. \quad (8.20)$$

Essa propriedade de linearidade vem diretamente da forma das equações 8.11 e 8.12.

8.2.2 Deslocamento de uma sequência

Se uma sequência periódica $\tilde{x}[n]$ tem coeficientes de Fourier $\tilde{X}[k]$, então $\tilde{x}[n-m]$ é uma versão deslocada de $\tilde{x}[n]$, e

$$\tilde{x}[n-m] \stackrel{SFD}{\longleftrightarrow} W_N^{km}\tilde{X}[k]. \quad (8.21)$$

A prova dessa propriedade é considerada no Problema 8.55. Note que qualquer deslocamento maior ou igual ao período (isto é, $m \geq N$) não pode ser distinguido no domínio de tempo de um deslocamento mais curto m_1 tal que $m = m_1 + m_2 N$, sendo m_1 e m_2 inteiros e $0 \leq m_1 \leq N - 1$. (Outra forma de descrever isso é que $m_1 = m \bmod N$ ou, de modo equivalente, m_1 é o resto da divisão de m por N.) Podemos mostrar facilmente que, com essa representação de m, $W_N^{km} = W_N^{km_1}$; isto é, como esperado, a ambiguidade do deslocamento no domínio do tempo também ocorre na representação no domínio da frequência.

Como a sequência de coeficientes da série de Fourier de uma sequência periódica é uma sequência periódica, um resultado similar se aplica a um deslocamento nos coeficientes de Fourier por um inteiro ℓ. Especificamente,

$$W_N^{-n\ell}\tilde{x}[n] \stackrel{SFD}{\longleftrightarrow} \tilde{X}[k-\ell]. \quad (8.22)$$

Note a diferença no sinal dos expoentes das equações 8.21 e 8.22.

8.2.3 Dualidade

Devido à forte similaridade entre as equações de análise e de síntese de Fourier em tempo contínuo, existe uma dualidade entre o domínio do tempo e o domínio da frequência. Porém, para a TFTD de sinais aperiódicos, não existe dualidade similar, pois os sinais aperiódicos e suas transformadas de Fourier são tipos de funções muito diferentes: sinais de tempo discreto aperiódicos, evidentemente, são sequências aperiódicas, enquanto suas TFTDs são sempre funções periódicas de uma variável contínua na frequência.

A partir das equações 8.11 e 8.12, notamos que as equações de análise e de síntese da SFD diferem apenas em um fator de $1/N$ e no sinal do expoente de W_N. Além disso, uma sequência periódica e seus coeficientes da SFD são dos mesmos tipos de funções; ambas são sequências periódicas. Especificamente, levando em conta o fator $1/N$ e a diferença no sinal do expoente entre as equações 8.11 e 8.12, decorre a partir da Equação 8.12 que

$$N\tilde{x}[-n] = \sum_{k=0}^{N-1} \tilde{X}[k] W_N^{kn} \quad (8.23)$$

ou, trocando os papéis de n e k na Equação 8.23,

$$N\tilde{x}[-k] = \sum_{n=0}^{N-1} \tilde{X}[n] W_N^{nk}. \quad (8.24)$$

Vemos que a Equação 8.24 é similar à Equação 8.11. Em outras palavras, a sequência de coeficientes da SFD da sequência periódica $\tilde{X}[n]$ é $N\tilde{x}[-k]$, isto é, a sequência periódica original em ordem reversa e multiplicada por N. A propriedade da dualidade é resumida da seguinte forma: Se

$$\tilde{x}[n] \stackrel{\mathcal{SFD}}{\longleftrightarrow} \tilde{X}[k], \qquad (8.25a)$$

então

$$\tilde{X}[n] \stackrel{\mathcal{SFD}}{\longleftrightarrow} N\tilde{x}[-k]. \qquad (8.25b)$$

8.2.4 Propriedades de simetria

Como discutimos na Seção 2.8, a transformada de Fourier de uma sequência aperiódica tem diversas propriedades de simetria úteis. As mesmas propriedades básicas também são válidas na representação por SFD de uma sequência periódica. A dedução dessas propriedades, que é similar em estilo às demonstrações no Capítulo 2, foi deixada como exercício. (Veja o Problema 8.56.) As propriedades resultantes são resumidas como propriedades 9-17 na Tabela 8.1.

8.2.5 Convolução periódica

Sejam $\tilde{x}_1[n]$ e $\tilde{x}_2[n]$ duas sequências periódicas, cada uma com período N e com coeficientes da SFD denotados por $\tilde{X}_1[k]$ e $\tilde{X}_2[k]$, respectivamente. Se formamos o produto

$$\tilde{X}_3[k] = \tilde{X}_1[k]\tilde{X}_2[k], \qquad (8.26)$$

então a sequência periódica $\tilde{x}_3[n]$ com coeficientes da série de Fourier $\tilde{X}_3[k]$ é

$$\tilde{x}_3[n] = \sum_{m=0}^{N-1} \tilde{x}_1[m]\tilde{x}_2[n-m]. \qquad (8.27)$$

Esse resultado não é surpreendente, pois nossa experiência com transformadas sugere que a multiplicação de funções no domínio da frequência corresponde à convolução de funções no domínio do tempo, e a Equação 8.27 se parece muito com uma soma de convolução. A Equação 8.27 envolve a soma dos valores do produto de $\tilde{x}_1[m]$ com $\tilde{x}_2[n-m]$, que é uma versão refletida no tempo e deslocada no tempo de $\tilde{x}_2[m]$, tal como na convolução discreta aperiódica. Porém, todas as sequências na Equação 8.27 são periódicas com período N, e a soma é feita apenas em um período. Uma convolução na forma da Equação 8.27 é chamada de *convolução periódica*. Tal como ocorre na convolução aperiódica, a convolução periódica é comutativa; isto é,

$$\tilde{x}_3[n] = \sum_{m=0}^{N-1} \tilde{x}_2[m]\tilde{x}_1[n-m]. \qquad (8.28)$$

Para demonstrar que $\tilde{X}_3[k]$, dada pela Equação 8.26, é a sequência de coeficientes de Fourier correspondente a $\tilde{x}_3[n]$, dada pela Equação 8.27, primeiro aplicaremos a Equação 8.11, a equação de análise da SFD, na Equação 8.27 para obter

$$\tilde{X}_3[k] = \sum_{n=0}^{N-1} \left(\sum_{m=0}^{N-1} \tilde{x}_1[m]\tilde{x}_2[n-m] \right) W_N^{kn}, \qquad (8.29)$$

que, depois que trocarmos a ordem dos somatórios, torna-se

$$\tilde{X}_3[k] = \sum_{m=0}^{N-1} \tilde{x}_1[m] \left(\sum_{n=0}^{N-1} \tilde{x}_2[n-m]W_N^{kn} \right). \qquad (8.30)$$

A soma interna com índice n é a SFD da sequência deslocada $\tilde{x}_2[n-m]$. Portanto, da propriedade do deslocamento da Seção 8.2.2, obtemos

$$\sum_{n=0}^{N-1} \tilde{x}_2[n-m]W_N^{kn} = W_N^{km}\tilde{X}_2[k],$$

que pode ser substituída na Equação 8.30 para fornecer

$$\tilde{X}_3[k] = \sum_{m=0}^{N-1} \tilde{x}_1[m]W_N^{km}\tilde{X}_2[k] =$$

$$= \left(\sum_{m=0}^{N-1} \tilde{x}_1[m]W_N^{km} \right) \tilde{X}_2[k] = \tilde{X}_1[k]\tilde{X}_2[k]. \qquad (8.31)$$

Em resumo,

$$\sum_{m=0}^{N-1} \tilde{x}_1[m]\tilde{x}_2[n-m] \stackrel{\mathcal{SFD}}{\longleftrightarrow} \tilde{X}_1[k]\tilde{X}_2[k]. \qquad (8.32)$$

Assim, a convolução periódica de sequências periódicas corresponde à multiplicação das sequências periódicas de coeficientes das séries de Fourier correspondentes.

Como as convoluções periódicas são um tanto diferentes das convoluções aperiódicas, vale a pena considerar os mecanismos para o cálculo da Equação 8.27. Primeiro, note que a Equação 8.27 requer o produto das sequências $\tilde{x}_1[m]$ e $\tilde{x}_2[n-m] = \tilde{x}_2[-(m-n)]$ vistas como funções de m com n fixo. Isso também ocorre em uma convolução aperiódica, mas com as duas principais diferenças a seguir:

1. A soma é feita em um intervalo finito $0 \le m \le N-1$.
2. Os valores de $\tilde{x}_2[n-m]$ no intervalo $0 \le m \le N-1$ se repetem periodicamente para m fora desse intervalo.

Esses aspectos são ilustrados com o exemplo seguinte.

Exemplo 8.4 Convolução periódica

Um exemplo do procedimento para obter a convolução periódica correspondente à Equação 8.27 de duas sequências periódicas é dado na Figura 8.3, em que ilustramos as sequências $\tilde{x}_2[m]$, $\tilde{x}_1[m]$, $\tilde{x}_2[-m]$, $\tilde{x}_2[1-m] = \tilde{x}_2[-(m-1)]$ e $\tilde{x}_2[2-m] = \tilde{x}_2[-(m-2)]$. Para calcular $\tilde{x}_3[n]$ na Equação 8.27 para $n = 2$, por exemplo,

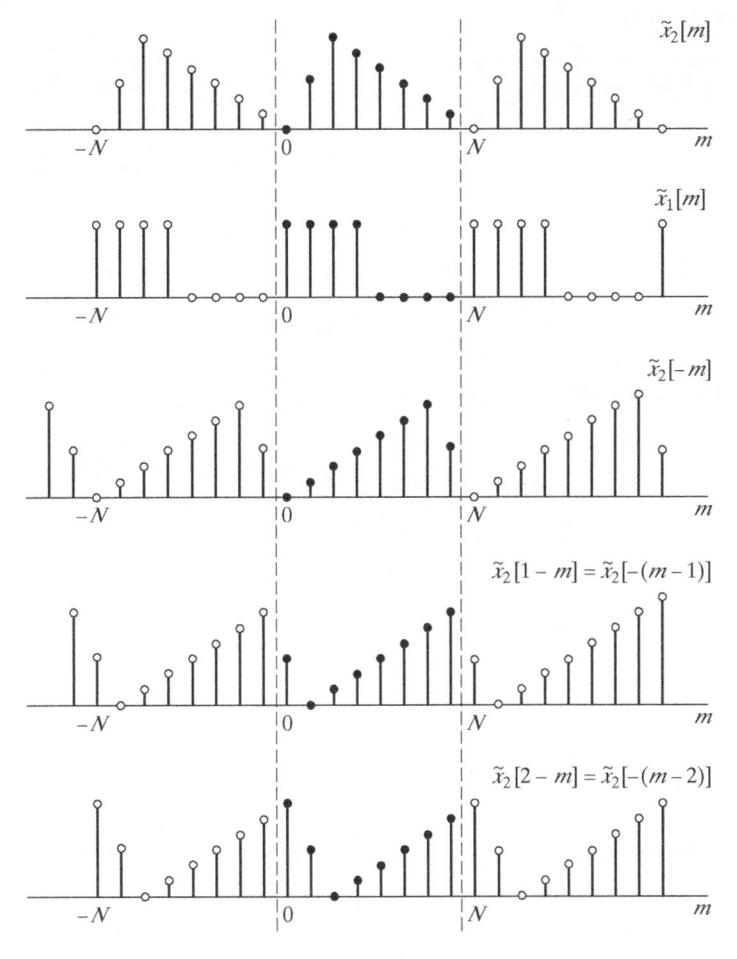

Figura 8.3 Procedimento para formar a convolução periódica de duas sequências periódicas.

> multiplicamos $\tilde{x}_1[m]$ por $\tilde{x}_2[2 - m]$ e então somamos os termos de produto $\tilde{x}_1[m]\tilde{x}_2[2 - m]$ para $0 \leq m \leq N - 1$, obtendo $\tilde{x}_3[2]$. À medida que n muda, a sequência $\tilde{x}_2[n - m]$ desloca-se de modo apropriado, e a Equação 8.27 é calculada para cada valor de $0 \leq n \leq N - 1$. Note que, conforme a sequência $\tilde{x}_2[n - m]$ desloca-se para a direita ou para a esquerda, os valores que saem do intervalo entre as linhas tracejadas em uma ponta reaparecem na outra ponta devido à periodicidade. Devido à periodicidade de $\tilde{x}_3[n]$, não é preciso continuar o cálculo da Equação 8.27 fora do intervalo $0 \leq n \leq N - 1$.

O teorema da dualidade da Seção 8.2.3 sugere que, se os papéis do tempo e da frequência forem trocados, obteremos um resultado quase idêntico ao resultado anterior. Isto é, a sequência periódica

$$\tilde{x}_3[n] = \tilde{x}_1[n]\tilde{x}_2[n], \quad (8.33)$$

em que $\tilde{x}_1[n]$ e $\tilde{x}_2[n]$ são sequências periódicas, cada uma com período N, possui os coeficientes da SFD dados por

$$\tilde{X}_3[k] = \frac{1}{N} \sum_{\ell=0}^{N-1} \tilde{X}_1[\ell]\tilde{X}_2[k - \ell], \quad (8.34)$$

correspondendo a $1/N$ vezes a convolução periódica de $\tilde{X}_1[k]$ e $\tilde{X}_2[k]$. Esse resultado também pode ser verificado substituindo $\tilde{X}_3[k]$, dado na Equação 8.34, na relação da série de Fourier da Equação 8.12 para obter $\tilde{x}_3[n]$.

8.2.6 Resumo das propriedades de representação por SFD de sequências periódicas

As propriedades da representação por SFD discutidas nesta seção estão resumidas na Tabela 8.1.

8.3 Transformada de Fourier de sinais periódicos

Como discutido na Seção 2.7, a convergência uniforme da transformada de Fourier de uma sequência requer que a sequência seja somável em valor absoluto, e a convergência em média quadrática requer que ela seja quadraticamente somável. Sequências periódicas não satisfazem nenhuma dessas condições. Porém, como discutimos rapidamente na Seção 2.7, pode-se considerar que sequências que podem ser expressas

Tabela 8.1 Resumo das propriedades da SFD.

Sequência periódica (período N)	Coeficientes da SFD (período N)
1. $\tilde{x}[n]$	$\tilde{X}[k]$ periódica com período N
2. $\tilde{x}_1[n], \tilde{x}_2[n]$	$\tilde{X}_1[k], \tilde{X}_2[k]$ periódicos com período N
3. $a\tilde{x}_1[n] + b\tilde{x}_2[n]$	$a\tilde{X}_1[k] + b\tilde{X}_2[k]$
4. $\tilde{X}[n]$	$N\tilde{x}[-k]$
5. $\tilde{x}[n-m]$	$W_N^{km}\tilde{X}[k]$
6. $W_N^{-\ell n}\tilde{x}[n]$	$\tilde{X}[k-\ell]$
7. $\sum_{m=0}^{N-1}\tilde{x}_1[m]\tilde{x}_2[n-m]$ (convolução periódica)	$\tilde{X}_1[k]\tilde{X}_2[k]$
8. $\tilde{x}_1[n]\tilde{x}_2[n]$	$\frac{1}{N}\sum_{\ell=0}^{N-1}\tilde{X}_1[\ell]\tilde{X}_2[k-\ell]$ (convolução periódica)
9. $\tilde{x}^*[n]$	$\tilde{X}^*[-k]$
10. $\tilde{x}^*[-n]$	$\tilde{X}^*[k]$
11. $\mathcal{R}e\{\tilde{x}[n]\}$	$\tilde{X}_e[k] = \frac{1}{2}(\tilde{X}[k] + \tilde{X}^*[-k])$
12. $j\mathcal{I}m\{\tilde{x}[n]\}$	$\tilde{X}_o[k] = \frac{1}{2}(\tilde{X}[k] - \tilde{X}^*[-k])$
13. $\tilde{x}_e[n] = \frac{1}{2}(\tilde{x}[n] + \tilde{x}^*[-n])$	$\mathcal{R}e\{\tilde{X}[k]\}$
14. $\tilde{x}_o[n] = \frac{1}{2}(\tilde{x}[n] - \tilde{x}^*[-n])$	$j\mathcal{I}m\{\tilde{X}[k]\}$

As propriedades 15-17 aplicam-se apenas quando $x[n]$ é real.

15. Propriedades de simetria para $\tilde{x}[n]$ real.	$\begin{cases} \tilde{X}[k] = \tilde{X}^*[-k] \\ \mathcal{R}e\{\tilde{X}[k]\} = \mathcal{R}e\{\tilde{X}[-k]\} \\ \mathcal{I}m\{\tilde{X}[k]\} = -\mathcal{I}m\{\tilde{X}[-k]\} \\ |\tilde{X}[k]| = |\tilde{X}[-k]| \\ \angle\tilde{X}[k] = -\angle\tilde{X}[-k] \end{cases}$
16. $\tilde{x}_e[n] = \frac{1}{2}(\tilde{x}[n] + \tilde{x}[-n])$	$\mathcal{R}e\{\tilde{X}[k]\}$
17. $\tilde{x}_0[n] = \frac{1}{2}(\tilde{x}[n] - \tilde{x}[-n])$	$j\mathcal{I}m\{\tilde{X}[k]\}$

como uma soma de exponenciais complexas têm uma representação por transformada de Fourier na forma da Equação 2.147, isto é, como um trem de impulsos. De modo similar, muitas vezes é útil incorporar a representação por SFD dos sinais periódicos no contexto da transformada de Fourier de tempo discreto. Isso pode ser feito interpretando a transformada de Fourier de tempo discreto de um sinal periódico como um trem de impulsos no domínio de frequência com os valores dos impulsos proporcionais aos coeficientes da SFD para a sequência. Especificamente, se $\tilde{x}[n]$ for periódica com período N e $\tilde{X}[k]$ forem os coeficientes da SFD correspondente, então a transformada de Fourier de $\tilde{x}[n]$ é definida como o trem de impulsos

$$\tilde{X}(e^{j\omega}) = \sum_{k=-\infty}^{\infty}\frac{2\pi}{N}\tilde{X}[k]\delta\left(\omega - \frac{2\pi k}{N}\right). \quad (8.35)$$

Note que $\tilde{X}(e^{j\omega})$ tem a periodicidade necessária com período 2π, pois $\tilde{X}[k]$ é periódica com período N, e os impulsos são espaçados em múltiplos inteiros de $2\pi/N$, sendo N um inteiro. Para mostrar que $\tilde{X}(e^{j\omega})$, como definida na Equação 8.35, é uma representação por transformada de Fourier da sequência periódica $\tilde{x}[n]$, substituímos a Equação 8.35 na transformada de Fourier inversa da Equação 2.130; isto é,

$$\frac{1}{2\pi}\int_{0-\epsilon}^{2\pi-\epsilon}\tilde{X}(e^{j\omega})e^{j\omega n}d\omega = \frac{1}{2\pi}\int_{0-\epsilon}^{2\pi-\epsilon}\sum_{k=-\infty}^{\infty}\frac{2\pi}{N}\tilde{X}[k]\delta\left(\omega - \frac{2\pi k}{N}\right)e^{j\omega n}d\omega, \quad (8.36)$$

em que ϵ satisfaz a desigualdade $0 < \epsilon < (2\pi/N)$. Lembre-se de que, no cálculo da transformada de Fourier inversa, podemos integrar sobre qualquer intervalo de comprimento 2π, pois o integrando $\tilde{X}(e^{j\omega})e^{j\omega n}$ é periódico, com período 2π. Na Equação 8.36, os limites de integração são indicados por $0 - \epsilon$ e $2\pi - \epsilon$, o que significa que a integração começa imediatamente antes de $\omega = 0$ e vai até imediatamente antes de $\omega = 2\pi$. Esses limites são convenientes, pois incluem o impulso em $\omega = 0$ e excluem o impulso em $\omega = 2\pi$.[3] Trocar a ordem da integral e do somatório resulta em

---

[3] Os limites de 0 a 2π apresentariam um problema, pois os impulsos em 0 e 2π exigiriam um manejo especial.

$$\frac{1}{2\pi}\int_{0-\epsilon}^{2\pi-\epsilon}\tilde{X}(e^{j\omega})e^{j\omega n}d\omega = \frac{1}{N}\sum_{k=-\infty}^{\infty}\tilde{X}[k]\int_{0-\epsilon}^{2\pi-\epsilon}\delta\left(\omega-\frac{2\pi k}{N}\right)e^{j\omega n}d\omega$$

$$= \frac{1}{N}\sum_{k=0}^{N-1}\tilde{X}[k]e^{j(2\pi/N)kn}. \qquad (8.37)$$

A forma final na Equação 8.37 resulta do fato de que somente os impulsos correspondentes a $k = 0, 1, ..., (N-1)$ são incluídos no intervalo entre $\omega = 0 - \epsilon$ e $\omega = 2\pi - \epsilon$.

Comparando a Equação 8.37 e a Equação 8.12, notamos que o membro direito final da Equação 8.37 é exatamente igual à representação por série de Fourier para $\tilde{x}[n]$, como especifica a Equação 8.12. Consequentemente, a transformada de Fourier inversa do trem de impulsos na Equação 8.35 é o sinal periódico $\tilde{x}[n]$, como desejado.

Embora a transformada de Fourier de uma sequência periódica não convirja na forma usual, a introdução de impulsos nos permite incluir sequências periódicas formalmente no contexto de análise por transformada de Fourier. Essa abordagem também foi usada no Capítulo 2 na obtenção de uma representação por transformada de Fourier de outras sequências não somáveis, como a sequência constante bilateral (Exemplo 2.19) ou a sequência exponencial complexa (Exemplo 2.20). Embora a representação por SFD seja adequada para a maioria das finalidades, a representação por transformada de Fourier da Equação 8.35 muitas vezes conduz a expressões mais simples ou mais compactas e uma análise simplificada.

Exemplo 8.5 Transformada de Fourier de um trem de impulsos de tempo discreto periódico

Considere o trem de impulsos de tempo discreto periódico

$$\tilde{p}[n] = \sum_{r=-\infty}^{\infty}\delta[n-rN], \qquad (8.38)$$

que é a mesma sequência periódica $\tilde{x}[n]$ considerada no Exemplo 8.1. A partir dos resultados desse exemplo, concluímos que

$$\tilde{P}[k] = 1, \quad \text{para todo } k. \qquad (8.39)$$

Portanto, a TFTD de $\tilde{p}[n]$ é

$$\tilde{P}(e^{j\omega}) = \sum_{k=-\infty}^{\infty}\frac{2\pi}{N}\delta\left(\omega-\frac{2\pi k}{N}\right). \qquad (8.40)$$

O resultado do Exemplo 8.5 é a base para uma interpretação útil da relação entre um sinal periódico e um sinal de comprimento finito. Considere um sinal de comprimento finito $x[n]$ tal que $x[n] = 0$, exceto no intervalo $0 \leq n \leq N-1$, e considere a convolução de $x[n]$ com o trem de impulsos periódico $\tilde{p}[n]$ do Exemplo 8.5:

$$\tilde{x}[n] = x[n] * \tilde{p}[n] = x[n] * \sum_{r=-\infty}^{\infty}\delta[n-rN] =$$
$$= \sum_{r=-\infty}^{\infty} x[n-rN]. \qquad (8.41)$$

A Equação 8.41 estabelece que $\tilde{x}[n]$ consiste em um conjunto de cópias periodicamente repetidas da sequência de comprimento finito $x[n]$. A Figura 8.4 ilustra como uma sequência periódica $\tilde{x}[n]$ pode ser formada a partir de uma sequência de comprimento finito $x[n]$ por meio da Equação 8.41. A transformada de Fourier de $x[n]$ é $X(e^{j\omega})$, e a transformada de Fourier de $\tilde{x}[n]$ é

$$\tilde{X}(e^{j\omega}) = X(e^{j\omega})\tilde{P}(e^{j\omega})$$

$$= X(e^{j\omega})\sum_{k=-\infty}^{\infty}\frac{2\pi}{N}\delta\left(\omega-\frac{2\pi k}{N}\right) \qquad (8.42)$$

$$= \sum_{k=-\infty}^{\infty}\frac{2\pi}{N}X(e^{j(2\pi/N)k})\delta\left(\omega-\frac{2\pi k}{N}\right).$$

Comparando a Equação 8.42 com a Equação 8.35, concluímos que

$$\tilde{X}[k] = X(e^{j(2\pi/N)k}) = X(e^{j\omega})\Big|_{\omega=(2\pi/N)k}. \qquad (8.43)$$

Em outras palavras, a sequência periódica $\tilde{X}[k]$ dos coeficientes da SFD na Equação 8.11 tem uma interpretação em tempo discreto como amostras igualmente espaçadas da TFTD da sequência de comprimento finito obtida tomando apenas um período de $\tilde{x}[n]$; isto é,

$$x[n] = \begin{cases} \tilde{x}[n], & 0 \leq n \leq N-1, \\ 0, & \text{caso contrário}. \end{cases} \qquad (8.44)$$

Isso também é consistente com a Figura 8.4, na qual fica claro que $x[n]$ pode ser obtida de $\tilde{x}[n]$ usando a

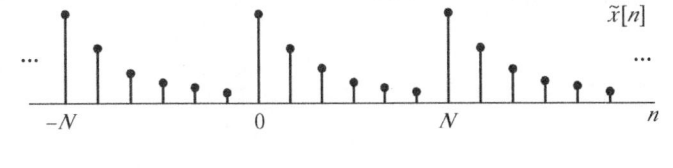

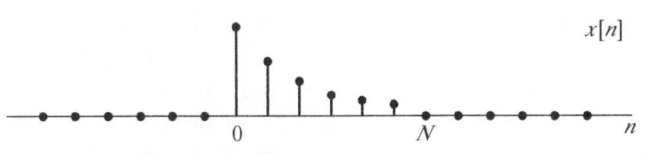

Figura 8.4 Sequência periódica $\tilde{x}[n]$ formada pela repetição periódica de uma sequência de comprimento finito, $x[n]$. Além disso, $x[n] = \tilde{x}[n]$ em um período, e é nula caso contrário.

Equação 8.44. Podemos verificar a Equação 8.43 ainda de outra forma. Como $x[n] = \tilde{x}[n]$ para $0 \le n \le N-1$, e $x[n] = 0$ caso contrário,

$$X(e^{j\omega}) = \sum_{n=0}^{N-1} x[n]e^{-j\omega n} = \sum_{n=0}^{N-1} \tilde{x}[n]e^{-j\omega n}. \quad (8.45)$$

Comparando a Equação 8.45 e a Equação 8.11, notamos novamente que

$$\tilde{X}[k] = X(e^{j\omega})\big|_{\omega=2\pi k/N}. \quad (8.46)$$

Isso corresponde à amostragem da transformada de Fourier em N frequências igualmente espaçadas entre $\omega = 0$ e $\omega = 2\pi$ com um espaçamento em frequência de $2\pi/N$.

Exemplo 8.6 Relação entre os coeficientes da série de Fourier e a transformada de Fourier de um período

Novamente, consideramos a sequência $\tilde{x}[n]$ do Exemplo 8.3, que é mostrada na Figura 8.1. Um período de $\tilde{x}[n]$ para a sequência da Figura 8.1 é

$$x[n] = \begin{cases} 1, & 0 \le n \le 4, \\ 0, & \text{caso contrário.} \end{cases} \quad (8.47)$$

A transformada de Fourier de um período de $\tilde{x}[n]$ é dada por

$$X(e^{j\omega}) = \sum_{n=0}^{4} e^{-j\omega n} = e^{-j2\omega}\frac{\text{sen}(5\omega/2)}{\text{sen}(\omega/2)}. \quad (8.48)$$

Podemos mostrar que a Equação 8.46 é satisfeita neste exemplo substituindo $\omega = 2\pi k/10$ na Equação 8.48, o que resulta em

$$\tilde{X}[k] = e^{-j(4\pi k/10)}\frac{\text{sen}(\pi k/2)}{\text{sen}(\pi k/10)},$$

que é idêntico ao resultado da Equação 8.18. A magnitude e a fase de $X(e^{j\omega})$ são esboçadas na Figura 8.5. Note que a fase é descontínua nas frequências em que $X(e^{j\omega}) = 0$. Na Figura 8.6 é representada a sobreposição das figuras 8.2 e 8.5, demonstrando assim que as sequências das figuras 8.2(a) e (b) correspondem a amostras das curvas das figuras 8.5(a) e (b), respectivamente.

8.4 Amostragem da transformada de Fourier

Nesta seção, discutimos de modo mais geral a relação entre uma sequência aperiódica com transformada de Fourier $X(e^{j\omega})$ e a sequência periódica para a qual os coeficientes da SFD correspondem a amostras de $X(e^{j\omega})$ igualmente espaçadas em frequência. Veremos que essa relação é particularmente importante ao discutirmos a transformada de Fourier discreta e suas propriedades mais adiante no capítulo.

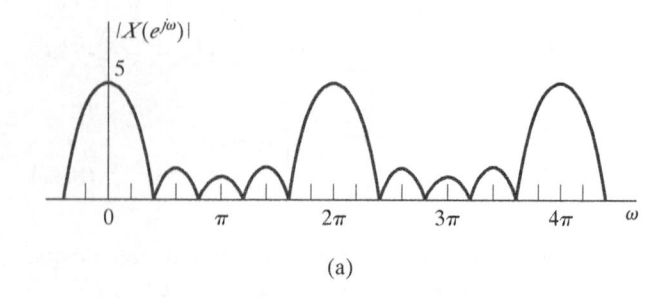

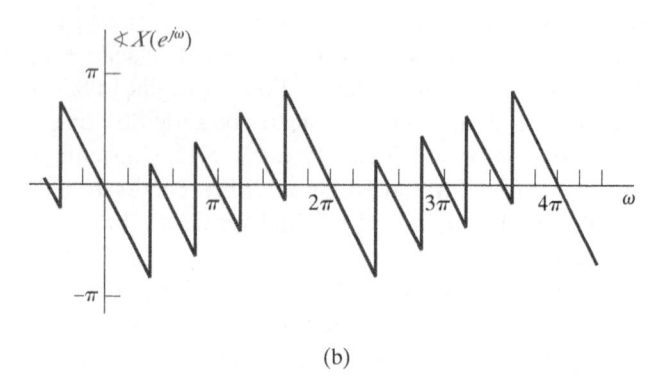

Figura 8.5 Magnitude e fase da transformada de Fourier de um período da sequência da Figura 8.1.

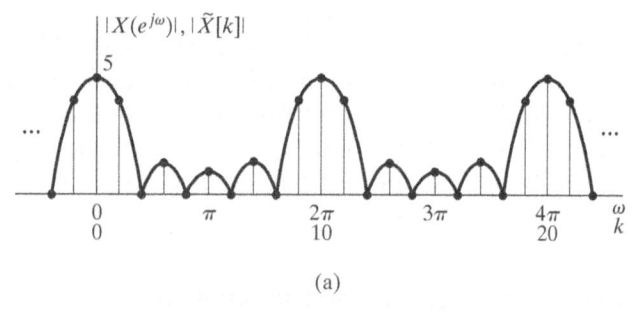

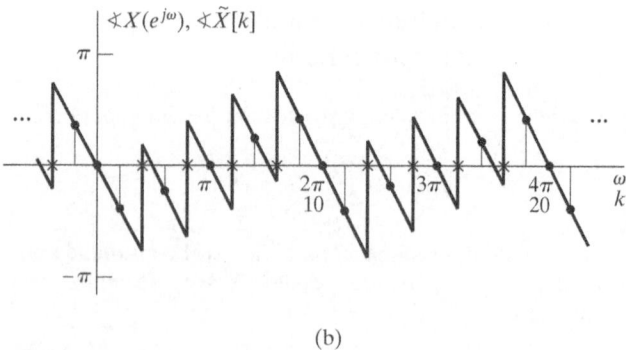

Figura 8.6 Sobreposição das figuras 8.2 e 8.5 ilustrando os coeficientes da SFD de uma sequência periódica como amostras da transformada de Fourier de um período.

Considere uma sequência aperiódica $x[n]$ com transformada de Fourier $X(e^{j\omega})$ e suponha que a sequência $\tilde{X}[k]$ seja obtida amostrando $X(e^{j\omega})$ nas frequências $\omega_k = 2\pi k/N$; isto é,

$$\tilde{X}[k] = X(e^{j\omega})|_{\omega=(2\pi/N)k} = X(e^{j(2\pi/N)k}). \quad (8.49)$$

Como a transformada de Fourier é periódica em ω com período 2π, a sequência resultante é periódica em k com período N. Além disso, como a transformada de Fourier é igual à transformada z calculada na circunferência unitária, concluímos que $\tilde{X}[k]$ também pode ser obtida amostrando $X(z)$ em N pontos igualmente espaçados na circunferência unitária. Assim,

$$\tilde{X}[k] = X(z)|_{z=e^{j(2\pi/N)k}} = X(e^{j(2\pi/N)k}). \quad (8.50)$$

Esses pontos de amostragem são representados na Figura 8.7 para $N = 8$. A figura deixa claro que a sequência de amostras é periódica, pois os N pontos são igualmente espaçados a partir do ângulo zero. Portanto, a mesma sequência se repete para os valores de k fora do intervalo $0 \le k \le N - 1$, pois simplesmente continuamos em torno da circunferência unitária percorrendo o mesmo conjunto de N pontos.

Note que a sequência de amostras $\tilde{X}[k]$, sendo periódica com período N, poderia ser a sequência dos coeficientes da SFD de uma sequência $\tilde{x}[n]$. Para obter essa sequência, podemos simplesmente substituir $\tilde{X}[k]$ obtido por amostragem na Equação 8.12:

$$\tilde{x}[n] = \frac{1}{N} \sum_{k=0}^{N-1} \tilde{X}[k] W_N^{-kn}. \quad (8.51)$$

Como não fizemos hipótese sobre $x[n]$ além daquela de que a transformada de Fourier existe, podemos usar limites infinitos para indicar que o somatório

$$X(e^{j\omega}) = \sum_{m=-\infty}^{\infty} x[m] e^{-j\omega m} \quad (8.52)$$

é sobre todos os valores não nulos de $x[m]$.

Substituindo a Equação 8.52 na Equação 8.49, e depois substituindo a expressão resultante para $\tilde{X}[k]$ na Equação 8.51, obtemos

$$\tilde{x}[n] = \frac{1}{N} \sum_{k=0}^{N-1} \left[\sum_{m=-\infty}^{\infty} x[m] e^{-j(2\pi/N)km} \right] W_N^{-kn}, \quad (8.53)$$

que, depois que trocarmos a ordem do somatório, torna-se

$$\tilde{x}[n] = \sum_{m=-\infty}^{\infty} x[m] \left[\frac{1}{N} \sum_{k=0}^{N-1} W_N^{-k(n-m)} \right] =$$
$$= \sum_{m=-\infty}^{\infty} x[m] \tilde{p}[n-m]. \quad (8.54)$$

O termo entre colchetes na Equação 8.54 pode ser visto a partir da Equação 8.7 ou da Equação 8.16 como a representação por série de Fourier do trem de impulsos periódico dos exemplos 8.1 e 8.2. Especificamente,

$$\tilde{p}[n-m] = \frac{1}{N} \sum_{k=0}^{N-1} W_N^{-k(n-m)} = \sum_{r=-\infty}^{\infty} \delta[n-m-rN] \quad (8.55)$$

e, portanto,

$$\tilde{x}[n] = x[n] * \sum_{r=-\infty}^{\infty} \delta[n-rN] = \sum_{r=-\infty}^{\infty} x[n-rN], \quad (8.56)$$

em que * denota a convolução aperiódica. Isto é, $\tilde{x}[n]$ é a sequência periódica que resulta da convolução aperiódica de $x[n]$ com um trem de impulsos unitários periódicos. Assim, a sequência periódica $\tilde{x}[n]$, correspondente a $\tilde{X}[k]$ obtida amostrando-se $X(e^{j\omega})$, é formada a partir de $x[n]$ somando-se um número infinito de réplicas deslocadas de $x[n]$. Os deslocamentos são todos os múltiplos inteiros positivos e negativos de N, o período da sequência $\tilde{X}[k]$. Isso é ilustrado na Figura 8.8, na qual a sequência $x[n]$ é de comprimento 9 e o valor de N na Equação 8.56 é $N = 12$. Consequentemente, as réplicas atrasadas de $x[n]$ não se sobrepõem, e um período da sequência periódica $\tilde{x}[n]$ é reconhecível como $x[n]$. Isso é consistente com a discussão na Seção 8.3 e no Exemplo 8.6, em que mostramos que os coeficientes da série de Fourier para uma sequência periódica são amostras da transformada de Fourier de um período. Na Figura 8.9, a mesma sequência $x[n]$ é usada, mas o valor de N agora é $N = 7$. Neste caso, as réplicas de $x[n]$ se sobrepõem, e um período de $\tilde{x}[n]$ não é mais idêntico a $x[n]$. Em ambos os casos, porém, a Equação 8.49 ainda é verdadeira; isto é, nos dois casos, os coeficientes da SFD de $\tilde{x}[n]$ são amostras da transformada de Fourier de $x[n]$ espaçadas em frequência em múltiplos inteiros de $2\pi/N$. Essa discussão recorda a abordagem da amostragem no Capítulo 4. A diferença é que, nesse caso, amostramos no domínio da frequência em vez de no domínio do tempo. Porém, em linhas gerais, as representações matemáticas são muito similares.

Para o exemplo na Figura 8.8, a sequência original $x[n]$ pode ser recuperada a partir de $\tilde{x}[n]$ tomando um período. De modo equivalente, a transformada de Fourier $X(e^{j\omega})$ pode ser recuperada a partir das amostras espaçadas em frequência por $2\pi/12$. Por outro lado, na Figura 8.9, $x[n]$ não pode ser recuperado tomando um período de $\tilde{x}[n]$, e, de modo equivalente, $X(e^{j\omega})$ não pode ser recuperado a partir de suas amostras se o espaçamento

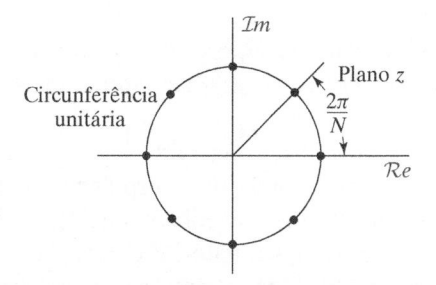

Figura 8.7 Pontos da circunferência unitária em que $X(z)$ é amostrado para obter a sequência periódica $\tilde{X}[k]$ ($N = 8$).

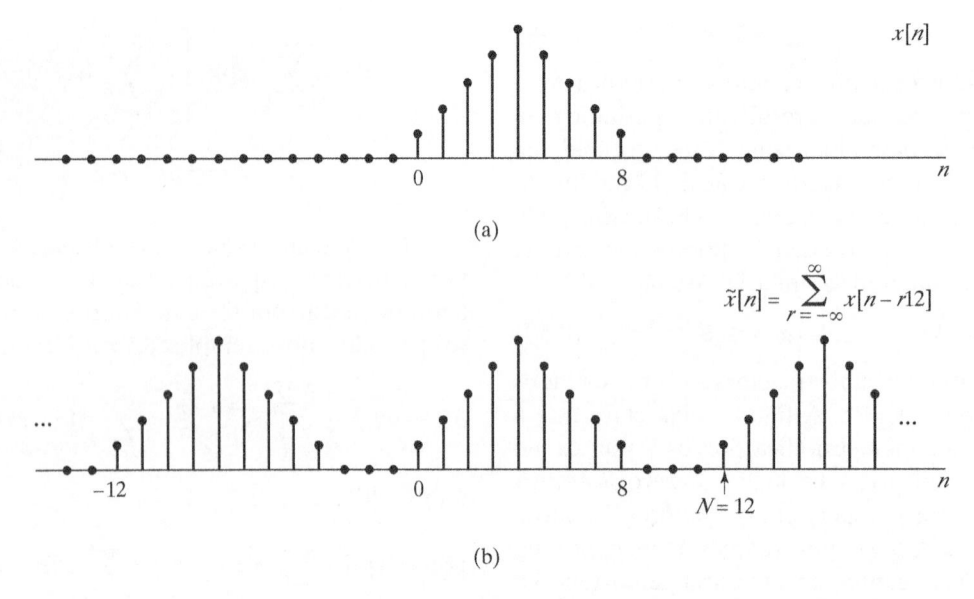

Figura 8.8 (a) Sequência de comprimento finito $x[n]$. (b) Sequência periódica $\tilde{x}[n]$ correspondente à amostragem da transformada de Fourier de $x[n]$ com $N = 12$.

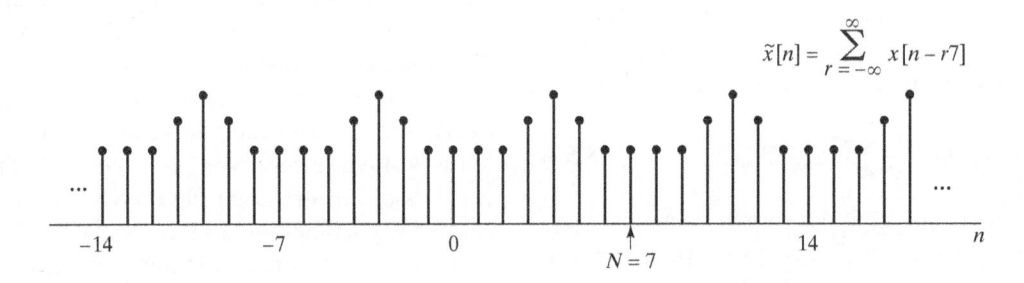

Figura 8.9 Sequência periódica $\tilde{x}[n]$ correspondente à amostragem da transformada de Fourier de $x[n]$ da Figura 8.8(a) com $N = 7$.

entre amostras for de apenas $2\pi/7$. De fato, para o caso ilustrado na Figura 8.8, a transformada de Fourier de $x[n]$ foi amostrada com um espaçamento suficientemente pequeno (em frequência) para ser capaz de recuperá-la a partir dessas amostras, enquanto a Figura 8.9 representa um caso para o qual a transformada de Fourier foi subamostrada. A relação entre $x[n]$ e um período de $\tilde{x}[n]$ no caso subamostrado pode ser considerada como uma forma de *aliasing* no domínio do tempo, essencialmente idêntico ao *aliasing* do domínio da frequência (discutido no Capítulo 4) que resulta da subamostragem no domínio do tempo. Obviamente, o *aliasing* no domínio do tempo pode ser evitado somente se $x[n]$ tiver comprimento finito, assim como o *aliasing* do domínio da frequência pode ser evitado somente para sinais que possuam transformadas de Fourier de banda limitada.

Essa discussão destaca vários conceitos importantes que desempenharão um papel fundamental no restante do capítulo. Vimos que as amostras da transformada de Fourier de uma sequência aperiódica $x[n]$ podem ser consideradas como coeficientes da SFD de uma sequência periódica $\tilde{x}[n]$ obtida somando-se réplicas periódicas de $x[n]$. Se $x[n]$ tiver comprimento finito e considerarmos um número suficiente de amostras igualmente espaçadas de sua transformada de Fourier (especificamente, um número maior ou igual ao comprimento de $x[n]$), então a transformada de Fourier é recuperável a partir dessas amostras e, de modo equivalente, $x[n]$ é recuperável a partir da sequência periódica correspondente $\tilde{x}[n]$. Especificamente, se $x[n] = 0$ fora do intervalo $n = 0, n = N - 1$, então

$$x[n] = \begin{cases} \tilde{x}[n], & 0 \leq n \leq N - 1, \\ 0, & \text{caso contrário.} \end{cases} \quad (8.57)$$

Se o intervalo de suporte de $x[n]$ for diferente de $0, N - 1$, então a Equação 8.57 será modificada de modo apropriado.

Uma relação direta entre $X(e^{j\omega})$ e suas amostras $\tilde{X}[k]$, isto é, uma fórmula de interpolação para $X(e^{j\omega})$, pode ser deduzida (veja o Problema 8.57). Porém, a essência de nossa discussão anterior é que, para representar ou recuperar $x[n]$, não é necessário conhecer $X(e^{j\omega})$ em todas as frequências se $x[n]$ tiver comprimento finito. Dada uma sequência de comprimento finito $x[n]$, podemos formar uma sequência periódica usando a Equação 8.56, que por sua vez pode ser representada por uma SFD. Como alternativa, dada a sequência de coeficientes de Fourier $\tilde{X}[k]$, podemos encontrar $\tilde{x}[n]$ e depois usar a Equação 8.57 para obter $x[n]$. Quando a série de Fourier é usada desse modo para representar sequências de comprimento finito, ela é chamada de transformada de Fourier discreta, ou TFD. Ao desenvolver, discutir e aplicar a TFD, é sempre importante ter em mente que a representação por amostras da transformada de Fourier é, de fato, uma representação da sequência de duração finita por uma sequência periódica, sendo um de seus períodos a sequência de duração finita que queremos representar.

8.5 Representação de Fourier de sequências de duração finita: a TFD

Nesta seção, formalizamos o ponto de vista sugerido no fim da seção anterior. Começamos considerando uma sequência de comprimento finito $x[n]$, com comprimento de N amostras, tal que $x[n] = 0$ fora do intervalo $0 \leq n \leq N - 1$. Em muitas situações, precisaremos assumir que uma sequência tem comprimento N, mesmo que seu comprimento seja $M \leq N$. Nesses casos, simplesmente reconhecemos que as últimas $(N - M)$ amostras são nulas. Para cada sequência de comprimento finito com comprimento N, sempre podemos associar uma sequência periódica

$$\tilde{x}[n] = \sum_{r=-\infty}^{\infty} x[n - rN]. \quad (8.58a)$$

A sequência de comprimento finito $x[n]$ pode ser recuperada a partir de $\tilde{x}[n]$ por meio da Equação 8.57, isto é,

$$x[n] = \begin{cases} \tilde{x}[n], & 0 \leq n \leq N - 1, \\ 0, & \text{caso contrário.} \end{cases} \quad (8.58b)$$

Lembre-se de que vimos na Seção 8.4 que os coeficientes da SFD de $\tilde{x}[n]$ são amostras (espaçadas em frequência por $2\pi/N$) da transformada de Fourier de $x[n]$. Como supomos que $x[n]$ tem comprimento finito N, não existe sobreposição entre as parcelas $x[n - rN]$ para diferentes valores de r. Assim, a Equação 8.58(a) pode ser escrita alternativamente como

$$\tilde{x}[n] = x[(n \bmod N)]. \quad (8.59)$$

Por conveniência, usaremos a notação $((n))_N$ para denotar $(n \bmod N)$; com essa notação, a Equação 8.59 é expressa como

$$\tilde{x}[n] = x[((n))_N]. \quad (8.60)$$

Note que a Equação 8.60 é equivalente à Equação 8.58(a) somente quando $x[n]$ tiver comprimento menor ou igual a N. A sequência de duração finita $x[n]$ é obtida a partir de $\tilde{x}[n]$ tomando um período, como ocorre na Equação 8.58(b).

Um modo informal e útil de visualizar a Equação 8.59 é pensar no enrolamento da representação gráfica da sequência de duração finita $x[n]$ em torno de um cilindro com circunferência igual ao comprimento da sequência. À medida que percorremos o perímetro do cilindro repetidamente, vemos que a sequência de comprimento finito se repete periodicamente. Com essa interpretação, a representação da sequência de comprimento finito com uma sequência periódica corresponde a *enrolar* a sequência em torno do cilindro; a recuperação da sequência de comprimento finito a partir da sequência periódica usando a Equação 8.58(b) pode ser visualizada como se desenrolássemos o cilindro e ele fosse disposto de forma plana, de modo que a sequência seja exibida em um eixo de tempo linear em vez de um eixo de tempo circular (mod N).

Como definimos na Seção 8.1, a sequência de coeficientes da SFD $\tilde{X}[k]$ da sequência periódica $\tilde{x}[n]$ é, por si só, uma sequência periódica com período N. Para manter a dualidade entre os domínios de tempo e frequência, escolheremos os coeficientes de Fourier que associamos a uma sequência de duração finita como uma sequência de duração finita correspondente a um período de $\tilde{X}[k]$. Essa sequência de duração finita, $X[k]$, será chamada de TFD. Assim, a TFD, $X[k]$, está relacionada aos coeficientes da SFD, $\tilde{X}[k]$, por

$$X[k] = \begin{cases} \tilde{X}[k], & 0 \leq k \leq N - 1, \\ 0, & \text{caso contrário,} \end{cases} \quad (8.61)$$

e

$$\tilde{X}[k] = X[(k \bmod N)] = X[((k))_N]. \quad (8.62)$$

A partir da Seção 8.1, temos $\tilde{X}[k]$ e $\tilde{x}[n]$ relacionadas por

$$\tilde{X}[k] = \sum_{n=0}^{N-1} \tilde{x}[n] W_N^{kn}, \quad (8.63)$$

$$\tilde{x}[n] = \frac{1}{N} \sum_{k=0}^{N-1} \tilde{X}[k] W_N^{-kn}. \quad (8.64)$$

sendo $W_N = e^{-j(2\pi/N)}$.

Como os somatórios nas equações 8.63 e 8.64 envolvem apenas o intervalo entre zero e $(N - 1)$, segue, a partir das equações 8.58(b) a 8.64, que

$$X[k] = \begin{cases} \sum_{n=0}^{N-1} x[n] W_N^{kn}, & 0 \leq k \leq N - 1, \\ 0, & \text{caso contrário,} \end{cases} \quad (8.65)$$

$$x[n] = \begin{cases} \dfrac{1}{N} \sum_{k=0}^{N-1} X[k] W_N^{-kn}, & 0 \leq n \leq N - 1, \\ 0, & \text{caso contrário.} \end{cases} \quad (8.66)$$

Em geral, as equações de análise e síntese da TFD são escritas da seguinte forma:

Equação de análise:

$$X[k] = \sum_{n=0}^{N-1} x[n] W_N^{kn}, \quad 0 \le k \le N-1, \quad (8.67)$$

Equação de síntese:

$$x[n] = \frac{1}{N} \sum_{k=0}^{N-1} X[k] W_N^{-kn}, \quad 0 \le n \le N-1. \quad (8.68)$$

Isto é, o fato de que $X[k] = 0$ para k fora do intervalo $0 \le k \le N-1$ e de que $x[n] = 0$ para n fora do intervalo $0 \le n \le N-1$ está implícito, mas isso nem sempre é declarado explicitamente. A relação entre $x[n]$ e $X[k]$ decorrente das equações 8.67 e 8.68, algumas vezes, será indicada como

$$x[n] \stackrel{\mathcal{TDF}}{\longleftrightarrow} X[k]. \quad (8.69)$$

Revendo as equações 8.11 e 8.12 na forma das equações 8.67 e 8.68 para sequências de duração finita, não eliminamos a periodicidade inerente. Assim como a SFD, a TFD $X[k]$ é igual às amostras da transformada de Fourier periódica $X(e^{j\omega})$ e, se a Equação 8.68 é calculada para valores de n fora do intervalo $0 \le n \le N-1$, o resultado não será nulo, mas, sim, uma extensão periódica de $x[n]$. A periodicidade inerente está sempre presente. Algumas vezes, ela nos causa dificuldades, e, às vezes, podemos explorá-la, mas ignorá-la totalmente é um convite para problemas. Na definição da representação da TFD, simplesmente reconhecemos que estamos interessados nos valores de $x[n]$ apenas no intervalo $0 \le n \le N-1$, pois $x[n]$ na realidade é nulo fora desse intervalo, e estamos interessados nos valores de $X[k]$ somente no intervalo $0 \le k \le N-1$, pois esses são os únicos valores necessários na Equação 8.68 para a reconstrução de $x[n]$.

Exemplo 8.7 TFD de um pulso retangular

Para ilustrar a TFD de uma sequência de duração finita, considere $x[n]$ como mostrada na Figura 8.10(a). Ao determinarmos a TFD, podemos considerar $x[n]$ como

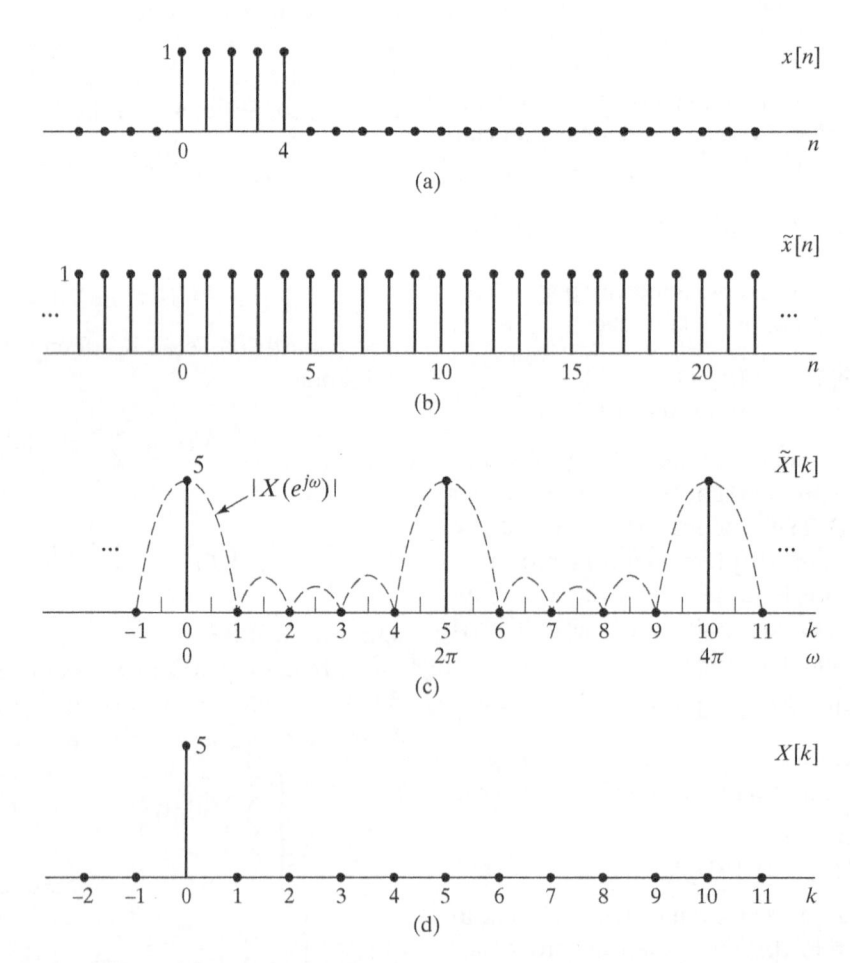

Figura 8.10 Exemplo da TFD. (a) Sequência de comprimento finito $x[n]$. (b) Sequência periódica $\tilde{x}[n]$ formada a partir de $x[n]$ com período $N = 5$. (c) Coeficientes da série de Fourier $\tilde{X}[k]$ para $\tilde{x}[n]$. Para enfatizar que os coeficientes da série de Fourier são amostras da transformada de Fourier, $|X(e^{j\omega})|$ é também representado. (d) TFD de $x[n]$.

uma sequência de duração finita com qualquer comprimento maior ou igual a $N = 5$. Considerada como uma sequência de comprimento $N = 5$, a sequência periódica $\tilde{x}[n]$ cuja SFD corresponde à TFD de $x[n]$ é mostrada na Figura 8.10(b). Como a sequência na Figura 8.10(b) é constante no intervalo $0 \le n \le 4$, concluímos que

$$\tilde{X}[k] = \sum_{n=0}^{4} e^{-j(2\pi k/5)n} = \frac{1 - e^{-j2\pi k}}{1 - e^{-j(2\pi k/5)}} \quad (8.70)$$

$$= \begin{cases} 5, & k = 0, \pm 5, \pm 10, \ldots, \\ 0, & \text{caso contrário;} \end{cases}$$

isto é, os únicos coeficientes da SFD $\tilde{X}[k]$ não nulos estão em $k = 0$ e em múltiplos inteiros de $k = 5$ (todos representam a mesma frequência exponencial complexa). Os coeficientes da SFD são mostrados na Figura 8.10(c). Nesta figura a magnitude da TFTD, $|X(e^{j\omega})|$, também é mostrada. Evidentemente, $\tilde{X}[k]$ é uma sequência de amostras de $X(e^{j\omega})$ em frequências $\omega_k = 2\pi k/5$. De acordo com a Equação 8.61, a TFD de cinco pontos de $x[n]$ corresponde à sequência de comprimento finito obtida extraindo um período de $\tilde{X}[k]$. Consequentemente, a TFD de cinco pontos de $x[n]$ é a mostrada na Figura 8.10(d).

▶ Se alternativamente considerarmos que $x[n]$ tem comprimento $N = 10$, então a sequência periódica subjacente é a mostrada na Figura 8.11(b), que é a sequência periódica considerada no Exemplo 8.3. Portanto, $\tilde{X}[k]$ é como mostrado nas figuras 8.2 e 8.6, e a TFD de 10 pontos $X[k]$ mostrada nas figuras 8.11(c) e 8.11(d) é um período de $\tilde{X}[k]$.

A distinção entre a sequência de duração finita $x[n]$ e a sequência periódica $\tilde{x}[n]$ relacionadas pelas equações 8.57 e 8.60 pode parecer secundária, pois, usando essas equações, é fácil construir uma a partir da outra. Porém, a distinção torna-se importante se levarmos em conta propriedades da TFD e o efeito sobre $x[n]$ das modificações em $X[k]$. Isso se tornará evidente na próxima seção, na qual discutiremos as propriedades da representação por TFD.

8.6 Propriedades da TFD

Nesta seção, consideramos uma série de propriedades da TFD para sequências de duração finita. Nossa discussão assemelha-se à discussão da Seção 8.2 sobre

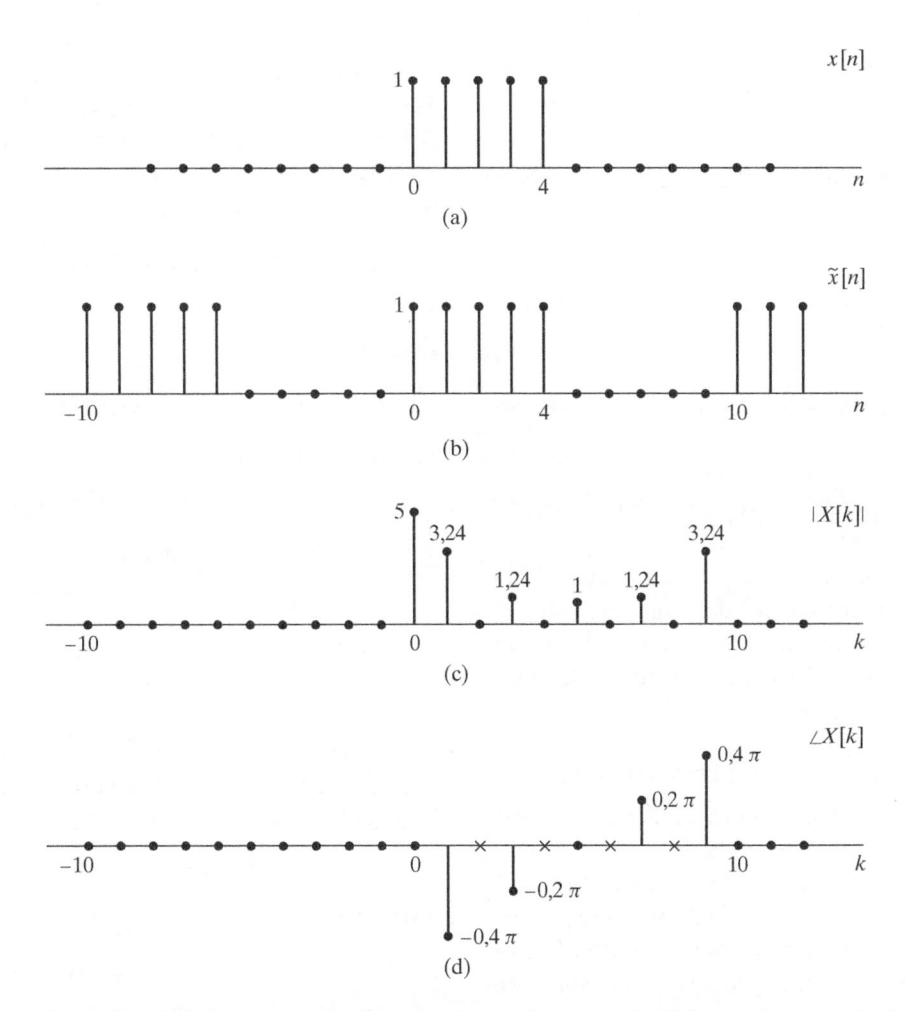

Figura 8.11 Exemplo da TFD. (a) Sequência de comprimento finito $x[n]$. (b) Sequência periódica $\tilde{x}[n]$ formada a partir de $x[n]$ com período $N = 10$. (c) Magnitude da TFD. (d) Fase da TFD. ($\times$ indica valores indeterminados.)

sequências periódicas. Porém, damos atenção em particular à relação da suposição do comprimento finito e da periodicidade implícita da representação por TFD das sequências de comprimento finito.

8.6.1 Linearidade

Se duas sequências de duração finita $x_1[n]$ e $x_2[n]$ são combinadas linearmente, isto é, se

$$x_3[n] = ax_1[n] + bx_2[n], \quad (8.71)$$

então a TFD de $x_3[n]$ é

$$X_3[k] = aX_1[k] + bX_2[k]. \quad (8.72)$$

Claramente, se $x_1[n]$ tem comprimento N_1 e $x_2[n]$ tem comprimento N_2, então o comprimento máximo de $x_3[n]$ será $N_3 = \text{máx}(N_1, N_2)$. Assim, para que a Equação 8.72 tenha significado, as duas TFDs devem ser calculadas com o mesmo comprimento $N \geq N_3$. Se, por exemplo, $N_1 < N_2$, então $X_1[k]$ é a TFD da sequência $x_1[n]$ acrescida de $(N_2 - N_1)$ zeros. Isto é, a TFD de N_2 pontos de $x_1[n]$ é

$$X_1[k] = \sum_{n=0}^{N_1-1} x_1[n]W_{N_2}^{kn}, \quad 0 \leq k \leq N_2 - 1, \quad (8.73)$$

e a TFD de N_2 pontos de $x_2[n]$ é

$$X_2[k] = \sum_{n=0}^{N_2-1} x_2[n]W_{N_2}^{kn}, \quad 0 \leq k \leq N_2 - 1. \quad (8.74)$$

Em resumo, se

$$x_1[n] \stackrel{\mathcal{TFD}}{\longleftrightarrow} X_1[k] \quad (8.75a)$$

e

$$x_2[n] \stackrel{\mathcal{TFD}}{\longleftrightarrow} X_2[k] \quad (8.75b)$$

então,

$$ax_1[n] + bx_2[n] \stackrel{\mathcal{TFD}}{\longleftrightarrow} aX_1[k] + bX_2[k], \quad (8.76)$$

sendo os comprimentos das sequências e suas TFDs iguais a pelo menos o máximo dos comprimentos de $x_1[n]$ e $x_2[n]$. Evidentemente, TFDs de maior comprimento podem ser calculadas com o acréscimo de amostras nulas em ambas as sequências.

8.6.2 Deslocamento circular de uma sequência

Segundo a Seção 2.9.2 e a Propriedade 2 na Tabela 2.2, se $X(e^{j\omega})$ for a transformada de Fourier de tempo discreto de $x[n]$, então $e^{-j\omega m}X(e^{j\omega})$ é a transformada de Fourier da sequência deslocada no tempo $x[n - m]$. Em outras palavras, um deslocamento no domínio do tempo de m pontos (com m positivo correspondente a um atraso de tempo e m negativo, a um avanço no tempo) corresponde, no domínio da frequência, à multiplicação da transformada de Fourier pelo fator de fase linear $e^{-j\omega m}$. Na Seção 8.2.2, discutimos a propriedade correspondente para os coeficientes da SFD de uma sequência periódica; especificamente, se uma sequência periódica $\tilde{x}[n]$ tem coeficientes da série de Fourier $\tilde{X}[k]$, então a sequência deslocada $\tilde{x}[n - m]$ tem coeficientes da série de Fourier $e^{-j(2\pi k/N)m}\tilde{X}[k]$. Agora, consideraremos a operação no domínio do tempo que corresponde a multiplicar os coeficientes da TFD de uma sequência de comprimento finito $x[n]$ pelo fator de fase linear $e^{-j(2\pi k/N)m}$. Especificamente, seja $x_1[n]$ uma sequência de comprimento finito para a qual a TFD é $e^{-j(2\pi k/N)m}X[k]$; isto é, se

$$x[n] \stackrel{\mathcal{TFD}}{\longleftrightarrow} X[k], \quad (8.77)$$

então estamos interessados em $x_1[n]$, tal que

$$x_1[n] \stackrel{\mathcal{TFD}}{\longleftrightarrow} X_1[k] = e^{-j(2\pi k/N)m}X[k] = W_N^m X[k]. \quad (8.78)$$

Como a TFD de N pontos representa uma sequência de duração finita de comprimento N, tanto $x[n]$ quanto $x_1[n]$ devem ser nulas fora do intervalo $0 \leq n \leq N - 1$, e, consequentemente, $x_1[n]$ não pode resultar de um deslocamento de tempo simples de $x[n]$. O resultado correto segue diretamente do resultado da Seção 8.2.2 e da interpretação da TFD como os coeficientes da série de Fourier da sequência periódica $x_1[((n))_N]$. Em particular, a partir das equações 8.59 e 8.62, concluímos que

$$\tilde{x}[n] = x[((n))_N] \stackrel{\mathcal{SFD}}{\longleftrightarrow} \tilde{X}[k] = X[((k))_N], \quad (8.79)$$

e, de modo similar, podemos definir uma sequência periódica $\tilde{x}_1[n]$ tal que

$$\tilde{x}_1[n] = x_1[((n))_N] \stackrel{\mathcal{SFD}}{\longleftrightarrow} \tilde{X}_1[k] = X_1[((k))_N], \quad (8.80)$$

sendo, por suposição,

$$X_1[k] = e^{-j(2\pi k/N)m}X[k]. \quad (8.81)$$

Portanto, os coeficientes da SFD de $\tilde{x}_1[n]$ são

$$\tilde{X}_1[k] = e^{-j[2\pi((k))_N/N]m}X[((k))_N]. \quad (8.82)$$

Note que

$$e^{-j[2\pi((k))_N/N]m} = e^{-j(2\pi k/N)m}. \quad (8.83)$$

Ou seja, como $e^{-j(2\pi k/N)m}$ é periódica com período N em k e em m, podemos abandonar a notação $((k))_N$. Logo, a Equação 8.82 torna-se

$$\tilde{X}_1[k] = e^{-j(2\pi k/N)m}\tilde{X}[k], \quad (8.84)$$

portanto concluímos, a partir da Seção 8.2.2, que

$$\tilde{x}_1[n] = \tilde{x}[n - m] = x[((n - m))_N]. \quad (8.85)$$

Assim, a sequência de comprimento finito $x_1[n]$, cuja TFD é dada pela Equação 8.81, é

$$x_1[n] = \begin{cases} \tilde{x}_1[n] = x[((n-m))_N], & 0 \leq n \leq N-1, \\ 0, & \text{caso contrário.} \end{cases} \quad (8.86)$$

A Equação 8.86 explica como construir $x_1[n]$ a partir de $x[n]$.

Exemplo 8.8 Deslocamento circular de uma sequência

O procedimento de deslocamento circular é ilustrado na Figura 8.12 para $m = -2$; isto é, queremos determinar $x_1[n] = x[((n+2))_N]$ para $N = 6$, que mostramos que terá TFD $X_1[k] = W_6^{-2k} X[k]$. Especificamente, a partir de $x[n]$, construímos a sequência periódica $\tilde{x}[n] = x[((n))_6]$, como indicado na Figura 8.12(b). De acordo com a Equação 8.85, deslocamos $\tilde{x}[n]$ de 2 amostras para a esquerda, obtendo $\tilde{x}_1[n] = \tilde{x}[n+2]$ como na Figura 8.12(c). Finalmente, usando a Equação 8.86, tomamos um período de $\tilde{x}_1[n]$ para obter $x_1[n]$, como indicado na Figura 8.12(d).

Uma comparação entre as figuras 8.12(a) e (d) indica claramente que $x_1[n]$ não corresponde a um deslocamento linear de $x[n]$ e, de fato, as duas sequências são confinadas no intervalo entre 0 e $(N-1)$. Com base na Figura 8.12, notamos que $x_1[n]$ pode ser obtida deslocando $x[n]$, de modo que, quando um valor de sequência sai do intervalo de 0 a $(N-1)$ em uma ponta, ele entra na outra ponta. Outro ponto interessante é que, para o exemplo mostrado na Figura 8.12(a), se formarmos $x_2[n] = x[((n-4))_6]$ deslocando a sequência de 4 amostras para a direita mod 6, obtemos a mesma sequência $x_1[n]$. Em termos da TFD, isso acontece porque $W_6^{4k} = W_6^{-2k}$ ou, de modo mais geral, $W_N^{mk} = W_N^{-(N-m)k}$, o que implica que um deslocamento circular de N pontos em uma direção por m é o mesmo que um deslocamento circular na direção oposta por $N - m$.

Na Seção 8.5, sugerimos a interpretação da formação da sequência periódica $\tilde{x}[n]$ a partir da sequência de comprimento finito $x[n]$ ao exibirmos $x[n]$ em torno da circunferência de um cilindro com uma circunferência de exatamente N pontos. À medida que percorremos repetidamente a circunferência do cilindro, a sequência que observamos é a sequência periódica $\tilde{x}[n]$. Um deslocamento linear dessa sequência corresponde, então, a uma rotação do cilindro. No contexto de sequências de comprimento finito e da TFD, esse deslocamento é chamado de deslocamento *circular* ou *rotação* da sequência no intervalo $0 \leq n \leq N - 1$.

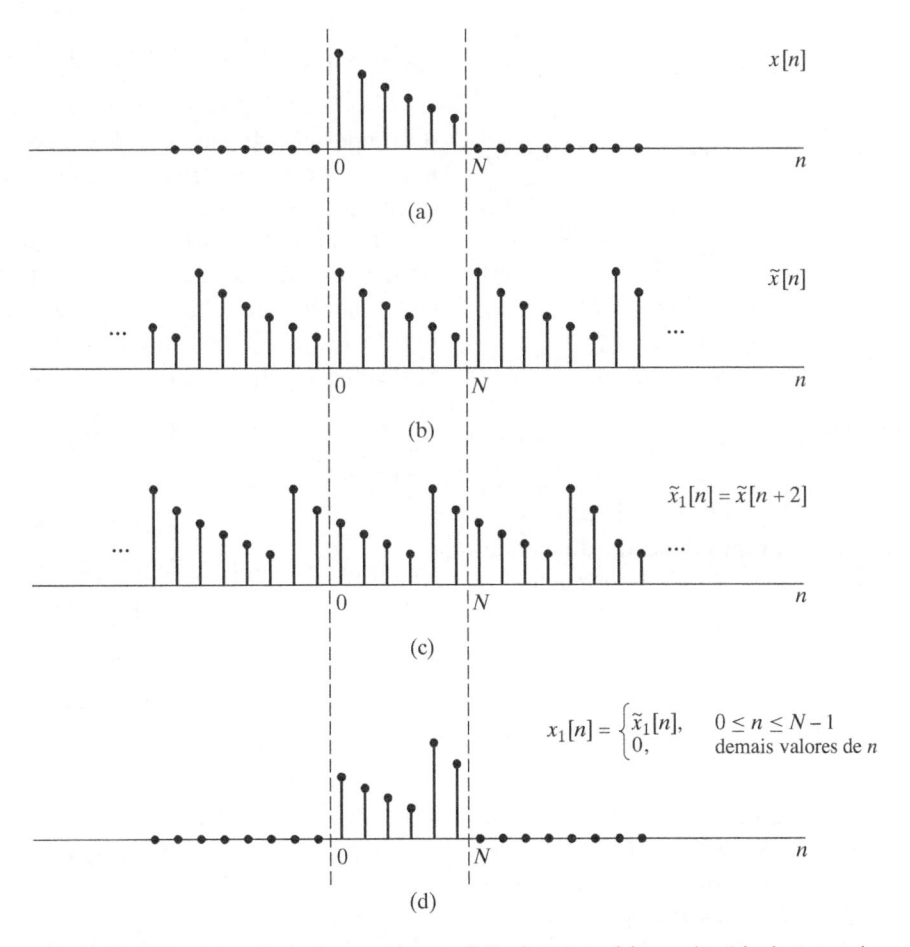

Figura 8.12 Deslocamento circular de uma sequência de comprimento finito; isto é, o efeito no domínio do tempo da multiplicação da TFD da sequência por um fator de fase linear.

Resumindo, a propriedade de deslocamento circular da TFD é

$$x[((n-m))_N], \quad 0 \le n \le N-1 \overset{\mathcal{TFD}}{\longleftrightarrow} e^{-j(2\pi k/N)m}X[k] = W_N^m X[k]. \quad (8.87)$$

8.6.3 Dualidade

Como a TFD está intimamente associada à SFD, esperaríamos que a TFD apresentasse uma propriedade de dualidade semelhante àquela da SFD discutida na Seção 8.2.3. Na verdade, ao examinarmos as equações 8.67 e 8.68, notamos que as equações de análise e síntese diferem apenas no fator $1/N$ e no sinal do expoente das potências de W_N.

A propriedade de dualidade da TFD pode ser obtida explorando a relação entre TFD e SFD como em nossa dedução da propriedade de deslocamento circular. Para esse fim, considere $x[n]$ e sua TFD $X[k]$ e construa as sequências periódicas

$$\tilde{x}[n] = x[((n))_N], \quad (8.88a)$$

$$\tilde{X}[k] = X[((k))_N], \quad (8.88b)$$

de modo que

$$\tilde{x}[n] \overset{\mathcal{SFD}}{\longleftrightarrow} \tilde{X}[k]. \quad (8.89)$$

A partir da propriedade de dualidade dada nas equações 8.25,

$$\tilde{X}[n] \overset{\mathcal{SFD}}{\longleftrightarrow} N\tilde{x}[-k]. \quad (8.90)$$

Se definirmos a sequência periódica $\tilde{x}_1[n] = \tilde{X}[n]$, um período da qual é a sequência de comprimento finito $x_1[n] = X[n]$, então os coeficientes da SFD de $\tilde{x}_1[n]$ são $\tilde{X}_1[k] = N\tilde{x}[-k]$. Portanto, a TFD de $x_1[n]$ é

$$X_1[k] = \begin{cases} N\tilde{x}[-k], & 0 \le k \le N-1, \\ 0, & \text{caso contrário.} \end{cases} \quad (8.91)$$

ou, de modo equivalente,

$$X_1[k] = \begin{cases} Nx[((-k))_N], & 0 \le k \le N-1, \\ 0, & \text{caso contrário.} \end{cases} \quad (8.92)$$

Consequentemente, a propriedade de dualidade para a TFD pode ser expressa da seguinte forma: Se

$$x[n] \overset{\mathcal{TFD}}{\longleftrightarrow} X[k], \quad (8.93a)$$

então

$$X[n] \overset{\mathcal{TFD}}{\longleftrightarrow} Nx[((-k))_N], \quad 0 \le k \le N-1. \quad (8.93b)$$

A sequência $Nx[((-k))_N]$ é $Nx[k]$ com índice refletido, mod N. O mod N de índice refletido corresponde especificamente a $((-k))_N = N - k$, para $1 \le k \le N-1$, e $((-k))_N = ((k))_N$, para $k = 0$. Como no caso do deslocamento mod N, o processo da reflexão de índice mod N usualmente é mais bem visualizado em termos das sequências periódicas subjacentes.

Exemplo 8.9 Relação de dualidade para a TFD

Para ilustrar a relação de dualidade nas equações 8.93, consideraremos a sequência $x[n]$ do Exemplo 8.7. Na Figura 8.13(a) é mostrada a sequência de comprimento finito $x[n]$, e nas figuras 8.13(b) e (c) estão as partes real e imaginária, respectivamente, da TFD de 10 pontos correspondente a $X[k]$. Ajustando novamente o eixo horizontal obtemos a sequência complexa $x_1[n] = X[n]$, como mostrado nas figuras 8.13(d) e (e). De acordo com a relação de dualidade nas equações 8.93, a TFD de 10 pontos da sequência (de valor complexo) $X[n]$ é a sequência mostrada na Figura 8.13(f).

8.6.4 Propriedades de simetria

Como a TFD de $x[n]$ é idêntica aos coeficientes da SFD da sequência periódica $\tilde{x}[n] = x[((n))_N]$, as propriedades de simetria associadas à TFD podem ser deduzidas a partir das propriedades de simetria da SFD, resumidas na Tabela 8.1 na Seção 8.2.6. Especificamente, usando as equações 8.88 juntamente com as propriedades 9 e 10 da Tabela 8.1, temos

$$x^*[n] \overset{\mathcal{TFD}}{\longleftrightarrow} X^*[((-k))_N], \quad 0 \le n \le N-1, \quad (8.94)$$

e

$$x^*[((-n))_N] \overset{\mathcal{TFD}}{\longleftrightarrow} X^*[k], \quad 0 \le n \le N-1. \quad (8.95)$$

As propriedades 11-14 da Tabela 8.1 referem-se à decomposição de uma sequência periódica na soma de uma sequência simétrica conjugada e uma antissimétrica conjugada. Isso sugere a decomposição da sequência de duração finita $x[n]$ em duas sequências de duração finita com duração N correspondente a um período das componentes simétrica conjugada e antissimétrica conjugada de $\tilde{x}[n]$. Representaremos essas componentes de $x[n]$ como $x_{\text{ep}}[n]$ e $x_{\text{op}}[n]$. Assim, com

$$\tilde{x}[n] = x[((n))_N] \quad (8.96)$$

e a parte simétrica conjugada sendo

$$\tilde{x}_e[n] = \tfrac{1}{2}\{\tilde{x}[n] + \tilde{x}^*[-n]\}, \quad (8.97)$$

e a parte antissimétrica conjugada sendo

$$\tilde{x}_o[n] = \tfrac{1}{2}\{\tilde{x}[n] - \tilde{x}^*[-n]\}, \quad (8.98)$$

definimos $x_{\text{ep}}[n]$ e $x_{\text{op}}[n]$ como

$$x_{\text{ep}}[n] = \tilde{x}_e[n], \quad 0 \le n \le N-1, \quad (8.99)$$

$$x_{\text{op}}[n] = \tilde{x}_o[n], \quad 0 \le n \le N-1, \quad (8.100)$$

ou, de modo equivalente,

$$x_{\text{ep}}[n] = \tfrac{1}{2}\{x[((n))_N] + x^*[((-n))_N]\}, \quad 0 \le n \le N-1, \quad (8.101a)$$

$$x_{\text{op}}[n] = \tfrac{1}{2}\{x[((n))_N] - x^*[((-n))_N]\}, \quad 0 \le n \le N-1, \quad (8.101b)$$

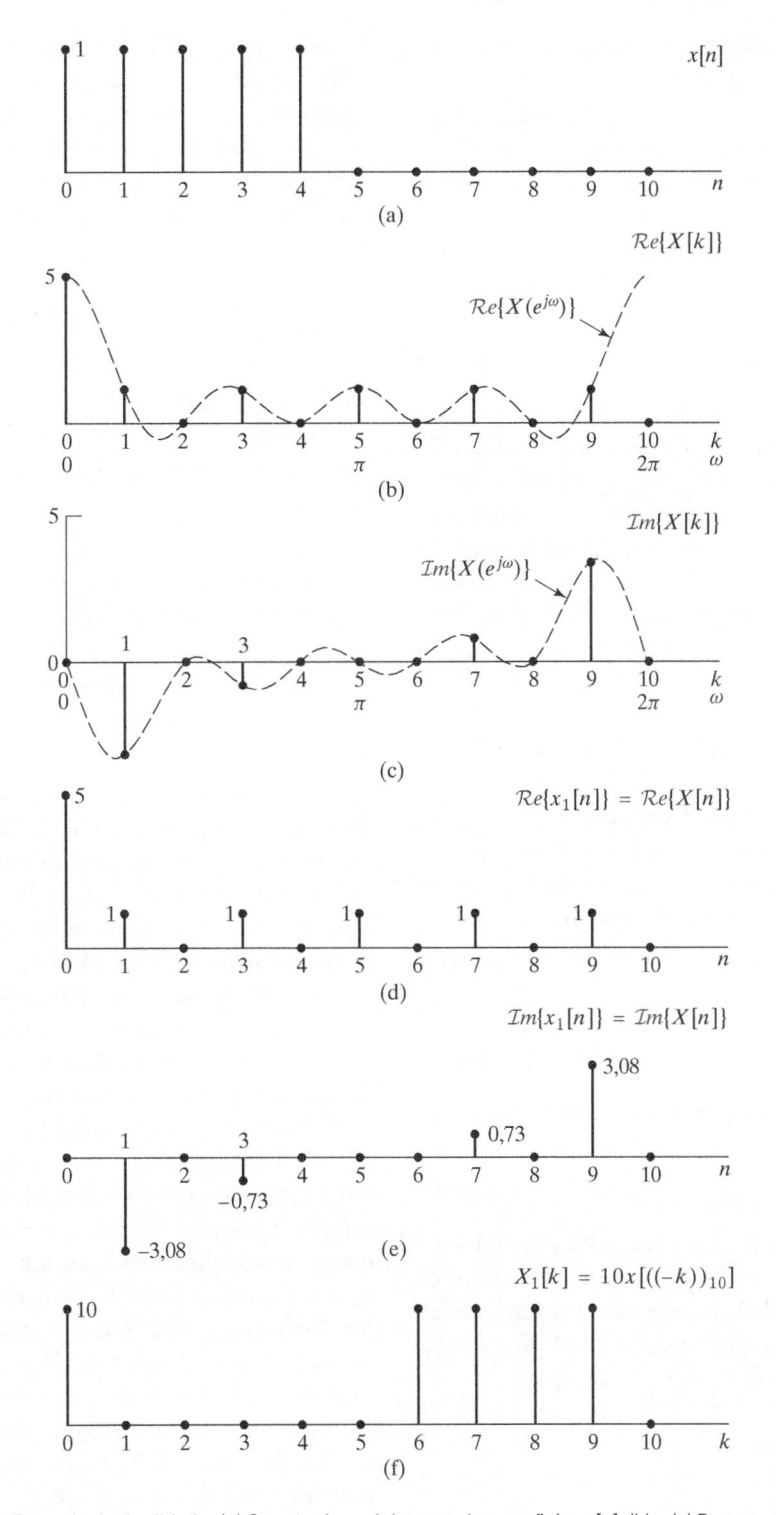

Figura 8.13 Exemplo da dualidade. (a) Sequência real de comprimento finito $x[n]$. (b) e (c) Partes real e imaginária da TFD correspondente $X[k]$. (d) e (e) Partes real e imaginária da sequência dual $x_1[n] = X[n]$. (f) A TFD de $x_1[n]$.

sendo $x_{ep}[n]$ e $x_{op}[n]$ sequências de comprimento finito, isto é, ambas são nulas fora do intervalo $0 \leq n \leq N-1$. Como $((-n))_N = (N-n)$ e $((n))_N = n$ para $0 \leq n \leq N-1$, também podemos expressar as equações 8.101 como

$$x_{ep}[n] = \tfrac{1}{2}\{x[n] + x^*[N-n]\}, \quad 1 \leq n \leq N-1, \quad (8.102a)$$
$$x_{ep}[0] = \mathcal{R}e\{x[0]\}, \quad (8.102b)$$
$$x_{op}[n] = \tfrac{1}{2}\{x[n] - x^*[N-n]\}, \quad 1 \leq n \leq N-1, \quad (8.102c)$$
$$x_{op}[0] = j\mathcal{I}m\{x[0]\}. \quad (8.102d)$$

Essa forma das equações é conveniente, pois evita o cálculo do mod N dos índices.

Nitidamente, $x_{ep}[n]$ e $x_{op}[n]$ não são equivalentes a $x_e[n]$ e $x_o[n]$, como definido nas equações 2.149(a) e (b). Porém, é possível mostrar (veja o Problema 8.59) que

$$x_{ep}[n] = \{x_e[n] + x_e[n - N]\}, \quad 0 \le n \le N - 1, \quad (8.103)$$

e

$$x_{op}[n] = \{x_o[n] + x_o[n - N]\}, \quad 0 \le n \le N - 1. \quad (8.104)$$

Em outras palavras, $x_{ep}[n]$ e $x_{op}[n]$ podem ser gerados pelo *aliasing* no tempo de $x_e[n]$ e $x_o[n]$ no intervalo $0 \le n \le N - 1$. As sequências $x_{ep}[n]$ e $x_{op}[n]$ serão designadas como componentes de $x[n]$ *simétrica conjugada periódica* e *antissimétrica conjugada periódica*, respectivamente. Quando $x_{ep}[n]$ e $x_{op}[n]$ forem reais, serão chamadas de componentes *par periódica* e *ímpar periódica*, respectivamente. Note que as sequências $x_{ep}[n]$ e $x_{op}[n]$ não são sequências periódicas; porém, elas são sequências de comprimento finito que são iguais a um período das sequências periódicas $\tilde{x}_e[n]$ e $\tilde{x}_o[n]$, respectivamente.

As equações 8.101 e 8.102 definem $x_{ep}[n]$ e $x_{op}[n]$ em termos de $x[n]$. A relação inversa, expressando $x[n]$ em termos de $x_{ep}[n]$ e $x_{op}[n]$, pode ser obtida usando as equações 8.97 e 8.98 para expressar $\tilde{x}[n]$ como

$$\tilde{x}[n] = \tilde{x}_e[n] + \tilde{x}_o[n]. \quad (8.105)$$

Assim,

$$x[n] = \tilde{x}[n] = \tilde{x}_e[n] + \tilde{x}_o[n], \quad 0 \le n \le N - 1. \quad (8.106)$$

Combinando as equações 8.106 com as equações 8.99 e 8.100, obtemos

$$x[n] = x_{ep}[n] + x_{op}[n]. \quad (8.107)$$

Como alternativa, as equações 8.102, quando somadas, também levam à Equação 8.107. As propriedades de simetria da TFD associadas às propriedades 11-14 da Tabela 8.1 agora se apresentam de forma direta:

$$\mathcal{R}e\{x[n]\} \stackrel{\mathcal{TFD}}{\longleftrightarrow} X_{ep}[k], \quad (8.108)$$

$$j\mathcal{I}m\{x[n]\} \stackrel{\mathcal{TFD}}{\longleftrightarrow} X_{op}[k], \quad (8.109)$$

$$x_{ep}[n] \stackrel{\mathcal{TFD}}{\longleftrightarrow} \mathcal{R}e\{X[k]\}, \quad (8.110)$$

$$x_{op}[n] \stackrel{\mathcal{TFD}}{\longleftrightarrow} j\mathcal{I}m\{X[k]\}. \quad (8.111)$$

8.6.5 Convolução circular

Na Seção 8.2.5, mostramos que a multiplicação dos coeficientes da SFD de duas sequências periódicas corresponde a uma convolução periódica das sequências. Aqui, consideramos duas sequências de *duração* finita $x_1[n]$ e $x_2[n]$, ambas com comprimento N, com TFDs $X_1[k]$ e $X_2[k]$, respectivamente, e queremos determinar a sequência $x_3[n]$, para a qual a TFD é $X_3[k] = X_1[k]X_2[k]$. Para determinar $x_3[n]$, podemos aplicar os resultados da Seção 8.2.5. Especificamente, $x_3[n]$ corresponde a um período de $\tilde{x}_3[n]$, que é dado pela Equação 8.27. Assim,

$$x_3[n] = \sum_{m=0}^{N-1} \tilde{x}_1[m]\tilde{x}_2[n - m], \quad 0 \le n \le N - 1, \quad (8.112)$$

ou, de modo equivalente,

$$x_3[n] = \sum_{m=0}^{N-1} x_1[((m))_N]x_2[((n - m))_N], \quad 0 \le n \le N - 1. \quad (8.113)$$

Como $((m))_N = m$ para $0 \le m \le N - 1$, a Equação 8.113 pode ser escrita como

$$x_3[n] = \sum_{m=0}^{N-1} x_1[m]x_2[((n - m))_N], \quad 0 \le n \le N - 1. \quad (8.114)$$

A Equação 8.114 difere de uma convolução linear de $x_1[n]$ e $x_2[n]$ como define a Equação 2.49 em alguns aspectos importantes. Na convolução linear, o cálculo do valor de sequência $x_3[n]$ envolve a multiplicação de uma sequência por uma versão refletida e deslocada linearmente no tempo e, depois, a soma dos valores do produto $x_1[m] x_2[n - m]$ para todo m. Para a obtenção de valores sucessivos da sequência formada pela operação de convolução, as duas sequências são deslocadas sucessivamente uma em relação à outra ao longo de um eixo linear. Por outro lado, para a convolução definida pela Equação 8.114, a segunda sequência é refletida circularmente no tempo e deslocada circularmente em relação à primeira. Por esse motivo, a operação de combinar duas sequências de comprimento finito de acordo com a Equação 8.114 é chamada de *convolução circular*. Mais especificamente, chamamos a Equação 8.114 de convolução circular de N pontos, identificando explicitamente o fato de que ambas as sequências têm comprimento N (ou menos) e de que as sequências são deslocadas em mod N. Muitas vezes, a operação de formar uma sequência $x_3[n]$ para $0 \le n \le N - 1$ usando a Equação 8.114 será denotada como

$$x_3[n] = x_1[n] \mathbin{\text{\textcircled{N}}} x_2[n], \quad (8.115)$$

isto é, o símbolo $\text{\textcircled{N}}$ denota a convolução circular de N pontos.

Como a TFD de $x_3[n]$ é $X_3[k] = X_1[k]X_2[k]$, e como $X_1[k]X_2[k] = X_2[k]X_1[k]$, concluímos sem nenhuma análise que

$$x_3[n] = x_2[n] \mathbin{\text{\textcircled{N}}} x_1[n], \quad (8.116)$$

ou, mais especificamente,

$$x_3[n] = \sum_{m=0}^{N-1} x_2[m]x_1[((n-m))_N]. \quad (8.117)$$

Ou seja, a convolução circular, como a convolução linear, é uma operação comutativa.

Como a convolução circular é, na realidade, apenas a convolução periódica, o Exemplo 8.4 e a Figura 8.3 também ilustram a convolução circular. Porém, se usarmos a noção de deslocamento circular, não é necessário construir as sequências periódicas subjacentes como na Figura 8.3. Isso é ilustrado nos exemplos a seguir.

Exemplo 8.10 Convolução circular com uma sequência de impulso atrasada

Um exemplo de convolução circular é fornecido pelo resultado da Seção 8.6.2. Seja $x_2[n]$ uma sequência de duração finita com comprimento N e

$$x_1[n] = \delta[n - n_0], \quad (8.118)$$

sendo $0 < n_0 < N$. Nitidamente, $x_1[n]$ pode ser considerada como a sequência de duração finita

$$x_1[n] = \begin{cases} 0, & 0 \le n < n_0, \\ 1, & n = n_0, \\ 0, & n_0 < n \le N - 1, \end{cases} \quad (8.119)$$

como mostrado na Figura 8.14 para $n_0 = 1$.
A TFD de $x_1[n]$ é

$$X_1[k] = W_N^{kn_0}. \quad (8.120)$$

Se formarmos o produto

$$X_3[k] = W_N^{kn_0} X_2[k], \quad (8.121)$$

veremos, pela Seção 8.6.2, que a sequência de duração finita correspondente a $X_3[k]$ é a sequência $x_2[n]$ rotacionada para a direita de n_0 amostras no intervalo $0 \le n \le N - 1$. Ou seja, a convolução circular de uma sequência $x_2[n]$ com um único impulso unitário atrasado resulta em uma rotação de $x_2[n]$ no intervalo $0 \le n \le N - 1$. Esse exemplo é ilustrado na Figura 8.14 para $N = 5$ e $n_0 = 1$. Aqui, mostramos as sequências $x_2[m]$ e $x_1[m]$ e em seguida $x_2[((0-m))_N]$ e $x_2[((1-m))_N]$. Fica claro a partir desses dois casos que o resultado da convolução circular de $x_2[n]$ com um único impulso unitário deslocado será o deslocamento circular de $x_2[n]$. A última sequência mostrada é $x_3[n]$, o resultado da convolução circular de $x_1[n]$ e $x_2[n]$.

Exemplo 8.11 Convolução circular de dois pulsos retangulares

Como outro exemplo de convolução circular, considere

$$x_1[n] = x_2[n] = \begin{cases} 1, & 0 \le n \le L - 1, \\ 0, & \text{caso contrário,} \end{cases} \quad (8.122)$$

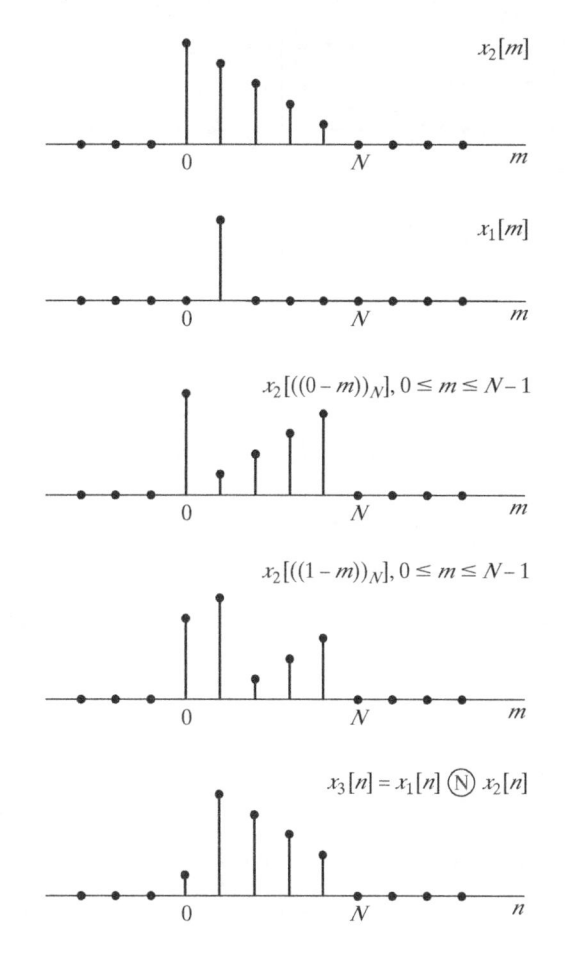

Figura 8.14 Convolução circular de uma sequência de comprimento finito $x_2[n]$ com um único impulso atrasado, $x_1[n] = \delta[n-1]$.

sendo, na Figura 8.15, $L = 6$. Se considerarmos que N denota o comprimento da TFD, para $N = L$, as TFDs de N pontos são

$$X_1[k] = X_2[k] = \sum_{n=0}^{N-1} W_N^{kn} = \begin{cases} N, & k = 0, \\ 0, & \text{caso contrário.} \end{cases} \quad (8.123)$$

Se multiplicarmos explicitamente $X_1[k]$ e $X_2[k]$, obteremos

$$X_3[k] = X_1[k]X_2[k] = \begin{cases} N^2, & k = 0, \\ 0, & \text{caso contrário} \end{cases} \quad (8.124)$$

do qual concluímos que

$$x_3[n] = N, \quad 0 \le n \le N - 1. \quad (8.125)$$

Esse resultado é representado na Figura 8.15. Nitidamente, quando a sequência $x_2[((n-m))_N]$ é rotacionada em relação a $x_1[m]$, a soma dos produtos $x_1[m]x_2[((n-m))_N]$ sempre será igual a N.

Evidentemente, é possível considerar $x_1[n]$ e $x_2[n]$ como sequências de $2L$ pontos, acrescentando a elas L zeros. Se, depois disso, realizarmos a convolução circular com $2L$ pontos das sequências aumentadas, obteremos a sequência da Figura 8.16, que pode ser vista como idêntica à convolução linear das sequências de duração finita $x_1[n]$ e $x_2[n]$. Essa observação importante será discutida com mais detalhes na Seção 8.7.

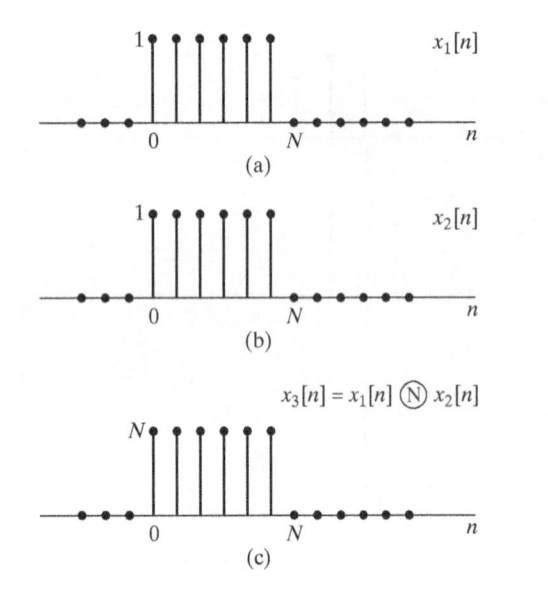

Figura 8.15 Convolução circular de N pontos de duas sequências constantes de comprimento N.

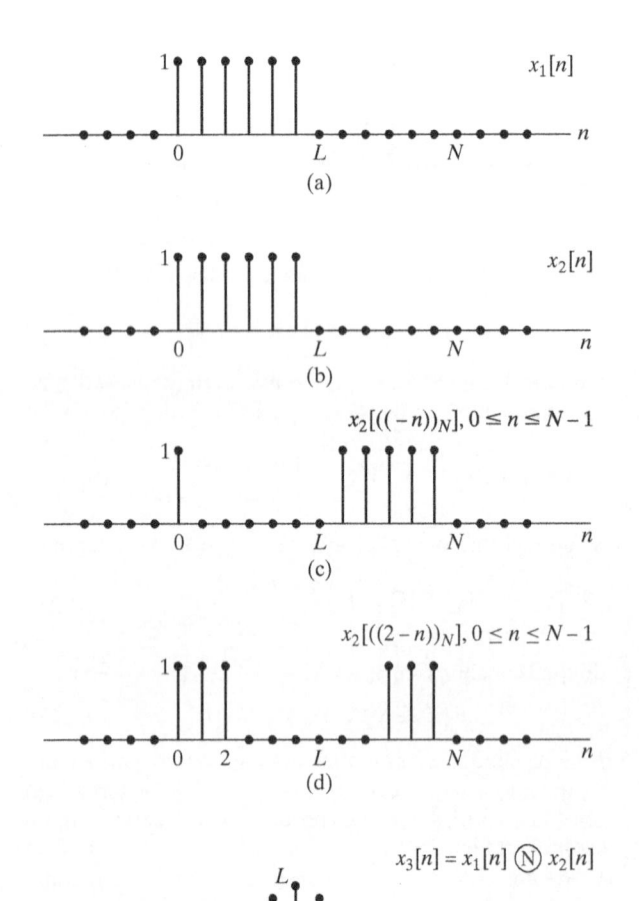

Figura 8.16 Convolução circular de $2L$ pontos de duas sequências constantes de comprimento L.

Observe que, para $N = 2L$, como vemos na Figura 8.16,

$$X_1[k] = X_2[k] = \frac{1 - W_N^{Lk}}{1 - W_N^k},$$

assim, a TFD da sequência de forma triangular $x_3[n]$ na Figura 8.16(e) é

$$X_3[k] = \left(\frac{1 - W_N^{Lk}}{1 - W_N^k}\right)^2,$$

com $N = 2L$.

A propriedade de convolução circular é representada como

$$x_1[n] \circledN x_2[n] \xleftrightarrow{\mathcal{TFD}} X_1[k]X_2[k]. \quad (8.126)$$

Em vista da dualidade das relações de TFD, não é surpresa que a TFD de um produto de duas sequências de N pontos seja a convolução circular de suas respectivas TFDs. Especificamente, se $x_3[n] = x_1[n]x_2[n]$, então

$$X_3[k] = \frac{1}{N} \sum_{\ell=0}^{N-1} X_1[\ell]X_2[((k-\ell))_N] \quad (8.127)$$

ou

$$x_1[n]x_2[n] \xleftrightarrow{\mathcal{TFD}} \frac{1}{N}X_1[k] \circledN X_2[k]. \quad (8.128)$$

8.6.6 Resumo das propriedades da TFD

As propriedades da TFD que discutimos na Seção 8.6 estão resumidas na Tabela 8.2. Note que, para todas as propriedades, as expressões dadas especificam $x[n]$ para $0 \leq n \leq N - 1$ e $X[k]$ para $0 \leq k \leq N - 1$. Tanto $x[n]$ quanto $X[k]$ são nulas fora desses intervalos.

8.7 Cálculo da convolução linear a partir da TFD

Mostraremos, no Capítulo 9, que existem algoritmos eficientes para calcular a TFD de uma sequência de duração finita. Estes são conhecidos coletivamente como algoritmos de FFT. Como esses algoritmos estão facilmente disponíveis, é computacionalmente eficaz implementar uma convolução de duas sequências com o seguinte procedimento:

(a) Calcular as TFDs com N pontos $X_1[k]$ e $X_2[k]$ das duas sequências $x_1[n]$ e $x_2[n]$, respectivamente.
(b) Calcular o produto $X_3[k] = X_1[k] X_2[k]$ para $0 \leq k \leq N - 1$.
(c) Calcular a sequência $x_3[n] = x_1[n] \circledN x_2[n]$ como a TFD inversa de $X_3[k]$.

Em muitas das aplicações de PDS, temos interesse em implementar uma convolução linear de duas sequências; isto é, queremos implementar um sistema LIT. Isso certamente ocorre, por exemplo, na filtragem

Tabela 8.2 Resumo das propriedades da TFD.

Sequência de comprimento finito (comprimento N)	TFD de N pontos (comprimento N)
1. $x[n]$	$X[k]$
2. $x_1[n], x_2[n]$	$X_1[k], X_2[k]$
3. $ax_1[n] + bx_2[n]$	$aX_1[k] + bX_2[k]$
4. $X[n]$	$Nx[((-k))_N]$
5. $x[((n-m))_N]$	$W_N^{km} X[k]$
6. $W_N^{-\ell n} x[n]$	$X[((k-\ell))_N]$
7. $\sum_{m=0}^{N-1} x_1[m] x_2[((n-m))_N]$	$X_1[k] X_2[k]$
8. $x_1[n] x_2[n]$	$\frac{1}{N} \sum_{\ell=0}^{N-1} X_1[\ell] X_2[((k-\ell))_N]$
9. $x^*[n]$	$X^*[((-k))_N]$
10. $x^*[((-n))_N]$	$X^*[k]$
11. $\mathcal{R}e\{x[n]\}$	$X_{\text{ep}}[k] = \frac{1}{2}\{X[((k))_N] + X^*[((-k))_N]\}$
12. $j\mathcal{I}m\{x[n]\}$	$X_{\text{op}}[k] = \frac{1}{2}\{X[((k))_N] - X^*[((-k))_N]\}$
13. $x_{\text{ep}}[n] = \frac{1}{2}\{x[n] + x^*[((-n))_N]\}$	$\mathcal{R}e\{X[k]\}$
14. $x_{\text{op}}[n] = \frac{1}{2}\{x[n] - x^*[((-n))_N]\}$	$j\mathcal{I}m\{X[k]\}$
As propriedades 15-17 aplicam-se apenas quando $x[n]$ é real.	
15. Propriedades de simetria	$\begin{cases} X[k] = X^*[((-k))_N] \\ \mathcal{R}e\{X[k]\} = \mathcal{R}e\{X[((-k))_N]\} \\ \mathcal{I}m\{X[k]\} = -\mathcal{I}m\{X[((-k))_N]\} \\ |X[k]| = |X[((-k))_N]| \\ \angle\{X[k]\} = -\angle\{X[((-k))_N]\} \end{cases}$
16. $x_{\text{ep}}[n] = \frac{1}{2}\{x[n] + x[((-n))_N]\}$	$\mathcal{R}e\{X[k]\}$
17. $x_{\text{op}}[n] = \frac{1}{2}\{x[n] - x[((-n))_N]\}$	$j\mathcal{I}m\{X[k]\}$

de uma sequência como um sinal de voz ou um sinal de radar, ou no cálculo da função de autocorrelação desses sinais. Como vimos na Seção 8.6.5, a multiplicação de TFDs corresponde a uma convolução circular das sequências. Para obtermos uma convolução linear, temos de assegurar que a convolução circular tenha o efeito de convolução linear. A discussão no fim do Exemplo 8.11 indica como isso pode ser feito. Agora, apresentaremos uma análise mais detalhada.

8.7.1 Convolução linear de duas sequências de comprimento finito

Considere uma sequência $x_1[n]$ cujo comprimento seja de L pontos e uma sequência $x_2[n]$ cujo comprimento seja de P pontos. Suponha que queiramos combinar essas duas sequências pela convolução linear para obtermos uma terceira sequência

$$x_3[n] = \sum_{m=-\infty}^{\infty} x_1[m] x_2[n-m]. \tag{8.129}$$

A Figura 8.17(a) indica uma determinada sequência $x_1[m]$ e a Figura 8.17(b) mostra uma determinada sequência $x_2[n-m]$ para $n = -1$, para $0 \leq n \leq L-1$ e para $n = L + P - 1$. Evidentemente, o produto $x_1[m] x_2[n-m]$ é nulo para todo m sempre que $n < 0$ e $n > L + P - 2$; ou seja, $x_3[n] \neq 0$ para $0 \leq n \leq L + P - 2$. Portanto, $(L + P - 1)$ é o comprimento máximo da sequência $x_3[n]$ resultante da convolução linear de uma sequência de comprimento L com uma sequência de comprimento P.

8.7.2 Convolução circular como convolução linear com *aliasing*

Se uma convolução circular correspondente ao produto de duas TFDs de N pontos é igual ou não à convolução linear das sequências de comprimento finito correspondentes, como mostrado nos exemplos 8.10 e 8.11, então o comprimento da TFD depende do comprimento das sequências finitas correspondentes. Uma interpretação extremamente útil da relação entre convolução circular e convolução linear é aquela em termos do *alia-*

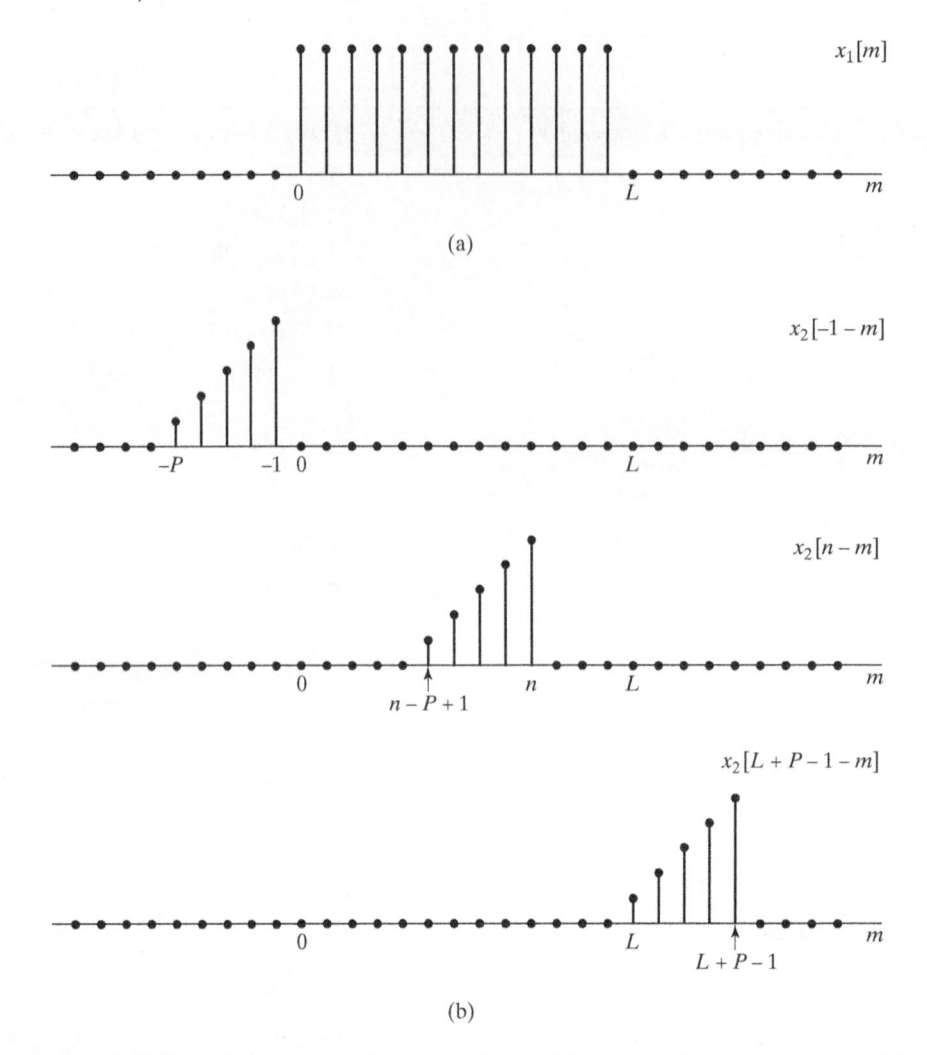

Figura 8.17 Exemplo de convolução linear de duas sequências de comprimento finito mostrando que o resultado é $x_3[n] = 0$ para $n \leq -1$ e para $n \geq L + P - 1$. (a) Sequência de comprimento finito $x_1[m]$. (b) $x_2[n - m]$ para diversos valores de n.

sing no tempo. Como essa interpretação é muito importante e útil para o entendimento da convolução circular, ela será desenvolvida de várias maneiras.

Na Seção 8.4, observamos que, se a transformada de Fourier $X(e^{j\omega})$ de uma sequência $x[n]$ é amostrada nas frequências $\omega_k = 2\pi k/N$, então a sequência resultante corresponde aos coeficientes da SFD da sequência periódica

$$\tilde{x}[n] = \sum_{r=-\infty}^{\infty} x[n - rN]. \qquad (8.130)$$

A partir da discussão sobre a TFD, concluímos que a sequência de comprimento finito

$$X[k] = \begin{cases} X(e^{j(2\pi k/N)}), & 0 \leq k \leq N - 1, \\ 0, & \text{caso contrário,} \end{cases} \qquad (8.131)$$

é a TFD de um período de $\tilde{x}[n]$, conforme a Equação 8.130; isto é,

$$x_p[n] = \begin{cases} \tilde{x}[n], & 0 \leq n \leq N - 1, \\ 0, & \text{caso contrário.} \end{cases} \qquad (8.132)$$

Evidentemente, se $x[n]$ tem comprimento menor ou igual a N, não ocorre *aliasing* no tempo, e $x_p[n] = x[n]$. Porém, se o comprimento de $x[n]$ for maior do que N, $x_p[n]$ pode não ser igual a $x[n]$ para alguns ou todos os valores de n. Daqui para a frente, usaremos o subscrito p para denotar que uma sequência é um período de uma sequência periódica resultante de uma TFD inversa de uma transformada de Fourier amostrada. O subscrito pode ser dispensado se ficar claro que o *aliasing* no tempo foi evitado.

A sequência $x_3[n]$ na Equação 8.129 tem transformada de Fourier

$$X_3(e^{j\omega}) = X_1(e^{j\omega})X_2(e^{j\omega}). \qquad (8.133)$$

Se definirmos uma TFD

$$X_3[k] = X_3(e^{j(2\pi k/N)}), \quad 0 \leq k \leq N - 1, \qquad (8.134)$$

então também fica claro a partir das equações 8.133 e 8.134 que

$$X_3[k] = X_1(e^{j(2\pi k/N)})X_2(e^{j(2\pi k/N)}), \quad 0 \le k \le N-1, \tag{8.135}$$

e, portanto,

$$X_3[k] = X_1[k]X_2[k]. \tag{8.136}$$

Ou seja, a sequência resultante da TFD inversa de $X_3[k]$ é

$$x_{3p}[n] = \begin{cases} \sum_{r=-\infty}^{\infty} x_3[n-rN], & 0 \le n \le N-1, \\ 0, & \text{caso contrário,} \end{cases} \tag{8.137}$$

e, pela Equação 8.136, concluímos que

$$x_{3p}[n] = x_1[n] \text{\textcircled{N}} x_2[n]. \tag{8.138}$$

Assim, a convolução circular de duas sequências de comprimento finito é equivalente à convolução linear das duas sequências, seguida pelo *aliasing* no tempo, conforme a Equação 8.137.

Note que, se N for maior ou igual a L ou a P, $X_1[k]$ e $X_2[k]$ representam $x_1[n]$ e $x_2[n]$ exatamente, mas $x_{3p}[n] = x_3[n]$ para todo n somente se N for maior ou igual ao comprimento da sequência $x_3[n]$. Como mostramos na Seção 8.7.1, se $x_1[n]$ tem comprimento L e $x_2[n]$ tem comprimento P, então $x_3[n]$ tem comprimento máximo $(L + P - 1)$. Portanto, a convolução circular correspondente a $X_1[k]X_2[k]$ é idêntica à convolução linear correspondente a $X_1(e^{j\omega}) X_2(e^{j\omega})$ se N, o comprimento das TFDs, satisfaz $N \ge L + P - 1$.

Exemplo 8.12 Convolução circular como convolução linear com *aliasing*

Os resultados do Exemplo 8.11 são facilmente entendidos diante da interpretação recém-discutida. Note que $x_1[n]$ e $x_2[n]$ são sequências constantes idênticas de comprimento $L = P = 6$, como mostrado na Figura 8.18(a). A convolução linear de $x_1[n]$ e $x_2[n]$ tem comprimento $L + P - 1 = 11$ e tem a forma triangular mostrada na Figura 8.18(b). Nas figuras 8.18(c) e (d), são mostradas duas das versões deslocadas $x_3[n - rN]$ na Equação 8.137, $x_3[n - N]$ e $x_3[n + N]$ para $N = 6$. A convolução circular de N pontos de $x_1[n]$ e $x_2[n]$ pode ser obtida usando a Equação 8.137. Isso é mostrado na Figura 8.18(e) para $N = L = 6$ e na Figura 8.18(f) para $N = 2L = 12$. Observe que, para $N = L = 6$, somente $x_3[n]$ e $x_3[n + N]$ contribuem para o resultado. Para $N = 2L = 12$, somente $x_3[n]$ contribui para o resultado. Como o comprimento da convolução linear é $(2L - 1)$, o resultado da convolução circular para $N = 2L$ é idêntico ao resultado da convolução para todo $0 \le n \le N - 1$. De fato, isso também aconteceria para $N = 2L - 1 = 11$.

Como ressaltado no Exemplo 8.12, o *aliasing* no tempo devido à convolução circular de duas sequências de comprimento finito pode ser evitado se $N \ge L + P - 1$.

Também fica claro que, se $N = L = P$, todos os valores de sequência da convolução circular podem ser diferentes daqueles da convolução linear. Porém, se $P < L$, alguns dos valores de sequência em uma convolução circular de L pontos serão iguais aos valores de sequência da convolução linear correspondente. A interpretação do *aliasing* no tempo é útil para mostrar esse efeito.

Considere duas sequências de duração finita $x_1[n]$ e $x_2[n]$, com $x_1[n]$ de comprimento L e $x_2[n]$ de comprimento P, sendo $P < L$, como indicado nas figuras 8.19(a) e (b), respectivamente. Vamos primeiro considerar a convolução circular de L pontos de $x_1[n]$ e $x_2[n]$ e investigar quais valores da sequência na convolução circular são idênticos aos obtidos a partir de uma convolução linear e quais valores não são. A convolução linear de $x_1[n]$ com $x_2[n]$ será uma sequência de comprimento finito, com comprimento $(L + P - 1)$, como indicado na Figura 8.19(c). Para determinar a convolução circular de L pontos, usamos as equações 8.137 e 8.138, de modo que

$$x_{3p}[n] = \begin{cases} x_1[n] \text{\textcircled{L}} x_2[n] = \sum_{r=-\infty}^{\infty} x_3[n-rL], & 0 \le n \le L-1, \\ 0, & \text{caso contrário.} \end{cases} \tag{8.139}$$

Na Figura 8.20(a) é mostrada a parcela da Equação 8.139 para $r = 0$, e as figuras 8.20(b) e (c) mostram as parcelas para $r = -1$ e $r = +1$, respectivamente. Pela Figura 8.20, deve ficar claro que, no intervalo $0 \le n \le L - 1$, $x_{3p}[n]$ é influenciado somente por $x_3[n]$ e $x_3[n + L]$.

Em geral, sempre que $P < L$, somente o termo $x_3[n + L]$ irá sofrer o *aliasing* no intervalo $0 \le n \le L - 1$. Mais especificamente, quando essas parcelas são somadas, os últimos $(P - 1)$ pontos de $x_3[n + L]$, que se estendem de $n = 0$ até $n = P - 2$, serão somados aos primeiros $(P - 1)$ pontos de $x_3[n]$, e os $(P - 1)$ últimos pontos de $x_3[n]$, que se estendem de $n = L$ até $n = L + P - 2$, contribuirão apenas para o próximo período da sequência periódica resultante $\tilde{x}_3[n]$. Então, $x_{3p}[n]$ é formado tomando apenas o trecho $0 \le n \le L - 1$. Como os últimos $(P - 1)$ pontos de $x_3[n + L]$ e os últimos $(P - 1)$ pontos de $x_3[n]$ são idênticos, podemos, alternativamente, visualizar o processo de formação da convolução circular $x_{3p}[n]$ como convolução linear mais *aliasing*, tomando os $(P - 1)$ valores de $x_3[n]$ de $n = L$ a $n = L + P - 2$ e somando-os aos primeiros $(P - 1)$ valores de $x_3[n]$. Esse processo é ilustrado na Figura 8.21 para o caso $P = 4$ e $L = 8$. Na Figura 8.21(a) é mostrada a convolução linear $x_3[n]$, com as amostras para $n \ge L$ denotadas por pontos abertos. Observe que apenas $(P - 1)$ amostras para $n \ge L$ são não nulos. Na Figura 8.21(b) é mostrada a formação de $x_{3p}[n]$ "enrolando $x_3[n]$ em torno de si mesma". Os primeiros $(P - 1)$ pontos são corrompidos pelo *aliasing* no tempo, e os pontos restantes de $n = P - 1$ a $n = L - 1$

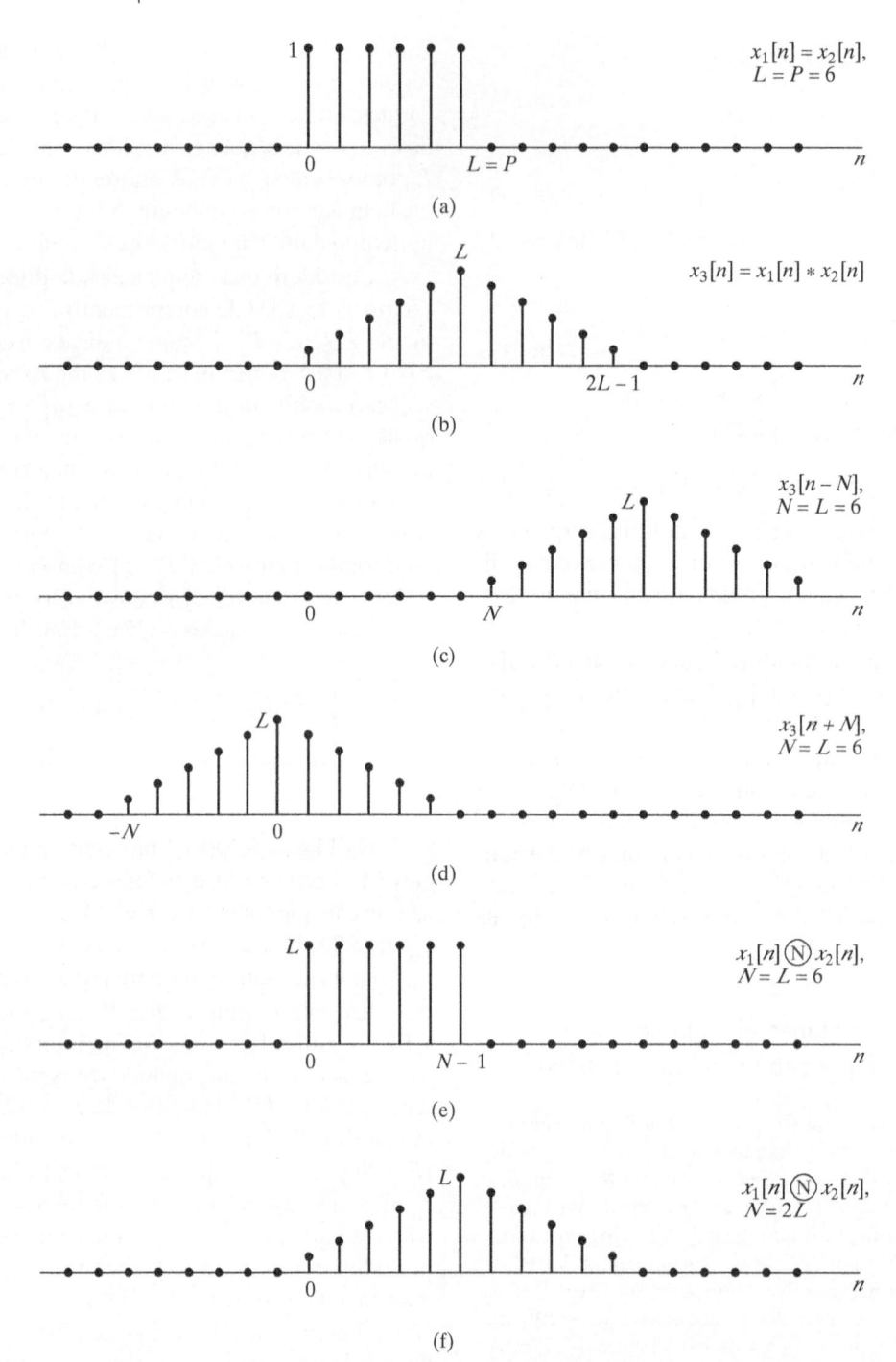

Figura 8.18 Exemplo do caso em que a convolução circular é equivalente à convolução linear seguida de *aliasing*. (a) Sequências $x_1[n]$ e $x_2[n]$ antes de sofrerem a convolução. (b) Convolução linear de $x_1[n]$ e $x_2[n]$. (c) $x_3[n-N]$ para $N = 6$. (d) $x_3[n+N]$ para $N = 6$. (e) $x_1[n] \, \textcircled{6} \, x_2[n]$, que é igual à soma de (b), (c) e (d) no intervalo $0 \le n \le 5$. (f) $x_1[n] \, \textcircled{12} \, x_2[n]$.

(isto é, os últimos $L - P + 1$ pontos) não são corrompidos; isto é, eles são idênticos aos que seriam obtidos com uma convolução linear.

A partir dessa discussão, deve ficar claro que, se a convolução circular tiver um comprimento suficiente em relação aos comprimentos das sequências $x_1[n]$ e $x_2[n]$, então o *aliasing* com valores não nulos poderá ser evitado; neste caso a convolução circular e a convolução linear serão idênticas. Especificamente, se para o caso que acabamos de considerar $x_3[n]$ for replicada com período $N \ge L + P - 1$, então não haverá nenhuma sobreposição não nula. Esse caso é ilustrado nas figuras 8.21(c) e (d), novamente para $P = 4$ e $L = 8$, com $N = 11$.

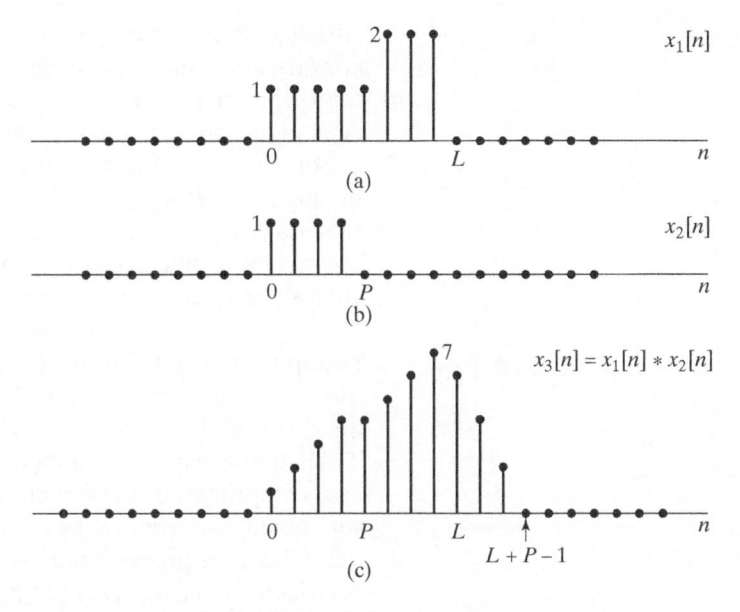

Figura 8.19 Exemplo de convolução linear de duas sequências de comprimento finito.

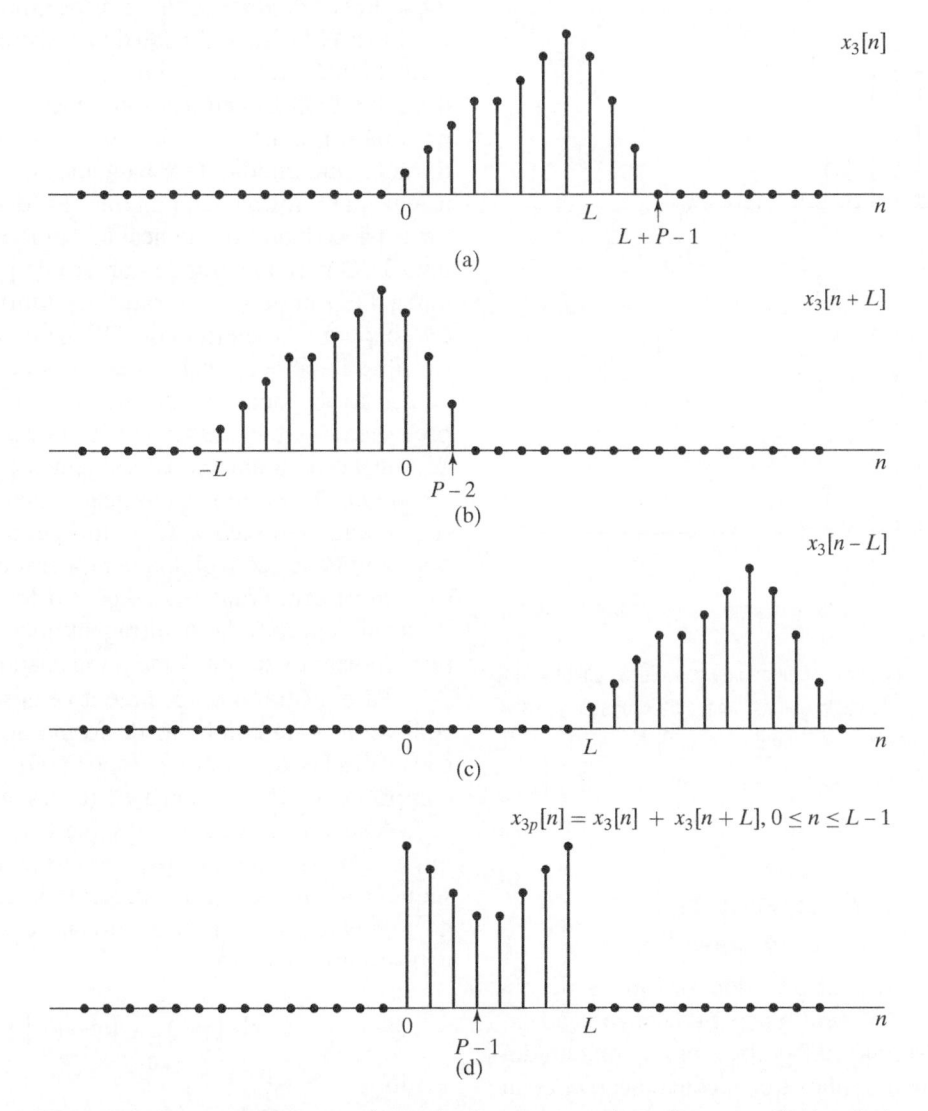

Figura 8.20 Interpretação da convolução circular como convolução linear seguida de *aliasing* para a convolução circular das duas sequências $x_1[n]$ e $x_2[n]$ da Figura 8.19.

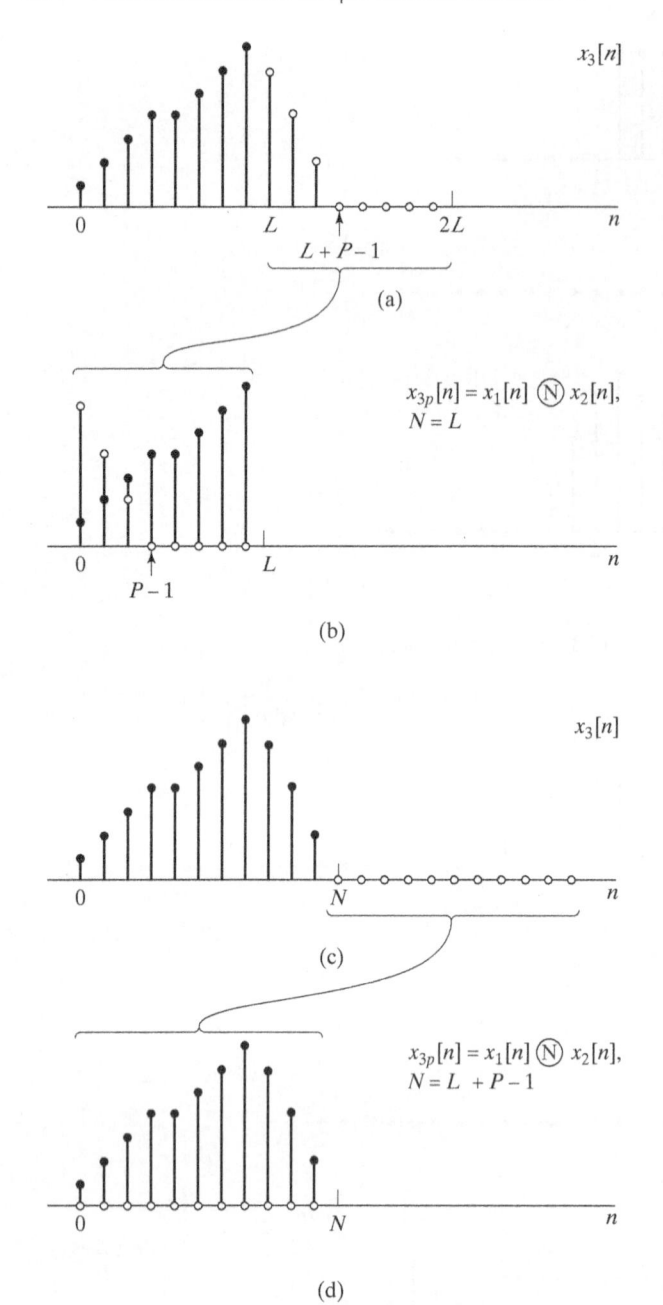

Figura 8.21 Exemplo de como o resultado da convolução circular "enrola-se". (a) e (b) $N = L$, de modo que os pontos da cauda do *aliasing* sobrepõem-se aos primeiros $(P-1)$ pontos. (c) e (d) $N = (L + P - 1)$, assim não há sobreposição.

8.7.3 Implementação de sistemas lineares invariantes no tempo usando a TFD

A discussão anterior abordou as formas de obtenção da convolução linear a partir da convolução circular. Como os sistemas LIT podem ser implementados por convolução, isso implica que a convolução circular (implementada com o procedimento sugerido no início da Seção 8.7) pode ser usada para implementar esses sistemas. Para ver como isso pode ser feito, primeiro consideramos uma sequência de entrada com L pontos $x[n]$ e uma resposta ao impulso com P pontos $h[n]$. A convolução linear dessas duas sequências, que será denotada como $y[n]$, tem duração finita, com comprimento $(L + P - 1)$. Consequentemente, como discutimos na Seção 8.7.2, para que a convolução circular e a convolução linear sejam idênticas, a convolução circular deverá ter um comprimento de pelo menos $(L + P - 1)$ pontos. A convolução circular pode ser realizada multiplicando as TFDs de $x[n]$ e $h[n]$. Como queremos que o produto represente a TFD da convolução linear de $x[n]$ e $h[n]$, que tem comprimento $(L + P - 1)$, as TFDs que calculamos também devem ter pelo menos esse comprimento, isto é, tanto $x[n]$ quanto $h[n]$ devem ser aumentados com valores de sequência com amplitudes nulas. Esse processo muitas vezes é conhecido como *preenchimento com zeros* (do inglês *zero-padding*).

Esse procedimento permite o cálculo da convolução linear de duas sequências de comprimento finito usando a TFD; isto é, a saída de um sistema FIR cuja entrada também tem comprimento finito pode ser calculada com a TFD. Em muitas aplicações, como na filtragem de uma forma de onda de voz, o sinal de entrada tem duração indefinida. Teoricamente, embora possamos armazenar a forma de onda inteira e depois implementar o procedimento que acabamos de abordar usando uma TFD para um grande número de pontos, o cálculo dessa TFD pode ser impraticável. Outra consideração é que, para esse método de filtragem, nenhuma amostra filtrada pode ser calculada antes de ser sido feita a aquisição de todas as amostras de entrada. Em geral, precisamos evitar esse grande atraso no processamento. A solução para ambos os problemas consiste em usar a *convolução em bloco*, em que o sinal a ser filtrado é segmentado em seções de comprimento L. Cada seção pode então ser convoluída com a resposta ao impulso de comprimento finito e as seções filtradas combinadas de forma apropriada. A filtragem linear de cada bloco pode, portanto, ser implementada usando a TFD.

Para ilustrar o procedimento e desenvolver o procedimento para combinar de forma apropriada as seções filtradas, considere a resposta ao impulso $h[n]$ de comprimento P e o sinal $x[n]$ representado na Figura 8.22. A seguir, consideraremos que $x[n] = 0$ para $n < 0$ e que o comprimento de $x[n]$ é muito maior do que P. A sequência $x[n]$ pode ser representada como uma soma de segmentos de comprimento finito L, deslocados e não sobrepostos; isto é,

$$x[n] = \sum_{r=0}^{\infty} x_r[n - rL], \quad (8.140)$$

sendo

$$x_r[n] = \begin{cases} x[n + rL], & 0 \leq n \leq L - 1, \\ 0, & \text{caso contrário.} \end{cases} \quad (8.141)$$

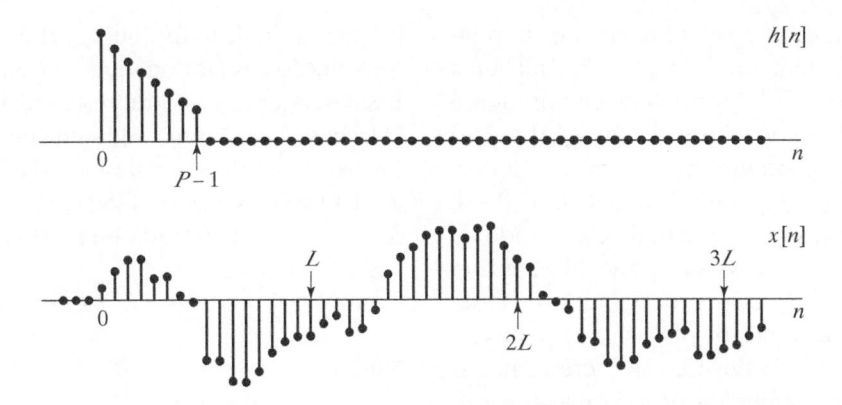

Figura 8.22 Resposta ao impulso de comprimento finito $h[n]$ e o sinal de comprimento indefinido $x[n]$ a ser filtrado.

A Figura 8.23(a) ilustra a segmentação para o $x[n]$ da Figura 8.22. Note que, em cada segmento $x_r[n]$, a primeira amostra está em $n = 0$; porém, a amostra na posição zero de $x_r[n]$ é a amostra na posição rL da sequência $x[n]$. Isso é mostrado na Figura 8.23(a), nos gráficos dos segmentos em suas posições deslocadas, mas com indicação da origem temporal redefinida.

Como a convolução é uma operação LIT, concluímos pela Equação 8.140 que

$$y[n] = x[n] * h[n] = \sum_{r=0}^{\infty} y_r[n - rL], \quad (8.142)$$

sendo

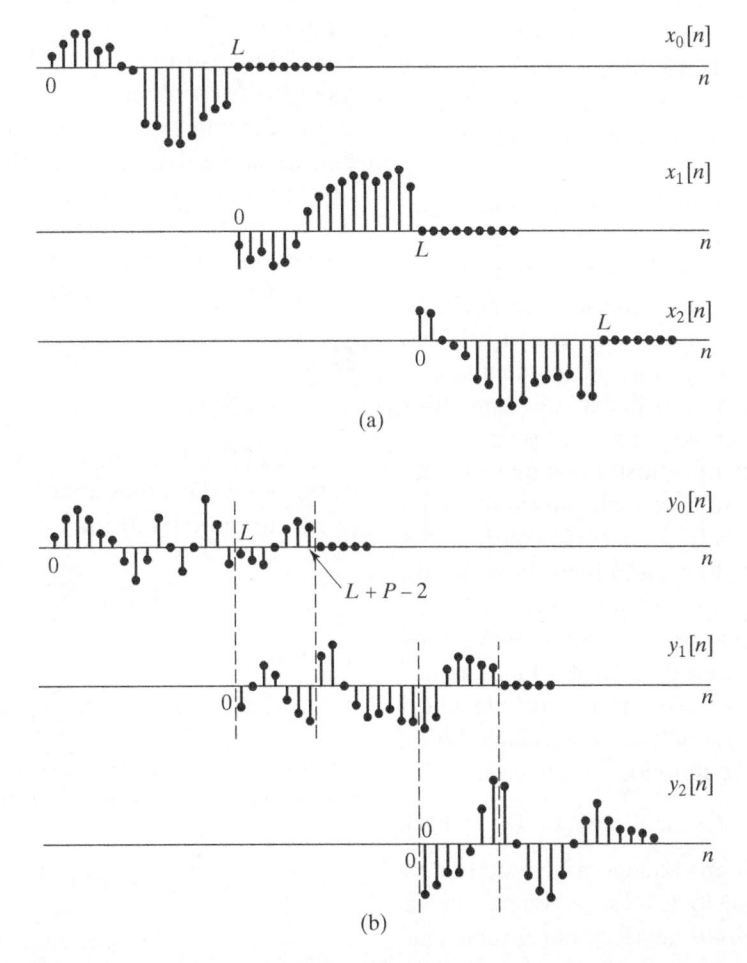

$$y_r[n] = x_r[n] * h[n]. \quad (8.143)$$

Figura 8.23 (a) Decomposição do $x[n]$ da Figura 8.22 em seções não sobrepostas de comprimento L. (b) Resultado da convolução de cada seção com $h[n]$.

Como as sequências $x_r[n]$ têm apenas L pontos não nulos e $h[n]$ tem comprimento P, cada uma das parcelas $y_r[n] = x_r[n] * h[n]$ tem comprimento $(L + P - 1)$. Assim, a convolução linear $x_r[n] * h[n]$ pode ser obtida pelo procedimento descrito anteriormente usando TFDs de N pontos, com $N \geq L + P - 1$. Como o início de cada seção de entrada é separado de seus vizinhos por L pontos e cada seção filtrada tem comprimento $(L + P - 1)$, os pontos não nulos nas seções filtradas serão sobrepostos por $(P - 1)$ pontos, e essas amostras sobrepostas deverão ser acrescentadas na execução da soma requerida pela Equação 8.142. Isso é ilustrado na Figura 8.23(b), que mostra as seções filtradas, $y_r[n] = x_r[n] * h[n]$. Assim como o sinal de entrada é reconstruído somando os sinais atrasados da Figura 8.23(a), o resultado filtrado $x[n] * h[n]$ é construído com a soma das seções filtradas atrasadas, representadas na Figura 8.23(b). Esse procedimento para construir a saída filtrada a partir das seções filtradas usualmente é chamado de *método de sobreposição e soma*, pois as seções filtradas são sobrepostas e somadas para construir a saída. A sobreposição ocorre porque a convolução linear de cada seção com a resposta ao impulso é, em geral, maior do que o comprimento da seção. O *método de sobreposição e soma* da convolução em bloco não está vinculado à TFD e à convolução circular. Evidentemente aqui deseja-se que convoluções menores sejam calculadas e os resultados combinados adequadamente.

Um procedimento de convolução em bloco alternativo, comumente chamado de *método de sobreposição e armazenamento*, corresponde a implementar uma convolução circular de L pontos de uma resposta ao impulso $h[n]$ de P pontos com um segmento $x_r[n]$ de L pontos e identificar a parte da convolução circular que corresponde a uma convolução linear. Os segmentos de saída resultantes são então "emendados" para formar a saída. Especificamente, mostramos que, se uma sequência de L pontos sofrer a convolução circular com uma sequência de P pontos ($P < L$), então os primeiros $(P - 1)$ pontos do resultado estarão incorretos devido ao *aliasing* no tempo, enquanto os pontos restantes serão idênticos àqueles que seriam obtidos se tivéssemos implementado uma convolução linear. Portanto, podemos dividir $x[n]$ em seções de comprimento L de modo que cada seção de entrada sobreponha a seção anterior por $(P - 1)$ pontos. Isto é, definimos a seção como

$$x_r[n] = x[n + r(L - P + 1) - P + 1], \quad 0 \leq n \leq L - 1, \quad (8.144)$$

em que, como antes, definimos que a origem de tempo para cada seção está no início dessa seção em vez de na origem de $x[n]$. Esse método de seccionar é representado na Figura 8.24(a). A convolução circular de cada seção com $h[n]$ é denotada como $y_{rp}[n]$, com o subscrito extra p indicando que $y_{rp}[n]$ é o resultado de uma convolução circular em que ocorreu *aliasing* no tempo. Essas sequências são representadas na Figura 8.24(b). O trecho de cada seção de saída na região $0 \leq n \leq P - 2$ é a parte que deve ser descartada. As amostras restantes das seções sucessivas são então "concatenadas" para construir a saída filtrada final. Isto é,

$$y[n] = \sum_{r=0}^{\infty} y_r[n - r(L - P + 1) + P - 1], \quad (8.145)$$

sendo

$$y_r[n] = \begin{cases} y_{rp}[n], & P - 1 \leq n \leq L - 1, \\ 0, & \text{caso contrário.} \end{cases} \quad (8.146)$$

Esse procedimento é chamado de método de sobreposição e armazenamento, pois os segmentos de entrada se sobrepõem, de modo que cada seção de entrada subsequente consiste em $(L - P + 1)$ novos pontos e $(P - 1)$ pontos salvos da seção anterior.

A utilidade dos métodos de sobreposição e soma e sobreposição e armazenamento da convolução em bloco pode não ser óbvia de imediato. No Capítulo 9, consideramos algoritmos altamente eficientes para o cálculo da TFD. Esses algoritmos, chamados coletivamente de FFT, são tão eficientes que, para as respostas ao impulso FIR até mesmo de comprimento mais modesto (na ordem de 25 ou 30), pode ser mais eficiente executar a convolução em bloco usando a TFD do que implementar a convolução linear diretamente. O comprimento P em que o método da TFD se torna mais eficiente, evidentemente, depende do *hardware* e do *software* disponíveis para a implementação dos cálculos. (Veja Stockham, 1966, e Helms, 1967.)

8.8 Transformada de cosseno discreta (TCD)

A TFD talvez seja o exemplo mais comum de uma classe geral de representações transformadas de comprimento finito na forma

$$A[k] = \sum_{n=0}^{N-1} x[n]\phi_k^*[n], \quad (8.147)$$

$$x[n] = \frac{1}{N} \sum_{k=0}^{N-1} A[k]\phi_k[n], \quad (8.148)$$

em que as sequências $\phi_k[n]$, conhecidas como *sequências de base*, são ortogonais entre si; isto é,

$$\frac{1}{N} \sum_{n=0}^{N-1} \phi_k[n]\phi_m^*[n] = \begin{cases} 1, & m = k, \\ 0, & m \neq k. \end{cases} \quad (8.149)$$

No caso da TFD, as sequências de base são as sequências periódicas complexas $e^{j2\pi kn/N}$, e a sequência $A[k]$, em geral, é complexa mesmo que a sequência $x[n]$

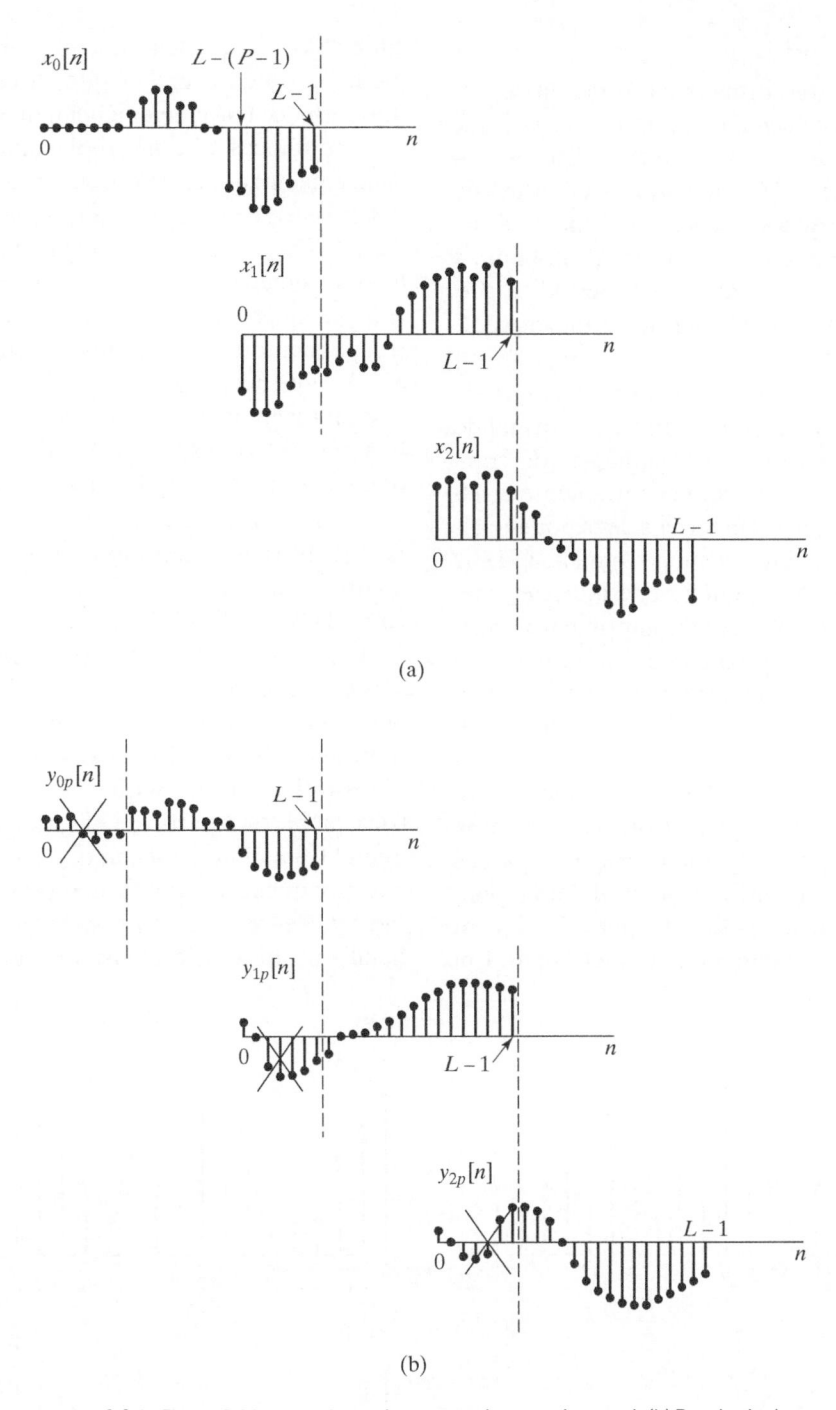

Figura 8.24 (a) Decomposição do $x[n]$ da Figura 8.22 em seções sobrepostas de comprimento L. (b) Resultado da convolução de cada seção com $h[n]$. As porções de cada seção filtrada a serem descartadas na formação da convolução linear são indicadas.

seja real. É natural questionar sobre a existência de conjuntos de sequências de base reais que resultem em uma sequência transformada real $A[k]$ quando $x[n]$ for real. Isso levou à definição de uma série de outras representações transformadas ortogonais, como transformadas de Haar, transformadas de Hadamard (veja Elliott e Rao, 1982) e transformadas de Hartley (Bracewell, 1983, 1984, 1989). (A definição e as propriedades da transformada de Hartley são exploradas no Problema 8.68.) Outra transformada ortogonal para sequências reais é a transformada de cosseno discreta (TCD). (Veja Ahmed, Natarajan e Rao, 1974, e Rao e Yip, 1990.) A TCD está estreitamente relacionada com a TFD, e tornou-se especialmente útil e importante em diversas aplicações de processamento de sinais, sobretudo em compressão de voz e imagem. Nesta seção, concluímos nossa discussão da TFD introduzindo a TCD e mostrando sua relação com a TFD.

8.8.1 Definições da TCD

A TCD é uma transformada na forma das equações 8.147 e 8.148 com sequências de base $\phi_k[n]$ que são cossenos. Como os cossenos são periódicos e possuem simetria par, a extensão de $x[n]$ fora do intervalo $0 \leq n \leq (N-1)$ na equação de síntese 8.148 será periódica e simétrica. Em outras palavras, assim como a TFD envolve uma hipótese implícita de periodicidade, a TCD envolve hipóteses implícitas de periodicidade e de *simetria par*.

No desenvolvimento da TFD, representamos sequências de comprimento finito primeiro formando sequências periódicas das quais a sequência de comprimento finito pode ser recuperada unicamente e, depois, usando uma expansão em termos de exponenciais complexas periódicas. Em um modo similar, a TCD corresponde a formar uma sequência periódica e simétrica a partir de uma sequência de comprimento finito, de modo que a sequência original de comprimento finito possa ser recuperada unicamente. Como existem muitas maneiras de fazer isso, existem muitas definições de TCD. Na Figura 8.25, mostram-se 17 amostras para cada um de quatro exemplos de extensões periódicas simétricas para uma sequência de quatro pontos. A sequência de comprimento finito original aparece em cada gráfico como as amostras indicadas com pontos sólidos. Essas sequências são todas periódicas (com período 16 ou menos) e também têm simetria par. Em cada caso, a sequência de comprimento finito é facilmente extraída como os quatro primeiros pontos de um período. Por conveniência, denotamos as sequências periódicas obtidas replicando com período 16 cada uma das quatro subsequências nas figuras 8.25(a), (b), (c) e (d) como $\tilde{x}_1[n], \tilde{x}_2[n], \tilde{x}_3[n]$ e $\tilde{x}_4[n]$, respectivamente. Observamos que $\tilde{x}_1[n]$ tem período $(2N-2) = 6$ e tem simetria par em torno de $n = 0$ e $n = (N-1) = 3$. A sequência $\tilde{x}_2[n]$ tem período $2N = 8$ e tem simetria par em torno dos pontos de "meia amostra" $n = -\frac{1}{2}$ e $\frac{7}{2}$. A sequência $\tilde{x}_3[n]$ tem período $4N = 16$ e simetria par em torno de $n = 0$ e $n = 8$. A sequência $\tilde{x}_4[n]$ também tem período $4N = 16$ e simetria par em torno dos pontos de "meia amostra" $n = -\frac{1}{2}$ e $n = (2N - \frac{1}{2}) = \frac{15}{2}$.

Os quatro casos diferentes mostrados na Figura 8.25 ilustram a periodicidade que está implícita nas quatro formas comuns da TCD, que são conhecidas como TCD-1, TCD-2, TCD-3 e TCD-4, respectivamente. É possível demonstrar (veja Martucci, 1994) que existem quatro outras maneiras de gerar uma sequência periódica par a partir de $x[n]$. Isso implica quatro outras representações da TCD possíveis. Além disso, também é possível gerar oito sequências reais periódicas simétricas ímpares a partir de $x[n]$, levando a oito versões diferentes da *transformada de seno discreta* (TSD), em que as sequências de base na representação ortonormal são funções seno. Essas transformadas compõem uma família de 16 transformadas ortonormais para sequên-

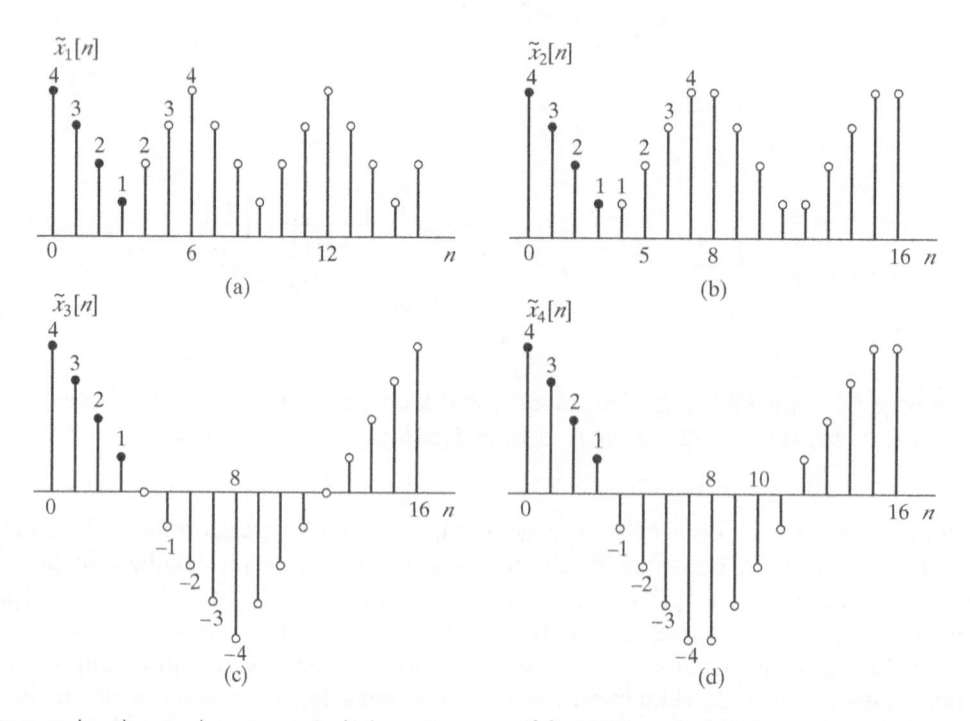

Figura 8.25 Quatro maneiras de estender uma sequência de quatro pontos $x[n]$ periódica e simetricamente. A sequência de comprimento finito $x[n]$ é representada com pontos sólidos. (a) Extensão periódica de Tipo 1 para TCD-1. (b) Extensão periódica de Tipo 2 para TCD-2. (c) Extensão periódica de Tipo 3 para TCD-3. (d) Extensão periódica de Tipo 4 para TCD-4.

cias reais. Destas, as representações TCD-1 e TCD-2 são as mais usadas, e elas serão o foco do restante de nossa discussão.

8.8.2 Definição da TCD-1 e da TCD-2

Todas as extensões periódicas que levam a diferentes formas de TCD podem ser consideradas como uma soma de réplicas deslocadas das sequências de N pontos $\pm x[n]$ e $\pm x[-n]$. As diferenças entre as extensões para as TCD-1 e TCD-2 dependem se os pontos dos extremos se sobrepõem com versões deslocadas de si mesmas e, nesse caso, quais dos pontos extremos se sobrepõem. Para a TCD-1, $x[n]$ é primeiro modificada nos pontos extremos e depois estendida para ter período $2N - 2$. A sequência periódica resultante é

$$\tilde{x}_1[n] = x_\alpha[((n))_{2N-2}] + x_\alpha[((-n))_{2N-2}], \quad (8.150)$$

sendo $x_\alpha[n]$ a sequência modificada $x_\alpha[n] = \alpha[n]x[n]$, com

$$\alpha[n] = \begin{cases} \frac{1}{2}, & n = 0 \text{ e } N-1, \\ 1, & 1 \leq n \leq N-2. \end{cases} \quad (8.151)$$

A ponderação dos pontos extremos compensa a duplicação que ocorre quando os dois termos na Equação 8.150 se sobrepõem em $n = 0$, $n = (N - 1)$, e nos pontos correspondentes espaçados por múltiplos inteiros de $(2N - 2)$. Com essa ponderação, é fácil verificar que $x[n] = \tilde{x}_1[n]$ para $n = 0, 1, ..., N - 1$. A sequência periódica resultante $\tilde{x}_1[n]$ tem simetria periódica par em torno dos pontos $n = 0$ e $n = N - 1, 2N - 2$ etc., à qual chamamos de simetria periódica do *Tipo 1*. A Figura 8.25 (a) é um exemplo da simetria do Tipo 1 em que $N = 4$ e a sequência periódica $\tilde{x}_1[n]$ tem período $2N - 2 = 6$. A TCD-1 é definida pelo par transformado

$$X^{c1}[k] = 2\sum_{n=0}^{N-1} \alpha[n]x[n]\cos\left(\frac{\pi k n}{N-1}\right), \quad 0 \leq k \leq N-1, \quad (8.152)$$

$$x[n] = \frac{1}{N-1}\sum_{k=0}^{N-1} \alpha[k]X^{c1}[k]\cos\left(\frac{\pi k n}{N-1}\right), \quad 0 \leq n \leq N-1, \quad (8.153)$$

sendo $\alpha[n]$ definido na Equação 8.151.

Para a TCD-2, $x[n]$ é estendida para ter período $2N$, e a sequência periódica é dada por

$$\tilde{x}_2[n] = x[((n))_{2N}] + x[((-n-1))_{2N}]. \quad (8.154)$$

Como os pontos extremos não se sobrepõem, nenhuma modificação é necessária para assegurar que $x[n] = \tilde{x}_2[n]$ para $n = 0, 1, ..., N - 1$. Nesse caso, que chamamos de simetria periódica do *Tipo 2*, a sequência periódica $\tilde{x}_2[n]$ tem simetria periódica par em torno dos pontos de "meia amostra" $-1/2, N - 1/2, 2N - 1/2$ etc. Isso é ilustrado na Figura 8.25(b) para $N = 4$ e período $2N = 8$. A TCD-2 é definida pelo par transformado

$$X^{c2}[k] = 2\sum_{n=0}^{N-1} x[n]\cos\left(\frac{\pi k(2n+1)}{2N}\right), \quad 0 \leq k \leq N-1, \quad (8.155)$$

$$x[n] = \frac{1}{N}\sum_{k=0}^{N-1} \beta[k]X^{c2}[k]\cos\left(\frac{\pi k(2n+1)}{2N}\right), \quad 0 \leq n \leq N-1, \quad (8.156)$$

em que a TCD-2 inversa envolve a função de ponderação

$$\beta[k] = \begin{cases} \frac{1}{2}, & k = 0 \\ 1, & 1 \leq k \leq N-1. \end{cases} \quad (8.157)$$

Em muitos casos, as definições da TCD incluem fatores de normalização que fazem com que as transformadas sejam *unitárias*.[4] Por exemplo, a forma da TCD-2 é frequentemente definida como

$$\tilde{X}^{c2}[k] = \sqrt{\frac{2}{N}}\tilde{\beta}[k]\sum_{n=0}^{N-1} x[n]\cos\left(\frac{\pi k(2n+1)}{2N}\right),$$
$$0 \leq k \leq N-1 \quad (8.158)$$

$$x[n] = \sqrt{\frac{2}{N}}\sum_{k=0}^{N-1} \tilde{\beta}[k]\tilde{X}^{c2}[k]\cos\left(\frac{\pi k(2n+1)}{2N}\right),$$
$$0 \leq n \leq N-1 \quad (8.159)$$

sendo

$$\tilde{\beta}[k] = \begin{cases} \frac{1}{\sqrt{2}}, & k = 0, \\ 1, & k = 1, 2, \ldots, N-1. \end{cases} \quad (8.160)$$

Comparando essas equações com as equações 8.155 e 8.156, notamos que os fatores multiplicativos 2, $1/N$ e $\beta[k]$ foram redistribuídos entre as transformadas direta e inversa. (Uma normalização similar pode ser aplicada para definir uma versão normalizada da TCD-1.) Embora essa normalização forneça uma representação da transformada unitária, as definições nas equações 8.152 e 8.153 e nas equações 8.155 e 8.156 são mais simples de relacionar à TFD como a definimos neste capítulo. Portanto, nas discussões a seguir, usamos nossas definições em vez das definições normalizadas que são encontradas, por exemplo, em Rao e Yip (1990) e em muitos outros textos.

Embora geralmente obtenhamos a TCD apenas para $0 \leq k \leq N - 1$, nada nos impede de calcular as equações da TCD fora desse intervalo, como ilustrado na Figura 8.26, em que os valores da TCD para $0 \leq k \leq N - 1$

---

[4] A TCD seria uma transformada unitária se ela fosse ortonormal e também tivesse a propriedade $\sum_{n=0}^{N-1}(x[n])^2 = \sum_{k=0}^{N-1}(X^{c2}[k])^2$.

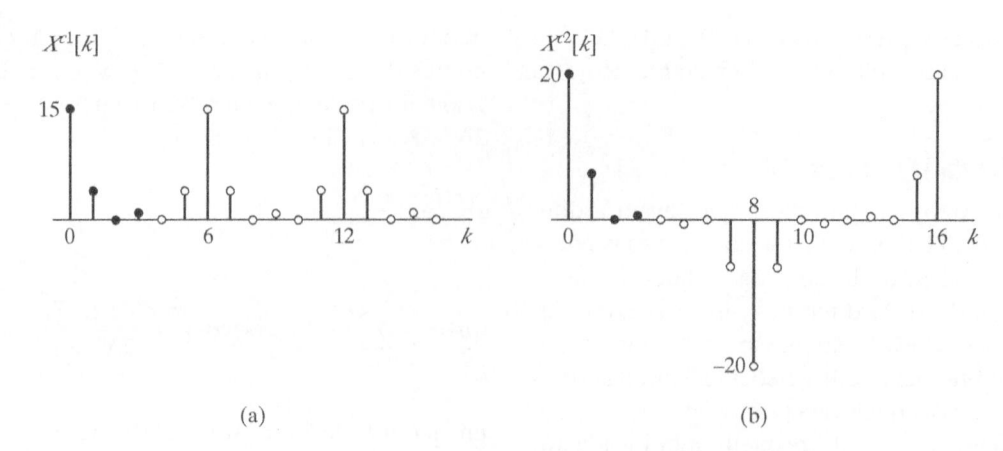

Figura 8.26 TCD-1 e TCD-2 para a sequência de quatro pontos usada na Figura 8.25. (a) TCD-1. (b) TCD-2.

aparecem como pontos sólidos. Nessas figuras é mostrado que as TCDs são também sequências periódicas pares. Porém, a simetria da sequência transformada nem sempre é a mesma da sequência de entrada periódica implícita. Enquanto $\tilde{x}_1[n]$ e a extensão de $X^{c1}[k]$ possuem a simetria do Tipo 1 com o mesmo período, vemos na comparação com as figuras 8.25(c) e 8.26(b) que a $X^{c2}[k]$ estendida tem a mesma simetria de $\tilde{x}_3[n]$ em vez de $\tilde{x}_2[n]$. Além disso, $X^{c2}[n]$ se estende com período $4N$ enquanto $\tilde{x}_2[n]$ tem período $2N$.

Como as TCDs são representações transformadas ortogonais, elas possuem propriedades similares na forma daquelas da TFD. Essas propriedades são abordadas com detalhes em Ahmed, Natarajan e Rao (1974) e em Rao e Yip (1990).

8.8.3 Relação entre a TFD e a TCD-1

Como é de se esperar, existe uma estreita relação entre a TFD e as várias classes da TCD de uma sequência de comprimento finito. Para desenvolver essa relação, observamos que, como para a TCD-1 $\tilde{x}_1[n]$ é construída a partir de $x_1[n]$ por meio das equações 8.150 e 8.151, um período da sequência periódica $\tilde{x}_1[n]$ define a sequência de comprimento finito

$$x_1[n] = x_\alpha[((n))_{2N-2}] + x_\alpha[((-n))_{2N-2}] = \tilde{x}_1[n],$$
$$n = 0, 1, ..., 2N - 3, \quad (8.161)$$

sendo $x_\alpha[n] = \alpha[n]x[n]$ a sequência real de N pontos com os pontos dos extremos divididos por 2. A partir da Equação 8.161, concluímos que a TFD de $(2N-2)$ pontos da sequência de $(2N-2)$ pontos $x_1[n]$ é

$$X_1[k] = X_\alpha[k] + X_\alpha^*[k] = 2\mathcal{R}e\{X_\alpha[k]\},$$
$$k = 0, 1, ..., 2N - 3, \quad (8.162)$$

sendo $X_\alpha[k]$ a TFD de $(2N-2)$ pontos da sequência de N pontos $\alpha[n]x[n]$; isto é, $\alpha[n]x[n]$ é preenchida com $(N-2)$ amostras nulas. Usando a definição da TFD de $(2N-2)$ pontos da sequência preenchida, obtemos para $k = 0, 1 ..., N - 1$,

$$X_1[k] = 2\mathcal{R}e\{X_\alpha[k]\} =$$
$$= 2\sum_{n=0}^{N-1} \alpha[n]x[n]\cos\left(\frac{2\pi kn}{2N-2}\right) = X^{c1}[k]. \quad (8.163)$$

Portanto, a TCD-1 de uma sequência de N pontos é idêntica aos primeiros N pontos de $X_1[k]$, a TFD de $(2N-2)$ pontos da sequência simetricamente estendida $x_1[n]$, e também é idêntica ao dobro da parte real dos primeiros N pontos de $X_\alpha[k]$, a TFD de $(2N-2)$ pontos da sequência ponderada $x_\alpha[n]$.

Visto que, como discutiremos no Capítulo 9, existem algoritmos computacionais rápidos para a TFD, eles podem ser usados para calcular as TFDs $X_\alpha[k]$ ou $X_1[k]$ na Equação 8.163, oferecendo assim um cálculo rápido, conveniente e prontamente disponível da TCD-1. Como a definição da TCD-1 envolve apenas coeficientes de valor real, também existem algoritmos eficientes para calcular a TCD-1 de sequências reais diretamente sem exigir o uso de multiplicações e adições complexas. (Veja Ahmed, Natarajan e Rao, 1974, e Chen e Fralick, 1977.)

A TCD-1 inversa também pode ser calculada usando a TFD inversa. É necessário apenas usar a Equação 8.163 para construir $X_1[k]$ a partir de $X^{c1}[k]$ e depois calcular a TFD inversa de $(2N-2)$ pontos. Especificamente,

$$X_1[k] = \begin{cases} X^{c1}[k], & k = 0, ..., N-1, \\ X^{c1}[2N-2-k], & k = N, ..., 2N-3, \end{cases} \quad (8.164)$$

e, usando a definição da TFD inversa de $(2N-2)$ pontos, podemos calcular a sequência simetricamente estendida

$$x_1[n] = \frac{1}{2N-2}\sum_{k=0}^{2N-3} X_1[k]e^{j2\pi kn/(2N-2)},$$
$$n = 0, 1, ..., 2N - 3, \quad (8.165)$$

da qual podemos obter $x[n]$ tomando os N primeiros pontos, isto é, $x[n] = x_1[n]$ para $n = 0, 1, ..., N - 1$. Substituindo a Equação 8.164 na Equação 8.165, concluímos também que a relação da TCD-1 inversa pode ser expressa em termos de $X^{c1}[k]$ e funções de cosseno, como na Equação 8.153. Isso é sugerido como um exercício no Problema 8.71.

8.8.4 Relação entre a TFD e a TCD-2

Também é possível expressar a TCD-2 de uma sequência de comprimento finito $x[n]$ em termos da TFD. Para desenvolver essa relação, observe que um período da sequência periódica $\tilde{x}_2[n]$ define a sequência de $2N$ pontos

$$x_2[n] = x[((n))_{2N}] + x[((-n-1))_{2N}] = \tilde{x}_2[n],$$
$$n = 0, 1, \ldots, 2N - 1, \quad (8.166)$$

sendo $x[n]$ a sequência original real de N pontos. A partir da Equação 8.166, concluímos que a TFD de $2N$ pontos da sequência de $2N$ pontos $x_2[n]$ é

$$X_2[k] = X[k] + X^*[k]e^{j2\pi k/(2N)}, \quad k = 0, 1, \ldots, 2N - 1, \quad (8.167)$$

sendo $X[k]$ a TFD de $2N$ pontos da sequência de N pontos $x[n]$; isto é, nesse caso, $x[n]$ é preenchida com N amostras nulas. A partir da Equação 8.167, obtemos

$$X_2[k] = X[k] + X^*[k]e^{j2\pi k/(2N)}$$
$$= e^{j\pi k/(2N)}\left(X[k]e^{-j\pi k/(2N)} + X^*[k]e^{j\pi k/(2N)}\right)$$
$$= e^{j\pi k/(2N)} 2\mathcal{R}e\left\{X[k]e^{-j\pi k/(2N)}\right\}.$$
$$(8.168)$$

A partir da definição da TFD de $2N$ pontos da sequência preenchida, concluímos que

$$\mathcal{R}e\left\{X[k]e^{-j\pi k/(2N)}\right\} = \sum_{n=0}^{N-1} x[n]\cos\left(\frac{\pi k(2n+1)}{2N}\right). \quad (8.169)$$

Portanto, usando as equações 8.155, 8.167 e 8.169, podemos expressar $X^{c2}[k]$ em termos de $X[k]$, a TFD de $2N$ pontos da sequência de N pontos $x[n]$, como

$$X^{c2}[k] = 2\mathcal{R}e\left\{X[k]e^{-j\pi k/(2N)}\right\}, \quad k = 0, 1, \ldots, N - 1, \quad (8.170)$$

ou em termos da TFD de $2N$ pontos da sequência simetricamente estendida de $2N$ pontos $x_2[n]$, definida pela Equação 8.166 como

$$X^{c2}[k] = e^{-j\pi k/(2N)} X_2[k], \quad k = 0, 1, \ldots, N - 1, \quad (8.171)$$

e, de modo equivalente,

$$X_2[k] = e^{j\pi k/(2N)} X^{c2}[k], \quad k = 0, 1, \ldots, N - 1. \quad (8.172)$$

Como no caso da TCD-1, algoritmos rápidos podem ser usados para calcular as TFDs de $2N$ pontos $X[k]$ e $X_2[k]$ nas equações 8.170 e 8.171, respectivamente. Makhoul (1980) discute outras maneiras como a TFD pode ser usada para calcular a TCD-2. (Veja também o Problema 8.72.) Além disso, foram desenvolvidos algoritmos rápidos especiais para o cálculo da TCD-2 (Rao e Yip, 1990).

A TCD-2 inversa também pode ser calculada usando a TFD inversa. O procedimento utiliza a Equação 8.172 juntamente com uma propriedade de simetria da TCD-2. Especificamente, pode ser verificado com facilidade pela substituição direta na Equação 8.155 que

$$X^{c2}[2N - k] = -X^{c2}[k], \quad k = 0, 1, \ldots, 2N - 1, \quad (8.173)$$

a partir do qual concluímos que

$$X_2[k] = \begin{cases} X^{c2}[0], & k = 0, \\ e^{j\pi k/(2N)} X^{c2}[k], & k = 1, \ldots, N-1, \\ 0, & k = N, \\ -e^{j\pi k/(2N)} X^{c2}[2N-k], & k = N+1, N+2, \ldots, 2N-1. \end{cases}$$
$$(8.174)$$

Usando a TFD inversa, podemos calcular a sequência simetricamente estendida

$$x_2[n] = \frac{1}{2N} \sum_{k=0}^{2N-1} X_2[k] e^{j2\pi kn/(2N)}, \quad n = 0, 1, \ldots, 2N-1, \quad (8.175)$$

da qual podemos obter $x[n] = x_2[n]$ para $n = 0, 1, ..., N - 1$. Substituindo a Equação 8.174 na Equação 8.175, podemos facilmente mostrar que a relação da TCD-2 inversa é aquela dada pela Equação 8.156. (Veja o Problema 8.73.)

8.8.5 Propriedade da compactação de energia da TCD-2

A TCD-2 é usada em muitas aplicações de compressão de dados no lugar da TFD devido a uma propriedade que é frequentemente conhecida como "compactação de energia". Especificamente, a TCD-2 de uma sequência de comprimento finito muitas vezes tem seus coeficientes mais concentrados em índices baixos do que a TFD. A importância disso vem do teorema de Parseval, que, para a TCD-1, é

$$\sum_{n=0}^{N-1} \alpha[n]|x[n]|^2 = \frac{1}{2N-2} \sum_{k=0}^{N-1} \alpha[k]|X^{c1}[k]|^2, \quad (8.176)$$

e, para a TCD-2, é

$$\sum_{n=0}^{N-1} |x[n]|^2 = \frac{1}{N} \sum_{k=0}^{N-1} \beta[k]|X^{c2}[k]|^2, \quad (8.177)$$

sendo $\beta[k]$ definido na Equação 8.157. Podemos dizer que a TCD está concentrada nos índices baixos se os coeficientes restantes da TCD puderem ser definidos como zero sem que haja um impacto significativo na energia do sinal. Ilustramos a propriedade da compactação de energia no exemplo a seguir.

Exemplo 8.13 Compactação de energia na TCD-2

Considere a entrada de teste na forma

$$x[n] = a^n \cos(\omega_0 n + \phi), \quad n = 0, 1, \ldots, N-1. \quad (8.178)$$

Esse sinal é ilustrado na Figura 8.27 para $a = 0{,}9$, $\omega_0 = 0{,}1\pi$, $\phi = 0$ e $N = 32$.

As partes real e imaginária da TFD de 32 pontos da sequência de 32 pontos na Figura 8.27 são mostradas nas figuras 8.28(a) e (b), respectivamente, e a TCD-2 da sequência é mostrada na Figura 8.28(c). No caso da TFD, as partes real e imaginária são mostradas para $k = 0, 1, \ldots, 16$. Como o sinal é real, $X[0]$ e $X[16]$ são reais. Os valores restantes são complexos e simétricos conjugados. Assim, os 32 números reais mostrados nas figuras 8.28(a) e (b) especificam completamente a TFD de 32 pontos. No caso da TCD-2, mostramos todos os 32 valores reais da TCD-2. Claramente, os valores da TCD-2 estão bem concentrados nos índices baixos, de modo que o teorema de Parseval sugere que a energia da sequência está mais concentrada na representação da TCD-2 do que na representação da TFD. A propriedade de concentração de energia pode ser quantificada truncando as duas representações e comparando o erro de aproximação médio quadrático entre as duas representações quando ambas utilizam o mesmo número de valores de coeficiente real. Para fazer isso, definimos

$$x_m^{\mathrm{tfd}}[n] = \frac{1}{N} \sum_{k=0}^{N-1} T_m[k] X[k] e^{j2\pi kn/N}, \quad n = 0, 1, \ldots, N-1, \quad (8.179)$$

onde, nesse caso, $X[k]$ é a TFD de N pontos de $x[n]$, e

$$T_m[k] = \begin{cases} 1, & 0 \leq k \leq (N-1-m)/2, \\ 0, & (N+1-m)/2 \leq k \leq (N-1+m)/2, \\ 1, & (N+1+m)/2 \leq k \leq N-1. \end{cases}$$

Se $m = 1$, o termo $X[N/2]$ é removido. Se $m = 3$, então os termos $X[N/2]$ e $X[N/2 - 1]$ e seu conjugado complexo correspondente $X[N/2 + 1]$ são removidos, e assim por diante; isto é, $x_m^{\mathrm{tfd}}[n]$ para $m = 1, 3, 5, \ldots, N-1$ é a sequência que é sintetizada omitindo simetricamente m coeficientes da TFD.[5] Com exceção do valor da TFD, $X[N/2]$, que é real, cada valor complexo omitido da TFD e seu correspondente conjugado complexo correspondem efetivamente a omitir dois números reais. Por exemplo, $m = 5$ corresponde à definição dos coeficientes $X[14]$, $X[15]$, $X[16]$, $X[17]$ e $X[18]$ como zero para sintetizar $x_5^{\mathrm{tfd}}[n]$ a partir da TFD de 32 pontos mostrada nas figuras 8.28(a) e (b).

De modo semelhante, podemos truncar a representação da TCD-2, obtendo

$$x_m^{\mathrm{tcd}}[n] = \frac{1}{N} \sum_{k=0}^{N-1-m} \beta[k] X^{c2}[k] \cos\left(\frac{\pi k(2n+1)}{2N}\right), \quad 0 \leq n \leq N-1. \quad (8.180)$$

Nesse caso, se $m = 5$, omitimos os coeficientes da TCD-2 $X^{c2}[27], \ldots, X^{c2}[31]$ na síntese de $x_m^{\mathrm{tcd}}[n]$ a partir da TCD-2 mostrada na Figura 8.28(c). Como esses coeficientes são muito pequenos, $x_5^{\mathrm{tcd}}[n]$ deverá diferir apenas ligeiramente de $x[n]$.

Para mostrar como os erros de aproximação dependem de m para a TFD e a TCD-2, definimos

$$E^{\mathrm{tfd}}[m] = \frac{1}{N} \sum_{n=0}^{N-1} |x[n] - x_m^{\mathrm{tfd}}[n]|^2$$

e

$$E^{\mathrm{tcd}}[m] = \frac{1}{N} \sum_{n=0}^{N-1} |x[n] - x_m^{\mathrm{tcd}}[n]|^2$$

como os erros médios quadráticos de aproximação para a TFD e a TCD truncadas, respectivamente. Esses erros são representados graficamente na Figura 8.29, com $E^{\mathrm{tfd}}[m]$ indicado com ○ e $E^{\mathrm{tcd}}[m]$ mostrado com •. Para os casos especiais $m = 0$ (sem truncamento) e $m = N-1$ (apenas o valor DC é retido), a função de truncamento da TFD é $T_0[k] = 1$ para $0 \leq k \leq N-1$ e $T_{N-1}[k] = 0$ para $1 \leq k \leq N-1$ e $T_{N-1}[0] = 1$. Nesses casos, ambas as representações resultam no mesmo erro. Para os valores $1 \leq m \leq 30$, o erro da TFD cresce continuamente à medida que m aumenta, enquanto o erro da TCD permanece muito pequeno — até cerca de $m = 25$ — o que sugere que os 32 números da sequência $x[n]$ podem ser representados com um ligeiro erro por apenas sete coeficientes da TCD-2.

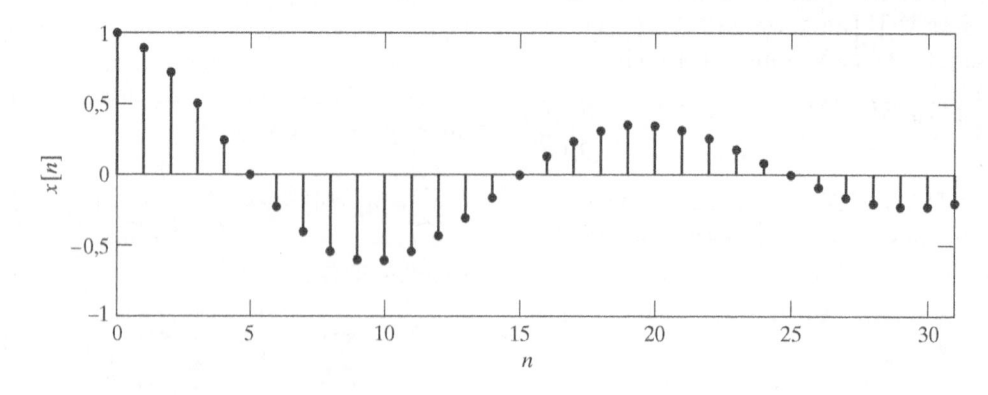

Figura 8.27 Sinal de teste para comparar TFD e TCD.

---

[5] Para simplificar, supomos que N seja um inteiro par.

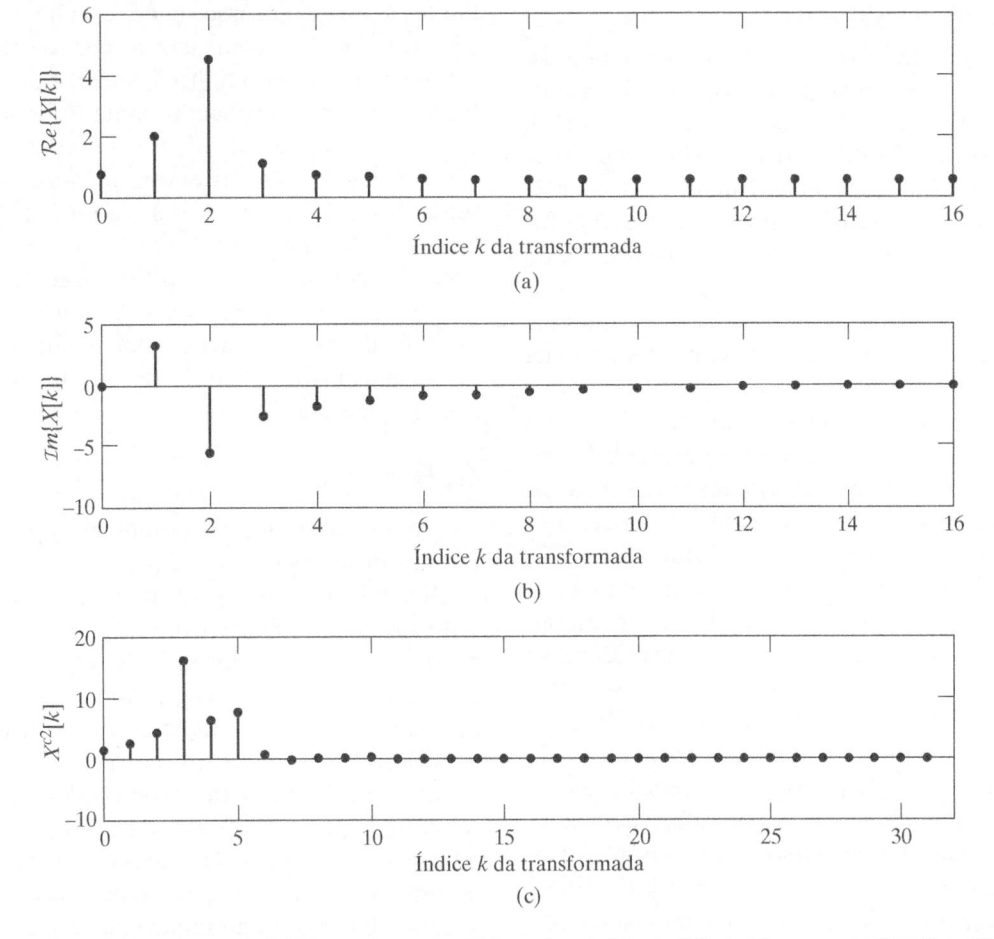

Figura 8.28 (a) Parte real da TFD de 32 pontos. (b) Parte imaginária da TFD de 32 pontos. (c) TCD-2 de 32 pontos do sinal de teste representado na Figura 8.27.

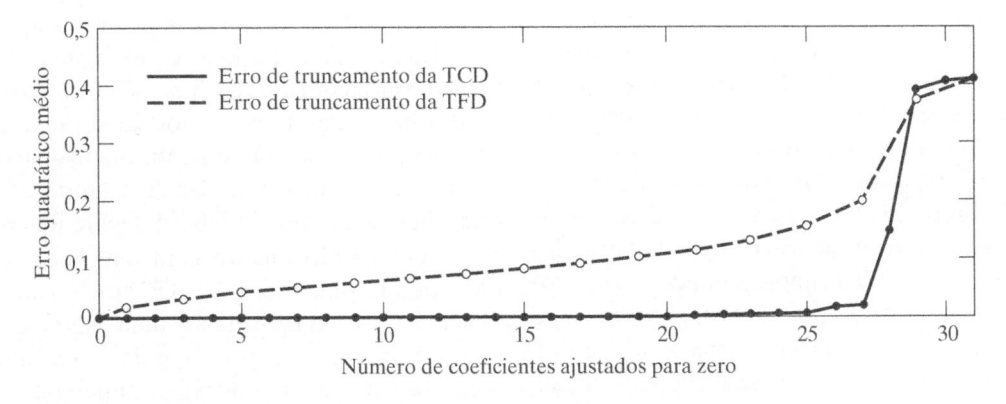

Figura 8.29 Comparação dos erros de truncamento para TFD e TCD-2.

O sinal no Exemplo 8.13 é um sinal de baixa frequência que decai exponencialmente com fase nula. Escolhemos esse exemplo com muito cuidado para enfatizar a propriedade de compactação de energia. Nem toda escolha de $x[n]$ resultará em resultados tão significativos. Os sinais passa-altas e até mesmo alguns sinais da forma da Equação 8.178 com parâmetros diferentes não mostram essa diferença significativa. Apesar disso, em muitos casos em interesse em compactação de dados, a TCD-2 oferece uma vantagem significativa em comparação à TFD. É possível mostrar (Rao e Yip, 1990) que a TCD-2 é quase ótima no sentido da minimização do erro médio quadrático de truncamento para sequências com funções de correlação exponenciais.

8.8.6 Aplicações da TCD

A principal aplicação da TCD-2 é na compressão de sinais, na qual ela é uma parte essencial de muitos algoritmos padronizados. (Veja Jayant e Noll, 1984, Pau, 1995, Rao e Hwang, 1996, Taubman e Marcellin, 2002, Bosi e Goldberg, 2003, e Spanias, Painter e Atti, 2007.) Nessa aplicação, os blocos do sinal são representados por suas transformadas de cosseno. A popularidade da TCD na compressão de sinais é, principalmente, resultado de sua propriedade de concentração de energia, que demonstramos por meio de um exemplo simples na seção anterior.

As representações da TCD, sendo transformadas ortogonais como a TFD, têm muitas propriedades similares àquelas da TFD que as tornam muito flexíveis para manipular os sinais que representam. Uma das propriedades mais importantes da TFD é que a convolução periódica de duas sequências de comprimento finito corresponde à multiplicação de suas TFDs correspondentes. Vimos, na Seção 8.7, que é possível explorar essa propriedade para calcular convoluções lineares apenas por meio de cálculos de TFD. No caso das TCDs, o resultado correspondente é que a multiplicação de TCDs corresponde à convolução periódica das sequências básicas estendidas simetricamente. Contudo, existem complicações adicionais. Por exemplo, a convolução periódica de duas sequências periódicas simétricas do Tipo 2 não é uma sequência do Tipo 2, mas, sim, uma sequência do Tipo 1. Como alternativa, a convolução periódica de uma sequência do Tipo 1 com uma sequência do Tipo 2 do mesmo período implicado é uma sequência do Tipo 2. Assim, uma combinação das TCDs é necessária para efetuar a convolução simétrica periódica pela transformação inversa do produto das TCDs. Existem muitas outras maneiras de fazer isso, pois temos muitas definições diferentes de TCD para escolher. Cada combinação diferente corresponderia à convolução periódica de um par de sequências finitas simetricamente estendidas. Martucci (1994) fornece uma discussão completa do uso das transformadas TCD e TSD na implementação da convolução periódica simétrica.

A multiplicação das TCDs corresponde a um tipo especial de convolução periódica que tem alguns recursos que podem ser úteis em algumas aplicações. Como vimos para a TFD, a convolução periódica é caracterizada pelos efeitos de bordas, ou efeitos de "se enrolar". Na verdade, até mesmo a convolução linear de duas sequências de comprimento finito tem efeitos de borda à medida que a resposta ao impulso encontra a primeira e a última amostra não nula da entrada. Os efeitos de borda da convolução simétrica periódica são diferentes da convolução ordinária e da convolução periódica implementada pela multiplicação das TFDs. A extensão simétrica cria simetria nas extremidades. Os limites "suaves" que isso sugere usualmente mitigam os efeitos de borda encontrados na convolução de sequências de comprimento finito. Uma área em que a convolução simétrica é particularmente útil é a da filtragem de imagens, na qual os efeitos de borda desagradáveis são percebidos como artefatos de blocos. Nessas representações, a TCD pode ser superior à TFD ou mesmo à convolução linear ordinária. Ao realizar a convolução simétrica periódica pela multiplicação de TCDs, podemos forçar o mesmo resultado da convolução ordinária estendendo as sequências com um número suficiente de amostras nulas colocadas no início e no final de cada sequência.

8.9 Resumo

Neste capítulo, discutimos as representações de Fourier discretas das sequências de comprimento finito. A maior parte de nossa discussão concentrou-se na transformada de Fourier discreta (TFD), que é baseada na representação por SFD de sequências periódicas. Definindo uma sequência periódica para a qual cada período é idêntico à sequência de comprimento finito, a TFD se torna idêntica a um período dos coeficientes da SFD. Devido à importância dessa periodicidade subjacente, primeiro examinamos as propriedades das representações por SFD e depois interpretamos essas propriedades em termos das sequências de comprimento finito. Um resultado importante é que os valores da TFD são iguais às amostras da transformada z em pontos igualmente espaçados da circunferência unitária. Isso leva à noção de *aliasing* no tempo na interpretação das propriedades da TFD, um conceito que usamos extensivamente no estudo da convolução circular e sua relação com a convolução linear. Depois, usamos os resultados desse estudo para mostrar como a TFD poderia ser empregada na implementação da convolução linear de uma resposta ao impulso de comprimento finito com um sinal de entrada indefinidamente longo.

O capítulo finaliza com uma introdução à TCD. Mostramos que a TCD e a TFD estão estreitamente relacionadas e compartilham uma hipótese implícita de periodicidade. A propriedade de compactação de energia, que é o motivo principal da popularidade da TCD na compressão de dados, foi demonstrada com um exemplo.

Problemas

Problemas básicos com respostas

8.1. Suponha que $x_c(t)$ seja um sinal de tempo contínuo periódico com período de 1 ms e para o qual a série de Fourier seja

$$x_c(t) = \sum_{k=-9}^{9} a_k e^{j(2000\pi k t)}.$$

Os coeficientes da série de Fourier a_k são nulos para $|k| > 9$. $x_c(t)$ é amostrada com um espaçamento entre amostras $T = \frac{1}{6} \times 10^{-3}$ s para formar $x[n]$. Isto é,

$$x[n] = x_c\left(\frac{n}{6000}\right).$$

(a) $x[n]$ é periódico? Se sim, qual período?
(b) A taxa de amostragem está acima da taxa de Nyquist? Isto é, T é suficientemente pequeno para evitar o *aliasing*?
(c) Forneça os coeficientes da SFD de $x[n]$ em termos de a_k.

8.2. Suponha que $\tilde{x}[n]$ seja uma sequência periódica com período N. Então, $\tilde{x}[n]$ também é periódico com período $3N$. Seja $\tilde{X}[k]$ a representação por coeficientes da SFD de $\tilde{x}[n]$ considerada uma sequência periódica com período N, e seja $\tilde{X}_3[k]$ os coeficientes da SFD de $\tilde{x}[n]$ considerada como uma sequência periódica com período $3N$.

(a) Expresse $\tilde{X}_3[k]$ em termos de $\tilde{X}[k]$.
(b) Calculando explicitamente $\tilde{X}[k]$ e $\tilde{X}_3[k]$, verifique sem resultado do item (a) quando $\tilde{x}[n]$ é como mostra a Figura P8.2.

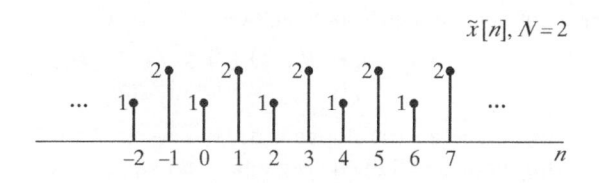

Figura P8.2

8.3. A Figura P8.3 mostra três sequências periódicas de $\tilde{x}_1[n]$ a $\tilde{x}_3[n]$. Essas sequências podem ser expressas em uma série de Fourier como

$$\tilde{x}[n] = \frac{1}{N} \sum_{k=0}^{N-1} \tilde{X}[k] e^{j(2\pi/N)kn}.$$

(a) Para quais sequências a origem de tempo pode ser escolhida de modo que todos os $\tilde{X}[k]$ sejam reais?
(b) Para quais sequências a origem de tempo pode ser escolhida de modo que todos os $\tilde{X}[k]$ (exceto quando k é um múltiplo inteiro de N) sejam imaginários?
(c) Para quais sequências $\tilde{X}[k] = 0$ para $k = \pm 2, \pm 4, \pm 6$?

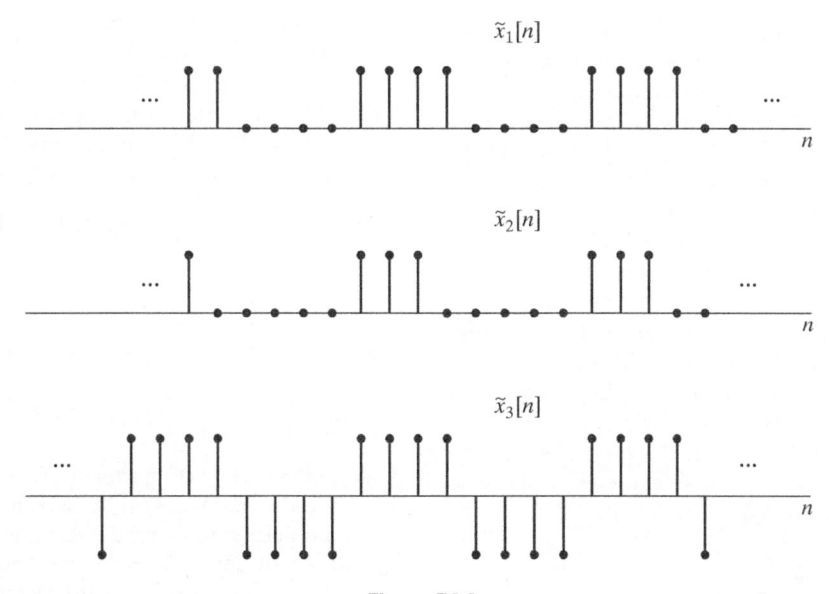

Figura P8.3

8.4. Considere a sequência $x[n]$ dada por $x[n] = \alpha^n u[n]$. Suponha que $|\alpha| < 1$. Uma sequência periódica $\tilde{x}[n]$ é construída a partir de $x[n]$ da seguinte forma:

$$\tilde{x}[n] = \sum_{r=-\infty}^{\infty} x[n + rN].$$

(a) Determine a transformada de Fourier $X(e^{j\omega})$ de $x[n]$.
(b) Determine os coeficientes das SFD $\tilde{X}[k]$ para a sequência $\tilde{x}[n]$.
(c) Como $\tilde{X}[k]$ está relacionada a $X(e^{j\omega})$?

8.5. Calcule a TFD de cada uma das seguintes sequências de comprimento finito consideradas de comprimento N (sendo N par):

(a) $x[n] = \delta[n]$,
(b) $x[n] = \delta[n - n_0], \quad 0 \le n_0 \le N - 1$,
(c) $x[n] = \begin{cases} 1, & n \text{ par}, \quad 0 \le n \le N-1, \\ 0, & n \text{ ímpar}, \quad 0 \le n \le N-1, \end{cases}$
(d) $x[n] = \begin{cases} 1, & 0 \le n \le N/2 - 1, \\ 0, & N/2 \le n \le N - 1, \end{cases}$
(e) $x[n] = \begin{cases} a^n, & 0 \le n \le N-1, \\ 0, & \text{caso contrário}. \end{cases}$

8.6. Considere a sequência complexa

$$x[n] = \begin{cases} e^{j\omega_0 n}, & 0 \leq n \leq N-1, \\ 0, & \text{caso contrário.} \end{cases}$$

(a) Forneça a transformada de Fourier $X(e^{j\omega})$ de $x[n]$.
(b) Forneça a TFD de N pontos $X[k]$ da sequência de comprimento finito $x[n]$.
(c) Forneça a TFD de $x[n]$ para o caso $\omega_0 = 2\pi k_0/N$, sendo k_0 um inteiro.

8.7. Considere a sequência de comprimento finito $x[n]$ na Figura P8.7. Seja $X(z)$ a transformada z de $x[n]$. Se amostrarmos $X(z)$ em $z = e^{j(2\pi/4)k}$, $k = 0, 1, 2, 3$, obteremos

$$X_1[k] = X(z)\big|_{z = e^{j(2\pi/4)k}}, \quad k = 0, 1, 2, 3.$$

Esboce a sequência $x_1[n]$ obtida como a TFD inversa de $X_1[k]$.

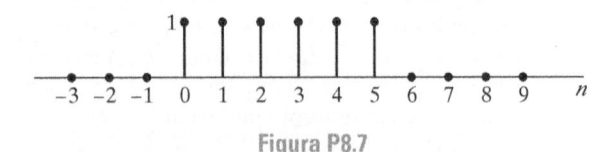

Figura P8.7

8.8. Seja $X(e^{j\omega})$ a transformada de Fourier da sequência $x[n] = (0,5)^n u[n]$. Seja $y[n]$ uma sequência de duração finita de comprimento 10; isto é, $y[n] = 0$, $n < 0$ e $y[n] = 0$, $n \geq 10$. A TFD de 10 pontos de $y[n]$, denotada por $Y[k]$, corresponde a 10 amostras igualmente espaçadas de $X(e^{j\omega})$; isto é, $Y[k] = X(e^{j2\pi k/10})$. Determine $y[n]$.

8.9. Considere uma sequência de duração finita com 20 pontos $x[n]$ tal que $x[n] = 0$ fora de $0 \leq n \leq 19$, e seja $X(e^{j\omega})$ a transformada de Fourier de tempo discreto de $x[n]$.

(a) Se deseja-se calcular $X(e^{j\omega})$ em $\omega = 4\pi/5$ computando-se uma TFD de M pontos, determine o menor M possível e desenvolva um método para a obtenção de $X(e^{j\omega})$ em $\omega = 4\pi/5$ usando o menor M.
(b) Se deseja-se calcular $X(e^{j\omega})$ em $\omega = 10\pi/27$ computando-se uma TFD de L pontos, determine o menor L possível e desenvolva um método para a obtenção de $X(e^{j10\pi/27})$ usando o menor L.

8.10. As duas sequências de oito pontos $x_1[n]$ e $x_2[n]$ mostradas na Figura P8.10 têm TFDs $X_1[k]$ e $X_2[k]$, respectivamente. Determine a relação entre $X_1[k]$ e $X_2[k]$.

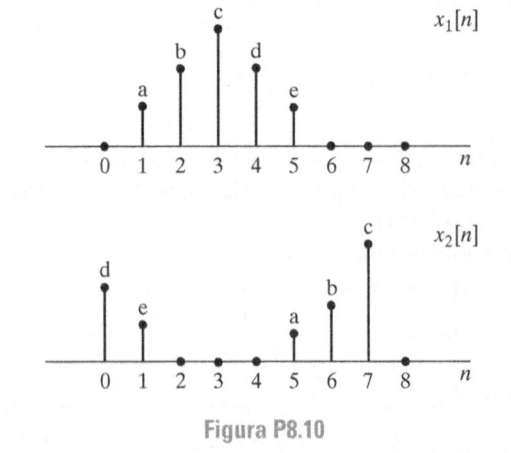

Figura P8.10

8.11. Na Figura P8.11 são mostradas duas sequências de comprimento finito $x_1[n]$ e $x_2[n]$. Esboce a convolução circular de seis pontos de cada uma.

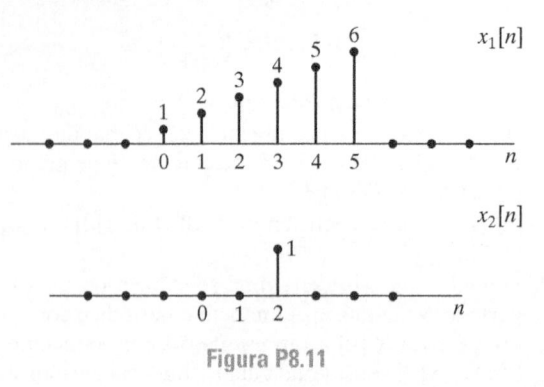

Figura P8.11

8.12. Suponha que temos duas sequências de quatro pontos, $x[n]$ e $h[n]$, da seguinte forma:

$$x[n] = \cos\left(\frac{\pi n}{2}\right), \quad n = 0, 1, 2, 3,$$
$$h[n] = 2^n, \quad n = 0, 1, 2, 3.$$

(a) Calcule a TFD de quatro pontos $X[k]$.
(b) Calcule a TFD de quatro pontos $H[k]$.
(c) Calcule $y[n] = x[n] \text{ ④ } h[n]$ realizando a convolução circular diretamente.
(d) Calcule $y[n]$ do item (c) multiplicando as TFDs de $x[n]$ e $h[n]$ e realizando uma TFD inversa.

8.13. Considere a sequência de comprimento finito $x[n]$ da Figura P8.13. A TFD de cinco pontos de $x[n]$ é denotada como $X[k]$. Faça o gráfico da sequência $y[n]$ cuja TFD seja

$$Y[k] = W_5^{-2k} X[k].$$

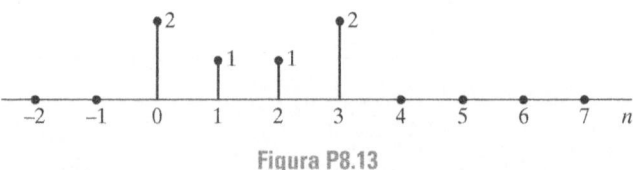

Figura P8.13

8.14. Dois sinais de comprimento finito, $x_1[n]$ e $x_2[n]$, são esboçados na Figura P8.14. Suponha que $x_1[n]$ e $x_2[n]$ sejam nulas fora da região mostrada na figura. Seja $x_3[n]$ a convolução circular de oito pontos de $x_1[n]$ com $x_2[n]$; isto é, $x_3[n] = x_1[n] \text{ ⑧ } x_2[n]$. Determine $x_3[2]$.

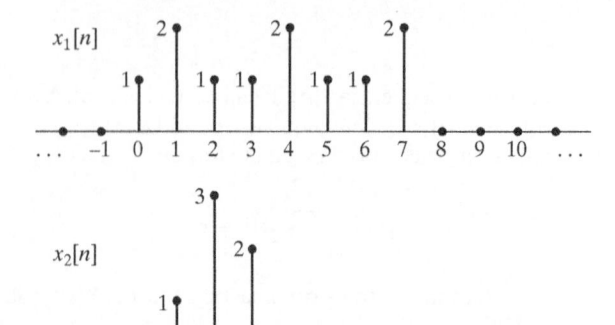

Figura P8.14

8.15. Na Figura P8.15-1 são mostradas duas sequências $x_1[n]$ e $x_2[n]$. O valor de $x_2[n]$ no instante $n = 3$ não é conhecido, mas aparece como uma variável a. Na Figura P8.15-2 é mostrado $y[n]$, a convolução circular de quatro pontos de $x_1[n]$ e $x_2[n]$. Com base no gráfico de $y[n]$, você pode especificar a de modo único? Se puder, qual é o valor de a? Se não, dê dois valores possíveis de a que produzam a sequência $y[n]$ conforme mostrada.

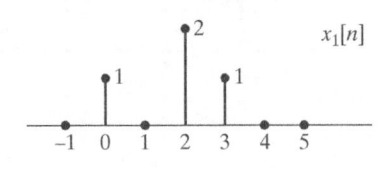

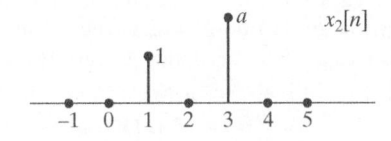

Figura P8.15-1

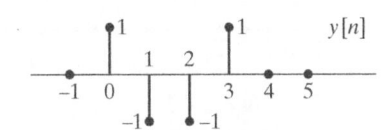

Figura P8.15-2

8.16. Na Figura P8.16-1 é mostrada uma sequência de tempo discreto com seis pontos $x[n]$. Suponha que $x[n] = 0$ fora do intervalo mostrado. O valor de $x[4]$ não é conhecido e é representado como b. Observe que a amostra mostrada com valor b na figura não está necessariamente na escala. Sejam $X(e^{j\omega})$ a TFTD de $x[n]$ e $X_1[k]$ as amostras de $X(e^{j\omega})$ a cada $\pi/2$; isto é,

$$X_1[k] = X(e^{j\omega})\big|_{\omega=(\pi/2)k}, \quad 0 \le k \le 3.$$

A sequência com quatro pontos $x_1[n]$ que resulta da tomada da TFD inversa com quatro pontos de $X_1[k]$ é mostrada na Figura P8.16-2. Com base nessa figura, você pode determinar b de modo único? Caso afirmativo, dê o valor de b.

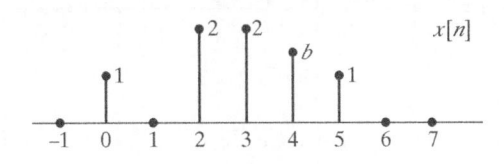

Figura P8.16-1

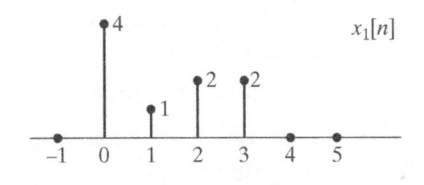

Figura P8.16-2

8.17. Na Figura P8.17 são mostradas duas sequências de comprimento finito $x_1[n]$ e $x_2[n]$. Qual é o menor N tal que a convolução circular de N pontos de $x_1[n]$ e $x_2[n]$ seja igual à convolução linear dessas sequências, isto é, tal que $x_1[n] \, \textcircled{N} \, x_2[n] = x_1[n] * x_2[n]$?

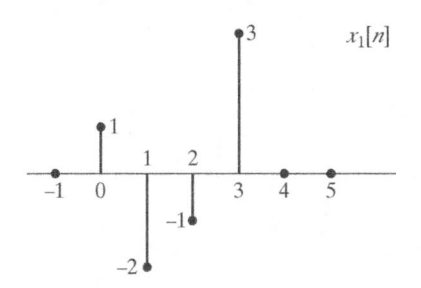

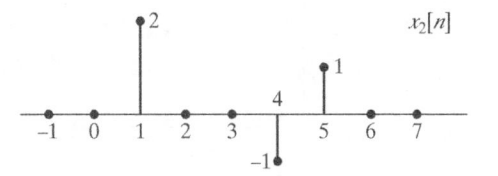

Figura P8.17

8.18. Na Figura P8.18-1 é mostrada uma sequência $x[n]$ para a qual o valor de $x[3]$ é uma constante desconhecida c. O valor da amostra com amplitude c não está necessariamente representado na escala. Considere

$$X_1[k] = X[k]e^{j2\pi 3k/5},$$

sendo $X[k]$ a TFD de cinco pontos de $x[n]$. A sequência $x_1[n]$ representada na Figura P8.18-2 é a TFD inversa de $X_1[k]$. Qual é o valor de c?

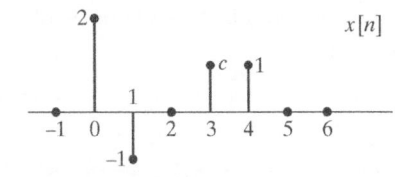

Figura P8.18-1

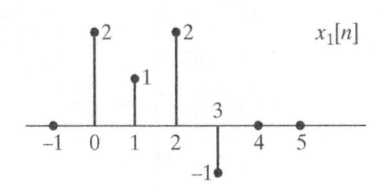

Figura P8.18-2

8.19. Duas sequências de comprimento finito $x[n]$ e $x_1[n]$ são mostradas na Figura P8.19. As TFDs dessas sequências, $X[k]$ e $X_1[k]$, respectivamente, estão relacionadas pela equação

$$X_1[k] = X[k]e^{-j(2\pi km/6)},$$

sendo m uma constante desconhecida. Você pode determinar um valor de m consistente com a Figura P8.19?

Sua escolha de m é única? Se for, justifique sua resposta. Se não, determine outra escolha de m que seja consistente com a informação dada.

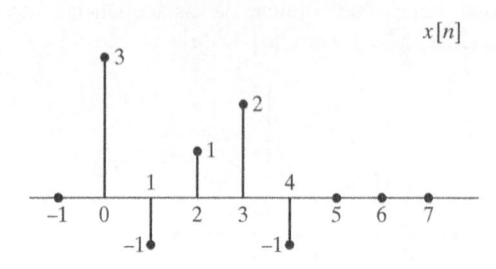

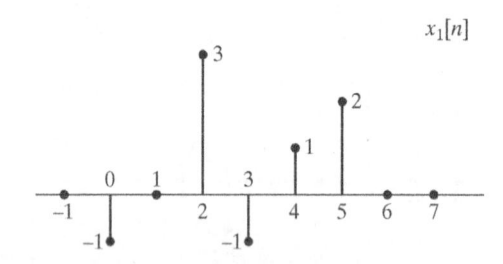

Figura P8.19

8.20. Duas sequências de comprimento finito $x[n]$ e $x_1[n]$ são mostradas na Figura P8.20. As TFDs de N pontos dessas sequências, $X[k]$ e $X_1[k]$, respectivamente, estão relacionadas pela equação

$$X_1[k] = X[k]e^{j2\pi k2/N},$$

sendo N uma constante desconhecida. Você pode determinar um valor de N consistente com a Figura P8.20? Sua escolha para N é única? Se for, justifique sua resposta. Se não, determine outra escolha de N consistente com a informação dada.

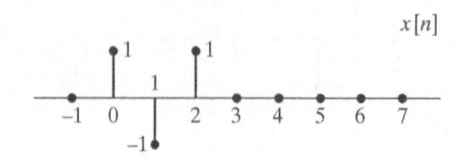

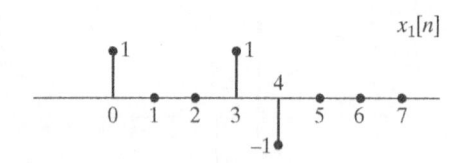

Figura P8.20

Problemas básicos

8.21. (a) A Figura P8.21-1 mostra duas sequências periódicas, $\tilde{x}_1[n]$ e $\tilde{x}_2[n]$, com período $N = 7$. Forneça uma sequência $\tilde{y}_1[n]$ cuja SFD seja igual ao produto da SFD de $\tilde{x}_1[n]$ e a SFD de $\tilde{x}_2[n]$, isto é,

$$\tilde{Y}_1[k] = \tilde{X}_1[k]\,\tilde{X}_2[k].$$

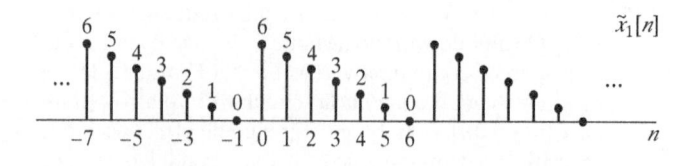

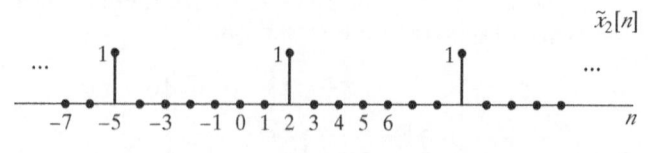

Figura P8.21-1

(b) A Figura P8.21-2 mostra uma sequência periódica $\tilde{x}_3[n]$ com período $N = 7$. Forneça uma sequência $\tilde{y}_2[n]$ cuja SFD seja igual ao produto da SFD de $\tilde{x}_1[n]$ e a SFD de $\tilde{x}_3[n]$, isto é,

$$\tilde{Y}_2[k] = \tilde{X}_1[k]\tilde{X}_3[k].$$

Figura P8.21-2

8.22. Considere uma sequência de N pontos $x[n]$, isto é,

$$x[n] = 0 \text{ para } n > N - 1 \text{ e } n < 0.$$

A transformada de Fourier de tempo discreto de $x[n]$ é $X(e^{j\omega})$, e a TFD de N pontos de $x[n]$ é $X[k]$. Se $\mathcal{R}e\{X[k]\} = 0$ para $k = 0, 1, \ldots, N - 1$, podemos concluir que $\mathcal{R}e\{X(e^{j\omega})\} = 0$ para $-\pi \leq \omega \leq \pi$? Se a sua resposta é sim, mostre explicitamente o motivo. Se não, dê um contra-exemplo simples.

8.23. Considere a sequência de comprimento finito real $x[n]$ mostrada na Figura P8.23.

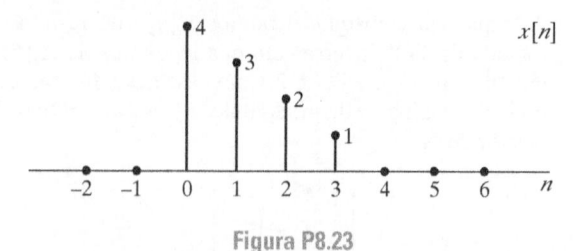

Figura P8.23

(a) Esboce a sequência de comprimento finito $y[n]$ cuja TFD de seis pontos seja

$$Y[k] = W_6^{5k} X[k],$$

sendo $X[k]$ a TFD de seis pontos de $x[n]$.

(b) Esboce a sequência de comprimento finito $w[n]$ cuja TFD de seis pontos seja

$$W[k] = \mathcal{I}m\{X[k]\}.$$

(c) Esboce a sequência de comprimento finito $q[n]$ cuja TFD de três pontos seja

$$Q[k] = X[2k + 1], \quad k = 0, 1, 2.$$

8.24. A Figura P8.24 mostra uma sequência de comprimento finito $x[n]$. Esboce as sequências

$$x_1[n] = x[((n-2))_4], \quad 0 \le n \le 3,$$

e

$$x_2[n] = x[((-n))_4], \quad 0 \le n \le 3.$$

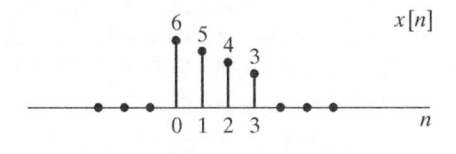

Figura P8.24

8.25. Considere o sinal $x[n] = \delta[n-4] + 2\delta[n-5] + \delta[n-6]$.
  (a) Forneça $X(e^{j\omega})$, a transformada de Fourier de tempo discreto de $x[n]$. Escreva expressões para a magnitude e para a fase de $X(e^{j\omega})$ e esboce essas funções.
  (b) Forneça todos os valores de N para os quais a TFD de N pontos seja um conjunto de números reais.
  (c) Você pode fornecer um sinal causal de três pontos $x_1[n]$ (isto é, $x_1[n] = 0$ para $n < 0$ e $n > 2$) para o qual a TFD de três pontos de $x_1[n]$ seja:

$$X_1[k] = |X[k]| \quad k = 0, 1, 2$$

  sendo $X[k]$ a TFD de três pontos de $x[n]$?

8.26. Mostramos que a TFD $X[k]$ de uma sequência de comprimento finito $x[n]$ é idêntica às amostras da TFTD $X(e^{j\omega})$ dessa sequência nas frequências $\omega_k = (2\pi/N)k$; isto é, $X[k] = X(e^{j(2\pi/N)k})$ para $k = 0, 1, \ldots, N-1$. Agora, considere uma sequência $y[n] = e^{-j(\pi/N)n} x[n]$ cuja TFD seja $Y[k]$.
  (a) Determine a relação entre a TFD $Y[k]$ e a TFTD $X(e^{j\omega})$.
  (b) O resultado do item (a) mostra que $Y[k]$ é uma versão de $X(e^{j\omega})$ amostrada de forma diferente. Quais são as frequências em que $X(e^{j\omega})$ é amostrada?
  (c) Dada a TFD modificada $Y[k]$, como você recuperaria a sequência original $x[n]$?

8.27. A TFD de 10 pontos de uma sequência de 10 pontos $g[n]$ é

$$G[k] = 10\,\delta[k].$$

Forneça $G(e^{j\omega})$, a TFTD de $g[n]$.

8.28. Considere a sequência de seis pontos

$$x[n] = 6\delta[n] + 5\delta[n-1] + 4\delta[n-2] + \\ + 3\delta[n-3] + 2\delta[n-4] + \delta[n-5]$$

mostrada na Figura P8.28.

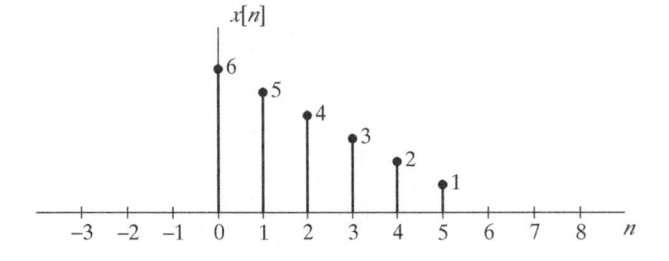

Figura P8.28

  (a) Determine $X[k]$, a TFD de seis pontos de $x[n]$. Expresse sua resposta em termos de $W_6 = e^{-j2\pi/6}$.
  (b) Faça o gráfico da sequência $w[n]$, $n = 0, 1, \ldots, 5$, que é obtida pelo cálculo da TFD inversa de seis pontos de $W[k] = W_6^{-2k} X[k]$.
  (c) Use qualquer método conveniente para calcular a convolução circular de seis pontos de $x[n]$ com a sequência $h[n] = \delta[n] + \delta[n-1] + \delta[n-2]$. Esboce o resultado.
  (d) Se convoluirmos a $x[n]$ dada com a $h[n]$ dada usando a convolução circular de N pontos, como N deve ser escolhido de modo que o resultado da convolução circular seja idêntico ao resultado da convolução linear? Ou seja, escolha N de modo que

$$y_p[n] = x[n] \text{ⓝ} h[n] = \sum_{m=0}^{N-1} x[m]h[((n-m))_N]$$

$$= x[n] * h[n] = \sum_{m=-\infty}^{\infty} x[m]h[n-m] \text{ para } 0 \le n \le N-1.$$

  (e) Em certas aplicações, como sistemas de comunicação multiportadora (veja Starr et al., 1999), a convolução linear de um sinal de comprimento finito $x[n]$ com comprimento de L amostras com uma resposta ao impulso $h[n]$ de comprimento finito mais curta precisa ser idêntica (em $0 \le n \le L-1$) à que teria sido obtida pela convolução circular de L pontos de $x[n]$ com $h[n]$. Isso pode ser obtido com o aumento da sequência $x[n]$ de forma apropriada. Começando pelo gráfico da Figura P8.28, sendo $L = 6$, acrescente amostras à sequência $x[n]$ dada para produzir uma nova sequência $x_1[n]$ tal que, com a sequência $h[n]$ dada no item (c), a convolução ordinária $y_1[n] = x_1[n] * [n]$ satisfaça a equação

$$y_1[n] = x_1[n] * h[n] = \sum_{m=-\infty}^{\infty} x_1[m]h[n-m]$$

$$= y_p[n] = x[n] \text{Ⓛ} h[n]$$

$$= \sum_{m=0}^{5} x[m]h[((n-m))_6] \quad \text{para } 0 \le n \le 5.$$

  (f) Generalize o resultado do item (e) para o caso em que $h[n]$ é diferente de zero para $0 \le n \le M$ e $x[n]$ é não nulo para $0 \le n \le L-1$, sendo $M < L$; isto é, mostre como construir uma sequência $x_1[n]$ a partir de $x[n]$ tal que a convolução linear $x_1[n] * h[n]$ seja igual à convolução circular $x[n] \text{Ⓛ} h[n]$ para $0 \le n \le L-1$.

8.29. Considere a sequência real de cinco pontos

$$x[n] = \delta[n] + \delta[n-1] + \delta[n-2] - \delta[n-3] + \delta[n-4].$$

A autocorrelação determinística dessa sequência é a TFTD inversa de

$$C(e^{j\omega}) = X(e^{j\omega})X^*(e^{j\omega}) = |X(e^{j\omega})|^2,$$

sendo $X^*(e^{j\omega})$ o complexo conjugado de $X(e^{j\omega})$. Para a $x[n]$ dada, podemos expressar a autocorrelação como

$$c[n] = x[n] * x[-n].$$

(a) Faça o gráfico da sequência $c[n]$. Observe que $c[-n] = c[n]$ para todo n.

(b) Agora, suponha que calculemos a TFD de cinco pontos ($N = 5$) da sequência $x[n]$. Chame essa TFD de $X_5[k]$. Depois, calculamos a TFD inversa de $C_5[k] = X_5[k]X_5^*[k]$. Faça o gráfico da sequência resultante $c_5[n]$. Como $c_5[n]$ está relacionada a $c[n]$ do item (a)?

(c) Agora suponha que calculemos a TFD de 10 pontos ($N = 10$) da sequência $x[n]$. Chame essa TFD de $X_{10}[k]$. Depois, calculamos a TFD inversa de $C_{10}[k] = X_{10}[k]X_{10}^*[k]$. Faça o gráfico da sequência resultante $c_{10}[n]$.

(d) Agora, suponha que usemos $X_{10}[k]$ para formar $D_{10}[k] = W_{10}^{5k}C_{10}[k] = W_{10}^{5k}X_{10}[k]X_{10}^*[k]$, sendo $W_{10} = e^{-j(2\pi/10)}$. Depois, calculamos a TFD inversa de $D_{10}[k]$. Faça o gráfico da sequência resultante $d_{10}[n]$.

8.30. Considere duas sequências $x[n]$ e $h[n]$, e seja $y[n]$ a sua convolução ordinária (linear), $y[n] = x[n] * h[n]$. Suponha que $x[n]$ seja nula fora do intervalo $21 \le n \le 31$ e que $h[n]$ seja nula fora do intervalo $18 \le n \le 31$.

(a) O sinal $y[n]$ será nulo fora de um intervalo $N_1 \le n \le N_2$. Determine valores numéricos para N_1 e N_2.

(b) Agora suponha que calculemos as TFDs de 32 pontos de

$$x_1[n] = \begin{cases} 0 & n = 0, 1, \ldots, 20 \\ x[n] & n = 21, 22, \ldots, 31 \end{cases}$$

e

$$h_1[n] = \begin{cases} 0 & n = 0, 1, \ldots, 17 \\ h[n] & n = 18, 19, \ldots, 31 \end{cases}$$

(isto é, as amostras nulas no início de cada sequência são incluídas). Então, formamos o produto $Y_1[k] = X_1[k]H_1[k]$. Se definirmos $y_1[n]$ como a TFD inversa de 32 pontos de $Y_1[k]$, como $y_1[n]$ está relacionado com a convolução ordinária $y[n]$? Ou seja, dê uma equação que expresse $y_1[n]$ em termos de $y[n]$ para $0 \le n \le 31$.

(c) Suponha que você esteja livre para escolher o comprimento da TFD (N) no item (b), de modo que as sequências também sejam preenchidas com zero em suas extremidades. Qual é o valor *mínimo* de N, de modo que $y_1[n] = y[n]$ para $0 \le n \le N - 1$?

8.31. Considere a sequência $x[n] = 2\delta[n] + \delta[n-1] - \delta[n-2]$.

(a) Determine a TFTD $X(e^{j\omega})$ de $x[n]$ e a TFTD $Y(e^{j\omega})$ da sequência $y[n] = x[-n]$.

(b) Usando os resultados que você obteve no item (a), forneça uma expressão para

$$W(e^{j\omega}) = X(e^{j\omega})Y(e^{j\omega}).$$

(c) Usando o resultado do item (b), faça um gráfico de $w[n] = x[n] * y[n]$.

(d) Agora, faça o gráfico da sequência $y_p[n] = x[((-n))_4]$ em função de n para $0 \le n \le 3$.

(e) Agora, use qualquer método conveniente para obter a convolução circular de quatro pontos de $x[n]$ com $y_p[n]$. Represente a sua resposta como $w_p[n]$ e faça-o graficamente.

(f) Se convoluirmos $x[n]$ com $y_p[n] = x[((-n))_N]$, como N deverá ser escolhido para evitar o *aliasing* no tempo?

8.32. Considere uma sequência de duração finita $x[n]$ de comprimento P, tal que $x[n] = 0$ para $n < 0$ e $n \ge P$. Queremos calcular amostras da transformada de Fourier nas N frequências igualmente espaçadas

$$\omega_k = \frac{2\pi k}{N}, \quad k = 0, 1, \ldots, N-1.$$

Determine e justifique os procedimentos para calcular as N amostras da transformada de Fourier usando apenas uma TFD de N pontos para os dois casos a seguir:

(a) $N > P$.
(b) $N < P$.

8.33. Um filtro FIR tem uma resposta ao impulso de 10 pontos, ou seja,

$$h[n] = 0 \quad \text{para } n < 0 \text{ e para } n > 9.$$

Dado que a TFD de 10 pontos de $h[n]$ é dada por

$$H[k] = \frac{1}{5}\delta[k-1] + \frac{1}{3}\delta[k-7],$$

forneça $H(e^{j\omega})$, a TFTD de $h[n]$.

8.34. Suponha que $x_1[n]$ e $x_2[n]$ sejam duas sequências de comprimento finito de comprimento N, isto é, $x_1[n] = x_2[n] = 0$ fora de $0 \le n \le N - 1$. Denote a transformada z de $x_1[n]$ como $X_1(z)$ e denote a TFD de N pontos de $x_2[n]$ como $X_2[k]$. As duas transformadas $X_1(z)$ e $X_2[k]$ estão relacionadas por:

$$X_2[k] = X_1(z)\Big|_{z=\frac{1}{2}e^{-j\frac{2\pi k}{N}}}, \quad k = 0, 1, \ldots, N-1$$

Determine a relação entre $x_1[n]$ e $x_2[n]$.

Problemas avançados

8.35. A Figura P8.35-1 ilustra uma sequência de tempo discreto de seis pontos $x[n]$. Suponha que $x[n]$ seja nula fora do intervalo mostrado.

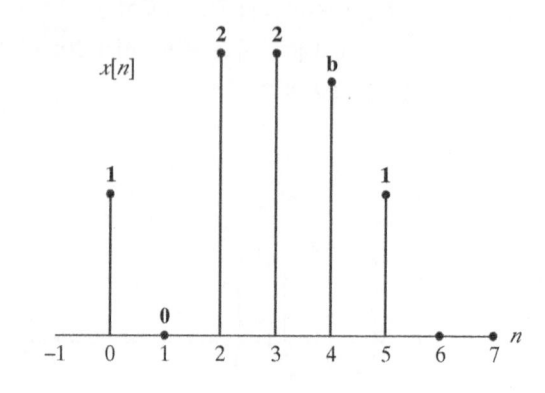

Figura P8.35-1

O valor de $x[4]$ não é conhecido e é representado como b. A amostra na figura não aparece na escala. Sejam $X(e^{j\omega})$ a TFTD de $x[n]$ e $X_1[k]$ as amostras de $X(e^{j\omega})$ em $\omega_k = 2\pi k/4$, isto é,

$$X_1[k] = X(e^{j\omega})|_{\omega=\frac{\pi k}{2}}, \quad 0 \leq k \leq 3.$$

A sequência de quatro pontos $x_1[n]$ que resulta da obtenção da TFD inversa de quatro pontos de $X_1[k]$ é mostrada na Figura P8.35-2. Com base na figura, é possível determinar b de forma única? Nesse caso, dê o valor de b.

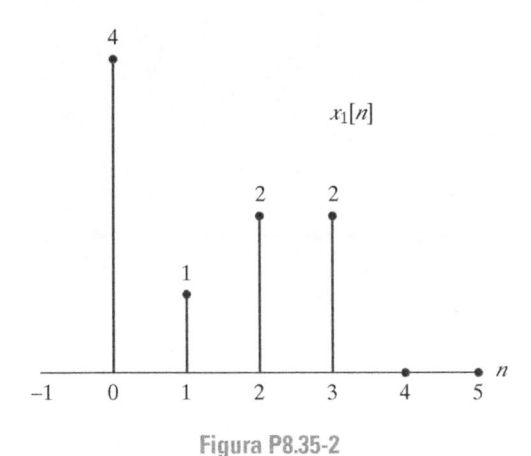

Figura P8.35-2

8.36. (a) $X(e^{j\omega})$ é a TFTD do sinal de tempo discreto

$$x[n] = (1/2)^n u[n].$$

Forneça uma sequência de comprimento 5 $g[n]$ cuja TFD de cinco pontos $G[k]$ seja idêntica às amostras da TFTD de $x[n]$ em $\omega_k = 2\pi k/5$, isto é,

$$g[n] = 0 \text{ para } n < 0, \ n > 4$$

e

$$G[k] = X(e^{j2\pi k/5}) \text{ para } k = 0, 1, ..., 4.$$

(b) Considere que $w[n]$ seja uma sequência estritamente não nula para $0 \leq n \leq 9$ e nula para os demais valores de n, isto é,

$$w[n] \neq 0, \quad 0 \leq n \leq 9$$
$$w[n] = 0 \quad \text{caso contrário}$$

Determine uma escolha para $w[n]$ de modo que sua TFTD $W(e^{j\omega})$ seja igual a $X(e^{j\omega})$ nas frequências $\omega = 2\pi k/5$, $k = 0, 1, ..., 4$, isto é,

$$W(e^{j2\pi k/5}) = X(e^{j2\pi k/5}) \text{ para } k = 0, 1, \ldots, 4.$$

8.37. Um filtro LIT de tempo discreto S deve ser implementado usando o método de sobreposição e armazenamento. No método de sobreposição e armazenamento, a entrada é dividida em blocos *sobrepostos*, ao contrário do método sobreposição e soma, em que os blocos de entrada não são sobrepostos. Para essa implementação, o sinal de entrada $x[n]$ será dividido em blocos sobrepostos de 256 pontos $x_r[n]$. Blocos adjacentes serão sobrepostos por 255 pontos, de modo que diferem por apenas uma amostra. Isso é representado pela Equação P8.37-1, que é uma relação entre $x_r[n]$ e $x[n]$,

$$x_r[n] = \begin{cases} x[n+r] & 0 \leq n \leq 255 \\ 0 & \text{caso contrário}. \end{cases} \quad (P8.37\text{-}1)$$

em que r varre todos os inteiros e obtemos um bloco diferente $x_r[n]$ para cada valor de r. Cada bloco é processado calculando a TFD de 256 pontos de $x_r[n]$, multiplicando o resultado por $H[k]$ dado na Equação P8.37-2 e calculando a TFD inversa de 256 pontos do produto.

$$H[k] = \begin{cases} 1 & 0 \leq k \leq 31 \\ 0 & 32 \leq k \leq 224 \\ 1 & 225 \leq k \leq 255 \end{cases} \quad (P8.37\text{-}2)$$

Uma amostra de cada bloco de cálculo (nesse caso, apenas uma única amostra por bloco) é, então, "armazenada" como parte da saída total.

(a) S é um filtro seletivo em frequência ideal? Justifique sua resposta.

(b) A resposta ao impulso de S tem valor real? Justifique sua resposta.

(c) Determine a resposta ao impulso de S.

8.38. $x[n]$ é uma sequência de comprimento finito com valor real, de comprimento 512, isto é,

$$x[n] = 0 \quad n < 0, n \geq 512$$

e foi armazenada em uma memória de dados de 512 pontos. Sabemos que $X[k]$, a TFD de 512 pontos de $x[n]$, tem a propriedade

$$X[k] = 0 \quad 250 \leq k \leq 262.$$

Armazenando os dados, no máximo um ponto de dados pode ter sido corrompido. Especificamente, se $s[n]$ denota os dados armazenados, $s[n] = x[n]$, exceto possivelmente em um local de memória desconhecido n_0. Para testar e possivelmente corrigir os dados, você é capaz de examinar $S[k]$, a TFD de 512 pontos de $s[n]$.

(a) Especificar se, examinando $S[k]$, é possível (e, se for, como) *detectar* se houve erro em um ponto de dados, isto é, se $s[n] = x[n]$ para todo n, ou não.

Nos itens (b) e (c), suponha que você tenha certeza de que um ponto de dados foi corrompido, isto é, de que $s[n] = x[n]$, *exceto* em $n = n_0$.

(b) Neste item, suponha que o valor de n_0 seja desconhecido. Especifique um procedimento para determinar a partir de $S[k]$ o valor de n_0.

(c) Neste item, suponha que você conheça o valor de n_0. Especifique um procedimento para determinar $x[n_0]$ a partir de $S[k]$.

8.39. No sistema mostrado na Figura P8.39, $x_1[n]$ e $x_2[n]$ são sequências causais, de 32 pontos, isto é, elas são nulas fora do intervalo $0 \leq n \leq 31$. $y[n]$ denota a convolução linear de $x_1[n]$ e $x_2[n]$, isto é, $y[n] = x_1[n] * x_2[n]$.

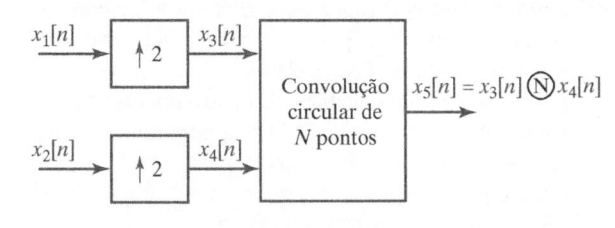

Figura P8.39

(a) Determine os valores de N para os quais todos os valores de $y[n]$ podem ser completamente recuperados a partir de $x_s[n]$.
(b) Especifique explicitamente como recuperar $y[n]$ a partir de $x_s[n]$ para o *menor* valor de N que você determinou no item (a).

8.40. Três sequências de sete pontos com valor real ($x_1[n]$, $x_2[n]$ e $x_3[n]$) são mostradas na Figura P8.40. Para cada uma dessas sequências, especifique se a TFD de sete pontos pode ser escrita na forma

$$X_i[k] = A_i[k]e^{-j(2\pi k/7)\alpha_i} \qquad k = 0, 1, ..., 6$$

sendo $A_i[k]$ real e $2\alpha_i$ um inteiro. Inclua uma justificativa breve. Para cada sequência que pode ser escrita dessa forma, especifique todos os valores correspondentes de α_i para $0 \le \alpha_i < 7$.

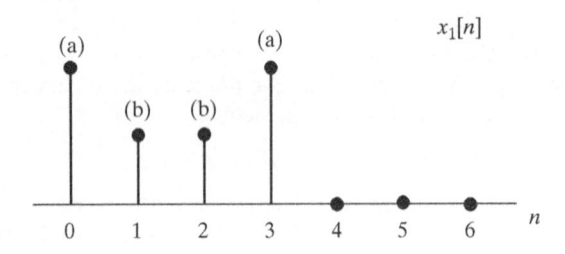

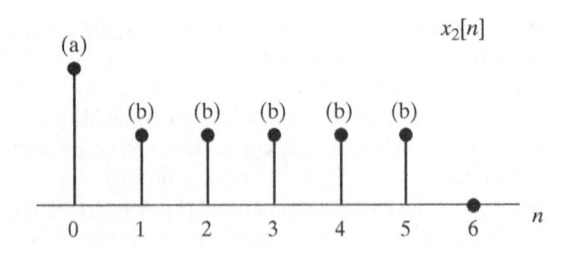

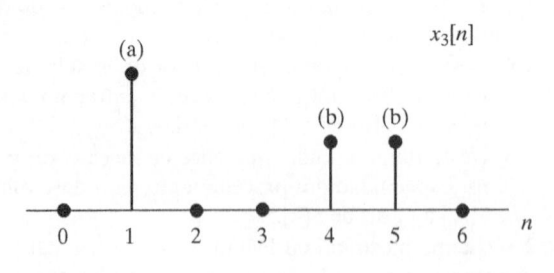

Figura P8.40

8.41. Suponha que $x[n]$ seja a sequência de valor complexo com oito pontos com parte real $x_r[n]$ e parte imaginária $x_i[n]$ mostrada na Figura P8.41 (isto é, $x[n] = x_r[n] + jx_i[n]$). Seja $y[n]$ a sequência de quatro pontos com valor complexo tal que $Y[k]$, a TFD de quatro pontos de $y[n]$, seja igual aos valores de índice ímpar de $X[k]$, a TFD de oito pontos de $x[n]$ (os valores de índice ímpar de $X[k]$ são aqueles para os quais $k = 1, 3, 5, 7$).

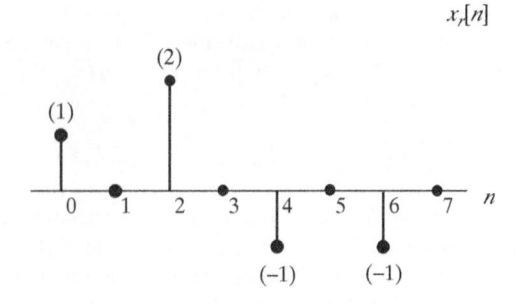

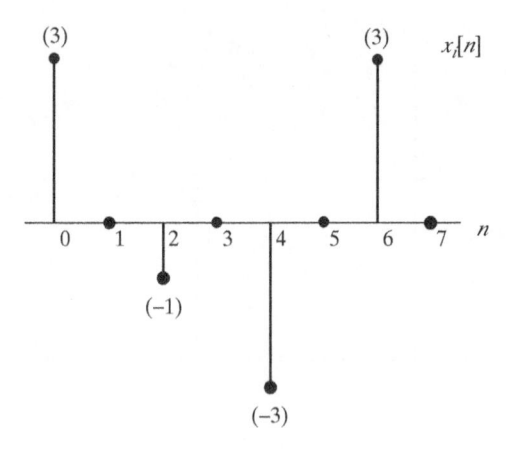

Figura P8.41

Determine os valores numéricos de $y_r[n]$ e $y_i[n]$ e as partes real e imaginária de $y[n]$.

8.42. $x[n]$ é uma sequência de comprimento finito com comprimento 1024, isto é,

$$x[n] = 0 \text{ para } n < 0, n > 1023.$$

A autocorrelação de $x[n]$ é definida como

$$c_{xx}[m] = \sum_{n=-\infty}^{\infty} x[n]x[n+m],$$

e $X_N[k]$ é definida como a TFD de N pontos de $x[n]$, com $N \ge 1024$.

Estamos interessados em calcular $c_{xx}[m]$. Um dos procedimentos propostos inicia calculando a TFD inversa de N pontos de $|X_N[k]|^2$ para obter uma sequência de N pontos $g_N[n]$, isto é,

$$g_N[n] = \text{TFDI de } N \text{ pontos } \{|X_N[k]|^2\}.$$

(a) Determine o valor mínimo de N de modo que $c_{xx}[m]$ possa ser obtida a partir de $g_N[n]$. Além disso, especifique como você obteria $c_{xx}[m]$ a partir de $g_N[n]$.
(b) Determine o valor mínimo de N de modo que $c_{xx}[m]$ para $|m| \le 10$ possa ser obtida a partir de $g_N[n]$. Especifique também como você obteria esses valores a partir de $g_N[n]$.

8.43. Na Figura P8.43, $x[n]$ é uma sequência de comprimento finito com comprimento 1024. A sequência $R[k]$ é obtida tomando a TFD de 1024 pontos de $x[n]$ e comprimindo o resultado por 2.

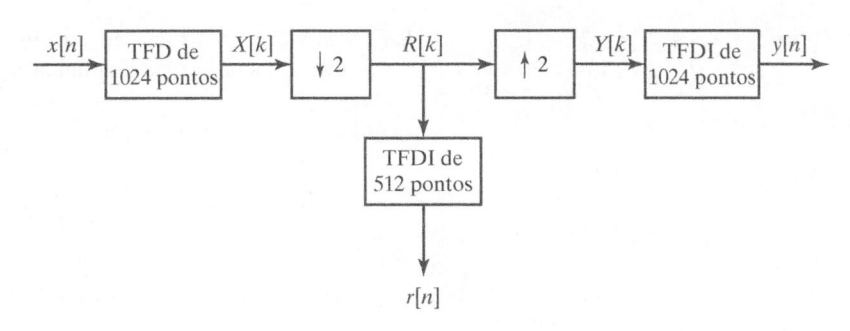

Figura P8.43

(a) Escolha a afirmação mais precisa sobre $r[n]$, a TFD inversa de 512 pontos de $R[k]$. Justifique sua escolha em algumas sentenças concisas.

(i) $r[n] = x[n]$, $0 \leq n \leq 511$

(ii) $r[n] = x[2n]$, $0 \leq n \leq 511$

(iii) $r[n] = x[n] + x[n+512]$, $0 \leq n \leq 511$

(iv) $r[n] = x[n] + x[-n+512]$, $0 \leq n \leq 511$

(v) $r[n] = x[n] + x[1023-n]$, $0 \leq n \leq 511$

Em todos os casos, $r[n] = 0$ fora de $0 \leq n \leq 511$.

(b) A sequência $Y[k]$ é obtida pela expansão de $R[k]$ por 2. Escolha a afirmação mais precisa sobre $y[n]$, a TFD inversa de 1024 pontos de $Y[k]$. Justifique sua escolha com algumas sentenças concisas.

(i) $y[n] = \begin{cases} \frac{1}{2}(x[n] + x[n+512]), & 0 \leq n \leq 511 \\ \frac{1}{2}(x[n] + x[n-512]), & 512 \leq n \leq 1023 \end{cases}$

(ii) $y[n] = \begin{cases} x[n], & 0 \leq n \leq 511 \\ x[n-512], & 512 \leq n \leq 1023 \end{cases}$

(iii) $y[n] = \begin{cases} x[n], & n \text{ par} \\ 0, & n \text{ ímpar} \end{cases}$

(iv) $y[n] = \begin{cases} x[2n], & 0 \leq n \leq 511 \\ x[2(n-512)], & 512 \leq n \leq 1023 \end{cases}$

(v) $y[n] = \frac{1}{2}(x[n] + x[1023-n])$, $0 \leq n \leq 1023$

Em todos os casos, $y[n] = 0$ fora de $0 \leq n \leq 1023$.

8.44. A Figura P8.44 mostra duas sequências de comprimento finito $x_1[n]$ e $x_2[n]$ de comprimento 7. $X_i(e^{j\omega})$ denota a TFTD de $x_i[n]$, e $X_i[k]$ denota a TFD de sete pontos de $x_i[n]$.

Para cada uma das sequências $x_1[n]$ e $x_2[n]$, indique se cada uma das seguintes propriedades é válida:

(a) $X_i(e^{j\omega})$ pode ser escrita na forma

$$X_i(e^{j\omega}) = A_i(\omega) e^{j\alpha_i \omega}, \quad \text{para } \omega \in (-\pi, \pi),$$

sendo $A_i(\omega)$ real e α_i uma constante.

(b) $X_i[k]$ pode ser escrita na forma

$$X_i[k] = B_i[k] e^{j\beta_i k},$$

sendo $B_i[k]$ real e β_i uma constante.

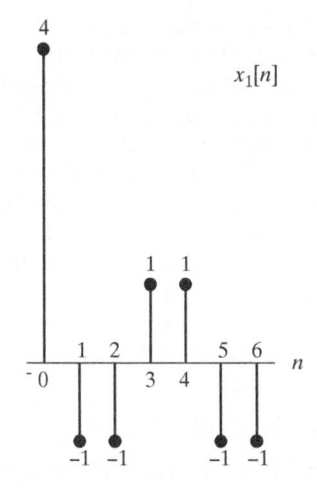

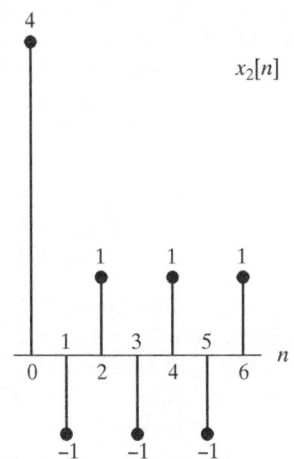

Figura P8.44

8.45. A sequência $x[n]$ é uma sequência de 128 pontos (isto é, $x[n] = 0$ para $n < 0$ e para $n > 127$), e $x[n]$ tem pelo menos uma amostra não nula. A TFTD de $x[n]$ é denotada como $X(e^{j\omega})$. Qual é o maior inteiro M tal que seja possível para $X(e^{j2\pi k/M})$ ser nula para todos os valores inteiros de k? Elabore um exemplo para o M máximo que você encontrou.

8.46. Cada item deste problema pode ser resolvido de modo independente. Todas os itens usam o sinal $x[n]$ dado por

$$x[n] = 3\delta[n] - \delta[n-1] + 2\delta[n-3] + \delta[n-4] - \delta[n-6].$$

(a) Seja $X(e^{j\omega})$ a TFTD de $x[n]$. Defina

$$R[k] = X\left(e^{j\omega}\right)\Big|_{\omega = \frac{2\pi k}{4}}, \quad 0 \le k \le 3$$

Faça o gráfico do sinal $r[n]$ que é a TFD inversa de quatro pontos de $R[k]$.

(b) Seja $X[k]$ a TFD de oito pontos de $x[n]$, e seja $H[k]$ a TFD de oito pontos da resposta ao impulso $h[n]$ dada por

$$h[n] = \delta[n] - \delta[n-4].$$

Defina $Y[k] = X[k]H[k]$ para $0 \le k \le 7$. Faça o gráfico de $y[n]$, a TFD de oito pontos de $Y[k]$.

8.47. Considere um sinal de tempo contínuo limitado no tempo $x_c(t)$ cuja duração seja de 100 ms. Suponha que esse sinal tenha uma transformada de Fourier de banda limitada tal que $X_c(j\Omega) = 0$ para $|\Omega| \ge 2\pi(10000)$ rad/s; isto é, suponha que o *aliasing* seja insignificante. Queremos calcular as amostras de $X_c(j\Omega)$ com espaçamento de 5 Hz sobre o intervalo $0 \le \Omega \le 2\pi(10000)$. Isso pode ser feito com uma TFD de 4000 pontos. Especificamente, queremos obter uma sequência de 4000 pontos $x[n]$ para a qual a TFD de 4000 pontos está relacionada a $X_c(j\Omega)$ por:

$$X[k] = \alpha X_c(j2\pi \cdot 5 \cdot k), \quad k = 0, 1, \ldots, 1999, \quad (P8.47\text{-}1)$$

sendo α um fator de escala conhecido. O método a seguir é proposto para a obtenção de uma sequência de 4000 pontos cuja TFD dê as amostras desejadas de $X_c(j\Omega)$. Primeiro, $x_c(t)$ é amostrada com um período de amostragem de $T = 50$ μs. Em seguida, a sequência de 2000 pontos resultante é usada para formar a sequência $\hat{x}[n]$ da seguinte forma:

$$\hat{x}[n] = \begin{cases} x_c(nT), & 0 \le n \le 1999, \\ x_c((n-2000)T), & 2000 \le n \le 3999, \\ 0, & \text{caso contrário.} \end{cases} \quad (P8.47\text{-}2)$$

Finalmente, a TFD de 4000 pontos $\hat{X}[k]$ dessa sequência é calculada. Para esse método, determine como $\hat{X}[k]$ está relacionado a $X_c(j\Omega)$. Mostre essa relação em um esboço para uma transformada de Fourier "típica" $X_c(j\Omega)$. Indique explicitamente se $\hat{X}[k]$ é o resultado desejado ou não, isto é, se $\hat{X}[k]$ é igual a $X[k]$, como especificado na Equação P8.47-1.

8.48. $x[n]$ é uma sequência de comprimento finito com valor real e comprimento 1024, isto é,

$$x[n] = 0 \quad n < 0, n \ge 1023.$$

Somente as amostras a seguir da TFD de 1024 pontos de $x[n]$ são conhecidas

$$X[k] \quad k = 0, 16, 16 \times 2, 16 \times 3, \ldots, 16 \times (64-1)$$

Além disso, observamos $s[n]$, que é uma versão corrompida de $x[n]$, com os primeiros 64 pontos corrompidos, isto é, $s[n] = x[n]$ para $n \ge 64$, e $s[n] \ne x[n]$, para $0 \le n \le 63$. Descreva um procedimento para recuperar as primeiras 64 amostras de $x[n]$ usando apenas blocos de TFD e TFDI com 1024 pontos, multiplicadores e somadores.

8.49. A função de correlação cruzada determinística entre duas sequências reais é definida como

$$c_{xy}[n] = \sum_{m=-\infty}^{\infty} y[m]x[n+m] =$$

$$= \sum_{m=-\infty}^{\infty} y[-m]x[n-m] = y[-n] * x[n] \quad -\infty < n < \infty$$

(a) Mostre que a TFTD de $c_{xy}[n]$ é $C_{xy}(e^{j\omega}) = X(e^{j\omega})Y^*(e^{j\omega})$.

(b) Suponha que $x[n] = 0$ para $n < 0$ e $n > 99$ e $y[n] = 0$ para $n < 0$ e $n > 49$. A função de correlação cruzada correspondente $c_{xy}[n]$ será não nula somente em um intervalo de comprimento finito $N_1 \le n \le N_2$. Quais são N_1 e N_2?

(c) Suponha que queiramos calcular valores de $c_{xy}[n]$ no intervalo $0 \le n \le 20$ usando o procedimento a seguir:
  (i) Calcule $X[k]$, a TFD de N pontos de $x[n]$.
  (ii) Calcule $Y[k]$, a TFD de N pontos de $y[n]$.
  (iii) Calcule $C[k] = X[k]Y^*[k]$ para $0 \le k \le N-1$
  (iv) Calcule $c[n]$, a TFD inversa de $C[k]$.

Qual é o valor *mínimo* de N tal que $c[n] = c_{xy}[n]$, $0 \le n \le 20$? Explique seu raciocínio.

8.50. A TFD de uma sequência de duração finita corresponde a amostras de sua transformada z na circunferência unitária. Por exemplo, a TFD de uma sequência de 10 pontos $x[n]$ corresponde a amostras de $X(z)$ nos 10 pontos igualmente espaçados indicados na Figura P8.50-1. Queremos encontrar as amostras igualmente espaçadas de $X(z)$ na curva mostrada na Figura P8.50-2; isto é, queremos obter

$$X(z)\Big|_{z = 0,5 e^{j[(2\pi k/10) + (\pi/10)]}}.$$

Mostre como modificar $x[n]$ para obter uma sequência $x_1[n]$ tal que a TFD de $x_1[n]$ corresponda às amostras desejadas de $X(z)$.

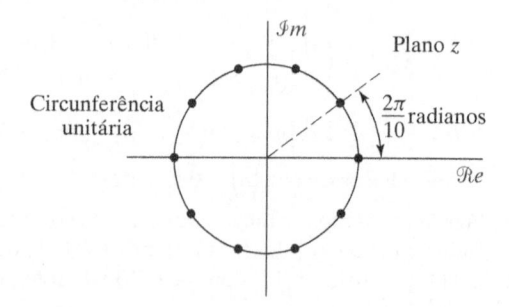

Figura P8.50-1

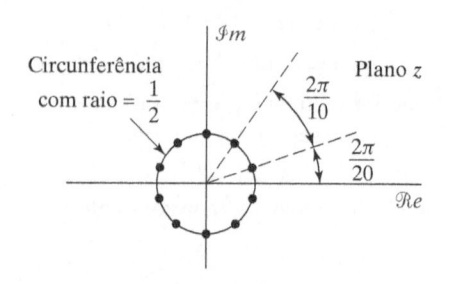

Figura P8.50-2

8.51. Considere duas sequências de duração finita $x[n]$ e $y[n]$. A sequência $x[n]$ pode ser não nula somente para $0 \le n \le 9$ e $30 \le n \le 39$. A sequência $y[n]$ pode ser não nula somente para $10 \le n \le 19$. (Um esquema de $x[n]$ e $y[n]$ "típicos" pode ser útil.)

Seja $w[n] = x[n] * y[n]$ a convolução linear de $x[n]$ e $y[n]$ e $g[n] = x[n] \; \textcircled{40} \; y[n]$ a convolução circular de 40 pontos de $x[n]$ e $y[n]$.

(a) Determine os valores de n para os quais $w[n]$ possa ser não nula.

(b) Determine os valores de n para os quais $w[n]$ possa ser obtido a partir de $g[n]$. Especifique explicitamente em que valores de índice n em $g[n]$ esses valores de $w[n]$ aparecem.

8.52. Seja $x[n] = 0$, $n < 0$, $n > 7$ uma sequência real de oito pontos, e seja $X[k]$ a sua TFD de oito pontos.

(a) Determine

$$\left(\frac{1}{8} \sum_{k=0}^{7} X[k] e^{j(2\pi/8)kn} \right) \Bigg|_{n=9}$$

em termos de $x[n]$.

(b) Seja $v[n] = 0$, $n < 0$, $n > 7$ uma sequência de oito pontos, e seja $V[k]$ a sua TFD de oito pontos. Se $V[k] = X(z)$ em $z = 2 \exp(j(2\pi k + \pi)/8)$ para $k = 0, ..., 7$, sendo $X(z)$ a transformada z de $x[n]$, expresse $v[n]$ em termos de $x[n]$.

(c) Seja $w[n] = 0$, $n < 0$, $n > 3$ uma sequência de quatro pontos, e seja $W[k]$ a sua TFD de quatro pontos. Se $W[k] = X[k] + X[k + 4]$, expresse $w[n]$ em termos de $x[n]$.

(d) Seja $y[n] = 0$, $n < 0$, $n > 7$ uma sequência de oito pontos, e seja $Y[k]$ a sua TFD de oito pontos. Se

$$Y[k] = \begin{cases} 2X[k], & k = 0, 2, 4, 6, \\ 0, & k = 1, 3, 5, 7, \end{cases}$$

expresse $y[n]$ em termos de $x[n]$.

8.53. Leia cada item deste problema cuidadosamente para observar as diferenças entre eles.

(a) Considere o sinal

$$x[n] = \begin{cases} 1 + \cos(\pi n/4) - 0{,}5 \cos(3\pi n/4), & 0 \le n \le 7, \\ 0, & \text{demais valores de } n, \end{cases}$$

que pode ser representado pela equação TFDI como

$$x[n] = \begin{cases} \frac{1}{8} \sum_{k=0}^{7} X_8[k] e^{j(2\pi k/8)n}, & 0 \le n \le 7, \\ 0, & \text{caso contrário,} \end{cases}$$

sendo $X_8[k]$ a TFD de oito pontos de $x[n]$. Faça o gráfico $X_8[k]$ para $0 \le k \le 7$.

(b) Determine $V_{16}[k]$, a TFD de 16 pontos da sequência de 16 pontos

$$v[n] = \begin{cases} 1 + \cos(\pi n/4) - 0{,}5 \cos(3\pi n/4), & 0 \le n \le 15, \\ 0, & \text{caso contrário.} \end{cases}$$

Faça o gráfico de $V_{16}[k]$ para $0 \le k \le 15$.

(c) Finalmente, considere $|X_{16}[k]|$, a magnitude da TFD de 16 pontos da sequência de oito pontos

$$x[n] = \begin{cases} 1 + \cos(\pi n/4) - 0{,}5 \cos(3\pi n/4), & 0 \le n \le 7, \\ 0, & \text{caso contrário.} \end{cases}$$

Faça o gráfico de $|X_{16}[k]|$ para $0 \le k \le 15$ *sem calcular explicitamente a expressão da TFD*. Você não poderá determinar todos os valores de $|X_{16}[k]|$ por inspeção como fez nos itens (a) e (b), mas você deverá ser capaz de determinar exatamente alguns dos valores. Faça o gráfico de todos os valores que conhece exatamente com um círculo sólido e esboce estimativas dos outros valores com um círculo aberto.

Problemas de extensão

8.54. Na dedução da equação de análise da SFD da Equação 8.11, usamos a identidade da Equação 8.7. Para verificar essa identidade, consideramos as condições $k - r = mN$ e $k - r \ne mN$ separadamente.

(a) Para $k - r = mN$, mostre que $e^{j(2\pi/N)(k-r)n} = 1$ e, com isso, que

$$\frac{1}{N} \sum_{n=0}^{N-1} e^{j(2\pi/N)(k-r)n} = 1 \qquad \text{para } k - r = mN. \quad \text{(P8.54-1)}$$

(b) Como k e r são ambos inteiros na Equação 8.7, podemos fazer a substituição $k - r = \ell$ e considerar o somatório

$$\frac{1}{N} \sum_{n=0}^{N-1} e^{j(2\pi/N)\ell n} = \frac{1}{N} \sum_{n=0}^{N-1} [e^{j(2\pi/N)\ell}]^n. \quad \text{(P8.54-2)}$$

Como essa é a soma de um número finito de termos em uma série geométrica, ela pode ser expressa na forma fechada como

$$\frac{1}{N} \sum_{n=0}^{N-1} [e^{j(2\pi/N)\ell}]^n = \frac{1}{N} \frac{1 - e^{j(2\pi/N)\ell N}}{1 - e^{j(2\pi/N)\ell}}. \quad \text{(P8.54-3)}$$

Para que valores de ℓ o membro direito da Equação P8.54-3 é indeterminado? Ou seja, o numerador e o denominador são nulos.

(c) A partir do resultado no item (b), mostre que, se $k - r \ne mN$, então

$$\frac{1}{N} \sum_{n=0}^{N-1} e^{j(2\pi/N)(k-r)n} = 0. \quad \text{(P8.54-4)}$$

8.55. Na Seção 8.2, abordamos a propriedade de que, se

$$\tilde{x}_1[n] = \tilde{x}[n - m],$$

então

$$\tilde{X}_1[k] = W_N^{km} \; \tilde{X}[k],$$

sendo $\tilde{X}[k]$ e $\tilde{X}_1[k]$ os coeficientes da SFD de $\tilde{x}[n]$ e $\tilde{x}_1[n]$, respectivamente. Neste problema, consideramos a prova dessa propriedade.

(a) Usando a Equação 8.11 juntamente com uma substituição apropriada de variáveis, mostre que $\tilde{X}_1[k]$ pode ser expressa como

$$\tilde{X}_1[k] = W_N^{km} \sum_{r=-m}^{N-1-m} \tilde{x}[r] W_N^{kr}. \qquad \text{(P8.55-1)}$$

(b) O somatório na Equação P8.55-1 pode ser reescrito como

$$\sum_{r=-m}^{N-1-m} \tilde{x}[r] W_N^{kr} = \sum_{r=-m}^{-1} \tilde{x}[r] W_N^{kr} + \sum_{r=0}^{N-1-m} \tilde{x}[r] W_N^{kr}. \qquad \text{(P8.55-2)}$$

Usando o fato de que $\tilde{x}[r]$ e W_N^{kr} são periódicas, mostre que

$$\sum_{r=-m}^{-1} \tilde{x}[r] W_N^{kr} = \sum_{r=N-m}^{N-1} \tilde{x}[r] W_N^{kr}. \qquad \text{(P8.55-3)}$$

(c) A partir dos resultados dos itens (a) e (b), mostre que

$$\tilde{X}_1[k] = W_N^{km} \sum_{r=0}^{N-1} \tilde{x}[r] W_N^{kr} = W_N^{km} \tilde{X}[k].$$

8.56. (a) A Tabela 8.1 lista uma série de propriedades de simetria da SFD para sequências periódicas, e repetimos várias delas aqui. Prove que cada uma dessas propriedades é verdadeira. No desenvolvimento de suas provas, você poderá usar a definição da SFD e qualquer outra propriedade da lista. (Por exemplo, ao provar a Propriedade 3, você poderá usar as propriedades 1 e 2.)

Sequência	SFD
1. $\tilde{x}^*[n]$	$\tilde{X}^*[-k]$
2. $\tilde{x}^*[-n]$	$\tilde{X}^*[k]$
3. $\mathcal{R}e\{\tilde{x}[n]\}$	$\tilde{X}_e[k]$
4. $j\mathcal{I}m\{\tilde{x}[n]\}$	$\tilde{X}_o[k]$

(b) A partir das propriedades provadas no item (a), mostre que, para uma sequência periódica real $\tilde{x}[n]$, as seguintes propriedades de simetria da SFD são válidas.

1. $\mathcal{R}e\{\tilde{X}[k]\} = \mathcal{R}e\{\tilde{X}[-k]\}$
2. $\mathcal{I}m\{\tilde{X}[k]\} = -\mathcal{I}m\{\tilde{X}[-k]\}$
3. $|\tilde{X}[k]| = |\tilde{X}[-k]|$
4. $\angle \tilde{X}[k] = -\angle \tilde{X}[-k]$

8.57. Afirmamos na Seção 8.4 que uma relação direta entre $X(e^{j\omega})$ e $\tilde{X}[k]$ pode ser obtida, sendo $\tilde{X}[k]$ os coeficientes da SFD de uma sequência periódica e $X(e^{j\omega})$ a transformada de Fourier de um período. Como $\tilde{X}[k]$ corresponde a amostras de $X(e^{j\omega})$, a relação então corresponde a uma fórmula de interpolação.

Uma abordagem para a obtenção da relação desejada consiste em contar com a discussão da Seção 8.4, a relação da Equação 8.54 e a propriedade de modulação da Seção 2.9.7. O procedimento é o seguinte:

1. Com $\tilde{X}[k]$ denotando os coeficientes da SFD de $\tilde{x}[n]$, expresse a transformada de Fourier $\tilde{X}(e^{j\omega})$ de $\tilde{x}[n]$ como um trem de impulsos; isto é, funções impulso multiplicadas por um escalar e deslocadas $S(\omega)$.

2. A partir da Equação 8.57, $x[n]$ pode ser expressa como $x[n] = \tilde{x}[n] w[n]$, sendo $w[n]$ uma janela apropriada de comprimento finito.

3. Como $x[n] = \tilde{x}[n] w[n]$, a partir da Seção 2.9.7, $X(e^{j\omega})$ pode ser expressa como a convolução (periódica) de $\tilde{X}(e^{j\omega})$ e $W(e^{j\omega})$.

Aplicando esse procedimento detalhadamente, mostre que $X(e^{j\omega})$ pode ser expressa como

$$X(e^{j\omega}) = \frac{1}{N} \sum_k \tilde{X}[k] \frac{\operatorname{sen}[(\omega N - 2\pi k)/2]}{\operatorname{sen}\{[\omega - (2\pi k/N)]/2\}} e^{-j[(N-1)/2](\omega - 2\pi k/N)}.$$

Especifique explicitamente os limites no somatório.

8.58. Seja $X[k]$ a TFD de N pontos da sequência de N pontos $x[n]$.

(a) Mostre que, se

$$x[n] = -x[N-1-n],$$

então $X[0] = 0$. Considere separadamente os casos de N par e N ímpar.

(b) Mostre que se N é par e se

$$x[n] = x[N-1-n],$$

então $X[N/2] = 0$.

8.59. Na Seção 2.8, os componentes simétrico-conjugado e antissimétrico-conjugado de uma sequência $x[n]$ foram definidos, respectivamente, como

$$x_e[n] = \frac{1}{2}(x[n] + x^*[-n]),$$

$$x_o[n] = \frac{1}{2}(x[n] - x^*[-n]).$$

Na Seção 8.6.4, notamos ser conveniente definir os componentes periódicos simétrico-conjugado e antissimétrico-conjugado de uma sequência de duração finita N, respectivamente, como

$$x_{\text{ep}}[n] = \tfrac{1}{2}\{x[((n))_N] + x^*[((-n))_N]\}, \quad 0 \le n \le N-1,$$

$$x_{\text{op}}[n] = \tfrac{1}{2}\{x[((n))_N] - x^*[((-n))_N]\}, \quad 0 \le n \le N-1.$$

(a) Mostre que $x_{\text{ep}}[n]$ pode ser relacionada a $x_e[n]$ e que $x_{\text{op}}[n]$ pode ser relacionada a $x_o[n]$ pelas relações

$$x_{\text{ep}}[n] = (x_e[n] + x_e[n-N]), \quad 0 \le n \le N-1,$$

$$x_{\text{op}}[n] = (x_o[n] + x_o[n-N]), \quad 0 \le n \le N-1.$$

(b) $x[n]$ é considerada uma sequência de comprimento N e, em geral, $x_e[n]$ não pode ser recuperada a partir de $x_{\text{ep}}[n]$, e $x_o[n]$ não pode ser recuperada a partir de $x_{\text{op}}[n]$. Mostre que, com $x[n]$ considerada uma sequência de comprimento N, mas com $x[n] = 0$, $n > N/2$, $x_e[n]$ pode ser obtida a partir de $x_{\text{ep}}[n]$, e $x_o[n]$ pode ser obtida a partir de $x_{\text{op}}[n]$.

8.60. Mostre, a partir das equações 8.65 e 8.66, que com $x[n]$ como uma sequência de N pontos e $X[k]$ como sua TFD de N pontos,

$$\sum_{n=0}^{N-1} |x[n]|^2 = \frac{1}{N} \sum_{k=0}^{N-1} |X[k]|^2.$$

Essa equação muitas vezes é chamada de *relação de Parseval* para a TFD.

8.61. $x[n]$ é uma sequência de comprimento finito de valor real, não negativa, com comprimento N; isto é, $x[n]$ é real e não negativa para $0 \leq n \leq N-1$ e é nula caso contrário. A TFD de N pontos de $x[n]$ é $X[k]$, e a transformada de Fourier de $x[n]$ é $X(e^{j\omega})$.

Determine se cada uma das seguintes afirmações é verdadeira ou falsa. Para cada afirmação, se você indicar que ela é verdadeira, mostre claramente seu raciocínio. Se você indicar que ela é falsa, construa um contraexemplo.

(a) Se $X(e^{j\omega})$ pode ser expresso na forma

$$X(e^{j\omega}) = B(\omega)e^{j\alpha\omega},$$

sendo $B(\omega)$ real e α uma constante real, então $X[k]$ pode ser expressa na forma

$$X[k] = A[k]e^{j\gamma k},$$

sendo $A[k]$ real e γ uma constante real.

(b) Se $X[k]$ pode ser expresso na forma

$$X[k] = A[k]e^{j\gamma k},$$

sendo $A[k]$ real e γ uma constante real, então $X(e^{j\omega})$ pode ser expressa na forma

$$X(e^{j\omega}) = B(\omega)e^{j\alpha\omega},$$

sendo $B(\omega)$ real e α uma constante real.

8.62. $x[n]$ e $y[n]$ são duas sequências de comprimento finito, positivas com valor real, com comprimento 256; isto é,

$$x[n] > 0, \quad 0 \leq n \leq 255,$$
$$y[n] > 0, \quad 0 \leq n \leq 255,$$
$$x[n] = y[n] = 0, \quad \text{caso contrário.}$$

$r[n]$ denota a convolução *linear* de $x[n]$ e $y[n]$. $R(e^{j\omega})$ denota a transformada de Fourier de $r[n]$. $R_s[k]$ denota 128 amostras igualmente espaçadas de $R(e^{j\omega})$; isto é,

$$R_s[k] = R(e^{j\omega})\Big|_{\omega=2\pi k/128}, \quad k=0,1,\ldots,127.$$

Dados $x[n]$ e $y[n]$, queremos obter $R_s[k]$ da forma mais eficiente possível. Os *únicos* módulos disponíveis são aqueles mostrados na Figura P8.62. Os custos associados a cada módulo são os seguintes:

Módulos I e II são gratuitos.
Módulo III custa 10 unidades.
Módulo IV custa 50 unidades.
Módulo V custa 100 unidades.

Ao conectar adequadamente um ou vários de cada módulo, construa um sistema para o qual as entradas sejam $x[n]$ e $y[n]$ e a saída seja $R_s[k]$. As considerações importantes são (a) se o sistema funciona e (b) o quanto ele é eficiente. Quanto menor o custo *total*, mais eficiente o sistema.

Módulo I

$s[n] \rightarrow \boxed{\text{I}} \rightarrow \sum_{r=-\infty}^{\infty} s[n+128r]$

(a)

Módulo II

$s[n] \rightarrow \boxed{\text{II}} \rightarrow w[n] = \begin{cases} s[n], & 0 \leq n \leq 127 \\ 0, & \text{caso contrário} \end{cases}$

(b)

Módulo III

$s_1[n] \rightarrow \boxed{\text{III}} \rightarrow \sum_{m=0}^{127} s_1[m]s_2[n-m]$
$s_2[n] \rightarrow$

(c)

Módulo IV

$s_1[n] \rightarrow \boxed{\text{IV}} \rightarrow \sum_{m=0}^{255} s_1[m]s_2[n-m]$
$s_2[n] \rightarrow$

(d)

Módulo V

$s[n] \rightarrow \boxed{\text{V}} \rightarrow S[k] = \sum_{n=0}^{127} s[n]e^{-j(2\pi/128)nk}$

(e)

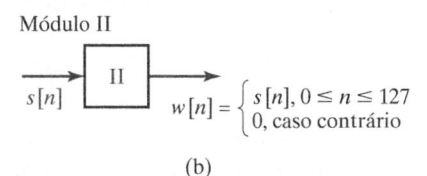

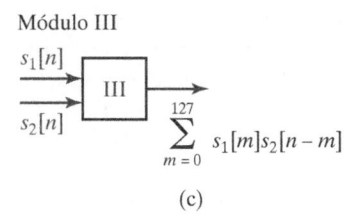

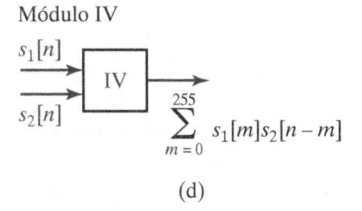

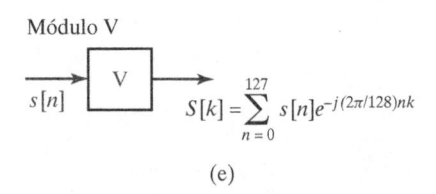

Figura P8.62

8.63. $y[n]$ é a saída de um sistema LIT estável com função de sistema $H(z) = 1/(z - bz^{-1})$, sendo b uma constante conhecida. Gostaríamos de recuperar o sinal de entrada $x[n]$ operando sobre $y[n]$.

O procedimento a seguir é proposto para a recuperação de parte de $x[n]$ a partir dos dados $y[n]$:

1. Usando $y[n]$, $0 \leq n \leq N-1$, calcule $Y[k]$, a TFD de N pontos de $y[n]$.
2. Forme

$$V[k] = (W_N^{-k} - bW_N^k)Y[k].$$

3. Calcule a TFD inversa de $V[k]$ para obter $v[n]$.

Para quais valores do índice n no intervalo $n = 0, 1, ..., N-1$ temos garantias de que

$$x[n] = v[n]?$$

8.64. Foi proposta uma transformada de Fourier discreta modificada (TFDM) (Vernet, 1971) que calcula amostras da transformada z ao longo da circunferência unitária deslocadas em relação àquelas calculadas pela TFD. Em particular, com $X_M[k]$ denotando a TFDM de $x(n)$,

$$X_M[k] = X(z)\Big|_{z=e^{j[2\pi k/N + \pi/N]}}, \quad k = 0, 1, 2, \ldots, N-1.$$

Suponha que N seja par.

(a) A TFDM de N pontos de uma sequência $x[n]$ corresponde à TFD de N pontos de uma sequência $x_M[n]$, que é facilmente construída a partir de $x[n]$. Determine $x_M[n]$ em termos de $x[n]$.

(b) Se $x[n]$ é real, nem todos os pontos na TFD são independentes, pois a TFD possui simetria conjugada; isto é, $X[k] = X^*[((-k))_N]$ para $0 \le k \le N-1$. De modo similar, se $x[n]$ é real, nem todos os pontos na TFDM são independentes. Determine, para $x[n]$ real, a relação entre os pontos em $X_M[k]$.

(c) (i) Seja $R[k] = X_M[2k]$; ou seja, $R[k]$ contém as amostras pares de $X_M[k]$. A partir da sua resposta no item (b), mostre que $X_M[k]$ pode ser recuperada a partir de $R[k]$.

(ii) $R[k]$ pode ser considerada como a TFDM de $N/2$ pontos de uma sequência de $N/2$ pontos $r[n]$. Determine uma expressão simples que relacione $r[n]$ diretamente a $x[n]$.

De acordo com os itens (b) e (c), a TFDM de N pontos de uma sequência real $x[n]$ pode ser calculada formando $r[n]$ a partir de $x[n]$ e depois calculando a TFDM de $N/2$ pontos de $r[n]$. Os dois itens a seguir são direcionados a mostrar que a TFDM pode ser usada para implementar uma convolução linear.

(d) Considere três sequências $x_1[n]$, $x_2[n]$ e $x_3[n]$, todas de comprimento N. Considere que $X_{1M}[k]$, $X_{2M}[k]$ e $X_{3M}[k]$, respectivamente, denotem as TFDMs das três sequências. Se

$$X_{3M}[k] = X_{1M}[k]X_{2M}[k],$$

expresse $x_3[n]$ em termos de $x_1[n]$ e $x_2[n]$. Sua expressão deverá ter a forma de um único somatório sobre uma "combinação" de $x_1[n]$ e $x_2[n]$ no mesmo estilo de (mas não idêntica a) uma convolução circular.

(e) É conveniente referir-se ao resultado no item (d) como convolução circular modificada. Se as sequências $x_1[n]$ e $x_2[n]$ forem ambas nulas para $n \ge N/2$, mostre que a convolução circular modificada de $x_1[n]$ e $x_2[n]$ é idêntica à convolução linear de $x_1[n]$ e $x_2[n]$.

8.65. Em algumas aplicações da teoria de codificação, é necessário calcular uma convolução circular de 63 pontos de sequências de 63 pontos $x[n]$ e $h[n]$. Suponha que os únicos dispositivos computacionais disponíveis sejam multiplicadores, somadores e processadores que calculam TFDs de N pontos, com a restrição de que N seja uma potência de 2.

(a) É possível calcular a convolução circular de 63 pontos de $x[n]$ e $h[n]$ usando diversas TFDs de 64 pontos, TFDs inversas e o método de sobreposição e soma. Quantas TFDs são necessárias? *Dica:* Considere cada uma das sequências de 63 pontos como a soma de uma sequência de 32 pontos e uma sequência de 31 pontos.

(b) Especifique um algoritmo que calcule a convolução circular de 63 pontos de $x[n]$ e $h[n]$ usando duas TFDs de 128 pontos e uma TFD inversa de 128 pontos.

(c) Também poderíamos calcular a convolução circular de 63 pontos de $x[n]$ e $h[n]$ calculando sua convolução linear no domínio de tempo e depois realizando o *aliasing* dos resultados. Em termos de multiplicações, qual desses três métodos é o mais eficiente? Qual é o menos eficiente? (Suponha que uma multiplicação complexa exija quatro multiplicações reais e que $x[n]$ e $h[n]$ sejam reais.)

8.66. Queremos filtrar uma sequência muito longa com um filtro FIR cuja resposta ao impulso tenha 50 amostras de comprimento. Queremos implementar esse filtro com uma TFD usando a técnica de sobreposição e armazenamento. O procedimento é o seguinte:

1. As seções de entrada precisam ser sobrepostas por V amostras.
2. A partir da saída de cada seção, devemos extrair M amostras tais que, quando essas amostras de cada seção são justapostas, a sequência resultante é a saída filtrada desejada.

Suponha que os segmentos de entrada sejam de 100 amostras de extensão e que o comprimento da TFD seja $128\ (= 2^7)$ pontos. Suponha ainda que a sequência de saída da convolução circular seja indexada a partir do ponto 0 até o ponto 127.

(a) Determine V.
(b) Determine M.
(c) Determine o índice do início e do fim dos M pontos extraídos; isto é, determine quais dos 128 pontos da convolução circular são extraídos para serem justapostos com o resultado da seção anterior.

8.67. Um problema que surge com frequência na prática é aquele em que um sinal distorcido $y[n]$ é a saída resultante quando um sinal desejado $x[n]$ é filtrado por um sistema LIT. Queremos recuperar o sinal original $x[n]$ processando $y[n]$. Em teoria, $x[n]$ pode ser recuperado a partir de $y[n]$ ao passarmos $y[n]$ por um filtro inverso tendo uma função de sistema igual à recíproca da função de sistema do filtro de distorção.

Suponha que a distorção seja causada por um filtro FIR com resposta ao impulso

$$h[n] = \delta[n] - 0{,}5\delta[n - n_0],$$

sendo n_0 um inteiro positivo, isto é, a distorção de $x[n]$ toma a forma de um eco com atraso n_0.

(a) Determine a transformada z $H(z)$ e a TFD de N pontos $H[k]$ da resposta ao impulso $h[n]$. Suponha que $N = 4n_0$.

(b) Seja $H_i(z)$ a função de sistema do filtro inverso e $h_i[n]$ a resposta ao impulso correspondente. Determine $h_i[n]$. Esse é um filtro FIR ou IIR? Qual é a duração de $h_i[n]$?

(c) Suponha que usemos um filtro FIR de comprimento N em uma tentativa de implementar o filtro inverso e considere que a TFD de N pontos do filtro FIR seja

$$G[k] = 1/H[k], \quad k = 0, 1, \ldots, N-1.$$

Qual é a resposta ao impulso $g[n]$ do filtro FIR?

(d) Pode parecer que o filtro FIR com TFD $G[k] = 1/H[k]$ implementa o filtro inverso perfeitamente. Afinal, podemos argumentar que o filtro de distorção FIR tem uma TFD $H[k]$ de N pontos, e o filtro FIR em cascata tem uma TFD $G[k] = 1/H[k]$ de N pontos e, como $G[k]H[k] = 1$ para todo k, implementamos um filtro passa-tudo, sem distorção. Explique resumidamente a ideia errônea nesse argumento.

(e) Realize a convolução de $g[n]$ com $h[n]$ e determine então como o filtro FIR com TFD de N pontos $G[k] = 1/H[k]$ implementa o filtro inverso.

8.68. A sequência $x[n]$ de comprimento N tem uma transformada de Hartley discreta (THD) definida como

$$X_H[k] = \sum_{n=0}^{N-1} x[n]H_N[nk], \quad k = 0, 1, \ldots, N-1, \quad (P8.68\text{-}1)$$

sendo

$$H_N[a] = C_N[a] + S_N[a],$$

com

$$C_N[a] = \cos(2\pi a/N), \quad S_N[a] = \operatorname{sen}(2\pi a/N).$$

Originalmente proposta por R.V.L. Hartley em 1942 para o caso de tempo contínuo, a transformada de Hartley tem propriedades que a tornam útil e atraente também no caso de tempo discreto (Bracewell, 1983, 1984). Especificamente, a partir da Equação P8.68-1, fica evidente que a THD de uma sequência real também é uma sequência real. Além disso, a THD tem uma propriedade da convolução, e existem algoritmos rápidos para o seu cálculo.

Na analogia completa com a TFD, a THD tem uma periodicidade implícita que deve ser reconhecida em seu uso. Ou seja, se considerarmos $x[n]$ como uma sequência de comprimento finito de modo que $x[n] = 0$ para $n < 0$ e $n > N-1$, então podemos formar uma sequência periódica

$$\tilde{x}[n] = \sum_{r=-\infty}^{\infty} x[n+rN]$$

tal que $x[n]$ seja simplesmente um período de $\tilde{x}[n]$. A sequência periódica $\tilde{x}[n]$ pode ser representada por uma série de Hartley discreta (SHD), que, por sua vez, pode ser interpretada como a THD ao focarmos nossa atenção em apenas um período da sequência periódica.

(a) A equação de análise da SHD é definida por

$$\tilde{X}_H[k] = \sum_{n=0}^{N-1} \tilde{x}[n]H_N[nk]. \quad (P8.68\text{-}2)$$

Mostre que os coeficientes da SHD formam uma sequência que também é periódica com período N; isto é,

$$\tilde{X}_H[k] = \tilde{X}_H[k+N] \quad \text{para todo } k.$$

(b) Podemos mostrar que as sequências $H_N[nk]$ são ortogonais; isto é,

$$\sum_{k=0}^{N-1} H_N[nk]H_N[mk] = \begin{cases} N, & ((n))_N = ((m))_N, \\ 0, & \text{caso contrário.} \end{cases}$$

Usando essa propriedade e a fórmula de análise da SHD da Equação P8.68-2, mostre que a fórmula de síntese da SHD é

$$\tilde{x}[n] = \frac{1}{N} \sum_{k=0}^{N-1} \tilde{X}_H[k]H_N[nk]. \quad (P8.68\text{-}3)$$

Note que a THD é simplesmente um período dos coeficientes da SHD, e, de modo similar, a equação de síntese (inversa) da THD é idêntica à equação de síntese da SHD P8.68-3, exceto que simplesmente extraímos um período de $\tilde{x}[n]$; isto é, a expressão de síntese da THD é

$$x[n] = \frac{1}{N} \sum_{k=0}^{N-1} X_H[k]H_N[nk], \quad n = 0, 1, \ldots, N-1. \quad (P8.68\text{-}4)$$

Com as equações P8.68-1 e P8.68-4 como definições das relações de análise e síntese, respectivamente, para a THD, agora podemos deduzir as propriedades úteis dessa representação de um sinal de tempo discreto de comprimento finito.

(c) Verifique se $H_N[a] = H_N[a+N]$ e também a seguinte propriedade útil de $H_N[a]$:

$$H_N[a+b] = H_N[a]C_N[b] + H_N[-a]S_N[b]$$
$$= H_N[b]C_N[a] + H_N[-b]S_N[a].$$

(d) Considere uma sequência com deslocamento circular

$$x_1[n] = \begin{cases} \tilde{x}[n-n_0] = x[((n-n_0))_N], & n = 0, 1, \ldots, N-1, \\ 0, & \text{caso contrário.} \end{cases}$$

$$(P8.68\text{-}5)$$

Em outras palavras, $x_1[n]$ é a sequência obtida extraindo um período da sequência periódica deslocada $\tilde{x}[n-n_0]$. Usando a identidade verificada no item (c), mostre que os coeficientes da SHD para a sequência periódica deslocada são

$$\tilde{x}[n-n_0] \stackrel{SHD}{\longleftrightarrow} \tilde{X}_H[k]C_N[n_0k] + \tilde{X}_H[-k]S_N[n_0k].$$

$$(P8.68\text{-}6)$$

Com isso, concluímos que a THD da sequência com deslocamento circular com comprimento finito $x[((n - n_0))_N]$ é

$$x[((n-n_0))_N] \stackrel{\mathcal{THD}}{\longleftrightarrow} X_H[k]C_N[n_0 k] + X_H[((-k))_N]S_N[n_0 k].$$
(P8.68-7)

(e) Suponha que $x_3[n]$ seja a convolução circular de N pontos de duas sequências de N pontos $x_1[n]$ e $x_2[n]$; isto é,

$$x_3[n] = x_1[n] \,\text{\textcircled{N}}\, x_2[n] =$$
$$= \sum_{m=0}^{N-1} x_1[m]x_2[((n-m))_N], \quad n = 0, 1, \ldots, N-1.$$
(P8.68-8)

Ao aplicar a THD em ambos os lados da Equação P8.68-8 e usar a Equação P8.68-7, mostre que

$$X_{H3}[k] = \tfrac{1}{2}X_{H1}[k](X_{H2}[k] + X_{H2}[((-k))_N])$$
$$+ \tfrac{1}{2}X_{H1}[((-k))_N](X_{H2}[k] - X_{H2}[((-k))_N])$$
(P8.68-9)

para $k = 0, 1, \ldots, N-1$. Essa é a propriedade de convolução desejada.

Observe que uma convolução linear pode ser calculada usando a THD da mesma maneira que a TFD pode ser usada para calcular uma convolução linear. Embora o cálculo de $X_{H3}[k]$ a partir de $X_{H1}[k]$ e $X_{H2}[k]$ exija a mesma quantidade de cálculos que determinar $X_3[k]$ a partir de $X_1[k]$ e $X_2[k]$, o cálculo da THD requer apenas metade do número de multiplicações reais exigidas para o cálculo da TFD.

(f) Suponha que queiramos calcular a THD de uma sequência de N pontos $x[n]$ e tenhamos disponíveis meios para calcular a TFD de N pontos. Descreva uma técnica para obter $X_H[k]$ a partir de $X[k]$ para $k = 0, 1, \ldots, N-1$.

(g) Suponha que queiramos calcular a TFD de uma sequência de N pontos $x[n]$ e tenhamos disponíveis os meios para calcular a THD de N pontos. Descreva uma técnica para obter $X[k]$ a partir de $X_H[k]$ para $k = 0, 1, \ldots, N-1$.

8.69. Seja $x[n]$ uma sequência de N pontos tal que $x[n] = 0$ para $n < 0$ e para $n > N - 1$. Seja $\hat{x}[n]$ a sequência de $2N$ pontos obtida pela repetição de $x[n]$; isto é,

$$\hat{x}[n] = \begin{cases} x[n], & 0 \leq n \leq N-1, \\ x[n-N], & N \leq n \leq 2N-1, \\ 0, & \text{caso contrário.} \end{cases}$$

Considere a implementação de um filtro de tempo discreto mostrado na Figura P8.69. Esse sistema tem uma resposta ao impulso $h[n]$ que tem $2N$ pontos de extensão; isto é, $h[n] = 0$ para $n < 0$ e para $n > 2N - 1$.

(a) Na Figura P8.69-1, qual é $\hat{X}[k]$, a TFD de $2N$ pontos de $\hat{x}[n]$ em termos de $X[k]$, a TFD de N pontos de $x[n]$?

(b) O sistema mostrado na Figura P8.69-1 pode ser implementado usando apenas TFDs de N pontos, como indicado na Figura P8.69-2 para escolhas apropriadas dos sistemas A e B. Especifique o Sistema A e o Sistema B, de modo que $\hat{y}[n]$ na Figura P8.69-1 e $y[n]$ na Figura P8.69-2 sejam iguais para $0 \leq n \leq 2N - 1$. Note que $h[n]$ e $y[n]$ na Figura P8.69-2 são sequências de $2N$ pontos e $w[n]$ e $g[n]$ são sequências de N pontos.

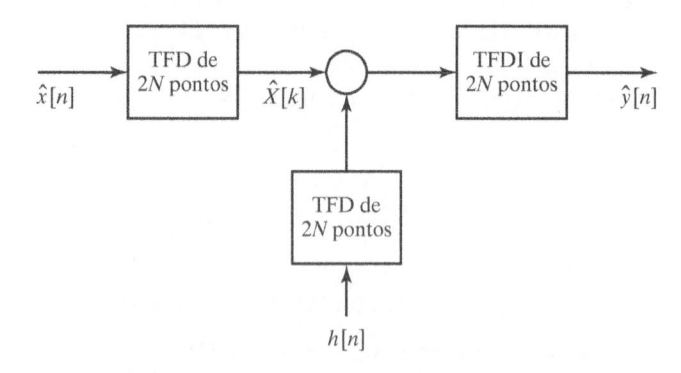

Figura P8.69-1

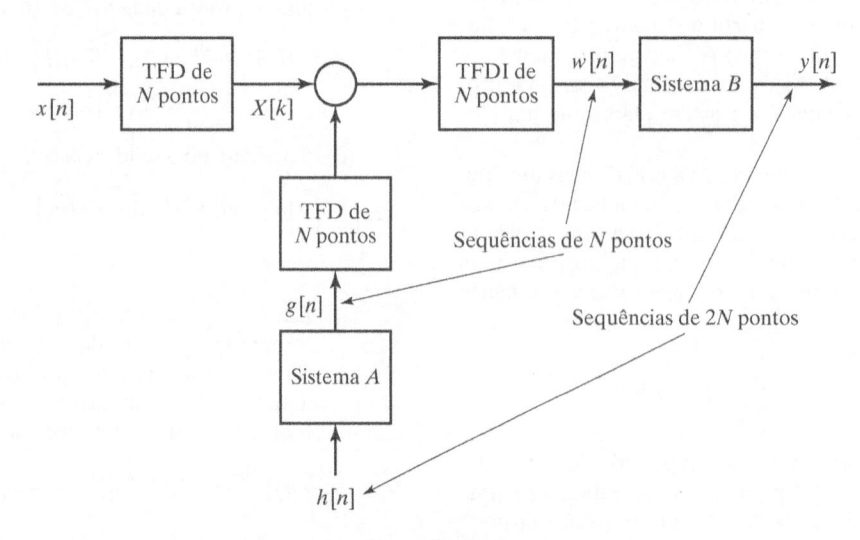

Figura P8.69-2

8.70. Neste problema, você analisará o uso da TFD para implementar a filtragem necessária para a interpolação de tempo discreto, ou sobreamostragem de um sinal. Suponha que o sinal de tempo discreto $x[n]$ tenha sido obtido pela amostragem de um sinal de tempo contínuo $x_c(t)$ com um período de amostragem T. Além disso, o sinal de tempo contínuo é apropriadamente limitado em banda; isto é, $X_c(j\Omega) = 0$ para $|\Omega| \geq 2\pi/T$. Para este problema, consideraremos que $x[n]$ tem comprimento N; isto é, $x[n] = 0$ para $n < 0$ ou $n > N - 1$, sendo N par. Não é estritamente possível ter um sinal que seja perfeitamente limitado em banda e de duração finita, mas isso muitas vezes é suposto em sistemas práticos que processam sinais de comprimento finito e que possuem relativamente baixa energia fora da banda $|\Omega| \leq 2\pi/T$. Queremos implementar uma interpolação 1:4, isto é, aumentar a taxa de amostragem por um fator de 4. Como vimos na Figura 4.23, podemos realizar essa conversão da taxa de amostragem usando um expansor seguido por um filtro passa-baixas apropriado. Neste capítulo, vimos que o filtro passa-baixas poderia ser implementado usando a TFD se o filtro é do tipo FIR. Para este problema, suponha que esse filtro tenha uma resposta ao impulso $h[n]$ com comprimento de $N + 1$ pontos. Na Figura P8.70-1 é representado tal sistema, sendo $H[k]$ a TFD de $4N$ pontos da resposta ao impulso do filtro passa-baixas. Observe que tanto $v[n]$ quanto $y[n]$ são sequências de $4N$ pontos.

(a) Especifique a TFD $H[k]$ tal que o sistema na Figura P8.70-1 implemente o sistema de sobreamostragem desejado. Pense cuidadosamente a respeito da fase dos valores de $H[k]$.

(b) Também é possível sobreamostrar $x[n]$ usando o sistema da Figura P8.70-2. Especifique o Sistema A na caixa do meio, de modo que o sinal de $4N$ pontos $y_2[n]$ nessa figura seja o mesmo que $y[n]$ da Figura P8.70-2. Note que o Sistema A pode consistir em mais de uma operação.

(c) Existe um motivo para que a implementação na Figura P8.70-2 possa ser preferível à da Figura P8.70-1?

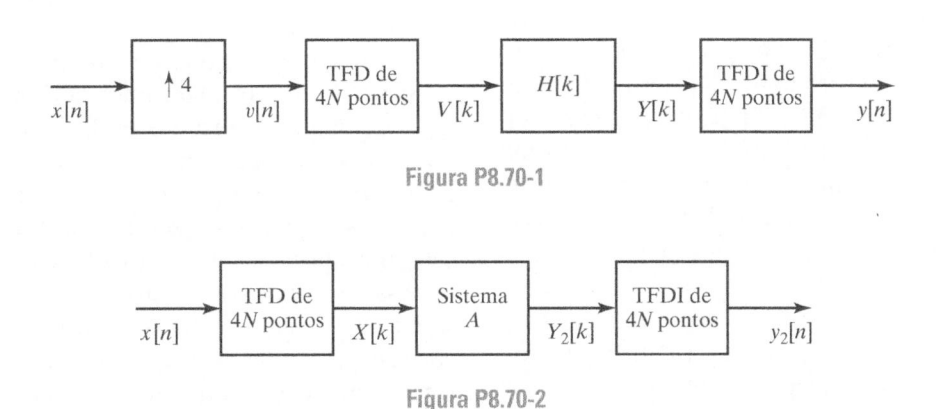

Figura P8.70-1

Figura P8.70-2

8.71. Obter a Equação 8.153 usando as equações 8.164 e 8.165.

8.72. Considere o seguinte procedimento:

(a) Forme a sequência $v[n] = x_2[2n]$ sendo $x_2[n]$ dada pela Equação 8.166. Isso resulta em

$$v[n] = x[2n] \quad n = 0, 1, ..., N/2 - 1$$
$$v[N - 1 - n] = x[2n + 1], \quad n = 0, 1, ..., N/2 - 1.$$

(b) Calcule $V[k]$, a TFD de N pontos de $v[n]$. Demonstre que o seguinte é verdadeiro:

$$X^{c2}[k] = 2\mathcal{R}e\{e^{-j\,2\pi k/(4N)}V[k]\}, \quad k = 0, 1, \ldots, N - 1,$$

$$= 2\sum_{n=0}^{N-1} v[n]\cos\left[\frac{\pi k(4n + 1)}{2N}\right], \quad k = 0, 1, \ldots, N - 1,$$

$$= 2\sum_{n=0}^{N-1} x[n]\cos\left[\frac{\pi k(2n + 1)}{2N}\right], \quad k = 0, 1, \ldots, N - 1.$$

Observe que esse algoritmo utiliza TFDs de N pontos em vez de $2N$ pontos, conforme requerido na Equação 8.167. Além disso, como $v[n]$ é uma sequência real, podemos explorar simetrias pares e ímpares para fazer o cálculo de $V[k]$ em uma TFD complexa de $N/4$ pontos.

8.73. Deduza a Equação 8.156 usando as equações 8.174 e 8.157.

8.74. (a) Use o teorema de Parseval para a TFD para deduzir uma relação entre $\sum_k |X^{c1}[k]|^2$ e $\sum_n |x[n]|^2$.

(b) Use o teorema de Parseval para a TFD para deduzir uma relação entre $\sum_k |X^{c2}[k]|^2$ e $\sum_n |x[n]|^2$.

Capítulo 9
Cálculo numérico da transformada de Fourier discreta

9.0 Introdução

A transformada de Fourier discreta (TFD) desempenha um papel importante na análise, projeto e implementação de algoritmos e sistemas de processamento em tempo discreto de sinais, pois as propriedades básicas da transformada de Fourier de tempo discreto e da transformada de Fourier discreta, discutidas nos capítulos 2 e 8, respectivamente, tornam particularmente convenientes a análise e o projeto de sistemas no domínio de Fourier. É igualmente importante que existam algoritmos eficientes para o cálculo explícito da TFD. Como resultado, a TFD é um componente importante em muitas aplicações práticas dos sistemas de tempo discreto.

Neste capítulo, discutimos vários métodos para o cálculo de valores da TFD. O foco principal do capítulo é uma classe de algoritmos particularmente eficiente para a implementação computacional da TFD de N pontos. Coletivamente, esses algoritmos eficientes, discutidos nas seções 9.2, 9.3 e 9.5, são chamados de algoritmos de FFT (do inglês *Fast Fourier Transform*). Para alcançar a máxima eficiência, os algoritmos de FFT precisam calcular todos os N valores da TFD. Quando queremos valores da TFD em apenas algumas frequências no intervalo $0 \leq \omega \leq 2\pi$, outros algoritmos podem ser mais eficientes e flexíveis, embora sejam menos eficientes do que os algoritmos de FFT para o cálculo de todos os valores da TFD. Alguns exemplos desses algoritmos são o algoritmo de Goertzel, discutido na Seção 9.1.2, e o algoritmo de transformada *chirp* (gorjeio), discutido na Seção 9.6.2.

Existem muitas maneiras de medir o custo e a eficiência de uma implementação ou de um algoritmo, e uma avaliação final depende tanto da tecnologia de implementação disponível quanto da aplicação pretendida. Usaremos o número de multiplicações e adições aritméticas como uma medida do custo computacional. Essa medida é simples de aplicar e o número de multiplicações e adições está relacionado diretamente com a velocidade computacional quando os algoritmos são implementados em computadores digitais de propósito geral ou em processadores de propósito específico. Porém, outras medidas às vezes são mais apropriadas. Por exemplo, em implementações VLSI (do inglês *Very Large-Scale Integration*) específicas, a área do *chip* e a potência requerida são considerações importantes e podem não estar relacionadas diretamente com o número de operações aritméticas.

Em termos de multiplicações e adições, a classe de algoritmos de FFT pode ser ordens de grandeza mais eficiente do que os algoritmos concorrentes. De fato, a eficiência dos algoritmos de FFT é tão alta que, em muitos casos, o procedimento mais eficiente para implementar uma convolução consiste em calcular a transformada das sequências a serem convoluídas, multiplicar suas transformadas e depois calcular a transformada inversa do produto das transformadas. Os detalhes dessa técnica foram discutidos na Seção 8.7. Em aparente contradição a isso, existe um conjunto de algoritmos (mencionados rapidamente na Seção 9.6) para cálculo da TFD (ou um conjunto mais geral de amostras da transformada de Fourier) que deve sua eficiência a uma reformulação da transformada de Fourier em termos de uma convolução e, com isso, implementa o cálculo da transformada de Fourier usando procedimentos eficientes para o cálculo da convolução associada. Isso sugere a possibilidade de implementação de uma convolução por multiplicação das TFDs, em que as TFDs são implementadas primeiro expressando-as como convoluções e, depois, aproveitando procedimentos eficientes para a implementação das convoluções associadas. Embora, a princípio, isso pareça ser uma contradição básica, veremos na Seção 9.6 que, em certos casos, essa é uma técnica inteiramente razoável.

Nas próximas seções, consideraremos uma série de algoritmos para calcular a transformada de Fourier discreta. Começamos na Seção 9.1 com discussões sobre os métodos de cálculo direto, isto é, métodos baseados no uso direto da relação de definição da TFD como uma fórmula de cálculo. Incluímos nessa discussão o algoritmo de Goertzel (Goertzel, 1958), que requer cálculo proporcional a N^2, mas com uma constante de proporcionalidade menor do que aquela do cálculo direto pela fórmula de definição. Uma das principais vantagens do método de cálculo direto e do algoritmo de Goertzel é que eles não estão restritos ao cálculo da TFD, mas podem ser usados para calcular qualquer conjunto desejado de amostras da TFTD de uma sequência de comprimento finito.

Nas seções 9.2 e 9.3, apresentaremos uma discussão detalhada dos algoritmos de FFT para os quais o cálculo é proporcional a $N \log_2 N$. Essa classe de algoritmos é consideravelmente mais eficiente em termos de operações aritméticas do que o algoritmo de Goertzel, mas é especialmente orientada para o cálculo de *todos* os valores de TFD. Não pretendemos cobrir toda essa classe de algoritmos, mas ilustramos os princípios gerais comuns a todos os algoritmos desse tipo, considerando com detalhes apenas alguns dos esquemas mais utilizados.

Na Seção 9.4, consideraremos algumas das questões práticas que surgem na implementação dos algoritmos de FFT com comprimento potência de dois, discutidos nas seções 9.2 e 9.3. A Seção 9.5 fornece uma breve sinopse dos algoritmos para N sendo um número composto, incluindo uma breve referência aos algoritmos de FFT que são otimizados para uma particular arquitetura computacional. Na Seção 9.6, discutiremos os algoritmos que se baseiam na formulação do cálculo da TFD em termos de uma convolução. Na Seção 9.7, consideraremos os efeitos do arredondamento aritmético nos algoritmos de FFT.

9.1 Cálculo direto da transformada de Fourier discreta

Como definido no Capítulo 8, a TFD de uma sequência de comprimento finito de comprimento N é

$$X[k] = \sum_{n=0}^{N-1} x[n] W_N^{kn}, \qquad k = 0, 1, \ldots, N-1, \quad (9.1)$$

em que $W_N = e^{-j(2\pi/N)}$. A transformada de Fourier discreta inversa é dada por

$$x[n] = \frac{1}{N} \sum_{k=0}^{N-1} X[k] W_N^{-kn}, \qquad n = 0, 1, \ldots, N-1. \quad (9.2)$$

Nas equações 9.1 e 9.2, tanto $x[n]$ quanto $X[k]$ podem ser complexos.[1] Como as expressões nos membros direitos dessas equações diferem apenas no sinal do expoente de W_N e no fator de escala $1/N$, uma discussão dos procedimentos de cálculo para a Equação 9.1 se aplica com modificações diretas à Equação 9.2. (Veja o Problema 9.1.)

A maioria das técnicas para melhorar a eficiência do cálculo da TFD explora as propriedades de simetria e periodicidade de W_N^{kn}; especificamente,

$$W_N^{k(N-n)} = W_N^{-kn} = (W_N^{kn})^* \quad \text{(simetria complexa conjugada)} \quad (9.3a)$$

$$W_N^{kn} = W_N^{k(n+N)} = W_N^{(k+N)n} \quad \text{(periodicidade em } n \text{ e } k\text{).} \quad (9.3b)$$

(Como $W_N^{kn} = \cos(2\pi kn/N) - j \operatorname{sen}(2\pi kn/N)$, essas propriedades são uma consequência direta da simetria e da periodicidade das funções seno e cosseno subjacentes.) Como os números complexos W_N^{kn} fazem o papel de coeficientes nas equações 9.1 e 9.2, a redundância consequente dessas condições pode ser usada proveitosamente na redução do montante de cálculos exigido na sua determinação.

9.1.1 Cálculo direto pela definição da TFD

Para criar um referencial, considere inicialmente o cálculo direto da definição da expressão da TFD na Equação 9.1. Como $x[n]$ pode ser complexa, N multiplicações complexas e $(N-1)$ adições complexas são requeridas para calcular cada valor da TFD se usarmos a Equação 9.1 diretamente como uma fórmula para cálculo. Para calcular todos os N valores, portanto, é preciso um total de N^2 multiplicações complexas e $N(N-1)$ adições complexas. Expressando a Equação 9.1 em termos de operações sobre números reais, obtemos

$$X[k] = \sum_{n=0}^{N-1} \Big[(\mathcal{R}e\{x[n]\}\mathcal{R}e\{W_N^{kn}\} - \mathcal{I}m\{x[n]\}\mathcal{I}m\{W_N^{kn}\}) \\ + j(\mathcal{R}e\{x[n]\}\mathcal{I}m\{W_N^{kn}\} + \mathcal{I}m\{x[n]\}\mathcal{R}e\{W_N^{kn}\}) \Big],$$

$$k = 0, 1, \ldots, N-1, \quad (9.4)$$

que mostra que cada multiplicação complexa $x[n] \cdot W_N^{kn}$ requer quatro multiplicações reais e duas adições reais, e cada adição complexa requer duas adições reais. Portanto, para cada valor de k, o cálculo direto de $X[k]$ re-

---

[1] Na discussão dos algoritmos para o cálculo da TFD de uma sequência com comprimento finito $x[n]$, vale a pena lembrar, do Capítulo 8, que os valores da TFD definidos pela Equação 9.1 podem ser considerados ou como amostras da TFTD $X(e^{j\omega})$ nas frequências $\omega_k = 2\pi k/N$ ou como coeficientes da série de Fourier de tempo discreto para a sequência periódica

$$\tilde{x}[n] = \sum_{r=-\infty}^{\infty} x[n+rN].$$

Será útil manter as duas interpretações em mente e ser capaz de mudar o foco, de uma para a outra, conforme seja conveniente.

quer $4N$ multiplicações reais e $(4N - 2)$ adições reais.[2] Como $X[k]$ precisa ser calculado para N diferentes valores de k, o cálculo direto da transformada de Fourier discreta de uma sequência $x[n]$ requer $4N^2$ multiplicações reais e $N(4N - 2)$ adições reais. Além das multiplicações e adições associadas à Equação 9.4, a computação digital da TFD em um computador digital de propósito geral ou com um *hardware* de propósito específico também requer provisão para armazenar e acessar os N valores da sequência de entrada complexa $x[n]$ e valores dos coeficientes complexos W_N^{kn}. Como a quantidade de cálculos (e, portanto, o tempo de computação) é aproximadamente proporcional a N^2, é evidente que o número de operações aritméticas requeridas para calcular a TFD pelo método direto se torna muito grande para valores grandes de N. Por esse motivo, estamos interessados em procedimentos de cálculo que reduzem o número de multiplicações e adições.

Como um exemplo de como as propriedades de W_N^{kn} podem ser exploradas, usando a propriedade da simetria na Equação 9.3(a), podemos agrupar parcelas no somatório da Equação 9.4 para n e $(N - n)$. Por exemplo, agrupar

$$\mathcal{R}e\{x[n]\}\,\mathcal{R}e\{W_N^{kn}\} + \mathcal{R}e\{x[N - n]\}\,\mathcal{R}e\{W_N^{k(N-n)}\}$$
$$= (\mathcal{R}e\{x[n]\} + \mathcal{R}e\{x[N - n]\})\,\mathcal{R}e\{W_N^{kn}\}$$

elimina uma multiplicação real, assim como o agrupamento

$$-\mathcal{I}m\{x[n]\}\,\mathcal{I}m\{W_N^{kn}\} - \mathcal{I}m\{x[N - n]\}\,\mathcal{I}m\{W_N^{k(N-n)}\}$$
$$= -(\mathcal{I}m\{x[n]\} - \mathcal{I}m\{x[N - n]\})\,\mathcal{I}m\{W_N^{kn}\}.$$

Agrupamentos similares podem ser usados para as outras parcelas na Equação 9.4. Desse modo, o número de multiplicações pode ser reduzido aproximadamente por um fator 2. Também podemos tirar proveito do fato de que, para certos valores do produto kn, as funções seno e cosseno implícitas assumem o valor 1 ou 0, eliminando assim a necessidade de multiplicações. Porém, as reduções desse tipo ainda nos deixam com uma quantidade de cálculo que é proporcional a N^2. Felizmente, a segunda propriedade [Equação 9.3(b)], a periodicidade da sequência complexa W_N^{kn}, pode ser explorada com recursão para alcançar reduções de cálculo significativamente maiores.

9.1.2 Algoritmo de Goertzel

O algoritmo de Goertzel (Goertzel, 1958) é um exemplo de como a periodicidade da sequência W_N^{kn} pode ser usada para a redução de cálculo. Para deduzir o algoritmo, começamos notando que

$$W_N^{-kN} = e^{j(2\pi/N)Nk} = e^{j2\pi k} = 1, \qquad (9.5)$$

pois k é um inteiro. Esse é um resultado da periodicidade com período N de W_N^{-kn} em n ou k. Devido à Equação 9.5, podemos multiplicar o membro direito da Equação 9.1 por W_N^{-kN} sem afetar a equação. Assim,

$$X[k] = W_N^{-kN} \sum_{r=0}^{N-1} x[r] W_N^{kr} = \sum_{r=0}^{N-1} x[r] W_N^{-k(N-r)}. \qquad (9.6)$$

Para sugerir o resultado final, definimos a sequência

$$y_k[n] = \sum_{r=-\infty}^{\infty} x[r] W_N^{-k(n-r)} u[n - r]. \qquad (9.7)$$

Pelas equações 9.6 e 9.7 e pelo fato de que $x[n] = 0$ para $n < 0$ e $n \geq N$, segue que

$$X[k] = y_k[n]\Big|_{n=N}. \qquad (9.8)$$

A Equação 9.7 pode ser interpretada como uma convolução discreta da sequência de duração finita $x[n]$, $0 \leq n \leq N - 1$, com a sequência $W_N^{-kn} u[n]$. Consequentemente, $y_k[n]$ pode ser vista como a resposta de um sistema com resposta ao impulso $W_N^{-kn} u[n]$ a uma entrada de comprimento finito $x[n]$. Em particular, $X[k]$ é o valor da saída quando $n = N$.

O diagrama de fluxo de sinais de um sistema com resposta ao impulso $W_N^{-kn} u[n]$ é mostrado na Figura 9.1, que representa a equação de diferenças

$$y_k[n] = W_N^{-k} y_k[n - 1] + x[n], \qquad (9.9)$$

em que são assumidas condições de repouso inicial. Como a entrada geral $x[n]$ e o coeficiente W_N^{-k} são ambos complexos, o cálculo de cada novo valor de $y_k[n]$ usando o sistema da Figura 9.1 requer 4 multiplicações reais e 4 adições reais. Todos os valores intermediários $y_k[1], y_k[2], ..., y_k[N - 1]$ precisam ser computados para calcularmos $y_k[N] = X[k]$, de modo que o uso do sistema da Figura 9.1 como um algoritmo computacional

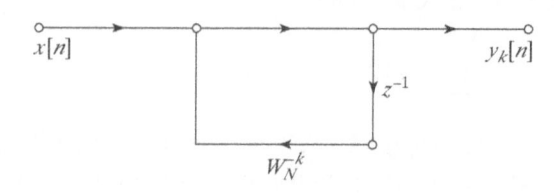

Figura 9.1 Diagrama de fluxo do cálculo recursivo complexo de primeira ordem de $X[k]$.

---

[2] Ao longo da discussão, a fórmula para o número de operações aritméticas pode ser apenas aproximada. A multiplicação por W_N^0, por exemplo, não requer uma multiplicação. Apesar disso, quando N é grande, a estimativa do custo computacional obtida pela inclusão dessas multiplicações é suficientemente precisa para permitir comparações entre diferentes classes de algoritmos.

requer $4N$ multiplicações reais e $4N$ adições reais para o cálculo de $X[k]$ para um valor particular de k. Assim, esse procedimento é ligeiramente menos eficiente do que o método direto. Porém, ele evita o cálculo ou o armazenamento dos coeficientes W_N^{kn}, pois essas quantidades são implicitamente calculadas pela recursão sugerida pela Figura 9.1.

É possível reter essa simplificação ao mesmo tempo em que se reduz o número de multiplicações por um fator 2. Para ver como isso pode ser feito, note que a função de sistema para o sistema da Figura 9.1 é

$$H_k(z) = \frac{1}{1 - W_N^{-k}z^{-1}}. \quad (9.10)$$

Multiplicando tanto o numerador quanto o denominador de $H_k(z)$ pelo fator $(1-W_N^k z^{-1})$, obtemos

$$\begin{aligned}H_k(z) &= \frac{1 - W_N^k z^{-1}}{(1 - W_N^{-k}z^{-1})(1 - W_N^k z^{-1})} \\ &= \frac{1 - W_N^k z^{-1}}{1 - 2\cos(2\pi k/N)z^{-1} + z^{-2}}.\end{aligned} \quad (9.11)$$

O diagrama de fluxo de sinais da Figura 9.2 corresponde à implementação na forma direta II da função de sistema da Equação 9.11, para a qual a equação de diferenças para os polos é

$$v_k[n] = 2\cos(2\pi k/N)\, v_k[n-1] - v_k[n-2] + x[n]. \quad (9.12a)$$

Após N iterações da Equação 9.12(a) começando com condições de repouso inicial $w_k[-2] = w_k[-1] = 0$, o valor desejado da TFD pode ser obtido implementando o zero como em

$$X[k] = y_k[n]\big|_{n=N} = v_k[N] - W_N^k v_k[N-1]. \quad (9.12b)$$

Se a saída for complexa, apenas duas multiplicações reais por amostra são necessárias para a implementação dos polos desse sistema, pois os coeficientes são reais e o fator -1 não precisa ser contado como uma multiplicação. Como no caso do sistema de primeira ordem, para uma entrada complexa, quatro adições reais por amostra são necessárias para implementar os polos (se a entrada for complexa). Como precisamos apenas levar o sistema a um estado do qual $y_k[N]$ possa ser calculado, a multiplicação complexa por $-W_N^k$ requerida para implementar o zero da função de sistema não precisa ser realizada em cada iteração da equação de diferenças, mas somente após a N-ésima iteração. Assim, o total de operações é de $2N$ multiplicações reais e $4N$ adições reais para os polos,[3] mais 4 multiplicações reais e 4 adições reais para o zero. O total de operações é, portanto, $2(N + 2)$ multiplicações reais e $4(N + 1)$ adições reais, cerca da metade do número de multiplicações reais requeridas pelo método direto. Nesse esquema mais eficiente, ainda temos a vantagem de que $\cos(2\pi k/N)$ e W_N^k são os únicos coeficientes que precisam ser calculados e armazenados. Os coeficientes W_N^{kn} são novamente calculados implicitamente na iteração da fórmula de recursão implicada pela Figura 9.2.

Como uma vantagem adicional do uso dessa rede, consideremos o cálculo da TFD de $x[n]$ em duas frequências simétricas $2\pi k/N$ e $2\pi(N - k)/N$, isto é, o cálculo de $X[k]$ e $X[N - k]$. É fácil verificar que a rede na forma da Figura 9.2 requerida para o cálculo de $X[N - k]$ tem exatamente os mesmos polos que vemos na Figura 9.2, mas o coeficiente para o zero é o conjugado complexo do da Figura 9.2. (Veja o Problema 9.21.) Como o zero é implementado apenas na iteração final, as $2N$ multiplicações e as $4N$ adições requeridas para os polos podem ser usadas no cálculo de dois valores da TFD. Assim, para o cálculo de todos os N valores da transformada de Fourier discreta usando o algoritmo de Goertzel, o número de multiplicações reais requeridas é aproximadamente N^2, e o número de adições reais é aproximadamente $2N^2$. Embora seja mais eficiente do que o cálculo direto da transformada de Fourier discreta, a quantidade de cálculo ainda é proporcional a N^2.

Nem no método direto nem no algoritmo de Goertzel precisamos calcular $X[k]$ em todos os N valores de k. De fato, podemos calcular $X[k]$ para quaisquer M valores de k, sendo cada valor de TFD calculado por um sistema recursivo na forma da Figura 9.2 com os coeficientes apropriados. Nesse caso, o cálculo total é proporcional a NM. O método de Goertzel e o método direto são atraentes quando M é pequeno; porém, como indicado anteriormente, existem algoritmos para os quais o cálculo é proporcional a $N \log_2 N$ quando N é uma potência de 2. Portanto, quando M é menor do que $\log_2 N$, o algoritmo de Goertzel ou o cálculo direto da TFD pode ser, de fato, o método mais eficiente,

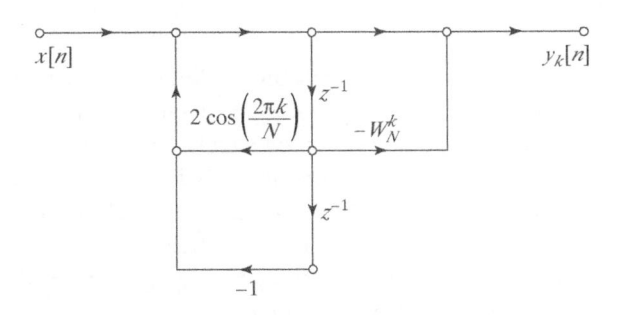

Figura 9.2 Diagrama de fluxo do cálculo recursivo de segunda ordem de $X[k]$ (algoritmo de Goertzel).

---

[3] Assumindo-se que $x[n]$ seja complexa. Se $x[n]$ for real, a contagem de operações será N multiplicações reais e $2N$ adições reais para a implementação dos polos.

mas quando todos os N valores de $X[k]$ são requeridos, os algoritmos de dizimação no tempo, a serem considerados mais adiante, são aproximadamente $(N/\log_2 N)$ vezes mais eficientes do que o método direto ou o algoritmo de Goertzel.

Da forma como foi deduzido, o algoritmo de Goertzel calcula o valor da TFD $X[k]$, que é idêntico ao da TFTD $X(e^{j\omega})$ calculada na frequência $\omega = 2\pi k/N$. Com apenas uma pequena modificação da dedução citada, podemos mostrar que $X(e^{j\omega})$ pode ser calculada em qualquer frequência ω_a pela iteração da equação de diferenças

$$v_a[n] = 2\cos(\omega_0)v_a[n-1] - v_a[n-2] + x[n], \quad (9.13a)$$

N vezes com o valor desejado da TFTD obtido por

$$X(e^{j\omega_a}) = e^{-j\omega_a N}(v_a[N] - e^{-j\omega_a}v_a[N-1]). \quad (9.13b)$$

Note que, no caso $\omega_a = 2\pi k/N$, as equações 9.13(a) e (b) se reduzem às equações 9.12(a) e (b). Como a Equação 9.13(b) precisa ser calculada somente uma vez, é apenas um pouco menos eficiente calcular o valor de $X(e^{j\omega})$ em uma frequência escolhida arbitrária do que em uma frequência da TFD.

Ainda outra vantagem do algoritmo de Goertzel em algumas aplicações em tempo real é que o cálculo pode ser iniciado assim que a primeira amostra da entrada está disponível. O cálculo, então, envolve iterar a equação de diferenças, Equação 9.12(a) ou Equação 9.13(a), assim que cada nova amostra de entrada se torna disponível. Após N iterações, o valor desejado de $X(e^{j\omega})$ pode ser calculado com a Equação 9.12(b) ou a Equação 9.13(b), como apropriado.

9.1.3 Explorando tanto a simetria quanto a periodicidade

Algoritmos computacionais que exploram tanto a simetria quanto a periodicidade da sequência W_N^{kn} já eram conhecidos bem antes da era da computação digital de alta velocidade. Na época, qualquer esquema que reduzisse o cálculo manual até mesmo por um fator de 2 era bem recebido. Heideman, Johnson e Burrus (1984) traçaram as origens dos princípios básicos da FFT até Gauss, em 1805. Runge (1905) e, mais tarde, Danielson e Lanczos (1942) descreveram algoritmos para os quais o cálculo era aproximadamente proporcional a $N\log_2 N$ em vez de a N^2. Porém, a distinção não era de grande importância para os pequenos valores de N que eram viáveis para o cálculo manual. A possibilidade de uma grande redução nos cálculos foi negligenciada em geral até cerca de 1965, quando Cooley e Tukey (1965) publicaram um algoritmo para o cálculo da transformada de Fourier discreta aplicável quando N é um número composto, isto é, o produto de dois ou mais inteiros. A publicação desse artigo desencadeou uma grande atividade na aplicação da transformada de Fourier discreta ao processamento de sinais e resultou na descoberta de diversos algoritmos de cálculo altamente eficientes. Coletivamente, todo o conjunto desses algoritmos passou a ser conhecido como *transformada de Fourier rápida*, ou FFT (do inglês *fast Fourier transform*).[4]

Em contraste com métodos diretos discutidos anteriormente, os algoritmos de FFT são baseados no princípio fundamental da decomposição do cálculo da transformada de Fourier discreta de uma sequência de comprimento N em transformadas de Fourier discretas de comprimento menor, que são combinadas para formar a transformada de N pontos. Essas transformadas de comprimento menor podem ser calculadas por métodos diretos, ou então podem ser decompostas novamente em transformadas ainda menores. A forma como esse princípio é implementado leva a uma variedade de algoritmos diferentes, todos com melhorias comparáveis em termos de velocidade de cálculo. Neste capítulo, tratamos de duas classes básicas de algoritmos de FFT. A primeira classe, chamada de dizimação no tempo, deve seu nome ao fato de que, no processo de arranjar o cálculo em transformadas menores, a sequência $x[n]$ (que geralmente é considerada uma sequência no tempo) é decomposta em subsequências sucessivamente menores. Na segunda classe geral de algoritmos, a sequência de coeficientes da transformada de Fourier discreta $X[k]$ é decomposta em subsequências menores — daí o nome, dizimação na frequência.

Discutimos os algoritmos de dizimação no tempo na Seção 9.2. Os algoritmos de dizimação na frequência são discutidos na Seção 9.3. As duas seções são essencialmente independentes e, portanto, podem ser lidas em qualquer ordem.

9.2 Algoritmos de FFT com dizimação no tempo

A decomposição e o cálculo da TFD em TFDs sucessivamente menores, explorando-se tanto a simetria quanto a periodicidade da exponencial complexa $W_N^{kn} = e^{-j(2\pi/N)kn}$, resulta em um aumento drástico na eficiência do cálculo da TFD. Os algoritmos em que a decomposição é baseada em decompor a sequência $x[n]$ em subsequências sucessivamente menores são chamados de *algoritmos de dizimação no tempo*.

O princípio da dizimação no tempo é ilustrado de modo conveniente considerando-se o caso especial de N

---

[4] Veja, em Cooley, Lewis e Welch (1967), e em Heideman, Johnson e Burrus (1984), resumos históricos dos desenvolvimentos algorítmicos relacionados à FFT.

sendo uma potência inteira de 2, isto é, $N = 2^v$. Como N é divisível por dois, podemos considerar a realização do cálculo de $X[k]$ separando $x[n]$ em duas sequências de $(N/2)$ pontos[5] que consistam em pontos de índice par $g[n] = x[2n]$ e pontos de índice ímpar $h[n] = x[2n + 1]$. Na Figura 9.3 são mostrados essa decomposição e também o fato (de certa forma óbvio, porém crucial) de que a sequência original pode ser recuperada simplesmente pelo entrelaçamento das duas sequências.

Para entender o significado da Figura 9.3 como um princípio de organização para o cálculo da TFD, é útil considerarmos os equivalentes no domínio da frequência às operações representadas no diagrama de blocos. Primeiro, note que a operação no domínio do tempo rotulada como "Desloca 1 à esquerda" corresponde no domínio da frequência a multiplicar $X(e^{j\omega})$ por $e^{j\omega}$. Como discutido na Seção 4.6.1, correspondente à compressão das sequências de tempo por 2, as TFTDs $G(e^{j\omega})$ e $H(e^{j\omega})$ (e, portanto, $G[k]$ e $H[k]$) são obtidas pelo *aliasing* no domínio da frequência que ocorre após a expansão da escala de frequência pela substituição $\omega \to \omega/2$ em $X(e^{j\omega})$ e $e^{j\omega}X(e^{j\omega})$. Ou seja, as TFTDs das sequências comprimidas $g[n] = x[2n]$ e $h[n] = x[2n + 1]$ são, respectivamente,

$$G(e^{j\omega}) = \frac{1}{2}\left(X(e^{j\omega/2}) + X(e^{j(\omega-2\pi)/2})\right) \quad (9.14a)$$

$$H(e^{j\omega}) = \frac{1}{2}\left(X(e^{j\omega/2})e^{j\omega/2} + X(e^{j(\omega-2\pi)/2})e^{j(\omega-2\pi)/2}\right). \quad (9.14b)$$

A expansão da sequência por 2, mostrada na metade direita do diagrama de blocos na Figura 9.3, resulta nas TFTDs comprimidas em frequência $G_e(e^{j\omega}) = G(e^{j2\omega})$ e $H_e(e^{j\omega}) = H(e^{j2\omega})$, que, de acordo com a Figura 9.3, combinam-se para formar $X(e^{j\omega})$ por meio de

$$X(e^{j\omega}) = G_e(e^{j\omega}) + e^{-j\omega}H_e(e^{j\omega})$$
$$= G(e^{j2\omega}) + e^{-j\omega}H(e^{j2\omega}). \quad (9.15)$$

Substituindo-se as equações 9.14(a) e (b) na Equação 9.15 verifica-se que a TFTD $X(e^{j\omega})$ da sequência de N pontos $x[n]$ pode ser representada como na Equação 9.15 em termos das TFTDs das sequências de $N/2$ pontos $g[n] = x[2n]$ e $h[n] = x[2n + 1]$. Portanto, a TFD $X[k]$ pode ser representada similarmente em termos das TFDs de $g[n]$ e $h[n]$.

Especificamente, $X[k]$ corresponde a calcular $X(e^{j\omega})$ nas frequências $\omega_k = 2\pi k/N$ com $k = 0, 1, ..., N - 1$. Portanto, usando a Equação 9.15 obtemos

$$X[k] = X(e^{j2\pi k/N}) = G(e^{j(2\pi k/N)2}) + e^{-j2\pi k/N}H(e^{j(2\pi k/N)2}). \quad (9.16)$$

Pela definição de $g[n]$ e $G(e^{j\omega})$, segue que

$$G(e^{j(2\pi k/N)2}) = \sum_{n=0}^{N/2-1} x[2n]e^{-j(2\pi k/N)2n}$$
$$= \sum_{n=0}^{N/2-1} x[2n]e^{-j(2\pi k/(N/2))n}$$
$$= \sum_{n=0}^{N/2-1} x[2n]W_{N/2}^{kn}, \quad (9.17a)$$

e, por uma manipulação similar, pode-se mostrar que

$$H(e^{j(2\pi k/N)2}) = \sum_{n=0}^{N/2-1} x[2n+1]W_{N/2}^{kn}. \quad (9.17b)$$

Assim, pelas equações 9.17(a) e (b) e pela Equação 9.16, segue que

$$X[k] = \sum_{n=0}^{N/2-1} x[2n]W_{N/2}^{kn} + W_N^k \sum_{n=0}^{N/2-1} x[2n+1]W_{N/2}^{kn}$$
$$k = 0, 1, \ldots, N - 1, \quad (9.18)$$

em que a TFD de N pontos $X[k]$ é, por definição,

$$X[k] = \sum_{n=0}^{N-1} x[n]W_N^{nk}, \quad k = 0, 1, \ldots, N - 1. \quad (9.19)$$

Do mesmo modo, por definição, as TFDs de $(N/2)$ pontos de $g[n]$ e $h[n]$ são

$$G[k] = \sum_{n=0}^{N/2-1} x[2n]W_{N/2}^{nk}, \quad k = 0, 1, \ldots, N/2-1 \quad (9.20a)$$

$$H[k] = \sum_{n=0}^{N/2-1} x[2n+1]W_{N/2}^{nk}, \quad k = 0, 1, \ldots, N/2-1. \quad (9.20b)$$

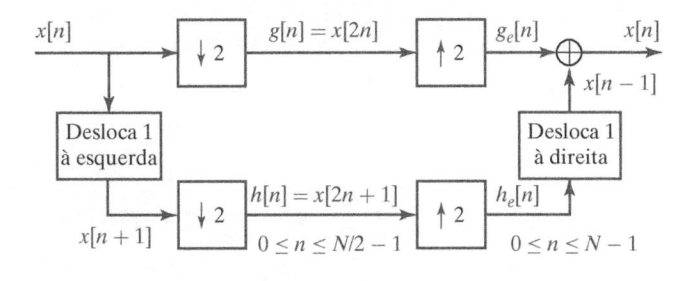

Figura 9.3 Exemplo do princípio básico da dizimação no tempo.

---

[5] Ao discutir os algoritmos de FFT, é comum usar as palavras *amostra* e *ponto* indistintamente com o significado de *valor de sequência*, isto é, um único número. Além disso, referimo-nos a uma sequência de comprimento N como uma sequência de N pontos, e a TFD de uma sequência de comprimento N será chamada de TFD de N pontos.

A Equação 9.18 mostra que a TFD de N pontos $X[k]$ pode ser computada pelo cálculo das TFDs de $(N/2)$ pontos $G[k]$ e $H[k]$ em $k = 0, 1, ..., N-1$ em vez de $k = 0, 1, ..., N/2 - 1$ como normalmente fazemos no caso das TFDs de $(N/2)$ pontos. Isso pode ser facilmente obtido mesmo quando $G[k]$ e $H[k]$ são calculados apenas para $k = 0, 1, ..., N/2 - 1$, pois as transformadas de $(N/2)$ pontos são implicitamente periódicas com período $N/2$. Com essa observação, a Equação 9.18 pode ser reescrita como

$$X[k] = G[((k))_{N/2}] + W_N^k H[((k))_{N/2}] \quad k = 0, 1, ..., N-1. \tag{9.21}$$

A notação $((k))_{N/2}$ torna convenientemente explícito que, embora $G[k]$ e $H[k]$ sejam apenas calculadas para $k = 0, 1, ..., N/2 - 1$, elas são estendidas periodicamente (sem cálculo adicional) pela interpretação de k mod $N/2$.

Depois que as duas TFDs são calculadas, elas são combinadas de acordo com a Equação 9.21 para produzir a TFD de N pontos $X[k]$. A Figura 9.4 representa esse cálculo para $N = 8$. Nessa figura, usamos as convenções do diagrama de fluxo de sinais que introduzimos no Capítulo 6 para representar equações de diferenças. Isto é, os ramos que entram em um nó são somados para produzir a variável de nó. Quando nenhum coeficiente é indicado, assumimos que o ganho do ramo é unitário. Para outros ramos, o ganho de um ramo é uma potência inteira do número complexo W_N.

Na Figura 9.4, duas TFDs de 4 pontos são calculadas, com $G[k]$ designando a TFD de 4 pontos dos pontos de índice par e $H[k]$ designando a TFD de 4 pontos dos pontos de índice ímpar. De acordo com a Equação 9.21, $X[0]$ é obtida pela multiplicação de $H[0]$ por W_N^0 e pela adição do produto a $G[0]$. O valor da TFD $X[1]$ é obtido pela multiplicação de $H[1]$ por W_N^1 e pela adição desse resultado a $G[1]$. A Equação 9.21 enuncia que, devido à periodicidade implícita de $G[k]$ e $H[k]$, para calcular $X[4]$, devemos multiplicar $H[((4))_4]$ por W_N^4 e somar o resultado a $G[((4))_4]$. Assim, $X[4]$ é obtida pela multiplicação de $H[0]$ por W_N^4 e pela adição do resultado a $G[0]$. Como mostrado na Figura 9.4, os valores $X[5]$, $X[6]$ e $X[7]$ são obtidos de modo similar.

Com o cálculo reestruturado de acordo com a Equação 9.21, podemos comparar o número de multiplicações e adições requeridas com o requerido para um cálculo direto da TFD. Anteriormente vimos que, para o cálculo direto sem explorar a simetria, N^2 multiplicações e adições complexas eram exigidas.[6] Em comparação, a Equação 9.21 requer o cálculo de duas TFDs de $(N/2)$ pontos, que por sua vez requer $2(N/2)^2$ multiplicações complexas e aproximadamente $2(N/2)^2$ adições complexas se calcularmos as TFDs de $(N/2)$ pontos pelo método direto. Depois, as duas TFDs de $(N/2)$ pontos precisam ser combinadas, o que exige N multiplicações complexas, que correspondem a multiplicar a segunda soma por W_N^k, e N adições complexas que correspondem a somar o produto obtido à primeira soma. Consequentemente, o cálculo da Equação 9.21 para todos os valores de k exige no máximo $N + 2(N/2)^2$ ou $N + N^2/2$ multiplicações e adições complexas. É fácil verificar que, para $N > 2$, o total $N + N^2/2$ será menor do que N^2.

A Equação 9.21 corresponde a dividir o cálculo original de N pontos em dois cálculos de TFD de $(N/2)$ pontos. Se $N/2$ for par, como acontece quando N é igual a uma potência de 2, então poderemos considerar o cálculo de cada uma das TFDs de $(N/2)$ pontos na Equação 9.21 quebrando cada uma das somas nessa equação em duas TFDs de $(N/4)$ pontos, que então seriam combinadas para produzir as TFDs de $(N/2)$ pontos. Assim, $G[k]$ na Equação 9.21 pode ser representada como

$$\begin{aligned}G[k] &= \sum_{r=0}^{(N/2)-1} g[r] W_{N/2}^{rk} \\ &= \sum_{\ell=0}^{(N/4)-1} g[2\ell] W_{N/2}^{2\ell k} + \sum_{\ell=0}^{(N/4)-1} g[2\ell+1] W_{N/2}^{(2\ell+1)k},\end{aligned} \tag{9.22}$$

ou

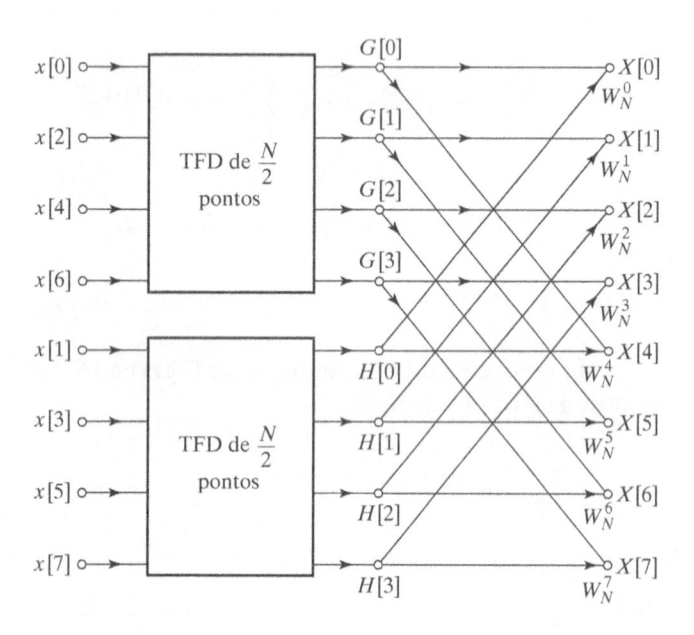

Figura 9.4 Diagrama de fluxo da decomposição, por dizimação no tempo, de um cálculo de TFD de N pontos em dois cálculos de TFD de $(N/2)$ pontos ($N = 8$).

---

[6] Por simplicidade, supomos que N seja grande, de modo que $(N - 1)$ pode ser aproximado com precisão por N.

$$G[k] = \sum_{\ell=0}^{(N/4)-1} g[2\ell]W_{N/4}^{\ell k} + W_{N/2}^{k} \sum_{\ell=0}^{(N/4)-1} g[2\ell+1]W_{N/4}^{\ell k}.$$
(9.23)

De modo similar, $H[k]$ pode ser representada como

$$H[k] = \sum_{\ell=0}^{(N/4)-1} h[2\ell]W_{N/4}^{\ell k} + W_{N/2}^{k} \sum_{\ell=0}^{(N/4)-1} h[2\ell+1]W_{N/4}^{\ell k}.$$
(9.24)

Consequentemente, a TFD de ($N/2$) pontos $G[k]$ pode ser obtida pela combinação das TFDs de ($N/4$) pontos das sequências $g[2\ell]$ e $g[2\ell+1]$. Similarmente, a TFD de ($N/2$) pontos $H[k]$ pode ser obtida pela combinação das TFDs de ($N/4$) pontos das sequências $h[2\ell]$ e $h[2\ell+1]$. Assim, se as TFDs de 4 pontos na Figura 9.4 forem calculadas de acordo com as equações 9.23 e 9.24, então esse cálculo seria executado como indicado na Figura 9.5. Inserindo o cálculo da Figura 9.5 no diagrama de fluxo da Figura 9.4, obtemos o diagrama de fluxo completo da Figura 9.6, em que expressamos os coeficientes em termos das potências de W_N em vez das potências de $W_{N/2}$, aproveitando o fato de que $W_{N/2} = W_N^2$.

Para a TFD de 8 pontos que usamos como exemplo, o cálculo foi reduzido ao cálculo de TFDs de 2 pontos. Por exemplo, a TFD de 2 pontos da sequência que consiste em $x[0]$ e $x[4]$ é representada na Figura 9.7. Com o cálculo da Figura 9.7 inserido no diagrama de fluxo da Figura 9.6, obtemos o diagrama de fluxo completo para o cálculo da TFD de 8 pontos, como mostrado na Figura 9.9.

Para o caso mais geral, mas ainda sendo N uma potência de 2, procederíamos decompondo as transformadas de ($N/4$) pontos nas equações 9.23 e 9.24 em

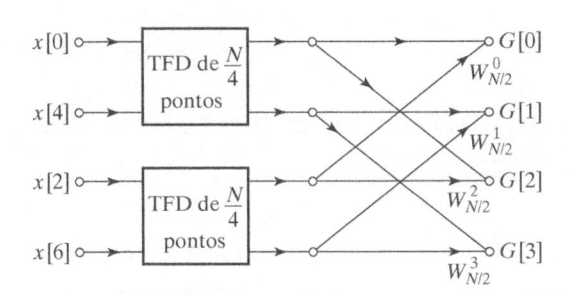

Figura 9.5 Diagrama de fluxo da decomposição por dizimação no tempo de um cálculo de TFD de ($N/2$) pontos em dois cálculos de TFD de ($N/4$) pontos ($N = 8$).

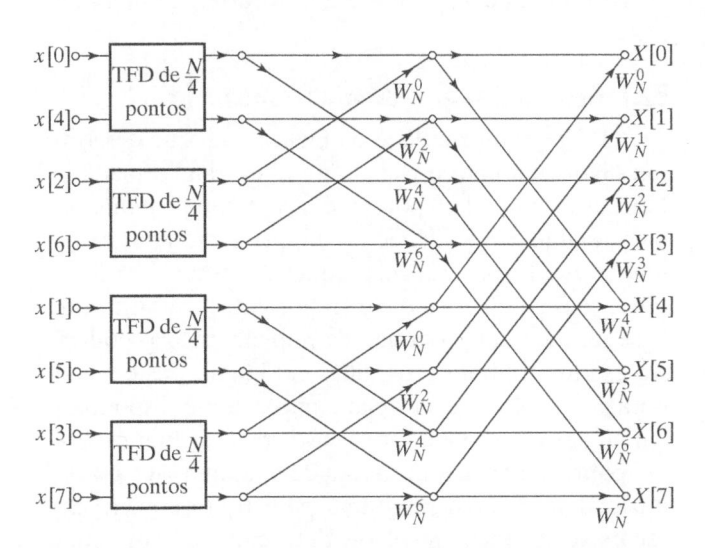

Figura 9.6 Resultado da substituição da estrutura da Figura 9.5 na Figura 9.4.

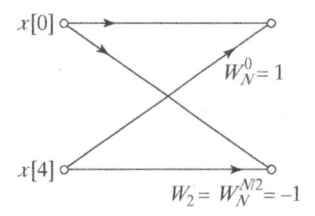

Figura 9.7 Diagrama de fluxo de uma TFD de 2 pontos.

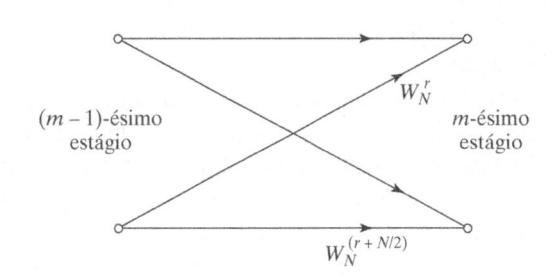

Figura 9.8 Diagrama de fluxo da operação borboleta básica da Figura 9.9.

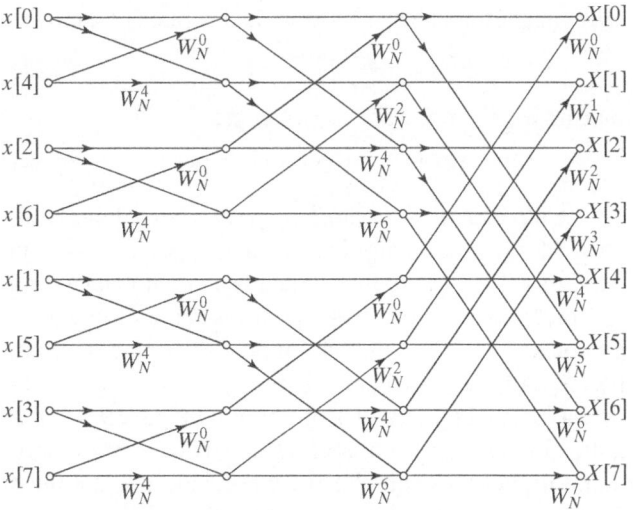

Figura 9.9 Diagrama de fluxo da decomposição completa por dizimação no tempo de um cálculo de TFD com 8 pontos.

transformadas de (N/8) pontos e continuaríamos até ficarmos apenas com transformadas de 2 pontos. Isso requer $v = \log_2 N$ estágios de cálculo. Anteriormente, encontramos que na decomposição original de uma transformada de N pontos em duas transformadas de (N/2) pontos, o número de multiplicações e adições complexas exigido era $N + 2(N/2)^2$. Quando as transformadas de (N/2) pontos são decompostas em transformadas de (N/4) pontos, o fator de $(N/2)^2$ é substituído por $N/2 + 2(N/4)^2$, de modo que o cálculo total requer então $N + N + 4(N/4)^2$ multiplicações e adições complexas. Se $N = 2^v$, isso pode ser feito no máximo $v = \log_2 N$ vezes, de modo que, depois de executar essa decomposição tantas vezes quanto possível, o número de multiplicações e adições complexas é igual a $Nv = N \log_2 N$.

No diagrama de fluxo da Figura 9.9 são mostradas as operações explicitamente. Contando os ramos com ganhos na forma W_N^r, notamos que cada estágio tem N multiplicações complexas e N adições complexas. Como existem $\log_2 N$ estágios, temos um total de $N \log_2 N$ multiplicações e adições complexas. Isso pode ser uma economia substancial nos cálculos. Por exemplo, se $N = 2^{10} = 1024$, então $N^2 = 2^{20} = 1.048.576$, e $N \log_2 N = 10.240$, uma redução de mais de duas ordens de grandeza!

O cálculo no diagrama de fluxo da Figura 9.9 pode ser reduzido ainda mais se explorarmos a simetria e a periodicidade dos coeficientes W_N^r. Primeiro, notamos que, ao prosseguir de um estágio para o seguinte na Figura 9.9, o cálculo básico está na forma da Figura 9.8, isto é, envolve a obtenção de um par de valores em um estágio a partir de um par de valores no estágio anterior, em que os coeficientes sempre são potências de W_N e os expoentes são separados por $N/2$. Devido à forma do diagrama de fluxo, essa operação elementar é chamada de *borboleta* (*butterfly*, em inglês, em alusão à forma do diagrama). Como

$$W_N^{N/2} = e^{-j(2\pi/N)N/2} = e^{-j\pi} = -1, \quad (9.25)$$

o fator $W_N^{r+N/2}$ pode ser escrito como

$$W_N^{r+N/2} = W_N^{N/2} W_N^r = -W_N^r. \quad (9.26)$$

Com essa observação, a operação borboleta da Figura 9.8 pode ser simplificada para a forma mostrada na Figura 9.10, que requer uma adição complexa e uma subtração complexa, mas apenas uma multiplicação complexa em vez de duas. Usando o diagrama de fluxo básico da Figura 9.10 em substituição para as borboletas na forma da Figura 9.8, obtemos da Figura 9.9 o diagrama de fluxo da Figura 9.11. Em particular, o número de multiplicações complexas foi reduzido por um fator 2 em relação ao número na Figura 9.9.

Na Figura 9.11 mostram-se $\log_2 N$ estágios de cálculo que envolvem, cada um, um conjunto de $N/2$ cál-

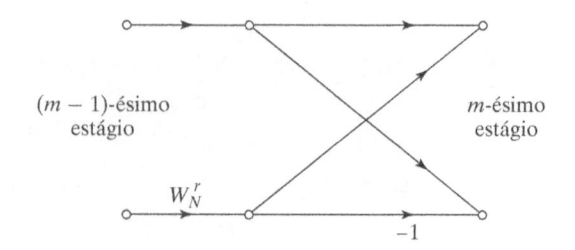

Figura 9.10 Diagrama de fluxo da operação borboleta simplificada que requer apenas uma multiplicação complexa.

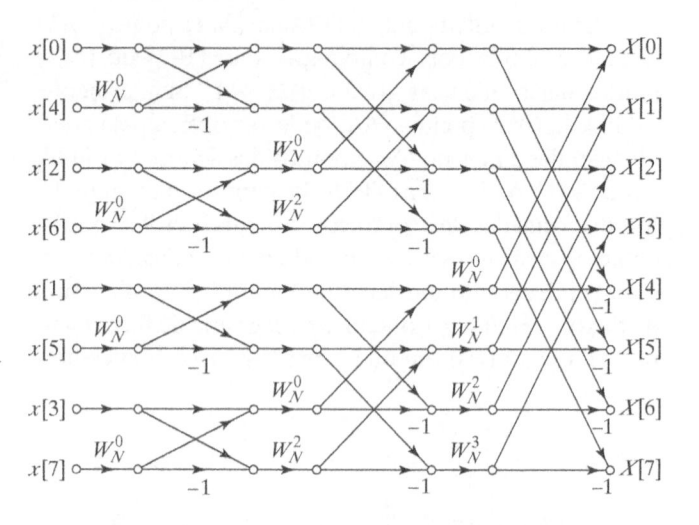

Figura 9.11 Diagrama de fluxo da TFD de 8 pontos usando a operação borboleta da Figura 9.10.

culos de TFD de 2 pontos (borboletas). Entre os conjuntos de transformadas de 2 pontos estão multiplicadores complexos na forma W_N^r. Esses multiplicadores complexos foram chamados de "fatores de rotação", pois servem como ajustes no processo de conversão das transformadas de 2 pontos em transformadas mais longas.

9.2.1 Generalização e programação da FFT

O diagrama de fluxo da Figura 9.11, que descreve um algoritmo para o cálculo de uma transformada de Fourier discreta de 8 pontos, é facilmente generalizado para qualquer $N = 2^v$, de modo que serve tanto como uma prova de que o cálculo requer da ordem de $N \log N$ operações quanto como uma representação gráfica com base na qual um programa de implementação poderia ser escrito. Embora programas em linguagens de computação de alto nível estejam amplamente disponíveis, em alguns casos pode ser preciso construir um programa para uma nova arquitetura de máquina ou para otimizar determinado programa para tirar proveito dos recursos de baixo nível de determinada arquitetura de máquina. Uma análise refinada do diagrama revela muitos detalhes que são importantes para a programação ou para o projeto de *hardware* especial para o cálculo da TFD. Chamamos a atenção para alguns desses detalhes nas seções 9.2.2 e 9.2.3, para os algoritmos de dizimação no tempo, e nas seções 9.3.1 e 9.3.2, para os algoritmos de dizimação na frequência. Na Seção 9.4, discutimos algumas considerações práticas adicionais. Embora essas seções não sejam essenciais para a obtenção de um conhecimento básico dos princípios da FFT, elas fornecem uma orientação útil para a programação e para o projeto de sistemas.

9.2.2 Cálculos realizados localmente

As características essenciais do diagrama de fluxo da Figura 9.11 são os ramos que conectam os nós e o ganho de cada um desses ramos. Não importa como os nós são reorganizados no diagrama de fluxo, ele sempre representará o mesmo cálculo, desde que as conexões entre os nós e os ganhos das conexões sejam mantidos. A forma em particular para o diagrama de fluxo na Figura 9.11 surgiu da dedução do algoritmo por meio da separação da sequência original em pontos de índice par e ímpar e depois pela criação continuada de subsequências cada vez menores da mesma forma. Um subproduto interessante dessa dedução é que esse diagrama de fluxo, além de descrever um procedimento eficiente para o cálculo da transformada de Fourier discreta, também sugere um modo útil de armazenar os dados originais e os resultados do cálculo em matrizes intermediárias.

Para entender isso, é útil notar que, de acordo com a Figura 9.11, cada estágio do cálculo toma um conjunto de N números complexos e os transforma em outro conjunto de N números complexos por meio de operações básicas borboleta na forma da Figura 9.10. Esse processo é repetido por $v = \log_2 N$ vezes, resultando no cálculo da transformada de Fourier discreta desejada. Ao implementar os cálculos representados na Figura 9.11, podemos imaginar o uso de dois vetores (complexos) de registradores de armazenamento, um para o vetor que está sendo calculado e um para os dados que estão sendo usados no cálculo. Por exemplo, no cálculo do primeiro vetor na Figura 9.11, um conjunto de registradores de armazenamento conteria os dados de entrada e o segundo teria os resultados calculados para o primeiro estágio. Embora a validade da Figura 9.11 não esteja ligada à ordem em que os dados de entrada são armazenados, podemos ordenar o conjunto de números complexos na mesma ordem em que é mostrado na figura (de cima para baixo). Denotamos a sequência de números complexos resultantes do m-ésimo estágio do cálculo como $X_m[\ell]$, em que $\ell = 0, 1, \ldots, N-1$, e $m = 1, 2, \ldots, v$. Além disso, por conveniência, definimos o conjunto de amostras de entrada como $X_0[\ell]$. Podemos pensar em $X_{m-1}[\ell]$ como o vetor de entrada e $X_m[\ell]$ como o vetor de saída do m-ésimo estágio de cálculos. Assim, para o caso $N = 8$, como na Figura 9.11,

$$\begin{aligned} X_0[0] &= x[0], \\ X_0[1] &= x[4], \\ X_0[2] &= x[2], \\ X_0[3] &= x[6], \\ X_0[4] &= x[1], \\ X_0[5] &= x[5], \\ X_0[6] &= x[3], \\ X_0[7] &= x[7]. \end{aligned} \quad (9.27)$$

Usando essa notação, podemos rotular a entrada e a saída da operação borboleta na Figura 9.10 como indicado na Figura 9.12, com as equações associadas

$$X_m[p] = X_{m-1}[p] + W_N^r X_{m-1}[q], \quad (9.28a)$$

$$X_m[q] = X_{m-1}[p] - W_N^r X_{m-1}[q]. \quad (9.28b)$$

Nas equações 9.28, p, q e r variam de estágio para estágio de uma maneira prontamente inferida da Figura 9.11 e das equações 9.21, 9.23 e 9.24. Fica claro, pelas figuras 9.11 e 9.12, que apenas os números complexos nas localizações p e q do $(m-1)$-ésimo vetor são requeridos para o cálculo dos elementos p e q do m-ésimo vetor. Assim, apenas um vetor complexo com N registradores de armazenamento é fisicamente necessário para implementar o cálculo completo se $X_m[p]$ e $X_m[q]$ forem armazenados nos mesmos registradores de armazenamento de $X_{m-1}[p]$ e $X_{m-1}[q]$, respectivamente. Esse tipo de cálculo é comumente chamado de cálculo *realizado localmente* (*in-place*, em inglês). O fato de que o diagrama de fluxo da Figura 9.11 (ou da Figura 9.9) representa um cálculo realizado localmente está ligado ao fato de que associamos os nós no diagrama de fluxo que estão na mesma linha horizontal com o mesmo local de armazenamento e ao fato de que o cálculo entre dois vetores consiste em uma operação borboleta no qual os nós de entrada e os nós de saída são adjacentes horizontalmente.

Para que o cálculo possa ser realizado localmente como acabamos de discutir, a sequência de entrada precisa ser armazenada (ou, pelo menos acessada) em uma

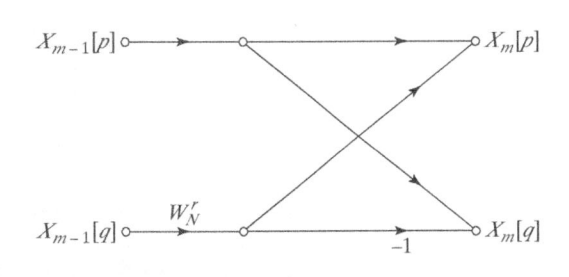

Figura 9.12 Diagrama de fluxo das equações 9.28.

ordem não sequencial, como mostrado no diagrama de fluxo da Figura 9.11. De fato, a ordem em que os dados de entrada são armazenados e acessados é conhecida como ordem *bit-reversa*. Para ver o que essa terminologia significa, notamos que para o diagrama de fluxo de 8 pontos que discutimos, três dígitos binários são necessários para indexar os dados. Escrevendo os índices nas equações 9.27 em forma binária, obtemos o seguinte conjunto de equações:

$$X_0[000] = x[000],$$
$$X_0[001] = x[100],$$
$$X_0[010] = x[010],$$
$$X_0[011] = x[110], \quad (9.29)$$
$$X_0[100] = x[001],$$
$$X_0[101] = x[101],$$
$$X_0[110] = x[011],$$
$$X_0[111] = x[111].$$

Se (n_2, n_1, n_0) é a representação binária do índice da sequência $x[n]$, então o valor de sequência $x[n_2, n_1, n_0]$ é armazenado na posição do vetor $X_0[n_0, n_1, n_2]$. Isto é, ao determinar a posição de $x[n_2, n_1, n_0]$ no vetor de entrada, temos de reverter a ordem dos bits de índice n.

Considere o processo representado na Figura 9.13 para ordenar uma sequência de dados na ordem normal pelo exame sucessivo dos bits que representam o índice de dados. Se o bit mais significativo do índice de dados for zero, $x[n]$ pertence à metade superior do vetor ordenado; caso contrário, pertence à metade inferior. Em seguida, as subsequências da metade superior e da metade inferior podem ser ordenadas pelo exame do segundo bit mais significativo, e assim por diante.

Para ver por que a ordem bit-reversa é necessária para o cálculo realizado localmente, lembre-se do processo que resultou nas figuras 9.9 e 9.11. A sequência $x[n]$ foi primeiro dividida nas amostras de índice par, sendo que estas foram colocadas na metade superior da Figura 9.4 e as amostras de índice ímpar foram colocadas na metade inferior. Essa separação dos dados pode ser executada examinando-se o bit menos significativo $[n_0]$ no índice n. Se o bit menos significativo for 0, o valor da sequência corresponde a uma amostra de índice par e, portanto, será mostrado na metade superior do vetor $X_0[\ell]$, e se o bit menos significativo for 1, o valor da sequência corresponde a uma amostra de índice ímpar e, consequentemente, será mostrado na metade inferior do vetor. Em seguida, as subsequências de índice par e ímpar são ordenadas em suas partes com índice par e ímpar, e isso pode ser feito pelo exame do segundo bit menos significativo no índice. Considerando primeiro a subsequência de índice par, se o segundo bit menos significativo for 0, o valor da sequência é um termo de índice par na subsequência, e se o segundo bit menos significativo for 1, então o valor da sequência tem um termo de índice ímpar nessa subsequência. O mesmo processo é executado para a subsequência formada a partir dos valores originais da sequência com índice ímpar. Esse processo é repetido até que sejam obtidas N subsequências de comprimento 1. Essa ordenação em subsequências de índice par e ímpar é representada pelo diagrama de árvore da Figura 9.14.

Os diagramas de árvore das figuras 9.13 e 9.14 são idênticos, exceto que, para a ordenação normal, examinamos os bits que representam o índice da esquerda para a direita, enquanto para a ordenação que leva naturalmente às figuras 9.9 ou 9.11, examinamos os bits

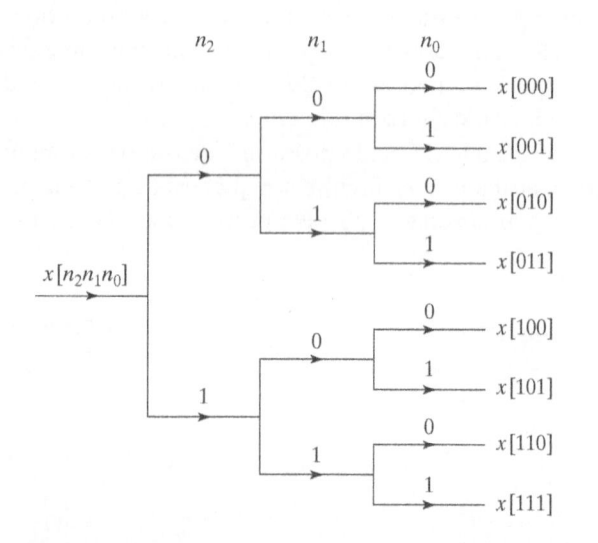

Figura 9.13 Diagrama de árvore que representa a ordenação normal.

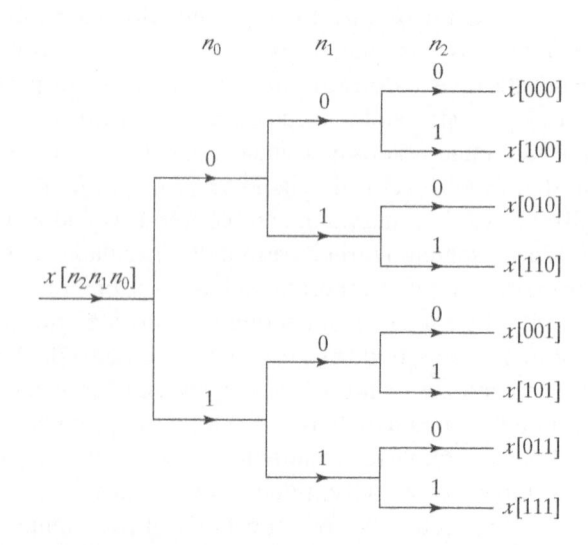

Figura 9.14 Diagrama de árvore que representa a ordenação bit--reversa.

na ordem reversa, da direita para a esquerda, resultando na ordenação bit-reversa. Assim, a necessidade da ordenação bit-reversa da sequência $x[n]$ resulta da forma como o cálculo da TFD é decomposto em cálculos de TFD sucessivamente menores para se chegar às figuras 9.9 e 9.11.

9.2.3 Formas alternativas

Embora seja razoável armazenar os resultados de cada estágio do cálculo na ordem em que os nós são mostrados na Figura 9.11, certamente não é necessário fazê-lo. Não importa como os nós da Figura 9.11 são rearranjados, o resultado sempre será um cálculo válido da transformada de Fourier discreta de $x[n]$, desde que os ganhos dos ramos não sejam alterados. Somente a ordem em que os dados são acessados e armazenados mudará. Se associamos os nós com a indexação de um vetor de localizações de armazenamento complexas, fica claro, pela nossa discussão anterior, que um diagrama de fluxo correspondente a um cálculo realizado localmente resulta somente se a reorganização dos nós for tal que os nós de entrada e saída para cada operação borboleta sejam adjacentes horizontalmente. Caso contrário, dois vetores de armazenamento complexo serão exigidos. A Figura 9.11, naturalmente, é um arranjo desse tipo. Outro é representado na Figura 9.15. Nesse caso, a sequência de entrada está na ordem normal, e a sequência de valores de TFD está na ordem bit-reversa. A Figura 9.15 pode ser obtida da Figura 9.11 da seguinte forma: Todos os nós que são adjacentes horizontalmente a $x[4]$ na Figura 9.11 são trocados com todos os nós adjacentes horizontalmente a $x[1]$.

De modo similar, todos os nós que são adjacentes horizontalmente a $x[6]$ na Figura 9.11 são trocados com aqueles que são adjacentes horizontalmente a $x[3]$. Os nós adjacentes horizontalmente a $x[0]$, $x[2]$, $x[5]$ e $x[7]$ não são modificados. O diagrama de fluxo resultante na Figura 9.15 corresponde à forma do algoritmo de dizimação no tempo proposto originalmente por Cooley e Tukey (1965).

A única diferença entre as figuras 9.11 e 9.15 está na ordenação dos nós. Isso implica que as figuras 9.11 e 9.15 representam dois programas diferentes para a execução dos cálculos. Os ganhos dos ramos (potências de W_N) permanecem os mesmos e, portanto, os resultados intermediários serão exatamente os mesmos — eles serão calculados em uma ordem diferente dentro de cada estágio. Naturalmente, existe uma grande variedade de ordenações possíveis. Porém, a maioria não faz muito sentido a partir de um ponto de vista computacional. Como um exemplo, suponha que os nós sejam ordenados de modo que a entrada e a saída apareçam na ordem normal. Um diagrama de fluxo desse tipo é mostrado na Figura 9.16. Nesse caso, porém, o cálculo não pode ser realizado localmente, pois a estrutura em borboleta não continua após o primeiro estágio. Assim, dois vetores complexos de comprimento N seriam requeridos para a realização do cálculo representado na Figura 9.16.

Ao realizar os cálculos representados pelas figuras 9.11, 9.15 e 9.16, fica clara a necessidade de acessar elementos de vetores intermediários em ordem não sequencial. Assim, para uma maior velocidade computacional, os números complexos precisam ser armazenados em memória de acesso aleatório.[7] Por exemplo, no

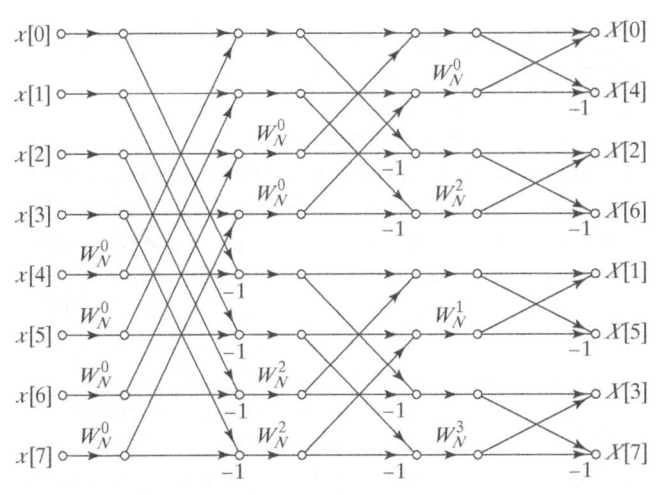

Figura 9.15 Rearranjo da Figura 9.11 com entrada na ordem normal e saída na ordem bit-reversa.

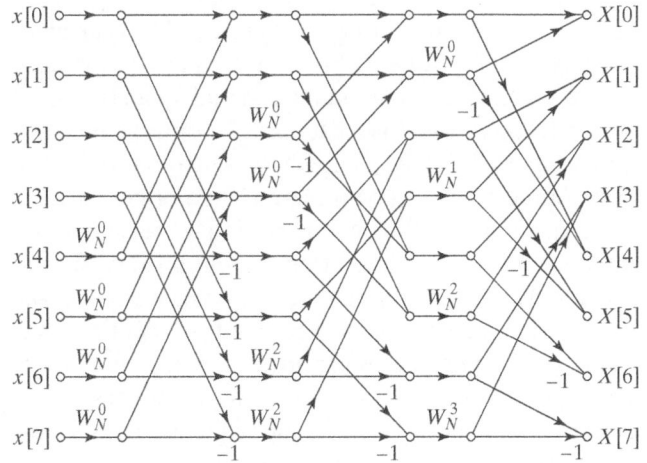

Figura 9.16 Rearranjo da Figura 9.11 com entrada e saída na ordem normal.

---

[7] Quando os algoritmos de Cooley–Tukey surgiram inicialmente em 1965, as memórias digitais eram caras e de tamanho limitado. O tamanho e a disponibilidade das memórias de acesso aleatório não são mais um problema, exceto para valores de N extremamente grandes.

cálculo do primeiro vetor da Figura 9.11 a partir do vetor de entrada, as entradas para cada operação borboleta são variáveis de nós adjacentes e considera-se que estejam armazenadas em localizações de armazenamento adjacentes. No cálculo do segundo vetor intermediário a partir do primeiro, as entradas de uma borboleta são separadas por duas posições de armazenamento; e no cálculo do terceiro vetor a partir do segundo, as entradas de uma operação borboleta são separadas por quatro posições de armazenamento. Se $N > 8$, a separação entre entradas de borboletas é 8 para o quarto estágio, 16 para o quinto estágio, e assim por diante. A separação no último v-ésimo estágio é $N/2$.

Na Figura 9.15, a situação é similar porque, para calcular o primeiro vetor a partir dos dados de entrada, usamos dados separados por 4, para calcular o segundo vetor a partir do primeiro usamos dados de entrada separados por 2, e depois, finalmente, para calcular o último vetor, usamos dados adjacentes. É fácil imaginar algoritmos simples para a modificação de registradores de índice para acessar os dados no diagrama de fluxo ou da Figura 9.11 ou da Figura 9.15 se os dados forem armazenados em memória de acesso aleatório. Porém, no diagrama de fluxo da Figura 9.16, os dados são acessados de modo não sequencial, o cálculo não é realizado localmente e um esquema para indexar os dados é consideravelmente mais complicado do que em qualquer um dos dois casos anteriores. Mesmo com a disponibilidade de grandes quantidades de memória de acesso aleatório, o trabalho extra para os cálculos de índice poderia facilmente anular grande parte da vantagem computacional que é implicada pela eliminação de multiplicações e adições. Consequentemente, essa estrutura não tem vantagens aparentes.

Algumas formas têm vantagens mesmo que não permitam o cálculo realizado localmente. Um rearranjo do diagrama de fluxo da Figura 9.11 que é particularmente útil quando uma quantidade adequada de memória de acesso aleatório não está disponível é mostrado na Figura 9.17. Esse diagrama de fluxo representa o algoritmo de dizimação no tempo, dado originalmente por Singleton (1969). Note primeiro que, nesse diagrama de fluxo, a entrada está em ordem bit-reversa e a saída está na ordem normal. A característica importante do diagrama de fluxo é que a geometria é idêntica para cada estágio; somente os ganhos dos ramos mudam de um estágio para outro. Isso possibilita o acesso aos dados de forma sequencial. Suponha, por exemplo, que tenhamos quatro arquivos de armazenamento em massa e que a primeira metade da sequência de entrada (na ordem bit-reversa) seja armazenada em um arquivo e a segunda metade seja armazenada em um segundo arquivo. Então, a sequência pode ser acessada sequencialmente nos arquivos 1 e 2, e os resultados podem ser gravados sequencialmente nos arquivos 3 e 4, com a primeira metade do novo vetor sendo gravada no arquivo 3 e a segunda metade, no arquivo 4. Então, no próximo estágio de cálculo, os arquivos 3 e 4 são a entrada, e a saída é gravada nos arquivos 1 e 2. Isso é repetido para cada um dos v estágios.

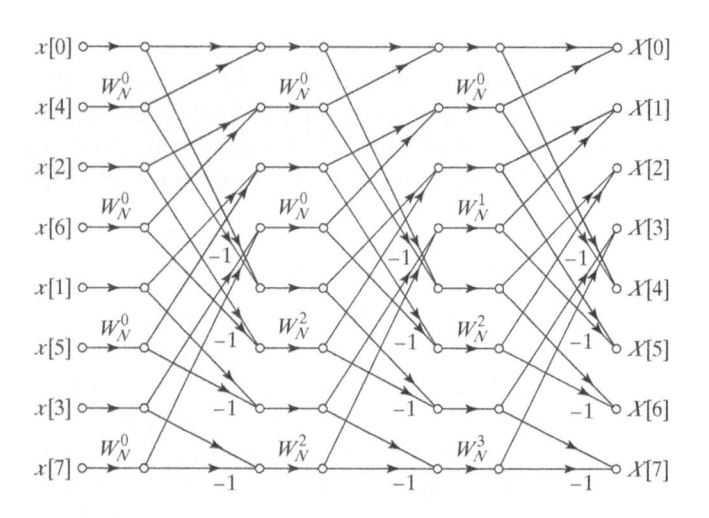

Figura 9.17 Rearranjo da Figura 9.11 tendo a mesma geometria para cada estágio, simplificando assim o acesso de dados.

Esse algoritmo poderia ser útil no cálculo da TFD de sequências extremamente longas. Isso significaria valores de N na ordem de centenas de milhões, pois as memórias de acesso aleatório com tamanho de gigabytes estão rotineiramente disponíveis. Talvez uma característica mais interessante do diagrama na Figura 9.17 seja que a indexação é muito simples, e é a mesma de um estágio para outro. Com dois bancos de memória de acesso aleatório, esse algoritmo teria cálculos de índice muito simples.

9.3 Algoritmos de FFT com dizimação na frequência

Os algoritmos de FFT com dizimação no tempo são baseados em estruturar o cálculo da TFD formando subsequências cada vez menores da sequência de entrada $x[n]$. Alternativamente, podemos considerar a divisão da sequência da TFD $X[k]$ em subsequências cada vez menores, da mesma maneira. Algoritmos de FFT baseados nesse procedimento são comumente chamados de algoritmos de *dizimação na frequência*.

Para desenvolver essa classe de algoritmos de FFT, novamente restringimos a discussão a N potência de 2 e consideramos computar separadamente as $N/2$ amostras de frequência com índice par e as $N/2$ amostras de frequência com índice ímpar. Representamos isso no diagrama de blocos da Figura 9.18, em que $X_0[k] = X[2k]$ e $X_1[k] = X[2k+1]$. Deslocando-se para a esquerda 1 amostra da TFD, de modo que o compressor

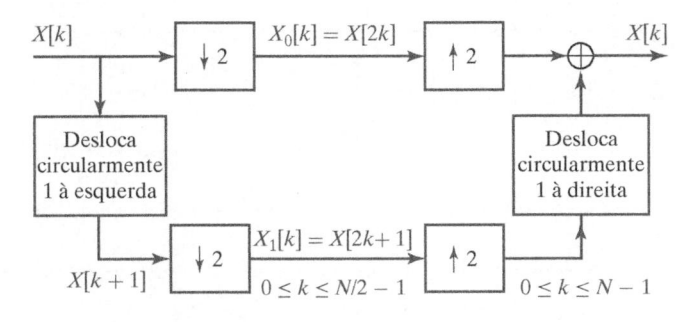

Figura 9.18 Exemplo do princípio básico da dizimação na frequência.

seleciona as amostras com índice ímpar, é importante lembrar que a TFD $X[k]$ é implicitamente periódica, com período N. Isso é denotado com "Desloca circularmente 1 à esquerda" (e correspondentemente "Desloca circularmente 1 à direita") na Figura 9.18. Observe que esse diagrama tem uma estrutura similar à Figura 9.3, em que as mesmas operações foram aplicadas sobre a sequência no tempo $x[n]$ em vez de sobre a TFD $X[k]$. Nesse caso, a Figura 9.18 indica diretamente o fato de que a transformada de N pontos $X[k]$ pode ser obtida pelo entrelaçamento de suas amostras de índice par e ímpar após a expansão por um fator 2.

A Figura 9.18 é uma representação correta de $X[k]$, mas, para usá-la como base para o cálculo de $X[k]$, primeiro mostramos que $X[2k]$ e $X[2k+1]$ podem ser calculadas a partir da sequência no domínio do tempo $x[n]$. Na Seção 8.4, vimos que a TFD está relacionada à TFTD pela amostragem nas frequências $2\pi k/N$ com o resultado de que a operação correspondente no domínio do tempo é o *aliasing* no tempo, com comprimento de repetição (período) N. Como discutimos na Seção 8.4, se N é maior ou igual ao comprimento da sequência $x[n]$, a TFD inversa produz a sequência original sobre $0 \leq n \leq N-1$, pois as cópias de N pontos de $x[n]$ não se sobrepõem quando sofrem *aliasing* no tempo com repetição deslocada de N. Porém, na Figura 9.18, a TFD é comprimida por 2, o que é equivalente a amostrar a TFTD $X(e^{j\omega})$ nas frequências $2\pi k/(N/2)$. Assim, o sinal no domínio do tempo periódico implícito representado por $X_0[k] = X[2k]$ é

$$\tilde{x}_0[n] = \sum_{m=-\infty}^{\infty} x[n+mN/2] \quad -\infty < n < \infty. \quad (9.30)$$

Como $x[n]$ tem comprimento N, somente duas das cópias deslocadas de $x[n]$ se sobrepõem no intervalo $0 \leq n \leq N/2 - 1$, de modo que a sequência correspondente de tamanho finito $x_0[n]$ é

$$x_0[n] = x[n] + x[n+N/2] \quad 0 \leq n \leq N/2 - 1. \quad (9.31a)$$

Para obter o resultado comparável para as amostras da TFD com índice ímpar, lembre-se de que a TFD deslocada circularmente $X[k+1]$ corresponde a $W_N^n x[n]$ (veja a Propriedade 6 da Tabela 8.2). Portanto, a sequência de $N/2$ pontos $x_1[n]$ correspondente a $X_1[k] = X[2k+1]$ é

$$x_1[n] = x[n]W_N^n + x[n+N/2]W_N^{n+N/2}$$
$$= (x[n] - x[n+N/2])W_N^n \quad 0 \leq n \leq N/2 - 1, \quad (9.31b)$$

já que $W_N^{N/2} = -1$.

Das equações 9.31(a) e (b), segue que

$$X_0[k] = \sum_{n=0}^{N/2-1} (x[n] + x[n+N/2])W_{N/2}^{kn} \quad (9.32a)$$

$$X_1[k] = \sum_{n=0}^{N/2-1} [(x[n] - x[n+N/2])W_N^n]W_{N/2}^{kn}$$
$$k = 0, 1, \ldots, N/2 - 1. \quad (9.32b)$$

A Equação 9.32(a) é uma TFD de $(N/2)$ pontos da sequência $x_0[n]$, obtida pela soma da segunda metade da sequência de entrada à primeira metade. A Equação 9.32(b) é a TFD de $(N/2)$ pontos da sequência $x_1[n]$, obtida pela subtração da segunda metade da sequência de entrada da primeira metade e pela multiplicação da sequência resultante por W_N^n.

Assim, usando as equações 9.32(a) e (b), os pontos de saída com índice par e ímpar de $X[k]$ podem ser calculados, já que $X[2k] = X_0[k]$ e $X[2k+1] = X_1[k]$, respectivamente. O procedimento sugerido pelas equações 9.32(a) e (b) é ilustrado para o caso de uma TFD de 8 pontos na Figura 9.19.

Prosseguindo de maneira similar àquela seguida na dedução do algoritmo de dizimação no tempo,

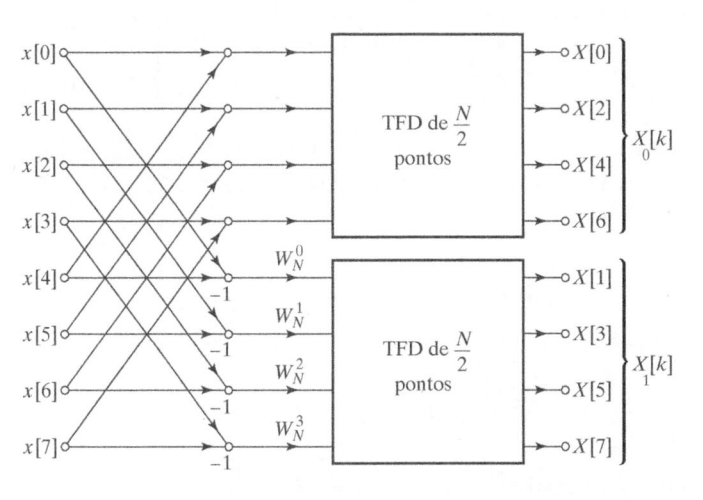

Figura 9.19 Diagrama de fluxo da decomposição para dizimação na frequência, de um cálculo de TFD de N pontos em dois cálculos de TFD de $(N/2)$ pontos $(N = 8)$.

notamos que, sendo N uma potência de 2, $N/2$ é divisível por 2, de modo que as TFDs de ($N/2$) pontos podem ser computadas por meio do cálculo separado dos pontos de saída com índice par e ímpar dessas TFDs. Assim como no caso do procedimento que leva às equações 9.32(a) e (b), isso é feito pela combinação da primeira metade e da última metade dos pontos de entrada para cada uma das TFDs de ($N/2$) pontos e depois pelo cálculo das TFDs de ($N/4$) pontos. O diagrama de fluxo resultante dessa etapa para o exemplo de 8 pontos é mostrado na Figura 9.20. Para o exemplo com 8 pontos, o cálculo foi reduzido ao cálculo de TFDs de 2 pontos, que são implementados pela soma e subtração dos pontos de entrada, como discutido anteriormente. Assim, as TFDs de 2 pontos na Figura 9.20 podem ser substituídas pelo cálculo mostrado na Figura 9.21, de modo que o cálculo da TFD de 8 pontos pode ser feito pelo algoritmo representado na Figura 9.22. Novamente, vemos $\log_2 N$ estágios de transformadas de 2 pontos acoplados por meio de fatores de rotação que, nesse caso, ocorrem na saída das transformadas de 2 pontos.

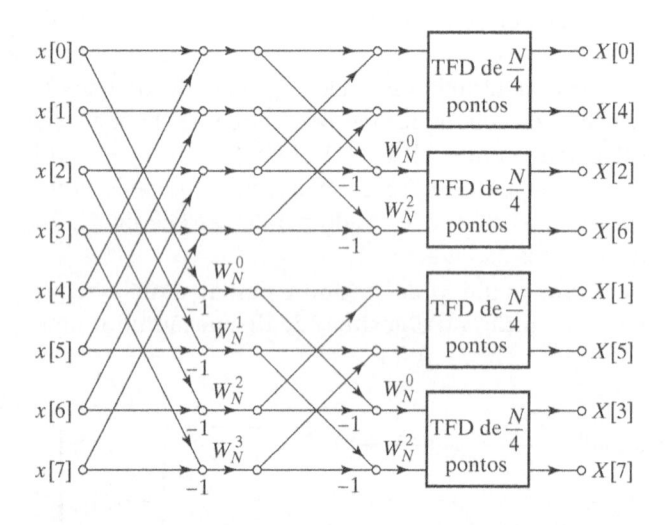

Figura 9.20 Diagrama de fluxo da decomposição para dizimação na frequência de uma TFD de 8 pontos em quatro cálculos de TFD de 2 pontos.

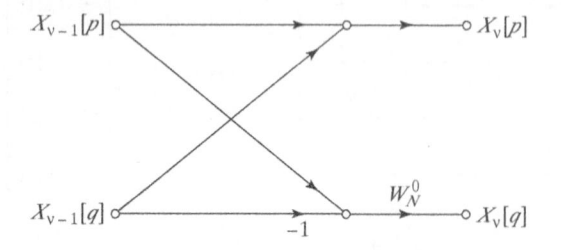

Figura 9.21 Diagrama de fluxo de uma TFD de 2 pontos típica como requerida no último estágio da decomposição para dizimação na frequência.

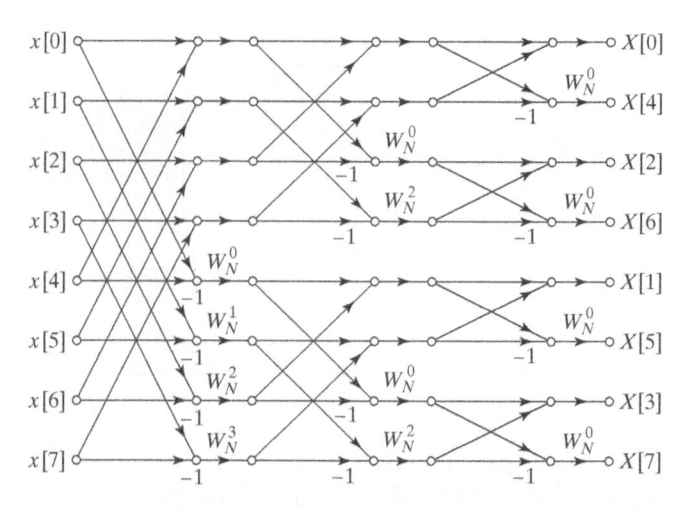

Figura 9.22 Diagrama de fluxo da decomposição completa para dizimação na frequência do cálculo de uma TFD de 8 pontos.

Pela contagem das operações aritméticas na Figura 9.22 e generalizando para $N = 2^v$, vemos que o cálculo da Figura 9.22 requer ($N/2$) $\log_2 N$ multiplicações complexas e $N \log_2 N$ adições complexas. Assim, o número total de cálculos é o mesmo para os algoritmos de dizimação na frequência e dizimação no tempo.

9.3.1 Cálculos realizados localmente

O diagrama de fluxo na Figura 9.22 representa um algoritmo de FFT baseado na dizimação na frequência. Podemos observar muitas similaridades e também muitas diferenças na comparação desse diagrama com os diagramas de fluxo deduzidos com base na dizimação no tempo. Assim como a dizimação no tempo, é claro, o diagrama de fluxo na Figura 9.22 corresponde a um cálculo da transformada de Fourier discreta, independentemente de como o diagrama é desenhado, desde que os mesmos nós sejam conectados uns aos outros com os devidos ganhos de ramos. Em outras palavras, o diagrama de fluxo na Figura 9.22 não é baseado em qualquer suposição a respeito da ordem em que os valores da sequência de entrada são armazenados. Porém, assim como foi feito com os algoritmos de dizimação no tempo, podemos interpretar nós verticais sucessivos no diagrama de fluxo na Figura 9.22 como correspondentes a registradores de armazenamento sucessivos em uma memória digital. Nesse caso, o diagrama de fluxo na Figura 9.22 começa com a sequência de entrada na ordem normal e fornece a TFD de saída na ordem bit-reversa. A operação básica novamente tem a forma de uma operação borboleta, embora a borboleta seja diferente daquela que surge nos algoritmos de dizimação no tempo. Porém, devido à característica em borboleta da operação, o diagrama de fluxo da Figura 9.22 pode ser interpretado como um cálculo realizado localmente da transformada de Fourier discreta.

9.3.2 Formas alternativas

Diversas formas alternativas para o algoritmo de dizimação na frequência podem ser obtidas pela transposição das formas de dizimação no tempo desenvolvidas na Seção 9.2.3. Se denotarmos a sequência de números complexos resultante do m-ésimo estágio do cálculo como $X_m[\ell]$, em que $\ell = 0, 1, ..., N-1$, e $m = 1, 2, ..., v$, então a operação borboleta básica mostrada na Figura 9.23 tem a forma

$$X_m[p] = X_{m-1}[p] + X_{m-1}[q], \quad (9.33a)$$

$$X_m[q] = (X_{m-1}[p] - X_{m-1}[q])W_N^r. \quad (9.33b)$$

Comparando as figuras 9.12 e 9.23, ou as equações 9.28 e 9.33, parece que as operações borboleta são diferentes para as duas classes de algoritmos de FFT. Porém, os dois diagramas de fluxo em borboleta são, na terminologia do Capítulo 6, transpostos um do outro. Ou seja, se revertermos a direção das setas e redefinirmos os nós de entrada e saída na Figura 9.12, obteremos a Figura 9.23, e vice-versa. Como os diagramas de fluxo da FFT consistem em conjuntos de borboletas conectados, não é surpresa, portanto, que também notemos uma semelhança entre os diagramas de fluxo da FFT das figuras 9.11 e 9.22. Especificamente, a Figura 9.22 pode ser obtida a partir da Figura 9.11 pela reversão da direção do fluxo de sinais e pela troca da entrada e da saída. Isto é, a Figura 9.22 é o transposto do diagrama de fluxo na Figura 9.11. No Capítulo 6, enunciamos um teorema de transposição que se aplica apenas a diagramas de fluxo de entrada única e saída única. Quando vistos como diagramas de fluxo, porém, os algoritmos de FFT são sistemas de múltiplas entradas e múltiplas saídas, o que requer uma forma mais geral do teorema da transposição. (Veja Claasen e Mecklenbräuker, 1978.) Apesar disso, é intuitivamente claro que as características de entrada-saída dos diagramas de fluxo nas figuras 9.11 e 9.22 são as mesmas, com base simplesmente na observação acima de que as borboletas são transpostas uma da outra. Isso pode ser mostrado mais formalmente notando-se que as operações borboleta nas equações 9.33 podem ser resolvidas de forma regressiva, come-

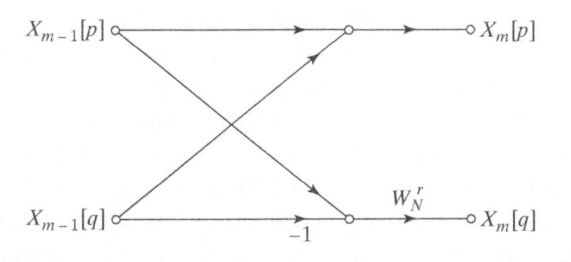

Figura 9.23 Diagrama de fluxo de uma operação borboleta típica, requerido na Figura 9.22.

çando com o vetor de saída. (O Problema 9.31 esboça uma prova desse resultado.) Geralmente, é verdade que, para cada algoritmo de FFT com dizimação no tempo, existe um algoritmo de FFT com dizimação na frequência correspondente a trocar a entrada e a saída e reverter a direção de todas as setas no diagrama de fluxo.

Esse resultado implica que todos os diagramas de fluxo da Seção 9.2 têm correspondentes na classe de algoritmos de dizimação na frequência. Isso, naturalmente, também corresponde ao fato de que, como anteriormente, é possível rearranjar os nós de um diagrama de fluxo por dizimação na frequência sem alterar o resultado final.

A aplicação do procedimento de transposição à Figura 9.15 leva à Figura 9.24. Nesse diagrama de fluxo, a saída está na ordem normal e a entrada está na ordem bit-reversa. A transposição do diagrama de fluxo da Figura 9.16 levaria a um diagrama de fluxo com a entrada e a saída na ordem normal. Um algoritmo baseado no diagrama de fluxo resultante sofreria das mesmas limitações que as da Figura 9.16.

A transposição da Figura 9.17 é mostrada na Figura 9.25. Cada estágio da Figura 9.25 tem a mesma geometria, uma propriedade que simplifica o acesso aos dados, como já discutido.

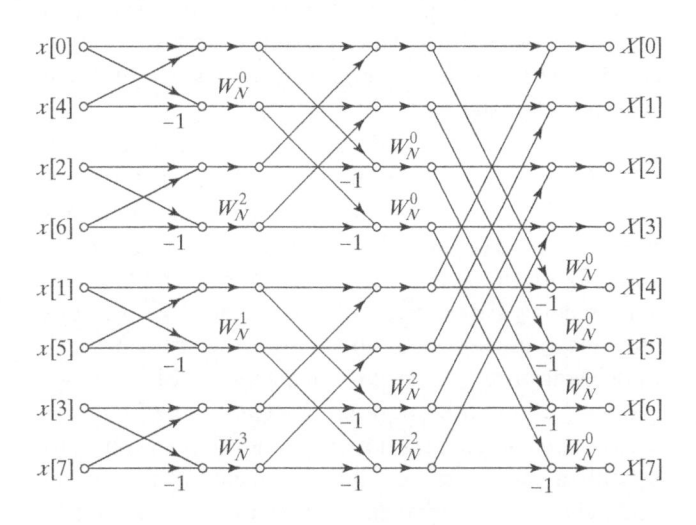

Figura 9.24 Diagrama de fluxo de um algoritmo TFD com dizimação na frequência obtido a partir da Figura 9.22. Entrada na ordem bit-reversa e saída na ordem normal. (Transposição da Figura 9.15.)

9.4 Considerações práticas

Nas seções 9.2 e 9.3, discutimos os princípios básicos do cálculo eficiente da TFD quando N é uma potência inteira de 2. Nessas discussões, favorecemos o uso de representações de diagrama de fluxo do sinal em vez de escrever explicitamente, com detalhes, as equações que tais diagramas de fluxo representam. Por conveniência,

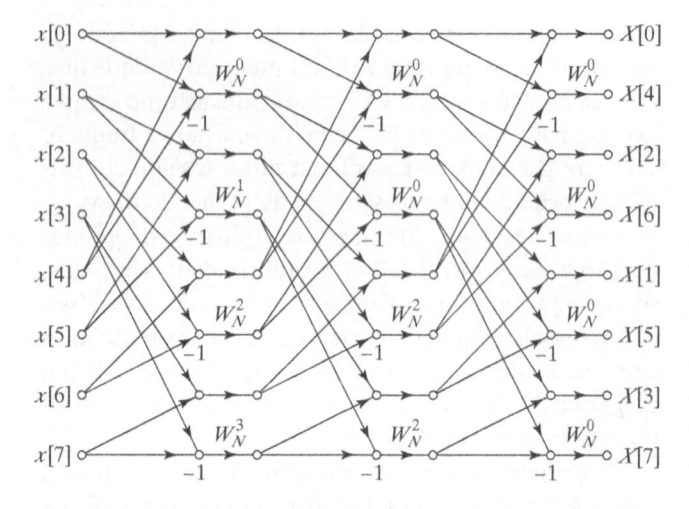

Figura 9.25 Rearranjo da Figura 9.22 tendo a mesma geometria para cada estágio, simplificando assim o acesso aos dados. (Transposição da Figura 9.17.)

mostramos diagramas de fluxo para valores específicos de N. Porém, considerando um diagrama de fluxo como aquele na Figura 9.11, para um valor específico de N, é possível entender como estruturar um algoritmo computacional genérico que se aplicaria a qualquer $N = 2^v$. Embora a discussão nas seções 9.2 e 9.3 seja completamente adequada para um entendimento básico dos princípios da FFT, o material desta seção tem a intenção de fornecer orientações úteis para a programação e o projeto de sistemas.

Embora seja verdade que os diagramas de fluxo das seções anteriores capturem a essência dos algoritmos de FFT que eles representam, diversos detalhes precisam ser considerados na implementação de um dado algoritmo. Nesta seção, sugerimos resumidamente alguns deles. Especificamente, na Seção 9.4.1, discutimos questões associadas ao acesso e ao armazenamento de dados nos vetores intermediários da FFT. Na Seção 9.4.2, discutimos questões associadas ao cálculo ou acesso aos coeficientes dos ramos no diagrama de fluxo. Nossa ênfase está nos algoritmos para N como uma potência de 2, mas grande parte da discussão se aplica também ao caso geral. Para fins de ilustração, focamos primariamente o algoritmo da dizimação no tempo da Figura 9.11.

9.4.1 Indexação

No algoritmo representado na Figura 9.11, a entrada precisa estar em ordem bit-reversa, de modo que o cálculo possa ser realizado localmente. A TFD resultante está, então, em ordem normal. Geralmente, as sequências não se originam em ordem bit-reversa, de modo que o primeiro passo na implementação da Figura 9.11 é ordenar a sequência de entrada na ordem bit-reversa. Como pode ser visto naquela figura e pelas equações 9.27 e 9.29, a ordenação bit-reversa pode ser realizada localmente, já que as amostras são trocadas apenas em pares; isto é, uma amostra em um dado índice é trocada com a amostra na localização especificada pelo índice de bit reverso. Isso é convenientemente realizado localmente usando dois contadores, um na ordem normal e o outro na ordem bit-reversa. Os dados nas duas posições especificadas pelos dois contadores são simplesmente trocados. Uma vez que a entrada esteja na ordem bit-reversa, podemos prosseguir com o primeiro estágio do cálculo. Nesse caso, as entradas das borboletas são elementos adjacentes do vetor $X_0[\cdot]$. No segundo estágio, as entradas das borboletas estão separadas por 2. No m-ésimo estágio as entradas das borboletas são separadas por 2^{m-1}. Os coeficientes são potências de $W_N^{(N/2^m)}$ no m-ésimo estágio e são requeridos na ordem normal se as operações borboleta começarem no topo do diagrama de fluxo da Figura 9.11. As afirmações anteriores definem a forma como os dados devem ser acessados em um dado estágio, o que, naturalmente, depende do diagrama de fluxo que é implementado. Por exemplo, no m-ésimo estágio da Figura 9.15, o espaçamento da borboleta é de 2^{v-m}, e nesse caso os coeficientes são requeridos na ordem bit-reversa. A entrada está na ordem normal; porém, a saída está na ordem bit-reversa, de modo que geralmente seria necessário ordenar a saída na ordem normal usando um contador na ordem normal e um contador na ordem bit-reversa, como discutido anteriormente.

Em geral, se considerarmos todos os diagramas de fluxo nas seções 9.2 e 9.3, veremos que cada algoritmo tem suas próprias questões de indexação características. A escolha de determinado algoritmo depende de diversos fatores. Os algoritmos que utilizam um cálculo realizado localmente têm a vantagem de fazer uso eficiente da memória. Porém, duas desvantagens são que o tipo de memória exigido é de acesso aleatório em vez de sequencial e que a sequência de entrada ou a sequência da TFD de saída está na ordem bit-reversa. Além disso, dependendo se um algoritmo de dizimação no tempo ou de dizimação na frequência é escolhido, e se as entradas ou as saídas estão na ordem bit-reversa, requer-se que os coeficientes sejam acessados ou na ordem normal ou na ordem bit-reversa. Se é usada memória sequencial sem acesso aleatório, alguns algoritmos da transformada de Fourier rápida utilizam memória sequencial, como mostramos, mas ou as entradas ou as saídas deverão estar na ordem bit-reversa. Embora o diagrama de fluxo para o algoritmo possa ser organizado para que as entradas, as saídas e os coeficientes estejam na ordem normal, a estrutura de indexação exigida para implementar esses algoritmos é complicada, e o dobro de memória de acesso aleatório é necessário. Consequentemente, o uso desses algoritmos parece não ser vantajoso.

Os algoritmos de FFT com cálculos realizados localmente, mostrados nas figuras 9.11, 9.15, 9.22 e 9.24, estão entre os mais comumente utilizados. Se uma sequência tiver de ser transformada apenas uma vez, então a ordenação bit-reversa precisa ser implementada ou na entrada ou na saída. Porém, em algumas situações, uma sequência é transformada, o resultado é modificado de alguma forma e depois a TFD inversa é calculada. Por exemplo, na implementação de filtros digitais FIR por convolução em bloco usando a transformada de Fourier discreta, a TFD de uma seção da sequência de entrada é multiplicada pela TFD da resposta ao impulso do filtro, e o resultado é antitransformado para a obtenção de um segmento da saída do filtro. De modo similar, no cálculo de uma função de autocorrelação ou função de correlação cruzada usando a transformada de Fourier discreta, uma sequência será transformada, as TFDs serão multiplicadas e depois o produto resultante será antitransformado. Quando duas transformadas são colocadas em cascata dessa forma, é possível, pela escolha apropriada dos algoritmos de FFT, evitar a necessidade de reversão de bits. Por exemplo, na implementação de um filtro digital FIR usando a TFD, podemos escolher um algoritmo para a transformada direta que utiliza os dados na ordem normal e fornece uma TFD na ordem bit-reversa. Ou o diagrama de fluxo correspondente à Figura 9.15, baseado em dizimação no tempo, ou aquele da Figura 9.22, baseado em dizimação na frequência, poderia ser usado dessa maneira. A diferença entre essas duas formas é que a forma por dizimação no tempo requer os coeficientes na ordem bit-reversa, enquanto a forma por dizimação na frequência requer os coeficientes na ordem normal.

Note que a Figura 9.11 utiliza coeficientes na ordem normal, enquanto a Figura 9.24 requer os coeficientes na ordem bit-reversa. Se a forma do algoritmo por dizimação no tempo for escolhida para a transformada direta, então a forma do algoritmo por dizimação na frequência deverá ser escolhida para a transformada inversa, exigindo coeficientes na ordem bit-reversa. Da mesma forma, o algoritmo por dizimação na frequência para a transformada deverá ser emparelhado com o algoritmo por dizimação no tempo para a transformada inversa, que então utilizará coeficientes ordenados normalmente.

9.4.2 Coeficientes

Observamos que coeficientes W_N^r (fatores de rotação) podem ser requeridos na ordem bit-reversa ou na ordem normal. Em ambos os casos, precisamos armazenar uma tabela suficiente para pesquisar todos os valores requeridos, ou então temos de calcular os valores quando necessários. A primeira alternativa tem a vantagem da velocidade, mas, é claro, exige mais armazenamento. Observamos, pelos diagramas de fluxo, que requeremos W_N^r para $r = 0, 1, ..., (N/2) - 1$. Assim, requeremos $N/2$ registradores de armazenamento complexos para uma tabela de valores completa de W_N^r.[8] No caso de algoritmos em que os coeficientes são requeridos na ordem bit-reversa, podemos simplesmente armazenar a tabela na ordem bit-reversa.

O cálculo dos coeficientes à medida que são necessários economiza armazenamento, mas é menos eficiente do que armazenar uma tabela de pesquisa. Se os coeficientes têm de ser calculados, geralmente é mais eficiente usar uma fórmula de recursão. Em qualquer dado estágio, os coeficientes requeridos são todos potências de um número complexo na forma W_N^q, em que q depende do algoritmo e do estágio. Assim, se os coeficientes são requeridos na ordem normal, podemos usar a fórmula de recursão

$$W_N^{q\ell} = W_N^q \cdot W_N^{q(\ell-1)} \qquad (9.34)$$

para obter o ℓ-ésimo coeficiente a partir do $(\ell - 1)$-ésimo coeficiente. Evidentemente, os algoritmos que requerem coeficientes na ordem bit-reversa não são bem adequados a essa técnica. Deve-se notar que a Equação 9.34 é essencialmente o oscilador de forma acoplada do Problema 6.21. Quando é utilizada aritmética de precisão finita, erros podem se acumular na iteração dessa equação de diferenças. Portanto, geralmente é necessário redefinir o valor em pontos prescritos (por exemplo, $W_N^{N/4} = -j$), de modo que os erros não se tornem inaceitáveis.

9.5 Algoritmos de FFT mais genéricos

Os algoritmos de potência de dois, discutidos com detalhes nas seções 9.2 e 9.3, são simples, altamente eficientes e fáceis de programar. Porém, existem muitas aplicações em que algoritmos eficientes para outros valores de N são muito úteis.

9.5.1 Algoritmos para valores compostos de N

Embora o caso especial em que N é uma potência de 2 resulte em algoritmos que possuem uma estrutura particularmente simples, essa não é a única restrição sobre N que pode levar a cálculo reduzido para a TFD. Os mesmos princípios que foram aplicados nos algoritmos de dizimação no tempo e dizimação na frequência com potência de dois podem ser empregados quando N é um

---

[8] Esse número pode ser reduzido usando simetria em troca de maior complexidade no acesso aos valores desejados.

inteiro composto, isto é, o produto de dois ou mais fatores inteiros. Por exemplo, se $N = N_1 N_2$, é possível expressar a TFD de N pontos ou como uma combinação de N_1 TFDs de N_2 pontos ou como uma combinação de N_2 TFDs de N_1 pontos, e assim obter reduções no número de cálculos. Para ver isso, os índices n e k são representados da seguinte forma:

$$n = N_2 n_1 + n_2 \quad \begin{cases} n_1 = 0, 1, \ldots, N_1 - 1 \\ n_2 = 0, 1, \ldots, N_2 - 1 \end{cases} \quad (9.35a)$$

$$k = k_1 + N_1 k_2 \quad \begin{cases} k_1 = 0, 1, \ldots, N_1 - 1 \\ k_2 = 0, 1, \ldots, N_2 - 1. \end{cases} \quad (9.35b)$$

Como $N = N_1 N_2$, essas decomposições de índice garantem que n e k percorram todos os valores $0, 1, \ldots, N-1$. Substituir essas representações de n e k na definição da TFD leva, após algumas manipulações, a

$$\begin{aligned} X[k] &= X[k_1 + N_1 k_2] \\ &= \sum_{n_2=0}^{N_2-1} \left[\left(\sum_{n_1=0}^{N_1-1} x[N_2 n_1 + n_2] W_{N_1}^{k_1 n_1} \right) W_N^{k_1 n_2} \right] W_{N_2}^{k_2 n_2}, \end{aligned}$$
(9.36)

sendo $k_1 = 0, 1, \ldots, N_1 - 1$ e $k_2 = 0, 1, \ldots, N_2 - 1$. A parte da Equação 9.36 dentro dos parênteses representa uma TFD de N_1 pontos, enquanto a soma externa corresponde a uma TFD de N_2 pontos das saídas do primeiro conjunto de transformadas ocorrendo após a modificação pelos fatores de rotação $W_N^{k_1 n_2}$.

Se $N_1 = 2$ e $N_2 = N/2$, a Equação 9.36 se reduz à decomposição do primeiro estágio do algoritmo de potência de dois com dizimação na frequência, representado na Figura 9.19 da Seção 9.3, que consiste em $N/2$ transformadas de 2 pontos seguidas por duas transformadas de $N/2$ pontos. Por outro lado, se $N_1 = N/2$ e $N_2 = 2$, a Equação 9.36 reduz-se à decomposição do primeiro estágio do algoritmo da potência de dois com dizimação no tempo, representado na Figura 9.4 da Seção 9.2, que consiste em duas transformadas de $N/2$ pontos seguidas por $N/2$ transformadas de 2 pontos.[9]

Algoritmos de Cooley-Tukey para o composto geral de N são obtidos fazendo-se primeiro as transformadas de N_1 pontos e então aplicando novamente a Equação 9.36 a outro fator restante N_2 de N/N_1 até que todos os fatores de N tenham sido usados. A aplicação repetida da Equação 9.36 leva a decomposições similares aos algoritmos de potência de dois. Esses algoritmos requerem apenas uma indexação um pouco mais complicada do que o caso da potência de 2. Se os fatores de N são primos entre si, o número de multiplicações pode ser reduzido ainda mais ao custo de uma indexação mais complicada. Os algoritmos de "fatores primos" usam decomposições de índices diferentes daquelas nas equações 9.35(a) e (b), de modo a eliminar os fatores de rotação na Equação 9.36, economizando assim uma quantidade significativa de cálculo. Os detalhes dos algoritmos mais genéricos de Cooley-Tukey e de fatores primos são discutidos em Burrus e Parks (1985), Burrus (1988) e Blahut (1985).

Como um exemplo do que pode ser obtido usando tais algoritmos de fatores primos, considere as medições mostradas na Figura 9.26. Essas medições do número de operações de ponto flutuante (FLOPS, do inglês *floating-point operations*) em função de N são para a função `fft( )` da Versão 5.2 do MATLAB.[10] Como discutimos, o número total de operações em ponto flutuante deve ser proporcional a $N \log_2 N$ para N potência de dois e proporcional a N^2 para o cálculo direto. Para outros valores de N, o número total de operações será dependente do número (e cardinalidade) dos fatores.

Quando N é um número primo, o cálculo direto é requerido e, portanto, o número de FLOPS será proporcional a N^2. A curva superior (sólida) na Figura 9.26 representa a função

$$\text{FLOPS}(N) = 6N^2 + 2N(N-1). \quad (9.37)$$

Todos os pontos que caem nessa curva são para valores de N que são números primos. A curva tracejada inferior mostra a função

$$\text{FLOPS}(N) = 6N \log_2 N. \quad (9.38)$$

Os pontos que caem nessa curva são todos tais que N é uma potência de dois. Para outros números compostos, o número de operações cai entre as duas curvas. Para ver como a eficiência varia de um inteiro para outro, considere os valores de N de 199 a 202. O número 199 é primo, de modo que o número de operações (318004) cai na curva máxima. O valor $N = 200$ tem a fatoração $N = 2 \cdot 2 \cdot 2 \cdot 5 \cdot 5$, e o número de operações (27134) está perto da curva mínima. Para $N = 201 = 3 \cdot 67$, o número de FLOPS é 113788, e para $N = 202 = 2 \cdot 101$, o número é 167676. A grande diferença entre $N = 201$ e $N = 202$ é porque uma transformada de 101 pontos requer muito mais cálculo do que uma transformada de 67 pontos. Note também que, quando N tem muitos fatores pequenos (como $N = 200$), a eficiência é muito maior.

---

[9] Para que a Figura 9.4 seja uma representação exata da Equação 9.36, as borboletas de dois pontos do último estágio devem ser substituídas pelas borboletas da Figura 9.10.

[10] Esse gráfico foi criado com uma versão modificada de um programa escrito por C. S. Burrus. Como não é mais possível medir o número de operações em ponto flutuante nas versões recentes do MATLAB, o leitor pode não conseguir repetir esse experimento.

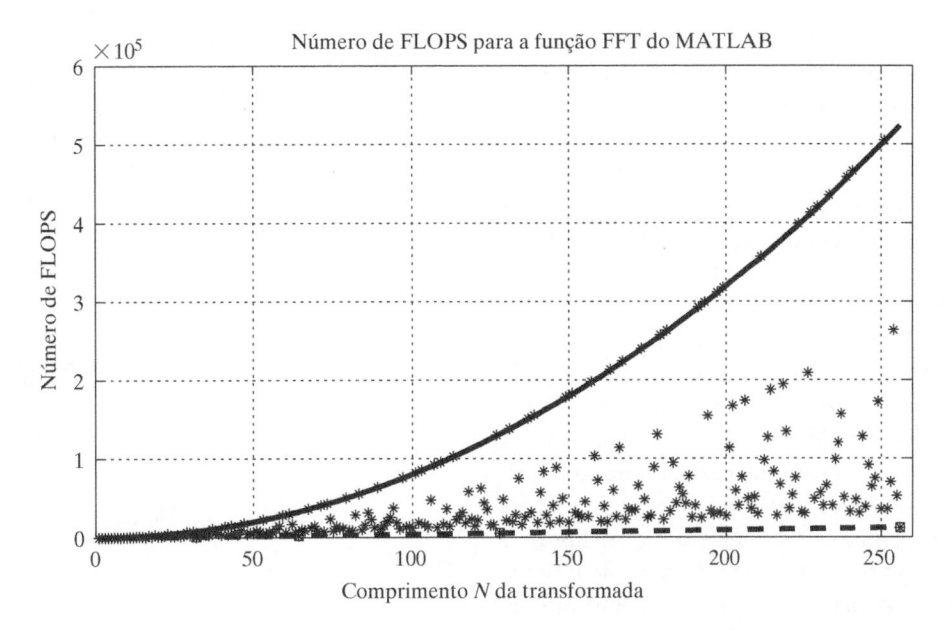

Figura 9.26 Número de operações em ponto flutuante em função de *N* para a função `fft()` do MATLAB (versão 5.2).

9.5.2 Algoritmos de FFT otimizados

Um algoritmo de FFT é baseado na decomposição matemática da TFD em uma combinação de transformadas menores, como mostramos em detalhes nas seções 9.2 e 9.3. O algoritmo de FFT pode ser expresso em uma linguagem de programação de alto nível que pode ser traduzida em instruções em nível de máquina por compiladores que rodam em uma determinada máquina. Em geral, isso levará a implementações cuja eficiência variará com a arquitetura da máquina. Para resolver a questão de maximizar a eficiência para uma série de máquinas, Frigo e Johnson (1998 e 2005) desenvolveram uma biblioteca de *software* livre chamada FFTW (do inglês "*Fastest Fourier Transform in the West*"). A FFTW usa um "planejador" para adaptar seus algoritmos de FFT do tipo Cooley–Tukey generalizados para uma dada plataforma de *hardware*, maximizando assim a eficiência. O sistema opera em dois estágios, o primeiro sendo um estágio de planejamento em que os cálculos são organizados de modo a otimizar o desempenho na máquina dada, e o segundo sendo um estágio de cálculo em que o plano (programa) resultante é executado. Uma vez que o plano é determinado para uma dada máquina, ele pode ser executado nessa máquina quantas vezes forem necessárias. Os detalhes do FFTW estão fora do nosso escopo aqui. Porém, Frigo e Johnson (2005) mostraram que, para uma grande quantidade de máquinas hospedeiro (*host*, em inglês), o algoritmo de FFTW é significativamente mais rápido do que outras implementações para valores de *N* que variam de cerca de 16 até 8192. Acima de 8192, o desempenho do FFTW cai drasticamente devido a problemas de *cache* de memória.

9.6 Implementação da TFD usando convolução

Devido à drástica eficiência da FFT, a convolução frequentemente é implementada calculando-se explicitamente a TFD inversa do produto das TFDs de cada sequência a ser convoluída, em que um algoritmo de FFT é usado para calcular as TFDs direta e inversa. Por outro lado, e até mesmo em aparente (mas, naturalmente, não real) contradição, às vezes é preferível calcular a TFD primeiro, reformulando-a como uma convolução. Já vimos um exemplo disso no algoritmo de Goertzel. Vários outros procedimentos, mais sofisticados, são baseados nessa técnica, como discutiremos nas próximas seções.

9.6.1 Visão geral do algoritmo de Winograd para a transformada de Fourier

Um procedimento proposto e desenvolvido por S. Winograd (1978), frequentemente chamado de algoritmo de Winograd para a transformada de Fourier (WFTA, do inglês *Winograd Fourier transform algorithm*), alcança sua eficiência ao expressar a TFD em termos de multiplicação de polinômios ou, de modo equivalente, de convolução. O WFTA usa um esquema de indexação correspondente à decomposição da TFD em múltiplas TFDs curtas, em que os comprimentos são primos entre si. Então, as TFDs curtas são convertidas em convoluções periódicas. Um esquema para converter uma TFD em uma convolução quando o número de amostras de entrada é primo foi proposto por Rader (1968), mas sua aplicação teve de aguardar o desenvolvimento de métodos eficientes para o cálculo de convoluções periódicas. Winograd combinou todos os procedimentos anteriores a algoritmos altamente eficientes para calcular convoluções cíclicas em uma nova técnica para o cálculo da TFD. As técnicas para deduzir algoritmos eficientes para o cálculo de convoluções curtas são baseadas em conceitos relativamente avançados da teoria dos números, como o teorema chinês do resto para polinômios, e, consequentemente, não exploramos os detalhes aqui. Porém, excelentes discussões dos detalhes do WFTA estão disponíveis em McClellan e Rader (1979), Blahut (1985) e Burrus (1988).

Com a abordagem WFTA, o número de multiplicações requeridas para uma TFD de N pontos é proporcional a N em vez de a $N \log N$. Embora essa técnica produza algoritmos ótimos em termos de minimização de multiplicações, o número de adições aumenta significativamente em comparação com a FFT. Portanto, o WFTA é mais vantajoso quando a multiplicação é significativamente mais lenta do que a adição, como muitas vezes acontece com a aritmética digital de ponto fixo. Porém, em processadores em que a multiplicação e a acumulação estão ligadas, os algoritmos de Cooley–Tukey ou dos fatores primos geralmente são preferíveis. Dificuldades adicionais do WFTA são a indexação que é mais complicada, o fato de que o cálculo realizado localmente não é possível e de que existem diferenças estruturais significativas nos algoritmos para valores diferentes de N.

Assim, embora o WFTA seja extremamente importante como uma referência para determinar quão eficiente o cálculo das TFD pode ser (em termos de número de multiplicações), outros fatores frequentemente dominam a determinação da velocidade e a eficiência de uma implementação de *hardware* ou *software* do cálculo da TFD.

9.6.2 Algoritmo da transformada *chirp*

Outro algoritmo baseado na expressão da TFD como uma convolução é conhecido como algoritmo da transformada chirp (CTA, do inglês *chirp transform algorithm*). Esse algoritmo não é ótimo em termos da minimização de nenhuma medida de custo computacional, mas tem sido útil em uma variedade de aplicações, particularmente quando implementado em tecnologias adequadas a realizar a convolução com uma resposta ao impulso fixa, pré-especificada. O CTA também é mais flexível do que a FFT, pois pode ser usado para calcular *qualquer* conjunto de amostras igualmente espaçadas na circunferência unitária da transformada de Fourier.

Para deduzir o CTA, denotamos $x[n]$ como uma sequência de N pontos, e $X(e^{j\omega})$, sua transformada de Fourier. Consideramos o cálculo de M amostras de $X(e^{j\omega})$ que estão igualmente espaçadas em ângulo na circunferência unitária, como indicado na Figura 9.27, isto é, nas frequências

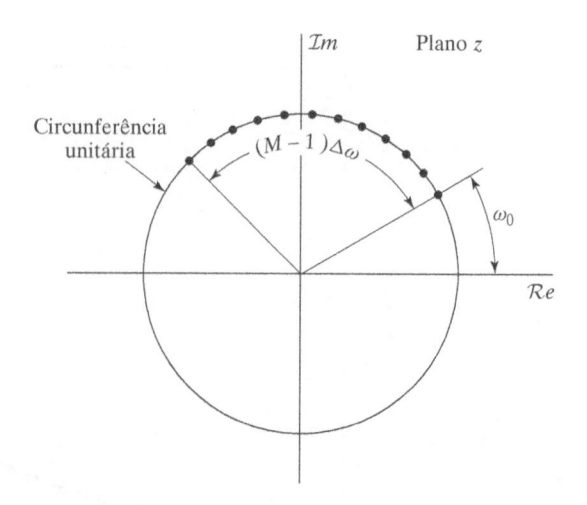

Figura 9.27 Amostras de frequência para algoritmo da transformada *chirp*.

$$\omega_k = \omega_0 + k\Delta\omega, \quad k = 0, 1, \ldots, M-1, \quad (9.39)$$

em que a frequência inicial ω_0 e o incremento em frequência $\Delta\omega$ podem ser escolhidos arbitrariamente. (Para o caso específico da TFD, $\omega_0 = 0$, $M = N$ e $\Delta\omega = 2\pi/N$.) A transformada de Fourier correspondente a esse conjunto mais geral de amostras de frequência é dada por

$$X(e^{j\omega_k}) = \sum_{n=0}^{N-1} x[n] e^{-j\omega_k n}, \quad k = 0, 1, \ldots, M-1, \quad (9.40)$$

ou, com W definido como

$$W = e^{-j\Delta\omega} \quad (9.41)$$

e usando a Equação 9.39,

$$X(e^{j\omega_k}) = \sum_{n=0}^{N-1} x[n] e^{-j\omega_0 n} W^{nk}. \quad (9.42)$$

Para expressar $X(e^{j\omega_k})$ como uma convolução, usamos a identidade

$$nk = \tfrac{1}{2}[n^2 + k^2 - (k-n)^2] \quad (9.43)$$

para expressar a Equação 9.42 como

$$X(e^{j\omega_k}) = \sum_{n=0}^{N-1} x[n] e^{-j\omega_0 n} W^{n^2/2} W^{k^2/2} W^{-(k-n)^2/2}. \quad (9.44)$$

Denotando

$$g[n] = x[n] e^{-j\omega_0 n} W^{n^2/2}, \quad (9.45)$$

podemos, então, escrever

$$X(e^{j\omega_k}) = W^{k^2/2} \left(\sum_{n=0}^{N-1} g[n] W^{-(k-n)^2/2} \right),$$

$$k = 0, 1, \ldots, M-1. \quad (9.46)$$

Como preparação para interpretar a Equação 9.46 como a saída de um sistema linear invariante no tempo, obtemos uma notação mais familiar substituindo k por n e n por k na Equação 9.46:

$$X(e^{j\omega_n}) = W^{n^2/2}\left(\sum_{k=0}^{N-1} g[k] W^{-(n-k)^2/2}\right),$$
$$n = 0, 1, \ldots, M-1. \quad (9.47)$$

Na forma da Equação 9.47, $X(e^{j\omega_n})$ corresponde à convolução da sequência $g[n]$ com a sequência $W^{-n^2/2}$, seguida por multiplicação pela sequência $W^{n^2/2}$. A sequência de saída, indexada na variável independente n, é a sequência de amostras de frequência $X(e^{j\omega_n})$. Com essa interpretação, o cálculo da Equação 9.47 é como mostrado na Figura 9.28. A sequência $W^{-n^2/2}$ pode ser entendida como uma sequência exponencial complexa com frequência linearmente crescente $n\Delta w$. Em siste-

mas de radar, esses sinais são chamados de sinais *chirp* — daí o nome *transformada chirp*. Um sistema similar à Figura 9.28 é comumente utilizado no processamento de sinais de radar e sonar para compressão de pulsos (Skolnik, 2002).

Para o cálculo das amostras da transformada de Fourier especificado na Equação 9.47, precisamos apenas calcular a saída do sistema da Figura 9.28 em um intervalo finito. Na Figura 9.29, mostramos ilustrações das sequências $g[n]$, $W^{-n^2/2}$ e $g[n] * W^{-n^2/2}$. Como $g[n]$ tem duração finita, somente uma parte finita da sequência $W^{-n^2/2}$ é usada na obtenção de $g[n] * W^{-n^2/2}$ no intervalo $n = 0, 1, \ldots, M-1$, especificamente, a parte de $n = -(N-1)$ até $n = M-1$. Vamos definir

$$h[n] = \begin{cases} W^{-n^2/2}, & -(N-1) \le n \le M-1, \\ 0, & \text{caso contrário,} \end{cases} \quad (9.48)$$

como ilustrado na Figura 9.30. É facilmente verificável considerando a representação gráfica do processo de convolução que

$$g[n] * W^{-n^2/2} = g[n] * h[n], \quad n = 0, 1, \ldots, M-1. \quad (9.49)$$

Consequentemente, a resposta ao impulso de duração infinita $W^{-n^2/2}$ no sistema da Figura 9.28 pode ser substituída pela resposta ao impulso de duração finita da Figura 9.30. O sistema fica assim como indicado na

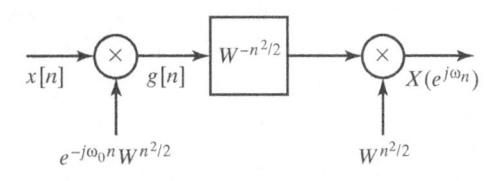

Figura 9.28 Diagrama de blocos do algoritmo da transformada *chirp*.

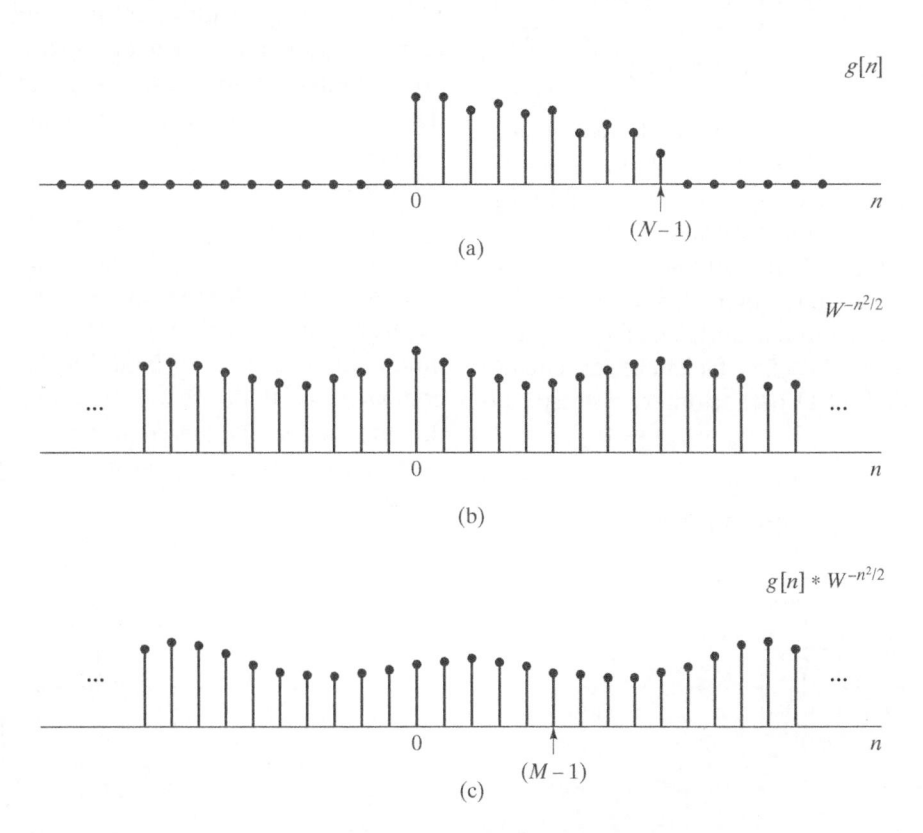

Figura 9.29 Exemplo das sequências usadas no algoritmo da transformada *chirp*. Note que as sequências realmente envolvidas têm valor complexo. (a) $g[n] = x[n]e^{-j\omega_0 n} W^{n^2/2}$. (b) $W^{-n^2/2}$. (c) $g[n] * W^{-n^2/2}$.

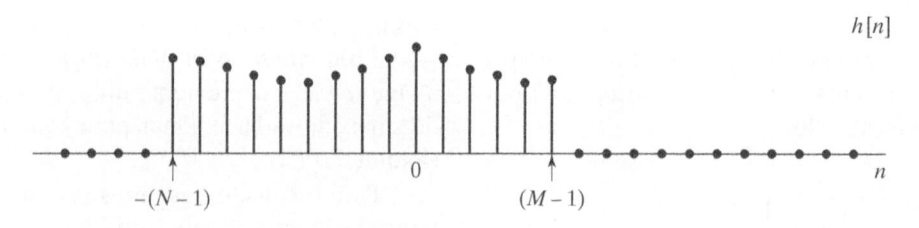

Figura 9.30 Exemplo do intervalo de suporte para o filtro *chirp* FIR. Note que os valores de fato de *h*[*n*] como dados pela Equação 9.48 são complexos.

Figura 9.31, em que *h*[*n*] é especificada pela Equação 9.48 e as amostras de frequência são dadas por

$$X(e^{j\omega_n}) = y[n], \quad n = 0, 1, \ldots, M-1. \quad (9.50)$$

O cálculo das amostras de frequência usando o procedimento indicado na Figura 9.31 tem uma série de vantagens em potencial. Em geral, não exigimos que $N = M$, como nos algoritmos de FFT, e nem N nem M precisam ser números compostos. De fato, eles podem ser números primos, se desejado. Além disso, o parâmetro ω_0 é arbitrário. Essa flexibilidade aumentada em relação à FFT não impede o cálculo eficiente, pois a convolução na Figura 9.31 pode ser implementada eficientemente usando um algoritmo de FFT com a técnica da Seção 8.7 para calcular a convolução. Como discutimos naquela seção, o comprimento da FFT precisa ser maior ou igual a $(M + N - 1)$ para que a convolução circular seja igual a $g[n]*h[n]$ para $0 \leq n \leq M - 1$. Fora isso, o comprimento da FFT é arbitrário e pode, por exemplo, ser escolhido de forma a ser uma potência de 2. É interessante notar que os algoritmos de FFT usados para calcular a convolução implicada pelo CTA poderiam ser do tipo Winograd. Esses mesmos algoritmos utilizam a convolução para implementar o cálculo da TFD.

No sistema da Figura 9.31, *h*[*n*] é não causal e, para certas implementações em tempo real, deve ser modificada para se obter um sistema causal. Como *h*[*n*] tem duração finita, essa modificação é facilmente executada atrasando-se *h*[*n*] de ($N-1$), para se obter uma resposta ao impulso causal:

$$h_1[n] = \begin{cases} W^{-(n-N+1)^2/2}, & n = 0, 1, \ldots, M+N-2, \\ 0, & \text{caso contrário}. \end{cases} \quad (9.51)$$

Como tanto o fator de demodulação *chirp* na saída quanto o sinal de saída também são atrasados de $(N-1)$ amostras, os valores da transformada de Fourier são

$$X(e^{j\omega_n}) = y_1[n + N - 1], \quad n = 0, 1, \ldots, M-1. \quad (9.52)$$

Modificar o sistema da Figura 9.31 para a obtenção de um sistema causal resulta no sistema da Figura 9.32. Uma vantagem desse sistema reside no fato de que ele envolve a convolução do sinal de entrada (modulado com um *chirp*) com uma resposta ao impulso fixa, causal. Certas tecnologias, como os dispositivos de carga acoplada (CCD, do inglês *charge-coupled devices*) e dispositivos de onda acústica superficial (SAW, do inglês *surface acoustic wave*), são particularmente úteis na implementação da convolução com uma resposta ao impulso fixa, pré-especificada. Esses dispositivos podem ser usados para implementar filtros FIR, com a resposta ao impulso do filtro sendo especificada no momento da fabricação por um padrão geométrico de eletrodos. Uma abordagem similar foi seguida por Hewes, Broderson e Buss (1979) na implementação do CTA com CCDs.

Simplificações adicionais do CTA resultam quando as amostras em frequência a serem calculadas correspondem à TFD, isto é, quando $\omega_0 = 0$ e $W = e^{-j2\pi/N}$, de modo que $\omega_n = 2\pi n/N$. Nesse caso, é conveniente modificar o sistema da Figura 9.32. Especificamente, com $\omega_0 = 0$ e $W = e^{-j2\pi/N} = W_N$, considere a aplicação de uma unidade de atraso adicional à resposta ao impulso da Figura 9.32. Com N par, $W_N^N = e^{j2\pi} = 1$, de modo que

$$W_N^{-(n-N)^2/2} = W_N^{-n^2/2}. \quad (9.53)$$

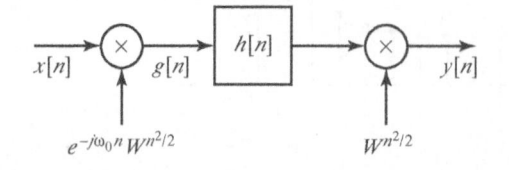

Figura 9.31 Diagrama de blocos do sistema de transformada *chirp* para uma resposta ao impulso com comprimento finito.

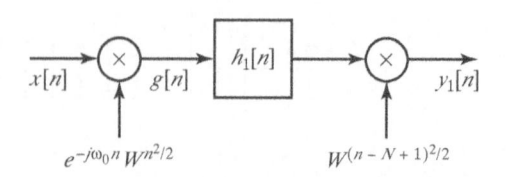

Figura 9.32 Diagrama de blocos do sistema de transformada *chirp* para resposta ao impulso causal de comprimento finito.

Portanto, o sistema agora é como mostra a Figura 9.33, em que

$$h_2[n] = \begin{cases} W_N^{-n^2/2}, & n = 1, 2, \ldots, M + N - 1, \\ 0, & \text{caso contrário.} \end{cases} \quad (9.54)$$

Nesse caso, o sinal *chirp* modulando $x[n]$ e o sinal *chirp* modulando a saída do filtro FIR são idênticos, e

$$X(e^{j2\pi n/N}) = y_2[n + N], \quad n = 0, 1, \ldots, M - 1. \quad (9.55)$$

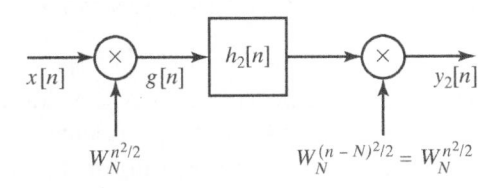

Figura 9.33 Diagrama de blocos do sistema de transformada *chirp* para obter amostras da TFD.

Exemplo 9.1 Parâmetros da transformada *chirp*

> Suponha que tenhamos uma sequência de comprimento finito $x[n]$ que seja não nula apenas no intervalo $n = 0, \ldots, 25$ e queiramos calcular 16 amostras da TFTD $X(e^{j\omega})$ nas frequências $\omega_k = 2\pi/27 + 2\pi k/1024$ para $k = 0, \ldots, 15$. Podemos calcular as amostras de frequência desejadas pela convolução com uma resposta ao impulso causal usando o sistema da Figura 9.32 com uma escolha apropriada de parâmetros. Tomamos $M = 16$, o número de amostras desejadas, e $N = 26$, o comprimento da sequência. A frequência da amostra inicial, ω_0, é $2\pi/27$, enquanto o intervalo entre amostras de frequência adjacentes, $\Delta \omega$, é $2\pi/1024$. Com essas escolhas para os parâmetros, sabemos pela Equação 9.41 que $W = e^{-j\Delta\omega}$, e assim a resposta ao impulso causal que desejamos é, da Equação 9.51,
>
> $$h_1[n] = \begin{cases} [e^{-j\,2\pi/1024}]^{-(n-25)^2/2}, & n = 0, \ldots, 40, \\ 0, & \text{demais valores.} \end{cases}$$
>
> Para essa resposta ao impulso causal, a saída $y_1[n]$ serão as amostras de frequência desejadas começando em $y_1[25]$, isto é,
>
> $$y_1[n + 25] = X(e^{j\omega_n})\big|_{\omega_n = 2\pi/27 + 2\pi n/1024}, \quad n = 0, \ldots, 15.$$

Um algoritmo similar ao CTA foi proposto inicialmente por Bluestein (1970), que mostrou que uma realização recursiva da Figura 9.32 pode ser obtida para o caso $\Delta \omega = 2\pi/N$, quando N é um quadrado perfeito. (Veja o Problema 9.48.) Rabiner, Schafer e Rader (1969) generalizaram esse algoritmo para obter amostras da transformada z igualmente espaçadas em ângulo em um contorno espiral no plano z. Essa forma mais geral da CTA foi chamada de algoritmo da transformada z *chirp* (CZT, do inglês *chirp z-transform*). O algoritmo que chamamos de CTA é um caso especial do algoritmo CZT.

9.7 Efeitos do comprimento finito do registrador

Como o algoritmo da transformada de Fourier rápida é amplamente usado em filtragem digital e análise espectral, é importante entender os efeitos do comprimento finito do registrador sobre o cálculo. Assim como no caso de filtros digitais, uma análise precisa dos efeitos é difícil. Porém, uma análise simplificada frequentemente é o bastante para fins de escolha do comprimento do registrador requerido. A análise que apresentaremos é similar em estilo àquela executada na Seção 6.9. Especificamente, analisamos o arredondamento aritmético por meio de um modelo de ruído linear, obtido inserindo-se uma fonte de ruído aditiva em cada ponto no algoritmo computacional em que ocorre arredondamento. Além disso, faremos uma série de hipóteses para simplificar a análise. Os resultados que obtemos levam a várias estimativas simplificadas, porém úteis, do efeito do arredondamento aritmético. Embora a análise seja feita para o arredondamento, geralmente é fácil modificar os resultados para o truncamento.

Vimos várias estruturas algorítmicas diferentes para a FFT. Porém, os efeitos do ruído de arredondamento são muito semelhantes entre as diferentes classes de algoritmos. Portanto, embora consideremos apenas o algoritmo de dizimação no tempo de raiz 2, nossos resultados são representativos para outras formas também.

O diagrama de fluxo que representa um algoritmo de dizimação no tempo para $N = 8$ foi mostrado na Figura 9.11 e é reproduzido na Figura 9.34. Alguns aspectos-chave desse diagrama são comuns a todos os algoritmos de raiz 2. A TFD é calculada em $\nu = \log_2 N$ estágios. Em cada estágio, um novo vetor de N números

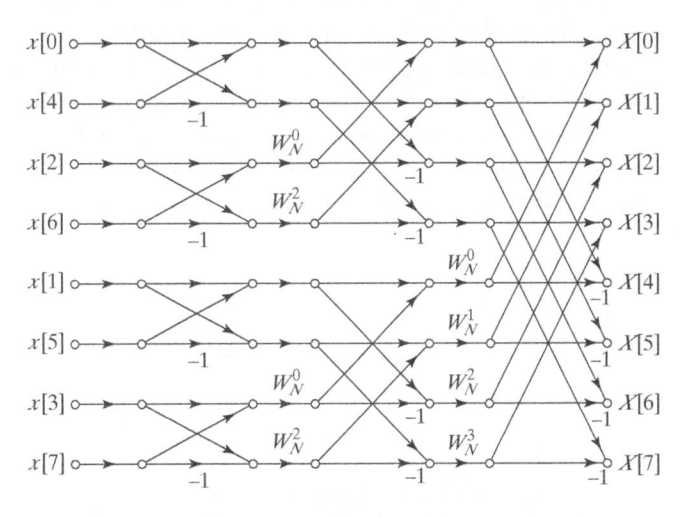

Figura 9.34 Diagrama de fluxo para o algoritmo de FFT com dizimação no tempo.

é formado a partir do vetor anterior por combinações lineares dos elementos, tomados dois a dois. O v-ésimo vetor contém a TFD desejada. Para algoritmos de dizimação no tempo de raiz 2, o cálculo básico da TFD de 2 pontos tem a forma

$$X_m[p] = X_{m-1}[p] + W_N^r X_{m-1}[q], \quad (9.56a)$$

$$X_m[q] = X_{m-1}[p] - W_N^r X_{m-1}[q]. \quad (9.56b)$$

Aqui, os subscritos m e $(m-1)$ referem-se ao m-ésimo e ao $(m-1)$-ésimo vetor, respectivamente, e p e q indicam a localização dos números em cada vetor. (Note que $m = 0$ refere-se ao vetor de entrada e $m = v$ refere-se ao vetor de saída.) Um diagrama de fluxo representando a operação borboleta é mostrado na Figura 9.35.

Em cada estágio, $N/2$ operações borboleta separadas são executadas para produzir o próximo vetor. O inteiro r varia com p, q e m de uma maneira que depende da forma específica do algoritmo de FFT utilizado. Porém, nossa análise não está ligada à forma específica com que r varia. Além disso, a relação específica entre p, q e m, que determina como indexamos no m-ésimo vetor, não é importante para a análise. Os detalhes da análise para dizimação no tempo e dizimação na frequência diferem um pouco devido às formas diferentes de borboletas, mas os resultados básicos não mudam significativamente. Em nossa análise, consideramos uma borboleta na forma das equações 9.56(a) e (b), correspondentes à dizimação no tempo.

Modelamos o ruído de arredondamento associando um gerador de ruído aditivo a cada multiplicação de ponto fixo. Com esse modelo, a borboleta da Figura 9.35 é substituída pela da Figura 9.36 para a análise dos efeitos de ruído de arredondamento. A notação $\varepsilon[m, q]$ representa o erro de valor complexo introduzido no cálculo do m-ésimo vetor a partir do $(m-1)$-ésimo vetor; especificamente, ela indica o erro resultante da digitalização da multiplicação do q-ésimo elemento do $(m-1)$-ésimo vetor por um coeficiente complexo.

Como assumimos que, em geral, a entrada da FFT é uma sequência complexa, cada uma das multiplicações é complexa, e, assim, consiste em quatro multipli-

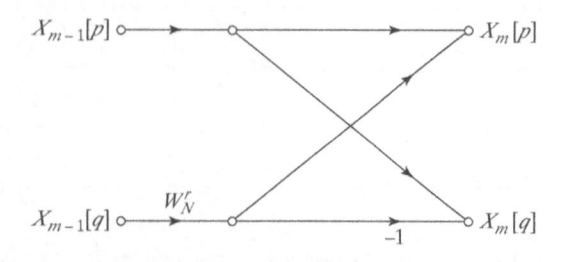

Figura 9.35 Operação borboleta para a dizimação no tempo.

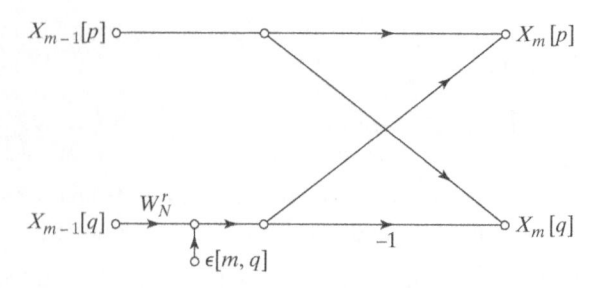

Figura 9.36 Modelo de ruído linear para o ruído de arredondamento de ponto fixo em uma operação borboleta para dizimação no tempo.

cações reais. Consideramos que os erros devidos a cada multiplicação real têm as seguintes propriedades:

1. Os erros são variáveis aleatórias distribuídas uniformemente pelo intervalo $-(1/2) \cdot 2^{-B}$ a $(1/2) \cdot 2^{-B}$, em que, como definido na Seção 6.7.1, os números são representados como frações de $(B + 1)$ bits com sinal. Portanto, cada fonte de erro tem variância $2^{-2B}/12$.
2. Os erros são descorrelacionados entre si.
3. Todos os erros são descorrelacionados com a entrada e, consequentemente, também com a saída.

Como cada uma das quatro sequências de ruído é ruído branco de média nula descorrelacionado e todas têm a mesma variância,

$$\mathcal{E}\{|\varepsilon[m, q]|^2\} = 4 \cdot \frac{2^{-2B}}{12} = \tfrac{1}{3} \cdot 2^{-2B} = \sigma_B^2. \quad (9.57)$$

Para determinar o valor quadrático médio do ruído de saída em qualquer nó de saída, temos de levar em conta a contribuição de cada uma das fontes de ruído que se propagam em direção a esse nó. Podemos fazer as seguintes observações a partir do diagrama de fluxo da Figura 9.34:

1. A função de ganho de qualquer nó no diagrama de fluxo para qualquer outro nó ao qual está conectado é a multiplicação por uma constante complexa de magnitude unitária (pois o ganho de cada ramo é unitário ou uma potência inteira de W_N).
2. Cada nó de saída conecta-se a sete borboletas no diagrama de fluxo. (Em geral, cada nó de saída se conectaria a $(N − 1)$ borboletas.) Por exemplo, na Figura 9.37(a) é mostrado o diagrama de fluxo com todas as borboletas que não se conectam a $X[0]$ removidas, e na Figura 9.37(b) mostra-se o diagrama de fluxo com a remoção de todas as borboletas que não se conectam a $X[2]$.

Essas observações podem ser generalizadas para o caso de N ser uma potência arbitrária de 2.

Como uma consequência da primeira observação, o valor quadrático médio da magnitude do componente de ruído de saída devido a cada fonte de ruído elementar é o mesmo e igual a σ_B^2. O ruído total de saí-

dio da magnitude do ruído de saída é igual a σ_B^2 vezes o número de fontes de ruído que se propagam até esse nó. No máximo, uma fonte de ruído complexa é introduzida em cada borboleta; consequentemente, pela observação 2, no máximo $(N-1)$ fontes de ruído propagam-se para cada nó de saída. De fato, nem todas as borboletas geram ruído de arredondamento, pois algumas (por exemplo, todas aquelas no primeiro e no segundo estágios para $N = 8$) envolvem apenas multiplicação pela unidade. Porém, se para simplificar assumimos que o arredondamento ocorre para toda borboleta, podemos considerar o resultado como um limite superior para o ruído de saída. Com essa hipótese, então, o valor quadrático médio do ruído de saída no k-ésimo valor da TFD, $F[k]$, é dado por

$$\mathcal{E}\{|F[k]|^2\} = (N-1)\sigma_B^2, \qquad (9.58)$$

que, para N grande, aproximamos por

$$\mathcal{E}\{|F[k]|^2\} \cong N\sigma_B^2. \qquad (9.59)$$

De acordo com esse resultado, o valor quadrático médio do ruído de saída é proporcional a N, o número de pontos transformados. O efeito de dobrar N, ou acrescentar outro estágio na FFT, é dobrar o valor quadrático médio do ruído de saída. No Problema 9.52, consideramos a modificação desse resultado quando não inserimos fontes de ruído para aquelas borboletas que envolvem apenas multiplicação pela unidade ou por j. Note que, para algoritmos de FFT, um acumulador de comprimento duplo não nos ajuda a reduzir o ruído de arredondamento, pois as saídas da operação borboleta devem ser armazenadas em registradores de $(B+1)$ bits na saída de cada estágio.

Na implementação de um algoritmo de FFT com aritmética de ponto fixo, precisamos evitar o transbordamento. Das equações 9.56(a) e (b), segue que

$$\max(|X_{m-1}[p]|, |X_{m-1}[q]|) \le \max(|X_m[p]|, |X_m[q]|) \qquad (9.60)$$

e também

$$\max(|X_m[p]|, |X_m[q]|) \le 2 \max(|X_{m-1}[p]|, |X_{m-1}[q]|). \qquad (9.61)$$

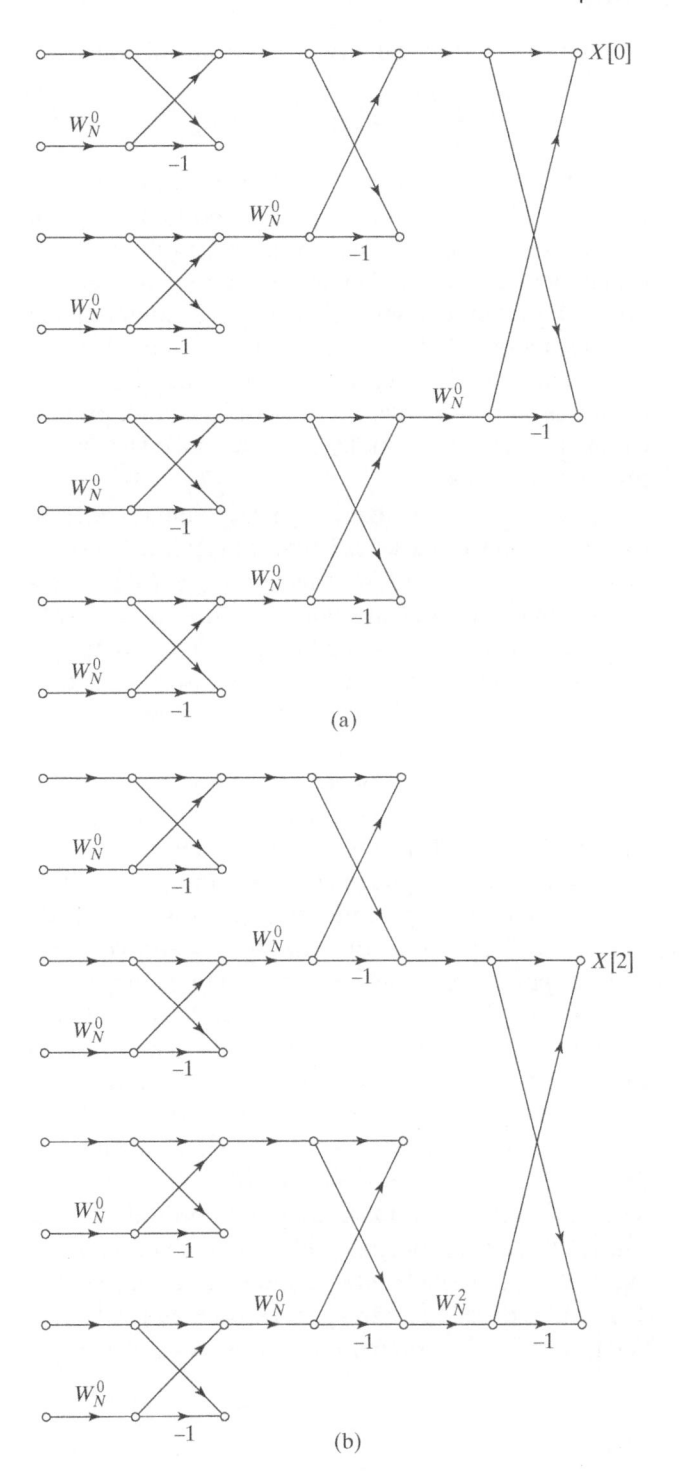

Figura 9.37 (a) Borboletas que afetam $X[0]$; (b) borboletas que afetam $X[2]$.

da em cada nó de saída é igual à soma do ruído propagado a esse nó. Como supomos que todas as fontes de ruído são descorrelacionadas, o valor quadrático mé-

(Veja o Problema 9.51.) A Equação 9.60 implica que a magnitude máxima é não decrescente de um estágio para outro. Se a magnitude da saída da FFT é menor do que a unidade, então a magnitude dos pontos em cada vetor deve ser menor do que a unidade, isto é, não haverá transbordamento em nenhum dos vetores.[11]

---

[11] Na realidade, devemos discutir transbordamento em termos das partes real e imaginária dos dados, e não em termos da magnitude. Porém, $|x| < 1$ implica que $|\mathcal{R}e\{x\}| < 1$ e $|\mathcal{I}m\{x\}| < 1$, e consegue-se apenas um pequeno aumento no nível de sinal permitido acertando-se a escala com base nas partes real e imaginária.

Para expressar essa restrição como um limite para a sequência de entrada, notamos que a condição

$$|x[n]| < \frac{1}{N}, \quad 0 \leq n \leq N-1, \quad (9.62)$$

é necessária e suficiente para garantir que

$$|X[k]| < 1, \quad 0 \leq k \leq N-1. \quad (9.63)$$

Isso segue da definição da TFD, pois

$$|X[k]| = \left|\sum_{n=0}^{N-1} x[n]W_N^{kn}\right| \leq \sum_{n=0}^{N-1}|x[n]| \quad k=0,1,\ldots N-1. \quad (9.64)$$

Assim, a Equação 9.62 é suficiente para garantir que não haverá transbordamento em todos os estágios do algoritmo.

Para obter uma expressão explícita para a relação ruído-sinal na saída do algoritmo de FFT, considere uma entrada em que valores de sequência sucessivos sejam descorrelacionados, isto é, um sinal de entrada ruído branco. Além disso, suponha que as partes real e imaginária da sequência de entrada sejam descorrelacionadas e que cada uma tenha uma densidade de amplitude uniforme entre $-1/(\sqrt{2}N)$ e $+1/(\sqrt{2}N)$. (Note que esse sinal satisfaz a Equação 9.62.) Então, a magnitude quadrática média da sequência de entrada complexa é

$$\mathcal{E}\{|x[n]|^2\} = \frac{1}{3N^2} = \sigma_x^2. \quad (9.65)$$

A TFD da sequência de entrada é

$$X[k] = \sum_{n=0}^{N-1} x[n]W^{kn}, \quad (9.66)$$

da qual pode-se mostrar que, sujeito às hipóteses anteriores sobre a entrada,

$$\mathcal{E}\{|X[k]|^2\} = \sum_{n=0}^{N-1} \mathcal{E}\{|x[n]|^2\}|W^{kn}|^2 \quad (9.67)$$
$$= N\sigma_x^2 = \frac{1}{3N}.$$

Combinando as equações 9.59 e 9.67, obtemos

$$\frac{\mathcal{E}\{|F[k]|^2\}}{\mathcal{E}\{|X[k]|^2\}} = 3N^2\sigma_B^2 = N^2 2^{-2B}. \quad (9.68)$$

De acordo com a Equação 9.68, a relação ruído-sinal aumenta com N^2, ou 1 bit por estágio. Isto é, se N for duplicado, correspondendo ao acréscimo de mais um estágio à FFT, então, para manter a mesma relação ruído-sinal, 1 bit precisa ser acrescentado ao comprimento do registrador. A hipótese de um sinal de entrada ruído branco, de fato, não é crítica aqui. Para uma variedade de outras entradas, a relação ruído-sinal ainda é proporcional a N^2, com uma mudança apenas na constante de proporcionalidade.

A Equação 9.61 sugere um procedimento alternativo para o ajuste de escala. Como a magnitude máxima não aumenta por um fator maior do que 2 de um estágio para outro, podemos impedir o transbordamento impondo que $|x[n]| < 1$ e incorporando uma atenuação de $\frac{1}{2}$ na entrada de cada estágio. Nesse caso, a saída consistirá na TFD multiplicada por $1/N$. Embora o sinal de saída quadrático médio seja $1/N$ vezes o que seria se nenhuma mudança de escala fosse introduzida, a amplitude da entrada pode ser N vezes maior sem causar transbordamento. Para o sinal de entrada ruído branco, isso significa que podemos considerar que as partes real e imaginária estão uniformemente distribuídas de $-1/\sqrt{2}$ a $1/\sqrt{2}$, de modo que $|x[n]| < 1$. Assim, com as v divisões por 2, o máximo valor esperado da magnitude ao quadrado da TFD que pode ser obtido (para o sinal de entrada ruído branco) é o mesmo dado na Equação 9.67. Porém, o nível de ruído na saída será muito menor do que na Equação 9.59, pois o ruído introduzido nos primeiros estágios da FFT será atenuado pela mudança de escala que ocorre nos vetores posteriores. Especificamente, com a multiplicação por 1/2 introduzida na entrada de cada borboleta, modificamos a borboleta da Figura 9.36 para a da Figura 9.38, em que, em particular, duas fontes de ruído estão agora associadas a cada borboleta. Como antes, supomos que as partes real e imagi-

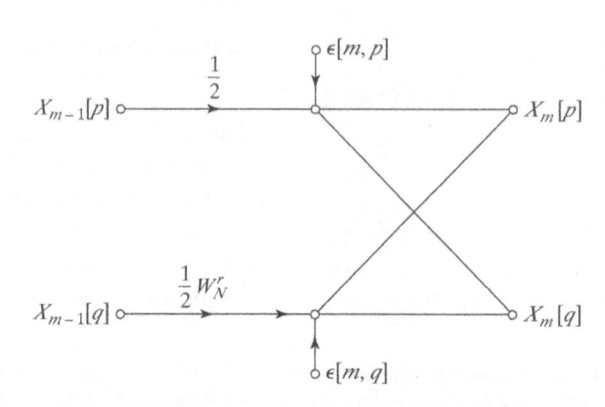

Figura 9.38 Borboleta mostrando as multiplicações escalares e o ruído de arredondamento de ponto fixo associado.

nária dessas fontes de ruído sejam descorrelacionadas e também sejam descorrelacionadas com as outras fontes de ruído e que as partes real e imaginária estejam distribuídas uniformemente entre $\pm(1/2) \cdot 2^{-B}$. Assim, como anteriormente,

$$\mathcal{E}\{|\varepsilon[m,q]|^2\} = \sigma_B^2 = \tfrac{1}{3} \cdot 2^{-2B} = \mathcal{E}\{|\varepsilon[m,p]|^2\}. \quad (9.69)$$

Como as fontes de ruído são todas descorrelacionadas, a magnitude quadrática média do ruído em cada nó de saída novamente é a soma das contribuições quadráticas médias de cada fonte de ruído no diagrama de fluxo. Porém, diferentemente do caso anterior, a atenuação que cada fonte de ruído experimenta por meio do diagrama de fluxo depende do vetor em que ela é originada. Uma fonte de ruído originando-se no m-ésimo vetor se propagará para a saída com multiplicação por uma constante complexa com magnitude $(1/2)^{\nu-m-1}$. Examinando a Figura 9.34, vemos que, para o caso $N = 8$, cada nó de saída se conecta a:

1 borboleta originando-se no $(\nu - 1)$-ésimo vetor,
2 borboletas originando-se no $(\nu - 2)$-ésimo vetor,
4 borboletas originando-se no $(\nu - 3)$-ésimo vetor etc.

Para o caso geral com $N = 2^\nu$, cada nó de saída se conecta a $2^{\nu-m-1}$ borboletas e, portanto, a $2^{\nu-m}$ fontes de ruído que se originam no m-ésimo vetor. Assim, em cada nó de saída, a magnitude quadrática média do ruído é

$$\begin{aligned}\mathcal{E}\{|F[k]|^2\} &= \sigma_B^2 \sum_{m=0}^{\nu-1} 2^{\nu-m} \cdot (0{,}5)^{2\nu-2m-2} \\ &= \sigma_B^2 \sum_{m=0}^{\nu-1} (0{,}5)^{\nu-m-2} \\ &= \sigma_B^2 \cdot 2 \sum_{k=0}^{\nu-1} 0{,}5^k \\ &= 2\sigma_B^2 \frac{1-0{,}5^\nu}{1-0{,}5} = 4\sigma_B^2(1-0{,}5^\nu).\end{aligned} \quad (9.70)$$

Para um N grande, consideramos que $0{,}5^\nu$ (isto é, $1/N$) seja desprezível em comparação com a unidade, de modo que

$$\mathcal{E}\{|F[k]|^2\} \cong 4\sigma_B^2 = \tfrac{4}{3} \cdot 2^{-2B}, \quad (9.71)$$

que é muito menor do que a variância do ruído resultante quando toda a mudança de escala é executada sobre os dados de entrada.

Agora, podemos combinar a Equação 9.71 com a Equação 9.67 para obter a relação ruído-sinal para o caso do ajuste de escala passo a passo e entrada branca. Obtemos

$$\frac{\mathcal{E}\{|F[k]|^2\}}{\mathcal{E}\{|X[k]|^2\}} = 12N\sigma_B^2 = 4N \cdot 2^{-2B}, \quad (9.72)$$

um resultado proporcional a N em vez de a N^2. Uma interpretação da Equação 9.72 é que a relação ruído-sinal de saída aumenta com N, correspondendo a meio bit por estágio, um resultado obtido inicialmente por Welch (1969). É importante notar novamente que a hipótese de um sinal ruído branco não é essencial na análise. O resultado básico de um aumento de meio bit por estágio é válido para uma ampla classe de sinais, sendo apenas a constante multiplicativa na Equação 9.72 dependente do sinal.

Também devemos notar que o fator dominante que causa o aumento da relação ruído-sinal com N é a diminuição no nível do sinal (exigida pela restrição de transbordamento) quando passamos de um estágio para outro. De acordo com a Equação 9.71, muito pouco ruído (apenas um bit ou dois) está presente no vetor final. A maior parte do ruído foi deslocada para fora da palavra binária pelos ajustes de escala.

Consideramos o cálculo direto com ponto fixo na discussão anterior; isto é, apenas atenuações predefinidas foram permitidas, e não pudemos ajustar novamente a escala com base em um teste de transbordamento. Evidentemente, se o *hardware* ou a facilidade de programação for tal que o cálculo direto com ponto fixo tiver de ser usado, devemos, se possível, incorporar atenuadores de 1/2 em cada vetor, em vez de usar uma grande atenuação do vetor de entrada.

Uma terceira técnica para evitar o transbordamento consiste no uso do *ponto flutuante em bloco*. Nesse procedimento, o vetor original é normalizado para a extremidade esquerda da palavra computacional, com a restrição de que $|x[n]| < 1$; o cálculo prossegue em um modo de ponto fixo, exceto que, depois de cada adição, existe um teste de transbordamento. Se o transbordamento for detectado, o vetor inteiro é dividido por 2 e o cálculo continua. O número de divisões necessárias por 2 é contado para determinar um fator de escala para o vetor final inteiro. A relação ruído-sinal da saída depende muito de quantos transbordamentos ocorrem e em que estágio do cálculo eles ocorrem. As posições e os instantes dos transbordamentos são determinados pelo sinal sendo transformado; assim, para analisar a relação ruído-sinal em uma implementação de ponto flutuante em bloco da FFT, precisaríamos conhecer o sinal de entrada.

A análise anterior mostra que a mudança de escala para evitar o transbordamento é o fator dominante para determinar a relação ruído-sinal das implementações em ponto fixo dos algoritmos de FFT. Portanto, a aritmética de ponto flutuante deverá melhorar o desempenho desses algoritmos. O efeito do arredondamento de ponto flutuante sobre a FFT foi analisado teórica e experimentalmente por Gentleman e Sande (1966), Weinstein e Oppenheim (1969) e Kaneko e Liu

(1970). Essas investigações mostram que, como o ajuste de escala não é mais necessário, o decréscimo da relação ruído-sinal com o aumento de N é muito menos drástico do que para a aritmética de ponto fixo.

Por exemplo, Weinstein (1969) mostrou teoricamente que a relação ruído-sinal é proporcional a ν para $N = 2^\nu$, em vez de proporcional a N, como no caso de ponto fixo. Portanto, quadruplicar ν (elevando N à quarta potência) aumenta a relação ruído-sinal em apenas 1 bit.

9.8 Resumo

Neste capítulo, consideramos técnicas para o cálculo numérico da transformada de Fourier discreta e vimos como a periodicidade e a simetria do fator complexo $e^{-j(2\pi/N)kn}$ podem ser exploradas para o aumento da eficiência dos cálculos da TFD.

Consideramos o algoritmo de Goertzel e o cálculo direto da expressão da TFD devido à importância dessas técnicas quando nem todos os N valores da TFD são requeridos. Porém, a maior ênfase foi nos algoritmos de transformada de Fourier rápida (FFT). Descrevemos as classes de algoritmos de FFT com dizimação no tempo e dizimação na frequência em detalhes e algumas considerações de implementação, como indexação e digitalização de coeficientes. Grande parte da discussão detalhada concentrou-se em algoritmos que requerem que N seja uma potência de 2, pois esses algoritmos são fáceis de entender, simples de programar e usados com mais frequência.

O uso da convolução como base para calcular a TFD foi discutido brevemente. Apresentamos uma breve visão geral do algoritmo de Winograd para a transformada de Fourier e, com um pouco mais de detalhes, discutimos um algoritmo chamado de algoritmo da transformada *chirp*.

A última seção do capítulo discutiu os efeitos do comprimento finito de palavras nos cálculos da TFD. Usamos modelos de ruído linear para mostrar que a relação ruído-sinal de um cálculo de TFD varia diferentemente com o comprimento da sequência, dependendo de como é feito o ajuste de escala. Também comentamos rapidamente sobre o uso de representações de ponto flutuante.

Problemas

Problemas básicos com respostas

9.1. Suponha que um programa de computador esteja disponível para calcular a TFD

$$X[k] = \sum_{n=0}^{N-1} x[n]e^{-j(2\pi/N)kn}, \qquad k = 0, 1, \ldots, N-1;$$

isto é, a entrada do programa é a sequência $x[n]$, e a saída é a TFD $X[k]$. Mostre como as sequências de entrada e/ou saída podem ser rearranjadas de modo que o programa também possa ser usado para calcular a TFD inversa

$$x[n] = \frac{1}{N}\sum_{k=0}^{N-1} X[k]e^{j(2\pi/N)kn}, \qquad n = 0, 1, \ldots, N-1;$$

isto é, a entrada do programa deverá ser $X[k]$ ou uma sequência relacionada de forma simples com $X[k]$, e a saída deverá ser $x[n]$ ou uma sequência relacionada de forma simples com $x[n]$. Existem várias abordagens possíveis.

9.2. O cálculo da TFD geralmente requer multiplicações complexas. Considere o produto $X + jY = (A + jB)(C + jD) = (AC - BD) + j(BC + AD)$. Nessa forma, uma multiplicação complexa requer quatro multiplicações reais e duas adições reais. Verifique se uma multiplicação complexa pode ser realizada com três multiplicações reais e cinco adições usando o algoritmo

$$X = (A - B)D + (C - D)A,$$
$$Y = (A - B)D + (C + D)B.$$

9.3. Suponha que você reflita no tempo e atrase uma sequência real de 32 pontos $x[n]$ para obter $x_1[n] = x[32-n]$. Se $x_1[n]$ for usada como entrada para o sistema na Figura P9.4, encontre uma expressão para $y[32]$ em termos de $X(e^{j\omega})$, a TFTD da sequência original $x[n]$.

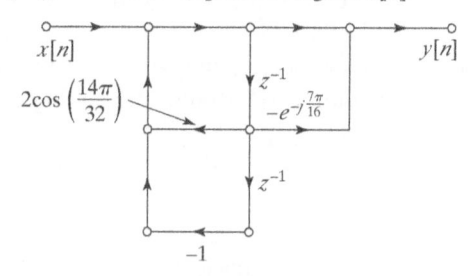

Figura P9.4

9.4. Considere o sistema mostrado na Figura P9.4. Se a entrada do sistema, $x[n]$, for uma sequência de 32 pontos no intervalo $0 \leq n \leq 31$, a saída $y[n]$ em $n = 32$ é igual a $X(e^{j\omega})$ calculada em uma frequência específica ω_k. Qual é o ω_k para os coeficientes mostrados na Figura P9.4?

9.5. Considere o diagrama de fluxo de sinal na Figura P9.5. Suponha que a entrada do sistema $x[n]$ seja uma sequência de 8 pontos. Escolha os valores de a e b de modo que $y[8] = X(e^{j6\pi/8})$.

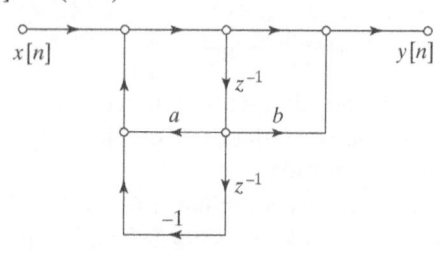

Figura P9.5

9.6. Na Figura P9.6 é mostrada a representação gráfica de um algoritmo de FFT com dizimação no tempo para $N = 8$. A linha mais grossa mostra um caminho da amostra $x[7]$ à amostra $X[2]$ da TFD.

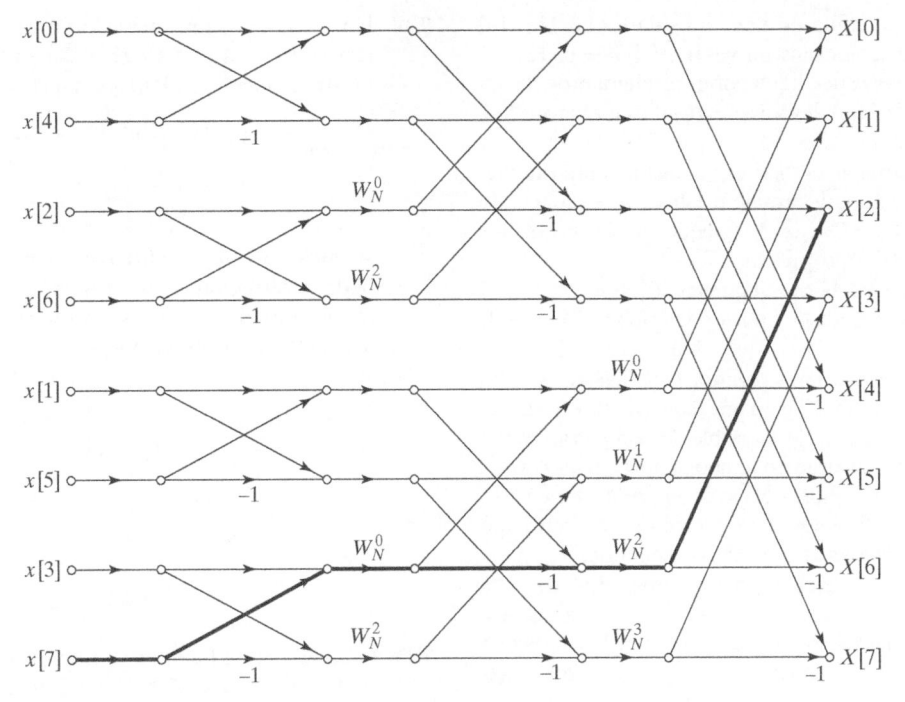

Figura P9.6

(a) Qual é o "ganho" ao longo do caminho que está destacado na Figura P9.6?

(b) Quantos outros caminhos no diagrama de fluxo começam em $x[7]$ e terminam em $X[2]$? Isso é verdade em geral? Ou seja, quantos caminhos existem entre cada amostra de entrada e cada amostra de saída?

(c) Agora considere a amostra da TFD $X[2]$. Traçando caminhos no diagrama de fluxo da Figura P9.6, mostre que cada amostra de entrada contribui com a quantidade apropriada para a amostra da TFD de saída; isto é, verifique que

$$X[2] = \sum_{n=0}^{N-1} x[n]e^{-j(2\pi/N)2n}.$$

9.7. A Figura P9.7 mostra o diagrama de fluxo para um algoritmo de FFT com dizimação no tempo com 8 pontos. Seja $x[n]$ a sequência cuja TFD é $X[k]$. No diagrama de fluxo, $A[\cdot]$, $B[\cdot]$, $C[\cdot]$ e $D[\cdot]$ representam vetores separados que são indexados consecutivamente na mesma ordem dos nós indicados.

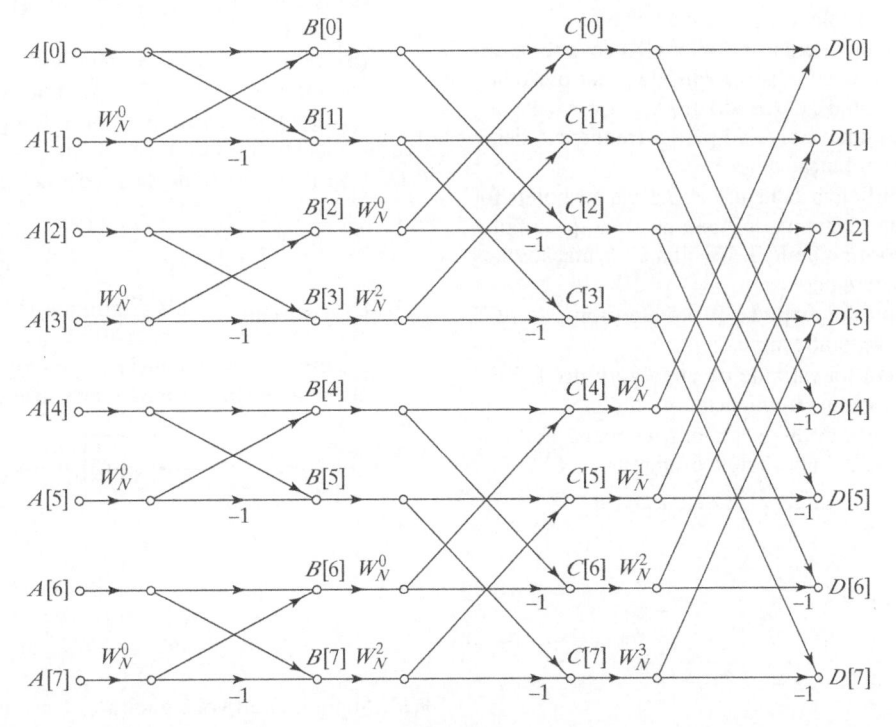

Figura P9.7

(a) Especifique como os elementos da sequência $x[n]$ devem ser colocados no vetor $A[r]$, $r = 0, 1, ..., 7$. Além disso, especifique como os elementos da sequência da TFD devem ser extraídos do vetor $D[r]$, $r = 0, 1, ..., 7$.

(b) Sem determinar os valores nos vetores intermediários, $B[\cdot]$ e $C[\cdot]$, determine e esboce a sequência do vetor $D[r]$, $r = 0, 1, ..., 7$, se a sequência de entrada for $x[n] = (-W_N)^n$, $n = 0, 1, ..., 7$.

(c) Determine e esboce a sequência $C[r]$, $r = 0, 1, ..., 7$, se a transformada de Fourier da saída for $X[k] = 1$, $k = 0, 1, ..., 7$.

9.8. Na implementação de um algoritmo de FFT, às vezes é útil gerar as potências de W_N com uma equação de diferenças recursiva, ou oscilador. Neste problema, consideramos um algoritmo com dizimação no tempo de raiz 2 para $N = 2^\nu$. A Figura 9.11 representa esse tipo de algoritmo para $N = 8$. Para gerar os coeficientes eficientemente, a frequência do oscilador deve mudar de um estágio para outro.

Suponha que os vetores sejam numerados de 0 a $\nu = \log_2 N$, de modo que o vetor que contém a sequência de entrada inicial seja o 0-ésimo vetor e a TFD esteja no ν-ésimo vetor. Nas operações borboletas em dado estágio, todas as borboletas que exigem os mesmos coeficientes W_N^r são calculadas antes de se obterem novos coeficientes. Indexando-se no vetor, supomos que os dados no vetor estejam armazenados em registradores complexos consecutivos, numerados de 0 a $(N-1)$. Todas as perguntas a seguir tratam do cálculo do m-ésimo vetor a partir do $(m-1)$-ésimo vetor, sendo $1 \le m \le \nu$. As respostas devem ser expressas em termos de m.

(a) Quantas borboletas devem ser calculadas no m-ésimo estágio? Quantos coeficientes diferentes são necessários no m-ésimo estágio?

(b) Escreva uma equação de diferenças cuja resposta ao impulso $h[n]$ contenha os coeficientes W_N^r exigidos pelas borboletas no m-ésimo estágio.

(c) A equação de diferenças do item (b) deve ter a forma de um oscilador, isto é, $h[n]$ deve ser periódico para $n \ge 0$. Qual é o período de $h[n]$? Com base nisso, escreva uma expressão para a frequência desse oscilador em função de m.

9.9. Considere a borboleta da Figura P9.9. Essa borboleta foi extraída de um diagrama de fluxo de sinal que implementa um algoritmo de FFT. Escolha a afirmação mais precisa da lista a seguir:

1. A borboleta foi extraída de um algoritmo de FFT com dizimação no tempo.
2. A borboleta foi extraída de um algoritmo de FFT com dizimação na frequência.
3. Não é possível dizer, pela figura, de qual tipo de algoritmo de FFT a borboleta originou.

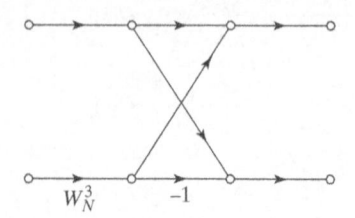

Figura P9.9

9.10. Um sinal de comprimento finito $x[n]$ é não nulo no intervalo $0 \le n \le 19$. Esse sinal é a entrada para o sistema mostrado na Figura P9.10, em que

$$h[n] = \begin{cases} e^{j(2\pi/21)(n-19)^2/2}, & n = 0, 1, ..., 28, \\ 0, & \text{demais valores.} \end{cases}$$

$$W = e^{-j(2\pi/21)}$$

A saída do sistema, $y[n]$, para o intervalo $n = 19, ..., 28$ pode ser expressa em termos da TFTD $X(e^{j\omega})$ para valores apropriados de ω. Escreva uma expressão para $y[n]$ nesse intervalo em termos de $X(e^{j\omega})$.

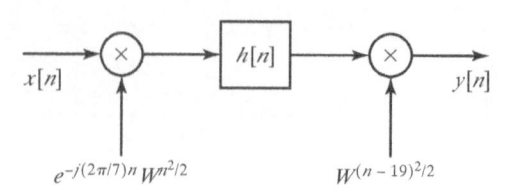

Figura P9.10

9.11. O diagrama de fluxo em borboleta da Figura 9.10 pode ser usado para calcular a TFD de uma sequência de comprimento $N = 2^\nu$ "realizada localmente", ou seja, usando um único vetor de registradores com valor complexo. Suponha que esse vetor de registradores $A[\ell]$ seja indexado em $0 \le \ell \le N - 1$. A sequência de entrada é armazenada inicialmente em $A[\ell]$ na ordem bit-reversa. O vetor é então processado por ν estágios de borboletas. Cada borboleta toma dois elementos do vetor $A[\ell_0]$ e $A[\ell_1]$ como entradas e então armazena suas saídas nas mesmas posições de vetor. Os valores de ℓ_0 e ℓ_1 dependem do número do estágio e da localização da borboleta no diagrama de fluxo do sinal. Os estágios do cálculo são indexados por $m = 1, ..., \nu$.

(a) Determine $|\ell_1 - \ell_0|$ em função do número do estágio m.

(b) Muitos estágios contêm borboletas com o mesmo fator de "rotação" W_N^r. Para esses estágios, qual a distância entre os valores de ℓ_0 para as borboletas com o mesmo W_N^r?

9.12. Considere o sistema mostrado na Figura P9.12, com

$$h[n] = \begin{cases} e^{j(2\pi/10)(n-11)^2/2}, & n = 0, 1, ..., 15, \\ 0, & \text{demais valores.} \end{cases}$$

Deseja-se que a saída do sistema, $y[n + 11] = X(e^{j\omega_n})$, em que $\omega_n = (2\pi/19) + n(2\pi/10)$ para $n = 0, ..., 4$. Dê o valor correto para a sequência $r[n]$ da Figura P9.12, de modo que a saída $y[n]$ forneça as amostras desejadas da TFTD.

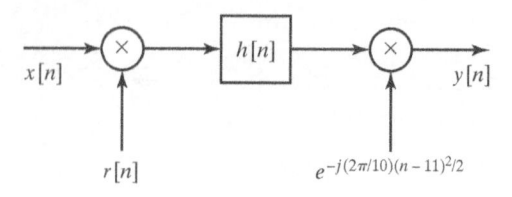

Figura P9.12

9.13. Suponha que você queira ordenar uma sequência $x[n]$ de comprimento $N = 16$ na ordem bit-reversa para a entrada de um algoritmo de FFT. Dê a nova ordem das amostras para a sequência bit-reversa.

9.14. Para a afirmação a seguir, suponha que a sequência $x[n]$ tenha comprimento $N = 2^v$ e que $X[k]$ seja a TFD de N pontos de $x[n]$. Indique se a afirmação é verdadeira ou falsa e justifique sua resposta.

> **Afirmação:** É impossível construir um diagrama de fluxo de sinal para calcular $X[k]$ a partir de $x[n]$, de modo que tanto $x[n]$ quanto $X[k]$ estejam em ordem sequencial normal (não bit-reversa).

9.15. A borboleta na Figura P9.15 foi tirada de uma FFT com dizimação na frequência com $N = 16$, em que a sequência de entrada foi arranjada na ordem normal. Note que uma FFT de 16 pontos terá quatro estágios, indexados como $m = 1, ..., 4$. Quais dos quatro estágios terão borboletas dessa forma? Justifique sua resposta.

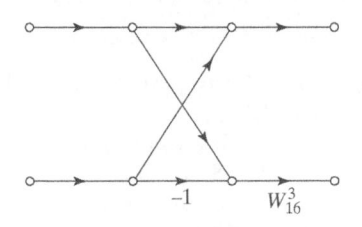

Figura P9.15

9.16. A borboleta na Figura P9.16 foi tirada de uma FFT com dizimação no tempo com $N = 16$. Suponha que os quatro estágios do diagrama de fluxo de sinal sejam indexados por $m = 1, ..., 4$. Quais são os possíveis valores de r para cada um dos quatro estágios?

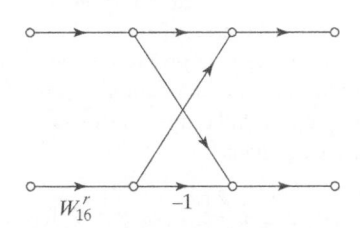

Figura P9.16

9.17. Suponha que você tenha dois programas para calcular a TFD de uma sequência $x[n]$ que tem $N = 2^v$ amostras não nulas. O Programa A calcula a TFD pela implementação direta da definição da soma da TFD a partir da Equação 8.67 e precisa de N^2 segundos para ser executado. O Programa B implementa o algoritmo de FFT com dizimação no tempo e precisa de $10N \log_2 N$ segundos para ser executado. Qual é a sequência mais curta N para que o Programa B seja executado mais rapidamente que o Programa A?

9.18. A borboleta na Figura P9.18 foi tirada de uma FFT com dizimação no tempo com $N = 16$. Suponha que os quatro estágios do diagrama de fluxo de sinal sejam indexados por $m = 1, ..., 4$. Quais dos quatro estágios possuem borboletas com essa forma?

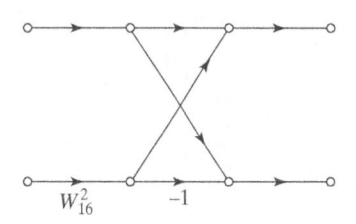

Figura P9.18

9.19. Suponha que você seja informado de que um algoritmo FFT com $N = 32$ tenha um fator de "rotação" de W_{32}^2 para uma das borboletas em seu quinto (último) estágio. A FFT é um algoritmo com dizimação no tempo ou com dizimação na frequência?

9.20. Suponha que haja um sinal $x[n]$ com 1021 amostras não nulas cuja TFTD você queira estimar pelo cálculo da TFD. Você descobre que seu computador leva 100 segundos para calcular a TFD de 1021 pontos de $x[n]$. Em seguida, adiciona três amostras nulas no fim da sequência para formar uma sequência de 1024 pontos $x_1[n]$. O mesmo programa em seu computador requer apenas 1 segundo para calcular $X_1[k]$. Refletindo, você percebe que, usando $x_1[n]$, consegue calcular mais amostras de $X(e^{j\omega})$ em um tempo muito mais curto ao acrescentar alguns zeros ao final de $x[n]$ e fingindo que a sequência é mais longa. Como explicar esse aparente paradoxo?

Problemas básicos

9.21. Na Seção 9.1.2, usamos o fato de que $W_N^{-kN} = 1$ para deduzir um algoritmo de recorrência para calcular um valor de TFD específico $X[k]$ para uma sequência de comprimento finito $x[n]$, $n = 0, 1, ..., N - 1$.

(a) Usando o fato de que $W_N^{kN} = W_N^{Nn} = 1$, mostre que $X[N - k]$ pode ser obtida como saída após N iterações da equação de diferenças representada na Figura P9.21-1. Isto é, mostre que

$$X[N - k] = y_k[N].$$

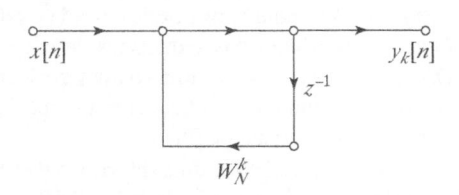

Figura P9.21-1

(b) Mostre que $X[N - k]$ também é igual à saída após N iterações da equação de diferenças representada na Figura P9.21-2. Note que o sistema da Figura P9.21-2 tem os mesmos polos do sistema na Figura 9.2, mas o coeficiente requerido para implementar o zero complexo na Figura P9.21-2 é o conjugado complexo do coeficiente correspondente da Figura 9.2; isto é, $W_N^{-k} = (W_N^k)^*$.

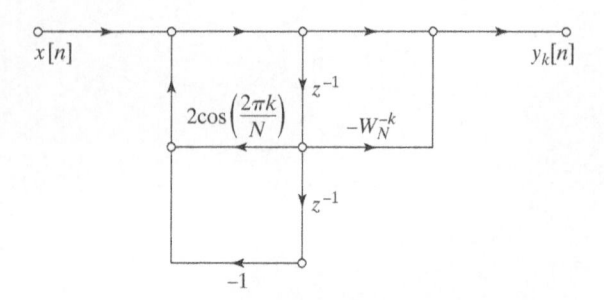

Figura P9.21-2

9.22. Considere o sistema mostrado na Figura P9.22. O subsistema de $x[n]$ para $y[n]$ é um sistema LIT causal que implementa a equação de diferenças

$$y[n] = x[n] + ay[n-1].$$

$x[n]$ é uma sequência de comprimento finito com comprimento 90, isto é,

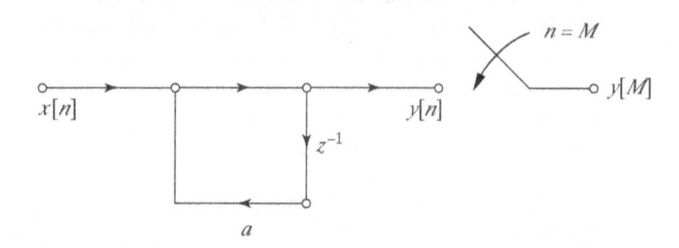

$$x[n] = 0 \quad \text{para } n < 0 \quad \text{e} \quad n > 89.$$

Figura P9.22

Determine uma escolha para a constante complexa a e outra para o instante de amostragem M, de modo que

$$y[M] = X(e^{j\omega})\Big|_{\omega = 2\pi/60}.$$

9.23. Construa um diagrama de fluxo para um algoritmo de FFT com dizimação no tempo com raiz 2 e 16 pontos. Indique todos os multiplicadores em termos de potências de W_{16} e também indique quaisquer ganhos de ramo que sejam iguais a –1. Indique os nós de entrada e saída com os índices apropriados das sequências de entrada e da TFD, respectivamente. Determine o número de multiplicações reais e o número de adições reais requeridas para implementar o diagrama de fluxo.

9.24. Sugere-se que, se você tiver uma sub-rotina da FFT para calcular uma TFD de comprimento N, a TFD inversa de uma sequência de N pontos $X[k]$ pode ser implementada usando essa sub-rotina da seguinte forma:
1. Troque as partes real e imaginária de cada coeficiente da TFD $X[k]$.
2. Aplique a rotina da FFT a essa sequência de entrada.
3. Troque as partes real e imaginária da sequência de saída.
4. Multiplique a sequência resultante por $\frac{1}{N}$ para obter a sequência $x[n]$ correspondente à TFD inversa de $X[k]$.

Determine se esse procedimento funciona como declarado. Se não, proponha uma modificação simples que o faça funcionar.

9.25. A TFD é uma versão amostrada da TFTD de uma sequência de comprimento finito; isto é,

$$\begin{aligned} X[k] &= X(e^{j(2\pi/N)k}) \\ &= X(e^{j\omega_k})\Big|_{\omega_k = (2\pi/N)k} \\ &= \sum_{n=0}^{N-1} x[n] e^{-j(2\pi/N)kn} \quad k = 0, 1, \ldots, N-1. \text{ (P9.25-1)} \end{aligned}$$

Além disso, um algoritmo de FFT é um modo eficiente de calcular os valores $X[k]$.

Agora, considere uma sequência de comprimento finito $x[n]$ cujo comprimento seja N amostras. Queremos calcular $X(z)$, a transformada z da sequência de comprimento finito, nos seguintes pontos no plano z

$$z_k = re^{j(2\pi/N)k} \quad k = 0, 1, \ldots, N-1,$$

em que r é um número positivo. Temos disponível um algoritmo de FFT.

(a) Represente graficamente os pontos z_k no plano z para o caso $N = 8$ e $r = 0{,}9$.

(b) Escreva uma equação [similar à Equação P9.25-1 anterior] para $X(z_k)$ que mostre que $X(z_k)$ é a TFD de uma sequência modificada $\tilde{x}[n]$. Determine $\tilde{x}[n]$.

(c) Descreva um algoritmo para calcular $X(z_k)$ usando a função FFT dada. (*O cálculo direto não é uma opção.*) Você pode descrever seu algoritmo usando qualquer combinação de texto e equações, mas deve fornecer um procedimento passo a passo que comece com a sequência $x[n]$ e termine com $X(z_k)$.

9.26. É dada uma sequência de comprimento finito $x[n]$ de comprimento 627 (isto é, $x[n] = 0$ para $n < 0$ e $n > 626$), e temos à disposição um programa que calcula a TFD de uma sequência de qualquer comprimento $N = 2^\nu$.

Para a sequência dada, queremos calcular amostras da TFTD nas frequências

$$\omega_k = \frac{2\pi}{627} + \frac{2\pi k}{256}, \quad k = 0, 1, \ldots, 255.$$

Especifique como obter uma nova sequência $y[n]$ a partir de $x[n]$, de modo que as amostras de frequência desejadas possam ser obtidas aplicando-se o programa de FFT disponível a $y[n]$ com o *menor ν possível*.

9.27. Um sinal de comprimento finito de comprimento $L = 500$ ($x[n] = 0$ para $n < 0$ e $n > L - 1$) é obtido pela amostragem de um sinal de tempo contínuo com taxa de amostragem de 10.000 amostras por segundo. Queremos calcular amostras da transformada z de $x[n]$ nos N pontos igualmente espaçados $z_k = (0{,}8)e^{j2\pi k/N}$, para $0 \le k \le N - 1$, com um espaçamento de frequência efetivo de 50 Hz ou menos.

(a) Determine o valor mínimo para N se $N = 2^\nu$.

(b) Determine uma sequência $y[n]$ de comprimento N, em que N é como determinado no item (a), tal que sua TFD $Y[k]$ seja igual às amostras desejadas da transformada z de $x[n]$.

9.28. Você precisa montar um sistema que calcule a TFD de uma sequência de 4 pontos

$$x[0], x[1], x[2], x[3].$$

Você pode adquirir qualquer número de unidades de cálculo ao custo unitário mostrado na Tabela 9.1.

Tabela 9.1

Módulo	Custo unitário
TFD de 8 pontos	$1
TFDI de 8 pontos	$1
Somador	$10
Multiplicador	$100

Projete um sistema com o menor custo possível. Desenhe o diagrama de blocos associado e indique o custo do sistema.

Problemas avançados

9.29. Considere uma sequência de N pontos $x[n]$ com TFD $X[k]$, $k = 0, 1, ..., N - 1$. O algoritmo a seguir calcula os valores de TFD com índice par $X[k]$, $k = 0, 2, ..., N - 2$, para N par, usando apenas uma única TFD de $N/2$ pontos:

1. Forme a sequência $y[n]$ pelo *aliasing* no tempo, isto é,

$$y[n] = \begin{cases} x[n] + x[n + N/2], & 0 \le n \le N/2 - 1, \\ 0, & \text{demais valores.} \end{cases}$$

2. Calcule $Y[r]$, $r = 0, 1, ..., (N/2) - 1$, a TFD de $N/2$ pontos de $y[n]$.
3. Então, os valores de índice par de $X[k]$ são $X[k] = Y[k/2]$, para $k = 0, 2, ..., N - 2$.

(a) Mostre que o algoritmo anterior produz os resultados desejados.

(b) Agora, suponha que formemos uma sequência de comprimento finito $y[n]$ a partir de uma sequência $x[n]$ por

$$y[n] = \begin{cases} \sum_{r=-\infty}^{\infty} x[n + rM], & 0 \le n \le M - 1, \\ 0, & \text{demais valores.} \end{cases}$$

Determine a relação entre a TFD de M pontos $Y[k]$ e $X(e^{j\omega})$, a transformada de Fourier de $x[n]$. Mostre que o resultado do item (a) é um caso especial do resultado do item (b).

(c) Desenvolva um algoritmo similar àquele no item (a) para calcular os valores de TFD com índice ímpar $X[k]$, $k = 1, 3, ..., N - 1$, para N par, usando apenas uma única TFD de $N/2$ pontos.

9.30. O sistema na Figura P9.30 calcula uma TFD de N pontos $X[k]$ (sendo N um número par) de uma sequência de N pontos $x[n]$ pela decomposição de $x[n]$ em duas sequências de $N/2$ pontos $g_1[n]$ e $g_2[n]$, calculando as TFDs de $N/2$ pontos $G_1[k]$ e $G_2[k]$ e depois combinando-as para formar $X[k]$.

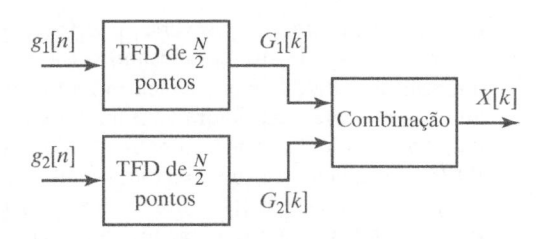

Figura P9.30

Se $g_1[n]$ representa os valores com índice par de $x[n]$, e $g_2[n]$ representa os valores de índice ímpar de $x[n]$, isto é, $g_1[n] = x[2n]$ e $g_2[n] = x[2n + 1]$, então $X[k]$ será a TFD de $x[n]$.

Ao usar o sistema da Figura P9.30, cometeu-se um erro na formação de $g_1[n]$ e $g_2[n]$, de forma que $g_1[n]$ é **incorretamente** escolhido como os valores de índice ímpar e $g_2[n]$, como os valores de índice par, mas $G_1[k]$ e $G_2[k]$ ainda são combinados como na Figura P9.30, e o resultado é a sequência incorreta $\hat{X}[k]$. Expresse $\hat{X}[k]$ em termos de $X[k]$.

9.31. Na Seção 9.3.2, afirmou-se que a transposição do diagrama de fluxo de um algoritmo de FFT também fosse o diagrama de fluxo de um algoritmo de FFT. O propósito deste problema é desenvolver esse resultado para os algoritmos de FFT de raiz 2.

(a) A borboleta básica para o algoritmo de FFT de raiz 2 com dizimação na frequência é representada na Figura P9.31-1. Esse diagrama de fluxo representa as equações

$$X_m[p] = X_{m-1}[p] + X_{m-1}[q],$$

$$X_m[q] = (X_{m-1}[p] - X_{m-1}[q])W_N^r.$$

Começando com essas equações, mostre que $X_{m-1}[p]$ e $X_{m-1}[q]$ podem ser calculados a partir de $X_m[p]$ e $X_m[q]$, respectivamente, usando a borboleta mostrada na Figura P9.31-2.

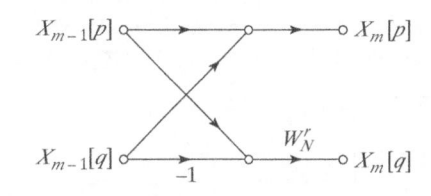

Figura P9.31-1

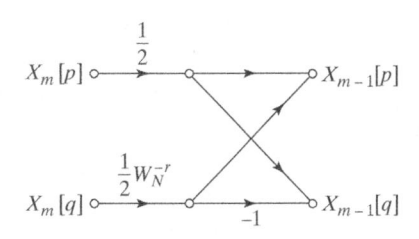

Figura P9.31-2

(b) No algoritmo de dizimação na frequência da Figura 9.22, $X_v[r]$, $r = 0, 1, ..., N - 1$ é a TFD $X[k]$

organizada na ordem bit-reversa, e $X_0[r] = x[r]$, $r = 0, 1, \ldots, N-1$; isto é, o 0-ésimo vetor é a sequência de entrada arranjada na ordem normal. Se cada borboleta na Figura 9.22 fosse substituída pela borboleta apropriada na forma da Figura P9.31, o resultado seria um diagrama de fluxo para calcular a sequência $x[n]$ (na ordem normal) a partir da TFD $X[k]$ (na ordem bit-reversa). Esboce o diagrama de fluxo resultante para $N = 8$.

(c) O diagrama de fluxo obtido no item (b) representa um algoritmo TFD *inverso*, isto é, um algoritmo para calcular

$$x[n] = \frac{1}{N} \sum_{n=0}^{N-1} X[k] W_N^{-kn}, \quad n = 0, 1, \ldots, N-1.$$

Modifique o diagrama de fluxo obtido no item (b), de modo a calcular a TFD

$$X[k] = \sum_{n=0}^{N-1} x[n] W_N^{kn}, \quad k = 0, 1, \ldots, N-1,$$

em vez da TFD inversa.

(d) Observe que o resultado no item (c) é a transposição do algoritmo de dizimação na frequência da Figura 9.22 e que ele é idêntico ao algoritmo de dizimação no tempo representado na Figura 9.11. Consequentemente, cada algoritmo de dizimação no tempo (por exemplo, as figuras 9.15-9.17) corresponde a um algoritmo de dizimação na frequência que é a transposição do algoritmo de dizimação no tempo e vice-versa? Explique.

9.32. Queremos implementar uma FFT com dizimação no tempo com 6 pontos, usando uma técnica de raiz mista. Uma opção é primeiro tomar três TFDs de 2 pontos e então usar os resultados para calcular a TFD de 6 pontos. Para essa opção:

(a) Esboce um fluxograma para mostrar o que uma TFD de 2 pontos calcula. Além disso, preencha as partes do fluxograma na Figura P9.32-1 envolvidas no cálculo dos valores X_0, X_1 e X_4 da TFD.

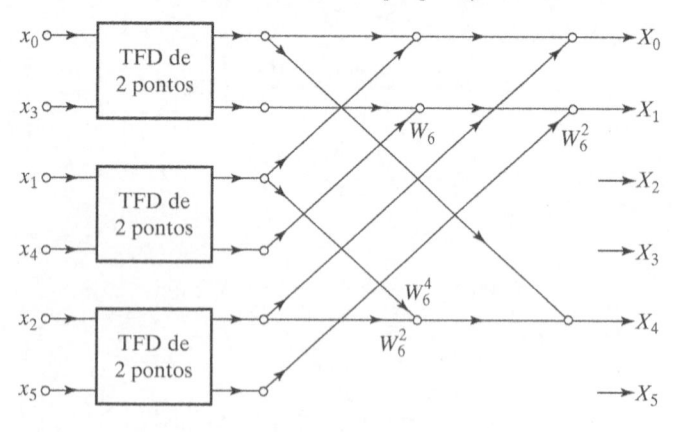

Figura P9.32-1

(b) Quantas multiplicações complexas essa opção requer? (A multiplicação de um número por -1 não conta como uma multiplicação complexa.)

Uma segunda opção é começar com duas TFDs de 3 pontos e depois usar os resultados para calcular a TFD de 6 pontos.

(c) Desenhe um fluxograma para mostrar o que uma TFD de 3 pontos calcula. Além disso, preencha todo o fluxograma da Figura P9.32-2 e explique resumidamente como você deduziu a sua implementação.

(d) Quantas multiplicações complexas essa opção requer?

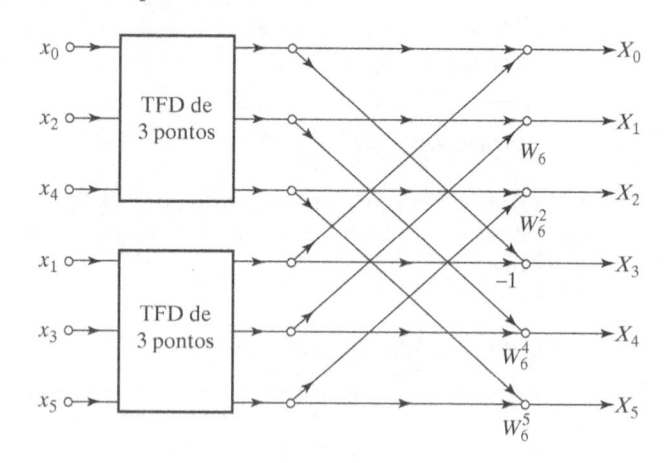

Figura P9.32-2

9.33. O algoritmo de FFT com dizimação na frequência foi desenvolvido na Seção 9.3 para raiz 2, ou seja, $N = 2^\nu$. Uma abordagem similar leva a um algoritmo de raiz 3 para $N = 3^\nu$.

(a) Desenhe um diagrama de fluxo para um algoritmo de dizimação na frequência de 9 pontos usando uma decomposição de 3×3 da TFD.

(b) Para $N = 3^\nu$, quantas multiplicações complexas por potências de W_N são necessárias para calcular a TFD de uma sequência complexa de N pontos usando um algoritmo de FFT com dizimação na frequência com raiz 3?

(c) Para $N = 3^\nu$, é possível usar o cálculo realizado localmente para o algoritmo com dizimação na frequência com raiz 3?

9.34. Vimos que um algoritmo de FFT pode ser visto como uma interconexão de elementos de operações borboletas. Por exemplo, a borboleta para um algoritmo de FFT com dizimação na frequência com raiz 2 é mostrada na Figura P9.34-1. A borboleta toma dois números complexos como entrada e produz dois números complexos como saída. Sua implementação requer uma multiplicação complexa por W_N^r, em que r é um inteiro que depende do local da borboleta no diagrama de fluxo do algoritmo. Como o multiplicador complexo é da forma $W_N^r = e^{j\theta}$, o algoritmo de rotação CORDIC (do inglês *coordinate rotation digital computer*) (veja o Problema 9.46) pode ser usado para implementar a multiplicação complexa de forma eficiente. Infelizmente, embora o algoritmo de rotação CORDIC realize a mudança de ângulo desejada, ele também introduz uma amplificação fixa que é independente do ângulo θ. Assim, se o algoritmo de rotação CORDIC fosse usado para implementar as multiplicações por W_N^r, a borboleta da Figura P9.34-1 seria substituída pela borboleta da Figura P9.34-2, em que G representa o fator de amplificação fixo de rotação CORDIC. (Supomos que não haja erro na aproximação do ângulo de rotação.) Se cada borboleta no diagrama de fluxo do algoritmo de FFT com dizimação na frequência for substituída pela borboleta da Figura P9.34-2, obteremos um algoritmo de FFT modificado para o qual o diagrama de fluxo seria como mostra a Figura P9.34-3 para $N = 8$. A saída desse algoritmo modificado não seria a TFD desejada.

Figura P9.34-1

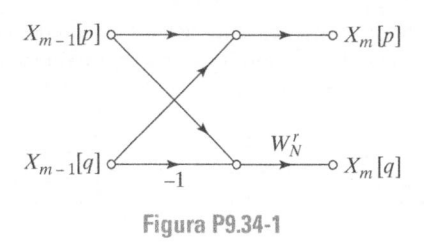

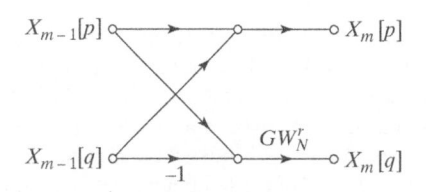

Figura P9.34-2

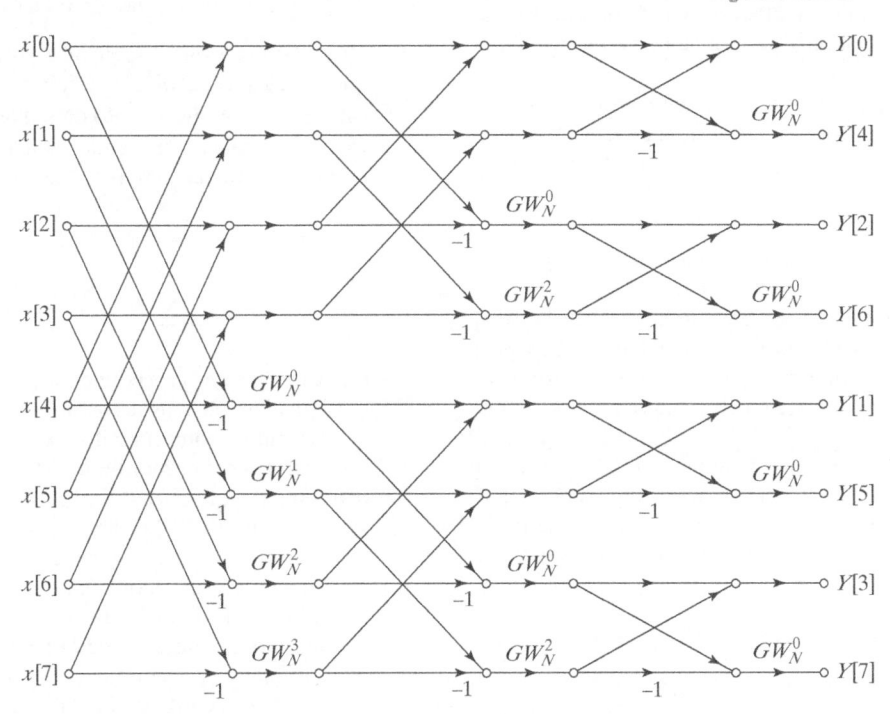

Figura P9.34-3

(a) Mostre que a saída do algoritmo de FFT modificado é $Y[k] = W[k]X[k]$, sendo $X[k]$ a TFD correta da sequência de entrada $x[n]$ e $W[k]$ uma função de G, N e k.

(b) A sequência $W[k]$ pode ser descrita por uma regra particularmente simples. Encontre essa regra e indique sua dependência com G, N e k.

(c) Suponha que queiramos pré-processar a sequência de entrada $x[n]$ para compensar o efeito do algoritmo de FFT modificado. Determine um procedimento para a obtenção de uma sequência $\hat{x}[n]$ a partir de $x[n]$, de modo que, se $\hat{x}[n]$ for a entrada do algoritmo de FFT modificado, então a saída será $X[k]$, a TFD correta da sequência original $x[n]$.

9.35. Este problema lida com o cálculo eficiente das amostras da transformada z de uma sequência de comprimento finito. Usando o algoritmo da transformada *chirp*, desenvolva um procedimento para calcular valores de $X(z)$ em 25 pontos espaçados uniformemente sobre um arco de uma circunferência de raio 0,5, começando em um ângulo de $-\pi/6$ e terminando em um ângulo de $2\pi/3$. O comprimento da sequência é de 100 amostras.

9.36. Considere uma sequência de 1024 pontos $x[n]$ construída pelo entrelaçamento de duas sequências de 512 pontos $x_e[n]$ e $x_o[n]$. Especificamente,

$$x[n] = \begin{cases} x_e[n/2], & \text{se } n = 0, 2, 4, \ldots, 1022; \\ x_o[(n-1)/2], & \text{se } n = 1, 3, 5, \ldots, 1023; \\ 0, & \text{para } n \text{ fora do intervalo } 0 \leq n \leq 1023. \end{cases}$$

Seja $X[k]$ a TFD de 1024 pontos de $x[n]$ e sejam $X_e[k]$ e $X_o[k]$ as TFDs de 512 pontos de $x_e[n]$ e $x_o[n]$, respectivamente. Dado $X[k]$, gostaríamos de obter $X_e[k]$ a partir de $X[k]$ de uma forma computacionalmente eficiente, sendo que a eficiência de cálculo é medida em termos do número total de multiplicações e adições complexas requeridas. Uma abordagem não muito eficiente é mostrada na Figura P9.36:

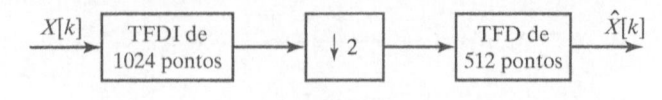

$X[k] \rightarrow$ TFDI de 1024 pontos $\rightarrow \downarrow 2 \rightarrow$ TFD de 512 pontos $\rightarrow \hat{X}[k]$

Figura P9.36

Especifique o algoritmo mais eficiente que puder (certamente, mais eficiente do que o diagrama de blocos da Figura P9.36) para obter $X_e[k]$ a partir de $X[k]$.

9.37. Suponha que um programa esteja disponível para calcular a TFD de uma sequência complexa. Se quisermos calcular a TFD de uma sequência real, podemos simplesmente especificar a parte imaginária como zero e usar o programa diretamente. Porém, a simetria da TFD de uma sequência real pode ser usada para reduzir a quantidade de operações.

(a) Seja $x[n]$ uma sequência real de comprimento N e $X[k]$ sua TFD com as partes real e imaginária indicadas por $X_R[k]$ e $X_I[k]$, respectivamente; isto é,

$$X[k] = X_R[k] + jX_I[k].$$

Mostre que, se $x[n]$ for real, então $X_R[k] = X_R[N-k]$ e $X_I[k] = -X_I[N-k]$ para $k = 1, ..., N-1$.

(b) Agora, considere duas sequências reais $x_1[n]$ e $x_2[n]$ com TFDs $X_1[k]$ e $X_2[k]$, respectivamente. Seja $g[n]$ a sequência complexa $g[n] = x_1[n] + jx_2[n]$, com TFD correspondente $G[k] = G_R[k] + jG_I[k]$. Além disso, sejam $G_{OR}[k]$, $G_{ER}[k]$, $G_{OI}[k]$ e $G_{EI}[k]$, respectivamente, a componente ímpar da parte real, a componente par da parte real, a componente ímpar da parte imaginária e a componente par da parte imaginária de $G[k]$. Especificamente, para $1 \leq k \leq N-1$,

$$G_{OR}[k] = \tfrac{1}{2}\{G_R[k] - G_R[N-k]\},$$
$$G_{ER}[k] = \tfrac{1}{2}\{G_R[k] + G_R[N-k]\},$$
$$G_{OI}[k] = \tfrac{1}{2}\{G_I[k] - G_I[N-k]\},$$
$$G_{EI}[k] = \tfrac{1}{2}\{G_I[k] + G_I[N-k]\},$$

e $G_{OR}[0] = G_{OI}[0] = 0$, $G_{ER}[0] = G_R[0]$, $G_{EI}[0] = G_I[0]$. Determine expressões para $X_1[k]$ e $X_2[k]$ em termos de $G_{OR}[k]$, $G_{ER}[k]$, $G_{OI}[k]$ e $G_{EI}[k]$.

(c) Suponha que $N = 2^v$ e que um programa de FFT com raiz 2 esteja disponível para calcular a TFD. Determine o número de multiplicações reais e o número de adições reais requeridas para calcular tanto $X_1[k]$ como $X_2[k]$: (i) usando o programa duas vezes (com a parte imaginária da entrada fixa em zero) para calcular as duas TFDs de N pontos $X_1[k]$ e $X_2[k]$ separadamente e (ii) usando o esquema sugerido no item (b), que requer que apenas uma TFD de N pontos seja calculada.

(d) Suponha que tenhamos apenas uma sequência real de N pontos $x[n]$, em que N é uma potência de 2. Sejam $x_1[n]$ e $x_2[n]$ as duas sequências reais de $N/2$ pontos $x_1[n] = x[2n]$ e $x_2[n] = x[2n+1]$, sendo $n = 0, 1, ..., (N/2) - 1$. Determine $X[k]$ em termos das TFDs de $(N/2)$ pontos $X_1[k]$ e $X_2[k]$.

(e) Usando os resultados dos itens (b), (c) e (d), descreva um procedimento para calcular a TFD da sequência real de N pontos $x[n]$ usando apenas um cálculo de FFT de $N/2$ pontos. Determine o número de multiplicações e adições reais requerido por esse procedimento e compare esses números com aqueles requeridos se $X[k]$ for determinada usando um cálculo de FFT de N pontos com a parte imaginária fixa em zero.

9.38. Sejam $x[n]$ e $h[n]$ duas sequências de comprimento finito reais, tais que

$x[n] = 0$ para n fora do intervalo $0 \leq n \leq L-1$,

$h[n] = 0$ para n fora do intervalo $0 \leq n \leq P-1$.

Queremos calcular a sequência $y[n] = x[n] * h[n]$, em que $*$ indica a convolução ordinária.

(a) Qual é o comprimento da sequência $y[n]$?

(b) Para o cálculo direto da soma de convolução, quantas multiplicações reais são requeridas para calcular todas as amostras não nulas de $y[n]$? A seguinte identidade pode ser útil:

$$\sum_{k=1}^{N} k = \frac{N(N+1)}{2}.$$

(c) Enuncie um procedimento para usar a TFD para calcular todas as amostras não nulas de $y[n]$. Determine o comprimento mínimo das TFDs e TFDs inversas em termos de L e P.

(d) Suponha que $L = P = N/2$, em que $N = 2^v$ é o comprimento da TFD. Determine uma fórmula para o número de multiplicações reais requeridas para calcular todos os valores não nulos de $y[n]$ usando o método do item (c) se as TFDs forem calculadas usando um algoritmo de FFT com raiz 2. Use essa fórmula para determinar o valor mínimo de N para o qual o método da FFT requer menos multiplicações reais do que o cálculo direto da soma de convolução.

9.39. Na Seção 8.7.3, mostramos que a filtragem linear invariante no tempo pode ser implementada seccionando-se o sinal de entrada em segmentos de comprimento finito e usando-se a TFD para implementar convoluções circulares desses segmentos. Os dois métodos discutidos foram denominados métodos de sobreposição e soma e sobreposição e armazenamento. Se as TFDs forem calculadas por meio do algoritmo de FFT, esses métodos de seccionamento podem requerer menos multiplicações complexas por amostra de saída do que o cálculo direto da soma de convolução.

(a) Suponha que a sequência de entrada complexa $x[n]$ seja de duração infinita e que a resposta ao impulso complexa $h[n]$ tenha um comprimento de P amostras, de modo que $h[n] \neq 0$ somente para $0 \leq n \leq P-1$. Além disso, suponha que a saída seja calculada pelo método de sobreposição e armazenamento, com as TFDs de comprimento $L = 2^v$. Imagine também que essas TFDs sejam calculadas por meio de um algoritmo de FFT de raiz 2. Determine uma expressão para o número de multiplicações complexas requeridas por amostra de saída em função de v e P.

(b) Suponha que o comprimento da resposta ao impulso seja $P = 500$. Usando a fórmula obtida no item (a), faça um gráfico do número de multiplicações por amostra de saída em função de v para os valores de $v \leq 20$ para os quais o método de sobreposição e armazenamento seja aplicável. Para que valor de v o número de multiplicações é mínimo? Compare o número de multiplicações complexas por amostra de saída para o método de sobreposição e armazenamento usando a FFT com o número de multiplicações complexas por amostra de saída requeridas para o cálculo direto da soma de convolução.

(c) Mostre que, para comprimentos grandes de FFT, o número de multiplicações complexas por amostra de saída é aproximadamente v. Assim, além de um determinado comprimento de FFT, o método de sobreposição e armazenamento é menos eficiente do que o método direto. Se $P = 500$, para que valor de v o método direto será mais eficiente?

(d) Suponha que o comprimento da FFT seja o dobro do comprimento da resposta ao impulso (isto é, $L = 2P$) e que $L = 2^v$. Usando a fórmula obtida no item (a), determine o menor valor de P para que o método da sobreposição e armazenamento usando a FFT requeira menos multiplicações complexas do que o método da convolução direta.

9.40. $x[n]$ é uma sequência de 1024 pontos que é não nula somente para $0 \leq n \leq 1023$. Seja $X[k]$ a TFD de 1024 pontos de $x[n]$. Dada $X[k]$, queremos calcular $x[n]$ nos intervalos $0 \leq n \leq 3$ e $1020 \leq n \leq 1023$ usando o sistema na Figura P9.40. Note que a entrada do sistema é a sequência de coeficientes da TFD. Selecionando $m_1[n]$, $m_2[n]$ e $h[n]$, mostre como o sistema pode ser usado para calcular as amostras desejadas de $x[n]$. Note que as amostras $y[n]$ para $0 \leq n \leq 7$ deverão conter as amostras desejadas de $x[n]$.

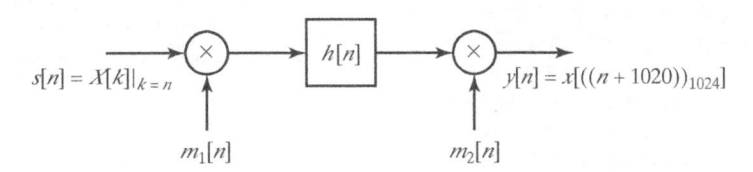

$$s[n] = X[k]|_{k=n} \to \otimes \to h[n] \to \otimes \to y[n] = x[((n+1020))_{1024}]$$
$$\quad\quad\quad\quad\quad m_1[n] \quad\quad\quad\quad m_2[n]$$

Figura P9.40

9.41. Um sistema foi construído para calcular a TFD de 8 pontos $Y[0], Y[1], ..., Y[7]$ de uma sequência $y[0], y[1], ..., y[7]$. Porém, o sistema não está funcionando apropriadamente: somente as amostras pares da TFD, $Y[0], Y[2], Y[4], Y[6]$, estão sendo calculadas corretamente. Para ajudá-lo a resolver o problema, os dados que você pode acessar são:

- as amostras pares (corretas) da TFD, $Y[0], Y[2], Y[4], Y[6]$;
- os 4 primeiros valores de entrada $y[0], y[1], y[2], y[3]$ (as outras entradas estão indisponíveis).

(a) Se $y[0] = 1$ e $y[1] = y[2] = y[3] = 0$, e $Y[0] = Y[2] = Y[4] = Y[6] = 2$, quais são os valores que faltam, $Y[1], Y[3], Y[5], Y[7]$? Explique.

(b) Você precisa construir um sistema eficiente que calcule as amostras ímpares $Y[1], Y[3], Y[5], Y[7]$ para qualquer conjunto de entradas. Os módulos computacionais que você tem disponível são uma TFD de 4 pontos e uma TFDI de 4 pontos. Ambos são gratuitos. Você pode comprar módulos de adição, subtração ou multiplicação por $ 10 cada. Projete um sistema com o menor custo possível que tome como entrada

$$y[0], y[1], y[2], y[3], Y[0], Y[2], Y[4], Y[6]$$

e produza como saída

$$Y[1], Y[3], Y[5], Y[7].$$

Esboce o diagrama de blocos associado e informe o custo total.

9.42. Considere uma classe de algoritmos baseados em TFD para implementar um filtro FIR causal com resposta ao impulso $h[n]$, que seja nula fora do intervalo $0 \leq n \leq 63$. O sinal de entrada (para o filtro FIR) $x[n]$ é segmentado em um número infinito de blocos $x_i[n]$ de 128 pontos, possivelmente sobrepostos, sendo i um inteiro e $-\infty \leq i \leq \infty$, de modo que

$$x_i[n] = \begin{cases} x[n], & iL \leq n \leq iL + 127, \\ 0, & \text{demais valores,} \end{cases}$$

em que L é um inteiro positivo.

Especifique um método para calcular

$$y_i[n] = x_i[n] * h[n]$$

para qualquer i. Sua resposta deverá estar na forma de um diagrama de blocos que utilize apenas os tipos de módulos mostrados nas figuras P9.42-1 e P9.42-2. Um módulo pode ser usado mais de uma vez, ou pode não ser usado.

Os quatro módulos na Figura P9.42-2 ou usam FFTs de raiz 2 para calcular $X[k]$, a TFD de N pontos de $x[n]$, ou usam FFTs inversas de raiz 2 para calcular $x[n]$ a partir de $X[k]$.

Sua especificação deve incluir os comprimentos das FFTs e FFTIs usadas. Para cada módulo de "deslocamento de n_0", você também deverá especificar um valor para n_0, a quantidade pela qual a sequência de entrada deve ser deslocada.

$$x[n] \to \boxed{\text{Deslocamento de } n_0} \to x[n - n_0]$$

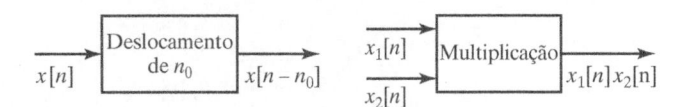

$$\begin{array}{c} x_1[n] \\ x_2[n] \end{array} \to \boxed{\text{Multiplicação}} \to x_1[n]x_2[n]$$

Figura P9.42-1

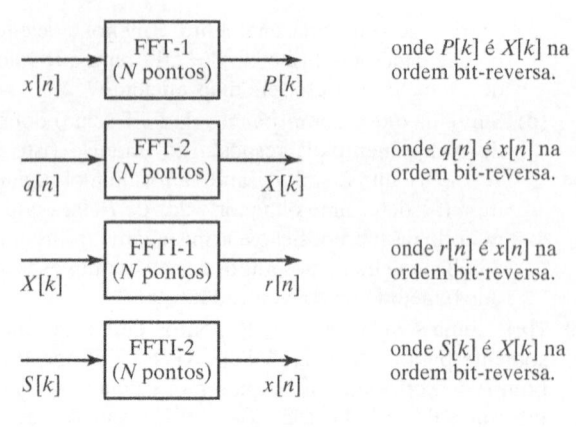

Figura P9.42-2

- FFT-1 (N pontos): $x[n] \to P[k]$, onde $P[k]$ é $X[k]$ na ordem bit-reversa.
- FFT-2 (N pontos): $q[n] \to X[k]$, onde $q[n]$ é $x[n]$ na ordem bit-reversa.
- FFTI-1 (N pontos): $X[k] \to r[n]$, onde $r[n]$ é $x[n]$ na ordem bit-reversa.
- FFTI-2 (N pontos): $S[k] \to x[n]$, onde $S[k]$ é $X[k]$ na ordem bit-reversa.

Problemas de extensão

9.43. Em muitas aplicações (como na determinação de respostas em frequência e interpolação), é de interesse calcular a TFD de uma sequência curta que é "preenchida com zeros". Nesses casos, um algoritmo de FFT "reduzido" pode ser usado para aumentar a eficiência do cálculo (Markel, 1971). Neste problema, consideraremos a redução do algoritmo de dizimação na frequência com raiz 2 quando o comprimento da sequência de entrada for $M \leq 2^\mu$ e o comprimento da TFD for $N = 2^\nu$, onde $\mu < \nu$.

(a) Esboce um diagrama de fluxo completo de um algoritmo de FFT de raiz 2 com dizimação na frequência para $N = 16$. Indique todos os ramos apropriadamente.

(b) Suponha que a sequência de entrada seja de comprimento $M = 2$; isto é, $x[n] \neq 0$ somente para $N = 0$ e $N = 1$. Esboce um novo diagrama de fluxo para $N = 16$ que mostre como as amostras de entrada não nulas se propagam para a TFD de saída; isto é, elimine ou reduza todos os ramos no diagrama de fluxo do item (a) que representem operações sobre entradas nulas.

(c) No item (b), todas as borboletas nos três primeiros estágios de cálculo devem ter sido efetivamente substituídas por uma meia-borboleta na forma mostrada na Figura P9.43 e, no último estágio, todas as borboletas devem ter a forma regular. Para o caso geral em que o comprimento da sequência de entrada é $M \leq 2^\mu$ e o comprimento da TFD é $N = 2^\nu$, em que $\mu < \nu$, determine o número de estágios em que as borboletas reduzidas podem ser usadas. Além disso, determine o número de multiplicações complexas requeridas para calcular a TFD de N pontos de uma sequência de M pontos usando o algoritmo de FFT reduzido. Expresse suas respostas em termos de ν e μ.

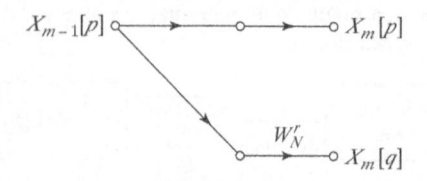

Figura P9.43

9.44. Na Seção 9.2, mostramos que, se N for divisível por 2, uma TFD de N pontos pode ser expressa como

$$X[k] = G[((k))_{N/2}] + W_N^k H[((k))_{N/2}], \quad 0 \leq k \leq N-1.$$
(P9.44-1)

em que $G[k]$ é a TFD de $N/2$ pontos da sequência de amostras de índice par,

$$g[n] = x[2n], \quad 0 \leq n \leq (N/2) - 1,$$

e $H[k]$ é a TFD de $N/2$ pontos das amostras de índice ímpar,

$$h[n] = x[2n+1], \quad 0 \leq n \leq (N/2) - 1.$$

Note que $G[k]$ e $H[k]$ precisam ser repetidos periodicamente para $N/2 \leq k \leq N-1$ para que a Equação P9.44-1 faça sentido. Quando $N = 2^\nu$, a aplicação repetida dessa decomposição leva ao algoritmo de FFT com dizimação no tempo representado para $N = 8$ na Figura 9.11. Como vimos, esses algoritmos requerem multiplicações complexas pelos fatores de "rotação" W_N^k. Rader e Brenner (1976) deduziram um novo algoritmo em que os multiplicadores são puramente imaginários e que exige, assim, apenas duas multiplicações reais e nenhuma adição real. Nesse algoritmo, a Equação P9.44-1 é substituída pelas equações

$$X[0] = G[0] + F[0], \quad \text{(P9.44-2)}$$

$$X[N/2] = G[0] - F[0], \quad \text{(P9.44-3)}$$

$$X[k] = G[k] - \frac{1}{2}j \frac{F[k]}{\operatorname{sen}(2\pi k/N)}, \quad k \neq 0, N/2.$$
(P9.44-4)

Aqui, $F[k]$ é a TFD de $N/2$ pontos da sequência

$$f[n] = x[2n+1] - x[2n-1] + Q,$$

em que

$$Q = \frac{2}{N} \sum_{n=0}^{(N/2)-1} x[2n+1]$$

é uma quantidade que precisa ser calculada apenas uma vez.

(a) Mostre que $F[0] = H[0]$ e, portanto, que as equações P9.44-2 e P9.44-3 dão o mesmo resultado que a Equação P9.44-1 para $k = 0, N/2$.

(b) Mostre que

$$F[k] = H[k] W_N^k (W_N^{-k} - W_N^k)$$

para $k = 1, 2, ..., (N/2) - 1$. Use esse resultado para obter a Equação P9.44-4. Por que devemos calcular $X[0]$ e $X[N/2]$ usando equações separadas?

(c) Quando $N = 2^\nu$, podemos aplicar as equações P9.44-2–P9.44-4 repetidamente para obtermos um algoritmo de FFT com dizimação no tempo completo. Determine fórmulas para o número de multiplicações reais e para o número de adições reais em função de N. Ao contar as operações devidas à Equação P9.44-4, tire proveito de quaisquer simetria e periodicidades, mas não exclua multiplicações "triviais" por $\pm j/2$.

(d) Rader e Brenner (1976) afirmam que os algoritmos de FFT baseados nas equações P9.44-2–P9.44-4 têm "propriedades ruins com relação a ruído". Explique por que isso pode ser verdadeiro.

9.45. Um algoritmo de FFT modificado, chamado FFT de *raiz dividida*, ou SRFFT (do inglês *split-radix FFT*), foi proposto por Duhamel e Hollman (1984) e Duhamel (1986). O diagrama de fluxo para o algoritmo de raiz dividida é semelhante ao diagrama de fluxo de raiz 2, mas requer menos multiplicações reais. Neste problema, ilustramos os princípios da SRFFT para calcular a TFD $X[k]$ de uma sequência $x[n]$ de comprimento N.

(a) Mostre que os termos de índice par de $X[k]$ podem ser expressos como a TFD de $N/2$ pontos

$$X[2k] = \sum_{n=0}^{(N/2)-1} (x[n] + x[n+N/2])W_N^{2kn}$$

para $k = 0, 1, ..., (N/2) - 1$.

(b) Mostre que os termos de índice ímpar da TFD $X[k]$ podem ser expressos como as TFDs de $N/4$ pontos

$$X[4k+1] = \sum_{n=0}^{(N/4)-1} \{(x[n] - x[n+N/2]) - j(x[n+N/4] - x[n+3N/4])\}W_N^n W_N^{4kn}$$

para $k = 0, 1, ..., (N/4) - 1$, e

$$X[4k+3] = \sum_{n=0}^{(N/4)-1} \{(x[n] - x[n+N/2]) + j(x[n+N/4] - x[n+3N/4])\}W_N^{3n} W_N^{4kn}$$

para $k = 0, 1, ..., (N/4) - 1$.

(c) O diagrama de fluxo na Figura P9.45 representa a decomposição anterior da TFD para uma transformada de 16 pontos. Redesenhe esse diagrama de fluxo, indicando cada ramo com o coeficiente multiplicador apropriado.

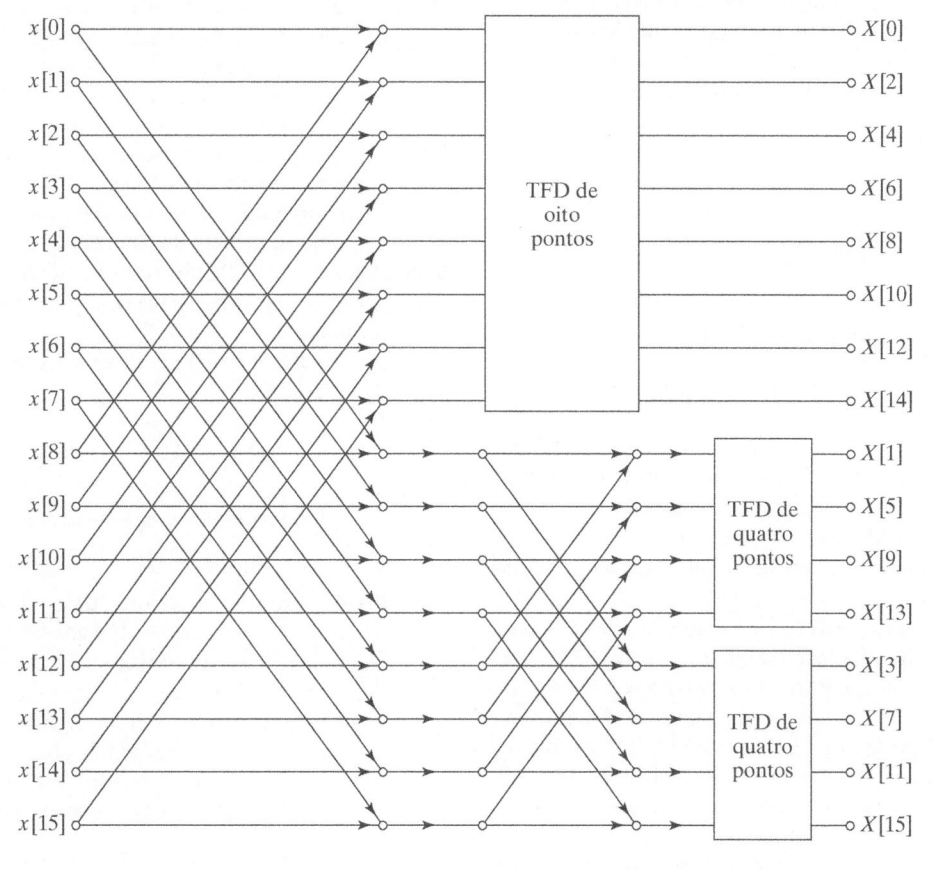

Figura P9.45

(d) Determine o número de multiplicações reais requeridas para implementar a transformada de 16 pontos quando o princípio da SRFFT for aplicado para calcular as outras TFDs na Figura P9.45. Compare esse número com o número de multiplicações reais requeridas para implementar um algoritmo de dizimação na frequência de raiz 2 com 16 pontos. Nos dois casos, suponha que multiplicações por W_N^0 não sejam feitas.

9.46. No cálculo da TFD, é necessário multiplicar um número complexo por outro número complexo cuja magnitude seja unitária, isto é, $(X + jY)e^{j\theta}$. Claramente, essa multiplicação complexa muda apenas o ângulo do número complexo, deixando a magnitude inalterada. Por esse motivo, as multiplicações por um número complexo $e^{j\theta}$ às vezes são chamadas de *rotações*. Nos algoritmos de TFD e FFT, muitos ângulos θ diferentes podem ser necessários. Porém, pode ser indesejável armazenar uma tabela com todos os valores exigidos de sen θ e cos θ, e o cálculo dessas funções por uma série de potência requer muitas multiplicações e adições. Com o algoritmo CORDIC proposto por Volder (1959), o produto $(X + jY)e^{j\theta}$ pode ser calculado de modo eficiente por uma combinação de adições, deslocamentos binários e pesquisa direta em tabelas pequena.

(a) Defina $\theta_i = \text{arctg}(2^{-i})$. Mostre que qualquer ângulo $0 < \theta < \pi/2$ pode ser representado como

$$\theta = \sum_{i=0}^{M-1} \alpha_i \theta_i + \epsilon = \hat{\theta} + \epsilon,$$

em que $\alpha_i = \pm 1$ e o erro ϵ é limitado por

$$|\epsilon| \leq \text{arctg}(2^{-M}).$$

(b) Os ângulos θ_i podem ser calculados antecipadamente e armazenados em uma pequena tabela de comprimento M. Indique um algoritmo para a obtenção da sequência $\{\alpha_i\}$ para $i = 0, 1, ..., M - 1$, tal que $\alpha_i = \pm 1$. Use seu algoritmo para determinar a sequência $\{\alpha_i\}$ para representar o ângulo $\theta = 100\pi/512$ quando $M = 11$.

(c) Usando o resultado do item (a), mostre que a recursão

$$X_0 = X,$$
$$Y_0 = Y,$$
$$X_i = X_{i-1} - \alpha_{i-1} Y_{i-1} 2^{-i+1}, \quad i = 1, 2, ..., M,$$
$$Y_i = Y_{i-1} + \alpha_{i-1} X_{i-1} 2^{-i+1}, \quad i = 1, 2, ..., M,$$

produzirá o número complexo

$$(X_M + jY_M) = (X + jY) G_M e^{j\hat{\theta}},$$

em que $\hat{\theta} = \sum_{i=0}^{M-1} \alpha_i \theta_i$ e G_M são reais, positivos e não dependem de θ. Ou seja, o número complexo original é girado no plano complexo por um ângulo $\hat{\theta}$ e amplificado pela constante G_M.

(d) Determine a constante de amplificação G_M em função de M.

9.47. Na Seção 9.3, desenvolvemos o algoritmo de FFT com dizimação na frequência para raiz 2, isto é, $N = 2^v$. É possível formular um algoritmo similar para o caso geral de $N = m^v$, sendo m um inteiro. Tal algoritmo é conhecido como um algoritmo de FFT de raiz m. Neste problema, examinaremos a FFT de raiz 3 com dizimação na frequência para o caso em que $N = 9$, isto é, a sequência de entrada $x[n] = 0$ para $n < 0$ e $n > 8$.

(a) Formule um método para calcular as amostras da TFD $X[3k]$ para $k = 0, 1, 2$. Considere definir $X_1[k] = X(e^{j\omega_k})|_{\omega_k = 2\pi k/3}$. Como você pode definir uma sequência temporal $x_1[n]$ em termos de $x[n]$ tal que a TFD de 3 pontos de $x_1[n]$ seja $X_1[k] = X[3k]$?

(b) Agora, defina uma sequência $x_2[n]$ em termos de $x[n]$, tal que a TFD de 3 pontos de $x_2[n]$ seja $X_2[k] = X[3k+1]$ para $k = 0, 1, 2$. Similarmente, defina $x_3[n]$ tal que sua TFD de 3 pontos $X_3[k] = X[3k+2]$ para $k = 0, 1, 2$. Note que, agora, definimos a TFD de 9 pontos como três TFDs de 3 pontos a partir de sequências de 3 pontos adequadamente construídas.

(c) Esboce o diagrama de fluxo de sinais para a TFD de $N = 3$, isto é, a borboleta de raiz 3.

(d) Usando os resultados dos itens (a) e (b), esboce o diagrama de fluxo de sinais para o sistema que constrói as sequências $x_1[n]$, $x_2[n]$ e $x_3[n]$ e depois use as caixas TFD de 3 pontos nessas sequências para produzir $X[k]$ para $k = 0, ..., 8$. Note que, para que fique claro, você não deverá desenhar o diagrama de fluxo de sinais para as TFDs de $N = 3$ pontos, mas simplesmente usar caixas indicadas com "TFD de $N = 3$". O interior dessas caixas é o sistema que você desenhou para o item (c).

(e) A fatoração apropriada das potências de W_9 no sistema que você desenhou no item (d) permite que esses sistemas sejam desenhados como TFDs de $N = 3$, seguidas por fatores de "rotação" semelhantes àqueles no algoritmo de raiz 2. Redesenhe o sistema no item (d) de modo que ele consista inteiramente em TFDs de $N = 3$ com fatores de "rotação". Essa é a formulação completa da FFT com dizimação na frequência com raiz 3 para $N = 9$.

(f) Quantas multiplicações complexas são requeridas para calcular uma TFD de 9 pontos usando uma implementação direta da equação da TFD? Contraste esse resultado com o número de multiplicações complexas requeridas pelo sistema que você desenhou no item (e). Em geral, quantas multiplicações complexas são necessárias para a FFT de raiz 3 de uma sequência de comprimento $N = 3^v$?

9.48. Bluestein (1970) mostrou que, se $N = M^2$, então o algoritmo da transformada *chirp* tem uma implementação recursiva.

(a) Mostre que a TFD pode ser expressa como a convolução

$$X[k] = h^*[k] \sum_{n=0}^{N-1} (x[n] h^*[n]) h[k-n],$$

em que * indica conjugação complexa e

$$h[n] = e^{j(\pi/N)n^2}, \quad -\infty < n < \infty.$$

(b) Mostre que os valores desejados de $X[k]$ (isto é, para $k = 0, 1, ..., N - 1$) também podem ser obtidos pelo cálculo da convolução no item (a) para $k = N, N + 1, ..., 2N - 1$.

(c) Use o resultado do item (b) para mostrar que $X[k]$ também é igual à saída do sistema mostrado na Figura P9.48 para $k = N, N + 1, ..., 2N - 1$, em que $\hat{h}[k]$ é a sequência de duração finita

$$\hat{h}[k] = \begin{cases} e^{j(\pi/N)k^2}, & 0 \leq k \leq 2N - 1 \\ 0, & \text{demais valores.} \end{cases}$$

(d) Usando o fato de que $N = M^2$, mostre que a função de sistema correspondente à resposta ao impulso $\hat{h}[k]$ é

$$\hat{H}(z) = \sum_{k=0}^{2N-1} e^{j(\pi/N)k^2} z^{-k}$$

$$= \sum_{r=0}^{M-1} e^{j(\pi/N)r^2} z^{-r} \frac{1 - z^{-2M^2}}{1 + e^{j(2\pi/M)r} z^{-M}}.$$

Dica: Expresse k como $k = r + \ell M$.

(e) A expressão para $\hat{H}(z)$ obtida no item (d) sugere uma realização recursiva do sistema FIR. Desenhe o diagrama de fluxo dessa implementação.

(f) Use o resultado do item (e) para determinar o número total de multiplicações e adições complexas requeridas para calcular todos os N valores desejados de $X[k]$. Compare esses números com os números exigidos para o cálculo direto de $X[k]$.

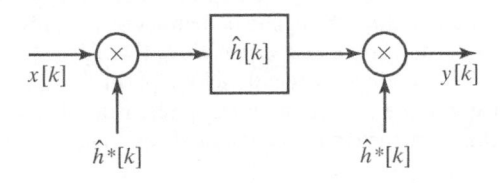

Figura P9.48

9.49. No algoritmo de Goertzel para o cálculo da transformada de Fourier discreta, $X[k]$ é calculada como

$$X[k] = y_k[N],$$

em que $y_k[n]$ é a saída da rede mostrada na Figura P9.49. Considere a implementação do algoritmo de Goertzel usando aritmética de ponto fixo com arredondamento. Suponha que o comprimento do registrador seja B bits mais o sinal e que os produtos sejam arredondados antes das adições. Além disso, imagine que as fontes de ruído de arredondamento sejam independentes.

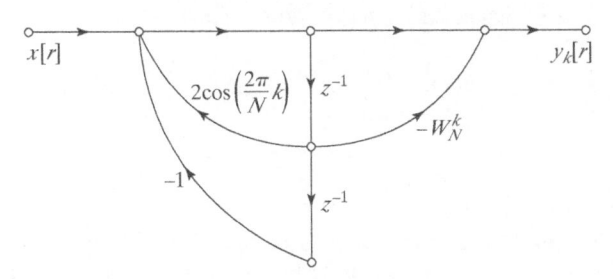

Figura P9.49

(a) Supondo que $x[n]$ seja real, esboce um diagrama de fluxo do modelo de ruído linear para o cálculo com precisão finita das partes real e imaginária de $X[k]$. Suponha que a multiplicação por ± 1 não produza ruído de arredondamento.

(b) Calcule a variância do ruído de arredondamento tanto na parte real quanto na parte imaginária de $X[k]$.

9.50. Considere o cálculo direto da TFD usando aritmética de ponto fixo com arredondamento. Suponha que o comprimento do registrador seja B bits mais o sinal (isto é, um total de $B + 1$ bits) e que o ruído de arredondamento introduzido por qualquer multiplicação real seja independente daquele produzido por qualquer outra multiplicação real. Supondo que $x[n]$ seja real, determine a variância do ruído de arredondamento tanto na parte real quanto na parte imaginária de cada valor da TFD $X[k]$.

9.51. Na implementação de um algoritmo de FFT com dizimação no tempo, a operação borboleta básica é

$$X_m[p] = X_{m-1}[p] + W_N^r X_{m-1}[q],$$

$$X_m[q] = X_{m-1}[p] - W_N^r X_{m-1}[q].$$

Ao usarmos aritmética de ponto fixo para implementar os cálculos, normalmente supomos que todos os números tenham escala ajustada para serem menores do que a unidade. Portanto, para evitar o transbordamento, é necessário assegurar que os números reais que resultam da operação borboleta não excedam a unidade.

(a) Mostre que, se requeremos que

$$|X_{m-1}[p]| < \tfrac{1}{2} \quad \text{e} \quad |X_{m-1}[q]| < \tfrac{1}{2},$$

então o transbordamento não pode ocorrer na operação borboleta; isto é,

$$|\mathcal{R}e\{X_m[p]\}| < 1, \quad |\mathcal{I}m\{X_m[p]\}| < 1,$$

e

$$|\mathcal{R}e\{X_m[q]\}| < 1, \quad |\mathcal{I}m\{X_m[q]\}| < 1.$$

(b) Na prática, é mais fácil e mais conveniente impor que

$$|\mathcal{R}e\{X_{m-1}[p]\}| < \tfrac{1}{2}, \quad |\mathcal{I}m\{X_{m-1}[p]\}| < \tfrac{1}{2},$$

e

$$|\mathcal{R}e\{X_{m-1}[q]\}| < \tfrac{1}{2}, \quad |\mathcal{I}m\{X_{m-1}[q]\}| < \tfrac{1}{2}.$$

Essas condições são suficientes para garantir que o transbordamento não possa ocorrer na operação borboleta da dizimação no tempo? Explique.

9.52. Na dedução de fórmulas para a relação ruído-sinal para o algoritmo de FFT com dizimação no tempo com ponto fixo e raiz 2, supusemos que cada nó de saída estava conectado a $(N - 1)$ operações borboleta, cada qual contribuindo com uma quantidade $\sigma_B^2 = \tfrac{1}{3} \cdot 2^{-2B}$ para a variância do ruído de saída. Porém, quando $W_N^r = \pm 1$ ou $\pm j$, as multiplicações podem de fato ser feitas sem erro. Assim, se os resultados deduzidos na Seção 9.7 forem modificados para levar em conta esse fato, obtemos uma estimativa menos pessimista dos efeitos do ruído de digitalização.

(a) Para o algoritmo de dizimação no tempo discutido na Seção 9.7, determine, para cada estágio, o número de borboletas que envolvem multiplicação ou por ± 1 ou por $\pm j$.

(b) Use o resultado do item (a) para encontrar estimativas melhoradas da variância do ruído de saída, Equação 9.58, e da relação ruído-sinal, Equação 9.68, para valores ímpares de k. Discuta como essas estimativas são diferentes para valores pares de k. Não tente achar uma expressão em forma fechada dessas quantidades para valores pares de k.

(c) Repita os itens (a) e (b) para o caso em que a saída de cada estágio é atenuada por um fator $\tfrac{1}{2}$; isto é, deduza expressões modificadas correspondentes à Equação 9.71 para a variância do ruído de saída e à Equação 9.72 para a relação ruído-sinal, supondo que as multiplicações por ± 1 e $\pm j$ não introduzam erro.

9.53. Na Seção 9.7, consideramos uma análise de ruído do algoritmo de FFT com dizimação no tempo da Figura 9.11.

Execute uma análise similar para o algoritmo com dizimação na frequência da Figura 9.22, obtendo equações para a variância do ruído de saída e para a relação ruído-sinal para ajuste de escala na entrada e também para um ajuste de escala por $\frac{1}{2}$ em cada estágio de cálculo.

9.54. Neste problema, consideramos um procedimento para calcular a TFD de quatro sequências reais de N pontos simétricas ou antissimétricas usando apenas um cálculo de TFD de N pontos. Como estamos considerando apenas as sequências de comprimento finito, com *simétricas* e *antissimétricas* queremos dizer explicitamente *simétricas periódicas* e *antissimétricas periódicas*, como definido na Seção 8.6.4. Sejam $x_1[n], x_2[n], x_3[n]$ e $x_4[n]$ quatro sequências reais de comprimento N e sejam $X_1[k], X_2[k], X_3[k]$ e $X_4[k]$ as TFDs correspondentes. Supomos inicialmente que $x_1[n]$ e $x_2[n]$ sejam simétricas e que $x_3[n]$ e $x_4[n]$ sejam antissimétricas; isto é,

$$x_1[n] = x_1[N-n], \quad x_2[n] = x_2[N-n],$$
$$x_3[n] = -x_3[N-n], \quad x_4[n] = -x_4[N-n],$$

para $n = 1, 2, ..., N-1$ e $x_3[0] = x_4[0] = 0$.

(a) Defina $y_1[n] = x_1[n] + x_3[n]$, e seja $Y_1[k]$ a TFD de $y_1[n]$. Determine como $X_1[k]$ e $X_2[k]$ podem ser recuperados a partir de $Y_1[k]$.

(b) $y_1[n]$ como definida no item (a) é uma sequência real com componente simétrica $x_1[n]$ e componente antissimétrica $x_3[n]$. De modo similar, definimos a sequência real $y_2[n] = x_2[n] + x_4[n]$, e seja $y_3[n]$ a sequência complexa

$$y_3[n] = y_1[n] + jy_2[n].$$

Primeiro, determine como $Y_1[k]$ e $Y_2[k]$ podem ser determinados a partir de $Y_3[k]$ e depois, usando os resultados do item (a), mostre como obter $X_1[k]$, $X_2[k], X_3[k]$ e $X_4[k]$ a partir de $Y_3[k]$.

O resultado do item (b) mostra que podemos calcular a TFD de quatro sequências reais simultaneamente com apenas um cálculo de TFD de N pontos se duas sequências forem simétricas e as outras duas forem antissimétricas. Agora, considere o caso em que as quatro são simétricas; isto é,

$$x_i[n] = x_i[N-n], \quad i = 1, 2, 3, 4,$$

para $n = 0, 1, ..., N-1$. Para os itens (c)-(f), suponha que $x_3[n]$ e $x_4[n]$ sejam reais e simétricas, e não antissimétricas.

(c) Considere uma sequência simétrica real $x_3[n]$. Mostre que a sequência

$$u_3[n] = x_3[((n+1))_N] - x_3[((n-1))_N]$$

é uma sequência antissimétrica; isto é, $u_3[n] = -u_3[N-n]$ para $n = 1, 2, ..., N-1$ e $u_3[0] = 0$.

(d) Seja $U_3[k]$ a TFD de N pontos de $u_3[n]$. Determine uma expressão para $U_3[k]$ em termos de $X_3[k]$.

(e) Usando o procedimento do item (c), podemos formar a sequência real $y_1[n] = x_1[n] + u_3[n]$, em que $x_1[n]$ é a componente simétrica e $u_3[n]$ é a componente antissimétrica de $y_1[n]$. Determine como $X_1[k]$ e $X_3[k]$ podem ser recuperadas a partir de $Y_1[k]$.

(f) Agora, seja $y_3[n] = y_1[n] + jy_2[n]$, em que

$$y_1[n] = x_1[n] + u_3[n], \quad y_2[n] = x_2[n] + u_4[n],$$

com

$$u_3[n] = x_3[((n+1))_N] - x_3[((n-1))_N],$$

$$u_4[n] = x_4[((n+1))_N] - x_4[((n-1))_N],$$

para $n = 0, 1, ..., N-1$. Determine como obter $X_1[k], X_2[k], X_3[k]$ e $X_4[k]$ a partir de $Y_3[k]$. (Note que $X_3[0]$ e $X_4[0]$ não podem ser recuperados a partir de $Y_3[k]$ e, se N é par, $X_3[N/2]$ e $X_4[N/2]$ também não podem ser recuperados a partir de $Y_3[k]$.)

9.55. A entrada e a saída de um sistema linear invariante no tempo satisfazem uma equação de diferenças da forma

$$y[n] = \sum_{k=1}^{N} a_k y[n-k] + \sum_{k=0}^{M} b_k x[n-k].$$

Suponha que um programa de FFT esteja disponível para calcular a TFD de qualquer sequência de comprimento finito com comprimento $L = 2^v$. Descreva um procedimento que utiliza o programa de FFT disponível para calcular

$$H(e^{j(2\pi/512)k}) \quad \text{para } k = 0, 1, ..., 511,$$

em que $H(z)$ é a função de sistema para esse sistema.

9.56. Suponha que queiramos multiplicar dois números muito grandes (possivelmente, com milhares de bits de comprimento) em um computador de 16 bits. Neste problema, investigaremos uma técnica para fazer isso usando FFTs.

(a) Sejam $p(x)$ e $q(x)$ os dois polinômios

$$p(x) = \sum_{i=0}^{L-1} a_i x^i, \quad q(x) = \sum_{i=0}^{M-1} b_i x^i.$$

Mostre que os coeficientes do polinômio $r(x) = p(x)q(x)$ podem ser calculados usando convolução circular.

(b) Mostre como calcular os coeficientes de $r(x)$ usando um programa de FFT com raiz 2. Para que ordens de grandeza de $(L + M)$ esse procedimento é mais eficiente do que o cálculo direto? Suponha que $L + M = 2^v$ para algum inteiro v.

(c) Agora, suponha que queiramos calcular o produto de dois inteiros binários positivos muito longos, u e v. Mostre que seu produto pode ser calculado usando a multiplicação polinomial e descreva um algoritmo para calcular o produto usando um algoritmo de FFT. Se u é um número de 8000 bits e v é um número de 1000 bits, aproximadamente quantas multiplicações e adições reais são necessárias para calcular o produto $u \cdot v$ usando esse método?

(d) Faça uma discussão qualitativa do efeito da aritmética de precisão finita na implementação do algoritmo do item (c).

9.57. A transformada de Hartley discreta (DHT, do inglês *discrete Hartley transform*) de uma sequência $x[n]$ de comprimento N é definida como

$$X_H[k] = \sum_{n=0}^{N-1} x[n] H_N[nk], \quad k = 0, 1, ..., N-1,$$

em que

$$H_N[a] = C_N[a] + S_N[a],$$

com

$$C_N[a] = \cos(2\pi a/N), \quad S_N[a] = \mathrm{sen}(2\pi a/N).$$

O Problema 8.68 explora as propriedades da transformada de Hartley discreta com detalhes, principalmente sua propriedade de convolução circular.

(a) Verifique que $H_N[a] = H_N[a + N]$ e a seguinte propriedade útil de $H_N[a]$:

$$\begin{aligned}H_N[a+b] &= H_N[a]C_N[b] + H_N[-a]S_N[b] \\ &= H_N[b]C_N[a] + H_N[-b]S_N[a].\end{aligned}$$

(b) Decompondo $x[n]$ em seus pontos de índice par e pontos de índice ímpar e usando a identidade deduzida no item (a), deduza um algoritmo DHT rápido baseado no princípio da dizimação no tempo.

9.58. Neste problema, escreveremos a FFT como uma sequência de operações matriciais. Considere o algoritmo de FFT com dizimação no tempo de 8 pontos, mostrado na Figura P9.58. Sejam a e f os vetores de entrada e saída, respectivamente. Suponha que a entrada esteja na ordem bit-reversa e que a saída esteja na ordem normal (compare com a Figura 9.11). Sejam b, c, d e e os vetores intermediários mostrados no diagrama de fluxo.

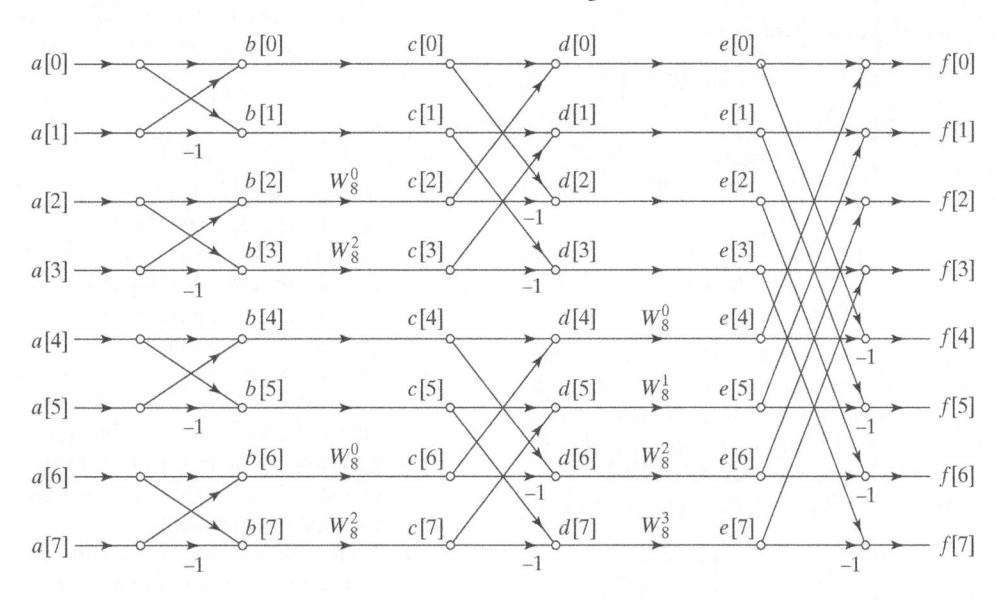

Figura P9.58

(a) Determine as matrizes F_1, T_1, F_2, T_2 e F_3 de modo que
$$b = F_1 a,$$
$$c = T_1 b,$$
$$d = F_2 c,$$
$$e = T_2 d,$$
$$f = F_3 e.$$

(b) A FFT total, tomando como entrada a e produzindo como saída f, pode ser descrita em notação matricial como $f = Qa$, em que

$$Q = F_3 T_2 F_2 T_1 F_1.$$

Seja Q^H a transposição (Hermitiana) complexa da matriz Q. Desenhe o diagrama de fluxo para a sequência de operações descrita por Q^H. O que essa estrutura calcula?

(c) Determine $(1/N)Q^H Q$.

9.59. Em muitas aplicações, existe uma necessidade de convoluir sequências longas $x[n]$ e $h[n]$ cujas amostras sejam inteiros. Como as sequências possuem coeficientes inteiros, o resultado da convolução $y[n] = x[n] * h[n]$ naturalmente também terá coeficientes inteiros.

Uma desvantagem importante do cálculo da convolução de sequências inteiras com FFTs é que os *chips* de aritmética de ponto flutuante são mais caros do que os chips de aritmética inteira. Além disso, o ruído de arredondamento introduzido durante um cálculo em ponto flutuante pode corromper o resultado. Neste problema, consideramos uma classe de algoritmos de FFT conhecida como *transformadas baseadas na teoria dos números* (NTTs, do inglês *number-theoretic transforms*), que contorna essas desvantagens.

(a) Sejam $x[n]$ e $h[n]$ sequências de N pontos. Indique suas TFDs por $X[k]$ e $H[k]$, respectivamente. Deduza a propriedade de convolução circular da TFD. Especificamente, mostre que $Y[k] = X[k]H[k]$, em que $y[n]$ é a convolução circular de N pontos de $x[n]$ e $h[n]$. Mostre que a propriedade de convolução circular é válida desde que W_N na TFD satisfaça

$$\sum_{n=0}^{N-1} W_N^{nk} = \begin{cases} N, & k = 0, \\ 0, & k \neq 0. \end{cases} \quad (\text{P9.59-1})$$

A chave para definir as NTTs é encontrar um W_N com valor inteiro que satisfaça a Equação P9.59-1. Essa condição forçará a ortogonalidade dos vetores de base requeridos para que a TFD funcione de maneira apropriada. Infelizmente, não existe um W_N com valor inteiro que tenha essa propriedade para a aritmética com inteiros padrão.

Para contornar esse problema, as NTTs utilizam a aritmética de inteiros definida com o módulo de algum inteiro P. Ao longo deste problema, consideraremos que $P = 17$. Isto é, a adição e a multiplicação são definidas como adição e multiplicação de inteiros padrão, seguida pela redução módulo $P = 17$. Por exemplo, $((23+18))_{17} = 7$, $((10+7))_{17} = 0$, $((23 \times 18))_{17} = 6$ e $((10 \times 7))_{17} = 2$. (Basta calcular a soma ou o produto pelo modo normal e depois tomar o resto módulo 17.)

(b) Sejam $P = 17$, $N = 4$ e $W_N = 4$. Verifique que

$$\left(\left(\sum_{n=0}^{N-1} W_N^{nk}\right)\right)_P = \begin{cases} N, & k = 0, \\ 0, & k \neq 0. \end{cases}$$

(c) Sejam $x[n]$ e $h[n]$ as sequências

$$x[n] = \delta[n] + 2\delta[n-1] + 3\delta[n-2],$$

$$h[n] = 3\delta[n] + \delta[n-1].$$

Calcule a NTT de 4 pontos $X[k]$ de $x[n]$ como se segue:

$$X[k] = \left(\left(\sum_{n=0}^{N-1} x[n] W_N^{nk}\right)\right)_P.$$

Calcule $H[k]$ de modo similar. Além disso, calcule $Y[k] = H[k]X[k]$. Suponha que os valores de P, N e W_N sejam aqueles do item (a). *Lembre-se de usar a aritmética de módulo 17 para cada operação durante o cálculo, e não apenas no resultado final!*

(d) A NTT inversa de $Y[k]$ é definida pela equação

$$y[n] = \left(\left((N)^{-1} \sum_{k=0}^{N-1} Y[k] W_N^{-nk}\right)\right)_P. \quad (\text{P9.59-2})$$

Para calcular essa quantidade apropriadamente, temos de determinar os *inteiros* $(1/N)^{-1}$ e W_N^{-1} de modo que

$$\left(\left((N)^{-1} N\right)\right)_P = 1,$$

$$\left(\left(W_N W_N^{-1}\right)\right)_P = 1.$$

Use os valores de P, N e W_N dados no item (a) e determine os inteiros mencionados.

(e) Calcule a NTT inversa mostrada na Equação P9.59-2 usando os valores de $(N)^{-1}$ e W_N^{-1} determinados no item (d). Verifique seu resultado calculando manualmente a convolução $y[n] = x[n] * h[n]$.

9.60. As seções 9.2 e 9.3 focam a transformada de Fourier rápida para sequências em que N é uma potência de 2. Porém, também é possível encontrar algoritmos eficientes para calcular a TFD quando o comprimento N tem mais de um fator primo, isto é, não pode ser expresso como $N = m^v$ para algum inteiro m. Neste problema, você examinará o caso no qual $N = 6$. As técnicas descritas se estendem facilmente para outros números compostos. Burrus e Parks (1985) discutem esses algoritmos com mais detalhes.

(a) A chave para decompor a FFT para $N = 6$ é usar o conceito de um *mapa de índices*, proposto por Cooley e Tukey (1965) em seu artigo original sobre a FFT. Especificamente, para o caso $N = 6$, representaremos os índices n e k como

$$n = 3n_1 + n_2 \quad \text{para } n_1 = 0,1; n_2 = 0,1,2; \quad (\text{P9.60-1})$$

$$k = k_1 + 2k_2 \quad \text{para } k_1 = 0,1; k_2 = 0,1,2; \quad (\text{P9.60-2})$$

Verifique que usando cada valor possível de n_1 e n_2 produz-se cada valor de $n = 0, ..., 5$ uma, e apenas uma, vez. Demonstre que o mesmo é verdadeiro para k com cada escolha de k_1 e k_2.

(b) Substitua as equações P9.60-1 e P9.60-2 na definição da TFD para obter uma nova expressão para a TFD em termos de n_1, n_2, k_1 e k_2. A equação resultante deverá ter um somatório duplo sobre n_1 e n_2 em vez de um somatório único sobre n.

(c) Examine cuidadosamente os termos com W_6 de sua equação. Você pode reescrever alguns deles como expressões equivalentes em W_2 e W_3.

(d) Com base no item (c), agrupe os termos em sua TFD de modo que o somatório em n_2 esteja fora e o somatório em n_1 esteja dentro. Você deve ser capaz de escrever essa expressão de modo que possa ser interpretada como três TFDs com $N = 2$, seguidas por alguns fatores de "rotação" (potências de W_6), seguidos por duas TFDs com $N = 3$.

(e) Esboce o diagrama de fluxo de sinais implementando sua expressão do item (d). Quantas multiplicações complexas são exigidas? Como isso se compara com o número de multiplicações complexas requeridas por uma implementação direta da equação da TFD para $N = 6$?

(f) Encontre uma indexação alternativa similar às equações P9.60-1 e P9.60-2 que resulte em um diagrama de fluxo de sinais que seja composto de duas TFDs com $N = 3$ seguidas por três TFDs com $N = 2$.

10 Análise de Fourier de sinais usando a transformada de Fourier discreta

10.0 Introdução

No Capítulo 8, desenvolvemos a transformada de Fourier discreta (TFD) como uma representação de Fourier para sinais de comprimento finito. Como a TFD pode ser calculada de modo eficiente, ela desempenha um papel central em uma grande variedade de aplicações de processamento de sinais, incluindo filtragem e análise espectral. Neste capítulo, fornecemos uma visão introdutória da análise de Fourier de sinais usando a TFD.

Em aplicações e algoritmos baseados no cálculo explícito da transformada de Fourier, a transformada de Fourier de tempo discreto (TFTD) é idealmente desejada, embora a TFD seja aquela que pode realmente ser calculada. Para sinais de comprimento finito, a TFD fornece amostras no domínio da frequência da TFTD, e as implicações dessa amostragem devem ser claramente entendidas e consideradas. Por exemplo, como destacamos na Seção 8.7, na filtragem linear ou na convolução implementada pela multiplicação de TFDs em vez de TFTDs, uma convolução circular é implementada, e um cuidado especial deve ser tomado para garantir que os resultados sejam equivalentes a uma convolução linear. Além disso, em muitas aplicações de filtragem e análise espectral, os sinais não têm, inerentemente, comprimento finito. Como discutiremos adiante, essa inconsistência entre a condição do comprimento finito da TFD e a realidade dos sinais indefinidamente longos pode ser conciliada exatamente ou aproximadamente por meio dos conceitos de *janelamento*, *processamento em bloco* e *transformada de Fourier dependente do tempo*.

10.1 Análise de Fourier de sinais usando a TFD

Uma das principais aplicações da TFD ocorre na análise do conteúdo de frequência de sinais de tempo contínuo. Por exemplo, como descrevemos na Seção 10.4.1, na análise e no processamento de voz, a análise de frequência é particularmente útil na identificação e na modelagem das ressonâncias da cavidade vocal. Outro exemplo, introduzido na Seção 10.4.2, é o radar Doppler, em que a velocidade de um alvo é representada pelo deslocamento em frequência entre os sinais transmitidos e recebidos.

As etapas básicas da aplicação da TFD a sinais de tempo contínuo são indicadas na Figura 10.1. O filtro *antialiasing* é incorporado para eliminar ou minimizar o efeito do *aliasing* quando o sinal de tempo contínuo é convertido em uma sequência pela amostragem. A necessidade de multiplicação de $x[n]$ por $w[n]$, ou seja, o janelamento, é uma consequência da condição de comprimento finito da TFD. Em muitos casos de interesse prático, $s_c(t)$ e, consequentemente, $x[n]$ são sinais muito longos ou mesmo indefinidamente longos (como ocorre com voz ou música). Portanto, uma janela de duração finita $w[n]$ é aplicada a $x[n]$ antes do cálculo da TFD. Na Figura 10.2 são ilustradas as transformadas de Fourier dos sinais da Figura 10.1. Na Figura 10.2(a) é mostrado um espectro de tempo contínuo que

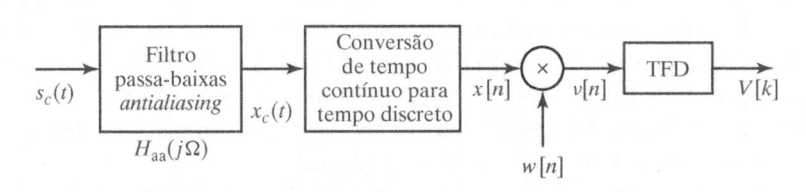

Figura 10.1 Etapas de processamento da análise de Fourier em tempo discreto de um sinal de tempo contínuo.

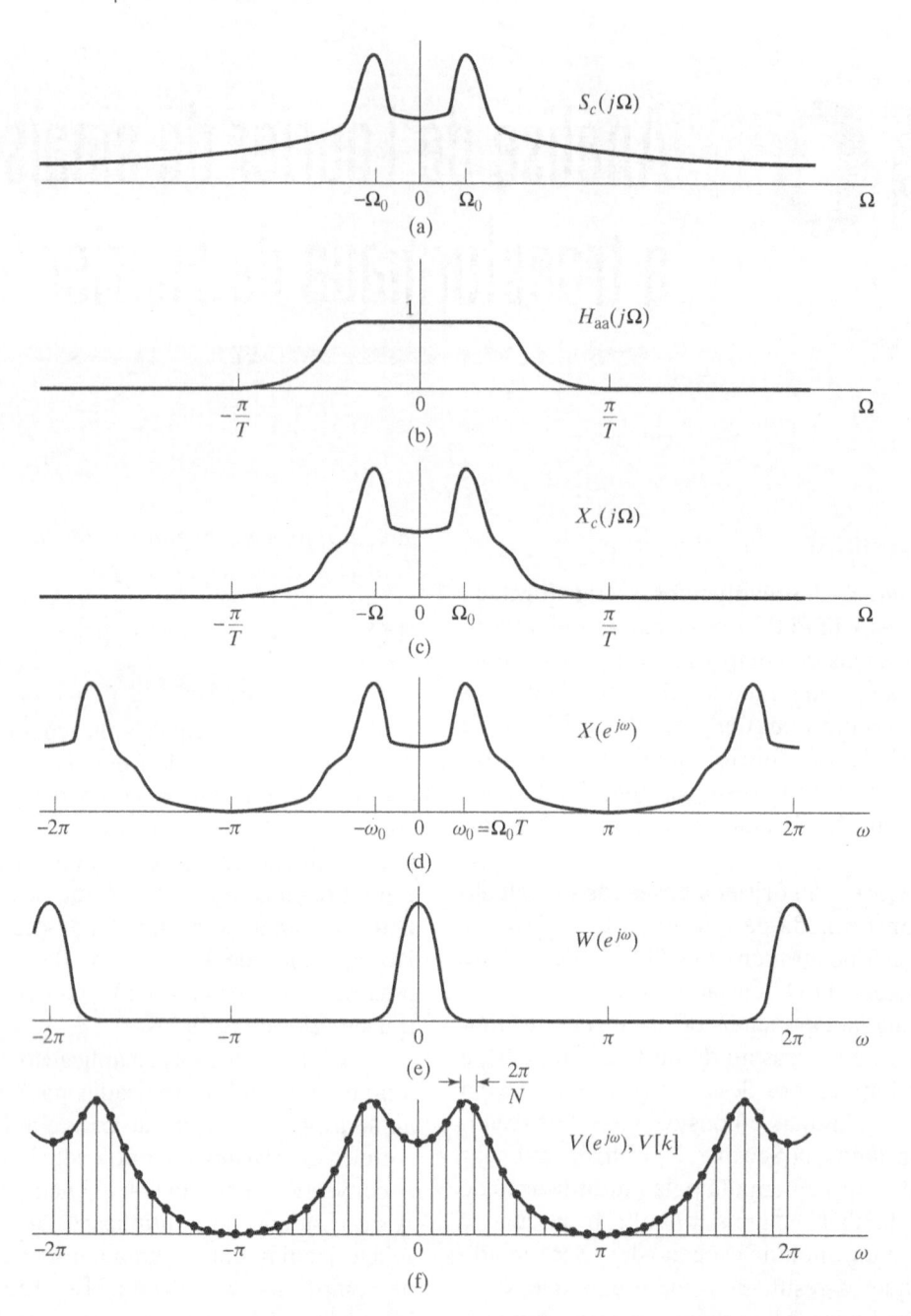

Figura 10.2 Exemplo das transformadas de Fourier do sistema da Figura 10.1. (a) Transformada de Fourier do sinal de entrada em tempo contínuo. (b) Resposta em frequência do filtro *antialiasing*. (c) Transformada de Fourier da saída do filtro *antialiasing*. (d) Transformada de Fourier do sinal amostrado. (e) Transformada de Fourier da janela. (f) Transformada de Fourier do segmento de sinal janelado e amostras de frequência obtidas usando amostras da TFD.

diminui gradualmente em altas frequências, mas que não é limitado em banda. Ela também indica a presença de uma energia de banda estreita no sinal, representada pelos picos estreitos. A resposta em frequência de um filtro *antialiasing* é ilustrada na Figura 10.2(b). Como indicado na Figura 10.2(c), a transformada de Fourier de tempo contínuo resultante $X_c(j\Omega)$ contém pouca informação útil sobre $S_c(j\Omega)$ para frequências acima da frequência de corte do filtro. Como $H_{aa}(j\Omega)$ não pode ser ideal, os componentes de Fourier da entrada na banda de passagem e na banda de transição também serão modificados pela resposta em frequência do filtro.

A conversão de $x_c(t)$ para uma sequência de amostras $x[n]$ é representada no domínio da frequência pela replicação periódica, normalização na frequência e ajuste de escala de amplitude, isto é,

$$X(e^{j\omega}) = \frac{1}{T}\sum_{r=-\infty}^{\infty} X_c\left(j\frac{\omega}{T} + j\frac{2\pi r}{T}\right). \quad (10.1)$$

Isso é ilustrado na Figura 10.2(d). Em uma implementação prática, o filtro *antialiasing* não pode ter atenuação infinita na banda de rejeição. Portanto, podemos esperar alguma sobreposição não nula das parcelas na Equação 10.1, isto é, *aliasing*; porém, essa fonte de erro pode se tornar insignificantemente pequena com um filtro de tempo contínuo de alta qualidade ou com o uso de sobreamostragem inicial seguida por filtragem passa-baixas em tempo discreto mais eficaz e dizimação, como discutido na Seção 4.8.1. Se $x[n]$ é um sinal digital, de modo que a conversão A/D é incorporada no segundo sistema da Figura 10.1, então o erro de digitalização também é introduzido. Como vimos na Seção 4.8.2, esse erro pode ser modelado como uma sequência de ruído somada a $x[n]$. O ruído pode se tornar insignificante se for usada uma digitalização fina.

A sequência $x[n]$ usualmente é multiplicada por uma janela de duração finita $w[n]$, pois a entrada da TFD deve ter duração finita. Isso produz a sequência de comprimento finito $v[n] = w[n]x[n]$. O efeito no domínio da frequência é uma convolução periódica, isto é,

$$V(e^{j\omega}) = \frac{1}{2\pi}\int_{-\pi}^{\pi} X(e^{j\theta})W(e^{j(\omega-\theta)})d\theta. \quad (10.2)$$

Na Figura 10.2(e) ilustra-se a transformada de Fourier de uma sequência janela típica. Note que, supostamente, o lóbulo principal está concentrado em torno de $\omega = 0$, e, nesse exemplo, os lóbulos laterais são muito pequenos, sugerindo que a janela decai em suas extremidades. As propriedades de janelas como as de Bartlett, Hamming, Hanning, Blackman e Kaiser são discutidas no Capítulo 7 e na Seção 10.2. Neste ponto, é suficiente observar que a convolução de $W(e^{j\omega})$ com $X(e^{j\omega})$ tenderá a suavizar os picos acentuados e as descontinuidades em $X(e^{j\omega})$. Isso é representado pela curva contínua esboçada na Figura 10.2(f).

A última operação na Figura 10.1 é o cálculo da TFD. A TFD da sequência janelada $v[n] = w[n]x[n]$ é

$$V[k] = \sum_{n=0}^{N-1} v[n]e^{-j(2\pi/N)kn}, \quad k = 0, 1, \ldots, N-1, \quad (10.3)$$

em que supomos que o comprimento da janela L seja menor ou igual ao comprimento N da TFD. $V[k]$, a TFD da sequência de comprimento finito $v[n]$, corresponde a amostras igualmente espaçadas da TFTD de $v[n]$; isto é,

$$V[k] = V(e^{j\omega})\big|_{\omega=2\pi k/N}. \quad (10.4)$$

Na Figura 10.2(f) também é mostrado $V[k]$ como as amostras de $V(e^{j\omega})$. Como o espaçamento entre as frequências da TFD é $2\pi/N$ e a relação entre a variável de frequência de tempo discreto normalizada e a variável de frequência de tempo contínuo é $\omega = \Omega T$, as frequências da TFD correspondem às frequências de tempo contínuo

$$\Omega_k = \frac{2\pi k}{NT}. \quad (10.5)$$

O uso dessa relação entre as frequências de tempo contínuo e as frequências da TFD é ilustrado nos exemplos 10.1 e 10.2.

Exemplo 10.1 Análise de Fourier usando a TFD

Considere um sinal de tempo contínuo $x_c(t)$ de banda limitada tal que $X_c(j\Omega) = 0$ para $|\Omega| \geq 2\pi(2500)$. Queremos usar o sistema da Figura 10.1 para estimar o espectro de tempo contínuo $X_c(j\Omega)$. Suponha que o filtro *antialiasing* $H_{aa}(j\Omega)$ seja ideal e a taxa de amostragem do conversor C/D seja $1/T = 5000$ amostras/s. Se quisermos que as amostras $V[k]$ da TFD sejam equivalentes a amostras de $X_c(j\Omega)$ que estão no máximo $2\pi(10)$ rad/s ou 10 Hz afastadas, qual é o valor mínimo que devemos usar para o comprimento N da TFD?

A partir da Equação 10.5, vemos que amostras adjacentes na TFD correspondem a frequências de tempo contínuo separadas por $2\pi/(NT)$. Portanto, é necessário que

$$\frac{2\pi}{NT} \leq 20\pi,$$

o que implica que

$$N \geq 500$$

satisfaz a condição. Se quisermos usar um algoritmo de FFT de raiz 2 para calcular a TFD na Figura 10.1, escolheremos $N = 512$ para um espaçamento de frequência de tempo contínuo equivalente $\Delta\Omega = 2\pi(5000/512) = 2\pi(9,77)$ rad/s.

Exemplo 10.2 Relação entre valores de TFD

Considere o problema proposto no Exemplo 10.1, em que $1/T = 5000$, $N = 512$ e $x_c(t)$ tem valor real e é suficientemente limitado em banda para evitar o *aliasing* com a taxa de amostragem dada. Se for determinado que $V[11] = 2000(1 + j)$, o que pode ser dito sobre outros valores de $V[k]$ ou sobre $X_c(j\Omega)$?

Observando às propriedades de simetria da TFD dada na Tabela 8.2, $V[k] = V^*[((-k))_N]$, $k = 0, 1, \ldots, N - 1$ e, consequentemente, $V[N - k] = V^*[k]$, concluímos nesse caso que

$$V[512 - 11] = V[501] = V^*[11] = 2000(1 - j).$$

Também sabemos que a amostra da TFD $k = 11$ corresponde à frequência de tempo contínuo $\Omega_{11} = 2\pi(11)(5000)/512 = 2\pi(107,4)$ e, de modo similar, $k = 501$ corresponde à frequência $-2\pi(11)(5000)/512 = -2\pi(107,4)$. Embora o janelamento suavize o espectro, podemos dizer que

$$X_c(j\Omega_{11}) = X_c(j2\pi(107,4)) \approx T \cdot V[11] = 0,4(1 + j).$$

> Note que o fator T é necessário para compensar o fator $1/T$ introduzido pela amostragem, como na Equação 10.1. Novamente, podemos explorar a simetria para concluir que
>
> $X_c(-j\Omega_{11}) = X_c(-j\,2\pi(10{,}74)) \approx T \cdot V^*[11] = 0{,}4(1-j).$

Muitos analisadores de espectro em tempo real comerciais são baseados nos princípios incorporados nas figuras 10.1 e 10.2. No entanto, deve ficar claro, com base na discussão anterior, que diversos fatores afetam a interpretação da TFD de um segmento janelado de um sinal amostrado em termos da transformada de Fourier de tempo contínuo do sinal de entrada original $s_c(t)$. Para conciliar e mitigar os efeitos desses fatores, devemos ter cuidado na filtragem e na amostragem do sinal de entrada. Além disso, para interpretar os resultados corretamente, os efeitos do janelamento no domínio do tempo e da amostragem no domínio da frequência inerentes à TFD devem ser claramente entendidos. No restante da discussão, suporemos que as questões de filtragem *antialiasing* e de conversão de tempo contínuo em discreto tenham sido satisfatoriamente tratadas e que são desprezíveis. Na próxima seção, focaremos especificamente os efeitos do janelamento e da amostragem no domínio da frequência, impostos pela TFD. Escolhemos sinais senoidais como a classe específica de exemplos para discussão, pois as senoides são perfeitamente limitadas em banda e podem ser calculadas com facilidade. Porém, a maioria das questões levantadas pelos exemplos aplica-se de uma forma mais geral.

10.2 Análise por TFD de sinais senoidais

A TFTD de um sinal senoidal $A\cos(\omega_0 n + \phi)$ (existente para todo n) é um par de impulsos em $+\omega_0$ e $-\omega_0$ (repetindo periodicamente com período 2π). Na análise de sinais senoidais usando a TFD, o janelamento e a amostragem espectral (no domínio da frequência) têm efeitos importantes. Como veremos na Seção 10.2.1, o janelamento espalha ou alarga os impulsos da representação de Fourier, de modo que a frequência exata é definida de forma menos distinta. O janelamento também reduz a capacidade de resolver sinais senoidais que estão em frequências muito próximas. A amostragem espectral inerente na TFD tem o efeito de dar potencialmente uma imagem enganosa e imprecisa do espectro verdadeiro do sinal senoidal. Esse efeito é discutido na Seção 10.2.3.

10.2.1 Efeito do janelamento

Considere um sinal de tempo contínuo composto da soma de dois componentes senoidais; isto é,

$$s_c(t) = A_0\cos(\Omega_0 t + \theta_0) + A_1\cos(\Omega_1 t + \theta_1), \quad -\infty < t < \infty. \tag{10.6}$$

Assumindo a amostragem ideal sem *aliasing* e sem erro de digitalização, obtemos o sinal de tempo discreto

$$x[n] = A_0\cos(\omega_0 n + \theta_0) + A_1\cos(\omega_1 n + \theta_1), \quad -\infty < n < \infty, \tag{10.7}$$

sendo $\omega_0 = \Omega_0 T$ e $\omega_1 = \Omega_1 T$. A sequência janelada $v[n]$ na Figura 10.1 é, então,

$$v[n] = A_0 w[n]\cos(\omega_0 n + \theta_0) + A_1 w[n]\cos(\omega_1 n + \theta_1). \tag{10.8}$$

Para obter a TFTD de $v[n]$, podemos expandir a Equação 10.8 em termos de exponenciais complexas e usar a propriedade do deslocamento na frequência da Equação 2.158 na Seção 2.9.2. Especificamente, reescrevemos $v[n]$ como

$$v[n] = \frac{A_0}{2}w[n]e^{j\theta_0}e^{j\omega_0 n} + \frac{A_0}{2}w[n]e^{-j\theta_0}e^{-j\omega_0 n}$$
$$+ \frac{A_1}{2}w[n]e^{j\theta_1}e^{j\omega_1 n} + \frac{A_1}{2}w[n]e^{-j\theta_1}e^{-j\omega_1 n}, \tag{10.9}$$

pela qual, juntamente com a Equação 2.158, segue-se que a transformada de Fourier da sequência janelada é

$$V(e^{j\omega}) = \frac{A_0}{2}e^{j\theta_0}W(e^{j(\omega-\omega_0)}) + \frac{A_0}{2}e^{-j\theta_0}W(e^{j(\omega+\omega_0)})$$
$$+ \frac{A_1}{2}e^{j\theta_1}W(e^{j(\omega-\omega_1)}) + \frac{A_1}{2}e^{-j\theta_1}W(e^{j(\omega+\omega_1)}). \tag{10.10}$$

De acordo com a Equação 10.10, a transformada de Fourier do sinal janelado consiste na transformada de Fourier da janela, deslocada para as frequências $\pm\omega_0$ e $\pm\omega_1$ e ajustada em escala pelas amplitudes complexas das exponenciais complexas individuais que compõem o sinal.

Exemplo 10.3 Efeito do janelamento na análise de Fourier de sinais senoidais

Neste exemplo, consideramos o sistema da Figura 10.1 e, em particular, $W(e^{j\omega})$ e $V(e^{j\omega})$ para $s_c(t)$ na forma da Equação 10.6, uma taxa de amostragem $1/T = 10$ kHz e uma janela retangular $w[n]$ de comprimento 64. A amplitude do sinal e os parâmetros de fase são $A_0 = 1$, $A_1 = 0{,}75$ e $\theta_0 = \theta_1 = 0$, respectivamente. Para ilustrar as características essenciais, mostramos especificamente apenas as magnitudes das transformadas de Fourier.
Na Figura 10.3(a), mostramos $|W(e^{j\omega})|$, e, nas figuras 10.3(b), (c), (d) e (e), mostramos $|V(e^{j\omega})|$ para várias escolhas de Ω_0 e Ω_1 na Equação 10.6 ou, de modo equivalente, ω_0 e ω_1 na Equação 10.7. Na Figura 10.3(b), $\Omega_0 = (2\pi/6)\times 10^4$ e $\Omega_1 = (2\pi/3)\times 10^4$, ou, de modo equivalente, $\omega_0 = 2\pi/6$ e $\omega_1 = 2\pi/3$. Nas figuras 10.3(c)-(e), as frequências tornam-se progressivamente mais próximas. Para os parâmetros na Figura 10.3(b), a frequência e amplitude dos componentes individuais são evidentes. Especificamente, a Equação 10.10

sugere que, sem sobreposição entre as réplicas de $W(e^{j\omega})$ em ω_0 e ω_1, haverá um pico de altura $32A_0$ em ω_0 e $32A_1$ em ω_1, pois $W(e^{j\omega})$ tem uma altura de pico igual a 64. Na Figura 10.3(b), os dois picos estão em aproximadamente $\omega_0 = 2\pi/6$ e $\omega_1 = 2\pi/3$, com amplitudes de pico na proporção correta. Na Figura 10.3(c), existe mais sobreposição entre as réplicas da janela em ω_0 e ω_1 e, embora dois picos distintos estejam presentes, a amplitude do espectro em $\omega = \omega_0$ é afetada pela amplitude do sinal senoidal na frequência ω_1 e vice-versa. Essa interação é chamada de *vazamento*: O componente em uma frequência vaza nas vizinhanças de outro componente em virtude do espalhamento espectral introduzido pela janela. A Figura 10.3(d) mostra o caso em que o vazamento é ainda maior. Note como os lóbulos laterais somados fora de fase podem *reduzir* as alturas dos picos. Na Figura 10.3(e), a sobreposição entre as janelas de espectro em ω_0 e ω_1 é tão significativa que os dois picos visíveis em (b)-(d) agruparam-se formando um único pico. Em outras palavras, com essa janela, as duas frequências correspondentes à Figura 10.3(e) não serão observadas no espectro.

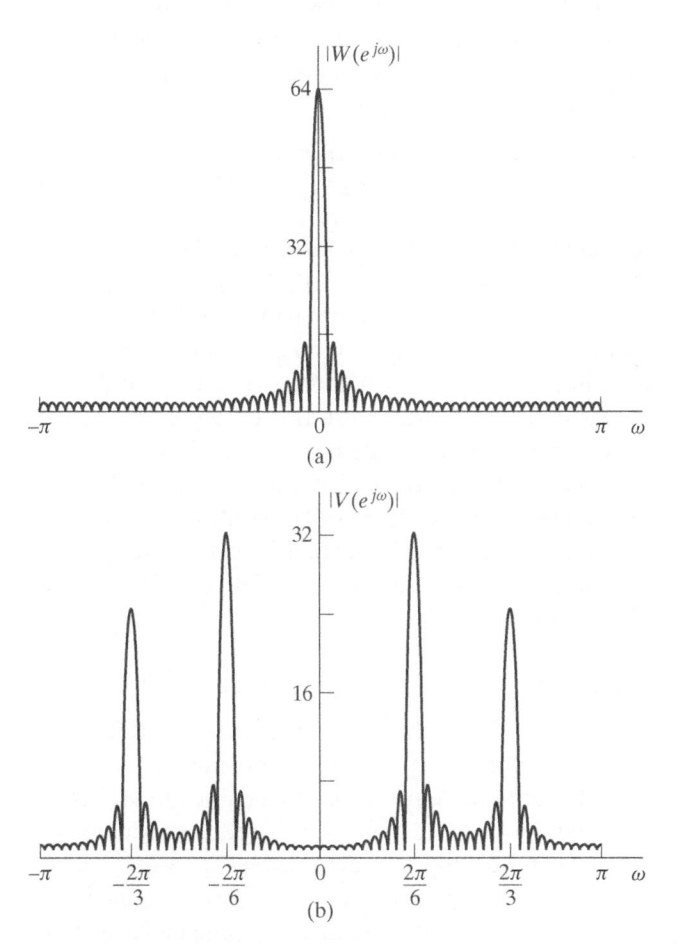

Figura 10.3 Exemplo da análise de Fourier de cossenos janelados com uma janela retangular. (a) Transformada de Fourier da janela. (b)-(e) Transformada de Fourier de cossenos janelados à medida que $\Omega_1 - \Omega_0$ se torna cada vez menor. (b) $\Omega_0 = (2\pi/6) \times 10^4$, $\Omega_1 = (2\pi/3) \times 10^4$.

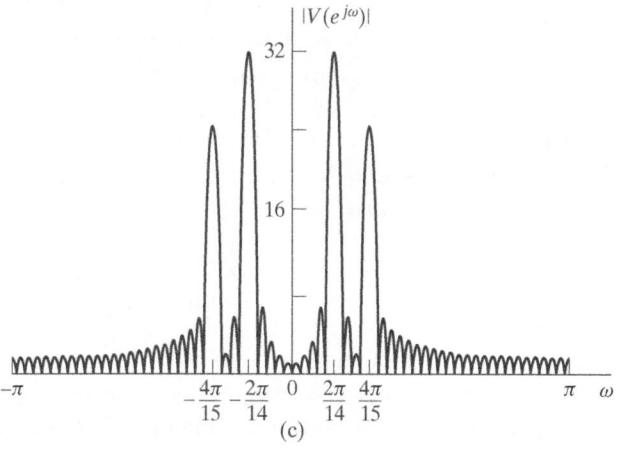

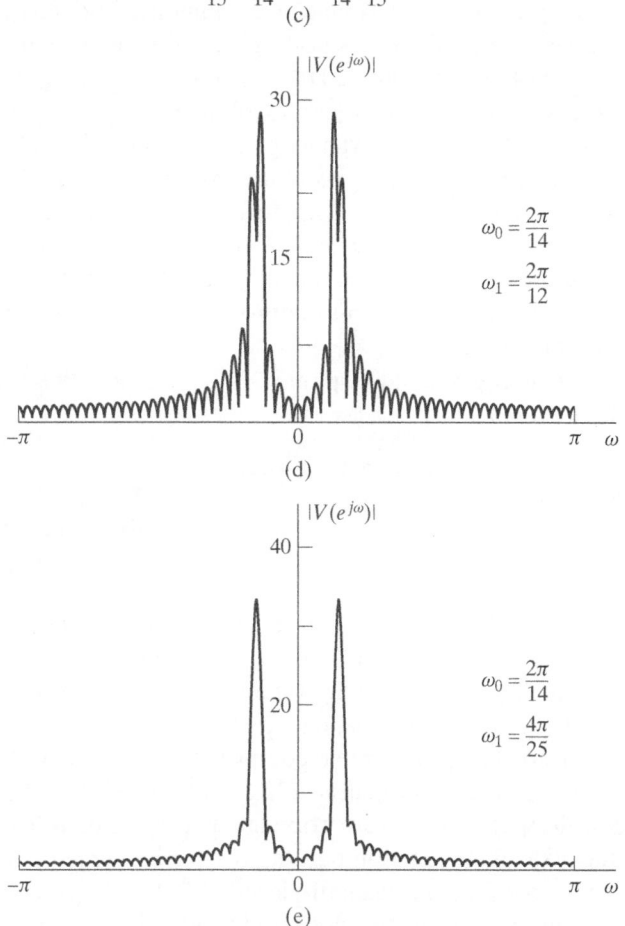

Figura 10.3 (*continuação*) (c) $\Omega_0 = (2\pi/14) \times 10^4$, $\Omega_1 = (4\pi/15) \times 10^4$. (d) $\Omega_0 = (2\pi/14) \times 10^4$, $\Omega_1 = (2\pi/12) \times 10^4$. (e) $\Omega_0 = (2\pi/14) \times 10^4$, $\Omega_1 = (4\pi/25) \times 10^4$.

10.2.2 Propriedades das janelas

Resolução reduzida e vazamento são os dois efeitos principais sobre o espectro que resultam da aplicação de uma janela ao sinal senoidal. A resolução é influenciada principalmente pela largura do lóbulo principal de $W(e^{j\omega})$, enquanto o grau de vazamento depende da amplitude relativa entre o lóbulo principal e os lóbulos laterais de $W(e^{j\omega})$. No Capítulo 7, em um contexto de projeto de filtro, mostramos que a largura do lóbulo principal e a amplitude relativa do lóbulo lateral dependem principalmente do comprimento L da janela e da forma (intensidade do decaimento) da janela. A janela retangular, que tem transformada de Fourier

$$W_r(e^{j\omega}) = \sum_{n=0}^{L-1} e^{-j\omega n} = e^{-j\omega(L-1)/2}\frac{\text{sen}(\omega L/2)}{\text{sen}(\omega/2)}, \quad (10.11)$$

tem o lóbulo principal mais estreito para determinado comprimento ($\Delta_{ml} = 4\pi/L$), mas tem os maiores lóbulos laterais de todas as janelas comumente utilizadas. Outras janelas discutidas no Capítulo 7 incluem as janelas de Bartlett, Hann e Hamming. As TFTDs de todas essas janelas têm largura do lóbulo principal $\Delta_{ml} = 8\pi/(L-1)$, que é aproximadamente o dobro daquela da janela regular, mas elas têm amplitudes de lóbulo lateral significativamente menores. O problema com todas essas janelas é que não há possibilidade de troca entre largura de lóbulo principal e amplitude de lóbulo lateral, pois o comprimento da janela é o único parâmetro variável.

Como vimos no Capítulo 7, a janela de Kaiser é definida por

$$w_K[n] = \begin{cases} \dfrac{I_0[\beta(1-[(n-\alpha)/\alpha]^2)^{1/2}]}{I_0(\beta)}, & 0 \le n \le L-1, \\ 0, & \text{caso contrário,} \end{cases} \quad (10.12)$$

sendo $\alpha = (L-1)/2$ e $I_0(\cdot)$ a função de Bessel modificada de ordem zero do tipo um. (Note que a notação da Equação 10.12 difere ligeiramente daquela da Equação 7.72 porque L denota o comprimento da janela na Equação 10.12, enquanto o comprimento da janela de projeto de filtro na Equação 7.72 é indicado por $M+1$.) Já vimos, no contexto do problema de projeto de filtro, que essa janela tem dois parâmetros, β e L, que podem ser usados para a troca entre largura do lóbulo principal e amplitude relativa dos lóbulos laterais. (Lembre-se de que a janela de Kaiser se reduz à janela retangular quando $\beta = 0$.) A largura do lóbulo principal Δ_{ml} é definida como a distância simétrica entre os cruzamentos por zero centrais. O nível relativo do lóbulo lateral A_{sl} é definido como a razão em dB da amplitude do lóbulo principal e a amplitude do maior lóbulo lateral. Na Figura 10.4, que é exatamente a Figura 7.32, são mostradas as transformadas de Fourier de janelas de Kaiser para diferentes comprimentos e diferentes valores de β. No projeto de uma janela de Kaiser para análise espectral, queremos especificar um valor desejado de A_{sl} e determinar o valor necessário de β. Na Figura 10.4(c) é mostrado que a amplitude relativa do lóbulo lateral é essencialmente independente do comprimento da janela e, portanto, depende somente de β. Isso foi confirmado por Kaiser e Schafer (1980), que obtiveram a seguinte aproximação por mínimos quadrados para β em função de A_{sl}:

$$\beta = \begin{cases} 0, & A_{sl} \le 13{,}26, \\ 0{,}76609(A_{sl}-13{,}26)^{0{,}4} + \\ \quad + 0{,}09834(A_{sl}-13{,}26), & 13{,}26 < A_{sl} \le 60, \\ 0{,}12438(A_{sl}+6{,}3), & 60 < A_{sl} \le 120. \end{cases}$$
$$(10.13)$$

O uso dos valores de β da Equação 10.13 gera janelas com valores de lóbulo lateral efetivos que diferem em menos de 0,36 do valor de A_{sl} usado na Equação 10.13 para todo o intervalo de $13{,}26 < A_{sl} < 120$. (Note que o valor 13,26 é a amplitude relativa do lóbulo lateral da janela retangular, a qual a janela de Kaiser se reduz para $\beta = 0$.)

A Figura 10.4(c) também mostra que a largura do lóbulo principal é inversamente proporcional ao comprimento da janela. A escolha entre a largura do lóbulo principal, a amplitude relativa do lóbulo lateral e o comprimento da janela é exibida pela relação aproximada

$$L \simeq \frac{24\pi(A_{sl}+12)}{155\Delta_{ml}} + 1, \quad (10.14)$$

que também foi dada por Kaiser e Schafer (1980).

As equações 10.12, 10.13 e 10.14 são as equações necessárias para determinar uma janela de Kaiser com os valores desejados de largura do lóbulo principal e a amplitude relativa de lóbulo lateral. O projeto de uma janela para os valores prescritos de A_{sl} e Δ_{ml} requer simplesmente o cálculo de β a partir da Equação 10.13, o cálculo de L a partir da Equação 10.14 e o cálculo da janela usando a Equação 10.12. Muitos dos exemplos restantes deste capítulo usam a janela de Kaiser. Outras janelas de análise espectral são consideradas por Harris (1978).

10.2.3 Efeito da amostragem espectral

Como já mencionamos anteriormente, a TFD da sequência janelada $v[n]$ fornece amostras de $V(e^{j\omega})$ nas N frequências de tempo discreto igualmente espaçadas $\omega_k = 2\pi k/N$, $k = 0, 1, ..., N-1$. Estas são equivalentes às frequências de tempo contínuo $\Omega_k = (2\pi k)/(NT)$, para $k = 0, 1, ..., N/2$ (supondo que N seja par). Os índices $k = N/2 + 1, ..., N-1$ correspondem às frequências de tempo contínuo negativas $-2\pi(N-k)/(NT)$. A amostragem espectral, como imposta pela TFD, algumas vezes pode produzir resultados enganosos. Esse efeito é mais bem ilustrado por meio de um exemplo.

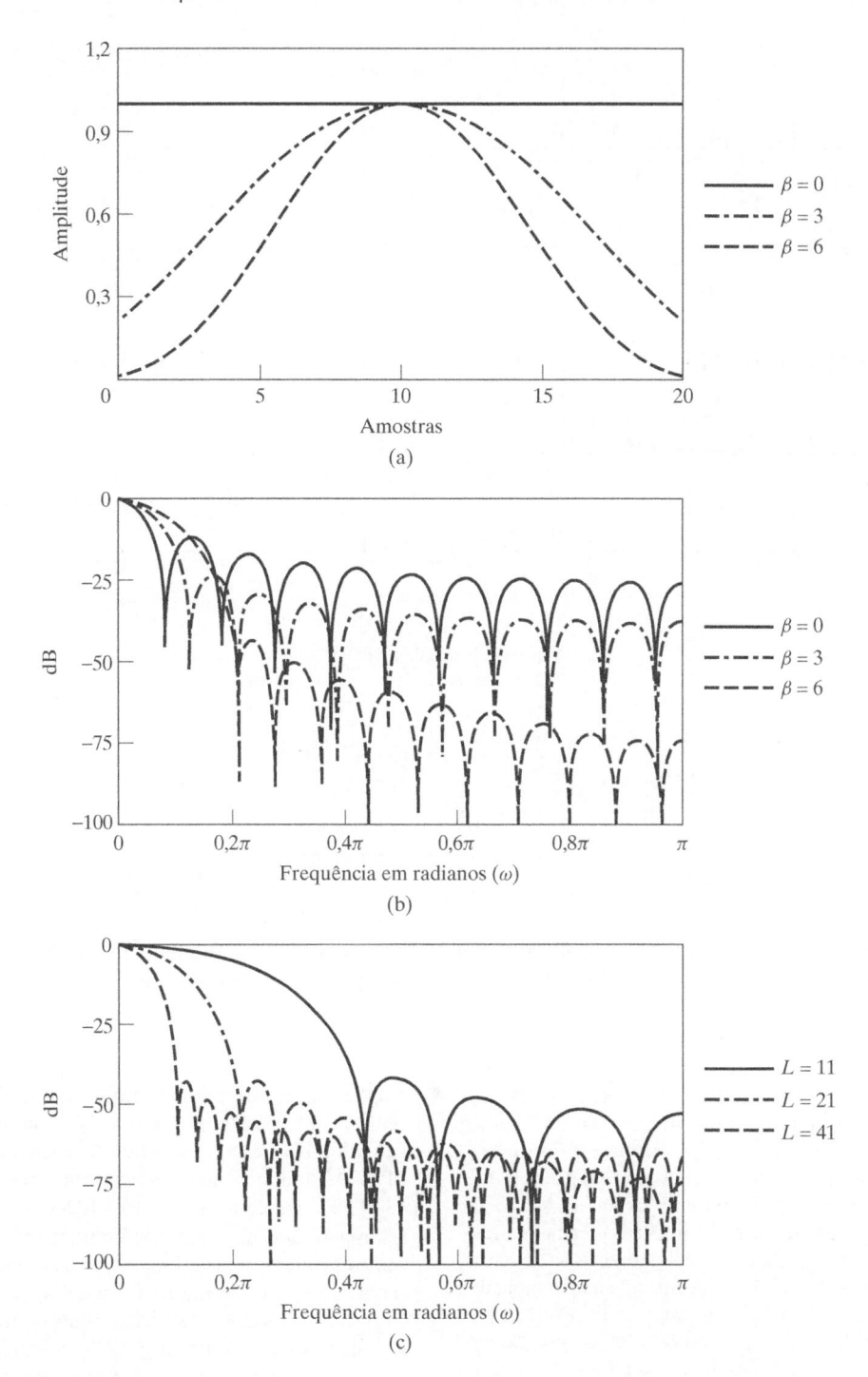

Figura 10.4 (a) Janelas de Kaiser para $\beta = 0$, 3 e 6, e $L = 21$. (b) Transformada de Fourier correspondente às janelas em (a). (c) Transformadas de Fourier das janelas de Kaiser com $\beta = 6$ e $L = 11$, 21 e 41.

Exemplo 10.4 Exemplo do efeito da amostragem espectral

Considere os mesmos parâmetros da Figura 10.3(c) do Exemplo 10.3, isto é, $A_0 = 1$, $A_1 = 0{,}75$, $\omega_0 = 2\pi/14$, $\omega_1 = 4\pi/15$ e $\theta_1 = \theta_2 = 0$ na Equação 10.8. $w[n]$ é uma janela retangular de comprimento 64. Então,

$$v[n] = \begin{cases} \cos\left(\dfrac{2\pi}{14}n\right) + 0{,}75\cos\left(\dfrac{4\pi}{15}n\right), & 0 \leq n \leq 63, \\ 0, & \text{caso contrário.} \end{cases}$$

(10.15)

A Figura 10.5(a) mostra a sequência janelada $v[n]$. As figuras 10.5(b), (c), (d) e (e) mostram, respectivamente, a parte

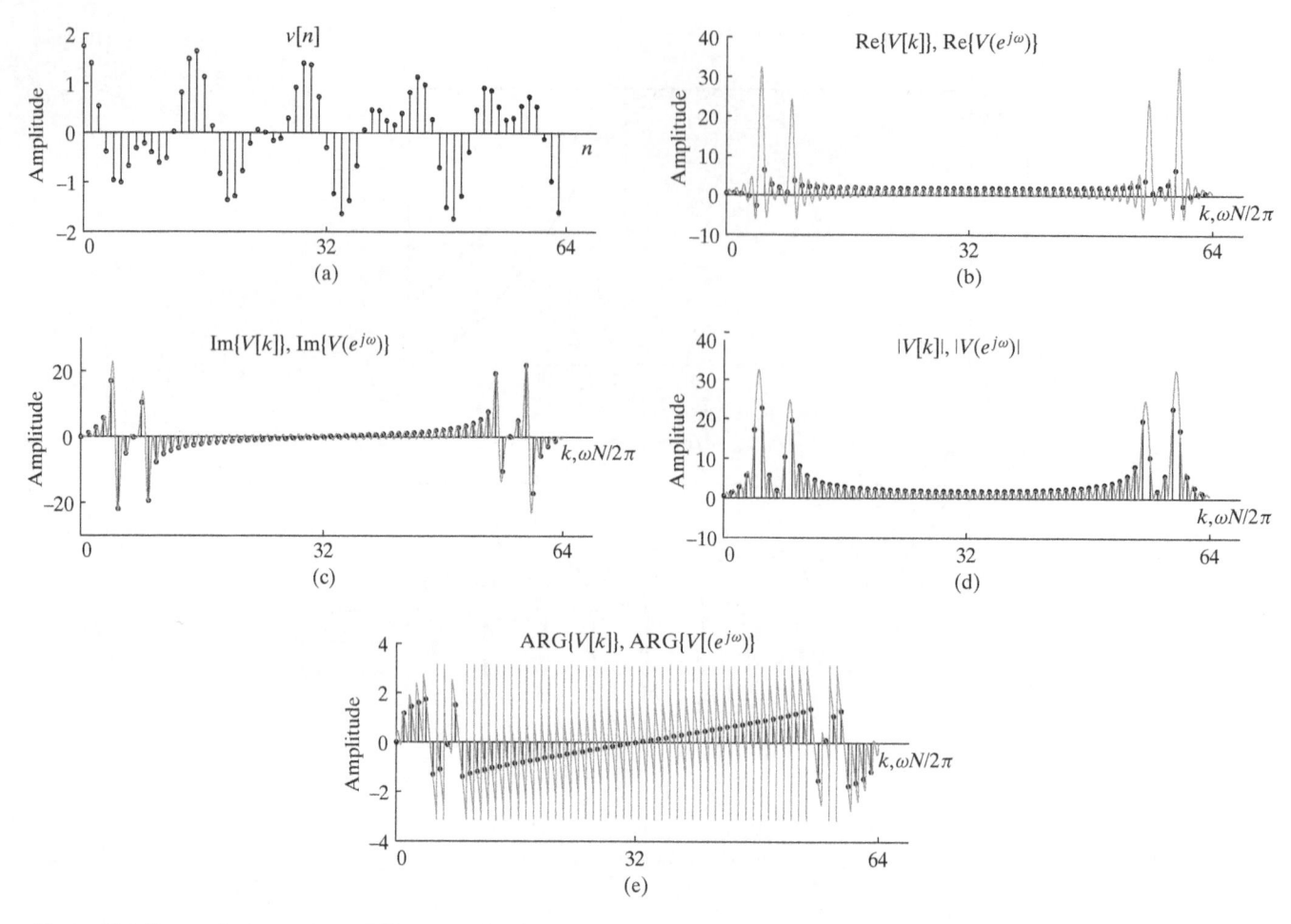

Figura 10.5 Sequência de cossenos e TFD com uma janela retangular para $N = 64$. (a) Sinal janelado. (b) Parte real da TFD. (c) Parte imaginária da TFD. (d) Magnitude da TFD. (e) Fase da TFD. Note que a TFTD está sobreposta como a linha contínua clara.

real, a parte imaginária, a magnitude e a fase correspondentes da TFD de comprimento $N = 64$. Observe que, como $x[n]$ é real, $X[N - k] = X^*[k]$ e $X(e^{j(2\pi-\omega)}) = X^*(e^{j\omega})$; isto é, a parte real e a magnitude são funções pares, e a parte imaginária e a fase são funções ímpares de k e ω.

Nas figuras 10.5(b)-(e), o eixo horizontal (frequência) é indicado em termos do índice da TFD ou do número da amostra de frequência k. O valor $k = 32$ corresponde a $\omega = \pi$ ou, de modo equivalente, $\Omega = \pi/T$. Como na convenção usual na exibição da TFD de uma sequência de tempo, mostramos os valores da TFD no intervalo de $k = 0$ a $k = N - 1$, que correspondem à exibição de amostras da TFTD na faixa de frequência de 0 a 2π. Por causa da periodicidade inerente da TFTD, a primeira metade desse intervalo corresponde às frequências de tempo contínuo positivas, ou seja, Ω entre zero e π/T, e a segunda metade do intervalo às frequências negativas, ou seja, Ω entre $-\pi/T$ e zero. Note a simetria periódica par da parte real e da magnitude e a simetria periódica ímpar da parte imaginária e da fase.

Lembre-se de que a TFD $V[k]$ é uma versão amostrada da TFTD $V(e^{j\omega})$. Sobreposta em cada TFD com uma linha cinza clara nas figuras 10.5(b)-(e) está a TFTD correspondente, isto é, $\mathcal{R}e\{V(e^{j\omega})\}$, $\mathcal{I}m\{V(e^{j\omega})\}$, $|V(e^{j\omega})|$ e $\text{ARG}\{V(e^{j\omega})\}$, respectivamente. A escala da frequência para essas funções

é a escala normalizada definida especialmente, denotada como $\omega N/(2\pi)$; isto é, N na escala de índice da TFD corresponde a $\omega = 2\pi$ na escala de frequência convencional da TFTD. Também seguimos essa convenção de sobreposição da TFTD nas figuras 10.6, 10.7, 10.8 e 10.9.

A magnitude da TFD na Figura 10.5(d) corresponde às amostras de $|V(e^{j\omega})|$ (a linha clara contínua), o que mostra a concentração esperada em torno de $\omega_1 = 2\pi/7{,}5$ e $\omega_0 = 2\pi/14$, as frequências dos dois componentes senoidais da entrada. Especificamente, a frequência $\omega_1 = 4\pi/15 = 2\pi(8{,}533\ldots)/64$ se situa entre as amostras TFD correspondentes a $k = 8$ e $k = 9$. Da mesma forma, a frequência $\omega_0 = 2\pi/14 = 2\pi(4{,}5714\ldots)/64$ se situa entre as amostras TFD correspondentes a $k = 4$ e $k = 5$. Note que as localizações em frequência dos picos na curva cinza da Figura 10.5(d) estão entre as amostras espectrais obtidas a partir da TFD. Em geral, as localizações dos picos nos valores da TFD não necessariamente coincidem com as localizações em frequências exatas dos picos na TFTD, pois os picos espectrais verdadeiros podem se encontrar entre as amostras espectrais. De modo correspondente, como evidenciado na Figura 10.5(d), as amplitudes relativas dos picos na TFD não necessariamente refletirão as amplitudes relativas dos picos de espectro de $|V(e^{j\omega})|$.

Exemplo 10.5 Frequências do sinal que coincidem exatamente com as frequências da TFD

Considere a sequência

$$v[n] = \begin{cases} \cos\left(\dfrac{2\pi}{16}n\right) + 0{,}75\cos\left(\dfrac{2\pi}{8}n\right), & 0 \le n \le 63, \\ 0, & \text{caso contrário,} \end{cases} \quad (10.16)$$

como mostrado na Figura 10.6(a). Novamente, uma janela retangular é usada com $N = L = 64$. Isso é muito similar ao exemplo anterior, exceto que, nesse caso, as frequências dos cossenos coincidem exatamente com duas das frequências da TFD. Especificamente, a frequência $\omega_1 = 2\pi/8 = 2\pi 8/64$ corresponde exatamente à amostra TFD $k = 8$, e a frequência $\omega_0 = 2\pi/16 = 2\pi 4/64$, à amostra TFD $k = 4$.

A magnitude da TFD de 64 pontos de $v[n]$ para este exemplo é mostrada na Figura 10.6(b) e corresponde às amostras de $|V(e^{j\omega})|$ (que novamente é sobreposta com uma linha clara) em um espaçamento de frequência de $2\pi/64$. Embora os parâmetros de sinal no Exemplo 10.4 sejam muito similares, o resultado da TFD para este exemplo é visivelmente diferente. Em particular, para este exemplo, a TFD tem duas raias espectrais pronunciadas nas amostras correspondentes às frequências dos dois componentes senoidais no sinal e nenhum conteúdo de frequência nos outros valores da TFD. De fato, essa aparência limpa da TFD na Figura 10.6(b) é, em grande parte, uma ilusão resultante da amostragem do espectro. Comparando as figuras 10.6(b) e (c), podemos ver que o motivo para a aparência limpa na Figura 10.6(b) é que, para essa escolha de parâmetros, a transformada de Fourier é exatamente nula nas frequências que são amostradas pela TFD, exceto aquelas correspondentes a $k = 4$, 8, 64 − 8 e 64 − 4. Embora o sinal da Figura 10.6(a) tenha conteúdo significativo em quase todas as frequências, como evidenciado pela curva cinza na Figura 10.6(b), não vemos isso na TFD, em razão da amostragem do espectro. Outra forma de ver isso é notar que a janela retangular de 64 pontos seleciona exatamente um número inteiro de períodos dos dois componentes senoidais na Equação 10.16. A TFD de 64 pontos, então, corresponde à SFD desse sinal replicado com período 64. Esse sinal replicado terá apenas quatro coeficientes SFD não nulos, correspondentes aos dois componentes senoidais na Equação 10.16. Esse é um exemplo de como a hipótese inerente de periodicidade dá uma resposta correta a um problema diferente. Estamos interessados no caso de comprimento finito, e os resultados são bastante enganosos desse ponto de vista.

Para ilustrar ainda mais esse ponto, podemos estender $v[n]$ na Equação 10.16 ao preenchermos com zeros para obtermos uma sequência de 128 pontos. A TFD de 128 pontos correspondente é mostrada na Figura 10.7. Com essa amostragem mais fina do espectro, a presença de conteúdo significativo em outras frequências se torna aparente. Nesse caso, o sinal janelado *não* é de fato periódico com período 128.

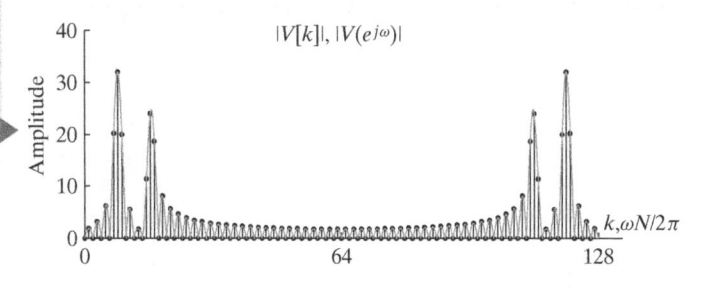

Figura 10.7 TFD do sinal mostrado na Figura 10.6(a), mas com o dobro do número de amostras de frequências usadas na Figura 10.6(b).

Nas figuras 10.5, 10.6 e 10.7, as janelas são retangulares. No próximo conjunto de exemplos, ilustramos o efeito de diferentes escolhas para a janela.

Exemplo 10.6 Análise da TFD de sinais senoidais usando a janela de Kaiser

Neste exemplo, retornamos aos parâmetros de frequência, amplitude e fase do Exemplo 10.4, mas agora com uma janela de Kaiser aplicada, de modo que

$$v[n] = w_K[n]\cos\left(\dfrac{2\pi}{14}n\right) + 0{,}75 w_K[n]\cos\left(\dfrac{4\pi}{15}n\right), \quad (10.17)$$

sendo $w_K[n]$ a janela de Kaiser dada pela Equação 10.12. Selecionaremos o parâmetro β da janela de Kaiser para que seja igual a 5,48, o que, de acordo com a Equação 10.13, resulta em uma janela para a qual a amplitude relativa do lóbulo lateral é $A_{sl} = 40$ dB. Na Figura 10.8(a) mostra-se a sequência janelada $v[n]$ para uma janela de comprimento

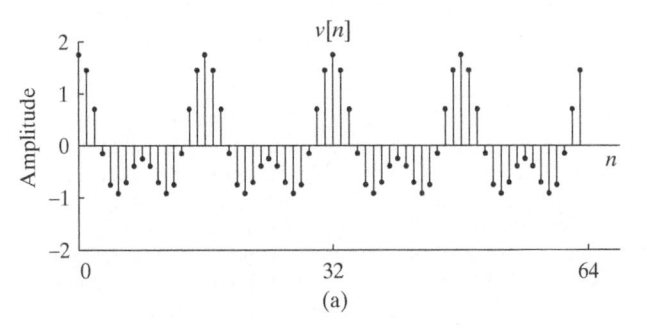

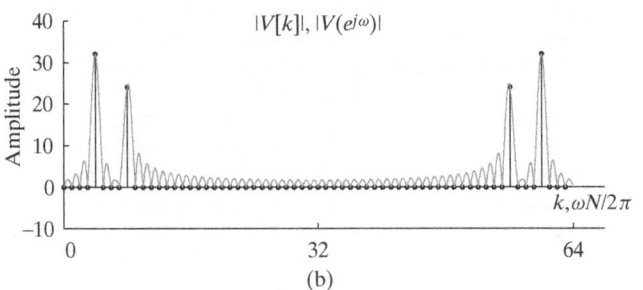

Figura 10.6 Análise de Fourier discreta da soma de duas senoides para o caso em que a transformada de Fourier é nula em todas as frequências TFD, exceto naquelas correspondentes às frequências dos dois componentes senoidais. (a) Sinal janelado. (b) Magnitude da TFD. Note que ($|V(e^{j\omega})|$) é sobreposto como a linha contínua clara.

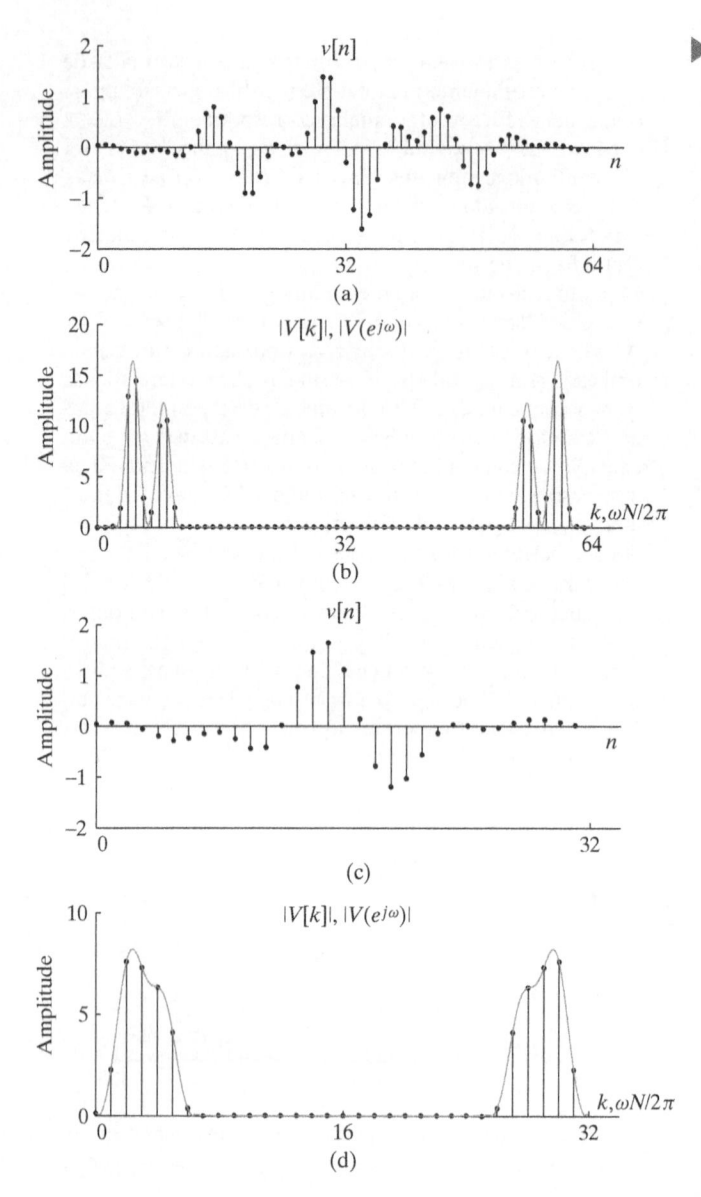

Figura 10.8 Análise de Fourier discreta com janela de Kaiser. (a) Sequência janelada para $L = 64$. (b) Magnitude da TFD para $L = 64$. (c) Sequência janelada para $L = 32$. (d) Magnitude da TFD para $L = 32$.

$L = 64$, e na Figura 10.8(b) é mostrada a magnitude da TFD correspondente. A partir da Equação 10.17, vemos que a diferença entre as duas frequências é $\omega_1 - \omega_0 = 2\pi/7{,}5 - 2\pi/14 = 0{,}389$. A partir da Equação 10.14, conclui-se que a largura do lóbulo principal da transformada de Fourier da janela de Kaiser com $L = 64$ e $\beta = 5{,}48$ é $\Delta_{ml} = 0{,}401$. Assim, os lóbulos principais das duas réplicas de $W_K(e^{j\omega})$ centradas em ω_0 e ω_1 simplesmente se sobreporão ligeiramente no intervalo de frequência entre as duas frequências. Isso fica evidente na Figura 10.8(b), em que vemos que os dois componentes de frequência são claramente resolvidos.

Na Figura 10.8(c) é mostrado o mesmo sinal, multiplicado por uma janela de Kaiser com $L = 32$ e $\beta = 5{,}48$. Como a janela tem a metade do comprimento, esperamos que a

largura do lóbulo principal da transformada de Fourier da janela dobre, e na Figura 10.8(d) isso é confirmado. Especificamente, as equações 10.13 e 10.14 confirmam que, para $L = 32$ e $\beta = 5{,}48$, a largura do lóbulo principal é $\Delta_{ml} = 0{,}815$. Agora, os lóbulos principais das duas cópias da transformada de Fourier da janela se sobrepõem por toda a região entre as duas frequências cossenoidais, e não vemos dois picos distintos.

Em todos os exemplos anteriores, exceto na Figura 10.7, o comprimento N da TFD é igual ao comprimento L da janela. Na Figura 10.7, o preenchimento com zeros foi aplicado à sequência janelada antes do cálculo da TFD para a obtenção da transformada de Fourier em um conjunto de frequências mais finamente dividido. Porém, temos de compreender que esse preenchimento com zeros não melhorará a capacidade de resolução de frequências próximas, que depende do comprimento e da forma da janela. Isso é ilustrado pelo próximo exemplo.

Exemplo 10.7 Análise por TFD com janela de Kaiser de 32 pontos e preenchimento com zeros

Neste exemplo, repetimos o Exemplo 10.6 usando a janela de Kaiser com $L = 32$ e $\beta = 5{,}48$, e com a TFD de comprimento variável. Na Figura 10.9(a) é mostrada a magnitude da TFD para $N = L = 32$, como na Figura 10.8(d), e nas figuras 10.9(b) e (c) são mostradas as magnitudes da TFD novamente com comprimento de janela $L = 32$, mas com comprimentos de TFD $N = 64$ e $N = 128$, respectivamente. Assim como no Exemplo 10.5, esse preenchimento com zeros da sequência de 32 pontos resulta em uma amostragem espectral mais fina da TFTD. Como mostrado na curva contínua clara, a envoltória subjacente de cada magnitude de TFD na Figura 10.9 é a mesma. Consequentemente, o aumento do comprimento da TFD pelo preenchimento com zeros não muda a capacidade de resolução dos dois componentes de frequência senoidais, mas muda o espaçamento das amostras de frequência. Se N fosse aumentado além de 128, os pontos que indicam os valores de amostra da TFD tenderiam a se fundir e se tornar indistintos. Consequentemente, os valores de TFD frequentemente são representados pela conexão de pontos consecutivos por segmentos de reta sem indicação de cada ponto individual. Por exemplo, nas figuras 10.5 e 10.8, mostramos uma linha clara contínua como a TFTD $|V(e^{j\omega})|$ da sequência de comprimento finito $v[n]$. De fato, essa curva é uma representação gráfica da TFD da sequência após o preenchimento com zeros para $N = 2048$. Nesses exemplos, essa amostragem da TFTD é suficientemente densa, de modo a ser indistinguível da função da variável contínua ω.

Para uma representação completa de uma sequência de comprimento L, a TFD de L pontos é suficiente, pois a sequência original pode ser recuperada exatamente a partir dela. Porém, como vimos nos exemplos anteriores, o simples exame da TFD de L pontos pode resultar em interpretações enganosas. Por esse motivo, a

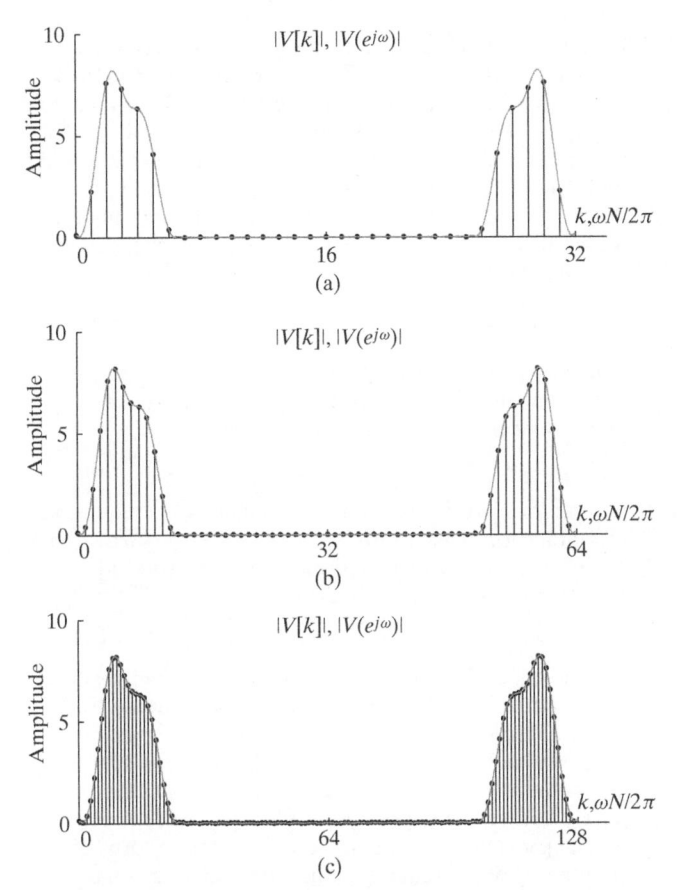

Figura 10.9 Exemplo do efeito do comprimento da TFD para a janela de Kaiser de comprimento $L = 32$. (a) Magnitude da TFD para $N = 32$. (b) Magnitude da TFD para $N = 64$. (c) Magnitude da TFD para $N = 128$.

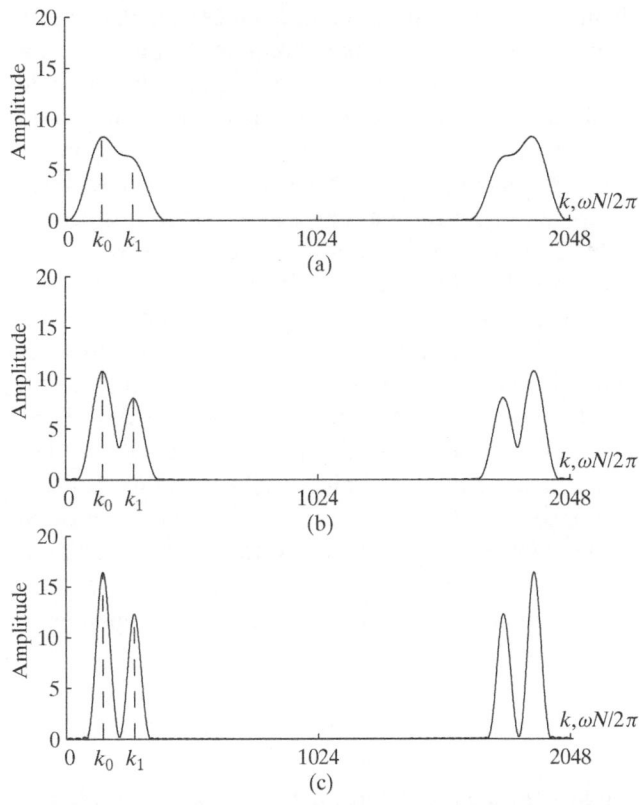

Figura 10.10 Exemplo do cálculo da TFD para $N \gg L$ com interpolação linear para gerar uma curva suave: (a) $N = 1024$, $L = 32$. (b) $N = 1024$, $L = 42$. (c) $N = 1024$, $L = 64$. (Os valores $k_0 = 146 \approx 2048/14$ e $k_1 = 273 \approx 4096/15$ são as frequências de TFD mais próximas de $\omega_0 = 2\pi/14$ e $\omega_1 = 4\pi/15$ quando o comprimento da TFD é $N = 2048$.)

aplicação do preenchimento com zeros é comum, para que o espectro seja suficientemente sobreamostrado e características importantes, portanto, fiquem prontamente aparentes. Com um preenchimento adequado de zeros no domínio do tempo ou de sobreamostragem no domínio da frequência, a interpolação simples (por exemplo, a interpolação linear) entre os valores da TFD fornece uma imagem razoavelmente precisa do espectro de Fourier, que pode então ser usada, por exemplo, para estimar as posições e as amplitudes dos picos do espectro. Isso é ilustrado no exemplo a seguir.

Exemplo 10.8 Sobreamostragem e interpolação linear para estimação de frequência

Na Figura 10.10 é mostrado como uma TFD de 2048 pontos pode ser usada na obtenção do cálculo finamente espaçado da transformada de Fourier de um sinal janelado e como o aumento da largura da janela melhora a capacidade de resolução de componentes senoidais próximos uns dos outros. O sinal do Exemplo 10.6, tendo frequências $2\pi/14$ e $4\pi/15$, foi janelado, com janelas de Kaiser de comprimentos $L = 32$, 42 e 64, com $\beta = 5{,}48$. Primeiro, observe que, em todos os casos, a TFD de 2048 pontos gera um resultado suave quando os pontos são conectados por segmentos de reta. Na Figura 10.10(a), em que $L = 32$, os dois componentes senoidais não são resolvidos, e, naturalmente, o aumento do comprimento da TFD apenas resultará em uma curva mais suave. Porém, à medida que o comprimento da janela aumenta de $L = 32$ para $L = 42$, vemos uma melhoria em nossa capacidade de distinguir as duas frequências e as amplitudes relativas aproximadas de cada componente senoidal. As linhas tracejadas em todas as figuras indicam os índices da TFD $k_0 = 146 \approx 2048/14$ e $k_1 = 273 \approx 4096/15$, que correspondem às frequências da TFD mais próximas ($N = 2048$) para os componentes do cosseno. Note que a TFD de 2048 pontos na Figura 10.10(c) seria muito mais eficiente para localizar com precisão o pico da transformada de Fourier janelada do que a TFD com amostras espaçadas na Figura 10.8(b), que também é calculada com uma janela de Kaiser com 64 pontos. Note também que as amplitudes dos dois picos na Figura 10.10 estão muito próximas da relação correta de 0,75 e 1.

10.3 Transformada de Fourier dependente do tempo

Na Seção 10.2, ilustramos o uso da TFD para a obtenção de uma representação no domínio da frequência de um sinal composto de componentes senoidais. Nessa discussão, supusemos que as frequências dos cossenos não mudam com o tempo, de modo que, independendo da duração da janela, as propriedades do sinal (amplitudes, frequências e fases) são as mesmas do início até o fim da janela. Janelas longas fornecem melhor resolução de frequência, mas em aplicações práticas de modelos de sinal senoidais, as propriedades do sinal (por exemplo, amplitude, frequência) muitas vezes mudam com o tempo. Por exemplo, modelos de sinais não estacionários desse tipo são necessários para descrever sinais de radar, sonar, voz e comunicação de dados. Isso conflita com o uso de janelas de análise longas. Uma única estimativa com a TFD não é suficiente para descrever esses sinais e, como resultado, somos levados ao conceito da *transformada de Fourier dependente do tempo*, também conhecida como transformada de Fourier de curto prazo.[1]

Definimos a transformada de Fourier dependente do tempo de um sinal $x[n]$ como

$$X[n, \lambda) = \sum_{m=-\infty}^{\infty} x[n+m]w[m]e^{-j\lambda m}, \quad (10.18)$$

sendo $w[n]$ uma sequência janelada. Na representação de Fourier dependente do tempo, a sequência unidimensional $x[n]$, uma função de uma única variável discreta, é convertida em uma função bidimensional da variável de tempo n, que é discreta, e da variável de frequência λ, que é contínua.[2] Note que a transformada de Fourier dependente do tempo é periódica em λ com período 2π; portanto, precisamos considerar apenas valores de λ para $0 \leq \lambda < 2\pi$ ou qualquer outro intervalo de comprimento 2π.

A Equação 10.18 pode ser interpretada como a TFTD do sinal deslocado $x[n+m]$, analisado com a janela $w[m]$. A janela tem uma origem estacionária e, conforme n muda, o sinal desliza pela janela, de modo que, a cada valor de n, uma porção diferente do sinal é tomada pela janela para a análise de Fourier. Como uma ilustração, considere o exemplo a seguir.

Exemplo 10.9 Transformada de Fourier dependente do tempo de um sinal *chirp* linear

Um sinal *chirp* linear de tempo contínuo é definido como

$$x_c(t) = \cos(\theta(t)) = \cos(A_0 t^2), \quad (10.19)$$

em que A_0 tem unidade radianos/s^2. (Esses sinais são chamados de *chirps* — gorjeios — porque, na faixa de frequências audíveis, pulsos curtos têm um som semelhante a gorjeios de pássaros.) O sinal $x_c(t)$ na Equação 10.19 é um membro da classe mais geral dos sinais de frequência modulada (FM) para os quais a *frequência instantânea* é definida como a derivada em relação ao tempo do argumento de cosseno $\theta(t)$. Portanto, nesse caso, a frequência instantânea é

$$\Omega_i(t) = \frac{d\theta(t)}{dt} = \frac{d}{dt}\left(A_0 t^2\right) = 2A_0 t, \quad (10.20)$$

que varia proporcionalmente ao tempo; daí a designação como um sinal *chirp linear*. Se amostramos $x_c(t)$, obteremos o sinal *chirp* linear de tempo discreto[3]

$$x[n] = x_c(nT) = \cos(A_0 T^2 n^2) = \cos(\alpha_0 n^2), \quad (10.21)$$

em que $\alpha_0 = A_0 T^2$ tem unidade radianos. A frequência instantânea do sinal *chirp* amostrado é normalizada em frequência, versão amostrada da frequência instantânea do sinal de tempo contínuo; isto é,

$$\omega_i[n] = \Omega_i(nT) \cdot T = 2A_0 T^2 n = 2\alpha_0 n, \quad (10.22)$$

que mostra o mesmo aumento proporcional com o índice da amostra n, com α_0 controlando a taxa de aumento. Na Figura 10.11 mostram-se dois segmentos de 1201 amostras do sinal *chirp* amostrado da Equação 10.21 com $\alpha_0 = 15\pi \times 10^{-6}$. (No gráfico, as amostras estão conectadas por segmentos de reta.) Observe que, em um intervalo curto, o sinal parece ser senoidal, mas o espaçamento entre os picos se torna cada vez menor com o passar do tempo, indicando um aumento de frequência com o tempo.

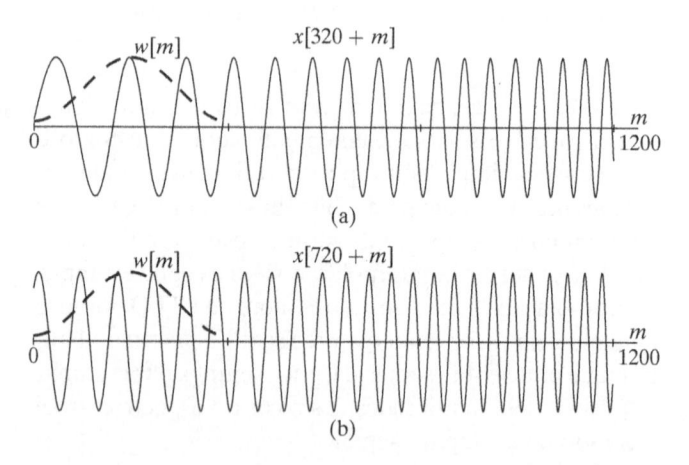

Figura 10.11 Dois segmentos do sinal *chirp* linear $x[n] = \cos(\alpha_0 n^2)$ para $\alpha_0 = 15\pi \times 10^{-6}$ com uma janela de Hamming sobreposta com 400 amostras. (a) $X[n, \lambda)$ em $n = 320$ representa a TFTD do traçado superior multiplicado pela janela. (b) $X[720, \lambda)$ representa a TFTD do traçado inferior multiplicado pela janela.

---

[1] Outra discussão sobre a transformada de Fourier dependente do tempo pode ser encontrada em diversas referências, incluindo Allen e Rabiner (1977), Rabiner e Schafer (1978), Crochiere e Rabiner (1983) e Quatieri (2002).

[2] Denotamos a variável de frequência da transformada de Fourier dependente do tempo com λ para manter uma distinção da variável de frequência da TFTD convencional, que denotamos com ω. Usamos a notação mista de colchete e parênteses $X[n, \lambda)$ para lembrar que n é uma variável discreta e λ é uma variável contínua.

[3] Vimos sinais *chirp* exponenciais complexos lineares de tempo discreto no Capítulo 9, no contexto do algoritmo da transformada *chirp*.

Capítulo 10 Análise de Fourier de sinais usando a transformada de Fourier discreta   479

A relação entre o sinal deslocado e a janela na análise de Fourier dependente de tempo também é ilustrada na Figura 10.11. Tipicamente, $w[m]$ na Equação 10.18 tem comprimento finito em torno de $m = 0$, de modo que $X[n, \lambda)$ mostra as características de frequência do sinal em torno do instante n. Na Figura 10.11(a) é mostrado $x[320 + m]$ em função de m para $0 \le m \le 1200$ juntamente com uma janela de Hamming $w[m]$ de comprimento $L = 401$ amostras. A transformada dependente do tempo no instante $n = 320$ é a TFTD de $w[m]x[320 + m]$. De modo similar, a Figura 10.11(b) mostra a janela e um segmento posterior do sinal *chirp* que começa na amostra $n = 720$.

Na Figura 10.12 ilustra-se a importância da janela na análise de Fourier de tempo discreto de sinais variantes no tempo. Na Figura 10.12(a) mostra-se a TFTD de 20000 amostras (com uma janela retangular) do *chirp* de tempo discreto. Nesse intervalo, a frequência instantânea normalizada do *chirp*,

$$f_i[n] = \omega_i[n]/(2\pi) = 2\alpha_0 n/(2\pi),$$

vai de 0 a $0{,}00003\pi(20000)/(2\pi) = 0{,}3$. Essa variação da frequência instantânea força a representação por TFTD, que envolve apenas frequências fixas que atuam em todo n, para incluir todas as frequências nesse intervalo e além dele, como fica evidente na Figura 10.12(a). Assim, a TFTD de um segmento longo do sinal mostra apenas que o sinal tem uma largura de banda ampla no sentido da TFTD convencional. Por outro lado, nas figuras 10.12(b) e

(c) são mostradas TFTDs usando uma janela de Hamming com 401 amostras para segmentos na forma de onda *chirp* em $n = 5000$ e 15000, respectivamente. Assim, nas figuras 10.12(b) e (c) são mostrados [em função de $\lambda/(2\pi)$] os valores de transformada de Fourier dependentes do tempo $|X[5000, \lambda)|$ e $|X[15000, \lambda)|$, respectivamente. Como o comprimento de janela $L = 401$ é tal que o sinal não muda muito a frequência no intervalo da janela, a transformada de Fourier dependente do tempo rastreia muito bem a variação da frequência. Note que, nas amostras 5000 e 15000, esperaríamos um pico na transformada dependente do tempo em $\lambda/(2\pi) = 0{,}00003\pi(5000)/(2\pi) = 0{,}075$ e $\lambda/(2\pi) = 0{,}00003\pi(15000)/(2\pi) = 0{,}225$, respectivamente. Isso é confirmado observando as figuras 10.12(b) e (c).

Exemplo 10.10 Esboçando $X[n,\lambda)$: o espectrograma

Na Figura 10.13, mostramos um gráfico em função do índice de tempo n e da frequência $\lambda/(2\pi)$ da magnitude da transformada de Fourier dependente do tempo, $|Y[n, \lambda)|$, para o sinal

$$y[n] = \begin{cases} 0 & n < 0 \\ \cos(\alpha_0 n^2) & 0 \le n \le 20000 \\ \cos(0{,}2\pi n) & 20000 < n \le 25000 \\ \cos(0{,}2\pi n) + \cos(0{,}23\pi n) & 25000 < n. \end{cases}$$

(10.23)

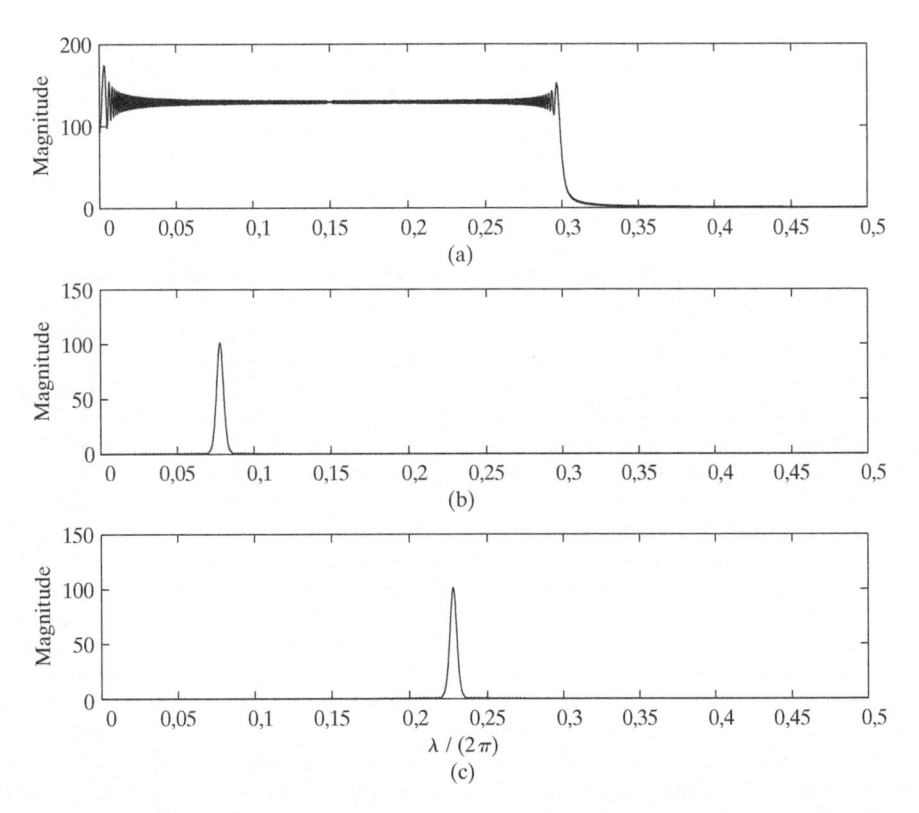

Figura 10.12 TFTDs dos segmentos de um sinal *chirp* linear: (a) TFTD de 20000 amostras do sinal $x[n] = \cos(\alpha_0 n^2)$. (b) TFTD de $x[5000 + m]w[m]$, sendo $w[m]$ uma janela de Hamming com comprimento $L = 401$; isto é, $X[5000, \lambda)$. (c) TFTD de $x[15000 + m]w[m]$, sendo $w[m]$ uma janela de Hamming com comprimento $L = 401$; isto é, $X[15000, \lambda)$.

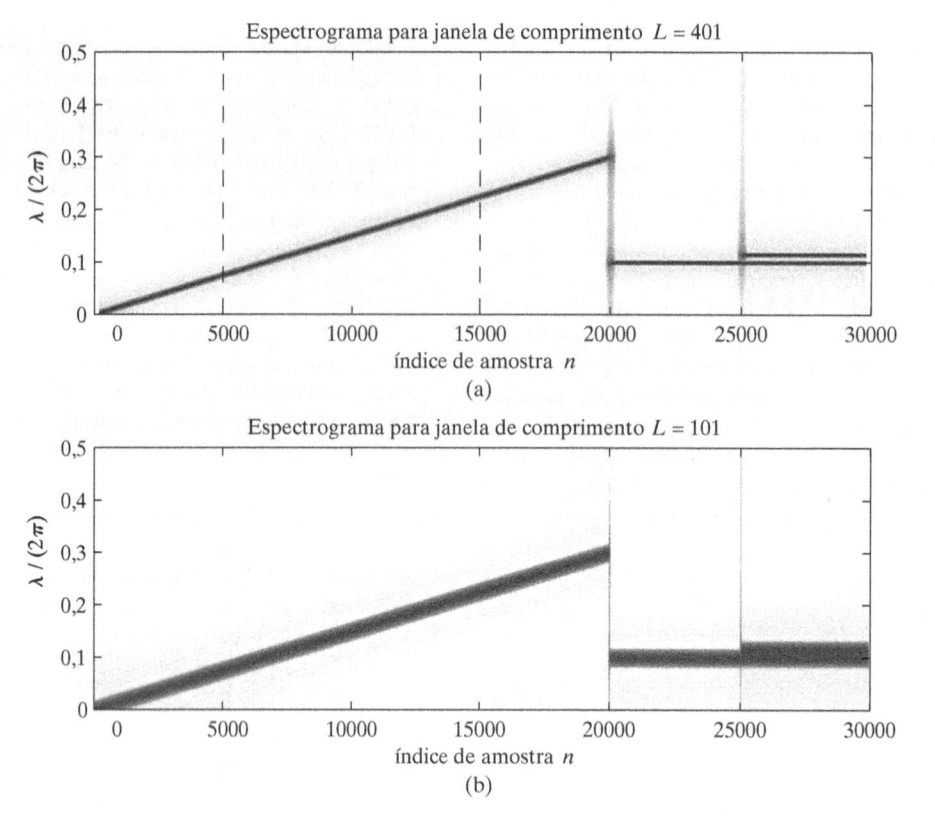

Figura 10.13 Magnitude da transformada de Fourier dependente do tempo de y[n] da Equação 10.23: (a) Usando uma janela de Hamming de comprimento $L = 401$. (b) Usando uma janela de Hamming de comprimento $L = 101$.

▶ Note que o sinal $y[n]$ é igual a $x[n]$ da Equação 10.21 do Exemplo 10.9 para $0 \le n \le 20000$ e depois muda bruscamente para componentes cossenoidais com frequências fixas para $n > 20000$. Esse sinal foi projetado para frisar vários pontos importantes da análise de Fourier dependente do tempo. Primeiro, considere a Figura 10.13(a), em que é mostrada a transformada de Fourier dependente do tempo de $y[n]$ no intervalo $0 \le n \le 30000$ com uma janela de Hamming de comprimento $L = 401$. Esse gráfico, em que é mostrado $20 \log_{10} |Y[n, \lambda]|$ em função de $\lambda/2\pi$ no eixo vertical e o índice de tempo n no eixo horizontal, é chamado de *espectrograma*. O valor $20 \log_{10} |Y[n, \lambda]|$ em uma faixa até 50 dB é representado por tons de cinza em $[n, \lambda)$. Os gráficos nas figuras 10.12(b) e (c) (mostrados na Figura 10.12 como magnitude) são imagens de fatias verticais indicadas nas posições das linhas tracejadas em $n = 5000$ e $n = 15000$, respectivamente, da Figura 10.13(a). Observe a progressão linear no intervalo *chirp*. Além disso, note que, durante os intervalos de frequência constante, a linha escura permanece horizontal. A espessura dos traços escuros na Figura 10.13(a) depende da largura do lóbulo principal Δ_{ml} da TFTD da janela. Na Tabela 7.2 está indicado que, para a janela de Hamming, essa largura é aproximadamente $\Delta_{ml} = 8\pi/M$, sendo $M + 1$ o comprimento da janela. Para uma janela de 401 pontos, $\Delta_{ml}/(2\pi) = 0,01$. Assim, os dois cossenos próximos em frequência são claramente observados no intervalo $25000 < n \le 30000$, pois sua diferença de frequência normalizada é $(0,23\pi - 0,2\pi)/(2\pi) = 0,015$, que é significativamente maior do que a largura do lóbulo principal 0,01. Note que a largura vertical do ▶

▶ traço escuro inclinado para o intervalo *chirp* é maior do que os traços horizontais que representam os intervalos com frequência constante. Esse alargamento extra é causado pela variação de frequência ao longo da janela, e é uma versão em pequena escala do efeito visto na Figura 10.12(a), em que a variação ao longo da janela de 20000 amostras é muito maior.

A Figura 10.13(a) ilustra outro aspecto importante da análise de Fourier dependente no tempo. A janela de 401 amostras fornece uma boa resolução de frequência em quase todos os instantes de tempo. Porém, note que em $n = 20000$ e 25000, as propriedades do sinal mudam abruptamente, de modo que para um intervalo de cerca de 401 amostras em torno desses instantes, a janela contém amostras dos dois lados da mudança. Isso leva à área difusa em que as propriedades do sinal são representadas com muito menos clareza pelo espectrograma. Podemos melhorar a capacidade de observar eventos no domínio do tempo encurtando a janela. Isso é ilustrado na Figura 10.13(b), em que o comprimento da janela é $L = 101$. Os pontos de mudança são mais bem resolvidos com essa janela. Porém, a largura em frequência do lóbulo principal normalizado de uma janela de Hamming de 101 amostras é $\Delta_{ml}/(2\pi) = 0,04$, e os dois cossenos de frequência constante após $n = 25000$ são separados apenas por 0,015 em frequência normalizada. Assim, como fica evidente a partir da Figura 10.13(b), as duas frequências não são resolvidas com a janela de 101 amostras, embora a localização das mudanças abruptas no sinal seja resolvida com maior precisão no tempo.

Os exemplos 10.9 e 10.10 ilustram como os princípios da análise de Fourier de tempo discreto que foram discutidos nas seções 10.1 e 10.2 podem ser aplicados a sinais cujas propriedades variam com o tempo. A análise de Fourier dependente do tempo é muito usada tanto como uma ferramenta de análise para exibir propriedades do sinal como uma representação para sinais. Nesse último uso, é importante desenvolver um entendimento bem detalhado da representação bidimensional da Equação 10.18.

10.3.1 Invertibilidade de $X[n, \lambda]$

Como $X[n, \lambda]$ é a TFTD de $x[n+m]w[m]$, a transformada de Fourier dependente do tempo é invertível se a janela contiver pelo menos uma amostra não nula. Especificamente, a partir da equação de síntese da transformada de Fourier (2.130),

$$x[n+m]w[m] = \frac{1}{2\pi}\int_0^{2\pi} X[n,\lambda]e^{j\lambda m}d\lambda, \quad -\infty < m < \infty, \quad (10.24)$$

ou, de modo equivalente,

$$x[n+m] = \frac{1}{2\pi w[m]}\int_0^{2\pi} X[n,\lambda]d\lambda \quad (10.25)$$

se $w[m] \neq 0$.[4] Assim, com m escolhido como qualquer valor para o qual $w[m] \neq 0$, $x[n]$ para todos os valores de n pode ser recuperada a partir de $X[n, \lambda]$ usando a Equação 10.25.

Embora a discussão anterior mostre que a transformada de Fourier dependente do tempo é uma transformação invertível, as equações 10.24 e 10.25 não fornecem uma inversa computável, pois esse cálculo exige o conhecimento de $X[n, \lambda]$ para todo λ e também o cálculo de uma integral. Porém, a transformada inversa se torna uma TFD quando $X[n, \lambda]$ é amostrada tanto na dimensão do tempo como na da frequência. Discutiremos essa questão com mais detalhes na Seção 10.3.4.

10.3.2 Interpretação por banco de filtros de $X[n, \lambda]$

Uma reorganização da soma na Equação 10.18 leva a outra interpretação útil da transformada de Fourier dependente do tempo. Se fizermos a substituição $m' = n + m$ na Equação 10.18, então $X[n, \lambda]$ pode ser escrita como

$$X[n,\lambda] = \sum_{m'=-\infty}^{\infty} x[m']w[-(n-m')]e^{j\lambda(n-m')}. \quad (10.26)$$

A Equação 10.26 pode ser interpretada como a convolução

$$X[n, \lambda] = x[n] * h_\lambda[n], \quad (10.27a)$$

sendo

$$h_\lambda[n] = w[-n]e^{j\lambda n}. \quad (10.27b)$$

A partir da Equação 10.27(a), notamos que a transformada de Fourier dependente do tempo em função de n com λ fixo pode ser interpretada como a saída de um filtro LIT com resposta ao impulso $h_\lambda[n]$ ou, de modo equivalente, com resposta em frequência

$$H_\lambda(e^{j\omega}) = W(e^{j(\lambda-\omega)}). \quad (10.28)$$

Em geral, uma janela que é não nula para instantes de tempo positivos é chamada de *janela não causal*, pois o cálculo de $X[n, \lambda]$ usando a Equação 10.18 requer amostras posteriores à amostra n na sequência. De modo equivalente, na interpretação da filtragem linear, a resposta ao impulso $h_\lambda[n] = w[-n]e^{j\lambda n}$ é não causal se $w[n] = 0$ para $n < 0$. Ou seja, uma janela que é não nula para $n \geq 0$ dá uma resposta ao impulso não causal $h_\lambda[n]$ na Equação 10.27(b), enquanto que se a janela é não nula para $n \leq 0$, o filtro linear é causal.

Na definição da Equação 10.18, a origem no tempo da janela é mantida fixa, e o sinal é considerado atrasado em relação ao intervalo suporte da janela. Isso efetivamente redefine a origem no tempo para que a análise de Fourier esteja na amostra n do sinal. Outra possibilidade é deslocar a janela à medida que n muda, mantendo a origem do tempo para a análise de Fourier fixada na origem de tempo original do sinal. Isso leva a uma definição para a transformada de Fourier dependente do tempo na forma

$$\check{X}[n,\lambda] = \sum_{m=-\infty}^{\infty} x[m]w[m-n]e^{-j\lambda m}. \quad (10.29)$$

Pode-se mostrar facilmente que a relação entre as definições das equações 10.18 e 10.29 é

$$\check{X}[n,\lambda] = e^{-j\lambda n}X[n,\lambda]. \quad (10.30)$$

A definição da Equação 10.18 é particularmente conveniente quando consideramos o uso da TFD para a obtenção de amostras em λ da transformada de Fourier dependente do tempo, pois, se $w[m]$ tem comprimento finito no intervalo $0 \leq m \leq (L-1)$, então $x[n+m]w[m]$ também tem. Por outro lado, a definição da Equação 10.29 tem algumas vantagens na interpretação da análise de Fourier em termos de bancos de filtros. Como nosso maior interesse está nas aplicações da TFD, basearemos a maior parte de nossas discussões na Equação 10.18.

10.3.3 Efeito da janela

A finalidade principal da janela na transformada de Fourier dependente do tempo é limitar a extensão

---

[4] Como $X[n, \lambda]$ é periódica em λ com período 2π, a integração nas equações 10.24 e 10.25 pode ser feita sobre qualquer intervalo de comprimento 2π.

da sequência a ser transformada, de modo que as características espectrais sejam aproximadamente constantes durante a duração da janela. Quanto mais rapidamente as características do sinal mudam, mais curta deve ser a janela. Na Seção 10.2, vimos que, quanto mais curta a janela, menor a resolução na frequência. Evidentemente, o mesmo efeito é verdadeiro para $X[n, \lambda]$. Por outro lado, à medida que o comprimento da janela diminui, a capacidade de observar mudanças com o tempo aumenta. Consequentemente, a escolha do comprimento da janela torna-se um compromisso entre resolução em frequência e resolução no tempo. Isso foi ilustrado no Exemplo 10.10.

O efeito da janela sobre as propriedades da transformada de Fourier dependente do tempo pode ser visto assumindo que o sinal $x[n]$ tem uma TFTD convencional $X(e^{j\omega})$. Primeiro, suponhamos que a janela seja unitária para todo m; isto é, suponha que não exista janela alguma. Então, a partir da Equação 10.18,

$$X[n, \lambda] = X(e^{j\lambda})e^{j\lambda n}. \quad (10.31)$$

Evidentemente, uma janela típica para a análise espectral dependente do tempo decai para zero, a fim de selecionar apenas uma parte do sinal para análise. Por outro lado, conforme discutimos na Seção 10.2, o comprimento e a forma da janela são escolhidos de modo que a transformada de Fourier da janela seja estreita em λ em comparação com as variações em λ da transformada de Fourier do sinal. Assim, a necessidade de uma boa resolução no tempo e uma boa resolução em frequência muitas vezes exige um compromisso. A transformada de Fourier de uma janela típica é ilustrada na Figura 10.14(a).

Se considerarmos a transformada de Fourier dependente do tempo para n fixo, então segue-se a partir das propriedades das TFTDs que

$$X[n, \lambda] = \frac{1}{2\pi} \int_0^{2\pi} e^{j\theta n} X(e^{j\theta}) W(e^{j(\lambda-\theta)}) d\theta; \quad (10.32)$$

isto é, a transformada de Fourier do sinal deslocado é convoluída com a transformada de Fourier da janela. Essa equação é similar à Equação 10.2, exceto que, na Equação 10.2, assumimos que o sinal não foi sucessivamente deslocado em relação à janela. Aqui, calculamos uma transformada de Fourier para cada valor de n. Na Seção 10.2, vimos que a capacidade de observar dois componentes de sinal de banda estreita depende da largura do lóbulo principal da transformada de Fourier da janela, enquanto o grau de vazamento de um componente na vizinhança do outro depende da amplitude relativa do lóbulo lateral. O caso sem janela alguma corresponde a $w[n] = 1$ para todo n. Nesse caso, $W(e^{j\omega}) = 2\pi\delta(\omega)$ para $-\pi \leq \omega \leq \pi$, que gera uma resolução precisa em frequência, mas nenhuma resolução no tempo.

Na interpretação por filtragem linear das equações 10.27(a), (b) e 10.28, $W(e^{j\omega})$ tipicamente tem as características passa-baixas representadas na Figura 10.14(a) e, consequentemente, $H_\lambda(e^{j\omega})$ é um filtro passa-banda cuja banda de passagem está centrada em $\omega = \lambda$, conforme representado na Figura 10.14(b). Claramente, a largura da banda de passagem desse filtro é aproximadamente igual à largura do lóbulo principal da transformada de Fourier da janela. O grau de rejeição de componentes de frequência adjacentes depende da amplitude relativa do lóbulo lateral.

Esta discussão sugere que, se estivermos usando a transformada de Fourier dependente do tempo para obter uma estimativa dependente do tempo do espectro de frequência de um sinal, é desejável que a janela decaia para reduzir os lóbulos laterais e usar uma janela o mais longa possível para melhorar a resolução em frequência. Isso foi ilustrado nos exemplos 10.9 e 10.10, e vamos considerar outros exemplos na Seção 10.4. Porém, antes de fazer isso, discutimos sobre o uso da TFD no cálculo explícito da transformada de Fourier dependente do tempo.

10.3.4 Amostragem no tempo e na frequência

O cálculo explícito de $X[n, \lambda]$ pode ser feito apenas em um conjunto finito de valores de λ, correspondente à amostragem da transformada de Fourier dependente do tempo no domínio de sua variável de frequência λ. Assim como os sinais de comprimento finito podem ser representados exatamente com as amostras da TFTD, os sinais de comprimento indeterminado podem ser representados com as amostras da transformada de Fou-

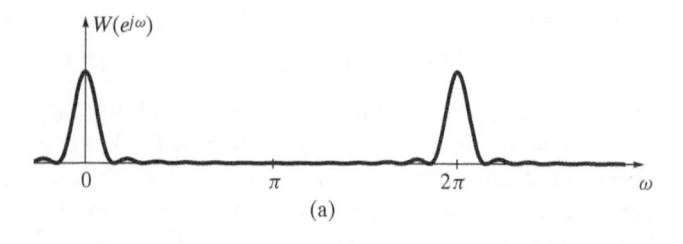

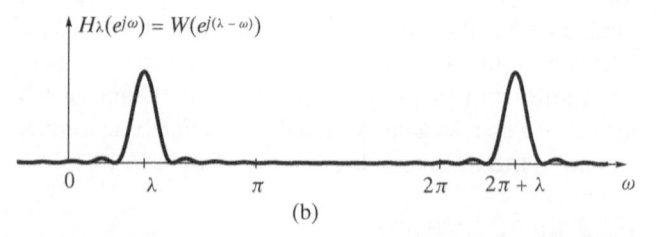

Figura 10.14 (a) Exemplo da transformada de Fourier de uma janela de Bartlett para a análise de Fourier dependente do tempo. (b) Filtro passa-banda equivalente para a análise de Fourier dependente do tempo.

rier dependente do tempo, se a janela na Equação 10.18 tiver comprimento finito. Como um exemplo, suponha que a janela tenha comprimento L com amostras que comecem em $m = 0$; isto é,

$$w[m] = 0 \quad \text{fora do intervalo } 0 \le m \le L - 1. \quad (10.33)$$

Se amostrarmos $X[n, \lambda]$ em N frequências igualmente espaçadas $\lambda_k = 2\pi k/N$, com $N \ge L$, então podemos recuperar a sequência janelada original a partir da transformada de Fourier dependente do tempo amostrada. Especificamente, se definirmos $X[n, k]$ como

$$X[n, k] = X[n, 2\pi k/N) = \sum_{m=0}^{L-1} x[n+m]w[m]e^{-j(2\pi/N)km},$$
$$0 \le k \le N-1, \quad (10.34)$$

então $X[n, k]$ com n fixo será a TFD da sequência janelada $x[n + m]w[m]$. Usando a TFD inversa, obtemos

$$x[n+m]w[m] = \frac{1}{N} \sum_{k=0}^{N-1} X[n, k]e^{j(2\pi/N)km},$$
$$0 \le m \le L-1. \quad (10.35)$$

Como consideramos que a janela $w[m] \ne 0$ para $0 \le m \le L - 1$, a sequência de valores pode ser recuperada no intervalo de n a $(n + L - 1)$ usando a equação

$$x[n+m] = \frac{1}{Nw[m]} \sum_{k=0}^{N-1} X[n, k]e^{j(2\pi/N)km},$$
$$0 \le m \le L-1. \quad (10.36)$$

O ponto importante é que a janela tem comprimento finito e que podemos tomar pelo menos tantas amostras na dimensão λ quanto existem amostras não nulas na janela; isto é, $N \ge L$. Embora a Equação 10.33 corresponda a uma janela não causal, poderíamos ter usado uma janela causal com $w[m] \ne 0$ para $-(L-1) \le m \le 0$, ou uma janela simétrica tal que $w[m] = w[-m]$ para $|m| \le (L-1)/2$, sendo L um inteiro ímpar. O uso de uma janela não causal na Equação 10.34 é simplesmente mais conveniente para nossa análise, pois leva muito naturalmente à interpretação da transformada de Fourier dependente do tempo amostrada como a TFD do bloco de amostras janeladas que começam com a amostra n.

Como a Equação 10.34 corresponde à amostragem da Equação 10.18 em λ, ela também corresponde à amostragem das equações 10.26, 10.27(a) e (b) em λ. Especificamente, a Equação 10.34 pode ser reescrita como

$$X[n, k] = x[n] * h_k[n], \quad 0 \le k \le N-1, \quad (10.37a)$$

sendo

$$h_k[n] = w[-n]e^{j(2\pi/N)kn}. \quad (10.37b)$$

As equações 10.37(a) e (b) podem ser vistas como um banco de N filtros, como representado na Figura 10.15 com o k-ésimo filtro tendo resposta em frequência

$$H_k(e^{j\omega}) = W(e^{j[(2\pi k/N)-\omega]}). \quad (10.38)$$

Nossa discussão sugere que $x[n]$ para $-\infty < n < \infty$ pode ser reconstruído se $X[n, \lambda)$ ou $X[n, k]$ for amostrado também no domínio do tempo. Especificamente, usando a Equação 10.36, podemos reconstruir o sinal no intervalo $n_0 \le n \le n_0 + L - 1$ a partir de $X[n_0, k]$, e podemos reconstruir o sinal no intervalo $n_0 + L \le n \le n_0 + 2L - 1$ a partir de $X[n_0 + L, k]$, e assim por diante. Assim, $x[n]$ pode ser reconstruído exatamente a partir da transformada de Fourier dependente do tempo amostrada nos domínios da frequência e do tempo. Em geral, para a região suporte da janela como especificado na Equação 10.33, definimos essa transformada de Fourier dependente do tempo amostrada como

$$X[rR, k] = X[rR, 2\pi k/N)$$
$$= \sum_{m=0}^{L-1} x[rR+m]w[m]e^{-j(2\pi/N)km}, \quad (10.39)$$

sendo r e k inteiros, tais que $-\infty < r < \infty$ e $0 \le k \le N-1$. Para simplificar ainda mais nossa notação, definimos

$$X_r[k] = X[rR, k] = X[rR, \lambda_k), \quad -\infty < r < \infty, \quad 0 \le k \le N-1, \quad (10.40)$$

sendo $\lambda_k = 2\pi k/N$. Essa notação indica explicitamente que a transformada de Fourier dependente do tempo amostrada é simplesmente uma sequência de TFDs de N pontos dos segmentos do sinal janelado

$$x_r[m] = x[rR + m]w[m], \quad -\infty < r < \infty, \quad 0 \le m \le L-1, \quad (10.41)$$

com a posição da janela movendo-se em saltos de R amostras no tempo. Na Figura 10.16 são mostradas linhas no plano $[n, \lambda)$ correspondentes à região suporte

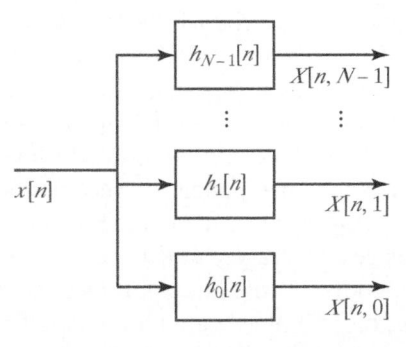

Figura 10.15 Representação por banco de filtros da transformada de Fourier dependente do tempo.

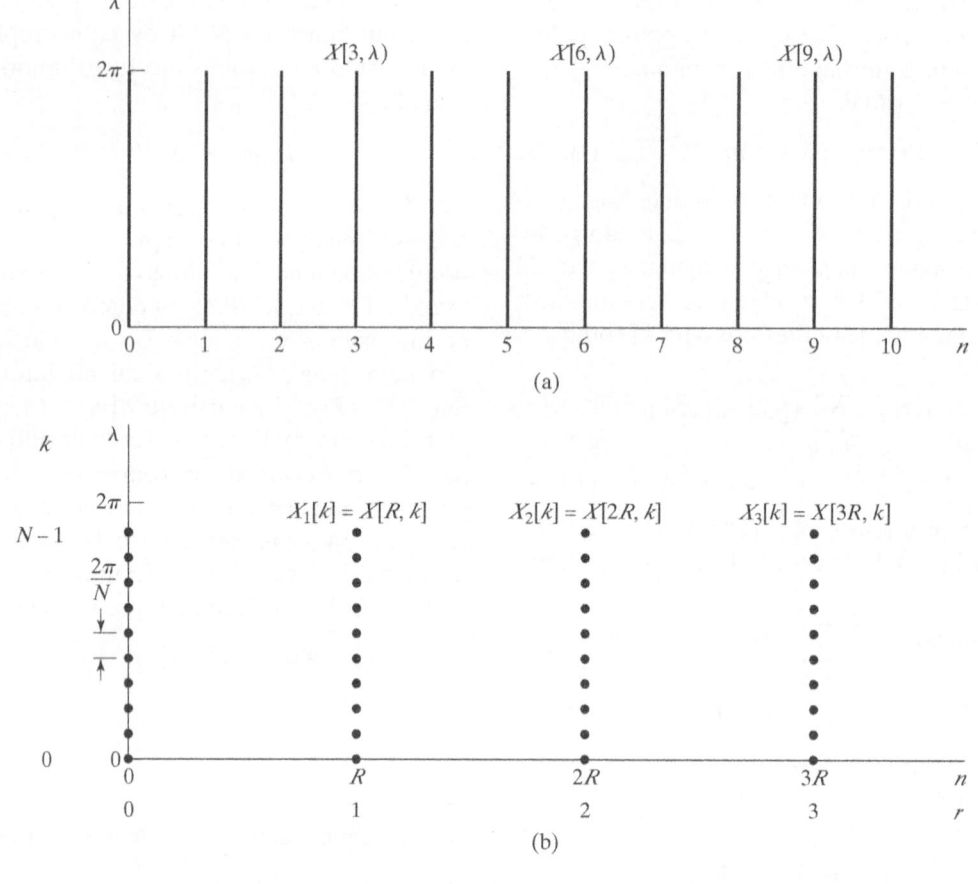

Figura 10.16 (a) Região suporte para $X[n, \lambda)$. (b) Grade de pontos de amostragem no plano $[n, \lambda)$ para a transformada de Fourier dependente do tempo amostrada com $N = 10$ e $R = 3$.

de $X[n, \lambda)$ e a grade de pontos de amostragem no plano $[n, \lambda)$ para o caso $N = 10$ e $R = 3$. Como mostramos, é possível reconstruir o sinal original de modo único a partir de tal representação discreta bidimensional para a escolha apropriada de L.

A Equação 10.39 envolve os seguintes parâmetros inteiros: o comprimento da janela L; o número de amostras na dimensão da frequência, ou o comprimento N da TFD; e o intervalo de amostragem na dimensão do tempo, R. Embora nem todas as escolhas desses parâmetros permitam a reconstrução exata do sinal, diversas combinações de N, R e $w[n]$ e L podem ser usadas. A escolha $L \leq N$ garante que é possível reconstruir os segmentos janelados $x_r[m]$ a partir das transformadas em bloco $X_r[k]$. Se $R < L$, os segmentos se sobrepõem, mas se $R > L$, algumas das amostras do sinal não são usadas e, portanto, não podem ser reconstruídas a partir de $X_r[k]$. Assim, como uma possibilidade, se os três parâmetros de amostragem satisfizerem a relação $R \leq L \leq N$, então podemos (em princípio) recuperar R amostras de $x[n]$ bloco a bloco para todo n a partir de $X_r[k]$. Observe que cada bloco de R amostras do sinal é representado por N números complexos na representação de Fourier dependente do tempo amostrada; ou então, se o sinal for real, somente N números reais são exigidos, em virtude da simetria da TFD.

Como um exemplo específico, o sinal pode ser reconstruído exatamente a partir da transformada de Fourier dependente do tempo amostrada para o caso especial $R = L = N$. Nesse caso, N amostras de um sinal real são representadas por N números reais, e isso é o mínimo que esperaríamos obter para um sinal escolhido arbitrariamente. Para $R = L = N$, podemos recuperar $x_r[m] = x[rR + m]w[m]$ para $0 \leq m \leq N - 1$ ao calcular a TFD inversa de $X_r[k]$. Portanto, podemos expressar $x[n]$ para $rR \leq n \leq [(r + 1)R - 1]$ em termos dos segmentos janelados $x_r[m]$ como

$$x[n] = \frac{x_r[n - rR]}{w[n - rR]} \qquad rR \leq n \leq [(r + 1)R - 1], \quad (10.42)$$

isto é, podemos recuperar os segmentos de N pontos janelados, remover o efeito da janela e depois concatenar os segmentos para reconstruir a sequência original.

10.3.5 Método de reconstrução por sobreposição e soma

Embora a discussão anterior comprove teoricamente a possibilidade da reconstrução exata do sinal a partir de sua transformada de Fourier dependente do tempo amostrada no tempo e na frequência, a prova da demonstração não é um algoritmo de reconstrução viável quando são feitas modificações na transformada de Fourier dependente do tempo, como é comum, por exemplo, em aplicações como codificação de áudio e redução de ruído. Nessas aplicações, a separação de trechos com uma janela que diminui gradualmente, como exigido na Equação 10.42, pode aumentar significativamente os erros nas bordas; portanto, os blocos de sinais podem não se ajustar perfeitamente quando colocados em sequência. Nessas aplicações, é útil fazer R menor do que L e N para que os blocos de amostras se sobreponham. Então, se a janela for escolhida adequadamente, não será necessário desfazer o janelamento, como na Equação 10.42.

Suponha que $R \leq L \leq N$. Então, podemos escrever

$$x_r[m] = x[rR + m]w[m] = \frac{1}{N}\sum_{k=0}^{N-1} X_r[k]e^{j(2\pi k/N)m}$$
$$0 \leq m \leq L - 1. \quad (10.43)$$

Os segmentos recuperados são formatados pela janela, e sua origem de tempo está no início da janela. Uma abordagem diferente para colocar o sinal na sequência original, mais resistente a mudanças em $X_r[k]$, é deslocar os segmentos janelados para suas posições originais no tempo rR e depois apenas somá-los; isto é,

$$\hat{x}[n] = \sum_{r=-\infty}^{\infty} x_r[n - rR]. \quad (10.44)$$

No caso em que $\hat{x}[n] = x[n]$ para todo n, então as equações 10.43 e 10.44 juntas representam um método para a *síntese de Fourier dependente do tempo*, tendo a propriedade de reconstrução perfeita. A substituição da Equação 10.43 na Equação 10.44 leva à seguinte representação de $\hat{x}[n]$:

$$\hat{x}[n] = \sum_{r=-\infty}^{\infty} x[rR + n - rR]w[n - rR]$$

$$= x[n] \sum_{r=-\infty}^{\infty} w[n - rR] \quad (10.45)$$

Se definirmos

$$\tilde{w}[n] = \sum_{r=-\infty}^{\infty} w[n - rR], \quad (10.46a)$$

então o sinal reconstruído na Equação 10.45 pode ser expresso como

$$\hat{x}[n] = x[n]\tilde{w}[n]. \quad (10.46b)$$

Segue, a partir da Equação 10.46(b), que a condição para a reconstrução perfeita é

$$\tilde{w}[n] = \sum_{r=-\infty}^{\infty} w[n - rR] = C \quad -\infty < n < \infty, \quad (10.47)$$

isto é, a soma das cópias da janela deslocadas de R resulta em um ganho de reconstrução constante C para todo n.

Note que a sequência $\tilde{w}[n]$ é uma sequência periódica (com período R) constituída de sequências de janelas com *aliasing* no tempo. Como um exemplo simples, considere uma janela retangular $w_{\text{rect}}[n]$ com comprimento de L amostras. Se $R = L$, os segmentos janelados encaixam-se perfeitamente bloco a bloco, sem sobreposição. Nesse caso, a condição da Equação 10.47 é satisfeita com $C = 1$, pois as janelas deslocadas se encaixam sequencialmente sem sobreposição e sem lacunas. (Um esboço simples confirma isso.) Se L para a janela retangular for par e $R = L/2$, uma simples análise ou esboço novamente verificará que a condição da Equação 10.47 é satisfeita com $C = 2$. De fato, se $L = 2^v$, o sinal $x[n]$ pode ser perfeitamente reconstruído a partir de $X_r[k]$ pelo método da sobreposição e soma da Equação 10.44 quando $L \leq N$ e $R = L, L/2, ..., 1$. Os ganhos de reconstrução correspondentes são $C = 1, 2, ..., L$. Embora isso demonstre que o método da sobreposição e soma pode reconstruir perfeitamente o sinal original para algumas janelas retangulares e alguns espaçamentos de janela R, a janela retangular raramente é usada em análise/síntese de Fourier dependente do tempo por causa de suas fracas propriedades de vazamento. Outras janelas com decaimento, como as janelas de Bartlett, Hann, Hamming e Kaiser, são mais utilizadas. Felizmente, essas janelas, com suas propriedades de isolamento espectral superiores, também podem produzir a reconstrução perfeita ou quase perfeita a partir da transformada de Fourier dependente do tempo.

Duas janelas com as quais a reconstrução perfeita pode ser alcançada são as janelas de Bartlett e de Hann, que foram apresentadas no Capítulo 7, no contexto do projeto de filtros FIR. Elas são definidas novamente aqui, nas equações 10.48 e 10.49, respectivamente:

Bartlett (triangular)

$$w_{\text{Bart}}[n] = \begin{cases} 2n/M, & 0 \leq n \leq M/2, \\ 2 - 2n/M, & M/2 < n \leq M, \\ 0, & \text{caso contrário} \end{cases} \quad (10.48)$$

Hann

$$w_{\text{Hann}}[n] = \begin{cases} 0{,}5 - 0{,}5\cos(2\pi n/M), & 0 \leq n \leq M, \\ 0, & \text{caso contrário} \end{cases}$$
$$(10.49)$$

Como essas janelas estão definidas, o comprimento da janela é $L = M + 1$ com as duas amostras finais iguais a zero.[5] Com M par e $R = M/2$, então podemos facilmente mostrar, para a janela de Bartlett, que a condição da Equação 10.47 é satisfeita com $C = 1$. A Figura 10.17(a) mostra janelas de Bartlett sobrepostas com comprimento $M + 1$ (primeira e última amostras nulas) quando $R = M/2$. É evidente que essas janelas deslocadas somadas resultam na constante de ganho de reconstrução $C = 1$. Na Figura 10.17(b) é mostrada a mesma escolha de $L = M + 1$ e $R = M/2$ para a janela de Hann. Embora seja menos óbvio para esse gráfico, também é verdade que essas janelas deslocadas somadas para todo n resultam na constante $C = 1$. Uma afirmação similar também é verdadeira para a janela de Hamming e muitas outras janelas.

A Figura 7.30 fornece uma comparação da TFTD das janelas retangulares de Bartlett e de Hann. Note que a largura do lóbulo principal das janelas de Bartlett e de Hann é o dobro daquela da janela retangular com o mesmo comprimento L, mas os lóbulos laterais são muito menores em amplitude para as janelas de Bartlett e de Hann. Assim, elas e as outras janelas na Figura 7.30 são preferidas em relação à janela retangular para análise/síntese de Fourier dependente do tempo.

Embora a Figura 10.17 seja intuitivamente plausível, é menos óbvio que as janelas de Bartlett e de Hann para $M = 2^\nu$ possam fornecer uma reconstrução perfeita para os valores de $R = M/2, M/4, ..., 1$ com ganhos de reconstrução correspondentes de $M/(2R)$. Para perceber isso, é útil lembrar que a sequência envoltória $\tilde{w}[n]$ é inerentemente periódica com período R, de modo que pode ser representada por uma TFD inversa como

$$\tilde{w}[n] = \sum_{r=-\infty}^{\infty} w[n - rR] = \frac{1}{R} \sum_{k=0}^{R-1} W(e^{j(2\pi k/R)}) e^{j(2\pi k/R)n}, \quad (10.50)$$

sendo $W(e^{j(2\pi k/R)})$ a TFTD de $w[n]$ amostrada em frequências $(2\pi k/R)$, $k = 0, 1, ..., R - 1$. A partir da Equação 10.50, é evidente que uma condição para a reconstrução perfeita é

$$W(e^{j(2\pi k/R)}) = 0 \quad k = 1, 2, ..., R - 1, \quad (10.51a)$$

e se a Equação 10.51(a) se mantém, então segue-se, a partir da Equação 10.50, que o ganho de reconstrução é

$$C = \frac{W(e^{j0})}{R}. \quad (10.51b)$$

O Problema 7.43 do Capítulo 7 explora a noção de que as janelas usualmente empregadas, Bartlett, Hann, Hamming e Blackman, podem ser representadas em termos de janelas retangulares para as quais é relativamente fácil obter uma expressão em forma fechada para a TFTD da janela. Em particular, o Problema 7.43 fornece um resultado que, para um M par, a janela de Bartlett definida conforme a Equação 10.48 tem a TFTD

$$W_{\text{Bart}}(e^{j\omega}) = \left(\frac{2}{M}\right) \left(\frac{\text{sen}(\omega M/4)}{\text{sen}(\omega/2)}\right)^2 e^{-j\omega M/2}. \quad (10.52)$$

A partir da Equação 10.52, segue que a transformada de Fourier da janela de Bartlett tem zeros igualmente espaçados nas frequências $4\pi k/M$ para $k = 1, 2, ..., M - 1$. Portanto, se escolhermos R de modo que $2\pi k/R = 4\pi k/M$ ou $R = M/2$, a condição da Equação 10.51(a) é satisfeita. Ao substituirmos $\omega = 0$ na Equação 10.52, obtemos $W_{\text{Bart}}(e^0) = M/2$, e, consequentemente, a reconstrução perfeita ocorre com $C = M/(2R) = 1$ se $R = M/2$. A escolha de $R = M/2$ alinha as frequências $2\pi k/R$ com todos os zeros de $W_{\text{Bart}}(e^{j\omega})$. Se M for divisível por 4, podemos usar $R = M/4$ e as frequências $2\pi k/R$ ainda serão alinhadas com zeros de $W_{\text{Bart}}(e^{j\omega})$, e o ganho da reconstrução será $C = M/(2R) = 2$. Se M for uma potência de dois, R poderá ser menor com o aumento concomitante em C.

A TFTD $W_{\text{Hann}}(e^{j\omega})$ também tem zeros igualmente espaçados em múltiplos inteiros de $4\pi/M$, de modo que a reconstrução exata também é possível com a janela de Hann definida como na Equação 10.49. Os zeros igualmente espaçados de $W_{\text{Bart}}(e^{j\omega})$ e $W_{\text{Hann}}(e^{j\omega})$ ficam evidentes nos gráficos das figuras 7.30(b) e (c), respectivamente. Na Figura 7.30(d) é mostrada a janela de Hamming, que é uma versão da janela de Hann otimizada para minimizar os níveis dos lóbulos laterais.

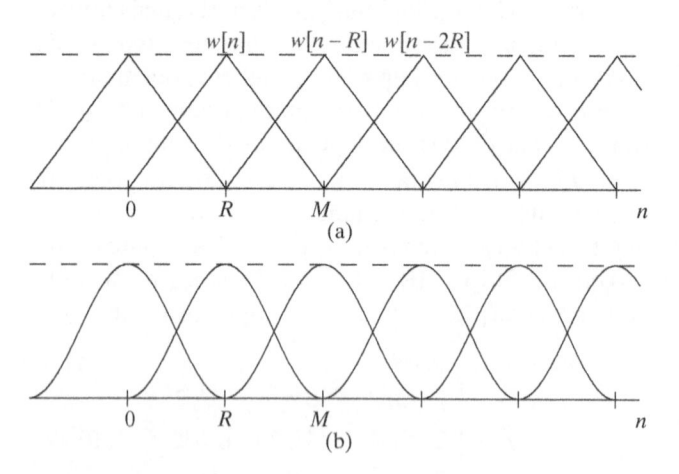

Figura 10.17 (a) Janelas de Bartlett com $M + 1$ pontos deslocadas com $R = M/2$. (b) Janelas de Hann com $M + 1$ pontos deslocadas com $R = M/2$. A linha tracejada é a sequência periódica $\tilde{w}[n]$.

---

[5] Com essas definições, o número efetivo de amostras não nulas é $M - 1$ para as janelas de Bartlett e de Hann, mas a inclusão de amostras nulas leva a simplificações matemáticas convenientes.

Como resultado do ajuste dos coeficientes de 0,5 e 0,5 para 0,54 e 0,46, os zeros de $W_{\text{Hamm}}(e^{j\omega})$ são ligeiramente deslocados, e então não é mais possível escolher R de modo que as frequências $2\pi k/R$ caiam exatamente nos zeros de $W_{\text{Hamm}}(e^{j\omega})$. Porém, como mostrado na Tabela 7.2, o nível máximo do lóbulo lateral para frequências acima de $4\pi/M$ é −41 dB. Assim, a condição da Equação 10.51(a) é satisfeita aproximadamente em cada uma das frequências $2\pi k/R$. A Equação 10.50 mostra que, se a Equação 10.51(a) não for satisfeita exatamente, $\tilde{w}[n]$ tenderá a oscilar em torno de C com período R transmitindo uma ligeira modulação de amplitude ao sinal reconstruído.

10.3.6 Processamento de sinais baseado na transformada de Fourier dependente do tempo

Uma estrutura geral para o processamento de sinais baseado na transformada de Fourier dependente do tempo é representada na Figura 10.18. Esse sistema é fundamentado no fato de que um sinal $x[n]$ pode ser reconstruído exatamente a partir de sua transformada de Fourier dependente do tempo amostrada em tempo e frequência $X_r[k]$ se a janela e os parâmetros de amostragem forem escolhidos apropriadamente, como já discutimos. Se o processamento mostrado na Figura 10.18 for feito de modo que $Y_r[k]$ mantenha sua integridade como uma transformada de Fourier dependente do tempo, então um sinal processado $y[n]$ pode ser reconstruído por uma técnica de síntese de Fourier dependente do tempo, como o método de sobreposição e soma ou uma técnica envolvendo um banco de filtros passa-banda. Por exemplo, se $x[n]$ é um sinal de áudio, $X_r[k]$ pode ser digitalizado para compressão de sinal. A representação de Fourier dependente do tempo fornece uma estrutura natural e conveniente, em que os fenômenos de mascaramento auditivo podem ser explorados para "ocultar" o ruído de digitalização. (Veja, por exemplo, Bosi e Goldberg, 2003, e Spanias, Painter e Atti, 2007.) A síntese de Fourier dependente do tempo é então utilizada para reconstruir um sinal $y[n]$ para audição. Essa é a base para a codificação de áudio MP3, por exemplo. Outra aplicação é a supressão do ruído de áudio, em que o espectro de ruído acústico é estimado e depois subtraído do espectro de Fourier dependente do tempo do sinal de entrada ou usado como base para a filtragem de Wiener aplicada a $X_r[k]$. (Veja Quatieri, 2002.)

Essas e muitas outras aplicações são consideravelmente facilitadas pelos algoritmos de FFT que estão disponíveis para o cálculo eficiente da transformada de Fourier dependente do tempo discreta.

Uma discussão sobre as aplicações desse tipo estaria fora do escopo do livro; porém, esses tipos de técnicas de processamento em bloco para sinais de tempo discreto também foram introduzidos no Capítulo 8, quando discutimos o uso da TFD para implementar a convolução de uma resposta ao impulso de comprimento finito com um sinal de entrada de comprimento indefinido. Esse método de implementação de sistemas LIT tem uma interpretação útil em termos de definições e conceitos de análise e síntese de Fourier dependentes do tempo, como discutimos até aqui.

Especificamente, suponha que $x[n] = 0$ para $n < 0$ e que calculamos a transformada de Fourier dependente do tempo para $R = L$ e uma janela retangular. Em outras palavras, a transformada de Fourier dependente do tempo amostrada $X_r[k]$ consiste em um conjunto de TFDs de N pontos de segmentos da sequência de entrada

$$x_r[m] = x[rL + m], \quad 0 \le m \le L - 1. \quad (10.53)$$

Como cada amostra do sinal $x[n]$ é incluída e os blocos não se sobrepõem, conclui-se que

$$x[n] = \sum_{r=0}^{\infty} x_r[n - rL]. \quad (10.54)$$

Agora, suponha que definimos uma nova transformada de Fourier dependente do tempo

$$Y_r[k] = H[k]X_r[k], \quad 0 \le k \le N - 1, \quad (10.55)$$

sendo $H[k]$ a TFD de N pontos de uma sequência de amostras unitárias de comprimento finito $h[n]$ tal que $h[n] = 0$ para $n < 0$ e para $n > P - 1$. Se calcularmos a TFD inversa de $Y_r[k]$, obtemos

$$\begin{aligned}
y_r[m] &= \frac{1}{N} \sum_{k=0}^{N-1} Y_r[k] e^{j(2\pi/N)km} \\
&= \sum_{\ell=0}^{N-1} x_r[\ell] h[((m-\ell))_N].
\end{aligned} \quad (10.56)$$

Isto é, $y_r[m]$ é a convolução circular de N pontos de $h[m]$ e $x_r[m]$. Como $h[m]$ tem comprimento de P

$x[n]$ → [Análise de Fourier dependente do tempo] → $X[r,k]$ → [Processamento no domínio da frequência] → $Y[r,k]$ → [Síntese de Fourier dependente do tempo] → $y[n]$

Figura 10.18 Processamento de sinais baseado em análise/síntese de Fourier dependente do tempo.

amostras e $x_r[m]$ tem comprimento de L amostras, resulta da discussão da Seção 8.7 que, se $N \geq L + P - 1$, então $y_r[m]$ será idêntico à convolução linear de $h[m]$ com $x_r[m]$ no intervalo $0 \leq m \leq L + P - 2$ e, caso contrário, será nula. Assim, conclui-se que, se construirmos um sinal de saída

$$y[n] = \sum_{r=0}^{\infty} y_r[n - rL], \qquad (10.57)$$

então $y[n]$ é a saída de um sistema LIT com resposta ao impulso $h[n]$. O procedimento que descrevemos corresponde exatamente ao método de *sobreposição e soma* da convolução em bloco. O método de sobreposição e armazenamento, discutido na Seção 8.7, também pode ser aplicado em estruturas com a transformada de Fourier dependente do tempo.

10.3.7 Interpretação da transformada de Fourier dependente do tempo como banco de filtros

Outra forma de perceber que a transformada de Fourier dependente do tempo pode ser amostrada na dimensão do tempo é lembrar que, para λ fixo (ou para k fixo, se as frequências de análise forem $\lambda_k = 2\pi k/N$), a transformada de Fourier dependente do tempo é uma sequência unidimensional no tempo, que é a saída do filtro passa-banda com resposta em frequência como na Equação 10.28. Isso é ilustrado na Figura 10.19. Na Figura 10.19(a) é mostrado o conjunto equivalente de filtros passa-banda correspondente a uma janela retangular com $L = N = 16$. A Figura 10.19 ilustra a interpretação por banco de filtros, mesmo para o caso em que L e N são muito maiores. Quando N aumenta, as bandas dos filtros tornam-se mais estreitas, e os lóbulos laterais sobrepõem-se com canais adjacentes da mesma forma. Note que as bandas de passagem dos filtros correspondentes à janela retangular se sobrepõem significativamente, e sua seletividade em frequência não é boa para qualquer critério. De fato, os lóbulos laterais de qualquer um dos filtros passa-banda se sobrepõem completamente com diversas bandas de passagem em ambos os lados. Isso sugere que, em geral, podemos encontrar um problema com *aliasing* na dimensão do tempo, pois a transformada de Fourier de qualquer outra janela de comprimento finito com decaimento também não será uma resposta de filtro ideal. Nossa discussão na Seção 10.3.5, porém, mostra que até mesmo a janela retangular pode fornecer reconstrução perfeita com janelas sobrepostas, apesar da fraca seletividade em frequência. Embora o *aliasing* ocorra nas saídas individuais do filtro passa-banda, podemos argumentar que a distorção do *aliasing* é cancelada quando todos os canais são recombinados na síntese por sobreposição e soma. Essa

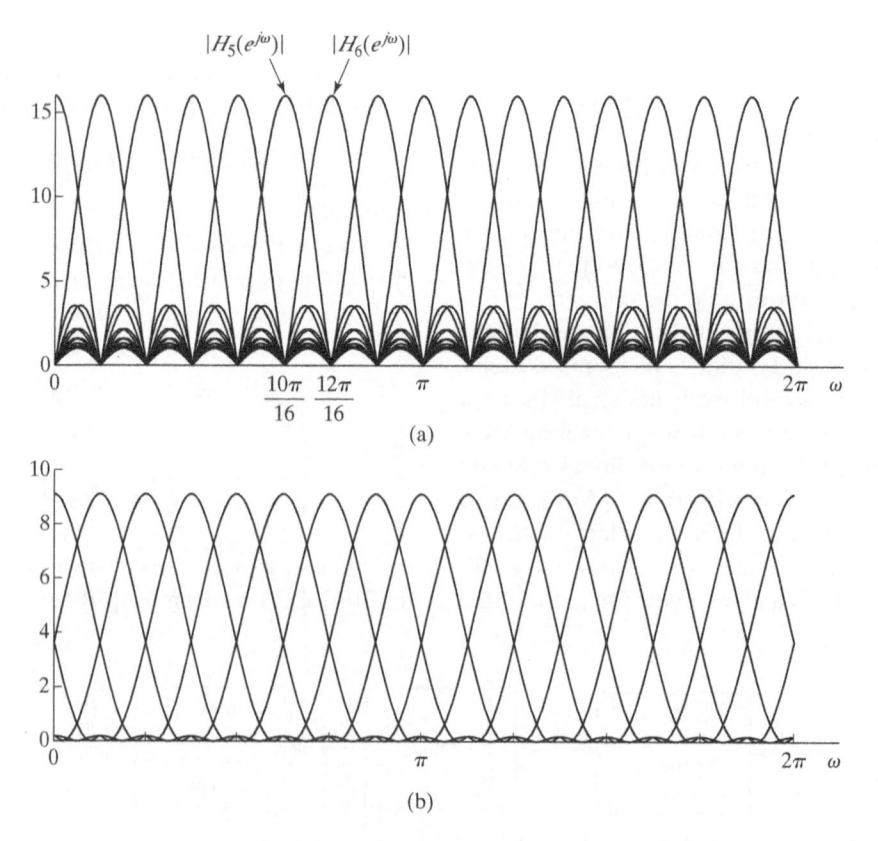

Figura 10.19 Resposta em frequência do banco de filtros. (a) Janela retangular. (b) Janela de Kaiser.

noção de cancelamento de *alias* é um dos conceitos importantes que resultam da investigação detalhada da interpretação como banco de filtros.

Se uma janela com decaimento for usada, os lóbulos laterais serão significativamente reduzidos. A Figura 10.19(b) mostra o caso para uma janela de Kaiser com o mesmo comprimento da janela retangular usada na Figura 10.19(a), isto é, $L = N = 16$. Os lóbulos laterais são muito menores, mas o lóbulo principal é muito mais largo, de modo que os filtros se sobrepõem ainda mais. Novamente, o argumento anterior, baseado no conceito de processamento em bloco, mostra conclusivamente que podemos reconstruir o sinal original quase exatamente a partir da transformada de Fourier dependente do tempo amostrada no tempo e na frequência se R for pequeno o suficiente. Assim, para uma janela de Kaiser como a da Figura 10.19(b), a taxa de amostragem das sequências representando cada um dos canais de análise passa-banda pode ser $2\pi/R = \Delta_{ml}$, em que Δ_{ml} é a largura do lóbulo principal da transformada de Fourier da janela.[6] No exemplo da Figura 10.19(b), a largura do lóbulo principal é aproximadamente $\Delta_{ml} = 0{,}4\pi$, o que implica que o intervalo de amostragem no tempo pode ser $R = 5$ para a reconstrução quase perfeita do sinal a partir de $X[rR, \lambda_k]$ pelo método de sobreposição e soma. Mais genericamente, no caso da janela de Hamming de comprimento $L = M + 1$ amostras, por exemplo, $\Delta_{ml} = 8\pi/M$, assim, nominalmente, o intervalo de amostragem deve ser $R = M/4$. Com essa taxa de amostragem no tempo, nossa discussão mostra que o sinal $x[n]$ pode ser reconstruído quase perfeitamente a partir de $X[rR, \lambda_k]$ usando uma janela de Hamming e o método de síntese por sobreposição e soma com $R = L/4$ e $L \leq N$.

Ao usar o método de sobreposição e soma de análise/síntese, os parâmetros geralmente satisfazem a relação $R \leq L \leq N$. Isso implica que (considerando as simetrias) o número efetivo total de amostras (números) por segundo da representação de Fourier dependente do tempo $X[rR, \lambda_k]$ é um fator de N/R maior do que a taxa de amostragem de $x[n]$. Isso pode não ser uma questão relevante em algumas aplicações, mas impõe um problema significativo em aplicações de compressão de dados, como codificação de áudio. Felizmente, o ponto de vista de banco de filtros é a base para mostrar que é possível escolher esses parâmetros para satisfazer $R = N < L$ e ainda alcançar a reconstrução quase perfeita do sinal a partir de sua transformada de Fourier dependente do tempo. Um exemplo desse sistema de análise/síntese foi discutido na Seção 4.7.6, em que $R = N = 2$ e os filtros passa-baixas e passa-altas possuem respostas ao impulso de comprimento L, que pode ser tão grande quanto desejado para alcançar filtros de corte abrupto. O banco de filtros de dois canais pode ser generalizado para um número maior de canais com $R = N$, e, como um exemplo da Seção 4.7.6, técnicas polifásicas podem ser empregadas para aumentar a eficiência computacional. A vantagem de exigir $R = N$ é que o número total de amostras/s permanece igual ao da entrada $x[n]$. Como um exemplo, na Figura 10.20 mostram-se os primeiros canais passa-banda do banco de filtros de análise básico especificado pelo padrão de codificação de áudio MPEG-II. Esse banco de filtros realiza a análise de Fourier dependente do tempo com frequências centrais de deslocamento $\lambda_k = (2k + 1)\pi/64$ usando 32 filtros passa-banda reais. Como os filtros passa-banda reais têm um par de bandas de passagem centrados nas frequências $\pm\lambda_k$, isso é equivalente a 64 filtros passa-banda complexos. Nesse caso, o comprimento das respostas ao impulso (equivalente ao comprimento da janela) é $L = 513$, sendo a primeira e a última amostras iguais a zero. O fator de subamostragem é $R = 32$. Observe que os filtros se sobrepõem significativamente nas bordas das bandas, e a subamostragem por $R = 32$ causa uma distorção por *aliasing* significativa. Porém, uma análise mais detalhada do sistema de análise/síntese completo mostra que a distorção por *aliasing*, ocasionada pelas respostas em frequência não ideais, é cancelada no processo de reconstrução.

Uma abordagem aprofundada de bancos de filtros de análise e síntese está fora do escopo deste capítulo. Um resumo dessa abordagem é dado como base para o Problema 10.46, e abordagens detalhadas podem ser encontradas em Rabiner e Schafer (1978), Crochiere e Rabiner (1983) e Vaidyanathan (1993).

10.4 Exemplos de análise de Fourier de sinais não estacionários

Na Seção 10.3.6, consideramos um exemplo simples de como a transformada de Fourier dependente do tempo pode ser usada na implementação da filtragem linear. Nessas aplicações, não estamos tão interessados na resolução espectral, mas em se é possível reconstruir um sinal modificado a partir da transformada de Fourier dependente do tempo modificada. Por outro lado, o conceito da transformada de Fourier dependente do tempo é muitas vezes utilizado como um suporte para diversas técnicas para a obtenção de estimativas espec-

---

[6] Como, para nossa definição, os sinais do canal da transformada de Fourier dependente do tempo, $X[n, \lambda_k]$, são sinais passa-banda centrados na frequência λ_k, eles podem ser deslocados para baixo na frequência por λ_k, de modo que o resultado é um sinal passa-baixas na banda $\pm\Delta_{ml}$. Os sinais passa-baixas resultantes possuem máxima frequência $\Delta_{ml}/2$, de modo que a menor taxa de amostragem seria $2\pi/R = \Delta_{ml}$. Se $R = N$, o deslocamento para baixo na frequência ocorre automaticamente como resultado da operação de subamostragem.

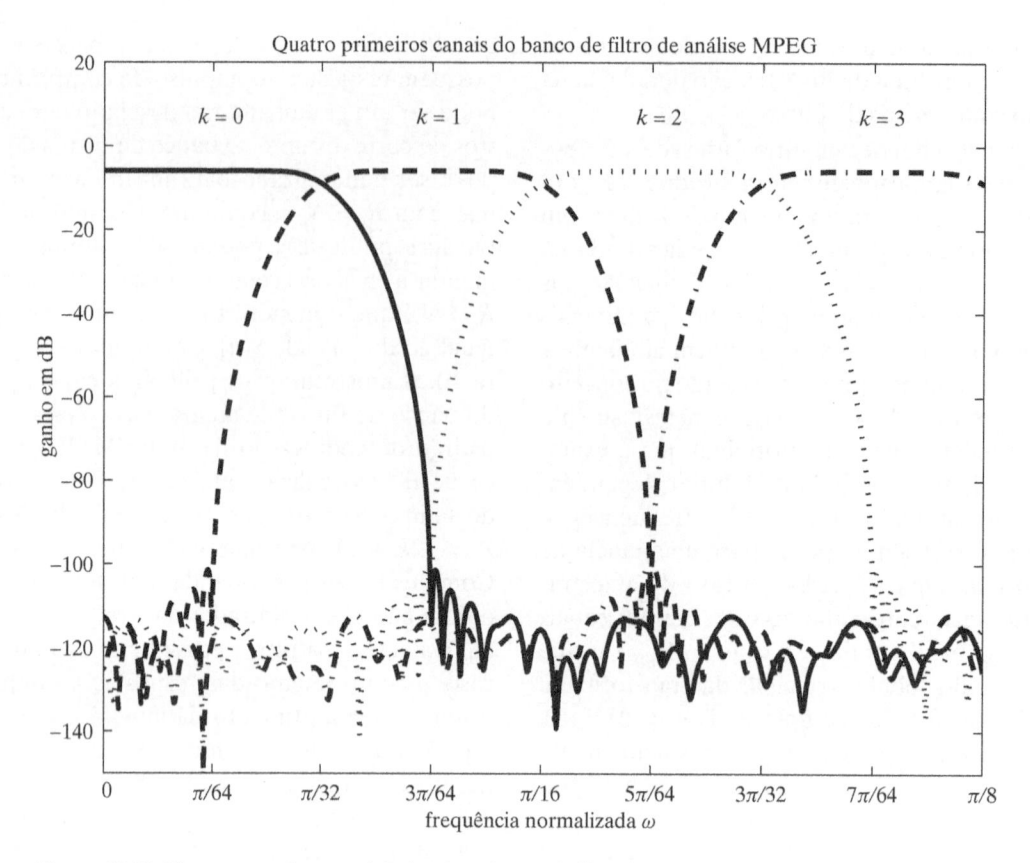

Figura 10.20 Diversos canais passa-banda para o banco de filtro de análise MPEG-II.

trais para sinais de tempo discreto não estacionários, e, nessas aplicações, a resolução espectral, a variação no tempo e outras questões são as mais importantes.

Um sinal não estacionário é aquele cujas propriedades variam com o tempo, por exemplo, uma soma de componentes senoidais com amplitudes, frequências ou fases que variam com o tempo. Como ilustraremos na Seção 10.4.1 para sinais de voz e na Seção 10.4.2 para sinais de radar Doppler, a transformada de Fourier dependente do tempo muitas vezes fornece uma descrição útil de como as propriedades do sinal mudam com o tempo.

Quando aplicamos a análise de Fourier dependente do tempo a um sinal amostrado, a discussão da Seção 10.1 é mantida para toda TFD calculada. Em outras palavras, para cada segmento $x_r[n]$ do sinal, a transformada de Fourier dependente do tempo amostrada $X_r[k]$ estaria relacionada à transformada de Fourier do sinal de tempo contínuo original pelos processos descritos na Seção 10.1. Além disso, se fôssemos aplicar a transformada de Fourier dependente do tempo a sinais senoidais com parâmetros constantes (isto é, que não variam com o tempo), a discussão da Seção 10.2 também deveria se aplicar a cada uma das TFDs que calculamos. Quando as frequências do sinal não mudam com o tempo, é tentador supor que a transformada de Fourier dependente do tempo varia apenas na dimensão da frequência da maneira descrita na Seção 10.2, mas isso seria verdadeiro apenas em casos muito especiais. Por exemplo, a transformada de Fourier dependente do tempo será constante na dimensão do tempo se o sinal for periódico com período N_p e $L = \ell_0 N_p$ e $R = r_0 N_p$, sendo ℓ_0 e r_0 inteiros; isto é, a janela inclui exatamente ℓ_0 períodos, e é movida por exatamente r_0 períodos entre os cálculos da TFD. Em geral, mesmo que o sinal seja exatamente periódico, as relações de fase variantes que resultam dos diferentes segmentos da forma de onda deslocados pela janela de análise fazem com que a transformada de Fourier dependente do tempo varie na dimensão do tempo. Porém, para sinais estacionários, se usarmos uma janela que decai para zero em suas extremidades, a magnitude $|X_r[k]|$ varia apenas ligeiramente de um segmento para outro, e a maior parte da variação da transformada de Fourier complexa dependente do tempo ocorre na fase.

10.4.1 Análise de Fourier dependente do tempo de sinais de voz

A voz é produzida pela excitação de um tubo acústico, o *trato vocal*, que termina em uma extremidade pelos lábios e na outra extremidade pela glote. Existem três classes básicas de sons de voz:

- *Sons sonoros* são produzidos pela excitação do trato vocal com pulsos quase periódicos do fluxo de ar causados pela abertura e pelo fechamento da glote.
- *Sons fricativos* são produzidos pela formação de uma constrição em alguma parte do trato vocal e pelo ar forçado pela constrição, causando turbulência e produzindo assim uma excitação parecida com ruído.
- *Sons plosivos* são produzidos pelo fechamento completo do trato vocal, acumulando pressão por trás do fechamento e depois liberando a pressão abruptamente.

Discussões detalhadas dos modelos para o sinal de voz e as aplicações da transformada de Fourier dependente do tempo podem ser vistas em textos como Flanagan (1972), Rabiner e Schafer (1978), O'Shaughnessy (1999), Parsons (1986) e Quatieri (2002).

Com uma forma constante do trato vocal, a voz pode ser modelada como a resposta de um sistema LIT (o trato vocal) a um trem de pulsos quase periódico para sons sonoros ou ruído de banda larga para os sons surdos. O trato vocal é um sistema de transmissão acústica caracterizado por suas frequências naturais, chamadas *formantes*, que correspondem a ressonâncias em sua resposta em frequência. Na voz normal, o trato vocal muda de forma de modo relativamente lento em relação ao tempo à medida que a língua e os lábios realizam os gestos vocais, e assim o trato vocal pode ser modelado como um filtro variante lentamente no tempo, que impõe suas propriedades de resposta em frequência no espectro da excitação. Uma forma de onda típica de sinal de voz é mostrada na Figura 10.21.

A partir dessa breve descrição do processo de produção de voz e da Figura 10.21, vemos que a voz é definitivamente um sinal não estacionário. Porém, como ilustrado na figura, podemos supor que as características do sinal permanecem essencialmente constantes em intervalos de tempo da ordem de 30 ou 40 ms. O conteúdo em frequência do sinal de voz pode alcançar até 15 kHz ou mais, mas a voz é altamente inteligível mesmo quando limitada em banda a frequências abaixo de 3 kHz. Sistemas telefônicos comerciais, por exemplo, usualmente limitam a frequência mais alta transmitida em torno de 3 kHz. Uma taxa de amostragem padrão para os sistemas de comunicação por telefone digital é de 8000 amostras/s.

Na Figura 10.21 é mostrado que a forma de onda consiste em uma sequência de segmentos *sonoros* quase periódicos intercalados por segmentos *surdos* parecidos com ruído. Essa figura sugere que, se o comprimento da janela L não for suficientemente longo, as propriedades do sinal não mudarão de forma apreciável do início até o final do segmento. Assim, a TFD de um segmento de

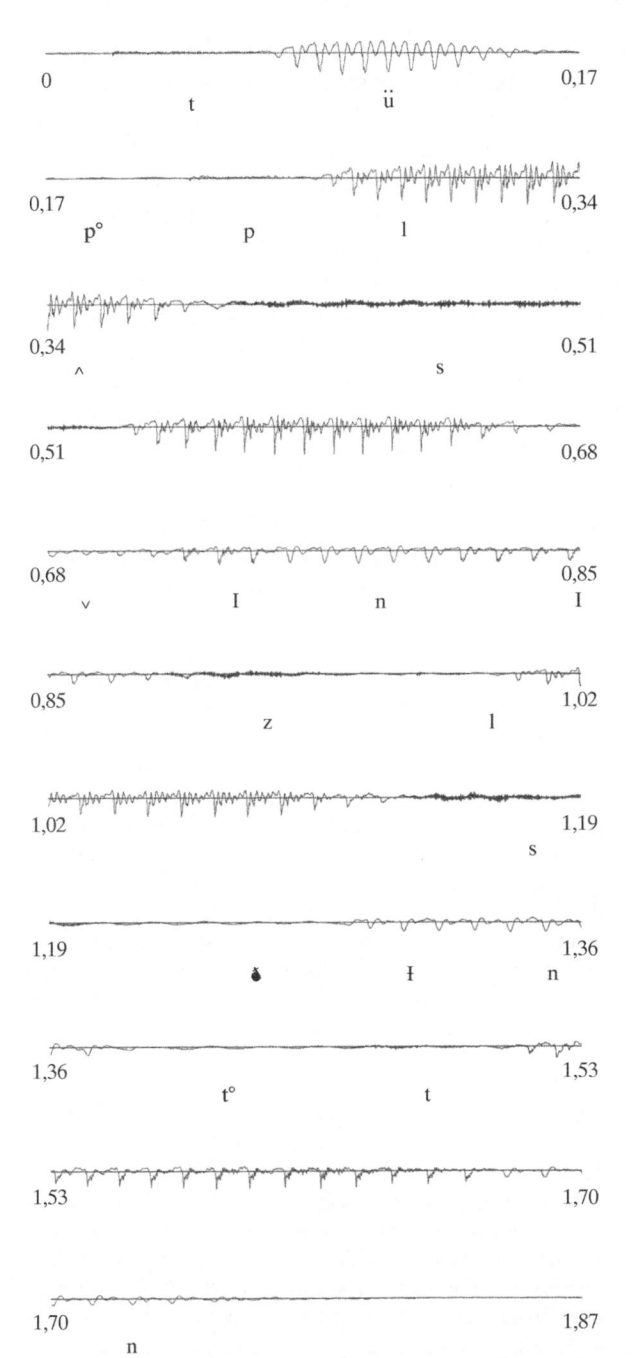

Figura 10.21 Forma de onda da elocução "Two plus seven is less than ten". Cada linha possui 0,17 s de duração. A transcrição fonêmica alinhada no tempo é indicada abaixo da forma de onda. A taxa de amostragem é de 16000 amostras/s, de modo que cada linha representa 2720 amostras.

voz janelado deve mostrar as propriedades do sinal no domínio da frequência no instante correspondente à localização da janela. Por exemplo, se o comprimento da janela for longo o suficiente para que a frequência fundamental e suas harmônicas sejam observadas, a TFD de um segmento janelado de voz sonora deve mostrar uma série de picos em múltiplos inteiros da frequência fundamental do sinal nesse intervalo. Isso usualmente requer que a janela se espalhe por vários períodos da forma de onda. Se a janela for muito curta, então as harmônicas não serão resolvidas, mas a forma geral do espectro ainda será evidente. Isso realça a escolha entre a resolução em frequência e a resolução no tempo necessária na análise de sinais não estacionários. Vimos isso antes no Exemplo 10.10. Se a janela for muito longa, as propriedades do sinal podem mudar significativamente ao longo da janela; se a janela for muito curta, a resolução dos componentes de banda estreita será prejudicada. Essa escolha é ilustrada no exemplo a seguir.

Exemplo 10.11 Representação do espectrograma da transformada de Fourier dependente do tempo de voz

Na Figura 10.22(a) é mostrado o espectrograma da transformada de Fourier dependente do tempo do sinal de voz da Figura 10.21. Abaixo do espectrograma a forma de onda no tempo também é mostrada na mesma escala de tempo. Mais especificamente, a Figura 10.22(a) é um *espectrograma banda larga*. Uma representação por espectrograma banda larga resulta de uma janela relativamente curta no tempo e caracterizada por uma resolução pobre na dimensão de frequência e por uma resolução boa na dimensão de tempo. O eixo de frequências é indicado em termos da frequência de tempo contínuo. Como a taxa de amostragem do sinal foi de 16000 amostras/s, resulta que a frequência $\lambda = \pi$ corresponde a 8 kHz. A janela específica usada na Figura 10.22(a) é uma janela de Hamming com duração de 6,7 ms, o que corresponde a $L = 108$. O valor de R é 16, e representa incrementos de tempo de 1 ms.[7] As barras largas e escuras que se movem horizontalmente pelo espectrograma correspondem às frequências de ressonância do trato vocal, que, como podemos ver, mudam com o tempo. A aparência de estrias na vertical do espectrograma deve-se à natureza quase periódica dos trechos sonoros da forma de onda, como fica evidente ao compararmos as variações na visualização da forma de onda e do espectrograma. Como o comprimento da janela de análise está na ordem do comprimento de um período da forma de onda, à medida que a janela se desloca ao longo do tempo, ela alternadamente abriga segmentos de elevados níveis de energia da forma de onda e, depois, segmentos com energia mais baixa entre eles, produzindo assim as estrias verticais na imagem durante os intervalos sonoros. Em uma análise de Fourier dependente do tempo *banda estreita*, uma janela mais longa é usada para fornecer uma melhor resolução em frequência, com uma diminuição correspondente na resolução temporal. Essa análise banda estreita da voz é ilustrada com o gráfico da Figura 10.22(b). Nesse caso, a janela foi usada como uma janela de Hamming com duração de 45 ms. Isso corresponde a $L = 720$. O valor de R foi novamente 16.

Este exemplo sugere algumas das razões pelas quais a transformada de Fourier dependente do tempo é tão importante na análise e no processamento de voz. Na verdade, o conceito é usado direta e indiretamente como base para a análise acústico-fonética e para muitas aplicações fundamentais de processamento de voz, como a codificação digital, a remoção de ruído e de reverberação, o reconhecimento de voz, a verificação de locutor e a identificação de locutor. Para os propósitos presentes, nossa discussão serve simplesmente como uma ilustração introdutória.

10.4.2 Análise de Fourier dependente do tempo de sinais de radar

Outra área de aplicação em que a transformada de Fourier dependente do tempo desempenha um papel importante é a análise de sinal de radar. Os elementos de um sistema de radar típico baseado no princípio Doppler são:

- Antenas para transmitir e receber (muitas vezes, a mesma).
- Um transmissor que gera um sinal apropriado em frequências de micro-ondas. Em nossa discussão, suporemos que o sinal consista de pulsos senoidais. Embora este seja usualmente o caso, outros sinais podem ser empregados, dependendo dos objetivos e do projeto específico do radar.
- Um receptor que amplifica e detecta ecos dos pulsos transmitidos que foram refletidos de objetos iluminados pela antena.

Em tal sistema de radar, o sinal senoidal transmitido se propaga na velocidade da luz, reflete no objeto e retorna na velocidade da luz para a antena, passando assim por um atraso de tempo de ida e volta da antena até o objeto. Se considerarmos que o sinal transmitido é um pulso senoidal na forma $\cos(\Omega_0 t)$ e que a distância da antena até o objeto é $\rho(t)$, então o sinal recebido é um pulso na forma

$$s(t) = \cos[\Omega_0(t - 2\rho(t)/c)], \quad (10.58)$$

sendo c a velocidade da luz. Se o objeto não se move em relação à antena, então $\rho(t) = \rho_0$, sendo ρ_0 o *alcance*. Como o atraso de tempo entre os pulsos transmitidos e recebidos é de $2\rho_0/c$, uma medida do atraso de tempo pode ser usada para estimar o alcance. Porém, se $\rho(t)$ não é constante, o sinal recebido é uma senoide com ângulo modulado, e a diferença de fase contém informações sobre o alcance e o movimento relativo do objeto em relação à antena. Especificamente, representaremos o alcance variável no tempo em uma expansão em série de Taylor como

$$\rho(t) = \rho_0 + \dot{\rho}_0 t + \frac{1}{2!}\ddot{\rho}_0 t^2 + \cdots, \quad (10.59)$$

---

[7] No gráfico de espectrogramas, é comum usarmos valores relativamente pequenos de R para obtermos representações com variações suaves.

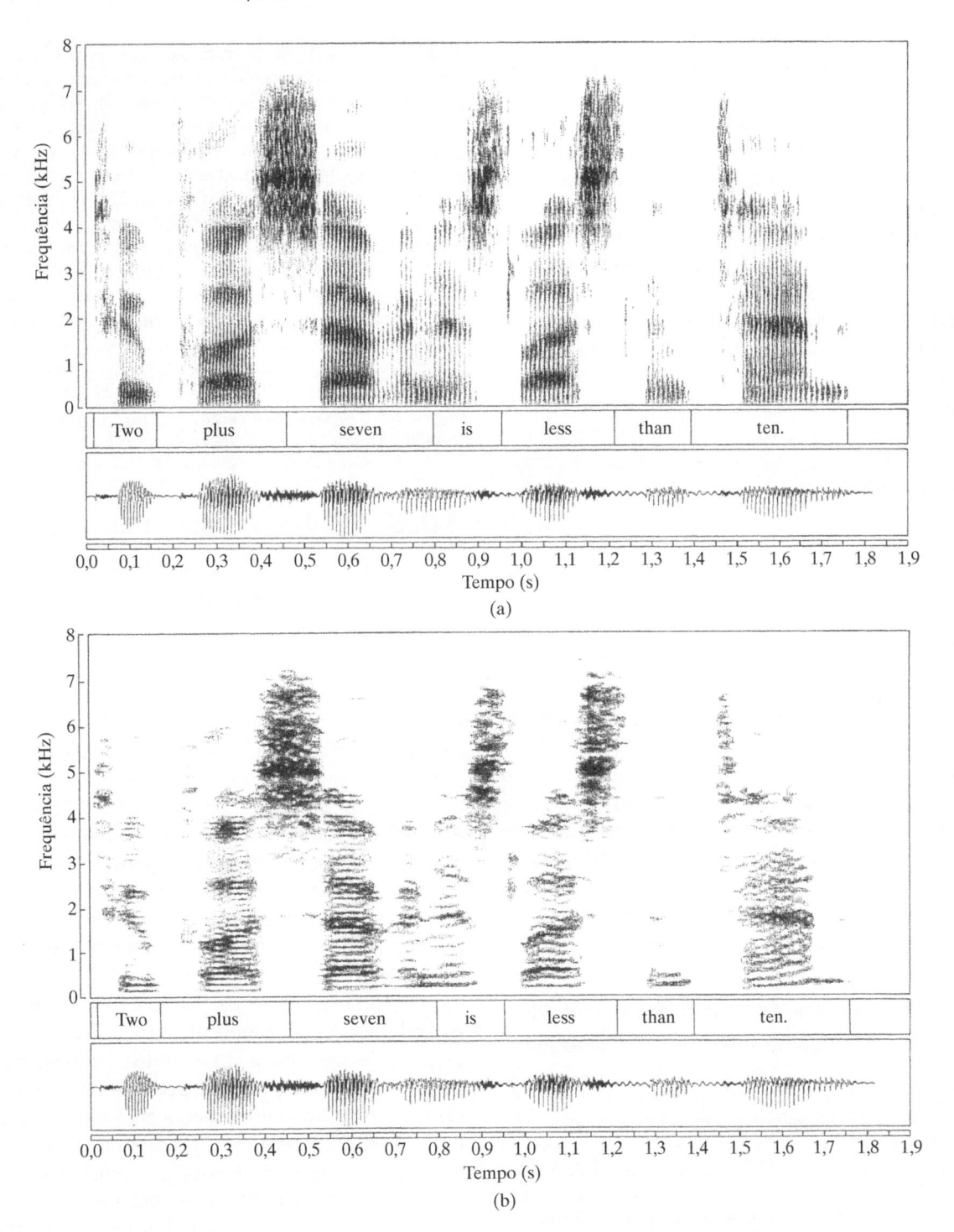

Figura 10.22 (a) Espectrograma banda larga da forma de onda da Figura 10.21. (b) Espectrograma banda estreita.

sendo ρ_0 o alcance nominal, $\dot{\rho}_0$ a velocidade, $\ddot{\rho}_0$ a aceleração, e assim por diante. Supondo que o objeto se move com velocidade constante (isto é, $\ddot{\rho}_0 = 0$) e substituindo a Equação 10.59 na Equação 10.58, obtemos

$$s(t) = \cos[(\Omega_0 - 2\Omega_0\dot{\rho}_0/c)t - 2\Omega_0\rho_0/c]. \quad (10.60)$$

Nesse caso, a frequência do sinal recebido difere da frequência do sinal transmitido pela *frequência Doppler*, definida como

$$\Omega_d = -2\Omega_0\dot{\rho}_0/c. \quad (10.61)$$

Assim, o atraso no tempo ainda pode ser usado para estimar o alcance, e podemos determinar a velocidade do objeto em relação à antena se pudermos determinar a frequência Doppler.

Em uma configuração prática, o sinal recebido geralmente é muito fraco e, portanto, deve-se acrescentar um termo de ruído à Equação 10.60. Desconsideraremos os efeitos do ruído na análise simples desta seção. Além disso, na maioria dos sistemas de radar, o sinal da Equação 10.60 seria deslocado em frequência para uma frequência nominal menor no processo de detecção. Porém, o deslocamento Doppler ainda satisfará a Equação 10.61, mesmo que $s(t)$ seja demodulada para uma frequência central mais baixa.

Para aplicar a análise de Fourier dependente do tempo a tais sinais, primeiro limitamos a banda do sinal a uma banda de frequência que inclui os deslocamentos da frequência Doppler esperados e em seguida amostramos o sinal resultante com um período de amostragem T apropriado, obtendo assim um sinal de tempo discreto na forma

$$x[n] = \cos[(\omega_0 - 2\omega_0\dot{\rho}_0/c)n - 2\omega_0\rho_0/c], \quad (10.62)$$

sendo $\omega_0 = \Omega_0 T$. Em muitos casos, o movimento do objeto seria mais complicado do que supomos, exigindo a incorporação de termos de ordem mais alta na Equação 10.59 e, com isso, produzindo uma modulação em ângulo mais complicada no sinal recebido. Outra forma de representar essa variação mais complicada da frequência dos ecos é usar a transformada de Fourier dependente do tempo com uma janela que é curta o suficiente, de modo que a hipótese de uma frequência deslocada Doppler constante seja válida em todo o intervalo da janela, mas não tão curta a ponto de sacrificar a resolução adequada quando dois ou mais objetos móveis criam sinais de retorno Doppler deslocado que são sobrepostos no receptor.

Exemplo 10.12 Análise de Fourier dependente do tempo de sinais de radar Doppler

Um exemplo da análise de Fourier dependente do tempo de sinais de radar Doppler é mostrado na Figura 10.23. (Veja Schaefer, Schafer e Mersereau, 1979.) Os dados do radar foram pré-processados para remover os deslocamentos Doppler de baixa velocidade, deixando as variações apresentadas na figura. A janela para a transformada de Fourier dependente do tempo foi uma janela de Kaiser com $N = L = 64$ e $\beta = 4$. Na figura, $|X_r[k]|$ é esboçado com o tempo na dimensão vertical (aumentando para cima) e a frequência na dimensão horizontal.[8] Nesse caso, as curvas sucessivas das TFDs são representadas próximas umas das outras. Um algoritmo de eliminação de linha oculta é usado para criar uma visão bidimensional da transformada de Fourier dependente do tempo. À esquerda da linha central está um pico pronunciado que se move em um caminho suave ao longo do plano tempo-frequência. Isso corresponde a um objeto em movimento cuja velocidade varia de maneira regular. Os outros picos largos na transformada de Fourier dependente do tempo devem-se ao ruído e a retornos espúrios, chamados de *clutter* na terminologia de radar. Um exemplo do movimento que pode criar a variação da frequência Doppler é um foguete movendo-se em velocidade constante, mas girando em torno de seu eixo longitudinal. Um pico que se desloca ao longo da transformada de Fourier dependente do tempo pode corresponder a reflexões de um estabilizador no foguete que se move alternadamente para perto e depois para longe da antena em decorrência da rotação do foguete. Na Figura 10.23(b) é mostrada uma estimativa da frequência Doppler em função do tempo. Essa estimativa foi obtida simplesmente pela localização do pico mais alto em cada TFD.

10.5 Análise de Fourier de sinais aleatórios estacionários: o periodograma

Nas seções anteriores, discutimos e ilustramos a análise de Fourier para sinais senoidais com parâmetros estacionários (não variantes no tempo) e para sinais não estacionários, como voz e radar. Em casos em que o sinal pode ser modelado por uma soma de senoides ou por um sistema linear excitado por um trem de pulsos periódico, as transformadas de Fourier de segmentos do sinal com comprimento finito têm uma interpretação conveniente e natural em termos de transformadas de Fourier, janelamento e teoria de sistemas lineares. Porém, sinais similares ao ruído, como o exemplo da voz surda na Seção 10.4.1, são mais bem modelados como sinais aleatórios.

Como discutimos na Seção 2.10 e mostramos no Apêndice A, os processos aleatórios muitas vezes são usados para modelar sinais quando o processo que gera o sinal é muito complexo para um modelo determinista razoável. Usualmente, quando a entrada de um sistema LIT é modelada como um processo aleatório estacionário, muitas das características essenciais da entrada e saída são representadas adequadamente por médias, como o valor médio (nível dc), variância (potência média), função de autocorrelação ou espectro da densidade de potência. Consequentemente, é de interesse particular estimá-los para determinado sinal. Como discutiremos no Apêndice A, uma estimativa do valor médio de um processo aleatório estacionário a partir de um segmento de comprimento finito dos dados é a *média amostral*, definida como

---

[8] No gráfico mostram-se as frequências negativas à esquerda da linha que passa pelo centro da figura e as frequências positivas à direita. Isso pode ser obtido calculando a TFD de $(-1)^n x_r[n]$ e notando que o cálculo efetivamente desloca a origem do índice da TFD para $k = N/2$. Alternativamente, a TFD de $x_r[n]$ pode ser calculada e depois reindexada.

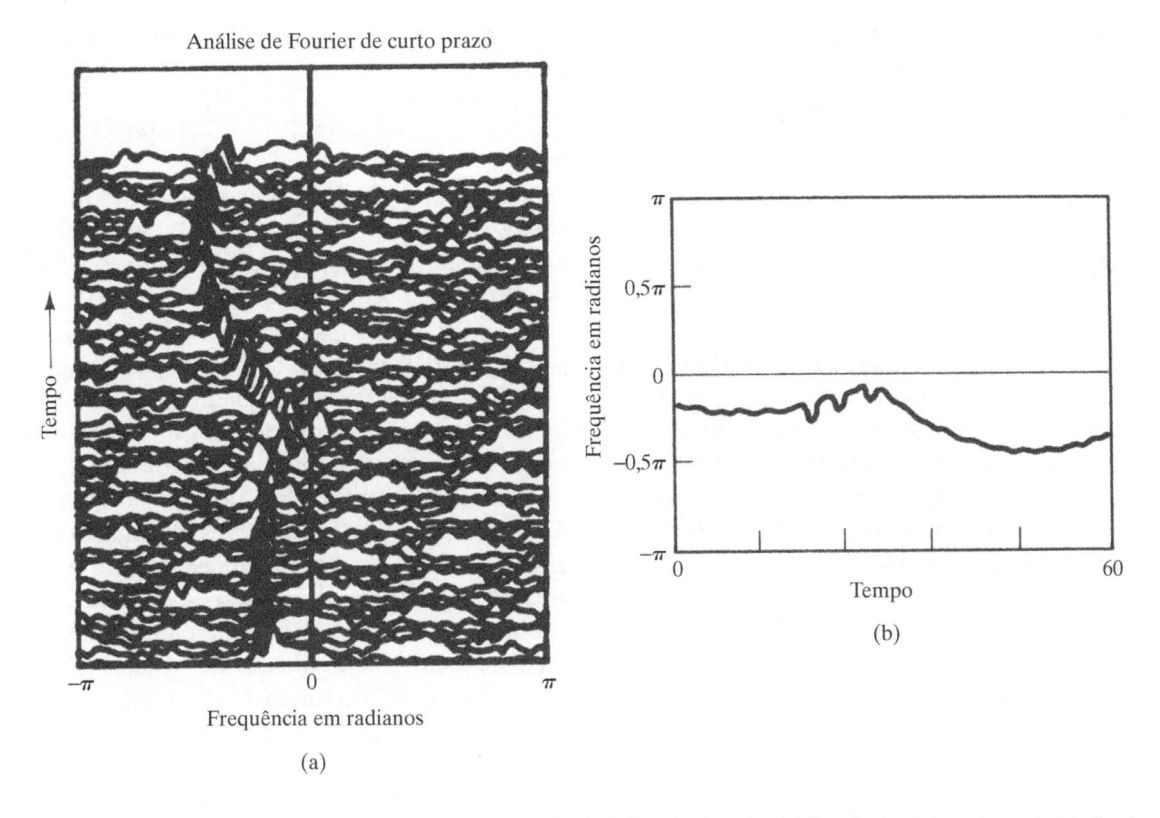

Figura 10.23 Exemplo da análise de Fourier dependente do tempo de sinal de radar Doppler. (a) Sequência de transformadas de Fourier do sinal de radar Doppler. (b) Frequência Doppler estimada pela escolha do maior pico da transformada de Fourier dependente do tempo.

$$\hat{m}_x = \frac{1}{L}\sum_{n=0}^{L-1} x[n]. \qquad (10.63)$$

De modo similar, uma estimativa da variância é a *variância amostral*, definida como

$$\hat{\sigma}_x^2 = \frac{1}{L}\sum_{n=0}^{L-1}(x[n]-\hat{m}_x)^2. \qquad (10.64)$$

A média amostral e a variância amostral, que também são variáveis aleatórias, são estimadores *não enviesados* e *assintoticamente não enviesados*; isto é, o valor esperado de $\hat{m}_x$ é a média verdadeira m_x, e o valor esperado de $\hat{\sigma}_x^2$ se aproxima da variância verdadeira σ_x^2 à medida que L se aproxima de ∞. Além disso, eles são ambos estimadores *consistentes*; isto é, eles melhoram com o aumento de L, pois suas variâncias se aproximam de zero à medida que L se aproxima de ∞.

No restante deste capítulo, usamos a TFD para estudar a estimativa do espectro de potência[9] de um sinal aleatório. Veremos que existem duas técnicas básicas para estimar o espectro de potência. Uma delas, que desenvolvemos nesta seção, é conhecida como *análise de periodograma*, e é baseada na transformação de Fourier direta de segmentos de comprimento finito do sinal. A segunda técnica, desenvolvida na Seção 10.6, consiste em primeiro estimar a sequência de autocovariância e depois calcular a transformada de Fourier dessa estimativa. Em ambos os casos, usualmente estamos interessados em obter estimadores consistentes não enviesados. Infelizmente, a análise desses estimadores é muito difícil, e, geralmente, apenas análises aproximadas podem ser realizadas. Até mesmo as análises aproximadas estão fora do escopo deste livro, e nos referimos aos resultados dessas análises apenas de um modo qualitativo. Discussões detalhadas podem ser encontradas em Blackman e Tukey (1958), Hannan (1960), Jenkins e Watts (1968), Koopmans (1995), Kay e Marple (1981), Marple (1987), Kay (1988) e Stoica e Moses (2005).

10.5.1 Periodograma

Consideremos o problema de estimar o espectro da densidade de potência $P_{ss}(\Omega)$ de um sinal de tempo contínuo $s_c(t)$. Uma abordagem intuitiva para a estimação do espectro de potência é sugerida pela Figura 10.1 e pela discussão associada na Seção 10.1. Com base nessa abordagem, supomos que o sinal de entrada $s_c(t)$ seja um sinal aleatório estacionário. O filtro passa-baixas *antialiasing* fornece um novo sinal aleatório estacioná-

---

[9] O termo *espectro de potência* muitas vezes é usado como uma abreviação para o termo mais exato *espectro da densidade de potência*.

rio, cujo espectro de potência tem banda limitada, de modo que o sinal pode ser amostrado sem *aliasing*. Então, $x[n]$ é um sinal aleatório de tempo discreto estacionário, cujo espectro da densidade de potência $P_{xx}(\omega)$ é proporcional a $P_{ss}(\Omega)$ sobre a largura de banda do filtro *antialiasing*; isto é,

$$P_{xx}(\omega) = \frac{1}{T} P_{ss}\left(\frac{\omega}{T}\right), \qquad |\omega| < \pi, \quad (10.65)$$

em que consideramos a frequência de corte do filtro *antialiasing* π/T e T o período de amostragem. (Veja uma consideração adicional sobre a amostragem de sinais aleatórios no Problema 10.39.) Consequentemente, uma boa estimativa de $P_{xx}(\omega)$ resultará em uma estimativa útil de $P_{ss}(\Omega)$. A janela $w[n]$ na Figura 10.1 seleciona um segmento de comprimento finito (L amostras) de $x[n]$, que denotamos $v[n]$, cuja transformada de Fourier é

$$V(e^{j\omega}) = \sum_{n=0}^{L-1} w[n]x[n]e^{-j\omega n}. \quad (10.66)$$

Considere como uma estimação do espectro de potência a quantidade

$$I(\omega) = \frac{1}{LU}|V(e^{j\omega})|^2, \quad (10.67)$$

em que a constante U antecipa a necessidade de normalização para remover o viés na estimação do espectro. Quando a janela $w[n]$ é a sequência janela retangular, esse estimador do espectro de potência é chamado de *periodograma*. Se a janela não é retangular, $I(\omega)$ é chamado de *periodograma modificado*. Evidentemente, o periodograma tem algumas das propriedades básicas do espectro de potência. Ele é não negativo e, para sinais reais, é uma função real e par da frequência. Além disso, pode ser mostrado (Problema 10.33) que

$$I(\omega) = \frac{1}{LU} \sum_{m=-(L-1)}^{L-1} c_{vv}[m] e^{-j\omega m}, \quad (10.68)$$

sendo

$$c_{vv}[m] = \sum_{n=0}^{L-1} x[n]w[n]x[n+m]w[n+m]. \quad (10.69)$$

Notamos que a sequência $c_{vv}[m]$ é a sequência de correlação aperiódica para a sequência de comprimento finito $v[n] = w[n]x[n]$. Consequentemente, o periodograma é de fato a transformada de Fourier da correlação aperiódica da sequência de dados janelada.

O cálculo explícito do periodograma pode ser realizado apenas em frequências discretas. A partir das equações 10.66 e 10.67, vemos que, se a TFTD de $w[n]x[n]$ for substituída por sua TFD, obteremos amostras nas frequências da TFD $\omega_k = 2\pi k/N$ para $k = 0, 1, \ldots,$ $N-1$. Especificamente, as amostras do periodograma são dadas por

$$I[k] = I(\omega_k) = \frac{1}{LU}|V[k]|^2, \quad (10.70)$$

sendo $V[k]$ a TFD de N pontos de $w[n]x[n]$. Se quiséssemos escolher N para que fosse maior do que o comprimento da janela L, o preenchimento com zeros apropriado seria aplicado à sequência $w[n]x[n]$.

Se um sinal aleatório tiver uma média não nula, seu espectro de potência terá um impulso na frequência zero. Se a média for relativamente grande, esse componente dominará a estimação do espectro, fazendo com que os componentes de baixa amplitude e baixa frequência sejam confundidos pelo vazamento. Portanto, na prática, a média muitas vezes é estimada a partir da Equação 10.63, e a estimativa resultante é subtraída do sinal aleatório antes do cálculo da estimativa do espectro de potência. Embora a média amostral seja apenas uma estimativa aproximada do componente de frequência zero, subtraí-la do sinal muitas vezes ocasiona melhores estimativas nas frequências vizinhas.

10.5.2 Propriedades do periodograma

A natureza da estimativa por periodograma do espectro de potência pode ser determinada reconhecendo que, para cada valor de ω, $I(\omega)$ é uma variável aleatória. Calculando a média e a variância de $I(\omega)$, podemos determinar se a estimativa é enviesada e também se ela é consistente.

A partir da Equação 10.68, o valor esperado de $I(\omega)$ é

$$\mathcal{E}\{I(\omega)\} = \frac{1}{LU} \sum_{m=-(L-1)}^{L-1} \mathcal{E}\{c_{vv}[m]\} e^{-j\omega m}. \quad (10.71)$$

O valor esperado de $c_{vv}[m]$ pode ser expresso como

$$\begin{aligned}\mathcal{E}\{c_{vv}[m]\} &= \sum_{n=0}^{L-1} \mathcal{E}\{x[n]w[n]x[n+m]w[n+m]\} \\ &= \sum_{n=0}^{L-1} w[n]w[n+m]\mathcal{E}\{x[n]x[n+m]\}.\end{aligned} \quad (10.72)$$

Como supomos que $x[n]$ seja estacionário,

$$\mathcal{E}\{x[n]x[n+m]\} = \phi_{xx}[m], \quad (10.73)$$

e a Equação 10.72 pode então ser reescrita como

$$\mathcal{E}\{c_{vv}[m]\} = c_{ww}[m]\phi_{xx}[m], \quad (10.74)$$

sendo $c_{ww}[m]$ a autocorrelação aperiódica da janela, isto é,

$$c_{ww}[m] = \sum_{n=0}^{L-1} w[n]w[n+m]. \quad (10.75)$$

Ou seja, a média da autocorrelação aperiódica do sinal janelado é igual à autocorrelação aperiódica da janela multiplicada pela função de autocorrelação verdadeira; isto é, *no sentido de média*, a função de autocorrelação da janela de dados aparece como uma janela na função de autocorrelação verdadeira.

A partir da Equação 10.71, da Equação 10.74 e da propriedade de modulação-janelamento das transformadas de Fourier (Seção 2.9.7), conclui-se que

$$\mathcal{E}\{I(\omega)\} = \frac{1}{2\pi LU} \int_{-\pi}^{\pi} P_{xx}(\theta) C_{ww}(e^{j(\omega-\theta)}) d\theta, \quad (10.76)$$

sendo $C_{ww}(e^{j\omega})$ a transformada de Fourier da autocorrelação aperiódica da janela, isto é,

$$C_{ww}(e^{j\omega}) = |W(e^{j\omega})|^2. \quad (10.77)$$

De acordo com a Equação 10.76, tanto o periodograma quanto o periodograma modificado são estimativas enviesadas do espectro de potência, pois $\mathcal{E}\{I(\omega)\}$ não é igual a $P_{xx}(\omega)$. Na verdade, vemos que o viés surge como resultado da convolução do verdadeiro espectro de potência com a transformada de Fourier da autocorrelação aperiódica da janela de dados. Se aumentarmos o comprimento da janela, esperamos que $W(e^{j\omega})$ se torne mais concentrado em torno de $\omega = 0$ e, assim, $C_{ww}(e^{j\omega})$ deve se parecer muito com um trem de impulsos periódico. Se o fator de escala $1/(LU)$ for escolhido corretamente, então $\mathcal{E}\{I(\omega)\}$ deverá se aproximar de $P_{xx}(\omega)$ à medida que $C_{ww}(e^{j\omega})$ se aproxima de um trem de impulsos periódico. A escala pode ser ajustada pela escolha da constante de normalização U, de modo que

$$\frac{1}{2\pi LU} \int_{-\pi}^{\pi} |W(e^{j\omega})|^2 d\omega = \frac{1}{LU} \sum_{n=0}^{L-1} (w[n])^2 = 1, \quad (10.78)$$

ou

$$U = \frac{1}{L} \sum_{n=0}^{L-1} (w[n])^2. \quad (10.79)$$

Para a janela retangular, devemos escolher $U = 1$, enquanto outras janelas de dados exigiriam um valor de $0 < U < 1$ se $w[n]$ estivesse normalizado para um valor máximo de 1. Alternativamente, a normalização pode ser incorporada na amplitude de $w[n]$. Portanto, se normalizados de forma adequada, o periodograma e o periodograma modificado são assintoticamente não enviesados; isto é, o viés se aproxima de zero à medida que o comprimento da janela aumenta.

Para examinar se o periodograma é uma estimação consistente ou se torna uma estimação consistente à medida que o comprimento da janela aumenta, é preciso considerar o comportamento da variância do periodograma. É muito difícil obter uma expressão para a variância do periodograma, mesmo nos casos mais simples. Porém, foi mostrado (veja Jenkins e Watts, 1968) que sob condições bem amplas, à medida que o comprimento da janela aumenta,

$$\text{var}[I(\omega)] \simeq P_{xx}^2(\omega). \quad (10.80)$$

Ou seja, a variância da estimação pelo periodograma tem aproximadamente a mesma amplitude do quadrado do espectro de potência que estamos estimando. Portanto, como a variância não se aproxima assintoticamente de zero com o aumento do comprimento da janela, o periodograma não é uma estimação consistente.

Essas propriedades da estimação pelo periodograma do espectro de potência são ilustradas na Figura 10.24, em que são mostradas as estimativas por periodograma de ruído branco usando janelas retangulares de comprimentos $L = 16, 64, 256$ e 1024. A sequência $x[n]$ foi obtida a partir de um gerador de números pseudoaleatórios cuja saída foi ajustada em escala, de modo que $|x[n]| \leq \sqrt{3}$. Um bom gerador de números aleatórios produz uma distribuição uniforme de amplitudes, e a correlação medida de amostra para amostra é pequena. Assim, o espectro de potência da saída do gerador de

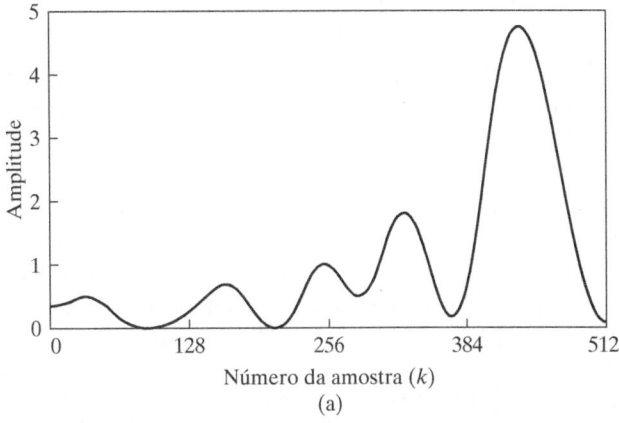

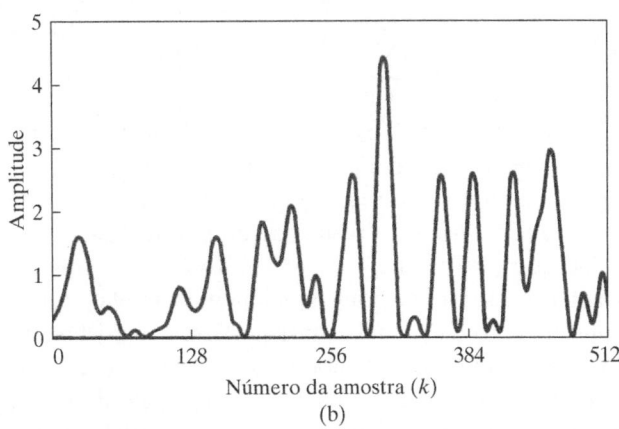

Figura 10.24 Periodogramas de sequência ruído branco pseudoaleatória. (a) Comprimento de janela $L = 16$ e comprimento de TFD $N = 1024$. (b) $L = 64$ e $N = 1024$. (*continua*)

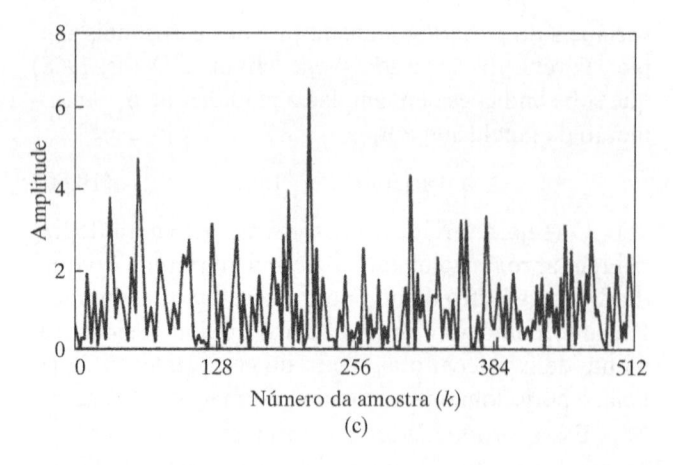

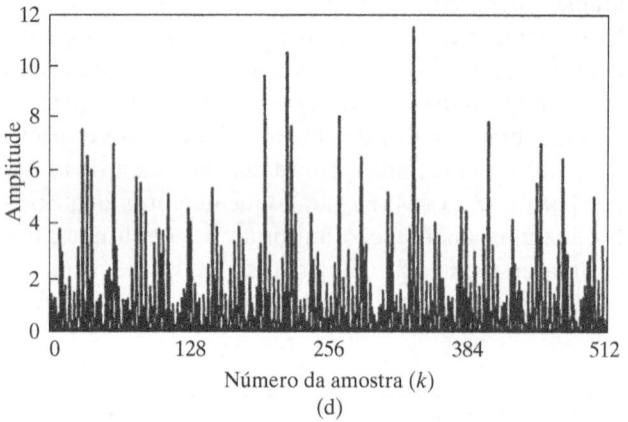

Figura 10.24 (*continuação*) (c) $L = 256$ e $N = 1024$. (d) $L = 1024$ e $N = 1024$.

números aleatórios pode ser modelado, nesse caso, por $P_{xx}(\omega) = \sigma_x^2 = 1$ para todo ω. Para cada uma das quatro janelas retangulares, o periodograma foi calculado com constante de normalização $U = 1$ e em frequências $\omega_k = 2\pi k/N$ para $N = 1024$ usando a TFD. Ou seja,

$$I[k] = I(\omega_k) = \frac{1}{L}|V[k]|^2$$
$$= \frac{1}{L}\left|\sum_{n=0}^{L-1} w[n]x[n]e^{-j(2\pi/N)kn}\right|^2. \quad (10.81)$$

Na Figura 10.24, os valores da TFD são conectados por segmentos de reta para fins de visualização. Lembre-se de que $I(\omega)$ é real e é uma função par de ω, de modo que precisamos apenas representar $I[k]$ para $0 \leq k \leq N/2$ que corresponde a $0 \leq \omega \leq \pi$. Note que a estimativa do espectro flutua mais rapidamente à medida que o comprimento L da janela aumenta. Esse comportamento pode ser entendido lembrando que, embora vejamos o método do periodograma como um cálculo direto da estimativa de espectro, vimos que a estimativa de correlação subjacente da Equação 10.69 é, efetivamente, transformada segundo Fourier para se obter o periodograma. Na Figura 10.25 é ilustrada uma sequência jane-

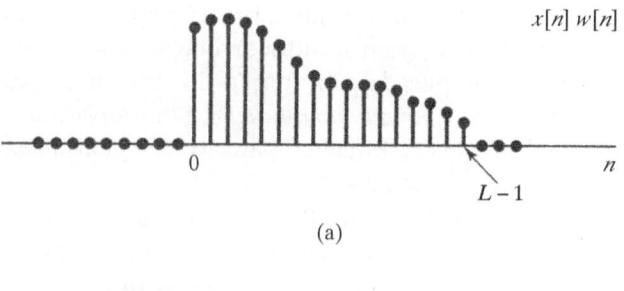

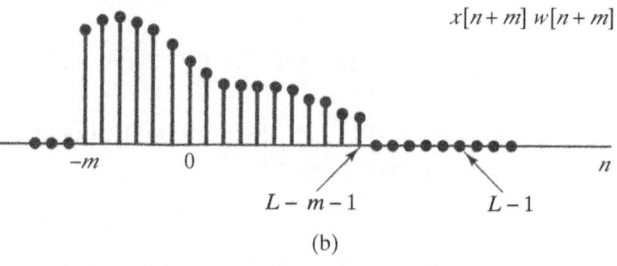

Figura 10.25 Exemplo das sequências envolvidas na Equação 10.69. (a) Uma sequência de comprimento finito. (b) Sequência deslocada para $m > 0$.

lada, $x[n]w[n]$, e uma versão deslocada, $x[n + m]w[n + m]$, conforme requerido na Equação 10.69. A partir dessa figura, vemos que $(L - m)$ valores de sinal estão envolvidos no cálculo de determinado passo de correlação $c_{vv}[m]$. Assim, quando m está próximo de L, somente alguns valores de $x[n]$ estão envolvidos no cálculo, e esperamos que a estimativa da sequência de correlação seja muito mais imprecisa para esses valores de m e, consequentemente, também mostre uma variação considerável entre valores adjacentes de m. Por outro lado, quando m é pequeno, muito mais amostras estão envolvidas, e a variabilidade de $c_{vv}[m]$ com m não deve ser tão grande. A variabilidade para valores grandes de m manifesta-se na transformada de Fourier como flutuações em todas as frequências e, assim, para um L grande, a estimativa do periodograma tende a variar rapidamente com a frequência. Na verdade, podemos mostrar (veja Jenkins e Watts, 1968) que, se $N = L$, as estimativas do periodograma nas frequências da TFD $2\pi k/N$ se tornam descorrelacionadas. Visto que, à medida que N aumenta, as frequências da TFD se tornam mais próximas, esse comportamento é inconsistente com nosso objetivo de obter uma boa estimativa do espectro de potência. Seria preferível obter uma estimativa de espectro suave sem variações aleatórias resultantes do processo de estimação. Isso pode ser efetuado com o cálculo da média de múltiplas estimativas de periodograma independentes, a fim de reduzir as flutuações.

10.5.3 Média dos periodogramas

O cálculo da média dos periodogramas na estimativa de espectro foi estudado extensivamente primeiro por Bartlett (1953); mais tarde, depois de terem sido desenvolvidos algoritmos velozes para o cálculo da TFD, Welch (1970) combinou esses algoritmos de cálculo com o uso de uma janela de dados $w[n]$ para desenvolver o método de média dos periodogramas modificados. Na média de periodogramas, uma sequência de dados $x[n], 0 \le n \le Q-1$ é dividida em segmentos com comprimento de L amostras, com uma janela de comprimento L aplicada a cada segmento; isto é, formamos os segmentos

$$x_r[n] = x[rR + n]w[n], \quad 0 \le n \le L - 1. \quad (10.82)$$

Se $R < L$, os segmentos se sobrepõem, e para $R = L$, os segmentos são contíguos. Note que Q indica o comprimento dos dados disponíveis. O número total de segmentos depende dos valores e das relações entre R, L e Q. Especificamente, haverá K segmentos de comprimento completo, sendo K o maior inteiro para o qual $(K-1)R + (L-1) \le Q-1$. O periodograma do r-ésimo segmento é

$$I_r(\omega) = \frac{1}{LU}|X_r(e^{j\omega})|^2, \quad (10.83)$$

sendo $X_r(e^{j\omega})$ a TFTD de $x_r[n]$. Cada $I_r(\omega)$ tem as propriedades de um periodograma, como descrito anteriormente. A média dos periodogramas consiste em calcular a média de K estimativas de periodograma $I_r(\omega)$; isto é, formamos o periodograma médio no tempo, definido como

$$\bar{I}(\omega) = \frac{1}{K}\sum_{r=0}^{K-1} I_r(\omega). \quad (10.84)$$

Para examinar o viés e a variância de $\bar{I}(\omega)$, consideremos $L = R$, de modo que os segmentos não se sobreponham, e suponha que $\phi_{xx}[m]$ seja pequeno para $m > L$; isto é, amostras de sinal afastadas por mais do que L são aproximadamente não correlacionadas. Se considerarmos que os periodogramas $I_r(\omega)$ são variáveis aleatórias independentes, identicamente distribuídos, então o valor esperado de $\bar{I}(\omega)$ é

$$\mathcal{E}\{\bar{I}(\omega)\} = \frac{1}{K}\sum_{r=0}^{K-1}\mathcal{E}\{I_r(\omega)\}, \quad (10.85)$$

ou, como assumimos que os periodogramas são independentes e identicamente distribuídos,

$$\mathcal{E}\{\bar{I}(\omega)\} = \mathcal{E}\{I_r(\omega)\} \quad \text{para qualquer } r. \quad (10.86)$$

A partir da Equação 10.76, conclui-se que

$$\mathcal{E}\{\bar{I}(\omega)\} = \mathcal{E}\{I_r(\omega)\}$$
$$= \frac{1}{2\pi LU}\int_{-\pi}^{\pi} P_{xx}(\theta)C_{ww}(e^{j(\omega-\theta)})d\theta, \quad (10.87)$$

sendo L o comprimento da janela. Quando a janela $w[n]$ é a janela retangular, o método de médias dos periodogramas é chamado de *procedimento de Bartlett* e, nesse caso, podemos mostrar que

$$c_{ww}[m] = \begin{cases} L - |m|, & |m| \le (L-1), \\ 0 & \text{caso contrário.} \end{cases} \quad (10.88)$$

e, portanto,

$$C_{ww}(e^{j\omega}) = \left(\frac{\text{sen}(\omega L/2)}{\text{sen}(\omega/2)}\right)^2. \quad (10.89)$$

Ou seja, o valor esperado da estimativa de espectro pelo periodograma médio é a convolução do espectro de potência verdadeiro com a transformada de Fourier da sequência triangular $c_{ww}[n]$ resultante da autocorrelação da janela retangular. Assim, o periodograma médio também é uma estimativa enviesada do espectro de potência.

Para examinar a variância, usamos o fato de que, em geral, a variância da média de K variáveis aleatórias independentes distribuídas de forma idêntica é $1/K$ vezes a variância de cada variável aleatória individual. (Veja Bertsekas e Tsitsiklis, 2008.) Portanto, a variância do periodograma médio é

$$\text{var}[\bar{I}(\omega)] = \frac{1}{K}\text{var}[I_r(\omega)], \quad (10.90)$$

ou, com a Equação 10.80, conclui-se que

$$\text{var}[\bar{I}(\omega)] \simeq \frac{1}{K}P_{xx}^2(\omega). \quad (10.91)$$

Consequentemente, a variância de $\bar{I}(\omega)$ é inversamente proporcional ao número de periodogramas usados no cálculo da média e, à medida que K aumenta, a variância se aproxima de zero.

A partir da Equação 10.89, vemos que quando L, o comprimento do segmento $x_r[n]$, aumenta, o lóbulo principal de $C_{ww}(e^{j\omega})$ diminui em largura e, consequentemente, a partir da Equação 10.87, $\mathcal{E}\{\bar{I}(\omega)\}$ se aproxima mais de $P_{xx}(\omega)$. Porém, para o comprimento total dos dados Q fixo, o número total de segmentos (considerando que $L = R$) é Q/L; portanto, à medida que L aumenta, K diminui. De modo correspondente, a partir da Equação 10.91, a variância de $\bar{I}(\omega)$ aumentará. Sendo assim, como é comum em problemas de estimação estatística, para um comprimento de dados fixo, existe uma escolha entre viés e variância. Porém, à medida que o comprimento dos dados Q aumenta, tanto L quanto K podem aumentar, de modo que, quando Q se aproxima de ∞, o viés e a variância de $\bar{I}(\omega)$ podem se aproximar de zero. Consequentemente, a média dos periodogramas fornece uma estimativa de $P_{xx}(\omega)$ consistente e assintoticamente não enviesada.

Essa discussão pressupôs que janelas retangulares não sobrepostas foram usadas no cálculo dos periodogramas dependentes do tempo. Welch (1970) mostrou que, se uma forma de janela diferente for usada, a variância do periodograma médio ainda se comporta como na Equação 10.91. Welch também considerou o caso de janelas sobrepostas e mostrou que, se a sobreposição for metade do comprimento da janela, a variância é reduzida ainda mais por um fator de quase 2, em virtude da duplicação do número de seções. A sobreposição maior não continua a reduzir a variância, pois os segmentos se tornam cada vez menos independentes com o aumento da sobreposição.

10.5.4 Cálculo de periodogramas médios usando a TFD

Assim como o periodograma, o periodograma médio pode ser calculado explicitamente apenas em um conjunto discreto de frequências. Em decorrência da disponibilidade dos algoritmos de FFT para o cálculo da TFD, uma escolha particularmente conveniente e muito usada é o conjunto de frequências $\omega_k = 2\pi k/N$ para uma escolha apropriada de N. A partir da Equação 10.84, vemos que, se a TFD de $x_r[n]$ for substituída pela transformada de Fourier de $x_r[n]$ na Equação 10.83, obtemos amostras de $\bar{I}(\omega)$ nas frequências da TFD $\omega_k = 2\pi k/N$ para $k = 0, 1, ..., N-1$. Especificamente, com $X_r[k]$ indicando a TFD de $x_r[n]$,

$$I_r[k] = I_r(\omega_k) = \frac{1}{LU}|X_r[k]|^2, \quad (10.92a)$$

$$\bar{I}[k] = \bar{I}(\omega_k) = \frac{1}{K}\sum_{r=0}^{K-1} I_r[k]. \quad (10.92b)$$

Vale notar a relação entre a média dos periodogramas e a transformada de Fourier dependente do tempo, como discutimos com detalhes na Seção 10.3. A Equação 10.92(a) mostra que, exceto pela introdução da constante de normalização $1/(LU)$, cada periodograma individual é simplesmente a magnitude ao quadrado da transformada de Fourier dependente do tempo no instante rR e na frequência $2\pi k/N$. Assim, para cada índice de frequência k, a estimativa do espectro de potência médio na frequência correspondente a k é a média temporal da transformada de Fourier dependente do tempo e amostrada no tempo. Isso pode ser visualizado considerando os espectrogramas na Figura 10.22. O valor $\bar{I}[k]$ é simplesmente a média ao longo de uma linha horizontal na frequência $2\pi k/N$ (ou $2\pi k/(NT)$ na frequência analógica).[10] A média do espectrograma de banda larga sugere que a estimativa de espectro de potência resultante será suave quando considerada como uma função da frequência, enquanto a condição de banda estreita corresponde a janelas de tempo maiores e, portanto, menos suavidade na frequência.

Denotamos $I_r(2\pi k/N)$ como a sequência $I_r[k]$, e $\bar{I}(2\pi k/N)$, como a sequência $\bar{I}[k]$. De acordo com as equações 10.92(a) e (b), a estimativa pelo periodograma médio para o espectro de potência é calculada em N frequências igualmente espaçadas, fazendo a média da magnitude das TFDs dos segmentos de dados janelados com o fator de normalização LU. Esse método de estimação do espectro de potência fornece uma abordagem muito conveniente dentro da qual escolhemos entre resolução e variância da estimativa do espectro. A implementação do uso dos algoritmos de FFT discutidos no Capítulo 9 é particularmente simples e eficaz. Uma vantagem importante do método em relação àqueles a ser discutidos na Seção 10.6 é que a estimativa de espectro é sempre não negativa.

10.5.5 Exemplo de análise por periodograma

A análise do espectro de potência é uma ferramenta valiosa na modelagem de sinais, e também pode ser usada para detectar sinais, particularmente quando se trata de encontrar periodicidades ocultas nos sinais amostrados. Como um exemplo desse tipo de aplicação do método de periodograma médio, considere a sequência

$$x[n] = A\cos(\omega_0 n + \theta) + e[n], \quad (10.93)$$

sendo θ uma variável aleatória uniformemente distribuída entre 0 e 2π, independente de $e[n]$, e $e[n]$ é uma sequência ruído branco de média nula que tem um espectro de potência constante; isto é, $P_{ee}(\omega) = \sigma_e^2$ para todo ω. Em modelos de sinal dessa forma, o cosseno geralmente é o componente desejado, e $e[n]$ é um componente de ruído indesejado. Frequentemente, em problemas práticos de detecção de sinal, estamos interessados no caso em que a potência no sinal cossenoidal é pequena em comparação com a potência do ruído. Podemos mostrar (veja o Problema 10.40) que, sobre o período básico da frequência $|\omega| \leq \pi$, o espectro de potência para esse sinal é

$$P_{xx}(\omega) = \frac{A^2\pi}{2}[\delta(\omega - \omega_0) + \delta(\omega + \omega_0)] + \sigma_e^2$$

$$\text{para } |\omega| \leq \pi. \quad (10.94)$$

A partir das equações 10.87 e 10.94, concluímos que o valor esperado do periodograma médio é

$$\mathcal{E}\{\bar{I}(\omega)\} = \frac{A^2}{4LU}[C_{ww}(e^{j(\omega-\omega_0)}) + C_{ww}(e^{j(\omega+\omega_0)})] + \sigma_e^2.$$

$$(10.95)$$

---

[10] Observe que o espectrograma geralmente é calculado de modo que os segmentos janelados se sobreponham consideravelmente à medida que r varia, enquanto no periodograma médio, R geralmente é igual ao comprimento da janela ou metade do comprimento da janela.

Nas figuras 10.26 e 10.27 é mostrado o uso do método de cálculo da média para um sinal na forma da Equação 10.93, com $A = 0{,}5$, $\omega_0 = 2\pi/21$ e fase aleatória $0 \leq \theta < 2\pi$. O ruído foi distribuído uniformemente em amplitude, de modo que $-\sqrt{3} < e[n] \leq \sqrt{3}$. Portanto, podemos mostrar facilmente que $\sigma_e^2 = 1$. A média do componente de ruído é nula. Na Figura 10.26 são mostradas 101 amostras da sequência $x[n]$. Como o componente de ruído $e[n]$ tem uma amplitude máxima $\sqrt{3}$, o componente cossenoidal da sequência $x[n]$ (com período 21) não é visualmente aparente.

Na Figura 10.27 são mostradas estimativas pelo periodograma médio do espectro de potência para janelas retangulares com amplitude 1, de modo que $U = 1$, e de comprimentos $L = 1024, 256, 64$ e 16, com o comprimento total do registro de $Q = 1024$ em todos os casos. Exceto para a Figura 10.27(a), as janelas se sobrepõem por metade do comprimento da janela. A Figura 10.27(a) é o periodograma do registro inteiro, e as figuras 10.27(b), (c) e (d) mostram o periodograma médio para $K = 7, 31$ e 127 segmentos, respectivamente. Em todos os casos, o periodograma médio foi calculado a partir de TFDs de 1024 pontos nas frequências $\omega_k = 2\pi k/1024$. (Para comprimentos de janela $L < 1024$, a sequência janelada foi aumentada com amostras nulas antes do cálculo da TFD.) Portanto, a frequência $\omega_0 = 2\pi/21$ encontra-se entre frequências de TFD $\omega_{48} = 2\pi\, 48/1024$ e $\omega_{49} = 2\pi\, 49/1024$.

No uso dessas estimativas do espectro de potência para detectar a presença e/ou a frequência do componente cossenoidal, poderíamos buscar os picos mais altos na estimativa do espectro e comparar suas amplitudes com os valores vizinhos do espectro. A partir das equações 10.89 e 10.95, o valor esperado do periodograma médio na frequência ω_0 é

$$\mathcal{E}\{\bar{I}(\omega_0)\} = \frac{A^2 L}{4} + \sigma_e^2. \qquad (10.96)$$

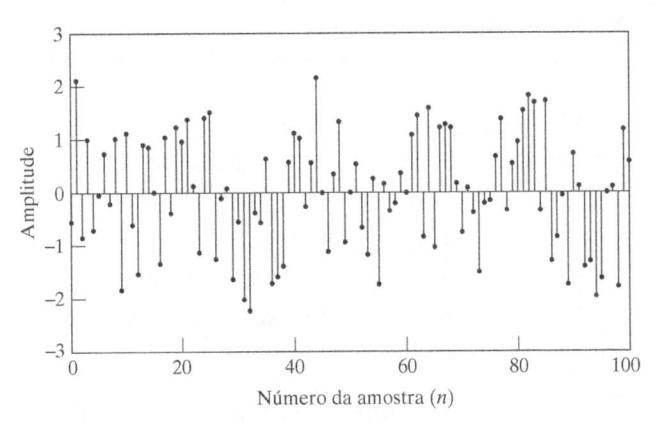

Figura 10.26 Sequência cossenoidal com ruído branco, como na Equação 10.93.

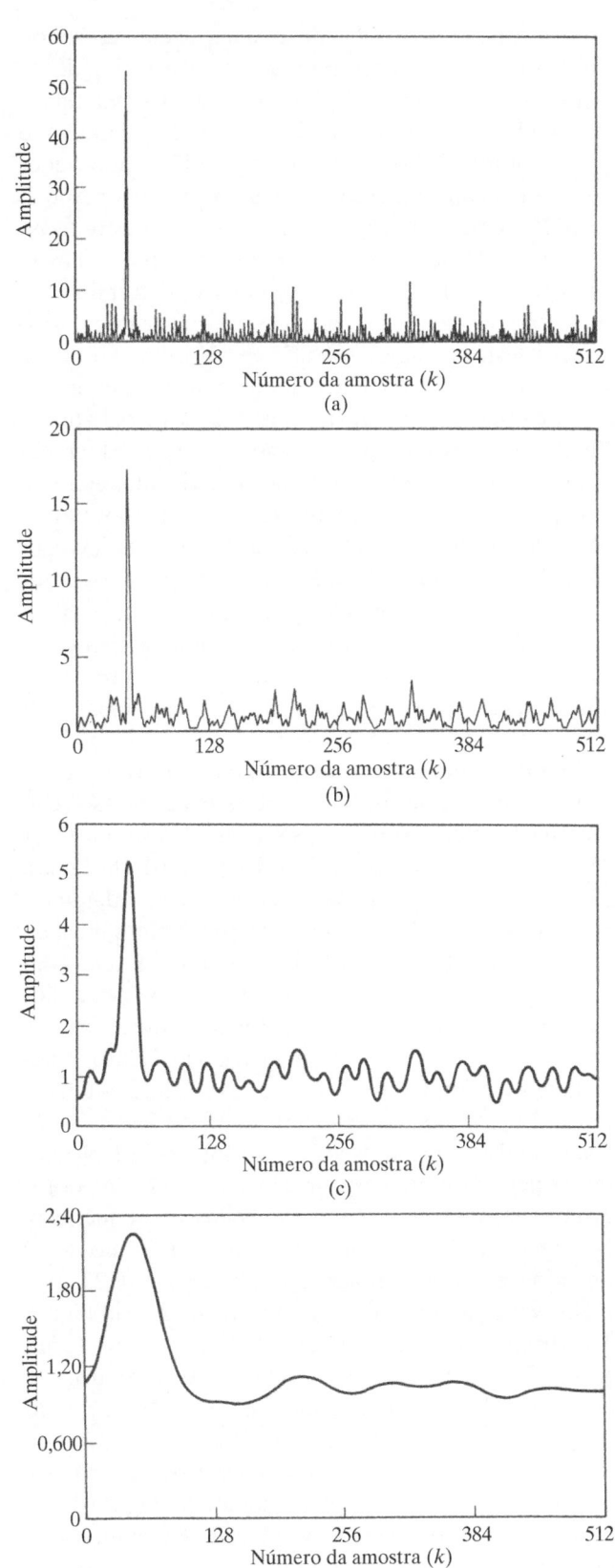

Figura 10.27 Exemplo do periodograma médio para sinal de comprimento $Q = 1024$. (a) Periodograma para comprimento de janela $L = Q = 1024$ (somente um segmento). (b) $K = 7$ e $L = 256$ (sobreposição de L/2). (c) $K = 31$ e $L = 64$. (d) $K = 127$ e $L = 16$.

Assim, se o pico devido ao componente cossenoidal tiver de se destacar em relação à variabilidade do periodograma médio, então, nesse caso especial, temos de escolher L de modo que $A^2L/4 \gg \sigma_e^2$. Isso é ilustrado pela Figura 10.27(a), sendo L tão grande quanto puder ser para o comprimento de registro Q. Vemos que $L = 1024$ fornece um lóbulo principal muito estreito na transformada de Fourier da autocorrelação da janela retangular, de modo que seria possível determinar sinais senoidais muito próximos. Note que, para os parâmetros deste exemplo ($A = 0,5, \sigma_e^2 = 1$) e com $L = 1024$, a amplitude de pico no periodograma na frequência $2\pi/21$ é próxima, mas não igual ao valor esperado de 65. Também observamos picos adicionais no periodograma com amplitudes maiores do que 10. Evidentemente, se a amplitude A do cosseno tivesse sido menor por um fator de apenas 2, é possível que seu pico tivesse sido confundido com a variabilidade inerente do periodograma.

Vimos que o único modo seguro de reduzir a variância da estimativa do espectro é aumentar o comprimento do registro do sinal. Isso nem sempre é possível, e mesmo que seja, registros maiores exigem mais processamento. Podemos reduzir a variabilidade da estimativa enquanto mantemos o comprimento do registro constante se usarmos janelas mais curtas e calcularmos a média sobre mais seções. O custo de fazer isso está ilustrado pelas partes (b), (c) e (d) da Figura 10.27. Note que, quanto mais seções forem usadas, mais a variância da estimativa de espectro diminui, mas de acordo com a Equação 10.96, o mesmo acontece com a amplitude do pico resultante do cosseno. Assim, novamente confrontamos com um dilema. Que as janelas mais curtas reduzem a variabilidade, isso é claro, especialmente se compararmos as regiões de alta frequência longe do pico nas partes (a), (b) e (c) da Figura 10.27. Cabe lembrar que o espectro de potência idealizado do modelo para um gerador de ruído pseudoaleatório é uma constante ($\sigma_e^2 = 1$) para todas as frequências. Na Figura 10.27(a), existem picos altos em torno de 10 quando o espectro verdadeiro é 1. Na Figura 10.27(b), a maior variação longe de 1 é em torno de 3, e na Figura 10.27(c), a maior variação em torno de 1 é em torno de 0,5. Porém, janelas mais curtas também reduzem a amplitude de pico de qualquer componente de banda estreita, e elas também degradam nossa capacidade de determinar senoides muito próximas. Essa redução na amplitude de pico também é evidente na Figura 10.27. Novamente, se tivéssemos de reduzir A por um fator de 2 na Figura 10.27(b), a altura do pico seria aproximadamente 4, o que não é muito diferente de muitos dos outros picos na região de alta frequência. Na Figura 10.27(c), uma redução de A por um fator de 2 levaria o pico a aproximadamente 1,25, que o tornaria indistinguível de outras ondulações na estimativa. Na Figura 10.27(d), a janela é muito curta, e assim as flutuações da estimativa do espectro são bastante reduzidas, mas o pico do espectro devido ao cosseno é muito largo e muito pouco acima do ruído, até mesmo para $A = 0,5$. Se o comprimento fosse ainda menor, o vazamento espectral do componente de frequência negativa faria com que não houvesse pico distinto na região de baixa frequência.

Esse exemplo confirma que o periodograma médio oferece um método direto de negociação entre resolução espectral e redução da variância da estimativa de espectro. Embora o tema do exemplo seja a detecção de uma senoide em ruído, o periodograma médio também poderia ser usado na modelagem de sinal. As estimativas de espectro da Figura 10.27 claramente sugerem um modelo de sinal na forma da Equação 10.93, e a maioria dos parâmetros do modelo poderia ser estimada a partir da estimativa do espectro de potência usando o periodograma médio.

10.6 Análise de espectro de sinais aleatórios usando estimativas de sequência de autocorrelação

Na seção anterior, consideramos o periodograma como uma estimativa direta do espectro de potência de um sinal aleatório. O periodograma ou o periodograma médio é uma estimativa direta no sentido de que é obtida diretamente da transformação segundo Fourier das amostras do sinal aleatório. Outra técnica, baseada no fato de que o espectro da densidade de potência é a transformada de Fourier da função de autocorrelação, consiste em primeiro obter uma estimativa da função de autocorrelação $\hat{\phi}_{xx}[m]$ para um conjunto finito de valores de atraso $-M \leq m \leq M$, e depois aplicar uma janela $w_c[m]$ antes de calcular a TFTD dessa estimativa. Essa técnica de estimação do espectro de potência usualmente é chamada de *método de Blackman–Tukey*. (Veja Blackman e Tukey, 1958.) Nesta seção, exploramos algumas das facetas importantes dessa técnica e mostramos como a TFD pode ser usada para implementá-la.

Suponhamos, como fizemos anteriormente, que tenhamos recebido um registro finito de um sinal aleatório $x[n]$. Essa sequência é denotada

$$v[n] = \begin{cases} x[n] & \text{para } 0 \leq n \leq Q-1, \\ 0 & \text{caso contrário.} \end{cases} \quad (10.97)$$

Considere uma estimativa da sequência de autocorrelação como

$$\hat{\phi}_{xx}[m] = \frac{1}{Q} c_{vv}[m], \quad (10.98a)$$

sendo, como $c_{vv}[-m] = c_{vv}[m]$,

$$c_{vv}[m] = \sum_{n=0}^{Q-1} v[n]v[n+m]$$

$$= \begin{cases} \sum_{n=0}^{Q-|m|-1} x[n]x[n+|m|], & |m| \leq Q-1, \\ 0 & \text{caso contrário,} \end{cases} \quad (10.98b)$$

corresponde à correlação aperiódica de um segmento janelado de forma retangular de $x[n]$ de comprimento Q.

Para determinar as propriedades dessa estimativa da sequência de autocorrelação, consideramos a média e a variância da variável aleatória $\hat{\phi}_{xx}[m]$. A partir das equações 10.98(a) e (b), conclui-se que

$$\mathcal{E}\{\hat{\phi}_{xx}[m]\} = \frac{1}{Q} \sum_{n=0}^{Q-|m|-1} \mathcal{E}\{x[n]x[n+|m|]\}$$
$$= \frac{1}{Q} \sum_{n=0}^{Q-|m|-1} \phi_{xx}[m], \quad (10.99)$$

e, como $\phi_{xx}[m]$ não depende de n para um processo aleatório estacionário,

$$\mathcal{E}\{\hat{\phi}_{xx}[m]\} = \begin{cases} \left(\dfrac{Q-|m|}{Q}\right)\phi_{xx}[m], & |m| \leq Q-1, \\ 0 & \text{caso contrário.} \end{cases} \quad (10.100)$$

A partir da Equação 10.100, vemos que $\hat{\phi}_{xx}[m]$ é uma estimativa enviesada de $\phi_{xx}[m]$, pois $\mathcal{E}\{\hat{\phi}_{xx}[m]\}$ não é igual a $\phi_{xx}[m]$, mas o viés é pequeno se $|m| \ll Q$. Também vemos que um estimador não enviesado da sequência de autocorrelação para $|m| \leq Q - 1$ é

$$\check{\phi}_{xx}[m] = \left(\frac{1}{Q-|m|}\right) c_{vv}[m]; \quad (10.101)$$

isto é, o estimador é não enviesado se dividirmos pelo número de termos não nulos na soma de produtos atrasados envolvidos no cálculo de cada valor de $c_{vv}[m]$, e não pelo número total de amostras do registro de dados.

É difícil calcular a variância das estimativas da função de autocorrelação, mesmo com hipóteses simplificadoras. Porém, fórmulas aproximadas para a variância de $\hat{\phi}_{xx}[m]$ e $\check{\phi}_{xx}[m]$ podem ser encontradas em Jenkins e Watts (1968). Para os nossos propósitos aqui, é suficiente observar, a partir da Equação 10.98(b), que, quando $|m|$ se aproxima de Q, cada vez menos amostras de $x[n]$ são envolvidas no cálculo da estimativa de autocorrelação; portanto, podemos esperar um aumento na variância da estimativa de autocorrelação com o aumento de $|m|$. No caso do periodograma, essa variância aumentada afeta a estimativa de espectro em todas as frequências, pois todos os valores de passo da autocorrelação estão implicitamente envolvidos no cálculo do periodograma. Porém, ao calcularmos explicitamente a estimativa de autocorrelação, somos livres para escolher quais valores de passo da autocorrelação incluir ao estimarmos o espectro de potência. Assim, definimos a estimativa de espectro de potência

$$S(\omega) = \sum_{m=-(M-1)}^{M-1} \hat{\phi}_{xx}[m] w_c[m] e^{-j\omega m}, \quad (10.102)$$

sendo $w_c[m]$ uma janela simétrica de comprimento $(2M - 1)$ aplicada à função de autocorrelação estimada. É preciso que o produto da sequência de autocorrelação e da janela seja uma sequência par quando $x[n]$ for real, para que a estimativa do espectro de potência seja uma função real e par de ω. Portanto, a janela de correlação deve ser uma sequência par. Ao limitarmos o comprimento da janela de correlação de modo que $M \ll Q$, incluímos apenas estimativas de autocorrelação para as quais a variância é baixa.

O mecanismo pelo qual o janelamento da sequência de autocorrelação reduz a variância da estimativa do espectro de potência é mais bem entendido no domínio da frequência. A partir das equações 10.68, 10.69 e 10.98(b), concluímos que, com $w[n] = 1$ para $0 \leq n \leq (Q - 1)$, isto é, uma janela retangular, o periodograma é a transformada de Fourier da estimativa da autocorrelação $\hat{\phi}_{xx}[m]$; isto é,

$$\hat{\phi}_{xx}[m] = \frac{1}{Q} c_{vv}[m] \xleftrightarrow{\mathcal{F}} \frac{1}{Q}|V(e^{j\omega})|^2 = I(\omega). \quad (10.103)$$

Portanto, a partir da Equação 10.102, a estimativa de espectro obtida pelo janelamento de $\hat{\phi}_{xx}[m]$ é a convolução

$$S(\omega) = \frac{1}{2\pi} \int_{-\pi}^{\pi} I(\theta) W_c(e^{j(\omega-\theta)}) d\theta. \quad (10.104)$$

A partir da Equação 10.104, vemos que o efeito de aplicar a janela $w_c[m]$ à estimativa da autocorrelação é a convolução do periodograma com a transformada de Fourier da janela de autocorrelação. Isso suavizará as flutuações rápidas da estimativa de espectro pelo periodograma. Quanto mais curta a janela de correlação, mais suave será a estimativa de espectro, e vice-versa.

O espectro de potência $P_{xx}(\omega)$ é uma função não negativa da frequência, e o periodograma e o periodograma médio têm essa propriedade por definição. Por outro lado, a partir da Equação 10.104, fica evidente que a não negatividade não é garantida para $S(\omega)$, a menos que imponhamos a condição adicional de que

$$W_c(e^{j\omega}) \geq 0 \quad \text{para} -\pi < \omega \leq \pi. \quad (10.105)$$

Essa condição é satisfeita pela transformada de Fourier da janela triangular (Bartlett), mas não é satisfeita pelas janelas retangulares de Hanning, Hamming ou Kaiser. Portanto, embora essas últimas janelas tenham lóbulos laterais menores do que a janela triangular, o vazamento espectral pode causar estimativas de espectro negativas em regiões de baixo nível do espectro.

O valor esperado do periodograma suavizado é

$$\mathcal{E}\{S(\omega)\} = \sum_{m=-(M-1)}^{M-1} \mathcal{E}\{\hat{\phi}_{xx}[m]\} w_c[m] e^{-j\omega m}$$

$$= \sum_{m=-(M-1)}^{M-1} \phi_{xx}[m] \left(\frac{Q-|m|}{Q}\right) w_c[m] e^{-j\omega m}.$$

(10.106)

Se $Q \gg M$, o termo $(Q - |m|)/Q$ na Equação 10.106 pode ser desconsiderado,[11] de modo que obtemos

$$\mathcal{E}\{S(\omega)\} \cong \sum_{m=-(M-1)}^{M-1} \phi_{xx}[m] w_c[m] e^{-j\omega m}$$

$$= \frac{1}{2\pi} \int_{-\pi}^{\pi} P_{xx}(\theta) W_c(e^{j(\omega-\theta)}) d\theta.$$

(10.107)

Assim, a estimação pela autocorrelação janelada leva a uma estimativa enviesada do espectro de potência. Tal como no periodograma médio, é possível trocar a resolução espectral por redução na variância da estimativa de espectro. Se o comprimento do registro de dados for fixo, podemos ter variância mais baixa se estivermos dispostos a aceitar a resolução mais pobre dos componentes espectrais próximos, ou podemos ter melhor resolução se pudermos aceitar uma variância mais elevada. Se estivermos livres para observar o sinal por um tempo maior (isto é, aumentar o comprimento Q do registro de dados), então tanto a resolução como a variância podem ser melhoradas. A estimativa de espectro $S(\omega)$ é assintoticamente não enviesada se a janela de correlação for normalizada, de modo que

$$\frac{1}{2\pi} \int_{-\pi}^{\pi} W_c(e^{j\omega}) d\omega = 1 = w_c[0].$$ (10.108)

Com essa normalização, ao aumentarmos Q juntamente com o comprimento da janela de correlação, a transformada de Fourier da janela de correlação se aproxima de um trem de impulsos periódico, e a convolução da Equação 10.107 duplica $P_{xx}(\omega)$.

Foi mostrado que a variância de $S(\omega)$ (veja Jenkins e Watts, 1968) tem a forma

$$\text{var}[S(\omega)] \simeq \left(\frac{1}{Q} \sum_{m=-(M-1)}^{M-1} w_c^2[m]\right) P_{xx}^2(\omega). \quad (10.109)$$

Comparar a Equação 10.109 com o resultado correspondente da Equação 10.80 para o periodograma nos leva à conclusão de que, para reduzir a variância da estimativa de espectro, devemos escolher M e a forma da janela, possivelmente sujeitos à condição da Equação 10.105, de modo que o fator

$$\left(\frac{1}{Q} \sum_{m=-(M-1)}^{M-1} w_c^2[m]\right) \quad (10.110)$$

seja o menor possível. O Problema 10.37 lida com o cálculo desse fator de redução de variância para diversas janelas comumente utilizadas.

A estimação do espectro de potência baseada na transformada de Fourier de uma estimativa da função de autocorrelação é uma alternativa clara ao método de cálculo de médias dos periodogramas. Ela não é necessariamente melhor em qualquer sentido geral; ela simplesmente tem características diferentes, e sua implementação seria diferente. Em algumas situações, pode ser desejável calcular estimativas tanto da sequência de autocorrelação como do espectro de potência, casos em que seria natural usar o método desta seção. O Problema 10.43 explora a questão de determinar uma estimativa de autocorrelação a partir do periodograma médio.

10.6.1 Cálculo de estimativas da correlação e do espectro de potência usando a TFD

A estimativa da autocorrelação

$$\hat{\phi}_{xx}[m] = \frac{1}{Q} \sum_{n=0}^{Q-|m|-1} x[n] x[n+|m|] \quad (10.111)$$

é necessária para $|m| \leq M - 1$ no método de estimação do espectro de potência que estamos considerando. Como $\hat{\phi}_{xx}[-m] = \hat{\phi}_{xx}[m]$, é necessário calcular a Equação 10.111 somente para valores não negativos de m, isto é, para $0 \leq m \leq M - 1$. A TFD e seus algoritmos computacionais rápidos associados podem ser usados para auxiliar no cálculo de $\hat{\phi}_{xx}[m]$, se observarmos que $\hat{\phi}_{xx}[m]$ é a convolução discreta aperiódica da sequência de comprimento finito $x[n]$ com $x[-n]$. Se calcularmos $X[k]$, a TFD de N pontos de $x[n]$, e multiplicarmos por $X^*[k]$, obteremos $|X[k]|^2$, que corresponde à convolução circular da sequência de comprimento finito $x[n]$ com $x[((-n))_N]$, isto é, uma *auto-*

---
[11] Mais precisamente, poderíamos definir uma janela de correlação efetiva $w_e[m] = w_c[m](Q - |m|)/Q$.

correlação circular. Como nossa discussão na Seção 8.7 sugere, e como abordado no Problema 10.34, deve ser possível aumentar a sequência $x[n]$ com amostras nulas e forçar a autocorrelação circular para que seja igual à autocorrelação aperiódica desejada no intervalo $0 \leq m \leq M - 1$.

Para entender como escolher N para a TFD, considere a Figura 10.28. A Figura 10.28(a) mostra as duas sequências $x[n]$ e $x[n + m]$ em função de n para um valor positivo em particular de m. A Figura 10.28(b) mostra as sequências $x[n]$ e $x[((n + m))_N]$ que estão envolvidas na autocorrelação circular correspondente a $|X[k]|^2$. Obviamente, a autocorrelação circular será igual a $Q\hat{\phi}_{xx}[m]$ para $0 \leq m \leq M - 1$ se $x[((n+m))_N]$ não envolver e sobrepuser $x[n]$ quando $0 \leq m \leq M - 1$. A partir da Figura 10.28(b), conclui-se que isso acontecerá sempre que $N - (M - 1) \geq Q$ ou $N \geq Q + M - 1$.

Resumindo, podemos calcular $\hat{\phi}_{xx}[m]$ para $0 \leq m \leq M - 1$ com o seguinte procedimento:

1. Forme uma sequência de N pontos aumentando $x[n]$ com $(M - 1)$ amostras nulas.
2. Calcule a TFD de N pontos,

$$X[k] = \sum_{n=0}^{N-1} x[n]e^{-j(2\pi/N)kn} \quad \text{para } k = 0, 1, \ldots, N-1.$$

3. Calcule

$$|X[k]|^2 = X[k]X^*[k] \quad \text{para } k = 0, 1, \ldots, N - 1.$$

4. Calcule a TFD inversa de $|X[k]|^2$ para obter

$$\tilde{c}_{vv}[m] = \frac{1}{N} \sum_{k=0}^{N-1} |X[k]|^2 e^{j(2\pi/N)km}$$

para $m = 0, 1, \ldots, N - 1$.

5. Divida a sequência resultante por Q para obter a estimativa de autocorrelação

$$\hat{\phi}_{xx}[m] = \frac{1}{Q}\tilde{c}_{vv}[m] \quad \text{para } m = 0, 1, \ldots, M - 1.$$

Esse é o conjunto desejado de valores de autocorrelação, que pode ser estendido simetricamente para valores negativos de m.

Se M é pequeno, pode ser mais eficiente simplesmente obter a Equação 10.111 diretamente. Nesse caso, a quantidade de operações é proporcional a $Q \cdot M$. Por outro lado, se as TFDs nesse procedimento forem calculadas a partir de um dos algoritmos de FFT discutidos no Capítulo 9 com $N \geq Q + M - 1$, a quantidade de operações será aproximadamente proporcional a $N \log_2 N$, sendo N uma potência de 2. Consequentemente, para valores suficientemente grandes de M, o uso da FFT é mais eficiente do que o cálculo direto com a Equação 10.111. O valor de M de desempate dependerá da implementação em particular dos cálculos da TFD; porém, como mostrado por Stockham (1966), esse valor provavelmente seria menor que $M = 100$.

Para reduzir a variância da estimativa da sequência de autocorrelação ou o espectro de potência estimado a partir dela, temos de usar valores grandes de comprimento de registro Q. Isso geralmente não é um problema para computadores com grande capacidade de memória e processadores rápidos. Porém, como M geralmente é muito menor do que Q, é possível seccionar a sequência $x[n]$ de uma maneira similar aos procedimentos que foram discutidos na Seção 8.7.3 para a convolução de uma resposta ao impulso de comprimento finito com uma sequência de entrada indefinidamente longa. Rader (1970) apresentou um procedimento particularmente eficaz e flexível, que usa muitas das propriedades da TFD de sequências reais para reduzir a quantidade de operações exigida. O desenvolvimento dessa técnica é a base para o Problema 10.44.

Uma vez que a estimativa de autocorrelação foi calculada, as amostras da estimativa do espectro de potência $S(\omega)$ podem ser calculadas nas frequências $\omega_k = 2\pi k/N$ formando a sequência de comprimento finito

$$s[m] = \begin{cases} \hat{\phi}_{xx}[m]w_c[m], & 0 \leq m \leq M - 1, \\ 0, & M \leq m \leq N - M, \\ \hat{\phi}_{xx}[N-m]w_c[N-m], & N - M + 1 \leq m \leq N - 1, \end{cases}$$

(10.112)

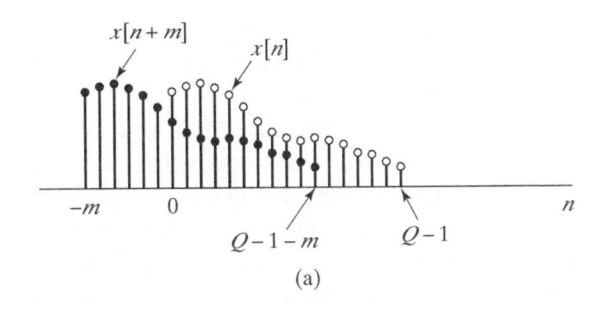

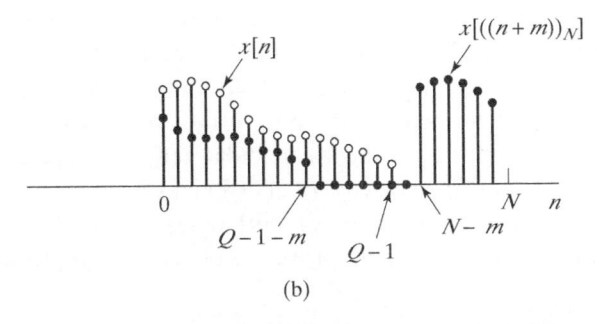

Figura 10.28 Cálculo da autocorrelação circular. (a) $x[n]$ e $x[n + m]$ para uma sequência de comprimento finito de comprimento Q. (b) $x[n]$ e $x[((n + m))_N]$ como na correlação circular.

sendo $w_c[m]$ a janela de correlação simétrica. Então, a TFD de $s[m]$ é

$$S[k] = S(\omega)|_{\omega=2\pi k/N}, \quad k = 0, 1, \ldots, N-1, \quad (10.113)$$

sendo $S(\omega)$ a transformada de Fourier da sequência de autocorrelação janelada definida pela Equação 10.102. Note que N pode ser escolhido tão grande quando conveniente e prático, de modo a fornecer amostras de $S(\omega)$ em frequências pouco espaçadas. Porém, como nossas discussões neste capítulo têm consistentemente demonstrado, a resolução em frequência sempre é determinada pelo comprimento e pela forma da janela $w_c[m]$.

10.6.2 Estimação do espectro de potência do ruído de digitalização

No Capítulo 4, consideramos que o erro introduzido pela digitalização tem propriedades de um processo aleatório ruído branco. As técnicas discutidas até aqui neste capítulo foram usadas para calcular as estimativas do espectro de potência da Figura 4.60 que foram usadas para propor a validade dessa aproximação. Nesta seção, fornecemos exemplos adicionais do uso de estimativas da sequência de autocorrelação e de estimação do espectro de potência no estudo das propriedades do ruído de digitalização. A discussão reforça nossa confiança no modelo ruído branco, e também fornece uma oportunidade para mostrar alguns aspectos práticos da estimação do espectro de potência.

Considere o experimento representado na Figura 10.29. Um sinal de voz $x_c(t)$ filtrado por passa-baixas foi amostrado a uma taxa de 16 kHz, gerando uma sequência de amostras $x[n]$ representadas na Figura 10.21.[12] Essas amostras foram digitalizadas com um digitalizador linear de 10 bits ($B = 9$), e a sequência de erro correspondente $e[n] = Q[x[n]] - x[n]$ foi calculada. Na Figura 10.30 são mostradas 2000 amostras consecutivas do sinal de voz, representadas na primeira e na terceira linhas do gráfico. Na segunda e na quarta linhas é mostrada a sequência de erro de digitalização correspondente. A inspeção visual e a comparação desses dois gráficos tendem a consolidar nosso entendimento no modelo assumido anteriormente; isto é, que o ruído parece variar aleatoriamente no intervalo $-2^{-(B+1)} < e[n] \leq 2^{-(B+1)}$. Porém, essas observações qualitativas podem ser enganosas. A natureza plana do espectro do ruído de digitalização pode ser verificada apenas pela estimação da sequência de autocorrelação e do espectro de potência do ruído de digitalização $e[n]$.

Na Figura 10.31 são mostradas estimativas da autocorrelação e do espectro de potência do ruído de digitalização para um comprimento de registro de $Q = 3000$ amostras. A estimativa da sequência de autocorrelação foi calculada em um intervalo de passos $|m| \leq 100$ usando as equações 10.98(a) e (b). A estimativa resultante é mostrada na Figura 10.31(a). Nesse intervalo, $-1{,}45 \times 10^{-8} \leq \hat{\phi}[m] \leq 1{,}39 \times 10^{-8}$, exceto para $\hat{\phi}[0] = 3{,}17 \times 10^{-7}$. A estimativa da autocorrelação sugere que a correlação de uma amostra para outra da sequência de ruído é muito baixa. A estimativa de autocorrelação resultante foi multiplicada por janelas de Bartlett com $M = 100$ e $M = 50$. As janelas são mostradas na Figura 10.31 sobrepostas a $\hat{\phi}[m]$ (com ajuste de escala, de modo que podem ser representadas nos mesmos eixos) e as estimativas de espectro correspondentes, calculadas como discutido na Seção 10.6.1, são mostradas na Figura 10.31(b).

Como notamos na Figura 10.31(b), a estimativa de espectro de Blackman–Tukey para $M = 100$ (a linha contínua fina) mostra flutuações um tanto erráticas em torno da linha tracejada representada no nível de espectro $10 \log_{10}(2^{-18}/12) = -64{,}98$ dB (o valor do espectro de potência branco com $\sigma_e^2 = 2^{-2B}/12$ para $B = 9$). A linha grossa mostra a estimativa do espectro de potência para $M = 50$. Notamos a partir da Figura 10.31(b) que a estimativa de espectro está dentro de ± 2 dB do espectro da aproximação de ruído branco para $B + 1 = 10$ para todas as frequências. Como discutimos na Seção 10.6, a janela mais curta fornece uma variância menor e uma estimativa de espectro mais suave, resultante da resolução em frequência mais baixa da janela mais curta. Em ambos os casos, a estimativa de espectro parece dar suporte à validade do modelo de ruído branco para o ruído de digitalização.

Embora tenhamos calculado estimativas quantitativas da autocorrelação e do espectro de potência, nossa interpretação dessas medidas tem sido apenas qualitativa. É razoável agora questionar o quanto a autocorrelação seria pequena se $e[n]$ fosse de fato um processo ruído branco. Para prover respostas quantitativas

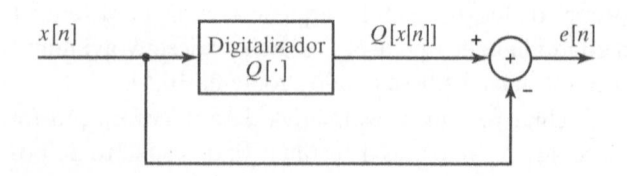

Figura 10.29 Procedimento para a obtenção da sequência do ruído de digitalização.

---

[12] Embora as amostras sejam digitalizadas originalmente com 12 bits pelo conversor A/D, para fins deste experimento, elas foram ajustadas em escala a um valor máximo de 1, e uma pequena quantidade de ruído aleatório foi acrescentada às amostras. Consideramos que essas amostras sejam "não digitalizadas", isto é, consideramos que as amostras de 12 bits efetivamente sejam não digitalizadas em relação à digitalização subsequente que aplicamos nesta discussão.

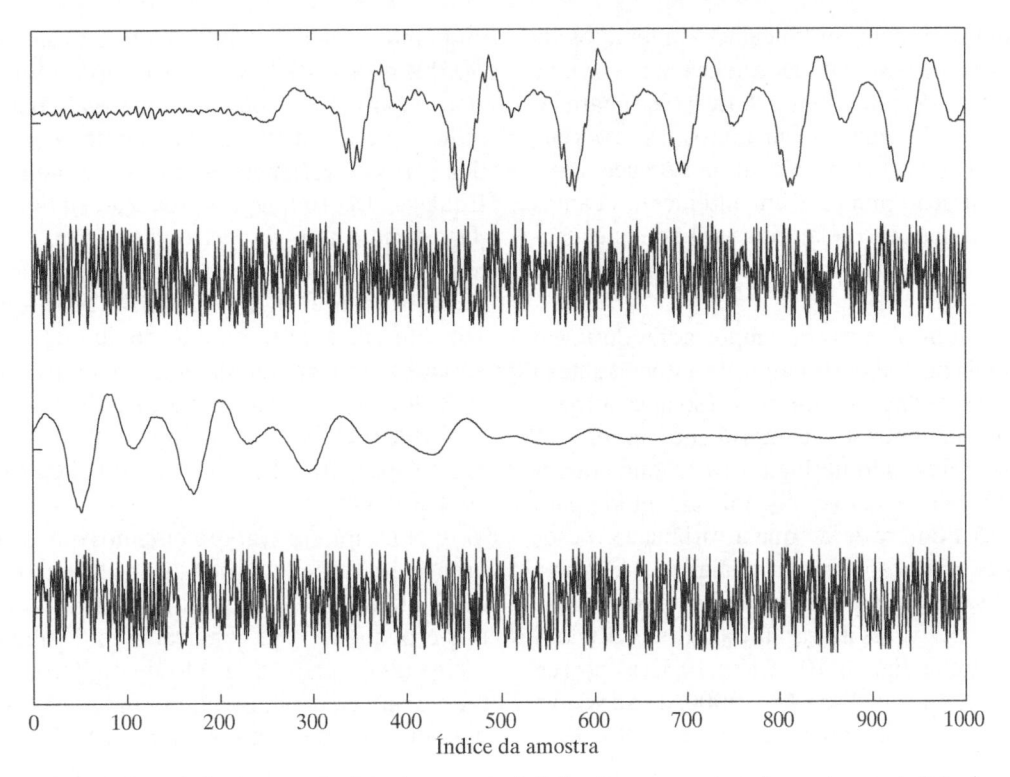

Figura 10.30 Forma de onda de voz (primeira e terceira linhas) e o erro de digitalização correspondente (segunda e quarta linhas) para a digitalização de 10 bits (ampliada 2^9 vezes). Cada linha corresponde a 1000 amostras consecutivas conectadas por segmentos de reta, por conveniência no esboço.

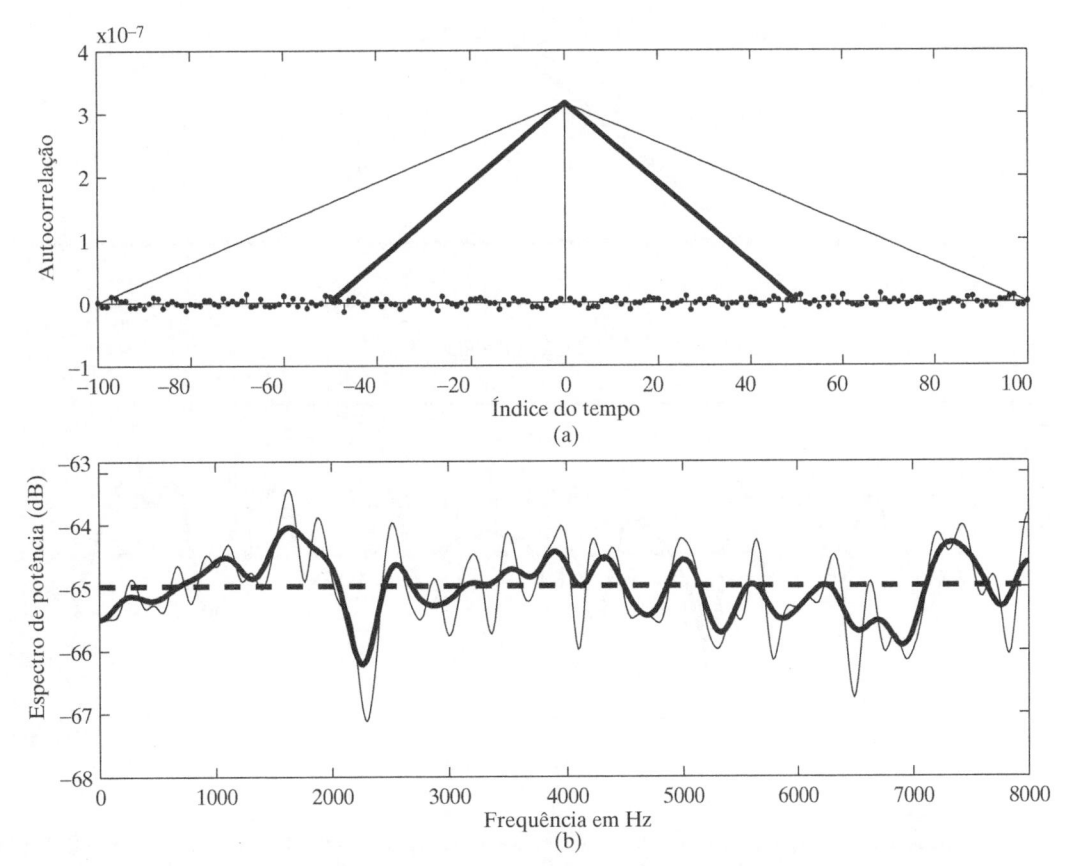

Figura 10.31 (a) Estimativa da autocorrelação para o ruído de digitalização de 10 bits para $|m| \leq 100$ com comprimento de registro $Q = 3000$. (b) Estimativas do espectro de potência pelo método de Blackman–Tukey a partir de janelas de Bartlett com $M = 100$ e $M = 50$. (A linha tracejada mostra o nível de $10 \log_{10}(2^{-18}/12)$.)

a essas perguntas, podem ser calculados intervalos de confiança para nossas estimativas, e aplicada a teoria de decisão estatística. [Veja Jenkins e Watts (1968) para alguns testes para ruído branco.] Em muitos casos, porém, esse tratamento estatístico adicional não é necessário. Em uma configuração prática, frequentemente ficamos satisfeitos simplesmente com a observação de que a autocorrelação normalizada é muito pequena em todos os passos, exceto em $m = 0$.

Entre as muitas observações importantes deste capítulo está aquela de que a estimativa da autocorrelação e do espectro de potência de um processo aleatório estacionário deve melhorar se o comprimento do registro aumentar. Isso é ilustrado na Figura 10.32, que corresponde à Figura 10.31, exceto que Q foi aumentado para 30000 amostras. Lembre-se de que a variância da estimativa de autocorrelação é proporcional a $1/Q$. Assim, o aumento de Q de 3000 para 30000 deverá ocasionar uma redução de dez vezes na variância da estimativa. A comparação entre as figuras 10.31(a) e 10.32(a) parece confirmar esse resultado. Para $Q = 3000$, a estimativa cai entre os limites $-1{,}45 \times 10^{-8} \leq \hat{\phi}[m] \leq 1{,}39 \times 10^{-8}$, enquanto para $Q = 30000$, os limites são $-4{,}5 \times 10^{-9} \leq \hat{\phi}[m] \leq 4{,}15 \times 10^{-9}$. A comparação do intervalo de variação para $Q = 3000$ com o intervalo para $Q = 30000$ indica que a redução é consistente com a redução de dez vezes na variância esperada.[13] Notamos a partir da Equação 10.110 que uma redução similar na variância da estimativa do espectro também é esperada. Isso, mais uma vez, fica evidente na comparação da Figura 10.31(b) com a Figura 10.32(b). (Note que as escalas são diferentes entre os dois conjuntos de gráficos.) A variação em torno do nível do espectro do ruído branco é de apenas $\pm 0{,}5$ dB no caso do registro de maior comprimento. Note que as estimativas de espectro na Figura 10.32(b) mostram o mesmo dilema entre variância e resolução.

No Capítulo 4, argumentamos que o modelo ruído branco era razoável, desde que o comprimento do passo de digitalização fosse pequeno. Quando o número de bits é pequeno, essa condição não é válida. Para ver o efeito no espectro do ruído de digitalização, o experimento anterior foi repetido usando apenas 16 níveis de digitalização, ou 4 bits. Na Figura 10.33 são mostrados

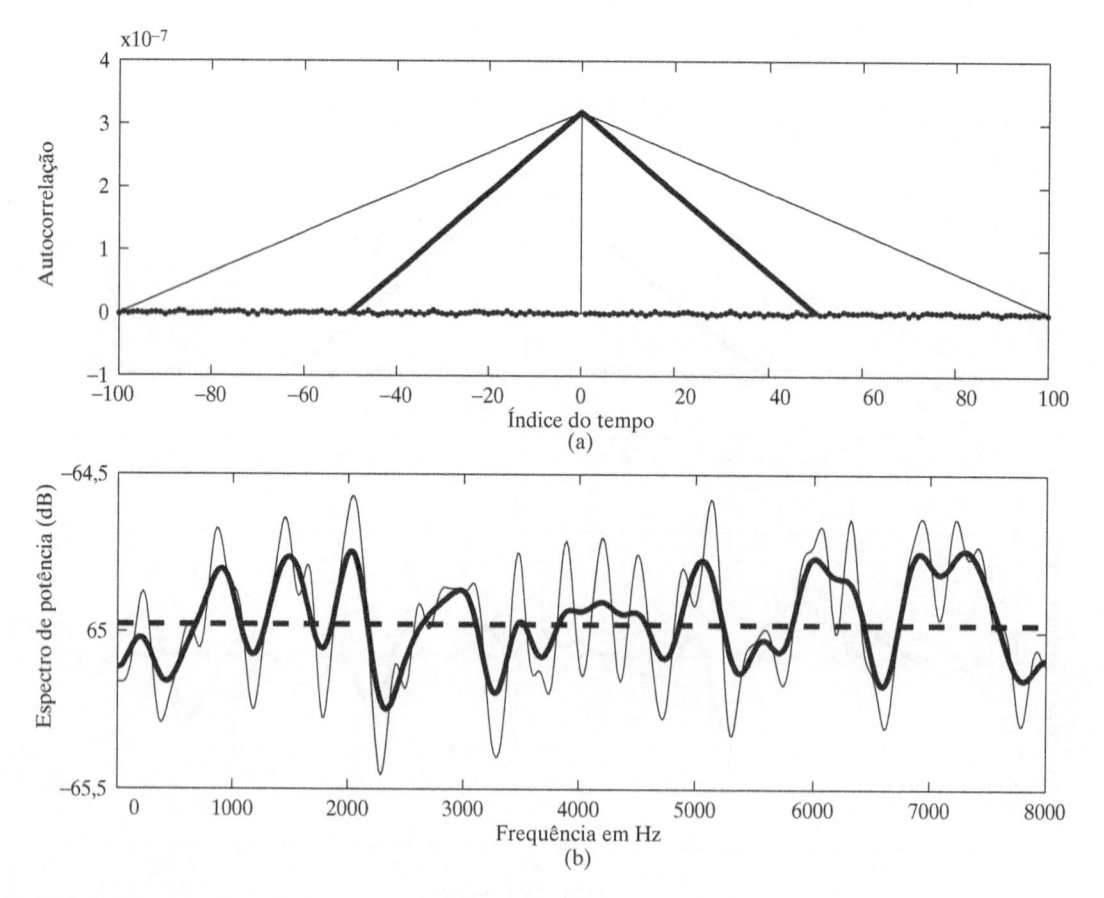

Figura 10.32 (a) Estimativa da autocorrelação para o ruído de digitalização com 10 bits; comprimento de registro $Q = 30000$. (b) Estimativas do espectro de potência pelo método de Blackman–Tukey usando janelas de Bartlett com $M = 100$ e $M = 50$.

---

[13] Lembre-se de que uma redução na variância por um fator de 10 corresponde a uma redução na amplitude por um fator de $\sqrt{10} \approx 3{,}16$.

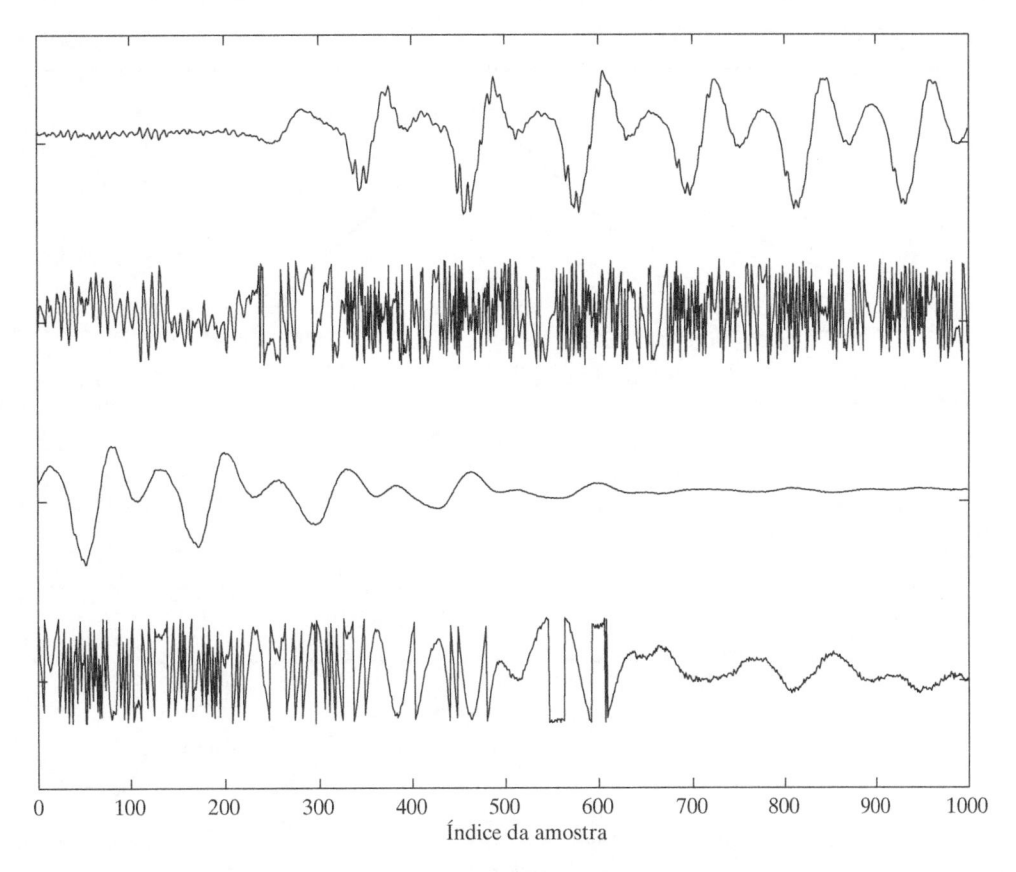

Figura 10.33 Forma de onda de voz (primeira e terceira linhas) e o erro de digitalização correspondente (segunda e quarta linhas) para a digitalização de 4 bits (ampliada 2^3 vezes). Cada linha corresponde a 1000 amostras consecutivas conectadas por segmentos de reta, por conveniência no esboço.

a forma de onda de voz e o erro de digitalização para a digitalização de 4 bits. Note que algumas partes da forma de onda do erro tendem a se parecer muito com a forma de onda de voz original. Esperaríamos que isso se refletisse na estimativa do espectro de potência.

Na Figura 10.34 são mostradas as estimativas de autocorrelação e espectro de potência da sequência de erro para a digitalização de 4 bits para um comprimento de registro de 30000 amostras. Nesse caso, a autocorrelação mostrada na Figura 10.34(a) é muito menos semelhante à autocorrelação ideal para ruído branco. Isso não é surpresa, haja vista a correlação óbvia entre o sinal e o ruído exibido na Figura 10.33. Na Figura 10.34(b) são mostradas as estimativas do espectro de potência para as janelas de Bartlett com $M = 100$ e $M = 50$, respectivamente. Claramente, o espectro não é plano, embora o nível total reflita a potência média do ruído. De fato, como veremos, o ruído de digitalização tende a ter a forma geral do espectro de voz. Assim, o modelo de ruído branco para o ruído de digitalização pode ser visto apenas como uma aproximação um tanto bruta nesse caso, e seria menos válida para digitalização mais grosseira.

O exemplo desta seção ilustra como as estimativas de autocorrelação e de espectro de potência podem ser usadas para dar suporte a modelos teóricos. Espe-
cificamente, demonstramos a validade de algumas das hipóteses básicas do Capítulo 4 e demos uma indicação de como essas hipóteses podem ser inválidas para a digitalização muito grosseira. Esse é apenas um exemplo bem simples, porém útil, que mostra como as técnicas deste capítulo podem ser aplicadas na prática.

10.6.3 Estimação do espectro de potência da voz

Vimos que a transformada de Fourier dependente do tempo é particularmente bem adequada para a representação de sinais de voz, pois ela pode rastrear a natureza variante no tempo do sinal de voz. Porém, em alguns casos, é útil assumir um ponto de vista diferente. Em particular, embora a forma de onda de voz na Figura 10.21 mostre variabilidade significativa no tempo, assim como sua transformada de Fourier dependente no tempo na Figura 10.22, é possível *supor* que ela seja um sinal aleatório estacionário e aplicar nossas técnicas de análise de espectro de longo prazo. Esses métodos calculam a média em um intervalo de tempo que é muito maior que os eventos de mudança na voz. Isso fornece uma forma de espectro geral que pode ser útil no projeto de codificadores de voz e para determinar os requisitos de largura de banda para a transmissão de voz.

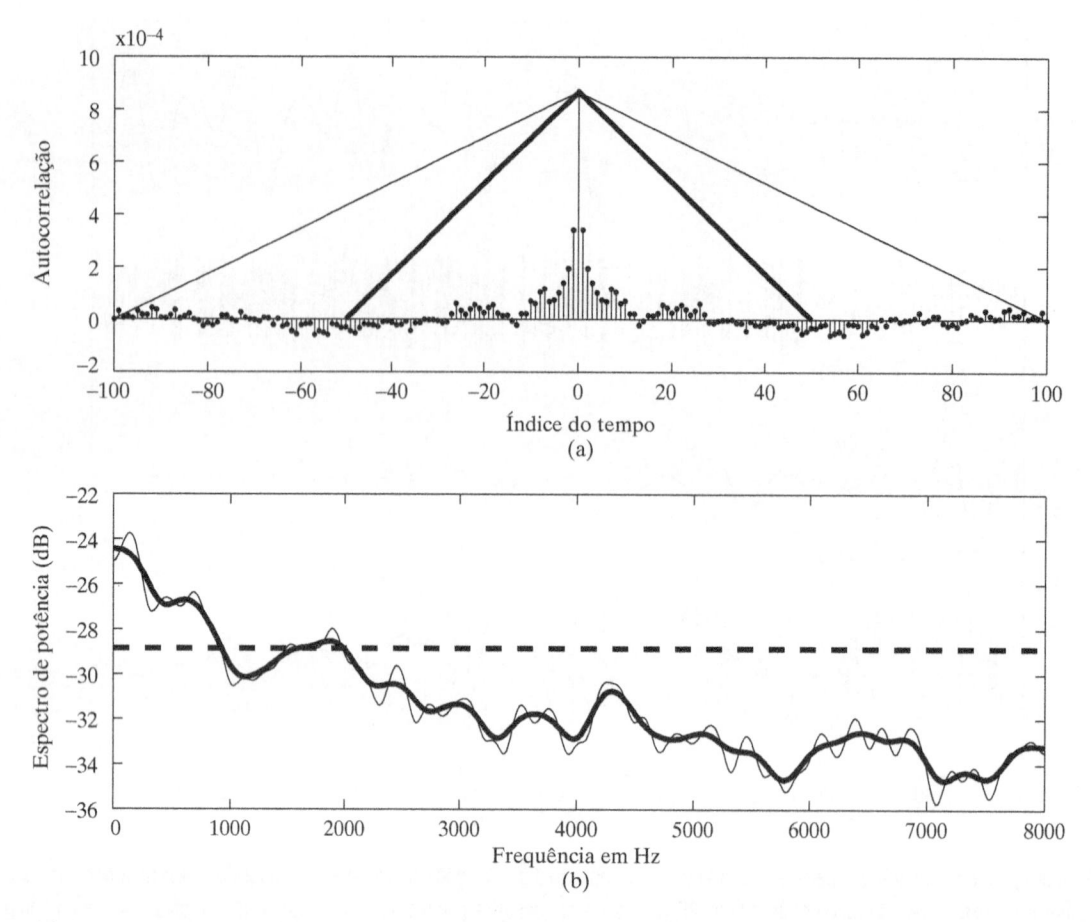

Figura 10.34 (a) Estimativa da autocorrelação para o ruído de digitalização de 4 bits; comprimento de registro $Q = 30000$. (b) Estimativa do espectro de potência pelo método de Blackman–Tukey usando janelas de Bartlett com $M = 100$ e $M = 50$. (A linha tracejada mostra o nível de $10 \log_{10}(2^{-6}/12)$.)

Na Figura 10.35 é mostrado um exemplo da estimativa do espectro de potência da voz usando o método de Blackman–Tukey. A sequência de autocorrelação estimada a partir de $Q = 30000$ amostras do sinal de voz da Figura 10.21 é mostrada na Figura 10.35(a), juntamente com as janelas de Bartlett e de Hamming de comprimento $2M + 1 = 101$. Na Figura 10.35(b) são mostradas as estimativas de espectro de potência correspondentes. As duas estimativas são ligeiramente similares, porém muito diferentes nos detalhes. Isso se deve à natureza das TFTDs das janelas. Ambas têm a mesma largura do lóbulo principal $\Delta\omega_m = 8\pi/M$, embora seus lóbulos laterais sejam muito diferentes. Os lóbulos laterais da janela de Bartlett são estritamente não negativos, embora aqueles da janela simétrica de Hamming (que são menores do que aqueles da janela de Bartlett) sejam negativos em algumas frequências. Quando convoluídos com o periodograma correspondente à estimativa da autocorrelação, isso gera os resultados radicalmente diferentes apresentados.

A janela de Bartlett garante uma estimativa de espectro positiva para todas as frequências. Porém, isso não é verdade no caso da janela de Hamming. O efeito disso é particularmente pronunciado em regiões de variabilidade rápida do periodograma, onde os lóbulos laterais resultantes de frequências adjacentes podem se cancelar ou se interferir na produção de estimativas de espectro negativas. Os pontos na Figura 10.35(b) mostram as frequências nas quais a estimativa de espectro foi negativa. Ao representar o gráfico em dB, é preciso tomar o valor absoluto das estimativas negativas. Assim, embora a janela de Bartlett e a janela de Hamming tenham a mesma largura do lóbulo principal, os lóbulos laterais positivos da janela de Bartlett tendem a preencher as lacunas entre frequências relativamente fortes, enquanto os lóbulos laterais menores da janela de Hamming levam a vazamentos menores entre as frequências, mas ao perigo de estimativas de espectro negativas, visto que os lóbulos laterais positivos e negativos interagem.

A janela de Hamming (ou outras janelas, como a janela de Kaiser) pode ser usada na estimativa de espectro sem o perigo de estimativas negativas se elas forem usadas no método de tomar a média dos periodogramas que são discutidos na Seção 10.5.3. Esse mé-

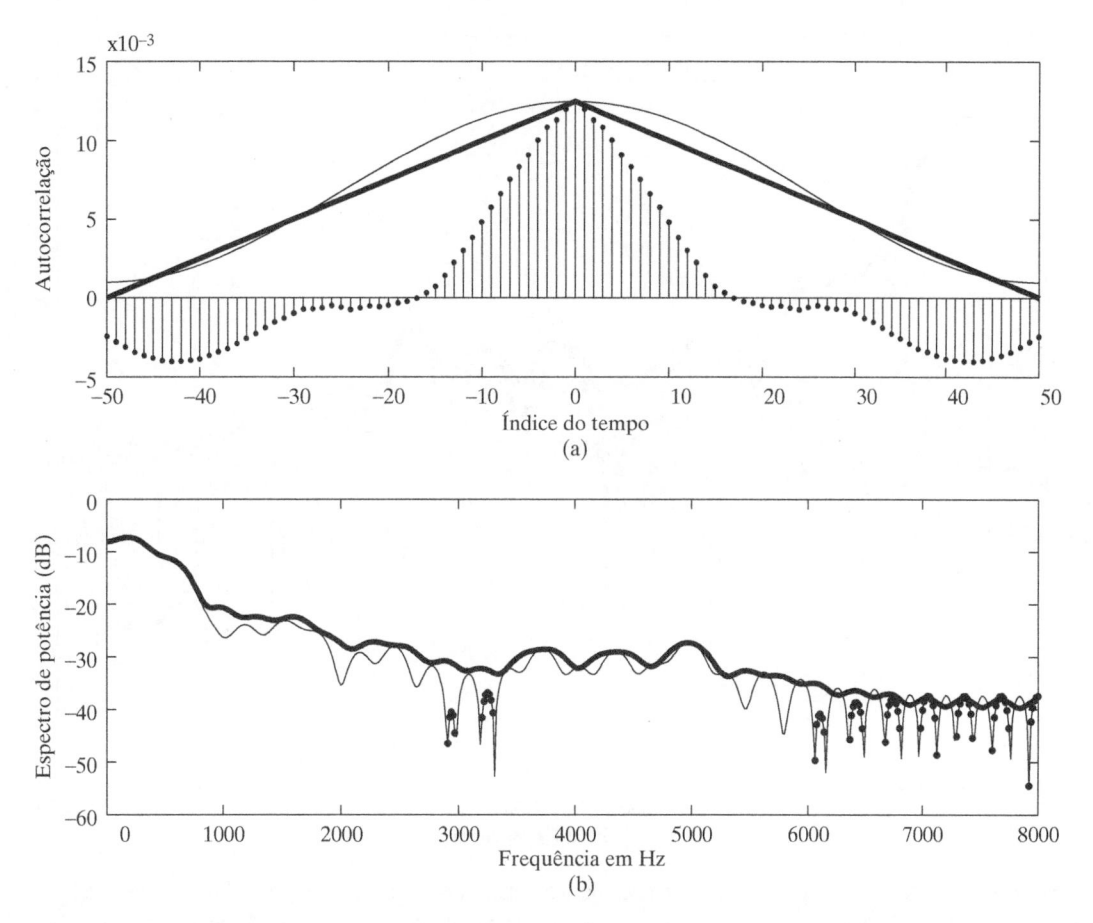

Figura 10.35 (a) Estimativa da autocorrelação para o sinal de voz da Figura 10.21; comprimento de registro $Q = 30000$. (b) Estimativas do espectro de potência pelo método de Blackman–Tukey usando a janela de Bartlett (linha grossa) e a janela de Hamming (linha fina) com $M = 50$.

todo garante estimativas positivas, pois periodogramas positivos são considerados no cálculo da média. Na Figura 10.36 é mostrada uma comparação das estimativas de Blackman–Tukey da Figura 10.35(b) com uma estimativa obtida pelo método de Welch da média de periodogramas modificados. A linha tracejada grossa é a estimativa de Welch. Note que isso é consequência da forma geral das outras duas estimativas, mas difere significativamente na região de altas frequências, em que o espectro de voz é naturalmente pequeno, e a resposta em frequência do filtro *antialiasing* analógico faz com que o espectro seja muito pequeno. Em virtude de sua capacidade superior de fornecer resolução consistente para espectros com uma faixa dinâmica ampla, e por ser facilmente implementado usando a TFD, o método de tomar a média dos periodogramas é bastante usado em muitas aplicações práticas de estimação de espectro.

Todas as estimativas de espectro na Figura 10.36 mostram que o sinal de voz é caracterizado por um pico abaixo de 500 Hz e um decaimento com o aumento de frequência por 30 a 40 dB em 6 kHz. Vários picos proeminentes entre 3 e 5 kHz poderiam ser o resultado de ressonâncias mais altas no trato vocal, que não variam com o tempo. Um locutor diferente ou um material de voz diferente certamente produziria uma estimativa de espectro diferente, mas a forma geral das estimativas de espectro seria semelhante àquelas da Figura 10.36.

10.7 Resumo

Uma das aplicações importantes do processamento de sinais é a análise de espectro de sinais. Graças à eficiência de cálculo da FFT, muitas das técnicas para análise de espectro de sinais de tempo contínuo ou de tempo discreto utilizam a TFD direta ou indiretamente. Neste capítulo, exploramos e ilustramos algumas dessas técnicas.

Muitas das questões associadas à análise de espectro são mais bem compreendidas no contexto da análise de sinais senoidais. Como o uso da TFD exige sinais de comprimento finito, o janelamento precisa ser aplicado antes da análise. Para sinais senoidais, a largura do pico espectral observado na TFD depende do comprimento da janela, com um aumento no comprimento da janela resultando em picos mais acentuados. Consequentemente, a capacidade de resolver senoides pouco espaçadas na estimativa de espectro

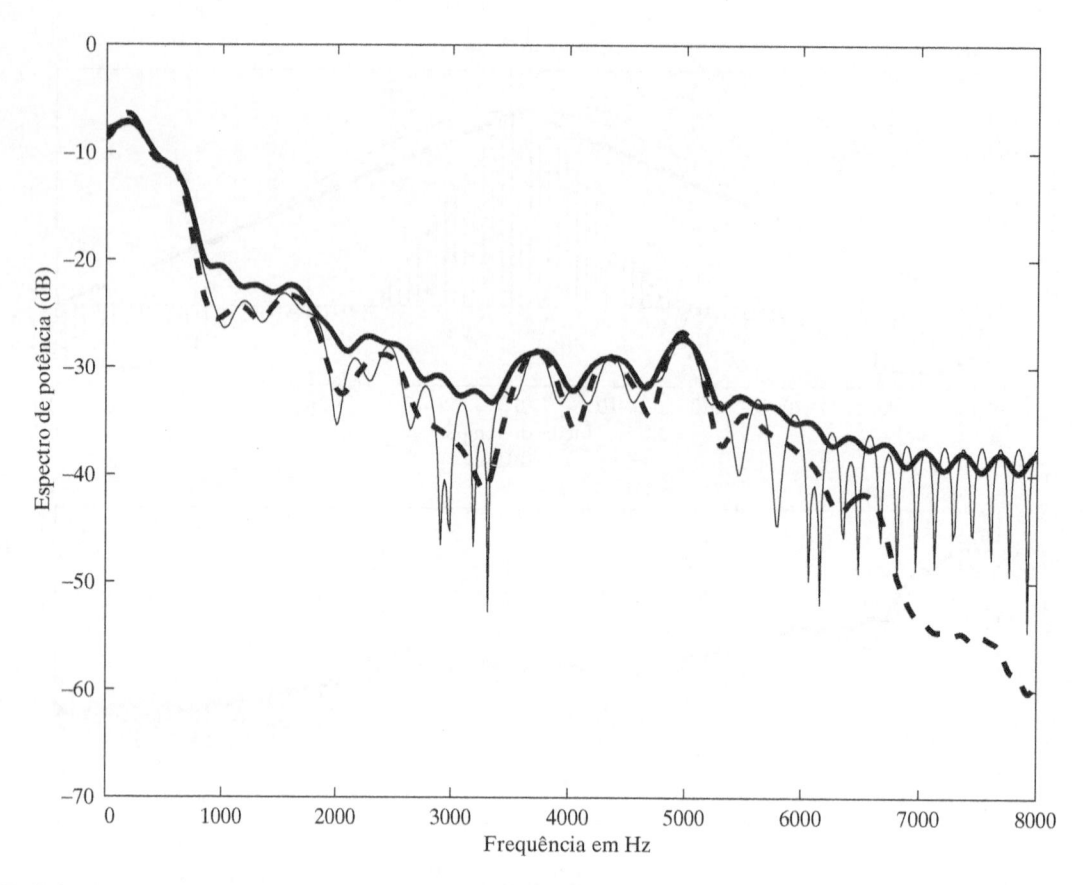

Figura 10.36 Estimativas de espectro de potência pelo método de Blackman–Tukey usando a janela de Bartlett (linha grossa) e a janela de Hamming (linha fina) com $M = 50$. A linha tracejada mostra o espectro de potência obtido pela média dos periodogramas sobrepostos usando uma janela de Hamming com $M = 50$.

diminui à medida que a janela se torna mais curta. Um segundo efeito independente, inerente à análise de espectro a partir da TFD, é a amostragem espectral associada. Especificamente, como o espectro pode ser calculado apenas em um conjunto de amostras de frequências, o espectro observado pode ser confuso se não tivermos cuidado ao interpretá-lo. Por exemplo, características importantes no espectro podem não ser diretamente evidentes no espectro amostrado. Para evitar isso, o espaçamento entre amostras espectrais pode ser reduzido pelo aumento do comprimento da TFD de duas maneiras. Um método consiste em aumentar o comprimento da TFD enquanto se mantém o comprimento da janela fixo (exigindo preenchimento com zeros da sequência janelada). Isso não aumenta a resolução. O segundo método consiste em aumentar tanto o comprimento da janela quanto o comprimento da TFD. Nesse caso, o espaçamento entre amostras espectrais é reduzido, e a capacidade de resolver componentes senoidais pouco espaçados é aumentada.

Embora um aumento no comprimento da janela e na resolução muitas vezes seja benéfico na análise de espectro de dados estacionários, para dados variantes no tempo geralmente é preferível manter o comprimento da janela suficientemente curto, de modo que, pela duração da janela, as características do sinal sejam aproximadamente estacionárias. Isso leva ao conceito da transformada de Fourier dependente do tempo, que, de fato, é uma sequência de transformadas de Fourier obtidas à medida que o sinal desliza através de uma janela de duração finita. Uma interpretação comum e útil da transformada de Fourier dependente do tempo é como um banco de filtros, com a resposta em frequência de cada filtro correspondendo à transformada da janela, com a frequência deslocada para uma das frequências da TFD. A transformada de Fourier dependente do tempo tem aplicações importantes, tanto como uma etapa intermediária na filtragem de sinais quanto na análise e interpretação de sinais variantes no tempo, como sinais de voz e radar. A análise espectral de sinais não estacionários muitas vezes envolve uma escolha entre resolução no tempo e na frequência. Especificamente, nossa capacidade de rastrear características espectrais no tempo aumenta à medida que o comprimento da janela de análise diminui. Porém, uma janela de análise mais curta resulta em menor resolução na frequência.

Capítulo 10 Análise de Fourier de sinais usando a transformada de Fourier discreta

A TFD também desempenha um papel importante na análise de sinais aleatórios estacionários. Uma técnica intuitiva para a estimação do espectro de potência dos sinais aleatórios consiste em calcular a magnitude ao quadrado da TFD de um segmento do sinal. A estimativa resultante, chamada de periodograma, é assintoticamente não enviesada. A variância da estimativa do periodograma, porém, não diminui para zero à medida que o comprimento do segmento aumenta; consequentemente, o periodograma não é uma boa estimativa. Contudo, dividindo a sequência de sinal disponível em segmentos mais curtos e tomando a média dos periodogramas associados, podemos obter uma estimativa apropriada. Uma técnica alternativa consiste em primeiro estimar a função de autocorrelação. Isso pode ser feito diretamente ou com a TFD. Se uma janela for então aplicada às estimativas de autocorrelação seguidas pela TFD, o resultado, conhecido como periodograma suavizado, é uma boa estimativa do espectro.

Problemas

Problemas básicos com respostas

10.1. Um sinal de tempo contínuo real $x_c(t)$ tem banda limitada a frequências abaixo de 5 kHz; isto é, $X_c(j\Omega) = 0$ para $|\Omega| \geq 2\pi(5000)$. O sinal $x_c(t)$ é amostrado com uma taxa de amostragem de 10000 amostras por segundo (10 kHz) para produzir uma sequência $x[n] = x_c(nT)$ com $T = 10^{-4}$. Seja $X[k]$ a TFD de 1000 pontos de $x[n]$.

(a) A que frequência de tempo contínuo o índice $k = 150$ em $X[k]$ corresponde?

(b) A que frequência de tempo contínuo o índice $k = 800$ em $X[k]$ corresponde?

10.2. Um sinal de tempo contínuo $x_c(t)$ tem banda limitada a 5 kHz; isto é, $X_c(j\Omega) = 0$ para $|\Omega| \geq 2\pi(5000)$. $x_c(t)$ é amostrado com período T, e produz a sequência $x[n] = x_c(nT)$. Para examinar as propriedades espectrais do sinal, calculamos a TFD de N pontos de um segmento de N amostras de $x[n]$ usando um programa de computador que exige $N = 2^v$, sendo v um inteiro.

Determine o valor *mínimo* para N e o intervalo de taxas de amostragem

$$F_{\text{mín}} < \frac{1}{T} < F_{\text{máx}}$$

de modo que o *aliasing* seja evitado e o espaçamento efetivo entre os valores de TFD seja *menor* do que 5 Hz; isto é, as frequências de tempo contínuo equivalentes em que a transformada de Fourier é calculada são separadas por menos de 5 Hz.

10.3. Um sinal de tempo contínuo $x_c(t) = \cos(\Omega_0 t)$ é amostrado com período T para produzir a sequência $x[n] = x_c(nT)$. Uma janela retangular de N pontos é aplicada a $x[n]$ para $0, 1, ..., N-1$, e $X[k]$, para $k = 0, 1, ..., N-1$ é a TFD de N pontos da sequência resultante.

(a) Supondo que Ω_0, N e k_0 sejam fixos, como T deverá ser escolhido de modo que $X[k_0]$ e $X[N - k_0]$ sejam não nulos e $X[k] = 0$ para todos os outros valores de k?

(b) Sua resposta é única? Se não, dê outro valor de T que satisfaça as condições no item (a).

10.4. Seja $x_c(t)$ um sinal de valor real, de banda limitada, cuja transformada de Fourier $X_c(j\Omega)$ seja nula para $|\Omega| \geq 2\pi(5000)$. A sequência $x[n]$ é obtida pela amostragem de $x_c(t)$ em 10 kHz. Suponha que a sequência $x[n]$ seja nula para $n < 0$ e $n > 999$.

Seja $X[k]$ a TFD de 1000 pontos de $x[n]$. Sabemos que $X[900] = 1$ e $X[420] = 5$. Determine $X_c(j\Omega)$ para tantos valores de Ω quanto você puder na região $|\Omega| < 2\pi(5000)$.

10.5. Considere a estimação do espectro de um sinal de tempo discreto $x[n]$ usando a TFD com uma janela de Hamming aplicada a $x[n]$. Uma regra prática conservadora para a resolução de frequência da análise de TFD janelada é que a resolução de frequência seja igual à largura do lóbulo principal de $W(e^{j\omega})$. Você deseja poder distinguir sinais senoidais que estejam separados por apenas $\pi/100$ em ω. Além disso, seu comprimento de janela L é restrito a ser uma potência de 2. Qual é o comprimento mínimo $L = 2^v$ que atenderá a seu requisito de resolução?

10.6. A seguir, são apresentados três sinais diferentes $x_i[n]$, que são a soma de duas senoides:

$$x_1[n] = \cos(\pi n/4) + \cos(17\pi n/64),$$

$$x_2[n] = \cos(\pi n/4) + 0{,}8\cos(21\pi n/64),$$

$$x_3[n] = \cos(\pi n/4) + 0{,}001\cos(21\pi n/64).$$

Queremos estimar o espectro de cada um desses sinais usando uma TFD de 64 pontos com uma janela retangular de 64 pontos $w[n]$. Indique quais das TFDs de 64 pontos dos sinais você esperaria que tivessem dois picos espectrais distintos após o janelamento.

10.7. Seja $x[n]$ uma sequência de 5000 pontos obtida pela amostragem de um sinal de tempo contínuo $x_c(t)$ com $T = 50\,\mu s$. Suponha que $X[k]$ seja a TFD de 8192 pontos de $x[n]$. Qual é o espaçamento de frequência equivalente no tempo contínuo de amostras de TFD adjacentes?

10.8. Suponha que $x[n]$ seja uma sequência de 1000 pontos obtida pela amostragem de um sinal de tempo contínuo $x_c(t)$ a 8 kHz e que $X_c(j\Omega)$ tenha banda suficientemente limitada para evitar o *aliasing*. Qual é o comprimento N da TFD mínimo tal que amostras adjacentes de $X[k]$ correspondam ao espaçamento de frequência de 5 Hz ou menos no sinal de tempo contínuo original?

10.9. $X_r[k]$ denota a transformada de Fourier dependente do tempo (TFDT) definida na Equação 10.40. Para este problema, considere a TFDT quando o comprimento da TFD é $N = 36$ e o intervalo de amostragem, $R = 36$. A janela $w[n]$ é uma janela retangular de comprimento $L = 36$. Calcule a TFDT $X_r[k]$ para $-\infty < r < \infty$ e $0 \leq k \leq N - 1$ para o sinal

$$x[n] = \begin{cases} \cos(\pi n/6), & 0 \leq n \leq 35, \\ \cos(\pi n/2), & 36 \leq n \leq 71, \\ 0, & \text{caso contrário.} \end{cases}$$

10.10. A Figura P10.10 mostra o espectrograma de um sinal *chirp* na forma

$$x[n] = \text{sen}\left(\omega_0 n + \frac{1}{2}\lambda n^2\right).$$

Note que o espectrograma é uma representação da magnitude de $X[n, k]$, como define a Equação 10.34, em que as regiões escuras indicam grandes valores de $|X[n, k]|$. Com base na figura, estime ω_0 e λ.

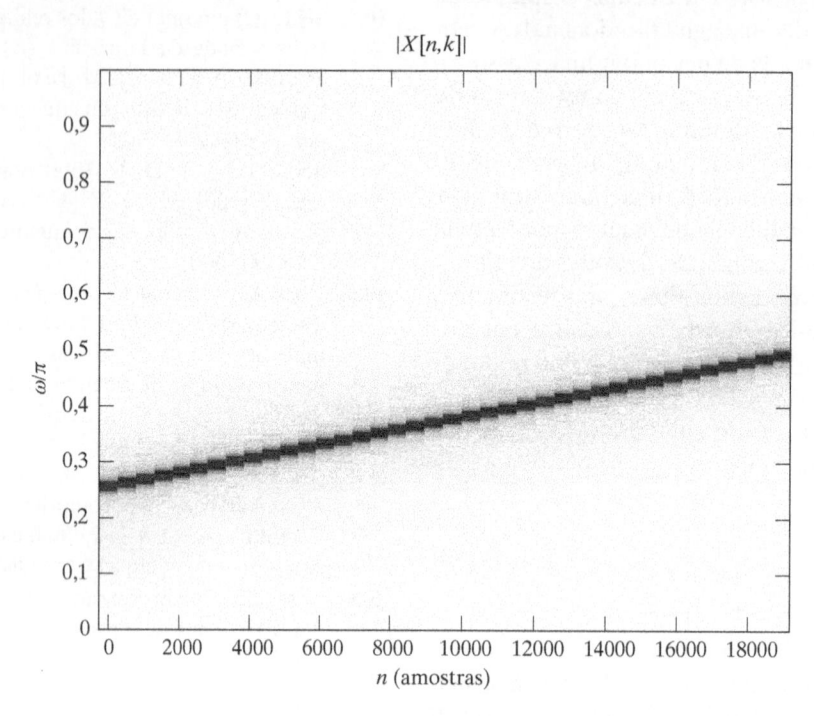

Figura P10.10

10.11. Um sinal de tempo contínuo é amostrado com uma taxa de amostragem de 10 kHz, e a TFD de 1024 amostras é calculada. Determine o espaçamento de frequência de tempo contínuo entre as amostras espectrais. Justifique sua resposta.

10.12. Seja $x[n]$ um sinal com um único componente senoidal. O sinal $x[n]$ é janelado com uma janela de Hamming de L pontos $w[n]$ para a obtenção de $v_1[n]$ antes do cálculo de $V_1(e^{j\omega})$. O sinal $x[n]$ também é janelado com uma janela retangular de L pontos para a obtenção de $v_2[n]$, que é usado para calcular $V_2(e^{j\omega})$. Os picos em $|V_2(e^{j\omega})|$ e $|V_1(e^{j\omega})|$ têm a mesma altura? Caso tenham, justifique sua resposta. Se não, qual deverá ter um pico maior?

10.13. Desejamos estimar o espectro de $x[n]$ pela aplicação de uma janela de Kaiser de 512 pontos ao sinal antes do cálculo de $X(e^{j\omega})$.

 (a) Os requisitos para a resolução de frequência do sistema especificam que o maior lóbulo principal permitido para a janela de Kaiser é $\pi/100$. Qual é a melhor atenuação do lóbulo lateral esperada sob essas restrições?

 (b) Suponha que você saiba que $x[n]$ contém dois componentes senoidais afastados por pelo menos $\pi/50$, e que a amplitude do componente mais forte é 1. Com base em sua resposta para o item (a), dê um limiar para o menor valor do componente mais fraco que você esperaria ver sobre o lóbulo lateral da senoide mais forte.

10.14. Um sinal de voz é amostrado com uma taxa de amostragem de 16000 amostras/s (16 kHz). Uma janela de 20 ms de duração é usada na análise de Fourier dependente do tempo do sinal, como descrito na Seção 10.3, sendo a janela deslocada de 40 amostras entre os cálculos da TFD. Suponha que o comprimento de cada TFD seja $N = 2^v$.

 (a) Quantas amostras existem em cada segmento de voz selecionado pela janela?

 (b) Qual é a "*taxa de quadro*" da análise de Fourier dependente do tempo, isto é, quantos cálculos de TFD são feitos por segundo do sinal de entrada?

 (c) Qual é o tamanho mínimo N da TFD tal que o sinal de entrada original possa ser reconstruído a partir da transformada de Fourier dependente do tempo?

 (d) Qual é o espaçamento (em Hz) entre as amostras das TFDs para o N mínimo do item (c)?

10.15. Um segmento de tempo contínuo de valor real de um sinal $x_c(t)$ é amostrado a uma taxa de 20000 amostras/s, gerando uma sequência de tempo discreto de comprimento finito de 1000 pontos $x[n]$ que é não nula no intervalo $0 \leq n \leq 999$. Sabemos que $x_c(t)$ também é limitado em banda, tal que $X_c(j\Omega) = 0$ para $|\Omega| \geq 2\pi(10.000)$; isto é, suponha que a operação de amostragem não introduza qualquer distorção por causa do *aliasing*.

$X[k]$ indica a TFD de 1000 pontos de $x[n]$. Sabemos que $X[800]$ contém o valor $X[800] = 1 + j$.

 (a) Pelas informações dadas, você consegue determinar $X[k]$ em quaisquer outros valores de k? Nesse caso, indique qual é ou quais são os valores de k, e qual é o valor correspondente de $X[k]$. Se não, explique por que não.

(b) Pela informação dada, indique o(s) valor(es) de Ω para o(s) qual(is) $X_c(j\Omega)$ é conhecido e o(s) valor(es) correspondente(s) de $X_c(j\Omega)$.

10.16. Considere que $x[n]$ seja um sinal de tempo discreto cujo espectro você deseja estimar usando uma TFD janelada. Você precisa obter uma resolução em frequência de pelo menos $\pi/25$ e também precisa usar um comprimento de janela $N = 256$. Uma estimativa segura da resolução em frequência de uma estimativa espectral é a largura do lóbulo principal da janela usada. Qual das janelas na Tabela 7.2 satisfará o critério dado para a resolução em frequência?

10.17. Seja $x[n]$ um sinal de tempo discreto obtido pela amostragem de um sinal de tempo contínuo $x_c(t)$ com algum período de amostragem T de modo que $x[n] = x_c(nT)$. Suponha que $x_c(t)$ tenha banda limitada a 100 Hz, isto é, $X_c(j\Omega) = 0$ para $|\Omega| \geq 2\pi(100)$. Queremos estimar o espectro de tempo contínuo $X_c(j\Omega)$ por meio do cálculo de uma TFD de 1024 pontos de $x[n]$, $X[k]$. Qual é o menor valor de T tal que o espaçamento de frequência equivalente entre amostras de TFD consecutivas $X[k]$ corresponda a 1 Hz ou menos na frequência de tempo contínuo?

10.18. Na Figura P10.18 é mostrada a magnitude $|V[k]|$ da TFD de 128 pontos $V[k]$ para um sinal $v[n]$. O sinal $v[n]$ foi obtido pela multiplicação de $x[n]$ por uma janela retangular de 128 pontos $w[n]$; isto é, $v[n] = x[n]w[n]$. Note que na Figura P10.18 é mostrado $|V[k]|$ somente para o intervalo $0 \leq k \leq 64$. Quais dos seguintes sinais poderiam ser $x[n]$? Isto é, quais são consistentes com a informação mostrada na figura?

$$x_1[n] = \cos(\pi n/4) + \cos(0{,}26\pi n),$$

$$x_2[n] = \cos(\pi n/4) + (1/3)\operatorname{sen}(\pi n/8),$$

$$x_3[n] = \cos(\pi n/4) + (1/3)\cos(\pi n/8),$$

$$x_4[n] = \cos(\pi n/8) + (1/3)\cos(\pi n/16),$$

$$x_5[n] = (1/3)\cos(\pi n/4) + \cos(\pi n/8),$$

$$x_6[n] = \cos(\pi n/4) + (1/3)\cos(\pi n/8 + \pi/3).$$

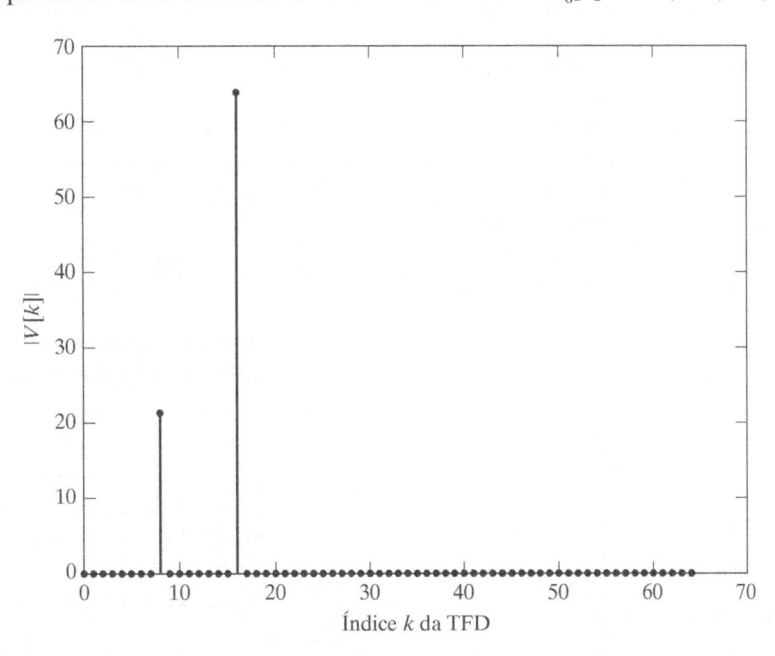

Figura P10.18

10.19. Um sinal $x[n]$ é analisado a partir da transformada de Fourier dependente do tempo $X_r[k]$, como definido na Equação 10.40. Inicialmente, a análise é realizada com uma TFD de $N = 128$ por meio de uma janela de Hamming com $L = 128$ pontos, $w[n]$. A amostragem no domínio do tempo de blocos adjacentes é $R = 128$; isto é, os segmentos janelados são deslocados por 128 amostras no tempo. A resolução de frequência obtida com essa análise não é suficiente, e desejamos melhorá-la. Vários métodos de modificação da análise são sugeridos para a realização desse objetivo. Qual dos seguintes métodos melhorará a resolução em frequência da transformada de Fourier dependente do tempo $X_r[k]$?

MÉTODO 1: Aumentar N para 256 e manter os mesmos valores de L e R.

MÉTODO 2: Aumentar tanto N quanto L para 256, mantendo o mesmo R.

MÉTODO 3: Diminuir R para 64 e manter os mesmos N e L.

MÉTODO 4: Diminuir L para 64 e manter os mesmos N e R.

MÉTODO 5: Manter N, R e L, mas mudar $w[n]$ para que seja uma janela retangular.

10.20. Suponha que você queira estimar o espectro de $x[n]$ pela aplicação de uma janela de Kaiser ao sinal antes de calcular a TFTD. É preciso que o lóbulo lateral da janela seja de 30 dB abaixo do lóbulo principal e que a resolução de frequência seja $\pi/40$. A largura do lóbulo principal da janela é uma estimativa segura da resolução de frequência. Estime o comprimento de janela L mínimo que atenda a esses requisitos.

Problemas básicos

10.21. Sejam $x[n] = \cos(2\pi n/5)$ e $v[n]$ a sequência obtida pela aplicação de uma janela retangular de 32 pontos a $x[n]$ antes do cálculo de $V(e^{j\omega})$. Esboce $|V(e^{j\omega})|$ para $-\pi \leq \omega \leq \pi$, indicando as frequências de todos os picos e os primeiros nulos nos dois lados do pico. Além disso, indique as amplitudes dos picos e o lóbulo lateral mais forte de cada pico.

10.22. Neste problema, temos interesse em estimar os espectros de três sequências de dados de valores reais muito longas $x_1[n]$, $x_2[n]$ e $x_3[n]$, cada uma consistindo na soma de dois componentes senoidais. Porém, temos apenas um segmento de 256 pontos de cada sequência disponível para análise. Sejam $\bar{x}_1[n]$, $\bar{x}_2[n]$ e $\bar{x}_3[n]$ a notação dos segmentos de 256 pontos de $x_1[n]$, $x_2[n]$ e $x_3[n]$, respectivamente. Temos algumas informações sobre a natureza dos espectros das sequências infinitamente longas, como indicam as equações de P10.22-1 a P10.22-3. Dois procedimentos de análise espectral diferentes são considerados para uso, um usando uma janela retangular de 256 pontos, e o outro, uma janela de Hamming de 256 pontos. Esses procedimentos são descritos a seguir. Nas descrições, o sinal $\mathcal{R}_N[n]$ denota a janela retangular de N pontos, e $\mathcal{H}_N[n]$ denota a janela de Hamming de N pontos. O operador $\text{TFD}_{2048}\{\cdot\}$ indica tomar a TFD de 2048 pontos de seu argumento após o preenchimento do final da sequência de entrada com zeros. Isso dará uma boa interpolação da TFTD a partir das amostras de frequência das TFDs.

$$X_1(e^{j\omega}) \approx \delta(\omega + \frac{17\pi}{64}) + \delta(\omega + \frac{\pi}{4})$$
$$+ \delta(\omega - \frac{\pi}{4}) + \delta(\omega - \frac{17\pi}{64}) \quad \text{(P10.22-1)}$$

$$X_2(e^{j\omega}) \approx 0{,}017\delta(\omega + \frac{11\pi}{32}) + \delta(\omega + \frac{\pi}{4})$$
$$+ \delta(\omega - \frac{\pi}{4}) + 0{,}017\delta(\omega - \frac{11\pi}{32}) \quad \text{(P10.22-2)}$$

$$X_3(e^{j\omega}) \approx 0{,}01\delta(\omega + \frac{257\pi}{1024}) + \delta(\omega + \frac{\pi}{4})$$
$$+ \delta(\omega - \frac{\pi}{4}) + 0{,}01\delta(\omega - \frac{257\pi}{1024}) \quad \text{(P10.22-3)}$$

Com base nas equações P10.22-1 a P10.22-3, indique qual dos procedimentos de análise espectral descritos a seguir pode permitir que você conclua corretamente como se os componentes de frequência antecipados estivessem presentes. Uma boa justificativa incluirá, no mínimo, uma consideração quantitativa da resolução e do comportamento do lóbulo lateral dos estimadores. Observe que é possível que ambos ou nenhum dos algoritmos sirva para qualquer sequência de dados fornecida. A Tabela 7.2 pode ser útil na decisão de qual(is) algoritmo(s) usar com qual sequência.

Algoritmos de análise espectral

Algoritmo 1: Usar o segmento de dados inteiro com uma janela retangular.

$$v[n] = \mathcal{R}_{256}[n]\bar{x}[n]$$

$$\left|V(e^{j\omega})\right|_{\omega=\frac{2\pi k}{2048}} = \left|\text{TFD}_{2048}\{v[n]\}\right|.$$

Algoritmo 2: Usar o segmento de dados inteiro com uma janela de Hamming.

$$v[n] = \mathcal{H}_{256}[n]\bar{x}[n]$$

$$\left|V(e^{j\omega})\right|_{\omega=\frac{2\pi k}{2048}} = \left|\text{TFD}_{2048}\{v[n]\}\right|.$$

10.23. Esboce o espectrograma obtido a partir de uma janela retangular de 256 pontos e TFDs de 256 pontos sem sobreposição ($R = 256$) no sinal

$$x[n] = \cos\left[\frac{\pi n}{4} + 1000\,\text{sen}\left(\frac{\pi n}{8000}\right)\right]$$

para o intervalo $0 \leq n \leq 16.000$.

10.24. **(a)** Considere o sistema da Figura P10.24-1 com entrada $x(t) = e^{j(3\pi/8)10^4 t}$, período de amostragem $T = 10^{-4}$ e

$$w[n] = \begin{cases} 1, & 0 \leq n \leq N-1, \\ 0, & \text{demais valores de } n. \end{cases}$$

Qual é o menor valor não nulo de N tal que $X_w[k]$ seja não nulo em exatamente um valor de k?

(b) Suponha agora que $N = 32$, o sinal de entrada seja $x(t) = e^{j\Omega_0 t}$ e o período de amostragem T seja escolhido tal que nenhum *aliasing* ocorra durante o processo de amostragem. Nas figuras P10.24-2 e P10.24-3 são mostradas as magnitudes da sequência $X_w[k]$ para $k = 0, \ldots, 31$ para as duas escolhas diferentes de $w[n]$ a seguir:

$$w_1[n] = \begin{cases} 1, & 0 \leq n \leq 31, \\ 0, & \text{demais valores de } n, \end{cases}$$

$$w_2[n] = \begin{cases} 1, & 0 \leq n \leq 7, \\ 0, & \text{demais valores de } n. \end{cases}$$

Indique qual figura corresponde a qual escolha de $w[n]$. Indique seu raciocínio claramente.

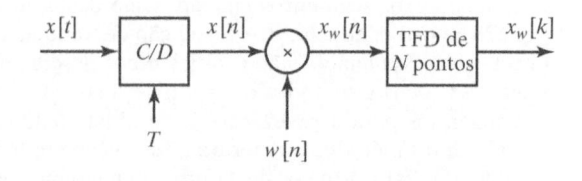

Figura P10.24-1

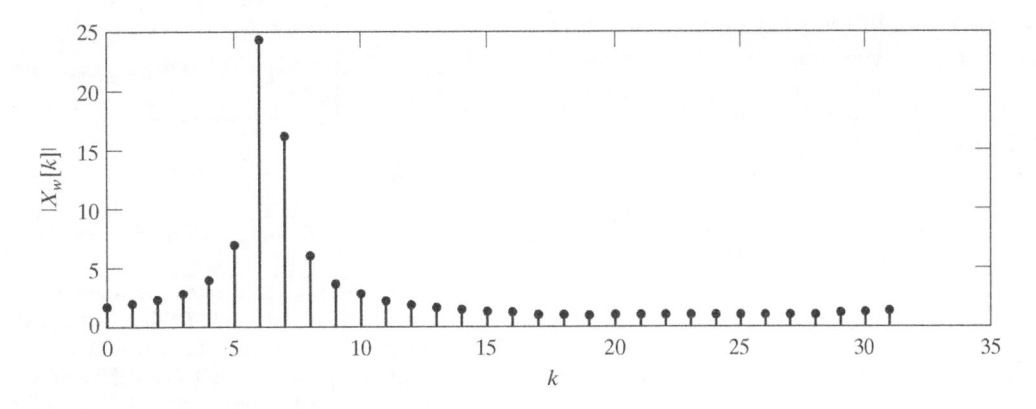

Figura P10.24-2

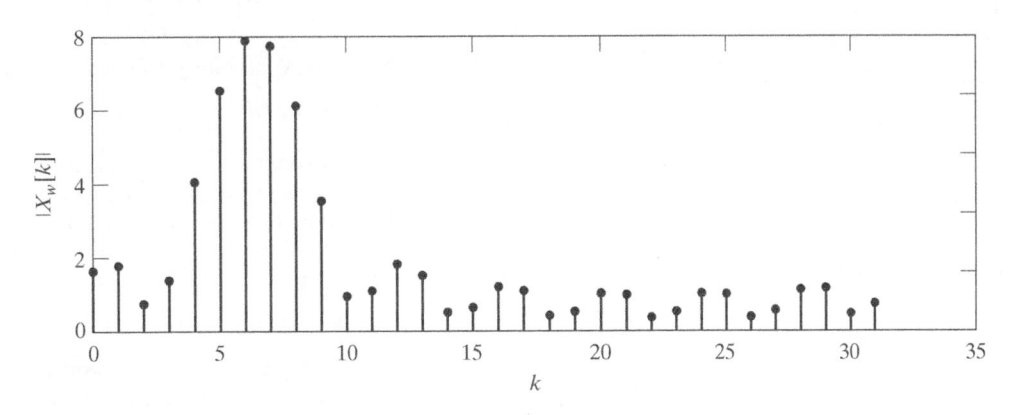

Figura P10.24-3

(c) Para o sinal de entrada e os parâmetros de sistema do item (b), gostaríamos de estimar o valor de Ω_0 da Figura P10.24-3 quando o período de amostragem for $T = 10^{-4}$. Supondo que a sequência

$$w[n] = \begin{cases} 1, & 0 \leq n \leq 31, \\ 0, & \text{demais valores de } n, \end{cases}$$

e que o período de amostragem seja suficiente para garantir que nenhum *aliasing* ocorra durante a amostragem, estime o valor de Ω_0. Sua estimativa é exata? Se não for, qual é o erro máximo possível de sua estimativa de frequência?

(d) Suponha que você tenha recebido os valores exatos da TFD de 32 pontos $X_w[k]$ para as escolhas de janela $w_1[n]$ e $w_2[n]$. Descreva resumidamente um procedimento para a obtenção de uma estimativa precisa de Ω_0.

Problemas avançados

10.25. Na Figura P10.25, vemos um banco de filtros para o qual

$$h_0[n] = 3\delta[n+1] + 2\delta[n] + \delta[n-1]$$

e

$$h_q[n] = e^{j\frac{2\pi qn}{M}} h_0[n], \quad \text{para } q = 1, \ldots, N-1.$$

O banco de filtros consiste em N filtros, modulados por uma fração $1/M$ da banda de frequência total. Suponha que M e N sejam maiores em comprimento do que $h_0[n]$.

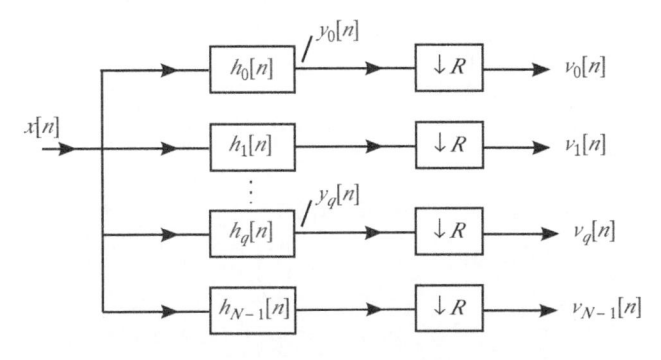

Figura P10.25 Banco de filtros.

(a) Expresse $y_q[n]$ em termos da transformada de Fourier dependente do tempo $X[n, \lambda)$ de $x[n]$, esboce e indique explicitamente os valores para a janela associada na transformada de Fourier dependente do tempo.

Para os itens (b) e (c), suponha que $M = N$. Como $v_q[n]$ depende das duas variáveis inteiras q e n, como alternativa, escrevemos isso como a sequência bidimensional $v[q, n]$.

(b) Para $R = 2$, descreva um procedimento para recuperar $x[n]$ para todos os valores de n se $v[q, n]$ estiver disponível para todos os valores inteiros de q e n.

(c) Seu procedimento em (b) funcionará se $R = 5$? Explique com clareza.

10.26. O sistema na Figura P10.26-1 usa um banco de filtros modulados para a análise espectral. (Para ver outro exemplo, a Figura P10.26-2 mostra como as respostas em frequência $H_k(e^{j\omega})$ se relacionam.) A resposta ao impulso do filtro protótipo $h_0[n]$ é esboçada na Figura P10.26-3.

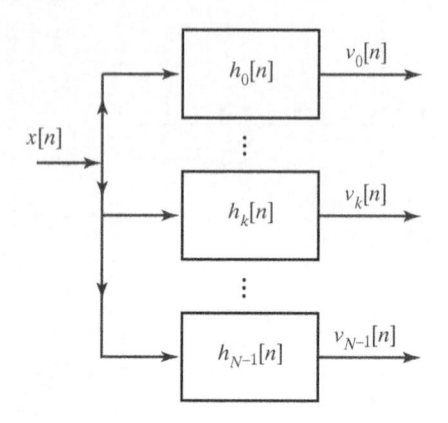

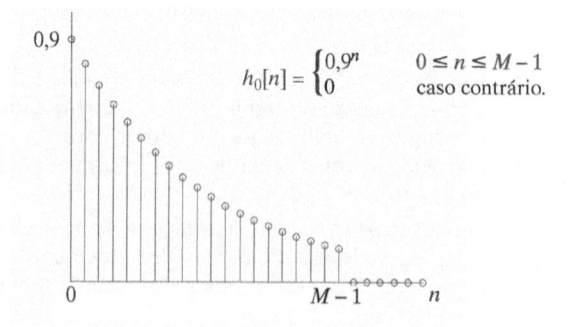

$h_k[n] = e^{j\omega_k n} h_0[n]$, $\quad \omega_k = \dfrac{2\pi k}{N}$, $\quad$ sendo $k = 0, 1, \ldots, N-1$

$h_0[n]$ = filtro protótipo passa-baixas $\quad H_k(z) = H_0(e^{-j2\pi k/N} z)$

Figura P10.26-1

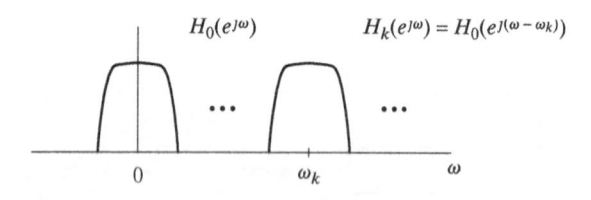

Figura P10.26-2

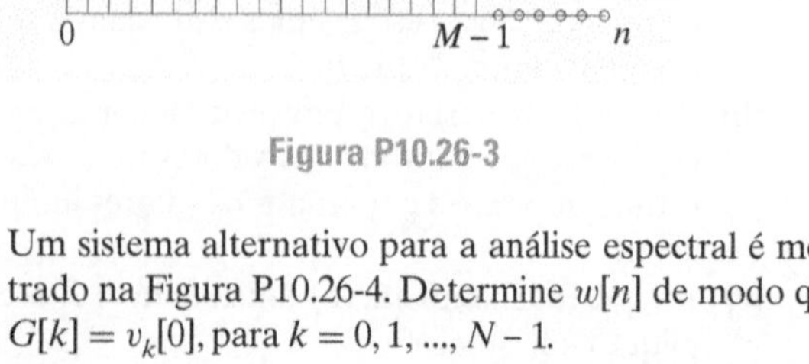

$$h_0[n] = \begin{cases} 0{,}9^n & 0 \leq n \leq M-1 \\ 0 & \text{caso contrário.} \end{cases}$$

Figura P10.26-3

Um sistema alternativo para a análise espectral é mostrado na Figura P10.26-4. Determine $w[n]$ de modo que $G[k] = v_k[0]$, para $k = 0, 1, \ldots, N-1$.

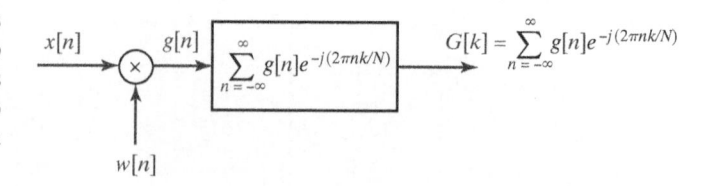

$$G[k] = \sum_{n=-\infty}^{\infty} g[n] e^{-j(2\pi n k/N)}$$

Figura P10.26-4

10.27. Temos interesse em obter 256 amostras igualmente espaçadas da transformada z de $x_w[n]$. $x_w[n]$ é uma versão janelada de uma sequência arbitrária $x[n]$, sendo $x_w[n] = x[n]w[n]$ e $w[n] = 1, 0 \leq n \leq 255$ e $w[n] = 0$, caso contrário. A transformada z de $x_w[n]$ é definida como

$$X_w(z) = \sum_{n=0}^{255} x[n] z^{-n}.$$

As amostras $X_w[k]$ que gostaríamos de calcular são

$$X_w[k] = X_w(z)|_{z=0{,}9 e^{j\frac{2\pi}{256}k}} \quad k = 0, 1, \ldots, 255.$$

Gostaríamos de processar o sinal $x[n]$ com um banco de filtros modulados, como indicado na Figura P10.27. Cada filtro no banco de filtros tem uma resposta ao impulso que está relacionada ao filtro passa-baixas *causal* protótipo $h_0[n]$ da seguinte forma:

$$h_k[n] = h_0[n] e^{-j\omega_k n} \quad k = 1, 2, \ldots, 255.$$

Cada saída do banco de filtros é amostrada uma vez, no instante $n = N_k$, para a obtenção de $X_w[k]$, isto é,

$$X_w[k] = v_k[N_k].$$

Determine $h_0[n]$, ω_k e N_k de modo que

$$X_w[k] = v_k[N_k] = X_w(z)|_{z=0{,}9 e^{j\frac{2\pi}{256}k}} \quad k = 0, 1, \ldots, 255.$$

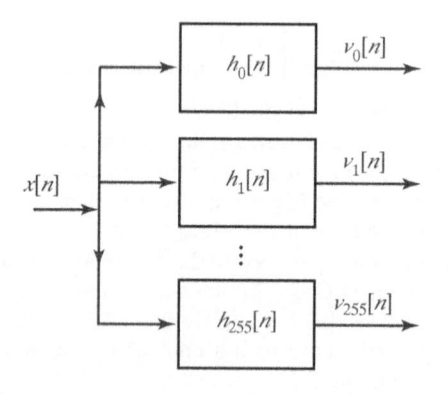

Figura P10.27

10.28. (a) Na Figura P10.28-1, mostramos um sistema para análise espectral de um sinal $x_c(t)$, sendo

$$G_k[n] = \sum_{l=0}^{N-1} g_l[n] e^{-j\frac{2\pi}{N}lk},$$

$$N = 512 \quad \text{e} \quad LR = 256.$$

Para a escolha mais geral do coeficiente multiplicador a_l, determine a escolha para L e R que resultará no menor número de multiplicações por segundo.

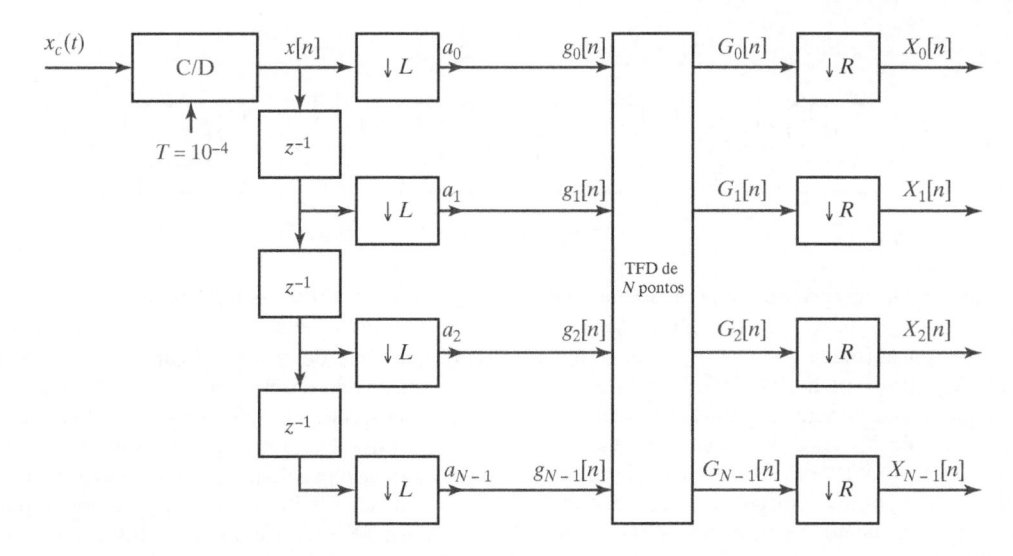

Capítulo 10 Análise de Fourier de sinais usando a transformada de Fourier discreta 519

Figura P10.28-1

(b) Na Figura P10.28-2, mostramos outro sistema para análise espectral de um sinal $x_c(t)$, em que

$$h[n] = \begin{cases} (0,93)^n & 0 \le n \le 255 \\ 0 & \text{caso contrário,} \end{cases}$$

$h_k[n] = h[n]e^{-j\omega_k n}, \quad k = 0, 1, \ldots, N-1 \quad \text{e} \quad N = 512.$

A seguir, listamos **duas** escolhas possíveis para M, **quatro** escolhas possíveis para ω_k e **seis** escolhas possíveis para os coeficientes a_l. A partir desse conjunto, identifique todas as combinações para as quais $Y_k[n] = X_k[n]$, isto é, para as quais os dois sistemas oferecerão a mesma análise espectral. Pode haver mais de uma.

M: (a) 256 (b) 512

ω_k: (a) $\frac{2\pi k}{256}$ (b) $\frac{2\pi k}{512}$ (c) $\frac{-2\pi k}{256}$ (d) $\frac{-2\pi k}{512}$

a_l: (a) $(0,93)^l$ $l = 0, 1, \ldots, 255,$ zero, caso contrário
(b) $(0,93)^{-l}$ $l = 0, 1, \ldots, 511$
(c) $(0,93)^l$ $l = 0, 1, \ldots, 511$
(d) $(0,93)^{-l}$ $l = 0, 1, \ldots, 255,$ zero, caso contrário
(e) $(0,93)^l$ $l = 256, 257, \ldots, 511,$ zero, caso contrário
(f) $(0,93)^{-l}$ $l = 256, 257, \ldots, 511,$ zero, caso contrário

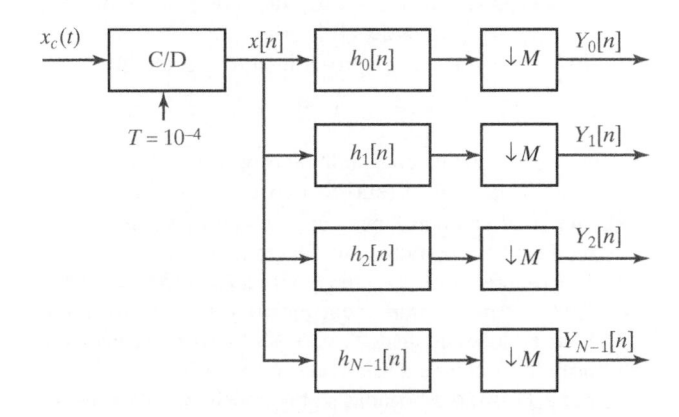

Figura P10.28-2

10.29. O sistema mostrado na Figura P10.29 é proposto como um analisador de espectro. A operação básica é a seguinte: o espectro da entrada amostrada é deslocado na frequência; o filtro passa-baixas seleciona a banda de frequências passa-baixa; o subamostrador "espalha" a banda de frequência selecionada pelo intervalo inteiro $-\pi < \omega < \pi$; e a TFD amostra essa banda de frequência uniformemente em N frequências.

Suponha que a entrada seja limitada em banda, de modo que $X_c(j\Omega) = 0$ para $|\Omega| \ge \pi/T$. O sistema LIT com resposta em frequência $H(e^{j\omega})$ é um filtro passa-baixas ideal com ganho unitário e frequência de corte π/M. Além disso, suponha que $0 < \omega_1 < \pi$, e que a janela de dados $w[n]$ seja uma janela retangular de comprimento N.

(a) Faça gráficos das TFTDs, $X(e^{j\omega})$, $Y(e^{j\omega})$, $R(e^{j\omega})$ e $R_d(e^{j\omega})$ para a $X_c(j\Omega)$ dada e para $\omega_1 = \pi/2$ e $M = 4$. Dê a relação entre as transformadas de Fourier de entrada e saída para cada estágio do processo; por exemplo, no quarto diagrama, você indicaria

$$R(e^{j\omega}) = H(e^{j\omega})Y(e^{j\omega}).$$

(b) Usando seu resultado do item (a), generalize para determinar a banda de frequências de tempo contínuo em $X_c(j\Omega)$ que cai dentro da banda de passagem do filtro passa-baixas de tempo discreto. Sua resposta dependerá de M, ω_1 e T. Para o caso específico de $\omega_1 = \pi/2$ e $M = 4$, indique essa banda de frequências no gráfico de $X_c(j\Omega)$ dado para o item (a).

(c) (i) Quais frequências de tempo contínuo em $X_c(j\Omega)$ estão associadas aos valores de TFD $V[k]$ para $0 \le k \le N/2$?

(ii) A quais frequências de tempo contínuo em $X_c(j\Omega)$ os valores para $N/2 < k \le N-1$ correspondem? Em cada caso, dê uma fórmula para as frequências Ω_k.

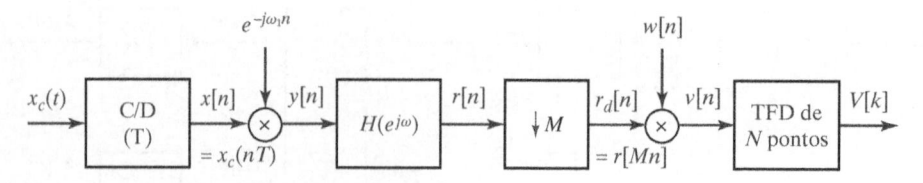

Figura P10.29

10.30. Considere um sinal de tempo contínuo limitado no tempo $x_c(t)$ cuja duração é de 100 ms. Suponha que esse sinal tenha uma transformada de Fourier de banda limitada tal que $X_c(j\Omega) = 0$ para $|\Omega| \geq 2\pi(10000)$ rad/s; isto é, suponha que o *aliasing* seja insignificante. Queremos calcular amostras de $X_c(j\Omega)$ com espaçamento de 5 Hz no intervalo $0 \leq \Omega \leq 2\pi(10000)$. Isso pode ser feito com uma TFD de 4000 pontos. Especificamente, queremos obter uma sequência de 4000 pontos $x[n]$ para a qual a TFD de 4000 pontos esteja relacionada a $X_c(j\Omega)$ por

$$X[k] = \alpha X_c(j2\pi \cdot 5 \cdot k), \quad k = 0, 1, \ldots, 1999,$$

sendo α um fator de escala conhecido. Três métodos são propostos para a obtenção de uma sequência de 4000 pontos cuja TFD gera as amostras desejadas de $X_c(j\Omega)$.

MÉTODO 1: $x_c(t)$ é amostrada com um período de amostragem $T = 25$ μs; isto é, calculamos $X_1[k]$, a TFD da sequência

$$x_1[n] = \begin{cases} x_c(nT), & n = 0, 1, \ldots, 3999, \\ 0, & \text{caso contrário}. \end{cases}$$

Como $x_c(t)$ é limitado no tempo a 100 ms, $x_1[n]$ é uma sequência de comprimento finito de comprimento 4000 (100 ms/25 μs).

MÉTODO 2: $x_c(t)$ é amostrado com um período de amostragem de $T = 50$ μs. Como $x_c(t)$ é limitado no tempo a 100 ms, a sequência resultante terá apenas 2000 (100 ms/50 μs) amostras não nulas; isto é,

$$x_2[n] = \begin{cases} x_c(nT), & n = 0, 1, \ldots, 1999, \\ 0, & \text{caso contrário}. \end{cases}$$

Em outras palavras, a sequência é preenchida com amostras nulas para criar uma sequência de 4000 pontos para a qual a TFD de 4000 pontos $X_2[k]$ é calculada.

MÉTODO 3: $x_c(t)$ é amostrada com um período de amostragem de $T = 50$ μs, como no Método 2. A sequência de 2000 pontos resultante é usada para formar a sequência $x_3[n]$ da seguinte forma:

$$x_3[n] = \begin{cases} x_c(nT), & 0 \leq n \leq 1999, \\ x_c((n-2000)T), & 2000 \leq n \leq 3999, \\ 0, & \text{caso contrário}. \end{cases}$$

A TFD de 4000 pontos $X_3[k]$ dessa sequência é calculada.

Para cada um dos três métodos, determine como cada TFD de 4000 pontos está relacionada a $X_c(j\Omega)$. Indique essa relação em um esboço para uma transformada de Fourier "típica" $X_c(j\Omega)$. Indique explicitamente qual(is) método(s) oferece(m) as amostras desejadas de $X_c(j\Omega)$.

10.31. Um sinal de duração finita de tempo contínuo $x_c(t)$ é amostrado em uma taxa de 20000 amostras/s, gerando uma sequência de comprimento finito de 1000 pontos $x[n]$ que é não nula no intervalo $0 \leq n \leq 999$. Suponha, para este problema, que o sinal de tempo contínuo também seja limitado em banda, de modo que $X_c(j\Omega) = 0$ para $|\Omega| \geq 2\pi(10000)$; isto é, suponha que ocorra uma distorção de *aliasing* insignificante na amostragem. Suponha também que um circuito ou programa esteja disponível para calcular TFDs de 1000 pontos e TFDs inversas.

(a) Se $X[k]$ indica a TFD de 1000 pontos da sequência $x[n]$, como $X[k]$ está relacionada a $X_c(j\Omega)$? Qual é o espaçamento em frequência de tempo contínuo efetivo entre as amostras da TFD?

O procedimento a seguir é proposto para a obtenção de uma visualização expandida da transformada de Fourier $X_c(j\Omega)$ no intervalo $|\Omega| \leq 2\pi(5000)$, começando com a TFD de 1000 pontos $X[k]$.

Etapa 1. Forme a nova TFD de 1000 pontos

$$W[k] = \begin{cases} X[k], & 0 \leq k \leq 250, \\ 0, & 251 \leq k \leq 749, \\ X[k], & 750 \leq k \leq 999. \end{cases}$$

Etapa 2. Calcule a TFD inversa de 1000 pontos de $W[k]$, obtendo $w[n]$ para $n = 0, 1, \ldots, 999$.

Etapa 3. Faça a dizimação da sequência $w[n]$ por um fator de 2 e aumente o resultado com 500 amostras nulas consecutivas, obtendo a sequência

$$y[n] = \begin{cases} w[2n], & 0 \leq n \leq 499, \\ 0, & 500 \leq n \leq 999. \end{cases}$$

Etapa 4. Calcule a TFD de 1000 pontos de $y[n]$, obtendo $Y[k]$.

(b) O projetista desse procedimento garante que

$$Y[k] = \alpha X_c(j2\pi \cdot 10 \cdot k), \quad k = 0, 1, \ldots, 500,$$

sendo α uma constante de proporcionalidade. Essa afirmação é correta? Se não, explique por que não.

10.32. Um sinal analógico que consiste em uma soma de senoides foi amostrado com uma taxa de amostragem de $f_s = 10000$ amostras/s para a obtenção de $x[n] = x_c(nT)$. Quatro espectrogramas que mostram a transformada de Fourier dependente do tempo $|X[n,\lambda]|$ foram calculados usando uma janela retangular ou uma janela de Hamming. Elas são esboçadas na Figura P10.32. (Uma escala de amplitude logarítmica é usada, e somente os 35 dB superiores aparecem.)

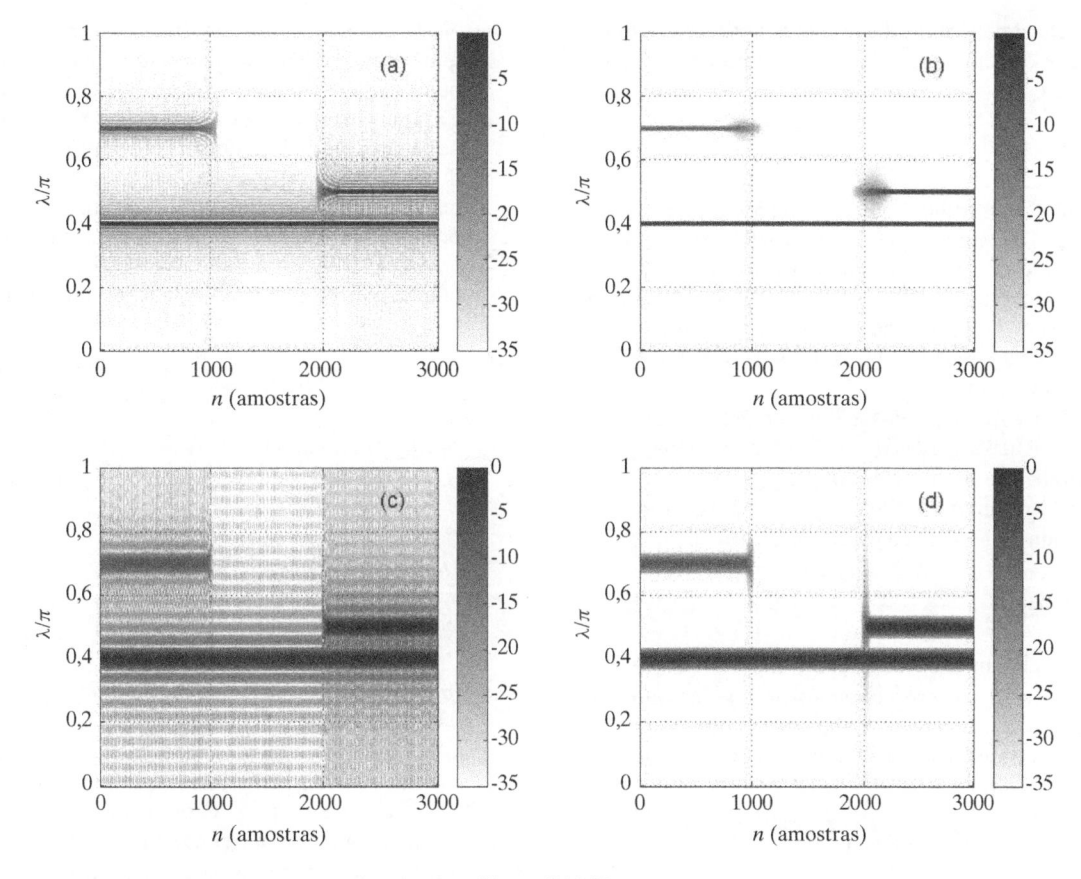

Figura P10.32

(a) Quais espectrogramas foram calculados com uma janela retangular?
(a) (b) (c) (d)

(b) Qual par (ou pares) de espectrogramas tem aproximadamente a mesma resolução em frequência?
(a&b) (b&d) (c&d) (a&d) (b&c)

(c) Qual espectrograma tem a janela de tempo mais curta? (a) (b) (c) (d)

(d) Para as 100 amostras mais próximas, estime o comprimento da janela L (em amostras) da janela no espectrograma (b).

(e) Use os dados espectrográficos na Figura P10.32 para auxiliá-lo na escrita de uma equação (ou equações) para uma soma analógica de senoides $x_c(t)$ que, quando amostradas em uma taxa de amostragem de $f_s = 10000$, produziriam os espectrogramas citados. Seja o mais abrangente que puder em sua descrição do sinal. Indique quaisquer parâmetros que não possam ser obtidos pelo espectrograma.

10.33. O periodograma $I(\omega)$ de um sinal aleatório de tempo discreto $x[n]$ foi definido na Equação 10.67 como

$$I(\omega) = \frac{1}{LU}|V(e^{j\omega})|^2,$$

sendo $V(e^{j\omega})$ a TFTD da sequência de comprimento finito $v[n] = w[n]x[n]$, com $w[n]$ sendo uma sequência janela de comprimento finito de comprimento L e U sendo uma constante de normalização. Suponha que $x[n]$ e $w[n]$ sejam reais.

Mostre que o periodograma também é igual a $1/LU$ vezes a transformada de Fourier da sequência de autocorrelação aperiódica de $v[n]$; isto é,

$$I(\omega) = \frac{1}{LU} \sum_{m=-(L-1)}^{L-1} c_{vv}[m]e^{-j\omega m},$$

sendo

$$c_{vv}[m] = \sum_{n=0}^{L-1} v[n]v[n+m].$$

10.34. Considere uma sequência de comprimento finito $x[n]$, tal que $x[n] = 0$ para $n < 0$ e $n \geq L$. Seja $X[k]$ a TFD de N pontos da sequência $x[n]$, sendo $N > L$. Defina $c_{xx}[m]$ como a função de autocorrelação aperiódica de $x[n]$; isto é,

$$c_{xx}[m] = \sum_{n=-\infty}^{\infty} x[n]x[n+m].$$

Defina

$$\tilde{c}_{xx}[m] = \frac{1}{N} \sum_{m=0}^{N-1} |X[k]|^2 e^{j(2\pi/N)km}, \quad m = 0, 1, \ldots, N-1.$$

(a) Determine o valor mínimo de N que pode ser usado para a TFD se exigirmos que

$$c_{xx}[m] = \tilde{c}_{xx}[m], \quad 0 \leq m \leq L-1.$$

(b) Determine o valor mínimo de N que pode ser usado para a TFD se exigirmos que

$$c_{xx}[m] = \tilde{c}_{xx}[m], \quad 0 \leq m \leq M-1,$$

sendo $M < L$.

10.35. A janela simétrica de Bartlett, que aparece em muitos aspectos da estimação de espectro de potência, é definida como

$$w_B[m] = \begin{cases} 1 - |m|/M, & |m| \leq M - 1, \\ 0, & \text{caso contrário.} \end{cases} \quad (P10.35\text{-}1)$$

A janela de Bartlett é particularmente atraente para a obtenção de estimativas do espectro de potência pelo janelamento de uma função de autocorrelação estimada, como discutimos na Seção 10.6. Isso porque sua transformada de Fourier é não negativa, o que garante que a estimativa de espectro suavizada será não negativa em todas as frequências.

(a) Mostre que a janela de Bartlett, definida na Equação P10.35-1, é $(1/M)$ vezes a autocorrelação aperiódica da sequência $(u[n] - u[n - M])$.

(b) Pelo resultado do item (a), mostre que a transformada de Fourier da janela de Bartlett é

$$W_B(e^{j\omega}) = \frac{1}{M} \left[\frac{\text{sen}(\omega M/2)}{\text{sen}(\omega/2)} \right]^2, \quad (P10.35\text{-}2)$$

que claramente é não negativa.

(c) Descreva um procedimento para gerar outras sequências janelas de comprimento finito que possuam transformadas de Fourier não negativas.

10.36. Considere um sinal

$$x[n] = \left[\text{sen}\left(\frac{\pi n}{2} \right) \right]^2 u[n]$$

cuja transformada de Fourier discreta dependente do tempo é calculada usando a janela de análise

$$w[n] = \begin{cases} 1, & 0 \leq n \leq 13, \\ 0, & \text{caso contrário.} \end{cases}$$

Seja $X[n, k] = X[n, 2\pi k/7]$ para $0 \leq k \leq 6$, em que $X[n, \lambda]$ é definida como na Seção 10.3.

(a) Determine $X[0, k]$ para $0 \leq k \leq 6$.

(b) Calcule $\sum_{k=0}^{6} X[n, k]$ para $0 \leq n < \infty$.

Problemas de extensão

10.37. Na Seção 10.6, mostramos que uma estimativa suavizada do espectro de potência pode ser obtida janelando uma estimativa da sequência de autocorrelação. Foi indicado (veja a Equação 10.109) que a variância da estimativa de espectro suavizada é

$$\text{var}[S(\omega)] \simeq F P_{xx}^2(\omega),$$

sendo F, a *razão de variância* ou o *fator de redução de variância*,

$$F = \frac{1}{Q} \sum_{m=-(M-1)}^{M-1} (w_c[m])^2 = \frac{1}{2\pi Q} \int_{-\pi}^{\pi} |W_c(e^{j\omega})|^2 d\omega.$$

Como discutido na Seção 10.6, Q é o comprimento da sequência $x[n]$ e $(2M - 1)$ é o comprimento da janela simétrica $w_c[m]$ que é aplicada à estimativa de autocorrelação. Assim, se Q for fixo, a variância da estimativa de espectro suavizada pode ser reduzida pelo ajuste da forma e da duração da janela aplicada à função de correlação.

Neste problema, mostraremos que F diminui à medida que o comprimento da janela diminui, mas também sabemos, a partir da discussão anterior sobre janelas no Capítulo 7, que a largura do lóbulo principal de $W_c(e^{j\omega})$ aumenta com a diminuição do comprimento da janela, de modo que a capacidade de distinguir dois componentes de frequência adjacentes é reduzida quando o comprimento da janela diminui. Assim, existe um dilema entre redução de variância e resolução. Estudaremos esse dilema para as seguintes janelas comumente utilizadas:

Retangular

$$w_R[m] = \begin{cases} 1, & |m| \leq M - 1, \\ 0, & \text{caso contrário.} \end{cases}$$

Bartlett (triangular)

$$w_B[m] = \begin{cases} 1 - |m|/M, & |m| \leq M - 1, \\ 0, & \text{caso contrário.} \end{cases}$$

Hanning/Hamming

$$w_H[m] = \begin{cases} \alpha + \beta \cos[\pi m/(M - 1)], & |m| \leq M - 1, \\ 0, & \text{caso contrário.} \end{cases}$$

($\alpha = \beta = 0{,}5$ para a janela de Hanning e $\alpha = 0{,}54$ e $\beta = 0{,}46$ para a janela de Hamming.)

(a) Encontre a transformada de Fourier de cada uma das janelas anteriores; isto é, calcule $W_R(e^{j\omega})$, $W_B(e^{j\omega})$ e $W_H(e^{j\omega})$. Esboce cada uma dessas transformadas de Fourier em função de ω.

(b) Para cada uma das janelas, mostre que as entradas na tabela a seguir são aproximadamente verdadeiras quando $M \gg 1$:

Nome da Janela	Largura aproximada do lóbulo principal	Razão de variância aproximada (F)
Retangular	$2\pi/M$	$2M/Q$
Bartlett	$4\pi/M$	$2M/(3Q)$
Hanning/Hamming	$3\pi/M$	$2M(\alpha^2 + \beta^2/2)/Q$

10.38. Mostre que a transformada de Fourier dependente do tempo, como define a Equação 10.18, tem as seguintes propriedades:

(a) *Linearidade:*

Se $x[n] = ax_1[n] + bx_2[n]$, então

$$X[n, \lambda] = aX_1[n, \lambda] + bX_2[n, \lambda].$$

(b) *Deslocamento:* Se $y[n] = x[n - n_0]$, então $Y[n, \lambda] = X[n - n_0, \lambda]$.

(c) *Modulação:* Se $y[n] = e^{j\omega_0 n} x[n]$, então $Y[n, \lambda] = e^{j\omega_0 n} X[n, \lambda - \omega_0]$.

(d) *Simetria conjugada:* Se $x[n]$ é real, então $X[n, \lambda] = X^*[n, -\lambda]$.

10.39. Suponha que $x_c(t)$ seja um sinal aleatório estacionário de tempo contínuo, com função de autocorrelação

$$\phi_c(\tau) = \mathcal{E}\{x_c(t) x_c(t + \tau)\}$$

e espectro de densidade de potência

$$P_c(\Omega) = \int_{-\infty}^{\infty} \phi_c(\tau) e^{-j\Omega\tau} d\tau.$$

Considere um sinal aleatório estacionário de tempo discreto $x[n]$ que seja obtido por amostragem de $x_c(t)$ com período de amostragem T; isto é, $x[n] = x_c(nT)$.

(a) Mostre que $\phi[m]$, a sequência de autocorrelação para $x[n]$, é

$$\phi[m] = \phi_c(mT).$$

(b) Qual é a relação entre o espectro de densidade de potência $P_c(\Omega)$ para o sinal aleatório de tempo contínuo e o espectro de densidade de potência $P(\omega)$ para o sinal aleatório de tempo discreto?

(c) Que condição é necessária de modo que

$$P(\omega) = \frac{1}{T} P_c\left(\frac{\omega}{T}\right), \qquad |\omega| < \pi?$$

10.40. Na Seção 10.5.5, consideramos a estimativa do espectro de potência de uma senoide mais ruído branco. Neste problema, determinaremos o espectro de potência verdadeiro desse sinal. Suponha que

$$x[n] = A\cos(\omega_0 n + \theta) + e[n],$$

sendo θ uma variável aleatória que é distribuída uniformemente no intervalo de 0 a 2π, e $e[n]$ uma sequência de variáveis aleatórias de média zero que são independentes uma da outra e também independentes de θ. Em outras palavras, o componente do cosseno tem uma fase selecionada aleatoriamente, e $e[n]$ representa ruído branco.

(a) Mostre que, para as hipóteses anteriores, a função de autocorrelação para $x[n]$ é

$$\phi_{xx}[m] = \mathcal{E}\{x[n]x[m+n]\} = \frac{A^2}{2}\cos(\omega_0 m) + \sigma_e^2 \delta[m],$$

sendo $\sigma_e^2 = \mathcal{E}\{(e[n])^2\}$.

(b) Pelo resultado do item (a), mostre que, por um período na frequência, o espectro de potência de $x[n]$ é

$$P_{xx}(\omega) = \frac{A^2 \pi}{2}[\delta(\omega - \omega_0) + \delta(\omega + \omega_0)] + \sigma_e^2, \qquad |\omega| \leq \pi.$$

10.41. Considere um sinal de tempo discreto $x[n]$ com comprimento N amostras que foi obtido pela amostragem de um sinal de tempo contínuo estacionário, branco, com média nula. Concluímos que

$$\mathcal{E}\{x[n]x[m]\} = \sigma_x^2 \delta[n-m],$$

$$\mathcal{E}\{x[n]\} = 0.$$

Suponha que calculemos a TFD da sequência de comprimento finito $x[n]$, obtendo assim $X[k]$ para $k = 0, 1, \ldots, N-1$.

(a) Determine a variância aproximada de $|X[k]|^2$ usando as equações 10.80 e 10.81.

(b) Determine a correlação cruzada entre os valores da TFD; isto é, determine $\mathcal{E}\{X[k]X^*[r]\}$ em função de k e r.

10.42. Um sinal de tempo contínuo limitado em banda tem um espectro de potência limitado em banda que é nulo para $|\Omega| \geq 2\pi(10^4)$ rad/s. O sinal é amostrado na taxa de 20000 amostras/s por um intervalo de tempo de 10 s. O espectro de potência do sinal é estimado pelo método de tomar a média dos periodogramas, como descrito na Seção 10.5.3.

(a) Qual é o comprimento Q (número de amostras) do registro de dados?

(b) Se um programa de FFT com raiz 2 for usado para calcular os periodogramas, qual é o comprimento mínimo N se quisermos obter estimativas do espectro de potência em frequências igualmente espaçadas que não estejam separadas por mais de 10 Hz?

(c) Se o comprimento de segmento L for igual ao comprimento N da FFT do item (b), quantos segmentos K estarão disponíveis se os segmentos não se sobrepuserem?

(d) Suponha que queiramos reduzir a variância das estimativas de espectro por um fator de 10 enquanto mantemos o espaçamento de frequência do item (b). Indique dois métodos para fazer isso. Esses métodos dão os mesmos resultados? Se não, explique como eles diferem.

10.43. Suponha que uma estimativa do espectro de potência de um sinal seja obtida pelo método de tomar a média dos periodogramas, como discutido na Seção 10.5.3. Ou seja, a estimativa de espectro é

$$\bar{I}(\omega) = \frac{1}{K}\sum_{r=0}^{K-1} I_r(\omega),$$

sendo os K periodogramas $I_r(\omega)$ calculados a partir de segmentos de L pontos do sinal usando as equações 10.82 e 10.83. Definimos uma estimativa da função de autocorrelação como a transformada de Fourier inversa de $\bar{I}(\omega)$; isto é,

$$\bar{\phi}[m] = \frac{1}{2\pi}\int_{-\pi}^{\pi} \bar{I}(\omega)e^{j\omega m} d\omega.$$

(a) Mostre que

$$\mathcal{E}\{\bar{\phi}[m]\} = \frac{1}{LU}c_{ww}[m]\phi_{xx}[m],$$

sendo L o comprimento dos segmentos, U o fator de normalização dado pela Equação 10.79 e $c_{ww}[m]$, dado pela Equação 10.75, a função de autocorrelação aperiódica da janela, que é aplicada aos segmentos de sinal.

(b) Na aplicação da média do periodogramas, muitas vezes usamos um algoritmo de FFT para calcular $\bar{I}(\omega)$ em N frequências uniformemente espaçadas; isto é,

$$\bar{I}[k] = \bar{I}(2\pi k/N), \quad k = 0, 1, \ldots, N-1,$$

sendo $N \geq L$. Suponha que calculemos uma estimativa da função de autocorrelação calculando a TFD inversa de $\bar{I}[k]$, como em

$$\bar{\phi}_p[m] = \frac{1}{N}\sum_{k=0}^{N-1} \bar{I}[k]e^{j(2\pi/N)km}, \qquad m = 0, 1, \ldots, N-1.$$

Obtenha uma expressão para $\mathcal{E}\{\bar{\phi}_p[m]\}$.

(c) Como N deverá ser escolhido de modo que

$$\mathcal{E}\{\bar{\phi}_p[m]\} = \mathcal{E}\{\bar{\phi}[m]\}, \quad m = 0, 1, \ldots, L-1?$$

10.44. Considere o cálculo da estimativa de autocorrelação

$$\hat{\phi}_{xx}[m] = \frac{1}{Q} \sum_{n=0}^{Q-|m|-1} x[n]x[n+|m|], \quad (P10.44\text{-}1)$$

sendo $x[n]$ uma sequência real. Como $\hat{\phi}_{xx}[-m] = \hat{\phi}_{xx}[m]$, é necessário apenas calcular a Equação P10.44-1 para $0 \leq m \leq M - 1$ para obter $\hat{\phi}_{xx}[m]$ para $-(M-1) \leq m \leq M-1$, como é exigido para estimar o espectro de densidade de potência usando a Equação 10.102.

(a) Quando $Q \gg M$, pode não ser viável calcular $\hat{\phi}_{xx}[m]$ usando um cálculo simples de FFT. Nesses casos, é conveniente expressar $\hat{\phi}_{xx}[m]$ como uma soma de estimativas de correlação baseadas em sequências mais curtas. Mostre que, se $Q = KM$,

$$\hat{\phi}_{xx}[m] = \frac{1}{Q} \sum_{i=0}^{K-1} c_i[m],$$

sendo

$$c_i[m] = \sum_{n=0}^{M-1} x[n+iM]x[n+iM+m],$$

para $0 \leq m \leq M - 1$.

(b) Mostre que as correlações $c_i[m]$ podem ser obtidas pelo cálculo das correlações *circulares* de N pontos

$$\tilde{c}_i[m] = \sum_{n=0}^{N-1} x_i[n]y_i[((n+m))_N],$$

sendo as sequências

$$x_i[n] = \begin{cases} x[n+iM], & 0 \leq n \leq M-1, \\ 0, & M \leq n \leq N-1, \end{cases}$$

e

$$y_i[n] = x[n+iM], \quad 0 \leq n \leq N-1. \quad (P10.44\text{-}2)$$

Qual é o valor *mínimo* de N (em termos de M) tal que $c_i[m] = \tilde{c}_i[m]$ para $0 \leq m \leq M - 1$?

(c) Indique um procedimento para o cálculo de $\hat{\phi}_{xx}[m]$ para $0 \leq m \leq M - 1$ que envolva o cálculo de $2K$ TFDs de N pontos de sequências reais e *uma* TFD inversa de N pontos. Quantas multiplicações complexas são necessárias para calcular $\hat{\phi}_{xx}[m]$ para $0 \leq m \leq M - 1$ se uma FFT de raiz 2 for usada?

(d) Que modificações no procedimento desenvolvido no item (c) seriam necessárias para calcular a estimativa de correlação cruzada

$$\hat{\phi}_{xy}[m] = \frac{1}{Q} \sum_{n=0}^{Q-|m|-1} x[n]y[n+m], \quad -(M-1) \leq m \leq M-1,$$

sendo $x[n]$ e $y[n]$ sequências reais conhecidas para $0 \leq n \leq Q - 1$?

(e) Rader (1970) mostrou que, para calcular a estimativa de autocorrelação $\hat{\phi}_{xx}[m]$ para $0 \leq m \leq M - 1$, economias de cálculo significativas podem ser alcançadas se $N = 2M$. Mostre que a TFD de N pontos de um segmento $y_i[n]$, definido na Equação P10.44-2, pode ser expressa como

$$Y_i[k] = X_i[k] + (-1)^k X_{i+1}[k], \quad k = 0, 1, \ldots, N-1.$$

Indique um procedimento para o cálculo de $\hat{\phi}_{xx}[m]$ para $0 \leq m \leq M - 1$ que envolva o cálculo de K TFDs de N pontos e uma TFD inversa de N pontos. Determine o número total de multiplicações complexas neste caso se for usada uma FFT de raiz 2.

10.45. Na Seção 10.3, definimos a transformada de Fourier dependente do tempo do sinal $x[m]$ de modo que, para n fixo, ela é equivalente à TFTD regular da sequência $x[n+m]w[m]$, sendo $w[m]$ uma sequência janela. Também é útil definir uma função de autocorrelação dependente do tempo para a sequência $x[n]$ tal que, para um n fixo, sua transformada de Fourier regular seja a magnitude ao quadrado da transformada de Fourier dependente do tempo. Especificamente, a função de autocorrelação dependente do tempo é definida como

$$c[n,m] = \frac{1}{2\pi} \int_{-\pi}^{\pi} |X[n,\lambda)|^2 e^{j\lambda m} d\lambda,$$

sendo $X[n, \lambda]$ definida pela Equação 10.18.

(a) Mostre que, se $x[n]$ é real,

$$c[n,m] = \sum_{r=-\infty}^{\infty} x[n+r]w[r]x[m+n+r]w[m+r];$$

isto é, para n fixo, $c[n, m]$ é a autocorrelação aperiódica da sequência $x[n+r]w[r]$, $-\infty < r < \infty$.

(b) Mostre que a função de autocorrelação dependente do tempo é uma função par de m para n fixo, e use esse fato para obter a expressão equivalente

$$c[n,m] = \sum_{r=-\infty}^{\infty} x[r]x[r-m]h_m[n-r],$$

sendo

$$h_m[r] = w[-r]w[-(m+r)]. \quad (P10.45\text{-}1)$$

(c) A que condição a janela $w[r]$ deverá satisfazer de modo que a Equação P10.45-1 possa ser usada para calcular $c[n, m]$ para m fixo e $-\infty < n < \infty$ por operações causais?

(d) Suponha que

$$w[-r] = \begin{cases} a^r, & r \geq 0, \\ 0, & r < 0. \end{cases} \quad (P10.45\text{-}2)$$

Encontre a resposta ao impulso $h_m[r]$ para calcular o valor do m-ésimo passo de autocorrelação e descubra a função de sistema $H_m(z)$ correspondente. Pela função de sistema, desenhe o diagrama de blocos de um sistema causal para calcular o valor do m-ésimo passo de autocorrelação $c[n, m]$, para $-\infty < n < \infty$ para a janela da Equação P10.45-2.

(e) Repita o item (d) para

$$w[-r] = \begin{cases} ra^r, & r \geq 0, \\ 0, & r < 0. \end{cases}$$

10.46. A análise de Fourier dependente do tempo às vezes é implementada como um banco de filtros, e até mesmo quando métodos de FFT são usados, a interpretação por banco de filtros pode oferecer conhecimento útil. Este problema examina essa interpretação, cuja base é o fato de que, quando λ é fixo, a transformada de Fourier dependente do tempo $X[n, \lambda]$, definida pela Equação 10.18, é simplesmente uma sequência que pode ser vista como o resultado de uma combinação de operações de filtragem e modulação.

(a) Mostre que $X[n, \lambda]$ é a saída do sistema da Figura P10.46-1 se a resposta ao impulso do sistema LIT é $h_0[n] = w[-n]$. Mostre também que, se λ for fixo, o sistema global na Figura P10.46-1 se comporta como um sistema LIT, e determine a resposta ao impulso e resposta em frequência do sistema LIT equivalente.

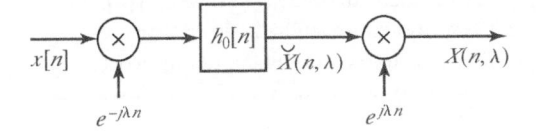

(a menos de um fator de escala) a partir da transformada de Fourier dependente do tempo amostrada.

Figura P10.46-1

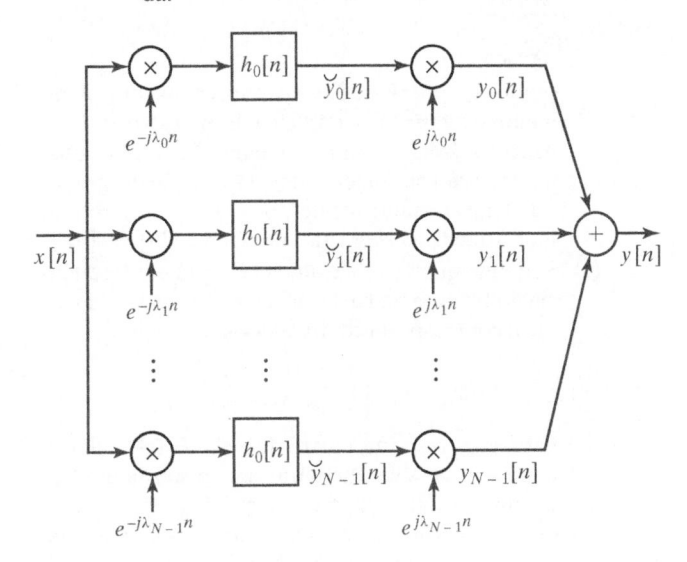

Figura P10.46-2

(b) Supondo que λ seja fixo na Figura P10.46-1, mostre que, para sequências janelas típicas e para λ fixo, a sequência $s[n] = \breve{X}[n, \lambda]$ tem uma TFTD passa-baixas. Mostre também que, para sequências janelas típicas, a resposta em frequência do sistema global na Figura P10.46 é um filtro de passa-banda centrado em $\omega = \lambda$.

(c) A Figura P10.46-2 mostra um banco de N canais de filtro de passa-banda, em que cada canal é implementado como na Figura P10.46-1. As frequências centrais dos canais são $\lambda_k = 2\pi k/N$, e $h_0[n] = w[-n]$ é a resposta ao impulso do filtro passa-baixas. Mostre que as saídas individuais $y_k[n]$ são amostras (na dimensão λ) da transformada de Fourier dependente do tempo. Mostre também que a saída global é $y[n] = Nw[0]x[n]$; isto é, demonstre que o sistema da Figura P10.46-2 reconstrói a entrada exatamente

O sistema da Figura P10.46-2 converte a sequência de entrada única $x[n]$ em N sequências, aumentando assim o número total de amostras por segundo pelo fator N. Como vemos no item (b), para sequências janelas típicas, os sinais de canal $\breve{y}_k[n]$ têm transformadas de Fourier passa-baixas. Assim, deverá ser possível reduzir a taxa de amostragem desses sinais, como mostra a Figura P10.46-3. Em particular, se a taxa de amostragem for reduzida por um fator $R = N$, o número total de amostras por segundo é o mesmo para $x[n]$. Nesse caso, dizemos que o banco de filtros é *criticamente amostrado*. (Veja Crochiere e Rabiner, 1983.) A reconstrução do sinal original a partir dos sinais dizimados do canal exige interpolação, como mostrado. Nitidamente, é interessante determinar como a entrada original $x[n]$ pode ser reconstruída pelo sistema.

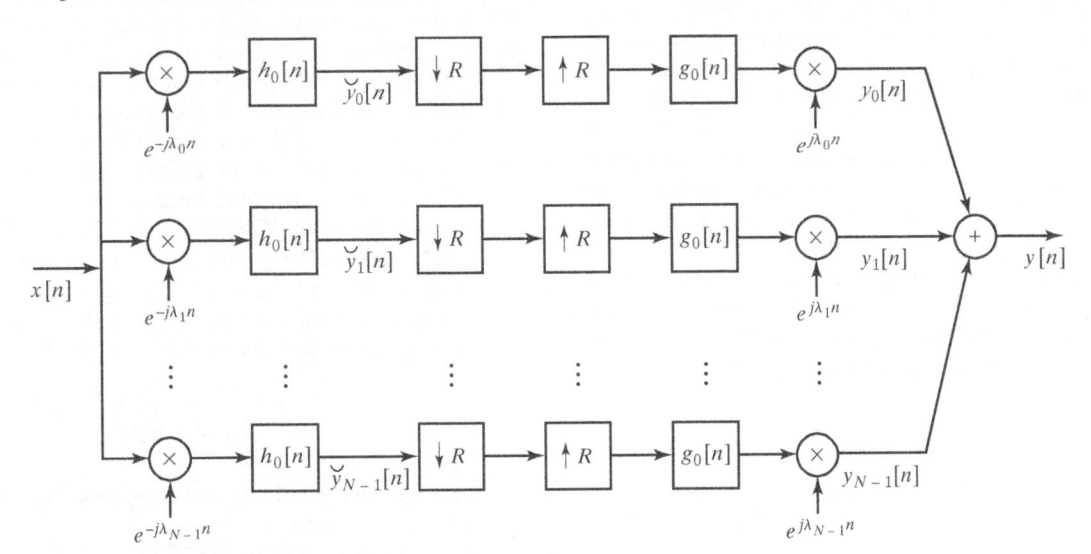

Figura P10.46-3

(d) Para o sistema da Figura P10.46-3, mostre que a TFTD regular da saída é dada pela relação

$$Y(e^{j\omega}) = \frac{1}{R}\sum_{\ell=0}^{R-1}\sum_{k=0}^{N-1} G_0(e^{j(\omega-\lambda_k)})H_0(e^{j(\omega-\lambda_k-2\pi\ell/R)})X(e^{j(\omega-2\pi\ell/R)}),$$

sendo $\lambda_k = 2\pi k/N$. Essa expressão mostra claramente o *aliasing* resultante da dizimação dos sinais de canal $\tilde{y}[n]$. Pela expressão para $Y(e^{j\omega})$, determine uma relação ou conjunto de relações que devem ser satisfeitas conjuntamente por $H_0(e^{j\omega})$ e $G_0(e^{j\omega})$ de modo que o *aliasing* seja cancelado e $y[n] = x[n]$.

(e) Suponha que $R = N$ e que a resposta em frequência do filtro passa-baixas seja um filtro passa-baixas ideal com resposta em frequência

$$H_0(e^{j\omega}) = \begin{cases} 1, & |\omega| < \pi/N, \\ 0, & \pi/N < |\omega| \leq \pi. \end{cases}$$

Para essa resposta em frequência $H_0(e^{j\omega})$, determine se é possível encontrar uma resposta em frequência do filtro de interpolação $G_0(e^{j\omega})$ de modo que a condição deduzida no item (d) seja satisfeita. Nesse caso, determine $G_0(e^{j\omega})$.

(f) *Opcional:* Explore a possibilidade de reconstrução exata quando a resposta em frequência do filtro passa-baixas $H_0(e^{j\omega})$ (a transformada de Fourier de $w[-n]$) for não ideal e não nula no intervalo $|\omega| < 2\pi/N$.

(g) Mostre que a saída do sistema da Figura P10.46-3 é

$$y[n] = N\sum_{r=-\infty}^{\infty} x[n-rN]\sum_{\ell=-\infty}^{\infty} g_0[n-\ell R]h_0[\ell R + rN - n].$$

A partir dessa expressão, determine uma relação ou conjunto de relações que devem ser satisfeitas conjuntamente por $h_0[n]$ e $g_0[n]$ tal que $y[n] = x[n]$.

(h) Suponha que $R = N$, e que a resposta ao impulso do filtro passa-baixas seja

$$h_0[n] = \begin{cases} 1, & -(N-1) \leq n \leq 0, \\ 0, & \text{caso contrário.} \end{cases}$$

Para essa resposta ao impulso $h_0[n]$, determine se é possível encontrar uma resposta ao impulso do filtro de interpolação $g_0[n]$ tal que a condição deduzida no item (g) seja satisfeita. Nesse caso, determine $g_0[n]$.

(i) *Opcional:* Explore a possibilidade de reconstrução exata quando a resposta ao impulso do filtro passa-baixas $h_0[n] = w[-n]$ for uma janela com decaimento com comprimento maior do que N.

10.47. Considere um sistema LIT estável com uma entrada real $x[n]$, uma resposta ao impulso real $h[n]$ e saída $y[n]$. Suponha que a entrada $x[n]$ seja ruído branco com média nula e variância σ_x^2. A função de sistema é

$$H(z) = \frac{\sum_{k=0}^{M} b_k z^{-k}}{1 - \sum_{k=1}^{N} a_k z^{-k}},$$

em que supomos os a_ks e b_ks reais para este problema. A entrada e saída satisfazem a seguinte equação de diferenças com coeficientes constantes:

$$y[n] = \sum_{k=1}^{N} a_k y[n-k] + \sum_{k=0}^{M} b_k x[n-k].$$

Se todos os a_ks são nulos, $y[n]$ é chamado de processo aleatório linear *média móvel* (MA, do inglês *moving-average*). Se todos os b_ks são nulos, exceto b_0, então $y[n]$ é chamado de processo aleatório linear *autorregressivo* (AR). Se N e M são não nulos, então $y[n]$ é um processo aleatório linear *de média móvel autorregressivo* (ARMA).

(a) Expresse a autocorrelação de $y[n]$ em termos da resposta ao impulso $h[n]$ do sistema linear.

(b) Use o resultado do item (a) para expressar o espectro de densidade de potência de $y[n]$ em termos de resposta em frequência do sistema.

(c) Mostre que a sequência de autocorrelação $\phi_{yy}[m]$ de um processo MA é não nula somente no intervalo $|m| \leq M$.

(d) Determine uma expressão geral para a sequência de autocorrelação para um processo AR.

(e) Mostre que, se $b_0 = 1$, a função de autocorrelação de um processo AR satisfaz a equação de diferenças

$$\phi_{yy}[0] = \sum_{k=1}^{N} a_k \phi_{yy}[k] + \sigma_x^2,$$

$$\phi_{yy}[m] = \sum_{k=1}^{N} a_k \phi_{yy}[m-k], \qquad m \geq 1.$$

(f) Use o resultado do item (e) e a simetria de $\phi_{yy}[m]$ para mostrar que

$$\sum_{k=1}^{N} a_k \phi_{yy}[|m-k|] = \phi_{yy}[m], \qquad m = 1, 2, \ldots, N.$$

Pode ser mostrado que, dado $\phi_{yy}[m]$ para $m = 0, 1, \ldots, N$, sempre existe uma solução única para os valores de a_ks e σ_x^2 para o modelo de processo aleatório. Esses valores podem ser usados no resultado do item (b) para a obtenção de uma expressão para o espectro da densidade de potência de $y[n]$. Essa técnica é a base para diversas técnicas paramétricas de estimação de espectro. (Para uma discussão mais aprofundada sobre esses métodos, consulte Gardner, 1988; Kay, 1988; e Marple, 1987.)

10.48. Este problema ilustra a base para um procedimento baseado na FFT para a interpolação de amostras (obtidas em uma taxa que satisfaz o teorema de Nyquist) de um sinal de tempo contínuo periódico. Considere que

$$x_c(t) = \frac{1}{16}\sum_{k=-4}^{4} \left(\frac{1}{2}\right)^{|k|} e^{jkt}$$

seja um sinal periódico que é processado pelo sistema na Figura P10.48.

(a) Esboce a sequência de 16 pontos $G[k]$.

(b) Especifique como você transformaria $G[k]$ em uma sequência de 32 pontos $Q[k]$ de modo que a TFD inversa de 32 pontos de $Q[k]$ fosse uma sequência

$$q[n] = \alpha x_c\left(\frac{n2\pi}{32}\right), \qquad 0 \leq n \leq 31,$$

para uma constante não nula α. Você não precisa especificar o valor de α.

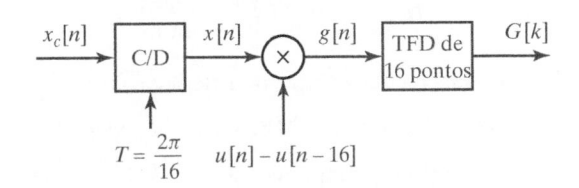

Figura P10.48

10.49. Em muitas aplicações reais, restrições práticas não permitem que sequências longas sejam processadas. Porém, informações significativas podem ser ganhas a partir de uma seção janelada da sequência. Neste problema, você estudará o cálculo da transformada de Fourier de um sinal de duração infinita $x[n]$, dado somente um bloco de 256 amostras no intervalo $0 \leq n \leq 255$. Você decide usar uma TFD de 256 pontos para estimar a transformada pela definição do sinal

$$\hat{x}[n] = \begin{cases} x[n], & 0 \leq n \leq 255, \\ 0, & \text{demais valores de } n, \end{cases}$$

e calculando a TFD de 256 pontos de $\hat{x}[n]$.

(a) Suponha que o sinal $x[n]$ seja proveniente da amostragem de um sinal de tempo contínuo $x_c(t)$ com frequência de amostragem $f_s = 20$ kHz; isto é,

$$x[n] = x_c(nT_s),$$

$1/T_s = 20$ kHz.

Suponha que $x_c(t)$ seja limitado em banda a 10 kHz. Se a TFD de $\hat{x}[n]$ for escrita como $\hat{X}[k]$, $k = 0, 1, ..., 255$, quais são as frequências de tempo contínuo correspondentes aos índices da TFD $k = 32$ e $k = 231$? Não se esqueça de expressar suas respostas em hertz.

(b) Expresse a TFTD de $\hat{x}[n]$ em termos da TFTD de $x[n]$ e da TFTD de uma janela retangular de 256 pontos $w_R[n]$. Use a notação $X(e^{j\omega})$ e $W_R(e^{j\omega})$ para representar as TFTDs de $x[n]$ e $w_R[n]$, respectivamente.

(c) Suponha que você experimente uma técnica de cálculo de média para estimar a transformada para $k = 32$:

$$X_{\text{avg}}[32] = \alpha \hat{X}[31] + \hat{X}[32] + \alpha \hat{X}[33].$$

O cálculo da média dessa forma é equivalente a multiplicar o sinal $\hat{x}[n]$ por uma nova janela $w_{\text{avg}}[n]$ antes do cálculo da TFD. Mostre que $W_{\text{avg}}(e^{j\omega})$ deverá satisfazer a

$$W_{\text{avg}}(e^{j\omega}) = \begin{cases} 1, & \omega = 0, \\ \alpha, & \omega = \pm 2\pi/L, \\ 0, & \omega = 2\pi k/L, \quad \text{para } k = 2, 3, \ldots, L-2, \end{cases}$$

sendo $L = 256$.

(d) Mostre que a TFTD dessa nova janela pode ser escrita em termos de $W_R(e^{j\omega})$ e de duas versões deslocadas de $W_R(e^{j\omega})$.

(e) Deduza uma fórmula simples para $w_{\text{avg}}[n]$ e esboce a janela para $\alpha = -0{,}5$ e $0 \leq n \leq 255$.

10.50. Frequentemente é interessante ampliar uma região de uma TFD de um sinal para examiná-lo com mais detalhes. Neste problema, você explorará dois algoritmos para a implementação desse processo pela obtenção de amostras adicionais de $X(e^{j\omega})$ em uma região de frequência de interesse.

Suponha que $X_N[k]$ seja a TFD de N pontos de um sinal de comprimento finito $x[n]$. Lembre-se de que $X_N[k]$ consiste em amostras de $X(e^{j\omega})$ a cada $2\pi/N$ em ω. Dada $X_N[k]$, gostaríamos de calcular N amostras de $X(e^{j\omega})$ entre $\omega = \omega_c - \Delta\omega$ e $\omega = \omega_c + \Delta\omega$ com espaçamento $2\Delta\omega/N$, sendo

$$\omega_c = \frac{2\pi k_c}{N}$$

e

$$\Delta\omega = \frac{2\pi k_\Delta}{N}.$$

Isso é equivalente a ampliar $X(e^{j\omega})$ na região $\omega_c - \Delta\omega < \omega < \omega_c + \Delta\omega$. Um sistema usado para implementar a ampliação é mostrado na Figura P10.50-1. Suponha que $x_z[n]$ seja preenchido com zeros conforme a necessidade antes da TFD de N pontos e $h[n]$ seja um filtro passa-baixas ideal com uma frequência de corte $\Delta\omega$.

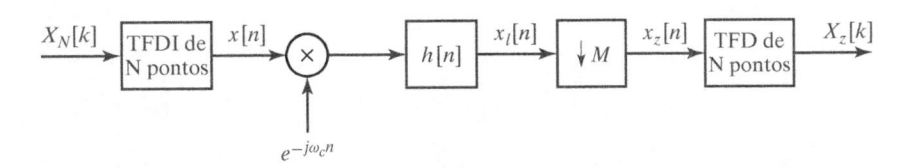

Figura P10.50-1

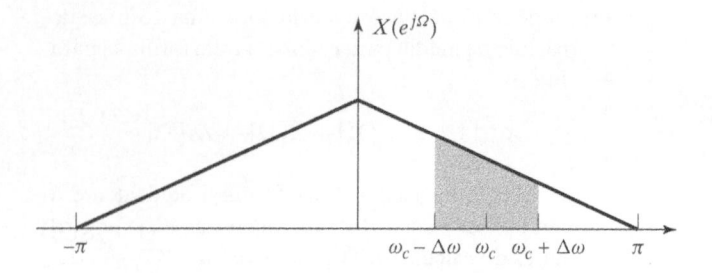

Figura P10.50-2

(a) Em termos de k_Δ e do comprimento de transformada N, qual é o maior valor (possivelmente não inteiro) de M que pode ser usado se o *aliasing* tiver de ser evitado no subamostrador?

(b) Considere $x[n]$ com a transformada de Fourier mostrada na Figura P10.50-2. Usando o valor máximo de M do item (a), esboce as transformadas de Fourier dos sinais intermediários $x_\ell[n]$ e $x_z[n]$ quando $\omega_c = \pi/2$ e $\Delta\omega = \pi/6$. Demonstre que o sistema fornece as amostras de frequência desejadas.

Outro procedimento para a obtenção das amostras desejadas pode ser desenvolvido pela exibição da sequência de comprimento finito $X_N[k]$ indexada em k como uma sequência de dados de tempo discreto a ser processados, como mostrado na Figura P10.50-3. A resposta ao impulso do primeiro sistema é

$$p[n] = \sum_{r=-\infty}^{\infty} \delta[n+rN],$$

e o filtro $h[n]$ tem a resposta em frequência

$$H(e^{j\omega}) = \begin{cases} 1, & |\omega| \leq \pi/M, \\ 0, & \text{caso contrário.} \end{cases}$$

O sinal de saída ampliado é definido como

$$X_z[n] = \tilde{X}_{NM}[Mk_c - Mk_\Delta + n], \quad 0 \leq n \leq N-1,$$

para valores apropriados de k_c e k_Δ. Suponha que k_Δ seja escolhido de modo que M seja um inteiro nos itens a seguir.

(c) Suponha que o filtro passa-baixas ideal $h[n]$ seja aproximado por um filtro de fase linear Tipo I causal com comprimento 513 (não nulo para $0 \leq n \leq 512$). Indique quais amostras de $\tilde{X}_{NM}[n]$ fornecem as amostras de frequência desejadas.

(d) Usando esboços de um espectro típico para $X_N[k]$ e $X(e^{j\omega})$, demonstre que o sistema na Figura P10.50-3 produz as amostras desejadas.

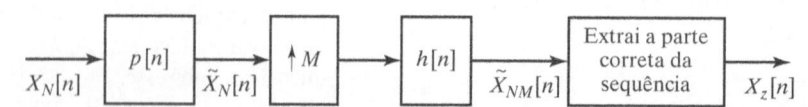

Figura P10.50-3

Capítulo 11 Modelagem paramétrica de sinais

11.0 Introdução

No decorrer deste livro, vimos que é conveniente usar diferentes representações de sinais e sistemas. Por exemplo, a representação de um sinal de tempo discreto como uma sequência de impulsos ponderados foi usada na Equação 2.5 do Capítulo 2 para desenvolver a soma de convolução dos sistemas LIT. A representação como uma combinação linear de sinais senoidais e exponenciais complexos levou à série de Fourier, à transformada de Fourier e à caracterização no domínio da frequência de sinais e sistemas LIT. Embora essas representações sejam particularmente úteis graças à sua generalidade, elas nem sempre são a representação mais eficiente de sinais com uma estrutura conhecida.

Este capítulo introduz outra abordagem poderosa para a representação de sinais, chamada de *modelagem paramétrica de sinais*. Nessa abordagem, um sinal é representado por um modelo matemático com uma estrutura predefinida que envolve um número limitado de parâmetros. Um dado sinal $s[n]$ é representado pela escolha do conjunto específico de parâmetros que resulta na saída do modelo $\hat{s}[n]$ que está o mais próximo possível, em algum sentido prescrito, do sinal dado. Um exemplo comum consiste em modelar o sinal como a saída de um sistema linear de tempo discreto, como mostra a Figura 11.1. Esses modelos, que são compostos do sinal de entrada $v[n]$ e da função de sistema $H(z)$ do sistema linear, tornam-se úteis com o acréscimo de restrições que possibilitam encontrar os parâmetros de $H(z)$ dado o sinal a ser representado. Por exemplo, se a entrada $v[n]$ for especificada e assume-se que a função de sistema é uma função racional da forma

$$H(z) = \frac{\sum_{k=0}^{q} b_k z^{-k}}{1 - \sum_{k=1}^{p} a_k z^{-k}}, \quad (11.1)$$

então o sinal é modelado pelos valores dos a_ks e b_ks, ou, de modo equivalente, pelos polos e zeros de $H(z)$, juntamente com o conhecimento da entrada. Considera-se geralmente que o sinal de entrada $v[n]$ é um impulso unitário $\delta[n]$ para sinais determinísticos, ou ruído branco se o sinal $s[n]$ for visto como um sinal aleatório. Quando o modelo é escolhido de modo apropriado, é possível representar um grande número de amostras de sinal por um conjunto de parâmetros relativamente pequeno.

A modelagem paramétrica de sinais tem uma ampla gama de aplicações, incluindo compressão de dados, análise espectral, predição de sinais, desconvolução, projeto de filtros, identificação de sistemas, detecção de sinais e classificação de sinais. Na compressão de dados, por exemplo, é o conjunto de parâmetros do modelo que é transmitido ou armazenado, e o receptor então usa o modelo com esses parâmetros para regenerar o sinal. No projeto de filtros, os parâmetros do modelo são escolhidos de forma a aproximar da melhor forma possível, em algum sentido, a resposta em frequência desejada ou, de modo equivalente, a resposta ao impulso desejada, e o modelo com esses parâmetros corresponde então ao filtro projetado. Os dois elementos principais para o sucesso em todas as aplicações são a escolha apropriada do modelo e uma estimativa precisa dos parâmetros para o modelo.

11.1 Modelagem só-polos de sinais

O modelo representado pela Equação 11.1 em geral tem tanto polos quanto zeros. Embora exista uma variedade de técnicas para determinar o conjunto completo de coeficientes no numerador e no denominador na Equação 11.1, as mais bem-sucedidas e mais ampla-

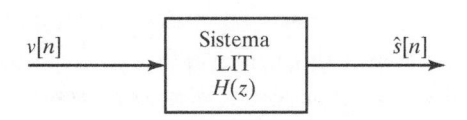

Figura 11.1 Modelo de sistema linear para um sinal $s[n]$.

mente utilizadas têm se concentrado no caso em que q é zero, de modo que $H(z)$ na Figura 11.1 tem a forma

$$H(z) = \frac{G}{1 - \sum_{k=1}^{p} a_k z^{-k}} = \frac{G}{A(z)}, \quad (11.2)$$

em que substituímos o parâmetro b_0 pelo parâmetro G para enfatizar seu papel como um fator de ganho global. Esses modelos são apropriadamente chamados de modelos "só-polos".[1] Por sua própria natureza, pode parecer que um modelo só-polos seria apropriado somente para a modelagem de sinais de duração infinita. Embora isso possa ser verdade em um sentido teórico, essa escolha para a função de sistema do modelo funciona bem para sinais encontrados em muitas aplicações, e, como mostraremos, os parâmetros podem ser calculados de uma maneira direta a partir de segmentos de duração finita do sinal dado.

A entrada e a saída do sistema só-polos na Equação 11.2 satisfazem a equação de diferenças linear com coeficientes constantes

$$\hat{s}[n] = \sum_{k=1}^{p} a_k \hat{s}[n-k] + Gv[n], \quad (11.3)$$

que indica que a saída do modelo no instante n é composta de uma combinação linear de amostras passadas mais uma amostra de entrada multiplicada por um escalar. Como veremos, essa estrutura sugere que o modelo só-polos é equivalente a assumir que o sinal pode ser aproximado por uma combinação linear de (ou, de modo equivalente, é linearmente preditível a partir de) seus valores anteriores. Consequentemente, esse método de modelar um sinal muitas vezes também é chamado de *análise preditiva linear* ou *predição linear*.[2]

11.1.1 Aproximação por mínimos quadrados

O objetivo na modelagem só-polos é escolher a entrada $v[n]$ e os parâmetros G, e $a_1, ..., a_p$ na Equação 11.3 tal que $\hat{s}[n]$ seja uma aproximação próxima, em algum sentido, de $s[n]$, o sinal a ser modelado. Se, como é usualmente o caso, $v[n]$ for especificado de antemão (por exemplo, $v[n] = \delta[n]$), um método direto para determinar os melhores valores para os parâmetros poderia ser minimizar a energia total no sinal de erro $e_{se}[n] = (s[n] - \hat{s}[n])$, obtendo assim uma aproximação por mínimos quadrados de $s[n]$. Especificamente, para sinais determinísticos, os parâmetros do modelo podem ser escolhidos de forma a minimizar o erro quadrático total

$$\sum_{n=-\infty}^{\infty} (s[n] - \hat{s}[n])^2 = \sum_{n=-\infty}^{\infty} \left(s[n] - \sum_{k=1}^{p} a_k \hat{s}[n-k] - Gv[n] \right)^2. \quad (11.4)$$

Em princípio, os a_ks que minimizam esse erro quadrático podem ser encontrados diferenciando-se a expressão na Equação 11.4 em relação a cada um dos parâmetros, igualando essas derivadas a zero e resolvendo as equações resultantes. Porém, isso resulta em um sistema de equações não linear, cuja solução é, em geral, computacionalmente difícil. Embora esse problema de mínimos quadrados seja muito difícil para a maioria das aplicações práticas, o princípio básico dos mínimos quadrados pode ser aplicado a formulações ligeiramente diferentes com considerável sucesso.

11.1.2 Modelo inverso por mínimos quadrados

Uma formulação baseada em filtragem inversa fornece uma solução relativamente simples e tratável para os valores de parâmetros no modelo só-polos. Em qualquer abordagem de aproximação, sabe-se desde o início que a saída do modelo, na maior parte dos casos, não será exatamente igual ao sinal que é modelado. A técnica de filtragem inversa é baseada no reconhecimento de que, se o sinal dado $s[n]$ de fato for a saída do filtro $H(z)$ no modelo da Figura 11.1, então, sendo $s[n]$ a entrada do inverso de $H(z)$, a saída será $v[n]$. Consequentemente, como representado na Figura 11.2 e supondo que $H(z)$ seja um sistema só-polos como especificado na Equação 11.2, o filtro inverso, cuja função de sistema é

$$A(z) = 1 - \sum_{k=1}^{p} a_k z^{-k}, \quad (11.5)$$

é procurado de modo que sua saída $g[n]$ seja igual à entrada multiplicada por um escalar $Gv[n]$. Nessa formulação, então, escolhemos os parâmetros do filtro inverso (e, portanto, implicitamente os parâmetros do sistema modelo) de forma a minimizar o erro quadrático médio entre $g[n]$ e $Gv[n]$. Como veremos, isso leva a um conjunto de equações lineares bem comportado.

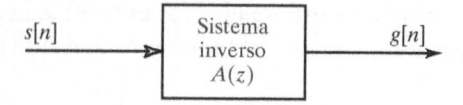

Figura 11.2 Formulação do filtro inverso para a modelagem de sinais só-polos.

---

[1] Discussões detalhadas desse caso e do caso geral polos/zeros são dadas em Kay (1988), Therrien (1992), Hayes (1996) e Stoica e Moses (2005).

[2] Quando usada no contexto de processamento de voz, a análise preditiva linear muitas vezes é chamada de *codificação preditiva linear* (LPC, do inglês *linear predictive coding*). (Veja Rabiner e Schafer, 1978, e Quatieri, 2002.)

Pela Figura 11.2 e pela Equação 11.5, segue que $g[n]$ e $s[n]$ satisfazem a equação de diferenças

$$g[n] = s[n] - \sum_{k=1}^{p} a_k s[n-k]. \qquad (11.6)$$

O erro de modelagem $\hat{e}[n]$ agora é definido como

$$\hat{e}[n] = g[n] - Gv[n] = s[n] - \sum_{k=1}^{p} a_k s[n-k] - Gv[n]. \qquad (11.7)$$

Se $v[n]$ é um impulso, então, para $n > 0$, o erro $\hat{e}[n]$ corresponde ao erro entre $s[n]$ e a predição linear de $s[n]$ usando os parâmetros do modelo. Assim, é conveniente expressar também a Equação 11.7 como

$$\hat{e}[n] = e[n] - Gv[n], \qquad (11.8)$$

em que $e[n]$ é o erro de predição dado por

$$e[n] = s[n] - \sum_{k=1}^{p} a_k s[n-k]. \qquad (11.9)$$

Para um sinal que se ajusta exatamente ao modelo só-polos da Equação 11.3, o erro de modelagem $\hat{e}[n]$ será nulo, e o erro de predição $e[n]$ será a entrada multiplicada por um escalar, isto é,

$$e[n] = Gv[n]. \qquad (11.10)$$

Essa formulação em termos da filtragem inversa leva a uma simplificação considerável, já que assume-se que $v[n]$ é conhecido e $e[n]$ pode ser calculado a partir de $s[n]$ usando a Equação 11.9. Os valores dos parâmetro a_k são então escolhidos de forma a minimizar

$$\mathcal{E} = \left\langle |\hat{e}[n]|^2 \right\rangle, \qquad (11.11)$$

em que a notação $\langle \cdot \rangle$ indica uma operação de soma para sinais determinísticos de energia finita e uma operação de média de conjunto para sinais aleatórios. Minimizar $\mathcal{E}$ na Equação 11.11 resulta em um filtro inverso que minimiza a energia total do erro de modelagem no caso de sinais determinísticos ou o valor quadrático médio do erro de modelagem no caso de sinais aleatórios. Por conveniência, frequentemente nos referiremos a $\langle \cdot \rangle$ como o operador média e sua interpretação como uma soma ou como uma média de conjunto deverá ser clara a partir do contexto. Novamente, note que, na solução para os parâmetros a_k que especificam o sistema inverso da Figura 11.2, o sistema só-polos também é implicitamente especificado.

Para encontrar os valores ótimos dos parâmetros, substituímos a Equação 11.8 na Equação 11.11 para obter

$$\mathcal{E} = \left\langle (e[n] - Gv[n])^2 \right\rangle, \qquad (11.12)$$

ou, de modo equivalente,

$$\mathcal{E} = \left\langle e^2[n] \right\rangle + G^2 \left\langle v^2[n] \right\rangle - 2G \left\langle v[n]e[n] \right\rangle. \qquad (11.13)$$

Para encontrar os parâmetros que minimizam $\mathcal{E}$, derivamos a Equação 11.12 em relação ao i-ésimo coeficiente de filtro a_i e igualamos a derivada a zero, o que leva ao conjunto de equações

$$\frac{\partial \mathcal{E}}{\partial a_i} = \frac{\partial}{\partial a_i} \left[\left\langle e^2[n] \right\rangle \right] - 2G \left\langle v[n]s[n-i] \right\rangle = 0,$$
$$i = 1, 2, \ldots, p, \qquad (11.14)$$

em que supomos que G e $v[n]$ são independentes de a_i e, consequentemente, que

$$\frac{\partial}{\partial a_i} \left[G^2 \left\langle v^2[n] \right\rangle \right] = 0. \qquad (11.15)$$

Para modelos que serão de interesse para nós, $v[n]$ será um impulso se $s[n]$ for um sinal causal de energia finita e ruído branco se $s[n]$ for um processo aleatório estacionário em sentido amplo. Sendo $v[n]$ um impulso e $s[n]$ zero para $n < 0$, o produto $v[n]s[n-i] = 0$ para $i = 1, 2, \ldots p$. Com $v[n]$ como ruído branco,

$$\langle v[n]s[n-i] \rangle = 0, \quad i = 1, 2, \ldots p, \qquad (11.16)$$

pois, para qualquer valor de n, a entrada de um sistema causal com entrada ruído branco é não correlacionada com os valores de saída antes do instante n. Assim, para os dois casos, a Equação 11.14 se reduz a

$$\frac{\partial \mathcal{E}}{\partial a_i} = \frac{\partial}{\partial a_i} \left\langle e^2[n] \right\rangle = 0 \quad i = 1, 2, \ldots, p \qquad (11.17)$$

Em outras palavras, escolher os coeficientes para minimizar o erro de modelagem quadrático médio $\langle \hat{e}^2[n] \rangle$ é equivalente a minimizar o erro de predição quadrático médio $\langle e^2[n] \rangle$. Expandindo a Equação 11.17 e usando a linearidade do operador média, obtemos, da Equação 11.17, as equações

$$\langle s[n]s[n-i] \rangle - \sum_{k=1}^{p} a_k \langle s[n-k]s[n-i] \rangle = 0,$$
$$i = 1, \ldots, p. \qquad (11.18)$$

Definindo

$$\phi_{ss}[i, k] = \langle s[n-i]s[n-k] \rangle, \qquad (11.19)$$

as equações 11.18 podem ser reescritas de forma mais compacta como

$$\sum_{k=1}^{p} a_k \phi_{ss}[i, k] = \phi_{ss}[i, 0], \quad i = 1, 2, \ldots, p. \qquad (11.20)$$

As equações 11.20 consistem em um sistema de p equações lineares com p incógnitas. O cálculo dos parâmetros do modelo pode ser realizado pela solução do conjunto de equações lineares para os parâmetros a_k para $k = 1, 2, ..., p$, usando valores conhecidos para $\phi_{ss}[i, k]$ para $i = 1, 2, ..., p$ e $k = 0, 1, ..., p$ ou calculando-os primeiro a partir de $s[n]$.

11.1.3 Formulação por predição linear da modelagem só-polos

Conforme sugerido anteriormente, uma interpretação alternativa e útil para a modelagem de sinais só-polos vem da interpretação da Equação 11.3 como uma predição linear da saída em termos de valores passados, sendo o erro de predição $e[n]$ a entrada multiplicada por um escalar $Gv[n]$, isto é,

$$e[n] = s[n] - \sum_{k=1}^{p} a_k s[n-k] = Gv[n]. \quad (11.21)$$

Como indicado na Equação 11.17, minimizar o erro de modelagem inverso $\mathcal{E}$ na Equação 11.11 é equivalente a minimizar o erro de predição médio $\langle e^2[n] \rangle$. Se o sinal $s[n]$ fosse produzido pelo sistema modelo, e se $v[n]$ for um impulso, e, ainda, se $s[n]$ verdadeiramente se ajustar ao modelo só-polos, então o sinal para qualquer $n > 0$ será linearmente preditível a partir de valores passados, isto é, o erro de predição será nulo. Se $v[n]$ é ruído branco, então o erro de predição é branco.

A interpretação em termos de predição é representada na Figura 11.3, em que a função de transferência do filtro de predição $P(z)$ é

$$P(z) = \sum_{k=1}^{p} a_k z^{-k}. \quad (11.22)$$

Esse sistema é chamado de *preditor linear* de ordem p para o sinal $s[n]$. Sua saída é

$$\tilde{s}[n] = \sum_{k=1}^{p} a_k s[n-k], \quad (11.23)$$

e como mostrado na Figura 11.3, o sinal de erro de predição é $e[n] = s[n] - \tilde{s}[n]$. A sequência $e[n]$ representa a quantidade pela qual o preditor linear falha na predição exata do sinal $s[n]$. Por esse motivo, $e[n]$ muitas vezes também é chamado de *erro residual de predição* ou, simplesmente, *residual*. Com esse ponto de vista, os coeficientes a_k são chamados de *coeficientes de predição*. Como também é mostrado na Figura 11.3, o filtro de erro de predição está relacionado ao preditor linear por

$$A(z) = 1 - P(z) = 1 - \sum_{k=1}^{p} a_k z^{-k}. \quad (11.24)$$

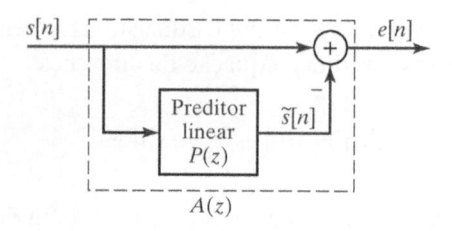

Figura 11.3 Formulação por predição linear para a modelagem de sinais só-polos.

11.2 Modelos de sinais determinísticos e aleatórios

Para usar o filtro inverso ótimo ou, de modo equivalente, o preditor linear ótimo como base para a modelagem paramétrica de sinais, é preciso ser mais específico sobre a entrada assumida $v[n]$ e sobre o método de cálculo do operador média $\langle \cdot \rangle$. Para isso, consideramos separadamente o caso de sinais determinísticos e o caso de sinais aleatórios. Em ambos os casos, usaremos operações de média que supõem o conhecimento do sinal a ser modelado em todos os instantes $-\infty < n < \infty$. Na Seção 11.3, discutimos algumas das considerações práticas quando somente um segmento de comprimento finito do sinal $s[n]$ está disponível.

11.2.1 Modelagem só-polos dos sinais determinísticos com energia finita

Nesta seção, assumiremos um modelo só-polos que seja causal e estável, e também que tanto a entrada $v[n]$ quanto o sinal $s[n]$ a ser modelado sejam nulos para $n < 0$. Suporemos ainda que $s[n]$ tenha energia finita e que seja conhecido para todo $n \geq 0$. Escolhemos o operador $\langle \cdot \rangle$ na Equação 11.11 como a energia total na sequência de erro de modelagem $\hat{e}[n]$, isto é,

$$\mathcal{E} = \left\langle |\hat{e}[n]|^2 \right\rangle = \sum_{n=-\infty}^{\infty} |\hat{e}[n]|^2. \quad (11.25)$$

Com essa definição do operador média, $\phi_{ss}[i, k]$ na Equação 11.19 é dada por

$$\phi_{ss}[i, k] = \sum_{n=-\infty}^{\infty} s[n-i]s[n-k], \quad (11.26)$$

e, de modo equivalente,

$$\phi_{ss}[i, k] = \sum_{n=-\infty}^{\infty} s[n]s[n-(i-k)]. \quad (11.27)$$

Os coeficientes $\phi_{ss}[i, k]$ na Equação 11.20 agora são

$$\phi_{ss}[i, k] = r_{ss}[i-k], \quad (11.28)$$

em que, para sinais reais $s[n]$, $r_{ss}[m]$ é a função de autocorrelação determinística

$$r_{ss}[m] = \sum_{n=-\infty}^{\infty} s[n+m]s[n] = \sum_{n=-\infty}^{\infty} s[n]s[n-m]. \quad (11.29)$$

Portanto, a Equação 11.20 toma a forma

$$\sum_{k=1}^{p} a_k r_{ss}[i-k] = r_{ss}[i] \quad i = 1, 2, \ldots, p. \quad (11.30)$$

Essas equações são chamadas de *equações normais de autocorrelação* e também de *equações de Yule–Walker*. Elas fornecem a base para o cálculo dos parâmetros $a_1, \ldots, a_p$ a partir da função de autocorrelação do sinal. Na Seção 11.2.5, discutimos uma abordagem para escolher o fator de ganho G.

11.2.2 Modelagem de sinais aleatórios

Para a modelagem só-polos de sinais aleatórios de média zero e estacionários em sentido amplo, assumimos que a entrada do modelo só-polos seja ruído branco, de média nula e variância unitária, como indicado na Figura 11.4. A equação de diferenças para esse sistema é

$$\hat{s}[n] = \sum_{k=1}^{p} a_k \hat{s}[n-k] + Gw[n], \quad (11.31)$$

em que a entrada tem a função de autocorrelação $E\{w[n+m]w[n]\} = \delta[m]$, média nula ($E\{w[n]\} = 0$) e potência média unitária ($E\{(w[n])^2\} = \delta[0] = 1$), com $E\{\cdot\}$ representando o operador esperança ou média probabilística.[3]

O modelo resultante para análise é o mesmo que o representado na Figura 11.2, mas a saída desejada $g[n]$ muda. No caso de sinais aleatórios, queremos fazer com que $g[n]$ seja o mais parecido possível com um sinal ruído branco, em vez da sequência amostra unitária que era desejada no caso determinístico. Por esse motivo, o filtro inverso ótimo para sinais aleatórios frequentemente é chamado de *filtro de branqueamento*.

Também escolhemos o operador $\langle \cdot \rangle$ na Equação 11.11 como o apropriado para sinais aleatórios, especificamente o valor quadrático médio ou, de modo equivalente, a potência média. Então, a Equação 11.11 torna-se

$$\mathcal{E} = E\{(\hat{e}[n])^2\}. \quad (11.32)$$

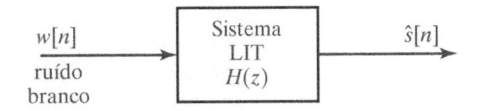

Figura 11.4 Modelo de sistema linear para um sinal aleatório $s[n]$.

Se assume-se que $s[n]$ é uma função amostra de um processo aleatório estacionário, então $\phi_{ss}[i,k]$ na Equação 11.19 é a função de autocorrelação

$$\phi_{ss}[i,k] = E\{s[n-i]s[n-k]\} = r_{ss}[i-k]. \quad (11.33)$$

Os coeficientes do sistema podem ser encontrados como anteriormente pela Equação 11.20. Assim, os coeficientes do sistema satisfazem a um conjunto de equações da mesma forma da Equação 11.30, isto é,

$$\sum_{k=1}^{p} a_k r_{ss}[i-k] = r_{ss}[i], \quad i = 1, 2, \ldots, p. \quad (11.34)$$

Portanto, a modelagem de sinais aleatórios novamente resulta nas equações de Yule–Walker, com a função de autocorrelação, neste caso, sendo definida pela média probabilística

$$r_{ss}[m] = E\{s[n+m]s[n]\} = E\{s[n]s[n-m]\}. \quad (11.35)$$

11.2.3 Erro quadrático médio mínimo

Para a modelagem de sinais determinísticos (Seção 11.2.1) ou de sinais aleatórios (Seção 11.2.2), o valor mínimo do erro de predição $e[n]$ na Figura 11.3 pode ser expresso em termos dos valores de correlação correspondentes na Equação 11.20 para encontrar os coeficientes do preditor ótimo. Para observar esse fato, escrevemos $\mathcal{E}$ como

$$\mathcal{E} = \left\langle \left(s[n] - \sum_{k=1}^{p} a_k s[n-k] \right)^2 \right\rangle. \quad (11.36)$$

Como esboçado com mais detalhes no Problema 11.2, se a Equação 11.36 for expandida e a Equação 11.20 for substituída no resultado, conclui-se que, em geral,

$$\mathcal{E} = \phi_{ss}[0,0] - \sum_{k=1}^{p} a_k \phi_{ss}[0,k]. \quad (11.37)$$

A Equação 11.37 é verdadeira para qualquer escolha apropriada do operador média. Em particular, para definições de média para as quais $\phi_{ss}[i,k] = r_{ss}[i-k]$, a Equação 11.37 torna-se

$$\mathcal{E} = r_{ss}[0] - \sum_{k=1}^{p} a_k r_{ss}[k]. \quad (11.38)$$

11.2.4 Propriedade do casamento da autocorrelação

Uma propriedade importante e útil do modelo só-polos resultante da solução da Equação 11.30 para

---

[3] O cálculo de $E\{\cdot\}$ requer conhecimento das densidades de probabilidade. No caso de sinais aleatórios estacionários, somente uma densidade é requerida. No caso de processos aleatórios ergódicos, uma única média temporal infinita poderia ser usada. Porém, em aplicações práticas, essas médias precisam ser aproximadas por estimativas obtidas de médias temporais finitas.

sinais determinísticos e da Equação 11.34 para sinais aleatórios é conhecida como a propriedade do casamento da autocorrelação (Makhoul, 1973). As equações 11.30 e 11.34 representam um conjunto de p equações a ser resolvidas para os parâmetros do modelo a_k para $k = 1, ..., p$. Os coeficientes nessas equações tanto nos membros esquerdos quanto nos direitos são compostos dos $(p + 1)$ valores da correlação $r_{ss}[m], m = 0, 1, ..., p$, sendo a função de correlação definida apropriadamente, dependendo se o sinal a ser modelado é determinístico ou aleatório.

A base para a verificação da propriedade do casamento da autocorrelação é observar que o sinal $\hat{s}[n]$ obviamente se ajusta ao modelo quando o sistema do modelo $H(z)$ na Figura 11.1 é especificado como o sistema só-polos na Equação 11.2. Se tivéssemos de considerar novamente a aplicação da modelagem só-polos a $\hat{s}[n]$, naturalmente obteríamos novamente as equações 11.30 ou 11.34, mas, dessa vez, com $r_{\hat{s}\hat{s}}[m]$ no lugar de $r_{ss}[m]$. A solução precisa novamente ter os mesmos valores de parâmetro $a_k, k = 1, 2, ..., p$, pois $\hat{s}[n]$ se ajusta ao modelo, e essa solução será obtida se

$$r_{ss}[m] = c r_{\hat{s}\hat{s}}[m] \quad 0 \leq m \leq p, \quad (11.39)$$

em que c é uma constante. O fato de a igualdade na Equação 11.39 ser requerida segue da forma da solução recursiva das equações de Yule–Walker, como desenvolvida na Seção 11.6. Em outras palavras, as equações normais de autocorrelação requerem que, para os atrasos $|m| = 0, 1, ..., p$, as funções de autocorrelação da saída do modelo e do sinal sendo modelado sejam proporcionais.

11.2.5 Determinação do parâmetro de ganho G

Com a abordagem que tomamos, a determinação da escolha ótima para os coeficientes a_k do modelo não depende do ganho do sistema G. Do ponto de vista da formulação por filtragem inversa da Figura 11.2, uma possibilidade é escolher G de modo que $\langle(\hat{s}[n])^2\rangle = \langle(s[n])^2\rangle$. Para sinais determinísticos de energia finita, isso corresponde ao casamento da energia total na saída do modelo com a energia total no sinal que está sendo modelado. Para sinais aleatórios, é a potência média que é casada. Em ambos os casos, isso corresponde a escolher G, de modo que $r_{\hat{s}\hat{s}}[0] = r_{ss}[0]$. Com essa escolha, o fator de proporcionalidade c na Equação 11.39 é unitário.

Exemplo 11.1 Sistema de primeira ordem

Na Figura 11.5 mostram-se dois sinais, como saídas de um sistema de primeira ordem com função de sistema

$$H(z) = \frac{1}{1 - \alpha z^{-1}}. \quad (11.40)$$

O sinal $s_d[n] = h[n] = \alpha^n u[n]$ é a saída quando a entrada é um impulso unitário $\delta[n]$, enquanto o sinal $s_r[n]$ é a saída quando a entrada do sistema é uma sequência ruído branco de média nula e variância unitária. Ambos os sinais se estendem pelo intervalo $-\infty < n < \infty$, como sugerido pela Figura 11.5.

A função de autocorrelação para o sinal $s_d[n]$ é

$$r_{s_d s_d}[m] = r_{hh}[m] = \sum_{n=0}^{\infty} \alpha^{n+m} \alpha^n = \frac{\alpha^{|m|}}{1 - \alpha^2}, \quad (11.41)$$

a função de autocorrelação de $s_r[n]$ também é dada pela Equação 11.41, pois $s_r[n]$ é a resposta do sistema ao ruído branco, para o qual a função de autocorrelação é um impulso unitário.

Como ambos os sinais foram gerados com um sistema só-polos de primeira ordem, um modelo só-polos de primeira ordem se ajustará perfeitamente. No caso determinístico, a saída do filtro inverso ótimo será um impulso unitário, e, no caso do sinal aleatório, a saída do filtro inverso ótimo será uma sequência ruído branco de média nula com

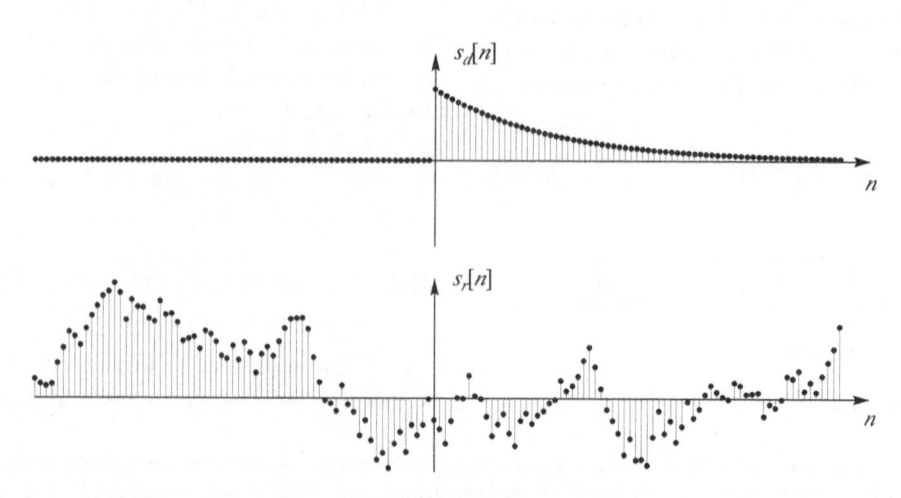

Figura 11.5 Exemplos de saídas determinísticas e aleatórias de um sistema só-polos de primeira ordem.

potência média unitária. Para mostrar que o filtro inverso ótimo será exato, note que, para um modelo de primeira ordem, as equações 11.30 ou 11.34 se reduzem a

$$r_{s_d s_d}[0] a_1 = r_{s_d s_d}[1], \qquad (11.42)$$

de modo que, pela Equação 11.41, segue que o coeficiente do preditor ótimo tanto para o sinal determinístico quanto para o aleatório é

$$a_1 = \frac{r_{s_d s_d}[1]}{r_{s_d s_d}[0]} = \frac{\dfrac{\alpha}{1-\alpha^2}}{\dfrac{1}{1-\alpha^2}} = \alpha. \qquad (11.43)$$

Pela Equação 11.38, o mínimo erro quadrático médio é

$$\mathcal{E} = \frac{1}{1-\alpha^2} - a_1 \frac{\alpha}{1-\alpha^2} = \frac{1-\alpha^2}{1-\alpha^2} = 1, \qquad (11.44)$$

que é a amplitude do impulso unitário no caso determinístico e a potência média da sequência ruído branco no caso aleatório.

Como mencionado anteriormente, e como fica claro nesse exemplo, quando o sinal é gerado por um sistema só-polos excitado ou por um impulso ou por ruído branco, a modelagem só-polos pode determinar os parâmetros do sistema só-polos exatamente. Isso requer conhecimento *a priori* da ordem do modelo p e da função de autocorrelação. Isso foi possível de obter para esse exemplo porque uma expressão em forma fechada estava disponível para a soma infinita requerida para o cálculo da função de autocorrelação. Em um cenário prático, geralmente é necessário estimar a função de autocorrelação a partir de um segmento de comprimento finito do sinal dado. O Problema 11.14 considera o efeito de estimativas de autocorrelação finitas (a ser discutido em seguida) para o sinal determinístico $s_d[n]$ desta seção.

11.3 Estimação das funções de correlação

Para usar os resultados das seções 11.1 e 11.2 para a modelagem de sinais determinísticos ou aleatórios, requeremos conhecimento *a priori* das funções de correlação $\phi_{ss}[i, k]$ que são necessárias para formar as equações do sistema satisfeitas pelos coeficientes a_k, ou devemos estimá-las a partir do sinal dado. Além disso, podemos querer aplicar técnicas de processamento em bloco ou análise de curto prazo para representar as propriedades variantes no tempo de um sinal não estacionário, como voz. Nesta seção, discutiremos duas abordagens distintas para o cálculo das estimativas de correlação para a aplicação prática dos conceitos de modelagem paramétrica de sinais. Essas duas técnicas passaram a ser conhecidas como *método da autocorrelação* e *método da covariância*.

11.3.1 Método da autocorrelação

Suponha que tenhamos disponível um conjunto de $M + 1$ amostras de sinal $s[n]$ para $0 \le n \le M$, e queiramos calcular os coeficientes para um modelo só-polos. No método da autocorrelação, supomos que o sinal estenda-se no intervalo $-\infty < n < \infty$, com as amostras de sinal tomadas como nulas para todo n fora do intervalo $0 \le n \le M$, mesmo que elas tenham sido extraídas de uma sequência mais longa. Isso, naturalmente, impõe um limite para a exatidão que pode ser esperada do modelo, pois a resposta ao impulso IIR de um modelo só-polos será usada para modelar o segmento de comprimento finito de $s[n]$.

Embora a sequência de erro de predição não precise ser calculada explicitamente para resolver os coeficientes do filtro, é todavia instrutivo considerar seu cálculo com algum detalhe. A resposta ao impulso do filtro de erro de predição é, pela definição de $A(z)$, na Equação 11.24,

$$h_A[n] = \delta[n] - \sum_{k=1}^{p} a_k \delta[n-k]. \qquad (11.45)$$

Pode-se ver que, como o sinal $s[n]$ tem comprimento finito $M + 1$ e $h_A[n]$, a resposta ao impulso do filtro de predição $A[z]$, tem comprimento $p + 1$, a sequência de erro de predição $e[n] = h_A[n] * s[n]$ sempre será identicamente nula fora do intervalo $0 \le n \le M + p$. Na Figura 11.6 mostra-se um exemplo do sinal de erro de predição para um preditor linear com $p = 5$. No gráfico superior, $h_A[n - m]$, a resposta ao impulso (refletida no tempo e deslocada) do filtro de erro de predição, é mostrada em função de m para três valores diferentes de n. As linhas escuras com marcadores quadrados representam $h_A[n - m]$, e as linhas mais claras com marcadores circulares representam a sequência $s[m]$ para $0 \le m \le 30$. No lado esquerdo está $h_A[0 - m]$, que mostra que a primeira amostra de erro de predição não nulo é $e[0] = s[0]$. Esse fato, naturalmente, é consistente com a Equação 11.9. No canto extremo direito está $h_A[M + p - m]$, que mostra que a última amostra de erro não nula é $e[M + p] = -a_p s[M]$. No segundo gráfico da Figura 11.6 é mostrado o sinal de erro $e[n]$ para $0 \le n \le M + p$. Do ponto de vista da predição linear, conclui-se que as primeiras p amostras (linhas e marcadores escuros) são preditas a partir de amostras que são consideradas nulas. De modo similar, assume-se que as amostras da entrada para $n \ge M + 1$ são nulas para se obter um sinal de comprimento finito. O preditor linear tenta predizer as amostras nulas no intervalo $M + 1 \le n \le M + p$ a partir de amostras anterio-

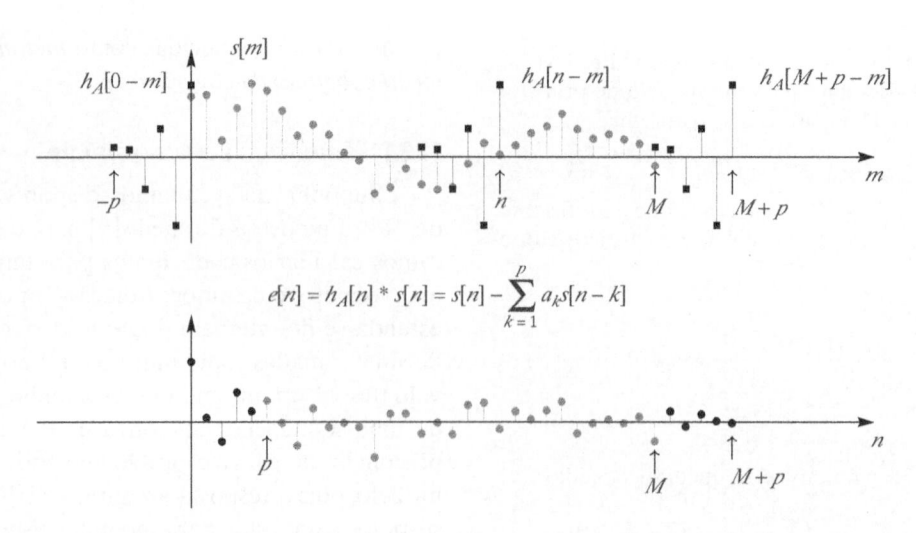

Figura 11.6 Exemplo (para $p = 5$) do cálculo do erro de predição pelo método da autocorrelação. (Marcadores quadrados indicam amostras de $h_A[n - m]$ e marcadores circulares e claros indicam amostras de $s[m]$ no gráfico superior e $e[n]$ no gráfico inferior.)

res que são não nulas e de parte do sinal original. De fato, se $s[0] \neq 0$ e $s[M] \neq 0$, então será verdade tanto que $e[0] = s[0]$ quanto $e[M + p] = -a_p s[M]$ serão não nulos. Isto é, o erro de predição (erro quadrático total $\mathcal{E}$) nunca pode ser exatamente nulo se o sinal for definido como zero fora do intervalo $0 \leq n \leq M$. Além disso, o erro de predição quadrático total para um preditor de ordem p seria

$$\mathcal{E}^{(p)} = \left\langle |e[n]|^2 \right\rangle = \sum_{n=-\infty}^{\infty} |e[n]|^2 = \sum_{n=0}^{M+p} |e[n]|^2, \quad (11.46)$$

isto é, os limites do somatório podem ser infinitos por conveniência, mas, na prática, eles são finitos.

Quando assume-se que o sinal é identicamente nulo fora do intervalo $0 \leq n \leq M$, a função de correlação $\phi_{ss}[i, k]$ reduz-se à função de autocorrelação $r_{ss}[m]$, em que os valores necessários na Equação 11.30 são para $m = |i - k|$. Na Figura 11.7 mostram-se as sequências deslocadas usadas no cálculo de $r_{ss}[m]$ com $s[n]$ indicado por marcadores circulares e $s[n + m]$ por marcado-

res quadrados. Note que para um sinal de comprimento finito o produto $s[n] s[n + m]$ é não nulo apenas no intervalo $0 \leq n \leq M - m$ quando $m \geq 0$. Como r_{ss} é uma função par, isto é, $r_{ss}[-m] = r_{ss}[m] = r_{ss}[|m|]$, conclui-se que os valores de autocorrelação necessários para as equações de Yule–Walker podem ser calculados como

$$r_{ss}[|m|] = \sum_{n=-\infty}^{\infty} s[n]s[n + |m|] = \sum_{n=0}^{M-|m|} s[n]s[n + |m|]. \quad (11.47)$$

Para a sequência de comprimento finito $s[n]$, a Equação 11.47 tem todas as propriedades necessárias de uma função de autocorrelação e $r_{ss}[m] = 0$ para $m > M$. Mas, naturalmente, $r_{ss}[m]$ não é a própria função de autocorrelação do sinal de comprimento infinito do qual o segmento foi extraído.

A Equação 11.47 pode ser usada para calcular estimativas da função de autocorrelação tanto para sinais determinísticos quanto aleatórios.[4] Frequentemente, o sinal de entrada com comprimento finito é

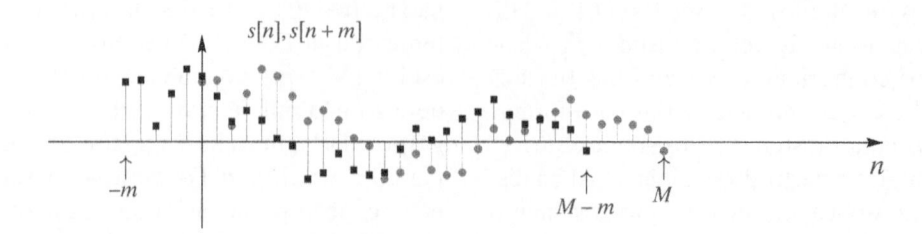

Figura 11.7 Exemplo do cálculo da função de autocorrelação para uma sequência de comprimento finito. (Marcadores quadrados indicam amostras de $s[n + m]$, e marcadores circulares claros indicam amostras de $s[n]$.)

---

[4] No contexto de sinais aleatórios, foi mostrado na Seção 10.6 que a Equação 11.47 é uma estimativa enviesada da função de autocorrelação. Quando $p \ll M$, como frequentemente ocorre, esse viés estatístico geralmente é insignificante.

extraído de uma sequência de amostras mais longa. Esse é o caso, por exemplo, em aplicações para processamento de voz, em que os segmentos sonoros (por exemplo, sons de vogal) da voz são tratados como determinísticos e os segmentos surdos (sons fricativos) são tratados como sinais aleatórios.[5] De acordo com a discussão anterior, as primeiras e as últimas p amostras do erro de predição podem ser grandes em razão da tentativa de prever amostras não nulas a partir de amostras nulas e prever amostras nulas a partir de amostras não nulas. Como isso pode enviesar a estimação dos coeficientes preditores, uma janela para o decaimento do sinal, como uma janela de Hamming, geralmente é aplicada ao sinal antes do cálculo da função de autocorrelação.

11.3.2 Método da covariância

Uma escolha alternativa para o operador média para o erro de predição de um preditor de ordem p é

$$\mathcal{E}_{\text{cov}}^{(p)} = \left\langle (e[n])^2 \right\rangle = \sum_{n=p}^{M} (e[n])^2. \quad (11.48)$$

Como no método da autocorrelação, a média é tomada em um intervalo finito ($p \leq n \leq M$), mas a diferença é que o sinal a ser modelado é conhecido no intervalo maior $0 \leq n \leq M$. O erro de predição quadrático total inclui apenas valores de $e[n]$ que possam ser calculados a partir de amostras no intervalo $0 \leq n \leq M$. Consequentemente, a média é tomada em um intervalo mais curto $p \leq n \leq M$. Isso é significativo, pois elimi-

na a inconsistência entre o modelo só-polos e o sinal de comprimento finito.[6] Nesse caso, apenas buscamos casar o sinal sobre um intervalo finito em vez de em todo n, como no método da autocorrelação. No gráfico superior da Figura 11.8 é mostrado o mesmo sinal $s[m]$ da parte superior da Figura 11.6, mas, neste caso, o erro de predição é calculado apenas no intervalo $p \leq n \leq M$ como necessário na Equação 11.48. Como mostrado pelas respostas ao impulso do filtro de erro de predição $h_A[n-m]$ no gráfico superior, não existem efeitos de borda quando o erro de predição é calculado dessa maneira, pois todas as amostras de sinal necessárias para calcular o erro de predição estão disponíveis. Por causa disso, é possível que o erro de predição seja exatamente nulo em todo o intervalo $p \leq n \leq M$ se o sinal do qual o segmento de comprimento finito foi extraído tiver sido gerado como a saída de um sistema só-polos. Vendo de outra forma, se $s[n]$ é a saída de um sistema só-polos com uma entrada que é nula para $n > 0$, então, como visto nas equações 11.9 e 11.10, o erro de predição será nulo para $n > 0$.

A função de covariância herda a mesma definição do operador média, isto é,

$$\phi_{ss}[i, k] = \sum_{n=p}^{M} s[n-i]s[n-k]. \quad (11.49)$$

As sequências deslocadas $s[n-i]$ (linhas claras e marcadores circulares) e $s[n-k]$ (linhas escuras e marcadores quadrados) são mostradas na Figura 11.9. Nessa figura mostra-se que, como precisamos de $\phi_{ss}[i, k]$ so-

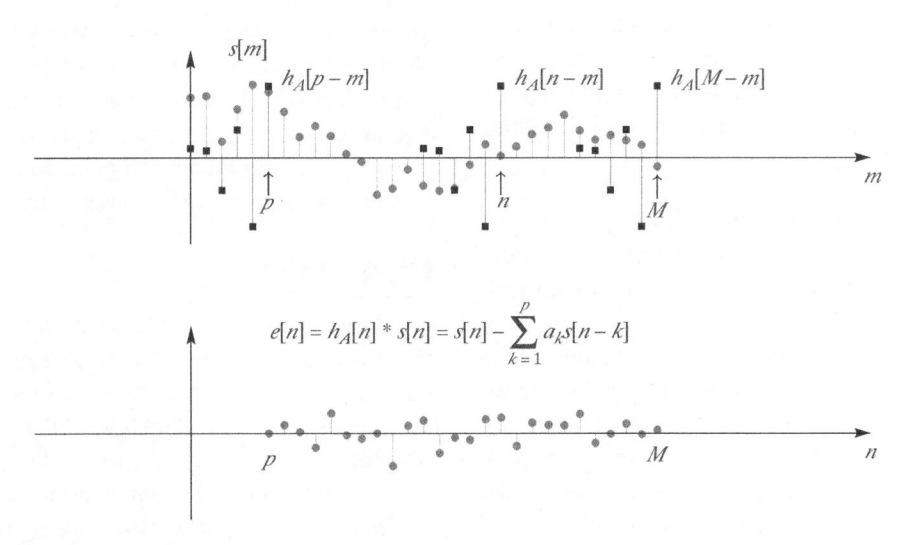

Figura 11.8 Exemplo (para $p = 5$) do cálculo do erro de predição para o método da covariância. (No gráfico superior, marcadores quadrados indicam amostras de $h_A[n-m]$, e marcadores circulares claros indicam amostras de $s[m]$.)

---

[5] Nos dois casos, a função de autocorrelação determinística da Equação 11.47 é usada como uma estimativa.

[6] As definições do erro quadrático de predição total nas equações 11.48 e 11.46 são distintamente diferentes, de modo que usamos o subscrito $_{\text{cov}}$ para distingui-los.

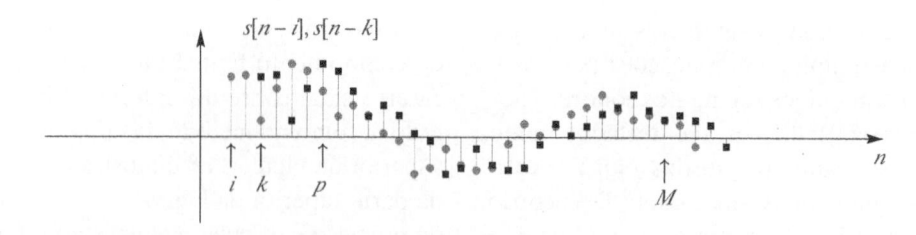

Figura 11.9 Exemplo do cálculo da função de covariância para uma sequência de comprimento finito. (Marcadores quadrados indicam amostras de s[n − k], e marcadores circulares e claros indicam amostras de s[n − i].)

mente para $i = 0, 1, \ldots, p$ e $k = 1, 2, \ldots, p$, o segmento $s[n]$ para $0 \leq n \leq M$ contém todas as amostras que são necessárias para calcular $\phi_{ss}[i, k]$ na Equação 11.49.

11.3.3 Comparação dos métodos

Os métodos de autocorrelação e covariância têm muitas similaridades, mas existem diferenças importantes nos métodos e nos modelos só-polos resultantes. Nesta seção, resumimos algumas das diferenças que já demonstramos e chamamos a atenção para algumas outras.

Erro de predição

Tanto o erro de predição médio $\langle e^2[n] \rangle$ quanto o erro de modelagem médio $\langle \hat{e}^2[n] \rangle$ são não negativos e não crescentes com o aumento da ordem do modelo p. No método de autocorrelação com base nas estimativas obtidas a partir de sinais de comprimento finito, o erro médio de modelagem ou de predição nunca será nulo, pois os valores de autocorrelação não serão exatos. Além disso, o valor mínimo do erro de predição mesmo com um modelo exato é $Gv[n]$ como indicado na Equação 11.10. No método da covariância, o erro de predição para $n > 0$ pode ser exatamente nulo se o sinal original foi gerado por um modelo só-polos. Isso será demonstrado no Exemplo 11.2.

Equações para os coeficientes do preditor

Em ambos os métodos, os coeficientes do preditor que minimizam o erro de predição médio satisfazem um conjunto geral de equações lineares expressas em forma de matriz como $\boldsymbol{\Phi a} = \boldsymbol{\psi}$. Os coeficientes do modelo só-polos são obtidos pela inversão da matriz $\boldsymbol{\Phi}$; isto é, $\boldsymbol{a} = \boldsymbol{\Phi}^{-1} \boldsymbol{\psi}$. No método da covariância, os elementos $\phi_{ss}[i, k]$ da matriz $\boldsymbol{\Phi}$ são calculados usando a Equação 11.49. No método da autocorrelação, os valores de covariância tornam-se valores de autocorrelação, isto é, $\phi_{ss}[i, k] = r_{ss}[|i - k|]$, e são calculados usando a Equação 11.47. Em ambos os casos, a matriz $\boldsymbol{\Phi}$ é simétrica e positiva definida, mas, no método da autocorrelação, a matriz $\boldsymbol{\Phi}$ também é uma matriz Toeplitz. Isso resulta em diversas propriedades especiais da solução, e implica que a solução das equações pode ser obtida de modo mais eficiente do que aconteceria em geral. Na Seção 11.6, exploraremos algumas dessas implicações para o método da autocorrelação.

Estabilidade do sistema do modelo

O filtro de erro de predição tem uma função de sistema $A(z)$ que é um polinômio em z^{-1}. Portanto, pode ser representado em termos de seus zeros como

$$A(z) = 1 - \sum_{k=1}^{p} a_k z^{-k} = \prod_{k=1}^{p} (1 - z_k z^{-1}). \quad (11.50)$$

No método de autocorrelação, os zeros do filtro de erro de predição $A(z)$ estão garantidamente no interior da circunferência unitária do plano z de forma estrita; isto é, $|z_k| < 1$. Isso significa que os polos da função de sistema causal $H(z) = G/A(z)$ do modelo se encontram dentro da circunferência unitária, o que implica que o sistema do modelo é estável. Uma prova simples dessa afirmação é dada por Lang e McClellan (1979) e McClellan (1988). O Problema 11.10 desenvolve uma prova que depende da interpretação de filtro em treliça do sistema de erro de predição, a ser discutida na Seção 11.7.1. No método da covariância, do modo como o formulamos, nenhuma garantia desse tipo pode ser dada.

11.4 Ordem do modelo

Uma questão importante na modelagem paramétrica do sinal é a ordem do modelo p, cuja escolha tem um impacto importante sobre a precisão do modelo. Uma técnica comum para a escolha de p consiste em examinar o erro de predição médio (frequentemente chamado de residual) a partir do modelo ótimo de ordem p. Seja $a_k^{(p)}$ o parâmetro para o preditor de ordem p ótimo encontrado usando a Equação 11.30. A energia do erro de predição para o modelo de ordem p que usa o método da autocorrelação é[7]

---

[7] Lembre-se de que $\mathcal{E}_{\text{cov}}^{(p)}$ indica o erro quadrático de predição total para o método da covariância, enquanto usamos $\mathcal{E}^{(p)}$ sem subscrito para indicar o erro de predição quadrático total para o método da autocorrelação.

$$\mathcal{E}^{(p)} = \sum_{n=-\infty}^{\infty} \left(s[n] - \sum_{k=1}^{p} a_k^{(p)} s[n-k] \right)^2 . \quad (11.51)$$

Para o preditor de ordem zero, ($p = 0$), não existem termos de atraso na Equação 11.51, isto é, o "preditor" é simplesmente o sistema identidade, de modo que $e[n] = s[n]$. Consequentemente, para $p = 0$,

$$\mathcal{E}^{(0)} = \sum_{n=-\infty}^{\infty} s^2[n] = r_{ss}[0]. \quad (11.52)$$

Um gráfico do erro quadrático médio de predição normalizado $\mathcal{V}^{(p)} = \mathcal{E}^{(p)}/\mathcal{E}^{(0)}$ em função de p mostra como o aumento de p muda essa energia do erro. No método da correlação, mostramos que o erro de predição médio nunca pode ser exatamente nulo, mesmo que o sinal $s[n]$ fosse gerado por um sistema só-polos, e a ordem do modelo é a mesma que a ordem do sistema gerador. No método da covariância, entretanto, se o modelo só-polos for um modelo perfeito para o sinal $s[n]$, $\mathcal{E}_{cov}^{(p)}$ será identicamente nulo para a escolha correta de p, pois o erro de predição médio considera somente valores para $p \leq n \leq M$. Mesmo que $s[n]$ não seja perfeitamente modelado por um sistema só-polos, frequentemente existe um valor de p acima do qual aumentar p tem pouco ou nenhum efeito sobre $\mathcal{V}^{(p)}$ ou $\mathcal{V}_{cov}^{(p)} = \mathcal{E}_{cov}^{(p)}/\mathcal{E}_{cov}^{(0)}$. Esse limiar é uma escolha eficiente da ordem do modelo para representar o sinal como um modelo só-polos.

Exemplo 11.2 Seleção da ordem do modelo

Para demonstrar o efeito da ordem do modelo, considere um sinal $s[n]$ gerado pela excitação de um sistema de décima ordem

$$H(z) = \frac{0{,}6}{\begin{array}{c}(1-1{,}03z^{-1}+0{,}79z^{-2}-1{,}34z^{-3}+0{,}78z^{-4}-0{,}92z^{-5}\\+1{,}22z^{-6}-0{,}43z^{-7}+0{,}6z^{-8}-0{,}29z^{-9}-0{,}23z^{-10})\end{array}}$$

$$(11.53)$$

com um impulso $v[n] = \delta[n]$. As amostras de $s[n]$ para $0 \leq n \leq 30$ são mostradas como a sequência nos gráficos superiores das figuras 11.6 e 11.8. Esse sinal foi usado como o sinal a ser modelado por um modelo só-polos tanto com o método da autocorrelação quanto com o método da covariância. Usando as 31 amostras de $s[n]$, os valores apropriados de autocorrelação e covariância foram calculados, e os coeficientes do preditor, calculados resolvendo-se as equações 11.30 e 11.34, respectivamente. Os erros quadráticos médios de predição normalizados são mostrados na Figura 11.10. Note que em ambos os métodos de autocorrelação e covariância, o erro normalizado decai abruptamente em $p = 1$ nos dois gráficos, então decai mais lentamente à medida que p aumenta. Em $p = 10$, o método da covariância fornece erro nulo, enquanto o método da autocorrelação tem erro médio não nulo para $p \geq 10$. Esses resultados são consistentes com nossa discussão do erro de predição na Seção 11.3.

Embora o Exemplo 11.2 seja uma simulação ideal, a natureza geral da dependência do erro de predição médio em função de p é típica do que ocorre quando a modelagem só-polos é aplicada a sinais amostrados. O gráfico de $\mathcal{V}^{(p)}$ em função de p tende a tornar-se plano em algum ponto, e esse valor de p frequentemente é selecionado como o valor a ser usado no modelo. Em aplicações como análise de voz, é possível escolher a ordem do modelo com base nos modelos físicos para a produção do sinal a ser modelado. (Veja Rabiner e Schafer, 1978.)

11.5 Análise de espectro só-polos

A modelagem de sinais só-polos fornece um método para a obtenção de estimativas de alta resolução do espectro de um sinal a partir de dados truncados ou janelados. O uso da modelagem paramétrica de sinais na análise espectral é baseado no fato de que, se os da-

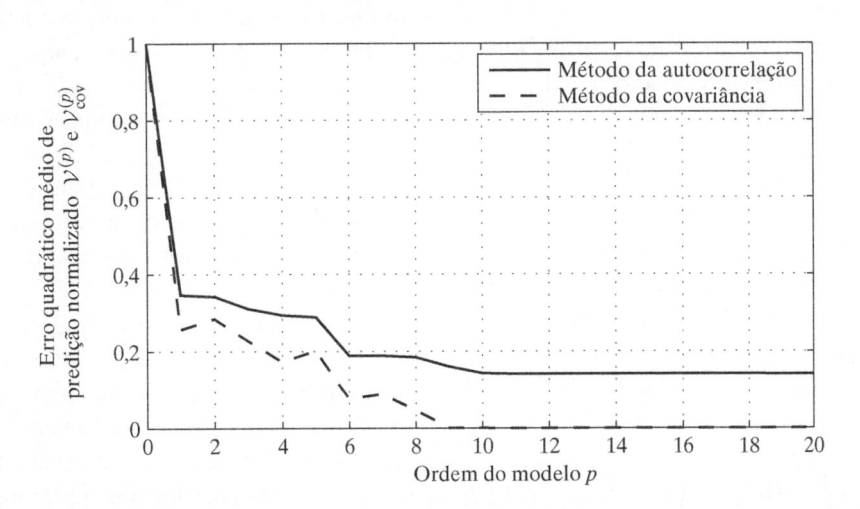

Figura 11.10 Erro quadrático médio de predição normalizado $\mathcal{V}^{(p)}$ em função da ordem do modelo p do Exemplo 11.2.

dos se ajustam ao modelo, então um segmento finito dos dados pode ser usado para determinar os parâmetros do modelo e, consequentemente, também seu espectro. Especificamente, no caso determinístico

$$|\hat{S}(e^{j\omega})|^2 = |H(e^{j\omega})|^2 |V(e^{j\omega})|^2 = |H(e^{j\omega})|^2 \quad (11.54)$$

já que $|V(e^{j\omega})|^2 = 1$ para uma excitação impulso unitário do sistema do modelo. De modo similar, para sinais aleatórios, o espectro de potência da saída do modelo é

$$P_{\hat{s}\hat{s}}(e^{j\omega}) = |H(e^{j\omega})|^2 P_{ww}(e^{j\omega}) = |H(e^{j\omega})|^2, \quad (11.55)$$

pois $P_{ww}(e^{j\omega}) = 1$ para a entrada ruído branco. Assim, podemos obter uma estimativa do espectro de um sinal $s[n]$ calculando um modelo só-polos para o sinal e, depois, calculando a magnitude quadrática da resposta em frequência do sistema do modelo. Tanto para o caso determinístico quanto para o caso aleatório, a estimativa de espectro toma a forma

$$\text{Estimativa de espectro} = |H(e^{j\omega})|^2 = \left| \frac{G}{1 - \sum_{k=1}^{p} a_k e^{-j\omega k}} \right|^2.$$

$$(11.56)$$

Para entender a natureza da estimativa de espectro da Equação 11.56 para o caso determinístico, é útil relembrar que a TFTD do sinal de comprimento finito $s[n]$ é

$$S(e^{j\omega}) = \sum_{n=0}^{M} s[n] e^{-j\omega n}. \quad (11.57)$$

Além disso, note que

$$r_{ss}[m] = \sum_{n=0}^{M-|m|} s[n+m]s[n] = \frac{1}{2\pi} \int_{-\pi}^{\pi} |S(e^{j\omega})|^2 e^{j\omega m} d\omega,$$

$$(11.58)$$

em que, por causa do comprimento finito de $s[n]$, $r_{ss}[m] = 0$ para $|m| > M$. Os valores de $r_{ss}[m]$ para $m = 0, 1, 2, ..., p$ são usados no cálculo do modelo só-polos usando o método da autocorrelação. Assim, é razoável supor que existe uma relação entre o espectro de Fourier do sinal, $|S(e^{j\omega})|^2$, e o espectro do modelo só-polos, $|\hat{S}(e^{j\omega})|^2 = |H(e^{j\omega})|^2$.

Uma abordagem para esclarecer essa relação é obter uma expressão para o erro de predição médio em termos da TFTD do sinal $s[n]$. Lembre-se de que o erro de predição é $e[n] = h_A[n] * s[n]$, em que $h_A[n]$ é a resposta ao impulso do filtro de erro de predição. Pelo Teorema de Parseval, o erro de predição médio é

$$\mathcal{E} = \sum_{n=0}^{M+p} (e[n])^2 = \frac{1}{2\pi} \int_{-\pi}^{\pi} |S(e^{j\omega})|^2 |A(e^{j\omega})|^2 d\omega, \quad (11.59)$$

em que $S(e^{j\omega})$ é a TFTD de $s[n]$ como dada na Equação 11.57. Como $H(z) = G/A(z)$, a Equação 11.59 pode ser expressa em termos de $H(e^{j\omega})$ como

$$\mathcal{E} = \frac{G^2}{2\pi} \int_{-\pi}^{\pi} \frac{|S(e^{j\omega})|^2}{|H(e^{j\omega})|^2} d\omega. \quad (11.60)$$

Como o integrando na Equação 11.60 é positivo, e $|H(e^{j\omega})|^2 > 0$ para $-\pi < \omega \leq \pi$, conclui-se, portanto, pela Equação 11.60 que a minimização de $\mathcal{E}$ é equivalente à minimização da razão entre o espectro de energia do sinal $s[n]$ e a magnitude quadrática da resposta em frequência do sistema linear no modelo só-polos. A implicação desse fato é que o espectro de modelo só-polos tentará casar o espectro de energia do sinal mais proximamente nas frequências em que o espectro do sinal é forte, pois as frequências em que $|S(e^{j\omega})|^2 > |H(e^{j\omega})|^2$ contribuem mais para o erro quadrático médio do que as frequências em que acontece o oposto. Assim, a estimativa de espectro do modelo só-polos favorece um bom ajuste em torno dos picos do espectro do sinal. Isso será ilustrado pela discussão na Seção 11.5.1. Análise e raciocínio similares também se aplicam ao caso em que $s[n]$ é aleatório.

11.5.1 Análise só-polos de sinais de voz

A modelagem só-polos é amplamente usada no processamento de voz, tanto para codificação de voz, em que frequentemente é usado o termo codificação preditiva linear (LPC, do inglês *linear predictive coding*), quanto para análise espectral. (Veja Atal e Hanauer, 1971, Makhoul, 1975, Rabiner e Schafer, 1978, e Quatieri, 2002.) Para ilustrar muitas das ideias discutidas neste capítulo, discutimos com alguns detalhes o uso da modelagem só-polos para a análise espectral de sinais de voz. Esse método tipicamente é aplicado de uma maneira dependente do tempo pela seleção periódica de segmentos curtos do sinal de voz para análise quase da mesma forma como é feito na análise de Fourier dependente do tempo discutida na Seção 10.3. Como a transformada de Fourier dependente do tempo é basicamente uma sequência de TFTDs de segmentos de comprimento finito, a discussão sobre a relação entre a TFTD e o espectro só-polos caracteriza também a relação entre a análise de Fourier dependente do tempo e a análise espectral do modelo só-polos dependente do tempo.

Na Figura 11.11 é mostrado um segmento de 201 pontos obtido pelo janelamento usando uma janela de Hamming de um sinal de voz $s[n]$ no gráfico superior e a função de autocorrelação correspondente $r_{ss}[m]$ no gráfico inferior. Durante esse intervalo de tempo, o sinal de voz é sonoro (as cordas vocais vibram), como evidenciado pela natureza periódica do sinal. Essa periodicidade

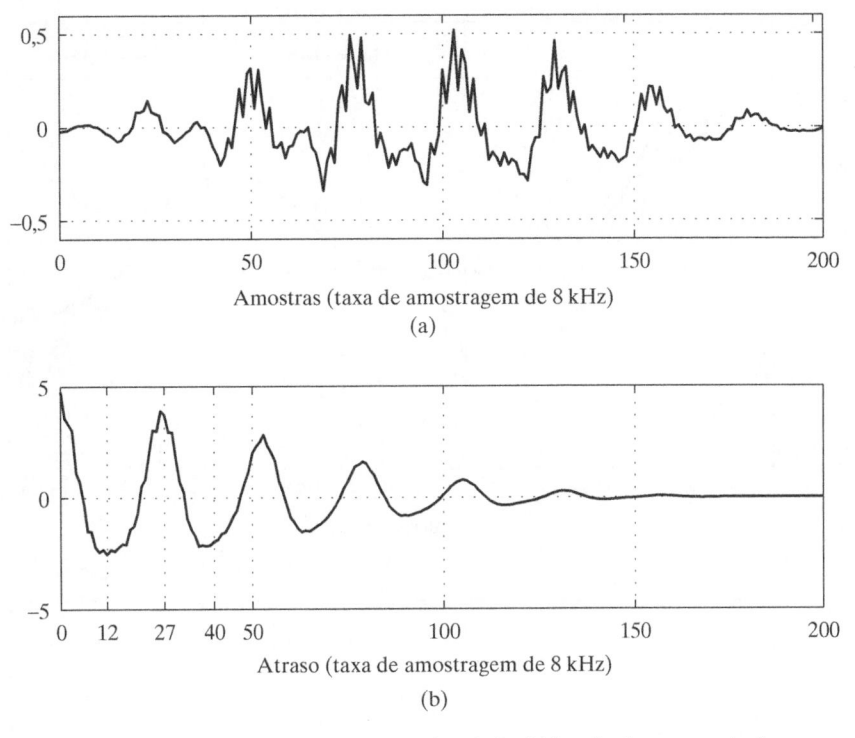

Figura 11.11 (a) Forma de onda de voz sonora janelada. (b) Função de autocorrelação correspondente (amostras conectadas por segmentos de reta).

aparece na função de autocorrelação como o pico em torno de 27 amostras (27/8 = 3,375 ms para uma taxa de amostragem de 8 kHz) e seus múltiplos inteiros.

Ao aplicar a modelagem só-polos à voz sonora, é útil pensar o sinal como determinístico, mas com uma função de excitação que é um trem de impulsos periódico. Essa escolha dá conta da natureza periódica da função de autocorrelação quando vários períodos do sinal são incluídos na janela, como na Figura 11.11(a).

Na Figura 11.12 mostra-se uma comparação da TFTD do sinal da Figura 11.11(a) com espectros calculados a partir da modelagem só-polos com duas ordens de modelo diferentes e usando a função de autocorrelação da Figura 11.11(b). Note que a TFTD de $s[n]$ mostra picos em múltiplos da frequência fundamental $F_0 = 8$ kHz/27 = 296 Hz, bem como muitos outros picos e vales menos proeminentes que podem ser atribuídos aos efeitos do janelamento discutidos na Seção 10.2.1. Se as 13 primeiras amostras de $r_{ss}[m]$ na Figura 11.11(b) são usadas para calcular um espectro de modelo só-polos ($p = 12$), o resultado é a curva suave mostrada com a linha grossa na Figura 11.12(a). Com a ordem de filtro como 12 e o período fundamental de 27 amostras, essa estimativa espectral de fato ignora a estrutura espectral devida à periodicidade do sinal e produz uma estimativa de espectro muito mais suave. Contudo, se 41 valores de $r_{ss}[m]$ são usados, obtemos o espectro mostrado com a linha fina. Como o período do sinal é 27, um valor de $p = 40$ inclui o pico de periodicidade na função de autocorrelação e, assim, o espectro só-polos tende a representar grande parte do detalhe fino no espectro da TFTD. Note que os dois casos sustentam nossa afirmação anterior de que a estimativa de espectro do modelo só-polos tende a favorecer a boa representação dos picos do espectro da TFTD.

Esse exemplo ilustra que a escolha da ordem do modelo p controla o grau de suavização do espectro da TFTD. Na Figura 11.12(b) mostra-se que, quando p aumenta, o erro quadrático médio de predição diminui rapidamente e depois nivela-se, como em nosso exemplo anterior. Lembre-se de que, nas seções 11.2.4 e 11.2.5, argumentamos que o modelo só-polos com ganho adequadamente escolhido resulta em um casamento entre as funções de autocorrelação do sinal e o modelo só--polos até p atrasos de correlação, como na Equação 11.39. Isso implica que, quando p aumenta, o espectro do modelo só-polos se aproximará do espectro da TFTD e, quando $p \to \infty$, conclui-se que $r_{hh}[m] = r_{ss}[m]$ para todo m, e, portanto, $|H(e^{j\omega})|^2 = |S(e^{j\omega})|^2$. Porém, isso não significa que $H(e^{j\omega}) = S(e^{j\omega})$ porque $H(z)$ é um sistema IIR, e $S(z)$ é a transformada z de uma sequência de comprimento finito. Além disso, note que, quando $p \to \infty$, o erro de predição médio não se aproxima de zero, embora $|H(e^{j\omega})|^2 \to |S(e^{j\omega})|^2$. Como discutimos, isso ocorre porque o erro total na Equação 11.11 é o erro de predição $\tilde{e}[n]$ menos $Gv[n]$. Em outras palavras, o predi-

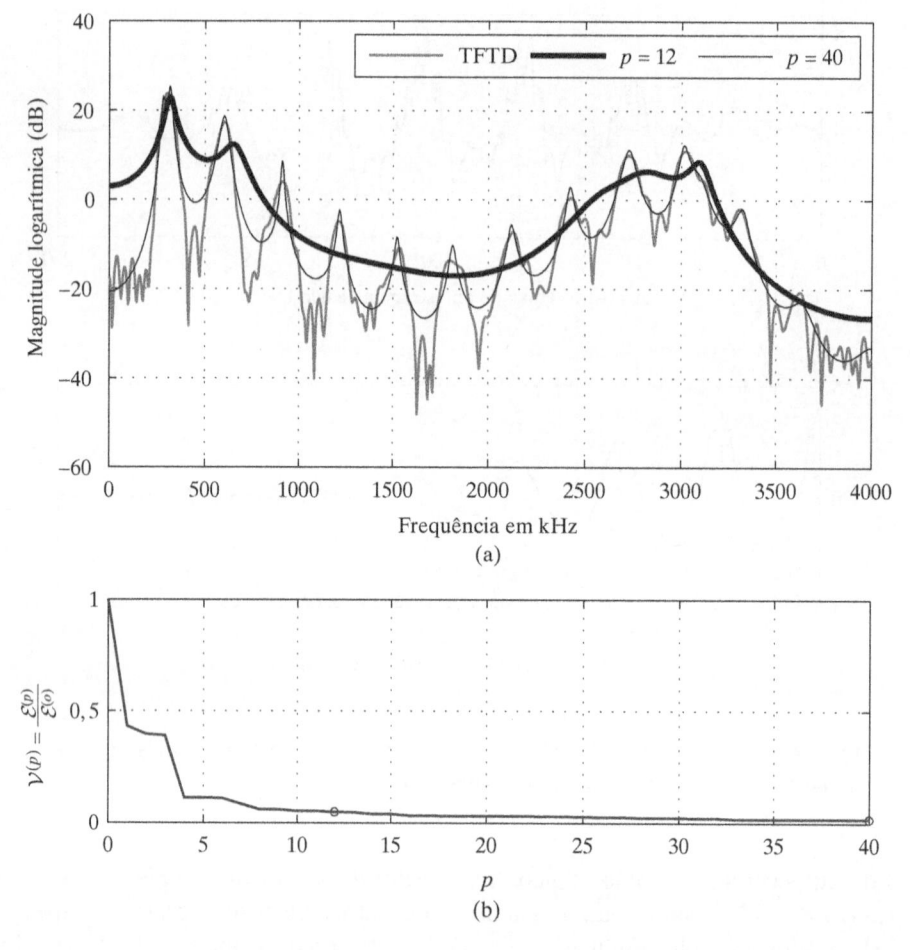

Figura 11.12 (a) Comparação entre a TFTD e os espectros do modelo só-polos para o segmento de voz sonora da Figura 11.11(a). (b) Erro de predição normalizado em função de p.

tor linear deve sempre predizer a primeira amostra não nula a partir das amostras nulas que o precedem.

A outra classe principal dos sons de voz é composta dos sons surdos como os fricativos. Esses sons são produzidos criando-se fluxo turbulento aleatório de ar no trato vocal; portanto, eles são mais bem modelados em termos de um sistema só-polos excitado por ruído branco. Na Figura 11.13 mostra-se um exemplo de segmento de voz surdo com 201 pontos janelados usando-se uma janela de Hamming e sua função de autocorrelação correspondente. Note que a função de autocorrelação não mostra indícios de periodicidade nem na forma de onda do sinal nem na função de autocorrelação. Uma comparação da TFTD do sinal na Figura 11.13(a) com dois espectros do modelo só-polos calculados a partir da função de autocorrelação na Figura 11.13(b) é mostrada na Figura 11.14(a). Do ponto de vista de análise espectral dos sinais aleatórios, a magnitude quadrática da TFTD é um periodograma. Assim, ela contém um componente que varia aleatoriamente com a frequência. Novamente, pela escolha da ordem do modelo, o periodograma pode ser suavizado em qualquer grau desejado.

11.5.2 Localização dos polos

No processamento de voz, os polos do modelo só-polos têm uma relação estreita com as frequências de ressonância do trato vocal, assim, frequentemente é útil fatorar o polinômio $A(z)$ para obter seus zeros para representação como na Equação 11.50. Como discutido na Seção 11.3.3, os zeros z_k do filtro de erro de predição são os polos da função de sistema do modelo só-polos. São os polos da função de sistema os responsáveis pelos picos nas estimativas de espectro discutidas na Seção 11.5.1. Quanto mais perto um polo estiver da circunferência unitária, maior o pico do espectro para as frequências próximas do ângulo do polo.

Na Figura 11.15 mostram-se os zeros da função de sistema de erro de predição $A(z)$ (polos do sistema do modelo) para as duas estimativas de espectro da Figura 11.12(a). Para $p = 12$, os zeros de $A(z)$ são denotados por círculos vazios. Cinco pares de zeros complexos

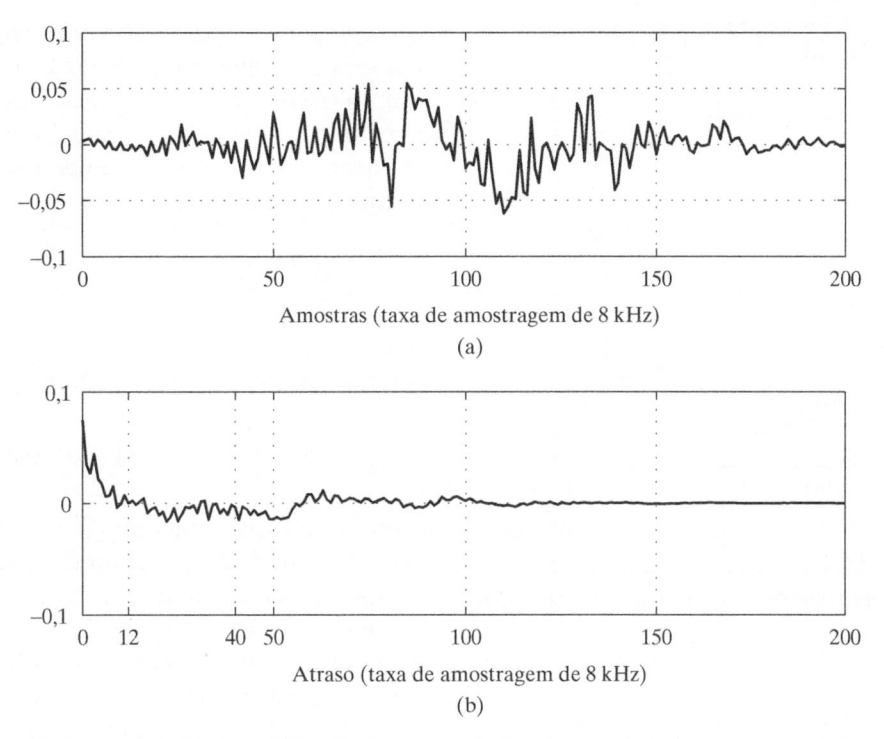

Figura 11.13 Forma de onda de voz surda janelada. (b) Função de autocorrelação correspondente (amostras conectadas por segmentos de reta).

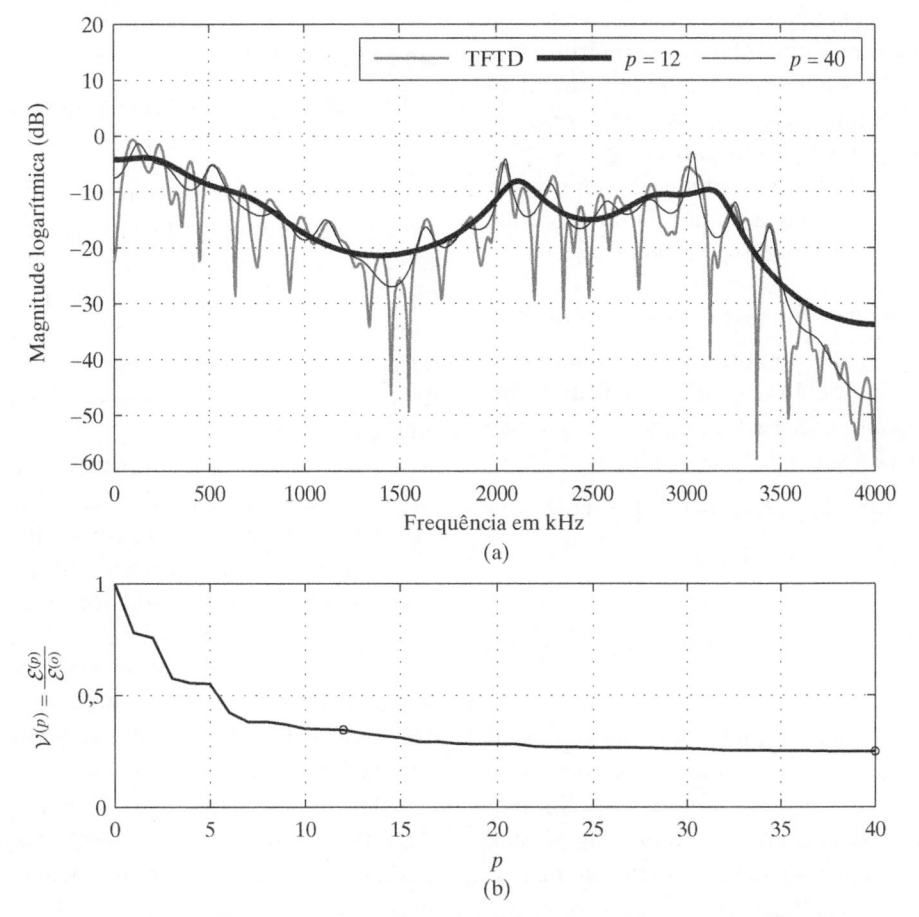

Figura 11.14 (a) Comparação entre a TFTD e espectros do modelo só-polos para o segmento de voz surda da Figura 11.13(a). (b) Erro de predição normalizado em função de p.

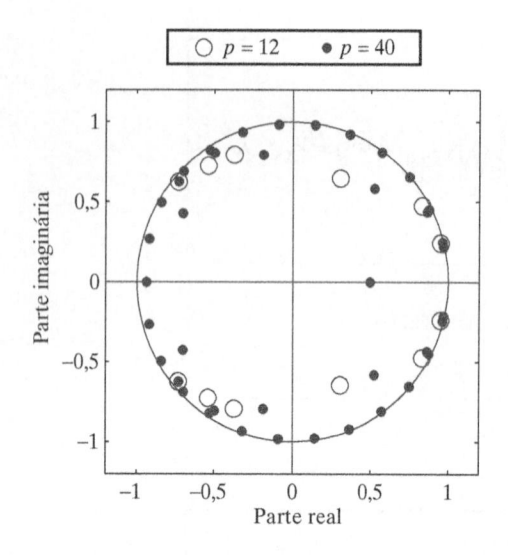

Figura 11.15 Zeros dos filtros de erro de predição (polos dos sistemas do modelo) usados para obter as estimativas do espectro da Figura 11.12.

conjugados estão próximos da circunferência unitária, e suas manifestações como polos ficam claramente evidentes na curva de linha grossa da Figura 11.12(a). Para o caso $p = 40$, os zeros de $A(z)$ são denotados pelos círculos menores preenchidos. Observe que a maioria dos zeros está próxima da circunferência unitária, e que eles estão distribuídos mais ou menos uniformemente em torno da circunferência unitária. Isso produz os picos no espectro de modelo que são espaçados aproximadamente em múltiplos da frequência em radianos normalizada correspondente à frequência fundamental do sinal de voz; isto é, em ângulos $2\pi(296 \text{ Hz})/8 \text{ kHz}$.

11.5.3 Modelagem só-polos dos sinais senoidais

Como outro exemplo importante, consideramos o uso dos polos de um modelo só-polos para estimar frequências de sinais senoidais. Para entender por que isso é possível, considere a soma de duas senoides

$$s[n] = [A_1 \cos(\omega_1 n + \theta_1) + A_2 \cos(\omega_2 n + \theta_2)] u[n]. \quad (11.61)$$

A transformada z de $s[n]$ tem a forma

$$S(z) = \frac{b_0 + b_1 z^{-1} + b_2 z^{-2} + b_3 z^{-3}}{(1 - e^{j\omega_1} z^{-1})(1 - e^{-j\omega_1} z^{-1})(1 - e^{j\omega_2} z^{-1})(1 - e^{-j\omega_2} z^{-1})}. \quad (11.62)$$

Isto é, a soma de duas senoides pode ser representada como a resposta ao impulso de um sistema LIT cuja função de sistema tem polos e zeros. O polinômio do numerador seria uma função um tanto complicada das amplitudes, frequências e deslocamentos de fase. O que é importante para nossa discussão é que o numerador seja um polinômio de 3º grau e o denominador seja um polinômio de 4º grau, cujas raízes estejam sobre a circunferência unitária em ângulos iguais a $\pm\omega_1$ e $\pm\omega_2$. A equação de diferenças que descreve esse sistema com excitação impulso tem a forma

$$s[n] - \sum_{k=1}^{4} a_k s[n-k] = \sum_{k=0}^{3} b_k \delta[n-k] \quad (11.63)$$

em que os coeficientes a_k resultariam da multiplicação dos fatores no denominador. Note que

$$s[n] - \sum_{k=1}^{4} a_k s[n-k] = 0 \quad \text{para } n \geq 4, \quad (11.64)$$

o que sugere que o sinal $s[n]$ pode ser predito sem erro por um preditor de quarta ordem, exceto bem no início ($0 \leq n \leq 3$). Os coeficientes do denominador podem ser estimados a partir do sinal pela aplicação do método da covariância a um segmento curto do sinal selecionado de modo a não incluir as primeiras quatro amostras. No caso ideal para o qual a Equação 11.61 representa o sinal com precisão (por exemplo, para uma alta SNR), as raízes do polinômio resultante fornecem boas estimativas das frequências dos componentes senoidais.

Na Figura 11.16(a) é mostrado um gráfico de 101 amostras do sinal[8]

$$s[n] = 20 \cos(0{,}2\pi n - 0{,}1\pi) + 22 \cos(0{,}22\pi n + 0{,}9\pi). \quad (11.65)$$

Como as duas frequências estão muito próximas, é preciso usar um grande número de amostras para resolver as duas frequências pela análise de Fourier. Porém, como o sinal se ajusta perfeitamente ao modelo só-polos, o método da covariância pode ser usado para obter estimativas muito precisas das frequências a partir de segmentos muito curtos do sinal. Isso é ilustrado na Figura 11.16(b).

A TFTD das 101 amostras (com janela retangular) não mostra indícios de que existem duas frequências senoidais distintas em torno de $\omega = 0{,}21\pi$. Lembre-se de que a largura do lóbulo principal para uma janela retangular de $(M+1)$ pontos é $\Delta\omega = 4\pi/(M+1)$. Consequentemente, uma janela retangular de 101 pontos pode claramente resolver duas frequências somente se elas não estiverem mais próximas do que cerca de $0{,}04\pi$ rad/s. De modo correspondente, a TFTD não mostra dois picos espectrais.

De modo similar, o uso do método da autocorrelação resulta na estimativa de espectro mostrada pela linha grossa. Essa estimativa também contém apenas um

---

[8] O decaimento do segmento de sinal na Figura 11.16(a) não é resultado de janelamento. Ele é causado pelo "batimento" dos dois cossenos quase da mesma frequência. O período da frequência de batimento (diferença entre $0{,}22\pi$ e $0{,}2\pi$) é de 100 amostras.

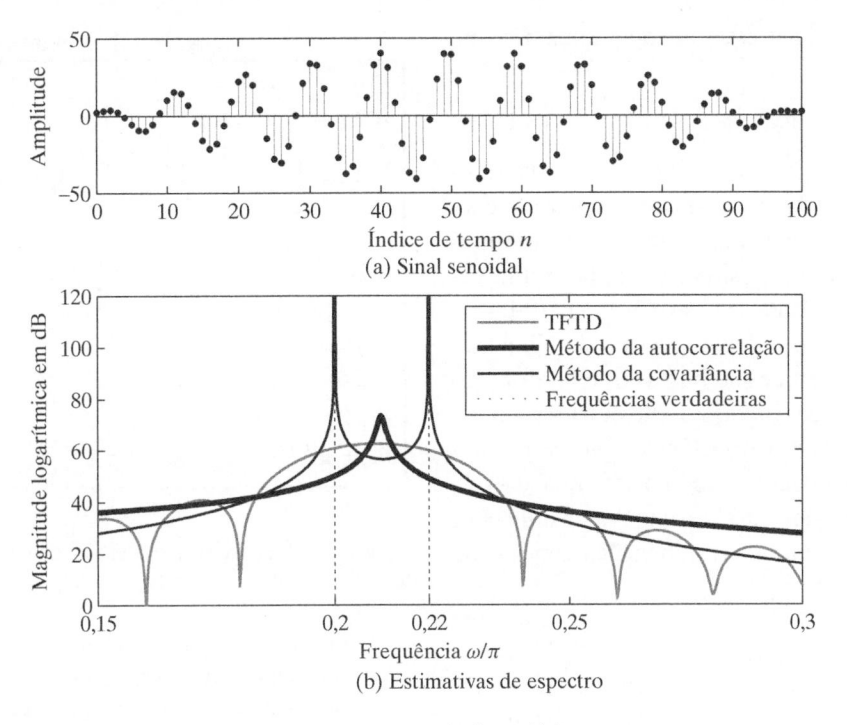

Figura 11.16 Estimativa de espectro para um sinal senoidal.

pico espectral. O polinômio do erro de predição (em forma fatorada) obtido pelo método da autocorrelação é

$$A_a(z) = (1 - 0{,}998e^{j\,0{,}21\pi}z^{-1})(1 - 0{,}998e^{-j\,0{,}21\pi}z^{-1})$$
$$\cdot (1 - 0{,}426z^{-1})(1 - 0{,}1165z^{-1}) \qquad (11.66)$$

Os dois polos reais não contribuem com picos, e os polos complexos estão próximos da circunferência unitária, mas em $\pm 0{,}21\pi$, que está a meio caminho entre as duas frequências. Assim, o janelamento inerente ao método da autocorrelação faz com que o modelo resultante fique travado na frequência média $0{,}21\pi$.

Por outro lado, o polinômio fatorado do erro de predição obtido com o método da covariância (com arredondamento das magnitudes e ângulos) é dado por

$$A_c(z) = (1 - e^{j\,0{,}2\pi}z^{-1})(1 - e^{-j\,0{,}2\pi}z^{-1})$$
$$\cdot (1 - e^{j\,0{,}22\pi}z^{-1})(1 - e^{-j\,0{,}22\pi}z^{-1}). \qquad (11.67)$$

Nesse caso, os ângulos dos zeros são quase exatamente iguais às frequências das duas senoides. Na Figura 11.16(b) também é mostrada a resposta em frequência do modelo, isto é,

$$|H_{\text{cov}}(e^{j\omega})|^2 = \frac{1}{|A_{\text{cov}}(e^{j\omega})|^2}, \qquad (11.68)$$

representada em dB. Nesse caso, o erro de predição é muito próximo de zero, o que, se usado para estimar o ganho do modelo só-polos, levaria a uma estimativa indeterminada. Portanto, o ganho é definido arbitrariamente como unitário, o que leva a um gráfico da Equação 11.68 em uma escala similar às outras estimativas. Como os polos estão quase exatamente sobre a circunferência unitária, o espectro de magnitude torna-se excessivamente alto nas frequências dos polos. Note que as raízes do polinômio de erro de predição dão uma estimativa precisa das frequências. Esse método, naturalmente, não oferece informações precisas sobre as amplitudes e fases dos componentes senoidais.

11.6 Solução das equações normais da autocorrelação

Tanto no método da autocorrelação quanto no da covariância para o cálculo dos valores de correlação, os coeficientes do preditor que minimizam o erro quadrático médio do filtro inverso e, de modo equivalente, o erro de predição satisfazem um conjunto de equações lineares na forma geral:

$$\begin{bmatrix} \phi_{ss}[1,1] & \phi_{ss}[1,2] & \phi_{ss}[1,3] & \cdots & \phi_{ss}[1,p] \\ \phi_{ss}[2,1] & \phi_{ss}[2,2] & \phi_{ss}[2,3] & \cdots & \phi_{ss}[2,p] \\ \phi_{ss}[3,1] & \phi_{ss}[3,2] & \phi_{ss}[3,3] & \cdots & \phi_{ss}[3,p] \\ \vdots & \vdots & \vdots & \ddots & \vdots \\ \phi_{ss}[p,1] & \phi_{ss}[p,2] & \phi_{ss}[p,3] & \cdots & \phi_{ss}[p,p] \end{bmatrix} \begin{bmatrix} a_1 \\ a_2 \\ a_3 \\ \vdots \\ a_p \end{bmatrix} =$$
$$= \begin{bmatrix} \phi_{ss}[1,0] \\ \phi_{ss}[2,0] \\ \phi_{ss}[3,0] \\ \vdots \\ \phi_{ss}[p,0] \end{bmatrix}. \qquad (11.69)$$

Em notação matricial, essas equações lineares têm a representação

$$\Phi a = \psi. \tag{11.70}$$

Como $\phi[i, k] = \phi[k, i]$, tanto no método da autocorrelação quanto no da covariância, a matriz Φ é simétrica e, como surge em um problema de mínimos quadrados, ela também é positiva definida, o que garante que é invertível. Em geral, isso leva a métodos de solução eficientes, como a decomposição de Cholesky (veja Press et al., 2007), que são baseados em fatoração matricial e são aplicáveis quando Φ é simétrica e positiva definida. Porém, no caso específico do método da autocorrelação ou em qualquer método para o qual $\phi_{ss}[i, k] = r_{ss}[|i - k|]$, as equações 11.69 tornam-se as equações normais da autocorrelação (também chamadas de equações de Yule–Walker).

$$\begin{bmatrix} r_{ss}[0] & r_{ss}[1] & r_{ss}[2] & \cdots & r_{ss}[p-1] \\ r_{ss}[1] & r_{ss}[0] & r_{ss}[1] & \cdots & r_{ss}[p-2] \\ r_{ss}[2] & r_{ss}[1] & r_{ss}[0] & \cdots & r_{ss}[p-3] \\ \vdots & \vdots & \vdots & \cdots & \vdots \\ r_{ss}[p-1] & r_{ss}[p-2] & r_{ss}[p-3] & \cdots & r_{ss}[0] \end{bmatrix} \begin{bmatrix} a_1 \\ a_2 \\ a_3 \\ \vdots \\ a_p \end{bmatrix} =$$

$$= \begin{bmatrix} r_{ss}[1] \\ r_{ss}[2] \\ r_{ss}[3] \\ \vdots \\ r_{ss}[p] \end{bmatrix}. \tag{11.71}$$

Nesse caso, além de a matriz Φ ser simétrica e positiva definida, ela também é uma matriz Toeplitz, isto é, todos os elementos em cada subdiagonal são iguais. Essa propriedade leva a um algoritmo eficiente, conhecido como recursão de Levinson–Durbin, para a resolução das equações.

11.6.1 Recursão de Levinson–Durbin

O algoritmo de Levinson–Durbin para o cálculo dos coeficientes do preditor que minimizam o erro quadrático total de predição resulta do alto grau de simetria na matriz Φ e, além disso, como a Equação 11.71 confirma, do fato de os elementos do vetor do membro direito ψ serem essencialmente os valores que preenchem a matriz Φ. As equações L–D.1 a L–D.6 na Figura 11.17 definem os cálculos. Uma dedução dessas equações é dada na Seção 11.6.2, mas antes de desenvolver os detalhes da dedução, é útil simplesmente examinar os passos do algoritmo.

Algoritmo de Levinson–Durbin

$$\mathcal{E}^{(0)} = r_{ss}[0] \tag{L–D.1}$$
for $i = 1, 2, \ldots, p$
$$k_i = \left(r_{ss}[i] - \sum_{j=1}^{i-1} a_j^{(i-1)} r_{ss}[i-j] \right) / \mathcal{E}^{(i-1)} \tag{L–D.2}$$
$$a_i^{(i)} = k_i \tag{L–D.3}$$
if $i > 1$ then for $j = 1, 2, \ldots, i - 1$
$$a_j^{(i)} = a_j^{(i-1)} - k_i a_{i-j}^{(i-1)} \tag{L–D.4}$$
end
$$\mathcal{E}^{(i)} = (1 - k_i^2) \mathcal{E}^{(i-1)} \tag{L–D.5}$$
end
$$a_j = a_j^{(p)} \quad j = 1, 2, \ldots, p \tag{L–D.6}$$

Figura 11.17 Equações definindo o algoritmo de Levinson–Durbin.

(L–D.1) Esse passo inicializa o erro quadrático médio de predição como a energia do sinal. Isto é, um preditor de ordem zero (nenhum preditor) não gera redução na energia de erro de predição, pois o erro de predição $e[n]$ é idêntico ao sinal $s[n]$.

A próxima linha na Figura 11.17 enuncia que os passos L–D.2 a L–D.5 são repetidos p vezes, com cada repetição desses passos aumentando a ordem do preditor em uma unidade. Em outras palavras, o algoritmo calcula um preditor de ordem i a partir do preditor de ordem $i - 1$ começando com $i - 1 = 0$.

(L–D.2) Esse passo calcula uma quantidade k_i. A sequência de parâmetros $k_i, i = 1, 2, \ldots, p$ a que chamamos de parâmetros k, desempenha um papel-chave na geração do próximo conjunto de coeficientes do preditor.[9]

(L–D.3) Essa equação enuncia que $a_i^{(i)}$, o i-ésimo coeficiente do preditor de ordem i, é igual a k_i.

(L–D.4) Nessa equação, k_i é usado para calcular os coeficientes restantes do preditor de ordem i como uma combinação dos coeficientes do preditor de ordem $(i - 1)$ com aqueles mesmos coeficientes em ordem reversa.

(L–D.5) Essa equação atualiza o erro de predição para o preditor de ordem i.

(L–D.6) Esse é o passo final em que o preditor de ordem p é definido como o resultado após p iterações do algoritmo.

O algoritmo de Levinson–Durbin é de grande valor porque é um método de solução eficiente para as equações normais da autocorrelação e também pela

---

[9] Por motivos a ser discutidos na Seção 11.7, os parâmetros k também são chamados de *coeficientes PARCOR* (do inglês *PAR*tial *COR*relation) ou, também, *coeficientes de reflexão*.

compreensão que ele fornece sobre as propriedades da predição linear e modelos só-polos. Por exemplo, pela Equação L–D.5, pode-se mostrar que o erro de predição quadrático médio para um preditor de ordem p é o produto dos erros quadráticos médios de predição para todos os preditores de ordem mais baixa, do que conclui-se que $0 < \mathcal{E}^{(i)} \leq \mathcal{E}^{(i-1)} < \mathcal{E}^{(p)}$ e

$$\mathcal{E}^{(p)} = \mathcal{E}^{(0)} \prod_{i=1}^{p}(1-k_i^2) = r_{ss}[0] \prod_{i=1}^{p}(1-k_i^2). \quad (11.72)$$

Como $\mathcal{E}^{(i)} > 0$, precisa ser verdadeiro que $-1 < k_i < 1$ para $i = 1, 2, ..., p$. Isto é, os parâmetros k são estritamente menores que um em magnitude.

11.6.2 Dedução do algoritmo de Levinson–Durbin

Pela Equação 11.30, os coeficientes do preditor ótimo satisfazem o conjunto de equações

$$r_{ss}[i] - \sum_{k=1}^{p} a_k r_{ss}[i-k] = 0 \quad i = 1, 2, \ldots, p, \quad (11.73a)$$

e o mínimo erro quadrático médio de predição é dado por

$$r_{ss}[0] - \sum_{k=1}^{p} a_k r_{ss}[k] = \mathcal{E}^{(p)}. \quad (11.73b)$$

Como a Equação 11.73(b) contém os mesmos valores de correlação que a Equação 11.73(a), é possível juntá-las e escrever um novo conjunto de $p + 1$ equações que são satisfeitas pelos p coeficientes desconhecidos do preditor e pelo erro quadrático médio desconhecido correspondente $\mathcal{E}^{(p)}$. Essas equações têm a forma matricial

$$\begin{bmatrix} r_{ss}[0] & r_{ss}[1] & r_{ss}[2] & \cdots & r_{ss}[p] \\ r_{ss}[1] & r_{ss}[0] & r_{ss}[1] & \cdots & r_{ss}[p-1] \\ r_{ss}[2] & r_{ss}[1] & r_{ss}[0] & \cdots & r_{ss}[p-2] \\ \vdots & \vdots & \vdots & \ddots & \vdots \\ r_{ss}[p] & r_{ss}[p-1] & r_{ss}[p-2] & \cdots & r_{ss}[0] \end{bmatrix} \begin{bmatrix} 1 \\ -a_1^{(p)} \\ -a_2^{(p)} \\ \vdots \\ -a_p^{(p)} \end{bmatrix} =$$

$$= \begin{bmatrix} \mathcal{E}^{(p)} \\ 0 \\ 0 \\ \vdots \\ 0 \end{bmatrix}. \quad (11.74)$$

É esse conjunto de equações que pode ser resolvido recursivamente pelo algoritmo de Levinson–Durbin. Isso é feito incorporando-se sucessivamente um novo valor de correlação a cada iteração e resolvendo para o próximo preditor de ordem mais alta em termos do novo valor de correlação e do preditor encontrado anteriormente.

Para qualquer ordem i, o conjunto de equações na Equação 11.74 pode ser representado em notação matricial como

$$R^{(i)} a^{(i)} = e^{(i)}. \quad (11.75)$$

Queremos mostrar como a i-ésima solução pode ser deduzida da solução $(i-1)$. Em outras palavras, dado $a^{(i-1)}$, a solução para $R^{(i-1)} a^{(i-1)} = e^{(i-1)}$, queremos deduzir a solução para $R^{(i)} a^{(i)} = e^{(i)}$.

Primeiro, escreva as equações $R^{(i-1)} a^{(i-1)} = e^{(i-1)}$ em forma expandida como

$$\begin{bmatrix} r_{ss}[0] & r_{ss}[1] & r_{ss}[2] & \cdots & r_{ss}[i-1] \\ r_{ss}[1] & r_{ss}[0] & r_{ss}[1] & \cdots & r_{ss}[i-2] \\ r_{ss}[2] & r_{ss}[1] & r_{ss}[0] & \cdots & r_{ss}[i-3] \\ \vdots & \vdots & \vdots & \ddots & \vdots \\ r_{ss}[i-1] & r_{ss}[i-2] & r_{ss}[i-3] & \cdots & r_{ss}[0] \end{bmatrix} \begin{bmatrix} 1 \\ -a_1^{(i-1)} \\ -a_2^{(i-1)} \\ \vdots \\ -a_{i-1}^{(i-1)} \end{bmatrix} =$$

$$= \begin{bmatrix} \mathcal{E}^{(i-1)} \\ 0 \\ 0 \\ \vdots \\ 0 \end{bmatrix}. \quad (11.76)$$

Depois, anexe um 0 ao vetor $a^{(i-1)}$ e multiplique pela matriz $R^{(i)}$ para obter

$$\begin{bmatrix} r_{ss}[0] & r_{ss}[1] & r_{ss}[2] & \cdots & r_{ss}[i] \\ r_{ss}[1] & r_{ss}[0] & r_{ss}[1] & \cdots & r_{ss}[i-1] \\ r_{ss}[2] & r_{ss}[1] & r_{ss}[0] & \cdots & r_{ss}[i-2] \\ \vdots & \vdots & \vdots & \ddots & \vdots \\ r_{ss}[i-1] & r_{ss}[i-2] & r_{ss}[i-3] & \cdots & r_{ss}[1] \\ r_{ss}[i] & r_{ss}[i-1] & r_{ss}[i-2] & \cdots & r_{ss}[0] \end{bmatrix} \begin{bmatrix} 1 \\ -a_1^{(i-1)} \\ -a_2^{(i-1)} \\ \vdots \\ -a_{i-1}^{(i-1)} \\ 0 \end{bmatrix} =$$

$$= \begin{bmatrix} \mathcal{E}^{(i-1)} \\ 0 \\ 0 \\ \vdots \\ 0 \\ \gamma^{(i-1)} \end{bmatrix}. \quad (11.77)$$

em que, para satisfazer a Equação 11.77,

$$\gamma^{(i-1)} = r_{ss}[i] - \sum_{j=1}^{i-1} a_j^{(i-1)} r_{ss}[i-j]. \quad (11.78)$$

É na Equação 11.78 que o novo valor de autocorrelação $r_{ss}[i]$ é introduzido. Contudo, a Equação 11.77 ainda não está na forma desejada $R^{(i)} a^{(i)} = e^{(i)}$. O passo-chave na dedução é reconhecer que, por causa da simetria especial da matriz Toeplitz $R^{(i)}$, as equações podem ser escritas na ordem reversa (primeira equação por último e última equação em primeiro, e assim por diante), e a matriz para o conjunto resultante de equações ainda é $R^{(i)}$; isto é,

$$\begin{bmatrix} r_{ss}[0] & r_{ss}[1] & r_{ss}[2] & \cdots & r_{ss}[i] \\ r_{ss}[1] & r_{ss}[0] & r_{ss}[1] & \cdots & r_{ss}[i-1] \\ r_{ss}[2] & r_{ss}[1] & r_{ss}[0] & \cdots & r_{ss}[i-2] \\ \vdots & \vdots & \vdots & \cdots & \vdots \\ r_{ss}[i-1] & r_{ss}[i-2] & r_{ss}[i-3] & \cdots & r_{ss}[1] \\ r_{ss}[i] & r_{ss}[i-1] & r_{ss}[i-2] & \cdots & r_{ss}[0] \end{bmatrix} \begin{bmatrix} 0 \\ -a_{i-1}^{(i-1)} \\ -a_{i-2}^{(i-1)} \\ \vdots \\ -a_{1}^{(i-1)} \\ 1 \end{bmatrix} =$$

$$= \begin{bmatrix} \gamma^{(i-1)} \\ 0 \\ 0 \\ \vdots \\ 0 \\ \mathcal{E}^{(i-1)} \end{bmatrix}. \qquad (11.79)$$

Agora, a Equação 11.77 é combinada com a Equação 11.79 de acordo com

$$\mathbf{R}^{(i)} \left[\begin{bmatrix} 1 \\ -a_1^{(i-1)} \\ -a_2^{(i-1)} \\ \vdots \\ -a_{i-1}^{(i-1)} \\ 0 \end{bmatrix} - k_i \begin{bmatrix} 0 \\ -a_{i-1}^{(i-1)} \\ -a_{i-2}^{(i-1)} \\ \vdots \\ -a_1^{(i-1)} \\ 1 \end{bmatrix} \right] =$$

$$= \left[\begin{bmatrix} \mathcal{E}^{(i-1)} \\ 0 \\ 0 \\ \vdots \\ 0 \\ \gamma^{(i-1)} \end{bmatrix} - k_i \begin{bmatrix} \gamma^{(i-1)} \\ 0 \\ 0 \\ \vdots \\ 0 \\ \mathcal{E}^{(i-1)} \end{bmatrix} \right]. \qquad (11.80)$$

A Equação 11.80 agora está se aproximando da forma desejada $\mathbf{R}^{(i)}\mathbf{a}^{(i)} = \mathbf{e}^{(i)}$. Tudo o que resta é escolher $\gamma^{(i-1)}$, de modo que o vetor no segundo membro tenha apenas uma única entrada não nula. Isso requer que

$$k_i = \frac{\gamma^{(i-1)}}{\mathcal{E}^{(i-1)}} = \frac{r_{ss}[i] - \sum_{j=1}^{i-1} a_j^{(i-1)} r_{ss}[i-j]}{\mathcal{E}^{(i-1)}}, \qquad (11.81)$$

o que garante o cancelamento do último elemento do vetor do segundo membro, fazendo com que o primeiro elemento seja

$$\mathcal{E}^{(i)} = \mathcal{E}^{(i-1)} - k_i \gamma^{(i-1)} = \mathcal{E}^{(i-1)}(1 - k_i^2). \qquad (11.82)$$

Com essa escolha de $\gamma^{(i-1)}$, conclui-se que o vetor de coeficientes de predição de ordem i é

$$\begin{bmatrix} 1 \\ -a_1^{(i)} \\ -a_2^{(i)} \\ \vdots \\ -a_{i-1}^{(i)} \\ -a_i^{(i)} \end{bmatrix} = \begin{bmatrix} 1 \\ -a_1^{(i-1)} \\ -a_2^{(i-1)} \\ \vdots \\ -a_{i-1}^{(i-1)} \\ 0 \end{bmatrix} - k_i \begin{bmatrix} 0 \\ -a_{i-1}^{(i-1)} \\ -a_{i-2}^{(i-1)} \\ \vdots \\ -a_1^{(i-1)} \\ 1 \end{bmatrix} \qquad (11.83)$$

Pela Equação 11.83, podemos escrever o conjunto de equações para atualizar os coeficientes como

$$a_j^{(i)} = a_j^{(i-1)} - k_i a_{i-j}^{(i-1)} \qquad j = 1, 2, \ldots, i-1, \quad (11.84a)$$

e

$$a_i^{(i)} = k_i. \qquad (11.84b)$$

As equações 11.81, 11.84(b), 11.84(a) e 11.82 são as equações-chave do algoritmo de Levinson–Durbin. Elas correspondem às equações L–D.2, L–D.3, L–D.4 e L–D.5 na Figura 11.17, em que se mostra como são usadas recursivamente em ordem no cálculo dos coeficientes de predição ótimos e também dos erros quadráticos médios de predição e coeficientes k_i para todos os preditores lineares até a ordem p.

11.7 Filtros em treliça

Entre os muitos conceitos interessantes e úteis que emergem do algoritmo de Levinson–Durbin está a sua interpretação em termos de estruturas em treliça introduzidas na Seção 6.6. Lá, mostramos que qualquer filtro FIR com função de sistema na forma

$$A(z) = 1 - \sum_{k=1}^{M} \alpha_k z^{-k} \qquad (11.85)$$

pode ser implementado por uma estrutura em treliça, como a representada na Figura 6.37. Além disso, mostramos que os coeficientes da função de sistema FIR estão relacionados aos parâmetros k de um filtro em treliça correspondente por uma recursão dada na Figura 6.38, que é repetida por conveniência na metade inferior da Figura 11.18. Revertendo-se os passos no algoritmo de k-para-α, obtivemos um algoritmo dado na Figura 6.39 para calcular os parâmetros k a partir dos coeficientes $\alpha_j, j = 1, 2, \ldots, M$. Assim, existe uma relação única entre os coeficientes da representação na forma direta e a representação em treliça de um filtro FIR.

Neste capítulo, mostramos que um filtro de erro de predição de ordem p é um filtro FIR com função de sistema

$$A^{(p)}(z) = 1 - \sum_{k=1}^{p} a_k^{(p)} z^{-k},$$

cujos coeficientes podem ser calculados a partir da função de autocorrelação de um sinal por meio de um processo que chamamos de algoritmo de Levinson–Durbin. Um subproduto do cálculo de Levinson–Durbin é um conjunto de parâmetros que também denotamos com k_i e chamamos de parâmetros k. Uma comparação entre os dois algoritmos na Figura 11.18 mostra que seus passos são idênticos, exceto por um detalhe importante. No algoritmo deduzido no Capítulo 6, começamos com o filtro em treliça com coeficientes conhecidos k_i

Algoritmo de Levinson–Durbin

$\mathcal{E}^{(0)} = r_{ss}[0]$
for $i = 1, 2, \ldots, p$

$k_i = \left(r_{ss}[i] - \sum_{j=1}^{i-1} a_j^{(i-1)} r_{ss}[i-j] \right) / \mathcal{E}^{(i-1)}$ Eq. 11.81

$a_i^{(i)} = k_i$ Eq. 11.84(b)

if $i > 1$ then for $j = 1, 2, \ldots, i - 1$

$a_j^{(i)} = a_j^{(i-1)} - k_i a_{i-j}^{(i-1)}$ Eq. 11.84(a)

end

$\mathcal{E}^{(i)} = (1 - k_i^2) \mathcal{E}^{(i-1)}$ Eq. 11.82

end

$a_j = a_j^{(p)} \quad j = 1, 2, \ldots, p$

Algoritmo k-para-α

Dados $k_1, k_2, \ldots, k_M$
for $i = 1, 2, \ldots, M$

$\alpha_i^{(i)} = k_i$ Eq. 6.66(b)

if $i > 1$ then for $j = 1, 2, \ldots, i - 1$

$\alpha_j^{(i)} = \alpha_j^{(i-1)} - k_i \alpha_{i-j}^{(i-1)}$ Eq. 6.66(a)

end

end

$\alpha_j = \alpha_j^{(M)} \quad j = 1, 2, \ldots, M$ Eq. 6.68(b)

Figura 11.18 Comparação do algoritmo de Levinson–Durbin com o algoritmo para converter parâmetros k de uma estrutura em treliça em coeficientes da resposta ao impulso FIR da Equação 11.85.

e deduzimos a recursão para obter os coeficientes do filtro FIR na forma direta correspondente. No algoritmo de Levinson–Durbin, começamos com a função de autocorrelação de um sinal e calculamos os parâmetros k recursivamente como um resultado intermediário no cálculo dos coeficientes do filtro de erro de predição FIR. Como os dois algoritmos dão um resultado único após p iterações, e como existe uma relação única entre os parâmetros k e os coeficientes de um filtro FIR, conclui-se que, se $M = p$ e $a_j = \alpha_j$ para $j = 1, 2, \ldots, p$, os parâmetros k produzidos pelo algoritmo de Levinson–Durbin precisam ser os parâmetros k de uma implementação de filtro em treliça do filtro de erro de predição FIR $A^{(p)}(z)$.

11.7.1 Rede em treliça do erro de predição

Para explorar ainda mais a interpretação do filtro em treliça, suponha que tenhamos uma função de sistema do erro de predição de ordem i

$$A^{(i)}(z) = 1 - \sum_{k=1}^{i} a_k^{(i)} z^{-k}. \quad (11.86)$$

A representação por transformada z do erro de predição[10] seria

$$E^{(i)}(z) = A^{(i)}(z) S(z), \quad (11.87)$$

e a equação de diferenças no domínio do tempo para esse filtro FIR é

$$e^{(i)}[n] = s[n] - \sum_{k=1}^{i} a_k^{(i)} s[n-k]. \quad (11.88)$$

A sequência $e^{(i)}[n]$ recebe o nome mais específico *erro de predição progressiva*, pois é o erro na predição de $s[n]$ a partir de i amostras *anteriores*.

As equações 11.84(a) e (b) são a fonte para a interpretação por filtro em treliça, pois, se substituídas na Equação 11.86, levam à seguinte relação entre $A^{(i)}(z)$ e $A^{(i-1)}(z)$:

$$A^{(i)}(z) = A^{(i-1)}(z) - k_i z^{-i} A^{(i-1)}(z^{-1}). \quad (11.89)$$

Esse não é um resultado surpreendente se considerarmos a representação matricial do polinômio $A^{(i)}(z)$ na Equação 11.83.[11] Agora, se a Equação 11.89 for substituída no lugar de $A^{(i)}(z)$ na Equação 11.87, o resultado será

$$E^{(i)}(z) = A^{(i-1)}(z) S(z) - k_i z^{-i} A^{(i-1)}(z^{-1}) S(z). \quad (11.90)$$

A primeira parcela na Equação 11.90 é $E^{(i-1)}(z)$, isto é, o erro de predição para um filtro de ordem $(i-1)$. A segunda parcela tem uma interpretação similar se definirmos

$$\tilde{E}^{(i)}(z) = z^{-i} A^{(i)}(z^{-1}) S(z) = B^{(i)}(z) S(z), \quad (11.91)$$

em que definimos $B^{(i)}(z)$ como

$$B^{(i)}(z) = z^{-i} A^{(i)}(z^{-1}). \quad (11.92)$$

A interpretação no domínio do tempo da Equação 11.91 é

$$\tilde{e}^{(i)}[n] = s[n-i] - \sum_{k=1}^{i} a_k^{(i)} s[n-i+k]. \quad (11.93)$$

A sequência $\tilde{e}^{(i)}[n]$ é chamada de *erro de predição regressiva*, pois a Equação 11.93 sugere que $s[n-i]$ é "predito" (usando os coeficientes $a_k^{(i)}$) a partir das i amostras que *se seguem* à amostra $n-i$.

Com essas definições, conclui-se pela Equação 11.90 que

$$E^{(i)}(z) = E^{(i-1)}(z) - k_i z^{-1} \tilde{E}^{(i-1)}(z) \quad (11.94)$$

---

[10] As equações usando transformada z são utilizadas supondo que as transformadas z de $e[n]$ e $s[n]$ existem. Embora isso não seja verdade no caso de sinais aleatórios, as relações entre as variáveis permanecem válidas para o sistema. A notação da transformada z facilita o desenvolvimento dessas relações.

[11] As manipulações algébricas para deduzir esse resultado são sugeridas como um exercício no Problema 11.21.

e, portanto,

$$e^{(i)}[n] = e^{(i-1)}[n] - k_i \tilde{e}^{(i-1)}[n-1]. \quad (11.95)$$

Substituindo a Equação 11.89 na Equação 11.91, obtemos

$$\tilde{E}^{(i)}(z) = z^{-1} \tilde{E}^{(i-1)}(z) - k_i E^{(i-1)}(z), \quad (11.96)$$

que, no domínio do tempo, corresponde a

$$\tilde{e}^{(i)}[n] = \tilde{e}^{(i-1)}[n-1] - k_i e^{(i-1)}[n]. \quad (11.97)$$

As equações de diferenças na Equação 11.95 e na Equação 11.97 expressam os erros de predição progressiva e regressiva de ordem i em termos de k_i e dos erros de predição progressivas e regressivas de ordem $(i-1)$. Esse par de equações de diferenças é representado pelo diagrama de fluxo de sinais da Figura 11.19. Portanto, a Figura 11.19 representa um par de equações de diferenças que incorporam uma iteração da recursão de Levinson–Durbin. Assim como na recursão de Levinson–Durbin, começamos com um preditor de ordem zero para o qual

$$e^{(0)}[n] = \tilde{e}^{(0)}[n] = s[n]. \quad (11.98)$$

Com $e^{(0)}[n] = s[n]$ e $\tilde{e}^{(0)}[n] = s[n]$ como entradas para um primeiro estágio como representado na Figura 11.19 com k_1 como coeficiente, obtemos $e^{(1)}[n]$ e $\tilde{e}^{(1)}[n]$ como saídas. Essas são as entradas requeridas para o estágio 2. Podemos usar p estágios sucessivos de estrutura como na Figura 11.19 para montar um sistema cuja saída seja o sinal de erro de predição de ordem p desejado, $e[n] = e^{(p)}[n]$. Tal sistema, como representado na Figura 11.20, é idêntico à rede em treliça da Figura 6.37 da Seção 6.6.[12] Em resumo, a Figura 11.20 é uma representação por diagrama de fluxo de sinais das equações

$$e^{(0)}[n] = \tilde{e}^{(0)}[n] = s[n] \quad (11.99a)$$

$$e^{(i)}[n] = e^{(i-1)}[n] - k_i \tilde{e}^{(i-1)}[n-1] \quad i = 1, 2, \ldots, p \quad (11.99b)$$

$$\tilde{e}^{(i)}[n] = \tilde{e}^{(i-1)}[n-1] - k_i e^{(i-1)}[n] \quad i = 1, 2, \ldots, p \quad (11.99c)$$

$$e[n] = e^{(p)}[n], \quad (11.99d)$$

em que, se os coeficientes k_i forem determinados pela recursão de Levinson–Durbin, as variáveis $e^{(i)}[n]$ e $\tilde{e}^{(i)}[n]$ serão os erros de predição progressiva e regressiva para o preditor ótimo de ordem i.

11.7.2 Rede em treliça do modelo só-polos

Na Seção 6.6.2, mostramos que a rede em treliça da Figura 6.42 é uma implementação da função de sistema só-polos $H(z) = 1/A(z)$, em que $A(z)$ é a função de sistema de um sistema FIR; isto é, $H(z)$ é o inverso exato de $A(z)$ e, no contexto presente, é a função de sistema do modelo só-polos com $G = 1$. Nesta seção, revisamos a estrutura em treliça só-polos em termos da notação de erro de predição progressiva e regressiva.

Se substituirmos os nomes das variáveis de nó $a^{(i)}[n]$ e $b^{(i)}[n]$ na Figura 6.42 pelos correspondentes $e^{(i)}[n]$ e $\tilde{e}^{(i)}[n]$, obteremos o diagrama de fluxo da Figura 11.21, que representa o conjunto de equações

$$e^{(p)}[n] = e[n] \quad (11.100a)$$

$$e^{(i-1)}[n] = e^{(i)}[n] + k_i \tilde{e}^{(i-1)}[n-1] \quad i = p, p-1, \ldots, 1 \quad (11.100b)$$

$$\tilde{e}^{(i)}[n] = \tilde{e}^{(i-1)}[n-1] - k_i e^{(i-1)}[n] \quad i = p, p-1, \ldots, 1 \quad (11.100c)$$

$$s[n] = e^{(0)}[n] = \tilde{e}^{(0)}[n]. \quad (11.100d)$$

Como discutimos na Seção 6.6.2, qualquer sistema só-polos estável pode ser implementado por uma estrutura em treliça como a da Figura 11.21. Para esses sistemas, a garantia de estabilidade inerente na condição $|k_i| < 1$ é particularmente importante. Embora a estrutura em treliça requeira o dobro do número de multipli-

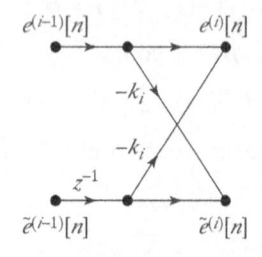

Figura 11.19 Diagrama de fluxo de sinais do cálculo do erro de predição.

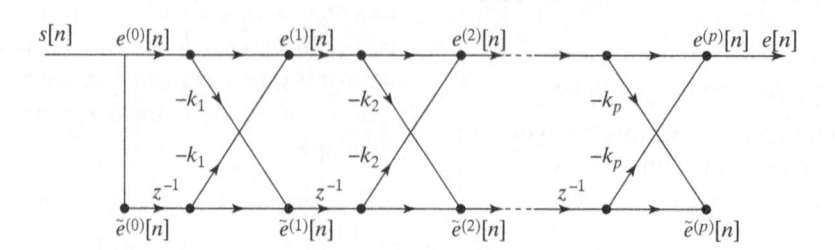

Figura 11.20 Diagrama de fluxo de sinais da implementação por rede em treliça do cálculo do erro de predição de ordem p.

---

[12] Note que, na Figura 6.37, as variáveis de nó foram indicadas como $a^{(i)}[n]$ e $b^{(i)}[n]$ em vez de $e^{(i)}[n]$ e $\tilde{e}^{(i)}[n]$, respectivamente.

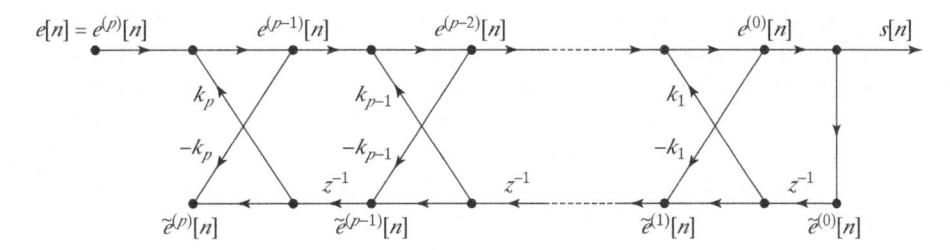

Figura 11.21 Sistema em treliça só-polos.

cações por amostra de saída do que a forma direta, essa pode ser a implementação preferida quando os coeficientes precisam ser digitalizados de forma grosseira. A resposta em frequência da forma direta é extremamente sensível à digitalização dos coeficientes. Além disso, vimos que os sistemas IIR de alta ordem na forma direta podem se tornar instáveis em decorrência da digitalização de seus coeficientes. Isso não ocorre com a rede em treliça, desde que a condição $|k_i| < 1$ seja mantida para os parâmetros k digitalizados. Além disso, a resposta em frequência da rede em treliça é relativamente insensível à digitalização dos parâmetros k.

11.7.3 Cálculo direto dos parâmetros k

A estrutura do diagrama de fluxo na Figura 11.20 é uma consequência direta da recursão de Levinson-Durbin, e os parâmetros k_i, $i = 1, 2, ..., p$, podem ser obtidos a partir dos valores de autocorrelação $r_{ss}[m]$, $m = 0, 1, ..., p$, por meio de iterações do algoritmo da Figura 11.17. Pela nossa discussão até aqui, os parâmetros k_i têm sido uma consequência auxiliar do cálculo dos parâmetros do preditor. Porém, Itakura e Saito (1968, 1970) mostraram que os parâmetros k_i podem ser calculados diretamente a partir dos erros de predição progressiva e regressiva da Figura 11.20. Além disso, graças à estrutura iterativa como uma cascata de estágios na Figura 11.19, os parâmetros k_i podem ser calculados sequencialmente a partir de sinais disponibilizados pelos estágios anteriores da treliça. O cálculo direto do parâmetro k_i é obtido com a seguinte equação:

$$k_i^P = \frac{\sum_{n=-\infty}^{\infty} e^{(i-1)}[n]\tilde{e}^{(i-1)}[n-1]}{\left\{\sum_{n=-\infty}^{\infty} (e^{(i-1)}[n])^2 \sum_{n=-\infty}^{\infty} (\tilde{e}^{(i-1)}[n-1])^2\right\}^{1/2}}. \quad (11.101)$$

Observe que a Equação 11.101 está na forma da correlação cruzada com energia normalizada entre os erros de predição progressiva e regressiva na saída do estágio i. Por esse motivo, k_i^P, calculado usando a Equação 11.101, é chamado de coeficiente PARCOR (do inglês *PARtial CORrelation*) ou, mais precisamente, *coeficiente de correlação parcial*. A Figura 11.20 tem a interpretação de que a correlação em $s[n]$, representada pela função de autocorrelação $r_{ss}[m]$, é removida passo a passo pelo filtro em treliça. Para uma discussão mais detalhada do conceito de correlação parcial, veja Stoica e Moses (2005) ou Markel e Gray (1976).

A Equação 11.101 para calcular k_i^P é a média geométrica entre um valor k_i^f que minimiza o erro quadrático médio de predição progressiva e um valor k_i^b que minimiza o erro quadrático médio de predição regressiva. A dedução desse resultado é considerada no Problema 11.28. Note que mostramos os limites nas somas como infinito simplesmente para enfatizar que *todas* as amostras de erro estão envolvidas na soma. Para ser mais específico, todas as somas na Equação 11.101 poderiam começar em $n = 0$ e terminar em $n = M + i$, pois esse é o intervalo no qual a saída do sinal de erro dos preditores de ordem i tanto da predição progressiva quanto regressiva seria não nula. Essa é a mesma hipótese que foi feita na preparação do método da autocorrelação para sequências de comprimento finito. De fato, o Problema 11.29 esboça uma prova de que k_i^P calculado pela Equação 11.101 gera, identicamente, o mesmo resultado de k_i calculado pela Equação 11.81 ou pela Equação L–D.2 na Figura 11.17. Portanto, a Equação 11.101 pode ser substituída pela Equação L–D.2 na Figura 11.17, e o conjunto resultante de coeficientes de predição será idêntico àqueles calculados a partir da função de autocorrelação.

Para usar a Equação 11.101, é necessário de fato calcular os erros de predição progressiva e regressiva empregando os cálculos da Figura 11.19. Em resumo, os passos a seguir resultam no cálculo dos coeficientes PARCOR k_i^P para $i = 1, 2, ..., p$:

PARCOR.0 Inicialize com $e^{(0)}[n] = \tilde{e}^{(0)}[n] = s[n]$ para $0 \leq n \leq M$.

Para $i = 1, 2, ..., p$ repetir os passos a seguir.

PARCOR.1 Calcule $e^{(i)}[n]$ e $\tilde{e}^{(i-1)}[n]$ usando a Equação 11.99(b) e a Equação 11.99(c) respectivamente para $0 \leq n \leq M + i$. Salve essas duas sequências como entradas para o próximo estágio.

PARCOR.2 Calcule k_i^P usando a Equação 11.101.

Outra abordagem para calcular os coeficientes na Figura 11.20 foi introduzida por Burg, 1975, que formulou o problema de modelagem só-polos em termos do princípio da máxima entropia. Ele propôs usar a estrutura da Figura 11.20, que incorpora o algoritmo de Levinson–Durbin, com coeficientes k_i^B que minimizam a soma dos erros médios quadráticos de predição progressivas e regressivas na saída de cada estágio. O resultado é dado pela equação

$$k_i^B = \frac{2 \sum_{n=i}^{N} e^{(i-1)}[n] \tilde{e}^{(i-1)}[n-1]}{\sum_{n=i}^{N}(e^{(i-1)}[n])^2 + \sum_{n=i}^{N}(\tilde{e}^{(i-1)}[n-1])^2} \quad (11.102)$$

O procedimento para uso dessa equação para se obter a sequência k_i^B, $i = 1, 2, \ldots, p$, é o mesmo que o método PARCOR. No passo PARCOR.2, k_i^P é simplesmente substituído por k_i^B da Equação 11.102. Nesse caso, o operador média é o mesmo que o do método da covariância, o que significa que segmentos muito curtos de $s[n]$ podem ser usados mantendo-se alta resolução espectral.

Embora o método de Burg use uma análise do tipo covariância, a condição $|k_i^B| < 1$ é válida, o que implica que o modelo só-polos implementado pelo filtro em treliça será estável. (Veja Problema 11.30.) Assim como no caso do método PARCOR, a Equação 11.102 pode ser substituída pela Equação L–D.2 da Figura 11.17 para calcular os coeficientes de predição. Embora os coeficientes resultantes sejam diferentes daqueles obtidos pela função de autocorrelação ou a partir da Equação 11.101, o modelo só-polos resultante ainda será estável. A dedução da Equação 11.102 é o assunto do Problema 11.30.

11.8 Resumo

Este capítulo fornece uma introdução à modelagem paramétrica de sinais. Enfatizamos os modelos só-polos, mas muitos dos conceitos discutidos se aplicam a técnicas mais gerais, que envolvem funções de sistema racionais. Mostramos que os parâmetros de um modelo só-polos podem ser calculados por um processo em dois passos. O primeiro passo é o cálculo dos valores de correlação a partir de um sinal de comprimento finito. O segundo passo é a resolução de um conjunto de equações lineares, em que os valores de correlação são os coeficientes. Mostramos que as soluções obtidas dependem de como os valores de correlação são calculados, e, também, que, se os valores de correlação forem valores de autocorrelação verdadeiros, um algoritmo particularmente útil, chamado algoritmo de Levinson–Durbin, pode ser deduzido para a solução das equações. Além disso, enfatizou-se que a estrutura do algoritmo de Levinson–Durbin esclarece muitas propriedades úteis do modelo só-polos. A modelagem paramétrica de sinais possui uma rica história, uma extensa literatura e muitas aplicações, o que a torna um tema que vale a pena ser aprofundado em estudos avançados.

Problemas

Problemas básicos com respostas

11.1. $s[n]$ é um sinal de energia finita conhecido para todo n. $\phi_{ss}[i, k]$ é definida como

$$\phi_{ss}[i, k] = \sum_{n=-\infty}^{\infty} s[n-i]s[n-k].$$

Mostre que $\phi_{ss}[i, k]$ pode ser expressa como uma função de $|i - k|$.

11.2. Em geral, o erro quadrático médio de predição é definido na Equação 11.36 como

$$\mathcal{E} = \left\langle \left(s[n] - \sum_{k=1}^{p} a_k s[n-k] \right)^2 \right\rangle. \quad (P11.2\text{-}1)$$

(a) Expanda a Equação P11.2-1 e use o fato de que $\langle s[n-i]s[n-k]\rangle = \phi_{ss}[i, k] = \phi_{ss}[k, i]$ para mostrar que

$$\mathcal{E} = \phi_{ss}[0, 0] - 2\sum_{k=1}^{p} a_k \phi_{ss}[0, k] + \sum_{i=1}^{p} a_i \sum_{k=1}^{p} a_k \phi_{ss}[i, k]$$

$$(P11.2\text{-}2)$$

(b) Mostre que, para os coeficientes do preditor ótimo, que satisfazem as equações 11.20, a Equação P11.2-2 torna-se

$$\mathcal{E} = \phi_{ss}[0, 0] - \sum_{k=1}^{p} a_k \phi_{ss}[0, k]. \quad (P11.2\text{-}3)$$

11.3. A resposta ao impulso de um modelo só-polos causal na forma da Figura 11.1 e da Equação 11.3 com parâmetros do sistema G e $\{a_k\}$ satisfaz a equação de diferenças

$$h[n] = \sum_{k=1}^{p} a_k h[n-k] + G\delta[n] \quad (P11.3\text{-}1)$$

(a) A função de autocorrelação da resposta ao impulso do sistema é

$$r_{hh}[m] = \sum_{n=-\infty}^{\infty} h[n]h[n+m]$$

Substituindo a Equação P11.3-1 na equação para $r_{hh}[-m]$ e aproveitando o fato de que $r_{hh}[-m] = r_{hh}[m]$, mostre que

$$\sum_{k=1}^{p} a_k r_{hh}[|m-k|] = r_{hh}[m], \quad m = 1, 2, \ldots, p \quad (P11.3\text{-}2)$$

(b) Usando a mesma abordagem de (a), agora mostre que

$$r_{hh}[0] - \sum_{k=1}^{p} a_k r_{hh}[k] = G^2. \quad (P11.3\text{-}3)$$

11.4. Considere um sinal $x[n] = s[n] + w[n]$, em que $s[n]$ satisfaz a equação de diferenças

$$s[n] = 0{,}8s[n-1] + v[n].$$

$v[n]$ é uma sequência ruído branco com média nula e variância $\sigma_v^2 = 0{,}49$ e $w[n]$ é uma sequência ruído branco com média nula e variância $\sigma_w^2 = 1$. Os processos $v[n]$ e $w[n]$ são não correlacionados. Determine as sequências de autocorrelação $\phi_{ss}[m]$ e $\phi_{xx}[m]$.

11.5. A abordagem de filtro inverso para a modelagem só-polos de um sinal determinístico $s[n]$ é discutida na Seção 11.1.2 e representada na Figura 11.2. A função de sistema do filtro inverso é dada na Equação 11.5.

(a) Com base nessa abordagem, determine os coeficientes a_1 e a_2 do melhor modelo só-polos para $s[n] = \delta[n] + \delta[n-2]$ com $p = 2$.

(b) Novamente, com base nessa abordagem, determine os coeficientes a_1, a_2 e a_3 do melhor modelo só-polos para $s[n] = \delta[n] + \delta[n-2]$ com $p = 3$.

11.6. Suponha que você tenha calculado os parâmetros G e a_k, $k = 1, 2, ..., p$ do modelo só-polos

$$H(z) = \frac{G}{1 - \sum_{k=1}^{p} a_k z^{-k}}.$$

Explique como você poderia usar a TFD para calcular a estimativa de espectro só-polos $|H(e^{j\omega_k})|$ em N frequências $\omega_k = 2\pi k/N$ para $k = 0, 1, ..., N-1$.

11.7. Considere uma resposta ao impulso causal desejada $h_d[n]$ que queiramos aproximar por um sistema com resposta ao impulso $h[n]$ e função de sistema

$$H(z) = \frac{b}{1 - az^{-1}}.$$

Nosso critério de otimização é minimizar a função de erro dada por

$$\mathcal{E} = \sum_{n=0}^{\infty} (h_d[n] - h[n])^2.$$

(a) Suponha que a seja dado e queiramos determinar o parâmetro desconhecido b que minimiza $\mathcal{E}$. Suponha que $|a| < 1$. Isso resulta em um conjunto de equações não lineares? Em caso positivo, mostre por quê. Se não, determine b.

(b) Suponha que b seja dado e queiramos determinar o parâmetro desconhecido a que minimiza $\mathcal{E}$. Este é um problema não linear? Em caso positivo, mostre por quê. Se não, determine a.

11.8. Suponha que $s[n]$ seja uma sequência de comprimento finito (janelada) que é nula *fora* do intervalo $0 \leq n \leq M-1$. A sequência de erro de predição linear *regressiva* de ordem p para esse sinal é definida como

$$\tilde{e}[n] = s[n] - \sum_{k=1}^{p} \beta_k s[n+k]$$

Isto é, $s[n]$ é "predita" a partir das p amostras que *se seguem* à amostra n. O erro quadrático médio de predição regressiva é definido como

$$\tilde{\mathcal{E}} = \sum_{m=-\infty}^{\infty} (\tilde{e}[m])^2 = \sum_{m=-\infty}^{\infty} \left(s[m] - \sum_{k=1}^{p} \beta_k s[m+k] \right)^2$$

em que os limites infinitos indicam que a soma é feita sobre todos os valores não nulos de $(\tilde{e}[m])^2$, como no método da autocorrelação usado na "predição progressiva".

(a) A sequência de erro de predição $\tilde{e}[n]$ é nula fora do intervalo finito $N_1 \leq n \leq N_2$. Determine N_1 e N_2.

(b) Seguindo a abordagem usada neste capítulo para deduzir o preditor linear progressivo, deduza o conjunto de equações normais que são satisfeitas pelos β_ks que minimizam o erro quadrático médio de predição $\tilde{\mathcal{E}}$. Dê sua resposta final de forma concisa e bem definida, em termos de valores de autocorrelação.

(c) Com base no resultado do item (b), descreva como os coeficientes do preditor regressivo $\{\beta_k\}$ estão relacionados com os coeficientes do preditor progressivo $\{\alpha_k\}$.

Problemas avançados

11.9. Considere um sinal $s[n]$ que modelamos como a resposta ao impulso de um sistema só-polos de ordem p. Indique a função de sistema do modelo só-polos de ordem p como $H^{(p)}(z)$ e a resposta ao impulso correspondente como $h^{(p)}[n]$. Denote o inverso de $H^{(p)}(z)$ como $H_{\text{inv}}^{(p)}(z) = 1/H^{(p)}(z)$. A resposta ao impulso correspondente é $h_{\text{inv}}^{(p)}[n]$. O filtro inverso, caracterizado por $h_{\text{inv}}^{(p)}[n]$, é escolhido de forma a minimizar o erro quadrático total $\mathcal{E}^{(p)}$ dado por

$$\mathcal{E}^{(p)} = \sum_{n=-\infty}^{\infty} \left[\delta[n] - g^{(p)}[n] \right]^2,$$

em que $g^{(p)}[n]$ é a saída do filtro $H_{\text{inv}}^{(p)}(z)$ quando a entrada é $s[n]$.

(a) A Figura P11.9 representa um diagrama de fluxo de sinais da implementação do filtro em treliça de $H_{\text{inv}}^{(4)}(z)$. Determine $h_{\text{inv}}^{(4)}[1]$, a resposta ao impulso em $n = 1$.

(b) Suponha que agora queiramos modelar o sinal $s[n]$ como a resposta ao impulso de um filtro só-polos de segunda ordem. Esboce um diagrama de fluxo de sinais da implementação do filtro em treliça de $H_{\text{inv}}^{(2)}(z)$.

(c) Determine a função de sistema $H^{(2)}(z)$ do filtro só-polos de segunda ordem.

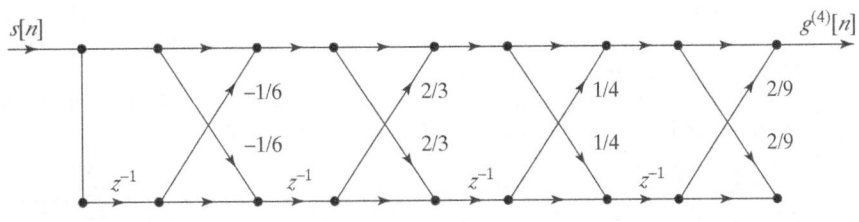

Figura P11.9

11.10. Considere um preditor de ordem i com função de sistema do erro de predição

$$A^{(i)}(z) = 1 - \sum_{j=1}^{i} a_j^{(i)} z^{-j} = \prod_{j=1}^{i} (1 - z_j^{(i)} z^{-1}) \quad \text{(P11.10-1)}$$

Pela recursão de Levinson–Durbin, conclui-se que $a_i^{(i)} = k_i$. Use esse fato juntamente com a Equação P11.10-1 para mostrar que, se $|k_i| \geq 1$, necessariamente é verdade que $|z_j^{(i)}| \geq 1$ para algum j. Isto é, mostre que a condição $|k_i| < 1$ é uma condição *necessária* para que $A^{(p)}(z)$ tenha todos os seus zeros estritamente *dentro* da circunferência unitária.

11.11. Considere um sistema LIT com função de sistema $H(z) = h_0 + h_1 z^{-1}$. O sinal $y[n]$ é a saída desse sistema graças a uma entrada que é ruído branco com média nula e variância unitária.

(a) Qual é a função de autocorrelação $r_{yy}[m]$ do sinal de saída $y[n]$?

(b) O erro de predição progressiva de segunda ordem é definido como

$$e[n] = y[n] - a_1 y[n-1] - a_2 y[n-2].$$

Sem usar as equações de Yule–Walker diretamente, encontre a_1 e a_2, tais que a variância de $e[n]$ seja minimizada.

(c) O filtro de predição regressiva para $y[n]$ é definido como

$$\tilde{e}[n] = y[n] - b_1 y[n+1] - b_2 y[n+2].$$

Determine b_1 e b_2 de modo que a variância de $\tilde{e}[n]$ seja minimizada. Compare esses coeficientes com aqueles determinados no item (b).

11.12. (a) É dada a função de autocorrelação, $r_{yy}[m]$, de um processo aleatório estacionário em sentido amplo $y[n]$ com média nula. Em termos de $r_{yy}[m]$, escreva as equações de Yule–Walker que resultam da modelagem do processo aleatório como resposta a uma sequência ruído branco de um modelo só-polos de terceira ordem com função de sistema

$$H(z) = \frac{A}{1 - az^{-1} - bz^{-3}}.$$

(b) Um processo aleatório $v[n]$ é a saída do sistema mostrado na Figura P11.12-1, em que $x[n]$ e $z[n]$ são sinais ruído branco independentes, com variância unitária e média nula, e $h[n] = \delta[n-1] + \frac{1}{2}\delta[n-2]$. Encontre $r_{vv}[m]$, a autocorrelação de $v[n]$.

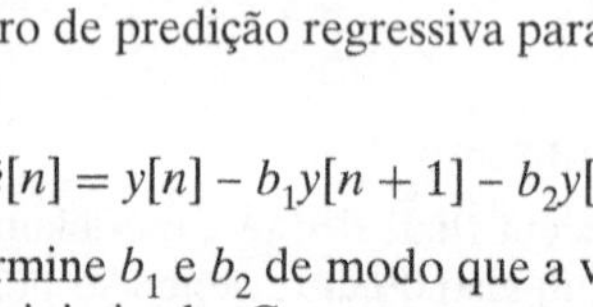

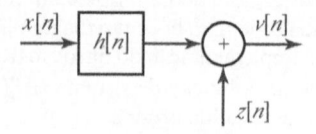

Figura P11.12-1

(c) O processo aleatório $y_1[n]$ é a saída do sistema mostrado na Figura P11.12-2, em que $x[n]$ e $z[n]$ são sinais ruído branco independentes, com variância unitária e média nula, e

$$H_1(z) = \frac{1}{1 - az^{-1} - bz^{-3}}.$$

Os mesmos a e b encontrados no item (a) são usados para a modelagem só-polos de $y_1[n]$. O erro de modelagem inverso, $w_1[n]$, é a saída do sistema mostrado na Figura P11.12-3. $w_1[n]$ é branco? $w_1[n]$ tem média nula? Explique.

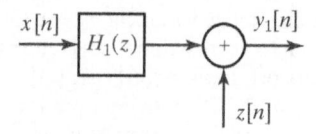

Figura P11.12-2

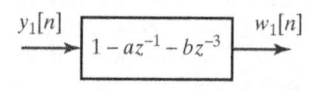

Figura P11.12-3

(d) Qual é a variância de $w_1[n]$?

11.13. Observamos as seis primeiras amostras de um sinal causal $s[n]$ dado por $s[0] = 4, s[1] = 8, s[2] = 4, s[3] = 2, s[4] = 1$ e $s[5] = 0{,}5$. Para os primeiros itens deste problema, modelaremos o sinal usando um sistema estável, causal, de fase mínima e dois polos, tendo resposta ao impulso $\hat{s}[n]$ e função de sistema

$$H(z) = \frac{G}{1 - a_1 z^{-1} - a_2 z^{-2}}.$$

A abordagem consiste em minimizar o erro de modelagem $\mathcal{E}$ dado por

$$\mathcal{E} = \min_{a_1, a_2, A} \sum_{n=0}^{5} (g[n] - G\delta[n])^2,$$

em que $g[n]$ é a resposta do sistema inverso para $s[n]$, e o sistema inverso tem função de sistema

$$A(z) = 1 - a_1 z^{-1} - a_2 z^{-2}.$$

(a) Escreva $g[n] - G\delta[n]$ para $0 \leq n \leq 5$.

(b) Com base em seu trabalho no item (a), escreva as equações lineares para os parâmetros desejados a_1, a_2 e G.

(c) Quanto vale G?

(d) Para esse $s[n]$, sem resolver as equações lineares do item (b), discuta se você espera que o erro de modelagem $\mathcal{E}$ seja nulo.

Para o restante deste problema, modelaremos o sinal usando um sistema diferente estável, causal, de fase mínima, com resposta ao impulso $\hat{s}_2[n]$ e função de sistema

$$H_2(z) = \frac{b_0 + b_1 z^{-1}}{1 - az^{-1}}.$$

O erro de modelagem a ser minimizado nesse caso é $\mathcal{E}_2$, dado por

$$\mathcal{E}_2 = \min_{a, b_0, b_1} \sum_{n=0}^{5} (g[n] - r[n])^2,$$

em que $g[n]$ é a resposta do sistema inverso a $s[n]$, e o sistema inverso agora tem função de sistema

$$A(z) = 1 - az^{-1}.$$

Além disso, $r[n]$ é a resposta ao impulso de um sistema com função de sistema

$$B(z) = b_0 + b_1 z^{-1}.$$

(e) Para esse modelo, escreva $g[n] - r[n]$ para $0 \leq n \leq 5$.
(f) Calcule os valores dos parâmetros a, b_0 e b_1 que minimizam o erro de modelagem.
(g) Calcule o erro de modelagem $\mathcal{E}_2$ no item (f).

11.14. No Exemplo 11.1, consideramos a sequência $s_d[n] = \alpha^n u[n]$, que é a resposta ao impulso de um sistema só-polos de primeira ordem com função de sistema

$$H(z) = \frac{1}{1 - \alpha z^{-1}}.$$

Neste problema, consideramos a estimação dos parâmetros de um modelo só-polos para o sinal $s_d[n]$ conhecido apenas no intervalo $0 \leq n \leq M$.

(a) Primeiro, considere a estimação de um modelo de primeira ordem pelo método da autocorrelação. Para começar, mostre que a função de autocorrelação da sequência de comprimento finito $s[n] = s_d[n](u[n] - u[n - M - 1]) = \alpha^n(u[n] - u[n - M - 1])$ é

$$r_{ss}[m] = \alpha^{|m|} \frac{1 - \alpha^{2(M-|m|+1)}}{1 - \alpha^2}. \quad \text{(P11.14-1)}$$

(b) Use a função de autocorrelação determinada em (a) na Equação 11.34 e resolva para o coeficiente a_1 do preditor de primeira ordem.
(c) Você deverá descobrir que o resultado obtido em (b) não é o valor exato (isto é, $a_1 \neq \alpha$) como aquele obtido no Exemplo 11.1, quando a função de autocorrelação foi calculada usando a sequência infinita. Mostre, porém, que $a_1 \to \alpha$ para $M \to \infty$.
(d) Use os resultados de (a) e (b) na Equação 11.38 para determinar o erro quadrático médio mínimo de predição para esse exemplo. Mostre que, para $M \to \infty$, o erro se aproxima do mínimo erro quadrático médio encontrado no Exemplo 11.1 para a função de autocorrelação exata.
(e) Agora, considere o método da covariância para estimar a função de correlação. Mostre que, para $p = 1$, $\phi_{ss}[i, k]$ na Equação 11.49 é dada por

$$\phi_{ss}[i, k] = \alpha^{2-i-k} \frac{1 - \alpha^{2M}}{1 - \alpha^2} \quad 0 \leq (i, k) \leq 1. \quad \text{(P11.14-2)}$$

(f) Use o resultado de (e) na Equação 11.20 para encontrar o coeficiente do preditor de primeira ordem ótimo. Compare seu resultado com o resultado de (b) e com o resultado do Exemplo 11.1.
(g) Use os resultados de (e) e (f) na Equação 11.37 para encontrar o mínimo erro quadrático médio de predição. Compare seu resultado com o resultado em (d) e com o resultado do Exemplo 11.1.

11.15. Considere o sinal

$$s[n] = 3\left(\frac{1}{2}\right)^n u[n] + 4\left(-\frac{2}{3}\right)^n u[n].$$

(a) Queremos usar um modelo só-polos causal, de segunda ordem, isto é, um modelo na forma

$$H(z) = \frac{A}{1 - a_1 z^{-1} - a_2 z^{-2}},$$

para representar otimamente o sinal $s[n]$, no sentido do erro quadrático mínimo. Encontre a_1, a_2 e A.

(b) Agora, suponha que queiramos usar um modelo só-polos causal, de terceira ordem, isto é, um modelo na forma

$$H(z) = \frac{B}{1 - b_1 z^{-1} - b_2 z^{-2} - b_3 z^{-3}},$$

para representar otimamente o sinal $s[n]$, no sentido do erro quadrático mínimo. Encontre b_1, b_2, b_3 e B.

11.16. Considere o sinal

$$s[n] = 2\left(\frac{1}{3}\right)^n u[n] + 3\left(-\frac{1}{2}\right)^n u[n]. \quad \text{(P11.16-1)}$$

Queremos modelar esse sinal usando um modelo só-polos de segunda ordem ($p = 2$) ou, de modo equivalente, usando predição linear de segunda ordem.

Para este problema, como recebemos uma expressão analítica para $s[n]$, e $s[n]$ é a resposta ao impulso de um filtro só-polos, podemos obter os coeficientes de predição linear diretamente a partir da transformada z de $s[n]$. (Será pedido que você faça isso no item (a).) Em situações práticas, tipicamente recebemos dados, isto é, um conjunto de valores de sinal, e não uma expressão analítica. Nesse caso, mesmo quando o sinal a ser modelado é a resposta ao impulso de um filtro só-polos, precisamos realizar cálculos sobre os dados, usando métodos como aqueles discutidos na Seção 11.3, para determinar os coeficientes de predição lineares.

Há também situações em que uma expressão analítica está disponível para o sinal, mas o sinal não é a resposta ao impulso de um filtro só-polos, e gostaríamos de modelá-lo como tal. Nesse caso, novamente precisamos executar cálculos como aqueles discutidos na Seção 11.3.

(a) Para o sinal $s[n]$ dado na Equação P11.16-1, determine os coeficientes de predição linear a_1, a_2 diretamente pela transformada z de $s[n]$.
(b) Escreva as equações normais para $p = 2$ a fim de obter equações para a_1, a_2 em termos de $r_{ss}[m]$.
(c) Determine os valores de $r_{ss}[0], r_{ss}[1]$ e $r_{ss}[2]$ para o sinal $s[n]$ dado na Equação P11.16-1.
(d) Resolva o sistema de equações do item (b) usando os valores que você encontrou no item (c), para obter valores para os a_ks.
(e) Os valores de a_k do item (d) são os que você esperaria para esse sinal? Justifique sua resposta com clareza.
(f) Suponha que você queira modelar o sinal agora com $p = 3$. Escreva as equações normais para esse caso.
(g) Determine o valor de $r_{ss}[3]$.
(h) Encontre os valores de a_k quando $p = 3$.
(i) Os valores de a_k obtidos no item (h) são os que você esperaria para o sinal $s[n]$ dado? Justifique sua resposta com clareza.
(j) Os valores de a_1, a_2 que você determinou em (h) mudariam se modelássemos o sinal com $p = 4$?

11.17. $x[n]$ e $y[n]$ são sequências amostras de processos aleatórios de média nula, conjuntamente estacionários no sentido amplo. A informação a seguir é conhecida sobre a função de autocorrelação $\phi_{xx}[m]$ e sobre a correlação cruzada $\phi_{yx}[m]$:

$$\phi_{xx}[m] = \begin{cases} 0 & m \text{ ímpar} \\ \frac{1}{2^{|m|}} & m \text{ par} \end{cases}$$

$\phi_{yx}[-1] = 2 \quad \phi_{yx}[0] = 3 \quad \phi_{yx}[1] = 8 \quad \phi_{yx}[2] = -3$
$\phi_{yx}[3] = 2 \quad \phi_{yx}[4] = -0{,}75$

(a) A estimativa linear de y dado x é indicada por $\hat{y}_x$. Ela é projetada para minimizar

$$\mathcal{E} = E\left(|y[n] - \hat{y}_x[n]|^2\right), \quad (P11.17\text{-}1)$$

em que o $\hat{y}_x[n]$ é formado pelo processamento de $x[n]$ com um filtro FIR cuja resposta ao impulso $h[n]$ tem comprimento 3 e é dada por

$$h[n] = h_0\delta[n] + h_1\delta[n-1] + h_2\delta[n-2].$$

Determine h_0, h_1 e h_2 para minimizar $\mathcal{E}$.

(b) Neste item, $\hat{y}_x$, a estimativa linear de y para um dado x, novamente é projetada para minimizar $\mathcal{E}$ na Equação P11.17-1, mas com hipóteses diferentes sobre a estrutura do filtro linear. Aqui, a estimativa é formada pelo processamento de $x[n]$ com um filtro FIR cuja resposta ao impulso $g[n]$ tem comprimento 2 e é dada por

$$g[n] = g_1\delta[n-1] + g_2\delta[n-2].$$

Determine g_1 e g_2 para minimizar $\mathcal{E}$.

(c) O sinal, $x[n]$, pode ser modelado como a saída de um filtro de dois polos $H(z)$ cuja entrada é $w[n]$, um sinal ruído branco estacionário no sentido amplo, de média nula e variância unitária.

$$H(z) = \frac{1}{1 - a_1 z^{-1} - a_2 z^{-2}}$$

Determine a_1 e a_2 com base no modelo inverso dos mínimos quadrados da Seção 11.1.2.

(d) Queremos implementar o sistema mostrado na Figura P11.17, em que os coeficientes a_i são do modelo só-polos no item (c) e os coeficientes h_i são os valores da resposta ao impulso do estimador linear no item (a). Esboce uma implementação que minimize o custo total dos atrasos, sendo que o custo de cada atraso individual é ponderado linearmente por sua taxa de clock.

(e) Seja $\mathcal{E}_a$ o custo no item (a) e seja $\mathcal{E}_b$ o custo no item (b), sendo cada $\mathcal{E}$ definido como na Equação P11.17-1. $\mathcal{E}_a$ é maior, igual ou menor do que $\mathcal{E}_b$, ou não existem informações suficientes para compará-los?

(f) Calcule $\mathcal{E}_a$ e $\mathcal{E}_b$ quando $\phi_{yy}[0] = 88$. (*Dica*: Os filtros FIR ótimos calculados nos itens (a) e (b) são tais que $E[\hat{y}_x[n](y[n] - \hat{y}_x[n])] = 0$.)

11.18. Um canal de comunicação de tempo discreto com resposta ao impulso $h[n]$ deve ser compensado com um sistema LIT com resposta ao impulso $h_c[n]$, como indicado na Figura P11.18. Sabe-se que o canal $h[n]$ é um atraso de uma amostra, isto é,

$$h[n] = \delta[n-1].$$

O compensador $h_c[n]$ é um filtro FIR causal de N pontos, isto é,

$$H_C(z) = \sum_{k=0}^{N-1} a_k z^{-k}.$$

O compensador $h_c[n]$ é projetado para inverter (ou compensar) o canal. Especificamente, $h_c[n]$ é projetado de modo que, com $s[n] = \delta[n]$, $\hat{s}[n]$ seja o mais "próximo" possível de um impulso; isto é, $h_c[n]$ é projetado de modo que o erro

$$\mathcal{E} = \sum_{n=-\infty}^{\infty} |\hat{s}[n] - \delta[n]|^2$$

seja minimizado. Encontre o compensador ótimo de comprimento N, isto é, determine $a_0, a_1, \ldots, a_{N-1}$ para minimizar $\mathcal{E}$.

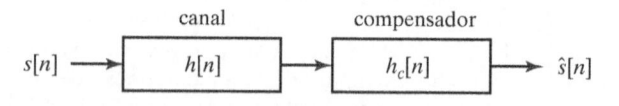

$s[n] \longrightarrow \boxed{\text{canal } h[n]} \longrightarrow \boxed{\text{compensador } h_c[n]} \longrightarrow \hat{s}[n]$

Figura P11.18

11.19. Um sinal de voz foi amostrado com uma taxa de amostragem de 8 kHz. Um segmento de 300 amostras foi selecionado de um som de vogal e multiplicado por uma janela de Hamming, como mostra a Figura P11.19. A partir desse sinal, um conjunto de preditores lineares

$$P^{(i)}(z) = \sum_{k=1}^{i} a_k^{(i)} z^{-k},$$

com ordens de $i = 1$ a $i = 11$, foi calculado pelo método da autocorrelação. Esse conjunto de preditores é mostrado na Tabela 11.1, em uma forma que sugere a recursão de Levinson–Durbin.

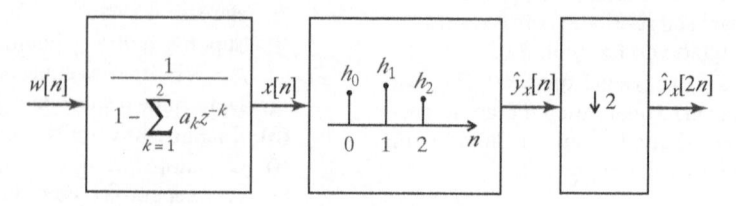

$w[n] \longrightarrow \boxed{\dfrac{1}{1 - \sum_{k=1}^{2} a_k z^{-k}}} \xrightarrow{x[n]} \boxed{h_0\ h_1\ h_2 \atop 0\ 1\ 2\ n} \xrightarrow{\hat{y}_x[n]} \boxed{\downarrow 2} \xrightarrow{\hat{y}_x[2n]}$

Figura P11.17

Segmento janelado do som de vogal

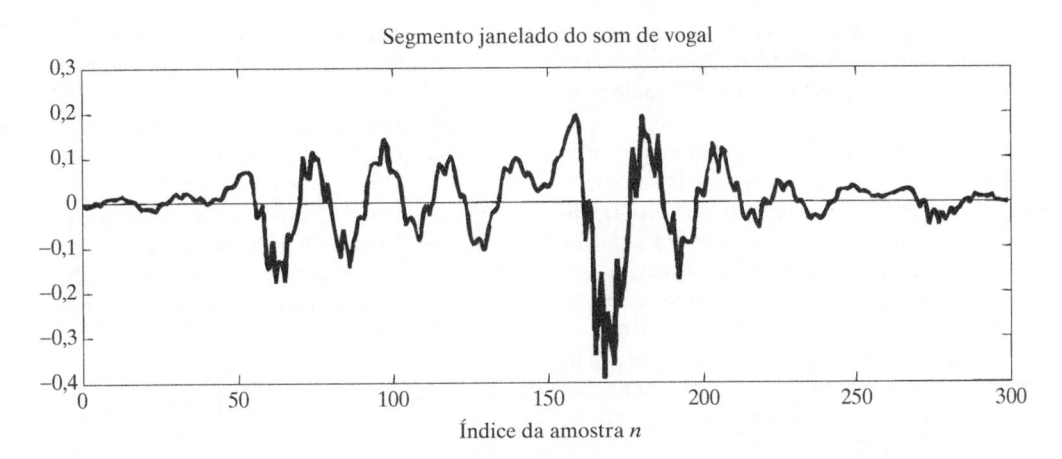

Figura P11.19

Tabela 11.1 Coeficientes de predição para um conjunto de preditores lineares.

i	$a_1^{(i)}$	$a_2^{(i)}$	$a_3^{(i)}$	$a_4^{(i)}$	$a_5^{(i)}$	$a_6^{(i)}$	$a_7^{(i)}$	$a_8^{(i)}$	$a_9^{(i)}$	$a_{10}^{(i)}$	$a_{11}^{(i)}$
1	0,8328										
2	0,7459	0,1044									
3	0,7273	−0,0289	0,1786								
4	0,8047	−0,0414	0,4940	−0,4337							
5	0,7623	0,0069	0,4899	−0,3550	−0,0978						
6	0,6889	−0,2595	0,8576	−0,3498	0,4743	−0,7505					
7	0,6839	−0,2563	0,8553	−0,3440	0,4726	−0,7459	−0,0067				
8	0,6834	−0,3095	0,8890	−0,3685	0,5336	−0,7642	0,0421	−0,0713			
9	0,7234	−0,3331	1,3173	−0,6676	0,7402	−1,2624	0,2155	−0,4544	0,5605		
10	0,6493	−0,2730	1,2888	−0,5007	0,6423	−1,1741	0,0413	−0,4103	0,4648	0,1323	
11	0,6444	−0,2902	1,3040	−0,5022	0,6859	−1,1980	0,0599	−0,4582	0,4749	0,1081	0,0371

(a) Determine a transformada z $A^{(4)}(z)$ do filtro de erro de predição de quarta ordem. Esboce e indique adequadamente o diagrama de fluxo da implementação na forma direta desse sistema.

(b) Determine o conjunto de parâmetros k $\{k_1, k_2, k_3, k_4\}$ para o filtro em treliça do erro de predição de quarta ordem. Esboce e indique adequadamente o diagrama de fluxo da implementação em treliça desse sistema.

(c) O erro quadrático médio mínimo de predição para o preditor de segunda ordem é $E^{(2)} = 0{,}5803$. Qual é o erro quadrático médio mínimo de predição para o preditor de terceira ordem? Qual é a energia total do sinal $s[n]$? Qual é o valor da função de autocorrelação $r_{ss}[1]$?

(d) Os erros quadráticos médios mínimos de predição para esses preditores formam uma sequência $\{E^{(0)}, E^{(1)}, E^{(2)}, ..., E^{(11)}\}$. Pode-se mostrar que essa sequência decresce bruscamente indo de $i = 0$ para $i = 1$ e depois decresce lentamente por várias ordens e então cai abruptamente. Em que ordem i você espera que isso ocorra?

(e) Esboce cuidadosamente a sequência do erro de predição $e^{(11)}[n]$ para a entrada dada $s[n]$ na Figura P11.19. Mostre o máximo de detalhes possível.

(f) A função de sistema do modelo só-polos de ordem 11 é

$$H(z) = \frac{G}{A^{(11)}(z)} = \frac{G}{1 - \sum_{k=1}^{11} a_k^{(11)} z^{-k}} = \frac{G}{\prod_{i=1}^{11}(1 - z_i z^{-1})}.$$

A seguir estão cinco das raízes do filtro de erro de predição de ordem 11 $A^{(11)}(z)$.

i	$|z_i|$	$\angle z_i$ (rad)
1	0,2567	2,0677
2	0,9681	1,4402
3	0,9850	0,2750
4	0,8647	2,0036
5	0,9590	2,4162

Expresse resumidamente, em palavras, onde os outros seis zeros de $A^{(11)}(z)$ estão localizados. Seja o mais preciso possível.

(g) Use a informação dada na tabela e no item (c) deste problema para determinar o parâmetro de ganho G para o modelo só-polos de ordem 11.

(h) Esboce e indique cuidadosamente um gráfico da resposta em frequência do filtro do modelo só-polos de ordem 11 para frequências analógicas $0 \leq F \leq 4$ kHz.

11.20. A análise espectral é frequentemente aplicada a sinais compostos de senoides. Os sinais senoidais são particularmente interessantes, pois compartilham propriedades com sinais determinísticos e aleatórios. Por um lado, podemos descrevê-los em termos de uma equação simples. Por outro lado, eles têm energia infinita, de modo que frequentemente os caracterizamos em termos de sua potência média, assim como ocorre com os sinais aleatórios. Este problema explora algumas questões teóricas na modelagem de sinais senoidais do ponto de vista dos sinais aleatórios.

Podemos considerar os sinais senoidais como sinais aleatórios estacionários, supondo que o modelo de sinal seja $s[n] = A \cos(\omega_0 n + \theta)$ para $-\infty < n < \infty$, em que tanto A quanto θ podem ser consideradas variáveis aleatórias. Nesse modelo, o sinal é considerado um conjunto de senoides descritas pelas leis da probabilidade subjacentes para A e θ. Para simplificar, suponha que A seja uma constante e que θ seja uma variável aleatória distribuída uniformemente em $0 \leq \theta < 2\pi$.

(a) Mostre que a função de autocorrelação para esse sinal é

$$r_{ss}[m] = E\{s[n+m]s[n]\} = \frac{A^2}{2}\cos(\omega_0 m). \quad \text{(P11.20-1)}$$

(b) Usando a Equação 11.34, escreva o conjunto de equações que é satisfeito pelos coeficientes de um preditor linear de segunda ordem para esse sinal.

(c) Resolva as equações em (b) para os coeficientes do preditor ótimo. Sua resposta deverá ser uma função de ω_0.

(d) Fatore o polinômio $A(z) = 1 - a_1 z^{-1} - a_2 z^{-2}$ descrevendo o filtro de erro de predição.

(e) Use a Equação 11.38 para determinar uma expressão para o erro quadrático médio mínimo de predição. Sua resposta deverá confirmar por que os sinais senoidais aleatórios são chamados de "previsíveis" e/ou "determinísticos".

11.21. Usando as equações 11.84(a) e (b) da recursão de Levinson–Durbin, deduza a relação entre os filtros de erro de predição de ordem i e $i-1$ dada na Equação 11.89.

11.22. Neste problema, consideramos a construção dos filtros em treliça para implementar o filtro inverso para o sinal

$$s[n] = 2\left(\frac{1}{3}\right)^n u[n] + 3\left(-\frac{1}{2}\right)^n u[n].$$

(a) Encontre os valores dos parâmetros k, k_1 e k_2 para o caso de ordem 2 (isto é, $p = 2$).

(b) Esboce o diagrama de fluxo de sinais de uma implementação de filtro em treliça do filtro inverso, isto é, o filtro que gera como saída $y[n] = A\delta[n]$ (um impulso com um fator de escala) quando a entrada é $x[n] = s[n]$.

(c) Verifique que o diagrama de fluxo de sinais que você desenhou no item (b) tem a resposta ao impulso correta, mostrando que a transformada z desse filtro inverso é de fato proporcional ao inverso de $S(z)$.

(d) Esboce um diagrama de fluxo de sinais para um filtro em treliça que implementa um sistema só-polos tal que, quando a entrada é $x[n] = \delta[n]$, a saída é o sinal $s[n]$ dado anteriormente.

(e) Deduza a função de sistema do diagrama de fluxo de sinais que você esboçou no item (d) e demonstre que sua resposta ao impulso $h[n]$ satisfaz $h[n] = s[n]$.

11.23. Considere o sinal

$$s[n] = \alpha\left(\frac{2}{3}\right)^n u[n] + \beta\left(\frac{1}{4}\right)^n u[n]$$

em que α e β são constantes. Queremos predizer linearmente $s[n]$ a partir de seus p valores anteriores usando a relação

$$\hat{s}[n] = \sum_{k=1}^{p} a_k s[n-k]$$

sendo os coeficientes a_k constantes. Os coeficientes a_k são escolhidos para minimizar o erro de predição

$$\mathcal{E} = \sum_{n=-\infty}^{\infty} (s[n] - \hat{s}[n])^2.$$

(a) Com $r_{ss}[m]$ denotando a função de autocorrelação de $s[n]$, escreva as equações para o caso $p = 2$ cuja solução resultará em a_1, a_2.

(b) Determine um par de valores para α e β tal que, quando $p = 2$, a solução para as equações normais é $a_1 = \frac{11}{12}$ e $a_2 = -\frac{1}{6}$. Sua resposta é única? Explique.

(c) Se $\alpha = 8$ e $\beta = -3$, determine o parâmetro k_3, resultante do uso da recursão de Levinson para resolver as equações normais para $p = 3$. Ele é diferente de k_3 ao resolver para $p = 4$?

11.24. Considere as seguintes equações de Yule–Walker: $\mathbf{\Gamma}_p \mathbf{a}_p = \boldsymbol{\gamma}_p$, sendo:

$$\mathbf{a}_p = \begin{bmatrix} a_1^p \\ \vdots \\ a_p^p \end{bmatrix} \qquad \boldsymbol{\gamma}_p = \begin{bmatrix} \phi[1] \\ \vdots \\ \phi[p] \end{bmatrix}$$

e

$$\mathbf{\Gamma}_p = \begin{bmatrix} \phi[0] & \cdots & \phi[p-1] \\ \vdots & \ddots & \vdots \\ \phi[p-1] & \cdots & \phi[0] \end{bmatrix} \text{ (uma matriz Toeplitz)}$$

O algoritmo de Levinson–Durbin fornece a seguinte solução recursiva para a equação normal $\mathbf{\Gamma}_{p+1}\mathbf{a}_{p+1} = \boldsymbol{\gamma}_{p+1}$:

$$a_{p+1}^{p+1} = \frac{\phi[p+1] - \left(\boldsymbol{\gamma}_p^b\right)^T \mathbf{a}_p}{\phi[0] - \left(\boldsymbol{\gamma}_p\right)^T \mathbf{a}_p}$$

$$a_m^{p+1} = a_m^p - a_{p+1}^{p+1} \cdot a_{p-m+1}^p \quad m = 1, \ldots, p$$

sendo $\boldsymbol{\gamma}_p^b$ a versão regressiva de $\boldsymbol{\gamma}_p$: $\boldsymbol{\gamma}_p^b = [\phi[p] \ldots \phi[1]]^T$, e $a_1^1 = \frac{\phi[1]}{\phi[0]}$. Note que, para vetores, a ordem do modelo é mostrada no subscrito; mas, para escalares, a ordem do modelo aparece no sobrescrito.

Agora, considere a seguinte equação normal: $\Gamma_p \boldsymbol{b}_p = \boldsymbol{c}_p$, sendo

$$\boldsymbol{b}_p = \begin{bmatrix} b_1^p \\ \vdots \\ b_p^p \end{bmatrix} \qquad \boldsymbol{c}_p = \begin{bmatrix} c[1] \\ \vdots \\ c[p] \end{bmatrix}$$

Mostre que a solução recursiva para $\Gamma_{p+1} \boldsymbol{b}_{p+1} = \boldsymbol{c}_{p+1}$ é:

$$b_{p+1}^{p+1} = \frac{c[p+1] - \left(\boldsymbol{\gamma}_p^b\right)^T \boldsymbol{b}_p}{\phi[0] - \left(\boldsymbol{\gamma}_p\right)^T \boldsymbol{a}_p}$$

$$b_m^{p+1} = b_m^p - b_{p+1}^{p+1} \cdot a_{p-m+1}^p \quad m = 1, \ldots, p$$

sendo $b_1^1 = \frac{c[1]}{\phi[0]}$.

(*Observação*: Você pode achar útil notar que $\boldsymbol{a}_p^b = \Gamma_p^{-1} \boldsymbol{\gamma}_p^b$.)

11.25. Considere um sinal aleatório estacionário no sentido amplo colorido $s[n]$ que desejamos branquear usando o sistema da Figura P11.25-1: No projeto do filtro ótimo de branqueamento para uma dada ordem p, tomamos o coeficiente $a_k^{(p)}$, $k = 1, \ldots, p$ que satisfaz as equações normais da autocorrelação dadas pela Equação 11.34, sendo $r_{ss}[m]$ a autocorrelação de $s[n]$.

Sabe-se que o filtro ótimo de branqueamento de ordem 2 para $s[n]$ é $H_2(z) = 1 + \frac{1}{4}z^{-1} - \frac{1}{8}z^{-2}$ (isto é, $a_1^{(2)} = -\frac{1}{4}$, $a_2^{(2)} = \frac{1}{8}$), que implementamos na estrutura em treliça de ordem 2 da Figura P11.25-2. Também gostaríamos de usar um sistema de ordem 4, com função de transferência

$$H_4(z) = 1 - \sum_{k=1}^{4} a_k^{(4)} z^{-k}.$$

Implementamos esse sistema com a estrutura em treliça da Figura P11.25-3. Determine quais, se algum entre k_1, k_2, k_3, k_4 de $H_4(z)$, podem ser determinados exatamente a partir da informação dada anteriormente. Explique por que você não pode determinar os parâmetros restantes, caso haja algum.

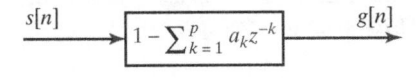

Figura P11.25-1

Problemas de extensão

11.26. Considere um modelo só-polos estável com função de sistema

$$H(z) = \frac{G}{1 - \sum_{m=1}^{p} a_m z^{-m}} = \frac{G}{A(z)}.$$

Suponha que g seja positivo.

Neste problema, mostraremos que um conjunto de $(p+1)$ amostras da magnitude quadrática de $H(z)$ na circunferência unitária, isto é,

$$C[k] = |H(e^{j\pi k/p})|^2 \quad k = 0, 1, \ldots, p,$$

é suficiente para representar o sistema. Especificamente, dado $C[k]$, $k = 0, 1, \ldots, p$, mostre que os parâmetros G e a_m, $m = 0, 1, \ldots, p$ podem ser determinados.

(a) Considere a transformada z

$$Q(z) = \frac{1}{H(z)H(z^{-1})} = \frac{A(z)A(z^{-1})}{G^2},$$

que corresponde a uma sequência $q[n]$. Determine a relação entre $q[n]$ e $h_A[n]$, a resposta ao impulso do filtro de erro de predição cuja função de sistema seja $A(z)$. Sobre qual intervalo de n $q[n]$ será não nula?

(b) Projete um procedimento baseado na TFD para determinar $q[n]$ a partir das amostras dadas da magnitude quadrática $C[k]$.

(c) Supondo que a sequência $q[n]$ como determinada em (b) seja conhecida, enuncie um procedimento para determinar $A(z)$ e G.

11.27. O sistema em treliça IIR geral da Figura 11.21 está restrito a sistemas só-polos. Porém, tanto polos quanto zeros podem ser implementados pelo sistema da Figura P11.27-1 (Gray e Markel, 1973, 1975). Cada uma das seções na Figura P11.27-1 é descrita pelo diagrama de fluxos da Figura P11.27-2. Em outras palavras, a Figura 11.21 está embutida na Figura P11.27-1 com a saída formada como uma combinação linear das sequências de erro de predição regressiva.

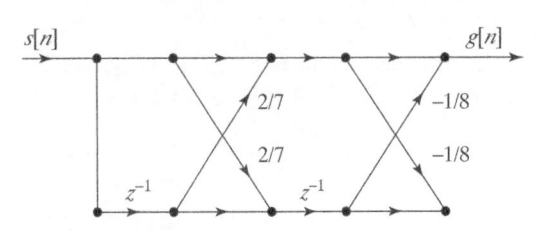

Figura P11.25-2 Estrutura em treliça para um sistema de ordem 2.

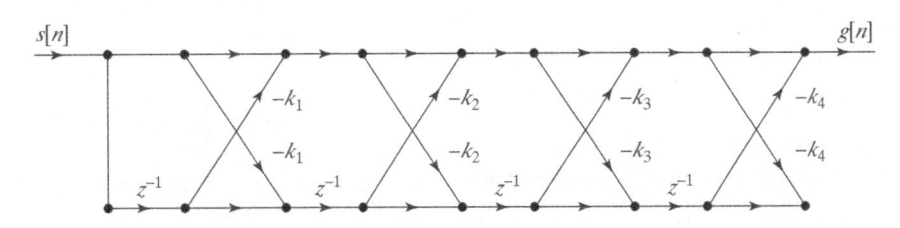

Figura P11.25-3 Estrutura em treliça para um sistema de ordem 4.

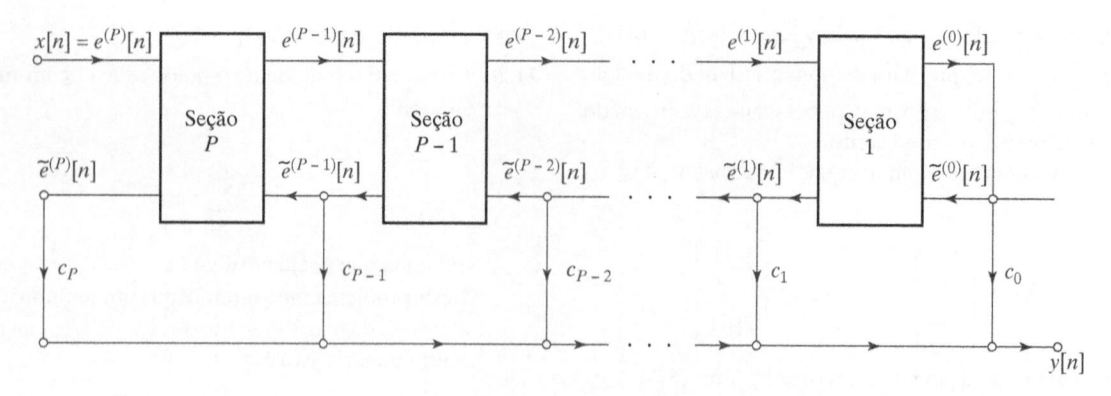

Figura P11.27-1

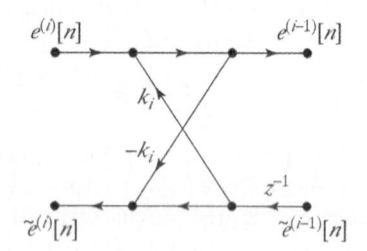

Figura P11.27-2

(a) Mostre que a função de sistema entre a entrada $X(z) = E^{(p)}(z)$ e $\tilde{E}^{(i)}(z)$ é

$$\tilde{H}^{(i)}(z) = \frac{\tilde{E}^{(i)}(z)}{X(z)} = \frac{z^{-1}A^{(i)}(z^{-1})}{A^{(p)}(z)}. \quad (P11.27\text{-}1)$$

(b) Mostre que $\tilde{H}^{(p)}(z)$ é um sistema passa-tudo. (Esse resultado não é necessário para o restante do problema.)

(c) A função de sistema total de $X(z)$ até $Y(z)$ é

$$H(z) = \frac{Y(z)}{X(z)} = \sum_{i=0}^{p} \frac{c_i z^{-1} A^{(i)}(z^{-1})}{A^{(p)}(z)} =$$

$$= \frac{Q(z)}{A^{(p)}(z)}. \quad (P11.27\text{-}2)$$

Mostre que o numerador $Q(z)$ na Equação P11.27-2 é um polinômio de ordem p da forma

$$Q(z) = \sum_{m=0}^{p} q_m z^{-m} \quad (P11.27\text{-}3)$$

em que os coeficientes c_m na Figura P11.27 são dados pela equação

$$c_m = q_m + \sum_{i=m+1}^{p} c_i a_{i-m}^{(i)}$$

$$m = p, p-1, \ldots, 1, 0. \quad (P11.27\text{-}4)$$

(d) Indique um procedimento para o cálculo de todos os parâmetros necessários para implementar uma função de sistema como a Equação P11.27-2 usando a estrutura em treliça da Figura P11.27.

(e) Usando o procedimento descrito em (c), esboce o diagrama de fluxo completo da implementação em treliça do sistema

$$H(z) = \frac{1 + 3z^{-1} + 3z^{-2} + z^{-3}}{1 - 0{,}9z^{-1} + 0{,}64z^{-2} - 0{,}576z^{-3}}. \quad (P11.27\text{-}5)$$

11.28. Na Seção 11.7.3, os parâmetros k são calculados pelas equações 11.101. Usando as relações $e^{(i)}[n] = e^{(i-1)}[n] - k_i \tilde{e}^{(i-1)}[n-1]$ e $\tilde{e}^{(i)}[n] = \tilde{e}^{(i-1)}[n-1] - k_i e^{(i-1)}[n]$, mostre que

$$k_i^P = \sqrt{k_i^f k_i^b},$$

sendo k_i^f o valor de k_i que minimiza o erro quadrático médio de predição progressiva

$$\mathcal{E}^{(i)} = \sum_{n=-\infty}^{\infty} (e^{(i)}[n])^2,$$

e k_i^b é o valor de k_i que minimiza o erro quadrático médio de predição regressiva

$$\tilde{\mathcal{E}}^{(i)} = \sum_{n=-\infty}^{\infty} (\tilde{e}^{(i)}[n])^2.$$

11.29. Substitua a Equação 11.88 e a Equação 11.93 na Equação 11.101 para mostrar que

$$k_i^P = \frac{\displaystyle\sum_{n=-\infty}^{\infty} e^{(i-1)}[n]\tilde{e}^{(i-1)}[n-1]}{\left\{\displaystyle\sum_{n=-\infty}^{\infty} (e^{(i-1)}[n])^2 \sum_{n=-\infty}^{\infty} (\tilde{e}^{(i-1)}[n-1])^2\right\}^{1/2}}$$

$$= \frac{r_{ss}[i] - \displaystyle\sum_{j=1}^{i-1} a_j^{(i-1)} r_{ss}[i-j]}{\mathcal{E}^{(i-1)}} = k_i.$$

11.30. Como discutido na Seção 11.7.3, Burg (1975) propôs calcular os parâmetros k de modo a minimizar a soma dos erros de predição progressiva e regressiva no estágio i do filtro em treliça; isto é,

$$\mathcal{B}^{(i)} = \sum_{n=i}^{M} \left[(e^{(i)}[n])^2 + (\tilde{e}^{(i)}[n])^2 \right] \quad \text{(P11.30-1)}$$

sendo a soma realizada no intervalo fixo $i \leq n \leq M$.

(a) Substitua os sinais do filtro em treliça $e^{(i)}[n] = e^{(i-1)}[n] - k_i \tilde{e}^{(i-1)}[n-1]$ e $\tilde{e}^{(i)}[n] = \tilde{e}^{(i-1)}[n-1] - k_i e^{(i-1)}[n]$ em P11.30-1 e mostre que o valor de k_i que minimiza $\mathcal{B}^{(i)}$ é

$$k_i^B = \frac{2 \sum_{n=i}^{M} e^{(i-1)}[n] \tilde{e}^{(i-1)}[n-1]}{\left\{ \sum_{n=i}^{M} (e^{(i-1)}[n])^2 + \sum_{n=i}^{M} (\tilde{e}^{(i-1)}[n-1])^2 \right\}}. \quad \text{(P11.30-2)}$$

(b) Prove que $-1 < k_i^B < 1$.
Dica: Considere a expressão $\sum_{n=i}^{M} (x[n] \pm y[n])^2 > 0$, em que $x[n]$ e $y[n]$ sejam duas sequências distintas.

(c) Dado um conjunto de coeficientes de Burg k_i^B, $i = 1, 2, \ldots, p$, como você obteria os coeficientes do filtro de erro de predição $A^{(p)}(z)$ correspondente?

Capítulo 12 Transformadas de Hilbert discretas

12.0 Introdução

Em geral, a especificação da transformada de Fourier de uma sequência requer pleno conhecimento das partes real e imaginária ou da magnitude e da fase em todas as frequências no intervalo $-\pi < \omega \leq \pi$. Entretanto, vimos que, sob certas condições, existem restrições na transformada de Fourier. Por exemplo, na Seção 2.8, vimos que se $x[n]$ é real, então a sua transformada de Fourier é uma função com simetria conjugada, isto é, $X(e^{j\omega}) = X^*(e^{-j\omega})$. Por isso, segue que, para sequências reais, a especificação de $X(e^{j\omega})$ para $0 \leq \omega \leq \pi$ também a especifica para $-\pi \leq \omega \leq 0$. De modo similar, vimos na Seção 5.4 que, sob a restrição de fase mínima, a magnitude e a fase da transformada de Fourier não são independentes; isto é, a especificação da magnitude determina a fase e a especificação da fase determina a magnitude a menos de um fator de escala. Na Seção 8.5, vimos que, para sequências de comprimento finito N, a especificação de $X(e^{j\omega})$ em N frequências igualmente espaçadas determina $X(e^{j\omega})$ em todas as frequências.

Neste capítulo, veremos que a restrição de causalidade de uma sequência implica relações unívocas entre as partes real e imaginária da transformada de Fourier. Relações desse tipo entre as partes real e imaginária de funções complexas surgem em muitos contextos além daqueles de processamento de sinais, e elas são comumente chamadas de *relações de transformada de Hilbert*. Além de desenvolver essas relações para a transformada de Fourier de sequências causais, desenvolveremos resultados relacionados para a TFD e para sequências com transformadas de Fourier unilaterais. Além disso, na Seção 12.3, indicaremos como a relação entre magnitude e fase para sequências de fase mínima pode ser interpretada em termos da transformada de Hilbert.

Embora tenhamos um enfoque intuitivo neste capítulo (veja Gold, Oppenheim e Rader, 1970), é importante estar ciente de que as relações da transformada de Hilbert são resultantes formalmente das propriedades de funções analíticas. (Veja o Problema 12.21.) Especificamente, as funções complexas que surgem da representação matemática de sinais e sistemas de tempo discreto geralmente são funções muito bem comportadas. Com poucas exceções, as transformadas z de nosso interesse têm regiões bem definidas, nas quais as séries de potências são absolutamente convergentes. Como uma série de potência representa uma função analítica dentro de sua RDC, segue que as transformadas z são funções analíticas dentro de suas RDCs. Pela definição de uma função analítica, isso significa que a transformada z tem uma derivada bem definida em cada ponto da RDC. Além disso, para funções analíticas, a transformada z e todas as suas derivadas são funções contínuas dentro da RDC.

As propriedades das funções analíticas implicam algumas restrições um tanto fortes no comportamento da transformada z dentro da sua RDC. Como a transformada de Fourier é a transformada z calculada sobre a circunferência unitária, essas restrições também restringem o comportamento da transformada de Fourier. Uma dessas restrições é que as partes real e imaginária satisfaçam as condições de Cauchy–Riemann, que relacionam as derivadas parciais das partes real e imaginária de uma função analítica. (Veja, por exemplo, Churchill e Brown, 1990.) Outra restrição é o teorema da integral de Cauchy, em que o valor de uma função complexa é especificado em todo o interior da região de analiticidade em termos dos valores da função na fronteira da região. Com base nessas relações para funções analíticas, é possível, sob certas condições, deduzir relações integrais explícitas entre as partes real e imaginária de uma transformada z em um contorno fechado dentro da RDC. Na literatura matemática, essas relações muitas vezes são chamadas de *fórmulas de Poisson*. No contexto da teoria de sistemas, elas são conhecidas como *relações de transformada de Hilbert*.

Em vez de seguir a abordagem matemática que discutimos, desenvolveremos as relações de transformada de Hilbert explorando o fato de que as partes real e imaginária da transformada de Fourier de uma sequência causal são as transformadas dos componentes par e ímpar, respectivamente, da sequência (propriedades 5 e 6, Tabela 2.1). Como mostraremos, uma sequência causal é totalmente especificada por sua componente par, o que sugere que a transformada de Fourier da sequência original é especificada completamente por sua parte real. Além de aplicar esse argumento para especificar a transformada de Fourier de uma sequência causal particular em termos de sua parte real, também podemos aplicá-lo, sob certas condições, para especificar a transformada de Fourier de uma sequência em termos de sua magnitude.

A noção de um sinal analítico é um conceito importante no processamento em tempo contínuo de sinais. Um sinal analítico é uma função de tempo complexo (que é analítica) que possui uma transformada de Fourier que desaparece em frequências negativas. Uma sequência complexa não pode ser considerada analítica em nenhum sentido formal, pois é uma função de uma variável inteira. Porém, em um estilo similar àquele descrito no parágrafo anterior, é possível relacionar as partes real e imaginária de uma sequência complexa cujo espectro é nulo na circunferência unitária para $-\pi < \omega < 0$. Uma abordagem similar também pode ser usada para relacionar as partes real e imaginária da TFD de uma sequência periódica ou, de modo equivalente, de uma sequência de comprimento finito. Nesse caso, a condição de "causalidade" é que a sequência periódica seja nula na segunda metade de cada período.

Assim, neste capítulo, uma noção de causalidade será aplicada para relacionar os componentes par e ímpar de uma função ou, de modo equivalente, as partes real e imaginária de sua transformada. Aplicaremos essa abordagem em quatro situações. Primeiro, relacionamos as partes real e imaginária da transformada de Fourier $X(e^{j\omega})$ de uma sequência $x[n]$ que é nula para $n < 0$. Na segunda situação, obtemos uma relação entre as partes real e imaginária da TFD para sequências periódicas ou, de modo equivalente, para uma sequência de comprimento finito que consideremos ter comprimento N, mas com os últimos $(N/2) - 1$ pontos restritos a zero. No terceiro caso, relacionamos as partes real e imaginária do *logaritmo* da transformada de Fourier sob a condição de que a transformada inversa do logaritmo da transformada seja nula para $n < 0$. Relacionar as partes real e imaginária do logaritmo da transformada de Fourier corresponde a relacionar a magnitude logarítmica e a fase de $X(e^{j\omega})$. Finalmente, relacionamos as partes real e imaginária de uma sequência complexa cuja transformada de Fourier, considerada uma função periódica de ω, é nula na segunda metade de cada período.

12.1 Suficiência das partes real e imaginária da transformada de Fourier para sequências causais

Qualquer sequência pode ser expressa como a soma de uma sequência par e de uma sequência ímpar. Especificamente, com $x_e[n]$ e $x_o[n]$ denotando as partes par e ímpar, respectivamente, de $x[n]$,[1] temos

$$x[n] = x_e[n] + x_o[n], \tag{12.1}$$

sendo

$$x_e[n] = \frac{x[n] + x[-n]}{2} \tag{12.2}$$

e

$$x_o[n] = \frac{x[n] - x[-n]}{2}. \tag{12.3}$$

As equações 12.1 a 12.3 aplicam-se a uma sequência arbitrária, seja ela causal ou não, e seja ela real ou não. Porém, se $x[n]$ for causal, isto é, se $x[n] = 0$, $n < 0$, então é possível recuperar $x[n]$ a partir de $x_e[n]$ ou recuperar $x[n]$ para $n \neq 0$ a partir de $x_o[n]$. Considere, por exemplo, a sequência causal $x[n]$ e seus componentes par e ímpar, como mostrado na Figura 12.1. Como $x[n]$ é causal, $x[n] = 0$ para $n < 0$ e $x[-n] = 0$ para $n > 0$. Portanto, os trechos não nulos de $x[n]$ e $x[-n]$ não se sobrepõem, exceto em $n = 0$. Por esse motivo, segue a partir das equações 12.2 e 12.3 que

$$x[n] = 2x_e[n]u[n] - x_e[0]\delta[n] \tag{12.4}$$

e

$$x[n] = 2x_o[n]u[n] + x[0]\delta[n]. \tag{12.5}$$

A validade dessas relações é vista com facilidade na Figura 12.1. Note que $x[n]$ é determinada completamente por $x_e[n]$. Por outro lado, $x_o[0] = 0$, de modo que podemos recuperar $x[n]$ a partir de $x_o[n]$ somente para $n \neq 0$.

Agora, se $x[n]$ também é estável, isto é, somável em valor absoluto, então sua transformada de Fourier existe. Denotamos a transformada de Fourier de $x[n]$ como

$$X(e^{j\omega}) = X_R(e^{j\omega}) + jX_I(e^{j\omega}), \tag{12.6}$$

sendo $X_R(e^{j\omega})$ a parte real e $X_I(e^{j\omega})$ a parte imaginária de $X(e^{j\omega})$. Lembre-se de que, se $x[n]$ é uma sequência *real*, então $X_R(e^{j\omega})$ é a transformada de Fourier de $x_e[n]$ e $jX_I(e^{j\omega})$ é a transformada de Fourier de $x_o[n]$. Portanto, para uma sequência *causal*, *estável* e *real*, $X_R(e^{j\omega})$ determina $X(e^{j\omega})$ completamente, pois, se tivermos $X_R(e^{j\omega})$, poderemos encontrar $X(e^{j\omega})$ pelo processo a seguir:

---

[1] Se $x[n]$ é real, então $x_e[n]$ e $x_o[n]$ nas equações 12.2 e 12.3 são as partes par e ímpar, respectivamente, de $x[n]$, como considerado no Capítulo 2. Se $x[n]$ é complexa, para fins dessa discussão, ainda definimos $x_e[n]$ e $x_o[n]$ como nas equações 12.2 e 12.3, que não correspondem às partes simétrica conjugada e antissimétrica conjugada de uma sequência complexa, como considerado no Capítulo 2.

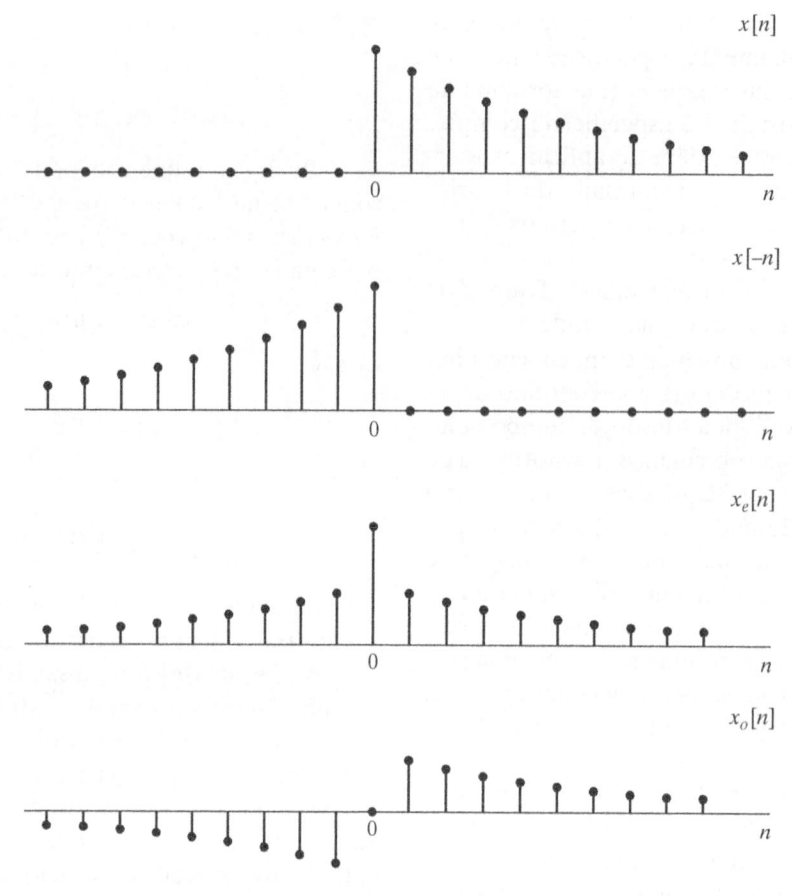

Figura 12.1 Partes par e ímpar de uma sequência causal real.

1. Encontre $x_e[n]$ como a transformada de Fourier inversa de $X_R(e^{j\omega})$.
2. Encontre $x[n]$ usando a Equação 12.4.
3. Encontre $X(e^{j\omega})$ como a transformada de Fourier de $x[n]$.

Isso também sugere, naturalmente, que $X_I(e^{j\omega})$ pode ser determinada a partir de $X_R(e^{j\omega})$. No Exemplo 12.1, ilustramos como esse procedimento pode ser aplicado para obter $X(e^{j\omega})$ e $X_I(e^{j\omega})$ a partir de $X_R(e^{j\omega})$.

Exemplo 12.1 Sequência de comprimento finito

Considere uma sequência $x[n]$ real e causal para a qual $X_R(e^{j\omega})$, a parte real da TFTD, seja

$$X_R(e^{j\omega}) = 1 + \cos 2\omega. \tag{12.7}$$

Gostaríamos de determinar a sequência original $x[n]$, sua transformada de Fourier $X(e^{j\omega})$ e a parte imaginária da transformada de Fourier, $X_I(e^{j\omega})$. Como um primeiro passo, reescrevemos a Equação 12.7 expressando o cosseno como uma soma de exponenciais complexas:

$$X_R(e^{j\omega}) = 1 + \frac{1}{2}e^{-j2\omega} + \frac{1}{2}e^{j2\omega}. \tag{12.8}$$

Sabemos que $X_R(e^{j\omega})$ é a transformada de Fourier de $x_e[n]$, a componente par de $x[n]$ como definida na Equação 12.2. Comparando a Equação 12.8 com a definição da transformada de Fourier, Equação 2.131, podemos associar termos para obter

$$x_e[n] = \delta[n] + \frac{1}{2}\delta[n-2] + \frac{1}{2}\delta[n+2].$$

Agora que obtivemos a componente par, podemos usar a relação na Equação 12.4 para obter

$$x[n] = \delta[n] + \delta[n-2]. \tag{12.9}$$

A partir de $x[n]$, obtemos

$$X(e^{j\omega}) = 1 + e^{-j2\omega}$$
$$= 1 + \cos 2\omega - j\,\text{sen}\,2\omega. \tag{12.10}$$

A partir da Equação 12.10, podemos confirmar que $X_R(e^{j\omega})$ é como especificado na Equação 12.7 e também obter

$$X_I(e^{j\omega}) = -\text{sen}\,2\omega. \tag{12.11}$$

Como um caminho alternativo para obter $X_I(e^{j\omega})$, podemos primeiro usar a Equação 12.3 para obter $x_o[n]$ a partir de $x[n]$. Substituir a Equação 12.9 na Equação 12.3 resulta, então, em

$$x_o[n] = \frac{1}{2}\delta[n-2] - \frac{1}{2}\delta[n+2].$$

> A transformada de Fourier de $x_o[n]$ é $jX_I(e^{j\omega})$, de modo que encontramos
>
> $$jX_I(e^{j\omega}) = \frac{1}{2}e^{-j2\omega} - \frac{1}{2}e^{j2\omega}$$
> $$= -j\,\text{sen}\,2\omega,$$
>
> de modo que
>
> $$X_I(e^{j\omega}) = -\,\text{sen}\,2\omega,$$
>
> que é consistente com a Equação 12.11.

Exemplo 12.2 Sequência exponencial

Seja

$$X_R(e^{j\omega}) = \frac{1 - \alpha\cos\omega}{1 - 2\alpha\cos\omega + \alpha^2}, \qquad |\alpha| < 1, \quad (12.12)$$

ou, de modo equivalente,

$$X_R(e^{j\omega}) = \frac{1 - (\alpha/2)(e^{j\omega} + e^{-j\omega})}{1 - \alpha(e^{j\omega} + e^{-j\omega}) + \alpha^2}, \qquad |\alpha| < 1, (12.13)$$

com α real. Primeiro, determinamos $x_e[n]$ e, depois, $x[n]$, usando a Equação 12.4.
Para obter $x_e[n]$, a transformada de Fourier inversa de $X_R(e^{j\omega})$, é conveniente obter primeiro $X_R(z)$, a transformada z de $x_e[n]$. Ela decorre diretamente da Equação 12.13, dado que

$$X_R(e^{j\omega}) = X_R(z)|_{z=e^{j\omega}}.$$

Consequentemente, substituindo $e^{j\omega}$ por z na Equação 12.13, obtemos

$$X_R(z) = \frac{1 - (\alpha/2)(z + z^{-1})}{1 - \alpha(z + z^{-1}) + \alpha^2} \qquad (12.14)$$

$$= \frac{1 - \frac{\alpha}{2}(z + z^{-1})}{(1 - \alpha z^{-1})(1 - \alpha z)}. \qquad (12.15)$$

Como começamos com a transformada de Fourier $X_R(e^{j\omega})$ e obtivemos $X_R(z)$ pela extensão de $X_R(e^{j\omega})$ no plano z, a RDC de $X_R(z)$ deve, evidentemente, incluir a circunferência unitária e então ser limitada em seu interior pelo polo em $z = \alpha$ e em seu exterior pelo polo em $z = 1/\alpha$.
A partir da Equação 12.15, agora queremos obter $x_e[n]$, a transformada z inversa de $X_R(z)$. Fazemos isso pela expansão da Equação 12.15 em frações parciais, resultando em

$$X_R(z) = \frac{1}{2}\left[\frac{1}{1 - \alpha z^{-1}} + \frac{1}{1 - \alpha z}\right], \qquad (12.16)$$

com a RDC especificada de forma a incluir a circunferência unitária. A transformada z inversa da Equação 12.16 pode então ser aplicada separadamente a cada termo para obter

$$x_e[n] = \frac{1}{2}\alpha^n u[n] + \frac{1}{2}\alpha^{-n}u[-n]. \qquad (12.17)$$

> Consequentemente, a partir da Equação 12.4,
>
> $$x[n] = \alpha^n u[n] + \alpha^{-n} u[-n]u[n] - \delta[n]$$
> $$= \alpha^n u[n].$$
>
> $X(e^{j\omega})$ é, então, dado por
>
> $$X(e^{j\omega}) = \frac{1}{1 - \alpha e^{-j\omega}}, \qquad (12.18)$$
>
> e $X(z)$ é dado por
>
> $$X(z) = \frac{1}{1 - \alpha z^{-1}} \qquad |z| > |\alpha|. \qquad (12.19)$$

O procedimento construtivo ilustrado no Exemplo 12.1 pode ser interpretado analiticamente para a obtenção de uma relação geral que expressa $X_I(e^{j\omega})$ diretamente em termos de $X_R(e^{j\omega})$. A partir da Equação 12.4, do teorema da convolução complexa, e do fato de que $x_e[0] = x[0]$, segue que

$$X(e^{j\omega}) = \frac{1}{\pi}\int_{-\pi}^{\pi} X_R(e^{j\theta})U(e^{j(\omega-\theta)})d\theta - x[0], \quad (12.20)$$

sendo $U(e^{j\omega})$ a transformada de Fourier da sequência degrau unitário. Como enunciado na Seção 2.7, embora o degrau unitário não seja nem somável em valor absoluto nem quadraticamente somável, ele pode ser representado pela transformada de Fourier

$$U(e^{j\omega}) = \sum_{k=-\infty}^{\infty} \pi\delta(\omega - 2\pi k) + \frac{1}{1 - e^{-j\omega}}, \qquad (12.21)$$

ou, como o termo $1/(1 - e^{-j\omega})$ pode ser reescrito como

$$\frac{1}{1 - e^{-j\omega}} = \frac{1}{2} - \frac{j}{2}\cotg\left(\frac{\omega}{2}\right), \qquad (12.22)$$

a Equação 12.21 pode ser reescrita como

$$U(e^{j\omega}) = \sum_{k=-\infty}^{\infty} \pi\delta(\omega - 2\pi k) + \frac{1}{2} - \frac{j}{2}\cotg\left(\frac{\omega}{2}\right). \,(12.23)$$

Usando a Equação 12.23, podemos expressar a Equação 12.20 como

$$X(e^{j\omega}) = X_R(e^{j\omega}) + jX_I(e^{j\omega})$$

$$= X_R(e^{j\omega}) + \frac{1}{2\pi}\int_{-\pi}^{\pi} X_R(e^{j\theta})d\theta \qquad (12.24)$$

$$- \frac{j}{2\pi}\int_{-\pi}^{\pi} X_R(e^{j\theta})\cotg\left(\frac{\omega - \theta}{2}\right)d\theta - x[0].$$

Igualando as partes real e imaginária na Equação 12.24 e notando que

$$x[0] = \frac{1}{2\pi}\int_{-\pi}^{\pi} X_R(e^{j\theta})d\theta, \qquad (12.25)$$

obtemos a relação

$$X_I(e^{j\omega}) = -\frac{1}{2\pi}\int_{-\pi}^{\pi} X_R(e^{j\theta})\cotg\left(\frac{\omega-\theta}{2}\right)d\theta. \quad (12.26)$$

Um procedimento similar pode ser seguido para a obtenção de $x[n]$ e $X(e^{j\omega})$ a partir de $X_I(e^{j\omega})$ e $x[0]$ usando a Equação 12.5. Esse processo resulta na seguinte equação para $X_R(e^{j\omega})$ em termos de $X_I(e^{j\omega})$:

$$X_R(e^{j\omega}) = x[0] + \frac{1}{2\pi}\int_{-\pi}^{\pi} X_I(e^{j\theta})\cotg\left(\frac{\omega-\theta}{2}\right)d\theta. \quad (12.27)$$

As equações 12.26 e 12.27, que são chamadas *relações da transformada de Hilbert discreta*, são válidas para as partes real e imaginária da transformada de Fourier de uma sequência causal, estável e real. Elas são integrais impróprias, pois o integrando tem uma singularidade em $\omega - \theta = 0$. Essas integrais devem ser calculadas cuidadosamente para a obtenção de um resultado finito consistente. Isso pode ser feito formalmente interpretando as integrais como *valores principais de Cauchy*. Isto é, a Equação 12.26 torna-se

$$X_I(e^{j\omega}) = -\frac{1}{2\pi}\mathcal{P}\int_{-\pi}^{\pi} X_R(e^{j\theta})\cotg\left(\frac{\omega-\theta}{2}\right)d\theta, \quad (12.28a)$$

e a Equação 12.27 torna-se

$$X_R(e^{j\omega}) = x[0] + \frac{1}{2\pi}\mathcal{P}\int_{-\pi}^{\pi} X_I(e^{j\theta})\cotg\left(\frac{\omega-\theta}{2}\right)d\theta, \quad (12.28b)$$

em que $\mathcal{P}$ denota o valor principal de Cauchy da integral que se segue. O significado do valor principal de Cauchy na Equação 12.28(a), por exemplo, é

$$X_I(e^{j\omega}) = -\frac{1}{2\pi}\lim_{\varepsilon\to 0}\left[\int_{\omega+\varepsilon}^{\pi} X_R(e^{j\theta})\cotg\left(\frac{\omega-\theta}{2}\right)d\theta\right.$$
$$\left.+ \int_{-\pi}^{\omega-\varepsilon} X_R(e^{j\theta})\cotg\left(\frac{\omega-\theta}{2}\right)d\theta\right]. \quad (12.29)$$

A Equação 12.29 mostra que $X_I(e^{j\omega})$ é obtida pela convolução periódica de $-\cotg(\omega/2)$ com $X_R(e^{j\omega})$, com um cuidado especial sendo tomado nas vizinhanças da singularidade em $\theta = \omega$. De modo similar, a Equação 12.28(b) envolve a convolução periódica de $\cotg(\omega/2)$ com $X_I(e^{j\omega})$.

As duas funções envolvidas na integral de convolução da Equação 12.28(a) ou, de modo equivalente, da Equação 12.29 são ilustradas pela Figura 12.2. O limite na Equação 12.29 existe porque a função $\cotg[(\omega-\theta)/2]$ é antissimétrica no ponto singular $\theta = \omega$ e o limite é tomado simetricamente sobre a singularidade.

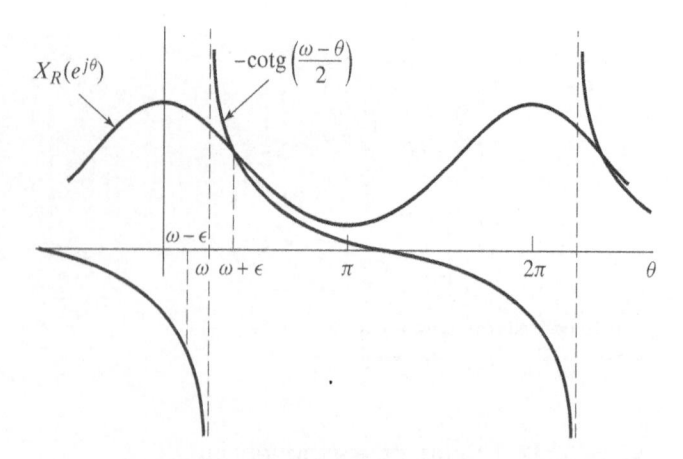

Figura 12.2 Interpretação da transformada de Hilbert como uma convolução periódica.

12.2 Teoremas de suficiência para sequências de comprimento finito

Na Seção 12.1, mostramos que a causalidade ou a unilateralidade de uma sequência real implica algumas restrições fortes na transformada de Fourier da sequência. Os resultados da seção anterior aplicam-se, evidentemente, a sequências causais de comprimento finito, mas, como a propriedade de comprimento finito é mais restritiva, talvez seja razoável esperar que a transformada de Fourier de uma sequência de comprimento finito seja mais restrita. Veremos que isso realmente acontece.

Um modo de tirar proveito da propriedade de comprimento finito é lembrar que as sequências de comprimento finito podem ser representadas pela TFD. Como a TFD envolve somas em vez de integrais, os problemas associados a integrais impróprias desaparecem.

Como a TFD é, na realidade, uma representação para uma sequência periódica, quaisquer resultados que obtemos devem ser firmados em resultados correspondentes para sequências periódicas. De fato, é importante ter em mente a periodicidade inerente da TFD na dedução da relação da transformada de Hilbert desejada para sequências de comprimento finito. Portanto, consideraremos primeiro o caso periódico e depois discutiremos a aplicação ao caso do comprimento finito.

Considere uma sequência periódica $\tilde{x}[n]$ com período N que esteja relacionada a uma sequência de comprimento finito $x[n]$ de comprimento N por

$$\tilde{x}[n] = x[((n))_N]. \quad (12.30)$$

Assim, como na Seção 12.1, $\tilde{x}[n]$ pode ser representada como a soma de uma sequência periódica par e ímpar,

$$\tilde{x}[n] = \tilde{x}_e[n] + \tilde{x}_o[n], \qquad n = 0, 1, \ldots, (N-1), \quad (12.31)$$

sendo

$$\tilde{x}_e[n] = \frac{\tilde{x}[n] + \tilde{x}[-n]}{2}, \quad n = 0, 1, \ldots, (N-1), \quad (12.32a)$$

e

$$\tilde{x}_o[n] = \frac{\tilde{x}[n] - \tilde{x}[-n]}{2}, \quad n = 0, 1, \ldots, (N-1). \quad (12.32b)$$

Uma sequência periódica não pode, evidentemente, ser causal no sentido usado na Seção 12.1. Porém, podemos definir uma sequência "periodicamente causal" como uma sequência periódica para a qual $\tilde{x}[n] = 0$ para $N/2 < n < N$. Isto é, $\tilde{x}[n]$ é identicamente nula em toda a última metade do período. Assumiremos daqui por diante que N é par; o caso de N ímpar é considerado no Problema 12.25. Note que, por causa da periodicidade de $\tilde{x}[n]$, também é verdadeiro que $\tilde{x}[n] = 0$ para $-N/2 < n < 0$. Para sequências de comprimento finito, essa restrição significa que, embora a sequência seja considerada de comprimento N, as últimas $(N/2) - 1$ amostras são de fato nulas. Na Figura 12.3, mostramos um exemplo de uma sequência periodicamente causal e seus componentes par e ímpar com $N = 8$. Como $\tilde{x}[n]$ é nula na segunda metade de cada período, $\tilde{x}[-n]$ é nula na primeira metade de cada período e, consequentemente, exceto em $n = 0$ e $n = N/2$, não há sobreposição entre os trechos não nulos de $\tilde{x}[n]$ e $\tilde{x}[-n]$. Portanto, para sequências periódicas e periodicamente causais,

$$\tilde{x}[n] = \begin{cases} 2\tilde{x}_e[n], & n = 1, 2, \ldots, (N/2)-1, \\ \tilde{x}_e[n], & n = 0, N/2, \\ 0, & n = (N/2)+1, \ldots, N-1, \end{cases} \quad (12.33)$$

e

$$\tilde{x}[n] = \begin{cases} 2\tilde{x}_o[n], & n = 1, 2, \ldots, (N/2)-1, \\ 0, & n = (N/2)+1, \ldots, N-1, \end{cases} \quad (12.34)$$

sendo que $\tilde{x}[n]$ não pode ser recuperado a partir de $\tilde{x}_o[n]$ porque $\tilde{x}_o[0] = \tilde{x}_o[N/2] = 0$. Se definirmos a sequência periódica

$$\tilde{u}_N[n] = \begin{cases} 1, & n = 0, N/2, \\ 2, & n = 1, 2, \ldots, (N/2)-1, \\ 0, & n = (N/2)+1, \ldots, N-1, \end{cases} \quad (12.35)$$

então verifica-se que, para N par, podemos expressar $\tilde{x}[n]$ como

$$\tilde{x}[n] = \tilde{x}_e[n]\tilde{u}_N[n] \quad (12.36)$$

e

$$\tilde{x}[n] = \tilde{x}_o[n]\tilde{u}_N[n] + \tilde{x}[0]\tilde{\delta}[n] + \\ + \tilde{x}[N/2]\,\tilde{\delta}[n - (N/2)], \quad (12.37)$$

sendo $\tilde{\delta}[n]$ uma sequência impulso unitário periódica com período N. Assim, a sequência $\tilde{x}[n]$ pode ser completamente recuperada a partir de $\tilde{x}_e[n]$. Por outro lado, $\tilde{x}_o[n]$ sempre será nula em $n = 0$ e $n = N/2$ e, consequentemente, $\tilde{x}[n]$ pode ser recuperada a partir de $\tilde{x}_o[n]$ somente para $n \neq 0$ e $n \neq N/2$.

Se $\tilde{x}[n]$ é uma sequência periódica real de período N com SFD $\tilde{X}[k]$, então $\tilde{X}_R[k]$, a parte real de $\tilde{X}[k]$, é a SFD de $\tilde{x}_e[n]$ e $j\tilde{X}_I[k]$ é a SFD de $\tilde{x}_o[n]$. Logo, as equações 12.36 e 12.37 implicam que, para uma sequência

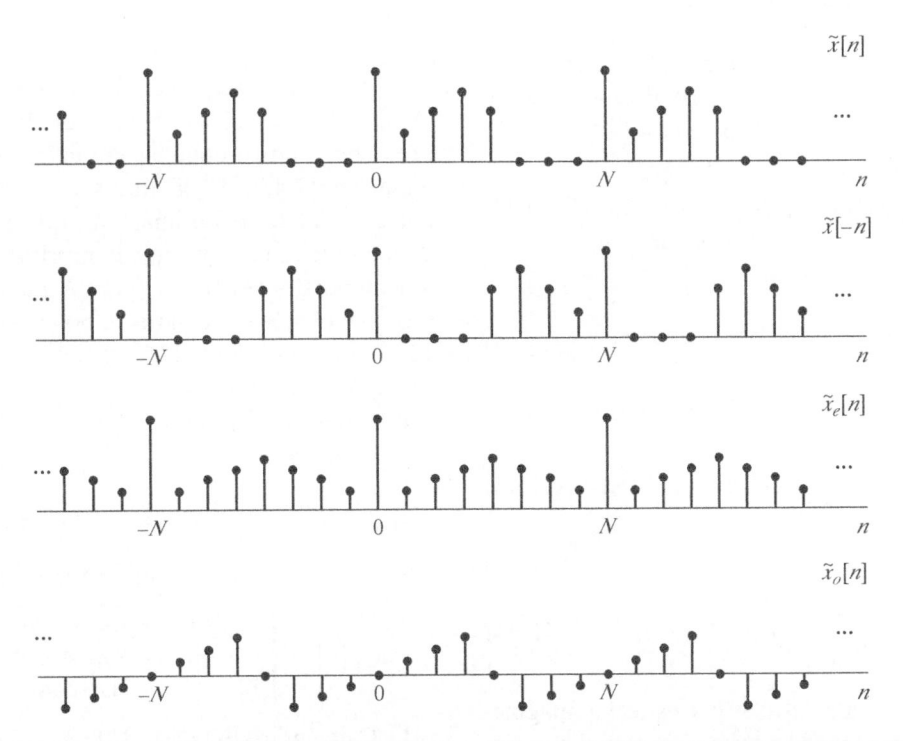

Figura 12.3 Componentes par e ímpar de uma sequência periódica, real e periodicamente causal de período $N = 8$.

periódica de período N, que é periodicamente causal no sentido definido anteriormente, $\tilde{X}[k]$ pode ser recuperado a partir de sua parte real ou (aproximadamente) de sua parte imaginária. De modo equivalente, $\tilde{X}_I[k]$ pode ser obtido a partir de $\tilde{X}_R[k]$, e $\tilde{X}_R[k]$ pode ser (aproximadamente) obtido a partir de $\tilde{X}_I[k]$.

Especificamente, suponha que seja dada $\tilde{X}_R[k]$. Então, podemos obter $\tilde{X}[k]$ e $\tilde{X}_I[k]$ pelo procedimento a seguir:

1. Calcule $\tilde{x}_e[n]$ usando a equação de síntese de SFD

$$\tilde{x}_e[n] = \frac{1}{N}\sum_{k=0}^{N-1}\tilde{X}_R[k]e^{j(2\pi/N)kn}. \qquad (12.38)$$

2. Calcule $\tilde{x}[n]$ usando a Equação 12.36.
3. Calcule $\tilde{X}[k]$ usando a equação de análise de SFD

$$\tilde{X}[k] = \sum_{n=0}^{N-1}\tilde{x}[n]e^{-j(2\pi/N)kn} = \tilde{X}_R[k] + j\tilde{X}_I[k]. \quad (12.39)$$

Diferentemente do caso causal geral discutido na Seção 12.1, o procedimento descrito pode ser implementado em um computador, pois as equações 12.38 e 12.39 podem ser calculadas com exatidão e de modo eficiente usando um algoritmo de FFT.

Para obter uma relação explícita entre $\tilde{X}_R[k]$ e $\tilde{X}_I[k]$, podemos executar o procedimento analiticamente. A partir das equações 12.36 e 8.34, segue que

$$\tilde{X}[k] = \tilde{X}_R[k] + j\tilde{X}_I[k]$$
$$= \frac{1}{N}\sum_{m=0}^{N-1}\tilde{X}_R[m]\tilde{U}_N[k-m]\,; \qquad (12.40)$$

isto é, $\tilde{X}[k]$ é a convolução periódica de $\tilde{X}_R[k]$, a SFD de $\tilde{x}_e[n]$, sendo $\tilde{U}_N[k]$ a SFD de $\tilde{u}_N[n]$. Pode-se mostrar que a SFD de $\tilde{u}_N[n]$ é (veja o Problema 12.24)

$$\tilde{U}_N[k] = \begin{cases} N, & k = 0, \\ -j\,2\cot(\pi k/N), & k \text{ ímpar}, \\ 0, & k \text{ par}. \end{cases} \qquad (12.41)$$

Se definirmos

$$\tilde{V}_N[k] = \begin{cases} -j\,2\cot(\pi k/N), & k \text{ ímpar}, \\ 0, & k \text{ par}, \end{cases} \qquad (12.42)$$

então a Equação 12.40 pode ser expressa como

$$\tilde{X}[k] = \tilde{X}_R[k] + \frac{1}{N}\sum_{m=0}^{N-1}\tilde{X}_R[m]\tilde{V}_N[k-m]. \quad (12.43)$$

Portanto,

$$j\tilde{X}_I[k] = \frac{1}{N}\sum_{m=0}^{N-1}\tilde{X}_R[m]\tilde{V}_N[k-m], \qquad (12.44)$$

que é a relação desejada entre as partes real e imaginária da SFD de uma sequência periódica, causal e perio-

dicamente causal. De modo similar, começando com a Equação 12.37, podemos mostrar que

$$\tilde{X}_R[k] = \frac{1}{N}\sum_{m=0}^{N-1}j\,\tilde{X}_I[m]\tilde{V}_N[k-m] + \tilde{x}[0] + (-1)^k \tilde{x}[N/2].$$
$$(12.45)$$

As equações 12.44 e 12.45 relacionam as partes real e imaginária da representação SFD da sequência periódica $\tilde{x}[n]$. Se $\tilde{x}[n]$ for considerada como a repetição periódica de uma sequência de comprimento finito $x[n]$, como na Equação 12.30, então

$$x[n] = \begin{cases} \tilde{x}[n], & 0 \le n \le N-1, \\ 0, & \text{caso contrário.} \end{cases} \qquad (12.46)$$

Se $x[n]$ tiver a propriedade de "causalidade periódica" com relação a um período N (isto é, $x[n] = 0$ para $n < 0$ e para $n > N/2$), então toda a discussão anterior se aplica à TFD de $x[n]$. Em outras palavras, podemos remover os acentos de til das equações 12.44 e 12.45, obtendo assim as relações de TFD

$$jX_I[k] = \begin{cases} \dfrac{1}{N}\sum_{m=0}^{N-1}X_R[m]V_N[k-m], & 0 \le k \le N-1, \\ 0, & \text{caso contrário,} \end{cases}$$
$$(12.47)$$

e

$$X_R[k] = \begin{cases} \dfrac{1}{N}\sum_{m=0}^{N-1}jX_I[m]V_N[k-m] + x[0] + (-1)^k x[N/2], \\ \qquad\qquad\qquad 0 \le k \le N-1, \\ 0, \qquad\qquad \text{caso contrário.} \end{cases}$$
$$(12.48)$$

Note que a sequência $V_N[k-m]$ dada pela Equação 12.42 é periódica com período N, de modo que não precisamos nos preocupar em calcular $((k-m))_N$ nas equações 12.47 e 12.48, que são as relações desejadas entre as partes real e imaginária da TFD de N pontos de uma sequência real cujo comprimento de fato é menor ou igual a $(N/2) + 1$ (para N par). Essas equações são convoluções circulares e, por exemplo, a Equação 12.47 pode ser calculada de modo eficiente aplicando o seguinte procedimento:

1. Calcular a TFD inversa de $X_R[k]$ para obter a sequência

$$x_{\text{ep}}[n] = \frac{x[n] + x[((-n))_N]}{2}, \quad 0 \le n \le N-1. \quad (12.49)$$

2. Calcular o componente ímpar periódico de $x[n]$ por

$$x_{\text{op}}[n] = \begin{cases} x_{\text{ep}}[n], & 0 < n < N/2, \\ -x_{\text{ep}}[n], & N/2 < n \le N-1, \\ 0, & \text{caso contrário.} \end{cases} \quad (12.50)$$

3. Calcular a TFD de $x_{\text{op}}[n]$ para obter $jX_I[k]$.

Note que se, em vez de calcular o componente ímpar de $x[n]$ na etapa 2, calcularmos

$$x[n] = \begin{cases} x_{ep}[0], & n = 0, \\ 2x_{ep}[n], & 0 < n < N/2, \\ x_{ep}[N/2], & n = N/2, \\ 0, & \text{caso contrário,} \end{cases} \quad (12.51)$$

então a TFD da sequência resultante será $X[k]$, a TFD completa de $x[n]$.

Exemplo 12.3 Sequência periódica

Considere uma sequência que seja periodicamente causal com período $N = 4$ e que tenha

$$X_R[k] = \begin{cases} 2, & k = 0, \\ 3, & k = 1, \\ 4, & k = 2, \\ 3, & k = 3. \end{cases}$$

Podemos encontrar a parte imaginária da TFD de duas maneiras. A primeira delas é usar a Equação 12.47. Para $N = 4$,

$$V_4[k] = \begin{cases} 2j, & k = -1 + 4m, \\ -2j, & k = 1 + 4m, \\ 0, & \text{caso contrário,} \end{cases}$$

sendo m um inteiro. A implementação da convolução na Equação 12.47 resulta em

$$jX_I[k] = \frac{1}{4} \sum_{m=0}^{3} X_R[m] V_4[k-m], \quad 0 \le k \le 3$$

$$= \begin{cases} j, & k = 1, \\ -j, & k = 3, \\ 0, & \text{caso contrário.} \end{cases}$$

Como alternativa, podemos seguir o procedimento em três etapas que inclui as equações 12.49 e 12.50. O cálculo da TFD inversa de $X_R[k]$ resulta em

$$x_e[n] = \frac{1}{4} \sum_{k=0}^{3} X_R[k] W_4^{-kn} = \frac{1}{4}[2 + 3(j)^n + 4(-1)^n + 3(-j)^n]$$

$$= \begin{cases} 3, & n = 0, \\ -\frac{1}{2}, & n = 1, 3, \\ 0, & n = 2. \end{cases}$$

Note que, embora essa sequência não tenha por si só simetria par, uma replicação periódica de $x_e[n]$ tem simetria par. Assim, a TFD $X_R[k]$ de $x_e[n]$ é puramente real. A Equação 12.50 nos permite encontrar a parte periodicamente ímpar $x_{op}[n]$; especificamente,

$$x_{op}[n] = \begin{cases} -\frac{1}{2}, & n = 1, \\ \frac{1}{2}, & n = 3, \\ 0, & \text{caso contrário.} \end{cases}$$

Finalmente, obtemos $jX_I[k]$ a partir da TFD de $x_{op}[n]$:

$$jX_I[k] = \sum_{n=0}^{3} x_{op}[n] W_4^{nk} = -\frac{1}{2} W_4^k + \frac{1}{2} W_4^{3k}$$

$$= \begin{cases} j, & k = 1, \\ -j, & k = 3, \\ 0, & \text{caso contrário,} \end{cases}$$

que, evidentemente, é a mesma que obtivemos a partir da Equação 12.47.

12.3 Relações entre magnitude e fase

Até aqui, tratamos das relações entre as partes real e imaginária da transformada de Fourier de uma sequência. Muitas vezes, estamos interessados nas relações entre a magnitude e a fase da transformada de Fourier. Nesta seção, consideramos as condições sob as quais essas funções podem ser univocamente relacionadas. Embora possa aparentar que uma relação entre as partes real e imaginária implique uma relação entre magnitude e fase, esse não é o caso. Isso é demonstrado claramente pelo Exemplo 5.9 na Seção 5.4. Assumimos que as duas funções de sistema $H_1(z)$ e $H_2(z)$ nesse exemplo correspondem a sistemas causais e estáveis. Portanto, as partes real e imaginária de $H_1(e^{j\omega})$ se relacionam por meio das relações da transformada de Hilbert das equações 12.28(a) e (b), assim como as partes real e imaginária de $H_2(e^{j\omega})$. Porém, $\angle H_1(e^{j\omega})$ não pode ser obtido a partir de $|H_1(e^{j\omega})|$, pois $H_1(e^{j\omega})$ e $H_2(e^{j\omega})$ têm a mesma magnitude, mas fases diferentes.

A relação da transformada de Hilbert entre as partes real e imaginária da transformada de Fourier de uma sequência $x[n]$ foi baseada na causalidade de $x[n]$. Podemos obter uma relação de transformada de Hilbert entre magnitude e fase impondo causalidade sobre uma sequência $\hat{x}[n]$ obtida a partir de $x[n]$ para a qual a transformada de Fourier $\hat{X}(e^{j\omega})$ é o logaritmo da transformada de Fourier de $x[n]$. Especificamente, definimos $\hat{x}[n]$ de modo que

$$x[n] \overset{\mathcal{F}}{\longleftrightarrow} X(e^{j\omega}) = |X(e^{j\omega})| e^{j \arg[X(e^{j\omega})]}, \quad (12.52a)$$

$$\hat{x}[n] \overset{\mathcal{F}}{\longleftrightarrow} \hat{X}(e^{j\omega}), \quad (12.52b)$$

sendo

$$\hat{X}(e^{j\omega}) = \log[X(e^{j\omega})] = \log|X(e^{j\omega})| + j \arg[X(e^{j\omega})] \quad (12.53)$$

e, como foi definido na Seção 5.1, $\arg[X(e^{j\omega})]$ denota a fase contínua de $X(e^{j\omega})$. A sequência $\hat{x}[n]$ comumente é chamada de *cepstrum complexo* de $x[n]$, cujas propriedades e aplicações serão discutidas com detalhes no Capítulo 13.[2]

---

[2] Embora $\hat{x}[n]$ seja chamado de *cepstrum complexo*, ele tem valor real, pois o $\hat{X}(e^{j\omega})$ definido na Equação 12.53 é simétrico conjugado.

Se agora exigirmos que $\hat{x}[n]$ seja causal, então as partes real e imaginária de $\hat{X}(e^{j\omega})$, correspondentes a $\log|X(e^{j\omega})|$ e $\arg[X(e^{j\omega})]$, respectivamente, estarão relacionadas por meio das equações 12.28(a) e (b); isto é,

$$\arg[X(e^{j\omega})] = -\frac{1}{2\pi}\mathcal{P}\int_{-\pi}^{\pi}\log|X(e^{j\theta})|\cotg\left(\frac{\omega-\theta}{2}\right)d\theta \quad (12.54)$$

e

$$\log|X(e^{j\omega})| = \hat{x}[0] + \frac{1}{2\pi}\mathcal{P}\int_{-\pi}^{\pi}\arg[X(e^{j\theta})]\cotg\left(\frac{\omega-\theta}{2}\right)d\theta, \quad (12.55\text{a})$$

sendo $\hat{x}[0]$, na Equação 12.55(a),

$$\hat{x}[0] = \frac{1}{2\pi}\int_{-\pi}^{\pi}\log|X(e^{j\omega})|d\omega. \quad (12.55\text{b})$$

Embora não esteja totalmente óbvio neste ponto, no Problema 12.35 e no Capítulo 13 desenvolvemos o fato de que a condição de fase mínima definida na Seção 5.6, ou seja, que $X(z)$ tem todos os seus polos e zeros no interior do círculo unitário, garante causalidade do cepstrum complexo. Assim, a condição de fase mínima na Seção 5.6 e a condição de causalidade do cepstrum complexo resultam na mesma restrição desenvolvida a partir de pontos de vista diferentes. Note que, quando $\hat{x}[n]$ é causal, $\arg[X(e^{j\omega})]$ é determinado completamente por meio da Equação 12.54 por $\log|X(e^{j\omega})|$; porém, a determinação completa de $\log|X(e^{j\omega})|$ pela Equação 12.55(a) requer tanto $\arg[X(e^{j\omega})]$ quanto a quantidade $\hat{x}[0]$. Se $\hat{x}[0]$ não for conhecido, então $\log|X(e^{j\omega})|$ é determinado somente a menos de uma constante aditiva ou, de modo equivalente, $|X(e^{j\omega})|$ é determinado somente a menos de uma constante multiplicativa (ganho).

Fase mínima e causalidade do cepstrum complexo não são as únicas restrições que fornecem uma relação unívoca entre a magnitude e a fase da TFTD. Como um exemplo de outro tipo de restrição, foi demonstrado (Hayes, Lim e Oppenheim, 1980) que, se uma sequência for de comprimento finito e se sua transformada z não tiver zeros em pares recíprocos conjugados, então, a menos de um fator de escala, a sequência (e consequentemente, também a magnitude da TFTD) é determinada unicamente pela fase da transformada de Fourier.

12.4 Relações da transformada de Hilbert para sequências complexas

Até aqui, consideramos as relações da transformada de Hilbert para a transformada de Fourier de sequências causais e para a TFD de sequências periódicas que são "periodicamente causais" no sentido de que possuem amostras nulas na segunda metade de cada período. Nesta seção, consideramos *sequências complexas* para as quais os componentes real e imaginário podem ser relacionados por meio de uma convolução discreta similar às relações da transformada de Hilbert deduzidas nas seções anteriores. Essas relações são particularmente úteis na representação de sinais passa-banda como sinais complexos de uma maneira completamente análoga aos sinais analíticos da teoria dos sinais de tempo contínuo (Papoulis, 1977).

Como mencionado anteriormente, é possível basear a dedução das relações da transformada de Hilbert em uma noção de causalidade ou unilateralidade. Como estamos interessados em relacionar as partes real e imaginária de uma sequência complexa, a unilateralidade será aplicada à TFTD da sequência. Evidentemente, não podemos exigir que a TFTD seja nula para $\omega < 0$, pois ela deve ser periódica. Em vez disso, consideramos as sequências para as quais a transformada de Fourier é nula na segunda metade de cada período; isto é, a transformada z é nula na metade inferior ($-\pi \leq \omega < 0$) da circunferência unitária. Assim, com $x[n]$ denotando a sequência, e $X(e^{j\omega})$, sua transformada de Fourier, exigimos que

$$X(e^{j\omega}) = 0, \quad -\pi \leq \omega < 0. \quad (12.56)$$

(Poderíamos muito bem supor que $X(e^{j\omega})$ fosse nula para $0 < \omega \leq \pi$.) A sequência $x[n]$ correspondente a $X(e^{j\omega})$ deverá ser complexa, pois, se $x[n]$ fosse real, $X(e^{j\omega})$ seria simétrico conjugado, isto é, $X(e^{j\omega}) = X^*(e^{-j\omega})$. Portanto, expressamos $x[n]$ como

$$x[n] = x_r[n] + jx_i[n], \quad (12.57)$$

sendo $x_r[n]$ e $x_i[n]$ sequências reais. Na teoria de sinais de tempo contínuo, o sinal comparável é uma função analítica e, assim, é chamado de *sinal analítico*. Embora a analiticidade não tenha nenhum significado formal para sequências, de qualquer forma aplicamos a mesma terminologia a sequências complexas cujas transformadas de Fourier são unilaterais.

Se $X_r(e^{j\omega})$ e $X_i(e^{j\omega})$ denotam as transformadas de Fourier das sequências reais $x_r[n]$ e $x_i[n]$, respectivamente, então

$$X(e^{j\omega}) = X_r(e^{j\omega}) + jX_i(e^{j\omega}), \quad (12.58\text{a})$$

e segue que

$$X_r(e^{j\omega}) = \frac{1}{2}[X(e^{j\omega}) + X^*(e^{-j\omega})] \quad (12.58\text{b})$$

e

$$jX_i(e^{j\omega}) = \frac{1}{2}[X(e^{j\omega}) - X^*(e^{-j\omega})]. \quad (12.58\text{c})$$

Note que a Equação 12.58(c) fornece uma expressão para $jX_i(e^{j\omega})$, que é a transformada de Fourier do sinal imaginário $jx_i[n]$. Note também que $X_r(e^{j\omega})$ e $X_i(e^{j\omega})$, as transformadas de Fourier das partes real e imaginária, respectivamente, de $x[n]$ são ambas funções de valor complexo. Em geral, as transformadas complexas $X_r(e^{j\omega})$ e $jX_i(e^{j\omega})$ desempenham um papel similar àquele desempenhado nas seções anteriores pelos componentes par e ímpar, respectivamente, das sequências causais. Porém, $X_r(e^{j\omega})$ é simétrica conjugada, isto é, $X_r(e^{j\omega}) = X_r^*(e^{-j\omega})$. De modo similar, $jX_i(e^{j\omega})$ é antissimétrica conjugada, isto é, $jX_i(e^{j\omega}) = -jX_i^*(e^{-j\omega})$.

Na Figura 12.4 é mostrado um exemplo de uma transformada de Fourier unilateral complexa de uma sequência complexa $x[n] = x_r[n] + jx_i[n]$, e das transformadas bilaterais correspondentes das sequências reais $x_r[n]$ e $x_i[n]$. Nessa figura é mostrado de forma gráfica o cancelamento decorrente das equações 12.58.

Se $X(e^{j\omega})$ é nula para $-\pi \leq \omega < 0$, então não existe sobreposição entre os trechos não nulos de $X(e^{j\omega})$ e $X^*(e^{-j\omega})$, exceto em $\omega = 0$. Assim, $X(e^{j\omega})$ pode ser recuperada, exceto em $\omega = 0$, a partir de $X_r(e^{j\omega})$ ou de $X_i(e^{j\omega})$. Como supomos que $X(e^{j\omega})$ seja nula em $\omega = \pm\pi$, $X(e^{j\omega})$ é totalmente recuperável, exceto em $\omega = 0$, a partir de $jX_i(e^{j\omega})$. Isso é contrário à situação na Seção 12.2, em que a sequência causal pode ser recuperada a partir de sua componente ímpar, exceto nas extremidades.

Em particular,

$$X(e^{j\omega}) = \begin{cases} 2X_r(e^{j\omega}), & 0 < \omega < \pi, \\ 0, & -\pi \leq \omega < 0, \end{cases} \quad (12.59)$$

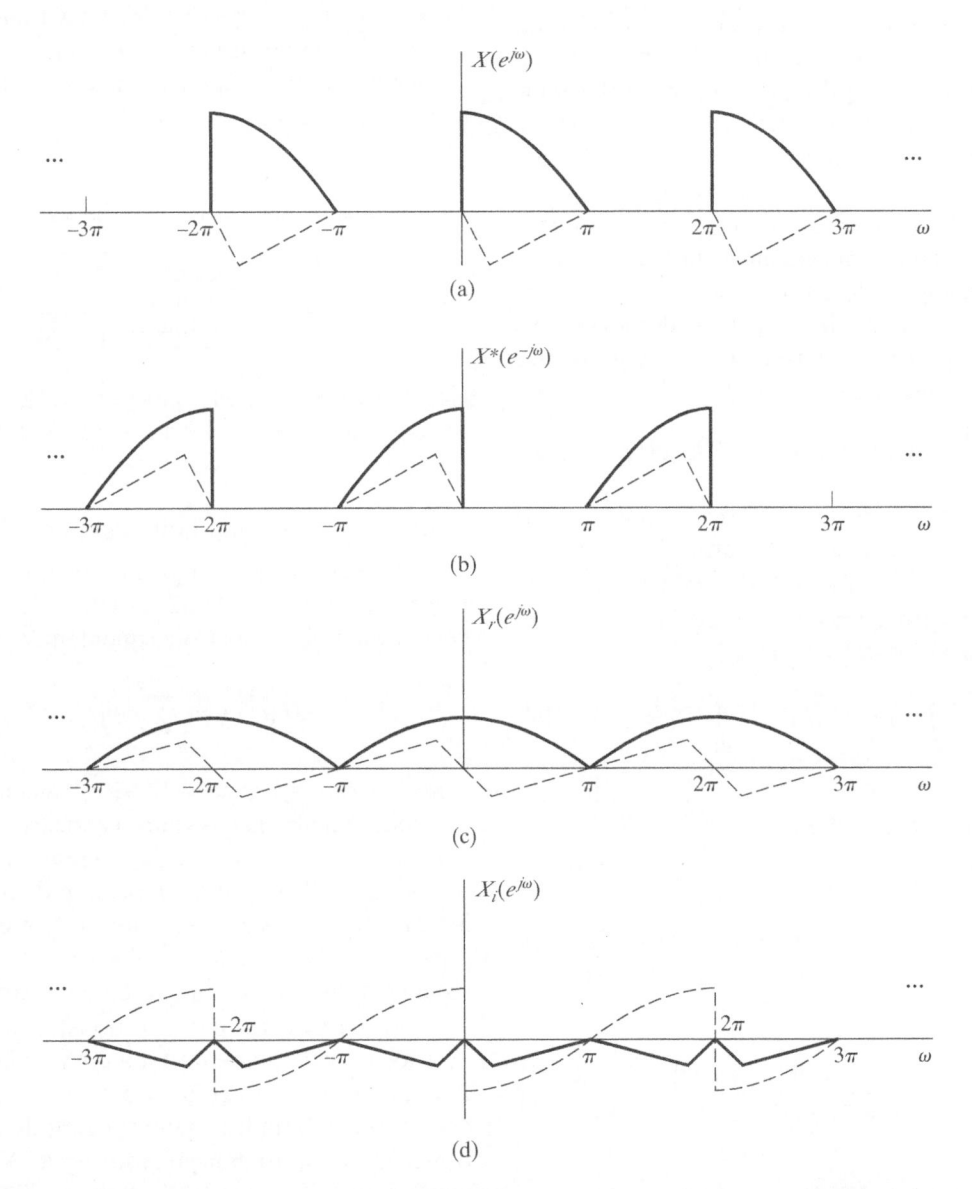

Figura 12.4 Exemplo da decomposição de uma transformada de Fourier unilateral. (As curvas sólidas representam as partes reais e as curvas tracejadas representam as partes imaginárias.)

e

$$X(e^{j\omega}) = \begin{cases} 2jX_i(e^{j\omega}), & 0 < \omega < \pi, \\ 0, & -\pi \leq \omega < 0. \end{cases} \quad (12.60)$$

Como alternativa, podemos relacionar $X_r(e^{j\omega})$ e $X_i(e^{j\omega})$ diretamente por

$$X_i(e^{j\omega}) = \begin{cases} -jX_r(e^{j\omega}), & 0 < \omega < \pi, \\ jX_r(e^{j\omega}), & -\pi \leq \omega < 0, \end{cases} \quad (12.61)$$

ou

$$X_i(e^{j\omega}) = H(e^{j\omega}) X_r(e^{j\omega}), \quad (12.62a)$$

sendo

$$H(e^{j\omega}) = \begin{cases} -j, & 0 < \omega < \pi, \\ j, & -\pi < \omega < 0. \end{cases} \quad (12.62b)$$

As equações 12.62 são ilustradas comparando as figuras 12.4(c) e (d). $X_i(e^{j\omega})$ é a transformada de Fourier de $x_i[n]$, a parte imaginária de $x[n]$, e $X_r(e^{j\omega})$ é a transformada de Fourier de $x_r[n]$, a parte real de $x[n]$. Assim, de acordo com as equações 12.62, $x_i[n]$ pode ser obtida processando $x_r[n]$ com um sistema de tempo discreto LIT com resposta em frequência $H(e^{j\omega})$, como dado pela Equação 12.62(b). Essa resposta em frequência tem magnitude unitária, um ângulo de fase de $-\pi/2$ para $0 < \omega < \pi$, e um ângulo de fase de $+\pi/2$ para $-\pi < \omega < 0$. Esse sistema é chamado de deslocador de fase em 90 graus ideal, ou *transformador de Hilbert*. A partir das equações 12.62, segue que

$$X_r(e^{j\omega}) = \frac{1}{H(e^{j\omega})}X_i(e^{j\omega}) = -H(e^{j\omega})X_i(e^{j\omega}). \quad (12.63)$$

Assim, $-x_r[n]$ também pode ser obtida de $x_i[n]$ com um deslocador de fase de 90 graus.

A resposta ao impulso $h[n]$ de um deslocador de fase de 90 graus, correspondente à resposta em frequência $H(e^{j\omega})$ dada na Equação 12.62(b), é

$$h[n] = \frac{1}{2\pi}\int_{-\pi}^{0} je^{j\omega n}d\omega - \frac{1}{2\pi}\int_{0}^{\pi} je^{j\omega n}d\omega,$$

ou

$$h[n] = \begin{cases} \dfrac{2}{\pi}\dfrac{\operatorname{sen}^2(\pi n/2)}{n}, & n \neq 0, \\ 0, & n = 0. \end{cases} \quad (12.64)$$

A resposta ao impulso é representada graficamente na Figura 12.5. Usando as equações 12.62 e 12.63, obtemos as expressões

$$x_i[n] = \sum_{m=-\infty}^{\infty} h[n-m]x_r[m] \quad (12.65a)$$

e

$$x_r[n] = -\sum_{m=-\infty}^{\infty} h[n-m]x_i[m]. \quad (12.65b)$$

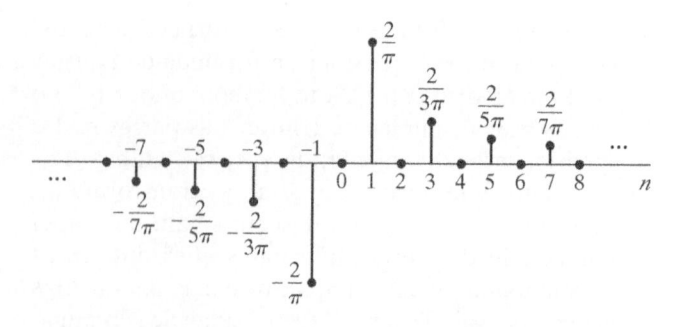

Figura 12.5 Resposta ao impulso de um transformador de Hilbert ou deslocador de fase de 90 graus ideal.

As equações 12.65 são as relações de transformada de Hilbert desejadas entre as partes real e imaginária de um sinal analítico de tempo discreto. Na Figura 12.6 é mostrado como um sistema transformador de Hilbert de tempo discreto pode ser usado para gerar um sinal analítico complexo, que é simplesmente um par de sinais reais.

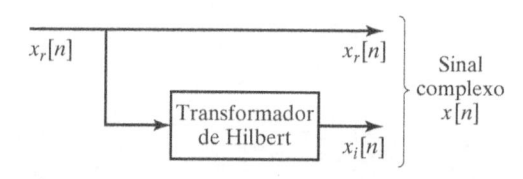

Figura 12.6 Representação em diagrama de blocos da geração de uma sequência complexa, cuja transformada de Fourier é unilateral.

12.4.1 Projeto de transformadores de Hilbert

A resposta ao impulso do transformador de Hilbert, conforme dado na Equação 12.64, não é somável em valor absoluto. Consequentemente,

$$H(e^{j\omega}) = \sum_{n=-\infty}^{\infty} h[n]e^{-j\omega n} \quad (12.66)$$

converge para a Equação 12.62(b) somente no sentido da média quadrática. Assim, o transformador de Hilbert ou deslocador de fase de 90 graus junta-se ao filtro passa-baixas ideal e ao diferenciador de banda limitada ideal como um importante conceito teórico, que corresponde a um sistema não causal e para o qual a função de sistema existe apenas em um sentido restrito.

Aproximações para o transformador de Hilbert ideal evidentemente também podem ser obtidas. Aproximações FIR com atraso de grupo constante podem ser projetadas usando o método de janelas ou o método de aproximação *equiripple*. Nessas aproximações, o deslocamento de fase de 90 graus é realizado exatamente, com um componente de fase linear adicional necessário para um sistema FIR causal. As propriedades dessas aproximações são ilustradas por exemplos de transformadores de Hilbert projetados com janelas de Kaiser.

Exemplo 12.4 Projeto de janela de Kaiser de transformadores de Hilbert

A aproximação por janela de Kaiser para um transformador de Hilbert discreto FIR de ordem M (comprimento $M + 1$) teria a forma

$$h[n] = \begin{cases} \left(\dfrac{I_o\{\beta(1-[(n-n_d)/n_d]^2)^{1/2}\}}{I_o(\beta)} \right) \\ \left(\dfrac{2}{\pi} \dfrac{\text{sen}^2[\pi(n-n_d)/2]}{n-n_d} \right), & 0 \leq n \leq M, \\ 0, & \text{caso contrário,} \end{cases} \quad (12.67)$$

com $n_d = M/2$. Se M é par, o sistema é um sistema de fase linear generalizada FIR do tipo III, como discutido na Seção 5.7.3.

Na Figura 12.7(a) é mostrada a resposta ao impulso, e na Figura 12.7(b) é mostrada a magnitude da resposta em frequência, para $M = 18$ e $\beta = 2{,}629$. Como $h[n]$ satisfaz a condição de simetria $h[n] = -h[M - n]$ para $0 \leq n \leq M$, a fase é de exatamente 90 graus mais um componente de fase linear que corresponde a um atraso de $n_d = 18/2 = 9$ amostras; isto é,

$$\angle H(e^{j\omega}) = \frac{-\pi}{2} - 9\omega, \qquad 0 < \omega < \pi. \quad (12.68)$$

A partir da Figura 12.7(b), vemos que, como necessário para um sistema do tipo III, a resposta em frequência é nula em $z = 1$ e $z = -1$ ($\omega = 0$ e $\omega = \pi$). Assim, a resposta em magnitude não consegue aproximar-se da unidade muito bem, exceto em uma banda intermediária $\omega_L < |\omega| < \omega_H$. Se M é um inteiro ímpar, obtemos um sistema do tipo IV, como mostrado na Figura 12.8, sendo $M = 17$ e $\beta = 2{,}44$. Para sistemas do tipo IV, a resposta em frequência é necessariamente nula somente em $z = 1$ ($\omega = 0$). Portanto, uma melhor aproximação para uma resposta em magnitude constante é obtida para frequências em torno de $\omega = \pi$. A resposta em fase é exatamente 90 graus em todas as frequências, mais um componente de fase linear que corresponde a $n_d = 17/2 = 8{,}5$ amostras de atraso; isto é,

$$\angle H(e^{j\omega}) = \frac{-\pi}{2} - 8{,}5\omega, \qquad 0 < \omega < \pi. \quad (12.69)$$

A partir da comparação das figuras 12.7(a) e 12.8(a), vemos que os transformadores de Hilbert FIR do tipo III têm uma vantagem computacional significativa sobre os sistemas do tipo IV quando não é necessário aproximar a magnitude constante em $\omega = \pi$. Isso porque, para sistemas do tipo III, as amostras com índice par da resposta ao impulso são todas exatamente nulas. Assim, tirando proveito da antissimetria nos dois casos, o sistema com $M = 17$ exigiria oito multiplicações para calcular cada amostra de saída, enquanto o sistema com $M = 18$ exigiria apenas cinco multiplicações por amostra de saída.

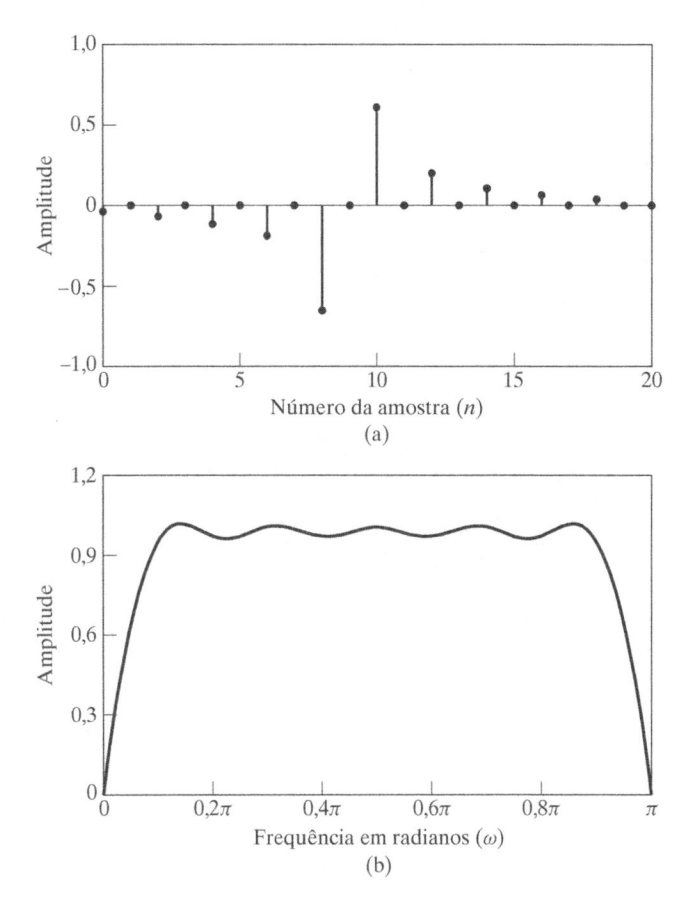

Figura 12.7 (a) Resposta ao impulso e (b) resposta em magnitude de um transformador de Hilbert FIR projetado usando a janela de Kaiser. ($M = 18$ e $\beta = 2{,}629$.)

Aproximações para o transformador de Hilbert de fase linear FIR dos tipos III e IV com aproximação de magnitude *equiripple* e fase de exatamente 90 graus podem ser projetadas usando o algoritmo de Parks–McClellan descrito nas seções 7.7 e 7.8, com as melhorias esperadas no erro de aproximação de magnitude em relação aos filtros projetados usando janelas com o mesmo comprimento (veja Rabiner e Schafer, 1974).

A exatidão de fase dos sistemas FIR dos tipos III e IV é uma motivação atrativa para seu uso na aproximação de transformadores de Hilbert. Sistemas IIR devem ter algum erro na resposta de fase, bem como algum erro na resposta em magnitude na aproximação de um transformador de Hilbert. A abordagem mais bem-sucedida para o projeto de transformadores de Hilbert IIR consiste em projetar um "divisor de fase", que consiste em dois sistemas passa-tudo cujas respostas de fase diferem em aproximadamente 90 graus em um trecho da banda $0 < |\omega| < \pi$. Tais sistemas podem ser projetados usando a transformação bilinear para transformar um sistema de divisão de fase de tempo contínuo em um sistema de tempo discreto. (Para um exemplo desse sistema, consulte Gold, Oppenheim e Rader, 1970.)

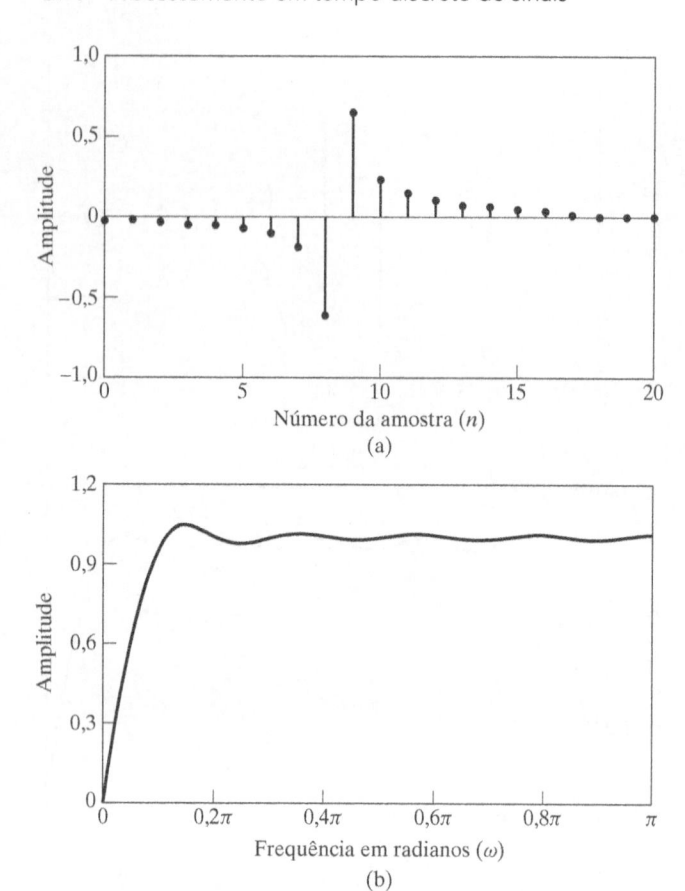

Figura 12.8 (a) Resposta ao impulso e (b) resposta em magnitude de um transformador de Hilbert FIR projetado usando a janela de Kaiser. ($M = 17$ e $\beta = 2{,}44$.)

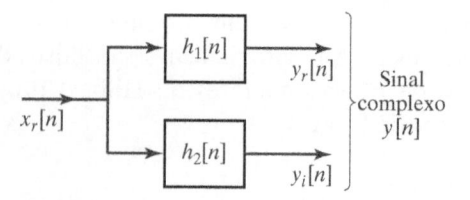

Figura 12.9 Representação em diagrama de blocos do método divisor de fases passa-tudo para gerar uma sequência complexa cuja transformada de Fourier é unilateral.

Na Figura 12.9 é representado um sistema de divisão de fase de 90 graus. Se $x_r[n]$ denota um sinal de entrada real e $x_i[n]$ a sua transformada de Hilbert, então a sequência complexa $x[n] = x_r[n] + jx_i[n]$ tem uma transformada de Fourier que é identicamente nula para $-\pi \leq \omega < 0$; isto é, $X(z)$ é nula na metade inferior da circunferência unitária no plano z. No sistema da Figura 12.6, um transformador de Hilbert foi usado para formar o sinal $x_i[n]$ a partir de $x_r[n]$. Na Figura 12.9, processamos $x_r[n]$ por meio de dois sistemas: $H_1(e^{j\omega})$ e $H_2(e^{j\omega})$. Agora, se $H_1(e^{j\omega})$ e $H_2(e^{j\omega})$ são sistemas passa-tudo cujas respostas de fase diferem em 90 graus, então o sinal complexo $y[n] = y_r[n] + jy_i[n]$ tem uma transformada de Fourier que também desvanece para $-\pi \leq \omega < 0$. Além disso, $|Y(e^{j\omega})| = |X(e^{j\omega})|$, pois os sistemas de divisão de fase são sistemas passa-tudo. As fases de $Y(e^{j\omega})$ e $X(e^{j\omega})$ diferirão pelo componente de fase comum a $H_1(e^{j\omega})$ e $H_2(e^{j\omega})$.

12.4.2 Representação de sinais passa-banda

Muitas das aplicações dos sinais analíticos dizem respeito à comunicação em banda estreita. Nessas aplicações, às vezes é conveniente representar um sinal passa-banda em termos de um sinal passa-baixas. Para ver como isso pode ser feito, considere o sinal passa-baixas complexo

$$x[n] = x_r[n] + jx_i[n],$$

sendo $x_i[n]$ a transformada de Hilbert de $x_r[n]$ e

$$X(e^{j\omega}) = 0, \quad -\pi \leq \omega < 0.$$

As transformadas de Fourier $X_r(e^{j\omega})$ e $jX_i(e^{j\omega})$ são representadas nas figuras 12.10(a) e (b), respectivamente, e a transformada resultante $X(e^{j\omega}) = X_r(e^{j\omega}) + jX_i(e^{j\omega})$ é mostrada na Figura 12.10(c). (As curvas sólidas são as partes reais e as curvas tracejadas são as partes imaginárias.) Agora, considere a sequência

$$s[n] = x[n]e^{j\omega_c n} = s_r[n] + js_i[n], \qquad (12.70)$$

sendo $s_r[n]$ e $s_i[n]$ sequências reais. A transformada de Fourier correspondente é

$$S(e^{j\omega}) = X(e^{j(\omega - \omega_c)}), \qquad (12.71)$$

que é representada na Figura 12.10(d). Aplicar as equações 12.58 a $S(e^{j\omega})$ leva às equações

$$S_r(e^{j\omega}) = \tfrac{1}{2}[S(e^{j\omega}) + S^*(e^{-j\omega})], \qquad (12.72a)$$

$$jS_i(e^{j\omega}) = \tfrac{1}{2}[S(e^{j\omega}) - S^*(e^{-j\omega})]. \qquad (12.72b)$$

Para o exemplo da Figura 12.10, $S_r(e^{j\omega})$ e $jS_i(e^{j\omega})$ são ilustrados nas figuras 12.10(e) e (f), respectivamente. É simples mostrar que, se $X_r(e^{j\omega}) = 0$ para $\Delta\omega < |\omega| \leq \pi$, e se $\omega_c + \Delta\omega < \pi$, então $S(e^{j\omega})$ será um sinal passa-banda unilateral tal que $S(e^{j\omega}) = 0$, exceto no intervalo $\omega_c < \omega \leq \omega_c + \Delta\omega$. Como o exemplo ilustrado na Figura 12.10, e como pode ser mostrado usando as equações 12.57 e 12.58, $S_i(e^{j\omega}) = H(e^{j\omega})S_r(e^{j\omega})$, isto é, $s_i[n]$ é a transformada de Hilbert de $s_r[n]$.

Uma representação alternativa de um sinal complexo é em termos de magnitude e fase; isto é, $x[n]$ pode ser expresso como

$$x[n] = A[n]e^{j\phi[n]}, \qquad (12.73a)$$

sendo

$$A[n] = (x_r^2[n] + x_i^2[n])^{1/2} \qquad (12.73b)$$

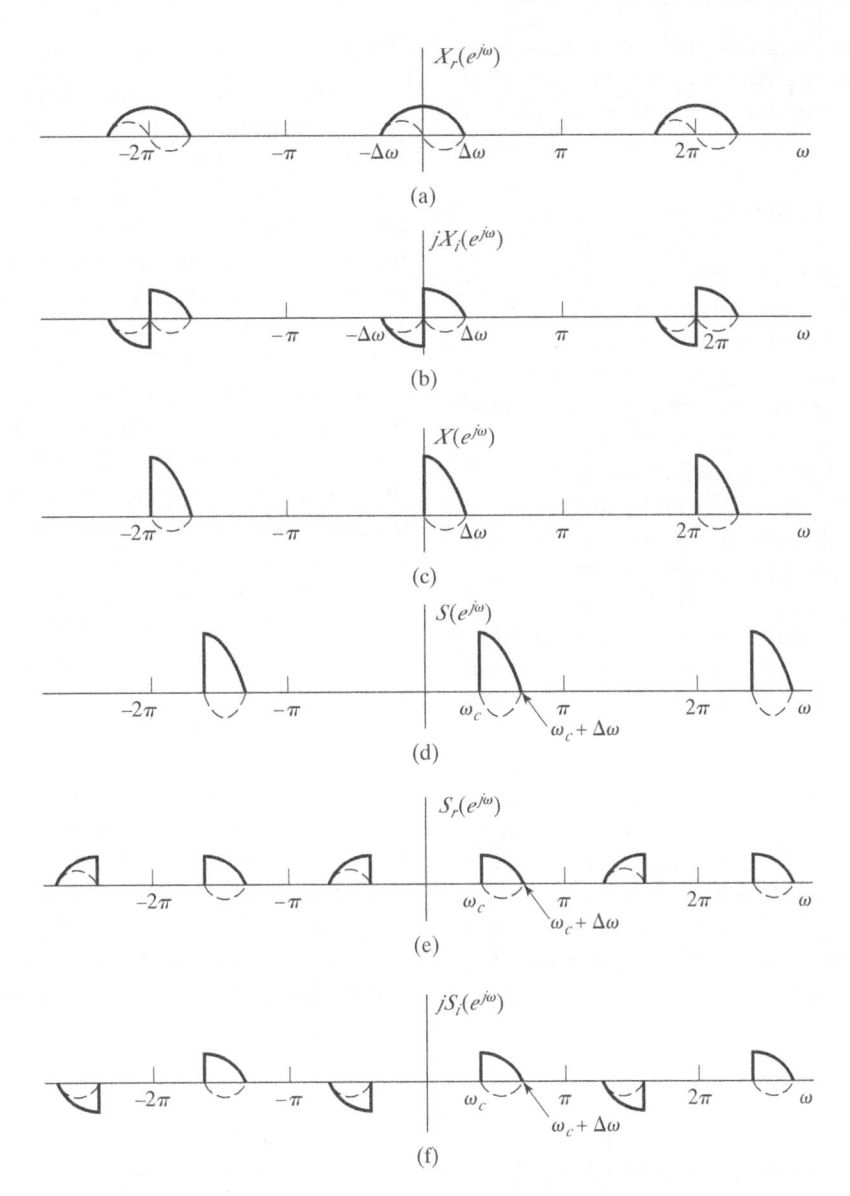

Figura 12.10 Transformadas de Fourier para representação de sinais passa-banda. (Curvas sólidas são partes reais e curvas tracejadas são partes imaginárias.) (Note que, nos itens (b) e (f), as funções $jX_i(e^{j\omega})$ e $jS_i(e^{j\omega})$ são esboçadas, sendo $X_i(e^{j\omega})$ e $S_i(e^{j\omega})$ as transformadas de Fourier de $x_i[n]$ e $s_i[n]$, respectivamente.)

e

$$\phi[n] = \text{arctg}\left(\frac{x_i[n]}{x_r[n]}\right). \quad (12.73c)$$

Portanto, a partir das equações 12.70 e 12.73, podemos expressar $s[n]$ como

$$s[n] = (x_r[n] + jx_i[n])e^{j\omega_c n} \quad (12.74a)$$

$$= A[n]e^{j(\omega_c n + \phi[n])}, \quad (12.74b)$$

do qual obtemos as expressões

$$s_r[n] = x_r[n]\cos\omega_c n - x_i[n]\sin\omega_c n, \quad (12.75a)$$

ou

$$s_r[n] = A[n]\cos(\omega_c n + \phi[n]), \quad (12.75b)$$

e

$$s_i[n] = x_r[n]\sin\omega_c n + x_i[n]\cos\omega_c n, \quad (12.76a)$$

ou

$$s_i[n] = A[n]\sin(\omega_c n + \phi[n]). \quad (12.76b)$$

As equações 12.75(a) e 12.76(a) são representadas nas figuras 12.11(a) e (b), respectivamente. Esses diagramas ilustram como um sinal (de banda lateral única) passa-banda complexo pode ser gerado a partir de um sinal passa-baixas real.

Juntas, as equações 12.75 e 12.76 são as representações no domínio do tempo desejadas de um sinal passa-banda complexo geral $s[n]$ em termos das partes real e imaginária de um sinal passa-baixas complexo

$x[n]$. Geralmente, essa representação complexa é um mecanismo conveniente para a representação de um sinal passa-banda real. Por exemplo, a Equação 12.75(a) fornece uma representação no domínio do tempo do sinal passa-banda real em termos de um componente "em fase" $x_r[n]$ e um componente em "quadratura" $x_i[n]$ (deslocado em fase por 90 graus). Efetivamente, como ilustrado na Figura 12.10(e), a Equação 12.75(a) permite a representação de sinais passa-banda reais (ou respostas ao impulso de filtros) cujas transformadas de Fourier não são simétricas conjugadas em torno do centro da banda de passagem (como seria o caso para sinais na forma $x_r[n] \cos \omega_c n$).

Fica claro, pela forma das equações 12.75 e 12.76 e pela Figura 12.11, que um sinal passa-banda geral tem a forma de uma senoide que é modulada em amplitude e fase. A sequência $A[n]$ é chamada de envoltória e $\phi[n]$, de fase. Essa representação de sinal de banda estreita pode ser usada para representar uma variedade de sistemas de modulação de amplitude e fase. O exemplo da Figura 12.10 é uma ilustração da modulação de banda lateral única. Se considerarmos o sinal real $s_r[n]$ como resultante da modulação de banda lateral única, com o sinal real passa-baixas $x_r[n]$ como entrada, então a Figura 12.11(a) representa um esquema para a implementação de um sistema de modulação de banda lateral única. Os sistemas de modulação de banda lateral única são úteis na multiplexação por divisão de frequência, pois podem representar um sinal passa-banda real com largura de banda mínima.

12.4.3 Amostragem passa-banda

Outra importante utilização dos sinais analíticos é a amostragem dos sinais passa-banda. No Capítulo 4, vimos que, em geral, se um sinal de tempo contínuo tiver uma transformada de Fourier de banda limitada de modo que $S_c(j\Omega) = 0$ para $|\Omega| \geq \Omega_N$, então o sinal é representado exatamente por suas amostras se a taxa de amostragem satisfizer a desigualdade $2\pi/T \geq 2\Omega_N$. A base para a prova desse resultado é evitar a sobreposição das réplicas de $S_c(j\Omega)$ que formam a TFTD da sequência de amostras. Um sinal de tempo contínuo passa-banda tem uma transformada de Fourier tal que $S_c(j\Omega) = 0$ para $0 \leq |\Omega| \leq \Omega_c$ e para $|\Omega| \geq \Omega_c + \Delta\Omega$. Assim, sua largura de banda, ou região de suporte, é na realidade apenas $2\Delta\Omega$, em vez de $2(\Omega_c + \Delta\Omega)$, e com uma estratégia de amostragem apropriada, a região $-\Omega_c \leq \Omega \leq \Omega_c$ pode ser preenchida com imagens da parte não nula de $S_c(j\Omega)$ sem sobreposição. Isso é bastante facilitado usando uma representação complexa do sinal passa-banda.

Como um exemplo, considere o sistema da Figura 12.12 e o sinal mostrado na Figura 12.13(a). A frequência mais alta do sinal de entrada é $\Omega_c + \Delta\Omega$. Se esse sinal for amostrado exatamente na taxa de Nyquist, $2\pi/T = 2(\Omega_c + \Delta\Omega)$, então a sequência de amostras resultante, $s_r[n] = s_c(nT)$, tem a transformada de Fourier $S_r(e^{j\omega})$ representada na Figura 12.13(b). Usando um transformador de Hilbert de tempo discreto, podemos formar a sequência complexa $s[n] = s_r[n] +$

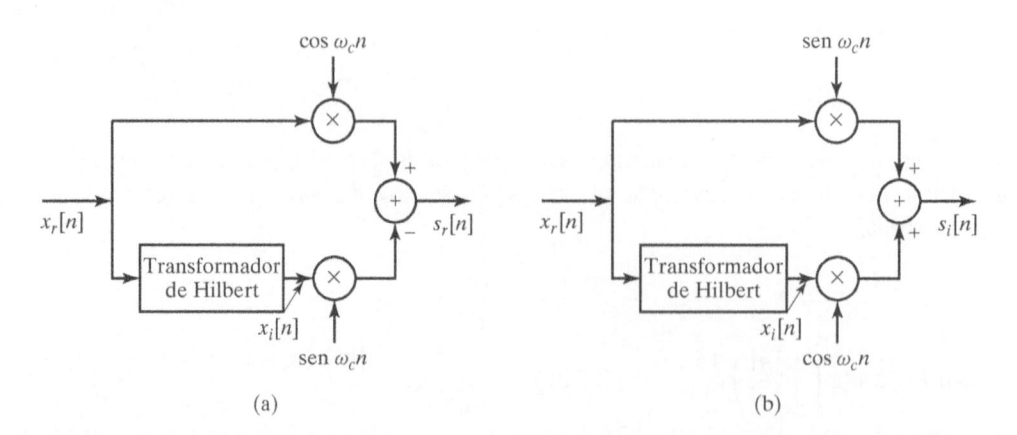

Figura 12.11 Representação em diagrama de blocos das equações 12.75(a) e 12.76(a) para a obtenção de um sinal de banda lateral única.

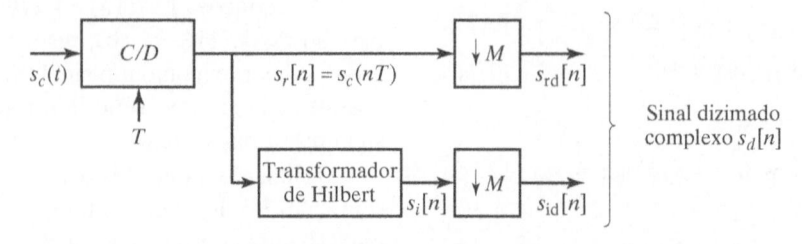

Figura 12.12 Sistema para amostragem de taxa reduzida de um sinal passa-banda real por dizimação do sinal passa-banda complexo equivalente.

$js_i[n]$ cuja transformada de Fourier é $S(e^{j\omega})$ na Figura 12.13(c). A largura da região não nula de $S(e^{j\omega})$ é $\Delta\omega = (\Delta\Omega)T$. Definindo M como o maior inteiro menor ou igual a $2\pi/\Delta\omega$, vemos que M cópias de $S(e^{j\omega})$ caberiam no intervalo $-\pi < \omega < \pi$. (No exemplo da Figura 12.13(c), $2\pi/\Delta\omega = 5$.) Assim, a taxa de amostragem de $s[n]$ pode ser reduzida por dizimação, como mostra a Figura 12.12, resultando na sequência complexa de taxa reduzida $s_d[n] = s_{rd}[n] + js_{id}[n] = s[Mn]$, cuja transformada de Fourier é

$$S_d(e^{j\omega}) = \frac{1}{M} \sum_{k=0}^{M-1} S(e^{j[(\omega-2\pi k)/M]}). \quad (12.77)$$

Na Figura 12.13(d) é mostrado $S_d(e^{j\omega})$ com $M = 5$ na Equação 12.77. $S(e^{j\omega})$ e duas das cópias de $S(e^{j\omega})$ ajustadas em escala na frequência e transladadas são indicadas explicitamente na Figura 12.13(d). Fica evidente que o *aliasing* foi evitado e que toda a informação necessária para reconstruir o sinal passa-banda real amostrado original agora se encontra no intervalo

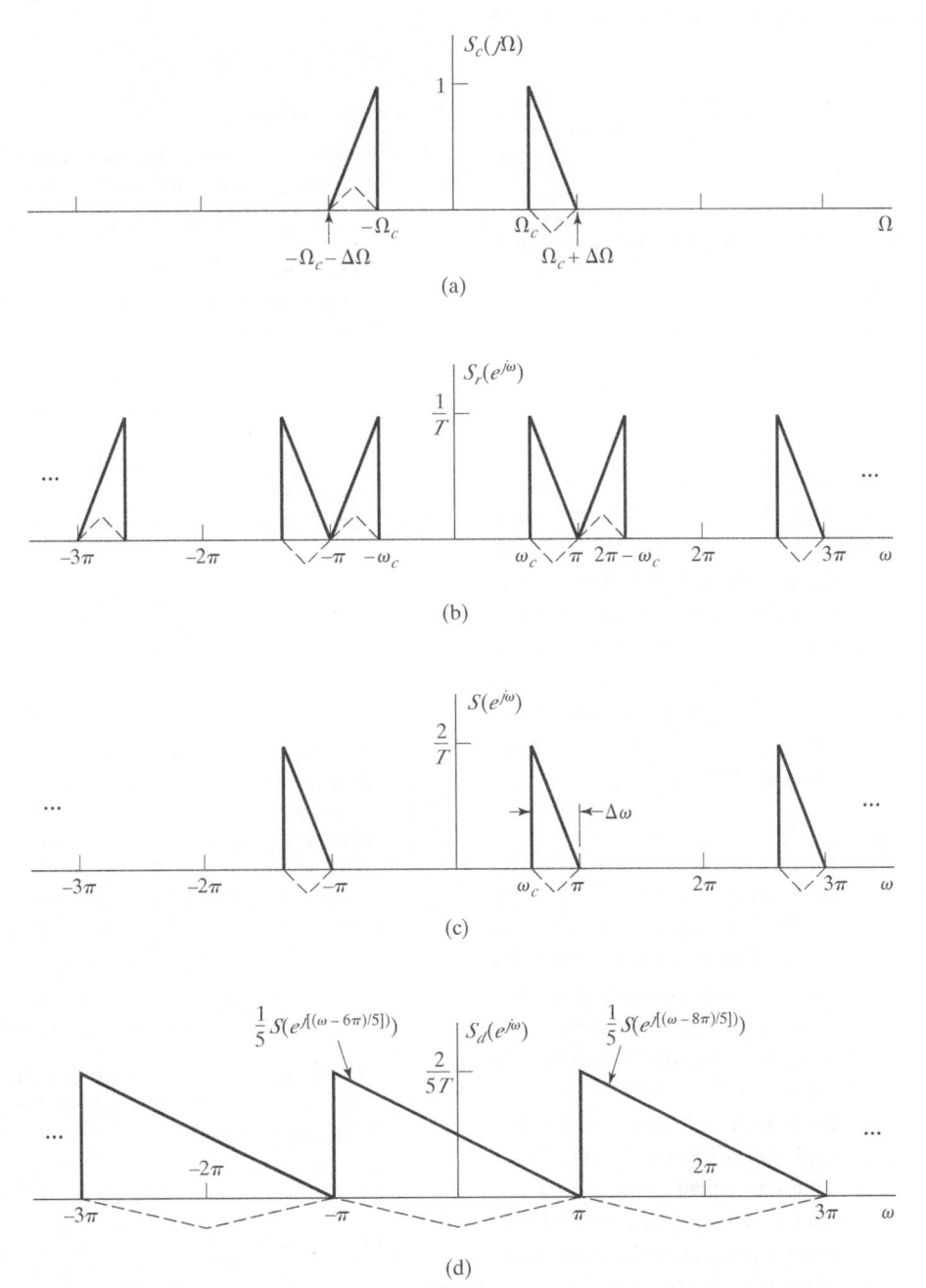

Figura 12.13 Exemplo de amostragem de taxa reduzida de um sinal passa-banda usando o sistema da Figura 12.12. (a) Transformada de Fourier do sinal passa-banda de tempo contínuo. (b) Transformada de Fourier do sinal amostrado. (c) Transformada de Fourier do sinal de tempo discreto passa-banda complexo, obtido do sinal do item (a). (d) Transformada de Fourier do passa-banda complexo dizimado do item (c). (Curvas sólidas são partes reais e curvas tracejadas são partes imaginárias.)

de frequência de tempo discreto $-\pi < \omega \leq \pi$. Um filtro complexo aplicado a $s_d[n]$ pode transformar essa informação de maneiras úteis, tal como maior limitação de banda, compensação de amplitude ou de fase etc., ou então o sinal complexo pode ser codificado para transmissão ou armazenamento digital. Esse processamento ocorre na taxa de amostragem baixa e, certamente, essa é a motivação para a redução da taxa de amostragem.

O sinal passa-banda real $s_r[n]$ original pode ser reconstruído de forma ideal pelo procedimento a seguir:

1. Expanda a sequência complexa por um fator M; isto é, obtenha

$$s_e[n] = \begin{cases} s_{rd}[n/M] + js_{id}[n/M], & n = 0, \pm M, \pm 2M, \ldots, \\ 0, & \text{caso contrário.} \end{cases} \quad (12.78)$$

2. Filtre o sinal $s_e[n]$ usando um filtro passa-banda *complexo* com resposta ao impulso $h_i[n]$ e resposta em frequência

$$H_i(e^{j\omega}) = \begin{cases} 0, & -\pi < \omega < \omega_c, \\ M, & \omega_c < \omega < \omega_c + \Delta\omega, \\ 0, & \omega_c + \Delta\omega < \omega < \pi. \end{cases} \quad (12.79)$$

(Em nosso exemplo, $\omega_c + \Delta\omega = \pi$.)

3. Obtenha $s_r[n] = \mathcal{R}e\{s_e[n] * h_i[n]\}$.

Um exercício útil é fazer um gráfico da transformada de Fourier $S_e(e^{j\omega})$ para o exemplo da Figura 12.13 e verificar se o filtro da Equação 12.79 de fato recupera $s[n]$.

Outro exercício útil consiste em considerar um sinal complexo de tempo contínuo com uma transformada de Fourier unilateral igual a $S_c(j\Omega)$ para $\Omega \geq 0$. Podemos mostrar que esse sinal pode ser amostrado com taxa de amostragem $2\pi/T = \Delta\Omega$, resultando diretamente na sequência complexa $s_d[n]$.

12.5 Resumo

Neste capítulo, discutimos uma variedade de relações entre as partes real e imaginária das transformadas de Fourier e as partes real e imaginária de sequências complexas. Essas relações são chamadas coletivamente de *relações da transformada de Hilbert*. Nossa abordagem para deduzir todas as relações da transformada de Hilbert consistiu em aplicar um princípio básico de causalidade que permite que uma sequência ou função seja recuperada a partir de seu componente par. Mostramos que, para uma sequência causal, as partes real e imaginária da transformada de Fourier estão relacionadas por meio de uma integral do tipo convolução. Além disso, para o caso especial em que o cepstrum complexo de uma sequência é causal ou, de modo equivalente, os polos e os zeros de sua transformada z se encontram no interior do círculo unitário (a condição de fase mínima), o logaritmo da magnitude e a fase da transformada de Fourier são um par transformado de Hilbert uma da outra.

As relações da transformada de Hilbert foram deduzidas para sequências periódicas que satisfazem uma restrição de causalidade modificada e para sequências complexas cujas transformadas de Fourier desvanecem na metade inferior da circunferência unitária. As aplicações de sinais analíticos complexos na representação e na amostragem eficiente de sinais passa-banda também foram discutidas.

Problemas

Problemas básicos

12.1. Considere uma sequência $x[n]$ com TFTD $X(e^{j\omega})$. A sequência $x[n]$ tem valor real e é causal, e

$$\mathcal{R}e\{X(e^{j\omega})\} = 2 - 2a\cos\omega.$$

Determine $\mathcal{I}m\{X(e^{j\omega})\}$.

12.2. Considere uma sequência $x[n]$ e sua TFTD $X(e^{j\omega})$. Sabe-se o seguinte:

$x[n]$ é real e causal,
$\mathcal{R}e\{X(e^{j\omega})\} = \frac{5}{4} - \cos\omega.$

Determine uma sequência $x[n]$ consistente com a informação dada.

12.3. Considere uma sequência $x[n]$ e sua TFTD $X(e^{j\omega})$. Sabe-se o seguinte:

$x[n]$ é real,
$x[0] = 0,$
$x[1] > 0,$
$|X(e^{j\omega})|^2 = \frac{5}{4} - \cos\omega.$

Determine duas sequências distintas $x_1[n]$ e $x_2[n]$ consistentes com a informação dada.

12.4. Considere uma sequência complexa $x[n] = x_r[n] + jx_i[n]$, sendo $x_r[n]$ e $x_i[n]$ a parte real e a parte imaginária, respectivamente. A transformada z $X(z)$ da sequência $x[n]$ é nula na metade inferior da circunferência unitária; isto é, $X(e^{j\omega}) = 0$ para $\pi \leq \omega < 2\pi$. A parte real de $x[n]$ é

$$x_r[n] = \begin{cases} 1/2, & n = 0, \\ -1/4, & n = \pm 2, \\ 0, & \text{caso contrário.} \end{cases}$$

Determine as partes real e imaginária de $X(e^{j\omega})$.

12.5. Encontre as transformadas de Hilbert $x_i[n] = \mathcal{H}\{x_r[n]\}$ das seguintes sequências:

(a) $x_r[n] = \cos\omega_0 n$
(b) $x_r[n] = \text{sen}\,\omega_0 n$
(c) $x_r[n] = \dfrac{\text{sen}(\omega_0 n)}{\pi n}$

12.6. A parte imaginária de $X(e^{j\omega})$ para uma sequência $x[n]$ causal e real é

$$X_I(e^{j\omega}) = 2\,\text{sen}\,\omega - 3\,\text{sen}\,4\omega.$$

Além disso, sabemos que $X(e^{j\omega})|_{\omega=0} = 6$. Encontre $x[n]$.

12.7. (a) $x[n]$ é uma sequência real e causal, com a parte imaginária de sua TFTD $X(e^{j\omega})$ dada por

$$\mathcal{I}m\{X(e^{j\omega})\} = \text{sen}\,\omega + 2\,\text{sen}\,2\omega.$$

Determine uma escolha para $x[n]$.

(b) A sua resposta no item (a) é única? Se for, explique por quê. Se não, determine uma segunda escolha distinta para $x[n]$ que satisfaça a relação dada no item (a).

12.8. Considere uma sequência $x[n]$ real e causal, com TFTD $X(e^{j\omega}) = X_R(e^{j\omega}) + jX_I(e^{j\omega})$. A parte imaginária da TFTD é

$$X_I(e^{j\omega}) = 3\,\text{sen}(2\omega).$$

Quais das partes reais $X_{Rm}(e^{j\omega})$ listadas a seguir são consistentes com essa informação?

$$X_{R1}(e^{j\omega}) = \frac{3}{2}\cos(2\omega),$$
$$X_{R2}(e^{j\omega}) = -3\cos(2\omega) - 1,$$
$$X_{R3}(e^{j\omega}) = -3\cos(2\omega),$$
$$X_{R4}(e^{j\omega}) = 2\cos(3\omega),$$
$$X_{R5}(e^{j\omega}) = \frac{3}{2}\cos(2\omega) + 1.$$

12.9. A seguinte informação é conhecida a respeito de uma sequência real e causal $x[n]$ e de sua TFTD $X(e^{j\omega})$:

$$\mathcal{I}m\{X(e^{j\omega})\} = 3\,\text{sen}(\omega) + \text{sen}(3\omega),$$
$$X(e^{j\omega})|_{\omega=\pi} = 3.$$

Determine uma sequência $x[n]$ consistente com essa informação. A sequência é única?

12.10. Considere $h[n]$, a resposta ao impulso com valor real de um sistema LIT estável e causal, com resposta em frequência $H(e^{j\omega})$. Sabemos o seguinte:

(i) O sistema tem um inverso estável e causal.

(ii) $\left|H(e^{j\omega})\right|^2 = \dfrac{\frac{5}{4} - \cos\omega}{5 + 4\cos\omega}.$

Determine $h[n]$ com o máximo de detalhes possível.

12.11. Seja $x[n] = x_r[n] + jx_i[n]$ uma sequência de valor complexo tal que $X(e^{j\omega}) = 0$ para $-\pi \leq \omega < 0$. A parte imaginária é

$$x_i[n] = \begin{cases} 4, & n = 3, \\ -4, & n = -3. \end{cases}$$

Especifique as partes real e imaginária de $X(e^{j\omega})$.

12.12. $h[n]$ é uma sequência causal, de valor real, com $h[0]$ não nula e positiva. A magnitude ao quadrado da resposta em frequência de $h[n]$ é dada por

$$\left|H(e^{j\omega})\right|^2 = \frac{10}{9} - \frac{2}{3}\cos(\omega).$$

(a) Determine uma escolha para $h[n]$.

(b) A sua resposta no item (b) é única? Se for, explique por quê. Se não, determine uma segunda escolha distinta para $h[n]$ que satisfaça as condições dadas.

12.13. Seja $x[n]$ uma sequência causal, de valor complexo, com transformada de Fourier

$$X(e^{j\omega}) = X_R(e^{j\omega}) + jX_I(e^{j\omega}).$$

Se $X_R(e^{j\omega}) = 1 + \cos(\omega) + \text{sen}(\omega) - \text{sen}(2\omega)$, determine $X_I(e^{j\omega})$.

12.14. Considere uma sequência real e anticausal $x[n]$ com TFTD $X(e^{j\omega})$. A parte real de $X(e^{j\omega})$ é

$$X_R(e^{j\omega}) = \sum_{k=0}^{\infty}(1/2)^k\cos(k\omega).$$

Encontre $X_I(e^{j\omega})$, a parte imaginária de $X(e^{j\omega})$. (Lembre-se de que uma sequência é considerada anticausal se $x[n] = 0$ para $n > 0$.)

12.15. $x[n]$ é uma sequência real e causal, com TFTD $X(e^{j\omega})$. A parte imaginária de $X(e^{j\omega})$ é

$$\mathcal{I}m\{X(e^{j\omega})\} = \text{sen}\,\omega,$$

e também é sabido que

$$\sum_{n=-\infty}^{\infty} x[n] = 3.$$

Determine $x[n]$.

12.16. Considere uma sequência real e causal $x[n]$ com TFTD $X(e^{j\omega})$, sendo dados os seguintes fatos sobre $X(e^{j\omega})$:

$$X_R(e^{j\omega}) = 2 - 4\cos(3\omega),$$
$$X(e^{j\omega})|_{\omega=\pi} = 7.$$

Esses fatos são consistentes? Ou seja, uma sequência $x[n]$ pode satisfazer a ambos? Em caso afirmativo, dê uma escolha para $x[n]$. Se não, justifique sua resposta.

12.17. Considere um sinal $x[n]$ real e causal, de comprimento finito com comprimento $N = 2$ e com uma TFD de 2 pontos $X[k] = X_R[k] + jX_I[k]$ para $k = 0, 1$. Se $X_R[k] = 2\delta[k] - 4\delta[k-1]$, é possível determinar unicamente $x[n]$? Em caso afirmativo, forneça $x[n]$. Caso contrário, dê várias escolhas para $x[n]$ que satisfaçam a condição dada sobre $X_R[k]$.

12.18. Seja $x[n]$ uma sequência de valor real e causal, de comprimento finito com comprimento $N = 3$. Encontre duas escolhas para $x[n]$ tal que a parte real da TFD $X_R[k]$ corresponda com aquela indicada na Figura P12.18. Note que somente uma das suas sequências é "periodicamente causal", de acordo com a definição na Seção 10.2, em que $x[n] = 0$ para $N/2 < n \leq N-1$.

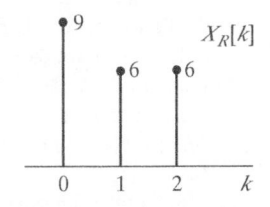

Figura P12.18

12.19. Seja $x[n]$ uma sequência real e causal, de comprimento finito com comprimento $N = 4$, que também seja periodicamente causal. A parte real da TFD de 4 pontos $X_R[k]$ para essa sequência é mostrada na Figura P12.19. Determine a parte imaginária da TFD $jX_I[k]$.

Figura P12.19

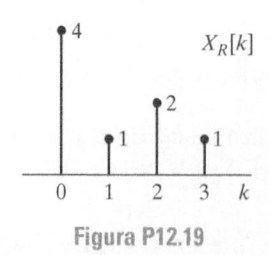

12.20. Considere uma sequência $x[n]$ que seja real e causal e de comprimento finito com $N = 6$. A parte imaginária da TFD de 6 pontos dessa sequência é

$$jX_I[k] = \begin{cases} -j\,2/\sqrt{3}, & k = 2, \\ j\,2/\sqrt{3}, & k = 4, \\ 0, & \text{caso contrário.} \end{cases}$$

Além disso, sabe-se que

$$\frac{1}{6}\sum_{k=0}^{5} X[k] = 1.$$

Quais das sequências mostradas na Figura P12.20 são consistentes com a informação dada?

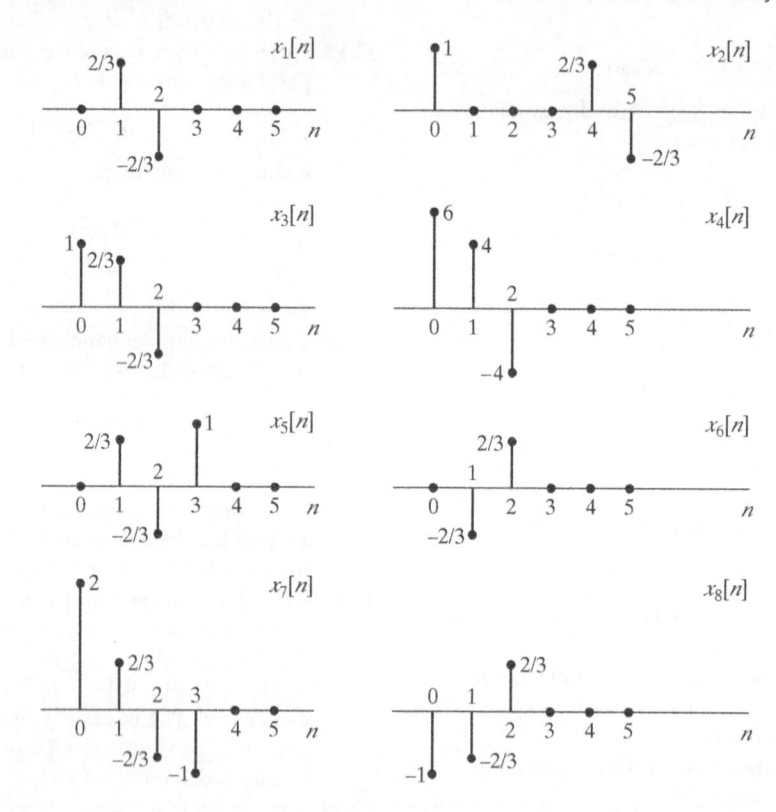

Figura P12.20

12.21. Seja $x[n]$ uma sequência real e causal, para a qual $|x[n]| < \infty$. A transformada z de $x[n]$ é

$$X(z) = \sum_{n=0}^{\infty} x[n]z^{-n},$$

que é uma série de Taylor na variável z^{-1} e, portanto, converge para uma função analítica em qualquer lugar no exterior de um círculo centrado em $z = 0$. (A RDC inclui o ponto $z = \infty$ e, de fato, $X(\infty) = x[0]$.) A afirmação de que $X(z)$ é analítica (em sua RDC) implica fortes restrições sobre a função $X(z)$. (Veja Churchill e Brown, 1990.) Especificamente, tanto sua parte real quanto sua parte imaginária satisfazem a equação de Laplace, e as partes real e imaginária estão relacionadas pelas equações de Cauchy–Riemann. Usaremos essas propriedades para determinar $X(z)$ a partir de sua parte real quando $x[n]$ é uma sequência causal, real com valor finito. Considere que a transformada z dessa sequência seja

$$X(z) = X_R(z) + jX_I(z),$$

sendo $X_R(z)$ e $X_I(z)$ funções de z com valor real. Suponha que $X_R(z)$ seja

$$X_R(\rho e^{j\omega}) = \frac{\rho + \alpha \cos \omega}{\rho}, \qquad \alpha \text{ real},$$

para $z = \rho e^{j\omega}$. Então encontre $X(z)$ (como uma função explícita de z), supondo que $X(z)$ seja analítica em todo plano z exceto em $z = 0$. Faça isso usando os dois métodos a seguir.

(a) *Método 1, Domínio da Frequência.* Use o fato de que as partes real e imaginária de $X(z)$ devem satisfazer as equações de Cauchy–Riemann em todo lugar em que $X(z)$ seja analítica. As equações de Cauchy–Riemann são as seguintes:

1. Em coordenadas cartesianas,

$$\frac{\partial U}{\partial x} = \frac{\partial V}{\partial y}, \qquad \frac{\partial V}{\partial x} = -\frac{\partial U}{\partial y},$$

sendo $z = x + jy$ e $X(x+jy) = U(x,y) + jV(x,y)$.

2. Em coordenadas polares,

$$\frac{\partial U}{\partial \rho} = \frac{1}{\rho}\frac{\partial V}{\partial \omega}, \qquad \frac{\partial V}{\partial \rho} = -\frac{1}{\rho}\frac{\partial U}{\partial \omega},$$

sendo $z = \rho e^{j\omega}$ e $X(\rho e^{j\omega}) = U(\rho, \omega) + jV(\rho, \omega)$. Como sabemos que $U = X_R$, podemos integrar essas equações para encontrar $V = X_I$ e, portanto, X. (Tenha o cuidado de tratar de modo apropriado a constante de integração.)

(b) *Método 2, Domínio do Tempo.* A sequência $x[n]$ pode ser representada como $x[n] = x_e[n] + x_o[n]$, sendo $x_e[n]$ real e par, com transformada de Fourier $X_R(e^{j\omega})$, e a sequência $x_o[n]$ é real e ímpar, com transformada de Fourier $jX_I(e^{j\omega})$. Encontre $x_e[n]$ e, usando a causalidade, encontre $x_o[n]$ e, portanto, $x[n]$ e $X(z)$.

12.22. $x[n]$ é uma sequência causal, de valor real, com transformada de Fourier $X(e^{j\omega})$. Sabe-se que

$$\text{Re}\{X(e^{j\omega})\} = 1 + 3\cos\omega + \cos 3\omega.$$

Determine uma escolha para $x[n]$ que seja consistente com essa informação e especifique se sua escolha é única ou não.

12.23. $x[n]$ é uma sequência de valor real e causal, com TFTD $X(e^{j\omega})$. Determine uma escolha para $x[n]$ se a parte imaginária de $X(e^{j\omega})$ for dada por:

$$\text{Im}\{X(e^{j\omega})\} = 3\,\text{sen}(2\omega) - 2\,\text{sen}(3\omega).$$

12.24. Mostre que a sequência de coeficientes da SFD para a sequência

$$\tilde{u}_N[n] = \begin{cases} 1, & n = 0,\ N/2, \\ 2, & n = 1, 2, \ldots, N/2 - 1, \\ 0, & n = N/2 + 1, \ldots, N - 1, \end{cases}$$

é

$$\tilde{U}_N[k] = \begin{cases} N, & k = 0, \\ -j\,2\cotg(\pi k/N), & k\ \text{ímpar}, \\ 0, & k\ \text{par},\ k \neq 0. \end{cases}$$

Dica: Encontre a transformada z da sequência

$$u_N[n] = 2u[n] - 2u[n - N/2] - \delta[n] + \delta[n - N/2],$$

e amostre-a para obter $\tilde{U}[k]$.

Problemas avançados

12.25. Considere uma sequência de duração finita com valor real $x[n]$ de comprimento M. Especificamente, $x[n] = 0$ para $n < 0$ e $n > M - 1$. Seja $X[k]$ a TFD de N pontos de $x[n]$ com $N \geq M$ e N ímpar. A parte real de $X[k]$ é $X_R[k]$.

(a) Determine, em termos de M, o menor valor de N que permitirá que $X[k]$ seja determinada unicamente a partir de $X_R[k]$.

(b) Com N satisfazendo a condição determinada no item (a), $X[k]$ pode ser expresso como a convolução circular de $X_R[k]$ com uma sequência $U_N[k]$. Determine $U_N[k]$.

12.26. $y_r[n]$ é uma sequência de valor real com TFTD $Y_r(e^{j\omega})$. As sequências $y_r[n]$ e $y_i[n]$ na Figura P12.26 são interpretadas como as partes real e imaginária de uma sequência complexa $y[n]$, isto é, $y[n] = y_r[n] + jy_i[n]$. Determine uma escolha para $H(e^{j\omega})$ na Figura P12.26, de modo que $Y(e^{j\omega})$ seja $Y_r(e^{j\omega})$ para frequências *negativas* e zero para frequências *positivas* entre $-\pi$ e π, isto é,

$$Y(e^{j\omega}) = \begin{cases} Y_r(e^{j\omega}), & -\pi < \omega < 0 \\ 0, & 0 < \omega < \pi \end{cases}$$

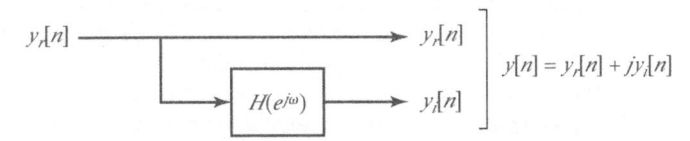

Figura P12.26 Sistema para a obtenção de $y[n]$ a partir de $y_r[n]$.

12.27. Considere uma sequência complexa $h[n] = h_r[n] + jh_i[n]$, sendo $h_r[n]$ e $h_i[n]$ sequências reais, e $H(e^{j\omega}) = H_R(e^{j\omega}) + jH_I(e^{j\omega})$ a transformada de Fourier de $h[n]$, em que $H_R(e^{j\omega})$ e $H_I(e^{j\omega})$ representam as partes real e imaginária, respectivamente, de $H(e^{j\omega})$.

Sejam $H_{ER}(e^{j\omega})$ e $H_{OR}(e^{j\omega})$ os componentes par e ímpar, respectivamente, de $H_R(e^{j\omega})$, e sejam $H_{EI}(e^{j\omega})$ e $H_{OI}(e^{j\omega})$ os componentes par e ímpar, respectivamente, de $H_I(e^{j\omega})$. Além disso, sejam $H_A(e^{j\omega})$ e $H_B(e^{j\omega})$ as partes real e imaginária da transformada de Fourier de $h_r[n]$, e sejam $H_C(e^{j\omega})$ e $H_D(e^{j\omega})$ as partes real e imaginária da transformada de Fourier de $h_i[n]$. Expresse $H_A(e^{j\omega})$, $H_B(e^{j\omega})$, $H_C(e^{j\omega})$ e $H_D(e^{j\omega})$ em termos de $H_{ER}(e^{j\omega})$, $H_{OR}(e^{j\omega})$, $H_{EI}(e^{j\omega})$ e $H_{OI}(e^{j\omega})$.

12.28. O transformador de Hilbert ideal (deslocador de fase de 90 graus) tem resposta em frequência (sobre um período)

$$H(e^{j\omega}) = \begin{cases} -j, & \omega > 0, \\ j, & \omega < 0. \end{cases}$$

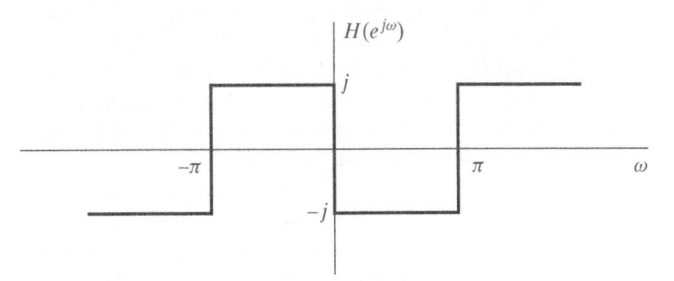

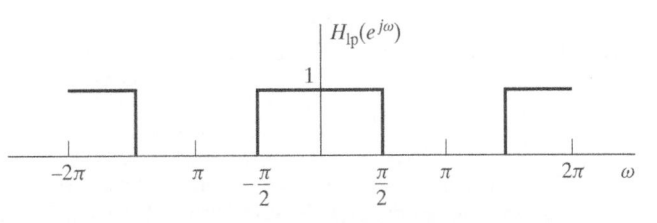

A Figura P12.28-1 mostra $H(e^{j\omega})$, e a Figura P12.28-2 mostra a resposta em frequência de um filtro passa-baixas ideal $H_{lp}(e^{j\omega})$ com frequência de corte $\omega_c = \pi/2$. Essas respostas em frequência são claramente similares, cada uma tendo descontinuidades separadas por π.

Figura P12.28-1

Figura P12.28-2

(a) Obtenha uma relação que expresse $H(e^{j\omega})$ em termos de $H_{lp}(e^{j\omega})$. Resolva essa equação para $H_{lp}(e^{j\omega})$ em termos de $H(e^{j\omega})$.

(b) Use as relações do item (a) para obter expressões de $h[n]$ em termos de $h_{lp}[n]$ e de $h_{lp}[n]$ em termos de $h[n]$.

As relações obtidas nos itens (a) e (b) foram baseadas em definições de sistemas ideais com fase nula. Porém, relações similares são válidas para sistemas não ideais com fase linear generalizada.

(c) Use os resultados do item (b) para obter uma relação entre a resposta ao impulso de uma aproximação FIR causal para o transformador de Hilbert e a resposta ao impulso de uma aproximação FIR causal para o filtro passa-baixas, ambas projetadas por (1) incorporação de uma fase linear apropriada, (2) determinação da resposta ao impulso ideal correspondente e (3) multiplicação pela mesma janela de comprimento $(M + 1)$ amostras, isto é, pelo método de janelas discutido no Capítulo 7. (Se necessário, considere os casos de M par e M ímpar separadamente.)

(d) Para as aproximações do transformador de Hilbert do Exemplo 12.4, esboce a magnitude das respostas em frequência dos filtros passa-baixas correspondentes.

12.29. Na Seção 12.4.3, discutimos um esquema eficiente para a amostragem de um sinal de tempo contínuo passa-banda com transformada de Fourier tal que

$$S_c(j\Omega) = 0 \quad \text{para} \quad |\Omega| \leq \Omega_c \quad \text{e} \quad |\Omega| \geq \Omega_c + \Delta\Omega.$$

Nessa discussão, assumimos que o sinal era inicialmente amostrado com frequência de amostragem $2\pi/T = 2(\Omega_c + \Delta\Omega)$. O esquema de amostragem passa-banda é representado na Figura 12.12. Depois que formarmos um sinal de tempo discreto passa-banda complexo $s[n]$ com transformada de Fourier unilateral $S(e^{j\omega})$, o sinal complexo será dizimado por um fator M, que supomos ser o maior inteiro menor ou igual a $2\pi/(\Delta\Omega T)$.

(a) Executando até o fim um exemplo como aquele representado na Figura 12.13, mostre que, se a quantidade $2\pi/(\Delta\Omega T)$ não for um inteiro para a taxa de amostragem inicial escolhida, então o sinal dizimado resultante $s_d[n]$ terá regiões de comprimento não nulo em que sua transformada de Fourier $S_d(e^{j\omega})$ será identicamente nula.

(b) Como a frequência de amostragem inicial $2\pi/T$ deve ser escolhida, de modo que um fator de dizimação M possa ser encontrado, tal que a sequência dizimada $s_d[n]$ no sistema da Figura 12.12 tenha uma transformada de Fourier $S_d(e^{j\omega})$ que não tenha *aliasing*, e nem tenha regiões em que seja nula em um intervalo de comprimento não nulo?

12.30. Considere um sistema LIT com resposta em frequência

$$H(e^{j\omega}) = \begin{cases} 1, & 0 \leq \omega \leq \pi, \\ 0, & -\pi < \omega < 0. \end{cases}$$

A entrada $x[n]$ do sistema está restrita a ter valor real e ter uma transformada de Fourier (isto é, $x[n]$ é somável em valor absoluto). Determine se sempre é possível ou não recuperar de modo único a entrada do sistema a partir da saída do sistema. Se for possível, descreva o que deve ser feito. Se não for possível, explique por que isso ocorre.

Problemas de extensão

12.31. Deduza uma expressão integral para $H(z)$ *no exterior* da circunferência unitária em termos de $\mathcal{R}e\{H(e^{j\omega})\}$ quando $h[n]$ é uma sequência real, estável e causal, isto é, $h[n] = 0$ para $n > 0$.

12.32. Seja $\mathcal{H}\{\cdot\}$ a operação (ideal) da transformação de Hilbert; isto é,

$$\mathcal{H}\{x[n]\} = \sum_{k=-\infty}^{\infty} x[k]h[n-k],$$

em que $h[n]$ é

$$h[n] = \begin{cases} \dfrac{2\operatorname{sen}^2(\pi n/2)}{\pi n}, & n \neq 0, \\ 0, & n = 0. \end{cases}$$

Prove as seguintes propriedades do operador da transformada de Hilbert ideal.

(a) $\mathcal{H}\{\mathcal{H}\{x[n]\}\} = -x[n]$

(b) $\displaystyle\sum_{n=-\infty}^{\infty} x[n]\mathcal{H}\{x[n]\} = 0$ [*Dica*: Use o teorema de Parseval.]

(c) $\mathcal{H}\{x[n]*y[n]\} = \mathcal{H}\{x[n]\}*y[n] = x[n]*\mathcal{H}\{y[n]\}$, sendo $x[n]$ e $y[n]$ duas sequências quaisquer.

12.33. Um transformador de Hilbert ideal com resposta ao impulso

$$h[n] = \begin{cases} \dfrac{2\operatorname{sen}^2(\pi n/2)}{\pi n}, & n \neq 0, \\ 0, & n = 0, \end{cases}$$

tem entrada $x_r[n]$ e saída $x_i[n] = x_r[n] * h[n]$, sendo $x_r[n]$ um sinal aleatório de tempo discreto.

(a) Encontre uma expressão para a sequência de autocorrelação $\phi_{x_i x_i}[m]$ em termos de $h[n]$ e $\phi_{x_r x_r}[m]$.

(b) Encontre uma expressão para a sequência de correlação cruzada $\phi_{x_r x_i}[m]$. Mostre que, nesse caso, $\phi_{x_r x_i}[m]$ é uma função ímpar de m.

(c) Encontre uma expressão para a função de autocorrelação do sinal analítico complexo $x[n] = x_r[n] + jx_i[n]$.

(d) Determine o espectro de potência $P_{xx}(\omega)$ para o sinal complexo no item (c).

12.34. Na Seção 12.4.3, discutimos um esquema eficiente para a amostragem de um sinal de tempo contínuo passa-banda com transformada de Fourier tal que

$$S_c(j\Omega) = 0 \quad \text{para} \quad |\Omega| \leq \Omega_c \quad \text{e} \quad |\Omega| \geq \Omega_c + \Delta\Omega.$$

O esquema de amostragem passa-banda é representado pela Figura 12.12. Ao final da seção, foi dado um esquema para a reconstrução do sinal amostrado original $s_r[n]$. O sinal de tempo contínuo original $s_c(t)$ na Figura 12.12 pode, evidentemente, ser reconstruído a partir de

$s_r[n]$ pela interpolação banda limitada ideal (conversão D/C ideal). Na Figura P12.34-1 é mostrado um diagrama de blocos do sistema para a reconstrução de um sinal passa-banda de tempo contínuo real a partir de um sinal complexo dizimado. O filtro passa-banda complexo $H_i(e^{j\omega})$ na figura tem uma resposta em frequência dada pela Equação 12.79.

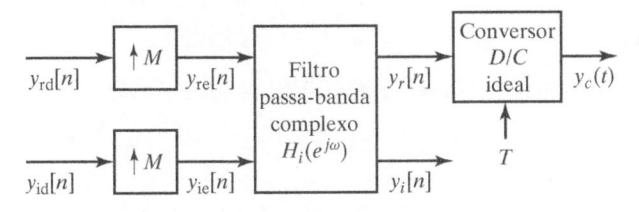

Figura P12.34-1

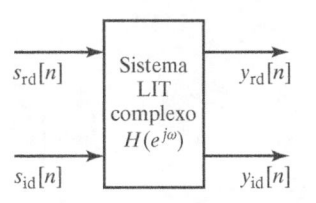

Figura P12.34-2

(a) Usando o exemplo representado na Figura 12.13, mostre que o sistema da Figura P12.34-1 reconstruirá o sinal passa-banda real original (isto é, $y_c(t) = s_c(t)$) se as entradas do sistema de reconstrução forem $y_{rd}[n] = s_{rd}[n]$ e $y_{id}[n] = s_{id}[n]$.

(b) Determine a resposta ao impulso $h_i[n] = h_{ri}[n] + jh_{ii}[n]$ do filtro passa-banda complexo da Figura P12.34-1.

(c) Desenhe um diagrama de blocos mais detalhado do sistema da Figura P12.34-1 em que somente operações reais são mostradas. Elimine quaisquer partes do diagrama que não sejam necessárias para calcular a saída final.

(d) Agora, considere incluir um sistema LIT complexo entre o sistema da Figura 12.12 e o sistema da Figura P12.34-1. Isso é representado na Figura P12.34-2, em que a resposta em frequência do sistema é denotada por $H(e^{j\omega})$. Determine como $H(e^{j\omega})$ deve ser escolhida se desejarmos que

$$Y_c(j\Omega) = H_{\text{eff}}(j\Omega) S_c(j\Omega),$$

sendo

$$H_{\text{eff}}(j\Omega) = \begin{cases} 1, & \Omega_c < |\Omega| < \Omega_c + \Delta\Omega/2, \\ 0, & \text{caso contrário.} \end{cases}$$

12.35. Na Seção 12.3, definimos uma sequência $\hat{x}[n]$ designada de cepstrum complexo da sequência $x[n]$, e indicamos que um cepstrum complexo causal $\hat{x}[n]$ é equivalente à condição de fase mínima da Seção 5.4 em $x[n]$. A sequência $\hat{x}[n]$ é a transformada de Fourier inversa de $\hat{X}(e^{j\omega})$ como definido na Equação 12.53. Note que, como $X(e^{j\omega})$ e $\hat{X}(e^{j\omega})$ estão definidos, a RDC de $X(z)$ e $\hat{X}(z)$ deve incluir a circunferência unitária.

(a) Justifique a afirmação de que as singularidades (polos) de $\hat{X}(z)$ ocorrerão sempre que $X(z)$ tiver polos ou zeros. Use esse fato para provar que, se $\hat{x}[n]$ for causal, $x[n]$ será de fase mínima.

(b) Justifique a afirmação de que, se $x[n]$ é de fase mínima, as restrições da RDC exigem que $\hat{x}[n]$ seja causal.

Examinamos essa propriedade para o caso em que $x[n]$ pode ser escrito como uma sobreposição de exponenciais complexas. Especificamente, considere uma sequência $x[n]$ cuja transformada z seja

$$X(z) = A \frac{\prod_{k=1}^{M_i}(1 - a_k z^{-1}) \prod_{k=1}^{M_o}(1 - b_k z)}{\prod_{k=1}^{N_i}(1 - c_k z^{-1}) \prod_{k=1}^{N_o}(1 - d_k z)},$$

em que $A > 0$ e a_k, b_k, c_k e d_k têm magnitude menor do que um.

(c) Escreva uma expressão para $\hat{X}(z) = \log X(z)$.

(d) Resolva para $\hat{x}[n]$ tomando a transformada z inversa de sua resposta do item (c).

(e) Com base no item (d) e na expressão para $X(z)$, argumente que, para sequências $x[n]$ dessa forma, um cepstrum complexo causal é equivalente a ter fase mínima.

Capítulo 13 Análise cepstral e desconvolução homomórfica

13.0 Introdução

No decorrer deste texto, focamos essencialmente os métodos lineares de processamento de sinais. Neste capítulo, introduzimos uma classe de técnicas não lineares chamadas *análise cepstral* e *desconvolução homomórfica*. Esses métodos têm se provado efetivos e úteis em uma variedade de aplicações. Além disso, eles ilustram ainda mais a flexibilidade e sofisticação consideráveis oferecidas pelas tecnologias de processamento em tempo discreto de sinais.

Em 1963, Bogert, Healy e Tukey publicaram um artigo com o título incomum "The Quefrency Analysis of Time Series for Echoes: Cepstrum, Pseudoautocovariance, Cross-Cepstrum, and Saphe Cracking". (Veja Bogert, Healy e Tukey, 1963.) Eles observaram que o logaritmo do espectro de potência de um sinal contendo um eco possui um componente periódico aditivo devido ao eco e, portanto, o espectro de potência do logaritmo do espectro de potência deveria exibir um pico no atraso do eco. Eles chamaram essa função de *cepstrum*, trocando as letras da palavra *spectrum* (espectro), pois, "em geral, operamos no lado da frequência de maneiras comuns no lado do tempo, e vice-versa". Bogert et al. definiram um extenso vocabulário para descrever essa nova técnica de processamento de sinais; porém, somente os termos "cepstrum" e "quefrency" têm sido amplamente utilizados.

Quase ao mesmo tempo, Oppenheim (1964, 1967, 1969a) propôs uma nova classe de sistemas, chamados *sistemas homomórficos*. Embora não lineares no sentido clássico, esses sistemas satisfazem uma generalização do princípio da sobreposição; isto é, sinais de entrada e suas respostas correspondentes são sobrepostos (combinados) por uma operação com as mesmas propriedades algébricas da adição. O conceito dos sistemas homomórficos é muito genérico, mas foi estudado mais extensivamente para as operações de combinação por multiplicação e convolução, pois muitos modelos de sinal envolvem essas operações. A transformação de um sinal em seu cepstrum é uma transformação homomórfica que mapeia a convolução na adição, e uma versão refinada do cepstrum é uma parte fundamental da teoria dos sistemas homomórficos para o processamento de sinais que foram combinados por convolução.

Desde a introdução do cepstrum, os conceitos de cepstrum e de sistemas homomórficos provaram-se úteis na análise de sinais e têm sido aplicados com sucesso no processamento de sinais de voz (Oppenheim, 1969b, Oppenheim e Schafer, 1968 e Schafer e Rabiner, 1970), sinais sísmicos (Ulrych, 1971 e Tribolet, 1979), sinais biomédicos (Senmoto e Childers, 1972), gravações acústicas antigas (Stockham, Cannon e Ingebretsen, 1975) e sinais de sonar (Reut, Pace e Heator, 1985). O cepstrum também foi proposto como a base para a análise espectral (Stoica e Moses, 2005). Este capítulo fornece um tratamento detalhado das propriedades e questões computacionais associadas com o cepstrum e com a desconvolução baseada em sistemas homomórficos. Vários desses conceitos serão ilustrados na Seção 13.10 no contexto de processamento de voz.

13.1 Definição do cepstrum

A motivação original para o cepstrum como definido por Bogert et al. é ilustrada pelo seguinte exemplo simples. Considere um sinal amostrado $x[n]$ que consiste na soma de um sinal $v[n]$ e em uma cópia deslocada e com um fator de escala (eco) desse sinal; isto é,

$$x[n] = v[n] + \alpha v[n - n_0] = v[n] * (\delta[n] + \alpha\delta[n - n_0]). \tag{13.1}$$

Notando que $x[n]$ pode ser representado como uma *convolução*, segue que a transformada de Fourier de tempo discreto desse sinal tem a forma de um produto

$$X(e^{j\omega}) = V(e^{j\omega})[1 + \alpha e^{-j\omega n_0}]. \tag{13.2}$$

A magnitude de $X(e^{j\omega})$ é

$$|X(e^{j\omega})| = |V(e^{j\omega})|(1 + \alpha^2 + 2\alpha \cos(\omega n_0))^{1/2}, \quad (13.3)$$

uma função par real de ω. A observação básica da motivação do cepstrum foi que o logaritmo do produto, como o da Equação 13.3, resultaria em uma soma de duas parcelas correspondentes, especificamente

$$\log |X(e^{j\omega})| = \log |V(e^{j\omega})| + \tfrac{1}{2}\log(1 + \alpha^2 + 2\alpha \cos(\omega n_0)). \quad (13.4)$$

Por conveniência, definimos $C_x(e^{j\omega}) = \log |X(e^{j\omega})|$. Além disso, em antecipação de uma discussão em que desejaremos enfatizar a dualidade entre os domínios do tempo e da frequência, substituímos $\omega = 2\pi f$ para obter

$$\begin{aligned}C_x(e^{j2\pi f}) &= \log |X(e^{j2\pi f})| = \log |V(e^{j2\pi f})| \\ &\quad + \tfrac{1}{2}\log(1 + \alpha^2 + 2\alpha \cos(2\pi f n_0)).\end{aligned} \quad (13.5)$$

Existem dois componentes para essa função real da frequência normalizada f. A parcela $\log |V(e^{j2\pi f})|$ é devida unicamente ao sinal $v[n]$, e a segunda parcela, $\log(1 + \alpha^2 + 2\alpha \cos(2\pi f n_0))$, é devida à combinação (eco) do sinal consigo mesmo. Podemos pensar em $C_x(e^{j2\pi f})$ como uma forma de onda com variável independente contínua f. A parte devida ao eco será periódica em f com período $1/n_0$.[1] Estamos acostumados à noção de que uma forma de onda periódica no tempo tem um espectro em raias, isto é, seu espectro é concentrado em múltiplos inteiros de uma frequência fundamental comum, que é a recíproca do período fundamental. Nesse caso, temos uma "forma de onda" que é uma função real e par de f (isto é, frequência). A análise de Fourier apropriada para uma função periódica de variável contínua, como $C_x(e^{j2\pi f})$, seria naturalmente a TFTD inversa; isto é,

$$c_x[n] = \frac{1}{2\pi}\int_{-\pi}^{\pi} C_x(e^{j\omega})e^{j\omega n}\,d\omega = \int_{-1/2}^{1/2} C_x(e^{j2\pi f})e^{j2\pi f n}df. \quad (13.6)$$

Na terminologia de Bogert et al., $c_x[n]$ é chamado de *cepstrum* de $C_x(e^{j2\pi f})$ (ou, de modo similar, de $x[n]$, pois $C_x(e^{j2\pi f})$ é deduzido diretamente de $x[n]$). Embora o cepstrum definido como na Equação 13.6 seja claramente uma função de um índice de tempo discreto n, Bogert et al. introduziram o termo "quefrência" (*quefrency*) para fazer uma distinção entre o domínio de tempo do cepstrum e o do sinal original. Como o termo $\log(1 + \alpha^2 + 2\alpha \cos(2\pi f n_0))$ em $C_x(e^{j2\pi f})$ é periódico em f com período $1/n_0$, o componente correspondente em $c_x[n]$ será não nulo somente em múltiplos inteiros

de n_0, a quefrência fundamental do termo $\log(1 + \alpha^2 + 2\alpha \cos(2\pi f n_0))$. Mais adiante neste capítulo, mostraremos que, para esse exemplo de um eco simples com $|\alpha| < 1$, o cepstrum tem a forma

$$c_x[n] = c_v[n] + \sum_{k=1}^{\infty}(-1)^{k+1}\frac{\alpha^k}{2k}(\delta[n + kn_0] + \delta[n - kn_0]), \quad (13.7)$$

em que $c_v[n]$ é a TFTD inversa de $\log |V(e^{j\omega})|$, (isto é, o cepstrum de $v[n]$), e os impulsos discretos envolvem apenas os parâmetros de eco α e n_0. Foi esse resultado que levou Bogert et al. a observarem que o cepstrum de um sinal com um eco continha um "pico" no tempo de atraso do eco n_0 que se destaca claramente de $c_v[n]$. Assim, o cepstrum poderia ser usado como base para *detectar* ecos. Como mencionado anteriormente, os termos que soam estranho "cepstrum" e "quefrência" e outros termos foram criados para chamar a atenção para um novo modo de pensar na análise de Fourier dos sinais, em que os domínios do tempo e da frequência foram trocados. No restante deste capítulo, generalizaremos o conceito de cepstrum usando o logaritmo *complexo* e mostraremos muitas propriedades interessantes da definição matemática resultante. Além disso, veremos que o cepstrum complexo também pode servir como base para a *separação* de sinais combinados pela convolução.

13.2 Definição do cepstrum complexo

Como base para generalizar o conceito de cepstrum, considere uma sequência estável $x[n]$ cuja transformada z expressa em forma polar é

$$X(z) = |X(z)|e^{j\angle X(z)}, \quad (13.8)$$

sendo $|X(z)|$ e $\angle X(z)$ a magnitude e o ângulo, respectivamente, da função complexa $X(z)$. Como $x[n]$ é estável, a RDC de $X(z)$ inclui a circunferência unitária, e a TFTD de $x[n]$ existe e é igual a $X(e^{j\omega})$. O *cepstrum complexo* associado a $x[n]$ é definido como a sequência estável $\hat{x}[n]$,[2] cuja transformada z é

$$\hat{X}(z) = \log[X(z)]. \quad (13.9)$$

Embora qualquer base possa ser usada para o logaritmo, o logaritmo natural (isto é, a base e) é tipicamente usado e será assumido pelo restante da discussão. O logaritmo de uma quantidade complexa $X(z)$ expresso como na Equação 13.8 é definido como

$$\log[X(z)] = \log[|X(z)|e^{j\angle X(z)}] = \log |X(z)| + j\angle X(z). \quad (13.10)$$

---

[1] Como $\log(1 + \alpha^2 + 2\alpha \cos(2\pi f n_0))$ é a magnitude logarítmica de uma TFTD, ela também é periódica em f com período unitário (2π em ω), bem como $1/n_0$.

[2] Em uma definição um tanto mais geral de cepstrum complexo, não é preciso exigir que $x[n]$ e $\hat{x}[n]$ sejam estáveis. Porém, com a restrição de estabilidade, os conceitos importantes podem ser ilustrados com notação mais simples do que no caso geral.

Visto que, na representação polar de um número complexo, o ângulo é único somente a menos de múltiplos inteiros de 2π, a parte imaginária da Equação 13.10 não é bem definida. Trataremos essa questão em breve; por enquanto, assumimos que uma definição apropriada é possível e foi utilizada.

O cepstrum complexo existe se $\log[X(z)]$ tem uma representação em série de potências convergente na forma

$$\hat{X}(z) = \log[X(z)] = \sum_{n=-\infty}^{\infty} \hat{x}[n] z^{-n}, \qquad |z| = 1, \quad (13.11)$$

isto é, $\hat{X}(z) = \log[X(z)]$ deverá ter todas as propriedades da transformada z de uma sequência estável. Especificamente, a RDC para a representação em série de potências de $\log[X(z)]$ precisa ter a forma

$$r_R < |z| < r_L, \qquad (13.12)$$

com $0 < r_R < 1 < r_L$. Se isso acontecer, $\hat{x}[n]$, a sequência dos coeficientes da série de potências, é o que chamamos de *cepstrum complexo* de $x[n]$.

Como requeremos que $\hat{x}[n]$ seja estável, a RDC de $\hat{X}(z)$ inclui a circunferência unitária, e o cepstrum complexo pode ser representado pelo uso da TFTD inversa como

$$\hat{x}[n] = \frac{1}{2\pi} \int_{-\pi}^{\pi} \log[X(e^{j\omega})] e^{j\omega n} d\omega$$
$$= \frac{1}{2\pi} \int_{-\pi}^{\pi} [\log |X(e^{j\omega})| + j\angle X(e^{j\omega})] e^{j\omega n} d\omega. \quad (13.13)$$

O termo cepstrum complexo distingue nossa definição mais geral da definição original do cepstrum de Bogert et al. (1963), que foi expressa originalmente em termos do espectro de potência dos sinais de tempo contínuo. O uso da palavra *complexo* nesse contexto implica que o logaritmo complexo é usado na definição. Ele não implica que o cepstrum complexo seja necessariamente uma sequência de valores complexos. De fato, como veremos em breve, a definição que escolhemos para o logaritmo complexo garante que o cepstrum complexo de uma sequência real também será uma sequência real.

A operação de mapeamento de uma sequência $x[n]$ em seu cepstrum complexo $\hat{x}[n]$ é denotada como um operador de sistema de tempo discreto $D_*[\cdot]$; isto é, $\hat{x} = D_*[x]$. Essa operação é indicada como o diagrama de blocos à esquerda na Figura 13.1. De modo similar, como a Equação 13.9 é invertível com a função exponencial complexa, também podemos definir o sistema inverso $D_*^{-1}[\cdot]$ que recupera $x[n]$ a partir de $\hat{x}[n]$. A representação em diagrama de blocos de $D_*^{-1}[\cdot]$ é mostrada à direita na Figura 13.1. Especificamente, $D_*[\cdot]$ e $D_*^{-1}[\cdot]$ na Figura 13.1 são definidos de modo que, se $\hat{y}[n] = \hat{x}[n]$ na Figura 13.1, então $y[n] = x[n]$. No contexto da filtragem homomórfica de sinais convoluídos a ser discutida na Seção 13.8, $D_*[\cdot]$ é chamado de *sistema característico* para convolução.

Como introduzido na Seção 13.1, o cepstrum $c_x[n]$ de um sinal[3] é definido como a transformada de Fourier inversa do logaritmo da magnitude da transformada de Fourier; isto é,

$$c_x[n] = \frac{1}{2\pi} \int_{-\pi}^{\pi} \log |X(e^{j\omega})| e^{j\omega n} d\omega. \quad (13.14)$$

Como a magnitude da transformada de Fourier é real e não negativa, nenhuma consideração especial é envolvida na definição do logaritmo da Equação 13.14. Comparando-se a Equação 13.14 e a Equação 13.13, vemos que $c_x[n]$ é a transformada inversa da parte real de $\hat{X}(e^{j\omega})$. Consequentemente, $c_x[n]$ é igual à componente simétrica conjugada de $\hat{x}[n]$; isto é,

$$c_x[n] = \frac{\hat{x}[n] + \hat{x}^*[-n]}{2}. \quad (13.15)$$

O cepstrum é útil em muitas aplicações, e como não depende da fase de $X(e^{j\omega})$, é muito mais fácil de calcular do que o cepstrum complexo. Porém, por ser baseado apenas na magnitude da transformada de Fourier, ele não é invertível, isto é, em geral $x[n]$ não pode ser recuperado a partir de $c_x[n]$, exceto em casos especiais. O cepstrum complexo é um tanto mais difícil de calcular, mas é invertível. Como o cepstrum complexo é um conceito mais geral do que o cepstrum, e como as propriedades do cepstrum podem ser deduzidas a partir das propriedades do cepstrum complexo usando a Equação 13.15, enfatizaremos o cepstrum complexo neste capítulo.

As dificuldades adicionais encontradas na definição e no cálculo do cepstrum complexo valem a pena por diversas razões. Primeiro, vemos pela Equação 13.10 que o logaritmo complexo tem o efeito de criar uma nova transformada de Fourier cujas partes real e imaginária são $\log|X(e^{j\omega})|$ e $\angle X(e^{j\omega})$, respectivamente. Assim, podemos obter relações de transformada de Hilbert entre essas duas quantidades quando o cepstrum complexo é causal. Discutimos esse ponto mais apro-

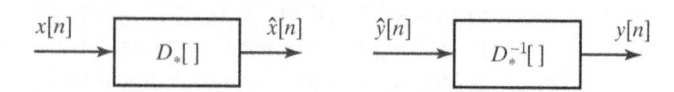

Figura 13.1 Notação de sistema para o mapeamento e mapeamento inverso entre um sinal e seu cepstrum complexo.

---
[3] $c_x[n]$ também é chamado de *cepstrum real*, enfatizando que corresponde somente à parte real do logaritmo complexo.

fundadamente na Seção 13.5.2 e vemos, em particular, como ele se relaciona com sequências de fase mínima. Uma segunda motivação mais geral, desenvolvida na Seção 13.8, resulta do papel que o cepstrum complexo desempenha na definição de uma classe de sistemas para separar e filtrar sinais combinados por convolução.

13.3 Propriedades do logaritmo complexo

Como o logaritmo complexo desempenha um papel-chave na definição do cepstrum complexo, é importante entender sua definição e propriedades. A ambiguidade na definição do logaritmo complexo causa sérios problemas computacionais. Eles serão discutidos com detalhes na Seção 13.6. Uma sequência tem um cepstrum complexo se o logaritmo de sua transformada z tem uma expansão em série de potências, como na Equação 13.11, em que especificamos a RDC de forma a incluir a circunferência unitária. Isso significa que a transformada de Fourier

$$\hat{X}(e^{j\omega}) = \log|X(e^{j\omega})| + j\angle X(e^{j\omega}) \qquad (13.16)$$

precisa ser uma função contínua e periódica de ω e, consequentemente, tanto $\log|X(e^{j\omega})|$ quanto $\angle X(e^{j\omega})$ devem ser funções contínuas de ω. Desde que $X(z)$ não tenha zeros sobre a circunferência unitária, a continuidade de $\log|X(e^{j\omega})|$ é garantida, já que assume-se que $X(e^{j\omega})$ é analítica na circunferência unitária. Porém, como já discutimos anteriormente na Seção 5.1.1, em geral $\angle X(e^{j\omega})$ é ambígua, pois, em cada ω, qualquer múltiplo inteiro de 2π pode ser acrescentado, e a continuidade de $\angle X(e^{j\omega})$ depende de como a ambiguidade é resolvida. Como $\text{ARG}[X(e^{j\omega})]$ pode ser descontínua, geralmente é necessário especificar $\angle X(e^{j\omega})$ explicitamente na Equação 13.16 como a curva de fase desenrolada (isto é, contínua) $\arg[X(e^{j\omega})]$.

É importante notar que, se $X(z) = X_1(z)X_2(z)$, então

$$\arg[X(e^{j\omega})] = \arg[X_1(e^{j\omega})] + \arg[X_2(e^{j\omega})]. \qquad (13.17)$$

Uma propriedade aditiva similar não será válida para $\text{ARG}[X(e^{j\omega})]$, isto é, em geral,

$$\text{ARG}[X(e^{j\omega})] \neq \text{ARG}[X_1(e^{j\omega})] + \text{ARG}[X_2(e^{j\omega})]. \qquad (13.18)$$

Portanto, para que $\hat{X}(e^{j\omega})$ seja analítico (contínuo) e tenha a propriedade de, se $X(e^{j\omega}) = X_1(e^{j\omega})X_2(e^{j\omega})$, então

$$\hat{X}(e^{j\omega}) = \hat{X}_1(e^{j\omega}) + \hat{X}_2(e^{j\omega}), \qquad (13.19)$$

precisamos definir $\hat{X}(e^{j\omega})$ como

$$\hat{X}(e^{j\omega}) = \log|X(e^{j\omega})| + j\arg[X(e^{j\omega})]. \qquad (13.20)$$

Com $x[n]$ real, $\arg[X(e^{j\omega})]$ sempre pode ser especificado de modo a ser uma função periódica ímpar de ω. Com $\arg[X(e^{j\omega})]$ uma função ímpar de ω e sendo o $\log|X(e^{j\omega})|$ uma função par de ω, o cepstrum complexo $\hat{x}[n]$ é garantidamente real.[4]

13.4 Expressões alternativas para o cepstrum complexo

Até aqui definimos o cepstrum complexo como a sequência de coeficientes na representação por série de potências de $\hat{X}(z) = \log[X(z)]$, e também demos uma fórmula integral na Equação 13.13 para determinar $\hat{x}[n]$ a partir de $\hat{X}(e^{j\omega}) = \log|X(e^{j\omega})| + \angle X(e^{j\omega})$, em que $\angle X(e^{j\omega})$ é a função de fase desenrolada $\arg[X(e^{j\omega})]$. A derivada logarítmica pode ser usada para deduzir outras relações para o cepstrum complexo que não envolvam explicitamente o logaritmo complexo. Supondo que $\log[X(z)]$ seja analítico, então

$$\hat{X}'(z) = \frac{X'(z)}{X(z)} \qquad (13.21)$$

em que $'$ denota diferenciação com relação a z. Pela propriedade 4 da Tabela 3.2, $z\hat{X}'(z)$ é a transformada z de $-n\hat{x}[n]$, isto é,

$$-n\hat{x}[n] \xleftrightarrow{Z} z\hat{X}'(z) \qquad (13.22)$$

Consequentemente, pela Equação 13.21,

$$-n\hat{x}[n] \xleftrightarrow{Z} \frac{zX'(z)}{X(z)}. \qquad (13.23)$$

Começando com a Equação 13.21, também podemos deduzir uma equação de diferenças que seja satisfeita por $x[n]$ e $\hat{x}[n]$. Rearranjando a Equação 13.21 e multiplicando por z, obtemos

$$zX'(z) = z\hat{X}'(z) \cdot X(z). \qquad (13.24)$$

Usando a Equação 13.22, a transformada z inversa dessa equação é

$$-nx[n] = \sum_{k=-\infty}^{\infty} (-k\hat{x}[k])x[n-k]. \qquad (13.25)$$

Dividindo ambos os membros por $-n$, obtemos

$$x[n] = \sum_{k=-\infty}^{\infty} \left(\frac{k}{n}\right)\hat{x}[k]x[n-k], \qquad n \neq 0. \qquad (13.26)$$

O valor de $\hat{x}[0]$ pode ser obtido ao notarmos que

$$\hat{x}[0] = \frac{1}{2\pi}\int_{-\pi}^{\pi} \hat{X}(e^{j\omega})d\omega. \qquad (13.27)$$

---

[4] A abordagem esboçada para os problemas apresentados pelo logaritmo complexo pode ser desenvolvida mais formalmente por meio do conceito da superfície de Riemann (Brown e Churchill, 2008).

Como a parte imaginária de $\hat{X}(e^{j\omega})$ é uma função ímpar de ω, a Equação 13.27 torna-se

$$\hat{x}[0] = \frac{1}{2\pi}\int_{-\pi}^{\pi} \log|X(e^{j\omega})|d\omega. \qquad (13.28)$$

Em resumo, um sinal e seu cepstrum complexo satisfazem uma equação de diferenças não linear (Equação 13.26). Sob certas condições, essa relação implícita entre $\hat{x}[n]$ e $x[n]$ pode ser rearranjada em uma fórmula de recursão que pode ser usada no cálculo. Fórmulas desse tipo são discutidas na Seção 13.6.4.

13.5 Cepstrum complexo para sequências exponenciais, de fase mínima e de fase máxima

13.5.1 Sequências exponenciais

Se uma sequência $x[n]$ consiste em uma soma de sequências exponenciais complexas, sua transformada z $X(z)$ é uma função racional de z. Tais sequências são tanto úteis quanto passíveis de análise. Nesta seção, consideramos o cepstrum complexo para sequências estáveis $x[n]$ cujas transformadas z são da forma

$$X(z) = \frac{Az^r \prod_{k=1}^{M_i}(1-a_k z^{-1})\prod_{k=1}^{M_o}(1-b_k z)}{\prod_{k=1}^{N_i}(1-c_k z^{-1})\prod_{k=1}^{N_o}(1-d_k z)}, \qquad (13.29)$$

em que $|a_k|$, $|b_k|$, $|c_k|$ e $|d_k|$ são todos menores que 1, de modo que fatores no formato $(1-a_k z^{-1})$ e $(1-c_k z^{-1})$ correspondem aos M_i zeros e aos N_i polos dentro da circunferência unitária, e os fatores $(1-b_k z)$ e $(1-d_k z)$ correspondem aos M_o zeros e aos N_o polos fora da circunferência unitária. Tais transformadas z são características de sequências compostas de uma soma de sequências exponenciais estáveis. No caso especial em que não existem polos (isto é, o denominador da Equação 13.29 é unitário), a sequência correspondente $x[n]$ é uma sequência de comprimento finito ($M+1 = M_o + M_i + 1$).

Por meio das propriedades do logaritmo complexo, o produto dos termos na Equação 13.29 é transformado na soma de termos logarítmicos:

$$\hat{X}(z) = \log(A) + \log(z^r) + \sum_{k=1}^{M_i}\log(1-a_k z^{-1})$$

$$+ \sum_{k=1}^{M_o}\log(1-b_k z) - \sum_{k=1}^{N_i}\log(1-c_k z^{-1}) \quad (13.30)$$

$$- \sum_{k=1}^{N_o}\log(1-d_k z).$$

As propriedades de $\hat{x}[n]$ dependem das propriedades compostas das transformadas inversas de cada parcela.

Para sequências reais, A é real, e se A é positivo, a primeira parcela $\log(A)$ contribui somente para $\hat{x}[0]$. Especificamente (veja o Problema 13.15),

$$\hat{x}[0] = \log|A|. \qquad (13.31)$$

Se A é negativo, não é tão natural determinar a contribuição para o cepstrum complexo devido ao termo $\log(A)$. O termo z^r corresponde apenas a um atraso ou avanço da sequência $x[n]$. Se $r = 0$, esse termo desaparece da Equação 13.30. Porém, se $r \neq 0$, então a função de fase desenrolada $\arg[X(e^{j\omega})]$ incluirá um termo linear com inclinação r. Consequentemente, com $\arg[X(e^{j\omega})]$ definido de forma a ser ímpar e periódico em ω e contínuo para $|\omega| < \pi$, esse termo de fase linear forçará uma descontinuidade em $\arg[X(e^{j\omega})]$ quando $\omega = \pm\pi$, e $\hat{X}(z)$ não será mais analítico sobre a circunferência unitária. Embora os casos de A negativo e/ou $r \neq 0$ possam ser formalmente acomodados, fazê-lo parece não fornecer qualquer vantagem real, pois se duas transformadas na forma da Equação 13.29 forem multiplicadas juntas, não é de se esperar que possamos determinar o quanto de A ou de r é devido a cada componente. Isso é análogo à situação encontrada em filtragem linear ordinária em que dois sinais, cada um com níveis dc, foram adicionados. Portanto, essa questão pode ser evitada na prática determinando-se primeiro o sinal algébrico de A e o valor de r, e depois pela alteração da entrada, de modo que sua transformada z tenha a forma

$$X(z) = \frac{|A|\prod_{k=1}^{M_i}(1-a_k z^{-1})\prod_{k=1}^{M_o}(1-b_k z)}{\prod_{k=1}^{N_i}(1-c_k z^{-1})\prod_{k=1}^{N_o}(1-d_k z)}. \qquad (13.32)$$

De modo correspondente, a Equação 13.30 torna-se

$$\hat{X}(z) = \log|A| + \sum_{k=1}^{M_i}\log(1-a_k z^{-1}) + \sum_{k=1}^{M_o}\log(1-b_k z)$$

$$- \sum_{k=1}^{N_i}\log(1-c_k z^{-1}) - \sum_{k=1}^{N_o}\log(1-d_k z). \quad (13.33)$$

Com exceção do termo $\log|A|$, que já foi considerado, todas as outras parcelas na Equação 13.33 têm a forma $\log(1-\alpha z^{-1})$ e $\log(1-\beta z)$. Levando-se em conta que esses fatores representam transformadas z com regiões de convergência que incluem a circunferência unitária, podemos fazer as expansões em série de potências

$$\log(1-\alpha z^{-1}) = -\sum_{n=1}^{\infty}\frac{\alpha^n}{n}z^{-n}, \qquad |z| > |\alpha|, \qquad (13.34)$$

$$\log(1 - \beta z) = -\sum_{n=1}^{\infty} \frac{\beta^n}{n} z^n, \qquad |z| < |\beta^{-1}|. \quad (13.35)$$

Usando essas expressões, vemos que, para sinais com transformadas z racionais, como na Equação 13.32, $\hat{x}[n]$ tem a forma geral

$$\hat{x}[n] = \begin{cases} \log|A|, & n = 0, \quad (13.36a) \\ -\sum_{k=1}^{M_i} \frac{a_k^n}{n} + \sum_{k=1}^{N_i} \frac{c_k^n}{n}, & n > 0, \quad (13.36b) \\ \sum_{k=1}^{M_o} \frac{b_k^{-n}}{n} - \sum_{k=1}^{N_o} \frac{d_k^{-n}}{n}, & n < 0. \quad (13.36c) \end{cases}$$

Note que, para o caso especial de uma sequência de comprimento finito, a segunda parcela estaria ausente nas equações 13.36(b) e (c). As equações 13.36(a) a (c) sugerem as seguintes propriedades gerais do cepstrum complexo:

Propriedade 1: O cepstrum complexo decai pelo menos tão rapidamente quanto $1/|n|$. Especificamente,

$$|\hat{x}[n]| < C \frac{\alpha^{|n|}}{|n|}, \qquad -\infty < n < \infty,$$

em que C é uma constante e α é igual ao máximo entre $|a_k|, |b_k|, |c_k|$ e $|d_k|$.[5]

Propriedade 2: $\hat{x}[n]$ terá duração infinita, mesmo que $x[n]$ tenha duração finita.

Propriedade 3: Se $x[n]$ é real, $\hat{x}[n]$ também é real.

As propriedades 1 e 2 seguem diretamente das equações 13.36(a) a (c). Sugerimos a propriedade 3 anteriormente com base no fato de que, para $x[n]$ real, $\log|X(e^{j\omega})|$ é par e $\arg[X(e^{j\omega})]$ é ímpar, de modo que a transformada inversa de

$$\hat{X}(e^{j\omega}) = \log|X(e^{j\omega})| + j\arg[X(e^{j\omega})]$$

é real. Para ver a propriedade 3 no contexto desta seção, notamos que, se $x[n]$ é real, então os polos e zeros de $X(z)$ são pares complexos conjugados. Portanto, para toda parcela complexa na forma α^n/n nas equações 13.36(a) a (c), haverá uma parcela complexa conjugada $(\alpha^*)^n/n$, de modo que sua soma será real.

13.5.2 Sequências de fase mínima e fase máxima

Como discutido nos capítulos 5 e 12, uma sequência de fase mínima é uma sequência real, causal e estável com todos os polos e zeros de sua transformada z no interior da circunferência unitária. Note que $\log[X(z)]$ tem singularidades tanto nos polos quanto nos zeros de $X(z)$. Como requeremos que a RDC de $\log[X(z)]$ inclua a circunferência unitária para que $\hat{x}[n]$ seja estável, e como sequências causais têm uma RDC da forma $r_R < |z|$, segue que não pode haver singularidades de $\log[X(z)]$ sobre ou para fora da circunferência unitária se $\hat{x}[n] = 0$ para $n < 0$. Reciprocamente, se todas as singularidades de $\hat{X}(z) = \log[X(z)]$ estão dentro da circunferência unitária, então segue que $\hat{x}[n] = 0$ para $n < 0$. Como as singularidades de $\hat{X}(z)$ são os polos e os zeros de $X(z)$, o cepstrum complexo de $x[n]$ será causal ($\hat{x}[n] = 0$ para $n < 0$) se e somente se os polos e zeros de $X(z)$ estiverem dentro da circunferência unitária. Em outras palavras, $x[n]$ é uma sequência de fase mínima se e somente se seu cepstrum complexo for causal.

Isso é visto facilmente no caso das exponenciais ou de sequências de comprimento finito considerando as equações 13.36(a)–(c). Claramente, todas as parcelas na Equação 13.36(c) serão nulas se todos os coeficientes b_k e d_k forem nulos, isto é, se não houver polos ou zeros para fora ou sobre a circunferência unitária. Assim, outra propriedade do cepstrum complexo é

Propriedade 4: O cepstrum complexo $\hat{x}[n] = 0$ para $n < 0$ se e somente se $x[n]$ for de fase mínima, isto é, se $X(z)$ tiver todos os seus polos e zeros dentro da circunferência unitária.

Portanto, a causalidade do cepstrum complexo é equivalente às propriedades de atraso de fase mínimo, atraso de grupo mínimo e atraso de energia mínimo que também caracterizam as sequências de fase mínima.

Exemplo 13.1 Cepstrum complexo de um sistema de eco de fase mínima

O conceito do cepstrum surgiu inicialmente de uma consideração sobre ecos. Como mostramos na Seção 13.1, um sinal com um eco é representado por uma convolução $x[n] = v[n] * p[n]$, em que

$$p[n] = \delta[n] + \alpha\delta[n - n_0] \xleftrightarrow{\mathcal{Z}} P(z) = 1 + \alpha z^{-n_0}. \quad (13.37)$$

Os zeros de $P(z)$ estão localizados em $z_k = \alpha^{1/n_0} e^{j2\pi(k+1/2)/n_0}$, e se $|\alpha| < 1$, todos os zeros estarão dentro da circunferência unitária, caso em que $p[n]$ é um sistema de fase mínima. Para encontrar o cepstrum complexo $\hat{p}[n]$, podemos usar a expansão em série de potências de $\log[P(z)]$, como na Seção 13.5.1, para obter ▶

---

[5] Na prática, geralmente lidamos com sinais de comprimento finito, que são representados por polinômios em z^{-1}; isto é, o numerador na Equação 13.32. Em muitos casos, a sequência pode ter centenas ou milhares de amostras. Para essas sequências, à medida que o comprimento da sequência aumenta, é cada vez mais provável que quase todos os zeros do polinômio se agrupem em torno da circunferência unitária (Hughes e Nikeghbali, 2005). Isso implica que, para sequências longas de comprimento finito, o decaimento do cepstrum complexo é devido principalmente ao fator $1/n$.

$$\hat{P}(z) = \log[1 + \alpha z^{-n_0}] = -\sum_{n=1}^{\infty} \frac{(-\alpha)^n}{n} z^{-n n_0}, \quad (13.38)$$

de onde segue que

$$\hat{p}[n] = \sum_{m=1}^{\infty} (-1)^{m+1} \frac{\alpha^m}{m} \delta[n - m n_0]. \quad (13.39)$$

Pela Equação 13.39, vemos que $\hat{v}[n] = 0$ para $n < 0$ e $|\alpha| < 1$, como deveria ser para um sistema de fase mínima. Além disso, vemos que os valores não nulos do cepstrum complexo para o sistema de eco de fase mínima ocorrem em múltiplos inteiros positivos de n_0.

Sequências de fase máxima são sequências estáveis cujos polos e zeros estão todos *fora* da circunferência unitária. Assim, as sequências de fase máxima são laterais esquerdas e, por argumentos análogos, segue que o cepstrum complexo de uma sequência de fase máxima também é lateral esquerda. Assim, outra propriedade do cepstrum complexo é:

Propriedade 5: O cepstrum complexo $\hat{x}[n] = 0$ para $n > 0$ se e somente se $x[n]$ for fase máxima; isto é, $X(z)$ tem todos os seus polos e zeros fora da circunferência unitária.

Essa propriedade do cepstrum complexo pode ser facilmente verificada para exponenciais ou sequências de comprimento finito notando que, se todos os c_ks e a_ks forem nulos (isto é, não há polos ou zeros *no interior* da circunferência unitária), então a Equação 13.36(b) mostra que $\hat{x}[n] = 0$ para $n > 0$.

No Exemplo 13.1, determinamos o cepstrum complexo da resposta ao impulso do sistema de eco quando $|\alpha| < 1$; isto é, quando o eco é menor que o sinal direto. Se $|\alpha| > 1$, o eco é maior do que o sinal direto, e os zeros da função de sistema $P(z) = 1 + \alpha z^{-n_0}$ se encontram fora da circunferência unitária. Neste caso, o sistema de eco é um sistema de fase máxima.[6] O cepstrum complexo correspondente é

$$\hat{p}[n] = \log|\alpha|\delta[n] + \sum_{m=1}^{\infty} (-1)^{m+1} \frac{\alpha^{-m}}{m} \delta[n + m \, n_0]. \quad (13.40)$$

Pela Equação 13.40, vemos que $\hat{p}[n] = 0$ para $n > 0$ para $|\alpha| > 1$, como deveria ser para um sistema de fase máxima. Nesse caso, vemos que os valores não nulos do cepstrum complexo para o sistema de eco de fase máxima ocorrem em múltiplos inteiros negativos de n_0.

13.5.3 Relação entre o cepstrum real e o cepstrum complexo

Como discutido nas seções 13.1 e 13.2, a transformada de Fourier do cepstrum real $c_x[n]$ é a parte real da transformada de Fourier do cepstrum complexo $\hat{x}[n]$ e, de modo equivalente, $c_x[n]$ corresponde à componente par de $\hat{x}[n]$, isto é,

$$c_x[n] = \frac{\hat{x}[n] + \hat{x}[-n]}{2}. \quad (13.41)$$

Se $\hat{x}[n]$ for causal, como é, caso $x[n]$ seja de fase mínima, então a Equação 13.41 é reversível, isto é, $\hat{x}[n]$ pode ser recuperado a partir de $c_x[n]$ aplicando-se uma janela apropriada a $c_x[n]$. Especificamente,

$$\hat{x}[n] = c_x[n]\ell_{mín}[n] \quad (13.42a)$$

em que

$$\ell_{mín}[n] = 2u[n] - \delta[n] = \begin{cases} 2 & n > 0 \\ 1 & n = 0 \\ 0 & n < 0 \end{cases}. \quad (13.42b)$$

As equações 13.42(a) e (b) indicam como o cepstrum complexo pode ser obtido a partir do cepstrum e, consequentemente, também apenas da magnitude logarítmica, se sabe-se que $x[n]$ é de fase mínima. Esse fato também é ilustrado em diagrama de blocos na Figura 13.2.

No exemplo a seguir, ilustramos as equações 13.41 e 13.42(a) para o sistema de eco de fase mínima do Exemplo 13.1.

Exemplo 13.2 Cepstrum real de um sistema de eco de fase mínima

Considere o cepstrum complexo do sistema de eco de fase mínima dado na Equação 13.39 no Exemplo 13.1. Pela

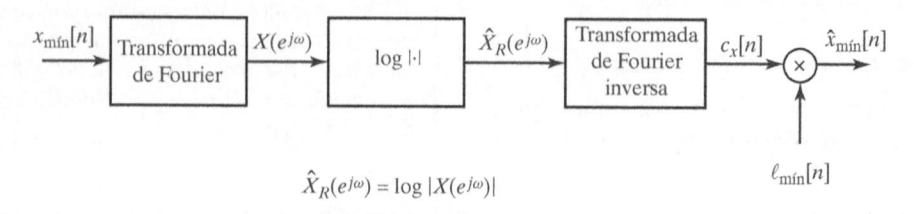

Figura 13.2 Determinação do cepstrum complexo para sinais de fase mínima.

---
[6] $P(z) = z^{-n_0}(\alpha + z^{n_0})$ tem n_0 polos em $z = 0$, que são ignorados no cálculo de $\hat{p}[n]$.

Equação 13.41, segue que o cepstrum real para o sistema de eco de fase mínima é

$$c_p[n] = \frac{1}{2}(\sum_{m=1}^{\infty}(-1)^{m+1}\frac{\alpha^m}{m}\delta[n-mn_0] \\ + \sum_{m=1}^{\infty}(-1)^{m+1}\frac{\alpha^m}{m}\delta[-n-mn_0]). \quad (13.43)$$

Como $\delta[-n] = \delta[n]$, a Equação 13.43 pode ser escrita na forma mais compacta

$$c_p[n] = \sum_{m=1}^{\infty}(-1)^{m+1}\frac{\alpha^m}{2m}(\delta[n-mn_0]+\delta[n+mn_0]). \quad (13.44)$$

Note também que, se $c_p[n]$ for dado pela Equação 13.44 e $\ell_{mín}[n]$ for dado pela Equação 13.42(b), então $\ell_{mín}[n]c_p[n]$ é igual a $\hat{p}[n]$ na Equação 13.39.

13.6 Cálculo numérico do cepstrum complexo

O uso prático do cepstrum complexo requer métodos numéricos precisos e eficientes para obtê-lo a partir de um sinal amostrado. Implícita em todas as discussões anteriores, tem estado a hipótese de unicidade e continuidade do logaritmo complexo da transformada de Fourier do sinal de entrada. Se as representações matemáticas obtidas anteriormente devem servir como base para o cálculo do cepstrum complexo ou, de modo equivalente, como base para realizações do sistema $D_*[\cdot]$, então temos de lidar com as questões associadas ao cálculo da transformada de Fourier e do logaritmo complexo.

O sistema $D_*[\cdot]$ é representado em termos da transformada de Fourier pelas equações

$$X(e^{j\omega}) = \sum_{n=-\infty}^{\infty}x[n]e^{-j\omega n}, \quad (13.45a)$$

$$\hat{X}(e^{j\omega}) = \log[X(e^{j\omega})], \quad (13.45b)$$

$$\hat{x}[n] = \frac{1}{2\pi}\int_{-\pi}^{\pi}\hat{X}(e^{j\omega})e^{j\omega n}d\omega. \quad (13.45c)$$

Essas equações correspondem à cascata de três sistemas como mostrado na Figura 13.3.

No cálculo numérico do cepstrum complexo, estamos limitados a sequências de entrada de comprimento finito, e podemos calcular a transformada de Fourier apenas em um número finito de frequências. Ou seja, em vez de usar a TFTD, temos de usar a TFD. Assim, em vez das equações 13.45(a) a (c), temos a realização computacional

$$X[k] = X(e^{j\omega})\Big|_{\omega=(2\pi/N)k} = \sum_{n=0}^{N-1}x[n]e^{-j(2\pi/N)kn}, \quad (13.46a)$$

$$\hat{X}[k] = \log[X(e^{j\omega})]\Big|_{\omega=(2\pi/N)k}, \quad (13.46b)$$

$$\hat{x}_p[n] = \frac{1}{N}\sum_{k=0}^{N-1}\hat{X}[k]e^{j(2\pi/N)kn}. \quad (13.46c)$$

Essas operações são representadas na Figura 13.4(a), e as operações correspondentes para realizar o sistema inverso são representadas na Figura 13.4(b).

Como, na Equação 13.46(b), $\hat{X}[k]$ é uma versão amostrada de $\hat{X}(e^{j\omega})$, segue da discussão na Seção 8.4 que $\hat{x}_p[n]$ será uma versão com *aliasing* no tempo de $\hat{x}[n]$, isto é, que $\hat{x}_p[n]$ está relacionada ao $\hat{x}[n]$ desejado por

$$\hat{x}_p[n] = \sum_{r=-\infty}^{\infty}\hat{x}[n+rN]. \quad (13.47)$$

Porém, notamos na Propriedade 1 da Seção 13.5 que $\hat{x}[n]$ decai mais rapidamente do que uma sequência exponencial, de modo que é esperado que a aproximação se torne cada vez melhor à medida que N aumenta. Acrescentando zeros a uma sequência de entrada, geralmente é possível aumentar a taxa de amostragem do logaritmo complexo da transformada de Fourier, de modo que um *aliasing* no tempo severo não ocorra no cálculo do cepstrum complexo.

13.6.1 Desfazendo as voltas da fase

Amostras de $\hat{X}(e^{j\omega})$ como dadas pela Equação 13.46(b) requerem amostras de $\log|X(e^{j\omega})|$ e $\arg[X(e^{j\omega})]$. Amostras de $\log|X(e^{j\omega})|$ a uma taxa de amostragem adequadas podem ser computadas pelo cálculo da TFD de $x[n]$ com preenchimento de zeros. Amostras de $ARG[X(e^{j\omega})]$, isto é, a fase mod 2π, são igualmente simples de calcular a partir das amostras de $X(e^{j\omega})$ usando rotinas padrão de tangente inversa, disponíveis

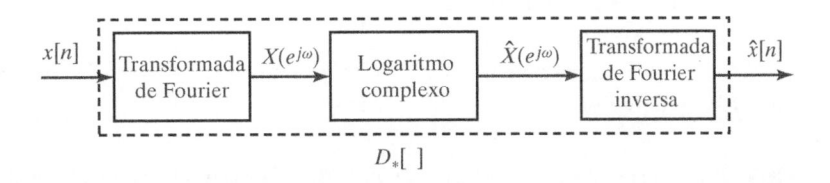

Figura 13.3 Cascata de três sistemas implementando o cálculo da operação cepstrum complexo $D_*[\ ]$.

592 Processamento em tempo discreto de sinais

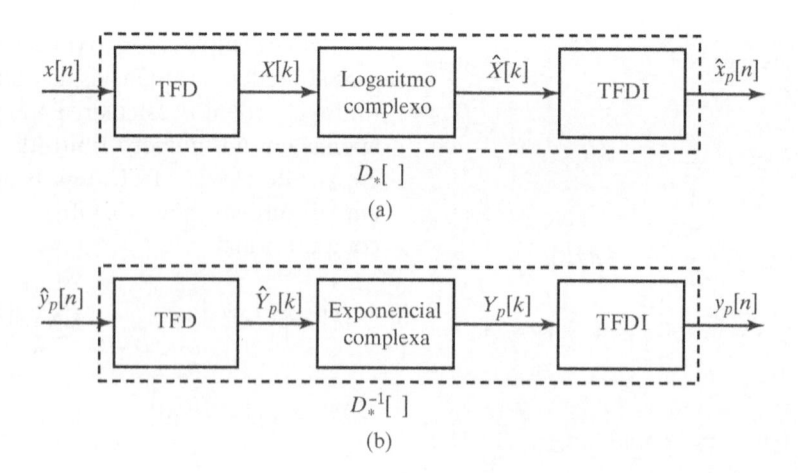

Figura 13.4 Realização aproximada de (a) $D_*[\cdot]$ e (b) $D_*^{-1}[\cdot]$ usando a TFD.

na maioria das linguagens de computador de alto nível. Porém, para obter o cepstrum complexo ou sua versão com *aliasing* $\hat{x}_p[n]$, precisamos de amostras da fase desenrolada arg$[X(e^{j\omega})]$. Consequentemente, procedimentos efetivos para *desenrolar* a fase, ou seja, para obter amostras da fase desenrolada a partir de amostras da fase mod 2π, tornam-se um aspecto computacional importante na obtenção do cepstrum complexo.

Para ilustrar as questões, considere uma sequência de entrada causal de comprimento finito, cuja transformada de Fourier seja da forma

$$X(e^{j\omega}) = \sum_{n=0}^{M} x[n]e^{-j\omega n}$$
$$= Ae^{-j\omega M_o}\prod_{k=1}^{M_i}(1-a_k e^{-j\omega})\prod_{k=1}^{M_o}(1-b_k e^{j\omega}), \quad (13.48)$$

sendo $|a_k|$ e $|b_k|$ menores do que a unidade, $M = M_o + M_i$, e A positivo. Uma curva de fase contínua para uma sequência dessa forma é mostrada na Figura 13.5(a). Os pontos indicam amostras nas frequências $\omega_k = (2\pi/N)k$. Na Figura 13.5(b) é mostrado o valor principal e suas amostras como calculadas a partir da TFD da sequência de entrada. Uma abordagem para desenrolar a fase de valor principal é baseada na relação

$$\arg(X[k]) = \text{ARG}(X[k]) + 2\pi r[k], \quad (13.49)$$

em que $r[k]$ denota um inteiro que determina o múltiplo apropriado de 2π a ser somado ao valor principal na frequência $\omega_k = 2\pi k/N$. Na Figura 13.5(c) é mostrado o $2\pi r[k]$ requerido para a obtenção da Figura 13.5(a) a partir da Figura 13.5(b). Esse exemplo sugere o seguinte algoritmo para calcular $r[k]$ a partir de ARG$(X[k])$ começando com $r[0] = 0$:

1. Se ARG$(X[k])$ − ARG$(X[k − 1]) > 2\pi − \varepsilon_1$, então $r[k] = r[k − 1] − 1$.

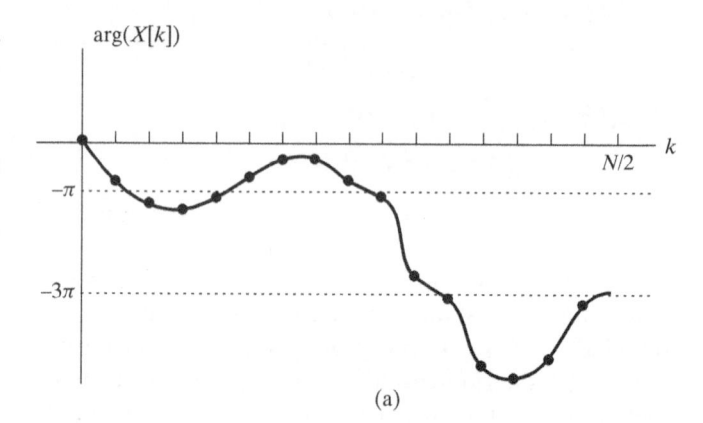

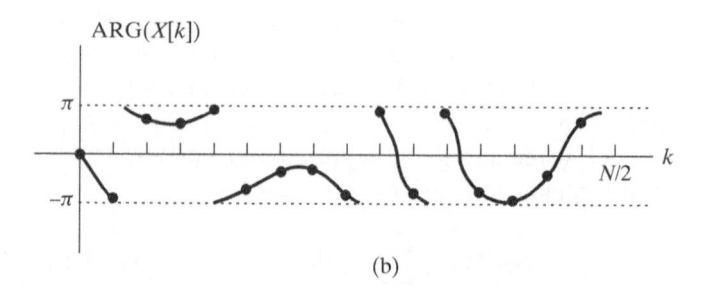

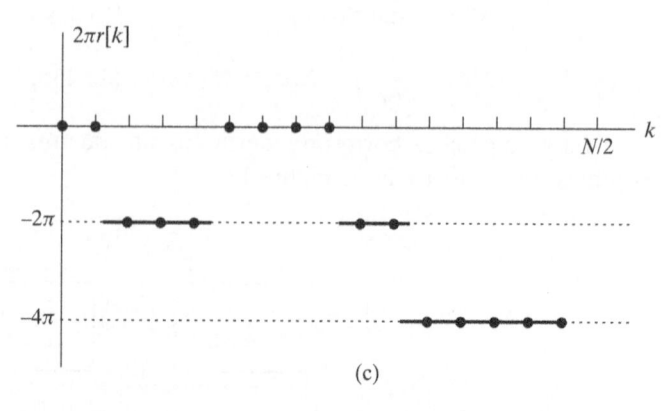

Figura 13.5 (a) Amostras de arg$[X(e^{j\omega})]$. (b) Valor principal do item (a). (c) Sequências de correção para se obter arg a partir de ARG.

2. Se $\text{ARG}(X[k]) - \text{ARG}(X[k-1]) < -(2\pi - \varepsilon_1)$, então $r[k] = r[k-1] + 1$.
3. Caso contrário, $r[k] = r[k-1]$.
4. Repita os passos 1 – 3 para $1 \leq k < N/2$.

Depois que $r[k]$ for determinado, a Equação 13.49 pode ser usada para calcular $\arg(X[k])$ para $0 \leq k < N/2$. Nesse estágio, $\arg(X[k])$ terá um grande componente de fase linear devido ao fator $e^{-j\omega M_o}$ na Equação 13.48. Esse pode ser removido adicionando-se $2\pi k M_o / N$ à fase desenrolada no intervalo $0 \leq k < N/2$. Os valores de $\arg(X[k])$ para $N/2 < k \leq N-1$ podem ser obtidos usando simetria. Finalmente, $\arg(X[N/2]) = 0$.

O algoritmo anterior funciona bem se as amostras de $\text{ARG}(X[k])$ estiverem próximas o suficiente para que as descontinuidades possam ser detectadas de modo confiável. O parâmetro ε_1 é uma tolerância, reconhecendo que a magnitude da diferença entre amostras adjacentes da fase de valor principal sempre será menor do que 2π. Se ε_1 for muito grande, uma descontinuidade será indicada onde não há. Se ε_1 for muito pequeno, o algoritmo perderá uma descontinuidade que esteja entre duas amostras adjacentes de uma função de fase desenrolada $\arg[X(e^{j\omega})]$ que varia rapidamente. Obviamente, aumentar a taxa de amostragem da TFD aumentando N melhora as chances de detectar corretamente as descontinuidades e, assim, de computar $\arg(X[k])$ corretamente. Se $\arg[X(e^{j\omega})]$ varia rapidamente, então esperamos que $\hat{x}[n]$ decaia menos rapidamente do que ocorreria se $\arg[X(e^{j\omega})]$ variasse mais lentamente. Portanto, o *aliasing* de $\hat{x}[n]$ é um problema maior para fases que variam rapidamente. O aumento do valor de N reduz o *aliasing* do cepstrum complexo e também melhora as chances de o algoritmo descrito anteriormente ser capaz de desenrolar corretamente a fase de $X[k]$.

Em alguns casos, o algoritmo simples que acabamos de desenvolver pode falhar, pois é impossível ou pouco prático usar um valor de N grande o suficiente. Frequentemente, o *aliasing* para determinado N é aceitável, mas descontinuidades do valor principal não podem ser detectadas de modo confiável. Tribolet (1977, 1979) propôs uma modificação do algoritmo que usa tanto o valor principal da fase quanto a derivada da fase para calcular a fase desenrolada. Como antes, a Equação 13.49 fornece o conjunto de valores permitidos na frequência $\omega_k = (2\pi/N)k$, e procuramos determinar $r[k]$. Supomos que conhecemos a derivada da fase

$$\arg'(X[k]) = \frac{d}{d\omega}\arg[X(e^{j\omega})]\bigg|_{\omega=2\pi k/N}$$

em todos os valores de k. (Um procedimento para calcular essas amostras da derivada da fase será desenvolvido na Seção 13.6.2.) Para calcular $\arg(X[k])$, consideramos ainda que $\arg(X[k-1])$ é conhecido. Então, $\widetilde{\arg}(X[k])$, a estimativa de $\arg(X[k])$, é definida como

$$\widetilde{\arg}(X[k]) = \arg(X[k-1]) + \frac{\Delta\omega}{2}\{\arg'(X[k]) + \arg'(X[k-1])\}. \quad (13.50)$$

A Equação 13.50 é obtida pela aplicação da integração numérica trapezoidal às amostras da derivada da fase. Essa estimativa é dita *consistente* se, para algum ε_2, existe um inteiro $r[k]$, tal que

$$|\widetilde{\arg}(X[k]) - \text{ARG}(X[k]) - 2\pi r[k]| < \varepsilon_2 < \pi. \quad (13.51)$$

Obviamente, a estimativa melhora com a diminuição do comprimento do passo de integração numérica $\Delta\omega$. Inicialmente, $\Delta\omega = 2\pi/N$ como fornecido pela TFD. Se a Equação 13.51 não puder ser satisfeita por um inteiro $r[k]$, então $\Delta\omega$ é reduzido pela metade, e uma nova estimativa de $\arg(X[k])$ é calculada com o novo comprimento do passo. Então, a Equação 13.51 é calculada com a nova estimativa. Estimativas cada vez mais precisas de $\arg(X[k])$ são calculadas por integração numérica até que a Equação 13.51 possa ser satisfeita por um inteiro $r[k]$. Esse $r[k]$ resultante é usado na Equação 13.49 para que finalmente $\arg(X[k])$ seja calculado. Essa fase desenrolada é então usada para calcular $\arg(X[k+1])$, e assim por diante.

Outra técnica para o desenrolamento da fase para uma sequência de comprimento finito é baseada no fato de que a transformada z de uma sequência de comprimento finito é um polinômio de ordem finita e, portanto, pode ser vista como consistindo de um produto de fatores de primeira ordem. Para cada fator assim, $\text{ARG}[X(e^{j\omega})]$ e $\arg[X(e^{j\omega})]$ são iguais, isto é, a fase para um único fator nunca requererá desenrolamento. Além disso, a fase desenrolada para o produto dos fatores individuais é a soma das fases desenroladas dos fatores individuais. Consequentemente, tratando uma sequência de comprimento finito N como os coeficientes de um polinômio de ordem N, e primeiro fatorando esse polinômio em seus fatores de primeira ordem, a fase desenrolada pode ser facilmente calculada. Para valores pequenos de N, algoritmos convencionais para o cálculo de raízes de polinômios podem ser aplicados. Para valores grandes, um algoritmo efetivo foi desenvolvido por Sitton et al. (2003) e foi demonstrado com sucesso com polinômios de ordem na casa dos milhões. Porém, existem casos em que esse algoritmo também falha, particularmente na identificação de raízes que não estão próximas da circunferência unitária.

Na discussão anterior, descrevemos rapidamente vários algoritmos para se obter a fase desenrolada. Karam e Oppenheim (2007) também propuseram a combinação desses algoritmos para explorar suas diversas vantagens.

Outras questões no cálculo do cepstrum complexo a partir de um sinal de entrada amostrado $x[n]$ estão relacionadas ao termo de fase linear em $\arg[X(e^{j\omega})]$ e ao sinal do fator de escala global A. Em nossa definição de cepstrum complexo, requer-se que $\arg[X(e^{j\omega})]$ seja contínuo, ímpar e periódico em ω. Portanto, o sinal de A precisa ser positivo, pois, se for negativo, uma descontinuidade de fase ocorreria em $\omega = 0$. Além disso, $\arg[X(e^{j\omega})]$ não pode conter um termo linear, pois isso imporia uma descontinuidade em $\omega = \pi$. Considere, por exemplo, uma sequência causal de comprimento finito, com comprimento $M + 1$. A transformada z correspondente terá a forma da Equação 13.29 com $N_o = N_i = 0$, e $M = M_o + M_i$. Além disso, como $x[n] = 0, n < 0$, segue que $r = -M_o$. Consequentemente, a transformada de Fourier toma a forma

$$X(e^{j\omega}) = \sum_{n=0}^{M} x[n]e^{-j\omega n}$$
$$= Ae^{-j\omega M_o} \prod_{k=1}^{M_i}(1 - a_k e^{-j\omega}) \prod_{k=1}^{M_o}(1 - b_k e^{j\omega}), \quad (13.52)$$

com $|a_k|$ e $|b_k|$ menores do que a unidade. O sinal de A é facilmente determinado, pois corresponderá ao sinal de $X(e^{j\omega})$ em $\omega = 0$, que, por sua vez, é facilmente calculado como a soma de todos os termos na sequência de entrada.

13.6.2 Cálculo numérico do cepstrum complexo usando a derivada logarítmica

Como uma alternativa ao cálculo explícito do logaritmo complexo, uma representação matemática baseada na derivada logarítmica pode ser explorada. Para sequências reais, a derivada de $\hat{X}(e^{j\omega})$ pode ser representada nas formas equivalentes

$$\hat{X}'(e^{j\omega}) = \frac{d\hat{X}(e^{j\omega})}{d\omega} = \frac{d}{d\omega}\log|X(e^{j\omega})| + j\frac{d}{d\omega}\arg[X(e^{j\omega})]$$
(13.53a)

e

$$\hat{X}'(e^{j\omega}) = \frac{X'(e^{j\omega})}{X(e^{j\omega})}, \quad (13.53b)$$

em que ' representa a derivada em relação a ω. Como a TFTD de $x[n]$ é

$$X(e^{j\omega}) = \sum_{n=-\infty}^{\infty} x[n]e^{-j\omega n}, \quad (13.54)$$

sua derivada com relação a ω é

$$X'(e^{j\omega}) = \sum_{n=-\infty}^{\infty}(-jnx[n])e^{-j\omega n}; \quad (13.55)$$

isto é, $X'(e^{j\omega})$ é a TFTD de $-jnx[n]$. De modo similar, $\hat{X}'(e^{j\omega})$ é a transformada de Fourier de $-jn\hat{x}[n]$. Assim, $\hat{x}[n]$ pode ser determinado para $n \neq 0$ de

$$\hat{x}[n] = \frac{-1}{2\pi n j}\int_{-\pi}^{\pi}\frac{X'(e^{j\omega})}{X(e^{j\omega})}e^{j\omega n}d\omega, \quad n \neq 0. \quad (13.56)$$

O valor de $\hat{x}[0]$ pode ser determinado da magnitude logarítmica como

$$\hat{x}[0] = \frac{1}{2\pi}\int_{-\pi}^{\pi}\log|X(e^{j\omega})|d\omega. \quad (13.57)$$

As equações 13.54 a 13.57 representam o cepstrum complexo em termos das TFTDs de $x[n]$ e $nx[n]$ e, assim, não envolvem explicitamente a fase desenrolada. Para sequências de comprimento finito, amostras dessas transformadas podem ser calculadas usando a TFD, levando assim às equações correspondentes

$$X[k] = \sum_{n=0}^{N-1}x[n]e^{-j(2\pi/N)kn} = X(e^{j\omega})\bigg|_{\omega=(2\pi/N)k}, \quad (13.58a)$$

$$X'[k] = -j\sum_{n=0}^{N-1}nx[n]e^{-j(2\pi/N)kn} = X'(e^{j\omega})\bigg|_{\omega=(2\pi/N)k}, \quad (13.58b)$$

$$\hat{x}_{dp}[n] = -\frac{1}{jnN}\sum_{k=0}^{N-1}\frac{X'[k]}{X[k]}e^{j(2\pi/N)kn}, \quad 1 \leq n \leq N-1, \quad (13.58c)$$

$$\hat{x}_{dp}[0] = \frac{1}{N}\sum_{k=0}^{N-1}\log|X[k]|, \quad (13.58d)$$

em que o subscrito d refere-se ao uso da derivada logarítmica e o subscrito p é um lembrete da periodicidade inerente dos cálculos de TFD. Com o uso das equações 13.58(a) a (d), evitamos os problemas do cálculo numérico do logaritmo complexo, porém, à custa de um *aliasing* mais severo, pois agora

$$\hat{x}_{dp}[n] = \frac{1}{n}\sum_{r=-\infty}^{\infty}(n+rN)\hat{x}[n+rN], \quad n \neq 0. \quad (13.59)$$

Assim, supondo que a curva de fase contínua amostrada seja calculada com precisão, esperaríamos que, para determinado valor de N, $\hat{x}_p[n]$ na Equação 13.46(c) fosse uma aproximação melhor para $\hat{x}[n]$ do que $\hat{x}_{dp}[n]$ na Equação 13.58(c).

13.6.3 Realizações de fase mínima para sequências de fase mínima

No caso especial das sequências de fase mínima, a representação matemática é simplificada, como indicado na Figura 13.2. Uma realização computacional baseada no uso da TFD no lugar da transformada de Fourier na Figura 13.2 é dada pelas equações

$$X[k] = \sum_{n=0}^{N-1} x[n]e^{-j(2\pi/N)kn}, \quad (13.60a)$$

$$c_{xp}[n] = \frac{1}{N} \sum_{k=0}^{N-1} \log|X[k]|e^{j(2\pi/N)kn}. \quad (13.60b)$$

Nesse caso, é o cepstrum que sofre *aliasing*; isto é,

$$c_{xp}[n] = \sum_{r=-\infty}^{\infty} c_x[n+rN]. \quad (13.61)$$

Para calcular o cepstrum complexo a partir de $c_{xp}[n]$ com base na Figura 13.2, escrevemos:

$$\hat{x}_{cp}[n] = \begin{cases} c_{xp}[n], & n = 0, N/2, \\ 2c_{xp}[n], & 1 \le n < N/2, \\ 0, & N/2 < n \le N-1. \end{cases} \quad (13.62)$$

Claramente, $\hat{x}_{cp}[n] \ne \hat{x}_p[n]$, pois é a componente par de $\hat{x}[n]$ que sofre *aliasing* em vez do próprio $\hat{x}[n]$. Apesar disso, para N grande, pode-se esperar que $\hat{x}_{cp}[n]$ seja uma aproximação razoável de $\hat{x}[n]$ no intervalo finito $0 \le n < N/2$. De modo similar, se $x[n]$ for de fase máxima, uma aproximação para o cepstrum complexo seria obtida a partir de

$$\hat{x}_{cp}[n] = \begin{cases} c_{xp}[n], & n = 0, N/2, \\ 0, & 1 \le n < N/2, \\ 2c_{xp}[n], & N/2 < n \le N-1. \end{cases} \quad (13.63)$$

13.6.4 Cálculo recursivo do cepstrum complexo para sequências de fase mínima e de fase máxima

Para sequências de fase mínima, a equação de diferenças 13.26 pode ser rearranjada de forma a fornecer uma fórmula de recursão para $\hat{x}[n]$. Como para sequências de fase mínima tanto $\hat{x}[n] = 0$ quanto $x[n] = 0$ para $n < 0$, a Equação 13.26 torna-se

$$\begin{aligned}x[n] &= \sum_{k=0}^{n} \left(\frac{k}{n}\right) \hat{x}[k]x[n-k], \quad n > 0, \\ &= \hat{x}[n]x[0] + \sum_{k=0}^{n-1}\left(\frac{k}{n}\right)\hat{x}[k]x[n-k],\end{aligned} \quad (13.64)$$

que é uma recursão para $D_*[\ ]$ para sinais de fase mínima. Ao resolver para $\hat{x}[n]$, obtém-se a fórmula de recursão

$$\hat{x}[n] = \begin{cases} 0, & n < 0, \\ \dfrac{x[n]}{x[0]} - \displaystyle\sum_{k=0}^{n-1}\left(\frac{k}{n}\right)\hat{x}[k]\dfrac{x[n-k]}{x[0]}, & n > 0. \end{cases} \quad (13.65)$$

Supondo que $x[0] > 0$, pode-se mostrar que o valor de $\hat{x}[0]$ é (veja o Problema 13.15)

$$\hat{x}[0] = \log(|A|) = \log(|x[0]|). \quad (13.66)$$

Portanto, as equações 13.65 e 13.66 constituem um procedimento para calcular numericamente o cepstrum complexo para sinais de fase mínima. Segue também pela Equação 13.65 que esse cálculo é causal para entradas de fase mínima; isto é, a saída no instante n_0 depende apenas da entrada para $n \le n_0$, em que n_0 é arbitrário (veja o Problema 13.20). De modo similar, as equações 13.64 e 13.66 representam o cálculo computacional da sequência de fase mínima a partir de seu cepstrum complexo.

Para sinais de fase máxima, $\hat{x}[n] = 0$ e $x[n] = 0$ para $n > 0$. Assim, nesse caso, a Equação 13.26 torna-se

$$\begin{aligned}x[n] &= \sum_{k=n}^{0} \left(\frac{k}{n}\right) \hat{x}[k]x[n-k], \quad n < 0, \\ &= \hat{x}[n]x[0] + \sum_{k=n+1}^{0}\left(\frac{k}{n}\right)\hat{x}[k]x[n-k].\end{aligned} \quad (13.67)$$

Resolvendo para $\hat{x}[n]$, temos

$$\hat{x}[n] = \begin{cases} \dfrac{x[n]}{x[0]} - \displaystyle\sum_{k=n+1}^{0}\left(\frac{k}{n}\right)\hat{x}[k]\dfrac{x[n-k]}{x[0]}, & n < 0, \\ \log(x[0]), & n = 0, \\ 0, & n > 0. \end{cases} \quad (13.68)$$

A Equação 13.68 serve como um procedimento para calcular numericamente o cepstrum complexo para uma sequência de fase máxima, e a Equação 13.67 é um procedimento computacional para o sistema característico inverso para convolução.

Assim, vemos que, no caso das sequências de fase mínima ou de fase máxima, também temos as fórmulas de recursão das equações 13.64-13.68 como possíveis realizações do sistema característico e de seu inverso. Essas equações podem ser muito úteis quando a sequência de entrada é muito curta ou quando somente algumas amostras do cepstrum complexo são desejadas. Com essas fórmulas, naturalmente, não existe erro de *aliasing*.

13.6.5 Uso da ponderação exponencial

A ponderação exponencial de uma sequência pode ser usada para evitar ou mitigar alguns dos problemas encontrados no cálculo numérico do cepstrum complexo. A ponderação exponencial de uma sequência $x[n]$ é definida por

$$w[n] = \alpha^n x[n]. \quad (13.69)$$

A transformada z correspondente é

$$W(z) = X(\alpha^{-1}z). \quad (13.70)$$

Se a RDC de $X(z)$ é $r_R < |z| < r_L$, então a RDC de $W(z)$ é $|\alpha|r_R < |z| < |\alpha|r_L$, e os polos e zeros de $X(z)$ são deslocados radialmente pelo fator $|\alpha|$; isto é, se z_0 é um polo ou zero de $X(z)$, então $z_0\alpha$ é o polo ou zero correspondente de $W(z)$.

Uma propriedade conveniente da ponderação exponencial é que ela comuta com a convolução. Isto é, se $x[n] = x_1[n] * x_2[n]$ e $w[n] = \alpha^n x[n]$, então

$$W(z) = X(\alpha^{-1}z) = X_1(\alpha^{-1}z)X_2(\alpha^{-1}z), \quad (13.71)$$

de modo que

$$w[n] = (\alpha^n x_1[n]) * (\alpha^n x_2[n]) \\ = w_1[n] * w_2[n]. \quad (13.72)$$

Assim, no cálculo numérico do cepstrum complexo, se $X(z) = X_1(z)X_2(z)$,

$$\hat{W}(z) = \log[W(z)] \\ = \log[W_1(z)] + \log[W_2(z)]. \quad (13.73)$$

A ponderação exponencial pode ser explorada com o cálculo numérico do cepstrum de diversas maneiras. Por exemplo, polos ou zeros de $X(z)$ sobre a circunferência unitária requerem cuidado especial no cálculo numérico do cepstrum complexo. Pode-se mostrar (Carslaw, 1952) que um fator $\log(1 - e^{j\theta} e^{-j\omega})$ tem série de Fourier

$$\log(1 - e^{j\theta} e^{-j\omega}) = -\sum_{n=1}^{\infty} \frac{e^{j\theta n}}{n} e^{-j\omega n} \quad (13.74)$$

e, assim, a contribuição de tal termo para o cepstrum complexo é $(e^{j\theta n}/n)u[n-1]$. Porém, a magnitude logarítmica é infinita, e a fase é descontínua com um salto de π radianos em $\omega = \theta$. Isso apresenta dificuldades computacionais óbvias, que preferiríamos evitar. Pela ponderação exponencial com $0 < \alpha < 1$, todos os polos e zeros são movidos radialmente para o interior. Portanto, um polo ou zero sobre a circunferência unitária se moverá para o interior da circunferência unitária.

Como outro exemplo, considere um sinal $x[n]$ causal e estável, que seja de fase não mínima. O sinal ponderado exponencialmente, $w[n] = \alpha^n x[n]$, pode ser convertido em uma sequência de fase mínima se α for escolhido, de modo que $|z_{\text{máx}}\alpha| < 1$, sendo $z_{\text{máx}}$ a localização do zero com maior magnitude.

13.7 Cálculo numérico do cepstrum complexo a partir de raízes de polinômios

Na Seção 13.6.1, discutimos o fato de que, para sequências de comprimento finito, poderíamos explorar o fato de que a transformada z é um polinômio de ordem finita, e que a fase desenrolada total pode ser obtida pela soma das fases desenroladas para cada um dos fatores. Se o polinômio for inicialmente fatorado em seus termos de primeira ordem usando um algoritmo para obter raízes de polinômios, então a fase desenrolada para cada fator é facilmente especificada de forma analítica. De maneira similar, o cepstrum complexo para a sequência de comprimento finito pode ser obtido primeiro fatorando o polinômio, e depois somando os cepstra complexos para cada um dos fatores.

A abordagem básica é sugerida na Seção 13.5.1. Se a sequência $x[n]$ tem comprimento finito, como essencialmente é sempre o caso com sinais obtidos por amostragem, então sua transformada z é um polinômio em z^{-1} na forma

$$X(z) = \sum_{n=0}^{M} x[n]z^{-n}. \quad (13.75)$$

Tal polinômio de ordem M em z^{-1} pode ser representado como

$$X(z) = x[0] \prod_{m=1}^{M_i}(1 - a_m z^{-1}) \prod_{m=1}^{M_o}(1 - b_m^{-1} z^{-1}), \quad (13.76)$$

em que as quantidades a_m são os zeros (complexos) que se encontram no interior da circunferência unitária, e as quantidades b_m^{-1} são os zeros que estão fora da circunferência unitária; isto é, $|a_m| < 1$ e $|b_m| < 1$. Consideramos que nenhum zero encontra-se exatamente sobre a circunferência unitária. Se fatorarmos um termo $-b_m^{-1} z^{-1}$ de cada fator do produto à direita na Equação 13.76, essa equação pode ser expressa como

$$X(z) = A z^{-M_o} \prod_{m=1}^{M_i}(1 - a_m z^{-1}) \prod_{m=1}^{M_o}(1 - b_m z), \quad (13.77\text{a})$$

em que

$$A = x[0](-1)^{M_o} \prod_{m=1}^{M_o} b_m^{-1}. \quad (13.77\text{b})$$

Essa representação pode ser calculada numericamente usando-se um algoritmo para obter raízes de polinômios para encontrar os zeros a_m e $1/b_m$ que se encontram no interior e fora da circunferência unitária, respectivamente, para o polinômio cujos coeficientes são a sequência $x[n]$.[7]

Dada a representação numérica do polinômio da transformada z como nas equações 13.77(a) e (b), valores numéricos da sequência do cepstrum complexo podem ser calculados das equações 13.36(a)-(c) como

---

[7] Talvez não surpreenda, mas é raro que uma raiz de um polinômio calculada numericamente esteja exatamente sobre a circunferência unitária. Nos casos em que isso ocorre, essas raízes podem ser movidas pela ponderação exponencial, como descrito na Seção 13.6.5.

$$\hat{x}[n] = \begin{cases} \log|A|, & n = 0, \\ -\sum_{m=1}^{M_i} \dfrac{a_m^n}{n}, & n > 0, \\ \sum_{m=1}^{M_o} \dfrac{b_m^{-n}}{n}, & n < 0. \end{cases} \quad (13.78)$$

Se $A < 0$, esse fato pode ser registrado separadamente, juntamente com o valor de M_o, o número de raízes que estão fora da circunferência unitária. Com essa informação e $\hat{x}[n]$, temos tudo o que é preciso para reconstruir o sinal original $x[n]$. De fato, na Seção 13.8.2, será mostrado que, em princípio, $x[n]$ pode ser calculado recursivamente a partir de apenas $M + 1 = M_o + M_i + 1$ amostras de $\hat{x}[n]$.

Esse método de cálculo numérico é particularmente útil quando $M = M_o + M_i$ é pequeno, mas não está limitado a M pequeno. Steiglitz e Dickinson (1982) propuseram inicialmente esse método e relataram o cálculo bem-sucedido das raízes de polinômios com grau até $M = 256$, que foi um limite prático imposto pelos recursos computacionais prontamente disponíveis na época. Com o algoritmo para obter raízes de polinômios de Sitton et al. (2003), o cepstrum complexo de sequências de comprimento finito extremamente longas pode ser calculado com precisão. Entre as vantagens desse método estão o fato de que não existe *aliasing* e não existem incertezas associadas com o desenrolamento da fase.

13.8 Desconvolução usando o cepstrum complexo

O operador de cepstrum complexo $D_*[\ ]$ desempenha um papel-chave na teoria dos sistemas homomórficos, que é baseado em uma generalização do princípio da sobreposição (Oppenheim, 1964, 1967, 1969a, Schafer, 1969, e Oppenheim, Schafer e Stockham, 1968). Na filtragem homomórfica de sinais convoluídos, o operador $D_*[\ ]$ é denominado *sistema característico para convolução*, pois tem a propriedade especial de transformar a convolução em adição. Para ver isso, suponha que

$$x[n] = x_1[n] * x_2[n] \quad (13.79)$$

de modo que a transformada z correspondente é

$$X(z) = X_1(z) \cdot X_2(z). \quad (13.80)$$

Se o logaritmo complexo for calculado como prescrevemos na definição do cepstrum complexo, então

$$\hat{X}(z) = \log[X(z)] = \log[X_1(z)] + \log[X_2(z)] \quad (13.81)$$
$$= \hat{X}_1(z) + \hat{X}_2(z),$$

o que implica que o cepstrum complexo é

$$\hat{x}[n] = D_*[x_1[n] * x_2[n]] = \hat{x}_1[n] + \hat{x}_2[n]. \quad (13.82)$$

Uma análise similar mostra que, se $\hat{y}[n] = y_1[n] + y_2[n]$, então segue que $D_*^{-1}[\hat{y}_1[n] + \hat{y}_2[n]] = \hat{y}_1[n] * \hat{y}_2[n]$. Se os componentes cepstrais $\hat{x}_1[n]$ e $\hat{x}_2[n]$ ocuparem diferentes faixas de quefrência, a filtragem linear pode ser aplicada ao cepstrum complexo para remover ou $x_1[n]$ ou $x_2[n]$. Se esta etapa for seguida da transformação por meio do sistema inverso $D_*^{-1}[\ ]$, o componente correspondente será removido na saída. Esse procedimento para separar sinais de convolução (desconvolução) é representado na Figura 13.6, em que o sistema $L[\ ]$ é um sistema linear (embora não necessariamente invariante no tempo). Os símbolos $*$ e $+$ nas entradas e saídas dos sistemas componentes na Figura 13.6 denotam as operações de sobreposição que se aplicam a cada ponto do diagrama. A Figura 13.6 é uma representação geral de uma classe de sistemas que obedecem a um princípio generalizado de sobreposição com a convolução como a operação para combinar sinais. Todos os membros dessa classe de sistemas diferem apenas na parte linear $L[\ ]$.

No restante desta seção, ilustramos como a análise cepstral pode ser usada em problemas especiais de desconvolução de decomposição de um sinal ou em uma convolução de componentes de fase mínima e passa-tudo ou em componentes de fase mínima e fase máxima. Na Seção 13.9, ilustramos como a análise cepstral pode ser aplicada à desconvolução de um sinal convoluído com um trem de impulsos, representando, por exemplo, uma idealização de um ambiente multipercurso. Na Seção 13.10, generalizamos esse exemplo para ilustrar como a análise cepstral tem sido aplicada com sucesso ao processamento de voz.

13.8.1 Desconvolução homomórfica fase mínima/passa-tudo

Qualquer sequência $x[n]$ para a qual existe o cepstrum complexo sempre pode ser expressa como a convolução de sequências de fase mínima e passa-tudo, como em

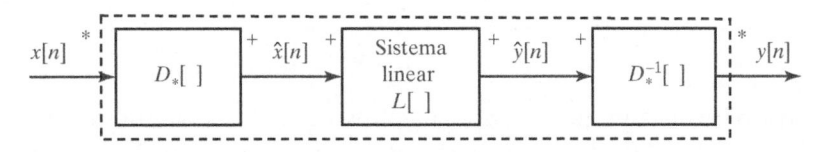

Figura 13.6 Forma canônica para sistemas homomórficos em que entradas e saídas correspondentes são combinadas por convolução.

$$x[n] = x_{mín}[n] * x_{ap}[n]. \quad (13.83)$$

Na Equação 13.83, $x_{mín}[n]$ e $x_{ap}[n]$ denotam componentes de fase mínima e passa-tudo, respectivamente.

Se $x[n]$ não é de fase mínima, então o sistema da Figura 13.2 com entrada $x[n]$ e $\ell_{mín}[n]$ dado pela Equação 13.42(b) produz o cepstrum complexo da sequência de fase mínima que tem a mesma magnitude da transformada de Fourier de $x[n]$. Se $\ell_{máx}[n] = \ell_{mín}[-n]$ for usado, a saída será o cepstrum complexo da sequência de fase máxima que possui a mesma magnitude de transformada de Fourier de $x[n]$.

Podemos obter o cepstrum complexo $\hat{x}_{mín}[n]$ da sequência $x_{mín}[n]$ na Equação 13.83 por meio das operações da Figura 13.2. O cepstrum complexo $\hat{x}_{ap}[n]$ pode ser obtido a partir de $\hat{x}[n]$ subtraindo de $\hat{x}_{mín}[n]$ de $\hat{x}[n]$, isto é,

$$\hat{x}_{ap}[n] = \hat{x}[n] - \hat{x}_{mín}[n].$$

Para obter $x_{mín}[n]$ e $x_{ap}[n]$, aplicamos a transformação D_*^{-1} a $\hat{x}_{mín}[n]$ e $\hat{x}_{ap}[n]$.

Embora a abordagem para a obtenção de $x_{mín}[n]$ e $x_{ap}[n]$ esboçada seja teoricamente correta, o cálculo explícito do cepstrum complexo $\hat{x}[n]$ é requerido em sua implementação. Se estamos interessados apenas em obter $x_{mín}[n]$ e $x_{ap}[n]$, o cálculo do cepstrum complexo e a necessidade associada do desenrolamento da fase podem ser evitados. A estratégia básica é incorporada no diagrama de blocos da Figura 13.7. Esse sistema baseia-se no fato de que

$$X_{ap}(e^{j\omega}) = \frac{X(e^{j\omega})}{X_{mín}(e^{j\omega})}. \quad (13.84a)$$

A magnitude de $X_{ap}(e^{j\omega})$ é, portanto,

$$|X_{ap}(e^{j\omega})| = \frac{|X(e^{j\omega})|}{|X_{mín}(e^{j\omega})|} = 1 \quad (13.84b)$$

e

$$\angle X_{ap}(e^{j\omega}) = \angle X(e^{j\omega}) - \angle X_{mín}(e^{j\omega}). \quad (13.84c)$$

Como $x_{ap}[n]$ é obtido como a transformada de Fourier inversa de $e^{j\angle X_{ap}(e^{j\omega})}$ (isto é, $|X_{ap}(e^{j\omega})| = 1$), cada uma das funções de fase na Equação 13.84(c) precisa ser conhecida ou especificada apenas a menos de múltiplos inteiros de 2π. Portanto, embora como consequência natural do procedimento esboçado na Figura 13.7, $\angle X_{mín}(e^{j\omega}) = \mathcal{I}m\{\hat{X}_{mín}(e^{j\omega})\}$ será uma função de fase desenrolada, $\angle X(e^{j\omega})$ na Equação 13.84(c) pode ser calculada com mod 2π.

13.8.2 Desconvolução homomórfica fase mínima/fase máxima

Outra representação de uma sequência é como a convolução de uma sequência de fase mínima com uma sequência de fase máxima, como em

$$x[n] = x_{mn}[n] * x_{mx}[n], \quad (13.85)$$

em que $x_{mn}[n]$ e $x_{mx}[n]$ denotam os componentes de fase mínima e de fase máxima, respectivamente.[8] Neste caso, o cepstrum complexo correspondente é

$$\hat{x}[n] = \hat{x}_{mn}[n] + \hat{x}_{mx}[n]. \quad (13.86)$$

Para extrair $x_{mn}[n]$ e $x_{mx}[n]$ de $x[n]$, especificamos $\hat{x}_{mn}[n]$ como

$$\hat{x}_{mn}[n] = \ell_{mn}[n]\hat{x}[n], \quad (13.87a)$$

sendo

$$\ell_{mn}[n] = u[n]. \quad (13.87b)$$

De modo similar, especificamos $\hat{x}_{mx}[n]$ como

$$\hat{x}_{mx}[n] = \ell_{mx}[n]\hat{x}[n] \quad (13.88a)$$

sendo

$$\ell_{mx}[n] = u[-n-1]. \quad (13.88b)$$

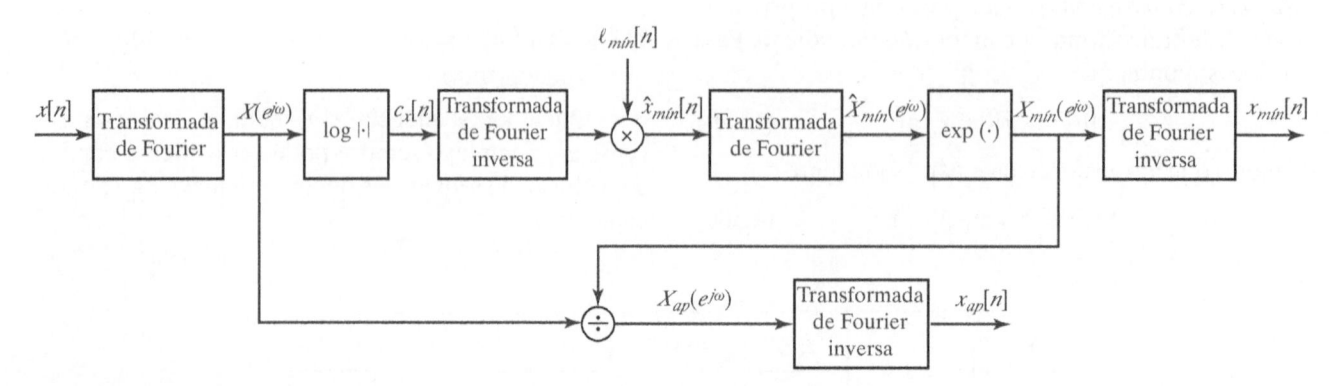

Figura 13.7 Desconvolução de uma sequência em componentes de fase mínima e passa-tudo usando o cepstrum.

---

[8] Em geral, o componente de fase mínima $x_{mn}[n]$ na Equação 13.85 será diferente de $x_{mín}[n]$ na Equação 13.83.

$x_{mn}[n]$ e $x_{mx}[n]$ podem ser obtidos de $\hat{x}_{mn}[n]$ e $\hat{x}_{mx}[n]$, respectivamente, como a saída do sistema característico inverso $D_*^{-1}[\cdot]$. As operações requeridas para a decomposição da Equação 13.85 são mostradas na Figura 13.8. Esse método de fatorar uma sequência em suas componentes de fase mínima e máxima foi usado por Smith e Barnwell (1986) no projeto de bancos de filtros. Note que atribuímos arbitrariamente $\hat{x}[0]$ a $\hat{x}_{mn}[0]$, e estabelecemos $\hat{x}_{mx}[0] = 0$. Obviamente, outras combinações são possíveis, pois tudo o que é requerido é que $\hat{x}_{mn}[0] + \hat{x}_{mx}[0] = \hat{x}[0]$.

As fórmulas de recursão da Seção 13.6.4 podem ser combinadas com a representação da Equação 13.85 para fornecer um resultado interessante para sequências de comprimento finito. Especificamente, apesar da extensão infinita do cepstrum complexo de uma sequência de comprimento finito, podemos mostrar que, para uma sequência de entrada de comprimento $M + 1$, precisamos apenas de $M + 1$ amostras de $\hat{x}[n]$ para determinar $x[n]$. Para entender isso, considere a transformada z da Equação 13.85, isto é,

$$X(z) = X_{mn}(z)X_{mx}(z), \qquad (13.89a)$$

sendo

$$X_{mn}(z) = A\prod_{k=1}^{M_i}(1 - a_k z^{-1}), \qquad (13.89b)$$

$$X_{mx}(z) = \prod_{k=1}^{M_o}(1 - b_k z), \qquad (13.89c)$$

com $|a_k| < 1$ e $|b_k| < 1$. Note que desconsideramos o atraso de M_o amostras que seria necessário para uma sequência causal, de modo que $x_{mn}[n] = 0$ fora do intervalo $0 \le n \le M_i$ e $x_{mx}[n] = 0$ fora do intervalo $-M_o \le n \le 0$. Como a sequência $x[n]$ é a convolução de $x_{mn}[n]$ e $x_{mx}[n]$, ela é não nula no intervalo $-M_o \le n \le M_i$. Usando as fórmulas de recursão anteriores, podemos escrever

$$x_{mn}[n] = \begin{cases} 0, & n < 0, \\ e^{\hat{x}[0]}, & n = 0, \\ \hat{x}[n]x_{mn}[0] + \sum_{k=0}^{n-1}\left(\frac{k}{n}\right)\hat{x}[k]x_{mn}[n-k], & n > 0, \end{cases}$$
(13.90)

e

$$x_{mx}[n] = \begin{cases} \hat{x}[n] + \sum_{k=n+1}^{0}\left(\frac{k}{n}\right)\hat{x}[k]x_{mx}[n-k], & n < 0, \\ 1, & n = 0, \\ 0, & n > 0. \end{cases}$$
(13.91)

Claramente, requeremos $M_i + 1$ valores de $\hat{x}[n]$ para calcular $x_{mn}[n]$ e M_o valores de $\hat{x}[n]$ para calcular $x_{mx}[n]$. Assim, apenas $M_i + M_o + 1$ valores da sequência infinita $\hat{x}[n]$ são requeridos para recuperar completamente os componentes de fase mínima e fase máxima da sequência de comprimento finito $x[n]$.

Como mencionado na Seção 13.7, o resultado que acabamos de obter poderia ser usado para implementar o sistema característico inverso para convolução quando o cepstrum tivesse sido calculado a partir das raízes de polinômios. Simplesmente precisamos calcular $x_{mn}[n]$ e $x_{mx}[n]$ pelas recursões das equações 13.90 e 13.91 e então reconstruir o sinal original pela convolução $x[n] = x_{mn}[n] * x_{mx}[n]$.

13.9 Cepstrum complexo para um modelo multipercurso simples

Como discutido no Exemplo 13.1, um modelo altamente simplificado de multipercurso ou reverberação consiste em representar o sinal recebido como a convolução do sinal transmitido com um trem de impulsos. Especificamente, com $v[n]$ denotando um sinal transmitido e $p[n]$ a resposta ao impulso de um canal multipercurso ou outro sistema gerando múltiplos ecos,

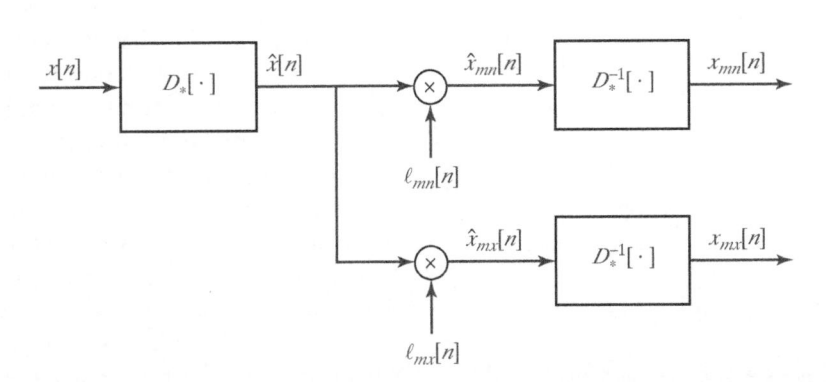

Figura 13.8 O uso da desconvolução homomórfica para separar uma sequência em componentes de fase mínima e fase máxima.

$$x[n] = v[n] * p[n], \qquad (13.92a)$$

ou, no domínio da transformada z,

$$X(z) = V(z)P(z). \qquad (13.92b)$$

Em nossa análise nesta seção, escolhemos $p[n]$ da forma

$$p[n] = \delta[n] + \beta\delta[n - N_0] + \beta^2\delta[n - 2N_0], \quad (13.93a)$$

e sua transformada z é, então,

$$P(z) = 1 + \beta z^{-N_0} + \beta^2 z^{-2N_0} = \frac{1 - \beta^3 z^{-3N_0}}{1 - \beta z^{-N_0}}. \quad (13.93b)$$

Por exemplo, $p[n]$ poderia corresponder à resposta ao impulso de um canal multipercurso ou outro sistema que gera múltiplos ecos com um espaçamento de N_0 e $2N_0$. O componente $v[n]$ será considerado como a resposta de um sistema de segunda ordem, de modo que

$$V(z) = \frac{b_0 + b_1 z^{-1}}{(1 - re^{j\theta}z^{-1})(1 - re^{-j\theta}z^{-1})}, \quad |z| > |r|. \quad (13.94a)$$

No domínio do tempo, $v[n]$ pode ser expresso como

$$v[n] = b_0 w[n] + b_1 w[n-1], \qquad (13.94b)$$

em que

$$w[n] = \frac{r^n}{4\,\text{sen}^2\theta}\{\cos(\theta n) - \cos[\theta(n+2)]\}u[n], \quad \theta \neq 0, \pi. \qquad (13.94c)$$

Na Figura 13.9 é mostrado o diagrama de polos e zeros da transformada z $X(z) = V(z)P(z)$ para o conjunto específico de parâmetros $b_0 = 0{,}98$, $b_1 = 1$, $\beta = r = 0{,}9$, $\theta = \pi/6$ e $N_0 = 15$. Na Figura 13.10 são mostrados

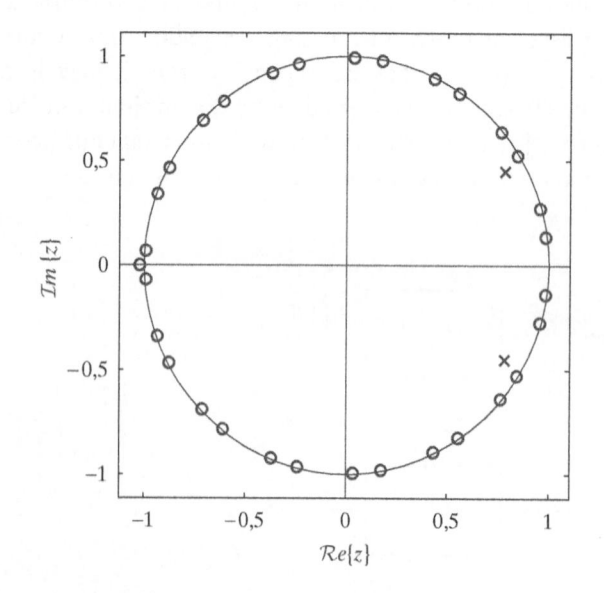

Figura 13.9 Diagrama de polos e zeros da transformada z $X(z) = V(z)P(z)$ para o sinal do exemplo da Figura 13.10.

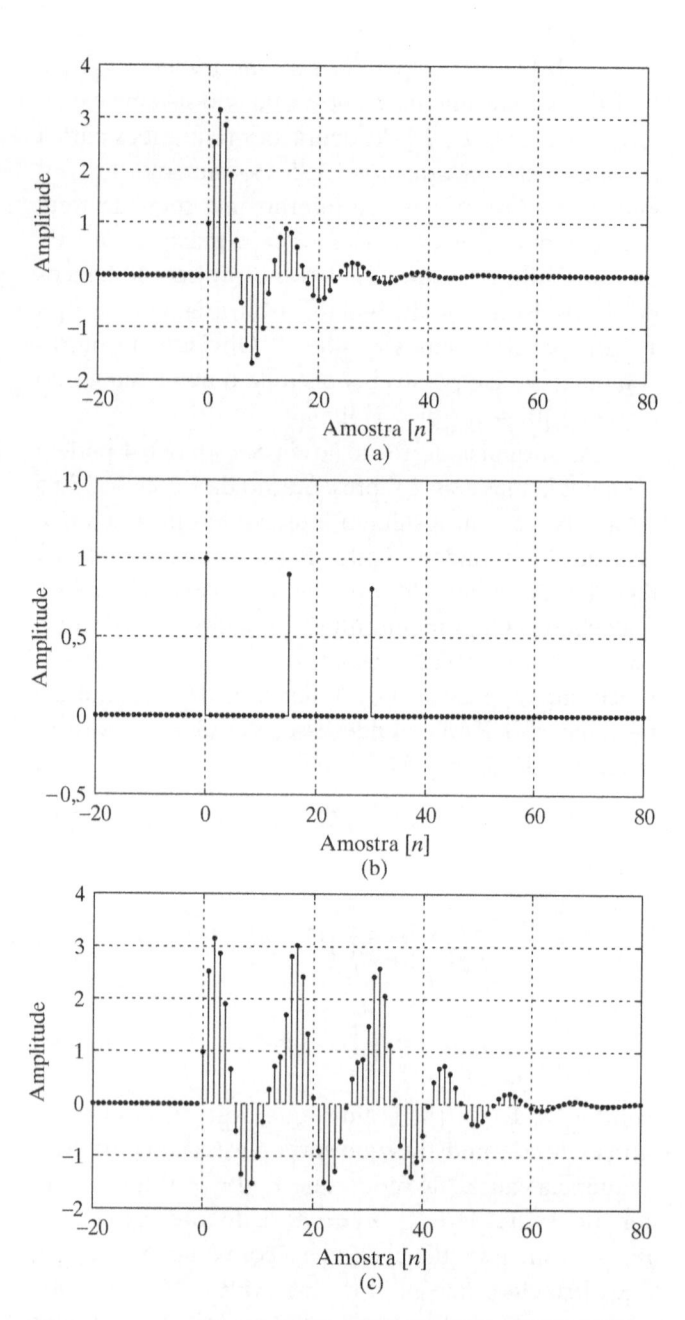

Figura 13.10 As sequências: (a) $v[n]$, (b) $p[n]$ e (c) $x[n]$ correspondentes ao diagrama de polos e zeros da Figura 13.9.

os sinais $v[n]$, $p[n]$ e $x[n]$ para esses parâmetros. Como visto na Figura 13.10, a convolução do sinal tipo pulso $v[n]$ com o trem de impulsos $p[n]$ resulta em uma série de cópias atrasadas e sobrepostas (ecos) de $v[n]$.

Esse modelo de sinal é uma versão simplificada de modelos que são usados em análise e processamento de sinais em diversos contextos, incluindo sistemas de comunicação, processamento de voz, sonar e análise de dados sísmicos. Em um contexto de comunicações, $v[n]$ nas equações 13.92(a) e (b) pode representar um sinal transmitido por um canal multipercurso, $x[n]$ o sinal recebido e $p[n]$ a resposta ao impulso do canal. No processamento de voz, $v[n]$ representaria os efeitos combinados do formato do pulso glotal e os efeitos de ressonância do trato vocal humano, enquanto $p[n]$ representaria a periodicidade da excitação vocal durante voz sonora como um som de vogal (Flanagan, 1972; Rabiner e Schafer, 1978; Quatieri, 2002). A Equação 13.94(a) incorpora apenas uma ressonância, enquanto no modelo geral de voz, o denominador geralmente incluiria pelo menos dez polos complexos. Na análise de dados sísmicos, $v[n]$ representaria a forma de onda de um pulso acústico propagando-se na terra devido a uma explosão de dinamite ou um distúrbio similar. O componente impulsivo $p[n]$ representaria reflexões nas fronteiras entre camadas com diferentes características de propagação. No uso prático de tal modelo, haveria mais impulsos em $p[n]$ do que assumimos na Equação 13.93(a), e eles seriam espaçados de forma não uniforme. Além disso, o componente $V(z)$ geralmente envolveria muito mais zeros, e muitas vezes nenhum polo é incluído no modelo (Ulrych, 1971; Tribolet, 1979; Robinson e Treitel, 1980).

Embora o modelo discutido seja uma representação altamente simplificada daquela encontrada em aplicações típicas, é analiticamente conveniente e útil obter fórmulas exatas para comparar com resultados calculados numericamente obtidos de sinais amostrados. Além disso, veremos que esse modelo simples ilustra todas as propriedades importantes do cepstrum de um sinal com uma transformada z racional.

Na Seção 13.9.1, obtemos analiticamente o cepstrum complexo do sinal recebido $x[n]$. Na Seção 13.9.2, ilustramos o cálculo numérico do cepstrum complexo usando a TFD, e na Seção 13.9.3, ilustramos a técnica de desconvolução homomórfica.

13.9.1 Cálculo do cepstrum complexo por análise com a transformada z

Para determinar uma equação para $\hat{x}[n]$, o cepstrum complexo de $x[n]$ para o modelo simples da Equação 13.92(a), usamos as relações

$$\hat{x}[n] = \hat{v}[n] + \hat{p}[n], \quad (13.95a)$$

$$\hat{X}(z) = \hat{V}(z) + \hat{P}(z), \quad (13.95b)$$

$$\hat{X}(z) = \log[X(z)], \quad (13.96a)$$

$$\hat{V}(z) = \log[V(z)] \quad (13.96b)$$

e

$$\hat{P}(z) = \log[P(z)]. \quad (13.96c)$$

Para determinar $\hat{v}[n]$, podemos aplicar diretamente os resultados da Seção 13.5. Especificamente, para expressar $V(z)$ na forma da Equação 13.29, notamos primeiro que, para o sinal $X(z)$ específico na Figura 13.9, os polos de $V(z)$ estão no interior da circunferência unitária e o zero está fora ($r = 0{,}9$ e $b_0/b_1 = 0{,}98$), de modo que, de acordo com a Equação 13.29, reescrevemos $V(z)$ como

$$V(z) = \frac{b_1 z^{-1}(1 + (b_0/b_1)z)}{(1 - re^{j\theta}z^{-1})(1 - re^{-j\theta}z^{-1})}, \quad |z| > |r|. \quad (13.97)$$

Como discutido na Seção 13.5, o fator z^{-1} contribui com um componente linear para a fase desenrolada que forçará uma descontinuidade em $\omega = \pm\pi$ na transformada de Fourier de $\hat{v}[n]$, de modo que $\hat{V}(z)$ não será analítica sobre a circunferência unitária. Para evitar esse problema, podemos alterar $v[n]$ (e, portanto, também $x[n]$) com um deslocamento no tempo de uma amostra, de modo a obtermos alternativamente o cepstrum complexo de $v[n+1]$ e, consequentemente, também $x[n+1]$. Se $x[n]$ ou $v[n]$ tiver de ser ressintetizado após um processamento do cepstrum complexo, podemos lembrar desse deslocamento no tempo e compensá-lo na saída final.

Com $v[n]$ substituído por $v[n+1]$ e, de modo correspondente, $V(z)$ substituído por $zV(z)$, agora consideramos que $V(z)$ tem a forma

$$V(z) = \frac{b_1(1 + (b_0/b_1)z)}{(1 - re^{j\theta}z^{-1})(1 - re^{-j\theta}z^{-1})}. \quad (13.98)$$

Pelas equações 13.36(a) a (c), podemos escrever $\hat{v}[n]$ exatamente como

$$\hat{v}[n] = \begin{cases} \log b_1, & n = 0, \quad (13.99a) \\ \dfrac{1}{n}[(re^{j\theta})^n + (re^{-j\theta})^n], & n > 0, \quad (13.99b) \\ \dfrac{1}{n}\left(\dfrac{-b_0}{b_1}\right)^{-n}, & n < 0. \quad (13.99c) \end{cases}$$

Para determinar $\hat{p}[n]$, podemos obter a transformada z inversa de $\hat{P}(z)$, que, pela Equação 13.93(b), é

$$\hat{P}(z) = \log(1 - \beta^3 z^{-3N_0}) - \log(1 - \beta z^{-N_0}), \quad (13.100)$$

em que, para o nosso exemplo, $\beta = 0{,}9$ e, consequentemente, $|\beta| < 1$. Uma abordagem para determinar a transformada z inversa da Equação 13.100 é usar a expansão em série de potências de $\hat{P}(z)$. Especificamente, como $|\beta| < 1$,

$$\hat{P}(z) = -\sum_{k=1}^{\infty} \frac{\beta^{3k}}{k} z^{-3N_0 k} + \sum_{k=1}^{\infty} \frac{\beta^k}{k} z^{-N_0 k}, \quad (13.101)$$

do que segue que $\hat{p}[n]$ é

$$\hat{p}[n] = -\sum_{k=1}^{\infty} \frac{\beta^{3k}}{k} \delta[n - 3N_0 k] + \sum_{k=1}^{\infty} \frac{\beta^k}{k} \delta[n - N_0 k]. \quad (13.102)$$

Uma abordagem alternativa para obter $\hat{p}[n]$ consiste em usar a propriedade desenvolvida no Problema 13.28.

Pela Equação 13.95(a), o cepstrum complexo de $x[n]$ é

$$\hat{x}[n] = \hat{v}[n] + \hat{p}[n], \qquad (13.103)$$

em que $\hat{v}[n]$ e $\hat{p}[n]$ são dados pelas equações 13.99(a) a (c) e 13.102, respectivamente. As sequências $\hat{v}[n], \hat{p}[n]$ e $\hat{x}[n]$ são mostradas na Figura 13.11.

O cepstrum de $x[n]$, $c_x[n]$, é a componente par de $\hat{x}[n]$, isto é,

$$c_x[n] = \tfrac{1}{2}(\hat{x}[n] + \hat{x}[-n]) \qquad (13.104)$$

e além disso

$$c_x[n] = c_v[n] + c_p[n]. \qquad (13.105)$$

Pelas equações 13.99(a) a (c),

$$c_v[n] = \log(b_1)\delta[n] + \sum_{k=1}^{\infty} \frac{(-1)^k (b_0/b_1)^{-k}}{2k}(\delta[n-k]+\delta[n+k])$$

$$+ \sum_{k=1}^{\infty} \frac{r^k \cos(\theta k)}{k}(\delta[n-k]+\delta[n+k]),$$

(13.106a)

e pela Equação 13.102,

$$c_p[n] = -\frac{1}{2}\sum_{k=1}^{\infty} \frac{\beta^{3k}}{k}\{\delta[n-3N_0 k]+\delta[n+3N_0 k]\}$$

$$+ \frac{1}{2}\sum_{k=1}^{\infty} \frac{\beta^k}{k}\{\delta[n-N_0 k]+\delta[n+N_0 k]\}.$$

(13.106b)

As sequências $c_v[n]$, $c_p[n]$ e $c_x[n]$ para esse exemplo são mostradas na Figura 13.12.

13.9.2 Cálculo do cepstrum usando a TFD

Nas figuras 13.11 e 13.12, mostramos os cepstra complexos e os cepstra correspondentes ao cálculo das expressões analíticas obtidas na Seção 13.9.1. Na maioria das aplicações, não temos fórmulas matemáticas simples para os valores do sinal e, consequentemente, não podemos determinar $\hat{x}[n]$ ou $c_x[n]$ analiticamente. Porém, para sequências de comprimento finito, podemos usar ou raízes de polinômio ou a TFD para calcular numericamente o cepstrum complexo. Nesta seção, ilustramos o uso da TFD no cálculo do cepstrum complexo e do cepstrum de $x[n]$ para o exemplo desta seção.

Para calcular o cepstrum complexo ou o cepstrum usando a TFD como na Figura 13.4(a), é preciso que a entrada seja de duração finita. Assim, para o modelo de sinal discutido no início desta seção, $x[n]$ precisa ser truncado. Nos exemplos discutidos nesta seção, o sinal $x[n]$ na Figura 13.10(c) foi truncado em $N = 1024$ amostras e TFDs de 1024 pontos foram usadas no sistema da Figura 13.4(a) para calcular o cepstrum complexo e o cepstrum do sinal. Na Figura 13.13 mostram-se as transformadas de Fourier que estão envolvidas no cálculo numérico do cepstrum complexo. Na Figura 13.13(a) é mostrado o logaritmo da magnitude da TFD de 1024 amostras de $x[n]$ na Figura 13.10, com as amostras de TFD conectadas no gráfico para sugerir a aparência da TFTD da sequência de entrada de comprimento finito. Na Figura 13.13(b) mostra-se o valor principal da fase. Note as descontinuidades à medida que a fase excede $\pm\pi$ e enrola-se em torno do mod 2π. Na Figura 13.13(c) mostra-se a curva de fase "desenrolada" contínua obtida como discutido na Seção 13.6.1. Como discutido

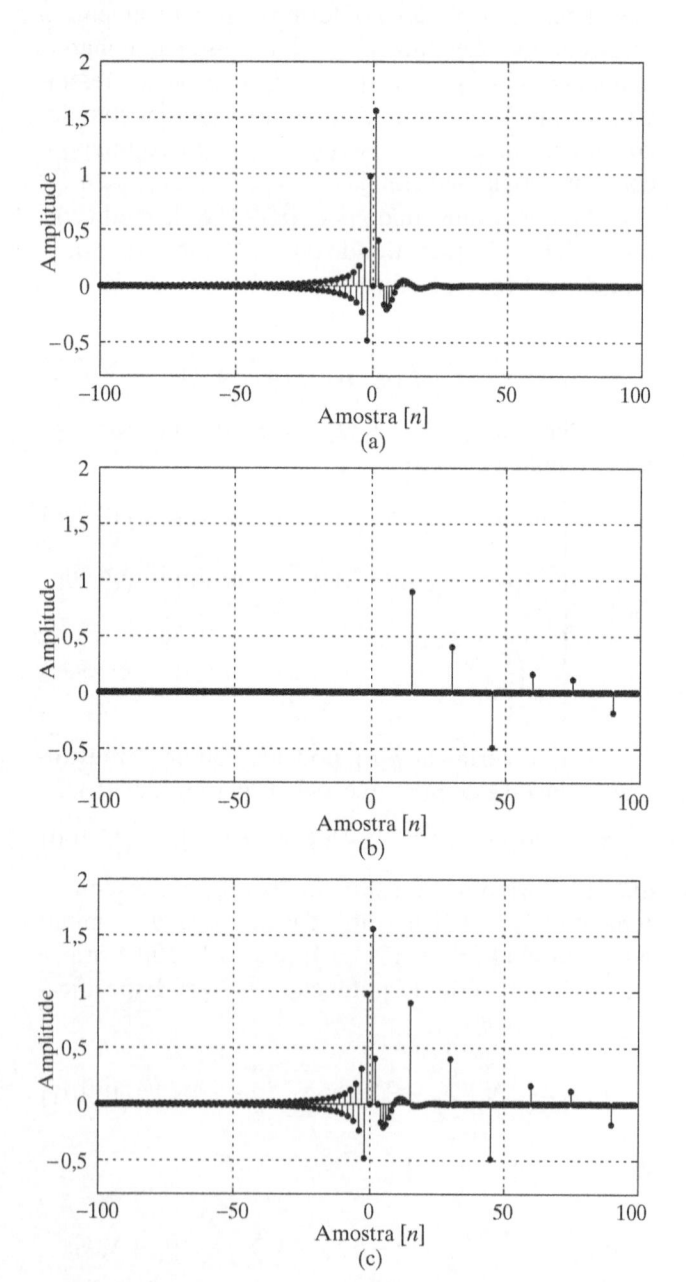

Figura 13.11 As sequências: (a) $\hat{v}[n]$, (b) $\hat{p}[n]$ e (c) $\hat{x}[n]$.

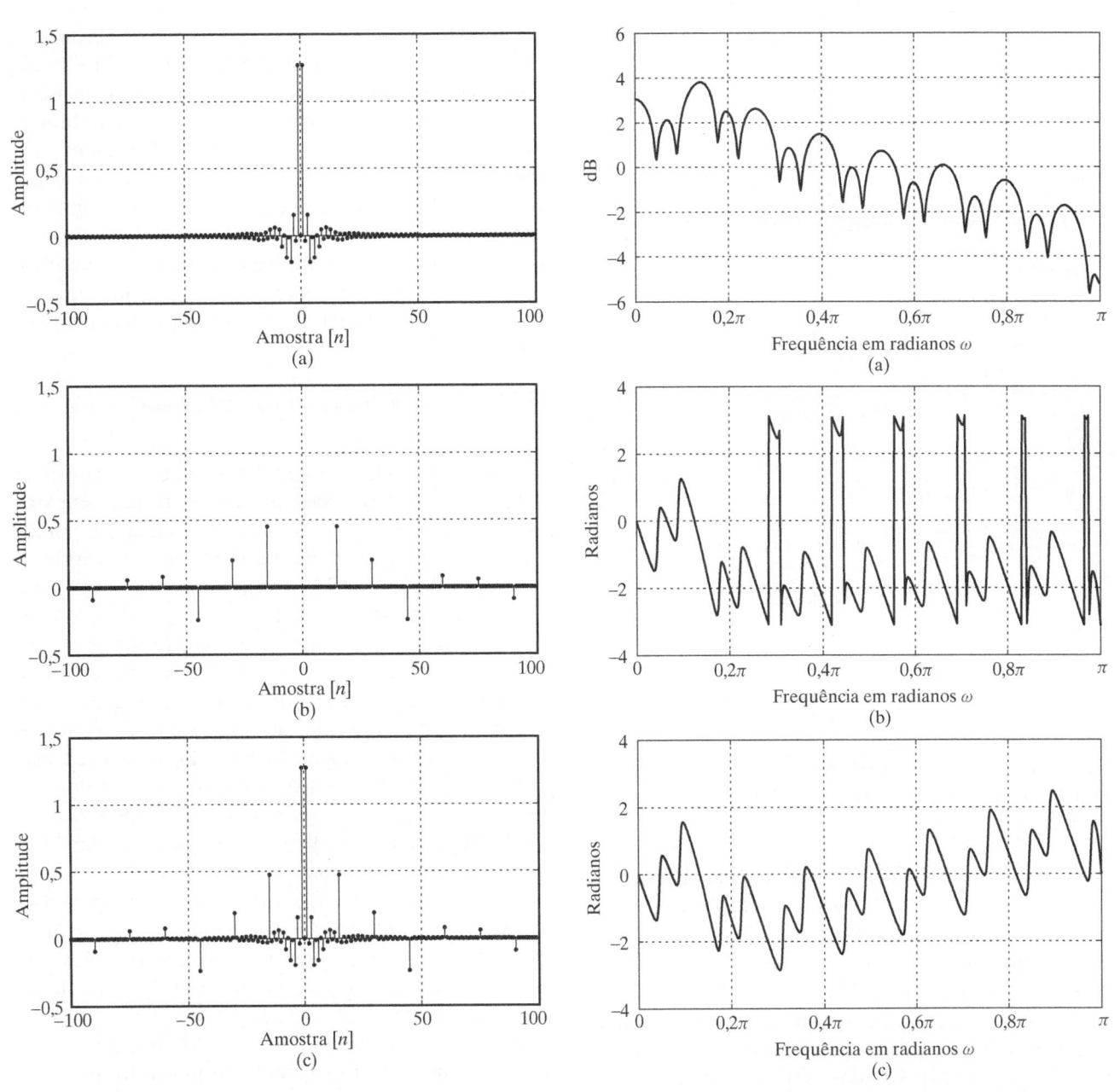

Figura 13.12 As sequências: (a) $c_v[n]$, (b) $c_p[n]$ e (c) $c_x[n]$.

Figura 13.13 Transformadas de Fourier de $x[n]$ da Figura 13.10. (a) Magnitude logarítmica. (b) Valor principal da fase. (c) Fase "desenrolada" contínua após a remoção de um componente de fase linear do item (b). As amostras da TFD estão conectadas por segmentos de reta.

anteriormente, e como fica evidente ao compararmos cuidadosamente as figuras 13.13(b) e (c), um componente de fase linear correspondente a um atraso de uma amostra foi removido de modo que a curva de fase desenrolada fosse contínua em 0 e π. Assim, a fase desenrolada da Figura 13.13(c) corresponde a $x[n+1]$ em vez de a $x[n]$.

As figuras 13.13(a) e (c) correspondem ao cálculo das amostras das partes real e imaginária, respectivamente, da TFTD do cepstrum complexo. Somente a faixa de frequência $0 \leq \omega \leq \pi$ é mostrada, pois a função da Figura 13.13(a) é par e periódica com período 2π, e a função da Figura 13.13(c) é ímpar e periódica com período 2π. Ao examinar os gráficos nas figuras 13.13(a) e (c), notamos que elas têm a aparência geral de um componente periódico (em frequência) que varia rapidamente, acrescentado a um componente que varia mais lentamente. O componente que varia periodicamente, de fato, corresponde a $\hat{P}(e^{j\omega})$, e o componente que varia mais lentamente, a $\hat{V}(e^{j\omega})$.

Na Figura 13.14(a), mostramos a transformada de Fourier inversa do logaritmo complexo da TFD, isto é, o cepstrum complexo com *aliasing* no tempo $\hat{x}_p[n]$. Note os impulsos em múltiplos inteiros de $N_0 = 15$. Eles são

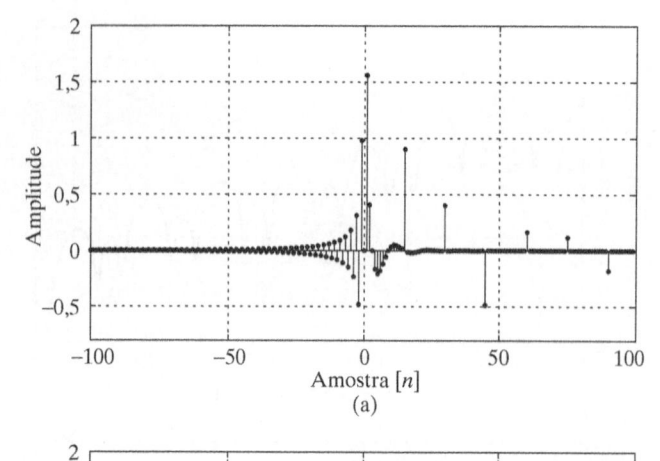

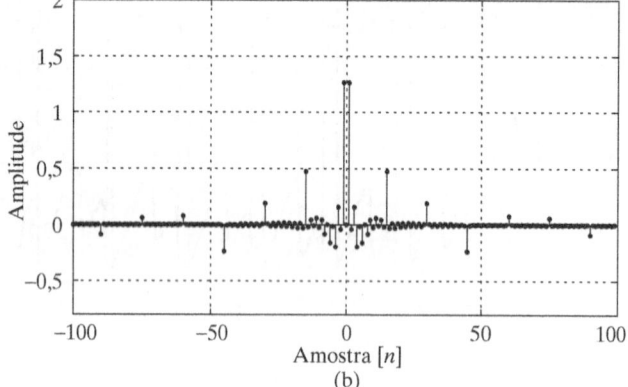

Figura 13.14 (a) Cepstrum complexo $\hat{x}_p[n]$ da sequência da Figura 13.10(c). (b) Cepstrum $c_x[n]$ da sequência na Figura 13.10(c).

resultado da contribuição de $\hat{p}[n]$ e correspondem ao componente periódico que varia rapidamente, observado no logaritmo da TFD. Vemos também que, como o sinal de entrada não é de fase mínima, o cepstrum complexo é não nulo para $n < 0$.[9]

Como um grande número de pontos foi usado no cálculo das TFDs, o cepstrum complexo com *aliasing* no tempo difere muito pouco dos valores exatos que seriam obtidos pelo uso das equações 13.99(a) a (c), 13.102 e 13.103 para os valores específicos dos parâmetros usados para gerar o sinal de entrada da Figura 13.10.

O cepstrum com *aliasing* no tempo $c_{xp}[n]$ para esse exemplo é mostrado na Figura 13.14(b). Assim como o cepstrum complexo, os impulsos em múltiplos de 15 são evidentes, correspondendo ao componente periódico do logaritmo da magnitude da transformada de Fourier.

Como mencionamos no início desta seção, a convolução de um sinal $v[n]$ com um trem de impulsos como $p[n]$ é um modelo para um sinal que contém múl-tiplos ecos. Como $x[n]$ é uma convolução de $v[n]$ e $p[n]$, os instantes de eco frequentemente não são facilmente detectados examinando-se $x[n]$. No domínio cepstral, porém, o efeito de $p[n]$ está presente como um trem de impulsos aditivo e, consequentemente, a presença e a localização dos ecos com frequência são mais evidentes. Como discutido na Seção 13.1, foi essa a observação que motivou a proposta de Bogert, Healy e Tukey (1963) de que o cepstrum fosse usado como um meio para detectar ecos. Essa mesma ideia foi usada mais tarde por Noll (1967) como uma base para detectar o *pitch* vocal em sinais de voz.

13.9.3 Desconvolução homomórfica para o modelo multipercurso

Para o modelo multipercurso que é a base para a Seção 13.9, o componente do logaritmo complexo que varia lentamente e, de modo equivalente, a porção de "baixos tempos" (baixas quefrências) do cepstrum complexo foram devidos principalmente a $v[n]$. De modo correspondente, o componente de variação mais rápida do logaritmo complexo e a porção de "altos tempos" (altas quefrências) do cepstrum complexo foram devidos principalmente a $p[n]$. Isso sugere que os dois componentes convoluídos de $x[n]$ podem ser separados pela aplicação de filtragem linear ao logaritmo da transformada de Fourier (isto é, filtragem invariante na frequência) ou, de modo equivalente, os componentes do cepstrum complexo podem ser separados janelando-se ou partilhando no tempo o cepstrum complexo.

Na Figura 13.15(a) mostram-se as operações envolvidas na separação dos componentes de uma convolução pela filtragem do logaritmo complexo da transformada de Fourier de um sinal. O filtro linear invariante na frequência pode ser implementado pela convolução do domínio da frequência ou, como indicado na Figura 13.15(b), pela multiplicação no domínio do tempo. Na Figura 13.16(a) mostra-se a resposta temporal de um sistema linear invariante na frequência passa-baixas como requerido para se recuperar uma aproximação para $v[n]$, e na Figura 13.16(b) é mostrada a resposta temporal de um sistema linear invariante na frequência passa-altas para recuperar uma aproximação para $p[n]$.[10]

Na Figura 13.17 mostra-se o resultado da filtragem invariante na frequência passa-baixas. As curvas com variação mais rápida nas figuras 13.17(a) e (b) são o logaritmo complexo da transformada de Fourier do sinal

---

[9] Ao usarmos a TFD para obter a transformada de Fourier inversa nas figuras 13.13(a) e (c), os valores associados com $n < 0$ normalmente apareceriam no intervalo $N/2 < n \leq N - 1$. Tradicionalmente, as sequências temporais são exibidas com $n = 0$ no centro, de modo que reposicionamos $\hat{x}_p[n]$ apropriadamente e mostramos apenas um total de 201 pontos simetricamente em torno de $n = 0$.

[10] Na Figura 13.16 supõe-se que os sistemas $D_*[\cdot]$ e $D_*^{-1}[\cdot]$ sejam implementados usando a TFD, como na Figura 13.4.

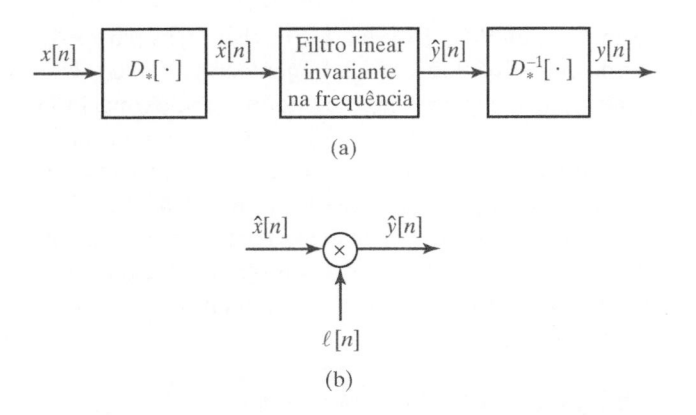

Figura 13.15 (a) Sistema para desconvolução homomórfica. (b) Representação no domínio do tempo para a filtragem invariante na frequência.

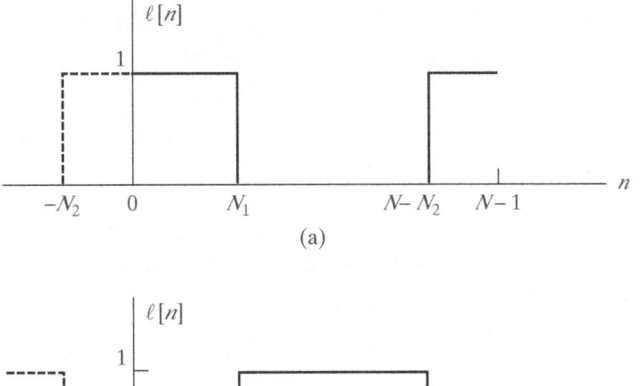

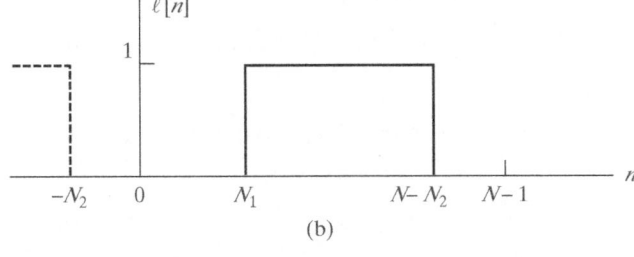

Figura 13.16 Resposta temporal de sistemas lineares invariantes na frequência para a desconvolução homomórfica. (a) Sistema passa-baixas. (b) Sistema passa-altas. (A linha sólida indica a envoltória da sequência $\ell[n]$ do modo como seria usada em uma implementação por TFD. A linha tracejada indica a extensão periódica.)

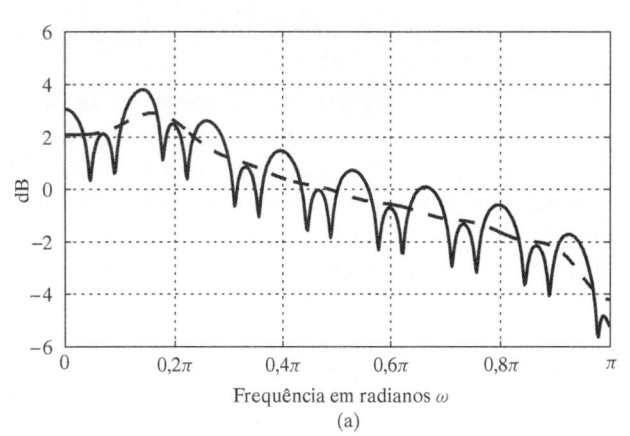

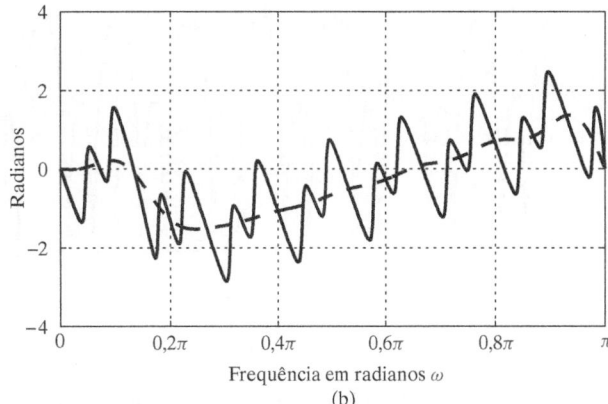

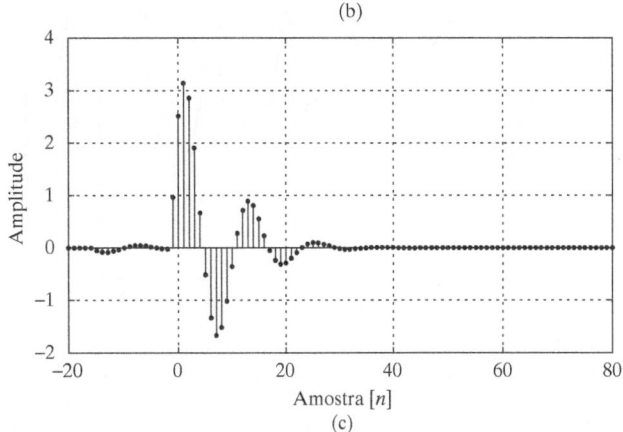

Figura 13.17 Filtragem linear invariante na frequência passa-baixas no sistema da Figura 13.15. (a) Partes reais das transformadas de Fourier da entrada (linha sólida) e da saída (linha tracejada) do sistema passa-baixas com $N_1 = 14$ e $N_2 = 14$ da Figura 13.16(a). (b) Partes imaginárias da entrada (linha sólida) e da saída (linha tracejada). (c) Sequência de saída $y[n]$ para a entrada da Figura 13.10(c).

de entrada, isto é, a transformada de Fourier do cepstrum complexo. As curvas de variação lenta (tracejada) nas figuras 13.17(a) e (b) são as partes real e imaginária, respectivamente, da transformada de Fourier de $\hat{y}[n]$, quando o sistema linear invariante na frequência $\ell[n]$ é da forma da Figura 13.16(a) com $N_1 = 14$, $N_2 = 14$ e com o sistema da Figura 13.15 implementado pelo uso de TFDs de comprimento $N = 1024$. A Figura 13.17(c) mostra a saída correspondente $y[n]$. Essa sequência é a aproximação para $v[n]$ obtida pela desconvolução homomórfica. Para relacionar essa saída $y[n]$ com $v[n]$, lembre-se de que, no cálculo da fase desenrolada, o componente de fase linear foi removido, o que corresponde a um deslocamento no tempo de uma amostra em $v[n]$. Consequentemente, $y[n]$ na Figura 13.17(c) corresponde a uma aproximação para $v[n+1]$ obtida pela desconvolução homomórfica.

Esse tipo de filtragem tem sido usado com sucesso em processamento de voz para recuperar a informação da resposta do trato vocal (Oppenheim, 1969b; Schafer e Rabiner, 1970) e na análise de sinais sísmicos para recuperar leves ondulações (*wavelets*) sísmicas (Ulrych, 1971; Tribolet, 1979).

Na Figura 13.18 é mostrado o resultado da filtragem invariante na frequência passa-altas. As curvas que variam rapidamente nas figuras 13.18(a) e (b) são as partes real e imaginária, respectivamente, da transformada de Fourier de $\hat{y}[n]$ quando o sistema linear invariante na frequência $\ell[n]$ é da forma da Figura 13.16(b) com $N_1 = 14$ e $N_2 = 512$ (isto é, as partes de tempo negativo são completamente removidas). Novamente, o sistema é implementado usando uma TFD de 1024 pontos. Na Figura 13.18(c) é mostrada a saída correspondente $y[n]$. Essa sequência é a aproximação de $p[n]$ obtida pela desconvolução homomórfica. Em contraste com o uso do cepstrum para *detectar* ecos ou periodicidade, essa técnica busca obter o trem de impulsos que especifica o local e a dimensão das cópias repetidas de $v[n]$.

13.9.4 Decomposição de fase mínima

Na Seção 13.8.1, discutimos formas de como a desconvolução homomórfica poderia ser usada para decompor uma sequência em componentes de fase mínima e passa-tudo ou componentes de fase mínima e fase máxima. Aplicaremos essas técnicas ao modelo de sinal da Seção 13.9. Especificamente, para os parâmetros do exemplo, a transformada z da entrada é

$$X(z) = V(z)P(z) = \frac{(0{,}98 + z^{-1})(1 + 0{,}9z^{-15} + 0{,}81z^{-30})}{(1 - 0{,}9e^{j\pi/6}z^{-1})(1 - 0{,}9e^{-j\pi/6}z^{-1})}.$$
(13.107)

Primeiro, podemos escrever $X(z)$ como o produto de uma transformada z de fase mínima e uma transformada z passa-tudo; isto é,

$$X(z) = X_{mín}(z)X_{ap}(z), \qquad (13.108)$$

sendo

$$X_{mín}(z) = \frac{(1 + 0{,}98z^{-1})(1 + 0{,}9z^{-15} + 0{,}81z^{-30})}{(1 - 0{,}9e^{j\pi/6}z^{-1})(1 - 0{,}9e^{-j\pi/6}z^{-1})}$$
(13.109)

e

$$X_{ap}(z) = \frac{0{,}98 + z^{-1}}{1 + 0{,}98z^{-1}}. \qquad (13.110)$$

As sequências $x_{mín}[n]$ e $x_{ap}[n]$ podem ser obtidas usando métodos de expansão em frações parciais do Capítulo 3, e os cepstra complexos correspondentes $\hat{x}_{mín}[n]$ e $\hat{x}_{ap}[n]$ podem ser obtidos usando a técnica de série de potências da Seção 13.5 (veja o Problema 13.25). Alternativamente, $\hat{x}_{mín}[n]$ e $\hat{x}_{ap}[n]$ podem ser obtidos exatamente a partir de $\hat{x}[n]$ pelas operações discutidas na Seção 13.8.1 e como indicado na Figura 13.7. Se os sistemas característicos na Figura 13.7 são implementados usando a TFD, então a separação é apenas aproximada, pois $x_{ap}[n]$ é infinitamente longo, mas o erro de aproximação pode ser pequeno sobre o intervalo em que $x_{ap}[n]$ é grande se o comprimento da TFD for grande o suficiente. Na Figura 13.19(a) mostra-se o cepstrum complexo para $x[n]$ calculado usando uma TFD de 1024 pontos,

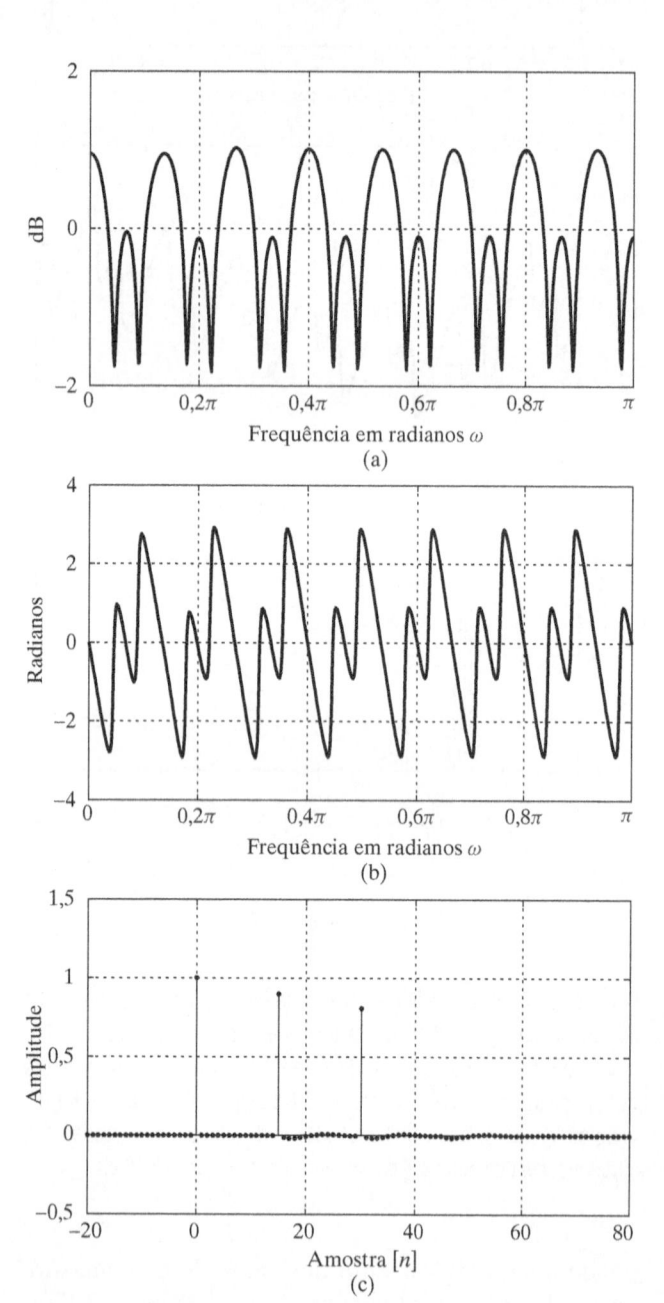

Figura 13.18 Exemplo da filtragem linear invariante na frequência passa-altas no sistema da Figura 13.15. (a) Parte real da transformada de Fourier da saída do sistema invariante na frequência passa-altas com $N_1 = 14$ e $N_2 = 512$ da Figura 13.16(b). (b) Parte imaginária para as condições do item (a). (c) Sequência de saída $y[n]$ para a entrada da Figura 13.10.

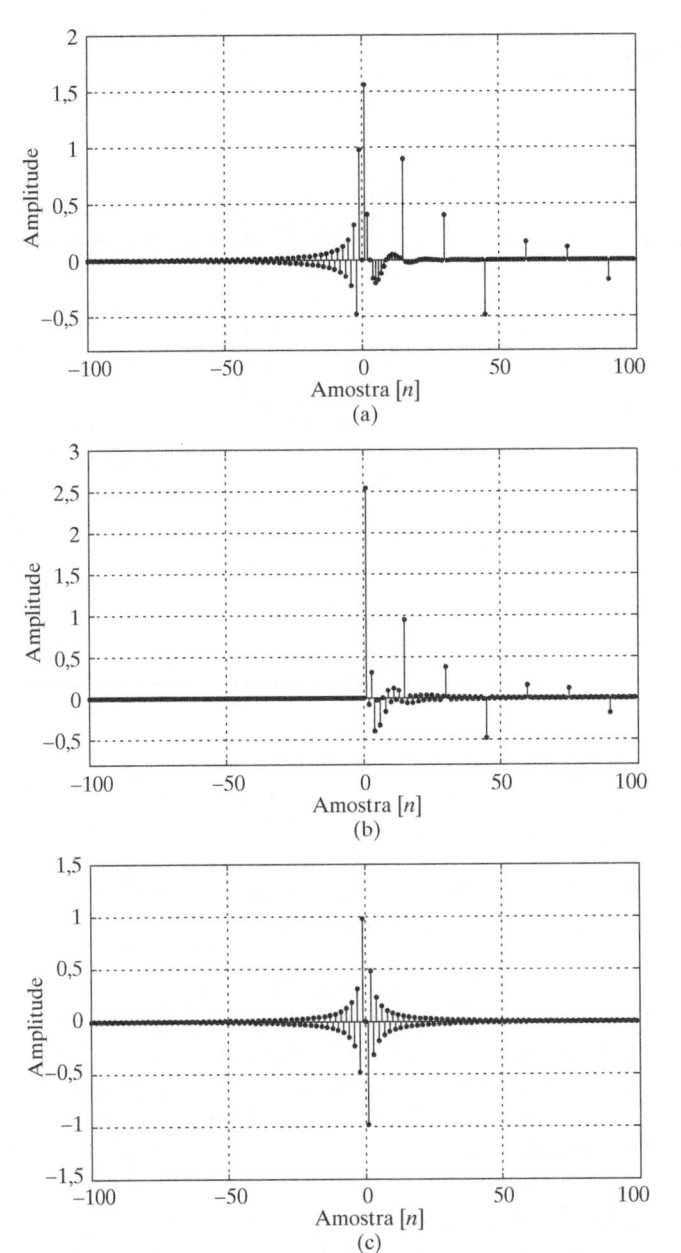

Figura 13.19 (a) Cepstrum complexo de $x[n] = x_{mín}[n] * x_{ap}[n]$. (b) Cepstrum complexo de $x_{mín}[n]$. (c) Cepstrum complexo de $x_{ap}[n]$.

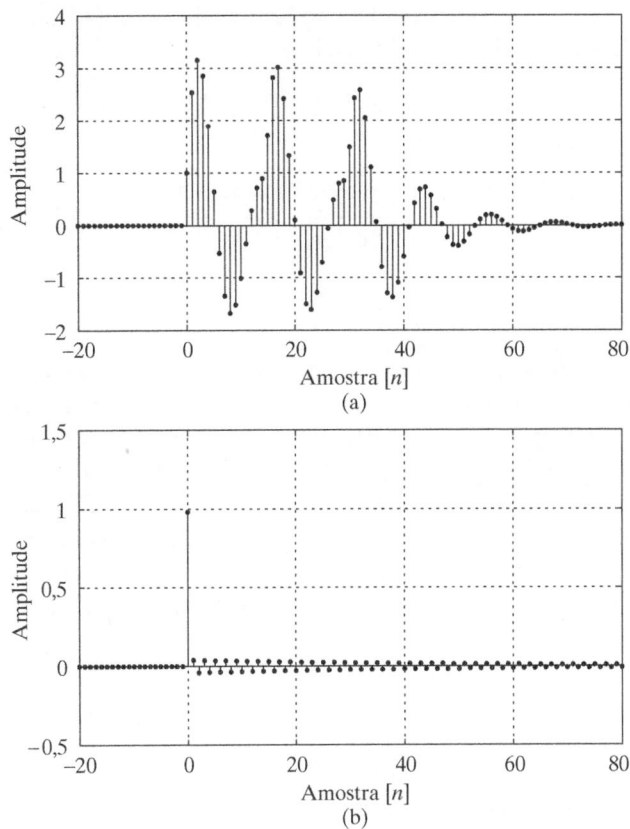

Figura 13.20 (a) Saída de fase mínima. (b) Saída passa-tudo obtida como representado na Figura 13.7.

novamente com o atraso de uma amostra no tempo removido de $v[n]$, de modo que a fase é contínua em π. Na Figura 13.19(b) mostra-se o cepstrum complexo do componente de fase mínima $\hat{x}_{mín}[n]$, e na Figura 13.19(c) é mostrado o cepstrum complexo do componente passa-tudo $\hat{x}_{ap}[n]$ obtido pelas operações da Figura 13.7 com $D_*[\cdot]$ implementado como na Figura 13.4(a).

Usar a TFD, como na Figura 13.4(b), para implementar o sistema $D_*^{-1}[\cdot]$ fornece as aproximações dos componentes de fase mínima e passa-tudo mostrados nas figuras 13.20(a) e (b), respectivamente. Como todos os zeros de $P(z)$ estão no interior da circunferência unitária, todo $P(z)$ está incluído na transformada z de fase mínima ou, de modo equivalente, $\hat{p}[n]$ está totalmente incluído em $\hat{x}_{mín}[n]$. Assim, o componente de fase mínima consiste em réplicas atrasadas e com um fator de escala do componente de fase mínima de $v[n]$. Portanto, o componente de fase mínima da Figura 13.20(a) parece ser muito similar à entrada mostrada na Figura 13.10(c). Pela Equação 13.110, pode-se mostrar que o componente passa-tudo é

$$x_{ap}[n] = 0{,}98\delta[n] + 0{,}0396(-0{,}98)^{n-1} u[n-1]. \quad (13.111)$$

O resultado da Figura 13.20(b) está muito próximo desse resultado ideal para valores pequenos de n, em que os valores de sequência são de amplitude significativa. Esse exemplo ilustra uma técnica de decomposição que foi aplicada por Bauman, Lipshitz e Vanderkooy (1985) na análise e caracterização da resposta de transdutores eletroacústicos. Uma técnica de decomposição similar pode ser usada para fatorar funções de magnitude quadrática requeridas no projeto de filtros digitais (veja o Problema 13.27).

Como uma alternativa à decomposição fase mínima/passa-tudo, podemos expressar $X(z)$ como o produto de uma transformada z de fase mínima e uma transformada z de fase máxima; isto é,

$$X(z) = X_{mn}(z)X_{mx}(z), \qquad (13.112)$$

em que

$$X_{mn}(z) = \frac{z^{-1}(1 + 0{,}9z^{-15} + 0{,}81z^{-30})}{(1 - 0{,}9e^{j\pi/6}z^{-1})(1 - 0{,}9e^{-j\pi/6}z^{-1})} \qquad (13.113)$$

e

$$X_{mx}(z) = 0{,}98z + 1. \qquad (13.114)$$

As sequências $x_{mn}[n]$ e $x_{mx}[n]$ podem ser encontradas usando os métodos de expansão em frações parciais do Capítulo 3, e os cepstra complexos correspondentes $\hat{x}_{mn}[n]$ e $\hat{x}_{mx}[n]$ podem ser encontrados pelo uso da técnica de série de potências da Seção 13.5 (veja o Problema 13.25). Alternativamente, $\hat{x}_{mn}[n]$ e $\hat{x}_{mx}[n]$ podem ser obtidos exatamente a partir de $\hat{x}[n]$ pelas operações discutidas na Seção 13.8.2 e mostradas na Figura 13.8, com

$$\ell_{mn}[n] = u[n] \qquad (13.115)$$

e

$$\ell_{mx}[n] = u[-n-1]. \qquad (13.116)$$

Ou seja, a sequência de fase mínima agora é definida pela parte de tempo positivo do cepstrum complexo, e a parte de fase máxima é definida pela parte de tempo negativo do cepstrum complexo. Se os sistemas característicos na Figura 13.8 são implementados pelo uso da TFD, a parte de tempo negativa do cepstrum complexo é posicionada na segunda metade do intervalo da TFD. Nesse caso, a separação dos componentes de fase mínima e de fase máxima é apenas aproximada devido ao *aliasing* no tempo, mas o erro de *aliasing* no tempo pode se tornar pequeno escolhendo-se um comprimento de TFD suficientemente grande. Na Figura 13.19(a) mostra-se o cepstrum complexo de $x[n]$ calculado usando uma TFD de 1024 pontos. A Figura 13.21 mostra as duas sequências de saída que são obtidas a partir do cepstrum complexo da Figura 13.19(a) usando as equações 13.87 e 13.88, como na Figura 13.8 com o sistema característico inverso sendo implementado usando a TFD como na Figura 13.4(b). Como anteriormente, sendo que $\hat{p}[n]$ está totalmente incluído em $\hat{x}_{mn}[n]$, a saída correspondente $x_{mn}[n]$ consiste em réplicas atrasadas e em um fator de escala de uma sequência de fase mínima, e, assim, ela também se parece muito com a sequência de entrada. Porém, uma comparação cuidadosa das figuras 13.20(a) e 13.21(a) mostra que $x_{mín}[n] \neq x_{mn}[n]$. Pela Equação 13.114, a sequência de fase máxima é

$$x_{mx}[n] = 0{,}98\delta[n+1] + \delta[n]. \qquad (13.117)$$

A Figura 13.21(b) está muito próxima desse resultado ideal. (Note o deslocamento devido à remoção da

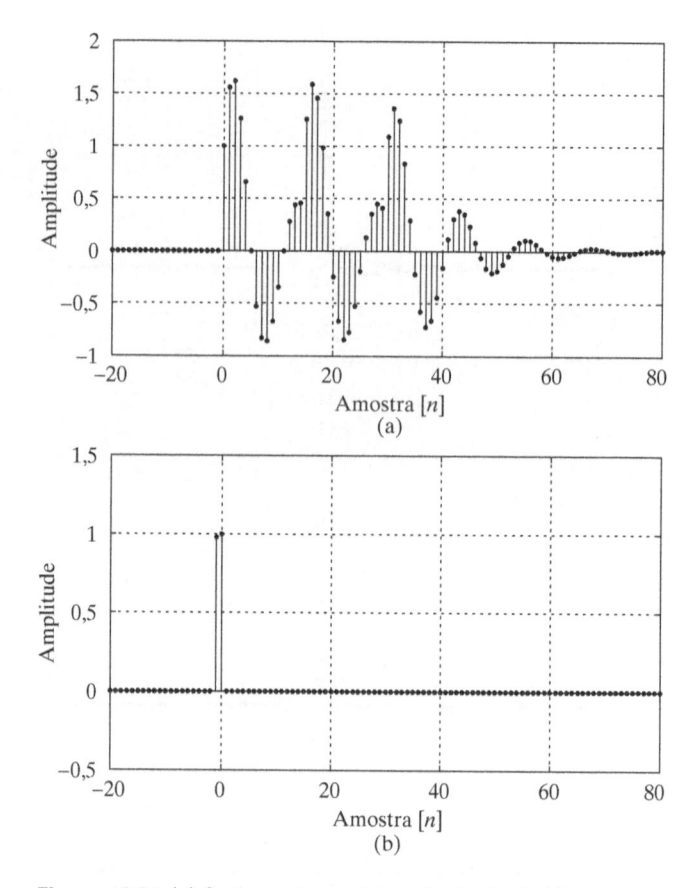

Figura 13.21 (a) Saída de fase mínima. (b) Saída de fase máxima obtida como representado na Figura 13.8.

fase linear no desenrolamento da fase.) Essa técnica de decomposição de fase mínima/fase máxima foi usada por Smith e Barnwell (1984) no projeto e implementação de bancos de filtro de reconstrução exata para análise e codificação de voz.

13.9.5 Generalizações

O exemplo na Seção 13.9 considerou um sinal exponencial simples que foi convoluído com um trem de impulsos para produzir uma série de réplicas atrasadas e multiplicadas escalarmente do sinal exponencial. Esse modelo ilustra muitos dos recursos do cepstrum complexo e da filtragem homomórfica.

Em particular, em modelos mais gerais associados a aplicações de voz, comunicação e sísmicas, um modelo de sinal apropriado consiste na convolução de dois componentes. Um componente tem as características de $v[n]$, especificamente uma transformada de Fourier que varia lentamente na frequência. O segundo tem as características de $p[n]$, isto é, um padrão de eco ou trem de impulsos para o qual a transformada de Fourier varia mais rapidamente e é quasiperiódica em frequência. Assim, as contribuições dos dois componentes seriam separadas no cepstrum complexo ou no cepstrum, e, além disso, o cepstrum complexo ou o cepstrum conteria impulsos em múltiplos dos atrasos do eco. Assim, a filtragem homomórfica pode ser usada para separar os componentes convolucionados do sinal, ou o cepstrum pode ser usado para detectar atrasos do eco. Na próxima seção, ilustraremos o uso dessas propriedades gerais do cepstrum em aplicações de análise de voz.

13.10 Aplicações para processamento de voz

Técnicas cepstrais têm sido aplicadas com sucesso à análise de voz em uma variedade de formas. Como discutimos brevemente nesta seção, a discussão teórica anterior e o exemplo estendido da Seção 13.9 se aplicam de um modo relativamente direto à análise de voz.

13.10.1 Modelo de sinal de voz

Como descrevemos brevemente na Seção 10.4.1, existem três classes básicas de sons de voz correspondentes a diferentes formas de excitação do trato vocal. Especificamente:

- *Sons sonoros* são produzidos excitando-se o trato vocal com pulsos quasiperiódicos de fluxo de ar causados pela abertura e fechamento da glote.
- *Sons fricativos* são produzidos formando-se uma constrição em algum lugar do trato vocal e forçando-se ar pela constrição de forma a criar turbulência e produzindo assim uma excitação parecida com ruído.
- *Sons plosivos* são produzidos fechando-se por completo o trato vocal, acumulando-se pressão por trás do fechamento e depois liberando-se a pressão bruscamente.

Em cada caso, o sinal de voz é produzido pela excitação do sistema de trato vocal (um sistema de transmissão acústica) com uma excitação de banda larga. O formato do trato vocal muda relativamente devagar com o tempo e, assim, pode ser modelado como um filtro que varia lentamente no tempo, que impõe suas propriedades de resposta em frequência sobre o espectro da excitação. O trato vocal é caracterizado por suas frequências naturais (chamadas de *formantes*), que correspondem a ressonâncias em sua resposta em frequência.

Se supomos que as fontes de excitação e o formato do trato vocal são independentes, chegamos ao modelo de tempo discreto da Figura 13.22 como uma representação da forma de onda de voz amostrada. Nesse modelo, assume-se que amostras do sinal de voz são a saída de um sistema de tempo discreto variante no tempo, que modela as ressonâncias do sistema de trato vocal. O modelo de excitação do sistema comuta entre impulsos periódicos e ruído aleatório, dependendo do tipo de som a ser produzido.

Como o formato do trato vocal muda lentamente para voz contínua, é razoável supor que o sistema de tempo discreto no modelo tem propriedades fixas por um intervalo de tempo da ordem de 10 ms. Assim, o sistema de tempo discreto pode ser caracterizado em cada intervalo de tempo dessa duração por uma resposta ao impulso ou por uma resposta em frequência ou por um conjunto de coeficientes para um sistema IIR. Especificamente, um modelo para a função de sistema do trato vocal toma a forma

$$V(z) = \frac{\sum_{k=0}^{K} b_k z^{-k}}{\sum_{k=0}^{P} a_k z^{-k}} \quad (13.118)$$

ou, de modo equivalente,

$$V(z) = \frac{A z^{-K_o} \prod_{k=1}^{K_i} (1 - \alpha_k z^{-1}) \prod_{k=1}^{K_o} (1 - \beta_k z)}{\prod_{k=1}^{[P/2]} (1 - r_k e^{j\theta_k} z^{-1})(1 - r_k e^{-j\theta_k} z^{-1})}, \quad (13.119)$$

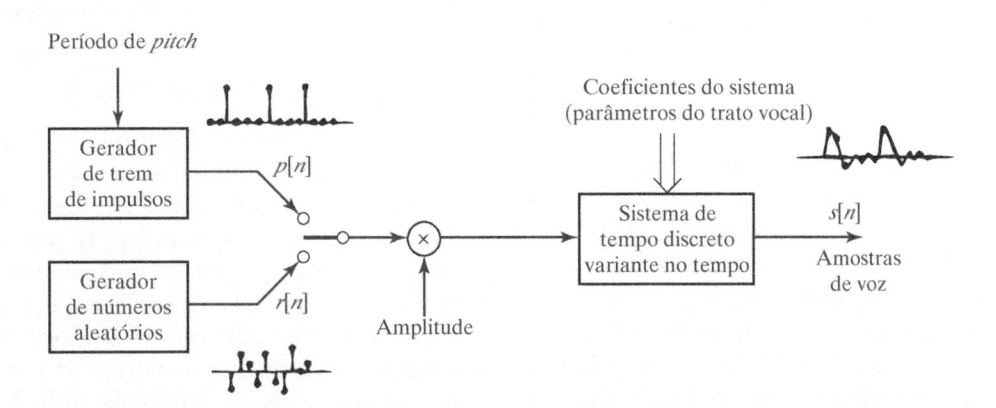

Figura 13.22 Modelo de tempo discreto da produção de voz.

em que as quantidades $r_k e^{j\theta_k}$ (com $|r_k| < 1$) são as frequências naturais complexas do trato vocal, que, naturalmente, dependem do formato do trato vocal e, consequentemente, são variantes no tempo. Os zeros de $V(z)$ dão conta da forma de onda do pulso da glote de duração finita e dos zeros da transmissão causados pelas constrições do trato vocal na criação dos sons sonoros nasais e fricativos. Esses zeros muitas vezes não são incluídos, pois é muito difícil estimar suas localizações somente a partir da forma de onda de voz. Além disso, mostrou-se (Atal e Hanauer, 1971) que o formato espectral do sinal de voz pode ser modelado com precisão sem o uso de zeros, se incluirmos polos extras além do número necessário apenas para considerar as ressonâncias do trato vocal. Os zeros são incluídos em nossa análise, pois são necessários para uma representação precisa do cepstrum complexo da voz. Note que incluímos a possibilidade de zeros fora da circunferência unitária.

O sistema de trato vocal é excitado por uma sequência de excitação $p[n]$, que é um trem de impulsos quando modelam-se sons de voz sonoros e $r[n]$, que é uma sequência de ruído pseudoaleatória quando modelam-se sons de voz surdos, como os fricativos e plosivos.

Muitos dos problemas fundamentais do processamento de voz reduzem-se à estimação dos parâmetros do modelo da Figura 13.22. Esses parâmetros são os seguintes:

- Os coeficientes de $V(z)$ na Equação 13.118 ou da localização dos polos e zeros na Equação 13.119.
- O modo de excitação do sistema de trato vocal; isto é, um *trem de impulsos periódico* ou *ruído aleatório*.
- A amplitude do sinal da excitação.
- O período de *pitch* da excitação de voz para voz sonora.

A desconvolução homomórfica pode ser aplicada à estimação dos parâmetros se assume-se que o modelo é válido por um curto intervalo de tempo, de modo que um segmento curto de comprimento L de amostras do sinal de voz amostrado pode ser considerado como a convolução

$$s[n] = v[n] * p[n] \quad \text{para } 0 \le n \le L-1, \quad (13.120)$$

em que $v[n]$ é a resposta ao impulso do trato vocal e $p[n]$ é periódico (para voz sonora) ou ruído aleatório (para voz surda). Obviamente, a Equação 13.120 não é válida nos extremos do intervalo devido aos pulsos que ocorrem antes do início do intervalo de análise e aos pulsos que terminam após o fim do intervalo. Para mitigar o efeito das "descontinuidades" do modelo nos extremos do intervalo, o sinal de voz $s[n]$ pode ser multiplicado por uma janela $w[n]$ que decai suavemente para zero nas duas extremidades. Assim, a entrada do sistema de desconvolução homomórfica é

$$x[n] = w[n]s[n]. \quad (13.121)$$

Primeiro, consideremos o caso da voz sonora. Se $w[n]$ varia lentamente em relação às variações de $v[n]$, então a análise é bastante simplificada se considerarmos que

$$x[n] = v[n] * p_w[n], \quad (13.122)$$

sendo

$$p_w[n] = w[n]p[n]. \quad (13.123)$$

(Veja Oppenheim e Schafer, 1968.) Uma análise mais detalhada sem essa hipótese leva essencialmente às mesmas conclusões a seguir (Verhelst e Steenhaut, 1986). Para a voz sonora, $p[n]$ é um trem de impulsos na forma

$$p[n] = \sum_{k=0}^{M-1} \delta[n - kN_0] \quad (13.124)$$

de modo que

$$p_w[n] = \sum_{k=0}^{M-1} w[kN_0]\delta[n - kN_0], \quad (13.125)$$

em que assumimos que o período de *pitch* é N_0 e que a janela estende-se por M períodos.

Os cepstra complexos de $x[n]$, $v[n]$ e $p_w[n]$ são relacionados por

$$\hat{x}[n] = \hat{v}[n] + \hat{p}_w[n]. \quad (13.126)$$

Para obter $\hat{p}_w[n]$, definimos uma sequência

$$w_{N_0}[k] = \begin{cases} w[kN_0], & k = 0, 1, \ldots, M-1, \\ 0, & \text{caso contrário,} \end{cases} \quad (13.127)$$

cuja transformada de Fourier é

$$P_w(e^{j\omega}) = \sum_{k=0}^{M-1} w[kN_0]e^{-\omega kN_0} = W_{N_0}(e^{j\omega N_0}). \quad (13.128)$$

Assim, $P_w(e^{j\omega})$ e $\hat{P}_w(e^{j\omega})$ são ambos periódicos com período $2\pi/N_0$, e o cepstrum complexo de $p_w[n]$ é

$$\hat{p}_w[n] = \begin{cases} \hat{w}_{N_0}[n/N_0], & n = 0, \pm N_0, \pm 2N_0, \ldots, \\ 0, & \text{caso contrário.} \end{cases} \quad (13.129)$$

A periodicidade do logaritmo complexo resultante da periodicidade do sinal de voz sonora manifesta-se no cepstrum complexo como impulsos espaçados em múltiplos inteiros de N_0 amostras (o período de *pitch*). Se a sequência $w_{N_0}[n]$ for de fase mínima, então $\hat{p}_w[n]$ será nula para $n < 0$. Caso contrário, $\hat{p}_w[n]$ terá impulsos espaçados em intervalos de N_0 amostras tanto para valores positivos quanto negativos de n. Em ambos os casos, a contribuição de $\hat{p}_w[n]$ para $\hat{x}[n]$ será encontrada no intervalo $|n| \ge N_0$.

Pela expansão em séries de potência do logaritmo complexo de $V(z)$, pode-se mostrar que a contribuição para o cepstrum complexo devido a $v[n]$ é

$$\hat{v}[n] = \begin{cases} \sum_{k=1}^{K_0} \dfrac{\beta_k^{-n}}{n}, & n < 0, \\ \log|A|, & n = 0, \\ -\sum_{k=1}^{K_i} \dfrac{\alpha_k^n}{n} + \sum_{k=1}^{[P/2]} \dfrac{2r_k^n}{n}\cos(\theta_k n), & n > 0. \end{cases} \quad (13.130)$$

Como no exemplo mais simples na Seção 13.9.1, o termo z^{-K_0} na Equação 13.119 representa um fator de fase linear que seria removido na obtenção da fase desenrolada e do cepstrum complexo. Consequentemente, $\hat{v}[n]$ na Equação 13.130 é mais precisamente o cepstrum complexo de $v[n + K_0]$.

Pela Equação 13.130, vemos que as contribuições da resposta do trato vocal para o cepstrum complexo ocupam o intervalo completo $-\infty < n < \infty$, mas estão concentradas em torno de $n = 0$. Notamos também que, como as ressonâncias do trato vocal são representadas por polos no interior da circunferência unitária, sua contribuição para o cepstrum complexo é nula para $n < 0$.

13.10.2 Exemplo de desconvolução homomórfica de voz

Para voz amostrada a 10.000 amostras/s, o período de *pitch* N_0 variará desde cerca de 25 amostras para uma voz com *pitch* alto até cerca de 150 amostras para uma voz com *pitch* muito baixo. Como o componente de trato vocal do cepstrum complexo $\hat{v}[n]$ decai rapidamente, os picos de $\hat{p}_w[n]$ se destacam de $\hat{v}[n]$. Em outras palavras, no logaritmo complexo, os componentes de trato vocal variam lentamente, e os componentes da excitação variam rapidamente. Isso é ilustrado pelo exemplo a seguir. Na Figura 13.23(a) é mostrado um

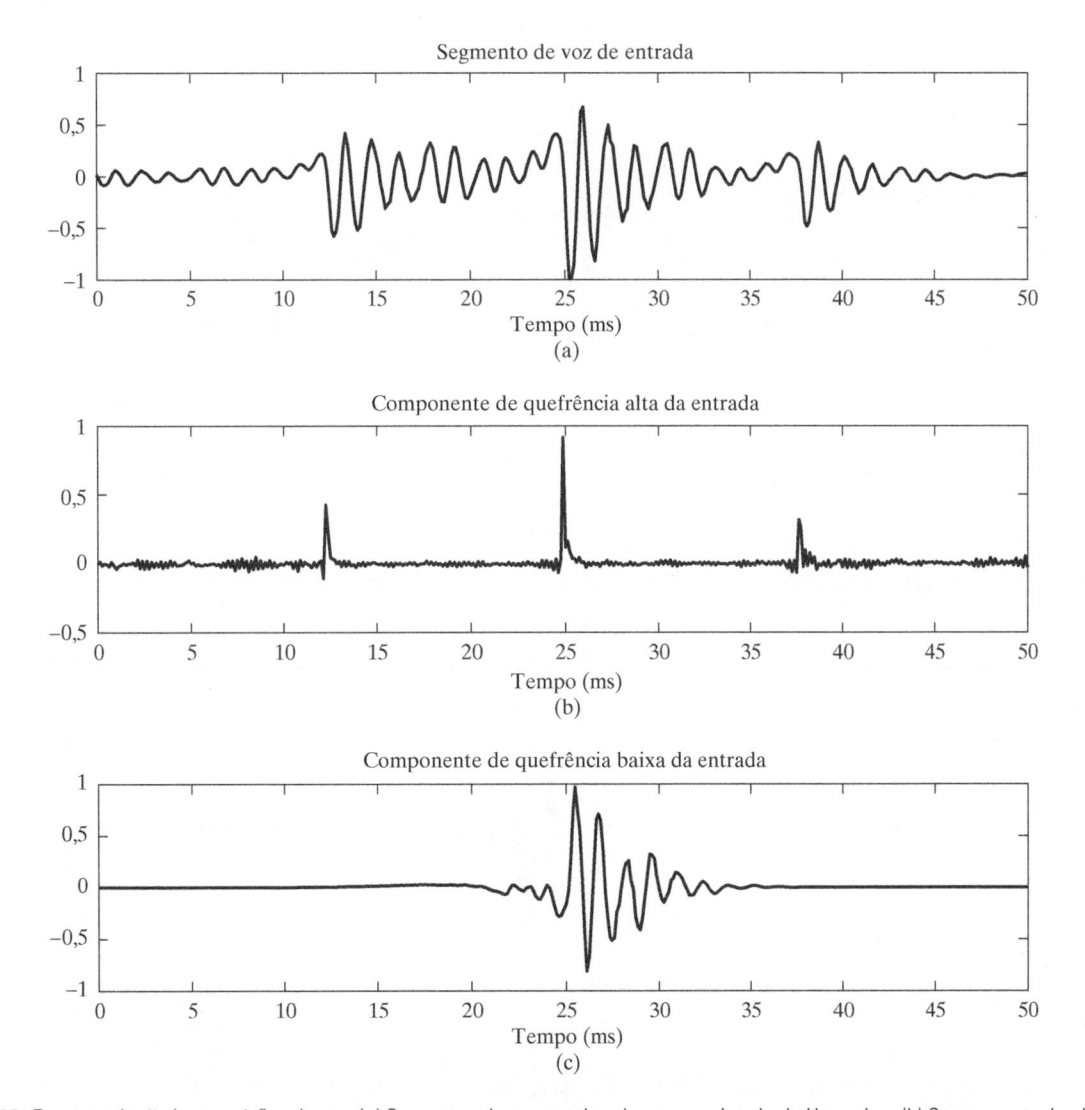

Figura 13.23 Desconvolução homomórfica de voz. (a) Segmento de voz ponderado por uma janela de Hamming. (b) Componente de alta quefrência do sinal em (a). (c) Componente de baixa quefrência do sinal em (a).

segmento de uma onda de voz multiplicado por uma janela de Hamming com comprimento de 401 amostras (duração temporal de 50 ms a uma taxa de amostragem de 8000 amostras/s). Na Figura 13.24 é mostrado o logaritmo complexo (magnitude logarítmica e fase desenrolada) da TFD do sinal na Figura 13.23(a).[11] Note o componente de variação rápida, quase periódico, devido a $p_w[n]$ e o componente de variação lenta devido a $v[n]$. Essas propriedades se manifestam no cepstrum complexo da Figura 13.25 na forma de impulsos em múltiplos de aproximadamente 13 ms (o período do segmento de voz de entrada) devido a $\hat{p}_w[n]$ e nas amostras na região

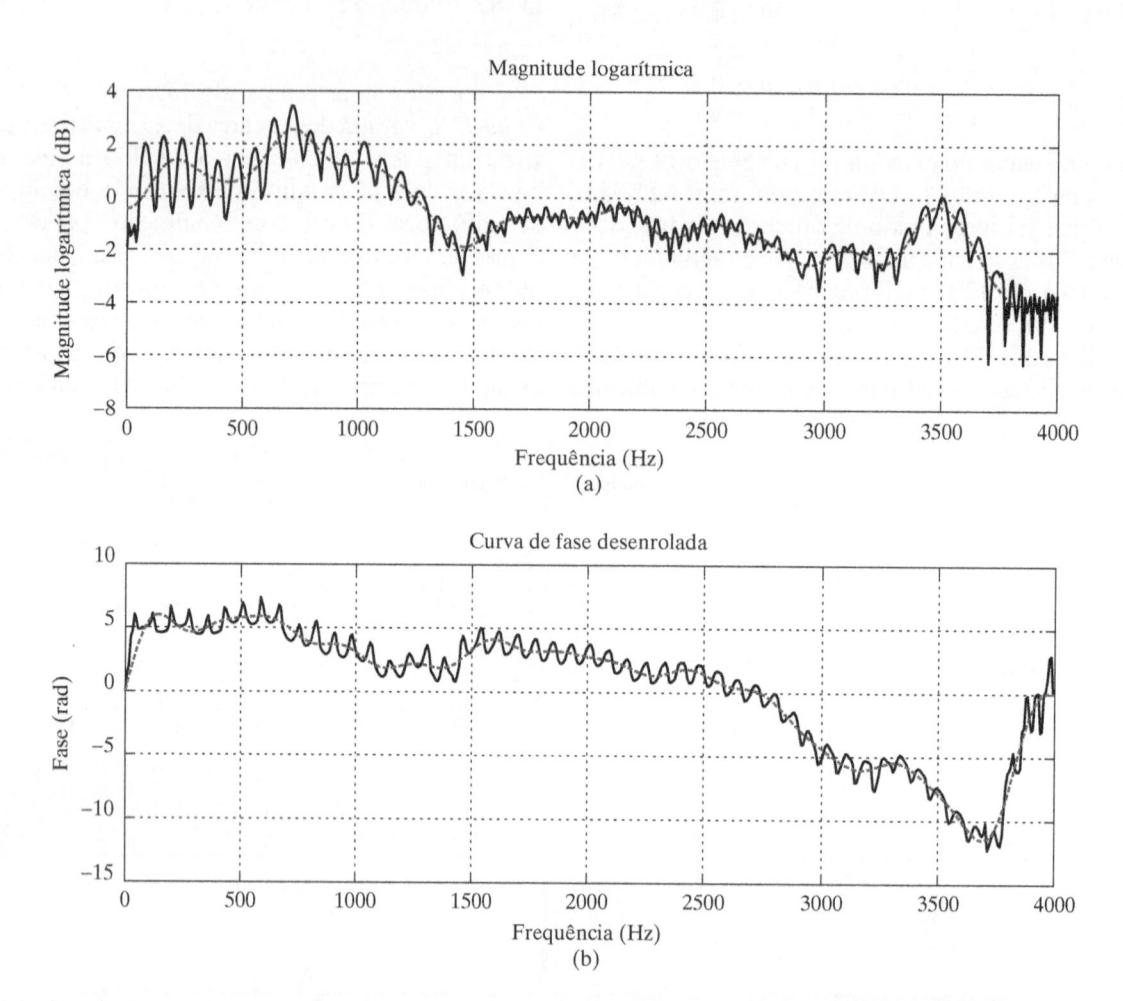

Figura 13.24 Logaritmo complexo do sinal da Figura 13.23(a): (a) Magnitude logarítmica. (b) Fase desenrolada.

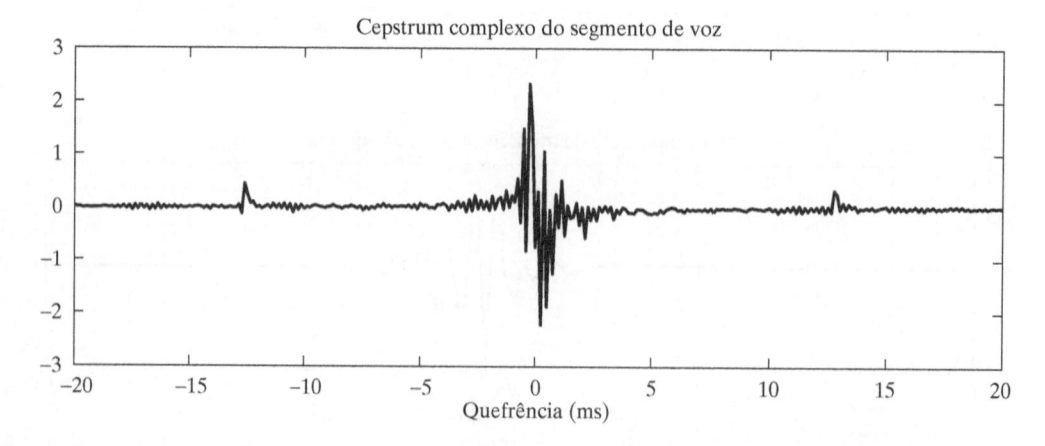

Figura 13.25 Cepstrum complexo do sinal na Figura 13.23(a) (TFTD inversa do logaritmo complexo na Figura 13.24).

---

[11] Em todas as figuras desta seção, as amostras de todas as sequências foram conectadas para facilitar o traçado.

$|nT| < 5$ ms que atribuímos a $\hat{v}[n]$. Assim como na seção anterior, a filtragem invariante na frequência pode ser usada para separar os componentes do modelo convolucional do sinal de voz. A filtragem passa-baixas do logaritmo complexo pode ser usada para recuperar uma aproximação para $v[n]$, e a filtragem passa-altas pode ser usada para obter $p_w[n]$. Na Figura 13.23(c) mostra-se uma aproximação para $v[n]$ obtida pelo uso de um filtro invariante na frequência passa-baixas, como na Figura 13.16(a) com $N_1 = 30$ e $N_2 = 30$. As curvas tracejadas que variam lentamente na Figura 13.24 mostram o logaritmo complexo da TFTD do componente de quefrência baixa mostrado na Figura 13.23(c). Por outro lado, a Figura 13.23(b) é uma aproximação de $p_w[n]$ obtida pela aplicação de um filtro invariante na frequência passa-altas simétrico ao cepstrum complexo, como na Figura 13.16(b), com $N_1 = 95$ e $N_2 = 95$. Em ambos os casos, o sistema característico inverso foi implementado usando-se TFDs de 1024 pontos, como na Figura 13.4(b).

13.10.3 Estimando os parâmetros do modelo de voz

Apesar de a desconvolução homomórfica poder ser aplicada com sucesso na *separação* dos componentes de uma forma de onda de voz, em muitas aplicações de processamento de voz, estamos interessados apenas em *estimar* os parâmetros em uma representação paramétrica do sinal de voz. Como as propriedades do sinal de voz mudam lentamente com o tempo, é comum estimar os parâmetros do modelo da Figura 13.22 em intervalos de cerca de 10 ms (100 vezes/s). Nesse caso, a transformada de Fourier dependente no tempo discutida no Capítulo 10 serve como base para a análise homomórfica dependente do tempo. Por exemplo, pode ser suficiente examinar segmentos de voz selecionados aproximadamente a cada 10 ms (100 amostras a uma taxa de amostragem de 10.000 Hz) para determinar o modo de excitação do modelo (sonora ou surda) e, para a voz sonora, o período de *pitch*. Ou podemos querer rastrear a variação das ressonâncias do trato vocal (formantes). Para esses problemas, o cálculo da fase pode ser evitado usando-se o cepstrum, que requer apenas o logaritmo da magnitude da transformada de Fourier. Como o cepstrum é a componente par do cepstrum complexo, nossa discussão anterior sugere que a porção de baixos tempos de $c_x[n]$ deverá corresponder aos componentes que variam lentamente na magnitude logarítmica da transformada de Fourier do segmento de voz e, para a voz sonora, o cepstrum deverá conter impulsos em múltiplos do período de *pitch*. Um exemplo aparece na Figura 13.26.

Na Figura 13.26(a) mostram-se as operações envolvidas na estimação dos parâmetros de voz usando-se o cepstrum. Na Figura 13.26(b) é mostrado um resultado típico para voz sonora. O sinal de voz janelado é indicado por A, log $|X[k]|$ é indicado por C, e o cepstrum $c_x[n]$ é indicado por D. O pico no cepstrum em cerca de 8 ms indica que esse segmento de voz é sonoro com esse período. O espectro suavizado, ou a *envoltória do espectro*, obtido pela filtragem invariante na frequência passa-baixas com corte abaixo de 8 ms é indicado por E, e é sobreposto a C. A situação para a voz surda, mostrada na Figura 13.26(c), é similar, exceto que a natureza aleatória do componente de excitação do segmento de voz de entrada causa um componente aleatório com rápida variação em log $|X[k]|$ em vez de um componente periódico. Assim, no cepstrum, os componentes de baixos tempos correspondem, como anteriormente, à função do sistema do trato vocal; porém, como as variações rápidas em log $|X[k]|$ não são periódicas, nenhum pico pronunciado aparece no cepstrum. Portanto, a presença ou a ausência de um pico no cepstrum no intervalo do período de *pitch* normal serve como um detector muito bom de voz sonora/surda e um estimador do período de *pitch*. O resultado da filtragem invariante na frequência passa-baixas no caso surdo é similar ao do caso sonoro. Uma estimativa da envoltória do espectro suavizado é obtida como em E.

Em aplicações de análise de voz, as operações da Figura 13.26(a) são aplicadas repetidamente a segmentos sequenciais da forma de onda de voz. O comprimento dos segmentos deve ser selecionado cuidadosamente. Se os segmentos forem muito longos, as propriedades do sinal de voz mudarão muito ao longo do segmento. Se os segmentos forem muito curtos, não haverá sinal suficiente para se obter uma indicação pronunciada de periodicidade. Usualmente, o comprimento do segmento é estabelecido em cerca de três a quatro vezes o período de *pitch* médio do sinal de voz. Na Figura 13.27 é mostrado um exemplo de como o cepstrum pode ser usado na detecção de *pitch* e na estimação das frequências de ressonância do trato vocal. Na Figura 13.27(a) mostra-se uma sequência de cepstra calculados para segmentos de forma de onda de voz selecionados em intervalos de 20 ms. A existência de um pico proeminente em toda a sequência de segmentos de voz indica que a voz era sonora o tempo todo. A localização do pico do cepstrum indica o valor do período de *pitch* em cada intervalo de tempo correspondente. Na Figura 13.27(b) é mostrada a magnitude logarítmica com os espectros suavizados sobrepostos. As linhas conectam estimativas das ressonâncias do trato vocal obtidas por um algoritmo heurístico de escolha do pico. (Veja Schafer e Rabiner, 1970.)

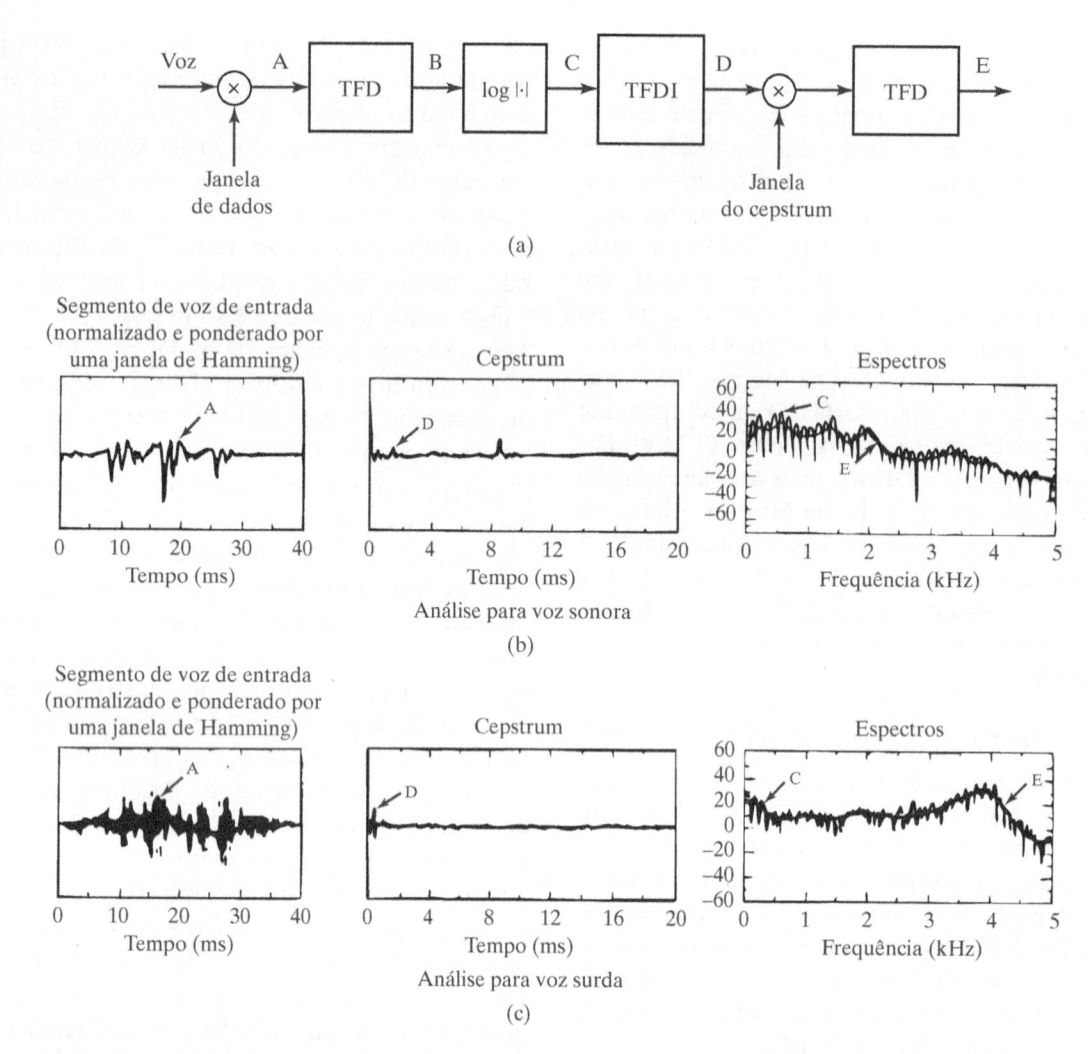

Figura 13.26 (a) Sistema para análise cepstral de sinais de voz. (b) Análise para voz sonora. (c) Análise para voz surda.

13.10.4 Aplicações

Como indicado anteriormente, os métodos de análise cepstral encontraram uma aplicação muito difundida nos problemas de processamento de voz. Uma das aplicações mais bem-sucedidas consiste na detecção de *pitch* (Noll, 1967). Eles também têm sido usados com sucesso nos sistemas de análise/síntese de voz para codificação com baixa taxa de bits de sinais de voz (Oppenheim, 1969b; Schafer e Rabiner, 1970).

Representações de voz por cepstrum também foram usadas com sucesso considerável em problemas de reconhecimento de padrões associados com processamento de voz como identificação de locutor (Atal, 1976), verificação de locutor (Furui, 1981) e reconhecimento de voz (Davis e Mermelstein, 1980). Embora a técnica de análise preditiva linear do Capítulo 11 seja o método mais amplamente utilizado para se obter uma representação do componente de trato vocal do modelo de voz, a representação pelo modelo preditivo linear muitas vezes é transformada em uma representação cepstral para uso em problemas de reconhecimento de padrões (Schroeder, 1981; Juang, Rabiner e Wilpon, 1987). Essa transformação é explorada no Problema 13.30.

13.11 Resumo

Neste capítulo, discutimos a técnica de análise cepstral e desconvolução homomórfica. Focamos primariamente as definições e as propriedades do cepstrum complexo e os problemas práticos no cálculo numérico do cepstrum complexo. Um exemplo idealizado foi discutido para ilustrar o uso da análise cepstral e da desconvolução homomórfica para separar os componentes de uma convolução. A aplicação das técnicas de análise cepstral a problemas de processamento de voz foi discutida com certo detalhe como um exemplo de seu uso em aplicações reais.

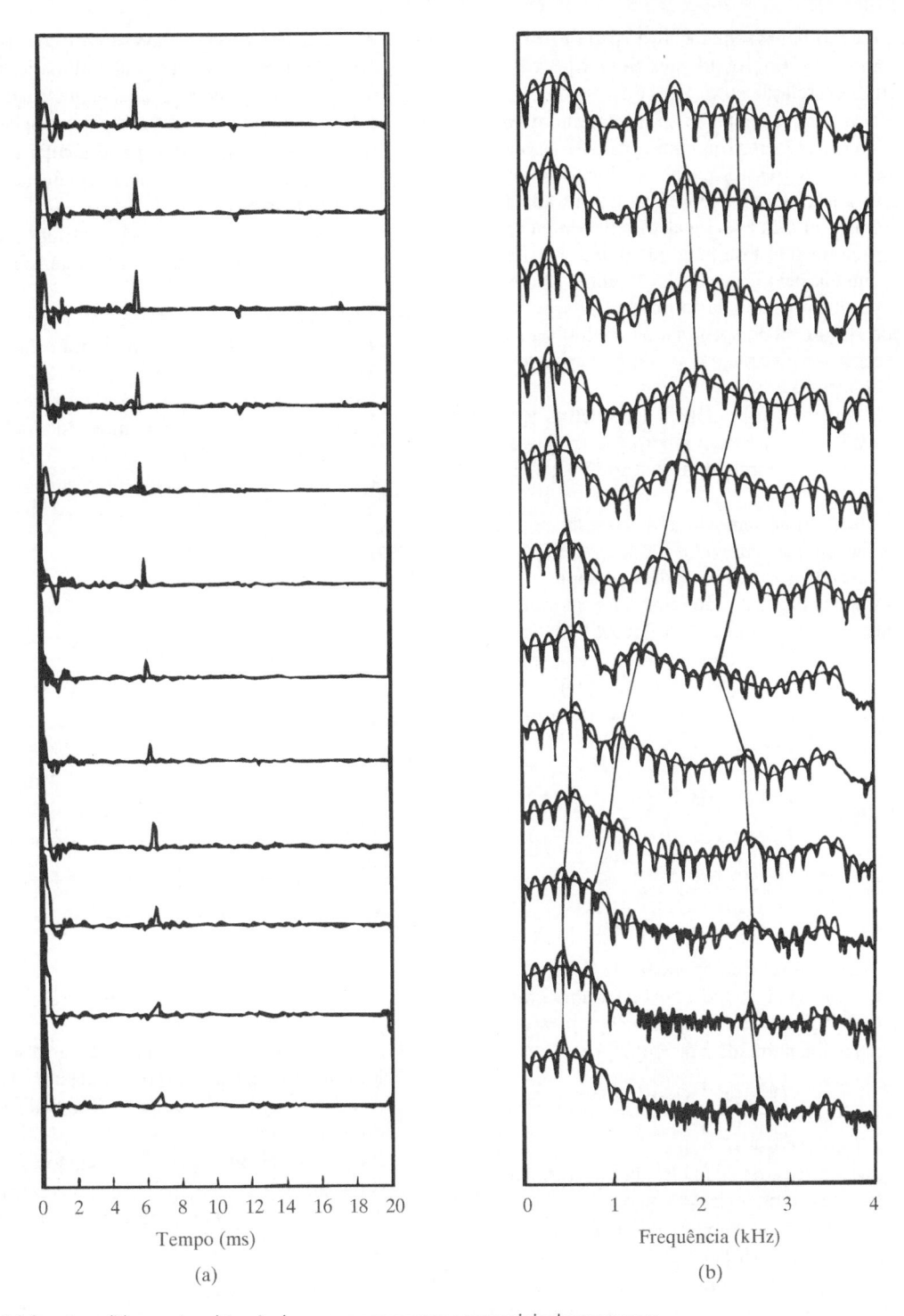

Figura 13.27 (a) Cepstra e (b) espectros logarítmicos para segmentos sequenciais de voz sonora.

Problemas

Problemas básicos

13.1. **(a)** Considere um sistema de tempo discreto que seja linear no sentido convencional. Se $y[n] = T\{x[n]\}$ é a saída quando a entrada é $x[n]$, então o *sinal zero* $\mathbf{0}[n]$ é o sinal que pode ser adicionado a $x[n]$ de modo que $T\{x[n] + \mathbf{0}[n]\} = y[n] + T\{\mathbf{0}[n]\} = y[n]$. Qual é o sinal zero para sistemas lineares convencionais?

(b) Considere um sistema de tempo discreto $y[n] = T\{x[n]\}$ que seja homomórfico, com a convolução como a operação para combinar sinais tanto na entrada quanto na saída. Qual é o sinal zero para tal sistema; isto é, qual é o sinal $\mathbf{0}[n]$ tal que $T\{x[n] * \mathbf{0}[n]\} = y[n] * T\{\mathbf{0}[n]\} = y[n]$?

13.2. Sejam $x_1[n]$ e $x_2[n]$ duas sequências, e $\hat{x}_1[n]$ e $\hat{x}_2[n]$, seus cepstra complexos correspondentes. Se $x_1[n] * x_2[n] = \delta[n]$, determine a relação entre $\hat{x}_1[n]$ e $\hat{x}_2[n]$.

13.3. Ao considerar a implementação de sistemas homomórficos para convolução, restringimos nossa atenção a sinais de entrada com transformadas z racionais na forma da Equação 13.32. Se uma sequência de entrada $x[n]$ tiver uma transformada z racional, mas tiver uma constante de ganho negativa ou uma quantidade de atraso não representada pela Equação 13.32, então podemos obter uma transformada z da forma da Equação 13.32 deslocando $x[n]$ de modo apropriado e multiplicando-o por -1. O cepstrum complexo pode, então, ser calculado usando a Equação 13.33.

Suponha que $x[n] = \delta[n] - 2\delta[n - 1]$, e defina $y[n] = \alpha x[n - r]$, sendo $\alpha = \pm 1$ e r um inteiro. Determine α e r tais que $Y(z)$ tenha a forma da Equação 13.32, e então encontre $\hat{y}[n]$.

13.4. Na Seção 13.5.1, enunciamos que as contribuições de fase linear devem ser removidas da curva de fase desenrolada antes do cálculo do cepstrum complexo. Este problema trata do efeito de não remover o componente de fase linear devido ao fator z^r na Equação 13.29.

Especificamente, suponha que a entrada do sistema característico para a convolução seja $x[n] = \delta[n + r]$. Mostre que a aplicação formal da definição da transformada de Fourier

$$\hat{x}[n] = \frac{1}{2\pi} \int_{-\pi}^{\pi} \log[X(e^{j\omega})] e^{j\omega n} d\omega \qquad (P13.4-1)$$

leva a

$$\hat{x}[n] = \begin{cases} r \dfrac{\cos(\pi n)}{n}, & n \neq 0, \\ 0, & n = 0. \end{cases}$$

A vantagem de remover o componente de fase linear da fase fica clara por esse resultado, pois, para um r grande, esse componente dominaria o cepstrum complexo.

13.5. Suponha que a transformada z de $s[n]$ seja

$$S(z) = \frac{(1 - \tfrac{1}{2}z^{-1})(1 - \tfrac{1}{4}z)}{(1 - \tfrac{1}{3}z^{-1})(1 - \tfrac{1}{5}z)}.$$

Determine as localizações dos polos da transformada z de $n\hat{s}[n]$, além dos polos em $|z| = 0$ ou ∞.

13.6. Suponha que o cepstrum complexo de $y[n]$ seja $\hat{y}[n] = \hat{s}[n] + 2\delta[n]$. Determine $y[n]$ em termos de $s[n]$.

13.7. Determine o cepstrum complexo de $x[n] = 2\delta[n] - 2\delta[n-1] + 0{,}5\delta[n-2]$, deslocando $x[n]$ ou mudando seu sinal, se necessário.

13.8. Suponha que a transformada z de uma sequência estável $x[n]$ seja dada por

$$X(z) = \frac{1 - \tfrac{1}{2}z^{-1}}{1 + \tfrac{1}{2}z},$$

e que uma sequência estável $y[n]$ tenha cepstrum complexo $\hat{y}[n] = \hat{x}[-n]$, sendo $\hat{x}[n]$ o cepstrum complexo de $x[n]$. Determine $y[n]$.

13.9. As equações 13.65 e 13.68 são relações recursivas que podem ser usadas para calcular numericamente o cepstrum complexo $\hat{x}[n]$ quando a sequência de entrada $x[n]$ é de fase mínima e de fase máxima, respectivamente.

(a) Use a Equação 13.65 para calcular recursivamente o cepstrum complexo da sequência $x[n] = a^n u[n]$, sendo $|a| < 1$.

(b) Use a Equação 13.68 para calcular recursivamente o cepstrum complexo da sequência $x[n] = \delta[n] - a\delta[n + 1]$, sendo $|a| < 1$.

13.10. $\mathrm{ARG}\{X(e^{j\omega})\}$ representa o valor principal da fase de $X(e^{j\omega})$, e $\arg\{X(e^{j\omega})\}$ representa a fase contínua de $X(e^{j\omega})$. Suponha que $\mathrm{ARG}\{X(e^{j\omega})\}$ tenha sido amostrado nas frequências $\omega_k = 2\pi k/N$ para obter $\mathrm{ARG}\{X[k]\} = \mathrm{ARG}\{X(e^{j(2\pi/N)k})\}$, como mostrado na Figura P13.10. Supondo que $|\arg\{X[k]\} - \arg\{X[k-1]\}| < \pi$ para todo k, determine e represente graficamente a sequência $r[k]$ como na Equação 13.49 e $\arg\{X[k]\}$ para $0 \le k \le 10$.

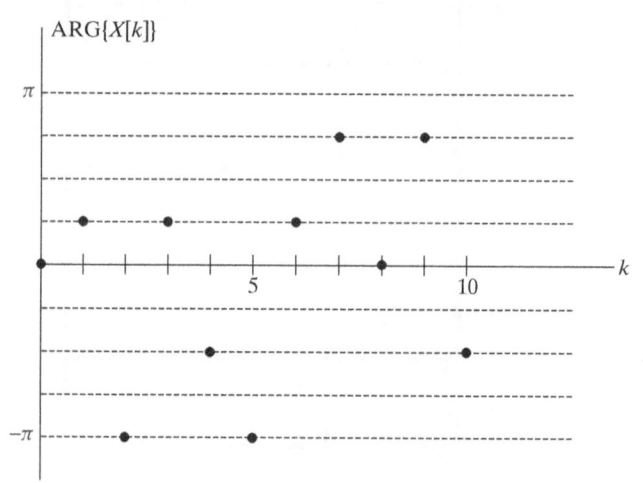

Figura P13.10

13.11. Seja $\hat{x}[n]$ o cepstrum complexo de uma sequência a valores reais $x[n]$. Especifique se cada uma das afirmativas a seguir é verdadeira ou falsa. Dê justificativas resumidas para as suas respostas.

Afirmativa 1: Se $x_1[n] = x[-n]$, então $\hat{x}_1[n] = \hat{x}[-n]$.

Afirmativa 2: Como $x[n]$ é real, o cepstrum complexo $\hat{x}[n]$ também precisa ser real.

Problemas avançados

13.12. Considere o sistema representado na Figura P13.12, em que S_1 é um sistema LIT com resposta ao impulso $h_1[n]$ e S_2 é um sistema homomórfico com convolução como operações de entrada e saída; isto é, a transformação $T_2\{\cdot\}$ satisfaz

$$T_2\{w_1[n] * w_2[n]\} = T_2\{w_1[n]\} * T_2\{w_2[n]\}.$$

Suponha que o cepstrum complexo da entrada $x[n]$ seja $\hat{x}[n] = \delta[n] + \delta[n - 1]$. Encontre uma expressão fechada para $h_1[n]$ tal que a saída seja $y[n] = \delta[n]$.

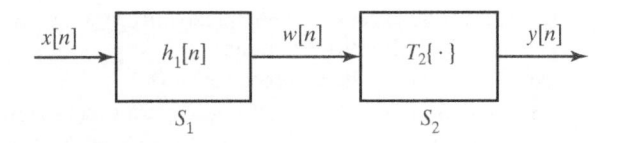

Figura P13.12

13.13. O cepstrum complexo de um sinal de *comprimento finito* $x[n]$ é calculado como mostra a Figura P13.13-1. Suponha que saibamos que $x[n]$ é de fase mínima (todos os polos e zeros estão dentro da circunferência unitária). Usamos o sistema mostrado na Figura P13.13-2 para encontrar o cepstrum real de $x[n]$. Explique como construir $\hat{x}[n]$ a partir de $c_x[n]$.

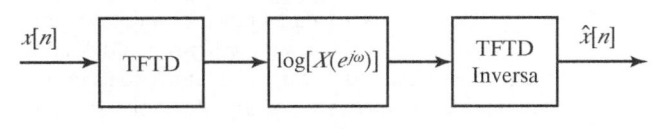

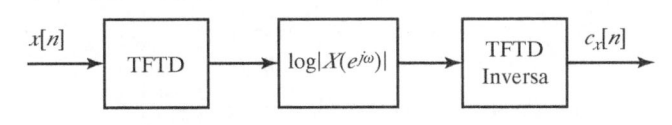

Figura P13.13-1

Figura P13.13-2

13.14. Considere a classe de sequências que são reais e estáveis e cujas transformadas z são da forma

$$X(z) = |A| \frac{\prod_{k=1}^{M_i}(1 - a_k z^{-1}) \prod_{k=1}^{M_o}(1 - b_k z)}{\prod_{k=1}^{N_i}(1 - c_k z^{-1}) \prod_{k=1}^{N_o}(1 - d_k z)},$$

em que $|a_k|, |b_k|, |c_k|, |d_k| < 1$. Seja $\hat{x}[n]$ o cepstrum complexo de $x[n]$.

(a) Seja $y[n] = x[-n]$. Determine $\hat{y}[n]$ em termos de $\hat{x}[n]$.

(b) Se $x[n]$ é causal, ele também é de fase mínima? Explique.

(c) Suponha que $x[n]$ seja uma sequência de duração finita, de modo que

$$X(z) = |A| \prod_{k=1}^{M_i}(1 - a_k z^{-1}) \prod_{k=1}^{M_o}(1 - b_k z),$$

com $|a_k| < 1$ e $|b_k| < 1$. A função $X(z)$ tem zeros no interior e fora da circunferência unitária. Suponha que queiramos determinar $y[n]$ de modo que $|Y(e^{j\omega})| = |X(e^{j\omega})|$ e $Y(z)$ não tenha zeros fora da circunferência unitária. Uma abordagem que alcança esse objetivo é representada pela Figura P13.14. Determine a sequência requerida $\ell[n]$. Uma possível aplicação do sistema na Figura P13.14 é estabilizar um sistema instável aplicando-se a transformação da Figura P13.14 à sequência de coeficientes do denominador da função de sistema.

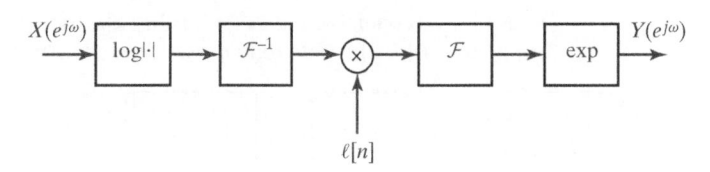

Figura P13.14

13.15. Pode-se mostrar (veja o Problema 3.50) que, se $x[n] = 0$ para $n < 0$, então

$$x[0] = \lim_{z \to \infty} X(z).$$

Esse resultado foi chamado de *teorema do valor inicial para sequências laterais direitas*.

(a) Prove um resultado similar para as *sequências laterais esquerdas*, isto é, para sequências tais que $x[n] = 0$ para $n > 0$.

(b) Use os teoremas do valor inicial para provar que $\hat{x}[0] = \log(x[0])$ se $x[n]$ for uma sequência de fase mínima.

(c) Use os teoremas do valor inicial para provar que $\hat{x}[0] = \log(x[0])$ se $x[n]$ for uma sequência de fase máxima.

(d) Use os teoremas do valor inicial para provar que $\hat{x}[0] = \log |A|$ quando $X(z)$ é dado pela Equação 13.32. Esse resultado é consistente com os resultados dos itens (b) e (c)?

13.16. Considere uma sequência $x[n]$ com cepstrum complexo $\hat{x}[n]$, tal que $\hat{x}[n] = -\hat{x}[-n]$. Determine a quantidade

$$E = \sum_{n=-\infty}^{\infty} x^2[n].$$

13.17. Considere uma sequência real, estável, par e bilateral $h[n]$. A transformada de Fourier de $h[n]$ é positiva para todo ω, isto é,

$$H(e^{j\omega}) > 0, \quad -\pi < \omega \leq \pi.$$

Suponha que a transformada z de $h[n]$ exista. Não suponha que $H(z)$ seja racional.

(a) Mostre que existe um sinal de fase mínima $g[n]$, tal que

$$H(z) = G(z)G(z^{-1}),$$

em que $G(z)$ é a transformada z de uma sequência $g[n]$, que tem a propriedade de que $g[n] = 0$ para $n < 0$. Enuncie explicitamente a relação entre $\hat{h}[n]$ e $\hat{g}[n]$, os cepstra complexos de $h[n]$ e $g[n]$, respectivamente.

(b) Dado um sinal estável $s[n]$, com transformada z racional

$$S(z) = \frac{(1 - 2z^{-1})(1 - \frac{1}{2}z^{-1})}{(1 - 4z^{-1})(1 - \frac{1}{3}z^{-1})}.$$

Defina $h[n] = s[n] * s[-n]$. Encontre $G(z)$ (como no item (a)) em termos de $S(z)$.

(c) Considere o sistema na Figura P13.17, em que $\ell[n]$ é definido como

$$\ell[n] = u[n-1] + (-1)^n u[n-1].$$

Determine as condições *mais gerais* sobre $x[n]$ de forma que $y[n] = x[n]$ para todo n.

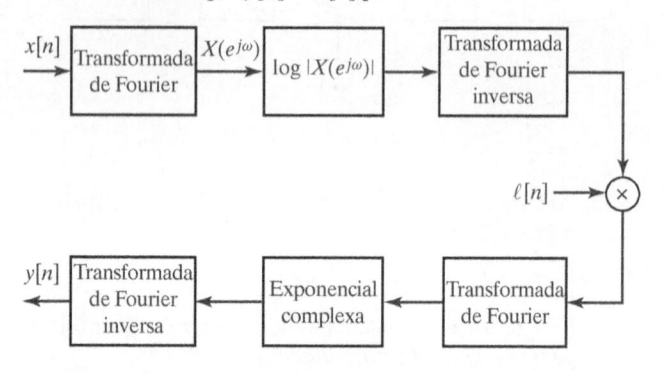

Figura P13.17

13.18. Considere um sinal de fase máxima $x[n]$.
  (a) Mostre que o cepstrum complexo $\hat{x}[n]$ de um sinal de fase máxima é relacionado ao seu cepstrum $c_x[n]$ por
  $$\hat{x}[n] = c_x[n]\,\ell_{máx}[n],$$
  em que $\ell_{máx}[n] = 2u[-n] - \delta[n]$.
  (b) Usando as relações do item (a), mostre que
  $$\arg\{X(e^{j\omega})\} = \frac{1}{2\pi}\mathcal{P}\int_{-\pi}^{\pi}\log|X(e^{j\theta})|\cotg\left(\frac{\omega-\theta}{2}\right)d\theta.$$
  (c) Mostre também que
  $$\log|X(e^{j\omega})| = \hat{x}[0] - \frac{1}{2\pi}\mathcal{P}\int_{-\pi}^{\pi}\arg\{X(e^{j\theta})\}\cotg\left(\frac{\omega-\theta}{2}\right)d\theta.$$

13.19. Considere uma sequência $x[n]$ com transformada de Fourier $X(e^{j\omega})$ e cepstrum complexo $\hat{x}[n]$. Um novo sinal $y[n]$ é obtido pela filtragem homomórfica em que
$$\hat{y}[n] = (\hat{x}[n] - \hat{x}[-n])u[n-1].$$
  (a) Mostre que $y[n]$ é uma sequência de fase mínima.
  (b) Qual é a fase de $Y(e^{j\omega})$?
  (c) Obtenha uma relação entre $\arg[Y(e^{j\omega})]$ e $\log|Y(e^{j\omega})|$.
  (d) Se $x[n]$ é de fase mínima, como $y[n]$ está relacionado a $x[n]$?

13.20. A Equação 13.65 representa uma relação recursiva entre uma sequência $x[n]$ e seu cepstrum complexo $\hat{x}[n]$. Mostre, pela Equação 13.65, que o sistema característico $D_*[\cdot]$ se comporta como um sistema causal para entradas de fase mínima; isto é, mostre que, para entradas de fase mínima, $\hat{x}[n]$ depende apenas de $x[k]$ para $k \leq n$.

13.21. Descreva um procedimento para obter uma sequência causal $x[n]$, para a qual
$$X(z) = -z^3\frac{(1-0{,}95z^{-1})^{2/5}}{(1-0{,}9z^{-1})^{7/13}}.$$

13.22. A sequência
$$h[n] = \delta[n] + \alpha\delta[n-n_0]$$
é um modelo simplificado para a resposta ao impulso de um sistema que introduz um eco.

  (a) Determine o cepstrum complexo $\hat{h}[n]$ para essa sequência. Esboce o resultado.
  (b) Determine e esboce o cepstrum $c_h[n]$.
  (c) Suponha que uma aproximação para o cepstrum complexo seja calculada usando TFDs de N pontos, como nas equações 13.46(a) a (c). Obtenha uma expressão em forma fechada para a aproximação $\hat{h}_p[n]$, $0 \leq n \leq N-1$, para o caso $n_0 = N/6$. Suponha que o desenrolamento da fase possa ser feito com precisão. O que ocorre se N não for divisível por n_0?
  (d) Repita o item (c) para a aproximação do cepstrum $c_{xp}[n]$, $0 \leq n \leq N-1$, como calculado a partir das equações 13.60(a) e (b).
  (e) Se o maior impulso na aproximação do cepstrum $c_{xp}[n]$ deve ser usado para detectar o valor do atraso de eco n_0, qual deve ser o comprimento N para evitar ambiguidade? Suponha que o desenrolamento de fase possa ser alcançado com esse valor de N.

13.23. Seja $x[n]$ uma sequência de fase mínima com *comprimento finito* e cepstrum complexo $\hat{x}[n]$, e defina $y[n]$ como
$$y[n] = \alpha^n x[n]$$
com cepstrum complexo $\hat{y}[n]$.
  (a) Se $0 < \alpha < 1$, como $\hat{y}[n]$ está relacionado a $\hat{x}[n]$?
  (b) Como α deve ser escolhido de modo que $y[n]$ não seja mais de fase mínima?
  (c) Como α deve ser escolhido de modo que, se os termos de fase linear forem removidos antes do cálculo do cepstrum complexo, então $\hat{y}[n] = 0$ para $n > 0$?

13.24. Considere uma sequência de fase mínima $x[n]$ com transformada z $X(z)$ e cepstrum complexo $\hat{x}[n]$. Um novo cepstrum complexo é definido pela relação
$$\hat{y}[n] = (\alpha^n - 1)\hat{x}[n].$$
Determine a transformada z $Y(z)$. O resultado também é de fase mínima?

13.25. A Seção 13.9.4 contém um exemplo de como o cepstrum complexo pode ser usado para obter duas decomposições diferentes envolvendo a convolução de uma sequência de fase mínima com outra sequência. Naquele exemplo,
$$X(z) = \frac{(0{,}98 + z^{-1})(1 + 0{,}9z^{-15} + 0{,}81z^{-30})}{(1 - 0{,}9e^{j\pi/6}z^{-1})(1 - 0{,}9e^{-j\pi/6}z^{-1})}.$$

  (a) Em uma decomposição, $X(z) = X_{mín}(z)X_{ap}(z)$, em que
  $$X_{mín}(z) = \frac{(1 + 0{,}98z^{-1})(1 + 0{,}9z^{-15} + 0{,}81z^{-30})}{(1 - 0{,}9e^{j\pi/6}z^{-1})(1 - 0{,}9e^{-j\pi/6}z^{-1})}$$
  e
  $$X_{ap}(z) = \frac{(0{,}98 + z^{-1})}{(1 + 0{,}98z^{-1})}.$$
  Use a expansão em série de potências dos termos logarítmicos para determinar os cepstra complexos $\hat{x}_{mín}[n]$, $\hat{x}_{ap}[n]$ e $\hat{x}[n]$. Faça gráficos dessas se-

quências e compare seus gráficos com aqueles da Figura 13.19.

(b) Na segunda decomposição, $X(z) = X_{mn}(z)X_{mx}(z)$, em que

$$X_{mn}(z) = \frac{z^{-1}(1 + 0{,}9z^{-15} + 0{,}81z^{-30})}{(1 - 0{,}9e^{j\pi/6}z^{-1})(1 - 0{,}9e^{-j\pi/6}z^{-1})}$$

e

$$X_{mx}(z) = (0{,}98z + 1).$$

Use a expansão em série de potências dos termos logarítmicos para encontrar os cepstra complexos e mostre que $\hat{x}_{mn}[n] \neq \hat{x}_{mín}[n]$, mas que $\hat{x}[n] = \hat{x}_{mn}[n] + \hat{x}_{mx}[n]$ é o mesmo que do item (a). Note que

$$(1 + 0{,}9z^{-15} + 0{,}81z^{-30}) = \frac{(1 - (0{,}9)^3 z^{-45})}{(1 - 0{,}9z^{-15})}.$$

13.26. Suponha que $s[n] = h[n] * g[n] * p[n]$, sendo $h[n]$ uma sequência de fase mínima, $g[n]$ uma sequência de fase máxima, e $p[n]$

$$p[n] = \sum_{k=0}^{4} \alpha_k \delta[n - kn_0],$$

em que α_k e n_0 não são conhecidos. Desenvolva um método para separar $h[n]$ de $s[n]$.

Problemas de extensão

13.27. Seja $x[n]$ uma sequência com transformada z $X(z)$ e cepstrum complexo $\hat{x}[n]$. A função magnitude quadrática para $X(z)$ é

$$V(z) = X(z)\, X^*(1/z^*).$$

Como $V(e^{j\omega}) = |X(e^{j\omega})|^2 \geq 0$, o cepstrum complexo $\hat{v}[n]$ correspondente a $V(z)$ pode ser calculado sem desenrolamento de fase.

(a) Obtenha uma relação entre o cepstrum complexo $\hat{v}[n]$ e o cepstrum complexo $\hat{x}[n]$.
(b) Expresse o cepstrum complexo $\hat{v}[n]$ em termos do cepstrum $c_x[n]$.
(c) Determine a sequência $\ell[n]$ tal que

$$\hat{x}_{mín}[n] = \ell[n]\hat{v}[n]$$

é o cepstrum complexo de uma sequência de fase mínima $x_{mín}[n]$ para a qual

$$|X_{mín}(e^{j\omega})|^2 = V(e^{j\omega}).$$

(d) Suponha que $X(z)$ seja como dado pela Equação 13.32. Use o resultado do item (c) e as equações 13.36(a), (b) e (c) para encontrar o cepstrum complexo da sequência de fase mínima, e trabalhe de trás para a frente para encontrar $X_{mín}(z)$.

A técnica empregada no item (d) pode ser usada em geral para a obtenção de uma fatoração de fase mínima de uma função de magnitude quadrática.

13.28. Seja $\hat{x}[n]$ o cepstrum complexo de $x[n]$. Defina uma sequência $x_e[n]$ como

$$x_e[n] = \begin{cases} x[n/N], & n = 0, \pm N, \pm 2N, \ldots, \\ 0, & \text{caso contrário.} \end{cases}$$

Mostre que o cepstrum complexo de $x_e[n]$ é dado por

$$\hat{x}_e[n] = \begin{cases} \hat{x}[n/N], & n = 0, \pm N, \pm 2N, \ldots, \\ 0, & \text{caso contrário.} \end{cases}$$

13.29. Em análise, síntese e codificação de voz, o sinal de voz comumente é modelado em um curto intervalo de tempo como a resposta de um sistema LIT excitado por uma excitação que comuta entre um trem de pulsos igualmente espaçados para sons sonoros e uma fonte de ruído aleatório de banda larga para sons surdos. Para usar a desconvolução homomórfica para separar os componentes do modelo de voz, o sinal de voz $s[n] = v[n] * p[n]$ é multiplicado por uma sequência janelada $w[n]$ para se obter $x[n] = s[n]w[n]$. Para simplificar a análise, $x[n]$ é aproximado por

$$x[n] = (v[n] * p[n]) \cdot w[n] \simeq v[n] * (p[n] \cdot w[n])$$
$$= v[n] * p_w[n]$$

em que $p_w[n] = p[n]w[n]$, como na Equação 13.123.

(a) Dê exemplos de $p[n]$, $v[n]$ e $w[n]$ para os quais a hipótese anterior possa ser uma aproximação ruim.
(b) Uma abordagem para estimar os parâmetros de excitação (decisão sonoro/surdo e espaçamento entre os pulsos para a voz sonora) consiste em calcular o cepstrum real $c_x[n]$ do segmento janelado da voz $x[n]$ como indicado na Figura P13.29-1. Para o modelo da Seção 13.10.1, expresse $c_x[n]$ em termos do cepstrum complexo $\hat{x}[n]$. Como você usaria $c_x[n]$ para estimar os parâmetros de excitação?

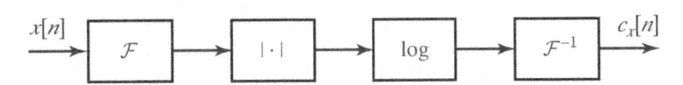

$x[n] \longrightarrow \boxed{\mathcal{F}} \longrightarrow \boxed{|\cdot|} \longrightarrow \boxed{\log} \longrightarrow \boxed{\mathcal{F}^{-1}} \longrightarrow c_x[n]$

Figura P13.29-1

(c) Suponha que substituamos a operação log na Figura P13.29-1 pela operação de "elevar ao quadrado", de modo que o sistema resultante seja como mostrado na Figura P13.29-2. O novo "cepstrum" $q_x[n]$ pode ser usado para estimar os parâmetros de excitação? Explique.

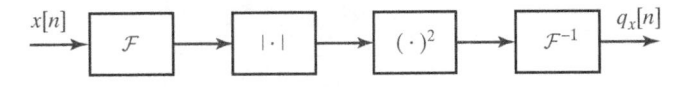

$x[n] \longrightarrow \boxed{\mathcal{F}} \longrightarrow \boxed{|\cdot|} \longrightarrow \boxed{(\cdot)^2} \longrightarrow \boxed{\mathcal{F}^{-1}} \longrightarrow q_x[n]$

Figura P13.29-2

13.30. Considere um sistema LIT estável com resposta ao impulso $h[n]$ e função de sistema só-polos

$$H(z) = \frac{G}{1 - \sum_{k=1}^{N} a_k z^{-k}}.$$

Tais sistemas só-polos surgem na análise preditiva linear. É de interesse calcular o cepstrum complexo diretamente a partir dos coeficientes de $H(z)$.

(a) Determine $\hat{h}[0]$.
(b) Mostre que

$$\hat{h}[n] = a_n + \sum_{k=1}^{n-1}\left(\frac{k}{n}\right)\hat{h}[k]a_{n-k}, \qquad n \geq 1.$$

Com as relações nos itens (a) e (b), o cepstrum complexo pode ser calculado sem desenrolamento de fase e sem encontrar as raízes do denominador de $H(z)$.

13.31. Um modelo um tanto mais geral para o eco do que o sistema no Problema 13.22 é o sistema indicado na Figura P13.31. A resposta ao impulso desse sistema é

$$h[n] = \delta[n] + \alpha g[n - n_0],$$

em que $\alpha g[n]$ é a resposta ao impulso do caminho de eco.

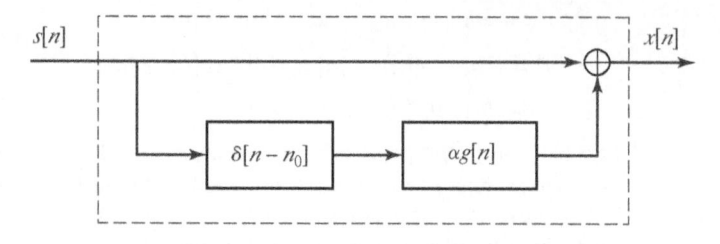

Figura P13.31

(a) Supondo que

$$\max_{-\pi < \omega < \pi} |\alpha G(e^{j\omega})| < 1,$$

mostre que o cepstrum complexo $\hat{h}[n]$ tem a forma

$$\hat{h}[n] = \sum_{k=1}^{\infty}(-1)^{k+1}\frac{\alpha^k}{k}g_k[n - kn_0],$$

e determine uma expressão para $g_k[n]$ em termos de $g[n]$.

(b) Para as condições do item (a), determine e esboce o cepstrum complexo $\hat{h}[n]$, quando $g[n] = \delta[n]$.

(c) Para as condições do item (a), determine e esboce o cepstrum complexo $\hat{h}[n]$, quando $g[n] = a^n u[n]$. Qual condição precisa ser satisfeita por α e a de modo que o resultado do item (a) se aplique?

(d) Para as condições do item (a), determine e esboce o cepstrum complexo $\hat{h}[n]$ quando $g[n] = a_0\delta[n] + a_1\delta[n - n_1]$. Que condição precisa ser satisfeita por α, a_0, a_1 e n_1 de modo que o resultado do item (a) se aplique?

13.32. Um uso interessante da ponderação exponencial ocorre no cálculo do cepstrum complexo sem desenrolamento de fase. Suponha que $X(z)$ não tenha polos e zeros sobre a circunferência unitária. Então, é possível encontrar um fator de ponderação exponencial α no produto $w[n] = \alpha^n x[n]$, tal que nenhum dos polos ou zeros de $X(z)$ sejam deslocados através da circunferência unitária ao se calcular $W(z) = X(\alpha^{-1}z)$.

(a) Supondo que nenhum polo ou zero de $X(z)$ mova-se através da circunferência unitária, mostre que

$$\hat{w}[n] = \alpha^n \hat{x}[n]. \qquad \text{(P13.32-1)}$$

(b) Agora suponha que, em vez do cepstrum complexo, calculemos $c_x[n]$ e $c_w[n]$. Use o resultado do item (a) para obter expressões tanto para $c_x[n]$ quanto para $c_w[n]$ em termos de $\hat{x}[n]$.

(c) Agora, mostre que

$$\hat{x}[n] = \frac{2(c_x[n] - \alpha^n c_w[n])}{1 - \alpha^{2n}}, \qquad n \neq 0. \qquad \text{(P13.32-2)}$$

(d) Como $c_x[n]$ e $c_w[n]$ podem ser calculados a partir de $\log|X(e^{j\omega})|$ e $\log|W(e^{j\omega})|$, respectivamente, a Equação P13.32-2 é a base para o cálculo do cepstrum complexo sem que seja calculada a fase de $X(e^{j\omega})$. Discuta alguns potenciais problemas que poderiam surgir nessa abordagem.

Apêndice A — Sinais aleatórios

Neste apêndice, reunimos e resumimos uma série de resultados e estabelecemos a notação relativa à representação dos sinais aleatórios. Não tentamos aqui fornecer uma discussão detalhada de questões matemáticas difíceis e sutis referentes à teoria subjacente. Embora nossa abordagem não seja rigorosa, resumimos os resultados importantes e as hipóteses matemáticas implícitas nas suas deduções. A apresentação detalhada da teoria de sinais aleatórios pode ser encontrada em textos como Davenport (1970), Papoulis (1984), Gray e Davidson (2004), Kay (2006) e Bertsekas e Tsitsiklis (2008).

A.1 Processos aleatórios de tempo discreto

O conceito fundamental na representação matemática dos sinais aleatórios é o de um *processo aleatório*. Em nossa discussão dos processos aleatórios como modelos para sinais de tempo discreto, assumimos que o leitor esteja familiarizado com os conceitos básicos de probabilidade, como variáveis aleatórias, distribuições de probabilidade e médias.

No uso do modelo de processo aleatório em aplicações práticas de processamento de sinais, consideramos uma sequência particular como uma de um conjunto de sequências-amostras. Dado um sinal de tempo discreto, a estrutura, isto é, a lei de probabilidade subjacente, do processo aleatório correspondente, geralmente não é conhecida e deve ser inferida de alguma forma. Talvez seja possível fazer suposições razoáveis sobre a estrutura do processo, ou então estimar as propriedades da representação de um processo aleatório a partir de um segmento finito de uma sequência-amostra típica.

Formalmente, um processo aleatório é uma família indexada de variáveis aleatórias $\{\mathbf{x}_n\}$ caracterizada por um conjunto de funções de distribuição de probabilidade que, em geral, podem ser função do índice n. No uso do conceito de um processo aleatório como um modelo para sinais de tempo discreto, o índice n está associado ao índice de tempo. Em outras palavras, supomos que o valor de cada amostra $x[n]$ de um sinal aleatório é resultado de um mecanismo sujeito a uma lei da probabilidade. Uma variável aleatória individual $\mathbf{x}_n$ é descrita pela função de distribuição de probabilidade

$$P_{\mathbf{x}_n}(x_n, n) = \text{Probabilidade}[\mathbf{x}_n \le x_n], \quad (A.1)$$

em que $\mathbf{x}_n$ denota a variável aleatória e x_n é um valor em particular de $\mathbf{x}_n$.[1] Se $\mathbf{x}_n$ assumir toda uma faixa contínua de valores, isso é especificado de modo equivalente pela *função densidade de probabilidade*

$$p_{\mathbf{x}_n}(x_n, n) = \frac{\partial P_{\mathbf{x}_n}(x_n, n)}{\partial x_n}, \quad (A.2)$$

ou pela *função distribuição de probabilidade*

$$P_{\mathbf{x}_n}(x_n, n) = \int_{-\infty}^{x_n} p_{\mathbf{x}_n}(x, n) dx. \quad (A.3)$$

A interdependência de duas variáveis aleatórias $\mathbf{x}_n$ e $\mathbf{x}_m$ de um processo aleatório é descrita pela função distribuição de probabilidade conjunta

$$P_{\mathbf{x}_n, \mathbf{x}_m}(x_n, n, x_m, m) = \text{Probabilidade}[\mathbf{x}_n \le x_n \text{ e } \mathbf{x}_m \le x_m] \quad (A.4)$$

e pela função densidade de probabilidade conjunta

$$p_{\mathbf{x}_n, \mathbf{x}_m}(x_n, n, x_m, m) = \frac{\partial^2 P_{\mathbf{x}_n, \mathbf{x}_m}(x_n, n, x_m, m)}{\partial x_n \partial x_m}. \quad (A.5)$$

Duas variáveis aleatórias são *estatisticamente independentes* se o conhecimento do valor de uma não afeta a densidade de probabilidade da outra. Se todas as variáveis aleatórias de um conjunto de variáveis aleatórias, $\{\mathbf{x}_n\}$, forem estatisticamente independentes, então

$$P_{\mathbf{x}_n, \mathbf{x}_m}(x_n, n, x_m, m) = P_{\mathbf{x}_n}(x_n, n) \cdot P_{\mathbf{x}_m}(x_m, m) \quad m \ne n. \quad (A.6)$$

Uma caracterização completa de um processo aleatório requer a especificação de todas as possíveis distribuições de probabilidade conjuntas. Como indica-

---

[1] Neste apêndice, o texto em negrito é usado para denotar as variáveis aleatórias, e o texto normal denota variáveis argumentos das funções de probabilidade.

mos anteriormente, essas distribuições de probabilidade podem ser uma função dos índices de tempo m e n. No caso em que todas as distribuições de probabilidade são independentes de um deslocamento da origem de tempo, diz-se que o processo aleatório é *estacionário*. Por exemplo, a distribuição de segunda ordem de um processo estacionário satisfaz

$$P_{\mathbf{x}_{n+k},\mathbf{x}_{m+k}}(x_{n+k},n+k,x_{m+k},m+k) = P_{\mathbf{x}_n\mathbf{x}_m}(x_n,n,x_m,m)$$

para todo k. (A.7)

Em muitas das aplicações do processamento de sinais de tempo discreto, processos aleatórios servem como modelos para sinais no sentido de que um sinal em particular pode ser considerado uma sequência-amostra de um processo aleatório. Embora os detalhes desses sinais sejam imprevisíveis — tornando inadequada uma abordagem determinista para a representação dos sinais —, certas propriedades de médias estatísticas do conjunto podem ser determinadas, dada a lei de probabilidade do processo. Essas propriedades de médias estatísticas muitas vezes servem como uma caracterização útil, embora incompleta, desses sinais.

A.2 Valores esperados

Muitas vezes é útil caracterizar uma variável aleatória por médias estatísticas como média e variância. Como um processo aleatório é um conjunto indexado de variáveis aleatórias, de modo similar podemos caracterizar o processo por médias estatísticas das variáveis aleatórias que compõem o processo aleatório. Essas médias estatísticas são chamadas de *médias de conjunto*. Começamos a discussão de valores esperados com algumas definições.

A.2.1 Definições

A média de um processo aleatório é definida como

$$m_{\mathbf{x}_n} = \mathcal{E}\{\mathbf{x}_n\} = \int_{-\infty}^{\infty} x p_{\mathbf{x}_n}(x,n)dx, \quad (A.8)$$

em que $\mathcal{E}$ denota um operador chamado *esperança matemática*. Em geral, a média (valor esperado) pode depender de n. Além disso, se $g(\cdot)$ é uma função unívoca, então $g(\mathbf{x}_n)$ é uma variável aleatória, e o conjunto de variáveis aleatórias $\{g(\mathbf{x}_n)\}$ define um novo processo aleatório. Para calcular médias desse novo processo, podemos deduzir distribuições de probabilidade das novas variáveis aleatórias. Alternativamente, pode-se mostrar que

$$\mathcal{E}\{g(\mathbf{x}_n)\} = \int_{-\infty}^{\infty} g(x)p_{\mathbf{x}_n}(x,n)dx. \quad (A.9)$$

Se as variáveis aleatórias são discretas — isto é, se elas têm valores digitalizados —, as integrais se tornam somatórios sobre todos os valores possíveis da variável aleatória. Nesse caso, $\mathcal{E}\{g(x)\}$ tem a forma

$$\mathcal{E}\{g(\mathbf{x}_n)\} = \sum_x g(x)\hat{p}_{\mathbf{x}_n}(x,n). \quad (A.10)$$

Nos casos em que estamos interessados na relação entre múltiplos processos aleatórios, temos de nos preocupar com múltiplos conjuntos de variáveis aleatórias. Por exemplo, para dois conjuntos de variáveis aleatórias, $\{\mathbf{x}_n\}$ e $\{\mathbf{y}_m\}$, o valor esperado de uma função das duas variáveis é definido como

$$\mathcal{E}\{g(\mathbf{x}_n,\mathbf{y}_m)\} = \int_{-\infty}^{\infty}\int_{-\infty}^{\infty} g(x,y)p_{\mathbf{x}_n,\mathbf{y}_m}(x,n,y,m)dx\,dy, \quad (A.11)$$

sendo $p_{\mathbf{x}_n,\mathbf{y}_m}(x_m,n,y_m,m)$ a densidade de probabilidade conjunta das variáveis aleatórias $\mathbf{x}_n$ e $\mathbf{y}_m$.

O operador de esperança matemática é um operador linear; isto é, pode-se mostrar que

1. $\mathcal{E}\{\mathbf{x}_n + \mathbf{y}_m\} = \mathcal{E}\{\mathbf{x}_n\} + \mathcal{E}\{\mathbf{y}_m\}$; isto é, a média de uma soma é a soma das médias.
2. $\mathcal{E}\{a\mathbf{x}_n\} = a\mathcal{E}\{\mathbf{x}_n\}$; isto é, a média de uma constante vezes $\mathbf{x}_n$ é igual à constante vezes a média de $\mathbf{x}_n$.

Em geral, a média de um produto de duas variáveis aleatórias não é igual ao produto das médias. Quando essa propriedade é válida, porém, as duas variáveis aleatórias são ditas *linearmente independentes*, ou *não correlacionadas*. Isto é, $\mathbf{x}_n$ e $\mathbf{y}_m$ são linearmente independentes ou não correlacionadas se

$$\mathcal{E}\{\mathbf{x}_n\mathbf{y}_m\} = \mathcal{E}\{\mathbf{x}_n\} \cdot \mathcal{E}\{\mathbf{y}_m\}. \quad (A.12)$$

É fácil ver, a partir das equações A.11 e A.12, que uma condição suficiente para a independência linear é

$$p_{\mathbf{x}_n,\mathbf{y}_m}(x_n,n,y_m,m) = p_{\mathbf{x}_n}(x_n,n) \cdot p_{\mathbf{y}_m}(y_m,m). \quad (A.13)$$

Contudo, a Equação A.13 é um enunciado mais forte de independência do que a Equação A.12. Como afirmamos anteriormente, as variáveis aleatórias que satisfazem a Equação A.13 são ditas *estatisticamente independentes*. Se a Equação A.13 for válida para todos os valores de n e m, os processos aleatórios $\{\mathbf{x}_n\}$ e $\{\mathbf{y}_m\}$ são ditos estatisticamente independentes. Processos aleatórios estatisticamente independentes também são linearmente independentes, mas a recíproca não é verdadeira: a independência linear não implica independência estatística.

Pode-se notar, a partir das equações A.9-A.11, que as médias geralmente são funções do índice de tempo. Para processos estacionários, a média é a mesma para todas as variáveis aleatórias que constituem o processo; isto é, a média de um processo estacionário é uma constante, que denotaremos simplesmente por m_x.

Além da média de um processo aleatório, como a definida na Equação A.8, diversas outras médias estatísticas são particularmente importantes no contexto do processamento de sinais. Elas são definidas em seguida. Por conveniência de notação, assumimos que as distribuições de probabilidade são contínuas. Definições correspondentes para processos aleatórios discretos podem ser obtidas aplicando a Equação A.10.

O valor *quadrático médio* de $\mathbf{x}_n$ é a média de $|\mathbf{x}_n|^2$; isto é,

$$\mathcal{E}\{|\mathbf{x}_n|^2\} = \text{média quadrática} = \int_{-\infty}^{\infty} |x|^2 p_{\mathbf{x}_n}(x,n) dx. \quad (A.14)$$

O valor quadrático médio às vezes é chamado de *potência média*.

A *variância* de $\mathbf{x}_n$ é o valor quadrático médio de $[\mathbf{x}_n - m_{x_n}]$; isto é,

$$\text{var}[\mathbf{x}_n] = \mathcal{E}\{|(\mathbf{x}_n - m_{x_n})|^2\} = \sigma_{\mathbf{x}_n}^2. \quad (A.15)$$

Como a média de uma soma é a soma das médias, segue que a Equação A.15 pode ser escrita como

$$\text{var}[\mathbf{x}_n] = \mathcal{E}\{|\mathbf{x}_n|^2\} - |m_{x_n}|^2. \quad (A.16)$$

Em geral, o valor quadrático médio e a variância são funções do tempo; porém, eles são constantes para processos estacionários.

A média, a média quadrática e a variância são médias estatísticas simples que fornecem apenas uma pequena quantidade de informação sobre um processo. Uma média estatística mais útil é a *sequência de autocorrelação*, definida como

$$\phi_{xx}[n,m] = \mathcal{E}\{\mathbf{x}_n \mathbf{x}_m^*\}$$
$$= \int_{-\infty}^{\infty} \int_{-\infty}^{\infty} x_n x_m^* p_{\mathbf{x}_n, \mathbf{x}_m}(x_n, n, x_m, m) dx_n dx_m, \quad (A.17)$$

em que * denota conjugação complexa. A sequência de autocovariância de um processo aleatório é definida como

$$\gamma_{xx}[n,m] = \mathcal{E}\{(\mathbf{x}_n - m_{x_n})(\mathbf{x}_m - m_{x_m})^*\}, \quad (A.18)$$

que pode ser escrita como

$$\gamma_{xx}[n,m] = \phi_{xx}[n,m] - m_{x_n} m_{x_m}^*. \quad (A.19)$$

Note que, em geral, tanto a autocorrelação quanto a autocovariância são sequências bidimensionais, isto é, funções de duas variáveis discretas.

A sequência de autocorrelação é uma medida da dependência entre valores dos processos aleatórios em diferentes instantes de tempo. Nesse sentido, ela descreve parcialmente a variação de um sinal aleatório no tempo. Uma medida da dependência entre dois sinais aleatórios diferentes é obtida a partir da sequência de correlação cruzada. Se $\{\mathbf{x}_n\}$ e $\{\mathbf{y}_m\}$ são dois processos aleatórios, sua correlação cruzada é

$$\phi_{xy}[n,m] = \mathcal{E}\{\mathbf{x}_n \mathbf{y}_m^*\}$$
$$= \int_{-\infty}^{\infty} \int_{-\infty}^{\infty} xy^* p_{\mathbf{x}_n, \mathbf{y}_m}(x, n, y, m) dx\, dy, \quad (A.20)$$

sendo $p_{\mathbf{x}_n, \mathbf{y}_m}(x, n, y, m)$ a densidade de probabilidade conjunta de $\mathbf{x}_n$ e $\mathbf{y}_m$. A função de covariância cruzada é definida como

$$\gamma_{xy}[n,m] = \mathcal{E}\{(\mathbf{x}_n - m_{x_n})(\mathbf{y}_m - m_{y_m})^*\}$$
$$= \phi_{xy}[n,m] - m_{x_n} m_{y_m}^*. \quad (A.21)$$

Como já evidenciamos, as propriedades estatísticas de um processo aleatório geralmente variam com o tempo. Porém, um processo aleatório estacionário é caracterizado por uma condição de equilíbrio em que as propriedades estatísticas são invariantes a um deslocamento da origem do tempo. Isso significa que a distribuição de probabilidade de primeira ordem é independente do tempo. De modo similar, todas as funções de probabilidade conjunta também são invariantes a um deslocamento da origem de tempo; isto é, as distribuições de probabilidade conjunta de segunda ordem dependem apenas da diferença dos instantes de tempo ($m - n$). As médias estatísticas de primeira ordem, como a média e a variância, são independentes do tempo; as médias estatísticas de segunda ordem, como a autocorrelação $\phi_{xx}[n,m]$, são dependentes da diferença dos instantes de tempo ($m - n$). Assim, para um processo estacionário, podemos escrever

$$m_x = \mathcal{E}\{\mathbf{x}_n\}, \quad (A.22)$$
$$\sigma_x^2 = \mathcal{E}\{|(\mathbf{x}_n - m_x)|^2\}, \quad (A.23)$$

ambas independentes de n. Se agora denotarmos a diferença dos instantes de tempo por m, teremos

$$\phi_{xx}[n+m, n] = \phi_{xx}[m] = \mathcal{E}\{\mathbf{x}_{n+m} \mathbf{x}_n^*\}. \quad (A.24)$$

Ou seja, a sequência de autocorrelação de um processo aleatório estacionário é uma sequência unidimensional e função da diferença entre instantes de tempo m.

Em muitos casos, encontramos processos aleatórios que não são estacionários em *sentido estrito* — isto é, suas distribuições de probabilidade não são invariantes no tempo — mas as equações A.22-A.24 ainda são válidas. Esses processos aleatórios são considerados *estacionários em sentido amplo*.

A.2.2 Médias temporais

Em um contexto de processamento de sinais, a noção de um conjunto de sinais é um conceito matemático conveniente, que nos permite usar a teoria da probabilidade para representar os sinais. Porém, em uma situação prática, sempre temos à disposição, no máximo, um número finito de sequências de comprimento finito em vez de um conjunto infinito de sequências. Por exemplo, desejamos inferir a lei da probabilidade ou certas médias estatísticas da representação por processo aleatório a partir de medidas em um único membro do conjunto. Quando as distribuições de probabilidade são independentes do tempo, a intuição sugere que a distribuição de amplitude (histograma) de um segmento longo de uma sequência individual de amostras deve ser aproximadamente igual à densidade de probabilidade única que descreve cada uma das variáveis aleatórias do modelo de processo aleatório. De modo similar, a média aritmética de um grande número de amostras de uma única sequência deverá ser muito próxima da média do processo. Para formalizar essas noções intuitivas, definimos a média temporal de um processo aleatório como

$$\langle \mathbf{x}_n \rangle = \lim_{L \to \infty} \frac{1}{2L+1} \sum_{n=-L}^{L} \mathbf{x}_n. \quad \text{(A.25)}$$

De modo similar, a sequência de autocorrelação é definida como

$$\langle \mathbf{x}_{n+m}\mathbf{x}_n^* \rangle = \lim_{L \to \infty} \frac{1}{2L+1} \sum_{n=-L}^{L} \mathbf{x}_{n+m}\mathbf{x}_n^*. \quad \text{(A.26)}$$

Pode-se mostrar que os limites anteriores existem se $\{\mathbf{x}_n\}$ for um processo estacionário com média finita. Como definido nas equações A.25 e A.26, essas médias temporais são funções de um conjunto infinito de variáveis aleatórias e, assim, são apropriadamente vistas como variáveis aleatórias por si sós. Porém, sob a condição conhecida como *ergodicidade*, as médias temporais nas equações A.25 e A.26 são iguais a constantes no sentido de que as médias temporais de quase todas as sequências-amostras possíveis são iguais à mesma constante. Além disso, elas são iguais à média de conjunto correspondente.[2] Ou seja, para qualquer sequência-amostra única $\{x[n]\}$ para $-\infty < n < \infty$,

$$\langle x[n] \rangle = \lim_{L \to \infty} \frac{1}{2L+1} \sum_{n=-L}^{L} x[n] = \mathcal{E}\{\mathbf{x}_n\} = m_x$$
(A.27)

e

$$\langle x[n+m]x^*[n] \rangle = \lim_{L \to \infty} \frac{1}{2L+1} \sum_{n=-L}^{L} x[n+m]x^*[n]$$

$$= \mathcal{E}\{\mathbf{x}_{n+m}\mathbf{x}_n^*\} = \phi_{xx}[m]. \quad \text{(A.28)}$$

O operador de média temporal $\langle \cdot \rangle$ tem as mesmas propriedades do operador de média de conjunto $\mathcal{E}\{\cdot\}$. Assim, geralmente não fazemos distinção entre a variável aleatória $\mathbf{x}_n$ e seu valor em uma sequência-amostra, $x[n]$. Por exemplo, a expressão $\mathcal{E}\{x[n]\}$ deve ser interpretada como $\mathcal{E}\{\mathbf{x}_n\} = \langle x[n] \rangle$. Em geral, para *processos ergódicos*, médias temporais são iguais a médias de conjunto.

Na prática, é comum supor que determinada sequência é uma sequência-amostra de um processo aleatório ergódico, de modo que as médias podem ser calculadas a partir de uma única sequência. É claro que, geralmente, não podemos calcular com os limites das equações A.27 e A.28, mas, em vez disso, as quantidades

$$\hat{m}_x = \frac{1}{L} \sum_{n=0}^{L-1} x[n], \quad \text{(A.29)}$$

$$\hat{\sigma}_x^2 = \frac{1}{L} \sum_{n=0}^{L-1} |x[n] - \hat{m}_x|^2 \quad \text{(A.30)}$$

e

$$\langle x[n+m]x^*[n] \rangle_L = \frac{1}{L} \sum_{n=0}^{L-1} x[n+m]x^*[n] \quad \text{(A.31)}$$

ou quantidades similares muitas vezes são calculadas como *estimativas* da média, variância e autocorrelação. As estimativas $\hat{m}_x$ e $\hat{\sigma}_x^2$ são referidas como média amostral e variância amostral, respectivamente. A estimação das médias de um processo aleatório a partir de um segmento finito de dados é um problema de estatística que vimos resumidamente no Capítulo 10.

A.3 Propriedades de sequências de correlação e covariância de processos estacionários

Várias propriedades úteis das funções de correlação e covariância seguem diretamente das definições. Essas propriedades são apresentadas nesta seção.

Considere dois processos aleatórios estacionários $\{\mathbf{x}_n\}$ e $\{\mathbf{y}_n\}$, sendo sua autocorrelação, autocovariância, correlação cruzada e covariância cruzada dadas, respectivamente, por

$$\phi_{xx}[m] = \mathcal{E}\{\mathbf{x}_{n+m}\mathbf{x}_n^*\}, \quad \text{(A.32)}$$

$$\gamma_{xx}[m] = \mathcal{E}\{(\mathbf{x}_{n+m} - m_x)(\mathbf{x}_n - m_x)^*\}, \quad \text{(A.33)}$$

$$\phi_{xy}[m] = \mathcal{E}\{\mathbf{x}_{n+m}\mathbf{y}_n^*\}, \quad \text{(A.34)}$$

$$\gamma_{xy}[m] = \mathcal{E}\{(\mathbf{x}_{n+m} - m_x)(\mathbf{y}_n - m_y)^*\}, \quad \text{(A.35)}$$

---

[2] Uma afirmação mais precisa é que as variáveis aleatórias $\langle \mathbf{x}_n \rangle$ e $\langle \mathbf{x}_{n+m}\mathbf{x}_n^* \rangle$ têm médias iguais a m_x e $\phi_{xx}[m]$, respectivamente, e suas variâncias são nulas.

sendo m_x e m_y as médias dos dois processos. As propriedades a seguir são facilmente deduzidas por manipulações simples das definições:

Propriedade 1

$$\gamma_{xx}[m] = \phi_{xx}[m] - |m_x|^2, \quad (A.36a)$$

$$\gamma_{xy}[m] = \phi_{xy}[m] - m_x m_y^*, \quad (A.36b)$$

Esses resultados são obtidos diretamente das equações A.19 e A.21 e indicam que as sequências de correlação e covariância são idênticas em processos de média nula.

Propriedade 2

$$\phi_{xx}[0] = \mathcal{E}[|\mathbf{x}_n|^2] = \text{Valor quadrático médio}, \quad (A.37a)$$

$$\gamma_{xx}[0] = \sigma_x^2 = \text{Variância}. \quad (A.37b)$$

Propriedade 3

$$\phi_{xx}[-m] = \phi_{xx}^*[m], \quad (A.38a)$$

$$\gamma_{xx}[-m] = \gamma_{xx}^*[m], \quad (A.38b)$$

$$\phi_{xy}[-m] = \phi_{yx}^*[m], \quad (A.38c)$$

$$\gamma_{xy}[-m] = \gamma_{yx}^*[m]. \quad (A.38d)$$

Propriedade 4

$$|\phi_{xy}[m]|^2 \leq \phi_{xx}[0]\phi_{yy}[0], \quad (A.39a)$$

$$|\gamma_{xy}[m]|^2 \leq \gamma_{xx}[0]\gamma_{yy}[0]. \quad (A.39b)$$

Em particular,

$$|\phi_{xx}[m]| \leq \phi_{xx}[0], \quad (A.40a)$$

$$|\gamma_{xx}[m]| \leq \gamma_{xx}[0]. \quad (A.40b)$$

Propriedade 5. Se $\mathbf{y}_n = \mathbf{x}_{n-n_0}$, então

$$\phi_{yy}[m] = \phi_{xx}[m], \quad (A.41a)$$

$$\gamma_{yy}[m] = \gamma_{xx}[m]. \quad (A.41b)$$

Propriedade 6. Para muitos processos aleatórios, as variáveis aleatórias se tornam não correlacionadas à medida que se tornam mais separadas no tempo. Se isso é verdade,

$$\lim_{m \to \infty} \gamma_{xx}[m] = 0, \quad (A.42a)$$

$$\lim_{m \to \infty} \phi_{xx}[m] = |m_x|^2, \quad (A.42b)$$

$$\lim_{m \to \infty} \gamma_{xy}[m] = 0, \quad (A.42c)$$

$$\lim_{m \to \infty} \phi_{xy}[m] = m_x m_y^*. \quad (A.42d)$$

A essência desses resultados é que a correlação e a covariância são sequências de energia finita que tendem a desvanecer para grandes valores de m. Assim, muitas vezes é possível representar essas sequências em termos de suas transformadas de Fourier ou transformadas z.

A.4 Representação dos sinais aleatórios pela transformada de Fourier

Embora a transformada de Fourier de um sinal aleatório não exista exceto em um sentido generalizado, as sequências de autocovariância e autocorrelação desse sinal são sequências aperiódicas para as quais a transformada existe. A representação espectral das funções de correlação desempenha um papel importante na descrição das relações entrada-saída para um sistema linear invariante no tempo quando a entrada é um sinal aleatório. Portanto, é interessante considerar as propriedades de sequências de correlação e covariância e suas transformadas de Fourier e transformadas z correspondentes.

Definimos $\Phi_{xx}(e^{j\omega})$, $\Gamma_{xx}(e^{j\omega})$, $\Phi_{xy}(e^{j\omega})$ e $\Gamma_{xy}(e^{j\omega})$ como as TFTDs de $\phi_{xx}[m]$, $\gamma_{xx}[m]$, $\phi_{xy}[m]$ e $\gamma_{xy}[m]$, respectivamente. Como essas funções são todas TFTDs de sequências, elas devem ser periódicas com período 2π. Pelas equações A.36(a) e (b), segue que, em um período $|\omega| \leq \pi$,

$$\Phi_{xx}(e^{j\omega}) = \Gamma_{xx}(e^{j\omega}) + 2\pi |m_x|^2 \delta(\omega), \quad |\omega| \leq \pi, \quad (A.43a)$$

e

$$\Phi_{xy}(e^{j\omega}) = \Gamma_{xy}(e^{j\omega}) + 2\pi m_x m_y^* \delta(\omega), \quad |\omega| \leq \pi, \quad (A.43b)$$

No caso de processos de média nula ($m_x = 0$ e $m_y = 0$), as funções de correlação e covariância são idênticas, de modo que $\Phi_{xx}(e^{j\omega}) = \Gamma_{xx}(e^{j\omega})$ e $\Phi_{xy}(e^{j\omega}) = \Gamma_{xy}(e^{j\omega})$.

Pela equação da transformada de Fourier inversa, segue que

$$\gamma_{xx}[m] = \frac{1}{2\pi} \int_{-\pi}^{\pi} \Gamma_{xx}(e^{j\omega}) e^{j\omega m} d\omega, \quad (A.44a)$$

$$\phi_{xx}[m] = \frac{1}{2\pi} \int_{-\pi}^{\pi} \Phi_{xx}(e^{j\omega}) e^{j\omega m} d\omega, \quad (A.44b)$$

e, consequentemente,

$$\mathcal{E}\{|x[n]|^2\} = \phi_{xx}[0] = \sigma_x^2 = \frac{1}{2\pi} \int_{-\pi}^{\pi} \Phi_{xx}(e^{j\omega}) d\omega, \quad (A.45a)$$

$$\sigma_x^2 = \gamma_{xx}[0] = \frac{1}{2\pi} \int_{-\pi}^{\pi} \Gamma_{xx}(e^{j\omega}) d\omega. \quad (A.45b)$$

Às vezes, para facilitar a notação, é conveniente definir a quantidade

$$P_{xx}(\omega) = \Phi_{xx}(e^{j\omega}), \quad (A.46)$$

de modo que as equações A.45(a) e (b) podem ser expressas como

$$\mathcal{E}\{|x[n]|^2\} = \frac{1}{2\pi}\int_{-\pi}^{\pi} P_{xx}(\omega)d\omega, \quad (A.47a)$$

$$\sigma_x^2 = \frac{1}{2\pi}\int_{-\pi}^{\pi} P_{xx}(\omega)d\omega. \quad (A.47b)$$

Assim, a área sob $P_{xx}(\omega)$ para $-\pi \leq \omega \leq \pi$ é proporcional à potência média no sinal. De fato, como discutimos na Seção 2.10, a integral de $P_{xx}(\omega)$ sobre uma banda de frequências é proporcional à potência no sinal nessa banda. Por esse motivo, a função $P_{xx}(\omega)$ é chamada de *espectro da densidade de potência* ou, simplesmente, *espectro de potência*. Quando $P_{xx}(\omega)$ é uma constante independente de ω, o processo aleatório é chamado de processo ruído branco ou, simplesmente, ruído branco. Quando $P_{xx}(\omega)$ é constante sobre uma banda e nulo fora dela, referimo-nos a ele como ruído branco de banda limitada.

Pela Equação A.38(a), pode-se mostrar que $P_{xx}(\omega) = P_{xx}^*(\omega)$; isto é, $P_{xx}(\omega)$ é sempre um valor real. Além disso, para processos aleatórios reais, $\phi_{xx}[m] = \phi_{xx}[-m]$, de modo que, no caso real, $P_{xx}(\omega)$ é real e par; isto é,

$$P_{xx}(\omega) = P_{xx}(-\omega). \quad (A.48)$$

Uma propriedade adicional importante é que o espectro da densidade de potência é não negativo; isto é, $P_{xx}(\omega) \geq 0$ para todo ω. Esse ponto é discutido na Seção 2.10.

O *espectro da densidade de potência cruzada* é definido como

$$P_{xy}(\omega) = \Phi_{xy}(e^{j\omega}). \quad (A.49)$$

Essa função geralmente é complexa, e pela Equação A.38(c), segue que

$$P_{xy}(\omega) = P_{yx}^*(\omega). \quad (A.50)$$

Finalmente, como mostrado na Seção 2.10, se $x[n]$ é uma entrada sinal aleatório de um sistema de tempo discreto linear invariante no tempo com resposta em frequência $H(e^{j\omega})$, e se $y[n]$ é a saída correspondente, então

$$\Phi_{yy}(e^{j\omega}) = |H(e^{j\omega})|^2 \, \Phi_{xx}(e^{j\omega}) \quad (A.51)$$

e

$$\Phi_{xy}(e^{j\omega}) = H(e^{j\omega})\, \Phi_{xx}(e^{j\omega}). \quad (A.52)$$

Exemplo A.1 Potência do ruído na saída de um filtro passa-baixas ideal

Suponha que $x[n]$ seja uma sequência ruído branco de média nula com $\phi_{xx}[m] = \sigma_x^2\delta[m]$ e espectro de potência $\Phi_{xx}(e^{j\omega}) = \sigma_x^2$ para $|\omega| \leq \pi$, e além disso, suponha que $x[n]$ seja a entrada de um filtro passa-baixas ideal com frequência de corte ω_c. Então, pela Equação A.51, segue que a saída $y[n]$ seria um processo ruído branco de banda limitada, cujo espectro de potência seria

$$\Phi_{yy}(e^{j\omega}) = \begin{cases} \sigma_x^2, & |\omega| < \omega_c, \\ 0, & \omega_c < |\omega| \leq \pi. \end{cases} \quad (A.53)$$

Usando a transformada de Fourier inversa, obtemos a sequência de autocorrelação

$$\phi_{yy}[m] = \frac{\text{sen}(\omega_c m)}{\pi m}\sigma_x^2. \quad (A.54)$$

Agora, usando a Equação A.45(a), obtemos para a potência média na saída,

$$\mathcal{E}\{y^2[n]\} = \phi_{yy}[0] = \frac{1}{2\pi}\int_{-\omega_c}^{\omega_c}\sigma_x^2 d\omega = \sigma_x^2\frac{\omega_c}{\pi}. \quad (A.55)$$

A.5 Uso da transformada z nos cálculos da potência média

Para executar cálculos de potência média usando a Equação A.45(a), devemos calcular uma integral do espectro de potência como fizemos no Exemplo A.1. Embora a integral nesse exemplo fosse fácil de obter, essas integrais em geral são difíceis de obter como integrais reais. Porém, um resultado baseado na transformada z facilita o cálculo da potência média de saída no importante caso de sistemas que têm funções de sistema racionais.

Em geral, a transformada z pode ser usada para representar a função de covariância, mas não uma função de correlação. Isso porque, quando um sinal tem valor médio não nulo, sua função de correlação terá um componente constante aditivo que não tem uma representação por transformada z. Porém, quando o valor médio é nulo, as funções de covariância e correlação, evidentemente, são iguais. Se a transformada z de $\gamma_{xx}[m]$ existe, então, como $\gamma_{xx}[-m] = \gamma_{xx}^*[m]$, segue que, em geral,

$$\Gamma_{xx}(z) = \Gamma_{xx}^*(1/z^*). \quad (A.56)$$

Além disso, como $\gamma_{xx}[m]$ é bilateral e simétrica conjugada, segue que a região de convergência de $\Gamma_{xx}(z)$ deverá ter a forma

$$r_a < |z| < \frac{1}{r_a}$$

sendo necessariamente $0 < r_a < 1$. No interessante caso em que $\Gamma_{xx}(z)$ é uma função racional de z, a Equação A.56 implica que os polos e zeros de $\Gamma_{xx}(z)$ deverão ocorrer em pares conjugados complexos recíprocos.

A principal vantagem da representação com a transformada z é que, quando $\Gamma_{xx}(z)$ for uma função racional, a potência média do sinal aleatório pode ser calculada facilmente usando a relação

$$\mathcal{E}\{|x[n] - m_x|^2\} = \sigma_x^2 = \gamma_{xx}[0]$$
$$= \left\{ \begin{array}{c} \text{Transformada } z \text{ inversa} \\ \text{de } \Gamma_{xx}(z), \\ \text{calculada em } m = 0 \end{array} \right\}. \quad (A.57)$$

É simples calcular o segundo membro dessa equação usando um método baseado na observação de que, quando $\Gamma_{xx}(z)$ for uma função racional de z, $\gamma_{xx}[m]$ pode ser calculada para todo m empregando uma expansão em frações parciais. Depois, para obter a potência média, podemos simplesmente obter $\gamma_{xx}[m]$ para $m = 0$.

A transformada z também é útil na determinação da autocovariância e da potência média da saída de um sistema LIT quando a entrada for um sinal aleatório. A generalização da Equação A.51 leva a

$$\Gamma_{yy}(z) = H(z)H^*(1/z^*)\Gamma_{xx}(z), \quad (A.58)$$

e, pelas propriedades da transformada z e da Equação A.58, segue que a autocovariância da saída é a convolução

$$\gamma_{yy}[m] = h[m] * h^*[-m] * \gamma_{xx}[m]. \quad (A.59)$$

Esse resultado é particularmente útil na análise do ruído de digitalização, em que precisamos calcular a potência de saída média quando a entrada de uma equação de diferenças linear é um sinal ruído branco com média nula, com potência média σ_x^2. Como a autocovariância dessa entrada é $\gamma_{xx}[m] = \sigma_x^2 \delta[m]$, segue que a autocovariância da saída é $\gamma_{yy}[m] = \sigma_x^2(h[m] * h^*[-m])$, isto é, a covariância da saída é proporcional à autocorrelação determinística da resposta ao impulso do sistema LIT. Por esse resultado, segue que

$$\mathcal{E}\{y^2[n]\} = \gamma_{yy}[0] = \sigma_x^2 \sum_{n=-\infty}^{\infty} |h[n]|^2. \quad (A.60)$$

Como uma alternativa ao cálculo da soma dos quadrados da sequência resposta ao impulso, o que pode ser um tanto difícil para sistemas IIR, podemos aplicar o método sugerido na Equação A.57 para obter $\mathcal{E}\{y^2[n]\}$ a partir de uma expansão em frações parciais de $\Gamma_{yy}(z)$. Lembre-se de que, para uma entrada ruído branco com $\gamma_{xx}[m] = \sigma_x^2 \delta[m]$, a transformada z é $\Gamma_{xx}(z) = \sigma_x^2$, de modo que $\Gamma_{yy}(z) = \sigma_x^2 H(z)H^*(1/z^*)$. Portanto, a Equação A.57 aplicada à saída do sistema fornece

$$\mathcal{E}\{y^2[n]\} = \gamma_{yy}[0] = \left\{ \begin{array}{c} \text{Transformada } z \text{ inversa de} \\ \Gamma_{yy}(z) = H(z)H^*(1/z^*)\sigma_x^2, \\ \text{calculada para } m = 0 \end{array} \right\}. \quad (A.61)$$

Agora, considere o caso especial de um sistema estável e causal que tenha uma função de sistema racional na forma

$$H(z) = A \frac{\prod_{m=1}^{M}(1 - c_m z^{-1})}{\prod_{k=1}^{N}(1 - d_k z^{-1})} \quad |z| > \max_{k}\{|d_k|\}, \quad (A.62)$$

sendo $\max_k\{|d_k|\} < 1$ e $M < N$. Essa função de sistema poderia descrever a relação entre uma fonte de ruído de arredondamento interna e a saída de um sistema implementado com aritmética de ponto fixo. A substituição de $H(z)$ pela Equação A.62 na Equação A.58 resulta em

$$\Gamma_{yy}(z) = \sigma_x^2 H(z)H^*(1/z^*)$$
$$= \sigma_x^2 |A|^2 \frac{\prod_{m=1}^{M}(1 - c_m z^{-1})(1 - c_m^* z)}{\prod_{k=1}^{N}(1 - d_k z^{-1})(1 - d_k^* z)}. \quad (A.63)$$

Como assumimos que $|d_k| < 1$ para todo k, todos os polos originais estão no interior do círculo unitário e, portanto, os outros polos em $(d_k^*)^{-1}$ estão nas localizações recíprocas conjugadas fora do círculo unitário. A região de convergência para $\Gamma_{yy}(z)$ é, portanto, $\max_k |d_k| < |z| < \min_k |(d_k^*)^{-1}|$. Para tais funções racionais, podemos mostrar que, como $M < N$, a expansão em frações parciais tem a forma

$$\Gamma_{yy}(z) = \sigma_x^2 \left(\sum_{k=1}^{N} \left(\frac{A_k}{1 - d_k z^{-1}} - \frac{A_k^*}{1 - (d_k^*)^{-1} z^{-1}} \right) \right), \quad (A.64)$$

em que os coeficientes são encontrados a partir de

$$A_k = H(z)H^*(1/z^*)(1 - d_k z^{-1}) \Big|_{z = d_k}. \quad (A.65)$$

Como os polos em $z = d_k$ estão no contorno interno da região de convergência, cada um deles corresponde a uma sequência lateral direita, enquanto os polos em $z = (d_k^*)^{-1}$ correspondem cada um a uma sequência lateral esquerda. Assim, a função de autocovariância correspondente à Equação A.64 é

$$\gamma_{yy}[n] = \sigma_x^2 \sum_{k=1}^{N} (A_k(d_k)^n u[n] + A_k^*(d_k^*)^{-n} u[-n-1]),$$

da qual segue que podemos obter a potência média a partir de

$$\sigma_y^2 = \gamma_{yy}[0] = \sigma_x^2 \left(\sum_{k=1}^{N} A_k \right), \qquad (A.66)$$

sendo as quantidades A_k dadas pela Equação A.65.

Assim, o cálculo da potência média total na saída de um sistema, com função de sistema racional, tendo como entrada o ruído branco, se reduz ao problema simples de determinar os coeficientes da expansão em frações parciais para a transformada z da função de autocorrelação da saída. A utilidade dessa abordagem é ilustrada pelo exemplo a seguir.

Exemplo A.2 Potência do ruído na saída de um filtro IIR de segunda ordem

Considere um sistema com resposta ao impulso

$$h[n] = \frac{r^n \operatorname{sen}\theta(n+1)}{\operatorname{sen}\theta} u[n] \qquad (A.67)$$

e função de sistema

$$H(z) = \frac{1}{(1 - re^{j\theta} z^{-1})(1 - re^{-j\theta} z^{-1})}. \qquad (A.68)$$

Quando a entrada é o ruído branco com potência média total σ_x^2, a transformada z da função de autocovariância de saída é

$$\Gamma_{yy}(z) = \sigma_x^2 \left(\frac{1}{(1 - re^{j\theta} z^{-1})(1 - re^{-j\theta} z^{-1})} \right)$$

$$\left(\frac{1}{(1 - re^{-j\theta} z)(1 - re^{j\theta} z)} \right) \qquad (A.69)$$

da qual, usando a Equação A.65, obtemos

$$\mathcal{E}\{y^2[n]\} = \sigma_x^2 \left[\left(\frac{1}{(1 - re^{-j\theta} z^{-1})} \right) \right.$$

$$\left. \left(\frac{1}{(1 - re^{-j\theta} z)(1 - re^{j\theta} z)} \right) \right|_{z = re^{j\theta}}$$

$$+ \left(\frac{1}{(1 - re^{j\theta} z^{-1})} \right)$$

$$\left. \left(\frac{1}{(1 - re^{-j\theta} z)(1 - re^{j\theta} z)} \right) \right|_{z = re^{-j\theta}} \right]. \qquad (A.70)$$

Fazendo as substituições indicadas, colocando os dois termos sobre um denominador comum e usando um pouco de álgebra, chegamos a

$$\mathcal{E}\{y^2[n]\} = \sigma_x^2 \left(\frac{1 + r^2}{1 - r^2} \right) \left(\frac{1}{1 - 2r^2 \cos(2\theta) + r^4} \right). \qquad (A.71)$$

Assim, usando a expansão em frações parciais de $\Gamma_{yy}(z)$, calculamos efetivamente a expressão

$$\mathcal{E}\{y^2[n]\} = \sigma_x^2 \sum_{n=-\infty}^{\infty} |h[n]|^2 = \sigma_x^2 \sum_{n=0}^{\infty} \left| \frac{r^n \operatorname{sen}\theta(n+1)}{\operatorname{sen}\theta} \right|^2,$$

que seria difícil de obter a soma na forma fechada, e a expressão

$$\mathcal{E}\{y^2[n]\} = \frac{1}{2\pi} \int_{-\pi}^{\pi} \sigma_x^2 |H(e^{j\omega})|^2 d\omega$$

$$= \frac{\sigma_x^2}{2\pi} \int_{-\pi}^{\pi} \frac{d\omega}{|(1 - re^{j\theta} e^{-j\omega})(1 - re^{-j\theta} e^{-j\omega})|^2},$$

que seria difícil de calcular como uma integral sobre a variável real ω.

O resultado do Exemplo A.2 é um exemplo do poder do método de frações parciais na obtenção de fórmulas de potência média. No Capítulo 6, usamos essa técnica na análise dos efeitos de digitalização na implementação de filtros digitais.

Apêndice B — Filtros de tempo contínuo

As técnicas discutidas no Capítulo 7 para o projeto de filtros digitais IIR contam com a disponibilidade dos projetos de filtros de tempo contínuo apropriados. Neste apêndice, resumimos brevemente as características de diversas classes de aproximações de filtro passa-baixas a que nos referimos no Capítulo 7. Discussões mais detalhadas sobre essas classes de filtros podem ser encontradas em Guillemin (1957), Weinberg (1975) e Parks e Burrus (1987), e extensas tabelas de projeto e fórmulas podem ser encontradas em Zverev (1967). Programas de projeto para todas as aproximações de tempo contínuo comuns e transformações para filtros digitais estão disponíveis no MATLAB, Simulink e LabVIEW.

B.1 Filtros passa-baixas de Butterworth

Filtros passa-baixas de Butterworth são definidos pela propriedade de que a resposta em magnitude é maximamente plana na banda de passagem. Para um filtro passa-baixas de N-ésima ordem, isso significa que as primeiras $(2N-1)$ derivadas da função da magnitude quadrática são nulas em $\Omega = 0$. Outra propriedade é que a resposta em magnitude é monotônica na banda de passagem e na banda de rejeição. A função da magnitude quadrática para um filtro passa-baixas de Butterworth de tempo contínuo tem a forma

$$|H_c(j\Omega)|^2 = \frac{1}{1 + (j\Omega/j\Omega_c)^{2N}}. \quad \text{(B.1)}$$

Essa função é representada na Figura B.1.

À medida que o parâmetro N na Equação B.1 aumenta, as características do filtro se tornam mais abruptas: isto é, elas permanecem próximas da unidade ao longo da banda de passagem e se tornam próximas de zero mais rapidamente na banda de rejeição, embora a função da magnitude quadrática na frequência de corte Ω_c sempre seja igual a meio, em virtude da natureza da Equação B.1. A dependência da característica do filtro Butterworth com o parâmetro N é indicada na Figura B.2, que mostra $|H_c(j\Omega)|$ para diversos valores de N.

Pela função da magnitude quadrática da Equação B.1, observamos, substituindo $j\Omega = s$, que $H_c(s)H_c(-s)$ deverá ter a forma

$$H_c(s)H_c(-s) = \frac{1}{1 + (s/j\Omega_c)^{2N}}. \quad \text{(B.2)}$$

As raízes do polinômio do denominador (os polos da função da magnitude quadrática), portanto, estão localizadas em valores de s que satisfazem $1 + (s/j\Omega_c)^{2N} = 0$; isto é,

$$s_k = (-1)^{1/2N}(j\Omega_c) = \Omega_c e^{(j\pi/2N)(2k+N-1)},$$
$$k = 0, 1, \ldots, 2N-1. \quad \text{(B.3)}$$

Assim, existem $2N$ polos igualmente espaçados em ângulo sobre uma circunferência de raio Ω_c no plano s. Os polos estão localizados simetricamente em relação ao eixo imaginário. Um polo nunca cai sobre o eixo imaginário, e ele ocorre sobre o eixo real para N

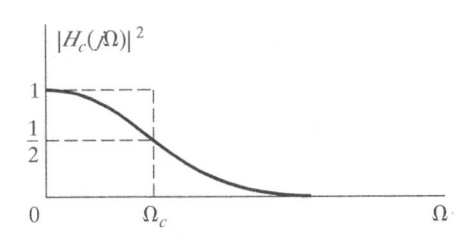

Figura B.1 Função da magnitude quadrática para o filtro de Butterworth de tempo contínuo.

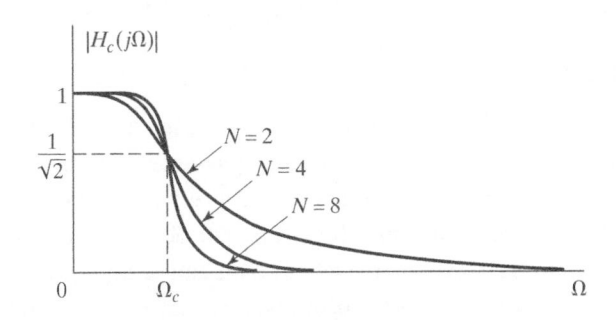

Figura B.2 Dependência de características da magnitude de Butterworth com a ordem N.

ímpar, mas não para N par. O espaçamento angular entre os polos na circunferência é π/N radianos. Por exemplo, para $N = 3$, os polos são espaçados de $\pi/3$ radianos, ou 60 graus, como indicado na Figura B.3. Para determinar a função de sistema do filtro analógico associado à função da magnitude quadrática de Butterworth, realizamos a fatoração $H_c(s)H_c(-s)$. Os polos da função da magnitude quadrática sempre ocorrem em pares; isto é, se houver um polo em $s = s_k$, então um polo também ocorrerá em $s = -s_k$. Consequentemente, para construir $H_c(s)$ a partir da função da magnitude quadrática, escolhemos um polo de cada par desse tipo. Para obter um filtro estável e causal, devemos escolher todos os polos no semiplano esquerdo do plano s.

Com essa abordagem, $H_c(s)$ seria

$$H_c(s) = \frac{\Omega_c^3}{(s + \Omega_c)(s - \Omega_c e^{j2\pi/3})(s - \Omega_c e^{-j2\pi/3})},$$

que pode ser escrito como

$$H_c(s) = \frac{\Omega_c^3}{s^3 + 2\Omega_c s^2 + 2\Omega_c^2 s + \Omega_c^3}.$$

Em geral, o numerador de $H_c(s)$ seria Ω_c^N para garantir que $|H_c(0)| = 1$.

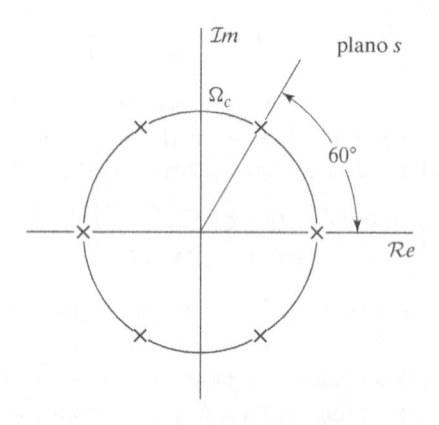

Figura B.3 Localização dos polos no plano s para a função da magnitude quadrática do filtro de Butterworth de terceira ordem.

B.2 Filtros de Chebyshev

Em um filtro de Butterworth, a resposta em magnitude é monotônica na banda de passagem e na banda de rejeição. Consequentemente, se as especificações do filtro forem feitas em termos do erro de aproximação máximo na banda de passagem e na banda de rejeição, as especificações são excedidas perto da extremidade de baixas frequências da banda de passagem e acima da frequência de corte na banda de rejeição. Uma técnica mais eficiente, que usualmente leva a um filtro de ordem mais baixa, consiste em distribuir a precisão da aproximação uniformemente pela banda de passagem ou de rejeição (ou ambas). Isso é realizado pela escolha de uma aproximação que tenha um comportamento *equiripple*, em vez de um comportamento monotônico. A classe de filtros de Chebyshev tem a propriedade de a magnitude da resposta em frequência ser *equiripple* na banda de passagem e monotônica na banda de rejeição (chamado de filtro de Chebyshev de tipo I), ou ser monotônica na banda de passagem e *equiripple* na banda de rejeição (um filtro de Chebyshev de tipo II). A resposta em frequência de um filtro de Chebyshev de tipo I é mostrada na Figura B.4. A função da magnitude quadrática para esse filtro tem a forma

$$|H_c(j\Omega)|^2 = \frac{1}{1 + \varepsilon^2 V_N^2(\Omega/\Omega_c)}, \quad (B.4)$$

em que $V_N(x)$ é o polinômio Chebyshev de N-ésima ordem definido como

$$V_N(x) = \cos(N \cos^{-1} x). \quad (B.5)$$

Por exemplo, para $N = 0$, $V_0(x) = 1$; para $N = 1$, $V_1(x) = \cos(\cos^{-1} x) = x$; para $N = 2$, $V_2(x) = \cos(2 \cos^{-1} x) = 2x^2 - 1$; e assim por diante.

Pela Equação B.5, que define os polinômios de Chebyshev, é simples obter uma fórmula de recorrência a partir da qual $V_{N+1}(x)$ pode ser obtido de $V_N(x)$ e $V_{N-1}(x)$. Aplicando identidades trigonométricas à Equação B.5, segue que

$$V_{N+1}(x) = 2xV_N(x) - V_{N-1}(x). \quad (B.6)$$

Pela Equação B.5, notamos que $V_N^2(x)$ varia entre zero e a unidade para $0 < x < 1$. Para $x > 1$, $\cos^{-1} x$ é imaginário, de modo que $V_N(x)$ se comporta como um cosseno hiperbólico e, consequentemente, aumenta monotonicamente. Em relação à Equação B.4, notamos que $|H_c(j\Omega)|^2$ possui ondulações (*ripples*) entre 1 e $1/(1 + \varepsilon^2)$ para $0 \leq \Omega/\Omega_c \leq 1$ e diminui monotonicamente para $\Omega/\Omega_c > 1$. Três parâmetros são necessários para especificar o filtro: ε, Ω_c e N. Em um projeto típico, ε é especificado pelo *ripple* da banda de passagem admissível e Ω_c é especificado pela frequência de corte da banda de passagem desejada. A ordem N é então escolhida de modo que as especificações da banda de rejeição sejam atendidas.

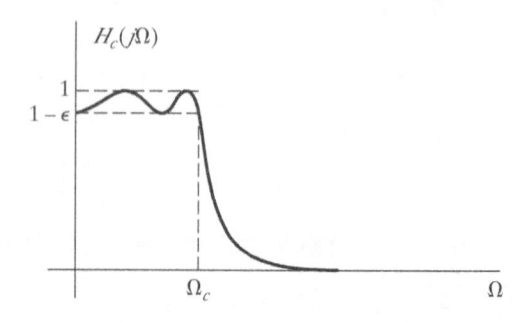

Figura B.4 Aproximação do filtro passa-baixas de Chebyshev de tipo I.

Os polos do filtro Chebyshev se encontram em uma elipse no plano s. Como mostrado na Figura B.5, a elipse é definida por duas circunferências cujos diâmetros são iguais aos eixos maior e menor da elipse. O comprimento do eixo menor é $2a\Omega_c$, sendo

$$a = \tfrac{1}{2}(\alpha^{1/N} - \alpha^{-1/N}) \qquad (B.7)$$

com

$$\alpha = \varepsilon^{-1} + \sqrt{1 + \varepsilon^{-2}}. \qquad (B.8)$$

O comprimento do eixo maior é $2b\Omega_c$, sendo

$$b = \tfrac{1}{2}(\alpha^{1/N} + \alpha^{-1/N}). \qquad (B.9)$$

Para posicionar os polos do filtro de Chebyshev sobre a elipse, primeiro identificamos os pontos nas circunferências maior e menor igualmente espaçados em ângulo com um espaçamento de π/N, de modo que os pontos estejam simetricamente localizados em relação ao eixo imaginário e de modo que um ponto nunca caia sobre o eixo imaginário e um ponto caia no eixo real para N ímpar, mas não para N par. Essa divisão das circunferências maior e menor corresponde exatamente à maneira em que a circunferência é dividida na localização dos polos de um filtro de Butterworth, como na Equação B.3. Os polos de um filtro de Chebyshev caem sobre a elipse, com a ordenada especificada pelos pontos identificados sobre a circunferência maior e a abscissa especificada pelos pontos identificados sobre a circunferência menor. Na Figura B.5, os polos são mostrados para $N = 3$.

Um filtro passa-baixas de Chebyshev de tipo II pode ser relacionado a um filtro de tipo I por meio de uma transformação. Especificamente, se na Equação B.4 substituirmos o termo $\varepsilon^2 V_N^2(\Omega/\Omega_c)$ por seu recíproco e também substituirmos o argumento de V_N^2 por seu recíproco, obtemos

$$|H_c(j\Omega)|^2 = \frac{1}{1 + [\varepsilon^2 V_N^2(\Omega_c/\Omega)]^{-1}}. \qquad (B.10)$$

Essa é a forma analítica para o filtro passa-baixas de Chebyshev de tipo II. Uma abordagem para o projeto de um filtro de Chebyshev de tipo II é primeiro projetar um filtro de tipo I e depois aplicar a transformação da Equação B.10.

B.3 Filtros elípticos

Se distribuirmos o erro uniformemente pela banda de passagem inteira ou pela banda de rejeição inteira, como nos casos Chebyshev, podemos atender às especificações de projeto com um filtro de ordem mais baixa do que se permitíssemos uma variação monotônica do erro nas bandas de passagem e de rejeição, como no caso Butterworth. Notamos que, na aproximação de Chebyshev de tipo I, o erro na banda de rejeição diminui monotonicamente com a frequência, criando a possibilidade de mais melhorias se distribuirmos o erro na banda de rejeição uniformemente pela banda de rejeição. Isso sugere a aproximação do filtro passa-baixas na Figura B.6. De fato, pode se mostrar (Papoulis, 1957) que esse tipo de aproximação (isto é, o erro *equiripple* na banda de passagem e na banda de rejeição) é o melhor que pode ser obtido para uma dada ordem de filtro N, no sentido de que, para valores dados de Ω_p, δ_1 e δ_2, a banda de transição $(\Omega_s - \Omega_p)$ é a menor possível.

Essa classe de aproximações, chamada de filtros elípticos, tem a forma

$$|H_c(j\Omega)|^2 = \frac{1}{1 + \varepsilon^2 U_N^2(\Omega)}, \qquad (B.11)$$

sendo $U_N(\Omega)$ uma função elíptica jacobiana. Para obter o erro *equiripple* na banda de passagem e na banda de rejeição, os filtros elípticos devem ter polos e zeros. Como podemos notar a partir da Figura B.6, esse filtro terá zeros no eixo $j\Omega$ do plano s. Uma discussão do projeto de filtro elíptico, mesmo em um nível superficial, está além do escopo deste apêndice. O leitor deverá consultar os textos de Guillemin (1957), Storer (1957), Gold e Rader (1969) e Parks e Burrus (1987) para discussões mais detalhadas.

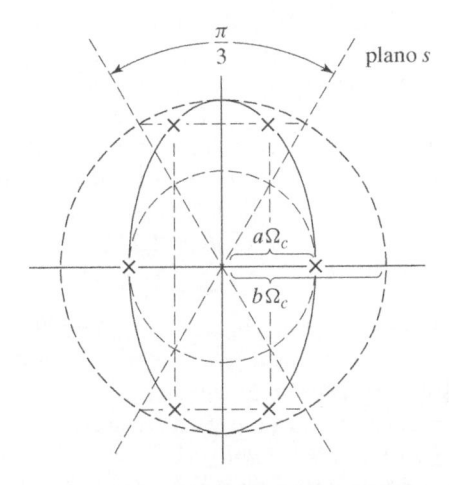

Figura B.5 Posição dos polos para a função da magnitude quadrática do filtro de Chebyshev passa-baixas de tipo I de terceira ordem.

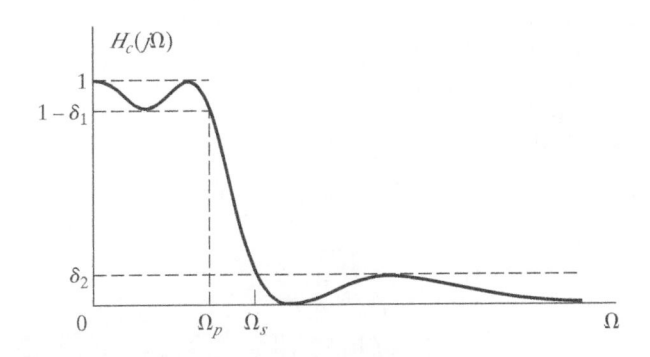

Figura B.6 Aproximação *equiripple* na banda de passagem e na banda de rejeição.

Apêndice C
Respostas dos problemas básicos selecionados

Este apêndice contém as respostas para os primeiros 20 problemas básicos dos capítulos 2 a 10.

Respostas dos problemas básicos do Capítulo 2

2.1. (a) Sempre (2), (3), (5). Se $g[n]$ for limitado, (1).
(b) (3).
(c) Sempre (1), (3), (4). Se $n_0 = 0$, (2) e (5).
(d) Sempre (1), (3), (4). Se $n_0 = 0$, (5). Se $n_0 \geq 0$, (2).
(e) (1), (2), (4), (5).
(f) Sempre (1), (2), (4), (5). Se $b = 0$, (3).
(g) (1), (3).
(h) (1), (5).

2.2. (a) $N_4 = N_0 + N_2$, $N_5 = N_1 + N_3$.
(b) No máximo $N + M - 1$ pontos não nulos.

2.3.
$$y[n] = \begin{cases} \dfrac{a^{-n}}{1-a}, & n < 0, \\ \dfrac{1}{1-a}, & n \geq 0. \end{cases}$$

2.4. $y[n] = 8[(1/2)^n - (1/4)^n]u[n]$.

2.5. (a) $y_h[n] = A_1(2)^n + A_2(3)^n$.
(b) $h[n] = 2(3^n - 2^n)u[n]$.
(c) $s[n] = [-8(2)^{(n-1)} + 9(3)^{(n-1)} + 1]u[n]$.

2.6. (a) $H(e^{j\omega}) = \dfrac{1 + 2e^{-j\omega} + e^{-j2\omega}}{1 - \frac{1}{2}e^{-j\omega}}$.
(b) $y[n] + \frac{1}{2}y[n-1] + \frac{3}{4}y[n-2] = x[n] - \frac{1}{2}x[n-1] + x[n-3]$.

2.7. (a) Periódico, $N = 12$.
(b) Periódico, $N = 8$.
(c) Não periódico.
(d) Não periódico.

2.8. $y[n] = 3(-1/2)^n u[n] + 2(1/3)^n u[n]$.

2.9. (a) $h[n] = 2\left[\left(\dfrac{1}{2}\right)^n - \left(\dfrac{1}{3}\right)^n\right]u[n]$,

$H(e^{j\omega}) = \dfrac{\frac{1}{3}e^{-j\omega}}{1 - \frac{5}{6}e^{-j\omega} + \frac{1}{6}e^{-j2\omega}}$,

$s[n] = \left[-2\left(\dfrac{1}{2}\right)^n + \left(\dfrac{1}{3}\right)^n + 1\right]u[n]$.

(b) $y_h[n] = A_1(1/2)^n + A_2(1/3)^n$.
(c) $y[n] = 4(1/2)^n - 3(1/3)^n - 2(1/2)^n u[-n-1] + 2(1/3)^n u[-n-1]$. Outras respostas são possíveis.

2.10. (a) $y[n] = \begin{cases} a^{-1}/(1 - a^{-1}), & n \geq -1, \\ a^n/(1 - a^{-1}), & n \leq -2. \end{cases}$
(b) $y[n] = \begin{cases} 1, & n \geq 3, \\ 2^{(n-3)}, & n \leq 2. \end{cases}$
(c) $y[n] = \begin{cases} 1, & n \geq 0, \\ 2^n, & n \leq -1. \end{cases}$
(d) $y[n] = \begin{cases} 0, & n \geq 9, \\ 1 - 2^{(n-9)}, & 8 \geq n \geq -1, \\ 2^{(n+1)} - 2^{(n-9)}, & -2 \geq n. \end{cases}$

2.11. $y[n] = 2\sqrt{2}\,\text{sen}(\pi(n+1)/4)$.

2.12. (a) $y[n] = n!u[n]$.
(b) O sistema é linear.
(c) O sistema não é invariante no tempo.

2.13. (a), (b) e (e) são autofunções de sistemas LIT estáveis.

2.14. (a) (iv).
(b) (i).
(c) (iii), $h[n] = (1/2)^n u[n]$.

2.15. (a) Não é LIT. Entradas $\delta[n]$ e $\delta[n-1]$ violam a IT.
(b) Não causal. Considere $x[n] = \delta[n-1]$.
(c) Estável.

2.16. (a) $y_h[n] = A_1(1/2)^n + A_2(-1/4)^n$.
(b) Causal: $h_c[n] = 2(1/2)^n u[n] + (-1/4)^n u[n]$.
Anticausal: $h_{ac}[n] = -2(1/2)^n u[-n-1] - (-1/4)^n u[-n-1]$.
(c) $h_c[n]$ é somável em valor absoluto, $h_{ac}[n]$, não.
(d) $y_p[n] = (1/3)(-1/4)^n u[n] + (2/3)(1/2)^n u[n] + 4(n+1)(1/2)^{(n+1)} u[n+1]$.

2.17. (a) $R(e^{j\omega}) = e^{-j\omega M/2} \dfrac{\text{sen}\left(\omega\left(\frac{M+1}{2}\right)\right)}{\text{sen}\left(\frac{\omega}{2}\right)}$.
(b) $W(e^{j\omega}) = (1/2)R(e^{j\omega}) - (1/4)R(e^{j(\omega - 2\pi/M)}) - (1/4)R(e^{j(\omega + 2\pi/M)})$.

2.18. Os sistemas (a) e (b) são causais.

2.19. Os sistemas (b), (c), (e) e (f) são estáveis.

2.20. (a) $h[n] = (-1/a)^{n-1} u[n-1]$.
(b) O sistema será estável para $|a| > 1$.

Respostas dos problemas básicos do Capítulo 3

3.1. (a) $\dfrac{1}{1-\frac{1}{2}z^{-1}}, \quad |z| > \frac{1}{2}.$

(b) $\dfrac{1}{1-\frac{1}{2}z^{-1}}, \quad |z| < \frac{1}{2}.$

(c) $\dfrac{-\frac{1}{2}z^{-1}}{1-\frac{1}{2}z^{-1}}, \quad |z| < \frac{1}{2}.$

(d) $1,$ todo $z.$

(e) $z^{-1}, \quad z \neq 0.$

(f) $z, \quad |z| < \infty.$

(g) $\dfrac{1-\left(\frac{1}{2}\right)^{10} z^{-10}}{1-\frac{1}{2}z^{-1}}, \quad |z| \neq 0.$

3.2. $X(z) = \dfrac{(1-z^{-N})^2}{(1-z^{-1})^2}.$

3.3. (a) $X_a(z) = \dfrac{z^{-1}(\alpha - \alpha^{-1})}{(1-\alpha z^{-1})(1-\alpha^{-1} z^{-1})},$
RDC: $|\alpha| < |z| < |\alpha^{-1}|.$

(b) $X_b(z) = \dfrac{1-z^{-N}}{1-z^{-1}}, \quad$ RDC: $z \neq 0.$

(c) $X_c(z) = \dfrac{(1-z^{-N})^2}{(1-z^{-1})^2}, \quad$ RDC: $z \neq 0.$

3.4. (a) $(1/3) < |z| < 2$, bilateral.

(b) Duas sequências. $(1/3) < |z| < 2$ e $2 < |z| < 3.$

(c) Não. A sequência causal tem $|z| > 3$, que não inclui a circunferência unitária.

3.5. $x[n] = 2\delta[n+1] + 5\delta[n] - 4\delta[n-1] - 3\delta[n-2].$

3.6. (a) $x[n] = \left(-\frac{1}{2}\right)^n u[n]$, a transformada de Fourier existe.

(b) $x[n] = -\left(-\frac{1}{2}\right) u[-n-1]$, a transformada de Fourier não existe.

(c) $x[n] = 4\left(-\frac{1}{2}\right)^n u[n] - 3\left(-\frac{1}{4}\right)^n u[n]$, a transformada de Fourier existe.

(d) $x[n] = \left(-\frac{1}{2}\right)^n u[n]$, a transformada de Fourier existe.

(e) $x[n] = -(a^{-(n+1)})u[n] + a^{-(n-1)}u[n-1]$, a transformada de Fourier existe se $|a| > 1.$

3.7. (a) $H(z) = \dfrac{1-z^{-1}}{1+z^{-1}}, \quad |z| > 1.$

(b) $\text{RDC}\{Y(z)\} = |z| > 1.$

(c) $y[n] = \left[-\frac{1}{3}\left(\frac{1}{2}\right)^n + \frac{1}{3}(-1)^n\right] u[n].$

3.8. (a) $h[n] = \left(-\frac{3}{4}\right)^n u[n] - \left(-\frac{3}{4}\right)^{n-1} u[n-1].$

(b) $y[n] = \frac{8}{13}\left(-\frac{3}{4}\right)^n u[n] - \frac{8}{13}\left(\frac{1}{3}\right)^n u[n].$

(c) O sistema é estável.

3.9. (a) $|z| > (1/2).$

(b) Sim. A RDC inclui a circunferência unitária.

(c) $X(z) = \dfrac{1-\frac{1}{2}z^{-1}}{1-2z^{-1}},$ RDC: $|z| < 2.$

(d) $h[n] = 2\left(\frac{1}{2}\right)^n u[n] - \left(-\frac{1}{4}\right)^n u[n].$

3.10. (a) $|z| > \frac{3}{4}.$

(b) $0 < |z| < \infty.$

(c) $|z| < 2.$

(d) $|z| > 1.$

(e) $|z| < \infty.$

(f) $\frac{1}{2} < |z| < \sqrt{13}$

3.11. (a) Causal.

(b) Não causal.

(c) Causal.

(d) Não causal.

3.12. (a)

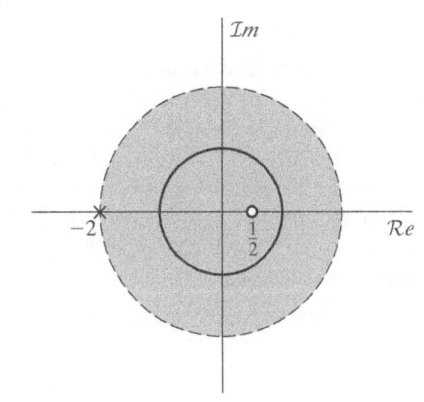

Figura P3.12

(b)

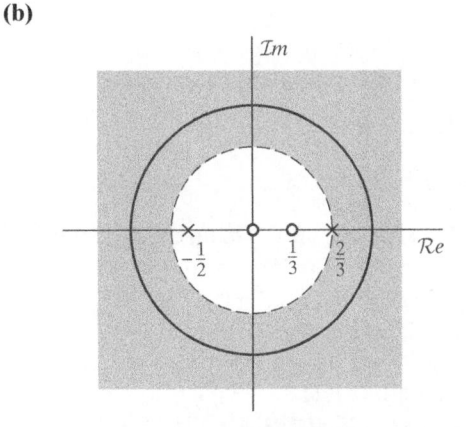

Figura P3.12

(c)

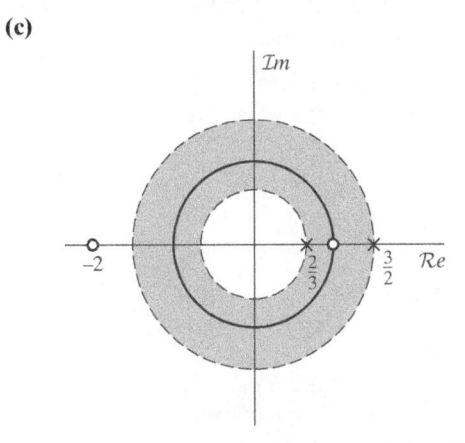

Figura P3.12

3.13. $g[11] = -\frac{1}{11!} + \frac{3}{9!} - \frac{2}{7!}$.

3.14. $A_1 = A_2 = 1/2$, $\alpha_1 = -1/2$, $\alpha_2 = 1/2$.

3.15. $h[n] = \left(\frac{1}{2}\right)^n (u[n] - u[n-10])$. O sistema é causal.

3.16. (a) $H(z) = \dfrac{1 - 2z^{-1}}{1 - \frac{2}{3}z^{-1}}$, $|z| > \frac{2}{3}$.

(b) $h[n] = \left(\frac{2}{3}\right)^n u[n] - 2\left(\frac{2}{3}\right)^{(n-1)} u[n-1]$.

(c) $y[n] - \frac{2}{3} y[n-1] = x[n] - 2x[n-1]$.

(d) O sistema é estável e causal.

3.17. $h[0]$ pode ser 0, 1/3 ou 1. Para ser meticulosamente literal, $h[0]$ também pode ser 2/3, devido à resposta ao impulso $h[n] = (2/3)(2)^n u[n] - (1/3)(1/2)^n u[-n-1]$, que satisfaz a equação de diferenças, mas não tem RDC. Esse sistema não causal sem RDC pode ser implementado como a combinação paralela de seus componentes causal e anticausal.

3.18. (a) $h[n] = -2\delta[n] + \frac{1}{3}\left(-\frac{1}{2}\right)^n u[n] + \frac{8}{3} u[n]$.

(b) $y[n] = \frac{18}{5} 2^n$.

3.19. (a) $|z| > 1/2$.
(b) $1/3 < |z| < 2$.
(c) $|z| > 1/3$.

3.20. (a) $|z| > 2/3$.
(b) $|z| > 1/6$.

Respostas dos problemas básicos do Capítulo 4

4.1. $x[n] = \text{sen}(\pi n/2)$.

4.2. $\Omega_0 = 250\pi, 1750\pi$.

4.3. (a) $T = 1/12000$. (b) Não único. $T = 5/12000$.

4.4. (a) $T = 1/100$. (b) Não único. $T = 11/100$.

4.5. (a) $T \leq 1/10000$. (b) 625 Hz. (c) 1250 Hz.

4.6. (a) $H_c(j\Omega) = 1/(a + j\Omega)$.
(b) $H_d(e^{j\omega}) = T/(1 - e^{-aT} e^{-j\omega})$.
(c) $|H_d(e^{j\omega})| = T/(1 + e^{-\alpha T})$.

4.7. (a) $X_c(j\Omega) = S_c(j\Omega)(1 + \alpha e^{-j\Omega \tau_d})$,
$X(e^{j\omega}) = \left(\frac{1}{T}\right) S_c \left(\frac{j\omega}{T}\right) \left(1 + \alpha e^{-j\omega \tau_d/T}\right)$
para $|\omega| \leq \pi$.

(b) $H(e^{j\omega}) = 1 + \alpha e^{-j\omega \tau_d/T}$.

(c) (i) $h[n] = \delta[n] + \alpha \delta[n-1]$.
(ii) $h[n] = \delta[n] + \alpha \frac{\text{sen}(\pi(n-1/2))}{\pi(n-1/2)}$.

4.8. (a) $T \leq 1/20000$.
(b) $h[n] = T u[n]$.
(c) $T X(e^{j\omega})|_{\omega=0}$.
(d) $T \leq 1/10000$.

4.9. (a) $X(e^{j(\omega+\pi)}) = X(e^{j(\omega+\pi-\pi)}) = X(e^{j\omega})$.
(b) $x[3] = 0$.
(c) $x[n] = \begin{cases} y[n/2], & n \text{ par}, \\ 0, & n \text{ ímpar}. \end{cases}$

4.10. (a) $x[n] = \cos(2\pi n/3)$.
(b) $x[n] = -\text{sen}(2\pi n/3)$.
(c) $x[n] = \text{sen}(2\pi n/5)/(\pi n/5000)$.

4.11. (a) $T = 1/40, T = 9/40$.
(b) $T = 1/20$, único.

4.12. (a) (i) $y_c(t) = -6\pi \text{ sen}(6\pi t)$.
(ii) $y_c(t) = -6\pi \text{ sen}(6\pi t)$.
(b) (i) Sim.
(ii) Não.

4.13. (a) $y[n] = \text{sen}\left(\frac{\pi n}{2} - \frac{\pi}{4}\right)$.
(b) O mesmo $y[n]$.
(c) $h_c(t)$ não tem efeito sobre T.

4.14. (a) Não.
(b) Sim.
(c) Não.
(d) Sim.
(e) Sim. (Nenhuma informação se perde; porém, o sinal não pode ser recuperado pelo sistema na Figura P3.21.)

4.15. (a) Sim.
(b) Não.
(c) Sim.

4.16. (a) $M/L = 5/2$, único.
(b) $M/L = 2/3$; único.

4.17. (a) $\tilde{x}_d[n] = (4/3) \text{ sen}(\pi n/2) / (\pi n)$.
(b) $\tilde{x}_d[n] = 0$.

4.18. (a) $\omega_0 = 2\pi/3$.
(b) $\omega_0 = 3\pi/5$.
(c) $\omega_0 = \pi$.

4.19. (a) $T \leq \pi/\Omega_0$.

4.20. (a) $F_s \geq 2000$ Hz.
(b) $F_s \geq 4000$ Hz.

Respostas dos problemas básicos do Capítulo 5

5.1. $x[n] = y[n], \omega_c = \pi$.

5.2. (a) Polos: $z = 3, 1/3$, Zeros: $z = 0, \infty$.
(b) $h[n] = -(3/8)(1/3)^n u[n] - (3/8)3^n u[-n-1]$.

5.3. (a), (d) são respostas ao impulso.

5.4. (a) $H(z) = \dfrac{1 - 2z^{-1}}{1 - \frac{3}{4}z^{-1}}$, $|z| > 3/4$.
(b) $h[n] = (3/4)^n u[n] - 2(3/4)^{n-1} u[n-1]$.
(c) $y[n] - (3/4)y[n-1] = x[n] - 2x[n-1]$.
(d) Estável e causal.

5.5. (a) $y[n] - (7/12)y[n-1] + (1/12)y[n-2] = 3x[n] - (19/6)x[n-1] + (2/3)x[n-2]$.
(b) $h[n] = 3\delta[n] - (2/3)(1/3)^{n-1} u[n-1] - (3/4)(1/4)^{n-1} u[n-1]$.
(c) Estável.

5.6. (a) $X(z) = \dfrac{1}{(1 - \frac{1}{2}z^{-1})(1 - 2z^{-1})}$, $\frac{1}{2} < |z| < 2$.
(b) $\frac{1}{2} < |z| < 2$.
(c) $h[n] = \delta[n] - \delta[n-2]$.

5.7. (a) $H(z) = \dfrac{1 - z^{-1}}{(1 - \frac{1}{2}z^{-1})(1 + \frac{3}{4}z^{-1})}$, $|z| > \frac{3}{4}$.
(b) $h[n] = -(2/5)(1/2)^n u[n] + (7/5)(-3/4)^n u[n]$.
(c) $y[n] + (1/4)y[n-1] - (3/8)y[n-2] = x[n] - x[n-1]$.

5.8. (a) $H(z) = \dfrac{z^{-1}}{1 - \frac{3}{2}z^{-1} - z^{-2}}$, $|z| > 2$.

(b) $h[n] = -(2/5)(-1/2)^n u[n] + (2/5)(2)^n u[n]$.

(c) $h[n] = -(2/5)(-1/2)^n u[n] - (2/5)(2)^n u[-n-1]$.

5.9.
$$h[n] = \left[-\frac{4}{3}(2)^{n-1} + \frac{1}{3}\left(\frac{1}{2}\right)^{n-1}\right]u[-n], \quad |z| < \frac{1}{2},$$

$$h[n] = -\frac{4}{3}(2)^{n-1}u[-n] - \frac{1}{3}\left(\frac{1}{2}\right)^{n-1}u[n-1], \quad \frac{1}{2} < |z| < 2,$$

$$h[n] = \frac{4}{3}(2)^{n-1}u[n-1] - \frac{1}{3}\left(\frac{1}{2}\right)^{n-1}u[n-1], \quad |z| > 2.$$

5.10. $H_i(z)$ não pode ser causal e estável. O zero de um $H(z)$ em $z = \infty$ é um polo de $H_i(z)$. A existência de um polo em $z = \infty$ implica que o sistema não é causal.

5.11. (a) Não pode ser determinado.
(b) Não pode ser determinado
(c) Falso.
(d) Verdadeiro.

5.12. (a) Estável.

(b) $H_1(z) = -9 \dfrac{(1 + 0{,}2z^{-1})\left(1 - \frac{1}{3}z^{-1}\right)\left(1 + \frac{1}{3}z^{-1}\right)}{(1 - j\,0{,}9z^{-1})(1 + j\,0{,}9z^{-1})}$,

$H_{ap}(z) = \dfrac{\left(z^{-1} - \frac{1}{3}\right)\left(z^{-1} + \frac{1}{3}\right)}{\left(1 - \frac{1}{3}z^{-1}\right)\left(1 + \frac{1}{3}z^{-1}\right)}$.

5.13. $H_1(z)$, $H_3(z)$ e $H_4(z)$ são sistemas passa-altas.

5.14. (a) 5.
(b) $\frac{1}{2}$.

5.15. (a) $\alpha = 1, \beta = 0, A(e^{j\omega}) = 1 + 4\cos(\omega)$. O sistema é um sistema de fase linear generalizada, mas não é um sistema de fase linear, pois $A(e^{j\omega})$ não é não negativo para todo ω.

(b) Não é um sistema de fase linear generalizada nem um sistema de fase linear.

(c) $\alpha = 1, \beta = 0, A(e^{j\omega}) = 3 + 2\cos(\omega)$. Fase linear, pois $|H(e^{j\omega})| = A(e^{j\omega}) \geq 0$ para todo ω.

(d) $\alpha = 1/2, \beta = 0, A(e^{j\omega}) = 2\cos(\omega/2)$. Fase linear generalizada, pois $A(e^{j\omega})$ não é não negativo em todo ω.

(e) $\alpha = 1, \beta = \pi/2, A(e^{j\omega}) = 2\,\text{sen}(\omega)$. Fase linear generalizada, pois $\beta \neq 0$.

5.16. $h[n]$ não é necessariamente causal. Tanto $h[n] = \delta[n - \alpha]$ quanto $h[n] = \delta[n+1] + \delta[n - (2\alpha+1)]$ terão essa fase.

5.17. $H_2(z)$ e $H_3(z)$ são sistemas de fase mínima.

5.18. (a) $H_{\text{mín}}(z) = \dfrac{2\left(1 - \frac{1}{2}z^{-1}\right)}{1 + \frac{1}{3}z^{-1}}$.

(b) $H_{\text{mín}}(z) = 3\left(1 - \dfrac{1}{2}z^{-1}\right)$.

(c) $H_{\text{mín}}(z) = \dfrac{9}{4} \dfrac{\left(1 - \frac{1}{3}z^{-1}\right)\left(1 - \frac{1}{4}z^{-1}\right)}{\left(1 - \frac{3}{4}z^{-1}\right)^2}$.

5.19. $h_1[n] : 2, h_2[n] : 3/2, h_3[n] : 2, h_4[n] : 3, h_5[n] : 3, h_6[n] : 7/2$.

5.20. Sistemas $H_1(z)$ e $H_3(z)$ têm uma fase linear e podem ser implementados por uma equação de diferenças com valor real.

Respostas dos problemas básicos do Capítulo 6

6.1. Rede 1: $H(z) = \dfrac{1}{1 - 2r\cos\theta z^{-1} + r^2 z^{-2}}$.

Rede 2: $H(z) = \dfrac{r\,\text{sen}\,\theta z^{-1}}{1 - 2r\cos\theta z^{-1} + r^2 z^{-2}}$.

Os dois sistemas têm os mesmos denominadores e, assim, os mesmos polos.

6.2. $y[n] - 3y[n-1] - y[n-2] - y[n-3] = x[n] - 2x[n-1] + x[n-2]$.

6.3. O sistema do item (d) é o mesmo daquele do item (a).

6.4. (a) $H(z) = \dfrac{2 + \frac{1}{4}z^{-1}}{1 + \frac{1}{4}z^{-1} - \frac{3}{8}z^{-2}}$.

(b) $y[n] + \frac{1}{4}y[n-1] - \frac{3}{8}y[n-2] = 2x[n] + \frac{1}{4}x[n-1]$.

6.5. (a) $y[n] - 4y[n-1] + 7y[n-3] + 2y[n-4] = x[n]$.

(b) $H(z) = \dfrac{1}{1 - 4z^{-1} + 7z^{-3} + 2z^{-4}}$.

(c) Duas multiplicações e quatro adições.

(d) Não. São necessários pelo menos quatro atrasos para implementar um sistema de quarta ordem.

6.6.

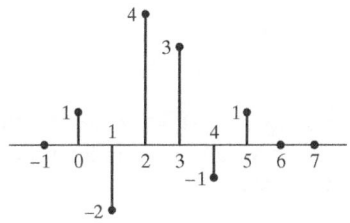

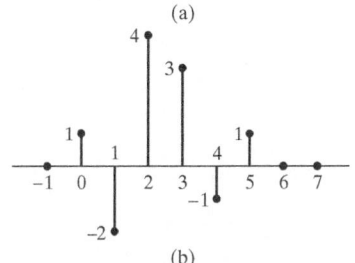

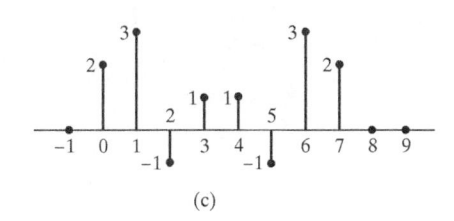

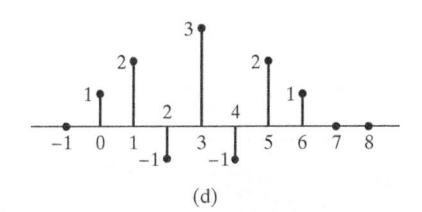

Figura P6.6

6.7.

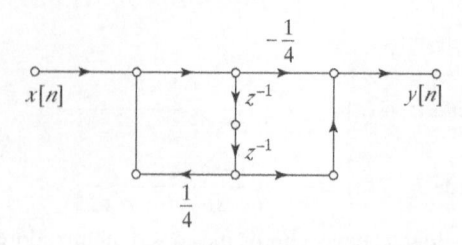

Figura P6.7

6.8. $y[n] - 2y[n-2] = 3x[n-1] + x[n-2]$.

6.9. (a) $h[1] = 2$.
(b) $y[n] + y[n-1] - 8y[n-2] = x[n] + 3x[n-1] + x[n-2] - 8x[n-3]$.

6.10. (a) $y[n] = x[n] + v[n-1]$.
$v[n] = 2x[n] + \frac{1}{2}y[n] + w[n-1]$.
$w[n] = x[n] + \frac{1}{2}y[n]$.

(b)

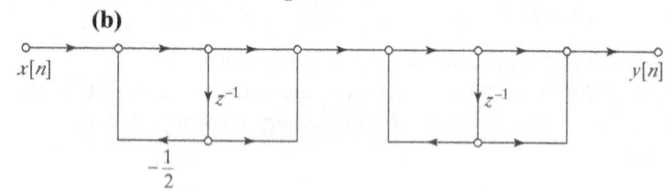

Figura P6.10

(c) Os polos estão em $z = -1/2$ e $z = 1$. Como o segundo polo está sobre a circunferência unitária, o sistema não é estável.

6.11. (a)

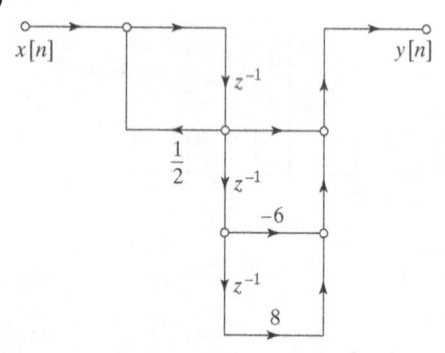

Figura P6.11

(b)

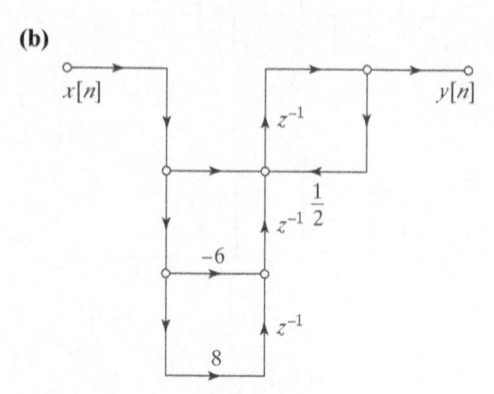

Figura P6.11

6.12. $y[n] - 8y[n-1] = -2x[n] + 6x[n-1] + 2x[n-2]$.

6.13.

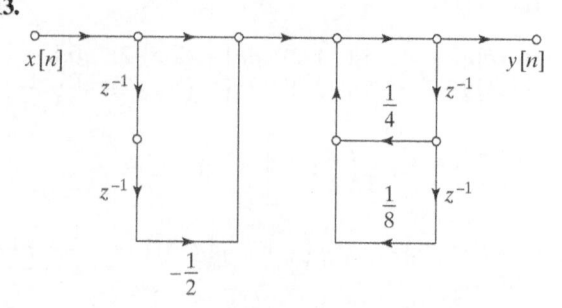

Figura P6.13

6.14.

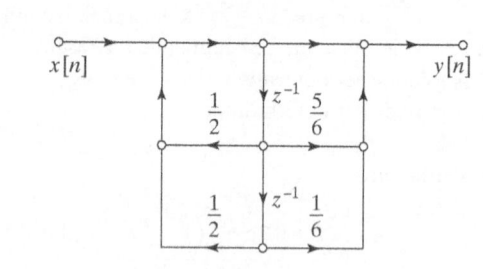

Figura P6.14

6.15.

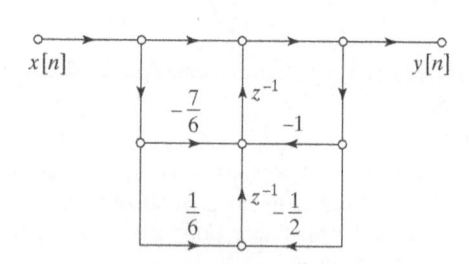

Figura P6.15

6.16. (a)

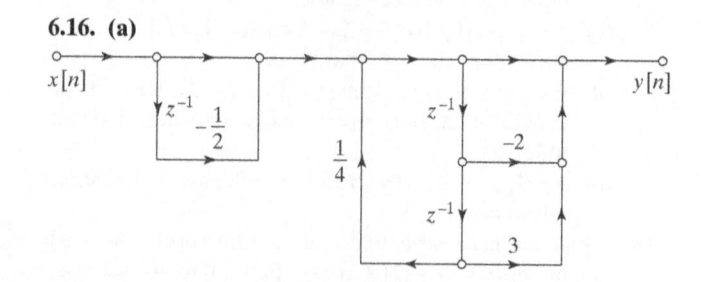

Figura P6.16

(b) Os dois sistemas têm a função de sistema
$$H(z) = \frac{\left(1 - \frac{1}{2}z^{-1}\right)(1 - 2z^{-1} + 3z^{-2})}{1 - \frac{1}{4}z^{-2}}.$$

6.17. (a)

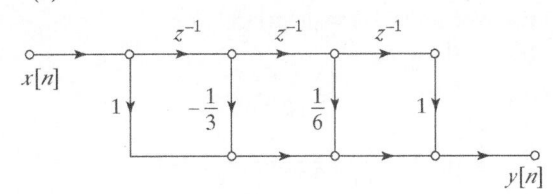

Figura P6.17-1

(b)

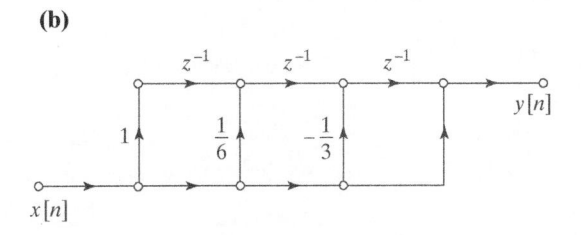

Figura P6.17-2

6.18. Se $a = 2/3$, a função de sistema global é
$$H(z) = \frac{1 + 2z^{-1}}{1 + \frac{1}{4}z^{-1} - \frac{3}{8}z^{-2}}.$$
Se $a = -2$, a função de sistema global é
$$H(z) = \frac{1 - \frac{2}{3}z^{-1}}{1 + \frac{1}{4}z^{-1} - \frac{3}{8}z^{-2}}.$$

6.19.

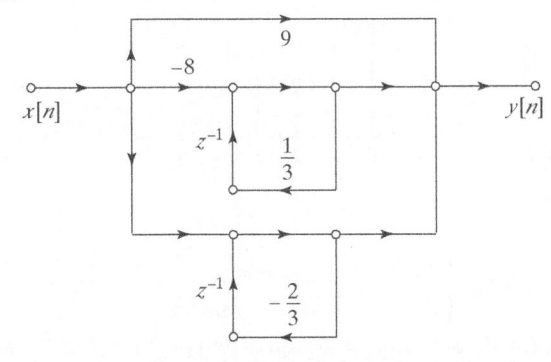

Figura P6.19

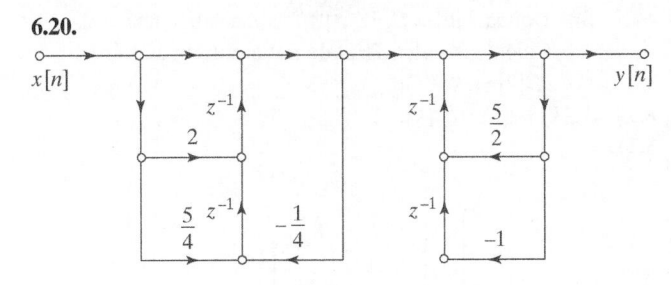

6.20.

Figura P6.20

$$H(z) = \frac{0{,}0007802(1 + z^{-1})^6}{(1 - 1{,}2686z^{-1} + 0{,}7051z^{-2})(1 - 1{,}0106z^{-1} + 0{,}3583z^{-2})(1 - 0{,}9044z^{-1} + 0{,}2155z^{-2})}.$$

Respostas dos problemas básicos do Capítulo 7

7.1. (a) $H_1(z) = \dfrac{1 - e^{-aT}\cos(bT)z^{-1}}{1 - 2e^{-aT}\cos(bT)z^{-1} + e^{-2aT}z^{-2}}$,

RDC: $|z| > e^{-aT}$.

(b) $H_2(z) = (1 - z^{-1})S_2(z)$, RDC: $|z| > e^{-aT}$, sendo

$$S_2(z) = \frac{a}{a^2 + b^2}\frac{1}{1 - z^{-1}}$$
$$- \frac{1}{2(a + jb)}\frac{1}{1 - e^{-(a+jb)T}z^{-1}}$$
$$- \frac{1}{2(a - jb)}\frac{1}{1 - e^{-(a-jb)T}z^{-1}}.$$

(c) Não são iguais.

7.2. (a)

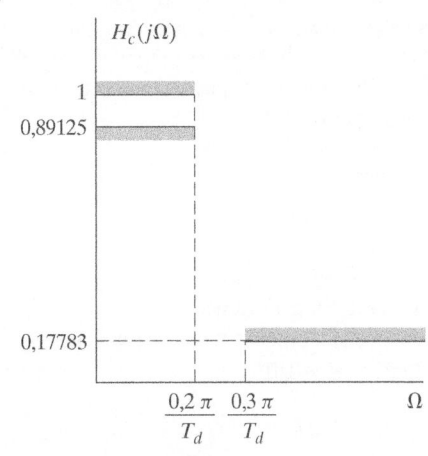

Figura P7.2

(b) $N = 6$, $\Omega_c T_d = 0{,}7032$.

(c) Os polos no plano s estão sobre uma circunferência de raio $R = 0{,}7032/T_d$. Eles são mapeados em polos no plano z em $z = e^{s_k T_d}$. Os fatores de T_d se cancelam, deixando as localizações dos polos no plano z para $H(z)$ independentes de T_d.

7.3. (a) $\hat{\delta}_2 = \delta_2/(1 + \delta_1)$, $\hat{\delta}_1 = 2\delta_1/(1 + \delta_1)$.

(b) $\delta_2 = 0{,}18806$, $\delta_1 = 0{,}05750$

$$H(z) = \frac{0{,}3036 - 0{,}4723z^{-1}}{1 - 1{,}2971z^{-1} + 0{,}6949z^{-2}}$$
$$+ \frac{-2{,}2660 + 1{,}2114z^{-1}}{1 - 1{,}0691z^{-1} + 0{,}3699z^{-2}}$$
$$+ \frac{1{,}9624 - 0{,}6665z^{-1}}{1 - 0{,}9972z^{-1} + 0{,}2570z^{-2}}$$

(c) Usar os mesmos δ_1 e δ_2.

7.4. (a) $H_c(s) = \dfrac{1}{s+0,1} - \dfrac{0,5}{s+0,2}$.

A resposta não é única. Outra possibilidade é
$$H_c(s) = \dfrac{1}{s+0,1+j2\pi} - \dfrac{0,5}{s+0,2+j2\pi}.$$

(b) $H_c(s) = \dfrac{2(1+s)}{0,1813+1,8187s} - \dfrac{1+s}{0,3297+1,6703s}$.

Essa resposta é única.

7.5. (a) $M+1 = 91$, $\beta = 3,3953$.

(b) $M/2 = 45$.

(c) $h_d[n] = \dfrac{\text{sen}[0,625\pi(n-45)]}{\pi(n-45)} - \dfrac{\text{sen}[0,3\pi(n-45)]}{\pi(n-45)}$.

7.6. (a) $\delta = 0,03$, $\beta = 2,181$.

(b) $\Delta\omega = 0,05\pi$, $M = 63$.

7.7. $0,99 \le |H(e^{j\omega})| \le 1,01$, $\quad |\omega| \le 0,2\pi$,
$|H(e^{j\omega})| \le 0,01$, $\quad 0,22\pi \le |\omega| \le \pi$

7.8. (a) Seis alternações. $L = 5$, de modo que isso não satisfaça o teorema da alternação e não seja ótimo.

(b) Sete alternações, o que satisfaz o teorema da alternação para $L = 5$.

7.9. $\omega_c = 0,4\pi$.

7.10. $\omega_c = 2,3842$ rad.

7.11. $\Omega_c = 2\pi(1250)$ rad/s.

7.12. $\Omega_c = 2000$ rad/s.

7.13. $T = 50\,\mu$s. Esse T é único.

7.14. $T = 1,46$ ms. Esse T é único.

7.15. Hamming e Hanning: $M+1 = 81$, Blackman: $M+1 = 121$.

7.16. $\beta = 2,6524$, $M = 181$.

7.17.
$|H_c(j\Omega)| < 0,02$, $\quad |\Omega| \le 2\pi(20)$ rad/s,
$0,95 < |H_c(j\Omega)| < 1,05$, $\quad 2\pi(30) \le |\Omega| \le 2\pi(70)$ rad/s,
$|H_c(j\Omega)| < 0,001$, $\quad 2\pi(75)$ rad/s $\le |\Omega|$.

7.18.
$|H_c(j\Omega)| < 0,04$, $\quad |\Omega| \le 324,91$ rad/s,
$0,995 < |H_c(j\Omega)| < 1,005$, $\quad |\Omega| \ge 509,52$ rad/s.

7.19. $T = 0,41667$ ms. Esse T é único.

7.20. Verdadeiro.

Respostas dos problemas básicos do Capítulo 8

8.1. (a) $x[n]$ é periódico com período $N = 6$.

(b) T não evitará *aliasing*.

(c) $\tilde{X}[k] = 2\pi \begin{cases} a_0 + a_6 + a_{-6}, & k = 0, \\ a_1 + a_7 + a_{-5}, & k = 1, \\ a_2 + a_8 + a_{-4}, & k = 2, \\ a_3 + a_9 + a_{-3} + a_{-9}, & k = 3, \\ a_4 + a_{-2} + a_{-8}, & k = 4, \\ a_5 + a_{-1} + a_{-7}, & k = 5. \end{cases}$

8.2. (a) $\tilde{X}_3[k] = \begin{cases} 3\tilde{X}[k/3], & \text{para } k = 3\ell, \\ 0, & \text{caso contrário.} \end{cases}$

(b) $\tilde{X}[k] = \begin{cases} 3, & k = 0, \\ -1, & k = 1. \end{cases}$

$\tilde{X}_3[k] = \begin{cases} 9, & k = 0, \\ 0, & k = 1, 2, 4, 5, \\ -3, & k = 3. \end{cases}$

8.3. (a) $\tilde{x}_2[n]$.

(b) Nenhuma das sequências.

(c) $\tilde{x}_1[n]$ e $\tilde{x}_3[n]$.

8.4. (a) $X(e^{j\omega}) = \dfrac{1}{1-\alpha e^{-j\omega}}$.

(b) $\tilde{X}[k] = \dfrac{1}{1-\alpha e^{-j(2\pi/N)k}}$.

(c) $\tilde{X}[k] = X(e^{j\omega})|_{\omega = (2\pi k/N)}$.

8.5. (a) $X[k] = 1$.

(b) $X[k] = W_N^{kn_0}$.

(c) $X[k] = \begin{cases} N/2, & k = 0, N/2, \\ 0, & \text{caso contrário.} \end{cases}$

(d) $X[k] = \begin{cases} N/2, & k = 0, \\ e^{-j(\pi k/N)(N/2-1)}(-1)^{(k-1)/2}\dfrac{1}{\text{sen}(k\pi/N)}, & k \text{ ímpar,} \\ 0, & \text{caso contrário.} \end{cases}$

(e) $X[k] = \dfrac{1-a^N}{1-aW_N^k}$.

8.6. (a) $X(e^{j\omega}) = \dfrac{1 - e^{j(\omega_0-\omega)N}}{1 - e^{j(\omega_0-\omega)}}$.

(b) $X[k] = \dfrac{1 - e^{j\omega_0 N}}{1 - e^{j\omega_0}W_N^k}$.

(c) $X[k] = \begin{cases} N, & k = k_0 \\ 0, & \text{caso contrário.} \end{cases}$

8.7.

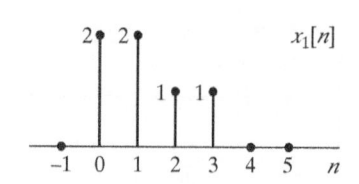

Figura P8.7

8.8. $y[n] = \begin{cases} \dfrac{1024}{1023}\left(\dfrac{1}{2}\right)^n, & 0 \le n \le 9, \\ 0, & \text{caso contrário.} \end{cases}$

8.9. (a) 1. Seja $x_1[n] = \Sigma_m x[n+5m]$ para $n = 0, 1, \ldots 4$.
2. Seja $X_1[k]$ a FFT de cinco pontos de $x_1[n]$. $M = 5$.
3. $X_1[2]$ é $X(e^{j\omega})$ em $\omega = 4\pi/5$.

(b) Defina $x_2[n] = \Sigma_m W_{27}^{-(n+9m)}x[n+9m]$ para $n = 0, ..., 8$.
Calcule $X_2[k]$, a TFD de nove pontos de $x_2[n]$.
$X_2[2] = X(e^{j\omega})|_{\omega = 10\pi/27}$.

8.10. $X_2[k] = (-1)^k X_1[k]$.

8.11.

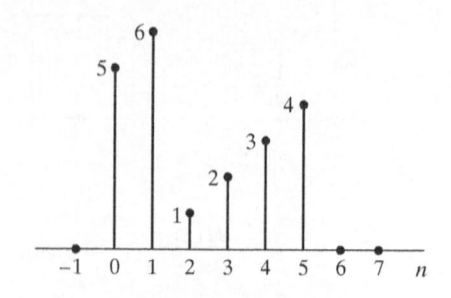

Figura P8.11

8.12. (a) $X[k] = \begin{cases} 2, & k = 1, 3, \\ 0, & k = 0, 2. \end{cases}$

(b) $H[k] = \begin{cases} 15, & k = 0, \\ -3 + j6, & k = 1, \\ -5, & k = 2, \\ -3 - j6, & k = 3. \end{cases}$

(c) $y[n] = -3\delta[n] - 6\delta[n-1] + 3\delta[n-2] + 6\delta[n-3]$.

(d) $y[n] = -3\delta[n] - 6\delta[n-1] + 3\delta[n-2] + 6\delta[n-3]$.

8.13.

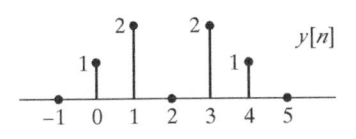

Figura P8.13

8.14. $x_3[2] = 9$.
8.15. $a = -1$. Ele é único.
8.16. $b = 3$. Ele é único.
8.17. $N = 9$.
8.18. $c = 2$.
8.19. $m = 2$. Ele não é único. Qualquer $m = 2 + 6\ell$ para um inteiro ℓ funciona.
8.20. $N = 5$. Ele é único.

Respostas dos problemas básicos do Capítulo 9

9.1. Se a entrada for $(1/N)X[((-n))_N]$, a saída do programa da TFD será $x[n]$, a TFDI de $X[k]$.
9.2. $X = AD - BD + CA - DA = AC - BD$
$Y = AD - BD + BC + BD = BC + AD$.
9.3. $y[32] = X(e^{-j2\pi(7/32)}) = X(e^{j2\pi(25/32)})$.
9.4. $\omega_k = 7\pi/16$.
9.5. $a = -\sqrt{2}$
$b = -e^{-j(6\pi/8)}$
9.6. **(a)** O ganho é $-W_N^2$.
(b) Existe um caminho. Em geral, existe apenas um caminho de qualquer amostra de entrada para qualquer amostra de saída.
(c) Seguindo os caminhos, vemos
$X[2] = x[0] \cdot 1 + x[1]W_8^2 - x[2] - x[3]W_8^2 + \ldots$
$X[4] + x[5]W_8^2 - x[6] - x[7]W_8^2$.
9.7. **(a)** Armazene $x[n]$ em $A[\cdot]$ na ordem bit-reversa, e $D[\cdot]$ conterá $X[k]$ na ordem sequencial (normal).

(b) $D[r] = \begin{cases} 8, & r = 3, \\ 0, & \text{caso contrário.} \end{cases}$

(c) $C[r] = \begin{cases} 1, & r = 0, 1, 2, 3, \\ 0, & \text{caso contrário.} \end{cases}$

9.8. **(a)** $N/2$ borboletas com $2^{(m-1)}$ coeficientes diferentes.
(b) $y[n] = W_N^{2v-m} y[n-1] + x[n]$.
(c) Período: 2^m, Frequência: $2\pi \, 2^{-m}$.
9.9. Afirmação 1.
9.10. $y[n] = X(e^{j\omega})|_{\omega = (2\pi/7) + (2\pi/21)(n-19)}$.
9.11. **(a)** 2^{m-1}.
(b) 2^m.
9.12. $r[n] = e^{-j(2\pi/19)n} W^{n^2/2}$ sendo $W = e^{-j(2\pi/10)}$.
9.13. $x[0], x[8], x[4], x[12], x[2], x[10], x[6], x[14], x[1], x[9], x[5], x[13], x[3], x[11], x[7], x[15]$.
9.14. Falso.

9.15. $m = 1$.

9.16. $r = \begin{cases} 0, & m = 1, \\ 0, 4, & m = 2, \\ 0, 2, 4, 6, & m = 3, \\ 0, 1, 2, 3, 4, 5, 6, 7, & m = 4. \end{cases}$

9.17. $N = 64$.
9.18. $m = 3$ ou 4.
9.19. Dizimação no tempo.
9.20. 1021 é primo, de modo que o programa deverá implementar as equações de TFD completas e não poderá explorar nenhum algoritmo de FFT. O tempo de cálculo corresponde a N^2. Em contraste, 1024 é uma potência de 2 e poderá explorar o tempo de cálculo $N \log N$ da FFT.

Respostas dos problemas básicos do Capítulo 10

10.1. **(a)** $f = 1500$ Hz.
(b) $f = -2000$ Hz.
10.2. $N = 2048$ e 10000 Hz $< f < 10240$ Hz.
10.3. **(a)** $T = 2\pi k_0 / (N\Omega_0)$.
(b) Não é única. $T = (2\pi/\Omega_0)(1 - k_0/N)$.
10.4. $X_c(j2\pi(4200)) = 5 \times 10^{-4}$
$X_c(-j2\pi(4200)) = 5 \times 10^{-4}$
$X_c(j2\pi(1000)) = 10^{-4}$
$X_c(-j2\pi(1000)) = 10^{-4}$
10.5. $L = 1024$.
10.6. $x_2[n]$ terá dois picos distintos.
10.7. $\Delta\Omega = 2\pi(2,44)$ rad/s.
10.8. $N \geq 1600$.

10.9. $X_0[k] = \begin{cases} 18, & k = 3, 33, \\ 0, & \text{caso contrário.} \end{cases}$

$X_1[k] = \begin{cases} 18, & k = 9, 27, \\ 0, & \text{caso contrário.} \end{cases}$

$X_r[k] = 0$ para $r \neq 0, 1$.

10.10. $\omega_0 = 0{,}25\pi$ rad/amostra, $\lambda = \pi/76000$ rad/amostra^2.
10.11. $\Delta f = 9{,}77$ Hz.
10.12. Os picos não terão a mesma altura. O pico da janela retangular será maior.
10.13. **(a)** $A = 21$ dB.
(b) Componentes fracos serão visíveis se sua amplitude exceder 0,0891.
10.14. **(a)** 320 amostras.
(b) 400 TFD/segundo.
(c) N = 256.
(d) 62,5 Hz.
10.15. **(a)** $X[200] = 1 - j$.
(b) $X(j2\pi(4000)) = 5 \times 10^{-5}(1-j)$
$X(-j2\pi(4000)) = 5 \times 10^{-5}(1+j)$.
10.16. As janelas retangular, de Hanning, de Hamming e de Bartlett satisfazem o critério dado.
10.17. $T > 1/1024$ s.
10.18. $x_2[n], x_3[n], x_6[n]$.
10.19. Os métodos 2 e 5 melhoram a resolução.
10.20. $L = M + 1 = 262$.

Referências

ADAMS, J. W.; WILSON, J. A. N. A new approach to FIR digital filters with fewer multiplies and reduced sensitivity. *IEEE Trans. of Circuits and Systems*, v. 30, p. 277-283, maio 1983.

AHMED, N.; NATARAJAN, T.; RAO, K. R. Discrete cosine transform. *IEEE Trans. on Computers*, v. C-23, p. 90–93, jan. 1974.

ALLEN, J.; RABINER, L. A unified approach to short-time Fourier analysis and synthesis. *Proc. IEEE Trans. on Computers*, v. 65, p. 1558–1564, nov. 1977.

ATAL, B. S.; HANAUER, S. L. Speech analysis and synthesis by linear prediction of the speech wave. *J. Acoustical Society of America*, v. 50, p. 637–655, 1971.

ATAL, B. S. Automatic recognition of speakers from their voices. *IEEE Proceedings*, v. 64, n. 4, p. 460– 475, abr. 1976.

ANDREWS, H. C.; HUNT, B. R. *Digital image restoration*, Englewood Cliffs: Prentice Hall, 1977.

BAGCHI, S.; MITRA, S. *The nonuniform discrete Fourier transform and its applications in signal processing*, Nova York: Springer, 1999.

BARAN, T. A.; OPPENHEIM, A. V. Design and implementation of discrete-time filters for efficient rate-conversion systems. *Proceedings of the 41st annual Asilomar conference on signals, systems, and computers*, Asilomar, 4-7 nov. 2007.

BARANIUK, R. Compressive sensing. *IEEE Signal Processing Magazine*, v. 24, n. 4, p. 118–121, jul. 2007.

BARNES, C. W.; FAM, A. T. Minimum norm recursive digital filters that are free of overflow limit cycles. *IEEE Trans. Circuits and Systems*, v. CAS-24, p. 569–574, out. 1977.

BARTELS R. H.; BEATTY, J. C.; BARSKY, B. A. *An introduction to splines for use in computer graphics and geometric modeling*, San Francisco: Morgan Kauffman, 1998.

BARTLE, R. G., *The elements of real analysis*. 3.ed. Nova York: John Wiley and Sons, 2000.

BARTLETT, M. S. *An introduction to stochastic processes with special reference to methods and applications*, Cambridge: Cambridge University Press, 1953.

BAUMAN, P.; LIPSHITZ, S.; VANDERKOOY, J. Cepstral analysis of electroacoustic transducers. *Proc. Int. Conf. acoustics, speech, and signal processing* (ICASSP '85), v. 10, p. 1832–1835, abr. 1985.

BELLANGER, M. *Digital processing of signals*. 3. ed. Nova York: Wiley, 2000.

BENNETT, W. R. Spectra of quantized signals. *Bell system technical J*, v. 27, p. 446–472, 1948.

BERTSEKAS, D.; TSITSIKLIS, J. *Introduction to probability*. 2. ed. Belmont: Athena Scientific, 2008.

BLACKMAN, R. B.; TUKEY, J. W. *The measurement of power spectra*, Nova York: Dover Publications, 1958.

BLACKMAN, R. *Linear data-smoothing and prediction in theory and practice*, Reading: Addison-Wesley, 1965.

BLAHUT, R. E. *Fast algorithms for digital signal processing*, Reading: Addison-Wesley, 1985.

BLUESTEIN, L. I. A linear filtering approach to the computation of discrete Fourier transform, *IEEE Trans. Audio Electroacoustics*, v. AU-18, p. 451–455, 1970.

BOGERT, B. P.; HEALY, M. J. R.; TUKEY, J. W. The quefrency analysis of times series for echos: cepstrum, pseudo-autocovariance, cross-cepstrum, and saphe cracking. In: ROSENBLATT, M. (ed.). *Proc. Symposium on time series analysis*, Nova York: John Wiley and Sons, 1963.

BOSI, M.; GOLDBERG, R. E., *Introduction to digital audio coding and standards*, Nova York: Springer Science+Business Media, 2003.

BOVIC, A. *Handbook of image and video processing*. 2. ed. Burlington: Academic Press, 2005.

BRACEWELL, R. N. The discrete Hartley transform. *J. Optical Society of America*, v. 73, p. 1832–1835, 1983.

BRACEWELL, R. N. The fast Hartley transform. *IEEE Proceedings*, v. 72, n. 8, p. 1010–1018, 1984.

BRACEWELL, R. N. *Two-dimensional imaging*, Nova York: Prentice Hall, 1994.

BRACEWELL, R. N. *The Fourier transform and its applications*. 3. ed. Nova York: McGraw-Hill, 1999.

BRIGHAM, E. *Fast Fourier transform and its applications*, Upper Saddle River: Prentice Hall, 1988.

BRIGHAM, E. O.; MORROW, R. E. The fast Fourier transform. *IEEE Spectrum*, v. 4, p. 63–70, dez. 1967.

BROWN, J. W.; CHURCHILL, R. V. *Introduction to complex variables and applications*. 8. ed. Nova York: McGraw-Hill, 2008.

BROWN, R. C. *Introduction to random signal analysis and Kalman filtering*, Nova York: Wiley, 1983.

BURDEN, R. L.; FAIRES, J. D. *Numerical analysis*. 8. ed. Brooks Cole, 2004.

BURG, J. P. A new analysis technique for time series data. *Proc. NATO Advanced Study Institute on Signal Processing*, Enschede, 1968.

BURRUS, C. S. Efficient Fourier Transform and Convolution Algorithms. In: Lim, J. S.; Oppenheim, A. V. (eds.). *Advanced Topics in Signal Processing*, Englewood Cliffs: Prentice Hall, 1988.

BURRUS, C. S.; Parks, T. W. *DFT/FFT and convolution algorithms theory and implementation*, Nova York: Wiley, 1985.

BURRUS, C. S.; GOPINATH, R. A.; GUO, H. *Introduction to wavelets and wavelet transforms: a primer*, Prentice Hall, 1997.

CANDY, J. C.; TEMES, G. C. *Oversampling delta-sigma data converters: theory, design, and simulation*, Nova York: IEEE Press, 1992.

CANDES, E. Compressive sampling. *Int. congress of mathematics*, p. 1433–1452, 2006.

CANDES, E.; WAKIN, M. An introduction to compressive sampling. *IEEE Signal Processing Magazine*, v. 25, n. 2, p. 21–30, mar. 2008.

CAPON, J. Maximum-likelihood spectral estimation. In: Haykin, S. (ed.). *Nonlinear Methods of Spectral Analysis*. 2. ed. Nova York: Springer-Verlag, 1983.

CARSLAW, H. S. *Introduction to the theory of Fourier's series and integrals*. 3. ed. Nova York: Dover Publications, 1952.

CASTLEMAN, K. R. *Digital image processing*. 2. ed. Upper Saddle River: Prentice Hall, 1996.

CHAN, D. S. K.; RABINER, L. R. An algorithm for minimizing roundoff noise in cascade realizations of finite impulse response digital filters, *Bell System Technical J.* v. 52, n. 3, p. 347–385, mar. 1973.

CHAN, D. S. K.; RABINER, L. R. Analysis of quantization errors in the direct form for finite impulse response digital filters. *IEEE Trans. Audio Electroacoustics*, v. 21, p. 354–366, ago. 1973.

CHELLAPPA, R.; GIROD, B.; MUNSON, D. C.; TEKALP, A. M.; VETTERLI, M. The past, present, and future of image and multidimensional signal processing. *IEEE Signal Processing Magazine*, v. 15, n. 2, p. 21–58, mar. 1998.

CHEN, W. H.; SMITH, C. H.; FRALICK, S. C. A fast computational algorithm for the discrete cosine transform. *IEEE Trans. Commun.*, v. 25, p. 1004–1009, set. 1977.

CHEN, X.; PARKS, T. W. Design of FIR filters in the complex domain. *IEEE Trans. Acoustics, Speech, and Signal Processing*, v. 35, p. 144–153, 1987.

CHENEY, E. W. *Introduction to approximation theory*. 2. ed. Nova York: Amer. Math. Society, 2000.

CHOW, Y.; CASSIGNOL, E. *Linear signal flow graphs and applications*, Nova York: Wiley, 1962.

CIOFFI, J. M.; KAILATH, T. Fast recursive least-squares transversal filters for adaptive filtering. *IEEE Trans. Acoustics, Speech, and Signal Processing*, v. 32, p. 607–624, jun. 1984.

CLAASEN, T. A.; MECKLENBRÄUKER, W. F. On the transposition of linear time-varying discrete-time networks and its application to multirate digital systems, *Philips J. Res.*, v. 23, p. 78–102, 1978.

CLAASEN, T. A. C. M.; MECKLENBRÄUKER, W. F. G.; PEEK, J. B. H. Second-order digital filter with only one magnitude-truncation quantizer and having practically no limit cycles. *Electronics Letters*, v. 9, n. 2, p. 531–532, nov. 1973.

CLEMENTS, M. A.; Pease, J. On causal linear phase IIR digital filters. *IEEE Trans. Acoustics, Speech, and Signal Processing*, v. 3, p. 479–484, abr. 1989.

Committee, PSD, ed., *Programs for Digital Signal Processing*. Nova York: IEEE Press, 1979.

CONSTANTINIDES, A. G. Spectral transformations for digital filters. *IEEE Proceedings*, v. 117, n. 8, p. 1585–1590, ago. 1970.

COOLEY, J. W.; LEWIS, P. A. W.; WELCH, P. D. Historical notes on the fast Fourier transform. *IEEE Trans. Audio Electroacoustics*, v. 15, p. 76–79, jun. 1967.

COOLEY, J. W.; TUKEY, J. W. An algorithm for the machine computation of complex Fourier series. *Mathematics of Computation*, v. 19, p. 297–301, abr. 1965.

CROCHIERE, R. E.; OPPENHEIM, A. V. Analysis of linear digital networks. *IEEE Proceedings*, v. 63, p. 581–595, abr. 1975.

CROCHIERE, R. E.; RABINER, L. R. *Multirate digital signal processing*, Englewood Cliffs: Prentice Hall, 1983.

DANIELS, R. W. *Approximation methods for electronic filter design*, Nova York: McGraw-Hill, 1974.

DANIELSON, G. C.; LANCZOS, C. Some improvements in practical Fourier analysis and their application to X-ray scattering from liquids. *J. Franklin Inst.*, v. 233, p. 365–380 e 435–452, abr. e maio 1942.

DAVENPORT, W. B. *Probability and random processes: an introduction for applied scientists and engineers*, Nova York: McGraw-Hill, 1970.

DAVIS, S. B.; MERMELSTEIN, P. Comparison of parametric representations for monosyllabic word recognition. *IEEE Trans. Acoustics, Speech and Signal Processing*, v. ASSP-28, n. 4, p. 357–366, ago. 1980.

DELLER, J. R.; HANSEN, J. H. L.; PROAKIS, J. G. *Discrete-time Processing of Speech Signals*, Nova York: Wiley-IEEE Press, 2000.

DONOHO, D. L. Compressed sensing. *IEEE Trans. on Information Theory*, v. 52, n. 4, p. 1289–1306, abr. 2006.

DUDGEON, D. E.; MERSEREAU, R. M. *Two-dimensional digital signal processing*, Englewood Cliffs: Prentice Hall, 1984.

DUHAMEL, P. Implementation of "split-radix" FFT algorithms for complex, real, and real-symmetric data. *IEEE Trans. Acoustics, Speech, and Signal Processing*, v. 34, p. 285–295, abr. 1986.

DUHAMEL, P.; HOLLMANN, H. Split radix FFT algorithm. *Electronic Letters*, v. 20, p. 14–16, jan. 1984.

EBERT, P. M.; MAZO, J. E.; TAYLOR, M. C. Overflow oscillations in digital filters. *Bell System Technical J.* v. 48, p. 2999–3020, 1969.

ELDAR, Y. C.; OPPENHEIM, A. V. Filterbank reconstruction of bandlimited signals from nonuniform and generalized samples. *IEEE Trans. on Signal Processing*, v. 48, n. 10, p. 2864–2875, out. 2000.

ELLIOTT, D. F.; RAO, K. R. *Fast transforms: algorithms, analysis, applications*, Nova York: Academic Press, 1982.

FELLER, W. *An introduction to probability theory and its applications*, v. 1 e 2, Nova York: Wiley, 1950.

FETTWEIS, A. Wave digital filters: theory and practice. *IEEE Proceedings*, v. 74, n. 2, p. 270–327, fev. 1986.

FLANAGAN, J. L. *Speech analysis, synthesis and perception*. 2. ed. Nova York: Springer-Verlag, 1972.

FRERKING, M. E. *Digital signal processing in communication systems*, Boston: Kluwer Academic, 1994.

FRIEDLANDER, B. Lattice filters for adaptive processing. *IEEE Proceedings*, v. 70, p. 829–867, ago. 1982.

FRIEDLANDER, B. Lattice methods for spectral estimation. *IEEE Proceedings*, v. 70, p. 990–1017, set. 1982.

FRIGO, M.; Johnson, S. G. FFTW: an adaptive software architecture for the FFT. *Proc. Int. Conf. Acoustics, Speech, and Signal Processing* (ICASSP '98), v. 3, p. 1381–1384, maio 1998.

FRIGO, M.; JOHNSON, S. G. The design and implementation of FFTW3. *Proc. of the IEEE*, v. 93, n. 2, p. 216–231, fev. 2005.

FURUI, S. Cepstral analysis technique for automatic speaker verification. *IEEE Trans. Acoustics, Speech, and Signal Processing*, v. ASSP-29, n. 2, p. 254–272, abr. 1981.

GALLAGER, R. *Principles of digital communication*, Cambridge: Cambridge University Press, 2008.

GARDNER, W. *Statistical spectral analysis: a non-probabilistic theory*, Englewood Cliffs: Prentice Hall, 1988.

GENTLEMAN, W. M.; SANDE, G. Fast Fourier transforms for fun and profit. *1966 Fall Joint Computer Conf., AFIPS Conf. Proc*, v. 29, Washington: Spartan Books, p. 563–578, 1966.

GOERTZEL, G. An algorithm for the evaluation of finite trigonometric series. *American Math. Monthly*, v. 65, p. 34–35, jan. 1958.

GOLD, B.; OPPENHEIM, A. V.; RADER, C. M. Theory and implementation of the discrete Hilbert transform. *Proc. Symp. Computer Processing in Communications*, v. 19, Nova York: Polytechnic Press, 1970.

GOLD, B.; RADER, C. M. *Digital processing of signals*, Nova York: McGraw-Hill, 1969.

GONZALEZ, R. C.; WOODS, R. E. *Digital image processing*, Wiley, 2007.

GOYAL, V. Theoretical foundations of transform coding. *IEEE Signal Processing Magazine*, v. 18, n. 5, p. 9–21, set. 2001.

GRAY, A. H.; MARKEL, J. D. A computer program for designing digital elliptic filters. *IEEE Trans. Acoustics, Speech, and Signal Processing*, v. 24, p. 529–538, dez. 1976.

GRAY, R. M.; DAVIDSON, L. D. *Introduction to statistical signal processing*, Cambridge: Cambridge University Press, 2004.

GRIFFITHS, L. J. An adaptive lattice structure for noise canceling applications. *Proc. Int. Conf. Acoustics, Speech, and Signal Processing* (ICASSP '78), p. 87–90, Tulsa, abr. 1978.

GROSSMAN, S. *Calculus part 2*. 5. ed. Fort Worth: Saunders College Publications, 1992.

GUILLEMIN, E. A. *Synthesis of passive networks*, Nova York: Wiley, 1957.

HANNAN, E. J., *Time series analysis*, London: Methuen, 1960.

HARRIS, F. J. On the use of Windows for harmonic analysis with the discrete Fourier transform. *IEEE Proceedings*, v. 66, p. 51–83, jan. 1978.

HAYES, M. H.; LIM, J. S.; OPPENHEIM, A. V. Signal reconstruction from phase and magnitude. *IEEE Trans. Acoustics, Speech, and Signal Processing*, v. 28, n. 6, p. 672–680, dez. 1980.

HAYES, M. *Statistical digital signal processing and modeling*, Nova York: Wiley, 1996.

HAYKIN, S. *Adaptive filter theory*. 4. ed. Prentice Hall, 2002.

HAYKIN, S.; WIDROW, B. *Least-mean-square adaptive filters*, Hoboken: Wiley-Interscience, 2003.

HEIDEMAN, M. T.; JOHNSON, D. H.; BURRUS, C. S. Gauss and the history of the fast Fourier transform. *IEEE ASSP Magazine*, v. 1, n. 4, p. 14–21, out. 1984.

HELMS, H. D. Fast Fourier transform method of computing difference equations and simulating filters. *IEEE Trans. Audio Electroacoustics*, v. 15, n. 2, p. 85–90, 1967.

HERRMANN, O. On the design of nonrecursive digital filters with linear phase. *Elec. Lett.*, v. 6, n. 11, p. 328–329, 1970.

HERRMANN, O.; RABINER, L. R.; CHAN, D. S. K. Practical design rules for optimum finite impulse response lowpass digital filters. *Bell System Technical J.*, v. 52, n. 6, p. 769–799, jul.–ago. 1973.

HERRMANN, O.; Schüssler, W. Design of nonrecursive digital filters with minimum phase. *Elec. Lett.*, v. 6, n. 6, p. 329–330, 1970.

HERRMANN, O.; W. Schüssler. On the accuracy problem in the design of nonrecursive digital filters. *Arch. Electronic Ubertragungstechnik*, v. 24, p. 525–526, 1970.

HEWES, C. R.; BRODERSON, R. W.; BUSS, D. D. Applications of CCD and switched capacitor filter technology. *IEEE Proceedings*, v. 67, n. 10, p. 1403–1415, out. 1979.

HNATEK, E. R. *A user's handbook of D/A and A/D converters*, Malabar: R. E. Krieger Publishing Co, 1988.

HOFSTETTER, E.; OPPENHEIM, A. V.; SIEGEL, J. On optimum nonrecursive digital filters, *Proc. 9th Allerton Conf. Circuit System Theory*, out. 1971.

HUGHES, C. P.; NIKEGHBALI, A. The zeros of random polynomials cluster near the unit circle, arXiv:math/0406376v3 [math.CV], Disponível em: <http://arxiv.org/PS_cache/math/pdf/0406/0406376v3.pdf>.

HWANG, S. Y. On optimization of cascade fixed point digital filters. *IEEE Trans. Circuits and Systems*, v. 21, n. 1, p. 163–166, jan. 1974.

ITAKURA, F. I.; SAITO, S. Analysis-synthesis telephony based upon the maximum likelihood method. *Proc. 6th Int. Congress on Acoustics*, p. C17–20, Tóquio, 1968.

ITAKURA, F. I.; Saito, S. A statistical method for estimation of speech spectral density and formant frequencies. *Elec. and Comm. in Japan*, v. 53-A, n. 1, p. 36–43, 1970.

JACKSON, L. B. On the interaction of roundoff noise and dynamic range in digital filters. *Bell System Technical J.* v. 49, p. 159–184, fev. 1970.

JACKSON, L. B. Roundoff-noise analysis for fixed-point digital filters realized in cascade or parallel form. *IEEE Trans. Audio Electroacoustics*, v. 18, p. 107–122, jun. 1970.

JACKSON, L. B. *Digital filters and signal processing: with MATLAB exercises*. 3. ed. Hingham: Kluwer Academic Publishers, 1996.

JACOBSEN, E.; LYONS, R. The sliding DFT. *IEEE Signal Processing Magazine*, v. 20, p. 74–80, mar. 2003.

JAIN, A. K. *Fundamentals of digital image processing*, Englewood Cliffs: Prentice Hall, 1989.

JAYANT, N. S.; Noll, P. *Digital coding of waveforms*, Englewood Cliffs: Prentice Hall, 1984.

JENKINS, G. M.; WATTS, D. G. *Spectral analysis and its applications*, San Francisco: Holden-Day, 1968.

JOLLEY, L. B. W. *Summation of series*, Nova York: Dover Publications, 1961.

JOHNSTON, J. A filter family designed for use in quadrature mirror filter banks. *Proc. Int. Conf. Acoustics, Speech, and Signal Processing* (ICASSP '80), v. 5, p. 291–294, abr. 1980.

JUANG, B.-H.; RABINER, L. R.; WILPON, J. G. On the use of bandpass liftering in speech recognition. *IEEE Trans. Acoustics, Speech, and Signal Processing*, v. ASSP-35, n. 7, p. 947–954, jul. 1987.

KAISER, J. F. Digital filters. In: Kuo, F. F.; Kaiser, J. F. (eds.), *System Analysis by Digital Computer*, Nova York: Wiley, 1966.

KAISER, J. F. Nonrecursive digital filter design using the I_0-sinh window function. *Proc. 1974 IEEE International Symp. on Circuits and Systems*, San Francisco, 1974.

KAISER, J. F.; HAMMING, R. W. Sharpening the response of a symmetric nonrecursive filter by multiple use of the same filter. *IEEE Trans. Acoustics, Speech, and Signal Processing*, v. 25, n. 5, p. 415–422, out. 1977.

KAISER, J. F.; SCHAFER, R. W. On the use of the I_0-sinh window for spectrum analysis. *IEEE Trans. Acoustics, Speech, and Signal Processing*, v. 28, n. 1, p. 105–107, fev. 1980.

KAN, E. P. F.; AGGARWAL, J. K. Error analysis of digital filters employing floating point arithmetic. *IEEE Trans. Circuit Theory*, v. 18, p. 678–686, nov. 1971.

KANEKO, T.; Liu, B. Accumulation of roundoff error in fast Fourier transforms. *J. Assoc. Comput. Mach.*, v. 17, p. 637–654, out. 1970.

KANWAL, R. *Linear integral equations*. 2. ed. Springer, 1997.

KARAM, L. J.; MCCLELLAN, J. H. Complex Chebychev approximation for FIR filter design. *IEEE Trans. Circuits and Systems*, v. 42, p. 207–216, mar. 1995.

KARAM, Z. N.; OPPENHEIM, A. V. Computation of the one-dimensional unwrapped phase. *15th International Conference on Digital Signal Processing*, p. 304–307, jul. 2007.

KAY, S. M. *Modern spectral estimation theory and application*, Englewood Cliffs: Prentice Hall, 1988.

KAY, S. M. *Intuitive probability and random processes using MATLAB*, Nova York: Springer, 2006.

KAY, S. M.; MARPLE, S. L. Spectrum analysis: a modern perspective. *IEEE Proceedings*, v. 69, p. 1380–1419, nov. 1981.

KEYS, R. Cubic convolution interpolation for digital image processing. *IEEE Trans. Acoustics, Speech and Signal Processing*, v. 29, n. 6, p. 1153–1160, dez. 1981.

KLEIJN, W. Principles of speech coding. In: Benesty, J.; Sondhi, M.; Huang, Y. (eds.). *Springer Handbook of Speech Processing*, p. 283–306, Springer, 2008.

KNUTH, D. E. *The art of computer programming; seminumerical algorithms*, v. 2, 3. ed. Reading: Addison-Wesley, 1997.

KOOPMANNS, L. H. *Spectral analysis of time series*. 2. ed. Nova York: Academic Press, 1995.

KORNER, T. W. *Fourier analysis*, Cambridge: Cambridge University Press, 1989.

LAM, H. Y. F. *Analog and digital filters: design and realization*, Englewood Cliffs: Prentice Hall, 1979.

LANG, S. W.; MCCLELLAN, J. H. A simple proof of stability for all-pole linear prediction models. *IEEE Proceedings*, v. 67, n. 5, p. 860–861, maio 1979.

LEON-GARCIA, A. *Probability and random processes for electrical engineering*. 2. ed. Reading: Addison-Wesley, 1994.

LIGHTHILL, M. J. *Introduction to Fourier analysis and generalized functions*, Cambridge: Cambridge University Press, 1958.

LIM, J. S. *Two-dimensional digital signal processing*, Englewood Cliffs: Prentice Hall, 1989.

LIU, B.; KANEKO, T. Error analysis of digital filters realized in floating-point arithmetic. *IEEE Proceedings*, v. 57, p. 1735–1747, out. 1969.

LIU, B.; PELED, A. Heuristic optimization of the cascade realization of fixed point digital filters. *IEEE Trans. Acoustics, Speech, and Signal Processing*, v. 23, p. 464–473, 1975.

MACOVSKI, A. *Medical image processing*, Englewood Cliffs: Prentice Hall, 1983.

MAKHOUL, J. Spectral analysis of speech by linear prediction. *IEEE Trans. Audio and Electroacoustics*, v. AU-21, n. 3, p. 140–148, jun. 1973.

MAKHOUL, J. Linear prediction: a tutorial review. *IEEE Proceedings*, v. 62, p. 561–580, abr. 1975.

MAKHOUL, J. A fast cosine transform in one and two dimensions. *IEEE Trans. Acoustics, Speech, and Signal Processing*, v. 28, n. 1, p. 27–34, fev. 1980.

MALOBERTI, F. *Data converters*, Nova York: Springer, 2007.

MARKEL, J. D. FFT Pruning. *IEEE Trans. Audio and Electroacoustics*, v. 19, p. 305–311, dez. 1971.

MARKEL, J. D.; GRAY, A. H., Jr. *Linear prediction of speech*, Nova York: Springer-Verlag, 1976.

MARPLE, S. L. *Digital spectral analysis with applications*, Englewood Cliffs: Prentice Hall, 1987.

MARTUCCI, S. A. Symmetrical convolution and the discrete sine and cosine transforms. *IEEE Trans. Signal Processing*, v. 42, n. 5, p. 1038–1051, maio 1994.

MASON, S.; Zimmermann, H. J. *Electronic circuits, signals and systems*, Nova York: Wiley, 1960.

MATHWORKS, *Signal processing toolbox users guide*, Natick: The Mathworks, Inc., 1998.

MCCLELLAN, J. H.; Parks, T. W. A unified approach to the design of optimum FIR linear phase digital filters. *IEEE Trans. Circuit Theory*, v. 20, p. 697–701, nov. 1973.

MCCLELLAN, J. H.; RADER, C. M. *Number theory in digital signal processing*, Englewood Cliffs: Prentice Hall, 1979.

MCCLELLAN, J. H. Parametric signal modeling. In: Lim, J. S.; Oppenheim, A. V. (eds.). *Advanced topics in signal processing*, Englewood Cliffs: Prentice Hall, 1988.

MERSEREAU, R. M.; SCHAFER, R. W.; BARNWELL, T. P.; SMITH, D. L. A digital filter design package for PCs and TMS320s. *Proc. MIDCON*, Dallas, 1984.

MILLS, W. L.; MULLIS, C. T.; ROBERTS, R. A. Digital filter realizations without overflow oscillations. *IEEE Trans. Acoustics, Speech, and Signal Processing*, v. 26, p. 334–338, ago. 1978.

MINTZER, F. Filters for distortion-free two-band multirate filter banks. *IEEE Trans. Acoustics, Speech and Signal Processing*, v. 33, n. 3, p. 626–630, jun. 1985.

MITRA, S. K. *Digital signal processing*. 3. ed. Nova York: McGraw-Hill, 2005.

MOON, T.; STIRLING, W. *Mathematical methods and algorithms for signal processing*, Prentice Hall, 1999.

NAWAB, S. H.; QUATIERI, T. F. Short-time Fourier transforms. In: Lim, J. S.; Oppenheim, A. V. (eds.). *Advanced topics in signal processing*, Englewood Cliffs: Prentice Hall, 1988.

NEUVO, Y.; DONG, C.-Y.; MITRA, S. Interpolated finite impulse response filters. *IEEE Trans. Acoustics, Speech and Signal Processing*, v. 32, n. 3, p. 563–570, jun. 1984.

NOLL, A. M. Cepstrum pitch determination. *J. Acoustical Society of America*, v. 41, p. 293–309, fev. 1967.

NYQUIST, H. Certain topics in telegraph transmission theory. *AIEE Trans.*, v. 90, n. 2, p. 280–305, 1928.

OETKEN, G.; PARKS, T. W.; SCHÜSSLER, H. W. New results in the design of digital interpolators. *IEEE Trans. Acoustics, Speech, and Signal Processing*, v. 23, p. 301–309, jun. 1975.

OPPENHEIM, A. V. Superposition in a class of nonlinear systems. *RLE Technical Report No. 432*, MIT, 1964.

OPPENHEIM, A. V. Generalized superposition. *Information and control*, v. 11, n. 5–6, p. 528–536, nov.-dez., 1967.

OPPENHEIM, A. V. Generalized linear filtering. In: Gold, B.; Rader, C. M. (eds.). *Digital Processing of Signals*, Nova York: McGraw-Hill, 1969a.

OPPENHEIM, A. V. A speech analysis-synthesis system based on homomorphic filtering. *J. Acoustical Society of America*, v. 45, p. 458–465, fev. 1969b.

OPPENHEIM, A. V.; JOHNSON, D. H. Discrete representation of signals. *IEEE Proceedings*, v. 60, n. 6, p. 681–691, jun. 1972.

OPPENHEIM, A. V.; SCHAFER, R. W. Homomorphic analysis of speech. *IEEE Trans. Audio Electroacoustics*, v. AU-16, n. 2, p. 221–226, jun. 1968.

OPPENHEIM, A. V.; SCHAFER, R. W. *Digital signal processing*, Englewood Cliffs: Prentice Hall, 1975.

OPPENHEIM, A. V.; SCHAFER, R. W.; STOCKAM, T. G., Jr. Nonlinear filtering of multiplied and convolved signals. *IEEE Proceedings*, v. 56, n. 8, p. 1264–1291, ago. 1968.

OPPENHEIM, A. V.; WILLSKY, A. S. *Signals and systems*. 2. ed. Upper Saddle River: Prentice Hall, 1997.

ORAINTARA, S.; CHEN, Y. J.; NGUYEN, T. Integer fast Fourier transform. *IEEE Trans. on Signal Processing*, v. 50, n. 3, p. 607–618, mar. 2001.

O'SHAUGHNESSY, D. *Speech communication, human and machine*. 2. ed. Reading: Addison-Wesley, 1999.

PAN, D. A tutorial on MPEG/audio compression. *IEEE Multimedia*, p. 60–74, Summer 1995.

PAPOULIS, A. On the approximation problem in filter design. *IRE Nat. Convention Record, part 2*, 1957, p. 175–185.

PAPOULIS, A. *The Fourier integral and its applications*, Nova York: McGraw-Hill, 1962.

PAPOULIS, A. *Signal Analysis*, Nova York: McGraw-Hill Book Company, 1977.

PAPOULIS, A. *Probability, random variables and stochastic processes*. 4. ed. Nova York: McGraw-Hill, 2002.

PARKS, T. W.; BURRUS, C. S. *Digital filter design*, Nova York: Wiley, 1987.

PARKS, T. W.; MCCLELLAN, J. H. Chebyshev approximation for nonrecursive digital filters with linear phase. *IEEE Trans. Circuit Theory*, v. 19, p. 189–194, mar. 1972.

PARKS, T. W.; MCCLELLAN, J. H. A program for the design of linear phase finite impulse response filters. *IEEE Trans. Audio Electroacoustics*, v. 20, n. 3, p. 195–199, ago. 1972.

PARSONS, T. J. *Voice and speech processing*, Nova York: Prentice Hall, 1986.

PARZEN, E. *Modern probability theory and its applications*, Nova York: Wiley, 1960.

PENNEBAKER, W. B.; MITCHELL, J. L. *JPEG: still image data compression standard*, Nova York: Springer, 1992.

PHILLIPS, C. L.; NAGLE, H. T., Jr. *Digital control system analysis and design*. 3. ed. Upper Saddle River: Prentice Hall, 1995.

PRATT, W. *Digital image processing*. 4. ed. Nova York: Wiley, 2007.

PRESS, W. H. F.; TEUKOLSKY, S. A. B. P.; VETTERLING, W. T.; FLANNERY, B. P. *Numerical recipes: the art of scientific computing*. 3. ed. Cambridge: Cambridge University Press, 2007.

PROAKIS, J. G.; MANOLAKIS, D. G. *Digital signal processing*, Upper Saddle River: Prentice Hall, 2006.

QUATIERI, T. F. *Discrete-time speech signal processing: principles and practice*, Englewood Cliffs: Prentice Hall, 2002.

RABINER, L. R. The design of finite impulse response digital filters using linear programming techniques. *Bell System Technical J.*, v. 51, p. 1117–1198, ago. 1972.

RABINER, L. R. Linear program design of finite impulse response (FIR) digital filters. *IEEE Trans. Audio and Electroacoustics*, v. 20, n. 4, p. 280–288, out. 1972.

RABINER, L. R.; GOLD, B. *Theory and application of digital signal processing*, Englewood Cliffs: Prentice Hall, 1975.

RABINER, L. R.; KAISER, J. F.; HERRMANN, O.; DOLAN, M. T. Some comparisons between FIR and IIR digital filters. *Bell System Technical J.*, v. 53, n. 2, p. 305–331, fev. 1974.

RABINER, L. R.; SCHAFER, R. W. On the behavior of minimax FIR digital Hilbert transformers. *Bell System Technical J.*, v. 53, n. 2, p. 361–388, fev. 1974.

RABINER, L. R.; SCHAFER, R. W. *Digital processing of speech signals*, Englewood Cliffs: Prentice Hall, 1978.

RABINER, L. R.; SCHAFER, R. W.; RADER, C. M. The chirp z-transform algorithm. *IEEE Trans. Audio Electroacoustics*, v. 17, p. 86–92, jun. 1969.

RADER, C. M. Discrete Fourier transforms when the number of data samples is prime. *IEEE Proceedings*, v. 56, p. 1107–1108, jun. 1968.

RADER, C. M. An improved algorithm for high-speed autocorrelation with applications to spectral estimation. *IEEE Trans. Audio Electroacoustics*, v. 18, p. 439–441, dez. 1970.

RADER, C. M.; BRENNER, N. M. A new principle for fast Fourier transformation. *IEEE Trans. Acoustics, Speech, and Signal Processing*, v. 25, p. 264–265, jun. 1976.

RADER, C. M.; GOLD, B. Digital filter design techniques in the frequency domain. *IEEE Proceedings*, v. 55, p. 149–171, fev. 1967.

RAGAZZINI, J. R.; FRANKLIN, G. F. *Sampled data control systems*, Nova York: McGraw-Hill, 1958.

RAO, K. R.; HWANG, J. J. *Techniques and standards for image, video, and audio coding*, Upper Saddle River: Prentice Hall, 1996.

RAO, K. R.; Yip, P. *Discrete cosine transform: algorithms, advantages, applications*, Boston: Academic Press, 1990.

RAO, S. K.; KAILATH, T. Orthogonal digital filters for VLSI implementation. *IEEE Trans. Circuits and System*, v. 31, n. 11, p. 933–945, nov. 1984.

REUT, Z.; PACE, N. G.; HEATON, M. J. P. Computer classification of sea beds by sonar. *Nature*, v. 314, p. 426–428, abr. 1985.

ROBINSON, E. A.; DURRANI, T. S. *Geophysical signal processing*, Englewood Cliffs: Prentice Hall, 1985.

ROBINSON, E. A.; TREITEL, S. *Geophysical signal analysis*, Englewood Cliffs: Prentice Hall, 1980.

ROMBERG, J. Imaging via compressive sampling. *IEEE Signal Processing Magazine*, v. 25, n. 2, p. 14–20, mar. 2008.

ROSS, S. *A first course in probability*. 8. ed. Upper Saddle River: Prentice Hall, 2009.

RUNGE, C. Uber die Zerlegung empirisch gegebener periodischer Functionen in Sinuswellen", *Z. Math. Physik*, v. 53, p. 117–123, 1905.

SANDBERG, I. W. Floating-point-roundoff accumulation in digital filter realizations. *Bell System Technical J.*, v. 46, p. 1775–1791, out. 1967.

SAYED, A. *Adaptive filters*, Hoboken: Wiley, 2008.

SAYED, A. H. *Fundamentals of adaptive filtering*, Wiley-IEEE Press, 2003.

SAYOOD, K. *Introduction to data compression*. 3. ed. Morgan Kaufmann, 2005.

SCHAEFER, R. T.; SCHAFER, R. W.; MERSEREAU, R. M. Digital signal processing for Doppler radar signals. *Proc. 1979 IEEE Int. Conf. on Acoustics, Speech, and Signal Processing*, p. 170–173, 1979.

SCHAFER, R. W. Echo removal by generalized linear filtering. *RLE Tech. Report*, n. 466, Cambridge: MIT, 1969.

SCHAFER, R. W. Homomorphic systems and cepstrum analysis of speech. In: Benesty, J.; Sondhi, M. M.; Huang, Y. (eds.). *Springer handbook of speech processing and communication*, Heidelberg: Springer-Verlag, 2007.

SCHAFER, R. W.; RABINER, L. R. System for automatic formant analysis of voiced speech. *J. Acoustical Society of America*, v. 47, n. 2, pt. 2, p. 634–648, fev. 1970.

SCHAFER, R. W.; RABINER, L. R. A digital signal processing approach to interpolation. *IEEE Proceedings*, v. 61, p. 692–702, jun. 1973.

SCHMID, H. *Electronic analog/digital conversions*, Nova York: Wiley, 1976.

SCHREIER, R.; TEMES, G. C. *Understanding delta-sigma data converters*, Hoboken: IEEE Press e John Wiley and Sons, 2005.

SCHROEDER, M. R. Direct (nonrecursive) relations between cepstrum and predictor coefficients. *IEEE Trans. Acoustics, Speech and Signal Processing*, v. 29, n. 2, p. 297–301, abr. 1981.

SCHÜSSLER, H. W.; STEFFEN, P. Some advanced topics in filter design. In: Lim, S.; Oppenheim, A. V. (eds.). *Advanced Topics in Signal Processing*, Englewood Cliffs: Prentice Hall, 1988.

SENMOTO, S.; CHILDERS, D. G. Adaptive decomposition of a composite signal of identical unknown wavelets in noise. *IEEE Trans. on Systems, Man, and Cybernetics*, v. SMC-2, n. 1, p. 59, jan. 1972.

SHANNON, C. E. Communication in the presence of noise. *Proceedings of the Institute of Radio Engineers* (IRE), v. 37, n. 1, p. 10–21, jan. 1949.

SINGLETON, R. C. An algorithm for computing the mixed radix fast Fourier transforms. *IEEE Trans. Audio Electroacoustics*, v. 17, p. 93–103, jun. 1969.

SITTON, G. A.; BURRUS, C. S.; FOX, J. W.; TREITEL, S. Factoring very-high-degree polynomials. *IEEE Signal Processing Magazine*, v. 20, n. 6, p. 27–42, nov. 2003.

SKOLNIK, M. I. *Introduction to radar systems*. 3. ed. Nova York: McGraw-Hill, 2002.

SLEPIAN, D.; LANDAU, H. T.; POLLACK, H. O. Prolate spheroidal wave functions, Fourier analysis, and uncertainty principle (I and II). *Bells system technical J.*, v. 40, n. 1, p. 43–80, 1961.

SMITH, M.; BARNWELL, T. A procedure for designing exact reconstruction filter banks for tree-structured subband coders. *Proc. Int. Conf. Acoustics, Speech, and Signal Processing* (ICASSP '84), v. 9, pt. 1, p. 421–424, mar. 1984.

SPANIAS, A., PAINTER, T.; ATTI, V. *Audio signal processing and coding*, Hoboken: Wiley, 2007.

SRIPAD, A.; SNYDER, D. A necessary and sufficient condition for quantization errors to be uniform and white. *IEEE Trans. Acoustics, Speech and Signal Processing*, v. 25, n. 5, p. 442–448, out. 1977.

STARK, H.; WOODS, J. *Probability and random processes with applications to signal processing*. 3. ed. Englewood Cliffs: Prentice Hall, 2001.

STARR, T.; CIOFFI, J. M.; SILVERMAN, P. J. *Understanding digital subscriber line technology*, Upper Saddle River: Prentice Hall, 1999.

STEIGLITZ, K. The equivalence of analog and digital signal processing. *Information and Control*, v. 8, n. 5, p. 455–467, out. 1965.

STEIGLITZ, K.; Dickinson, B. Phase unwrapping by factorization. *IEEE Trans. Acoustics, Speech and Signal Processing*, v. 30, n. 6, p. 984–991, dez. 1982.

STOCKHAM, T. G. High speed convolution and correlation. *1966 Spring Joint Computer Conference, AFIPS Proceedings*, v. 28, p. 229–233, 1966.

STOCKHAM, T. G.; CANNON, T. M.; INGEBRETSEN, R. B. Blind deconvolution through digital signal processing. *IEEE Proceedings*, v. 63, p. 678–692, abr. 1975.

STOICA, P.; MOSES, R. *Spectral analysis of signals*, Upper Saddle River: Pearson Prentice Hall, 2005.

STORER, J. E. *Passive network synthesis*, Nova York: McGraw-Hill, 1957.

STRANG, G. The discrete cosine transforms. *SIAM Review*, v. 41, n. 1, p. 135–137, 1999.

STRANG, G.; NGUYEN, T. *Wavelets and filter banks*, Cambridge: Wellesley–Cambridge Press, 1996.

TAUBMAN D. S.; MARCELLIN, M. W. *JPEG 2000: image compression fundamentals, standards, and practice*, Norwell: Kluwer Academic Publishers, 2002.

THERRIEN, C. W. *Discrete random signals and statistical signal processing*, Englewood Cliffs: Prentice Hall, 1992.

TRIBOLET, J. M. A new phase unwrapping algorithms. *IEEE Trans. Acoustics, Speech, and Signal Processing*, v. 25, n. 2, p. 170–177, abr. 1977.

TRIBOLET, J. M. *Seismic applications of homomorphic signal processing*, Englewood Cliffs: Prentice Hall, 1979.

TUKEY, J. W. *Exploratory data analysis*, Reading: Addison-Wesley, 1977.

ULRYCH, T. J. Application of homomorphic deconvolution to seismology. *Geophysics*, v. 36, n. 4, p. 650–660, ago. 1971.

UNSER, M. Sampling—50 years after Shannon. *IEEE Proceedings*, v. 88, n. 4, p. 569–587, abr. 2000.

VAIDYANATHAN, P. P. *Multirate systems and filter banks*, Englewood Cliffs: Prentice Hall, 1993.

VAN ETTEN, W. C. *Introduction to random signals and noise*, Hoboken: John Wiley and Sons, 2005.

VERHELST, W.; STEENHAUT. O. A new model for the short-time complex cepstrum of voiced speech. *IEEE Trans. on Acoustics, Speech, and Signal Processing*, v. ASSP-34, n. 1, p. 43–51, fev. 1986.

VERNET, J. L. Real signals fast Fourier transform: storage capacity and step number reduction by means of an odd discrete Fourier transform. *IEEE Proceedings*, v. 59, n. 10, p. 1531–1532, out. 1971.

VETTERLI, M. A theory of multirate filter banks. *IEEE Trans. Acoustics, Speech, and Signal Processing*, v. 35, p. 356–372, mar. 1987.

VETTERLI, M.; KOVAČEVIĆ, J. *Wavelets and subband coding*, Englewood Cliffs: Prentice Hall, 1995.

VOLDER, J. E. The cordic trigonometric computing techniques. *IRE Trans. Electronic Computers*, v. 8, p. 330–334, set. 1959.

WALDEN, R. Analog-to-digital converter survey and analysis. *IEEE Journal on Selected Areas in Communications*, v. 17, n. 4, p. 539–550, abr. 1999.

WATKINSON, J. *MPEG handbook*, Boston: Focal Press, 2001.

WEINBERG, L. *Network analysis and synthesis*, Huntington: R. E. Kreiger, 1975.

WEINSTEIN, C. J. Roundoff noise in floating point fast Fourier transform computation. *IEEE Trans. Audio Electroacoustics*, v. 17, p. 209–215, set. 1969.

WEINSTEIN, C. J.; OPPENHEIM, A. V. A comparison of roundoff noise in floating point and fixed point digital filter realizations. *IEEE Proceedings*, v. 57, p. 1181–1183, jun. 1969.

WELCH, P. D. A fixed-point fast Fourier transform error analysis. *IEEE Trans. Audio Electroacoustics*, v. 17, p. 153–157, jun. 1969.

WELCH, P. D. The use of the fast Fourier transform for the estimation of power spectra. *IEEE Trans. Audio Electroacoustics*, v. 15, p. 70–73, jun. 1970.

WIDROW, B. A study of rough amplitude quantization by means of Nyquist sampling theory. *IRE Trans. Circuit Theory*, v. 3, p. 266–276, dez. 1956.

WIDROW, B. Statistical analysis of amplitude-quantized sampled-data systems. *AIEE Trans. (Applications and Industry)*, v. 81, p. 555–568, jan. 1961.

WIDROW, B.; KOLLÁR, I. *Quantization noise: roundoff error in digital computation, signal processing, control, and communications*, Cambridge: Cambridge University Press, 2008.

WIDROW, B.; STEARNS, S. D. *Adaptive signal processing*, Englewood Cliffs: Prentice Hall, 1985.

WINOGRAD, S. On computing the discrete Fourier transform. *Mathematics of Computation*, v. 32, n. 141, p. 175–199, jan. 1978.

WOODS, J. W. *Multidimensional Signal, Image, and Video Processing and Coding*, Academic Press, 2006.

YAO, K.; THOMAS, J. B. On some stability and interpolatory properties of nonuniform sampling expansions. *IEEE Trans. Circuit Theory*, v. CT-14, p. 404–408, dez. 1967.

YEN, J. L. On nonuniform sampling of bandwidth-limited signals. *IEEE Trans. Circuit Theory*, v. CT-3, p. 251–257, dez. 1956.

ZVEREV, A. I. *Handbook of filter synthesis*, Nova York: Wiley, 1967.

Índice remissivo

A

Acumulador, 14–15, 21–23
  como sistema invariante no tempo, 14
  e o sistema de diferenças regressivas, 15
  em cascata com diferenças regressivas, 23
  representação por equação de diferenças, 23
  resposta ao impulso do, 22
  sistema inverso, 23
  sistema, 13
Ajuste de escala, interação entre ruído de arredondamento e, 268
Alcance, 492
Algoritmo da transformada *Chirp* (CTA), 442–445
  parâmetros, 445
Algoritmo da transformada z *chirp* (CZT), 445
Algoritmo de FFT com dizimação na frequência, 434–437
  cálculos realizados localmente, 436
  formas alternativas, 437
Algoritmo de Goertzel, 422–426
Algoritmo de Levinson–Durbin, dedução do, 547–548,
Algoritmo de Parks–McClellan, 294, 334–337, 341
Algoritmo de Winograd para a transformada de Fourier (WFTA), 441–442
Algoritmo em treliça k para α, 549
Algoritmo de FFT de raiz m, 462
Algoritmo FFTW ("*Fastest Fourier Transform in the West*"), 441
Algoritmos da transformada de Fourier rápida (FFT), 2–3, 5–6, 388, 396, 422–423
  algoritmos de FFT genéricos, 439–441
  algoritmos de FFT por dizimação na frequência, 434–437
  algoritmos de FFT por dizimação no tempo, 426–434
  comprimento finito de registrador, efeitos do, 445–450
Algoritmos de Cooley-Tukey, 433, 439–441
Algoritmos de fator primo, 440, 442
Algoritmos de FFT com dizimação no tempo, 426–434
  cálculos realizados localmente, 431–432
  definição, 426
  formas alternativas, 433–434
  generalização e programação da FFT, 430–431
Aliasing, 94
  distorção, 93
  e transformação bilinear, 300
  filtro *antialiasing*, 125–126
  na amostragem de um sinal senoidal, 96
  pré-filtragem para evitar, 124–125
  subamostragem com, 110
Amostragem
  no tempo e na frequência, 482–484
  representação no domínio da frequência, 93–97
Amostragem espectral, efeito da, 472–477
  exemplo, 473–474
Amostragem periódica, 91–93, 144–145
Amostras grampeadas, 130
Análise cepstral, 584
Análise de dados sísmicos, 3
  e técnicas de processamento multidimensional de sinais, 3
Análise de espectro de sinais aleatórios usando estimativas da sequência de autocorrelação, 502–511
  espectro de potência de estimativas de voz, 509–511

espectro de potência de estimativas do ruído de digitalização, 506–509
estimativas de espectro de potência e correlação, 504–506
Análise de espectro só-polos, 539–545
  localização dos polos, 542–544
  sinais de voz, 540–542
  sinais senoidais, 544–545
Análise de Fourier de sinais aleatórios estacionários, 494–502
  análise de periodograma, exemplo de, 495
  cálculo de periodogramas médios usando a TFD, 500
  média de periodogramas, 498–500
  periodograma, 495–496
Análise de Fourier de sinais não estacionários
  exemplos de, 489–494
  sinais de radar, 492–494
  sinais de voz, 490–492
Análise de Fourier de sinais senoidais
  efeito do janelamento de, 470–471
Análise de Fourier de sinais usando TFD, 467–470
  análise usando TFD de sinais senoidais, 470–477
    efeito da amostragem espectral, 472–477
    efeito do janelamento, 470–471
    propriedades de janela, 471–472
  etapas básicas, 467
  relação entre valores da TFD, 469–470
Análise de Fourier dependente do tempo de banda estreita, 492
Análise de Fourier dependente do tempo de
  sinais de radar, 492–494
  clutter, 494
  sinais de radar Doppler, 494
Análise do periodograma, 495
Análise espectral, 3
Análise preditiva linear, 530
Análise transformada de sistemas lineares invariantes no tempo (LIT), 166–221
Aproximação *equiripple* FIR, exemplos de, 337–341
  compensação para retenção de ordem zero, 339–340
  filtro passa-baixas, 337–339
  filtro passa-banda, 340–341
Aproximação por mínimos quadrados, 530
  modelagem só-polos, 530

Aproximação trapezoidal, 358
Aproximações *equiripple*, 330
Aritmética de ponto flutuante, 274
Autocorrelação
  circular, 504–505
  e modelagem paramétrica de sinais, 535–538
  invariância, 358
  método, 535–537
  sequência de autocorrelação determinística, 42
Autocorrelação circular, 504–505
Autofunções, 26–28
  para sistemas lineares invariantes no tempo (LIT), 26–28, 38
Autovalores, 40–41, *Ver também* Resposta em frequência de

B

Bancos de filtro analisador-sintetizador, 161
Bancos de filtros
  analisador-sintetizador, 161
  multitaxas, 122–124
    condição de cancelamento de alias, 123
    filtros espelhados em quadratura, 123
Bancos de filtros multitaxas, 122–124
  condição de cancelamento de alias, 123
  filtros espelhados em quadratura, 123
Bit de sinal, 247

C

Cálculo numérico realizado localmente
  algoritmos de FFT por dizimação na frequência, 436
  algoritmos de FFT por dizimação no tempo, 430–431
  definição, 431
Cálculo recursivo, 25
Caso *extraripple*, 332
Causalidade, 14–15
Cepstrum
  complexo, definição, 585–587
  definição, 584
  real, 984
Cepstrum complexo, 569, 583
  aplicações de processamento de voz, 608–609
    aplicações, 614
      desconvolução homomórfica da voz,

formantes, 609
sons fricativos, 609
cálculo numérico do, 591-596
   cálculo numérico recursivo para sequências de fase mínima e máxima, 595
   desenrolar a fase, 592
   ponderação exponencial, 595-596
   realizações de fase mínima para sequências de fase mínima, 594-595
   usando a derivada logarítmica, 594
   usando a TFD, 602-604
   usando raízes polinomiais, 596-597
definição, 585
desconvolução usando, 597-599
   desconvolução homomórfica de fase mínima/passa-tudo, 597-598
   desconvolução homomórfica de fase mínima/fase máxima, 598-599
expressões alternativas para o, 587-588
fase mínima e causalidade do, 570
para um modelo multipercurso simples, 599-609
   decomposição de fase mínima, 606-608
   desconvolução homomórfica, 604-606
   generalizações, 608-609
para sequências de fase mínima e fase máxima, 589-590
para sequências exponenciais, 588-589
pela análise da transformada z, 601-602
relação entre o cepstrum real e o, 590-591
Chirps, definição, 478
Ciclos-limites
  devidos a arredondamento e truncamento, 275-276
  devidos ao transbordamento, 277
  evitando, 277
Ciclos-limites, definição, 276
Circunferência unitária, 62
Clipping, 248
Clutter, 494
Codificação preditiva linear (LPC), 3
Coeficientes de predição, 532
Compensação da resposta em frequência de sistemas de fase não mínima, 187-189
Complemento de dois, 247
Complemento de um, 247
Componentes antissimétricos conjugados periódicos, 386
Componentes ímpares periódicos, 386
Componentes pares periódicos, 386

Componentes polifásicos de $h[n]$, 119
Componentes simétricos conjugados periódicos, 386
Compressor de taxa de amostragem, 107
Compressor, 107
Compressor, definição, 14
Comprimento finito de registrador, efeitos do, 445-450
Comunicação de banda estreita, e sinais analíticos, 574
Condição de cancelamento de *alias*, 123
Condições de Cauchy–Riemann, 562
Condições de repouso inicial, 25
Constante, transformada de Fourier da, 33
Conversão A/D, *Ver* Conversão de analógico-digital (A/D)
Conversão analógico-digital (A/D), 1, 126-130
  configuração física para, 127
  digitalizador, 128-130
  erros de digitalização
    análise de, 130-131, 134-135
    para um sinal senoidal, 131-132
  esquema de codificação binário deslocado, 128
  medições do ruído de digitalização, 132-133
  sobreamostragem e formatação de ruído na, 137-138
Conversão D/A, *Ver* Conversão digital-analógico (D/A)
Conversão digital-analógica (D/A), 1-2, 135-137
  conversor D/C ideal, 135
  diagrama de blocos, 135
  retenção de ordem zero, 135-137
  sobreamostragem e formatação de ruído na, 137-144
Conversor D/C ideal, 135
Conversor de tempo contínuo-discreto (C/D) ideal, 91, 124
Conversor discreto-contínuo (D/C) ideal, 124
Conversores analógico-digital (A/D), 91
Conversores digital-analógico (D/A), 124
Convolução
  circular, 386-388
  linear, 388-396
    com *aliasing*, convolução circular como, 389-394
    de duas sequências de comprimento finito, 389-396
  operação, 20
  propriedade comutativa, 22

sistema característico para, 586
Convolução circular, transformada de Fourier discreta (TFD), 386–387
Convolução de tempo discreto, implementando, 16–17
Convolução em bloco, 394
Convolução linear, 388–396
  com *aliasing*, convolução circular como, 389–394
  de duas sequências de comprimento finito, 389
Convolução periódica, 38
  série de Fourier discreta, 372–373
Correlação cruzada, 43, 523–524, 551
Critério minimax, 328
CTA, *Ver* Algoritmo da transformada *chirp* (CTA)

D

Decomposição de Cholesky, 546
Decomposição
  da transformada de Fourier unilateral, 571
  de Cholesky, 546
  fase mínima, 606–608
  polifásica, 119–120
  sistemas lineares invariantes no tempo (LIT), 186–187
Deformação em frequência e transformação bilinear da, 302–303
Densidade espectral de energia, 37
Densidade espectral de potência, 137–139, 142, 145
Densidade espectral de potência, 42
Desconvolução homomórfica de fase mínima/fase máxima, 598–599
Desconvolução homomórfica de fase mínima/ passa-tudo, 597–598
Desconvolução homomórfica, 584, 610
  da voz, exemplo de, 611–613
Desconvolução
  usando o cepstrum complexo, 597–599
Desconvolução homomórfica fase mínima/ passa-tudo, 597–598
Desconvolução homomórfica fase mínima/fase máxima, 598–599
Deslocador de fase de 90 graus ideal, 356, 572
Deslocador de fase de 90 graus, ideal, 572
Deslocamento circular de uma sequência, transformada de Fourier discreta (TFD), 382–384

Deslocamento em frequência, 36–37
Detecção de eco, e cepstrum, 585
Diagrama de fluxo
  reverso, 235
  transposição de, 235–236
Diagrama de fluxos de um quadripolo, 241
Diferenças regressivas, 15, 22–23
Diferenciadores de tempo discreto, 302, 325–327
  e método de projeto de filtro com janela de Kaiser, 325–327
Digitalização de coeficientes, efeitos da, 251–260
  em sistemas FIR, 257–258
  em sistemas IIR, 251–252
  em um filtro elíptico, 252–255
  em um filtro FIR ótimo, 258–260
  polos das seções de segunda ordem digitalizadas, 256–257
  preservando a fase linear, 260–261
Digitalizador da formatação de ruído, 135–136
Digitalizadores saturados, 130
Digitalizadores, 128
  saturados, 130
Distorções de fase, 167
Divisão longa, expansão em série de potência por, 75
Dizimação
  definição, 108
  estágios múltiplos, 118–119
Dizimador, definição, 108
Dualidade
  série de Fourier discreta, 370–371, 384
  transformada de Fourier discreta (TFD), 383

E

Efeitos numéricos da precisão finita, 247–251
  digitalização na implementação de sistemas, 248–251
  representações numéricas, 247–248
Energia parcial de uma resposta ao impulso, 191
Engenharia financeira, definição, 2
Engenheiros de microeletrônica e processamento digital de sinais, 6
Entrada limitada, saída limitada (BIBO), 15
Equação de diferenças homogênea, 24
Equações de diferenças
  determinando a resposta ao impulso a partir de, 40

representação por diagrama de blocos de, 223–224
Equações de diferenças lineares com coeficientes constantes, 23–25
   equação de diferenças homogênea, 24
   estabilidade e causalidade, 173
   representação por equação de diferenças de, 23
   do sistema média móvel, 24
   resposta ao impulso para funções de sistema racionais, 175
   sistema de segunda ordem, 172–173
   sistemas caracterizados por, 172–175
   sistemas inversos, 173–174
Equações de Yule–Walker, 533, 546
Equações normais da autocorrelação, 533
   algoritmo de Levinson–Durbin, dedução do, 547–548
   recursão de Levinson–Durbin, 546–547
   soluções de, 545–548
Erro de predição progressivo, 549
Erro de predição regressiva, 549, 551, 561
Erro quadrático médio mínimo, 533
Erro residual de predição, 532
Erros de digitalização, 247
   conversão analógico-digital (A/D)
Erros de digitalização, análise, 130–135
Especificações, projeto de filtro, 295–296
Espectro de magnitude, 545
Espectro de potência das estimativas de ruído de digitalização, 506–509
Espectro de potência de estimativas de voz, 509–511
Espectrograma de banda larga, 500
Espectrogramas, 479–480
   banda larga, 492
   fazendo gráficos, 492
Esquema de codificação binária deslocada, 129
Esquemas de tolerância, 295
Estabilidade, 15
   testando a, 15
Estimação de frequência
   sobreamostragem e interpolação linear para, 477
Estimadores assintoticamente não enviesados, 495
Estimadores consistentes, 495
Estimadores não enviesados, 495
Estimativa de Welch, 511
Estimativas de Blackman–Tukey, 511
Estrutura de filtro transversal, 238

Estrutura de linha de atraso com derivações, 238
Estrutura em treliça só-polos, 245
Estrutura IIR em cascata, análise de, 268–271
Estruturas de forma paralela, 233–234
   ilustração de, 234
Estruturas em forma de cascata, 231–233
   exemplos de, 232
Estruturas IIR na forma direta, análise de, 261–266
Estruturas na forma direta, 230–231
   exemplos de, 231
Expansão em frações parciais, transformada z inversa, 71–74
Expansão em série de potências, 74–75
   por divisão longa, 75
   sequência de comprimento finito, 74
   transformada inversa por, 75
Expansor de taxa de amostragem, 111
Exponencial aplicada abruptamente
   entradas, 29–30
   somabilidade em valor absoluto, 32
Extremantes, 329

F

Fase
   definição, 10
   relação entre magnitude e, 181–183
Fase desenrolada, 206
Fase linear
   generalizada, 194–195
   passa-baixas ideal com193
   sistemas causais de fase linear generalizada, 195–200
   sistemas com, 192–194
Fase linear generalizada, sistemas lineares com, 191–201
   exemplos de, 195
Fator inteiro
   aumento da taxa de amostragem por, 109–111
   redução da taxa de amostragem por, 107–109
Fator não inteiro, mudança da taxa de amostragem por, 115–116
Fenômeno de Gibbs, 33, 315–316
FFT de raiz dividida (SRFFT), 461
FFT, *Ver* algoritmos de transformada de Fourier rápida (FFT)
Filtro *antialiasing*, 125–126, 467–469
   resposta em frequência de, 468

Filtro casado, 48
Filtro de branqueamento, 533
Filtro de Butterworth de tempo discreto, projeto de, 302–311
Filtro de Butterworth, 302
 invariância ao impulso, 298–300
 transformação bilinear do, 304–307
Filtro FIR interpolado, definição, 119
Filtro FIR passa-baixas ótimo, características do, 336–337
Filtro linear invariante no tempo (LIT), 3
Filtro LIT de fase mínima, 206
Filtro não digitalizado, 253
Filtro passa-altas, transformação de um filtro passa-baixas em um, 313–314
Filtro passa-baixas
 e aproximação equiripple FIR, 337–338
 esquema de tolerância, 295
 transformação em um filtro passa-altas, 313–314
Filtro passa-baixas ideal, somabilidade quadrática para, 32–33
Filtro passa-faixa e aproximação *equiripple* FIR, 340-341
Filtros, 294
Filtros de amostragem em frequência, 286, 290
Filtros de dizimação, implementação polifásica de,120–121
Filtros de fase linear, 204
Filtros de interpolação, 111–115
 implementação polifásica de, 121–122
Filtros de tempo contínuo, projeto de filtros IIR de tempo discreto a partir de, 296–302
 transformação bilinear, 300–302
 projeto de filtro por invariância ao impulso, 297–300
Filtros de tempo discreto
 determinando especificações para, 295–296
 projeto de, 294
 projeto de filtro IIR, a partir de filtros de tempo contínuo, 296–302
  projeto de filtros por invariância ao impulso, 296–300
  transformação bilinear, 300–302
Filtros digitais, 294
Filtros digitais IIR, ciclos-limites de entrada nula em realizações de ponto fixo de, 275–277
Filtros em quadratura conjugados (CQF), 123
Filtros em treliça FIR, 241–245

Filtros em treliça, 240–247, 548–552
 cálculo direto dos parâmetros k, 551–552
 estrutura em treliça só-polos, 245–247
 FIR, 241–247
 generalização de sistemas em treliça, 246–247
 implementação em treliça de um sistema IIR, 246
 modelo só-polos para rede em treliça, 550–551
 rede em treliça do erro de predição, 549–550
Filtros espelhados em quadratura, 123
Filtros FIR
 aproximações ótimas de, 327–337
 projeto por janelamento, 315–322
  incorporação de fase linear generalizada, 318–320
  método de projeto de filtro usando janela de Kaiser, 320–322
  propriedades de janelas comumente utilizadas, 317–318
Filtros IIR passa-baixas, transformações de frequência, 311–314
Filtros passa-baixas de fase linear e janelamento, 319–320
Filtros seletivos em frequência, 294, *Ver também* Projeto de filtro
 obtendo a partir de um filtro de tempo discreto passa-baixas, 312
Forma acoplada, para sistemas de segunda ordem, 256
Forma transposta, 235–238
 para um sistema de primeira ordem sem zeros, 236
 para uma seção de segunda ordem básica, 236
 reversão do diagrama de fluxos, 235–236
 transposição, 235–239
Formantes, 491, 609
Formatação de ruído em múltiplos estágios (MASH), 143, 165
Formatação de ruído
 formatação de ruído em múltiplos estágios (MASH), 143, 165
 na conversão A/D, 137–144
 na conversão analógico-digital (A/D), 137–146
 na conversão D/A, 137–146
Formulação da predição linear, da modelagem só-polos, 532
Fórmulas "fechadas", 20
Fórmulas de Poisson, 562
Frequência, 10

Frequência de amostragem/Frequência de Nyquist, 91, 94
Frequência de Nyquist, 94
Frequência Doppler, 492–494
Frequência instantânea, 478
Função da magnitude ao quadrado, 183, 186, 299, 304–305, 607
Função de atraso de fase, 190
Função de sistema, 166
   determinação da, a partir de um diagrama de fluxo, 229
   sistemas lineares invariantes no tempo (LIT), 70, 79
Função delta de Dirac, 9, 92
Função ímpar, 34
Função impulso unitário, 92
Função par, 34
Funções de tempo complexas, sinais analíticos como, 572

G

Ganho, 166–167

I

Implementação na forma canônica, 226
Implementação na forma direta canônica, 226
Implementação na forma direta I, 226
Implementação na forma direta II, 226
Implementação polifásica dos filtros de dizimação, 120–121
Indexação, transformada de Fourier discreta (TFD), 438–439
Instabilidade, testando a, 15
Integrador, 348
Interpolação, 111–116
   definição, 111
Interpolação de banda limitada, 145
Interpolação linear, 112–115
Interpolador, 111–115
   definição, 111
   estágios múltiplos, 118–119
Interpretação de sinais, 2
Interpretação por banco de filtros, da transformada de Fourier dependente do tempo, 488–489
Invariância ao impulso

com um filtro de Butterworth, 298–300
   fundamento para, 300
   procedimento de projeto, 300
   projeto de filtro por, 296–300
Invariância no tempo, 16

J

Janela
   método, 315
   não causal, 481
Janela de Kaiser, 472, 485
   análise pela TFD de sinais senoidais usando, 470–477
   preenchimento com zeros, análise de TFD com, 476
   projeto, 342
Janela não causal, 481
Janelamento, 467
   janelas comumente usadas, 317–318
   janelas de Bartlett (triangular), 317–318
   janelas de Blackman, 317–318
   janelas de Hamming, 317–319
   janelas de Hann, 317–319
   janelas retangulares, 317–319
   projeto de filtros FIR por, 315–322
      incorporação de fase linear generalizada, 318–320
      método de projeto de filtro usando janela de Kaiser, 320–322
      propriedades de janelas comumente usadas, 317–318
   teorema, 38–40
Janelas comumente utilizadas, 317–318
Janelas de Bartlett (triangulares), 317–320, 485–486, 510
Janelas de Blackman, 317–319, 486
Janelas de Hamming, 317–319, 485–486, 511–512
Janelas de Hann, 317–319, 485–486
Janelas retangulares, 317–319

L

LabView, 3, 303
Lei de Moore, 1
Linearidade
   série de Fourier discreta (SFD), 382
   transformada de Fourier discreta (TFD), 382

da transformada de Fourier, 36
transformada z, 75–79
Localização de polos, análise de espectro só-polos, 542–544
Logaritmo complexo, 585
  propriedades do, 587

M

Magnitude
  da resposta em frequência, 166, 170
  da transformada de Fourier, 31
  relação entre fase e, 181–183
Mantissa, 248, 274
Mathematica, 3
MATLAB, 3, 172, 304, 342
Média amostral, 494–495
Média móvel, 11, 13, 21–22
Método da sobreposição e armazenamento, 396, 458
Método da sobreposição e soma, 396, 458, 487–489
Método de Blackman–Tukey, 502, 511
Método de projeto de filtro usando janela de Kaiser, 320–322
  exemplos de projeto de filtro FIR pelo, 322–327
    diferenciadores de tempo discreto, 325–327
    filtro passa-altas, 323–325
    filtro passa-baixas, 322–323
  relação da janela de Kaiser com outras janelas, 322
Método por inspeção, transformada z inversa, 71
Modelagem de sinais, 3
Modelagem de sinal aleatório, 533
Modelagem paramétrica de sinais, 529–561
  análise de espectro só-polos, 539–545
    localização dos polos, 542–544
    sinais de voz, 540–542
    sinais senoidais, 544–545
  aplicações, 529
  definição, 529
  equações normais de autocorrelação
    algoritmo de Levinson–Durbin, dedução do, 547–548
    recursão de Levinson–Durbin, 546–547
    soluções das, 545–548
  estimação de funções de correlação, 535–538
    comparação dos métodos, 538
    equações para coeficientes preditores, 538
    erro de predição, 538
    estabilidade do sistema de modelo, 538
    método da autocorrelação, 535
    método da covariância, 537–538
  filtros em treliça, 548–552
    cálculo direto dos parâmetros k, 551–552
    modelo só-polos da rede em treliça, 550–551
    rede em treliça do erro de predição, 549–550
  modelagem só-polos de sinais, 529–532
    análise preditiva linear, 530
    aproximação por mínimos quadrados, 530
    de sinais determinísticos de energia finita, 532–533
    determinação do parâmetro de ganho G, 534–535
    erro quadrático médio mínimo, 533
    formulação por predição linear da, 532
    modelagem de sinal aleatório, 533
    modelo inverso por mínimos quadrados, 530–532
    predição linear, 530
    propriedade de casamento da autocorrelação, 533–534
  modelos de sinais determinísticos e aleatórios, 532–535
  ordem do modelo, 538–539
    seleção, 539
Modelagem só-polos, 529–532
  análise preditiva linear, 530
  aproximação por mínimos quadrados, 530
  de sinais determinísticos com energia finita, 532–533
  determinação do parâmetro de ganho G, 534–535
  erro quadrático médio mínimo, 533
  formulação por predição linear da, 532
  modelagem de sinal aleatório, 533
  modelo inverso por mínimos quadrados, 530–532
  predição linear, 530
  propriedade de casamento da autocorrelação, 533–534
Modelo de tempo discreto da produção de voz, 609
Modelo de voz, 609–610
  modelo de voz, estimando parâmetros do, 613–614
  sons sonoros, 609

trato vocal, 609
Modelo inverso por mínimos quadrados, 530–532
  modelagem só-polos, 530
Modelo só-polos para rede em treliça só-polos, 550–551
Modulador Delta-Sigma de dados amostrados, 140
MP3, codificação de áudio, 487
MPEG-II, padrão de codificação de áudio, 489
Multiplexação por divisão na frequência (FDM), 162
Multiplexação por divisão no tempo (TDM), 162

N

Nós de fonte, 227
Nós de saída, 227

O

Onda acústica superficial (SAW), 444
Operação borboleta, 430
Operações em ponto flutuante (FLOPS), 440–441
Ordem bit-reversa, 432
Ordem do modelo, 538–539
  seleção, 539
Oscilações por transbordamento
  definição, 277
  em sistema de segunda ordem, 277
Oscilador de forma acoplada, 282

P

Parâmetros k, 241, 548
  cálculo numérico direto de, 551–552
Período de amostragem, 91
Periodograma, 495–496, 513
  análise por periodograma, exemplo de, 495, 500–502
  cálculo numérico de periodogramas médios usando a TFD, 500
  definição, 496
  modificado, 496
  propriedades do, 496–498
  suavizado, 504
  tomando a média de periodogramas, 498–500
Periodograma modificado, 496
Periodograma suavizado, 513

Phase splitters de 90 graus, 348
Polinômios e teorema da alternância, 329–330
Polos de seções de segunda ordem digitalizadas, 256–257
Ponto flutuante em bloco, 449
Pontos extremantes, 329–330
Preditor linear, 532
Preenchimento com zeros, 394
Previsibilidade de sinais, 3
Primeira diferença regressiva, 57
Procedimento de Bartlett, 499
Procedimento de branqueamento, 217
Processamento de sinais multidimensionais, 3
Processamento de sinais, 1–2
  baseado na transformada de Fourier dependente do tempo, 487–488
  multidimensional, 3
  problemas/soluções, 3–4
  perspectiva histórica, 4–6
Processamento digital de sinais analógicos, 124–137
  conversão A/D, 126–130
  conversão D/A, 135–137
  conversor contínuo-discreto (C/D) ideal, 124
  conversor discreto-contínuo (D/C) ideal, 124
Processamento digital de sinais, 7
Processamento em bloco, 467
Processamento em tempo contínuo dos sinais de tempo discreto, 104–107
  atraso não inteiro, 105
  sistema média móvel com atraso não inteiro, 106–107
Processamento em tempo discreto de sinais de tempo contínuo, 2, 11–15
  causalidade, 15
  definição, 11
  estabilidade, 15
    testando a, 15
  instabilidade, testando a, 15
  média móvel, 13
  sinais aleatórios de tempo discreto, 40–43
  sistema de atraso ideal, 11
  sistema de diferenças regressivas, 15
  sistema de progressivo, diferenças progressivas, 15
  sistemas invariantes no tempo, 14
    acumulador como, 14
  sistemas lineares, 13–14
    sistema acumulador, 13–14

sistema não linear, 14
sistemas sem memória, 12-13
técnicas, promessa futura de, 6
transformadas de Fourier, representação de sequências por, 30-34
Processamento em tempo discreto dos sinais de tempo contínuo, 99-104
Processamento multitaxa de sinais, 116-124
bancos de filtros multitaxas, 122-124
compressor/expansor, permutação de filtragem com, 117-118
decomposições polifásicas, 119-120
definição, 116
dizimação e interpolação de estágios múltiplos, 118-119
filtros de interpolação, implementação polifásica de, 121-122
implementação polifásica de filtros de dizimação, 120-121
Processamento multitaxa de sinais, 116-124
amostragem de, 91-165
amostragem e reconstrução de um sinal senoidal, 96
reconstrução de um sinal de banda limitada a partir de amostras, 97-99
taxa de amostragem, mudança usando o processamento em tempo discreto, 107-116
Processo aleatório linear autorregressivo (AR), 526
Processo aleatório linear de média móvel (MA), 526
Processo aleatório linear de média móvel autorregressivo (ARMA), 526
Processo aleatório, 41
processo aleatório linear autorregressivo (AR), 526
processo aleatório linear média móvel (MA), 526
processo aleatório linear média móvel autorregressivo (ARMA), 526
Progressivo, Diferenças progressivas, 21
Projeto de Chebyshev I, 342
Projeto de Chebyshev II, 342
Projeto de filtro
especificações, 295-296
filtro de Butterworth, 302-311
filtro de Chebyshev, 302-311
filtro de sobreamostragem, 341-344
filtros elípticos, 302-311

filtros FIR, 341
algoritmo de Parks–McClellan, 334-336
aproximações ótimas de, 327-337
características de filtros FIR ótimos, 336-337
exemplos de aproximação equiripple FIR, 337-341
filtros passa-baixas de Tipo I ótimos, 330-333
filtros passa-baixas de Tipo II ótimos, 333-334
projeto por janelamento, 315-322
filtros IIR, 341
comparações de projeto, 306-308
exemplo de projeto para comparação com projetos FIR, 308-311
exemplos de projeto, 303-311
filtros IIR passa-baixas, transformações de frequência de, 311-314
por invariância ao impulso, 296-300
técnicas, 294-367
transformação bilinear do, 304
transformação bilinear, 300-302
Projeto de filtro com sobreamostragem, 341-344
Projeto de filtro elíptico, 302-310, 343
Projeto usando janela de Kaiser, de transformadores de Hilbert, 573
Propriedade da aditividade, 13
Propriedade da conjugação, transformada z, 78
Propriedade da convolução, transformada z, 78-79
convolução de sequências de comprimento finito, 79
Propriedade da diferenciação, transformada z, 77-78
inverso da transformada z não racional, 77
polo de segunda ordem, 78
Propriedade da homogeneidade, 13
Propriedade da linearidade, transformada z, 75-79
Propriedade da mudança de escala, 13
Propriedade da multiplicação por exponencial, transformada z, 76-77
Propriedade de atraso de grupo mínimo, 191
Propriedade de casamento da autocorrelação, 533-534
modelagem só-polos, 534
Propriedade de compactação de energia da TCD-2, 401-403
Propriedade de deslocamento no tempo, transformada z, 76-77

sequência exponencial deslocada, 76
Propriedade de peneiramento da função impulso, 92
Propriedade de reflexão no tempo, transformada z, 78
   sequência exponencial refletida no tempo, 78
Propriedades de simetria
   série de Fourier discreta, 372, 384–386
   transformada de Fourier discreta (TFD), 384–386
   transformada de Fourier, 34–36
   uso da, 35–36
Pulso retangular, série de Fourier discreta do, 380–381

R

Radar Doppler
   definição, 467
   sinais, 494
Razão de sobreamostragem, 137
Realizações de filtros digitais IIR em ponto fixo, ciclos limites de entrada nula em, 275–278
Realizações em ponto flutuante de sistemas de tempo discreto, 274–275
Reamostragem consistente, 153
Reamostragem, 107
   consistente, 153
   definição, 107
Recursão de Levinson–Durbin, 546–547, 550, 923
Rede, 287
Rede não computável, 235
Região de convergência (RDC), 62, 173–174
   determinando, 173
   estabilidade, causalidade e, 70–71
   não sobreposta, 70
Regiões de convergência (RDC) não superpostas, 70
Registrador de atraso, 223
Relação sinal-ruído (SNR), 2
Relação sinal-ruído de digitalização, 134
Relações da transformada de Hilbert discreta, 566
Relações da transformada de Hilbert, 562, 578
   discretas, 566
Relações da transformada de Hilbert, 562–583
   definição, 562
   entre magnitude e fase, 569–570
   fórmulas de Poisson, 562
   para sequências complexas, 570–578
   relações entre magnitude e fase, 569–570
   sequências de comprimento finito, 562
      teoremas de suficiência para, 566–569
   suficiência de parte real e da parte imaginária da transformada de Fourier para sequências causais, 563–566
Representação no domínio da frequência
   da amostragem, 93–97
   de sinais/sistemas de tempo discreto, 26–30
Representação por diagrama de fluxo de sinais de equações de diferenças com coeficientes constantes, 227–229
Representação por equação de diferenças, do acumulador, 23
Representações em ponto flutuante, 248
Residual, 532, 538
Resposta ao impulso
   do acumulador, 21
   determinando para uma equação de diferenças, 40
   determinando a partir da resposta em frequência, 40
   para funções de sistema racionais, 175
Resposta ao impulso do atraso ideal, 21
Resposta de fase, 167
Resposta em frequência, 26–32
   de filtro *antialiasing*, 467
   definição, 26
   de sistemas lineares invariantes no tempo (LIT), 166–172
      efeitos do atraso de grupo e atenuação, 168–172
      fase e atraso de grupo da resposta em frequência, 166–168
   determinando a resposta ao impulso a partir da, 40
   do sistema de atraso ideal, 26
   do sistema média móvel, 28
   para funções de sistema racionais, 176–181
      exemplos com múltiplos polos e zeros, 179–181
      sistema FIR de segunda ordem, 180
      sistema IIR de segunda ordem, 179–180
      sistema IIR de terceira ordem, 180
      sistemas de primeira ordem, 176–179
Resposta em magnitude, 167
Resposta em regime permanente, 29
Retenção de ordem zero, 135–137
   compensação para, 339–340

Rotação de uma sequência, 383
Rotações, 461
Ruído aleatório, 610
Ruído branco, 43, 265
Ruído de arredondamento em filtros digitais
   ajuste de escala em implementações em ponto fixo de sistemas IIR, 266–268
   análise das estruturas IIR na forma direta, 261–264
   efeitos do, 261–275
   estrutura IIR em cascata, análise da, 268–271
   interação entre ajuste de escala e ruído de arredondamento, 268
   sistema de primeira ordem, 264
   sistema de segunda ordem, 264–265
   sistemas FIR na forma direta, análise de, 271–274
Ruído de digitalização, medições de, 132–133

S

Segmentos surdos, 491
Segments sonoros, 491
Senoides de tempo discreto aperiódicas, 10
Senoides de tempo discreto periódicas, 10
Senoides de tempo discreto periódicas/aperiódicas, 10
Sequência amostra unitária, 9
Sequência antissimétrica conjugada, 34–35
Sequência causal, 21
   componentes par e ímpar de, 563
   sequência de comprimento finito, 564–565
   sequência exponencial, 565
   suficiência da parte real e imaginária da transformada de Fourier para, 563–566
Sequência de autocorrelação de $h[n]$, 42–43
Sequência de autocorrelação determinística, 42
Sequência degrau unitário, 9
Sequência exponencial bilateral, 66, 81
Sequência exponencial deslocada, 76
Sequência exponencial lateral direita, 63–64
Sequência exponencial lateral esquerda, 64
Sequência exponencial truncada de comprimento finito, 67
Sequência ímpar, 34
Sequência impulso, 9
Sequência par, 34
Sequência periódica, 10, 566, 569
Sequência simétrica conjugada, 34–35

Sequências
   amostra unitária, 9
   antissimétricas conjugadas, 34
   autocorrelação determinística, 42
   autocorrelação, 42
   básicas, 9
   causais, 21
      convolução de, 79
   de comprimento finito, 564–569
   degrau unitário, 9
   exponenciais complexas, 10, 33–34
   exponenciais deslocadas, 76
   exponenciais laterais direitas, 63–64
   exponenciais laterais esquerdas, 64
   exponenciais revertidas no tempo, 78
   exponenciais, 10–11, 565
   ímpares, 34
   impulso, 9
   pares, 34
   periódicas, 10
   senoidais, 10
   simétricas conjugadas, 34
Sequências básicas/operações com sequências
   sequência amostra unitária, 9
   sequência degrau unitário, 9
   sequências exponenciais complexas, 10–11
   sequências exponenciais, 10
   sequências senoidais, 10
Sequências complexas, relações da transformada de Hilbert para, 570–578
Sequências de base, 396
Sequências de comprimento finito, 564–565
   convolução de, 79
   teoremas de suficiência para, 566–569
Sequências exponenciais complexas, 10–11, 33–34
Sequências exponenciais, 10, 565
Série de Fourier discreta (SFD), 368–371
   de um trem de pulsos retangular periódico, 370
      convolução circular, 386–388
      convolução periódica, 372–373
      deslocamento circular de uma sequência, 382–384
      deslocamento de uma sequência, 371
      dualidade, 371–372, 384
      linearidade, 371, 382
      propriedades de simetria, 384–386
      resumo, 374, 389

simetria, 372
   dualidade na, 371–372
   propriedades da, 371–373
   representação de Fourier de sequências de duração finita, 379–381
   representação de sequências periódicas, 368–371
   transformada de Fourier
      de um período, relação entre os coeficientes da série de Fourier e, 376
      amostragem, 376–379
      de sinais periódicos, 373–376
      de um trem de impulsos de tempo discreto periódico, 375
Séries de Laurent, 63
SFD, *Ver* Série de Fourier discreta (SFD)
Sharpening, 360
Simetria par, 398
Simetria periódica tipo 1, 399
Simetria periódica tipo 2, 399
Simulink, 3
Sinais
   definição, 7
   representação matemática de, 7
Sinais aleatórios de tempo discreto, 40–43
Sinais aleatórios, 40–41, 43–44
Sinais analíticos, 570, 578
   como uma função de tempo complexa, 563
   definição, 563
   e amostragem passa-bandas, 576–578
   e comunicação em banda estreita, 574
Sinais analógicos, 7
   conversão A/D, 126–130
   conversão D/A, 135–140
   conversor contínuo-discreto ideal (C/D), 124
   conversor discreto-contínuo ideal (D/C), 124
   processamento digital de, 124–148
Sinais *chirp*, 443
Sinais de radar, análise de Fourier dependente do tempo de, 492–494
Sinais de tempo contínuo, 7
   aliasing na amostragem de um sinal senoidal, 96–97
   filtragem digital de sinais analógicos, 124–137
   filtro passa-baixas de tempo discreto, filtragem passa-baixas de tempo contínuo ideal usando, 101–102
   sinal de banda limitada, reconstrução a partir de suas amostras, 97–99

   Processamento em tempo discreto de, 99–104
      diferenciador de banda limitada em tempo contínuo ideal, implementação em tempo discreto de, 102
      invariância ao impulso, 102–104
         aplicada a sistemas de tempo contínuo com funções de sistema racionais, 104
         filtro passa-baixas de tempo discreto obtido por, 104
      LIT, 100–102
      representação da amostragem no domínio de frequência, 91–97
      sinais de tempo discreto, Processamento em tempo contínuo de, 104–107
Sinais de tempo discreto, 8–11
   sequências básicas/operações com sequências como sequências de números, 8–11
   definição, 7
   descrição gráfica de, 8
   frequência de amostragem, 8
   período de amostragem, 8
   Processamento em tempo contínuo de, 104–107
   representação gráfica de, 8
   sequência amostra unitária, 9
   sequência degrau unitário, 9
   sequências exponenciais complexas, 10
   sequências exponenciais, 10
   sequências senoidais, 10
   sistemas de Processamento de sinais, classificação de, 7
   sistemas de tempo discreto, 11–15
Sinais de voz
   análise de espectro só-polos, 540–542
   análise de Fourier dependente do tempo de, 490–492
Sinais determinísticos de energia finita, modelagem só-polos de, 532–533
Sinais digitais, 7
Sinais senoidais aleatórios, 558
Sinais senoidais
   erro de digitalização para, 131
   modelagem de espectro só-polos, 544–545
   para digitalizadores uniformes, 134
   relação sinal-ruído de digitalização, 134
Sinal *chirp* linear, de uma transformada de Fourier dependente do tempo, 478–479
Sinal de banda limitada, reconstrução a partir de suas amostras, 97–99

Sinal e magnitude, 247
Síntese de Fourier dependente do tempo, 485, 487
Sistema característico para convolução, 586
Sistema criticamente amortecido, 208
Sistema de atraso de fase mínimo, 190
Sistema de atraso ideal, 11
  resposta em frequência do, 26
Sistema de diferenças regressivas, 15, 22–23
  e o acumulador, 22
  resposta ao impulso do, 22
Sistema de eco de fase mínima, cepstrum complexo do, 589–590
Sistema invariante ao deslocamento, *Ver* Sistemas invariantes no tempo
Sistema média móvel, 24–25
  com atraso não inteiro, 106–107
  representação por equação de diferenças, 24
  resposta em frequência de, 28
Sistema não antecipatório, 14
Sistemas causais de fase linear generalizada, 195–201
Sistemas causais, 21
Sistemas com resposta ao impulso de duração infinita (IIR), 22
Sistemas com resposta ao impulso infinita (IIR), 294
Sistemas com resposta só impulso finita (FIR), 294
Sistemas de amostragem em frequência, 235
Sistemas de atraso de energia máximo, 191
Sistemas de atraso de energia mínimo, 191
Sistemas de diferenças progressivas, 15
  não causais, 22
Sistemas de fase linear FIR tipo I, 196
  exemplo, 196–197
Sistemas de fase linear FIR tipo II, 196
  exemplo, 197
Sistemas de fase linear FIR tipo III, 196
  exemplo, 197
Sistemas de fase linear FIR tipo IV, 196
  exemplo, 198
Sistemas de fase linear FIR
  exemplos de, 196–198
  localizações dos zeros para, 198–200
  relação com sistemas de fase mínima, 200–201
  sistemas de fase linear FIR de tipo I, 196–197
    exemplo, 196–197
  sistemas de fase linear FIR de tipo II, 196
    exemplo, 197

sistemas de fase linear FIR de tipo III, 196
  exemplo, 197
sistemas de fase linear FIR de tipo IV, 196
  exemplo, 198
Sistemas de fase máxima, 191
Sistemas de fase mínima, 186–191
  compensação da resposta em frequência de sistemas de fase não mínima, 187–189
  decomposição, 186–187
  definição, 186
  propriedade do atraso de energia mínimo, 191
  propriedade do atraso de fase mínimo, 190
  propriedade do atraso de grupo mínimo, 191
  propriedades de, 190–191
Sistemas de fase não mínima, compensação da resposta em frequência de, 187–189
Sistemas de processamento de sinais, classificação de, 7
Sistemas de tempo discreto, 11–15
  efeitos da digitalização de coeficientes, 251–261
    em sistemas FIR, 257–258
    em sistemas IIR, 251–252
    em um filtro elíptico, 252–256
    em um filtro FIR ótimo, 258–260
    mantendo a fase linear, 260–261
    polos de seções digitalizadas de segunda ordem, 256–257
  efeitos numéricos de precisão finita, 247–251
    representações numéricas, 247–248
    digitalização na implementação de sistemas, 248–251
  estabilidade, 15
    testando a, 15
  estruturas básicas para, 230–235
  estruturas em forma de cascata, 231–233
  estruturas em forma direta, 230–231
    realimentação em, 234–235
    estruturas em forma paralela, 233–234
  estruturas para, 222–293
  filtros em treliça, 240–247
    estrutura em treliça só-polos, 245–246
    FIR, 241–245
    generalização de sistemas em treliça, 246–247
    implementação em treliça de um sistema IIR, 246
    representação em diagrama de fluxo de sinais de, 227–229
  formas transpostas, 235–238

média móvel, 11
propriedades simétricas da transformada de Fourier, 35
   função ímpar, 34–35
   função par, 34–35
   ilustração das, 35–36
   sequência antissimétrica conjugada, 34
   sequência ímpar, 34
   sequência par, 34
   sequência simétrica conjugada, 34
realizações em ponto flutuante de, 274–275
representação de sequências por transformadas de Fourier, 30–34
   somabilidade em valor absoluto para exponencial abruptamente aplicada, 32
   somabilidade quadrática para o filtro passa-baixas ideal, 32–33
   transformada de Fourier de sequências exponenciais complexas, 33–34
   transformada de Fourier de uma constante, 33
   transformada de Fourier inversa, 31
representação no domínio da frequência, 26–30
   autofunções para sistemas lineares invariantes no tempo, 26–28
   entradas exponenciais complexas abruptamente aplicadas, 28–30
   filtros ideais seletivos em frequência, 27
   resposta em frequência do sistema de atraso ideal, 26
   resposta em frequência do sistema média móvel, 28
   resposta senoidal de sistemas lineares invariantes no tempo, 26–27
ruído de arredondamento em filtros digitais, efeitos do, 261–275
sinais aleatórios de tempo discreto
   densidade espectral de potência, 42
   processo aleatório, 41
   ruído branco, 43
   sequência de autocorrelação determinística, 42
   sequência de autocorrelação/autocovariância, 41–43
sistema de atraso ideal, 11
sistemas FIR
   estruturas de rede básicas para, 238–240
   estruturas em forma de cascata, 238–239
   estruturas em forma direta, 238

sistemas FIR de fase linear, estruturas para, 239–240
sistemas IIR
sistemas invariantes no tempo, 14
   acumulador como, 14
   sistema compressor, 14
sistemas lineares, 13–14
   sistema acumulador, 13–14
   sistema não linear, 14
sistemas lineares invariantes no tempo, 15–20
   soma de convolução, 16–20
   autofunções para, 26–28
   propriedades dos, 20–23
sistemas sem memória, 12–13
teoremas da transformada de Fourier, 36–40
   deslocamento em frequência, 36–37
   deslocamento no tempo, 37–38
   diferenciação em frequência, 37
   linearidade da transformada de Fourier, 36
   reflexão no tempo, 37
   teorema da convolução, 37–38
   teorema da modulação ou do janelamento, 38–40
   teorema de Parseval, 37
Sistemas em cascata, 22–23
Sistemas em treliça
   generalização de, 246–247
Sistemas FIR
   digitalização de coeficientes, efeitos da, 257–258
   estruturas básicas de rede para, 238–240
   estruturas em forma de cascata, 238–239
   estruturas na forma direta, 238
Sistemas FIR de fase linear
   exemplos de, 196–197
   localização dos zeros para, 198–199
   relação com sistemas de fase mínima, 200–201
   sistemas de fase linear FIR de tipo I, 196
      exemplo, 197
   sistemas de fase linear FIR de tipo II, 196
      exemplo, 197
   sistemas de fase linear FIR de tipo III, 196
      exemplo, 197–198
   sistemas de fase linear FIR de tipo IV, 196
      exemplo, 198
Sistemas FIR de fase linear, estruturas para, 239–240
Sistemas FIR na forma direta, análise de, 271–274

Sistemas homomórficos, 584
Sistemas IIR
  digitalização de coeficientes, efeitos da, 251–252
  estruturas básicas para, 230–235
  estruturas em forma de cascata, 231–233
  estruturas na forma paralela, 233–234
  estruturas nas formas diretas, 230–231
  fator de escala nas implementações em ponto fixo de, 266–268
  implementação em treliça, 246
  realimentação em, 234–235
Sistemas invariantes no tempo, 14
  acumulador como, 14
  sistema compressor, 14
Sistemas inversos, 23, 173–174
  acumulador, 23
  definição, 21
  inverso para sistema com um zero na RDC, 174
  para sistema de primeira ordem, 174
Sistemas lineares invariantes no tempo (LIT), 3, 15–20
  análise transformada de, 166–221
  autofunções para, 26–28
  combinação em cascata de, 20
  conexão paralela de, 20
  equações de diferenças lineares com coeficientes constantes, 23–25
    sistemas caracterizados por, 172–175
  entradas exponenciais complexas aplicadas abruptamente aplicadas, 28–30
  função de sistema, 70, 79
  operação de convolução, 20
  propriedades, 20–23
  relação entre magnitude e fase, 181–183
  resposta em frequência de, 166–172
  resposta em frequência para funções de sistema racionais, 176–181
  resposta senoidal de, 26–27
  sistemas de fase linear FIR, relação com, 200–201
  sistemas de fase mínima, 186–191
    decomposição, 186–187
    relação de sistemas de fase linear FIR com, 200–201
  sistemas de fase não mínima, compensação da resposta em frequência de, 187–189
  sistemas lineares com fase linear generalizada, 191–201

sistemas causais com fase linear generalizada, 195–200
  fase linear generalizada, 194–195
  sistemas com fase linear, 192–194
sistemas passa-tudo, 183–186
  primeira e segunda ordem, 184
soma de convolução, 16
  cálculo analítico da, 18–19
transformada z e, 79–81
Sistemas lineares, 13–14, 194
  sistema acumulador, 13
  sistema não linear, 14
Sistemas mecânicos microeletrônicos (MEMS), 6
Sistemas não lineares, 14
Sistemas passa-tudo, 183–186
  de primeira e segunda ordem, 184–185
Sistemas sem memória, 12–13
Sobreamostragem
  conversão A/D sobreamostrada com digitalização direta, 137
  e interpolação linear para estimação de frequência, 477
  na conversão A/D, 137–144
  na conversão D/A, 143–145
  na conversão de analógico-digital (A/D), 137–146
Solução homogênea, 24
Soma de convolução, 16
  cálculo analítico da, 18–19
  definição, 16
Somabilidade
  em valor absoluto, 31, 41
  para o filtro passa-baixas ideal, 32–33
  quadrática, 32, 41
Somabilidade em valor absoluto, 31–33
  definição, 31
  para exponencial abruptamente aplicada, 32
Somabilidade quadrática, 32, 41
  para o filtro passa-baixas ideal, 32–33
Sons fricativos, 491, 609
Sons plosivos, 491, 609
Sons sonoros, 491, 609
Subamostragem, 107
  com *aliasing*, 108
  com pré-filtragem para evitar *aliasing*, 110
  definição, 107
  ilustração no domínio da frequência da, 109
Superposição, princípio da, 13–16, 584, 597

T

Taxa de amostragem
　aumentando por um fator inteiro, 109–111
　mudando por um fator não inteiro, 115–116
　mudando usando sinais de tempo discreto, 107–116
　reduzindo por um fator inteiro, 107–109
Taxa de Nyquist, 94
TCD, *Ver* Transformada de cosseno discreta (TCD)
TCD-1/TCD-2, *Ver também* Transformada de cosseno discreta (TCD)
　definição, 399–400
　relação entre, 400–401
Telecomunicações, e processamento em tempo discreto de sinais, 6
Tempo e na frequência, amostragem no, 482–484
Teorema da alternância, 329–334
　definição, 329
　e polinômios, 329
Teorema da amostragem de Nyquist-Shannon, 94–96, 145
Teorema da convolução
　transformada de Fourier, 37–38
　transformada z, 78–79
Teorema da integral de Cauchy, 562
Teorema da modulação, 38–40
Teorema de Parseval, 37, 58, 264, 267, 401, 707, 421, 540
Teorema do valor inicial, 89
　para sequências laterais direitas, 617
TFD, *Ver* Transformada de Fourier discreta (TFD)
Transbordamento, 247
Transbordamento de saturação, 248
Transformação bilinear, 300–303
　de um filtro de Butterworth, 304–309
　deformação da frequência, 301–302
　e *aliasing*, 301
Transformada *chirp*, definição, 443
Transformada de cosseno discreta (TCD), 396–404
　aplicações da, 404
　definições de, 396–397
　propriedade de compactação da energia da TCD-2, 401–403
　relação entre a TFD e a TCD-2, 401
　TCD-1/TCD-2

　　definição, 399–400
　　relação entre, 400–401
Transformada de Fourier
　amostragem, 376–379
　de sequências exponenciais complexas, 33–34
　de sinais periódicos, 373–376
　de um período, relação entre coeficientes da série de Fourier e, 376
　de um trem de impulsos de tempo discreto periódico, 375
　de uma constante, 33
　de uma sequência típica de janela, 469
　fase da, 31
　linearidade da, 36
　magnitude da, 31
　pares, 39
　propriedades de simetria da, 34–36
　teorema da convolução, 37–38
　teorema da diferenciação na frequência, 37
　teorema da modulação ou do janelamento, 38–40
　teorema da reflexão no tempo, 37
　teorema de Parseval para a, 37
　teoremas do deslocamento no tempo e do deslocamento na frequência, 36–37
　teoremas, 36–40
Transformada de Fourier de curto prazo, *Ver* Transformada de Fourier dependente do tempo
Transformada de Fourier de tempo discreto (TFTD), 368, 467
Transformada de Fourier dependente do tempo para voz, representação gráfica do espectro da, 492
Transformada de Fourier dependente do tempo, 467, 477–489
　amostragem no tempo e na frequência, 482–484
　de um sinal *chirp* linear, 478–479
　definição, 477–478
　efeito da janela, 481–482
　espectrograma, 479–480
　interpretação como banco de filtros, 488–489
　de X[n, λ], 481
　　invertibilidade de X[n, λ], 481
　método de reconstrução sobreposição e soma, 485–487
　processamento de sinais baseado na, 487–488
Transformada de Fourier discreta (TFD), 3, 368–421

algoritmos de FFT genéricos, 439
  algoritmo da transformada *chirp* (CTA), 442–445
  algoritmo de Winograd para a transformada de Fourier (WFTA), 441–442
algoritmos de FFT por dizimação na frequência, 434–437
  cálculos realizados localmente, 436
  formas alternativas, 437
algoritmos de FFT por dizimação no tempo, 426–434
  cálculo numérico realizado localmente, 431-433
  definição, 426
  formas alternativas, 433–434
  generalização e programação da FFT, 430–431
análise de espectro de sinais aleatórios usando estimativas de sequência de autocorrelação, 502–511
  espectro de potência de voz, 509–511
  espectro de potência do ruído de digitalização, 506–509
  estimativas da correlação e do espectro de potência, 504–506
análise de Fourier de sinais aleatórios estacionários, 494–502
  análise usando periodograma, 495, 500–502
  cálculo de periodogramas médios usando a TFD, 500
  periodograma, 495–496
  tomando a média de periodogramas, 498–500
análise de Fourier de sinais não estacionários exemplos de, 489–494
  sinais de radar, 492–494
  sinais de voz, 490–492
análise de Fourier de sinais usando, 467–470
cálculo da convolução linear a partir da, 388–396
cálculo de periodogramas médios usando, 500
cálculo do cepstrum complexo usando, 602–604
cálculo numérico da, 422–466
  algoritmo de Goertzel, 423–429, 441
  cálculo direto da definição da, 423–424
  cálculo direto, 423–426
  coeficientes, 439
  considerações práticas, 437–439

  explorando tanto a simetria quanto a periodicidade, 426
  indexação, 438–439
comprimento de registrador finito, efeitos do, 445–450
convolução linear, 389–394
  com *aliasing*, convolução circular como, 389–394
  de duas sequências de comprimento finito, 389
de um pulso retangular, 380–381
frequências de sinal coincidindo exatamente com frequências da TFD, 475
implementação de sistemas lineares invariantes no tempo usando, 394–396
interpretação por banco de filtros de $X[n, \lambda]$, 481
invertibilidade de $X[n, \lambda]$, 481
  amostragem no tempo e na frequência, 482–484
  de um sinal *chirp* linear, 478
  espectrograma, 479–480
  método de reconstrução por sobreposição e soma, 485–487
  processamento de sinais baseado na, 487–488
propriedades de, 381–388
  convolução circular, 387–394
  deslocamento circular de uma sequência, 382–384
  dualidade, 384
  linearidade, 382
  propriedades de simetria, 384–386
  resumo, 388
sequências de comprimento finito, teoremas de suficiência para, 566–569
série de Fourier discreta, 368–371
  propriedades da, 371–373
TFD, análise pela TFD de sinais senoidais, 470–477
  efeito da amostragem espectral, 472–477
  efeito do janelamento, 797–800
  propriedades da janela, 470–471
TFD, análise pela TFD de sinais senoidais usando uma janela de Kaiser, 475–476
transformada de cosseno discreta (TCD), 396–404
transformada de Fourier dependente do tempo, 477–489
  definição, 478

efeito da janela, 481–482
interpretação por banco de filtros da, 488–489
Transformada de Fourier unilateral, decomposição da, 571
Transformada de seno discreta(TSD), 398
Transformada z, 99–152, *Ver também*
  Transformada z inversa
  bilateral, 61, 81
  ciclos-limites com entrada nula
    ciclos-limites devidos a arredondamento e truncamento, 275–276
    ciclos-limites devidos ao transbordamento, 277
    em realizações em ponto fixo de filtros digitais IIR, 275–277
    evitando ciclos-limites, 277
  circunferência unitária, 62
  convergência uniforme da, 63
  definição, 61
  expansão em frações parciais, 71–74
    expansão em séries de potência, 74–75
  inversa, 71–75
    método de inspeção, 71
    inversa por frações parciais, 73–74
  operador da transformada z Z{·}, 61
  pares comuns, 68
  propriedades, 75–79
    propriedade da conjugação, 78
    propriedade da convolução, 78–79
    propriedade da diferenciação, 77–78
    propriedade da linearidade, 75–76
    propriedade da multiplicação exponencial, 77
    propriedade da reflexão no tempo, 78
    propriedade do deslocamento no tempo, 76
    resumo, 79
  região de convergência (RDC), 62
    propriedades, 67–71
  sequência exponencial bilateral, 66
  sequência exponencial lateral direita, 63–64
  sequência exponencial lateral esquerda, 64
  sequência exponencial truncada de comprimento finito, 67
  sistemas LIT e, 79–81
  soma de duas sequências exponenciais, 65
  soma infinita, 61–63
  transformada z de segunda ordem, 72

unilateral, 61, 81–82
  condições iniciais não nulas, efeito das, 82
  de um impulso, 81
Transformada z bilateral, 61
Transformada z bilateral, 61, 81
Transformada z de segunda ordem, 72
Transformada z inversa, 71–75
  expansão em frações parciais, 71–74
  expansão em série de potências, 74–75
  inversão por frações parciais, 73–74
  método de inspeção, 71
  transformada z de segunda ordem, 72
Transformada z unilateral, 61, 81–82
Transformada z unilateral, 61, 81–82
  condições iniciais não nulas, efeito das, 82
  de um impulso, 81
Transformadas baseadas na teoria dos números (NTTs), 465
Transformadas de Fourier inversas, 31, 39
Transformadas de Fourier
  definição, 31
  inversa, 31
  representação de sequências por, 30–34
Transformadas de Hilbert discretas, 562–583
Transformadas unitárias, 399
Transformador de Hilbert, 572
  amostragem passa-banda, 576–578
  projeto do, 572–574
  projeto usando janela de Kaiser do, 573–574
  resposta ao impulso do, 572
  sinais passa-banda, representação de, 574–576
Transposição, 235–239
Trato vocal, 490–491, 609–610
Trem de impulsos periódico, 610

V

Valor principal de Cauchy, 566
Variância amostral, 495
Vazamento, 471

Z

Zona morta, definição, 276